自律과 正義의 民法學

梁彰洙 교수 古稀기념논문집

2021

양창수 교수 고희기념논문집 간행위원회

梁彰洙 教授 近影

축하 말씀

건강한 가운데 고희를 맞으신 양창수 교수께 충심으로 축하드린다. 아울러 양교수의 제자와 후학들이 정성껏 작성한 논문을 모아 기념논문집을 발간하여 양교수의 학덕을 기리는 일에 찬사와 격려를 보낸다. 인간관계가 소원해지는 우리 현 사회에서 이와 같은 일을 준비한 것은 그 동안 양교수께서 베푸신 제자 사랑과 후학들에 대한 배려가 얼마나 컸는지를 잘 나타내고 있으며, 이와 같이 많은 학덕을 쌓으신 양교수를 존경하는 마음 그지없다.

필자가 양창수 교수를 만난 것은 곽윤직 교수님께서 조직하신 민사판례연구회의 월례발표회에서이다. 그 때는 양교수가 판사로 재직하고 있었는데, 매월 열리는 발표회에 꼭 참석하여 열띤 토론을 하며 학구열을 보여주던 모습이 생생하게 기억난다. 그는 법조실무에 종사하면서도 서울대학교 대학원에서 석사과정과 박사과정을 이수하여 학문에 대한 열정을 보여주었고, 이러한 열정이 마침내 모교의 전임교수로 발탁되는 영광을 안겨주었다.

양창수 교수는 1985년에 정년퇴임하시는 김증한 교수의 후임으로 모교 법과대학에 부임하였다. 김증한 선생님께서는 퇴임 후 가진 만찬석상에서 양교수가 후임으로 부임하게 된 것을 매우 기뻐하시면서 애정 어린 격려의 말씀을 해주셨다. 아마도 양교수는 우리 민법학의 태두(泰斗)이신 김증한 교수의 후임으로 교수직을 가지게 된 데에 막중한 책임감을 느끼는 한편 원대한 포부를 가지고 단단히 각오를 다짐했을 것이며, 이러한 다짐이 그 후 양교수가 꾸준한 연구생활을 계속하는 원동력이 되었을 것으로 짐작된다.

양창수 교수는 타고난 수재의 자질에 건강을 더하여 열정적으로 연구하는 생활을 계속하였음이 그의 많은 저서와 논문으로 입증된다. 그는 학내에서의 모든 행정직에 초연하여 오직 연구에만 몰두하는 진정한 학자로서의 면모를 보여주었다. 그의 학문연구는 다양한 주제에 관심을 가지고 철저하게 천착하는 태도를 보였으며, 독일과 프랑스의 대륙법계뿐만 아니라 영미법계의 법학에도 관심을 가지고 연구의 지평을 넓혔다. 이러한 그의 연구생활이 그가 우리 민법학계의 거목으로 성장하는 바탕이 되었으리라고 믿는다. 같은 학문의 길을 걷고 있는 사람으로서 필자는 재직시절에 그의 연구 성과에 경탄해 마지않았으며, 민법학자로서 대성하기를 기대하는 마음이 간절하였다. 다만 그가 대학에서 연구생활을 계속하지 못하고 대법원판사로 전직한 것은 그의 학문 연구생활이 중단되어 아쉬운 일이지만, 한편 생각하면 학문을 깊이 연구한 학자가 대법원판사로 참여함으로써 법조계에 새 바람을 일으키는 효과를 기대할 수 있어 의미 있는 일이라고 생각하였다.

양창수 교수는 대학에 재직하는 동안 학문 연구에만 그치지 않고 민법학계를 위한 희생적인 봉사도 열정적으로 하였다. 연구에 몰두해야 하는 아까운 시간임에도 불구하고 한국민사법학회 회장직을 맡아 신진학자를 위한 논문상을 제정하는 등 참신한 아이디어를 가지고 학회의 획기적인 발전을 이룩하였고, 여러 해 동안 민사판례연구회 회장직을 맡아 민사판례 연구를 활성화시킴으로써 민사법학의 발전에 크게 기여하였다. 그 희생적인 봉사에 뜨거운 찬사를 보낸다.

양창수 교수의 연구업적을 보면 그렇게 많은 연구를 하였고, 역량을 충분히 갖추었으면서도 민법교과서를 집필하지 않은 것이 특색이다. 이는 아마도 그가 개별적인 법률문제의 연구가 교과서집필보다 더 가치 있다고 생각했기 때문이 아닐까 추측된다. 필자도 재직시절에 학생들이 법학공부를 하는 데에는 기존의 교과서로 충분하여 특별한 이유도 없이 교과서를 집필하는 것은 자원의 낭비라고 생각하였기에 이렇게 추측해본다.

다행스럽게도 양창수 교수는 대법원판사 임기를 마치고 다시 대학으로 돌아와 학문 연구에 전념하고 있다. 양교수께서 고희를 맞으셨다고 하나 현재의 나이 계산법에 따르면 아직은 한창 젊은 연령층에 속하고, 또 건강을 잘 유지하고 있으니 앞으로도 꾸준히 활발한 연구 활동을 할 수 있을 것으로 믿는다. 일생 동안 지녀온 열정으로 연구를 계속하여 많은 학문의 업적을 이룩하고 후학들의 귀감(龜鑑)이 되시기를 온 마음으로 응원한다.

양창수 교수님, 이젠 그 동안 연구에 전념하느라 시간을 많이 할애하지 못했던 가족과 함께 여유로운 시간도 가지시면서 사랑하는 가족과 함께 행복한 나날 지내시며, 건강한 가운데 연구에 정진하시기를 간절한 마음으로 축원합니다.

2021년 6월

서 민 (충남대학교 명예교수)

간 행 사

양창수 선생님께서 건강한 모습으로 고희를 맞이하신 것을 진심으로 축하드립니다. 선생님께서는 후학들에게 커다란 산이었고 드넓은 바다와 같은 존재였습니다. 후학들이 감사와 존경의 마음을 담아 선생님께 헌정하는 논문집에 축하의 글을 쓰게 되어 기쁘기도 하고 영광스럽기도 합니다.

선생님께서는 판사로 근무하시다가 1985년 6월 서울대학교 법과대학에 민법 전임교원으로 부임하셔서 23년 동안 민법학의 발전에 지대한 공헌을 하셨을 뿐만 아니라 법학을 공부하는 많은 이들에게 영감을 주셨습니다. 그동안 이루신 학문적 업적과 후학들에게 끼친 영향은 워낙 지대하여 섣불리 평가하거나 심지어 정리하기조차 어렵습니다. 이 기념논문집에 기고하신 필자들의 면면을 보더라도 선생님께서 얼마나 큰 업적을 이루시고 학계에 심대한 영향을 미치고 있는지를 미루어 짐작할 수 있을 것입니다. 민법학계를 짊어지고 있는 학자와 실무가들이 코로나라는 엄중한 상황 속에서도 50편이 넘는 귀중한 논문을 보내주셨습니다. 제가 감히 선생님의 업적을 요약할 엄두를 낼 수 없습니다만, 이 기회에 제자로서 보고 느꼈던 선생님의 한 모습을 간략하게나마 묘사해볼까 합니다.

제가 선생님을 처음 뵌 것은 대학 4학년 때인 1986년 여름 어느 날 저녁 시간으로 기억합니다. 선생님께서는 서울대 법대 15동 건물 입구에서 양손에 무거운 책 묶음을 들고 계셨습니다. 당시 책을 들고 계시던 선생님의 모습은 시간이 오래 지나도록 잊히지 않습니다. 제가 한 묶음을 연구실까지 가져다드리면서 학생들 사이에 이미 명성이 자자했던 선생님을 가까이에서 뵙게 된 것만으로도 뿌듯한 느낌이 들었습니다. 저는 대학원 석사과정에 입학하자마자 선생님께서 진행하시던 재산법판례연구 강의를 들었고 그때 발표한 주제를 좀 더 발전시켜서 석사학위논문을 작성하게 되었습니다. 유사한 쟁점에 관하여 서로 모순되거나 정반대로 해석될 수 있는 대법원 판결을 제시하시면서 하나씩 맡아서 발표를 하도록 하셨습니다. 먼저 판례를 선정하시는 안목에 놀라웠습니다. 돌이켜보면 판례 선정에서부터 학생들을 위해 공을 들이셨구나 하는 생각이 듭니다. 선생님께서는 쟁점과 판례의 의미를 정확하게 파악하고 판례에 대한 비판적 시각을 갖도록 해주셨습니다. 좋은 발표와 질의에는 칭찬을 하시고 그렇지 않은 경우에는 가차 없이 질책을 하셨습니다. 그 후에 들은 독일법 강독 수업에서는 학생들의 독일어 실력을 고려해서인지 엄하게 질책하는 대신 단어 하나하나의 의미까지 세심하게 알려주셨습니다. 후학들은 전공 여부를 떠나 법학을 대하는 선생님의 진지한 자세와 철두철미한 태도, 그리고 학문후속세대에 대한 애정을 본받고자 했습니다.

선생님께서 발표하신 논문과 평석을 모아 민법연구 제1권과 제2권을 펴내신 것이 1991년이었습니다. 책을 읽으며 느낀 감동은 지금도 잊을 수 없습니다. 선생님께서는 법학교수가 하는 일이 주로 교과서 집필이었던 관행을 깨뜨리고 하나의 문제에 깊이 천착한 학술논문이 중요하다는 인식을 법학계에 심어주셨습니다. 외국의 학설을 무비판적으로 소개하는 것은 의미가 없고 우리가 당면하고 있는 문제를 해결하고자 이론적으로나 실천적으로 의미 있는 연구를 해야 한다는 점을 일깨워주셨습니다. 판례를 통하여 '살아있는 법'을 발견하는 것을 중시하면서도 민법의 성립사에서부터 시작하여 비교법적 연구에 이르기까지 이론적인 치밀함으로 기존의 논의를 돌파하시는 모습을 보여주셨습니다. 선생님께서는 민법학을 연구하시는 방법이나 학문적 업적에서 그 누구도 따라갈 수 없는 족적을 남기셨습니다. 최근까지 순차로 발간된 민법연구 10권은 우리나라 법학의 역사에서 기념비적인 연구성과로서 후학들이 우리나라 민법학에 자부심을 갖고 연구하기 시작한 계기가 되었다고 생각합니다. 후학들은 선생님께서 어떻게 연구주제를 정하시고 연구를 해나가시는지를 조금씩 배워가면서 민법학 연구에 뛰어들었습니다.

선생님께서는 2008년 9월 대법관에 임명되셨습니다. 편집과 집필에 주도적인 역할을 하셨던 민법주해 등을 통하여 선생님께서는 실무계에 많은 영향을 끼치고 계셨을 뿐만 아니라 이론과 실무의 균형 있는 발전을 강조하셨기에 법학계를 대표하여 대법관이 되신 것은 예견된 일이라고 할 수 있습니다. 선생님께서는 대법관으로서 대법원 판례의 형성에 지대한 공헌을 하셨습니다. 사안에 맞게 판결 이유를 제시하셨을 뿐만 아니라, 새로운 표현과 논증구조, 학문적 내공을 토대로 전개하시는 날카로운 법리는 종전의 판결들에서는 찾아보기 어려운 것이었습니다. 덕분에 선생님께서 주심을 맡으신 판결은 주심 표시를 보지 않더라도 주심이 어느 분이신지 알 수 있었습니다.

선생님께서는 대법관을 마치신 다음에 한양대학교 법학전문대학원 교수로서 연구와 후학양성에 헌신하시면서 평생 학자로서의 모습을 보여주셨습니다. 올 가을부터는 동경대학교 법과대학에서 특임교수로서 한국 민법에 관한 강의를 하실 예정입니다. 한국 민법학의 발전에 헌신하셨던 선생님께서 또 어떤 모습을 보여주실지 기대됩니다.

저는 영광스럽게도 선생님께 커다란 학은을 입었습니다. 어려운 문제에 부딪칠 때면 선생님께서는 어떻게 접근하고 해결해 나가셨을까를 생각하게 됩니다. 선생님께서는 30여 년 전에 처음 뵈었을 때처럼 언제나 책을 가까이 하시고 매사에 철저한 모습을 보여주시기에 그 많은 업적을 이루시지 않았을까 생각해 봅니다. 선생님의 학은에 머리 숙여 감사드리고 선생님의 건강과 행복을 기원합니다.

이 기념논문집에 논문을 투고해 주신 필자 여러분께서도 저와 같은 심정으로 논문을 집필하셨을 것입니다. 민법의 다양한 방면에 걸친 심도 깊은 논문들은 민법학의 발전에 크게 기여할 것이라고 믿습니다. 감사합니다.

2021년 8월

대법관 김 재 형

양창수 교수 연보

Ⅰ. 인적 사항

1952년 10월 7일 제주시 일도일동 1441번지에서 양치종(梁致鍾)과 김정화(金靜和)의 4남 4녀 중 3남으로 출생

1979년 6월 권유현(權由賢)과 결혼

딸 양정윤(梁丁允), 사위 정기용(鄭冀溶. 현재 주 모로코 대사), 손자 정구민(鄭求玟)

아들 양승우(梁勝宇. 현재 서울고등법원 춘천재판부 판사), 며느리 신희영(申熙英), 손자 양지형(梁智炯), 손녀 양서연(梁舒硯)

Ⅱ. 학 력

1964년 2월 제주북국민학교 졸업

1967년 2월 서울중학교 졸업

1970년 2월 서울고등학교 졸업

1974년 2월 서울대학교 법과대학 졸업

1978년 2월 서울대학교 법학석사 (논문 : "원시적 불능급부를 목적으로 하는 계약의 무효론에 대한 비판적 고찰")

1982년 7월 DAAD 장학생으로 서독의 베를린자유대학교 수학

1987년 2월 서울대학교 법학박사 (논문 : "일반부당이득법의 연구")

Ⅲ. 경 력

1974년 3월 제16회 사법시험 합격

1974년 9월 사법연수원 제6기

1976년 11월 육군 법무관

1979년 11월 서울민사지방법원 판사

1982년 3월 서울형사지방법원 판사
1983년 11월 부산지방법원 판사
1984년 6월 대통령비서실(법제연구반) 파견 근무
1985년 6월 ~ 서울대학교 법과대학 전임강사 · 조교수 · 부교수
1996년 9월 서울대학교 법과대학 교수
1993년 독일 프라이부르크대학교 객원교수 및 미국 뉴욕대학교 객원연구원
2001년 미국 듀크대학교 객원연구원
2002년 일본 동경대학교 객원연구원
2008년 9월 대법관
2014년 9월 한양대학교 법학전문대학원 교수
2018년 3월 한양대학교 법학전문대학원 석좌교수(현재)
2018년 8월 서울대학교 법학전문대학원 명예교수(현재)

2004년 ~ 2008년 민사판례연구회 회장
2005년 ~ 2007년 한국민사법학회 회장
2009년 ~ 2012년 대법원 민사실무연구회 회장

1989년 대법원 등기호적제도개선위원회 위원
1990년 법무부 상법개정특별위원회 위원 (할부매매법 제정)
1994년 재정경제원 부총리 법률자문관 (부동산실명제 관련)
1997년 대법원 공직자윤리위원회 위원
1999년 법무부 민법개정특별위원회 위원 겸 총괄간사
2003년 대법원 법관인사제도개선위원회 위원
2018년 대검찰청 검찰수사심의위원회 위원장

1995년 대통령 표창 (부동산실명제)
1997년 제1회 법학논문상(한국법학원) (“독자적 채무불이행유형으로서의 이행거절”)
1999년 『독일민법전』, 1999년도 문화관광부 우수학술도서 선정
2007년 『민법연구』 제8권, 학술원 우수학술도서 선정
2007년 한국학술진흥재단 인문사회계열 우수학자(「국가석학」) 선정
2008년 서울대학교 법과대학 연구우수교수 선정
2008년 제18회 상허대상(재단법인 상허문화재단) 법률부문 제1회 수상

2008년 「자랑스런 DUKE 동문상」(듀크대학교 한국동문회) 수상

2014년 청조근정훈장

2019년 「자랑스러운 서울법대인」 선정

Ⅳ. 저 술

[저 서]

1. 註釋 債權各則(Ⅲ), 한국사법행정학회: 1986. (부당이득) (분담집필)
2. 컴퓨터프로그램保護法 逐條硏究, 서울대학교 출판부: 1989. (공저)
3. 民法入門, 박영사: 1991. 전정판, 1995; 신수판, 2000; 신수(보정)판, 2002; 제4판, 2004; 제5판, 2008; 제6판, 2015; 제7판, 2018.
4. 民法硏究, 박영사. 제1권 및 제2권, 1991; 제3권, 1995; 제4권, 1997; 제5권, 1999; 제6권, 2001; 제7권, 2003; 제8권, 2005; 제9권, 2007; 제10권, 2019.
5. 民法注解, 박영사. 제1권(신의칙), 제4권(점유자와 회복자의 관계) 및 제5권(물권적 청구권), 1992; 제9권(채무불이행), 1995; 제16권(화해의 효력과 착오), 1997; 제17권(부당이득) 및 제19권(배상액의 감경청구), 2005. (분담집필)
6. 民法散考, 박영사: 1998.
7. 法學의 理解, 길안사: 1998. (민법) (공저)
8. 민법산책, 박영사: 2006.
9. 사법부의 어제와 오늘 그리고 내일(하): 민사재판편 가사재판편(사법발전재단, 2008.12), 176－399(제2부 담보법, 제3부 시효법). (공저)[1)]
10. 민법 Ⅰ: 계약법, 박영사: 2009. 제2판, 2015; 제3판, 2020. (김재형과 공저)
11. 민법 Ⅱ: 권리의 변동과 구제, 박영사: 2011. 제2판, 2015; 제3판, 2017; 제4판, 2021. (권영준과 공저)
12. 민법 Ⅲ: 권리의 보전과 담보, 박영사: 2012. 제2판, 2015; 제3판, 2018; 제4판, 2021. (김형석과 공저)
13. 노모스의 뜨락, 박영사: 2019.

1) 이는 2008년 9월에 법원행정처 주관으로 위 본문의 주제로 행하여진 '대한민국 司法 60주년 기념 학술 심포지엄'에서 그 '민사재판편'의 일부로 쓰여진 것이다.

[역　서]

1. 칼 라렌츠, 正當한 法의 原理, 박영사: 1986. (Karl Larenz, Richtiges Recht, 1979)
2. 콘라트 츠바이게르트/하인 쾨츠, 比較私法制度論, 한국학술진흥재단번역총서 82, 大光文化社: 1991. (Konrad Zweigert und Hein Kötz, *Einführung in die Rechtsvergleichung auf dem Gebiete des Privatrechts*, Bd.2: Institutionen, 2.Aufl., 1984)
3. 프레데릭 헨리 로슨, 大陸法入門, 박영사: 1994. (전원열과 공역) (Frederick Henry Lawson, *A Common Lawyer Looks at the Civil Law*, 1953)
4. 독일민법전 — 총칙 · 채권 · 물권, 박영사: 1999. 신판, 2001; 2002년판, 2002; 2005년판, 2005; 2008년판, 2008; 2015년판, 2015; 2018년판, 2018; 2021년판, 2021.
5. 장-에티엔-마리 포르탈리스, 民法典序論, 박영사: 2003. (Jean-Etienne-Marie Portalis, *Discours préliminaire sur le projet de Code Civil*, 1801)
6. 독일민법학논문선, 박영사, 2005. (편역)

[논문 기타][2)]

1. 獨逸民法上 解除排除에 관한 規定의 沿革 — 雙務契約에 있어서의 原狀回復關係 一斑, 裁判資料(법원행정처) 제24집: 外國司法研修論集(1984.12), 105-132. [연구 Ⅲ-6]
2. 獨逸民法上 利得概念의 形成과 그 具體的 適用, 法曹 제34권 3호(1985.3), 39-59.
3. 獨逸 不當利得理論의 歷史的 展開, 郭潤直 교수 화갑 기념 논문집(1985.12), 582-601.
4. 西獨 不當利得法의 立法論的 展開, 서울대학교 법학 제26권 4호(1985.12), 166-186.
5. 契約締結上의 過失, 고시계 1986년 1월호, 47-58. [연구 Ⅰ-13]
6. 민법 제401조와 제461조의 境界劃定, 고시계 1986년 5월호, 202-213. [연구 Ⅰ-11]
7. 原始的不能論(1)(2)(3 · 미완), 서울대학교 법학 제27권 2 · 3호(1986.9), 126-152; 제28권 3 · 4호(1987.12), 241-258; 제29권 1호(1988.3), 136-163. [연구 Ⅲ-4]
8. 指名債權의 讓渡와 對抗要件, 고시계 1986년 9월호, 77-87. [연구 Ⅰ-12]

---

2) 이하의 글 중에는 위 [저서]에서 든 책에 수록된 것이 적지 않다. 이들은 각 항목의 끝에 꺾음괄호 안에 그 책에서의 글 번호 또는 시작 면와 함께 표시하여 두기로 한다(다만 말미에 보는 "시평 · 수필 · 강연 · 토론 · 좌담회 기타"의 것은 제외하였다). 그 책들은 다음과 같은 약칭으로 표시하였다. 즉, 『민법연구』: '연구'(권수는 Ⅰ, Ⅱ … 등으로 표시하였다), 『민법산고』: '산고', 『민법산책』: '산책', 『독일민법학논문선』: '논선'. 그리하여 예를 들면 [연구 Ⅲ-1]은 민법연구, 제3권의 제1, [논선 Ⅳ]는 독일민법학논문선 제4의 각 글을, [산고, 76]은 민법산고, 76면 이하의 글을 각 가리킨다.

9. 에른스트 폰 케머러 素描 — 우리 민법학에 대한 약간의 시사를 덧붙여, 저스티스 제19호(1986.11), 85-103. [연구 Ⅰ-2]
10. 韓國社會의 變化와 民法學의 課題, 서울대학교 법학 제28권 1호(1987.3), 4-21. [연구 Ⅰ-1]
11. 法人 理事의 代表權 制限에 관한 若干의 問題, 金斗熙 박사 화갑 기념 논문집(1987.5), 3-18. [연구 Ⅰ-4]
12. 動産質權에 관한 若干의 問題, 저스티스 제20호(1987.12), 64-80. [연구 Ⅰ-9]
13. 辨理士制度의 현황과 문제점, 서울대학교 법학 제28권 3·4호(1987.12), 57-74.
14. 不動産物權變動에 관한 判例의 動向, 민사판례연구 제10집(1988.3), 347-376. [연구 Ⅰ-7]
15. 留置權의 發生要件으로서의 "債權과 物件 간의 牽聯關係", 劉基天 박사 고희 기념 논문집(1988.6), 393-414. [연구 Ⅰ-8]
16. 西獨 消費者信用法制의 槪觀, 서울대학교 법학 제29권 3·4호(1988.12), 133-155. [연구 Ⅰ-15]
17. 不當利得에 관한 一般規定의 史的 形成, 서울대학교 법학 제30권 1·2호(1989.6), 186-218.
18. 民法案의 成立過程에 관한 小考,[3] 서울대학교 법학 제30권 3·4호(1989.12), 186-218. [연구 Ⅰ-3]
19. 割賦賣買法의 制定方向, 저스티스 제22호(1989.12), 137-153. [연구 Ⅰ-14]
20. 外國辯護士問題에 관한 硏究,[4] 用役論文(1990.3), 69면 + 부록(71-123).
21. "假登記擔保 등에 관한 法律"의 現況과 問題點, 민사판례연구 제12집(1990.4), 375-440. [연구 Ⅰ-10]
22. 好意同乘者에 대한 自動車保有者의 賠償責任, 黃迪仁 박사 화갑 기념 논문집(1990.8), 289-310. [연구 Ⅰ-16]
23. 日本에 있어서의 外國辯護士問題의 經過(상)(하), 人權과 正義 제170호(1990.10), 59-69; 171호(1990.11), 90-95.
24. 民法 제176조에 의한 時效中斷, 裵慶淑 교수 화갑 기념 논문집(1991.2), 321-334. [연구 Ⅰ-6]
25. 無權代理人의 責任, 서울대학교 법학 제31권 3·4호(1991.3), 182-208. [연구 Ⅰ-5]

---

3) 이 글에는 [부록]으로 "민법전편찬요강"이 붙어 있다.

4) 이는 당시 무역 마찰의 일환으로 논의되고 있던 외국변호사의 국내 자격 문제와 관련하여 우리나라에서 '외국기업 관련 법무'를 주로 취급하던 일단의 변호사들로부터 私的으로 의뢰받아 수행한 작업의 결과를 담은 것이다. 아래 23.의 글은 여기에 기반을 둔 것이다.

26. 情報化社會와 프라이버시의 保護 — 私法的 側面을 중심으로, 人權과 正義 제175호(1991.3), 71-87. [연구 I-17]
27. 解除의 效果에 관한 學說들에 대한 所感, 고시연구 1991년 4월호, 26-35. [연구 Ⅲ-5]
28. 民法案에 대한 國會의 審議(Ⅰ) — 法制司法委員會의 審議, 韓國法史學論叢(朴秉濠 教授 還甲 記念 論文集 제2권)(1991.10), 461-484. [연구 Ⅲ-1]
29. 司法審判範圍의 擴大, 法院行政處 用役論文(1992.5), ii + 47.
30. 民法典의 成立過程에 관한 研究 — 民法案에 대한 國會本會議의 審議, 서울대학교 법학 제33권 2호(1992.9), 143-179. [연구 Ⅲ-2][5)]
31. 不法行爲法의 變遷과 可能性 — 그 제도목적과 관련하여, 민사판례연구 제15집(1993.5), 371-402. [연구 Ⅲ-7]
32. 불법행위법의 전망 — 일반불법행위요건의 當否, 민사법학 제9·10호(1993.7), 525-533. [산고, 228]
33. 韓國民法史, 한국민사법학회 편, 民法學의 回顧와 展望(1993.12), 11-36. [연구 Ⅲ-3][6)]
34. The Judiciary in Contemporary Society: Korea, *Case Western Reserve Journal of International Law*, Vol. 25 No. 2(Spring 1993), 303-313.
35. [資料] 法典編纂委員總會 議事錄(抄), 서울대학교 법학 제35권 2호(1994.10), 298-323. [연구 Ⅲ-2]
36. 法學教育의 問題點 — 民法教授의 立場에서, 저스티스 제28권 1호(1995), 79-90. [연구 Ⅳ-2]
37. 韓國 民事法學 50년의 成果와 21세기적 課題, 서울대학교 법학 제36권 2호(1995.8), 1-32. [연구 Ⅳ-1]
38. 獨自的 債務不履行類型으로서의 履行拒絶, 民法學論叢·第二(郭潤直 고희 기념 논문집)(1995.12), 162-198. [연구 Ⅳ-4]
39. 손해배상의 범위와 방법 — 손해배상책임의 내용, 韓國民事法學會 民法改正案研究小委員會 編, 民法 不法行爲法에 관한 改正意見(1995.12), 27-34 = 民事法學 제15호(1997.4), 211-223. [산고, 241]

---

5) 후에 민법연구, 제3권(1995), 33-115에 수록될 때에는 앞 28.의 글과 연계하여 "民法案에 대한 國會의 審議(Ⅱ) — 本會議의 審議"라는 제목을 달았고, 또한 뒤 35.에서 보는 "[자료] 「법전편찬위원총회의사록(초)"를 그 말미에 붙였다.

6) 후에 민법연구, 제3권(1995), 117-157에 수록될 때에는 "民法의 歷史와 民法學"라는 제목을 달았다. 그리고 거기에 뒤 [시평 …]란의 12.에서 보는 "지정토론: 정종휴, "비교적 시야에서 본 한국민법전"(1990.6.29. 한국법사학회 제12회 정례세미나), 法史學研究 12호(1991.12), 139-143"를 [附]로 붙였다.

40. 自律的 法과 法의 合理化에 대한 斷想, 백완기 · 신유근 외 공저, 『문화와 국가경쟁력』(한국사회과학연구협의회 연구총서 [Ⅲ])(박영사: 1996.4), 57-96.
41. 흠 있는 訴提起와 時效中斷, 서울대학교 법학 제37권 1호(1996.5), 143-174. [연구 Ⅳ-3]
42. 家族關係의 變化와 親族法, 민사판례연구 제18집(1996.5), 481-524. [연구 Ⅳ-6]
43. 相續缺格制度 一斑 — 우리나라와 프랑스의 경우, 서울대학교 법학 제37권 2호(1996.8), 139-163. [연구 Ⅴ-10]
44. 민법의 관점에서 본 지적재산권법 — 저작권 침해의 구제수단을 중심으로, 丁相朝 編, 知的財産權法講義(법문사: 1997), 45-59. [산고, 318]
45. 履行補助者의 개념내용과 구분에 관한 약간의 문제, 法實踐의 諸問題(金仁燮 변호사 화갑 기념 논문집)(1996.12), 195-221. [연구 Ⅳ-5]
46. 不動産實名法 제4조에 의한 名義信託의 效力 — 소위 登記名義信託을 중심으로, 서울대학교 법학 제38권 1호(1997.5), 52-93. [연구 Ⅴ-3]
47. 不動産登記實名法의 解釋論的 硏究 — 소위 「契約名義信託」을 중심으로, 省谷論叢 제28집 3권(1997.7), 353-392. [연구 Ⅴ-4][7]
48. 은행에 납입한 사립학교의 등록금에 대한 압류의 허용 여부, 대학교육 제95호(1997.9 · 10), 65-73. [연구 Ⅹ-10]
49. 獨逸民法典 制定過程에서의 法律行爲規定에 대한 論議 — 意思欠缺에 관한 規定을 중심으로, 法律行爲論의 史的 展開와 課題(李好珽 교수 화갑 기념 논문집)(1998.2), 105-145. [연구 Ⅴ-2]
50. 自動車損害賠償保障法 제3조 단서 제2호의 合憲性, 人權과 正義 제258호(1998.2), 65-78. [연구 Ⅴ-9]
51. 不動産所有權의 讓渡에 관한 條件과 登記(Ⅰ)(Ⅱ)(Ⅲ · 완), 오늘의 法律[8] 제111호(1998.4), 3530-3531; 제112호(1998.5), 3562-3563; 제113호(1998.6), 3592-3593. [연구 Ⅴ-6]
52. 독점규제법에서의 손해배상(Ⅰ)(Ⅱ · 완), 공정경쟁 제37호(1998.9), 6-13; 38호(1998.10), 14-21. [연구 Ⅴ-7]
53. 한국민법학 50년의 회고, 韓國法學 50年 — 過去 · 現在 · 未來(Ⅰ)(大韓民國 建國 50周年 紀念 제1회 韓國法學者大會 論文集)(1998.12), 661-700.

7) 이 글은 뒤에 민법연구, 제5권(1999), 135-180에 수록되면서 "부동산실명법상의 사법적 규정에 의한 명의신탁의 규율 — 소위 계약명의신탁을 중심으로"라고 제목이 바뀌었다.

8) 이 정기간행물에 대하여는 뒤의 주 31 참조.

54. 銀行去來와 相計, 金建植 · 南孝淳 共編, 金融去來法講義(법문사: 1999), 88-114.
55. 憲法과 民法 — 民法의 觀點에서, 서울대학교 법학 제39권 4호(1999.2), 61-78. [연구 V-1][9)]
56. 민법 제765조 — 잊혀진 규정?, 서울대학교 법학 제39권 4호(1999.2), 251-276. [연구 V-8]
57. 「義務의 負擔」에 管轄廳의 許可를 요하는 法規定에 대하여 — 私立學校法 제28조 제1항의 해석, 人權과 正義 제271호(1999.3), 104-118. [연구 V-11]
58. 민법학교육의 문제점과 개선방향, 民事法學 제17호(1999.4), 221-239.
59. 「유럽契約法原則」에 대한 一考 및 그 飜譯, 서울대학교 법학 제40권 1호(1999.5), 358-396. [연구 Ⅵ-15 부록][10)]
60. 우리나라 最初의 憲法裁判 論議 — 妻의 行爲能力 制限에 관한 1947년 大法院判決에 대하여, 서울대학교 법학 제40권 2호(1999.8), 125-151. [연구 Ⅵ-3]
61. 프랑스의 새로운 製造物責任立法, 人權과 正義 278호(1999.10), 64-72. [민법 Ⅵ-15]
62. 名義信託不動産의 實名轉換(상)(하) —不動産實名法 제11조 · 제12조에 대한 裁判例를 계기로, 서울대학교 법학 제40권 3호(1999.12), 133-153; 동 4호(2000.2), 23-40. [연구 Ⅵ-7]
63. 民法典 制定 후 擔保法의 展開와 課題, 저스티스 제32권 4호(1999.12), 29-51. [연구 Ⅵ-8]
64. 共同所有 — 민법 제정과정에서의 論議 및 그 후의 評價를 중심으로, 한국민법이론의 발전(이영준 변호사 화갑 기념 논문집)(1999.11), 361-393. [연구 Ⅵ-5]
65. 독일 민사실무에서의 헌법적 고려 — 피용자의 책임제한의 법리와 관련하여(Ⅰ)(Ⅱ)(Ⅲ · 완), 오늘의 法律 제119호(1998.12), 3778-3779; 제121호(1999.2), 3842-3843; 제122호(1999.3), 3874-3875. [연구 Ⅵ-14]
66. 변호사의 과오와 책임, 서울大學校 法科大學 編, 法律家의 倫理와 責任(박영사: 2000), 291-308. [연구 Ⅵ-13]
67. 債權者의 保證人에 대한 配慮義務에 관한 序說 — 獨逸民法을 중심으로 한 立法例의 檢討, 서울대학교 법학 제41권 1호(2000.06), 97-121. [연구 Ⅵ-11]
68. 계속적 보증에서 보증인의 해지권과 책임제한, 南孝淳 · 金載亨 編, 金融去來法講義 Ⅱ(법문사: 2001.7), 264-285. [연구 Ⅵ-12]
69. 名義信託에 대한 規律 再考 — 不動産實名法 시행 5년의 評價와 反省, 法曹 제530호

9) 이 글의 말미에는 [尹眞秀 교수의 討論에 대하여]라는 토론 답변이 실려 있다.
10) 이 글은 뒤 74.의 글을 『민법연구』, 제6권에 재수록하면서 그 부록으로 실었다.

(2000. 11), 207-243. [연구 VI-6]

70. 强迫者가 僞造한 書類로 행한 所有權移轉登記의 效力, 서울대학교 법학 제41권 2호(2000.9), 299-318. [연구 VI-4]

71. 법발견의 다양한 양상 또는 실정법학자의 법학방법론 — 크라머의 『법학방법론』을 읽고, 서울대학교 법학 제41권 3호(2000.12), 180-198. [연구 VI-2]

72. 民法改正作業의 經過와 債權編의 改正檢討事項 I(債權總則), 民事法學 제19호(2001.3), 1-38. [연구 IX-3]

73. 독일의 새로운 民法改正提案 — 연방법무부의 「채권법쇄신법」의 토론용 초안에 대하여, 서울대학교 법학 제41권 4호(2001.2), 92-122. [연구 VI-10]

74. 「유럽契約法原則」에서의 債務不履行法理, 저스티스 제34권 2호(2001.4), 24-46. [연구 VI-9][11]

75. 韓國의 製造物責任法, 서울대학교 법학 제42권 2호(2001.7), 90-108.[12] [연구 X-9]

76. 無權利者의 處分에서 權利者의 物權的 請求權과 不當利得返還請求權의 緊張關係, 서울대학교 법학 제42권 2호(2001.7), 209-237. [연구 VII-4]

77. 言論自由의 保障根據에 대한 美國에서의 論議 素描 — '언론보도로 인한 명예훼손'의 문제에 관한 각서·제1, 한국언론학술논총 2002(방일영문화재단)(2002.7), 255-292. [연구 VII-2]

78. 민법 제197조 제2항의 "본권에 관한 소에서 패소한 때"의 해석에 관하여, 서울대학교 법과대학 「두뇌한국21 세계 속의 한국법의 발전」 연구단 법제도비교연구센터 주최 2002년 정기 학술대회 「법치주의 발전을 위한 과제」(2002년 11월, 서울대학교 법과대학 백주년 기념관 소강당) 발표자료집, 39-54. [연구 X-7]

79. 最近의 韓國民法典改正作業, 서울대학교 법학 제43권 3호(2002.9), 47-78.[13] [연구 VII-1]

80. 金錢의 不當利得으로 인한 返還義務 — 소위 「騙取金錢에 의한 辨濟」 問題 序說, 서울대학교 법학 제43권 4호(2002.12), 1-26. [연구 VII-8]

81. 最近の韓國民法典改正作業, 民商法雜誌 제127권 4·5호(2003.2), 642-677.

82. 破産節次上의 相計 — 소위 「相計權의 擴張」에 대한 立法論的 再考를 포함하여, 人權과 正義 제319호(2003.3), 104-122 = 南孝淳·金載亨 編, 倒産法講義(2005.5),

---

11) 앞의 주 9 참조.

12) 崔吉子 譯, 韓國制造物責任法, 梁慧星 主編, 民商法論叢(金橋文化出版(香港)有限公司 발행) 2001년 제4호(2001.12), 640-659.

13) 중국어역: 崔吉子 譯, 關于韓國民法典的最近修改 — 立法工作對法律"發展"的具體體現, 梁慧星 主編, 民商法論叢 제29권(北京: 法律出版社, 2004.3), 394-421.

731-754. [연구 Ⅶ-6]

82. 將來債權의 讓渡, 저스티스 제73호(2003.6), 26-47. [연구 Ⅶ-7]
83. 獨逸의 動産擔保改革論議 — 非占有動産擔保制度를 中心으로, 서울대학교 법학 제44권 2호(2003.6), 135-178. [연구 Ⅶ-5]
84. 財團法人出捐財産의 歸屬時期에 관한 獨逸民法의 規定 — 民法 제48조의 改正과 관련하여, 저스티스 제74호(2004.8), 86-101. [연구 Ⅶ-3]
85. 他人債務의 錯誤辨濟, 人權과 正義 제324호(2003.8), 103-115. [연구 Ⅶ-10]
86. 非債辨濟 — 民法 제742조의 立法趣旨에 따른 再照明, 서울대학교 법학 제44권 3호(2003.9), 171-198. [연구 Ⅶ-9]
87. 私生活 秘密의 保護 — 사법적 측면을 중심으로, 저스티스 제76호(2003.12), 39-60. [연구 Ⅷ-2]
88. 「유럽계약법원칙」의 소멸시효규정 — 우리 민법에의 示唆를 덧붙여, 서울대학교 법학 제44권 4호(2003.12), 114-140. [연구 Ⅷ-4]
89. 最近 日本의 擔保物權法 改正 — 우리 민법규정에 대한 입법적 검토의 단서로서, 저스티스 제77호(2004.2), 34-48. [연구 Ⅷ-5]
90. 擔保에 관한 새로운 一般理論의 方向 — 하나의 問題提起로서, 민사판례연구 제26집(2004.2), 593-615. [산책, 99]
91. 상속세 및 증여세법 제35조; 국세기본법 제35조 제4항, 이인권 편, 특수관계인 관련 규제의 위헌 소지 여부 및 법리적 타당성 검토(2004.3, 한국경제연구원), 55-76. [산책, 150]
92. Recent Preparatory Work for the Amendment of the Korean Civil Code, *Journal of Korean Law*, Vol. 4 No. 1(2004.8), pp.99-122.[14)]
93. 共同根抵當權에 있어서 先行競賣節次에서의 一部配當이 後行節次上의 優先辨濟權에 미치는 影響, 亞細亞女性法學(아세아여성법학연구소) 제7호(2004.9), 181-200. [연구 Ⅷ-6]
94. 債權編에 대한 民法改正案 解說,[15)] 고시계 2004년 8월호 4-26; 동 9월호 4-24. [연구 Ⅷ-7]
95. 民法改正案의 保證條項에 대하여 — 改正趣旨와 解釋論, 서울대학교 법학 제45권 3호

14) 이 글은 나중에 Thomas Würtenberger(Hrsg.), *Rechtsreform in Deutschland und Korea im Vergleich* (2006), SS.55-73에도 수록되었다.

15) 이 글은 원래 "民法(債權總論)改正案의 主要內容(Ⅲ)" 및 "民法(債權各則)改正案의 主要內容(Ⅳ)"이라는 제목으로 『고시계』에 실렸는데, 그 후 민법연구, 제8권에 수록하면서 상당한 수정·보완을 가하였다. 바로 뒤의 94.에서 보는 "민법개정안의 보증조항에 대하여"는 여기서 다루지 아니한 부분으로서 말하자면 '주심위원'으로 담당한 사항을 보다 상세하게 논한 것이다.

(2004.9), 37-65. [연구 Ⅷ-8]

96. 他人物件의 權限 없는 使用으로 인한 不當利得返還義務, 省谷論叢 제35집 상권 (2004.9), 523-556.

97. 動物占有者의 不法行爲責任, 저스티스 제82호(2004.12), 74-91.

98. 民法 제102조 제1항에 의한 天然果實의 歸屬, 저스티스 제83호(2005.2), 38-56. [연구 Ⅷ-3]

99. 「가족법」상의 법률행위의 특성, 서울대학교 법학 제46권 1호(2005.3), 40-64. [연구 Ⅷ-9]

100. 民法 親族編 중 제5장 後見 등에 대한 法典編纂委員會 審議資料의 紹介 — 同 委員會의 民法案 起草過程 一斑, 서울대학교 법학 제46권 2호(2005.6), 418-441. [연구 Ⅷ-1 부록][16]

101. 民法典 制定過程에 관한 殘片, 저스티스 제85호(2005.6), 83-100. [연구 Ⅷ-1][17]

102. 全面的 價額補償에 의한 共有物分割判決과 登記問題 — 대법원 2004. 10. 14. 선고 2004다30538 판결과 관련하여, 법률신문 제3384호(2005.8.8.), 15 및 14. [연구 Ⅸ-6]

103. 경찰관의 위법한 직무집행으로 인한 손해배상책임에 관한 연구 — 재판례의 분석을 중심으로, 치안정책연구소 연구보고서 2005-09 (2005.8), ii+88+14.

104. 特許權 侵害로 인한 損害賠償 試論 — 특허법 제128조 제1항의 입법취지와 해석론, 法曹 제588호(2005.9), 19-69. [연구 Ⅸ-9]

105. 법치주의의 저편, 成樂寅·金載亨 編, 한국법과 세계화(법과 세계화 제1권)(2006.8), 283-296. [산책, 33]

106. 日本에서의 動產擔保制度 改革論議, 서울대학교 법학 제46권 3호(2005.9), 1-38. [연구 Ⅸ-7]

107. 韓國에서의 不法行爲法의 展開 — 그 경향과 가능성, 세계화 지향의 사법: 그 배경과 한국·프랑스의 적응(명순구 기획, 민들레: 법학의 탐색과 실마리, 제5권)(2006.12), 271-303.

108. 韓國法에서의 「外國」의 問題 — 한국민법학 초기의 어떤 모습을 계기로 하여, 民法學의 現代的 樣相(徐敏 교수 정년 기념 논문집)(2006.6), 67-79.[18] [연구 Ⅸ-1]

---

16) 이 글은 뒤 100.의 글을 『민법연구』, 제8권에 재수록하면서 그 부록으로 실었다.

17) 위 주 15 참조.

18) 이 글은 먼저 "韓國法における「外國」の問題 — 韓國民法學史の一齣を契機として", ジュリスト 1310호(2006.4.15), 138-144로 발표되었고, 그 영역본이 *Proceedings of International Symposium on the Reconstruction of Legal Systems Program*, Graduate School of Law and Politics, The University of Tokyo (2006.7), 92 이하에도 수록되었다.

109. 轉得者는 부동산실명법 제4조 제3항의 「제3자」에 해당하는가? — 동시에 대법원판례 형성의 한 모습에 대한 비판적 고찰, 저스티스 제90호(2006.4), 95-110. [연구 Ⅸ-5]
110. 한국 민법학 50년의 성과와 앞으로의 과제, 저스티스 제92호(2006.7), 178-215.[19)]
111. 서울대학교 제반 규정의 적합성에 관한 연구, 서울대학교 평의원회 연구결과보고서(2007.6)(김두철, 홍준형과 공동 집필), vi + 43.
112. 保證의 成立에 관한 프랑스의 法理 — 法的 去來에서 書面의 意味에 대한 一考, 서울대학교 법학 제48권 3호(2007.9), 77-100. [연구 Ⅸ-8]
113. 法學名著: 金曾漢, 『新物權法(上)(下)』, 서울대학교 법학 제48권 3호(2007.9), 206-218. [연구 Ⅸ-2]
114. 분리된 인체부분의 법적 성격 — 의료기술의 발전에 관련하여 제기되는 법문제의 처리를 위한 출발점으로서, 서울대학교 기술과법센터 編, 과학기술과 법(2007.8), 263-286. [연구 Ⅸ-4]
115. 書信으로 쓴 讀後感 — 非正統的 書評에서조차 벗어나서 서울대학교 법학 제48권 4호(2007.12), 331-350. [연구 Ⅹ-160]
116. 대한민국의 정체성: 제헌헌법의 기초·심의과정을 통하여 본, 본질과 현상 2008년 봄호(11호)(2008.3), 115-129.
117. 2004년 민법개정안: 회고와 평가(한국민사법학회 2008년 하계학술대회, 「민법개정, 무엇을 어떻게 할 것인가?」, 2008.6.9; 부산대학교), 동 발표자료집, 47-74.
118. 韓國の2004年民法改正案: その後の經過と評價, ジュリスト 제1362호(2008.9), 84-90.[20)]
119. Bereicherungsrecht in Korea, in: Yu-Cheol Shin und Reinhard Zimmermann (Hrsg.), *50 Jahre Koreanisches Zivilgesetzbuch. Ein Deutsch-Koreanisches Symposium* (Schriftenreihe des Alumninetzwerkes Deutschland-Korea, Band 1)(Bobmunsa; 2011), 417-429.
120. 獨自的인 債務不履行類型으로서의 履行拒絶 再論 — 判例의 形成 및 法律效果를 중심으로, 법조 2015년 1월호, 5-57. [연구 Ⅹ-8]
121. 우리 사회의 성찰과 국가 발전(인촌기념회·동아일보사·채널A·고려대학교 주최, 광복 70년·분단 70년 건강하고 공정한 사회를 위한 심포지엄 「갈등을 넘어 상생으로」, 2015.1.19; 고려대학교 경영대학 LG-POSCO관 6층 안영일홀), 동 발표자료집, 5-19.

---

19) 이 글은 후에 한국민사법학회 편, 우리 민법학은 지금 어디에 서 있는가?(민사법학 제36호, 특별호)(2007.5), 709-759에도 수록되었다.
20) 이는 "民法改正. 韓國から日本へのメッセージ"라는 상위 제목을 달아 수록되었다.

122. 바람직한 법관상 — 기예와 지혜 사이(서울중앙지방법원 주최, 근대사법 및 한성재판소 설립 120주년 기념(1895~2015) 소통컨퍼런스 「역사에 비춰 본 바람직한 법관상」, 2015.5.11.; 서울법원종합청사 1층 대회의실), 동 자료집 10-19.[21)]

123. 비교사법의 최근 방법론, 한국비교사법학회 주최 2015년 하계 학술대회(2015.8.12; 한양대학교 제3법학관 501호), 동 발표자료집, 9-18.

124. 한국법의 과거와 현재 — 민법을 중심으로 한 개인적 회고(한양대학교 법학연구소 · 일본 關西大學 법학부 주최, 제15회 합동 국제학술대회 「최근 주요 법적 현안과 권리 구제」, 2015.8.26; 한양대학교 제2법학관 국제회의실), 동 발표자료집 3-23.

125. 법학의 도덕성 — 자기증식적 교과서 법학과 관련하여, 본질과 현상 2015년 겨울호(제42호), 88-101.

126. Erfüllungsverweigerung als selbständiger Typ der Vertragsverletzung im koreanischen Recht, in : *Sinn und Grenzen der Rechtsstaatlichkeit im Rechtssystem* (Das 7. Trilaterale Seminar von Hanyang Universität, Kansai Universität und Universität Konstanz, vom 1. bis zum 3. Okt. 2016 an Kansai Univertät in Osaka, Japan), 81-91.[22)]

127. 계약의 구속력의 근거 斷想 — 의사와 신뢰 사이, 民事法學 제77호(2016.12), 3-37.

128. 이 시대 사법부의 위상과 과제 — 대법원 6년의 경험으로부터, 법학연구(연세대학교 법학연구원) 제27권 1호(2017.3), 1-38. [연구 X-4]

129. Erfüllungsverweigerung als selbständiger Typ der Vertragsverletzung im koreanischen Recht, in : Rudolf Rengier und Rikizo Kuzuhara (Hrsg.), Globalisierung und kulturelle Gegensätze im gegenwärtigen Rechtsstaat: Vorträge des 7. Trilateralen deutsch-japanisch-koreanischen Seminars 1. - 3. Oktober 2016 in Osaka (Konstanzer Online-Publikations-System, https://kops.uni-konstanz.de/handle/123456789/39337), 2017.6, S.107-114.

130. 어느 법학교수가 살아온 이야기, 저스티스 제161호(2017.8), 383-396. [연구 X-1]

131. 미래 사회와 민법학(연세대학교 법학연구원 등 주최, 현대사회의 변화와 민법: 백태승 교수 정년퇴임 기념 학술세미나, 2017.11.4; 연세대학교 광복관 별관 국제회의장), 동 발표자료집, 7-22.

132. 최근의 일본민법 개정 : 주요 내용 개관, 2018.1.4. 및 1.5. 각 오후 5시부터 7시까지 법

21) 이는 그 요약본이 "기예와 지혜 사이 — 역사에 비추어 본 바람직한 법관상", 憲政(월간) 2015년 6월호, 90-93에 수록되었다.

22) 이는 후에 Konstanzer Online-Publikations-System, https://kops.uni-konstanz.de/handle/123456789/39337 (2017.6), 107-114로 전자출판되었다.

무법인 화우(아셈센타 34층 대형 강의실).[23] [연구 X-18]

133. 이자 등 지급의 시기·방법 등에 관한 새로운 약정과 민법 제163조 제1호의 단기소멸시효, 사법(법원도서관) 제43호(2018.3), 339-360. [연구 X-6]
134. 우리 민법의 과거와 현재, 그리고 미래(한국법제연구원 주최, 제31회 입법정책포럼, 2018.6.18; 그랜드인터컨티넨탈 서울 파르나스 호텔 로즈룸), 동 자료집, 1-14.
135. 김증한의 생애와 학문 — 개인적인 시각에서, 우리 법 70년 변화와 전망 : 私法을 중심으로 : 청헌 김증한 교수 30周忌 추모 논문집(법문사, 2018.10), ix-xxix. [연구 X-3]
136. 우리 민법학의 성과와 앞으로의 과제, 우리 법 70년 변화와 전망(앞의 134), 3-58. [연구 X-2]
137. 민법학에서 법철학은 무엇인가? — 개인적 점묘, 법철학연구(한국법철학회) 제22권 제1호(2019.4), 7-26.[24] [연구 X-5]
138. 이호정 선생님을 그리워하며 — 선생님의 삶과 학문에 대한 私的 追想, 자유주의자 李好珽의 삶과 학문(2019.12), 1-14.
139. 부동산물권 변동의 원인 —한국 민법, 민사법학 제89호(2019.12), 245-263.[25]
140. 민법 제150조의 입법목적과 유추적용 — 우리 민법의 숨은 조항, 사법(법원도서관) 제51호(2020.3), 275-303.
141. 민법 시행 60년: 회고와 전망, 민사법학 제93호(2020.12), 493-516.[26]

[판례 평석 및 판례 동향 기타]

1. 辨濟供託에 있어서의 供託物回收權에 대한 押留 및 轉付命令의 許否 — 대법원 1981년 2월 10일 판결 80다77사건, 민사판례연구 제6집(1984.4), 221-239. [연구 Ⅱ-9]
2. 會社經理社員의 어음僞造와 使用者責任 — 대법원 1985년 8월 13일 판결 84다카979사건, 고시계 1985년 12월호, 210-218. [산고, 262]
3. 賃貸借 종료 후 賃借人의 目的物 繼續占有와 不當利得 — 대법원 1984년 5월 15일 판

23) 이외에도 같은 주제로 김앤장, 법무법인 태평양, 법무법인 세종에서도 강의를 한 바 있다.

24) 이는 「법철학과 민법」이라는 주제의 한국법철학회 2018년 하반기 정기학술대회(2018년 12월 8일, 중앙대학교 법학관 208호)에서 행하여진 주제발표에 기한 것이다.

25) 이는 「동아시아의 물권 변동 법제」라는 주제의 2019년 한국민사법학회 추계 학술대회 겸 제9회 동아시아 민사법 국제학술대회(2019년 10월 26일, 성균관대학교 법학관 국제학술회의실(지하1층 모의법정))에서 행하여진 발표자료에 기한 것이다. 위 본문의 『민사법학』에는 위 발표에 대한 가네코(金子···) 교수의 「추가 코멘트」에 대한 코멘트도 수록되어 있다(296 이하).

26) 이는 「민법 시행 60년: 회고와 전망, 민법·민사소송법의 회고와 전망」이라는 주제로 행하여진 대법원·한국민사법학회·한국민사소송법학회 공동주최의 「민법·민사소송법 시행 60주년 공동학술대회」(2020년 11월 6일 및 7일, 대법원 401호 대회의실)에서의 주제발표에 기한 것이다.

결 83다카108사건, 서울대학교 법학 제27권 1호(1986.3), 197-212. [연구 Ⅱ-15]

4. 自然力이 가공한 손해발생과 손해배상책임 — 대법원 1985년 11월 12일 판결 84다카1968사건, 고시계 1986년 8월호, 135-145. [산고, 279]
5. 民法 제393조 제2항에서 정하는 “特別한 事情”의 豫見時期 — 대법원 1985년 9월 10일 판결 84다카1532사건, 민사판례연구 제9집(1987.2), 27-45. [연구 Ⅱ-5]
6. 主債務者에 대한 判決의 確定과 保證債務의 消滅時效期間 — 대법원 1986년 11월 25일 판결 86다카10305사건, 判例月報 제201호(1987.6), 55-61. [연구 Ⅱ-7]
7. 1987년의 學界와 判例: 民法의 判例, 월간고시 1987년 12월호, 40-57.
8. 1987년 民法判例 概觀(상)(중)(하), 법률신문 제1729호 내지 제1731호(1988.2.25; 2.29; 3.7). [연구 Ⅱ-附1]
9. 無權利者에 의한 處分과 權利者에 의한 追認 — 대법원 1981년 1월 13일 판결 79다카2151사건, 민사판례연구 제10집(1988.3), 12-35. [연구 Ⅱ-2]
10. 本權의 訴에서 敗訴한 占有者의 使用利益返還義務 — 대법원 1987년 1월 20일 판결 86다카1372사건, 大韓辯護士協會誌[27] 제144호(1988.8), 94-107. [연구 Ⅱ-3]
11. 他人 所有 物件의 競賣와 物上保證人의 擔保責任 — 대법원 1988년 4월 12일 판결 87다카2641사건, 판례월보 제216호(1988.9), 38-49. [연구 Ⅱ-11]
12. 1988년 民法判例 概觀(상)(중)(하), 법률신문 제1825호 내지 제1827호(1989.3.6; 3.13; 3.16). [연구 Ⅱ-附2]
13. 主債務者의 信用에 관한 保證人의 錯誤 — 대법원 1987년 7월 21일 판결 85다카2339사건, 민사판례연구 제11집(1989.4), 35-58. [연구 Ⅱ-1]
14. 不眞正連帶債務者 중의 1인이 한 相計의 다른 債務者에 대한 效力 — 대법원 1989년 3월 28일 판결 4994사건, 법률신문 제1847호(1989.5.29), 11. [연구 Ⅱ-6]
15. 賣渡證書의 交付와 書面에 의한 贈與 — 대법원 1988년 9월 27일 판결 86다카263사건, 人權과 正義 제158호(1989.10), 85-98. [연구 Ⅱ-10]
16. 他人의 物件에 관한 代物辨濟契約上의 責任 — 대법원 1987년 7월 7일 판결 86다카2943사건, 민사판례연구 제12집(1990.4), 125-144. [연구 Ⅱ-12]
17. 數量不足으로 인한 擔保責任을 묻는 買受人의 權利行使期間 — 대법원 1990년 3월 27일 판결 89다카17676사건,[28] 법률신문 제1939호(1990.5.31), 11.[29] [연구 Ⅱ-13]

27) 이는 대한변호사협회의 공식 협회지로서, 현재는 『人權과 正義』로 제호가 바뀌었다.
28) 이 대법원판결에 대하여는 본문에서 본 글에서와는 논점을 달리하여 뒤 20.의 판례평석을 별도로 작성·발표하였다.
29) 이 글은 뒤의 20.의 판례평석을 반영하여 대폭 보완·수정된 것이 민법연구, 제2권(1991), 275-291에 수록되었다.

18. 賃借保證金返還債權의 讓渡와 賃貸借契約의 黙示的 更新 — 대법원 1989년 4월 25일 판결 88다카4253사건, 서울대학교 법학 제31권 1·2호(1990.6), 175-197. [연구 Ⅱ-14]
19. 物上保證人이 提供한 抵當不動産의 任意競賣와 被擔保債權의 時效中斷 — 대법원 1990년 1월 12일 판결 89다카4946사건, 판례월보 제244호(1991.1), 30-43.
20. 地上建物의 再建築과 法定地上權 — 대법원 1990년 7월 10일 판결 90다카6399사건, 人權과 正義 제177호(1991.5), 94-111. [연구 Ⅱ-4]
21. 시효이익의 포기를 인정한 예/주채무자의 시효이익 포기가 보증인에게 미치는 효력 — 대법원 1991년 1월 29일 판결 89다카1114사건,[30] 법률신문 제2036호(1991.6.13), 11. [연구 Ⅲ-9]
22. 物上保證人의 辨濟代位와 附記登記의 要否 — 대법원 1990년 11월 9일 판결 90다카10305사건, 사법행정 제367호(1991.7), 77-87. [연구 Ⅱ-8]
23. 數量指定賣買의 認定과 過多支給된 賣買代金의 返還 — 대법원 1990년 3월 27일 판결 89다카17676사건, 판례월보 제253호(1991.10), 8-16.[31]
24. 민법 제60조에서 정하는 "제3자"의 範圍 — 대법원 1992년 2월 14일 판결 91다24564사건, 판례월보 제262호(1992.7), 46-57. [연구 Ⅲ-8]
25. 供託된 土地收用補償金에 대한 物上代位의 實行 — 대법원 1992년 7월 10일 결정 92마380사건, 법률신문 제2181호(1992.12.28), 15. [연구 Ⅲ-10]
26. 賣買目的土地의 收用과 補償金에 대한 代償請求權 — 대법원 1992년 5월 12일 판결 92다4581사건, 판례월보 제268호(1993.1), 28-40. [연구 Ⅲ-11]
27. 1992년 민법판례 개관, 人權과 正義 199호(1993.3), 35-57. [연구 Ⅲ-13]
28. 表見受領權者에의 供託物出給과 不當利得 — 대법원 1990년 5월 22일 판결 89다카1121사건, 민사판례연구 제15집(1993.5), 151-164. [연구 Ⅲ-12]
29. 1993년 민법판례 회고(상)(하), 人權과 正義 212호(1994.4), 29-39; 213호(1994.5), 17-33. [연구 Ⅲ-14]
30. 최근 중요 민사판례 동향[32], 대한변호사협회 제35회 변호사연수회 교재(1995.1), 155-172. [연구 Ⅳ-12]

---

30) 이 글은 후에 보완·수정된 것이 "時效利益의 抛棄와 保證關係"라고 제목을 바꾸어 민법연구, 제3권(1993), 361-369에 수록되었다.

31) 앞의 주 23 및 24 참조.

32) 이는 원래 부산에서 있었던 본문 기재의 연수회에서 행한 강연의 원고이다. 그 일부에 그 후에 나온 관련 재판례를 수정·가필한 것이, "최근 중요 민사판례 동향 (Ⅱ) — 토지소유권에 대한 장기취득시효 완성의 효과"라는 제목으로 민법연구, 제4권(1997), 409-423에 수록되었다.

31. 民事判例의 回顧와 展望, 판례월보 300호(1995.9), 59-65. [연구 Ⅳ-11][33]
32. 自動車保險約款의 無免許運轉免責條項에 대한 內容統制 — 대법원 1991년 12월 21일 판결 90다23899사건, 法과 正義(李會昌 화갑 기념 논문집)(1995.11), 728-761. [연구 Ⅳ-9]
33. 後順位抵當權者 있는 共同抵當不動産에 대한 競賣와 物上保證人의 地位 — 대법원 1994년 5월 10일 판결 93다25417사건, 人權과 正義 제234호(1996.2), 105-126. [연구 Ⅳ-8]
34. 醫療過誤判例의 最近動向, 한국의료법학회 1996년도 정기학술대회(1996.2.29; 영동세브란스병원 대강당) 발표 원고. [연구 Ⅳ-11][34]
35. 賣買豫約完結權의 行使期間의 起算點 — 대법원 1995년 11월 10일 판결 94다22682사건, 人權과 正義 제241호(1996.9), 130-141. [연구 Ⅳ-7]
36. 投宿客의 自動車 盜難에 대한 宿泊業者의 責任 — 대법원 1992년 2월 11일 판결 91다21800사건, 저스티스 제29권 2호(1996.10), 122-133. [연구 Ⅳ-10]
37. 內容이 變動하는 集合的 動産의 讓渡擔保와 그 産出物에 대한 效力 — 대법원 1996년 9월 10일 판결 96다25463사건, 저스티스 제30권 1호(1997.3), 107-122. [연구 Ⅴ-13]
38. 債權假押留 후 債務者와 第三債務者 간의 契約關係 消滅에 관한 合意의 效力 — 대법원 1998년 1월 23일 판결 96다53192사건, 저스티스 제31권 2호(1998.6), 122-141. [연구 Ⅴ-14]
39. 建物의 所有와 敷地占有 — 대법원 1993년 10월 10일 판결 93다2483사건, 재판의 한길(金容俊 헌법재판소장 화갑 기념 논문집)(1998.12), 692-709. [연구 Ⅴ-12]
40. 『判例硏究』를 읽고, 판례연구(부산판례연구회) 제10집(1999.2), 471-479. [연구 Ⅵ-1]
41. 20세기를 대표하는 각 분야별 판례 20선: 민법 판례 20선(채권편), 人權과 正義 제289호(2000.9), 88-131.
42. 임대차관계의 종료로 인한 목적물인도의무와 보증금반환의무의 동시이행관계: 민사중요판례연구①, 고시연구 2000년 9월호, 106-113.
43. 불법원인급여로 소유권이 양도된 경우 수익자의 물권적 청구권 행사의 가부와 소유권의 귀속: 민사중요판례연구②, 고시연구 2000년 10월호, 189-198.
44. 채권압류에서 제3채무자가 채무자에 대한 반대채권에 기한 상계로써 압류채권자에게 대항할 수 있는 범위: 민사중요판례연구③, 고시연구 2000년 11월호, 205-212.

---

33) 이 중 일부는 후에 "최근 중요 민사판례 동향 (Ⅰ) — 토지거래를 중심으로"라는 제목으로 민법연구, 제4권(1997), 391-408에 수록되었다.

34) 이는 후에 "최근 중요 민사판례 동향 (Ⅲ) — 의료과오"라는 제목으로 민법연구, 제4권(1997), 425-449에 수록되었다.

45. 계속적 보증에서 보증인의 책임제한: 민사중요판례연구④, 고시연구 2000년 12월호, 290-300.
46. 공해소송에서 인과관계의 입증: 민사중요판례연구⑤, 고시연구 2001년 1월호, 124-131.
47. 주택임대차에 기한 보증금우선변제권과 대항력 간의 관계: 민사중요판례⑥, 고시연구 2001년 2월호, 113-121.
48. 언론 기타 대중매체에 의한 명예훼손에 대한 위법성 판단: 민사중요판례연구⑦, 고시연구 2001년 3월호, 73-87.
49. 사정변경으로 인한 계속적 보증의 해지: 민사중요판례연구⑧, 고시연구 2001년 4월호, 166-175.
50. 履行不能의 效果로서의 代償請求權: 민사중요판례연구⑨, 고시연구 2001년 5월호, 179-189.
51. 不動産假押留의 時效中斷效의 終了時期 — 대법원 2000.4.25. 판결 2000다11102사건, 人權과 正義 제297호(2001.5), 120-137. [연구 Ⅵ-16]
52. 債權者代位에 의한 處分禁止效가 제3채무자가 채무자의 채무불이행을 이유로 賣買契約을 解除하는 것에도 미치는가? — 대법원 2003년 1월 10일 판결 2000다27343사건, 법률신문 제3160호(2003.4.7), 14. [연구 Ⅶ-11]
53. 분양대금채권의 일부 양도와 계약해제 후의 동시이행관계 — 대법원 2003년 1월 24일 선고 2000다22850 판결, 법률신문 제3169호(2003.5.12), 14.[35]
54. 최근 중요 민사판례 동향, 人權과 正義 제325호(2003.9), 68-95. [연구 Ⅶ-13]
55. 채권자취소권에 관한 최근 판례, 고시계 2003년 11월호, 25-40.
56. 2003년 民事判例 管見, 人權과 正義 제332호(2004.4), 53-76. [연구 Ⅷ-11]
57. 2003년도 분야별 중요판례 분석: 재산법, 법률신문 제3268호(2004.5.20), 8-9.
58. 채무자 소유 아닌 부동산에 대한 경매와 담보책임 — 대법원 2004년 6월 24일 판결 2003다59259사건, 법률신문 제3296호(2004.9.6), 14-15. [민법 Ⅷ-10]
59. 2004년 분야별 중요판례 분석: 민법 채권편, 법률신문 제3343호(2005.3.3), 8-9.
60. 언론보도로 인한 명예훼손의 법문제에 관한 대법원판례의 동향, 언론중재 2005년 봄호, 54-65.
61. 2004년 民事判例 管見, 人權과 正義 2005년 4월호, 79-103. [연구 Ⅷ-12]
62. 2005년 분야별 중요판례 분석: 민사 채권편, 법률신문 제3439호(2006.3.2), 10-11.

35) 이 글은 후에 "매매대금채권 일부의 양수인이 대금을 수령한 후에 매매계약이 해제된 경우 그 금전반환의무는 매수인의 목적물인도의무와 동시이행관계에 있는가?"라는 제목으로 민법연구, 제7권(2003), 367-376에 수록되었다.

63. 2005년도 民事判例 管見, 서울대학교 법학 제47권 1호(2006.3), 297-340. [연구 Ⅸ-12]
64. 목적 토지상 근저당권의 피담보채무를 변제한 시효취득자의 채무자에 대한 구상권 — 대법원 2006년 5월 12일 선고 2005다75910사건, 법률신문 제3473호(2006.7.10), 15. [연구 Ⅸ-10]
65. 토지저당권에 기한 방해배제와 건물신축행위의 중지청구 — 대법원 2006년 1월 27일 판결 2003다58454사건, 법률신문 제3479호(2006.8.7.), 15. [연구 Ⅹ-12]
66. 2006년도 학계와 판례의 동향: 민법, 고시계 2007년 1월호, 34-51.
67. 공서양속에 반하는 이자약정에서 임의로 지급된 초과 이자의 반환청구 — 대법원 전원합의체 2007년 2월 15일 판결 2004다50426사건, 법률신문 제3542호(2007.4.2), 14-15. [연구 Ⅸ-11]
68. 2006년 분야별 중요판례 분석: 채권, 법률신문 제3558호(2007.5.31), 10-11.
69. 2006년도 民事判例 管見, 서울대학교 법학 48권 2호(2007.6), 116-169. [연구 Ⅸ-13]
70. 2007년 분야별 중요판례분석: 민법 채권, 법률신문 제3642호(2008.4.17), 12-13. [연구 Ⅹ-15]
71. 채무자의 시효이익 포기는 그 후의 저당부동산 제3취득자에 대하여도 효력이 미치는가? — 대법원 2015년 6월 11일 판결 2015다200227사건, 법률신문 제4338호(2015.7.27.), 11. [연구 Ⅹ-13]
72. 자살면책제한조항에 의한 '보험사고'의 확장? — 대법원 2007년 9월 6일 선고 2006다55005 판결의 射程範圍, 법률신문 제4359호(2015.10.19.), 11. [연구 Ⅹ-14]
73. 후순위저당권자는 소멸시효 원용할 수 없는가? — 대법원 2021. 2. 25. 선고 2016다232597 판결, 법률신문 제4887호(2021.5.3), 13.

[번역 논문 · 자료 기타]

1. 레오 라페, 擔保物權 및 讓渡擔保에 있어서의 流擔保約定, 사법행정 제248호(1981.8), 23-33; 제249호(1981.9), 38-45; 제251호(1981.11), 35-42.
2. 츠바이게르트/쾨츠, 獨逸私法의 歷史, 한독법학 제6호(1988.4), 93-109. [논선 Ⅳ]
3. 칼 라렌츠, 賣買契約과 所有權讓渡, 월간고시 1987년 11월호, 129-146. [논선 Ⅴ]
4. 헬무트 코잉, 19세기의 歷史的 法敎義學으로서의 信託理論, 고시계 1989년 6월호, 238-250. [논선 Ⅶ]
5. 에르빈 도이취, 獨逸法에서의 因果關係의 證明과 立證輕減, 저스티스 제23권 2호

(1990.12), 111-123. [논선 Ⅷ]

6. 資料: 獨逸의 「消費者信用法」(Verbraucherkreditgesetz), 서울대학교 법학 제32권 1·2호(1991.8), 177-186.
7. 칼 크뢰셸, 「게르만적」 소유권개념의 이론에 대하여, 서울대학교 법학 제34권 1호(1993.2), 205-241. [논선 Ⅵ]
8. 데이빗 드뷔셰르/로버트 헤프트, 美國의 製造物責任法, 저스티스 제27권 1호(1994.7), 25-54.
9. 사비니, 『現代로마法體系』 序言, 서울대학교 법학 제36권 3·4호(1995.12), 172-189. [논선 Ⅰ]
10. 라이너 프랑크, 친권법의 기본문제, 서울대학교 법학 제37권 3·4호(1996.12), 77-92.(金相瑢과 공역) [논선 Ⅸ]
11. 예링, "다시 地上에서 — 어떻게 개선할 것인가?", 서울대학교 법학 제39권 3호(1998.11), 73-101. [논선 Ⅱ]
12. 자료: 독일의 새로운 임대차법, 서울대학교 법학 제43권 2호(2002.6), 288-314.
13. 자료: 「유럽계약법원칙」 제3부, 서울대학교 법학 제44권 4호(2003.12), 387-405.
14. 유럽계약법전 예비안(파비아 草案) 제1부 (Ⅰ)(Ⅱ)(Ⅲ·완), 서울대학교 법학 제45권 3호(2004.9), 505-528; 제45권 4호(2004.12), 518-546; 제46권 1호(2005.3), 598-528(김형석과 공역)
15. 마르케시니스, 比較法學者의 破壞的인 役割과 建設的인 役割, 비교법과 법학연구(Ⅱ): 민법(서울대학교 BK21 법학연구단 법제도비교연구센터, 2004년 제2차 학술대회(2004.12.9. 서울대학교 법과대학 17동 6층 서암홀), 동 발표자료집, 1-17. [논선 Ⅲ][36]
16. 헨리 섬너 메인, 『고대법(Ancient Law)』 제6장: 遺言相續의 初期 歷史, 서울대학교 법학 제49권 3호(2008.9), 502-532. [연구 Ⅹ-11]

[고시잡지 기타]

1. 不法行爲의 요건으로서의 違法性, 월간고시 1985년 10월호, 38-45.
2. 占有離脫動産의 소유권 양도, 고시계 1986년 2월호, 201-209. [산고, 111]
3. 賃借人의 無斷轉貸를 이유로 하는 賃貸人의 권리, 고시계 1987년 6월호, 97-107. [산고, 189]
4. 自己契約의 禁止 — 由來와 規定目的, 고시계 1988년 4월호, 67-74. [산고, 76]

36) 이는 후에 —독일 학자의 글이 아님에도— 독일민법학논문선(2005), 81-106에 예외적으로 수록되었다.

5. 胎兒의 權利能力, 고시연구 1988년 6월호, 43-49.
6. 失踪宣告의 取消, 월간고시 1988년 6월호, 14-22.
7. 民法 제733조에 관한 斷片, 고시계 1988년 9월호, 85-96. [산고, 205]
8. 民法 제601조에 대한 小考, 고시계 1989년 8월호, 148-156. [산고, 175]
9. 負擔 있는 不動産의 賣買, 고시연구 1989년 11월호, 70-78. [산고, 381]
10. 物權의 目的, 고시계 1990년 3월호, 116-123.
11. 製造物責任, 제3기 사법발전연구과정(서울대학교 법학연구소) 강의자료(1990.4). [산고, 294]
12. 登記 없이 일어나는 不動産物權變動, 사법행정 1990년 6월호, 62-71.
13. 消滅時效에 걸리는 權利, 고시연구 1990년 6월호, 35-42.
14. 同時履行의 抗辯權, 고시계 1990년 7월호, 92-107.
15. 危險負擔, 고시연구 1990년 12월호, 40-52.
16. 他人의 土地 위에 있는 建物, 고시계 1991년 2월호, 92-102. [산고, 124]
17. 債權者取消權의 被保全債權과 詐害行爲, 고시계 1991년 4월호, 25-37.
18. 住宅賃貸借와 目的物의 讓渡 또는 任意競賣, 월간고시 1992년 1월호, 62-73.
19. 傳貰權, 고시계 1992년 3월호, 90-119.
20. 自然債務·債務와 責任, 월간고시 1992년 5월호, 60-72.
21. 利子債權, 고시연구 1992년 5월호, 85-99.
22. 相計適狀, 월간고시 1992년 7월호, 66-83.
23. 違約金約定, 고시계 1992년 9월호, 15-26.
24. 供託, 고시연구 1992년 10월호, 92-111.
25. 未成年者가 單獨으로 할 수 있는 法律行爲, 고시연구 1994년 8월호, 169-175.
26. 消滅時效完成의 效果, 고시계 1994년 9월호, 145-153.
27. 成年者扶助制度 — 限定治産·禁治産, 고시연구 1994년 12월호, 62-73. [산고, 50]
28. 消滅時效의 中斷, 고시계 1995년 8월호, 85-104.
29. 債權者遲滯, 법정고시 1995년 11월호, 107-123.
30. 제38회 司法試驗 및 軍法務官 제2차시험 채점소감: 민법,[37] 고시연구 1996년 12월호, 215-229. [산고, 355]
31. 債務引受, 고시연구 1997년 11월호, 58-71.
32. 法人의 機關, 법정고시 97년 11월호, 10-26.
33. 分割債權·分割債務, 고시연구 1998년 2월호, 130-138.

37) 이 글은 원래 "법적 사고의 구체적 전개 — 사법시험 채점소감"라는 제목으로 실렸다.

34. 民法 강의에 앞서서 — 신입생을 위한 공부방법론, 법정고시 1998년 3월호, 247-253. [산고, 343]
35. 財産과 物件, 고시연구 1998년 9월호, 31-38.
36. 제41회 司法試驗 제2차시험 채점평: 민법,[38] 고시연구 1999년 12월호, 313-327. [산책, 283]
37. 民法改正作業의 지금까지의 經過, 고시계 2000년 9월호, 129-136.
38. 채권자지체, 고시계 2000년 11월호, 5-19.
39. 期限前 辨濟와 不當利得, 고시연구 2003년 8월호, 111-125.
40. 道義觀念에 適合한 辨濟, 고시계 2003년 8월호, 31-41.
41. 제45회 司法試驗·제17회 軍法務官試驗 제2차시험 채점평: 민법(제1문),[39] 고시계 2004년 1월호, 181-198. [산책, 318]
42. 民法工夫, 어떻게 할 것인가?, 고시계 2004년 3월호, 13-28.[40]
43. 抵當權의 相續과 混同으로 인한 消滅, 고시연구 2004년 4월호, 113-122. [산책, 198]
44. 代理行爲에서의 法律效果 발생 — 事案問題는 어떻게 해결되어야 하는가?, 고시계 2004년 5월호, 77-82.
45. 婚姻外 子의 認知와 父의 死亡으로 인한 損害賠償, 고시연구 2004년 5월호, 75-82. [산책, 216]
46. 공동근저당권에서 채권최고액의 의미, 고시계 2004년 10월호, 47-59.
47. 自動車事故로 인한 損害賠償請求權의 混同과 相續抛棄, 고시연구 2005년 5월호, 71-84. [산책, 229]
48. 不動産을 轉買한 사람의 不動産取得 確保方案 等, 고시계 2005년 11월호, 68-77. [산책, 177]
49. 제48회 司法試驗 제2차 模範答案 및 講評: 민법, 고시계 2006년 8월호, 299-301, 305.
50. 契約의 無權代理에 관한 몇 가지 問題, 고시계 2007년 7월호, 44-55.
51. 초보자를 위한 민법 공부 방법론, 고시계 2008년 3월호, 22-35.

[교양을 위한 민법 또는 법 기타]

1. 最優先辨濟權 있는 賃金債權의 滿足으로 인한 後順位權利者의 法的 地位, 오늘의 法

38) 이 글은 원래 "법의 적용과 사안 해결 — 제41회 사법시험 제2차시험 민법 채점소감"라는 제목으로 실렸다.
39) 이 글은 원래 "법 공부의 현재 상황을 점검한다 — 제45회 사법시험 제2차시험 민법 채점소감"라는 제목으로 실렸다.
40) 이 글은 후에 수정·보완되어, 고시계 2006년 3월호, 17-29에도 실렸다.

律[41] 제96호(1997.1), 3048-3049. [산고, 148]

2. 憲法制定 후 日政法令의 效力, 오늘의 法律 제97호(1997.2), 3080-3081. [산고, 43]
3. 民法과 知的財産權法, 오늘의 法律 제98호(1997.3), 3110-3111.
4. 債權者의 擔保確保義務 위반으로 인한 保證人의 免責, 오늘의 法律 제99호(1997.4), 3144-3145. [산고, 148]
5. 法學古書, 오늘의 法律 제100호(1997.5), 3176-3177. [산고, 8]
6. 공법상 규정의 계약적 효력, 오늘의 法律 제101호(1997.6), 3208-3209. [산고, 168]
7. 名義信託財産의 登記還元(Ⅰ)(Ⅱ·완), 오늘의 法律 제102호(1997.7), 3240-3241; 103호(1997. 8), 3272-3273. [연구 V-5][42]
8. 파스칼과 法, 오늘의 法律 제104호(1997.9), 3306-3307. [산고, 15]
9. 메인의 『古代法』, 오늘의 法律 제106호(1997.11), 3368-3369. [산고, 24]
10. 市場歪曲行爲로 인한 不法行爲와 損害 등의 認定(Ⅰ)(Ⅱ)(Ⅲ·완), 오늘의 法律 제107호(1997.12), 3398-3399; 제108호(1998.1), 3434-3435; 제109호(1998.2), 3466-3467.
11. 사비니와 괴테, 오늘의 法律 제110호(1998.3), 3496-3497. [산고, 31]
12. 第三者의 詐欺로 인한 法律行爲의 取消, 오늘의 法律 제114호(1998.7), 3624-3625. [산고, 67]
13. 은행에 납입한 사립학교의 등록금에 대한 압류의 허용 여부(Ⅰ)(Ⅱ·완), 오늘의 法律 제115호(1998.8), 3650-3651; 제116호(1998.9), 3682-3683.
14. 저당권의 효력이 미치는 동산의 반출과 방해배제청구, 오늘의 法律 제117호(1998.10), 3714-3715. [산책, 87]
15. 예링의 사비니 추도문, 오늘의 法律 제118호(1998.11), 3746-3747. [산책, 3]
16. 名義信託財産의 登記還元에 관한 最近의 裁判例(Ⅰ)(Ⅱ)(Ⅲ)(Ⅳ·완), 오늘의 法律 제123호(1999.4), 3906-3907; 제124호(1999.5), 3938-3939; 제125호(1999.6), 3970-3971; 제126호(1999.7), 4002-4003. [연구 V-5][43]
17. 미국 연방대법원의 最惡判決 10選, 오늘의 法律 제130호(1999.11), 4130-4131. [산책, 12][44]
18. 미국 연방대법원의 좋은 判決 10選, 오늘의 法律 제131호(1999.12), 4162-4163. [산책,

41) 이제는 아예 잊혀진 듯한데 『오늘의 法律』은 오래 전부터 법전의 간행도 해 온 玄岩社에서 16면 정도로 매월 발간하던 뉴스레터 형식의 법률 또는 법학 관련 정기간행물이다. 그 편집자의 "자유롭게 써도 좋다"는 청을 받아들여, 이 항목의 1.부터 23.까지 3년 반 이상에 걸쳐 「민법 이야기」라는 일반 제목 아래 200자 원고지 약 20매의 글을 계속 게재하였다. 이러한 글쓰기가 나중에 『법원사람들』의 연재로 이어졌다고 해도 좋을 것이다.

42) 이 글은 이 난([교양을 위한 민법 …])의 16.의 글과 함께 민법연구, 제5권(1999), 181-200에 수록되었다.

43) 위의 주 32 참조.

44) 이 글은 후에 "미국 연방대법원의 나쁜 판결 10선"이라는 제목으로 민법산책(2006), 23-32에 수록되었다.

23]

19. 통일 후 이산가족의 재산권문제(상)(하), 오늘의 法律 제132호(2000.1), 4194-4195; 제133호(2000.2), 4226-4227. [산책, 69]
20. 子의 이름에 대하여(상)(하), 오늘의 法律 제135호(2000.4), 4290-4291; 제136호(2000.5), 4322- 4323. [산책, 131]
21. 假押留의 時效中斷效의 終期, 오늘의 法律 제137호(2000.6), 4354-55.
22. 사비니의 소멸시효론, 오늘의 法律 제138호(2000.7), 4386-87. [산책, 59]
23. 가등기담보법의 적용범위(상)(하), 오늘의 法律 제139호(2000.8), 4418-19; 140호(2000.9), 4450-51.
24. 우리 법 이야기 (1) : 성전환자의 법적 처리 — 소수자 인권에의 배려, 본질과 현상 2016년 겨울호(제46호), 92-104.
25. 우리 법 이야기 (2) : 소멸시효라는 제도와 과거사의 '청산', 본질과 현상 2017년 봄호(제47호), 91-103.
26. 우리 법 이야기 (3) : 우리 법 또는 법학의 대외 의존성에 대하여, 본질과 현상 2017년 가을호(제49호), 131-146.
27. 우리 법 이야기 (4) : 우리 국민은 소송을 꺼리는가?, 본질과 현상 2017년 겨울호(제50호), 133-144.
28. 우리 법 이야기 (5) : 청탁에 대하여 — 법관에 대한 신뢰와 우리 사회의 문법 (1), 본질과 현상 2018년 봄호(제51호), 110-122.
29. 우리 법 이야기 (6) : 이상적인 법관의 모습에 대하여, 본질과 현상 2018년 가을호(제53호), 124-134.
30. 우리 법 이야기 (7) : 우리 법학의 출발점에 대한 단상, 본질과 현상 2018년 겨울호(제54호), 138-147.
31. 우리 법 이야기 (8) : 어느 젊은이가 법학교수가 되기까지, 본질과현상 2019년 여름호(제56호), 135-144.
32. 우리 법 이야기 (9) : 남북통일 후 이산 가족의 재산권 문제, 2019년 가을호(제57호), 80-93.
33. 우리 법 이야기 (10 · 終) : 우리 법학 교육의 문제점, 본질과현상 2019년 겨울호(제58호), 70-81.

[인터뷰 기타]

1. 교수님과의 대화: 양창수 교수님을 만나다, 스누로(SNULAW)[서울대 법대 학생 자치잡지], 2006년 4월호, 30-39.
2. 문화초대석(인터뷰), 문화일보 2006.8.26.자, 26.
3. 인터뷰: People건국&건국인: 상허대상 법률부문 수상자 양창수("우리 현실에 맞는 민법, 체계화 위한 끊임없는 천착"), Dream건국 117호(2008년 Summer), 26.
4. 제주인 초대석 : 양창수 대법관에게 듣는다, 서울제주도민회신문 64호(2011.9.25), 2.
5. 인터뷰: 내달 7일 퇴임하는 양창수 대법관("독수리 5형제와 이견 없었다 … 법관 보수·진보 구분 찬성 못해"), 중앙일보 2014.8.30.자, 12-13.
6. 법조라운지: 퇴임하는 양창수 대법관("나는 공부하는 사람… 책 읽고 글 쓸 때가 가장 행복"), 법률신문 4251호(2014.9.1), 17-18.
7. 바람과 돌 위에 핀 꽃 제주인(제주를 빛낸 탐라인(재외도민) 발굴 프로젝트) (1): 양창수 前 대법관("'역사에 남는 대법관 돼야 한다' 욕심 경계 / 우리나라 민법학의 최고 권위자로 '우뚝'"), 제주新보 2016.7.22.자, 1 및 7.[45]
8. 인터뷰: "학자의 길로 돌아온 법관, 양창수 교수 — 판사에서 학자로, 학자에서 대법관으로, 그리고 다시 학자의 길로", 인터넷한양 2016.10.23.자 (http://hanyang.ac.kr/surl/jUqB)
9. 인터뷰 : 양창수 전 대법관("법학 교육에 변화 있어야 할 때 — 과목, 영역의 구분 허물고 문제 해결 지향의 교육 필요"), 법률저널 911호(2016.11.11), 5.[46]
10. 로리뷰가 만난 사람들: 민법의 대가 양창수 교수님과 함께 한 오후, KNU LAW REVIEW (경북대학교 법학전문대학원) 7호(2017.9), 6-11.
11. 대담 : 한획이 만난 사람, 한획(한양대학교 법학전문대학원) 2018년 4호(2018.1), 151-165.

[편집 기타]

1. 한국행정과학연구소 편(편집대표 김도창), 행정판례집(상)(중)(하)(1976) ('편집보조위원')
2. 損害賠償法의 諸問題: 黃迪仁 교수 화갑 기념 논문집(1990) (편집위원)

45) 이 인터뷰 기사는 제주신보 간행, 바람과 돌 위에 핀 꽃, 제주인: 제주를 빛낸 탐라인(재외도민) 발굴 프로젝트(2016.12), 12-23에 그대로 수록되었다.

46) 이 인터뷰 기사는 그 후에 "법과 오늘 — 이 시대 법조인 36인이 말하는"(법률저널, 2017.11), 46-57에 그대로 수록되었다.

3. 民法學의 한 平生을 돌아보며 — 郭潤直 선생님의 人生과 學問을 듣는 座談會, 郭潤直, 『厚巖民法論集』(1991), 685-762. (공동대담자)
4. 곽윤직 편집대표, 民法注解[Ⅰ] ~ [XIX](1992-2005) (편집위원)
5. 民法學論叢 · 第二: 郭潤直 교수 고희 기념 논문집(1995.12) (편집위원)
6. 法實踐의 諸問題: 金仁燮 변호사 화갑 기념 논문집(1996.12) (편집위원)
7. 法律行爲論의 史的展開와 課題: 李好珽 교수 화갑 기념 논문집(1998.2) (편집위원)
8. 재판의 한길: 金容俊 헌법재판소장 화갑 기념 논문집(1998.12) (편집위원 겸 간행위원)
9. 한국민법이론의 발전: 이영준 박사 화갑 기념 논문집(1999.11) (편집위원)
10. 宋相現 선생 화갑 기념 논문집 제2권(2002.1) (간행위원)
11. 저스티스(한국법학원 발간) (2002년 10월부터 편집위원, 2004년 2월부터 2008년 9월까지 편집위원장)
12. 民法學의 現代的 樣相: 徐敏 교수 정년 기념 논문집(2006) (간행위원)
13. 우리 법 70년 변화와 전망 — 사법을 중심으로 : 청헌 김증한 교수 30周忌 추모 논문집 (2018.10) (간행위원)
14. 자유주의자 이호정의 삶과 학문 : 이호정 교수 추모문집 (2019.12) (간행위원)

[시평 · 수필 · 강연 · 토론 · 좌담회 기타][47]

1. 美國의 知的所有權法 교육에 관한 感想, KIPS消息 7호(1987.3.31), 1.
2. 내 고향 濟州의 여름, 제주신문 1987.8.18.자, 4.
3. 판사에 대한 人事權과 사법권 독립, 법률신문 1696호(1987.8.31), 12.
4. 司法府 독립의 길은 어디에, 서울신문 1988.3.8.자, 7.
5. 司法府를 혁신하라, 월간조선 1988년 7월호, 291-299.
6. 표견대리냐, 표현대리냐, 법률신문 제1782호(1988.9.15), 4. [산고, 87]
7. 인간의 얼굴을 한 社會主義, 셰프라인(社報 우성) 제8호(1989년 겨울호), 4-5.
8. 司法府는 改革의 禁域인가, 世界와 나 1990년 7월호, 100-107.
9. 不動産登記特別措置法案의 문제점, 법률신문 제1952호(1990.7.16), 14. [산고, 101]
10. 討論: 부동산등기특별조치법안에 대한 검토, 人權과 正義 제167호(1990.7), 27-31.

47) 그 외에 2004년부터 2012년까지 사이에 민사판례연구회, 한국민사법학회 및 대법원 민사실무연구회의 회장으로서 그 정기간행물 『민사판례연구』, 『민사법학』 및 『민사실무의 제문제』가 발간될 때마다 '머리말' 등을 써서 실었고, 기념 논문집의 편집위원장으로서 '賀序'도 있다. 그러고 보니 1992년부터 2004년까지 사이에 서울대 법대 연극반(나중에 반원들은 이 모임을 '연극사단' 또는 '법대 연극사단'으로 자칭하였다)의 지도교수로서 그 공연 팸플릿에 '지도교수의 말' 또는 '격려사' 등으로 쓴 것도 여럿 있다.

11. 討論: 公共福利와 財産權 — 土地財産權에 대한 제한과 그 한계, 토지정책의 방향과 과제(전경련문고 38)(1990.9), 105-109. [산고, 95]
12. 지정토론: 정종휴, "비교적 시야에서 본 한국민법전"(1990.6.29. 한국법사학회 제12회 정례세미나), 法史學研究 제12호(1991.12), 139-143.[48]
13. 종합토론: 韓國의 法學教育 — 反省과 改革, 서울대학교 법학 제33권 1호(1992.3), 73-76.
14. 토론: 남북 교류·협력 본격화시 예상되는 국내법체계상의 문제점과 그 대책, 서울대학교 법학 제34권 1호(1993. 2), 50-51.
15. 大法官 제청과 의견수렴, 중앙일보 1994.7.22.자, 5.
16. 남과 다르면 不安한 사회, 중앙일보 1994.8.18.자, 5.[49]
17. 시급한 뇌사·장기이식 지침, 중앙일보 1994.9.15.자, 5.
18. 동성동본금혼의 문제, 중앙일보 1994.10.20.자, 5.
19. 『明心寶鑑』 시대는 지났다, 중앙일보 1994.11.17.자, 5.
20. 부끄러웠던 한 해, 중앙일보 1994.12.29.자 5.
21. 좌담회: 土地去來實名制, 人權과 正義 제227호(1995.7), 9-43.
22. 討論: WTO體制와 韓國法曹界의 對應, 제7회 법의 지배를 위한 변호사대회(1995.8.11), 人權과 正義 제229호(1995.9), 74-76.
23. 논쟁 '서울대특별법' 제정: 찬성의견, 중앙일보 1996.4.20.자, 7.
24. 한국논단: 改憲의 필요성, 한국일보 1996.11.14.자, 5.
25. 회고기: 연극이 뭐길래(「난장이가 쏘아올린 작은 공」 팸플릿. 서울대 개교 50주년 기념 공연), 7.
25. 한국논단: 제2외국어와 '세계화', 한국일보 1996.12.26.자, 5.[50]
26. 한국논단: 용납할 수 없는 세 가지, 한국일보 1997.2.13.자, 5.
27. 민법학의 어려움: 法學論文賞 受賞人事, 韓國法學院報 제73호(1997.2), 12-13. [산고, 3]
28. 한국논단: 아들 허물은 아비 허물?, 한국일보 1997.3.13.자, 5.
29. 한국논단: 기본도덕 살아 있나, 한국일보 1997.4.17.자, 5.
30. 한국논단: 나에게 自我가 있나, 한국일보 1997.5.15.자, 5.

---

48) 위 주 5 참조.

49) 이 글은 『신문 명칼럼 컬렉션 2』(문이당; 1995.5), 134-136에도 수록되었다.

50) 이 글은 일본어 및 영어로 번역되어 각기 "第二外國語と「世界化」", コリア·フォーカス — 最近の話題と論調(韓國國際交流財團 발행), 5권 1호:1997년 1월-2월, 49-51 및 Globalization and Foreign Languages, *KOREA FOCUS on current topics*(Korea Foundation), Vol.5, No.1, 162-164에 수록되었다.

31. 한국논단: 혁명의 완성을 위하여, 한국일보 1997.6.19.자, 5.
31. 한국논단: 처량한 우리 大學, 한국일보 1997.7.17.자, 5.
32. 한국논단: '대쪽'이라는 이미지, 한국일보 1997.8.21.자, 5.
33. 討論: 惡意의 無斷占有와 自主占有, 判例實務硏究 제1집(1997.9), 407-419(발언). [산고, 142]
34. 討論: 不當配當과 不當利得返還請求, 判例實務硏究 제1집(1997.9), 610-613. [산고, 220]
35. 한국논단: 종말에야 아는 행복, 한국일보 1997.9.18.자, 5.
36. 한국논단: 우리나라는 아직 …, 한국일보 1997.10.16.자, 5.
37. 한국논단: 초심으로 돌아가라, 한국일보 1997.11.13.자, 5.
38. 그리운 문채기 선생님, 원봉교육자료집발간위원회 간, 敎壇의 黎明(圓峰 文采基 先生 정년퇴임 기념)(1998.2), 60-61.
39. 판결문에서의 숫자, 법률신문 제2693호(1998.5.14), 16. [산책, 277]
40. '法學전문대학원' 신설 — 이래서 반대, 조선일보 1999.9.12,자, 6.
41. 시론: 대법원 인사청문회에 바란다, 조선일보 2000.7.3.자, 7.
42. 지정토론: 사법시험법 · 동법 시행령 제정 공청회(법무부 주최, 2000.7.21. 서초동 변호사 회관 대회의실), 위 공청회 자료, 44-51.[51)]
43. 21세기의 한국변호사에 바란다, 시민과변호사(서울지방변호사회), 2001년 1월호, 58-60. [산책, 259]
44. 민법개정 방향에 관한 좌담회, 人權과 正義 제293호(2001.1), 8-37.
45. 포럼: 생활밀착형 민법 돼야, 문화일보 2002.12.27.자, 6.
46. 좌담회: 특집 민법개정, 「민법개정(총칙편)」; 「민법개정(물권 · 채권편)」, 人權과 正義 제319호(2003.3), 9-45; 320호(2003.4), 8-35.
47. 토론: 독점규제법의 집행기구 및 절차의 개선, 이창희 · 장승화 편저, 절차적 정의와 법의 지배(서울대학교 법학연구소 MS법의지배센타 연구시리즈 2003-1)(2003.6), 216- 219.
48. 시론: 대법관 공개추천 재고해야, 조선일보 2003.8.5.자, A27.
49. 좌담회: 특집 '동북아시아 매매법의 통일' 좌담회, 人權과 正義 제324호(2003.8), 6-29.
50. 朴禹東 변호사의 『변호사실 안팎』을 읽고, 법률신문 제3213호(2003.10.23), 15. [산책, 265]
51. 우리 젊은 정완호 선생님, 한국교원대학교 발간, 東山 鄭玩鎬 文集(한국교원대학교 총장

51) 이는 "사법시험법 · 동법시행령 제정안에 대한 지정토론"이라는 제목으로 사단법인 한국법학교수회보 제2000-2호(2000.8), 13-16에도 수록되었다.

퇴임 기념)(2004.2), 448-49.

52. 시론: 민법과 개인의 가치, 조선일보 2004.6.7.자, A31면.
53. 좌담회: 민법개정작업의 경과와 의의 — 민법개정특별분과위원회 그 활동과 방향을 중심으로, JURIST 제407호(2004.8), 10-23.
54. 인사말: 연구의 기본 설비를 하루 빨리, SNU BK LAW21 Newsletter 제5권 1호(2005년 상반기), 2-3. [산책, 255]
55. 公人과 프라이버시, 매일경제신문 2005.4.26.자, A6.
55. 「법고을」 유감 [산책, 271][52]
56. 권두시론: 법무사 직무의 독립성에 대하여, 법무사저널 2006년 1·2월호, 6-7.
57. 更改는 경개인가, 갱개인가?, 법률신문 제3595호(2007.10.18), 13면.
58. 토론: 김인섭, "선진화 문턱에서 본 한국 법치주의의 현주소", 굿소사이어티 편, 대한민국 60년. 성찰과 전망(지식산업사: 2008), 법치 분야 발제, 456-469.
59. 취임사: 자랑스러운 전통 안에 다시 몸담으며, 법원사람들(법원 뉴스레터, 월간) 2008년 10월호, 36-37.
60. 학교 떠나기, 법원사람들 2011년 4월호, 24-27.
61. 법원 들어오기(Ⅰ)(Ⅱ·완), 법원사람들 2011년 6월호, 22-25; 8월호, 24-27.
62. 대법원에서 책 읽기, 법원사람들 2011년 10월호, 20-23.
63. 대법관들, 법원사람들 2011년 12월호, 22-25.
64. 또 하나의 책 이야기, 법원사람들 2012년 2월호, 24-27.
65. 책 이야기 또 하나 — 플루메 장서(Ⅰ)(Ⅱ·완), 법원사람들 2012년 5월호, 20-23; 7월호, 16-19.
66. 논문집을 받으며 한 말(Ⅰ)(Ⅱ·완), 법원사람들 2013년 1월호, 16-19; 3월호, 20-23.
67. 다시 논문집을 받으며 한 말(Ⅰ)(Ⅱ·완), 법원사람들 2013년 5월호, 16-19; 7월호, 16-19.
68. 양성평등의 사실상 실현, 그리고 베를린 추억, 법원사람들 2013년 9월호, 18-21.
69. 어느 신문기사 중에서(Ⅰ)(Ⅱ·완), 법원사람들 2014년 1월호, 16-18; 3월호, 16-19.
70. 버클리대학교 한국법센터 학술회의에서 한 말(Ⅰ)(Ⅱ·완), 법원사람들 2014년 5월호, 16-19; 7월호, 16-19.
71. 종합좌담: 유민 홍진기의 학문과 삶(홍진기법률문화재단 제1회 학술세미나, 2016.11. 9; 신라호텔 영빈관)
72. 강연: 교수와 법관 사이 — 대법원에서의 6년 이모저모(대한민사법학회 초청, 2017.1.6.;

52) 이 글은 달리 발표된 바가 없는 원고를 민법산책(2005), 271-276에 실었다.

광주 금수장관광호텔 아리랑하우스), 동 발표자료집.

73. 인터뷰: 법학 교육에 변화 있어야 할 때 — 과목, 영역의 구분 허물고 문제 해결 지향의 교육 필요", 법률저널 제911호(2016.11.11.), 5.
74. 강연: 법학과 오늘, 법과 오늘(법률저널 · (사)한국여성변호사회 주최, 법학도 및 청년 변호사를 위한 강연회, 2017.12.28; 서초동 변호사회관 지하1층 대회의실), 동 발표자료집, 19–24.
75. 새로운 삼권분립, 매일경제신문 2018.9.1.자, A27.[53)]
76. 유학 갈 때 이야기, 매일경제신문 2018.9.29.자, A27.
77. 오바마의 어머니, 매일경제신문 2018.10.27.자, A27.
78. 고대 그리스의 어느 행복론, 매일경제신문 2018.11.24.자, A27.
79. 다나카라는 日 기술자의 노벨상, 매일경제신문 2018.12.22.자, A27.
80. 양성평등이라는 오랜 과제, 매일경제신문 2019.1.4.자, A34.[54)]
81. 민법의 조속한 전면 개정 필요하다, 매일경제신문 2019.2.8.자, A34.
82. 상고제도의 개선에 관하여, 매일경제신문 2019.3.15.자, A34.
83. 혁명은 아직 끝나지 않았다, 국제인권보(국제인권옹호한국연맹) 제603호(2019.3.15), 1.
84. 우리 대학의 우울한 현실, 매일경제신문 2019.4.26.자, A34.
85. 법조광장: 합의와 협의, 법률신문 제4698호(2019.5.13), 11.
86. 우리는 소송을 꺼리는가?, 매일경제신문 2019.6.7.자, A34.
87. 진정으로 귀중한 사람의 자질, 매일경제신문 2019.7.26.자, A34.
88. 지하철 안에서 작은 지혜를 구하며, 매일경제신문 2019.9.6.자, A34.
89. 법학전문대학원의 새로운 현실, 매일경제신문 2019.10.25.자, A38.
90. 발언대: 우리 민법전의 명백한 오류, 법률신문 제4753호(2019.12.5), 11.[55)]
91. 우리 앞의 페미니즘, 매일경제신문 2019.12.6.자, A34.
92. 자살이라는 우리 사회의 심각한 병, 매일경제신문 2020.1.17.자, A34.
93. 지금, 의료를 다시 생각해 본다, 매일경제신문 2020.2.28.자, A34.
94. 다시 혁명의 원점을 돌아보며, 매일경제신문 2020.4.10.자, A34.
95. 양심과 사죄, 그리고 기업지배권의 승계, 매일경제신문 2020.5.22.자, A34.

---

53) 매일경제신문의 「세상 사는 이야기」란의 고정 필자로서 쓴 것이다. 이하 79.까지 같다.

54) 매일경제신문의 요청에 의하여 이제 「매경의 창」란의 고정 필자로써 쓴 것으로서, 이하 ···까지가 그것이다. 이 역할은 2021년 가을에 일본의 도교대 법학부에서 특임교수로 2개의 강의를 맡아서 渡日하여야 하는 것을 계기로 삼아 종료되었다.

55) 이 글은 뒤에 법무법인 화우, 법률 문장 어떻게 쓸 것인가, 제3판(2021.2), 234–236에 "[특별기고] 우리 민법전의 명백한 오류"라는 이름으로 수록되었다.

96. 이 정치의 계절에 기본으로 돌아가서, 매일경제신문 2020.7.3.자, A34.
97. 법 집행에의 시민 참여와 검찰권 통제, 매일경제신문 2020.8.14.자, A34.
98. 우리의 '고전'과 민주사회, 국제인권보 제620호(2020.8.15.), 1면.
99. 의심스러울 때는 피고인의 이익으로, 법률신문 제4828호(2020.9.17), 11.
100. 양심과 청탁, 매일경제신문 2020.9.25.자, A34.
101. 헌책방 이야기, 매일경제신문 2020.11.13.자, A34.
102. 발언대: 우리 민법전의 명백한 오류(Ⅱ), 법률신문 제4845호(2020.11.23), 11.
103. 이 답답한 시절에 책 읽기를 권함, 매일경제신문 2020.12.25.자, A34.
104. 선고형의 결정과 판사의 일(「매경의 창」), 매일경제신문 2021.2.5.자, A34면.
105. 발언대: 형법의 최근 개정에 대하여, 법률신문 제4869호(2021.2.22), 11.
106. '극단적 선택'이라는 말에 대하여, 매일경제신문 2021.3.26.자, A34.
107. 우리 법원의 현저한 재량권, 매일경제신문 2021.5.7.자, A34.
108. 혼인제도와 性的 자기결정권, 매일경제신문 2021.6.18.자, A34.

목 차

정적 계약과 동적 계약

권 영 준* **

Ⅰ. 들어가며

계약은 단일한 개념이지만 그 개념에 포섭되는 계약 유형은 다양하다. 대기업이 변호사들의 도움을 받아 장기간의 치열한 교섭 끝에 체결하는 계약이 있는가 하면, 사업자가 미리 부동문자로 인쇄한 약관을 제시하고 고객은 별 검토 없이 이를 그대로 받아들여 체결하는 계약도 있다. 매매계약처럼 일반적으로 이해관계가 대립하는 당사자들이 체결하는 계약이 있는가 하면, 조합계약처럼 일반적으로 이해관계를 공유하는 당사자들이 체결하는 계약도 있다. 급부 이행이 오랜 기간에 걸쳐 이루어지는 계속적 계약이 있는가 하면, 급부 이행이 1회로 완료되는 일시적 계약도 있다. 혼인처럼 숱한 만남으로 쌓은 인적 신뢰의 토대에서 이루어지는 계약이 있는가 하면,[1] 인터넷 쇼핑처럼 전혀 대면하지 않은 채 오로지 제도적 신뢰의 토대에서 이루어지는 계약도 있다. 물론 이러한 모든 유형의 계약들은 복수의 의사표시가 합치되어 성립하는 법률행위라는 공통점을 지닌다.[2] 그래서 이들을 계약이라는 단일한 개념의 우산 아래 함께 놓아두는 것은 가능하다. 하지만 현존하는 계약들의 모습을 상세하게 살펴보면 매우 다양하고 이질적이다. 하나의 개념에 포섭될 수 있다는 이유만으로 이들을 법적으로 동일하게 취급해서는 안 된다.

실제로 우리 민법은 제554조부터 제773조까지 걸쳐 여러 전형계약들에 대해 각각 차별화된 규율을 제공하고 있다. 이러한 맞춤형 규율은 민법 조항뿐만 아니라 그 조항의 해석론을 통

* 서울대학교 법학전문대학원 교수.

** 필자는 학부 시절부터 양창수 교수님의 민법 수업을 들으며 학은(學恩)을 입었다. 또한 법복을 벗고 서울대학교 민법 교수로 부임하는 과정에서도 교수님의 권고와 도움이 크게 작용하였다. 그 이후 지금까지 늘 따뜻한 격려를 아끼지 않으시며 필자가 민법학자로서 미세한 역할이나마 담당할 수 있도록 큰 힘을 주셨다. 존경하는 교수님의 고희 기념 논문집에 글을 실을 수 있어 기쁘게 생각한다.

1) 가족법상 법률행위의 특성에 관하여는 양창수, "「가족법」상의 법률행위의 특성", 민법연구, 제8권, 박영사(2005), 321 이하 참조.

2) 계약은 둘 이상 당사자의 합치하는 의사표시를 요소로 하는 법률행위이다. 양창수 · 김재형, 민법 Ⅰ, 계약법, 제2판, 2015, 3.

해서도 다양하게 전개된다. 가령 조합계약에서는 그 행위를 구성하는 다수 의사표시 중 일부에 하자가 있더라도 이를 이유로 계약을 취소하여 그 효력을 소급적으로 소멸시킬 수 없다고 해석한다.[3] 계속적 계약에서는 일시적 계약과 달리 일방 당사자의 귀책사유에 기한 채무불이행이 없더라도 쌍방의 신뢰관계가 파괴되면 그 자체를 계약해지 사유로 인정한다.[4] 계약이 약관의 형태로 체결되는 경우에는『약관의 규제에 관한 법률』이 적용된다. 이 법에 따른 약관의 규율은 약관이 아닌 계약에 대한 규율과 판이하게 다르다.[5]

이처럼 계약법은 현실에 존재하는 다양하고 이질적인 계약 유형들을 규율할 수 있을 만큼 이미 포괄적이고 신축적이다. 하지만 계약 유형화의 노력은 계속되어야 한다. 계약의 다양성과 입체성은 현재 이루어진 계약 유형화의 정도를 훨씬 뛰어넘기 때문이다. 또한 거래계의 수요에 따라 새로운 계약 유형이 끊임없이 등장하고 있다. 이러한 계약 유형들을 있는 그대로 파악하여 그에 맞는 개별 법리들을 개발하고 적용할 필요가 있다. 비유하자면, 계약법은 모든 물건을 같은 모양과 크기로 구겨 넣는 딱딱한 사각형 포장박스가 아니라 각 물건의 본래 형상을 가급적 그대로 보여줄 수 있는 부드러운 포장지가 되어야 한다. 이처럼 계약의 다양성, 이질성, 차별성에 관심을 두는 것은 이론적으로나 실천적으로 현대 계약법의 중요한 과제 중 하나이다.

물론 계약의 유형화를 통해 거둘 수 있는 성과에는 한계가 있다. 계약자유의 원칙하에 계약 당사자들은 계약의 유형과 내용을 얼마든지 자유롭게 창조할 수 있기 때문이다. 그러므로 계약의 유형화를 극단적으로 밀고 나가면 계약 숫자만큼이나 다양한 계약 유형이 등장하는 사태가 발생할 수도 있다. 이는 계약 관련 법률관계에 관한 안정성과 예측 가능성을 제고하려는 계약 유형화 본래의 취지를 오히려 퇴색시킨다. 그러나 현실적으로는 당사자들이 체결하는 계약의 세부 내용이 다르더라도 그 핵심적인 틀과 구조는 정형적인 모습으로 수렴하는 경향을 보인다. 그러한 정형적인 모습을 중심으로 한 계약의 유형화, 그리고 그와 같이 유형화된 계약에 관한 개별 법리의 탐구는 계약을 둘러싼 법적 문제들을 해결하는 과정에서 요긴한 역할을 수행할 수 있다. 혼합계약이나 무명계약에서도 전형계약의 법리가 요긴한 역할을 수행하는 데에서도 이를 알 수 있다.[6]

이 글에서는 이러한 계약 유형화의 한계와 필요성을 함께 염두에 두면서 정적 계약(靜的 契約, static contract)과 동적 계약(動的 契約, dynamic contract)의 유형화 가능성에 관하여 다루어 보고자 한다. 이 글에서 상정하는 정적 계약과 동적 계약은 나중에 살펴볼 미국의 맥닐 교수가

3) 대법원 1972. 4. 25. 선고 71다1833 판결.

4) 대법원 1995. 3. 24. 선고 94다17826 판결.

5) 예를 들어 약관의 작성 및 설명의무에 관한 제3조, 약관의 해석에 관한 제5조, 불공정약관조항의 무효에 대한 제6조 내지 제14조, 일부무효의 특칙에 관한 제16조 등은 약관이 아닌 계약에는 적용되지 않는 조항들이다.

6) 대법원 1996. 7. 26. 선고 96다14616 판결; 대법원 2010. 10. 14. 선고 2009다67313 판결.

주창한 관계적 계약(relational contract) 및 단발적 계약(discrete contract), 그리고 미국의 아이젠버그 교수가 주장한 동적 계약법(dynamic contract law)이라는 개념에 주로 착안한 것이다. 다만 관계적 계약은 어떤 특정한 계약 유형이라기보다는 거의 모든 계약에 공통적으로 존재하는 계약관계를 사회과학적으로 접근하여 도출한 개념이라는 점, 동적 계약법은 계약 유형이라기보다는 고전적 계약법과 대비되는 현대적 계약법의 특징에 기초하여 도출한 개념이라는 점에서 필자가 상정하는 동적 계약의 개념과 완전히 일치하는 것은 아니다. 필자는 이 글에서 정적 계약과 동적 계약의 개념을 상정해 보고, 이러한 유형화와 관련된 외국의 계약이론들을 소개한 뒤, 정적 계약과 대비되는 동적 계약의 특징적 징표 및 동적 계약에 더욱 현저히 의미를 가지는 계약법 원리를 도출하고자 한다.

Ⅱ. 정적 계약과 동적 계약

1. 개 념

정적 계약은 계약 체결 당시에 계약 내용이 구체적으로 확정되고 특별한 사정이 없는 한 그 내용이 변경되지 않는 계약이다. 동적 계약은 계약 체결 후에 계약 내용이 구체화되거나 상황 변화에 따라 계약 내용이 변경될 필요가 있다는 점이 예상되는 계약이다. 정적 계약이 확정적·폐쇄적 계약이라면, 동적 계약은 형성적·개방적 계약이다. 정적 계약이 계약 체결 시점으로 돌아가 그 계약의 정체성을 확인한다는 의미에서 과거 지향적이라면, 동적 계약은 계약 체결 시점 이후 지속적으로 전개되는 관계와 상황의 변화까지 고려하여 계약의 정체성을 재발견해 나간다는 의미에서 장래 지향적이다. 정적 계약이 이미 체결된 계약의 결과에 철저히 구속되고자 한다는 의미에서 결과 지향적이라면, 동적 계약은 계약이 어느 한 시점에 고정되는 것이 아니라 시간의 경과에 따라 구체화되거나 변화될 수 있다는 점에서 과정 지향적이다. 정적 계약이 찰나의 시점을 담아내는 사진이라면, 동적 계약은 사태의 경과를 시계열적으로 담아내는 동영상이다. 정적 계약이 계약 체결 당시 위험 배분이 완성된 계약이라면, 동적 계약은 위험 배분이 진행형인 계약이다. 요컨대 정적 계약과 동적 계약의 유형화는 계약 체결 시점을 기준으로 한 계약 내용의 확정성에 따른 유형화이다.

정적 계약과 동적 계약은 실정법의 개념이 아니다. 그렇다고 우리나라 학계에서 이러한 개념에 기초한 유형화가 행해져 온 것도 아니다. 이와 비교할 수 있는 것으로는 일시적 계약과 계속적 계약의 유형화를 들 수 있다. 일시적 계약은 계약상 급부가 1회적으로 이행되면 족한 계약이다. 일반적으로 매매, 교환, 증여 등이 여기에 해당한다. 계속적 계약은 계약상 급부의 실현이 일정한 기간에 걸쳐 이루어지면서 급부의 범위도 그 기간에 좌우되는 계약이다. 일반적으로 사용대차, 임대차, 위임, 임치, 고용 등이 여기에 해당한다. 그런데 일시적 계약과 계속적 계약의 유형화가 정적 계약과 동적 계약의 유형화와 정확히 일치하지는 않는다. 즉 모든 일시적 계약이 아래에 설명하는 정적 계약에 해당하는 것도 아니고, 거꾸로 모든 계속적 계약이 아래에 설명하는 동적 계약에 해당하는 것도 아니다. 예컨대 그동안 오랜 비즈니스 관계를 구축해온 당사자 사이에 체결되는 일시적 계약은 동적 계약의 범주에 포함시킬 수 있다. 반면 계약의 내용이 사실상 고정된 계속적 계약은 정적 계약에 해당할 수 있다. 일시적 계약과 계속적 계약의 유형화가 시간의 경과와 계약의 이행이라는 두 가지 요소의 관계에 초점을 맞춘 것이라면, 정적 계약과 동적 계약의 유형화는 계약 내용의 확정성 또는 이에 대비되는 개념으로서의 동태성 내지 개방성 여부에 좀더 초점을 맞춘 것이다.

2. 동적 계약에 대한 고찰 필요성

전통적으로 계약법은 은연중에 정적 계약을 계약의 원형(原型)으로 상정하는 경향성을 띠었다. 정적 계약에서는 계약 체결 시점에 계약 당사자들에 대한 규율이 완성된다. 그 이후 전개되는 상황은 원칙적으로 규율에 복종해야 할 대상일 뿐 규율에 영향을 미치는 변수가 아니다. 따라서 계약 당사자는 계약 체결 후 계약을 둘러싼 상황이 변경되더라도 당초의 약속을 지켜야 한다. 그러한 상황 변경이 어느 일방에게 불리한 결과를 초래하여 애당초 계약 당사자들이 상정하였던 등가관계 내지 평형관계가 깨지는 경우도 마찬가지이다. 법원도 그러한 사후적 사정을 들어 계약을 함부로 수정해서는 안 된다.

그러나 지금까지의 설명은 어디까지나 다분히 이론적인 차원의 것이다. 현실적으로 말하자면, 계약의 규율은 어느 한 순간의 단면에 의해서만 결정되지 않는다. 예컨대 계약을 해석할 때에는 계약 체결을 하게 된 동기나 경위, 교섭 과정 등 계약 체결 전의 사정과 계약 체결 후 당사자들의 행위나 상황 변화 등 계약 체결 후의 사정까지 고려하여 당사자의 의사를 확정한다.[7] 이는 계약 내용의 확정이 시간의 경과와 상황의 변화라는 동적 요소를 고려하여 이루어진다는 점을 보여준다. 그런데 법령의 내용이나 계약의 속성으로 말미암아 어떤 계약에서는 이러한 동적 요소들이 더욱 큰 의미를 가진다.

예컨대 『국가를 당사자로 하는 계약에 관한 법률』 제19조는 물가변동, 설계변경, 그 밖에 계약내용의 변경으로 인하여 계약금액을 조정할 필요가 있을 때에는 대통령령으로 정하는 바에 따라 그 계약금액을 조정하도록 규정한다.[8] 이는 법령에 의해 계약이 동적 요소를 가지게 된 예이다. 원자재공급계약을 체결하면서 물가변동으로 인한 자재 가격의 등락에 대비하여 물가변동조항을 포함시키거나 은행여신거래기본약관에서 경제사정의 변경이 있을 때에 대비하여 금리변동조항을 포함시키는 경우도 있다. 이는 계약 당사자의 의사에 의해 계약이 동적 요소

7) 대법원 1997. 12. 12. 선고 97다5060 판결 등 다수.

8) 구체적인 내용에 대해서는 동법 시행령 제64조 내지 제66조 참조.

를 가지게 된 예이다. 계속적 보증계약에서 신의칙에 의하여 보증인의 책임을 제한하는 경우처럼 법원이 사후적으로 계속적 계약의 내용을 형평에 맞게 변경하는 경우도 있다.[9] 이는 신의칙에 의해 계약이 동적 요소를 가지게 된 예이다. 기업인수·합병 거래의 기본 원칙과 교섭 방향에 대한 일치된 이해를 담아 추상적이고 포괄적인 양해각서(MOU 또는 MOA)를 작성한 뒤 이러한 틀에 따라 거래를 구체화해 나가는 경우도 있다.[10] 이는 계약의 속성 그 자체로 인해 계약이 동적 요소를 가지게 된 예이다.

우리나라에서도 이미 계약 실무상으로는 계약 자체에 협의조항 내지 재교섭조항, 물가변동조항, 금리변동조항 등을 포함시킴으로써 계약에 동적 요소를 불어넣어 왔고, 법리적으로는 계속적 계약의 법리나 신의성실의 원칙, 그로부터 파생된 사정변경의 원칙 등을 통해 계약의 동적 요소에 대응하여 왔다. 즉 우리나라의 법령과 판례, 계약 실무에는 계약의 동적 요소들을 규범적으로 반영한 사례들이 산재하여 있다. 특히 장기간의 프로젝트를 목적으로 하는 사업협약에서는 당사자들이 외부의 변화에 유연하게 협력하며 대처해야 하는 계약에서는 사업협약을 체결하는 당사자들의 의사나 계약 그 자체의 특성에서 그러한 동적 요소가 두드러지게 나타나기도 한다. 이 글은 이처럼 동적 요소가 두드러지는 경향성을 가지는 계약을 동적 계약으로 명명하고 그에 부합하는 법리를 살펴보려고 하는 것이다. 우선 아래에서는 이러한 계약의 동태성에 주목한 미국의 관계적 계약이론과 동적 계약법 이론, 독일의 재교섭의무 이론을 살펴보고, 이러한 일련의 이론이 시사하는 바를 검토한다.

Ⅲ. 배경 이론

1. 관계적 계약이론(relational contract theory)

계약의 동적 요소에 주목한 이론으로 관계적 계약이론(relational contract theory)이 있다. 관계적 계약이론은 계약관계를 당사자의 의사가 아니라 사회적 관계라는 관점에서 분석한 이론이다. 이 이론은 미국의 이안 맥닐(Ian Macneil) 교수에 의해 전개되었다. 이 이론은 계약 현실과 계약 규범의 간극에 대한 문제의식에서 출발했다. 일찍이 이 문제에 주목한 학자는 스튜어

---

9) 대법원 1984. 10. 10. 선고 84다카453 판결 등 다수. 계속적 보증에 대한 법리는 양창수, "계속적 보증에서 보증인의 해지권과 책임제한", 민법연구, 제6권, 박영사(2001), 419 이하 참조.

10) 이러한 양해각서는 이른바 틀 계약(framework agreement)의 성격을 가진다. 독일에서는 Rahmensvertrag(직역하면 "틀 계약")이라는 개념을 사용하는데, 이 개념은 주로 계속적 공급계약(Sukzessivlieferungsvertrag)에서 향후 지속될 개별 공급계약을 규율하는 포괄적 틀로서 체결되는 계약을 지칭하는 데 사용된다. 이에 따르면 공급자와 상대방 사이의 구체적인 권리 의무는 개별적인 거래 시 체결되는 공급계약으로써 발생한다. 틀 계약은 이러한 개별적인 공급계약을 체결할 권리 의무를 발생시킬 뿐이다. 그러한 점에서 틀 계약은 기본계약(Grundvertrag) 또는 사전계약(Vorvertrag)의 성격을 가진다. Muhl/Lüthge: Rahmenverträge in Lieferbeziehungen – Struktur, Beendigung und Rechtsfolgen, GWR 2016, 26.

트 매컬래이(Stewart Macaulay) 교수이다. 그는 계약법학과 실제 계약 현실의 차이에 주목하여 현실 속에 살아 있는 계약 규범에 대한 사회학적 연구를 수행하여 왔는데, 그 영향 아래 맥닐 교수가 1970년대 중반부터 관계적 계약이론을 전개하기 시작하게 된 것이다.[11] 관계적 계약이론의 탄생 배경을 이룬 매컬래이 교수의 논문 "Non-Contractual Relations in Business: A Preliminary Study"의 내용부터 살펴보자.[12]

이 논문은 "계약법의 유익함은 무엇인가?(WHAT good is contract law?)"라는 문장으로 시작한다. 이 논문에서 매컬래이 교수는 제조업자 간의 계약을 중심으로 한 계약 현실을 탐구하였다. 이 과정에서 그는 43개의 회사 및 6개의 로펌에서 총 68명의 사업가들과 법률가들을 인터뷰하였다. 그의 관찰은 다음과 같다. 계약은 교환관계(exchange relationship)이고, 계약 당사자들은 이러한 교환관계를 계약의 형태로 정밀하게 계획(plan)한다. 가령 엠파이어 스테이트 빌딩이 6,500만 달러로 매각되었을 때 34명이 넘는 당사자들은 100명이 넘는 변호사들을 동원하여 400페이지에 이르는 계약서를 작성하였다. 더 적은 규모의 계약에서는 약관과 같은 표준화된 계획(standardiized plan)이 사용되기도 한다. 그럼에도 불구하고 사업가들은 모든 문제를 계약서에 의존하지 않는다. 그들은 남자의 약속, 악수, 정직성, 고결성과 같은 가치에 의존하는 경향을 보인다. 계약이 위반된 경우에도 소송으로 잘 나아가지 않는다. 즉 그토록 정밀한 교환계획을 계약에 담아내고도 그들의 거래 현장에 막상 계약의 모습은 잘 보이지 않는다. 오히려 그들은 계약 바깥에 있는 거래 관행에 의존하고, 그들 간의 관계에 의존한다. 계약이 위반되더라도 계약이 미리 정한 법적 제재에 의존하기보다는 평판이나 업계에서의 비공식적 제재에 의존한다. 그런데도 계약서를 작성하는 것은 그것이 내부적인 소통에 도움이 되기 때문이다. 예컨대 회사의 법률가가 상대방과 계약을 체결한 이후 그 회사에서 제품을 만들 때 제품 제조부서에서는 계약서가 있어야 그 계약에서 요구하는 제품을 만들 수 있다. 하지만 계약법 교과서에서 생각하는 계약의 법적 기능은 계약 현실에서는 사뭇 다른 모습을 보인다.

계약 현실에 주목하고 그 관찰 결과를 계약법의 세계에 좀 더 적극적으로 끌어들이고자 하였던 매컬래이 교수의 사고는 미국 계약법학에 상당한 영향을 미쳤다.[13] 맥닐 교수의 이론도 법리(doctrine)로는 충분히 담아내지 못하지만 실제로는 계약 현실을 지배하는 당사자 간의 관계(relation)에 주목하였다는 점에서 매컬래이 교수가 취한 사고방식의 연장선상에 있다. 맥닐

11) 관계적 계약이론의 출발점은 Ian R. Macneil, *The Many Futures of Contracts*, 47 S. Cal. L. Rev. 691 (1974)이고, 1980년 예일대학교 출판사에서 출간된 단행본인 「The New Social Contract: An Inquiry into Modern Contractual Relations」에는 이 이론이 포괄적으로 정리되어 있다.

12) Stewart Macaulay, *Non-contractual Relations in Business: A Preliminary Study*, 28 Am. Soc. Rev. 55 (1963).

13) Jay Feinman, *The Reception of Ian Macneil's Work on Contract in the USA*, in David Campbell (ed), The Relational Theory of Contract: Selected Works of Ian Macneil, 2001, p. 59 참조.

교수는 종래의 계약이론이 계약 체결 순간을 포착하여 이를 그 전후의 과정으로부터 단절시키는 우를 범하였다고 비판하였다. 그의 이론은 고전적 계약이론뿐만 아니라 계약의 죽음(the death of contract) 선언[14]에 대한 비판을 담고 있었다. 관계적 계약이론에서는 계약을 "과거에 교환하였거나 지금 교환하거나 장래에 교환할 사람들 사이의 관계(relations among people who have exchanged, are exchanging, or expect to be exchanging in the future)"라고 정의한다.[15] 이처럼 관계적 계약이론은 계약이론의 무게중심을 의사(will)에서 관계(relation)로 전환시킨다. 그러면서 모든 계약에는 정도의 차이가 있을 뿐 관계적 요소가 있고 그러한 요소가 실제로 계약을 좌우한다고 한다.

맥닐 교수는 고전적인 계약이론과 관계적 계약이론의 차별성을 설명하기 위해 고전적 계약이론이 상정하는 계약을 단발적 계약(discrete contract), 관계적 계약이론이 상정하는 계약을 관계적 계약(relational contract)이라고 부르면서 양자를 대비한다. 단발적 계약은 계약 체결 시점에 계약관계가 확정되는 계약이고, 관계적 계약은 계약체결 시점 전후 일련의 과정을 통해 계약관계가 변화할 수 있는 계약이다. 즉 단발적 계약은 어느 한 시점에 시선이 고정되고, 관계적 계약은 계약 체결 전후의 과정(process) 전반에 시선이 미친다. 단발적 계약은 고전적 계약법이 잘 작동하는 계약이고, 관계적 계약은 고전적 계약법만으로는 잘 설명할 수 없는 계약이다.[16] 단발적 계약에서는 계약 체결 시점에 존재한 당사자의 의사가 중요한 역할을 수행하고, 관계적 계약에서는 당사자의 의사보다는 법률, 거래관행, 상대방의 기대, 평판 등의 영향을 지속적으로 받는 당사자 간의 사회적 관계가 중요한 역할을 수행한다. 어떤 계약에서 관계적 요소가 강할수록 관계적 계약의 특성도 강해진다.[17]

이처럼 관계적 계약이론은 계약을 특정한 시점의 고정물이 아니라 일련의 과정의 유동물로 파악하므로 계약을 시간적 계속성의 관점, 또한 그러한 계속성 속에 형성, 발전되어 가는 사회적 관계의 관점에서 파악하게 된다. 계약 내용이 사회적 관계의 전개 과정에서 구체화되거나 변경될 수 있다고 보므로 이를 담아낼 수 있는 계약의 유연성이 중요한 의미를 가지게 된다.[18] 관계적 계약에 대한 분쟁 해결은 관계의 사회적 매트릭스(matrix) 안에서 가급적 그 관

14) Grant Gilmore로 대표되는 진영이다. 이 진영의 허무주의적 논변에 따르면 계약은 그 자체로서는 독립된 연구분야가 될 수 없고, 각 계약 유형별로 연구되거나 불법행위의 한 영역으로 연구될 수 있을 뿐이라고 한다.

15) Ian R. Macneil, *Relational Contract Theory as Sociology: A Reply to Professors Lindenberg and de Vos*, 143 J. Inst. & Theoretical Econ. 272, 274 (1987).

16) 미국에서 "고전적 계약법(classical contract law)"은 시기적으로 19세기 말부터 20세기 초에 걸쳐 형성된 계약법을 의미한다. 이 시기의 계약법은 사적 자치의 원칙과 자유주의적 경제관, 법 형식주의의 영향을 받았고, 여기저기 산재해 있는 다양한 판례들을 추상적이고 형식적인 규칙 체계로 구축한 결과물이기도 하다. 미국의 1932년 제1차 계약법 리스테이트먼트가 이러한 고전적 계약법의 압축판이다.

17) Ian R. Macneil, The New Social Contract: An Inquiry into Modern Contractual Relations, Yale University Press, 1980, 4-34.

18) Ian R. Macneil, *Economic Analysis of Contractual Relations: Its Shortfalls and the Need for a Rich*

계를 유지하는 방향으로 이루어져야 한다.[19] 따라서 관계적 계약에 대한 분쟁 해결은 "입법적(legislative)"이고, "장래 지향적(forward-looking)"이며 "신축적(flexible)"인 모습으로 이루어져야 한다.[20] 이 과정에서 분쟁해결의 주체는 공정하고 실행 가능한 결과를 담보하기 위해 적극적인 역할을 수행해야 한다.[21]

관계적 계약이론은 다분히 미국적인 이론이다. 그러므로 이를 우리나라 민법학에 얼마나 수용할 수 있는지에 대해서는 견해가 다를 수 있다. 그런데 관계적 계약이론이 일본에도 영향을 미쳤다는 점에 주목할 필요가 있다. 일본에서는 우치다 타카시(内田 貴) 前 동경대 교수가 맥닐 교수의 관계적 계약이론의 영향 아래 일본판 관계적 계약이론을 주장하였다. 그는 미국의 관계적 계약이론과 같은 입장에 서서, 고전적 계약법이 계약의 배후에 있는 현실적 사회관계를 법의 세계에서 배제함으로써 계약법을 지나치게 추상화하고, 계약 현실과 계약법 사이의 괴리를 심화시켰다고 비판하였다. 관계적 계약이론은 계약 현실에 주목하여 계약관계의 계속성과 계약내용의 유연성을 중시함으로써 이러한 괴리를 극복하기 위한 이론으로,[22] 일본 민법의 해석론에도 접목될 수 있다고 보았다.[23] 특히 관계적 계약이론은 형식보다 실질을 중시하는 이론인데, 이는 외국의 법적 틀(형식)을 계수하여 사회적 현실(실질)에 적용해야 하는 일본에 중요한 의미를 가진다고 보았다.[24] 한편 그는 계약 현실 속에 살아 움직이는 규범을 "내재적 규범"이라고 부르면서,[25] 법관은 법적 여과를 통해 이러한 내재적 규범을 계약 규범으로 흡수함으로써 형식과 실질의 간극을 메우는 중요한 역할을 수행한다고 보았다.

실제로 우치다 교수는 일본 법원이 신의성실의 원칙을 통해 이러한 내재적 규범을 구현하여 왔다고 평가하였다.[26] 가령 1970년대 이후 일본 판례가 ① 계약교섭의 부당파기에 대한 손해배상책임의 인정, ② 계약 체결 시 충분한 정보를 제공하거나 조언할 의무의 부과, ③ 계약조건 변경을 위한 재교섭 의무의 부과, ④ 계약관계에 있어서 상대방의 손해 발생이나 확대 방지를 위한 신의칙상 의무의 부과, ⑤ 정당한 이유 없는 계약의 갱신거절, 해약 또는 해제를 부정함으로써 계약의 계속성 중시, ⑥ 보수지급, 대금변제, 손해배상책임 등 금전지급의 경우에 있어서 신의칙상 책임 제한 등의 법리를 발전시킨 것은 법관이 신의칙을 통해 당사자 사이

Classificatory Apparatus, 75 Nw. U. L. Rev. 1018, 1029 (1981) 참조.

19) Ian Macneil, *Contracts: Adjustment of Long-Term Economic Relations under Classical, Neoclassical, and Relational Contract Law*, 72 Nw. U. L. Rev. 854, 895 (1977-1978).

20) Macneil(주 19), 892.

21) Macneil(주 19), 892.

22) 内田 貴, 契約の時代 — 日本社會と契約法, 岩波書店, 2000, 85-86, 98.

23) 内田 貴, 契約の再生, 弘文堂, 1990, 223 이하.

24) 内田 貴(주 23), 224-229.

25) 내재적 규범은 실정법으로서의 계약규범이 아니라 계약현상 속에서 타당성을 인정받는 계약규범을 의미한다. 内田 貴(주 22), 85.

26) 内田 貴(주 23), 229-247.

의 이해를 조정하는 역할을 적극적으로 수행한 결과라고 보았다.[27)]

2. 동적 계약법 이론(dynamic contract law theory)

관계적 계약이론이 다분히 사회과학적 색채가 짙은 이론이라면 동적 계약법 이론은 우리에게 좀더 익숙한 규범학으로서의 계약법학의 색채가 짙은 이론이다. 미국의 멜빈 아이젠버그(Melvin Eisenberg) 교수는 2001년 그의 논문 "The Emergence of Dynamic Contract Law"에서 현대 계약법의 특징으로 이른바 동적 계약법(dynamic contract law)의 출현을 들었다.[28)] 아이젠버그 교수는 계약법의 모습은 다양한 스펙트럼 위에 펼쳐져 있는데 그 한쪽 끝에는 정적 계약법이, 다른 쪽 끝에는 동적 계약법이 위치한다고 보았다.[29)] 그에 따르면 정적 계약법은 계약이 체결되는 시점에 초점을 맞추어 적용되는 법이고, 동적 계약법은 계약이 체결되는 시점뿐만 아니라 그 시점의 전후에 연속적으로 이루어지는 사상(事象)의 경과에 초점을 맞추어 적용되는 법이다.[30)] 또한 그에 따르면 19세기와 20세기 초반에 걸친 고전적 계약법은 경직적(rigid), 공리적(axiomatic), 연역적(deductive)인 속성을 가진 정적 계약법이었던 반면, 그 후에 등장한 현대적 계약법은 형식적 추론(formal reasoning)보다는 실질적 추론(substantive reasoning)을 중시하면서 개별적, 동태적, 다원적 속성을 지닌 동적 계약법이라고 관찰하였다.[31)] 그는 이러한 정적 계약법으로부터 동적 계약법으로의 흐름이 실제로 존재할 뿐만 아니라 규범적으로도 이러한 흐름이 타당하다고 평가하였다.[32)] 이처럼 계약의 동태성에 주목해야 하는 이유는 실제로는 계약을 통한 거래가 한순간에 일어나는 것이 아니라 연속적인 과정을 통해 일어나기 때문이다.[33)] 그는 계약의 동태성에 주목하는 것은 거래의 현실에 부합할 뿐만 아니라,[34)] 계약의 동적 효율성(dynamic efficiency)에도 부합한다고 보았다.[35)]

이러한 배경하에 아이젠버그 교수는 다음과 같은 현상들을 주목하여 현대적 계약법이 동적 계약법의 모습을 띤다고 파악하였다. 특정한 시점의 교환에 초점을 맞춘 약인(consideration)을 계약의 집행(enforceability) 요건으로 파악하던 이론은 잦아들고, 상대방의 신뢰 및 이에 기초한 행동을 이끌어낸 약속(promise)에 구속력을 부여하는 이론이 힘을 얻게 되었다.[36)] 또한

27) 內田 貴(주 22), 73-84.
28) Melvin Aron Eisenberg, *The Emergence of Dynamic Contract Law*, 2 Theoretical Inquiries L. 1, 1 (2001).
29) Eisenberg(주 28), 6.
30) Eisenberg(주 28), 6.
31) Eisenberg(주 28), 7.
32) Eisenberg(주 28), 21.
33) Eisenberg(주 28), 21.
34) Eisenberg(주 28), 21.
35) Eisenberg(주 28), 23.
36) Eisenberg(주 28), 14, 22.

계약 체결 후 별다른 교환 없이 약속을 변경하는 것은 약인(consideration)이 없어 구속력이 없다는 이론 대신, 약인을 좀더 시계열적이고 동태적인 시각에서 파악하려는 이론이 힘을 얻게 되었다.[37] 의사보다 표시에 중점을 두어 해석의 객관성이 강조되던 계약 해석 이론[38]의 영역에서 당사자의 주관적인 의사라는 측면에도 관심을 기울이게 되었다.[39] 아울러 계약 성립 시점뿐만 아니라 그 전후의 행동이나 사정이 계약 해석의 중요한 요소로 고려되게 되었다.[40] Hadley v. Baxendale 판결[41]은 예견 가능한 손해만 배상될 수 있다는 이론을 정립하면서 계약 체결 시점이라는 고정적 시점을 토대로 예견 가능성을 판단하였으나, 근접적 원인(proximate cause)의 법리를 통해 기회주의적인 계약 위반에 대해서는 계약 위반 시점에 예견할 수 있었던 손해에 대해 배상책임을 부담시켜야 한다는 논의도 이루어지고 있다.[42] 그러한 점에서 계약 체결 시점에 예견 가능성이 고정되는 Hadley 판결의 원리는 정적이지만, 계약 위반 시점의 예견 가능성도 고려하는 근접적 원인에 관한 원리는 동적이다.[43] 손해배상액 예정(liquidated damages)에 관해서도, 그 예정액이 실제 손해액의 합리적인 추산액인지 여부는 손해배상액 예정에 대한 합의 시점을 기준으로 판단해야 한다는 것이 고전적 접근 방법이었지만, 이제는 그 합의 이후 사건의 경과를 고려하여 사후적으로 이를 판단해야 한다는 쪽으로 바뀌었다.[44] 청약과 승낙에 기초한 정적 계약의 성립 모델은 계약 교섭, 계약을 체결하기로 하는 계약(agreements to agree), 계약의 불확정성, 계약의 공백, 신의성실에 따라 교섭해야 할 의무 등이 강조되는 동적 계약의 성립 모델로 바뀌었다.[45]

요컨대 동적 계약법 이론은 ① 고전적 계약법이 계약의 형식적 요소에만 주목한 나머지 계약을 둘러싼 역동적 현실을 간과하였다고 파악하고, ② 실제 거래에 있어서 계약이 어느 한 고정적인 시점에 확정된다기보다는 일련의 프로세스(process)로서 순차적으로 형성, 전개된다는 점에 주목하였으며, ③ 이를 토대로 계약을 유형화하고자 하였다는 점에서 관계적 계약이론과 같은 토대 위에 서 있다. 한편 동적 계약법 이론은 사회적 관계보다는 계약의 동태성 그 자체에 주목하고, 사회학적 접근방법보다는 전통적인 법학적 접근방법에 기초하여 이러한 계약 현상을 법리적으로 담아내고자 하였다는 점에서 관계적 계약이론과 차이가 있다. 이 점에서 동적 계약법 이론은 정적 계약과 동적 계약의 유형화에 좀 더 요긴한 이론이라고 생각된다.

---

37) Eisenberg(주 28), 25-26.
38) Woburn National Banks v. Woods, 89 A. 491, 492 (N.H. 1914).
39) Eisenberg(주 28), 16.
40) Eisenberg(주 28), 27-29.
41) 156 Eng. Rep. 145 (Ex. D. 1854).
42) Eisenberg(주 28), 36-39.
43) Eisenberg(주 28), 32.
44) Eisenberg(주 28), 39.
45) Eisenberg(주 28), 56-59.

3. 재교섭의무 이론(Die Theorie der Neuverhandlungspflicht)

독일의 재교섭의무 이론(Die Theorie der Neuverhandlungspflicht) 역시 계약의 동태성에 주목한 이론이다. 재교섭의무 이론은 1980년대 초반 노베르트 호른(Norbert Horn)에 의하여 전개되었고,[46] 그 후 가브리엘레 페흐트(Gabriele Fecht),[47] 안드레아스 넬레(Andreas Nelle)[48] 등에 의해 더욱 정교하게 발전하였다. 호른은 2002년 독일민법 개정 시 행위기초에 관한 제313조에 재교섭의무에 관한 내용을 포함시켜야 한다고 주장하였으나 그 주장은 입법에 반영되지 않았다. 그러나 2011년 독일 연방대법원은 행위기초가 교란된 경우에는 재교섭의무가 발생한다는 전제에서 그 재교섭의무 위반으로 인한 손해배상책임을 인정하였다.[49] 이는 재교섭의무가 더 이상 학설 차원에만 머무르지 않고 법원에 의하여 승인되었음을 의미한다.

여기에서 재교섭의무는 계약 당사자가 이미 성립한 계약을 변화된 상황에 맞게 변용하도록 서로 교섭할 의무를 의미한다.[50] 이러한 의무가 인정되면 일방은 타방에게 계약 변경 합의를 위해 교섭에 응하도록 청구할 권리를 가진다.[51] 당사자가 계약에 재교섭조항을 포함시켰다면 이러한 계약조항으로부터 당연히 재교섭의무가 발생한다.[52] 재교섭의무 이론의 특징은 행위기초의 상실(Wegfall der Geschäftsgrundlage)[53]이나 법적 변경 규율(Gesetzliche Anpassungs-regelungen)[54]이 있는 경우 등 일정한 경우에는 재교섭의무에 관한 계약조항이 없더라도 재교섭의무가 인정될 수 있다고 보는 데에 있다.[55]

---

46) Norbert Horn, Neuverhandlungspflicht, AcP (1981), 255; Norbert Horn, Die Vertragsdauer als schuldrechtliches Regelungsproblem: Empfiehlt sich eine zusammenfassende Regelung der Sonder-probleme von Dauerschuldverhältnissen und langfristigen Verträgen?, in Gutacthen und Vorschläge zur Überarbeitung des Schuldrechts Ⅰ, hrsg. vom Bundesminister der Justiz, Köln (1981).

47) Gabriele Fecht, Neuverhandlungspflichten zur Vertragsänderung unter besonderer Berücksichtigung des bundesdeutschen Rechts und der UN-Kodizes über Technologietransfer und das Verhalten transnationaler Unternehmen, München, 1988.

48) Andreas Nelle, Neuverhandlungspflichten, München, 1994.

49) BGHZ 191, 139. 참고로 행위기초(Geschäftsgrundlage)는 독일 민법 제313조에서 인정되는 개념으로 계약의 기초가 되는 사정을 의미한다.

50) Horn, Neuverhandlungspflicht(주 46), 256.

51) Horn, Neuverhandlungspflicht(주 46), 256.

52) Horn, Neuverhandlungspflicht(주 46), 257.

53) Nelle(주 48), 23.

54) Nelle(주 48), 32.

55) 사정변경에 따른 재교섭의무는 각종 국제 모델법에서도 인정하고 있다. 예컨대 UNIDROIT의 국제상사계약원칙(Principles of International Commercial Contracts, PICC) 제6.2.3조는 사정변경 시 불이익을 입는 당사자가 재교섭을 요구할 권리를 가지고, 합리적 시간 내에 합의에 이르지 못하면 당사자의 요청에 따라 법원은 계약을 해소하거나 계약의 등가성 회복의 차원에서 계약을 수정할 수 있다고 규정한다. 또한 유럽계약법위원회의 유럽계약법원칙(Principles of European Contract Law, PECL) 제6.111조는 사정변경 시 당사자들에게 재교섭 의무를 부과하고 그 의무를 불이행한 당사자에게 손해배상책임을 부과한다고 규정한다.

재교섭의무 이론은 ① 계약을 둘러싼 사정의 변화는 계약 내용의 변경을 요구하는데, 이 때 법원이 계약 내용을 변경하기 전에 당사자가 재교섭을 통하여 스스로 계약 내용을 변경하도록 유도하는 것이 사적 자치의 원칙에 부합한다는 점, ② 계약을 둘러싼 환경과 계약 내용의 변경 필요성 및 방향은 법원보다 당사자들이 더욱 잘 알고 있어 자발적인 재교섭을 통해 해결하도록 하는 것이 타당하다는 점을 근거로 한다. 재교섭을 단순한 사실적 행위의 영역에 방치할 것이 아니라 법적 의무의 영역으로 끌어들임으로써 당사자의 기회주의적 행동을 제재하고 사적 자치의 원칙에 충실하게 당사자 스스로 상황 변화에 대응하여 능동적인 가치 창출을 할 수 있도록 한다는 것이다.[56)]

재교섭의무 이론의 출발점은 관계적 계약이론이나 동적 계약법 이론과 마찬가지로 계약의 동태성을 있는 그대로 인정하는 것이다. 즉 계약은 어느 한 시점에 체결되어 불변의 상태로 고정되는 것이 아니라, 계약을 둘러싼 상황 변동에 연계하여 조정, 변경될 수 있다는 것이다. 이처럼 재교섭의무 이론도 계약의 동태성에 주목하여 이를 규범 속에 끌어들이고자 한 점에서 앞서 살펴 본 미국의 관계적 계약이론이나 동적 계약법 이론과도 일맥상통한다. 다만 재교섭의무 이론은 이처럼 역동적인 계약의 맥락에서 사적 자치의 확대라는 기치 하에 법원이 아닌 당사자의 자율적인 교섭을 강조하면서 이를 제도적으로 관철하기 위해 교섭에 관한 의무를 부과한다는 특징을 가진다.

독일의 재교섭의무 이론은 일본에도 영향을 미쳤다. 일본의 야마모토 켄지(山本顯治) 교수는 독일의 재교섭의무 이론의 영향 아래 일본판 재교섭의무 이론이라고 할 수 있는 계속적 교섭이론을 제안하였다.[57)] 그는 계약이 어느 한 시점에 동결되는 것이 아니라 당사자 사이의 계속적인 교섭에 의해 발전해 나간다는 동태적 계약이론을 제시하였다. 현실에서는 계약이 체결된 후에도 계약내용을 구체화하고 불명확한 점을 보완하기 위해 계속적으로 당사자 사이에 교섭이 이루어진다.[58)] 경우에 따라서는 그 교섭의 결과 기존의 계약 내용이 변경되기도 한다.[59)] 야마모토 교수는 이러한 계약 현실의 모습을 계약법의 세계로 끌어들이고자 하였다. 그는 계속적 교섭의 강조는 사적 자치 원칙의 확장을 의미한다고 보았다. 즉 사적 자치의 존중은 분쟁상황에서의 자율성과 주체성의 확장도 의미하는데,[60)] 당사자 간의 계속적인 교섭을 통한 분쟁상황의 타개를 통해 계약 당사자의 자율성이 고양되기 때문이다.[61)] 또한 이러한 자율적 소통

56) 박영복, "재교섭을 통한 계약내용의 수정 —특히 再交涉義務의 위치부여를 위한 시론—", 민사법학 제50권(2010. 9), 442.

57) 姬野 学郎, "契約理論の現在 —契約の再交涉論への序説—", 国際研究論叢 16(2)(2003), 196에서는 우치다 교수와 야마모토 교수의 이론이 일본에서 포스트모던 지향적 계약이론으로 주목받고 있다고 평가한다.

58) 山本顕治, 契約交渉関係の法的構造についての一考察(1), 民商法雑誌 100卷 2号(1989), 199.

59) 山本顕治(주 58), 199.

60) 山本顕治(주 58), 199.

61) 山本顕治(주 58), 200. 이처럼 야마모토 교수가 개인의 자율성을 고양하는 데에 초점을 맞추었다는 점에서 공

을 촉진하기 위해 일정한 경우 교섭에 관한 계약상 의무를 부과할 수 있는데, 이 의무는 교섭을 촉진하는 규범으로 기능하게 된다.[62] 이를 통해 계약 체결 당시의 의사에 따라 모든 것이 결정된다는 도그마가 극복되고, 현실을 반영한 계약법의 프로세스화가 진행된다.

4. 시 사 점

지금까지 살펴 본 이론들은 모두 계약의 동적 요소에 초점을 맞추었다는 공통점을 가진다. 이러한 이론들에 대한 평가는 관찰자에 따라 다를 수 있다. 가령 관계적 계약이론에 대해서는 계약을 바라보는 참신한 관점을 제공하였다는 평가도 가능하지만, 막상 계약법학에는 의미 있는 기여를 하지 못했다는 평가도 가능하다. 즉 관계적 계약이론은 추상적인 관점을 제공할 뿐 구체적인 법리를 제공하는 데에는 실패하였다고 말할 수 있을지 모른다.[63] 동적 계약법이론에 대해서는 고전적 계약법 이론과 현대적 계약법 이론을 정적 계약법과 동적 계약법으로 특징지움으로써 현대적 계약법의 이론적 동향을 명확하게 파악하도록 기여하였다는 평가가 가능하지만, 대륙법계 민법학에서는 이미 오래전부터 당연히 받아들여지고 있는 기본적인 법리들을 영미법적 시각에서 재현한 것에 불과하다는 평가도 가능하다. 재교섭 의무 이론은 사실의 영역에 머무르던 교섭 또는 재교섭의 문제를 규범의 영역으로 끌어 올렸다는 평가도 가능하지만, 재교섭 상황에서 흔히 발견되는 이해관계의 대립과 계약은 강제로 체결될 수 없다는 계약자유의 원칙에 비추어 재교섭의무의 인정은 결국 별 실익을 거둘 수 없으리라는 예상도 가능하다. 이처럼 이러한 이론들에는 명암이 있으나, 전체적으로 보면 이들은 계약법학에 좋은 의미의 자극을 선사하였다.

첫째, 이러한 이론들은 계약의 도그마틱한 법리들을 넘어서서 현실로서의 계약으로 시야를 확장하도록 하는 계기를 제공하였다. 계약은 그동안 전통적인 계약법의 테두리에서 파악하던 것보다 훨씬 방대하고 복잡한 사회적 현상이고, 이러한 사회적 현상으로서의 계약은 법적 장치로서의 계약을 이해하는 자양분으로 일정 부분 환류되어야 하는 것이다. 계약 현실에 대한 관심은 계약법의 전제가 되는 합리적 인간상에 대한 재성찰로부터 시작된다. 고전적 계약법은 충분한 정보의 토대 위에서 합리적이고 자유로운 의사결정을 행하는 인간상을 상정한다. 그러나 현실은 그렇지 않다. 계약 당사자는 계약 체결에 관한 충분한 정보를 가지지 못하거나, 정보가 제공되어도 이를 분석하여 합리적으로 판단하지 못하거나, 협상력이 결여되어 자신의 판단을 관철시킬 수 없는 경우가 많다. 또한 이러한 선행조건이 갖추어지더라도 계약 체결 이후에 일어날 일들을 모두 미리 예견하기는 쉽지 않으므로 장래의 사태를 모두 계약에 반영하

동체적 규범을 강조한 우치다 교수와는 차이가 있다고 평가된다. 姫野 学郎(주 57), 196.

62) 山本顯治(주 58), 201. 또한 하버마스의 대화이론과의 연계성에 대해서는 205 이하 참조.

63) Melvin Eisenberg, *Why There is No Law of Relational Contracts* 94 Nw. U. L. Rev. 805(1999-2000) 참조.

는 이른바 완전계약(complete contract)은 현실적으로 존재하기 어렵다. 따라서 현대 계약법은 이상적인 인간상에서 현실적인 인간상으로의 후퇴를 요구한다.[64] 이러한 현실에 대한 관심은 계약법의 경직성과 획일성을 타파하고, 계약 현실의 유연성과 역동성을 규범적 차원에서 포섭하려는 시도로 자연스럽게 이어진다. 앞서 소개하였던 관계적 계약이론이나 동적 계약법 이론, 재교섭의무 이론, 나아가 계약 당사자의 의사를 뛰어넘어 사회적 관계로부터 바로 계약의 구속력을 찾고자 했던 독일의 사실적 계약관계론은 모두 이러한 특징을 공유한다. 합리적 인간상을 토대로 한 당사자의 의사에만 비현실적으로 침잠되지 않고 신뢰나 관계와 같은 사회적 요소에 주목하는 것도 계약법의 현실화와 깊은 관련이 있다.[65]

둘째, 이러한 이론들은 계약을 대립적(adversarial)으로만 보지 않고 협력적(cooperative)으로 볼 수 있도록 하는 계기를 제공하였다. 이는 개인과 공동체라는 두 축에서 계약법이 개인에만 치우칠 것이 아니라 공동체의 문제도 함께 고려하여야 한다는 점을 의미한다. 계약법에서 공동체적 가치가 강화되는 것은 현대적 계약법의 일반적 경향으로 평가된다.[66] 미국에서는 사회적 맥락 속에서의 계약법(contract law in social context)을 부각시키는 비판적 인종이론(critical race theory)이나 여성주의 법이론(feminist legal theory), 조직이론(organizational theory) 등이 나타나고, 계약이 사회적 관계 속에 존재한다는 점을 강조하기 위한 맥락에서 경험적 연구(empirical research)가 활성화되기 시작하였다. 유럽에서는 제2차 세계대전 이후 시작된 이른바 계약법의 실질화(Materialisierung des Vertragsrechts) 현상에서 이러한 경향이 잘 나타나고 있는데, 계약법을 사회에서 배분적 정의를 실현하는 도구로 바라보는 시각,[67] 계약법의 근본이념으로서 자유(liberty), 평등(equality) 이외에 연대(fraternity)를 추가하려는 시각[68]도 같은 맥락에서 이해할 수 있다. 이러한 흐름하에서는 계약에서 관계, 현실적응성, 신뢰, 투명성, 상호성, 배려의 가치가 더 중요한 역할을 수행하게 된다. 이는 계약을 더욱 동적으로 파악하는 계기가 된다.

그런데 이러한 이론적 요청들이 모든 계약 유형에 똑같은 의미와 정도로 관철될 수는 없다. 가령 신뢰, 현실적응성, 상호성 등의 요청이 그다지 중요한 의미를 가지지 않는 계약이 있는가 하면 이러한 요청이 핵심적으로 작동하는 계약도 있다. 이러한 동적 요소의 다과에 따라

64) 姫野 学郎(주 49), 196은 이와 관련하여 우치다 교수와 야마모토 교수의 이론을 소개하면서 그 공통점으로 "보편주의적 합리성에 대한 반감"을 들고 있다.

65) 계약과 신뢰의 관계에 대해서는 권영준, "계약관계에 있어서 신뢰보호", 서울대학교 법학 제52권 제4호(2011. 12) 참조.

66) 박영복, 현대 계약법의 과제, 한국외국어대학교 출판부, 2009, 511, 586.

67) Study Group on Social Justice in European Private Law, *Social Justice in European Contract Law: A Manifesto*, 10 Eur. L.J. 653, 673-674 (2004).

68) Ruft Sefton-Green, *Duties to Inform versus Party Autonomy: Reversing the Paradigm(from Free Consent to Informed Consent)?-A Comparative Account of French and English Law*, in Geraint Howells et al. (ed.), *Information Rights and Obligations*, 2004, 172.

전자를 정적 계약, 후자를 동적 계약이라고 부를 수 있다. 물론 어떤 계약에 동적 요소가 있다고 하여 정적 계약으로서의 속성이 완전히 사라지지는 않는다. 만약 계약이 순전히 동적 요소로만 가득 차 있다면 계약이 마땅히 가져야 할 약속(commitment)으로서의 속성이 희박해지고 계약관계가 불안해져서 이를 더 이상 법적인 의미의 계약이라고 말할 수 없을 것이다. 하지만 어떤 계약에 있는 동적 요소가 강하거나 많을수록 그 계약이 가지는 정적 계약으로서의 속성은 축소되고 동적 계약으로서의 속성이 증가한다. 그러한 점에서 정적 계약과 동적 계약의 유형화는 단속적(斷續的) 유형화[69]가 아니라 연속적(連續的) 유형화이고, 일도양단(一刀兩斷) 식 유형화가 아니라 스펙트럼(spectrum) 식 유형화이며, 규칙(rule) 차원의 유형화가 아니라 기준(standard) 차원의 유형화[70]이다. 따라서 어떤 계약이 동적 계약의 속성을 가지는지는 그 계약에 존재하는 정적 요소와 동적 요소의 상관관계 속에서 여러 가지 요소들을 종합적으로 고려하여 판단하여야 한다. 아래에서는 동적 계약의 정형적 특성을 추출하고, 이러한 정형적 특성이 존재하는 계약관계에 정형적으로 적용되어야 할 원리들에 대해 살펴보고자 한다.

Ⅳ. 동적 계약의 특성

1. 계약 기간의 장기성

계약 기간의 장기성은 계약의 동적 요소 중 하나이다. 계약 기간에 비례하여 계약관계에 영향을 미치는 위험 변수도 늘어나기 때문이다. 따라서 계약 기간이 길어질수록 계약관계의 안정성 외에 계약관계의 유연성이라는 요청이 추가로 고려되고,[71] 이 두 가지 요청 사이에 긴장관계가 형성된다.[72] 이러한 긴장관계가 계약의 역동성을 증가시킨다. 경제학 문헌에서는 장기 계약(long-term contract)을 동적 계약(dynamic contract)이라는 개념과 연계하여 사용하기도 하는데, 이는 계약 기간의 장기성이 계약의 동태성에 영향력을 미치는 중요한 변수임을 나타낸다.[73]

69) 이는 어느 하나에 해당하면 다른 하나에는 해당할 수 없는 획일적 방식의 유형화이다. 가령 일반적인 설명에 따르면 계약은 ① 전형계약과 비전형계약, ② 낙성계약과 요물계약, ③ 쌍무계약과 편무계약, ④ 유상계약과 무상계약, ⑤ 요식계약과 불요식계약, ⑥ 예약과 본계약, ⑦ 일시적 계약과 계속적 계약 등으로 유형화되는데 (양창수·김재형, 민법 Ⅰ, 계약법, 제2판, 2015, 5-8 참조), 이는 단속적 유형화에 해당한다.

70) 규칙(rule)과 기준(standard)은 모두 일정한 법률효과를 발생시키는 법률요건 판단에 관한 법 명제이지만 규칙은 명확한 요건을, 기준은 불명확한 요건을 제시한다. 따라서 규칙은 형식적이고 명쾌하지만 기준은 실질적이고 유연한 성격을 가진다. 규칙과 기준 일반에 대해서는 D. Kennedy, *Form and Substance in Private Law Adjudication*, 89 Harv. L. Rev. 1685, 1687-1689 (1976) 참조.

71) Douglas G. Baird, *Self-Interest and Cooperation in Long-Term Contracts*, 19 Journal of Legal Studies 583, 586 (1990).

72) Nelle(주 48), 1.

73) Morten Hviid, *Long-Term Contracts and Relational Contracts*, Boudewijn Bouckaert & Gerrit De Geest

2. 위험에 대한 낮은 예견/통제 가능성

위험 변수에 대한 낮은 예견가능성 및 통제가능성도 계약의 동적 요소 중 하나이다. 이는 앞서 살펴 본 계약의 장기성과도 연결된다. 물론 계약 기간이 길더라도 계약 당사자가 계약 체결 시점에 그 기간 동안 발생할 모든 위험 변수를 고려하여 계약에 반영할 수 있다면 그 계약은 동적 계약이라고 할 수 없다. 하지만 현실적으로 이처럼 장래에 발생할 모든 위험을 미리 예견하거나 통제하는 것은 불가능하다. 특히 이러한 위험 변수 중에는 계약 당사자와 무관한 외부적인 변수들(예컨대 법령 개정, 정부 정책 변화, 경기 변동 등)이 포함된다. 이러한 변수들이 계약에 미치는 영향이 클수록 그 위험 변수에 대한 예견가능성과 통제가능성은 낮아진다. 계약은 장래의 위험을 현재로 끌고 들어와 이를 당사자 사이에 배분하는 도구인데, 위험에 대한 예견가능성과 통제가능성이 낮아지면 계약의 동태성은 증가하게 된다. 계약 체결 당시에 정한 위험 배분이 불합리한 것이 될 가능성이 높기 때문이다. 따라서 동적 계약에서는 위험 배분이 계약 체결 당시에 완성되지 않고 계약 체결 이후에도 진행될 수 있다.

3. 계약의 변경 가능성

계약이 장차 변경될 가능성이 열려 있으면 그 계약은 동적 계약일 가능성이 크다. 앞서 살펴보았듯이 이러한 변경 가능성은 법령에 따라 계약금액 조정이 이미 예정되어 있거나, 협의조항에 의해 당사자들의 자율적인 계약 변경 가능성이 허용되어 있거나, 신의칙에 관한 판례들에 의해 법원의 사후적 계약 관여가 가능한 경우에 주어지게 된다. 사정변경 원칙의 정신이 구현된 법령 조항들[74]이나 이러한 원칙을 인정한 판례[75]도 계약의 변경 가능성과 깊은 관련이 있다.

(ed), Encyclopedia of Law and Economics v. 3, Edward Elgar, 2000, 47.

74) 지상권설정계약에 있어서의 지료증감청구권(제286조), 전세권설정계약에 있어서의 전세금증감청구권(제312조의2), 임차권에 있어서의 차임증감청구권(제628조), 임차물의 일부멸실로 인한 차임감액청구권(제627조)은 사정변경시 당사자가 그에 부합하게 일방적으로 계약내용을 변경할 수 있도록 허용한다. 대리인이 금치산 선고를 받은 경우 대리권의 소멸(제127조 제2호), 증여자의 해제권(제557조), 사용대차에 있어서의 대주의 해제권(제614조), 당사자 일방이 파산선고를 받은 경우에 소비대차의 실효(제599조), 고용계약에 있어서의 각 당사자의 해지권(제659~661조), 고용계약에 있어서의 노무자 및 파산관재인의 해제권(제663조), 도급계약에 있어서의 수급인 및 파산관재인의 해제권(제674조), 위임계약에 있어서의 각 당사자의 해제권(제689조), 당사자 일방의 사망·파산 및 수임인의 금치산선고로 인한 위임계약의 실효(제690조), 임치계약에 있어서의 부득이한 사유로 인한 수치인의 해제권(제698조), 조합계약에 있어서의 부득이한 사유가 있는 조합원의 탈퇴권(제716조 제2항), 부득이한 사유가 있는 경우에 각 조합원의 해산청구권(제720조)에서는 사정변경을 이유로 계약관계를 해소하는 것을 허용한다. 그 이외에도 사정변경으로 인한 수도 등 시설의 변경청구권(제218조 제2항)은 상린관계에 사정변경의 원칙이 반영된 예이다.

75) 대표적으로 대법원 2007. 3. 29. 선고 2004다31302 판결; 대법원 2017. 6. 8. 선고 2016다249557 판결; 대법원 2020. 12. 10. 선고 2020다254846 판결.

이러한 계약의 변경 가능성은 계약 당사자의 기회주의적 행동을 방지하기 위해 주어지는 경우가 많다. 계약 당사자가 계약 내용에 반영하지 못하였던 위험 변수가 실현되었는데도 당초의 계약 내용을 고집할 경우 이로 인하여 한 당사자는 이익을, 다른 당사자는 손실을 보게 된다. 이 경우 그 위험 실현으로 우연히 이익을 보는 당사자는 그 이익을 지키기 위해 기회주의적 행동을 할 가능성이 높다. 계약 당사자들이 이미 이러한 위험배분을 계약관계에 내부화하였다면 이러한 사태를 감수하여야 하지만, 그렇지 않다면 이러한 기회주의적 행동을 방치하는 것은 형평에 맞지 않다. 이를 극복하기 위해 법령이나 계약 등에 의하여 계약을 변경하거나 그 변경에 협조하도록 법적 의무를 부과하는 것이다.

4. 계약조항의 추상성

계약조항의 추상성도 계약의 동태성을 증가시키는 요소이다. 일반적으로 계약조항이 추상적이면 그 계약조항을 통해 드러난 당사자의 의사도 추상적이다. 이처럼 당사자 간 합의의 밀도가 낮을수록 계약은 더 큰 동태성을 지니게 되고 더 큰 후견적 관여를 요구한다.[76] 계약의 추상성이라는 요소 역시 앞의 요소들과 연결된다. 계약 기간이 장기이고 계약을 둘러싼 위험 변수를 예견하거나 통제하기 어려울수록 계약조항은 추상적인 모습을 지니게 된다. "최선의 노력을 다하겠다."는 취지의 문언이 포함된 최선노력조항(best efforts clause)은 이러한 계약의 추상성을 잘 나타내는 조항의 예이다.[77]

계약 당사자가 처한 상황에 비추어 추상적인 계약조항을 두는 것이 불가피한 경우도 있지만, 때로는 계약 당사자가 이를 의도적으로 선택하는 경우도 있다. 계약 당사자들은 이를 통해 계약의 단순화를 추구하여 계약비용을 절감하고, 계약 당사자들 사이의 사회적 신뢰관계를 나타낸다. 또한 향후 당해 조항을 둘러싼 분쟁이 발생하였을 때 일도양단 식의 법적 해결이 아니라 협의를 통한 사회관계적 해결을 도모할 가능성이 높다. 이 과정에서 가급적 계약관계가 계속되도록 서로 유연하게 대응한다. 법적 분쟁이 생긴 경우 법원은 계약조항이 구체적인 경우보다 더 큰 사법재량을 행사한다. 즉 계약조항의 추상성은 계약의 계속성과 유연성을 높이고, 법원의 재량을 확대하는 결과로 이어진다.

다만 어떤 계약이 구체적인 조항들로만 구성되더라도 여전히 동적 계약일 수 있다. 일단 계약 체결 시점을 기준으로 구체적인 조항들을 두되 나중에 상황이 변하면 그 조항들을 변경하도록 예정하는 경우도 있기 때문이다. 그러므로 계약조항의 추상성은 동적 계약의 필요충분조건이 아니다.

---

76) 약관의 경우 오히려 구체적으로 규정되어 있는데도 후견적 관여가 강하게 이루어지는 것은 약관에 대한 당사자 간 합의의 밀도가 낮기 때문이다.

77) 최선노력조항의 해석 일반에 대해서는 권영준, "최선노력조항의 해석", 서울대학교 법학 제55권 제3호(2014. 9) 참조.

5. 계약관계의 중층성

계약관계의 중층성은 계약의 동태성을 나타내는 하나의 요소이다. 단일한 거래가 여러 단계의 계약으로 이루어지는 경우, 이러한 중층적 계약 구조에서 상위의 포괄적인 계약은 동적 계약일 가능성이 높다. 이러한 상위 계약은 우산 계약(umbrella agreement), 프레임 계약(framework agreement), 기본 계약(Grundvertrag)[78] 등 다양한 이름으로 불린다. 이러한 계약은 계약관계가 전개되는 일련의 과정에서 보면 계획(plan)으로서의 성격을 가진다.

계속적 계약관계에서는 1차적으로 추상적인 기본계약을 체결하여 계속적 계약관계에 관한 기본적이고 포괄적인 틀을 만든 뒤, 2차적으로 구체적인 개별계약들을 체결해 나가면서 계약관계를 진전시켜 나가는 경우가 많다. 또한 인수합병이나 부동산개발 사업을 할 때 1차적으로 당해 거래 또는 사업의 기본 원칙과 방향에 대해 양해각서 또는 사업협약서를 작성한 뒤, 2차적으로 구체적인 실행계약들을 통해 계약관계를 구체화하는 경우도 많다. 이 경우 먼저 체결되는 계약은 그 후 체결되는 계약 또는 계약관계의 변화에 따라 실질화·구체화됩니다. 그러한 의미에서 먼저 체결되는 계약은 동적 계약일 가능성이 높다.

6. 기 타

그 외에 동적 계약의 특성에 부합하는 요소들로 다음과 같은 것들이 있다.

첫째, 동적 계약에서는 계약 내용 외에도 계약 당사자 간의 사회적 관계와 같은 계약 외부적 요소가 계약관계에 큰 영향을 미친다. 예를 들어 당사자가 향후 계속하여 직·간접적으로 거래관계를 이어나가야 하거나, 해당 계약관계의 성공적인 마무리가 당사자의 평판에 상당한 영향을 미치는 경우가 그러하다. 이 경우 계약 당사자는 분쟁 상황에서 계약의 문언에 따른 경직된 해법보다는 계약 외부적 상황을 고려한 유연한 해법을 선호한다.

둘째, 계약이 공익과 관련된 경우 동적 계약이 될 가능성이 높아진다. 공익은 규제와 친하다. 규제는 그 필요 범위 내에서 사적 자치의 원칙을 후퇴시키고 국가의 관여 폭을 넓힌다.[79] 이러한 관여는 행정부뿐만 아니라 사법부에 의해 이루어지기도 한다. 즉 공익과 관련된 계약에 대해서는 법원이 행사하는 사법재량의 폭이 더 넓어진다. 그 점에서 계약의 공익 관련성은 계약의 동태성을 높인다. 대법원 2011. 6. 24. 선고 2008다44368 판결은 이러한 점을 보여주는 한 예이다. 이 판결에서 법원은 복권업과 관련된 계약에서 계약의 수수료 조정 사유가 발생하여 계약 당사자가 협의조항에 따라 협의를 시도하였으나 합의에 이르지 못한 경우 법원이

---

78) 대법원 1992. 11. 27. 선고 92다14892 판결; 대법원 1999. 6. 25. 선고 99다7183 판결 참조.

79) 김대인, "복권법제의 정당화요건 —재정법과 산업규제법의 관점에서—", 행정법연구 18호(2007. 8), 543-544에서는 공법상 계약에서는 사정변경 원칙의 적용 또는 공익을 이유로 한 계약 내용의 변경이 좀 더 쉬워진다고 설명한다.

여러 사정을 종합하여 합리적인 범위 내에서 수수료율을 정할 수 있다고 판단하였다. 계약 자체에는 수수료율을 다시 정할 기준이 없었는데도 법원이 재량에 따라 수수료율을 직권으로 정한 것이다. 이러한 판단의 배후에는 해당 계약의 공공성에 대한 고려도 있었다고 평가된다.[80)]

V. 동적 계약의 규율 원리

1. 계 속 성

동적 계약에서는 계약관계의 계속성이 더욱 강하게 요청된다. 계약관계의 계속성은 계약존중(favor contractus)의 원칙과 관련이 있다.[81)] 계약존중의 원칙은 계약관계에 어떤 문제가 있더라도 계약 전체를 무위로 돌리기보다는 이를 가급적 유지·존속시키는 방향을 모색해야 한다는 원칙이다. 비유하자면 어떤 물건에 문제가 생기더라도 이를 통째로 버리기보다는 문제된 부분을 수리한 뒤 계속 쓰자는 것이다. 임차인의 무단양도나 무단전대를 이유로 한 해지사유(민법 제629조)를 축소 해석하여 이를 배신적 행위라고 인정할 수 없는 사정이 있다면 해지권이 발생하지 않는다고 한 판례도 이러한 맥락에서 설명할 수 있다.[82)]

동적 계약에서 계속성의 원칙이 더욱 강하게 요청되는 이유는 두 가지로 설명할 수 있다.

첫째, 그것이 계약 당사자가 일반적으로 원하는 바이기 때문이다. 앞서 살펴보았듯이 동적 계약은 장기 계약 또는 계속적 계약인 경우가 많다. 계약 기간이 길어질수록 계약관계에 영향을 미치는 위험 변수도 늘어난다. 반면 당사자들은 이러한 계약관계에서 더 많은 자본과 신뢰를 투자한다. 그러므로 당사자들도 일반적으로 계약관계를 쉽게 포기하기보다는 가급적 그 내용을 변경해서라도 계약관계를 유지하기 원할 것이다.

둘째, 그것이 더욱 효율적이기 때문이다. 기존 계약관계를 해소하고 새로운 계약관계를 모색하는 데에는 비용이 발생한다. 새로운 계약 당사자를 찾아야 하거나, 계약관계의 내용이 복잡할수록 이러한 비용은 더욱 증가한다. 또한 시의성(時宜性)이 요구되는 계약의 경우에는 기존 계약관계를 해소하고 새로운 계약관계를 정립하는 것 자체가 상당한 비효율과 손해를 발생시킬 수도 있다. 여기에서 발생하는 비용은 계약 당사자뿐만 아니라 사회적인 차원에서도

80) 권영준, “계속적 계약에 있어서 재교섭조항의 해석”, 민사판례연구 제36집(2014. 2), 34-37.

81) 이에 대해서는 우선 약관의 규제에 관한 법률 제16조(약관의 전부 또는 일부 조항이…무효인 경우 계약은 나머지 부분만으로 유효하게 존속한다.…) 및 유럽의 공통참조기준초안(Draft Common Frame of Reference) Ⅱ.- 8:106조 (계약의 조항들을 합법적 또는 유효하게 하는 해석이 그러하지 아니한 해석에 비하여 선호되어야 한다) 참조.

82) 대법원 1993. 4. 27. 선고 92다45308 판결; 대법원 1993. 4. 13. 선고 92다24950 판결; 대법원 2007. 11. 29. 선고 2005다64255 판결 등. 계속적 계약의 신뢰관계보호를 위해 약정해지사유를 제한해석한 대법원 2006. 2. 10. 선고 2003다15518 판결도 참조.

문제이다. 기존 계약관계를 변경하여 유지함으로써 이러한 비용을 줄일 수 있다.

결국 동적 계약에서 계속성의 요청은 당사자들의 일반적인 의사에 부합할 뿐만 아니라, 계약을 해소하고 새로운 계약을 체결하는 낭비를 없애 계약의 효율성을 높인다.

2. 유 연 성

동적 계약의 계속성이 보장되려면 유연성의 요청이 충족되어야 한다. 앞서 서술한 바와 같이, 계약법의 기본 원리는 정적 계약을 염두에 둔 것이다. 따라서 이러한 계약법의 규율을 동적 계약에 적용함에 있어서는 유연성을 발휘하여야 한다. 관계적 계약이론을 주장한 맥닐 교수는 관계적 계약의 분쟁 해결의 특징을 "신축적(flexible)"이라고 표현하는데,[83] 이 역시 동적 계약에 부과되는 유연성의 요청을 염두에 둔 것이다.

이러한 유연성의 요청은 계약 당사자들의 약정에 의해 반영되기도 하고, 법령이나 법원의 해석에 따라 반영되기도 한다. 계약상 협의조항이나 조정조항, 변동조항은 전자의 예이고, 법령상 관련 조항이나 법원의 신의칙 적용 또는 유연한 계약 해석은 후자의 예이다.

계약관계의 유연성은 대체로 형식보다는 실질, 문언보다는 목적, 의사보다는 관계, 대립보다는 협력, 개인보다는 공동체, 정적 사고보다는 동적 사고를 중시함으로써 획득할 수 있다. 그러므로 동적 계약에서 더욱 강하게 유연성이 보장되어야 한다는 말은, 동적 계약의 법리가 더욱 강하게 실질, 목적, 관계, 협력, 공동체, 동적 사고를 중시해야 한다는 말이기도 하다. 예컨대 대법원은 회사를 위한 이사의 계속적 보증에 있어서는 형식적으로는 보증계약기간이 만료되지 않았는데도 이사의 퇴사 후 보증인의 책임을 제한하여 왔는데,[84] 이는 계약의 형식에 얽매이지 않고 계약의 실질, 이사와 회사의 관계, 이사의 퇴사라고 하는 사정변경의 반영을 유연하게 고려한 결과라고 평가할 수 있다.

이러한 유연성의 요청에 대해서는 계약관계의 안정성을 해친다는 우려가 제기될 수 있다. 그런데 동적 계약에서는 계약관계의 당사자가 이러한 유연성을 의도하였다고 볼 수 있다. 계약 당사자의 입장에서도 동적 계약에 유연성이 부정되면 오히려 계약 목적을 실현하기 어려워지기 때문이다. 또한 계약관계의 유연성은 계약관계의 안정성과의 상호관계 속에서 발현되므로 유연성의 요청이 곧 계약관계의 안정성을 송두리째 부정하는 것은 아니다. 참고로 법적 안정성이 더 높게 요구되는 법률 해석의 경우에도 입법 당시의 사정과 법률 적용 시점의 사정이 다른 경우에는 법률 적용 시점의 사정을 적극적으로 반영하여 동태적, 목적적으로 법률을 해석하는 경우가 드물지 않다.[85]

83) Macneil(주 19), 892.

84) 대법원 1990. 2. 27. 선고 89다카1381 판결; 대법원 1996. 10. 29. 선고 95다17533 판결; 대법원 1998. 12. 22. 선고 98다34911 판결; 대법원 2000. 3. 10. 선고 99다61750 판결 등.

85) 미국의 경우 법률해석의 중요한 이론 중 하나로 동적 해석론(dynamic interpretation)이 주장되고 있다.

3. 상 호 성

동적 계약의 유연성을 추구하면서 고려해야 할 또 다른 요청은 동적 계약의 상호성이다. 동적 계약에서 유연성을 추구한다는 것은 역동적으로 진행하는 현실 속에서 계약도 변경과 조정을 통해 유연하게 대응하여야 한다는 것을 의미한다. 그런데 이러한 변경과 조정은 당사자 상호간의 이해관계를 균형 있게 고려하면서 이루어져야 한다.

계약 당사자는 계약의 유연한 변경을 통해 계약 목적이 이루어지도록 함께 노력해야 한다. 이를 위해 상호 협의하고 상호 양보해야 한다. 자신의 이익을 추구하되 상대방의 이익도 배려해야 한다. 합의에 이르기 위해 상호 간에 정보를 제공하고 협의를 위한 진지한 노력을 기울여야 한다. 형식적으로만 협의에 응하는 척 하면서 사실은 협의를 지연시키는 행태를 보여서는 안 된다. 또한 이러한 협의를 통해 도출되는 결과는 신의성실의 원칙에 따른 합리적이고 공정한 것이라야 한다. 즉, 여러 가지 요소들을 균형 있게 고려하여 어느 한쪽에 치우치지 않는 결과에 이르러야 한다. 따라서 변화된 계약 환경 속에서 어느 한쪽이 다른 한쪽의 희생 하에 과도한 이익을 추구하거나 부당하게 손실을 전가하지 않고, 급부의 상호성 또는 등가성이 유지될 수 있도록 배려해야 한다.

이러한 요청은 동적 계약에 있어서 계약의 연대성(fraternity)이 더욱 강조되어야 하고, 개인과 공동체의 축에서 공동체적 덕목이 부각되어야 함을 의미한다. 곽윤직 교수는 채권관계를 채권자와 채무자 사이를 단순히 형식적인 권리의무의 대립으로 보는 것이 아니라, 신의성실의 원칙에 의해 지배받는 하나의 협동체로 볼 수 있다는 견해를 피력한 바 있다.[86] 이러한 견해가 채권법 일반에 적용될 수 있는지는 논란의 여지가 있을 수 있지만, 적어도 동적 계약에 관한 한 타당한 설명을 담고 있다. 이러한 계약의 연대성은 2명 이상이 상호 출자하여 공동사업을 경영할 것을 약정함으로써 성립하는 조합계약처럼 상호 간의 호혜적인 희생을 통하여 공통의 목적을 추구하는 공동체적 계약에서 더욱 강해진다.

4. 후 견 성

동적 계약에서는 정적 계약보다 후견적 관여의 폭이 더 넓어진다. 후견적 관여의 폭은 자기 결정의 확정성과 반비례 관계에 있다. 계약 내용이 확실하고 자세할수록 자기 결정의 확정성이 높아지므로 후견적 관여가 어렵지만, 반대의 경우에는 후견적 관여가 쉬워진다. 따라서 계약 체결 당시 당사자의 확정적 의사에 의해 계약 내용이 고정되는 정적 계약에서는 법원이

William N. Eskridge, Dynamic Statutory Interpretation, Harvard University Press, 1994. 또한 저명한 법철학자 로널드 드워킨은 법률해석을 입법자가 써 놓은 제1장에 이어 법관이 제2장을 써 나가는 연재소설에 비유한 바 있다. Ronald Dworkin, Law's Empire, Harvard University Press, 1986, 313.

86) 곽윤직, 채권총론, 박영사, 1999, 24.

후견적으로 관여할 여지가 크지 않다. 그러나 계약 체결 당시 당사자의 의사가 확정적이지 않고 계약 내용이 고정되지도 않는 동적 계약에서는 법원의 후견적 관여의 여지가 상대적으로 더 커진다. 따라서 법원은 사후에 발생한 위험을 당사자 사이에 배분하는 국면에서 더 큰 역할을 수행한다. 또한 후견적 관여의 폭은 신뢰 보호의 필요성과 정비례 관계에 있다. 계약관계에 내재한 신뢰의 폭이 두꺼울수록, 그 신뢰가 계약관계에서 중요한 역할을 차지할수록 그 신뢰의 법적 보호를 위해 의사가 후퇴해야 할 가능성도 높아진다.[87] 분쟁 해결 과정에서도 상대방의 일반적 기대(이는 거래 관행과도 밀접한 관련이 있다), 합리성 등 외부적 요소를 고려해야 할 필요성이 더 높아진다. 이러한 후견적 관여는 궁극적으로 신의성실의 원칙을 통해서 구현된다. 따라서 동적 계약에서는 신의성실의 원칙이 더 중요한 의미를 가진다.

Ⅵ. 마 치 며

정적 계약과 동적 계약이 독자적인 의미를 가진 계약 유형화 기준으로 발전할 수 있는지, 특히 동적 계약이 독자적인 의미를 가지는 법 개념으로 발전할 수 있을 것인지는 현재로서는 불확실하다. 그러나 적어도 조인트벤처나 합작투자계약 등 장기적으로 행해지는 사업 관련 계약처럼 법적으로나 경제적으로 상당한 의미를 가지는 계약 유형은 앞서 살펴본 동적 계약의 특징적 징표들을 확실하게 지니고 있으므로 이 경우에는 동적 계약의 지배 원리들이 더욱 중요하게 고려되어야 한다는 점은 말할 수 있을 것이다. 아울러 이론적으로 이러한 계약의 동태성에 대한 관심은 계약을 당사자 사이의 역동적 관계를 토대로 일종의 소통 체계로 보는 관점을 부가하는 계기가 될 수 있다. 계약의 이념은 국가의 성립부터 시장의 운영, 가족의 탄생에 이르기까지 매우 광범위한 적용 범위를 자랑한다. 또한 역사적으로 계약의 이념은 당대의 철학 또는 사상과 교류하며 함께 발전하여 왔다. 그렇다면 21세기의 계약은 19세기의 철학에 기초한 계약법에 의해서만 규율될 수는 없는 노릇이다. 그러므로 계약법은 지금보다 더욱 개방적이어야 하고, 지금보다 더욱 동태적이어야 한다. 이 점에서 동적 계약에 대한 논의는 현존하는 계약법학에 대한 시사점이 있는 것이다.

---

87) 권영준, 민법학의 기본원리, 박영사, 2020, 113.

초상권의 보호법익과 보호범위

—언론 보도에서의 초상 이용을 중심으로—

권 태 상*

Ⅰ. 서 론

현대사회에서 사진과 영상은 점점 더 많은 역할을 담당하고 있다. 스마트폰이 널리 보급되고 SNS(Social Network Service) 서비스, 유튜브 등을 이용하는 사람이 많아지면서, 정보를 전달하는 방법이 글자를 통한 전달에서 사진과 영상을 통한 전달로 점차 변화되고 있다. 언론 보도에서도 그 내용의 진실성과 신빙성을 뒷받침하기 위해 사진을 사용하는 경우가 많으며, 영상에 의한 보도 역시 많이 행해지고 있다. 사진과 영상은 글자에 의해 정확히 전달하기 어려운 분위기나 느낌 등을 생생하게 전달할 수도 있다.

그런데 다른 사람의 모습이 포함되어 있는 사진과 영상을 이용하는 경우 그 사람의 초상권을 침해하는 것은 아닌지 문제된다. 이는 다른 사람의 모습이 포함된 사진과 영상을 어떤 범위에서 이용할 수 있는지의 문제라고 할 수도 있다.

초상권의 개념은 오래 전부터 인정되어 왔다. 그러나 법원 판결에서는 명예, 사생활 등 다른 인격적 이익의 침해 여부가 주로 다루어졌고, 초상권이 독립적으로 논의된 경우는 많지 않았다. 이로 인해 초상권을 독립된 권리로 인정하는 것이 타당한지 의문이 제기되기도 하였다. 반면에 최근에는 초상권 침해가 독립적으로 인정되는 판결들이 증가하고 있는데, 이로 인해 언론의 자유가 제한된다는 우려가 제기되기도 한다.

이 글에서는 초상권의 보호법익이 무엇이고, 초상권이 어떤 범위에서 보호되어야 하는지를 검토한다. 이 글의 구조는 다음과 같다. 첫째 초상권의 개념을 살펴보고, 초상 본인의 식별가능성을 중심으로 초상권의 보호대상이 무엇인지 검토한다. 둘째 초상권의 법적 근거를 살펴보고, 초상권의 보호법익이 무엇인지 검토한다. 초상권의 보호법익에 대한 기존의 학설, 판례의 태도가 타당한지, 촬영·작성거절권의 보호법익이 경미한지 여부 등도 살펴본다. 셋째 초상권이 구체적으로 어떤 범위에서 보호되어야 하는지 검토한다. 이는 초상권 침해의 위법성을

* 이화여자대학교 법학전문대학원 교수, 변호사.

판단하는 문제라고 할 수 있는데, 초상 본인의 동의, 공중의 정당한 관심의 대상, 공적 인물 등의 쟁점으로 나누어 살펴본다. 특히 최근의 언론 관련 판결 중 초상권 침해 여부가 문제되었던 판결을 소개하고 검토한다.

한편 이 글에서는 초상권의 내용 중 촬영·작성거절권과 공표거절권을 중심으로 살펴보고, 초상의 상업적 이용과 관련되는 초상영리권 또는 퍼블리시티권에 대해서는 필요한 한도에서만 언급하기로 한다.

Ⅱ. 초상권의 개념과 보호대상

1. 초상권의 개념

우리나라에서 초상권의 개념은 법률에 규정되어 있지 않다. "초상(肖像)"의 사전적 의미는 "사진, 그림 따위에 나타낸 사람의 얼굴이나 모습"이다.[1] 이에 의하면, 사람이 사진 등에 나타난 자신의 모습에 대하여 갖는 이익에 대한 권리를 초상권이라고 할 수 있을 것이다.

초상권의 개념은 판례에 의해 정립된 상태라고 할 수 있다. 대법원 2006. 10. 13. 선고 2004다16280 판결은 "사람은 누구나 자신의 얼굴 기타 사회통념상 특정인임을 식별할 수 있는 신체적 특징에 관하여 함부로 촬영 또는 그림묘사되거나 공표되지 아니하며 영리적으로 이용당하지 않을 권리"를 가진다고 하였다. 이후의 판결들[2]도 이러한 초상권 개념을 그대로 따르고 있다.

초상권의 내용으로는 촬영·작성 거절권, 공표거절권, 초상영리권의 3가지 권리가 있다고 이해되고 있다.[3] 위 2004다16280 판결을 비롯하여 판례도 동일한 입장을 취하고 있다. 촬영·작성 거절권은 얼굴 기타 사회 통념상 특정인임을 식별할 수 있는 신체적 특징에 관하여 함부로 촬영 또는 그림묘사되지 않을 권리이고, 공표거절권은 촬영 또는 그림묘사된 초상이 공표되지 아니할 권리라고 할 수 있다. 그리고 초상영리권은 초상이 영리적으로 이용당하지 않을 권리라고 할 수 있다.[4]

---

1) 표준국어대사전(https://ko.dict.naver.com/#/entry/koko/afbe4a0d1f144f4cb326af1c39c99b64).

2) 대법원 2012. 1. 27. 선고 2010다39277 판결; 대법원 2013. 2. 14. 선고 2010다103185 판결; 대법원 2013. 6. 27. 선고 2012다31628 판결 등. 대법원 2021. 4. 29. 선고 2020다227455 판결도 이와 유사하게, "사람은 누구나 자신의 얼굴 그 밖에 사회통념상 특정인임을 식별할 수 있는 신체적 특징에 관해 함부로 촬영되거나 그림으로 묘사되지 않고 공표되지 않으며 영리적으로 이용되지 않을 권리"를 갖는다고 하였다.

3) 한위수, "사진의 무단촬영·사용과 민사책임 —초상권의 침해—", 민사재판의 제문제 제8권(1994), 213- 216; 엄동섭, "언론보도와 초상권침해", 민사판례연구 제21권(1999), 754; 권영준, "초상권 및 사생활의 비밀과 자유, 그리고 이익형량을 통한 위법성 판단", 민사판례연구 제31권(2009), 330-331; 김용담 편집대표, 주석민법 채권각칙(6), 한국사법행정학회, 2016, 393(김재형 집필부분) 등.

4) 한편, 미국에서는 1953년 연방 제2고등법원의 Haelan 판결(Haelan Laboratories, Inc. v. Topps Chewing Gum, Inc., 202 F.2d 866 (2d Cir. 1953)) 이후 퍼블리시티권이 인정되고 있다. J. Thomas McCarthy, The

2. 초상권의 보호대상

(1) 얼굴 등 신체적 특징

판례의 초상권 개념에 의하면, 초상권의 보호대상은 "얼굴 기타 사회통념상 특정인임을 식별할 수 있는 신체적 특징"이라고 할 수 있다. 즉 얼굴에 한정되지 않고 다른 신체적 특징도 초상권의 보호대상이 될 수 있다. 독일 연방대법원의 1979년 판결[5]은 축구선수의 뒷모습도 초상권에 의해 보호된다고 하였다.

초상의 묘사방법은 제한되지 않는다. 그림, 조각, 사진 등 어떤 방법에 의하든 사람은 자신의 초상이 무단히 묘사되는 것으로부터 보호된다거나,[6] 몽타주, 소묘, 풍자화, 만화, 인형 등도 초상권의 보호를 받을 수 있다고 설명된다.[7] 서울지방법원 1997. 8. 1. 선고 97가합16508 판결은, TV 드라마의 주인공 임꺽정으로 분장한 원고의 얼굴의 특징적 부분들[8]을 목탄 스케치로 유사하게 재현한 인물화를 위장약 광고에 사용한 사건에서, 초상권 침해를 인정하였다.

초상 본인과 비슷한 사람의 모습을 이용한 경우에도 그 초상 본인으로 인식된다면 초상권 침해가 인정될 수 있다. 1984년 뉴욕주의 1심 법원 판결[9]은, 케네디 대통령의 부인이었던 원고와 닮은 사람의 사진을 의류광고에 사용한 것이 문제된 사건에서, "초상(portrait) 또는 영상(picture)"에는 실제 그 사람에 대한 것은 물론 의도적으로 그와 아주 유사한 사람에 대한 것도 포함된다고 하였다.[10]

서울중앙지방법원 2012. 10. 9. 선고 2012가단64664 판결은, 연예인 민효린의 이름을 성형외과의 홈페이지 등에서 사용한 사건에서, 피고가 게재한 광고의 모델이 원고라고 오인할 만큼 유사하다고 보이지 않는다는 등의 이유를 들어 초상권 침해를 부정하였다.[11] 한편 대법

Rights of Publicity and Privacy, Volume 1, 2015, p. 4는 퍼블리시티권의 개념을 "자신의 동일성(identity)의 상업적 이용을 통제하는 모든 사람의 고유한 권리"라고 정의한다.

5) BGH, Urteil vom 26. 6. 1979 - NJW 1979, 2205. 프로축구팀 골키퍼의 뒷모습을 촬영한 사진이 광고에 이용된 것이 문제되었는데, 그의 체격, 자세, 헤어스타일 등에 의해 그가 속한 축구팀을 아는 사람은 어렵지 않게 그를 식별할 수 있었다.

6) 박용상, 명예훼손법, 현암사, 2008, 525.

7) 김재형, "언론보도에 의한 초상권 침해에 관한 법적 검토", 언론중재 2012년 겨울호(2012. 12), 26.

8) 머리띠를 묶은 이마, 덥수룩한 머리털, 턱수염, 콧수염, 짙은 눈썹부분 등이다.

9) Onassis v. Christian Dior-New York, Inc., 122 Misc.2d 603, 472 N.Y.S.2d 254, 10 Media L. Rep. 1859 (Sup 1984).

10) 또한 미국에서는 원고와 유사한 목소리를 이용한 경우도 퍼블리시티권 침해가 인정되었다. Midler v. Ford Motor Co., 849 F.2d 460 (9th Cir. 1988); Waits v. Frito-Lay, Inc., 978 F.2d 1093 (9th Cir. 1992).

11) 이 판결은 원고의 퍼블리시티권, 특히 성명(예명)에 관한 권리의 침해를 인정하였으나, 성명권만의 경제적 가치를 산정하기 어렵다는 점 등을 들어 재산상 손해에 대한 배상청구를 배척하였다. 다만 원고가 코 성형수술을 받은 것으로 오인될 가능성에 관하여 염려할 수 있다고 보이는 점 등을 들어 정신적 손해에 대한 배상으로 위

원 2009. 1. 30. 선고 2008도5897 판결은, 가수 박상민과 유사한 외모로 그를 모방하여 공연한 것이 문제된 사건에서, 성명은 「부정경쟁방지 및 영업비밀보호에 관한 법률」에서 말하는 영업표지에 해당하나 외양, 행동 등은 이에 해당하지 않는다고 하였다.

(2) 초상 본인의 식별가능성

초상권 침해가 되기 위해서는 초상 본인이 누구인지 식별가능해야 한다. 그러므로 초상을 이용하였더라도 초상 본인을 식별하기 어렵다면 초상권 침해가 인정되지 않는다.[12] 서울민사지방법원 1988. 5. 11.자 87가합6175 판결[13]은, 한복을 입은 원고가 머리에 비녀를 꽂은 사진을 일러스트레이션(illustration)으로 묘사하여 백화점 광고에 사용한 사건에서, 사회통념상 광고에 실린 그림이 원고라고 곧바로 식별할 수 있는 정도가 아니라고 하면서 원고의 청구를 기각하였다.

초상 본인의 식별가능 여부는 평소에 그를 알고 있는 주위사람들을 기준으로 한다고 설명된다.[14] 서울고등법원 1996. 2. 2. 선고 95나25819 판결[15]은, TV 방송에서 원고의 모습을 그림자처리 하였으나 원고의 옆모습 즉 눈, 코, 입모양과 머리모양이 섬세하게 나타난 사건에서, 원고의 주위사람들이 쉽게 원고를 알아볼 수 있게 하였다는 점을 들어 원고의 초상권 침해를 인정하였다.[16]

그런데 초상 자체로는 초상 본인을 식별할 수 없지만, 다른 요소와 결합하면 초상 본인을 식별할 수 있는 경우도 초상권 침해를 인정할 수 있는지 문제된다. 이와 관련하여, 사진 자체는 식별가능한 것이 아니더라도 그 설명문에 의해 식별가능성이 주어질 수도 있다고 설명된다.[17] 초상권이 침해된 경우도 명예훼손에 적용되는 피해자 특정의 기준이 적용된다고 하면서, 초상의 표현의 내용을 주위 사정과 종합해 볼 때 누구를 지목하는가를 알아차릴 수 있을 정도이면 피해자가 특정되었다고 보는 견해[18]도 있다. 이와 달리, 초상이 매체에 고정되어 유통될 수 있을 때에 초상권 침해가 문제되는데, 비식별처리되어 초상 자체가 더 이상 매체에 고

자료 300만원을 인정하였다. 원고와 피고 모두 항소를 제기하지 않아 이 판결은 그대로 확정되었다.

12) 한편 독일 연방대법원의 1974년 판결은, 나체 사진은 강하게 내밀영역(Intimbereich)과 결합되어 있으므로 초상 본인을 식별할 수 없는 경우에도 그의 자기결정에 따라야 한다고 하였다. BGH, Urteil vom 2. 7. 1974 - NJW 1974, 1947 - Nacktaufnahme.

13) 국내언론관계판례집 제1집, 267.

14) 곽윤직 편집대표, 민법주해[XIX] 채권(12), 박영사, 2005, 435(이재홍 집필부분); 박용상(주 6), 525; 주석민법(주 3), 392-393(김재형) 등.

15) 국내언론관계판결집 제4집, 243.

16) 원고가 유방확대 성형수술의 후유증으로 고생하고 있다는 내용이 TV에 방송된 사건인데, 원고의 음성도 변조되지 않고 그대로 방송되었다. 이 판결은 초상권 침해와 함께 사생활의 비밀과 자유 침해도 인정하였다. 상고심 판결인 대법원 1998. 9. 4. 선고 96다11327 판결은 사생활의 비밀이 무단 공개되었다고 하였으나, 초상권에 대해서는 언급하지 않았다.

17) 박용상(주 6), 525; 주석민법(주 3), 393(김재형) 등.

18) 함석천, "초상권에 대한 새로운 인식과 법리 전개", 법조 제603호(2006. 12), 199.

정되었다고 볼 수 없다면 초상권에 의한 보호는 주어질 수 없다는 견해[19]도 있다.

이 문제와 관련하여, 서울고등법원 2015. 8. 28. 선고 2014나2050805 판결[20]을 살펴볼 필요가 있다. 이 판결에서는 영육아원의 운영실태를 다룬 지역방송사의 방송이 문제되었는데, 방송에서 원고 A는 목 아래 전신이, 원고 B는 허리 아래 하반신이 화면에 노출되었다. 이 판결은 방송에서 노출된 신체부위만으로는 원고들을 식별할 수 있는 정도라고 보기 어려운 점, 원고 A, B의 지인들이 방송에 나온 사람이 원고 A, B라는 점을 알 수 있었다고 하더라도 이는 초상 자체를 인식한 것이라기보다는 방송에서 특정되는 원고들의 지위 등을 통해 알게 되었을 가능성이 더 높은 점 등을 근거로 초상권 침해를 부정하였다.

서울지방법원 남부지원 2016. 7. 7 선고 2015가합3601 판결[21]도 이와 유사하게 판단하였다. 이 판결에서는, 유명 목사가 신도들을 기망하여 금원을 편취하고 있다는 제보를 다룬 TV 방송이 문제되었다. 이 판결은, 원고들의 얼굴이 모자이크 처리되었고 목소리가 변조되었으며, 원고들의 지인들이 이 프로그램에서 원고들을 특정할 수 있었다고 하더라도 이는 프로그램에 나오는 교회의 전경, 원고들의 지위 등의 정보를 종합적으로 인식함으로 인한 것일 가능성이 높다고 하면서, 초상권 침해를 부정하였다. 이와 달리 원고들이 명예훼손의 피해자로는 특정되었다고 하였지만, 프로그램 내용의 진실성이 인정되고 프로그램의 제작·방영이 공공의 이익을 위한 것이라고 인정하여 위법성을 부정하였다.

초상은 사진 등에 나타난 사람의 얼굴이나 모습을 의미한다. 초상이라는 개념은 시각적으로 인지되는 특성을 가지고 있다. 그러므로 초상권의 보호대상이 되는 초상이 되기 위해서는, 원칙적으로 시각적인 방법으로 초상 본인이 누구인지 식별될 수 있어야 할 것이다. 초상이 다른 요소와 결합하여 초상 본인을 식별할 수 있는 경우까지 포함하여 초상권 침해를 넓게 인정하면, 초상권의 보호범위가 불명확하게 될 수 있다. 초상권 침해에서 초상 본인의 특정 문제는 명예훼손의 피해자 특정 문제와는 다르다고 보아야 할 것이다.

3. 초상권이 목소리 등에 대한 보호까지 포함하는지 여부

초상권의 개념과 관련하여, 목소리 등 사람의 동일성을 나타내는 다른 요소에 대한 보호까지 포함하는 것으로 초상권을 넓게 파악할 수 있는지 문제된다.

이를 긍정하는 판결도 존재한다. 서울고등법원 1998. 3. 27. 선고 97나29686 판결은 "사

19) 문건영, "언론에 의한 초상권 침해 판단 기준의 구체화에 관한 연구", 법조 제743호(2020. 10), 239-240. 다만 촬영거절권은 촬영 자체로 침해되므로 촬영시에 식별이 가능했다면 촬영거절권이 침해될 수 있다고 한다.

20) 원고들이 상고하였다가 상고를 취하하여, 이 판결은 확정되었다.

21) 2016년도 언론관련판결 분석보고서, 115. 원고들이 항소하였으나 서울고등법원 2017. 2. 8. 선고 2016나2051505 판결은 항소를 기각하였다. 원고들이 상고하였으나 대법원 2017. 5. 26. 선고 2017다2166910 판결은 심리불속행기각하였다.

람은 누구나 자기의 성명이나 초상, 음성, 연기 등을 스스로 경제적으로 이용하거나 제3자에게 대가를 받고 일정한 기간 동안 전속적 또는 1회적으로 이용하게 할 수 있는 권리, 즉 이른바 초상권을 가지고 있다"고 하였다. 그리고 서울고등법원 2000. 5. 16. 선고 99나30444 판결은 "연예인이 자신의 성명이나 초상, 음성, 연기 등을 상품의 광고나 표장 등에 상업적으로 이용할 수 있는 권리는 일종의 재산적 권리로서 보호의 대상이 된다"고 하면서 "재산적 권리로서의 초상권" 침해를 인정하였다.

그러나 이에 반대하는 견해는, 초상은 그 문언의 의미상 시각적인 식별가능성을 전제로 하고, 음성이나 성명과는 어느 정도 성격이 다르다고 하면서 초상은 가시적(可視的) 특징만을 포섭하는 것으로 이해하는 것이 바람직하다고 한다.[22)]

이러한 문제는 사람의 동일성이 갖는 재산적 이익을 어떻게 보호할 것인지와 관련된다. 미국에서는 사람의 동일성이 갖는 재산적 이익을 퍼블리시티권에 의해 보호하는데, 사람의 동일성을 인식할 수 있는 다양한 표지들 즉 이름, 초상, 목소리, 역할(캐릭터), 특정인과 밀접하게 관련된 물건 등을 모두 보호대상으로 인정한다.[23)]

우리나라에서는 초상권의 내용으로 초상영리권이 인정되므로, 독립된 재산권인 퍼블리시티권을 인정하지 않더라도 초상이 갖는 재산적 이익을 초상권에 의해 보호하는 것이 가능하다. 그런데 목소리 등 다른 동일성 표지가 상업적으로 이용되는 경우 어떻게 보호해야 하는지 문제된다. 초상권의 개념을 넓게 인정하는 입장은 목소리 등도 초상권에 의해 보호하려고 하는 것으로 보인다.

그러나 우리나라의 초상권의 보호대상을 미국의 퍼블리시티권처럼 넓게 인정하는 것은 바람직하지 않다. 초상의 사전적 의미를 고려하면, 초상권의 개념은 가시적(可視的) 특징을 보호하는 것으로 제한하여 이해해야 한다. 초상 외의 다른 동일성 표지가 상업적으로 이용된 경우는 초상권 이외의 인격권의 침해로 파악할 수 있을 것이다.[24)] 독일의 판례도 사람의 동일성이 갖는 재산적 이익을 초상권, 일반적 인격권 등에 의해 보호하고 있다.[25)]

---

22) 문건영(주 19), 211.

23) 이에 대해서는 권태상, 퍼블리시티권의 이론적 구성, 경인문화사, 2013, 55-65 참조. 한편 McCarthy(주 4), p. 276은 원고를 인식할 수 있는 다양한 표지들을 언급하는 용어로 "persona"라는 용어를 사용하는 것이 유용하다고 설명한다.

24) 서울고등법원 2015. 1. 30. 선고 2014나2006129 판결은 "자신의 성명을 상업적으로 이용하고 통제할 수 있는 권리는 위에서 본 성명권에 당연히 포함되고, 별도로 퍼블리시티권이라는 개념을 인정할 필요가 없다."고 하였다.

25) 이에 대해서는 권태상(주 23), 136-137 참조. 예컨대 독일 함부르크 고등법원의 1989년 Heinz Erhardt 결정은, 유명한 배우가 사망한 이후 그 음성과 말투를 흉내내어 라디오 광고에서 이용한 것이 문제된 사건에서, 사망 이후에도 존속하는 배우의 인격권은 자신의 예술적 특성을 광고에서 이용하는 것에 반대할 권리를 포함한다고 하였다. OLG Hamburg, Beschluss vom 8. 5. 1989 - GRUR 1989, 666.

Ⅲ. 초상권의 법적 근거와 보호법익

1. 초상권의 법적 근거

(1) 헌법상 근거

초상권은 인격권의 한 내용이다. 그러므로 초상권의 법적 근거와 관련하여, 우선 인격권의 법적 근거를 살펴볼 필요가 있다.

독일의 경우, 당초 성명권,[26] 초상권[27]에 대해서만 개별 규정을 두고 일반적 인격권은 인정하지 않았는데, 독일 연방대법원의 1954년 판결[28]이 일반적 인격권을 처음으로 인정하였다. 이 판결은, 기본법이 인간의 존엄에 대한 권리(제1조)와 인격의 자유로운 발현에 대한 권리(제2조)를 모든 사람이 존중해야 할 사법적(私法的) 권리로 인정하므로, 일반적 인격권은 헌법적으로 보장되는 기본권으로 보아야 한다고 하였다.

우리나라에서도 인격권은 헌법에 근거를 두고 있다고 이해되고 있다.[29] 헌법은 제10조[30]에서 인격권에 관한 기본규정을 두면서 인격에 관련된 각종 자유권보호에 관하여도 여러 규정을 두고 있다거나,[31] 인격권은 헌법 제10조, 제17조[32]에 근거를 둔 것으로 가장 근본적이고 중심적인 기본권이라고 설명된다.[33] 헌법재판소는 헌법 제10조가 모든 기본권 보장의 종국적 목적(기본이념)이라 할 수 있는 인간의 본질이며 고유한 가치인 개인의 "인격권"과 행복추구권을 보장하고 있다고 하였다.[34] 또한 헌법재판소 1991. 4. 1. 89헌마160 결정은, 사죄광고에 의하여 "인격의 자유로운 발현을 위해 보호받아야 할 인격권"이 무시된다고 하였다.

---

26) 독일 민법 제12조.

27) 조형예술 및 사진 작품의 저작권에 관한 법률(KUG, Gesetz betreffend das Urheberrecht an Werken der bildenden Künste und der Photographie, 이하 "예술저작권법"이라 한다) 제22조 이하. Karl Larenz/Manfred Wolf, Allgemeiner Teil des Bürgerlichen Rechts, 9. Aufl., 2004, S. 136은, 예술적작권법에 의해 규율되지 않는 경우(예컨대 초상의 촬영)에 대해서는 일반적 인격권이 그 흠결을 보충한다고 설명한다.

28) BGH, Urteil vom 25. 5. 1954 - BGHZ 13, 334 - Leserbrief. 원고가 변호사로서 의뢰인에 대한 기사의 정정을 요구하는 편지를 신문사에 보냈는데, 신문사는 이를 "독자의 편지"라는 제목으로 게재한 사건.

29) 양창수, "헌법과 민법", 서울대학교 법학 제39권 4호(1999. 2), 67은, 법개념이 애초에는 명확한 내용을 가진 어떤 핵심으로부터 출발하여 점차로 사안유형들을 집적하여 감으로써, 한편으로 그와 구별되는 다른 개념과의 경계를 획득하고 다른 한편으로 그 개념에 포섭되는 대상의 공통된 징표들을 명확하게 인식하게 된다고 하면서, 인격권 개념의 준거점으로 헌법 제10조, 제17조에 대한 헌법학의 논의를 고려할 수 있을 것이라고 한다. 그리고 권영준(주 3), 528-529는, 인격권의 헌법적 태생이 민법상 인격권의 보호범위가 헌법이념이 보호하고자 하는 인간상과 밀접한 관련성을 가지고 논의되어야 한다는 점을 시사한다고 지적한다.

30) 헌법 제10조 제1문은 "모든 국민은 인간으로서의 존엄과 가치를 가지며, 행복을 추구할 권리를 가진다."라고 규정한다.

31) 민법주해(주 14), 417(이재홍).

32) "모든 국민은 사생활의 비밀과 자유를 침해받지 아니한다."

33) 주석민법(주 3), 381(김재형).

34) 헌법재판소 1990. 9. 10. 89헌마82 결정; 헌법재판소 1997. 7. 16. 95헌가6 등 결정.

인격권의 한 내용인 초상권의 법적 근거도 이와 유사하게 이해되고 있다. 학설에서는 초상권의 헌법상 근거로 우선 헌법 제10조가 제시된다.[35] 대법원 2006. 10. 13. 선고 2004다16280 판결 역시 "초상권은 우리 헌법 제10조 제1문에 의하여 헌법적으로도 보장되고 있는 권리"라고 하였으며, 이후의 판결들[36]도 동일한 입장을 취하고 있다. 헌법재판소 2014. 3. 27. 2012헌마652 결정은, 경찰서 조사실에서 양손에 수갑을 찬 채 조사받는 모습을 촬영할 수 있도록 허용한 행위가 "헌법 제10조로부터 도출되는 초상권을 포함한 일반적 인격권"을 제한한다고 하였다.

(2) 법률상 근거

민법에는 인격권에 관한 직접적 규정이 존재하지 않으며, 불법행위에 관한 규정들 중 일부[37]가 인격적 법익에 대하여 규정하고 있다. 초상권이 침해된 경우 민법상 불법행위 규정에 의하여 보호를 받게 된다.[38] 이와 관련하여, 민법 제750조가 어떠한 권리 또는 법익이 침해될 것을 불법행위의 요건으로 정하고 있지 않으므로, 프라이버시 기타 등의 침해가 위법행위에 해당한다고 평가된다면 적어도 불법행위의 면에서 보호가 소홀하다고는 할 수 없을 것이라고 설명되기도 한다.[39]

초상권에 대해 규정하고 있는 법률로는 2005년에 제정된「언론중재 및 피해구제 등에 관한 법률」이 있다. 이 법률 제5조 제1항[40]은 언론등이 인격권을 침해해서는 안 된다고 하면서 인격권의 개념을 규정하였는데,[41] 인격권의 내용 중 하나로 "초상(肖像)"을 들고 있다.

그리고 저작권법 제35조 제4항은 "위탁에 의한 초상화 또는 이와 유사한 사진저작물의 경우에는 위탁자의 동의가 없는 때에는 이를 이용할 수 없다."고 규정한다.[42] 또한 상표법은 저명한 타인의 초상을 포함하는 상표의 경우 상표등록을 받을 수 없다고 하며(제34조 제1항 제6

35) 한위수(주 3), 212; 김재형(주 7), 27 등.

36) 대법원 2012. 1. 27. 선고 2010다39277 판결; 대법원 2013. 2. 14. 선고 2010다103185 판결; 대법원 2013. 6. 27. 선고 2012다31628 판결 등.

37) "생명" 침해에 대하여 제752조가 규정하고 있고, "신체, 자유 또는 명예" 침해에 대하여 제751조가 규정하고 있다. 또한 제764조는 "명예"가 훼손된 경우 법원이 명예회복에 적당한 처분을 명할 수 있다고 규정한다.

38) 김재형(주 7), 27.

39) 양창수(주 29), 65.

40) "언론, 인터넷뉴스서비스 및 인터넷 멀티미디어 방송(이하 "언론등"이라 한다)은 타인의 생명, 자유, 신체, 건강, 명예, 사생활의 비밀과 자유, 초상(肖像), 성명, 음성, 대화, 저작물 및 사적(私的) 문서, 그 밖의 인격적 가치 등에 관한 권리(이하 "인격권"이라 한다)를 침해하여서는 아니 되며, 언론등이 타인의 인격권을 침해한 경우에는 이 법에서 정한 절차에 따라 그 피해를 신속하게 구제하여야 한다."

41) 박용상(주 6), 387은 이에 대해 우리 법제에서 처음으로 인격권의 근거를 마련한 점에서 법제사적 의의가 크다고 하면서도, 인격권의 본질과 한계에 관한 고려 없이 이를 확정적·완결적 권리의 형태로 언급하여 혼란을 초래할 수 있다고 비판한다.

42) 한위수(주 3), 212-213은, 특히 촉탁에 의하지 아니한 초상이나 저작물이 될 수 없는 사진에 대하여는 아무런 언급이 없는 점에 비추어 보면 위 규정 자체가 초상권 인정의 근거가 된다고 할 수는 없다고 평가한다. 엄동섭(주 3), 753도 같은 취지이다.

호),[43] 상표권의 효력이 미치지 아니하는 경우로 자기의 초상을 상거래 관행에 따라 사용하는 상표(제90조 제1항 제1호)를 들고 있다.

한편 「성폭력범죄의 처벌 등에 관한 특례법」 제14조 제1항은 “카메라나 그 밖에 이와 유사한 기능을 갖춘 기계장치를 이용하여 성적 욕망 또는 수치심을 유발할 수 있는 사람의 신체를 촬영대상자의 의사에 반하여 촬영한 자는 7년 이하의 징역 또는 5천만원 이하의 벌금에 처한다.”고 규정한다.

2. 초상권의 보호법익

(1) 미국과 독일의 경우

미국에서는 Prosser가 프라이버시권의 내용을 4가지로 분류하였는데,[44] 그 유형 중 하나로 도용(盜用, appropriation)을 들었다. 그런데 Prosser는 도용에 의하여 보호되는 이익은 정신적 이익이라기보다 금전적 이익이라고 하였다.[45] 미국의 불법행위 리스테이트먼트도 “다른 사람의 이름 또는 외형(likeness)을 자신의 이용 또는 자신의 이익을 위해 도용한 사람은 그 다른 사람에게 프라이버시 침해에 대한 책임이 있다”고 규정하면서,[46] 이 원칙에 의해 발생하는 권리는 재산권의 성질을 갖는다고 한다.[47] 이러한 설명들에 의하면, 도용 유형의 프라이버시권을 우리나라에서 인정되는 초상권과 유사하다고 평가하기는 어려울 것이다. 도용 유형은 현재 미국에서 인정되는 퍼블리시티권과 유사하다고 할 수 있다.[48]

영미계에서는 초상권이 존재하지 않는다고 지적하면서, 얼굴은 공적인 기표(public symbol)라고 보는 견해[49]도 있다. 이 견해는 기표를 사용하는 사람이 이를 취득하지 않는다면 그 기표는 기능을 다할 수 없으므로 초상의 취득(촬영, 그림 등을 통한)이 허용되고, 표현의 자유를 보호하기 위해서는 공적 기표의 무단 사용도 허용되어야 한다고 주장한다.[50]

---

43) 다만, 그 타인의 승낙을 받은 경우에는 상표등록을 받을 수 있다.

44) William L. Prosser, “Privacy”, 48 Cal. L. Rev. 383, 389 (1960). 그는 프라이버시권을 ① 은둔, 고독, 사적 사항에 대한 침입(intrusion), ② 당혹스러운 사적인 사실의 공개(public disclosure of private facts), ③ 공중에게 잘못된 인식을 심어주는 행위(false light in the public eye), ④ 도용(appropriation) 등으로 분류하였다. 이러한 분류 방법은 1977년에 발간된 불법행위 리스테이트먼트에서도 받아들여졌다. Restatement, Second, Torts § 652A (1977).

45) Prosser(주 44), p. 406.

46) Restatement, Second, Torts § 652C (1977).

47) Restatement, Second, Torts § 652C, comment a. (1977).

48) McCarthy(주 4), p. 42는, Prosser가 프라이버시권의 유형 중 하나인 도용과 퍼블리시티권을 명확하게 구별하지 못하여 여러 문제와 혼란이 발생했다고 비판한다.

49) 박경신, “순수한 인격권으로서의 초상권은 가치인가, 규범인가”, 창작과 권리 2008년 여름호(2008. 6), 12-13. 얼굴은 개인에 대한 정보(personal information)일망정 개인적인 정보(private information)은 아니라고 설명한다.

50) 박경신(주 49), 13-14.

반면에 독일에서는 초상권이 인정되며, 그 보호법익은 초상 본인의 자기결정권 또는 초상에 관한 처분의 자유로 이해되고 있다. 초상권의 보호법익은 초상의 배포와 전시에 관한 초상 본인의 자기결정권이고, 자신의 초상이 공표될 것인지 여부와 어떤 상황에서 공표될 것인지에 관해 결정할 자유가 보호된다고 설명된다.[51] 판례[52]도 동일한 입장을 취하고 있다. 또한 초상을 권한 없이 공표하는 경우 자기결정의 자유와 함께 "인격의 자유로운 활동(freie Betätigung der Persönlichkeit)"의 자유도 침해된다고 한다.[53] 독일 연방대법원의 1974년 판결[54]은, 권한 없이 초상을 공개하는 것은 다른 사람의 인격재(Persönlichkeitsgut)에 대한 지배권을 도용하는 것이라고 하였다.

자기결정권에 의해 보호하려는 것은 자기 표현(Selbstdarstellung)에 관한 자율성이며, 그림 등으로 자신이 표현되는 것에 대한 감독권을 보장하는 초상권은 일반적 인격권의 본질적 부분인 포괄적인 자기 표현에 관한 권리의 일부라고 설명된다.[55] 또한 초상권의 보호법익을 초상 본인의 자기결정권으로 파악하는 결과, 그 자기결정권 뒤에 어떤 구체적인 다른 법익이 존재하는지는 중요하지 않다고 설명되기도 한다.[56]

(2) 초상 본인의 자기결정권

인격권을 인정하는 헌법적 근거를 고려하면, 인격권은 인격의 자유로운 발현을 위한 권리로서 그 중심에는 인간의 존엄성이라는 가치를 갖는다고 파악할 수 있다.[57] 독일의 법원과 헌법재판소는 일반적 인격권이 특히 자기결정권[58]을 보호한다고 하였다. 일반적 인격권을 처음 인정한 독일 연방대법원의 1954년 판결[59]은, 일정한 생각을 언어로 표현한 것은 그 작성자의 인격이 나타난 것이므로, 이를 일반대중에게 공개할 것인지 여부와 어떤 방법으로 공개할 것

---

51) Jürgen Helle, Besondere Persönlichkeitsrechte im Privatrecht, 1991, S. 47. 그리고 Karl Larenz/ Claus-Wilhelm Canaris, Lehrbuch des Schuldrechts Ⅱ/2, 13. Aufl., 1994, S. 506은, 사진을 몰래 촬영하는 것은 배포할 목적이 없더라도 위법하다고 하면서, 사적 목적으로 다른 사람을 촬영하는 것은 초상 본인의 자기결정을 무시하는 것이라고 설명한다.

52) BGH, Urteil vom 8. 5. 1956 - BGHZ 20, 345 - Paul Dahlke; BGH, Urteil vom 10. 11. 1961 - GRUR 1962, 211 - Hochzeitsbild; BGH, Urteil vom 16. 9. 1966 - NJW 1966, 2353 - Vor unserer eigenen Tür; BGH, Urteil vom 22. 1. 1985 - NJW 1985, 1617 - Nacktfoto 등.

53) BGH, Urteil vom 14. 2. 1958 - BGHZ 26, 349 - Herrenreiter.

54) BGH, Urteil vom 2. 7. 1974 - NJW 1974, 1947 - Nacktaufnahme.

55) Horst-Peter Götting, Persönlichkeitsrechte als Vermögensrechte, 1995, S. 30 f. 이러한 맥락에서 초상권을 넘어서 생활상(Lebensbild)에 대한 보호, 성격상(Charakterbild)에 대한 보호도 인정된다고 지적한다.

56) Helle(주 51), S. 47 ff. 이와 달리, 개별 사안에서 보호되는 이익이 무엇인지를 중시해야 한다는 견해, 미국의 프라이버시권과 유사한 익명성에 대한 권리의 하나로 초상권을 파악하는 견해 등은 옳지 않다고 비판한다.

57) 이에 대해서는 권태상(주 23), 282-283 참조.

58) 독일 연방헌법재판소의 1983년 인구조사법 판결은 자유로운 자기결정이 자유로운 사회의 구성부분이라고 하였다. BVerfG, Urteil vom 15. 12. 1983 - BVerfGE 65, 1.

59) BGH, Urteil vom 25. 5. 1954 - BGHZ 13, 334 - Leserbrief. 원고가 변호사로서 의뢰인에 대한 기사의 정정을 요구하는 편지를 신문사에 보냈는데, 신문사는 이를 "독자의 편지"라는 제목으로 게재한 사건.

인지에 대해 결정할 권한은 오직 그 작성자에게 속한다고 하였다. 또한 독일 연방헌법재판소의 1973년 판결[60]은, 인격의 자유로운 발현과 인간존엄에 대한 권리는 그 사람을 표현하는 것에 대한 처분권을 포함하며, 모든 사람은 자신의 전체 생활상 또는 삶의 특정한 사건을 다른 사람이 공개적으로 표현해도 되는지 여부와 그 범위를 원칙적으로 스스로 그리고 혼자 결정해야 한다고 하였다.

초상권의 보호법익은 초상에 의하여 자신을 표현하는 것에 대해서 갖는 초상 본인의 자기결정권이라고 할 수 있다. 그리고 이는 인격의 자유로운 발현과 인간의 존엄성에 근거하여 초상 본인에게 인정되어야 한다. 이를 더 자세히 검토하면 다음과 같다.

첫째, 초상의 작성 및 공표에 대하여 스스로 결정할 수 없다면, 초상 본인이 인격을 자유롭게 발현하기 어려워질 수 있다. 최근 초상이 보호되어야 하는 이유를 '자신일 수 있는 자유'와 '초상에 대한 자기결정권'으로 설명하는 견해가 있다. 이 견해는 헌법재판소 1995. 12. 28. 91헌마114 결정[61]의 내용을 초상에 적용하여, 초상이 촬영되어 초상 본인의 동의 없이 임의로 처리된다면 사람들은 자유롭게 행동할 수 없을 것이며, 자신의 무의식적 · 잠정적 · 순간적인 표정이나 행동이 언제나 공표될 수 있는 상태로 보관되고 다른 기회에 자신의 의사와는 무관하게 공표될 수도 있다는 점에서 초상 본인의 인격이 현저히 침해될 수 있는 위험이 따른다고 설명한다.[62] 이는 초상이 보호되지 않을 경우 초상 본인이 인격을 자유롭게 발현하기 어려워질 수 있다는 점을 보여준다.[63]

둘째, 초상의 작성 및 공표에 대하여 결정하는 것 자체가 인격의 발현이라고 볼 수 있다. 인격의 자유로운 발현을 위해서는, 다른 사람의 침해행위로부터 자유로워야 하는 것은 물론이고, 적극적으로 인격의 자유로운 발현을 추구할 수 있어야 한다.[64] 자신의 초상을 촬영 · 작성

60) BVerfG, Urteil vom 5. 6. 1973 - BVerfGE 35, 202 - Lebach. 살인사건에 방조범으로 관여했던 사람이 그 사건에 관한 TV 다큐드라마의 방영을 금지시킬 수 있는지 여부가 문제된 사건.

61) 공판정에서 녹취를 하고자 할 때 법원의 허가를 받도록 한 형사소송규칙 제40조가 문제된 사건이다. 이 헌법재판소 결정은, "모든 진술인은 원칙적으로 자기의 말을 누가 녹음할 것인지와 녹음된 자기의 음성이 재생될 것인지 여부 및 누가 재생할 것인지 여부에 관하여 스스로 결정한 권리가 있다. 왜냐하면 사람의 말과 음성이 녹음되어 진술인의 동의없이 임의로 처리된다면 사람들은 자연스럽게 의사를 표현할 수 없게 될 것이며 언제나 자신의 무의식적인 발언이나 잠정적인 의견, 순간적인 감정상태에서의 언급 등이 언제나 재생가능한 상태로 보관되고 다른 기회에 자기 자신의 의사와는 무관하게 재생될 수도 있다는 점에서 진술인의 인격이 현저히 침해될 수 있는 위험이 따르기 때문이다."라고 하였다.

62) 문건영(주 19), 217-218.

63) 독일 연방헌법재판소의 1983년 인구조사법 판결은, 자신에 관한 정보 중 어느 것이 알려져 있는지, 의사소통의 상대방이 무엇을 알고 있는지 알 수 없는 사람은 자기결정에 의하여 계획하고 결정할 자유가 본질적으로 방해받을 수 있다고 하였다. 예컨대 특이한 행동방식이 기록되어 정보로 저장되고 이용될 것인지 여부를 확신하지 못하는 사람은 그러한 행동방식으로 눈에 띄지 않으려 할 것이라고 하였다. BVerfG, Urteil vom 15. 12. 1983 - BVerfGE 65, 1.

64) 양창수, "정보화사회와 프라이버시의 보호", 인권과 정의 제175호(1991. 3), 78은, 프라이버시라는 이름 아래에 사생활이 함부로 공개되지 아니하고 사적 영역의 평온과 비밀을 요구할 수 있는 법적 보장이라는 소극적

하고 이를 이용하는 것도 인격의 발현으로 볼 수 있다. 그리고 이러한 초상의 이용에 상업적 이용을 배제할 이유는 없으므로, 초상이 갖는 재산적 이익에 대한 자기결정권도 초상권에 의해 보호된다고 보아야 할 것이다.

셋째, 초상의 작성과 이용은 인간의 존엄성에도 영향을 미칠 수 있다. 예컨대 초상이 사진으로 촬영된 경우, 이는 어떤 목적을 위한 객체나 수단으로 이용될 수 있다. 초상 본인의 순간적인 모습과 표정, 구도로 인해 초상 본인은 촬영자의 의도 안에서 전용되며, 매체에 고정된 초상은 초상 본인을 상징적으로 소유하고 처분할 수 있게 한다고 설명된다.[65] 사람이 초상의 작성과 이용에 대해 갖는 자기결정권이 침해되는 경우, 이는 그 사람이 객체화된다는 것을 의미할 수 있으므로, 인간의 존엄성 문제를 발생시킬 수 있다.[66]

3. 초상권의 보호법익에 관한 학설과 판례의 검토

초상권의 내용 중 특히 촬영·작성거절권의 보호법익에 관한 논의를 살펴보면 다음과 같다. 먼저 초상의 촬영·작성거절권이 인정되어야 하는 논거로, 사람이 무단으로 촬영되는 것만으로도 고통을 느끼는 경우가 있다는 점이 제시되어 왔다.[67] 그러나 이에 대해서는, 수치스러운 상황하에서 촬영당하는 경우에만 한정해서 촬영·작성거절권을 인정하지 않는 이상 이는 충분한 근거가 될 수 없으며, 또한 그런 경우에만 촬영·작성거절권을 인정한다면 그 실익은 별로 없을 것이라고 비판된다.[68] 이 견해는 독일, 스위스 등에서와 마찬가지로 촬영·작성거절권의 실질적 근거를 초상 본인의 자기결정권 및 초상공표의 위험성에서 찾는 것이 타당하다고 지적한다.[69]

판례 중에는 우선 서울민사지방법원 1994. 3. 30. 선고 93나31886 판결[70]을 살펴볼 필요

측면과 자기에 관한 정보를 통제할 법적 능력이라는 적극적 측면을 인식할 수 있다고 하였다.

또한 대법원 1998. 7. 24. 선고 96다42789 판결은, 헌법 제10조와 제17조는 개인의 사생활 활동이 타인으로부터 침해되거나 사생활이 함부로 공개되지 아니할 소극적인 권리는 물론, 오늘날 고도로 정보화된 현대사회에서 자신에 대한 정보를 자율적으로 통제할 수 있는 적극적인 권리까지도 보장하려는 데에 그 취지가 있는 것으로 해석된다고 하였다.

65) 문건영(주 19), 217-218.

66) 안병하, "무형의 인격표지의 상업적 이용에 내재된 위험성", 법학연구(연세대학교 법학연구원) 제19권 제3호(2009. 9), 258은, 동일성표지는 인격표지로서 기능하면서 담당주체의 인격의 일부를 이루고 있기에 그에게 인정되는 존엄의 가치에도 참여하고 있다고 하면서, 따라서 동일성표지가 상업적으로 이용되는 과정에서 그 재산적 가치 외에 다른 비재산적 가치들이 외면된다면, 이는 인간존엄에 대한 위험을 내포하고 있다고 지적한다.

67) 지홍원, "인격권의 침해", 사법논집 제10집(1979), 222(여인의 나체가 촬영된 경우 등); 한위수(주 3), 213-214(집안에서 알몸으로 쉬고 있는 것이 망원렌즈로 촬영되는 경우, 여인이 길을 걷다가 갑자기 불어온 바람에 치마가 날려 속옷이 드러난 장면이 찍히는 경우) 등.

68) 엄동섭, "초상권 보호의 한계 —작성거절권 침해의 경우를 중심으로—", 민사법학 제38호(2007. 9), 189.

69) 엄동섭(주 68), 189-190.

70) 국내언론관계판례집 제3집, 180. 이는 서울민사지방법원 1993. 7. 8. 선고 92가단57989 판결의 항소심 판결이다. 상고가 제기되지 않아 그대로 확정되었다.

가 있다. 이 판결에서는 정장차림을 한 이화여대 학생 5명이 이화여자대학교 정문 앞을 걸어 나오고 있는 장면이 촬영되어 주간시사잡지 뉴스위크에 게재된 것이 문제되었다. 이 사진은 한국의 과소비 풍조 등에 대한 비판적인 기사 중간에 게재되었는데, 사진 아래에는 "돈의 노예들(Slaves to Money)"이라는 부제가 붙여져 있었다.[71] 이 판결은 초상권 침해와 함께 명예훼손,[72] 명예감정 손상을 인정하였는데, 초상권에 대하여 다음과 같이 설시하였다.

이 판결은 "보통의 감수성을 가진 사람의 경우에 타인이 자신의 용모, 자태를 자신의 의사에 반하여 촬영하고 이를 널리 공표하면 수치심 곤혹감 등의 불쾌한 감정을 강하게 느끼게 되고 그 결과 정신적 평온이 방해를 받게 되리라는 것은 경험칙상 예상할 수 있(다)"고 하였다. 그리고 "개인이 이러한 정신적 고통을 당하지 아니하고 평온한 생활을 영위하고자 하는 것은 개인의 생활상의 이익으로서 이는 인간의 존엄성 몇 개인의 사생활의 자유와 비밀을 보장하고 있는 헌법의 정신에 비추어 볼 때 단순히 도덕적으로만 아니라 법적으로도 보호를 받아야 할 한 개인의 인격에 관한 권리"라고 하였다. 서울민사지방법원 1994. 10. 20. 선고 94가합36754 판결[73]도 초상권에 대하여 이와 유사하게 설시하였다.

위 판결의 내용에 대하여, 초상권을 사생활에 관한 권리의 일부로 보았다고 평가하는 견해[74]가 있다. 그러나 위 판결의 내용은 초상권의 보호법익에 대한 것으로 보인다. 즉 초상권 침해의 경우 초상 본인이 느끼는 수치심, 곤혹감 등의 불쾌한 감정에 주목하여, 초상권의 보호법익을 "정신적 평온"으로 파악한 것이다. 그리고 "이러한 정신적 고통을 당하지 않고 평온한 생활을 영위"하는 이익을 보호해야 한다는 근거로 헌법상 인간의 존엄성과 함께 사생활의 자유와 비밀을 제시한 것이다. 하지만 앞에서 살펴본 바와 같이 초상권의 보호법익을 초상에 대한 자기결정권으로 파악하면, 초상 본인의 불쾌한 감정에 주목하여 초상권의 보호법익을 파악할 필요가 없다.

이후 선고된 서울고등법원 1996. 6. 18. 선고 96나282 판결[75]은 위 판결과 다소 다른 입장을 취하였다. 이 판결은, 원고 임수경의 결혼식 장면을 TV 뉴스에서 수백만원짜리 웨딩드레스가 존재한다는 내용의 보도를 하면서 방영한 것이 문제된 사건에서, 초상권 침해와 함께 명예훼손, 명예감정 손상을 인정하였다. 이 판결은 초상권에 대하여 "(헌법 제10조에서) 국가가 보

71) 뉴스위크 잡지는 영어판, 일본어판, 한국어판이 있는데, 이 사진은 영어판과 일본어판에만 게재되었으며, 사진 밑에 적힌 부제는 영어판에만 있었다. 우리나라에도 영어판 55,000부가 수입되어 배포되었다.

72) 이 판결이 명예훼손을 인정하였으나, 원고들이 기사 내용과 관련 있는 사람들로 오인된다는 점에 주목하면 미국의 프라이버시권 침해 유형 중 "공중에게 잘못된 인식을 심어주는 행위(false light in the public eye)"로 볼 여지도 있다. 김재형(주 7), 30, 각주 30)도 이러한 점을 지적한다.

73) 국내언론관계판례집 제3집, 239. 젊은 여성 3명이 거리를 걸어가는데 같은 또래의 젊은 남자가 말을 붙이는 듯이 보이는 장면을 찍은 사진을 속칭 오렌지족을 비판하는 월간지 기사 중간에 게재한 사건.

74) 심석태, "한국에서 초상권은 언제 사생활권에서 분리되었나", 언론과 법 제13권 제1호(2014. 6), 266-267.

75) 국내언론관계판결집 제5집, 151. 상고가 제기되지 않아 이 판결이 확정되었다.

장하여야 할 인간으로서의 존엄과 가치는 생명권, 명예권, 성명권 등을 포괄하는 일반적 인격권을 의미하고, 이 일반적 인격권에는 개별적인 인격권으로서의 초상권이 포함된다고 보아야" 한다고 하였다. 이후의 판결들도 초상권의 근거로 사생활의 자유와 비밀을 제시하지 않는데, 이는 타당하다고 평가할 수 있다.

4. 촬영 · 작성거절권의 보호법익이 경미한지 여부

초상권의 내용 중 촬영 · 작성거절권에 대해서는, 그 보호법익이 공표거절권의 보호법익에 비하여 일반적인 경우에는 경미하다고 설명된다.[76] 또한 촬영 자체로 인한 침해의 정도는 상대적으로 낮다고 하면서, 촬영 · 작성거절권의 침해는 일반인의 감수성을 기준으로 하여 그 개인의 입장에 섰을 때 초상이 촬영 · 공개됨으로써 그 개인이 불쾌감이나 불안감을 가질 것이 전제가 되어야 할 것이라고 보는 견해[77]도 있다.

촬영 · 작성거절권만 침해된 경우는 아직 초상이 공표되지 않은 상태이므로, 그 침해의 정도가 상대적으로 낮다는 것을 부정할 수는 없다. 그러나 이러한 점에만 주목하여 촬영 · 작성거절권의 보호범위를 좁게 인정해야 하는지는 의문이다. 촬영 · 작성거절권의 보호법익이 초상 본인의 자기결정권이라는 점을 고려하면, 무단으로 촬영된 사실만으로도 초상 본인의 자기결정권이 침해되기 때문이다.

더군다나 최근의 기술 발전은 초상이 사진으로 촬영된 경우의 위험성을 더욱 증대시키고 있다. 사진의 합성이 예전보다 훨씬 정밀하게 행해질 수 있게 되었고, 사진을 이용하여 새로운 영상을 만들어 낼 수도 있게 되었다. 사람의 목소리를 녹음한 경우 이를 이용하여 그 사람이 하지 않은 말을 그 사람의 목소리로 재현하는 것도 가능하게 되었다.[78] 이러한 현실을 반영하여 「성폭력범죄의 처벌 등에 관한 특례법」은 2020. 3. 24. 개정[79]에서 제14조의2(허위영상물 등의 반포등)를 신설하였다. 이 조항은, 사람의 얼굴 · 신체 또는 음성을 대상으로 한 촬영물 · 영상물 또는 음성물을 그 대상자의 의사에 반하여 성적 욕망 또는 수치심을 유발할 수 있는 형태로 편집 · 합성 또는 가공하는 행위 등을 처벌하도록 규정하고 있다.

이러한 점들을 종합하면, 촬영 · 작성거절권의 보호범위를 초상이 촬영 · 공개됨으로써 그 개인이 불쾌감이나 불안감을 가질 것으로 예상되는 경우만으로 축소하여 인정하는 것은 타당하지 않다. 다만 촬영 · 작성거절권의 경우 위법성을 판단하는 단계에서 다른 이익과의 형량을

76) 엄동섭(주 68), 191.

77) 문건영(주 19), 228.

78) 영국의 더타임즈는 "Find your voice"라는 캠페인(JFK. Unsilenced)을 통해 1963년 암살된 미국 대통령 케네디(J. F. Kennedy)가 당시 달라스(Dallas)에서 하려고 했던 연설을 그의 목소리로 재현하였다. [칸 수상작] 인공지능, 케네디를 살려내다. 2018. 12. 27. 매드타임스 기사, http://www.madtimes.org/news/articleView.html?idxno=601.

79) 이는 공포 후 3개월이 경과한 날부터 시행되었다.

통해 그 위법성이 부정될 가능성이 상대적으로 더 크다고 볼 수 있을 것이다.

Ⅳ. 초상권의 보호범위

1. 초상권 침해의 위법성 판단

초상권이 초상 본인의 자기결정권을 보호하는 독립적인 권리이지만, 절대적으로 보호받는 권리는 아니다. 인격권은 그 구체적인 보호 범위가 다른 권리 또는 이익과의 형량에 의해 정해지는 경우가 많은데, 초상권 역시 마찬가지이다. 특히 초상권은 언론의 표현의 자유와 충돌하는 경우가 많다.

독일의 예술저작권법은, 초상 본인의 동의가 있는 경우만 초상을 배포 또는 전시할 수 있다(제22조 제1문)고 하면서, 그 예외도 함께 규정하고 있다(제23조 제1항). 이에 의하면, 시대사적 영역의 초상(제1호), 사람이 풍경 기타 장소의 부속물로 나타나는 경우(제2호), 초상 본인이 참가한 집회, 행진 및 이와 유사한 행사의 사진(제4호), 초상[80]의 배포 또는 전시가 더 높은 예술 이익에 기여하는 경우(제4호) 등에는 초상 본인의 동의가 없어도 초상이 배포 또는 전시될 수 있다.[81] 다만 이러한 예외는 초상 본인의 정당한 이익[82]을 침해하지 않는 한도에서만 인정된다(제23조 제2항).

초상권의 보호범위는 초상권 침해의 위법성을 판단하는 과정을 통해 정해진다고 할 수 있다. 아래에서는 이를 초상 본인의 동의, 공중의 정당한 관심의 대상, 공적 인물 등의 쟁점으로 나누어 살펴본다. 그리고 2015년 이후에 선고된 언론 관련 판결 중에서 위 쟁점들이 다루어진 판결들을 소개하고 검토한다.

2. 초상 본인의 동의

초상권의 보호법익이 초상 본인의 자기결정권이므로, 초상 본인이 스스로 초상의 촬영, 사용에 동의하였다면 초상권 침해를 인정할 수 없다. 동의의 의사표시에 의해 허용하는 계약이 성립하고, 그 촬영과 공개를 정당화하는 효과가 생긴다고 설명되기도 한다.[83] 인격권 일반에 대해서도, 인격권은 자신의 인격적 이익에 관한 권리이므로 이를 포기할 수 있고, 따라서 본인이 승낙 또는 동의하면 인격권이 침해되었다고 볼 수 없다고 설명된다.[84] 다만 이러한 승

80) 주문에 의해 제작되지 않은 경우에 한정된다.

81) 각 사유에 관한 설명으로는 박용상(주 6), 543-553 참조. 그리고 각 사유에 관한 독일의 판례에 대해서는 이수종, 독일 초상권 이론과 사례, 박영사, 2020, 113 이하 참조.

82) 초상 본인이 사망한 경우는 그 친족의 정당한 이익.

83) 박용상(주 6), 536.

84) 김재형, “언론의 사실보도로 인한 인격권 침해”, 서울대학교 법학 제39권 1호(1998), 204.

낙 또는 동의에도 일정한 한계가 존재한다.[85)]

초상 본인의 동의 없이 사진을 촬영하여 공개한 경우 초상권 침해가 인정된다.[86)] 그리고 초상 촬영에 대해서 초상 본인의 동의가 있었더라도 그 동의 범위를 벗어나 사진을 공개한 경우 초상권 침해가 인정될 수 있다. 대법원 2013. 2. 14. 선고 2010다103185 판결은, 누드촬영회에서 촬영한 사진을 불특정 다수가 열람할 수 있는 인터넷 사이트에 게시한 것이 문제된 사건에서, "사진촬영에 관한 동의 당시에 피촬영자가 사회 일반의 상식과 거래의 통념상 허용하였다고 보이는 범위를 벗어나 이를 공표하고자 하는 경우에는 그에 관하여도 피촬영자의 동의를 받아야 한다"고 하였다.

서울고등법원 1996. 6. 18. 선고 96나282 판결은, 원고가 자신의 결혼식에서 언론 기관이 촬영할 당시 이를 제지하거나 이의를 제기한 바가 없어 촬영에 대하여 묵시적으로 동의하였다고 하더라도,[87)] 촬영한 사진 또는 화면을 향후 어떠한 목적에 사용하든 상관없이 일체의 공표에 대하여 동의한다거나 그 공표와 관련한 자신의 초상권을 포기한 것이라고 볼 수는 없다고 하였다. 그리고 서울지방법원 남부지원 1997. 8. 7. 선고, 97가합8022 판결[88)]은 "초상권의 한 내용인 위 공표거절권과 관련하여 보면 승낙에 의하여 촬영된 사진이라도 이를 함부로 공표하는 행위, 일단 공표된 사진이라도 다른 목적에 사용하는 행위는 모두 초상권의 침해에 해당한다"고 하였다.

최근의 언론 관련 판결에서 초상 본인의 동의가 문제된 판결로는 [판결1] 서울고등법원 2017. 8. 18. 선고 2016나2088859 판결[89)]이 있다. 이 판결에서는, 세월호 사건으로 인해 탤런트 A가 검찰청에 출두하였을 때 그와 밀착하여 함께 이동한 원고들의 모습이 촬영되어 피고 한국방송공사(KBS)의 뉴스 프로그램 등에서 그대로 보도된 것이 문제되었다. 1심 판결[90)]은, 원고들이 초상 촬영에 동의하였다고 단정할 수 없고, 설령 그렇게 보더라도 초상 공표에 대하여까지 동의하였다고 보기는 어렵다[91)]고 하면서 초상권 침해를 인정하였다.

---

85) 「언론중재 및 피해구제 등에 관한 법률」 제5조 제2항 제1호는, 인격권 침해가 사회상규에 반하지 아니하는 한도에서 피해자의 동의를 받아 이루어진 경우 언론등이 그 보도 내용과 관련하여 책임을 지지 아니한다고 규정한다.

86) 서울민사지방법원 1994. 3. 30. 선고 93나31886 판결; 서울민사지방법원 1994. 10. 20. 선고 94가합36754 판결 등.

87) 1심 판결은, 원고의 결혼식 장면이 국내 대부분의 언론기관에 의해 보도되어 이미 공표된 것이기 때문에 원고가 묵시적으로 공표를 승낙한 것으로 보이므로, 이를 방영하였다고 하여 원고의 초상권이 침해되었다고 볼 수는 없다고 하였다.

88) 연세대학교 성악과 학생들로부터 신입생 환영회 장면의 방송에 대한 승낙을 받았으나 이를 다른 대학 학생의 사망 사실 등과 편집하여 '공포의 통과의례'라는 제목으로 방송한 사건. 원고들과 피고들이 모두 항소하였으나, 항소가 기각되어 이 판결이 확정되었다.

89) 2017년도 언론관련판결 분석보고서, 267. 원고들과 피고 모두 상고하지 않아, 이 판결이 확정되었다.

90) 서울남부지방법원 2016. 12. 1. 선고 2016가합101939 판결(2016년도 언론관련판결 분석보고서, 197).

91) 시청자들로서는 원고들 역시 구원파 신도로서 A가 받고 있는 혐의와 관련이 있다거나, 적어도 범죄 혐의자와

그러나 항소심 판결은, 원고들이 촬영 및 공표되는 것에 대해 묵시적으로 동의하였다고 봄이 상당하다고 하면서 초상권 침해를 부정하였다. 특히 초상의 공표 범위, 사용목적과 관련하여, 촬영된 영상이 A가 혐의를 받고 있는 유병언 일가의 비자금 조성과 관련된 보도에 사용될 것이라는 점이 객관적으로 충분히 추정된다고 하였다. 또한 당시 대부분의 언론보도에서 다수의 취재진과 카메라가 있는 포토라인에 별다른 의사표시 없이 다가오는 주요 보도대상자의 동행자에 대하여 얼굴을 모자이크 처리하지 않고 그대로 보도하고 있었다는 점을 들면서, 이러한 사정을 모르지 않았을 원고들이 자신들의 얼굴에 모자이크 처리 등이 되기를 기대하였다고 보기도 어렵다고 하였다.

3. 공중의 정당한 관심의 대상

인격권 침해 여부가 문제되는 많은 경우 침해행위의 위법성은 다른 권리 또는 이익과의 형량에 의해 판단된다. 대법원 2006. 10. 13. 선고 2004다16280 판결[92]은 이익형량의 기준에 대하여 다음과 같이 설시하였다. "초상권이나 사생활의 비밀과 자유를 침해하는 행위를 둘러싸고 서로 다른 두 방향의 이익이 충돌하는 경우에는 구체적 사안에서의 사정을 종합적으로 고려한 이익형량을 통하여 위 침해행위의 최종적인 위법성이 가려진다. 이러한 이익형량과정에서, 첫째 침해행위의 영역에 속하는 고려요소로는 침해행위로 달성하려는 이익의 내용 및 그 중대성, 침해행위의 필요성과 효과성, 침해행위의 보충성과 긴급성, 침해방법의 상당성 등이 있고, 둘째 피해이익의 영역에 속하는 고려요소로는 피해법익의 내용과 중대성 및 침해행위로 인하여 피해자가 입는 피해의 정도, 피해이익의 보호가치 등이 있다. 그리고 일단 권리의 보호영역을 침범함으로써 불법행위를 구성한다고 평가된 행위가 위법하지 않다는 점은 이를 주장하는 사람이 증명하여야 한다."[93]

그런데 위 판결 이전에, 대법원은 사생활의 비밀에 관한 사항이 공중의 정당한 관심의 대상이 되는 사항이 아닌 한도에서 보호된다는 법리를 이미 설시하였다. 즉 대법원 1998. 9. 4. 선고 96다11327 판결은 "사람은 자신의 사생활의 비밀에 관한 사항을 함부로 타인에게 공개당하지 아니할 법적 이익을 가진다고 할 것이므로, 개인의 사생활의 비밀에 관한 사항은, 그것이 공공의 이해와 관련되어 공중의 정당한 관심의 대상이 되는 사항이 아닌 한, 비밀로서 보호

관련된 사람이라는 부정적인 인상을 가질 가능성이 있는데, 원고들이 이처럼 자신들이 부정적으로 보일 수 있는 보도에 초상권을 공개하도록 동의하였다고 쉽사리 단정하기는 어렵다고 하였다.

92) 보험회사 직원들이 원고들의 후유장해 정도에 대한 증거자료를 수집할 목적으로 원고들을 몰래 지켜보거나 미행하여 원고들의 사진을 촬영한 사건.

93) 이에 대하여 권영준(주 3), 560-562는 일단 불법행위가 성립한 다음 단계에서 위법성 조각 여부를 따지는 것이 민법 제750조와 정합성을 유지하는 것인지 의문이라고 하면서, 인격권침해사건에서 이익형량은 위법성 조각단계에서 동원되는 틀이라기보다는 위법성 판단단계의 처음부터 적용되는 도구라고 보아야 한다고 비판한다.

되어야 하고, 이를 부당하게 공개하는 것은 불법행위를 구성한다 할 것이다."고 하였다.[94] 그리고 대법원 2013. 6. 27. 선고 2012다31628 판결은 "개인의 사생활과 관련된 사항의 공개가 사생활의 비밀을 침해하는 것이더라도, 사생활과 관련된 사항이 공공의 이해와 관련되어 공중의 정당한 관심의 대상이 되는 사항에 해당하고, 그 공개가 공공의 이익을 위한 것이며, 그 표현내용·방법 등이 부당한 것이 아닌 경우에는 위법성이 조각될 수 있다."고 하였다.[95]

사생활 침해의 위법성에 관한 이러한 기준은 초상권 침해의 경우에도 마찬가지로 적용될 수 있다고 설명된다.[96] 보험회사 직원들의 촬영이 문제되었던 위 2004다16280 판결에서는 언론에 의한 초상권 침해와 관련된 특별한 고려가 반영되지 않았다고 지적하면서, 언론에 의한 초상권 침해가 문제될 경우 사생활 침해와 동일하게 공중의 정당한 관심을 이익형량의 상위 기준으로 삼을 필요가 있다고 주장하는 견해[97]도 있다. 공중의 정당한 관심의 대상이 되는 사항에 대한 보도로 인한 초상권 침해가 문제되는 경우, 위 2012다31628 판결이 제시한 기준에 의하는 것이 타당해 보인다. 즉 문제된 보도가 공중의 정당한 관심의 대상이 되는 사항에 대한 보도인 경우,[98] 그 표현내용·방법 등이 부당한 것이 아니면 위법성을 부정하는 것이 바람직하다.

최근의 언론 관련 판결에서 공중의 정당한 관심의 대상인지 여부가 다루어진 판결들을 살펴보면 다음과 같다.

[판결2] 서울중앙지방법원 2015. 7. 8. 선고 2014가합51744 판결[99]에서는, 세월호 사건 관련하여 유병언과 그의 도피를 돕고 있는 사람들을 체포하기 위해 구원파의 본산인 금수원을 수색하는 과정을 생방송으로 보도하는 과정에서, 원고가 수사기관의 직무집행을 방해하였다는 혐의로 긴급체포되어 수갑을 차고 금수원 건물 밖으로 나오는 모습 등이 상당한 시간 동안 방송된 것이 문제되었다. 이 판결은 문제된 방송이 공공의 이해와 관련된 공중의 정당한 관심의 대상이 되는 사항에 해당한다고 하였다. 그러나 피고가 원고의 초상을 노출한 것은, 그 침해행

---

94) 이 판결은 유방확대수술의 위험성을 알리고 그로 인한 보상 방법 등에 관한 정보를 제공하는 것은 공공의 이해에 관한 사항에 대하여 공익을 목적으로 한 것이나, 그러한 수술을 받고 부작용으로 고생하고 있는 사람이 누구인가 하는 점은 개인의 사생활의 비밀에 속한 사항이지 공중의 정당한 관심의 대상이 되는 사항이라고 할 수 없다고 하였다.

95) 이 판결은 이러한 법리를 설시한 다음, 위 2004다16280 판결의 이익형량 기준에 관한 법리도 설시하였다. 이는 대법원 2021. 4. 29. 선고 2020다227455 판결도 동일하다.

96) 김재형(주 7), 32.

97) 문건영(주 19), 224-227. 다만 "공중의 정당한 관심"의 범위는 사생활의 경우보다 초상권의 경우에 상대적으로 더 넓게 인정될 수 있을 것이라고 한다.

98) 박용상(주 6), 788은, 언론이 공적 정보의 이익이 있는 사안에 관하여 보도하는 경우라 할지라도 그에 관련된 개인의 초상을 촬영·보도하려면 다시 그 인물에 관하여 정보의 이익이 인정되어야 한다고 설명한다.

99) 2015년도 언론관련판결 분석보고서, 329. 피고가 항소하였으나 서울고등법원 2016. 4. 29. 선고 2015나22542 판결은 항소를 기각하였다. 이후 피고가 상고하지 않아 그대로 확정되었다.

위의 필요성 및 긴급성이 그 침해법익의 중대성에 비하여 우월하다고 할 수 없고,[100] 그 침해 방법 및 정도도 상당하다고 할 수 없어, 초상권 침해의 위법성이 조각된다고 볼 수 없다고 하였다.

[판결3] 서울서부지방법원 2019. 8. 9. 선고 2018가단215568 판결[101]에서는, 어린이 다문화합창단의 대표인 원고가 그 합창단의 단원이었던 어린이의 아버지인 A와 언쟁하는 상황이 촬영되어 TV 뉴스에 방송된 것이 문제되었다. 당시 이 합창단은 평창 동계올림픽 개막식의 애국가 제창 초대를 받고 단원들의 학부모에게 참가비 입금을 요청하였는데, A는 참가비 요구에 대해 항의하던 중[102] 그 상황을 휴대폰으로 촬영하여 방송국에 전달한 것이었다.

이 판결은 A의 동영상 촬영 행위가 위법하지 않다고 하였다. 즉 동영상 촬영으로 원고의 촬영거절권이 침해되는 결과를 초래하였다 하더라도, 그 행위 목적의 정당성, 수단·방법의 보충성과 상당성 등을 참작하면 원고가 수인하여야 하는 범위 내에 속한다고 하였다.[103] 그러나 TV 뉴스에서 이를 방송한 것은 원고의 공표거절권을 침해한 것으로 위법하다고 하였다.[104] 즉 원고의 초상권을 침해하지 않고도 공익적 목적을 충분히 달성하는 방송을 할 수 있고, 이와 달리 원고의 얼굴을 공개함으로써 얻을 수 있는 공공의 이익이 무엇인지 명확하지 않다고 하면서, 피해법익의 중대성, 피해의 정도, 피해이익의 보호가치가 더 크다고 하였다.[105]

[판결2], [판결3]에서 문제된 방송들은 공중의 정당한 관심의 대상이 되는 사항에 관한 것이라고 할 수 있다. 그러나 이 판결들은 초상권 침해를 인정하였는데, 개인의 얼굴을 공개할 필요가 없었다는 점을 주된 이유로 제시하고 있다. 이는 공적 인물이 아닌 일반인의 초상권을 중시한 것으로 이해할 수 있다.[106] 그런데 이에 의하면 언론 보도에 대해 사후적으로 법원이

100) 원고가 애초 유병언의 도피조력자로 알려진 사람이 아니고, 공무집행방해 혐의 자체도 특별히 중요성이 있다고 보기 어려울 뿐만 아니라 계속적으로 원고 관련 장면을 내보낼 필요성이 있다고 보이지 않는다고 하였다.

101) 2019년도 언론관련판결 분석보고서, 231. 원고와 피고들이 모두 항소하였으나, 서울서부지방법원 2020. 7. 16. 선고 2019나38288 판결은 항소를 모두 기각하였다. 피고들이 상고하여 현재 상고심이 진행되고 있는 중이다(대법원 2020다253423).

102) 올림픽 조직위원회에서 합창단의 참가비 전액을 지급한다고 답변하였음에도 이와 별도로 합창단이 단원들의 학부모에게 참가비를 요구하는 것에 항의한 것이었다.

103) A가 원고의 사적인 생활관계를 탐지하기 위해서가 아니라 언쟁 상황에 대하여 촬영 사실 자체를 숨기지 아니한 채 촬영을 하였고, 당시 한국다문화센터의 직원들 역시 A의 촬영에 대항하여 동영상을 촬영하거나 촬영하고자 하는 모습을 취하고 있었던 점 등을 고려하면, 동영상 촬영행위는 증거수집 등을 위하여 필요하고도 부득이한 것이었다고 볼 수 있다고 하였다.

104) 다만 방송을 함에 있어 얼굴 노출 여부 등의 문제는 정보제공자가 관여할 수 없다는 점 등을 들어 A에게는 이에 대한 책임을 묻기 어렵다고 하였다.

105) 이 판결은 피고들의 주장 사실과 제출 증거만으로 원고가 공적인 인물에 해당한다고 할 수 있는지 의문이라고 하였다. 그리고 설령 원고가 어느 정도 공적인 인물에 해당하는 것으로 보더라도, 그 얼굴까지 널리 알려져 있는 사람이라고는 보이지 않는다고 하였다.

106) 박용상(주 6), 545는 사인(私人)이 관계된 사안에서는 대중이 지대한 관심을 가진다는 점만으로 초상보도가 허용되지 않는다고 설명한다.

필요성, 보충성이라는 기준에 의해 판단하는 것이 되므로, 언론의 자유를 축소시킬 여지가 있다. 한편, [판결3]의 원고를 공적 인물이 아닌 일반인으로 보는 것이 타당한지도 의문이다. 아래에서 살펴보는 바와 같이, [판결3]의 항소심 판결인 [판결7]은 원고가 공인의 지위에 있다고 볼 여지가 상당히 있다고 하였다.

4. 공적 인물

독일의 예술저작권법은, "시대사적 영역의 초상"의 경우 초상 본인의 동의 없이 배포 또는 전시할 수 있다고 규정하고 있다(제23조 제1항 제1호). 절대적 시대사적 인물(absolute Person der Zeitgeschichte)에 대해서는 일반적인 정보의 이익이 인정되므로 특정 시대사적 사건과 관련이 없어도 그의 초상을 동의 없이 배포할 수 있는 반면에, 상대적 시대사적 인물(relative Person der Zeitgeschichte)의 경우는 특정 시대사적 사건과 관련이 있는 경우만 그의 초상을 동의 없이 배포할 수 있다고 설명된다.[107] 그러나 유럽인권재판소의 2004년 판결[108] 이후 독일 법원은 절대적 시대사적 인물의 사진도 시대사적 사건과 관련된 것이어서 공중의 정당한 정보이익을 충족하는 것인 경우에만 동의 없이 공표될 수 있는 것으로 견해를 변경하였다고 평가된다.[109]

우리나라에서도 공적 인물의 초상권은 제한적으로 인정된다. 서울지방법원 1995. 6. 23. 선고 94카합9230 판결에서는, 물리학자 이휘소를 모델로 한 소설에서 이휘소의 사진을 사용한 것이 문제되었다. 이 판결은, 이휘소가 뛰어난 물리학자로서 우리나라 국민들에게 많은 귀감이 될 수 있는 사람으로서 공적 인물이 되었다고 하면서, 이휘소의 사진을 사용하는 것은 위 소설이 위 이휘소에 대한 명예를 훼손시키는 내용이 아닌 한 허용되어야 할 것이라고 하였다.[110] 서울지방법원 1995. 9. 27.자 95카합3438 결정도, 기업인 김우중에 대한 평전의 표지 및 그 신문광고에 김우중의 사진이 사용된 사건에서, 신청인은 뛰어난 기업인으로서 우리나라 국민들에게 많은 귀감이 될 수 있는 사람으로서 이미 우리 사회의 공적 인물이 되었다고 하면서, "공적 인물이 되었다고 볼 수 있는 경우 그 사람은 자신의 사진, 성명, 가족들의 생활상이 공표되는 것을 어느 정도 수인하여야 한다."고 하였다.[111]

---

107) Christina Schertz, in Götting/Schertz/Seitz, Handbuch des Persönlichkeitsrechts, 2008, § 12 Rn. 40 f. 절대적 시대사적 인물은 그 자체가 시대사적 사건이라고 설명한다.

108) EGMR, Urteil vom 24. 6. 2004 - NJW 2004, 2647 - Case of von Hannover v. Germany. 이 판결은 절대적 시대사적 인물이라는 개념이 공적 기능을 수행하는 정치가에게는 적절하지만, 공중과 언론이 Caroline 공주에 대해 갖는 관심은 오직 그녀가 왕족의 일원이라는 점에만 기초하므로 Caroline 공주와 같은 사적 개인에게는 이 개념이 정당화될 수 없다고 하였다.

109) 안병하, "독일 인격권 논의의 근래 동향 —카롤리네(Caroline)와 말레네(Marlene)—", 한독법학 제17호(2012. 2), 92-93.

110) 그러나 유족들이 나오는 사진을 무단으로 게재한 것은 유족들의 초상권을 침해한 것이라고 하였다.

111) 서울고등법원 1998. 9. 29.자 98라35 결정도, 야구선수 박찬호에 대한 평전에서 박찬호의 사진이 사용된 사건에서, 박찬호가 공적 인물이 되었으며, 사진이 수인하여야 할 정도를 넘어서서 초상권을 침해하는 정도로 과다

최근의 언론 관련 판결에서 공적 인물 여부가 다루어진 판결들을 살펴보면 다음과 같다.

[판결4] 서울서부지방법원 2018. 7. 11. 선고 2018가합31651 판결[112]에서는, 국정원 문건에 MBC PD수첩 작가 전면 교체라는 내용이 존재하였는데 그 내용대로 당시 시사제작국 국장이던 원고에 의해 실행되었다는 내용의 방송이 문제되었다. 이 판결은, 이 사건 보도가 공익적 목적에서 행해졌다고 하였다. 그리고, 원고는 오랫동안 피고 방송국에 근무한 언론인으로서 공인으로 볼 수 있고, 자신이 결정한 사안에 대해서 의혹이 있으면 어느 정도 문제제기를 허용하고 공개토론을 감수할 필요가 있다고 하면서, 원고의 초상권이 위법하게 침해되었다고 보기 어렵다고 하였다.

[판결5] 서울고등법원 2019. 2. 3. 선고 2018나2039448 판결[113]에서는, 과거 KBS가 수신료 인상에 관한 사항을 야당 최고위원, 국회의원 등과 비공개 회의에서 논의하면서 불법도청에 의해 녹취록을 작성하였는지 여부를 다룬 동영상 뉴스가 문제되었다. 이 동영상 뉴스에서는 당시 KBS의 보도국장으로 재직하였던 원고와 피고 소속 기자의 통화내용이 재생되면서 원고의 사진[114]도 배경 화면으로 내보내졌다. 이 판결은, 보도 내용과 목적이 도청의혹 사건의 전말을 밝히기 위한 것으로서 당시 KBS 보도국장 지위에 있어 공적 인물이라고 볼 수 있는 원고와 사이의 대화내용 자체는 공공의 이해와 관련되어 공중의 정당한 관심의 대상이 되는 사항에 해당한다고 하였다. 그러나 원고의 얼굴 사진을 공개하지 아니하더라도 보도의 신뢰성이 훼손된다거나 그 목적을 달성하는 데 장애가 있다고 보이지 아니하고, 6년 전에 발생한 사건을 보도하면서 원고의 초상권을 침해하여야 할 긴급한 사정이나 중대한 공익상의 필요가 있다고 보기 어렵다는 점 등을 들어 초상권 침해행위의 위법성이 조각된다고 볼 수 없다고 하였다.

[판결6] 대법원 2019. 5. 30. 선고 2016다254047 판결에서는, 통합진보당의 당대표를 역임하고 대선후보로 나왔다가 사퇴한 적이 있는 정치인 이정희와 그 배우자인 A를 TV 방송에서 종북 부부로 소개하면서 그들의 얼굴 사진을 방송한 것이 문제되었다. 1심 법원[115]은, A가 정치, 방송 등 대중 노출을 전제로 한 활동을 업으로 하고 있었던 것으로 보이지 않는 점 등을

하거나 부적절하게 이용되었다고 보이지 않는다고 하였다. 그러나 박찬호의 대형사진이 게재된 브로마이드에 의해서는 초상권 또는 퍼블리시티권이 침해된다고 하였다.

112) 2018년도 언론관련판결 분석보고서, 137. 원고가 항소하였으나, 서울고등법원 2018. 10. 19. 선고 2018나2038346 판결은 항소를 기각하였다. 이후 상고가 제기되지 않아 확정되었다.

113) 피고들이 상고하였으나, 대법원은 2019. 6. 19. 심리불속행기각하였다(2019다220922). 1심 판결인 서울중앙지방법원 2018. 7. 6. 선고 2017가합548478 판결은 2018년도 언론관련판결 분석보고서, 137에 소개되어 있다.

114) 과거 TV리포트 인터넷 기사에서 사용된 문제된 원고의 얼굴 사진이 이용되었다. 참고로, [판결6]은 이미 신문이나 방송을 통해 공개된 공적 활동에 관한 사진을 사용한 경우 침해행위의 보충성과 침해방법의 상당성이 인정된다고 하였다.

115) 서울중앙지방법원 2015. 11. 11. 선고 2014가합586127 판결(2015년도 언론관련판결 분석보고서, 308).

들어 얼굴 사진이 노출됨으로써 침해되는 A의 사익이 그를 통하여 달성할 수 있는 공익보다 현저히 크다고 하여, A의 초상권이 침해되었다고 하였다. 2심 법원[116]도 이와 동일하게 판단하였다.

그러나 상고심 판결은 A의 초상권 침해를 부정하였다. 이 판결은, 방송 당시 A도 그간의 사회활동경력 등에 비추어 공인이나 이에 준하는 지위에 있었고, A의 정치적 이념에 대한 의문이나 의혹은 이미 대중의 공적 관심사가 되었다고 보기에 충분하다고 하였다. 그리고 피고들이 가지는 표현의 자유는 공적 관심사에 관한 것으로 그 중대성과 필요성이 인정되고, 이미 신문이나 방송을 통해 공개된 공적 활동에 관한 사진을 사용함으로써 침해행위의 보충성과 침해방법의 상당성이 인정되며, A의 공인으로서의 지위에 비추어 볼 때 위와 같은 사진이 방송에 노출됨으로 인하여 입는 피해의 정도나 피해이익의 보호가치가 그를 통하여 달성할 수 있는 공익보다 크거나 우선한다고 볼 수 없다고 하였다.

[판결7] 서울서부지방법원 2020. 7. 16. 선고 2019나38288 판결은, 위 [판결3]의 항소심 판결이다. 이 판결은, 원고가 공인의 지위에 있다고 볼 여지가 상당히 있다고 하였다.[117] 그러나 원고의 의사에 반하여 촬영되었음이 명백하고 학부모에게 고압적으로 대하고 소통하려 하지 않는 모습이 담겨져 있어 이를 접한 대부분의 사람들이 원고에게 부정적인 인식을 가지게 될 것임을 쉽게 예상할 수 있는 동영상을 원고의 얼굴을 식별할 수 없게 하는 조치 없이 그대로 방송할 필요성, 보충성, 긴급성 및 상당성을 인정하기 어렵다고 하였다. 또한 침해행위로 원고가 입는 피해의 정도나 피해이익의 보호가치가 그로써 달성할 수 있는 공익보다 크거나 우선한다고 하였다. 이에 따라 원고의 공표거절권을 침해하는 행위의 위법성이 조각되지 않는다고 하면서 1심의 판단을 그대로 유지하였다.

위 판결들은 소를 제기한 원고가 공인 또는 공적 인물이라고 하였다. 또한 문제된 보도가 공중의 정당한 관심의 대상이 되는 사항에 대한 것이라거나 공익적 목적에서 행해졌다고 인정하였다. 그런데 [판결4], [판결6]은 초상권 침해를 부정하였으나, [판결5], [판결7]은 초상권 침해를 인정하였다.

[판결5]는 피고 소속 기자가 원고와의 통화를 녹음하여 보도에서 재생한 것에 의해 원고의 음성권이 침해되었다고 인정하였는데,[118] 초상권 침해의 인정 여부도 이로부터 영향을 받은 것으로 보인다. 그러나 보도 내용이 공중의 정당한 관심의 대상이었다는 점을 고려하면, 이

116) 서울고등법원 2016. 9. 2. 선고 2015나2069240 판결.

117) 원고가 오랜 기간 다문화전문가로서 활발히 활동해 오면서 다수의 언론매체에 원고의 이름과 얼굴이 등장하였고, 또한 원고가 특정 정치인 지지모임의 회장을 맡아 적극적으로 자신의 이름과 얼굴을 알리며 활동해 온 사실 등을 그 근거로 들었다.

118) 원고로서는 언론계 후배인 기사와 사적인 통화를 하는 것이라고만 생각하였을 것으로 보이는 점 등을 근거로, 통화를 보도에서 재생한 것은 침해행위의 보충성과 긴급성, 침해방법의 상당성을 인정하기 어렵고, 피해의 정도도 가볍지 않다고 하였다.

판결에서 원고를 공적 인물이라고 하면서도 초상권 침해를 인정한 것이 타당한지 의문이다.

[판결7]에 대해서도 동일한 비판이 제기될 수 있다. 또한 이 판결은 보도 내용과 동영상의 내용이 원고에게 부정적이라는 점을 근거로 들어 초상권 침해를 인정하였는데, 이에 의하면 공적 인물을 비판하는 성격의 보도를 위축시키는 문제가 발생할 수도 있다.

5. 검 토

초상권이 초상 본인의 자기결정권을 보호하는 독립적인 권리이지만, 언론 보도에 의한 초상권 침해가 문제될 경우 언론의 표현의 자유가 갖는 중요성을 고려해야 한다. 위 2004다16280 판결은 일반적인 이익형량의 기준을 제시하였는데, 이후의 판례는 공적 관심사에 관한 언론의 표현의 자유를 "침해행위로 달성하려는 이익의 내용 및 그 중대성"으로 고려하고 있다([판결6]). 그런데 위 2004다16280 판결이 제시한 침해행위 영역에서 고려할 나머지 요소 중 "침해행위의 필요성과 효과성, 침해행위의 보충성과 긴급성"은 언론 관련 사안에 그대로 적용하기 부적절한 측면이 있다.

이와 관련하여, 개별 사안에서 법원이 해당 인물을 공개할 필요가 있었는지를 판단하면 언론 보도는 이러한 공개가 필요 없는 것으로 판단하게 될 가능성에 대비하게 되어 위축될 수 있다고 하면서, 대부분의 기사에서 취재원을 익명 처리하게 만드는 것이 타당한지, 그리고 익명 처리할 것인지의 판단을 법원이 내리는 것이 타당한지 의문을 제기하는 견해[119]가 있다. 또한 언론 보도에서는 관련자들의 초상을 같이 내보냄으로써 시사성과 신빙성을 확보할 수 있음이 고려되어야 한다고 하면서, "침해행위의 보충성과 긴급성"은 일반적 고려요소가 되어서는 안 될 것이라고 지적되기도 한다.[120]

최근의 언론 관련 판결들에서도 이러한 문제점이 확인된다. [판결2], [판결3]은 원고의 초상을 노출할 필요가 없다거나, 원고의 초상권을 침해하지 않고도 방송을 할 수 있다고 지적하였다. [판결5] 역시 원고의 얼굴 사진을 공개하지 아니하더라도 보도의 신뢰성이 훼손된다거나 그 목적을 달성하는 데 장애가 있다고 보이지 아니한다는 점을 지적하였다. [판결7]도 얼굴을 식별할 수 없게 하는 조치 없이 그대로 방송할 필요성, 보충성, 긴급성 및 상당성을 인정하기 어렵다고 하였다.

그러나 공중의 정당한 관심의 대상이 되는 사항에 대한 보도에 대해서 위와 같은 점을 들어 초상권 침해를 인정하는 경우, 법원이 일종의 편집권을 행사하는 결과가 될 수 있으므로,[121]

---

119) 심석태(주 74), 273.

120) 문건영(주 19), 229.

121) [판결2]는, 당시 생방송 중이어서 원고 얼굴 등에 바로 모자이크 등의 처리를 하는 것이 어려웠다 하더라도 피고는 여러 대의 카메라를 이용하여 수색현장을 촬영하고 있었으므로 다른 장면 내지 원고의 모습을 식별하기 어려운 장면을 방송하는 것이 기술적으로 불가능하지 않았다고 하였다.

표현의 자유를 고려하여 신중하게 접근할 필요가 있다.[122] 즉 공중의 정당한 관심의 대상이 되는 사항에 대한 보도에서 초상을 공개한 경우 그러한 초상의 공개가 반드시 필요했는지, 공개를 하지 않고 다른 방법으로 보도하는 것이 가능했는지의 관점에서 법원이 판단하는 것은 바람직하지 않다.

공중의 정당한 관심의 대상이 되는 사항에 대한 보도로 인한 초상권 침해가 문제되는 경우, 그 표현내용·방법 등이 부당한 것이 아니면 위법성을 부정하는 것이 바람직하다. 한편 판례는 일반인과 공적 인물을 구별하고, 공적 인물도 다시 얼굴이 널리 알려져 있는 사람과 그렇지 않은 사람으로 나누어 판단하는 것으로 보인다. 그러나 공적 인물 개념은 그 자체가 명확하다고 하기 어렵다.[123] 오히려 언론 보도의 내용이 공중의 정당한 관심의 대상이 되는 사항인지, 그리고 초상 본인이 그러한 내용과 합리적 관련성[124]이 있는지 등이 더욱 중요한 기준이 되어야 할 것이다.

V. 결 론

(1) 초상권의 보호법익은 초상에 의하여 자신을 표현하는 것에 대해서 갖는 초상 본인의 자기결정권이라고 할 수 있다. 그리고 이는 인격의 자유로운 발현과 인간의 존엄성에 근거하여 초상 본인에게 인정되어야 한다.

과거의 일부 판결은 초상 본인이 느끼는 수치심, 곤혹감 등의 불쾌한 감정에 주목하여, 초상권의 보호법익을 정신적 평온으로 파악하였다. 그리고 이러한 정신적 고통을 당하지 않고 평온한 생활을 영위하는 이익을 보호해야 한다는 근거로 헌법상 인간의 존엄성과 함께 사생활의 자유와 비밀을 제시하였다. 그러나 초상권의 보호법익을 초상에 대한 자기결정권으로 파악하면, 초상 본인의 불쾌한 감정에 주목하여 초상권의 보호법익을 파악할 필요가 없다. 현재의 판례는 초상권의 근거로 사생활의 자유와 비밀을 제시하지 않는데, 이는 타당하다고 평가할 수 있다.

---

122) 1998년 캘리포니아주 대법원의 판결은, 자동차 추락 사고 피해자의 모습과 그가 한 말이 방송에서 필요하지 않았다는 주장에 대해서, 방송의 영향을 약화시키지 않으면서 이를 어떻게 편집해야 하는지 판단하기는 쉽지 않고, 법원은 편집자의 역할을 하지 않으며, 헌법적으로 이를 할 수도 없다고 하였다. Shulman v. Group W Productions, Inc., 18 Cal.4th 200, 74 Cal.Rptr.2d 843, 955 P.2d 469, 26 Media L. Rep. 1737 (1998).

123) 미국의 경우 공적 논쟁과 관련된 사람을 제한적 공적 인물이라고 인정하는데, 현재는 공적 논쟁 요건을 엄격히 해석하지 않고 특정 사건에 관여하였거나 심지어 특정한 가족관계에 있는 사실만으로도 제한적 공적 인물을 인정하고 있다. 이에 대해서는 권태상, "공적 인물에 대한 명예훼손 —공직자를 제외한 공적 인물에 한정하여—", 비교사법 제22권 제2호(2015. 5), 643-645 참조.

124) 미국의 경우, 사람의 동일성을 뉴스(정보전달)에서 이용한 경우 합리적 관련성이 존재하면 표현의 자유에 의해 보호된다. 이에 대해서는 권태상, "퍼블리시티권과 표현의 자유 —미국법상 논의를 중심으로—", 법학논집(이화여자대학교 법학연구소) 제18권 제4호(2014. 6), 9-12 참조.

(2) 초상권이 초상 본인의 자기결정권을 보호하는 독립적인 권리이지만, 절대적으로 보호받는 권리는 아니다. 인격권은 그 구체적인 보호범위가 다른 권리 또는 이익과의 형량에 의해 정해지는 경우가 많은데, 초상권 역시 마찬가지이다.

대법원 2006. 10. 13. 선고 2004다16280 판결은 일반적인 이익형량의 기준을 제시하였는데, 이후의 판례는 공적 관심사에 관한 언론의 표현의 자유를 "침해행위로 달성하려는 이익의 내용 및 그 중대성"으로 고려하고 있다. 그런데 2004다16280 판결이 제시한 침해행위 영역에서 고려할 나머지 요소 중 "침해행위의 필요성과 효과성, 침해행위의 보충성과 긴급성"은 언론 관련 사안에 그대로 적용하기 부적절한 측면이 있다.

공중의 정당한 관심의 대상이 되는 사항에 대한 보도에 대해서 원고의 초상을 노출할 필요가 없다는 점 등을 이유로 초상권 침해를 인정하는 경우, 법원이 일종의 편집권을 행사하는 결과가 될 수 있으므로, 표현의 자유를 고려하여 신중하게 접근할 필요가 있다. 즉 공중의 정당한 관심의 대상이 되는 사항에 대한 보도에서 초상을 공개한 경우 그러한 초상의 공개가 반드시 필요했는지, 공개를 하지 않고 다른 방법으로 보도하는 것이 가능했는지의 관점에서 법원이 판단하는 것은 바람직하지 않다.

공중의 정당한 관심의 대상이 되는 사항에 대한 보도로 인한 초상권 침해가 문제되는 경우, 그 표현내용·방법 등이 부당한 것이 아니면 위법성을 부정하는 것이 바람직하다. 그리고 공적 인물 개념은 그 자체가 명확하다고 하기 어려우므로, 언론 보도의 내용이 공중의 정당한 관심의 대상이 되는 사항인지, 그리고 초상 본인이 그러한 내용과 합리적 관련성이 있는지 등이 더욱 중요한 기준이 되어야 할 것이다.

정보처리에 대한 임시조치*

김 기 환** ***

Ⅰ. 서 론

오늘날 정보의 중요성이 갈수록 부각되고 있다. 종래에도 국가나 기업은 정보 관리를 매우 중요하게 생각하였고 중요 정보는 비밀로 관리하여 그 공개를 차단하기 위하여 막대한 돈과 인력을 들여 왔다. 공개되어서는 안되는 중요한 정보의 경우에는 비밀로 처리하여 이를 누설하거나 탐지하는 행위를 처벌하고 있다.[1)2)] 작전계획이나 미사일 배치표, 탄약 보유 현황 등의 군사정보가 Ⅱ급 비밀 정도로 보호되고 있고 국가계약에 있어 입찰 기준 가격 등이 공무상 비밀로 보호되고 있으며 반도체 최신 개발 정보는 영업비밀로 보호받고 있다. 이러한 정보를 수집, 누설하는 범죄행위는 동시에 그 정보 주체에 대하여 민사상 불법행위가 될 수 있다.

정보수집 및 정보처리 기술이 발달함에 따라 국가나 기업의 정보뿐만 아니라 일반 개인에 관한 정보 또한 그 가치가 갈수록 상승하고 있다. 인터넷, 스마트폰, 스마트와치, 전자상거래 등이 급속도로 활성화됨에 따라 개인의 신상, 금융, 거래 정보들이 전산처리가 가능한 형태로

---

* 이 글은 2020. 7. 9. 한국규제법학회에 발표한 내용을 보완한 것입니다. 토론자로서 좋은 의견을 주신 영남대 원종배 교수님께 감사의 말씀드립니다.

** 충남대학교 법학전문대학원 조교수, 법학박사.

*** 양창수 교수님을 통해 법학교수의 역할과 자부심에 대하여 깊이 인식하게 되었는데 이는 학문에 정진하는데 커다란 동력이 되었다.

1) 국가의 중요 정보는 형사법에 의해서 강하게 보호되어 왔다. 군사상 비밀 중 1급, 2급, 3급 비밀은 군사기밀보호법 제12조 이하의 군사기밀누설죄로, 대외비 등 기타 비밀은 군형법 제80조를 통해 보호되고 있고, 공무상 비밀도 형법 제127조 등에 의해 그 누설하는 행위를 처벌하고 있다.

2) 사적 영역에 있는 비밀에 대해서도 일정한 경우 형법에서 보호하고 있는데 "컴퓨터 등 정보처리장치 또는 전자기록 등 특수매체기록을 손괴하거나 정보처리장치에 허위의 정보 또는 부정한 명령을 입력하거나 기타 방법으로 정보처리에 장애를 발생하게 하여 사람의 업무를 방해한 자"는 5년 이하의 징역 또는 1천500만원 이하의 벌금에 처하도록 규정하고 있고(제314조 제2항), 봉함 기타 비밀장치한 사람의 편지, 문서, 도화 또는 전자기록 등 특수매체기록을 기술적 수단을 이용하여 그 내용을 알아낸 자는 3년 이하의 징역이나 금고 또는 500만원 이하의 벌금에 처하도록 하고 있으며(제316조 제2항), 의사, 한의사, 치과의사, 약제사, 약종상, 조산사, 변호사, 변리사, 공인회계사, 공증인, 대서업자나 그 직무상 보조자 또는 비등의 직에 있던 자가 그 업무처리 중 지득한 타인의 비밀을 누설한 때에는 3년 이하의 징역이나 금고, 10년 이하의 자격정지 또는 700만원 이하의 벌금에 처하도록 하고 있다(제317조 제1항, 종교의 직에 있는 자 또는 있던 자가 그 직무상 지득한 사람의 비밀을 누설한 때에도 마찬가지 형으로 처벌하고 있다. 동조 제2항).

양산되기 시작하였다. 인공지능기술의 발달로 인하여 컴퓨터의 인식 능력이 극대화되었고 그로 인하여 종래에 컴퓨터가 인식할 수 없었던 수많은 아날로그 정보 또한 신속하게 디지털화되고 있다. 그 결과 정보 자체로 해당 개인에 대하여 중요한 가치가 있는 정보를 보호해야 할 필요성이 증대되었고, 이와 별도로 그러한 개인정보의 광범위한 수집 및 처리에 의하여 개인들 집합에 대한 정보가 새로운 가치를 갖게 되었다.[3)]

정보처리능력에 있어서도 갖가지 통계 및 예측기술의 발달로 인하여 주어진 정보를 활용하여 이익을 창출할 수 있는 방안이 새로이 개발되고 있다. 그에 따라 종래 공공분야나 특정분야에 국한한 규율에서 최근에는 독립적인 규제기구에 의해 공공영역뿐만 아니라 민간영역까지 포괄하여 감시하고 강제하는 포괄적인 체제가 1990년대부터 전세계적으로 확산되고 있다.[4)]

위법한 정보수집에 대한 구제방법으로 손해배상과 금지명령이 있다. 손해배상에 관하여는 국내외에 다수의 연구가 집적되어 있다. 따라서 금지명령에 대하여 좀더 연구가 필요한 상황이다. 본고에서는 금지명령, 그 중에서도 사건의 초기 단계에서 문제되는 정보통신 서비스 제공자의 임시조치를 다룬다.

임시조치란 현행 정보통신망법에 따른 협의의 개념으로는[5)] 정보통신 서비스 제공자가 이용자로부터 명예훼손 등의 이유로 일정 정보의 삭제를 요청을 받고 해당 정보에 대한 접근을 30일 이내로 임시 차단하거나, 정보 통신 서비스 제공자가 스스로의 판단으로 관련 정보를 임시 차단하는 조치이다. 다음(DAUM), 네이버(NAVER)와 같은 포털사이트에 올라온 게시물에 대하여 이러한 조치가 주로 취해지고 있는데 이용자 1인의 요청에 의하여 게시물을 30일 동안 차단할 수 있다는 점에서 매우 효과적인 권리침해 예방수단이 된다.[6)]

---

3) 유럽연합 디지털콘텐츠지침안에서는 금전(대금)뿐만 아니라 정보의 제공도 디지털콘텐츠 제공에 대한 반대급부가 될 수 있다고 하여 혁신적인 면모를 보이고 있다. 김진우, “유럽연합 디지털콘텐츠지침안의 의의와 적용범위 —우리 소비자계 약법에의 입법론적 시사점을 덧붙여—”, 아주법학 제10권 제3호(2016), 아주대학교 법학연구소, 173.

4) Newman, Abraham, Protectors of Privacy, 2008, p. 142.

5) 이와 별도로 종국결정 이전에 당사자의 권리보전을 위하여 이루어지는 잠정적인 조치를 포괄하여 광의의 임시조치라고 할 수 있다. 협의의 임시조치 외에도 법원의 보전처분(가처분, 가압류), 가사소송법상 사전처분, 정보감독당국의 잠정조치 등에 이에 포함될 수 있을 것이다. 증거보전조치(압수수색)나 형사상 체포·구속도 종국적인 심리를 하기 전에 신속히 그러한 조치가 이루어진다는 의미에서 임시조치의 성격을 가지고 있다. 광의의 임시조치는 각 조치 유형 별로 그 주체, 절차, 내용 등에서 독특한 연혁과 중요성을 가지고 있기 때문에 각 조치를 규율함에 있어 서로 충분히 비교하고 논의하여 세심하게 할 필요가 있고 각 조치를 지칭하는 용어도 예민하게 만들 필요가 있다.

6) 최근 트위터는 시위대의 미의회진입사건과 관련 트럼프 전 미국대통령의 계정을 차단하는 조치를 취하였다. 표현의 자유에 대한 미국 헌법규정이 플랫폼 업체 등 사인에게도 적용될 수 있는지 논란이 된다. https://www.nytimes.com/2021/01/09/us/first-amendment-free-speech.html (2020. 2. 21. 방문). 우리나라의 경우에도 정보통신서비스제공자가 법률이 규정한 기간을 초과하여 임시조치를 취할 수 있는가에 대한 의문이 있다. 즉 법률이 명시적으로 금지하고 있지 않은 경우 임시조치를 할 수 있는가의 문제가 제기될 수 있다. 다른 한편 임시조치의 근거를 이들 정보통신서비스제공자와 고객 사이의 약관에서 근거를 찾는다면 약관규제법에 의하여

정보는 한번 공개된 이후에는 그 회복이 어려운 경우가 많다는 점에서 위법한 정보처리가 있을 때 이에 대한 초기대응이 매우 중요한 의미를 가진다. 그러나 정보차단을 위한 초기대응 시스템이, 화재나 범죄, 질병, 재난에 대한 초기대응 시스템에 비하여 충분히 잘 갖추어진 것 인지에 대하여는 의문이 있다. 특히 정보처리의 정지 요구가 악의적인 민원인에 의해 제기될 가능성도 높고 권리자의 동의나 익명처리,[7] 법률상 근거 등에 의하여 그러한 정보처리가 정당화되는 경우도 많기 때문에, 정보처리자나 감독당국이 초기에 빠른 판단을 하기가 쉽지 않다. 이는 상당부분 법원의 보전처분과 유사한 성격을 가지고, 정보처리 중지 가처분을 법원에 신청하는 길도 열려 있기 때문에 법원의 보전처분과 연계하여 검토할 필요성이 높다.

이하에서는 정보의 여러 유형을 살펴본 후 각 유형에 대하여 어떠한 요건 하에 임시조치를 할 수 있는지 생각해 보기로 한다. 행정청의 처리중단, 법원의 가처분 등 유사한 기능을 가지는 제도와 중점적으로 비교하며 논의를 전개하기로 한다.

Ⅱ. 정보의 의의

1. 정보의 정의

정보의 정의에 대하여 인터넷 포털사이트 다음(DAUM)의 한국어 사전은 "사물이나 어떤 상황에 대한 새로운 소식이나 자료"라고 하고,[8] 네이버(NAVER)에서는 "관찰이나 측정을 통하여 수집한 자료를 실제 문제에 도움이 될 수 있도록 정리한 지식. 또는 그 자료"라고 하고 있다.[9] 위키피디아에서는 다음과 같이 정의하고 있다.[10]

> "정보는 불확실성을 해결하는 것으로 생각될 수 있다; 그것은 하나의 실체(entity)가 무엇인가라는 질문에 대해 답하는 것이고 그것의 본질과 특성을 정의한다."

그 외에도 정보에 대하여는 서로 다른 측면에서 다양한 정의와 해석이 존재하고 있고 이

임시조치의 적정성에 대하여 일정한 통제를 가하는 방안도 고려할 수 있을 것이다. 온라인 플랫폼 사업자의 개인정보처리에 관한 논의로 정다영, "디지털 개인정보와 디지털콘텐츠의 계약적 교환 —소비자보호의 관점에서—", 비교사법 제26권 제3호(2019), 비교사법학회, 273.

7) 최근 서울고등법원은 의사와 환자의 의료정보를 익명처리하여 제3자에게 제공한 업체의 행위에 대하여 동의 없이 그러한 제공을 한 것은 개인정보보호법위반은 인정하였지만 손해가 인정될 수 없어 환자 등의 손해배상 청구를 기각하였다. https://www.doctorsnews.co.kr/news/articleView.html?idxno=129093 (2020. 7. 24. 방문); 이 사건의 1심 판결에 대한 평석으로 이동진, "개인정보 보호법 제18조 제2항 제4호, 비식별화, 비재산적 손해", 정보법학 제21권 제3호(2017. 12), 254 이하.

8) https://small.dic.daum.net/search.do?q=%EC%A0%95%EB%B3%B4. (2020. 7. 5. 방문).

9) https://ko.dict.naver.com/#/entry/koko/22c40d047c2e4f0e8b27eebba365b739. (2020. 7. 5. 방문).

10) https://en.wikipedia.org/wiki/Information. (2020. 7. 5. 방문).

는 상당한 혼란을 초래하고 있다.[11]

정보는 '대상에 대해 알려주는 내용'이라고 정의하는 것이 타당하다고 생각한다. 대상의 상태 등을 파악하여 전달하는 내용이 정보인 것이다. 가령 흰색의 네모난 물체가 있다고 할 경우 그 물체를 시각의 관점에서 파악하여 이를 전달하는 내용이 바로 정보가 되는 것이다. 대상은 유체물, 무체물뿐만 아니라 만유인력과 같은 비물질도 대상이 될 수 있다. 모든 현상이 정보의 대상이 되는 것이다. 정보가 재생산되는 경우에는 정보 그 자신이 다시 정보의 대상이 되기도 한다.

2. 데이터와의 구별

최근에는 정보와 구별하여 데이터라는 개념을 즐겨 사용하고 있다. 데이터는 컴퓨터로 처리 가능한 형태로 된 정보이다.[12] 우리말로 용어를 만든다면, 전산처리가능정보 정도가 될 수 있을 것이다. 데이터라는 외래어를 사용하기보다는 정보의 개념을 명확히 하고 그 하위 개념을 발전시켜 이를 체계적으로 설명하는 것이 필요하다고 여겨진다. 소위 데이터 3법이라고 불리는 개인정보보호법, 정보통신망 이용촉진 및 정보보호 등에 관한 법률, 신용정보의 이용 및 보호에 관한 법률에서는 여전히 정보라는 용어를 근간으로 하고 있다.[13]

또한 정보를 의미론적 정보, 구문론적 정보, 구조적 정보의 3가지로 나누고 데이터는 이 중 구문론적 정보에 해당한다고 설명하는 견해가 있다. 즉, "책이나 그림, 건축물이 물리적·유형적 실현물, 즉 구조적 정보라면, 그곳에 담긴 문자열, 음률, 화상, 구조설계 등이 표시·기호, 즉 구문론적 정보이고, 이들의 감상, 해석으로부터 얻을 수 있는 의미, 심상(心想)이 내용, 즉 의미론적 정보에 해당한다"는 것이다.[14][15] 여기서 의미론적 정보는 지식에 해당하는 것이

11) Luciano Floridi, Information: A Very Short Introduction, 2010, p. 2.

12) 최경진, "데이터와 사법상의 권리, 그리고 데이터 소유권(Data Ownership)", 정보법학 제23권 제1호(2019), 220. 여기서 컴퓨터란 전산처리장치라고 해석해야 할 것이다. 따라서 자동차와 같은 기계장치의 경우에도 컴퓨터가 탑재되어 있거나 컴퓨터와 연결되어 있는 것이다. 다른 한편 "경제적 가치를 지니고 이용 및 거래의 대상이 될 수 있는 모든 정보"라고 정의하는 견해도 있다(이상용, "데이터 거래의 법적 기초", 법조 제728호(2018. 4), 23 주 42). 그러나 데이터가 되기 위하여, 경제적 가치가 있어야 한다거나 거래의 대상이 될 수 있어야 하는지에 대하여는 의문이 있다.

13) 정보통신망 이용촉진 및 정보보호 등에 관한 법률 제44조의 7 제1항 제4호, 제48조 제2항, 제3항에 데이터라는 용어를 사용하고 있기는 하나, 이는 전체에 비추어보면 극히 일부에 해당한다. 개인정보보호법에는 데이터라는 용어를 사용하고 있지 않고, 신용정보의 이용 및 보호에 관한 법률에서는 2020. 2. 4. 개정(2020. 8. 5. 시행)에서 비로소 데이터라는 용어가 다수의 규정에 들어오게 되었고 특히 동법 제17조의2에 따른 정보집합물의 결합 및 제40조의2에 따른 익명처리의 적정성 평가를 전문적으로 수행하는 법인 또는 기관을 "데이터전문기관"이라 정의하고 있다. 이와 달리 일본의 개인정보의 보호에 관한 법률에서는 제2조, 제18조 내지 제30조 등에서 70여회에 걸쳐 폭넓게 데이터(データ)라는 용어를 사용하고 있다. 반면 중국의 경우에는 데이터에 상응하는 슈쥐(数据)라는 용어를 만들어, 중국 네트워크 안전법(中华人民共和国网络安全法) 제10조, 제18조, 제21조, 제27조, 제31조, 제34조, 제37조 등에서 이를 사용하고 있다.

14) 이동진, "데이터 소유권(Data Ownership), 개념과 그 실익", 정보법학 제22권 제3호(2019), 221.

15) Zech, Herbert, Information als Schutzgegenstand, 2012, S. 37 ff.에서 이러한 관점에서 정보를 분류하고 그

고 데이터가 되기는 어렵다고 설명한다.

이러한 설명에 대하여는 정보의 본질에 대한 중요한 시사점을 주고 있다고 평가할 수 있다. 구문론적 정보는 구조적 정보에 관해 일정한 관점에 입각하여 추출된 정보라고 할 수 있다. 그리고 의미론적 정보는 구문론적 정보를 해석하여 얻은 재생산 정보라고 하는 것이 타당할 것이다.[16] 정보를 처리하기 위해서는 구조적 정보 자체로 두어서는 의미가 없고 그로부터 정보를 추출하거나 재생산하여야 한다. 구문론적 정보의 경우 정보 추출이 비교적 객관적하고 획일적이라고 볼 수 있는 반면 의미론적 정보는 주관적인 측면이 강하게 개입된다고 볼 수 있다.

Ⅲ. 정보침해에 대한 구제방법

1. 정보처리자의 조치

(1) 정보접근, 삭제 등 청구권

정보주체의 권리를 침해하는 형태의 정보처리에 대한 일차적 구제수단[17]은 정보처리자에 대하여 정보접근, 정정, 삭제, 처리제한 등을 청구하는 것이다(유럽연합의 일반개인정보보호규칙(GDPR) 제15조 내지 제18조).[18] 우리 개인정보보호법에서도 정보주체에게 자신의 개인정보에 대한 열람권, 정정, 삭제, 처리정지 요구권을 부여하고 있다(제35조, 제36조, 제37조).[19] 정보주체의 이러한 요구가 있으면 개인정보처리자는 원칙적으로 응하여야 하고 법률상 근거가 있는 경우, 다른 사람의 생명·신체를 해할 우려가 있거나 다른 사람의 재산과 그 밖의 이익을 부당하게 침해할 우려가 있는 경우 등 정당한 사유가 있으면 요구를 거부할 수 있다(동법 제35조 제4항, 제36조 제2항, 제37조 제2항 단서). 요구에 대한 답변은 10일 이내에 이루어져야 한다(동법 시행령 제41조 제4항, 제42조 제2항, 제43조 제3항, 제44조 제2항).

(2) 정보처리제한권

정보통신망 이용촉진 및 정보보호 등에 관한 법률에서는 DAUM이나 NAVER와 같은 정보통신서비스 제공자 등이 이용자로부터 오류의 정정을 요구받으면 필요한 조치를 할 때까지 해당 개인정보를 이용하거나 제공하지 못하도록 하고 있다(제30조 제5항). 이는 개인정보를 보

보호에 대해서는 S. 197 ff.에서 상세하게 논하고 있다.

16) 의미론적 정보도 뇌에 표시된 또 하나의 구문론적 정보라는 점에서 향후 뇌과학 기술의 발달에 의해서 데이터가 될 수 있을 것이다.

17) 유럽사에서 인격권침해에 대한 구제수단에 관하여는 李昌鉉, "人格權侵害의 救濟手段에 대한 法制史的 考察", 서강법학 제12권 제1호(2010. 6), 439 이하.

18) 박노형 외 8인, EU 개인정보보호법 —GDPR을 중심으로—, 2017, 136 이하.

19) 이와 관련하여 개인 추적차단기능을 의무적으로 설치하여야 한다고 제안되고 있다. 이창범, "개인정보보호법제 관점에서 본 빅데이터의 활용과 보호 방안", 법학논총 제37집 제1호(2013), 단국대학교 법학연구소, 546.

호하기 위한 조치이다. 정보처리자가 정당한 이유 없이 이러한 청구에 불응하는 경우, 감독당국에게 신청하여 정보처리자에게 이러한 조치를 하도록 하는 명령을 발하도록 할 수 있다. 또한 정보처리자의 부작위나 감독당국의 거부처분에 대하여 법원에 제소할 수 있다.

한편 개인정보를 포함한 보다 일반적인 정보제공에 대하여는, 정보통신서비스 제공자가 30일 이내의 기간 동안 게시물 등 일정 정보에 대한 접근을 임시적으로 차단할 수 있도록 하고 있다(임시조치). 이에 대하여는 본 논문의 주제이므로 뒤에서 상술하기로 한다.

2. 감독당국의 조치

(1) 비교법적 고찰

㈎ 일반개인정보보호규정(GDPR) EU회원국들은 1995년 'EU지침 95/46'을 채택한 바 있는데 2012. 1. 'EU 개인정보보호' 개정을 거쳐 'EU규칙 2016/679'로 일반개인정보보호규정(General Data Protection Regulation, GDPR)을 채택하여 2018. 5. 25.부터 시행하고 있다.[20] 이 규정은 EU 내 개인에 대해서 상품이나 서비스를 제공하고 있는 EU 외의 기업과 EU 내에서 개인행동의 감시하는 EU 외의 기업에게도 적용된다는 특색을 가지고 있다(GDPR 제3조).[21]

일반개인정보보호규정에서 강제조치는 기존의 체제를 유지하고 있으나, 통제 및 처리 절차가 민사 벌금(civil monetary penalty)의 대상이 된다는 점과 그 민사 벌금의 형태로 부과될 수 있는 최고 한도가 상당히 증가하였다는 점에서 중요한 변경을 가하였다.[22]

임시조치와 유사한 기능을 가지는 조치로 일반개인정보보호규정 제66조에서는 긴급절차를 마련하여 두고 있다. 이는 개인의 표현의 자유를 제한하는 것은 신중하게 이루어져야 한다는 점을 전제로 하여 정보차단권한을 정보서비스제공자가 아니라 감독당국에게 부여하고 있다는 특징을 가진다. 관련 감독당국[23]은 예외적인 상황에서 정보주체의 권리와 자유를 보호하기 위하여 긴급히 행동할 필요가 있다고 판단한 경우에는[24] 잠정조치를 즉시 채택할 수 있다(동조 제1항 1문). 이는 다수의 회원국이 관련되는 경우 필요한 일관성 매커니즘이나 관련 감독당국과의 협의 절차를 거치지 않아도 된다는 것을 의미한다.

잠정조치의 유효기간은 특정되어야 하고 3개월을 넘지 않는다. 감독당국은 그 조치 및 그

---

20) 박노형 외 8인(주 18), vii; 손영화, 손수진, "EU 일반데이터보호규정(GDPR)에 대한 우리나라 기업의 대응방안", 비교사법 제26권 제1호(2019. 2), 413.

21) 유럽에서 데이터보호와 사생활보호의 관계에 대하여는 Lynskey, Orla, The Foundation of EU Data Protection Law, 2015, p. 89.

22) Markham, Keith, A Practical Guide to the General Data Protection Regulation(GDPR), 2018, p. 95.

23) 감독당국의 임무와 조사권한에 대하여는 Paul, Voigt, et al., The EU General Data Protection Regulation (GDPR), 2017, pp. 201-204.

24) "특히 정보주체의 권리의 실행이 상당히 방해받을 수 있다는 위험이 있는 경우"가 그러하다. L. Feiler et al. *The EU General Data Protection Regulation (GDPR): A Commentary*, 2018, p. 264.

조치를 취한 이유를 지체 없이 다른 관련 감독당국, 유럽개인정보보호이사회(이하 “이사회”라 한다) 및 유럽위원회에 전달하여야 한다(동항 2문).

감독당국은 제1항에 따른 조치를 취하고 최종 조치가 긴급히 채택될 필요가 있다고 판단한 경우에는 이사회의 긴급 의견 또는 긴급한 구속력 있는 결정을 요청할 수 있다(동조 제2항). 이 경우 요청사유를 제시하여야 한다. 소관 감독당국이 이러한 조치를 취하지 않는 경우에는 다른 감독당국이 이사회의 긴급의견 또는 긴급한 구속력 있는 결정을 요청할 수 있다(동조 제3항). 이사회는 이러한 요청을 받은 경우 단순 다수결로 2주 내에 의견 또는 결정을 채택하여야 한다(동조 제4항). 통상 절차에서는 이사회 의견은 8주 내에 다수결로 채택하고(제64조 제3항) 구속력 있는 결정은 1개월 내에 이사회 구성원들의 3분의 2 다수결로 채택한다(제65조 제2항).

여기서 감독당국은 정보주체의 권리행사에 협력하고 컨트롤러 등의 정보처리를 감시하고 감독하는 역할을 수행한다. 우리나라의 경우 개인정보보호위원회(개인정보보호법 제7조)에서는 개인정보보호에 관한 사항을 심의, 의결하고 있고 감독당국에 해당하는 기관은 행정안전부, 방송통신위원회, 금융위원회 등 각 분야의 행정기관이다.[25)]

㈏ 일 본 일본은 2015. 9. 개인정보의 보호에 관한 법률(個人情報の保護に関する法律)을 개정하여 2017. 5.부터 시행하고 있다. 이는 12년 만의 개정으로 중요한 개정내용을 담고 있다.[26)] 동법 제42조에서 금지명령에 관한 규정을 두고 있다.

개인정보보호위원회는 개인정보 취급사업자가 일정한 규정을 위반한 경우 또는 익명가공정보 취급사업자가 일정 규정을 위반한 경우 개인의 권리이익을 보호하기 위해 필요하다고 인정될 때에는 해당 개인정보 취급사업자 등에게 해당 위반행위의 중지 및 기타 위반을 시정하기 위해 필요한 조치를 취하도록 권고할 수 있다(제1항). 개인정보보호위원회는 전항의 규정에 의한 권고를 받은 개인정보 취급사업자 등이 정당한 이유 없이 해당 권고와 관련된 조치를 취하지 않은 경우에 개인의 중대한 권리이익 침해가 임박하다고 인정될 때에는 해당 개인정보 취급사업자 등에게 해당 권고와 관련된 조치를 취할 것을 명령할 수 있다(제2항). 이러한 규정에도 불구하고 개인정보 취급사업자가 일정한 규정을 위반한 경우 또는 익명가공정보 취급사업자가 일정 규정을 위반한 경우에 개인의 중대한 권리이익을 침해하는 사실이 있으므로 긴급히 조치를 취할 필요가 있다고 인정될 때에는 개인정보보호위원회는 해당 위반행위 중지 및 기타 위반행위를 시정하기 위해 필요한 조치를 취할 것을 명할 수 있다(제3항). 제42조 제2항 또는 제3항의 규정에 의한 명령을 위반한 자는 6월 이하의 징역 또는 30만엔 이하의 벌금에

25) 박노형 외 8인(주 18), 302.

26) 손영화, “사물인터넷 시대의 개인정보 보호의 과제 —일본의 2015년 9월 개정 개인정보보호법을 중심으로—”, 기업법연구 제31권 제2호(2017. 6), 293 이하; 한승수, “일본의 개인정보 법제 및 개인정보 침해사건에서의 민사책임”, 경북대학교 법학연구원 법학논고 제67집(2019. 10), 232 이하(특히 238 이하에 개인정보침해 사건에 대한 일본 판례가 상세히 소개되어 있다).

처한다(제84조).

일본의 금지명령의 특징을 보면, 첫째, 원칙적으로 개인정보보호위원회에서 규정을 위반한 개인정보 취급사업자에게 1차적으로 위반행위 중지·시정의 권고를 하고 2차적으로 ① 정당한 이유 없이 이러한 권고에 따른 조치를 하지 않고 ② 개인의 중대한 권리이익 침해가 임박한 경우에 금지명령을 하도록 규정하고 있다. 예외적으로 ① 규정 위반이 있고 ② 개인의 중대한 권리이익 침해가 발생하고 ③ 긴급히 조치를 취할 필요가 있는 경우에는 이러한 권고 없이 바로 금지명령을 할 수 있다. 즉 선행적으로 권고를 한 후 시정되지 않는 경우 금지명령을 한다는 특색이 있다.

둘째, 별도로 임시명령에 대한 규정은 두고 있지 않다. 긴급한 상황에는 바로 금지명령을 할 수 있도록 규정하고 있을 뿐이다. 실무에서는 규정 위반이 있는지, 권리이익 침해가 있는지, 긴급한 조치가 필요한지 등에 관하여 다툼이 있는 경우가 많을 수밖에 없는데 이를 규율하기 위한 내용은 부족한 측면이 있다고 보여진다.

㈐ 미국 캘리포니아주 　미국의 프라이버시법(Privacy act of 1974)은 연방 정부기관의 개인정보 처리에 관한 규율이다.[27] 민간 사업자의 개인정보 처리에 관한 규율은 없었는데 이러한 규율을 요구하는 시민단체의 요구는 계속되어 왔다.[28] 이에 캘리포니아에서 소비자 프라이버시 법률(California Consumer Privacy Act)을 2018년 제정하여 2020. 1. 1.부터 시행하고 있다(이는 캘리포니아 민법전 제1798.100조 내지 제1798.199조에 편입되어 있다). 이 중 금지명령과 관련된 내용은 제1798.150조이다.[29] 제1798.150조 (a) (1) (B)의 금지명령(injunctive relief)에는 가

27) 캘리포니아 주에서도 1977년 정보처리법률(Information Practices Act)을 제정하여 공공기관의 개인정보처리에 관한 규율을 하고 있었다. 현재 캘리포니아주 민법전 제1798조 내지 제1798.78조에 편입되어 있다.

28) 정인영, "페이스북의 개인정보 침해에 대한 미국 내 입법, 사법, 행정적 대응현황(1)", 경제규제와 법 제12권 제2호(2019. 11), 234.

29) "캘리포니아 민법전 제1798.150조

(a)

(1) 제1798.81.5조 제1항 (d) (1) (A)에 정의된 바와 같이 암호화되지 않고 부분삭제되지 아니한 자신의 개인 정보가, 개인 정보를 보호하기 위한 정보의 특성에 적합한 합리적인 보안 절차 및 관행을 이행하고 유지 관리하는 의무의 위반으로 인하여, 허가되지 않은 접근과 유출, 도난, 또는 공개에 처한 모든 소비자는 다음의 민사소송을 제기할 수 있다.

(A) 소비자 1인, 사건 1건 당 100달러 이상 750달러 이하 금액의 (법정) 손해배상 또는 실제 손해배상 중 더 큰 금액

(B) 금지 또는 확인 명령

(C) 법원이 적당하다고 여기는 기타 모든 구제방법

(2) 법률상 손해배상액을 산정함에 있어 법원은 사건 당사자 중 누구로부터 제출된, 잘못된 행위의 성격과 심각성, 위반횟수, 행위의 지속성, 행위기간, 행위의 고의성, 행위자의 자력·책임·순가치를 포함하는, 그러나 이에 국한되지 않는, 모든 관련 사항을 고려하여야 한다.

(b)

개인 또는 집단 소송에 기하여 사업자에 대하여 소송을 시작하기 전에 소비자가 사업자에게 침해되었거나 침해되고 있다고 주장하는 구체적인 해당 규정을 적시한 서면 통지를 한 후 30일이 지난 후에 비로소 이 조항

처분까지 포함된다고 해석하여야 한다. 미국법상 금지명령은 가처분과 영구적 금지명령으로 구분된다고 설명되기 때문이다.[30]

위법한 정보처리의 금지명령에 관한 미국 캘리포니아 주의 입장은 법원에서 적극적으로 개입한다는 점에 있다. GDPR이나 일본, 우리나라의 규제에 있어서는 해당 정보처리자에 정보삭제 등 필요한 조치를 청구하고 이에 불응하는 경우에는 이를 감독하는 행정청에서 금지명령을 발하도록 하고 있는 반면, 미국 캘리포니아 주의 경우에는 주 법무장관이 민사벌금을 민사소송으로 청구할 수 있을 뿐 벌금의 확정은 법원의 판단을 받아야 하고, 처리중지 등 행위를 강제하는 것 또한 법원의 금지명령(injunction)을 통하도록 하고 있다.[31] 사인에 대한 행정청의 개입을 가급적 지양하려는 미국법 및 미국사회의 기본정신이 드러나는 대목이라고 할 수 있다.

물론 GDPR 방식의 규제에 있어 감독당국(행정청)을 거치지 않고 법원에서 권리구제를 받는 것이 배제하지 않는다(GDPR 제77조 제1항). 그러나 GDPR 자체에서 감독당국에 의한 금지명령 등의 조치를 예정하고 있기 때문에 법원의 개입이 판례로 확립되지 않는 다양한 상황에서는 구제의 불확실성을 무릅쓰고 법원에 소를 제기하기보다 감독당국의 개입을 신청하는 것을 선호할 것이다. 감독당국의 법적 구속력 있는 결정과 부작위에 대하여는 사법적 구제를 받을

에 의한 소가 소비자에 의해 제기될 수 있다. 치유가 가능한 경우에 그 30일 내에 사업자가 실제로 통지된 위반을 치유하고 소비자에게 위반사항이 치유되고 더 이상의 위반은 발생하지 않는다는 점을 명시적으로 기재한 서면을 제공한 때에는 그 사업자를 상대로 개인적인 법률상 손해배상 또는 집단소송에 기한 법률상 손해배상을 구하는 소를 제기할 수 없다. 본장의 위반의 결과 발생한 실재 재산상 손해배상만을 위한 개별 소비자의 소 제기에 대하여는 통지가 요구되지 않는다. 사업자가 본조에 의해 소비자에게 제공된 명시적으로 기재된 서면을 어기고 본장의 위반행위를 계속하는 경우에는 소비자는 그 서면내용을 강제하기 위해 사업자를 상대로 소를 제기할 수 있고 그 서면의 위반행위 및 그 서면 이후의 다른 본장의 위반행위에 대한 법률상 손해배상을 청구할 수 있다.

(c)

본조에 의해 성립된 소인은 (a)항에서 정의된 위반에 대하여만 적용되고 본장의 다른 조항의 위반에 근거할 수는 없다. 본장의 어떠한 내용도 다른 법에 기한 개인의 재판청구권으로서 역할을 하는 것으로 해석될 수 없다. 이것은 당사자에게 다른 법이나 미국 연방 헌법 또는 캘리포니아주 헌법에 의해 부과된 의무를 완화하는 것으로 해석되지 않는다."

30) Dobbs, Handbook on the Law of Remedies, 1973, p. 106.

31) 제1798.155조

(a) 모든 사업자 또는 제3자는 본절의 규정을 준수하기 위한 지침에 관하여 법무장관의 의견을 구할 수 있다.

(b) 사업자가 주장된 위반에 대하여 그 미준수사실에 대하여 통지받고 30일 이내에 위반을 치유하지 않는다면 그는 본절의 규정을 위반한 것이다. 본절의 규정을 위반한 사업자, 서비스제공자, 기타 모든 사람은 금지명령의 대상이 되고 각 위반행위에 대하여 2500불 이하의, 고의적인 위반에 대하여는 7500불 이하의 민사벌금 책임을 질 수 있는데 민사벌금은 법무장관에 의하여 캘리포니아 주민의 이름으로 제기된 민사소송에서 산정되고 배상되어야 한다. 본절에서 규정된 민사벌금은 법무장관에 의해 캘리포니아 주민의 이름으로 제기된 민사소송에서만 오로지 산정되고 배상될 수 있다.

(c) 본절의 위반에 대하여 산정된 모든 민사벌금과 (b)항에 따라 제기된 소의 화해금은 본절과 관련없이 주 법원과 법무장관에 의해 발생한 모든 비용을 완전히 공제할 의도로 제1798.160조 (a)에 따라 창설된 소비자 프라이버시 펀드에 맡겨진다.

수 있다(GDPR 제78조 제1항, 제2항).

(2) 우리나라의 개별 법령상 청구권

㈎ 개인정보보호법 개인정보보호법 제64조 제1항은 행정안전부장관은 개인정보가 침해되었다고 판단할 상당한 근거가 있고 이를 방치할 경우 회복하기 어려운 피해가 발생할 우려가 있다고 인정되면 이 법을 위반한 자에 대하여 개인정보침해행위의 중지, 개인정보 처리의 일시적인 정지, 그 밖에 개인정보의 보호 및 침해방지를 위하여 필요한 조치를 명할 수 있다고 규정한다.

첫째, 주체에 있어서 법원이 이를 판단하지 않고 행정안전부장관이 이를 판단하고 금지명령 등을 할 수 있도록 하는 점이 주목하여야 한다.

둘째, 금지명령의 요건에 관하여 ① 개인정보가 침해되었다고 판단할 상당한 근거가 있고 ② 이를 방치할 경우 회복하기 어려운 피해가 발생할 우려가 있다고 인정되어야 한다. 이는 영미법상 가처분 명령의 요건과 매우 흡사하다. 독일, 일본, 우리나라 등 독일법계 보전처분 체계를 수용하고 있는 국가들은 청구권의 존재와 보전의 필요성을 가지고 가처분명령을 하는 데 반하여 영미법계 국가에서는 본안의 승소가능성과 회복하기 어려운 피해의 발생을 요건으로 하고 있다. 개인정보보호법상 금지명령의 내용은 그 문언상 영미법계 기준을 거의 그대로 차용했다고 평가할 수 있다.

셋째, 잠정처분과 종국처분의 기준을 나누지 않고 하나의 기준과 절차를 가지고 규율하고 있다. 이는 행정안전부장관에게 개인정보 처리의 일시적인 정지를 명할지 아니면 개인정보침해행위의 중지를 명할지 재량을 부여하는 것으로 볼 수 있다. 법원의 보전처분의 경우에는 당사자의 신청이 있어야 이를 명할 수 있고 그 요건과 절차도 철저히 종국처분과 구별되고 있다.

㈏ 정보통신망 이용촉진 및 정보보호 등에 관한 법률

1) 불법정보의 처리제한명령 정보통신망 이용촉진 및 정보보호 등에 관한 법률은 방송통신위원회에서 불법정보의 처리제한명령을 할 수 있도록 하고 있다(제44조의7). 불법정보는 음란(제1호), 명예훼손(제2호), 협박(제3호), 해킹(제4호), 청소년유해(제5호), 사행행위(제6호), 개인정보법위반(제6호의2), 폭발물제조(제6호의3), 국가기밀(제7호), 국가보안법위반(제8호), 범죄목적(제9조)에 관한 정보로 규정하고 있다(제1항). ① 방송통신위원회는 ② 불법정보에 대하여 ③ 정보통신서비스 제공자 또는 게시판의 관리·운영자에게 ④ 그 처리를 거부·정지 또는 제한하도록 명할 수 있다. ⑤ 이러한 처리제한명령을 하기 전에 방송통신심의위원회의 심의를 거쳐야 하고, ⑥ 정보통신서비스 제공자, 게시판 관리·운영자 또는 해당 이용자에게 미리 의견제출의 기회를 주어야 한다(제4항 본문). 다만, 긴급히 처분을 할 필요가 있거나 의견청취가 명백히 불필요하거나[32] 이를 포기한 경우에는 의견제출의 기회를 부여하지 않아도 된다(제4항

32) 해당 이용자를 알 수 없는 경우(이용자의 의견제출에 한하여), 법원의 확정판결 등에 따라 명령의 전제가 되는

단서).

2) 기타 처분　과학기술정보통신부장관 또는 방송통신위원회는 이 법의 위반 사항을 발견하거나 혐의가 있음을 알게 된 경우 정보통신서비스 제공자에게 관계 물품·서류 등을 제출하게 할 수 있다(제64조 제1항 제1호). 이에 따른 관계 물품·서류 등을 제출하지 아니하거나 거짓으로 제출한 자는 1천만원 이하의 과태료를 부과할 수 있다(제76조 제3항 제22호). 과학기술정보통신부장관 또는 방송통신위원회는 제64조 제1항 및 제2항에 따른 자료의 제출 요구 및 검사에 관한 업무를 대통령령으로 정하는 바에 따라 인터넷진흥원에 위탁할 수 있다(제65조 제3항).

또한 과학기술정보통신부장관 또는 방송통신위원회는 이 법을 위반한 정보통신서비스 제공자등에게 해당 위반행위의 중지나 시정을 위하여 필요한 시정조치를 명할 수 있고, 시정조치의 명령을 받은 정보통신서비스 제공자등에게 시정조치의 명령을 받은 사실을 공표하도록 할 수 있다(제64조 제4항). 시정조치 명령을 이행하지 아니하는 경우에는 3천만원 이하의 과태료를 부과한다(제76조 제1항 제12호).

㈐ 신용정보의 이용 및 보호에 관한 법률　신용정보의 이용 및 보호에 관한 법률에서는 2020. 2. 4. 금융위원회의 조치명령권을 신설하여 2020. 8. 4.부터 시행하도록 하였다. 즉, 금융위원회는 신용정보주체를 보호하고 건전한 신용질서를 확립하기 위하여 신용정보회사등에 자료제출, 처리중단, 시정조치, 공시 등 필요한 조치를 명할 수 있다(제45조의2).

3. 법원의 보전처분

개인정보보호법 등 관련 법률에서 정보처리에 대한 공법적 규제를 규정하고 있으나 이는 모든 정보처리에 대한 포괄적인 것은 아니고 설사 해당 정보에 대한 공법적 구제방법이 마련되어 있다고 하더라도 그러한 공법적 구제방법이 사법상 권리구제를 금지하거나 방해하는 것으로 해석할 수는 없다. GDPR에서는 이를 명시적으로 규정하고 있고(제77조) 감독당국의 처분과 부작위에 대하여도 법원의 구제를 청구할 수 있도록 규정하고 있다(제78조).

또한 법원의 보전처분은 오랜 역사를 가지고 있고 여러 가지 시행착오를 거쳐 발전되어 온 것이기 때문에 정보처리자 또는 감독당국의 임시조치의 발전에도 중요한 모델이 될 수 있다. 특히 권리침해의 소명이 부족한 경우에도 담보의 제공을 통하여 보전처분을 명할 수 있다는 점(민사집행법 제280조 제2항, 제3항, 제301조), 보전처분이 있은 후에도 해방금액의 공탁을 통해 집행정지나 취소를 할 수 있다는 점(제282조, 제301조), 보전처분에 대한 이의신청, 제소명령, 항고, 사정변경에 의한 취소 등 부속절차가 체계화되어 있다는 점(제283조 이하, 제301조)이 참고할 가치가 높다고 판단된다.

사실이 객관적으로 증명된 경우가 이에 해당한다(동법 시행령 제35조).

이하에서는 법원의 보전처분 요건에 대한 비교법적 검토를 통해 그 요건에 대하여 고민을 하고 우리나라에서의 구체적인 재판례를 살펴보기로 한다.

(1) 보전처분 요건에 관한 비교법적 검토[33]

보전처분은 영미법계와 독일법계, 프랑스법계로 나누어 볼 수 있는데 우리법과 일본법은 독일법계에 속한다.[34]

미국은 전통적으로 네 가지 요소를 가지고 가처분 인용 여부를 판단하였다. 첫째, 본안에서 승소가능성이 있을 것, 둘째, 가처분이 인용되지 않을 경우 회복불가능한 손해가 발생할 것, 셋째, 당사자의 이익을 비교형량할 것, 넷째, 공적 이익을 고려할 것이다.

그러나 그 후 슬라이드(sliding scale) 심사[35]라고 하여 본안의 승소가능성 요소와 회복불가능한 손해 요소를 서로 결부하여 인용여부를 판단하려는 시도가 제기되었다. 즉 승소가능성이 높다면 회복불가능한 손해가 작더라도 인용할 수 있고 반대로 회복불가능한 손해의 발생 여지가 크다면 승소가능성이 다소 낮더라도 가처분 신청을 인용할 수 있다는 것이다. 이는 Leubsdorf의 유명한 논문에서 소개되었고[36] 후에 일부 법원에서 인용되었다.[37] 그러나 최근 환경단체가 미국방부장관 Winter을 상대로 해양훈련을 중단하는 가처분을 신청한 사건에서 연방대법원은 회복불가능한 손해가 증명되더라도 그것만으로는 충분하지 않고 본안의 승소가능성이 소명되어야 한다고 판시하여 원고의 가처분 신청을 기각하였다(555 US 7.). 이 판결 이후에도 미국 연방 항소법원의 입장은 법원별로 통일되어 있지 않고 슬라이드 심사를 채택하는 법원(2, 7, 9 연방항소법원)과 전통적인 4요소 기준을 적용하는 법원(나머지 법원)으로 나뉘어 있다.

한편 프라이버시 침해에 대해 미국 법원은 Michaels 사건에서 성행위 비디오 테입에 관한 유포 금지 가처분을 인용한 바 있다.[38] 사실관계를 보면, 유명한 락밴드 Poison의 리드싱어인 Bret Michaels(Michaels)이 Pamela Anderson Lee(LEE)와 성관계를 맺은 비디오를 Internet Entertainment Group, Inc.(IEG)이 입수하여 이를 상업적으로 판매하려고 하였는데 Michaels이 이는 자신의 동의 없는 위법한 행위라고 주장하며 가처분(preliminary injunction) 신청을 하

33) 김기환, "프랑스의 이혼시 보전처분", 경희법학 제54권 제4호(2019. 12), 107 주16 내용을 토대로 프라이버시 침해 등 개인정보에 관한 보전처분 내용을 보충하였다.

34) 李時潤, 新民事執行法, 第5版(2009), 20.

35) 이 용어에 대하여 두 요건이 상호보완관계에 있다고 설명하는 문헌으로 최준규, "환경소송과 임시구제수단 —민사가처분과 행정소송법상 집행정지를 중심으로—", 저스티스 제164호(2018. 2), 129. 이 문헌은 비록 환경소송에 관한 내용이기는 하나 가처분과 집행정지 등 임시구제수단에 대하여 본격적으로 내용을 다루고 있기 때문에 정보처리에 대하여도 참고할 부분이 많다고 판단된다.

36) John Leubsdorf, The Standard for Preliminary Injunctions, 91 Harv. L. Rev. 542.

37) American Hospital Supply Corp. v. Hospital Products Ltd., 780 F.2d 589, 593 (7th Cir. 1985); Ronald Mach. Co. v. Dresser Indus., 749 F.2d 380 (7th Cir. 1984); James A. Merritt & Sons v. Marsh, 791 F.2d 328 (4th Cir. 1986).

38) Michaels v. Internet Entertainment Group, Inc., 5 F.Supp.2d 823(1998).

였다. LEE도 이 소송에 참가하였다. 이를 접수한 미연방법원 캘리포니아 중부 지방법원(United States District Court, C.D. California)은 신속하게 임시금지명령(TRO)을 내려서 IEG의 판매 행위를 금지시키고, 사건을 심리하여 Michaels의 가처분 신청을 인용하였다.

가처분의 요건은 제9연방항소법원(the Nine Circuit)에서 제시한 것을 인용하였다. 즉, 본안 승소의 개연성과 회복불가능한 손해의 가능성을 증명하든지, 아니면 본안에 대한 진지한 의문과 자신이 더 어려운 상황에 처한다는 것을 증명하여야 하는 것이었다. IEG는 Revilla로부터 해당 테입과 그가 가지는 저작권 등 모든 권리를 양수받았고, Revilla는 Michaels의 대리인으로부터 그 테입에 관한 판매허가를 얻었다고 주장하였으나, 그 대리인이 누구인지 밝히는 것은 거부하였고, 판매허가를 받았다는 것을 증명하는 것에도 실패하였다. 따라서 위 연방지방법원은 IEG가 해당 테입의 판매권한이 있다고 보기 어렵다고 판단하였다.

영국의 가처분(interlocutory injunction)은 종래 본안의 승소가능성 크기를 가지고 인용여부를 결정하였으나 1975년 American Cyanamid Co. v. Ethicon Ltd. 사건에선 항소법원에서 이익의 비교형량 이론을 도입하였다.[39] "가처분의 목적은 원고를 그가 소송에서 승소한 경우에도 손해배상으로는 적절히 보상될 수 없는 그의 권리침해에 의한 손해로부터 보호하는 것"이라고 설시하면서 "이러한 보호는 피고가 자신에게 유리한 소송결과가 나온 경우에도 자신이 권리행사를 하지 못한 것이 손해배상 담보금으로부터 적절하게 보상받지 못하는 것으로부터 보호될 이익과 비교형량하여야 한다"라고 판시하였다. 이 판결 이후에 영국의 가처분 요건은 다음의 4가지로 정리되었다. 첫째, 현실적인 승소가능성, 둘째, 이익의 비교형량, 셋째, 현상유지, 넷째, 사건의 상대적인 승소가능성이 그것이다.

독일의 가처분은 다툼의 대상에 관한 가처분, 임시의 지위를 정하는 가처분, 급부가처분이 있다. 앞의 두 종류의 가처분은 현상 유지 또는 현상 유지를 위한 조건에 초점을 두고 있는데 반하여 급부가처분은 적극적으로 급부효과를 발생시키는 가처분이다.

독일의 가처분의 요건은 청구권의 존재(피보전채권)과 보전의 필요성이다. 임시의 지위를 정하는 가처분의 경우에는 별도의 엄격한 기준을 마련하고 있다. 이러한 두 요건이 있다는 믿을 만한 증거(Glaubhaftmachung)가 있어야 한다. 피보전채권의 예로서 문서인도청구권, 부동산양도청구권, 부동산출입청구권, 명예훼손중지청구권, 무단침입중지청구권이 있다. 보전의 필요성은 존재하는 채권이 충족되지 못할 가능성이 있는지 여부를 검토하는 것이기 때문에 채권의 존재 자체가 문제되는 경우에는 보전의 필요성도 충족될 수 없게 된다.

이를 정리해 보면 다음 표와 같다.[40]

---

39) [1975] A.C. 396.

40) 이탈리아에 대해서는 Koschinka, Torsten Frank/Leanza, Piero, Preliminary Injunctions: Germany, England/Wales, Italy and France(European Monographs Book 93), 2015의 이탈리아 부분 참조.

미국	영국	이탈리아	독일	일본
본안 승소 가능성 (likelihood of success on the merits)	실제적인 승소 전망(real prospect of success)	본안에서의 합리적인 승소가능성	청구권의 존재	청구권의 존재
회복불가능한 손해(irreparable harm)	이익의 비교(balance of convenience)	회복불가능한 손해	보전의 필요성	보전의 필요성
손해의 비교 (balance of harm)	현상 유지 (status quo)			
공공이익 (public interest)	상대적인 승소가능성(relative strength of cases)			

이를 종합하여 본다면 이들 국가의 보전처분에 있어서 신청인의 본안승소가능성과 회복불가능한 손해(보전의 필요성)가 주요 판단기준으로 작용하고 있음을 파악할 수 있다. 임시조치에 있어서도 해당 정보가 권리침해 등 위법성이 있는지 여부와 신속하게 조치를 할 필요가 있는지 여부가 판단 기준이 될 수밖에 없고 이러한 기준들이 서로 충돌하는 경우에 관하여도 고민을 하여 규율을 할 필요가 있다는 점을 도출할 수 있다. 즉 해당 정보가 위법한 것으로 보여지지만 신속히 임시조치를 할 필요성은 낮다든지 반대로 해당 정보가 위법한 것으로는 보여지지 않지만 피해자의 손해는 회복할 수 없는 성질이어서 신속히 조치를 하지 않으면 안 되는 경우가 그에 해당할 수 있다. 해당 정보의 위법성 여부는 좀더 깊은 심리가 필요한 반면 피해자의 손해가 회복불가능한 것인지 여부는 게시된 정보 자체가 사전에 분류된 어느 정보 유형에 해당하는지를 기준으로 좀더 손쉽게 판단할 수 있을 것이다.

한편 프랑스는 보전처분에 관하여 영미법이나 다른 대륙법 국가와는 다른 형태를 보여주고 있어 중요한 시사점을 제공한다.[41] 프랑스 민사소송법전 제808조에서 다음과 같이 규정한다.

> "모든 긴급 사안에서 지방법원장은 임시명령에 의하여 심각하게 다투어지지 않거나 분쟁의 존재가 정당화하는 모든 조치를 명할 수 있다."[42]

여기서 다툼(la contestation)은 당사자들의 권리와 주장에 대한 평가를 의미하고 분쟁(la différend)은 당사자 사이의 법을 뛰어넘는 실체관계를 의미한다.[43] 심각한 다툼이 없는 조치는

41) 김기환(주 33), 106에서 일부 내용을 발췌하였다.

42) "Dans tous les cas d'urgence, le président du tribunal de grande instance peut ordonner en référé toutes les mesures qui ne se heurtent à aucune contestation sérieuse ou que justifie l'existence d'un différend."

43) Vuitton, Les Référés, 3e éd., 2012, n° 254.

이행조치를 의미하고, 분쟁의 존재가 정당화하는 조치는 보존조치를 의미한다.[44)]

또한 심각한 다툼이 있는 경우에도 예외적으로 임박한 손해를 방지하거나 명백히 위법한 침해를 중단하기 위해서는 법원이 개입하여 보존조치나 회복조치[45)]를 취할 수 있고 채무의 존재에 대하여 심각한 다툼이 없는 경우에는 채무의 이행을 명할 수도 있다. 즉 만족적 가처분을 하기 위해서는 그러한 채무가 존재한다는 것에 대하여 심각한 다툼이 없을 것이 요구된다.

이에 대해 프랑스 민사소송법 제809조는 다음과 같이 규정한다.

"① 법원장은 심각한 다툼이 있는 경우에도, 긴급심리로, 임박한 손해를 방지하거나 명백히 위법한 침해를 중단시키기 위하여 필요한 보존조치나 회복조치를 취할 수 있다.

② 채무의 존재가 심각하게 다투어지지 않는 경우에는 재판장은 채권자를 위한 가지급을 명하거나, 그것이 하는 채무인 경우라 하더라도 채무의 이행을 명할 수 있다."

이를 정리하면 다음 표와 같다.

조치	요건	근거규정
보호조치 (보존적 가처분)	긴급성이 있는 경우 → 분쟁의 존재로부터 정당화되는 조치와 심각한 다툼이 없는 조치 가능	민사소송법 제808조
	명백히 위법한 침해(disturbance)가 있거나 임박한 손해가 있는 경우 → 심각한 다툼이 있는 조치도 가능	민사소송법 제809조 제1항
장래조치 (만족적 가처분)	**채무의 존재**에 대한 심각한 다툼이 없을 것	민사소송법 제809조 제2항

본고의 주제인 임시조치의 경우에는 기존에 있던 정보에 대한 접근을 차단시키는 것이므로 만족적 가처분에 해당한다. 따라서 프랑스의 기준에 의하는 경우에는 보다 엄격한 기준, 즉 정보제공이 위법하다는 점에 대하여 심각한 다툼이 없거나, 그러한 점이 명백하거나, 임박한 손해가 있어야 한다. 이러한 기준에 의한다면 현재의 임시조치와 같이 이용자의 신청만 있으면 30일간 정보에 대한 접근을 차단하는 것은 정당화되기 어려울 것이다.

(2) 우리나라의 논의

㈎ 피보전권리 가처분이 인정되기 위해서는 피보전권리인 청구권의 존재와 보전의 필요성이 인정되어야 한다.[46)] 정보공개금지의 가처분을 함에 있어 해당 정보에 대한 청구권은

44) Vuitton(주 43), n° 242.

45) 회복조치는, 옆집에서 무너져 들어온 담을 철거하는 것과 같이, 방금 이루어진 명백하게 위법한 침해를 되돌리는 것이기 때문에 보존조치와 마찬가지로 현상 유지의 의미를 가진다고 볼 수 있다.

46) 대법원 2011. 5. 24.자 2011마319 결정.

무엇인가 하는 문제가 제기된다.

1) 민법상 불법행위에 기한 청구권 우리 민법은 불법행위에 대하여 제750조에서 일반조항을 가지고 있다. 즉 "고의 또는 과실로 인한 위법행위로 타인에게 손해를 가한 자는 그 손해를 배상할 책임이 있다." 이를 해석함에 있어서는 피침해법익의 성질과 침해행위의 태양을 상관적으로 고려하여 행위의 위법성 여부를 판단하고 있다.[47] 문제가 되는 정보처리 행위의 경우에도 상당 부분이 민법상 불법행위에 해당할 여지가 있다. 그것이 개인의 사생활 침해인 경우에는 인격권 침해로 구성할 수 있고 그 외 일반정보인 경우에는 지식재산권 유사의 권리 침해로 구성하여 불법행위 책임을 발생할 수 있을 것이다. 다만, 이러한 경우에 구제방법으로서 손해배상 외에 금지청구나 행위청구 등을 인정할 수 있을 것인지가 문제된다. 우리 민법은 명예훼손의 경우에는 제764조에서 "타인의 명예를 훼손한 자에 대하여는 법원은 피해자의 청구에 의하여 손해배상에 갈음하거나 손해배상과 함께 명예회복에 적당한 처분을 명할 수 있다."라고 규정하여 손해배상 외에도 명예회복에 적당한 처분을 명할 수 있도록 하고 있다.

참고로 외국의 경우에는 사생활 침해에 대하여 (법원이) "계쟁물보관·압류 기타 사생활의 내밀의 침해를 방지하거나 중지시키기에 적절한 모든 조치를 명할 수 있다"거나(프랑스 민법전 제9조) 성명권 침해에 대하여 방해의 배제를 청구하거나 방해할 우려가 있는 때에 부작위를 소구할 수 있다고 규정하거나(독일 민법전 제12조),[48] 인격을 위법하게 침해당한 자의 침해의 제거의 예방을 소구할 수 있도록 규정하고 있다(스위스 민법전 제28조).

2) 민법상 방해예방청구권 정보처리에 의하여 침해된 자신의 권리 또는 이익의 내용이 무엇인가에 대하여 인격권(개인정보 자기결정권)으로 보거나[49] 지식재산권 유사의 별도의 물권으로 볼 여지가 있다. 이를 어떤 식으로 구성하든 이에 관한 금지청구권의 근거에 대하여는 민법 제214조의 방해배제청구권 규정을 유추적용하여 해결하고 있다.[50][51]

여기서 임시조치와 관련하여 의미가 있는 부분은 방해예방청구권에 대한 것이다. 임시조치의 경우 침해의 현재성과 임박성 모두에 관련을 가지고 있다. 정보가 일부 유출이 된 경우가

47) 양창수, "情報化社會와 프라이버시의 保護", 민법연구, 제1권(1991), 511.

48) 양창수, 2018년판 독일민법전, 2018, 5.

49) 권영준, "개인정보 자기결정권과 동의 제도에 관한 고찰", 전남대학교 법학논총 제36권 제1호(2016), 681, 682.

50) 이소은, "개인정보자기결정권의 민사법적 보호", 서울대학교 박사학위논문(2018), 260.

51) 이에 대하여 우리 대법원은 "토지의 소유자는 소유권을 방해할 염려가 있는 행위를 하는 자에 대하여 그 예방을 청구할 수 있는데, 위 예방청구권은 방해의 발생을 기다리지 않고 현재 예방수단을 취할 것을 인정하는 것이므로 그 방해의 염려가 있다고 하기 위하여는 방해예방의 소에 의하여 미리 보호받을 만한 가치가 있는 것으로서 객관적으로 근거 있는 상당한 개연성을 가져야 할 것이고 관념적인 가능성만으로는 이를 인정할 수 없다"라고 설시하여 방해의 염려에 대하여 객관적으로 근거 있는 상당한 개연성이 있을 것을 요구하고 있다(대법원 1995. 7. 14. 선고 94다50533 판결). 그리하여 해당 사건에서는 해당 토지의 형상이 그 형성 당시보다 4년이 지난 당시에도 크게 변화되지 않았고 장기간 경작되지 않고 방치되었다는 이유를 들어 굴토에 대한 방해예방청구를 기각하였다.

그러한데 이러한 경우 이미 침해행위가 발생하였고 더 큰 침해의 개연성이 존재하기 때문이다. 즉 임시조치의 기본취지가 방해예방 내지 피해확대방지에 있는 것이라고 볼 수 있다.

3) 영업비밀 부정경쟁방지 및 영업비밀보호에 관한 법률 제2조 제2호와 제3호에서 다음과 같이 영업비밀을 정의하고 있다. "'영업비밀'이란 공공연히 알려져 있지 아니하고 독립된 경제적 가치를 가지는 것으로서, 비밀로 관리된 생산방법, 판매방법, 그 밖에 영업활동에 유용한 기술상 또는 경영상의 정보를 말한다." 이러한 영업비밀 부정취득행위, 공개 등 그 침해행위에 대하여 형사처벌과 과태료부과를 하고 있는데 특히 외국에서의 사용을 위한 행위는 강력한 처벌을 하고 있다.[52)]

또한 동법 제2조 제1호의 부정경쟁행위 개념에 카.목을 신설하여[53)] 비밀로 관리되지 않은 정보에 대하여도 그것이 상당한 투자나 노력으로 만들어진 성과에 해당하는 경우에는 무단사용을 할 수 없도록 하여 이러한 정보를 보호하고 있다. "카. 그 밖에 타인의 상당한 투자나 노력으로 만들어진 성과 등을 공정한 상거래 관행이나 경쟁질서에 반하는 방법으로 자신의 영업을 위하여 무단으로 사용함으로써 타인의 경제적 이익을 침해하는 행위."

이와 관련된 사건으로 최근 대법원은 엠지엠미디어(MGM)이 빅히트엔터테인먼트(빅히트)의 동의 없이 방탄소년단(BTS)의 화보를 포함한 특별부록을 제작한 것에 대하여 빅히트 측에서 신청한 가처분을 인가한 원심 판단을 지지하면서, 연예인들의 사진, 기사 등을 주요 내용으로 하는 잡지를 제작·판매하는 엠지엠미디어가 연예인 매니지먼트, 음반 제작, 공연 기획 등 엔터테인먼트 사업을 하는 빅히트엔터테인먼트의 허락 없이 방탄소년단의 구성원들에 관한 화보집 등을 제작하여 위 잡지 특별판의 특별 부록으로 제작·판매하는 행위는 공정한 상거래 관행이나 경쟁질서에 반하는 방법으로 자신의 영업을 위하여 을 회사의 성과 등을 무단으로 사

52) 제18조 ① 영업비밀을 외국에서 사용하거나 외국에서 사용될 것임을 알면서도 다음 각 호의 어느 하나에 해당하는 행위를 한 자는 15년 이하의 징역 또는 15억원 이하의 벌금에 처한다. 다만, 벌금형에 처하는 경우 위반행위로 인한 재산상 이득액의 10배에 해당하는 금액이 15억원을 초과하면 그 재산상 이득액의 2배 이상 10배 이하의 벌금에 처한다. <개정 2019. 1. 8.>

1. 부정한 이익을 얻거나 영업비밀 보유자에 손해를 입힐 목적으로 한 다음 각 목의 어느 하나에 해당하는 행위
   가. 영업비밀을 취득·사용하거나 제3자에게 누설하는 행위
   나. 영업비밀을 지정된 장소 밖으로 무단으로 유출하는 행위
   다. 영업비밀 보유자로부터 영업비밀을 삭제하거나 반환할 것을 요구받고도 이를 계속 보유하는 행위
2. 절취·기망·협박, 그 밖의 부정한 수단으로 영업비밀을 취득하는 행위
3. 제1호 또는 제2호에 해당하는 행위가 개입된 사실을 알면서도 그 영업비밀을 취득하거나 사용(제13조제1항에 따라 허용된 범위에서의 사용은 제외한다)하는 행위

② 제1항 각 호의 어느 하나에 해당하는 행위를 한 자는 10년 이하의 징역 또는 5억원 이하의 벌금에 처한다. 다만, 벌금형에 처하는 경우 위반행위로 인한 재산상 이득액의 10배에 해당하는 금액이 5억원을 초과하면 그 재산상 이득액의 2배 이상 10배 이하의 벌금에 처한다.

53) 이 규정은 인터넷 포털사이트 광고 방해 사건에 대하여 불법행위를 인정한 대법원 2010. 8. 25.자 2008마1541 결정을 반영하여 2013. 7. 30. 법률 제11963호로 처음 만들어졌다.

용하는 행위로서 부정경쟁방지 및 영업비밀보호에 관한 법률 제2조 제1호 (카)목의 부정경쟁행위에 해당한다고 판시하였다.[54][55] (특별부록을 제외한 부분에 대하여는 가처분이 기각되었다.)

오늘날 문제가 되는 정보침해 행위에 대하여 상당부분은 영업비밀침해행위에 해당하여 이러한 규율에 의하여 제재를 가할 수 있다. 이와 같이 영업비밀을 법률에 의하여 보호하기 있는 만큼 영업비밀이 임시조치에서 보호하는 타인의 권리에 해당한다고 여겨진다. 이러한 영업비밀을 침해하는 게시물에 대하여 임시조치를 할 수 있을 것이다.

(나) 보전의 필요성

1) 전교조 명단 공개 금지 가처분 인용 국회의원이 '각급학교 교원의 교원단체 및 교원노조 가입현황 실명자료'를 인터넷을 통하여 공개한 사안에서, 위 정보 공개 행위가 개인정보자기결정권 및 단결권에 대한 침해를 정당화할 정도로 학생의 학습권이나 학부모의 교육권 및 교육의 선택권 내지는 알권리를 위하여 반드시 필요하거나 허용되어야 하는 행위라고 단정할 수 없고, 보전의 필요성도 소명된다는 이유로 정보공개금지 가처분신청을 인용한 원심결정을 수긍한 사례이다.[56]

가처분의 필요성에 관하여 "피보전권리의 성질·내용, 가처분 신청에 이르게 된 경위, 본안소송의 승패의 예상, 가처분을 발령하지 않음으로써 채권자들이 받는 손해의 내용·정도, 채무자가 가처분의 집행에 의하여 입는 불이익 등을 종합적으로 고려하여야" 한다고 판시하였다. 민사집행법 제300조에서는 보전의 필요성을 중심으로 규정하고 있지만,[57] 실제 판단에 있어서는 '본안소송의 승패의 예상', 당사자 간 이익형량 등 다양한 요소를 종합적으로 고려하고 있음을 확인할 수 있다.

이 사건의 본안 사건에서도 개인정보자기결정권에 근거하여[58] 명단 공개의 위법성이 인

54) 대법원 2020. 3. 26.자 2019마6525 결정.

55) 이 판결에 대한 평석으로 유인호, "[판례로 보는 세상] BTS의 짝퉁 화보집이 금지되는 이유는?" 아주경제 2020. 6. 29.자 보도 참조.

56) 대법원 2011. 5. 24.자 2011마319 결정.

57) 제300조(가처분의 목적) ① 다툼의 대상에 관한 가처분은 현상이 바뀌면 당사자가 권리를 실행하지 못하거나 이를 실행하는 것이 매우 곤란할 염려가 있을 경우에 한다.
② 가처분은 다툼이 있는 권리관계에 대하여 임시의 지위를 정하기 위하여도 할 수 있다. 이 경우 가처분은 특히 계속하는 권리관계에 끼칠 현저한 손해를 피하거나 급박한 위험을 막기 위하여, 또는 그 밖의 필요한 이유가 있을 경우에 하여야 한다.

58) 대법원 2014. 7. 24. 선고 2012다49933 판결. "인간의 존엄과 가치, 행복추구권을 규정한 헌법 제10조 제1문에서 도출되는 일반적 인격권 및 헌법 제17조의 사생활의 비밀과 자유에 의하여 보장되는 개인정보자기결정권은 자신에 관한 정보가 언제 누구에게 어느 범위까지 알려지고 또 이용되도록 할 것인지를 정보주체가 스스로 결정할 수 있는 권리이다. 개인정보자기결정권의 보호대상이 되는 개인정보는 개인의 신체, 신념, 사회적 지위, 신분 등과 같이 개인의 인격주체성을 특징짓는 사항으로서 개인의 동일성을 식별할 수 있게 하는 일체의 정보라고 할 수 있고, 반드시 개인의 내밀한 영역에 속하는 정보에 국한되지 않고 공적 생활에서 형성되었거나 이미 공개된 개인정보까지 포함한다. 또한 그러한 개인정보를 대상으로 한 조사·수집·보관·처리·이용 등의 행위는 모두 원칙적으로 개인정보자기결정권에 대한 제한에 해당한다."

정되었고 그에 따라 피해자 1인당 10만원의 손해배상청구권이 인정되었다.

2) 인터넷 포털사이트 광고 방해 사건 네오콘소프트 주식회사(채무자)가 제공한 프로그램을 설치한 인터넷 사용자들이 네이버를 방문하면 그 화면에 엔에이치엔 주식회사(채권자)의 광고 대신 같은 크기의 채무자의 배너광고가 나타나거나(이른바 '대체광고 방식'), 화면의 여백에 채무자의 배너광고가 나타나거나(이른바 '여백광고 방식'), 검색창에 키워드를 입력하면 검색결과 화면의 최상단에 위치한 검색창과 채권자의 키워드광고 사이에 채무자의 키워드광고가 나타나는(이른바 '키워드삽입광고 방식') 등으로, 채무자의 광고가 대체 혹은 삽입된 형태로 나타나게 하였다. 이에 채권자가 채무자의 프로그램을 이용한 광고행위를 하는 것을 금지하는 가처분명령을 신청하였다.

이에 서울중앙지방법원에서는 2007. 12. 31. 담보제공을 조건으로 신청인의 신청을 받아들여, '피신청인은 별지 1 목록 기재 프로그램을 제조, 사용, 판매 및 배포하여서는 아니 된다.' 등의 가처분결정을 하였다. 이에 피신청인이 이의를 하였고 그에 따라 서울중앙지방법원은 '피신청인은 신청인이 운영하는 웹사이트(http://www.naver.com)에 접속한 컴퓨터 사용자의 모니터에 별지 2 목록 기재 프로그램을 이용한 광고를 하거나 위 프로그램의 설치를 위한 보안경고(인증)창을 게시하여서는 아니 된다.'는 형태로 가처분결정을 변경하였다. 이에 당사자들은 항고를 하였고 서울고등법원은 '피신청인은 신청인이 운영하는 인터넷 사이트(www.naver.com)에 접속한 컴퓨터 사용자의 모니터에 별지 2 목록 기재 프로그램을 이용한 광고행위를 하여서는 아니 된다.'는 형태로 가처분결정을 변경하였다.[59] 이에 대한 당사자들의 재항고에 대해 대법원은 원심의 판단을 존중하고 재항고를 모두 기각하였다.[60]

대법원은 이 사건에서 "채무자의 위와 같은 광고행위는 인터넷을 이용한 광고영업 분야에서 서로 경쟁자의 관계에 있는 채권자가 상당한 노력과 투자에 의하여 구축한 네이버를 상도덕이나 공정한 경쟁질서에 반하여 자신의 영업을 위하여 무단으로 이용함으로써, 채권자의 노력과 투자에 편승하여 부당하게 이익을 얻는 한편, 앞서 본 바와 같이 법률상 보호할 가치가 있는 이익인 네이버를 통한 채권자의 광고영업 이익을 침해하는 부정한 경쟁행위로서 민법상 불법행위에 해당한다"고 판단하였다. 또한 무단이용 상태가 계속되기 때문에 금전배상을 명하는 것만으로는 실효성 있는 구제를 기대하기 어렵고 그 행위의 금지로 인한 피해자의 이익과 가해자의 불이익을 비교·교량할 때 피해자의 이익이 더 큰 경우에는 그 행위의 금지 또는 예방을 청구할 수 있다고 판단하였다.[61] 또한 보전의 필요성에 관하여는 채권자가 입을 손해가

59) 서울고등법원 2008. 9. 23.자 2008라618 결정.

60) 대법원 2010. 8. 25.자 2008마1541 결정.

61) "채무자의 위와 같은 광고행위가 일회적인 것이 아니라 이 사건 프로그램을 설치한 인터넷 사용자들이 네이버에 접속할 때마다 계속적으로 반복되는 것임을 알 수 있다. 나아가 이 사건 프로그램에 의한 광고행위의 성질상 채권자가 인터넷 사용자들의 이 사건 프로그램의 설치현황 및 그로 인한 네이버에서의 채무자의 광고현황

현저한 점 등을 고려하여 보전의 필요성이 인정된다고 판단하였다.[62)]

Ⅳ. 임시조치

1. 개 념

정보통신망 이용촉진 및 정보보호 등에 관한 법률상 임시조치란 정보통신 서비스 제공자가 이용자로부터 명예훼손 등의 이유로 일정 정보의 삭제를 요청을 받고 해당 정보에 대한 접근을 30일 이내로 임시 차단하거나, 정보 통신 서비스 제공자가 스스로의 판단으로 관련 정보를 임시 차단하는 조치이다. 전자를 요청에 의한 임시조치,[63)] 후자를 임의의 임시조치라고 할 수 있다. 요청에 의한 임시조치는 그 효과에 있어서도 정보통신 서비스 제공자의 배상책임을 감경할 수 있다는 점에서 그러한 감경 규정을 두지 않은 임의의 임시조치와 차이점이 있다(제44조의2 제6항, 제44조의3 제2항).

2. 통계적 분석

임시조치의 현황을 살펴보기 위하여 이에 관한 통계를 살펴볼 필요가 있다. 연간 20만건이 넘는 임시조치가 이루어지고 있기 때문에 이제는 임시조치가 우리의 일상생활에 있어 흔히 볼 수 있는 일이 되었다. 즉 카페 등 인터넷 공간에서 활동을 하는 과정에서 상대방을 비판하는 글을 올리는 경우에 상대방이 취할 수 있는 가장 손쉽고 우선적인 조치는 임시조치를 신청하여 해당 게시글을 30일 동안 볼 수 없도록 하는 것이다. 오늘날 인터넷 게시글이 기존의 언

등을 일일이 파악하여 대응하기가 매우 곤란할 것으로 보이는 점과 채무자의 광고내용에 따라서는 채권자의 신용, 명성 등 무형적인 가치까지도 손상시킬 수 있을 것으로 보이는 점 등을 고려할 때 채무자에게 금전배상을 명하는 것만으로는 채권자 구제의 실효성을 기대하기 어렵다고 할 것이다. 나아가 채무자의 이 사건 프로그램에 의한 네이버에서의 광고행위를 그대로 방치하는 경우 결국 네이버에서의 광고영업을 그 수익모델로 삼고 있는 채권자 회사의 존립 자체를 위협할 수 있다는 점에서 채무자의 위와 같은 광고행위를 금지함으로써 보호되는 채권자의 이익이 그로 인한 채무자의 영업의 자유에 대한 손실보다 더 크다고 할 것이다. 따라서 채권자는 채무자에 대하여, 네이버에 접속한 인터넷 사용자들의 모니터에서 이 사건 프로그램을 이용한 광고행위를 하는 것의 금지 또는 예방을 청구할 수 있다고 봄이 상당하다."

62) 민사집행법 제300조 제2항의 임시의 지위를 정하기 위한 가처분이 필요한지 여부는 당해 가처분신청의 인용 여부에 따른 당사자 쌍방의 이해득실관계, 본안소송에 있어서의 장래의 승패의 예상, 그 밖의 제반 사정을 고려하여 법원의 재량에 따라 합목적적으로 결정하여야 한다(대법원 2006. 11. 23. 선고 2006다29983 판결 등 참조).

위 법리와 기록에 비추어 살펴보면, 채권자의 이 사건 가처분신청에 대하여 채무자는 이 사건 프로그램에 의한 광고행위의 적법성을 주장하면서 그 광고영업을 계속할 뜻을 표명하고 있는바, 이 경우 앞서 본 이 사건 프로그램에 의한 광고행위의 과정과 형태 등에 비추어 채권자가 입을 손해가 현저할 것으로 보이는 점, 앞서 본 바와 같이 이 사건 가처분신청을 받아들임으로써 보호되는 채권자의 이익이 그로 인한 채무자의 손실보다 더 큰 점 등 제반 사정을 참작할 때, 이 사건 가처분신청에는 보전의 필요성이 있다고 할 것이다.

63) 조건부 임시조치라고 하기도 한다.

론, 쇼핑, 여론 형성 등의 기능을 상당 부분 잠식하고 있기 때문에 임시조치가 가지는 권리구제수단으로서의 기능은 매우 커지고 있다고 평가할 수 있다.

연도	NAVER 임시조치 건수	KAKAO 임시조치 건수	NAVER 이의제기 건수	KAKAO 이의제기 건수	NAVER 이의제기 비율(%)	KAKAO 이의제기 비율(%)
2012	155,161	67,342	7,854	1,868	5.06	2.77
2013	277,146	88,634	10,157	4,053	3.66	4.57
2014	337,923	116,261	17,515	3,819	5.18	3.28
2015	404,458	75,360	52,443	2,060	12.97	2.73
2016	386,114	69,235	40,482	2,018	10.48	2.91
2017	182,611	48,697	22,726	854	12.45	1.75
2018	210,703	36,243	39,123	938	18.57	2.59
2019	231,639	58,939	31,702	744	13.69	1.26

위 표는 임시조치에 관한 최근 통계이다.[64] 임시조치 건수는 2014년에서 2016년까지 사이에는 연간 40만건을 넘어서서 가장 많은 수를 기록하였고 그 후에는 다소 줄어 들어 2019년의 경우 30만건 정도를 기록하고 있다. 임시조치에 대하여 글을 게시한 사람이 이의제기를 하여 30일의 기간 후에 해당 글이 다시 게시되도록 할 수 있는데 이러한 이의제기 건수도 2015년 54,000 여건, 2016년 42,000건 정도를 기록하여 절정에 달하였다가 2019년에는 32,000건 정도를 차지하고 있다.

이의제기 건수의 비율을 보면 네이버의 경우 임시조치 수를 분모로 한 이의제기 건수의 비율이 2015년 큰 폭으로 증가한 후(5.18% → 12.97%) 그 비율을 유지하고 있다. 카카오(DAUM)의 경우에는 2015년에도 그러한 비율상 증가는 없었고 네이버에 비하여 이의제기 비율이 매우 낮다.

표의 내용을 그래프로 시각화하여 상술하기로 한다.

64) 임시조치 건수는 방송통신위원회 임시조치 담당자로부터 받은 자료이다. 이의제기 건수는 2014년 이후는 같은 담당자로부터 받은 자료이고 나머지는 https://zdnet.co.kr/view/?no=20171012141251에 있는 자료이다(2020. 8. 21. 방문).

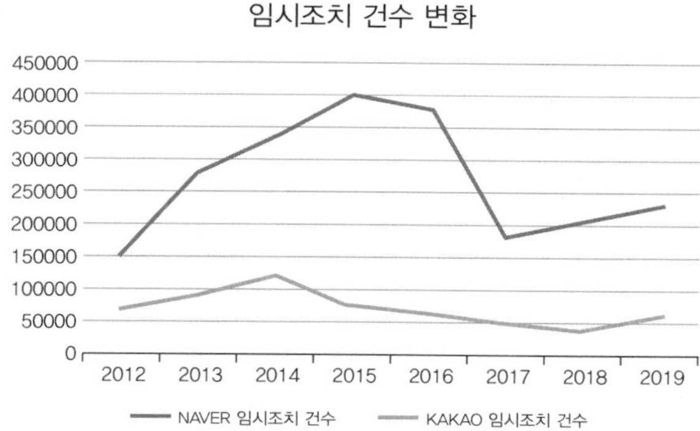

임시조치 건수는 네이버의 경우 2012년부터 2015년까지 큰폭으로 증가하다가 2017년에 큰 폭으로 감소하게 된다.[65] 카카오(DAUM)의 경우에는 2014년에 정점에 이르고 그 이후에는 다소 줄어드는 경향을 보이고 있다가 2019년에 소폭 상승하였다.

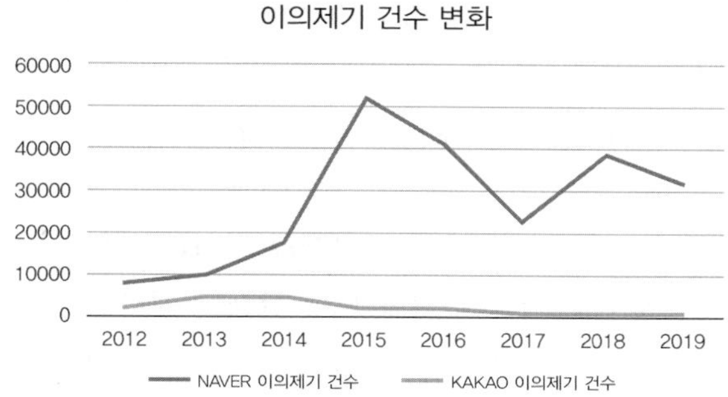

임시조치에 대한 이의제기 건수는 네이버는 2015년에 크게 증가하였다가 2017년까지는 감소하다가 다시 2018년에 증가한다. 카카오(DAUM)은 2013년부터 감소하는 추세이다.

65) 2017년 문재인 대통령의 취임과 관계가 있는지는 불명확하다.

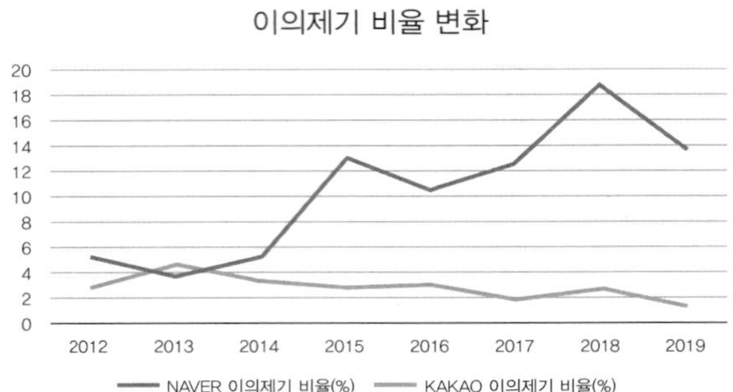

이의제기 비율(이의제기건수/임시조치건수)의 경우에는 2012년부터 2014년까지는 네이버와 카카오(DAUM)이 비슷한 추이를 보이다가 2015년 이후부터는 네이버는 급격히 상승하고 카카오(DAUM)은 줄어드는 추세를 보이고 있다.

3. 요　　건

정보의 삭제요청과 관련하여 정보통신서비스 제공자가 임시조치를 할 수 있다(정보통신망 이용촉진 및 정보보호 등에 관한 법률 제44조의2).[66][67] 우선 정보통신망을 통하여 일반에게 공개를 목적으로 제공된 정보로 사생활 침해나 명예훼손 등 타인의 권리가 침해된 경우 그 침해를 받은 자는 해당 정보를 처리한 정보통신서비스 제공자에게 침해사실을 소명하여 그 정보의 삭제 또는 반박내용의 게재를 요청할 수 있다(동조 제1항).[68]

요건을 세분화하여 보면, ① 정보통신망[69]을 통하여, ② 일반에게 공개를 목적으로 제공된 정보이어야 하고, ③ 그 정보 제공으로 인하여 사생활 침해나 명예훼손 등 타인의 권리가 침해되어야 한다. 이러한 내용을 소명하면 정보통신서비스 제공자가 그 정보를 삭제하거나 반박내용을 게재할 수 있도록 하였다.

66) 이 규정의 연혁에 관하여는 최종선, "정보통신망 이용촉진 및 정보보호 등에 관한 법률상 임시조치제도에 관한 연구", *成均館法學 第25卷 第4號*(2013. 12), 466; 황창근, "정보통신망법상 임시조치의문제점 및 개선과제", 정보법학 제13권 제3호(2007), 257 이하.

67) 저작권법 제103조에서도 임시조치에 관한 규정을 두고 있다. 동조 제3항 본문에서 복제전송자의 재개 요구권을 규정하여("제2항에 따른 통보를 받은 복제·전송자가 자신의 복제·전송이 정당한 권리에 의한 것임을 소명하여 그 복제·전송의 재개를 요구하는 경우 온라인서비스제공자는 재개요구사실 및 재개예정일을 권리주장자에게 지체 없이 통보하고 그 예정일에 복제·전송을 재개시켜야 한다.") 보다 상세한 내용을 가지고 있다.

68) 이러한 요청이 없는 경우에도 "정보통신서비스 제공자는 자신이 운영·관리하는 정보통신망에 유통되는 정보가 사생활 침해 또는 명예훼손 등 타인의 권리를 침해한다고 인정되면 임의로 임시조치를 할 수 있다"(동법 제44조의3 제1항).

69) "정보통신망"이란 「전기통신사업법」 제2조 제2호에 따른 전기통신설비를 이용하거나 전기통신설비와 컴퓨터 및 컴퓨터의 이용기술을 활용하여 정보를 수집·가공·저장·검색·송신 또는 수신하는 정보통신체제를 말한다(동법 제2조 제1항 제1호).

정보통신서비스 제공자는 제1항에 따른 정보의 삭제요청에도 불구하고 권리의 침해 여부를 판단하기 어렵거나 이해당사자 간에 다툼이 예상되는 경우에는 해당 정보에 대한 접근을 임시적으로 차단하는 조치("임시조치")를 할 수 있다(동조 제4항 전문). 이 경우 임시조치의 기간은 30일 이내로 한다(동항 후문). 즉, ① 정보통신망을 통하여, ② 일반에게 공개를 목적으로 제공된 정보인 점은 소명이 되어야 한다. 이에 더하여 ③ 그 정보 제공으로 인하여 사생활 침해나 명예훼손 등 타인의 권리가 침해되었는지 여부가 불분명하거나 이해당사자 간에 다툼이 예상되는 경우 30일을 한도로 하는 접근 차단 조치의 임시조치를 통하여 혹시 있을 수 있는 돌이킬 수 없는 피해를 방지하자는 취지가 담겨있다.

이해당사자가 존재하고 다툼이 예상되는 경우에는 삭제나 반박내용의 게재를 할 수 있는 위 제44조의2 제1항의 요건을 충족하여도 임시조치를 할 수 있도록 하고 있음을 주목할 필요가 있다. 즉 정보공개에 대하여 이익을 가지는 자가 있다면 정보 차단으로 인하여 이익충돌이 발생하기 때문에 새로운 국면으로 진입하게 된다는 취지이다. 영미법상 가처분(preliminary injunction)에서 이익의 비교(balance of convenience) 또는 손해의 비교(balance of harm)를 가처분의 요건으로 설시하고 있는데 그러한 맥락이 해당 규정에 들어가 있는 것으로 볼 수 있다. 즉 다른 이해관계자의 이익을 침해할 가능성이 있다면 일단 임시조치를 하고 그로부터 30일 내에 다시 판단을 해 보겠다는 취지라고 보아야 할 것이다.

4. 임시조치에 대한 불복방법

임시조치 이후의 전개과정에 대하여는 특별한 규정은 없고 약관 등 사적자치에 맡겨져 있다. 통상은 정보게재자의 재 게시 요청이 있는 경우에는 30일 후 다시 해당 게시물이 복원되고, 그러한 요청이 없는 경우에는 삭제하도록 규정이 되어 있다.[70] 복원된 게시물에 대하여는 다시 임시조치 청구를 할 수는 없다.[71]

---

70) 이소은(주 50), 286; 다음(DAUM)의 경우 "임시조치된 게시물에 대해서 30일 이내에 게시자의 재게시신청(복원신청)이 없는 경우 30일이 지난 후에 게시물은 삭제 조치됩니다." https://cs.daum.net/faq/95/7580.html#11209 (2020. 7. 1. 방문); 네이버(NAVER)의 경우 2013. 7. 31. 이전에는 게시자의 재게시 처리 여부에 대하여 형식적 판단뿐만 아니라 소명내용의 타당성 검토까지 하였으나 그 후에는 형식적 판단만 하고 있다(최종선(주 66), 470); 임시조치에 대한 이의제기(재게시) 요구 비율은 2008년부터 2012년까지의 자료를 보면 대체로 5% 미만이다(최종선(주 66), 472).

71) Daum 서비스약관 제11조

④ 정보통신망 이용촉진 및 정보보호 등에 관한 법률(이하 "정보통신망법"이라 합니다)의 규정에 의해 다른 회원의 공개된 게시물 등이 본인의 사생활을 침해하거나 명예를 훼손하는 등 권리를 침해 받은 회원 또는 제3자(이하 "삭제 등 신청인"이라 합니다)는 그 침해사실을 소명하여 회사에 해당 게시물 등의 삭제 또는 반박 내용의 게재를 요청할 수 있습니다. 이 경우 회사는 해당 게시물 등의 권리 침해 여부를 판단할 수 없거나 당사자 간의 다툼이 예상되는 경우 해당 게시물 등에 대한 접근을 임시적으로 차단하는 조치(이하 "임시조치"라 합니다)를 최장 30일까지 취합니다.

⑤ 제5항에 의해 본인의 게시물 등이 임시조치된 회원(이하 "게시자"라 합니다)은 임시조치기간 중 회사에 해

이러한 임시조치에 관한 규정은 세부적인 규율은 하고 있지 않다는 점에서 비판의 여지가 있다고 생각된다. 실제로 정보 삭제 요청을 근거 없이 하는 경우도 충분히 예상할 수 있기 때문에, 임시조치 신청을 한 자와 정보공개에 이해관계를 가지는 자 사이의 이익충돌을 규율할 세부적인 절차를 마련할 필요가 있을 것이다. 이를 마련하지 않고 일반적인 민원 절차나 쟁송 절차에 의하도록 한다면 임시조치를 악용하는 사례가 충분히 등장할 수 있다. 특히 악의로 임시조치를 청구하는 자에 대하여는 손해배상청구권의 확보를 위하여 일정한 보증금을 공탁하도록 규정을 둘 필요도 있을 것이다.

5. 문 제 점

임시조치에 대하여는 이용자 1인의 이의제기에 의하여 표현의 자유가 사실상 제한되는 효과가 발생한다는 문제가 있다. 이에 대하여 이의제기 절차를 마련하여야 한다는 개정안도 국회에 상정된 바 있다.72) 아래 표는 당시 제출된 법률안의 주요내용이다.73)

구 분	유승희 의원안	정부 제출안
임시조치 후 절차	◦ 임시조치에 대한 이의신청 시 사업자가 권리 침해성을 판단하여 30일 이내에 임시조치 해제 ◦ 이의신청이 없는 경우에 대해서는 별도 규정 없음	◦ 이의제기가 있으면 직권조정 절차에 회부되고 직권조정 종료 시까지 임시조치 유지74) ◦ 이의제기가 없는 경우 임시조치 기간(30일) 만료 후에는 해당 정보를 즉시 삭제
정보통신 서비스 제공자의	◦ 확 대 – 차단요청이 있더라도 권리를 침해하지 않음이 명백한 경우에는 거부 가능	◦ 축 소 – 권리주장자의 삭제 요청이 있으면 즉시 임시조치

당 게시물 등을 복원해 줄 것을 요청(이하 "재게시 청구"라 합니다)할 수 있으며, 회사는 임시조치된 게시물의 명예훼손 등 판단에 대한 방송통신심의위원회 심의 요청에 대한 게시자 및 삭제 등 신청인의 동의가 있는 경우 게시자 및 삭제 등 신청인을 대리하여 이를 요청하고 동의가 없는 경우 회사가 이를 판단하여 게시물 등의 복원 여부를 결정합니다. 게시자의 재게시 청구가 있는 경우 임시조치 기간 내에 방송통신심의위원회 또는 회사의 결정이 있으면 그 결정에 따르고 그 결정이 임시조치 기간 내에 있지 않는 경우 해당 게시물 등은 임시조치 만료일 이후 복원됩니다. 재게시 청구가 없는 경우 해당 게시물 등은 임시조치 기간 만료 이후 삭제됩니다. ⑥ 회사는 서비스 내에 게시된 게시물 등이 사생활 침해 또는 명예훼손 등 제3자의 권리를 침해한다고 인정하는 경우 제5항에 따른 회원 또는 제3자의 신고가 없는 경우에도 임시조치(이하 "임의의 임시조치"라 합니다)를 취할 수 있습니다. 임의의 임시조치된 게시물의 처리 절차는 제5항 후단 및 제6항의 규정에 따릅니다.

72) 정보통신망 이용촉진 및 정보보호 등에 관한 법률 일부개정법률안이 정부에 의해 2014. 12. 29. 제출된 바 있다(의안번호 1913387). 이 법안은 2015. 11. 18. 본회의에 상정되었으나 본회의를 통과하지는 못하고 2016. 5. 29. 임기만료로 폐기되었다.

73) 정보통신망 이용촉진 및 정보보호 등에 관한 법률 일부개정법률안 검토보고서(2015. 2) 16. http://likms.assembly.go.kr/bill/billDetail.do?billId=ARC_P1V4I1Y2U2B9B2H3T2H7K1N0U1C1L1&ageFrom=21&ageTo=21 (2021. 2. 22. 방문).

74) 온라인명예훼손분쟁조정위원회에서 10일 이내에 직권조정결정을 하고 당사자가 15일 이내에 소송을 제기하지 아니하는 경우 직권조정결정과 같은 내용의 합의가 성립된 것으로 본다는 내용이다.

구 분	유승희 의원안	정부 제출안
판단범위	– 권리침해가 명백하다고 판단되는 경우에는 임시조치 해제요청 거부 가능	– 임시조치 후 이의제기 없으면 기간 만료 후 삭제 – 임시조치 후 이의제기 있으면 직권조정 종료 시까지 임시조치 유지 – 직권조정 결정에 불복하여 소 제기 시 임시조치 해제

유승희 의원안은 사업자에게 권리침해성을 판단할 수 있는 여지를 주고 있다는 점에서 구체적 사안에서 보다 타당한 결론에 도달할 수 있다는 장점이 있다. 반면 정부안과 같이 사업자에게 판단여지를 주지 않는 경우에는 사업자는 기계적으로 조치를 취하면 되기 때문에 사업자가 분쟁에서 좀더 자유로워질 수 있다는 측면이 있다. 정보통신서비스 제공자는 인터넷 플랫폼 사업자로서 미디어로서의 책임을 회피하려는 성향이 있기 때문에 정부안을 선호할 것으로 보여진다.[75]

6. 정보의 유형에 따른 기준

임시조치에 관한 현행 제도의 개선방안을 모색하기 위하여는 임시조치의 대상이 되는 정보를 그 유형에 따라 분류할 필요가 있다. 분류의 기준이 될 수 있는 것은 정보가 가지는 중요성과 정보 공개가 있더라도 이를 바로잡을 수 있는가 여부이다. 임시조치는 기본적으로 보전처분으로서의 성격을 가지고 있기 때문에 해당 사안에 대하여 시간을 가지고 판단을 하는 과정에서 회복할 수 없는 손해가 발생할 수 있어 임시조치를 하여야 할 보전의 필요성이 있는가 여부가 중요한 요소가 된다.

이는 이러한 보전의 필요성에 있어 기준이 되는 것은 해당 정보가 중요한 것인가 여부와[76] 일단 공개가 된 후에도 피해를 회복할 수 있는가 여부이다. 10년 전 특정 개인의 하루 동안의 동선과 같은 것은 특별한 사정이 없는 한 정보로서의 중요성이 거의 없다고 할 것이므로 임시조치를 하더라도 엄격한 기준을 적용하여야 한다. 해당 정보가 중요하다고 하더라도 이를 쉽게 바로잡을 수 있다면 임시조치의 필요성이 그만큼 상쇄될 것이다. 예컨대 신용카드 비밀번호의 경우에는 일단 카드사용정지가 된 상황이라고 한다면 비밀번호 변경에 의하여 피해 발생을 원천적으로 방지할 수 있기 때문에 보전의 필요성이 높다고 할 수 없다. 시험문제가 유출되었다고 하더라도 아직 시험 때까지 기간이 남아 있어 해당 문제를 제외하고 다른 문제

75) 미국인의 44%가 페이스북에서 뉴스를 읽고 있지만, 페이스북과 구글 같은 플랫폼 회사들이 미디어 회사로서의 공공 책임성은 회피하고 가짜 뉴스를 방임한 채 수익의 극대화를 추구한다는 점을 지적하는 문헌으로 스콧 갤러웨이(이경식 옮김), 플랫폼 제국의 미래, 2018, 184 이하.

76) 정보보호의 중요성이 높은 사안의 경우에는 임시조치의 힘을 빌리지 않고, 피해자 등의 사적 구제수단이 긴급피난이나 정당방위, 정당행위 등에 의하여 정당화될 여지가 있다.

를 출제하여 시험을 치를 수 있다면 회복할 수 없는 손해라고 보기는 어려울 것이다. 반면 유명 연예인에 특정 인물과 단둘이 식사를 했다는 허위보도의 경우에는 해당정보의 중요성이 다소 떨어진다고 하더라도 이를 쉽게 바로잡을 수 없기 때문에 임시조치의 필요성은 커진다고 할 수 있을 것이다.

정보를 그 중요도에 따라 4단계로 나눌 수 있다.

가장 높은 단계는 초민감정보라고 할 수 있는데 성행위사진 및 동영상, 군사기밀보호법상 1급 · 2급 · 3급 비밀, 금융비밀번호, 시험문제 등 자료의 속성상 해당 정보 주체의 동의 여부와 관계 없이 공개될 수 없는 정보가 이에 해당한다. 정부의 정책 중 부동산 개발 정보와 같이 미리 공개될 경우 당사자의 이해관계에 중대한 영향을 미치는 정보의 경우에는 초민감정보에 해당한다고 볼 수 있을 것이다. 초민감정보는 그 정보의 성질상 일반 대중에 공개되어서는 안되는 것이기 때문에 초민감정보가 유출된 것이 확인되면 바로 임시조치로 차단을 하여야 하고 이는 당사자의 신청이 없는 경우에도 임시조치가 가능하다고 보아야 한다.

둘째 단계는 민감 정보이다. 해당 정보가 공개된다면 공정경쟁, 인격권침해, 범죄예방 등에 영향을 미칠 수 있는 정보이다. 주민등록번호, 성생활 · 건강 · 정치적 견해에 관한 정보, 계좌번호, 대외비, 정부의 각종 정책 등이 이에 해당한다고 할 것이다.[77] 개인의 동선 지도나 인터넷쿠키정보의 경우에는 최근의 자료를 비교적 장기간 수집하여 해당 개인에 대한 범행에 활용될 수 있는 수준의 정보에 해당한다면 민감정보로 분류하여야 할 것이다. 예컨대 최근 1주일 동안의 동선의 경우에는 해당 개인에 대한 폭행, 납치, 주거침입 등 범죄행위를 하기 위한 정보로 충분히 활용될 수 있기 때문에 민감정보로 다루어야 할 것이고, 3년 전 하루 동안의 동선 정보의 경우에는 그러한 위험이 거의 없기 때문에 민감정보로까지 다룰 필요는 없다고 할 것이다.

이러한 정보에 대해서는 해당 주체가 동의를 할 여지가 있기 때문에 해당 주체의 신청에 의하여 임시조치를 할 필요가 있고 임시조치의 기간도 30일 정도로 한정하여 그 기간 동안 게시자에게 방어기회를 부여한 뒤 필요한 경우 임시조치 기간을 연장하는 형태로 운영할 필요가 있다.

셋째는 비공개 정보이다. 원칙적으로 해당 정보주체의 동의 없이는 공개될 수 없는 정보이다. 개인정보와 영업비밀이 여기에 속하게 되고 그 중 가치가 높은 것은 초민감정보나 민감정보로 분류될 수 있다. 이러한 정보의 경우 해당 정보 주체의 신청에 의하여 임시조치를 하여

---

77) 개인정보보호법은 "사상 · 신념, 노동조합 · 정당의 가입 · 탈퇴, 정치적 견해, 건강, 성생활 등에 관한 정보, 그 밖에 정보주체의 사생활을 현저히 침해할 우려가 있는 개인정보로서 대통령령이 정한 정보"를 민감정보로 칭하고 있다(제23조 제1항). 동법 시행령에서는 유전정보와 범죄경력자료에 대하여 민감정보에 포함하고 있다(제18조). 민감정보는 원칙적으로 처리할 수 없고 예외적으로 처리가 허용되는 경우에도 안전성 확보에 필요한 조치를 하여야 한다(동법 제23조 제2항, 제29조).

야 할 것이고 가급적 정보게시자의 의견을 들을 기회를 가진 후 처분을 할 필요가 있다. 해당 정보 주체가 정보처리에 대하여 동의를 하고서도 이를 부인하면서 임시조치를 신청하는 경우가 있을 수 있기 때문이다. 또한 이러한 정보에 대하여는 임시조치 신청자에게 소정의 보증금을 납부하도록 하고 그러한 임시조치 신청이 부당한 것으로 밝혀진 경우 정보게재자나 정보처리자에게 손해배상을 할 수 있도록 제도화할 필요도 있을 것이다.

넷째는 일반 정보이다. 이러한 정보는 임시조치로 차단할 실익이 높지는 않고 정보처리자의 방어권도 충분히 보호할 필요가 있다. 따라서 임시조치 신청이 들어오는 경우에도 정보처리자의 의견을 들어본 후 결정을 내릴 필요가 있다. 또한 임시조치 신청자에게 일정한 금액의 보증금을 납부하도록 하여 혹시 있을 수 있는 정보게재자나 정보처리자의 손해배상청구를 대비할 수 있도록 할 필요가 있다.

현재는 임시조치 신청을 하면 획일적으로 30일간 정보공개를 차단하고 있는데 이러한 유형에 따라 초민감정보는 무기한, 민감정보는 30일, 그 외 정보는 15일 정도로 차등할 필요가 있고 신청자가 정보게시자의 손해배상을 담보하는 소정의 보증금을 납부하는 경우에는 기간을 추가로 30일 정도 더 부여할 수 있도록 처리하는 것이 타당하다고 생각한다.

임시조치와 관련하여 이러한 내용을 다음 표와 같이 정리할 수 있다.

분류	기준	예시	방어권 부여	임시조치 기간	보증금
초민감 정보	정보 주체의 동의 여부[78]와 관계 없이 공개될 수 없는 정보	1급·2급·3급 비밀, 성폭행 사진 및 동영상, 금융비밀번호, 시험문제	부정	무기한	불필요
민감정보	공개시 공정경쟁, 인격권침해, 범죄예방 등에 중대한 영향을 줄 수 있는 정보	대외비, 계좌번호, 주민등록번호, 여권번호, 일반비밀번호, 지문·DNA 등 신체정보, 범죄전과정보, 최근 동선, 이권 관련 정부정책	부정	30일 (+30일)	불필요
비공개 정보	정보주체의 동의 없이는 공개될 수 없는 정보	개인정보, 영업비밀, 정부정책	원칙적 부여	15일	필요 (+30일)
일반정보	기타 정보		부여	15일	필요 (+30일)

78) 초민감정보의 경우에는 신속한 조치가 필요하므로 임시조치 신청이 없는 경우에도 조치권자가 직권으로 이를 명령할 수 있도록 할 필요가 있다. 그 외의 경우에는 해당 정보가 관련된 자이거나 관련 기관 또는 지방자치단체의 신청이 있는 경우에 한하여 조치권자가 임시조치를 할 수 있다고 보아야 할 것이다.

7. 임시조치의 보조조치: 인터넷 방역단 — 추적 삭제

정보의 신속하고 광대한 전파를 고려할 때, 임시조치에 추가하여 정보의 전파를 추적하여 삭제하는 형태의 보조조치에 대한 연구도 필요하다. 이와 관련하여 최근 신종 코로나바이러스 감염증(코로나19) 확진자 동선의 삭제 임무를 부여받은 인터넷 방역단의 활동을 참조할 필요가 있다.79)

이러한 활동의 실효성이 비단 코로나 확진자 동선에 국한되는 것은 아니다. 일반적인 정보 유출 사례에서도 이와 같은 활동의 필요성이 절실하게 요구되는 것은 마찬가지라고 할 것이다. 즉 임시조치의 결정과 별도로 초민감정보나 민감정보에 대해서는 해당 정보를 추적하여 삭제하는 일을 국가가 지방자치단체에서 담당할 필요가 있다.

V. 결　　론

정보처리에 대한 임시조치는 중요한 의의를 가지고 있다. 대부분의 정보처리 과정에서 두 개 이상의 법익이 충돌하기 때문에 일방적인 결정을 내리기가 쉽지 않다. 그렇다고 자료를 제출받아 심리하면서 시간을 지연시킨다면 정보가 이미 공개되어 이에 대한 권리구제가 소홀하게 될 우려가 있다. 그런 의미에서 정보의 중요성에 따른 차별화된 임시조치는 중요하다고 할 수 있다.

1급비밀이나 성폭행영상과 같은 초민감정보에 해당하는 중요정보에 대하여는 즉각적으로 처리 중지의 임시조치를 취할 필요가 있다.

주민등록번호, 비밀번호와 같은 민감정보에 대하여는 30일 정도의 기간을 정하여 임시조

---

79) "중앙방역대책본부(방대본)는 지난 4월 12일 '확진자 이동경로 등 정보공개 지침(2판)'을 개정해 마지막으로 접촉자를 만난 날로부터 2주 후 구청 홈페이지 등에서 확진자 동선을 삭제하도록 가이드라인을 마련했다. 그러나 기한이 지난 뒤에도 인터넷 맘카페 등 커뮤니티와 SNS에 확진자 동선이 떠돌면서 피해를 호소하는 이들이 늘어나면서 지자체가 해결책을 내놓기 시작했다.

(…)

송파구가 지난달 21일 도입한 '인터넷 방역단'이 대표적 사례다. 이들의 주된 임무는 인터넷 맘 카페 등 각종 커뮤니티와 SNS에 올라온 확진자 동선을 찾아 삭제하는 것이다. 방역단에 소속된 이들이 인터넷을 직접 모니터링 하거나, 구청 홈페이지를 통해 제보를 받는다. 찾아낸 확진자 동선은 한국인터넷진흥원의 협조를 받아 커뮤니티 운영자에게 삭제 요청하거나, SNS 계정 주인에게 방역단이 직접 연락해 삭제하도록 유도한다.

송파구는 약 2주간 인터넷 방역단 운영한 결과 6월 10일까지 총 1,000건의 확진자 동선을 파악했으며, 이 중 720건을 삭제 완료했다고 밝혔다. 송파구청 관계자는 "삭제 요청 상당수가 확진자 본인이나 가족인 것으로 확인됐다"며 "동선이 상세하게 공개되면서 주변 지인들이 확진자임을 의심하는 등 사생활 침해를 호소하는 이들이 많았다"고 설명했다."

중앙일보 2020. 6. 17.자 "떠도는 동선 지워드려요" 확진자 잊힐 권리 찾아나선 지자체 https://news.joins.com/article/23803338?cloc=joongang-mhome-group49 (2020. 6. 21. 방문).

치를 명하는 것이 필요하다. 이와 별도로 개인정보보호에 관한 구제방법을 취하는 것은 여전히 가능하다.

민감정보나 초민감정보에 해당하지 않는 비공개정보에 대하여는 권리자의 동의, 법률상 근거 등 정당화사유가 있을 수 있고 표현의 자유를 보호할 필요성도 좀더 인정될 여지가 있으므로 정보게시자의 방어권 보장을 고려할 필요가 있다. 따라서 보다 짧은 15일의 기간을 정하여 정보처리 중단 등 임시조치를 하되 기간 연장을 원하는 경우에는 신청인에게 일정한 담보의 제공을 명하여 정보게시자의 손해배상에도 만전을 기할 필요가 있다.

기타 일반정보에 대하여는 정보처리에게도 정보게시자에게 충분한 방어권을 부여하고 기간 연장을 요할 시에는 신청인에게 일정한 담보를 제공하게 하는 것이 타당하다고 할 것이다.

현재는 정보통신망법에 국한하여, 그것도 정보통신 서비스 제공자가 임시조치를 할 수 있는 것으로 규정되어 있다. 향후에는 임시조치에 대한 법리를 발달시켜, 다른 정보 관련 법률에서도 관련 규정을 마련할 필요가 있다. 또한 감독당국에게도 이러한 임시조치 내지 긴급처분을 할 수 있는 근거를 마련해 둘 필요가 있다.

이러한 임시적인 권리구제는 당사자의 분쟁의 초기단계에 개입하는 조치이다. 대부분의 분쟁은 이러한 임시적인 조치의 단계에서 해결되기 때문에 그 중요성이 매우 높은 반면 이에 대한 연구는 부족함이 많다고 생각한다. 임시적인 권리구제에 대한 제반 규정들을 서로 비교하고 같이 논의를 함으로써 좀더 체계적이고 합리적인 법리 발달을 도모할 필요가 있다.

생부의 인지에 대한 자녀와 모의 동의권

김 상 용*

Ⅰ. 들어가며

우리 민법에서 인지(임의인지)란 생부 또는 생모가 혼인외의 출생자를 자신의 자녀로 승인하고 법률상의 친자관계를 발생시키는 단독의 요식행위로 정의될 수 있다. 민법규정에 따르면 생부뿐만 아니라 생모도 혼인외의 출생자를 인지할 수 있게 되어 있으나(민법 제855조), 생모와 자녀의 친자관계는 출산에 의해서 당연히 발생하는 것으로 해석되고 있으므로, 실제에 있어서 모가 모자관계의 발생을 위해서 별도로 인지를 하는 경우는 거의 없다고 볼 수 있다. 따라서 우리 민법상 인지란 생부의 의사표시에 의해서 혼인외의 자녀와 생부 사이에 법률상 친자관계를 발생시키는 행위라고 할 수 있는데, 인지를 할 때에는 자녀나 모의 동의를 필요로 하지 않는다. 인지자와 자녀 사이에 생물학적 부자관계가 있는지의 여부를 심사하는 절차도 없으므로, 생부가 아닌 사람에 의한 인지의 가능성도 배제할 수 없다. 인지자가 생부라고 해도 인지가 항상 자녀의 복리에 유리한 결과로 이어지는 것은 아니며, 오히려 그 반대의 경우도 있을 수 있다. 그러나 인지자가 생부인 한 자녀는 인지에 대해서 어떠한 이의도 제기할 수 없으며, 자신에 의사에 반하더라도 부자관계의 성립을 감수할 수밖에 없다. 그런데 인지가 자녀의 신분 및 가족관계에 미치는 절대적인 영향을 고려해 본다면, 이와 같이 생부의 일방적인 의사에 따른 인지를 허용하는 것이 과연 최선이라고 할 수 있는가에 대해서는 의문이 제기될 수 있다. 모의 경우에는 인지에 의해서 직접적인 신분관계의 변동을 겪는 것은 아니지만, 친권과 양육 등의 영역에 있어서 상당한 영향을 받을 수 있으므로, 역시 인지에 대해서 직접적인 이해관계를 갖는다고 볼 수 있다. 인지를 하기 전에 생부가 자녀의 모와 협의하는 과정을 거치는 것은 인지 후의 친권, 양육, 면접교섭, 자녀의 성·본 문제 등과 관련하여서도 필요하다고 여겨지는데, 모의 동의를 인지의 요건으로 규정한다면 이러한 협의가 원만하게 이루어질 가능성이 높아질 것이다.

위와 같은 문제의식에서 출발하여 본문에서는 우선 자녀와 모의 동의를 인지의 요건으로

---

* 중앙대학교 법학전문대학원 교수.

규정하지 않는 현행법의 태도에 대해서 분석, 검토하고(Ⅱ), 이 문제에 대한 외국의 입법례에 대해서 살펴본 후(Ⅲ), 이를 바탕으로 생부와 모, 자녀의 이익을 조화시킬 수 있는 하나의 대안을 제시하려고 한다(Ⅳ).

Ⅱ. 현행법의 태도에 대한 분석과 검토

1. 현행법 규정에 대한 검토

(1) 인지제도의 본래 목적은 혼인외의 자녀와 생부 사이에 법률상의 부자관계를 발생시킴으로써 부로 하여금 자녀에 대한 부모로서의 의무를 이행하게 하고, 이를 통하여 자녀의 복리를 실현하려는 데 있다고 할 수 있다.[1] 이러한 취지에 비추어 본다면 인지는 자녀의 출생 후 가능한 한 이른 시기에 이루어지는 것이 바람직하다. 그러나 우리 민법에는 인지를 받는 자녀(피인지자)의 연령에 제한이 없으므로, 성년자녀이든 이미 혼인한 자녀이든 관계없이 생부는 언제든지 자신의 의사에 따라 일방적으로 인지를 할 수 있으며, 성년에 이른 자녀라도 해도 이에 대해서 어떠한 의사표시도 할 수 없다.[2] 그러나 자녀가 태어나서 성년에 이를 때까지 부모로서의 의무를 전혀 이행하지 않은 생부가 뒤늦게 나타나 인지를 하는 것은 자녀의 복리에 도움이 되지 않을 뿐만 아니라 오히려 자녀에게 부담과 불이익만을 주는 경우가 적지 않을 것이다.[3] 이러한 경우에 자녀의 입장에서 생부의 인지에 반대하는 의사를 가지게 되는 것을 비난할 수는 없으며, 이는 오히려 자연스러운 현상이라고 할 수 있을 것이다. 그러나 현행법에 의하면 이러한 경우에도 자녀의 의사는 전혀 고려되지 않으며, 자녀는 생부의 일방적 인지에 의한 부자관계의 형성을 감수하지 않을 수 없다.[4] 이와 같이 당사자의 의사를 전혀 고려하지 않는 가족관계의 형성이 오늘날 우리 사회에서 당연한 것으로 받아들여질 수 있는가에 대해서는 의문이 제기된다.[5]

---

1) 김주수 · 김상용, 친족 · 상속법, 2020, 317. 생부가 인지를 통하여 법률상 부의 신분을 가지게 되면 자녀에 대해서 양육(부양)의무를 부담하게 되고, 면접교섭도 할 수 있게 되며, 친권자가 되어 친권을 행사하는 것이 가능하게 된다. 또한 상속관계도 발생한다.

2) 생부가 이미 혼인한 혼인외의 자(아들)를 일방적으로 인지하여 그의 성과 본이 생부의 성 · 본을 따라 변경되었을 뿐 아니라, 인지된 자녀의 자녀까지도 성 · 본이 변경된 사례도 있다(한국가정법률상담소 상담 사례). 이는 인지에 따른 부자관계 창설의 효과가 혼인외의 자의 신분과 가족관계에 얼마나 심대한 영향을 미치는가를 보여주는 하나의 예가 될 것이다.

3) 자녀가 성년에 이를 때까지 생부가 자녀에 대한 부양의무, 면접교섭의무 등 부모로서의 의무를 전혀 이행하지 않았고, 인지를 하는 현재 시점에서 채무초과 상태에 있으면서 자녀로부터 부양을 받으려는 의도로 인지를 하는 경우도 있을 수 있다.

4) 심지어 모가 생부의 강간에 의해서 자녀를 임신, 출산하였다고 해도 현행법상 생부의 인지를 저지할 방법은 없을 것이다.

5) 생부가 혼인외의 자녀를 인지하여 법률상 부자관계를 창설하는 것은 혈연의 진실에 따른 것이므로(즉 혈연에 따른 부자관계의 창설로서 당연한 것으로 볼 수 있으므로), 설령 자녀의 의사에 반하더라도 문제가 없다는 의

(2) 법률상 친자관계를 창설하는 또 다른 방법인 입양에 있어서는 민법은 당사자인 자녀(자녀가 13세 미만의 미성년자인 경우에는 그 법정대리인)의 승낙과 부모의 동의를 요건으로 규정하고 있다(민법[6] 제869조). 이에 따라 입양의 경우에는 자녀와 그 부모의 의사에 반하는 양친자관계의 성립은 원칙적으로 가능하지 않다(예를 들어 미혼모 A가 미성년자녀 B(13세)를 양육하고 있는 경우에 생부 C가 B를 입양하려면 B의 승낙과 A의 동의를 받아야 한다[7]). 양친자관계의 성립이 자녀의 인생 전반에 미치는 심대한 영향을 고려해 볼 때 이러한 요건은 당연한 것으로 이해된다. 인지 역시 생부와 혼인외의 자녀 사이에 친생자관계를 발생시키는 행위로서 그 효과가 자녀의 삶에 미치는 영향은 입양과 비교하여 결코 적다고 할 수 없다. 양친자관계이든 친생자관계이든 친자관계의 발생이 자녀에게 미치는 영향에는 본질적으로 아무런 차이가 없다고 할 수 있는데, 양친자관계의 성립에는 자녀와 그 부모의 의사가 반영되는 반면, 인지에 의한 친생자관계의 발생에는 자녀와 모의 의사가 전혀 고려되지 않는다는 것은 법체계상 균형이 맞지 않는 것으로 보인다.

인지에 의한 친자관계의 발생은 —당사자의 의사에 기초한 입양과는 달리— 혈연에 기초한 것이므로, 자녀와 모의 의사를 굳이 고려할 필요가 없다는 의견도 있을 수 있다(이는 혈연에 따른 친자관계의 성립을 당연한 것으로 보는 입장이라고 할 수 있다). 그러나 현행 법체계에서도 친생자관계의 성립과 존속은 혈연진실주의에 의해서만 결정되는 것은 아니며, 자녀의 복리 역시 중요한 요소로서 고려되고 있다는 점에 비추어 보면 이러한 의견이 반드시 타당하다고는 볼 수 없다. 혼인 중에 아내가 임신하여 출산한 경우에는 아내의 남편이 그 자녀의 부(父)로 추정되어 자녀와의 관계에서 법률상 부자관계가 발생하는데(제844조), 이러한 친생추정의 효과는 아내의 남편과 자녀 사이에 생물학적인 혈연관계가 없는 경우에도 동일하게 발생한다. 이러한 경우에 부는 친생부인의 소를 제기하여 친생자관계를 소멸시킬 수도 있지만(제846조), 그 자녀가 친생자임을 승인하고(제852조) 자녀를 양육할 수도 있다.[8] 부(또는 모)가 친생부인의 소를 제기하지 않아서 법률상의 부자관계가 소멸하지 않으면, 생부라 할지라도 자녀를 인지할 수 없으므로, 혈연의 진실에 부합하는 법률상 부자관계의 형성은 가능하지 않다. 친생추정과 친생부인에 관한 이와 같은 민법규정은 혈연진실주의와는 상당한 거리가 있는 것이지만, 가정의 평화와 자녀의 복리를 위하여 필요한 것으로 받아들여지고 있다(예를 들어 아내가 혼외관계에서 임신

견이 있을 수 있다. 그러나 이러한 주장은 일면에 치우친 것으로서 현행 민법체계와도 조화되지 않는다. 현행 법체계상으로도 친생자관계의 성립에 있어서 혈연진실주의가 유일한 기준은 아니며, 자녀의 복리 또한 중요한 기준으로 고려되고 있다. 자세한 내용은 이어서 서술하는 (2) 부분 참조.

6) 이하에서 민법조문은 별도로 법명을 표시하지 않는다.

7) A가 B의 법정대리인으로서 B의 입양승낙에 동의한 경우에는 이와 별도로 다시 부모의 지위에서 입양에 동의할 필요는 없다(제870조 제1항).

8) 또한 부나 모가 친생부인의 사유가 있음을 안 날부터 2년간 친생부인의 소를 제기하지 않으면 친생부인권이 소멸하므로, 혈연의 진실에 부합하지 않는 부자관계가 항구화된다(제847조).

하여 자녀를 출산하였지만, 남편이 이러한 사실을 알면서도 아내와 협의하여 혼인관계를 유지하면서 자녀를 양육하기로 결정한 경우, 세월의 흐름에 따라 이들 사이에는 실질적인 부자관계가 형성될 수 있다. 이런 경우에 생부가 인지를 할 목적으로 친생부인의 소를 제기하는 것이 허용된다면, 이는 모와 모의 남편, 자녀로 구성된 가정의 평화를 깨뜨리고 자녀의 복리를 침해하는 결과를 초래할 것이다).[9)]

위에서 본 바와 같이 혼인중의 자녀의 경우에도 법률상 부자관계의 성립과 존속은 혈연의 진실이라는 하나의 기준에 의해서만 결정되는 것은 아니며, 자녀의 복리 역시 중요한 요소로서 고려되고 있다. 이러한 원칙과 기준은 혼인외의 자녀의 법률상 부자관계의 성립에 있어서도 그대로 적용될 수 있을 것이다. 즉 인지에 있어서도 혈연진실주의가 유일한 기준이 될 수는 없으며, 인지에 따른 법률상 부자관계의 발생이 자녀의 복리에 미치는 영향도 고려되어야 할 것이다. 이러한 관점에서 본다면 비록 생부에 의한 인지라고 할지라도 자녀의 복리를 침해할 것으로 예상되는 경우에는 사전에 이를 저지할 수 있는 제도적 장치가 마련될 필요가 있을 것으로 생각된다. 인지에 대한 모나 자녀의 동의에는 여러 가지 의미가 부여될 수 있겠으나, 우선 자녀의 복리에 반하는 인지로부터 자녀를 보호한다는 차원에서 이해될 수 있을 것이다. 자녀나 모에게 인지에 대한 동의권을 인정한다면 자녀의 복리에 반하는 인지를 걸러내는 장치로서 기능할 수 있을 것이기 때문이다.[10)]

(3) 인지에 대해서 자녀의 동의를 요건으로 하지 않는 현행법 규정은 자녀를 단지 인지의 대상(또는 객체)으로 취급하는 입법자의 관념이 반영된 것으로 볼 수 있다. 인지가 혼인외의 자녀와 생부 사이에 법률상의 부자관계를 창설하는 중대한 행위라는 점을 인식한다면, 아동인권의 관점에서 보더라도 그 관계의 당사자인 자녀에게 의견을 표명할 수 있는 기회를 주는 것이 타당하다고 생각된다. 유엔아동권리협약도 자신의 의견을 형성할 능력이 있는 아동에 대하여 본인에게 영향을 미치는 모든 사안에서 자신의 의견을 자유롭게 표명할 권리를 보장하고, 특히 아동에게 영향을 미치는 모든 사법·행정절차에 있어서는 직접 또는 대리인 등을 통하여 아동의 의견을 청취하도록 규정하고 있다(유엔아동권리협약 제12조).

또한 가사소송규칙에 따르면 가정법원은 자녀의 양육에 관한 처분과 변경 및 친권자의 지정과 변경에 관한 심판, 면접교섭권의 처분 또는 제한·배제·변경에 관한 심판을 할 때 사전에 자녀(13세 이상인 자녀)의 의견을 들어야 하는데(가사소송규칙 제100조),[11)] 이 규정도 아동의 인

9) 김상용, 친생추정에 관한 법리의 검토 —하급심 판결에 나타난 법리를 중심으로—, 중앙법학 제21집 3호(2019), 71 이하 참조.

10) 자녀나 모에게 인지에 대한 동의권을 인정하는 경우, 동의권의 남용에 대한 우려가 있을 수 있다. 예를 들어 모가 생부와의 공동양육, 친권 등을 배제하기 위하여 생부의 인지에 대해서 동의하지 않는 경우를 상정할 수 있다. 이 문제에 대해서는 후술하는 Ⅳ. 부분 참조.

11) 가사소송규칙 제18조의2(자의 의견의 청취)도 같은 취지를 규정하고 있다(가정법원이 미성년자인 자의 친권자 지정, 양육과 면접교섭권에 관한 사항을 직권으로 정하는 경우 자가 13세 이상인 때에는 가정법원은 그 자의 의견을 들어야 한다).

권과 복리 실현을 위하여 마련된 것으로 이해할 수 있다. 인지에 의한 법률상 부자관계의 창설은 양육에 관한 처분이나 친권자 지정 등과 비교해 볼 때 그 효과면에서 자녀에게 미치는 영향이 훨씬 더 크다고 할 수 있는데, 자녀에게 의견을 표명할 수 있는 기회가 전혀 주어지지 않는다는 것은 쉽게 납득하기 어렵다.

(4) 자녀나 모에게 인지에 대한 동의권을 인정한다면 생부가 아닌 자에 의한 허위의 인지를 방지하는 효과도 기대할 수 있다. 현행법 규정에 의하면 생부가 아닌 자가 —심지어 모나 자녀가 모르는 사이에— 인지를 하는 경우에도 사전에 이를 저지할 수 있는 방법이 없는데,[12] 실제로 이러한 사례가 발생한다면 모나 자녀는 인지에 대한 이의의 소(제862조)나 인지무효의 소(가사소송법 제26조 제1항, 제28조)를 제기할 수밖에 없다. 그러나 일단 인지신고가 수리되어 가족관계등록부에 기록된 후 소송을 통하여 이를 무효로 하는 것은 자녀와 모에게 불필요한 비용과 시간을 소모하게 하고 정신적으로도 큰 부담을 준다는 점에서 결코 바람직한 해결책이라고 할 수 없다. 자녀나 모에게 인지에 대한 동의권을 인정한다면 생부가 아닌 자에 의한 허위의 인지를 미연에 방지할 수 있게 되므로, 일단 인지신고가 수리된 후 이를 무효로 하기 위해서 소송을 해야만 하는 수고를 덜 수 있을 것이다.

다른 한편 인지를 할 때 사전에 자녀와 모의 동의를 받도록 한다면 인지를 통하여 새롭게 형성되는 가족관계도 그만큼 안정적으로 유지될 가능성이 높아질 것이다. 생부에 의한 인지이든 생부가 아닌 자에 의한 인지[13]이든 모와 자녀가 그에 동의한다는 것은 인지자와 모, 자녀가 새로운 가족을 이루는 데 합의가 되었다는 사실을 의미한다. 이와 같이 당사자의 합의에 기초하여 성립된 가족관계는 이후에도 원만하게 유지될 가능성이 상대적으로 높고, 이는 결국 그 가정에서 성장하는 자녀의 복리에 긍정적인 영향을 미치게 될 것이다.

2. 현행법 규정의 연혁에 대한 검토

(1) 비교법적으로 살펴보면 우리 민법과 같이 생부가 일방적으로 인지를 할 수 있는 입법

12) 대법원 2014. 2. 27. 선고 2012므4478 판결은 "입양신고서 기재에 필요한 양모의 본과 등록기준지는 전산정보처리조직에 의하여 이를 확인할 수 있는 이상 입양신고를 위해 가족관계등록부를 첨부할 필요가 없고, 담당공무원이 전산상으로 이를 확인한 후 신청인에게 알려주어 기재하게 할 수도 있"다고 한다. 이러한 대법원의 태도는 일방적 신고에 의한 무효인 신분행위(성년자 입양신고, 혼인신고, 인지신고 등) 성립의 원인이 될 수 있다고 생각된다. 자세한 내용은 김주수·김상용, 주석 민법(친족 3), 2016, 344 이하 참조.

13) 외국에서는 생부가 아닌 사람에 의한 인지도 처음부터 유효한 것으로 인정하는 경우가 적지 않다(프랑스, 독일 등. Helms, Die Feststellung der biologischen Abstammung, 1999, S. 66 ff.). 우리나라에서는 허위의 인지는 기본적으로 무효라고 본다. 다만 허위의 인지가 입양의 실질적 요건을 갖춘 경우에는 입양으로서의 효력이 인정된다고 해석할 뿐이다(대법원 1992. 10. 23. 선고 92다29399 판결). 앞의 나라들에서는 혈연의 진실에 반하는 인지라도 당사자(생부, 생모)의 합의가 있으면, 처음부터 유효한 인지로 보는 반면(따라서 입양의 법리를 원용할 필요가 없다), 우리는 혈연의 진실에 반하는 인지는 원칙적으로 무효라고 전제하고, 다만 입양의 실질적 요건을 갖춘 경우에는 입양으로서 효력을 인정할 수 있다(무효행위의 전환)고 보는 점에서 차이가 있다.

례는 상대적으로 드물고, 인지에 대해서 자녀와 모의 동의를 요건으로 하는 입법례가 보편적임을 알 수 있다.[14] 인지에 관한 민법 제855조는 민법제정 이후 한 번도 개정되지 않고 제정 당시의 원형을 그대로 유지하고 있으며, 생부가 자녀나 모의 동의 없이도 일방적으로 인지를 할 수 있도록 규정하고 있다. 이와 같이 생부의 일방적 의사에 의해서 법률상의 부자관계를 창설할 수 있도록 하는 규정은 오늘날의 관점에서 보면 시대에 뒤떨어진 것이라는 평가를 받을 수 있다. 생부의 의사에 절대적인 가치를 부여하는 반면(이는 부계혈통에 대한 절대적 가치 부여라고 볼 수도 있다), 자녀의 복리에 대한 고려가 전혀 없고 인지에 의해서 상당한 영향을 받게 되는 모의 의사도 완전히 배제되기 때문이다.[15] 이러한 규정은 민법 제정 당시 우리 사회를 지배하고 있던 가치관을 반영한 것으로 볼 수 있을 것이다. 그런데 이와 관련하여 한 가지 특이한 점은, 오히려 그 이전 시대인 일제강점기에는 성년자녀를 인지하는 경우 그 동의를 요건으로 하고 있었다는 것이다. 이어서 이 부분에 대해서 좀 더 상세히 살펴본다.

(2) 일제강점기인 1922년에 조선민사령이 개정되면서(제4차 개정. 1922. 12. 7. 1923. 7. 1. 시행)[16] 인지에 관한 일본명치민법 규정(친족편 제4장 제1절 제2관 서자 및 사생자 제827조-제836조)이 우리나라에 적용되기 시작하였다.[17] 그런데 해방 이후 제정된 우리 민법과 비교하여 특히 눈길을 끄는 부분은 성년자녀를 인지할 때에는 자녀의 승낙을 요건으로 하였다는 점이다(일본명치민법 제830조).[18] 이 규정은 당시 스페인민법(제133조 제1항)과 포르투갈민법(제126조)을 모델로 한 것으로 알려져 있는데,[19] 민법수정안이유서에는 일본이 이 두 나라의 규정을 계수한 이유가 다음과 같이 설명되어 있다. "부 또는 모가 그 사생자가 성년에 달할 때까지 방기하였음에도 불구하고 여전히 임의로 인지를 할 수 있게 하는 것은 타당하지 않을 뿐 아니라, 가볍게 사람의 신분을 좌우하는 결과를 발생시키기 때문이다. 제834조[20]의 규정만으로는 자의 이익을

14) 이는 다시 자녀의 동의만을 요건으로 하는 입법례, 자녀와 모의 동의를 요건으로 하는 입법례, 모의 동의만을 요건으로 입법례로 나누어진다. 인지에 자녀나 모의 동의를 요건으로 하지 않는 대표적인 입법례로는 스위스민법을 들 수 있다. 자세한 내용은 후술하는 Ⅲ. 부분 참조.

15) 모가 단독친권자로서 안정적으로 자녀를 양육하고 있는데, 생부가 모와 협의하지 않고 인지를 한 후 면접교섭, 친권자(양육자)변경 등을 시도하면서 양육에 개입하려 한다면, 이는 모에게 정신적·물질적으로 큰 부담이 될 수 있다.

16) 자세한 내용은 정긍식, 조선민사령과 한국 근대 민사법, 동북아법연구 제11권 제1호(2017), 117 이하 참조.

17) 일본명치민법 제827조 1. 사생자는 그 부 또는 모가 인지할 수 있다. 2. 부가 인지한 사생자는 서자로 한다; 일본명치민법 제829조 1. 사생자의 인지는 호적리에 신고를 함으로써 한다. 2. 인지는 유언에 의해서도 할 수 있다.

18) 일본명치민법 제830조 성년의 사생자는 그 승낙이 없으면 인지할 수 없다; 또한 일본명치민법은 자가 사망한 경우에는 그 직계비속이 있는 때에 한하여 인지할 수 있도록 규정하면서, 이 경우에도 직계비속이 성년자인 때에는 그의 승낙을 받도록 하였다(일본명치민법 제831조 1. 부는 태내(胎內)에 있는 자라 하더라도 인지할 수 있다. 이 경우에는 모의 승낙을 얻을 것을 요한다. 2. 부 또는 모는 사망한 자라 하더라도 그 직계비속이 있는 때에는 인지할 수 있다. 이 경우에 직계비속이 성년자인 때에는 그 승낙을 얻을 것을 요한다).

19) 스페인민법과 포르투갈민법에는 오늘날까지도 동일한 취지의 규정이 존속하고 있다. 즉 성년자녀의 경우에는 그의 동의가 없으면 인지할 수 없다(스페인민법 제123조, 포르투갈 민법 제1857조).

20) 일본명치민법 제834조 자(子) 기타 이해관계인은 인지에 대하여 반대의 사실을 주장할 수 있다.

보호하는 데에 충분하지 않다."[21] 梅謙次郎은 이 규정의 입법이유에 대해서, 자녀가 미성년인 동안 부모로서의 의무를 이행하지 않은 부 또는 모에 의한 인지는 자녀에게 불이익한 결과를 초래할 수 있으므로(예를 들면 친자관계의 성립에 따른 부양의무의 발생) 성년자녀를 인지할 때에는 그의 승낙을 받도록 한 것이라고 설명하였다.[22] 또한 穗積重遠은 부모의 이기적인 동기에서 비롯된 인지를 방지하고 자녀의 의사와 인격을 존중하는 차원에서 정당한 규정이라고 평가하였다.[23] 제2차 세계대전에서의 패전 이후 일본민법이 개정될 때에도 이 규정의 본질적인 내용은 그대로 유지되었다(다만 문장이 다소 순화되고 조문의 위치가 변경되었을 뿐이다. 현행 일본민법 제782조: 성년의 자는 그 승낙이 없으면 인지할 수 없다).

이와 달리 우리나라에서는 해방 이후 민법을 제정할 때 이러한 취지의 규정을 두지 않았는데, 이에 대해서는 다음과 같은 비판적인 견해가 제기된 바 있다. "구민법에서는 자가 성년자인 경우에는 그 승낙을 얻어야 인지할 수 있었는데(제830조), 민법은 이것을 인정하지 않는다. 그러나 인지는 친자관계가 생겨서 여기에 여러 가지 권리의무를 발생하게 하므로, 성년자일 경우에는 그 의사를 존중하여 그 의사를 묻는 것이 타당할 것이다."[24]

제정민법의 입법자가 그 당시까지도 우리나라에 적용되고 있었던 일본명치민법(구민법) 제830조와 같은 취지의 규정을 두지 않은 이유는 명확하게 밝혀져 있지 않다. 제정민법의 입법자는 생부의 인지에 대해서 굳이 자녀나 모의 동의를 요건으로 규정해야 할 필요성을 인식하지 못했던 것으로 보인다. 당시의 사회상에 비추어 볼 때 생부가 혼인외의 자를 인지하여 법률상의 부자관계를 발생시키고, 부의 호적에 입적시키는 것은 자녀와 모의 입장에서도 최상의 선택이라고 전제하고, 굳이 자녀나 모의 동의를 요건으로 할 필요가 없다고 보았을 것으로 추측된다.[25] 또한 부계혈통에 따른 법률상 부자관계의 창설은 자연스럽고 당연한 것이므로, 생

21) 民法修正案理由書, 東京博文館藏版, 1898, 106.

22) "사생자의 인지는 부모의 의무이지만 왕왕 자(子)가 이를 원하지 않는 경우가 있다. 예를 들면 자는 현재 사회적으로 상당한 지위를 점하고 있는데, 수레꾼(車夫)이나 마부(馬丁) 따위가 이를 인지하여 자기의 자라고 하는 때에는 자를 위하여 도리어 불이익한 결과가 발생할 것이다. 그렇지 않더라도 일단 친자관계가 발생한 이상은 부양의무 기타 자를 위하여 불이익한 결과를 발생시킬 수 있다. 그럼에도 부 또는 모가 자의 출생 후 바로 인지하지 않고 성장한 다음에 인지하는 때에는 자에 대하여 충분히 그 의무를 다하였다고 말할 수 없다. 그리고나서 자기 혼자서 친자관계에서 생긴 이익을 얻고자 하더라도 법률은 이를 허용할 수 없다. 그러므로 자는 그 인지를 거부할 수 있지 않으면 안 된다. 다만 미성년의 자는 아직 자기의 이해를 교량할 충분한 지식, 경험을 가지고 있지 않으므로 이에 대하여 부 또는 모의 생각만으로 인지하는 것을 허용한다. 그러나 성년의 자는 그 승낙이 없으면 이를 인지할 수 없는 것으로 하였다." 梅謙次郎, 民法要義卷之四 親族編, 有斐閣書房, 1910, 262.

23) 穗積重遠, 親族法, 岩波書店, 1933, 451. "양육교육의 돌봄이 필요한 동안에는 모르는 척하거나 인지를 거부하다가 한몫을 할 수 있는 어른이 되었거나 되려고 할 때 내 자식으로 하자라는 인지자의 이기적인 행동(手前勝手)을 방지하는 의미에서도 피인지자의 의사인격(意思人格)을 존중하는 의미에서도 정당한 규정이다."

24) 김주수, 주석 친족·상속법, 1993, 325; 같은 의견 한봉희, 가족법, 2007, 200.

25) 민법제정과정에서 혼인외의 자의 부가입적(父家入籍)과 관련된 논쟁이 있었는데, 부(父)의 배우자의 동의를 받아서 부가에 입적할 수 있도록 해야 한다는 주장(정일형 의원)에 대해서 당시 법제사법위원장대리 장경근은

부이면서도 자녀나 모의 반대에 부딪혀 인지를 하지 못한다면 그것이 오히려 문제라고 생각하였을 수도 있을 것이다[26](제정 민법의 입법자가 가부장적 가치관에서 자유롭지 못했다는 사실은 부정할 수 없을 것이다. 전후(戰後) 일본민법에서 삭제된 호주제를 우리 민법에 무비판적으로 수용한 사실만으로도 그 점은 부인할 수 없다고 생각된다).

Ⅲ. 외국의 입법례 —독일민법을 중심으로—

한편 외국으로 시야를 넓혀보면 인지에 대해서 자녀나 모의 동의를 요건으로 규정하는 입법례가 상당수에 이른다는 사실을 알 수 있다. 여기서는 독일민법규정을 중심으로 하여 외국의 입법례에 대해서 구체적으로 살펴본다.

1. 독일민법규정

(1) 1900년 독일제정민법

1900년부터 시행된 독일제정민법[27]은 생부와 혼인외의 자 사이에 법률상 친족관계를 인정하지 않았다(1900년 독일민법 제1589조 제2항). 생부와 혼인외의 자 사이에는 법률상 부자관계가 성립할 수 없다는 것을 전제로 하고 있었으므로, 혼인외의 자와 생부 사이에 법률상 부자관계를 창설하는 인지제도 역시 존재의 이유가 없었다(따라서 독일제정민법은 오늘날과 같은 의미의 인지제도를 알지 못했다). 이러한 규정의 배경에는 혼인외의 자와 생부의 관계를 바라보는 그 당시 사회의 가치관이 자리잡고 있었다: 생부와 혼인외의 자 사이에 친밀한 관계가 발생하는 경우는 거의 없으며, 대부분의 생부는 혼인외의 자에 대해서 관심을 갖지 않는다. 생부는 혼인외의 자를 부담으로 느낄 뿐이며, 그의 복리나 성장에 대해서 관심이 없다. 이들 사이에 친족·상속법상의 권리의무관계를 발생시키기 위한 사실적·윤리적인 전제는 존재하지 않는다.[28]

"아내의 동의가 없더라도 아버지의 호적에 넣을 수 있다 하는 법제사법위원회의 수정안이 옳다고 생각을 합니다"라고 발언하였다(1957년 11월 29일 국회에서 진행된 민법안 제2독회. 제26회 국회정기회의 속기록 제49호 16). 그는 그 이유로 '서자를 아버지의 호적에 못 넣게 하는 것은 사회적으로 문제가 되고 (서자로 하여금) 비굴한 생각을 가지게 하기 때문이다'라는 의견을 제시하였다.

26) 법전편찬위원회 위원장이자 친족상속편 초안을 작성한 김병로 대법원장은 1957년 11월 6일 국회에서 진행된 민법안 제1독회에서 부계혈통주의가 가족제도의 근본이라는 취지의 발언을 한 바 있다. "그 생리학과도 일치하는 그 부계계통을 계승하는 것이 우리나라 가족제도입니다. 뭐 제사 지내는 것이 가족제도라든지 이런 것이 아닙니다. 아주 근본의 골수는 그 부계계통… 원래 부모의 애비의 몸에서 떨어진 분자니까 그 분자의 종자를 계승한다는 것이 소위 부계주의의 근본이라고 생각합니다." 제26회 국회정기회의 속기록 제30호 11.

27) Bürgerliches Gesetzbuch vom 18. August 1896.

28) 이러한 이유에서 독일제정민법의 입법자는 프랑스민법에서와 같은 인지제도(인지에 의하여 생부와 혼인외의 자 사이에 법률상 부자관계가 성립되어 친족·상속법상의 권리의무관계가 발생한다)의 도입을 명백히 거부하였다. 만약 예외적으로 생부와 모, 혼인외의 자 사이에 실질적인 가족관계가 존재한다면, 준정이나 입양에 의해서 인지와 같은 목적을 달성할 수 있다고 보았다. Motive Ⅳ, S, 851 ff.

이와 같이 독일제정민법은 혼인외의 자와 생부 사이에는 법률상 부자관계가 성립하지 않는다는 것을 전제로 하였으나, 예외적으로 부양의무에 관하여는 부자관계를 인정하였다(1900년 독일민법 제1708조-제1714조, 제1716조).[29] 따라서 당시에는 인지청구소송과 같이 법률상 부자관계를 창설하는 절차는 존재하지 않았으며, 부양료청구소송에서 선결문제로서 부자관계가 확정되었을 뿐이다.[30] 부양의무에 관하여만 부자관계를 인정한 배경에는, 혼인외의 자가 생부에 대해서 부양을 청구할 수 없다면, 혼인외의 자녀의 부양 문제가 결국 국가의 부담이 될 것이라는 정책적 판단이 자리잡고 있었다.[31]

(2) 바이마르 공화국에서의 개정논의

혼인외의 자에 대한 법규정을 개정해야 한다는 주장은 이미 제1차 세계대전의 와중에 제기되었다. 인구증가를 위한 정책의 하나로서 혼인외의 자의 지위를 개선하는 방안이 제시되었기 때문이다(당시 사회에서 혼인외의 자의 사망률은 혼인중의 자의 그것에 비하여 현저히 높았다.[32] 이와 같이 높은 사망률은 혼인외의 자의 모의 대다수가 사회적, 경제적으로 열악한 상황에 처해 있다는 사실에 기인하였다).

이러한 시대상황을 반영하여 1921년에 개최된 제32차 독일법률가대회에서는 임의인지 또는 소송을 통하여 생부와 혼인외의 자 사이에 부자관계를 창설할 수 있게 하자는 의견이 제시되었다.[33] 1922년 개정안[34]은 이러한 흐름을 반영하여 모와 동침한 적이 있고 자녀의 동의[35]를 받아 인지를 한 사람을 부로 간주하는 규정을 두었다. 또한 부자관계를 확정하는 소송을 통하여 생부와 혼인외의 자 사이의 부자관계를 창설하는 규정도 마련하였다.[36] 1925년 개정안

---

29) 이외에도 모는 생부에 대하여 출산비용의 상환을 청구할 수 있었으며, 출산 직후 6개월간의 부양료(모에 대한 부양료)를 청구할 수 있었다(1900년 독일민법 제1715조, 제1716조). 또한 독일제정민법은 준정에 관한 규정을 두었는데(1900년 독일민법 제1719조), 이러한 한도에서 생부와 혼인외의 자 사이에 법률상 부자관계가 인정되었다고 볼 수 있다.

30) 1900년 독일민법 제1717조에 의하면 임신기간 중에 자녀의 모와 동침한 남자가 부양료지급의무에 관하여 부로 간주되었다. 그러나 그 기간 동안 모가 다른 남자들과도 성관계를 가졌고, 자녀가 이러한 관계에서 임신되었다는 사실을 명백히 배제할 수 없는 때에는 모와 동침한 남자의 부양의무는 인정되지 않았다(exceptio plurium concubentinum: Defense of the father of an illegitimate child, that the mother had conversed with several men in the time of conception).

31) Motive Ⅳ, S, 868 ff.

32) Schubert, Die Projekte der Weimarer Republik zur Reform des Nichtehelichen-. des Adoptions- und des Ehescheidungsrechts, 1986, S. 37.

33) 나아가 임신 중에 모가 여러 남자와 성관계를 가져서 자녀의 생부가 불확실한 때에는 모와 동침한 남자 모두가 연대하여 부양료채무를 부담하는 방안이 제시되었다(이 제안은 1925년 개정안에 반영되었다). 이러한 제안이 혼인외의 자의 부양청구권을 강화하려는 의도에서 나온 것임은 긴 설명이 필요하지 않을 것이다. Deichfuß, Abstammungsrecht und Biologie, 1991, S. 21.

34) Entwurf eines Gesetzes über die uneheliche Kinder und die Annahme an Kindesstatt.

35) 1922년 개정안 제1717조a. 인지가 자녀의 신분과 가족관계에 미치는 법적 효과에 비추어 볼 때 자녀에게도 인지에 영향을 미칠 수 있는 권리가 인정되어야 한다는 것이 그 근거였다. 당시 개정안은 모의 동의는 인지의 요건으로 규정하지 않았다. Brock, Die Prinzipien des deutschen Abstammungsrechts, 2020, S. 129.

과 1929년 개정안 역시 생부와 혼인외의 자 사이의 법률상 부자관계성립에 관하여는 1922년 개정안과 동일한 태도를 유지하였다.[37] 그러나 바이마르공화국 말기의 경제적, 정치적 위기로 말미암아 이러한 개정논의는 아무런 성과를 거두지 못하였다.

(3) 나치시대의 개정논의

나치시대에도 혼인외의 자에 관한 법개정 논의는 지속되었다. 이 논의는 주로 독일법 아카데미의 가족법위원회[38]를 중심으로 이루어졌는데, 그 위원회의 위원장이었던 뫼스머(F. Mößmer)가 위원회의 회의결과를 취합하여 작성한 개정요강에는 부자관계는 항상 직권으로 확정되어야 한다는 방침이 담겨있었다(부자관계의 조사를 위하여 법원은 모든 적절한 수단을 사용할 수 있으며, 특히 혈액형 검사를 명할 수 있고 이를 강제할 수 있다).[39] 이로써 위원회는 바이마르 시대의 개정안에서 제시된 임의인지에 의한 부자관계의 창설 가능성과 단절하였다. 이러한 원칙은 법률상의 친족관계를 생물학적인 친족관계와 일치시키려는 의지가 표현된 것으로서 생물학적 혈통이 강조되었던 당시의 사회 분위기를 추종한 결과라고 할 수 있다. 그러나 이러한 시도는, 혼외자의 모에게 어떤 경우에도 어떤 방식으로도 생부의 이름을 말하도록 강제하여서는 안 된다는 히틀러의 명령과 충돌하였기 때문에,[40] 끝내 법개정으로 이어지지는 못했다.[41] 나치시대에

---

36) 1922년 개정안 제1717조.

37) 1925년 개정안(제1717조)과 1929년 개정안(제1705조a: Als Vater des unehelichen Kindes gilt, 1. wer die Vaterschaft gegenüber dem Vormundschaftsgerichte nach der Geburt des Kindes mit dessen Zustimmung anerkannt hat, 2. wer auf eine gegen ihn gerichtete Klage des Kindes rechtskräftig als Vater festgestellt ist)도 1922년 개정안과 마찬가지로 임의인지와 부자관계확정소송이라는 두 가지 방법을 통하여 혼인외의 자와 생부 사이에 법률상 부자관계를 창설하는 방식을 유지하였다. Schubert, Die Projekte der Weimarer Republik zur Reform des Nichtehelichen-. des Adoptions- und des Ehescheidungsrechts, 1986, S. 129, 166, 364. 또한 1925년 개정안과 1929년 개정안은 1922년 개정안과 같이 혼인외의 자를 인지나 부자관계확정소송을 통해 법률상 부가 확정된 경우와 그렇지 않은 경우로 나누어 규정하였다. 개정안은 전자에 대해서만 자녀의 부라는 용어를 사용하였으며, 후자는 부양의무를 부담하는 남자로 지칭하였다(인지나 재판에 의해서 부자관계가 창설되지 않았으나, 부양료청구소송에서 생부일 가능성이 있는 것으로 인정된 자를 말한다. 1929년 개정안은, 모의 임신기간 중 성관계를 가진 남자가 다수여서 자녀의 생부가 불확실한 경우에는 자녀로부터 먼저 부양료청구를 받은 자가 부양료채무를 이행하고 그 외의 다른 남자들을 상대로 구상권을 행사할 수 있도록 규정하였다). Deichfuß, Abstammung und Biologie, 1991, S. 25.

38) 독일법 아카데미(Akademie für Deutsches Recht)는 1933년에 설립된 학술기관으로 법무부와 내무부의 감독을 받았다. 독일법 아카데미의 가족법위원회에는 가족법에 관심을 가진 나치조직의 대표뿐만 아니라 교수, 고위법관, 변호사 등이 참여하였다.

39) Leitsätze von Ferdinand Mößmer zur Neugestaltung des Rechts der Ehelichkeit und Unehelichkeit von Kindern, in: Schubert(Hrsg.), Akademie für Deutsches Recht 1933-1945, Protokolle der Ausschüsse, Band Ⅲ, 2, Familienrechtsausschuß, 1989, S. 401.

40) 히틀러의 아버지가 혼인외의 자라는 개인사(個人史)에서 비롯된 가치관이라고 알려져 있다. Deichfuß, Abstammungsrecht und Biologie, 1991, S. 39.

41) 가족법위원회의 회의결과를 토대로 1940년에 개정안이 마련되었으나, 히틀러에 의해서 거부되었다. Schubert, Der Entwurf eines Nichtehelichengesetzes vom Juli 1940 und seine Ablehnung durch Hitler, FamRZ 1984, 1/4 ff.

는 혼인외의 자에 관한 법개정이 필요하다는 일반적인 공감대는 형성되어 있었으나, 구체적인 개정시도는 히틀러의 의지와 전쟁의 발발로 인하여 결국 좌절되고 말았다.

(4) 제2차 세계대전 이후의 개정논의

1962년 개최된 제44차 독일법률가대회에서는 혼인외의 자에 대한 법개정을 주제로 논의가 이루어졌으며, 뵈머(G. Boehmer)와 보쉬(F. W. Bosch)가 의견서를 제출하였다. 뵈머는 임의인지만으로 법률상 부자관계가 창설되는 것에 반대하면서, 인지자와 피인지자 사이에 생물학적 부자관계가 있는지의 여부는 항상 직권으로 조사되어야 한다는 의견을 제시하였다(즉 생부와 혼인외의 자의 법률상 부자관계는 반드시 생물학적인 혈연관계와 일치하여야 한다는 의견이었다). 그의 의견에 따르면 아동청이나 후견법원이 인지의 진실여부(인지가 혈연의 진실에 부합하는 것인지의 여부)를 심사하여야 하며, 인지의 의사표시가 있는 경우에도 법원의 재판을 통해서만 법률상 부자관계가 성립하여야 한다.[42] 뵈머는 모나 자녀의 동의가 있는 경우에도 혈연의 진실에 반하는 허위의 인지는 허용될 수 없다고 보았다. 이와 같이 혈연진실주의에 과도하게 기울어진 뵈머의 경직된 의견은 그 후에 이어진 개정작업에 영향을 미치지 못했다.

보쉬는 생부와 혼인외의 자 사이에 법률상 부자관계를 창설하는 방법으로, 임의인지와 재판에 의한 부자관계의 창설이라는 두 가지 방법을 제시하였다.[43] 보쉬는 허위의 인지에 의한 부자관계 창설에 찬성하면서 다음과 같은 근거를 제시하였다[44]: 인지가 혈연에 부합하는가의 여부는 통상 공공의 이익과는 관련이 없으며, 실질적인 부자관계의 형성과 발전은 생물학적인 혈연관계에 의존하지 않는다. 모, 자녀와 협의하여 이루어진 인지는 일반적으로 자녀의 복리에 부합한다고 볼 수 있으므로(자녀는 당사자의 합의에 기초하여 이루어진 가정에서 안정적인 보호와 양육을 받을 수 있기 때문이다), 국가기관이 혈연의 진실을 조사한다는 명분으로 개입할 필요가 없다.

이러한 보쉬의 의견은 제44차 법률가대회에서 압도적인 동의를 받았으며, 1969년 법개정에 큰 영향을 미치게 된다.

(5) 1969년 혼인외의 자에 관한 법개정

1969년에 혼인외의 자의 법적 지위에 관한 법률[45]이 공포되어 1970년 7월 1일부터 시행에 들어갔다. 이에 따라 생부와 혼인외의 자는 친족이 아니라고 규정하였던 1900년 독일제정

42) Boehmer, Verhandlungen des 44. DJT, Bd. I, 1. Teil, Heft A, S. 113 ff. 이런 의미에서 인지의 의사표시는 하나의 증거방법("nur ein Beweismittel für die wirkliche blutmäßige Abstammung")에 지나지 않는다는 것이 뵈머의 의견이었다.

43) 이와 같은 보쉬의 의견은 바이마르 시대의 개정논의를 승계한 것으로 볼 수 있다.

44) Bosch, Verhandlungen des 44. DJT, Bd. I, 1. Teil, Heft B, S. 31("Wie die langjährigen Erfahrungen in Frankreich und den Niederlanden, wo eine Nachprüfung der Richtigkeit des Anerkenntnisses von Amts wegen nicht vorgenommen wird, beweisen, ist die fehlende „Inquisition" hier im Regelfall viel besser als eine Amtserforschung, ein Eindringen der Behörden in Intimverhältnisse, die sich mit Zustimmung aller Beteiligten zur Ordnung hin entwickeln."), 80 ff.

45) Das Gesetz über die rechtliche Stellung nichtehelicher Kinder vom 19. 8. 1969.

민법 제1589조 제2항[46]은 폐지되었으며, 임의인지 또는 재판을 통한 법률상 부자관계의 창설이 가능하게 되었다(이로써 혼인외의 자의 생부도 처음으로 법률상 부모의 개념에 포함되었다).[47]

생부가 인지를 할 때에는 자녀의 동의를 받도록 하였는데,[48] 자녀가 14세 미만인 경우에는 법정대리인이 자녀를 대리하여 동의하고, 14세에 이른 자녀는 스스로 동의를 할 수 있었다(다만 사전에 법정대리인의 동의를 받아야만 했다).[49] 인지는 자녀의 신분 및 가족관계에 직접적인 영향을 미치는 행위이므로, 그에 대한 자녀의 동의는 필요불가결한 것으로 여겨졌다.[50]

인지와 관련된 사안에 있어서는 일반적으로 아동청이 법정대리인으로서 자녀를 대리하였으므로,[51] 인지에 대한 동의의 의사표시도 아동청이 하였다.[52] 인지에 대한 동의는 기본적으로 자녀의 복리를 위하여 마련된 제도이므로, 생부에게 자녀의 복리에 부정적인 영향을 미칠 수 있는 중대한 사유가 있는 경우(누적된 범죄경력, 과다한 채무, 마약중독, 알콜중독 그 밖에 자녀의 사회적 평판에 부정적 영향을 미칠 수 있는 심각한 인격적 결함이 있는 경우 등)에는 아동청은 인지에 대한 동의를 거부할 수 있었다.[53] 반면에 생부가 아닌 사람이 인지를 하려는 경우에도 아동청

46) 1900년 독일민법 제1589조 제2항: Ein uneheliches Kind und dessen Vater gelten nicht als verwandt.

47) 1969년 독일민법 제1600조a

48) 1969년 독일민법 제1600조c 제1항. 반면에 모의 동의는 인지의 요건으로 규정되지 않았다. 인지의 남용으로부터 자녀를 보호하기 위해서는 자녀의 동의만으로 충분하며, 이외에 모의 동의는 필요하지 않다고 본 것이다. 또한 모에게 동의권을 인정할 경우, 모가 이기적인 동기에서 동의의 의사표시를 거부하거나 소재불명인 경우 등에는 인지를 할 수 없는 곤란한 상황이 발생할 수 있다고 보았다. 이러한 이유에서 모에게는 동의권을 인정하지 않았고, 인지에 대한 취소권만을 부여한 것이다(1969년 독일민법 제1600조g). BT-Drucks. V/2370, S. 28; 모에게 동의권을 인정하지 않는 개정안에 대해서는 비판적인 의견이 제기되었다. Göppinger, Betrachtungen zum Referentenentwurf eines Unehelichengesetzes, FamRZ 1966, 418/421; Lange, Ein Reformvorschlag zum Unehelichenrecht, JZ 1966, 727/729.

49) 1969년 독일민법 제1706조 제1호, 제1709조.

50) 인지에 대한 동의권을 통해서 자녀의 자기결정권이 실현된다고 보는 견해도 있었다. Schwab, Familienrecht, 6. Aufl., 1991, Rz. 571.

51) 1969년 독일민법 제1706조.

52) 「혼인외의 자의 법적 지위에 관한 법률」에 따라 혼인외의 자의 모도 친권자가 될 수 있게 되었다(그 전에는 혼인외의 자를 위해서 원칙적으로 후견이 개시되었다). 그러나 혼인외의 자와 관련된 특정한 사안(인지, 생부에 대한 부양청구 등)에 있어서는 기관후견인(지역의 아동청이 그 역할을 수행하였다)이 일종의 법정대리인으로서 자녀를 대리하였다(따라서 이러한 사안에서는 모는 친권을 행사할 수 없었다). 기관후견인제도는 미혼모를 지원하기 위한 수단으로 마련되었으나, 1998년 7월 1일 개정친자법이 시행되면서 폐지되었다. 자세한 내용은 김상용, 한부모 가정의 자녀 양육비 확보를 위한 제도 개선방안, 가족법연구 I(2002), 119 이하 참조.

53) Deichfuß, Abstammungsrecht und Biologie, 1991, S. 63 f. 여기서 생부의 인지를 자녀의 복리에 반한다는 이유로 막는 것이 정당한가라는 의문이 제기될 수 있다. 이는 결과적으로 혈연의 진실에 따른 부자관계의 창설을 저지하는 행위이기 때문이다. 이것은 궁극적으로 인지에 있어서 혈연의 진실이 유일하고 절대적인 기준이어야 하는가의 문제로 귀결된다. 1969년 혼인외의 자에 대한 개정법은 인지에 있어서 혈연의 진실뿐만 아니라 자녀의 복리(인지가 자녀에게 미칠 영향)도 중요한 요소로서 고려되어야 한다는 전제에서 출발하였다. 1969년 개정법이 혈연에 부합하지 않는 허위의 인지를 허용하는 태도를 취한 이유도 자녀의 복리에 대한 우선적인 고려에서 비롯된 것이다(BT-Drucks. V/2370, S. 30). 생부가 아닌 자가 인지를 할 때에는 보통 자녀의 모와 혼인한 다음 자녀를 함께 양육하겠다는 계획을 가지고 있는 것이 보통인데, 이런 경우 모의 남편과 자녀 사이에

은 그 인지가 자녀의 복리실현에 기여할 것이라고 판단하는 때에는 인지에 대한 동의를 할 수 있었다(예를 들어 인지자와 모가 새로운 가정을 이루고 자녀를 함께 양육하기로 오래 전부터 계획해 왔던 경우).[54]

1969년 혼인외의 자에 관한 개정법은 기본틀에 있어서 바이마르 시대의 논의를 계승한 것이라고 평가할 수 있다.

(6) 1997년 친자법개정

1997년 친자법개정[55]에 의해서 모의 동의가 인지의 요건으로 규정되었다.[56] 모도 인지에 의해서 적지 않은 영향을 받는 지위에 있으므로, 인지의 효력 발생 후에 단지 취소할 수 있는 권리를 인정하는 것보다는 사전 동의권을 부여함으로써 인지를 하는 과정에 참여할 수 있도록 하는 것이 타당하다고 보았기 때문이다.[57]

인지에 대한 모의 동의권이 규정되면서 자녀의 동의 요건은 삭제되었는데, 그 배경에는 혼인외의 자를 위한 기관후견인제도의 폐지가 자리잡고 있었다.[58] 1997년 개정친자법이 시행되기 전까지는 혼인외의 자가 출생하면 지역의 아동청이 자동으로 기관후견인이 되어 특정한 사안(인지, 생부에 대한 부양청구 등)에 있어서 자녀를 대리하였다.[59] 이러한 사안에 있어서는 아동청이 자녀의 법정대리인이 되었으며, 모의 친권은 그 범위에서 제약을 받았다(예를 들어 자녀

는 실질적인 부자관계가 형성되고 자녀는 안정된 가정에서 보호, 양육을 받을 수 있게 되므로, 혈연과 일치하지 않는 인지라도 자녀의 복리에 기여한다고 본 것이다(BT-Drucks. V/2370, S. 25). 그리고 생부가 아닌 자가 이와 달리 불순한 의도를 가지고 인지를 시도할 가능성도 배제할 수 없으나, 이런 때에는 자녀가 동의를 거부함으로써 인지를 저지할 수 있다고 보았다.

54) 이런 의미에서 아동청의 임무는 혈연의 진실에 반하는 인지에 대해서 동의를 거부함으로써 혈연진실주의를 실현하는 데 있었던 것은 아니다. 아동청은 인지가 자녀의 복리에 미치는 영향을 고려하여 인지에 대한 동의 여부를 결정하였다. Frank, Die wissentlich falsche Vaterschaftsanerkennung aus zivil- und strafrechtlicher Sicht, ZBlJugR 1972, 267 ff. 271("Der Amtspfleger hat vielmehr abzuwägen, ob nicht möglicherweise doch die Zustimmung zur falschen Vaterschaftsanerkennung dem Wohl des Kindes am besten dient.").

55) Gesetz zur Reform des Kindschaftsrechts von 16. 12. 1997(1998년 7월 1일 시행).

56) 독일민법 제1595조 제1항. 다만 친권 중에서 인지에 관한 부분이 모에게 속하지 않는 경우에 한하여 추가로 자녀의 동의가 필요한 것으로 규정하였다(독일민법 제1595조 제2항. 예를 들어 모가 미성년자인 경우(이 경우 모의 친권은 정지된다. 독일민법 제1673조 제2항 1문), 모는 법정대리인의 동의를 받아 스스로 인지에 대한 동의의 의사표시를 하게 되지만, 이에 더하여 자녀의 동의도 필요하다. 보다 자세한 내용은 Frank, Die Zustimmung des Kindes zur Vaterschaftsanerkennung in den Fällen des § 1595 Abs. 2 BGB, StAZ, 2013, 133 ff. 참조). 이에 따라 성년의 자녀를 인지할 때에는 자녀의 동의 이외에 모의 동의도 필요하다(자녀가 성년자가 되면 모는 더 이상 친권자가 아니지만, 모의 신분에서 인지에 대한 동의권을 갖는다. BT-Drucks. 13/4899, S. 84). 따라서 생부가 성년인 자녀와 협의하여 인지하려는 때에도 모가 동의를 거부하면 인지에 의한 부자관계창설은 불가능하다. 이런 경우 생부는 시간과 비용을 요하는 부자관계확정소송을 통하여 부자관계를 창설하는 방법을 선택할 수밖에 없다(독일민법 제1600조d).

57) BT-Drucks. 13/4899, S. 54.

58) Gesetz zur Abschaffung der gesetzlichen Amtspflegschaft und Neuordnung des Rechts der Beistandschaft von 4. 12. 1997(1998년 7월 1일 시행).

59) 기관후견인제도의 취지와 연혁에 대해서는 김상용(주 52), 119 이하 참조.

가 14세 미만인 경우에 인지에 대한 자녀의 동의는 모가 대리할 수 없었으며, 아동청이 대리하였다). 1997년 개정친자법의 시행과 동시에 아동청에 의한 기관후견인제도가 폐지되면서 혼인외의 자의 모에게도 제한없는 친권이 인정되었으므로,[60] 이제 모는 친권자로서 인지 등의 사안에 있어서도 직접 자녀를 대리할 수 있게 되었다.

한편 위에서 본 바와 같이 1997년 친자법개정에 의해서 모의 동의가 인지의 요건으로 규정되면서 모는 인지에 대해서 자신의 이름으로 동의권을 행사하게 되었는데, 인지의 요건으로 자녀의 동의를 존속시킨다면 모는 자녀의 법정대리인으로서(즉 자녀의 이름으로) 다시 한번 동의의 의사표시를 하여야 하므로, 이는 결과적으로 무의미한 이중의 동의가 된다는 것이 당시 입법자의 인식이었다. 이러한 이유에서 인지에 대한 자녀의 동의는 모의 동의로 대체되었는데, 이에 대해서는 독일학계에서 강한 비판이 제기되었다. 그 주된 요지는 모에게 인지에 대한 동의권을 부여한 것은 타당하지만, 그것이 자녀의 동의권을 폐지해야 할 이유는 될 수 없다는 것이었다. 인지는 (모에게도 상당한 영향을 미치지만) 기본적으로는 자녀의 신분·가족관계에 직접적인 변동을 가져오는 행위인데, 그 과정에서 자녀의 의사가 완전히 배제된다면 결국 자녀는 부모에 의한 가족법상 법률행위의 객체에 불과한 존재가 된다는 점이 지적되었다.[61] 이러한 이유에서 개정과정에서 인지에 대한 모의 동의권과 자녀의 동의권을 함께 규정한 법안도 제출된 적이 있었으나,[62] 종내 받아들여지지 않았다.

결과적으로 현행 독일민법은 인지의 요건으로 모의 동의만을 규정하고 있는데, 이러한 입법태도에 대해서는 독일 내에서도 적지 않은 비판이 제기되고 있다. 이어서 다른 나라들은 이 문제에 대해서 어떠한 규정을 두고 있는지에 대해서 살펴본다.

2. 인지의 요건으로 자녀(모)의 동의를 규정한 각국의 입법례

(1) 자녀의 동의를 인지의 요건으로 규정한 입법례

스페인민법에 따르면 성년자녀를 인지할 때에는 자녀의 동의가 있어야만 한다.[63] 이미 사망한 자녀를 인지하려는 때에는 그 직계비속(또는 그 법정대리인)의 동의를 받아야 한다.[64] 미성년자녀를 인지할 때에는 법정대리인(일반적인 경우 자녀의 모)의 동의를 받아야 한다.[65] 그러나

60) 1997년 독일민법 제1626조a 제2항. BT-Drucks. 13/4899, S. 54.

61) Ramm, Kindschaftsrechtsreform? JZ 1996, 982/987; Richter, Soll die Amtspflegschaft abgeschafft werden?, FamRZ 1994, 8; Gaul, Die Neuregelung des Abstammungsrechts durch das Kindschafts-rechtsreformgesetz, in: Schwab(Hrsg.), Das neue Familienrecht, 1998, S. 76; 국내에서 이 문제를 다룬 문헌으로는 이준영, 임의인지에 의한 부자관계의 확정, 한양법학 제21권 제1집(2010), 619 이하 참조.

62) SPD-Entwurf, BT-Drucks. 13/1752, S. 3; BT-Drucks. 12/4024, FamRZ 1993, 278/279(B. I. 5. Zur Anerkennung ist die Zustimmung des Kindes und seiner Mutter erforderlich).

63) 스페인민법 제123조. 모의 동의는 필요하지 않다.

64) 스페인민법 제126조. 따라서 사망한 자녀에게 직계비속이 없는 경우에는 인지할 수 없다.

65) 스페인민법 제124조 제1항.

출생등록기간(자녀의 출생 후 30일) 내에는 법정대리인의 동의 없이도 인지가 가능하다.[66] 자녀의 출생 직후에 이루어지는 인지는 그만큼 신뢰성과 진실성이 보장된다고 보기 때문이다. 다만 이러한 방식으로 이루어진 인지에 대해서는 모가 자녀의 출생일로부터 1년 내에 취소를 청구할 수 있다.[67] 이에 대해서 인지자(부)가 인지의 효력 확인을 청구하면, 법원은 인지가 자녀의 복리에 미치는 영향과 인지의 신뢰성을 고려하여 인지 허가의 심판을 하게 된다(법원이 인지의 허가를 하면 그 인지는 유효한 것으로 인정된다).

포르투갈민법에도 스페인민법과 유사한 규정이 있다. 포르투갈민법 제1857조에 의하면 성년자녀를 인지할 때에는 그의 동의가 필요하다. 또한 사망한 자녀를 인지하려는 경우에는 그의 직계비속(또는 법정대리인)의 동의를 받아야 한다.[68]

핀란드에서도 15세 이상인 자녀를 인지할 때에는 자녀의 동의가 필요하다.[69]

(2) 자녀와 모의 동의를 인지의 요건으로 규정한 입법례

벨기에민법에 따르면 인지를 할 때에는 자녀와 모의 동의가 필요하다. 성년자녀가 인지에 대한 동의를 거부하는 경우에는 다른 방법에 의한 부자관계의 창설은 가능하지 않다(이러한 의미에서 성년자녀는 절대적인 거부권을 갖는다고 할 수 있다).[70] 미성년자녀를 인지할 때에는 모의 동의가 있어야 하며, 이외에 자녀가 12세 이상인 경우에는 자녀의 동의도 받아야 한다.[71] 미성년자녀를 인지하려는 사람이 인지에 필요한 동의를 받지 못한 경우에는 법원에 인지청구를 할 수 있다. 법원에서는 우선 당사자간에 합의를 유도하며, 합의가 성립한 때에는 법관이 인지에 대한 동의를 받는다. 만약 합의에 이르지 못하여 동의를 받지 못한 때에는 인지를 하려는 사람이 생부인 경우와 그렇지 않은 경우에 따라 결과가 달라진다. 생부가 아닌 것으로 증명된 경우에는 법원은 인지청구를 기각한다. 그 반대의 경우(즉 인지를 하려는 사람이 생부인 것으로 증명된 경우)에는 법원은 인지가 자녀의 복리에 명백히 반하는 경우에 한하여 인지청구를 기각한다.[72]

---

66) 스페인민법 제124조 제2항 1문.

67) 스페인민법 제124조 제2항 2문.

68) Albuquerque, Länderbericht Portugal, in: Bergmann ua, Internationales Ehe-und Kindschaftsrecht, Stand: 11. 5. 2009, S. 85; 이러한 스페인민법과 포르투갈민법의 태도는 일본명치민법에 계수되었으며, 현행 일본민법에 온존되어 있다(앞의 Ⅱ. 2. 부분 참조).

69) 핀란드 부성법(父性法) 제16조 제1항. Pöpken/Huhtala, Finnland, in: Rieck, Ausländisches Familienrecht, Stand: Juni 2016, Rn. 27; 스웨덴에서는 인지를 할 때 자녀가 성년에 이른 경우 자녀의 동의를 받아야 한다(스웨덴친자법 제1장 제4조). Giesen, Länderbericht Schweden, in: Bergmann ua, Internationales Ehe-und Kindschaftsrecht, Stand: 1. 7. 2013, S. 65.

70) 벨기에민법 제329조bis 제1항.

71) 벨기에민법 제329조bis 제2항 1문, 2문. Pintens, Die Abstammung im belgischen Recht, in: Spickhoff/Schwab/Henrich/Gottwald(Hrsg.), Streit um die Abstammung, 2007, S. 129.

72) 벨기에민법 제329조bis 제2항 4문. 모를 강간한 자의 인지청구는 언제나 기각된다(벨기에민법 제329조bis 제2항 5문).

네덜란드민법도 자녀와 모의 동의를 인지의 요건으로 규정하고 있다.[73] 인지를 할 때 자녀가 16세 미만인 때에는 모의 동의가 있어야 한다.[74] 또한 자녀가 12세 이상인 경우에는 자녀의 동의도 받아야 한다.[75] 따라서 자녀가 12세 이상 16세 미만인 경우에는 인지를 할 때 자녀와 모의 동의가 모두 필요하다. 자녀나 모가 인지에 동의하지 않는 경우에는 법원은 생부의 청구에 따라 동의를 갈음하는 심판을 할 수 있다. 법원은 인지가 모의 이익과 자녀의 복리를 해치지 않는다고 판단하는 경우에만 동의를 갈음하는 심판을 할 수 있다.[76]

이탈리아민법에 의하면 인지를 할 때 자녀가 14세 이상인 경우에는 자녀의 동의를 받아야 한다.[77] 자녀가 14세 미만인 경우에는 인지를 할 때 모[78]의 동의가 필요하다.[79] 모가 동의를 거부하는 경우, 법원은 인지를 하려는 자의 청구에 따라 자녀의 복리를 고려하여 동의를 갈음하는 재판을 할 수 있다.[80]

(3) 모의 동의를 인지의 요건으로 규정한 입법례

그리스민법에 의하면 인지를 할 때에는 모의 동의를 받아야 한다.[81] 자녀는 성년자인 경우에도 인지에 대한 동의권을 갖지 못한다(다만 인지의 효력이 발생한 후에 취소권만이 인정될 뿐이다).[82]

덴마크에서도 인지를 하려면 인지자와 모가 자녀의 보호와 양육에 대한 책임을 함께 부담하겠다는 공동의 의사표시를 하여야 한다.[83] 이 의사표시에 의해서 생부와 모는 자녀에 대한

---

73) Jörn Vinnen, Niederlande, in: Rieck, Ausländisches Familienrecht, Stand: März 2017, Rn. 25.

74) 네덜란드민법 제204조 제1항 제3호.

75) 네덜란드민법 제204조 제1항 제4호.

76) 네덜란드민법 제204조 제3항. ① 모가 자녀를 안정적으로 양육하고 있는데, 인지에 의해서 이러한 안정된 관계가 침해될 우려가 있는 경우 ② 인지가 자녀의 사회적, 정서적 발달을 위태롭게 할 우려가 있는 경우에는 생부의 청구는 기각된다. Breemhaar, Streit um die Abstammung im niederländischen Recht, in: Spickhoff/Schwab/Henrich/Gottwald(Hrsg.), Streit um die Abstammung, 2007, S. 157 f.

77) 이탈리아민법 제250조 제2항. 재판에 의해서 부자관계를 창설하는 경우에도 자녀가 16세 이상인 때에는 자녀의 동의가 필요하다(이탈리아민법 제273조 제2항).

78) 정확하게 표현하면 이미 인지를 한 부모의 일방이다. 이탈리아민법에 의하면 혼인외의 자와 모 사이의 모자관계도 인지에 의해서 발생하기 때문이다(이탈리아민법 제250조 제1항, 제261조. Deutsches Institut für Jugendhilfe und Familienrecht e. V., Umgangsrechte des biologischen Vaters - Europäische Staaten in Vergleich, 2010, S. 80).

79) 이탈리아민법 제250조 제3항.

80) 이탈리아민법 제250조 제4항. 이외에 헝가리민법에서도 인지의 요건으로 모와 자녀(14세 이상인 경우)의 동의를 규정하고 있다(모 또는 자녀가 사망했거나 장기간 의사표시를 할 수 없는 경우에는 후견청의 동의가 필요하다). 헝가리민법 제4장 제101조 제5항. Szabo, Ungarn, in: Rieck, Ausländisches Familienrecht, Stand: Mai 2019, Rn. 25.

81) 그리스민법 제1475조 제1항. 모가 사망했거나 행위능력이 없는 경우에는 모의 동의 없이도 인지가 가능하다. 모가 인지에 대한 동의를 거부하는 경우에는 생부는 소송을 통하여 부자관계를 창설할 수 있다(그리스민법 제1479조 제1항).

82) 그리스민법 제1477조.

83) 덴마크친자법 제14조 제1항. Ring/Olsen-Ring, Eherecht in Dänemark, in: Süß/Ring, Eherecht in Europa,

공동친권을 갖게 된다.[84)]

(4) 자녀와 모의 동의를 인지의 요건으로 규정하지 않는 입법례

우리나라와 같이 인지를 할 때 자녀와 모의 동의를 필요로 하지 않는 입법례도 있다(스위스,[85)] 오스트리아,[86)] 프랑스[87)]). 자녀와 모에게는 인지의 취소 또는 인지에 대한 이의의 소를 제기할 수 있는 권리가 인정될 뿐이다.[88)]

(5) 정 리

위에서 본 바와 같이 대다수 외국의 입법례는 인지의 요건으로 사전에 일정한 사람(자녀, 모, 또는 자녀와 모)의 동의를 받도록 규정하고 있다. 그 중에서 모의 동의를 요건으로 규정한 입법례가 상당수에 이르는데(독일, 벨기에, 덴마크, 이탈리아, 그리스, 네덜란드, 슬로베니아, 스페인, 체코 등), 일반적으로 자녀가 미성년자이거나 일정한 연령(네덜란드: 16세, 이탈리아: 14세, 벨기에: 12세)에 도달하기 전에는 모의 동의를 받도록 규정하고 있다(예외적으로 독일과 같이 자녀가 성년에 달한 이후에도 모의 동의를 받도록 하는 입법례가 있다). 자녀의 동의를 인지의 요건으로 규정하는 입법례도 적지 않은데, 미성년자인 때에도 일정한 연령에 이르면 인지에 대한 동의권을 인정하는 나

2020, Rn. 178.

84) 이외에 슬로베니아에서도 모의 동의가 있어야만 인지가 가능하다. 모가 동의를 거부하는 때에는 생부는 자녀의 출생일로부터 5년 내에 인지청구의 소를 제기할 수 있다. Nemet, Slowenien, in: Rieck, Ausländisches Familienrecht, Stand: August 2017, Rn. 25-27; 체코에서도 인지를 하려는 사람은 모와 공동으로 의사표시를 하여야 하므로, 모의 의사에 반하는 인지는 가능하지 않다. Frimmel, Tschechien, in: Rieck, Ausländisches Familienrecht, Stand: Juli 2018, Rn. 27.

85) 스위스민법 제260조 제1항. 스위스민법 제정 과정에서 인지의 요건으로 모(또는 자녀)의 동의를 규정할 것인가에 대해서는 상당한 논쟁이 있었으나(Protokolle der Verhandlungen der grossen Expertenkommission 1901-1903, Art. 331. 당시 전문가위원회의 위원이었던 Burckhardt는 모(또는 자녀의 후견인)와 성년자녀의 동의를 인지의 요건으로 규정할 것을 제안하였다. 또한 모의 동의 거부에 따른 인지의 지연이 자녀에게 불리하게 작용할 때에는 후견청이 모의 동의를 대체할 수 있는 것으로 하였다. 이러한 제안은 전문가위원회에서는 받아들여졌으나, 그 후의 심의과정에서 폐기되었다. Berner Kommentar, Materialien zum Zivilgesetzbuch, Band Ⅲ, 2013, S. 381 f.), 결국 받아들여지지 않았다. 다만 모나 자녀(자녀의 사망 후에는 그 직계비속)는 인지의 사실을 안 때부터 3개월 내에 인지자가 생부가 아니라는 사실(조부가 인지한 경우에는 인지자가 조부가 아니라는 사실) 또는 인지가 자녀에게 불이익하다는 점을 들어 이의를 제기할 수 있었다(1907년 스위스민법 제305조 제1항). 한편 1907년 스위스제정민법은 생부가 사망하거나 장기간 판단능력이 없는 경우 조부(생부의 부)에 의한 인지를 허용하는 규정을 두었는데(1907년 스위스민법 제303조 제1항), 이는 비교법적으로 볼 때 전례가 없는 유일한 입법례였다. 이 규정은 1976년 개정 시 삭제되었는데, 실무상으로 무의미할 뿐만 아니라, 인지의 일신전속적 성격에도 반한다는 것이 그 이유였다(Berner Kommentar, Band Ⅲ, 1984. Art. 260, S. 256).

86) 오스트리아민법 제145조.

87) 프랑스민법 제316조.

88) 스위스민법에 의하면 자녀와 모 이외에도 이해관계인은 누구나 인지취소의 소를 제기할 수 있다(스위스민법 제260조a). 오스트리아민법에 따르면 자녀와 모는 법원에 대하여 인지에 대한 이의를 제기할 수 있다(오스트리아민법 제146조 제1항). 모나 자녀의 이의제기가 있는 경우 법원은 인지의 무효를 선고하여야 한다(그러나 인지자가 생부임이 증명된 경우에는 그러하지 아니하다. 오스트리아민법 제154조 제1항 제2호). 프랑스민법에 의하면 부, 모, 자녀, 부나 모임을 주장하는 자 등은 인지에 대한 이의를 제기할 수 있다(프랑스민법 제332조).

라가 있으며(벨기에, 네덜란드: 12세, 이탈리아: 14세), 자녀가 동의를 거부하는 때에는 다른 어떤 방법으로도 부자관계의 창설이 가능하지 않도록 하는 입법례도 있다(벨기에, 일본에서는 성년자녀에게, 이탈리아에서는 14세 이상의 자녀에게 인지에 대한 절대적 거부권이 인정된다). 예외적으로 인지를 할 때 아무런 동의를 필요로 하지 않는 입법례도 있다. 스페인에서는 자녀의 출생 후 30일 내에는 모의 동의 없이도 인지를 할 수 있으며, 스위스에서는 인지를 할 때 모나 자녀의 동의를 필요로 하지 않는다(자녀가 성년자이든 이미 혼인한 상태이든 묻지 않는다. 이런 점에서 스위스민법 규정은 우리 민법의 인지에 관한 규정과 가장 유사하다). 이와 같이 인지의 요건으로 자녀나 모의 사전 동의를 규정하지 않는 입법례에서는 인지의 효력 발생 후에 취소권을 인정함으로써 문제를 해결하는 방식을 취하고 있다.

인지를 하려는 사람이 인지에 필요한 동의를 받지 못한 경우에 취할 수 있는 방법에 대해서도 입법례가 나뉜다. 법원으로부터 동의를 갈음하는 재판을 받아서 인지를 할 수 있는 나라가 있는가 하면(네덜란드, 이탈리아[89]), 법원에 부자관계확정(실질적인 의미에서는 부자관계창설)의 소를 제기하여 판결에 의해서 법률상 부자관계를 창설할 수 있도록 하는 나라도 있다(독일, 핀란드, 그리스, 오스트리아, 슬로베니아, 체코).[90]

모의 동의를 요건으로 하는 입법례에서는 동의권자인 모가 사망한 경우에 어떻게 인지를 할 수 있는지(또는 생부와 혼인외의 자 사이에 어떤 방법으로 부자관계를 창설할 수 있는지)가 문제될 수 있다. 대략 세 가지의 유형으로 나누어 볼 수 있는데, 우선 독일에서는 동의권자인 모가 사망한 때에는 법원에 청구하여 재판을 통해서 법률상 부자관계를 창설할 수밖에 없다. 슬로베니아에서는 모가 사망한 경우 자녀의 법정대리인이 사회복지청의 허가를 받아 인지에 대한 동의를 한다. 그리스에서는 모가 사망한 경우에는 아무런 동의 없이도 인지가 가능하다.

Ⅳ. 현행법 규정에 대한 대안의 제시

위에서 본 바와 같이 대다수 외국의 입법례는 인지의 요건으로서 자녀나 모의 동의를 규정하고 있으며, 우리 민법과 같이 인지를 원하는 사람이 일방적으로 인지를 할 수 있도록 허용하는 입법례는 예외에 속한다. 물론 자녀나 모의 동의를 인지의 요건으로 규정하는 입법례가 많다는 사실이 우리 민법을 그러한 방향으로 개정해야 하는 필연적인 이유가 될 수는 없다. 그

89) 모가 동의를 거부하는 경우에 법원은 모의 동의를 갈음하는 결정을 할 수 있다. 이탈리아민법에 따르면 인지를 할 때 자녀가 14세 이상인 경우에는 자녀의 동의도 받아야 하는데, 이 경우 자녀의 동의는 법원의 결정으로 대체될 수 없다.

90) 스위스와 같이 자녀나 모의 동의 없이 생부가 일방적으로 인지를 할 수 있는 나라에서는 굳이 재판을 통하여 부자관계를 창설할 이유가 없으므로, 생부에게 부자관계확정의 소를 제기할 수 있는 권리가 인정되지 않는다. 따라서 부자관계확정의 소(우리의 인지청구의 소에 해당)를 제기할 수 있는 권리는 자녀와 모에게만 인정된다(이 점에 있어서도 우리 민법과 유사하다고 할 수 있다).

러나 다른 나라에서 인지에 관한 규정이 왜 그러한 방향으로 발전되어 왔는가에 대해서는 관심을 가지고 성찰해 볼 필요가 있을 것이다.

많은 나라에서 인지를 할 때 사전에 자녀나 모의 동의를 받도록 요구하는 이유는, 무엇보다도 인지가 자녀와 모에게 중대한 영향을 미친다는 점에서 찾을 수 있다. 인지에 의해서 인지자와 자녀 사이에는 법률상 부자관계가 발생하게 되고, 자녀는 그로 인하여 직접적인 신분·가족관계의 변동을 겪게 된다. 인지에 의한 부자관계의 발생이 항상 자녀의 복리 실현에 유리하게 작용하는 것은 아니며 그 반대의 경우도 얼마든지 있을 수 있다. 그럼에도 불구하고 인지로 인하여 성립하는 부자관계의 일방 당사자인 자녀의 의사를 전혀 고려하지 않는 현행법의 태도에는 문제가 있다고 생각된다. 특히 자녀가 미성년자일 때 아무 교류가 없었고, 부모로서의 의무도 전혀 이행하지 않은 생부가 뒤늦게 인지하는 경우를 상정해 보면, 자녀의 의사에 반하여 법률상 부자관계의 성립을 강제할 수 있는 근거가 무엇인가에 대해서는 다시 한번 생각해 볼 필요가 있을 것이다. 이는 결국 인지에 의한 부계혈통의 법적 실현을 당연한 것으로 받아들이고 추종한 결과로 보이는데, 민법 제정 당시와는 달리 부계혈통주의가 현저히 약화되고, 자녀의 복리가 중시되는 오늘날의 가족법체계와는 더 이상 조화되기 어렵다고 생각된다.

이러한 이유에서 인지를 할 때에는 사전에 자녀의 동의를 받는 방향으로 현행법규정을 개정하는 것이 타당하다고 본다.[91] 구체적으로는 입양규정에 준하여 자녀가 13세 이상의 미성년자인 경우에는 법정대리인의 동의를 받아 인지에 대한 동의의 의사표시를 하도록 하고, 13세 미만인 때에는 법정대리인이 자녀를 갈음하여 동의의 의사표시를 하는 방법을 생각해 볼 수 있을 것이다. 법정대리인이 인지에 대한 동의를 거부하는 경우[92]에는 인지를 하려는 사람의 청구에 의해서 가정법원이 동의를 갈음하는 심판을 할 수 있을 것이다. 이 경우 가정법원은 인지가 자녀의 복리에 반하지 않는 것으로 판단되는 때에만 동의를 갈음하는 심판을 하여야 할 것이다. 일정한 연령에 이른 자녀에게 인지에 대한 절대적인 거부권을 인정할 것인가의 문제가 있는데, 13세에 이른 자녀[93]가 인지에 대해서 반대의 의사를 표시하는 경우에는 자녀의 의사를 존중하여 인지를 할 수 없도록 하는 것이 합리적이라고 생각된다. 인지에 대한 자녀의 동의를 받지 못한 생부는 먼저 자녀와의 교류를 통하여 신뢰를 쌓은 후에 자녀의 동의를 받아 인지할 수 있을 것이다.[94]

---

91) 이준영(주 61), 622 이하; 반대의견 주해친족법(권재문 집필부분), 618 이하.

92) ① 자녀가 13세 미만인 때에는 법정대리인이 자녀를 갈음하여 인지에 대해서 동의를 하고, ② 자녀가 13세 이상인 때에는 자녀가 법정대리인의 동의를 받아 인지에 대한 동의를 하게 되는데, 어느 경우이든 법정대리인이 동의를 거부하면 인지를 할 수 없게 된다. ①의 경우뿐만 아니라 ②의 경우에도 법원은 청구에 의해서 법정대리인의 동의를 갈음하는 심판을 할 수 있을 것이다.

93) 이탈리아민법은 2012/2013년 개정을 통하여 자녀가 인지에 대해서 절대적 거부권을 행사할 수 있는 연령을 16세에서 14세로 낮추었다.

94) 자녀의 의사에 반하여 면접교섭을 강제하는 것이 자녀의 복리에 반한다는 점에는 의문의 여지가 없다. 이와 같

한편 인지에 의한 부자관계의 발생은 모에게도 상당한 영향을 미치게 된다. 모가 생부의 도움 없이 안정적으로 자녀를 양육해 왔는데, 갑자기 생부가 나타나서 인지를 한다면 모와 자녀로 구성된 안정된 가족관계에 부정적인 영향을 미칠 수 있다. 현행민법에 따르면 인지자가 모의 동의를 받지 않고 인지를 하는 것이 가능하므로, 인지를 하기 전에 모와 협의를 거칠 필요가 없다. 그 결과 자녀, 모의 의사와 관계없이 자녀의 성·본이 변경되고, 법률상 부의 신분을 가지게 된 인지자는 친권자변경 또는 공동친권을 요구하면서 자녀의 양육에 개입할 수도 있다. 생부가 자녀에 대하여 부모로서의 책임과 의무를 다하겠다는 동기에서 인지를 했다면 큰 문제가 되지 않을 수도 있지만(만약 그렇다면 모와의 협의를 통하여 문제를 원만하게 해결할 가능성이 높을 것이다), 그렇지 않은 경우에는 자녀와 모에게 해결하기 어려운 난제를 안겨줄 수도 있다(예를 들어 생부에게 과다한 채무, 누적된 범죄경력 등이 있는 경우 등). 이러한 점을 고려해 볼 때 모에게도 인지에 대한 동의권을 인정하는 것이 원칙적으로 타당하다고 생각된다.[95] 다만 모의 동의권과 관련하여서는 몇 가지 정리해야 할 문제가 있다. 먼저 모가 정당한 이유 없이 동의를 거부하는 경우에 어떻게 처리해야 할 것인가의 문제이다. 자녀의 법정대리인이 동의를 거부하는 경우와 마찬가지로 인지를 하려는 사람이 가정법원에 동의를 갈음하는 심판을 청구하는 방법을 생각해 볼 수 있다. 이 경우에 가정법원은 모가 동의를 거부하는 동기, 인지가 자녀와 모에게 미치는 영향 등을 고려하여, 인지가 자녀의 복리에 반하지 않는 것으로 판단되는 때에만 동의를 갈음하는 심판을 하여야 할 것이다. 다음으로 모가 사망했거나 소재불명[96]인 경우에는 어떻게 할 것인가의 문제가 있다. 이러한 경우에는 자녀의 동의만 있으면 인지를 할 수 있도록 하는 방안을 생각해 볼 수 있다. 위에서 서술한 바와 같이 자녀의 동의에 관한 규정을 둔다면 자녀가 13세 미만인 때에는 법정대리인의 동의를 받아서 인지를 할 수 있고, 자녀가 13세 이상인 때에는 자녀의 동의(이 경우 자녀는 법정대리인의 동의를 받아서 인지에 대한 동의의 의사표시를 한

은 맥락에서 자녀의 의사에 반하여 법률상 부자관계를 발생시키는 것도 자녀의 복리에 반하는 결과를 초래할 가능성이 높다고 생각된다. 인지를 하려는 동기가 자녀에 대한 애정과 책임감에서 비롯된 것이라면 시간을 두고 자녀와 교류하면서 신뢰관계를 형성한 후 자녀의 동의를 받아 인지를 하는 것이 순리일 것이다.

95) 모가 자녀의 친권자인 경우에는 자녀의 법정대리인으로서 인지에 대한 동의를 하게 되므로, 이와 별도로 모의 신분에서 또 다시 동의를 해야 한다면, 이는 결국 이중으로 동의를 하는 것이 되어 무의미하다는 비판이 나올 수 있다. 모가 법정대리인으로서 인지에 대한 동의를 하는 경우에는 이와 별도로 모의 동의는 받지 않아도 되는 것으로 규정한다면, 이중 동의의 문제는 해결할 수 있을 것이다(제870조 제1항 제1호 참조). 실제에 있어서 혼인외의 자의 모가 자녀의 법정대리인(친권자)이 아닌 경우는 상대적으로 드물 것이다(예를 들어 자녀가 성년에 이른 경우, 미성년자인 미혼모가 혼인외의 자를 출산한 경우(이 경우는 친권대행의 문제가 된다) 등). 친권상실선고를 받은 모에게는 인지에 대한 동의권도 인정하지 않는 것이 타당하다고 본다(제870조 제1항 제2호 참조).

96) 우리 사회에서는 모가 소재불명인 상태에서 생부(미혼부)가 자녀를 양육하면서 출생신고를 하는 경우가 있다. 생부의 출생신고에 의해서 인지의 효력이 발생하므로, 이러한 경우에도 생부가 모의 동의를 받아야 한다면 출생신고가 더욱 어렵게 되는 문제가 생길 수 있다. 이러한 사안에서는 자녀와 모의 동의 없이 법원의 확인을 받아 출생신고를 할 수 있도록 하여야 할 것이다(가족관계등록법 제57조 참조).

다)를 받아서 인지를 할 수 있으므로, 자녀의 복리에 반하는 인지를 방지할 수 있을 것으로 기대되기 때문이다.[97] 현행민법상 입양에 관한 규정도 이러한 방식을 취하고 있다(제870조 제1항 제3호 참조).

인지의 요건으로 자녀나 모의 동의를 규정하지 않는 입법례(우리 민법, 스위스민법)에서는 생부가 아닌 사람도 사전에 아무런 심사를 받지 않고 인지를 하는 것이 가능하다는 문제가 있다(인지를 할 때 국가기관이 인지자와 자녀 사이에 혈연관계가 있는지의 여부를 심사하지 않는다). 이러한 입법례에서는 허위의 인지에 대비하여 자녀나 모 등이 인지취소의 소(스위스민법 제260조a. 우리나라에서는 인지에 대한 이의의 소나 인지무효의 소를 제기할 수 있다. 이하에서는 우리나라를 예로 들어 서술한다)를 제기할 수 있도록 규정하고 있다. 그러나 이러한 규정체계는 몇 가지 점에서 문제가 있다고 생각된다. 첫째, 인지에 대한 이의의 소나 인지무효의 소를 제기할 수 있는 사유가 허위의 인지로 제한되어 있어서 인지가 혈연관계에 기초한 경우(즉 허위의 인지가 아닌 경우)에는 자녀의 복리를 침해하는 결과를 초래하더라도 이를 무효로 할 방법이 없다. 둘째, 허위의 인지가 이루어진 후 가족관계등록부를 정정하려면 인지에 대한 이의의 소나 인지무효의 소를 제기할 수밖에 없는데, 이는 자녀와 모에게 상당한 시간과 비용을 소모하게 할 뿐 아니라 정신적으로도 큰 부담을 주는 것이다. 인지를 하기 전에 자녀나 모의 동의를 받도록 한다면 이와 같이 불필요한 소모와 부담을 피할 수 있을 것이다. 셋째, 생부가 아닌 사람이 인지한 경우에도 일단 가족관계등록부에 자녀의 부로 기록되므로, 인지무효판결이 확정될 때까지 자녀는 생부를 상대로 인지청구를 할 수 없게 되는데(생부도 임의인지를 할 수 없다), 이는 결국 자녀의 복리를 침해하는 결과로 이어질 것이다(인지판결이 확정될 때까지는 생부에 대해서 양육비청구를 할 수 없고, 생부가 사망한 경우에는 상속권을 주장할 수 없다).

이러한 점들을 고려해 볼 때 인지의 요건으로 자녀와 모의 동의를 규정하는 방향으로 민법을 개정하는 것이 합리적이라고 생각된다.[98] 이러한 방향으로의 개정이 인지를 어렵게 하고

---

97) 다만 자녀에게 법정대리인이 없는 경우에는 인지가 지연되는 문제가 생길 수 있다(모가 사망하였으나 후견인이 선임되지 않은 경우라든가 소재불명이어서 사실상 법정대리인으로서 역할을 할 수 없지만 후견이 개시되지 않은 경우 등이 있을 수 있다. 모가 소재불명인 경우에는 가족관계등록부상으로 모가 존재하므로 친권자가 있다고 보고, 후견인을 선임할 수 없다는 것이 판례의 태도이다(대법원 2017. 9. 26.자 2017스561 결정. 원심 대구가정법원 2017. 5. 29.자 2016브1037 결정. 이 결정의 문제점에 대해서는 김상용, 위탁아동의 친권과 후견—보호의 공백에 처한 아동들—, 중앙법학 제19집 제4호(2017), 223 이하 참조). 따라서 이러한 경우에는 먼저 친권상실선고를 청구하여야 하는데, 판결이 확정되어 후견인이 선임될 때까지 인지가 지연된다는 문제가 있다). 이러한 문제를 완화하기 위해서는 자녀의 출생 후 일정한 기간(예를 들면 1년 내)에는 모의 사망, 소재불명 등의 사유가 있는 경우 누구의 동의도 받지 않고 인지를 할 수 있도록 허용하는 방법에 대해서도 생각해 볼 수 있다. 스페인민법은 출생신고기간(출생 후 30일) 내에 이루어지는 인지에 대해서는 동의 요건을 면제한다. 물론 이 규정은 모의 사망 등의 사유가 있는 경우에 국한되지 않고 모든 경우에 적용된다. 벨기에민법은 모가 사망한 경우 아무 동의 없이 인지할 수 있도록 허용하되, 법정대리인과 12세 이상의 자녀에게 인지무효의 소를 제기할 수 있는 권리를 인정한다(벨기에민법 제329조bis 제3항).

98) 다만 몇 가지 예외를 인정할 필요가 있을 것으로 생각된다. 예를 들어 유언에 의한 인지(스페인민법 제124조

생부의 권리를 침해하는 것이 아닌가라는 의문이 제기될 수도 있겠으나, 이제까지 생부에게 지나치게 기울어져 있던 규정체계를 자녀와 모의 이익을 고려하여 균형을 잡는 차원으로 이해할 수 있을 것이다.

V. 마 치 며

우리 민법에 따르면 인지를 할 때 자녀나 모의 동의가 필요하지 않다. 인지자와 자녀 사이에 생물학적 부자관계가 있는지의 여부를 심사하는 절차도 없으므로, 생부가 아닌 사람에 의한 인지의 가능성도 배제할 수 없다. 인지자가 생부라고 해도 인지가 항상 자녀의 복리에 유리한 결과로 이어지는 것은 아니며, 오히려 반대의 경우도 있을 수 있다. 그러나 인지자가 생부인 한 자녀는 인지에 대해서 어떠한 이의도 제기할 수 없으며, 자신에 의사에 반하더라도 부자관계의 성립을 감수할 수밖에 없다. 그런데 인지가 자녀의 신분 및 가족관계에 미치는 절대적인 영향에 비추어 볼 때, 인지의 과정에서 자녀의 의사가 전혀 반영되지 않는 것은 문제가 있다고 생각된다. 모의 경우에는 인지에 의해서 직접적인 신분관계의 변동을 겪는 것은 아니지만, 친권과 양육 등의 영역에 있어서 상당한 영향을 받을 수 있으므로, 역시 인지에 대해서 이해관계가 있다고 볼 수 있다. 인지를 하기 전에 생부가 자녀의 모와 협의하는 과정을 거치는 것은 인지 후의 친권, 양육, 면접교섭, 자녀의 성·본 문제 등과 관련하여서도 필요하다고 여겨지는데, 모의 동의를 인지의 요건으로 규정한다면 이러한 협의가 자연스럽게 이루어질 가능성이 높아질 것이다.

이와 같이 인지의 요건으로 자녀와 모의 동의를 규정한다면 자녀나 모가 동의를 거부하는 경우 인지가 어려워진다는 비판이 제기될 수 있다. 특히 모가 정당한 이유 없이 이기적인 동기에서 동의를 거부하는 때에도 인지를 할 수 없다면, 이는 인지에 대한 동의권을 도입하는 원래의 취지와는 반대로 오히려 자녀의 복리에 반하는 결과를 초래할 것이다. 이러한 경우에는 가정법원이 생부의 청구에 따라 동의를 갈음하는 심판을 할 수 있게 함으로써 문제를 해결할 수 있을 것이다. 가정법원은 이러한 심판을 할 때 모가 동의를 거부하는 이유, 생부와 자녀와의 관계, 자녀의 의사 등을 고려하여 자녀의 복리에 부합하는 판단을 하여야 할 것이다. 자녀가 인지에 대한 동의를 거부하는 경우에도 위와 동일한 방식으로 대응할 수 있을 것인가에 대해서는 조금 다른 관점에서 접근할 필요가 있다고 생각된다. 자녀가 일정한 연령(예를 들어 13세)에 도달하기 전에는 법정대리인이 자녀를 갈음하여 인지에 대한 동의를 하게 될 터인데, 이 경우에 법정대리인이 인지에 대한 동의를 거부한다면 —모가 동의를 거부하는 경우에 준하여— 가

제2항 참조), 생부(미혼부)가 가정법원의 확인을 받아 출생신고를 하는 경우(가족관계등록법 제57조. 이 경우 출생신고에 의해서 인지의 효력이 발생한다) 등에는 예외를 인정하여 동의를 면제하는 것이 합리적이라고 본다.

정법원이 동의를 갈음하는 심판을 할 수 있을 것이다. 반면에 스스로 동의의 의사표시를 할 수 있는 연령에 이른 자녀(예를 들어 13세 이상)가 인지의 동의를 거부한다면, 어떤 다른 우회적 방법을 통하여서도 인지를 할 수 없도록 하는 것이 타당하다고 본다. 인지를 거부하는 자녀의 의사가 외부의 부당한 영향을 받아 형성되었을 가능성도 배제할 수 없으나, 그럼에도 자녀의 의사에 반하여 강제로 법률상 부자관계를 성립시키는 것은 자녀의 복리에 반할 수 있다고 보기 때문이다. 인지를 원하는 생부는 우선 자녀와의 교류를 통하여 신뢰관계를 형성한 후 자녀의 동의를 받아 인지할 수 있을 것이다.

우리 민법에 있어서 인지란 생부의 의사에 따라 생물학적인 부자관계를 법적인 부자관계로 형성시키는 행위이며, 그 유일한 기준은 혈연진실주의라고 할 수 있다. 인지에 의한 부자관계의 성립에 있어서 혈연의 진실 외에 자녀의 복리와 같은 다른 가치들이 설 수 있는 여유 공간은 존재하지 않는다. 이러한 민법의 태도는 민법 제정 당시 우리 사회를 지배하고 있던 부계혈통중심의 가치관을 반영한 것으로 보인다. 그러나 이러한 가치관은 부계혈통주의가 현저히 약화되고 자녀의 복리가 중요한 가치로 인정되는 오늘날의 가족법체계와는 더 이상 조화되기 어렵다고 생각된다. 자녀와 모의 동의를 인지의 요건으로 규정한다면 생부로서는 인지가 다소 어려워진다고 할 수 있겠으나, 이제까지 생부에게 지나치게 기울어져 있던 규정체계를 자녀와 모의 복리를 고려하여 균형을 잡는 차원으로 이해하면 좋을 것이다.

인지는 생부와 자녀 사이에 법률상 부자관계를 발생시키는 행위이지만, 그 영향은 부자관계를 넘어서 부와 모의 관계에까지 미칠 수 있다. 특히 자녀가 미성년자인 때에는 친권, 양육, 면접교섭 등의 문제와 관련하여 부와 모 사이에 일정한 수준의 협력과 교류가 요구될 수 있다. 인지를 한 생부와 자녀 사이에 형식적인 법률상의 부자관계를 넘어서 실질적인 부자관계가 형성되고, 부와 모 사이에 자녀의 양육과 관련하여 협력이 이루어지려면 그 전제로서 가장 필요한 것은 당사자인 생부, 모, 자녀의 합의라고 할 수 있다. 생부의 인지에 대한 자녀와 모의 동의는 당사자의 합의를 향해 나아가는 첫걸음이 될 수 있을 것이다.

민법상 선의의 제3자 보호에 관한 일관된 이해를 위한 시론적 고찰: 스위스민법의 '선의' 규정에 착안하여

김 상 중*

Ⅰ. 들어가며

우리 민법은 일정한 경우에 선의의 제3자를 보호하는 여러 규정을 두고 있다. 결함있는 의사표시의 무효·취소에 관한 민법 제107조 제2항 이하, 채권양도 금지특약과 선의의 제3자에 관한 민법 제449조 제2항, 그리고 채권의 준점유자에 대한 채무자의 변제 효력을 규정한 민법 제470조 이하가 이에 해당한다. 또한 표현대리의 상대방 보호에 관한 민법 제125조 이하, 동산의 선의취득을 규정한 민법 제249조와 선의 점유자의 과실취득에 관한 민법 제201조 제1항, 그리고 선의를 요건으로 하지 않지만 계약해제의 제3자에 대한 효과를 규정한 민법 제548조 제1항 단서, 명의신탁 약정과 그에 따른 물권변동의 무효와 제3자의 지위에 관한 부동산실명법 제4조 제3항 등도 여타의 선의 제3자 보호규정과 함께 권리외관에 대한 신뢰 보호와 거래질서의 원활한 보장을 도모하고 있음은 널리 알려져 있다. 부동산거래에서 우리 법제가 등기의 공신력을 채택하지 않고 있는 여건에서 이들 규정의 의미는 부동산거래에 관련하여 사뭇 중요하다고 할 것이다.

그런데 이들 규정의 중요한 의미와 그 기능적 유사함에도 불구하고 외관에 의해 보호받는 제3자에 관한 통합적 연구는 충분하지 않다고 생각된다. 이에 아래 Ⅲ.에서 소개하는 바와 같이 제3자의 주관적 요건(선의의 의미 및 과실 여부의 고려)에 관하여 각 규정에서 달리 규정·해석하고 있는가 하면,[1)] 보호받는 제3자의 인적 범위를 판단함에 있어서도 "제3자"라는 동일한 문언에도 불구하고 적용 규정에 따라 다르게 해석되는 경우가 있다.[2)] 물론 제3자 보호에 관한

* 고려대학교 법학전문대학원 교수.

1) 예를 들어 민법 제107조 제2항 이하에서 제3자의 선의만을 요구하는가 하면, 민법 제249조의 경우에는 선의 이외에 무과실을 필요로 하며, 전래적으로 선의가 일정한 사실에 대한 부지(不知)라는 인식적 측면을 뜻하는 데에 반하여 민법 제201조 제1항의 선의는 과실수취권이 있다고 믿을만한 정당한 이유가 있음을 뜻한다고 이해되고 있다.

2) 외관의 권리상태에 관하여 직접 이해관계를 맺은 제3자로부터 다시 그 권리를 취득한 전득자의 경우 민법 제

여러 규정이 보호의 취지와 규율상황 등의 차이에 따라 제3자의 주관적 요건과 인적 사정거리를 달리 할 수 있음(또는 달리해야 함)은 너무나 당연하다고 하겠다.[3] 그러나 제3자를 둘러싼 현행 민법의 규정·해석상의 모든 차이가 납득할만한 정당한 이유에서 설명되지 않으며, 오히려 전래의 입장에서 벗어나 시정되어야 할 바도 적지 않다고 생각된다.

민법상 선의의 제3자 보호에 관한 일관된 법적 인식을 확립하는 데에는 외관보호의 일반적 법리[4]와 더불어 다음과 같은 사항들에 대한 논의가 이루어져야 할 필요가 있다고 생각된다: ① 제3자의 선의 여부가 일정한 사정(가령 의사표시의 결함, 처분권한 여부)에 대한 부지(不知)의 사실적 판단만을 의미하는지 아니면 알지 못한 데에 정당한 이유 여부를 함께 고려하는 가치판단의 문제인지 여부, ② 제3자가 일정한 사정을 알지 못한 것 또는 믿은 것에 대한 정당한 이유 여부의 판단기준의 대강, ③ 신뢰할 만한 외관에 기초하여 직접적으로 이해관계를 맺은 제3자 외에 그 제3자로부터 권리를 취득한 전득자의 보호 여부 등을 포함한 인적 보호범위,[5] 그리고 ④ 외관보호의 종국성, 다시 말해 제3자 스스로 자신이 신뢰했던 외관과 달리 진정한 권리상태의 주장 여부에 대한 논의가 그것이다. 일찍이 제3자의 보호와 거래질서의 안전에 주목해 오신 양창수 선생님의 고희를 기념하여[6] 위와 같은 문제들을 연구하던 과정에서 스위스민법이 통칙(Einleitung)에서 신의성실의 원칙과 함께 "선의(guter Glaube)"를 제3조에서 규정하고 있음을 알게 되었다. 그 내용은 민사법의 선의 보호에 관한 역사적, 비교법적 시각을 넓혀줌과 아울러 선의의 개념을 다시 한 번 생각해 보는 계기로 되면서 위에서 제시한 우리 법상의 논의에 대한 실마리를 제공해 주었다. 이에 아래에서는 스위스민법 제3조의 규정내용

108조 제2항에서는 보호받는 제3자로 이해되는 반면, 부동산실명법 제4조 제3항에서는 논란의 여지가 있으며 표현대리에 관한 민법 제125조 이하에서는 통설에 따르면 이를 부정하고 있다.

3) 계약해제에 관한 민법 제548조 제1항 단서의 경우에 법률행위의 무효·취소에서 제3자 보호에 관한 민법 제107조 제2항 이하와 달리 제3자의 선의를 요건으로 하지 않고 있는 바, 이는 후자의 계약 성립상의 장애와 달리 (해제되는 계약관계에 기초하여) 제3자가 이해관계를 맺는 시점에서는 타인 사이의 계약관계의 불이행이라는 장래 사정에 대한 인식 자체가 문제될 수 없다는 사정 등에 기인하고 있다. 이에 관하여는 김상중, "계약의 무효·취소, 해제와 제3자의 보호", 민사법학 제59호(2012), 162, 165. 또한 부동산실명법 제4조 제3항의 경우에도 제3자의 선의, 악의 여부를 묻지 않는데, 이는 법적으로 금지되는 무효의 명의신탁 등기를 고의적으로 작출한 명의신탁자를 제재하기 위한 정책적 이유에서 비롯하고 있다고 이해되고 있다. 양창수, "전득자는 부동산실명법 제4조 제3항의 제3자가 아닌가?", 저스티스 제90호(2006), 98. 더 나아가 해소되는 계약 목적물 또는 채권의 압류채권자의 제3자성에 관하여는 김상중, "계약의 무효·취소, 해제와 제3자의 보호", 민사법학 제59호(2012), 162, 174 이하; 정병호, "통정허위표시의 무효로부터 보호되는 제3자", 민사법학 제78호(2017), 65 이하. 그 외에 제3자 보호규정의 취지와 주된 상황에 따른 선의요건의 의미와 증명책임 등의 차이에 관하여는 아래 Ⅲ. 참조.

4) 이에 관하여는 장재현, "민법상의 신뢰책임", 경북대 법학논고 제16호(2000), 35; 윤진수, "허위표시와 제3자", 민사판례연구 XXIX(2007), 583; 김상중(주 3), 158 이하.

5) 최근에 이와 관련하여 허위의 가등기에 기하여 본등기가 마쳐진 다음 그 본등기를 신뢰한 취득자가 제108조 제2항의 제3자에 해당하는지 다루어진 바 있는데, 이에 관하여 아래 Ⅲ. 3. (2) 참조.

6) 특히 양창수(주 3), 98.

을 개관하도록 하고 그 바탕 위에서 제3자의 주관적 요건과 인적 사정거리에 대한 개인적 의견을 밝혀보도록 하겠다.

Ⅱ. 스위스민법의 '선의' 규정에 대한 이해

1. 스위스민법 제3조 규정의 개관

스위스민법 제3조는 선의(Guter Glaube)에 관하여 다음과 같은 규정을 두고 있다.

스위스민법 제3조(선의) ① 법률이 인(人)의 선의에 법률효과를 연결해 두는 경우 선의의 존재는 추정된다.
② 상황에서 요구되는 주의를 기울였더라면 선의일 수 없었던 자는 선의임을 주장할 수 없다.[7]

위 규정은 그 표제어만으로 연상되는 바와 달리 선의의 개념을 적극적으로 정의하지 않고 있으며 또한 언제 선의자가 보호되는지에 대해서도 밝히고 있지 않다. 그 대신에 제1항은 선의보호가 문제되는 경우에 선의를 추정한다는 증명책임에 관하여 규정하고 있으며, 제2항은 선의인 경우에도 주의를 소홀히 하였다고 판단되는 때에는 제1항의 적용을 통한 선의보호를 배제할 수 있도록 규정하고 있다. 이러한 규정내용이 잘 보여주고 있듯이 스위스민법은 우리나라의 민법과 마찬가지로 선의보호에 관한 일반규정을 두고 있지 않으며,[8] 개별 규정에 의하여 일정한 상황에서 선의보호를 인정하고 있을 뿐이다. 스위스민법과 스위스채무법에서 선의의 보호를 명정하고 있는 경우로는 ① 동산 소유권의 선의취득(스위스민법 제714조 제2항), ② 금전 또는 유가증권 취득자의 선의보호(스위스민법 제935조), ③ 부동산등기에 대한 선의보호(스위스민법 제973조), ④ 선의점유자의 보호(스위스민법 제938조), ⑤ 타인 자재를 이용한 선의의 건축주 보호(스위스민법 제672조), ⑥ 선의 수익자의 부당이득 반환의무(스위스채무법 제64조) 등이 있으며, ⑦ 허위의 채무증서를 신뢰한 양수인의 보호규정(스위스채무법 제18조 제2항), ⑧ 제3자의 기망행위에 따른 의사표시에서 선의의 상대방 보호규정(스위스채무법 제28조 제2항) 등을 들 수

7) Art. 3 Guter Glaube
1 Wo das Gesetz eine Rechtswirkung an den guten Glauben einer Person geknüpft hat, ist dssen Dasein zu vermuten.
2 Wer bei der Aufmerksamkeit, wie sie nach den Umständen von ihm verlangt werden darf, nicht gutgläubig sein konnte, ist nicht berechtigt, sich auf den guten Glauben zu berufen.

8) Jäggi im Berner Kommentar, Einleitungsband, 1962, N. 11 zu Art. 3 ZGB; Hofer, im Berner Kommentar, Einleitung und Personenrecht, 2012 (이하 BK-Hofer), N. 4, 7 zu Art. 3(민법상의 선의보호가 선의라는 일반적 보호필요성이 아니라 개별 규정의 구성요건에서 제시되는 특별한 근거에 기초하고 있으며 따라서 그 개별 규정의 내용을 벗어나서는 구체적 내용을 말할 수 없다는 지적).

있다. 이들 규정에서 스위스법은 "선의(gutgläubig)", "몰랐다, 알 수 없었다(nicht kennen, nicht kennenmüssen)" 또는 "신뢰하여(im Vertrauen auf)"라는 문언 등을 통하여 선의보호를 표현하고 있다.

물론 스위스 법에서 선의보호의 법리는 법의 전 분야에 적용되는 원리로서 민사관계만이 아니라 공법상의 법률관계에도 적용되고 있다. 공법관계에서 선의보호 내지 신뢰보호는 헌법, 행정법상의 일반원칙으로 파악되고 있는데, 민사관계에서 선의보호는 위에서 소개한 개별 법률규정이 있는 경우에 비로소 적용될 뿐이라고 이해되고 있다.[9)] 이러한 선의보호에 관한 민사규정은 대체로 계약관계에 있는 양 당사자 사이에 국한하지 않고 제3자의 이해관계와 관련을 갖고 있으면서[10)] 다음의 3가지 요건, 즉 ① 실제와는 다른 허위의 권리 외관, ② 이러한 사정에 대한 선의, 그리고 ③ 권리외관의 신뢰에 따른 제3자의 일정한 처분을 기본요건으로 하고 있다.[11)] 이들 규정에 의한 선의보호는 한편으로는 선의자와 비교하여 권리 외관을 창출, 방치한 자의 이익이 보호받을 가치가 적다고 여겨지는 개별적 이익형량의 결과에서 찾아지며, 다른 한편으로는 등기의 공신력 등과 같이 (선의보호에 의하여 불이익을 받게 되는) 상대방이 외관 형성에 관여했는지 여부와 관계없이 거래질서의 보장 내지 법적 안정성의 도모와 같은 공적 신뢰의 보호를 위하여 선의보호가 관철되어야 한다는 이유에서 뒷받침되고 있다.[12)]

한편 선의보호에 관한 스위스민법 제3조의 이해와 관련하여 스위스민법이 제3조의 선의규정과 함께 제2조에서 신의성실의 원리(Handeln nach Treu und Glauben)를 규정하고 있는 관계로 스위스 문헌에서는 양 규정의 적용관계에 대해서도 논의하고 있다. 먼저, 이와 같은 이원적 규정방식은 가령 (2016년 개정 이전의) 프랑스민법 제1132조의 bonne foi, 그리고 더 거슬러서 로마법상의 bona fides(= good faith, redliche Gesinnung)라는 용어가 양자를 구별하지 않은 채 함께 표현하면서 개별 사례에서 구체적 타당성을 추구해 오고 있는 것과는 규정 방식에서 대조되고 있다.[13)] 물론 스위스 사법에서도 신의성실의 원리와 선의보호는 거래상의 행위에 대하여 윤리적 요청을 제시함으로써 거래질서와 신뢰보호의 목적을 추구하려는 데 그 목적을 두고 있다. 다만 양 규정이 따로이 규정되어 있어서 그 적용을 구분하자면, 신의성실의 원리는 그 자체로는 계약의 해석과 내용을 정함에 있어서 고려되고 또한 적법한 행위가 제3자의 합리

---

9) ZGB-Theo Mayer-Maly (1996), Art 3 N 2; BSK ZGB I-Honsell (2.Aufl., 2002) / in Art. 3 ZGB N 21; BK-Hofer, N. 11 zu Art. 3.

10) BSK ZGB I-Honsell (2.Aufl., 2002) / in Art. 3 ZGB N. 25.

11) Stephanie/Martina, Einleitung, 2019, § 4 N. 40(S. 144); BK-Hofer, N. 40-44 zu Art. 3.

12) 선의보호에 관한 이 같은 근거 제시와 관련하여 가령 동산 소유권의 선의취득과 같이 양 근거가 함께 반영될 수 있음은 물론이다. 선의보호에 관한 이 같은 근거제시는 이미 오래된 문헌인 Jäggi im Berner Kommentar, Einleitungsband, 1962, N.56 zu Art. 3 ZGB; 보다 상세한 내용으로는 BK-Hofer, N. 13-19 zu Art. 3.

13) Stephanie/Martina, Einleitung, 2019, § 4 N. 21(S. 139); BK-Hofer, N. 21-23 zu Art. 3. 이와 관련하여 김기창, "선의의 역사 1", JURIST 제382호(2002), 83.

적, 객관적 관점에서 허용되지 않는 경우에 적용되고 있다. 그 반면에 선의보호는 권리 내지 법적 지위가 결여된 경우에 이러한 외관에 따라 이해관계를 맺게 된 자의 내적, 주관적 사정을 고려하여 그 결함을 치유하는 역할을 하게 된다고 함으로써 양 규정의 기능을 구별하고 있다.[14)]

2. 선의의 개념과 선의추정 및 복멸

(1) 선의의 개념

스위스민법에서 선의라는 개념은 학설과 판례에 의하여 정의되고 있는데,[15)] 어떤 자의 내적·주관적·심리적 인식상황을 뜻하고 있음은 우리나라에서 이해하는 바와 같다. 스위스의 다수 입장에 의하면 선의를 파악함에 있어서는 ① 권리 내지 법적 지위의 결함(Rechtsmangel), ② 불법적 인식의 결여(Fehlen des Unrechtsbewusstseins)를 요소로 한다고 한다.[16)]

이 가운데 ① 권리 내지 법적 지위의 결함과 관련하여, 선의 여부의 판단은 외부적, 객관적 상황에서 주어진 권리 내지 법적 지위의 결함을 전제로 한다고 한다. 만약 일정한 법률효과를 발생시키는 데에 법률이 요구하는 모든 요건이 갖추어진 경우에는 이미 선의보호 자체가 문제되지 않을 것이기 때문이다. 이때 권리의 결함이라는 표현은 예를 들어 처분권한의 결여와 권리를 발생시키는 요소가 갖추어져 있지 않거나 허위의 채무증서에 따른 채권양수와 같이 권리발생을 저지하는 요소가 존재함을 뜻한다. '권리의 결함(Rechtsmangel)'이라는 표현이 매도인의 하자담보책임을 연상시킨다는 등의 사정에서 그 표현의 적절함이 다투어지면서 법적 지위의 결함 또는 결함있는 법적 지위라고 표현되기도 한다.[17)] 우리에게 익숙한 바로는 '원래의 진정한 법적 상태에 반하는 허위의 권리 외관'이라고 이해하면 족할 것으로 생각되는데, 어찌되었건 권리 내지 법적 지위의 결함은 법적으로 의미를 갖는 사정으로서 그로 인하여 소정의 불이익한 결과를 수반하게 될 것이다. 예를 들어 채권양도금지의 특약에도 불구하고 이를 알지 못하는 양수인에 대하여 채무자가 양도금지의 항변을 주장할 수 없게 되는 경우(스위스채무법 제164조 제2항)와 같이 유리한 법률효과가 발생하지 않거나 수익자의 부당이득 반환의무(스위스채무법 제64조)와 같이 불리한 법률효과의 발생으로 나타나게 된다.

---

14) ZGB-Theo Mayer-Maly (1996), Art 5 N 2; BSK ZGB I-Honsell (2.Aufl., 2002) / in Art. 3 ZGB N. 3. 위의 스위스민법 제3조의 영향을 받아서 네덜란드민법전 제3편 제11조 역시 선의보호에 관한 일반규정을 갖고 있는데, 그 규정에 따르면 "법률효과의 발생에 필요한 선의는 선의가 관련되는 사실 또는 법을 알고 있을 경우만이 아니라 주어진 상황에서 이를 알 수 있었어만 했을 경우에도 결여된다(후략)."

15) 이는 스위스 입법자의 결단, 즉 선의라는 개념이 다양한 사례유형에서 달리 이해될 수 있기 때문에 그 개념정의를 포기한다는 결단에서 비롯한 것이라고 이해된다. BK-Hofer, N. 27 zu Art. 3.

16) Jäggi im Berner Kommentar, Einleitungsband, 1962, N.30 zu Art. 3 ZGB. 위와 같은 개념적 파악은 스위스에서 Jäggi가 제시한 이래 다수의 입장으로 되어 있다.

17) BSK ZGB I-Honsell (2.Aufl., 2002) / in Art. 3 ZGB N. 13.

그런데 스위스민법의 선의 개념에 대한 이해에서 무엇보다 주목되는 바는 이와 같은 허위의 외관에 대한 '불법적 인식의 결여(Fehlen des Unrechtsbewusstsein)'라는 요소이다. 스위스민법에서도 전래적 입장은 선의자의 주관적 인식상황에 대하여 권리 내지 법적 지위의 결함에 관한 '부지'(不知, Unkenntnis)라고만 정의해 왔었다. 그러나 Jäggi가 주장한 이래 현재의 지배적 견해는 선의의 주관적 요건을 권리의 결여에도 불구하고 불법하다는 인식을 갖고 있지 않은 상태라고 정의하고 있다.[18] 이와 같은 입장에 따르면 가령 타인의 건축자재를 자신의 대지 위에 건물을 신축하는데 사용한 경우에 타인의 건축자재를 사용하고 있다는 사정을 알지 못한 때만이 아니라 타인의 건축자재임을 알고 있지만 그 타인의 동의를 얻어서 신축공사에 이용할 수 있다고 (사실과 달리) 믿고 있는 한 뭔가 부정한 행위를 하고 있다는 인식을 갖지는 않는다는 점에서 선의로서 취급될 수 있다고 한다.[19] 다시 말해 이러한 견해에 따르면 지(知), 부지(不知)의 사실적 인식상황은 그 자체로 선의를 파악함에 있어서 부차적 의미만을 가질 뿐이며, 그보다 신의성실의 객관적 판단기준이 강조되면서 선의 여부가 문제되는 자가 법적으로 의미있는 사실을 알았는지 또는 알 수 있었거나 알아야만 했었는지 여부를 판단하여야 한다. 참고로 이런 입장에 따르면 악의라는 개념은 객관적으로 위법하게 행위하고 있는 자가 불법하다는 인식을 갖고 있는 상태를 뜻하며, 따라서 법적 지위에 흠이 있다는 사정에 대한 단순한 인식만으로는 악의를 인정함에 충분하지 않다고 이해된다.[20]

위와 같은 다수 입장에 따르면 스위스민법 제3조의 "선의"라는 개념은 '법적 지위가 결여되어 있음에도 스스로 불법하다는 인식이 없는 데에 타당한 이유가 있는 상태'라고 정의되기도 하면서 사실적 지 · 부지(知 · 不知)의 상태를 넘어서 윤리적, 법적 가치판단의 의미를 갖게 된다.[21] 스위스 판례 역시 이러한 다수설에 따르면서[22] 법률행위 영역과 법률행위 외의 영역을 구분하여 선의의 개념을 다음과 같이 정의하고 있다. 법률행위에 의한 거래영역에서 선의라 함은 "실제로는 결여되어 있는 사정이 존재한다고 정당하게(entschuldbar) 믿고 있는 상태" 라고 판시하고 있다. 그러면서 법률행위 밖의 영역에서는 이보다 더욱 완화하여 "정직하지 않

18) 위 각주 16의 문헌 및 이에 따르는 견해로서 ZGB-Theo Mayer-Maly (1996), Art 13, 18 N. 2; BSK ZGB I-Honsell (2.Aufl., 2002) / in Art. 3 ZGB N 9; Stephanie/Martina, Einleitung, 2019, § 4 N. 13(S. 137).

19) Stephanie/Martina, Einleitung, 2019, § 4 N. 13(S. 137).

20) Stephanie/Martina, Einleitung, 2019, § 4 N. 19(S. 139). 악의 수익자의 부당이득반환의무에 관한 민법 제748조 제2항의 해석에서 이와 같이 부당이득 반환의무의 범위를 가중하는 '악의'의 개념에 관하여 심리적 인식의 사정 외에 그 같은 인식에 이르게 된 경위를 고려하여야 한다는 국내 문헌의 지적으로는 최우진, "민법 제748조 제2항에서 정한 "악의"의 의미", 민사법학 제93호(2020), 325.

21) ZGB-Theo Mayer-Maly (1996), Art 19 N 2; BSK ZGB I-Honsell (2.Aufl., 2002) / in Art. 3 ZGB N 10. 이러한 윤리적 고려는 이미 로마법 이래의 오랜 법제사적 경향이며 19세기 독일법학계의 논의에서도 잘 드러나고 있다고 하는데, 이에 관하여 BK-Hofer, N. 30 zu Art. 3; 김기창, 선의의 역사 1, JURIST 제382호(2002), 85(심리상태의 선의 vs. 윤리상태의 선의).

22) BSK ZGB I-Honsell (2.Aufl., 2002) / in Art. 3 ZGB N. 8.

고(unredlich) 윤리적으로 비난할만한 행위가 있는 경우"에 선의가 배제될 뿐이라고 판단해 오고 있다.[23] 물론 스위스의 일부 문헌은 이러한 지배적 태도에 대하여 선의의 개념에 윤리적 의미를 부여하고 있다는 점에서 비판하고 있다.[24] 그렇지만 지배적 견해는 선의보호 여부를 판단함에 있어서는 윤리적 요청이 필요하며, 이 같은 고려는 이미 선의의 개념 내지 선의자의 인식상황을 정의함에 있어서 고려하는 것이 적절하다고 파악하고 있다. 선의를 파악함에 있어서 일정한 사실에 대한 부지(不知) 내지 착오의 정당성 여부에 대한 가치판단을 필요로 하다는 지배적 견해는 스위스민법의 경우에는 선의보호가 신의성실의 원리와 함께 개별 사례에서 이익형량의 문제라고 여겨지고 있으며 또한 제2항에서도 주의소홀 여부의 가치판단에 따라 선의보호를 배제하는 규정을 두고 있다는 사정에 비추어 충분히 납득할 수 있다고 생각된다.

(2) 선의의 추정

스위스민법 제3조 제1항은 Ⅱ.1.에서 설명한 바와 같이 선의보호의 원리 내지 그 구성요건에 관한 일반규정의 역할을 하지는 않고 있다. 단지 선의보호에 관한 다른 개별 규정을 적용함에 있어서 선의를 추정한다는 증명책임에 관한 총론적 내용을 정하고 있는 셈이다. 주지하는 바와 같이 선의의 요건은 내심의 사실로서 증명하기 곤란하고, 또한 스위스민법 제8조[25]에 의하면 권리를 주장하는 자가 이를 주장하는 데 필요로 하는 요건사실을 증명하도록 규정하고 있다. 따라서 이에 의하면 선의보호 규정에 따라 권리취득에 필요한 선의의 요건을 주장하는 자는 내심의 사실인 선의를 추단케 해 주는 일정한 사실을 증명함으로써 자신이 선의임을 증명해야만 할 것이다. 그런데 바로 스위스민법 제3조 제1항은 개별 당사자의 이익형량과 거래질서의 보장이라는 선의보호의 취지를 증명책임의 분배에서도 관철하여 선의를 추정한다고 규정함으로써 선의자의 증명곤란을 완화해 주고 있다. 다시 말해 스위스민법 제3조 제1항의 규정내용에 따라 선의가 증명되어야 하는 것이 아니라 선의가 아니라는 사실이 증명대상으로 되며, 선의를 주장하는 자가 선의보호 규정의 (선의 이외의) 다른 요건사실을 주장, 증명하는 경우에는 이를 다투는 상대방이 선의가 아니었음을 증명하도록 되어 있다.[26]

선의를 추정하여 선의의 요건에 대한 증명곤란을 해소해 주는 스위스민법 제3조 제1항은 법제사적으로는 로마법과 보통법시대의 bona fides praesumitur (= good faith is presumed) 법리로 거슬러 올라가는데, 선의취득을 알지 못하였던 당시의 법질서에서는 무엇보다 자주점유

---

23) BGE 57 Ⅱ 253.

24) BK-Hofer, N. 29 zu Art. 3.

25) Art. 8 Beweislast

Wo das Gesetz es nicht anders bestimmt, hat derjenige das Vorhandensein einer behaupteten Tatsache zu beweisen, der aus ihr Rechte ableitet.

26) ZGB-Theo Mayer-Maly (1996), Art 3 N 29-30; BSK ZGB I-Honsell / in Art. 3 ZGB N 30; Stephanie/Martina, Einleitung, § 4 N. 45-46(S. 146-7); BK-Hofer, N. 11 zu Art. 3.BK-Hofer, N. 99 zu Art. 3.

에서 주로 문제되었다고 한다.[27] 위 규정에 의하여 추정되는 것은 선의 그 자체이기 때문에, 선의의 추정은 (권리발생의 요소가 결여되어 있거나 권리행사의 장애로 되는) 권리 내지 법적 지위의 흠(Rechtsmangel)에 대한 부지(不知)만이 아니라 선의를 주장하는 자가 그러한 흠이 제거되었다고 착오로 믿었다는 사정에 대해서도 미친다고 이해되고 있다.[28] 다만 추정의 효력범위와 관련하여 주의할 바는 다수의 입장에 따르면 제3조 제2항에서 정하는 바와 같이 선의를 주장하는 자가 일정한 사정을 믿게 된 데에 상황에서 요구되는 충분한 주의를 하였는지 여부에 대해서는 제1항의 선의추정 규정이 더 이상 적용되지 않는다고 한다. 이에 대하여 일부 견해는 법적 지위의 흠 여부를 의심하여 조사할 것을 요구하는 사정이 알려져 있지 않는 한 선의의 추정규정은 제2항에서 요구하는 주의의무에 대해서도 적용되어야 한다고 주장하고 있다. 그렇지만 다수 견해는 제3조 제1항의 문언이 선의에 대해서만 추정규정을 둔 채 제2항에서 선의자의 주의 여부에 대해서는 별도로 규정하고 있음을 이유로 선의자의 무과실에 대하여 위 추정규정의 적용을 넓히지는 않고 있다.[29] 이에 관한 스위스판례의 입장은 분명하지 않다고 한다. 그런데 이와 같은 제3조 제1항의 추정규정 적용 여하에 관계없이, 스위스의 유력 문헌에 따르면 증명을 필요로 하는 요건사실로서 선의자가 당해 상황에서 요구되는 주의를 제대로 기울이지 않았다는 사정은 증명책임의 원칙을 정한 스위스민법 제8조에 따라 선의의 효과를 다투려는 상대방에 의하여 주장, 증명되어야 한다고 이해되고 있다.[30]

끝으로 선의추정 규정은 선의의 요건사실이 명확하게 증명되지 않은 경우에 적용된다는 점에서 자백 등에 의하여 선의 여부의 사실이 이미 확증된 때에는 더 이상 적용될 여지가 없다. 또한 선의추정 규정이 증명책임에 관한 일반원칙에 대한 예외규정의 성격을 갖는다는 점에서 민법에서 선의보호를 명시적으로 정한 경우가 아닌 한 유추적용될 수 없다는 견해도 주장되고 있지만, 통설의 입장에서는 선의보호가 일반적 법원칙의 구체화라고 이해하면서 선의추정 규정 역시 유추적용될 수 있다고 파악하고 있다.[31] 물론 이 경우에도 각종 선의보호 규정의 취지에 따라 ① 성문의 법률규정이 정하고 있는 권리외관과 유사한 외관이 존재하여야 하고 ② 이러한 선의의 보호를 통한 거래안전의 이익이 있으며, ③ 그 확대적용의 결과가 법률상의 이익형량과 모순되지 않아야 한다고 한다.

(3) 선의의 배제

스위스민법 제3조 제1항의 선의추정은 증명책임의 일반법리에 따라 반증이 있거나 반대

---

27) BSK ZGB I-Honsell / in Art. 3 ZGB N. 5. 우리 문헌의 이 같은 지적으로는 김기창, "선의의 역사 1", JURIST 제382호(2002), 84.

28) Stephanie/Martina, Einleitung, § 4 N. 32(S. 142).

29) BSK ZGB I-Honsell / in Art. 3 ZGB N. 29; Stephanie/Martina, Einleitung, § 4 N. 33(S. 142).

30) BSK ZGB I-Honsell / in Art. 3 ZGB N. 29; Stephanie/Martina, Einleitung, § 4 N. 33(S. 142).

31) BSK ZGB I-Honsell / in Art. 3 ZGB N. 21-23; Stephanie/Martina, Einleitung, § 4 N. 43-44 (S. 145-6).

사실의 증명을 통하여 번복될 수 있다. 이와 더불어 스위스민법 제3조 제2항은 선의자가 주어진 상황에서 요구되는 주의를 다 하였더라면 권리 내지 법적 지위의 흠이 있음을 알 수 있었을 경우에는 자신이 선의임을 주장할 수 없다고 규정하고 있다.32) 이러한 규정에 따라 사실상으로는 선의인 자라고 하더라도 요구되는 주의를 다하지 못하여 진정한 법적 상태를 알지 못한 때에는 더 이상 선의자로서 보호받지 못하게 된다. 동 규정의 적용과 관련하여 선의보호를 다투는 상대방은 선의를 주장하는 자가 당해 상황에서 객관적 척도에 비추어 요구되는 주의를 다 하였더라면 권리 내지 법적 지위의 결함을 알 수 있었을 것이라는 사정을 증명하여야 한다.33)

위와 같이 스위스민법 제3조 제2항에 따라 선의보호를 배제하는 취지는 대립하는 이익형량의 결과라고 여겨지고 있다. 다시 말해 선의보호가 결국에는 실재와 다른 허위의 외관과 관련하여 선의의 요건으로 보호받는 자와 그 반대로 불이익을 받게 되는 자 사이의 이익형량의 결과라는 점에서, 스위스민법 제3조 제2항은 선의이더라도 주의를 게을리하여 진실한 법적 상태를 알지 못한 자의 이익을 그와 대립하는 상대방의 이익과 비교하여 열위에 두는 실체법상의 가치판단을 내리고 있다. 이에 위 규정의 문언이 "주장할 수 없다"고 표현함으로써 소송법적 측면을 규정한 것이라고 볼 여지도 있지만, 스위스 문헌은 위 규정에 의하여 사실상으로는 선의임에도 불구하고 선의가 아닌 것으로 의제하고 있다고 파악하고 있다.34) 한편 선의보호가 배제되기 위해서는 다수 견해에 따르면 선의자의 주의 소홀과 허위 외관에 대한 신뢰 사이에 인과관계가 있어야 한다.35) 따라서 선의자가 상황에서 요구되는 주의를 다 하여 조사조치를 취하였더라도 실재와 다른 허위의 외관이었음을 도무지 알 수 없었을 경우에는 주의 소홀에도 불구하고 여전히 선의보호가 인정될 수 있다고 한다. 또한 위 규정에 의한 선의보호의 배제에서는 선의자의 주의 여부가 관건이 되며, 선의보호에 의하여 불이익을 받게 되는 자의 행태는 선의자의 인식 가능성에 영향을 주는 한도에서 고려될 수 있다고 한다.36)

그런데 스위스민법 제3조 제2항은 선의자가 선의보호를 주장할 수 있기 위해서는 어느 정도의 주의 정도가 요구되는지 명시적으로 정하고 있지 않다.37) 스위스의 판례와 통설에 따르면 주어진 상황에서 합리적 평균인에 의하여 기울어져야 할 주의의 정도를 기준으로 하여 형

32) 물론 위의 규정에 따라 선의추정이 복멸된 경우에도 선의를 주장하는 자에게 자신이 선의임을 증명할 수 있는 가능성은 열려 있다.

33) 앞의 Ⅱ. 2. (2) 참조. Stephanie/Martina, Einleitung, §4 N. 65(S. 152); BK-Hofer, N. 11, 107 zu Art. 3.

34) 이미 Jäggi im Berner Kommentar, Einleitungsband, 1962, N.106-108 zu Art. 3 ZGB; ZGB-Theo Mayer-Maly (1996), Art 3 N 34; BSK ZGB I-Honsell / in Art. 3 ZGB N 33; Stephanie/Martina, Einleitung, § 4 N. 64(S. 151).

35) BK-Hofer, N. 122 zu Art. 3 (관련 문헌의 소개와 함께).

36) BSK ZGB I-Honsell / in Art. 3 ZGB N 36; Stephanie/Martina, Einleitung, §4 N. 70(S. 153).

37) 물론 개별 법률규정에서 가령 악의 또는 중과실의 경우에 선의보호를 배제한다는 내용을 별도로 정하고 있는 경우는 있다. 가령 수표의 선의취득에 관한 스위스채무법 제1006조 제2항.

평의 재량적 판단에 따라 정해진다고 이해되고 있다. 이때 제3조 제2항에 따라 선의자에게 요구되는 주의는 (손해배상책임을 야기하는) 진정한 의무라고 할 수는 없고 책무(Obliegenheit) 또는 자기자신에 대한 주의(Verschulden gegen sich selbst)라고 이해되는 한편, 주의 정도는 객관적 거래관념에서 요구되는 추상적 척도에 따라 정해진다고 한다.[38] 위와 같은 선의자의 주의의무를 구체화하기 위하여 일부 견해는 ① 교육, 지위 내지 역할 등에서 비교할 수 있는 평균인을 기준으로 한다는 인적 요소, ② 개별 사례에서 주어지는 구체적 상황을 기준으로 한다는 물적 요소, 그리고 ③ 문제되는 행위의 반복의 정도 등과 같이 구체적 사정과 이로부터 객관적으로 추단할 수 있는 바를 고려한다는 시간적 요소를 제시하기도 하는데, 결국에는 선의자에게 어떤 내용과 어느 정도의 주의가 요구되는지는 당해 개별 상황에 대한 전체적 평가에 따라 결정되어야 한다고 할 것이다.

위와 같은 선의자의 주의 여부에 대한 법원의 재량적 판단과 관련하여 스위스 문헌과 판례에서는 다음과 같은 유형적 판단이 일반적으로 제시되고 있다. 즉, ① 보통의 경우에는 통상의 주의 정도를 요구하고, ② 유가증권을 목적으로 하거나 등기 등의 공적 장부에 의한 거래에서는 선의자에게 보다 완화된 주의정도만이 요구되는 반면, ③ 출처가 의심되는 상품이 거래되는 영역에서는 보다 높은 주의를 기울여야 한다는 것이다.[39] 스위스 판례 역시도 기본적으로 이와 마찬가지로 생각되는데, 관련 문헌에서 자주 인용되는 한 기본 판결례에서는 "취득자에게 요구되는 주의의 정도는 당해 사정에 따라 정해지게 된다. 이것이 개별사례에서 뜻하는 바는 형평에 따른 재량의 문제(스위스민법 제4조)라는 것이다. 연방법원의 일관된 판례에 따르면 처분자의 처분권한의 존재에 관하여 조사·검토하여야 할 일반적인 의무는 인정되지 않는다. 구체적으로 의심할만한 사유(konkrete Verdachtsgründe)가 있을 경우에만 자세한 상황을 해명해 보아야 한다. […] 연방법원은 최근 판결례에서 특별한 위험이 결부된 법률행위와 관련하여 판례법리를 구체화하여, 럭셔리 급의 특판자동차(Occasionsautomobile)의 판매자에게는 보다 높은 정도의 주의의무가 요구된다. 따라서 일반적인 조사·검토의무가 부과되지는 않지만 처분자의 처분권한과 관련하여 해명하여 알아봐야 할 의무가 구체적으로 의심할만한 사유가 있을 때에 비로소 인정되는 것이 아니라 주어진 사정에서 미심쩍인 정황(Anlass zu Misstrauen)이 있는 것만으로 충분하다"고 판시한 바 있다.[40]

이와 같은 유형적 판단방법 하에서 스위스 판례는 동종의 직무에 종사하는 자의 평균적 인식내용, 유사한 거래의 경험 내지 활동의 숙련 정도, 당해 거래의 성질과 경과과정, 거래내용의 정상성·이례성 등을 참작하여 해당 상황의 종합적 평가에 따라 주의의 정도를 결정하고

38) BSK ZGB I-Honsell / in Art. 3 ZGB N 37; BK-Hofer, N. 113, 117 zu Art. 3.
39) Stephanie/Martina, Einleitung, § 4 N. 81(S. 156).
40) BGE 122 Ⅲ 1. 동일한 취지로 BGE 139 Ⅲ 305.

있다.[41] 따라서 위의 기본 판결례에서도 분명히 하고 있듯이, 거래경험상 출처가 의심되고 도품 또는 유실물과 같이 권리의 하자가 문제되는 물건이 자주 판매되는 시장에서는 통상의 경우와 비교하여 거래당사자에게 보다 높은 주의의무가 요청된다고 할 것이다.[42] 한편 등기, 등록과 같은 공시제도는 열람자의 주의정도를 완화시키는 역할을 하게 된다.[43] 공적 장부의 공시적 기능 또는 유가증권의 경우와 같이 보다 높은 신뢰보호의 필요에 비추어 그 기재내용은 일응 진실에 부합하다고 기대할 수 있어야 할 것이다. 더욱이 부동산등기나 상업장부의 기재내용 등과 같은 경우에는 이를 열람하지 않아서 알지 못하는 때에도 자신이 선의임을 주장할 수 없게 된다(스위스민법 제970조 제3항, 스위스채무법 제933조 제1항).[44] 다만 등기부의 기재내용, 예를 들어 부동산등기부에의 기재내용에 대한 선의보호 역시 절대적이지는 않아서, 상황에서 요구되는 주의를 다 하였더라면 권리의 흠결을 알았거나 알 수 있었던 자는 자신이 선의임을 주장할 수 없게 된다(스위스민법 제974조 제3항). 한편 공적 장부의 공시적 기능에 비추어 실재와 달리 기재된 내용에 따른 선의보호의 효과는 이를 주장하는 자가 실제로는 등기부를 열람하지 않은 경우에도 인정된다고 이해되고 있다.[45]

끝으로 선의·악의 여부는 권리 내지 법적 지위의 결함에 대한 부지 내지 착오라는 사실의 문제로서 연방법원의 심사가 제한되는 반면, 외관과 다른 진실한 사실을 확인하는데 충분한 주의를 다 하였는지 여부는 법적 문제로서 연방법원의 심사대상으로 이해되고 있다.[46]

3. 선의보호의 효과와 적용상의 개별 문제

선의보호의 법률효과는 개별 규정의 내용에 따라 정해지고 있다. 크게 나누어 선의에 따라 실재와 다른 결함의 치유(heilen) 또는 완화(abmildern) 효과라고 언급되는데, 전자의 치유적 효과로서는 가령 동산 소유권에 대한 선의취득(스위스민법 제714조 제2항)에서 양도인의 처분권한이 없음에도 불구하고 양수인의 선의에 따라 무권한의 흠이 치유되어 양도인에게 처분권한이

41) BGer 4A 91/2016, E.2.2.1. 이와 관련하여 선의보호의 주장을 배제하기 위해서는 중과실만으로 족한지 아니면 통상의 과실을 요구하는지에 대하여 Jäggi의 다음과 같은 지적은 경청할 만하다고 생각되는데, 그에 따르면 일반적으로는 통상의 주의가 요구된다고 하면서도 "평균적 기준에서 분명하게 벗어나는 행위이면 족하고 반드시 중과실에 의하여 기준에서 벗어난 행위일 필요는 없다"고 설명하고 있다. Jäggi im Berner Kommentar, Einleitungsband, 1962, N. 11 zu Art. 127 ZGB.

42) BGE 113 Ⅱ 397.

43) BSK ZGB I-Honsell / in Art. 3 ZGB N. 41.

44) 물론 스위스에서도 모든 공적 장부에 동일한 정도의 효력을 부여하는 것은 아니며, 가령 소유권유보대장(Eigentumsvorbehaltsregister)의 경우에는 이를 열람하지 않았다는 사정이 주의의무의 위반을 뜻하지는 않는다고 보며, 뭔가 구체적으로 의심할만한 사유가 있거나 또는 중고자동차 딜러와 같이 거래관행에 따라 장부의 열람의무가 인정된다고 한다.

45) BGE 44 Ⅱ 469.

46) BSK ZGB I-Honsell / in Art. 3 ZGB N 30; Stephanie/Martina, Einleitung, § 4 N. 78(S. 155).

있었던 것과 같이 의제됨으로써 권리의 하자가 종국적으로 치유되는 효과를 들 수 있겠다. 반면 선의에 의하여 권한의 결함 자체가 완전하게 치유되지는 않지만 반환의무 또는 손해배상책임의 내용에서 경감되는 경우(가령 스위스민법 제674조 제3항)가 하자의 완화적 효과라고 설명되고 있다.

이와 같은 선의의 법률효과와 관련하여 제3조 제2항의 표현은 선의자의 주장이 있어야만 발생할 수 있다고 이해될 여지도 있지만, 통설에 따르면 법원이 직권으로 인정할 수 있다고 해석하고 있다.[47] 따라서 선의자가 효력의 발생을 원하지 않더라도 인정되며,[48] 선의에 의하여 인정되는 법률효과는 누구나 주장할 수 있다고 한다.[49] 한편 선의보호를 위하여 선의가 요구되는 시점은 개별 규정의 내용과 취지에 따라 정해지는데, 원칙적으로 점유의 이전, 부동산등기부 기재의 시점과 같이 선의는 권리를 취득하는 시점에 갖추어져야만 한다. 대리권수여 표시 또는 권한을 넘는 표현대리(스위스채무법 제33조 제3항 참조)의 경우에도 무권대리인의 대리행위가 이루어진 시점에 요구되며, 점유취득시효(스위스민법 제661조, 제662조, 제728조)의 경우에는 점유하는 기간 내지 점유취득시효 완성시점까지의 기간 동안에 선의의 점유가 계속되어야 한다.[50] 이상과 같은 관건이 되는 시간 또는 기간이 경과한 후에 비로소 선의자가 진정한 상태에 대한 인식 또는 부지에 대한 주의를 게을리하였다는 사정은 선의보호에 영향을 주지 않는다고 이해된다.

선의보호의 효과 내지 적용과 관련하여 끝으로 언급하고자 하는 바는 스위스에서는 의사능력(Urteilsfähigkeit)이 있는 자의 경우에만 선의 여부가 문제된다고 한다. 다시 말해 의사능력이 없는 자는 선의·악의일 수 없으며 따라서 법률행위 또는 불법행위에 의하여 자신의 지위를 악화시킬 수 없다고 이해된다.[51] 또한 승계인은 자신의 전주(前主)의 선의, 악의에 따라 주어지는 지위를 승계한다고 취급되며, 승계인 자신의 인식상태는 원칙적으로 문제되지 않는다고 한다.[52] 점유취득시효의 경우에는 점유의 승계에 관하여 별도의 규정을 두고 있는데(스위스

47) BSK ZGB I-Honsell / in Art. 3 ZGB N. 42; Stephanie/Martina, Einleitung, § 4 N. 57(S. 149).

48) BK-Hofer, N. 11 zu Art. 3.

49) BSK ZGB I-Honsell / in Art. 3 ZGB N. 42; BK-Hofer, N. 72 zu Art. 3.

50) BSK ZGB I-Honsell / in Art. 3 ZGB N. 45.

51) BSK ZGB I-Honsell / in Art. 3 ZGB N. 46; Stephanie/Martina, Einleitung, § 4 N. 17(S. 138). 그런데 위와 같은 표현은 스위스에서도 그 이해에서 주의를 요한다고 생각되는데, 의사능력이 없는 자가 언제나 자신의 선의를 주장할 수 없음을 의미하는 것은 아니라고 이해하고 있다. 만약 위와 같이 오해될 경우에는 선의보호를 위한 법률규정이 의사무능력자에게는 적용이 배제되는 결과를 가져올 수 있기 때문이다(가령 제한능력자에 대한 현존이익의 반환의무에 관한 스위스민법 제19b조의 의사무능력자에 대한 적용의 경우). 그저 선의 여부가 의사능력을 전제로 한다는 의미는 계약이 선의보호의 전제가 되는 경우에 의사능력이 없는 자는 그 자체로 법률행위를 유효하게 체결할 수 없기 때문에 이미 선의보호가 필요 없다는 것을 뜻한다고 이해되고 있다. BK-Hofer, N. 135 zu Art. 3.

52) 물론 위와 같은 인식의 승계에 대한 이해 역시 주의를 요하는바, 승계인의 권리취득이 그 자체로 선의보호의 요건을 충족하는 한 전주의 선의·악의와 무관한 자기 자신의 인식상태가 문제된다. 이런 지적으로는 Jäggi im

민법 제941조), 이와 같은 취급은 상속의 경우에는 이미 '누구도 자신이 가진 것 이상을 다른 사람에게 이전할 수 있는 권리를 가질 수 없다'(nemo plus iuris ad alium transferre potest, quam ipse habet)'라는 일반법원리에 비추어 당연하다고 여겨진다. 법률행위에 의한 특정승계의 경우에는 전주의 선의가 권리취득의 효과를 가져오는 이상 후속하는 거래관계에서는 더 이상 무권한자의 처분이 아니며 따라서 선의 여부 역시 문제되지 않는다고 한다.[53] 다만 (악의인) 처분권한이 없던 원래의 양도인이 선의의 양수인으로부터 다시 취득하는 경우에 소유권의 취득을 인정할 지의 여부가 다툼이 되는데, 다수 견해는 이를 인정하고 있다.[54]

Ⅲ. 우리 민법의 선의의 제3자 보호에 대한 시사점

1. 선의의 파악과 합리적 신뢰 (무과실 여부)

선의라 함은 우리나라에서는 일정한 사실을 알지 못하는 인식의 상태라고 널리 이해되어 오고 있다. 가령 민법 제107조 이하에서는 법률행위의 무효·취소에 대한 인식이 없는 상태, 민법 제449조에서는 채권양도금지특약의 존재에 대한 부지를 뜻한다. 물론 민법 제201조 제1항과 같이 개별 규정에 따라서는 선의라는 요건이 적극적 권한이 있다고 (정당하게) 믿는 상태라고 이해됨으로써 일정한 사실의 지·부지(知·不知)라는 인식을 넘어서 적극적 권한의 존재에 대한 오인(誤認)의 상태를 뜻하기도 한다. 그런데 이는 스위스민법에서도 선의의 개념을 법적 지위의 결함에 대한 부지 또는 착오라고 이해하고 있다는 점에서 기본적으로 다르지 않다고 여겨진다. 더욱이 일정한 사실의 부지(不知)와 적극적 권한의 오신(誤信)이라는 인식적 구별 역시 다분히 상대적이라고 생각된다. 민법 제201조 제1항의 선의의 점유자를 가지고 표현해 보면 통설[55]과는 다소 다른 뉘앙스로서 점유자가 과실을 취득할 수 있는 본권을 갖고 있다고 적극적으로 믿는다는 것과 자신에게 그러한 본권이 없음을 알지 못하는 소극적 인식상태가 본질적으로 다르지는 않다고 생각된다. 오히려 위 규정에 의한 선의의 점유자에 대한 이해에서 보다 중요한 바는 본권의 보유에 대한 착오의 인식과 함께 이렇게 오신하는데 납득할만한 이유가 있어야 한다는 요청이라고 생각된다.[56]

실제로 스위스 민법 제3조에 따른 선의의 개념을 파악함에 있어서 다수설과 판례에 의하면 지·부지(知·不知)의 단순한 사실적 측면만이 아니라 부지 또는 착오에 대한 정당성 여부라

Berner Kommentar, Einleitungsband, 1962, N.134 zu Art. 3 ZGB; BK-Hofer, N. 146 zu Art. 3.

53) ZGB-Theo Mayer-Maly (1996), Art 3 N 42; BSK ZGB I-Honsell / in Art. 3 ZGB N 46.

54) 견해대립의 소개로는 BSK ZGB I-Honsell / in Art. 3 ZGB N 46. 이에 관한 국내 문헌의 논의로는 주석민법 [물권 (1)] 제4판, 821(김진우 집필).

55) 주석민법 [물권 (1)] 제4판, 370(김형석 집필).

56) 민법 제201조 제1항의 선의 점유자에 대한 과실 요건을 둘러싼 견해대립에 관하여는 주석민법 [물권 (1)] 제4판, 372(김형석 집필).

는 윤리적 의미를 부가하고 있음은 이미 Ⅱ.2.(1)에서 자세히 소개한 바와 같다. 물론 우리 민법에서는 선의라는 요건사실만을 규정한 경우(가령 민법 제107조 제2항, 민법 제201조 제1항, 민법 제449조 등)와 함께 선의 외에 (무)과실의 요건을 추가적으로 규정하거나 이와 유사한 의미로서 '정당한 이유'라는 표현 등을 사용하고 있는 경우(가령 민법 제125조, 제126조, 민법 제249조, 민법 제470조)가 있다는 점에서 선의의 요건을 지·부지(知·不知)의 인식 또는 착오 외에 언제나 과실 여부를 고려해야만 한다고 일의적으로 말할 수는 없다고 생각된다. 가령 채권양도 통지와 금반언에 관한 민법 제452조가 양수인에게 대항할 수 있는 사유를 가지고 양도인에게 대항하기 위하여 채무자의 선의를 그 요건으로 하고 있을 때에 그 선의는 채권양도의 통지를 수령한 채무자의 입장에서 양도행위의 무효라는 사정에 대한 인식만을 뜻한다고 해석할 수 있을 것이다.[57] 또한 신뢰보호와 거래질서의 보장을 위한 제3자의 보호가 언제나 선의·무과실의 제3자에 한해서만 인정되는 것은 아니다. 무엇보다 부동산실명법 제4조 제3항에 따른 제3자 보호는 명의신탁의 법리구성과 명의신탁에 대한 제재적 의도에서 선의, 악의를 묻지 않고 인정되고 있다.[58] 그리고 스위스민법의 논의에서와 마찬가지로 우리나라에서도 가령 상업등기의 경우에는 적극적 공시효력(상법 제37조 제2항)를 인정함으로써 등기사항은 등기 후에는 제3자가 선의라고 하더라도 그 기재사항을 주장할 수 있다.[59]

그렇지만 법률규정이 실재와 다른 외관에 따른 이해관계자의 보호를 '선의'에 한정하고 있는 경우에 이 같은 문언의 표현만으로 언제나 일정한 사실에 대한 지·부지의 인식상태만이 문제될 뿐 그러한 인식에 이르게 된 경위, 즉 과실 여부를 고려할 수 없다는 해석은 지나치게 문리적·형식적 관점에 치우친 것이라고 여겨진다. 이와 관련하여 무엇보다 법률행위의 무효·취소에 따른 제3자의 보호에 대한 민법 제107조 제2항 이하의 선의 규정을 다루어 볼 수 있다. 특히 제108조 제2항의 선의를 둘러싸고 논의가 이루어지는데, 다수설에 따르면 선의인 제3자에게 무과실을 요구하지 않는다고 이해하고 있다.[60] "고의로 제3자를 오신시키는 허위의 외관을 스스로 만들어낸 허위표시의 당사자를 보호할 필요는 없"음을 중요한 근거로서 제시하고 있다. 판례 역시 선의의 제3자에게 무과실을 요건으로 하지 않는다는 입장이다.[61] 그러나 최근에는 이와 달리 (중)과실 여부를 고려하여야 한다는 견해가 피력되고 있으며,[62] 사견으로도 선의인 제3자의 주의 여부를 함께 고려해야 한다고 생각된다. 먼저 선의라는 문언에도 불

57) 통설의 입장. 주석민법 [채권총칙 3] 제5판, 612(최수정 집필).

58) 양창수(주 3), 98. 해제에서 기본적으로 제3자의 선의, 악의를 묻지 않는 것에 대해서는 앞의 Ⅰ. 각주 3 참조.

59) 위 상법규정의 "정당한 사유"는 등기제도의 취지상 아주 엄격하게 해석됨으로써 실제로는 적용될 여지가 없다고 이해된다.

60) 주석민법 [민법총칙 2] 제4판, 627(최성준 집필).

61) 대법원 2004. 5. 28. 선고 2003다70041 판결; 대법원 2006. 3. 10. 선고 2002다1321 판결.

62) 최상호, 민법 제108조 제2항의 제3자의 범위, 계명법학 제1집(1997), 84; 윤진수, 허위표시와 제3자, 민사판례연구 제29권(2007), 604.

구하고 선의 외에 과실 여부를 고려하는 목적적 축소해석은 이미 민법 제201조 제1항의 선의의 점유자,[63] 민법 제449조에서 채권양도금지특약에 대한 선의의 양수인 보호에 관한 판결례[64]에서 널리 받아들여지고 있다.

또한 다음과 같은 여러 근거를 제시할 수 있겠다: ① 외관에 따른 신뢰보호의 필요성 여부를 판단함에서 선의에 이르게 된 개별적 경위를 고려하지 않을 수 없다는 점,[65] ② 민법 제108조의 통정허위표시가 허위의 외관을 작출하였다고 하여 이를 "고의", 즉 제3자에 대한 가해사실의 인식과 의욕을 가진 비난받아 마땅한 행위라고 말하기에는 비약이 있다는 점, ③ 위 규정의 선의의 제3자 여부에 대한 판단은 허위표시 당사자와의 관계에서도 문제되지만 (허위표시로서 무효라는 데에 이해관계를 갖게 되는) 다른 제3자와의 관계에서도 문제되고 있다는 점,[66] ④ 본 조에 대해서는 널리 부동산의 공신력이 인정되지 않는 법제에서 거래질서의 보호를 위하여 기능한다고 파악해 오고 있는데, 이러한 기능을 가진 가령 동산의 선의취득, 채권의 준점유자 변제 등에서는 선의만이 아니라 무과실을 요건으로 하고 있다는 규정내용과의 조화, 더 나아가 ⑤ 사기·강박을 이유로 한 취소 규정과 관련하여 제3자에 의한 사기·강박의 경우에 상대방의 선의, 무과실을 요건으로 하여 피해 표의자의 취소권을 인정하는 민법 제110조 제2항의 내용에 비추어 피해 표의자의 취소에 따른 제3자의 보호(민법 제110조 제3항)에서도 선의 외에 무과실을 필요로 한다고 이해하는 게 적절하고, 이는 법률행위의 무효·취소에 따른 제3자의 보호라는 동일한 기능을 하는 민법 제108조 제2항의 이해에서도 마찬가지라고 볼 수 있다는 점 등을 제시할 수 있겠다.

물론 통정허위표시에 따른 허위의 외관이 존재함에 따라 제3자로 하여금 진실한 상태를 스스로 조사·확인하도록 하는 의무가 일반적으로 인정되지는 않을 것이다. 이에 스위스 판례와 문헌의 표현을 빌리자면, 허위의 외관임을 의심할만한 사정이 있을 경우 등에서 제3자로 하여금 진실한 상태를 확인하도록 할 것이 요청되며 이를 게을리 한 채 외관의 존재를 만연히 믿어버린 경우에 비로소 선의의 제3자 보호가 배제된다고 하겠다. 이로써 선의 여부를 판단함에 있어서 단순한 사실 인식의 차원을 넘어 개별 사례의 전체 상황을 참작하는 가운데 대립하는 이익 형량에 따른 규범적 판단의 여지를 갖게 된다.[67]

---

63) 가령 대법원 1981. 8. 20. 선고 80다2587 판결.

64) 악의와 중과실을 동일시 할 수 있다고 하면서 중과실의 양수인에 대한 보호를 배제하는 대법원 1996. 6. 28. 선고 96다18281 판결 등 참조.

65) 이 점에 관하여는 김상중, 계약의 무효·취소, 해제와 제3자의 보호, 민사법학 제59호(2012), 162 이하.

66) 가령 대법원 2006. 3. 10. 선고 2002다1321 판결에서 다루어진 바와 같이 허위로 성립한 주채무의 담보를 위하여 보증채무를 부담하게 된 자와 그 보증인이 보증채무를 이행함으로써 갖게 되는 구상채권의 보증을 위한 구상보증인 사이의 관계를 생각할 수 있다.

67) 실제로 민법 제108조 제2항의 통정허위표시 무효의 제3자에 대한 효력에 관하여 '무과실'을 요건으로 하지 않는다고 판시한 대법원 2006. 3. 10. 선고 2002다1321 판결에서도 당해 사안에서는 허위의 무효 채무를 이행한 보증인(제3자)이 (채무자와 위 보증채무의 이행에 따른 구상보증을 약정한) 구상보증인에 대한 관계에서 위 주

2. 선의보호를 위한 주의의 정도

위 1.에서 주장한 바에 따르면 선의보호를 위해서는 대개의 경우에 일정한 사실에 관한 부지(不知) 내지 착오의 사실적 인식 외에 그에 관한 과실 여부를 참작하여야 한다. 이때 요구되는 주의의 정도와 내용은 스위스의 판례와 학설이 잘 밝혀주고 있듯이[Ⅱ. 2. (3) 참조] 당해 사례의 제반 사정을 종합적으로 고려하여 결정할 수밖에 없다.

이는 우리나라의 문헌과 판례에서도 마찬가지인데, 특히 동산의 선의취득에 관한 양수인의 (무)과실 여부에 판단에서 잘 드러나고 있다. 민법 제249조에 의한 양수인의 과실 여부에 대해서는 일반적 평균인에게 요구되는 객관적 기준에 따라 판단되는데, 이때 ① 거래의 성질, ② 거래의 개별상황, ③ 물건의 가액, ④ 양도인의 재산상황 등을 고려하게 된다. 따라서 거래가 통상의 방법으로 이루어지지 않거나 양도되는 물건이 고가품이거나 양도인의 재산상황에 비추어 높은 가격인 경우 또는 그 외에 개별 거래상황에서 양도인의 처분권한에 대한 구체적 의심을 갖게 하는 사정이 있는 경우에 양수인은 통상의 경우와 비교하여 보다 면밀한 주의를 기울일 것이 요구된다.[68] 이와 같은 구체적 상황에 따른 과실 여부의 탄력적 판단은 채권의 준점유자에 대한 변제에서도 채무자가 금융기관이라는 직업적·사회적 지위와 역할, 대면거래의 방식과 인터넷뱅킹 등의 전산처리에 의한 거래방식 등에 따른 주의의무의 구체화에서도 잘 드러나고 있다.[69]

이와 같이 선의보호를 위한 주의 정도와 내용의 결정이 제반 사정을 종합적으로 고려하는 가운데 서로 대립하는 이익 형량에 따른 재량적 판단일 수밖에 없음은 민법 제125조 이하의 표현대리에 대한 상대방의 보호에서도 마찬가지이다. 이들 규정에서 요구하는 선의·무과실 또는 정당한 이유 여부를 판단함에 있어서도 ① 대리인이 당해 거래에 필요한 모든 자료를 소지하고 있는지 여부, ② 본인과 대리인의 관계 (관리권한 등의 직책 또는 종전 거래와의 관련성 등), ③ 대리하는 법률행위의 내용과 이례성 여부 등을 고려해 오고 있다.[70] 따라서 대리인이 인장 등 관련 서류를 제대로 소지하지 않았거나 거래내용이 이례적이거나 불합리한 경우에는 상대방은 대리권의 존부에 대하여 확인해야 할 주의의 정도가 더욱 높아진다고 여겨지고 있다. 또한 대리인으로서 행위하는 자가 일정한 직책 등을 갖고 있는 경우에 상대방이 대리인의 자격을 조사·확인할 의무를 부담하지는 않지만, 대리행위의 내용과 경위 등에 비추어 상대방이 대리권한의 존부에 대하여 의혹을 갖게 할만한 사정이 있을 경우에는 신의칙상의 조사의무가 인

채무의 유효함을 전제로 구상보증의 이행을 청구한 데 대하여 보증인의 보증채무 이행에 대한 과실을 이유로 민법 제2조의 신의칙을 근거로 구상금 청구를 기각하였다.

68) 민법주해 [물권 2] 초판 455-456(이인재 집필).

69) 주석민법 [채권총칙 4] 5판 92-93(장철익 집필).

70) 민법주해 [총칙 3] 초판 161(차한성 집필); 주석민법 [민법총칙 3] 제4판 158(이균용 집필).

정된다고 할 것이다.[71] 이렇듯 개별 사례의 제반 상황을 고려하여 허위의 외관 여부를 살펴볼 주의의무의 내용과 정도를 탄력적, 구체적으로 결정하여야 한다는 것은 표현대리만이 아니라 대리권남용에 따른 상대방의 보호에서도 마찬가지라고 이해된다. 대리권의 남용사정에 대한 상대방의 악의 이외에 대리권의 남용이 명백하여 상대방이 이러한 사정을 의심하지 않을 수 없는 경우 등에는 대리행위의 효력이 부정되는데, 이러한 남용 법리의 형성은 사견에 따르면 표현대리의 상대방 보호요건에 준하여 이해될 수 있다.[72]

한편 선의보호에 요구되는 (무)과실에 대한 증명책임의 소재 역시 전체적으로 살펴볼 필요가 있다. 그런데 이와 관련해서는 뭔가 정돈되지 않은 논의가 이루어지고 있는바, 민법 제125조 이하의 표현대리 규정에서 요구되는 상대방의 주관적 요건에 대한 증명책임의 소재를 단적으로 언급할 수 있겠다. 표현대리 규정에서는 각 규정에 따라 누가 상대방의 선의·무과실 여부를 증명하여야 하는지에 관한 견해의 대립이 있다. 우선 민법 제125조의 경우에는 본인이 부담한다고 널리 이해되고 있지만, 민법 제126조의 경우에는 상대방이 자신의 선의·무과실 내지 정당한 이유를 증명하여야 한다는 견해가 주장되고 있다. 또한 민법 제129조에서는 그 규정형식에 따라 선의에 대해서는 상대방이, 무과실에 대해서는 본인이 주장·증명하여야 한다는 견해도 주장되고 있다.[73] 그러나 다수설의 입장은 표현대리 규정 전반에서 상대방의 주관적 요건에 관하여는 본인이 증명책임을 부담한다고 이해하는데,[74] 표현대리의 외관을 창출한 본인이 이를 신뢰한 상대방의 보호 무가치성을 주장·증명하여야 한다는 점에서 다수설에 찬동하는 바이다.[75]

또한 동산의 선의취득에서 양수인의 선의, 무과실에 대한 증명책임 역시 다투어지고 있다. 일단 양수인의 선의 요건은 평온, 공연과 함께 추정받고 있는데(민법 제197조), 과실 여부에 관하여는 규정하지 않고 있다. 이에 명시규정의 결여, 진정한 권리자의 보호 등을 근거로 하여 과실추정을 부정하는 견해가 다수 주장되고 있으며,[76] 판례 역시 부정하는 입장을 택하고 있다.[77] 반면 이 글에서 소개한 스위스는 말할 것도 없고 독일, 프랑스, 오스트리아에서도 동산의 선의취득에서 무과실을 포함하는 의미의 선의를 추정하고 있다. 또한 동산의 선의취득에서

---

71) 대법원 1976. 3. 23. 선고 73다1549 판결; 대법원 1989. 9. 12. 선고 88다카28228 판결; 대법원 1998. 7. 10. 선고 98다15835 판결 등.

72) 대리권 남용에서 대리행위의 효력부인을 위하여 남용행위의 명백함이라는 요건을 제시하면서 이를 월권대리에 관한 민법 제126조의 '정당한 이유'에 준하여 파악하려는 견해로는 이영준, 한국민법론 [총칙편], 박영사, 2004, 477; 지원림, 민법강의, 2021, 289(유추적용); 더 나아가 김상중, 대리제도와 제3자의 보호: 대리권남용과 표현대리를 중심으로, 비교사법 제27권 제2호(2020), 18-19.

73) 국내 견해의 소개로는 김상중(주 72), 29.

74) 민법주해 [총칙 3], 159(차한성 집필).

75) 김상중(주 72), 30.

76) 가령 민법주해 [물권 2] 초판, 462(이인재 집필).

77) 대법원 1962. 3. 22. 선고 61다1174, 1175 판결 등 다수.

양도인의 권리외관에 대한 진정한 권리자의 관여(민법 제250조 참조), 그리고 동산의 점유에 따른 공시적 효과 및 권리적법의 추정(민법 제200조) 등에 비추어 양수인의 무과실이 추정되어야 한다는 견해[78]에 동감한다. 진정한 권리자가 양도과정을 알 수 없다는 현실적 사정은 진정한 권리자가 무과실 추정을 번복하려는 증명활동의 과정에서 그 부담을 완화해 주는 측면에서 고려될 수 있다고 생각된다.

지금까지 서술한 표현대리, 동산의 선의취득에서 상대방, 양수인의 무과실 추정과는 다르게, 허위의 외관에 대한 신뢰보호의 동일한 기능을 하는 채권의 준점유자에 대한 변제에서 다수 견해는 변제자 스스로 자신의 선의·무과실을 주장·증명하여야 한다고 해석하고 있다.[79] 그 주된 근거로는 변제자의 선의·무과실이 변제의 유효요건이라는 점, 증거수단의 변제자측에의 편재 등이 제시되고 있다. 이에 대하여 변제자의 선의·무과실의 증명책임은 변제자의 보호를 위하여 변제행위의 무효를 주장하는 채권자가 부담해야 한다는 견해도 주장되고 있다.[80] 변제행위에서 외관보호가 법률행위 영역에서 외관보호와 그 본질을 달리한다고는 생각되지 않으며, 따라서 후자의 입장이 그 자체로는 외관법리의 일관된 적용이라고 여겨진다. 다만 외관의 보호 정도는 대립하는 이익형량의 결과 등에 따라 모든 제도에서 동일하지는 않을 수 있으며, 동산의 선의취득, 표현대리의 경우와 비교하여 채권의 준점유자 변제에서 허위 외관에의 채권자 관여 여부와 정도 등은 달리 평가될 여지도 있을 것으로 생각되는데 좀 더 연구할 바이다.

3. 선의보호의 인적 범위

선의보호의 인적 범위 역시 외관의 내용과 경위 등을 고려하여 개별 규정에 따라 논의되어야 함은 물론이다. 비교적 활발하게 논의되는 통정허위표시에 관한 민법 제108조 제2항과 계약해제에 관한 민법 제548조 제1항 단서에 따라 보호받는 제3자의 범위를 일별해 보면 바로 분명해진다. 양 규정은 제3자의 주관적 요건(선의 여부)을 달리하고 있으며 또한 실효되는 계약관계의 목적물 또는 채권에 대한 압류채권자의 보호 여부와 같은 사항에서도 차이가 있다.[81] 선의보호의 인적 범위에 관한 세부적 논의는 관련 주석서나 연구논문을 참고해 주시기 바라며, 이 글에서는 선의보호의 인적 범위에 관한 개별 규정의 적용을 넘어서 보다 일반적이라고 여겨지는 문제, 즉 실재와 다른 외관과 직접 접촉한 제3자로부터 다시 그 권리를 취득하는 등의 새로운 법률관계를 맺게 된 자(이하 '제4자')의 보호 여부를 간략히 언급하고자 한다.

(1) 선의보호의 인적 범위와 관련하여 무엇보다 무효·취소 또는 해제에 의하여 실효되는

78) 가령 주석민법 [물권 1] 제4판, 817-818(김진우 집필).
79) 주석민법 [채권총칙 4] 제5판, 98(장철익 집필).
80) 김형배, 채권총론, 1999, 676.
81) 김상중(주 3), 161, 174 이하; 정병호(주 3), 65 이하.

계약관계의 목적이 되는 물건 등을 취득한 제3자로부터 다시 그 목적물을 취득하는 등 새로운 이해관계를 맺는 전득자를 생각할 수 있다. 이 경우에는 제3자가 계약관계의 실효로부터 보호받는 자에 해당하는지 여하에 따라 나누어질 것인데, 먼저 제3자가 계약관계의 실효로부터 보호받는 자에 해당하는 한 제4자의 보호 여부는 더 이상 문제되지 않는다. 스위스민법의 논의에서도 적절하게 지적되듯이 제3자가 허위의 외관으로부터 보호받는 이상 적법한 권리취득을 인정받게 되고 이로써 이를 승계한 제4자의 지위 역시 다투어질 여지가 없기 때문이다.[82] 다음으로 제3자가 계약관계의 실효로부터 보호받지 못하는 자이지만 제4자는 보호받는 자의 요건을 갖추고 있는 경우, 가령 통정허위표시의 무효에 관하여 제3자가 악의(또는 이 글에서 주장하는 바에 따르면 선의·과실), 제4자가 선의인 경우가 문제될 수 있다. 이 경우에 제4자의 지위가 신뢰보호의 적용에 있어서 제3자가 선의인 경우와 달리 취급되어야 할 까닭은 없다고 생각된다.

물론 위의 경우에 제3자는 허위의 외관과 직접 접촉한 자인 반면, 제4자는 이러한 제3자를 통하여 허위의 외관에 따른 법률관계와 간접적으로 접촉하여 새로운 이해관계를 맺게 된 자이다. 그러나 허위의 외관에 대한 신뢰보호에서 이 같은 신뢰형성의 직·간접성 또는 (허위의) 외관에 대한 현실적 믿음 여부가 중요하기보다는 오히려 법적으로 보호해야 할 정당한 기대가 존재하는지 여부의 규범적 판단이 관건이라고 생각된다.[83] 다시 말해 신뢰보호를 둘러싼 이익형량을 함에 있어서 허위의 외관을 창출, 방치한 자와 그 지위를 비교한다면, 외관의 진정함을 믿고서 직접 법률관계를 맺은 제3자나 그 외관의 연장선에서 별다른 의심의 여지가 없어서 진실한 상태임을 전제로 법률관계를 맺은 제4자의 취급이 달라질 수는 없다. 판례 역시 통정허위표시에 관한 민법 제108조 제2항,[84] 채권양도금지특약에 관한 민법 제449조 제2항[85]의 적용에 있어서 허위의 외관에 기초한 법률관계와 직접적 이해관계자 외에 그 자로부터 다시 권리를 취득한 제4자의 보호를 인정하고 있다.

위와 같이 허위의 외관과 직접 이해관계를 맺은 자와 새로운 법률관계를 맺음으로써 그 외관에 간접적으로 접촉한 자에 대한 보호 여부에서 그 경향을 달리하는 경우가 표현대리에서 대리행위의 상대방과 다시 거래한 제3자의 지위이다. 통설의 입장에서는 표현대리의 상대방과 법률관계를 맺은 제3취득자에 대해서는 민법 제125조 이하의 표현대리 보호규정이 적용되지 않는다고 한다.[86] 주된 근거로는 위 규정에서 요구하는 선의, 무과실 또는 정당한 이유의 여

82) 주석민법 [총칙 2] 제5판, 683(윤강열 집필); 마찬가지로 지원림(주 72), 236(이와 같은 구성을 절대적 구성이라고 하면서 이를 지지하면서도 상대적 구성의 이론적 가능성을 열어두고 있음).

83) 김상중(주 3), 158-160.

84) 대법원 2013. 2. 15. 선고 2012다49292 판결.

85) 대법원 2015. 4. 9. 선고 2012다118020 판결.

86) 민법주해 [민법총칙 3] 초판, 155(차한성 집필); 주석민법 [민법총칙 3] 제4판, 125, 188(이균용 집필).

부는 대리에 의한 법률관계를 직접 맺게 되는 무권대리인과 상대방 사이에서만 문제될 수 있는 사정임을 제시하고 있다. 이미 위에서 언급한 신뢰보호의 (사실상의 믿음 여부가 아니라 보호할 가치 여부에 대한) 규범적 판단, 표현대리의 외관을 둘러싼 본인과 (대리행위의 상대방과 법률관계를 맺은) 제3자 사이의 이익형량, 외관보호에 관한 다른 제도와의 적용상 균형 등의 관점에서 통설에 반대하고 표현대리의 보호는 대리행위의 상대방 외에 그와 새로운 이해관계를 맺는 제3자에게도 적용되어야 할 것이다.[87]

(2) 한편 허위의 외관에서 파생된 다른 외관에 기초해 법률관계를 맺는 자에 대한 보호 역시 문제될 수 있다. 가령 가장매수인 甲 명의의 부동산에 관하여 무단으로 본인 명의로 이전등기를 마쳐둔 乙 명의의 등기를 신뢰하여 丙이 위 부동산을 전득한 경우에 통정허위표시의 무효를 주장하는 원래의 소유자인 가장매도인에 대한 관계에서 대항할 수 있는지를 생각해 볼 수 있다(아래 상황 ①).[88] 또한 최근 대법원 판결례[89]에서 다루어진 사안을 이 논문의 주제로만 한정한 다음의 예시도 위와 동일한 문제소재를 담고 있다. 즉, 甲과 乙이 통정의 허위표시로서 X 부동산에 대하여 乙 명의의 가등기를 마쳐둔 다음에 乙이 위 부동산에 관하여 가등기에 의한 본등기의 이행을 구하는 소를 제기하면서 甲의 국내 부재를 이용해 공시송달의 절차를 거쳐 승소판결을 받아낸 후 위 부동산을 乙 자신의 명의로 이전하면서 丙에게 매각하여 이전등기를 마쳐준 경우에 乙 명의로 허위의 가등기를 마쳐주었던 甲이 丙을 상대로 乙 명의의 이전등기가 무효이었음을 주장할 수 있는지 여부이다(아래 상황 ②).

이상의 예시상황은 상대방 및 거래계에서 신뢰보호의 기초가 되는 허위의 외관에 대한 법적 보호의 사정거리, 달리 말해 허위의 외관을 창출한 자의 부담으로 돌릴 수 있는 후속결과인가의 여부에 대한 인과관계의 상당성 판단이라고 할 것이다. 상당성 여부인 관계로 상황 ①, ②에 대한 평가에서 견해가 대립하고 있는데,[90] 관련 당사자의 개별적 이익형량 외에도 실정법 제도와 규정에서 드러나는 법률적 가치판단 역시 중요하게 고려되어야 할 것이다. 따라서 상황 ①의 경우에는 통정의 허위표시와 丙 명의의 등기 사이에 乙 명의의 무단등기가 개입해 있다는 사정이 참작되어야 하는데, 부동산등기의 공신력을 인정하지 않는 우리나라의 법제에 따르면 乙의 무단등기라는 독자적 행위에 의하여 가장매도인이 작출해 둔 허위의 외관과 (乙이 가장매수인 명의의 등기를 위조하여 자신의 명의로 무단등기하는 독자적 행위가 행해진 후 다시 이루어진) 丙

87) 김상중(주 72), 26-29.

88) 위 예시로는 정병호(주 3), 62-63.

89) 대법원 2020. 1. 30. 선고 2019다280375 판결.

90) 상황 ①에서 전득자 丙의 선의보호를 주장하는 견해로는 정병호(주 3), 62-63; 그리고 상황 ②에서 대법원 판결례를 비판하면서 丙의 소유권취득의 결과를 지지하는 견해로는 이준현, "가등기가 통정허위표시를 이유로 무효로 된 경우에 보호받는 '선의의 제3자'", 토지법학 제36권 제1호(2020), 117 이하. 이와 반대로 상황 ①, ② 모두에서 선의보호를 부정하는 견해로는 고유강, "허위표시의 외관과 간접적으로 이해관계를 맺은 제3자의 보호", 저스티스 제179호(2020), 272 이하.

명의의 이전등기라는 후속적 결과 사이에서는 외관보호의 인과적 관련성이 단절된다고 판단될 여지가 높다고 생각된다.

상황 ②의 경우는 상황 ①과 비교하여 복잡해 보이는데 기본적으로는 동일하게 판단될 수 있을 것인바, X 부동산의 양수인 丙의 신뢰보호라는 관점에서 甲이 乙과 통정하여 설정해 둔 가등기의 외관과 그 후 乙 명의로 행해진 본등기 사이의 관련성을 인정할 수 있을지 여부가 관건이라고 하겠다.[91] 만약 乙의 본등기가 또다시 甲과의 가장합의를 원인으로 이루어지거나 또는 甲과의 가장매매예약에 기한 예약완결권의 행사로서 마쳐진 경우에는 乙의 본등기가 원래의 무효인 가등기와 관련성을 갖고 있다고 평가할 수 있다. 왜냐하면 이와 같은 경우에는 제3자 丙의 신뢰에 직접 원인이 되는 乙 명의의 본등기가 적어도 甲의 관여 하에 이루어졌다고 볼 수 있기 때문이다. 그러나 위 대법원 판결례에서 다룬 바 있는 상황 ②의 경우에는 乙 명의의 본등기가 자신 명의의 가등기와 아무런 관계없이 이루어졌다고 말할 수는 없지만 보다 중요하게는 공시송달을 이용한 판결편취의 불법행위에 의하여 비롯되었다고 볼 수 있을 것이다. 다시 말해 이와 같은 乙의 독자적 불법행위로 말미암아 그에 선행하는 甲의 가등기 설정을 위한 가장행위와 이에 후속하는 乙 명의의 본등기 및 丙 명의의 순차적 이전등기 사이에 인과적 관련성은 더 이상 인정될 수 없다고 판단된다.[92] 대법원 판결례 역시 이와 마찬가지로 판단하고 있다.[93] 결국 허위의 외관과 이해관계를 맺게 된 자의 인적 보호범위 해당성은 당해 규정의 의미, 신뢰의 기초가 되는 외관의 사정거리 내지 규범적 인과성 여부 등을 고려하여 판단되어야 할 것이다.

4. 신뢰보호 효과의 중국성 여부

끝으로 선의보호의 효과와 관련하여 스위스의 문헌에서 당사자의 주장 여하에 관계없이 직권으로 고려할 수 있으며, 특히 해당되는 권리상태의 결함이 더 이상 존재하지 않는 것으로 의제한다는 구성에 주목한다. 이러한 구성은 우리나라에서도 동산 소유권의 선위취득에 따른 법률효과에서도 마찬가지라고 이해된다. 즉 동산 소유권의 선의취득에 따라 선의취득자는 법률의 규정에 따라 소유권을 취득함으로써 선의취득의 효과를 거부하면서 종전 소유자에게 반

91) 기본적 착안점에서는 위 본문과 마찬가지의 태도로는 고유강(주 90), 287 이하.

92) 양형우, "통정허위표시에 따른 가등기의 명의인이 임의로 본등기를 마친 경우와 민법 제108조 제2항의 제3자", 홍익법학 제21권 제3호(2020), 251; 고유강(주 90), 271.

93) 대법원 2020. 1. 30. 선고 2019다280375 판결("甲과 乙이 통정한 허위의 의사표시에 기하여 마친 가등기와 丙 명의의 지분소유권이전등기 사이에는 乙이 일방적으로 마친 원인무효의 본등기가 중간에 개재되어 있으므로, 이를 기초로 마쳐진 丙 명의의 지분소유권이전등기는 乙 명의의 가등기와는 서로 단절된 것으로 평가되고, 가등기의 설정행위와 본등기의 설정행위는 엄연히 구분되는 것으로서 丙 내지 그 후 지분소유권이전등기를 마친 자들에게 신뢰의 대상이 될 수 있는 '외관'은 乙 명의의 가등기가 아니라 단지 乙 명의의 본등기일 뿐이라는 점에서도 이들은 乙 명의의 허위 가등기 자체를 기초로 하여 새로운 법률상 이해관계를 맺은 제3자의 지위에 있다고 볼 수 없"다).

환받아 갈 것을 요구할 수 없다고 이해되고 있다.[94] 그러나 이와 같은 권리취득의 확정적 · 종국적 효과는 다른 외관법리인 표현대리와 법률행위의 실효에 따른 상대방 또는 제3자의 보호에서는 더 이상 인정되지 않고 있다. 그 근거의 하나가 이들 규정에서는 "대항하지 못한다"는 문언에서 찾아지고 있음은 물론이다. 이와 관련하여 먼저 표현대리에서는 상대방에 의한 보호의 선택 여지가 이해될 수도 있다. 표현대리를 무권대리의 일종으로 파악하는 통설의 입장에 따르면 표현대리에 의한 무효 역시 유동적 무효의 상태이며, 따라서 상대방은 본인의 추인이 있을 때까지 악의가 아닌 한 무권대리인과의 계약을 철회할 수 있는 가능성을 갖고 있다(민법 제134조. 제136조도 참조). 이러한 법리적 구성과 규정내용에 비추어 표현대리의 상대방이 확정적 효력을 갖지 않는 무권대리행위에서 표현대리의 책임을 주장하지 않을 수도 있는 선택의 가능성은 충분히 납득할 수 있다.

그런데 이와 같은 선택의 여지가 민법 제107조 제2항 이하의 법률행위의 무효 · 취소에 대한 선의의 제3자 보호에서도 그대로 인정될 수 있는지는 의문이 있다. 다수 견해는 제3자 스스로 무효를 선택할 수 있음을 부정할 필요가 없다는 입장이다.[95] 그러나 일부 견해는 허위의 외관에 따른 신뢰보호가 제3자 등의 이해관계자와 거래질서의 안전을 목적으로 할 뿐 이를 넘어서 외관창출자에 대한 제재를 의도하는 것은 아니며, 또한 외관을 신뢰한 자의 보호는 외관을 진정한 상태라고 취급하면 충분하며 여기에서 더 나아가 제3자로 하여금 원래 진정으로 의욕하였던 법률행위의 구속에서 임의대로 벗어날 수 기회를 보장하는 것은 아니라고 주장하면서 선의의 제3자에 의한 무효주장을 받아들이지 않고 있다.[96] 후자의 입장에 찬동하는데, 어찌되었건 무효선택설의 입장에 따르더라도 선의의 제3자에 연속하는 전득자가 존재할 경우에는 선의의 제3자라고 하여도 무효를 주장할 수 없음은 취소의 법정추인에 관한 민법 제145조 제5호의 규정내용에 비추어 이미 분명해 보인다.

또한 이 같은 외관보호의 절대적 · 상대적 효력에 관한 견해대립은 민법 제470조에 의한 채권의 준점유자에 대한 변제의 효력에서 전개되고 있는데, 이에 관한 다수설은 법률행위의 무효 · 취소의 경우와는 달리 절대적 효력을 주장하고 있다.[97] 양 영역의 문언적 차이("대항하지 못한다"와 "효력이 있다")가 이 같은 해석에 영향을 주었을 것으로 추정된다. 또한 법률행위와 변제행위에서 외관보호가 선의보호의 본질을 같이한다고 하더라도 구체적 내용과 효력 역시 반드시 동일해야 한다고는 말할 수 없을 것이다. 다만 이 글에서 스위스를 예시로 하여 설명한

94) 대법원 1998. 6. 12. 선고 98다6800 판결. 이러한 판결례의 태도를 지지하는 문헌의 태도로서 주석민법 [물권 (1)] 제4판 819(김진우 집필).

95) 가령 민법주해 [민법총칙 (2)] 초판, 377(송덕수 집필). 자세한 논거의 소개로는 주석민법 [총칙 (2)] 제4판, 632(최성준 집필).

96) 김형배 · 김규완 · 김명숙, 민법학강의, 2016, 210; 지원림(주 72), 237-238.

97) 견해 대립의 소개로는 주석민법 [채권총칙 4] 제5판, 100-101(장철익 집필).

바와 같이 선의라는 개념의 연혁과 변천에 대하여 충분하게 이해하고 있는지에 대한 자성(自省)과 마찬가지로, 외관보호의 효과 형성에 대해서도 개별 규율상황의 특수성을 반영하여 보다 일관된 논의가 있어야 할 것으로 생각된다.

Ⅳ. 마 치 며

지금껏 우리나라 민법에 산재해 있는 (선의의) 제3자보호 규정에 관한 일관된 이해를 위하여 스위스민법 제3조의 선의(guter Glaube) 규정을 개괄하여 소개하면서 우리의 법리형성에 시사하는 바를 나름대로 정리해 보았다. 그 과정에서 얻어졌거나 보다 생각해 보아야 할 바는 다음과 같다.

첫째, 선의라는 개념은 법적으로 의미있는 일정한 사실관계에 대한 지·부지(知·不知)의 인식상태를 뜻한다고 이해되지만 그러한 인식상태에 이르게 된 경위, 특히 상황에서 요구되는 주의 여부를 제대로 다 하였는지를 고려한 규범적 평가라고 파악하여야 한다. 이 같은 개념적 파악은 법제사와 비교법적으로 보더라도 선의보호 규정이 신의성실의 원칙과 마찬가지로 또는 그 원칙의 일환으로 개별 사례에서 제반의 사정을 고려한 형평성의 재량판단이라는 점에서 특히 그러하다.[98] 민법 제107조 이하의 '선의' 개념에 대한 종전의 판례 법리에서 변화가 있기를 기대해 본다.

둘째, 이와 같은 입장에 따라 선의보호를 위해서는 충분한 주의를 다 하였는지 여부가 고려되어야 하며, 이때 요구되는 주의의 정도와 내용은 달리 정함이 없는 한 주어진 당해 상황에 대한 전체적 평가에 따라 결정되어야 한다. 그 과정에서 동종의 직무종사자의 평균적 인식내용, 유사한 거래의 경험 내지 활동의 숙련정도, 당해 거래 성질과 경위 및 거래내용의 정상성·이례성 등을 참작하게 되는데, 이 같은 제반 상황의 종합적 판단에 따른 주의 정도의 구체화는 무엇보다 표현대리, 특히 월권대리에서 상대방 보호를 판단하는 데에 필요한 "정당한 이유"의 판단과정에서 잘 드러나고 있다. 사견에 따르면 권한을 넘는 표현대리책임에서 이와 같은 주의정도의 판단은 대리권남용에서 상대방 보호 여부에 대한 판단에서도 동일하게 적용된다고 생각된다. 더 나아가 선의보호에서 요구되는 무과실 여부는 스위스민법에 따르면 선의보호를 다투는 자에 의하여 주장, 증명되어야 한다고 하는데, 우리나라에서는 동산 소유권의 선의취득에 관한 민법 제249조에서 다수설이 이와 반대되는 입장인데 개인적 의견으로는 무과실 추정의 견해에 찬동하는 바이다.

셋째, 선의보호의 인적 범위와 관련하여 무엇보다 외관보호 규정의 취지와 경위 등을 고

98) 부당이득 반환의무의 범위를 가중하는 '악의'의 개념에 관하여 이와 같은 심리적 인식의 사정 외에 그 같은 인식에 이르게 된 경위를 고려하여야 한다는 지적으로는 최우진(주 20), 325.

려하여야 한다. 이는 계약 해제의 경우에 무효·취소와 달리 제3자의 선의 여부를 요건으로 하지 않으며, 부동산실명법 제4조 제3항과 같이 명의신탁자를 제재할 목적에서 제3자의 주관적 요건을 묻지 않는 경우도 있다. 이와 같은 개별 규정에 따른 제3자의 보호범위는 다루지 못하였고, 그 대신에 허위의 외관과 직접 접촉한 제3자로부터 다시 그 목적물에 대한 권리를 취득한 자 등에 대한 보호 여부를 언급하였다. '전득자' 형식의 제4자와 관련해서는 제3자의 선의, 악의를 나누어 제3자가 선의인 경우에는 그로 인한 제3자의 권리취득에 따라 전득자의 주관적 요건 여하에 관계없이 제4자의 법적 지위가 더 이상 다투어지지 않는다고 판단하였다. 제3자의 악의, 제4자의 선의가 문제되는 경우에도 외관보호의 취지와 목적에 비추어 전득자의 보호를 인정한 바 있으며, 특히 이 같은 논의를 민법 제125조 이하의 표현대리에 대해서도 확대하고자 하였다. 한편 대판 2020. 1. 30. 2019다280375에서 다루어진 바와 같이 허위의 외관으로부터 다른 권리외관이 파생되는 경우에 외관보호의 사정거리, 달리 말해 허위의 외관을 창출한 자의 불이익으로 귀속시킬 수 있는 상당인과관계의 판단이 문제되며, 후속의 외관 형성의 경위와 진정한 권리자의 관여 정도 내지 원래의 외관과 후속 외관 사이의 관련성 등을 고려하여야 할 것이다.

끝으로 신뢰보호 효과의 종국성 여부와 관련하여 동산 소유권의 선의취득에 관하여는 양수인의 권리취득을 확정적이라고 이해하고 있다. 그렇지만 민법 제107조 이하의 법률행위의 무효·취소와 제3자의 보호에서는 다수설에 의하면 이와 달리 제3자의 유·무효 선택가능성을 인정하고 있다. 스위스민법에서 제시된 바와 같이 이와 같은 경우에는 법적 흠결이 더 이상 존재하지 않는다고 취급하면 족하다고 생각되고, 이에 사견에 따르면 민법 제107조 이하에서 보호되는 선의의 제3자에 의한 무효의 주장은 받아들여질 수 없다고 생각된다. 외관보호 효과의 선택 여지에 대한 이 같은 대립은 채권의 준점유자에 대한 채무자의 변제에서도 마찬가지로 나타나고 있다. 선의와 무과실의 관계, 특히 증명책임의 소재에서도 다투어지고 있음은 확인한 바와 같으며, 앞으로 외관의 신뢰보호라는 원리에 따른 보호규정 사이에서도 보호의 세부 내용을 형성함에 있어서 개별 규정의 취지, 외관의 내용과 본인의 일반적 관여 정도 등의 특수성을 반영하여 보다 일관된 법리가 정립되기를 기대해 본다.

장 도마의 『자연질서에서의 민사법』의 의무(Engagements)(1)

—도마전집의 소개와 해당 부분(제1부 제1편 제1장 제1절–제4절)의 내용(번역)을 중심으로—

김 성 수*

Ⅰ. 들어가며[1)]

장 도마에 대하여는 국내에서는 거의 알려져 있지 않다. 그의 이름은 뽀띠에와 함께 프랑스 민법전의 체계와 조문내용에 영향을 미친 것으로 알려져는 있으나 구체적인 그의 생애와 그의 저작의 구체적인 내용은 개별 연구에서 단편적으로 언급되는 것이 전부이다.

프랑스민법전의 내용을 정확히 이해하기 위하여는 현행 프랑스민법전의 내용뿐만 아니라 1804년 제정된 원래의 프랑스민법전(Code civil des Français)의 내용을 알아야 한다. 이를 위하여는 프랑스민법전의 입법과정과 그 이전의 프랑스의 민사법의 상황도 파악하여야 한다. 이를 위하여는 입법과정에서 나온 깡바쎄레스(Cambacérès)(1753–1824)에 의한 3개의 민법전 초안이나 민법전 초안 기초자의 한 사람인 뽀르딸리스(Portalis)(1746–1807)의 '민법전 초안에 대한 서론'(Discours préliminaire au premier projet de Code civil)[2)] 또는 민법전 입법과정자료로는 프네(Fenet)의 자료)와 이를 기초로 한 말빌(Maleville)의 저작을 참조하여야 한다. 그러나 이러한 프랑스 민법전의 제정에 밑바탕은 프랑스 고법시대의 학자로 장 도마(Jean Domat)와 로베르 조제

---

* 경찰대학교 법학과 교수, 법학박사,

1) 이 글은 올해 고희를 맞이하시는 양창수 교수님을 위한 기념논문집을 위하여 마련한 것이다. 양 교수님은 이 주제와는 직접적인 관련은 없지만 여러 모로 '비교법'과 '외국법 기초자료의 번역이나 소개'의 선행연구와 개별적인 교류를 통하여 이 분야에 대한 도전과 자극을 받고 있다. 적어도 100세까지는 지금처럼 건강과 정력을 유지하셔서 학문적으로 계속적인 자극과 압박을 받고 100세 기념논문집에 이 글에서 시작한 작업의 진행경과('완성'!)를 보고드릴 수 있기를 기원한다. 제목에 (1)이라고 한 것은 분량상 그 일부를 다루기 때문이다(다룬 부분은 131쪽 참조).

2) 이는 프랑스 민사법 문헌의 번역이 극히 드문 상황에서 이미 국내에서 번역되어 많이 회자되고 있다. 포르탈리스 저, 양창수 역, 민법전서론, 박영사, 2003. 원래의 글은 포르탈리스 저, 양창수 역, 민법전서론(상)(하)(번역), 법학(서울대) 제44권 제1호-제2호(2003)에 실려 있다. 같은 글이지만 끝부분에 번역 소감이 책에는 더 수록되어 있다. 이 글을 읽으며 음미하면서 프랑스민법을 연구하는 사람으로서 내가 지금 마땅히 해야 할 일을 소홀히 하고 있다는 자책감이 많이 들었다. 이런 반성과 자극으로 이 글을 시작한다.

프 뽀띠에(Robert Joseph Pothier)(1699-1772)의 두 사람을 빼놓을 수는 없다.[3]

이러한 면면히 흐르는 프랑스민법전의 제정 이전의 '민법'의 역사는 현행 프랑스민법전의 연구에 시대의 흐름에 따른 개정사항의 연구와 함께 필수적이라고 할 수 있는데 우리나라의 종래 연구는 주로 프랑스의 현행 민법전이나 개정법의 내용을 중심으로 소개하여 아쉬움을 느끼게 된다.[4] 앞으로 프랑스민법의 바른 이해를 위하여 이러한 법제사의 측면에서의 연구를 통하여 이러한 현행법의 연구의 이해를 심화할 필요가 있다. 이 글은 이러한 생각에서 프랑스 민법의 연구를 위한 기초작업으로서 역자가 계획하는 작업의 일부로서 마련한 것이다. 특히 최근에는 인터넷을 통하여 획기적으로 원전자료도 접근할 수 있어 이를 이용한 기본자료의 「해제」와 조문내용의 역출을 해보고자 한다.

이 글은 이 중에서 프랑스 법학자 장 도마(1625년–1696년)의 대표적인 저술인 『자연질서에서의 민사법』(Loix civiles dans leur ordre naturel)을 대상으로 한 것이다. 도마의 생전에 집필한 핵심 저작이고 유일한 저작이라고 할 수 있는 이 책은 원래 도마가 처음 집필할 때에는 민사법을 중심으로 하였으나 그 앞에 법 일반론(Traité des lois)을 서론으로 포함하고 후에 사법에 대응하는 공법(Le Droit public)을 추가한 것이다. 또한 로마법 대전의 학설휘찬과 칙법휘찬의 법률선집(Legum delectus ex libris digestorum et codicis ad usum scholae et fori)이 나중에 포함되기도 하였다. 이러한 과정을 거쳐 도마 생전에 '자연질서에의 민사법'의 책과 나머지 책이 분리되어 발간되었으나 그 후 이를 통합하여 '장 도마 전집'(Oeuvres complètes de J. Domat)으로 발간되었다.

---

3) 물론 도마와 뽀띠에 이전에도 로마법이나 프랑스 관습법의 연구를 한 학자도 많이 있다. 예를 들면 로마법대전 주석(주해)을 라틴어로 쓴 퀴자스(Jacques Cujas, 라틴어 이름: Cujacius)(1522-1590년), 도노(Hugues Doneau, 라틴어 이름: Hugo Donellus)(1527 - 1591년)가 그러하다. 로마법 연구와 별도로 프랑스의 당시 관습법을 라틴어로 쓴 학자도 있다. 예를 들면 국제사법 교과서에서 많이 인용되는 뒤물랭(Charles Dumoulin)(1500-1566년)이 그러하다. 그의 파리관습법에 대한 연구로는 Charles Dumoulin, *Commentarii in consuetudines parisienses*, Paris: Nicolas Buon, Veuve, 1638 등이 그러하다. 도마와 뽀띠에도 로마법대전을 라틴어로 연구하였고 이를 저작에 포함시키기도 하였지만 민법전의 체계와 내용을 「프랑스어」로 이를 저술한 점에서 프랑스민법전의 제정에서 다른 학자보다 훨씬 더 영향력이 크다. 여담으로 국내의 로마법을 연구하는 민법학자가 일전에 퀴자스의 라틴어 책을 구입하였다고 이를 나에게 자랑한 적이 있다. 소장 자체도 부럽기도 하였지만 라틴어로 이를 읽을 수 있는 그의 능력과 연구노력에 같은 시대의 학형으로서 깊은 존경을 느끼는 계기가 되었다. 그의 로마법 연구가 무르익기를 기대한다.

4) 이러한 연구는 채권법 개정, 특히 2106년의 채권법의 대개정(Ordonnance n° 2016-131 du 10 février 2016)을 중심으로 한 연구와 그 밖의 민법개정 중 최근의 프랑스 가족법의 개정에 대한 소개가 중심을 이루고 있다. 필자도 종래 이러한 경향에 편승하기도 하였는데 이 글을 시점으로 그 연구방향을 반성하면서 이를 실천해 보고자 한다. 현행 프랑스민법을 이해하기 위하여는 적어도 민법 제정 이후에 나온 주요한 민법의 표준적인 저작의 논의와 주석서는 기본적으로 살펴보아야 하지 않은가 생각된다. 언뜻 생각해도 개별적인 훌륭한 각 분야의 교과서 이외에도 프랑스민법전 제정 후에 바로 나온 헤아릴 수 없는 여러 책(주석서)과 적어도 오브리와 로의 책, 마조의 책, 말로리와 애네스의 책, 게스땡의 주도로 나온 책 및 2가지 주석서(Juris - classeur, Dalloz)가 그것이다.

이러한 작업을 위하여 여기서는 우선 가장 많이 사용되고 가장 최후에 편집된 판본인 레미(Joseph Rémy)의 '도마 전집'(1835년판)을 가지고 도마의 저작의 체계와 내용을 먼저 살펴보고 그 후에 도마가 말하는 '자연질서에서의 민사법'의 내용 일부를 우리 말로 번역하고자 한다. 이하에서는 『장 도마 전집』(Oeuvres complètes de J. Domat)(1835년)의 구성과 내용을 소개(Ⅱ)하고 이어서 각론으로 도마의 저작 중에서 가장 핵심인 채권총론의 약정채무에 해당하는 '의무' 부분을 우리 말로 옮긴다(Ⅲ).

Ⅱ. 장 도마 전집 일반과 그 내용 구성[5)6)]

장 도마의 글은 많지 아니하다. 종래 그의 저작은 그의 생전에 '자연질서에서의 민사법'이고 이는 상당히 인기를 끌어 그의 생전, 생후에 여러 판본으로 출간되었다. 그 외에 공법이나 로마법 관련 저작이 사후에 다양한 판본으로 출간되었다. 이를 모두 모아 하나로 수록한 것이 『장 도마 전집』(Oeuvres complètes de J. Domat)이다.

이 장 도마 전집이라고 하는 것은 3가지 판본이 있다. 모두 신판(Nouvelle édition)이라는 이름을 붙이고 있다.

첫째는 1822년부터 1828년에 나르시스 까레(Narcisse Carré)에 의하여 편집된 9권으로 된 도마 전집이다. 둘째와 셋째는 조제프 레미(Joseph Rémy)가 편집된 것이다.[7)] 이 중 첫째 판본

5) 이하의 장 도마 전집의 소개는 일단 국내에서는 최초로 소개하는 것이다. 아시아 권에서도 일본에서 일부 부분적으로 소개한 것이 있으나 이번에 전체를 편과 장을 중심으로 정리하였다. 장 도마 선집에 대한 국내 소개로는 우선 김성수, 장 도마(Jean Domat)의 『자연질서에서의 민사법』(Loix civiles dans leur ordre naturel) 연구 서설(1)-(5)-조제프 레미(Joseph Rémy)의 전집(Oeuvres complètes) 신판(1835년)을 중심으로 한 자료소개 ①-③, 사법행정(2021. 4-8)(미완)도 참조. 이 도마저작의 제목을 이렇게 적은 이유도 간략하게 적고 있다.

6) 원래 도마의 약력에 대한 소개도 싣고자 하였으나 이 글이 목표로 하는 것이 도마 전집의 내용 소개와 '의무'론의 우리 말 번역이라 해당 부분의 이해를 위하여 도마 전집(4권)의 소개로 대신하였다. 도마에 관한 생애와 평가는 그의 도마 전집의 다른 부분의 내용과 함께 별도로 하고자 한다. 현재까지 도마에 관하여 알 수 있는 문헌으로는 René-Frédéric Voeltzel, JEAN DOMAT(1625-1696), *Essai de reconstitution de sa philosophie juridique précédé de la biographie du jurisconsulite*, Thèse Pour le Doctorat en Droit, Université de Nancy, Faculté de droit, Recueil Sirey, 1936; Bernard Baudelot, *Un grand jurisconsulte du xviie siècle : Jean Domat*, Thèse de droit, Université de Paris, 1938; David Gilles, *La pensée juridique de Jean Domat. Du Grand siècle au Code civil*, Thèse de doctorat de droit, Aix-Marseille Ⅲ, 2004.12; Henry Loubers, *Jean Domat philosophe et magistrat, Essai Littéraire*, Jean, Montpellier, Jean Martel Ainé, Imprimeur de la Cour et des Facultés, 1873; Victor Cousin (a cura di), *Mémoire pour servir à l'histoire de la vie de M. Domat, avocat du roy au présidial de Clermont en Auvergne, Documents inédits sur Domat*, vol. 4, Bruxelles, Société Belge de Librairie, 1845, 59 이하 참조; 일본 문헌으로 간단한 약력을 소개한 것은 많으나 상당히 자세한 것은 野田良之, ジャン・ドマとフランス民法典 ― 特に民事責任の規定を中心として, 比較法雜誌 제3권 제2호(1956), 1 이하이다; 특히 도마는 빵세(Pensée)로 유명한 빠스깔(Pascal)의 친구로 그와 신앙적으로 함께 한 독실한 기독교인이기도 하다.

7) 이하에서는 후자의 것을 '장 도마 전집 레미판'이라고 한다. 이는 뽀띠에의 『채무론』의 뷔네판(Bugnet)에 견줄

은 1828년부터 1830년에 걸쳐 4권으로 출간되었다. 둘째 판본은 이를 2권씩 통합하여 특히 '민사질서'를 한 권으로 묶어 1835년에 모두 2권으로 나왔다. 이 둘째 판본이 현재까지 나온 도마 저작의 최종본이다.[8)]

장 도마 전집 레미판의 최종판(1835년)은 원래 4권으로 된 도마전집(1828–1830년)을 2권씩 통합하여 최종판(1835년판)은 2권으로 되어 있다.[9)] 그 가운데 『자연법질서에서의 민사법』에 해당하는 것은 제1권(1835년)이다. 제3권은 이를 작성한 후에 도마가 사법에 대응하는 공법에 해당하는 것을 서술한 것으로 도마 사후 출간되었고 이를 전집으로 통합한 것이다. 제4권은 도마의 연설과 로마법문 선집으로 역시 독립적으로 출간된 것을 전집에 통합한 것이다.

국내에 아직 소개가 없으므로 도마 전집의 이해를 위하여 각 권의 세부 내용을 차례로 살펴본다.[10)]

1. 도마전집 제1권

도마전집 제1권은 법론과 자연법질서에서의 민사법의 제1부의 전반부로 되어 있다. 우선 '법론'(Traité des Lois)이라는 제목으로 14개 장을 두어 법의 일반원칙(일반이론)을 설명한다. 다음으로 자연법질서에서의 민사법의 본문으로 먼저 서편을 두고 이어서 2개의 부(partie)를 두고 제1부를 제1권에 수록하고 있다.

각 부는 편(livre), 장(Titre), 절(Section)로 나눈다. 각 절에는 조(article)를 두고 해당 내용을 설명한다. 절의 앞부분이나 중간에 새로운 제도를 설명할 때에는 조를 붙이지 않은 문단을 두기도 한다.[11)]

제1권의 내용구성은 다음과 같다.

OEUVRES
COMPLÈTES
DE J.ean DOMAT.
Nouvelle Édition,
REVUE, CORRIGÉE
ET PRÉCÉDÉE D'UNE NOTICE HISTORIQUE SUR DOMAT;
AUGMENTÉE
DE L'INDICATION DES ARTICLES DE NOS CODES QUI SE RAPPROCHENT
AUX DIFFÉRENTES QUESTIONS TRAITÉES PAR CET AUTEUR;
Des Lois, Arrêtés, Sénatus-Consultes, Décrets, Ordonnances du Roi, Avis du Conseil d'État, Décisions des Ministres, et des Arrêts de la Cour de Cassation et des Cours royales, rendus sur ces matières depuis la Promulgation des Codes.
Une Table alphabétique, par ordre des matières, est mise à la fin de chaque volume.
PAR J. REMY,
JURISCONSULTE, MEMBRE DE PLUSIEURS SOCIÉTÉS SAVANTES, ETC.
TOME PREMIER.
PARIS.
ALEX-GOBELET, LIBRAIRE.
ÉDITEUR DU COURS DE DROIT FRANÇAIS, PAR M. DURANTON,
RUE SOUFFLOT, 1, PRÈS LE PANTHÉON.
1835.

수 있는 것이다.

8) 원래 도마 생전에 『자연질서에서의 민사법』이 1689년 최초로 제1권으로 출간된 후 많은 판본으로 인쇄되었다. 연구에 의하면 이 책은 적어도 64개 판본(éditon)이 있다고 한다. 도마 저작의 정본(定本)을 위해서는 이 3개의 전집과 그 전에 나온 '자연질서에서의 민사법'의 판본과 사후에 출간된 '공법', 로마법문 선집의 판본을 비교하여 원래 도마가 집필한 원문과 편집자에 의하여 추가된 텍스트를 구분하여야 할 것이다.

9) 내용에서는 양 판본이 같고 독립적이던 것을 물리적으로 통합하고 공통표지를 추가한 것이다. 각 권수에 2권의 책의 쪽수도 원래의 것대로 각각 별개로 붙이고 있다.

10) 더 자세한 것은 주 5)의 문헌 참조.

11) 이를 전문(Préambule)이라고 하기도 한다.

[1] 법론(法論) 【4-73쪽】

【원문】 Traité des Lois[12)]

제1장 모든 법의 원칙[13)] 【1-6쪽】[14)15)16)]

【원문】 CHAPITRE PREMIER. Des Premiers principes de toutes les lois.

제2장 2가지 종류의 의무[17)]에 의한 2가지 제1법의 기초에 관한 사회의 구상 【6-8쪽】

【원문】 CHAPITRE II. Plan de la société sur le fondement des deux premières lois par deux espèces d'engagements.

제3장 첫 번째 종류의 의무

【원문】 CHAPITRE III. De la première espèce d'engagements. 【8-12쪽】

제4장 두 번째 종류의 의무

【원문】 CHAPITRE IV. De la seconde espèce d'engagements. 【12-16쪽】

제5장 앞 장에서 말한 의무를 따르면서 마찬가지로 민사법의 원칙이기도 한, 몇 가지 일반 원칙 【16-17쪽】

【원문】 CHAPITRE V. De quelques règles générales qui suivent les engagements dont on a parlé dans le chapitre précédent, et qui sont autant de principes des lois civiles.

제6장 사랑의 본질과 사회에서의 그 사용 【17-22쪽】

【원문】 CHAPITRE VI. De la nature des amitiés et de leur usage dans la société.

제7장 상속 【22-23쪽】

【원문】 CHAPITRE VII. Successions.

제8장 사회질서를 해하는 세가지 종류의 방해 【23-24쪽】

【원문】 CHAPITRE VIII. De trois sortes de troubles qui blessent l'ordre de la société.

제9장 사람의 타락 후에 사회의 지위와 왜 하나님이 그 사회를 존속하게 하셨는가? 【24-29쪽】

【원문】 CHAPITRE IX. De l'état de la société après la chute de l'homme, et comment Dieu l'a fait subsister.

---

12) 이하의 【 】는 레미판의 쪽수를 말한다.

13) 모든 글에는 'de'(에 관하여)가 붙어 있으나 이를 생략하였다.

14) 각 장은 2-8의 번호로 시작되는 여러 개의 문단으로 되어 있다. 1은 번호가 없고 2 앞에 5개의 문단으로 되어 있다. 4. 5. 6.은 같은 문단에 같이 번호가 붙여져 있다.

15) 각주는 본문에 (1), (2), (3) 등으로 표시하고 각 쪽마다 새번호를 붙이고 있다. 각주는 주로 로마법대전의 관련개소를 붙이고 있지만 개소에 따라서는 성경의 장절을 표시하기도 한다. 가령 1쪽 각주 (1) V. l. ult. c. de patr. pot. § 1 et 2 inst. de his qui sui alieni juris. 2쪽 각주 (1) Gen. 22.2(창세기 제22장 제2절); 로마법대전의 인용은 오늘날의 인용방법이 아니라 당시의 것이다. 프랑스민법전의 조문과 로마법대전의 관계에 대하여는 Onofrio Taglioni, *Codice civile Napoleone col confronto delle leggi romane*, Seconda Edizione, Presso Lorenzo Sonzogno, 1838도 참조.

16) 종래의 판에서는 '제1장 모든 법의 제1원칙'(CHAPITRE PREMIER. Des Premiers principes de toutes les lois)이라고 하기도 하였다.

17) engagements의 역어는 일단 '의무'로 하였다.

제10장 종교와 경찰과 영적이고 임시적 권한의 직무 【29–35쪽】

【원문】 CHAPITRE X. De la religion et de la police, et du ministère des puissances spirituelles et temporelles.

제11장 법의 본질과 법의 정신 및 그 다양한 종류 【36–59쪽】

【원문】 CHAPITRE XI. De la nature et de l'esprit des lois, et de leurs différentes espèces.

제12장 법의 사용과 해석의 다양한 원칙의 기초에 대한 앞 장의 몇 가지 고찰에 관한 검토 【59–66쪽】

【원문】 CHAPITRE XII. Réflexions sur quelques remarques du chapitre précédent, pour le fondement de diverses règles de l'usage et de l'interprétation des lois.

제13장 모든 법의 내용의 일반이념, 이 책에서 다루는 그 이념[18]의 선택이유 【66–69쪽】

【원문】 CHAPITRE XIII. Idée générale des maitères de toutes les lois; raisons du choix de celles dont on traitera dans ce livre.

제14장 민사법의 이 책의 내용[19]의 구상 【69–75쪽[20]】

【원문】 CHAPITRE XIV. Plan des matières de ce livre des lois civiles.

[2] 자연질서에서의 민사법(1) 【75–788쪽】

【원문】 LES LOIS CIVILES DANS LEUR ORDRE NATUTREL.

자연법질서에서의 민사법은 서편과 제1부 의무 제2부 상속으로 되어 있고 전자가 도마전집 최종판(1835년)의 제1권(이전 판의 제1권과 제2권 전반부)에 들어있고, 제2부가 제1권(이전 판의 제2권 후반부)에 들어 있다.

제1부는 서편인 법론에 이어 제1편은 약정 일반을 두고 이에는 의무에 관한 장(제1장)을 두어 약정(계약)에 의한 의무(채무)를 설명하는데 이는 우리 민법의 채권총론의 일부에 해당하는 부분이다. 이어서 매매계약을 시작으로 전형계약에 대하여 차례로 설명한다(제2장–제17장). 마지막으로 약정의 하자(제18장)를 두고 있다.

제2편은 약정 없이 성립되는 의무로서 후견인, 성년후견인, 사무관리, 상린관계, 과실의 불법행위로 인한 손해(제8장), 우연한 사고로 인한 의무(제9장), 채권자의 사기(채권자취소) 등을 각각 규정한다.

각 편의 구성은 다음과 같다.

18) 원문은 celles(그것들, 여성형)이다.

19) matières는 주제, 논제라고 할 수도 있다.

20) 75쪽 첫문단 다음에 'Fin du traité des lois'(법론의 끝)이라는 문구가 있다.

서편 법원칙 일반, 사람과 물건에 관한 취급하는 편 【75－121쪽】21)

한글	원문(프랑스어)	쪽수
제1장 법원칙 일반에 관하여	TITRES PREMIER. Des règles du droit en général.	75–94
제2장 사람(人)	TITRES II. Des personnes.	94–113
제3장 물건	TITRES III. Des choses.	113–120

【원문】 LIVRE PRÉLIMINAIRE, où il est traité des règles du droit en général, des personnes et des choses.

제1부 의무

【원문】 PREMIER PARTIE. DES ENGAGEMENTS. 【121쪽 이하】

제1편 약정에 의한 의사에 의하고 상호적인 의무22) 【121－397쪽】

【원문】 LIVRE PREMIER. Des engagements volontaires et mutuels par les conventions.

제1장 약정 일반 【122－155쪽】23)

【원문】 TITRE PREMIÈRE. Des conventions en général

제1절 약정의 성질과 그 약정이 성립하는 방법 【122－128】

【원문】 SECTION PREMIÈRE De la nature de conventions, et des manières don't elles se forment.

제2절 약정의 성질에 의한 원칙 및 그를 해석하기 위한 원칙 【128－134쪽】

【원문】 SECTION II. Des principes qui suivent de la nature des conventions, et des règles pour les interpréter.

제3절 명시되지 아니하더라도 약정에 자연적으로24)따르는 의무 【134－140쪽】

【원문】 SECTION III. Des engagements qui suivent naturellement des conventions, quoiqu'ils n'y soient pas exprimés.

제4절 합의에 추가할 수 있는 다양한 종류의 약정, 특히 조건 【140－147쪽】

【원문】 SECTION IV. Des diverses sortes de pactes qu'on peut ajouter qux conventions, et particulièrement des conditions.

21) 도마 전집에는 장절이 붙지 않은 것이 서두에 붙은 경우가 많다. 이는 서편에 관한 간략한 설명(75쪽)이다.

22) engagements, conventions에 관한 역어는 추후에 해당 부분을 우리 말로 옮길 때 좀더 정확하게 선정하고자 한다.

23) 본 글의 번역은 이 장의 해당 표 부분을 우리 말로 역출한 것이다.

24) '당연히'로 할 수도 있다.

---

25) 분량상 의무에 관한 부분 중 제1장 제5절과 제6절, 제18장은 별고로 할 생각이다. 이는 약정이 하자와 그로 인한 무효, 해제에 관한 부분이다.

26) 이 글은 장 도마의 『자연질서에서의 민사법』의 레미판(1835년)을 대상으로 하여 그 목차를 편과 장을 중심으로 소개한 것이다. 절의 제목은 생략하였다. 【 】으로 된 것은 해당 책에서의 쪽 수를 말한다. 각 장은 다시 수개의 절을 두고 그 앞에는 일반적인 내용을 서칙(序則)으로 두고 수개의 절을 둔다; 각 절은 서칙에 이어 수개의 조문 형식으로 된 단락을 두고 있다. 도마 저작 자체는 이 번호를 '조'(article)이라고 한다.

제14장 중재 【346-353쪽】

【원문】 TITRE XIV. Des compromis.

제15장 대리권수여, 위임과 위탁매매 【353-368쪽】

【원문】 TITRE Des procurations, mandements et commissions.

제16장 공공거래를 하는 사람과 그 위탁자 또는 그 밖의 피용자 및 환어음 【368-378쪽】

【원문】 TITRE XVI Des personnes qui exercent un commerce publics; et de leurs commis ou autres préposés, et des lettres de change.

제17장 중매인 또는 중개인 【378-380쪽】

【원문】 TITRE XVII Des proxenètes ou entremeteurs.

제18장 약정의 하자 【380-399쪽】27)

【원문】 TITRE XVIII Des vices des conventions.

제2편 약정 없이 성립되는 의무 【399-399쪽】

【원문】 Livre II. Des engagements qui se forment sans convention.

제1장 후견인 【400-433쪽】

【원문】 TITRE PREMIER. Des tuteurs.

제2장 성년후견인28) 【433-399쪽】

【원문】 TITRE II. Des curateurs.

제3장 단체와 공동체의 조합, 장(長)과 그 밖의 관리인 【440-444쪽】

【원문】 TITRE III. Des syndics, directeurs et autres administrateurs des corps et communautés

제4장 알지 못하고 다른 사람의 사무를 한 사람 【444-449쪽】

【원문】 TITRE IV. De ceux qui font les affaires des autres à leur insu.

제5장 약정 없이 그들 사이에 공동하는 어느 것을 가지게 된 사람 【449-455쪽】

【원문】 Titre V. De ceux qui se trouvent avoir quelque chose de commun entre eux sans convention.

제6장 인접한 부동산을 가진 사람 【455-461쪽】

【원문】 Titre VI. De ceux qui ont des héritages joignants.

제7장 그에게 의무를 부담하지 않는 것을 수령하거나 약정 없이 다른 사람의 물건을 가지게 된 사람 【461-470쪽】

27) 여기서 '약정이 하자'는 의사표시의 부존재(흠결), 하자뿐만 아니라 강행규정, 선량한 풍속 기타 사회질서를 포함한 넓은 의미의 것이다. 외국 민사법에서는 '하자'를 우리 법의 사기·강박에 한정하지 아니한다.

28) 종래 국내의 선행연구는 이 용어를 일본법에서 사용하는 '보좌인'으로 한 경우도 있으나 우리 법의 용어례를 참조하여 '성년후견인'으로 한다.

【원문】 TITRE VII. De ceux qui reçoivent ce qui ne leur est pas dû ou qui se trouvent avoir la chose d'autrui sans convention.

제8장 과실에 의하여 발생된 중죄도 경죄[29]가 되지 아니하는 손해 【470－483쪽】

【원문】 Titre VIII. Des Dommages causés par une faute et qui ne vont pas à un crime ni à un délit.

제9장 우연한 사고에 의하여 성립되는 의무 【483－494쪽】

【원문】 Titre IX. Des Engagements qui se forment par des cas fortuits.

제10장 채권자의 사기로 된 것[30) 【494－500쪽】

【원문】 Titre X. De ce qui se fait en fraude des créanciers.

2. 도마 전집 제2권

제2권은 제1권에 이어 『자연법질서에서의 민사법』의 제1부 제3편과 제4편 및 제2부 상속을 규정한다.

제1부 제3편에서는 '의무에 추가되거나 이를 강화하는 것'을 규정하는데 이에는 담보, 이자, 손해배상과 과실반환과 증거, 점유와 시효가 들어 있다. 특히 담보에는 물적 담보와 인적 담보를 포함한다. 제4편에는 '의무를 무효가 되게 하거나 감소하게 하는 것'을 규정한다. 이에는 채권의 소멸사유인 변제, 상계, 경개, 채무전부와 재산양도, 취소와 원상회복이 각각 들어 있다.

이에서 제2부로 상속을 규정하는데 이는 전문에 이어 상속일반, 법정상속, 유언에 의한 상속, 유증과 사인처분 및 유언지정과 신탁유증을 각각 5개의 편을 두고 있다.

OEUVRES
COMPLÈTES
DE J. DOMAT.
Nouvelle Édition,
REVUE, CORRIGÉE
ET PRÉCÉDÉE D'UNE NOTICE HISTORIQUE SUR DOMAT;
AUGMENTÉE
DE L'INDICATION DES ARTICLES DE NOS CODES QUI SE RAPPORTENT AUX DIFFÉRENTES QUESTIONS TRAITÉES PAR CET AUTEUR;
Des Lois, Arrêtés, Sénatus-Consultes, Décrets, Ordonnances du Roi, Avis du Conseil d'État, Décisions des Ministres, et des Arrêts de la Cour de Cassation et des Cours royales, rendus sur ces matières depuis la Promulgation des Codes.
Une Table alphabétique, par ordre de matières, est mise à la fin de chaque volume.
PAR J. REMY,
JURISCONSULTE, MEMBRE DE PLUSIEURS SOCIÉTÉS SAVANTES, ETC.
TOME DEUXIÈME.
PARIS.
ALEX-GOBELET, LIBRAIRE,
ÉDITEUR DU COURS DE DROIT FRANÇAIS, PAR M. DURANTON,
RUE SOUFFLOT, 4, PRÈS LE PANTHÉON.
1835.

제3편 의무에 추가되거나 이를 강화하는 결과 【1－231쪽】

【원문】 Livre Troisième. Des suites qui ajoutent aux engagements ou qui les affermissent.

제1장 질권, 저당권과 채권자의 우선특권[31) 【1－64쪽】

【원문】 Titre Premier. Des gages, hypothèques et privilèges des créanciers.

---

29) crimes를 범죄, délits 輕罪라고 하기도 하나 프랑스의 형사법에서는 전통적으로 범죄를 중죄, 경죄와 경범죄로 구분한다. 이에 대하여는 아래의 도마전집 제3권 제3편 참조.

30) 이는 채권자취소권에 관한 내용이다.

31) 이를 종래의 국내 선행연구는 일본의 민법 규정을 참조하여 '선취특권'으로 하였다. 그러나 우리나라에서는 선취특권을 폐지하고 개별 규정으로 우선특권을 규정하고 있다. 이런 점에서 프랑스의 해당 단어는 우리나라 역어로는 '우선특권'이 되어야 한다고 생각된다.

제2장 피상속인의 재산과 상속인의 재산의 그 채권자 사이에서의 분리 【64-71쪽】

【원문】 Titre II. De la séparation des biens du défunt et de ceux de l'héritier entre les créanciers.

제3장 2인의 채무자 사이와 2인 또는 수인의 채권자 사이의 연대 【71-77쪽】

【원문】 Titre III. De la Solidité entre deux débiteurs et entre deux ou plusieurs créanciers.

제4장 보증인 【77-94쪽】

【원문】 Titre IV. Des cautions ou fidéjusseurs.

제5장 이자, 손해배상과 과실의 반환 【94-137쪽】

【원문】 Titre V. Des Intérêts, dommages et intérêts et restitution de fruits.

제6장 증거, 추정과 선서 【137-184쪽】

【원문】 Titre VI. Des Preuves, présomptions et du serment.

제7장 점유와 시효 【184-231쪽】

【원문】 Titre VII. De la Possession et des prescriptions.

제4편 의무를 무효가 되게 하거나 감소하게 하는 결과 【231-286쪽】

【원문】 LIVRE IV. Des suites qui anéantissent ou diminuent les engagements.

제1장 변제 【231-246쪽】

【원문】 TITRE PREMIER. Des paiemens.

제2장 상계 【246-252쪽】

【원문】 TITRE II. Des compensations.

제3장 경개 【252-쪽】

【원문】 Titre III. Des Novations.

제4장 채무전부 【256-2쪽】

【원문】 Titre IV. Des Délégations.

제5장 재산의 양도와 채무과다 【258-267쪽】

【원문】 TITRE V. De la cession des biens, et de la déconfiture.

제6장 취소와 전부에 대한 원상회복 【267-286쪽】

【원문】 Titre VI. Des récisions et restitutions en entier.

제2부 상속 【286-788쪽】

【원문】 SECONDE PARTIE. DES SUCCESSIONS. 286

전문 【286쪽】

【원문】 PRÉFACE

제1편 상속 일반 【306-415쪽】

【원문】 LIVRE PREMIER. Des successions en général

제2편 법정상속 또는 유언 없는 상속 【415-481쪽】

【원문】 LIVRE II.Des successions légitimes, ou ab intestat.

제3편 유언에 의한 상속 【481-655쪽】

【원문】 LIVRE III. Des successions testamentaires.

제4편 유증과 사망을 원인으로 한 그 밖의 처분 【655-741쪽】

【원문】 LIVRE IV. Des legs et autres dispositions à cause de mort.

제5편 유언지정과 신탁유증 【742-788쪽】

【원문】 LIVRE V. Des substitutions et des fideicommis.

3. 도마 전집 제3권

제3권은 공법에 관한 것으로 편 제목을 중심으로 살펴보면 다음과 같다.

OEUVRES
COMPLÈTES
DE J. DOMAT.
Nouvelle Édition,
REVUE, CORRIGÉE
ET PRÉCÉDÉE D'UNE NOTICE HISTORIQUE SUR DOMAT;
AUGMENTÉE
DE L'INDICATION DES ARTICLES DE NOS CODES QUI SE RAPPORTENT AUX DIFFÉRENTES QUESTIONS TRAITÉES PAR CET AUTEUR;
Des Lois, Arrêtés, Sénatus-Consultes, Décrets, Ordonnances du Roi, Avis du Conseil d'État, Décisions des Ministres, et des Arrêts de la Cour de Cassation et des Cours royales, rendus sur ces matières depuis la Promulgation des Codes.
Une Table alphabétique, par ordre de matières, est mise à la fin de chaque volume.
PAR J. REMY,
JURISCONSULTE, MEMBRE DE PLUSIEURS SOCIÉTÉS SAVANTES, ETC.
TOME TROISIÈME.
PARIS.
ALEX-GOBELET, LIBRAIRE,
ÉDITEUR DU COURS DE DROIT FRANÇAIS, PAR M. DURANTON,
RUE SOUFFLOT, 4, PRÈS LE PANTHÉON.
1835.

공법, 자연질서에서의 민사법의 후속

【원문】 LE DROIT PUBLIC, SUITE DES LOIS CIVILES DANS LEUR ORDRE NATUREL.

제1편 통치와 국가의 경찰 일반

【원문】 LIVRE PREMIER. Du Gouvernement, et de la Police générale d'un État. 【1-358쪽】32)

제2편 관리와 공무에 참가하는 그 밖의 사람

【원문】 LIVRE II. Des officiers et autres personnes, qui participent aux fonctions publiques. 【359-535쪽】

제3편 중죄와 경죄

【원문】 LIVRE III. Des crimes et délits. 【535-564쪽】

제4편 소송과 분쟁을 종결하는 2가지 방법과 사법질서

【원문】 LIVRE IV. Deux manières de terminer les procès et les différends, et de l'ordre judiciaire. 【564쪽-끝】

---

32) 처음의 시작은 다음과 같다 : Art. 1. Le but de la société est le bonheur commun. Le gouvernement est institué pourgarantir à l'homme la jouissance de ses droits naturels et imprescriptibles(제3권 제1쪽).

4. 도마 전집 제4권

제4권은 도마가 한 연설을 모은 것과 로마법문 선집으로 이루어져 있다.

연설 모음집은 도마가 클레르몽 법원에서 검사로 재직하면서 한 연설을 모은 것이다. 로만법문선집은 학교와 법정에서 사용하기 위한 로마법 대전 중 학설휘찬과 칙법휘찬의 중요한 법률을 학설휘찬과 칙법휘찬의 순서로 차례로 뽑은 것이다.

[1] 연설모음집 【1－115쪽】

클레르몽 왕실법원의 검사업무를 장 도마가 할 때에 그에 의하여 한 연설

【원문】 HARANGUES PRONONCEES PAR J. DOMAT, DANS LE TEMPS QU'IL EXERÇAIT LA CHARGE D'AVOCAT DU ROI AU SIÉGE PRÉSIDIAL DE CLERMONT.

1657년 중죄법원에서 한 연설 【1쪽】

【원문】 HARANGUE Prononcée aux assises de l'année 1657.

[…]

1683년 중죄법원에서 한 연설 【112－115쪽】

【원문】 HARANGUE Prononcée aux assises de l'année 1683.

OEUVRES
COMPLÈTES
DE J. DOMAT.
Nouvelle Edition,
REVUE, CORRIGÉE
ET PRÉCÉDÉE D'UNE NOTICE HISTORIQUE SUR DOMAT;
AUGMENTÉE
DE L'INDICATION DES ARTICLES DE NOS CODES QUI SE RAPPROCHENT AUX DIFFÉRENTES QUESTIONS TRAITÉES PAR CET AUTEUR;
Des Lois, Arrêtés, Sénatus-Consultes, Décrets, Ordonnances du Roi, Avis du Conseil d'État, Décisions des Ministres, et des Arrêts de la Cour de Cassation et des Cours royales, rendus sur ces matières depuis la Promulgation des Codes.
Une Table alphabétique, par ordre des matières, est mise à la fin de chaque volume.
PAR J. REMY,
JURISCONSULTE, MEMBRE DE PLUSIEURS SOCIÉTÉS SAVANTES, ETC.
TOME QUATRIÈME.
PARIS.
ALEX-GOBELET, LIBRAIRE,
ÉDITEUR DU COURS DE DROIT FRANÇAIS, PAR M. DURANTON,
RUE SOUFFLOT, 4, PRÈS LE PANTHÉON.
1835.

[2] 로마법문 선집

학교와 법정에서 사용하기 위한 로마법 대전의 학설휘찬과 칙법휘찬의 법률선집 【117－550쪽】

【원문】 Legum delectus, ex libris digestorum et codicis ad usum scholae et fori

이하에서는 도마전집 중에서 『자연법질서에서의 민사법』 중에서 가장 중요한 부분인 약정(계약)에서 발생하는 '의무'에 관한 부분을 우리 말로 역출하고자 한다.

Ⅲ. 의무(자연법질서에서의 민사법 제1부 제1편 제1장)(번역)[33)34)]

자연법질서의 민사법

제1편 의무 【121쪽】[35)]

【원문】 PREMIERE PARTIE. DES ENGAGEMENS. 【121】

제1장 약정[36)]에 의한 의사를 기초로 하는 상호 의무

【원문】 LIVRE PREMIER. Des engagemens volontaires et mutuels par les conventions.

[약정의 성질][37)38)] 약정은 2인 또는 수인이 약속한 것을 이행할 법률로 그들 사이에서 정하

---

33) 이 부분의 번역은 II에서 말한 레미판 도마전집 제1권을 기초로 한 것이다 : Jean Domat, *Oeuvres complètes de J. domat*, nouvelle édition par Joseph Rémy, Firmin Didot Père et Fils, Charles Béchet, Librairie de Jurisprudence, J. B. Roret, Librairie de Jurisprudence, Boiste Fils Ainé, 1835, Tome 1, 121-155; 이전 판으로는 Jean Domat, *Les Loix civiles dans Leur Ordre Naturel*, Seconde Edition, Tome 1, Pierre Auboüin, Libreire de Messeigneurs les enfans de France, Pierre Emery, & Charles Clouzier, 1697; Jean Domat, *Les Loix civiles dans leur Ordre Naturel, Le Droit Public, et Legum Delectus*, Nouvelle édition par M. De Hericourt, Tome Premier, Delalain, Libraire, 1777을 우선 참조하였다.

34) 역문은 편의를 고려하여 원문과 대역으로 하였다. 원문은 레미판을 기초로 한 것이고 각 조문의 제목 등과 각주 등은 내용을 이해하는데 유용하다고 생각한 부분을 중심으로 그 이전 판을 참조하여 취사선택하여 보충하였다. 특히 레미판은 당시의 프랑스민법전에 해당하는 조문과 법원의 판례와 그 요지를 추가한 부분이 본문에 약간 작은 글씨체로 담겨 있다. 현행 프랑스법과의 관계를 규명하는데 아주 유용한 것이지만 모두 각주로 해당 개소만을 지적하고 그 내용은 번역하지 않았다. 현행 프랑스 민법조문의 적시도 본문에 추가하는데 이는 유용한 자료라고 생각되어 남겨두었다. 현행 민법과의 비교는 이 조문적시를 참조로 하면 여러 모로 편할 것이다. 레미판의 원문의 해당 쪽수는 본문에 【 】으로 표시하였다.

35) 원문의 제목은 'de'가 붙어서 '에 관하여'라고 하여야 하지만 모두 생략하였다.

36) 역어에 관련하여 우선 engagement은 의무, convention은 합의, consentement는 합의, contrat는 계약으로 하였다. engagement은 '채무관계', '채무'로 하는 문헌도 있으나 법론 등의 다른 법 일반에서도 사용되므로 이를 고려하여 '의무'로 하였다. 1804년 프랑스 민법전에서는 계약을 의무를 부담하는 약정으로 정의하였는데 2016년 개정된 현행 민법전은 계약을 채무를 발생, 변경, 이전 또는 소멸하는 것을 목적으로 하는 의사합치로 하고 있다. 이러한 민법전의 조문의 문구의 변동도 고려한 것이다.

현행 민법전(2016년 개정)	원래의 민법전(1804년)
Art. 1101.— Le contrat est un accord de volontés entre deux ou plusieurs personnes destiné à créer, modifier, transmettre ou éteindre des obligations.	Art. 1101.— Le contrat est une convention par laquelle une ou plusieurs personnes s'obligent, envers une ou plusieurs autres, à donner, à faire ou à ne pas faire quelque chose.

37) 조문제목은 레미판 도마전집에는 없고 이전 판본에는 모두 있는 것으로 이전 판을 참조하여 보충하였다. 이전판은 이외에도 각 절의 앞 부분에 그 절이 담고 있는 조문의 제목을 먼저 제공하는 등 목차를 제시하는데 레미판은 이러한 것은 모두 생략하였고 책 마지막에 알파벳 순으로 색인만을 붙이고 있다.

는, 그들의 상호 합의로 성립되는 의무이다.

【원문】 [Nature des conventions] Les conventions sont les engagemens qui se forment par le consentement mutuel de deux ou plusieurs personnes, qui se font entre elles une loi d'exécuter ce qu'elles promettent.

[합의의 사용] 합의의 사용은 시민사회의 질서와 하나님[39]이 사람 사이에 형성한 여러 결합의 자연적 결과이다. 그는 그들의 모든 필요를 위하여는 그들의 일과 그들의 노동의 상호사용과 물건의 다양한 거래가 필수적이 되게 하였기 때문에 사람들이 이에 일치시키려고 하는 것은 주로 그 약정에 의하기 때문이다. 따라서 일과 노무를 사용하기 위하여 사람들은 서로 다양하게 단체를 이루고 고용되고 행위한다. 따라서 물건을 사용하기 위하여 그들이 이를 취득하거나 버릴 필요가 있을 때에 그들은 매매에 의하여 또는 교환에 의하여 그 거래를 한다. 또한 일시적으로만 이를 가질 필요가 있을 때에는 그들은 이를 임대하거나 차용한다. 또한 그 밖의 다양한 필요에 따라 그들은 다양한 종류의 약정을 마련하는 것이다.

【원문】 [Usage des conventions] L'usage des conventions est une suite naturelle de l'ordre de la société civile, et des liaisons que Dieu forme entre les hommes. Car comme il a rendu nécessaire, pour tous leurs besoins, l'usage réciproque de leur industrie et de leur travail, et les différens commerces des choses, c'est principalement par les conventions qu'ils s'en accommodent. Ainsi, pour l'usage de l'industrie et du travail, les hommes s'associent, se louent et agissent différemment les uns pour les autres. Ainsi, pour l'usage des choses, lorsqu'ils ont besoin de les acquérir ou de s'en défaire, ils en font commerce par des ventes et par des échanges; et lorsqu'ils n'ont besoin de les avoir que pour un temps, ils les louent ou les empruntent; et selon les autres divers besoins, ils y assortissent les différentes sortes de conventions.

[다양한 종류의 약정] 약정의 이런 일반적인 관념에 의하여 이 말은 매매, 교환, 대차, 조합, 임치와 그 밖의 모든 것과 같은 온갖 종류의 모든 계약과 협약(traités)뿐만 아니라 조건, 부담, 유보, 해제조항과 그 밖의 모든 것과 같은 각각의 계약에 부가할 수 있는 특수한 조항(pactes) 모두도 포함된 것으로 본다. 또한 이 합의라는 말은 새로운 합의에 의하여 이미 의무가 있는 계약, 협약, 조항을 해제 또는 변경하는 행위 자체도 포함한다.

【원문】 [Diverses especes de conventions] On voit par cette idée générale des conventions, que ce mot comprend, non-seulement tous les contrats et traités de toute nature, comme la vente, l'échange, le louage, la société, le dépôt et tous autres, mais aussi tous les pactes particuliers qu'on peut ajouter à chaque contrat, comme sont les conditions,

38) 이하의 부분과 같이 '조문'의 형식을 취하지 않고 앞부분에 붙인 것을 Préambule(전문)이라고 하기도 한다.

39) 도마가 독실한 기독교인으로 광세로 유명한 파스칼과 친밀한 점을 고려하여 '하나님'으로 하였다.

les charges, les réserves, les clauses résolutoires, et tous autres. Et ce mot de conventions comprend aussi les actes mêmes par lesquels on résout ou change par un nouveau consentement les contrats, les traités, les pactes où l'on était déjà engagé.

[약정에 관한 이 편의 순서] 이 편의 내용을 이루는 것은 이러한 모든 종류의 약정이다. 또한 그 성질 일반, 합의가 체결되는 방법, 불명확하고 다의적인 합의의 해석과 그 밖의 것과 관련된 원칙과 같이 모든 종류의 약정에 들어맞는 수많은 원칙이 있기 때문에, 이러한 종류의 공통규정이 제1장의 내용을 이룰 것이고 이는 약정 일반이 될 것이다. 그리고 나서 각각의 고유한 장에서는 각각의 종류의 약정의 특별한 원칙을 자세하게 다룰 것이다. 또한 거기에는 약정의 하자에 관하여 마지막 장을 덧붙인다. 이 내용이 이 편의 본질적인 부분이 되기 때문이다. 【122쪽】

【원문】 [ordre de ce Livre des conventions.] Ce sont toutes ces sortes de conventions qui feront la matière de ce livre : et parce qu'il y a plusieurs règles qui conviennent à toutes les espèces de conventions, comme sont celles qui regardent leur nature en général, les manières dont elles se forment, l'interprétation de celles qui sont obscures ou ambiguës, et quelques autres; ces sortes de règles communes feront la matière d'un premier titre, qui sera des conventions en général. On expliquera ensuite le détail des règles particulières de chaque espèce de convention sous son titre propre; et on y ajoutera un dernier titre des vices des conventions; car c'est une matière qui fait une partie essentielle de ce livre. 【122】

제1장 약정 일반

【원문】 TITRE PREMIER. Des conventions en général.

제1절 약정의 성질과 약정이 성립되는 방법

【원문】 SECTION PREMIÈRE. De la nature des conventions, et des manières dont elles se forment.

1.[40] [약정이라는 말의 의미][41] 이 약정이라는 말은 온갖 종류의 계약과 협정과 조항 모두를 포함하는 일반명사이다[42](민법 제6조).

40) 원문은 각 절의 단락을 1. 2. 3.으로 표시하는데 도마는 이하의 본문에서는 이를 '조'(article)로 표시한다. 이에 따라 역문에는 1. 2. 3.으로 표시하지만 이를 본문에서 인용하는 경우에는 '제O조'로 한다.

41) 레미판 이전의 도마의 글에서는 모두 각 절의 제목 아래 본문이 시작되기 전에 각 조문 표제의 목차(sommaires)를 두었다. 레미판 도마 전집에서는 이러한 각 조문 제목은 모두 삭제하였다.

42) (1) L. I, § 3, ff. de pact. 이전 판에서는 주로 본문 각주의 방법으로 로마법의 개소 표시와 함께 해당 라틴어 원문도 같이 첨부하고 있으나 레미판은 로마법의 개소만 표시하고 있다. 이에 따랐다. 이 로마법대전 인용방법은 오래된 방식이다. 특히 오래된 방식 중에서도 'ff.'를 사용하는데 이는 'D'에 해당하는 것으로 학설휘찬(Digesta)을 말하는 것이다. 도마 전집의 로마법대전 부분의 인용방법 등은 시립대 정병호 교수의 많은 도움을

【원문】 1. [signification du mot de convention.] Ce mot de convention est un nom général, qui comprend toute sorte de contrats, traités et pactes de toute nature(1). (C. civ. 6.)

2. [약정의 개념] 약정은 2인 또는 수인의 사이에서 어느 의무를 발생하게 하거나[43] 기존 의무를 해소하거나 또는 이를 변경하기[44] 위한 2인 또는 수인[45]의 합의이다(민법 제1108조 이하).[46]

【원문】 2. [Definition de la convention] La convention est le consentement de deux ou plusieurs personnes (2) pour former entre elles quelque engagement (3), ou pour en résoudre un précédent, ou pour y changer (4). (C. civ. 1108, s.)

3. [약정의 내용] 약정의 내용은 사람이 그들 사이에서 그 필요에 의하여 그 일과 그 노무와 모든 물건을 그들 사이에서 하는 전달과 거래를 규율하는 무한하게 다양한 자기 의사에 의한 방법이다[47](민법 제1123조 이하).

【원문】 3. [Matière des convention.] La matière des conventions est la diversité infinie des manières volontaires dont les hommes règlent entre eux les communications et les commerces de leur industrie et de leur travail, et de toutes choses selon leurs besoins (5). (C. civ. 1123, s.)

4. [사람과 물건의 사용의 4가지 결합에 의한 4가지 종류의 약정] 서로 사람과 물건을 사용하기 위한 전달과 거래는 4가지 종류이고 4가지 종류의 약정을 이룬다. 서로 교섭을 하는 사람[48]은 매매와 교환에서와 같이 서로 처리하거나 어느 물건을 다른 것을 위하여 서로 주거나 일방과 상대방이 서로 사무를 부담하는 것과 같이 일방이 상대방을 위하여 어느 것을 하거나[49] 노무자가 일정한 대가를 받고 그의 노무를 주는 것처럼 일방이 하고 상대방이 주거나[50] 또는 마지막으로 어느 사

얻었다. 이 기회를 빌어 감사드린다. 원래는 도마의 로마법 인용개소의 원문과 해당내용을 모두 복원하고 우리말로 해석하는 부분도 준비하였으나 애석하게도 이 글에서는 넣지 못하였다. 도마의 저작은 프랑스민법전이 있기 전에 로마법대전의 선행연구와 자신의 이해를 기초로 하여 마련된 것으로 프랑스민법전의 연원이 로마법대전을 기초로 한 것이라는 것을 알 수 있는 좋은 자료라고 생각된다; 이 주의 괄호 안의 번호는 레미판 도마전집의 각주번호이다. 추후의 연구를 위하여 어색하지만 이를 표기하였다. 그 외에 도마의 로마법대전의 이해는 II에서 설명한 제4권의 로마법문 선집에서도 볼 수 있다.

43) (3) Dict. leg. § 3. L. 3, ff. de obl. et act.

44) (4) L. 35, ff. de reg. jur. § ult. inst. quib. mod. toll. obl.

45) (2) L. 1, § 2, de pact. 원문은 각주를 쪽마다 붙이므로 이에 따랐다. 주 다음의 괄호숫자는 원문의 번호이다.

46) 여기의 조문은 1804년의 프랑스민법전을 말한다. 이는 도마의 원문에는 없는 것을 레미가 도마의 저작을 편집하면서 당시의 프랑스민법전의 해당 조문을 새로 추가한 것이다. 이는 이전의 도마의 저작을 담고있는 여러 판본과 달리 레미판만이 가진 장점이기도 하다. 도마의 연구가 프랑스민법전에 미친 영향을 볼 수 있는 유용한 자료라고 생각되어 이를 포함하였다.

47) (5) L. 1, § 3, ff. de pact. § ult. inst. de verb. obl.

48) (6) L. 5, ff. de praescr. verb.

49) (7) Dict. leg.

50) (8) Dict. leg. L. 2, ff. de verb. obl. L. 3, ff. de obl. et act.

람이 무상으로 상대방의 사무를 부담하는 것51)이나 순수한 무상양도에 의하여 증여를 할 때52)처럼 일방만이 하거나 주고 상대방은 아무 것도 하지 않거나 주지 아니하기 때문이다.53)

여기서는 로마법이 일방이 주기 위하여 하고 상대방이 하기 위하여 주는 것의 그 2가지를 구별하는 것 대신에 일방이 하고 상대방이 주는 경우만을 결합한다. 그러나 사실은 이것은 그의 편에서 하거나 주는 것을 개시하는 것이 두 사람 중 어느 쪽이든 한편은 하고 상대방은 한다는 단순한 약정의 특징과 단순한 결합일 뿐이다. 또한 로마법에서는 그에 대하여 하지 아니하는 이 구별은 우리의 관행인 아닌 이성에 근거한 것으로 이를 설명할 필요는 없을 것이다.

【원문】 4. [Quatre sortes de conventins par quatre combinaisons de l'usages des personnes, et des choses.] Les communications et les commerces pour l'usage des personnes, et celui des choses, sont de quatre sortes, qui font quatre espèces de conventions. Car ceux qui traitent ensemble, ou se donnent réciproquement une chose pour une autre (6), comme dans une vente et dans un échange, ou font quelque chose l'un pour l'autre (7), comme s'ils se chargent de l'affaire de l'un de l'autre; ou bien l'un fait et l'autre donne (8), comme lorsqu'un mercenaire donne son travail pour un certain prix; ou enfin un seul fait ou donne: l'autre ne faisant ou ne donnant rien, comme lorsqu'une personne se charge gratuitement de l'affaire d'une autre (9), ou que l'on fait une donation par pure libéralité (10).

On ne fait ici qu'une seule combinaison du cas où l'un fait et l'autre donne, au lieu que le droit romain en distingue deux: une de faire pour donner, et une autre de donner pour faire. Mais, dans la vérité, ce n'est qu'un seul caractère de convention et une seule combinaison de donner d'une part, et de faire de l'autre, lequel que ce soit des deux qui commence de sa part à faire ou donner. Et la distinction qu'on y faisait dans le droit romain, étant fondée sur une raison qui n'est pas de notre usage, il n'est pas nécessaire de l'expliquer.

5. [원인 없으면 약정은 의무를 부담하지 아니한다] 3가지 처음의 약정에서 아무 것도 무상이지는 아니한 거래가 된 것이고 일방의 의무는 상대방의 의무의 기초가 된다. 또한 금전대차에서와 같이 당사자 일방만 의무를 부담하는 것처럼 보이는 약정에서도 차주의 채무보다 약정이 성립되기 위하여 그가 주어야 할 것에 대한 상대방 측의 것이 앞서기 때문이다. 따라서 【123쪽】 이러한 종류의 약정에서 계약 당사자 중 일방의 이익으로 성립되는 채무는 항상 상대방 측에 그 원인을 가진다.54)

51) (9) L. 1, § 4, ff. mand.

52) (10) L. 1, ff. de don. L. 7, Cod. de his quae vi metusvc caus. gest. sunt.

53) 다음 문장은 레미판 도마전집은 글자체를 작게 하여 본문에 두지만 이전 판에서는 이를 본문에 두는 각주로 처리하였다.

54) (1) Dict. leg. 5, ff. de praescr. verb. L 19, ff. de verb. sign. L. 1, ff. de reb. cred.

또한 실제로 그 채무가 원인이 없는 경우에는 그것은 무효가 된다[55](민법 제1126조, 제1131조).[56]

【원문】 5. [Aucune convention n'oblige sans cause.] Dans ces trois premières sortes de conventions il se fait un commerce où rien n'est gratuit, et l'engagement de l'un est le fondement de celui de l'autre. Et dans les conventions mêmes où un seul paraît obligé, comme dans le prêt d'argent, l'obligation de celui qui emprunte a été précédée de la part de l'autre de ce qu'il devait donner pour former la convention. Ainsi l'obligation qui se 【123】 forme dans ces sortes de conventions au profit de l'un des contractans, a toujours sa cause de la part de l'autre (1) ; et l'obligation serait nulle, si, dans la vérité, elle était sans cause (2). (C. civ. 1126, 1131.) 【124쪽】

6. [증여는 그 원인이 있다] 증여계약과 당사자 일방만 하거나 주고 상대방은 하지도 않고 주지도 아니하는 그 밖의 계약에서는 승낙에 의하여 합의가 성립된다.[57] 또한 증여자의 의무는 수증자가 한 노무나 그 밖의 어떤 공로[58]나 좋은 일을 하는 단순한 즐거움[59]과 같은 합리적이고 정당한 어떤 동기를 그 기초로 가진다. 또한 이 동기가 수령하고 아무 것도 주지 못하는 사람의 측에서의 원인을 대신한다[60](민법 제843조, 제847조, 제1105조, 제903조, 제901조).[61]

【원문】 6. [Les donations ont leur cause.] Dans les donations et dans les autres contrats où un seul fait ou donne, et où l'autre ne fait et ne donne rien, l'acceptation forme la convention (4) : et l'engagement de celui qui donne, a son fondement sur quelque motif raisonnable et juste, comme un service rendu, ou quelque autre mérite du donataire (5), ou le seul plaisir de faire du bien (6), Et ce motif tient lieu de cause de la part de celui qui reçoit et ne donne rien (7), (C. civ. 843, 847, 1105, 913, 901.) 【124】

7. [어떤 약정은 고유한 이름을 가지고 그 밖의 것은 이를 가지지 못하지만 모든 약정은 약정된 것에 의무를 부담한다] 이 다양한 종류의 약정에서 매매, 임대차, 대차, 임치, 조합과 그 밖의 것과 같이 어떤 것은 아주 자주 사용되고 어디서나 알려져 있어서 그것은 고유한 이름을 가지고 있다.[62] 또한 어느 사람이 누구에게 일정한 가격으로 매도할 물건을 주면서 그 사람이 그것에 대하여 더 많이 받을 수 있는 것은 그가 보유한다는 조건을 붙이는 것과 같이 그 고유한 이름을 가지지 않

55) (2) L. 7, § 4, ff. depact. L. 1, ff. de condict. sine caus. Dict. leg.
56) 레미판에서는 당시의 프랑스 판례와 판결요지를 부기한다 : 123쪽 주 3-11, 124쪽 주 1-3. 구체적인 프랑스의 판결명과 판결요지는 생략한다. 이하 같다.
57) (4) L. 8, § 3, ff. de bon. lib. L. 10, ff de don. L. 19, § 2, eod. L. 9, pro soc. L. 5, ff. de donat.
58) (5) L. 9, pro soc. L. 5, ff. de donat.
59) (6) L. 1, ff. de don.
60) (7) L. 3, eod.
61) 레미판에서는 당시의 프랑스 판례와 판결요지를 부기한다 : 214쪽 주 8-9.
62) (10) L. 1, § ult. ff. de pact.

은 것도 있다.[63] 그러나 모든 약정은, 그 이름을 가지고 있든지 없든지 항상 그의 효력을 가지고 그 약정은 약정한 사람에게 의무를 부담하게 한다.[64]

이름을 가진 계약과 그것을 가지지 아니한 것 사이에 로마법에서 한 구분을 여기서 설명할 필요는 없을 것이다. 이러한 세분은 우리의 관행은 아니고 쓸데없이 복잡하게 하는 것이다.【125쪽】

【원문】7. [Quelques conventions ont un nom propre, et d'autres n'en ont point, mais toutes obligent à ce qui est convenu.] De ces différentes sortes de conventions, quelques-unes sont d'un usage si fréquent et si connu partout, qu'elles ont un nom propre: comme la vente, le louage, le prêt, le dépôt, la société, et autres (10); et il y en a qui n'ont pas de nom propre, comme si une personne donne à quelqu'un une chose à vendre à un certain prix, à condition qu'il retiendra pour lui ce qu'il pourra en avoir de plus (11). Mais toutes les conventions, soit qu'elles aient ou n'aient point de nom, ont toujours leur effet, et elles obligent à ce qui est convenu. (12)

Il n'est pas nécessaire d'expliquer ici la différence qu'on faisait dans le droit romain, entre les contrats qui avaient un nom, et ceux qui n'en avaient point. Ces subtilités, qui ne sont pas de notre usage, embarrasseraient inutilement.【125】

8. [합의는 약정을 만든다] 약정은 서로에게 주어져서 정해진[65] 상호 합의에 의하여 이행된다.[66] 따라서 매매는 물건이 인도되지 않거나 대금이 지급되지 않더라도 합의만으로 이행된다.[67] (민법 제1582조, 제1594조)[68]【126쪽】[69]

【원문】8. [Le consentement fait la convention,] Les conventions s'accomplissent par le consentement mutuel donné et arrêté réciproquement (1). Ainsi, la vente est accomplie par le seul consentement, quoique la marchandise ne soit pas délivrée, ni le prix payé (2), (C. civ, 1582, 1594.)【126】

9. [목적물에 의하여 의무를 부담하는 약정] 사용대차와 임치에서와 같이 동일한 물건(민법 제1875조 이하)이나 금전이나 일용품의 대차에서와 같이 동일한 성질의 그 밖의 물건(민법 제1905조)으로 그가 수령한 것을 반환할 의무가 있는 약정에서 채무는 그 합의에 인도가 동반될 때에만 성립된

---

63) (11) L. 4, ff. de pr. verb. L. 13, ff. de praescr. verb. Vid. dict. leg § 1.

64) (12) L. I, ff. de pact.

65) arrêté는 '막다, 중지하다', '결정하다, 선택하다'는 뜻이고 후자는 다시 부와 같은 '행정기관'이 부령을 '내리다'로 쓰기도 한다.

66) (1) L. 2, § I, ff. de obl. et act. 48, eod. L. 52, § 9, eod.

67) (2) Inst. de empt. et vend. L. 1, ff. de pact. 약정의 이행에 대하여는 이하 조문과 제1절의 제2조, 매매계약의 제2절 제10조 참조.

68) 레미판에서는 당시의 프랑스 판례와 판결요지를 부기한다 : 125쪽 주 3-11, 126쪽 주 1-2.

69) 125쪽과 126쪽 사이가 양이 적은 것은 레미판에서 당시의 프랑스민법전에 해당하는 것을 레미가 추가한 것이 있기 때문이다. 이 점은 주 46 참조.

다. 그렇기 때문에 이러한 종류의 채무는 그 합의가 그에 필수적이기는 하지만[70] 물건에 의하여 체결된다고 한다.[71]

【원문】 9. [Conventions qui obligent par la chose.] Dans les conventions qui obligent à rendre ce qu'on a reçu, soit la même chose comme dans le prêt à usage (C. civ., 1875, s.) et dans le dépôt, soit une autre chose de la même nature, comme dans le prêt d'argent ou de denrées (C. civ., 1905, s.), l'obligation ne se forme que quand la délivrance accompagne le consentement. C'est pourquoi on dit que ces sortes d'obligations se contractent par la chose (3), quoique le consentement y soit nécessaire (4).

10. [서면 없이 또는 서면에 의하여 한 약정] 약정을 만드는 합의는 서면 없이 또는 서면에 의하여 주어질 수 있다.[72] 서면 없는 합의는 구두로 또는 합의를 보여주거나 전제하는 그 밖의 어떤 방법에 의하여 된다. 따라서 임치물을 수령한 사람은 말하지 않더라도 수치인으로서의 의무를 부담한다.[73](민법 제1927조 이하).

【원문】 10. [Conventions ou sans écrit, ou par écrt.] Le consentement qui fait la convention se donne, ou sans écrit, ou par écrit (5). La convention sans écrit se fait, ou verbalement, ou par quelque autre voie qui marque ou présuppose le consentement. Ainsi, celui qui reçoit un dépôt, quoique sans parler, s'oblige aux engagemens des dépositaires (6). (C. civ. 1927, s.)

11. [공증인의 앞에서 또는 사서로 한 약정] 서면에 의한 합의는 공증인의 앞에서[74] 또는 사서로 된다. 이는 약정을 한 사람이 그들 손으로 이를 쓰거나 그들이 서명만 하는 것으로 된다[75](민법 제1326조).

【원문】 11. [Conventions écrites, ou par devant Notaires, ou sous seing privé.] Les conventions par écrit se font, ou par-devant notaires(7), ou sous seing privé; soit que ceux qui font convention l'écrivent de leur main, ou que seulement ils signent (8). (C. civ., 1326.)

12. [서면 없는 약정의 증명] 서면 없는 약정의 진실에 다툼이 있는 경우에는 이를 증인에 의하여 또는 증거에 관한 규정이 이를 정하는 그 밖의 방법으로 이를 증명할 수 있다.[76][77][78]

70) (4) L. 4, ff., de obl. et act. L. 1, § 3, ff. de pact.
71) (3) Inst. quib. mod. re cont. obl. § 2, eod. § 3, eod. L. 1, § 2, 3, 4, 5, ff. de obl. et act. L. 2, ff. de reb. cr.
72) (5) Inst. de empt. et vend. § 1, Inst. de obl. ex cons. L. 2, § 1, ff. de obl. et act. L. 17, Cod. de pact.
73) (6) L. 2, ff. de pact. L. 52, § 10. ff. de obl. et act. L. 17, Cod. de pact.
74) (7) L. 16, Cod. de fine instr. inst. de empt. et vend.
75) (8) Inst. de comp. et vend. d. 1. 16. Cod. de fide instr.
76) (9) L. 9, 1. 10, et seq. Cod. de fide inst.
77) 로마법에 의하여 약정은 모두 서면 없이 효력이 있었지만 물랭 왕령(ordonnance de Moulins) 제54조와

【원문】 12. [Preuves des conventions sans écrit.] Si la vérité d'une convention sans écrit est contestée, on peut en faire preuves, ou par témoins, ou par les autres voies que prescrivent les règles des preuves (9).

Par le droit romain toutes conventions valaient sans écrit, mais l'ordonnance de Moulins, art. 54, et celle de 1667, tit. 20, art. 3, ont défendu de recevoir les preuves des conventions au-dessus de cent livres.

13. [공증인의 앞에서 한 약정은 그 증명을 가진다] 공증인의 앞에서 한 약정은 공무원의 서명에 의하여 그 진실의 증명을 가진다[79](민법 제1317조 이하).[80]【127쪽】

【원문】 13. [Les conventions pardevant[81] Notaires portent leur preuve.] Les conventions par-devant notaires portent la preuve de leur vérité par la signatuire de l'officier public (10). (C. civ. 1317, s.) 【127】

14. [다툼이 있는 사서의 확증] 사서에 의한 약정의 서명이 다툼이 있는 경우에는 이를 확증하여야 한다[82][83](민법 제1323조 이하).

【원문】 14. [Verification du Seing contesté.] Si la signature d'une convention sous seing privé est contestée, il faut la vérifier (5). (C. civ., 1323, s.)

15. [공증인 앞에서 한 약정의 이행은 어느 것에 의하여 되는가] 공증인의 앞에서 한 약정은 모든 것이 기재되고 서명되어야 할 사람들이 거기에 그 서명을 하고 공증인이 그들의 것을 서명한 후에 이행된다[84](민법 제1317조 이하).[85]

1667년의 왕령 제20편 제3조는 100리브르를 넘는 약정의 (서면 없는) 증명을 받는 것은 금지하였다; 물랭 왕령(ordonnance de Moulins)은 1566년 프랑스 중부의 물랭의 부르보내(Bourbonnais)에서 당시 국왕이던 샤를9세(Charles IX)가 내린 왕령으로 재판사무와 처리에 관한 여러 조항을 담고 있었다. 특히 최고법원(parlements)의 일부 권한(droit de remontrance)의 감축이나 지사(gouverneurs)의 사면권(droit de grâce)을 제거하였다. 특히 이 왕령은 프랑스민법전(1804년 제1341조, 현행 제1359조)의 기원이 되기도 하였다. 민법전의 조문내용은 다음과 같다 : L'acte juridique portant sur une somme ou une valeur excédant un montant fixé par décret doit être prouvé par écrit sous signature privée ou authentique. (…); 이 왕령에 관한 내용과 조문내용은 <https://fr.wikipedia.org/wiki/Ordonnance_de_Moulins_de_1566> 참조.

78) 생·제르망·앙·라에 왕령(ordonnance de Saint-Germain-en-Laye)은 1677년 루이14세가 내린 왕령이다. 특히 사기의 방지나 문서의 파기를 방지하기 위한 여러 조치를 두었다. 이에 대하여는 <https://fr.wikipedia.org/wiki/Ordonnance_de_Saint-Germain-en-Laye>.

79) (10) Vid. 1. 16, Cod. de fid. instr. Inst. de empt. et vend. 공증인 앞에서의 계약은 집행력이 있다. 1539년 왕령(Ord.) 제65조와 제66조.

80) 레미판에서는 당시의 프랑스 판례와 판결요지를 부기한다 : 126쪽 주 11-13, 127쪽 주 2-4.

81) 조문제목은 레미판 이전의 것이다. 현행 조문은 '-'을 둔다.

82) (5) Vid. 1. 17, cod. Si cert. petat. 1539년 왕령(Ord.) 제92조.

83) 레미판에서는 당시의 프랑스 판례와 판결요지를 부기한다 : 127쪽 주6.

84) (7) L. 17, Cod. defid. instr. Inst. de empt. et vend. 계약의 방식에 대하여는 1539년 왕령(ordon.) 제67조

【원문】 15. [Par où se fait l'accomplissement des conventions pardevant Notaires.] Les conventions par-devant notaires ne sont accomplies qu'après que tout est écrit, et que ceux qui doivent signer y ont mis leurs seings, et les notaires le leur (7). (C. civ., 1317, s.)

16. [부재자 사이의 약정] 약정은 대화자 사이뿐만 아니라 부재자[86] 사이, 대리인[87]이나 그 밖의 중재자[88] 또는 서면에 의하여도[89] 될 수 있다(민법 제1991조 이하).[90] 【128쪽】

【원문】 16. [Conventions entre absens.] Les conventions peuvent se faire, non-seulement entre présens, mais aussi entre absens(13), par procureur (14), ou autre médiateur (15), ou même par lettres (16). (C. civ., 1991, s. 1998, s.) 【128】

제2절 약정의 본질에 따라오는 원칙과 약정을 해석하기 위한 원칙[91]

【원문】 SECTION II. Des principes qui suivent de la nature des conventions, et des règles pour les interpréter.

1. [약정을 할 수 있는 사람과 어떤 약정을 할 수 있는가] 합의는 그와 관련이 있는 필요에 상당한 것이야 하므로 그 의사에 의하고 원한 그런 것이다. 또한 어느 사람이 계약할 능력이 없지 아니하고[92](민법 제1124조, 제1125조 이하) 그 약정이 법률과 선량한 풍속에 위반[93]한 것이 없으면(민법 제6조, 제686조, 제900조, 제1133조, 제1172조, 제1387조) 그 사람은 모두 모든 종류의 약정을 할 수 있다.[94][95] 【129쪽】

【원문】 1. [Qui peut faire des conventions, & quelles.] Les conventions devant être proportionnées aux besoins où elles se rapportent, elles sont arbitraires, et telles qu'on veut; et toutes personnes peuvent faite toutes sortes de conventions (2), pourvu seulement que la personne ne soit pas incapable de contracter (3), (C. civ., 1124, 1125, s.), et que la

참조. 오를레앙 관습법(Orléans) 제84조; 블르와 관습법(Blois) 제165조 등.

85) 레미판에서는 당시의 프랑스 판례와 판결요지를 부기한다 : 127쪽 주 8-12.

86) (13) L. 2, § 2, ff. de obl. et act. L. 2, ff. de pact.

87) (14) L. 10, in fine ff. de pact.

88) (15) Dict. 1. 2, § 2, de obl. et act. § 1, Inst. de obl. ex cons. L. 2, ff. de pact.

89) (16) Vel per epistolam. Dd. 11.

90) 레미판에서는 당시의 프랑스 판례와 판결요지를 부기한다 : 128쪽 주 1.

91) 원문은 règles로서 principes(원칙)과 구별하여 쓰고 있다. 양자를 구별하여 쓴 것을 고려한다면 '기본원칙'과 '원칙' 또는 '원리'와 '원칙', '원칙'과 '규칙'으로 할 수도 있다. 우리 법에서 '계약해석의 원칙'이라는 용어도 쓰고 있는 것을 참조하여 양자를 모두 '원칙'으로 하였다.

92) (3) § 8. Inst. de inut. stip. L. 1, § 12, ff. de obl. et act. L. 28, ff. de pact.

93) (4) L. 6, cod. de pact. L. 7. § 7, ff. de pact. L. 27, § 4, eod. § 23, inst. de inut. stip. Ait. praetor. L. 7, § 7, ff. de pact. 약정의 하자의 제4절 참조.

94) (2) L. 1, ff. de pact.

95) 레미판에서는 당시의 프랑스 판례와 판결요지를 부기한다 : 128쪽 주 5-11, 129쪽 주 1-3.

convention n'ait rien de contraire aux lois et aux bonnes mœurs (4). (C. civ. 6, 686, 900, 1133, 1172, 1387.) 【129】

2. [약정은 인식하면서 자유롭게 되어야 한다] 약정은 승낙에 의하여 성립되는 의사를 기초로 하는[96] 의무이므로 인식하면서 자유롭게 되어야 한다. 또한 약정이 착오에 의하여[97] 또는 강박[98]에 의하여 된 것같이 약정이 이러한 특성 중 어느 하나가 없는 경우에는 제5절에서 설명되는 원칙에 따라 무효이다(민법 제1108조 이하).[99]

【원문】 2. [Les conventions doivent être faites avec connnaissance et avec liberté] Les conventions étant des engagemens volontaires, qui se forment par le consentement, elles doivent être faites avec connaissance et avec liberté; et si elles manquent de l'un ou de l'autre de ces caractères, comme si elles sont faites par erreur (4), ou par force (5), elles sont nulles, suivant les règles qui seront expliquées dans la section V. (C. civ., 1108, s.)

3. [누구도 다른 사람을 위하여나 다른 사람에게 해를 가하는 약정을 할 수 없다] 약정은 합의로 성립되므로 누구도 다른 사람으로부터 나온 권한이 없으면 다른 사람을 위하여 누구도 이를 할 수 없다. 또한 제3자에게 약정에 의하여 해를 받게 할 수도 없다[100](민법 제1119조).[101]

【원문】 3. [Personne ne peut faire de conventions pour d'autres, ni à leur préjudice.] Comme les conventions se forment par le consentement, personne ne peut en faire pour un autre, s'il n'a pouvoir de lui ; et on peut encore moins faire préjudice par des conventions à des tierces personnes (10). (C. civ., 1119.)

4. [다른 사람의 부담이 있는 사람에 대한 제1예외] 그에 대하여 부담이 있는 사람을 위하여 약정을 할 수 있다.[102] 또한 그 약정이 준 그 권한에 따라 그 약정에 대하여 의무를 부담한다(민법 제1989조).[103][104]【130쪽】

【원문】 4. [1re Exception, de celui qui a charge d'un autre.] On peut faire des

96) 원문은 volontaires로서 '임의의'로 할 수도 있다. 이 장의 제목(제1장)에서도 이 단어가 사용된다('의사를 기초로 하는 상호의무') 제1조에서의 arbitraires에 해당한다.

97) (4) L. 57, ff. de obl. et act. L. 116, § 2, ff. de reg. jur. Vid. 1. 9, ff. de contr empt.

98) (5) Dict. L. 116, de reg. jur. Vid. tit. 약정의 하자의 장을 참조.

99) 레미판에서는 당시의 프랑스 판례와 판결요지를 부기한다 : 129쪽 주 6-9.

100) (10) L. 38, § 17, ff. de verb, obl. § 18, inst. de inut. stip. L. 9, § 4, ff. de reb. cred. L. 73, § ult. ff. de reg. jur. L. 3, Cod. ne ux. pr. mar. L. 10, ff. de jurej. L. 74, ff. de reg. jur. L. 27, § 4, ff. de pact. 이하의 2조문 참조.

101) 레미판에서는 당시의 프랑스 판례와 판결요지를 부기한다 : 129쪽 주 11.

102) (12) L. 10, in fine, ff. de pact.

103) (13) L. 5, ff. mand. L. 3, eod. 대리권수여(procurations)의 제2조와 제3조 참조.

104) 레미판에서는 당시의 프랑스 판례와 판결요지를 부기한다 : 129쪽 주 2.

conventions pour ceux de qui l'on a charge (12); et on les engage selon le pouvoir qu'ils en ont donné (13). (C. civ., 1989.) [130]

5. [다른 사람을 위하여 거래할 권리가 있는 사람에 대한 제2예외] 후견인과 보좌인, 단체의 이사와 장, 회사의 장(maître d'une société), 어느 거래에 대한 위탁매수인(commis)과 피용자(préposé) 및 그의 지배를 받거나 그의 지시를 받는 그 밖의 사람을 가지거나 그를 대리하는 사람은 모두 그의 직무나 그 권한의 범위에 따라105) 이러한 종류의 사람의 각자에 대하여 그 개소에서 설명되는 것같이 그를 위하여 약정을 할 수 있다.

【원문】 5. [2e Exception, de ceux qui ont droit de traiter pour d'autres] Les tuteurs et curateurs, les administrateurs et les chefs des communautés, le maître d'une société, les commis et préposés à quelque commerce, et toutes les personnes qui en ont d'autres sous leur puissance ou sous leur conduite, ou qui les représentent, peuvent faire pour eux des conventions, selon l'étendue de leur ministère ou de leur pouvoir (3), ainsi qu'il sera expliqué en son lieu à l'égard de chacune de ces sortes de personnes.

6. [그에 대하여 보증을 하면서 다른 사람을 위하여 거래를 한 사람에 관하여] 제3자가 부재자의 동의는 없지만 그에 대하여 보증을 하면서 그를 위하여 거래를 한 경우에는 부재자는 그가 추인한 경우에만 그 약정으로 들어간다. 또한 그가 이를 하지 않은 경우에는 의무가 있는 사람은 약정의 성질, 그가 발생하게 한 결과와 그 밖의 사정에 의하여 그에게 적용이 될 제재 또는 그가 야기한 손해에 대하여 책임이 있을 것이다. 그러나 부재자가 그를 위하여 관리된 것을 추인한 후에는 그는 더 이상 이에 대하여 불복할 수 없다.106)

【원문】 6. [De celuy qui traite pour un autre s'en faisant fort.] 6. Si un tiers traite pour un absent, sans avoir son ordre, mais s'en faisant fort, l'absent n'entre dans la convention que lorsqu il ratifie; et s'il ne le fait, celui qui s'est obligé sera tenu, ou de la peine à laquelle il se sera soumis, ou du dommage qu'il aura causé, selon la qualité de la convention, les suites où il aura donné lieu, et les autres circonstances; mais après que l'absent a ratifié ce qui a été géré pour lui, quoiqu'il son préjudice, il ne peut plus s'en plaindre (4).

7. [법률을 대신하는 합의] 합의가 성립된 경우에 약정된 것은 모두 이를 한 사람에 대하여 법률을 대신하고107) 이는 당사자의 공통한 합의로108) 또는 제6절에서 설명하는 그 밖의 방법에 의하

105) (3) L. 15, ff. de pact. L. 14, ff. de pact. 후견인의 제2절 제5조, 제1절 제5조, 단체와 공동체의 조합, 장(長)과 그 밖의 관리인의 제3절 제1조와 제3조, 조합의 제4절 제16조와 제17조 및 공공거래를 하는 사람의 제3절 제1조와 제2조 참조.

106) (4) Leg. 9, ff. de neg. gest. Dict. leg. § 3, Inst. de inut. stip. § 20 eod.

107) (5) L. 23, ff. de reg. jur. L. 1, § 6, ff. depositi. L. 1, ff. de pact. L. 34, ff. de reg. jur. 이 절 제22조

여서만 취소(révoquées)할 수 없다(민법 제1134조).[109]

【원문】 7. [Les conventions tiennent lieu de loix] Les conventions étant formées, tout ce qui a été convenu tient lieu de loi à ceux qui les ont faites (5), et elles ne peuvent être révoquées que de leur consentement commun (6), ou par les autres voies qui seront expliquées dans la section VI. (C. civ., 1134.)

약정의 해석에 관한 원칙【131쪽】[110]

【원문】 Regles de l'interpretation des conventions【131】

8. [제1원칙. 불명확과 의문[111]은 약정자의 공통한 의사에 의해 해석된다] 약정은 함께 거래(traitent)하는 사람의 상호의 합의로 성립되어야 하고, 각자는 거기에 그가 약정하고 그가 주장할 것을 진정하고 명백하게 설명하여야 한다.[112] 또한 그들의 공통한 의사에 의하여 약정이 불명확하고 의문이 있을 수 있는 것을 설명하는 것이다.[113]

【원문】 8. [1re Regle. Les obscuritez & les doutes s'interpretent par l'intention commune des contractans.] Les conventions devant être formées par le consentement mutuel de ceux qui traitent ensemble, chacun doit y expliquer sincèrement et clairement ce qu'il promet et ce qu'il prétend (11); et c'est par leur intention commune qu'on explique ce que la convention peut avoir d'obscur et de douteux (12).

9. [제2원칙. 관행이나 그 밖의 방법으로 하는 해석] 당사자의 공통한 의사가 표시에 의하여 발견되지 않고, 그 약정을 한 곳이나 사람의 어떤 관행(usage) 또는 그 밖의 방법에 의하여 이를 해석할 수 있는 경우에는 이 관점에 의하여 가장 개연성이 있을 것을 유지하여야 한다.[114](민법 제1156조 이하)【132쪽】

【원문】 9. [2e Regle. Interpretation par les usages, ou auatres voyes] Si l'intention commune des parties ne se découvre pas par l'expression, et qu'on puisse l'interpréter par quelque usage des lieux, ou des personnes qui ont fait la convention, ou par d'autres voies, il faut s'en tenir à ce qui sera le plus vraisemblable, selon ces vues (13). (C. civ., 1156, s.)【132】

참조.

108) (6) § ult. inst.quib. mod. toll. obl. L. 55, ff. de reg. jur.

109) 레미판에는 프랑스 법원의 여러 판결의 판시사항이 추가되어 있다. : 130쪽 주 7-12, 131쪽 주 1-10.

110) 레미판에는 이 제목이 없다. 이전 판을 참조하였다.

111) 이하에서는 '명확'하지 않은 것을 나타내는 단어로 여러 가지 사용되는데 다음과 같이 통일적으로 하였다 : ambiguité(다의적, 애매), doute(의문), équivoque(다의), incertitude(불확실), obscurité(불명확).

112) (11) L. 39, ff. de pact. L. 21, ff. de contr. emp. L. 99, ff. de verb. obl.

113) (12) L. 34, ff. dereg. jur. L. 168, § 1, eod.

114) (13) L. 34, ff. de reg. jur. L. 114, eod.

L'inteprétation des actes npp.'uticiit aux Cfuirs d'appel, et quelque sens qu'elles aient donné aux actes, il ne peut y avoir de contravention aux différens articles du code, dont les dispositions sur l'interprétation des conventions sont plutôt des conseils que des règles impératives (1). Ces dispositions d'ailleurs ne sont pas ap[>licables, lorsqu'il ne s'agit pas d'interprétation des contrats, mais bien de celles des lettres confidentielles, dont les expressions ne doivent pas être pesées à la rigueur (2).

10. [제3원칙. 행위 전체의 내용에 의하여 각각의 조항의 의미 판단] 약정의 조항은 모두 전문에 명시된 것에서 나오는 것까지도 포함하여 행위[115] 전체의 모든 결과에서 나오는 의미를 각각에 부여하면서(민법 제1161조 이하) 서로 해석된다.[116]

【원문】 10. [3e Regle. Juger du sens de chaque clause par la teneur de l'acte entier] Toutes les clauses des conventions s'interprètent les unes par les autres, en donnant à chacune le sens qui résulte de toute la suite de l'acte entier(C. civ, 1161, s.), et même de ce qui est énoncé dans les préambules (3).

11. [제4원칙. 표시보다 더 선호되는 의사] 약정의 용어가 약정자의 의사에 반하는 것으로 보이는 경우에, 특히 명백한 경우에는, 용어보다도 이 의사에 따라야 한다(민법 제1163조).[117][118]

【원문】 11. [4e Regle. Intention préferée à double sens] Si les termes d'une convention paraissent contraires à l'intention des contractans, d'ailleurs évidente, il faut suivre cette intention plutôt que les termes (4). (C. civ., 1163.)

12. [제5원칙. 이중의 의미를 가진 조항에 관하여] 약정의 단어가 이중의 의미를 가지는 경우에는 약정자의 공동의사에 더 맞고 약정의 대상에 가장 유사한 것을 취하여야 한다.[119]

【원문】 12. [5e Regle. Des clause à double sens] Si les termes d'une convention ont un double sens, il faut prendre celui qui est le plus conforme à l'intention commune des contractans, et qui se rapporte le plus au sujet de la convention (6).

13. [제6원칙. 의무가 있는 사람에게 유리한 해석] 의무를 부담하는 조항의 불명확[120]과 불확

115) 원문은 acte로서 '행위'와 '증서, 서면'의 2가지 의미가 있다. 이 단어는 통상 일정한 증서나 서면의 본문(내용)(texte)의 앞부분(서두)을 말한다. 특히 법령이나 계약서와 같은 서면의 첫부분으로 작성자, 서명자(signataires) 등의 용어와 같이 사용되므로 본문과 같이 하였다.

116) (3) L. 24, ff. de legib. L. 134, § 1, ff. de verb. obl.

117) (4) L. 219, ff. de verb. sigu. L. 6, § 1, ff. de cont. empt. L. 7, in f. ff. de supell. leg.

118) 레미판에서는 당시의 프랑스 판례와 판결요지를 부기한다 : 각주 5.

119) (6) L. 67, ff. de reg. jur. L. 80, ff. de verb. obl.

120) 이하에서 명확하지 않은 단어가 사용되는데 다음과 같이 통일적으로 하였다 : ambiguité(다의적, 애매);

실은 의무를 부담하는 사람에게 유리하게 해석하고(민법전 제1162조) 의무를 감소하게 하는 의미로 채무를 제한하여야 한다(민법 제1164조).[121] 의무를 부담하는 사람은 더 적은 것을 원할 뿐이고 상대방은 그가 주장할 것을 명확하게 설명하였어야 하기 때문이다.[122] 그러나 다음 조문의 경우에서와 같이 그 밖의 원칙이 의무를 부담하는 사람에게 불리하게 해석되는 것을 필요로 하는 경우에는 사정에 따라 채무가 확대된다. 그리고 일반적으로 의무가 충분하게 이해된 때에는 상대방에게 유리하게 하기 위하여 일방의 손해로 하여 이를 확대하거나 이를 제한해서는 안된다.[123]

【원문】 13. [6e Regle. Interpretation en faveur de celuy qui est obligé] Les obscurités et les incertitudes des clauses qui obligent, s'interprètent en faveur de celui qui est obligé (C. civ., 1162), et il faut restreindre l'obligation au sens qui la diminue (7) (C. civ., 1164); car celui qui s'oblige ne veut que le moins, et l'autre a du faire expliquer clairement ce qu'il prétendait (8). Mais si d'autres règles veulent qu'on interprète contre celui qui est obligé, comme dans le cas de l'art. suivant, on étend l'obligation selon les circonstances ; et en général, quand l'engagement est assez entendu, on ne doit ni l'étendre ni le restreindre au préjudice de l'un pour favoriser l'autre (9).

14. [제7원칙. 그 의미를 설명하였어야 하는 사람에게 불리한 해석] 불명확, 애매 또는 그 밖의 다른 의사표시의 하자가 그 의사를 설명하여야 하는 사람의 악의 또는 과실의 효과인 경우에는, 그 해석은 그에 불리한 것으로 한다. 왜냐하면 그가 그가 의도한 것을 명확하게 알아듣게 하였어야 하기 때문이다. 이와 같이 매도인이 매매 목적물의 품질에 관하여 다의적인 표현을 사용한 경우에는 그 설명은 그에 불리한 것으로 한다[124](민법 제1158조).

【원문】 14. [7e Regle. Interpretation contre celuy qui a dû s'expliquer] Si l'obscurité, l'ambiguité, ou tout autre vice d'une expression, est un effet de la mauvaise foi, ou de la faute de celui qui doit expliquer son intention, l'interprétation s'en fait contre lui, parce qu'il a dû faire entendre nettement ce qu'il entendait; ainsi, lorsqu'un vendeur se sert d'une expression équivoque sur les qualités de la chose vendue, l'explication s'en fait contre lui (10). (C. civ., 1158.)

15. [제8원칙. 의무가 있는 사람이 선택하는 선택채무] 어느 사람이 두 가지 것 중 【133쪽】 하나 또는 다른 것에 대하여 불확정적으로 의무가 있는 경우에는, 약정에 반대되는 것이 없으면, 그는 그

---

obscurité(불명확), incertitude(불확실) [équivoque 다의적]

121) (7) L. 47, ff. de obl. et act. L. 38, § 18, ff. de verb. obl.

122) (8) L. 99, ff. eod. L. 109, ff. verb. obl.

123) (9) L, 3, ff. de reb. cred.

124) (10) L. 39, ff. de pact. L. 21, ff. de contr. empt. L. 33, ff. de contr. empt. L. 172, ff. de reg. jur. Vid. L. 69 § 5, ff. de evict. L. 39, ff. de act. empt. et vend. 임대차의 제3절 제10조와 매매계약의 제2절 제14조 참조.

가 원하는 것을 줄 자유가 있다.[125]

【원문】 15. [8e Regle. L'obligation alternative est au choix de celuy qui est obligé] Si quelqu'un est obligé indéterminément à l'une ou à l'autre [133] de deux choses, il a la liberté de donner celle qu'il voudra, si la convention n'a rien de contraire (1).

16. [제9원칙. 그 좋음과 가치가 더 많거나 더 적게 도달될 수 있는 물건의 채무] 생필품(denrées)[126]이나 어떤 노무(ouvrages)[127] 또는 그 밖의 것과 같이 그 품질의 차이에 따라 가치가 더 많거나 더 적게 될 수 있는 물건에 대한 의무가 있는 약정에서는, 그 채무는 최상의 것과 최고의 대금으로 확대되지 아니하고 이는 적절하면서 거래가 되는 것으로 할 수 있는 것으로 감소된다.[128] 또한 예를 들어 치즈에 대한 의무가 있는 채무자는 그가 이러한 품질이 있는 것을 준 경우에는 면책된다. 왜냐하면 계약 당사자들은 통상적으로 사용하는 것만 생각하는 것으로 추정되기 때문이다. 그러나 약정이 의무부담하여야 할 것의 품질을 규율하거나 계약 당사자의 의사가 사정에 의하면 나타나는 경우에 이를 지켜야 한다.[129]

【원문】 16. [9e Regle. Obligations des choses don't la bonté, & la valeur peuvent aller à plus, ou à moins] Dans les conventions où l'on s'oblige à des choses dont la valeur peut aller à plus ou moins, selon la différence de leurs qualités, comme les denrées (2), ou quelques ouvrages (3), ou autres choses, l'obligation ne s'étend pas au meilleur et du plus grand prix, mais on la modère à ce qui s'appelle bon et marchand (4). Et le débiteur, par exemple, qui doit du froment, s'acquitte s'il en donne de cette qualité ; car on présume que les contractans n'ont pensé qu'à ce qui est de l'usage ordinaire. Mais si la convention règle les qualités de ce qui est dû, ou que l'intention des contractans paraisse par les circonstances, il faut s'y tenir (5).

17. [제10원칙. 물건 대금의 규율방법] 약정에서 물건의 대금을 규율하지 못한 경우[130]에는 평가는 그 최고가나 최저가로 하지 아니하고 통상가격으로 하고[131] 계약당사자의 일방이나 상대방이 그가 평가하여야 할 물건에 가질 수 있었던 애정이라는 특별한 사정이나 그 필요는 고려하지 아니한다.[132] 오히려 실제로 그 물건이 가지는 가치,[133] 누구라고 하더라도 통상적인 사용에서 그것이 가질 가치와 그것이 정당하게 매도될 것[134]만 고려하여야 한다(민법 제1159조).

125) (1) L. 10, in fine ff. de jur. dot. L. 25, ff. de contr. empt. Vid. 1. 21, in fine, ff. de act. empt.
126) (2) L. 75, § 1, ff. de verb. obl. Dict. leg. § 2. L. 52, ff. mand.
127) (3) L. 54, § 1, ff. de verb. obl.
128) (4) L. 19, § 4, ff. de aed. ed. L. 18, eod. Dict. leg. 18, § 1. L. 16, § 1, ff. de op. lib.
129) (5) Dict. leg. 75, § 2, ff. de verb. obl. Vid. 1. 52, ff. mand.
130) (6) L. 16, § ult. ff. de pig.
131) (7) L. 3, § 5, ff. de jur. fisc. L. 62, § 1, ff, ad leg. Falc. L. 50, ff. de furt.
132) (8) L. 63, ff. ad leg. Falc. L. 33, ff. ad leg. Aquil.
133) (9) L. 62, § 1, ad leg. Falc.

【원문】 17. [10e Regle. Comment se regle lae prix des choses] Si, dans une convention, on laisse à régler le prix d'une chose (6), l'estimation ne s'en fera, ni au plus haut prix, ni au plus bas, mais au prix commun (7), sans aucun égard aux circonstances particulières de l'attachement que l'un ou l'autre des contractans pourrait avoir pour la chose qu'il faut estimer, ni de son besoin (8); mais il faut seulement considérer ce qu'elle vaut dans la vérité (9); ce qu'elle vaudrait dans son usage commun pour qui que ce fût, et ce qu'elle pourrait être justement vendue (10). (C. civ., 1159.)

18. [제11원칙. 평가의 시간과 장소] 포도주, 곡식과 그 밖의 유사한 것과 같이, 시간과 장소에 인도되지 않은 물건의 평가는 그것이 인도되었어야 할 시간과 장소에서 그 가치로 한다.[135)]

【원문】 18. [11e Regle. Du temps & du lieu de l'estimation] Les estimations de choses qui n'ont pas été délivrées en temps et lieu, comme du vin, des grains, et autres semblables, se font sur le pied de leur valeur, au temps et au lieu où la délivrance en devait être faite (11).

19. [제12원칙: 의미 없는 표시] 어떤 방법에 의하여도 의미를 전혀 가질 수 없는 표시는 그것이 기재되지 않은 것처럼 거절된다.[136)]

【원문】 19. [12e Regle. Expressions qui n'ont aucun sens.] Les expressions qui ne peuvent avoir aucun sens par aucune voie, sont rejetées comme si elles n'avaient pas été écrites(12).

20. [제13원칙: 기재의 과실(오기)] 충분히 이해된 의미로 보완될 수 있는 기재의 과실은 약정이 가져야 할 효과를 방해하지 아니한다.[137)]

【원문】 20. [13e Regle. Fautes d'écriture.] Les fautes d'écriture qui peuvent être réparées par les sens assez entendus, n'empêchent pas l'effet que doit avoir la convention(13).

21. [제14원칙: 약정은 그것이 처리하는 방법에 제한된다] 약정의 조항은 모두 그것이 처리되는 주제로 그 의미가 한정되고 생각하지 못한 것으로 확대되어서는 안된다.[138)] 이와 같이 수입이나 지출의 계산에 관한 일반적인 영수증은 전혀 계산되지 아니한 채무를 무효로 하지 아니한다.[139)] 이

134) (10) Dict. 1. 33, ff. ad leg. Aquil. L. 52, § 29, ff. de furt.
135) (11) L. 4, ff. de cond. tritic. L. 22, ff. de reb. cred.
136) (12) L. 73, § 3, ff. de reg. jur.
137) (13) L. 93, ff. de reg. jur.
138) (14) L. 27, § 4, ff. de pact. L. 9, in fine, ff. de trans.
139) (15) L. 47, in fine, ff. de pact.

와 같이 화해(transaction)는 처리된 차액으로 제한하고 관계되지 아니한 그 밖의 것으로 확대하지 아니한다. 왜냐하면 그 의사가 설명되어 잘 이해되는 것처럼 되지 아니하면, 어느 사람이 의무가 있거나 【134쪽】 그가 그 의무로부터 상대방을 면책하는 것으로 추정해서는 안되기 때문이다.140)

【원문】 21. [14e Regle. Les conventions ont leurs bornes dans leur sujet.] Toutes les clauses de convention ont leur sens borné au sujet dont on y traite, et ne doivent pas être étendues à des choses auxquelles on n'a pas pensé(14). Ainsi, une quittance générale relative à un compte de recette et de dépense, n'annulle pas des obligations dont on n'a point compté (15). Ainsi, une transaction est bornée aux différens dont on a traité, et ne s'étend pas à d'autres dont il ne s'agissait point; car on ne doit présumer, ni qu'une personne 【134】 s'engage, ni qu'elle en décharge une autre de son engagement, sans que sa volonté paraisse expliquée et bien entendue (1).

22. [제15번 원칙: 재판상 약정의 해석] 법관이 원고가 청구한 것을 수령하기 위하여 법관이 그에게 어떤 조치(soumission)를 명하거나 그가 어느 물건에 대하여 담보를 주는 것과 같이, 약정이 재판상 명령을 이행하기 위하여 된 것일 뿐인 경우가 발생한 경우, 이런 경우나 그 밖의 유사한 경우에 판결에 의하여 또는 명령(arrêt)에 의하여 명한 의무를 포함하는 증서 또는 협약에 어떤 애매나 불명확이 있게 된 경우(때)에는 그에 의하여 이행이 되는 판결이나 명령의 의사에 의하여 그 해석을 하여야 한다.141)

【원문】 22. [15e Regle. Interpretation des conventions judiciaires.] S'il arrive qu'une convention ne soit faite que pour exécuter un ordre de justice, comme si un juge ordonne qu'un demandeur fera quelque soumission pour recevoir ce qu'il demande, qu'il fera donner caution de certaines choses, dans ce cas, et autres semblables, si l'acte ou le traité qui contient l'engagement ordonné par une sentence ou par un arrêt, se trouve avoir quelque ambiguité ou obscurité, l'interprétation doit en être faite par l'intention de la sentence ou de l'arrêt que l'on exécute(2).

제3절 그에 대하여 명시되지 않더라도 약정에 자연적으로 따라오는 의무

【원문】 SECTION III. Des engagemens qui suivent naturellement des conventions, quoiqu'ils n'y soient pas exprimés.

1. 약정은 그것에 표시된 것뿐만 아니라 약정의 성질이 요청하는 것과 형평, 법률과 관행이 사

---

140) (1) L. 10, in fine ff. de jur. dot. L. 25, ff. de contr. empt. Vid. 1. 21, in fine, ff. de act. empt.

141) (2) L. 9, ff. de stip. praet. L. 52, ff. de verb. obl. (역주) 제21조와 제22조에 대하여 1804년 프랑스민법전 제1163조와 관련한 것으로 평가하기도 한다. 이러한 점은 M. Poujol, *Traité des obligations, ou Commentaire du titre III du livre III du Code civil*, t.1, Colmar, Z. Kaeppelin et Ch. George et Reiffinger, Paris Chez de la Motte, 1846, 516쪽 주석 n° 1 참조.

람들이 들어가는 채무에 부여하는 모든 결과에 대하여 의무가 있다.[142] 그에 따라 약정에서 명시된 것, 약정의 자연적 결과인 것과 몇 가지 법률이나 몇 가지 관습에 의하여 규율되는 것이라는 3가지 종류의 의무를 구별할 수 있다. 따라서 자연적 형평에 의하여 조합원은 그의 손에 있는 공동사무에 주의를 기울일 의무가 있다. 어느 물건을 사용하기 위하여 차용한 사람은 이를 보존하여야 한다. 매도인은 약정이 그에 대하여 아무 것도 명시하지 않더라도 그가 매도한 것을 담보하여야 한다.[143]

【원문】 1. [약정에 있는 3가지 종류의 의무] Les conventions obligent, non-seulement à ce qui y est exprimé, mais encore à tout ce que demande la nature de la convention, et à toutes les suites que l'équité, les lois et l'usage donnent à l'obligation où l'on est entré (3); de sorte qu'on peut distinguer trois sortes d'engagemens dans les conventions : ceux qui sont exprimés, ceux qui sont des suites naturelles des conventions, et ceux qui sont réglés par quelque loi ou quelque coutume. Ainsi, c'est par l'équité naturelle que l'associé est obligé de prendre soin de l'affaire commune, qui est en ses mains ; que celui qui emprunte une chose pour en user doit la conserver ; que le vendeur doit garantir ce qu'il a vendu, quoique les conventions n'en expriment rien (4). Ainsi, c'est par une loi que celui qui achète un héritage au-dessous de la moitié de son juste prix, doit, ou le rendre, ou parfaire le prix; ainsi, dans le louage d'une maison, quelques coutumes continuent le bail au-delà du terme pendant un certain temps, si les contractans n'y ont dérogé ; et toutes ces suites des conventions sont comme des pactes tacites et sous- entendus, qui en font partie; car les contractans consentent à tout ce qui est essentiel à leurs engagemens (5).

2. [약정의 상호이행] 약정은 모두 일방의 의무는 상대방의 의무의 기초이므로 약정의 첫째 효과는 계약당사자 일방과 상대방은 약정에 따라 그에 의무가 있는 것에 의하여 그의 편에서 자기의 것을 이행하는 것에 의하여 그 계약 당사자 각자가 상대방에게 그 의무를 이행할 의무가 있을 수 있다는 것이다. 이러한 것은 인도할 때에 대금을 지급할 것을 매매에서 약정한 것처럼 이행이 자기 편과 상대방이 동시에 되어야 한다거나[144] 【135쪽】 매도인이 인도하여야 하고 변제에 대하여는 기한을 준 것처럼과 같이 이행이 일방의 쪽에서 먼저 되어야 하고 상대방 쪽에서는 물건이 매수인에게 인도되기 전에 미리 그가 변제하여야 하는 것과 같이 된다.[145]

【원문】 2. En toutes conventions, l'engagement de l'un étant le fondement de celui de l'autre, le premier effet de la convention est que chacun des contractans peut obliger l'autre à exécuter son engagement, en exécutant le sien de sa part, selon que l'un et

---

142) (3) L. 2, § ult. ff. de obl. et act. L. 31, § 20, ff. de aed. ed. 1. i7, § 1, ff. de aqua et aq. pl.

143) (4) L. 11, § 1, ff. de act. empt. (5) L. 4, ff. in quib. caus. pigu. vel hyp. tacit. cont. L. 2, § 3, ff. de eo quod cert. loc. L. 13, in fin. ff. commod. L. 3, ff. de reb. cred. L. 9, ff. de servit.

144) (1) L. 9, § I, ff, de trans. L. 5, ff. de trans. L. 3, Cod. eod. Dict. leg. 9, in fin. de traus.

145) (1) L. 19, ff. de verb. sign. L. 2, § ult. ff. de obl. et act. L. ult. Cod. ad vell. L. I, Cod. quando dec. non est op. L. 5, Cod. de obl. et act.

l'autre y sont obligés par la convention, soit que l'exécution doive se faire de part et d'autre dans le même temps, comme s'il est convenu dans une vente que le prix sera payé lors de la délivrance, 【135】 ou que l'exécution doive précéder de la part de l'un, comme si le vendeur doit délivrer, et a donné terme pour le paiement; ou de la part de l'autre, comme si l'acheteur doit payer par avance, avant que la chose lui soit délivrée (1),

3. [앞의 원칙에 대한 예외] (민법 제1653조 이하)[146] 약정이 아직 이행되지 않거나 일부만 이행되고 그 이행 또는 이행할 것으로 남아 있는 것을 중지하여야 할 변경이 있는 경우에는 계약 당사자의 묵시적 의사에 의하여 이행의 방해가 제거될 때까지 그 이행이 중지되어야 하는 것으로 이해된다. 따라서 매매 후에 대금 지급 전에 추탈의 위험을 발견한 매수인은 그것이 그 담보가 제공될 때까지 변제를 할 의무가 없다[147][148](민법 제1653조 이하).

【원문】 3. [Exception de la regle précedente.] Si, la convention n'étant pas encore exécutée, ou ne l'étant que d'une part, il arrive un changement qui doive suspendre l'exécution, ou ce qui en reste à faire, il est sous-entendu, par la volonté tacite des contractans, que l'exécution doit être sursise jusqu'à ce que l'obstacle se trouve levé. Ainsi, l'acheteur qui, après la vente, découvre un péril d'éviction avant le paiement du prix, ne sera pas tenu de payer, jusqu'à ce qu'il ait été pourvu à sa sûreté (2). (C. civ., 1653, s.)

4. [약정의 불이행의 제재] 모든 합의에서는 의무의 두 번째 효과는 그가 들어간 약정이 그가 할 수 없거나 하기를 원하지 않아서 부존재하지 못한 것이나 그 지체에 있는 것은, 약정의 성질, 불이행이나 지체의 수준과 사정에 따라 상대방의 손해배상의 의무가 있다(민법 제1152조 이하).[149] 또한 약정을 해제할 필요가 있는 경우에는 그 의무를 이행하지 못한 사람에 대하여 그로부터 따라야 할 제재와 함께 그 약정은 해제된다.[150][151]

【원문】 4. [Peines de l'inexecution des conventions.] En toutes conventions, c'est le second effet des engagemens, que celui qui manque à ceux où il est entré, ou qui est en demeure, soit qu'il ne le puisse, ou qu'il ne le veuille, sera tenu des dommages et intérêts de l'autre, selon la nature de la convention, la qualité de l'inexécution ou du retardement, et les circonstances (6). (C. civ., 1152, s.) Et s'il y a lieu de résoudre la convention, elle sera

---

146) 레미판에서는 당시의 프랑스 판례와 판결요지를 부기한다 : 134쪽 주 3-5.

147) (2) L. 18, § 1, ff. de per. et com. rei vend. Vid. 1. 17. § 2, ff. de doli mal. exe. 매매계약의 제3절 제11조 참조.

148) 레미판에서는 당시의 프랑스 판례와 판결요지를 부기한다 : 135쪽 주 3-5.

149) (6) L. 5, § 1, ff. de praes. verb. L. 29, § 2, ff. de aed. 손해배상에 관하여는 매매계약의 제2절 제17조와 제18조 참조.

150) (7) L 5, § 1, ff. de praescrip. verb. L. 60, ff. de aed. ed. L. 6, Cod. de pact. iut. empt. et vend. comp. L, 6, Cod. de her, vel act. V. L. 31, ff. de reb. cred.

151) 레미판에서는 당시의 프랑스 판례와 판결요지를 부기한다 : 135쪽 주 8.

résolue avec les peines qui en devront suivre contre celui qui aura manqué d'exécuter son engagement (7).

5. [기한 없는 채무] 약정에서 변제나 그 밖의 약정된 것의 기한을 표시하지 않은 경우에는 약정의 결과로, 기한은 의무를 부담하는 사람에 유리하게만 추가되므로, 하거나 주어야 할 것에 대한 시간이 그에게 주어지지 않은 경우에 그 이행이 약정을 된 것과 다른 곳에서 되어야 하는 것같이 【136쪽】 이행이 지체의 필요를 포함하는 것이 아니면, 그는 즉시 기한 없이 이를 하여야 한다.[152)]

【원문】 5. [Obligation sans terme.] Si l'on avait omis dans une convention d'exprimer le terme du paiement, ou d'une autre chose promise, c'est une suite de la convention, que comme le terme ne s'ajoute qu'en faveur de celui qui est obligé, s'il ne lui est pas donné de temps pour ce qu'il doit faire ou donner, il le doit d'abord et sans terme, si ce n'est 【136】 que l'exécution renfermat la nécessité d'un délai, comme si elle devait être faite dans un autre lieu que celui où se fait la convention (1).

6. [약정의 변제 또는 그 밖의 이행] 동산을 인도할 의무가 있는 약정에서 이 인도되어야 할 장소를 표시하지 않았으면 물건은 그것이 있는 곳에서 인도될 것이다(제1609조). 이것이 이를 인도하여야 할 사람의 악의에 의하여 그 물건이 있어야 할 곳 외에 두어진 것이나 계약 당사자의 의사가 다른 곳에서 인도를 할 의무가 있는 것인 경우에는 그러하지 아니하다.[153)]

【원문】 6. [Lieu du payement, ou autre execution des conventions.] Si, dans une convention qui oblige à la délivrance d'une chose mobilière, on avait omis d'exprimer le lieu où cette délivrance devra être faite, la chose sera délivrée dans le lieu où elle se trouvera (C. civ., 1609); si n'est que, par la mauvaise foi de celui qui doit la délivrer, elle eût été mise hors du lieu où elle devait être, ou que l'intention des contractans obligeât à faire la délivrance dans un autre lieu (2).

7. [지체는 기한 만료의 마지막 순간까지 계속된다] 변제하기 위하여 또는 인도하기 위하여 또는 그 밖의 물건을 만들기 위한 기한이 있는 사람은 기한이 만료의 마지막 순간 이후에만 지체에 있고 소가 제기될 수 있다. 기간이 전부 경과할 때까지는 만족되지 아니하였고 할 수 없기 때문이다. 따라서 일년 내, 한 달 안, 하루 안에 해야만 하는 사람은 연월일의 모든 순간을 그 기간으로 가진다(민법 제1186조).[154)][155)]

【원문】 7. [Le délay dure jusqu'au dernier moment du terme expiré.] Celui qui a un

152) (1) L. 14, ff. de reg. jur. L. 4r, § 1, ff. de verb. obl, § 2, inst. eod. Dict. leg, 41, § 1, in fin.

153) (2) L. 12, § 1, ff. depos, L. 38, ff. de jud. Vid. 11. 10, 11, 12, ff. de rei vind. L. 9, ff. de eo quod cert. loc.

154) (3) §. 2, inst. de verb. obl. L. 50, ff. de obl. et act. L. 42, ff. de verb. obl.

155) 레미판에서는 당시의 프랑스 판례와 판결요지를 부기한다 : 173쪽 주 4.

terme pour payer ou pour délivrer, ou pour faire autre chose, n'est pas en demeure, et ne peut être poursuivi qu'après le dernier moment du terme expiré. Car on ne peut pas dire qu'il n'ait point satisfait, jusqu'à ce que le délai entier se soit écoulé. Ainsi, celui qui doit dans une année, dans un mois, dans un jour, a pour son délai tous les momens de l'année, du mois et du jour (3). (C. civ., 1186.)

8. [어느 약정에 의하여 그에 대한 부담이 있는 경우에 다른 사람에게 있는 것을 가지고 있어야 하는 주의] 다른 사람의 물건이나 하나의 사무나 그들에게 공동하는 것에 책임을 부담하는 사람은 주의를 다할 의무가 있고 그 악의, 그의 과실, 그 부주의에 대하여 책임이 있는 것은 여러 약정의 자연적 결과이다. 그러나 다른 사람의 물건을 그 사용을 위하여 차용한 사람과 같이[156] 그 단독의 이익을 위하거나 수치인[157]과 같이 그 소유주 단독의 이익만을 위하거나 조합원[158]과 같이 공동의 이익을 위하여 하는 것같이 그들이 이를 부담하게 되는 다양한 사유에 따라 그 책임은 다르다.[159] 또한 그들은 많든 적든 각각의 종류의 약정에서 설명될 원칙에 따른 신의성실(soin et diligence)을 다할 주의의무가 있다. 그러나 다른 사람의 어느 사무나 어느 물건 또는 그들에게 공동한 부담이 있는 사람이 가져야 하는 주의가 약정에 의하여 규율되면 그를 지켜야 한다(민법 제1137조).[160]

【원문】 8. [Du soin qu'on doit avoir de ce qui est à d'autres, lorsqu'on en est chargé par quelque convention.] C'est une suite naturelle de plusieurs conventions, que ceux qui se trouvent chargés, ou d'une chose, ou d'une affaire d'une autre personne, ou qui leur est commune, sont tenus d'en prendre soin, et répondent de leur mauvaise foi, de leurs fautes, de leurs négligences ; mais différemment (5), selon les différentes causes qui les en chargent; ou pour leur intérêt seul, comme celui qui emprunte une chose d'un autre pour son usage (6) ; ou pour le seul intérêt du maître, comme le dépositaire (7); ou pour l'intérêt commun, comme l'associé (8). Et ils sont obligés à plus ou moins de soin et de diligence, suivant les règles qui seront expliquées en chaque espèce de conventions. Mais si on a réglé par la convention le soin que doit avoir celui qui est chargé de quelque affaire ou de quelque chose d'une autre personne, ou qui leur soit commune, il faut s'y tenir (9). (C. civ., 1187.)

9. [누구도 우연한 사고에는 의무가 없다] 누구도 어떤 종류의 약정에서 벼락, 홍수(민법 제1148조), 폭력과 그 밖의 유사한 사건과 같은 우연한 사고에 의하여 발생된 멸실과 손해에 대하여

156) (6) Dict. leg. 45, § 2.
157) (7) Dict. § 2.
158) (8) Dict. § 2
159) (5) L. 23, ff. de reg. jur. L. 5, § 2, ff. commod.
160) (9) Dict. leg. 23, ff. de reg. jur.

책임이 없다. 또한 우연한 사고에 의하여 멸실되거나 손해를 입은 물건의 손실은 그 주인에게 있다. 다른 약정이 없거나[161] 인도되어야 할 물건이 이를 인도하여야 할 사람이 그에 만족을 얻지 못한 동안[162]에 물건이 멸실되어 버린 경우와 같이 멸실이나 손해가 계약 당사자 중 한 사람이 책임을 부담하여야 하는 어느 과실로 【137쪽】 귀속될 수 있는 경우에는 그러하지 아니하다.[163]

【원문】 9. [Personne n'est tenu des cas fortuits.] Personne n'est tenu dans aucune espèce de conventions de répondre des pertes et des dommages causés par des cas fortuits, comme sont un coup de foudre, un débordement, un torrent (C. civ. 1148), une violence, et autres semblables événemens ; et la perte de la chose qui périt ou qui est endommagée par un cas fortuit, tombe sur celui qui en est le maître, si ce n'est qu'il eût été autrement convenu (10), ou que la perte ou le dommage puissent être imputés 【137】 à quelque faute, dont l'un des contractans doive répondre, comme si une chose qui devait être délivrée vient à périr, pendant que celui qui doit la délivrer n'y satisfait point(1).

10. [이익을 얻는 사람은 손실도 받아야 한다] 약정의 결과에서 동일한 물건이나 동일한 사무가 사건의 다양성에 따라 이익과 손실의 원인(occasion)이 되는 것이 종종 발생하므로 이익을 얻은 사람은 손실도 받아야 한다는 것으로 항상 이해된다(민법 제1104조, 제1964조).[164] 다른 사람의 과실로 귀속되는 경우에는 그러하지 아니하다. 따라서 매수인은 매매 후 물건을 더 좋게 하는 변경으로 이익을 얻으므로 그것을 더 나쁘게 하는 변경의 손실도 받는다. 물건이 이를 인도의 지체에 있는 동안에 그 물건이 멸실되거나 감소된 경우와 같이,[165] 멸실이 매도인에게 귀속될 수 있는 경우[166]에는 그러하지 아니하다(상법 제322조 이하, 민법 제1608조, 제1611조 이하).[167]

【원문】 10. [Celui qui a le profit doit souffrir la perte.] Comme il arrive souvent, dans la suite des conventions, que la même chose ou la même affaire est une occasion de gain ou de perte, selon la diversité des événemens, il est toujours sous-entendu que celui qui doit profiter du gain, doit souffrir la perte (6) (C. civ., 1104, 1964), si ce n'est qu'elle doive être imputée à la faute de l'autre. Ainsi, comme l'acheteur après la vente profite des changemens qui rendent la chose meilleure, il souffre aussi la perte de ceux qui la rendent pire (7), si ce n'est que la perte puisse être imputée au vendeur, comme si la chose périt ou est diminuée, pendant qu'il est en demeure de la délivrer (8). (Co. 332, s., c. civ. 1608,

161) (10) L. 23, ff. de reg. jur in fin. L. 1, Cod. de commod. Vid. 1. 39, ff. mand. 사용대차의 제2절 제6조 참조.

162) (1) L. 5, ff. de reb. cred. Vid. 1. 11, § 1, ff. locat. cond. L. 11, ff. de neg. gest. L. 1, § 4, ff. de obl. et act.

163) 레미판에서는 당시의 프랑스 판례와 판결요지를 부기한다 : 137쪽 주 2-5.

164) (6) L. 10, ff. de reg. jur. § 3. Inst. de emp. et vend. L. 13, § 1, ff. comm.

165) (8) L. 14, ff. de per. et comm.

166) (7) L. 1, cod. de per. et com. rei vend.

167) 레미판에서는 당시의 프랑스 판례와 판결요지를 부기한다 : 137쪽 주 9.

1611, s.)

11. [어떤 사람에 따르는 평가] 매매대금, 임료의 가액, 노무의 품질, 조합원이 가져야 할 이익이나 손실의 부분이나 그 밖의 유사한 것과 같이 어떤 평가를 하여야 하는 약정에서 계약 당사자가 제3자에 의하여 중재된 것에 맡기는 경우가 그러하다. 이는 그가 선임되었는가 여부 또는 그 어느 당사자의 중재를 하는 경우에도 그러하다. 금지되었으나 그에 정통한 사람에 의하여 규율되는 것에 이를 맡긴 경우에도 같다. 또한 이 원칙에 반하여 중재되는 것은 발생되지 않을 것이다. 이러한 종류의 것을 다른 사람에게 맡기는 당사자의 의사는 규율될 것이 합리적일 것이라는 조건을 포함하기 때문이다. 또한 그 생각은 이성과 형평의 한계를 넘어 중재될 수 있는 것에는 의무를 부담하지 않는 것이다[168]. 또한 선임된 사람이 평가를 할 수도 하고자 하지도 않거나 또는 이를 하기 전에 사망해 버린 경우에는 약정은 【138쪽】 무효가 된다. 왜냐하면 그 약정은 그 평가가 이 사람에 의하여 된다라는 조건을 포함할 것이기 때문이다.[169]

이러한 종류의 중재와 화해를 하는 중재와 화해의 장에서 이를 말하는 것(1. 76, ff. pro socio 참조) 사이의 차이를 주의하여야 한다.[170]

【원문】 11. [Estimation au dire d'une personne.] Dans les conventions où il faut faire quelque estimation, comme du prix d'une vente, de la valeur d'un loyer, de la qualité d'un ouvrage, des portions de gain ou de perte que doivent avoir des associés, et autres semblables; si les contractans s'en rapportent à ce qui sera arbitré par une tierce personne, soit qu'on la nomme ou non, ou même à l'arbitrage de la partie; il en est de même que si on s'en était remis à ce qui serait réglé par des personnes de probité, et qui s'y connussent. Et ce qui sera arbitré contre cette règle n'aura pas de lieu; parce que l'intention de ceux qui se rapportent de ces sortes de choses à d'autres personnes, renferme la condition, que ce qui sera réglé sera raisonnable; et leur dessein n'est pas de s'obliger à ce qui pourrait être arbitré au-delà des bornes de la raison et de l'équité (10). Que si la personne nommée ne pouvait ou ne voulait faire l'estimation, ou venait à mourir avant que de la faire, la convention demeurerait 【138】 nulle; car elle renfermait la condition, que l'estimation serait faite par cette personne (1).

Il faut remarquer ici la différence entre ces sortes d'arbitres et les arbitres compromissaires, et ce qui en sera dit au titre des Compromis(V. 1. 76, ff. pro socio).

12. [모든 종류의 약정에 있는 완전한 신의] 어느 사람이 상대방에게 약정에서 표시된 내용뿐

---

168) (10) L. 76, et seq. ff. pro socio. L. 24, ff. loc. L. 30, ff. de op. lib.

169) (1) L. 75, ff. pro socio. L. ult. Cod. de contr. empt.

170) 이 단락은 이전 판본에서는 각주로 하고 있다. 일단 이를 본문에 두고 글자체를 다르게 한 레미판(138쪽)에 따랐다.

만 아니라 약정된 것과 모든 결과의 이행을 위하여[171] 형평이 그에 대하여 요청하는 모든 효력과 함께 신의를 다할 의무가 있다고 이해되지 않는 종류의 약정은 없다.[172] 또한 어떤 약정에서는 이러한 신의는 더 넓은 범위를 가지고 있고 다른 약정은 더 좁은 범위를 가지고 있기는 하지만 그 신의는 전체에서 완전하여야 하고 각자는 약정의 성질과 그것이 가질 수 있는 결과에 따라 그것이 요청되는 모든 것에 대하여 각자 의무가 있다.[173] 따라서 매매에서 신의는 금전대차에서보다 더 많은 의무가 형성된다. 매도인은 매매 목적물을 인도하고(민법 제1603조)[174] 인도할 때까지 관리(garder)하고[175] 담보[176]하고 매매가 해제되어야 할 정도의 하자를 그것이 가지고 있으면 이를 회수[177]할 의무가 있기 때문이다. 또한 매수인도 그 각각의 개소에서 설명되는 그런 의무를 가지고 있다. 그러나 금전대차에서 차주는 기한이 되어 변제하지 않으면 청구가 있은 후에[178] 동일한 액[179]과 그 이자를 반환할 의무만 부담할 뿐이다.

약정의 차이에 의한 신의의 범위의 넓거나 좁은 것의 이러한 차이는 로마법에서 이를 성의계약(contrats de bonne foi)[180]이라고 부르는 계약과 엄격법에 의한 계약이라고 부르는 것 사이에 한 구분을 기초로 한 것이다.[181] 그러나 그 성질에 의하고 우리 관행에 의하면 신의는 형평이 이를 요청하는 범위 모두에서 이를 가지고 있다는 점에서 모든 계약은 신의에 의한 것이다(L. un. Cod. ut. act. et ab her. et contr. her; 1. 111. D. de verb. obl.을 참조)

【원문】 12. [Bonne foi entiere en toutes sortes de conventions.] Il n'y a aucune espèce de convention où il ne soit sous-entendu que l'un doit à l'autre la bonne foi, avec tous les effets que l'équité peut y demander (2), tant en la manière de s'exprimer dans la convention, que pour l'exécution de ce qui est convenu et de toutes les suites (3). Et quoiqu'en quelques conventions cette bonne foi ait plus d'étendue, et en d'autres moins, elle doit être entière en toutes, et chacun est obligé à tout ce qu'elle demande, selon la nature de la convention et les suites qu'elle peut avoir (3). Ainsi, dans la vente, la bonne foi forme un plus grand nombre d'engagemens que dans le prêt d'argent. Car le vendeur est obligé à délivrer la chose vendue (5)(C. civ., 1603), à la garder jusqu'à la délivrance (6), à la garantir (7), à la reprendre si elle a des défauts qui soient tels, que la vente doive être résolue (8) ; et l'acheteur a aussi ses engagemens, qui seront expliqués en leur lieu. Mais

171) (2) L. 4, Cod. de obl. et act. L. 31, ff. depos. vel cont.
172) (3) L. 2, § ult. ff. de obl. et act.
173) (4) L. 11, § 1, ff. de act. emp. et vend. 원문은 주 번호를 (3)이라고 한다.
174) (5) Dict. leg. 11, § 2.
175) (6) L. 36, ff. de act. empt. et vend.
176) (7) L. 39, § 2, ff. de evict.
177) (8) L. 11, § 3, ff. de act. empt. et vend.
178) (10) L. 3, § 1, ff. de usur.
179) (9) L. 2, ff. de reb. cred. L. i, § 2, ff. de obl. et act.
180) bonae fidei의 프랑스어 표현이 bonne foi이다.
181) 이전 판본에는 양자에 대한 설명이 더 있으나 레미판은 이를 생략하였다.

dans le prêt d'argent, celui qui emprunte n'est obligé qu'à rendre la même somme (9), et les intérêts, s'il ne paie au terme, après la demande (10).

Cette différence entre le plus ou le moins d'étendue de la bonne foi selon les différences des conventions, est le fondement de la distinction qu'on fait dans le droit romain entre les contrats qu'on y appelle contrats de bonne foi, et ceux qu'on dit être de droit étroit, mais par la nature et par notre usage, tout contrat est de bonne foi, en ce qu'elle y a toute l'étendue que l'équité peut y demander. (L. un. Cod. ut. act. et ab her. et contr. her. Vid. 1. III, ff. de verb. obl.)

13. [제3자에 대한 신의] 약정에 필수적인 신의는 계약 당사자가 고려한 것에 한정되지 아니한다. 또한 그들은 그들 사이에서 건네진 것에 이익이 있을 수 있는 모든 것에도 그 의무가 있다. 따라서 예를 들면 수치인이 임치한 사람이 수치물을 절취한 것을 알게 되면 신의에 의하여 그에게 그 물건을 맡긴 이 절취자에게 그것을 거절하고 그 물건을 그 주인인 사람에게 반환할 의무가 있다[182] (민법 제1938조).

【원문】 13. [Bonne foi envers les tierces personnes.] La bonne foi nécessaire dans les conventions, n'est pas bornée à ce qui regarde les contractans ; mais ils la doivent aussi à tous ceux qui peuvent avoir intérêt à ce qui se passe entre eux. Ainsi, par exemple, si un dépositaire découvre que celui qui a fait le dépôt, avait volé la chose déposée, la bonne foi l'oblige à la refuser à ce voleur qui la lui a confiée, et à la rendre à celui qui s'en trouve le maître (11). (C. civ., 1938.)

14. [어떤 의미에서 서로가 기망할 수 있는 것으로 이해되어야 하는가] 약정할 때에 각자가 그 이익을 배려하는 방법과 일방의 불확실하고 자의적이면서 규율되어야 하는 것의 범위에서 한 상대방의 주장에 대한 일방의 반대가 신의에 반하는 것은 전혀 없다. 또한 예를 들면 매매에서 서로가 기망할 수 있는 것이 허용된다고 하는 것은 【139쪽】 대금의 많고 적음에서[183]와 같이 불확실하고 자의적인 이러한 범위에서 일방이 상대방을 공략해 얻을 수 있는 것으로 이해되어야 하고 이 자유를 어떤 기망으로 확대해서는 안된다.

【원문】 14. [En quel sens il faut entendre qu'on peut se tromper l'un l'autre.] Les manières dont chacun ménage ses intérêts lors de la convention, et la résistance de l'un aux prétentions de l'autre dans l'étendue de ce qui est incertain et arbitraire, et qu'il faut régler, n'ont rien de contraire à la bonne foi. Et ce qu'on dit qu'il est permis, par exemple, dans les ventes de se tromper l'un l'autre, 【139】 se doit entendre de ce que l'un emporte sur l'autre dans cette étendue incertaine et arbitraire, comme dans le plus ou le moins du prix

182) (11) L. 31, § 1, ff. depos. 임치의 제3절 말미 참조.

183) (1) L. 16, § 4, ff. de min. L. l0, Cod. de resc. vend; L. 22, § ult. ff. loc. Vid. 1. 8, Cod. de resc. vend.

(1), mais il ne faut pas étendre cette liberté à aucune fraude.

15. [물건의 현황에 의하여 약정의 이행을 위한 재량에 의한 기간] 계약 당사자 중 일방이 하거나 주거나 그렇지 않으면 약정한 것을 이행할 의무가 있는 모든 약정, 특히 그 불이행이 계약의 해제나 어떤 그 밖의 제재가 뒤따르는 약정에서는, 형평과 공공의 이익에 의하여 약정이 즉시 해제되어서는 안되고 모든 불이행에 의하여 발생된 제재를 구별없이 해서도 안된다.

따라서 예를 들면 매수인이 기한에 대금을 지급하지 않으면 이를 그렇게 합의하였다고 하더라도 매매가 즉시 해제되지 안된다. 오히려 매수인에게 매매를 해제하기 전에 대금을 변제하기 위한 시간을 부여한다. 또한 변제이든 그 밖의 물건이든 지체가 있는 그 밖의 경우에는 법관의 신중함으로 사정에 따라 정당할 수 있는 기간을 부여된다(민법 제1654조, 제16555조 이하).[184][185] 【140쪽】

【원문】 15. [Délais arbitraires pour l'execution des conventions selon l'état des choses.] En toutes conventions où l'un des contractans est obligé à faire ou donner, ou autrement accomplir ce qui est convenu, et surtout en celles dont l'inexécution doit être suivie, ou de la résolution du contrat ou de quelque autre peine, il est de l'équité et de l'intérêt public que les conventions ne soient pas d'abord résolues, ni les peines encourues par toute inexécution indistinctement.

Ainsi, par exemple, si l'acheteur ne paie pas le prix au terme, la vente ne sera pas d'abord résolue, quand même il aurait été ainsi convenu ; mais on accorde un temps à l'acheteur pour payer le prix avant que de résoudre la vente. Et dans les autres cas de retardement, soit d'un paiement, ou d'autre chose, il est de la prudence du juge d'accorder les délais qui peuvent être justes selon les circonstances (2). (C. civ., 1654, 1655, s.) 【140】

제4절 약정에 추가할 수 있는 여러 종류의 조항, 특히 조건

【원문】 SECTION IV. Des diverses sortes de pactes qu'on peut ajouter aux conventions, et particulièrement des conditions.

모든 종류의 약정에 추가할 수 있는 다양한 종류의 조항 중에서 조건, 해제조항이나 그 밖의 것과 같이 어떤 것은 모든 종류의 약정에서 공통하여 사용되는 것이다. 또한 매매계약에서 환매권과 같이 몇 가지 종류의 약정에 고유한 것이 있다. 여기서는 모든 종류의 약정에 공통한 것만을 둔다. 그리고 각각의 것에 고유한 것은 그 개소에 둘 것이다.

【원문】 Parmi les diverses sortes de pactes qu'on peut ajouter à toutes sortes de conventions, quelques-unes sont d'un usage commun à toutes les espèces de conven-

---

184) (2) L. 23, in fin. ff. de obl. et act. L. 45, § 10, ff. de jur. fisc. L. 135, § 2, ff. de verb. obl. L. 24, § 4, ff. de locat. 제4절의 제15조와 제16조 참조. L. 4, cod. de pact. L. 20, § 1, ff. de minoribus.

185) 레미판에서는 당시의 프랑스 판례와 판결요지를 부기한다 : 139-140 주 3-6.

tions, comme les conditions, les clauses résolutoires et autres ; et il y en a qui sont propres à quelques espèces de conventions, comme la faculté de rachat au Contrat de vente. On ne mettra ici que ce qui est commun à toute sortes de conventions ; et ce qui est propre à quelques-unes sera mis en son lieu.

1. [모든 종류의 조항에 대한 무한한 자유] 약정은 임의적이고 그 필요에 따라 다양하므로 모든 종류의 약정, 계약과 협정(traités)에는, 법률과 선량한 풍속에 위반한 것이 없으면 모든 종류의 조항, 조건. 제한, 유보, 일반적인 면책과 그 밖의 것을 추가할 수 있다.[186)]

【원문】 1. [Liberté indéfinie de toute sorte de pactes.] Comme les conventions sont arbitraires, et se diversifient selon les besoins, on peut en toutes sortes de conventions, de contrats et de traités, ajouter toutes sortes de pactes, conditions, restrictions, réserves, quittances générales et autres, pourvu qu'il n'y ait rien de contraire aux lois et aux bonnes mœurs (7).

2. [통상적인 의무에 추가하거나 이를 감축할 수 있다] 약정의 자연적이고 통상적인 의무를 변경하거나 증가하거나 또는 감소하게 할 수도 있고, 그에 위반할 수도 있다. 따라서 매매계약, 임치계약, 조합계약과 그 밖의 계약에서 법률은 그의 과실이나 그의 부주의에 대하여 일방이 상대방에게 책임을 부담하는 어떤 방법을 규율할 수 있다. 그러나 그에 대하여 약정한 것에 따라[187)] 그의 주의나 성실을 더 많게 또는 더 적게 부담하게 할 수 있다. 따라서 매도인은 담보에 대하여 당연히(naturellement) 의무가 있지만 그의 행위 이외의 모든 담보를 면책될 수 있다.[188)] 그리고 이 약정은 【141쪽】 계약 당사자의 특별한 동기가 그 형평의 근거가 된다. 예를 들어 이 매도인은 그가 더 적은 대금으로 주었기 때문에 담보에 대하여 면책된다(민법 제1627조).

【원문】 2. [On peut ajouter aux engagemens ordinaires, ou les diminuer.] On peut aussi changer lesengagemens naturels et ordinaires des conventions, et les augmenter ou diminuer, et même y déroger. Ainsi, dans les contrats de vente, dépôt, société et autres, les lois ont réglé de quelle manière l'un répond à l'autre de sa faute ou de sa négligence; mais on peut se charger plus ou moins du soin et de la diligence, selon qu'il en est convenu(8). Ainsi, le vendeur, quoique naturellement obligé à la garantie, peut se décharger de toute garantie, autre que de son fait(9). Et ces conventions 【141】 ont le fondement de leur équité sur les motifs particuliers des contractans. Ce vendeur, par exemple, est déchargé de la garantie, parce qu'il donne à un moindre prix. (C. civ., 1627.)

186) (7) Vid. sup. sect. 2, art. 2. L. 1, ff. de pact. L. 23, ff. de reg. jur. L. 1, § 6, ff. depos. L. 27, § 4, ff. de pact.

187) (8) L. 23, ff. de reg. jur. Dict. leg.

188) (9) L. 11, § 18, ff. de act. emp. et vend. 매매계약의 제10절의 제5조, 제6조와 제7조.

3. [신의를 해하는 것의 예외] 의무를 증가하거나 감축할 자유는 항상 신의에 의하여 할 수 있는 것으로 한정되어 사기나 기망이 없어야 한다. 또한 사기는 항상 모든 종류의 약정을 배제한다(민법 제1116조 이하).[189][190]

【원문】 3. [Exception de ce qui blesseroit[191] la bonne foi.] La liberté d'augmenter ou diminuer les engagemens, est toujours bornée à ce qui se peut dans la bonne foi, et sans dol ni fraude. Et le dol est toujours exclu de toutes sortes de conventions (1). (C. civ., 1116, s.)

4. [각자는 그 권리를 포기하 수 있다] 모든 약정에서 각자는 그것이 형평, 법률과 선량한 풍속을 해하지 않고 제3자의 이익을 해하지도 않으면[192] 그 권리와 그의 이익이 되는 것을 포기할 수 있다.[193]

【원문】 4. [Chacun peut renoncer à son droit.] En toutes conventions, chacun peut renoncer à son droit, et à ce qui est à son avantage (8), pourvu que ce soit sans blesser l'équité, les lois et les bonnes mœurs, ni l'intérêt d'un tiers (9).

5. [조항은 그 주제로 제한된다] 계약에 추가하는 특별한 조항은 그와 관계가 있는 주제로 한정되고 계약 당사자가 보지 아니한 것에는 확대되지 아니한다[194](제1163조 이하). 【142쪽】

【원문】 5. [Les pactes sont bornez à leur sujet.] Les pactes particuliers qu'on ajoute dans les contrats sont bornés au sujet qui y donne lien, et ne s'étendent pas à ce que les contractans n'ont pas eu en vue (10).(C. civ., 1163, s.) 【142】

조건[195]

【원문】 Des conditions.

약정에서 사람들은 대비하고자 하는 어떤 변경을 할 수 있는 사실[196]을 예견하는 것이 아주 일

189) (1) L. 27, § 3, ff. de pacf. L. 1, § 7, dep. L. 23, ff. de reg. jur. L. 69, ff. de verb. signif. L. 7, § 7, ff. de pact.

190) 레미판에서는 당시의 프랑스 판례와 판결요지를 부기한다 : 141쪽 주 2-7.

191) 레미판은 각 조문의 표제가 없다. 이전판의 것에 의한 것이다. 오늘날은 blesserait이지만 당시에는 blesseroit 이었으므로 이를 수정하지 않고 그대로 쓴다. 예를 들면 Louis de Héricourt 판(1777), 38 참조.

192) (9) L. 74, ff. de reg. jur. L. 27, § 4, ff. de pact. 제2절 제3조 참조. V. l. 4, § 4, ff. si quis caut. V. 1. 8 ff. de trans.

193) (8) L. 46, ff. de pact. L. 29, Cod. eod. L. 41, ff. de min.

194) (10) 제2절 제21조 참조. L. 27, § 4, ff. de pact.

195) 레미판은 각 절에 개별 조문 앞에 소제목을 붙여 일반설명을 붙이기도 한다.

196) 조건은 법률행위의 효력의 발생이나 소멸을 장래의 불확실한 '사실'의 성부에 '의존'하게 하는 법률행위의 부관이다. 이에 대하여는 곽윤직, 김재형, 민법총칙, 제9판, 2013, 399 이하. 이에 따라 조건과 관련하여 événement 은 사실로 하였다. 사건이라고 하기도 한다; 그 밖에 dépendre는 '의존하게 하다'로, accomplissement은 '성취'로, arriver는 '(조건의) 발생' 또는 '이루어지다'로 하였다.

반적이므로 이런 경우가 발생하면 하게 될 것을 규율한다. 이것이 바로 조건의 사용에 의한 것이다.

그러므로 조건은 계약 당사자들이 예견한 경우가 발생되면 어떻게 될 것인가에 대하여 그들이 원하는 것을 규율하는 조항이다. 따라서 매도된 집에 어떤 지역권이 붙어 있으면 매매가 해제되거나 금액이 감액될 것이라고 하는 경우에 이것이 조건이다. 어떤 경우를 예견하고 거기에 대비하기 때문이다. 따라서 어느 집이 취득자가 증축될 수 없다는 조건으로 매도되면 취득자가 이 변경을 할 수 있을 것을 매도인은 예견하고 그가 매도한 것이 아닌 집의 채광을 보존하기 위하여 그는 거기에 대비한다.

사람들은 서로 약정에 부과하는 부담이 조건의 성질을 지닌다는 것을 주목하게 하기 위하여 이 둘째 예를 추가하였다. 취득자에게 증축할 수 없게 하는 것을 부과하는 부담이 본래는 이것이기 때문이다. 그러나 매수인이 집을 증축하기 원하는 경우에는 매도인은 이를 방해할 수 있다고 한 것처럼 부담은 조건을 포함한다. 그리고 바로 이 때문에 사람들은 조건이라는 말과 부담이라는 말을 구별하지 않고 사용하는 것이다. 그리고 이런 조건으로 또는 이런 부담으로라고 말한다. 또한 협약의 다양한 약정을 의미하기 위하여 조건이라는 말을 복수로 사용하기도 한다. 그 조건이 그렇게 모든 것의 의무를 부담하게 하고, 이것이 없거나 그에 위반하면 불이행의 제재를 받기 때문이다.

조건이 예정하는 사실은 3가지 종류가 있다. 어느 조합원이 다른 조합에 가입되는 경우라고 하는 것같이 어떤 것은 함께 거래를 한 사람의 행위에 종속한다. 다른 것은 얼음이 얼거나 우박이 있거나 가뭄이 있는 경우라고 하는 것 같은 우연한 사건의 경우에서 그런 것처럼 계약 당사자의 의사와 독립적인 것이다. 또한 어느 날에 물건이 도달하는 경우라고 하는 것처럼 일부는 계약 당사자의 행위에 종속되고 일부는 우연한 사건에 종속되는 그런 것이 있다.

조건은 그것이 가질 수 있는 3가지 다른 효과에 따라 3가지가 종류가 있다. 그 중 하나는 물건이 어느 날 인도되는 경우에 매매가 발생할 것이라고 하는 것처럼 그에 종속하게 되어 있는 약정을 이행하는 것이다. 둘째는 어느 사람이 어느 시간에 도착하면 주택의 임대차는 해제된다고 하는 것처럼 약정을 해제하는 것이다. 또한 세 번째 종류는 약정을 이행하는 것도 해제하는 것도 아니고 오히려 그에 그 밖의 변경만 가져오는 것이다. 임차된 주택이 약정한 동산 없이 주어지고 그 임료는 그만큼 감소하게 되는 하는 경우가 그러하다. 【143쪽】

명시적 조건이 있고 암시를 하는 것인 묵시적인 것도 있다. 명시적 조건은 어느 물건이 만들어지는가 여부나 어느 물건이 도달하는가 여부라고 할 때와 같이 설명이 되어 있는 모든 것이다. 묵시적 조건은 약정에 내포되어 있는 것으로 그에 대하여 명시되어 있지는 아니한 것이다. 부동산(héritage)의 매매에서 매도인이 그 해의 과실은 유보한다고 하면 이 유보에는 그 과실이 있는 경우에 그 과실은 유보한다는 것을 말하는 것과 동일하게 그 부동산이 과실을 산출한다는 조건이 포함되는 경우가 그러하다.[197]

【원문】[198] Comme il est assez ordinaire, dans les conventions, qu'on prévoit des

197) (1) L. 73, ff. de verb, obl. L. 1, § 3, ff. de cond. et dem.

198) 레미 이전 판에서는 모두 이 문단에 대하여 조문번호를 다음과 같이 붙이고 있다. 6. [조건의 개념, 그 사용과 그 다양한 효력](Définition des conditions, leur usage, et leurs differens effets)]. 이에 따라 이하의 제6조

événemens qui pourront faire quelque changement où l'on veut pourvoir, on règle ce qui sera fait si ces cas arrivent : et c'est ce qui se fait par l'usage des conditions.

Les conditions sont donc des pactes qui règlent ce que les contractans veulent qui soit fait, si un cas qu'ils prévoirent arrive. Ainsi, s'il est dit qu'en cas qu'une maison vendue se trouve sujette à une telle servitude, la vente sera résolue, ou le prix diminué, c'est une condition ; car on prévoit un cas, et on y pourvoit. Ainsi, si une maison est vendue, à condition que l'acquéreur ne pourra la hausser, le vendeur prévoit que l'acquéreur pourrait faire ce changement, et il y pourvoit, pour conserver les jours d'une autre maison que celle qu'il vend.

On a ajouté ce second exemple pour faire remarquer que les charges qu'on s'impose l'un à l'autre dans les conventions, tiennent de la nature des conditions. Car c'est proprement une charge imposée à l'acquéreur de ne pouvoir hausser; mais cette charge renferme une condition, comme si on avait dit, en cas que l'acheteur veuille hausser la maison, le vendeur pourra l'empêcher; et c'est

pourquoi on se sert souvent, et du mot de condition, et du mot de charge indistinctement ; et on dit à telle condition ou à telle charge ; et on use aussi du mot de conditions au pluriel, pour signifier les différentes conventions d'un traité, parce qu'elle obligent toutes de telle manière, que s'il arrive qu'on y manque, ou qu'on y contrevienne, on est sujet aux peines de l'inexécution.

Les événemens prévus par les conditions sont de trois sortes. Quelques-uns dépendent du fait des personnes qui traitent ensemble, comme s'il est dit en cas qu'un associé s'engage dans une autre société. D'autres sont indépendans de la volonté des contractans, tels que sont les cas fortuits, comme s'il est dit, en cas qu'il arrive une gelée, une grêle, une stérilité. Et il y en a qui dépendent en partie du fait des contractans, et en partie des cas fortuits, comme s'il est dit, en cas qu'une marchandise arrive un tel jour.

Les conditions sont de trois sortes, selon trois différens effets qu'elles peuvent avoir.L'une de celles qui accomplissent les conventions qu'on en fait dépendre, comme s'il est dit, qu'une vente aura lieu, en cas que la marchandise soit délivrée un tel jour. La seconde, de celles qui résolvent les conventions, comme s'il est dit que si une telle personne arrive en tel temps, le bail d'une maison sera résolu. Et la troisième sorte est de celles qui n'accomplissent ni ne résolvent pas les conventions, mais qui seulement y apportent d'autres changemens ; comme s'il est dit que si une maison louée est donnée sans des meubles promis, le loyer sera diminué de tant. 【143】

부터 제20조부터는 조문번호는 각각 7-21로 하고 있다. 레미판에서는 조문제목은 붙이지 않지만 원래의 도마의 저작에는 있으므로 조문제목만 보충하였다.

Il y a des conditions expresses, et il y en a des tacites, qui sont sous-entendues. Les conditions expresses sont toutes celles qui sont expliquées, comme quand il est dit, si telle chose est faite ou non, si telle chose arrive ou non. Les conditions tacites sont celles qui se trouvent renfermées dans une convention, sans y être exprimées ; comme s'il est dit, dans une vente d'un héritage, que le vendeur se réserve les fruits de l'année, cette réserve renferme la condition qu'il naisse des fruits, de même que s'il avait été dit, qu'il réservait les fruits en cas qu'il y en eût (1).

6. [약정의 성취에 의존하는 조건] 그 이행이 조건의 사실에 의존하는 약정에서 조건이 발생할 때까지 모든 것이 정지되어 약정이 없었던 것과 동일한 상태에 있게 된다. 따라서 조건의 사실에 의하여 이행되어야 하는 매매에서는 그럼에도 매수인은 아무런 권리도 없이 향유할 수도 없고 시효에 걸리지도 아니하고 기대만 하고 한다.[199] 그러나 매도인은 매매 목적물의 주인으로 남아있고 그 과실은 그에게 속하고[200] 또한 조건이 발생하지 않으면 그 약정은 무효가 된다[201](민법 제1176조).

【원문】 6. [De la condition d'où dépend l'accomplissement d'une convention.] Dans les conventions dont l'accomplissement dépend de l'événement d'une condition, toutes choses demeurent en suspens, et au même état que s'il n'y avait pas eu de convention, jusqu'à ce que la condition soit arrivée. Ainsi, dans une vente qui doit s'accomplir par l'événement d'une condition, l'acheteur n'a cependant qu'une espérance, sans aucun droit, ni de jouir, ni de prescrire (2); mais le vendeur demeure le maître de la chose vendue, et les fruits sont à lui (3) ; et si la condition n'arrive pas, la convention est anéantie (4). (C. civ., 1176.)

7. [이런 조건의 사실의 효과] 약정을 이행하여야 하는 조건이 발생하면 그 조건은 약정에 효과가 있게 하고 그에 수반되어야 할 변경이 일어난다. 따라서 조건의 사실로 매매가 이행되면 매수인은 동시에 그 주인이 된다. 또한 이 변경은 그 밖의 결과를 가지는데 이는 약정의 효력이 될 것이다[202](제1179조).

조건의 사실은 때로는 소급효를 가진다. 따라서 조건이 붙은 채무에 약정된 저당권은 조건이 성취된 때에 채무를 한 날부터 그 효력을 가진다(저당권에 관한 제3절 제17조 참조).

【원문】 7. [Effet de l'évenement de cette condition.] La condition qui doit accomplir une convention étant arrivée, elle donne l'effet à la convention, et produit les changemens qui en doivent suivre. Ainsi, une vente étant accomplie par l'événement d'une condition,

---

199) (2) L. 4, ff. de in diem add. § 4. Inst. de verb. obl. L. 54, ff. de verb. sign.

200) (3) L. 8, ff. de per. et com. rei. vend.

201) (4) L. 37, ff. de contr. empt. L. 8, ff. de per. et com. rei vend.

202) (5) L. 7, ff. de contr. empt. L. 8, ff. de per. et com. rei vend.

l'acheteur devient en même temps le maître ; et ce changement a les autres suites, qui font les effets de la convention (5). (C. civ., 1 179.)

L'événement de la condition a quelquefois un effet rétroactif. Ainsi, l'hypothèque stipulée dans une obligation conditionnelle, aura son effet du jour de l'obligation, lorsque la condition sera arrivée. (V. l'art. 17 de la sect. 3 des hypothèques.)

8. [약정의 해제가 의존하는 조건] 이미 이행되었지만 조건의 사실로 해제될 수 있는 약정에서는 그럼에도 모든 것이 약정의 상태에 머물러 있게 된다. 또한 조건의 효력은 조건이 발생할 때까지 정지된다. 따라서 일정한 시간 내에 제3자가 매도한 물건에 더 높은 대금을 제공하는 경우에는 이행된 매매가 해제된다고 하는 때에도 매수인은 그때까지는 주인으로 있다. 그는 시효에 걸리고 그는 향유하고 물건이 멸실되면 그 멸실을 부담한다.[203)]

【원문】 8. [De la condition d'où dépend la résolution d'une convention.] Dans les conventions déjà accomplies, mais qui peuvent être résolues par l'événement d'une condition, toutes choses demeurent cependant dans l'état de la convention; et l'effet de la condition est en suspens, jusqu'à ce qu'elle arrive. Ainsi, s'il est dit qu'une vente accomplie sera résolue, en cas que dans un certain temps un tiers donne un plus haut prix de la chose vendue, l'acheteur jusque-là demeure le maître ; il prescrit, il jouit, et si la chose périt, il en souffre la perte (6).

9. [이 조건의 사실의 효과] 약정을 해제하여야 하는 조건의 경우가 발생되면 약정은 해제된다.[204)] 또한 제6절에서 설명될 원칙과 이어지는 원칙에 따라 그 조건에 뒤따라야 하는 효과가 있다.

【원문】 9. [Effet de l'évenement de cette condition.] Le cas de la condition qui doit résoudre une convention étant arrivé, la convention sera résolue (7) ; et ce changement aura les effets qui en doivent suivre, selon les règles qui seront expliquées dans la section 6, et la règle qui suit.

10. [조건이 붙은 채무의 결과는 어떻게 규율되는가] 조건의 [144쪽] 사실 전이나 후에 발생한 것은 모두 물건이 존재하는 상태에 따라 규율된다. 따라서 조건이 발생된 경우에 매매가 이행되고 그것이 해제되어야 할 때에도 매수인은 그럼에도 그 물건의 주인이고 그는 시효에 걸리고 향유한다. 또한 그 물건이 멸실되게 되면 그 멸실을 부담한다. 매매가 아직 존속하고 그 결과 물건은 매매가 조건의 사실로 해제될 때까지 그에게 있기 때문이다.[205)206)] 또한 그 조건이 발생한 후에 이익과 손

---

203) (6) L. 2, ff. de in diem. add. Dict. leg. 2, § 1.

204) (7) L. 2, ff. de in diem add. L. 5, ff. do contr. empt.

205) (1) L. 2, § 1, ff. de in diem add.

206) (2) L. 10, § 5, de jur. dot.

실에 대한 모든 사실은 조건이 약정을 이행하든지 또는 조건이 약정을 해제하든지 그때에 그 물건의 주인으로 있는 사람이 고려된다. 따라서 조건이 붙은 약정의 결과를 규율하는 것은 조건이 발생될 때 항상 물건이 존재하는 상태이고 그 조건이 가져야 하는 효과이다[207](민법 제1182조).

10. [Comment se reglent les suites des conventions conditionnelles.] Tout ce qui arrive ou avant ou après l'événement de la 【144】 conditlon, est réglé selon l'état où se trouvent les choses. Ainsi, lorsqu'une vente est accomplie, et qu'elle doit être résolue, en cas qu'une condition arrive, l'acheteur est cependant maître de la chose, et il prescrit et jouit; et si elle vient à périr, il en souffre la perte, parce que la vente subsiste encore, et que la chose est par conséquent à lui, jusqu'à ce que la vente soit résolue par l'événement de la condition(1); et au contraire, lorsque l'accomplissement d'une vente dépend d'une condition, si avant l'événement de cette condition la chose périt, c'est le vendeur qui en souffre la perte; car il demeure le maître jusqu'à ce que l'événement de la condition accomplisse la vente (2). Et après que la condition est arrivée, tous les événemens de gain ou de perte regardent celui qui se trouve alors maître de la chose, soit que la condition accomplisse ou qu'elle résolve la convention. Ainsi, c'est toujours l'état où se trouvent les choses lorsque la condition arrive, et l'effet qu'elle doit avoir, qui règle les suites des conventions conditionnelles (3). (C. civ., 1182.)

11. [현재나 과거에 관련된 조건] 장래와는 관계 없으나 현재나 과거에 관계있는 조건은 즉시 그 효과가 있다. 또한 조건이 약정에 주어야 하는 효과에 따라 그 약정이 이행되거나 무효가 된다. 따라서 예를 들어 물건이 어느 항구에 이미 도달한 경우에만 매매가 있다고 하는 조건으로 어느 물건이 매도된 경우에 그 매매는 물건이 항구에 있으면 즉시 이행되고 물건이 거기에 없으면 즉시 무효가 된다. 또한 그런 조건으로 거래한 사람은 자기들이 의무가 있는가 여부를 모르더라도 그 약정은 정지되지 아니한다. 그러나 그들이 조건이 발생하였는가 여부를 그들이 알 때까지 이행이 정지될 뿐이다[208](제1175조).

【원문】 11. [Des conditions qui se rapportent au present, ou au passe.] Les conditions qui ne se rapportent pas à l'avenir, mais au présent ou au passé, ont d'abord leur effet ; et la convention est en même temps ou accomplie ou annulée, selon l'effet que doit lui donner la condition. Ainsi, par exemple, si une marchandise est vendue à condition que la vente n'aura lieu qu'en cas que la marchandise soit déjà arrivée à un tel port, la vente est, ou d'abord accomplie, si la marchandise est au port, ou d'abord nulle, si elle n'y est point ; et la convention n'est pas suspendue, quoique ceux qui traitent sous de telles conditions ignorent s'ils sont obligés ou non. Mais c'est seulement l'exécution qui

207) (3) L. 8, ff. de peric. et com, rei vend.

208) (4) L. 31, ff. de reb. cred. Vid. 1. 38 et 39. Cod. L. 100, ff, de verb. obl.

est suspendue jusqu'à ce qu'ils sachent si la condition est arrivée ou non (4)(C. civ., 1175.)

12. [불능조건] 불능조건은 그것이 부가된 약정을 무효로 한다[209](민법 제1172조).

【원문】 12. [Conditions impossibles.] Les conditions impossibles annulent les conventions où on les ajoute (5). (C. civ., 1172.)

13. [조건의 효력은 상속인에게 넘어간다] 조건이 계약 체결자의 사망 후에만 발생되는 경우에는 조건은 그 상속인에 대하여 효력이 있다[210](민법 제1122조).[211]

【원문】 13. [L'effet des conditions passe aux heritiers.] Si les conditions n'arrivent qu'après le décès des contraclans, elles ont leur effet à l'égard de leurs héritiers (6). (C. civ., 1122.)

14. [계약 당사자의 행위와 독립한 조건은 즉시 그 효력이 있다] 약정이 이행되거나 해제되거나 그것이 어떤 변경이 되는 것이 그에 종속되는 조건【145쪽】이 계약 당사자의 행위와 독립한 경우에는 조건은 즉시 발생하거나 그것이 알려지는 효력이 있다. 따라서 예를 들면 건초의 매매는 기병 연대가 어떤 때에 도달한 경우에만 그 효력이 있다고 약정하였으면 기병이 도착하면 그 약정은 즉시 그 효력을 가질 것이다(민법 제1161조). 따라서 부동산(héritage)이 어떤 부담을 할 대상으로 판명되면 매매가 해제될 것이라는 조건을 붙여 매도된 때에 그 부동산이 이러한 부담을 할 대상으로 판명된 경우에는, 그 부동산이 매도인이 이를 양도하게 할 수 있고 사정에 의하여 그에게 그에 대한 시간을 주는 것이 정당한 경우가 아니라면 그 매매를 파기할 것인가는 매수인에 달려있다[212](제1584조).

【원문】 14. [Les conditions indépendantes du fait des contractans ont d'abord leur effet.] Si la condition d'où il dépend qu'une convention soit accomplie ou résolue, ou qu'il soit fait quelque changement, est 【145】 indépendante du fait des contractans, elle a son effet d'abord qu'elle est arrivée, ou qu'elle est connue. Ainsi, par exemple, s'il est convenu qu'une vente de fourrages n'aura son effet qu'en cas qu'un régiment de cavalerie arrive dans un tel temps, elle aura son effet d'abord que le régiment sera arrivé, ou elle demeurera nulle s'il n'arrive point. (C. civ., 1161.) Ainsi, lorsqu'un héritage est vendu à condition que, s'il se trouve sujet à une telle charge, la vente sera résolue, il dépendra de l'acheteur de rompre la vente, si l'héritage se trouve sujet à cette charge (1) (C. civ., 1584), si ce n'est qu'elle fût telle que le vendeur put la faire cesser, et que par les circonstances il fût juste de lui en donner le temps.

209) (5) L. 31, § de obl. et act.

210) (6) § 25, inst. de inut. stip. L. 8, ff. de per. et com. rend. vei.

211) 레미판에서는 당시의 프랑스 판례와 판결요지를 부기한다 : 144쪽 주 7.

212) (1) Si Titius consul fuerit factiis. § 4, inst. de verb. obl. 이 조문과 다음 조문에 관하여는 제5절의 제16조와 제6절의 제14조를 참조.

15. [계약 당사자의 행위에 의존하는 조건은 기간이 허용될 수 있다] 조건이 계약 당사자 중 일방의 행위에 전적으로 또는 부분적으로 의존하고 기간 내에 만족이 되지 않은 경우에, 지체가 아무런 손해도 일으키지 않았거나 그것이 있더라도 배상될 수 있는 때와 같이 기간을 주는 것이 형평에 맞는 것인 경우에는 사정에 따라 그것이 부여되어야 한다고 이해된다. 따라서 농지임대차나 건물임대차는 소유자가 특정한 기간 내에 몇 가지 배상을 하는 조건을 붙여 한 경우에는 배상이 정확하게 그 기간 내에 완성되지 못하였더라도 임대차는 즉시 해제되지는 않을 것이다. 그러나 농지임차인이나 건물임차인이 그 어떤 손해도 입지 않았으면 배상 없이 또는 지체로 야기될 수 있을 손해배상을 하게 하면서 사정에 따라서 기간을 부여하는 것은 법관의 신중(prudence)에 의한다[213](제1719조 이하).

【원문】 15. [Les conditions qui dépendent du fait des contractans, peuvent souffrir un délai.] Si la condition dépend ou entièrement ou en partie du fait de l'un des contractans, et qu'il n'y ait pas satisfait dans le temps, il est sous-entendu que dans les cas où il serait de l'équité de donner un délai, il doit être accordé selon les circonstances ; comme lorsque le retardement n'a causé aucun dommage, ou que s'il y en a, il peut être réparé. Ainsi, lorsqu'un bail à ferme ou à loyer est fait à condition que le propriétaire fera quelques réparations dans un certain temps, le bail ne sera pas d'abord résolu, quoique les réparations ne soient pas achevées précisément dans le temps; mais il est de la prudence du juge d'accorder un délai selon les circonstances, ou sans désintéressement, si le fermier ou le locataire n'en ont souffert aucun préjudice, ou avec un désintéressement du dommage que le retardement aura pu causer (2). (C. civ., 1719, s.)

16. [예외] 조건을 이행할 기간이 약정의 본질을 손상하지 않거나 상당한 손해를 가하지 않고 부여될 수 없는 경우에는 조건은 계약 체결자 중 일방의 행위에 의존하거나 그것은 독립적으로 하여 지체 없이 그 효과가 있다. 따라서 예를 들어 매도인이 선적을 위하여 또는 시장을 위하여 어떤 날에 이를 인도하고 그 대금은 매수인에 의하여 현금으로 지급될 것이라는 조건으로 물건의 매매가 된 경우에는 그것을 어떤 일에 인도하는 것을 조건으로 된다면 매매를 해제하는 것이 매수인에 의존할 것이다. 매도인이 그 날에 매매 목적물을 인도하지 않으면 매매를 해제하는 것은 매수인에게 달려 있을 것이고, 매수인이 현금으로 지급하지 않으면 매도인 자신에 달려 있을 것이다. 따라서 모든 경우에 사정에 따라 조건 또는 그 밖의 의무를 이행하기 위하여 기간을 부여할 필요가 있는가를 판단하여야 한다.[214]

【원문】 16. [Exception.] Si le délai d'exécuter une conditionne pouvait être accordé, sans blesser l'essentiel de la convention, ou sans causer un dommage considérable, la condition aura son effet sans retardement, soit qu'elle dépende du fait de l'un des

213) (2) L. 28, ff. de obl. et act. L. 21, ff. de jud. 다음 조문과 제3절의 제15조 참조.
214) (3) 제3절 제15조 참조.

contractans, ou qu'elle soit indépendante. Ainsi, par exemple, si une vente de marchandises est faite à condition que le vendeur les délivrera dans un tel jour pour un embarquement ou pour une foire, et que le prix en sera payé comptant par l'acheteur, il dépendra de l'acheteur de résoudre la vente, si le vendeur ne délivre au jour la chose vendue, et du vendeur même, si l'acheteur ne paie comptant. Ainsi, dans tous les cas, c'est par les circonstances qu'il faut juger s'il y a lieu d'accorder un délai pour exécuter une condition, ou autre engagement (3).

17. [조건이 성취되는 것을 방해한 사람] 조건의 사실이나 성취가 그것이 발생하지 않은 것에 이익이 있는 어느 계약 당사자에 의하여 방해되면 그것이 그의 행위에 의존한 것이든 아니든지 조건은 그에 대하여 성취된 것으로 본다. 또한 조건이 있는 경우에 하거나 주거나 또는 배상을 하여야 할 것에 대하여 의무를 부담하게 된다.215) 【146쪽】

【원문】 17. [De celui qui empêche que la condition ne soit accomplie.] Si l'événement ou l'accomplissement d'une condition est empêché par celui des contractans qui a intérêt qu'elle n'arrive point, soit qu'elle dépende de son fait ou non, la condition à son égard sera tenue pour accomplie ; et il sera obligé à ce qu'il devait faire ou donner, ou souffrir, au cas de la condition (4). 【146】

해제조건과 위약금조항

【원문】 Des clauses résolutoires et des clauses pénales.

해제조항은 어떤 것이 어느 때에 하거나 주어지지 않으면 거래가 무효가 될 것이라고 하는 것 같이 그에 의하여 일정한 경우에 약정이 해제되는 것에 합의한 것이다.

위약금조항은 약정한 것의 이행이 없는 것에 대하여 일반적으로는 손해배상의 제재를 하고 특수한 경우에는 일정한 액의 제재를 하는 것과 같이 그 제재를 부가하는 것이다.

【원문】 Les clauses résolutoires sont celles par lesquelles on convient que In eonvenlion sera résolue en un certain cas : comme s'il est dit qu'une transaction sera annulée, si telle chose n'est faite on donnée dans un tel temps.

Les clauses pénales sont celles qui ajoutent une peine pour le défaut d'exécution de ce qui est convenu : comme est en général la peine des dommages et intérêts, et en particulier la peine d'une certaine somme.

18. [해제조항과 위약금조항의 효력] 해제조항과 위약금조항은 항상 엄격하게 이행되지는 아니한다. 또한 그 약정이 담고 있는 순간에는 그 약정은 해제되지도 아니하고 제재가 발생되지도 않는

215) (4) L. 161, ff. de reg. jur.

다. 해제가 단순한 행위만에 의하여 재판의 직무 없이 발생된다고 약정된 때에도 그러하다. 그러나 이러한 종류의 조항은 법관의 재량(arbitraige)으로 약정의 성질과 사정에 따르고 앞의 원칙을 따르면서 그 효과를 가진다[216](제1231조).[217]

【원문】 [18. Effet des clauses résolutoires, et des clauses penales.] 18. Les clauses résolutoires et les clauses pénales ne s'exécutent pas toujours à la rigueur; et les conventions ne sont pas résolues ni les peines encourues, au moment que le porte la convention; quand il serait même convenu que la résolution sera encourue par le seul fait, et sans ministère de justice ; mais ces sortes de clauses ont leur effet à l'arbitrage du juge (1), selon la qualité des conventions et les circonstances, suivant les règles précédentes. (C. civ. 123l.)

19. [이행으로 약정을 해제하는 것은 그가 약정한 것을 이행하지 아니하는 사람에 의존하지는 아니한다] 계약 당사자 중 일방이 그의 쪽에서 그 의무 중 어느 것의 이행이 없는 경우에 약정이 해제된다고 하는 경우에 그가 약속한 것을 이행하지 않으면서 그 약정을 해제하는 것은 그에게 달려 있다 하는 그런 효력을 해제조항이 가지는 것은 아니다. 오히려 그로 이행을 강제할 것인가 또는 약정을 해제하고 의무가 인정될 수 있는 손해배상을 하게 할 것인가는 상대방에게 달려 있다. 따라서 매매, 화해나 그 밖의 계약이 변제가 없어 해제된 경우에는 변제를 하지 않으면서 그 약정을 무효가 되게 하는 것은 변제해야 할 사람에게 달려 있지 아니하다[218](민법 제1184조).[219] 【147쪽】

【원문】 19. [Il ne dépend pas de celui qui n'execute point ce qu'il a promis, de resoudre la convention par l'exécution.] S'il est dit qu'une convention sera résolue, en cas que l'un des contractans manque d'exécuter de sa part quelqu'un de ses engagemens, la clause résolutoire n'aura pas cet effet, qu'il dépende de lui de résoudre la convention, en n'exécutant pas ce qu'il a promis. Mais il dépendra de l'autre, ou de le contraindre à l'exécution, ou de faire résoudre la convention avec les dommages et intérêts qui pourront être dus. Ainsi, lorsqu'il est dit qu'une vente, une transaction, ou un autre contrat sera résolu faute de paiement, il ne dépendra pas de celui qui doit payer d'annuler la convention en ne payant point (3). (C. civ. 1184.) 【147】

20. [불확정한 장래에 관한 약정] 불확실한 어느 사실에 의존하는 권리나 그 밖의 것을 처리하고 거기서 사건의 차이에 따라 이익이나 손실이 발생될 수 있는 약정에서 이에 대하여 처리하는 것은 자유이다. 예를 들어 한 사람이 모든 이익을 포기하고 모든 손실에서 면책되거나 그가 이익을 기

216) (1) L. 135, § 2, ff. de verb. obl. 앞에 나온 원칙들 참조.

217) 레미판에서는 당시의 프랑스 판결과 판결요지를 부기한다 : 146쪽 주 2.

218) (3) L. 2, ff. de leg. cominiss.

219) 레미판에서는 당시의 프랑스 판결과 판결요지를 부기한다 : 146쪽 주 4-7

대할 수 있는 모든 것에 대한 액을 취하는 것을 포기하는 것이나 그가 염려해야 한 모든 것에 대하여 규율된 손실을 스스로 부담하는 것이 그러하다. 따라서 조합에서 탈퇴되기를 원하는 어느 조합원은 어떤 사실이 발생하더라도 다른 조합원과 현존하고 확실하게 가지게 될 이익이나 그가 부담하게 될 손실을 조정할 수 있다. 따라서 상속인은 그 공동상속인과 일정한 액에 대한 상속에서의 그의 모든 권리를 거래하고 모든 부담에 대한 그 담보에 대하여 의무를 부담할 수 있다. 또한 이러한 종류의 약정은 일방이 불확실한 사실을 기다리는 것보다는 이익이든 손실이든 확실하고 알려진 당사자를 더 선호하고 반대로 상대방은 그 당사자에게서 더 좋은 조건을 기대할 장점이 있다는 것에서 그 정당성이 발견된다. 이렇게 하여 그들 사이에 그들 편의 일종의 평등이 이루어지고 이것이 그 약정을 정당하게 한다.[220]

거기서 일어날 수 있는 손해에도 불구하고 허용되는 그 거래의 유효성은 바로 이 조문에서 설명한 원칙에 근거한 것이다. 이 손해는 화해를 한 사람이 소송에 자신이 빠져나오고 그 가족의 안정을 찾을 수 있는 이익에 의하여 메워질 수 있기 때문이다.

우리의 관행에서 혼인계약에서 딸의 포기를 받아들이게 하는 그 밖의 고려 가운데 이와 같은 원칙도 사용될 것이고 이는 로마법의 규정에 반하는 것이다(L. 3. [C.] de collat. 참조).

불확실한 사실에 관한 협정의 이러한 원칙의 사용을 하면서 그 결과가 법률이나 선량한 풍속을 침해할 경우로 이를 확대하지 않도록 주의해야 한다. 예를 들어 2인의 추정상속인이 그들 사이에서 그들이 상속받게 될 사람의 장래의 상속에 대하여 거래하는 것과 같은 경우가 그러하다. 그 개소에서 설명하는 것같이 그 상속에 대하여 거래가 되는 사람의 명시적 의사에 의한 것이 아니면, 이런 약정은 불법이 될 것이기 때문이다(1. 30, c. de pact. 참조).

【원문】 20. [Convention sur l'avenir incertain.] Dans les conventions où l'on traite d'un droit, ou d'autre chose qui dépende de quelque événement incertain, d'où il puisse arriver ou du profit ou de la perte, selon la différence des événemens, il est libre d'en traiter de sorte que l'un, par exemple, renonce à tout profit, et se décharge de toute perte, ou qu'il prenne une somme pour tout ce qu'il pouvait attendre de gain; ou qu'il se charge d'une perte réglée pour toutes celles qu'il avait à craindre. Ainsi, un associé voulant se retirer d'une société, peut régler avec les autres associés ce qu'il aura de profit présent et certain, ou ce qu'il portera de perte, quelque événement qu'il puisse arriver. Ainsi, un héritier peut traiter avec ses cohéritiers de tous ses droits en la succession pour une certaine somme, et les obliger à le garantir de toutes les charges. Et ces sortes de conventions ont leur justice sur ce que l'un préfère un parti certain et connu, soit de profit ou de perte, à l'attente incertaine des événemens; et que l'autre au contraire trouve son avantage dans le parti d'espérer une meilleure condition. Ainsi, il se fait entre eux une espèce d'égalité de leur parti, qui rend juste leur convention (1).

---

220) (1) Vid. L. 1, ff. de trans. L. 12, C. eod. L. 27, c. de usur. in verb. Vid. I. 11, c. de trans. L. 2, § 9, ff. de her. vel act. vend. L. 1, c. de evict,

C'est sur la règle expliquée dans cet article qu'est fondée la validité des transaciions, qu'on autorise nonobstant les lésions qui peuvent s'y rencontrer, parce qu'on balance ces lésions par l'avantage que trouvent ceux qui transigent de se retirer d'un procès, et d'établir le repos de leurs familles.

Nous nous servons aussi de cette même règle entre les autres considérations qui ont fait recevoir dans notre usage les renonciations des filles dans les contrats de mariage, contre la disposition du droit romain. (Vid. 1. 3. de collat.)

Il faut prendre garde, dans l'usage de cette règle des traités sur les événemens incertains, de ne pas l'étendre à des cas où les conséquences blesseraient les lois ou les bonnes mœurs. Comme, par exemple, si deux héritiers présomptifs traitaient entre eux de la succession future de celui à qui ils doivent succéder ; car cette convention serait illicite, si ce n'est qu'elle fût faite par la volonté expresse de celui de la succession de qui on traiterait, comme il sera expliqué en son lieu. (Vid. 1. 30, c. de pact.)

Ⅳ. 마 치 며

이상에서 프랑스 고법학자로 프랑스 민법전의 체계와 조문내용에 많은 영향을 미친 장 도마의 유일한 저작인 『자연법질서에서의 민사법』 전집 중 일부를 우리 말로 살펴보았다. 이는 도마 '민사법'의 핵심이라고 생각되는 의무(Engagements)에 대한 부분을 대상으로 하였고 우리 법의 계약 또는 약정 및 채권(채무) 총론에 해당하는 부분이다. 원래의 '거창했던' 의도와는 달리 위 저작의 극히 일부만을 다루게 되었다. 향후 이 글을 시작으로 의무론의 나머지 부분,[221] 매매계약을 포함한 전형계약론, 상속법과 프랑스 민법전의 체계(법학제요식)의 기원이라고도 보여지는 서편[222] 및 법론 등도 우리 말로 차례로 옮기고자 한다.

---

221) 도마는 의무 중에서 약정의 하자(제18장, Titre XVIII Des vices des conventions)는 제1편(약정에 의한 의사에 의하고 상호적인 의무) 중 제1장이 아니라 전형계약(제2장 매매-제17장 중매인 또는 중개인) 다음에 다루고 있다. 원래는 이 번역에 포함하려고 하였으나 분량의 제한으로 할 수 없었다.

222) 도마의 '자연법질서에서의 민사법'에는 제1부 의무에 앞서 '서편'을 두고 있는데 그 내용은 법원칙 일반, 사람과 물건을 다루고 있어서 현행 프랑스 민법전의 체계와 유사하게 서술하고 있다. 향후 프랑스 민법전의 체계와 개별 조문의 유래와 의미에 대하여는 후일을 기약한다. 이에 관한 일반적인 서술로는 우선 Jean Ray, *Essai sur la structure logique du Code civil français*, Thèses de doctorat ès lettres, Librairie Félix Alcan, 1926; André-Jean Arnaud, Les origines doctrinales du Code civil, Librairie générale de droit et de jurisprudence, 1969; Rodolfo Batiza, The Louisiana Civil Code of 1808: Its Actual Sources and Present Relevance, *Tulane Law Review*, 제46호(1971), 4 이하; Alain Levasseur, On the Structure of a Civil Code, *Tulane Law Review*. 제44호(1970), 693 이하; Marc Billiau. La doctrine et les codes - Quelques réflexions d'un civiliste français, *Les Cahiers de droit*, 제46권 제1-2호(2005), 445 이하; Christian Atias, L'influence des doctrines dans l'élaboration du Code civil, *Histoire de la justice*, 제19호(2009. 1), 107 이하 등 참조. 그 외에 R. Batiza, *Domat, Pothier and the Code Napoléon : some observations*

【여적】

"끝으로 스스로 보아도 미숙하기 짝이 없는 이 번역을 시작하도록 나를 이끈 가장 중요한 힘은 우리 민법에 담겨 있는 프랑스 민법의 요소가 충분히 주목되지 못하고 있는 것에 대한 일종의 갑갑함이다. … 우리나라에서 비교법학이 아직 매우 피상적인 상태에 머물고 있는 것은 서글픈 일이다. … 유럽 민사법의 큰 줄기의 하나인 프랑스 민법에 대한 관심이 더 활기차게 되어서 그로부터 얻은 자양분이 우리 민법을 전진시키는 데 한 역할을 하게 되기는 바라는 마음 간절하다".[223)]

필자는 최근의 국내의 프랑스 민법의 연구가 프랑스 민법 '개정안'의 소개에 치중되거나 친족상속법의 현대화된 제도만 선별되어 소개하는 풍조에 대하여 경각심과 불만이 있다. 이러한 프랑스 민법의 연구에 대하여는 역자도 일조하는 것이 아닌가 반성도 한다. 프랑스 민법사에서 오랜 역사의 산물인 현행법의 이해를 위해서는 그 연혁을 규명할 필요가 있고 현행 개정 프랑스민법전을 충실하게 이해하기 위하여는 1804년 민법전과 그 이전의 근원을 추적하여야 한다. 도마와 뽀띠에[224)]가 이를 위한 출발점이라고 생각되고 거대한 작업이지만 우공이산의 마음으로 첫발을 내딛는다.

필자는 대학원에 진학하여 민법공부에 입문하면서 양창수 교수님의 지도로 학위논문(석사와 박사)을 프랑스법을 중심으로 하여 썼고 그 전후에 그 심화를 위하여 프랑스 파리에서 민법을 공부하였다. 또한 프랑스민법과 이를 적극적으로 참조한 일본 구민법과 그 기초가 된 브와쏘나드(Boissonade) 민법초안에 대한 연구를 계속하고 있다. 이렇게 보면 프랑스법에 대한 연구를 시작하고 관련 연구를 계속할 수 있었던 원동력은 이러한 인연에서 온 것이다. 향후 이런 작업을 계속하면서 우리 민법의 비교법적 계수를 통한 우리 민법 조문의 해석을 잘 해보고자 한다.

이 글은 고희를 앞두신 양창수 교수님을 위한 글이다. 학문적으로 우리에게 여러 모로 자극을 주시던 젊은 날의 열기가 다시금 떠오른다. 큰 체구와 좁은 연구실과 많은 책 속에서 연구하시는 모습은 여전히 현재의 우리에게 정진을 명하는 일침(一針)이 되고 있다. 선생님은 현재의 우리 법의 연구와 함께 지나치게 새로운 것을 경계하시면서 하나의 문제를 끝까지 밀고 나가는 사고와 태도를 강조하시었고 아울러 기초적이고 본질적인 민법의 기초연구의 필요성을 역설하시기도 하였다. 이 글은 이러한 선생님의 생각을 필자가

concerning the actual sources of the french civil code, Mexico, Private printing, 1973(필자는 미견)도 참조.

223) 역자가 프랑스민법에 관한 기초자료로 번역을 하게 된 이유('갑갑함')로 이는 다음 글을 인용한 것이다 : 포르탈리스 저, 양창수 역(주 2), 159 이하(4.).

224) 이 두 사람을 '프랑스 민법전의 아버지들'(pères du Code civil)이라고 하기도 한다. 이외에 깡바세레스(Cambacérès), 뽀르딸리스(Portalis)나 나뽈레옹을 '민법전의 아버지'라고 하기도 한다. 이렇게 보면 도마(1625-1696)는 이러한 아버지 중의 아버지('증조'할아버지)가 될 것이다.

관여하는 프랑스민법의 기초연구에 적용하는 시도이기도 하다. 2021년 시간의 속절함을 절감하면서 선생님께서 고희를 맞이하신 것을 다시 한번 축하드린다. 이후에도 현재와 같이 100세 이상까지 건강하셔서 계획하시는 모든 것('민법학의 집대성')이 순조롭게 이루어지기를 기대한다. 선생님의 지도에 늘 감사드립니다.

양속위반행위로 인해 발생한 이익과 손익상계

김 수 정*

Ⅰ. 서 론

손익상계는 채무불이행이나 불법행위가 채권자에게 손해를 가져오게 하는 동시에 이익을 가져다 준 경우에는 이 이익은 손해를 산정함에 있어서 공제하는 것을 의미한다. 민법에 명문의 규정은 없으나, 손해배상은 이익의 취득이 아니라 실제로 발생한 손해의 전보를 목적으로 하는 것이므로, 채무불이행이나 불법행위로 인해 채권자가 손해를 받음과 동시에 같은 원인으로 이익을 얻고 있는 때에는, 채무불이행 또는 불법행위와 일정한 관련성을 갖는 이익을 공제하는 것이 公平의 觀念에 합치한다고 하여,[1] 이를 인정하는데 異論이 없다.

그런데 실제로 손익상계는, 채무불이행이나 불법행위가 채권자에게 발생시킨 모든 이익을 공제하는 데까지 나아가지는 않는다. 우리 다수설[2]과 판례[3]는 채무불이행과 상당인과관계 있는 이익만이 손익상계의 대상이 된다고 한다. 손익상계될 이익에 대해서 학설에서는 여러 가지로 유형화를 시도하고 있으며,[4] 특히 최근에는 손익상계될 이익의 범위가 지나치게 넓게 이해되는 것이 아닌가 라는 문제인식 하에 손익상계에 관한 연구가 이루어진 바 있다.[5]

그런데 기존 손익상계될 이익의 유형화에서는 보지 못했던 새로운 유형의 손익상계 쟁점, 즉 양속위반의 거래행위를 통해 가해자로부터 피해자에게 어떤 급부가 이루어졌을 경우, 피해자가 가해자에게 불법행위에 의한 손해배상청구를 한다면, 피해자가 받은 급부를 손익상계의 대상으로 할 수 있을 것인지의 문제가 비교적 최근 외국에서 활발히 논의된 바 있다. 2020년

---

* 명지대학교 법과대학 법학과 조교수.

1) 곽윤직 편집대표, 民法注解(IX), 580(池元林 집필부분).

2) 송덕수, 신민법강의, 제9판, 2016, 1022; 양창수/권영준, 권리의 변동과 구제, 제2판, 2015, 644; 池元林, 民法講義, 제13판, 2015, 1128.

3) 대법원 2005. 10. 28. 선고 2003다69638 판결 등.

4) 오종근, “손익상계”, 亞細亞女性法學 Vol. 3(2000), 307 이하.

5) 이은영, “불법행위에 있어서의 손익상계 — 상계의 대상이 되는 이익에 대한 재검토를 겸하여”, 사법 제43호(2018), 109 이하; 이소은, “손익상계에서 ‘공제되어야 할 이익’에 관한 연구: 미국법상 부수적 이득 비공제 법리(Collateral Source Rule)와의 비교를 중심으로”, 비교사법 제28권 제1호(2021), 275 이하.

독일 연방대법원은 폭스바겐 배출가스 조작사건[6]에서 폭스바겐 측의 행위가 고의의 양속위반 행위에 해당함을 인정하였는데, 여기서 고의의 양속위반 가해행위에도 손익상계가 적용되어야 하는지가 주요 논점으로 등장하였다. 결과적으로 독일 연방대법원은 해당 자동차 매수인이 그 사이 자동차를 사용함으로써 누린 이익을 손익상계해야 한다고 판결하였지만, 학계에서는 손익상계 부정론 쪽에 상당히 힘이 실려 있었다. 2008년 일본 최고재판소도 두 사건에서 공서양속위반의 법률행위가 이루어졌고 그 법률행위를 계기로 피해자에게 어떤 이익이 생겼을 때 이를 손익상계의 대상으로 할 수 있는지에 대해 판단한 바 있다. 일본 최고재판소는 두 사건 모두에서 반윤리적 행위에 해당하는 불법행위의 피해자가 이로 인해 손해를 입는 동시에, 해당 반윤리적 행위에 관한 급부를 받아 이익을 얻었을 경우에는 가해자로부터의 부당이득 반환청구가 허용되지 않을 뿐 아니라 손익상계도 허용되지 않는다는 입장을 분명히 하였다. 이 판결은 일본에서 불법원인급여와 손익상계의 관계가 주목을 받는 계기가 되었다.[7] 위 두 국가에서의 논의는 양속위반의 법률행위에 근거하여 손해배상청구가 제기된 사안들에서, 그 법률행위의 당사자가 계약에 근거해 수령한 이익이 손익상계에서 제외되어야 하는지의 논점을 다루고 있다는 점에서 공통된다. 이는 그 동안 우리나라에서 손익상계에서 공제되어야 할 이익의 유형화 작업에 등장하지 않았던 새로운 유형이므로, 검토할 가치가 있으리라고 생각한다.

Ⅱ. 고의의 양속위반의 가해행위에서 손익상계 인정 여부에 관한 독일의 논의

1. 문제의 소재

(1) 독일의 손해배상법에서는, 손해를 발생시키는 사건이 피해자에게 유리한 경제적 작용도 한 경우, 피해자에게 흘러들어간 이익을 손해배상에서 공제하며, 이를 손익상계(Vorteilsausgleich)라고 한다. 이미 독일민법초안은 "같은 사람이 책임을 져야 하는 조처로부터 해로운 결과와 유익한 결과가 발생한 경우 이것이 분리되어서는 안 되며 전체 결과에서 볼 수 있어야 한다."라고 설명한 바 있다. 그렇지만 독일민법 제정자는, 이를 조정할 필요를 법률에서 규율하는 데에는 의문을 표기했다. 그 해결은 본질적으로 손해 개념을 규명하는 것과 연결되어 있는데, 손해 개념의 규명은 가능한 그리고 의심스러운 면에 따라 법률로써 모든 사안에서 이루어질 수 없으며, 이러한 시도는 광범위한 카쥬이스틱(Kasuistik)으로 이어지게 될 것이며, 만족

6) 폭스바겐 배출가스 조작사건 전반에 대한 소개로 김수정, "폭스바겐 배출가스 조작사건과 불법행위책임", 한양대학교 法學論叢 第37輯 第4號, 361 이하. 이하 Ⅱ.의 논의는 위 논문의 내용과 상당부분 일치함을 미리 밝혀둔다.

7) 일본의 논의상황을 소개한 국내의 문헌으로 권경은/이순동, "일본의 폭리적 금전소비대차계약에 관한 대응", 인권과정의 Vol. 421(2011. 11), 138 이하; 이창규, 손익상계의 이익에 관한 연구, 법제(2017. 9), 32 이하.

스러운 결과를 기대할 수 없다는 것이다.[8] 결과적으로 독일민법 제정자는 이 문제를 학설과 실무에 맡겼다.[9]

현재 손익상계는 손해배상의 종류와 범위를 규정한 독일민법 제249조의 일부분으로 인정되고 있다.[10] 다만 모든 이익이 다 공제되는 것은 아니며, 피해자의 어떤 이익이 공제될 수 있는지는 평가적으로 접근해서 판단해야 할 문제라고 한다.[11] 손익상계가 인정되기 위해서는 1) 가해사건과 이익 사이에 상당인과관계가 존재해야 하고 2) 이익의 공제가 손해배상법의 목적에 부합해야 한다. 즉 이익을 조정하는 것이 피해자에게 수인가능하며 가해자를 불공평하게 유리하게 대우해서는 안 된다는 것이 요건으로서 일반적으로 인정되고 있다.[12] 그리고 차액설의 논리적 귀결, 즉 모든 이익을 공제하는 것은, 적절한 문제 해결이 아니라고 한다. 피해자의 어떤 이익이 가해자에게 이익이 될 것인지는, 평가적 관점(wertende Betrachtungsweise)에 따라 판단되어야 한다.[13] 구체적으로는 절약된 비용(Ersparnis von Aufwendungen), 피해자나 제3자의 관여 없는 이득, 피해자 자신의 행위로 인한 이득 등으로 유형화가 되지만 반드시 이에 한정되는 것은 아니다.[14]

(2) 그렇지만 손실자의 양속위반에 해당하는 행위로 인해 수익자에게 이익이 발생한 경우 그 이익이 공제대상에서 제외되는지 여부는, 손익상계 유형화에 등장하지 않았었다. 그러다가 최근 이 문제가 폭스바겐 배출가스 조작사건을 계기로 해서 독일 학계와 연방대법원에 의해 조명을 받았다. 그런데 이 논의는, 배출가스 조작행위가 양속위반의 고의적 가해행위에 해당한다는 것을 전제로 하고 있으므로, 먼저 이 논점에 대해 간단히 설명하기로 한다.

독일 민법은 우리 민법 제750조와 같은 포괄적 불법행위근거 규정을 두고 있지 않고 타인의 권리침해로 인한 손해배상책임(독일민법 제823조 제1항), 타인을 보호하기 위해 규정된 법률을 위반한 경우의 손해배상책임(독일민법 제823조 제2항), 양속위반의 고의적 가해를 이유로 한 손해배상책임(독일민법 제826조)을 규정하고 있다.[15] 이 중에서 피해자의 생명·신체나 소유권 등과 같은 절대적 권리나 법익에 대한 침해를 매개하지 않고 경제적 자유에 대한 침해와 같이 재산 그 자체에 손해가 발생한 경우, 즉 순수재산손해는 제823조 제1항에 의해서는 배상을 받을 수 없고 제823조 제2항(보호법률 위반으로 인한 손해배상), 제826조(양속에 반하는 고의적 가해)에 해당해

8) Mugdan, Die gesammten Materialien zum Bürgerlichen Gesetzbuch für das Deutsche Reich, Band 2, S. 10.
9) Soergel/Ekkenga/Kuntz, 13. Aufl. (2014), Vor § 249 Rn. 279.
10) MüKoBGB/Oetker, 8. Aufl., 2019, BGB § 249 Rn. 228.
11) Soergel/Ekkenga/Kuntz(주 9), Vor § 249, Rn. 279.
12) Staudinger/Schiemann (2017), § 249 Rn. 137 ff.; Soergel/Ekkenga/Kuntz(주 9), Vor § 249, Rn. 284 ff.
13) Soergel/Ekkenga/Kuntz(주 9), Vor § 249 Rn. 279.
14) 유형화에 대해서는 Soergel/Ekkenga/Kuntz(주 9), Vor § 249 Rn. 241 ff.; Soergel/Ekkenga/Kuntz(주 9), Vor § 249 Rn. 307 ff. 참조.
15) Kötz/Wagner, Deliktsrecht, 12. Aufl. (2013), Rn. 250.

야만 배상이 가능하다.[16] 폭스바겐 측의 기망행위에 의해 매수인들이 입은 손해는 자동차가 물질적으로 훼손되거나 자동차의 소유권이 침해되는 것 같은 손해가 아니라, 자동차의 가치 하락으로 인한 손해이기 때문에 순수재산손해이고, 배출가스 조작사건에서 불법행위상 손해배상청구를 하는 매수인들이 근거조항으로 원용할 수 있는 규정은 제823조 제2항이나 제826조에 한정된다.[17] 독일 연방대법원 판결도 이 두 조항의 적용가능성을 심사했는데, 결론적으로 말하면 제823조 제2항의 요건은 충족되지 않는다고 판단했으므로 여기에서는 제826조에 대해서만 설명한다.

독일민법 제826조에 따르면, 선량한 풍속에 위반하여 타인에게 고의로 손해를 가한 사람은 그 타인에게 손해를 배상할 의무를 진다. 즉 동 규정에 근거하여 순수재산손해에 대한 배상책임을 청구하기 위해서는 일반적인 불법행위의 요건 외에, 良俗 違反(gegen die guten Sitten verstoßend)의 故意的 加害行爲가 요구된다. 2020년 연방대법원 판결이 있기 전에도 제826조에 근거해 폭스바겐 측의 손해배상책임을 인정하는 견해가 이미 사실심 판결[18]의 주류를 이루었다. 연방대법원 역시 피고의 행위를 전반적으로 보아 그 추구한 목적, 투입된 수단, 발생한 결과를 고려했을 때 양속위반성을 인정하였다. 즉, 피고가 자신의 기업집단을 위해 내린 전략적 판단에 기초하여 엔진 개발에서 자기 자신의 이익을 증대시키기 위해 의식적이고 의도적으로 연방자동차국(Kraftfahrtbundesamt)을 체계적으로 장기간 기망하여 조작 소프트웨어가 프로그래밍된 디젤 엔진을 유통한 행위를, 연방대법원은 양속위반의 행위에 해당한다고 판단하였다.[19] 이 행위가 양속위반의 고의적 가해행위에 해당한다는데 독일 학계에서도 이의가 없다.[20]

문제는 손해발생을 인정할 수 있는지 여부였다. 독일민법에서 재산적 손해 산정의 출발점은 차액설(Differenzhypothese)이다. 즉 현존하는 상태와 가해행위가 없었더라면 존재했을 상태

16) MüKoBGB/Wagner, 8. Aufl., 2020, BGB § 823 Rn. 423. 김상중/김기창, "민법 제763조에 의한 채무불이행 책임규정의 불법행위 책임에의 준용의 입법적 타당성", 2012년도 법무부 연구용역 과제보고서.

17) Lempp, "Deliktische Herstellerhaftung bei Abgasmanipulation", NZV 2019, 147.

18) 1심 판결까지 여기서 다 열거하는 것이 불가능하기 때문에 항소심 판결만 언급한다. OLG Köln, Beschluss vom 3.1.2019 - 18 U 70/18 = NJW-RR 2019, 984; OLG Karlsruhe (13. Zivilsenat), Hinweisbeschluss vom 05.03.2019 - 13 U 142/18 = BeckRS 2019, 3395; OLG Koblenz, Urteil vom 12.6.2019 - 5 U 1318/18 = NZV 2019, 471; OLG Karlsruhe (17. Zivilsenat), Urteil vom 18.07.2019 - 17 U 160/18 = BeckRS 2019, 14948; OLG Köln (19. Zivilsenat), Urteil vom 06.09.2019 - 19 U 51/19 = BeckRS 2019, 22423; OLG Hamm (13. Zivilsenat), Urteil vom 10.09.2019 - 13 U 149/18 = BeckRS 2019, 20495; OLG Stuttgart (10. Zivilsenat), Urteil vom 24.09.2019 - 10 U 11/19 = BeckRS 2019, 23215; OLG Frankfurt a. M. (17. Zivilsenat), Beschluss vom 25.09.2019 - 17 U 45/19 = BeckRS 2019, 22222; OLG Oldenburg (5. Zivilsenat), Urteil vom 02.10.2019 - 5 U 47/19 = BeckRS 2019, 23205. 반면 불법행위로 인한 손해배상청구권을 부정한 항소심 판결로는 OLG Braunschweig (7. Zivilsenat), Urteil vom 19.02.2019 - 7 U 134/17 = BeckRS 2019, 2737; OLG Koblenz (1. Zivilsenat), Urteil vom 04.07.2019 - 1 U 240/19 = BeckRS 2019, 21289.

19) BGH, Urteil vom 25.5.2020 - VI ZR 252/19 = NJW 2020, 1962, Rn. 16.

20) Heese, "Herstellerhaftung für manipulierte Diesel-Kraftfahrzeuge", NJW 2019, 257, 259.

를 비교하여 그 차이만큼이 손해가 된다.[21] 차액설에 따른다면, 매수인이 구매한 자동차에 조작 소프트웨어가 사용되었다는 사실을 매수인이 알았더라면 있었을 상태, 즉 매수인이 해당 자동차를 구매하지 않았을 상태보다 현재 매수인이 해당 자동차를 구매하여 가지고 있는 상태에서 매수인의 재산이 감소했어야 한다.[22] 매수인이 지급한 매매대금에 해당 자동차의 가치가 미달한다면 그 손해가 인정될 것이다. 그런데 디젤 엔진을 조작하는 소프트웨어가 사용된 자동차이긴 하지만 자동차의 운행은 여전히 가능하며 자동차의 다른 기능에도 이상이 없기 때문에, 해당 자동차의 가치가 매매대금에 미달한다고 단언하기 어렵고 따라서 차액설을 따른다면 손해발생이라는 요건 충족 여부가 확실하지 않았다. 특히 폭스바겐 측이 소프트웨어 업데이트를 제공한 이후에는 구매한 자동차에 운행중단의 위험이 존재한다는 이유로 손해를 인정하기가 어려워진다.[23] 연방대법원은 해당 행위가 없었더라면 체결하지 않았을 계약, 즉 원하지 않았을 계약(ungewollter Vertrag)을 해당 행위로 인해 피해자가 체결하게 된 것 자체를 손해로 파악함으로써 이 법리상 문제를 돌파하였다. 연방대법원의 판시에 따르면, 설령 급부와 반대급부의 객관적 가치가 유지되더라도, 급부가 그의 목적을 위해 완전히 유용하지 않다는 이유로 재산상 손해를 인정할 수 있다. 계약 자체가 손해이므로 자동차매수인은 자신이 자동차를 취득하기 위해 지급한 매매대금을 손해배상으로 청구할 수 있고 대신 자동차를 반환해야 한다. 문제는 자동차매수인이 자동차매매대금을 손해배상으로 청구할 때, 자동차매수인이 그 동안 자동차를 사용함으로써 누린 이익을 손해배상청구권에서 공제해야 할지 여부였다.

(3) 독일민법 제434조의 하자담보책임을 인정하거나 제826조에 근거해 손해배상책임을 인정하거나 간에, 독일 판례의 대다수는 손해배상액에 해당하는 매매대금에서 원고 매수인이 그 사이 누린 사용이익을 공제하도록 판결해 왔다. 예를 들어 원고가 배출가스 조작사건에 해당하는 신차를 구입했는데 그 신차의 총 주행가능거리가 250,000Km였고 매매대금은 40,000유로였는데 사실심 변론종결일까지 원고가 125,000Km를 주행했다면 사용이익으로 20,000유로가 공제되어 원고는 손해배상으로 20,000유로를 받게 된다. 만일 200,000Km를 주행했다면 32,000유로가 공제되어 원고는 손해배상으로 8,000유로만을 받게 된다.[24]

원고 매수인이 향유한 사용이익을 공제하도록 할 근거를 독일법원은 손익상계 법리에서

---

21) Brox/Walker, Allgemeines Schuldrecht, 43. Aufl. (2019), § 29 Rn. 2; Looschelders, Schuldrecht Allgemeiner Teil, 17 Aufl. (2019), § 44 Rn. 3; Medicus/Lorenz, Schuldrecht I Allgemeiner Teil, 21. Aufl. (2015), Rn. 448.

22) Riehm, NJW 2019, 1105, 1110; Witt, NJW 2017, 3681, 3686.

23) Lorenz, "Roma locuta, causa finita - Die „Dieselskandal"-Entscheidung des BGH", NJW 2020, 1924, 1925; Arnold, JuS 2020, 684, 685. 실제로 소프트웨어 업데이트 이후에는 더 이상 하자가 존재하지 않는다고 판시한 사실심 판결로 OLG Koblenz (1. Zivilsenat), Urteil vom 04.07.2019 - 1 U 240/19, Rn. 20.

24) 이론적으로는 원고가 그 사이 250,000Km를 주행했다면 원고의 손해배상청구권은 기각될 것이다. Klöhn, "Nutzungsanrechnung und deliktische Zinsen im VW-Dieselskandal", ZIP 2020, 341, 342.

찾는다. 폭스바겐 측의 위법한 행위로 인해 매매계약 체결이라는 손해가 발생하였지만, 다른 한편으로 자동차의 사용이라는 이익도 발생하였으므로 가해사건과 이익 사이에 상당인과관계가 인정된다는 데에는 이론이 없다.[25] 그렇지만 폭스바겐의 악의의 양속위반에 해당하는 불법행위를 행했다는 것과 관련해서 손익상계를 부정하는 견해가 상당히 있었다. 그리고 그 배경에는 아마도, 손익상계를 하게 되면 소비자들은 자동차매매대금의 상당부분을 돌려받지 못하게 되어 그 금액만으로는 자신의 폭스바겐 자동차만큼의 가치를 하는 다른 신차를 구매하기 부족하고 따라서 소비자 입장에서는 손해배상청구를 할 실익이 없다는 문제의식[26]이 자리잡고 있는 것으로 추측된다. 이하에서는 해당 사건에 손익상계를 긍정하는 견해와 부정하는 견해의 논거를 차례대로 검토한다.

2. 폭스바겐 배출가스 조작사건에 손익상계 인정 여부에 대한 贊反 논의

(1) 손익상계를 부정하는 견해

사실심 판결은 대부분 사용이익 공제를 긍정하였으나, 사용이익 공제를 부정 또는 제한해야 한다는 사실심 판결도 존재한다. 예를 들어 아우크스부르크 지방법원 판결은 사용이익 공제를 인정하게 되면, 가해자를 부적절하게 면책하는 결과가 되기 때문에 사용이익을 공제해서는 안 된다고 한다.[27] 그렇지만 그 논거를 상세하게 제시하고 있지 않아서, 폭스바겐 사건에의 손익상계 적용 반대 논증은 주로 학설에 의해 이루어지고 있었다.

손익상계에 반대하는 견해의 주된 반대 논거는, 악의적으로 기망한 피고가 문제가 있는 상품의 가치창출을, 손해산정의 방법으로라도 실현해서는 안 되며, 따라서 손해배상액은 매매대금 전액이 되어야 한다는 것이다.[28] 예를 들어 사안에 따라서는 손해배상액이 될 매매대금 25,000유로 중 거의 15,500유로 정도가 사용이익으로 공제되기도 하였는데,[29] 이렇게 되면 제조사 입장에서는 불법행위로 인해 경제적인 차이가 거의 없어, 피고는 해당 유형의 행위를 할 때 민법상 어떤 결과가 발생할지 두려워 할 필요가 거의 없어진다는 것이다. 이는 악의적 재산적 가해행위에 대한 불법행위법의 예방기능이 사실상 사라지는 결과로 이어질 수 있다고 한다.[30]

매수인 입장에서도 사용이익을 공제하게 되면, 자신의 권리를 행사하더라도 큰 실익이 없는 경우가 다수 발생할 수 있다. 이는 사용이익의 공제에 찬성하는 견해에서도 인정하는바, 원

25) von Mirbach, “Der Vorteilsausgleich bei der Nutzungsanrechnung für manipulierte Diesel-Fahrzeuge”, MDR 2020, 129, 130.
26) Lorenz, NJW 2020, 1924, 1926도 이 문제를 지적한다.
27) LG Augsburg, Urteil vom 05.12.2018 - 021 O 3267/17 = BeckRS 2018, 33800, Rn. 12.
28) Heese, NJW 2019, 257, 261.
29) LG Ingolstadt, Urteil vom 15.5.2018 - 42 O 1199/17, BeckRS 2018, 33798.
30) Riehm, NJW 2019, 1105, 1108.

래 손해배상액으로 인정되는 매매대금에서 사용이익을 공제하고 반환받게 되면 그 금액으로 매수인이 처음 구입했던 것과 같은 가치의 자동차를 구입하는 것이 거의 불가능하기 때문이다.[31] 이렇게 되면 매수인은 자신의 권리행사를 주저하게 될 우려가 있다.[32]

나아가 독일민법 제817조 제2문[33]의 가치평가를 근거로 이의를 제기하는 견해도 있다. Klöhn은 제817조 제2문이 해당 사안에도 적용될 수 있다고 주장하였다. 이러한 결론을 뒷받침하기 위한 논증은 다음과 같다: ① 만일 폭스바겐과 고객이 직접 자동차 매매계약을 체결했다면 고객은 매매계약을 취소할 수 있게 될 것이다(독일민법 제123조 제1항). 매매계약이 취소된 결과 계약당사자들은 이미 이행한 급부에 대해 서로 부당이득반환의무를 부담하게 되고, 매수인의 자동차 반환의무와 매도인의 매매대금반환의무가 동시이행관계에 놓이게 된다. 그렇지만 제817조 제2문이 양속위반으로 계약이 무효가 되는 경우뿐만 아니라 계약당사자 일방의 기망행위가 양속 또는 법률위반인 경우에도 적용되기 때문에,[34] 폭스바겐 측은 매수인 측에게 사용이익의 반환은 청구할 수 없다. ② 그런데 고객이 폭스바겐 본사가 아니라 공식대리점 등 제3자에게서 자동차를 구매한 경우가 대부분이며, 해당 사안도 이에 해당한다. 이 경우, 고객은 자신의 매도인(이해의 편의를 위해 여기서는 '대리점'이라고 칭한다)에 대해 담보책임을 주장하여 계약을 해제할 수 있고 대리점은 자신과 폭스바겐 사이의 매매계약을 기망을 이유로 취소할 수 있다. 고객이 계약을 해제하면 대리점은 고객에게 매매대금을 반환해야 하지만 그와 동시에 자신이 매도한 자동차의 반환 및 사용이익의 반환을 요구할 수 있다. 반면 폭스바겐과의 매매계약을 취소한 이상 대리점은 폭스바겐에 자신이 지급한 매매대금의 반환을 청구할 수 있으나, 독일민법 제817조 제2문 때문에 폭스바겐은 대리점에 사용이익의 반환을 구할 수 없다. 즉 이 매매계약의 연쇄적 청산에서 폭스바겐은 제817조 제2문으로 인해 사용이익을 반환받을 수 없게 되는 것이다. 제817조 제2문의 가치판단은, 고객이 폭스바겐에 직접 불법행위로 인한 손해배상청구를 하는 경우에도 관철되어야 한다는 것이 Klöhn의 주장이다.[35]

그 외에도 매수인은 해당 자동차를 매수하려 한 것이지 임차하려 한 것은 아니기 때문에 사용이익 공제가 이루어져서는 안 된다는 견해도 있다.[36]

---

31) Lorenz, NJW 2020, 1924, 1927.

32) Artz/Harke, "EU-Übereinstimmungsbescheinigung als Auskunfts- und Garantievertrag", NJW 2017, 3409, 3414.

33) 독일민법 제817조 제1문과 제2문은 "급부의 목적이 수령자가 이를 수령함으로써 법률상의 금지 또는 선량한 풍속에 반하게 되는 것인 때에는, 수령자는 반환의 의무를 진다. 급부자도 역시 이러한 위반을 범하게 되는 경우에는 반환청구를 할 수 없다."고 규정하고 있다.

34) Larenz/Canaris, Lehrbuch des Schuldrechts II/2, 13. Aufl., 1994 § 68 III 3 = S. 162.

35) Klöhn, ZIP 2020, 341, 343 ff.

36) Heese, NJW 2019, 25, 261 f.

(2) 손익상계를 긍정하는 견해

그렇지만 해당 연방대법원 판결은 물론이고 연방대법원의 판결이 선고되기 전에도 이미 대부분의 사실심 판결들이 폭스바겐 사건에서 손익상계를 긍정하였다. 사실심 판결의 대부분은 과잉배상금지를 언급하고 있을 뿐 더 이상 자세한 논거를 제시하고 있지는 않았지만,[37] 2019년 6월 12일 선고된 코블렌츠 고등법원 비교적 상세히, 사용이익 공제가 형평에 반하지 않는다고 논증한 바 있다. 그에 따르면 첫 번째로 계약의 사실적 청산을 넘어서는 방법으로 가해자의 행위를 제재하는 것은 손해배상법의 임무가 아닐 뿐만 아니라, 원고가 누린 사용이익은 가해행위에 해당하는 사건이 없었더라면 원고에게 남아있었을 이익이 아니라는 것이다. 가해행위에 해당하는 사건이 없었더라도 원고는 자동차를 운행하였을 것이고 그로 인해 발생하는 사용이익을 누렸을 것이기 때문이라고 한다.[38]

두 번째로 문제될 수 있는 점은 담보책임법과의 균형이다. 여기서는 제826조의 손해배상책임만을 다루지만 폭스바겐 배출가스 조작사건과 관련해, 매수인이 매도인인 자동차대리점을 상대로 하자담보책임을 청구한 다수의 사안이 존재한다. 그런데 담보책임법에서는 우선적으로 독일민법 제437조 제1호, 제439조 제1항으로부터 추완청구권(Nacherfüllungsanspruch)이 우선순위로 고려된다. 추완의 방법으로는 보수(Nachbesserung)와 대체물 인도(Ersatzlieferung)가 가능한데, 명시적인 문언에 따라 매수인은 두 가지 중 하나를 선택할 수 있다. 매수인이 우리법상 완전물급부청구에 해당하는 대체물 인도를 청구하게 되면, 독일민법 제475조 제3항[39]에 따라 매수인은 소비재매매에서 대체물인도의 경우 사용이익반환의무를 부담하지 않는다.[40] 이와 균형을 맞추기 위해서는 일견 불법행위로 인한 손해배상청구에서도 사용이익 공제가 되어서는 안 될 것처럼 보이기도 한다. 그렇지만 코블렌츠 고등법원은, 제475조 제3항은 대체물인도청구에만 적용되고 계약해제에는 적용되지 않는데 제826조를 적용하여 매매대금을 손해배상으로 반환받는 대신 매매목적물을 반환하는 것은 오히려 계약의 해제와 유사하므로, 제826조의 손해배상청구권을 인정함에 있어 사용이익을 공제하더라도, 담보책임과 균형이 깨지는 것은 아니라고 판단하였다.[41]

37) LG Wuppertal, Urt. v. 16.1.2018 - 4 O 295/17, BeckRS 2018, 1446, Rn. 72; LG Würzburg, Urt. v. 23.2.2018 - 71 O 862/16, BeckRS 2018, 1691, Rn. 105; LG Ingolstadt, Urt. v. 15.5.2018 - 42 O 1199/17, BeckRS 2018, 33798; LG Hanau, Urt. v. 7.6.2018 - 9 O 76/18, BeckRS 2018, 33799 등.

38) OLG Koblenz, Urteil vom 12.6.2019 - 5 U 1318/18, Rn. 84 = NZV 2019, 471.

39) 독일민법 제475조 (3) 제439조 제5항("매도인이 추완이행을 위해 하자 없는 물건을 인도한 경우에 그는 매수인에 대하여 제346조 내지 제348조의 정함에 따라 하자 있는 물건의 반환을 청구할 수 있다.")은 收益이 반환되지 아니하고 또는 그 가액도 상환되지 아니하는 것으로 하여 적용된다. 제445조 및 제447조 제2항은 적용되지 아니한다.

40) Arnold, JuS 2019, 489, 491; Witt, NJW 2017, 3681, 3682.

41) OLG Koblenz, Urteil vom 12.6.2019 - 5 U 1318/18, Rn. 85 = NZV 2019, 471. 이와 같은 취지의 견해로 Riehm, NJW 2019, 1105, 1109.

연방대법원은 결과적으로 손익상계는 고의의 양속위반 가해행위에도 적용된다고 하였으며[42] 그 논거는 다음과 같았다: 불법행위법은 예방적 작용도 해야 한다는 원고의 주장은 어느 정도 타당하지만 유용한 결과로서 전보에서 발생하는 예방이라는 관점에서 손익상계를 원칙적으로 배제하는 것은 옳지 않다. 그렇게 된다면 독일법에 친하지 않은 징벌적 손해배상에 가까워질 것이다.[43] 그리고 이러한 결론은 독일민법 제817조 제2문의 가치판단과 상반되는 것이 아니다. 동 규정의 예외적 성격으로 인해, 부당이득법 영역을 넘어서 일반적 법리를 도출하고 부당이득반환청구권 아닌 다른 청구권에 반환금지를 확장하는 것은 금지된다.

(3) 절충적 견해

연방대법원 판결이 선고되기 약 두 달 전에 선고된 함부르크 고등법원 판결[44]은 사용이익 공제를 긍정하되, 매수인이 매매계약의 청산을 요구한 시점까지의 사용이익에만 공제를 인정하였다. 이러한 판결의 기저에는, 역시 고의로 양속위반의 가해행위를 한 피고가 현저하게 면책되는 것은 형평에 반한다는 사고가 깔려 있다. 피고 제조사가 피해자인 매수인의 계약청산의 정당한 소망을 거부함으로써 제조사는 매수인으로 하여금 소송을 제기하는 것뿐만 아니라 자동차를 계속 사용하도록 강제한 것이라는 데서 그 이유를 찾는다. 이처럼 매수인은 더 이상 해당 자동차를 운행하기를 원하지 않으나 계속 사용이 제조사에 의해 강제된 만큼[45] 사용이익 공제를 부정한다. 특히 소송이 몇 년간 계속될 수 있는데 이 기간 동안의 사용이익을 공제하게 된다면 원고가 최종적으로 승소하더라도 그 사이 사용이익이 공제되는 결과 적은 금액만 배상받게 되고 이는 고의로 양속위반의 가해행위를 한 원고의 부담을 현저히 감소시킨다는 점에서 형평에 현저하게 어긋난다는 것이다

이 논거는 예전부터 주장되었기 때문에, 위에서 언급한 코블렌츠 고등법원 판결에서도 이 문제가 언급되었다. 코블렌츠 고등법원은, 원고는 자동차를 사용하지 않음으로써 사용이익 공제액이 증가하는 것을 피할 수 있다는 이유로 사용이익 공제를 인정하였다.[46] 이에 대해 함부르크 고등법원은 원고에게 문제된 폭스바겐 자동차의 사용이익을 증가시키지 않기 위해 해당 자동차의 사용을 중단하고 원고의 비용으로 대체 차량을 마련할 것을 요구하는 것은 수인불가능하다고 반박한다. 이렇게 되면 원고의 경제적 부담이 가중될 뿐만 아니라 또 다른 법률분쟁의 여지를 남기게 된다는 것이다.[47] 학설에서도, 사용이익 공제액이 증가하는 것을 방지하기

42) BGH, Urteil vom 25.5.2020 - VI ZR 252/19 = NJW 2020, 1962, Rn. 67.

43) 학설 중에서 사용이익 공제를 부정하는 것은 독일법에 친하지 않은 징벌적 손해배상을 인정하는 것과 같다는 견해로 Lorenz, NJW 2020, 1924. 1926.

44) OLG Hamburg, Hinweisbeschluss vom 13.1.2020 - 15 U 190/19 = NJW 2020, 546.

45) Staudinger, "Vorteilsanrechnung und Verzinsung im Dieselskandal", NJW 2020, 641, 643도 "강제된 사용"(Aufgedrängte Nutzung)의 문제를 지적한다.

46) OLG Koblenz, Urteil vom 12.6.2019 - 5 U 1318/18, Rn. 86 = NZV 2019, 471.

47) OLG Hamburg, Hinweisbeschluss vom 13.1.2020 - 15 U 190/19, Rn. 13 = NJW 2020, 546.

위해 대체 차량을 렌트하라는 것은 현실에 맞지 않는다는 지적이 있다. 예를 들어 자동차로 통근하는 사람이 해당 폭스바겐 자동차를 구매하였다면, 자동차 사용을 포기할 수도 없고 대체 차량을 렌트하는 것은 경제적으로 큰 부담이 될 것이기 때문이다.[48)]

3. 소 결

독일에서 고의의 양속위반행위로 인해 피해자가 얻은 이익, 여기서는 자동차 사용이익을 손익상계의 대상으로 할 수 있는지 문제는 폭스바겐 배출가스 조작사건에서 처음으로 제기된 논점으로 보인다.[49)] 손익상계를 부정하는 가장 강력한 논거는 고의로 양속위반행위를 한 가해자가 (부분적이더라도) 그 불법행위로부터 이익을 창출하는 것을 막고 피해자가 자신의 권리를 행사할 실익을 확보해야 한다는 것이다. 반면 Ⅲ.에서 보게 될 불법원인급여 법리가 적용되는 경우와의 형평을 맞추기 위해서라는 논거는, 이 사건처럼 자동차 제조사와 매수인이 직접 계약을 체결하지 않은 이상, 매매계약의 연쇄적 청산 상황까지 염두에 두어야 비로소 의미를 갖게 된다. 손익상계를 긍정하는 견해의 가장 강력한 논거는, 징벌적 손해배상을 인정하는 결과가 될 수 있다는 것이다. 절충설은 원칙적으로 손익상계 긍정설의 입장이지만, 손익상계 부정설의 문제의식을 공유하고 특히 피해자측에게 강요된 사용의 문제가 발생할 수 있음을 의식하여 매수인이 매매계약의 청산을 요구한 시점까지의 사용이익에만 공제를 인정한다.

결국 기존의 손익상계 이론에 의하면 공제의 대상이 되어야 하는 이익 부분을 피해자에게 보유시키면 그만큼 피해자는 손해전보를 받는 것 이상의 이익을 얻게 되는 반면 가해자는 손해전보를 해 주는 이상의 손해배상을 해 주어야 한다. 고의의 양속위반행위로 인해 피해자가 얻은 이익에 대해 손익상계를 긍정하는 견해는 이 부분이 전통적인 전보손해배상 원칙에 부합하지 않음을 지적하는 것이고, 손익상계를 부정하는 견해는 그럼에도 불구하고 가해자 행위의 높은 비난가능성 때문에 예방적 기능을 관철하려 하는 것이다.

이러한 문제의식의 충돌은 일본 최고재판소 판결 사안에서도 나타난다. 이하에서는 일본의 논의상황을 개관한다.

---

48) Bruns, "Dieselskandal und Nutzungsentschädigung", NJW 2020, 508, 511.

49) 해당 판결의 주요 논점 중 하나인 원하지 않는 계약체결 자체를 손해로 볼 수 있는지 여부는, 이미 2000년대 중반부터 부정확한 정보가 공시된 금융상품에 투자하는 계약 사건에서 문제가 제기되고 인정된 바 있다. BGH, Urteil vom 19. 7. 2004 - II ZR 402/02 = NJW 2004, 2971; BGH, Urteil vom 9. 5. 2005 - II ZR 287/02 = NJW 2005, 2450. 또 다른 주요논점인 二次的 주장책임(sekundäre Darlegungslast)도 이미 많은 민사소송법 문헌에서 다루어진 문제이다. Prütting/Gehrlein, Zivilproyessordnung Kommentar, 10. Aufl., § 138 Rn. 11; Rosenberg/Schwab/Gottwald, Zivilproyessreecht, 18. Aufl., § 110 Rn. 16 등 참조.

Ⅲ. 불법원인급여적 이익과 손익상계에 관한 일본의 논의

1. 문제의 소재

일본 민법에도 손익상계(損益相殺)에 관한 규정은 없지만 손해배상의 목적, 손해개념, 공평의 관점 등을 이유로 학설과 판례에 의해 인정되고 있다.[50] 손익상계를 인정하는 기준에 대해서는 먼저 상당인과관계설이 제창되었다가 이후 법적동질성설이 전개되었다.[51] 판례도 그 영향을 받아, 피해자가 불법행위로 손해를 입음과 동시에 동일한 원인에 의하여 이익을 받는 경우에는 손해와 이익 사이에 동질성이 있는 한 공평의 견지에서 그 이익의 금액을 피해자가 가해자에 대하여 배상을 구하는 손해액에서 공제함으로써 손익상계적인 조정을 도모할 필요가 있다고 하여 발생원인의 동일성과 손해와 이익 사이 동질성을 요구한다.[52]

첫째 發生原因의 同一性이라는 요건에 의해 판례와 학설이 손익상계 적용을 부정한 예로는 생명보험금이 있다. 최고재판소는, 생명보험계약에 기초하여 지급되는 보험금은 이미 불입한 보험료 대가의 성질을 가지며, 원래 불법행위의 원인과 관계없이 지급되어야 하므로, 우연히 불법행위에 의해 피보험자가 사망하여 그 상속인에게 보험금이 지급되었다고 하더라도 이를 불법행위에 의한 손해배상액에서 공제해야 할 이유는 없다고 판시한 바 있다.[53] 학설에서도 보험금이 손익상계의 대상으로 된다면, 가해자는 피해자 및 유족이 체결한 생명보험계약 덕분에 손익상계가 이루어져 배상액이 감액된 만큼 면책되는 것이지만, 이러한 면책은 어부지리에 해당하는 것이라는 지적이 있다. 손익상계에는 불법행위 및 채무불이행에 의해 이득해서는 안 된다는 利得禁止가 강조되지만, 다른 한편으로 배상책임을 부담하는 자가 타인의 급부에 의해 면책되는 것도 이득금지 규범에 반하는 것이라고 할 수 있다는 것이다.[54]

둘째 손해와 이익 사이의 同質性 요건과 관련해 특히 자주 거론되는 판결은 최고재판소 平成5年3月24日 판결이다. 이 판결의 원고는 퇴직연금을 수령하던 자신의 피상속인이 불법행위로 사망하자 상속인의 자격에서 가해자에게 퇴직연금 수급자가 생존해 있으면 그 평균여명기간에 수급할 수 있었던 퇴직연금의 현재액을 배상으로서 요구했다. 피고는, 원고는 남편의 사망을 원인으로 하여 유족연금의 수급권을 취득했으므로 평균여명연수를 기준으로 유족연금

50) 濱口弘太郎, "損害賠償法における損益相殺に関する総合的研究(1)", 北法 66巻4号, 26頁.

51) 濱口弘太郎(주 50), 31頁. 손익상계에 관한 일본의 논의를 상세히 소개한 근래의 국내 문헌으로는 이은영, 불법행위에 있어서의 손익상계 — 상계의 대상이 되는 이익에 대한 재검토를 겸하여, 사법 제43호(2018), 119 이하.

52) 예를 들어 最高裁平成5年3月24日 民集第47巻4号, 3039頁를 들 수 있다. 이 판결에 대해서는 후술한다.

53) 最高裁昭和39年9月25日 民集第18巻7号, 1528頁.

54) 松本克美, "損益相殺における「利益」概念の再検討 — 控除否定根拠としての「不利益性」可視化論", 立命館法学2016年2号(366号), 169頁.

의 현재액을 산정하고, 이것을 원고가 피고에 대해서 배상을 요구하는 손해액에서 공제해야 한다고 주장했다. 이에 대해 최고재판소는 다음과 같이 판시하였다: "피해자가 불법행위로 손해를 입음과 동시에 동일한 원인에 의하여 이익을 받는 경우에는 손해와 이익 사이에 同質性이 있는 한도에서 공평의 견지에서 그 이익의 금액을 피해자가 가해자에 대하여 배상을 구하는 손해액에서 공제함으로써 손익상계적인 조정을 도모할 필요가 있으며, 이러한 조정은 전술한 불법행위에 기초한 손해배상제도의 목적에서 생각하면, 피해자 또는 그 상속인이 받는 이익에 의해 피해자에게 발생한 손해가 실제로 보전되었다고 할 수 있는 범위에 한정되어야 한다. … 채권은 정도의 차이는 있지만 이행의 불확실성을 수반하는 것이 불가피하고, 현실로 이행되는 것이 항상 확실할 수는 없으며, 특히 해당 채권이 장래에 걸쳐 계속적으로 이행되는 것을 내용으로 하는 것으로, 그 존속 자체에 대해서도 불확실성을 수반하는 것인 경우에는 해당 채권을 취득하였다는 것만으로는 이로 인하여 피해자에게 발생한 손해가 현실로 보전되었다고 할 수 없다. 따라서 피해자 또는 그 상속인이 취득한 채권에 대하여 손익상계적인 조정을 도모하는 것이 허용되는 것은 해당 채권이 실제로 이행된 경우 또는 이와 동일시할 수 있는 정도로 그 존속 및 이행이 확실하다고 할 수 있는 경우에 한정되는 것이다."[55]

平成5年3月24日 판결은 일본 판례가, 한편으로는 손해산정에서 차액설을 택하여 극도로 형식적인 판단을 하면서 다른 한편으로 손익상계에 관해 고도로 규범적인 판단을 하는 예로서 언급된다. 위의 손해에서 차액설을 기초로 손해를 산정하면, 피해자 또는 그 상속인이 취득한 유족연금 전체에 대하여 손익상계가 이루어졌어야 할 것이지만, 해당 판결은 아직 지급을 받은 것이 확정되지 않은 유족연금액에 관해서까지 손해액에서 공제할 필요는 없고 유족연금 채권이 실제로 이행된 경우 또는 이와 동일시할 수 있는 정도로 그 존속 및 이행이 확실하다고 할 수 있는 경우에만 손익상계를 인정하였기 때문이다.[56]

2. 불법원인급여와 손익상계에 관한 최고재판소 판결

그런데 일본 최고재판소가 2008년(平成20年)에 연달아 선고한 두 판결은, 불법원인급여를 언급하면서 손익상계를 제한한다는 점에서, 위에서 설명한 손익상계 이론에 친숙하지 않은 것이다. 이하에서는 먼저 이 판결들을 개관하도록 한다.

---

55) 이후 最高裁 平成27年3月4日 民集第69巻2号, 178頁에서 최고재판소는 平成5年3月24日 판결을 인용하면서, 피해자가 불법행위에 의해 사망했을 경우에 그 손해배상 청구권을 취득한 상속인이 유족보상연금의 지급을 받거나 지급을 받기로 확정되었을 때는 손해배상액을 산정함에 있어 이 유족보상연금에 대해 그 전보의 대상이 되는 피부양이익의 상실에 의한 손해와 같은 성질이며, 상호보완성을 갖는 일실이익 등 소극적 손해의 원본 사이에 손익상계적인 조정을 해야 한다고 해석하는 것이 상당하다고 판시하였다.

56) 大西邦弘, "損益相殺の「規範化」と不法行為法における損害論", 広島法学32巻4号(2009), 48頁.

(1) 平成20年6月10日 判決

가. 사실관계

피고 고리대금업자는 현저하게 고리의 대출에 의해 이익을 얻기 위해, A의 명칭으로 사채업 조직을 구축하고 직원을 두어 사금융업에 종사하게 하고 있었다. 원고인 차주들은 2000년 11월부터 2003년 5월까지 이 영업점으로부터 차입으로서 수령하기도 하고 원리금을 변제하기도 했다. 원고들의 대출금 이율은 연이율 수백% 내지 수천%에 이르렀다. 원고들은, 사채업 조직에 속하는 업자들에게 출자의 수용, 예금 및 금리 등의 단속에 관한 법률(출자법)을 위반하는 현저한 고율의 이자를 징수당해 피해를 입었다고 주장하면서, 이 조직의 총괄자인 피고에 대해 불법행위에 근거한 손해배상을 청구하였다.

나. 원심 판결[57]

다카마쓰 고등법원은 다음과 같은 근거 하에 피고에 대해 불법행위 책임을 인정하는 한편, 원고들이 대출금으로서 교부받은 금액 상당액에 대해 손익상계를 인정하였다.

1) 출자법 제5조 2항이 규정하는 이율을 현저히 웃도는 이율에 의한 이자의 계약을 하고, 이를 바탕으로 이자를 수령하거나 또는 그 지급을 요구하는 것 자체가 고도로 위법한 행위이다. 이 사건 각 영업점의 점장 또는 점원이 원고들에게 행한 대출이나 원리금 등의 변제의 명목으로 원고들로부터 금원을 수령한 행위는 원고들에 대한 관계에서 민법 제709조의 불법행위를 구성하고, 피고는 사채업 영업점의 총괄자로서 이 사건 각 영업점과 원고들 간에 행해진 일련의 대차거래에 대해 민법 제715조 제1항의 사용자 책임을 진다.

2) 이 사건 각 영업점이 원고들에게 대출금을 교부한 것은 소비대차 그 자체가 공서양속에 반하는 위법한 것으로 법적으로는 불법원인급여에 해당하므로 각 영업점은 원고들에 대해 교부한 금원을 부당이득으로서 반환청구할 수 없다. 그 반사적 효과로서 원고들은 교부받은 금원을 확정적으로 취득하는 것으로, 그 한도에서 이익을 얻은 것으로 평가하지 않을 수 없다.

3) 불법행위에 의한 손해배상제도는 손해의 공평타당한 분배라는 관점에서 마련된 것으로, 실제로 입은 손해를 보전하는 것을 목적으로 하고 있다고 해석된다[58]고 한다면, 가해자의 불법행위를 원인으로 피해자가 이익을 얻었을 경우에는 해당 이익을 손익상계로서 손해액에서 공제하는 것이 실제로 입은 손해를 보전하고 손해의 공평한 분배를 도모한다는 불법행위제도의 상기 목적에도 부합한다.

다. 최고재판소[59]

1) 최고재판소는, 원심의 판단 중 3)의 판단은 시인할 수 없다고 하면서 그 이유를 다음

57) 高松高等裁判所 平成18年12月21日 平成18(ネ)231.

58) 여기서 다카마쓰 고등법원은 위 平成5年3月24日 최고재판소 판결을 인용한다.

59) 最高裁 平成20年6月10日判決 民集第62巻6号, 1488頁.

과 같이 설시하였다.

“일본민법 제708조는 불법원인급여, 즉, 사회의 윤리, 도덕에 반하는 추악한 행위(이하 ‘반윤리적 행위’라 함)에 관계된 급부에 대해서는 부당이득 반환청구를 허용하지 않는다는 내용을 정하고 있는데, 이는 반윤리적 행위에 대해서는 동조 단서에서 정하는 경우를 제외하고 법률상 보호되지 않음을 분명히 한 것으로 해석해야 한다. 따라서 반윤리적 행위에 해당하는 불법행위의 피해자가 이로 인해 손해를 입는 동시에, 해당 반윤리적 행위에 관한 급부를 받아 이익을 얻었을 경우에는 동 이익에 대해서는 가해자로부터의 부당이득 반환청구가 허용되지 않을 뿐 아니라 피해자로부터의 불법행위에 근거한 손해배상 청구에 있어서 손익상계 내지 손익상계적인 조정의 대상으로서 피해자의 손해액으로부터 공제하는 것도 민법 제708조의 취지에 반하는 것으로서 허용되지 않는 것이라고 해야 한다.

해당 사실관계에서 현저하게 고율의 이자로 한 대출이라는 형태를 취하여 원고들로부터 원리금 등의 명목으로 위법으로 금원을 취득하고, 큰 이익을 얻는다는 반윤리적 행위에 해당하는 불법행위의 수단으로서 각 영업점으로부터 원고들에게 대출금이 교부되었다고 하는 것이므로, 상기 금원의 교부에 의해 원고들이 얻은 이익은 불법원인급여에 의해 생긴 것이라고 해야 할 것이며, 이 이익을 손익상계의 대상으로 원고들의 손해액에서 공제하는 것은 허용되지 않는다.”

2) 이에 대해서는 田原睦夫 재판관의 다음과 같은 보충의견(補足意見)이 있다.

“이 사건에서 원고들은 각 영업점으로부터 현저하게 높은 이율로 대출을 받고, 그 후에 원금 부분과 이자 부분을 명확히 구별하지 않고 원리금이라는 이름으로 지급했는데, 각 지급마다 원고들에게는 지급액 상당액의 손해가 발생했다고 평가되며, 그 손해액의 산정에 있어서, 원고들이 당초에 대출금이라는 이름으로 급부를 받은 금액과의 차액이 문제가 될 여지는 없다. 이처럼 당초의 대출금 명목의 금원의 교부와는 별도로 손해의 발생이 인정됨에 따라, 그 손해와 대출금 명목으로 교부받은 금원 상당액과의 손익상계의 가부가 문제가 될 수 있지만, 이 사건에서는 손익상계가 인정되어서는 안 된다는 것은 다수의견과 같다.

원고들이 대출금의 원리금 지급이라는 명목 하에 각 영업점에 지급했다는 점에서 이자제한법을 초과하는 이자를 지급했을 경우에, 그 초과 부분은 당연히 원본에 충당된다고 본 판례 법리와의 관계가 일응 문제가 될 수 있다. 그러나 이 판례 법리는 금전소비대차계약의 약정에서 정한 이율이 이자제한법에서 정하는 이율을 초과하기는 했지만, 해당 금전소비대차계약 그 자체는 유효한 경우에 관련된 것으로, 이 사건과 같이 대출행위 자체가 공서양속에 반하여 무효인 경우에는 그 대출에 대한 이자의 지급을 관념할 여지가 없으므로 위 판례 법리의 적용 여부는 문제가 될 수 없다.

또 급부가 불법원인급여에 해당하여 급부자로부터 이득자에 대해 부당이득 반환청구를 할 수 없는 경우에, 이득자가 급부자에 대해 해당 급부에 관련된 물건을 인도하거나 혹은 급부에 관계된 이득액의 일부 또는 전부를 지급했을 때에는, 이득자는 그것을 반환하거나 또는 지급해야 하는 의무가 없었음을 이유로 하여, 급부자에 대해 다시 한 번 급부를 요구할 수 없다고 해석되는바, 원고들의 각 영업점에 대한 지급이 이 사건 대출금 명목 하에 교부받은 금원의 변제로서 이루어지고 있는 경우에는, 그 변제는 불법원인급여에 관한 급부의 반환으로 평가되어, 그 변제상당액은 손해로서 평가할 수 없을 가능성이 있다. 그러나 이 사건에 있어서는 원고들의 각 영업점에 대한 지급은 원리금 등으로 이루어진 것이지만, 명확히 원금 부분으로 구분해 변제된 사실은 인정되지 않으며, 또한 원리금 명목의 변제라 하더라도, 상술한 바와 같이 판례 법리를 적용해 제한이자 초과 부분이 원본의 변제에 충당될 여지도 없기 때문에 원고들로부터 각 영업점에 대해 대출금 명목의 원금에 대한 변제로서 이루어진 급부는 존재하지 않는 것이라고 해야 한다. 따라서 원고들이 입은 재산상의 손해는 원고들이 각 영업점에 원리금 명목으로 지급한 금원의 총액이라고 해야 할 것이다."

(2) 平成20年6月24日 判決

가. 사실관계

피고는, 원고들에 대해 피고가 개입하여 미국 국채를 구입하면 높은 배당금을 받을 수 있다는 등의 허위의 사실을 말하여 오신케 하여 그 구입자금으로, 2000년 8월부터 2003년 6월까지 사이에 원고들로부터 총 2200만엔을 지급받고 이를 편취하였다. 피고들은 이 편취금으로 미국 국채를 구입하지 않았음에도 불구하고 이를 구입해 배당금을 얻은 것처럼 가장하여, 2000년 9월부터 2003년 9월까지 사이에 위 배당금의 명목 하에 원고들에게 1,973,813엔을 교부했다. 이후 원고들은 피고에 대해 편취된 금원 상당액에 대해 불법행위에 기한 손해배상청구를 하였다.

나. 원심 판결[60)]

원심인 오사카 고등법원은 피고의 불법행위 책임을 인정하면서 다음과 같이 손익상계를 인정했다. 원고들은 이 사건 사기에 의해 피고로부터 이 사건 각 편취금 상당액의 손해를 입는 한편 각 가장배당금 상당액의 이익을 받았으므로 각 가장배당금의 교부가 불법원인급여에 해당된다 하더라도 원고들이 이 사건 사기에 의해 입은 손해액을 산정할 때는, 손익상계적인 조정을 도모하기 위해 각 편취금액에서 가장배당금액을 공제할 필요가 있다고 하여 원고들의 청구를 일부 인용했다.

다. 최고재판소 판결[61)]

1) 최고재판소는 원심 판결과 반대로 손익상계를 부정했는데 그 취지는 다음과 같다:

60) 大阪高等裁判所 平成19年3月29日 平成17(ネ)3272.

61) 最高裁 平成20年6月24日判決 集民第228号, 385頁.

사회 윤리, 도덕에 위배되는 추악한 반윤리적 행위에 해당하는 불법행위의 피해자가 이 반윤리적 행위에 관련된 급부를 받아 이익을 얻었을 경우에는, 이 이익에 대해서는 가해자로부터의 부당이득 반환청구가 허용되지 않을 뿐 아니라, 불법행위에 의한 손해배상 청구에서도 손익상계도 허용되지 않는다. 해당 사실관계가 이 사건 사기가 반윤리적 행위에 해당함은 명백하고, 피고는 사실은 이 사건 각 사취금으로 미국 국채를 구입하지 않았음에도 불구하고, 마치 이것을 구입하여 배당금을 얻은 것처럼 가장하고 원고들에 대해 가장배당금을 교부했기 때문에, 이 가장배당금의 교부는 오로지 원고들로 하여금 피고가 미국 국채를 구입한 것으로 오신케 함으로써 이 사건 사기를 실행하고 그 발각을 막기 위한 수단이나 다름없다고 해야 할 것이다.

그렇다면 이 사건 각 가장배당금의 교부에 의해 원고들이 얻은 이익은 불법원인급여에 의해 발생한 것이라 해야 하며, 이 사건 손해배상청구에 있어서 손익상계의 대상으로서 이 사건 각 편취금액으로부터 이 사건 각 가장배당금의 금액을 공제하는 것은 허용되지 않는다.

2) 위 판결에 대해 田原睦夫 재판관은 다음과 같은 반대의견을 개진하였다.

“다수의견과 달리 이 사건 배당금 명목의 금원의 교부는 피고가 행한 사기행위와 일체를 이루는 것으로, 피고가 원고들에게 교부한 배당금 명목의 금원의 법적 취급은 원고들이 입은 손해와의 손익상계의 문제가 아니라 재산적 손해로서의 평가의 문제이다.

불법행위에 의해 피해자가 금전 등의 재산적 손해를 입음과 동시에 해당 불법행위 자체에 의해 재산상의 이익을 얻고 있을 때에는 그 차액을 재산상의 손해액으로 평가해야 한다. 예를 들어 가해자가 투자 명목의 사기로 피해자로부터 100만엔을 교부받고, 이때 이익 배당의 선불이라고 피해자에게 5만엔을 교부했을 경우에는 손해액은 95만엔이라고 해석해야 한다. 이러한 견해를 택한 경우에 불법행위에 의한 피해자의 손해액 산정에 있어서, 그 불법행위를 원인으로 가해자로부터 피해자에게 급부되는 것이 존재할 때, 그 중 어떤 범위의 급부가 공제되어야 하는가 하는 것이 문제가 된다. 그 점에 대해, 가해자로부터 피해자에 대해 이루어질 수 있는 급부가 해당 불법행위와 일체를 이루고 있다고 평가할 수 있는 경우에는, 그 급부 상당액은 피해자의 재산상의 손해액 산정에 있어서 공제되어야 한다.

해당 사건의 피고는 원고들로부터 미국 국채구입 명목으로 금원을 편취할 때 예치금액, 배당금의 금액 및 이율, 분배금의 지불시기, 만기일 등을 명기한 예치증을 원고들에게 교부하고, 그 후 당초 만기일이 도래하면 별도로 새로운 예치증을 원고들에게 교부하고, 원고들에 대해서는 그 예치증에 기재한 바와 같이 배당금 명목의 금원을 교부한 것이며, 배당금 명목의 금원의 교부는 당초의 편취행위 시에 예정되어 있던 것으로, 미국 국채구입 명목으로 금원 편취행위와 배당금 명목의 지급은 일체로서 하나의 사기행위를 구성하는 것이라 해야 할 것이다. 또한 예치증에 기재된 만기일마다 이루어진 예치증의 교환은 그 자체가 당초부터 예정되어 있던 행위로 평가할 수 있으며, 그 환차분을 포함해 하나의 사기 행위를 구성하는 것이라고 해야 할 것이다. 따라서 원고들이 이 사건 사기에 의해 입은 손해액을 산정할 때에는 미국 국채구입 명목으로 금원을 편취한 행위와 해당 각 미국채의 배당금 명목으로 금원이 교부된 행위를 일체적으로 파악해, 각 편취행위별로 손해액을 산정하고, 그 합계액으로써 손해액을 산정해야 한다.

이 점에 대해 다수의견은 배당금 명목으로 교부된 금원에 대해 불법원인급여로서의 성격을 인정하지만, 피고가 당초의 편취행위와 분리되어 사기의 발각을 면할 수 있도록 별도의 금원을 교부하고 있었을 경우라면 모르지만, 전술한 것처럼 이 사건에서의 배당금 명목의 금원의 교부는 당초의 편취행위와 일체의 행위라고 평가해야 하는 것이라고 해야 하는 것이므로, 다수의견에는 찬성하기 어렵다.

또한 피해자가 다수에 달하는 투자 사기사건 등의 경우, 예를 들어 피해자 A, B가 모두 1천만엔의 피해를 입었으나 A는 수년 전에 사기를 당하였고 이후 사건 발각 전에 이미 3백만엔의 배당금을 수령한 반면 B는 사건 발각 직전에 사기를 당하였기 때문에 배당금을 전혀 수령하지 않았더라도, 다수 의견의 견해에 따르면 A가 수령한 배당금은 피해액의 산정에서 공제해서는 안 되며, 또한 불법원인급여에 해당되므로 손익상계를 하는 것도 허용되지 않게 된다. 그 결과, A, B의 손해액은 모두 1천만엔이 되어 가해자에 대해 1천만엔의 이행판결을 얻을 수 있고, 또 집행절차나 파산절차가 개시되었을 경우에는 각각 1천만엔으로 채권신고를 하고 배당절차에 참가해 배당금을 수령할 수 있게 된다. 그러나 이러한 결론은 동종의 불법행위의 피해자인 A, B 사이의 형평을 현저하게 해치게 되므로, 이 점에서도 다수의견에는 찬성할 수 없다. 또한 관련된 파산 사건에서 각 피해자로부터 그러한 주장이 제기되었을 경우에는 실무 처리상 매우 어려운 문제가 발생할 것으로 우려된다."

3. 불법원인급여와 불법행위에서 손익상계에 관한 논의

(1) 불법원인급여의 법리

독일의 폭스바겐 배출가스 조작사건과 달리 일본 최고재판소가 2008년 판결한 두 사안 모두 원고와 피고 사이에 계약이 존재하면서 그 계약이 공서양속위반으로 무효가 된 경우여서, 불법행위법뿐만 아니라 부당이득 그리고 그에 수반해 불법원인급여 법리가 적용가능하였다. 때문에 위 두 판결은, 한편으로는 부당이득 및 불법원인급여 법리, 다른 한편으로는 불법행위 법리가 적용되는 결과 사이의 균형을 어떻게 맞출 것인지가 중요 논점이 되었다.[62] 두 판결 중 특히 平成20年6月10日 판결이 더 많은 주목을 받았다. 6月10日 판결 이전에도 고리

62) 前田陽一, "反倫理的行為に該当する不法行為の被害者が受けた利益についての損益相殺の可否と民法708 条の趣旨", 判例タイムズ1298号, 75頁.

대금업에서 소비차주가 대주에 대해 손해배상청구를 하는 경우 손익상계가 인정될 수 있는지에, 손익상계를 부정하는 사실심 판결이 등장해 오다가, 이 판례를 통해 손익상계를 부정하는 것으로 법원의 입장이 확립되었기 때문이다.

기존 일본 최고재판소 판례는 이자제한법을 위반한 이자를 정한 소비대차계약도 특별한 사정이 없는 한 소비대차계약 자체가 무효로 되지는 않으며, 이미 지급한 이자는 그 반환을 청구할 수 없다는 입장이었다.[63] 그러나 2003년에 개정 대금업 규제법 및 출자법이 제정되어 연 109.5%를 초과하는 금리의 대출에 대해서는 이자부분뿐만 아니라 금전소비대차계약 그 자체가 무효가 된 것[64]을 계기로, 고리대금업의 대주가 차주에 대하여 대출한 원본의 반환을 청구할 수 있는지, 또는 차주가 대주에 대하여 이미 변제한 원리금의 반환을 청구할 수 있는지라는 문제가 제기되기 시작했다.[65]

그리고 동시에 이즈음부터 하급심 재판례에서는 폭리행위를 목적으로 하는 금전소비대차에 관해 차주의 궁박을 이용한 고리의 대출을 공서양속위반이라고 하여, 교부된 금전의 반환청구를 민법 제708조 본문에 의해 기각하는 판결이 나타나기 시작했다. 이 판결을 언급하기 전에, 일본민법 제708조와 제90조에 대한 관계를 언급하고 넘어갈 필요가 있다. 제708조는 "불법원인급여에 관한 규정으로, 불법인 원인을 위해 급부한 자는 그 급부한 것의 반환을 청구할 수 없다. 다만, 불법 원인이 수익자에 대하여만 존재하는 때에는 그러하지 아니하다."고 하는 규정인데, 여기서 말하는 불법 원인은 공공질서 내지 선량한 풍속에 반하는 것을 의미하고, 불법 원인을 위한 급부라는 것은 그 원인으로 된 행위가, 강행법규에 위반된 부적법한 것일 뿐만 아니라 사회에 있어 요구되는 윤리, 도덕을 무시한 추악한 것일 필요로 한다는 것이 일본의 확립된 판례이다.[66] 통설도 판례처럼 일본민법 제708조는, 일본민법 제90조와 표리일체인 관계에 있다고 파악하고 있다.[67]

교부된 원금의 반환청구에 불법원인급여 법리를 적용하여 기각한 사실심의 대표적인 판결로 2002년 도쿄 고등법원 平成14年10月3日 판결이 언급된다. 이 판결은 우선 차용인의 경솔, 무경험, 법률의 부지에 포함되어 사실에 반하는 유리한 조건을 제시하여 차용인에게 금전의 반환을 결의시키고, 그 변제가 곤란한 상황에 빠지게 하여 차용인을 경제적으로 궁박케 하고,

63) 最高裁昭和28年12月18日 民集第7巻12号, 1470頁.

64) 다만 현행 대금업법(貸金業法) 제42조 제1항에 따르면, 대금업을 영위하는 자가 업으로서 행하는 금전을 목적으로 하는 소비대차 계약에서 연 119.5퍼센트(2월 29일을 포함한 1년은 연 119.8퍼센트로 하며, 1일당 0.3퍼센트로 함)를 초과하는 비율에 의한 이자(채무불이행에 대하여 예정되는 배상액 포함) 계약을 한 때에는 해당 소비대차 계약은 무효이다.

65) 橋本伸, "民事判例研究(最高裁平成20年6月10日第三小法廷判決民集62巻6号1488頁)", 法学ジャーナル 87号, 292-293頁.

66) 최초의 판결은 最高裁昭和37年3月8日 民集第16巻3号, 500頁.

67) 西村峯裕/松村遼羽, "不法原因給付と損益相殺の可否 —最高裁平成20年6月10日第三小法廷判決の再検討—(1)", 産大法学47巻3・4号(2014. 1), 170頁.

이것을 이용하여 차용인으로부터 고액의 경제적인 이익을 얻으려고 하는 금전소비대차계약은 공서양속에 반하는 것이라고 판단했다. 나아가 대주가 반소로 구한 원금반환청구에 대해 다음과 같이 판단하였다[68]: "제708조가 불법행위를 하면서 손해를 회복하고자 하는 자의 비난받을 만한 성격에 대해 제재로서 그 회복을 거부함으로써 불법행위를 방지하려고 하는 것으로 볼 때, 이를 적용함에 있어 장래 동종의 불법행위 발생을 막고 억제한다고 하는 관점도 필요하다고 해석된다. … 법은 형법 제19조 제1항 1호 및 2호에 나타난 것처럼 고도의 위법한 행위의 수단으로 이루어진 재물이 교부된 때에는, 이를 몰수함으로써 그 행위를 금압하려 하고 있다. 이와 마찬가지로 민법 제708조는, 고도의 위법성 있는 행위의 수단으로 재물이 교부된 때에는 그 반환청구에 조력하지 않음으로써 그 행위를 억제하려는 것으로 생각된다. 해당 급부가 불법원인급여에 해당하지 않는다고 하면, 대주는 불법적인 이익을 올린다고 하는 목적 달성에는 실패해도, 그 수단으로서 교부한 금원의 원본에 대해서는 확실히 회수할 수 있게 된다. 이는 법은 불법에 조력하지 않는다는 민법 제708조의 취지에 반하게 된다고 생각된다."

그런데 위 도쿄 고등법원 平成14年10月3日 판결의 사안은 차주가 대주에게 원금을 반환하기 전에, 대주가 차주에게 원리금 반환청구를 한 경우였고, 차주가 임의로 원리금을 반환한 후 다시 부당이득반환청구를 할 수 있는지에 대한 판단은 아니었다.[69] 이 판결이 선고된 해에 역시 연이율 몇백%부터 1,000%를 넘는 현저한 고율이 문제된 사안들에서, 차주가 원리금을 반환한 후에 계약의 무효를 주장하면서 부당이득에 기초한 원리금의 반환을 대주에게 청구한 사안들에서, 도쿄 간이재판소는 이자계약 자체는 무효이지만 대출금의 반환약정을 내용으로 하는 금전소비대차 자체는 무효라고까지는 할 수 없다고 하여 원본 반환청구를 부정한 판결들을 선고한 바 있다.[70] 따라서 차주가 임의로 원금을 반환한 후 다시 소비대차계약이 공서양속 위반으로 무효임을 주장하면서 원금반환청구를 할 수 있다고 단언하기 어려웠다. 최고재판소의 平成20年6月10日 판결은, "손해배상 청구시 손익상계 부정"이라는 형태로써, 불법원인급여에 해당하는 급부가 임의로 반환된 후에도 반환자로부터의 재반환을 실질적으로 인정한 것으로 평가되고 있다.[71]

---

68) 東京高判平成14年10月3日 判時1804号, 41頁. 단 이 판결은 고율의 이자가 문제된 것이라기보다는, 근저당권의 최고액이 고액이라는 것이 문제된 사안이었다. 이 도쿄 고등법원 판결 외에도 연이율 1,000%를 넘는 현저한 고율의 이자의 대출행위가 일체로서 공서양속에 반하여 무효라고 하고 대출원금은 불법원인급여에 해당하여 차주는 원본의 반환의무를 부담하지 않는다고 한 판결로 東京簡判平成15年2月13日(最高裁 HP)이 있다. 前田陽一(주 62), 72頁에서 재인용.

69) 권경은/이순동(주 7), 146 참조.

70) 東京簡判平成14年10月24日(最高裁 HP), 東京簡判平成14年11月22日(最高裁 HP), 東京簡判平成14年12.2(最高裁 HP). 前田陽一(주 62), 72頁에서 재인용.

71) 平田健治, 旬刊金融法務事情1876号, 68頁. 西村峯裕/松村遼羽(주 67), 175頁에서 재인용.

(2) 불법원인급여와 손익상계

도쿄 고등법원 平成14年10月3日 판결이 선고되고 3년 후 삿포로 고등법원은 平成17年2月23日 판결에서 이 문제를 부당이득이 아닌 불법행위에서 판단한 판결을 선고하였다. 이 사건의 원고는 연이율 1,200%로 하는 소비대차계약을 피고와 체결하고, 이 소비대차계약에 따라 피고에게서 585,000엔을 대출받은 후 10회에 걸쳐 1,080,900엔을 피고에게 원리금으로 지급한 바 있다. 이후 원고는 이 대출은, 터무니없는 고율의 이자에 의한 고액의 금원을 수령하는 것을 목적으로 하는 것으로서, 금전소비대차계약이라는 명목으로 이루어진 악질적인 범죄행위로 불법행위에 해당한다고 주장하고, 자신이 피고에게 지급한 합계 1,080,900엔의 금액의 손해를 입었다고 주장하였다. 삿포로 고등법원은 원고에게 불법행위로 인한 손해배상청구를 인정하면서, 이처럼 출자법에 명백히 위반하는 대출행위에 대해서는 금전소비대차계약이라는 법률 구성을 하는 것 자체가 상당하지 않으며, 피고가 지출한 대금에 대해서도 대출금이라는 이름을 빌린 위법행위의 수단에 지나지 않으며, 민법상의 보호할 만한 재산적 가치의 이전이 있었다고 평가할 수 없다고 판단하였다.[72] 다만 삿포로 고등법원 판결은 그 근거로써 손익상계를 언급하지 않았으며, 불법원인급여와의 관계에 대해서도 판단하지 않았다.

최고재판소 平成20年6月10日 판결은, 불법원인급여에 해당하는 사안에서는 가해자로부터의 부당이득 반환청구가 허용되지 않을 뿐 아니라 피해자로부터의 불법행위에 근거한 손해배상 청구에 있어서 손익상계도 허용되지 않는다는 점을 명시하였다. 이로써 불법원인급여와 불법행위에서 손익상계 법리가 중첩되는 국면이 발생하면, 불법원인급여 법리가 관철된다는 것이 확인된 것이다. 이 판결 선고로부터 불과 2주 후에 선고된 최고재판소의 平成6月24日 판결은 이 점을 다시 한 번 확인하였다.

이렇게 平成20年6月10日 판결이 손익상계를 인정한 것은, 부당이득과 불법행위청구 사이에 균형을 맞추기 위한 것이었다는 지적이 있다. 동일한 사안에서 차주가 소비대차계약이 공서양속위반으로 무효라고 주장하면서 부당이득으로 법리구성을 한 것과 불법행위로 법리구성을 한 것 사이에서 결론이 달라지지 않으려면, 차주가 불법행위 구성을 선택한 경우에도 대출금 상당액의 공제를 인정하지 않을 수밖에 없다는 것이다.[73] 平成20年6月24日 판결 사안에서도 마찬가지로, 다수의견은 원고들이 얻은 이익은 가장배당금의 교부는 오로지 원고들로 하여금 피고가 미국 국채를 구입한 것으로 오신케 함으로써 이 사건 사기를 실행하고 그 발각을 막기 위한 수단이며, 따라서 원고들이 얻은 가장배당금이라는 이익은 불법원인급여에 의해

72) 札幌高等平成17年2月23日 判時1916号, 39頁.

73) 大西邦弘(주 56), 65頁. 이에 대해 손익상계의 불법행위에 의한 이득 금지의 이념과 불법원인급여 제도는 취지가 다르기 때문에, 불법원인급여 제도의 취지에 따라 손익상계를 제약하는 것은 이상하다는 논의도 있다. 久須本かおり, "不法原因給付と損益相殺", 法政論集227号(2008年), 666頁. 松本克美(주 54), 179頁에서 재인용.

발생한 것으로 이 사건 손해배상청구에 있어서 손익상계는 허용되지 않는다는 점을 명시하였다. 즉 6月24日에서도 불법원인급여의 이익상황이 손익상계에서 관철되었다고 할 수 있다.

(3) 손익상계의 규범화

이렇게 불법원인급여적 고려가 손익상계 법리에 반영된 것을 법리적으로 어떻게 보아야 할 것인가.

이와 관련하여 일본의 학설 중 일부는 손익상계의 규범적 고려의 관점에서 이 문제를 논의한다. 손해의 이익과의 사이에 법적 동일성이 있다는 것을 기본적인 판단기준으로 하되, 손해배상법의 목적과 당사자 사이의 공평의 견지에서 손익상계를 해야 할지 여부를 규범적으로 판단해야 한다는 것이다.[74)]

원래 손익상계의 규범적 판단은, 차액설을 기초로 하여 공제될 이익을 불법행위와 상당인과관계에 있는 이익으로 규정하는 견해[75)]와 대비되는 의미에서, 이익이 가해와 인과관계에 있을 뿐만 아니라 손실을 직접적으로 전보하는 목적을 갖는 것, 즉 손실과 이익 사이에 법적 동일성이 있어야 손익상계할 수 있다는 기준을 일컫는 의미로 쓰였던 것 같다.[76)] 최고재판소 平成5年3月24日 판결과 관련해서 이 점이 지적된 바 있다. 그런데 平成20年6月10日 판결을 계기로, 規範的이라는 의미가 「그 이익의 보유가 규범적으로 정당화되는지」라는 보다 폭넓은 의미로 확장된 것이 아닌가 생각된다.[77)] 여기에는 이득을 취득하기 위해 피해자가 불법행위를 이용하는 것이 정당한지, 그리고 불법행위를 저지른 가해자에게 있어 당해 이익만큼 책임이 감면되는 것이 정당한지라는 관점이 추가적으로 고려되는 것이다.[78)] 그리고 손익상계를 부정할 정당화 근거로서 등장하는 것이 가해자에 대한 불법행위의 억제인 것이다.[79)]

그런데 불법행위의 억제라는 법관념을 손익상계의 규범적 고려에 반영할 수 있는지를 놓고 학설의 대립이 있다. 긍정하는 견해는, 불법원인급여가 법률상 보호의 가치가 없는 것과 마찬가지로, 손해로부터의 원본의 손익상계는 허용되지 않을 수 있으며, 그 판단에 있어서 금지규범의 보호목적, 반환청구의 거부라고 하는 수단에 그 거래를 억제할 필요성, 억지효과, 당사자 사이의 불공평에도 불구하고 급부수령자의 이득보유에 부당성이 있는지에 관한 여러 각도의 검토가 고려되어야 한다고 주장한다.[80)]

---

74) 沢井裕, "損益相殺", 関西大学法学論集, 8巻3号, 75頁, 5号, 81頁. 加藤新太郎, 判例タイムズ 別冊 25 (平成20年度主要民事判例解說), 83頁에서 재인용.

75) 我妻榮, 事務管理 · 不當利得 · 不法行爲, 日本評論社, 1937, 204頁. 岡林伸幸, "詐欺配当金と不法原因給付 · 損益相殺[最高裁第三小法廷平成20.6.24判決]", 法律時報83卷3号 — 民事判例研究(895)(2011), 121頁에서 재인용.

76) 岡林伸幸(주 75), 121頁; 前田陽一(주 62), 76頁 등.

77) 松本克美(주 54), 178頁 참조.

78) 岡林伸幸(주 76), 121頁; 大西邦弘(주 56), 75頁.

79) 岡林伸幸(주 76), 118頁; 藤原正則, "反倫理的行海に該当する不法行爲の被害者の損害暗償請求における損益相殺と民法708条", ジュリストNo. 1376(2009. 4. 10.), 8頁; 前田陽一(주 62), 76頁.

반면 반대견해의 가장 주된 논거는, 불법행위의 억제는 원상회복을 기본이념으로 하는 일본의 손해배상법과 합치하지 않는다는 것이다. 피해자가 전보되어야 할 손해를 초과하여 이득을 얻는 것을 저어하는 법관념은 징벌적 손해배상 금지, 차액설과 손익상계로 나타나 있다고 평가되는데,[81] 일본 최고재판소는 외국법원 판결 중 제재를 위해 징벌적 손해배상으로서의 금액을 지급하라고 명령한 부분에 대해서는 일본법원이 집행판결을 할 수 없다고 판결한 바 있고, 손익상계의 대상이 될 이익이 존재함에도 불구하고 불법행위 억제를 위해 손익상계를 부정하는 것은 이 판결의 태도와 합치하지 않는다는 것이다.[82] 이 판결에서 최고재판소는, 가해자에 대하여 손해배상의무를 부과함으로써 결과적으로 가해자에 대한 제재 또는 일반예방효과가 발생한다고 하더라도, 그것은 피해자가 입은 불이익을 회복하기 위하여 가해자에 대하여 손해배상의무를 지게 한 것의 반사적, 부차적인 효과일 뿐, 가해자에 대한 제재 및 일반예방을 본래적인 목적으로 하는 징벌적 손해배상제도와는 본질적으로 다른 것이며, 일본에서 가해자에 대해 제재를 가하고 장래 같은 행위를 억제하는 것은 형사상 또는 행정상의 제재에 맡겨져 있고, 따라서 불법행위 피해자가 가해자로부터 실제로 발생한 손해배상과 더불어 제재 및 일반 예방을 목적으로 하는 배상금을 지급 받을 수 있다고 하는 것은 일본에 있어서의 불법행위에 근거한 손해배상제도의 기본원칙 내지 기본이념과 맞지 않는다고 명시한 바 있다.[83]

또한 불법원인급여 제도의 취지를 손익상계에 확장하는 것을 반대하는 것을 주된 논거로 하는 반대견해도 있다. 손익상계제도와 불법원인급여는 완전히 다른 제도이고, 전자의 제도 목적이 후자의 제도목적에 반드시 후순위인 관계에 있는 것은 아니라고 하는 전제에서, 손익상계를 부정하기 위해서는 반환청구를 배제한다고 하는 수단에 의해서까지 그 행위를 억제할 필요성이 극히 높은 경우에 한정되어야 하는데, 금전편취를 목적으로 하는 사기적 행위는 그에 해당하지 않는다는 것이다. 久須本 교수는 다단계판매를 예로 들어, 가입자가 피해자인 동시에 가해자이기도 하다는 특성을 갖기 때문에, 손익상계가 인정되지 않는 경우가 있다는 것을 시사한다.[84] 이에 대해서는 다단계판매의 상위의 가입자는 피해자인 동시에 가해자이기도 하지만, 적어도 다단계판매를 설계한 자에 대해서는 항상 피해자이기 때문에, 가입자가 다단계판매 설계자에 대해 출자금의 반환을 구하는 경우에는 피해자로서의 특성문제로 되지 않고, 손익상계를 고려하지 않으면 안 될 요인은 없다는 반론이 있다. 더구나 平成20年6月24日 사건에서 문제로 된 것은, 금전편취를 목적으로 하는 사기적 행위이기 때문에, 출자자는 항상 피해

80) 藤原正則(주 79), 8頁.
81) 西村峯裕/松村遼羽(주 67), 172頁 참조.
82) 大西邦弘(주 56), 74頁.
83) 最高裁平成9年7月11日判決 民集第51巻6号, 2573頁.
84) 久須本かおり, "不法原因給付と損益相殺", 名法227号(2008), 666頁. 岡林伸幸(주 75), 120頁에서 재인용.

자이고, 손익상계를 긍정할 이유가 없다고 한다.[85)]

반면 피해자에게 일견 이익이 존재하는 것처럼 보이더라도, 그 利益性이 인정되지 않아서 손익상계의 대상이 되지 않는다는 논의도 존재한다.[86)] 이 견해는 먼저 利益性이 부정되어 손익상계가 인정되지 않는 두 가지 사안 유형을 든다. 첫째 자신의 미성년 자녀가 사망한 부모는, 자녀의 가해자에 대한 생명침해로 인한 손해배상청구권을 상속받는데, 이 경우 부모가 절약할 수 있던 양육비를 손익상계해야 하는지 문제된 사안이 있다. 최고재판소[87)]는 손익상계를 부정하면서, 그 이유를 "교통사고로 사망한 유아의 손해배상채권을 상속받은 자가 다른 한편 유아의 양육비 지출을 필요로 하지 않게 된 경우에도 이 양육비와 유아가 장래 얻을 수 있던 수입 사이에는 전자를 후자에서 손익상계의 법리 또는 그 유추적용에 의하여 공제해야 할 손실과 이득과의 동질성이 없고, 따라서 유아의 재산상 손해배상액을 산정할 때, 그 장래 얻을 수 있던 수입액에서 양육비를 공제하여야 하는 것은 아니다."고 설명한다. 통설도 판례의 태도와 같다.[88)] 손해와 이익 모두 규범적인 가치개념이라고 할 때, 양육비를 모면하는 것을 부모의 이익으로서 손익상계하는 법적 구성은, 법의 기초로 되어야 할 인간성의 견지에서도 의문이라는 견해,[89)] 자녀의 양육을 하는 것을 부모의 법적 의무라고만 파악하고, 그 의무를 면한 결과 이익을 얻었다고 하여 손익상계의 대상으로 하는 것은, 시민의 법감정과 동떨어진 것이어서, 양육비의 지출을 면한 것을 규범적 견지에서 이익으로 볼 수 없다는 견해,[90)] 자녀가 사망함으로써 부모가 양육비를 지불하지 않는다고 하는 것은 '양육비의 절약'이라는 이익을 부모에게 주고 있는 것이 아니라, 반대로 양육비를 지출하여 아이를 성장시키고 그 성장을 지켜보는 이익이 손상되고 있을 뿐이라는 견해[91)] 등이 있다.

둘째 하자있는 목적물의 사용이익 사안이다. 이 사건의 피고들은 주택 소유자 및 그 소유자에게서 주택건설을 도급받은 수급인이다. 주택이 완성되자 주택 소유자는 이를 원고에게 매도했는데, 원고는 그 주택에 거주하기 시작한 이후에야 이 건물에는 구조상 안전성에 어떤 중대한 하자가 있어, 이를 개축해야 한다는 사실을 알게 되었다. 원고들은 피고들에 대해, 개축비용 상당액에 관해 불법행위에 기해 손해배상을 구하였다. 원심법원은 건물의 하자의 내용,

85) 岡林伸幸(주 75), 120頁.

86) 松本克美(주 54), 180頁.

87) 最高裁判昭和53年12月20日 民集32卷7号, 1500頁. 다만 유아가 가동능력을 취득할 때까지 필요한 생활비, 보통교육을 받기 위한 비용 등의 양육비에 대해서도 이를 가동기간 중의 생활비에 준하는 필요경비로 유아의 장래 소득이자수입액에서 공제해야 한다는 本林讓 재판관의 반대의견이 있다. 유아가 가동능력을 취득하기 위하여 그때까지 양육비를 필요로 하다는 것을 고려하지 아니하면 성인이 사망한 경우와의 균형을 잃게 되어 상당하지 아니하기 때문이라고 한다.

88) 松本克美(주 54), 176頁의 서술 참조.

89) 楠本安雄, 人身損害賠償論, 日本評論社, 1984, 175頁. 松本克美(주 54), 177頁에서 재인용.

90) 吉村良一, 不法行為法[第4版], 有斐閣, 2010, 172頁. 松本克美(주 54), 177頁에서 재인용.

91) 松本克美(주 54), 177頁.

부위, 정도가 건축기준법상의 기준에 적합하지 않은 중대한 것이고 이 건물은 안전성을 흠결한 결함주택인 것이어서 원고들은 부득이 여기에 거주하고 있는 것이라고 인정할 수 있으며, 원고들이 이 사건 매매계약을 해제하지 않았다고 해서, 이 판단이 좌우되는 것은 아니라고 판단한 뒤, 이러한 사실관계 하에서는 원고들이 이 사건 건물에 거주하고 있는 것에 관해 손익상계의 대상으로 해야 할 이익이 있다고 할 수는 없다고 판단했다.[92)]

최고재판소[93)] 역시 매매의 목적물인 건물이 붕괴될 구체적인 우려가 있는 등 사회통념상 건물 자체가 사회경제적인 가치를 갖지 못한다고 평가될 수 있는 때에는 상기 건물의 매수인이 이에 거주한다고 하는 이익을 손익상계의 대상으로 할 수 없다고 판단했다. 우선 건물 안전성에 중대한 하자가 있어서 붕괴할 구체적인 우려가 있다면, 사회통념상 이 사건 건물은 사회경제적인 가치를 갖지 않는다고 평가할 수 있다는 것, 그리고 원고가 사회경제적인 가치가 없는 이 사건 건물을 개축함으로써 당초부터 하자 없는 건물의 인도를 받은 경우에 비해 결과적으로 내용연수가 늘어난 신축건물을 취득하는 것으로 된다고 하여도, 이를 이익으로 볼 수는 없다는 것을 근거로 하였다. 이 판결에는 宮川光治 재판관의 다음과 같은 보충의견이 있다: "건물의 하자는 용이하게 발견될 수 없는 경우가 많고 또한 하자의 내용을 특정함에는 시간이 필요하다. 배상을 구하여도 매도인 등이 다투며 응하지 않는 경우도 많다. 통상적으로, 이 사이에도 매수인은 경제적인 이유 등에서 안정성이 없는 건물에서 부득이 거주를 계속한다. 이러한 경우에, 거주하는 것을 이익으로 생각하여 또는 매도인 등으로부터의 배상금에 의해 건물을 개축한다면 내구연수가 늘어난 신축건물을 취득하는 것으로 된다고 하여, 이를 이익으로 생각하고 손익상계를 한다면, 배상이 지연된다면 지연될수록 배상액은 적어진다. 이는 성의 없는 매도인 등을 이롭게 한다는 사태를 넘어, 공평하지 않다."

그리고 松本克美는, 위에서 서술한 사안유형에 덧붙여 불법원인급여적인 이익도 경우에 따라 利益性이 부정될 수 있다고 논증한다. 이 견해는 불법원인급여를, 불법행위의 가해자와 피해자의 관계가 아닌 사람 사이에 행해진 급부일 경우와 불법행위의 가해자가 불법행위의 실현을 위해 피해자에게 이루어진 급부일 경우로 구별한다. 예를 들어 A가 B에게 살인을 의뢰하여 보수 500만엔을 선불하였는데, B가 살인을 실행하지 않았을 경우에, 이 살인 의뢰계약이 공서양속에 위반되어 무효라 해도, A는 B에게 지불한 500만엔에 대해 부당이득 반환청구하는 것은 불법원인급여를 이유로 인정되지 않는다. 그러나 이 경우 A의 불법행위의 피해자는 B가 아니고, A의 B에 대한 보수지급은 B에게 不利益이 되지 않는다. 반면 사채업자로부터의 대출금 급부는 대출함으로써 폭리를 취하는 불법행위를 실현하기 위한 수단이며, 피해 발생의 발단이 되는 급부이다. 따라서 이는 차주에게 不利益한 것이라고 할 수 있다. 이 경우 일견 피

92) 名古屋高等裁判所 平成21年6月4日 平成20(ネ)1063.

93) 最判平成22年6月17日 民集64卷4号, 1197頁.

해자에게 있어서의 이익이 존재하는 것처럼 보이지만, 이는 실질적으로는 이익이 아니라 불이익이며, 그러므로 손익상계가 부정되어야 한다는 것이다.

Ⅳ. 약간의 검토

양속위반행위로 인해 피해자에게 손해와 함께 이익이 발생한 경우 손익상계를 허용할 것인지에 대해 독일 연방대법원과 일본 최고재판소는 다른 입장을 택했다. 본문에서 나타난 문제의식 및 연구과제를 검토하는 것으로 결론에 갈음하고자 한다.

1. 손익상계 자체가 불법행위를 전제로 하는 개념이다. 따라서 손익상계에서 피해자에 비해 불법행위자에게 높은 비난가능성이 있으면 손익상계가 배제된다고 하는 입장을 택하게 되면, 손익상계를 無用하게 만들 우려가 있다. 그렇지만 독일과 일본 사안 모두 고의적인 양속위반의 행위, 즉 가해자의 비난가능성이 특별히 높은 경우이므로, 이러한 경우에 한정해 손익상계 배제가능성을 검토하는 것은 손익상계를 無用하게 만들 우려가 적을 것이라고 생각한다.

2. 독일과 일본의 논의에서 공통적으로 발견되는 찬반 논거가 있다. 손익상계 긍정설의 주요 논거는, 불법행위와 인과관계 있는 이익이 피해자에게 발생했음에도 불구하고 손익상계를 허용하지 않는다면 이는 손해배상법의 원칙인 전보배상원칙을 위반하여 징벌적 손해배상을 인정하는 결과가 된다는 것이다. 손익상계 부정설의 주요 논거는, 고의적인 양속위반의 행위의 경우 손해배상법의 원칙에서 벗어나서라도 손해배상의 예방적 기능을 확보할 필요에 있다. 두 논거 모두 손해배상법에서 중요한 가치이고 결국 어느 쪽을 선택할지는 가치판단의 문제일 것이다. 독일 연방대법원은 예방적 기능을 확보할 필요를 긍정하면서도 전보배상원칙에 중점을 두어 결국 손익상계를 허용했다. 일본 최고재판소가 다룬 사안에서는 부당이득과 불법행위가 모두 문제되는 상황이라는 점을 이용하여, 불법원인급여에 해당하여 법률상 보호되지 않는 이익이라면 부당이득반환청구가 허용되지 않을 뿐 아니라 손해배상 청구에서 손익상계도 허용되지 않는다고 논증함으로써, 전보배상원칙과 예방적 기능의 갈등관계를 직접 판단하지 않았다. 그런데 최고재판소 판결은 아니지만 공서양속에 위반한 대출금 원본 반환청구에 관한 일련의 사실심 판결 중 리딩 케이스의 역할을 하는 도쿄 고등법원 平成14年10月3日 판결은, 제708조가 불법행위를 하면서 손해를 회복하고자 하는 자의 비난받을 만한 성격에 대해 제재로서 그 회복을 거부함으로써 불법행위를 방지하려고 하는 것으로 볼 때 이를 적용함에 있어 장래 동종의 불법행위 발생을 막고 억제한다고 하는 관점도 필요하다는 입장을 보이고 있어, 예방적 관점이 이미 불법원인급여 단계에서 침투하고 있다고도 할 수 있을 것이다.

우리 민법 역시 전보배상원칙을 택하고 있어 고의의 양속위반행위라는 이유로 손익상계를 부정하는 것보다 긍정하는 편이 민법 전반의 체계와 더 잘 부합한다. 그렇지만 우리 대법원도,

불법의 원인으로 재산을 급여한 사람이 상대방 수령자가 그 '불법의 원인'에 가공하였다고 하여 손해배상청구를 하는 것을 허용한다면, 결국 급여자가 행한 급부 자체 또는 그 경제적 동일물을 환수하는 것과 다름없는 결과가 되어, 민법 제746조에서 실정법적으로 구체화된 법이념에 반하게 된다고 판결한 바 있다.[94] 적어도 불법원인급여와 손해배상이 같은 당사자들 사이에서 문제되는 경우에는 불법원인급여의 법이념이 관철되어 손익상계가 부정된다고 할 수 있지 않을까?

3. 다만 2.처럼 생각함에 있어 다음의 사항들이 고려될 필요가 있을 것이다.

불법원인급여제도의 취지에 관해 여러 이론이 제창된 바 있으나, 독일, 일본, 우리나라 모두 법적보호 거절이론이 다수설의 위치를 차지하고 있다.[95] 법률적으로 허용되지 않는 급부를 한 자가 이를 반환받으려 하는 경우 법이 그에 대한 조력을 거절한다는 법리구성에, 불법행위에 대한 예방적 관점 역시 찾을 수 있을 것인가? 오히려 일본 최고재판소 사안과 독일 연방대법원 사안에서 결론이 달라진 것은, 각 사안에서 가해자에 대한 비난가능성 내지 예방의 필요가 달랐기 때문은 아니었을까? 독일 사안의 경우 환경침해라는 공공의 법익을 제외하면 피해자들이 입은 침해는 잘못된 정보를 제공받아 원하지 않는 계약을 체결하게 된 것 그 자체이다. 반면 일본 사안의 경우, 고리대금업자들이 채권회수를 빌미로 당사자는 물론 그 가족이나 친척들에게까지 위협을 가함으로써 고통에 시달리다 못한 차주가 끝내 자살하는 사회문제가 발생하고 있었다.[96]

또한 일본 최고재판소 平成20年6月24日 판결의 반대의견이 지적한 것처럼 고의의 양속행위 위반의 불법행위 피해자가 다수이고 피해자 전부에게 배상을 하기에 가해자의 자력이 충분하지 않다면, 손익상계를 부정하는 것이 오히려 피해자들 사이의 공평을 해하는 결과가 될 수 있을 것이다. 전보배상의 원칙에서 이탈하면서까지 양속위반의 불법행위에서 손익상계를 부정하는 논거는, 가해자가 다시 불법행위를 저지르는 것을 예방하기 위한 것인데, 이 목적에 치중하다보면 이미 행해진 불법행위의 피해자 구제가 불공평하게 이루어질 우려가 있지 않을까?

4. 독일 사안과 관련해서 일부 사실심 판결과 학설이 지적한 또 다른 손익상계 부정설의 논거는, 강제된 사용의 문제이다. 피해자로서는 바로 매매목적물을 반환하고 손해배상을 받기를 원하였지만 승소판결을 받을 때까지 제조사가 자발적으로 물건을 회수해 가지 않아서, 그 사용이 제조사에 의해 강제되었다는 것, 그리고 이 기간 동안의 사용이익을 공제하게 된다면 원고가 최종적으로 승소하더라도 그 사이 사용이익이 공제되는 결과 적은 금액만 배상받게 되

94) 대법원 2013. 8. 22. 선고 2013다35412 판결.

95) 자세한 학설 상황에 대해서는 정상현/서순택, "불법원인 급부자의 불법행위 손해배상청구권", 민사법학 제69호 (2014. 12), 558 이하 참조.

96) 권경은/이순동(주 7), 156.

고 이는 고의로 양속위반의 가해행위를 한 원고의 부담을 현저히 감소시킨다는 점이 지적되었다. 일본에서도 공서양속 위반행위는 아니지만 건물 사용이익에 관한 최고재판소 판결의 보충의견이 배상이 지연된다면 지연될수록 배상액은 적어지는데, 이는 성의 없는 매도인 등을 이롭게 한다는 사태를 넘어 공평하지 않다고 지적된 바 있다.

당연하지만, 매수인의 채무불이행 등으로 인해 계약이 청산되는 경우 물건을 급부받은 자는 곧바로 원상회복하기를 원했지만 판결이 선고되어 나서야 비로소 원상회복되었다고 해서 사용이익 반환을 부정하는 견해는 없다. 그렇지만 독일이나 일본에서 이 점을 지적한 견해는 급부받은 물건의 원상회복이 늦어지고 있는 일반적인 경우를 염두에 둔 것이 아니다. 독일의 경우 의도적으로 배출가스 환원량을 조작하는 소프트웨어를 관할행정청이나 고객이 인식하지 못하도록 설치한 자동차를 대량으로 유통한 제조사가 자동차를 오랫동안 회수해 가지 않은 경우, 일본의 경우 붕괴가 구체적으로 우려됨에도 불구하고 건설회사가 손해배상에 성의 있게 응하지 않은 경우가 문제된 것이다. 원상회복이 늦춰진 것 외에도 이러한 추가적인 상황이 존재한다면 손익상계 인정 여부에서 고려할 수 있지 않을까?

5. 이 유형의 사안에서 손익상계를 허용할지 여부는 손익상계에서 규범적 요소를 얼마나 고려할 수 있는지 여부에도 좌우될 것이다. 우리법의 다수설은 상당인과관계설을 택하여 피해자가 얻은 이익이 불법행위와 상당인과관계에 있으면 원칙적으로 손해액에서 공제되어야 한다는 입장이기는 하다. 그렇지만 실제로 인과관계의 상당성을 판단함에 있어 규범적 고려가 상당성 요건을 통해 어느 정도 개입하고 있으며,[97] 학설에서도 손익상계 판단에 규범적인 정당성과 당사자들의 이익상황을 고려해야 한다는 지적이 계속적으로 이루어지고 있다.[98] 손해산정에서 차액설을 관철하게 되면 손익상계를 따로 인정할 필요가 없음에도 불구하고, 독일, 일본, 우리나라 모두 손해산정과 별도로 손익상계를 인정하고 있는 것은 결국 피해자에게 생긴 이익을 기계적으로 손해배상액에서 차감하는 것이 아니라 규범적 판단을 할 필요가 있음을 반증하는 것이 아닐까?

97) 이은영(주 51), 118의 서술 참조.

98) 김태균, "손익상계와 상당인과관계", 민사판례연구 제38권(2016), 682; 제철웅, "損害算定을 통한 債務不履行에서의 利害關係의 合理的調停 — 대법원 2004. 4. 23. 선고 2004다8210 판결의 평석", 法曹(2005. 9)(Vol. 588), 230.

후견인의 동의권 · 대리권 · 취소권*

—넓은 의미의 성년후견제도의 도입으로 인한 변화를 중심으로—

김 시 철**

Ⅰ. 들어가며

사적 자치(私的自治)의 원칙은 개인이 자신의 자유로운 의사에 따라 법률관계를 형성할 수 있다는 것이고, 권리능력 평등의 원칙은 모든 사람은 평등하게 권리능력을 가진다는 것이다. 그런데 이는 자연인이 보편적 이성의 능력을 토대로 법률관계를 형성한다는 것을 전제로 한다. 만일 개인의 의사가 정신적인 미숙 또는 심신장애와 같은 내적인 불완전함 등으로 인하여 왜곡되는 경우, 위와 같은 일반원칙이 그대로 적용될 수는 없다.

사적 자치의 원칙에 입각한 우리 민법은 1958. 2. 22. 법률 제471호로 제정될 당시부터 후견인(後見人)이라는 용어를 사용하였다. 후견인의 일반적 개념에 관하여 국어사전에는 '역량이나 능력이 부족한 사람의 뒤를 돌보아 주는 사람'이라고 기술되어 있는데,[1] 민법상 후견인도 이러한 개념을 토대로 한 것으로서, 대체로 법률규정에 근거하여 사건본인(事件本人)을 도와주는 사람을 의미한다.

제정 당시 민법은 미성년자(未成年者), 한정치산자(限定治産者), 금치산자(禁治産者) 등 3가지 유형의 행위무능력자(行爲無能力者)에 대한 후견인을 규정하면서 후견인에게 포괄적인 권한을 인정하고 있었는데, 대표적 권한은 행위무능력자의 재산법상 행위[2]에 대한 동의권 · 대리권 · 취소권이었다. 종래 민법에서는 행위무능력자의 경우 법률행위를 할 수 있는 독자적 역량이나 능력이 전반적으로 부족하므로, 원칙적으로 친권자 또는 후견인이 행위무능력자의 '불완

* 이 글은 필자가 '민법 주해' 중 관련 부분을 집필하는 과정에서 좀 더 심도 있는 논의가 필요하다고 생각한 부분을 정리한 것이다. 따라서 서술 내용 중 일부는 '민법 주해'의 초고 중 관련 부분을 발췌, 요약, 수정하였다는 점을 밝힌다.

** 서울고등법원 부장판사.

1) 국립국어원 표준국어대사전 참조.

2) 이 글에서는 사건본인의 재산법상 법률행위 등에 관한 후견인의 권한에 한정하여 검토하고, 사건본인의 가족법상 행위나 신상(身上)에 관한 후견인의 권한은 검토대상에서 제외하기로 한다.

전한 법률행위'[3]에 관여해야 하고, 이에 관하여 포괄적 대리권을 가지는 법정대리인이 되며, 행위무능력자의 불완전한 법률행위를 취소할 수도 있다는 입장을 취하고 있었다.

그런데 2011. 3. 7. 법률 제10429호로 개정된 민법에서[4] '넓은 의미의 성년후견제도'[5]를 도입하면서 종래 민법의 입장에 변화가 발생하였고, 이로 인하여 후견인의 지위나 그 권한의 법적 성격 등에 대한 재검토가 필요하게 되었다. 예컨대, 넓은 의미의 성년후견제도를 도입하는 과정에서 종래 민법에서 사용하고 있던 법률용어와의 상관관계 등이 충분히 검토되었는지, 개정 전 민법을 해석 · 적용하는 과정에서는 별다른 논의의 대상이 되지 않았지만, 넓은 의미의 성년후견제도를 도입하여 운용하는 과정에서는 실질적인 쟁점이 될 수 있는 부분이 있는지, 만일 그렇다면 이에 관하여 비교법적 검토를 비롯한 본격적인 논의를 통하여 새로운 해석론을 정리할 수 있는지 등에 대하여 신중하게 검토할 필요가 있다고 본다.

아래에서는 넓은 의미의 성년후견제도가 도입되기 이전에 행위무능력자 후견인의 권한에 관한 개정 전 민법의 규정 등을 간략하게 살펴본 다음, 개정 민법에 따라 변화된 내용을 정리하고, 양자의 차이점 등을 중심으로 하여 개정 민법의 적용과정에서 논란이 되는 쟁점들에 대하여 차례로 검토하기로 한다.

---

3) 이에 관하여 주석 민법 총칙(3), 358-359(제5판/권순민)에는 "법률행위는 사적 자치의 수단으로서 표의자가 의도한 대로 법률효과가 발생함이 원칙이다. 이처럼 법률행위가 그 요소인 의사표시의 내용에 따른 법률효과를 발생시키는 경우 이를 '유효'하다고 한다. 그러나 법률행위에 어떤 흠, 가령 반사회질서, 강행법규 위반, 처분권의 부존재, 관청 허가의 부존재, 방식의 미준수, 제한능력 등이 있는 경우 그 법률행위는 당사자가 의도한 대로 효력을 발생시키지 못하게 되고 그 법률행위는 실현될 수 없게 된다. 이처럼 법률행위가 표의자가 의도한 대로 효력이 발생하지 못함으로써 실현될 수 없는 현상을 법률행위의 '효력불발생'이라 부른다. 이러한 효력불발생에는, 법률행위의 효력을 발생하지 않게 할 권리가 있는 사람이 그 권리를 행사함으로써 비로소 효력이 발생하지 않게 되는 '취소'와, 그러한 행위 없이 당연히 처음부터 효력이 발생하지 않는 '무효'가 있다. 무효인 법률행위와 취소할 수 있는 법률행위를 모두 일컬어 '불완전한 법률행위'라 한다."라고 기재되어 있다.

4) 이 글에서 '개정 민법'이라 함은 특별한 표시가 없는 이상 2011. 3. 7. 법률 제10429호로 개정되고 2013. 7. 1. 시행된 것을 의미하고, 그 개정 전 민법의 경우 '종래 민법', 또는 '개정 전 민법'이라고 지칭한다. 개정 민법의 입법과정에 관한 상세한 내용은 법무부(민법개정자료발간팀 편), "2013년 개정민법 자료집(이하 '자료집')", 2012, 46-52; 구상엽, "개정 민법상 성년후견제도에 대한 연구", 서울대학교 대학원 박사학위논문(2012), 4-53; 윤진수 · 현소혜, 2013년 개정민법 해설, 법무부, 2013, 17-23; 법원행정처, 성년후견제도 해설, 법원행정처, 2013, 3-7; 배인구, "성년후견제도에 관한 연구 —시행과 관련된 이론적 · 실무적 쟁점을 중심으로—", 고려대학교 대학원 석사학위논문(2013), 1-3 등 참조.

5) 이 글에서는 개정 민법에 규정된 성년후견제도, 한정후견제도, 특정후견제도, 임의후견제도 등을 포괄하여 '넓은 의미의 성년후견제도'라고 지칭한다.

Ⅱ. 후견인의 동의권·대리권·취소권에 관한 개정 전 민법

1. 관련 규정의 전반적 내용

가. 미성년자 후견인의 동의권 · 대리권 · 취소권

(1) 미성년자의 보호기관인 친권자와 후견인

개정 전 민법상 미성년자의 보호기관에 관하여, 제1차로 친권자이고, 제2차로 후견인이며, 양자를 합쳐서 법정대리인이라고 해석하는 견해가 지배적이었다.[6]

(2) 미성년자에 대한 동의권 · 대리권 · 취소권

미성년자인 자(子)를 보호하고 교양하기 위하여 그의 부모에게 인정되는 권리의무를 총칭하여 친권이라 한다(제913조).[7] 친권자는 그가 가지는 친권의 작용으로서 미성년자의 법률행위에 관하여 동의권(제5조 제1항)이나 대리권(제920조)을 행사할 수 있고,[8] 미성년자가 동의를 얻지 않고 법률행위를 한 경우 이를 취소할 수 있으며(제5조 제2항), 친권자가 없거나 친권자가 법률행위의 대리권 및 재산관리권을 행사할 수 없을 때에는 후견인이 법정대리인이 된다(제928조). 위와 같이 후견인은 일정한 요건이 구비되는 경우 법정대리인으로서 법률행위에 관한 미성년자의 능력의 불완전성을 보충하는 지위에 있기 때문에, 그에 대한 동의권 · 취소권(제5조 제1항, 제2항)과 대리권(제928조, 제949조, 제920조 등)을 행사할 수 있다고 해석하고 있었다.[9] 다만, 개정 전 민법은 후견인이 미성년자의 법정대리인으로서 일정한 법률행위에 대하여 동의권과 대리권을 행사하고자 하는 경우 친족회(親族會)의 동의를 얻도록 하는 등(개정 전 민법 제950조) 친권자에 비하여 그 권한행사를 제한하는 규정을 두고 있었다.

(3) 근로기준법상 특별규정

한편, 우리 민법은 미성년자 본인에게 신체적 구속을 초래할 내용의 법률행위(제655조 이하의 고용계약 등)에 관하여 친권자 및 후견인은 사건본인(미성년자)의 동의를 얻은 경우에만 대리권

---

6) 민법주해(Ⅰ) 총칙(1), 273(양삼승); 곽윤직, 민법총칙(전정증보판), 경문사, 1984, 148-150 참조. 아래에서 보는 바와 같이 개정 민법은 미성년자의 법정대리인 제도에 관하여는 개정 전 민법의 기본 구조를 그대로 유지하고 있기 때문에, 개정 민법상 미성년자의 법정대리인 제도에 대한 해석도 기본적으로 개정 전 민법에 대한 해석과 유사하다[주석 민법 총칙(1), 287(제5판/신숙희) 참조].

7) 이 글에서는 '개정 전 민법'이나 '개정 민법'의 조문을 지칭하는 경우, 특별히 표시할 필요가 없는 이상 법률명을 기재하지 않고 조문만 기재하기로 한다. 다만, '개정 전 민법'의 규정과 '개정 민법'의 규정 사이에 실질적인 차이가 있고 이러한 차이를 지적할 필요가 있는 경우, 그 취지를 표시하기로 한다.

8) 제5조 제1항 단서는 미성년자가 권리만을 얻거나 의무만을 면하는 행위의 경우 법정대리인의 동의가 없더라도 미성년자가 독자적으로 유효한 법률행위를 할 수 있다는 예외를 인정하고 있는데, 이러한 경우에는 미성년자에게 불이익이 없으므로 미성년자를 보호할 필요가 없다는 취지로 보인다[민법주해(1) 총칙(1), 277(양삼승); 주석 민법 총칙(1), 293-295(제5판/신숙희) 참조].

9) 민법주해(Ⅰ) 총칙(1), 274-276(양삼승); 곽윤직(주 6), 148-150 참조.

을 행사할 수 있도록 규정하고 있는데(제920조 단서, 제949조 등), 근로기준법은 그 적용 대상인 미성년자의 근로계약에 관하여 친권자 및 후견인이 대리권을 행사할 수 없도록 하고, 미성년자가 독자적으로 임금을 청구할 수 있도록 함으로써 친권자 및 후견인이 그 임금청구를 대리하지 못하게 하는 등 그 대리권을 제한하는 특별규정을 두고 있다.[10] 따라서 위와 같은 특별규정이 적용되는 영역에서는 친권자 및 후견인이 미성년자의 근로계약 체결에 관한 동의권만을 행사할 수 있을 뿐이고, 그 근로계약의 체결이나 임금청구에 관한 대리권을 행사할 수는 없다.[11][12]

나. 한정치산자 후견인의 동의권 · 대리권 · 취소권

(1) 한정치산자에 대한 동의권과 대리권

개정 전 민법은 심신(心神)이 박약(薄弱)하거나 재산의 낭비(浪費)로 자기나 가족의 생활을 궁박하게 할 염려가 있는 자에 대하여는 가정법원이 일정한 절차에 따라 한정치산을 선고하여야 한다고 규정하면서(제9조), 한정치산자의 행위능력에 관하여 미성년자에 관한 규정들을 준용하고 있었다(제10조, 제5조 내지 제8조). 따라서 한정치산자의 후견인(제929조)은 한정치산자의 법정대리인으로서 원칙적으로 미성년자의 후견인과 동일한 내용의 동의권 · 대리권 · 취소권을 가진다고(제938조, 제949조, 제950조 등) 보는 견해가 지배적이었다.[13]

(2) 근로기준법의 유추적용에 관한 견해의 대립

한편, 개정 전 민법은 한정치산자의 행위능력에 관하여 미성년자의 경우를 준용하는 형식을 취하였기 때문에, 미성년자에 적용되는 근로기준법상 특별규정이 한정치산자의 경우에 유추적용될 수 있는지에 관하여 견해의 대립이 있었다.[14]

다. 금치산자 후견인의 대리권 · 취소권

개정 전 민법은 심신상실(心神喪失)의 상태(常態)에 있는 자에 대하여는 가정법원이 일정한 절차에 따라 금치산을 선고하여야 한다고 규정하면서(제12조), 금치산자의 법률행위는 언제나 취소할 수 있다고 규정하고 있었다(제13조). 따라서 금치산자의 후견인은 금치산자의 법정대리인으로서 그 재산법상 행위에 관하여 동의권을 행사할 수는 없고, 대리권만을 가지며(제938조, 제949조, 제950조 등), 설령 금치산자가 후견인의 동의를 얻고서 법률행위를 하더라도 후견인이 이를 언제든지 취소할 수 있다고 보는 견해가 지배적이었다.[15]

---

10) 1953. 5. 10. 법률 제286호로 제정된 근로기준법 제53조, 제54조가 위와 같은 취지를 규정하고 있었는데, 이러한 규정취지는 현행 근로기준법 제67조, 제68조에 이르기까지 그대로 유지되고 있다.

11) 민법주해(Ⅰ) 총칙(1), 273(양삼승); 곽윤직(주 6), 150 참조.

12) 위와 같이 우리 민법상 미성년자에 대한 제1차적 보호기관은 '친권자'이고, '후견인'은 제2차적 보호기관에 해당하지만, 이 글의 목적은 '후견인의 권한'에 관한 쟁점을 중점적으로 검토하는 것이기 때문에, 아래에서는 후견인을 중심으로 하여 살펴보기로 한다.

13) 이에 관하여는 민법주해(Ⅰ) 총칙(1), 301-303(양삼승); 곽윤직(주 6), 154-155 참조.

14) 이에 관하여는 민법주해(Ⅰ) 총칙(1), 302-303(양삼승); 곽윤직(주 6), 154 참조.

15) 이에 관하여는 민법주해(Ⅰ) 총칙(1), 311(양삼승); 주석 민법 총칙(1), 357-358(제4판/김상호); 곽윤직(주 6), 156-158 등 참조.

2. 개정 전 민법의 규정과 체계 등에 관한 검토

가. 사적 자치의 원칙을 토대로 한 의사능력제도 및 행위무능력제도

(1) 사적 자치의 원칙과의 관련성

개인의 내적인 불완전함으로 인하여 그 의사가 왜곡될 수 있는 사안에서 사적 자치의 원칙을 그대로 적용하는 경우 현저하게 불합리한 결과를 초래하기 때문에, 입법자는 민법을 제정하면서[16] 행위무능력자 제도를 명문으로 규정한 것이다.[17]

한편, 민법상 명문의 규정은 없지만, 통설과 판례는 의사무능력자의 행위는 효력이 없다고 보고 있는데, 이 역시 사적 자치의 원칙을 토대로 하고 있다. 근대법의 기본입장은 국가의 후견적 역할을 배제하고 개인의 자유를 존중하는 것이므로 모든 사람은 자기의 의사에 기하여서만 권리를 취득하고 의무를 부담하는 것이 원칙인데, 의사능력이 없는 사람의 법률행위는 그 진정한 의사에 기한 것이라고 할 수 없는 '불완전한 법률행위'에 해당하기 때문이다.

(2) 양자의 제도적 의미

의사무능력제도는 궁극적으로 의사무능력자를 보호하는 것인데, 의사능력유무에 대한 판단은 구체적인 행위에 관련하여 개별적으로 판정되고, 의사능력이 없음을 주장하는 사람이 증명해야 한다.[18] 다만, 그 판단대상이 외부에서 확인하기 어려운 내적인 정신능력이기 때문에, 개별적·구체적 사안별로 판단하는 방식을 취하는 경우 의사무능력자 본인의 입장에서는 의사

---

16) 헌법재판소는 "사적 자치의 원칙이란 자신의 일을 자신의 의사로 결정하고 행하는 자유뿐만 아니라 원치 않으면 하지 않을 자유로서 우리 헌법 제10조의 행복추구권에서 파생되는 일반적 행동자유권의 하나이다. 이런 사적 자치의 원칙은 법률행위의 영역에서는 계약자유의 원칙으로 나타나는데 계약자유의 원칙은 계약의 체결에서부터 종결에 이르기까지 모든 단계에서 자신의 자유의사에 따라 계약관계를 형성하는 것으로서 계약의 내용, 이행의 상대방 및 방법의 변경뿐만 아니라 계약 자체의 이전이나 폐기도 당사자 자신의 의사로 결정하는 자유를 말한다고 할 것이다. 그러나 사적 자치권(계약자유권)도 국가안전보장, 질서유지 및 공공복리를 위하여 필요한 경우에는 법률로써 제한될 수 있고, 다만 그 제한은 필요 최소한에 그쳐야 하며 사적 자치권의 본질적인 내용을 침해할 수 없다(헌법 제37조 제2항)."라고 판시하였다(헌재 2003. 5. 15. 선고 2001헌바98 결정; 헌재 2010. 5. 27. 선고 2008헌바61 결정 등 참조). 이는 사적 자치권이 헌법상 기본권에 해당하고, 다만 입법자가 공공복리 등을 위하여 필요한 경우 법률로써 그 본질적인 내용을 침해하지 않는 범위 내에서 이를 제한할 수 있다는 취지이다.

17) 이에 관하여 허명국, "민법상 소급효의 의미와 한계 —취소 및 추인의 소급효를 중심으로—", 연세대 법학연구, 28-3(2018), 117에는 "제한능력자가 유효한 법률행위를 하려면 법정대리인의 동의를 얻도록 하고 이를 위반한 경우에 그의 법률행위를 취소할 수 있도록 하는 것은 일견 제한능력자의 사적 자치를 제한하는 것처럼 보인다. 그런데 자기의 법률관계를 스스로 결정하기 위해서는 형식으로 개인의 의사가 형성되어 표시되었다는 것만으로는 부족하고 실질적으로 그 의사를 표시한 자가 자신의 의사를 지배(Willensherrschaft)하고 있었을 경우에만 사적 자치가 실현된다고 보아야 할 것이다. 또한 사적 자치란 행위에 대한 어떠한 규율도 없는 자유를 의미하는 것이 아니라 법률이 형성해 놓은 행위의 유형과 법률관계의 내용 및 형성방법이라는 틀내에서 작동될 수 있는 것이다."라고 기재되어 있다.

18) 대법원 2002. 10. 11. 선고 2001다10113 판결; 대법원 2006. 9. 22. 선고 2004다51627 판결; 대법원 2006. 9. 22. 선고 2006다29358 판결; 대법원 2009. 1. 15. 선고 2008다58367 판결 등 참조.

능력이 없었음을 증명하여 보호를 받는 것이 쉽지 않게 되고, 그 거래상대방이나 제3자의 입장에서도 불측의 손해를 입을 위험을 부담하게 된다.

이러한 문제점을 최소화하기 위하여 현대 민법은 일정한 연령 또는 행위능력 제한에 관한 법원의 재판 등과 같은 객관적 기준을 설정하여 표의자(表意者)의 법률행위를 취소할 수 있도록 하고 있다. 행위능력제도 역시 사적 자치의 원칙에서 출발된 것으로서 거래의 안전보다 사건본인의 보호에 치중하는 제도이므로,[19] 그 적용범위 등을 검토하는 경우 이러한 제도의 본질을 충분히 고려해야 한다.

나. 개정 전 민법상 행위무능력제도의 성격과 규정 취지 등

(1) 사건본인의 행위능력에 대한 포괄적 · 전면적 제한방식

개정 전 민법에 규정된 행위무능력자제도의 경우, 각각의 요건과 효과에 다소간의 차이가 있었지만, 사건본인의 행위능력을 포괄적 · 전면적으로 제한한다는 공통점이 있었다. 즉, ① 사건본인이 후견인의 동의를 받아야만 유효한 법률행위를 할 수 있도록 하거나(미성년자 · 한정치산자의 경우), 후견인의 동의 여부와 관계없이 사건본인이 스스로 하는 법률행위는 모두 '불완전한 법률행위'에 해당한다고 규정하고(금치산자의 경우), ② 사건본인이 후견인의 동의를 받아야 하는 법률행위에 관하여 동의를 받지 않은 경우 위와 같이 불완전한 법률행위에 관하여 후견인 등이 취소권을 행사할 수 있도록 하거나(미성년자 · 한정치산자의 경우), 후견인의 동의 여부와 관계없이 '불완전성'이 내포된 사건본인의 법률행위를 취소할 수 있도록 하며(금치산자의 경우), ③ 후견인이 법정대리인의 지위에서 사건본인의 법률행위에 관하여 포괄적으로 대리권을 행사할 수 있도록 하는 등(미성년자 · 한정치산자 · 금치산자의 경우), 사건본인의 행위능력을 포괄적 · 전면적으로 제한하는 방식으로 '사건본인의 보호'라는 목적을 달성하고자 하는 제도였다.

(2) 금치산자 후견인에게 대리권과 취소권만 인정한 개정 전 민법의 규정취지

한편, 위 (1)항과 같이 금치산자의 후견인에게 (동의권은 인정하지 않고) 대리권과 취소권만을 인정한 종래 민법이 금치산자에게 후견인의 동의 없이도 유효한 법률행위를 할 수 있는 행위능력을 인정한다는 취지는 아니었다. 오히려 개정 전 민법은 금치산자의 경우 심신장애 정도가 매우 심하기 때문에, 설령 금치산자가 후견인의 동의를 얻고서 어떤 법률행위를 하더라도 후견인은 위와 같이 불완전한 사건본인의 법률행위를 언제든지 취소할 수 있다는 입장을 취하고 있었던 것이다.

즉, 개정 전 민법에서는 ㉮ 모든 유형의 후견인은 원칙적으로 사건본인의 재산법상 법률행위에 대하여 '법정대리인'의 지위에 있었고,[20] ㉯ 나아가 ㉠ 미성년자 · 한정치산자의 경우

---

19) 이에 관하여 대법원 2007. 11. 16. 선고 2005다71659, 71666, 71673 판결은 "행위무능력자 제도는 사적 자치의 원칙이라는 민법의 기본이념, 특히, 자기책임 원칙의 구현을 가능케 하는 도구로서 인정되는 것이고, 거래의 안전을 희생시키더라도 행위무능력자를 보호하고자 함에 근본적인 입법 취지가 있(다)."라고 판시하고 있다.

20) 아래에서 보는 바와 같이 개정 민법상 성년후견인, 한정후견인, 특정후견인은 사건본인의 법정대리인에 해당하

원칙적으로 법정대리인인 후견인의 동의를 받아야만 유효한 법률행위를 할 수 있기 때문에, 이러한 동의를 받지 않은 사건본인의 법률행위에 관하여 '동의권한을 침해당한 후견인'이 위와 같이 불완전한 법률행위를 취소할 수 있다는 점에 대하여 별다른 의문이 제기되지 않았으며, ㉡ 한정치산자에 비하여 상대적으로 심신장애 정도가 심한 금치산자의 경우, 후견인의 동의 없이 행한 법률행위뿐만 아니라 후견인의 동의를 얻은 법률행위에 대해서도 금치산자의 법정대리인인 후견인이 나중에 위와 같이 불완전한 법률행위를 취소할 수 있는 것이 법리적으로 당연하다는 입장을 취하고 있었던 것이다(개정 전 민법 제13조는 위 ㉯㉡의 취지를 명문으로 규정한 것으로 볼 수 있었다).

(3) 개정 전 민법상 법률행위의 취소권자와 추인권자에 관한 일반규정

한편, 개정 전 민법은 제140조(법률행위의 취소권자)에서 "취소할 수 있는 법률행위는 무능력자, 하자있는 의사표시를 한 자, 그 대리인 또는 승계인에 한하여 취소할 수 있다."라고 규정하고, 제143조(추인의 방법, 효과) 제1항에서 "취소할 수 있는 법률행위는 제140조에 규정한 자가 추인할 수 있고 추인 후에는 취소하지 못한다."라고 규정하고 있었고, 제140조의 대리인은 법정대리인과 임의대리인을 포괄하는 것으로 파악하고 있었다.[21] 그런데 위 (1)(2)항과 같은 해석이 제140조, 제143조 제1항의 규정과도 쉽게 조화될 수 있기 때문에, 개정 전 민법의 체계에서는 관련 규정들의 상관관계 등에 관하여 별다른 논의가 이루어지지 않았다.

다. 개정 전 민법규정의 해석론에 대한 재검토 필요성

(1) 문제의 제기

개정 전 민법에는 원칙적으로 후견인이 행위무능력자의 불완전한 법률행위에 대하여 포괄적으로 대리권과 취소권 등을 행사할 수 있는 것으로 규정되어 있었기 때문에, 그 동의권·대리권·취소권의 상관관계, 사건본인의 일정한 법률행위에 관하여 법정대리권이 있는 후견인에게 당연히 이에 관한 취소권이 인정되어야 하는지(즉, 법정대리인이 존재하는 법률행위는 당연히 취소의 대상이 되어야 하는지), 아니면 '불완전성'이 내포된 법률행위만이 취소의 대상이 되는 것인지 등의 쟁점들에 관하여 활발한 논의가 이루어지지는 않았다.

그러나 아래에서 보는 바와 같이 개정 민법으로 인하여 위와 같은 쟁점들에 대한 실질적인 검토가 필요하게 되었는데, 그에 앞서 행위능력에 관한 개정 전 민법 규정의 제도적 의의와 문제점 등에 대하여 간략히 살펴보기로 한다.

(2) 행위능력에 관한 개정 전 민법 규정의 제도적 의의

행위능력에 관한 제도는 개별 사안별로 의사능력 유무를 판정해야 하는 의사무능력제도와 구별되어야만 본연의 의미가 인정될 수 있다. 이러한 측면에서, 개정 전 민법상 행위능력 제도

는 반면에, 임의후견인의 경우 사건본인의 임의대리인에 해당한다.

21) 민법주해(Ⅲ) 총칙(3), 292(김용담); 곽윤직(주 6), 475 참조.

는 일정한 요건에 따른 3가지 유형의 행위무능력자를 규정하고 그 행위능력을 포괄적 · 전면적으로 제한하는 방식으로 형식적 · 획일적 기준을 객관적으로 설정하였다는 점에서 나름대로 의미가 있었다고 볼 수 있다.

(3) 행위능력에 관한 개정 전 민법 규정의 문제점 등

다른 측면에서, 개정 전 민법은 사건본인의 의사와 장애의 정도에 대한 세심한 고려 없이 행위능력을 획일적으로 제한함으로써 상당한 부작용을 야기하였고, 이를 시정하기 위하여 개정 민법에서 새로운 제도를 도입한 것인데, 재산법상 법률행위에 관한 종래 제도의 문제점으로 예시되는 주요 내용은 다음과 같다.[22)]

㈎ 사건본인의 행위능력을 전면적으로 제한함으로써 그들을 보호한다는 미명 하에 오히려 그들의 자기결정권을 침해하는 결과를 발생한다. 행위무능력자의 법률관계 형성에 관한 주도권은 거의 전적으로 타인(후견인)에게 넘어가게 된다.

㈏ 정신장애 등을 이유로 금치산자나 한정치산자의 행위능력을 포괄적으로 제한함으로써 그들의 잔존능력(殘存能力)을[23)] 부인한다. 그런데 개인의 의사능력유무는 '전부 또는 전무(all or nothing)'의 기준에 의하여 일률적으로 판단하기 어렵고 사정변경도 발생할 수 있지만, 개정 전 민법은 이러한 가변적 성격을 고려하지 않고 일률적으로 행위능력을 부정하므로, 제도의 탄력적 운영이 불가능하다.

Ⅲ. 후견인의 동의권 · 대리권 · 취소권에 관한 개정 민법 규정

1. 관련 규정의 전반적 내용

가. 미성년자 후견인의 경우

(1) 기본 구조

개정 민법은 기본적으로 미성년자의 후견인에 관한 개정 전 민법규정의 기본 구조를 그대로 유지하였다.

(2) 가정법원과 후견감독인의 감독 강화

다만, 개정 민법은 종래의 친족회 제도를 폐지하고 후견감독인 제도를 도입하면서, 후견

22) 개정 전 민법상 행위무능력 제도의 문제점을 지적하고 있는 문헌으로 성년후견제도연구회, "성년후견제도 연구", 사법연구지원재단(2007), 19-21; 남윤봉, "고령화 사회에서의 성년후견에 관한 연구", 법과 정책연구 8-2(2008), 707-710; 박인환, "새로운 성년후견제 도입을 위한 민법개정안의 검토", 가족법연구 24-1(2010), 34-37; 신은주, "우리나라에서 성년후견제도의 도입", 한국의료법학지 17-6(2009), 34-39 등 참조. 개정 전 민법상 제도의 문제점과 현행 제도와의 비교 등에 관하여는 주석 민법 총칙(1), 279-282, 311-312(제5판/신숙희) 참조.

23) '잔존능력'이라는 용어보다는 적극적이고 긍정적인 뜻을 나타내는 '현존능력(現存能力)'이라는 용어를 사용해야 한다는 견해도 있다[구상엽(주 4), 7-8].

업무에 관한 가정법원의 감독을 강화하는 등 일부 규정을 변경하였다. 따라서 후견인이 미성년자(피후견인)의 일정한 행위에 동의를 할 때에는 후견감독인의 동의를 얻어야 하고, 이러한 동의가 없는 경우 피후견인 또는 후견감독인이 해당 법률행위를 취소할 수 있으며(제950조 제1항, 제3항), 후견감독인이 피후견인의 이익이 침해될 우려가 있음에도 동의를 하지 아니하는 경우에는 가정법원은 후견인의 청구에 의하여 후견감독인의 동의를 갈음하는 허가를 할 수 있다(제950조 제2항).

나. 성년후견인의 경우

(1) 기본 구조

개정 민법은 '질병, 장애, 노령 그 밖의 사유로 인한 정신적 제약으로 사무를 처리할 능력이 지속적으로 결여된 사람'에 대하여는 가정법원이 일정한 절차에 따라 본인의 의사를 고려하여[24] 성년후견개시의 심판을 하고(제9조 제1항, 제2항), 성년후견인을 선임하여야 한다고 규정하고 있다(제929조). 성년후견이 개시되면 원칙적으로 피성년후견인의 행위능력이 소멸하고, 성년후견인은 피성년후견인의 법률행위를 취소할 수 있는데(제10조 제1항), 위와 같은 원칙이 적용되는 범위 내에서는 종래 금치산제도의 경우와 유사하다고 볼 수 있다.

(2) 피성년후견인의 법률행위에 대한 동의권 인정 여부(소극)

개정 민법은 (한정후견의 경우와 달리) 성년후견에 대해서는 후견인의 동의를 받아야 하는 행위의 범위에 관하여 가정법원이 결정하는 제도를 도입하지 아니하였는데, 이 부분도 종래 금치산제도의 경우와 유사하다고 볼 수 있다.

즉, 개정 민법은 상대적으로 정신적 장애가 심한 피성년후견인의 경우 위와 같이 동의권 유보사항에 관하여 가정법원이 결정하도록 하는 제도만으로는 충분한 보호를 제공할 수 없는 경우가 많고, 성년후견에 대해서 한정후견의 경우와 유사한 제도를 도입하는 경우 양자의 경계가 불분명해지고 법률관계가 복잡해질 우려가 있다고 판단하였다고 평가할 수 있다. 그러므로 성년후견인은 피성년후견인의 재산법상 법률행위에 대하여 동의권을 가질 수 없고, 가정법원이 이러한 동의권을 부여할 수도 없으며,[25] 피성년후견인이 성년후견인의 동의 없이 한 행위뿐만 아니라 동의를 받고 한 행위도 취소의 대상이 된다. 정신적 장애가 심한 피성년후견인이 스스로 법률행위를 하는 경우 일반적으로 그 '불완전성'의 정도가 현저하기 때문에, '후견인의 동의'의 방법만으로 이를 보완하도록 하는 제도는 사건본인을 보호하기에 충분하지 않다

24) 개정 민법은 특정후견에 관하여는 본인의 의사에 반하여 할 수 없다는 명문의 규정을 두고 있는 반면에(제14조의2 제2항), 성년후견의 경우 위와 같은 규정이 없기 때문에, 사건본인의 복리를 위하여 필요한 때에는 사건본인의 의사에 반하여 성년후견개시 심판을 할 수 있다고 본다. 동지, 배인구(주 4), 26; 김성우, 성년후견실무, 박영사, 2018, 48; 강태성, 민법총칙(제9판), 대명출판사, 2019, 157; 이현곤, 성년후견제도의 이해와 활용, 고시계사, 2018, 99; 주석 민법 총칙(1), 323(제5판/신숙희).

25) 윤진수 · 현소혜(주 4), 91; 법원행정처, 성년후견제도 해설(주 4), 23; 구상엽(주 4), 74; 김성우(주 24), 83-84, 99, 104.

는 취지로 볼 수 있다.

(3) 피성년후견인이 단독으로 유효한 법률행위를 할 수 있는 예외의 인정

다만, 개정 민법은 피성년후견인이 단독으로 유효한 법률행위를 할 수 있는 예외를 인정한다는 점에서 종래 금치산제도와 구별된다.

㈎ 가정법원은 성년후견인이 취소할 수 없는 법률행위의 범위를 정할 수 있고(제10조 제2항), 일정한 청구에 의하여 그 범위를 변경할 수 있는데(제10조 제3항), 피성년후견인은 위 범위 내에서 성년후견인의 관여 없이 유효한 법률행위를 할 수 있다. 이는 가정법원이 피성년후견인의 개별적 필요에 탄력적으로 대응할 수 있게 하고 잔존능력을 활용한다는 성년후견제도의 도입 취지를 반영한 핵심적인 예외규정이라고 할 수 있다.[26]

㈏ 한편, 일용품의 구입 등 일상생활에 필요하고 그 대가가 과도하지 아니한 법률행위(이하 '일상적 법률행위'라고 한다)는 성년후견인이 취소할 수 없다(제10조 제4항). 일상생활을 영위하기 위한 거래는 큰 고려가 필요하지 않을 뿐 아니라 대가가 과도하지 않은 한 피성년후견인에게 불이익하지 않기 때문에, 피성년후견인의 자기결정권과 잔존능력을 존중하고 보편화의 이념을 실현하면서, 거래의 안전을 보장하기 위하여 위와 같은 예외를 인정한 것이다.[27]

㈐ 개정 민법은 성년후견인이 사건본인의 법정대리인이 된다고 규정한 다음(제938조 제1항), 가정법원이 그 법정대리권의 범위를 정할 수 있도록 하고(제938조 제2항), 피후견인의 재산에 관한 법률행위에 대하여 대리권을 행사할 수 있다고 규정하였는데(제949조), 위 (가)(나)항과 같은 사정으로 성년후견인이 취소할 수 없는 피성년후견인의 법률행위에 대하여 성년후견인의 대리권이 인정되는지에 대하여는 견해의 대립이 있다. 이에 관하여는 아래 제2항에서 살펴본다.

다. 한정후견인의 경우

(1) 기본 구조

개정 민법은 '질병, 장애, 노령 그 밖의 사유로 인한 정신적 제약으로 사무를 처리할 능력이 부족한 사람'에 대하여는 가정법원이 일정한 절차에 따라 본인의 의사를 고려하여[28] 한정후견개시의 심판을 하여야 한다고 규정하고 있는데(제12조 제1항, 제2항), 한정후견이 개시된 이후에도 원칙적으로 피한정후견인에게 행위능력이 인정된다는 점이 종래 한정치산제도와 구별되는 핵심사항이다.[29]

---

26) 다만, 실무적으로 성년후견인의 취소권 범위에 제한을 두는 경우는 거의 없는데, 이는 피성년후견인의 능력을 제한하려는 목적보다는 실질적으로 보호하기 위한 목적으로 이해되고 있다. 김성우(주 24), 83.

27) 주석 민법 총칙(1), 333-334(제5판/신숙희); 김형석, "민법 개정안에 따른 성년후견법제", 가족법연구 24-2(2010), 117; 박인환(주 21), 46-47.

28) 개정 민법은 제12조 제2항에서 "한정후견개시의 경우 제9조 제2항을 준용한다."라고 규정함으로써 성년후견개시절차를 준용하고 있다. 따라서 앞서 본 성년후견개시 심판의 경우와 마찬가지로, 사건본인의 복리를 위하여 필요한 때에는 사건본인의 의사에 반하여 한정후견개시 심판을 할 수 있다고 본다.

29) 김형석, "피한정후견인의 행위능력", 충북대 법학연구 27-1(2016), 2. 종래 금치산 · 한정치산제도에서는 후견

(2) 가정법원의 결정에 따라 한정후견인의 동의권을 인정하는 예외 등

㈎ 다만, 개정 민법에 의하면 가정법원은 예외적으로 피한정후견인이 한정후견인의 동의를 받아야 하는 행위의 범위를 정할 수 있고(제13조 제1항), 일정한 사람의 청구에 의하여 그 범위를 변경할 수 있는데(제13조 제2항), 그 범위 내에서만 피한정후견인의 행위능력이 일부 제한된다. 위와 같이 가정법원의 결정을 통해 피한정후견인의 행위능력을 필요한 한도 내에서만 제한하고, 그의 잔존능력을 최대한 활용할 수 있는 여건을 마련하기 위하여 가정법원이 구체적인 사정에 따라서 동의가 필요한 범위를 정하도록 한 것이다.30)

㈏ 한정후견인이 피한정후견인의 이익이 침해될 염려가 있음에도 불구하고 그 동의를 하지 않는 경우, 가정법원은 피한정후견인의 청구에 의하여 한정후견인의 동의를 갈음하는 허가를 할 수 있는데(제13조 제3항), 이는 한정후견인의 행위에 의해 피한정후견인의 법률관계가 좌우될 수 있는 것으로 인한 위험성을 최소화함과 동시에 피한정후견인 본인의 복리를 도모하기 위하여 도입된 제도이다.

㈐ 한정후견인의 동의가 필요한 법률행위를 피한정후견인이 그 동의 없이 한 경우 그 법률행위는 취소될 수 있지만(제13조 제4항 본문), 일상적 법률행위는 취소될 수 없는데(제13조 제4항 단서), 이에 관한 논의는 아래 제3항에서 살펴본다.

㈑ 개정 민법은 한정후견인에게 피한정후견인에 관한 대리권을 당연히 인정하지는 않고, 다만 피한정후견인의 보호를 위하여 필요한 경우 가정법원은 한정후견인에게 대리권을 수여하는 심판을 할 수 있으며(제959조의4 제1항), 일정한 절차에 따라 대리권의 범위를 변경할 수 있도록 규정하고 있는데(제959조의4 제2항, 제938조 제4항), 이는 피한정후견인의 자기결정권 존중과 피한정후견인의 권익보호의 조화를 위한 것이다. 즉, 한정후견인은 가정법원에 의한 별도의 심판이 있을 때에만 피한정후견인에 대한 대리권을 행사할 수 있고, 한정후견사무에 관하여 후견인이 피후견인의 재산에 관한 법률행위에 대하여 대리권을 행사할 수 있다고 규정한 제949조를 준용하고 있는데(제959조의6), 위와 같이 개정 민법상 한정후견인의 대리권에 관한 규정은 당연히 법정대리권이 인정되는 성년후견인에 관한 규정(제938조 제1항)과는 차이가 있고,31) 기간이나 범위를 정하는 등 일정한 제한이 있는 특정후견인에 관한 규정(제959조의11 제1

인이 당연히 무능력자의 법정대리인이 되기 때문에, 의사결정능력이 있는 무능력자의 자기결정권을 침해할 수 있다는 비판이 제기되었다는 점에 관하여는 구상엽(주 4), 55 참조.

30) 이에 관하여 김형석(주 29), 2-5는 '실무적으로 한정후견개시의 심판을 하는 경우 한정후견인에게 일정 범위의 동의권을 부여하는 심판이 수반되는 경우가 빈번하겠지만, 한정후견이 개시되었다고 해서 반드시 한정후견인에게 동의권을 부여하는 심판을 해야 하는 것은 아니다.', '피한정후견인이 의사무능력일뿐만 아니라 도대체 소통이 불가능하여 의사표시를 할 가능성이 전혀 없다면 역시 그의 보호를 위해 행위능력을 제한할 필요도 없으므로 동의를 받도록 정해서는 안 된다.'라는 취지로 주장한다.

31) 김형석(주 29), 9는 같은 취지에서, 가정법원은 피한정후견인의 사무처리능력 부족 및 보호의 필요성이라는 관점에서 한정후견인의 조력이 필요한 법률행위의 범위를 정해야 하며, 포괄적으로 한정후견인의 동의를 받도록 명하는 심판을 할 수 없다고 주장한다.

항)과도 차이가 있음을 유의해야 한다. 한정후견인의 동의권 · 대리권 · 취소권의 상관관계 등에 관하여는 아래 제3항에서 살펴본다.

라. 특정후견인의 경우

(1) 기본 구조

개정 민법은 '질병, 장애, 노령, 그 밖의 사유로 인한 정신적 제약으로 일시적 후원 또는 특정한 사무에 관한 후원이 필요한 사람'에 대하여는 가정법원이 일정한 절차에 따라 특정후견의 심판을 하고(제14조의2 제1항), 특정후견은 사건본인의 의사에 반하여 할 수 없다고 규정하고 있는데(제14조의2 제2항), 이는 특정후견의 고유한 특성을 감안한 것으로 볼 수 있다.[32] 특정후견의 경우 상대적으로 경미한 정신적 제약을 가진 사람에게 일시적 또는 특정적 후원을 하기 위한 제도로서, 사건본인의 의사를 존중하여 행해지는 것이기 때문이다.

(2) 가정법원의 결정에 의한 특정후원 범위의 결정

개정 민법은 피특정후견인에게 원칙적으로 행위능력이 있음을 전제로 하여, 가정법원이 특정후견의 심판을 하는 경우에는 특정후견의 기간 또는 사무의 범위를 정하여야 한다고 규정하고 있다(제14조의2 제3항). 가정법원에서 특정후견의 심판을 하면서 그 심판의 효력 범위를 명확하게 정하도록 한 것이다. 특정후견제도는 임의후견제도와 함께 개정 전 민법에는 존재하지 않았던 전혀 새로운 제도라고 할 수 있다.[33]

(3) 후원에 필요한 가정법원의 처분

㈎ 가정법원이 특정후견의 심판을 하는 경우 피특정후견인의 후원을 위하여 필요한 처분을 명할 수 있다(제959조의8).

㈏ 특정후견인의 대리권 　가정법원은 피특정후견인의 법률행위를 대리할 특정후견인을 선임하는 방식으로 피특정후견인을 후원할 수 있다(제959조의9 및 제959조의11 참조). 개정 민법의 규정상 특정후견인의 선임 자체가 임의적이고, 나아가 특정후견인에게 반드시 대리권을 수여하는 심판을 해야 하는 것도 아니지만, 실무적으로는 거의 모든 특정후견사건에서 특정후견인을 선임하고 피특정후견인의 후원에 필요한 범위의 대리권을 수여하고 있다.[34]

그런데 개정 민법은 제959조의12(특정후견사무)에서 제949조를 준용하고 있지 않기 때문에, 특정후견인에게 대리권이 수여되는 경우에도 포괄적인 대리권을 가지는 것은 아니고, 일정한 기간 또는 범위에 한정하여 대리권을 가지게 된다. 같은 맥락에서, 후견인의 대리권 제한에 관한 제949조의3,[35] 제950조,[36] 제951조[37]가 '후견인'이라는 용어를 사용하고 있고, 제952

32) 김성우(주 24), 48.

33) 김민중, 민법총칙, 법영사, 2014, 145; 김상용, 민법총칙(제3판), 화산미디어, 2014, 192; 송덕수, 민법총칙(제4판), 박영사, 2018, 175.

34) 김성우(주 24), 113; 주석 민법 총칙(1), 362(제5판/신숙희).

35) 제949조의3(이해상반행위) 후견인에 대하여는 제921조를 준용한다. 다만, 후견감독인이 있는 경우에는 그러하

조[38]가 제950조 및 제951조를 그대로 인용하고 있기는 하지만, 특정후견의 경우 가정법원이 일정한 기간과 범위로 한정된 대리권을 수여하는 심판을 해야만 비로소 특정후견인에게 대리권이 인정되고, 그 대리권 수여심판 단계에서 이미 위 각 조문에 규정된 이해상반행위의 위험성 등에 관한 감독기능을 수행하였다고 볼 수 있기 때문에, 위 각 조문이 특정후견인에게는 적용되지 않는다고 보아야 한다.[39]

다만, 특정후견인의 선임, 대리권의 수여 여부 및 범위 등을 사건본인이 아닌 가정법원이 정하는 것이기 때문에 위와 같은 범위 내에서 특정후견인은 사건본인의 법정대리인에 해당하고,[40] 이러한 측면에서 임의대리인의 성격을 가지는 임의후견인의 경우와 구별된다.

㈐ 특정후견인의 동의권 내지 취소권 　　재산관리 등에 관하여 가정법원이 할 수 있는 처분에는 소극적인 보존·관리행위뿐만 아니라 적극적인 처분행위도 포함되는데,[41] 가정법원은 특정후견인에게 피특정후견인의 법률행위에 대한 동의권 또는 취소권을 부여하는 처분을 할 수 있는지에 대하여는 명문의 규정이 없어서 견해의 대립이 있다. 이에 관하여는 아래 제2항에서 살펴본다.

마. 임의후견인의 경우

(1) 기본 구조

개정 민법은 '질병, 장애, 노령 또는 그 밖의 사유로 인한 정신적 제약으로 사무를 처리할

지 아니하다.

36) 제950조(후견감독인의 동의를 필요로 하는 행위) ① 후견인이 피후견인을 대리하여 다음 각 호의 어느 하나에 해당하는 행위를 하거나 미성년자의 다음 각 호의 어느 하나에 해당하는 행위에 동의를 할 때는 후견감독인이 있으면 그의 동의를 받아야 한다.
1. 영업에 관한 행위
2. 금전을 빌리는 행위
3. 의무만을 부담하는 행위
4. 부동산 또는 중요한 재산에 관한 권리의 득실변경을 목적으로 하는 행위
5. 소송행위
6. 상속의 승인, 한정승인 또는 포기 및 상속재산의 분할에 관한 협의

② 후견감독인의 동의가 필요한 행위에 대하여 후견감독인이 피후견인의 이익이 침해될 우려가 있음에도 동의를 하지 아니하는 경우에는 가정법원은 후견인의 청구에 의하여 후견감독인의 동의를 갈음하는 허가를 할 수 있다.

③ 후견감독인의 동의가 필요한 법률행위를 후견인이 후견감독인의 동의 없이 하였을 때에는 피후견인 또는 후견감독인이 그 행위를 취소할 수 있다.

37) 제951조(피후견인의 재산 등의 양수에 대한 취소) ① 후견인이 피후견인에 대한 제3자의 권리를 양수(讓受)하는 경우에는 피후견인은 이를 취소할 수 있다.

② 제1항에 따른 권리의 양수의 경우 후견감독인이 있으면 후견인은 후견감독인의 동의를 받아야 하고, 후견감독인의 동의가 없는 경우에는 피후견인 또는 후견감독인이 이를 취소할 수 있다.

38) 제952조(상대방의 추인 여부 최고) 제950조 및 제951조의 경우에는 제15조를 준용한다.

39) 동지, 윤진수·현소혜(주 4), 144-145; 김형석(주 27), 150.

40) 김형석(주 27), 150.

41) 김형석(주 27), 121, 148-150.

능력이 부족한 상황에 있거나 부족하게 될 상황에 대비하여 자신의 재산관리 및 신상보호에 관한 사무의 전부 또는 일부를 다른 자에게 위탁하고 그 위탁사무에 관하여 대리권을 수여하는 것을 내용으로 하는 계약'을 체결할 수 있는 제도를 도입하였다(제959조의14 제1항). 이러한 후견계약에 따른 임의후견제도는 특정후견제도와 함께 개정 전 민법에는 존재하지 않았던 전혀 새로운 제도인데,[42] 후견계약은 공정증서로 체결하여야 한다(제959조의14 제2항).

(2) 임의후견인의 대리권의 성격 및 이에 대한 가정법원의 감독 등

임의후견의 경우 사건본인은 원칙적으로 그 의사에 따라서 임의후견인을 선임하여 일정한 범위의 위탁사무에 관한 권한을 부여하는 것이고, 사건본인이 위탁한 범위 내에서 그 사무를 실제로 수행하는 것은 임의후견인이며, 가정법원 및 임의후견감독인은 일정한 요건에 따라 이에 대한 감독업무만을 담당한다. 즉, 가정법원은 후견계약이 등기되어 있고, 사건본인이 사무를 처리할 능력이 부족한 상황에 있다고 인정할 때에는 일정한 절차에 따라 임의후견감독인을 선임하는데(제959조의15 제1항), 후견계약은 임의후견감독인이 선임된 때부터 효력이 발생한다(제959조의14 제3항). 위와 같이 선임된 임의후견감독인은 임의후견인의 사무를 감독하고 그 사무에 관하여 가정법원에 정기적으로 보고하여야 하며(제959조의16), 가정법원은 위와 같은 방법으로 임의후견인의 업무를 감독할 수 있고, 나아가 임의후견인에게 현저한 비행 등이 있는 경우에는 일정한 절차를 거쳐서 임의후견인을 해임할 수도 있다(제959조의17 제2항).

사건본인이 후견계약을 체결하면서 반드시 그 위탁사무에 관한 대리권을 수여해야 하는 것은 아니지만, 만일 대리권이 수여된 경우 이는 사건본인이 일정한 범위로 한정된 대리권을 임의후견인에게 직접 수여한 것이므로, 임의후견인은 (법정대리인이 아니라) 임의대리인에 해당한다.[43] 한편, 임의후견의 경우 사건본인이 일정한 범위로 한정된 대리권을 임의후견인에게 직접 수여하는 구조로서 그 대리권 수여 단계에서 사건본인이 이미 제949조의3, 제950조 내지 제952조에 규정된 이해상반행위의 위험성 등에 관한 검토를 마쳤다고 볼 수 있기 때문에, 위 각 조문이 임의후견인에게 적용되지는 않는다고 보아야 한다.[44]

(3) 임의후견인의 동의권 내지 취소권

임의후견이 개시되더라도 사건본인의 행위능력이 제한되지 않기 때문에, 사건본인은 임의후견인에게 대리권만을 부여할 수 있을 뿐 동의권이나 취소권을 부여할 수는 없다.[45]

---

42) 김민중(주 33), 145; 김상용(주 33), 192; 송덕수(주 33), 175.

43) 동지, 윤진수 · 현소혜(주 4), 147-148, 152-155. 반면에, 이진기, "개정민법 규정으로 본 성년후견제도의 입법적 검토와 비판", 가족법연구 26-2(2012), 100-101은 임의후견인의 대리권이 후견계약에 근거하는 임의대리권인지, 그렇지 않으면 법정대리권인지 분명하지 않으나, 법정후견과의 형평을 참작하고, 또 비록 임의후견이 후견계약을 기초로 성립하지만 가정법원의 후견감독인의 선임이 임의후견의 효력발생요건이라는 사실을 종합하면 법정대리권으로 보아야 한다는 취지로 주장하고 있다.

44) 동지, 윤진수 · 현소혜(주 4), 144-145, 154-155.

45) 동지, 윤진수 · 현소혜(주 4), 153; 주석 민법 총칙(1), 366-367(제5판/신숙희) 참조. 반면에, 박인환(주 21),

2. 개정 민법상 후견인의 권한에 대한 전반적인 검토

가. 후견인의 법적 성격에 관하여

(1) 개정 전 민법상 후견인

개정 전 민법에서 '후견인'은 행위무능력자의 법률행위에 대하여 '포괄적인 권한'을 행사하는 '법정대리인'의 지위에 있는 사람이라는 의미로 사용되었다.

(2) 개정 민법상 모든 후견인이 '법정대리인'의 지위에 있는지(소극)

그러나 개정 민법상 모든 후견인이 법정대리인에 해당하지는 않는다. 앞서 본 바와 같이 사건본인으로부터 대리권을 수여받은 임의후견인의 경우 (비록 후견인이라는 용어를 사용하지만) 그 법적 성격은 법정대리인이 아니라 임의대리인이다.

또한 특정후견인의 경우도 최소한 법 규정상으로는 '사건본인에 관한 법정대리권이 없고 다른 유형의 후원에 관한 권한만 있는 경우'가 발생할 수 있다(제959조의9). 즉, 법정대리인이 없는 피특정후견인이 존재할 수도 있는 것이다.

(3) 개정 민법상 후견인 권한의 포괄성에 관하여

㈎ 미성년자 후견인의 경우　　개정 민법이 미성년자 후견인에 관하여 종래 제도의 기본구조를 그대로 유지하고 있기 때문에, 이 부분에 관하여 새로운 검토가 크게 필요하지는 않다.

㈏ 특정후견인과 임의후견인의 경우　　반면에, 특정후견과 임의후견의 경우 원칙적으로 사건본인에게 행위능력이 있음을 전제로 하는 새로운 제도인데, 그 제도의 도입 취지 자체가 후견인들로 하여금 사건본인을 위하여 일정한 범위 내에서만 권한을 행사하도록 하는 것이기 때문에, 후견인에게 포괄적 권한이 인정될 수는 없다.

즉, 특정후견인이나 임의후견인의 대리권은 가정법원이나 사건본인의 수권에 의하여 비로소 발생하는 것이고, 임의후견인의 경우 동의권이나 취소권은 인정될 여지가 없으며, 특정후견인에게 동의권 등을 부여할 수 있다는 긍정설을 취하는 경우에도 가정법원의 수권 범위 내에서만 동의권 등이 인정되는 것이다.

㈐ 성년후견인의 경우　　한편, 성년후견인의 경우 원칙적으로 피성년후견인의 법률행위에 관하여 포괄적인 법정대리권과 취소권이 인정되지만, 성년후견인이 취소권을 행사할 수 없는 예외가 인정되기 때문에(제10조 제2항, 제4항), 이러한 예외 부분에 관하여 종래 금치산자 후견인에 관한 해석론을 그대로 원용할 수 없다.

69-70은 임의후견과 법정후견의 병존을 인정하지 않는 이상 법정후견에서 임의후견으로 이동해 간 피후견인의 보호를 위해 동의권 또는 취소권 부여를 허용하는 근거규정을 마련하거나, 이를 인정하는 해석론을 검토할 필요가 있다는 취지로 주장하고 있다.

㈑ 한정후견인의 경우　　한정후견의 경우, 원칙적으로 피한정후견인에게 행위능력이 있음을 전제로 하되, 예외적으로 가정법원이 일정한 범위 내에서 한정후견인의 동의권과 대리권 등을 인정할 수 있는 한편, 이에 관하여 피후견인의 재산상 법률행위에 대하여 대리권을 행사할 수 있다고 규정한 제949조를 준용하고 있기 때문에(제959조의6), 포괄적인 권한을 행사하던 종래 한정치산자 후견인의 경우와 근본적인 차이가 있다.

(4) 소 결 론

개정 민법의 시행으로 넓은 의미의 성년후견제도가 도입되면서 관련 조문들에 사용된 '후견인'의 개념이나 법적 성격이 동일하다고 볼 수 없게 되었고, 같은 맥락에서 종래 민법에 관한 해석론을 그대로 원용하기도 어렵게 되었다. 앞서 본 바와 같이 후견인이라는 용어를 사용한 개정 민법 제949조의3, 제950조 내지 제952조 등이 특정후견인이나 임의후견인의 경우에 적용될 수 없다는 점은 관련 조문들에 대한 신중한 검토가 필요함을 보여주는 좋은 사례라고 할 수 있다.

아래 나.항 및 다.항에서는 특정후견인과 성년후견인에 관련된 견해 대립 등에 대하여 먼저 살펴보고, 한정후견인에 대해서는 제3항에서 따로 살펴보기로 한다.

나. 특정후견인의 동의권 내지 취소권

(1) 논의의 출발

특정후견인은 가정법원의 심판 범위 내에서만 사건본인의 법정대리인으로서 대리권을 행사할 수 있다는 점에 대해서는 견해의 대립이 없다. 다만, 가정법원이 특정후견의 심판을 하는 경우 피특정후견인의 후원을 위하여 필요한 처분을 명하면서(제959조의8) 재산관리에 관한 적극적 처분을 할 수 있는데,[46] 이에 관하여 특정후견인에게 피특정후견인의 법률행위에 대한 동의권 또는 취소권을 부여하는 처분으로써 피특정후견인을 후원할 수 있는지에 대해서는 견해의 대립이 있다.

(2) 견해의 대립

부정설의 경우, 가정법원의 처분은 '의사표시를 갈음하는 재판'이 될 수 없고, 의사표시를 갈음하는 재판은 의사표시의 의무 있는 채무자에 대한 이행판결로서의 성격을 갖고 있으므로, 특정후견의 심판에서 그와 같은 처분을 허용하는 것은 비송사건의 본질에 반한다고 주장하면서, 필요한 경우 제959조의9에 따라 특정후견인을 선임하고 제959조의11에 따라 그에게 관련 대리권을 수여함으로써 피특정후견인을 위한 의사표시를 대리하도록 하는 방법을 취해야 한다고 주장한다.[47]

반면에 긍정설은 제959조의8 등에 가정법원의 권한행사방법에 관하여 특별한 제한하는

46) 김형석(주 27), 121, 148-150.

47) 부정설에 관하여는 자료집(주 4), 198-199 김형석 분과위원의 의견 참조.

내용이 없으므로 가정법원이 피특정후견인의 법률행위에 대한 동의권 또는 취소권 등을 부여하는 처분을 직접 할 수 있다는 입장이다.[48]

(3) 검 토

개정 민법에서 특정후견인의 대리권에 관하여는 명문의 규정을 두면서(제959조의9 및 제959조의11) 동의권 내지 취소권에 대하여는 특별한 규정을 두지 않았기 때문에 위와 같은 견해의 대립이 발생한 것으로 보인다.

부정설의 논거도 이론적으로 경청할 만한 것이다. 그러나 긍정설의 논거도 충분히 설득력이 있다는 점, 특정 법률행위를 위하여 특정후견인에게 법정대리권이 수여된 경우에도 당해 법률행위와 관련된 피특정후견인의 행위능력은 제한되지 않기 때문에, 피특정후견인과 가정법원으로부터 대리권을 수여받은 특정후견인이 서로 양립할 수 없는 내용의 법률행위를 각자 성립시키는 것이 가능하고, 이때 두 개의 법률행위는 모두 유효하다는 점,[49][50] 따라서 개별 사안별로 가정법원이 사건본인의 거주건물 처분행위 등과 같이 사건본인에게 중대한 영향을 미칠 수 있는 법률행위에 관하여 특정후견인에게 동의권을 부여하는 심판을 하는 것이 사건본인에 대한 적절한 보호수단이 될 수 있는 반면에,[51] 이에 관하여 법정대리권만 인정하는 것은 충분한 보호수단이 되기 어려울 수 있는 점, 특정후견인 제도는 개별적인 필요와 사정에 고려하여 일정한 기간 또는 범위를 정하여 피특정후견인을 후원하는 제도이고, 가정법원이 구체적·개별적인 필요성을 고려하여 특정후견인에게 일정한 권한을 부여하는 구조인 점, 행위능력제도의 경우 행위능력 제한에 관한 법원의 재판 등과 같이 외부에서 인식할 수 있는 형식적·객관적 기준을 설정하는 것이 특히 중요한 의미를 가지는데, 2013. 7. 1. 개정 민법이 시행된 이후 2021. 2.경까지 수년 동안 서울가정법원 등에서 원칙적으로 긍정설에 입각하여 업무를 처리하는 과정에서 특별한 부작용이 발생하였다는 자료를 발견하기 어려운 점 등을 고려하면, 긍정설의 입장을 수긍할 수 있다고 본다.

---

48) 긍정설에 관하여는 김주수·김상용, 민법총칙(제7판), 삼영사, 2013, 152; 자료집(주 4), 203 중 민유숙 분과위원의 의견; 이진기(주 43), 96-99 등 참조.

49) 동지, 김상용(주 33), 194; 윤진수·현소혜(주 4), 51; 김성우(주 24), 84; 배인구(주 4), 65; 김형석(주 27), 122; 지원림, 민법강의(제16판), 홍문사, 2019, 85; 주석 민법 총칙(1), 363(제5판/신숙희). 반면에, 이진기(주 43), 96-99는 특정후견인에 의한 법률행위에 본인에 의한 법률행위보다 우선적 효력을 부여해야 하고, 피특정후견인이 제한적 행위무능력자에 해당하지 않는다는 해석론은 개정 민법의 체계, 후견등기제도의 취지와 목적 등과 배치된다는 취지로 주장하고 있다.

50) 피특정후견인과 특정후견인, 그리고 상대방 사이의 법률관계는 결국 일반적인 임의대리에서 본인과 대리인의 법률행위가 중첩되는 경우와 동일한 법리(예컨대, 제186조에 따른 성립요건주의, 채권의 상대적 효력 등)에 따라 해결될 것이다.

51) 개정 민법에서는 피후견인의 거주건물 등에 관한 법률행위에 관하여 통상적인 보호방법이 아닌 특별한 보호조치를 하도록 규정함으로써 피후견인을 두텁게 보호하는 규정을 발견할 수 있다(예컨대, 제947조의2 제5항에서 피성년후견인에 관하여 포괄적인 대리권을 가지는 성년후견인이 피성년후견인이 거주하고 있는 건물 등에 관한 처분행위를 하는 경우 별도로 가정법원의 허가를 받아야 한다고 규정하고 있는 사례 등 참조).

다만, 긍정설을 토대로 하는 경우, 만일 가정법원에서 특정후견인의 동의권 내지 취소권의 범위와 대리권의 범위를 달리 설정하는 경우 발생할 수 있는 문제, 대리권 · 동의권 · 취소권의 상관관계 등에 대한 추가검토가 필요한데, 이 부분에 관하여는 아래 제3항의 한정후견인에 관한 논의를 그대로 원용할 수 있다.

다. 성년후견인의 경우

(1) 논의의 출발

성년후견이 개시되면 원칙적으로 피성년후견인의 행위능력이 소멸하고 사건본인의 법률행위에 관하여 성년후견인이 포괄적인 법정대리권과 취소권을 행사할 수 있기 때문에, 위와 같은 원칙이 적용되는 범위 내에서는 별다른 검토가 필요하지 않다. 또한 성년후견인은 사건본인의 재산법상 법률행위에 대하여 동의권을 가질 수 없다는 점에 대해서도 견해의 대립이 없고, 이 부분에 관하여 대체로 위 Ⅱ 제2의 나.항에서 살펴본 종래 금치산제도에 관한 해석론 등을 원용할 수 있다.

다만, 성년후견인이 취소할 수 없는 피성년후견인의 법률행위에 대하여 성년후견인이 대리권을 행사할 수 있는지에 대하여는 개정 민법상 명확한 규정이 없기 때문에 견해의 대립이 가능하다.

(2) 가정법원이 취소할 수 없도록 정한 법률행위의 경우

㈎ 적극설의 경우, 가정법원이 취소할 수 없는 피성년후견인의 법률행위의 범위를 정하는 것은 그 범위 내에서 피성년후견인에게 완전한 행위능력을 인정하는 것이라고 전제한 다음 이에 대해서는 법정대리권이 소멸한다고 주장한다.[52]

참고로 미성년자가 법정대리인으로부터 허락을 얻은 특정한 영업에 관하여는 성년자와 동일한 행위능력이 있고(제8조 제1항), 그 범위에서 법정대리인의 대리권도 소멸한다고 보는 것이 통설의 입장인데,[53] 적극설은 위와 같은 피성년후견인에 대한 가정법원 심판의 성격이 규범적으로 제8조 제1항의 '미성년자 영업에 대한 허락'과 유사하다고 해석하는 취지라고 할 수 있다.

㈏ 반면에 소극설은 개정 민법이 제938조 제1항에서 성년후견인에게 포괄적 대리권을 인정한 다음 제938조 제2항에서 가정법원이 그 법정대리권의 범위를 정할 수 있도록 규정하고 있으므로, 가정법원이 제938조 제2항에 근거하여 특별히 제한하지 않는 이상 성년후견인의 법정대리권이 당연히 소멸한다고 볼 수는 없다는 입장을 취하고 있다.[54]

미성년자가 법률행위를 함에는 법정대리인의 동의를 얻어야 하는데(제5조 제1항), 이러한 동의가 있어도 제한능력자라는 미성년자의 지위에 변동이 생기는 것은 아니고, 동의는 영업의

52) 윤진수 · 현소혜(주 4), 34; 구상엽(주 4), 73.

53) 주석 민법 총칙(1), 307(제5판/신숙희).

54) 배인구(주 4), 34.

허락과 달라서 미성년자가 스스로 완전한 행위능력을 가지고 독립하여 법률행위를 할 수 있는 것이 아니기 때문에, 법정대리인은 당해 행위에 관한 법정대리권을 상실하지 않는다는 것이 통설의 입장인데,[55] 소극설은 위와 같은 피성년후견인에 대한 가정법원 심판의 성격이 규범적으로 제5조 제1항의 '미성년자 법률행위에 대한 동의'와 유사하다고 해석하는 것으로 볼 수 있다.

㈐ 검 토 ㉮ 아래 제3항에서 보는 바와 같이 취소권이 법리적으로 대리권과 직접 연결된다고 보기 어려운 점, ㉯ 같은 맥락에서 개정 민법에서 후견인에게 사건본인을 위하여 일정한 범위 내에서 대리권을 인정하면서도 이에 관한 동의권 내지 취소권을 인정하지 않는 경우가 적지 않다는 점, ㉰ 사건본인의 개별적 필요에 따라서 탄력적으로 대응할 수 있도록 하는 것이 새로운 제도의 도입 취지이고, 개정 민법은 가정법원이 제938조 제2항에 근거하여 개별적인 필요와 사정에 고려하여 법정대리권의 범위를 달리 정할 수 있도록 규정하고 있다는 점, ㉱ 피성년후견인의 정신적 장애가 심한 경우에만 성년후견이 개시될 수 있다는 점을 고려한다면, 위와 같은 가정법원의 심판은 규범적으로 제5조 제1항에 규정된 '미성년자 법률행위에 대한 동의'와 유사한 성격으로 보는 것이 타당하고, 이를 제8조 제1항에 규정된 '미성년자 영업에 대한 허락'과 유사하다고 보기는 어렵다는 점[56] 등에 비추어 볼 때, 가정법원이 취소할 수 없도록 정한 법률행위에 관하여 성년후견인의 법정대리권이 당연히 배제된다고 보기는 어렵다고 생각한다.[57]

다만, 피성년후견인의 정신적 장애가 심한 경우에만 성년후견이 개시될 수 있기 때문에, 현실적으로 피성년후견인이 단독으로 유효하게 법률행위를 할 수 있는 경우는 많지 않을 것이다.[58] 그렇다면 가정법원이 위와 같은 예외를 인정하는 심판을 할 가능성이 크지 않고,[59] 따라서 실무적으로 논의의 실익이 크지는 않다.

(3) 일상적 법률행위의 경우

㈎ 적극설은 일상적 법률행위에 관하여 피성년후견인에게 독자적인 행위능력이 인정되는 이상, 이에 대해서는 성년후견인의 법정대리권이 소멸한다고 주장하면서, 피성년후견인이 독자적으로 사무 처리를 할 수 있는 영역에 후견인이 대리의사결정을 통해 간섭하는 것은 성년후견제도의 지도이념인 '필요성·보충성의 원칙'에 반하는 것이라는 입장을 취하고 있다.[60]

55) 주석 민법 총칙(1), 292(제5판/신숙희).

56) 즉, 심한 정신적 장애가 지속되고 있는 경우에만 성년후견이 개시될 수 있음을 고려한다면, 피성년후견인에게 '영업에 대한 법정대리인의 허락을 받은 미성년자와 같은 수준으로 지속적으로 완전한 행위능력을 인정할 수 있는 상황'을 상정하기 어렵다는 취지이다. 만일 위와 같은 상황이 실제로 발생한다면 성년후견종료의 심판청구를 하는 것이 타당하다고 본다.

57) 동지, 주석 민법 총칙(1), 337(제5판/신숙희).

58) 윤진수·현소혜(주 4), 34-36 참조.

59) 동지, 김주수·김상용(주 48), 134; 김형석(주 27), 117 각주 9). 실무에서 성년후견인의 취소권의 범위에 제한을 두는 경우는 거의 없다는 점에 관하여는 김성우(주 24), 83 참조.

60) 구상엽(주 4), 73.

㈏ 반면에 소극설의 경우, 제10조 제4항은 피성년후견인이 성년후견인의 동의 없이 일상적 법률행위를 할 수 있고, 성년후견인이 이를 취소할 수 없음을 의미할 뿐이며, 성년후견인이 일상적 법률행위를 대리할 수 없다는 의미는 아니라는 입장을 취하면서, 제938조에서 성년후견인에게 포괄적 대리권을 인정한 다음(제1항) 가정법원이 그 법정대리권의 범위를 정할 수 있도록 규정하고 있으므로(제2항), 가정법원이 제938조 제2항에 근거하여 특별히 제한하지 않는 이상 성년후견인의 법정대리권이 당연히 소멸한다고 볼 수는 없다는 입장을 취하고 있다.[61]

㈐ 위 (2)항 기재와 같은 맥락에서 소극설이 타당하다고 생각하는데, 다만 사무처리능력이 지속적으로 결여된 피성년후견인이 스스로 일상적 법률행위를 하는 경우가 많지 않을 것이므로,[62] 실무적으로 논의의 실익이 크지는 않다.

3. 개정 민법상 한정후견인의 동의권 · 대리권 · 취소권에 대한 검토

가. 일반론

한정후견의 경우, 원칙적으로 사건본인에게 행위능력이 있음을 전제로 하면서도, 예외적으로 가정법원이 일정한 범위 내에서 한정후견인의 동의권 · 대리권 · 취소권을 인정할 수 있는데, 그 상호간의 관계 등에 대한 검토가 필요하다.

나. 동의권과 대리권의 범위에 관하여

(1) 개정 민법의 규정내용 등

한정후견인은 가정법원의 동의유보결정 범위 내에서 동의권을 가지고(제13조 제1항, 제2항) 같은 범위 내에서 취소권을 행사할 수 있으며(제13조 제4항),[63] 피한정후견인의 보호를 위하여 필요한 경우 가정법원이 대리권을 수여하는 별도의 심판을 할 수 있는데(제959조의 4 제1항), 이 경우 대리권의 범위가 동의권의 범위[64]와 일치하여야 하는지에 관하여 긍정설과 부정설이 대립하고 있다.

(2) 긍 정 설

긍정설은 가정법원에서 한정후견인에게 피한정후견인의 특정한 행위에 동의권을 부여하는 결정을 한 것은 그러한 행위가 일상적 법률행위가 아니라 중요한 법률행위라고 판단한 것이므로 그 범위 내에서 한정후견인에게 대리권이 인정된다고 보아야 하는 한편, 이러한 가정

61) 윤진수 · 현소혜(주 4), 90; 배인구(주 4), 34.

62) 윤진수 · 현소혜(주 4), 34-36 참조.

63) 곽윤직 · 김재형, 민법총칙(제9판), 박영사, 2015, 130; 김형석(주 29), 12; 주석 민법 총칙(1), 349(제5판/신숙희. 한편, 윤진수 · 현소혜(주 4), 63은 해당 법률행위에 관하여 대리권은 없고 동의권만 있는 후견인의 경우에도 취소권을 행사할 수 있다고 하면서, 입법론으로 민법 제140조상 취소권자에 '후견인' 부분을 추가하는 것이 바람직하다는 입장을 취하고 있다.

64) 아래 다.항에서 보는 바와 같이 취소권의 범위는 동의권의 범위와 일치하는 것으로 보아야 한다.

법원의 결정 범위에서 제외된 행위에 대하여 한정후견인에게 대리권을 인정할 필요가 없다고 주장한다.[65)]

(3) 부 정 설

부정설은 개정 민법에서 한정후견인의 동의권에 관한 규정과 대리권 수여에 관한 규정을 두면서, 양자의 관계에 관하여는 따로 정하고 있지 않고, 대리인의 일방적인 의사결정이 가능하도록 하는 법정대리제도와 본인의 의사결정을 전제로 이를 보완하도록 하는 동의가 필요한 행위를 정하는 제도는 그 목적이나 성질, 취지 등이 다르기 때문에, 동의권의 범위와 대리권의 범위가 서로 중첩될 수도 있지만, 양자가 당연히 일치하는 것은 아니라고 주장한다. 관련 규정들의 문언과 체계 등에 비추어 볼 때 이론적으로는 부정설이 타당하다고 생각한다.[66)67)]

(4) 양자의 범위가 불일치하는 경우 발생하는 실무적 문제점 등에 관하여

㈎ 그런데 양자의 범위가 불일치하는 경우 실무적으로 피한정후견인과 관련된 법률관계를 적절하게 해결할 수 없는 등의 문제가 발생할 수 있다. 예컨대, 가정법원이 특정 법률행위에 한정후견인의 동의를 받아야 한다고 결정하면서도 한정후견인에게 취소와 관련된 원상회복관계를 대리할 법정대리권을 수여하지 않은 경우, 한정후견인은 피한정후견인의 동의 없이 한 법률행위를 취소할 수 있지만, 법정대리권이 없어서 피한정후견인이 급부한 것에 관한 반환을 청구할 수는 없는 경우가 발생할 수 있다. 이러한 문제는 가정법원이 동의를 받도록 규정한 행위를 정함과 동시에 그 취소에 따른 원상회복에 관한 대리권을 수여하는 심판을 함으로써 회피할 수 있지만,[68)] 후자의 대리권 수여심판이 누락된 경우에도 이론적으로 다음과 같은 해석론을 통하여 문제를 해결하자는 주장이 제기되고 있다.

㈏ 우선 위와 같은 문제가 발생하는 경우, 가정법원이 사후적으로 대리권을 수여하는

---

65) 윤일구, "성년후견제도 도입에 따른 문제점과 과제", 전남대 법학논총 32-2(2012), 189-190. 이 견해는 가정법원에서 아래 (4)항의 ⓐ유형 심판을 하는 것만이 허용된다는 취지이다.

66) 동지, 송덕수(주 33), 174; 구상엽(주 4), 119-120; 법원행정처(주 4), 94; 윤진수 · 현소혜(주 4), 45, 63, 130-132; 김형석(주 29), 12; 백승흠, "성년후견제도의 도입과 과제", 한양대 법학논총 27-1(2010), 40, 각주 23).

67) 다만, 부정설의 경우 다시 ① 아래 (4)항에서 보는 바와 같이 가정법원에서 ⓐ유형(동의권과 대리권의 범위를 일치시켜서 설정하는 유형) 심판뿐만 아니라, ⓑ유형(대리권의 범위를 더 넓게 설정하는 유형)과 ⓒ유형(동의권의 범위를 더 넓게 설정하는 유형) 심판도 할 수 있고, 다만 ⓒ유형 심판을 하는 경우 실질적으로는 동의유보결정 범위와 동일한 범위에서 대리권이 당연히 수여된 것으로 보아야 한다는 견해[김형석(주 29), 12]와 ② 가정법원에서 ⓐ유형, ⓒ유형 심판을 하는 것은 허용되지만, 동의유보결정의 범위를 초과하여 법정대리권을 수여하는 것은 허용되지 않기 때문에 ⓑ유형 심판을 할 수는 없다는 취지의 견해[윤진수 · 현소혜(주 4), 44-45, 63, 130-132] 등으로 세분할 수 있다.

68) 이에 관하여 윤진수 · 현소혜(주 4), 63에는 '입법론으로서는 제140조상의 취소권자에 "후견인" 부분을 추가하는 것이 바람직하다. 개정이 이루어질 때까지는 가정법원이 제13조에 따른 동의유보의 범위와 제959조의4에 따른 대리권의 범위를 일치시키거나, 적어도 동의유보결정의 범위에 해당하는 법률행위에 대해서는 한정후견인에게 법률행위 취소에 관한 대리권을 수여하는 심판을 하는 방법으로 피한정후견인을 보호하는 수밖에 없을 것이다.'라고 기재되어 있다.

심판을 하는 방법으로 이를 해결해야 한다는 견해가 있다.[69]

㈐ 다음으로 가정법원에서 피한정후견인에게 일정한 법률행위에 관하여 한정후견인의 동의를 받도록 결정하는 경우, 비록 제140조의 문언상 한정후견인이 취소권자라는 결론이 명백하지 않을 수도 있지만,[70] 그 범위에서는 한정후견인에게 법정대리권이 당연히 수여되었다고 보아야 한다는 견해(즉, 가정법원이 대리권 수여심판을 간과한 경우에도 동의권을 부여하는 심판의 취지상 같은 범위 내에서 대리권도 함께 수여되었다고 보아야 한다는 견해)가 있다. 그 구체적인 내용을 보면, ① 가정법원은 한정후견인의 대리권의 범위를 동의권의 범위와 일치시키는 심판을 할 수 있고, ② 행위능력 제한의 필요성은 없으나 한정후견인의 법정대리의 필요성이 있어 그에 따른 심판을 하는 경우 대리권의 범위를 동의권의 범위보다 넓게 설정할 수는 있지만, ③ 결과적으로 법정대리권의 범위가 동의권의 범위보다 좁은 경우는 발생하지 않는 것으로 보아야 한다는 취지로 정리할 수 있다.[71]

㈑ 검 토 형식적인 측면에서 동의권과 대리권의 범위 설정에 관한 가정법원의 심판유형을 구분하여 보면, ⓐ 양자의 범위를 일치시켜서 설정하는 유형, ⓑ 대리권의 범위를 더 넓게 설정하는 유형(즉, 동의권을 인정하지 않은 영역에 대해서까지 대리권을 수여하는 유형), ⓒ 동의권의 범위를 더 넓게 설정하는 유형(즉, 동의권을 인정한 영역에 대하여 대리권은 수여하지 않는 유형) 등 3가지 유형으로 구분할 수 있으므로, 차례로 살펴본다.

1) ⓐ유형 먼저 ⓐ유형에서는 법리적으로나 실무적으로 별다른 문제가 발생하지 않는다. 따라서 특별한 사정이 없는 이상 가정법원에서 ⓐ유형을 선택하는 것이 실무적인 측면에서 적절하다고 볼 수 있다.[72][73]

---

69) 박인환(주 21), 58-59.

70) 즉, 종래 한정치산자 후견인의 경우와 달리, 한정후견인의 경우 동의권 인정(제13조 제1항)과 법정대리권 수여(제959조의4 제1항)가 별개의 심판에 따라 이루어지므로, 한정후견인이 해당 법률행위와 관련해 동의권자이기는 하지만 반드시 법정대리인은 아닐 수도 있다는 의문이 제기될 수도 있다는 취지이다.

71) 김형석(주 29), 12, 각주 22).

72) 윤진수 · 현소혜(주 4), 63도 유사한 취지의 주장을 하는 것으로 볼 수 있다.

73) 예컨대, 서울가정법원 2018. 1. 17.자 2017브30016 결정[대법원 2018. 4. 4.자 2018스517 결정(심리불속행)으로 사건본인 甲의 재항고가 기각되어 확정되었다]은 '甲이 정신적 제약으로 인하여 사무를 처리할 능력이 부족하다는 이유로 받은 한정후견 개시 및 한정후견인 선임 심판에 대하여 취소를 구한 사안에서, 甲이 양극성장애1형의 진단을 받은 사실이 있는 점, 제1심법원의 정신감정 결과에서 甲은 양극성정동장애로 인한 정신적 제약으로 인하여 금전관리에 필요한 자기의사결정 및 사무처리에서 타인의 도움이 필요한 상태로, 정신적 제약으로 사무를 처리할 능력이 부족하고, 병식과 치료에 대한 순응도가 떨어지는 사건본인의 회복을 예측하기는 어렵다는 평가를 받은 점, 그 후 현재까지 甲의 상태가 호전되었다고 볼 만한 의미 있는 자료도 없는 점 등을 종합하면, 甲이 현재 정신적 제약으로 인하여 사무를 처리할 능력이 부족한 사실을 인정할 수 있으므로, 甲에 대하여 한정후견이 개시되어야 하고, 제1심법원이 甲의 복리를 위하여 중립적이고 객관적인 입장에서 후견사무를 수행할 수 있는 사회복지법인을 甲의 한정후견인으로 선임하여 甲의 법률행위에 대한 일정한 범위의 동의권을 부여한 것은 타당하나, 한정후견이 개시된다고 하더라도 피한정후견인은 가정법원이 한정후견인의 동의를 받도록 따로 정한 행위에 대해서만 행위능력이 제한되고, 그 외의 법률행위에 대하여는 완전한 행위능력

2) ⓑ유형　앞서 살펴본 후견인으로부터 제5조 제1항의 동의를 받은 미성년자의 법률행위에 대한 후견인의 권한 사례,[74] 피성년후견인의 일상적 법률행위 등에 대한 성년후견인의 권한 사례,[75] 독자적인 행위능력이 인정되는 피특정후견인의 법률행위에 대한 특정후견인의 권한 사례[76] 등과 같이, 개정 민법에서 후견인에게 일정한 범위 내에서 사건본인에 대한 법정대리권을 인정하면서도 동의권을 인정하지 않는 경우가 적지 않다는 점, 동의유보결정은 피한정후견인의 부족한 능력을 보충하는 기능을 하는 반면, 법정대리권은 한정후견인이 피한정후견인의 사무를 대리로 처리할 수 있도록 하는 기능을 할 뿐이므로, 피한정후견인의 사무처리능력이 정신적 제약으로 인해 부족해진 사안이 아니라도 그의 사무처리의 편의를 위해 한정후견인에게 대리권을 수여하는 것이 필요할 수 있다는 점[77] 등에 비추어 보면, 개별 사안의 구체적인 사실관계에서 특별한 사정이 인정된다면 가정법원이 ⓑ유형 심판을 선택하는 것이 금지된다고 보기는 어렵다.[78]

그런데 ⓑ유형과 같이 피한정후견인의 특정 법률행위에 관하여 대리권만 한정후견인에게 수여하는 심판이 이루어진 경우, 해당 법률행위에 관하여 피한정후견인은 독자적인 행위능력을 가지기 때문에 피한정후견인의 법률행위는 완전히 유효하고, 한정후견인이나 피한정후견인이 나중에 이를 취소할 수 없다.

즉, ⓑ유형에서는 피한정후견인과 가정법원으로부터 대리권을 수여받은 한정후견인이 해당

을 갖게 되는바, 비록 동의권과 대리권이 기본적으로 구별되고 목적하는 취지가 다르다고 하더라도, 피한정후견인이 완전한 행위능력을 갖게 되는 부분에도 한정후견인에게 법정대리권을 부여하게 된다면, 피한정후견인의 행위능력을 다시 한 번 불필요하게 제한하게 되고, 후견제도의 이념인 '잔존능력의 존중'에도 위배되는 결과를 낳게 되므로, 법원이 한정후견인에게 부여한 동의권의 범위를 초과하는 사항에 관하여 대리권을 부여하는 것은 부적법하다는 이유로 제1심법원이 한정후견인에게 부여한 동의권의 범위와 같이 한정후견인의 대리권의 범위를 변경하여야 한다.'라는 취지로 판단하였다. 이러한 결정 사례는 가정법원에서 개별 사안의 구체적인 사정을 토대로 하여 한정후견인의 동의권과 대리권의 상호관계에 관한 법률관계를 검토한 다음, 특별한 사정이 없는 이상 ⓐ유형 심판을 선택하는 것이 적절하다는 입장을 취한 것으로 해석할 수 있다.

74) 위 제2의 다.항 참조.

75) 위 제1의 다.항 및 제2의 다.항 참조.

76) 위 제1의 라.항, 제2의 나.항 참조.

77) 다만, 윤진수·현소혜(주 4), 131-132는 이러한 경우에 관하여 '임의대리권'의 수여로 해결할 문제이고, '법정대리권'의 수여로 대비할 것은 아니라고 주장하고 있다. 그러나 앞서 살펴본 후견인으로부터 제5조 제1항의 동의를 받은 미성년자의 법률행위에 대한 후견인의 권한 사례, 피성년후견인의 일상적 법률행위 등에 대한 성년후견인의 권한 사례 등에 비추어 볼 때, 가정법원에서 구체적 사정을 고려하여 위와 같은 경우에 관하여 법정대리권을 부여하는 ⓑ유형 심판을 하는 것이 금지된다고 보기는 어렵다. 오히려 넓은 의미의 성년후견제도의 도입취지에 비추어 볼 때, 개별 사안별로 적절한 대응을 하는 차원에서 ⓑ유형 심판을 하는 것이 바람직할 수 있다고 생각한다.

78) 한편, 제철웅, "요보호성인의 인권존중의 관점에서 본 새로운 성년후견제도: 그 특징, 문제점 그리고 개선방안", 민사법학 56(2011), 291은 이에 관하여, 한정후견인에게 동의권이 인정되지 않는 사항에 관하여 대리권을 인정하는 경우 인권침해적 요소가 발생할 수 있다는 취지로 주장하고 있다. 그러나 본문에서 본 바와 같은 이유로 가정법원에서 피한정후견인의 구체적·개별적 사정을 고려하여 ⓑ유형 심판을 하는 것이 사적 자치권의 본질적인 내용을 침해한다고 보기는 어렵다고 생각한다.

사항에 관하여 서로 양립할 수 없는 내용의 법률행위를 각자 성립시키는 것도 가능하고, 이때 두 개의 법률행위는 모두 유효하기 때문에,[79] 피한정후견인과 한정후견인, 상대방 사이의 법률관계는 결국 일반적인 임의대리에서 본인과 대리인의 법률행위가 중첩되는 경우와 동일한 법리(예컨대, 제186조에 따른 성립요건주의, 채권의 상대적 효력 등)에 따라 해결된다는 점[80]을 유의해야 한다.

3) ⓒ유형 가정법원에서 한정후견인에게 해당 법률행위에 관한 동의권을 인정하면서도 이에 관하여 대리권을 수여하는 별도의 심판을 하지 않은 ⓒ유형 심판을 한 경우, 사견으로는 그 동의권을 인정한 범위에 관하여 법정대리권도 당연히 수여되었다고 보아야 한다는 위 (다)항 견해가 타당하다고 생각한다. 그 이유는 다음과 같다.

가) 넓은 의미의 성년후견제도를 도입한 개정 민법에서 후견인에게 일정한 범위 내에서 사건본인에 대한 대리권을 인정하면서도 동의권 내지 취소권을 인정하지 않는 경우가 적지 않지만, 반대로 동의권을 인정하는 범위 내에서 대리권을 인정하지 않는 경우는 발견하기 어렵다.

나) 개정 민법 제13조는 한정후견인의 취소권은 동의권과 같은 범위 내에서 인정된다고 규정하고 있다. 그런데 위 (가)항에서 본 바와 같이 한정후견인에게 특정 법률행위에 관하여 동의권을 인정하면서 이에 관한 법정대리권이 인정되지 않는다고 해석하는 경우, 피한정후견인과 관련된 법률관계를 원만하게 해결할 수 없는 상황이 발생한다. 이는 사건본인의 보호와 거래의 안전을 목적으로 하는 행위능력제도의 취지에 반하는 결과이다.[81]

다) 만일 위 (다)항 견해와 달리 해당 법률행위에 관하여 한정후견인에게 법정대리권을 인정할 수 없다는 입장을 취하는 경우, 피한정후견인이 한정후견인의 동의를 받지 않고 해당 법률행위를 하였을 때, 그 거래상대방은 한정후견종료 등의 사유로 피한정후견인이 행위능력을 회복하기 전까지는 제15조에 따른 확답을 촉구할 수 있는 권리를 행사할 수조차 없게 되는 현저히 부당한 결과가 발생한다. 피한정후견인은 행위능력을 회복하기 전까지 해당 법률행위에 관하여 확답촉구의 대상이 될 수 없고, 한정후견인도 이에 관한 대리권이 없어서 확답촉구의 대상이 될 수 없기 때문이다.[82] 한편, 거래상대방은 한정후견종료의 심판을 청구할 수 있는 자격이 없고(제14조), 한정후견인의 대리권 범위에 관한 변경청구를 할 수도 없기 때문에(제959조의4 제2항, 제938조 제4항), 결국 거래상대방의 입장에서 문제를 해결할 방법이 없

79) 동지, 김상용(주 33), 194; 김주수 · 김상용(주 48), 152; 윤진수 · 현소혜(주 4), 51; 김성우(주 24), 84; 배인구(주 4), 65; 김형석(주 27), 122; 지원림(주 49), 85; 주석 민법 총칙(1), 363(제5판/신숙희). 반면에, 이진기(주 43), 96-99는 특정후견인에 의한 법률행위에 본인에 의한 법률행위보다 우선적 효력을 부여해야 하고, 피특정후견인이 제한적 행위무능력자에 해당하지 않는다는 해석론은 개정 민법의 체계, 후견등기제도의 취지와 목적 등과 배치된다는 취지로 주장하고 있다.

80) 주석 민법 총칙(1), 363(제5판/신숙희).

81) 윤진수 · 현소혜(주 4), 63도 이러한 상황에 관한 문제점을 인식하고 있는 것으로 보인다.

82) 제15조의 규정내용에 관하여는 아래에서 살펴본다.

게 되는데, 이러한 상황은 제한능력자와 거래한 상대방을 보호하기 위한 특별규정인 제15조 등의 규정취지에 정면으로 위배되는 것이다.

4) 실무상 유의점 등 　위와 같은 이유로 가정법원이 ⓒ유형 심판을 한 경우에도 한정후견인에게 동의권을 인정한 범위에 관하여 법정대리권이 당연히 수여되었다고 보아야 한다.

다만, 가정법원이 ⓒ유형 심판을 하는 경우 관련 당사자들 사이에서 불필요한 논란이 발생할 위험성이 있다는 점 등을 고려할 때, 형식적인 측면에서 ⓒ유형 심판을 하는 것은 실무적으로 바람직하지 않다고 본다. 앞서 본 바와 같이 행위능력제도의 경우 법원에서 행위능력의 제한에 관하여 형식적·획일적 기준을 객관적으로 설정하는 것이 특히 중요한 의미를 가지기 때문이다.[83)]

한편, 위 제2의 나.항에서 본 바와 같이 가정법원에서 특정후견인에게 피특정후견인의 법률행위에 대한 동의권 또는 취소권을 부여하는 것이 허용된다는 긍정설에 입각하는 경우, 특정후견인의 동의권과 대리권에 관하여도 위 ⓐⓑⓒ유형에 관한 논의 및 검토내용을 그대로 원용할 수 있다. 따라서 특정후견에 관하여 가정법원에서 ⓐ유형이나 ⓑ유형 심판을 하는 것에는 별다른 문제가 없지만, 형식적인 측면에서 ⓒ유형 심판을 하는 것은 실무적으로 적절하지 않다고 생각한다.

다. 한정후견인의 동의권·대리권·추인권의 관계

(1) 문제의 제기

개정 민법상 한정후견인은 가정법원의 동의유보결정 범위 내에서 동의권과 취소권을 가지고(제13조 제1항, 제2항, 제4항),[84)] 그 범위 내에서 피한정후견인이 동의 없이 한 법률행위라도 한

83) 가정법원이 한정후견인의 동의를 받아야 하는 행위의 범위를 정한 경우에는 그 행위의 범위, 그 범위를 변경한 경우에는 그 변경된 범위를(후견등기에 관한 법률 제25조 제1항 제6호 가목), 한정후견인에게 대리권을 수여한 경우에는 그 대리권의 범위, 그 범위를 변경한 경우에는 그 변경된 범위를(같은 호 나목) 각각 후견등기부에 기록해야 한다. 그런데 특정 법률행위에 관하여 ⓒ유형 심판이 이루어져서 동의권에 관한 사항만이 후견등기부에 기록된 경우, '대리권에 관한 사항은 공시되지 않았다'는 이유로 거래상대방인 금융회사 등이 한정후견인의 대리권을 인정할 수 없다고 주장하면서 거래가 성사되지 않는 사례가 실무에서 발생하고 있다. 이에 관하여 2021. 2. 현재 서울가정법원에서는 한정후견인이 해당 법률행위에 관하여 대리권을 행사할 수 있음을 확인하는 차원에서 대리권 수여의 심판 또는 대리권 범위의 변경심판을 보완하는 조치를 취하고 있다고 한다. 결국 위와 같은 해석론은 가정법원에서 특정 법률행위에 관하여 ⓒ유형 심판을 하여 명시적인 대리권 수여심판이 누락된 경우에도 법리적으로 동의권이 인정되는 범위에서는 대리권이 당연히 수여되었다고 봄이 타당하므로, ① 한정후견인이 사건본인의 대리인으로서 거래상대방과 해당 법률행위를 한 사안을 심리하는 민사소송사건에서 법원이 대리권 흠결을 이유로 해당 법률행위가 무효라는 사후적인 판단을 할 수 없다는 것을 의미할 뿐이고, ② 그 이전 단계에서 가사비송사건을 담당하는 가정법원이 ⓒ유형 심판을 하는 것이 적절하다는 취지는 아니다. ⓒ유형 심판이 이루어지면, 한정후견인의 대리권에 관한 사항이 명시적으로 공시되지 않았다는 이유로 현실적으로 거래가 성사되지 않는 등 실무적인 문제가 발생할 위험성이 있기 때문이다.

84) 곽윤직·김재형(주 63), 130; 김형석(주 29), 12; 주석 민법 총칙(1), 349(제5판/신숙희). 윤진수·현소혜(주 4), 63은 해당 법률행위에 관하여 대리권은 없고 동의권만 있는 한정후견인의 경우에도 취소권을 행사할 수 있

정후견인이 나중에 추인하면 유효하게 된다.[85)]

이에 관하여, 한정후견인에게 동의권만 있고 대리권이 없는 경우, 추인권자는 제한능력자와 그 대리인 또는 승계인만으로 제한되는데(제140조 참조) 여기서의 한정후견인은 동의권을 가질 뿐 대리권은 가지지 않기 때문에 추인권을 인정하기 어렵다는 주장[86)]이 제기되고 있으므로, 이에 대하여 살펴보기로 한다.

(2) 선행 쟁점 등

사견으로는 위 나.항에서 본 바와 같은 이유로 가정법원이 ⓒ유형 심판을 한 경우에도 한정후견인에게 동의권을 인정한 범위에 관하여는 당연히 법정대리권도 수여된 것으로 보아야 한다는 견해(즉, 실질적으로 ⓐ유형 심판을 한 경우와 동일한 효과가 발생한다는 견해)가 타당하다고 생각한다. 따라서 한정후견인에게 해당 법률행위에 관하여 동의권만 있고 대리권이 없는 경우는 발생하지 않기 때문에, 한정후견인의 동의권 인정 범위 내에서 피한정후견인이 한정후견인의 동의 없이 법률행위를 한 경우, 한정후견인은 (형식적으로 이에 관한 대리권 수여심판이 없더라도) 당연히 이에 관하여 추인권을 행사할 수 있다고 생각한다.

설령 위 나.항 쟁점에 관하여 다른 입장을 취하더라도, 위 (1)항 주장에 대하여 찬성하기는 어려운데, 그 이유는 다음과 같다.

(3) 개정 민법상 동의권자 · 취소권자 · 추인권자에 대한 검토

㈎ 개정 민법의 규정 등　개정 민법 제140조(법률행위의 취소권자)는 "취소할 수 있는 법률행위는 제한능력자, 착오로 인하거나 사기 · 강박에 의하여 의사표시를 한 자, 그의 대리인 또는 승계인만이 취소할 수 있다."라고 규정하고 있고, 제143조(추인의 방법, 효과) 제1항은 "취소할 수 있는 법률행위는 제140조에 규정한 자가 추인할 수 있고 추인후에는 취소하지 못한다."라고 규정하고 있다.

취소할 수 있는 법률행위에 대한 추인은 해당 법률행위를 취소하지 않겠다는 취소권자의 의사표시로서, 취소권의 포기에 해당한다고 설명하거나,[87)] 소극적인 면에서 해당 법률행위에 관한 취소권의 포기로 볼 수 있으나 유동적인 법률관계를 확정시키겠다는 적극적인 면도 가지고 있다고 설명하는 것[88)]이 일반적이다.

그렇다면 법리적으로 추인권은 취소권자에게 귀속되는 것이고, 제140조, 제143조도 같은 취지로 볼 수 있는데, 해당 법률행위에 관하여 개정 민법 제13조 제1항, 제2항에 의하여 동의

다고 하면서, 입법론으로 민법 제140조상 취소권자에 '후견인' 부분을 추가하는 것이 바람직하다는 입장을 취하고 있다.

85) 지원림(주 49), 83; 윤진수 · 현소혜(주 4), 84; 김형석(주 29), 12.

86) 주석 민법 총칙(1), 349-350(제5판/신숙희).

87) 주석 민법 총칙(1), 369(제5판/신숙희).

88) 주석 민법 총칙(3), 539(제5판/김형두).

권이 인정된 한정후견인은 제13조 제4항 본문에 따라서 취소권자의 지위에 있으므로 당연히 같은 범위 내에서 추인 여부에 관한 권한을 행사할 수 있다고 보아야 한다.[89)]

(나) 개정 민법과 개정 전 민법의 관련 규정 비교 등 개정 민법은 제140조에서 개정 전 민법 제140조에 규정된 '무능력자'를 '제한능력자'로 변경하면서 '대리인' 부분은 그대로 유지하였고, 제143조의 규정은 변경하지 않았는데,[90)] 제140조에 규정된 대리인은 법정대리인과 임의대리인을 포괄하는 것으로 해석하는 것이 일반적이다.[91)]

문제는 개정 전 민법의 경우 3가지 유형의 행위무능력자의 행위능력을 포괄적으로 제한하였고 그 법정대리인(후견인 포함)에게 포괄적인 대리권과 취소권을[92)] 인정한 반면에, 개정 민법은 법정대리인에게 위와 같은 포괄적인 권한을 인정하지 않는다는 것에서 비롯된 것이다.

제한능력자의 법률행위를 취소대상으로 삼는 이유는 그것이 불완전한 법률행위이기 때문이다.[93)] 그런데 가정법원이 피한정후견인의 특정 법률행위에 관한 동의권을 한정후견인에게 부여하는 심판을 한 사안에서, 한정후견인이 해당 법률행위에 관하여 동의를 하는 방법으로 피한정후견인의 부족함을 보완하는 경우 위와 같이 내포되었던 '불완전성'이 해소되기 때문에 그로써 해당 법률행위는 완전하게 유효한 것이 되고, 나중에 한정후견인이나 피한정후견인이 이를 취소할 수 없다. 그렇다면 취소권자가 해당 법률행위에 관하여 취소권을 행사할 수 있는지 여부는 위와 같은 불완전성이 해소되었는지 여부에 좌우되는 것이고, 피한정후견인의 법률행위의 경우 후견인의 동의에 의하여 불완전성이 해소될 수 있는 성격을 가지기 때문에,[94)] 이에 관하여 동의권을 행사할 수 있는 한정후견인에게 취소권 및 추인권이 귀속되는 것이 타당하다.[95)][96)]

---

89) 지원림(주 49), 366-367. 윤진수 · 현소혜(주 4), 65는 개정 민법에서 제144조 제2항에 '후견인' 부분을 추가한 것은, 피한정후견인이 한정후견인의 동의 없이 동의유보결정 범위 내에서 법률행위를 한 경우 법정대리인뿐만 아니라, 당해 법률행위에 관해 대리권이 없는 후견인도 취소의 원인이 소멸하기 전에 이를 추인함으로써 유효하게 만들 수 있다는 점을 예정한 것이라는 입장을 취하고 있다.

90) 개정 전 민법 제140조 및 제143조의 해석에 관하여는 민법주해(Ⅲ) 총칙(3), 288-294, 306-308(김용담) 참조. 개정 민법 제140조 및 제143조의 해석에 관하여는 주석 민법 총칙(3), 497-510, 538-542(제5판/김형두) 참조.

91) 주석 민법 총칙(3), 508(제5판/김형두) 참조.

92) 개정 전 민법에 의하면, 미성년자 · 한정치산자의 후견인은 원칙적으로 자신의 동의를 받지 않은 사건본인의 불완전한 법률행위를 취소할 수 있었고, 금치산자의 후견인은 그 동의 여부와 관계없이 '불완전성'을 내포한 사건본인의 법률행위를 취소할 수 있었다.

93) 주석 민법 총칙(3), 358-359(제5판/권순민) 참조.

94) 반면에, 종래 금치산자의 법률행위 또는 개정 민법상 피성년후견인의 일반적인 법률행위의 경우, 거기에 내포된 불완전성의 정도가 심하기 때문에, 후견인의 동의에 의하여 해당 법률행위에 내포된 '불완전성'이 해소된다고 보기 어려운 것이다.

95) 추인은 유동적인 법률관계를 확정시키겠다는 적극적인 면을 가지고 있다는 점에서, 해당 법률행위가 성립한 다음 사후에 불완전한 법률요건을 추완하는 성격을 가지고 있으므로[주석 민법 총칙(3), 540(제5판/김형두)], 한정후견인이 피한정후견인의 법률행위를 추인하는 것은 '사후적 동의'의 의미를 가지는 것이고, 따라서 해당 법률행위에 대한 동의권자가 추인권자가 되는 것이 법리적으로 타당하다고 생각한다. 이에 관하여 강태성, "민법

즉, 한정후견인에게 해당 법률행위에 관한 대리권이 있는지 여부에 따라서 이에 관한 취소권 및 추인권이 귀속되는지를 판단하는 것은 타당하지 않고, 해당 법률행위에 관한 동의권이 있는지를 기준으로 하여 취소권 등이 귀속되는지를 판단하는 것이 법리적으로 타당하다는 취지이다.

(다) 비교법적 검토 일본 민법 제120조(취소권자)는 "행위능력의 제한에 의하여 취소할 수 있는 행위는 제한행위능력자 또는 그의 대리인, 승계인이나 동의할 수 있는 자에 한하여 취소할 수 있다(제1항). 사기 또는 강박에 의하여 취소할 수 있는 행위는 하자 있는 의사표시를 한 자 또는 그의 대리인이나 승계인에 한하여 취소할 수 있다(제2항)."라고, 제122조(취소할 수 있는 법률행위의 추인)는 "취소할 수 있는 법률행위는 제120조에 규정한 자가 추인한 때에는 이후 취소할 수 없다. 다만 추인에 의하여 제3자의 권리를 해쳐서는 안 된다."라고 각 규정하고 있다. 한편, 독일 민법 제144조(취소할 수 있는 법률행위의 추인)는 "취소할 수 있는 법률행위가 취소권자에 의하여 추인된 때에는 취소를 할 수 없다(제1항). 제1항의 추인에는 법률행위에 대하여 정하여진 방식을 요하지 아니한다(제2항)."라고 규정하고 있다.[97]

위와 같이 일본 민법은 제120조에서 '동의할 수 있는 자'를 취소권자의 범위에 명시적으로 포함시킨 다음 제122조에서 같은 범위의 사람들에게 추인권이 있다고 규정하고 있는데, 이는 해당 불완전한 법률행위에 관하여 동의권이 있는지를 기준으로 취소권 및 추인권의 존부를 판단하는 것이 타당하다는 입장과 같은 맥락이다. 또한 독일 민법의 경우 취소권자가 추인권자라는 점을 명시하고 있다. 이러한 비교법적 검토에 비추어 보더라도, 위 (나)항과 같은 입장이 타당하다고 생각한다.

(라) 개정 민법 관련 규정에 대한 입법적 보완 또는 새로운 해석론의 필요성 사건본인의 법정대리인이 포괄적인 권한을 행사하던 개정 전 민법의 경우와 달리, 넓은 의미의 성년

에서의 「승인 · 승낙 · 동의 · 허락 · 추인」에 대한 검토 및 개정안", 민사법이론과 실무 19-3, 민사법의 이론과 실무 학회(2016), 39-40에는 "독일민법은 동의를 다른 자의 법률행위(계약 또는 단독행위)에 대한 의사표시로 규정한다(제182조 참조). 따라서 자신의 행위를 사후에 용인하는 것은 동의가 아니다. 그리고 독일민법은 이러한 동의를 사전의 동의(Die vorherige Zustimmung)와 사후의 동의(nachträgliche Zustimmung)로 나누면서, 사전의 동의(Die vorherige Zustimmung)를 Einwilligung라 하고 사후의 동의(Die nachträgliche Zustimmung)를 Genehmigung라고 규정한다(제183조 · 제184조). 즉 Genehmigung를 동의의 일종으로 규정한다. 따라서 자신의 행위에 대하여는 Genehmigung이 인정되지 않는다. 그러므로 독일민법은 취소권자가 자신이 한 행위를 용인하는 경우에는, Genehmigung이라 하지 않고 Bestätigung이라고 규정한다(제144조). (중략) 요컨대, 독일민법에서의 Genehmigung(사후의 동의)를 追認으로 번역하는 한, 취소권자가 자신이 한 법률행위를 용인하는 것(Bestätigung des anfechtbaren Rechtsgeschäfts. 제144조)은 취소할 수 있는 법률행위의 추인이 아니라 「취소할 수 있는 행위의 효력유지 표시」로 번역되어야 (한다)."라고 기재되어 있다.

96) 앞서 본 바와 같이 가정법원에서 특정후견인에게 피특정후견인의 법률행위에 대한 동의권 또는 취소권을 부여할 수 있다는 긍정설에 입각하는 경우, 그 범위 내에서 특정후견인의 동의에 의하여 피특정후견인의 해당 법률행위에 관한 '불완전성'이 해소될 수 있다는 점에서 위와 같은 한정후견의 사례와 유사하다.

97) 주석 민법 총칙(3), 539(제5판/김형두) 참조(밑줄은 필자가 추가한 것이다).

후견제도가 도입되면서 사건본인의 법정대리인이라는 사정만으로 당연히 사건본인의 법률행위에 대하여 취소권을 행사할 수는 없는 제도로 변화되었음은 앞서 본 바와 같다.[98] 그럼에도 불구하고 개정 민법 제140조에서 취소권자로 '대리인'만을 기재한 것은 새로운 제도의 도입으로 인한 변화를 충분히 검토하지 않은 채 개정 전 민법의 관련규정을 그대로 유지한 결과로 보인다.

입법자가 법률개정을 하면서 종래 법규정에 관한 제도적 변화를 세심하게 검토하지 아니한 사례가 적지 않은데, 1977. 12. 31. 법률 제3051호로 제826조의2(성년의제)[99]를 신설하면서 제817조(연령위반혼인 등의 취소청구권자),[100] 제808조(동의가 필요한 혼인)[101] 등에 관한 보완입법을 하지 않은 사례를 예시할 수 있다. 미성년자가 혼인을 한 경우, 설령 그 혼인과정에 취소사유가 있다고 하더라도, 위와 같이 신설된 제826조의2에 따라서 일단 성년으로 의제된다고 보는 것이 통설이기 때문에, 제826조의2가 시행된 이후에는 혼인취소의 소에 관련하여 당사자가 미성년자인 경우는 존재하지 않게 되었다. 즉, 제826조의2의 신설로 인하여 민법 제정 당시 제817조에서 혼인취소청구권자로 규정한 '법정대리인'에 대한 종래 해석을 그대로 유지하기 어렵게 되었음에도 불구하고[현 단계에서는 제817조의 법정대리인은 '혼인취소소송 당시의 법정대리인'이 아니라 '혼인 당시 법정대리인이었던 사람(즉, 해당 혼인에 대한 동의권을 침해당한 사람)'을 의미하는 것으로 해석할 수밖에 없다고 본다], 이에 관한 보완입법은 이루어지지 않고 있다.[102]

---

98) 위 제1의 다.항 기재 한정후견인의 권한 사례, 제1의 라.항 기재 특정후견인 권한 사례 등 참조.

99) 제826조의2(성년의제) 미성년자가 혼인을 한 때에는 성년자로 본다.

100) ○ 2005. 3. 31. 법률 제7427호로 개정되기 전 제817조 (연령위반혼인 등의 취소청구권자) 혼인이 제807조, 제808조의 규정을 위반한 때에는 당사자 또는 그 법정대리인이 그 취소를 청구할 수 있고, 제809조의 규정에 위반한 때에는 당사자, 그 직계존속 또는 8촌 이내의 방계혈족이 그 취소를 청구할 수 있다.
○ 현행 민법 제817조(연령위반혼인 등의 취소청구권자) 혼인이 제807조, 제808조의 규정에 위반한 때에는 당사자 또는 그 법정대리인이 그 취소를 청구할 수 있고 제809조의 규정에 위반한 때에는 당사자, 그 직계존속 또는 4촌 이내의 방계혈족이 그 취소를 청구할 수 있다.

101) ○ 개정 전 민법 제808조(동의를 요하는 혼인) ① 미성년자가 혼인을 할 때는 부모의 동의를 얻어야 하며, 부모 중 일방이 동의권을 행사할 수 없을 때에는 다른 일방의 동의를 얻어야 하고, 부모가 모두 동의권을 행사할 수 없을 때에는 후견인의 동의를 얻어야 한다.
② 금치산자는 부모 또는 후견인의 동의를 얻어 혼인할 수 있다.
③ 제1항 및 제2항의 경우에 부모 또는 후견인이 없거나 또는 동의할 수 없을 때에는 친족회의 동의를 얻어 혼인할 수 있다.
○ 개정 민법 제808조(동의가 필요한 혼인) ① 미성년자가 혼인을 하는 경우에는 부모의 동의를 받아야 하며, 부모 중 한쪽이 동의권을 행사할 수 없을 때에는 다른 한쪽의 동의를 받아야 하고, 부모가 모두 동의권을 행사할 수 없을 때에는 미성년후견인의 동의를 받아야 한다.
② 피성년후견인은 부모나 성년후견인의 동의를 받아 혼인할 수 있다.

102) 이에 관하여 김시철, "민법 제817조 등의 해석 및 개정에 관한 소고", 법률신문 3050호(2002), 14에는 "민법 제817조의 입법취지는 당사자가 제807조의 혼인적령에 달하지 아니하거나 제808조에서 규정한 혼인에 대한 동의권이 침해된 경우 그 혼인을 취소할 수 있도록 하는 것으로 보이고, 당해 혼인에 동의하지 아니한 혼인당사자의 부모 등이 그 혼인취소를 청구할 수 없도록 해석하는 것은 입법취지 등에 비추어 보아 부당하기 때문에, 제817조에 규정된 법정대리인은 '혼인취소소송 당시의 법정대리인'이 아니라, '혼인당시 법정대리인이었던

(마) 소 결 론 　개정 민법 제140조, 제143조의 경우 넓은 의미의 성년후견제도의 도입에 따른 제도의 변화를 충분히 반영하였다고 보기는 어렵기 때문에, 이에 관하여 적절한 보완입법을 하는 것이 바람직하다고 본다. 입법론으로서 제140조의 취소권자에 '후견인'을 추가하는 것이 바람직하다는 견해도 있으나,[103] 앞서 본 바와 같이 개정 민법상 모든 후견인에게 피후견인의 법률행위에 관한 '동의권'이 인정되는 것은 아니라는 점 등을 고려한다면 일본 민법의 경우와 같이 '동의할 수 있는 사람'이라는 문구를 추가하는 것이 바람직하다고 생각한다. 제817조의 사례에서 본 바와 같이 이러한 사안에서 취소권은 '동의권 침해'에서 비롯된 것이기 때문이다.

다만, 위와 같은 법률개정이 이루어지지 않은 상태에서도, 앞서 본 바와 같이 사건본인의 불완전한 법률행위에 관하여 (형식적으로 이에 관한 대리권 수여심판이 있었는지 여부와 관계없이) 동의권한이 있는 사람에게는 취소권 및 추인권을 인정하는 것이 법리적으로 타당하기 때문에, 한정후견인이 피한정후견인의 특정 법률행위에 대한 동의권을 가지고 있는 경우, 이에 관한 취소권 및 추인권이 당연히 인정되는 것으로 해석해야 한다고 생각한다.

라. 피한정후견인의 일상적 법률행위에 관하여

(1) 관련 규정

개정 민법은 피한정후견인이 가정법원의 동의유보결정의 범위 내(제13조 제1항, 제2항)에 속하는 법률행위를 한정후견인의 동의 없이 한 경우에도, 그 법률행위가 일용품의 구입 등 일상생활에 필요하고 그 대가가 과도하지 아니한 법률행위인 경우에는 이를 취소할 수 없다고 규정하고 있다(제13조 제4항 단서).

(2) 검　토

그런데 피한정후견인이 원칙적으로 행위능력자라는 점에 비추어 볼 때, 일반원칙에 대한 예외의 성격을 가지는 피성년후견인에 관한 제10조 제4항의 경우와 피한정후견인에 관한 제

사람'을 의미하는 것으로 해석할 수밖에 없는데, 다만 이는 부득이한 해석론일 뿐이므로, 논란의 소지를 근본적으로 해소하기 위하여 제817조를 개정하는 것이 바람직하다."라는 취지가 기재되어 있다.

103) 이에 관하여 윤진수·현소해(주 4) 63에는『법률행위의 취소권자에 관한 제140조 중 "무능력자" 부분을 "제한능력자"로 개정하였다. 피성년후견인, 피한정후견인은 성년후견인의 대리 또는 한정후견인의 동의 없이 단독으로 취소권을 행사할 수 있다. 제한능력자의 법정대리인도 취소권을 행사할 수 있음이 명백하다. 당해 법률행위와 관련하여 대리권을 수여받지 못한 후견인은 취소권을 행사할 수 있는가. 가령 가정법원으로부터 동의유보결정에 따른 동의권만 수여받은 한정후견인이, 그의 동의를 받지 않은 피한정후견인의 법률행위를 [법정대리인이 아니라는 이유로] 취소할 수 없다는 것은 현저히 부당할 뿐만 아니라, 피한정후견인의 보호에도 도움이 되지 않는다. 대리권 없는 후견인이라도 취소권은 행사할 수 있다고 보아야 할 것이다. 입법론으로서는 제140조상의 취소권자에 "후견인" 부분을 추가하는 것이 바람직하다. 개정이 이루어질 때까지는 가정법원이 제13조에 따른 동의유보의 범위와 제959조의4에 따른 대리권의 범위를 일치시키거나, 적어도 동의유보결정의 범위에 해당하는 법률행위에 대해서는 한정후견인에게 법률행위 취소에 관한 대리권을 수여하는 심판을 하는 방법으로 피한정후견인을 보호하는 수밖에 없을 것이다.』라고 기재되어 있다.

13조 제4항 단서규정의 경우가 서로 동일한 의미를 가진다고 볼 수는 없다. 포괄적 후견이 개시되는 피성년후견인의 경우에도 일상적 법률행위는 취소대상에서 배제된다는 점에 비추어 볼 때, 피한정후견인의 일상적 법률행위에 대하여 가정법원에서 한정후견인의 동의가 필요한 사항으로 결정하는 경우는 통상적으로 상정하기 어렵기 때문이다.[104)]

나아가 피한정후견인이 일상적 법률행위에 대해서까지 한정후견인의 동의를 받아야 할 정도라면 한정후견이 아니라 성년후견이 개시되어야 할 것이므로, 제13조 제4항 단서의 규정은 한정후견의 취지와 맞지 않을 뿐 아니라 불필요한 규정이라는 견해가 있다.[105)] 같은 맥락에서 입법론으로는 제13조 제4항 단서를 삭제하는 것이 타당하다고 생각한다.

마. 피한정후견인의 소송능력에 관하여

가정법원에서 피한정후견인의 일정한 법률행위에 관하여 한정후견인의 동의가 필요하다는 심판을 한 경우, 이러한 동의유보결정의 범위 내에 있는 법률행위에 관하여 피한정후견인의 소송능력 등을 인정할 수 있는지 여부에 관하여 다양한 견해의 대립이 있었는데,[106)] 2016. 1. 8. 법률 제13952호로 새로운 제도의 취지를 반영하여 민사소송법에 관한 법률개정이 이루어졌다.

개정 민사소송법은 제55조 제2항[107)]에서, 피한정후견인에 대하여 원칙적으로 소송능력을 인정하되, 예외적으로 한정후견인의 동의를 필요로 하는 행위에 관하여는 피한정후견인의 소송능력을 부정함으로써 대리권이 있는 한정후견인의 대리에 의해서만 소송행위를 할 수 있도록 규정하였다.[108)]

이에 관하여 가정법원에서 피한정후견인의 소송행위 자체를 한정후견인의 동의가 필요한 사항으로 정한 경우 피한정후견인은 한정후견인의 동의가 없는 한 소송능력이 없는 것으로 보아야 한다는 견해가 있으나,[109)] 민사소송법 제55조 제2항의 규정취지에 비추어 볼 때 위와 같

104) 동지, 윤진수 · 현소혜(주 4), 45; 김형석(주 29), 14.

105) 강태성(주 24), 166; 김주수 · 김상용(주 48), 145; 지원림(주 49), 84.

106) 이에 관하여는 배인구(주 4), 163-172; 배인구, "성년후견제도에 관한 실무상 쟁점 —피성년후견인 등의 행위능력과 소송능력을 중심으로—", 민사재판의 제문제 22, 민사실무연구회(2013), 170-174; 정선주, "행위능력제도의 변화에 따른 소송능력의 재검토", 민사소송 18-1(2015), 51-81 등 참조.

107) 민사소송법 제55조(제한능력자의 소송능력)
① 미성년자 또는 피성년후견인은 법정대리인에 의해서만 소송행위를 할 수 있다. 다만, 다음 각 호의 경우에는 그러하지 아니하다.
1. 미성년자가 독립하여 법률행위를 할 수 있는 경우
2. 피성년후견인이 「민법」 제10조 제2항에 따라 취소할 수 없는 법률행위를 할 수 있는 경우
② 피한정후견인은 한정후견인의 동의가 필요한 행위에 관하여는 대리권 있는 한정후견인에 의해서만 소송행위를 할 수 있다.

108) 개정 민사소송법의 해석 등에 관하여는 이시윤, 신민사소송법(제12판), 박영사, 2018, 164-166; 전원열, 민사소송법강의, 박영사, 2020, 174-176; 김경욱, "2015년 민사소송법 개정안의 주요내용과 쟁점", 민사소송 19-2(2016), 9-57 참조.

은 사안에서 한정후견인의 동의를 얻은 피한정후견인에게 소송능력을 인정하기는 어렵고, 대리권이 있는 한정후견인에 의해서만 소송행위를 할 수 있다고 해석하는 것이 타당하다고 본다.[110]

이러한 민사소송법 개정은 새로운 제도에 관한 해석상 견해의 대립을 정리하는 것으로서, 소송행위에 관하여 실무적인 문제 발생을 최소화하는 입법적 보완조치라고 할 수 있다.

바. 피한정후견인의 근로계약의 체결과 임금의 청구

종래 한정치산제도의 경우 한정치산자의 행위능력을 미성년자의 경우와 동일하게 규율하고 있었기 때문에, 미성년자 보호를 위한 근로기준법상 특별규정이 한정치산자에게 유추적용되는지에 관하여 견해의 대립이 있었으나, 개정 민법은 가정법원에서 한정후견인의 동의가 필요한 사항으로 결정한 것이 아닌 이상 피한정후견인에게 행위능력을 인정하고 있기 때문에, 위 특별규정들이 피한정후견인에게 적용되지 않는다고 보아야 한다.[111]

사. 피한정후견인의 거래상대방의 확답촉구권에 관하여

(1) 제한능력자의 거래상대방의 보호필요성

제한능력자의 법률행위는 일정한 경우에 제한능력자 또는 후견인이 취소할 수 있으므로, 거래상대방의 입장에서는 스스로 그 거래행위의 구속으로부터 벗어날 수 없고 전적으로 제한능력자 측의 의사에 의하여 그의 지위가 좌우되는 결과가 발생하며(제140조), 취소의 소급효로 인하여(제141조) 거래의 안전이 침해될 우려가 있다. 그런데 취소할 수 있는 행위에 대한 취소권에 관한 법정추인제도(제145조), 단기소멸시효제도(제146조) 등 일반적 규정만으로는 거래상대방에 대한 충분한 보호수단이 되지 못하기 때문에, 종래 민법은 제한능력자의 상대방을 특별히 보호하기 위하여 제15조 내지 제17조에서 거래상대방의 확답촉구권과 철회권 · 거절권 및 제한능력자의 취소권의 상실 등을 규정하고 있었다.[112] 개정 민법은 개정 전 민법 제15조 내지 제17조의 규정내용 중 '무능력자' 부분을 '제한능력자'로 변경하고 나머지 규정내용은 그대로 유지하였는데,[113] 행위능력제도 자체가 변경되었기 때문에 위 조문들이 갖는 의미도 어느

---

109) 김형석, "피성년후견인과 피한정후견인의 소송능력, 가족법연구 27-1(2013), 70-72; 김성우(주 24), 87; 주석 민법 총칙(1), 353(제5판/신숙희).

110) 전원열(주 108), 175-176. 김경욱(주 108), 21-23도 같은 취지로 보인다.

111) 동지, 강태성(주 24), 167; 김형석(주 29), 6-7; 김민중(주 33), 143; 지원림(주 49), 84; 곽윤직 · 김재형(주 63), 129. 다만, 김형석(주 29), 6-7은 한정후견의 경우에도 근로기준법의 입법취지를 고려할 필요가 있기 때문에, 한정후견인에게 피한정후견인의 근로계약에 관한 동의권이 인정된 사안에서 한정후견인이 일단 피한정후견인의 근로계약 체결에 동의한 이상, 피한정후견인은 독자적으로 임금청구를 할 수 있고(근로기준법 제68조의 유추), 법정대리권이 있는 한정후견인이 피한정후견인의 근로계약을 대리하는 것은 금지된다는 취지로 주장한다.

112) 민법주해(Ⅰ) 총칙(1), 316(양삼승).

113) 강태성(주 24), 175; 곽윤직 · 김재형(주 63), 134; 김민중(주 33), 147; 김상용(주 33), 166-167; 송덕수(주 33), 177; 지원림(주 49), 86-87; 주석 민법 총칙(1), 369(제5판/신숙희).

정도 변화할 수밖에 없다.

(2) 개정 민법 제15조에 규정된 거래상대방의 확답촉구권에 관하여

㈎ 성립요건 개정 민법에 의하면, 제한능력자의 상대방이 확답을 촉구할 권리를 행사하는 경우, ① 문제의 취소할 수 있는 행위를 지적하여 가리키고, ② 1개월 이상의 유예기간을 정하여, ③ 추인하겠는지 여부의 확답을 요구해야 한다(제15조 제1항).

㈏ 확답촉구권의 상대방 확답촉구의 상대방은 확답촉구를 수령할 능력이 있고(제112조), 또한 취소 또는 추인을 할 수 있는 자에 한정된다(제140조, 제143조).[114] 개정민법은 확답촉구의 상대방에 관하여 이를 2가지의 경우로 나누어 규정하고 있는데, 아래에서는 피한정후견인이 제한능력자인 경우를 중심으로 살펴본다.

1) 피한정후견인이 능력자로 된 경우 행위능력이 제한된 피한정후견인의 경우 그 한정후견의 종료심판이 이루어진 경우(제14조), 또는 변경심판에 의해 해당 법률행위에 대하여 제한되었던 행위능력이 회복된 경우(제13조 제2항)에 비로소 행위능력자가 되는데, 거래상대방은 위와 같이 능력자가 된 '과거의 피한정후견인'에 대하여 과거의 거래행위를 추인할지 여부를 확답하라고 촉구하는 뜻을 통지해야 한다.

2) 피한정후견인의 제한능력 상태가 계속 중에 있는 경우 이 경우 피한정후견인에 대하여 확답촉구를 하여도 확답촉구의 효과는 생기지 않는다. 이에 관하여 개정 민법 제15조 제2항은 '제한능력자의 법정대리인'에 대하여 확답의 촉구를 하여야 한다고 규정하고 있는데, 이는 개정 전 민법 제15조의 규정내용 중 '무능력자' 부분을 '제한능력자'로 변경하고 '법정대리인' 부분을 그대로 유지한 것이기 때문에, 위 나.항에서 살펴본 동의권과 대리권의 범위설정에 관한 ⓐⓑⓒ 유형별로 구체적인 검토를 할 필요가 있다.

가) 동의권과 대리권의 범위를 일치시킨 ⓐ유형 심판에서는 해당 법률행위에 관하여 한정후견인에게 동의권과 대리권이 모두 인정되는 것이 분명하기 때문에 종래 제도에 관한 해석을 원용할 수 있고, 해석상 별다른 문제가 발생하지 않는다. 거래상대방이 피한정후견인의 해당 법률행위에 관하여 한정후견인에게 확답촉구를 할 수 있다는 점에 대하여 의문의 여지가 없기 때문이다.

나) 가정법원이 피한정후견인의 특정 법률행위에 관한 대리권을 한정후견인에게 부여하면서도 이를 동의유보사항에 포함시키지 않은 경우(ⓑ유형), 해당 법률행위에 관하여 피

114) 제15조 제1항, 제2항의 추인에 관하여 강태성(주 95), 42에는 "여기서의 추인은 「제한능력을 이유로 하는 취소권」의 포기이다. 이러한 포기는 제한능력자가 능력자가 된 후에 하거나, 제한능력자가 능력자가 되기 전에는 그 법정대리인이 할 수 있다. 검토하건대, 동의는 어떤 者(갑)의 행위(A)를 그 者(갑)가 아닌 다른 사람(을)이 그 행위(A)의 前이나 後에 찬성하는 것이다. 그런데 제한능력자가 능력자가 된 후에 하는 포기는 자신이 한 행위를 취소하지 않겠다는 것이므로, 사후의 동의에 해당하지 않는다. 그러나 법정대리인이 하는 포기는 사후의 동의에 해당한다. 이처럼 여기서의 추인(즉, 취소권의 포기)은 경우에 따라 그 성질을 달리한다."라고 기재되어 있다.

한정후견인은 독자적인 행위능력을 가지기 때문에 이에 관한 피한정후견인의 법률행위는 유효하고, 따라서 제15조의 적용대상이 될 수 없음을 유의해야 한다. 이에 관하여 피한정후견인은 제한능력자가 아니기 때문이다.[115)]

다) 이론적으로 견해의 대립이 있을 수 있는 것은 가정법원이 동의유보사항에 포함된 특정 법률행위에 관하여 형식적으로 한정후견인에게 대리권을 수여하는 별도의 심판을 하지 않은 ⓒ유형 심판이 이루어진 경우인데, 위 다.항에서 본 바와 같은 이유로 동의유보결정의 범위에 관하여 당연히 법정대리권도 수여되었다고 보아야 한다고 생각한다.[116)] 만일 그렇게 보지 않으면, 피한정후견인은 행위능력을 회복하기 전까지 해당 법률행위에 관하여 확답촉구의 대상이 될 수 없고, 한정후견인도 이에 관한 법정대리권이 없어서 확답촉구의 대상이 될 수 없기 때문에 거래상대방은 한정후견종료 등의 사유로 피한정후견인이 행위능력을 회복하기 전까지 제15조에 따른 확답을 촉구할 수 있는 권리를 행사할 수조차 없게 되는 현저히 부당한 결과가 발생하는데, 거래상대방은 한정후견종료의 심판을 청구할 수 있는 자격이 없고(제14조 참조), 한정후견인의 대리권의 범위에 관한 변경청구를 할 수도 없기 때문에(제959조의4 제2항, 제938조 제4항), 위와 같은 문제를 해결할 방법이 없다는 점 등은 앞서 본 바와 같다.

아. 입법적 보완에 관하여

한정후견인의 동의권 · 대리권 · 취소권 등의 관계를 구체적으로 검토하는 경우, 규정내용이 미흡하거나 이론적으로 논란이 있는 부분에 대하여 개선입법을 통하여 적절한 보완조치를 할 필요가 있음을 알 수 있다. 입법론으로서 다양한 주장이 제기될 수 있는데,[117)] 앞으로 이에 관하여 심도 있는 논의가 필요하다고 본다.

---

115) 한정후견인은 해당 법률행위에 관하여 동의권한이 없으므로 이에 대한 추인 여부를 결정할 권한이 없음은 분명하다. 김형석(주 29), 18도 같은 취지로 보인다.

116) 이에 관하여 윤진수 · 현소혜(주 4), 59에는 '가정법원이 한정후견인에게 수여한 대리권에는 추인에 관한 대리권이 함께 포함되어 있다고 해석하여야 할 것이다.'라고 기재되어 있는데, 가정법원이 피한정후견인의 특정 법률행위에 관한 대리권을 한정후견인에게 부여하면서도 이에 관한 동의권을 한정후견인에게 부여하지 않은 경우, 해당 법률행위에 관한 피한정후견인의 법률행위는 유효한 것으로서 애당초 본조의 적용대상이 될 수 없기 때문에, 한정후견인의 동의권한에 추인에 관한 대리권이 포함되어 있다고 정리하는 것이 좀 더 적절한 표현이라고 생각한다[윤진수 · 현소혜(주 4), 63 등 참조].

117) 예컨대, 강태성(주 95), 45-46에는 『취소할 수 있는 행위의 추인은 경우에 따라 취소 또는 취소권의 포기로 개정한다. 예컨대, 제15조 제1항 본문에서의 "추인"은 취소로 개정하고, 그 단서에서의 "그 행위를 추인한 것"은 「취소권을 포기한 것」으로 개정한다. 또한 제16조 제1항과 제2항에서의 추인은 「취소 또는 취소권의 포기」라고 개정하는 것이 的確하다. 제143조에서의 "취소할 수 있는 법률행위는 제140조에 규정한 자가 추인할 수 있고 추인 후에는 취소하지 못한다."를 「제140조에 규정된 법률행위의 취소권자는 취소권을 포기할 수 있고, 포기한 후에는 취소하지 못한다.」로 개정한다. 또한 민법 제144조의 제목(추인의 요건)은 「취소권포기의 요건」으로 개정하고, 그 제1항에서의 "추인"은 「취소권의 포기」로 개정하며, 그 제2항에서의 "추인하는"은 「취소권을 포기하는」으로 개정한다. 그리고 제145조 본문과 단서 및 제146에서의 "추인할"은 「취소권을 포기할」로 개정한다.』라고 기재되어 있다.

Ⅳ. 마 치 며

현재 우리 사회에서는 인구고령화 현상이 급속도로 진행되고 있고, 이로 인하여 일반인들도 넓은 의미의 성년후견제도의 중요성에 대한 인식의 폭을 넓혀가고 있다. 우리 민법의 제정 당시 도입된 행위능력 제도는 획일적 기준을 객관적으로 설정하여 행위무능력자를 보호하기 위한 제도로서 나름대로 의미가 있었지만, 이로 인한 부작용을 시정하기 위하여 개정 민법은 새로운 제도를 도입하였다. 위와 같은 법률의 제정·개정작업은 입법자의 정책적 판단에 따라 이루어진 것이다.

그런데 개정 민법의 입법과정에서 관련 법률규정과의 상호관계를 충분히 고려하지 않은 부분이 발견된다. 개정 전 민법상 행위무능력자의 모든 후견인은 사건본인의 법정대리인으로서 포괄적인 권한을 행사할 수 있었고, 관련 법률규정들도 이를 전제로 하여 법적 규율을 하여 왔지만, 개정 민법에서는 모든 후견인이 법정대리인의 지위에 있는 것도 아니고, 법정대리인인 후견인이 당연히 동의권이나 취소권을 행사할 수 있는 것도 아니다. 새로운 제도의 도입이 상당한 변화를 야기하였음에도 불구하고 이에 관한 입법조치가 충분하지 않았기 때문에, 관련 규정들의 개념이나 적용 범위 등이 분명하지 않은 상황이 발생하고 있다. 의사무능력제도와는 달리, 행위능력제도는 형식적·획일적 기준을 객관적으로 설정하는 것이 중요하므로, 적절한 입법조치를 통하여 미흡한 부분을 보완하는 것이 바람직하다.

다만, 위와 같은 입법적 보완이 이루어지지 않은 경우, 우리 학계와 실무에서 심도 있는 연구와 검토를 통하여 가능한 범위에서 전체적인 법체계와 조화를 이룰 수 있는 합리적인 해석론을 도출할 필요가 있다. 관련 쟁점에 대한 활발한 논의를 통하여 다양한 형태의 분쟁들을 적절하게 해결할 수 있는 해석론이 정리되고, 이를 토대로 하여 넓은 의미의 성년후견제도가 합리적으로 정착될 수 있기를 기대하면서 이 글을 마무리한다.

프랑스에서의 외관이론의 전개

김 은 아*

Ⅰ. 서 론

우리 민법에서 외관이론에 의해 해석된다고 하는 법률문제가 있다. 대표적인 것이 허위표시에 있어서 제3자의 보호 범위의 문제, 表見대리의 문제, 채권의 준점유자에 의한 변제, 참칭상속인에 관한 문제 등이 그것이다.

외관이론은 진정한 권리자의 권리를 보호하는 것이 아니라 외관을 믿고 행위한 자를 보호하기 위한 것이다. 외관을 믿고 행위한 제3자를 보호한다는 점은 거래의 안전을 위하여 인정되는 것으로 해석되어 왔다. 우리 법에서 외관이론으로 해석되는 여러 제도는 많은 경우 일본의 법을 계수한 것이고, 그 일본법은 민법 제정 당시 보와소나드 초안을 마련하면서 프랑스법을 직접적으로 계수하였다.[1] 예를 들어 외관이론으로 해석되는 채권의 준점유자에 의한 변제 규정[2]은 프랑스민법 제정 당시부터 존재하던 것으로(제1240조), 일본 구민법 제478조를 거쳐 우리 법 제470조에도 규정되었다(현행 프랑스민법 제1342-3조, 제정 프랑스민법 제1240조). 이와 같이 프랑스에서의 외관이론은 우리 법의 해석에 있어서 중요한 단서가 되는 것이다.

아래에서는 외관이론이 언제 형성되었고, 우리 법에 어떻게 영향을 주었는지를 검토하고자 한다. 이를 위하여, 먼저 프랑스법상 외관이론의 기원을 살펴보고, 그 다음으로 외관이론이 형성되는 과정을 외관이론이 영향을 미친 주제별로 살펴보면서 그 요건과 효과를 추출해 내며, 마지막으로 이 법리가 우리 법에 어떻게 영향을 주고 있는지를 살펴보도록 하겠다.

---

* 서울대학교 법학연구소 객원연구원, 법학박사.

1) 보와소나드(Gustave Émile Boissonade, 1825. 6. 7. ~ 1910. 6. 27.)는 19세기 후반에서 20세기 초반까지 활동한 프랑스의 법학자로 19세기 말에 일본으로 건너가 일본민법 초안을 작성하였다. 이 보와소나드 초안이 실제 제정민법으로 채택되지는 않았지만, 일본의 제정민법이 이 초안을 기초로 수정되었다는 점에서 우리 법상 프랑스민법의 연원이 되는 중요한 자료가 된다. 이 초안은 나고야대학의 법률정보 홈페이지에서 찾아볼 수 있다(최종검색 2021. 7. 5. https://law-platform.jp/acts/projet).

2) G. Chantepie et M. Latina, *La réforme du droit des obligations, commentaire théorique et pratique dans l'ordre du Code civil,* Dalloz, 2e, 2018, n° 944, p. 851.

Ⅱ. 프랑스법상 외관이론의 의미 및 기원

1. 외관과 외관이론의 의미

프랑스 법학자 자끄 게스땡(Jacque Ghestin)과 질르 구보(Gilles Goubeaux)에 의하면 외관(Apparence)은 두 가지 의미로 이해된다. 먼저 외관은 한편으로는 실제로 분명히 눈으로 볼 수 있는 것, 즉 가시적으로 드러나는 것이다. 그리고 다른 한편으로 그것은 겉으로 보이는 것이 아닌 기만적인 것이다. 이와 같이 일견 모호에 보이는 외관의 그 법적인 의미에 대하여 게스땡과 구보는 다음과 같이 설명한다. 권리의 외관을 갖고 있는 경우 그로 인하여 실제 존재하지는 않는 권리에 대한 신뢰를 갖도록 하는 상황이 유발되고, 이 점이 존재하지 않는 권리에 대하여 법률효과를 부여하는 결과를 낳게 한다.[3] 이와 같이 외관이라는 사실 상태에 유효한 권리를 인정하는 것을 외관이론이라고 한다.

2. 외관이론의 기원

이러한 외관이론의 기원은 로마법에서 찾을 수 있다. 외관 개념의 원형은 노예 바바리우스 필리푸스(Barbarius Philippus)에 관한 개소에서 찾아볼 수 있다(ULPIEN, Digeste, I, 14, 3).[4] 울피아누스에 따르면, 노예 바바리우스 필리푸스는 자신의 진정한 지위를 숨기고 정무관(praetor)인 것으로 행세했다. 본색이 드러난 뒤 먼저 외관상 정무관으로 행위한 데 대한 제재가 가해졌다. 그러나 그의 행위를 무효로 할 것인지 유효로 할 것인지는 어려운 문제였다. 유스티니아누스는 바바리우스 필리푸스는 노예였지만 집정관이 이후 그를 자유인으로 회복시킴으로써 그의 행위를 유효하게 유지하는 해결책을 내놓았다(C. 1. 2. 7. 45). 이는 훗날 공통의 착오는 법을 만든다(*Error Communis Facit Jus*)는 법언으로 표현된다.[5]

3. 외관상 사실 상태

(1) 일　반

어떠한 사실 상태가 가시적이고, 드러나는 것이라면, 이는 법적인 측면에서 고려될 수 있다. 그리고 이와 같이 법적으로 고려될 수 있는 외관이 있는 경우는 다음과 같다.

(2) 외관이 나타나는 사실 상태

㈎ 매매목적물의 외관상의 하자　　가시적이고 명백하면서도 기만적 특징을 가지는

---

3) J. Ghestin, G. Goubeaux, Traité de Droit Civil, Introduction Générale, L.G.D.J., 1983, n° 771, p. 697.

4) M. Boudot, Apparence, *Rép. civ.*, Dalloz, 2018, n° 3.

5) H. Mazeaud, La maxime Error Communis Facit Jus, *RTD civ.* 1924. 929 Cité Par M. Boudot(주 4), n° 3.

외관이 드러나는 대표적인 사실 상태의 하나로는 매매목적물의 외관상 드러나는 하자를 들 수 있다(프랑스민법 제1642조).[6] 매매목적물에 외관상 하자가 있는 경우 담보책임이 제한될 수 있는 것이다. 이는 권리와 외관 사이의 가장 기본적인 관계에 해당한다.[7]

(나) 점 유 소유권은 다른 권리와 마찬가지로 권리로서 추상성을 띠고 있으므로, 소유권을 실현하는 것은 이를 가시적으로 행사하는 것으로 나타난다. 따라서 어떠한 사실 상황이 있다면 일반적으로 소유권을 행사하고 있는 것에 부합한다는 것이다. 그 결과 일정한 기한 동안 점유하고 있는 경우에는, 그가 진정한 소유자가 아니었더라도 소유권을 시효취득할 수 있게 해준다(프랑스민법 제2260조 이하). 이는 점유를 소유의 이미지로 볼 수 있다는 점과 권리와 사실은 보통 일치하는 경우가 대부분이라는 점에서 도출한 결과이다.[8]

(다) 상 거 래 상거래 관계에는 단순성과 신속성이 요구되며, 그 거래가 대량으로 복잡하게 이루어지는 경우가 많은 데다가, 때로는 은밀히 이루어진다는 점에서 그로 인한 권리상태에 대해 엄격히 조사할 필요가 없다. 따라서 상사의 권리는 실제 외관상 결과와 거의 일치한다. 특히 환어음 또는 약속어음은 권리를 확인하게 해주며, 증권의 교부는 변제수단으로 이용된다. 증서에 기초한 법률관계는 완전히 그 증서의 형식에 기초한 것이다. 증서에 권리가 표창되는 것과 같이 가시적인 형식이 있는 경우라면, 외관은 권리가 되는 것이다.[9]

(3) 권리를 나타내는 것으로 고려되는 외관 상태

(가) 권리의 행사가 있어야 한다 권리는 추상적인 개념이지만, 권리의 행사는 실제 당사자가 행위함으로써 또는 이미 존재하는 물건을 변경시킴으로써 구체적으로 드러날 수 있다. 통상은 권리의 행사와 가시적인 사실 상태가 부합하기 때문에 그 가시적인 사실 상태가 권리를 나타내는 것으로 평가될 수 있다. 따라서 문, 창문, 수로를 내는 공사를 하는 것이 지역권의 존재를 드러내는 것으로 평가받을 수 있는 것이다(프랑스민법 제689조).[10]

때때로 외관상 사실 상태가 권리를 증명하는 역할을 하는 경우도 있다. 예를 들어 둘 중 누가 동산의 소유권을 가지는지에 대해 문제되었을 때, 이를 점유하는 자가 상대방에 대하여 권리를 증명할 수 있는 것이다. 이는 신분점유(la possession d'état)라고 하는 프랑스의 독특한 제도와 관련해서도 설명할 수 있다. 프랑스민법 제311-1조에 따르면, 신분점유는 어떤 사람과 외관상의 친족 간에 친자관계 또는 혈족관계가 있어 보이는 사실들의 충분한 결합에 의해 성립한다. 예를 들어 어떤 사람이 자기 부모라고 하는 자들로부터 자녀로서의 대우를 받았으며

---

6) 프랑스민법 제1642조 매도인은 외관상의 하자와 매수인이 스스로 확인할 수 있었던 하자에 대해서는 담보책임을 지지 않는다.

7) J. Ghestin, G. Goubeaux(주 3), n° 773, p. 698.

8) J. Ghestin, G. Goubeaux(주 3), n° 774, p. 699.

9) J. Ghestin, G. Goubeaux(주 3), n° 775, p. 699.

10) J. Ghestin, G. Goubeaux(주 3), n° 776, p. 700.

그 자신도 그들을 부모로 대우했던 것과 같이 친족관계로 보게 할만한 일련의 사실이 있다면, 그 외관을 존중하여 친족으로서의 신분을 인정해 주는 것이다.[11)]

(나) 그러나 그 권리는 실제로는 존재하지 않는 것이어야 한다 대부분의 경우에는 사실상태가 진정한 권리를 가시적으로 나타내 주지만, 언제나 그러한 것은 아니다. 권리가 발생·변경·소멸하는 과정에서 법률에 규율되는 사건은 수도 없이 많지만, 이는 복잡하기도 하고 때로는 은밀히 이루어지기도 하기 때문이다. 따라서 어느 사실상태가 진정한 권리를 나타내는지는 권리의 발생·변경·소멸의 각각의 절차에서 엄밀한 검증을 통해서 알 수 있을 뿐이다. 이와 같이 정확한 권리의 상태를 사실상태에서 추적하는 것은 쉽지 않다. 반면, 그러한 가시적인 사실상태는 실제 문제된 권리가 존재하지 않더라도 그 권리가 행사하고 있는 것과 같이 보이게 만든다. 이러한 외관상의 사실 상태가 항상 정확한 권리관계를 드러내는 것은 아니지만, 적어도 그것은 권리가 있는 것처럼 보이게 하는 것이다. 이후 그 사실관계에 대한 검증이 완료된 후에야 비로소, 외관이 진정한 권리를 나타낸 것이 아니며 도출된 결론이 잘못된 것임을 알 수 있게 된다. 즉 권리가 존재한다는 것은 착시[12)]에 불과했다는 것을 알게 되는 것이다.[13)]

(4) 검 토

그런데 프랑스의 법학자들은 어떠한 사실상태가 법적 진실에 언제나 합당해야 하는지에 대해서 의문을 가졌다. 겉으로 보이는 가상의 권리에라도 경우에 따라 어떠한 효력이 주어져야 하는 것이 아닌지를 고민하기 시작한 것이다. 프랑스법원은 이러한 관점을 적극적으로 채택하였고, 프랑스에서는 외관이론이 판례법으로 승인되기에 이르렀다.

Ⅲ. 프랑스 외관이론의 전개

1. 외관이론의 전개 양상

(1) 제정 프랑스민법의 규율

프랑스의 제정 민법인 1804년 제정 프랑스민법에도 외관에 관한 규정이 다수 존재한다.[14)] 그에 따르면, 지역권(servitude)의 경우에 表見지역권을 인정하기도 하고, 가장계약에 관한 은닉행위를 인정함으로써 외관을 간접적으로 인정하기도 하였다(제정 프랑스민법 제1321조, 현행 프랑스민법 제1201조). 또한 권리의 주체의 행위를 통한 외관 작출과 관련하여 신분점유제도

11) J. Ghestin, G. Goubeaux(주 3), n° 776, p. 700.

12) Voirin, note sous Bordeaux, 10 décembre 1928, D. P. 1929. 2. 81 Cité Par J. Ghestin, G. Goubeaux(주 3), n° 777, p. 701.

13) J. Ghestin, G. Goubeaux(주 3), n° 777, p. 701.

14) 이 글 주 5 참조.

(제정 프랑스민법 제195조 이하, 현행 프랑스민법 제320조 이하), 채권의 준점유 또는 물건의 점유(제정 프랑스민법 제1240조 및 제2279조, 현행 프랑스민법 제1342-3조 및 제2276조), 그리고 점유의 이전(제정 프랑스민법 제137조, 현행 프랑스민법 제790조)에 관하여 규율하였다. 그 중 점유의 이전에 관한 규정은 증명책임과도 관계한 것으로, 누군가 물건을 점유하고 권리의 외관을 갖춘 경우에는 권리의 존재가 추정된다. 이는 용익권의 포기에 관한 규정에서도 살펴볼 수 있다. 아래에서는 민법전에서의 외관에 관련된 조문의 해석과 함께 판례가 독자적으로 인정한 외관이론에 대하여 주제별로 살펴보도록 하겠다.

(2) 외관상의 소유권

㈎ 취득시효 외관이론에 관한 가장 오래된 판례법리가 형성된 것은 소유권에 관한 것이다.[15] 이는 Cass. req., 3 août 1815 판결에서 등장하였다.[16] 사실 외관상의 소유권의 문제는 전술한 현행 프랑스민법 제2276[17]조와도 관계된 것으로, 의사주의를 취하며 뒤늦게 공시제도가 확립된 프랑스에서 더욱 의미 있는 것이다. 이 규정은 점유자의 이익을 위한 것이고, 점유가 물건의 소유를 가장 잘 드러내는 것이라는 프랑스의 사고를 고려하면, 제3자가 그에게 속았는지 여부를 증명할 필요가 없었다.[18] 따라서 원칙적으로 외관의 개념은 공연한 사실 상태에 기초하여 권리의 존재를 착오에 의해 신뢰한 것으로 엄격히 제한되었으나, 정식의 법률행위를 통하여 자신이 부동산의 진정한 소유권을 취득한 것으로 믿은 점유자는 취득시효에 관한 제2265조의 시효기간이 경과하면 소유권을 취득하게 되었다. 이러한 부동산의 취득시효에 관한 규정도 외관상의 소유권의 하나로 인정된다.

㈏ 참칭상속인 프랑스법에서도 피상속인이 부모가 아니더라도 일정한 친족관계에 있는 경우에는 피상속인의 사망으로 상속인의 자격이 주어진다. 이후 누구도 그 존재를 알지 못하던 진정상속인이 등장하는 경우 기존의 상속인은 참칭상속인이 된다.[19] 즉 법에 따른 진정상속인이 밝혀지거나 사전에 피상속인이 유언함으로써 유증자가 있음이 밝혀진 경우, 상속인이 아닌 누군가 상속재산을 점유하고 있는 것에 견줄 수 있는 것이다. 게다가 점유의 개시 시점과 진정 상속의 주장 시점까지의 기간 동안 상속재산에 대하여 그 참칭상속인이 법률행위를 한 경우 이 행위가 유효한지 문제되는 것이다. 판례는 참칭상속인의 법률행위의 유효성을

15) 물건의 소유에 관한 증서를 가지고 통행하는 자는 외관상의 소유권을 가진다. M. Planiol, Traité élémentaire de droit civil : conforme au programme officiel des Facultés de droit, t.1, 1932, n° 2361, p. 814.

16) Cass. req., 3 août 1815, S. 1815. 1. 286.

17) 프랑스민법 제2276조 ① 동산에 있어서 점유는 권원의 가치를 가진다.
② 그러나 물건을 유실하거나 도난당한 사람은 자신이 찾고 있는 물건을 소지하고 있는 사람에 대하여 유실 또는 도난 일로부터 3년간 그 반환을 청구할 수 있다. 다만, 이를 소지하고 있는 자는 이전의 소유자에 대하여 구상권을 가진다.

18) J. Ghestin, G. Goubeaux(주 3), n° 789, p. 714.

19) Cass. civ. 26 janvier 1897, D. P. 1900. 1. 33.

확인하였다.[20] 프랑스에서도 유언이 공시되는 것도 아닐뿐더러 과거에는 오늘날과 달리 진정상속인을 검증하기 쉽지 않았기 때문에, 누가 진정상속인인지 검증하기는 쉽지 않았다. 따라서 부동산소유권에 관하여는 프랑스의 판례가 오랫동안 참칭상속인의 단독행위에만 외관이론의 효력을 인정하는 것으로 그 범위를 제한하기도 하였다.

㈐ 가족관계상의 권한의 외관 그러나 선의의 제3자를 보호하려는 경향이 널리 퍼져 점차 소유권의 외관이 인정되는 여러 사례가 등장하기 시작하였다. 예를 들어, 무효가 된 매매 또는 증여로 인한 소유권 취득 증서를 가진 자에 의하여 이행된 법률행위,[21] 자녀의 부동산을 오랫동안 관리해 온 부친에 의해 행해진 법률행위,[22] 부인과 공동소유하고 있는 부동산에 관하여 마치 혼자 소유자인 것처럼 여러 증서에 기재한 남편의 법률행위[23] 등이 유효로 인정되었다. 이러한 부동산 분야에 있어서는 외관이론의 부수적 성질을 의심하게 만들 정도로 외관이론이 확장된 것이다.[24]

(3) 表見위임

위임인으로부터 권한이 부여된 수임인은 위임인에게 위임계약상의 의무를 진다. 만약 권한이 수여되지 않았음에도 타인으로부터 권한을 위임받은 것인 것처럼 행위하는 경우의 효력이 당연히 문제되었다. 이 경우 수임인으로서의 자격 및 수권의 범위의 증명책임은 수임인이 부담한다. 프랑스민법은 수임인의 해임 또는 위임의 종료를 규정하고 있으나(프랑스민법 제2005조, 제2008조 및 제2009조),[25] 판례는 수임인의 권한의 남용 및 유월에 관하여도 외관이론을 널리 적용하였다.[26]

실무상 판례의 주된 쟁점 중 하나는 이사와 같은 회사의 기관이 행한 그들의 권한 밖의 행위를 유효하게 볼 수 있는지에 관한 것이었다. 이에 관하여 1966. 7. 24. 법률 제66-537호는 정관에 따라 회사의 기관(이사, 이사회 또는 감사)의 권한을 제한하는 조항을 제3자에 대항할 수 없다고 하면서 외관이론에 따라 그 청구를 무효로까지 하였다.[27] 이러한 해법은 다른 분야

---

20) Cass. soc., 10 février 1977, Bull. civ., V. n° 103., p. 80, Cité par J. Ghestin, G. Goubeaux(주 3), n° 789, p. 715.

21) Cass. req., 12 février 1941, S. 1941. 1. 68.

22) Montpellier, 16 juin 1964, D. 1965, 101, note Calais-Auloy.

23) Paris, 23 novembre 1966, *Gaz. Pal.*, 1966, 1 somm., p. 15.

24) J. Ghestin, G. Goubeaux(주 3), n° 789, p. 715s.

25) 프랑스민법 제2005조 수임인에게만 통지된 위임의 해지는 그 해지 사실을 알지 못하고 거래한 제3자에게 대항하지 못한다. 다만, 위임인이 수임인에 대하여 구상권을 가짐은 별론으로 한다.
프랑스민법 제2008조 수임인이 위임인의 사망 또는 그 밖의 위임을 종료시키는 사유를 알지 못한 경우, 이러한 부지(不知) 상태에서 행한 수임인의 행위는 유효하다.
프랑스민법 제2009조 전조의 경우, 수임인이 선의의 제3자에 대하여 부담하기로 한 약속은 이행된다.

26) Cass. req., 8 mai 1940, *J.C.P.* 1941 Ⅱ. 1610, note Bastian; Puig, Contrats spéciaux, 6e éd., Dalloz, 2015, n° 965.

27) Loi n° 66-537 du 24 juillet 1966 sur les sociétés commerciales. 제14조 제3항, 제49조 제6항, 제98조 제3

에까지 큰 영향을 미쳤다. 특히 공증인의 중개 또는 상사대리인의 대리행위로 체결된 부동산 거래에까지 그 범위를 확장하게 되었다.[28)]

(4) 외관과 자연인

자연인과 관련하여 외관이론은 민법상 신분점유의 기초원리를 구성하는 역할에서 더 나아가, 국적취득의 문제의 해결책으로 한때 국적법상 인정되기도 하였다.[29)]

또한 이는 행위능력의 외관(capacité apparente)을 인정할 수 있는지에 관한 것이다. 그러나 제3자가 이를 행위능력자에 의한 것으로 믿은 무능력자에 의해 행해진 행위에 대해서는 외관이론이 그다지 제 역할을 다하지 못하고 있음을 알 수 있다.[30)] 그 이유는 무능력자와 거래한 행위능력자는 무능력자가 그러한 행위를 한 데 대하여 불법행위에 기한 손해배상책임을 청구하면 될 뿐이라고 해석되고 있었기 때문이다.[31)]

이는 일상가사에 관한 대리행위에 대한 프랑스법의 해석에서도 마찬가지였다(프랑스민법 제220조). 혼인 중의 부부인 것으로 보이는 동거 중의 커플, 이른바 외관상 혼인의 당사자들은 자신들이 부부로서 일상가사에 대한 계약체결의 권한이 있는 것처럼 상대방과 계약을 체결한 것으로 인정될 뿐이었다.[32)] 이 경우에도 이를 믿도록 한 과책(faute)에 기하여 상대방에게 손해배상책임이 인정되었다.[33)] 이에 관하여 이른바 몽후즈(Montrouge)시의 혼인에 관한 파기원 판례를 살펴볼 필요가 있다. 당해 사건에서 파기원은 당시 신분점유 공무원의 기능을 위임받은 시의원이 적법하지 않은 방식으로 거행해 준 혼인의 유효성을 인정하였다.[34)] 거주의 외관(domicile apparent) 개념도 외관이론으로 설명할 수 있다. 이 개념도 경우에 따라 상대방에게 손해배상청구권을 인정하거나 주거의 묵시적 선정을 인정하는 방식으로, 적법한 것으로 허용되었다.[35)]

항, 제124조 제3항, 이 법률은 Ordonnance n° 2000-912 du 18 septembre 2000 relative à la partie législative du code de commerce에 의하여 폐지되고, 각 조항이 상법에 편입되었다(상법 제L.221-5조 제3항, 제L.223-18조 제6항, 제L.225-51조 및 제L.225-64조 제3항).

28) Cass. civ. 3e, 2 octobre 1974, *J.C.P.* 1976 Ⅱ. 18247, note Thuillier.

29) 구 프랑스국적법 제22조 프랑스민법 제58조에 부합하여 작성된 출생증서를 가진 아동은 프랑스에서 출생한 것으로 추정된다. 그러나 이 조항은 Loi n° 93-933 du 22 juillet 1993 - art. 50 JORF 23 juillet 1993으로 삭제되었다.

30) 이는 행위능력 분야에서와 같이 별도의 강한 보호법익이 존재하는 경우에는 외관이론이 배제되어야 한다는 결론에 따른 것이다. 그에 따라 미성년자나 피성년후견인 같은 경우에도 외관이론이 배제된다. A. Danis-Fatôme, Apparence et contrat, L.G.D.J., 2004, n° 279s, p. 183s.

31) J. Ghestin, G. Goubeaux(주 3), n° 791, p. 717.

32) 프랑스민법 제220조 ① 배우자 각자는 가사의 유지 또는 자녀 교육을 목적으로 하는 계약을 단독으로 체결할 수 있다. 이와 같이 배우자 일방에 의하여 체결된 모든 채무에 대하여 다른 일방은 연대하여 책임이 있다. (후략)

33) Trib. civ., Nice, 27 novembre 1909, D. P. 1912. 2. 216.

34) Cass. civ., 7 août 1883, D. P. 1884. 1. 5., concl. Barbier, note Ducrocq.

35) Cass. req., 4 août 1896, D. P. 1896. 1. 605.

(5) 상사 분야로의 확대

위에서 언급한 주제 이외에도 외관이론은 주로 상사재판부에 의하여 승인되었다.36) 외관이론의 효용은 거래의 안전을 보장하는 데 있었기 때문이었다. 이에 따라 상인의 외관을 갖춘 자에게 그에 대한 상사재판부의 관할을 인정하였다.37) 또한 외관상 조합원의 자격이나 외관상 상사지배인의 자격은 상사채무의 채권관계를 발생시킬 수 있음이 인정되었다.38) 회사의 외관이 존재하는 경우 제3자에게 이를 주장할 수 있으며,39) 이러한 외관상의 상사지위의 관계는 소위 가짜 상인의 민사상 손해배상책임을 성립시킨다.40)

2. 외관이론의 적용 요건

(1) 외관을 갖추고 있을 것

㈎ 외관을 갖추고 있을 것이라는 요건은 외관이론의 물리적 요건이다. 외관이론이 적용되기 위하여는 관찰자가 법적 추론 없이 바로 법적 상황으로 고려할 수 있을 정도의 가시적인 현상이 있어야 한다.41) 외관의 물리적 요건은 단일한 사실에 의하여 성립하는 일은 거의 없고, 오히려 일련의 여러 상황을 통하여 성립할 수 있는 것이 보통이다. 중첩적인 사실은 외관을 더욱 강화시켜 주는 역할을 할 뿐 아니라, 의심할 여지 없이 이를 분명히 해준다.

㈏ 이렇게 외관을 성립시키는 요건 중에서, 얼마나 오랫동안 외관이 작출되었는지도 중요한 문제이다. 얼마나 오랫동안 외관이 존속하는지에 따라 문제되는 권리의 효력이 인정될 수 있는지 판단할 수 있는 것이다. 이는 프랑스민법상 독특한 개념인 신분점유42)에서 그대로 드러나는데, 신분점유가 인정되기 위해서는 점유취득 시효에서와 같이 그 신분을 계속, 평온, 공연하게 드러날 것을 요건으로 한다. 이때의 계속의 정도가 외관을 작출시키는 요소가 되는 것이다.

㈐ 법이 공시요건을 요구할 때 공시요건을 갖추었는지 여부도 외관의 형성에 중요한 역할을 한다.43) 프랑스법은 권리변동에 대하여 의사주의를 취하고 있으므로, 권리의 성립요건으로 공시를 요하지 않는다. 따라서 공시를 갖춘 것은 단지 타인에 대하여 물건이 그의 소유라는 것을 알리는 정보제공의 역할을 할 뿐이다. 따라서 역사적으로 오랜 시간 동안 소유자는 권

36) J. Ghestin, G. Goubeaux(주 3), n° 792, p. 718.
37) Rouen, 16 janvier 1959, D. 1960, 177, note Calais-Auloy.
38) Cass. com., 4 janvier 1962, Bull. civ., Ⅲ, n° 3, p. 2; 2 juillet 1969, Bull. civ., Ⅳ, n° 259, p. 246.
39) Cass. com., 17 mai 1961, Bull. civ., Ⅲ, n° 221, p. 194.
40) Cass. com., 24 avril 1914, D. P. 1916. 1. 68.
41) J. Ghestin, G. Goubeaux(주 3), n° 794, p. 719.
42) 프랑스민법 제311-1조 ① 신분점유는 어떤 사람이 그 일원이라고 주장하는 친족과 친자관계 및 혈족관계가 있음을 드러내는 사실이 충분히 결합하여 성립한다. (후략)
프랑스민법 제311-2조 신분점유는 계속되고 평온하며 공연하여야 한다.
43) J. Ghestin, G. Goubeaux(주 3), n° 795, p. 720.

리의 하자를 드러낼 수도 있는 권리의 공시를 주저해 왔다. 그러나 한편으로는 어떠한 권리에 대한 공시가 있을 때 이는 그 권리가 있음을 가시적으로 나타내는 역할을 하였다. 따라서 공시가 있으면 외관이 창출될 수 있는 것이다. 반면, 권리자가 공시를 갖추고 있지 못하였다면, 그 외관을 만들어내는 사실 상황이 흠결된 것으로 인정되었다. 즉, 제3자는 공시하고 있는 법률행위가 일어나지 않았다는 것을 신뢰할 수 있는 것이다.[44)]

㈑ 권리의 존재에 관하여 서면으로 법률행위가 성립되어 있다면, 이 역시 외관의 중요한 증표가 될 수 있다. 그 밖에도 당사자의 특징적인 행위, 이전의 상사거래관계의 존부, 거래장부의 사용 등도 외관을 형성해주는 여러 사실 요소가 될 수 있다.[45)]

㈒ 법관은 매 경우 당사자가 주장하고 있는 사실상황이 충분히 외관 형성에 의미있는지를 판단할 필요가 있었다. 그러나 외관이 존재하는 경우에 외관 형성에 의미있는 사실이 외관이 진실한 것임을 말해주는 것은 아니었다. 따라서 외관이론에는 상대방이 이를 착오로 신뢰할 것이라는 내심의 요건이 별도로 필요하다. 이에 대하여는 아래에서 서술한다.

(2) 외관이 착오로 인한 신뢰에 의한 것일 것

㈎ 상대방이 선의일 것 　원칙적으로 프랑스에서 외관이론은 보이는 대로 믿은, 즉 선의의 제3자를 보호하기 위하여 고안된 것이다. 이때 상대방이 선의일 것이라는 요건은 그 권리가 외관을 형성한 자의 진실을 알고 있는 상대방은 외관이론을 주장하지 못한다는 것을 의미한다.[46)] 즉 누구에게 진정한 권리가 있는지에 관하여 악의인 경우에는 외관이론의 적용에서 제외된다.

㈏ 상대방의 신뢰가 정당한 착오로 인한 것일 것 　상대방은 진정한 권리자의 법률행위라고 상대방이 정당하게 착오했어야 한다. 여기에서의 착오는 우리 민법 제109조의 착오와는 그 개념이 다르다.[47)] 이 경우의 착오는 가시적 사실 상태를 관찰한 결과 실제 존재하지 않는 권리를 존재한다고 잘못 안 경우에 지나지 않기 때문이다. 따라서 착오가 정당한지의 문제는 권리의 존재에 대해 잘못 안 것에 정당한 이유가 있는지에 관한 것이다.

실제로는 존재하지 않는 권리를 실행하는 것에 부합하는 것이다. 외관이론 형성의 초창기에는 학설은 당사자의 공통의 착오일 것을 강조하였다. 이는 로마법상의 공통의 착오는 법을 만든다는 것에서 유래한 것이다. 그리고 이는 공공의 이익, 즉 법적 안정성과 관계된 것이었다. 단지 한 사람이 이를 정당한 권리로 착오한 것이 아니라, 다수가 착오한 것이어야 하는 것이다. 왜냐하면 외관이라는 상황은 모두가 정당하게 믿었다는 점에서 창출될 수 있는 것이기

44) 상사채권의 공시에 관한 Cass. civ., 26 juin 1944, D. C. 1945, 141 참조.

45) J. Ghestin, G. Goubeaux(주 3), n° 795, p. 721.

46) Cass. req., 26 janvier 1903, D. P. 1904. 1. 391.

47) 우리 법상의 착오는 진의와 표시가 불일치하는 것을 말한다(곽윤직 · 김재형, 민법총칙[민법강의 I] 제9판, 박영사, 2018, 315).

때문이다.[48] 판례도 오래 전부터 이러한 태도를 견지하고 있었다.[49]

그러나 최근에는 그러한 착오가 공통의 착오에서 상대방의 정당한 착오일 것을 요하는 것으로 완화되었다. 그 이유는 공통의 착오, 즉 다수의 착오일 것을 요하는 것이 지나치게 과도하며, 오히려 거래의 안전을 해할 수 있다는 반성 때문이었다. 그에 따라 정당한 착오만으로 외관이론을 적용할 수 있게 되었다. 정당한 착오로의 완화는 다음과 같은 의미를 갖는다. 먼저, 반드시 다수의 착오가 있을 정도가 아니라 상대방 개인의 착오가 있을 정도이면 족하다. 둘째, 착오는 이를 해소하지 못할 정도여야 한다는 엄격한 의미가 아니다. 따라서 이해관계인이 가격을 조사하면 진실한 것임이 드러난다고 할지라도, 이러한 조사를 요구하는 것은 이 경우에 일반적인 것을 넘어서는 성실성을 요구한다는 점에서 과도하게 된다.[50]

이를 알아차리지 못한 데 대한 부주의, 즉 과실이 있는 경우에 정당한 착오가 되는지 문제된다. 그러나 과실로 이를 알지 못하는 경우에까지 진정한 권리자의 권리를 부정하는 것에 대하여 학설은 부정적이다.[51] 판례도 이에 대하여 적어도 정당한 착오에 의할 것을 요구하고 있다.[52]

3. 효 과

(1) 제3자의 권리취득 : 정당한 권리자에 대한 대항력

외관이론을 통하여 거래의 상대방, 즉 제3자는 일반적 법리[53]에 따르면 권리를 취득할 수 없음에도 불구하고 권리를 취득하게 된다. 그러나 진정한 법률관계를 살펴보면, 외관상 권리자가 상대방과 합의를 체결하였고 그 행위가 이행되었더라도 원칙적으로 이는 효력이 없다. 즉 이는 무권리자의 처분행위에 지나지 않으며 이러한 행위는 무효가 될 수밖에 없다. 그러나 외관이론은 이러한 당연한 결과를 거부한다. 상대방이 진정한 권리자로부터 권리를 취득한 것은 아니지만, 타인의 눈으로 보더라도 이것이 진정한 권리자의 권리행사로 보였고 상대방은 이에 대하여 정당한 착오가 있다는 점에 의해서 정당화될 수 있다는 것이다. 결국 원칙적으로는 무효라는 점에서 더 이상 취득할 수 없는 권리를 외관이론의 적용을 통하여 상대방이 직접 취득하게 된다.[54] 이는 곧 상대방이 진정한 권리자에게도 외관이론에 따른 권리취득을 대항할 수

48) 이 글 Ⅱ. 2. 참조.

49) Cass. req., 4 février 1850, S. 1850. 1. 180.

50) J. Ghestin, G. Goubeaux(주 3), n° 784, p. 709.

51) J. Ghestin, G. Goubeaux(주 3), n° 796, p. 722.

52) Cass. com., 13 octobre 1958, Bull. civ., Ⅲ, n° 341, p. 287.

53) 그 일반적 법리는 다음과 같은 법언으로 표현된다. "*Nemo plus juris ad alium transferre postest quam ipse habet*(어느 누구도 자기가 가진 것 이상의 권리를 이전할 수 없다)"

54) J. Ghestin, G. Goubeaux(주 3), n° 799, p. 725.

있다는 점을 의미한다. 반면, 진정한 권리자는 자신의 권리를 상실하게 된다.[55)]

(2) 외관상 권리자의 지위와 의무

(가) 외관상 권리자의 지위　그러나 외관이론이 상대방의 권리취득을 인정한다고 하여, 진정한 권리자를 배제하고 외관상의 권리자(예를 들어 表見대리인, 참칭상속인, 외관상의 소유자 등)에게 직접 권리를 취득하게 하는 것은 아니다. 따라서 진정한 권리자는 외관상의 권리자에게 그가 무단으로 처분한 자신의 권리를 주장할 수 있다. 또한 혼인의 외관이 인정되었다고 하더라도 그 외관을 갖춘 동거 커플은 외관상의 일상가사대리 등의 효력은 주장할 수 있을지는 몰라도, 혼인의 효력 자체를 주장할 수는 없다.[56)]

(나) 외관상의 권리자의 의무　이러한 점에서 외관이론은 무제한적으로 확장될 수 없으나, 그렇다고 하여 외관이론의 유용성이 사라지는 것은 아니다. 거래의 안전을 추구하는 것은 법률관계에 유리하기 때문이다. 또한 외관이론의 수혜를 받는 자는 개인적인 노력 없이 기존 상황에서 이익을 취한다고 주장하는 자가 아니라 권리를 얻기 위해 적극적으로 행위한 자이다. 따라서 외관상 권리자는 외관이론상의 효력을 주장하기 위하여 자신이 행한 법률행위를 이행해야 할 것이 요구된다.[57)]

4. 외관이론의 현재

(1) 재판에서의 개별 지침

프랑스에서 외관이론은 20세기에 걸쳐 큰 성공을 거두었고, 그 결과 그 범주에 포함되는 분야는 전술한 바와 같이 매우 다양해졌다. 그러나 현재 외관이론은 해석상의 이론이라기보다는 법관에게 권리에 사실을 우선시키는 결정이 가능하도록 해주기 위한 지침을 제공하는 방법론에 불과하다는 평가를 받고 있기도 하다.[58)] 법이 진정한 권리자에게 부여하는 정당한 권리 또는 권한이 어떠한 범위에서 그에 의하여 제한될 수 있는지에 대한 범주를 가리키는 것에 불과하다는 것이다.[59)]

(2) 보충적 성질

외관이론이 제3자의 법적 안전, 즉 거래의 안전과 신속성을 도모하기 위하여 인정될 수 있다고 하더라도 진정한 권리자의 권리를 빼앗아 손해를 가한다는 점에서 그 요건을 무제한적으로 확장할 수 없음은 당연한 것이었다. 법관은 이를 최후의 수단으로 이용하였고,[60)] 무상의 법률행

---

55) J. Ghestin, G. Goubeaux(주 3), n° 800, p. 727.

56) J. Ghestin, G. Goubeaux(주 3), n° 801, p. 728.

57) J. Ghestin, G. Goubeaux(주 3), n° 802, p. 729.

58) M. Boudot(주 4), n° 16.

59) F. Terré, Instroduction générale au droit, 10ᵉéd., 2015, Dalloz, n° 468, p. 388.

60) M. Boudot(주 4), n° 23.

위에는 그 적용을 배제하는 것과 같이 그 요건을 엄격하게 검토하였다.[61] 그 결과 외관이론은 특히 상거래에 관한 범주에서 주로 논의되며,[62] 증명이 어려운 것을 이유로 그 범주의 하나로 인정되었던 신분점유나 행위능력의 외관과 같은 분야에서는 점차 그 의미를 잃어가고 있다.

(3) 입법을 통한 적용범위의 제한

외관이론이 적용될 수 있는 범주는 결국 입법적으로 승인되는지를 통해 확인할 수밖에 없다. 이에 관한 대표적인 규정이 전술한 회사의 기관의 행위의 정관에 의한 제한에 대하여 알지 못하는 선의의 제3자의 대항가능성을 규정한 1966년 법률상의 규정이다.[63] 또한 2001년 개정으로 신설된 참칭상속인에 관한 제730-3조의 규정도 이에 관한 것이다.[64] 그리고 최근의 주목할 만한 입법은 2016년의 채권법 개정에서의 대리권에 관한 것이다. 개정 프랑스민법 제1156조 내지 제1158조는 부분적으로 외관이론을 승인하여 대리권 일반에 있어서 권한의 유월 및 남용에 대하여 법률행위의 효력을 일정한 경우에 인정하는 규율을 신설한 것이다.[65] 이와 같은 새로운 입법은 실무상 인정되어 온 판례법리를 승인하는 방식으로 행해졌다.

Ⅳ. 우리 법과의 비교 및 시사점

1. 프랑스법의 외관이론의 검토의 유용성

외관이론은 우리나라에서보다 프랑스법에서 더 의미 있는 것으로 평가될 수도 있다. 왜냐하면 프랑스는 권리변동에 관한 의사주의 원칙에 기초하고 있기 때문이다.[66] 의사주의하에서

---

61) Cass. civ. 1re, 7 octobre 2015, n° 14-16.946, W. Dross, La théorie de l'apparence ne protège pas l'acquéreur à titre gratuit, *RTD civ.* 2016. 146.

62) J. Mestre, L'apparence a sans doute encore de beaux jours devant elle. *RTD civ.* 1998. 668.

63) 이 글 Ⅲ. 1. (3)과 주 27 참조.

64) 프랑스민법 제730-3조 ① 이와 같이 공증인이 작성한 증서는 반대증거가 있을 때까지 신뢰를 형성한다. ② 그에 관하여 미리 예정된 자는 상속인으로서 증서에서 지시하는 상속 지분에 대한 권리를 가지는 것으로 추정된다. M. Boudot(주 4), n° 25.

65) 프랑스민법 제1156조 ① 대리인이 권한 없이 또는 그 권한을 넘어서 한 행위는 본인에게 대항할 수 없으나, 계약자인 제3자가 특히 본인의 행동이나 표시를 이유로 대리인 권한의 존재에 대하여 정당하게 믿은 때에는 그러하지 아니하다. ② 계약자인 상대방은 대리인의 행위가 권한 없이 또는 그 권한을 넘어서 행하여진 것을 알지 못한 경우에 그 무효를 원용할 수 있다. ③ 행위의 대항불능은 무효와 마찬가지로 본인이 이를 추인한 경우에는 더 이상 원용할 수 없다. 제1157조 대리인이 권한을 남용하여 본인을 해한 경우 상대방이 그 남용을 알았거나 알 수 있었던 때에는 본인은 대리인이 한 행위의 무효를 원용할 수 있다. 제1158조 ① 계약체결을 준비하는 경우 임의대리인의 권한 범위에 의심을 가지는 때에는 제3자는 그가 정하는 합리적인 기간 내에 대리인이 그 계약을 체결할 권한이 있는지 여부를 확인하여 줄 것을 본인에게 서면으로 요구할 수 있다. ② 서면에는 그 기간 내에 확답이 없으면 대리인은 그 행위를 체결할 권한을 부여받은 것으로 본다는 뜻을 기재한다. 그 입법과정과 내용에 관한 자세한 사항은 김은아, "대리권남용의 법적처리에 관한 연구 —대법원 2018. 4. 26. 선고, 2016다3201 판결(공2018상, 963)을 중심으로—", 비교사법 제26권 제4호(2019), 329 이하 참조.

66) 프랑스는 1804년 민법을 제정할 때 원칙적으로 의사주의를 채택하였다(프랑스민법 제711조와 개정 전 프랑스민법 제1138조). 그로 인하여 매매계약이 체결되면 소유권이 즉시 이전된다(意思主義, consensualime, "solo

는 당사자의 합의만으로 권리가 변동되고, 그 권리변동이 일일이 공시되지 않는다. 따라서 외관이 진정한 권리를 나타내지 않을 가능성이 높아지는 것이다. 그러나 권리변동에 관하여 형식주의, 즉 성립요건주의(민법 제186조)를 취하고 있는 우리 법하에서는 다르다. 특히 부동산과 같은 경우에는 등기가 있어야 소유권이 이전됨으로 인하여 원칙적으로 등기는 권리를 추정하는 효력을 갖는 것이다. 따라서 우리 법에서 외관이론은 프랑스에서만큼 중요하지는 않을 수도 있다. 그러나 부동산 이외의 동산의 물권변동(민법 제188조 이하)에 있어서는 우리도 프랑스와 같이 점유라는 불완전한 공시수단을 가지고 있다. 점유의 계속을 통해 소유권의 취득을 인정하는 점유취득시효(민법 제245조)의 경우도 마찬가지이다. 우리 법에서도 그러한 범위 내에서는 외관이론이 여전히 의미가 있는 것이다.

그런데 외관이론을 인정한 결과로 마치 관습에 의하여 법을 형성하는 것과 같이 학설과 판례로 새로운 법형성을 일으킬 수도 있다. 따라서 이는 반드시 필요한 경우로 제한되어야 하고, 무분별한 확장은 지양되어야 한다. 이는 프랑스법에서 살펴볼 수 있는 외관이론의 보충적 특성을 생각해 보거나, 외관이론으로 인한 판례법을 결국에는 법전에 명문화하여 법형성의 여지를 줄이고자 노력하여 왔다는 점을 통해 쉽게 이해될 수 있다. 그러한 점에서 프랑스법상의 외관이론의 적용요건을 검토하는 것은 우리 법의 해석에 있어서도 여전히 의미가 있다.

2. 프랑스의 외관이론과 우리 법의 해석

(1) 상대방의 정당한 착오에 의한 외관의 작출

외관이론은 이를 신뢰한 상대방을 보호하며 거래의 안전을 도모하기 위하여 고안된 것이다. 따라서 외관이론이 적용되기 위해서는 그 착오가 다수의 착오, 즉 공통의 착오이거나, 상대방의 정당한 착오일 것을 요하며, 이것이 외관이론의 적용범위를 결정하는 핵심요건이 된다. 이는 우리 법상 외관이론의 영향을 받은 제도의 해석에서도 의미 있는 요건이기도 하다. 제126조의 表見대리에 있어서도 상대방은 정당한 착오에 의하여 외관을 작출한 것이어야 할 것이다. 이러한 해석을 통해 정당한 권리가 없음에도 대리행위의 효과를 유효하게 할 수 있다. 또한 채권의 준점유자 변제에 있어서도 마찬가지이다(제470조). 제108조 제2항의 선의의 제3자의 해석에 있어서도 상대방의 선의는 정당한 착오인지 여부를 가지고 판단할 수 있다. 그러한 점에서 이때의 정당한 착오가 단지 선의뿐 아니라 무과실을 요하는 것은 아닌지 문제된다. 특

---

consensu"). 프랑스가 형식주의를 폐지하고 의사주의를 취한 이유는 첫째, 당시 프랑스에서는 로마법상 물권변동이 고법으로 인정되고 있었으나, 이때의 인도도 반드시 현실인도이어야 할 필요가 없고 간이인도와 점유개정에 의한 인도절차 뿐 아니라 실무상 점유이전약정(clause de dessaisine-saisine)에 의한 인도만으로 가능하였다는 점, 둘째, 일부 지역의 관습법이 형식주의 및 이를 관철하기 위한 공시제도에 대하여 호의적이지 않았다는 점, 그리고 당사자의 의사에서 기본적인 법적인 효력을 찾는 당대의 그로티우스, 푸펜도르프와 같은 자연법 사상가의 영향이 있었다는 점 등을 들 수 있다. 이에 대하여는 김은아, 소유권유보에 관한 연구, 경인문화사, 2021, 86-87 참조.

히 제470조와 같이 명문으로 무과실을 두고 있는 경우를 제외하면, 表見대리에 관한 제126조 또는 허위표시에 관한 제108조의 해석의 경우에는 대항할 수 있는 상대방의 요건에 대하여 별도로 무과실을 요하지 않기 때문이다. 이에 관하여 우리 법의 해석에 있어서 제126조의 정당한 행위에 대하여는 선의·무과실로 보는 것이 통설이나, 허위표시의 대항가능한 제3자의 선의에는 무과실을 인정하지 않는 것이 통설[67]이다. 그러나 表見대리에 관한 규정이 프랑스의 외관이론에서 도출된 것이고 의사표시의 해석에 관한 위 규정이 부동산에 대한 공신의 원칙이 적용되지 않기 때문에 제3자의 보호를 위하여 일종의 외관책임을 인정한 것으로 해석하고 있음을 고려한다면,[68] 이 경우의 제3자에게 민법이 명시하지 않더라도 외관을 신뢰한 제3자는 정당한 착오에 의할 것, 즉 무과실일 것을 요하는 것이 외관을 신뢰한 제3자와 진정한 권리자의 법익에 있어서 균형을 도모하는 것이 아닌가 하는 것이다.

(2) 외관 작출에 대한 책임

또한 프랑스법에서는 외관이론을 통하여 외관상의 권리자의 권리가 인정되는 경우 진정한 권리자는 손해를 입게 된다. 이 경우 그 외관작출에 대한 책임을 이유로 외관을 창출한 자에게 진정한 권리자가 손해배상책임을 물을 수 있게 하는 경우도 이미 살펴볼 수 있었다.[69] 그런데 통설과 판례가 외관이론을 통하여 외관상의 권리자에게 권리를 인정하였다면 이를 정당하다고 결단한 이상 과연 진정한 소유자에게 손해가 있었다고 인정할 수 있는지 의문이 제기될 수도 있다.[70] 그러나 외관이론을 통하여 인정될 수 있는 법률행위의 유·무효의 법정책적 판단 문제와 책임법적 제재의 문제는 별개의 것이므로 이를 명확히 구별해야 하며, 각 제도의 요건의 부합 여부를 별도로 따져야 할 것이다. 프랑스에서는 그 손해가 불법성이 있는지 여부에 따라 불법행위에 관한 일반규정을 적용할 것인지 결정하였다.[71] 그 결과 외관상 권리자와 그 공동의 불법행위자에게 과책이 있으면 불법행위책임을 지우고,[72] 그렇지 않은 경우에는 불법행위책임을 인정하지 않고, 부당이득반환의 문제로 해결하였다.[73] 이는 비단 프랑스의 예를 따르지 않더라도 외관 작출에 불법행위적 요소가 있고, 제750조의 요건에 합당하다면 불법행위책임을 청구할 수 있음이 당연하기 때문이다.

67) 곽윤직·김재형(주 47), 313; 양창수·김재형, 계약법, 제3판, 박영사, 2020, 766.

68) 稲本, 新版注釈民法(3), 有斐閣, 1988, 317.

69) 이 글 Ⅲ. 2. (2) (라) 및 (마) 참조.

70) A. Bénabant, Les obligations, 16e éd., L.G.D.J, 2017, n° 503, p. 387.

71) J. Ghestin, G. Goubeaux(주 3), n° 780, p. 704s.

72) Cass. civ. 1re, 13 octobre 1992, n° 91-10. 619, *RTD com.* 1993. 364, obs. Bouloc, Cass. civ. 3e, 5 juin 2002, n° 00-21. 562, Bull. civ. Ⅲ, n° 131, AJDI 2003. 59.

73) M. Boudot(주 4), n° 181. 그 밖에 참칭상속인의 사안에서는 진정상속인이 참칭상속인에 대하여 소유권에 기한 반환청구(pétition d'hérédité, action en revendication)를 할 수 있는 것으로 인정되어 왔다. 이는 우리 법상의 상속회복청구권에 해당한다(민법 제999조).

V. 결 론

지금까지 프랑스법상의 외관이론의 의미와 연혁, 그 적용 범위 및 그로 인하여 추출되는 요건과 효과를 검토하고, 우리 법의 해석상 시사하는 바를 간략히 살펴보았다. 우리 법과 프랑스법이 완전히 동일한 것은 아니나 우리 법이 여러 제도에 있어서 프랑스법을 계수하였고 영향을 받았다는 점은 부정할 수 없다. 외관이론의 해석에 관한 문제도 마찬가지이다. 물론 우리 법에서는 외관이론의 영향을 받은 여러 제도에 대하여 프랑스에 비하여 많은 경우 제정 시부터 직접 민법에 명문화되었고 독자적으로 발전해 왔다는 점은 부정할 수 없다. 그러나 외관이론의 의미와 전개과정을 통해 발견할 수 있는 요건 및 효과는 表見대리, 채권의 준점유자의 변제, 허위표시의 제3자 보호규정과 같은 규정의 해석에 있어서 진정한 권리자와 외관을 믿은 상대방 중 누구를 보호해야 하는지, 또는 진정소유자의 손해의 조정에 관한 문제를 해석함에 있어서 도움을 줄 수 있다.

사업자의 디지털 제품 변경권

—유럽연합 디지털지침의 구현을 위한 독일 민법 개정안—

김 진 우*

Ⅰ. 들어가며

디지털 세계는 지속적인 기술 개발로 인하여 빠른 변화를 본질로 한다. 기술 혁신, 이용자의 증가 또는 새로운 법적 요구사항 등은 '디지털콘텐츠 또는 디지털서비스'(이하 '디지털 제품'이라 한다)를 효율적으로 사용하기 위하여 변화된 환경에의 지속적인 적응을 요청할 수 있다. 이것은 특히 계속적 계약관계에서 그러하다. 하지만 계약의 객체는 원칙적으로 계약체결 시에 정해지며 일반적으로 더 이상 변경할 수 없다(계약준수의 원칙). 동시에 이용자는 디지털 제품을 익숙한 방식으로 계속 사용하기를 원할 수 있다. 여기서 계약적 구속과 유연성의 요청 사이에 긴장관계가 발생한다.

유럽연합(EU)의 2019년 디지털지침[1]을 독일 국내법으로 전환하기 위하여[2] 독일 연방 법무·소비자보호부(이하 '연방법무부'라 한다)의 2020. 11. 5.의 보고자안[3]이 제시되었고, 독일 연방정부는 이를 수정 및 보완하여 2021. 1. 13.의 민법 개정안(이하 '연방정부안'이라 한다)[4]을 공

---

* 한국외국어대학교 법학전문대학원 교수.

1) Richtlinie (EU) 2019/770 v. 20.5.2019 über bestimmte vertragsrechtliche Aspekte der Bereitstellung digitaler Inhalte und digitaler Dienstleistungen. 이 지침의 제정 배경, 기본 착상, 적용범위 및 핵심 내용인 담보책임을 분석한 국내 선행연구로는 김진우/곽창렬, "유럽연합(EU) 디지털지침의 기본 착상과 적용범위", (충북대) 과학기술과 법 제10권 제2호(2019); 김진우/곽창렬, "디지털계약에서의 담보책임", (전북대) 법학연구 제61집(2019); 성준호, "디지털콘텐츠의 공급계약에 있어서 계약내용과 급부간의 불합치와 구제: 유럽연합 디지털콘텐츠 지침의 내용을 중심으로", 홍익법학 제21권 제2호(2020).

2) 디지털지침을 독일 국내법으로 전환한 법률은 2022. 1. 1.까지는 시행되어야 한다.

3) 정확한 명칭은 「연방법무·소비자보호부의 보고자안(Referentenentwurf des Bundesministeriums der Justiz und für Verbraucherschutz, Entwurf eines Gesetzes zur Umsetzung der Richtlinie über bestimmte vertragsrechtliche Aspekte der Bereitstellung digitaler Inhalte und digitaler Dienst- leistungen」 (작업시점은 2020. 10. 5.)이다(이는 <https://www.bmjv.de/SharedDocs/Gesetzgebungsverfahren/Dokumente/RefE_BereitstellungdigitalerInhalte.pdf?__blob=publicationFile&v=1>에서 열람할 수 있다).

4) Regierungsentwurf: Richtlinie über bestimmte vertragsrechtliche Aspekte der Bereitstellung digitaler Inhalte und digitaler Dienstleistungen <https://www.bmjv.de/SharedDocs/Gesetzgebungsverfahren/

표하였다. 디지털지침 제19조를 독일 민법으로 전환하기 위한 연방정부안 제327조의r은 위와 같은 딜레마를 해결하기 위한 조항이다. 거기에는 사업자가 주도하는 디지털 제품의 일방적 변경을 위한 요건과 법적 효과가 규정되어 있다. 연방정부안은 제327조의r을 통해 사업자와 소비자의 이해관계에 균형을 기하고자 한다.[5)]

디지털지침 제19조 (디지털콘텐츠 또는 디지털서비스의 변경)	연방정부안 제327조의r(디지털 제품의 변경)
① 다음과 같은 조건이 충족되면, 사업자는 계약에 따라 일정 기간 소비자에게 제공되거나 접근이 허용되는 디지털콘텐츠나 디지털서비스를 제7조, 제8조에 따른 계약적합성의 유지에 필요한 정도를 넘어서 변경할 수 있다. (a) 계약이 이러한 변경을 허용하고, 정당한 이유가 존재할 것 (b) 이러한 변경으로 인하여 소비자에게 추가 비용이 발생하지 않을 것 (c) 이러한 변경을 소비자에게 명확하고 이해하기 쉬운 방식으로 알릴 것 (d) 제2항의 경우라면, 소비자에게 사전에 합리적인 기간 내에 지속적인 저장매체를 통해 변경의 특징과 시기 및 제2항에 따라 계약을 종료할 수 있다는 점 또는 제4항에 따라 디지털콘텐츠나 디지털서비스를 변경 없는 상태로 이용할 수 있다는 점을 통지할 것 ② 디지털콘텐츠나 디지털서비스에 대한 소비자의 접근이나 이용에 미치는 부정적인 영향이 사소한 경우를 제외하고, 이러한 변경으로 인하여 디지털콘텐츠나 디지털서비스에 대한 소비자의 접근이나 이용에 부정적인 영향을 미치는 경우 소비자는 계약을 종료할 수 있다. 이 경우 소비자는 정보를 수령한 날부터 30일 이내에 또는 사업자가 디지털콘텐츠나 디지털서비스를 변경한 시점 중 더 늦은 시점을 기준으로 계약을 비용부담 없이 종료할 수 있다. ③ 소비자가 본조 제2항에 따라 계약을 종료하면, 제15조부터 제18조의 규정이 준용된다.	① 계속적 제공에서 다음과 같은 경우에 사업자는 제327조의e 제2항과 제3항 및 제327조의f에 따른 계약적합성의 유지에 필요한 정도를 넘어서 디지털 제품을 변경할 수 있다. 1. 정당한 이유가 있는 경우에 계약이 이러한 가능성을 제공할 것, 2. 변경으로 인하여 소비자에게 추가 비용이 발생하지 않을 것 그리고 3. 소비자에게 명확하고 이해하기 쉬운 방식으로 알릴 것. ② 소비자의 디지털 제품에 대한 접근 가능성이나 소비자에 대한 디지털 제품의 이용 가능성을 저해하는 디지털 제품의 변경은 사업자가 더 나아가 소비자에게 변경 전 적절한 기간 내에 지속적인 저장장치로 알린 경우에만 할 수 있다. 그 정보에는 다음에 관한 진술이 포함되어야 한다. 1. 변경의 특징과 시기 및 2. 제3항 및 제4항에 따른 소비자의 권리 ③ 디지털 제품의 변경이 제2항 제1문의 의미에서 접근 가능성 또는 이용 가능성을 저해하는 경우, 소비자는 30일 동안 무상으로 계약을 종료할 수 있다. 이 기간은 제2항에 따라 정보의 도달과 함께 기산한다. 정보가 도달한 후에 변경된 경우, 변경시점이 정보의 도달시점을 갈음한다. 접근 가능성 또는 이용 가능성의 저해가 단지 경미하다면 제1문은 적용되지 않는다. ④ 소비자가 추가 비용 없이 변경되지 아니한 디지털 제품에 접근하거나 사용할 수 있는 경우 제3항 제1문에 따른 계약의 종료는 배제된다. 제327조의d

Dokumente/RegE_BereitstellungdigitalerInhalte.pdf;jsessionid=DC9183D541FB3DDDE013A3874100C677.1_cid334?__blob=publicationFile&v=3>에서 열람할 수 있다. 연방정부안은 위 보고자안의 공람을 통해 제시된 의견이 일부 반영한 것이다.

5) Regierungsentwurf (Fn. 4), S. 89: "§ 327r BGB-E dient damit dem Interessenausgleich zwischen Unternehmern und Verbrauchern."

④ 사업자가 소비자에게 추가 비용 없이 디지털콘텐츠나 디지털서비스를 변경 없는 상태로 이용할 수 있게 하고, 디지털콘텐츠나 디지털서비스의 계약적합성이 유지되고 있다면, 본조의 제2항 및 제3항은 적용되지 않는다.	는 영향을 받지 아니한다. ⑤ 소비자가 제3항 제1문에 따라 계약을 종료하면, 제327조의o 및 제327조의p가 준용된다. 제327조의m 제3항에 따른 소비자의 청구권은 영향을 받지 아니한다. ⑥ 제1항부터 제5항까지는 상대방이 인터넷 접속서비스 또는 숫자 기반 대인통신서비스를 [지침 2018/1972 제107조에 관한 전환규정] 패키지의 일부로 제공하는 패키지계약에는 적용되지 아니한다.

디지털지침 제19조에 관하여는 이를 고찰한 국내 선행연구가 이미 있으므로,[6] 본 연구는 연방정부안 제327조의r의 내용을 분석하려고 한다. 다만, 연방정부안 제327조의r은 디지털지침 제19조를 독일 국내법으로 전환하기 위한 것이므로 필요한 경우 후자에 관하여도 언급한다. 연방정부안 제327조의r은 사업자가 '계속적 계약관계'의 범위 내에서(제1항의 '계속적 제공'이라는 자구는 이를 뒷받침한다)[7] 디지털 제품을 일방적으로 변경할 수 있도록 한다.

디지털지침 제19조와 마찬가지로 연방정부안 제327조의r은 디지털 제품에 대하여 계약적 합의에 기반한 약정변경권에 의존케 한다. 법률상의 변경권(법정변경권)은 별도로 마련되지 않았다. 독일법에서 계약체결 후의 일방적 급부변경권은 계약준수의 원칙에 대한 심대한 개입이어서 이물질이라고 할 수 있다. 독일의 입법관계자도 이를 배경으로 연방정부안 제327조의r은 좁게 해석할 필요가 있다고 언급한다.[8] 사업자는 일반적으로 모든 이용자에게 한 가지 버전의 디지털 제품만 제공하기를 원하지만, 소비자는 디지털 제품의 익숙한 기능을 유지하기를 원할 수 있기 때문에 그러한 소비자를 보호할 필요가 있다. 그래서 연방정부안 제327조의r 제1항 제1호는 일방적 변경의 계약적 합의에 관한 사업자의 가능성을 '정당한 이유(triftiger Grund)'가 있는 경우로 제한한다.

Ⅱ. 연방정부안 제327조의e와의 구별: 계약상의 업데이트

연방정부안 제327조의r에 따른 디지털 제품의 변경에 대한 엄격한 준칙은 제품의 계약적합성 내지 하자에 관한 제327조의e(디지털지침 제7조, 제8조 및 제9조에 해당)를 넘어서는 것이다. 사업자는 제품의 계약적합성을 유지하는데 필요한 경우 업데이트 제공의무가 있지만(디지털지

6) 김진우, "사업자의 일방적 디지털급부 변경권: 유럽연합 디지털지침 제19조와 우리 법에의 시사점", 비교사법 제89호(2020).

7) 매매에서와 같은 일회성 교환관계를 위한 변경권은 규정되지 않았다. Regierungsentwurf (Fn. 4), S. 89; Kramme, RDi 2021, 20. 디지털지침에 관하여 Bach, NJW 2019, 1707.

8) Regierungsentwurf (Fn. 4), S. 89: "Dabei ist die Ausnahme vor dem Hintergrund der prinzipiellen Bindung beider Vertragsparteien an den abgeschlossenen Vertrag grundsätzlich eng auszulegen."

침 제7조 제3항, 제8조 제2항), 이를 넘어 연방정부안 제327조의r에 따른 추가적인 요건을 갖춘 때에는 디지털 제품을 일방적으로 변경할 수 있는 것이다. 사업자가 가령 더 이상 업데이트 지원과 함께 노후화된 소프트웨어 버전을 제공하기를 원치 않는다면, 그는 소비자에게 새로운 버전의 소프트웨어를 제공할 수 있는 것이다.[9] 물론 이 경우 새로운 버전은 하자가 없어야 한다.

디지털지침 제7조(계약적합성에 관한 주관적 기준)	연방정부안 제327조의e(제품의 하자)
디지털콘텐츠 또는 디지털서비스는, 해당된다면, 특히 다음의 요건을 충족하여야 계약에 적합하다. (a) 서술, 수량, 품질, 성능, 호환성, 상호운용성, 그리고 기타 특성이 계약상의 요구에 합치될 것 (b) 소비자가 계약목적을 늦어도 계약체결 시까지 사업자에게 알렸고, 사업자가 이에 동의하였던 소비자의 계약목적에 적합할 것 (c) 모든 부속물, 설치방법을 포함한 설명서, 기타 고객서비스가 계약상의 요구에 맞게 제공될 것 (d) 계약상의 업데이트가 제공될 것 **디지털지침 제8조(계약적합성에 관한 객관적 기준)** ① 계약적합성의 주관적 요건을 충족하는 외에도 디지털콘텐츠 또는 디지털서비스는 다음과 같은 요건을 충족하여야 한다. (a) 해당된다면, 현행 유럽연합법이나 회원국법, 그리고 기술표준, 기술표준이 없다면 해당 분야의 행위규범을 고려하여, 동종의 디지털콘텐츠 또는 디지털서비스가 통상적으로 추구하는 목적에 부합할 것 (b) 동종의 디지털콘텐츠 또는 디지털서비스에 통상적이고, 소비자가 디지털콘텐츠 또는 디지털서비스의 속성을 고려할 때 합리적으로 기대할 수 있으며, 사업자가 직접 또는 사업자를 대신하여 혹은 연속된 거래관계의 이전 단계에 존재하는 다른 사람이 한, 특히 광고나 상품표지에서의 공개적 표시를 고려할 때 소비자가 합리적으로 기대할 수 있는, 수량, 품질, 그리고 (기능성, 호환성, 접근성, 연속성, 안전성을 비롯한) 급부특성을 갖출 것. 다만, 사업자가 다음의 사항을 증명하면 그러하지 아니하다.	① 디지털 제품은 본 관(Untertitel)의 규정에 따라 기준시기의 주관적 요구사항, 객관적 요구사항 및 통합에 대한 요구사항을 충족하는 경우 제품 하자가 없다. 아래에 달리 정함이 없는 한, 기준시기는 제327조의b에 따른 제공시기이다. 디지털 제품의 계속적 제공을 위한 계약의 경우 기준시기는 제공기간이다. ② 디지털 제품은 다음의 경우 주관적 요구사항을 충족한다. 1. 디지털 제품이 a) 수량, 기능성, 호환성 및 상호운용성에 관한 요구사항을 비롯하여 합의된 성상을 가지고, b) 계약상 전제된 용도에 적합한 경우, 2. 계약상 합의된 부속물, 설명서 및 고객서비스가 제공되며 3. 계약상 합의한 대로 업데이트가 이루어진다. 기능성은 목적에 따라 기능을 수행하는 디지털 제품의 능력이다. 호환성은 동종의 디지털 제품이 일반적으로 사용되는 경우에 변환할 필요 없이 하드웨어 또는 소프트웨어와 함께 작동하는 디지털 제품의 능력이다. 상호운용성은 동종의 디지털 제품이 일반적으로 사용되는 것과는 다른 하드웨어 또는 소프트웨어와 함께 작동하는 디지털 제품의 능력이다. ③ 디지털 제품은 다음의 경우 객관적 요구사항을 충족한다. 1. 그것이 통상적인 용도에 적합하고, 2. 동종의 디지털 제품에 통상적이고 소비자가 디지털 제품의 속성을 고려할 때 기대할 수 있는 수량, 기능성, 호환성, 접근성, 연속성 및 안전성을 비롯한 성상을 갖추고, 3. 계약체결 전에 사업자가 소비자에게 제공한

9) Bach, NJW 2019, 1707.

(i) 사업자가 앞서 언급한 공개적 표시를 알지 못하였고 또 합리적으로 알 수 없었던 경우,

(ii) 그 공개적 표시가 계약체결 시까지 그 표시가 행하여진 방법과 같거나 유사한 방법으로 정정된 경우, 또는

(iii) 디지털콘텐츠 또는 디지털서비스를 취득하기로 한 의사결정이 해당 공개적 표시에 의하여 어떠한 영향을 받을 수 없었던 경우

(c) 해당된다면, 소비자가 받을 것이라고 합리적으로 기대할 수 있는 부속물 및 설명서가 함께 제공될 것

(d) 사업자가 계약체결 전에 디지털콘텐츠 또는 디지털서비스의 시용(試用) 버전이나 미리보기를 제공하였다면, 이에 부합할 것

② 사업자는, 디지털콘텐츠 또는 디지털서비스의 계약적합성 유지를 위하여 필요한 업데이트, 특히 보안업데이트에 관한 정보를 소비자에게 제공하고, 해당 업데이트가 소비자에게 제공될 수 있도록 하여야 하며, 이는 다음 기간 동안 행해져야 한다.

(a) 계약이 계속적 제공을 전제하는 경우, 디지털콘텐츠 또는 디지털서비스가 계약상 제공되는 기간, 또는

(b) 계약이 일회적 제공을 전제하거나, 개별적 제공을 연속적으로 행할 것을 전제한 경우에는, 소비자가 디지털콘텐츠 또는 디지털서비스의 종류나 목적에 따라, 그리고 계약의 제반 사정이나 성질을 고려했을 때 합리적으로 기대할 수 있는 기간

③ 다음의 경우, 소비자가 제8조 제2항의 규정에 따라 사업자가 제공한 업데이트를 합리적인 기간 내에 설치하지 않으면, 업데이트를 설치하지 않아 발생하는 계약부적합성에 대하여 사업자가 책임을 지지 않는다.

(a) 사업자가 소비자에게 업데이트가 가능하다는 사실을 비롯하여 소비자가 이를 설치하지 않으면 어떠한 결과가 발생할 것인지를 안내한 경우, 그리고

(b) 소비자가 업데이트를 설치하지 않거나 잘못 설치한 것이 사업자가 제공한 오류 있는 설치 설명서로 인하지 아니한 경우

④ 일정 기간 디지털콘텐츠 또는 디지털서비스를 계속하여 제공할 것을 내용으로 하는 계약의 경우, 해당 디지털콘텐츠 또는 디지털서비스는 계약기간 내내 계약적합성을 갖추어야 한다.

⑤ 소비자가 계약체결 시에 디지털콘텐츠 또는 디지털서비스의 시용(試用) 버전 또는 미리보기의 성상에 부합하며,

4. 소비자가 받을 것으로 기대할 수 있는 부속물 및 설명서와 함께 제공되고,

5. 소비자는 제327조의f에 따라 업데이트를 제공받고 또 이 업데이트에 관한 정보를 제공받으며, 또한

6. 당사자가 달리 약정하지 않는 한, 계약체결 시 이용 가능한 최신 버전이 제공된다.

제1문 제2호에 따른 통상적인 성상에는 소비자가 사업자의 공개적 진술에 따라 또는 사업자를 대신하여 또는 거래 사슬의 이전 단계에 존재하는 다른 사람의 공개적 진술에 따라 기대할 수 있는 요구사항도 포함된다. 이는 사업자가 그 진술을 알지 못하였고 또 알 수 없었거나, 계약체결 시 진술이 같거나 동등한 방식으로 정정되었거나 진술이 디지털 제품을 취득하기로 한 의사결정에 영향을 미칠 수 없었던 경우에는 적용되지 아니한다.

④ 디지털 제품은 다음의 경우 통합에 대한 요구사항을 충족한다. 통합이

1. 적절하게 수행되었거나

2. 부적절하게 수행되었지만, 이는 사업자에 의한 부적절한 통합이나 사업자가 제공한 설명서의 오류 때문이 아니다.

통합은 디지털 제품을 소비자의 디지털 환경의 구성요소에 연결하고 통합하여 디지털 제품이 본 관의 규정에 따른 요구사항에 따라 사용될 수 있도록 하는 것이다. 디지털 환경은 소비자가 디지털 제품에 접근하거나 디지털 제품을 이용하기 위하여 사용하는 모든 종류의 하드웨어, 소프트웨어 또는 네트워크 연결을 말한다.

지털서비스의 일정 특성이 제8조 제1항 또는 제2항에서 명시하고 있는 계약적합성의 객관적 요구사항을 충족하지 못한다는 점을 분명히 통지받고 계약체결 시에 그러한 부적합성을 명시적·개별적으로 수용하였다면, 제8조 제1항 또는 제2항에서 말하는 계약위반이 발생하지 않는다. ⑥ 계약당사자가 달리 정한 바 없다면, 디지털콘텐츠 또는 디지털서비스는 계약체결 시를 기준으로 이용 가능한 최신 버전으로 제공되어야 한다.	
디지털지침 제9조(디지털콘텐츠 또는 디지털서비스의 부적절한 통합)	
디지털콘텐츠 또는 디지털서비스가 소비자의 디지털 환경에 적합하지 않아 발생하는 계약부적합성은 다음의 경우에 디지털콘텐츠 또는 디지털서비스 자체의 계약부적합성으로 본다. (a) 디지털콘텐츠 또는 디지털서비스가 사업자에 의해, 또는 사업자의 책임아래 통합된 경우 (b) 디지털콘텐츠 또는 디지털서비스가 소비자에 의해 통합되었으나, 이러한 부적절한 통합이 사업자에 의하여 제공된 설명서상의 오류에 기인한 경우	

디지털지침 및 연방정부안의 업데이트 및 업그레이드에 관한 개념은 일반적인 용어 사용과 다르다. 일반적으로 업데이트는 소프트웨어의 하자 치유 및 사소한 기능 개선 및/또는 조정에 이바지하는 것으로(예컨대 버전 4.1.3에서 4.1.4로의 버전 번호의 변경), 업그레이드는 소프트웨어의 발전상황을 반영한 혁신적인 기능의 추가를 위한 것으로(예컨대 버전 4.1.3에서 4.2.0으로의 버전 번호 변경) 이해된다.[10] 디지털지침 제7조, 제8조의 '업데이트'는 위와 같은 의미의 업데이트이고, '업그레이드'는 디지털지침 제19조의 요건을 충족해야 한다고 볼 수는 없다.[11] 변경(modification, Änderung)이라는 개념은 디지털지침에서 업데이트(updates) 및 업그레이드(upgrades)를 포괄하는 상위개념으로 사용된다.[12] 연방정부안은 디지털지침 모델을 따라 'Aktualisierung(업데이트)'을 일반적으로 사용되는 '업데이트'와 '업그레이드'에 대한 상위개념으로 사용한다. 그리고 그 이유를 다음과 같이 밝힌다: "초안(연방정부안; 필자 주)은 지침에서 사용되는 '업데이트(Aktualisierungen)'라는 개념을 채택하였다. 이와 관련하여 사용된 '업데이트(Update)'와 '업그레이드(Upgrade)'라는 개념을 준별하는 것은 담보책임법의 목적상 필요치 않은 것으로 보이므

10) Braun/Bischof, in: Intveen et al., Hdb. Softwarerecht, 2018, § 23 Rn. 34; Conrad/Schneider, in: Auer-Reinsdorff/Conrad, Handbuch IT- und Datenschutzrecht, 3. Aufl., 2019, § 14 Rn. 22.

11) Möllnitz, MMR 2021, 117.

12) 디지털지침의 고려이유 74: "This Directive should also address modifications, such as updates and upgrades, (…)".

로 '업데이트(Aktualisierungen)'라는 개념은 개선(Verbesserung) 및 변경(Veränderung)의 두 가지 유형에 대한 상위개념으로 사용된다. 업데이트의 본질적인 특징은 디지털 제품의 계약적합성 유지를 위하여 필요하다는 점이다."[13)]

연방정부안 제327조의e에 따른 업데이트(Aktualisierung)와 제327조의r에 따른 변경(Änderung)의 구분은 디지털 제품의 계약적합성을 유지하기 위하여 변경이 필요한지(= 연방정부안 제327조의e에 따른 업데이트) 아닌지(= 연방정부안 제327조의r에 따른 업데이트) 여부만을 기준으로 한다.[14)] 다시 말해 계약적합성의 조성이나 유지를 위한 변경에 대하여는 원칙적으로 연방정부안 제327조의r이 적용될 수 없고, 연방정부안 제327조의e가 적용된다.[15)] 그러나 연방정부안 제327조의e와 제327조의r의 중첩이 완전히 배제되지는 않는다. 그러한 경우 민법개정안 제327조의f와 연계된 연방정부안 제327조의e 제2항 제3호 또는 327조의e 제3항 제5호에 따른 업데이트 제공의무의 이행에 이바지하지 않는 업데이트 요소와 관련하여서는 제327조의r의 요건이 적용된다.[16)]

업데이트의 허용 여부는 계약적 합의에 의존하기 때문에 디지털 제품의 변경 종류는 연방정부안 제327조의e와 제327조의r의 구분과 관련하여 중요치 않다. 즉, 당사자가 합의한 이상 단순한 기능의 추가조차도 계약상 합의된 업데이트가 될 수 있다. 이것은 디지털지침의 체계와 업데이트의 계약적 합의 외에 '기능(features, Merkmale)'의 추가와 관련된 합의 가능성에서 출발하는 디지털지침의 고려이유 44에 의하여 뒷받침된다.[17)]

Ⅲ. 정당한 이유에 기한 계약상 허용된 변경에 대한 요건

연방정부안 제327조의r 제1항에는 사업자의 적법한 변경을 위한 3가지 요건이 담겨 있다: ① 변경 가능성은 계약상 합의되어야 할 뿐만 아니라(변경유보조항의 존재) 정당한 이유가 있어야 하고(이유), ② 변경을 통해 소비자에게 추가 비용이 발생하지 않아야 하며(비용), ③ 소비자는 명확하고 이해하기 쉬운 방식으로 변경에 관한 정보를 제공받아야 한다(투명성). 연방정부안 제327조의r 제1항은 소비자의 관점에서 볼 때 유리하거나 최소한 중립적인 변경에 관한 것이라면 유형을 묻지 않고 적용된다.[18)] 소비자에게 불리한 변경(저해적 변경)의 경우 제327조의r 제2항 이하의 조항이 보충적으로 적용된다.[19)]

13) Regierungsentwurf (Fn. 4), S. 67.
14) Möllnitz, MMR 2021, 117.
15) 디지털지침 제7조, 제8조 및 제19조의 관계도 마찬가지라는 점은 김진우(주 6), 197.
16) Regierungsentwurf (Fn. 4), S. 89.
17) Möllnitz, MMR 2021, 117.
18) Regierungsentwurf (Fn. 4), S. 89.
19) Regierungsentwurf (Fn. 4), S. 89.

1. 변경의 개념 및 범위

디지털지침 및 연방정부안에는 변경에 관한 법적 정의가 담겨 있지 않다. 디지털지침의 고려이유 74로부터 변경은 업데이트(updates), 업그레이드(upgrades)는 물론 유사한 변경(similar modifications, 가령 악화[20])을 포함한다는 점을 알 수 있다. 따라서 원칙적으로 변경은 연방정부안 제327조의e가 적용되지 않는 한 기존의 급부 객체에서 벗어나는 것으로 이해할 수 있다.[21]

(1) 허용되는 변경의 정도

디지털지침의 고려이유 74는 디지털 급부의 변경이 흔히 소비자의 이익을 위한 것이라고 하지만, 변경은 본래 이행되어야 할 품질보다 더 나은 변경으로만 국한되지 않는다. 변경을 위한 요건이 충족된 경우 소비자에게 불리한 저해적 변경(beeinträchtigende Änderungen)도 가능하다.[22] 연방정부안은 제327조의r 제2항 이하가 소비자에 불리한 저해적 변경을 규제하는 보충조항이라고 명언한다.[23]

디지털지침의 문언도 허용되는 변경 범위에 대한 제한을 가하지 않는다. 변경으로 소비자에게 미치는 불이익(디지털 제품에 대한 접근 또는 이용에 대한 불편)이 경미함을 넘어서는 경우에만 연방정부안 제327조의r 제3항에 따른 계약종료 가능성으로 이어진다. 그로써 디지털지침은 종료권의 법적 효과를 '변경'의 정도가 아니라 '불이익'의 정도에 의존케 한다.

(2) 변경의 절대적 한계

변경권은 변경의 정도와 관련하여 절대적인 한계가 있는가? 이 문제는 디지털 제품을 변경된 제품이 아닌 완전히 다른 제품으로 볼 수 있을 정도로 변경하는 디지털 제품에 대한 일회성 변경의 경우는 물론 그러한 결과가 다수의 소소한 변경의 결과인 경우에도 제기된다.

디지털지침 제19조나 연방정부안 제327조의r은 변경에 대한 절대적 한계를 명시하지 않는다. 디지털지침의 고려이유와 그를 따르는 연방정부안의 입법이유는 당사자들이 가령 디지털 제품의 새로운 버전 출시를 계기로 그것의 공급에 관한 새로운 계약을 체결하는 때에는 사업자의 변경권에 관한 조항이 적용되지 않는다고 언급하고 있을 뿐이다.[24]

고려이유 및 입법이유 외에도 '변경' 개념의 문언 및 조항의 취지는 절대적 한계를 뒷받침한다. 변경(modification, Änderung)은 다른 제품으로 교체(Ersetzung)하는 것과 다르다. 동시에 디지털지침 제19조나 연방정부안 제327조의r은 계약적 합의의 준수에 대한 소비자의 이익(berechtigte Interesse des Unternehmers an einer erforderlichen Änderung)과 필요한 변경에 대한 사

20) 아래의 Ⅲ. 1. 가. 참조
21) Möllnitz, MMR 2021, 117.
22) 김진우(주 6), 197.
23) Regierungsentwurf (Fn. 4), S. 89.
24) 디지털지침의 고려이유 75와 Regierungsentwurf (Fn. 4), S. 89.

업자의 정당한 이익(Interesse des Verbrauchers an einer Beibehaltung des vertraglich Vereinbarten)을 조율하려는 조항이다. 이익조정으로서의 규범의 기능은 본래의 디지털 제품의 핵심이 유지될 것을 요구한다. 일반적으로 소비자는 완전히 다른 제품에 관심이 있다고 가정할 수 없다. 동시에 계약상 합의된 제품과는 다른 제품을 급부할 가능성에 대한 사업자의 정당한 이익은 거의 인정하기 어렵다.[25)]

EU 입법자는 또한 원칙적으로 '변경'과 본래의 급부의 '대체'를 구별한다는 점을 다른 지침에서 보여준다. 패키지여행지침(Richtlinie (EU) 2015/2302)[26)]은 제11조에서 변경된 여행과 대체 여행을 준별한다. 변경은 거기서도 디지털지침과 마찬가지로 사업자의 일방적 권한으로 형성되었지만, 여행자는 대체 여행을 수락할 의무가 없다. 패키지여행지침에 따라 개정된 독일 민법도 마찬가지이다.[27)]

2. 계약적 합의 및 정당한 이유

(1) 계약적 합의 및 투명성 통제

변경 가능성은 계약상 이미 합의되어 있어야 하고, 그것도 변경을 위한 정당한 이유가 존재해야 한다(연방정부안 제327조의r 제1항 제1호). 따라서 새로운 법정변경권은 도입되지 않았다. 오히려 연방정부안 제327조의r 제1항 제1호는 계약적 합의에 기한 일방적 변경을 위한 사업자의 가능성을 제한하는 준칙이 담겨 있다.[28)] 이러한 변경유보조항 자체는 현재에도 실무에서 널리 사용되고 있다.[29)]

디지털지침 제19조 외에 독일 민법 제307조 제1항에 따른 투명성 통제도 적용될 수 있는지가 문제된다. 연방정부안 제327조의r 제1항 제3호는 변경을 소비자에게 명확하고 이해하기 쉬운 방식으로 알릴 것을 요구하고 있는바, 이는 독일 민법 제307조 제1항 제2문의 요구와 일치한다. 연방정부안은 독일 민법 제305조 이하는 원칙적으로 영향을 받지 않는다는 점에서 출발한다.[30)] 그러나 디지털지침 자체가 계약적 합의의 가능한 범위 및 필요한 투명성에 대하여 자체 평가를 하는 경우 약관법에 따른 투명성 통제는 후퇴한다고 할 것이다. 같은 맥락에서 전환규범(연장정부안)은 자율적인 통제기준을 형성한다. 독일 민법 제308조 제4호에 따르면 약속

25) Möllnitz, MMR 2021, 118.

26) Richtlinie (EU) 2015/2302 v. 25.11.2015.

27) BeckOK BGB/Geib, 56. Ed. 1.11.2020, BGB § 651g Rn. 13.

28) Regierungsentwurf (Fn. 4), S. 89.

29) Ehle/Kreß, CR 2019, 729 (Rn. 36). 188, 198. 사업자의 디지털 제품에 대한 일방적 변경권의 「약관의 규제에 관한 법률(약관법)」상의 유효성 여부 및 약관법 제10조 제1호의 '상당한 이유'를 둘러싼 문제점에 관하여는 김진우(주 6), 190 이하 참조.

30) Regierungsentwurf (Fn. 4), S. 90: "Die Bestimmungen betreffend Allgemeine Geschäftsbedingungen bleiben grundsätzlich unberührt."

된 급부를 변경하거나 그와 다른 급부를 할 수 있는 약관사용자의 권리에 관한 계약적 합의는 약관사용자의 이익을 고려할 때 고객에 대하여 기대할 수 없는 경우는 무효라고 한다. 독일 판례는 변경유보의 유효성을 특히 정당한 이유의 존부 및 계약이 변경 이유와 가능한 변경 범위를 고객이 이미 계약체결 시에 알 수 있도록 구체적으로 서술되어 있는지 여부에 의존케 한다. 그리고 이때 등가관계의 파괴는 흔히 고객의 변경에 대한 기대불가능성을 인정하기 위한 간접증거로 취급된다.[31] 그런데 이러한 요건은 계속적 계약관계에서 디지털 제품 공급자가 법적 안정성을 가진 상태에서 허용되는 후발적인 급부변경의 한계를 판단하기 어렵게 만든다. 그래서 계속적 계약관계의 경우 디지털 제품에 대한 후발적인 변경을 허용하는 디지털지침의 접근 방식은 매우 환영할만하다는 평가를 받고 있다.[32] 궁극적으로 여기서는 약관법의 기초를 이루는 불공정조항지침(Klauselrichtlinie, 93/13/EWG)과 디지털지침 사이의 우열관계가 문제되는데, 디지털지침 제19조는 약관법에는 없는 요건이 추가되어 있을 뿐만 아니라 소비자의 계약종료권(Vertragsbeendigungsrecht)도 규정하고 있다. 이러한 점은 디지털지침 제19조를 그곳에 규율된 문제에 대하여 약관법에의 의거를 배제하는 특별법으로 분류하는 것을 정당화하는 것으로 보인다.[33]

(2) 정당한 이유의 계약적 합의

투명성의 이유에서 유효한 계약적 합의는 정당한 이유 개념을 구체화할 것을 요구한다.[34] 이러한 방식으로만 소비자는 변경의 유형과 범위를 적절하게 평가하고 계약이 체결될 때 정보에 입각한 거래적 결정을 내릴 수 있다.

이와 관련하여 연방정부안 제327조 제1항 제1호의 문언은 불리하게 채택되고 지침에 조화를 이루는 방식으로 해석된다. 변경은 “계약이 정당한 이유의 존재 시에 이러한 가능성을 규정하고 있을 것”을 요건으로 하는 연방정부안과 달리 디지털지침 제19조 제1항 a는 계약이 정당한 이유를 포함할 것을 요구한다.[35] 디지털지침의 설계에 따라 정당한 이유는 이미 계약에 명시되어 있어야 한다. 따라서 계약상 정당한 이유가 있는 경우에 변경 가능성이 규정된 것만으로는 충분하지 않다.[36] 오히려 정당한 이유는 계약에 변경의 유형과 방식을 언급함으로써 소비자에 대한 정당한 이유의 발생 개연성을 예측할 수 있도록 해야 한다.

(3) 정당한 이유

어느 경우에 변경에 대한 정당한 이유가 있는지를 판단하기는 쉽지 않다. 디지털지침의

31) Ehle/Kreß, CR 2019, 729 (Rn. 36)과 이곳에 소개된 판례 및 문헌 참조.

32) Ehle/Kreß, CR 2019, 729 (Rn. 37).

33) Ehle/Kreß, CR 2019, 729 (Rn. 37); Möllnitz, MMR 2021, 118.

34) Spindler/Sein, MMR 2019, 493은 디지털지침 제19조 제1항은 계약이 변경의 요건을 특정할 것을 요구하는 것으로 이해한다.

35) 디지털지침 제19조의 ‘정당한 이유’라고 하는 요건은 불공정조항지침의 부록 제1호 k를 모범으로 한 것이다: 김진우(주 6), 198과 그곳에 소개된 문헌 참조.

36) Regierungsentwurf (Fn. 4), S. 86; Spindler/Sein, MMR 2019, 493.

고려이유 75는 그 예로서 디지털 제품을 새로운 기술 환경과 이용자 수 증가에 적응하기 위하여 변화가 필요한 경우 또는 기타 중요한 운영상의 이유로 필요한 경우를 들고 있다. 그러나 불특정 법개념인 '정당한 이유'의 존부를 구체적 사안에서 어떻게 판단할 것인지는 여전히 미해결의 과제로 남아 있다.

정당한 이유의 존부 판단에서는 사업자와 소비자의 이익형량이 중요할 것이다. 무엇보다도 계약적 등가관계의 후발적 훼손이 중요한 기준이라고 할 수 있다. 그리고 디지털 제품의 경우에는 그것에 대한 계속적인 접근 가능성 및 이용 가능성이 중요한 의미를 가진다. 그래서 디지털지침 제19조와 연방정부안 제327조의5은 접근 가능성 또는 이용 가능성의 저해가 사소하지 아니한 경우는 물론 추가 비용과 결부된 변경에 대한 계약종료 가능성을 통해 소비자의 이익을 고려하였다. 즉, 등가성이익(Äquivalenzinteresse) 및 일반적인 연속성이익(allgemeine Kontinuitätsinteresse)을 전면에 부각시켜 사업자의 급부 변경이익과 대비한다. 그러나 그 밖의 이익도 고려될 수 있다.[37)]

계약상의 급부가 변경 없이 제공될 수 없다면 원칙적으로 변경의 필요성이 존재한다. 가령 미디어 콘텐츠 등에 대한 독점적 사용권이 만료되는 경우를 생각해 볼 수 있다. 이익형량에서는 특히 계약상의 급부에 대한 간섭의 강도가 고려되어야 한다. 연방정부안 제327조r은 매우 광범위하여 원칙적으로 심대한 변경도 가능케 한다. 이러한 사정을 고려하기 위해서는 변경의 필요성을 더욱 엄격하게 인정해야 하며, 제안된 변경이 본래적인 계약상의 의무에 더 많이 간섭할수록 더욱 그러하다. 이러한 이유로 오로지 사업자의 경제적 이익에 의한 변경은 정당화하기 어렵다.[38)]

결국 디지털지침 제19조 및 연방정부안 제327조의5 아래서도 사업자의 변경이익과 소비자의 변경되지 아니한 제품의 유지에 관한 이익은 등가이익 및 일반적인 연속성의 이익 외에도 다른 이익도 고려할 여지가 있다.

3. 비용중립성

변경은 소비자에 대한 추가 비용을 수반해서는 안 된다(연방정부안 제327조의r 제1항 제2호, 디지털지침 제19조 제1항 b). 이 조항은 그 취지상 포괄적으로 이해된다. 그것은 디지털 제품에 대한 계약상 합의된 대가의 직접적인 변경만이 아니라 순수하게 간접적으로 발생하는 비용도 포괄한다.[39)] 변경으로 인하여 소비자에게 발생하는 실제적인 재정적 부담이 없어야 한다는 것이다. 연방정부안 제327조의r 제3항과의 체계적 비교는 이것이 소비자의 희생으로 변

37) Möllnitz, MMR 2021, 119.

38) Möllnitz, MMR 2021, 119.

39) Regierungsentwurf (Fn. 4), S. 90은 제327조의r 제1항 제2호는 "어떤 경우에도 소비자가 변경으로 인한 추가 비용을 부담할 필요가 없도록" 보장하기 위한 조항이라고 한다.

경된 등가관계만 아니라 실제로 발생하는 비용이어야 한다는 점을 알려준다. 그러나 간접적으로 발생하는 비용, 특히 소비자의 디지털 환경에서 추가 조정의 필요성으로 인해 발생하는 비용도 소비자에게 상당한 부담을 줄 수 있다. 비용중립성은 소비자의 사업자에 대한 후발적인 비용상환청구권을 통해서는 달성할 수 없다. 이 경우 소비자는 사업자의 파산 리스크 및 소송부담을 감수해야 하기 때문이다.[40] 그러나 디지털지침 제19조 및 연방정부안 제327조의r에서 소비자에 대한 '추가 비용 부과 금지'와 있을 수 있는 가격 인상을 가능케 하는 '가격조정조항'이 어떤 관계에 놓여 있는지는 해명되지 않았다. 가격조정조항은 계속적 계약관계에서 사업자의 경영·제조 관련 비용이 달라진 경우에 계약적 등가관계를 유지하기 위한 취지를 가지는 것인데,[41] 추가 비용 부과 금지는 이러한 가격조정조항을 배제한다는 것인지가 의문이다.

4. 소비자에 대한 정보제공 관련 요구사항 및 효과

(1) 정보제공에 대한 요구사항

연방정부안 제327조의r 제1항 제3호(디지털지침 제19조 제1항 c)는 사업자가 소비자에게 명확하고 이해하기 쉬운 방식으로 변경에 관한 정보를 제공하도록 요구한다. 여기의 '명확하고 이해하기 쉬운'이라는 자구는 현행 독일 민법 제307조 제1항 제2문의 요구사항에 해당한다.[42] 연방정부안 제327조의r 제1항에 따른 변경(소비자의 관점에서 유리하거나 최소한 중립적인 변경)의 경우 그에 관한 정보는 연방정부안 제327조의r 제2항과 달리 소비자에게 사전에 알릴 필요는 없고, 디지털지침 제19조 제1항 c에서 명백한 바와 같이 소비자에게 늦어도 변경과 동시에 알리는 것으로 충분하다.[43]

저해적 변경의 경우 연방정부안 제327조의r 제2항은 방식요구, 기간 및 강행적 내용에 관한 추가적인 요구사항을 규정한다. 저해적 변경의 경우 사업자는 지속적인 저장장치로 변경 전 적절한 기간 내에 변경의 특징과 시기 및 소비자의 권리를 소비자에게 알려야 한다. 사업자는 연방정부안 제327조의r 제1항의 요건도 충족되어야 제327조의r 제2항에 따른 변경을 할 수 있다는 점은 '더 나아가(darüber hinaus)'라고 하는 자구로부터 분명하다.[44] 그래서 소비자에게 유리하거나 중립적인 변경의 경우에도 변경의 구체적인 범위에 대한 정보가 요청된다. 변경으

40) Möllnitz, MMR 2021, 119.

41) 김진우, "헬스클럽의 회비 임의변경조항에 관한 약관법적 문제: 대상판결: 대법원 2019. 12. 27. 선고 2015다78857 판결", 서울법학 제28권 제3호(2020), 59.

42) Regierungsentwurf (Fn. 4), S. 90.

43) Regierungsentwurf (Fn. 4), S. 90: "Anders als bei § 327r Absatz 2 BGB-E muss der Verbraucher nicht zwingend im Voraus über die Änderung informiert werden. Eine zeitgleiche Information des Verbrauchers genügt, wie sich aus Artikel 19 Absatz 1 der Richtlinie ergibt."

44) Regierungsentwurf (Fn. 4), S. 90.

로 계약상 급부의 품질이 달라지므로,[45] 소비자가 계약상대방의 의무의 정확한 범위를 이해할 수 있어야 한다는 요청은 계약법적으로 당연한 것이다.

변경이 소비자에 불리한지 또는 저해적 변경인지 여부는 연방정부안 제327조의e 제3항 제2호와 유사하게 객관적 기준을 사용하여 결정되어야 한다.[46] 이때 디지털 제품의 성질과 목적은 물론 품질, 기능성 및 호환성을 비롯한 본질적인 특성도 고려해야 한다.[47]

기간의 적절성은 사안별로 다를 수 있으며 연방정부안 제327조의r 제3항에 따른 30일의 기간과는 독립적으로 판단되어야 한다.[48]

'지속적인 저장장치' 개념은 디지털지침 제2조 제13호에 정의되어 있다. 즉, 소비자 또는 사업자가 자신에게 제공된 개인정보를 정보의 목적에 부합하는 동안 접근할 수 있도록 저장하는 매체를 말하며, 저장된 정보를 변형 없이 재생할 수 있는 매체를 의미한다. 내용 측면에서 이 정의는 소비자권리지침 제2조 제10호를 전환한 독일 민법 제126조의b 제2문과 같다.[49] 여기에는 특히 종이, DVD, CD, USB, 메모리 카드 및 하드디스크 드라이브와 전자우편(이메일)이 포함된다.[50] 그러나 가령 사업자의 웹사이트의 정보는 변동 가능성이 있으므로 지속적인 저장장치로서 충분하지 않다.[51]

연방정부안 제327조의r 제2항 제2문 제1호에 따라 변경의 특징 및 변경 시기에 관한 정보가 제공되어야 한다. 연방정부안 제327조의r 제2항 제2문 제2호는 소비자의 계약종료권과 그것의 요건 및 경우에 따라서는 디지털 제품의 현재 버전을 유지할 가능성에 관하여 사업자가 소비자에게 알릴 의무를 규정한다.

(2) 소비자에 대한 정보제공의 효과

또 다른 문제는 소비자에 대한 정보가 계약에 미치는 영향에 대한 것이다. 이것은 변경의 종류와 내용에 관한 정보가 변경의 실제적 범위와 다른 경우에 발생한다. 그러한 경우 새로운 계약적 품질 표준은 사업자가 소비자에게 제공한 정보에 기반하고 있는 것인지 아니면 실제로 행하여진 변경의 범위에 의해 측정되는 것인가?

제공된 정보가 계약의 새로운 내용을 정의한다고 볼 것이다. 평균적인 소비자는 필요한 전문지식이 부족하기 때문에 변경의 실제적 범위를 이해할 수 없다. 오히려 소비자는 제공된 정보에 의존하여 자신의 권리와 의무의 범위를 알 수 있을 뿐이다.[52]

---

45) 아래의 Ⅳ. 1. 참조.
46) Regierungsentwurf (Fn. 4), S. 90.
47) 디지털지침의 고려이유 75; Regierungsentwurf (Fn. 4), S. 90.
48) Regierungsentwurf (Fn. 4), S. 90.
49) Regierungsentwurf (Fn. 4), S. 91.
50) 디지털지침의 고려이유 75.
51) 이에 관하여는 EuGH, MMR 2012, 730, Rn. 27 ff., 38 ff.
52) Möllnitz, MMR 2021, 120.

Ⅳ. 허용되는 변경의 법적 효과

1. 계약상의 품질 변경

연방정부안 제327조의r에 따른 적법한 디지털 제품의 변경은 일반적으로 디지털 제품의 계약상 합의된 품질의 변경을 초래한다. 그것은 사업자의 급부의무를 일방적으로 변경하지만, 소비자의 반대급부의무는 그대로 유지된다. 그 결과 변경된 디지털 제품은 연방정부안 제327조의e에 따른 계약적합성을 가져야 한다.[53] 소비자는 디지털지침 제19조 및 연방정부안 제327조의r에 따른 적법한 변경이 있는 경우, 이를 용인해야 하며 사업자에 대하여 본래의 품질로 회복해 달라고 요구할 수 없다.[54] 그 점에서 디지털지침은 사업자의 변경이익을 소비자의 연속성이익보다 우선한다. 저해적 변경에서 소비자의 등가이익은 연방정부안 제327조의r 제3항에 따른 종료 가능성을 통해서만 보호된다.

계약적 표준의 변경으로 인해 소비자는 새로운 품질 표준에 따른 계약적합성이 부족한 경우 변경된 제품에 대한 그의 권리를 주장할 수 있다. 사업자가 —업데이트 후에— 이전 표준으로 복귀하려면 연방정부안 제327조의r의 요건을 충족해야 한다.[55]

2. 사업자의 개입권 및 변경실행청구권?

사업자가 디지털 제품에 관한 통제권이 없는 경우, 가령 디지털 제품이 소비자에게 직접 저장되어 있고 사업자의 서버에 저장되어 있지 않은 경우, 사업자가 변경의 실행과 관련하여 어떤 권리를 가질 수 있는지는 디지털지침 및 연방정부안에 명시적으로 규율되지 않았다. 연방정부안 제327조의f 제2항의 존재에 의해 계약상 업데이트의 경우 사업자는 일반적으로 개입권이 없다는 것이 분명하지만,[56] 변경에 대하여는 이에 상응하는 규정이 존재하지 않는다.

사업자가 디지털 제품의 변경을 실행할 수 있어야 한다는 사실은 사업자가 소비자에게 변경없는 디지털 제품의 유지를 가능케 한 경우 저해적 변경에 관한 소비자의 권리(계약종료권)가 적용되지 않는다고 규정하고 있는 연방정부안 제327조의r 제4항의 체계로부터 도출된다. 이 조항은 디지털지침 제19조 제4항을 전환한다. 사업자가 소비자가 기존에 사용하던 디지털 제품 버전을 추가 비용 없이 그대로 유지할 수 있게 한다면 소비자의 계약종료권(Vertragsbeendigungs-

53) 위 Ⅲ. 1. (1) 참조.

54) Spindler/Sein, MMR 2019, 493; Sein/Spindler, ERCL 2019, 389. Gsell, ZUM 2018, 80은 저해적 변경의 경우에 소비자의 거절권이 존재하지 않는 점에 대하여 비판적이다.

55) Möllnitz, MMR 2021, 120.

56) 다만, 보안표준을 준수하기 위하여 업데이트가 절대적으로 필요한 경우를 어떻게 처리할 것인지는 명시적으로 규율되거나 해명되지 않았다.

recht)을 인정할 이유가 없다. 이는 특히 소비자가 네트워크를 구축하거나 평판을 쌓은 온라인 플랫폼을 사용하는 경우를 염두에 둔 것이다. 이 경우 소비자는 그에게 불리한 약관의 변경을 수락하지 않고 디지털 제품을 계속 사용하는 것에 대한 합리적인 이익이 있기 때문이다.[57]

연방정부안 제327조의r 제4항에 따른 소비자의 선택권은 항상 소비자가 현재 사용 중인 디지털 제품의 버전을 의미한다. 소비자는 그가 건너뛴 버전 중에서 선택권을 갖지 못한다.[58]

연방정부안 제327조의r 제4항 제2문에 따라 소비자가 기존 버전을 유지하기로 결정한 경우 사업자는 하자가 없는 디지털 제품을 제공해야 한다.[59] 사업자가 변경된 버전 외에 디지털 제품의 변경되지 않은 버전을 유지할 수 있는지 여부는 전적으로 사업자의 결정에 달려 있다. 소비자는 변경 없는 유지에 대한 청구권을 갖지 못한다. 오히려 사업자는 소비자에 대하여 변경을 인용할 것을 청구할 수 있고 경우에 따라서는 협력을 청구할 수 있다. 이에 관한 청구권의 기초는 연방정부안 제327조의r이다.

변경될 데이터가 사업자의 접근영역에 있지 않다면, 그가 이 청구권을 실행하기 위하여 자구조치를 취할 수 있는지 여부에 관한 질문에 답하는 것은 훨씬 더 어렵다. 그러나 시스템과 소비자 영역의 무결성 보호는 소비자의 디지털 환경에 개입할 사업자의 권한에 반하는 것이다. 디지털 제품의 변경으로 인해 소비자는 예컨대 자신의 디지털 환경에서 호환성이나 상호운용성에 영향을 미치는 경우에 추가 조치를 취해야 할 필요성이 발생할 수 있다. 개입권은 명시적인 법률적 근거 없이는 거의 정당화될 수 없는 소비자 영역의 중대한 불이익이 될 것이다. 따라서 사업자는 변경을 실행하기 위하여 소비자에 대한 청구권에 의존하게 되리라고 가정할 수 있다.[60]

3. 경미한 저해를 넘어선 경우의 계약종료권 및 그 밖의 법적 효과

디지털지침 제19조와 마찬가지로[61] 연방정부안 제327조의r에서도 사업자의 디지털 제품에 대한 후발적 변경에 의한 소비자의 접근 가능성 또는 이용 가능성의 저해는 단순히 경미한 수준을 넘어설 수 있다.[62] 저해적 변경의 경우 소비자는 그 저해가 단순히 경미한 경우를 제외하고는 계약을 30일 내에 종료할 수 있다. 사업자는 저해적 변경에 관하여 적절한 기간 내에 미리 지속적인 저장장치로 변경의 특징과 시기 및 일정한 경우의 계약종료권에 관하여 소

57) Regierungsentwurf (Fn. 4), S. 91.
58) Regierungsentwurf (Fn. 4), S. 92.
59) Regierungsentwurf (Fn. 4), S. 92.
60) Möllnitz, MMR 2021, 120.
61) Ehle/Kreß, CR 2019, 729 (Rn. 42).
62) 그 점에서 Wendlandt, in: Schulze/Staudenmayer, EU Digital Law, 2020, Art. 19 DCD Rn. 8은 "permitted non-conformity"를 언급한다.

비자에게 알려야 한다. 여기서 문제가 되는 것은 무엇이 소비자에게 순전히 유리한 것인지, 그래서 허용되는 변경인 것인지 그리고 어느 경우에 저해가 있고 또 그것이 현저한 것인지를 판단하기가 쉽지 않다는 점이다. 이를테면 소프트웨어의 기능이 현저히 확장되어 결과적으로 이용자 장치에 훨씬 더 많은 저장공간을 차지한다면 다른 콘텐츠를 위한 저장용량이 감소하여 이용자의 사용 가능성을 현저히 저해할 수 있다.[63] 결국 이러한 불안정성으로 인하여 상당 수준의 급부 변경에서는 연방정부안 제327조의r 제2항에 따라 사업자가 항상 계약종료권의 존재를 소비자에게 알려야 불이익을 피할 수 있다.

그러나 소비자의 계약종료권은 연방정부안 제327조의r 제2항에 따라 제공된 정보와 무관하게 존재한다. 사업자가 계약종료권에 갈음하여 디지털 제품의 기존 비전을 유지할 권리에 관해서만 알렸더라도, 소비자는 연방정부안 제327조의r 제3항에 따라 계약을 종료할 수 있다. 사업자가 소비자에게 전혀 정보를 제공하지 아니한 경우에도 마찬가지이다. 저해적 변경의 결과로서의 계약종료권은 불공정조항지침의 부록 제2호 b와 연계된 부록 제1호 j를 기반으로 한다.[64]

연방정부안 제327조의r 제3항 제2문과 제3문을 통해 30일의 기간은 빨라도 소비자가 변경된 버전에서 디지털 제품을 사용할 수 있는 시점부터 기산된다. 30일의 기간은 소비자가 세부적인 테스트를 통해 변경의 영향을 이해할 수 있도록 하기 위한 것이다.[65] 연방정부안 제327조의r 제3항 제3문은 사업자가 제공한 정보와 관계없이 기간이 기산되도록 보장하기 위한 것이다.[66]

디지털지침의 고려이유 75에 의하면, 변경이 디지털 제품에 대한 접근 또는 사용이 저해되는 정도는 디지털 제품의 성질과 목적 및 품질, 기능성, 호환성 및 동종의 디지털 제품에 통상적인 기타 본질적 특성을 고려하여 객관적으로 결정되어야 한다. 개별 소비자의 주관적인 기대는 문제가 되지 않는다. 그러나 각 소비자의 디지털 제품에 대한 기대와 취급역량은 다를 것이므로 객관적 기준으로만 경미성 여부를 판단하는 것은 합리적이지 않을 것이다. 예컨대 이용자 인터페이스가 조금만 바뀌어도 일부 이용자(상당수의 고령층 이용자)는 디지털 제품의 취급에 큰 불편을 겪기도 한다. 따라서 변경권의 한계는 일차적으로 당사자의 합의로 정해진다고 보는 것이 타당하다.[67]

설령 사용 또는 접근에 대한 저해성이 객관적으로 결정된다고 하더라도 그것이 구체적으

---

63) Ehle/Kreß, CR 2019, 729 (Rn. 42)

64) Regierungsentwurf (Fn. 4), S. 91.

65) 김진우(주 6), 203은 디지털지침 제19조 제2항이 프랑스 국내법(소비자법)을 모델로 한 것임을 알려준다.

66) Regierungsentwurf (Fn. 4), S. 91.

67) Schmidt-Kessel/Erler/Grimm/Kramme, GPR 2016, 69; Kodek, in: Stabentheiner/Wendehorst/Zöchling-Jud (Hrsg.), Das neue europäische Gewährleistungsrecht, 2019, S. 148.

로 어떻게 이루어져야 할지는 여전히 해명되어야 한다. 각 디지털 제품의 평균적인 이용자의 기대에 초점을 맞춘 방향 설정이 권장된다. 그러나 문제는 모든 이용자가 변경으로 인해 동일한 정도로 영향을 받는 것은 아니므로 이들 이용자그룹이 장애를 판단하는 데 결정적인 역할을 할 수 없다는 것이다. 예컨대 콘텐츠의 변경으로 iOS의 인터페이스를 상실한 경우 안드로이드 이용자는 사소하게나마 영향을 받지 않는 것이 아니라 단순히 변경의 영향을 전혀 받지 않는다.

또한 변경의 정도를 결정하는 것이 문제가 되는 것이 아니라 불이익의 정도를 결정하는 것이 문제된다는 점을 유의해야 한다. 따라서 목적론적으로 실제로 불이익을 경험한 이용자그룹만 참조그룹으로 활용될 수 있다. 그래서 참조그룹은 보호의 필요성이 아닌 영향을 받음에 따라 결정된다. 결국 취약한 소비자 보호가 아닌 전형적인 이용자그룹이 문제가 되는 것이다.

불이익을 평가하기 위한 출발점은 일반적으로 변경의 유·불리가 아닌 계약상의 채무이다.[68]

디지털지침 제19조 제2항 제1문에 기반한 연방정부안 제327조의r 제3항 제4문에 따라 디지털 제품의 변경이 소비자의 디지털 제품에 대한 접근 또는 그것의 사용을 저해하더라도 그것이 단지 경미하다면(nur unerheblich) 소비자는 계약을 종료할 수 없다. 연방정부안 제327조의r 제3항 제4문에는 디지털지침에서 사용된 '사소한(minor, geringfügig)'이라는 용어를 대신하여 같은 의미를 가진 '경미한(unerheblich)'이라는 용어가 포함되어 있다. 경미한 저해의 예로는 기능성에 영향을 주지 않는 응용프로그램의 그래픽 재설계를 들 수 있다.[69]

연방정부안 제327조의r 제3항을 통해 계약의 일부 종료 가능성이 인정되는지 또는 계약이 전부 종료될 수 있는지 여부가 문제된다. 예컨대 변경으로 인해 기능이 악화한 경우, 소비자는 변경을 거절할 수 없지만, 이 기능을 별도로 종료할 가능성을 논할 수 있을 것이다. 사실 일부 종료는 그 효과에 있어 대금감액과 유사한 법적 구제수단이라고 할 수 있다. 이 경우에 독일의 통설에 따르면 대금감액은 불가능하므로[70] 일부 종료는 반대급부로서의 데이터를 고려할 때 배제될 것이다.

문언 자체는 일부 종료를 방해하지 않으며 일부 종료의 허용에 관한 명시적인 규정(가령 독일 민법 제648조의a 제2항)은 독일법 및 유럽법에서 드물다.

급부가 실제로 가분적인 경우 일부 종료 가능성에 반대할 이유는 거의 없다.

68) Möllnitz, MMR 2021, 121.
69) Regierungsentwurf (Fn. 4), S. 91.
70) 독일 통설에 따라 배제되는 반대급부로서의 데이터에서의 대금감액에 관하여는 Bach, NJW 2019, 1705 (1710).

4. 계약종료의 효과

연방정부안 제327조의r 제5항 제1문은 소비자가 계약을 종료하는 경우 연방정부안 제327조의o 및 제327조의p에 따른 계약청산에 관한 조항이 적용되도록 규정한다. 그에 따라 소비자는 변경 이후의 기간에 해당하는 대금을 환급받을 수 있다. 그 점에서 계약종료는 변경이 이루어진 시기로 거슬러 올라가 효력이 미친다. 연방정부안 제327조의r 제5항 제2문은 그와 더불어 연방정부안 제327조의m 제3항에 따른 손해배상청구가 가능함을 분명히 하였다.[71)]

연방정부안 제327조의o(계약종료의 표시와 법적 효과)
① 계약의 종료는 소비자의 종료에 관한 의사가 표현된 사업자에 대한 표시에 의한다. 제351조가 준용된다. ② 계약이 종료되면 사업자는 소비자에게 소비자가 계약을 이행하기 위하여 지급한 금액을 상환하여야 한다. 사업자가 계약종료로 인하여 더 이상 제공할 필요가 없는 급부에 대한 합의된 대금의 지급청구권은 소멸한다. ③ 제2항 제2문과 달리 디지털 제품의 계속적 제공에 관한 계약에서 사업자의 청구권은 이미 제공한 급부에 대하여도 소멸하지만, 디지털 제품이 하자가 있었던 제공기간 동안의 부분에 대해서만 그러하다. 제1문에 따른 청구권이 소멸한 기간을 위하여 지급된 대금은 소비자에게 상환되어야 한다. ④ 제2항 및 제3항에 따른 상환의 경우 제327조의n 제4항 제2문부터 제5문까지가 준용된다. ⑤ 소비자는 사업자가 계약종료 후 늦어도 14일 이내에 요구하는 경우 사업자가 제공한 유체적 저장장치를 지체없이 그에게 반환하여야 한다. 사업자는 반송비용을 부담한다. 민법 제348조가 준용된다.

연방정부안 제327조의p(계약종료 후의 계속적 사용)
① 소비자는 계약종료 후 디지털 제품을 계속 사용하거나 제3자에게 제공할 수 없다. 사업자는 소비자의 계속적 사용을 저지할 수 있다. 제3항은 이에 영향을 받지 않는다. ② 사업자는 계약종료 후 개인정보와 관련이 없는 데이터 및 소비자가 사업자에 의하여 제공된 디지털 제품의 사용 시에 제공하였거나 생성한 콘텐츠를 더 이상 사용할 수 없다. 콘텐츠가 다음과 같은 경우에는 이것은 적용되지 아니한다. 1. 사업자가 제공한 디지털 제품의 맥락 밖에서는 효용이 없는 경우 2. 오로지 사업자가 제공한 디지털 제품의 소비자에 의한 사용과 관련된 경우 3. 사업자에 의하여 다른 데이터와 함께 결합되어, 분리할 수 없거나 과도한 비용에 의해서만 분리할 수 있는 경우 4. 소비자가 다른 사람들과 생성하여, 다른 소비자가 그 콘텐츠를 계속 사용할 수 있는 경우. ③ 사업자는 소비자의 요구 시에 그에게 제2항 제1문에 따른 콘텐츠를 제공하여야 한다. 이는 제2항 제2문 제1호부터 제3호까지에 따른 콘텐츠에는 적용되지 아니한다. 콘텐츠는 소비자에게 무상으로, 사업자에 의한 방해 없이, 적절한 기간 내에 그리고 일반적으로 사용되고 기계로 읽을 수 있는 형식으로 제공되어야 한다.

71) Regierungsentwurf (Fn. 4), S. 92.

연방정부안 제327조의m(계약종료 및 손해배상)
① (…) ② (…) ③ 소비자가 제1항의 경우에 계약을 종료할 수 있는 한, 그는 제280조 제1항의 요건 아래 급부에 갈음한 손해배상을 요구할 수 있다. 제283조 제2문은 적용되지 않는다. 소비자가 급부 전부에 갈음하여 손해배상을 요구하는 경우 사업자는 제327조의o 및 제327조의p에 따라 급부한 것의 반환을 구할 수 있다. 제325조가 준용된다.

V. 연방정부안 제327조의r의 적용배제

연방정부안 제327조의r은 제6항에 따라 인터넷 접속 서비스 또는 숫자 기반 대인통신서비스의 제공요소를 포함하는 연방정부안 제327조의a 제1항에 따른 패키지계약에는 적용되지 않는다. 이에 대한 예는 인터넷 접속 계약과 화상회의 서비스의 조합일 수 있다.[72]

위와 같은 연방정부안 제327조의r의 적용배제는 디지털지침 제3조 제6항 제2하부항[73]을 전환한 것이다. 전자통신을 위한 유럽 코드 지침[74]의 제107조는 회원국이 연방정부안 제327조의r 제6항에 포함된 두 가지 경우에 대한 특별규정을 제정하도록 의무화한다. 이를 전환하기 위하여 [지침 2018/1972 제107조에 관한 전환규정]이라는 자구를 두었다.[75]

VI. 마 치 며

디지털 제품은 그 특성상 업데이트 형태의 급부 변경이 흔하다. 연방정부안 제327조의r 제1항은 계속적 계약관계의 범위 내에서 소비자의 관점에서 볼 때 유리하거나 최소한 중립적인 변경에 관한 것이라면 유형을 묻지 않고 디지털 제품에 대한 사업자의 급부 변경권을 다음과 같은 요건 아래 허용한다: ① 변경 가능성은 계약상 합의되어야 할 뿐만 아니라(변경유보조항의 존재) 정당한 이유가 있어야 하고(이유), ② 변경을 통해 소비자에게 추가 비용이 발생하지 않아야 하며(비용), ③ 소비자는 명확하고 이해하기 쉬운 방식으로 변경에 관한 정보를 제공받아야 한다(투명성). 소비자에게 불리한 변경(저해적 변경)의 경우 제327조의r 제2항 이하의 조항

72) Regierungsentwurf (Fn. 4), S. 92.

73) 디지털지침 제3조 제6항 제2하부항: "유럽연합 입법지침 2018/1972에서 말하는 패키지가 유럽연합 규정(Regulation) 2015/2120 제2조 제2호에서 말하는 인터넷 접속 서비스 또는 유럽연합 지침(Directive) 2018/1972 제2조 제6호에서 말하는 숫자에 기반한 대인 통신서비스의 내용을 포함하고 있다면, 본 지침 제19조는 적용되지 않는다."

74) Directive (EU) 2018/1972.

75) Regierungsentwurf (Fn. 4), S. 92.

이 보충적으로 적용된다.

디지털지침 제19조와 마찬가지로, 연방정부안 제327조의r은 사업자의 급부 변경권에 관한 모든 문제에 대하여 해결책을 제시하지는 않았다. 예컨대 어떤 요건 아래 자동화된 변경 업데이트(automatisierte Änderungs-Updates)가 가능한지에 관하여는 정면으로 규율하지 않았다. 따라서 미해결된 문제는 향후 실무와 판례가 풀어야 할 과제라고 하겠다. 그럼에도 불구하고 디지털지침 제19조 또는 연방정부안 제327조의r은 우리의 입법에 모범이 될 수 있을 것이다. 사업자의 후발적 급부 변경권에 관한 요건의 구체화는 불특정 법개념인 '상당한 이유'의 존부만으로 계속적 계약에서의 후발적 급부 변경의 허용 여부를 가리는 것보다(약관법 제10조 제1호) 이해관계의 형량 및 법적 안정성의 제고라고 하는 관점에서 한층 유익할 것이기 때문이다. 또한 소비자의 디지털 제품에 대한 접근 또는 이용에 관한 경미한 저해를 넘어서는 저해가 있는 경우의 법적 효과도 수긍할만하다. 다만, 우리 민법에서는 디지털콘텐츠, 디지털서비스 또는 디지털 제품의 개념조차 낯설다. 이제부터라도 디지털화에 대응한 법제 개선을 위한 작업이 시작되어야 하며, 민사법 연구자들의 관심이 요망된다. 이때 EU 및 그 회원국의 법발전을 정확히 분석하고 정제하여 계수하는 것은 실험비용을 최소화하는 방안일 것이다. 담보책임에 관한 모법인 민법을 개정하는 것이 가장 바람직하지만,[76] 그것이 여러 가지 현실적인 이유에서 쉽지 않다면 「전자상거래 등에서의 소비자보호에 관한 법률(전자상거래법)」에 관련 규정을 신설하는 것이 가장 합리적인 해결책일 것이다.[77] 본 연구는 이러한 문제의식 아래 우리 법질서의 발전을 위한 기초자료를 제공할 목적으로 진행되었다.

76) 김세준, "유럽연합 디지털콘텐츠계약 지침안에 따른 계약적합성 문제", 소비자법연구 제3권 제2호(2017), 194.

77) 서종희, "매매목적물의 하자(계약적합성) 판단기준: 독일민법 제434조 제1항의 해석을 중심으로", 소비자법연구 제5권 제3호(2019), 122; 이재호, "EU디지털지침과 우리 소비자법의 개선", 소비자법연구 제6권 제2호(2020), 66-68. 그 밖에 곽창렬, "디지털콘텐츠 공급자의 담보책임: 유럽연합 디지털콘텐츠지침안을 중심으로", 소비자법연구 제4권 제2호(2018), 117은 「콘텐츠산업 진흥법」도 시야에 넣고 논하고 있다.

손해배상책임 논의의 체계에 관한 일고찰

김 천 수*

Ⅰ. 서 설

손해배상책임에 관한 논의의 체계 자체를 검토하면서 고유의 생각이 있는 관련 쟁점 일부를 해당 부분에서 언급한다.1) 손해배상에서 논의되어야 할 쟁점들을 체계적으로 분류하고 유기적으로 논의하는 과정을 검토한다. 그동안 우리가 손해배상 사건을 나름대로 잘 처리해 왔다고 보는 시각에서는 그 인식에 결정적 오류가 없고(?) 따라서 눈에 보이는 실익이 없어 보이는 논의이겠지만, 우선 논의나 주장 내용을 평면적으로 나열하고 마는 것이 아니라 그들을 담는 체계를 입체적으로 만들어 요소 사이의 관계가 체계 자체만으로도 드러나도록 하거나, 결과에 차이가 없어도 과정에 숨어 있는 논리적 모순을 제거하는 노력도 연구자나 학자가 추구할 만한 일이다.2) 나아가서 손해배상에서 추구하는 바는 분쟁 당사자들에 대하여 설득력을 높

---

* 성균관대학교 법학전문대학원 교수.

1) 손해배상책임의 논의 체계 자체를 논문의 주제로 작성하는 것은 이번이 처음이다. 이에 관한 필자의 생각은 손해배상책임을 주된 내용으로 서술하는 필자의 논문들에서 기존 체계와 다른 서술체계를 독자에게 설명하기 위한 목적에서 부분적으로 피력한 적이 있다. 그래서 골격은 "기왕증을 포함한 피해자의 신체적 소인 및 진단과오가 불법행위책임에 미치는 영향"[성균관법학 제16권 제3호(2004), 42 이하], "우리 불법행위법의 소묘"[민사법학 특별호 제52호(2010), 533 이하], "의료과오"[주석민법 채권각칙(7)(2016), 507 이하], "감염방지의무와 민사책임"[법조 제69권 제5호(2020), 19 이하] 등의 그것들과 유사하나, 그동안 세세한 면에서 수정하고 보완하여 온 결과물을 여기에 싣기로 한다. 손해배상책임 논의체계에 대한 필자의 생각은 특히 Erwin Deutsch의 책임법 관련 문헌들[*Haftungsrecht Erster Band: Allgemeine Lehren*, Carl Heymanns Verlag KG · Köln…, 1976; *Unerlaubte Handlungen und Schadensersatz*, Carl Heymanns Verlag KG · Köln…, 1987(이 책은 Deutsch/Ahrens, *Deliktsrecht*, Carl Heymanns Verlag KG · Köln…으로 증보되었음) 등]을 1980년대 후반부터 읽으면서 다듬어 온 것이다. 필자의 생각을 학술지에 처음으로 공개한 2004년도의 위 "기왕증을 포함한…"은 양창수 교수님께서 좌장으로 계셨던 자리에서의 발표문을 게재한 것인데, 그 발표 당시 이러한 생각을 공개해도 될까 주저되는 점이 없지 않았고 이 점을 발표문에 언급하기도 했었다. 이번 양창수 교수님의 고희를 기념하는 논문집에 이것을 본격 주제로 하는 논문을 싣게 된 것도 특이한 인연이라 생각된다.

2) 심지어 용어의 정비도 마찬가지이다. 기존 전문가에게는 익숙하지만 초학자들에게 아무 의미 없이 어렵거나 혼란스러운 용어들을 순화하는 노력도 필요하다. 필자의 기억 속에 남아 있는 양창수 교수님의 주장, 表見代理를 표현대리가 아니라 "표견대리"라고 읽어야 한다는 주장을 오래전 법률신문인가에서 읽은 적이 있다. 外見과 表見에서 '見'을 달리 발음할 이유가 없다는 점 등이 주장의 근거로 제시되었던 것으로 기억한다. 신선하게 읽고 공감했던 필자가 아직도 당시 이미 익숙해진 발음, '표현대리'로 읽고 있지만, 그때마다 양창수 교수님의

이는 결과를 도출하여, 당사자의 내심에서도 분쟁이 종식하는 데 도움이 되도록 하는 것이어야 한다. 금전배상의 경우 손해배상액의 산정이라는 마지막 단계에 이르는 과정까지 더 체계적이고 합리적이라면 이러한 설득력을 확보하는 데 유익할 것이다.

1. 구제수단으로서의 손해배상

법은 본래 일단 현재의 사실 상태를 유지한 뒤 일정한 절차를 거쳐서 그 상태의 잘못을 바로잡는다. 손해도 마찬가지이다. 일단 발생한 손해는 발생한 그곳에 그대로 둔 뒤에 피해자는 비로소 바로잡는 절차를 밟는다. 그 바로잡는 방법의 하나가 손해배상이다. 손해배상이란 본래 발생한 그곳에서 다른 곳으로 옮기는 제도이다. 물건의 반환에 비하여 손해의 이동 즉 전가(轉嫁)는 절차가 복잡하다. 물건 반환은 손상된 곳이 없으면 본래의 주인에게 그대로 돌려주는 것이다. 그런데 그 과정에 소요된 비용 등 손해의 귀속은 간단하지 않다. 그래서 반환 비용을 누가 부담하도록 할 것인가에 대하여 아주 복잡한 논의를 하고 있는 것이다. 이처럼 재산 자체의 회복에 비하여 손해배상을 통한 피해의 구제는 논의의 체계가 복잡할 수밖에 없다.

미국에서 피해의 구제를 통합적 영역으로 인식하여 논의하기 시작한 것이 아직 한 세기를 넘기지 못하였다.[3] 민법이 타인의 잘못으로 인해 발생한 피해를 구제하는 수단으로는 물적 상태를 원상으로 회복하는 방법,[4] 이른바 '등가회복'을 통한 구제,[5] 이행강제를 통한 구제,[6] 손해배상을 통한 구제[7] 등이 있다. 피해를 예방하는 수단도 넓게 보면 구제수단의 하나이다.[8] 피해가 감정의 손상인 경우 그 손상된 감정을 완화시켜 피해를 구제하는 수단에는 가해자가 일정한 행위를 하도록 하는 처분이 있고,[9] 금전에 의한 손해배상도 그 구제수단의 하나이다. 금전배상을 포함하여 타인으로부터 금전을 받음으로써 피해를 구제하는 일군의 수단들도 있다.[10]

주장이 떠오른다. 실무에서 벗어나 학자의 길로 들어선 지 얼마 되지 않은 시절의 주장이지만 지극히 학자다운 모습으로 기억하고 있다.

3) 미국에서 각 구제수단(remedies)을 하나의 독립영역으로 인식하게 된 기점이 Charles Alan Wright의 저서 Cases on Remedies가 출간된 1955년으로 보는 것 같다. Dobbs/Roberts, *Law of Remedies*, Third Edition, West Academic Publishing, 2018, p. 2. 한편 Laycock, How Remedies Became a Field: A History, 27 Rev. Litig. 161 (2008) 참조.

4) 물권적 반환청구, 침해부당이득의 원물반환 또는 소급효가 있는 해제나 취소 등에 관한 민법 규정들 참조. 해제는 그 성질에 관한 직접효과설에 입각할 때 당사자의 지위를 계약이 없는 상태로 회복시키는 것이므로 원상회복에 의한 구제방법이라는 성질을 띤다고 볼 수도 있고, 제548조가 있으므로 직접효과설에 입각하지 않아도 그렇게 볼 수도 있다.

5) 유상계약에 준용되는 매도인의 담보책임에 관한 민법 제570조 이하가 대표적이다.

6) 민법 제389조 및 민사집행법 관련 조항 참조.

7) 민법 제390조와 제750조 그리고 손해배상을 규율하는 기타 조항들 참조.

8) 물권적 방해예방청구권, 금지청구권 등.

9) 가령 명예회복을 위하여 적당한 처분을 명할 수 있도록 한 민법 제764조 참조.

10) 가령 침해부당이득의 경우 가액반환은 여기에 해당할 것이다.

떠오르는 구제수단들만 적어도 이렇게 다양하다. 이처럼 구제수단들을 다양한 각도에서 체계적으로 검토하여 제대로 유형화하는 연구가 필요하다. 이들 구제수단을 단순히 모아서 나열하는 것에 그치지 말고 이들을 유기적으로 검토하여 구제수단 사이의 균형이나 각 구제수단의 합리화를 도모하는 연구가 필요하다.[11)]

2. 금전배상과 산정론

위에서 구제수단 가운데 하나로 적은 손해배상은 넓은 의미이다. 민법은 제394조[12)]를 보면 금전배상은 손해배상의 한 방법이다. 이 점에서 손해배상은 금전에 의한 것이든 아니든 모두 손해의 전보를 목적으로 하는 것이고 금전배상보다는 위의 개념이다. 여기서 논의하고자 하는 것은 금전배상이라는 손해배상을 말한다.[13)] 민법의 논의는 일반적으로 요건론과 효과론으로 구성되는 체계이다. 손해배상책임의 논의체계도 기본적으로는 마찬가지이다. 즉 손해배상책임은 성립요건이 구비되어야 인정되고 요건이 갖추어져서 나타나는 효과는 손해배상책임의 발생이다. 손해배상책임의 요건론에서부터 효과론에 이르기까지 명료한 단계나 요소가 하나도 없다고 하여도 과언이 아니다. 손해라는 것이 난해한 개념이고 팽창하는 속성을 가지고 있기 때문이기도 하다. 그래서 손해배상책임에서 효과론은 손해배상의 권리와 의무가 발생한다고 말하는 것에서 그칠 수 없다. 물론 어떤 사람에게 발생한 손해를 타인에게 전가하는 것이 쉽게 이루어지는 것이 바람직한 것도 아니다.

손해란 무엇인가, 그것을 야기한 행위는 무엇인가, 그러한 행위를 한 사람에게 어떤 문제가 있어서 손해를 그에게 전가하는가 등을 다루는 것이 요건론이다. 피해자가 입고 있는 손해를 어디까지 전가하는 것이 바람직한가의 쟁점은 다분히 정책적 요소가 있다. 무한히 연결되어 확대되어 가는 손해의 고리를 어디에서 차단할 것인가의 논의이다. 이것이 손해배상의 범위에 관한 논의이며 이는 효과론의 하나인데 이를 '범위론'이라고 하겠다. 요건론이나 범위론은 손해배상 일반에 공통하는 논의 체계이다. 그런데 전가하기로 한 손해 항목들을 금전으로 전보하면 그 금액은 구체적으로 얼마인가, 장래에 발생할 손해 항목은 어떤 방법으로 배상할 것인가 등 많은 쟁점들이 있다. 그렇게 범위에 들어온 손해를 금액으로 계산하는 것도 쉬운 일이 아니고 가해자에게 전액을 전가하는 것이 항상 공정한 것도 아니다. 따라서 그 액수는 얼마이며 그 가운데 가해자가 책임져야 하는 액수는 얼마인가를 논의하는 것이 손해배상액의 산정에 관한 논의이다. 이 역시 효과론의 하나인데 이를 '산정론'이라고 하겠다. 산정론을 독립적

---

11) 홍성재, 민사피해구제법, 대영문화사, 2017이 그 예이다.

12) 이 글에서 법령 표시가 없는 조항은 민법 조항이다.

13) 제394조는 금전배상을 손해배상의 한 모습으로 규정한다. 그렇게 보면 우리의 손해배상은 방법에 따라 다양한 유형이 있는데, 이 규정에 따르면 금전배상이 그 원칙 유형이다. 한편 금전배상은 제751조 제2항을 반대해석한다면 일시배상을 원칙으로 한다고 볼 수 있다.

으로 전개하는 것이야말로 금전배상의 특징이다. 아무튼 금전배상으로서의 손해배상에서 효과론은 이 범위론과 산정론이라고 하는 두 쟁점을 중심으로 하여 그 밖에 손해배상청구권의 소멸시효 등 몇 쟁점들로 구성된다.

3. 채무불이행책임과 불법행위책임

민법은 여러 군데에 손해배상책임을 규율하는 규정들을 두고 있는데, 그래도 대표적인 두 기둥이 채무불이행책임을 규율하는 제390조와 불법행위책임을 규율하는 제750조이다. 제390조(채무불이행과 손해배상)는 "채무자가 채무의 내용에 좇은 이행을 하지 아니한 때에는 채권자는 손해배상을 청구할 수 있다. 그러나 채무자의 고의나 과실없이 이행할 수 없게 된 때에는 그러하지 아니하다."라고 규정한다. 제750조(불법행위의 내용)는 "고의 또는 과실로 인한 위법행위로 타인에게 손해를 가한 자는 그 손해를 배상할 책임이 있다."라고 규정한다. 제390조는 가해자와 피해자가 이미 채권채무관계에 있는 경우이다. 제390조는 그 제목이 "채무불이행과 손해배상"라고 하듯이 그 규율하는 손해배상책임의 원인이 채무불이행이다. 이는 채무자가 제대로 채무를 이행하지 않아서 채권자에게 손해를 가한 행위이다. 채무자가 가해자이고 채권자가 피해자이다. 그 채권채무가 대개 계약에서 나온 것이므로 제390조의 채무불이행책임은 대개 계약위반의 책임 즉 계약책임이다. 여기서 책임은 손해배상책임이다.

그런데 두 규정은 규율의 관점이 반대이다. 제390조는 효과 부분을 "채권자는 손해배상을 청구할 수 있다."라고 표현한다. 주어가 "채권자" 즉 피해자이므로 효과를 '청구권'으로 구성한다. 제750조는 "손해를 가한 자는 그 손해를 배상할 책임이 있다."라고 표현한다. 주어가 "손해를 가한 자" 즉 가해자이므로 효과를 '책임'으로 구성한다. 독일민법도 마찬가지이다. 우리의 제390조에 상응하는 독일민법 제280조는 "…, so kann der Glaübiger Ersatz des hierdurch entstehenden Schadens verlangen. …"이라 되어 있고, 우리의 제750조에 가장 가까운 제823조는 "Wer …, ist dem anderem zum Ersatz des daraus entstehenden Schadens verpflichtet"라고 되어 있다. 효과 부분의 구성이 반대인 것이 주어를 달리하여 나타난 표현의 차이에 불과할 뿐이고 별 의미가 없을 수 있다. 가해자를 주어로 하는 효과는 손해배상책임의 부담이고 피해자를 주어로 한 효과는 손해배상청구권의 취득이다. 가령 제390조를 "채무의 내용에 좇은 이행을 하지 아니한 채무자는 그로 인한 손해를 배상할 책임이 있다."라고 표현한다고 하여도 현재의 문장과 내용상 차이는 없고 요건이나 효과가 달라질 우려는 없다고 할 것이다. 마찬가지로 제750조를 "고의 또는 과실로 인한 위법행위로 손해를 입은 사람은 행위자에게 손해배상을 청구할 수 있다."라고 하여도 그러하다. 그럼에도 불구하고 현재와 같이 문장을 구성한 것에 어떤 의미가 있는지 생각해 보는 것도 흥미로운 일이다. 마치 능동태 문장을 수동태 문장으로 바꾸는 것이 내용은 다르지만 글 쓴 사람의 강조점이 달라지듯이 두 조문의 이 다른 모습에도 다른 의미가 있지 않을까 생각할 점도 있겠다. 하지만 계약책임 조항의 효과 구성과 불법행위책임 조항의 효과 구성을 이렇게 달리하는 모습은 좀 더 음미하기로 하고 여기서는 언급을 생략하기로 한다.

4. 논의의 중심과 용어 선택의 기준

제390조와 제750조 사이에 문장 표현 방식의 차이는 다음 기회에 더 생각해 보기로 하고, 여기서는 후자를 중심으로 논의를 전개한다. 민법에서 손해배상에 관한 대표적인 두 조문 가운데 제750조를 기준으로 하여 손해배상책임을 논의하는 체계를 정리하고 관련 용어를 선택한다. 같은 용어도 맥락에 따라 다른 의미를 가진다는 점에 유의할 필요가 있다. 가령 '취소'가 그러하듯이 '위법성'이나 '과실'이라는 용어도 민법학 내에서조차 다의적이며 민법학 외의 법영역 가령 형법학이나 행정법학에서 이들의 개념은 또 다르다. 동음이의(同音異義)는 동음이의(同音異議)를 낳는다. 행정법학자와 '위법성'을 논의하여 본 민법학자이면 공유하는 경험일 것이다. 그래서 위법성이 뭐냐고 묻는 법률전문가들도 있는 실정이다. 여기서 사용되는 용어는 손해배상을 금전으로 하는 것을 전제로 한 것이라는 점을 다시 상기시키고자 한다. 가령 과실(過失)도 손해배상을 전제로 한 민법 제390조나 제750조의 "과실"이다. 그래서 여기의 과실은 민법 제396조의 "과실"과 함의가 다르다. 이에 대하여는 뒤에서 다시 다룬다.

Ⅱ. 요 건 론

손해배상책임이 성립하기 위하여 갖춰야 하는 요건들을 살펴본다. 여기서 요건(要件)이라 함은 피해자인 원고가 손해배상을 받기 위해서 스스로 증명해야 하는 것에 한정하는 말이 아니다. 가해자인 피고가 반대로 증명해서 책임을 면할 수 있는 것도 포함하는 말로 사용한 것이다. 우선 위법성이라는 요건이 그 대표적인 예이다. 영미법의 경우 우리와 달리 위법성을 요건(requirements)으로 보지 않고 위법성을 배제하는 사유들을 항변(defenses)의 이름 아래 설명한다.[14] 우리도 소송에서는 영미법의 태도와 마찬가지라고 하겠다. 여기서 논의하는 요건론에서는 증명을 누가 해야 하는가의 소송법적 관점을 배제하며, 항변 사실도 궁극적으로 책임이 인정되려면 '없어야 하는' 요건 즉 '소극적'(消極的) 요건이라는 의미에서 요건에 포함시킨다.

유책성이라는 요건에도 그러한 면이 있다. 제390조가 적용되는 경우에는 유책성을 인정하는 사유인 고의·과실은 가해자인 피고의 항변 사실이다. 즉 피고가 무과실의 항변을 통해 면책되기 위한 사유이므로 그가 증명해야 하는 사실이다. 우리는 제390조를 설명할 때 '소극적'(消極的) 요건이라는 의미에서 요건이라고 한다. 이렇게 접근하면 고의·과실 문구의 위치가 다

14) 가령 Prosser and Keeton, *The Law of Torts*, 5th Edition, West Publishing Co. 1984, p. 108 이하 참조.

른 민법 제390조와 제750조 가운데 어느 조항을 적용하는가가 여기서 요건을 논의하는 데 차이가 없게 된다.

종래 요건론의 체계는 요건들을 평면적으로 단순히 나열하고 있어서 그 상호관계를 파악하는 데 효율적이지 못하고 어떤 경우에는 정확하지 못한 면도 있다.[15] 손해배상책임의 요건을 가해행위, 위법성, 유책성의 셋으로 정리하여 입체적으로 논의하는 것이 바람직하다. 이하에서는 기존 문헌에서 평면적으로 접근하여 많게는 다섯 개 이상으로 나열한 요건들을 입체적으로 이들 세 요건으로 정리하여 서술한다. 그러한 논의체계를 '요건삼분론'(要件三分論)이라고 표현하겠다.

1. 가해행위

손해배상책임에서 첫째 요건인 가해행위가 중심적인 요건이다. 성립요건의 기둥이다. 다른 두 요건은 이 기둥에 달려있는 가지이다. 가해행위는 다시 '행위'와 '법익침해' 및 '둘 사이의 인과관계'라는 세 요소로 구성된다. 가령 종래 문헌들에서 가해행위가 있을 것, 법익이 침해되었을 것, 인과관계가 있을 것 등 여럿으로 나누어 나열한 요건들을 '가해행위'가 있을 것이라는 하나의 요건으로 묶을 수 있다. 왜냐하면 '가해행위'라는 말 속에는 행위와 법익침해의 요소만이 아니라 인과관계의 의미도 내포되어 있기 때문이다. 가해행위란 '해를 가한 행위'이고, '해'란 '법익침해'이며, '가한' 것이 바로 행위와 해(害) 사이의 '인과관계'를 말한다. 즉 행위, 법익침해 및 인과관계의 세 요소를 담고 있는 말이 '가해행위'(加害行爲)인 것이다.

위에서 가해행위를 세 요건으로 나누어 열거한 경우에서 가해행위가 있을 것이라는 말은 여기서 말하는 가해행위의 한 요소, 즉 '행위'가 있을 것이라는 말에 불과하다. 행위가 있을 것을 가해행위가 있을 것이라고 표현하게 되면, 종래 문헌들에서 대개 그러했듯이, 행위성에 관한 논의를 간과하기 쉽다. 가령 행위제어능력이 없는 사람의 행동은 손해배상책임에서 말하는 행위가 아닌데 이러한 논의를 생략하게 된다.

가. 행위의 존재

가해행위라는 요건의 첫째 요소는 행위이다. 즉 행위로 볼 만한 사실이 있어야 한다. 갓난아이와 같이 행위제어능력이 지속적으로나 일시적으로 없는 사람의 동작은 행위가 아니다. 여기서 행위는 가해행위의 하위 개념으로서 그 한 요소이다. 손해배상책임이란 자신에게 발생한 손해를 타인에게 전가하는 것이므로, 여기서 행위란 타인의 행위이다.

손해배상책임에서 행위란 곧 외부적 용태에 관한 의무의 위반이다. 외부적 용태란 의사가

15) 기존 민법 교과서들 대부분의 손해배상 서술체계는 이미 독자들이 숙지하고 있을 것이므로 이를 여기서 소개하고 논평할 필요는 없을 것이다. 여기서는 필자의 생각을 최대한 설득력 있게 서술하는 것으로 충분하다고 생각한다. 종래의 서술체계를 발전시킨 문헌으로 안춘수, 불법행위 부당이득 사무관리, 동방문화사, 2018, 28 이하 등이 있다.

외부로 표현된 것이다. 다시 말하면 심리상태 자체를 의미하는 내부적 용태와 다르다. 겉으로 적극적인 동작이 없어서 소극적 상태인 부작위도 행위가 될 수 있는데, 작위의무가 있는 사람이 그 의무를 위반한 부작위인 경우가 그러하다. 그래서 행위에는 작위와 함께 작위의무 위반인 부작위가 있다. 손해배상에서 잘못(wrong)이 아닌 행위는 문제가 되지 않는다. 즉 이들 행위는 의무위반으로서 특히 의사 등 전문가 책임의 영역에서는 과오(過誤)라고도 한다.

계약에서 당사자는 계약상 의무를 부담하는데 그 의무를 제대로 이행하지 않은 것을 채무불이행이라고 한다. 그것이 민법 제390조가 말하는 채무불이행이다. 여기에는 이행할 시기를 넘긴 이행지체, 이행할 수 없게 된 이행불능, 이행하지 않겠다고 하는 이행거절이 있고 이행을 하기는 했지만 불완전이행이 있다. 이들은 의무위반인데, 그 의무가 작위의무이면 이 작위의무를 위반한 부작위는 행위가 된다. 예컨대 의료계약에서 주된 의무인 의료제공의무의 위반은 작위인 경우도 있고 부작위인 경우도 있다. 그 부작위가 행위로 인정되려면 의료제공의무 및 그 종속적 부수의무 가운데 작위를 내용으로 하는 의무를 위반한 것이어야 한다. 설명의무와 같은 독립적 부수의무의 위반은 대체로 부작위가 될 것이다. 의료행위의 수용 여부를 결정하는 데 도움을 주기 위해 부작용·후유증·합병증 등 악결과를 설명하는 행위는 작위이다. 어떤 그 부작용·후유증·합병증 등 악결과를 설명하지 않은 부작위가 행위로 인정되려면 그 설명을 해야 한다는 작위의무가 전제되어야 한다. 즉 설명하지 않은 부작용·후유증·합병증 등 악결과가 설명해야 하는 범위에 포함되어 있을 때 그 설명하지 않은 부작위는 행위가 되는 것이다. 설명의무의 범위에 포함되어 있는 항목들 가운데 일부만 설명한 경우, 설명하지 않은 항목이 발생하여 책임이 문제될 때의 행위 역시 부작위로서의 그것이다.

나. 법익의 침해

(1) 추상적 손해로서의 법익 침해

가해행위라는 요건의 둘째 요소는 법익의 침해이다. 필자는 종래 이 '법익의 침해'를 '손해의 발생'이라고 표현하면서 이는 추상적 손해로서의 법익침해라는 의미라고 설명했는데 이러한 서술이 혼란을 야기할 수 있어서 표현을 '손해의 발생'에서 '법익의 침해'로 바꾸었다. 법익침해도 하나의 손해로서 추상적 손해라고 말한다면, 이것과 함께 법익침해가 재산과 정신으로 현실화된 손해를 구체적 손해라고 말할 수 있고, 양자를 합하여 넓은 의미의 손해라는 개념을 생각할 수 있다. 그래서 넓은 의미에서 손해에는 추상적 손해와 구체적 손해가 있다.[16] 즉 행위와 함께 가해행위를 구성하는 법익침해는 '추상적' 손해이다. 그 법익침해라는 추상적 손해는 재산의 감소나 정신적 고통으로 현실화되면서 재산상 손해 및 정신상 손해라는 '구체적'

---

16) 손해에 대한 종래 논의에서는 손해의 개념론, 손해배상의 범위론 및 배상액의 산정론이 혼선을 빚고 있다. 요건론의 쟁점인 손해의 개념에 관한 종래 논의 가운데에는 효과론인 범위론과 산정론으로서의 쟁점이 혼선을 일으키고 있다. 가령 규범적 손해설은 손해배상의 범위에 관한 것이며 차액설은 재산상 손해배상액의 산정에 관한 것이다.

손해로 발전한다. 가령 사람이 의료사고로 몸을 다쳐서 치료비를 추가적으로 지출한 경우에, 몸을 다친 것은 신체적 인격법익의 침해라는 추상적 손해이고, 그래서 치료비를 추가 지출한 것은 법익침해가 재산의 감소로 현실화한 구체적 손해 가운데 재산상 손해이며, 몸을 다치고 치료를 받는 과정에서 겪은 아픔은 법익침해가 정신적 고통으로 현실화한 구체적 손해 가운데 정신상 손해이다. 가해행위에서는 추상적 손해인 법익침해가 그 요소이며, 이들 추상적 손해가 재산이나 정신으로 나타난 구체적 손해가 논의되는 단계는 효과론 가운데 손해배상의 범위를 다루는 범위론과 손해배상액의 산정을 다루는 산정론이다.

(2) 법익의 세 유형

추상적 손해인 법익침해에서, 법익은 셋으로 구별된다. 사람에게는 인격적 법익, 재산적 법익, 환경적 법익이라는 세 법익이 있다. 인격(人格)은 몸과 마음 이 둘로 구성되므로 인격적 법익은 신체적 인격법익과 정신적 인격법익의 둘로 나뉜다.[17] 이들 세 법익은 법익의 주체를 중심으로 그려지는 동심원으로 표현될 수 있다. 법익의 주체인 사람을 중심점으로 하여 세 개의 동심원을 그릴 수 있다. 가장 가운데 인격적 법익이라는 중심원이 있고, 그 다음에 재산적 법익이라는 동심원이 있으며, 그리고 가장 바깥에 환경적 법익이라는 동심원이 있다. 인격적 법익은 다시 정신적 인격법익과 신체적 인격법익이라는 두 개의 작은 동심원으로 그려진다. 그래서 이들 동심원은 정신적 인격법익과 신체적 인격법익으로 구성되는 인격적 법익이라는 원, 재산적 법익이라는 원, 환경적 법익이라는 원의 순서로 주체의 중심으로부터 외곽으로 그려진다.

이러한 동심원의 관점에서 법익을 정리하면 시대가 발전함에 따라 대체로 심화되고 확산되는 법익의 경향을 흡수하기에 용이하다. 과거에 보이지 않고 증명하기 어렵다는 점에서 무시되었던 정신적 인격법익도 현대에 들어서면서 내면으로 인류의 인식이 깊어짐에 따라 보호가 점점 강화된다는 점에서 정신적 인격법익에서는 법익의 심화(深化) 현상을 볼 수 있다. 종래 경시되었던 환경적 법익도 공해로부터의 자유나 햇볕을 쬘 권리인 일조권을 비롯하여 점점 보호가 강화되어 간다는 점에서 가장 외곽의 원인 환경적 법익에서는 법익의 확산(擴散) 현상을 볼 수 있다. 유형적 법익에서 무형적 법익으로 보호의 범위가 확대되어 가는 것이다.[18] 종래 보호되어온 유형적 법익이란 신체적 인격법익과 재산적 법익이며 이 두 법익의 침해로 인한 손해를 영미법에서는 physical damage라고들 한다. 현대 불법행위법은 정신적 인격법익의

17) 이러한 구별이 설명과오책임의 범위에서 매우 중요하다. 가령 사망이라는 부작용 가능성을 설명하지 않아서 환자가 스스로 결정할 기회를 놓치게 한 의사가 설명의무를 위반한 설명과오를 범하였다고 보자. 그 과오로 인한 책임이 사망에 관한 것이 아님을 명료하게 설명하려면 바로 설명의무의 보호법익이 무엇인지를 규명해야 한다. 여기서 인격적 법익을 구성하는 신체와 정신 가운데 후자 즉 정신적 인격법익으로서의 자기결정권이 설명의무의 보호법익이라고 설명하게 되는 것이다.

18) 김천수, "불법행위법의 확장과 의료과오책임의 현대적 동향", 사법 제21호(2012), 125 이하 참조.

심화와 환경적 법익의 확산으로 그 보호 범위를 확대하고 있다.[19]

(3) 이른바 publicity 권에 대한 이해

최근에는 경계성 법익이 등장한다. 바로 인격적 법익 속에 간접적으로 내장되어 있던 재산적 가치가 외부로 표출되고 있다. 이 현상을 이른바 'publicity 권'이라는 표현으로 논의하기 시작한 지 오래되었다.[20] 이것이 재산권이냐 인격권이냐를 놓고 공방을 벌이고 있다. 하지만 얼굴이든 이름이든 일단 인격권 즉 인격적 법익에 속하는 것임에는 변함이 없다. 필자는 이 현상을 새로운 법익을 발견한 것으로 보지 않으므로 엄밀하게는 경계성 법익이 등장한 것이라고 할 것은 아니다. 이 법익은 정신적 인격법익에 속한다. 초상권 침해라고 보아도 그 얼굴 자체를 생물학적으로 손상시킨 것이 아니라면 신체적 인격법익이 아니라 얼굴에 관한 인격적 법익 즉 정신적 인격법익의 문제이다. 그 법익을 무단히 침해하여 막대한 재산 가치를 창출한 것은 그 인격적 법익에 잠재되어 있는 재산 가치를 무단으로 현실화한 것이므로 창출가치의 회수 등 무단 침해자에 대한 규율은 인격적 법익의 침해가 현실화된 구체적 손해로서 재산상 손해의 배상이나 부당이득 등으로 구성하면 된다. 법익의 침해라는 추상적 손해의 단계와 그것의 침해가 현실화된 구체적 손해의 단계, 양자를 구별하지 않으면, 'publicity 권'을 인격권이 아니라 재산권이라고 보는 주장도 나오게 되는 것이다. 재산권이라는 주장이 많아서 경계성 법익이라고 할 수도 있겠다. 하지만 필자는 publicity 권은 인격적 법익에 속하는 권리로 본다. 거기에 잠재(潛在)하는 재산적 가치를 'publicity 권'이라는 이름으로 현재(顯在)시켜서 상속의 대상으로 삼을 수도 있다. 인격적 법익은 일신전속적이므로 상속에서 배제되지만 그 잠재하는 재산적 가치의 현재화로서 상속 등의 대상으로 삼는 기술로서 'publicity 권'이라는 용어를 이해하면 되는 것이다.

(4) 법익침해와 구체적 손해의 구별

세 유형의 법익이 침해된 경우 각 법익 침해는 다시 세 유형의 구체적 손해로 현실화된다. 각 법익침해가 현실화한 결과인 구체적 손해는 결국 재산과 정신 위에 남는다. 그래서 법익침해이 현실화한 구체적 손해의 궁극적 귀결은 재산상 손해와 정신상 손해이다. 이 재산상 손해는 적극적 재산손해와 소극적 재산손해로 구별된다. 이렇게 구체적 손해를 적극적 재산손해와 소극적 재산손해 그리고 정신상 손해의 셋으로 구별하는 시각을 이른바 '손해삼분설'이라고 하며 이것이 민법의 통설과 판례의 태도이다. 그래서 세 유형의 구체적 손해가 각각 존재하

19) 유의할 것은 정신적 인격법익이나 환경적 법익의 침해로 구체화된 손해에 재산상 손해가 있으니 이들도 유형적 법익이라 오해해서는 안 된다는 점이다. 그래서 법익침해 자체인 추상적 손해와 그 침해가 현실화한 구체적 손해는 구별해야 하는 것이다. 전자에서 법익의 세 유형(정신적 인격법익과 신체적 인격법익을 인격적 법익이라는 하나의 유형으로 볼 때)이, 후자에서 소위 손해삼분설(재산상 손해를 적극적 재산손해와 소극적 재산손해로 나눌 때)이 나오는 것이다.

20) 권태상, 퍼블리시티권의 이론적 구성, 경인문화사, 2013 등 참조.

는지 여부와 이들이 손해배상의 범위에 포함되는지 여부 그리고 그 주장되는 액수는 적정한지 여부에 관한 공방을 벌이는 것이 손해배상사건의 실무이다. 아래의 범위론과 산정론에서 말하는 손해는 바로 이 구체적 손해이다.

법익의 한 유형인 '재산적 법익'과 어떤 법익의 침해가 현실화한 결과인 구체적 손해로서의 '재산상 손해'를 혼동해서는 안 된다. 마찬가지로 법익의 한 유형인 '정신적 인격법익'과 어떤 법익의 침해가 현실화한 결과인 '정신상 손해'를 구별해서 인식하고 표현해야 한다. 재산적 법익의 침해가 현실화한 결과로서의 구체적 손해에도 (적극·소극의) 재산상 손해 외에 정신상 손해가 인정될 수 있으며, 정신적 인격법익의 침해가 현실화한 결과로서의 구체적 손해에도 정신상 손해 외에 (적극·소극의) 재산상 손해가 인정될 수 있는 것이다. 마찬가지로 신체적 인격법익이나 환경적 법익의 침해가 현실화한 결과로서의 구체적 손해에도 (적극·소극의) 재산상 손해와 정신상 손해가 모두 인정될 수 있다. 이들을 구별하지 않은 입법의 모습에 민법 제751조가 있다. "재산 이외의 손해의 배상"이라는 표제의 제751조는 제1항에서 "타인의 신체, 자유 또는 명예를 해하거나 기타 정신상 고통을 가한 자는 재산 이외의 손해에 대하여도 배상할 책임이 있다."고 한다. 배상의 대상은 구체적 손해인데 이 조문은 재산상 손해 이외의 손해 즉 정신상 손해의 배상을 규율한다. 그런데 본문에서 가해행위 부분 또는 침해된 법익을 적었을 부분이 "타인의 신체, 자유 또는 명예를 해하거나 기타 정신상 고통을 가한"이라고 되어 있다. 이 부분은 앞에서 "타인의 신체, 자유 또는 명예"는 이른바 인격적 법익의 예를 열거한 것이다. 그러면서 열거하지 않은 인격적 법익을 포괄적으로 담을 의도라 여겨지는 부분인 "기타 정신상 고통"은 법익이 아니라 어떤 법익 침해의 결과 즉 구체적 손해로서 정신상 손해를 적은 것이다. 법익침해와 구체적 손해를 구별하여 바람직한 문구는 "타인의 신체, 자유 또는 명예를 해하거나 <u>그 밖의 인격적 법익을 해하여</u> 정신상 고통을 가한 자는 재산 이외의 손해도 배상할 책임이 있다."이다.

다. 인과관계의 존재

배상책임의 성립에는 문제의 행위가 법익침해의 필요조건이 되어야 한다. 여기에서 논의할 인과관계 즉 조건적 인과관계와 손해배상의 범위를 제한하는 인과관계는 구별하여 이원적으로 인식하는 것이 맞다. 양자를 구별하지 않고 통합하여 인과관계를 일원적으로 논의하는 것은 많은 쟁점을 간과할 가능성이 있다. 가령 필요조건의 증명과 관련하여 논의할 여러 쟁점들이 자칫하면 범위론으로 흡수되어 제대로 분석되지 않을 수 있다. 또 이원적으로 인과관계론에 접근하여야 범위론에서 그 고유의 인과관계 문제에 집중하여 인식할 수 있고 제393조의 의미를 정밀하게 분석할 수 있다. 이 점은 뒤의 범위론에서 논의한다.

(1) 필요조건의 존재

가해행위의 셋째 요소인 인과관계는 가해행위(加害行爲)의 '가'(加)에서 뽑아낸 요소이다.

'행위'와 '법익침해' 사이에 '인과관계'가 있음으로써 가해행위라는 말이 완성되는 것이다. 여기의 인과관계는 조건관계이다. 행위가 없었다면 손해가 없었을 것이라는 명제가 성립해야 한다는 말이다. 즉 행위가 법익이 침해되는 데 필요조건(必要條件)이 되는 관계가 여기의 인과관계이다. 이 조건적 인과관계를 흔히들 영어로 'if not', 'but for', 독어로 'wenn nicht', 라틴어로 'conditio sine qua non'이라는 문구들로 표현된다. 행위가 법익침해의 충분조건일 필요는 없다. 필요조건인 것으로 충분하다.

(2) 충분조건에 의한 필요조건 증명 곤란의 문제

충분조건이 없었다면 필요조건으로 인정될 수 있는 사실이 충분조건으로 말미암아 법익침해의 원인에서 이탈할 가능성이 있다. 어떤 법익침해에는 원인이 될만한 사실이 여럿 있다. 이 가운데 충분조건이 있으면 필요조건을 구비하는 것이 어렵다. 가령 어떤 결과 X에 선행하는 사실로 Y1, Y2, Y3가 있다고 보자. Y1 하나가 충분조건이면 Y2와 Y3는 필요조건이 안 되어 책임을 면하게 된다. Y2와 Y3가 없어도 X는 발생하기 때문이다. Y1과 Y2가 충분조건이면 Y1, Y2, Y3 가운데 아무것도 필요조건이 안 되어 책임을 면하게 된다. 각 Y1, Y2, Y3는 없어도 X가 발생하기 때문이다. 충분조건이 필요조건보다 가해력(加害力)이 크다고 볼 때, 이러한 면책은 비합리적이다. Y1, Y2, Y3 모두 필요조건에 불과하면 Y1, Y2, Y3의 행위자는 모두 책임자가 될 수 있는데, Y1, Y2, Y3 모두 충분조건이면 Y1, Y2, Y3의 행위자는 누구도 책임자가 되지 않게 되는 것은 정의롭지 않다. 그래서 이러한 결함을 보완하여 주는 것이 민법 제760조이다. 그 제1항은 "수인이 공동의 불법행위로 타인에게 손해를 가한 때에는 연대하여 그 손해를 배상할 책임이 있다."고 규정한다. Y1, Y2, Y3의 행위 사이에 "공동"의 성질이 있다고 인정되면 Y1, Y2, Y3의 일부나 전부가 충분조건이라는 이유로 필요조건이 안 되는 행위들이 책임을 면하는 일은 없게 된다. 이러한 이유로 위 공동성은 가급적 넓게 인정하는 것이 바람직하다. 즉 각 행위자가 가해를 공모하거나 서로의 존재를 인식할 필요 없이, 이들의 행위가 객관적으로 손해에 공동으로 관련되기만 하면 위 조항이 적용되도록 해야 한다. 그래야 가해력이 높음에도 불구하고 면책되는 모순이 발생하지 않게 된다. 이러한 점에서 객관적 관련공동성설이 타당하다.

예컨대 진료과오를 행위로 하는 가해행위가 증명되려면 진료과오가 법익침해의 필요조건이어야 한다. 그런데 교통사고가 단독으로 동일한 법익침해를 가져오기 충분한 경우라면, 설사 진료과오가 없어도 법익침해는 발생할 수 있으므로 진료과오는 법익침해의 필요조건이 아니다. 이처럼 진료과오와 병존하는 원인 가운데 충분조건인 사실이 있으면 진료과오는 법익침해의 필요조건이 못 된다. 심지어 교통사고와 진료과오가 모두 법익침해의 충분조건이 되면 둘 다 법익침해의 필요조건이 못 된다. 가령 법익침해를 야기함에 필요한 원인력을 100이라고 할 때, 두 사실의 원인력이 모두 100이 안 되어야 두 사실은 필요조건이 된다. 그런데 하나가

100 이상이면 그 사실은 필요조건이자 충분조건이 되지만 다른 사실은 필요조건이 되지 못한다. 만일 둘 다 100 이상이면 둘다 필요조건이 되지 못한다. 원인력이 너무 커서 이렇게 면책되는 결과에 이르면 불공평하다.

이러한 불공평을 해결할 수 있는 것이 민법 제760조의 공동불법행위 규정이다. 교통사고를 유발한 자동차 운행자와 진료자 사이에 법익침해라는 공동의 결과가 인정되면 각자의 행위와 법익침해 사이의 조건적 인과관계를 증명할 필요가 없다는 것이 "수인이 공동의 불법행위로 타인에게 손해를 가한 때에는 연대하여 그 손해를 배상할 책임이 있다."는 제760조 제1항의 규율이다. 여기서 "공동의" 부분을 다양하게 해석하는데 좁게 해석하는 견해를 취하면 위 불공평을 해소하지 못한다. 그래서 각 행위의 필요조건이 부인되는 경우라도 공동의 결과에 원인을 제공한 모두에게 책임을 물을 수 있다.

한편 유의할 점이 있다. 후속 사실이 선행 사실의 연결고리를 끊는 경우가 있는데 이를 인과관계의 단절이라고 한다. 대법원은 후속 행위자에게 중대한 과실이 있으면 그 후속 행위로 가중된 침해에 대하여 선행 사실과의 사이에 인과관계의 단절을 인정한다.[21] 후속 행위로 가중된 침해와의 사이에 인관관계를 단절한다는 말이다. 그 말은 일단 선행 사실이 법익을 침해한 점도 부인하는 것이 아니다. 그렇다면 이 단절은 무슨 말인가? 두 가지이다. 후속 행위로 새로운 법익침해가 나타난 경우에 그 새로운 법익침해와의 사이에 인과관계를 단절하며, 선행 사실로 야기된 것과 동일한 법익침해라도 구체적 손해가 확대되는 경우 그 손해와의 관계를 단절하는 것이다. 후자는 여기의 조건적 인과관계가 아니라 손해배상의 범위와 배상액의 산정에서 고려되어야 하는 사정이다.

(3) 사건의 존재로 인한 필요조건 증명 곤란의 문제

사람의 행위가 아닌 사건의 존재가 충분조건이 되는 경우 제760조를 적용할 수 없게 된다. 가령 진료의 악결과에 질병 자체와 진료과오가 공동원인으로 작용하는 경우에도 충분조건으로 인한 문제가 발생할 수 있다. 가령 사망 가능성이 있는 질병을 가진 환자의 사망에 진료과오가 기여한 경우라고 하여도, 사망이라는 악결과에 진료과오가 필요조건이 되지 못한다. 질병이 그러한 결과를 가져오기에 충분한 원인, 즉 악결과의 충분조건이 되기 때문이다. 그래서 진료과오가 없었다면 사망의 결과가 발생하지 않았을 것임을 증명할 수 없다. 왜냐하면 과오 없는 진료가 질병의 완치를 보장하지 못하는 것이 의료행위의 특성이기 때문이다.

이러한 경우 과오를 범한 진료자와 질병을 가진 환자 사이에 민법 제760조가 적용될 수는 없다. 환자가 질병을 보유한 것이 불법의 '행위'가 될 수 없고 피해자인 환자는 자신의 법익을 침해한 불법행위자가 될 수 없기 때문이다. 그렇다고 하여 필요조건의 증명 실패로 진료과오

21) 대법원 1998. 11. 24. 선고 98다32045 판결; 대법원 2000. 9. 8. 선고, 99다48245 판결; 대법원 2005. 9. 30. 선고 2004다52576 판결; 대법원 2014. 11. 27. 선고 2012다11389 판결 등.

자를 면책하는 것은 정의에 반한다. 이러한 부정의(unjustice)를 피하는 방법으로 제760조를 유추적용하는 것이다. 질병 자체를 공동불법행위자에 비유하여 질병과 진료자가 "공동의 불법행위"를 범한 경우로 보아서 제1항을 유추적용하거나, 질병도 진료과오도 사망이라는 악결과에 기여한 것인지 모호한 경우 이를 원인불명의 공동불법행위가 있는 것으로 보아서 제2항을 유추적용함으로써, 진료과오가 악결과의 필요조건이라는 증명책임을 면제해 주는 것이다.

다만 공동불법행위에서 혼자 배상액을 다 지급한 사람이 다른 행위자들에게 구상(求償)하는 권리를 공동의 원인인 질병 보유자에게 행사하는 것은 피해자인 환자에 대한 진료자의 책임을 제한하는 것으로 바뀐다. 이것이 통상 의료과오 소송에서 과실상계에 관한 민법 제396조를 유추적용하여 이루어지는 책임제한의 법리이다. 그런데 의문이 있을 수 있다. 바로 이 책임제한을 하면 되고 제760조의 유추적용이라는 단계를 밟을 필요가 없지 않는가 하는 의문이다. 이 책임제한은 손해배상액의 산정 단계에서 하는 일이다. 그 산정은 손해배상책임이 성립되지 않으면 할 일이 아니다. 그래서 진료과오와 악결과 사이의 조건적 인과관계를 제760조의 유추적용으로 인정하여 가해행위라는 성립요건을 충족시키지 않으면 안 된다. 그 책임 요건이 완비되면 비로소 기저질환의 기여도를 고려해서 제396조를 유추적용함으로써 배상액이 감액되는 것이다.

2. 위법성과 유책성

위에서 본 가해행위라는 요건이 손해배상책임의 중심요건이고, '위법성'과 '유책성'이라는 두 요건은 이 가해행위에 요구되는 성질이다. 둘 다 가해행위를 부정적으로 평가한 것인데 위법성은 객관적 측면에서 본 것이고 유책성은 주관적 측면에서 본 것이다. 위법성의 판단 기준이나 그 판단에 고려되는 사정에 행위자의 의식 등 심리적 요소가 없다는 점에서 객관적 요건이다. 이 점에서 결과발생에 관한 행위자의 의식을 기준으로 판단하는 유책성은 주관적 요건이다. 이러한 점에서 위법성과 유책성은 구별된다.

가. 위 법 성

(1) 결과불법론과 행위불법론

위법성이란 사회적으로 용인되지 않는다는 객관적 평가이다. 법률이라는 실정법을 위반한 것만을 말하는 것이 아니다. 위법성에서의 '법'이란 법질서인데, 이는 실정법만 아니라 기타 사회생활에서 지켜야 하는 것 가령 선량한 풍속이나 사회질서 및 계약규범도 널리 포함하는 개념이라고 이해하면 된다.[22] 이러한 객관적 관점에서 가해행위에서 법익침해라는 결과를 평

22) 결과불법론에서 '결과'란 가해행위의 요소인 손해 즉 법익침해라는 결과를 의미한다. 따라서 가해행위가 증명되면, 즉 법익침해가 증명되면 일단 위법성이 인정되고, 다만 위법성 조각사유의 증명으로 위법성이 부인되는 것이다. 이에 대하여 행위불법론이 있으며 이에 대한 간명한 소개로는 김주수, 채권각론, 삼영사, 1992, 631 참조. 행위불법론의 관점에서 결과불법론을 상세하게 비판한 문헌으로 이은영, 채권각론, 박영사, 1999, 801-803 등 참조. 독일 학설과 판례상 결과불법론(Lehre vom Erfolgsunrecht)이 지배적인 견해이다. Hein Kötz,

가하는 것이 위법성이다. 그래서 법익침해를 요소로 하는 가해행위는 우리 법질서가 용인할 수 없는 성질의 것이므로, 일단 위법성이 인정된다. 따라서 법익침해 요소가 행위의 결과라고 인정됨으로 일단 위법성이 인정된다는 결과불법론이 민법의 지배적 견해이고 타당하다.

과오인 의무 위반에서 위반한 의무에 주의의무도 포함된다. 계약에서 주된 의무에 종속하는 부수의무를 부수적 주의의무라고도 한다. 그러한 주의의무를 위반한 것도 행위이다. 유의할 것은 위반한 의무의 내용이 결과 발생에 관한 예견·회피 의무라면 행위가 아니라 유책성을 인정하는 사유(유책사유)로서의 과실이다. 행위와 유책사유를 통합해서 하나의 요건으로 이해하는 견해인 행위불법론은 가령 민법 제390조 단서에 따라 면책되는 것이 무과실을 증명해서 가해행위를 부정하는 것으로 설명해야 하는데, 이는 부적절하다. 법이 보호하는 법익을 침해한 결과는 법을 위반한 것이므로 법익침해라는 결과에서 일단 위법성이 인정되고 유책성을 인정하는 사유인 고의나 과실을 가해행위의 요소에서 배제하는 견해가 타당하다. 이러한 입장에서 외부적 용태에 관한 의무의 위반으로서의 행위와 내부적 용태에 관한 의무인 결과발생 예견·회피 의무 위반으로서의 과실을 구별한다. 그래서 무과실을 증명해서 면책되는 것은 가해행위는 존재하지만 유책성 요건이 배제되기 때문인 것이다. 이렇게 볼 때 민법 제750조의 "고의 또는 과실로 인한 위법행위"라는 문구도 자연스럽다. 타인의 법익을 침해해서 위법한 "행위"에 "고의 또는 과실"이 있으면 "그 손해를 배상할 책임"을 지는 것이다. 가해행위와 고의·과실은 구분되는 것이다. 결과불법론이 타당한 이유의 하나이다.

이렇게 결과불법론에 따라 법익침해 즉 추상적 손해의 야기로 일단 위법성이 인정된 가해행위라도, 그 위법성을 배제하는 사유가 증명되면, 그 행위자는 손해배상책임을 면한다. 민법학에서는 종래 이 사유를 위법성조각사유라고 하였는데 이 용어는 위법성배제사유로 바꾸는 것이 바람직하다.[23] 이러한 위법성배제사유로는 민법 제761조의 정당방위와 긴급피난 외에도 정당행위가 있다. 경찰관의 직무집행이나 의사의 의료행위와 같이 법령에 기초한 행위이거나 적법한 업무수행에 의하여 법익침해를 야기한 경우 정당행위라는 이유로 위법성이 배제된다.

가해행위자인 피고 쪽이 위법성배제사유를 증명해서 주장 즉 항변(抗辯)에 성공하면 손해배상책임이 면제되므로, 위법성이라는 요건은 '위법성배제사유가 없어야 한다'는 것을 의미하는 '소극적' 요건이다.[24]

Deliktsrecht, Alfred Metzner Verlag, (1988), Rn. 94 참조. 그래서 위법성을 손해배상책임의 독립적 요건으로 서술하지만, 인간의 행위, 권리 및 법익 침해, 책임성립의 인과관계로 이루어지는 객관적 구성요건이 구비되면 일단 위법성이 인정된다. Hans Brox / Wolf-Dietrich Walker, *Besonderes Schuldrecht*, Verlag C. H. Beck, 2002, SS. 452-453 참조.

23) 여기서 조각(阻却)이란 한자어를 그 훈대로 풀이하면 '막고 물리친다'는 의미인데 이는 여기서만 쓸 정도로 법학에서도 잘 쓰지 않는 희귀한 표현이다. 한학으로 유명하신 법학자도 한동안 이를 '저각'이라고 잘못 읽으셨다고 고백하셨을 정도이다. 저지(沮止)의 '저'와 조각(阻却)의 '조'가 비슷한 한자이기 때문이다.

24) 그래서 영미법에서는 손해배상책임의 성립을 위해 요구하는 사유(requirements) 즉 성립요건을 기술한 내용

(2) 수인한도론과 위법성

법익침해의 사실이 나쁜 결과의 증명만으로 이루어지지 않는 경우가 있는데 수인한도론이 적용되는 경우가 그러하다. 단독으로 존재할 때 법익의 보호 범위가 다른 법익과 충돌하는 경우에는 그 보호범위가 축소되어야 한다. 법익 단독 존재 시의 보호범위가 침범되었어도 사회통념상 타당한 범위까지는 이 침범을 참고 받아들여야 한다. 어떤 침범이 나쁜 결과를 가져왔더라도 그 침범이 수인한도 이내의 것이라면 법익침해가 아니다. 두 법익이 충돌하는 경우 두 법익의 보호범위가 축소되기 때문이다. 가령 의사 쪽과 환자 쪽의 법익이 충돌되어 중첩부분이 발생하는 경우가 있다. 이 경우에 '일반인의 수인한도'에 의하여 그어진 중첩부분의 중간 적정선이 기준이 되어 이를 초과한 의무위반은 법익 침해가 인정되어 결과불법론에 따라 그 의무위반의 위법성이 인정되는 것이다. 수인한도론을 논의할 영역이 법익침해와 위법성 가운데 어디인가? 결과불법론에서 볼 때 둘 다 같은 맥락이다. 법익침해가 인정되면 위법성이 인정되기 때문이다.

본래 수인한도론은 "이웃 거주자"의 "인용(忍容)할 의무"를 규율하는 민법 제217조를 중심으로 하여 이웃 토지 사이의 상린관계(相隣關係)와 같이 여러 법익이 충돌하는 경우에 법익들이 중첩하는 영역의 중간에 어느 적정선을 그어서 각 법익이 보호받을 영역을 축소하는 개념이다.[25] 어떤 행위가 그 적정선을 넘어서서 축소된 보호영역을 침범할 때 비로소 그 법익의 침해가 인정되어 비로소 가해행위가 인정되는 것이다. 가령 충돌하는 다른 법익이 없다면 보호받을 영역이 100이라고 할 수 있는 법익 두 개가 충돌하여 두 법익의 영역이 중첩하는 부분이 20이라고 할 때, 각 법익의 주체는 그 중첩부분에서 권리를 행사하면 상대방의 보호영역을 침범한다. 이 경우 서로 10씩 양보하여, 즉 수인(受忍)하여 중첩 부분의 가운데 90선을 서로 넘어서는 안 될 선으로 그어서 각 법익의 보호영역을 90으로 조절할 수 있다. 그래서 90 범위에서 행사하는 권리행사는 선을 넘지 않았으므로 설사 다른 법익의 영역 10 부분 즉 수인(受忍) 부분을 침범해도 법익침해로 보지 않지만, 가령 95의 권리행사는 그 선을 넘어서는 것이므로 법익침해로 인정하는 것이다. 그 중첩부분 중간에 상호 양보하는 적정선을 긋는 것이 수인한도이다.

대법원 판결에서 치료기회라든가 진료의 성실성에 관련하여 수인한도가 종종 언급된다. 치료기회 상실에 따른 손해배상 책임을 인정한 원심을 대법원은 수인한도론에 입각하여 파기한 적이 있다.[26] 대법원의 태도는 문제의 진료행위가 "일반적 의학상식 및 임상의학의 현실에 비추어 통상적으로 요구되는 필요한 조치"가 아니어서 "일반인의 수인한도를 넘어서 현저하게 불성실한 진료"가 아니라면 당해 환자는 치료기회의 상실을 감수해야 한다는 취지이다. 같은

가운데 위법성에 해당하는 항목이 없다. 그런데 그 책임에 항변하는 사유(defenses)로 정당방위(self-defense)나 긴급피난(necessity) 등을 들고 있으므로, 결과적으로 우리 민법의 태도와 다를 바 없다고 하겠다.

25) 김천수, "우리 불법행위법의 소묘", 민사법학 특별호 제52호(2010), 543-547.

26) 대법원 2009. 11. 26. 선고 2008다12545 판결 참조.

취지에서 의료진의 성실성에 관한 환자 쪽 기대를 법적 의무 영역에서 다루면서 진료의 불성실이 "일반인의 수인한도"를 초과하는 경우에는 의사 쪽이 손해배상책임을 질 수 있다고 한다. 필자의 관점에서 다시 말하면, 그 충돌하는 두 법익이 중첩되는 영역의 가운데에 수인한도라는 적정선을 긋고, 의료진의 재량 내지 자유가 그 선을 넘을 때 비로소 환자 쪽 기대의 보호영역을 침해한 것이어서 법익침해가 인정된다는 것이다. 환자 쪽의 기대라는 법익 및 이에 상응하여 의료진이 이를 존중할 의무가 있는데 그 반대편에 의료진에게 재량 내지 자유가 있어서 이들이 충돌되는 상황이 존재하여, 기대존중의무를 아무리 위반했어도 그것이 수인한도를 넘지 않으면 법익침해가 아니고 기대존중의무의 위반이 수인한도를 넘으면 법익침해가 인정된다고 하겠다. 그래서 후자의 경우라면 환자 쪽 기대의 보호영역 침해로 인한 손해배상책임이 성립할 수 있는 것이다. 이와 같이 '의사 쪽이 재량의 범위에서 진료할 수 있는 자유'와 '성실한 진료를 통하여 정신적 만족을 향유할 것이라는 환자 쪽의 기대'가 충돌하는 경우, 일반인이 보기에 진료가 불성실하고 그러한 진료가 악결과의 원인이라고 하여도 그 불성실이 수인한도를 넘지 않은 것이라면 법익침해 자체가 부인되므로 진료과오책임은 부인된다. 왜냐하면 법익침해가 구비되어야 가해행위라는 요건이 구비되기 때문이다. 그러나 불성실의 정도가 수인한도를 넘는다면 그 불성실이 설사 악결과의 원인이 아니라도 환자 쪽의 기대를 침해한 것이어서 그로 인한 환자 쪽의 정신적 고통에 대한 위자료 배상을 명할 수 있는 것이다.

나. 유 책 성

가해행위의 유책성은 손해배상에 관한 입법정책이 반영되는 주된 통로이다. 가해행위가 손해배상에서 기둥이기는 하지만 책임의 기본적 바탕이므로 여기에 입법정책이 고려되기는 어렵다. 위법성은 가해행위가 구비됨에 따라서 인정되는 것이기 때문에 여기에도 마찬가지이다. 제750조의 일반불법행위에서는 유책성이 적극적으로 증명되어야 하는 요건이지만, 특수불법행위에서는 손해귀속에 관한 입법정책에 따라 요건에서 배제되기도 하고 증명책임이 전환되거나 그 존재가 추정되기도 하는 것이 바로 유책성이다. 한편 채무불이행책임에서는 그 증명책임이 전환되어 있어서 소극적 요건으로 되어 있다.

(1) 유책성을 인정하는 사유

손해배상책임의 요건을 고의·과실이라고 하는 것이 통설·판례라고 할 수 있지만 필자가 굳이 유책성이라고 하는 이유는 뒤에서 보게 될 유책성 배제사유 때문이다. 고의·과실은 유책성을 인정하는 행위자의 심리 내지 인식 상태이다. 이를 가해행위의 성질로 표현하는 것도 맞지 않는다. 그리고 뒤에서 볼 책임무능력을 면책사유로 보는 것도 가능하지만 일단 요건을 유책성으로 보고 고의·과실로 일단 유책성을 인정한 뒤에, 이렇게 인정된 유책성을 책임무능력을 증명하여 배제하도록 함으로써 면책시키는 것이 요건 체계로서 합리적이다.[27]

---

27) 이 문장은 앞에서 언급한 대로 불법행위책임을 전제로 한 것이며 일반불법행위를 전제로 한 것이다. 유책성 외

고의나 과실이 증명되면 그 요건인 유책성이 일단 인정된다. 고의·과실은 유책성을 인정하는 사유이므로 유책사유 또는 귀책사유라고도 한다.[28] 유책성을 인정하는 사유에 고의·과실 외에 다른 것이 있는지 필자는 알지 못하지만 유책사유의 문을 열어 놓는 것도 좋겠다. 민법은 형법과 달리 고의와 과실을 구별할 실익이 많지 않다. 특히 손해배상책임에서 유책성을 인정하는 사유로서는 차이가 없다. 그래서 많은 경우에 손해배상책임의 논의에서는 편의상 고의를 생략하고 과실이라고만 할 때도 있다. 가령 민법의 기본원리 가운데 과실책임의 원칙이라는 말이 있는데 여기의 과실도 고의·과실을 모두 의도한 말이다. 이 원칙은 행위자가 고의나 과실이 없으면 그 행위로 인해 타인에게 야기된 손해를 배상할 책임이 없다는 말이다. 고의나 과실이 없도록 조심하면 책임을 안 지므로 사람들에게 행동의 자유를 보장하는 이 원칙을 고의과실책임의 원칙이라고 말하지는 않는다. 손해배상책임에서 논의되는 고의에 요구되는 의식은 행위에 관한 의식이 아니라 법익침해라는 결과의 발생에 관한 의식이다. 따라서 여기서 고의란 일정한 결과의 발생을 인식했음에도 불구하고 이를 용인(容認)하여 행위를 하는 심리상태를 의미한다. 마찬가지로 손해배상책임에서 과실에 요구되는 의식도 결과발생에 관한 것이다. 그래서 여기서 과실이란 법익침해라는 결과의 발생을 예견하고 회피할 가능성이 있음에도 불구하고 이를 간과하여 행위를 하는 심리상태를 의미한다. 이렇게 설명한 고의와 과실의 중간에 두 단계의 의식이 인정되면 미필적 고의 또는 인식 있는 과실이라고 한다. 흔히 과실로 표현이 대표되는 고의·과실에는 그 가운데의 두 의식이 포함된다. 따라서 엄밀하게 말한다면 유책사유는 고의·과실이 대표적인 것이지 그것이 유책사유의 전부는 아니다. 과실 수준의 의식 내지 심리상태 이상이기만 하면 유책성을 인정하기에 충분하다.

(2) 객관적 과실론

고의는 해당 행위자 자신의 인식에 관한 것이다. 따라서 고의에는 인식의 기준이 필요 없다. 과실은 일정 기준에 미달한 인식 상태를 말하므로 일정한 기준이 필요하다. 그 기준에 올려 놓는 것은 행위자 자신의 인식 상태이다. 해당 행위자 자신의 인식능력으로 설정한 기준으로 과실 유무를 논의한다면 이는 주관적 과실론이라고 할 것이고, 평균인의 인식능력을 기준으로 설정한 기준으로 과실 유무를 논의한다면 객관적 과실론이라고 하겠다. 후자가 원칙이고 전자는 그렇게 보는 규정이 있을 때에 한하는 예외적인 경우임은 주지의 사실이다. 그러한 예외적 규정이 없는 한 원칙적으로 과실은 평균인을 기준으로 판단한다. 결과 발생의 예견·회피 가능성을 간과한 행위자의 인식 상태를 행위자가 아니라 행위자가 속한 집단의 평균인의 인식능력으로 설정한 기준 위에 올려놓고 과실 유무를 판단한다.

에는 특수불법행위라고 하여 달라질 요건이 없다.

28) 대부분의 문헌들은 고의·과실이라는 표현만을 사용하거나, 이와 아울러 귀책사유라는 표현을 사용하는데, '유책사유'라는 표현을 사용하는 문헌도 있다. 가령 곽윤직, 채권총론, 박영사, 1999, 96; 송덕수, 채권총론, 박영사, 2015, 113 등.

이렇게 인정된 과실을 객관적 과실 또는 추상적 과실이라고 한다. 이 표현에서 과실을 객관적 요건이라고 오해하면 안 된다. 객관적 과실에서 '객관적'이라는 말은 예견·회피가능성에 관한 기준을 말한 것이고, 객관적 요건에서 '객관적'이란 말은 위법성처럼 행위자의 의식 내지 심리를 고려하지 않는다는 의미인데, 유책성을 인정하는 사유인 고의와 과실은 행위자의 의식 내지 심리 즉 내부적 용태를 고려하므로 위법성과는 달리 객관적 요건이 아니라 주관적 요건이다. 추상적 인물인 평균인의 인식능력으로 설정된 기준에 미달한 것이므로 객관적 또는 추상적 과실이지만, 이 과실의 기준이라는 저울에 올려진 것은 구체적 행위자의 인식상태라는 주관적 용태이므로 그러한 자의 행위에 인정된 유책성은 주관적 요건이다.

(3) 유책성을 배제하는 사유

고의나 과실 등으로 일단 인정된 유책성을 배제하는 사유로 흔히 책임무능력을 든다. 필자는 책임무능력을 굳이 유책성에 연관시켜야 하는가 고민을 하다가,[29] 결국 행위제어능력과 책임능력을 나누어 행위제어능력의 부족은 행위 요건의 결여로 연결시키고, 책임능력은 유책성의 배제사유로 이해하기로 했다.

㈎ 책임능력의 부족 가해행위에는 고의나 과실이라는 사유로 일단 유책성이 인정된다. 하지만 책임능력의 부족 내지 결여 즉 책임무능력이 증명되면 고의나 과실로 일단 인정된 유책성이 부인된다.[30] 책임능력이란 민법 제753조가 말하는 "책임을 변식할 지능"이라는 정신능력이다. 여기서 책임은 손해배상책임으로 이해하면 된다. 변식(辨識)이란 분별해서 안다는 말이다. 즉 행위자가 자신이 그 행위로 손해배상책임을 질 것이라는 사실을 아는 정신능력을 책임능력이라고 풀이할 수 있다. 제753조는 "미성년자가 타인에게 손해를 가한 경우에 그 행위의 책임을 변식할 지능이 없는 때에는 배상의 책임이 없다."고 규정한다. 제754조는 "심신상실중에 타인에게 손해를 가한 자는 배상의 책임이 없다. 그러나 고의 또는 과실로 인하여 심신상실을 초래한 때에는 그러하지 아니하다."고 규정한다. 이러한 책임능력은 그 유무를 연령 등 객관적 획일적 기준으로 판단하지 않는다. 가령 미성년자라도 이른바 "책임을 변식할 지능"이 없다고 판단되어야 비로소 책임무능력을 이유로 책임을 면한다. 제754조에서 심신은 몸과 마음을 말하는 심신(心身)이 아니고 마음만을 의미하는 심신(心神) 즉 정신이다. 그 심신상실은 제753조의 "책임을 변식할 지능"이 없는 상태를 말한다. 평소에는 그러한 정신능력이 있어도 행위시에 일시적으로 그러한 능력을 잃을 경우 심신상실자로서 책임을 면한다. 다만 이 조문 단서에 유의해야 한다. 가령 가해를 목적으로 일부러 그러한 정신능력을 잃을 정도로 술을 마시고 가해행위를 하거나 가해의 의도를 가지고 술을 마신 것은 아니지만 자신이 술을

---

29) 그러한 고민의 배경에는 책임무능력을 유책성 배제사유로 본 Deutsch 교수의 견해 때문이었다. Erwin Deutsch, *Unerlaubte Handlungen und Schadensersatz*, Rdnr. 132 f. 참조.

30) '책임능력'과 '고의·과실'을 독립적인 요건으로 나열하는 것은 부적절하다. 이들은 함께 '유책성'이라는 요건 아래에서 논의되어야 한다. 유책성을 가운데 두고 '유책사유'와 '배제사유'가 줄다리기를 하는 형국이다.

마시면 그러한 정신능력을 잃는 사람인 줄 알고도 술을 마신 뒤 가해행위를 한 경우에는 그 행위 시에 심신상실 상태이었어도 책임을 면하지 못한다.

"책임을 변식할 지능"이라는 정신능력은 같은 행위라도 행위자에 따라서 달리 평가되며 같은 행위자라고 하여도 행위에 따라서 달리 평가된다. 그래서 책임능력은 행위능력처럼 연령이나 법원의 사전 심판에 따라 유무가 결정되지 않는다. 가해행위가 행해진 뒤에 그 행위 당시 그 행위자에게 그 행위에 관한 "책임을 변식할 지능"이 있었는지를 사후적으로 판단하게 된다. 행위자에 따라 다르게 판단된다는 점에서 책임능력은 주관적 기준에 의하여 판단된다. 이 점 때문에 아래의 항목과 같은 논의가 전개된다.

㈏ 객관적 과실론과 책임능력의 관계 책임능력이 주관적 기준으로 판단된다는 점과 객관적 과실론은 모순인가? 그렇지 않다. 앞에서 본 바와 같이 과실의 유무를 평균인의 인식능력이라고 하는 추상적·객관적 기준으로 판단한다는 '객관적 과실론'과 행위자의 개별적·구체적 정신 상태라는 주관적 기준으로 유무를 판단하는 '책임능력'을 유책성과 연관시키는 것에는 모순이 없다. 책임무능력이 과실을 배제하는 것으로 이해하면 모순으로 보인다.[31)]

책임무능력은 과실을 배제하지 않는다. 유책성을 배제하는 것이다. 과실은 유책성을 인정하는 사유일 뿐이고 그 사유로 일단 인정된 유책성을 책임무능력이 배제하는 것이다. 책임무능력자라도 객관적 과실론에 따른 과실은 그대로 인정된다. 객관적 사유로 일단 인정된 유책성을 주관적 사유로 배제하는 것은 모순이 아니다. 가령 대중의 취향에 맞도록 제조 시판을 한 상품이라도 그 취향에 맞지 않는 소수의 사람이 있을 수 있다. 이 소수의 사람이 그 상품이 겨냥한 취향이 아니어서 그 상품을 구매하지 않는다고 하여 대중의 취향을 부정하는 것은 아니다. 객관적 사유로 일단 인정된 성질이라도 주관적 사유로 부정될 수 있다. 그런데 주관적 사유에 의한 부정의 대상을 객관적 사유로 오인하면 이렇게 모순이라는 주장 내지 오해가 나올 수 있다.

한편 고의와 달리 과실은 객관적 요소만 있는 것이 아니다. 객관적 기준 없이 행위자의 구체적 심리상태만으로 판단되는 '고의'와 달리, 과실에는 평균인이라는 추상적·객관적 기준이 적용됨은 맞다. 하지만 그 기준에 입각하여 인정된 법익침해의 예견·회피가능성을 해당 행위자가 간과한 심리상태라는 점에서 보면 객관적 과실론에서 보는 과실에도 주관적 요소가 있다. 한편 고의에는 객관적 기준이 없는데 과실에만 객관적 기준을 적용하는 것은 모순이라고 하면서 객관적 과실론을 비판하는 것은 타당할까? 아니다. 굳이 동일한 관점을 가질 필요가 없는 관계에서 동일하지 않으니 모순이라고 하는 것도 잘못이다. 손해배상책임과 관련된 고의나 과실은 그 인식의 대상이 법익침해 즉 추상적 손해의 발생이라는 점에서 공통점이 있다. 그러나 고의와 과실은 각각 유책성을 인정하는 독립적 사유일 뿐이므로 역시 양자의 기준을 획

31) 이러한 모순을 지적하는 문헌으로 김형배, 채권총론, 박영사, 1998, 171-172.

일적으로 모두 객관적이거나 주관적일 필요는 없다. 나아가서 손해배상책임의 요건인 유책성을 인정하는 사유의 하나로 과실에 대하여, 법익침해 즉 추상적 손해의 발생과 직접적 관련성이 없는 사정에 대한 주관적 인식 등을 고려하여 그 유무를 판단하는 것도 잘못이다.

고의·과실이 아니라 유책성을 요건으로 하는 것에는 객관적 과실론에 입각한 과실을 주관적 정신능력인 책임능력과 직접 마주하지 않도록 하여 모순이라는 지적에 반론을 전개할 수 있는 효과도 있다.

Ⅲ. 효 과 론

손해배상책임의 효과론에서 중심이 되는 두 쟁점 가운데 하나는 민법 제393조를 둘러싼 논의로서 손해배상의 '범위'를 어떻게 설정할 것인가의 문제이고 다른 하나는 그 범위 안에 들어온 손해 항목들이 얼마의 가치가 있으며 피해자가 감수해야 할 몫은 얼마인가 등 손해배상액을 어떻게 '산정'할 것인가의 문제이다. 효과론에서 이 두 쟁점 외에 손해배상청구권의 소멸 등 여러 쟁점들을 하나로 묶을 수 있다. 그렇게 하면 효과론에는 '범위론'과 '산정론' 그리고 '기타론'이라고 하는 세 개의 하위 목차를 둘 수 있다. 여기서는 범위론과 산정론만 기술한다.

1. 범 위 론

가. 상당인과관계설과 규범목적설

범위론에 관하여는 국내에는 지배적 견해이자 판례의 태도인 상당인과관계설 외에도 위험성관련설과 이른바 수정상당인과관계설 등이 있지만, 상당인과관계설의 기본적인 내용만 언급하여 규범목적설과 대비하기로 한다. 규범목적설은 필자 고유의 생각을 정리함에 뼈대와 바탕이 된 것인데 이는 30여년 전 필자가 박사학위 논문을 작성하는 과정에서 부산물로 접하게 된 독일의 학설로서 국내에서는 소수설에 불과하다.

두 학설은 모두 제393조와 연관된다. 그 제1항은 "채무불이행으로 인한 손해배상은 통상의 손해를 그 한도로 한다."라고 규정하며 제2항은 "특별한 사정으로 인한 손해는 채무자가 그 사정을 알았거나 알 수 있었을 때에 한하여 배상의 책임이 있다."라고 규정한다. 행위로부터 야기되는 손해가 계속 파생되어 무한히 이어지는 것을 어느 선에 차단하는 것이 바람직한가의 문제를 담고 있는 것이다. 이러한 차단이란 행위와 손해 사이의 원인과 결과의 관계 즉 인과관계를 차단하는 것이다. 그런데 이러한 인과관계의 표현은 민법 제390조와 제750조에도 잠재되어 있다. 제390조는 채무자로 하여금 그 채무불이행으로 '인(因)한' 손해를 배상하라는 것이다. 제750조도 불법행위자로 하여금 그 불법행위로 '인(因)한' 손해를 배상하라는 것이다. 두 조문 모두 행위와 무관한 손해를 배상하라는 것은 아니다. 그런데 두 조문 모두 손해배상책임의 성립요건을 규정한 것이다. 그리고 손해배상책임의 성립요건이 구비된 경우, 불법행위책임으로 구성하든지 계약책임으로 구성하든지 그 손해배상의 범위에는 제393조가 적용된다. 이처럼 손해배상책임론에서 인과관계를 규율하는 대목이 성립요건과 배상범위 두 군데 있음을 알 수 있다. 양자를 상당인과관계설에서는 구별하지 않지만 규범목적설에서는 구별한다.[32] 그런데 민법 제393조가 손해배상책임의 논의에서 가지는 의미는 인과관계에 관한 학설에 따라 달라진다.

상당인과관계설은 제393조 자체가 그 학설을 바탕으로 한 것이라고 한다.[33] 그 요지는 이렇다. 이 행위가 이 손해를 야기했고 그러한 행위가 일반적으로 그러한 손해를 야기하면 상당인과관계가 있다는 것이다. 이 상당인과관계가 인정되는 손해만 배상하라는 원칙을 표현한 것이 제393조 제1항이며, 그 상당성 판단의 기초로 삼을 특별 사정의 범위를 규율하는 제2항은 주관적으로 인식한 사정만이 아니라 객관적으로 인식 가능했던 사정도 고려한다는 것이니 이 조항은 이른바 절충적 상당인과관계설을 취했다고 보는 견해이다.

하지만 규범목적설은 가해행위를 규제하는 규범의 목적에 의하여 손해배상의 범위를 규율한다. 여기서는 우선 제390조와 제750조에서 규율하는 성립요건에서 말하는 인과관계와 제393조가 규율하는 배상범위에서 말하는 인과관계를 구별해야 한다. 제390조나 제750조가 규율하는 손해배상책임의 성립요건에서 말하는 인과관계란 앞의 요건론에서 본 것과 같이, 가해행위의 구성요소인 행위와 법익침해 사이에 요구되는 조건적 인과관계이며 이는 가해행위가 책임의 성립요건이므로 '책임성립에서의 인과관계'이다. 이 조건관계는 무한히 계속되는데 이 인과의 고리를 차단하는 역할을 하는 인과관계가 '배상범위에서의 인과관계'이며 양자는 구별되어야 한다는 것이 독일에서 상당인과관계설 이후 지배적 견해가 된 규범목적설의 일반적 내용이다.

나. 필자의 견해 — 이단계설

손해배상의 범위에 관한 필자의 견해는 두 단계로 나누어 첫 단계에 규범목적설을 도입한 것이다. 규범목적설의 관점과 제393조를 연계시킨 것이다. 제393조의 의미나 존재가치를 살리면서 규범목적설의 관점에서 배상범위에서의 인과관계를 이해하자는 것이다. 가해자가 배상해야 하는 손해를 거르는 '두 단계'를 나누어 서술한다.

---

32) 미국 불법행위법에서 말하는 손해의 '사실상 원인'(cause in fact)과 '법적 원인'(legal cause)의 구별도 마찬가지로 이해할 수 있다. 타인의 행위가 손해의 '사실상 원인'(cause in fact)으로서 인정되면 타인의 가해행위가 인정되는 것이다. 그 사람의 행위가 손해의 '법적 원인'(legal cause)일 필요는 없다. 이는 배상범위에서 요구되는 것이다. 자신에게 발생한 손해를 타인에게 전가하는 기초는 전자의 원인을 증명함으로 형성되는 것이며 이는 요건론의 쟁점이다. 전가할 손해 항목의 범위는 후자 원인의 증명으로 일차적으로 획정되며 이는 범위론의 쟁점이다.

33) 가령 곽윤직(주 28), 148; 김증한/김학동, 채권총론, 박영사, 1998, 134 등.

(1) 범위론의 일차(一次)단계

추상적 손해인 법익침해의 관점에서 침해된 법익이 배상범위에 들어오는 법익인지를 판단하는 것이 일차(一次)단계이다. 일차단계에서 포함되는 법익이 침해되었다면 가해행위가 성립하는데 이 법익침해 자체를 표현하는 용어가 바로 앞에서 말한 '추상적 손해'이다. 그렇게 배상범위에 포함된 법익의 침해가 현실화하여 구체화된 것으로서의 손해 항목들을 제393조에 따라 걸러내어서 배상의 범위를 완성하는 것이 이차단계이다. 이차단계에서 논의되는 손해는 법익침해로 인한 재산상 또는 정신상의 '구체적 손해'이다.

필자의 견해는 규범목적설을 배상범위 제한의 일차단계에서 도입한 것이다. 일차단계에서는 문제의 행위를 규제하는 규범을 탐구하고 그 규범의 목적이 무엇인지 논의하여 그 규범이 보호하고자 하는 범위에 속하는 법익이 무엇인지 판단한 뒤, 침해된 법익이 그 범위에 속하는 것인지 여부를 확인해야 한다. 그 범위에 속하는 법익의 침해만으로 배상범위를 일차적으로 제한한다. 여기의 규범이란 위반한 의무의 근거가 되는 것인데 이에는 법규범만이 아니라 계약도 포함한다. 가령 의사가 설명하지 않은 부작용으로 환자가 사망한 경우를 본다. 수술상의 잘못 등 진료상 의무위반 즉 진료과오는 없고 다만 일정 확률로 불가피하게 발생하는 부작용을 설명하지 아니한 잘못밖에 없는 의사가 그 부작용의 발생으로 인한 사망에 관한 책임을 져야 하는지 여부의 문제이다. 막연히 설명의무 위반과 사망 사이에는 상당인과관계가 있다고 보아 또는 없다고 보아 그 사망에 관한 책임이 있다고 또는 없다고 판단하는 것은 논리비약적이어서 당사자에게 설득력을 갖기 어렵다. 설명의무를 부과한 규범이 왜 설명의무를 부과한 것인가? 설명의무로 무엇을 보호하려고 하는 것인가? 위 가상 사례의 경우를 이른바 조언설명의 관점에서 분석한다. 불가피하게 일정 확률로 사망을 초래할 가능성 있는 부작용을 설명하라는 이유는 환자 쪽이 사망 가능성을 염두에 두고 해당 수술을 받을 것인지 여부를 결정할 기회를 주자는 것이다. 그렇다면 이른바 환자 쪽의 자기결정권을 보호하는 것이 설명의무를 부과한 이유이다. 즉 의사의 설명의무에 근거가 되는 규범이 보호하고자 하는 법익은 자기결정권이 속하는 '정신적' 인격법익이다. 그렇다면 사망은 신체적 생명에 관한 것이므로 설명의무 규범의 보호법익이 아닌 신체적 인격법익이 침해된 것이므로 손해배상의 범위에서 배제되는 것이다.[34] 따라서 의사는 설명의무를 위반했지만 사망에 관한 손해배상책임을 지지는 않고 다만 자기결정권이라는 정신적 인격법익 침해에 따른 손해배상만 하면 되는 것이다.

(2) 범위론의 이차(二次)단계

배상범위 제한의 이차단계에서는 민법 제393조가 적용된다. 일차단계에서 인정된 규범목적 범위 내의 법익이 침해된 경우에 한하여, 그 법익침해 즉 추상적 손해가 현실화한 결과인 구체적 손해들 가운데 배상범위에 포함되는 손해들을 골라내는 역할을 제393조가 담당한다.

34) 물론 이른바 '가정적 거절'의 법리로 그 배상 범위가 확대되는 논리는 별도로 있지만 여기서는 생략한다.

구체적 손해들 가운데 통상손해인지 여부를 가리어 통상손해이면 당연히 배상범위에 들어오고, 통상손해가 아닌 특별손해는 이를 야기한 특별한 사정에 관한 인식 또는 인식가능성이 있는지 여부를 판단하여 인식(가능성)이 인정되면 비로소 배상범위에 들어오는 것이다. 위의 가상사례에서 이차단계에서는 자기결정권이라는 법익 침해가 현실화된 구체적 손해 항목들 나열하여 통상손해와 특별손해로 분류하고 통상 손해는 일단 배상 범위에 넣고 나머지 특별손해 항목들에 대하여는 특별사정의 인식(가능성)이 있는 항목들만 골라서 배상 범위에 넣게 되는 것이다. 위 가상사례에서 사망 원인이 설명에서 누락한 부작용이 아니라 의사의 수술상 잘못 즉 진료과오로 인한 것이라고 본다면 위반한 의학준칙의 보호범위에 포함되는 신체적 인격법익이 침해된 사망이어서 그 침해 즉 사망으로 인하여 현실화된 구체적 손해 항목들을 열거하고 이에 대하여 제393조를 적용하게 된다.

(3) 필자의 범위론 요약

범위론에 대한 필자의 생각을 요약하면, 우선 침해된 법익이 무엇인지 판단하고 그 법익이 위반한 의무 규범의 목적을 탐구하여 확인된 보호법익에 포함되는지 여부를 결정하는 일차단계와, 거기에 포함되는 경우 그 보호법익의 침해가 현실화한 '구체적' 손해의 항목들에 제393조를 적용하는 이차단계로 나누어 두 단계에 걸쳐서 배상범위를 최종적으로 확정 짓는 것이다.

필자는 인과관계를 전체적으로 보면, '성립론'과 '범위론'에서의 각 그것으로 구별하여 '이원적'으로 접근한다. 그리고 '범위론에서의 인과관계'를 다시 두 단계로 나누어 설명하는 것이다. 이러한 필자의 견해는 인과관계 전체에 관하여서는 규범목적설이 그러하듯이 '이원설'이고, 나아가서 배상범위에서의 인과관계 부분에서는 '이단계설'이라고 할 수 있다. 범위론의 두 단계 가운데 일차(一次)단계에 규범목적설을 도입하고, 이차(二次)단계에서 우리의 제393조를 적용하는 것이다.

2. 산 정 론

위 범위론에 따라 확정된 손해배상범위에 포함된 구체적 손해 항목들을 금액으로 계산하는 것이 산정론이다. 이 산정론은 세 단계로 구별할 수 있다. 세 단계를 계산의 순서대로 언급하면, 구체적 손해 항목의 현재 가치를 계산하는 첫 단계, 그 가치의 총액에 책임제한의 비율을 적용하여 감액하는 둘째 단계, 가해자의 행위로 인하여 피해자가 누리는 이익 액수를 공제하는 셋째 단계이다. 특히 둘째 단계와 셋째 단계가 바뀌면 안 된다. 둘째 단계는 비율(比率)이지만 셋째 단계는 정액(定額)이기 때문이다. 거꾸로 하면 정액인 셋째 단계의 공제금액에도 둘째 단계의 비율이 반영되어 감액을 적게 하는 결과가 된다. 각 단계의 쟁점들 가운데 몇 쟁점만 언급한다.

가. 구체적 손해 항목의 현재 가치 계산

우선 배상 범위 안에 들어온 손해들이 현재 얼마의 가치가 있는가를 계산한다. 가치가 시간에 따라 변동하는 경우 배상액 산정의 기준시기도 중요한 쟁점이고, 불법행위시를 기준으로 배상하면 실제로 배상하는 시점은 그 이후이므로 지연이자의 문제도 있다. 한편 구체적 손해는 소극적 재산손해와 적극적 재산손해 그리고 정신상 손해의 셋으로 나뉜다. 소극적 재산손해 즉 가해행위로 말미암아 상실한 수입을 계산해야 하며 장래의 수입 상실 손해를 미리 배상받는 경우 그 손해의 현재 가치를 판단해서 배상액을 계산해야 한다. 한편 장래의 수익이란 증가가능성도 있어서 그것을 배상액 계산에 어떻게 반영할 것인가의 문제도 있다. 적극적 재산손해 즉 가해행위로 말미암아 지출한 손해는 계산이 비교적 간명하지만 배상을 청구할 당시 가령 아직도 지출할 치료비가 예상된다면 그 계산은 지출할 가능성 등을 고려해서 일시에 미리 배상받거나 정기적으로 나누어 배상받을 수도 있다. 일시에 미리 배상받는 경우라면 역시 현재의 가치를 다시 계산해야 한다. 적극적 재산손해의 문제로서, 가해자가 임의로 배상하지 않는 경우 진행된 소송을 위해 변호사 비용을 지출한 경우가 있는데 이를 어떻게 반영할 것인가의 문제도 있다. 손해액의 계산에서 제일 힘든 것이 정신상 손해이다. 이것은 결국 종래의 유사 판결례를 고려해서 법관이 재량에 따라 정하는 수밖에 없다. 이러한 손해액은 피해자가 증명해야 배상받는데 경우에 따라 증명이 어려운 경우에 민사소송법은 제202조의2에서 "손해가 발생한 사실은 인정되나 구체적인 손해의 액수를 증명하는 것이 사안의 성질상 매우 어려운 경우에 법원은 변론 전체의 취지와 증거조사의 결과에 의하여 인정되는 모든 사정을 종합하여 상당하다고 인정되는 금액을 손해배상 액수로 정할 수 있다."고 규정한다.

나. 책임제한 비율의 반영

이렇게 결정된 액수를 그대로 배상받는 것이 아니다. 그 손해의 발생과 확대에 피해자의 잘못이 기여하는 경우도 있다. 이에 민법은 제396조에서 "채무불이행에 관하여 채권자에게 과실이 있는 때에는 법원은 손해배상의 책임 및 그 금액을 정함에 이를 참작하여야 한다."라고 규정한다. 이를 '과실상계'라고 하는데 이를 적용하는 것은 법관의 재량이 아닌데 피해자의 잘못을 손해배상에 어느 정도로 고려할 것인가라고 하는 비율(比率)에 관한 판단은 법관의 재량에 속한다. 유의할 것은 제396조의 "과실"은 제750조의 과실이 아니라는 점이다. 잘못이라는 점에서 양자는 같은 말일 수 있지만 세밀하게 보면 다른 의미임을 알 수 있다. 이를 같은 의미의 과실로 보게 되면 가해자로서의 과실과 피해자로서의 과실을 비교하여 양자의 기준이 같다거나 후자의 기준이 전자의 기준보다 낮다거나 하는 논의를 하게 된다. 다른 의미라고 보면 그런 논의는 할 필요가 없다. 아무리 사소한 잘못이라고 하여도 자신의 잘못으로 인한 부분은 타인에게 전가할 수 없는 것은 당연한 것이다.

한편 피해자의 잘못도 가해자의 잘못도 아니고 누구의 의지와도 무관하지만 피해자의 영역에 속하는 사정이 손해의 발생이나 확대에 기여한 바 있으면, 위 제396조를 유추적용해서 이러한 사정을 역시 배상액의 감액에 고려한다. 피해자의 과실과 이러한 사정이 손해액에 기여한 정도를 피해자 측 기여도라고 하여 이를 배상액의 감액에 반영하는 것을 가리켜 이른바 '책임제한', 그렇게 반영하는 사정을 책임제한의 사유라고 한다. 법원은 환자의 경우 그 기왕증 내지 기저질환을 책임제한의 사유로 인정한다. 기여도라는 표현을 사용하는 것에는 '기여'라는 말에 마치 피해자의 의지가 반영된 듯한 느낌이 있다. 이러한 점이 피해자 의지와 무관한 사정인 기왕증에 기여도라는 말을 사용하기 꺼리게 할 수 있다. 이러한 면을 고려한다면 책임제한 사유라는 말이 무난하다.

책임제한 사유를 고려하여 일정한 비율로 감액하는 대상은 구체적 손해 항목의 현재 가치 전체이므로 거기에는 정신상 손해인 위자료도 포함되어야 한다. 그런데 의료소송 실무에서는 재산상 손해에만 책임제한 비율을 반영하는 경향이 있는데 이는 잘못된 계산법이다. 이 계산의 잘못은 형식논리적 측면에서 그러한 것이고, 한편으로는 위자료란 그 액수가 모호한 면이 있고 이 액수나 책임제한 비율을 가지고 최종 배상액을 조정하려는 실무의 경향이 있다는 점도 그러한 계산법을 이해함에 감안해야 할 것이다.

다. 피해자 이익 액수의 공제

손해배상액 산정의 마지막 단계가 손익(損益) 상계이다. 위에서 피해자의 잘못을 반영하여 일정비율로 감액된 금액에 대하여, 가해행위로 말미암아 피해자가 누린 이익을 공제하는 단계이다. 이는 피해자의 잘못처럼 비율로 감액하는 것이 아니라 이익의 '정액'(定額)을 공제하는 단계이다. 피해자가 손해배상을 받고 그 이익을 그대로 보유하는 것은 정의에 반한다. 그래서 이익의 액수를 배상액에서 공제해야 한다. 가령 어떤 물건을 1,000을 주고 사고 판 매매에서 매도인의 잘못으로 그 물건이 매수인에게 인도되기 전에 없어져서 버린 경우, 매수인이 이 물건을 다른 사람에게 1,100을 받고 파는 중간상인이어서 매수인이 입은 손해 항목들의 현재 가치 총액이 100이고 매수인이 자신의 비용 20을 들여서 그 물건을 매도인에게서 가져와야 한다면, 매도인의 잘못으로 매수인은 100의 손해만 입은 것이 아니라 20의 비용절감이라는 이익도 본 것이다. 20이라는 이익액을 공제해야 하는 것이다.

유의할 것은 공제할 이익을 피해자 잘못보다 먼저 공제한 뒤 피해자의 잘못을 반영하는 것은 계산상 오류가 발생한다는 점이다. 구체적 손해항목의 현재 가치 총액을 A, 피해자 잘못 등 피해자 측 기여도를 20%, 공제할 이익액을 B라고 할 경우, 이익공제보다 피해자 측 기여도를 먼저 반영하여 '[A(1－0.2)－B] ＝ [0.8A－B]'라는 수식으로 배상액을 산정해야 한다. 그런데 이익공제를 먼저 하면 '(A－B)(1－0.2) ＝ 0.8A－0.8B'가 되어 공제하는 이익액에 피해자 측 기여도가 반영되어 결국 이익 공제를 실제보다 적게 하는 오류가 발생한다. 위의 예에서 A가 100이고 B가 20인데, 피해자 매수인의 기여도를 20%이라고 하면, 최종 배상액은 앞의 공식에 따라 60이어야 하는데, 잘못된 공식에 따르면 그 액수가 64로 늘어난다. 공제를 20% 덜 한 것이다.

이러한 이익의 공제는 민법에 명문 근거규정이 없다. 하지만 그렇게 보유하게 방치하는 것은 피해자의 부당이득을 허용하는 것이 된다. 그 이익 액수를 배상액에서 공제하는 것은 민법 제1조의 조리에 부합한다.

Ⅳ. 결 어

손해배상에 관한 판결문에 대하여 당사자들이 갖는 불만 가운데 하나가 법리의 체계성이다. 손해배상은 분쟁 당사자 모두에게 만족을 주는 것이 불가능하다. 과소배상이나 과다배상이라는 불만을 갖게 마련이다. 손해는 존재하지만 감수해야 하는 손해인지 전가할 수 있는 손해인지 전가할 손해는 무엇이고 얼마인지 등 모호한 요소들이 가득 차 있는 것이 손해배상이다. 평면적 접근에서 벗어나 입체적(?) 접근을 시도하였다. 하지만 이러한 접근이 당사자들의 불만을 잠재우는 묘약이라고 보지는 않는다. 다만 법률전문가들에게나마 덜 모호한 손해배상 판결이나 논의가 되도록 하자는 취지에서 그동안 30여년간 민법 강의를 준비하고 손해배상 관련 논문을 작성하는 과정에서 떠오른 생각들을 정리해서 논의를 전개하여 보았다.

프랑스에서의 부동산 이중매매

—민법개정까지의 경과와 그 이후의 해석론 및 입법론—

김 현 진*

Ⅰ. 들어가며

프랑스 민법상 부동산에 대하여 이중으로 매매가 이루어진 경우 그 법률관계는 어떻게 규율될까? 프랑스는 물권변동에 있어 의사주의(*consensualisme*)를 취하여 소유권은 당사자 사이에서는 매매계약의 체결시 이전하지만, 부동산등기가 있어야 제3자에 대하여 대항가능하다는 점에서 일응 충돌이 예상되기 때문이다. 그런데 반갑게도 2016년 개정된[1] 현행 프랑스 민법전은 제1198조 제2항을 신설하여, "동일한 사람으로부터 동일한 부동산에 대한 권리를 연속하여 취득한 두 매수인이 있는 경우, 공정증서에 의하여 취득권원을 부동산색인에 먼저 공시한 자가 선의라면 그의 권리가 나중에 발생하였을지라도, 우선한다."고 부동산 이중양도의 법률관계에 대하여 분명하게 규정하고 있다.

그런데 동일한 부동산에 대하여 연속한 취득자 간의 충돌(conflit entre acquéreurs successifs d'un même immeuble)은 프랑스에서 오랫동안 논쟁이 있었던 문제로,[2] 개정 전에는 동산의 이중매매에 대하여만 규율하고 있었을 뿐 부동산의 이중매매에 대해서는 아무런 규율이 없었다. 파기원은 이에 대해 1968년, 2010년 두 차례 입장을 변경하였고, 학계에서는 판례에 대한 비판이 있었다. 한편, 2018년 파기원은 2016년 개정된 민법 규정에도 불구하고, (개정 법 시행 전 사안이기는 하나) 민법 제1198조 제2항과 정면으로 충돌하는 판결을 연이어 내렸다. 판례평석을 읽으면서 이러한 파기원의 입장이 2018년 12월 법무부장관에게 제출된 "부동산공시의 현대화

---

* 인하대학교 법학전문대학원 교수.

1) 개정된 프랑스채권법의 조문을 번역하고 조문별로 상세하게 해설한 국내문헌으로, 한불민사법학회, 개정 프랑스채권법 해제, 박영사, 2021 참조.

2) 우선 F. Danos, *Propriété, possession et opposabilité*, Economica, 2007. n°s 430, pp. 478 et suiv. 참조; 프랑스의 부동산이중매매에 관한 논의를 다룬 국내문헌으로는 尹眞秀, "프랑스 民法上의 不動産 二重讓渡", 民法論攷 I, 博英社, 2007, 334 이하가 프랑스의 논의를 1968년 파기원 판결 이전과 이후로 나누어 충실히 소개하고 있으나, 이 논문이 작성된 1994년 이후 프랑스에서 이루어진 판결의 변화를 포함한 논의는 아직 국내에 소개되어 있지 않다.

를 위한 개정안[3])"과 맥이 닿아 있음을 알게 되었으나, 프랑스 부동산매매의 특성상 쌍방예약과 관련하여, 나아가 공증인의 책임과 관련하여 여전히 정리가 안 된 부분이 있음을 지적하지 않을 수 없다.

본 고에서는 먼저 프랑스의 부동산 물권변동에 관련된 민법 규정 및 공시와 관련된 제반 규정을 살펴보고, 실제 부동산매매가 어떻게 이루어지는지를 검토하면서 부동산 이중매매를 둘러싼 문제점을 지적하고(Ⅱ), 부동산 이중매매에 관한 파기원의 재판례의 변천 과정 및 이에 대한 비판을 살피고(Ⅲ), 현행 프랑스민법에 대한 해석론을 전개하는 한편, 개정 후 내려진 최근 파기원의 판결을 소개하고 2018년 공시법의 개정안을 검토한 뒤(Ⅳ), 위 논의를 정리하면서 결론에 갈음하고자 한다(Ⅴ).

Ⅱ. 프랑스의 부동산매매와 공시

1. 의사주의와 계약의 이전효

1804년 나폴레옹 민법 제정 후 200년 만에 이루어진, 2016년 오르도낭스(ordonnance)[4])에 의해 개정된[5]) 현행 프랑스 민법전은 계약의 이전효(l'effet translatif)를 계약의 효력으로 적극적으로 규정하면서 의사주의 원칙을 확인하고 있다. 개정 전 프랑스민법과 비교해 보면, 개정 전에는 주는 채무[6])에 관한 규정인 구 프랑스민법전 제1138조가, 물건을 인도할 채무는 계약당사자의 합의에 의하여 완성된다고 규정하였는바, 이는 물건의 인도가 권리의 이전을 위하여 필요하다는 것을 전제로 한 것이었다. 그런데 현행 프랑스민법전 제1196조는 물건의 인도의무와는 무관하게 이전적 효력을 규정하고 있다. 즉, 본조 제1항에 의하면, "소유권 또는 기타 권리의 양도를 목적으로 하는 계약에서 권리의 이전은 계약을 체결한 때에 이루어진다."고 규정한다. 이로써 물건인도의무의 개입이 없는 완전한 '의사주의의 원칙(le principe du consensualisme)' 또는 '의사주의에 의한 권리이전의 원칙(le principe de transfert de propriété *solo consensu*)'이 확립된 것이다. 즉 소유권의 이전은 채무의 이행과는 관계없이 계약의 체결시 이루어진다.

이 차이는 낙성계약(contrat consensuel)과 요식계약(contrat solennel)이나 요물계약(contrat

3) L. Aynès 교수 주도로 2017년 11월 13일 법학자, 변호사와 공증인들로 이루어진 부동산공시 개정위원회(La commission de la réforme de la publicité foncière)가 작업을 하였고, 1년 뒤인 2018년 11월 13일 법무부장관에게 부동산공시의 현대화를 위한 보고서(Pour modernisation de la publicité foncière, 2018)를 제출하였다.(http://www.justice.gouv.fr/le-garde-des-sceaux-10016/archives-2018-nicole-belloubet-12988/remise-du-rapport-sur-la-modernisation-de-la-publicite-fonciere-33359.html).

4) L'ordonnance n° 2016-131 du 10 février 2016 portant réforme du droit des contrats, du régime général et de la preuve des obligations.

5) 2016년 오르도낭스에 의한 채권법 개정과정은 우선, 한불민사법학회(주 1), 1 이하 참조.

6) 개정 전 프랑스 민법은 채무를 주는 채무, 하는 채무, 부작위 채무로 구분하였으나, 2016년 개정에 의해 이러한 구분은 사라졌다(Ph. Simler, *JurisClasseur Civil Code*, Art. 1196 à 1998, Facs unique. n° 7, p. 4).

réel)에서 잘 드러나는데, 요식계약에서는 계약의 성립에 법률이 정하는 방식이 있을 때, 요물계약에서는 물건의 교부가 있을 때 각각 권리의 이전이 발생하고, 이는 곧 법률이 정하는 방식의 행위나 물건의 교부가 있을 때 계약이 체결되는 것이므로 역시 의사주의의 원칙이 동일하게 적용되는 것이다. 예를 들면, 채권양도는 요식행위(제1322조)이므로 당사자 사이에서는 문서를 작성한 날 채권이 이전된다(제1323조 제1항).

대통령 보고서에 따르면,[7] "프랑스민법전은 이제 주는 채무와 작위 또는 부작위 채무의 구별을 폐지한 결과, 소유권의 이전은 합의의 교환에 따른 계약의 법적 효력(l'effet légal du contrat)으로 승격되었다." 따라서 이전효는 계약의 법적 효력으로서, 소유권의 이전은 자동적이다. 물론 권리의 이전은 당사자의 의사, 물건의 성질 또는 법률의 규정에 의하여 유예될 수 있다(제1198조 제2항).[8] 이와 같이 현행 프랑스민법은 계약법 통칙인 제1196조부터 제1198조에 걸쳐 이전적 효력을 직접적으로 규정하여 권리이전을 계약 자체의 효력 내지는 계약만의 효력(*solo contractu*)임을 분명히 하였다는 점에서 의의가 있다.[9] 나아가 계약의 이전효는 계약법 통칙과 물권법의 유기적 결합(articulation entre le droit commun des contrats et le droit biens)의 영역이라는 점에서,[10] 매우 중요하다.

나아가 제1196조의 신설은 매매에 관한 프랑스 민법 제1583조의 의미를 더 잘 드러낸다. 프랑스 민법 제1583조는 "목적물이 아직 인도되지 않았거나 대금이 지급되지 않았더라도, 목적물과 대금에 대해 합의가 있는 경우, 매매는 당사자 사이에 완성되며 목적물의 소유권은 매도인과의 관계에서 매수인에게 이전된다."고 규정하고 있는바, 이는 소유권 이전의 즉시성뿐만 아니라 자동성도 인정한 것이다.[11] 주는 채무는"이론상 그리고 눈깜짝할 사이에" 발생할

---

7) Rapport au Président de la République relatif à l'ordonnance n° 2016-131 du 10 février 2016 portant réforme du droit des contrats, du régime général et de la preuve des obligations, Objectifs de la réforme; Journal Officiel de la Publique Française du 11 février 2016.

8) 의사주의 원칙에 대한 예외로, 가령 계약자유 원칙에 따라 대금을 완납하는 때에 소유권을 이전하겠다는 소유권유보조항(une clause de réserve de propriété)을 두어 당사자의 의사에 의해 유예할 수 있다. 물건의 성질에 의한 유예는 종류물의 특정시 권리가 이전될 수밖에 없는 종류물의 매매를, 법률에 규정에 의한 유예는 공정증서에 의한 당해 건축물의 준공 확인에 의해 건축물의 소유권이 당연히 매수인에게 이전되는 건축중인 부동산의 기한부 매매(vente d'immeubles à construire à terme, 프랑스 민법 제1601조의 2)를 들 수 있다. 그런데 이러한 경우에도 주는 채무가 유효하게 존재하는 것이 아니다. 소유권의 이전은 소유권유보조항의 경우 매수인의 대금 완납에 의해, 종류물 매매의 경우 매도인의 물건을 특정에 의해, 기한부매매의 경우 건축물의 완성을 확인하는 공정증서의 작성이라는 유예된 행위의 완성시 자동적으로 이루어지는 것이다.

9) 프랑스민법전 제4장은 계약의 효력(Les effets du contrat)이라는 표제 하에 당사자간 계약의 효력(제1절), 제3자에 대한 계약의 효력(제2절)으로 나뉘고, 전자는 두 부속절, 즉 제1부속절 계약의 구속력(Force obligatoire)과 제2부속절 계약의 이전적 효력(Effet translatif)으로 나뉜다. 그리고 후자에는 제3자를 위한 계약(la stipulation pour autrui), 제3자 행위부담(le porte-fort) 외에 계약의 대항효(l'opposabilité du contrat)를 규정한다.

10) Pratiques Contractuelles, *Ce que change la réforme du droit des obligations*, Éditions Législatives, 2016. pp. 118 et suiv.

11) G. Chantepie et M. Latina, *La réforme du droit des obligations*, 2e éd., Dalloz, n° 533, p. 484.

뿐으로, 엄격히 말해 일단 계약이 체결되면, 소유권이 이전되기 위하여 채무자가 할 것이 없다.

그런데 이러한 의사주의에 따른 소유권의 이전은 이를 알지 못하는 제3자에게 위험이 있으므로 이를 방지하기 위하여,[12] 일정한 범위의 제3자에 대하여 충돌하는 권리의 경합 상황에서 대항력의 문제가 논의되는바,[13] 항을 바꾸어 살펴보자.

2. 부동산물권변동의 공시와 대항력

프랑스의 부동산공시(publicité foncière)는 이해관계 있는 제3자에게 부동산색인과 우선특권, 저당권 기타 부동산에 대한 다른 권리의 정보를 통해 부동산의 법적 상황을 알게 하는 규율의 총체이다.[14] 즉 이해관계 있는 모든 사람에게 최소한 유용한 정보에 대한 접근가능성을 보장함으로써, 부동산물권의 공시요건이 갖춰지면 이 내용을 제3자가 알 수 있었다고 보아 그들에게 대항할 수 있고, 반대로 공시요건을 갖추지 못하면, 행해진 행위와 이전된 권리를 제3자에게 대항할 수 없다.[15] 다른 말로 하면, 부동산 공시제도의 고유한 목적은 부동산에 있어서, 어떠한 권리의 설정, 이전, 소멸을 제3자에 대하여 대항할 수 있음(opposabilité)을 명확하게 하는 것이다.[16] 이와 같이 프랑스 부동산물권의 공시제도는 대항하는(confortative) 성질만을 부여하지, 권리를 성립시키지(constitutive) 않는다. 이러한 대항요건주의 하에서 공시의 대상은 증서(acte)일 뿐 권리(droit)가 아니고,[17] 프랑스법상 물권은 공시 전에 이미 존재하였고, 공시가 물권의 존재를 증명하는 것이 아니다.[18]

그렇다면 프랑스에서 부동산물권의 공시는 어떻게 이루어지는가? 1855년 3월 23일 저당권의 등기에 관한 법률[19]은 생존자 간에 부동산물권을 이전하고 설정하는 증서 및 판결의 의무적 공시를 규정하고, 공시의 해태에 대한 제재로 제3자에게 대항하지 못하도록 하였다.[20] 1955년 1월 4일 "공시의 개혁에 관한 데크레[21]" 및 위 데크레의 적용을 위한 1955년 10월 14일 데크레[22]는, 저당권 내지 우선특권에 관한 登記(inscription)와 소유권 기타 그 외의 권리에

12) L. Aynès, *Pour modernisation de la publicité foncière*, La commission de la réforme de la publicité foncière, 2018. p. 18.

13) Ph. Simler, *JurisClasseur Civil Code*, Art. 1196 à 1998, Facs unique. n° 56, p. 24.

14) G. Cornu, *Vocabulaire juridique*, PUF, 13ᵉ éd., 2020, « publicité foncière ».

15) Ph. Simler et Ph. Delebecque, *op. cit.*, n° 870, p. 794.

16) A. Fournier, Rep. Civ. Dalloz « Publicité foncière », 1988, n° 3, p. 2.

17) L. Aynès, *op. cit.*, p. 18

18) L. Aynès, *op. cit.*, p. 18.

19) Loi du 23 mars 1855 sur la transcription en matière hypothécaire.

20) Ph. Simler et Ph. Delebecque, *Les sûreté, La publicité foncière*, 7ᵉ éd., Dalloz, n° 856, p. 783; F. Danos, *Propriété, possession et opposabilité*, Economica, 2007. nᵒˢ 177, pp. 193 et suiv.; *JurisClasseur Notarial Formulaire*, par S. Piédelièvre, Publicité foncière-Fasc. 20.

21) Décret n° 55-22 du 4 janvier 1955 portant réforme de la publicité foncière.

22) Décret n° 55-1350 du 14 octobre 1955 pour l'application du décret n° 55-22 du 4 janvier 1955 portant

대한 謄記(transcription) 제도를 통합하여 공시(la publicité foncière)[23]라는 용어를 사용하면서 공시제도의 기틀을 마련하였다. 또한 부동산색인(fichier immobilier, 이하 '부동산등기부'라 함)를 창설하면서[24] 부동산등기부는 현재의 부동산의 정확한 법적 상황을 반영하여야 하므로, 부동산 소유권이전을 포함한 일정한 거래의 공시를 의무화하여 처분자의 권원 또는 최후명의인의 권원이 먼저 공시되어야만 이후 양수인이 공시되도록 함으로써 소유권자가 연속적으로 표시되는 등기연속 내지 관계효(effet relatif)의 원칙을 정립하였다.[25]

여기서 "대항불가(inopposabilité)"란 공시가 결여된 그 행위와 경합하는 권리를 가진 제3자와의 충돌을 전제한다.[26] 여기서 제3자란 동일한 부동산에 관하여, 동일한 전권리자로부터 권리를 취득한 자로, 공시의무가 있는 증서 및 판결에 의하여 서로 양립불가능한 권리를 취득하여 공시를 하였거나 저당권 내지 우선특권의 등기를 한 자이다.[27] 예를 들어, A가 B에게 그의 부동산을 매도하는 계약을 체결하면 그 순간 B는 완전한 소유권자가 된다. 이후 A가 C에게 동일한 부동산을 매도한다면 이는 타인의 물건을 매도한 것으로 그 매매는 무효이다(민법 제1599조). 그런데 만약 B가 등기하지 않은 사이 C가 적법하게 등기한다면 제1매매는 C에게 대항할 수 없다. 그러므로, 공시 규정은 무효인 (제2)매매에 효력을 부여하고, 반대로 유효한 (제1)매매의 효력을 박탈한다.[28] 이 경우 제1매수인은 매도인에 대하여 그들 사이에 계약이 존재하였음을 주장하며 손해배상을 청구할 수 있을 것이다.[29] 권리의 경합이 있는 경우, 시간이 빠르면 권리가 앞선다는 법언에 따라, 제일 먼저 공시한 자만이, 각 권원증서의 날짜가 언제이든, 우선한다.

---

réforme de la publicité foncière

23) 부동산등기가 아닌 공시(la publicité foncière)라는 용어를 사용한 것은, 단순히 부동산의 물권변동을 공시하는 부동산등기뿐만 아니라…

24) 프랑스의 부동산물권변동을 공시하는 제도에서 색인은 인적편성주의를 택하였었고, 1955년에 들어와서야 비로소 부동산색인이 도입되었다. 그런데 이하에서는 부동산등기부라고 한다.

25) Ph. Simler et Ph. Delebecque, *op. cit.*, n° 859, p. 785.

26) Ph. Simler et Ph. Delebecque, *op. cit.*, n° 883, p. 808.

27) 1955년 1월 4일 데크레 제30조의 1 "제28조 제1항에 의하여 공시하여야 할 증서 및 판결을 등기하지 아니한 자는, 동일한 부동산에 관하여 동일한 전권리자로부터 공시의무가 있는 증서 및 판결에 의하여 서로 양립불가능한 권리를 취득하고 그 증서를 등기한 제3자, 우선특권 또는 저당권을 등기한 제3자에 대하여 대항할 수 없다. 그러한 증서 또는 판결은 그것이 공시되었다고 하더라도, 제3자가 원용하는 증서, 판결, 우선특권 또는 저당권이 그보다 먼저 공시되었을 경우 마찬가지로 대항할 수 없다."

동 데크레 제28조 제1항(2010년 6월 10일 오르도낭스 제2010-638호 제14조에 의해 개정) 다음의 행위는 부동산의 현황에 관하여 부동산등기국에 의무적으로 공시되어야 한다.

1. 정지조건이 부과되었을지라도, 그리고 판결에 의하여, 생존자 사이에 이루어진 권리이전을 초래하거나 이를 확인하는 모든 증서: a) 민법에서 정하는 방식에 따라 보전되는 우선특권과 저당권 이외의 부동산물권의 양도 또는 설정, […].

28) Ph. Simler et Ph. Delebecque, *op. cit.*, n° 884, p. 809.

29) B. Starck, H. Roland et L. Boyer, *Droit civil Les obligations 2. Contrat*, 6e éd., Litec, 1998, n° 243, p. 89.

그렇다면 언제나 등기를 먼저 갖춘 자가 우선하는가? 공시된 경합하는 권리의 대항불가에 대한 예외는 존재하지 않는가? 공시의 취지가 법적 거래의 안전성을 보장하는 것임을 고려할 때, 이러한 보호 목적의 정당성은 이를 주장하는 자를 제한하고 있지 않는가? 이에 대한 답이 바로 본 논문의 주제와 맞닿아 있다. 즉 적법하게 공시요건을 갖추기만 하면 그 자가 우선한다는 입장, 공시를 먼저 갖추더라도 사해의사가 있는 자는 대항할 수 없다는 입장, 나아가 선의인 자만이 공시하지 않은 자를 비난할 수 있다는 입장30)이 대립한다.

한편, 프랑스에는 계약의 대항력(l'opposabilité du contrat)이라는 개념이 있는데, 계약의 제3자는 계약을 이행할 의무는 없으나 계약으로부터 발생한 법적 상황을 존중하여야 한다는 것으로, 오래전부터 계약의 실효성을 위해 판례상 인정되어 오다가 2016년 프랑스 민법 제1200조 제1항에 명문화되었다. 계약의 대항가능성은, 제3자가 그 계약을 존중하지 않아 채무불이행이 발생한 경우, 손해에 대하여 계약외 책임, 즉 불법행위책임을 부담하도록 하고, 이는 "계약을 침해하지 않을 의무"에 의해 정당화된다.31)

그렇다면 실제 프랑스의 부동산매매과정은 어떻게 이루어지는가? 계약체결에서 부동산등기부의 공시에 이르기까지 어떠한 절차가 필요한지 항을 바꾸어 간략히 살펴본다.

3. 프랑스의 부동산매매 절차

프랑스의 부동산 거래의 특징은, 첫째, 매도인과 매수인 간에 예약(une promess de contrat)이 선행되지 않는 부동산매매계약이 드물다는 점,32) 둘째, 거의 항상 공증인(notaire)이 개입한다는 점이다.33) 부동산매매절차를 보면, 먼저 당사자 간에 매매예약을 한 뒤, 은행의 매수인에 대한 대출심사가 진행되고,34) 일정한 지역인 경우 공증인은 양도의사선언(La déclaration d'intention d'aliéner (DIA))을 시청에 보내어 선매권(droit de preémption)의 행사 여부를 확인하고, 은행의 대출이 승인되면, 매도인과 매수인은 공증인 앞에서 매매계약의 공정증서를 작성하고, 공증

30) Ph. Simler et Ph. Delebecque, *op. cit.*, n° 893, p. 815.

31) G. Viney, *Introduction à la responsabilité*, 3e éd., LGDJ, 2008, n° 202, p. 566. 이에 대한 국내문헌으로는, 김현진, "프랑스민법상 채무불이행으로 제3자가 입은 손해에 대한 채무자의 책임—2020년 1월 13일 파기원 전원합의부 판결을 계기로—", 인하대 법학연구 24권 1호(2021. 3), 549면 이하 참조.

32) Ph. Malaurie, L. Aynès, et P. Gautier, *op. cit.*, n° 107, p. 83.

33) Ph. Malaurie, L. Aynès, et P. Gautier, *Droit des contrat spéciaux*, 8e éd., LGDJ, 2016, n° 107, p. 83; 프랑스공증인협회 사이트에서는 부동산 매매시 공증인의 역할에 대해 상세히 안내한다. https://www.notaires.fr/fr/immobilier-fiscalit%C3%A9/achat-et-vente-les-%C3%A9tapes/le-notaire-un-expert-de-limmobilier. 공증인은 매매목적물인 부동산 서류의 엄격한 관리 및 부동산 매각시 발생하는 차익을 포함한 세금의 징수 의무를 국가에 대하여 부담하며, 고객에게는 체계적인 조사를 통해 확실한 부동산 소유자정보를 제공하고, 공증인 증서의 입증력·집행력 및 일자의 효력을 보장한다.

34) 프랑스의 은행에서 부동산 거래를 위한 대출을 받기 위해서는 매수인의 신용상태, 대상부동산의 가치평가 등 엄격한 심사가 이루어지며 기간도 많이 소요되고, 대출이 승인된 후 대출금은 매수인의 개인계좌가 아닌 공증인의 당해 매매를 위한 계좌로 입금되어 최종적으로 매매대금에 충당된다.

인이 국가에 취득세를 납입하고 부동산등기부에 등기한다. 이 과정에 보통 약 2-3개월이 소요되므로 최종 매매계약서 작성이 이루어지기 전까지 양 당사자를 임시적으로 구속할 필요성이 있어 사전계약이 수반되는 것이다.

매매를 위한 사전계약(avant-contrat)으로는, 일방예약(la promesse unilatérale), 쌍방예약(la promesse synallamatique)이 있다.[35] 먼저, 일방예약은 "예약자인 일방 당사자가 수혜자인 타방 당사자에게 본질적인 내용이 확정되어 있는 계약에서 수혜자의 동의만이 결여된, 계약의 성립을 위한 선택권을 부여하는 계약(프랑스 민법 제1124조 제1항)"이다.[36] 매매의 일방예약은 매도인으로 하여금 수혜자에게 그 소유의 물건을 합의한 금액에 매도할 의무를 부담하게 하여, 매도인은 일정한 기간(일반적으로 2-3개월) 내에 다른 사람에게 매매를 제안을 하거나 매매를 철회할 수 없다. 이 기간 동안 수혜자는 매수 여부에 대한 선택권(droit d'option)을 갖고, 보통 매매 목적물의 10%의 손해배상금을 매도인에게 주고 은행의 대출거부와 같은 정지조건의 불성취가 있으면 수혜자에게 상환되고 그렇지 않고 포기시 매도인이 갖는다. 선택권의 행사로 매매계약이 체결되면 위 손해배상금은 매매대금에 충당된다. 그런데 이러한 매매의 일방예약과 선택권의 행사는 자발적인 공시의 대상으로[37] 공정증서로 작성하여 등기할 수 있으나,[38] 공시가 강제되는 부동산물권의 양도는 아니다. 다만 이를 통하여 예약의 존재를 제3자에게 알리는 기능을 할 뿐이다.

다음으로, 매매의 쌍방예약은 "compromis de vente"로 불리며,[39] 매도인이나 매수인에게 선택권을 주지 않고, 그 구속력은 확정적이어서, 목적물과 대금에 관하여 두 당사자의 상호합의가 있는 경우 매매의 효력을 갖는다(프랑스 민법 제1589조). 부동산 매매의 쌍방예약은 매도인과 매수인 사이에 합의가 되었으나, 매매계약의 체결이 행정청의 허가와 같은 일정한 조건이 성취되어야 이루어지는 경우 체결된다.[40] 일방이 매매를 포기하면 타방은 손해배상을 요구하며 재판상 이행을 강제할 수 있다.

매매는 무방식의 낙성계약으로, 그 계약서는 공정증서(acte authentique) 또는 사서증서(acte seing privé) 어느 것으로든 행해질 수 있지만(제1582 제2항), 신뢰할 수 있는 부동산등기부 구축

35) 그 외에, 우선협약(pacte de préférence)이 있는데, 우선협약이란 일방 당사자가 계약을 체결하기로 결정할 경우, 자신과 계약을 체결할 것을 그 수혜자에게 우선적으로 제안할 의무를 부담하는 계약으로, 우선협약을 위반하여 제3자와 계약이 체결된 경우, 수혜자는 그가 입은 손해의 배상을 받을 수 있다. 제3자가 우선협약의 존재 및 수혜자가 협약을 원용하고자 하는 의사를 알았던 경우, 수혜자는 체결된 계약의 무효를 주장하거나 그가 제3자를 대위할 것을 법원에 청구할 수 있다(프랑스 민법 제1123조 제1항 및 제2항). 이에 대하여는 우선, 한불민사법학회(주 1), 81 이하 참조; Ph. Malaurie, L. Aynès, et P. Gautier, *op. cit.*, n° 143, p. 107 이하 참조.

36) 이 조문에 대하여는 우선, 한불민사법학회(주 1), 87 이하 참조;

37) 1955년 1월 4일 데크레 제37조의 1.

38) 프랑스 민법 제1589-2조 부동산 [...] 매매의 일방예약은 수혜자의 선택권의 행사가 있는 날로부터 10일 내에 등록된 공정증서 또는 사서증서에 의하여 확인되지 않으면 무효이다.

39) Ph. Malaurie, L. Aynès, et P. Gautier, *op. cit.*, n° 128, p. 97.

40) Ph. Malaurie, L. Aynès, et P. Gautier, *op. cit.*, n° 131, p. 99.

을 위하여 공시를 위한 신청서류는 반드시 공정증서[41]여야 하고[42] 위반시 절차가 각하(refus) 되므로, 일반적으로 부동산매매계약은 공증인에 의한 공증인증서(acte notariat)로 작성된다.[43] 그리하여 매매의 쌍방예약이 최초에 사서증서로 작성된 경우 반드시 공정증서에 의하여 자신들의 합의사항을 재확인하여 기재하여야만 공시할 수 있는바, 이를 réitération라고 한다.[44] 그런데 만약 상대방이 이러한 공시의 대상이 되는 공정증서의 작성을 거부한다면 이를 재판상 청구하여 법원을 통하여 이러한 반복적 의사를 확인할 수 있다.[45]

4. 문제의 상황 정리

이상 살펴본 바와 같이, 프랑스의 물권변동은 당사자 사이에서는 의사주의, 엄밀히 말하면 계약의 이전효에 따라 소유권이 이전하고, 매매계약은 무방식의 낙성계약이므로, 제1매수인이 매매계약을 체결하는 때에 일응 소유자가 될 것으로 보이지만, 이러한 소유권의 변동은 공시를 갖추지 못하면 제3자에 대하여 대항할 수 없다. 즉 부동산 매매계약은 공정증서에 의한 등기를 경료하여야 제3자에 대하여 대항력을 갖는다. 그런데 프랑스의 부동산 매매거래의 특성상 매매예약을 체결한 뒤, 공증인이 작성한 공정증서나 법원의 판결을 통한 매매계약의 확인, 부동산등기부에의 공시까지 소요되는 시간을 고려할 때, 제1매수인이 공시의무를 해태한 사이 매도인이 자신의 부동산을 제3자에게 재차 매매하고, 제2매수인이 먼저 그 매매계약을 공시하는 상황이 벌어진다. 그리고 1855년 3월 23일 법률과 1955년 1월 4일 데크레는 공시방법을 먼저 갖춘 취득자에게 우선권을 부여하기 때문에 이 경우 등기를 한 제2매수인이 일응 우선하는 것이다. 그렇다면 이러한 공시의 우선 원칙에 대한 예외는 없는가? 동일한 부동산에 대하여 연속한 취득자 간의 권리충돌 문제는 프랑스에서 오래된 논쟁으로 명문의 규정이 없는 상황에서 판례가 동요하였는바, 장을 바꾸어 검토한다.

---

41) 공정증서는 문서작성의 권한과 자격을 가진 공무수행자에 의하여 필요한 정식절차를 갖추어 작성된 것인데(민법 제1369조 제1항), 공정증서 작성권한을 부여받은 자로 집행관(huissier de justice), 등기관(greffiers titulaires), 법관(juges)이 있고, 1945. 11. 2. 오르도낭스(n° 45-2590)에 의해 공증인도 공정증서를 작성할 수 있는 자격이 주어졌다(*JurisClasseur Civil Code*, Art. 1369 à 1371, par I. Pétel-Teyssié, n° 12-15). 공정증서가 공증인에 의해 작성된 경우에는 법률에 의하여 요구되는 모든 수기 기재가 면제되는데(프랑스민법 제1369조 제3항), 이는 공증인증서는 다른 경우에 비해 공증력이 높기 때문이다.

42) 1955년 1월 4일 데크레 제4조 제1항. 공정증서는 통상 법률전문가에 의해 작성된다는 점에서 문서작성방법을 잘 준수하여 그 질적수준이 담보되는 한편, 이로써 등기소의 역할부담은 그만큼 줄어들게 된다.

43) 가령 부동산매매는 공증인이 작성한 증서뿐만 아니라 그와 같은 매매를 확인하는 법원의 판결 또는 행정증서에 의해서도 공시될 수 있다. 매매의 공시를 위해서는 그 기재대상인 내용이 표준화된 부분으로서 공시에 필요불가결한 요소와 등기비, 조세를 포함한 증서의 등본, 초본 또는 사본이 제출되어야 한다(1955년 위 데크레 제34조 제1항 참조).

44) 1955년 1월 4일 데크레 제37조 2. 3°.

45) 1955년 1월 4일 데크레 제37조 2. 1°.

Ⅲ. 파기원의 입장 변천

1. 1968년 판결 이전

(1) 사해이론

파기원은 "사해는 모든 규칙에 예외가 된다(la fraude fait exception à toutes les règles)"는 원칙을 최초로 밝힌 1858년 12월 8일 판결에서,[46] "동일한 부동산에 대하여 연속으로 권리를 취득한 양수인 간에는 자신의 권리를 최초로 공시한 자가 우선한다."고 판시하였다. 그러면서, 먼저 공시한 제2매수인의 공시의 유효성에 대한 예외를 인정하기 위해서는, 매도인과 제2매수인 사이의 **사해적 공모**(concert fraduleaux)**가 있음을 증명할 것을 요구하였다**. 그러면서 "공시가 매도인과 매수인 사이의 사해적 공모에 따라 이루어진 경우 **그 공시는 아무런 효력을 발생시키지 않는다**."고 판시하였다.[47]

이후 파기원 민사 1부는, 1925년 12월 7일 판결에서, 그러한 매도인과 제2매수인 간의 사해적 공모는 제1매수인의 권리를 박탈시킴을 목적으로 하는 **사기적 술책**(manoeuvres dolosives) **의 존재를 필요로 한다**는 점을 명시하였다. 즉 제2매수인이 앞선 매매 사실을 단순히 아는 것만으로는 충분하지 않다는 것이다. "이미 제3자에게 매도된 사실을 알면서 그 부동산을 구매하여 먼저 공시한 자는, 법률에 의해 가장 부지런한 취득자에게 부여된 이득을 누릴 뿐, 어떠한 사해를 범한 것이 아니다.[48]"라고 판시하여, 제2매수인의 단순한 악의를 이유로 제2매매 및 그에 따른 공시가 무효라고 한 원심판결을 파기하였다.

판례에 따르면, 동일한 부동산에 대하여 동일한 매도인으로부터 연속적으로 부동산에 대해 매매계약을 체결한 매수인들 사이에는 최초로 공시한 자가 우선하되, 이 원칙에 대한 예외가 인정되기 위해서는 제2매수인이 제1매매 사실을 아는 것만으로는 부족하고, 제2매매 및 그 공시가 제1매수인의 권리를 빼앗을 목적으로 매도인과 제2매수인 사이에 공모에 의해 이루어진 경우에 그 매매 및 공시가 사해를 이유로 그 효력이 부인되어 무효가 된다.

여기서 사해(fraude)란, 법의 규칙을 사용하는 자가 객관적 법의 관점에서 볼 때 비난할 수 없는 수단을 사용하여 불법적인 결과를 얻는 경우 사해가 존재한다고 하고, 개념상 엄격한 의미에서 사해를 실행하는 물리적 행위는 그 자체로는 적법한 행위이나, 금지적 법률을 회피할 의도로 행하여져 판례나 법률에 의해 무효가 되는 것이다.[49] 즉 *fraus omnia corrumpit*(사해는

---

46) Req. 8. dec. 1858, DP 59. 1. 184; 이후 Req. 27 nov. 1893, DP 94. 1. 342; Req. 29 févr. 1904, DP 1905. 1. 8; Req. 15 juin 1922, DP 1922. 1. 180. M. Gobert, La publicité foncière française, cette mal aimee, *Études offerts à Jacques Flour*, 1979, LGDJ, p. 207 et s.

47) Req. 8. dec. 1858, DP 59. 1. 184.

48) Civ. 7 dec., 1925, DP 1926, 1. 185, note R. Savatier.

모든 것을 깨트린다)[50]는 법언이 의미하는 바와 같이, **대항불능 또는 효력없음**의 제재가 부과되어, 위 판례에서 제2매수인은 공시를 먼저 하였음에도 불구하고 그 매매계약은 무효이고 그에 따른 등기도 효력이 없다.

(2) 비판 1: 사해와 악의 구별 어려움

매도인과 제2매수인간의 사해적 공모가 있어야만 예외를 인정하는 이러한 해결책은 오랫동안 지속적인 비판에 직면하였다. 특히 R. Savatier는 1925년 파기원 판결에 대한 평석에서 **사해적 공모와 단순한 악의 사이의 구별이 극도로 어려워 사실상 불가능함을 지적**하였다. "어떻게 첫 번째 매매행위가 있었으나 공시되지 않았음을 알고 있는 제2매수인이 매도인을 찾아가 그와 새로운 매매계약을 맺으면서 동시에 그들 사이에 적어도 반 단어라도 당사자 중 한 명이 제1매수인의 권리를 빼앗으려는 의도의 제안, 즉 그런 의미의 사해적 공모가 없었을 수 있을까?[51]" 즉 제2매수인의 제1매매행위를 단순히 아는 것와 제2매수인과 매도인 사이의 사해적 공모의 구별은 지극히 심리적인 추론을 요하는 것으로, 매도인이 악의인 상황에서, 제2매수인의 악의는 그 결과 사해 즉 제1매수인의 권리를 침해하겠다는 의사가 있다고 보기에 충분하지 않을까? 사해적 공모와 단순한 악의의 구별은 무의미한 것이, 그 개념상 제2매매에서의 악의는 필연적으로 제1매매에 대한 채무를 위반한 매도인의 악의와 결합하여야 하지, 만약 그렇지 않다면 사해적 공모가 도대체 무엇이란 말인가?

나아가 R. Savatier는 이중매매에 있어서 먼저 등기를 한 제2매수인이 악의라면, 그에게 사해적 의도나 사기적 술책이 있었는지 여부에 관계없이, 프랑스민법 제1382조상 과책(faute)을 범한 것으로 그에 따른 불법행위에 기한 손해배상책임을 부담하여야 하고, 그 배상은 원상회복이 가능한 경우에는 원상회복을 인정하여 제1매수인에게 소유권을 반환하는 방법에 의하여야 한다고 주장하였다.[52] 이후 파기원은 매도인과 제2매수인 사이의 공통의 악의의 존재를 포기하고 제2매수인의 사해만을 입증하도록 요구하기도 하였으나,[53] 사해와 단순한 악의의 구분이 어려워지자, 후술하는 바와 같이, 사해에서 단순한 악의로 입장을 변환하기에 이르렀다.

---

49) G. Cornu, *Vocabulaire juridique*, PUF, 13e éd., 2020, « Fraude ».

50) H. Roland와 L. Boyer 에 따르면, *fraus omnia corrumpit* 는 라틴어 형식에도 불구하고 Dalloz에 익명으로 실린, 부동산 양도의 등기와 관련한 1855년 판결의 평석에 처음으로 등장하였다(Adages du droit français, LexisNexis, 1999, "*Fraus omnia corrumpit*"). 그리고 얼마 후인 1954년 이 법언이 파기원의 판결문에 등장했다(Civ. 2, 1954년 1월 7일, Bull. Civ. II, n° 2). 반면 사해에 대한 아이디어가 이미 존재하고 있었다고 하더라도(J. Vidal, *Essai d'une théorie générale de la fraude en droit français*, Dalloz, 1957, p. 11), 이 법언은 로마법에서는 결코 사용되지 않았던 것 같다(H. Barbier, J. Ghestin, *Traité de droit civil, Introduction générale : Droit objectif et droits subjectifs, sources du droit*, t. I, LGDJ, 5e éd., 2018, n° 809).

51) Civ. 7 dec., 1925, DP 1926, 1. 185, note R. Savatier.

52) Civ. 7 dec., 1925, DP 1926, 1. 185, note R. Savatier.

53) Civ. 1re, 17 oct. 1961, JCP 1962. II. 12758, note H. Bulté.

(3) 비판 2: 선의의 전득자 문제

한편, 제2매매와 그 공시가 매도인과 제1매수인의 사해의 공모 내지 제2매수인의 사기적 술책에 의해 행해져 그 매매와 그에 기해 이루어진 공시가 대항할 수 없게 된 경우, 제2매수인으로부터 이 사실을 알지 못하고 목적물을 매수한 선의의 전득자(sous-acquéreur)가 있다면, 그의 지위는 어떤가?

이에 대하여 판단한 1949년 5월 10일 판결을 본다. 사실관계를 보면, 1929. 3. 5. A는 사서증서에 의해 X부동산에 대하여 B와 매매의 일방예약을 체결하였다. B는 이듬해인 1930. 5. 12. 예약의 선택권(droit d'opter)을 행사하고 같은 해 7. 23. A에 대하여 공정증서에 의한 매매계약을 체결하기 위하여 공증인사무소에 출석할 것을 최고하였으나, A는 나타나지 않았고 이에 공증인이 매매예약 및 예약권 선택권행사에 대한 조서를 작성하여 8. 8. 등기하였다. 그런데 8. 1. 이미 X부동산에 대하여 C 명의의 등기가 되어 있었는바, 7. 31. A는 X부동산을 출자하여 C회사를 설립하기로 한 것이었다. 그리고 C는 1931. 7. 27. X부동산을 D에 전매하여 D는 8. 18. 등기를 경료하였다. 이때 D는 담당공무원에게 X부동산에 대한 권리관계를 문의하였으나 담당공무원의 과실로 B의 등기사실이 확인되지 않았다. 그리하여 B가 D를 상대로 소유권의 확인을 구하는 소를 제기한 것이다.

쟁점은 제2매수인 C의 등기가 유효한지, 만일 효력이 없다면 그로부터 권리를 취득한 D의 지위는 어떠한지였다. 이에 대하여 1심과 2심은 A와 C 사이의 매매계약 및 공시는 B의 소유권 취득을 방해할 의도를 가진 사술적 술책의 결과 이루어진 것으로 무효라고 하면서, D가 선의이고 무과실이라고 하여도 무권리자인 C로부터 X부동산을 양도받은 것이므로 B에 대하여 권리를 주장할 수 없다고 하였다. 파기원 역시 A의 C에 대한 출자행위가 가장행위로서 사해적이어서 C의 소유권 취득 및 공시가 무효로 되는 이상 전득자인 D가 선의라고 할지라도 전주인 C의 사해에 기한 공시를 원용할 수 없다고 하였다. **즉 제2매매가 사해로 인정되는 경우 그 계약은 절대적 무효로서 선의 무과실의 전득자도 보호받을 수 없다**.

그런데 이러한 사해에 전혀 가담하지도 않았고 그 사실조차 알지 못하는 선의의 전득자에게까지 사해의 효과가 미쳐 보호하지 않는 것이 타당한가라는 비판이 있는 것이다.

2. 1968년 판결

(1) 불법행위 이론

파기원 민사3부는 1968년 3월 22일 발레(Vallet) 판결에서,[54] **"제2매수인이 (공시되지 아니한) 제1매매 사실을 알고 부동산을 매수하였다는 사실은 제2매수인으로 하여금 불법행위책**

54) Civ. 3^{e}, 22 mars 1968; D.S. 1968, 412, note J. Mazeaud; JCP 1968, II, 15587, note Plancqueel, Rev. trim. dr. civ. 1968, p. 564, obs. Bredin.

임을 발생시키는 과책을 구성한다(est constitutive d'une faute)."고 판시하면서, 제1매수인의 (소유권 상실이라는) 손해는 원상회복되어야 한다고 하였다.[55)]

사실관계를 보면, A는 1944. 4. 4. B회사의 중개로 C소유의 X부동산을 사서증서(acte sous seing privé)에 의해 매수하였고, C에게 공정증서(acte authentique)의 작성을 요청하였으나 C는 이를 거절하였다. 한편 C는 1946. 2. 9. X부동산을 공증인증서(acte notarié)에 의하여 위 B회사의 이사인 E에게 매도하였고, 같은 해 5. 4. E는 위 증서를 등기하였다. A는 위 C의 E에 대한 제2매매 및 그 등기는 C와 E의 사해적 공모에 의해 이루어진 것으로 위 제2매매 및 그 등기로써 A에게 대항하지 못함을 선언하는 소를 제기하였다.

원심은, E는 C의 A에 대한 계약상 채무를 알고 있었으므로 과책이 인정되지만 이를 이유로 위 제2매매가 무효가 되는 것은 아니라고 하면서 A의 청구를 기각하였다. 이에 대하여 파기원은, 원심판결이 E의 과책의 존재와 부동산이 아직 E에게 있음을 인정하면서도 이유를 붙이지 않고 제2매매의 제1매수인에 대한 대항불능의 효력을 무시하였다고 하면서, 민법 제1382조를 인용하여 원심판결은 법적 기초를 결하였다고 하였다. 즉 제2매수인이 제1매매 사실을 단순히 알고 있다는 악의만으로 그가 행한 공시를 대항할 수 없는 것으로에 함에 충분하다고 하였다.

이후 **1974년 1월 30일** 이맛트(Himatte) 판결에서,[56)] **파기원은 덜 확신적으로**, 제2매수인이 제3자에게 이미 매도된 사실을 알고 부동산을 매수하였다는 사실은 제2매수인으로 하여금 공시요건 구비를 주장할 수 없도록 하는 **귀책사유를 구성할 수 있다**(peut être constitutive d'une faute)."고 판시하여 입장을 완화한 듯한 표현을 쓰고 있다.[57)]

(2) 평　　가

파기원은 위 두 판결에서 사해의사가 있는 경우가 아니면 공시를 한 제2매수인의 권리취득을 부인할 수 없다는 종래의 판례를 정면으로 부정하고, 구 민법 제1382조의 해결책과 제2매수인의 단순한 불법행위상 과책이라는 제재를 택하였다. 즉 파기원은 사해의 공모 이론을 버리고 공시되지 아니한 제1매매 사실을 아는 것만으로도 제2매수인은 민법 제1382조의 불법행위상 과책을 구성한다고 판시하여, 제2매수인은 등기의 대항력의 혜택을 받지 못하도록 하였다.

이러한 파기원의 입장에 대한 평가는 상반된다. 먼저 J. Mazeaud는 1968년 판결을 환영

---

55) 이후 판결에서도 등기를 갖춘 선의의 제2매수인만 보호하는 파기원의 입장은 재차 확인되었다. Civ. 3e, 28 mai 1979, n° 77-14.164.

56) Civ. 3e, 30 janv. 1974, n° 72-14.197; *Bull. civ.* Ⅲ, n° 50; D. 1975, 427, note Penneau; Défrenois, 1974, art 30631, p. 637, obs. Goubeaux.

57) H. Capitant/F. Terré/Y. Lequette, *Les grands arrêts de la jurisprudence civile*, Tome 2, 12e éd, Dalloz, 2008. pp. 255 et suiv.

하면서, 계약의 존재를 알면서도 이를 위반하는 자가 있는 경우 그의 악의는 제1매매의 계약을 대항력을 침해하는 과책을 구성하고 그의 행위는 불법행위가 된다. 불법행위자는 그의 행위로 야기된 손해를 배상할 의무를 부담하고, 이 상황에서 가장 바람직한 배상방법은 원상회복으로 현물배상(réparation en nature)을 명하여야 한다고 보았다.[58] 이러한 불법행위책임은 제3자에 대한 계약의 대항력의 결과로서 더 정확히 말하면 "계약을 침해하지 않을 의무"에 의해 정당화된다.[59] 그리고, 사해이론이 아닌 불법행위책임으로 해결할 경우, 악의의 제2매수인으로부터 선의로 부동산을 취득한 전득자를 보호할 수 있다는 잇점이 있다. 즉 불법행위책임은 불법행위자만 부담하므로, 불법행위에 가담하지 않은 특정승계인인 선의의 전득자는 불법행위의 당사자가 아니므로, 제1매수인은 그에 대해 손해배상으로 원상회복을 물을 수 없고, 다만 제2매수인에게 대가에 대한 손해배상을 청구할 수 있을 뿐이다.

반면, M. Gobert는 위의 두 장점을 인정하면서도[60] 단지 악의만으로 불법행위책임을 인정한 위 판례에 대해 다음과 같은 이유로 비판하였다.[61] 첫째, 사해행위보다 적용범위가 더 넓은 불법행위책임은 우선 매우 부정확하여 권리의 강제가능성이 공시요건의 충족에 달려있는 제도의 보호 취지를 몰각시켜 그 결과 법적 불안정성을 초래할 수 있다. 둘째, *fraus omnia corrumpit* 원칙이 불법행위상 과책의 개념보다 채택된 제재의 본질(제2매수인에 이행된 공시의 제1매수인에 대한 대항불가)과 근거를 더 적절하게 설명한다. 개인이 법의 규칙을 어기고 선험적 합법적 수단을 사용하여 불법적 결과를 야기하는 사실 앞에서 법적 질서를 거부함을 드러내는 사해가 실제 제2매수인의 행동을 더 잘 설명하는데, 제2매수인의 행동은 제1매수인의 공시되지 않은 권리를 알면서 이 매수인을 제거하기 위해 공시 규정의 적용으로부터 혜택을 받으려는 의도에 기인한 것이기 때문이다. 이러한 이유로 19세기 중반에 등장한 사해의 공모이론에서 불법행위책임으로의 전환에 대한 우려가 있다. 셋째, 불법행위책임으로 구성하는 것은 공시제도의 근간을 흔든다. 왜냐하면 선의는 추정되고 제2매수인의 악의를 입증해야 할 자는 제1매수인이기 때문이다.[62]

3. 2010년 판결 이후

(1) 공시 우선

파기원 제3민사부는 2010년부터 이러한 입장을 변경한 일련의 판결을 내 놓았다.[63] 동일

58) D.S. 1968, 412, note J. Mazeaud.

59) G. Viney, *Introduction à la responsabilité*, 3e éd., LGDJ, 2008. n° 202, p. 566.

60) M. Gobert, "La publicité foncière française, cette mal aimee", *Études offerts à Jacques Flour*, 1979, Défrenois, p. 226.

61) M. Gobert, *op. cit.*, p. 232.

62) M. Gobert, *op. cit.*, p. 233.

63) Civ. 3e, 10 fev. 2010, n° 08-21.656; *Bull. civ.* Ⅲ, n° 61; Civ. 3e, 12 janv. 2011, n° 10-10. 667 D. 2011,

한 부동산에 대하여 동일한 매도인으로부터 권리를 취득한 여러 매수인들이 경합하는 경우, 먼저 등기한 자는 매매목적물이 이미 매도되었다는 사실에 대한 악의에도 불구하고, 유효한 권리자로 선언되어야 한다고 판시하였다. 즉 **제1매수인은, 자신의 권리를 등기하지 않았다면, 제2매수인의 선의 여부와 관계없이 대항력이 없다**는 것이다.

먼저 2010년 2월 10일 판결[64]의 사실관계를 보면, 2002년 2월 12일 Z는 F 투자회사에 아파트 1, 2, 3, 4, 7, 11, 12, 13호(X가 임차하여 거주)를 총 6만4천 프랑에 매도하는 **쌍방예약**(compromis)을 체결하였다(**제1매매**). 위 매매는 13호 임차인의 우선매수청구권(droit de preémption)의 불행사를 정지조건으로 하여 체결되었고, 계약서에는 13호 임차인이 우선매수청구권 불행사시 위 가격에, 행사시 13호에 해당하는 금액인 2만7천 프랑을 감액하고 매매가 이루어진다고 명시되었다. 공정증서에 의한 매매계약의 재확인은 2002년 6월 15일에 하기로 예정되었고, 동년 2월 26일 공증인이 이메일로 X에게 13호를 2만7천 프랑에 구매할 것을 제안하자, X는 동년 4월 25일 이메일로 답신하였다. 동년 8월 21일 X는 손해배상을 주장하며 Z, F 투자회사, A, MMA회사에 대하여 소를 제기하였다. 동년 8월 29일 Z는 A와 F 투자회사에게 공정증서에 의해 매매를 재확인하지 않겠다고 알렸다. 2003년 1월 17일 X는 소송을 취하하였다. Z는 2002년 10월 12일 공정증서에 의해 3, 4, 12, 13호를 X에게 매도하였고, Z는 2003년 1월 21일 및 29일 공정증서에 의해 1, 2, 11호를 Y에게 매도하였다(**제2매매**). F 투자회사는 Z, X, Y를 상대로 이러한 매매계약의 무효와 2002년 2월 12일 매매의 완성을 주장하며 소송을 제기하였다. 파기원은 **X가 2002년 2월 12일 Z와 F 투자회사 사이의 쌍방예약을 알고** 있었고, Y는 이러한 사실이 고지되었으므로, 공시되지 아니한 2002년 2월 12일 제1매매 예약의 대항불가를 주장할 수 없다고 한 항소심에 대하여, 제1매매인 Z와 F 투자회사 사이의 쌍방예약이 등기되지 않았으므로 X, Y의 선의악의 여부에 관계없이 F는 X, Y에게 대항할 수 없음을 이유로 파기하였다.

다음으로 **2011년 1월 12일 판결**[65]의 사실관계를 보자. 부동산회사 L은 2002년 4월 22일 사서증서로 X에게 부동산을 매매하기 위한 **일방예약**을 체결하였으나(**제1매매**), **2002년 9월 30일 예정된 공정증서에 의한 확인을 해태하자**, X는 2003년 2월 27일 매매의 이행을 구하는 소를 제기하였다. 부동산회사 L은 동년 3월 13일 공정증서에 의해 Y에게 부동산을 매도하였고(**제2매매**), 동년 3월 18일 등기되었다. 보르도 항소법원은 2007년 9월 24일 판결로 X에 대한 매매가 유효함을 확인하였다. 2007년 10월 3일 Y는 2007년 9월 24일 판결에 대하여 제3자

851 note L. Aynès; *Bull. civ.* Ⅲ, n° 5; Civ. 3ᵉ, 19 juin 2012, n° 11-17.105.

64) Civ. 3ᵉ, 10 fev. 2010, n° 08-21.656; *Bull. civ.* Ⅲ, n° 61; Défrenois, 30 mai 2010, n° 10, 1169, obs. S. Piedelièvre; RDC 2010, 895, obs. S. Pimont; JCP N 2010, 1146, note S. Lamiaux.

65) Civ. 3ᵉ, 12 janv. 2011, n° 10-10. 667 D. 2011, 851 note L. Aynès; *RTD civ.* 2011, p. 158, obs. P. Crocq.

이의의 소를 제기하였고, 보르도 항소법원은 2009년 10월 29일 판결에서 제3자 이의의 소를 받아들여 위 부동산은 Y의 소유임을 확인하여 주었다. 파기원 역시 먼저 등기된 제2매매가 우선한다고 하여 제2매수인 Y의 손을 들어 주었다.

(2) 평 가

위 판결을 달리 표현하면, 제1매매의 존재에 대한 악의는 더 이상 등기에 상응한 것이 아니다. 그런데 위 파기원의 판결에 따르면 권리자가 아닌 자도 공시를 하면 권리를 취득할 수 있게 된 결과, 공시가 부동산 물권변동의 성립요건의 일종이 된다는 것을 파기원이 인정하는 것이나 다를 바가 없다는 비판이 제기되었다.66) 부정한 공모, 사기가 모든 것을 훼손하면서 공시되지 아니한 법률행위에 대항할 수 있게 만든 것이다. 그런데 원래 부동산의 공시제도의 취지는 진정한 권리자가 권리의 존재를 제3자에게 경고하기 위한 것이라는 점에서, 악의의 제2매수인까지 보호하는 판결에 대하여 학설의 비판이 제기되었다.

반면, 이에 대해 부동산등기의 보호 측면에서 찬성하는 견해도 있다.67) 공시제도의 목적을 복원하였다고 평가하면서, 선행하는 매매사실에 대한 악의가 공시에 필적할 수 없다는 것이다.68) 그리하여 다시 단지 사행적 공모, 사해만이 추악한 제2매수인이 등기하지 않은 제1매수인에 대하여 대항할 수 없도록 한다. 일찍이 M. Gobert가 주장한 바와 같이,69) 등기의무를 해태한 제1매수인의 과책과 제1매매사실에 대한 악의를 비교하여야 하고, 등기하지 않는 매수인은 자신의 권리가 제3자에게 대항할 수 없다는 위험을 감수한 것이다.70) Avant-projet Terré 제95조도 이 판결과 마찬가지로, "부동산 소유권과 다른 부동산물권의 이전의 제3자에 대한 대항력은 공시법률에 따른다."고 규정하였다.71)

(3) 공증인의 면책

나아가 파기원 제1민사부는 **2012년 12월 20일** 공증인의 책임과 관련하여 의미있는 판결을 선고하였다.72) 매매목적물인 부동산이 이전에 체결된 매매계약의 쌍무예약의 목적물이었음을 알면서도 그 부동산에 대한 (제2)매매계약의 공정증서를 작성한 공증인에게 손해배상을 청구한 사안에서 파기원은 공증인에게 과책이 없다고 판시하였다. 프랑스에서 일반적으로 공증

66) O. Deshayes et D. Nourissat, *La publication de la vente*, *JCP* N 2015, 1097, spéc. n° 20.

67) D. 2011, 851 note L. Aynès, Publicité foncière et mauvais foi de l'acquéreur: un revirement de jurisprudence radical et salutaire; G. Helleringer, "The Property Effects of Contracts", The *Code Napoléon* Rewritten (ed. by J. Cartwright and S. Whittaker), Oxford and Portland, 2017, p. 216.

68) G. Chantepie et M. Latina, *op. cit.*, n° 543, p. 461.

69) M. Gobert, *op. cit.*, p. 227.

70) D. 2011, 851 note L. Aynès.

71) F. Terré (dir.), *Pour une réforme du droit des contrats*, Dalloz, 2009. p. 251.

72) Civ. 1re, 20 déc. 2012, n° 11-19.682, *Bull. civ.* I, n° 273; D. 2013. 391, obs. S. Armani-Mekki et M. Mekki; D. 2013. 591, C. Capitaine et I. Darret-Courgeon; Constr.-Urb. 2013, comm. 28, obs. C. Sizaire.

인증서에 의해 계약서가 작성된 경우 그 계약이 무효가 되었다면 공증인은 전문인으로서 과책을 범한 것으로 보아 계약의 무효에 대한 불법행위책임을 지게 된다.[73] 그럼에도 불구하고 이 판결에 따르면, 공증인은 불법행위상 과책이 없다는 것으로, 그 결과 공증인이 그 부동산에 대한 사전계약의 존재를 알았다고 하더라도, 소유자에 의해 이미 매매예약이 체결된 부동산에 대한 제2매매계약의 체결을 위한 공정증서의 작성을 거부할 수 없다는 것이다. 이와 같이, 파기원은 제2매수인의 악의를 고려하지 않고 공시 규정을 객관적으로 적용하였다. 학계와 실무는 공증인으로 하여금 부당하게 소유권이 박탈된 매수인을 대면하여 곤란한 지위에 있게 만든 이러한 판결에 대해 혼란스러워하였다.[74][75]

Ⅳ. 2016년 개정 채권법과 그 이후

1. 개정된 프랑스 민법상 해결방안

개정법은 부동산의 이중양도에 관하여 제1198조 제2항과 제1124조 제3항을 두어 규율하고 있다. 이에 두 조문을 조화롭게 해석하여야만 프랑스의 부동산 이중매매에 관한 규정을 제대로 이해할 수 있다. 차례로 검토한다.

(1) 프랑스 민법 제1198조 제2항

> 제1198조
> ① 2인이 동일한 유체동산에 대하여 동일한 사람으로부터 권리를 연속하여 취득하는 경우, 유체동산을 먼저 점유한 자가 선의라면 그의 권리가 시기에 있어서 나중일지라도 우선한다.
> ② 2인이 동일한 부동산에 대하여 동일한 사람으로부터 권리를 연속하여 취득하는 경우, 공정증서에 의한 취득권원을 부동산색인에 먼저 공시한 자가 선의라면 그의 권리가 시기에 있어 나중일지라도 우선한다.

가. 선의 기준

2016년 오르도낭스는 종전 판례의 입장을 버리고 학설의 비판을 수용하여, 제2매수인은 먼저 공시를 하는 경우에도 선의인 경우에만 보호받을 수 있다고 규정하고 있다. 즉 민법 제1198조 제2항은, 사해를 언급하지 않고, 처음으로 공시한 매수인의 권리가 대항력을 갖기 위하여 "선의여야 한다"는 조건을 추가하였다. 즉 제2매수인이 대항력을 취득하려면 자신이 매

73) G. Viney, *op. cit.*, n° 201, p. 563.

74) Pratiques Contractuelles, *Ce que change le réforme du droit des obligations*, Éditions Législatives, 2016. p. 122.

75) V. Streiff et C. Pommier, *Gestion des conflits entre acquéreurs successifs et publicité*, la réforme du droit des contrats, JCP N 2016, 1170 참조.

수하려는 부동산이 아직 등기되지 않은 매매의 목적물이었음을 알지 못하여야 한다. 그리고 선의는 매매계약 체결시뿐만 아니라 등기시에도 유지되어야 한다. 공시는, 부동산의 제2매수인이 선의인 경우 즉 제1매수인과의 경합을 알지 못하는 경우에만 본질적인 기준이 된다.

나. 동산의 이중매매 규율과 유사

부동산의 이중매매에 관한 제1198조 제2항은 동산의 이중매매에 관한 제1198조 제1항과 평행관계를 이루고 있다.[76] 그러므로 먼저 동산의 이중매매에 관한 규율을 살펴보면, 제1항은 동산의 이중매매에 대한 구 프랑스민법전 제1141조를 그대로 따르고 있어, 개정 전후로 변화된 것이 없다. 동산의 이중매매 상황에서 프랑스민법이 취하고 있는 권리변동의 의사주의에 의하면, 권원의 시기가 먼저인 자가 당연히 우선적으로 권리를 취득하고, 나중에 매수한 자는 "*Nemo plus juris tranferre potest quam ipse habet*" 법언에 따라 무권리자로부터 권리를 취득한 것이 되므로 권리를 취득할 수 없음이 논리적이다. 그러나 입법자들은 이러한 해결책을 취하지 않았고, 공공의 신뢰 즉 제3자를 보호하려는 취지에서, 이미 동산이 매도되었음에도 선의로 즉 동산의 매도사실을 알지 못하고 매도인이 여전히 동산의 소유자임을 신뢰하고 동산의 점유를 취득한 자를 우선적으로 보호한다.[77] 점유는 동일한 동산에 대하여 경합하는 취득자들 사이에서 우선권을 결정하는 기준이 되지만, 먼저 점유한 자가 법적으로 우선하기 위해서는 선의여야 하는 것이다. 그리고 계약체결시 즉 소유권취득시뿐만 아니라 점유개시시에도 제2매수인은 선의여야 한다.[78] 그리하여 먼저 체결된 제1매매계약은 선의인 제2매수인의 점유의 취득효에 의해 효력을 잃고, 무효였던 제2매매계약은 완전한 효력이 발생한다.[79] 제1매수인은 매도인에 대하여 자신이 입은 손해에 대한 배상을 청구할 수 있을 뿐이다.

한편, 동산의 경우 점유에 대하여 "동산의 점유는 권원이 된다"는 선의취득(제2276조 제1항)의 규정이 있는바, 선의취득과 제1198조 제1항의 관계가 분명하지 않다.[80] 본조 제1항에 의하면, 유체동산을 먼저 점유한 제2양수인이 선의일 경우 그의 권리가 시기에 있어서 나중에 발생하였을지라도 제1양수인에 우선하여 보호를 받게 된다. 본항을 해석함에 있어, 본항은 이중양도의 제2양수인이 선의취득으로 권리를 취득함을 단지 확인하는 것이라는 견해와 본항은 이중양도의 경우에 비로소 적용되는 규정으로서 그 범위에서 제2276조 선의취득의 적용이 제한된다고 해석하는 견해[81]가 있을 수 있다.

---

76) 그러한 의미에서 부동산물권의 공시는 동산의 점유와 유사한 기능을 한다고 볼 여지가 있다.

77) O. Deshayes, Th. Genicon et Y.-M. Laithier, *Réforme du droit des contrats, du régime général et de la preuve des obligations*, 2e éd., LexisNexis, 2018, p. 480.

78) O. Deshayes, Th. Genicon et Y.-M. Laithier, *op. cit.*, p. 480.

79) Ph. Simler, *JurisClasseur Civil Code*, Art. 1196 à 1998, Facs unique. n° 57, p. 25.

80) G. Chantepie et M. Latina, *op. cit.*, n° 541, p. 460; 구 프랑스 민법 제1141조과 제2276조의 관계에 대하여 F. Danos, *Propriété, possession et opposabilité*, Economica, 2007, n°s 426, pp. 470 et suiv.

81) 남효순, "프랑스채권법의 개정과정과 계약의 통칙 및 당사자 사이의 효력에 관하여", 한국민사법학회, 민사법

다. 조문의 해석 및 비판

민법 제1198조 제2항은 부동산의 이중매매에 관한 2010년 이후 판결의 변혁을 꾀하고 1968년 Vallet 판결 및 1974년 Himatte 판결로 돌아가 먼저 공시를 한 선의의 매수인만을 일률적으로 보호하는 규정이다.[82] 사해의사의 개념을 단순한 악의, 제1매수인의 권리에 대한 인식으로 확장한 것이다.[83]

이러한 태도는 부동산공시제도의 목적을 정보에 대한 접근을 가능하게 하는 것으로만 파악한다면 논리적이라고 할 수 있는데, 부동산물권변동의 등기는 동산물권에서의 점유와 동일한 기능을 수행하기 때문이다.[84] 제2매수인은 제1매매를 통해 소유권을 이전한 매도인은 제2매매 체결시 이미 소유자가 아니므로 매도인으로부터 자발적인 소유권이전에 근거하여서는 소유권을 취득할 수 없다. 이 상황에서 공시 규정에 취득적 성질을 부여하여, 최초로 공시한 자는 소유권을 가진 매도인으로부터 승계취득이 아닌 원시취득을 하는 것이다.[85] 이러한 추론을 따라가면, 최초로 공시한 자에 대한 입법자의 선호는 제3자에 대한 정보의 제공 측면에서는 유용하지만, 이는 이해관계인이 이전의 매매를 알지 못할 때에만 타당하다. 그리하여 먼저 공시를 한 제2매수인의 선의 요건이 본질적인 요소가 되는 것이다.

그러나 부동산거래에서 공시의 기능은 이에 그치지 않고 나아가 부동산에 대한 자신의 권리를 대항할 수 있도록 함에 있다. 따라서 최초 공시자의 행동은 특별한 반향을 갖고 공시의무를 해태한 제1매수인은 스스로 대항불가라는 위험을 감수한 것이다. 물론 매도인이 제1매매의 예약 후 매매의사를 확인하는 공정증서의 작성을 거부하여 공시를 할 수 없는 상황도 있지만 이 경우 매수인은 자신의 권리를 확인하는 법원의 판결을 얻어 판결을 통해 공시할 권리가 있다. 권리의 수혜자인 제1매수인이 자신의 권리가 공시되기를 원하지 않았던 제1매매계약의 존재를 알면서 재산을 취득한 제2매수인의 행위가 비난받을 만한가? 제3자에 대하여 자신의 권리가 대항가능하게 할 수 있는 보호를 자발적으로 박탈한 자(제1매수인)는 그러한 이행가능성의 결여를 이용한 자(제2매수인)의 행동에 대하여 불평할 수 없는 것이 아닐까?[86]

(2) 프랑스 민법 제1124조 제3항

프랑스 민법 제1124조 ③ 일방예약의 존재를 알고 있었던 제3자와 체결한 일방예약 위반의 계약은 무효이다.

신설된 프랑스 민법 제1124조 제3항은 "일방예약(la promesse unilatérale)의 존재를 알고

학 제75호(2016. 6), 139.

82) Pratiques Contractuelles, *op. cit.*, 2016.

83) Ph. Simler, *op. cit.*, n° 60, p. 26.

84) G. Helleringer, *op. cit.*, p. 218.

85) T. Revet, "Propriété et droits réels", RTD civ 2011, p. 371; G. Helleringer, *op. cit.*, p. 218.

86) G. Helleringer, *op. cit.*, p. 219.

있었던 제3자와 체결한 일방예약 위반의 계약은 무효이다."라고 규정하여, 예약자와 악의의 제3자 사이에서 체결된 계약은 수혜자에게 대항할 수 없을 뿐만 아니라 무효임을 천명하고 있다.

일방예약에서 수혜자에게 부여된 계약체결을 위한 선택권(droit d'option)은 물권이 아니기 때문에 수혜자에게 물건에 대한 직접적인 권리가 인정되지 않으며, 채무자에 대한 고유한 의미에서의 채권도 아니고, 일종의 '일방적 형성권(droit potestatif)'으로서 권리자가 일방적 활동을 통하여 기존의 법적 상황을 변경, 소멸시키거나 새로운 법적 상황을 발생시키는 권리이다.[87] 따라서, 민법 개정 전에는 예약자는 수혜자와의 예약을 위반하더라도 계약을 체결한 제3자에 대해서만 구속되어, 예약자와 제3자는 수혜자에 대해 손해배상책임만을 부담하였다. 그리고 근거로서 예약자에 대해서는 채무불이행책임을, 그리고 제3자에 대해서는 불법행위책임을 들었다.[88] 그러나 동조의 신설로 이제 일방예약의 존재를 알고 있었던 제3자와 체결한 일방예약 위반의 계약은 무효이므로, 판사는 이제 더 이상 이러한 사안에서 손해배상 명령으로 해결할 수 없다.[89]

예약 사실을 알고 있는 제3자가 예약자와 체결한 예약위반의 계약은 무효라는 본항의 적용과 관련하여, 제3자와 예약자가 예약위반에 대해 공모하거나 통정하였을 필요는 없으며,[90] 단지 제3자가 일방예약의 '존재(existence)'에 대해 악의이면 족하다. 예약자와 악의의 제3자 사이에서 체결된 계약은 수혜자에게 대항할 수 없을 뿐만 아니라 무효이다.[91] 그런데 선의는 추정되므로, 수혜자는 일방예약의 존재에 대해 제3자가 알고 있었다는 점을 증명하여야 한다. 만약 수혜자가 이를 증명하지 못한다면, 예약자와 제3자 사이의 계약은 유효하고, 제3자가 매매

---

87) Ph. Malaurie, L. Aynès, et P. Gautier, *op. cit.*, n°s 110 et suiv., pp. 85 et suiv. 즉 수혜자의 선택권은 예약자가 이미 승낙한 상태에서 수혜자의 일방적 의사표시에 의해 약정된 계약을 성립시킬 수 있는 권한을 가리킨다.

88) F. Terré, Ph. Simler, Y. Lequette et F. Chénedé, *Les obligations*, 12e éd., Dalloz, 2018, n° 679, p. 753. Civ. 13 nov. 1927, *DP* 1929. 1. 131; 10 avr. 1948, D 1948.421 note Lenoan.

89) Ph. Malaurie, L. Aynès, et P. Gautier, *op. cit.*, n° 113, p. 87.

90) 제3자와 예약자가 예약위반에 대해 공모하거나 통정하였을 것이 필요하다는 견해로, Ph. Malaurie, L. Aynès, et P. Gautier, *op. cit.*, n° 113, p. 87.

91) 그런데 본조 제3항의 규정에 대해, 예약자와 악의의 제3자 사이에서 체결된 계약은 무효화할 수 있는 것으로 규정하는 편이 더 나았다고 주장하면서, 다소의 아쉬움이 있다는 견해도 있다(G. Chantepie et M. Latina, *op. cit.*, n° 265, p. 231). 즉, 수혜자가 손해배상을 선호하였기에 예약자와 제3자의 계약이 무효라는 주장을 하지 않았다면 이 계약은 무효임에도 불구하고 정상적으로 이행되게 되는데, 이러한 결과는 개정 민법 제1179조 이하에서 규정하고 있는 절대적 무효와 상대적 무효에 관한 규정의 내용과도 배치되기 때문이다. 개인의 이익에 대한 침해는 상대적 무효로 제재하고(민법 제1179조 제2항) 공익이나 일반적 이익(intérêts général)에 반하는 행위는 절대적 무효로 다루면서(민법 제1179조 제1항), 상대적 무효는 수혜자만이(민법 제1181조), 절대적 무효는 예약자와 제3자를 포함하여 이해관계 있는 모든 자가 무효를 주장할 수 있다(민법 제1180조). 이러한 점을 고려할 때, 일방예약에 반하는 계약으로서 예약자와 제3자 사이에 체결된 계약은 상대적 무효로 다루어야 한다.

계약을 먼저 등기하였다면 수혜자에 대하여 대항할 수 있을 것이다.

(3) 두 조문의 해석 및 평가

이러한 민법의 태도에 대해 프랑스의 공시제도는 수혜자에게 공격할 수 없는 자격을 부여한 것으로 추정되는 등기가 아니라, 안전과 보호를 마련해준다고 추정되는 공시일 뿐이라는 점에서 환영하는 견해가 있다.92) 계약상대방인 매도인의 제1매매 계약의 위반 사실을 알면서 매도인과 매매계약을 체결하고 이를 공시를 한 제2매수인은 공시제도의 보호를 받을 수 없다는 것이다.93) 그리고 제2매수인의 선의는 추정되고, 거래의 안전은 앞선 매매를 알고 먼저 공시한 제2매수인의 악의의 입증이 쉽게 인정되지 않음을 전제로 한다는 점에서 합리적인 입법이라고 평가한다.94)

위 두 조문을 조화롭게 해석하여 몇 가지 경우를 가정해 본다. 먼저, 제2매수인이 먼저 등기하였지만 등기되지 아니한 제1매매 사실에 대해 알고 있다고 하자. 만약 이 경우 제1매매가 일방예약으로 이루어졌다면 일방예약의 존재를 알고 매매계약을 체결한 제2매수인의 매매계약은 민법 제1124조 제3항에 따라 무효이다. 따라서 무효인 매매계약을 공정증서로 작성하고 이를 등기하였더라도 이는 무효의 등기로 아무런 효력이 없어 말소되어야 한다. 이와 달리, 제1매매가 쌍방예약이었다면 쌍방예약은 목적물과 가격에 대해 합의되어 있는 한 매매계약으로 보므로 그것이 사서증서에 의해 작성되어 등기되지 않았더라도 민법 제1198조 제2항에 따라 악의인 제2매수인은 1955년 1월 4일 데크레 제31조에 대한 예외로서 자신의 등기를 가지고 제1매수인에 대하여 대항할 수 없다. 즉 제2매수인의 악의는 공시 원칙을 주장하지 못하도록 한다. 그리고 제2매수인은 제1매매 계약의 대항력의 결과 제1매매에 대한 불법행위상 과책이 인정되어 원물반환으로서 소유권을 넘겨주어야 할 것이다.

다음으로, 제2매수인이 등기되지 아니한 제1매매 사실에 대해 모르고 매매계약을 체결하고 등기를 하였다고 하자. 그렇다면 제2매수인은 1955년 1월 4일 데크레 제31조와 민법 제1198조 제2항에 의해 제2매수인의 권리가 우선하여 제1매수인에게 대항할 수 있다. 그렇다면, 대항력이 없어 소유권을 취득하지 못한 제1매수인은 어떻게 보호되어야 하는가? 제1매매가 일방예약인지 쌍방예약인지 여부와 관계없이, 제1매수인은 매도인에 대하여 채무불이행에 기한 손해배상을 청구할 수 있을 것이다.

이에 대하여 등기를 갖추지 않아 대항불가라는 위험을 감수한 제1매수인의 법적 지위가 제2매수인의 선악 여부라는 우연한 사정에 따라 달라진다는 점, 제2매수인이 악의인 경우 제1매매가 일방예약인지 쌍방예약인지에 따라 적용법규가 달라진다는 점에서 주의가 필요하다.

---

92) S. Becqué-Ickowicz, *JurisClasseur Civil Code*, Art. 1196 à 1998, Facs unique.

93) S. Becqué-Ickowicz, *op. cit.*

94) L. Aynès et P. Crocq, *Droit des Sûretés*, LGDJ, 10e éd., 2016, no 652, p. 363.

그리고 제1198조 제2항에 의해 형성된 선의라는 단순한 조건은 파기원으로 하여금 판결을 수정할 것이라고 예상하였다.[95] 또한 제2매수인의 악의에 관계없이 공증인으로 하여금 제2매매에 대한 공증인증서의 작성 의무를 부과했던 판결 역시 변경되어야 한다고 생각한다.[96]

2. 2018년 파기원 판결 — 선악불문 공시 기준

그런데 파기원은 2018년 10월 4일 부동산 이중매매 사안에서 민법 제1198조 제2항의 적용을 거부하였다.[97] 사실관계를 보면, 토지에 대하여 (제1)매매가 건축허가의 취득을 정지조건으로 체결되었는데, 허가가 나자 매도인은 매수인에게 매매대금의 인상을 요구하였다. 제1매수인이 이를 거절하자, 매도인은 제3자에게 동일한 토지를 매도하기로 결정하였고, 제2매매는 제1매수인의 이행판결이 등기되기 전에 먼저 등기되었다. 사실심과 파기원은 제1매매에 앞서 등기한 제2매수인의 권리가, 제1매매사실의 인식여부와 관계없이, 우선한다고 판단하였다. 즉 파기원은 2016년 개정법에도 불구하고 이를 고려하지 않고 제3취득자의 선의 악의와는 별도로, 부동산공시 원칙을 객관적으로 적용한 것이다. 그런데 파기원의 이러한 저항은 후술하는 부동산공시 개정위원회에 의한 개정안과 부합한다는 점에서 의미가 크다.

다른 한편, 2020년 1월 16일 파기원 민사3부는 부동산 이중매매와 공시와의 충돌 사안에서 다음과 같이 판시하였다.[98] 사실관계를 보면, 2012년 10월 10일 A는 매도인 X가 요청한 가격에 부동산을 매수하기로 하였다. 그러나 2012년 11월 6일 X는 동일한 부동산을 B에게 매매하기로 하는 일방예약을 체결하였고, 일방예약은 2013년 1월 17일 부동산등기부에 공시되었다. 동년 1월 25일 B는 공정증서로 일방예약의 선택권을 행사하였고 이는 동년 1월 29일에 등기되었다. 이후 동년 2월 7일 공정증서에 의해 B와의 매매계약이 확인되었고 동년 2월 11일 등기되었다. 한편, A는 2013년 1월 10일 X와의 계약은 목적물과 가격이 합의되었으므로 유효하게 성립되었다고 주장하며 X를 상대로 매매계약의 강제이행을 청구하는 소를 제기하였고, 이 제소는 2013년 2월 6일 등기되었다. 즉 제1매수인의 등기는 제2매수인의 매매계약 등기보다는 전이지만 제2매수인의 선택권 행사의 등기보다는 후에 이루어진 것이다. 사실심은 1955년 데크레 제30조 제1호에 근거하여 A의 등기가 B의 매매계약 등기보다 앞서므로 우선한다고 하면서 A의 손을 들어주었고, 파기원 역시 일방예약의 선택권의 행사는 1955년 데크레 제28조 제1호의 적용을 받은 공시가 요구되는 행위를 구성하지 아니하므로 상고이유는 이유없다고 하여 기각하였다. 즉 법관들은 위 판결을 함에 있어 사해나 악의를 언급하지 않았다.

---

95) Ph. Simler, *op. cit.*, n° 60, p. 27.

96) G. Chantepie et M. Latina, *op. cit.*, n° 543, p. 461.

97) Civ. 3e, 4 oct. 2018, n° 17-15425 (inédit); D. 2019, 279 obs. M. Mekki.

98) Civ. 3e, 16 janv. 2020, n° 19-11497; D. 2020, 29 obs. P. Vignalou.

3. 2018년 부동산공시법 개정안[99)]

(1) 개정안의 문제인식

2017년 11월 2일 법무부장관과 예산재경부장관은 L. Aynès 교수에게 부동산공시법 개정 작업을 요청하는 서한을 보내고, 이에 따라 동월 13일 L. Aynès 교수는 법학자, 변호사와 공증인들로 구성된 부동산공시 개정위원회(La commission de la réforme de la publicité foncière)를 소집하였다. 1년 간의 작업 끝에 동위원회는 2018년 11월 13일 법무부장관에게 부동산공시의 현대화를 위한 보고서(Pour modernisation de la publicité foncière, 2018)를 제출하였다.[100)]

개정위원회는 특히 부동산 이중매매 사안과 관련하여, 선의의 원칙과 공시 역무의 객관적 개념 사이의 충돌이 있음을 인식하고, 형식주의자(formaliste)와 도덕주의자(moraliste)간의 논쟁을 피하기 위해서, 1855년 이래 부동산공시제도를 구성해 왔던 존재이유와 원칙의 척도에서 이 문제를 다시 검토했다. 부동산공시제도는, 동일한 재산에 대한 경합하는 권리의 보유자 사이의 충돌을 미리 규율하기 위하여, 권리의 대항력의 제도를 구축함을 목적으로 하여 왔고, 특히 단일하고 객관적인 방법을 만듦으로써 법적 안전의 요구를 충족시켜야 한다. 그러나, 2016년 입법자들에 의해 선택된 해결방안은, 한편으로는 공시 충돌 원칙(공시의 순서)을, 다른 한편으로는 유효한 인지(심리학)라는 "이중적 대항력 제도(double système d'opposabilité)"를 두고 있어, 이러한 단일성을 부수었다고 지적하였다.[101)]

(2) 민법 제1198조 제2항에 대한 비판

위원회는 세 가지 이유로 2016년 개정안을 비판한다.[102)] 첫째, 이러한 이중적 제도는 사실상 공시제도로부터 경합하는 권리 보유자 간의 충돌을 규율하기 위해 신중하게 헤아려야 한다는 공시제도의 역사적인 존재 이유를 빼앗는 것으로, 공시에 대응할 수단은 아무것도 없음에도 제1198조 제2항은 마치 제2매수인의 선의가 이러한 예견가능성의 수단으로 기능하도록 한다. 이러한 이중적인 대항력 제도는 역효과를 가져와, (제2)매수인 또는 공증인이 공시되지 아니한 (제1) 매매사실을 아는 경우, 그 매매가 정당하든 유효하든, 부동산 거래의 안전성이 매우 위험하게 된다. 둘째, "추론의 근본적인 하자는 부동산물권의 공시의 기능을 제3자에 대하여 정보를 제공한다는 단 하나의 기능을 부여한 것이다. 그러나 공시는 그 이상으로, 취득자는

---

99) L. Aynès, *Pour une modernisation de la publicité foncière*, Rapport de la Commission de réforme de la publicité foncière, 2018. 2018년 11월 12일 법무부장관 Nicole Belloubet(니콜 벨루베)에게 제출된 공시개혁위원회 보고서(Rapport de la Commission de réforme de la publicité foncière).

100) 본 보고서는 아래 사이트에서 무료로 다운로드할 수 있다. https://www.vie-publique.fr/rapport/37756-pour-une-modernisation-de-la-publicite-fonciere-rapport-de-la-commissi, 2021. 3. 5. 최종방문).

101) L. Aynès, *op. cit.*, p. 83.

102) L. Aynès, *op. cit.*, pp. 83-84.

공개적으로 부동산을 손에 넣고, 그의 권리를 대항할 의사를 표시한다. 그리하여, 공시는 이러한 점에서 점유개시와 유사하다.[103]" 셋째, 제1198조 제2항에 따르면, 공시를 하지 아니한 제1매수인도 제2매수인이 선의라면 보호된다. 그런데 공시의무를 해태함으로써 제1매수인은 제3자에 대하여 자신의 권리가 대항할 수 없다는 위험을 감수한 것이다. 그런 의미에서 위원회는 제1198조 제2항의 "선의라면"이라는 표현을 삭제할 것을 제안한다. 공시 규칙이 제한되는 유일한 경우는 법률에 의해 명확하게 규정되어 있지는 않지만 모든 규칙에 예외가 되는 일반적 사유인, 사해의사여야 한다고 결론을 내렸다.

(3) 제 안

가. 사전공지제도 신설

보고서는 일반세법전(Code général des impots) 제881조에 18호 매매의 쌍방예약의 공시를 위한 경우, 등기의 각 신청당 15유로의 고정비가 징수된다고 추가할 것을 제안한다.[104] 보고서에 따르면, 위원회는 쌍방예약이 등기되지 않았다고 하더라도 공증인이 공정증서에 의한 합의의 재확인(reitération)시 등기를 진행한다면 15유로의 확정된 수수료를 지불한 제1매수인의 권리를 유지하도록 하는 사전공지(prénotation)라는 새로운 제도의 도입을 제안한다. 당사자들 모두를 만족시킬 이러한 해결방안은 매매의 쌍방예약의 대항력을 강화하여 이해관계의 균형을 보장할 수 있다.[105] 첫째, 부동산매매에 있어 공증실무를 보면, 확정적 매매만 등기할 뿐 매매의 쌍방예약을 등기하는 경우는 드문데, 등기비용이 매매대금에 비례하여 높기 때문에 경제적인 이유로 쌍방예약과 매매의사의 재확인시 이중으로 등기하려고 하지 않는다는 점에 착안하여[106] 수수료를 저렴하게 책정한 것이다. 둘째 민법에 따르면 제2매수인이 악의인 경우 등기하지 아니한 제1매수인은 등기의무 해태에 따른 위험을 감수하였음에도 반사효과로서 대항력을 갖게 되는 결과가 되어 타당하지 않다는 점에서 제1매수인에게 사전공지 의무를 부과하고 이를 이행하여야만 우선하는 권리를 부여한다는 것이다.

나. 사전계약 공시의 통일적 취급

일방예약과 우선협약의 공시 체제를 재정비하여 그 유효성을 강화하고 쌍방예약의 경제적 취급을 검토한 결과 위 세 유형의 사전계약을 통일적으로 취급할 필요가 있다고 판단하였다. 문제는 일방예약만 1955년 1월 4일 데크레 제37조의 1, 1에 의해 임의적 공시의 대상임이 명백히 규정되어 있고 등기의 효력은 대항력이 아니라 단순히 사용자들에게 정보를 제공할 뿐이다. 이와 달리 우선협약은 위 데크레에서 언급되어 있지 않아 판례에 의해 그 법리가 형성되어 왔는데, 파기원은 위 데크레 제28조 제1항의 의미에서 "처분할 권리에 대한 제한"을 구성한다

103) F. Danos, *op. cit.*, p.
104) L. Aynès, *op. cit.*, p. 75.
105) D. 2019, 279 obs. M. Mekki, p. 290; L. Aynès, *op. cit.*, p. 74.
106) L. Aynès, *op. cit.*, p. 74.

고 보아, 우선협약은 의무적인 공시사항으로 공시하지 않으면 대항불가의 제재를 받는다고 판시하였다.[107] 그러나 우선협약이 민법상 처분권을 제한하는 것이라면 이러한 성격은 공시와의 관계에서 충돌하고, 나아가 일방예약과 우선협약의 체제의 차이는 일관적이지 않아 보인다. 따라서 위원회는 단순히 정보를 제공하기 위한 일방예약의 공시제도는 폐지하고, 사전계약의 공시를 강화할 것을 제안한다.[108] 그리하여 위 사전공지제도를 부동산매매의 쌍방예약뿐만 아니라 일방예약, 우선조항에도 동일하게 적용되어야 한다고 주장한다.[109]

V. 마 치 며

이상 물권변동에서 의사주의를 취하고, 부동산등기와 관련하여 대항요건주의를 택한 프랑스에서 부동산의 이중매매를 둘러싼 논의의 과거와 현재를 살펴보았다. 추상적으로 한 예상과 달리 구체적인 실제 사안들을 살펴보니, 위 두 법리 외에 프랑스의 부동산매매의 특수성이라고 할 수 있는 사전계약과 공증인의 개입이라는 요소가 문제의 양상을 더 복잡하게 함을 알 수 있었다. 이런 점이 비교법적 접근을 더 어렵게 하는 한편, 더 흥미진진하게 한다. 파기원 판례의 변천, 민법의 개정, 부동산공시의 개정안들을 분석하는 과정은 프랑스의 물권법 및 공시제도 전반에 걸쳐 깊이 탐구하는 기회가 되었다. 여전히 완전하게 논리정연하게 해결되지 않았지만 여러 해법을 모색하는 시도 내지 실험이 진행중인 것으로 보인다.

그런데 1955년 1월 4일 데크레에 따른 일방예약 등기의 임의성과 대항불가라는 제재의 결여, 대가와 목적물이 확정된 쌍방예약은 매매로 보지만 공증비 및 등기비용의 부담으로 쌍방예약은 사서증서로 작성되는 관행 및 매도인의 공정증서로의 재확인 거절의 문제 등은 2016년 민법 개정에도 불구하고 전혀 개선되지 않고 있다. 단지, 개정 민법은 제1124조 제3항에서 일방예약의 존재를 알고 있었던 제3자와 체결한 일방예약 위반의 계약은 무효라고 하여 제1매매행위가 일방예약인 경우 이를 알고 매수한 제2매매 행위의 효력을 부인하는 한편, 제1198조 제2항에서 동일한 부동산에 대하여 동일한 사람으로부터 권리를 연속하여 취득하는 경우, 먼저 등기한 제2매수인이 선의인 경우에 한해 우선한다고 규정하고 있을 뿐이다. 그리고 이러한 해결책은 부동산공시법의 현대화를 위한 보고서가 적절히 지적하고 있는 바와 같이, '등기'와 '제2매수인의 선의'라는 이질적인 두 요소가 기준으로 작용함으로써 불확실성과 불형평성을

107) Civ. 3e, 4 mars 1971, *Bull. civ.* n° 161, *D.* 1971, 358, note Franck, *JCP G* 1972, II. 16983, note M. Dagot. *Défrenois* 1971, art. 29914, obs. J-L.Aubert.

108) L. Aynès, *op. cit.*, p. 72; 프랑스 민법 제710-4조에 사전계약의 공시의 원칙을 다음과 같이 신설할 것을 제안한다. "다음의 각 호의 증서는 부동산공시의 방식을 동일하게 따르며, 공시하지 않으면 대항할 수 없다. 제2호 양도불가조항, 압류불가 선언 및 약정, 우선협약, 일방예약, 압류가액 지불명령과 같은 처분권에 제한을 설정하는 증서."

109) L. Aynès, *op. cit.*, p. 75.

야기한다는 점에서 완전한 해결책으로 보이지 않는다. 그런 의미에서 2018년 부동산공시법 개정안의 '사전공지제도'의 제안은 사전예약을 통일적으로 구성하고 수수료 비용을 낮추어 사전예약단계를 일률적으로 공시할 수 있도록 한다는 점에서 일응 합리적인 대안으로 보인다. 이로써 부동산공시제도의 대항력의 단일성이 구축되고 매수인의 선의라는 주관적 요소가 배제된다는 점에서 긍정적으로 평가되지만, 65년 간 지속된 부동산등기제도의 혁신은 거래관행에 획기적인 변화를 가져온다는 점에서 더 진지한 논의와 정책적 결단이 수반되어야 할 것이다.

우리나라는 물권변동에 있어 성립요건주의를 취하고 있어 프랑스와는 그 상황이 다르지만, 오랫동안 판례가 견지해 온 매도인의 이중매매에 대한 제2매수인의 적극가담이론, 즉 "부동산의 이중매매가 반사회적 법률행위로서 무효가 되기 위하여는 매도인의 배임행위와 매수인이 매도인의 배임행위에 적극가담한 행위로 이루어진 매매로서, 그 적극가담하는 행위는 매수인이 다른 사람에게 매매목적물이 매도된 것을 안다는 것만으로는 부족하고, 적어도 그 매도사실을 알고도 매도를 요청하여 매매계약에 이르는 정도가 되어야 한다.[110]"는 판시는, 프랑스의 1968년 판결 이전의 사해적 공모이론과 그 맥을 같이 하고 있는 것으로 보인다. 프랑스의 사해의사와 단순악의의 구별의 무용론은 우리나라 판례의 적극가담과 악의의 구별 논의를 상기시켰다. 동서고금을 막론하고 부동산의 가격은 꾸준히 상승해 왔고 매도인의 더 높은 가격에 매도하려는 욕망은 제3자와 이중매매를 체결하는 상황으로 계속 반복될 것이다. 프랑스의 부동산공시법의 개정안이 숙고를 거쳐 입법화되고 그에 따라 프랑스민법도 재개정되기를 기대한다.

20년 전 석사과정 시절 대학원 강의에서 양창수 선생님으로부터 비교법을 처음으로 접했다.[111] 지금도 선연하게 기억나는 것이 구체적 사안을 놓고 유럽 각국이 계약법상의 신의칙을 적용하여 해결하는 수업이었는데, 필자를 비교사법의 매력에 빠지게 했던, 민법에 새롭게 눈뜨게 했던 경험이었다. 다시 한번 입은 학은에 감사드린다.

---

110) 대법원 1969. 11. 25. 선고 66다1565 판결; 대법원 1994. 3. 11. 선고 93다55289 판결 등. 이러한 대법원의 판례에 대한 비판이 있으나 지면상 다루지는 않는다. 대표적으로 尹眞秀, "不動産의 二重讓渡와 原狀回復", 民法論攷 I, 博英社, 2007, 320 이하 참조.

111) 교재가 R. Zimmermann & S. Whittaker (Eds.), Good Faith in European Contrat Law, Cambridge University Press, 2000. 이었던 것으로 기억한다.

상속결격의 몇 가지 쟁점

김 형 석*

Ⅰ. 도 입

상속결격이란 어떤 사람이 피상속인을 상속할 순위에는 있지만 그 사람에게 상속시키는 것이 적당하지 아니한 일정한 사유가 있을 때 상속인의 자격을 상실시키는 제도를 말한다(민법 제1004조[1]). 우리 민법이 정하는 상속결격은, 한편으로는 피상속인을 중심으로 일정한 사람들에 대해 살해·상해치사를 한 사람에게(동조 제1호, 제2호), 다른 한편으로는 피상속인의 유언의 자유에 부당하게 간섭한 사람에게(동조 제3호 내지 제5호), 그러한 비행을 이유로 상속인 자격을 박탈하는 것을 그 내용으로 한다.

우리 민법은 피상속인에 의한 상속인 폐제를 허용하지 아니하므로 상속인 자격이 있는 추정상속인을 상속으로부터 박탈하는 근거로서 상속결격은, 그 적용이 반드시 빈번하지는 않더라도, 우리 상속제도 안에서 중요한 기능을 수행하고 있다고 할 것이다. 그런데 최근 우리 사회에서는 상속을 부정해야 할 만한 행실을 보였거나 보였다고 주장되는 사람이 상속인이 됨으로써 논란이 발생하는 경우가 드물지 않았다. 그리고 그에 따라 새삼 상속결격에 대해 세간의 관심이 집중되고 제도 개선이 주장되기도 하였다. 그러나 이러한 의외의 관심에도 불구하고 우리 문헌에서 그동안 상속결격에 관한 연구가 충분하였다고 말하기는 어려울 것이다. 특히 이후 개정을 뒷받침할 정도로 상속결격을 포괄적으로 고찰하거나 외국의 관련 동향을 상세히 추적하는 연구는 많지 않았다고 보인다.

이 작은 글로 고희를 축하드리고자 하는 은사님께서는 일찍이 우리의 현황과 프랑스의 상속결격을 다루는 논문을 발표하심으로써 그러한 연구의 필요성을 보이신 바 있다.[2] 그 논문에서 계획된 후속 연구[3]가 은사님의 여러 사정으로 결실을 맺지 못한 것은 안타까운 일이다. 본고는 이 기회에 상속결격에 관한 몇 가지 주요 쟁점을 살펴봄으로써 부족하나마 은사님을 비

* 서울대학교 법학전문대학원 교수.

1) 아래에서 특별한 법명의 지시 없이 인용하는 조문은 민법의 조문이다.

2) 양창수, "상속결격 일반", 민법연구, 제5권(1999), 313 이하.

3) 양창수(주 2), 315 주 5 참조.

롯한 선학의 논의를 이으면서, 이 제도에 대한 해석론적 · 입법론적 연구의 필요성을 다시 한번 환기하고자 한다.

Ⅱ. 역사적 · 비교법적 개관

우리 민법의 상속결격에 대해 구체적으로 살펴보기 전에, 상속결격 제도의 역사적 연원과 비교법적 현황을 개관하는 것이 유용할 것이다.

1. 로마법에서의 기원

(1) 로마법에서 범죄를 범한 행위자의 재산은 국가에 몰수되었다.[4] 그러므로 예컨대 추정상속인이 피상속인을 살해한 경우, 그의 재산은 국가에 몰수되므로 그 결과 상속으로 취득한 상속재산도 종국적으로 보유할 수 없었다. 그런데 경우에 따라서는 상속인의 피상속인에 대한 비행이 있었지만 범죄 자체에는 해당하지 아니하거나, 상속인의 상속재산 취득이 그와 밀접한 관계에 있는 자의 범죄를 원인으로 하는 사안이 발생할 수 있었다. 이때에는 형사적 제재로서의 몰수가 직접 적용될 수는 없었지만, 형평상 상속인의 상속재산 보유는 부당한 것으로 나타났다. 로마 법률가들은 그러한 경우 상속인이 상속을 받을 자격이 없음을 이유로(indignus) 그의 상속인의 자격은 유지하면서도 국가가 상속재산을 몰수할 수 있다는 결과를 인정하였다. 이러한 법리는 제정기에 일련의 사례들을 통해 개별 구체적으로 인정되었으며, 이후 점차 단일한 제도로 형성되어 갔다.

(2) 따라서 로마법에서 상속결격은 개별 사건에서 구체적으로 인정되었으며, 그 결과 상속결격으로 인정된 사유는 다양하였다.[5] 이후의 법발전에 의미를 가지는 사유를 중심으로 개관하면 다음과 같다.

가장 중요한 유형은 피상속인 자신에 대한 비행이었다. 물론 추정상속인이 피상속인을 직접 살해한 사안에서는 당연히 제재로서 재산의 몰수가 수반하므로 이를 직접 다루는 법원은 발견되지 않는다. 따라서 전승되는 개소는 상속인 자신의 살인을 인정할 수 없는 사안에 관한

4) 아래 내용에 대해 Kaser/Knütel/Lohsse, *Römisches Privatrecht*, 21. Aufl., 2017, § 72 Rn. 15; Babusiaux, *Wege zur Rechtsgeschichte: Römisches Erbrecht*, 2015, S. 117 ff.; Zimmermann, "'Unworthiness' in the Roman Law of Succession", Burrows et al. ed., *Judge and Jurist. Essays in Memory of Lord Rodger of Earlsferry*, 2013, p. 325 sqq.; Krupa, *Blutiges Hand nimmt kein Erbe*, 2019, S. 34 ff. 참조

5) Kaser, *Das römische Privatrecht*, 1. Abschnitt, 2. Aufl., 1971, S. 726; Zimmermann(주 4), p. 327 sqq.; Krupa(주 4), S. 57 ff. 그래서 예컨대 19세기 말 빈트샤이트가 현행법으로서 로마법의 상속결격 사유를 설명하였을 때, 그는 상속결격에 관한 로마법원을 피상속인의 인신에 대한 비행, 유언에 대한 비행, 법률에 반하는 비행, 수여 의사의 약화의 네 개의 유형으로 나누어, 모두 17개(!)의 사유를 열거하고 있었다. Windscheid/Kipp, *Lehrbuch des Pandektenrechts*, Band 3, 9. Aufl., 1906, §§ 670 ff.

것이다. 예컨대 남편이 자신을 상속인으로 지정한 아내를 간접적으로 사망하게 한 경우가 그러하다.[6] 또한 교사하여 친족을 살해하게 한 자로부터 상속을 받은 자녀의 상속재산도 결격에 따라 몰수되었으며, 부권(父權)에 따르는 딸이 아버지의 지시에 따라 자신을 상속인으로 지정한 자를 살해함으로써 상속재산이 (부권의 효과로) 아버지에게 귀속된 경우에도 마찬가지이다.[7] 아내가 남편을 살해하여 그 자녀를 상속인이 되게 하였으나 자녀의 사망으로 아내가 상속인이 되었다가 형사소추 전에 아내도 사망하여 다시 상속이 개시된 경우, 마지막의 상속인에 대해서도 결격이 인정되었다.[8] 이들 사례에서 나타나는 바이지만 로마법에서 상속결격은 비행을 범한 행위자와 결부되어 있기보다는 그러한 비행으로 취득된 상속재산에 지워지는 일종의 "흠"으로, 국고 귀속을 정당화하는 사유가 된다.[9] 누구도 범죄의 결과로 이익을 보아서는 안 되는 것이다.[10]

더 나아가 피상속인에 대한 관계에서의 다른 비행을 이유로 결격이 인정된 사안도 존재한다. 예컨대 피상속인이 살해되었음에도 상속인이 복수[11] 또는 형사소추를[12] 시도하지 아니하는 경우,[13] 상속인이 피상속인의 신분(status)에 대해 재판상으로 다투는 경우,[14] 해방 노예인 상속인이 해방자인 피상속인의 사후 그의 불법적인 거래행위를 고발한 경우가 그러하다.[15] 그 밖에 추정상속인이 상속이 개시되기 전에 상속으로 취득할 재산을 피상속인 몰래 미리 처분한 때에도 결격이 긍정되었다.[16]

한편 피상속인의 유언에 간섭하는 비행 역시 결격으로 판단되었다. 상속인이 피상속인의 유언 작성 또는 변경을 방해하거나,[17] 작성된 유언을 파훼함으로써 법정상속인이 되었다가 사망한 자를 다시 상속하거나,[18] 피상속인을 강요하여 자신을 상속인으로 지정하는 유언을 작성하게 한[19] 경우가 그러하다. 또한 재판상 부당하게 유류분을 이유로 유언을 취소하려 하거나

6) Marc. D. 34, 9, 3. 이 개소는 사용되는 표현의 불명확 때문에("과실과 책임으로 그를 상속인으로 지정한 자신의 처를 죽게 하였다고 명백하게 입증된 자") 그 의미에 대해 논란이 있다. Zimmermann, "De bloedige hand en neemt geen erffenis", *Festscrift für Knütel*, 2009, S. 1471 ff.; Krupa(주 4), S. 58 ff. 참조.

7) Paul. D. 48, 20, 7, 4.

8) Mod. D. 49, 14, 9.

9) Zimmermann(주 6), S. 1475.

10) Zimmermann(주 4), p. 328; Zimmermann(주 6), S. 1475는 Mod. D. 49, 14, 9의 마지막 부분을 지적한다: "범죄로 취득되었다고 증명될 수 있는 것은 국고에 귀속될 수 있다."

11) Scaev. D. 29, 5, 26; Marc. D. 29, 5, 15, 1/2; Impp. Diocl. et Max., C. 6, 35, 9.

12) Paul. 34, 9, 21.

13) 이들 개소의 배경이 되는 사정에 대해 Zimmermann(주 4), p. 329 sq. 참조.

14) Ulp. D. 34, 9, 9, 2. 어떤 신분을 다투었는지는 드러나지 않는다(자유? 시민권? 가족?).

15) Marc. D. 34, 9, 1.

16) Marc. D. 34, 9, 2. 3. 또한 Pap. D. 39, 5, 29, 2도 참조.

17) Impp. Diocl. et Max., C. 6, 34, 2.; Ulp. D. 29, 6, 1 pr.; Ulp. D. 36, 1, 3, 5; Paul. D. 29, 6, 2 pr.

18) Marc. 48, 10, 26.

19) Imp. Alex. C. 6, 34, 1.

유언의 위조를 주장하는 경우[20] 또는 해방된 가자(家子)가 유언에서 고려되지 않음을 이유로 유언에 반하는 상속재산 점유(bonorum possessio contra tabulas)를 주장하였고[21] 이후 미성숙자에 대한 보충상속인 지정(substitutio pupillaris)을 통해 상속인이 된 경우,[22] 다른 사람과 함께 미성숙자의 보충상속인으로 지정된 자가 자신에게 유리한 법정상속을 주장하기 위해 유언상속의 효과를 공격하다 실패하자 다시 유언에 따른 보충상속을 주장한 경우[23] 등도 그 취지상 피상속인의 유언의 자유에 대한 간섭으로 이해될 수 있다.

그 밖에 상속의 결과가 표명되었거나 추정되는 유언자의 최종 의사에 명백히 반하는 경우,[24] 금지된 혼인의 배우자를 상속인으로 지정하거나[25] 상간자를 상속인으로 지정하거나[26] 아니면 상간자와 혼인하고 그를 상속인으로 지정하는[27] 경우, 법률에 반하는 재산승계의 경우[28] 등도 상속결격이 인정된 사례로 언급될 수 있다.

(3) 우리 민법과 달리 로마법에서 상속결격은 그 자체로 상속의 효과를 배제하는 것은 아니었다. 그러한 의미에서 상속능력과 상속결격은 그 효과에서 엄밀히 구별되었다.[29] 결격자는 계속해서 형식적인 상속인 자격은 유지하지만,[30] 결격으로 취득된 재산이 국고에 의해 몰수되는 것이었다. 즉 국가는 상속결격을 이유로 상속재산을 몰수할 권리를 가지고 있었으며,[31] 그에 기초해 반환을 청구할 수 있었다.[32] 그리고 이러한 몰수 권한은 결격사유가 있는 자가 사망하더라도 소멸하는 것이 아니라 이후에도 그의 상속인을 상대로 존속하였다(주 7, 8, 18에 인용된 개소 참조). 한편 상속결격을 이유로 국가가 상속재산을 몰수하는 경우, 국가는 상속재산과 결부된 부담도 승계하였으며, 따라서 예컨대 유증의 이행이나 상속채무의 추심은 국고를 상대로 청구해야 했다.[33]

(4) 상속결격의 이후 발전 과정을 살펴보기 위해서는 로마법에 따른 필연상속과 상속인

---

20) Ulp. D. 5, 2, 8, 14.; Paul. D. 49, 14, 13, 9. 반면 후견인이 피후견인을 위해 그러한 행위를 한 경우에 대해 Tryph. D. 34, 9, 22.

21) 관련 내용에 대해 이상훈, “근친상속권 보장에 관한 사적 고찰”, 가족법연구, 제32권 제3호(2018), 129 이하 참조.

22) Marc. D. 34, 9, 2 pr.

23) Pap. D. 34, 9, 16. pr.

24) Pap. D. 34, 9, 12.; 34, 9, 16, 2; Hermog. D. 49, 14, 46 pr.

25) Marc. D. 34, 9, 2, 1.

26) Pap. D. 34, 9, 14.

27) Pap. D. 34, 9, 13.

28) 전거와 함께 Zimmermann(주 4), p. 334-335.

29) Zimmermann(주 4), p. 326; Krupa(주 4), S. 48 ff. 참조.

30) Paul. D. 28, 6, 43, 3. Kaser/Knütel/Lohsse(주 4), § 72 Rn. 15; Krupa(주 4), S. 43 ff. 참조.

31) Ulp. D. 30, 50, 2 참조. Krupa(주 4), S. 38 ff. 참조.

32) Babusiaux(주 4), S. 117, 118.

33) Ulp. D. 30, 50, 2; Pap. D. 34, 9, 18, 1. Kaser(주 5), S. 727; Krupa(주 4), S. 41 ff. 참조.

폐제에 대해 간략하게 언급할 필요가 있다.[34] 주지하는 바와 같이 상속인 지정을 유언의 핵심으로 간주하였던 로마법에서 피상속인은 유언으로 자유로이 상속인을 지정할 수 있었다. 그러나 이러한 유언의 자유에는 점차 혈족상속인을 위한 일정한 제한이 수반되었다.[35]

우선 부권에 복종하고 있어 가내상속인(heres suus)이 될 자녀 특히 아들은 아버지가 그 유언에서 자신을 언급하여 상속에 대해 입장을 밝힘으로써 상속인으로 지정하든가 폐제할 것을 기대할 수 있었다. 그에 따르면 아들의 경우 반드시 명시적으로 이름을 언급하여 상속인으로 지정하든가 폐제해야 하였으며, 그 밖의 딸이나 손자 등의 경우에는 일괄하여 지칭하는 것이 가능하였다. 이러한 제한을 따르지 않아 가내상속인이 될 자녀가 유언에서 간과되는 경우, 아들에 대한 관계에서 유언은 전부 무효가 되었고, 그 밖의 가내상속인에 대해서는 그들이 공동상속인으로 추가되는 효과가 발생하였다.[36]

그런데 이상의 법리에 따르더라도 피상속인은 자녀를 명시적으로 언급하면서 상속인으로서 폐제하여 상속에서 배제할 자유를 가지고 있었으며, 이로써 근친에 대해 충분한 배려가 행해지지 않는 사안이 등장하게 되었다. 종래의 법제도는 피상속인이 근친에 대해 유언으로 충분히 배려할 것이라는 가정에 기초한 것이었기에 그러한 사례의 빈발은 부적절한 것으로 받아들여졌다. 그리하여 이에 대처하기 위해 고안된 구제수단이 의무위반 유언을 이유로 하는 소권(querela inofficiosi testamenti)이었다. 그에 따르면 상속인이 될 일정한 범위의 근친이 이유 없이 상속에서 제외되거나 간과되어 법정상속분의 4분의 1을 취득하지 못하는 경우 소의 방법으로 유언을 취소하고 지정상속인으로부터 무유언상속분을 청구할 수 있었다.[37]

유스티니아누스는 542년의 입법으로 존속과 비속은 서로를 반드시 상속인으로 지정하도록 함으로써 원칙적으로 상속인으로 폐제하거나 간과하고 넘어갈 수 없도록 하는 한편, 예외적으로 추정상속인에게 일정한 중대한 사유가 존재하는 경우에만 이를 유언에 언급하여 상속인을 폐제할 수 있도록 정하였다. 그리고 이러한 제한을 준수하지 않은 유언은 무효로 선언되었다.[38] 바로 이러한 유스티니아누스 입법에 따른 규율이 이후 보통법학의 기초가 되었다.

2. 보통법학

보통법학에서 상속결격에 관한 로마법원은 기본적으로 계수되었으나, 세부적으로 계수되지 않았거나 관습상 폐지된 것으로 간주되는 부분도 없지 않았다.[39] 이를 바탕으로 보통법학

34) 이 주제에 대해 상세한 내용은 이상훈(주 21), 117 이하 참조.

35) 종래 첫 번째 제한을 형식적 필연상속권, 두 번째 제한을 실질적 필연상속권이라고 명명하던 것이 관행이나, 엄밀한 개념이라고 보기는 어렵다. 이상훈(주 21), 119 주 8 참조.

36) 이상훈(주 21), 123-126; Kaser/Knütel/Lohsse(주 4), § 69 Rn. 3 ff.

37) 이상훈(주 21), 139 이하; Kaser/Knütel/Lohsse(주 4), § 70 Rn. 1 ff.

38) Nov. 115. 이상훈(주 21), 153-155; Kaser, *Das römische Privatrecht*, 2. Abschnitt, 2. Aufl., 1975, S. 514.

39) Coing, *Europäisches Privatrecht*, Band I, 1985, S. 619.

의 학설은 해석을 통해 점차 새로운 내용을 형성하기 시작하였다. 물론 그에는 지역적인 차이도 존재하였다.

주요 논쟁은 상속결격의 효과로 국고에 대한 몰수를 정하는 법원이 계수되었는지 여부였다. 이는 이미 후기주석학파에서부터 다투어졌다. 로마법에 따라 몰수를 효과로 인정하는 견해도 주장되었지만, 반면 해당 법원이 더 이상 적용되지 않음을 전제로 상속결격자는 상속능력이 없는 것처럼 취급되어야 한다는 견해도 유력하였다.[40] 이는 현대적 관용기에 이르기까지 다투어졌다.[41] 경향은 지역에 따라 차이를 보였는데, 프랑스나 네덜란드 지역에서는 국고의 몰수를 부정하고 상속결격자를 상속무능력자처럼 취급하는 태도가 정착하였던 반면,[42] 독일 지역에서는 몰수의 관습이 존속한다는 견해가 보다 유력하였던 것으로 보인다.[43] 그런데 전자와 같이 국고의 몰수를 부정하고 상속결격자를 상속무능력자와 같이 취급한다면, 상속재산은 이제 결격자가 없다고 가정할 때 상속인이 되는 자 즉 보충지정상속인 또는 순위에 따른 법정상속인에게 귀속한다는 결과가 도출될 수밖에 없었고, 학설도 그렇게 해석하였다.[44] 이와 관련해 상속결격의 효과는 그 사유가 있는 자와의 관계에서 상대적이라는 점도 인정되었다.[45] 그리고 로마법에서와 달리, 상속결격은 그 사유가 있는 자의 상속만을 저지하며, 그의 상속인 등 다른 사람에 대해서는 적용되지 않는다는 결과도 받아들여졌다.[46]

한편 상속결격의 사유는 대체로 로마법원에 따라 인정되었다. 그러나 학설이 실무상 적용

---

40) 전거와 함께 Krupa(주 4), S. 165 ff., 238 ff.

41) Stryk, *Specimen usus moderni pandectarum*, contituatio tertia, Halae Magdeburgicae, 1747, Lib. XXIV, Tit. IX, § I (p. 1024 sqq.); Leyser, *Meditationes ad pandectas*, vol. V et VI, editio nova, Franckenthalii, 1778, Sp. CCCXCVIII, I. (p. 952 sqq.) 참조.

42) Voet, *Commentarius ad pandectas*, tomus secundus, Coloniae Allobrogum, 1757, Lib. XXXIV, Tit. IX n. 12 (p. 389); Matthaeus, *Paroemiae belgarum*, editio altera, Bruxellis, 1694, Sexta, n. 1 (p. 131), n. 16 (p. 150); Domat, *Les lois civiles dans leur ordre naturel*, Liv. I, Tit. I, Sect. III pr. = *Oeuvres de Domat* par Remy, tome 2e, 1835, p. 343; Argou, *Insitution au droit françois*, tome premier, Paris, 1757, Liv. II, Chap. XX (p. 432 sqq.); Pothier, *Traité des successions*, Chap. I, Sect. II, Art. IV § 2 = *Oeuvres de Pothier* par Bugnet, tome 8, 1861, p. 30; Lebrun, *Traité des successions*, Paris, 1692, Liv. III, Chap. IX, n° 21 (p. 556) 참조. 상속무능력과 상속결격을 구별하지 않았던 게르만 관습법의 영향일 수 있다. 작센슈피겔 III 84 § 3을 인용하는 Gierke, *Grundzüge des deutschen Privatrechts*, § 116 = Holtzendorff hrsg. *Enzyklopädie der Rechtswissenschaft*, 1. Band, 7. Aufl., S. 290 참조.

43) Stryk(주 41), Lib. XXIV, Tit. IX, § I (p. 1025-1026); Leyser(주 41), Sp. CCCXCVIII I/II (p. 952 sqq.); Brunnemann, *Commentarius in quinquaginta libros pandectarum*, tomus secundus, Lugduni, 1714, Lib. XXXIV, Tit. IX pr. (p. 160) 참조.

44) Voet(주 42), Lib. XXXIV, Tit. IX, n. 12 (p. 389); Matthaeus(주 42), Sexta, n. 1 (p. 131), n. 16 (p. 150); Pothier(주 42), Chap. I, Sect. II, Art. IV § 2 (p. 30); Lebrun(주 42), Liv. III, Chap. IX, n° 21 (p. 556).

45) Paul. D. 34, 9, 5, 7/8을 근거로 Voet(주 42), Lib. XXXIV, Tit. IX, n. 1 (p. 386).

46) Voet(주 42), Lib. XXXIV, Tit. IX, n. 11. (p. 388); Domat(주 42), Liv. I, Tit. I, Sect. III pr. (p. 343); Pothier(주 42), Chap. I, Sect. II, Art. IV § 2 (p. 29: "자녀가 아버지의 과책을 이유로 벌을 받아서는 안 된다"). Lebrun(주 42), Liv. III, Chap. IX, n° 10 (p. 554)는 반대.

을 염두에 두면서 로마법의 개별적인 사유들을 해석론으로 일반화하는 과정에서 여러 새로운 논점들이 제기되고 다투어졌다. 예를 들어 고의 아닌 과실로 피상속인의 생명을 침해한 자도 상속결격인가? 피상속인에 대한 살인미수, 상해치사, 단순 폭행이나 상해 아니면 피상속인의 배우자와의 간통의 경우에는? 살해가 정당방위이거나 피상속인의 도발에 의해 야기된 때에는 어떠한가? 피상속인이 아닌 그의 배우자 또는 자녀(이른바 personae conjunctissimae)를 살해한 경우에도 결격이 인정될 수 있는가? 피상속인은 용서를 함으로써 결격의 효과를 치유할 수 있는가?[47] 한편 몇몇 사유는 그것이 계수되었다고 보기 어렵다는 이유로 상속결격에서 제외되었다. 피상속인의 죽음에 대해 소추나 복수를 시도하지 않는 것,[48] 피상속인의 재산의 생전 처분,[49] 유언의 유효성에 대한 부당한 공격[50] 등이 그러하였다.

관련해 주목할 만한 점은 혁명 이전 프랑스 고법에서 상속결격은 상속인 폐제와의 관련 하에서 다루어졌다는 사실이다. 유스티니아누스 입법(주 38 참조)에 따른 상속인 폐제 사유와 상속결격 사유가 광범위하게 일치하였다는 사정으로부터 프랑스 고법은 상속결격을 묵시적인 상속인 폐제로 이해하는 경향을 보였다.[51] 즉 상속결격의 경우 피상속인이 사망하는 등 스스로 폐제할 수 없는 사정이 있으므로 그 사후에 법원의 재판으로 선언되는 묵시적 상속인 폐제로 설명되었던 것이다.[52] 그리고 상속결격이 몰수의 효과를 수반하지 않아 상속무능력과 유사한 효과를 발생시키더라도, 그것은 법률상 당연히 발생하는 것은 아니며 법원의 재판으로 선언되어야 한다는 지적도 있었다.[53]

3. 프랑스 민법

(1) 상속결격의 모습과 위상은 프랑스 민법에서 상당한 변화를 겪게 된다. 상속결격의 효과를 상속무능력과 같게 취급하며 상대적 효과만을 인정한다는 점에서 프랑스 민법은 이전의 법상태와 연속성을 가진다. 그러나 차이는 무엇보다 프랑스 민법이 상속인의 폐제를 허용하지 않는다는 사실에서 현저하게 나타난다. 프랑스 혁명 이후 국민공회는 공화력 2년 설월 17일

---

47) 이상의 쟁점들에 대해 Matthaeus(주 42), Sexta, n. 4 sqq. (p. 133 sqq.); Voet(주 42), Lib. XXXIV, Tit. IX, n. 6-8 (p. 387-388); Lebrun(주 42), Liv III, Chap. IX n°s 1 sqq. (p. 551 sqq.); Domat(주 42), Liv. I, Tit. I, Sect. III, n°s 2 sqq. (p. 343 sqq.) 등 참조. 로마-네덜란드 보통법에 대한 개관으로 Zimmermann(주 6), S. 1478 ff.

48) Struve, *Jurisprudentia romano-germanica forensis*, editio decima septima, Bambergae, 1759, Lib. II, Tit. XXII (p. 211); Pothier(주 42), Chap. I, Sect. II, Art. IV § 2 (p. 30); Matthaeus(주 42), Sexta, n. 12 (p. 145); Stryk(주 41), Lib. XXIV, Tit. IX, § VI (p. 1031).

49) Pothier(주 42), Chap. I, Sect. II, Art. IV § 2 (p. 30).

50) Voet(주 42), Lib. XXXIV, Tit. IX, n. 3 (p. 386).

51) Pothier(주 42), Chap. I, Sect. II, Art. IV § 2 (p. 29). Krupa(주 4), S. 170 ff.; 양창수(주 2), 328-329 참조.

52) Brissaud, *Manuel d'histoire du droit privé*, nouvelle éd., 1935, p. 623.

53) Pothier(주 42), Chap. I, Sect. II, Art. IV § 2 (p. 30). Krupa(주 4), S. 169도 참조.

(1794년 1월 6일)의 데크레에 의하여 상속인 폐제 제도를 폐지하였고, 이러한 태도는 프랑스 민법에도 그대로 승계되었다.[54] 이로써 프랑스 민법에서 피상속인의 의사에 따른 상속인 자격 박탈은 허용되지 않으며,[55] 유류분을 가지는 상속인은 오로지 법률이 정하는 상속결격에 의해서만 상속으로부터 배제된다. 그 밖에 상속결격의 사유도 새로운 관점에서 규율되기에 이른다.

(2) 제정 당시 프랑스 민법에 따르면 상속결격자는 다음과 같으며, "상속으로부터 배제된다."(동법 제727조) ① 망인을 살해하거나 살해하려고 함으로써 유죄판결을 받은 자, ② 망인에게 사형을 받을 죄가 있다고 고발하여 무고의 판결을 받은 자, ③ 망인의 살해를 알면서도 사법당국에 이를 신고하지 아니한 성년의 상속인. 다만 세 번째 경우 살인자의 일정한 근친은 신고하지 않더라도 상속결격의 효과를 받지는 않는다(동법 제728조). 상속결격을 이유로 상속에서 배제되는 상속인은 상속개시 이후 향유한 과실과 수익 전부를 반환할 의무가 있다(동법 제729조). 한편 상속결격자의 자녀는 대습이 아니라 본위로 상속하는 한 아버지의 과책을 이유로 상속에서 배제되지 않지만, 상속결격인 아버지는 자녀의 재산에 대해 취득할 수 있는 법률상 용익권(동법 제384조 참조)을 그 상속재산에 취득할 수 없다(동법 제730조).

입법관여자들은 제727조가 언급하는 자들이 상속을 받게 되는 것은 피상속인의 추정적 의사와 합치하지 않으며 부당하다고 지적한다.[56] 그러나 규정된 이상으로 상속결격을 확대하는 것은 오히려 적절하지 않다고 말하는데, "망인의 추정된 의사를 이행한다는 특별한 구실 하에 마찬가지로 부당하고 추악할 수 있는 취조를 허용해서는 안 되기" 때문이다. 이러한 이유로 로마법으로부터 전승된 다수의 상속결격 사유를 수용하지 않는다고 하면서, "망인과 상속인 사이의 범죄적 관계, 상속인이 망인의 사망 전에 재산에 대해 했다고 주장되는 처분, 상속인이 망인으로 하여금 유언을 작성하거나 변경하는 것을 방해하였다는 주장에 근거하는 사유"가 예시된다.[57] "이들 사유는 우리가 인정한 사유들이 그러하듯 상속결격 선언의 근거가 될 수 있는 확실한 요소들을 보이지 않는다. 이들은 모호하고 해석의 여지 있는 행위들에 관한 것으로, 그 입증은 매우 어렵다. 따라서 이들을 받아들이는 것은 부당할 것이다. 물론 망인의 원수는 그 상속인이 되어서는 안 된다. 그러나 상속결격의 사유들은 그 적용에 착오가 없을 정도로 명확해야 한다. 그렇지 않으면 망인의 복수를 한다는 이유로 그의 전체 가족에 마르지 않는 증오와 반목의 씨앗들을 던지게 될 것이다."[58] 이상의 설명으로부터 상속결격 사유를 명확히 판단할 수 있는 행위로 한정하여 법관의 자의를 예방한다는 고려가 현저하게 나타난다.[59]

54) Lévy et Castaldo, *Histoire du droit civil*, 2ᵉ éd., 2010, n° 910; 양창수(주 2), 329-330.

55) Fenet, *Recueil complet des travaux préparatoires du Code civil*, tome 12ᵉ, 1827, p. 560 sqq.

56) Fenet(주 55), p. 140.

57) 여기서 '망인과 상속인 사이의 범죄적 관계'(habitudes crimmelles)는 금지되는 혼인의 당사자가 상대를 상속인으로 지정하는 경우(주 25)를 말한다. Domat(주 42), Liv. I, Tit. I, Sect. III, n° 2 (p. 343)에 인용된 개소들 참조.

58) Fenet(주 55), p. 141. Fenet(주 55), p. 169, 221-222도 참조.

이는 무엇보다 구법하에서 법관에게 상속결격을 판단하는 상당한 재량이 허여되고 있었기 때문이다.[60)]

입법관여자들은 상속결격의 근거로 피상속인의 추정적 의사를 언급하기도 하였지만, 학설에서 그러한 관점은 채택되지 않았고 오히려 공서양속의 관점에서 행해지는 법률의 제재 즉 민사벌(peine civile)로 파악되었다.[61)] 이로부터 상속결격 사유는 한정적으로 열거되어 있으며 엄격하게 해석되어야 한다는 결론 그리고 피상속인이 용서로 결격의 효과를 배제하는 것은 허용되지 않는다는 결론이 도출되었다.[62)] 한편 프랑스 민법 시행 이후 초기 학설은 동법 제727조의 문언에도 불구하고 구법의 연장선상에서 법원의 재판을 기다려 결격의 효과가 발생한다고 해석하고 있었지만,[63)] 실무는 상속결격의 효과가 당연히 발생한다고 해석하고 있었고[64)] 이는 이후 학설에서도 관철되었다.[65)] 물론 공권적 확인을 위해 상속결격 사유 있음을 확인하는 내용의 소송은 가능하다고 인정되어 있었다.[66)]

(3) 이러한 프랑스 민법의 상속결격에 대해서는 종래 학설에서 여러 비판이 제기되고 있었고, 그러한 결함에 대처하기 위한 입법론이 주장되었다.[67)] 그에 따른 개정은 2001년 12월 3일 법률 제2001-1135호에 의해 이루어졌다. 동법은 한편으로 종래 다툼이 있었던 종범의 문제를 입법적으로 해결하고 새로운 결격사유를 도입하여 이를 확대하면서도, 다른 한편으로 일부 사유를 삭제하는 동시에 재량결격, 피상속인의 용서 가능성, 필수적 유죄판결 요건 등을 도입하여 결격의 적용범위를 축소하고, 절차적으로 상속결격을 선언하는 법원의 재판에 대해 규정한다.[68)]

개정법에 따르면 상속결격 사유는 법원의 재판을 요하지 않는 당연결격과 법원의 결격 재판에 의해 비로소 효과가 발생하는 재량결격으로 구별된다. 우선 현행 프랑스 민법 제726조에

---

59) Baudry-Lacantinerie, *Précis de droit civil*, tome 2e, 8e éd., 1903, n° 44: "법관의 자의를 금지하는 것이 중요한 소재가 있다면, 그것은 무엇보다 상속결격이다. 왜냐하면 하나의 실격, 중대한 실격이 문제되기 때문이다."

60) Ripert et Boulanger, *Traité de droit civil*, tome IV, 1959, n° 1542. 실제로 Domat(주 42), Liv. I, Tit. I, Sect. III, n° 2(p. 343)은 로마법원에 전승된 사유에 한정되지 않고 법관이 공서양속의 관점에서 상속결격을 인정할 수 있다고 주장한다.

61) Colin et Capitant, *Cours élémentaire de droit civil français*, tome 3e, 8e éd., 1936, n° 609; Ripert et Boulanger(주 60), n° 1542 양창수(주 2), 330도 참조.

62) Baudry-Lacantinerie(주 59), n° 44; Colin et Capitant(주 61), n° 614; Ripert et Boulanger(주 60), n°s 1541, 1542. 양창수(주 2), 330도 참조.

63) Baudry-Lacantinerie(주 59), n° 49.

64) Colin et Capitant(주 61), n° 615; Ripert et Boulanger(주 60), n°s 1546 sqq.

65) 개정전 프랑스 상속결격에 관한 상세한 해석론은 양창수(주 2), 331 이하 참조.

66) 양창수(주 2), 336.

67) 양창수(주 2), 341-343.

68) Daviaud, "La nouvelle indignité successorale", *Recueil Dalloz* 2002, 1856.

따르면 고의로 망인을 살해하거나 살해하려고 하였음을 이유로 정범 또는 공범으로서 중죄 형벌[69]의 유죄판결을 받은 자(제1호) 그리고 살해의 의도 없이 고의로 상해하거나 폭행 기타 유형력을 행사하여 망인을 사망에 이르게 하였음을 이유로 정범 또는 공범으로서 중죄 형벌의 유죄판결을 받은 자(제2호)는 결격자로서 상속으로부터 배제된다. 당연결격의 경우에는 결격자가 사망하여 해당 행위에 대한 공소권이 행사될 수 없거나 소멸한 때에도 결격이 선언될 수 있다(동법 제727조 제2항).

한편 동법 제727조에 따를 때 다음의 자에 대해서 상속결격이 선언될 수 있는데, 고의로 망인을 살해하거나 살해하려고 하였음을 이유로 정범 또는 공범으로서 경죄 형벌[70]의 유죄판결을 받은 자(제1호), 살해의 의도 없이 고의로 폭행을 하여 망인을 사망에 이르게 하였음을 이유로 정범 또는 공범으로서 경죄 형벌의 유죄판결을 받은 자(제2호), 형사소송에서 망인에 불리한 허위의 증언을 하여 유죄판결을 받은 자(제3호), 망인의 신체적 완전성에 대한 중죄 또는 경죄[71]를 자신 또는 제3자에 대한 위험 없이 예방할 수 있었음에도 고의로 이를 하지 않아 망인을 사망에 이르게 하였음을 이유로 유죄판결을 받은 자(제4호), 무고된 사실을 이유로 중죄 형벌이 초래된 경우 망인에 대한 무고를 이유로 유죄판결을 받은 자(제5호)가 그에 해당한다. 재량결격은 상속이 개시한 이후에 다른 상속인의 청구에 의해 대심법원(tribunal de grande instance)이 선언하는데, 유죄판결이나 유죄를 선언하는 재판[72]이 상속개시 전에 있었다면 상속개시로부터 6개월, 그렇지 않은 경우에는 재판이 있은 때로부터 6개월 내에 청구되어야 하며(동법 제727-1조 제1항), 상속인이 없는 때에는 검사가 이를 청구할 수 있다(동조 제2항).

한편 상속결격의 사유가 있더라도 망인이 그 사유가 있은 후에 그에 대해 알면서 유언방식에 따른 명시적 의사표시로 그 상속인의 상속권을 유지시키기 원한다고 정하거나 그 상속인에게 포괄적 무상처분 또는 부분 포괄적 무상처분을 한 경우에는 그 상속인은 상속으로부터 배제되지 않는다(동법 제728조). 결격자의 반환의무에 관한 구법은 그대로 유지되었다(동법 제729조). 개정에 의해 상속결격의 경우에도 대습상속이 허용되어 결격자의 자녀는 본위상속이든 대습상속이든 상속에서 제외되지 않음이 확인되었으나, 다만 개정전과 마찬가지로 결격자가 부모의 자격으로 자녀가 상속한 재산에 용익권을 취득할 가능성은 여전히 배제된다(동법 제729-1조).

구법과 비교할 때 상당한 변화를 수반한 개정이지만, 그럼에도 기본 구조를 유지하면서(예

69) 프랑스 형법상 법정 형벌의 단계에서 엄중함의 관점에서 상급에 해당하는 형벌을 말한다(자연인에 대해 프랑스 형법 제131-1조, 법인에 대해 동법 제131-37조 참조). Cornu, *Vocabulaire juridique*, 8e éd., 2007, p. 672 참조.

70) 프랑스 형법상 법정 형벌의 단계에서 엄중함의 관점에서 중급에 해당하는 형벌을 말한다(자연인에 대해 프랑스 형법 제131-3조, 법인에 대해 동법 제131-37조 참조). Cornu(주 69), p. 671-672 참조.

71) 전자는 중죄 형벌을, 후자는 경죄 형벌을 수반하는 범죄를 말한다. Cornu(주 69), p. 255, 283-284 참조.

72) 후자는 예컨대 행위자의 유죄는 인정하지만 그 형의 선고를 유예하거나 형을 면제하는 재판을 말한다(프랑스 형법 제132-58조 이하 참조).

컨대 피상속인 유언에 대한 개입에 대해서는 여전히 규율되고 있지 않다) 모든 사유에 대해 요건으로 유죄판결을 요구함으로써, 피상속인에 대한 중대한 비행을 제재하는 민사벌이라는 종래 일반적으로 인정되고 있던 프랑스법의 특징은 보다 명확한 형태로 부각되었다고 말할 수 있을 것이다.[73]

4. 오스트리아 민법

(1) 1811년의 오스트리아 민법 역시 상속결격의 효과로서 국고의 몰수를 받아들이지 않고 상속무능력과 같은 효과를 인정하고 있다는 점에서 보통법학의 유력한 경향 및 프랑스 민법과 동일한 모습을 보였다.[74] 그러나 동법은 명시적으로 상속결격을 상속무능력의 한 유형으로 규정함으로써 이러한 관점을 보다 철저하게 적용하였다.[75] 반면 상속결격 사유의 규율에 있어 오스트리아 민법은 프랑스 민법과는 다른 입법 태도를 채택하였다.

오스트리아 민법의 상속결격 사유는 기본적으로 호르텐 초안의 규율이 이후의 초안에 승계되어 입법에 이른 것인데, 그 특징은 로마법원에 전승된 개별 구체적 상속결격의 사유를 일반규정으로 종합하려고 시도하였던 것이라고 말할 수 있다.[76] 즉 다양한 사유를 피상속인에 대한 비행(ratione testatoris)과 유언에 대한 개입(ratione testamenti) 두 가지 유형으로 나누고 각각 하나의 일반규정을 두어 상속결격을 규율하는 것이다. 우선 피상속인에 대한 비행과 관련해 동법 제540조에 따르면, 고의로 피상속인, 그 자녀, 부모 또는 배우자의 명예, 신체 또는 재산을 직권 또는 피해자의 고소에 기하여 형법에 따라 처벌될 수 있는 방식으로 침해하였거나 침해하려고 한 자는 제반사정으로부터 피상속인이 그를 용서하였다는 사실이 인정되지 않는 한 상속결격이다. 로마법의 결격사유들을 포괄할 수 있도록 보호법익에 명예와 재산이 포함되고 피상속인의 근친자에 대한 비행도 결격이 되도록 문언이 작성되어 있다는 점이 특히 주목할 만하며, 피상속인의 추정적 의사로 정당화되었다.[77] 한편 유언에 대한 개입과 관련해 동법 제542조는, 피상속인으로 하여금 강박으로 유언을 작성하게 하거나, 사기에 의해 유언을 작성·변경하게 하거나, 피상속인이 이미 작성한 유언을 은폐한 자는 상속으로부터 배제되며 이로써 제3자에게 가해진 손해에 대해 책임을 진다고 규정하였다. 제542조와 관련해 용서 가능성은 규정되어 있지 않지만, 통설은 이를 해석상 긍정하고 있었다.[78] 그 밖에 제543조는 간

73) Zimmermann, "Erbunwürdigkeit", *Festschrift für Koziol*, 2010, S. 496 참조.

74) 오스트리아 민법에서 상속결격의 입법 과정에 대해 상세하게 Krupa(주 4), S. 277 ff. 참조.

75) 상속결격 규정이 시작하는 제540조 앞에 붙은 난외 표제는 "무능력의 원인"이며, 이러한 태도에 기초해 상속결격은 학설에서 상대적 상속무능력으로 설명되었다. Unger, *System des österreichen allgemeinen Privatrechts*, 6. Band, 3. Aufl., 1879, S. 20 f. 참조.

76) Krupa(주 4), S. 289 ff. 참조.

77) Zeiller, *Commentar über das allgemeine bürgerliche Gesetzbuch*, 2. Band, 2. Abth., 1812, S. 396.

78) Unger(주 75), S. 20 f.

통 또는 근친상간을 자백하거나 사건이 계류된 자들은 그들 사이에서 유언에 기한 상속권으로부터 배제된다고 규정하였다. 이는 유언상속에만 적용되는 상속결격 사유이다. 관련해 동법 제541조는 상속결격이 된 자의 후손은 결격자가 피상속인보다 먼저 사망한 경우 상속에서 배제되지 아니한다고 정하는데, 그 체계상 위치 때문에 이 규정이 제540조의 사유에만 한정되는 것인지 아니면 제542조에도 적용되는 것인지 여부에 대해 학설에 다툼이 있었다.[79]

한편 동법에 따르면 피상속인은 일정한 사유가 있으면 상속인을 폐제할 수 있다. 그런데 동법은 상속인 지정을 허용하고(동법 제553조, 제554조 참조) 유류분 반환청구권을 금전 청구권으로 규정하여 상속분을 회복시키지 않으므로[80] 동법이 말하는 상속인 폐제는 유류분 박탈을 의미한다. 여기서 동법은 제768조, 제769조에서 상속인 폐제 사유를 정하면서, 동법 제770조에서 동법 제540조 내지 제542조에 따른 상속결격 사유는 동시에 상속인 폐제 사유에도 해당한다고 선언하였다. 이러한 규율은 한편으로 유류분을 가지지 않는 상속인도 결격을 이유로 상속으로부터 배제될 수 있도록 하면서, 다른 한편으로 피상속인이 사유가 있음에도 상속인 폐제를 할 수 없었던 경우 결격을 통해 동일한 효과를 달성하고자 하려는 고려에 근거한 것이었다.[81]

(2) 오스트리아 민법의 상속결격 규정 중 동법 제540조와 제541조는 1916년의 제3차 부분 개정법률에 의해 개정되었다. 그에 따르면 피상속인에 대하여 범죄를 범한 자는 제반사정으로부터 피상속인이 그를 용서하였다는 사실이 인정되지 않는 한 상속결격이며(동법 제540조), 법정상속의 경우 상속결격이 된 자의 후손은 피상속인이 결격자보다 먼저 사망한다고 하여도 결격자를 갈음하여 상속인이 된다(동법 제541조). 동법 제540조의 개정은 행위를 피상속인에 대한 비행으로 한정하면서 형법상 범죄에 해당하는 행위만을 결격으로 인정하여 개정 전의 넓은 적용범위를 축소한 것이 특징이라고 말할 수 있다.[82] 이후 오스트리아 입법자는 1974년에 제540조가 전제하는 "범죄"의 의미를 부연하는 개정으로 그 의미를 명확히 하였다. 그에 따르면 "피상속인에 대하여 고의에 의해서만 범해질 수 있으며 1년 이상의 자유형에 처해지게 될 재판상 가벌적 행위를 범한 자"가 상속결격이다. 그리고 1989년의 개정은 동법 제540조에 "부모와 자녀 사이의 법률관계에서 나오는 자신의 의무를 상속인에 대한 관계에서 중대하게 등한시한 자"도 상속결격자로 추가하였다. 이에 대해 유언의 자유에 대한 개입을 제재하는 동법 제542조는 개정 없이 학설과 판례의 해석에 의하여 다양한 사안에 대응해 오고 있었다.

---

79) Kirchstetter, *Commentar zum Oesterreichen Allgemeinen bügerlichen Gesetzbuche*, 1868, S. 426. 입법관여자의 의사는 동법 제540조에 한정된다는 것이었다. Zeiller(주 77), S. 397, 399.

80) Unger(주 75), S. 359 참조.

81) Krupa(주 4), S. 291 f.

82) Zimmermann(주 73), S. 490.

(3) 2015년의 오스트리아 상속법 개정은 상속결격 사유를 재편하였다. 개정법에서 상속결격은 이제 상속무능력과는 개념적으로 구별되어 규정되고 있지만,[83] 상속무능력과 같은 효과를 가진다는 점에서는 그 이전과 다르지 않다. 그리고 상속결격 사유와 관련해 개정법은 기본적으로 이전의 사유들을 대체로 승계하였지만, 새로운 사유를 도입하거나 일정한 사유는 피상속인이 상속인 폐제 등으로 개입할 수 없었던 경우에만 결격을 인정하는 이른바 상대적 결격사유를 도입하였다는 점에서 변화를 보인다.[84]

동법 제539조에 따르면, 망인 또는 상속재산에 대하여 고의에 의해서만 범해질 수 있으며 1년 이상의 자유형에 처해지게 될 재판상 가벌적 행위를 범한 자는 망인이 그를 용서하였음을 표시하지 않는 한 상속결격이다. 이는 개정전 제540조에 대체로 상응하나, 상속재산에 대한 범죄가 사유로 추가되었다. 이로써 상속재산을 은닉·처분하는 등의 행위가 범죄에 해당하는 경우 상속결격이 발생하는데, 그러한 행위는 피상속인의 의사나 법정상속의 효과를 사실상 좌절시키기 때문이다.[85] 한편 동법 제540조는 망인으로 하여금 강박 또는 사기로 유언을 작성하게 하거나 유언의 작성 또는 변경을 방해하거나 이미 작성된 유언을 은폐하는 등 고의로 망인의 진정한 유언의 실현을 좌절시키거나 좌절시키려고 한 자는 망인이 그를 용서하였음을 표시하지 않는 한 상속결격이며, 그는 이로써 제3자에게 가해진 모든 손해에 대해 책임을 진다고 정한다. 개정전 제542조에 해당하나, 이전의 학설과 판례에 따라 고의 요건, 미수의 경우 결격, 용서 가능성을 도입하였다.[86] 더 나아가 제541조는 다음과 같은 자를 상속결격으로 규정하는데, 이는 "망인이 자신의 유언무능력, 부지 또는 그 밖의 사유로 그를 상속인으로 폐제할 수 없었고 또한 그를 용서하였음을 표시하지 않은 경우"에 그러하다. ① 망인의 배우자, 등록동반자, 동반자 또는 직계혈족에 대하여 고의에 의해서만 범해질 수 있으며 1년 이상의 자유형에 처해지게 될 재판상 가벌적 행위를 범한 자(동조 제1호), ② 망인에게 비난할 만한 방식으로 중대한 심적 고통을 가한 자(동조 제2호), ③ 그 밖에 망인에 대하여 부모와 자녀 사이의 법률관계에 기한 의무를 중대하게 등한시한 자(동조 제3호).[87]

그리고 상속인 폐제의 사유도 이러한 상속결격 사유의 개정을 반영하여 새로운 문언으로 규정되었다(동법 제770조). 동조 제1호 내지 제5호가 대체로 상속결격 사유에 대응하는데, 특히 제2호는 동법 제541조 제1호와 비교할 때 보다 넓은 범위의 피상속인의 근친을 포함하고 있다. 이는 제1호의 상대적 상속결격 사유가 피상속인의 의사에 따른 선택(상속인 폐제, 용서)을 우선하면서 그것이 개입할 수 없었던 경우 예외적으로 추정적 의사를 실현하기 위한 것으로 구

83) 동법 제539조 앞에 붙은 난외 표제는 이제 "상속결격의 사유"이다.

84) Regierungsvorlage zu den §§ 539 bis 541 in Barth/Pesendorfer, *Erbrechtsreform 2015*, 2015, S. 5 f.

85) Regierungsvorlage zu § 539 in Barth/Pesendorfer(주 84), S. 6.

86) Regierungsvorlage zu § 540 in Barth/Pesendorfer(주 84), S. 7.

87) 그 내용에 대해 Regierungsvorlage zu § 541 in Barth/Pesendorfer(주 84), S. 8 f.

상되었기 때문에 그러하다.[88]

5. 독일 민법

(1) 독일 민법의 상속결격은 프랑스 민법이나 오스트리아 민법과는 달리 상속무능력과 같은 효과를 발생시키지 않는다. 동법에 따르면 상속결격 사유 있는 자가 상속인이 된 경우 결격자의 배제로 이익을 받게 될 자가 일정 기간 내에(동법 제2080조가 준용) 상속결격을 주장하는 소를 제기해야 하며(동법 제2340조 내지 제2342조), 상속결격이 재판으로 선언됨으로써 소급하여 결격자는 상속인이 되지 않은 것으로 간주되고 상속재산은 결격자가 상속개시 시점에 없었더라면 상속인이 되었을 자에게 귀속한다(동법 제2342조 제2항, 제2344조). 이러한 입법은 독일 지역에서는 상속결격을 상속무능력과 동일시하지 않는 경향이 존재하였고(주 43 및 본문 참조), 그 결과 독일 민법 제정 당시 다수의 영방이 상속결격을 이유로 사후적으로 상속재산을 박탈하는 방식의 입법을 채택하고 있었기 때문이다.[89]

(2) 독일 민법 제2339조 역시 다른 민법들과 마찬가지로 로마법에서 유래해 보통법학에서 인정되던 상속결격 사유를 정리하여 규율하였으나, 기본적으로 피상속인의 유언의 자유가 침해되는 유형에 한정하였다.[90] 그에 따르면 ① 고의로 위법하게 피상속인을 살해하거나 살해하려고 하였거나 피상속인이 사망할 때까지 사인처분을 작성하거나 해소할 수 없는 상태에 이르게 한 자(제1호), ② 피상속인이 사인처분을 작성하거나 해소하는 것을 고의로 위법하게 방해한 자(제2호), ③ 악의의 기망에 의하여 또는 강박으로 위법하게 피상속인으로 하여금 사인처분을 작성하거나 해소하게 한 자(제3호), ④ 피상속인의 사인처분과 관련해 형법 제267조, 제271조 내지 제274조(위조, 변조 등 문서 범죄)를 이유로 책임이 있는 자(제4호)가 상속결격에 해당한다(제2339조 제1항). 그러나 ③, ④의 경우 상속개시 전에 피상속인이 사기·강박으로 작성하게 되었거나 범죄의 대상이 된 사인처분이 무효로 되거나 피상속인이 사기·강박으로 해소하게 된 사인처분이 어차피 무효로 되었을 경우에는 상속결격은 발생하지 않는다(동조 제2항). 그리고 피상속인이 상속결격자를 용서한 때에는 상속결격의 주장은 배제된다(동법 제2343조).

이렇게 독일 민법이 상속결격을 오로지 유언에 대한 침해(ratione testamenti)에 한정하고 피상속인에 대한 비행(ratone testatoris)에 대해 규정하지 않는 태도는 유언상속을 허용하고 필연상속을 수용하지 않음으로써 가능한 한 유언자의 의사를 존중하려는 독일 민법의 결단과 관련을 가진다. 독일 민법에서 유언자는 자유로이 유언으로 상속인을 폐제할 수 있고(동법 제1938조 참조), 유류분(의무분)은 상속인 자격과 분리되어 인정되며(동법 제2303조) 그래서 유류분 반환은

88) Regierungsvorlage zu § 541 in Barth/Pesendorfer(주 84), S. 8.

89) Motive V, 516 = Mugdan V, 275.

90) Motive V, 517 = Mugdan V, 276.

채권적 금전청구권으로 규정되어 있다(동법 제2316조 이하). 이러한 법상황에서 피상속인에 대해 부적절한 행위가 있는 경우, 그는 법정상속인에 대해서는 상속인으로서 폐제하고 유류분을 박탈함으로써, 유언상속인에 대해서는 유언을 철회함으로써 제재를 할 수 있다. 그러나 피상속인이 자신의 의사로 그러한 제재를 내리기 어려운 경우, 법률이 그러한 행위자의 상속인 자격을 박탈하는 것이 피상속인의 추정적 의사와 공공의 이익에 부합한다.[91] 이러한 이유로 독일 민법에서는 피상속인의 개입을 기대할 수 없는 경우만이 상속결격으로 규정되었고, 그 밖의 사유들은 상속결격이 아닌 유류분 박탈의 사유로 규율되게 되었다(동법 제2333조).[92]

물론 유류분 박탈은 피상속인의 유언에 의한다는 점에서(동법 제2336조 제1항) 법률에 의해 효과가 발생하는 상속결격과는 차이가 있다. 그러나 독일 민법의 입법관여자는 이러한 차이가 그렇게까지 결정적인 것은 아니라고 판단하였다. 즉 종래 보통법상 상속결격이 있더라도 피상속인의 용서에 따른 치유가 허용되었으므로, 피상속인에 대한 비행의 경우 이를 상속결격으로 정하지 않고 유류분 박탈로 규정해 피상속인 의사에 따르게 하더라도 상속결격과 그 실질에서 차이가 없다는 것이다. "실제로 방식을 갖추어 표시되었든(상속인 폐제) 아니면 법률상 추정되었든(용서의 증명 없는 상속결격) 단지 피상속인의 의사만이 결정이며, […] 따라서 상속인 폐제 사유를 다시 상속결격 사유로 고려하는 것을 배제한다."[93]

(3) 관련해 현재[94] 유류분 박탈의 사유를 살펴보면, 유류분 권리자가 피상속인, 그 배우자, 그 직계비속 또는 그 밖의 유사한 근친에 대해 생명을 침해하려고 하였거나(독일 민법 제2333조 제1항 제1호, 제2항), 이러한 사람들에 대해 중죄(독일 형법 제12조 제1항 참조) 또는 중대한 고의의 경죄(독일 형법 제12조 제2항 참조)의 책임이 있거나(제2호), 피상속인에 대한 법률상 부양의무를 악의적으로 침해하거나(제3호), 고의의 범죄행위를 이유로 유예 없이 1년 이상의 자유형의 판결을 받거나 유사한 중대한 고의의 행위를 이유로 확정판결에 따라 정신병원 또는 금단치료시설에 수용됨으로써 상속재산에 참여하는 것을 피상속인으로부터 기대할 수 없게 하였다는 사정(제4호)이 규정되어 있다. 앞서 서술한 독일 민법 상속결격 규정의 입법 과정 및 우리 민법이 상속인 폐제를 알지 못한다는 사실을 고려한다면, 우리 민법의 제1004조 제1호 및 제2호를 해석할 때 비교법적으로 독일 민법의 유류분 박탈 규정도 함께 참조할 필요가 있다.

91) Protokolle der 2. Kommission, 7699 = Mugdan V, 817. 또한 상속편 예비초안 기초자인 폰 슈미트에게 영향력을 행사하였던 Mommsen, *Entwurf eines deutschen Reichsgesetz über das Erbrecht*, 1876, S. 140 f.도 참조.

92) 말하자면 예컨대 오스트리아 민법이 연혁적인 이유로 상속결격 사유와 유류분 박탈 사유의 중복을 감수하고 있음에 반해(앞의 II. 4. 참조), 독일 민법은 정책상·체계상의 이유로 그러한 중복을 회피한 것이라고도 설명할 수 있을 것이다. 한편 스위스 민법의 규율도 독일 민법의 이러한 규율 태도와 기본적으로 비슷하다(동법 제477조, 제540조 참조).

93) von Schmitt, *Begründung des Entwurfes eines Rechtes der Erbfolge für das Deutsche Reich und des Entwurfes eines Einführungsgesetzes*, 1879, S. 852.

94) 독일 민법 제2333조는 2010년에 한 차례 개정되었다.

6. 일본 민법

(1) 일본의 구민법은 가독상속과 관련해 가독상속인이 될 수 없는 사유를 규율하면서 상속결격에 해당하는 규정을 하나 두고 있었다. 동법 재산취득편 제292조는 피상속인을 살해하거나 살해하려고 하였음을 이유로 형에 처해진 자는 상속으로부터 제척되나, 과실에 의한 경우는 그렇지 않다고 정하고 있었다. 그러나 상속 제척의 소권은 피상속인이 명시적으로 용서함으로 인하여 소멸하였다(동법 제293조). 개정전 프랑스 민법 제727조의 첫 번째 사유를 수용한 것으로 보이지만, 과실치사를 명시적으로 제외하고 당시 프랑스의 지배적인 견해와는 달리 용서의 가능성을 인정한 점에 특색이 있다. 한편 동법은 가독상속인 폐제의 사유로 실종선고, 금치산 및 준금치산, 중금고 1년 이상의 처형, 집안을 다스릴 수 없는 불치의 질병, 조부모·부모에 대한 죄의 처형, 중죄로 인한 처형을 들고 있었고(동법 제296조, 제297조), 피상속인이 이러한 사유를 이유로 유언에 의해 폐제할 수 있도록 하였다(동법 제298조). 이에 상응하는 규정은 유산상속에서는 발견되지 않았다.

(2) 그러나 구민법이 메이지 민법으로 개편되는 과정에서 상속결격에 관한 규율도 상당한 수정을 받게 되었다. 기본적인 방침은 "덕의상 그리고 공익상의 이유에 기해 결격자의 범위를 확대"하는 것이었다.[95]

그에 따라 ① 고의로 피상속인 또는 가독상속에 대해 선순위에 있는 자를 살해하거나 살해하려고 하였음을 이유로 형에 처해진 자, ② 피상속인이 살해되었음을 알면서 이를 고발 또는 고소하지 않은 자(다만 그 자의 시비 판결이 없는 때 또는 살해자가 자기의 배우자 또는 직계혈족인 때에는 그렇지 않음), ③ 사기 또는 강박으로 인하여 피상속인이 상속에 관한 유언을 하거나 이를 철회 또는 변경하는 것을 방해한 자, ④ 사기 또는 강박으로 인하여 피상속인으로 하여금 상속에 관한 유언을 하게 하거나 이를 철회하게 하거나 또는 이를 변경하게 한 자, ⑤ 상속에 관한 피상속인의 유언서를 위조·변조·훼멸 또는 은닉한 자는 가독상속의 결격자로 규정되었다(동법 제969조). 첫 번째 경우는 구민법의 규정을 승계한 것이나 피해자에 "가독상속에 대해 선순위에 있는 자"가 추가되었다. 가독상속인이 되기 위해 피상속인을 살해하지는 않더라도 선순위자를 살해하거나 살해하려고 하는 일이 "왕왕 보이는 바" 그러한 자를 가독상속인이 되게 할 수는 없다는 이유로 가독상속과 관련해 선순위자를 포함시킨 것이다.[96] 그 밖에 추가된 사유는 다수의 입법례에 따라 둔 것으로 설명되는데,[97] 두 번째 사유는 프랑스 민법으로부터 세 번째부터 다섯 번째 사유는 독일 민법으로부터 영향을 받은 것임이 명백하다.

95) 民法修正案理由書, 1898, 230-231.

96) 民法修正案理由書(주 95), 231.

97) 民法修正案理由書(주 95), 231.

더 나아가 동법은 유산상속과 관련해서도 결격을 규정하고 있었다. 이는 첫 번째 사유에서 고의로 피상속인 또는 유산상속에 대해 선순위자 또는 동순위에 있는 자를 살해하거나 살해하려고 하였음을 이유로 형에 처해진 자를 결격으로 정하는 외에 나머지 사유는 가독상속의 사유를 준용하고 있다(동법 제997조). 기본적으로 유산상속의 이익을 고려할 때 가독상속의 결격사유를 그대로 인정하는 것이 타당하지만, 유산상속의 경우 가독상속과는 달리 동순위자가 여러 명 있을 수 있으므로 그러한 차이를 고려하여 첫 번째 경우에 대해서만 수정을 하였다고 설명된다.[98]

한편 동법은 다음의 경우 가독상속인을 폐제할 수 있는 것으로 정하며, 그러한 경우 피상속인이 이를 법원에 청구하는 것으로 규정하고 있다(동법 제975조 제1항). ① 피상속인에 대하여 학대를 하거나 그에 중대한 모욕을 가한 경우, ② 질병 기타 신체 또는 정신의 상황으로 인하여 집안을 다스릴 수 없는 경우, ③ 집안의 이름에 오욕을 미칠 죄로 인하여 형에 처해진 경우, ④ 낭비자로서 준금치산의 선고를 받고 개전의 가망이 없는 경우가 그러한 사유이다.[99] 그 밖에도 정당한 이유가 있는 때에는 피상속인은 친족회의 동의를 받아 폐제를 법원에 청구할 수 있었다(동조 제2항). 그리고 피상속인이 유언으로 폐제의 의사를 표시한 때에는 유언집행자가 이를 법원에 청구하며(동법 제976조), 폐제의 원인이 종료한 때에는 그 취소를 법원에 청구할 수 있게 하였다(동법 제977조). 그리고 유산상속에서도 폐제는 인정되는데, 기본적인 구조는 동일하나(동법 제999조, 제1000조) 그 사유로는 유류분을 가지는 추정 유산상속인이 피상속인에 대하여 학대를 하거나 그에 중대한 모욕을 가한 경우만이 규정되었다(동법 제998조). 동법 제975조의 나머지 사유는 모두 가독상속에 특유한 것으로 생각되었기 때문이라고 추측된다.

(3) 전후 친족법 · 상속법 개정에서, 우선 상속결격에 대해서는 유산상속의 규정이 그대로 승계되었다. 개정법 제891조는 개정전 제998조와 동일하다. 개정법의 상속인 폐제 역시 기본구조에서 개정 전과 동일하나, 다만 그 사유가 다소 확장되었다. 동법 제892조에 따르면 유류분을 가지는 추정상속인이 피상속인에 대하여 학대를 하거나 그에 중대한 모욕을 가한 경우 또는 추정상속인에 대해 그 밖의 현저한 비행이 있는 경우 피상속인은 추정상속인의 폐제를 가정법원에 청구할 수 있다. 이들 규정은 2004년의 현대어화의 과정에서 제892조에 추정상속인의 정의가 삽입된 외에는 개정을 받지 않았다. 이는 2018년의 상속법 개정에서도 마찬가지이다.

98) 民法修正案理由書(주 95), 263-264.

99) 그 수정 이유에 대해 民法修正案理由書(주 95), 238-239 참조.

Ⅲ. 우리 민법에서 상속결격과 그 근거

1. 민법의 규정

제1004조에 따르면 ① 고의로 직계존속, 피상속인, 그 배우자 또는 상속의 선순위나 동순위에 있는 자를 살해하거나 살해하려 한 자, ② 고의로 직계존속, 피상속인과 그 배우자에게 상해를 가하여 사망에 이르게 한 자, ③ 사기 또는 강박으로 피상속인의 상속에 관한 유언 또는 유언의 철회를 방해한 자, ④ 사기 또는 강박으로 피상속인의 상속에 관한 유언을 하게 한 자, ⑤ 피상속인의 상속에 관한 유언서를 위조·변조·파기 또는 은닉한 자는 상속인이 되지 못한다. 주지하는 바와 같이, 공포 당시 민법의 재산상속의 결격 규정이 1990년 개정으로 호주상속이 폐지됨으로써 한 차례 개정되었다가, 2005년 개정에 의해 호주승계마저 폐지됨으로써 현재의 모습을 갖추게 된 것이다.

이 규정의 ①, ③, ④, ⑤의 사유는 기본적으로 일본 민법의 영향을 받은 것으로 보이지만, ①에서 피해자의 범위가 확대되어 있을 뿐만 아니라 형의 선고도 요구하지 않으며, ③에서 유언의 변경을, ④에서 유언의 변경 및 철회를 언급하지 않는다는 점에서 차이도 작지 않다. 유언의 변경을 별도로 언급하지 않는 것은 아마도 변경을 위해서는 법률이 정하는 방식을 따라야 하므로 결국 다시 유언을 하는 것과 다르지 않다고 이해한 것 아닌가 짐작된다. 한편 ②의 사유는 당시 입법자가 참조했을 것으로 추측되는 입법에서 비슷한 규정이 발견되지 않는다는 점에서 이채롭다. 일본 민법의 학설·판례에서 살해에 상해치사가 포함되지 않는다고 해석되고 있던 것[100)]을 염두에 둔 규정일 수도 있다. 어쨌든 현재 우리에게 남아 참조할 수 있는 사료만으로는 제1004조의 입법 취지를 추측하기에 쉽지 않다. 한편 민법은 상속인 폐제를 예정하지 않는데, 그에 관한 관습이 없다는 종래의 통념[101)]이 초안 작성에 영향을 준 것이 아닐까 추측된다. 정일형 수정안은 상속인 폐제를 도입하는 제안을 포함하고 있었으나, 이후 철회되어 법률에 이르지 못하였다.[102)]

2. 상속결격의 근거에 관한 논의

(1) 종래 학설에서는 우리 민법의 상속결격의 근거를 어떻게 파악할 것인지에 대해 논의가 있었다.[103)] 논의의 틀은 기본적으로 일본에서의 학설 대립으로부터 영향을 받았다.[104)]

---

100) 我妻榮·立石芳枝, 親族法·相續法, 1952, 393 참조.

101) 관습조사보고서, 정긍식 역, 개역판, 2000, 352(호주상속), 356(재산상속). 비판적인 견해로 정광현, 한국 가족법 연구, 1967, 425-427 참조.

102) 정광현(주 101), 자료편 114, 131, 570 참조.

103) 윤진수 편집대표, 주해 상속법, 제1권, 2019, 100 이하(윤진수) 참조.

104) 潮見佳男 編, 新注釋民法(19), 2019, 108-109(冷水登紀代) 참조.

하나의 견해는 이른바 상속적 협동관계의 파괴에서 상속결격의 근거를 찾는다.[105] 이는 상속제도 자체의 근거를 단순히 친족관계가 아니라 수직적인 상속적 협동관계 즉 윤리적·경제적인 협동적 결합에서 찾으면서, 그러한 상속적 협동관계가 파괴된 경우 상속을 부여할 기초가 사라지므로 상속을 인정하는 것은 상속제도의 정신에 반하고 공평에 배치된다는 것이다.

이에 대해 상속결격은 상속에 의한 재산취득의 질서를 문란하게 하고 위법하게 이득을 얻으려고 하는 행위에 대한 제재라고 이해하는 견해도 주장된다.[106] 이는 법정상속 및 유언이 예정하고 있는 재산이전 질서에 대한 이기적 간섭을 이유로 상속인의 자격을 상실시킨다고 설명하는 것이다.

한편 이상과 같이 상속결격 사유를 하나의 관점으로 파악하는 견해에 대해 민법이 정하는 상속결격의 사유를 일원적으로 설명하는 것은 불가능하다고 하면서, 제1호 및 제2호의 사유는 공서양속의 의미에서 부도덕하고 위법한 행위 내지 상속적 협력관계 침해에 대한 제재(사법벌 내지 민사벌)로 이해하고, 제3호 내지 제5호는 재산취득 질서인 유언의 자유를 침해한 것에 대한 제재라고 하여 상속결격을 이원적으로 이해하는 견해도 유력하게 개진되고 있다.[107] 아울러 상속적 협동관계의 관점에서 출발하면서도 이원설적인 설명을 덧붙이는 입장도 발견된다.[108]

이상의 견해들이 우리 상속결격제도의 근거를 일정 부분 조명하는 측면이 있음을 부정할 수는 없으나, 동시에 여러 의문도 제기된다.

(2) 우선 첫 번째 견해를 살펴보면, 상속적 협력관계라는 개념은 애매하고 불명확할 뿐만 아니라,[109] 과연 상속결격의 근거를 충분히 해명한다고 볼 수 있는지 의문이 있다. 이 견해는 상속의 근거를 “근친이라는 것에 의해 조건지워짐을 통상으로 하는 죽은 자와의 수직적 협동생활관계가 예정”한 것에서 찾으면서, 결격사유에 해당하는 행위는 그러한 상속의 기초를 파괴하는 행위로 이해한다.[110] 그러한 협동관계가 상속의 근거가 되는 이유는 상속재산이 가족구성원의 협동에 의해 성립되었거나 협동으로 성립한 부분을 포함하고 있기 때문이며, 상속은 그러한 기여를 청산하는 수단으로 자리매김된다.[111] 그런데 과연 그렇다면 상속적 협력관계를

---

105) 박병호, 가족법, 1991, 308; 박동섭·양경승, 친족상속법, 제5판, 2020, 546; 이경희, 가족법, 9정판, 2017, 397; 한봉희·백승흠, 가족법, 2013, 468.

106) 정광현, 신친족상속법요론, 증보판, 330; 김용한, 친족상속법, 보정판, 2003, 286.

107) 곽윤직, 상속법, 개정판, 2004, 40; 오종근, “상속 결격사유 — 낙태의 경우”, 가족법연구, 제7호(1993), 284; 황경웅, “상속결격에 관한 제반문제”, 가족법연구, 제20권 제2호(2006), 94; 김유은, 상속결격제도에 관한 연구, 성균관대학교 박사학위논문(2011), 74-75; 주해 상속법(주 103), 103(윤진수).

108) 김주수·김상용, 친족·상속법, 제17판, 2020, 664; 이성룡, “상속결격자에 관한 구민법 제992조 제1호, 제1004조 제1호 소정의 ‘고의’에 ‘상속에 유리하다는 인식’도 필요한지 여부”, 법조, 제41권 제7호(1992), 130.

109) 양창수(주 2), 316.

110) 이미 中川善之助, 相續法, 第二版, 1923, 14, 103 참조.

111) 中川善之助·泉久雄, 相續法, 第四版, 2000, 9-10.

파괴하는 행위가 있다고 하더라도, 다른 (엄중한) 제재를 받도록 하는 것은 별론, 협력적으로 형성한 재산에 대한 기존 기여의 청산을 원천적으로 차단할 이유는 무엇인지 쉽게 이해하기 어렵다. 이혼에 따른 재산분할에서 유책 배우자이더라도 원칙적으로 공동재산의 형성에 대한 기여는 청산받아야 하는 것과 같은 논리[112]가 이 장면에서 적용되지 않을 이유는 쉽게 찾을 수 없기 때문이다. 그러므로 협력관계의 침해가 왜 청산의 전면적 배제를 수반해야 하는지에 대한 이론적 해명이 없는 한, 이 견해의 설명은 불충분하다고 하지 않을 수 없다. 게다가 이러한 논리를 따라간다면, 협력적 재산형성과는 직접 관련을 가지지 않은 채로 사후적인 청산에만 영향을 주는 생명 침해나 유언 간섭에 대해서는 상속결격을 제재로 정하면서 오히려 재산형성에 직접 영향을 미쳤을 악의의 유기나 부양의무 불이행 등은 왜 결격으로 규정되지 않는지의 질문도 쉽게 답하기 어렵다. 그 밖에 생존여명이 늘어나 경제활동 기간이 길어지고, 핵가족이 일반적으로 되었을 뿐 아니라, 1인 가족이 현저히 증가하며, 자의 복리가 절대적으로 우선하는 현대적 가족구조에서 가족적 협력관계에 따른 재산의 형성과 청산이라는 설명이 과연 얼마나 설득력을 가질 수 있는지도 의문이다.

이에 대해 이원설을 주장하는 견해가 제1004조 제1호와 제2호를 설명하는 과정에서 상속적 협력관계에 대한 언급을 자제하고 생명 침해를 내용으로 하는 행위의 엄중한 위법성이나 부도덕성에 대한 제재를 근거로 들면서, 민사벌 내지 사법벌로서의 성격을 강조하는 것(주 107 참조)은 상속적 협동관계라는 개념이 가지는 난점을 회피한다는 점에서 장점이 있는 것은 사실이다. 그러나 상속적 협력관계 침해 대신 생명 침해라는 행위의 위법성이나 부도덕성을 언급하는 것만으로는 제1004조 제1호와 제2호의 근거를 설명하기에 충분하지 않다고 생각된다. 그러한 중대한 위법행위나 부도덕행위에 대한 제재가 근거라면, 살인·살인미수·상해치사와 동등한 정도의 위법성 내지 부도덕성을 가지는 다른 행위(예컨대 폭행치사)는 왜 결격사유로 규정되어 있지 않은지 그리고 그러한 비행에 대한 제재가 왜 형벌만으로 충분하지 않고 굳이 상속권의 박탈이라는 형태로 행해져야 하는지 추가적인 해명을 요구하기 때문이다.[113] 이 맥락에서 범죄행위의 직접 결과로서 상속재산을 취득하는 것이 법윤리적으로 모순이라는 설명(이른바 "피 묻은 손은 상속재산을 취득하지 못한다"는 법언)을 원용할 수도 없다. 제1004조 제1호 및 제2호는 상속과 무관한 생명 침해에 대해서도 그 제재로 상속결격을 정하고 있기 때문이다. 그리고 이렇게 행위의 위법성 내지 부도덕성만으로 결격사유의 선택 및 상속권 박탈의 이유가 쉽게 설명되지 않는다면, 그에 대해 민사벌 내지 사법벌이라는 프랑스 법학 특유의 개념을 사용하려는 시도에도 쉽게 동의하기 어렵다.[114] 민사법에서 비행에 대한 제재로서 독자적인 벌이 규

112) 대법원 1993. 5. 11. 선고 93스6 결정 참조.

113) Helms in *Münchener Kommentar zum BGB*, Band 10, 7. Aufl., 2017, § 2339 Rn. 2 참조.

114) *MünchKomm*/Helms(주 113), § 2339 Rn. 2.

정된다는 관념은 적어도 종래 우리 법학에 낯선 것이라고 하지 않을 수 없다. 게다가 이러한 견해는, 중대한 비행만을 결격사유로 규정하는 프랑스 민법과는 달리, 우리 민법이 독일 민법의 영향으로 제1004조 제3호 내지 제5호를 규정하고 있고 그 결과 예컨대 피상속인에 대한 살인과 유언서의 은닉이 동일한 법률효과를 받게 된다는 사실을 간과하고 있다. 이 사실을 고려한다면 제1004조 제1호 및 제2호가 중대한 위법행위에 대한 제재로서 민사벌 내지 사법벌이라고 설명하는 태도는 설득력을 상실한다고 보인다. 그러한 관점에 따를 때 훨씬 약한 불법성을 가지는 행위에 중대한 위법행위와 동등한 제재가 부과됨으로써 불법 비례성을 전혀 고려하지 않는 불합리한 "벌"의 존재를 시인해야 하기 때문이다.

(3) 위법하게 이득을 얻기 위해 재산취득 질서를 침해한다는 점에서 결격의 근거를 찾는 견해가 제1004조 제1호 및 제2호를 설명하기 어렵다는 사실은 이미 학설에서 여러 차례 지적되었다. 피상속인의 직계존속에 대한 살해가 있거나 또는 피상속인에 대한 상해치사가 문제되는 경우처럼 위법한 재산취득과 무관한 행위가 결격사유로 규정되어 있기 때문이다.[115] 이후 다시 살펴보겠지만(아래 Ⅳ. 1. (5) 참조), 이 지적이 타당함은 물론이다.

그런데 더 나아가 이른바 위법이득설은, 적어도 종래 문헌에서 통상 주장되는 형태로는, 제1004조 제3조 내지 제5호에 대한 설명으로도 적절하지 않은 측면이 있다고 생각된다. 이를 일원적으로 주장하든 아니면 이원설의 형태로 채택하든, 해당 서술은 통상 다음과 같이 진행된다. 즉 상속결격 사유의 근거는 위법하게 "이득을 얻기 위해" 재산취득 질서를 교란했다는 점에 있다고 출발한 다음, 결격사유를 해석하는 장면에서 이 전제로부터 행위자에게 상속에서 "유리하게" 된다는 고의가 있어야 한다는 결론을 추론하는 것이다. 이러한 논증은 부당전제(petitito principii)이다. 자신의 결론을 먼저 대전제에 포함시킨 다음 결론에서 다시 끄집어냄으로써 선결문제를 요구하는 추론의 전형적 구조를 보이고 있기 때문이다. 이는 스스로 본질을 전제하고서 그로부터 결론을 도출하는 이른바 본질 논변으로서 개념법학적인 오류에 다름 아니다.[116] 방법론적으로 올바른 순서에 따른다면, 법률을 문법적·논리적·체계적·목적론적으로 해석하여 행위자에게 상속에서 유리하게 된다는 고의가 필요하다는 결론이 도출될 때 비로소 해당 사유의 근거를 위법이득을 위한 재산질서 교란에서 찾을 수 있다고 말할 수 있는 것이지, 그 역은 아니다.[117]

물론 이러한 오류를 피하기 위해 순수하게 객관적인 관점을 채택하여, 법률 또는 유언자가 예정하는 재산승계 질서에 위법하게 개입하여 이를 교란하였다는 객관적 사실에 대한 제재로서 상속결격을 이해할 가능성이 없는 것은 아니다. 법질서가 예정하는 상속 결과가 행위자

115) 오종근(주 107), 284; 이성룡(주 108), 129; 주해 상속법(주 103), 103(윤진수).

116) Scheuerle, "Das Wesen des Wesens", AcP 163 (1963), 429 ff.

117) 양창수(주 2), 316-317도 참조.

의 위법한 비행에 의해 부당하게 변경된다는 관점에 선다면, 제1004조 제3조 내지 제5호와 관련해 일단 앞서와 같은 오류 논증을 피할 수 있을 뿐만 아니라, 동조 제1호 및 제2호의 주된 사안들도 함께 설명에 포함시킬 수 있게 된다. 물론 이렇게 이해한다고 하더라도 앞서 설명한 대로 피상속인의 직계존속에 대한 생명 침해나 피상속인에 대한 상해치사 등은 설명되지 않는다. 하지만 제1004조 규율의 "대부분"이 "원칙적"으로 재산취득 질서의 교란에 대한 보호라고는 말할 수 있게 되는 것이다. 그러나 제1004조를 이렇게 객관적인 의미의 재산취득 질서 교란에 대한 보호라고 설명하더라도, 그 해명이 만족스럽다고 말할 수는 없다. 이는 제1004조가 정하는 사유가 가지는 내용을 그저 다른 표현으로 재서술한 것에 지나지 않기 때문이다.[118)]

그리고 어떠한 형태이든 재산취득 질서 교란을 언급하는 견해도 상속적 협동관계나 위법행위를 기준으로 하는 견해에서와 마찬가지로 다음과 같은 질문을 회피할 수 없다. 즉 중상해로 피상속인을 의식불명에 빠뜨려 사실상 유언을 할 수 없게 만들거나 피상속인의 재산에 횡령·배임을 행하여 상속재산을 소진하는 등 재산취득 질서에 개입하는 효과를 가지는 여러 행위 중 왜 특정한 행위만이 제1004조에 결격사유로 규정되었는가? 그리고 그러한 재산취득 질서 교란에 대한 제재가 왜 굳이 상속권 박탈이라는 형태로 행해져야 하는가? 이들 질문에 대해 해답이 주어지지 않는다면, 아직 상속결격의 근거가 충분히 해명되었다고 말할 수는 없을 것이다.

(4) 지금까지 서술에서 분명하게 되었지만, 상속결격의 근거를 만족스럽게 해명하기 위해서는, 한편으로 ① 왜 굳이 제1004조가 정하는 사유만이 법률에 채택되고 다른 비슷한 사유들은 그렇지 아니한지, 다른 한편으로 ② 왜 그러한 비행에 대한 제재가 형벌이나 다른 법률효과가 아닌 상속권을 박탈하는 모습으로 행해져야 하는지의 질문에 답할 수 있어야 한다. 그리고 더 나아가 ③ 일견 성질을 달리하는 피상속인 및 그의 근친에 대한 생명 침해와 피상속인의 유언에 대한 간섭이라는 서로 상이한 행위가 나란히 규정되고 있는지 이유도 관련지어 설명될 수 있어야 한다.

우선 두 번째 물음과 관련해 살펴본다면, 보통법학에서부터 지속적으로 제기되어 온 피상속인의 추정적 의사 존중이라는 전통적 설명에서 시작하는 것이 온당하리라고 생각된다. 예컨대 추정상속인이 피상속인의 인신에 대해 위해를 가하였거나, 피상속인을 속여 유언을 하게 하였거나, 피상속인의 자필증서를 피상속인 생전에 몰래 파기한 경우를 상정해 본다. 이후 사태를 파악한 피상속인은 통상 그러한 비행에 대해 자신이 할 수 있는 범위에서 제재를 시도할 것이다. 그리고 그러한 제재는 상속과 관련해서도 행해질 개연성이 클 것인데, 그 내용은 전형적으로 비행을 한 추정상속인에 대한 상속분을 가능한 한 최소화하는 유언을 작성하는 모습으로 이루어질 것이다. 만일 법률이 허용하였다면 아마도 유류분마저 박탈하는 상속인 폐제도

118) *MünchKomm*/Helms(주 113), § 2339 Rn. 2.

고려하였을 것이다. 그런데 추정상속인의 가해로 피상속인이 즉사하였거나 살인미수·상해의 여파로 유언의 여유 없이 사망하였다면, 또는 피상속인이 사기나 파기 사실을 알아차리지 못하고 사망하였다면, 피상속인은 추정상속인의 상속분을 감축하는 유언을 작성할 수 없을 것이다. 한편 피상속인에 대한 살인미수가 있었지만 생존한 경우 또는 피상속인이 애정하는 근친에 대한 생명 침해가 있었던 경우, 피상속인은 유언으로 비행을 한 상속인의 상속이익을 감축할 수는 있겠지만 유류분을 박탈할 수는 없다. 그러나 그는 법률이 허용하였다면 통상 유류분까지 박탈하고자 하였을 것이다.

이러한 상황에서 민법이 제1004조와 같은 규정을 두었다면, 이는 추정상속인의 비행에 유언으로 반작용할 수 없었거나 그것이 가능하더라도 유류분을 박탈할 수는 없는 유언자의 뜻을 미루어 실행해 유류분을 포함한 상속분을 박탈하기 위한 것으로 이해할 수 있다.[119] 즉 법률은 추정상속인의 비행과 관련한 피상속인의 추정적 의사를 고려하여 상속권을 박탈함으로써 피상속인이 유언으로 대응할 수 없거나 유류분을 박탈할 수 없다는 사정에 대처하는 것이다. 이렇게 이해하면 앞서 제기한 의문의 일부는 해명된다. 상속권 박탈이라는 효과가 규정된 것은 피상속인의 상속분 감축 및 유류분 박탈에 관한 추정적 의사를 고려한 것이고(②), 제1004조에서 기본적으로 피상속인에 대한 생명 침해와 유언 간섭이 병렬된 이유는 (그 불법성의 현저한 격차에도 불구하고) 이들이 피상속인 스스로 생전에 유언으로 반응하여 제재하는 것을 불가능하게 하거나 현저히 어렵게 하는 전형적인 사유이기 때문이다(③). 물론 피상속인이 생존한 살인미수나 피상속인 근친에 대한 생명 침해의 경우에는 피상속인이 유언으로 제재할 수 있으므로 후자의 관점만으로 설명될 수는 없다. 이는 상속인 폐제를 알지 못하는 우리 민법이 피상속인의 생명을 노렸거나 피상속인에 각별한 의미를 가지는 근친(personae conjuctissimae)의 생명을 침해하는 경우 그 엄중함을 고려하여 예외적으로 피상속인의 추정적 폐제 의사도 함께 고려해 유류분 박탈을 허용해 주는 것으로 설명할 것이다.

그런데 마지막에 서술한 내용은 자연스럽게 ①의 질문으로 나아간다. 피상속인이 상속인의 유류분 박탈을 고려할 정도의 중한 비행이라면 다른 것도 있지 않겠는가? 무슨 이유에서 예컨대 피상속인에 대한 중상해나 다른 패륜적 행위에 대해서는 상속결격이 인정되지 않는가? 실제로 이 질문에 대해서는 적절한 대답을 제시하기 쉽지 않다고 보인다. 입법자가 로마법으로부터 연혁적으로 전승되어 몇몇 민법전에 "상속결격으로" 받아들여진 사유만을 중심으로 우리 민법의 상속결격을 구성하였다는 추측 정도가 가능하다.

앞서 살펴본 역사적 발전과정에서 잘 나타나지만(위의 Ⅱ. 참조), 상속결격의 사유는 로마법에서 체계적인 고려 없이 개별 사안에서 점진적으로 형성되었고 이러한 결과를 바탕으로 보통법학의 해석과 주요 민법전의 입법이 이루어졌다. 최근의 개정들을 일단 논외로 하면, 18~19

119) 이원설에 따르면서도 피상속인의 추정적 의사를 고려해야 한다는 견해로 주해 상속법(주 107), 104(윤진수).

세기에 제정된 민법전들의 경우 로마법에 기초한 보통법학에서 출발하면서도 각국의 실정에 따라 정책적으로 서로 다른 상속결격 사유를 채택하였고, 그 결과 실정법으로 정착한 상속결격 제도는 나라마다 상당한 차이를 보이게 되었다.[120] 우리 민법의 상속결격 사유도 기본적으로 이러한 대륙법의 전통으로부터 채택되었다.[121] 이 과정에서 우리 입법자는 (엄중한 비행만을 공적인 관점에서 제재하는 프랑스 민법과는 달리) 피상속인에 대한 생명 침해와 유언에 대한 간섭을 함께 상속결격 사유로 정함으로써 스스로 유언에 의해 제재할 수 없는 피상속인의 추정적 의사에 기초해 상속결격을 파악하도록 하는 규율을 두면서도(독일 민법에 대해 Ⅱ. 5. (2) 참조), 이러한 접근이 실은 피상속인 스스로 자신의 의사를 실현할 수 있는 경우에는 이를 존중해 주는 넓은 적용범위의 상속인 폐제를 배경으로 하고 있다는 사실을 간과하였다. 따라서 입법자가 상속인 폐제를 도입하지 않으면서 피상속인의 추정적 의사를 고려하는 방향의 상속결격을 입법하려 하였다면, 그에 상응하여 상속결격 사유에 다른 나라의 민법이 상속인 폐제 사유로 고려하고 있는 사유들을 정책적으로 평가하여 포함시켜야 했다.[122] 그러나 우리 입법자는 피상속인의 근친에 대한 생명 침해 외에는 그러한 규율을 두지 않았다. 여기서 우리 입법자가 상속결격을 입안할 때 아마도 상속결격과 상속인 폐제의 역사적이고 기능적인 관련성을 충분히 숙고하지 못한 것이 아닌가 하는 의심을 지우기 어렵다. 그러므로 예컨대 피상속인을 학대하거나 피상속인의 부양을 등한시한 자가 상속을 받는 사건에 대한 대중의 분개(앞의 Ⅰ. 참조)는 우리 민법이 정하는 상속결격 규율의 기본 구상에 이미 그 잠재적 원인을 가지고 있다고 말하더라도 반드시 과장이라고 할 수는 없을 것이다. 그리고 이러한 관찰로부터 요구되는 입법론적인 대처로는 상속결격 사유의 확장보다는 오히려 상속인 폐제의 도입이 보다 발본적인 해결일 것이다.

(5) 이상의 고찰로부터 살펴본다면, 상속결격은 제재로서 엄격히 해석되어야 하고 유추가 허용되지 않는다는 학설의 지적[123]도 재고할 부분이 없지 않다고 생각된다. 예컨대 프랑스 민

120) Zimmermann(주 73), S. 510 f.

121) 학설에서는 다른 나라는 "모두가" 상속에 관한 비행만을 결격사유로 정하는 것에 비해 우리 민법은 직계존속의 생명에 대한 침해와 같은 상속과는 관계없는 부정행위도 상속결격 사유로 정하고 있는 것이 특색이라는 지적도 있다(예컨대 곽윤직(주 107), 40; 황경웅(주 107), 91 등). 그러나 이는 반드시 정확한 것이라고 말하기는 어렵다. 피상속인 근친(personae conjunctissimae)에 대한 가해가 상속결격에 해당되는지 여부는 보통법학에서부터 다투어졌고(Ⅱ. 2. 참조), 1811년의 오스트리아 민법에 규정되기도 하였고(Ⅱ. 4. (1) 참조), 현재 이탈리아 민법 제463조 제1호도 피상속인, 그 배우자, 직계비속, 직계존속에 대한 생명 침해를 결격사유로 정하고 있다. 그리고 그러한 사유는 예컨대 독일 민법에서도 유류분 박탈의 사유로 정해져 있는데(Ⅱ. 5. (3) 참조), 그렇다면 상속인 폐제를 알지 못하는 우리 민법이 이를 상속결격의 사유로 정하는 태도가 이례적인 것이라고 말할 수는 없을 것이다.

122) 예를 들어 우리 민법의 입법관여자들이 참조한 것으로 보이는(민의원 법제사법위원회 민법안소위, 민법안심의록, 하권, 1957, 161 참조) 중화민국 민법 제1145조 제5호 참조: "피상속인에 대하여 중대한 학대 또는 모욕을 한 사실이 있고 피상속인으로부터 상속시킬 수 없다는 취지의 표시가 행해진 때".

123) 곽윤직(주 107), 40; 김주수 · 김상용(주 108), 664; 신영호 · 김상훈, 가족법강의, 제3판, 2018, 329; 한봉희 ·

법의 경우, 상속결격은 공적 관점에서 열거된 위법행위에 대한 제재로서 규정된 것이므로, 넓은 의미의 죄형법정주의의 관점에서 확장해석이나 유추가 허용되지 않는다고 말할 수도 있을 것이다. 또한 독일 민법의 경우, 유언자가 유류분 박탈이라는 모습으로 자신의 의사를 스스로 실현할 기회를 가지므로 그러한 가능성이 없는 경우를 염두에 두고 정해진 상속결격을 섣불리 확대하면 안 된다고 말할 수도 있을 것이다. 그러나 피상속인의 추정적 의사를 고려하는 기초에 서 있으면서도 그 범위를 상당히 억제하고 있는 우리 민법의 해석에서, 이익형량의 유사성이 관찰되는 범위에서까지 확장해석이나 유추를 거부할 이유는 없다고 할 것이다. 물론 해석이라는 작업의 성격상 당연히 무분별한 확장해석이나 유추가 금지됨은 당연하며, 특히 상속결격은 법이 예외적으로 열거하는 사유라는 특징을 가지므로 완전히 새로운 사유를 창설하는 모습으로 유추를 할 수는 없을 것이다. 그러나 민법이 규정한 사유들 내에서 이익상황을 고려하여 유연하게 해석을 하거나 유추를 하는 것이 처음부터 금지된다고 말할 수는 없다고 생각된다(아래 Ⅳ. 2. (1)도 참조).[124]

Ⅳ. 몇 가지 구체적 쟁점

아래에서는 민법 제1004조와 관련해 몇 가지 쟁점들을 살펴보기로 한다.

1. 피상속인 또는 그 근친에 대한 고의의 살해

(1) 제1004조 제1호에서 살해는 고의에 의한 생명 침해를 말한다. 따라서 형법상의 살인(동법 제250조), 영아살해(동법 제251조), 위계에 의한 촉탁살인(동법 제253조)이 이에 해당한다. 더 나아가 학설에서는 촉탁·승낙에 의한 살인이나 자살의 방조·교사(동법 제252조)도 이에 해당한다고 한다.[125] 그러나 피상속인의 추정적 의사를 고려할 때 상속결격의 효과를 인정하는 것에 의문을 제기하는 견해도 존재한다.[126] 실제로 독일 민법의 해석으로 그러한 경우 피상속인의 용서(동법 제2343조)가 있다고 하거나 용서가 있는 경우에 준한다고 보아 결격에 해당하지 않는다고 해석되고 있다.[127] 우리 민법의 해석으로도 피상속인의 용서로 결격이 치유된다고 해석한다면(이에 대해서는 아래 Ⅳ. 3. 참조) 마찬가지의 해석이 자연스러울 것이다. 피상속인이 의

백승흠(주 105), 469; 오종근(주 107), 290; 황경웅(주 107), 94; 민유숙 편집대표, 주석 민법 상속, 제5판, 2020, 162(최정인).

124) 주해 상속법(주 103), 104(윤진수).

125) 곽윤직(주 107), 40; 김주수·김상용(주 108), 664; 박병호(주 105), 309; 신영호·김상훈(주 123), 329; 박동섭·양경승(주 105), 548; 이성룡(주 108), 125.

126) 주해 상속법(주 103), 104(윤진수). 이경희(주 105), 397; 양창수(주 2), 318 주 14도 참조.

127) Olshausen in Staudinger, *Kommentar zum Bürgerlichen Gesetzbuch*, §§ 2303–2345, 2015, § 2339 Rn. 30.

사표시로 결격을 치유할 수 있다고 하면서 자살의 교사·방조가 결격이라고 보는 것은 평가모순일 것이기 때문이다. 그러나 피상속인의 용서 가능성을 부정하더라도, 상속결격의 본질을 피상속인의 상속인 폐제의 추정적 의사에서 찾는 이상(앞의 Ⅲ. 2. (4) 참조) 살해가 피상속인의 의사 관여 하에 행해진 경우에 상속결격을 긍정하기는 어렵다고 생각된다.

(2) 더 나아가 살아서 출생할 경우 피상속인 내지 상속에서 선순위 또는 동순위의 지위에 있게 될 태아를 포태한 모가 낙태하거나 다른 사람이 낙태시킨 때(형법 제269조, 제270조)에도 제1호에서 말하는 '살해'에 해당하는지 여부가 문제된다.[128] 종래 다수설은 이를 긍정하고 있었으며,[129] 판례도 마찬가지로 판단하였다.[130] 그러나 이에 대해서는 살해와 낙태는 형법상 보호법익이 다르고 구별되어야 하는 요건이고, 민사벌인 상속결격은 엄격하게 해석되어야 하며, 피상속인 생전 시점에 낙태가 행해진 경우 태아는 아직은 추정상속인의 지위에 있지 않을 뿐만 아니라 이제 태아가 살아서 출생하지 못하여 상속인이 될 수 없으므로, 결격사유가 될 수 없다는 비판이 있었다.[131] 그러나 낙태가 살해에 해당한다고 보는 관점에서는, 태아를 보호하기 위한 제1000조 제3항의 취지가 몰각되고, 제1000조 제3항에서는 태아가 권리와 의무의 주체로 될 수 있는지가 문제됨에 반해 제1004조에서는 비행과 관련해 보호대상으로서 지위를 가지는지에 관한 것이어서 전자의 해석론을 바로 후자에 적용할 수 없으며, 도덕적 비난의 정도가 다르지 않다고 반론이 제기되고 있었다.[132]

다수설과 판례의 태도는 타당하지 않다고 생각된다. 다수설에 대해 비판적인 견해가 개진한 기존의 논거에 덧붙여 무엇보다 다음과 같은 점이 고려되어야 한다. 그것은 상속결격의 근거를 자신의 근친에 대한 생명 침해를 이유로 하는 피상속인의 추정적 상속인 폐제 의사에서 찾는다고 할 때(앞의 Ⅲ. 2. (4) 참조), 추정상속인의 낙태가 문제되는 많은 사안에서 그러한 피상속인의 상속인 폐제 의사를 상정하기 어렵다는 사실이다. 예컨대 妻가 夫와 합의하여 부의 생전에 낙태를 하는 경우, 다수설에 따른다면 처는 부에 대한 관계에서 상속결격이어야 한다.

128) 관련해 Szczesny, *Die Abtreibung als Pflichtteilsentziehungsgrund*, 2016, S. 12에 따르면 독일 민법에서 유류분 박탈과 관련해 낙태에 동법 제2333조 제1항 제1호, 제2호, 제4호가 적용될 수 있는지의 문제가 발생할 수 있음에도 이를 다루는 학설이나 재판례가 전혀 없다고 한다.

129) 곽윤직(주 107), 40–41; 박병호(주 105), 309; 김주수·김상용(주 108), 664; 신영호·김상훈(주 123), 329; 박동섭·양경승(주 105), 548; 송덕수, 친족상속법, 제4판, 2018, 296.

130) 대법원 1992. 5. 22. 선고 92다2127 판결. 이 판결에서는 다음과 같은 사안이 문제되었다. 甲이 乙의 교통사고인하며 사망할 시점에, 甲의 처 丙은 태아를 포태하고 있었다. 甲이 사망하자 丙은 "태아를 출산할 경우 결손가정에서 키우기 어려우리라는 우려와 남편의 사망으로 인한 정신적 충격 및 신체적 쇠약으로 고민 끝에" 낙태를 하였다. 甲의 부모인 丁과 戊는 乙에 대한 손해배상청구권이 자신들에게 있다고 주장하였고, 대법원은 낙태가 제1호의 '살해'에 해당하고, 더 나아가 상속상 유리하다는 고의는 불필요하다는 이유로 丙의 상속결격을 인정하였다.

131) 오종근(주 107), 293 이하; 이경희(주 105), 397–398; 주해 상속법(주 107), 108–109(윤진수); 박병호, "상속결격의 제문제", 가족법논집(1996), 317–319.

132) 황경웅(주 107), 102–104.

또한 그 과정에서 부의 행태는 방조의 요건을 충족하기 쉬울 것인데(바로 아래 (3) 참조), 그렇다면 부는 처에 대한 관계에서도 상속결격이 될 것이다.[133] 이러한 결과가 그 자체로 불합리함은 명백하며, 상속결격의 근거에 비추어 부당하다. 부나 처 모두에게 그러한 사정을 이유로 상대를 상속으로부터 배제하는 제재를 가할 의사를 상정하기는 어렵기 때문이다. 또한 부가 사망한 후에 처가 낙태를 하는 경우 부에 대한 관계에서 결격을 인정하는 해석은 이미 상속이 개시한 후에 상속인 폐제의 추정적 의사를 문제 삼는 것이어서 부적절하다. 게다가 그러한 결과는 처가 아이를 출생한 직후에 이를 살해한 경우와 균형이 맞지 않는다. 낙태보다 불법성이 높은 영아 살해(형법 제251조)를 하여도 부에 대한 관계에서 처의 상속에 아무런 영향이 없는데, 낙태(형법 제269조)의 경우 처의 결격을 인정한다면 이는 평가모순에 다름 아니며 납득하기 어렵다. 이러한 측면을 본다면 낙태의 도덕적 비난 가능성이 크다는 다수설의 반론은 설득력이 있다고 하기 어렵다. 특히 살인과 비교할 때 낙태의 형사법적 취급이 훨씬 가벼웠을 뿐만 아니라[134] 이제 낙태를 처벌하는 형법 제269조, 제270조에 대해 헌법불합치가 선언되고 이로써 규범이 실효되었다는 사정은 상속결격의 해석에서 간과되어서는 안 된다.[135] 그러한 사정은 행위의 불법성과 비윤리성에 기초해 피상속인의 상속인 폐제 의사를 추정하는 맥락에서 중요하게 고려되어야 하는 요소이기 때문이다.[136]

물론 처가 부와 상의 없이 낙태를 하는 경우에는 추정적 상속인 폐제 의사를 상정할 여지가 있다. 또 부의 사망 후에 처가 낙태를 하는 경우 태아를 동순위자가 아닌 피상속인의 지위에 두고 태아에 대한 관계에서 결격을 인정할 가능성도 없지 않다. 그러나 이들 경우만을 들어 낙태를 '살해'에 해당한다고 볼 수는 없다. 하나의 규정에서 낙태라는 단일한 행위에 대해 적용례를 질적으로 나누어 경우에 따라 결격을 인정하거나 부인하는 해석은 법적 안정성의 관점에서 쉽게 받아들이기 어렵다고 생각되기 때문이다. 또한 그러한 경우 상속결격을 인정하면 당사자들의 이익상황에 비추어 적절하지 않다. 예를 들어 처가 부와 상의 없이 낙태를 하는 경우 추정적 의사에 따라 상속결격을 상정할 여지가 있더라도, 이후 원만한 혼인 생활이 회복되어 계속되는 이상 결격을 인정하는 것은 당사자들 이익에 비추어 부당하다. 그러한 경우 결격을 인정한다면 낙태 이후 장기간 혼인이 지속되었음에도 상속결격을 이유로 상속을 박탈하는 것이 되어 낙태한 처의 상속에 따른 부부재산 청산을 방해하며(제1009조 제2항), 결과적으로 이혼을 하도록 촉진하는 해석에 다름 아니기 때문이다.[137] 용서 가능성을 인정하는 견해에 따르

133) 양창수(주 2), 314도 참조.

134) 주해 상속법(주 107), 109(윤진수). 김유은(주 107), 105-106도 참조.

135) 헌재 2019. 4. 11. 선고 2017헌바127 결정.

136) *MünchKomm*/Helms(주 113), § 2339 Rn. 14 참조.

137) 상속에 의한 부부재산 청산이 배제되는 사실혼 배우자가 결국 재산분할을 위해 사실혼 관계를 파탄시킬 수밖에 없다는 사정에 대해 대법원 2009. 2. 9. 선고 2008스105 결정 참조.

때에는(아래 Ⅳ. 3. 참조) 그러한 경우 용서가 있다고 보아야 할 것이지만, 그러한 가능성을 부인하더라도 상속결격의 근거가 피상속인의 추정적 상속인 폐제 의사에 있는 이상 부의 동의 없는 낙태가 있더라도 혼인이 계속되어 배우자 상속이 문제되는 장면에서 처의 상속결격을 인정할 수는 없다.

마지막으로 다수설에서 태아 보호라는 관점에서 반론으로 제기하는 제1000조 제3항에 대한 서술도 설득력이 있다고 하기 어렵다. 태아를 출생한 것으로 보는 규정의 취지는 살아서 생존한 태아에게 상속재산을 귀속시킴으로써 살아서 태어날 사람으로서 태아를 미리 보호하는 것이다. 그런데 부가 사망한 이후 처의 낙태를 이유로 부나 태아에 대한 관계에서 상속결격을 인정하면 결국 상속재산은 예를 들어 피상속인의 부모나 형제자매, 태아의 조부모나 낙태한 처의 형제자매 같은 다른 (먼 친등의) 혈족 상속인에게 귀속하게 된다(제1000조 제1항). 태아에게 상속능력을 인정하는 규율이 이러한 친족의 상속이익을 보호하기 위한 것이라고는 도저히 생각할 수 없다. 그러므로 태아가 죽어서 출생한 이상 그 생존을 전제로 상속능력을 인정하는 규정은 처음부터 그 의미를 상실한다. 이에 대해 "낙태라는 행위가 태아의 지위를 상속개시시로 소급하여 불리하게 영향을 미칠 수밖에 없는 점을 고려하면, 낙태라는 행위가 상속개시 후에 있었다고 하더라도 결격행위에 해당"[138]한다고도 말할 수 없다. 그러한 취지를 고려하고자 한다면 태아에게 낙태가 없었을 경우와 같은 상속상 지위를 인정하여야 하지만 이는 이미 불가능하다. 오히려 무슨 이유로 태아의 보호를 이유로 부나 태아의 다른 혈족 상속인들에게 상속이익이 귀속해야 하는지를 정당화해야 하는 논증의 부담이 지워질 뿐이다.

따라서 제1004조 제1호의 취지와 당사자들의 이익을 고려하면, 낙태는 제1호가 말하는 '살해'에 해당하지 않는다고 생각된다.

(3) 살해는 기수인지 미수인지 여부를 묻지 않으며, 예비·음모(형법 제255조)의 경우에도 제1호의 적용을 받는다("살해하려 한"). 또한 정범인지 공범인지 여부를 묻지 않아 교사범과 방조범도 이에 포함된다는 것이 통설이나,[139] 교사와 방조를 살해와 동일시하기 어려우며 상속결격은 제한적으로 해석해야 한다는 이유로 반대하는 견해도 주장된다.[140]

우리 형법은 교사범의 불법을 행위자와 동등하게 평가하므로(형법 제31조 제1항), 교사의 경우에도 직접 살해한 것과 달리 볼 이유가 없어 상속결격을 인정해야 한다. 방조범의 불법은 정범보다 경미한 것으로 평가되지만(형법 제32조 제2항), 상해치사(동법 제259조)가 결격사유인 것과의 균형상 결격으로 보는 해석이 보다 적절할 것이다. 또한 결격이 문제되는 자가 직접 살해한

138) 황경웅(주 107), 103.

139) 곽윤직(주 107), 40; 김주수·김상용(주 108), 664; 박병호(주 105), 309; 신영호·김상훈(주 123), 329; 박동섭·양경승(주 105), 548; 이경희(주 105), 397; 송덕수(주 129), 296; 주해 상속법(주 107), 108(윤진수); 황경웅(주 107), 95; 주석 민법 상속(주 123), 165(최정인).

140) 오종근(주 107), 293.

정범의 범의를 無에서부터 불러일으켰는지(교사) 아니면 존재하던 범의를 북돋아 조력한 것인지(방조) 여부는 실제 사건에 미묘할 수 있으므로, 결격 판단을 그에 좌우되도록 하는 것은 법적인 불명확을 야기할 수 있을 뿐만 아니라 피상속인의 추정적 의사를 고려하는 상속결격의 맥락에서 결정적인 요소라고 보이지도 않는다. 관련해 상속결격의 제한적 해석을 언급하는 논거도 설득력이 있다고 하기 어렵다. 일단 우리 민법에서 상속결격 사유를 엄격히 해석해야 한다는 준칙에 대해서부터 의문이 없지 않을 뿐만 아니라(앞의 Ⅲ. 2. (5) 참조), 그러한 해석 준칙이 일반적으로 받아들여지는 프랑스 민법에서도 개정 전 제727조 제1호가 종범으로 형을 받은 자에게도 적용되는지 여부에 관하여 다수설은 이를 긍정하고 있었고[141] 이후 개정으로 실정법에 반영되었다(앞의 Ⅱ. 3. (3) 참조). 그렇다면 우리 민법에서 엄격 해석을 이유로 방조범을 제외할 이유는 더욱 찾을 수 없다고 할 것이다. 독일 민법의 해석으로도 모든 형태의 종범이 포함된다고 이해되고 있다.[142]

우리 민법에서는 이상과 같은 행위의 존재가 확인되면 상속결격은 인정되고, 이를 이유로 소추되거나 유죄의 판결을 받을 필요는 없다. 물론 형법상 위법성이나 책임을 조각하는 사유가 있는 때에는 상속결격에 해당하지 않는다.[143] 그래서 예컨대 추정상속인이 허용되는 방법으로 피상속인에 대한 연명치료를 중단한 경우 상속결격은 부인된다.[144]

(4) 살해의 대상은 “직계존속, 피상속인, 그 배우자, 상속의 선순위나 동순위에 있는 자”이다.

우선 직계존속과 관련해서는 결격이 문제되는 추정상속인의 직계존속인지[145] 아니면 피상속인의 직계존속인지[146] 여부가 문제된다. 후자의 견해는 그렇게 해석하지 않으면 자신의 직계존속을 살해한 사람은 모든 사람과의 관계에서 상속결격이 되어 상속결격의 상대적 효과에 반할 뿐만 아니라 지나치게 중한 효과가 발생하며 이는 피상속인의 추정적 의사를 고려할 때에도 의문이 있다고 설명한다. 이에 대해 전자의 견해는 상속결격의 취지(패륜행위에 대한 제재) 및 제1004조 제1호의 문언을 들어 그러한 해석은 무리라고 지적한다. 실제로 문언의 문맥에 따를 때 피상속인의 직계존속이라는 독법이 어색한 것은 사실이다. 그리고 상속결격의 상대적 효과가 보통법학 이래 원칙임에는 의문이 없으나(앞의 주 45, 46 참조), 입법자가 예외적으로 절대적 상속결격을 규정할 수 없다고는 말할 수 없다. 그러나 제1호의 직계존속이 추정상

141) 전거와 함께 Le Guidec et Chabot, “Succession: dévolution”, *Répertoire de droit civil*, 2009, n° 115 참조.
142) *MünchKomm*/Helms(주 113), § 2339 Rn. 10; Staudinger/Olshausen(주 127), § 2339 Rn. 26.
143) 주해 상속법(주 107), 110(윤진수).
144) BGH NJW 2015, 1382 참조.
145) 곽윤직(주 107), 40; 김주수 · 김상용(주 108), 665; 박동섭 · 양경승(주 105), 548; 이경희(주 105), 399; 송덕수(주 129), 295.
146) 양창수(주 2), 319-320; 주해 상속법(주 107), 105-106(윤진수); 김유은(주 107), 90-91; 황경웅(주 107), 95-96.

속인의 직계존속이라고 해석한다면, 입법자가 무슨 이유로 확고한 전통에서 벗어나 이 경우에만 유독 절대적 상속결격을 규정하였는지 의문을 피하기 어렵다. 상속인의 자격을 상실시킨다는 관점에서 피상속인에 대한 살해보다 자신의 직계존속에 대한 살해를 훨씬 더 엄중히 제재해야 할 정책적 근거는 무엇인지 쉽게 이해할 수 없기 때문이다. 더구나 앞서 보았지만, 전통적으로 피상속인이 아닌 자에 대한 가해를 이유로 상속결격이 인정되었던 이유는 피해자가 피상속인의 근친(personae conjunctissimae)이어서 피상속인의 상속인 폐제 의사를 추정할 수 있기 때문이었다(앞의 Ⅲ. 2. 참조). 그래서 피상속인 아닌 자에 대한 가해를 상속결격으로 정하는 민법전은 모두 피상속인의 근친만을 보호 대상으로 포함시키고 있는 것이다(주 121 참조). 우리 민법이 이러한 역사적·비교법적 맥락에서 벗어나려고 했다고 추측할 만한 합리적인 이유는 찾기 어렵다. 오히려 입법자는 그저 당시의 보수적인 친족 관념 및 언어 습관에 따라 피상속인보다 그의 직계존속을 앞에 언급하는 것이 적절하다고 판단했을지도 모른다.

한편 "그 배우자"는 법률상 배우자를 말하며,[147] 종래 이견 없이 피상속인의 배우자만을 가리킨다고 해석되고 있었다. 그러나 최근 직계존속의 배우자도 포함한다는 견해도 주장되고 있다. 의미상 가능할 뿐만 아니라, 어차피 상속과 무관한 직계존속이 추가된 것은 비도덕적인 패륜자의 상속을 인정하지 않으려는 것이므로 직계존속의 배우자에 대한 범죄를 포함시켜도 무방하다는 것을 근거로 한다.[148] 이에 대해서는 직계존속에 대한 살해를 결격사유로 한 것 자체가 이례적이며 상속결격은 엄격하게 해석해야 한다는 이유로 비판적인 지적도 행해진다.[149] 종래 통설이 타당하다. 이미 반복해서 지적한 것처럼, 피상속인의 근친에 대한 가해가 상속결격으로 포함된 이유는 피상속인과의 밀접한 혈연 내지 배우자 관계에 기초해 피상속인의 상속인 폐제 의사를 충분히 추정할 수 있기 때문이다. 그런데 여기서 문제가 되는 직계존속의 배우자는 행위자 및 피상속인과의 관계에서 혈족이 아닌 인척(그것도 종종 반드시 친밀하다고 보기는 어려운 관계)에 그치므로, 피상속인의 배우자와 같은 정도로 피상속인의 추정적 폐제 의사를 추단하기에 쉽지 않다고 할 것이다. 게다가 이 소수설은 직계존속을 가해자의 직계존속으로 해석하므로(주 145 참조), 그에 따르면 피상속인의 배우자를 살해해도 그 피상속인과의 관계에서 상대적 결격이 발생하는 것에 반해, 인척인 자신의 직계존속의 배우자를 살해함으로써 모든 상속에 대해 절대적 결격자가 된다는 결과가 발생한다. 이는 보호의 균형을 크게 상실하여 받아들일 수 없다. 그러므로 피상속인의 배우자에 대한 살해만이 결격을 발생시킨다고 해

147) 오종근(주 107), 292는 상속적 협력관계의 관점에서 사실혼 배우자도 포함된다고 해석한다. 피상속인의 추정적 의사를 기준으로 이해한다고 할 때 사실혼 배우자에 대한 살해도 상속인 폐제 의사를 추측할 가능성이 높기는 하다. 그러나 우리 민법 전반에서 "배우자"라는 문언은 원칙적으로 법률상 배우자만을 의미하는 것으로 해석되므로, 제1004조 제1호에서도 사실혼 배우자를 포함시키기는 어렵다고 생각된다. 유추라고 생각할 수도 있겠지만, 이는 새로운 사유를 창설하는 내용의 유추이므로 허용되지 않는다고 보아야 한다(앞의 Ⅱ. 2. (5) 참조).

148) 송덕수(주 129), 296.

149) 주해 상속법(주 107), 106(윤진수).

석해야 한다.[150]

상속의 선순위나 동순위에 있는 자는 제1000조, 제1003조에 따라 자신보다 상속에 있어 선순위나 동순위에 있는 자를 말한다. 상속인과 동일한 권리·의무가 있는(제1078조) 포괄적 수유자도 포함된다고 해석할 것이다.[151] 살해의 시점에 피해자가 추정상속인의 지위에 있어야 하는가? 예컨대 甲에게는 직계존속 乙과 직계비속 丙, 형제자매 丁, 戊가 있는데, 丁이 戊를 살해한 다음에 乙, 丙, 甲의 순서로 사망하여 甲의 상속이 개시된 경우, 丁은 상속결격인가? 대습상속과 관련해 A의 자녀인 B가 자신의 동생 C의 자녀인 D를 살해하였고 그 후 C와 A가 차례로 사망한 경우에도 동일한 문제가 발생한다.[152] 결격이 아니라고 하여 살해 시점에 추정상속인임을 요구하는 견해는 문언이 상속의 선순위나 동순위에 "있는" 자라고 규정하고 있지 "있을 수 있는 자"라고 규정하지 않고 있고, 상속결격은 엄격히 해석되어야 할 뿐만 아니라, 행위 당시 결격에 해당하지 아니하는 비행을 사후적인 우연한 사정으로 결격으로 판단하는 것은 부당하다는 점을 들고 있다.[153] 그러나 엄격 해석의 준칙은 그 자체로는 의문이며(앞의 Ⅱ. 2. (5) 참조), 세 번째 논거에서 "행위시에는 상속결격에 해당하지 아니하였던 비행"이 나중의 우연한 사정에 좌우된다는 설명은 자신의 결론을 부당하게 추론의 전제로 삼는 선결문제 요구 오류에 해당한다. 문언을 근거로 하는 설명도 반드시 설득력이 있는 것은 아닌데, 왜냐하면 "있을 수 있는 자"라고 표현하였다면 오히려 주된 적용례인 이미 추정상속인인 자에 대한 살해와 관련해 상당히 어색한 문언이 되기 때문이다. 피상속인의 추정적 의사를 기준으로 하는 관점(앞의 Ⅱ. 2. 참조)에 따른다면, 상속결격의 판단은 상속개시 시점에 이루어져야 한다.[154] 그 시점에 비로소 피상속인의 終意가 확정되므로 바로 그 때 피상속인의 추정적 상속인 폐제 의사도 운위할 수 있기 때문이다. 그러므로 그 시점에 추정상속인의 지위에 있게 될 자를 살해하는 것으로 충분하며, 살해 시점에 피해자가 추정상속인이었을 필요는 없다.

(5) 살해는 고의에 의한 것이어야 한다. 그러므로 과실치사는 이에 해당하지 않는다. 고

150) 덧붙여 아래와 같은 난점도 생각해 보아야 한다. 피상속인의 배우자는 언제나 살해 시점에 법률상 배우자임에 반해, 직계존속의 배우자는 그렇지 않을 수 있다. 당연히 이혼한 경우에는 제1004조 제1호가 말하는 배우자에 포함되지 않겠지만(제775조 제1항), 직계존속의 사망으로 혼인이 종료한 경우에는 어떠한가? 혼인이 종료하였으므로 그 배우자가 아니라고 할 것인가? 아니면 인척관계가 남아 있는 이상 그 배우자라고 해석하고 재혼한 이후에만 배우자가 아니라고 할 것인가(제775조 제2항)? 그런데 그렇게 해석한다면 직계존속의 배우자라는 지위가 아니라 인척이라는 지위에 기초해 결격을 인정하는 것 아닌가? 과연 법률이 피상속인 배우자 살해와 이렇게 현저히 다른 결과를 가져오는 직계존속의 배우자 살해를 결격사유로 규정하고자 했다고 추측하는 것이 합리적인가?

151) 곽윤직(주 107), 41; 주해 상속법(주 107), 107(윤진수); 주석 민법 상속(주 123), 164(최정인).

152) 주해 상속법(주 107), 106-107(윤진수).

153) 황경웅(주 107), 99; 주석 민법 상속(주 123), 165(최정인). 다만 황경웅(주 107), 99-100은 가까운 시일 내에 피해자가 추정상속인이 될 것임을 예견한 때에는 예외라고 한다.

154) 같은 취지로 주해 상속법(주 107), 107(윤진수); 김유은(주 107), 100.

의는 요건 사실에 대한 인식 및 의욕을 말하므로, 상속결격이 되기 위해서 가해자는 피해자가 제1004조 제1항이 정하는 신분에 있음을 인식하고 있어야 한다.[155] 한편 더 나아가 이러한 살인에 관한 고의 외에도 살인에 의하여 가해자가 상속상 유리한 지위에 있게 된다는 사정에 대한 고의도 필요한지 여부가 문제된다.

종래 학설에서는 이 쟁점을 상속결격의 본질에 대해 어떠한 입장을 채택하는지와 관련지어 논의하는 경향이 있었다.[156] 제1004조 제1호의 근거를 상속적 협동관계의 파괴나 공서양속의 관점에서 찾는다면 결격은 그러한 비행에 대한 법의 객관적 반작용이므로 추가적 고의를 요구하지 않는다고 해석하지만, 반면 그 근거를 상속에 의한 이기적 재산취득 질서 침해로 파악한다면 상속상 이익에 대한 고의가 요구된다는 것이다. 그러나 이는 개념법학적인 본질 논변으로(주 116 참조) 방법론적으로도 적절하지 않을 뿐만 아니라, 반드시 필연적인 추론도 아니다. 상속적 협동관계의 관점에 입각하더라도, 제1호 규정에 재산취득 질서의 관점에서 이해할 수 있는 부분이 있는 이상 후자에 대해서는 이중의 고의를 요구한다는 해석이 불가능하지는 않다. 예컨대 직계존속에 대한 살해와 피상속인·배우자·선순위자·동순위자에 대한 살해를 구별하고 후자에 대해서만 상속에서 유리하게 된다는 고의를 요구할 수도 있는 것이다.[157] 마찬가지로 재산취득 질서의 관점에서 출발하더라도, 법질서와 피상속인이 예정하는 상속결과로부터의 일탈이라는 객관적 측면으로부터 접근한다면(앞의 Ⅱ. 2. (3) 참조) 상속에서 유리하게 된다는 고의를 요구하지 않을 수도 있다. 그러므로 이 문제에 대한 결론은 방법론적으로 하자 있는 본질 논변이 아니라 법률의 해석으로부터 주어져야 한다.

종래 통설[158]과 판례[159]는 그러한 인식이나 고의를 요구하지 아니하는 입장이다. 문언이 명시적으로 살해의 고의만을 언급하고 있다는 것, 민법은 상속의 효과와는 직접 관계가 없는 직계존속도 피해자에 포함시키고 있으므로 상속에 유리하다는 인식을 요구한다고 볼 수 없다는 것, 제1호와 평행하게 규율되어 있는 제2호가 상해의 고의만을 요구하고 있는 태도와의 균형 등을 근거로 한다. 이 중 문언을 드는 첫 번째 논거는 그다지 결정적이지 않다. 이는 통설이 제1004조 제3호 내지 제5호에서 문언에 근거가 없음에도 그러한 고의를 "본질"에서 도출

155) 김주수·김상용(주 108), 665; 이성룡(주 108), 127; 황경웅(주 107), 97; 주해 상속법(주 107), 110(윤진수); 주석 민법 상속(주 123), 166(최정인). 부정하는 견해로 김유은(주 107), 81.

156) 이성룡(주 108), 128-129; 오종근(주 107), 291 등 참조.

157) 예컨대 일본 민법 제891조 제1호의 해석으로 피상속인과 선순위·동순위자를 구별하여 후자에 대해서만 상속에서 유리하게 된다는 고의를 요구하는 高木多喜男, 口述 相續法, 1988, 39-40, 伊藤昌司, 相續法, 2002, 178-179에서 재인용. 우리 민법의 해석으로 같은 취지로 김유은(주 107), 96.

158) 김주수·김상용(주 108), 665; 박병호(주 105), 309; 박동섭·양경승(주 105), 547; 송덕수(주 129), 296; 주해 상속법(주 107), 103(윤진수); 주석 민법 상속(주 123), 166(최정인); 이성룡(주 108), 129-130; 오종근(주 107), 291; 황경웅(주 107), 97; 곽윤직(주 107), 41도 기본적으로 같은 입장이나, 낙태의 경우에는 그러한 고의를 요구한다.

159) 대법원 1992. 5. 22. 선고 92다2127 판결.

하고 있는 태도와 비교하면 명백하다(아래 Ⅳ. 2. (3) 참조). 그러나 상해치사도 상속결격으로 규정되어 있다는 것 그리고 상속에서 선순위라고 할 수 없는 피상속인의 직계존속이 가해의 상대로 포함되어 있다는 것은 분명 해석에서 고려되어야 할 점이다. 물론 위에서 언급한 것처럼 제1호가 언급하는 피해자를 나누어 달리 해석할 가능성이 없는 것은 아니지만(주 157 참조), 하나의 문언에 순차적으로 언급된 사람들 사이의 취급을 달리하는 것은 무리스럽다고 생각된다.[160] 그리고 무엇보다 상속결격의 취지를 피상속인 및 그 근친에 대한 비행으로부터 추정되는 상속인 폐제 의사에서 찾을 때(앞의 Ⅲ. 2. 참조), 가해자에게 상속에서 유리하게 된다는 고의는 필요하지 않다고 해석해야 한다. 제1호의 결격은 가해의 비윤리성에 대해 피상속인의 관점에서의 반작용을 규정하는 것이기 때문이다. 그래서 예컨대 피상속인에 대한 생명 침해를 유언의 자유의 관점에서 규율하고 있는 독일 민법에서도 유언에 대해 간섭한다는 내용의 고의는 요구되지 않는다.[161]

2. 유언의 자유에 대한 간섭(제1004조 제3호 내지 제5호)

(1) 우선 사기 또는 강박으로 피상속인의 상속에 관한 유언 또는 유언의 철회를 방해한 자(제3호) 그리고 사기 또는 강박으로 피상속인의 상속에 관한 유언을 하게 한 자(제4호)는 상속결격이다.

우선 '상속에 관한 유언'은 상속관계에 영향을 미치는 법률효과를 가지는 유언을 말한다. 상속재산 분할방법의 지정(제1012조)과 같은 상속관계의 전개에 관한 유언, 유증(제1074조)이나 재단법인의 설립(제47조 제2항)과 같이 상속재산의 범위를 좌우하게 될 유언뿐만 아니라, 친생부인(제850조)이나 인지(제859조 제2항)와 같이 상속인의 범위에 영향을 미치는 유언도 이에 포함된다.[162] 유언집행자 지정(제1093조)도 상속인의 상속재산 관리·처분에 제약을 가져오므로[163] 긍정해야 한다. 그러므로 민법의 유언사항 중에서 미성년후견인·미성년후견감독인을 지정하는 유언(제931조 제1항, 제940조의2)을 제외한 거의 전부가 '상속에 관한 유언'에 해당한다고 할 것이다.[164]

결격을 발생시키는 행위는 사기 또는 강박을 사용하여 유언 또는 유언의 철회를 방해하거나(제3호) 유언을 하게 하는 것(제4호)이다. 유언의 수정을 방해하는 것은 유언 작성을 방해하는 것에, 유언을 수정하게 하는 것은 유언을 작성하게 하는 것에 포함된다고 이해된다(앞의 Ⅲ. 1.

160) 이성룡(주 108), 131은 그러한 해석에 대해 "이는 문제를 더 어렵게 할 뿐"이라고 지적하는데, 비슷한 취지로 보인다.

161) Motive V, 517, 518 = Mugdan V, 276. *MünchKomm*/Helms(주 113), § 2339 Rn. 11, 18; Staudinger/Olshausen(주 127), § 2339 Rn. 23, 32 참조.

162) 민법안심의록(주 122), 152 참조.

163) 김형석, "유언집행의 기초연구", 서울대 법학, 제61권 제4호(2020), 207 이하 참조.

164) 주해 상속법(주 107), 111(윤진수).

참조).[165] 제3호의 방해는 사기 · 강박으로 유언을 하지 못하게 하는 것 외에도, 사기 · 강박으로 무효인 유언을 작성하게 하는 것을 포함한다. 그리고 사기 · 강박에 의한 유언 개입은 유언 전부가 아니라 일부 내용 또는 특정 내용에 대해 유언 작성 또는 유언 철회를 방해하거나 유언을 작성하게 한 것만으로도 충분하다.[166] 사기 · 강박을 교사하거나 방조한 자도 결격이다.[167] 제4호의 사유가 존재하면 동시에 사기 · 강박을 이유로 유언의 취소가 가능할 것이지만, 유언이 취소되더라도(제110조) 상속결격에는 영향이 없다.[168] 한편 제4호는 사기 · 강박으로 유언을 철회하게 한 경우를 결격으로 정하지 않는다(앞의 Ⅲ. 1. 참조). 우리 입법자가 참조한 외국의 입법들이 일관되게 이 사유를 포함하고 있기 때문에[169] 입법과정에서 실수로 간과되었다고 상정하기는 쉽지 않다. 그러나 동시에 이 사유를 굳이 제외한 입법목적이 전혀 추측되지 아니하여 입법자가 의도적으로 규율을 거부한 것이라고 단정하기도 어렵다. 그런데 피상속인의 의사에 개입하여 유언을 철회하게 한 경우를 상속결격으로부터 제외하면, 제3호 및 제4호의 다른 사유와의 관계에서 평가모순적인 결과가 발생한다. 예컨대 사기 · 강박으로 피상속인으로 하여금 기존 유언을 철회하거나 그와 저촉하는 유언을 작성하게 하면(제1108조 제1항, 제1109조) 제4호에 따라 결격이 되겠지만, 저촉하는 생전행위를 하게 하거나 유언증서를 파훼하게 하면(제1109조, 제1110조) 결격이 되지 않는다.[170] 또한 피상속인으로 하여금 유증을 하는 것을 방해하면 제3호에 따라 결격이 되지만, 기존의 유증을 생전행위나 파훼의 방법으로(제1109조, 제1110조) 철회하게 하면 실질에서 유증의 방해임에도 결격이 되지 않는다. 이러한 결과는 그대로 인정하기 어렵다고 생각된다. 그러므로 법률의 흠결을 인정하고 제1004조 제3호를 유추하여, 사기 · 강박으로 유언을 철회하게 한 때에도 상속결격이 발생한다고 해석해야 한다.[171]

---

165) 곽윤직(주 107), 43.

166) 주해 상속법(주 107), 111(윤진수) 참조.

167) *MünchKomm*/Helms(주 113), § 2339 Rn. 10; Staudinger/Olshausen(주 127), § 2339 Rn. 26.

168) 김주수 · 김상용(주 108), 666; 송덕수(주 129), 298; 주해 상속법(주 107), 113(윤진수). 그렇지 않다면 상속이 개시한 이후 유언이 사기 · 강박을 이유로 취소되더라도 피상속인의 유언의 자유에 개입한 상속인은 무유언 상태의 상속분을 그대로 보전받게 될 것인데, 이는 유언으로 상속분을 감축하든가 (법적으로 가능하였다면) 상속인으로서 폐제하였을 피상속인의 추정적 의사에 반할 뿐만 아니라, 추정상속인으로 하여금 생전에 사기 · 강박으로 유언에 개입할 유인을 부여할 것이어서 부당하다.

169) 민법안심의록(주 122), 161–162. 물론 독일 민법 제1초안 제2045조 제3호는 사기 · 강박으로 피상속인으로 하여금 사인처분을 하게 한 경우만을 상속결격으로 들고 있었으나, 입법자가 이 규정을 참조하였을 것으로는 짐작되지 않는다. 이 규율은 제2초안을 심의하는 과정에서 유언의 철회를 포함하는 내용으로 확장되었다. Protokolle der 2. Kommission, 7705 f. = Mugdan V, 819 f.

170) 주석 상속법(주 107), 113(윤진수).

171) 주석 상속법(주 107), 104, 113(윤진수); 주석 민법 상속(주 123), 167(최정인). 오병철, "상속결격의 몇 가지 문제", 가족법연구, 제24권 제3호(2010), 203 이하는 유언의 철회를 방해하는 것은 결국 원하지 않은 유언을 하게 하는 것과 같다는 것을 이유로 제1004조 제3호와 제4호에 적용범위 중복이 있다고 전제한 다음, 그 경계 획정으로 제3호는 원하는 유언을 방해하는 행위를 결격으로 하고 제4호는 원하지 않는 유언을 하게 하는 행위를 결격으로 한다고 해석하여, 사기 · 강박으로 유언을 철회하게 한 때에는 제1004조 제3호에 따라 결격이 발

사기 또는 강박은 기망으로 착오를 유발하거나 상대방에게 공포심을 야기하는 행위를 말하며, 그 내용은 (부작위에 의한 사기·강박을 포함하여[172]) 제110조가 정하는 사기·강박과 같다.[173] 따라서 사기·강박에 대한 고의와 유언 작성 방해, 유언 철회 방해, 유언 작성에 대한 고의가 요구되며, 또한 사기·강박은 위법해야 한다. 그리고 사기·강박으로 인하여 상속이 개시될 때까지 피상속인이 유언을 하지 않거나, 유언의 철회를 하지 않거나, 유언을 한 상태가 유지되어야 한다.[174] 즉 사기·강박과 유언 작성 방해, 유언 철회 방해, 유언 작성 사이에는 인과관계가 있어야 한다. 그러한 의미에서 미수는 충분하지 않다("방해한 자", "하게 한 자"). 그러므로 사기·강박에도 불구하고 피상속인에 아무런 영향을 주지 못한 경우뿐만 아니라[175] 피상속인이 사기·강박에 따른 것이 아니라 다른 사정을 이유로 유언을 하지 않거나 유언을 철회하지 않거나 유언을 한 경우에는 인과관계가 없어 결격은 발생하지 않는다. 피상속인은 생전에 스스로 유언으로 사기·강박에 대해 제재할 수 있었으므로, 추정적 의사를 고려하는 상속결격이 개입할 필요는 없다. 또한 사기·강박이 있었더라도 이후 피상속인이 그러한 상태에서 벗어나 자유로이 유언이나 유언의 철회를 할 수 있었던 상태를 회복하였음에도 다른 이유로 유언이나 유언의 철회를 하지 않았다면, 인과관계가 단절되어 제3호 또는 제4호에 따는 상속결격은 발생하지 않는다.[176] 반면 사기·강박이 없었더라도 피상속인이 다른 이유로 어차피 유언 작성을 하지 않거나 유언 철회를 하지 않거나 유언을 하였을 것이라는 사정은 가정적 인

생한다고 한다. 그러나 실질적인 결과가 같다는 이유만으로, 유언의 철회를 방해하는 행위(제3호)를 법적으로 "사기 또는 강박으로 […] 유언을 하게 한" 행위(제4호)와 법적으로 동일시하는 설명은 무리스럽다고 생각된다. 전자에서 철회의 대상이 된 유언은 어쨌든 그 행위 시점에서는 피상속인이 원하던 유언이었기 때문이다.

172) 우리 제1004조 제4호에 해당하는 독일 민법 제2339조 제3호와 관련해 독일에서는 일방 배우자가 타방 배우자에게 자신의 불륜 사실을 묵비하고 유언의 수익자가 되는 사안에서 부작위로 인한 사기를 인정할 것인지에 대해 논의가 있다. 이에 대해 우선 주해 상속법(주 107), 112(윤진수) 참조.

173) *MünchKomm*/Helms(주 113), § 2339 Rn. 26 참조.

174) 곽윤직(주 107), 43; 김주수·김상용(주 108), 666; 박병호(주 105), 310; 송덕수(주 129), 298; 주해 상속법(주 107), 112(윤진수); 김유은(주 107), 111, 113-114, 116; 황경웅(주 107), 107.

175) 김유은(주 107), 111; 황경웅(주 107) 106-107 참조.

176) 황경웅(주 107), 107; 주해 상속법(주 107), 112(윤진수); 주석 민법 상속(주 123), 167(최정인). *MünchKomm*/Helms(주 113), § 2339 Rn. 22; Staudinger/Olshausen(주 127), § 2339 Rn. 35 참조. 의문을 제기하는 견해로 오병철(주 171), 199-200. 상속결격은 행위에 대한 제재라는 것, 사기·강박의 지속 여부를 확인하기 쉽지 않다는 것, 사기·강박에 따라 유언이나 유언 철회가 있으면 이미 "기수"라는 것, 본문과 같은 해석은 일본 민법의 상속인 폐제를 전제로 한다는 것을 이유로 들고 있다. 그러나 기본적으로 이 의문은 상속결격은 행위에 대한 제재이므로 사기·강박에 따라 원하는 행위가 이루어지면 그것으로 이후의 과정은 문제삼지 않는다는 전제에 서 있다. 그러나 이러한 전제는 의문이다. 이미 보았지만(앞의 Ⅲ. 2. (4) 참조), 상속결격은 단순히 비행에 대한 제재가 아니라, 그러한 비행이 있음에도 그 비행의 결과 피상속인이 생전에 스스로 그에 대해 유언으로 반작용할 수 없는 경우(특히 제1004조 제3호 내지 제5호에는 그 결과 피상속인의 진의에 대해 불명확이 발생하는 경우)에 법률이 피상속인의 추정적 의사를 고려해 상속권 박탈로 개입한다는 구상에 입각하고 있기 때문이다. 이러한 관점에 선다면 상속개시 시점까지 피상속인이 자신의 의사의 불명확을 제거할 수 있고 또 스스로 유언을 통해 비행을 제재할 수 있는 경우에는 일종의 "미수"를 인정해 결격을 부정하는 것이 자연스럽다.

과관계에 불과하여 결격에 영향을 주지 않는다.[177]

한편 피상속인의 상속에 관한 유언서를 위조·변조·파기 또는 은닉한 자(제5호)도 상속결격이다(제1004조 제5호). '유언서'라고 규정되어 있으나, 당연히 녹음에 의한 유언(제1067조)의 경우 녹음테이프도 이에 포함된다.[178] 위조와 변조는 형법에서의 의미와 같다(동법 제225조 이하). 파기는 그 내용을 알 수 없도록 유언서를 훼멸하는 행위를 말하며, 은닉은 유언서의 발견을 어렵게 하는 행위를 말한다.[179] 어느 것이나 행위자의 고의를 전제로 한다. 그리고 유언의 전부가 아니라 일부에 대해 위조 등이 있어도 결격의 요건은 충족된다. 교사·방조한 자도 결격이나, 미수만으로는 충분하지 않다.[180]

(2) 제1004조 제3호 내지 제4호에서 문제되는 유언은 유효한 유언을 말하는가? 경우를 나누어 살펴본다.

우선 제3호에서 사기·강박으로 피상속인의 유언을 방해한 경우, 피상속인이 어차피 무효인 유언을 하였을 것이라는 사정은 고려되지 않는다.[181] 이는 가정적 인과관계에 불과하여 이미 피상속인의 의사가 부당하게 간섭되었다는 사실에는 아무런 영향이 없기 때문이다(앞의 Ⅳ. 2. (1) 참조). 반면 유언의 철회를 방해하는 경우, 철회의 대상이 되는 유언은 유효한 것이어야 한다. 유언의 철회를 방해한다는 문언의 취지상 당연히 그 유효를 전제로 하고 있다고 보아야 할 뿐만 아니라(예컨대 무효인 유언의 파기를 민법이 말하는 "철회"라고 할 수 있는가?), 무효인 유언의 "철회"를 방해하였다고 하여 유언자의 유언의 자유에 간섭이 있다고 말하기 어렵기 때문이다.[182] 그러나 여기서도 예컨대 유언의 형태로 할 예정이었던 철회가 어차피 무효였을 것이라는 사정은 고려되지 않는다.

반면 사기·강박으로 작성하게 한 유언(제4호)의 경우, 작성된 유언은 유효한 것이어야 한다.[183] 같은 호의 입법에서 참조 대상이었던 독일 민법 제2339조 제1항 제3호의 입법취지는 사기·강박에 의하여 유언자의 진정한 의사를 탐색하기 어렵게 된다는 사정과 관련해 설명되고 있으므로,[184] 사기·강박에 의해 작성된 유언은 그러한 혼동의 가능성이 존재하는 유효한

---

177) *MünchKomm*/Helms(주 113), § 2339 Rn. 10, 23. 반대 견해로 Staudinger/Olshausen(주 127), § 2339 Rn. 33 참조.

178) 주해 상속법(주 107), 114(윤진수).

179) 大判 1998. 6. 12. 97다38510, 집 46-1, 403 참조.

180) 주해 상속법(주 107), 115(윤진수).

181) *MünchKomm*/Helms(주 113), § 2339 Rn. 19 참조. 신영호·김상훈(주 123), 331은 반대 견해로, 무효인 유언을 방해하더라도 미수에 그친 것으로 보아야 한다는 이유를 든다. 그러나 제1004조 제3호에 따르면 그러한 방해로 상속개시 시점까지 유언이 행해지지 않았다는 사정만으로 이미 "기수"이며, 유언이 무효였을 것이라는 사정은 고려될 수 없는 가정적 인과관계에 그칠 뿐이다.

182) 곽윤직(주 107), 42; 송덕수(주 129), 298; 주해 상속법(주 107), 111(윤진수); 주석 민법 상속(주 123), 167(최정인); 황경웅(주 107), 106; 오병철(주 171), 201; 김유은(주 107), 111.

183) 주해 상속법(주 107), 112-113(윤진수).

유언이어야 하는 것이다. 이러한 취지는 유언서의 변조·파기·은닉의 경우에도 마찬가지이므로, 그 대상이 된 유언(제5호)은 원칙적으로 유효한 것이어야 한다.[185] 한편 위조를 이유로 하는 결격은 피상속인의 진정한 의사 탐색을 어렵게 하는 것이 아니라 진정한 의사의 외관을 창출하는 위험에 대한 제재이므로,[186] 무효인 유언을 변조하여 유효한 것처럼 만드는 행위는 위조로서 결격에 해당할 것이다.[187]

한편 피상속인이 사기·강박으로 작성된 유언을 철회하거나 위조·변조된 유언을 철회하는 경우, 학설에서는 상속결격의 효과가 발생하지 않는다는 견해가 주장되고 있다.[188] 그러나 사기·강박을 이유로 유언이 취소된 경우와 다를 바 없이 상속결격에 해당한다는 반론도 제기된다.[189] 결격을 부정하는 견해는 기본적으로 사기·강박으로 작성되었거나 위조 등의 대상이 된 유언이 상속개시 전에 무효로 되는 경우 결격을 부정하는 독일 민법 제2339조 제2항과 같은 결과를 유언 철회와 관련해 인정하려는 것으로 보인다. 이 규정은 "그러한 경우에는 상속인의 행위와 상속 사이에 인과관계가 없고 상속인의 행위에 의해 피상속인의 의사가 불분명하게 된다는 고려가 타당하지 않기 때문에" 제2초안을 심의하는 과정에서 추가된 것이다.[190] 그러나 독일 민법의 이러한 예외는 그와 같은 일반적인 형태로는 법정책적인 비판을 받고 있는데, 유언이 무효로 되었더라도 피상속인의 의사에 불명확이 있는 경우가 존재할 수 있기 때문이다.[191] 특히 유언으로 이익을 받을 자가 상속개시 전에 사망한 사안을 중심으로 그러한 문제가 두드러진다.[192] 그러나 이러한 난점은 우리 일부 학설에서처럼 결격의 치유를 유언의 철회에만 한정할 때에는 발생하지 않는다. 철회로써 피상속인의 진정한 의사는 명백히 확정되기 때문이다. 그렇다면 피상속인의 철회가 있는 경우로 한정할 때, 상속결격의 효과는 발생하지 않는다고 해석하는 것이 타당하다고 생각된다. 이는 앞서 보았지만, 제1004조 제3호, 제4호에서 미수의 경우 결격의 효과가 발생하지 않는다는 내용으로부터 도출된다(바로 위의 (1) 참조). 사기·강박이 있었더라도 피상속인이 기망이나 공포 상태에 빠지지 않고서 그냥 유언을 작성한 경우 인과관계가 없어 미수로서 결격이 아니라면, 사기·강박의 영향을 받은 피상속인이 사기·강박 상태에서 빠져나와 유언을 철회한 경우 과연 이익상황에 비추어 달리 취급하는 것이 정당한지 의문이다. 후자의 경우에도 실질적으로 사기·강박에 의한 유언 작성이 결국 일종의

---

184) Motive V, 518 f. = Mugdan V, 276 f.

185) 곽윤직(주 107), 43; 신영호·김상훈(주 123), 331; 주해 상속법(주 107), 112-113, 114(윤진수); 김유은(주 107), 119-120; 주석 민법 상속(주 123), 168(최정인).

186) Motive V, 519 = Mugdan V, 277.

187) 주해 상속법(주 107), 114(윤진수); 주석 민법 상속(주 123), 168(최정인).

188) 김주수·김상용(주 108), 666; 박병호(주 105), 310; 김유은(주 107), 116.

189) 송덕수(주 129), 298; 주해 상속법(주 107), 115.

190) Protokolle der 2. Kommission, 7707 = Mugdan V, 820.

191) *MünchKomm*/Helms(주 113), § 2339 Rn. 30; Staudinger/Olshausen(주 127), § 2339 Rn. 52.

192) 상세하게 Strohal, *Das deutsche Erbrecht*, 1. Band, 3. Aufl., 1903, S. 545 ff.

"미수"로 끝난 것이기 때문이다. 마찬가지로 유언의 위조·변조 사실이 피상속인의 생전이 밝혀진 경우, 형사적인 의미에서는 아니겠지만 유언 자유 침해의 관점에서 위조·변조는 의도한 결과를 달성하지 못하였다. 위조·변조가 있었음에도 문서가 오신을 일으킬 정도의 외관을 갖추지 못하여 누구도 속지 아니하는 경우[193]와 정밀하게 위조·변조된 유언이지만 피상속인이 이를 발견해 파기한 경우를 유언의 자유가 침해되었는지를 묻는 맥락에서 달리 취급할 합리적인 이유는 발견하기 어렵다. 요컨대 제1004조 제4호와 제5호의 규범 목적은 유언자의 진의를 탐색하기 어렵게 하는 추상적인 위험의 발생을 전제하는데, 피상속인은 자신의 진의를 왜곡할 우려가 있는 유언을 철회함으로써 바로 그러한 위험을 제거하였다. 사기·강박·위조·변조는 목적하는 결과를 달성하지 못했고, 제1004조 제4호와 제5호가 미수를 결격으로 하지 않는다면 이 경우에도 달리 취급할 이유는 없다고 생각된다. 그리고 이렇게 결과를 달성하지 못한 사기·강박·위조·변조의 경우에 피상속인은 유언으로 유류분만을 남기고 상속분을 감축하는 제재를 할 수 있을 것이어서, 유언 자유 침해라는 목적을 달성한 경우 상속결격으로 유류분까지 박탈되는 결과와 비교할 때 불법의 경중에 따른 차별도 이루어진다.[194]

(3) 결격의 효과가 발생하려면 앞서 언급한 사기·강박이나 위조 등의 고의 외에도 상속과 관련해 이익을 얻으려는 의사나 이익을 얻을 것이라는 인식이 필요하다고 할 것인지가 문제된다. 종래 통설은 이를 긍정하고 있다.[195] 그 이유로는 통상 제3호 내지 제5호의 사유가 위법하게 이득을 얻기 위해 재산취득 질서를 교란하였다는 것을 근거로 하므로 행위자가 그러한 이익을 받는다는 점에 대한 고의가 있어야 한다고 설명된다. 또한 제3호 내지 제5호가 전제하는 행위는 위법성 내지 비난가능성이 크지 않으므로 상속권 박탈이라는 엄격한 효과에 비추어 상속에서 유리하게 된다는 고의를 요구하는 것이 균형이 맞는다는 지적도 행해진다.[196] 이러한 견해에 따를 때 사기·강박이나 위조 등을 한 자가 다른 사람의 이익을 위해 피상속인의 유언에 개입하였다면 제3호 내지 제5호는 그에게 적용되지 않는다. 물론 자신에게 이익이 될 것을 확실하게 인식하고 있을 필요는 없고 자신에 대한 이익이 실현될지도 모른다는 사실의 인

193) 사문서위조·변조죄(형법 제231조)의 기수 시점과 관련해 김대휘·김신 편집대표, 주석 형법 각칙(2), 제5판, 2017, 606, 611(김태업) 참조.

194) 이러한 결과는 사기·강박으로 유언 취소가 문제되는 사안과 비교하여도 정당화된다. 사기·강박의 영향으로 유언을 한 피상속인이 생전에 그로부터 벗어난다면, 그는 유언을 철회하고 새로운 유언으로 유류분만을 남기고 상속분을 감축하는 방법으로 사기·강박을 한 자를 제재하려고 할 것이다. 반면 피상속인이 사기·강박 상태에서 벗어나지 못하고 사망한 경우, 다른 상속인이 유언을 취소하더라도 사기·강박을 한 자가 상속하는 결과를 저지하기 위해 상속결격이 적용되어야 한다(앞의 주 168 참조). 그러므로 유언의 취소와 관련해서도 사기·강박의 유언 자유 침해의 목적을 달성했는지 여부에 따라 결과의 차별이 발생함을 알 수 있다.

195) 곽윤직(주 107), 43; 박병호(주 105), 310; 김주수·김상용(주 108), 666; 신영호·김상훈(주 123), 331; 이경희(주 105), 398; 주해 상속법(주 107), 103(윤진수); 송덕수(주 129), 298; 오종근(주 107), 291; 황경웅(주 107), 107; 주석 민법 상속(주 123), 167(최정인).

196) 주해 상속법(주 107), 103(윤진수).

식이 있으면 충분하다고 한다.

그러나 이러한 해석에는 의문이 있다. 이미 보았지만(앞의 Ⅲ. 2. (3) 참조) 종래 통설의 이유 제시는 논리적으로 부당전제에 해당한다. 자신이 위법한 이득을 얻기 위해 재산취득 질서를 교란하는 것이 제1004조 제3호 내지 제5호의 본질이라고 전제하고 그로부터 위법한 이득을 얻기 위한 고의가 필요하다고 추론하는 것이어서 전형적으로 선결문제를 요구하는 오류 논증이기 때문이다. 이러한 오류의 요소를 제거하고 유언의 자유 침해 즉 재산취득 질서 교란이라는 관점에서만 출발한다면, 상속에서 유리하게 된다는 의사가 요구된다는 해석은 전혀 필연적이지 않다. 재산취득 질서라는 설명에서 출발하더라도, 사기·강박을 한 자의 주관적 관점이 아니라 위법한 행위로 유언의 자유가 객관적으로 침해되었음을 이유로 결격을 인정하는 태도는 논리적으로 충분히 가능하기 때문이다. 실제로 유언의 자유 침해라는 관점에서 상속결격을 규율하는 독일 민법에서 그러한 의사는 해석상 요구되지 않으며,[197] 일본에서도 제1호와 마찬가지로 유언의 자유를 침해하는 행위는 그 자체로 엄격하게 제재를 받아야 한다는 관점에서 그러한 고의를 요구하지 않는 견해도 주장되는 것이다.[198]

유언의 자유 보호라는 규범목적에 비추어 사기·강박 또는 위조 등이 행위자 자신을 위한 것이었는지 타인을 위한 것이었는지는 전혀 중요한 요소가 아니다. 어느 경우든 피상속인이 유언과 관련해 의욕하는 바가 좌절되었다는 점에서는 차이가 없기 때문이다. 이는 이미 제110조 제2항이 제3자의 사기·강박도 취소할 수 있는 것으로 규정함으로써 이타적인 사기·강박도 이기적인 사기·강박과 마찬가지로 의사 형성의 자유를 침해하는 것으로 파악하고 있다는 사실에서 잘 나타난다.[199] 이러한 법률의 가치평가는 상속결격의 맥락에서도 고려되어야 한다고 생각된다. 제1004조 제3호, 제4호가 언급하는 사기·강박의 의미가 제110조 제1항과 같은 것이라면(앞의 (1) 참조), 체계적 해석의 관점에서 상속결격을 해석할 때에도 (제110조에서와는 달리) 자신에게 이익이 된다는 추가적인 고의를 요구할 이유는 없기 때문이다. 상속법에서 사

197) Motive V, 517 = Mugdan V, 276: "결격자의 행위가 피상속인의 유언의 자유에 대한 침해로 나타나는 것으로 충분하다." *MünchKomm*/Helms(주 113), § 2339 Rn. 11, 18 참조.

198) 中川·泉(주 111), 84 참조. 물론 이러한 관점에 대해 상속결격이라는 엄중한 효과의 균형상 상속에서 유리하게 된다는 고의가 필요하다고 해석할 여지는 존재한다(주 196 참조). 그러나 이러한 이유가 결정적일 수는 없다고 생각된다. 설령 그러한 고의를 요구한다고 하더라도 제1004조 제3호 내지 제5호가 정하는 행위의 불법성은 예컨대 피상속인 살해의 불법성보다 훨씬 작다고 하지 않을 수 없어 어차피 제1호와 균형을 맞추는 것은 어려운 일이기 때문이다. 유언의 자유 침해라는 객관적인 결과에 비추어 비행이 이기적인지 이타적인지 여부는 참작의 계기는 되겠지만 행위의 불법성을 현저히 좌우할 정도로 결정적 요소라고는 생각되지 않는다(*MünchKomm*/Helms(주 113), § 2339 Rn. 14도 참조). 그래서 예컨대 유언을 위조하여 상속권 박탈보다 엄중한 효과인 형벌이 문제되는 경우에도 사문서위조의 성립과 관련해 그러한 동기가 범죄 성립을 좌우할 수는 없는 것이다.

199) 물론 제110조 제2항에서 선의의 상대방은 보호를 받지만, 이것은 의사 형성의 자유가 침해되지 않아서가 아니라 상대방의 신뢰보호라는 관점에서 내려진 규율이다. 그리고 상속결격의 맥락에서 볼 때, 유언은 상대방 없는 의사표시로 보호가치 있는 상대방이 없으므로, 그러한 고려는 의미를 가지지 않는다.

기 · 강박을 이유로 하는 취소는 총칙과 관련해서 규율되고 있다는 사실은 여기서 특히 기억되어야 한다(제1024조 제2항 참조). 요컨대 제110조에서 표의자의 의사형성 자유를 보호하기 위하여 사기 · 강박이 누구의 이익으로 행해졌는지 여부가 중요하지 않은 것처럼, 이는 상속결격에서도 다를 바 없다고 해야 한다.

또한 상속에서 유리하게 될 고의를 요구하는 해석은 유언의 자유 침해를 예방하는 효과를 감소시킨다. 추정상속인에게 유언 침해를 시도해 볼 유인을 주기 때문이다. 예컨대 추정상속인 甲, 乙을 두고 있는 피상속인이 제3자에게 부동산을 유증하였다가 후회하고 철회하려 할 때 甲이 그 제3자의 이익을 위해 사기 · 강박으로 철회를 저지하였고 이후 상속이 개시한 경우를 생각해 본다. 통설에 따르면 甲은 실질에서 유증의 목적인 부동산에 대한 을의 지분을 처분한 것임에도 상속인 자격을 유지하고 을과 함께 공동상속인이 된다. 물론 甲은 乙에게 불법행위로 책임을 지겠지만, 사실이 밝혀지지 않을 가능성까지 고려하여 한 번 시도해 볼 만하다고 생각할 수 있지 않겠는가? 마찬가지로 甲이 제3자를 위해 사기 · 강박으로 피상속인으로 하여금 부동산을 그 제3자에게 유증하게 한 경우, 상속개시 후 이 사실이 밝혀지면 乙은 유언을 취소할 수 있겠지만 丙은 상속과 관련해 불이익 없이 유언이 없었던 상태 그대로 법정상속인이 된다. 이때에도 사기 · 강박을 시도해 볼 유인이 증가한다. 게다가 어느 경우나 제3자와 사기 · 강박을 한 사람이 공모 관계에 있는 때에는 그런 유인은 더욱 커진다. 통설에 대해 알게 된 추정상속인은 자연스럽게 믿을 수 있는 제3자(예컨대 배우자나 자녀)를 수익자로 개입시켜 사기 · 강박이나 위조 · 변조를 해야겠다고 생각하지 않겠는가? 유언의 자유를 보호한다는 관점에서 이러한 결과를 쉽게 용인하기는 어렵다고 생각된다.

그러므로 이상에서 언급한 이유들을 고려할 때 고의의 사기 · 강박으로 유언의 자유에 대해 침해가 객관적으로 이루어지는 이상, 사기 · 강박을 하는 자에게 상속에서 이익을 받겠다는 의사는 요구되지 않는다고 생각된다.

(4) 이와 관련되는 쟁점으로 피상속인의 유언서를 위조, 변조, 파기하였으나 그것이 피상속인의 진의를 실현시키기 위한 경우에도 상속결격이 된다고 할 것인지 여부가 비교법적으로 다투어진다.[200]

독일 제국법원은 夫가 자신을 단독상속인으로 지정한 유언이 방식 위반으로 무효라는 사실을 발견하고 유언을 위조한 妻에 대하여 유언자의 의사에 반하지 않는다는 이유로 상속결격에는 해당하지 않는다고 판시한 바 있다.[201] 일본의 판례도 일본 민법 제891조 제5호의 취지는 유언에 관하여 현저하게 부당한 간섭행위를 한 상속인에 대하여 상속인이 될 자격을 상실시키는 민사상의 제재를 부과하는 것이라고 설명하고, 날인이 결여되어 유언이 방식 무효인

200) 주해 상속법(주 107), 116(윤진수); 김유은(주 107), 123 이하 참조.

201) RGZ 72, 207. 용서에 관한 독일 민법 제2339조 제2항이 근거가 된다.

경우 상속재산의 일부를 부여받게 될 상속인(妻)이 유언자의 의사를 실현시키기 위해 방식을 구비시켜 유효한 유언으로 정정한 외관을 작출하는 행위는 같은 호의 결격사유에는 해당하지 않는다고 하였다.[202] 다만 이 사안에서 유언은 내용상으로 변조한 상속인에게 불리한 것이었으므로, 상속상 유리한 지위에 있게 될 것이라는 사정에 대한 고의가 없다고 보아서 해결할 여지도 있는 사건이었다. 일본 판례는 이후 그러한 취지로 판시하였다.[203] 그렇다면 제1004조 제5호의 해석에서도 우리 통설처럼 상속에서 유리하게 된다는 고의를 요구하는 경우, 피상속인의 의사를 실현하기 위한 위조·변조는 상속결격에 해당하지 않게 될 것이다.[204] 그러나 이에 대해 현재 독일의 다수설과 연방대법원은 위조 등의 사유가 있는 때에는 동기를 불문하고 상속결격이 있다고 해석한다.[205] 법률은 피상속인의 의사에 대한 고려 없이 위조 등을 결격사유로 정하고 있으므로 피상속인을 위한 위조 등도 그의 유언에 허용되지 않는 방법으로 개입하는 것임에는 차이가 없으며, 그 동기를 불문하고 위조·변조에 의해 피상속인의 진정한 의사 탐색이 불명확하게 되는 위험이 발생한다는 것이다.

본고와 같이 상속에서 유리하게 된다는 고의를 요구하지 않는 입장을 채택하더라도(바로 앞의 (3) 참조), 독일의 예전 판례처럼 피상속인의 진의를 실현하기 위한 위조 등은 유언의 자유에 대한 침해에 해당하지 않는다고 보아 목적론적 축소해석을 할 여지는 존재한다. 그러나 이러한 해석을 따르기에는 주저된다. 명백히 확정되어 있는 피상속인의 진의를 가정하고서 그에 부합하는 위조·변조·파기에 대해 제1004조 제5호의 규범목적에 비추어 문제가 없다고 판단하는 것은 일견 설득력이 있어 보인다. 그러나 현실에서 분쟁은 그러한 모습으로 진행되지 않을 것이다. 예를 들어 우선 유언이 존재하고 그에 대해 위조나 변조의 주장이 제기된다. 한 차례 다툼 끝에 위조·변조가 확인되면, 이제 위조·변조를 한 사람은 그것이 피상속인의 진의에 부합한다고 주장한다. 그러면 유언 외부의 사실을 조사해 피상속인의 진의가 무엇인지 규명하기 시작한다. 그리고 사안에 따라서는 과연 위조·변조·파기가 본인의 진의와 일치하는지 여부는 결국 확인되지 않는다…. 이러한 일련의 과정은 방식에 좇아 유효한 유언에 따라 법률관계가 정해지며 유언에 표현되지 않은 피상속인의 의사는 그것이 진의에 부합한다고 하더라도 고려되지 않는다는 우리 민법의 기본적 결단[206]에 반하는 사태이다. 여기서 제1004조 제5호가 예방하려는 위험 즉 위조 등으로 피상속인 진의 탐색이 불명확하게 된다는 위험이 실제로 실현되고 있다는 사실은 부정하기 어렵다. 심지어 예컨대 자필증서 유언을 작성한 피상속인이 날인만을 남기고 이를 추정상속인들에게 보여주었으나 이후 유언을 하지 않기로 마음을 바꾸

202) 日最判 1981. 4. 3., 民集 35-3, 431.

203) 日最判 1997. 1. 28., 民集 51-1, 184.

204) 주해 상속법(주 107), 116-117(윤진수); 김유은(주 107), 136-137.

205) 전거와 함께 Staudinger/Olshausen(주 127), § 2339 Rn. 51 참조.

206) 대법원 2006. 3. 9. 선고 2005다57899 판결 참조.

어 날인을 하지 않은 경우, 상속개시 후 유언서를 발견한 추정상속인 한 사람이 피상속인의 의사를 실현한다고 생각하여 날인을 보충한다면 제1004조 제5호가 저지하고자 하는 바로 그러한 결과가 발생한 것 아니겠는가? 게다가 진의에 부합하는 유언의 경우 결격을 부정하게 되면, (앞서 (3)에서와 마찬가지로) 추정상속인에게 위조 등으로 피상속인의 유언에 개입할 유인이 증가한다. 왜냐하면 그는 위조나 변조로 추구한 결과를 달성하지 못하더라도 여전히 상속분을 보유할 수 있어 잃을 것이 없기 때문이다.[207] 일반 예방의 관점에서 피상속인의 진의를 원용하는 변명 가능성은 허용해서는 안 된다.[208] 또한 마지막으로 그리고 결정적으로, 피상속인은 자신이 의욕하는 결과를 자신의 유언으로 달성하고자 하였지, 피상속인의 위법한 위조·변조·파기로 달성하고자 한 것이 아니다.[209]

그러나 단순히 피상속인의 진의에 부합한다는 사정을 넘어서 피상속인이 위조 등을 지시하거나 사후적으로 시인하는 의사를 밝힌 경우에는 결격을 인정할 수는 없다.[210] 그의 추정적 의사에 기초하는 상속결격의 취지에 비추어 현실적인 의사가 확인되는 경우에까지 상속결격을 인정할 수는 없기 때문이다. 피상속인의 용서 가능성을 인정하는 견해에 따른다면, 그러한 경우 피상속인의 용서가 있다고 보게 될 것이다. 이에 대해 아래에서 살펴본다.

3. 피상속인의 용서 가능성

상속결격에 해당하는 행위를 한 자에 대해 피상속인이 이를 宥恕 내지 容恕하는 경우, 상속결격이 치유될 수 있는가? 이미 살펴보았지만(앞의 Ⅱ. 3. 이하 참조), 비교법적으로 다수의 민법은 그러한 가능성을 인정한다(거기서 살펴본 것 외에 스위스 민법 제540조 제2항, 이탈리아 민법 제466조, 스페인 민법 제757조 등). 물론 그러한 용서가 어떠한 방식으로 행해져야 하는지는 나라마다 차이가 있다. 우리 민법의 해석으로는 견해가 대립한다. 민법이 명문의 규정을 두고 있지 않다는 이유로 부정하는 견해가 있으며,[211] 관련해 피상속인의 개인적 의사를 배척하고 법정상속 제도 전체의 질서를 유지할 필요가 있다는 지적도 행해진다. 다만 이 견해도 결격자를 위한 생전증여가 가능할 것이므로 부정설의 실질적인 의미는 크지 않다고 인정한다. 비슷하게 부정하는 입장이면서도, 유증에 의해 실질적으로 용서를 할 수는 있을 것이라는 견해도 있

207) Simon in Erman, *Bürgerliches Gesetzbuch*, Band II, 15. Aufl., 2017, § 2339 Rn. 6.

208) Diderot, "Entretien d'un père avec ses enfants, ou de danger de se mettre au-dessus des lois", *Oeuvres philosophiques*, tome 3e, Bruxelles, 1829, p. 142-143: "누가 그대에게 서면들을 인정하거나 배척할 권한을 주었는가? 누가 그대에게 망인의 의도를 해석할 권한을 주었는가? […] 누가 그대에게 이 유언이 숙고 후에 포기된 것인지 아니면 부주의로 버려진 것인지 결정할 권한을 주었는가? […] 법률에 반하여 망인의 생각 속에 들어가 타인의 재산을 처분하는 것은 누구에게도 허용되지 않는다."

209) Muscheler, *Erbrecht*, Band II, 2010, Rn. 3161.

210) Muscheler(주 209), Rn. 3161.

211) 김주수·김상용(주 108), 668; 박동섭·양경승(주 105), 556; 황경웅(주 107), 112; 한봉희·백승흠(주 105), 473; 김유은(주 107), 149.

다.212) 그러나 피상속인이 결격자에 대하여 생전증여를 하는 것이 가능하므로 이를 허용하지 않는 것은 무의미하다는 이유에서 용서에 의한 상속적 협동관계의 회복이 있다고 보거나 추정적 의사를 고려하는 상속결격의 취지에 비추어 결격의 효과를 소멸시켜도 무방하다는 견해도 주장된다.213) 한편 경우를 나누어 비난가능성이 낮고 피상속인의 의사를 고려할 필요가 있는 제1004조 제3호, 제4호의 경우에만 용서를 허용하려는 입장도 있다.214)

실제로 피상속인이 결격자를 상대로 생전증여를 할 수 있으며 이로써 결격의 효과를 우회할 수 있음은 물론이다.215) 마찬가지로 피상속인의 결격자에 대한 유증도 가능하다고 보아야 한다.216) 그런데 이렇게 유증이 가능하다면, 피상속인이 유언의 방식을 갖추어 결격자를 용서하는 것은 부정하기 어렵다고 생각된다. 그러한 용서의 뜻을 밝히는 유언은 의사표시의 해석상 그 실질에서 결격자에게 상속을 받은 것과 동일한 내용의 포괄적 유증을 하는 것에 다름 아닐 것이기 때문이다. 물론 용서가 의사표시가 아닌 감정의 표시이기는 하지만, 유언자가 감정의 표시를 민법이 정하는 바에 따라 유언에 담은 이상 그는 이로써 의사표시로서의 효력도

---

212) 곽윤직(주 107), 44-45; 송덕수(주 129), 300. 바로 아래에서 살펴보겠지만, 민법이 개정되기 전 프랑스 학설의 태도이다.

213) 박병호(주 105), 311-312; 오종근(주 107), 297; 이경희(주 105), 400; 주해 상속법(주 107), 118(윤진수).

214) 오병철(주 171), 212-213. 일본에서는 용서를 인정하면서도 상속의 선순위자 또는 동순위자에 대한 살해를 이유로 하는 결격에 대해서는 피상속인이 유서할 수 없다는 견해도 있다. 법정상속 제도가 선순위자 및 동순위자에게 상속권을 인정하는 취지에 비추어 피상속인이 처분할 수 있는 사항은 아니라는 것을 이유로 한다. 中川·泉(주 111), 89-90 참조.

215) 대법원 2015. 7. 17. 선고 2014스206, 207 결정 참조.

216) 물론 이는 제1004조를 유언에 준용하는(제1064조) 의미와 관련해 논란이 있는 쟁점이다. 학설에서는 결격사유가 있으면 이후 유증을 받을 수 없다고 해석하는 견해도 주장되며(예컨대 김주수·김상용(주 108), 667; 한봉희·백승흠(주 105), 473), 이에 따를 때에는 피상속인은 상속결격자에게 유증을 할 수 없을 것이다(실제로 박동섭·양경승(주 105), 556). 그러나 유증을 받도록 정해진 수유자가 결격에 해당하는 행위를 할 경우 당해 유증을 받지 못한다는 것으로 한정하여 이해하는 견해도 주장되며(곽윤직(주 107), 44; 주해 상속법(주 107), 118(윤진수); 송덕수(주 129), 300; 이경희(주 105), 399), 이에 따르면 결격 이후 피상속인이 다시 결격자에게 유증을 하는 것은 가능하다. 후자의 해석이 타당하다. 비행의 성질상 피상속인이 스스로 유언으로 이를 제재할 수 없으므로 추정적 의사를 고려해 상속권을 부정한다는 상속결격의 이해에 따를 때(앞의 Ⅲ. 2. 참조), 수유결격도 유증을 정한 피상속인이 제1004조가 정하는 비행의 성질상 스스로 유증의 철회로 제재할 수 없기에 추정적 의사를 고려해 유증의 이익을 박탈한다고 해석해야 하기 때문이다. 그리고 이러한 내용은 예컨대 독일 민법이나 프랑스 민법에서도 마찬가지이다. 수유결격을 상속결격과 일치시키는 독일 민법 제2345조는 용서에 관한 동법 제2343조도 준용하므로 피상속인의 의사에 따라 결격이 문제되는 유증도 다시 받을 수 있는 수유자가 그 이후의 유증을 받지 못할 이유가 없다. 프랑스 민법의 경우 수유결격은 상속결격과 절연되어 규정되고 있다. 즉 피상속인에 대한 비행을 이유로 유증의 철회를 구하는 소는 증여법을 준용하여 규정되어 있고(동법 제1046조), 그에 따라 피상속인 또는 그 상속인은 중대한 망은행위 규정(동법 제955조)에 따라 소로써 유증의 철회를 구할 수 있다. 그런데 유증의 철회가 망은행위에 준하게 됨으로써 철회의 대상이 되는 유증은 망은행위 이전의 유증이어야 할 뿐만 아니라, 철회의 소는 행사상 일신전속적 성질을 가지고 있어 피상속인이 포기하여 망은행위를 용서할 수 있다고도 해석된다(Malaurie et Brenner, *Droit des successions et des libéralités*, 8e éd., 2018, n° 491 참조). 그러므로 프랑스 민법에서는 개정으로 상속결격의 용서가 허용되기 이전에도 피상속인이 상속결격자에게 유증을 할 수 있었다(주 218 및 본문 참조).

의욕한 것이고 감정과 의사에 따른 법률효과 실현을 거부할 합리적 이유는 없다고 생각된다. 그리고 상속과 포괄적 유증 사이에 차이가 존재하기는 하지만 기본적으로 기능상의 등가성을 좌우할 정도에 이른다고는 할 수 없다.[217] 그렇다면 유증이 허용되는 실질에 비추어 명문의 규정이 없더라도 피상속인이 유언으로 용서를 하는 것은 허용된다고 해석하는 것이 정당하다. 실제로 규정이 없었던 개정 전 프랑스 민법의 해석에서도 피상속인이 결격자에게 생전증여나 유증을 하는 것은 허용된다고 보아(주 216 참조) 이로써 피상속인이 결격자를 용서할 수 있는 권한이 있다고 해석하는 견해가 유력하였다.[218] 그에 따라 개정된 프랑스 민법 제728조가 피상속인이 유언방식에 따른 명시적 의사표시로 결격이 문제되는 상속인의 상속권을 유지시키기 원한다고 정하거나 그에게 포괄적 무상처분 또는 부분 포괄적 무상처분을 한 경우 그 상속인은 상속으로부터 배제되지 않는다고 규정하고 있음은 이미 살펴본 바와 같다(앞의 Ⅱ. 3. (3) 참조).

그러나 더 나아가 유언에 의하지 않은 용서도 가능한가? 입법론으로는 용서는 결격으로 정해진 상속관계를 다시 변동시킴으로써 피상속인이 상속재산을 처분하는 유언과 비슷한 실질을 가지게 되므로 유언의 방식에 따를 때에만 용서를 허용해야 한다고 생각할 여지도 없지는 않다.[219] 이러한 규율은 실제로 법률관계의 명확화에 기여할 수도 있을 것이다. 그러나 우리 민법의 해석론으로 유언에 의하지 않은 용서도 인정할 것인지 여부는 제1004조의 해석으로부터 도출되어야 한다. 그리고 그에 따를 때 용서를 허용하는 것이 타당하다고 생각된다.

이는 우선 제1004조 제3호 내지 제5호와 관련하여, 피상속인이 결격자의 비행에도 불구하고 이를 "용서"하고 유언에 의하지 않고서도 자신의 의사를 관철할 수 있는 사안들이 존재하고, 그러한 경우 상속결격을 인정하는 것은 부자연스럽기에 그러하다. 예를 들어 피상속인이 사기·강박으로 유언을 하게 된 경우, 그가 사기·강박으로부터 벗어났음에도 사기·강박으로 행해진 유언을 그대로 두고 그 효력을 인정한다는 뜻을 밝히는 경우를 상정해 본다. 이는 사기·강박으로 한 유언을 철회하면서 동일한 유언을 다시 작성한 것과 실질에서 달리 볼 이유가 없기 때문에(앞의 Ⅳ. 2. (2) 참조), 상속결격은 발생하지 않고 상속이 개시하면 유언은 효력을 가지게 된다고 해석해야 한다.[220] 그런데 이러한 결과는 규정이 없음에도 피상속인이 유언에 의하지 않고 실질적으로 용서하여 결격을 치유하는 것에 상응하지 않겠는가? 또한 피상속인 생전에 추정상속인 중 한 사람이 피상속인의 유언서를 파기하였고 이후 피상속인이 이 사실을 알게 되었으면서도 그 상태를 그대로 받아들이겠다는 뜻을 밝힌 경우, 유언은 적법하게 철회되었다고 보아야 한다. 유언서의 파기에 의한 철회는 유언자가 타인을 지시하여 할 수도

217) 이미 Loysel, *Institutes coutumières*, nouvelle éd., par Dupin et Laboulaye, Tome 1, 1846, n° 313 참조.
218) Grimaldi, *Droit civil. Successions*, 6e éd., 2001, n° 92. Le Guidec et Chabot(주 141), n° 138도 참조.
219) Zimmermann(주 73), S. 509 참조.
220) 같은 취지로 김유은(주 107), 113.

있기 때문에[221] 그러한 파기의 "추인"이 부정된다고 보기는 어렵기 때문이다. 여기서 상속관계는 피상속인의 의사에 따라 확정되고 파기한 추정상속인은 결과적으로는 그의 의사에 따른 것이 되므로, 재산취득 질서 교란을 운위하며 파기한 추정상속인의 상속결격을 긍정하기는 쉽지 않다고 보인다. 비슷한 이유에서 피상속인이 자신의 자필증서 유언의 변조 사실을 알게 된 다음 그 변조된 내용에 따라 다시 유언을 작성하는 경우, 변조자가 정하고 피상속인이 받아들인 내용으로 상속관계가 규율되겠지만 그럼에도 불구하고 변조자가 상속결격에 해당한다고 판단하는 것은 어색하다. 사기·강박으로 유언을 방해받은 피상속인이 사기·강박에서 벗어났음에도 그러한 유언은 하지 않는 편이 적절하다고 생각되게 되어 이후 무유언으로 사망한 경우나 사기·강박으로 유언의 철회를 방해받은 피상속인이 사기·강박에서 벗어났음에도 유언을 유지하는 것이 적절하다고 보아 철회를 포기하고 사망한 경우에도 마찬가지이다.

이상의 사안들에서 그러한 "용서"를 인정하지 않는 것이 부적절하다고 느껴지는 이유는 간명하다. 제1004조 제3호 내지 제5호가 피상속인의 유언의 자유를 침해하였음을 이유로 상속결격을 규정하고 있는 상황에서, 피상속인은 유언 방식에 따르지 않는 행태를 통해 실질적으로 자신의 마지막 의사를 관철시키고 있기 때문이다. 상속결격은 피상속인의 추정적인 상속인 폐제 의사를 고려하는 제도이기 때문에(앞의 Ⅲ. 2. 참조), 피상속인이 결격에 해당하는 행위를 받아들이면서 자신의 終意를 현실적으로 관철하는 사안에서 결격을 인정하는 것은 제1004조가 애초에 의도하지 아니하는 결과를 발생시켜 어색하게 보이는 것이다.

이러한 사정은 제1004조 제1호, 제2호에서도 다르지 않다. 물론 이 규정이 예정하는 비행은 그 불법성이 중하고 처분할 수 없는 법익의 보호가 문제된다는 점에서 용서의 인정을 꺼리게 하는 점이 있음은 사실이다. 그러나 우선 같은 규정에서 호를 나누어 다른 법률효과를 인정하는 해석은 부자연스럽다. 그리고 학설에서 대체로 공유되고 있는 바와 같이 피상속인은 어차피 생전증여나 유증을 통해 결격의 효과를 우회할 수 있는 가능성도 가진다. 그리고 앞서 살펴본 대로 유언에 의한 용서가 가능하다고 할 때, 살해 행위나 상해 행위로 위급한 자가 마침 구수증서 유언(제1070조)을 할 수 있게 하는 증인이 옆에 있어 이로써 용서한 경우와 그러한 여건이 구비되지 않아 무방식으로 용서를 한 경우를 달리 취급하는 것이 적어도 상속결격의 맥락에서 타당한지는 의문이다. 어느 경우나 피상속인이 결격자의 비행을 용서함으로써 상속결격의 기초가 되는 추정적 의사의 번복이 확인됨에도 불구하고 우연한 사정에 따라 정반대의 효과를 인정하는 것이 적어도 상속결격의 규범목적에 비추어 바람직하다고는 생각되지 않기 때문이다.

물론 용서를 허용할 경우, 결격자가 이를 주장하여 다툼으로써 법률관계가 불안정하게 될 우려가 있는 것은 사실이다. 그러나 이러한 문제는 용서의 증명책임을 결격자에게 지움으로

221) 김형석, "유언의 성립과 효력에 관한 몇 가지 문제", 민사판례연구[XXXVIII](2016), 1085 참조.

써[222] 충분히 대처할 수 있다고 보인다. 용서는 감정의 표시로 반드시 상속결격을 치유한다는 효과의사를 수반할 필요는 없지만, 피상속인이 결격자를 상속에서 배제하지 않겠다는 의사를 짐작하게 할 정도의 감정을 표시해야 하며, 또한 피상속인은 결격에 해당하는 사실 및 그것의 불법성에 대해서는 인식하고 있어야 한다.[223] 이 모든 점에 대해 결격자는 증명책임을 부담한다. 추정적 용서는 고려되지 않는다.

222) 김유은(주 107), 151. *MünchKomm*/Helms(주 113), § 2343 Rn. 1; Staudinger/Olshausen(주 127), § 2343 Rn. 4도 참조.

223) *MünchKomm*/Helms(주 113), § 2343 Rn. 1; Staudinger/Olshausen(주 127), § 2343 Rn. 2. 그러한 의미에서 예컨대 제1004조 제2호에서는 피상속인이 자신의 사망 결과를 예견하고 용서한 때에만 결격이 치유되며, 상해에 대해서만 용서를 하고 사망한 때에는 여전히 결격이 유지된다.

피고의 소송상 상계에 대한 원고의 상계의 재항변에 대한 허용 여부

김 화*

Ⅰ. 들어가며

상계는 채권자의 채무자에 대한 채권의 청구에 대하여서 채무자 자신도 채권자에게 채권이 있음을 이유로 양 채권을 동일한 범위 내에서 소멸시키는 것을 의미하는 채권의 소멸 사유라고 할 수 있다. 상계는 상계권의 행사를 통하여서 채권자의 청구를 방어할 수 있는 효과적인 방어방법이기는 하지만 다른 한편으로는 상계권의 행사를 통하여서 채권자의 채권 소멸과 함께 자신의 채권자에 대한 채권의 소멸을 가져오기 때문에 일정부분 채무자의 출혈을 요하는 방어방법이다.

이러한 상계는 소송 외에서 행사하고 이를 근거로 채권자의 채권이 소멸하였다는 점을 소송상 주장하는 형태로도 가능하지만 소송 내에서도 소구채권에 대한 항변사유로서 주장하는 것도 가능하며, 이를 일반적인 상계와 구별하여서 재판상 상계 내지 소송상 상계라고 부르고 있다.[1] 이러한 소송상 상계는 채무자인 피고의 다른 항변과 달리 소송 내에서의 출혈적 항변이기 때문에 채무자인 피고의 최후의 항변 내지 예비적 항변으로 주장되는 경우가 대부분이다. 결국 소송상 상계항변은 피고인 당사자의 의사에 비추어 살펴보면 예비적 항변으로 주장되는 것이 일반적이고, 이는 채권자인 원고의 소구채권이 존재한다는 법원의 판단이 인정되는 경우에만, 즉 소구채권에 대한 최후적 방어수단으로, 당해 채권소멸의 실체법적 효과를 발생시키기 원한다는 의미를 가진다고 볼 수 있다.[2]

이러한 피고의 소송상 상계항변에 대하여 원고가 자신의 소구채권을 소송상 관철시키기 위하여서 같은 소송 내에서 다시 소송상 상계로서 피고의 상계항변을 위하여 제공된 자동채권

* 이화여자대학교 법학전문대학원 교수.

1) 주석민법, 채권총론(4), 제4판(2014), 587, 588(조용구 집필부분).

2) 이러한 소송상 상계항변의 예비적 항변의 성격을 강조하고 있는 것으로 대법원 2013. 3. 28. 선고 2011다3329 판결 참조.

을 수동채권으로 삼아 상계항변을 다시 하는 것을 이른바 원고의 상계의 재항변이라고 할 수 있다. 이러한 원고의 상계의 재항변이 우리 민사소송법상 허용될 수 있는 것인가, 즉 소송상 상계의 재항변의 허부에 대한 논의는 우리법상 많이 다루어지지는 않았다.[3] 그러나 우리 대법원은 대법원 2014. 6. 12. 선고 2013다95964 판결에서 최초로 소송상 상계의 재항변에 관하여서 명시적인 판결을 내리면서 이러한 원고의 상계의 재항변은 원칙적으로 허용되지 않는다는 입장을 취하였다. 또한 뒤이어 대법원 2015. 3. 20. 선고 2012다107662 판결에서는 이러한 원고의 소송상 상계의 재항변과 예외적으로 원고의 상계의 재항변이 허용될 수 있는 사정, 즉 원고의 소송상 상계의 재항변을 위하여 제공되는 자동채권의 종류에 따라서 예외적 사정이 인정될 수 있을 것인지와 관련하여서 결론적으로 이러한 예외적 사정을 인정할 수 없다고 판단하였다. 이러한 여러 재판결례를 통하여서 원고의 소송상 상계의 재항변은 인정될 수 없다는 것이 어느 정도 확립된 판례법리로 성립되게 되었다.

이와 동일한 쟁점이 일본과 독일에서도 학설과 판례에서 다루어지고 있으며, 이는 특히 우리 민사소송법 제213조 제2항이 명시적으로 인정하고 있듯이, 상계항변의 경우 판결이유 중의 판단이기는 하지만 예외적으로 기판력을 갖는다는 점과 관련하여서 큰 의미가 있다. 일본과 독일 모두 각각 자국의 민사소송법에서 상계의 항변에 대해서는 판결의 이유 중 판단임에도 불구하고 기판력을 인정하는 규정을 마련하고 있기 때문이다. 이하에서는 원고의 소송상 상계의 재항변에 대해서 명시적 입장을 밝힌 판결인 대법원 2014. 6. 12. 선고 2013다95964 판결을 소재로 이러한 판단의 근거와 그 이론적 정합성을 살펴보고, 이를 위해 비교법적으로 일본과 독일의 경우에서의 판례와 학설의 내용을 살펴보도록 한다.

Ⅱ. 대상판결의 사실관계 및 원심, 대법원의 판단

1. 사실관계 및 원심의 판단

원고는 서울 강남구의 263세대의 오피스텔(이하 이 사건 오피스텔이라고 한다)의 관리를 위하여 구분소유자들로 구성된 관리단이며, 피고는 2005년 8월 경 원고의 회장 겸 이사로 선임되었다가 2008년 5월 경 원고의 임시총회에서 원고의 회장 겸 이사직에서 해임되었다. 이에 피고는 2008년 10월 경 회장 겸 이사로서의 직무를 중단하고 원고에게 자신이 관리하던 원고의 예금 약 7000여만원을 반환하였다. 이에 원고는 주위적으로는 피고에게 피고가 관련법령 및 원고의 규약에 따라서 장기수선충당금, 주차비, 체납관리비 등 5억여원을 적립하여 놓아야 하

3) 이러한 소송상 상계의 재항변에 대하여서 일본 최고재판소의 판결을 인용하며 다루고 있는 것으로 주석민법, 채권총론(4), 제4판(2014), 594 이하(조용구 집필부분); 원고의 소송상 상계의 재항변에 관한 비교법적 검토를 겸하여 논하고 있는 것으로 권혁재, "소송상 상계항변의 법적 성질", 법조 제688호(2014), 37 이하.

는데, 이를 임의로 사용하고, 원고에게 반환하지도 않았으므로 이에 대한 채무불이행 또는 불법행위로 인한 손해배상을 청구하였고, 예비적으로는 피고가 임시총회에서 해임되어 원고의 대표로서의 자격을 상실하였음에도 권한없이 원고의 예금계좌에서 5억여원을 인출하였으므로, 원고에게 불법행위로 인한 손해배상의 책임이 있다고 주장하였다. 이에 대하여서 피고는 관리비 등 용도로 원고를 위하여 정당하게 지출한 돈이었고, 피고는 원고에 대한 대여금채권이 존재하고 이를 변제받은 돈이 포함되어 있으므로 이 부분이 공제되어야 한다고 주장하였다. 이와 관련된 소송은 대법원까지 진행되어 주위적 청구에 대해서는 원고의 청구를 기각하는 것으로 확정되었고, 예비적 청구로서의 피고의 손해배상책임을 일부 인정하고, 다만 피고의 손해배상책임금액과 피고가 주장하는 공제금액에 대해서 다시 판단하기 위하여서 파기환송을 하였다.

환송 후 원심에서는 원고의 예비적 청구를 일부 인용하였는데, 이에 대하여서 원고는 피고에 대하여 손해배상채권이 있고, 피고의 원고에 대한 대여금 채권 등의 채권이 존재하는 경우 위 채권과 대등액에서 상계한다고 주장하였다. 즉, 피고의 상계항변의 주장에 대하여서 상계의 재항변을 한 것인데, 환송 후 원심의 판단에서는 상계의 재항변 자체가 아니라 원고가 주장하는 상계의 자동채권, 즉 손해배상채권의 존재를 인정하기가 어렵다는 이유로 원고의 주장을 받아들이지 않았다.

2. 원고의 상계의 재항변에 대한 대법원의 판단

원고의 상계의 재항변에 대하여서 대법원은 다음과 같이 설시하였다. 일단 상계항변의 본질에 대해서 소송상 방어방법으로서의 상계항변은 일종의 예비적 항변으로서 소송상 상계의 의사표시에 의해 확정적으로 그 효과가 발생하는 것이 아니라, 당해 소송에서 수동채권의 존재 등 상계에 관한 법원의 실질적인 판단이 이루어지는 경우에 비로소 실체법상 상계의 효과가 발생하는 것으로 보았다. 따라서 이러한 피고의 소송상 상계의 항변에 대하여서 원고가 다시 피고의 자동채권을 소멸시키기 위하여 소송상 상계의 재항변을 하는 경우, 법원이 원고의 소송상 상계의 재항변과 무관한 사유로 피고의 소송상 상계의 항변을 배척하는 경우에는 소송상 상계의 재항변을 판단할 필요가 없고,[4] 피고의 소송상 상계항변이 이유있다고 판단하는 경우에는 원고의 청구채권인 수동채권과 피고의 자동채권이 상계적상 당시에 대등액에서 소멸한 것으로 보게 될 것이므로 원고가 소송상 상계의 재항변으로써 상계할 대상인 피고의 자동채권이 그 범위에서 존재하지 아니하는 것이 되어 이때에도 역시 원고의 소송상 상계의 재항변에 관하여 판단할 필요가 없게 된다.[5]

---

4) 이러한 점은 결국 소송상 상계의 재항변도 전술한 소송상 상계항변과 같이 수동채권, 즉 피고의 소송상 상계에 따른 자동채권의 존재에 대한 실질적인 판단이 이루어지는 경우에만 비로소 실체법상의 효과를 낼 수 있는 것으로 보고 있는 것이다. 즉 양자는 예비적 항변이라는 점에서는 그 본질상 크게 다르지 않는 것으로 판단하고 있다.

5) 이러한 점은 결국 이른바 예비적 항변으로서의 피고의 소송상 상계항변과 원고의 소송상 상계의 재항변이 서로

이와 같은 판례의 설시는 결국 원고의 소송상 상계의 재항변에 대하여서 이를 실체법적으로 판단하여 보아도, 피고의 소송상 상계항변이 인정되지 않는 경우에는 이를 조건으로 한 원고의 소송상 상계의 재항변의 실체법적 효력, 즉 수동채권을 소멸시키는 효력이 발생하지 않는 것이고, 피고의 소송상 상계항변이 인정되는 경우에는 원고의 상계의 재항변을 통해서 소멸의 효과를 발생시키려 하는 피고의 자동채권이 소멸하게 되어서, 원고의 상계의 재항변은 소멸시키려는 피고의 채권이 이미 존재하지 않는 것이 되어 실체법적으로 무의미하다는 것을 설명하고 있다.

또한 이러한 자동채권과 수동채권의 소멸과 관련된 논증에 부가하여서 대법원은 판시사항에서 원고가 소송물인 청구채권 외에 피고에 대하여 다른 채권을 가지고 있다면 소의 추가적 변경에 의하여 그 채권을 당해 소송에서 청구하거나 별소를 제기할 수 있으므로 원고의 소송상 상계의 재항변은 일반적으로 이를 허용할 이익이 없다고 보고 있다. 즉, 앞서 언급한 소송상 상계항변의 실체법적 효력과 관련된 논증에 더하여서 소송법적으로도 이러한 원고의 재항변을 허용할 이익이 없다고 판단하고 있는 것이다.

이러한 의미에서 우리 대법원은 원고의 소송상 상계의 재항변을 인정하지 않는 것으로 결론을 내리면서 이를 두 가지 관점, 원칙적으로는 소송상 상계항변이 가지고 있는 채권의 소멸이라는 실체법적인 관점과 부가적으로 원고의 소송상 상계의 재항변을 위한 자동채권은 이를 일반적으로 당해 소송이나 별소에서 구할 수 있으므로 소송상 인정할 이익이 없다는 소송법적인 관점을 이유로 들고 있다.

Ⅲ. 소송상 상계항변의 특징 및 상계의 재항변의 문제

앞서 언급한 바와 같이 상계권을 소송상 행사하는 경우 이는 이른바 출혈적 항변이기 때문에 다른 항변사유가 모두 인정되지 않은 경우에 피고의 최후적, 예비적 항변으로 기능한다. 또한 다른 항변과 달리 이러한 소송상 항변의 가부가 당해 소송 내에서 실질적으로 판단된 경우 우리 민사소송법은 원칙적으로 소송물에 대해서만 기판력을 인정하는 것에서 이를 확장하여서 상계항변에 대해서도 예외적으로 기판력을 인정하고 있다.6)

소송상 상계항변에 대해서 판결의 이유 중 판단임에도 불구하고 기판력을 인정하는 이유에 대해서 상계에 쓰인 자동채권의 존부에 대하여 사후에 다툼이 생기는 경우 전소의 판결결과에 사실상 영향을 주게 되어 이중의 분쟁이 유발되는 것을 방지하려는데 있다고 보고 있

주장된 경우, 피고의 소송상 상계항변을 우선적으로 판단한 후, 원고의 소송상 상계의 재항변을 판단하여야 한다는 것, 즉 이러한 상계항변들에 대한 판단순서를 간접적으로 설시하고 있는 것으로 볼 수 있다.

6) 우리 민사소송법 제216조 제2항.

다.[7] 즉, 자동채권이 존재하지 않는다는 이유로 피고의 상계항변을 배척하고 원고의 청구를 인용하는 판결이 내려진 경우에 피고가 이후에 별소로 자동채권을 청구할 수 있다면 이는 사실상 전소판결의 결과를 흔들게 되는 것이기 때문에 부당하고, 또한 피고의 자동채권의 존재가 인정되어서 피고의 상계항변이 인정되는 경우에, 피고가 원고의 청구를 기각하는 판결이 있는 후에도 피고가 전소와는 소송물이 다르다는 것을 이유로 후소에서 이미 상계항변으로 이용한 자동채권을 소구할 수 있다면, 이는 결국 원고의 청구에 관해 이미 해결된 분쟁이 피고의 자동채권의 존부에 관한 분쟁으로 옮겨 지게 되어 판결에 의한 해결이 무의미해진다고 보는 것이다.[8]

그러나 판결이유 중의 판단에 불과한 상계항변에 이러한 기판력이 인정되기 위해서는 피고의 자동채권의 존부 여부가 당해 소송에서 실제적으로 법원에 의하여 판단되어야 한다. 그러나 피고의 상계항변이 원칙적으로 예비적 항변임을 인정하는 전제하에서 피고의 소송상 상계항변에 대하여서 원고가 자신의 원래의 청구를 인용시키기 위해서 다시 피고의 자동채권을 자신의 소구채권과 다른 별개의 채권을 통해서 상계로써 소멸시키고자 하는 경우에도 이를 인정할 것인가, 인정한다면 상계항변의 기판력은 어디까지 인정할 수 있을 것인가, 또한 기본적으로 원고의 상계의 재항변은 결국 피고의 상계항변을 통하여서 자신의 소구채권이 인정되지 않는 경우에 대비하기 위하여 하는 또 다른 내지 추가적인 의미의 예비적 항변이라고 할 수 있는데, 피고의 상계항변도 원고의 소구채권이 인정되는 것에 대비하기 위한 예비적 항변이며, 원고의 상계의 재항변도 다시 피고의 상계항변이 인정되는 경우에 대비하기 위한 예비적 항변이라면 도대체 양자의 상계주장 중 어느 것을 우선적으로 판단하여서 결정을 하여야 하는가라는 여러 가지 복잡한 문제를 발생시키게 된다.

이와 함께 원고의 상계의 재항변을 인정한다고 하더라도 피고의 상계항변과 원고의 상계의 재항변 중 어느 것을 우선적으로 판단할 것인가가 매우 중요한 의미를 가지게 된다. 만약 원고의 소구채권의 존재가 인정된다고 하더라도, 피고의 상계항변의 효과가 즉시로 발생하지 않고, 즉 피고의 자동채권이 원고의 소구채권의 인정과 함께 바로 소멸되지 않는다고 본다면,

7) 오수원, "상계항변의 기판력", 민사법연구 제2집(1993), 300.

8) 그러나 개인적으로는 상계항변이 인용된 경우 피고가 자동채권을 또다시 소구하여서 상계의 상대방이 불이익해지는 경우가 가능하다는 것이 상계항변에 기판력을 인정하는 더욱 중요한 이유라고 생각된다. 이에 관해서는 우리 판례도 마찬가지로 이러한 점을 상계항변의 기판력을 인정하는 중요한 이유로 보고 있다. 즉 대법원 2005. 7. 22. 선고 2004다17207 판결에서는 "상계주장에 관한 판결 이유 중의 판단에 기판력을 인정하는 취지는 만약 이를 인정하지 아니하면 전소 판결에서 상계의 항변에 대한 판단을 전제로 원고 청구의 당부에 관한 판단이 이루어졌음에도 다시 그 상계의 자동채권을 소로써 구하는 별도의 소송을 제기함으로써 그 자동채권을 이중으로 이용하거나 전소 판결을 결과적으로 무의미하게 만들 우려를 방지하는데 있다. […]"고 판시하고 있다. 결국 이러한 상계항변에 기판력을 인정하는 이유는 피고의 상계항변의 상대방인 원고를 보호하기 위한 것이라고 볼 수 있다.

이러한 피고의 자동채권을 소멸시키고자 하는 원고의 상계의 재항변이 우선적으로 판단되어서 원고가 주장하는 소구채권이 인용될 수 있으나, 만약 원고의 소구채권이 존재한다고 보는 경우 피고의 상계항변을 그에 따라 우선적으로 판단해야 하는 것으로 본다면 피고의 자동채권이 원고의 소구채권과 대등액에서 소멸하게 되고, 원고의 상계의 재항변의 경우에도 상계로 소멸시킬 수동채권이 존재하지 않는 것이 되어, 상계의 요건자체를 충족시킬 수 없게 되기 때문이다. 이러한 문제에 대하여서는 일본과 독일도 학설과 판례에서 논의되고 있으며 특히 일본의 경우 이러한 쟁점에 대한 일본 최고재판소의 판결이 나온 이후에 원고의 상계의 재항변의 허부와 관련된 활발한 논의가 전개되었으므로, 이에 대하여 비교법적 검토를 통해 당해 문제에 대한 문제의식을 좀더 명확히 하도록 한다.

Ⅳ. 비교법적 검토 — 일본의 경우[9)]

1. 원고의 상계의 재항변의 허용여부에 대한 일본 최고재판소의 판결[10)]

원고의 상계의 재항변에 대하여서는 이를 명시적으로 논한 일본최고재판소의 판결 이후에 이러한 문제에 대한 다양한 견해가 주장되었는데 이에 관한 일본 최고재판소 판결의 사실관계 및 판시사항은 다음과 같다.[11)]

원고는 피고에게 금전의 대부를 하면서 이자를 선이자로 공제하고, 변제기에 대금의 일괄변제를 받으면서 다시 금전을 대부하는 것을 반복하고 있었는데, 당해 소송에서 원고는 피고에 대해 대금채권의 변제의 담보로서 발생된 어음채권을 목적으로 하는 준소비대차계약상의 채권의 지급을 구하였다. 이에 대하여서 피고는 선이자로 공제된 이자가 이자제한법 소정의 제한이율을 초과한다는 것을 이유로 초과이자분 상당액의 부당이득반환채권을 갖는다고 주장하고, 이 채권을 자동채권으로 하여서 소송상 상계의 항변을 주장하였다. 이에 대하여 원고는 피고에 대해 갖는 별개의 어음채권을 자동채권으로 하여서 이러한 피고의 상계주장의 근거인 자동채권으로서의 부당이득반환채권을 대등액에서 상계한다는 취지의 소송상 상계의 재항변을 주장하였다. 제1심 판결은 청구채권의 전액이 상계에 의해 소멸되었다는 이유로 원고의 청구를 기각하였고, 이에 대하여 원심판결은 먼저 원고의 상계의 재항변에 의하여 부당이득반환채권의 일부가 소멸하였고, 일부 소멸 후 남은 잔액을 자동채권으로 하여 원고의 소구채권과의 상계를 인정하였고, 이를 이유로 원고의 청구를 일부 인용하였다. 이에 대하여 피고가 소송상 상계의 재항변은 부적법하다는 이유로 상고를 제기하였고, 최고재판소는 이러한 피고의 주장

9) 일본법의 내용에 대해서는 주로 김상수, "피고의 동시이행항변권에 대한 원고의 상계의 재항변 — 일본법을 소재로", 판례실무연구 Ⅷ(2006), 179 이하; 권혁재(주 3), 5 이하 참조.

10) 最高裁判所 1998. 4. 30, 判例時報, 1637号, 3頁.

11) 일본 최고재판소 판결의 사실관계에 대해서는 김상수(주 9), 190 이하.

에 대하여서 이러한 상계의 재항변은 부적법한 것으로 허용할 수 없다고 판단하였다.

그 근거로서 최고재판소는 다음의 3가지를 이유로 들고 있다.[12] 첫째, 소송 외에서 상계의 의사표시를 한 경우에는 상계의 요건이 갖추어진 한 그에 따라 확정적으로 상계의 효과가 발생하므로 이를 재항변으로 주장할 수 있지만, 소송상의 상계의 의사표시는 상계의 의사표시가 이루어짐으로써 확정적으로 그 효과가 발생하는 것이 아니고, 당해 소송에서 법원에 의해 상계의 판단이 내려지는 것을 조건으로 실체법상의 상계의 효과가 발생하는 것이므로, 상계의 항변에 대해 다시 상계의 재항변을 주장하는 것을 허용한다면 가정 위에 가정이 쌓여져 당사자간의 법률관계를 불안정하게 하고, 쓸데없이 심리의 착잡을 초래하는 것이 되어 상당하지 않다고 보았다. 둘째로 원고가 소송물인 채권 이외의 채권을 피고에 대하여 갖고 있다면 소의 추가적 변경에 의해 위 채권을 당해 소송에서 청구하던가, 또는 별소를 제기함으로써 위 채권을 행사할 수 있고, 가령 위 채권에 관해 소멸시효가 완성된 것과 같은 경우라도 소송 외에서 위 채권을 자동채권으로 하여 상계의 의사표시를 한 다음, 이를 소송에서 주장할 수 있으므로, 위 채권에 의한 소송상의 상계의 재항변을 허용하지 않는다고 하여도 각별히 불리하지 않다고 보았다. 마지막으로 일본 민사소송법 제114조 제2항[13]의 규정은 판결의 이유 중의 판단에 기판력을 발생시키는 유일한 예외를 정한 것이라는 의미에서, 동 조항의 적용범위를 무제한적으로 확대하는 것은 바람직하지 않다고 판단하고 있다.

2. 당해 최고재판소 판결에 대한 학설상 논의

당해 판결의 의미에 대해서는 이에 대한 연구를 담당했던 조사관해설[14]을 살펴보는 것이 당해 판결의 의미와 사정범위를 알 수 있는 가장 확실한 방법이 될 것이다. 이에 따르면 소송상 상계의 주장은 법원에 의하여 판단될 것을 정지조건으로 실체법상의 효과가 발생한다고 해석하는 것이 통설이라고 보고 있다.[15] 즉 실체법상 상계의 효과의 발생과 관련하여서 소송행위로서의 상계의 효력이 발생하는 것을 정지조건으로 하고 있는 것으로, 소송상 상계의 의사표시라는 것은 결국 조건부 의사표시로 볼 수 있고, 따라서 변론에서 소송상 상계의 주장을 하는 것만으로는 상계의 실체법상의 효과는 생기기 않는 것으로 보고 있다. 이러한 소송상 상계의 본질에 따라서 피고의 소송상 상계항변과 원고의 소송상 상계의 재항변에 관한 학설을 살펴보면 크게 항변우선설, 재항변우선설, 그 외 상계 재항변 부적법설 등을 생각할 수 있다고 한다.[16]

---

12) 김상수(주 9), 190 이하.

13) 우리 민사소송법 제216조 제2항에 대응하는 규정으로 상계항변의 기판력을 인정하고 있는 조문이다. 일본 민사소송법 제216조 제2항의 연혁적 발전에 대해서는 김상수(주 9), 186 이하 참조.

14) 長澤幸男, 法曹時報 52卷 6号(2000), 175頁 以下.

15) 우리 대법원의 판례상의 견해도 정지조건설로 볼 수 있다는 견해로 권혁재(주 3), 36.

16) 이외에도 소송상 상계의 경우 상계의 의사표시의 도달이 빠른 것부터 효력이 발생한다는 의사표시설, 상계적상

항변우선설에 따르면 소송상 상계는 항변, 재항변의 순서로 효력을 발생한다는 것으로, 법원은 피고의 상계항변의 자동채권이 존재하는 때에는 원고의 재항변에 따른 자동채권이 존재한다고 하더라도 우선 피고의 자동채권에 의해 수동채권인 원고의 소구채권을 상계하여야 한다고 본다. 이에 대하여서 재항변우선설은 소송상 상계는 반대로 재항변, 항변 순서로 효력을 발생한다는 것으로, 법원은 항변과 재항변의 자동채권이 존재하는 경우에는 우선 원고의 재항변을 위한 자동채권으로 피고의 상계항변의 자동채권을 상계하고, 그 잔액으로 원고의 청구채권과 상계하여야 한다는 것이다. 앞의 견해들이 일응 원고의 상계의 항변 자체는 적법하다는 것에 기초한 것인데 비하여서 상계 재항변 부적법설은 원고의 소송상 상계의 재항변은 부적법하고 따라서 법원인 이를 일체 고려하지 않아야 한다는 견해이다.

각각의 견해에 대하여서 살펴보면 항변우선설에 의하게 되면 재항변 이하의 상계는 언제나 무의미해지게 된다. 왜냐하면 피고의 상계항변을 통하여서 자동채권이 소멸하게 되므로 상계의 재항변의 경우 수동채권이 부존재하여서 그 효력이 인정되지 않기 때문이다. 즉 원고의 상계의 재항변을 하기 위한 상계의 요건 중 수동채권의 존재가 인정될 수 없는 것이다. 따라서 원고의 상계의 재항변을 적법하다고 하면서도 항변우선설을 채택하는 경우 원고의 상계의 재항변은 항상 무의미해지게 된다.

재항변우선설에 의하면 소송상 상계는 정지조건부이고 원고의 상계의 재항변의 자동채권이 확정되는 경우에 비로소 피고의 상계항변의 자동채권, 즉 원고의 상계의 재항변의 수동채권이 확정되기 때문에 상계의 재항변이 상계항변의 선결문제가 된다고 보고 있다. 그러나 원고의 상계의 재항변은 피고의 상계의 항변이 인정되는 경우를 대비한 최후의 재항변이라고 보아야 하기 때문에 상계의 항변이 오히려 상계의 재항변의 선결문제라고 보아야 한다는 비판이 있을 수 있다. 마지막으로 상계재항변 부적법설은 상계항변에 대하여 소송상 상계의 재항변을 인정하게 되면 양 상계의 효력에 대한 우열관계 판단에 따라서 복잡한 혼란이 일어날 수 있으므로 상계의 재항변의 경우 소송법상 부적법하다고 보는 것이다. 이는 당해 최고재판소 판례가 채택하고 있는 견해로서, 소송상 상계의 항변이 이미 가정적인 항변인데 이에 대하여서 다시 가정적인 주장인 소송상 상계의 재항변이 중첩되면 당사자간 법률관계의 불안정과 심리의 착잡함을 초래한다는 것이다. 이러한 혼란을 피하기 위해서는 소송상 상계의 재항변 자체를 부적법한 것으로 해석하는 것이 가장 타당하다고 보아야 한다는 것이다. 또한 소의 추가적 변경 또는 별소의 제기가 가능하다는 것을 근거로 소송상 상계의 재항변도 인정될 수 있는 것이 아닌가라는 반론에 대하여서 소의 추가적 변경 또는 별소의 제기가 있는 경우에는 변론을 분리하거나 변론을 병합하지 않는 것이 가능하지만 상계의 재항변이 주장된 경우에는 그와 같이

의 시점이 빠른 것부터 효력을 발생한다는 상계적상설 등을 추가적으로 들고 있다. 당해 최고재판소 판결의 원심이 이러한 의사표시설을 채용하여 판단하였다고 볼 수 있다.

할 수 없다는 점을 논거로 들고 있다.

이러한 최고재판소의 원고의 소송상 상계의 재항변에 대한 명시적인 판결이 나온 이후에 당해 판례와 관련된 다양한 주장이 제기되었지만 대체적으로 최고재판소의 판결의 결론에는 찬동하면서[17] 다만 그 논리구성에 대해서 지나치게 정책적인 판단에 치우쳤다는 비판을 하고 있다. 그 논리구성과 관련하여서 학설상의 주장을 간략하게 살펴보면, 일단 최고재판소의 판결의 이론구성과 관련하여서 법원이 소구채권과 반대채권이 모두 존재한다고 판단하고 상계에 의해 청구를 기각하는 경우 반대채권은 소구채권과 대등액에서 상계적상 발생시에 소급하여서 소멸하므로 결국 소송상 상계의 재항변의 의사표시는 효력이 발생하지 않는 것으로 보아야 하고, 이러한 실체적인 이유에 의하여 원고의 소송상 상계의 재항변이 부적법하게 된다고 보아야 한다는 점을 강조하는 견해가 있다.[18] 이에 대하여서 당해 최고재판소의 판결은 상계의 항변이 예비적 항변이라는 점을 들어 아직 피고의 소송상 상계의 항변의 효과가 생기지 않은 것으로 보고 있으나, 상계의 항변은 오히려 해제조건부로 보아야 하고, 따라서 상계의 효과가 아직 유동적인 상태에 있는 것은 아니라고 보는 견해도 존재한다. 즉, 원고의 상계항변과 관련하여서 피고에 의한 상계항변과 관계없이 원고가 상계의 재항변을 주장하여서 피고의 상계항변을 저지하는 것은 생각하기 어렵고 따라서 실무상 상계의 재항변에 대한 판단은 상계항변에 대한 판단 뒤에 하게 되므로, 상계항변 자체가 이유가 있으면 재항변은 의미가 없게 되나, 이러한 실체적인 관점에 따른 결론 자체가 최고재판소가 소송법적으로 상계의 재항변을 부적법하다고 보는 결정적인 근거는 되지는 않는다고 보는 것이다. 그러나 이러한 반론에 대하여 상계의 재항변, 재재항변들이 계속된다면 무한히 조건이 중첩되는 결과가 발생할 수 있고, 상계의 재항변에 대하여 심리하기 위해서는 소구채권, 자동채권의 존재 확인에 더하여서 두 채권의 상계적상이 긍정될 때에 비로소 인정될 수 있으며 거기에 더하여서 자동채권과 재항변의 자동채권의 상계적상뿐 아니라 상계의 의사표시의 우열여부에 대하여서도 심리, 판단하여야 하므로 절차의 지연을 피할 수 없게 되고 원고의 소송상 상계의 재항변을 부적법하다고 판단하더라도 원고의 이익보호에 크게 지장을 초래하지 않으므로, 원고의 상계의 재항변은 소송법상 허용될 수 없는 것이라고 보는 견해가 있다.[19]

이와 관련하여서 최고재판소의 판결은 소송상 상계의 실체법적인 효과에 대하여서 법원의 판단을 정지조건으로 하여 발생하는 것을 전제로 하고 있고, 이에 대하여서 정지조건설은 해제조건설과는 달리 이론적으로는 상계의 재항변 적법설과 연결될 수 있다는 점을 지적하면서 정지조건설에서는 법원의 판단이 있을 때까지는 상계의 항변, 재항변 등이 병존하는 것이 된

17) 김상수(주 9), 191.

18) 松本搏之, 月刊法學教室 216号(1998), 102頁 以下.

19) 즉, 이러한 이유로 최고재판소가 취한 소송법적인 이유를 근거로 한 원고의 상계의 재항변이 부적법하다는 견해를 지지하고 있다: 酒井一, 判例時報 1655号(1999), 230頁 以下.

다는 점을 지적하는 견해도 있다.[20] 만약 해제조건설을 따르게 되면 상계의 재항변이 의미를 가지는 것은 피고의 상계의 항변이 인정되는 경우이며,[21] 피고의 상계의 항변은 원고의 상계의 재항변에 대하여 심리의 순서상 우선하는 점에 비추어 볼 때 피고의 상계의 항변에 관하여 판단이 내려진다면 피고의 자동채권은 부존재하게 되고 따라서 상계의 재항변은 언제나 무의미하게 된다. 따라서 상계의 재항변이라는 것은 실체법적으로 항상 의미없는 항변이 되기 때문에 소송상 부적법해지는 것이라고 볼 수 있다. 그러나 정지조건설에 따르는 경우 상계의 재항변을 이론적으로 배제하는 것이 불가능해지고 따라서 소송정책적 고려를 통하여서 부적법하다고 할 수밖에는 없으므로 이러한 점에서 최고재판소의 결론 자체에는 동의할 수 있지만, 이를 도출해 내는 것을 이론적이 아니라 정책적 판단을 통해서 한 것은 성급한 결론이라고 주장하고 있다.

이에 대하여서 소송상 상계도 그 본질에 있어서 소송외의 상계와 다르지 않고, 민법상 상계에 다름이 아니라고 보면서 원고의 상계의 재항변의 수동채권, 즉 피고의 반대채권이 이미 소멸되어 원고의 상계의 재항변이 의미없게 된다는 것은 원고의 상계의 재항변이 이유 없게 되는 것이지, 부적법하다고 볼 수는 없다는 것에서 출발하는 견해가 있다.[22] 따라서 이는 소송법적으로 검토할 필요가 있다는 것이다. 소송상 상계의 재항변의 경우 결국 3개의 별개의 채권이 하나의 소송에서 심리되어 각각 그 채권의 존부에 대하여 기판력이 생기는 경우이므로 이에 대한 각각의 판단이 필요하게 된다. 만약 원고의 상계의 재항변에 대하여서 법원이 실체적인 판단을 하고 이러한 판결이 확정된 경우 일본 민사소송법 제114조 제2항이 적용되어서 원고의 상계의 재항변의 자동채권의 판단에 대하여서 기판력이 인정되고, 이는 실질적으로 원고가 소에 의한 청구와는 별개의 신청구를 추가하는 것과 같아지기 때문에 소송절차를 복잡하게 하고 그 진행을 저해하는 경우에는 허용되어서는 안된다고 보아야 한다는 것이다. 또한 당해 판결의 결론에 대해서 채권자가 아닌 채무자측에 상계충당권이 실체법상 인정되고 있는 것에 비추어 이러한 상계충당권을 실질적으로 보장하는 관점에서 설명하려는 견해도 제기된다.[23] 즉, 상계의 재항변을 우선시키는 것은 피고의 충당권을 무용지물로 돌리는 것이 되기 때문에 인정될 수 없다고 보는 것이다.

20) 本間靖規, ジュリスト 臨時増刊 1157(1999), 129頁 以下.
21) 해제조건설에 따라 해석하더라도 상계의 항변이 예비적 항변이라고 하는 성격이 변화되는 것은 아니다.
22) 中野貞一郎, 私法判例リマークス 19(1999), 132頁 以下.
23) 山本和彦, 民事訴訟法 判例百選 第3版(2003), 186頁 以下.

V. 비교법적 검토 — 독일의 경우

1. 서 설

독일 민사소송법 제322조 제2항[24]에서는 우리 민사소송법 제216조 제2항, 일본 민사소송법 제114조 제2항과 같이 피고의 상계에 관한 재판에서 기판력이 발생하는 것으로 규정하고 있다. 문제가 되는 원고의 소송상 상계의 재항변에 대해서는 독일 민사소송법도 특별한 규정을 마련하지 않고 있고, 다만 피고의 상계만을 예정하여서 그러한 상계에 대해서는 상계를 주장한 액수에 대하여서 기판력을 인정하는 규정만을 마련하고 있다. 그러나 우리 민사소송법이나 일본 민사소송법과 달리 피고의 상계항변에 대해서 독일 민사소송법은 특별한 규정을 추가적으로 마련하고 있다. 즉, 피고의 상계항변과 관련하여서 독일 민사소송법 제145조 제3항[25]에서는 당해 소송과 피고의 상계항변을 분리하여서 변론할 수 있도록 하고 있으며, 또한 독일 민사소송법 제302조에서는 피고가 상계의 항변을 한 경우에도 원고의 소구채권에 대해서만 판결을 할 수 있을 정도로 성숙된 경우에는 상계주장에 대한 판단을 유보한 채 원고의 소구채권에 대한 판결을 내릴 수 있는 이른바 유보판결이 가능하도록 규정하고 있다.[26] 즉, 피고의 상계 주장에 의하여서 원고의 청구에 대한 소송이 지연될 수 있는 가능성이 있는 경우, 소송지연의 목적으로 피고의 상계항변이 주장되는 경우를 차단할 수 있는 법률상 규정을 따로 마련하고 있는 것이다. 그러나 이러한 피고의 상계항변이 남용될 수 있는 경우에 대한 제한규정을 마련하고 있다는 점 외에는 원고의 상계의 재항변의 주장과 관련하여서 일본, 한국의 경우와 규정상 큰 차이점은 존재하지 않는다.

---

24) 독일 민사소송법 제2항에 따르면 피고가 반대채권에 의한 상계를 주장한 경우 반대채권이 존재하지 아니한다는 재판은 상계를 주장한 액수에 한하여 기판력을 가진다고 규정하고 있다: 독일민사소송법의 번역 및 내용에 대해서는 법무부 편, 민사소송법 번역집(독일), 2019 참조.

25) 독일 민사소송법 제145조 제3항:
피고가 본소에서 주장된 채권과 법률상 관련이 없는 반대채권으로써 상계를 주장한 경우에 법원은 본소와 상계에 대하여 분리하여 변론하도록 명할 수 있다. 이 경우 제302조의 규정을 적용하여야 한다.

26) 독일 민사소송법 제302조(유보판결)
(1) 피고가 반대채권의 상계를 주장한 경우, 원고의 청구채권에 관한 변론만이 판결을 할 수 있을 정도로 성숙한 때에는 법원은 상계에 관한 판단을 유보하고 그 재판을 할 수 있다.
(2) 전항의 판결에서 유보를 하지 않은 때에는 제321조의 규정에 따라 판결의 보충을 신청할 수 있다.
(3) 상계주장에 관한 판단을 유보하고 선고한 판결은 상소와 강제집행에 있어서 종국판결로 본다.
(4) 판단이 유보된 상계에 관해서는 소송이 계속된다. 이후의 절차에서 원고의 청구가 이유없었다는 것이 밝혀지는 경우에는 이전의 판결을 취소하고, 원고의 청구를 기각하며, 소송비용에 관해서 달리 재판을 한다. 원고는 판결의 강제집행으로 말미암아 또는 강제집행을 면하기 위하여 한 급부로 말미암아 피고에게 발생한 손해를 배상할 의무가 있다. 피고는 계속된 소송에서 손해배상을 청구할 수 있다. 피고가 그 청구를 한 경우, 그 청구는 피고가 지급 또는 급부를 한 시점에 소송계속이 된 것으로 본다.

독일의 경우에도 피고의 상계의 주장은 소송상뿐 아니라 소송 외에도 가능하다는 점은 모두 동일하며, 양자 모두에 상계에 따른 기판력이 인정된다는 점도 동일하다고 본다.[27)]

2. 독일법에 있어서 소송상 상계의 의미

우리 민사소송법에 있어서 소송 외에서 상계의 의사표시를 하고, 이를 소송상 주장하는 것과 소송 내에서 피고가 원고의 청구에 대하여 상계의 의사표시를 하는 것은 기본적으로 그 성질을 구별하여 판단하고 있다. 즉, 소송상 상계의 항변에 대하여 그 성질에 관하여서 사법행위설, 소송행위설, 신사법행위설 등이 주장되고 있으며 소송상 상계권 행사와 관련하여서도 그 법적 성질을 실체법 규정에 따라서 그 법적 효과가 발생하게 됨을 전제로 소송상 상계항변이 가지고 있는 특수성에 따라서 이를 일부 수정하려는 신사법행위설이 통설적으로 인정되고 있다.[28)] 이에 대하여서 독일법에서는 소송상 상계와 소송 외의 상계를 구별하고 있는지, 구별하고 있다면 우리 민사소송법상의 논의와 같은 소송상 상계의 성질에 대한 논의가 있는지 등이 문제가 될 수 있다.

기본적으로 소송상 상계라고 하더라도 이는 이른바 사법적인 형성권의 행사이므로 그 요건과 효과에 있어서는 상계의 요건 및 효과를 규정하고 있는 독일민법 제387조 이하가 적용되는 것으로 보고 있다.[29)] 즉, 그 결과로서의 효과에 대해서는 소송상 상계의 경우와 소송 외 상계의 경우를 구별할 필요가 없는 것으로 보고 있다.[30)] 그러나 소송상 상계의 성격과 관련하여서는 이를 하나의 행위로서 실체법에 따른 의사표시와 소송법적인 상계항변의 주장이 함께 존재하는 것으로 보고 있다.[31)] 다만 상계의 의사표시 및 그 효과를 상계를 규정하고 있는 실체법인 독일민법에 따른다고 본다면, 즉 소송상 상계의 경우에도 이는 상계권 행사의 원용에 그치는 것이고 이를 소송상 주장하는 상계주장만이 소송상 행위라고 본다면 소송상 상계에서 인정되는 조건부, 예비적 항변으로서의 상계항변을 어떻게 파악할 수 있는가가 문제가 될 수 있다. 이와 관련하여서는 우리 민사소송법상의 논의와 유사하게 이러한 예비적 항변으로서의 소송상 상계에 대하여서 적법한 소송 내의 조건이 붙은 소송행위로 보는 소송법설, 예비적 상계항변의 경우 소구채권의 존재가 그 법적 조건으로 붙어져 있는 상계로서 실체법적인 상계의 의사표시 외에 소송 내의 조건이 결부된 소송상 행위가 내재된 것이라고 보는 실체법설이 대립되고 있다.[32)] 이러한 견해와 달리 소송상 상계항변이 예비적인 것이라고 보더라도 이는 실

27) 김상일, "피고의 동시이행항변에 대한 원고의 상계재항변의 가부 및 기판력 인정여부 — 원고의 재상계에 관한 독일에서 판례와 학설을 중심으로", 이화여자대학교 법학논집 제10권 제2호(2006), 각주 6 참조.

28) 권혁재(주 3), 32 이하.

29) 독일민법전의 번역과 내용에 대해서는 양창수 역, 독일민법전, 2021 참조.

30) Rosenberg/Schwab/Gottwald, Zivilprozessrecht, 17. Aufl., 2010, S. 564.

31) Schilken, Zivilprozessrecht, 6. Aufl., 2010, S. 201; Rosenberg/Schwab/Gottwald(주 30), S. 565.

32) Rosenberg/Schwab/Gottwald(주 30), S. 565 ff.

체법설에서 말하는 것과 같은 일정한 조건이 결부된 것이 아니라는 반론도 존재한다.[33] 즉, 독일민법 제388조의 경우 우리 민법 제493조 제1항의 경우와 같이 상계의 의사표시를 조건부 내지 기한부로 하는 것을 금지하고 있다. 실체법설에 따르면 예비적 상계를 인정하면서도 이는 소송상 조건이 결부된 것으로, 예외적으로 허용되는 것으로 보고 있는 반면, 소구채권이 존재한다는 것은 상계에 있어서 유효요건이므로 진정한 의미에서의 조건이 존재하는 것은 아니며 이는 미래의 불확정적 사실에 기한 것이 아니라 논리적 전제로서의 사실을 의미하는 것이므로 독일민법 제388조 상의 조건부 상계금지의 경우에 해당하지 않는다고 보는 것이다. 또한 소구채권의 존재여부에 대한 법원의 판단에 따라 소송상 상계의 효력이 결정되도록 하는 것은 기본적으로 그 법적 효과의 발생을 이에 상응하는 인식에 종속되게 하는 것으로서 방법론적으로도 적절하지 않다고 보고 있다. 결론적으로 소송상 상계로서의 예비적 상계도 그 본질에 있어서는 무조건적인 상계라고 보는 것이다.

3. 독일법에 있어서 원고의 상계의 재항변에 관한 논의

원고의 상계의 항변과 관련하여서 독일법에서는 이를 상계의 의사표시를 한 시기를 기준으로 하여서 2가지로 분리하여서 설명하고 있다. 첫째는, 원고가 피고의 소송상 상계를 주장하기 전에 이미 자신이 상계권을 행사하고 이를 소송상 주장하는 경우이다. 이러한 경우 원고의 상계의 주장에 대해서 법원은 판단해야 하며 피고의 상계주장을 위한 피고의 자동채권이 원고의 상계에 의하여 이미 소멸되었기 때문이라고 보고 있다.[34]

문제가 되는 것은 피고의 소송상 상계항변 후 원고가 이에 대한 상계의 재항변을 하는 경우이다. 이에 대하여서는 다양한 견해가 주장되고 있지만 통설적인 견해는 이러한 원고의 상계의 재항변은 기본적으로 소송상 고려되지 않는 것으로 보고 있다.[35] 이러한 판단에 대한 근거는 피고의 상계의 항변이 유효하기 때문에 이미 원고의 소구채권은 소멸한 것으로 보아야 하고, 따라서 이를 위한 원고의 상계의 재항변은 의미가 없으며, 또한 상계의 실체법적인 효과에 관한 규정인 독일민법 제389조에 따라서 소급효가 인정되기 때문에 피고의 상계항변의 주장이 우선적으로 판단되어야 한다고 보는 것이다.[36] 이에 대한 반대견해로 원고의 상계의 재항변도 가능하다는 견해가 존재하고, 예비적 항변으로서의 상계의 경우에는 그 실체법상의 효

33) Schilken(주 31), S. 201; Rosenberg/Schwab/Gottwald(주 30), S. 567.

34) BGH, NJW 1071, S. 800; Musielak/Stadler, 11. Aufl., 2014, § 145 ZPO, Rn. 19; Stein/Jonas/Leipold, 22. Aufl., 2005, § 145 ZPO, Rn. 29.

35) Stein/Jonas/Leipold, 22. Aufl., 2005, § 154 ZPO, Rn. 29; Musielak/Stadler, 11. Aufl., 2014, § 154 ZPO, Rn. 19; Zöller/Greger, 29. Aufl., 2012, § 154 ZPO, Rn. 12; Thomas/Putzo, ZPO, 32. Aufl., 2011, § 154 ZPO, Rn. 29.

36) Stein/Jonas/Leipold, 22. Aufl., 2005, § 154 ZPO, Rn. 29; Zöller/Greger, 29. Aufl., 2012, § 154 ZPO, Rn. 12.

과로서의 소급효가 발생하지 않았거나 또는 소송상 고려되어서는 안된다는 점을 그 근거로 들고 있다.[37] 그러나 이에 대하여서 통설에서는 만약 원고의 상계의 재항변을 인정한다면 이는 이른바 정지조건부 상계항변이라고 보아야 할 것이고 이는 상계항변을 통하여서 유동적인 상태를 만들어 내게 되는 것으로서 피고에게 예측하지 못한 불이익을 야기할 수 있다는 점을 근거로 비판하고 있다. 또한 피고가 소송상 상계항변을 통하여서 유동적인 상태를 만들어 낸 것 자체는 원고가 상계의 재항변을 통하여서 이에 대하여 일정한 영향을 끼칠 수 있도록 한다는 의미가 아니라, 오히려 원고의 소구채권이 존재하지 않거나 또는 이에 대하여 판단되지 않았음에도 불구하고 피고의 자동채권이 행사되어 종국적으로 소멸되는 것을 막기 위한 목적으로 만들어 낸 것이고, 따라서 이는 이른바 해제조건부 의사표시로 보아야 한다고 보고 있다.[38]

Ⅵ. 우리법상의 논의 및 검토

1. 서 설

우리법과 관련하여서 원고의 상계의 재항변에 대하여서 이를 허용하지 않는 우리 대법원 판례의 견해에 대해서는 대체적으로 이를 찬성하는 견해가 다수이다.[39] 그러나 이를 어떻게 이론구성할 것인가에 관하여서는 견해가 나누어지고 있다. 크게는 원고의 상계의 재항변의 경우 이를 소송법적인 측면에서 허용하지 않아야 한다는 견해[40]와 실체법적인 의미에서 이를 허용할 수 없다는 견해로 나누어서 살펴 볼 수 있을 것이다.

2. 각 접근방법에 따른 이론 구성

기본적으로 일본의 학설과 판례, 독일의 학설 및 판례에서도 원고의 소송상 상계의 재항변은 인정되지 않는 것으로 보고 있다. 우리법상의 논의도 적어도 소송상 상계의 재항변을 허용하는 논의는 보이지 않는다. 따라서 이를 어떻게 이론 구성할 것인가의 문제만이 남게 된다.

일단 소송상 상계의 재항변에 대하여서 이를 원고가 주장할 수 있으나 이러한 주장이 이유 없는 것이 아니라, 부적법하다는 견해, 즉 소송법상 허용될 수 없다는 견해를 상정할 수 있다. 특히 소송상 상계의 주장에 대하여서 이를 정지조건설의 입장, 즉 상계항변에 관한 법원의

37) Braun, ZZP 89 (1976), S. 97 ff.; Pawlowski, ZZP 104 (1991), S. 269(이러한 견해에 대해서는 Stein/Jonas/Leipold, 22. Aufl., 2005, § 154 ZPO, Rn. 29에서 재인용).

38) Stein/Jonas/Leipold, 22. Aufl., 2005, § 154 ZPO, Rn. 29.

39) 주석민법, 채권총론(4), 제4판(2014), 595(조용구 집필부분): 일본의 최고재판소 판결을 소개하면서 이론상으로나 실무상으로 타당성과 필요성을 수긍할 수 있다고 보고 있다); 김세진, "소송상 상계의 항변에 대한 소송상 상계의 재항변의 허부", 법조 제718호(2016), 341 이하; 박동규, "소송상 상계의 재항변 가부 및 공동주택 하자관계책임들 상호간의 관계", 민사판례연구 [XXXVIII](2016), 847 이하.

40) 예를 들어 김세진(주 39), 343 이하.

판단이 있을 때까지는 상계의 효력이 발생하지 않는다는 입장에서 접근한다면, 피고의 소송상 상계의 항변에 대한 판단이 있기 전에 원고의 소송상 상계의 재항변이 주장된 것이므로 피고의 소송상 상계항변이 원고의 소송상 상계의 재항변보다 우선한다는 견해를 취하는 것이 반드시 논리적으로 그러해야 한다는 결론을 이끌어 내기는 어렵다고 보인다. 앞서 살펴본 바와 같이 일본 최고재판소가 들고 있는 원고의 상계의 재항변을 허용하지 않고 있는 3가지 이유설시는 다분히 이러한 소송법적인 근거에 기인하고 있다고 보인다.

이에 대하여서 실체법적인 이유에서 원고의 상계의 재항변이 인정되지 않는다는 점을 근거로 설명할 수도 있다. 즉, 소구채권에 대하여서 피고의 소송상 상계항변이 있으면 그것에 대해서 판단하는 것으로 족하고, 피고의 자동채권이 인정되지 않는다면 소송상 상계항변은 배척될 것이고, 자동채권이 인정되면 상계의 효력이 발생하여 대등액에서 소구채권이 소멸되게 되는 것이다. 어떠한 경우이든 피고의 자동채권은 존재하지 않게 되는 것이고 따라서 원고의 상계의 재항변에 있어서 수동채권은 존재하지 않기 때문에 소송상 상계의 재항변은 논리적으로 인정될 수 없다고 볼 수 있다. 물론 이러한 경우에도 소송상 상계의 주장을 정지조건설의 입장에서 본다면 실체법적으로도 이와 다른 결론에 이르게 된다고 생각할 수 있지만, 소송상 상계의 항변은 법원의 판단이 있을 때에 비로소 효력이 발생한다고 보는 경우에도, 소송상 상계의 재항변의 경우에만 그와 달리 법원에 대한 의사표시가 있으면 곧바로 효력이 발생한다고 보아야만 할 논리적인 이유는 존재하지 않는다고 할 것이다.

우리 판례의 경우 상계항변은 예비적 항변이고 소구채권의 존재에 대하여서 법원의 실질적인 판단이 이루어진 경우에 한하여, 또한 여러 항변 중 가장 마지막으로 판단되어야 하고, 이 경우에만 상계의 사법상 효력이 발생하게 된다고 보고 있다.[41] 그러나 이러한 점에 근거하여서 우리 판례 자체가 소송상 상계항변에 대하여서 정지조건설을 취하고 있다거나 또는 해제조건설을 취하고 있다고 보거나, 이를 기초로 소송상 상계항변과 소송상 상계의 재항변 중에서 어느 것을 우선하여 심리하여 판단하여야 한다고 판시하고 있다고 보기는 어렵다. 즉, 소송상 상계항변도 예비적 항변의 성격을 가지고 있고, 소송상 상계의 재항변도 소송상 상계항변에 대한 예비적 항변의 성격을 가지고 있는 것이라면, 반드시 소송상 상계의 재항변을 먼저 판단해 주어야 한다는 결론이 논리적으로 타당하다고 볼 수는 없고, 통상의 경우와 같이 항변, 재항변의 순서대로 심리한다고 하여서 특별한 논리적 오류가 있다고 할 수는 없을 것이다. 다만 이러한 순서대로 판단하는 경우 앞서 살펴본 바와 같이 상계의 재항변이 수동채권이 되는 피고의 상계항변의 자동채권이 존재하지 않게 되므로, 원고의 소송상 상계의 재항변은 이른바

41) 대법원 2013. 3. 28. 선고 2011다3329 판결: "소송상 방어방법으로서의 상계항변은 수동채권의 존재가 확정되는 것을 전제로 하여 행하여지는 일종의 예비적 항변으로서 […] 수동채권의 존재에 관한 법원의 실질적인 판단이 이루어지지 아니한 경우에는 그 소송절차에서 행하여진 소송상 상계항변의 사법상 효과도 발생하지 않는다고 봄이 타당하다."

언제나 그 의미가 없게 되는 결론에 이르게 된다.[42]

3. 사 견

기본적으로 소송상 상계라고 할지라도 기본적인 채권소멸의 효과는 실체법인 민법에 의하여서 인정된다는 것이 일반적인 견해라고 볼 것이다. 다만 법원에 대하여서 상계권 행사의 의사표시가 있다는 진술을 하였다는 점에서 소송행위로서의 성질을 함께 겸하게 되는 것이라고 보고 있다.[43] 여기서 특히 문제가 되는 것은 상계의 항변이 사법행위로서의 측면과 소송행위로서의 측면을 겸하여 갖게 된다고 하였을 때, 이는 피고의 예비적 항변으로서의 의미를 함께 가지게 되므로, 결국 원고의 소구채권에 대하여 법원의 실질적인 판단이 이루어지지 않은 경우, 예를 들어 당해 소가 취하되거나 각하된 경우, 또는 상계항변 자체가 실기한 공격방어방법이라는 이유로 각하되는 경우와 같이 소송법상의 효과가 인정되지 않는 경우에도 실체법상의 효과는 여전히 인정되어야 하는가가 문제가 되는 것이다.[44] 이러한 경우에도 최대한 상계항변의 사법상의 효과와 소송법상의 효과의 분리를 막고 동일하게 처리될 수 있도록 하는 것이 피고의 의사에도 일치하는 것이라는 판단에 따라 이른바 소송상 상계의 경우에 조건이 부가되어 있다는 점이 주장되고 있다.[45] 이를 가능하도록 하는 방법으로서 다양한 견해가 주장되고 있지만 대체적으로는 소송상 상계의 경우 법원의 상계에 관한 실체적 판단을 조건으로 그 상계의 효과를 인정하는 조건설이 다수설적인 견해로 인정받고 있다. 그러나 이 경우에 있어서 상계의 의사표시의 경우 일정한 조건과 결부되는 것을 금지하는 우리 민법 제493조 제1항이 문제가 된다. 이러한 조건부 상계의 의사표시를 어떻게 설명할 것인가와 관련하여서 많은 논의들이 주장되고 있고, 더 나아가 이러한 조건적 의사표시를 인정하는 것을 전제로 이를 정지조건부 의사표시로 볼 것인가, 아니면 해제조건부 의사표시로 볼 것인가에 대해서도 견해가 나누어져 있다.[46] 그러나 이러한 견해에 대해서 과연 이러한 조건을 진정한 의미에서의 조건으로 볼 수 있을 것인가에 대해서는 의문이다. 즉 피고의 상계의 항변은 소구채권에 대한 법원의 판단이 있어야 한다는 것을 조건으로 한다는, 진정한 의미에서의 조건과 결합된 상계의 의사표시로 보기보다는 원고의 소구채권이 존재하는 것으로 판단되는 경우에는 무조건적으로 상계한다는 의사표시로서 해석하는 것이 타당하다고 생각된다.[47] 즉, 예비적 상계의 경우 이는 미래의 불확정적인 사실에 따라 결정되는 것이 아니라, 오히려 소송상 채권의 존재 여부라는 이

42) 이와 같은 의미로 Stein/Jonas/Leipold, 22. Aufl., 2005, § 154 ZPO, Rn. 29.
43) 김상훈, "중복 소송상상계와 그 소송상 취급", 비교사법 제22권 제3호(2015), 1273 이하.
44) 주석민법, 채권총론(4), 제4판(2014), 590(조용구 집필부분).
45) 김상훈(주 43), 1274.
46) 해제조건설에 대해서 찬성하는 견해로 박동규(주 39), 841.
47) 이러한 견해로 Rosenberg/Schwab/Gottwald(주 30), S. 567; Schilken(주 31), S. 201.

미 결정된, 그러나 법원에 의해서 확인되고 인정되는 특정한 상황에 따라 결정되는 것이고, 따라서 예비적 상계의 경우 시간적으로 조건적이라고 보기보다는 소구채권이 존재하는가에 따라 그 효력이 발생하는 것으로, 소송상 채권이 존재한다고 판단되는 경우에는 즉시로 그 효력이 발생되는 것으로 보아야 한다. 만약 그렇지 않고 예비적 상계라도 그것이 어떠한 조건이나 또는 시간적인 정함 하에서 표시된 의사표시라면 이는 조건부, 기한부 상계를 금지하는 조항에 의하여서 무효라고 볼 수밖에는 없을 것이다.[48] 즉, 예비적 상계라도 본래적 의미에서의 조건부 의사표시가 아니며, 오히려 이를 진정한 의미의 조건부 의사표시로 본다면 이러한 조건부가를 금지하는 실체법 규정에 따라서 무효로 취급되어야 한다는 견해에 따른다면, 원고의 상계의 재항변의 경우에는 피고의 상계가 인정되는 것을 진정한 조건으로 하는 의사표시로 볼 수 있으며 따라서 이러한 조건과 결합된 원고의 상계의 의사표시는 실체법상으로 부적법한 것으로서 그 효과를 인정할 수 없다고 보게 된다.[49]

이러한 견해에 따를 때 문제가 되는 것은 그렇다면 피고의 소송상 상계에 있어서 이러한 상계주장이 소송법적인 이유로 받아들여지지 않은 경우 소송상 상계의 효과를 어떻게 처리할 것인가, 즉 이러한 경우에 이른바 소송상 상계가 가지고 있는 예비적 항변으로서의 의미를 어떻게 구현할 수 있을 것인가가 문제가 된다. 이러한 문제에 대해서는 소송상 상계의 이중적 성격, 즉 실체법상의 상계의 의사표시의 성격과 이러한 상계에 대해서 이를 소송상 주장한다는 성격을 모두 가지고 있으므로, 상계가 소송법적인 이유로 받아들여지지 않는다면 일부무효의 법리를 유추적용하여서 실체법적인 상계의 의사표시의 효과도 무효라고 보아서 해결할 수 있을 것이다.[50]

Ⅶ. 마 치 며

기본적으로 소송상 상계의 항변은 이른바 출혈적 항변이라는 점에서 예비적 항변으로서의 성격을 갖는 것으로 이해되고 있다. 이는 상계항변을 하는 피고의 자동채권이 무의미하게 이용되는 것을 막기 위하여서 상계의 실체법적인 효과와 소송법적인 효과가 그 운명을 같이 하는 것으로 논리구성을 하게 할 필요성이 발생하게 되었고, 이를 가능하게 하기 위하여서 많은 이론적 논의들이 이루어지게 되었다. 특히 소송상 상계의 항변이 있는 경우 그 실체법적인 효과가 유동적인 상태라는 점을 근거로 하여서 대상판결과 같은 원고의 상계의 재항변의 논의가 등장하게 된 것이다. 그러나 기본적으로 소송을 통해서 실체법적인 권리관계를 소송법적으로

48) 이러한 견해로 KG, BeckRS 2006, S. 3626.

49) 이러한 견해로 OLG Frankfurt a.M., NJW-RR 1997, S. 526 ff.

50) Rosenberg/Schwab/Gottwald(주 30), S. 570 f.; 이러한 견해를 소개하는 것으로 주석민법, 채권총론(4), 제4판(2014), 591(조용구 집필부분).

충분히 발현될 수 있도록 한다는 의미에서는 상계의 경우에도 실체법적인 규정들이 소송상 상계의 경우에도 최대한 동일하게 적용될 수 있도록 하는 법적 구성을 생각해 볼 필요가 있으리라 생각된다. 즉 소송상 상계도 소송외의 상계와 최대한 그 동일성을 유지할 수 있도록 할 이론적 필요성이 있다고 할 수 있다. 이러한 점에서 소송상 상계의 의사표시를 어떻게 해석할 것인가에 대한 기존의 통설적인 견해와 달리 소송상 상계와 소송 외의 상계를 동일하게 취급할 필요성이 제기될 수 있다. 특히 소송상 상계를 이른바 가정적, 조건적 의사표시로 보는 경우 이에 대하여서 피고의 소송상 상계에 대한 원고의 상계의 재항변, 이에 대한 피고의 상계의 재재항변과 같이 가정을 기초로 한 계속적인 가정이 쌓이게 될 수 있는 여지가 존재하고 이는 결국 일본의 최고재판소의 판결에서 적절하게 지적되고 있는 바와 같이 소송절차의 안정성이라는 점도 해치게 된다는 점을 쉽게 짐작할 수 있다. 따라서 이를 소송법적인 측면에서 해결할 필요성뿐만 아니라 실체법적인 측면에서 해결할 수 있는 새로운 접근이 필요하게 된 것이다. 이와 관련하여서 상계권 행사에 있어서 그에 대한 조건부가를 금지하는 실체법상의 규정들을 이러한 문제의 해결에 적극적으로 고려해 볼 수 있으리라 생각된다. 이와 관련하여서 문제가 되는 것은 그렇다면 소송상 상계가 가지고 있는 예비적 항변으로서의 측면을 어떻게 고려할 수 있을 것인가이다. 이러한 문제해결의 어려움 때문에 이른바 소송 내의 조건부가는 허용된다는 조건설이 등장하게 된 것이지만, 이는 앞서 언급한 바와 같은 일부무효의 법리를 활용하여서 어느 정도는 해결될 수 있다고 생각된다. 물론 이러한 경우에도 문제가 없는 것은 아니다. 즉, 이러한 논리를 관철하게 되면 우리 민법 제137조 단서의 규정과 같이 무효부분이 없더라도 당해 법률행위를 하였으리라고 인정되는 경우, 즉 당사자의 가정적 의사를 인정할 수 있는 경우에는 당해 법률행위의 효력이 인정됨으로써 이러한 가정적 의사의 존재여부를 당해 법원이 판단하여야 하고, 이에 따라서 소송상 상계의 실체법적 효력이 좌우될 수 있다는 문제가 발생하게 된다. 이는 소송절차의 안정이라는 점에서 동일하게 의문이 제기될 수 있다. 그러나 상계항변에 대해 조건설의 입장에서도 이러한 논리구성을 취하는 이유를 당사자의 상계항변과 관련한 의사를 최대한 소송에서도 관철시킬 수 있도록 해주는 것에서 찾고 있다. 그렇다면 당사자의 가정적 의사에 기하여서 그 효력여부를 결정하는 일부무효의 법리를 적용한다고 하더라도 당사자의 의사와의 일치라는 점에서는 크게 문제가 되지 않을 것이다.

기본적으로 피고의 상계항변이 예비적 항변이라는 이유로 이러한 항변에 따라 당해 소송에서 이른바 유동적인 상태를 만들어 내었다면, 이는 앞서 언급한 바와 같이 출혈적인 항변인 상계항변이 소구채권의 존재를 인정하는 법원의 판단이 내려지는 경우에 비로소 그 실체법적 효력이 인정되기를 원하는 피고의 의사를 고려해 주기 위해서이지 이러한 유동적인 상태를 이용하여서 원고가 자신의 소송상 상계의 재항변을 주장할 수 있도록 해주기 위해서가 아니다. 이를 막기 위해서 다양한 논리구성이 가능함은 앞서 일본법의 예에서 살펴보았다. 그러나 이론적으로는 이보다 한발 더 나아가 실체법적인 규정을 이용하여서 이러한 유동적 상태의 발생을 막고, 원고의 소송상 상계의 재항변의 여지를 인정하지 않는 방법도 생각해 볼 수 있다. 또한 이는 소송 외에서의 상계와 소송 내에서의 상계가 본질적으로 다른 것이 아니며 따라서 최대한 양자가 같이 취급될 수 있어야 한다는 점에서도 그 타당성을 인정할 수 있다고 생각된다.

상계항변의 경우 항변임에도 불구하고 그 기판력을 인정하는 소송상 특수성 및 예비적, 출혈적 항변이라는 특성을 소송 내에서도 구현하기 위하여서 실체법상의 규정과는 어느 정도 차이점을 인정하게 되었고, 이를 통해서 소송상 상계는 실체법적 의미와는 일정부분 유리되게 되었다. 그러나 소송법상의 특수성을 인정함과 함께 실체법적인 규정 및 의미가 실제 소송 내에서도 잘 구현될 수 있도록 할 필요는 언제나 존재한다고 생각된다. 소송상 상계가 하나의 예시가 될 수 있겠지만, 앞으로도 다양한 실체법적 제도들에 있어서 실체적 규정과 이를 구현하는 소송법 사이의 간격을 줄이는 이론적 노력이 필요하리라 생각된다.

동산 · 채권담보법의 운용과 개선방안에 대하여

남 효 순*

Ⅰ. 서　　론

전통적으로 중소기업의 금융시장은 부동산 담보대출을 중심으로 운영이 되어 왔고, 동산과 채권 등을 담보로 한 금융은 사실상 거의 이루어지지 않았다. 기존의 동산에 대한 담보권은 질권, 양도담보와 소유권유보부매매가 이루어져 왔지만 이들 제도가 갖는 단점으로 말미암아 활성화되고 있지 못한 형편이다. 우선 질권의 경우에는 점유질만 인정되고 점유개정에 의한 질권설정을 금지하고 있기 때문에(민법 제330조), 기업의 자산의 대부분인 생산기계, 원료, 제품 등에 대하여 질권을 설정하는 것이 애초에 불가능하다. 또한 이러한 문제점을 해결하기 위하여 거래계에서 활용되고 있는 양도담보는 생산기계, 원료, 제품 등에 대하여 점유개정에 의해서 양도담보권을 설정할 수 있지만, 반대로 채권자로서는 담보물이 흩어지는 위험에 노출되기 때문에 역시 활성화되지 못하였다. 이는 소유권유보부매매의 경우에도 마찬가지이다. 물론 1990년대 후반 금융위기를 겪으면서 기업의 효율적인 자금융통을 위하여 "자산유동화에 관한 법률"(이하 "자산유동화법"이라 한다)에 따른 유동화자산에 대하여 유동화증권을 발행하는 거래가 허용하였다. 그러나 자산유동화제도는 기업가 누구나 이용할 수 있는 일반적인 제도는 아니었다. 그 후 중소기업을 중심으로 매출채권, 기계류 등의 동산과 채권을 담보로 제공하여 자금을 융통할 수 있는 길을 열어달라는 거래계의 수요가 증가하였다. 또한 동산 및 채권담보제도의 재정비라는 세계적인 추세와 중소기업의 보유하고 있는 동산 및 채권에 대하여 공시방법을 갖춘 동산 및 채권담보권제도가 필요하다는 요청에 의하여, "동산 · 채권등의 담보에 관한 법률"(이하 동산 · 채권담보법)이 제정되어 2012. 6. 11부터 시행되기에 이르렀다.

동산 · 채권담보법은 기존의 동산과 채권에 관한 담보제도인 질권, 양도담보와 소유권유보부매매를 그대로 유지하면서, 추가로 등기라는 공시방법을 이용한 새로운 동산 · 채권담보권을 창설하는 것이다.[1] 그리고 그 밖에 동산 · 채권담보법은 선의취득, 물상대위, 등기, 담보권의

* 서울대학교 명예교수.

1) 지식재산권에 대하여는 기존의 등록질이 존재한다. 동산 · 채권담보법(제58조-61조)은 기존의 등록질에 담보등

실행방법, 인수주의의 채택, 담보권의 존속기간 등과 관련하여 기존의 제도를 수정하거나 또는 기존에 알지 못하는 새로운 제도를 신설하고 있다. 그럼에도 불구하고 동산·채권담보법이 시행된 지 10년이 경과하였지만, 여전히 금융시장에서는 동산과 채권 등의 기업자산에 대하여 담보를 설정하는 비중은 크지 않다고 한다. 과연 그 이유는 어디에 있는 것일까? 이 논문에서는 동산·채권담보제도가 채택한 여러 제도 중에서 동산·채권담보법의 인적 범위(Ⅱ), 선의취득(Ⅲ), 물상대위(Ⅳ), 담보권의 사적 실행(Ⅴ), 담보권의 존속기간(Ⅵ)이 갖는 문제점이 무엇인지를 검토하여 동산·채권담보법이 활성화될 수 있는 개선방안을 모색하고자 한다.

Ⅱ. 동산·채권담보법의 인적 범위

1. 동산·채권담보법의 인적 범위 제한이유와 폐단

동산·채권담보법은 담보권설정자는 법인(상사법인, 민법법인, 특별법에 따른 법인, 외국법인을 말한다. 이하 같다) 또는 「상업등기법」에 따라 상호등기를 한 사람으로 제한하고 있다(제2조 제5호). 첫째, 법인에는 민법법인, 즉 민사법인에 대해서도 아무런 제한을 두고 있지 않고 담보권설정자로 인정하고 있다. 영리법인(회사)이든 아니면 비영리법인이든 또 비영리법인의 공법인이든 사법인이든 아무런 제한을 두고 있지 않다. 법인의 경우에는 상호등기가 필요없지만, 회사의 경우는 상호등기가 강제된다(강제적 등기사항). 둘째, 자연인의 경우는 상호등기를 한 상인을 담보권설정자로 제한하고 있다. 상인이 아닌 개인사업자와 상호등기를 하지 않은 상인은 동산·채권담보법상의 동산·채권담보제도를 이용할 수 없다. 상호등기란 상업등기법(제11조)상의 등기의 한 종류이다. 상호란 상인이 상사 활동을 영위하기 위하여 사용하는 명칭이다. 또 상인이란 영리추구를 목적으로 하는 활동, 즉 영업을 하는 자를 말한다. 또 상인에는 당연상인(상법 제4조, 제46조)과 의제상인(상법 제5조)이 있다. 그런데 상인이라도 상호등기는 강제되지 않는다(상대적 등기사항). 한편 사업자라고 하더라도 영리활동이 제한되는 개인사업자가가 있을 수 있다. 예를 들면, 변호사, 법무사, 의사 등 전문직종의 개인사업자가 그러하다.[2)]

동산·채권담보법이 담보권설정자를 제한하는 이유는 개인 사업자가 아닌 중소기업이 보유한 담보자산을 활용하여 신용을 융통할 수 있도록 하는데 있었다고 한다.[3)] 또 부수적으로 새로운 담보제도로 인하여 발생할 수 있는 거래계의 혼란을 최소화하기 위한 목적도 있었다고 한다.[4)] 그러나 법인이 아닌 단체로서 조합이나 비법인사단, 법인이 아닌 상인으로서 상호등기

기를 할 수 있는 특례를 마련하는 데에 그치고 있다.

2) 김현진, 동산·채권담보권 연구, 경인문화사, 2013, 217.

3) 정소민, “동산·채권담보제도의 개선 방안에 관한 연구”, 법학논고 제67집, 경북대학교 법학연구원(2019. 10), 174.

4) 정소민(주 3), 174.

를 하지 않거나 또는 상인이 아닌 개인사업자의 경우에는 동산·채권·지식재산권의 자산을 가지고 있어 자금조달을 원하더라도 담보권설정자의 자격을 제한받는 불이익과 불편을 입게 된다.[5] 이러한 자들은 기존의 담보권제도를 활용할 수밖에 없는데, 이미 살펴본 바와 같이 기존의 담보권제도가 이러한 자들에게는 하등의 도움이 되지 못하는 것이 현실이다.

2. 동산·채권담보법상 인적 범위의 폐지

민법은 담보할 재화의 종류에 따라 설정할 수 있는 담보권의 제한을 두고 있을 뿐, 인적 제한을 결코 규정하고 있지 않다.[6] 예를 들면, 부동산에 대해서는 민법(제356조)의 저당권, 가등기담보 등에 관한 법률(이하 가등기담보법)(제4조)상의 가등기담보권과 양도담보권, 입목에 관해서는 입목에 관한 법률(제4조)의 저당권, 공장 또는 재단에 대해서는 공장 및 광업재단저당법(제2조 제3호)이 인정되고 있다. 동산과 권리 대해서는 민법(제329조, 제345조), 지식재산에 대해서는 특허법(제87조 이하), 실용실안법(제21조 이하), 디자인보호법(제90조 이하), 상표법(제82조 이하), 저작권법(제4조 이하), 반도체집적회로의 배치설계에 관한 법률(제6조 이하) 등이 질권의 설정이 인정되고 있다. 물론 지식재산에 대한 질권과 자산유동화법상의 유동화자산의 경우 일정한 자로 제한하고 있다고 볼 수도 있다. 그러나 이러한 경우는 재산의 종류에 따른 제한일뿐이지 진정한 의미의 인적 제한이라고 할 수는 없다. 이처럼 담보권에 관한 대다수 법률들이 적용범위에 있어 인적 제한을 두지는 않는다는 점에 비추어 볼 때, 동산·채권담보법이 담보권설정자에 대하여 인적 제한을 두는 것은 타당하지 않다. 물론 대부업자가 서민에게 대출하면서 채무자의 생활용품에 대한 동산담보를 요구함으로써 사실상 민사집행법 제195조의 압류제한을 무력화시키는 등 제도악용에 대한 폐해가 발생할 수 있으므로 압류금지물품에 대해서는 동산담보권의 목적으로 삼을 수 없다는 특별규정을 둘 필요가 있다.[7] 그러나 이 경우에도 담보목적물인 대상을 제한하는 것이지 인적 제한을 두는 것은 아니다. 또 미국 통일상법전, 캐나다 인적재산 담보법 등에서는 동산·채권담보거래에서 담보권설정자의 범위를 제한하지 않는다.[8]

동산·채권담보법이 상인이 아닌 개인사업자, 상호등기를 하지 않은 상인, 조합 또는 비법인사단에 대하여 동산·채권담보법을 이용할 수 없게 하는 것은 불합리한 규제로서 폐지되어야 한다.[9] 따라서 동산·채권담보법 제2조 제5호의 단서를 삭제하는 것이 타당하다. 동산이나 채권을 가진 자는 누구나 이를 동산·채권담보제도를 이용할 수 있도록 하여야 한다. 동산·채

5) 정소민(주 3), 175.

6) 동산·채권담보법이 입법되는 과정에서도 인적 범위를 제한하는 것은 타당하지 않다는 지적이 있었다[김재형, "동산담보제도의 개선방향 — 등록제도의 도입에 관한 시론", 민사법학 제30호, 한국민사법학회(2002), 30].

7) 김현진, "UNCITRAL 담보법 현대화와 동산채권담보권의 개선안", 비교사법 제25권 4호 통권 83호(2018. 11), 1177; 정소민(주 3), 175.

8) 정소민(주 3), 175.

9) 김재형, "담보제도의 개혁방안", 민법론 Ⅳ, 박영사(2011), 206-7; 정소민(주 3), 175.

권담보법 제2조 제5호는 아래와 같이 개정하는 것이 바람직하다.

제2조(정의) 5. "담보권설정자"는 이 법에 따라 동산·채권·지식재산권에 담보권을 설정한 자를 말한다.

Ⅲ. 선의취득

동산·채권담보법은 동산에 대한 선의취득을 규정하고 있다. 동산·채권담보법상의 동산담보권의 등기가 되어 있더라도 동산담보권의 객체인 동산에 대해서는 소유권과 질권의 선의취득을 인정하고 있다. 그런데 동산에 대해서는 담보등기부가 있으므로 담보등기부의 추정력이 선의취득의 요건인 무과실인 선의의 요건과 어떠한 영향을 미치는지가 문제될 수 있다.

1. 선의취득의 의미와 범위

민법(제249조, 제343조)은 소유자가 아닌 자(무소유권자)로부터 소유권을 취득하거나 또는 소유자 또는 질권자가 아닌 자(무질권자)로부터 질권을 취득한 자가 상대방을 진정한 소유자 또는 질권자로 믿은 데에 대하여 선의·무과실이었다면 소유권·질권을 취득한다는 선의취득제도를 인정하고 있다. 그런데 동산·채권담보법(제32조)은 동산담보권의 선의취득이 아니라 소유권·질권의 선의취득을 규정하고 있는바, 이 규정이 왜 동산·채권담보법에 규정되어 있는지에 대하여 의문이 있을 수 있다. 동산·채권담보법이 동산담보권의 선의취득이 아니라 소유권·질권의 선의취득을 인정하는 이유는 무엇일까? 동산·채권담보법 제32조는「공장 및 광업재단 저당법」제7조와 동일한 취지의 규정이다.[10] 즉,「공장 및 광업재단 저당법」제7조의 규정은 저당권이 설정되어 있는 동산이라도 거래를 하여 소유권 또는 질권을 선의취득한 자는 저당권의 제한이 없는 소유권 또는 질권을 취득할 수 있다는 것을 규정하고 있다. 마찬가지로 동산·채권담보법 제32조도 동산담보권이 설정된 동산에 대하여 소유권·질권을 취득하는 자는 그 상대방이 이러한 권리의 제한을 받지 않는 권리를 양도할 수 있는 자라고 믿은 데에 선의·무과실이었다면 동산담보권의 제한이 없는 소유권과 채권담보권자보다 선순위의 질권을 취득한다는 것을 말하는 것이다.[11]

동산·채권담보법 제32조에 의하더라도, 동산담보권 자체의 선의취득은 인정되지 않는

10) **「공장 및 광업재단 저당법」제7조(저당권의 추급력)** 저당권자는 제3조와 제4조에 따라 저당권의 목적이 된 물건이 제3취득자에게 인도된 후에도 그 물건에 대하여 저당권을 행사할 수 있다. 다만,「민법」제249조부터 제251조까지의 규정을 적용할 때에는 그러하지 아니하다.

11) 김현진, "동산담보권과 선의취득 —'동산·채권 등의 담보에 관한 법률'의 시행을 앞두고—", 민사법학 56호, 한국민사법학회(2011. 12). 31, 37.

다.[12] 그 이유는 부동산등기에 공신력이 인정되지 않는 것과 마찬가지로, 동산등기에 대해서도 공신력을 인정할 수 없기 때문이다.[13] 또 상대방을 동산의 소유자로 신뢰하는 데에 대하여 또는 동산에 대하여 처분권이 있는 자라고 신뢰한 데에 대하여 취득자가 선의·무과실이었다고 하더라도 이는 소유권·질권을 취득하는 데에 필요한 요건이지 동산담보권을 선의취득하게 하는 요건이 아니기 때문이다. 첫째, 처분권을 갖지 않은 소유자 또는 소유자가 아닌 자로부터 동산담보권을 설정받는 자는 상대방을 진정한 소유자로 신뢰하는 데에 대하여 선의·무과실이었더라도, 동산담보권의 선의취득을 하지 못한다.[14] 그리고 동산담보권을 설정한 소유자에게서 소유권을 양수받은 자로부터 동산담보권을 설정받는 자는 역시 위와 같은 이유에 의하여 동산담보권을 선의취득할 수 없다고 할 것이다. 둘째, 동산담보권자가 아닌 자로부터 동산담보권을 양수받는 자는, 담보등기부 자체를 신뢰하였고 이에 대하여 선의·무과실이었다고 하더라도 동산담보권을 선의취득할 수는 없다.[15] 예를 들면, 동산담보권자의 동산담보권의 설정을 위한 담보약정에 대한 서류가 위조되었거나 또는 담보약정이 무효·취소된 경우라 하더라도 양수인은 동산담보권을 선의취득할 수 없다.

2. 선의취득의 요건

동산등기부의 추정력이 선의취득의 요건인 무과실과 어떠한 관계를 가질 수 있는지를 살펴본다.

(1) 선의·무과실

소유권·질권의 선의취득이 인정되기 위해서는 취득자는 무과실의 선의여야 한다. 선의란 소유권·질권을 취득하는 자가 상대방이 "동산담보권의 부담이 없는 소유권·질권"을 양도할 권리가 없다는 것을 알지 못하는 것을 말한다.[16] 소유권·질권을 취득하는 자는 양도인에게 권리가 있다고 믿는 데에 대하여 과실이 없어야 선의취득이 인정될 수 있다. 그런데 선의취득자의 과실 여부를 판단함에 있어 동산등기부의 존재가 영향을 미칠 수 있다. 동산등기부에도 추정력이 인정되기 때문이다. 등기의 추정력이란 등기가 있으면 그에 대응하는 실체적 권리관

---

12) 동산·채권담보법에 동산담보권의 선의취득에 대해서도 규정을 두어야 한다는 견해가 있다(김현진(주 11), 41).

13) 김형석, "동산·채권 등의 담보에 관한 법률에 따른 동산담보권과 채권담보권", 서울대 법학, 52-3(2011), 200. 다만, 설정자의 점유를 기초로 설정자를 소유자라고 신뢰하여 동산담보권을 설정받은 경우 동산담보권을 설정받은 사람이 담보등기 외에 담보약정에 따라 평온·공연하게 선의·무과실로 담보목적물의 점유를 이전받은 경우에는 동산담보권을 선의취득하는 것으로 해석해야 한다고 한다. 그러나 이 경우도 제32조가 상정하는 경우가 아니므로 동산담보권의 선의취득은 인정되기 어렵다.

14) 김형석(주 13), 200.

15) 양창수·김형석, 권리의 보전과 담보, 박영사, 2018, 599.

16) 김현진(주 11), 44-5; 김병두, "제13장 동산·채권 등의 담보권에 관한 일고찰 —UCC Article 9와 비교를 중심으로—", 한국민법의 새로운 전개(고상룡교수고희기념논문집), 법문사(2012), 401.

계가 존재하는 것으로 추정되는 것을 말한다.[17] 판례는 우리 민법에는 부동산등기의 경우 추정력을 인정하는 명시적 규정은 없지만, 공동신청주의를 취하고 각종 서면을 요구하고 있어 실체적 법률관계를 바탕으로 한다는 것이 상당히 보장된다고 판시하는바,[18] 학설도 이를 인정하고 있다. 그리고 이러한 등기추정력에 기초하여 권리변동의 추정력과 등기원인의 적법성도 추정된다.[19] 판례에 의하면, 소유권이전등기가 경료되어 있는 경우에는 그 등기명의자는 제3자에 대해서뿐만 아니라 그 전 소유자에 대해서도 적법한 등기원인에 의하여 소유권을 취득한 것으로 추정된다.[20] 그러나 등기가 실현된 당사자 사이에서는 등기의 추정력이 인정되지 않는다.[21] 한편 등기의 추정력이 인정되므로, 등기사항을 신뢰한 경우에는 무과실이 추정되고 반대로 등기사항을 몰랐던 경우에는 과실이 추정된다. 따라서 부동산거래를 하는 자는 등기부를 조사하여야 할 의무가 있으므로 반증이 없는 한 악의로 추정된다.[22] 이상의 점에 비추어 볼 때. 동산등기부의 경우에도 공동신청주의(제41조)를 취하고 있고 또 각종 서면(제43조)을 요구하고 있어서 동산등기부가 유효한 실체적 법률관계를 바탕으로 한다는 것이 상당히 보장된다는 점에서는 부동산등기와 다를 바가 없으므로 추정력이 인정된다고 보아야 할 것이다.

(2) 담보등기부의 추정력의 인정범위

동산·채권담보법(제6조)에 의하면, 동산담보권을 설정하려는 자는 담보약정을 할 때 담보목적물의 소유 여부와 담보목적물에 관한 다른 권리의 존재 유무를 상대방에게 명시할 의무가 있지, 소유권을 취득하려는 자에 대해서는 이러한 의무가 인정되지 않는다. 문제는 소유권·질권을 취득하려는 자에게 동산담보등기에 대한 조사(또는 확인)의무를 인정할 수 있는지가 문제이다.[23] 이에 대하여는 학설은 일반적으로 취득자의 조사의무를 인정하지 않는다. 소유권·질권을 취득하는 자에게 동산담보등기에 대한 원칙적으로 조사의무를 인정하기 어렵다고 한다.[24] 즉, 등기의 추정력을 동산등기에 일률적으로 적용할 수 없다는 것이다.[25] 동산의 종류와 수효를 고려할 때 모든 개별동산의 거래에 대하여 동산담보등기를 조사할 의무를 부여하는 것은 무리라고 한다.[26] 따라서 양수인의 조사의무는 제반사정을 고려할 때 양수하려는 동산에 동산담보권이 설정되어 있다는 의심을 가지는 것이 합리적인 때에 비로소 인정된다고 한다.[27]

17) 주석민법, 물권(1)(김상용 집필부분), 한국사법행정학회(2001), 219.
18) 대법원 1983. 11. 22. 선고 83다카894 판결.
19) 주석민법, 물권(1)(김상용집필부분), 221.
20) 대법원 1982. 6. 22. 선고 81다791 판결.
21) 주석민법, 물권(1). 222.
22) 주석민법, 물권(1), 223.
23) 정소민(주 3), 178.
24) 김형석(주 13), 228.
25) 김현진(주 11), 30.
26) 김현진(주 11), 30.
27) 김현진(주 11), 33; 김형석(주 13), 228.

예를 들면, 양도인이 점유하는 집합동산을 일시에 처분하고자 할 때에는 일응 양도인의 무권리자 여부를 의심할 정황이 존재한다고 볼 수 있다고 한다.[28] 이 견해에 의하면 원칙적으로 취득자에게 동산담보등기에 대한 조사의무를 인정할 수 없기 때문에 원칙적으로 선의·무과실이 인정된다. 따라서 소유권을 양도하는 자가 취득자에게 과실이 있음을 입증하여야 한다. 생각건대 제반사정을 고려하여 예외적으로 양수인에게 조사의무를 인정할 수 있다고 하는 견해는 모처럼 둔 동산담보권제도를 설정한 취지를 부정하여 담보등기가 유명무실하게 될 염려가 있다고 하지 않을 수 없다. 양수인의 조사의무를 인정하지 않는 견해는 담보등기부가 인적으로 편성된다는 것을 그 이유로 든다. 동산소유자가 항상 동산담보권을 설정하는 것은 아니므로 담보등기가 존재할 수도 또 없을 수도 있기 때문이라고 한다. 이에 반하여 물적 편정주의를 취하는 부동산등기의 경우에는 거래의 대상 자체에 대하여 등기가 설정되어 있으므로 양수인은 부동산등기부를 반드시 조사할 의무가 있고 따라서 이를 조사하지 않은 경우에는 과실을 인정하는 데에는 아무런 제한이 없다. 그러나 인적 편성주의를 취하고 있다고 하더라도 자신이 거래하고자 하는 직전 양도인이 법인 또는 상호등기 있는 상인이라는 것을 알았다면 동산에 동산담보등기부가 설정되어 있는지를 조사할 의무를 인정하더라도 거래의 안정을 해칠 수는 없는 것이다. 그러나 거래자는 전양도인 등의 담보등기부까지는 조사할 의무는 없다고 할 것이다. 이는 동산거래를 해치는 것이 되고 선의취득제도를 인정한 법적 취지를 몰각하는 것이 되기 때문이다. 요컨대 동산의 소유권·질권을 취득하려는 자는 양도인과의 거래에서는 법인 또는 상호등기 있는 상인이라면 것을 알았다면 동산등기부의 추정력에 따른 과실을 인정할 수 있겠으나, 그 밖에 전양도인과의 관계에서는 특별한 사정이 있을 경우에만 과실이 추정된다고 할 것이다.

동산등기부를 조사하였으나 그 기재가 잘못되어 있는 경우에는 기재대로 믿은 데에는 과실이 없다고 할 것이다. 예를 들면, 해당 동산이 동산등기부에 기재되어 있지 않은 경우에는 이를 믿은 데에 과실이 없다고 할 것이다.

3. 선의취득의 효과

동산·채권담보법(제32조)에 의한 소유권과 질권의 선의취득에 있어서 그 의미하는 바가 다르다고 할 것이다. 첫째, 소유권을 취득하는 경우에는 동산담보권의 제한이 없는 완전한 소유권을 취득한다는 의미이다.[29] 둘째, 질권을 취득하는 경우에는 동산담보권에 앞서는 질권을 취득한다는 의미이다.[30] 선의취득의 이러한 의미를 법률규정으로 명시하는 것이 바람직하다.

28) 김병두(주 16), 414-5; 김재형, "동산·채권의 담보에 관한 법률 제정안의 구성과 내용", 민법론 Ⅳ, 박영사(2011), 263-4; 김현진(주 11), 31; 김형석(주 13), 228.

29) 김현진(주 11), 34.

30) 김현진(주 11), 37.

물론 이에 대해서는 이러한 규정방식이 우리 민법체계에서는 생소하고 또 특히 집합동산의 경우 담보설정계약에서 이를 밝히고 등기하는 방식으로 해결하면 된다는 반대의 견해도 있다.[31] 그러나 기존의 입법이 명확하지 않는 점이 있다면 이를 개선하여 법률의 규정은 명확할수록 바람직하다는 점에서 또 선의취득의 문제를 당사자의 계약으로 해결하려는 것은 무리라고 할 것이다.

취득자가 동산담보권의 제한이 없는 소유권을 취득하는 결과, 동산담보권자는 그 권리를 상실하게 된다. 이 경우 권리를 상실한 동산담보권자와 소유자의 사이에는 어떠한 법률관계가 존재하는지가 문제이다. 첫째, 집합물동산에서 그 일부가 선의취득된 경우 동산담보권을 상실한 동산담보권자에게 담보물보충청구권(제17조)이 인정될 수 있다. 즉, 담보권설정자의 책임 있는 사유에 의하여 가액이 현저히 감소한 경우에는 담보물보충청구권이 동산담보권자에게 인정된다.[32] 둘째, 소유자가 담보를 멸실한 것이 되므로, 기한의 이익을 상실하게 된다(제388조). 셋째, 동산의 소유자에게 고의 · 과실이 인정되는 경우 불법행위에 의한 손해배상청구권(제750조)이 인정된다. 넷째, 동산담보권자에게 매각대금에 대하여 물상대위권(제14조)을 행사할 수 있다. 동산소유자가 선의취득에 의하여 추급권을 상실하더라도 물상대위권이 인정될 수 있는 것이다.

취득자가 동산담보권의 제한이 없는 질권을 취득하게 되면 동산담보권자는 후순위의 담보권자가 된다. 이 경우 제3자가 소유권을 취득한 경우와 같이 동일한 효과가 발생하게 된다. 다만, 동산담보권자는 물상대위권을 갖지는 못한다. 추급권이 상실된 것이 아니고 또 동산이 매각된 것이 아니기 때문이다.

4. 결　　어

동산 · 채권담보법 제32조의 선의취득에의 요건을 엄격하게 규정하는 방법을 강구할 필요가 있다.[33]

제32조(담보목적물의 선의취득) 이 법에 따라 동산담보권이 설정된 담보목적물의 소유권 · 질권을 취득하는 경우에는 「민법」제249조부터 제251조까지의 규정을 준용하여 동산담보권의 제한을 받지 않는 소유권과 동산담보권보다 선순위의 질권을 취득한다. 양도인이 법인 또는 상호등기 있는 상인이라는 것을 안 취득자는 동산에 동산담보권이 설정되었음을 의심할 사정이 있을 때에는 이를 조사할 의무가 있다(이하 밑줄 친 부분은 추가할 내용이나 변경할 내용을 나타낸다).

31) 김재형(주 28), 264.
32) 법무부, 동산 · 채권담보 등에 관한 법률, 93.
33) 김현진(주 11), 44-5.

Ⅳ. 물상대위

1. 물상대위

대위(subrogation)에는 인적 대위(subrogation personnelle)와 물적 대위(subrogation réelle)가 있다. 인적 대위란 어느 권리주체가 다른 권리주체를 대신하여 그의 권리를 행사하는 법률관계를 말한다. 이에는 채권자가 채무자의 권리를 행사하는 채권자대위(l'action oblique), 변제자가 채권자의 권리를 행사하는 변제자대위(le paiement avec subrogation), 보험금을 지급한 보험자가 피보험자의 권리를 행사하는 보험자대위 등이 있다. 이에 반하여 물적 대위란 특정 객체가 다른 객체로 대체되는 법률관계를 말한다. 물적 대위는 여러 법률관계에서 발생한다.[34] 이 중 담보물권의 일반적 효력으로서 인정되는 물적 대위를 특히 물상대위라고 한다. 이를 인정하는 나라는 일본과 우리나라이다.[35] 일본민법(제304조)은 선취특권에 대하여 물상대위를 인정한 후,[36] 이를 질권(제350조) 및 저당권(제372조)에 준용하고 있다.[37] 일본민법의 경우 선취득권을 매각대금과 임료 등에 대하여서 물상대위를 인정하고 있다. 후술하는 바와 같이 선취특권의 경우는 추급력이 인정되지 않는데 반하여 담보물에 대한 추급력이 있는 질권과 저당권의 경우에도 담보물의 매각대금과 임료 등에 대하여도 물상대위를 인정할 수 있는지가 문제되고 있다. 한편 독일민법, 스위스민법과 프랑스민법은 물상대위를 질권의 경우에는 인정하지 않고

34) 프랑스민법상 물상대위란 어느 재산이 그 성질을 유지한 채 다른 재산을 대체하는 것을 말한다. 프랑스민법전은 물상대위를 담보물권의 효력으로는 규정하지 않는다. 프랑스민법전은 물상대위를 가상상속재산 또는 공동재산의 구성에서 인정하고 있다. 프랑스민법전상 물상대위는 어느 재산을 가상상속재산 또는 공동재산의 재산으로 계산하는 법의 의제(fiction)에 지나지 않는다. 우선 생전증여가 있었던 경우 수증자가 받은 재산을 가상상속재산으로 산입하는 과정에서 물상대위가 인정된다(제855조). 수증자의 과책 없이 우연한 사고로 멸실된 증여재산은 가상상속재산으로 계산되지 않지만(제855조 제1항), 멸실된 재산에 대하여 수증자가 보상금을 수령한 경우에는 이를 반환하여야 한다(제855조 제2항). 한편 물상대위는 공동재산의 구성에서도 인정된다. 특유재산(les biens propres)을 대체하는 채권 및 보상금과 프랑스민법전 제1434조와 제1435조에 따라 특유재산을 사용하거나 재사용하여 취득한 재산은 물상대위의 효과(par l'effet de subrogation réelle)로서 특유재산으로 산입되어야 한다(제1406조 제2항). 다만, 특유재산이 사전에 사용 또는 재사용이 된 경우에는, 특유재산으로부터 기대되는 금액은 사용 또는 재사용이 이루어진 날로부터 5년 내에 공동재산으로 반환되어야 한다(제1435조). 이 경우에는 가상상속재산의 구성과는 달리 물상대위의 효과로서 해당 금액은 실제 반환이 이루어지게 되는 것으로 보인다.

35) 자세한 것은, 이재진, "물상대위에 관한 고찰", 법학연구 7집, 한국법학회(2001), 262-3 참조.

36) **일본민법** 제304조 ① 선취특권은 그 목적물의 매각, 임대, 멸실 또는 훼손으로 인하여 채무자가 받을 금전 기타 물건에 대하여도 이를 행사할 수 있다. 다만, 선취특권자는 그 지급 또는 인도전에 차압하여야 한다.

37) 일본의 경우 저당권의 경우 매각대금과 임료에 대하여 물상대위를 인정하는 것이 과연 타당한 것인지에 대해서는 학설이 대립하고 있다. 특히 매각대금의 경우에는 물상대위를 인정하지 말아야 한다는 소수설이 있다. 이는 추급권이 인정되기 때문이다. 그러나 판례와 통설은 매각대금에 대해서도 물상대위를 인정하고 있다. 또 저당권의 경우 지상권의 지료에 대해서도 물상대위를 인정할 수 있는 지에 대하여 역시 학설이 대립하고 있다. 자세한 것은 新版 注釋民法(9), 物權(4), 154-64 참조.

또 저당권의 경우는 문제되는 개별 권리에 대하여 이를 인정하고 있다.[38] 우선 독일민법은 저당목적물의 소유자가 사용임대차 내지 용익임대차에 기하여 가지는 차임채권(제1123조 제1항)과 저당목적물에 관한 보험금채권(제1127조 제1항)에 대하여 물상대위를 인정하고 있다. 독일민법은 압류를 행사요건으로 요구하고, 임료청구권의 경우는 대항요건으로 압류를 규정하고 있다.[39] 또 프랑스민법은 우선특권 또는 저당권의 일반적 효력으로 물상대위를 규정하고 있지 않다. 개별적인 권리에 대해서만 우선특권 또는 저당권에 대하여 물상대위를 인정하고 있다. 예를 들면, 보험법(제L.121-13조)에서 보험금에 대한 물상대위를 인정하고 있다. 보험법 제L.121-13조에 의하면, 화재, 우박, 가축의 폐사 또는 기타 위험에 대한 보험으로 인한 보상금은 명시적인 채무참가가 없이도 우선특권부 채권자 또는 저당권자에게 지급된다.[40] 채무참가란 제3자가 채무를 부담하게 된다는 점에서 우리 민법상 채무인수와 유사한 제도이다. 그러나 채무인수의 경우 기존의 채무가 동일성을 유지하면서 채무인수인에게 이전되는 데에 반하여, 채무참가(délégation)는 채무가 이전되는 것이 아니라 참가지시자(délégant)가 참가채권자(délégataire)의 동의를 받아 하는 참가지시의 의사표시에 의하여 참가채무자(délégué)가 새로운 채무를 부담하게 되는 것을 말한다.[41] 여기서 "채무참가가 없이도"라는 것은 법률의 규정만으로 물상대위가 일어난다는 것을 말한다.

2. 민법상의 물상대위

물상대위의 입법례는 담보물이 멸실되는 경우에 한하여 인정하는 입법례와 그 외에 매각대금, 임료 등에 대하여도 인정하는 입법례로 나누어진다. 우리 민법(제342조)은 질권에서 물상대위를 규정하고, 이를 저당권에도 준용하고 있다(제370조).[42] 유치권의 경우는 물상대위를 인정하지 않는다. 학설은 물상대위를 담보물권의 통유성이라고 부르고 있다. 그 밖에 권리이전형의 비전형담보의 경우에도 물상대위가 인정될 수 있는지가 문제이다.[43] 가등기담보법상의 양

38) 독일과 스위스는 저당부동산의 임료청구권(독일민법 제1123조 1항, 스위스민법 제806조), 저당목적물에 대한 보험금청구권(독일민법 제1127조 1항, 스위스민법 제822조)과 공용징수에 따른 보상금(독일민법 제1128조과 스위스민법 제804조)에 대하여 물상대위를 인정하고 있다.

39) 이영준, 물권법, 박영사, 1996, 881.

40) Article L121-13 Les indemnités dues par suite d'assurance contre l'incendie, contre la grêle, contre la mortalité du bétail, ou les autres risques, sont attribuées sans qu'il y ait besoin de délégation expresse, aux créanciers privilégiés ou hypothécaires, suivant leur rang.

41) 한불민사법학회, 개정 프랑스채권법 해제, 박영사, 2021, 544 이하 참조.

42) 자세한 것은 주석민법, 물권(3)(이태종 집필부분), 한국사법행정학회(2011), 535-8 참조.

43) 담보가등기권리는 목적물의 소유권이 담보권자에게 이전되지 않는바, 가등기담보법은 담보가등기권리를 저당권으로 보고 있다(제12조). 따라서 담보물의 가치변형물이 존재하는 경우에는 물상대위를 인정할 수 있을 것이다. 이는 부동산의 양도담보의 경우에도 소유권이전의 효력을 인정하지 않으므로(제4조 2항) 마찬가지라고 할 것이다.

도담보가 문제된다. 가등기담보법이 제정된 이후 다수설은 양도담보권자는 저당권 유사의 담보권을 취득하는 것으로 본다. 이에 의하면 양도담보권자는 물상대위가 인정된다. 이에 반하여 소수설은 양도담보권자는 가등기담보법의 적용을 받는 경우를 제외하고 신탁적 양도설을 취하고 있다. 한편 판례는 양도담보의 경우 신탁적 양도설을 취하고 있음에도 불구하고, 물상대위를 인정하고 있다.[44] 이에 대해서는 양도담보의 효력을 신탁적 양도로 보는 경우에는 양도담보권자는 대외적으로 소유자이기 때문에 소유권의 침해를 이유로 손해배상청구권이나 보상금청구권을 취득하게 되므로 물상대위는 인정될 여지가 없다고 한다.[45] 이는 양도담보의 객체인 동산에 대하여 선의취득이 인정되는 경우에도 마찬가지라고 한다.[46] 이에 반하여 양도담보권자에게 종국적으로는 담보물에 의하여 우선변제를 받기 위한 목적으로 필요한 범위 내에서 소유권자적 지위를 부여하고 있는 것임에도 불구하고 양도담보권자의 소유권자적 지위라는 법적 형식에만 몰각된 나머지 양도담보권자에게 담보권의 본질적 기능이라 할 수 있는 물상대위의 행사를 부인하는 것은 법적 형식에만 치중하여 본질을 도외시한 부당한 결과라고 할 것이므로, 담보물의 교환가치를 취득하는 것을 궁극적 목적으로 하는 양도담보권의 제도적 취지에 부합하기 위해서는 동산양도담보권자에게 담보권자로서의 물상대위 행사가 인정되어야 한다는 적극적인 견해도 제시되고 있다.[47]

민법은 물상대위에 대하여는 지극히 간단한 조문만 두고 있다. 따라서 물상대위의 본질, 요건과 그 효과 등에 대하여는 여러 의문점이 남아 있는바, 이에 대해서는 학설이 대립하고 있다.[48] 민법은 요건과 관련하여 담보물이 멸실, 훼손 또는 공용징수로 인하여 담보물권의 설정자가 받을 금전 기타 물건에 대하여 이를 행사할 수 있다고 규정하고 있다. 담보물권이란 담보물의 교환가치를 확보하는 것이므로 물상대위는 담보물이 멸실된 경우의 손해배상청구권이나 보험금청구권과 같이 담보물 자체에 갈음하는 대상물 내지는 가치변형물(대체적 대위물)에 대해서만 인정된다.[49] 이러한 물상대위권을 행사하기 위한 요건으로서 담보물권자는 담보물의 지급 또는 인도전에 압류하여야 한다. 민법은 질권과 저당권의 경우 담보물에 대한 추급력이 인정되는 경우에는 물상대위를 인정하지 않는다. 따라서 매매 · 임대 등의 경우에 거래적 대체물이 존재하더라도 물상대위를 인정하지 않는다.

---

44) 대법원 2009. 11. 26. 선고 2006다37106 판결.

45) 양창수 · 김형석(주 15), 516.

46) 양창수 · 김형석(주 15), 517.

47) 이헌숙, "동산양도담보권에 기한 물상대위가 인정되는지 여부(대법원 2009. 11. 26. 선고 2006다37106 판결)", 대법원판례해설 81호(2010), 192, 199.

48) 물상대위의 본질에 대하여는 가치권설(특정성보전설)과 물권설(우선권보전설)이 대립하고 있다. 판례는 가치권설의 입장을 취하되, 지급 · 인도를 요하는 것은 특정성보전 이외에 제3자의 불측의 손해를 방지하기 위한 것이라는 입장을 취하고 있다.

49) 민법주해[Ⅶ], 물권(4), 235.

3. 동산 · 채권담보법상의 물상대위

동산 · 채권담보법(제14조)은 "동산담보권은 담보목적물의 매각, 임대, 멸실, 훼손 또는 공용징수 등으로 인하여 담보권설정자가 받을 금전이나 그 밖의 물건에 대하여도 행사할 수 있다. 이 경우 그 지급 또는 인도전에 압류하여야 한다."고 규정하고 있다. 동산 · 채권담보법은 민법의 경우보다 물상대위의 범위를 확대하고 있다. 즉, 민법과는 달리 담보목적물의 "매각, 임대 등의" 법률행위에 의하여 발생한 대위물(거래적 대위물)에 대해서도 물상대위를 확대하고 있다.[50] 이는 저작권법을 비롯한 지식재산권법상의 질권의 경우에도 마찬가지이다.[51]

동산 · 채권담보법이 매각, 임대의 경우에도 물상대위를 확대하는 것은 동산담보권자의 지위를 강화하기 위한 것이다.[52] 동산담보권자의 지위를 강화하는 이유는 어디에 있는 것일까? 우선 동산이 매각되는 경우 양수인이 누구인지를 알 수가 없어서 동산담보권자가 추급권을 현실적으로 행사하기가 곤란하다는 점이다.[53] 또 한계상황의 기업이 금융기관으로부터 대출을 받아 설비나 원료를 매입한 후 이를 매각하거나 임대하는 경우 그 매각대금이나 임료에 대하여도 물상대위를 인정할 실익이 있다는 점이다.[54] 그리고 양수인이 소유권을 선의취득하면 추급권을 상실하게 되므로, 동산담보권자에게 물상대위를 인정할 필요가 있다는 점이다.[55] 이상의 경우 추급권의 행사가 불가능하거나 또는 추급권을 행사할 수 있는 경우에도 피담보채권의 회수를 용이하게 하기 위하여 동산담보권자에게 물상대위를 인정하는 것이다.

(1) 물상대위의 요건

질권의 경우는 점유개정에 의한 질권설정이 금지되고 있으므로(민법 제332조) 질물의 소유자가 질물을 임대하는 경우란 흔치 않다. 다만, 예외적으로 질권자가 이미 임대한 물건에 대하여 점유물반환청청구권을 양도(제190조)하는 방법에 의해 질권을 설정하는 경우에는 종전의 질물의 임대가 계속 존속된다.[56] 그러나 이 경우에도 피담보채권의 변제기가 도래한 질권자는

---

50) 이는 구민법의 태도이기도 하다.

51) 저작권법(제47조 제1항)의 경우 "저작재산권의 양도 또는 그 저작물의 이용에 따라 저작재산권자가 받을 금전 그 밖의 물건(제57조에 따른 배타적발행권 및 제63조에 따른 출판권 설정의 대가를 포함한다)에 대하여도 행사할 수 있다"고 규정하고 있다. 특허법(제123조), 디자인보호법(제57조), 상표법(제63조), 반도체집적회로의 배치설계에 관한 법률(제16조) 등의 경우도 마찬가지이다. 이상의 특별법이 물상대위가 "금전 그 밖의 물건에 대하여도" 인정된다는 것은 멸실, 훼손 또는 공용징수의 경우에 인정되는 민법상의 물상대위도 당연히 인정된다는 것을 말한다.

52) 주석민법, 물권(4)(한국사법행정학회, 2011), 400.

53) 김현진(주 11), 262.

54) 윤성근, "한국에서의 동산 및 채권 담보법 입법방안", 국제거래법연구 16집 2호, 국제거래법학회(2007), 228; 법원행정처, 동산 및 채권의 양도등기제도 도입을 위한 입법자료(2007), 50-4.

55) 김현진(주 11), 263.

56) 注釋民法(8) 物権(3), 290 참조.

과실수취권을 가지므로 물상대위가 없더라도 과실을 수취하여 우선변제를 받을 수 있다. 이에 반하여 동산담보권설정자가 담보물을 점유하는 동산담보권에서는 담보물의 임대가 자주 발생할 수 있다. 그러나 역시 동산담보권자는 과실수취권(제33조 – 민법 제342조 – 민법 제323조)을 가지므로 압류 없이도 임료를 수취하여 변제를 받을 수 있다. 따라서 담보물의 임대 등의 경우에는 물상대위를 인정할 실익이 그 만큼 줄어든다.

동산 · 채권담보법(제14조 제1문)은 민법의 경우와 마찬가지로 대위물의 지급 또는 인도전에 압류할 것을 요구하고 있다.[57] 압류를 요구하는 것은 특정성을 유지하기 위한 것이다. 즉, 대위물이 담보권자의 일반재산에 산입이 되면 담보권의 우선변제를 주장할 수 없기 때문이다. 대위물의 지급 또는 인도 전에 압류하여야 하므로 동산담보권설정자나 제3자에게 지급 또는 인도된 예금채권, 수표, 약속어음, 주식, 교환물 등에 대하여는 물상대위가 인정되지 않는다.[58] 그런데 압류는 담보물의 특정성 유지를 위한 것이므로 대위물이 제3자에게 예탁된 것에 지나지 않는 경우 또는 제3의 채권자가 압류한 경우에도 물상대위는 인정된다.[59] 또 물상대위권자가 압류하기 전에 제3자에게 양도 또는 전부명령이 되었더라도 지급되지 않았다면 물상대위는 인정되고 있다.[60]

(2) 물상대위권과 추급권의 선택과 그 효과

동산 · 채권담보법이 명문이 있는 이상 매각대금과 임료 등에 대하여도 물상대위를 부정할 수는 없다고 할 것이다.[61][62] 동산담보권자가 물상대위권 또는 추급권 중 어느 권리를 선택하

57) UCC의 경우에는 압류를 요구하지 않는다.

58) 대법원 2007. 12. 13. 선고 2007다50519 판결.

59) "국세징수법 제34조, 제80조 제2호 , 제81조 제1항 및 제84조 등의 규정은 국가의 체납처분으로 인하여 질물인 금전채권들이 압류되어 그 질권등이 상실되는 경우 이러한 질권자를 보호하기 위하여 세무서장으로 하여금 그 배분된 금원을 한국은행에 예탁하도록 의무화한 것이고, 이처럼 세무서장에게 배분된 금원에 대하여 공탁의무가 부과된 이상 위 금원은 압류된 것과 같이 특정되었다 할 것이므로, 질권자는 민법 제342조 단서에 의한 압류를 하지 않더라도 당연히 그 물상대위권의 효력이 미쳐 국가로부터 이를 지급받을 수 있으며 질권설정자 또는 이로부터 양도, 전부받은 자는 그 배분된 금전중에 위 담보채권을 초과한 잔액이 없는 한 국가에 대하여 직접 이를 청구할 수는 없다.
나. 위의 경우 질권자의 채권액을 제한 잔여금액이 존재하지 아니하는 이상 비록 질권자가 위 환급채권에 대하여 민법 제342조 단서에 의한 압류를 하기 전에 제3채권자가 미리 위 환급채권에 대하여 압류 및 전부명령을 받은 바 있다고 하더라도 그 압류 및 전부명령은 효력을 발생할 수 없다."(대법원 1987. 5. 26. 선고 86다카1058 판결).

60) 대법원 2002. 12. 10. 선고 2001다73619 판결.

61) 김병두(주 16), 353.

62) 일본의 경우 저당권의 경우 임료에 대하여도 물상대위를 인정할지에 대하여는 견해가 대립하고 있다. 긍정설은 이해관계의 조정이라는 법정책적 관점에서 명문의 규정으로 인정하는 이상 물상대위는 허용된다고 한다. 예를 들면, 경매기간의 장기화로 변제가 지체되거나, 저당권의 설정 후에 임차권이 설정됨에 따라 매각대금이 하락하거나, 저당부동산의 가치부족분을 보충하는 등의 경우에 임료에 대한 물상대위를 인정할 수 있다고 한다. 또 부동산의 매각이 용이한 것이 아니어서, 저당권의 경우에도 임료에 대하여 물상대위를 인정할 필요가 있다고 한다. 따라서 이 경우 법정과실에는 저당권의 효력이 미친다고 한다. 이에 반하여 다수설은 저당권은 목적물의

였으나 피담보채권의 완전한 만족을 얻지 못한 때 다른 권리를 행사할 수 있느냐는 문제가 제기될 수 있다.

㈎ 담보목적물의 매각의 경우 담보목적물이 매각되는 경우 동산담보권자는 물상대위권 외에 추급권도 갖는지는 매수인에게 선의취득이 인정되는지의 여부에 따라 달리 살펴보아야 한다. 첫째, 매수인의 선의취득이 인정되어 동산담보권자가 추급권을 가질 수 없는 경우이다.[63] 이 경우는 물상대위권과 추급권의 선택 행사의 문제는 발생하지 않는다. 이 경우가 추급권이 인정되지 않는 동산담보권자에 대하여 물상대위권을 확장하는 실질적인 이유가 될 것이다. 둘째, 매수인이 선의취득이 인정되지 않아 동산담보권자가 추급권을 갖는 경우이다. 이 경우 동산담보권자는 추급권과 물상대위권의 양자 중에서 선택하여 행사할 수가 있다.[64] 여기서 동산담보권자가 어느 권리를 선택하여 행사한 후에 피담보채권의 완전한 만족을 얻지 못하였음을 이유로 하여 다른 권리를 추가로 행사할 수 있는지가 문제된다. 현재 물상대위권을 행사했더라도 추급권은 소멸하지 않는다는 견해만 존재한다.[65] 그러나 담보물이 경매가 되든 매매가 되든 담보물의 교환가치가 실현되었다고 할 수 있다. 이 경우 완전한 만족을 받지 않았다는 이유로 다른 권리를 행사하도록 하는 것은 동산담보권자를 부당하게 보호하는 것이 된다. 실제로 추급권의 행사는 피담보채권의 변제기의 도래를 요구하므로, 사실상 물상대위를 행사할 거래적 대위물의 특정성이 사라진 경우가 대부분일 것이다. 그러나 매도인이 매수인으로부터 매각대금을 수령하지 않아 매각대금이 특정성을 상실하지 않은 경우라 할지라도, 물상대위권은 인정된다고 할 수 없다. 요컨대 담보물의 매각의 경우 동산담보권자가 추급권과 물상대위권 중 어느 권리를 선택하여 행사한 경우에는 완전한 만족을 받지 않았다는 이유로 다른 권리를 다시 행사할 수는 없다고 할 것이다.

㈏ 담보목적물의 임대 등의 경우 동산담보권자는 매매의 경우처럼 임료에 대해서도 물상대위권 외에 추급권도 갖는지가 역시 문제이다. 그러나 담보물의 매매와 임대 등의 경우는 달리 보아야 한다. 이는 임료 등은 담보물의 수익가치로서 교환가치가 아니기 때문이다. 우선 동산담보권자가 물상대위권을 행사하여 피담보채권을 모두 변제받기 전에 담보목적물의 임대가 종료되어 동산담보권자가 피담보채권의 완전한 만족을 얻을 수 없는 경우에는 여전히

교환가치를 파악하는 권리이고, 저당물의 자유로운 경제적 활동에 의한 사용·수익은 저당권설정자에게 맡겨져 있다는 이유로 임료에 대한 물상대위권을 부정한다[新版 注釋民法(9), 物権(4), 51 참조]. 또 매각대금에 대하여 물상대위를 인정할 것인지도 문제가 되고 있다. 물상대위는 공평의 견지에서 인정되는바, 추급권이 있으면 물상대위를 인정할 필요가 없다는 부정설과 물상대위권을 인정하는 긍정설이 있다. 부정설이 다수설이다. 다만, 긍정설은 매각대금이 피담보채권의 변제에 부족하더라도 저당권이 소멸함에 따라 추급권이 소멸한다고 본다[자세한 내용은 新版 注釋民法(9), 物権(4), 47-49 참조].

63) 김병두(주 16), 356; 양창수·김형석(주 15), 604.

64) 김병두(주 16), 356; 김현진(주 11), 260, 262.

65) 김병두(주 16), 356.

잔존하는 피담보채권에 대하여 추급권을 행사할 수 있다고 할 것이다. 그러나 반대로 동산담보권자가 물상대위권이 아니라 추급권을 선택한 경우에는 매매의 경우와 마찬가지로 동산담보권자를 이중으로 보호할 필요가 없다고 할 것이다.

제14조(물상대위) 동산담보권은 담보목적물의 매각, 임대, 멸실, 훼손 또는 공용징수 등으로 인하여 담보권설정자가 받을 금전이나 그 밖의 물건에 대하여도 행사할 수 있다. 이 경우 그 지급 또는 인도 전에 압류하여야 한다. <u>담보목적물의 임대 등의 경우 동산담보권자는 물상대위의 행사로 피담보채권을 모두 변제받지 못한 때에는 잔여 피담보채권에 대하여 추급권을 행사할 수 있다.</u>

V. 담보권의 사적 실행

동산담보권의 실행에는 경매에 의한 실행이 원칙이지만(제21조 제1항) 그 외에 정당한 이유가 있는 경우에 직접변제충당(귀속정산)과 매각청산(처분정산)(제21조 제2항)에 의한 실행 그리고 동산·채권담보법이 정한 절차와 다른 절차를 정하는 동산담보권자와 담보권설정자와의 유담보약정(제31조 제1항 본문)에 의한 실행이 있다.

1. 담보권의 사적 실행과 유담보약정에 의한 담보권실행

담보권의 사적 실행이란 무엇을 말하는 것인가?

(1) 담보권의 사적 실행

담보권의 사적 실행이란 무엇을 말하는 것인가? 일반적으로 정당한 이유가 있는 경우에 인정되는 담보권실행(제21조 제2항, 제23조 제2항 이하)만을 사적 실행이라고 한다.[66] 이 견해에 의하면 유담보약정에 의한 담보권의 실행은 사적 실행에서 제외하는 것이 된다.[67] 그러나 담보권 일반의 경우, 민사집행법상의 경매(유치권 제322조 제1항, 질권 제343조, 저당권 제363조 - 민사집행법 제2편 제2장 제4절 제2관)에 의한 담보권의 실행을 공적 실행이라 부른다.[68] 따라서 직접변제충당과 매각충당뿐만 아니라 동산담보권자와 담보권설정자와의 약정인 유담보약정에 의한 담보권의 실행도 사적 실행에 포함시킬 수 있을 것이다. 이를 "광의의 사적 실행"이라고 부를 수 있다. 이러한 의미의 사적 실행에는 당사자 사이에 동산·채권담보법상이 정하는 담보권실행절차와 다른 약정에 의한 사적 실행, 즉 유담보약정에 의한 담보권의 실행도 당연히 포함되는 것이다. 그러나 당사자 사이에 이러한 유담보약정이 없어 동산·채권담보법상의 규정이 그

66) 김현진(주 11), 320; 양창수·김형석(주 15), 608; 법무부(주 32), 71; 정소민(주 3), 180.
67) 양창수·김형석(주 15), 608; 김현진(주 11), 340.
68) 김현진(주 11), 314.

대로 적용되는 사적 실행이 가장 중요한 것이라고 할 수 있다. 이를 "협의의 사적 실행"이라고 부를 수 있다. 이하에서 사적 실행이란 특별한 언급이 없으면 "협의의 사적 실행"을 전제로 논의를 전개하기로 한다.

(2) 유담보약정에 의한 담보권 실행

유담보약정에 의한 담보권 실행이란 무엇을 말하는 것인가? 동산·채권담보법 제31조(제1항)는 "이 법에서 정한 실행절차"와 다른 내용의 약정을 유담보약정으로 보고 있다.[69] 그런데 "이 법에서 정한 실행절차"가 무엇인지가 문제이다. 첫째, 정당한 이유가 있는 경우에 인정되는 담보권의 실행절차가 "이 법에서 정한 실행절차"(제21조 제2항)에 해당한다. 따라서 당사자들은 동산·채권담보법이 정하는 실행절차와 다른 약정을 둘 수 있는바, 이러한 약정을 유담보약정이라고 할 수 있다. 다만, 동산·채권담보법은 그 한계를 정하여, 이해관계인에 대한 통지가 없거나 통지 후 1개월이 지나지 아니한 경우에도 통지 없이 담보권자가 담보목적물을 처분하거나 직접 변제에 충당하기로 하는 규정(제23조 제1항)에 반하는 약정은 허용하지 않는다. 동산·채권담보법 제23조 제1항은 강행규정이 되는 것이다. 따라서 이를 준수한다면 정당한 이유가 있는 경우에 인정되는 담보권실행의 절차에 대해서도 얼마든지 유담보약정이 허용된다. 그런데 동산·채권담보법은 제23조 제3항의 위반하여 청산금지급의무를 면하는 약정을 둘 수 있는지가 문제된다. 명문의 규정이 없는 한 인정된다고 보아야 할 것이다.[70] 둘째, 정당한 이유가 없는 경우의 담보권실행에 대하여도 당사자의 약정이 있다면 이것도 허용할 수 있는지가 문제이다. 이러한 약정도 이 법에서 정한 실행절차와 다른 약정에 해당하기 때문에 얼마든지 유담보약정에 포함될 수 있다. 예를 들면, 간이변제충당에 관한 약정도 "이 법에서 정한 실행절차"와는 다른 약정이라고 할 수 있다. 동산담보권설정자는 이러한 합의를 하지 않을 수 있지만 동산담보권설정자의 곤궁한 사정에 비추어 볼 때 사실상 어렵다고 할 것이다. 이 점에서 유담보약정이라는 개념 자체는 유질계약과 비교하여 범위가 더 확장된다고 할 것이다.[71] 생각건대 유담보약정이란 경매 이외의 방법으로 담보권을 실행하는 데에 대한 일체의 약정을 말한다(광의의 유담보약정).[72] 물론 이러한 유담보약정 중에서 중요한 의미를 갖는 것으로 동산·채권담보법이 정하는 담보권실행절차와 다른 내용의 약정을 들 수 있다. 이를 "협의의 유담보약정"이라고 할 수 있다. 따라서 동산·채권담보법 제31조는 아래와 같이 개정하는 것이 필요하다.

제31조(동산담보권 실행에 관한 약정) ① 담보권자와 담보권설정자는 경매에 의하지 않는 담보권의 실행절차에 대하여 임의로 약정을 할 수 있다. 다만, 제23조 제1항에 따른 통지가

69) 김현진(주 11), 320, 340; 양창수·김형석(주 15), 608.

70) 김형석(주 13), 215.

71) 간이변제충당에 반하는 유질계약은 금지된다.

72) 유담보약정은 변제기 전의 약정도 허용된다. 이 점이 민법(제339조)이 변제기 전의 유질계약이 금지되는 질권의 유질계약의 경우와는 다른 점이다

없거나 통지 후 1개월이 지나지 아니한 경우에도 통지 없이 담보권자가 담보목적물을 처분하거나 직접 변제에 충당하기로 하는 약정은 효력이 없다.

다음과 같은 경우에는 유담보약정이 허용되지 않는다. 첫째, 경매에 의한 담보권실행에 대한 유담보약정은 인정되지 않는다. 동산·채권담보법은 경매에 관한 많은 규정(제21조, 제22조 제2항, 제23조 제5항, 제25조 제4항, 제26조 제1항, 제29조 제2항, 제30조 제3항)을 두고 있다. 이들 규정은 모두 민사집행법상의 절차에 관한 규정으로, 동산담보권자, 후순위권리자들이 민사집행법에 의하여 보호되는 권리를 확인하고 또 이를 침해할 수 없음을 확인하여 주는 규정들이다. 따라서 이러한 규정들은 민사집행법과 관련된 강행규정들이기 때문에 이와 다른 약정은 허용되지 않는다. 둘째, 동산·채권담보법이 정하는 절차에 관한 유담보약정이라도 동산·채권담보법의 금지규정에 반하는 유담보약정은 인정되지 않는다. 우선 동산·채권담보법(제31조 제1항 단서)에 의하면, 제23조 제1항에 따른 통지가 없거나 통지 후 1개월이 지나지 아니한 경우에도 통지 없이 담보권자가 담보목적물을 처분하거나 직접 변제에 충당하기로 하는 약정은 유담보약정으로서 효력이 없다.[73] 그러나 청산금지급의무를 면하는 유담보약정은 법이 금지하고 있지 않으므로 효력이 있다. 그리고 동산·채권담보법(제31조 제2항)은 "제1항 본문의 약정에 의하여 이해관계인의 권리를 침해하지 못한다."고 규정하고 있다. 따라서 동산담보권자는 이해관계인이 청산금을 지급하기 전 또는 청산금이 없는 경우 1개월이 지나기 전에 피담보채권액을 변제하고 동산담보권을 소멸시키는 권리(제28조 제1항)도 제한할 수 없다. 또 선순위권리자의 동의권(제21조 제2항 단서)을 박탈할 수도 없다. 그리고 이해관계인의 경매청구권과 가처분신청권 등(제30조)과 후순위권리자의 청산금지급청구권(제26조 제1항)은 유담보약정으로 제한할 수 없다(제31조 제2항). 이상의 경우를 제외하면 유담보약정은 허용된다. 그 결과 민법 제607조 제608조에 반하는 유담보약정도 효력이 인정된다.[74] 셋째. 민법 제103조와 제104조에 반하는 유담보약정은 허용되지 않는다.

2. 담보권의 사적 실행

동산·채권담보법은 정당한 이유가 있는 경우에는 귀속정산과 처분정산에 의한 사적 실행을 인정하고 있다. 이는 가등기담보법(제4조)상의 가등기담보권의 경우에는 경매 이외의 담보권 실행 절차로서 귀속정산만을 허용하고 있지만, 동산·채권담보법은 처분정산도 허용하고 있다는 점이 다른 점이다. 동산은 부동산과 비교하여 담보목적물의 가치가 상대적으로 적고, 공정한 시장가격이 형성되어 있거나 또는 부패·변질의 위험이 크다는 점을 고려하여, 사적 실행의 경우 경매를 통하지 않는 처분정산도 인정한 것으로 보인다.[75] 동산담보권자의 사적 실

73) 가등기담보법의 경우(제4조 4항)는 더 제한하고 있다.

74) 김현진(주 11), 342; 김재형(주 6), 33.

행은 채권담보권자의 사적 실행에도 준용된다(제37조). 이하 동산담보권의 사적 실행에 대하여 살펴본다.

(1) 사적 실행의 요건의 검토

담보권의 사적 실행에 대하여 동산 · 채권담보법은 엄격한 요건을 규정하고 있다. 이는 엄격한 공적 실행을 하지 않는 데에 따라 한편으로 채무자를 보호하고 다른 한편 채권자의 폭리를 막기 위한 것이다. 동산 · 채권담보법상의 사적 실행에 관한 요건은 다음과 같이 나누어 볼 수 있다. 첫째, 담보권의 사적 실행은 정당한 이유가 있어야 한다(제21조 제2항 본문). 둘째, 담보권의 사적 실행은 선순위권리자가 있는 경우에는 그의 동의를 받아야 한다(제21조 제2항 단서). 셋째, 담보권의 사적 실행은 담보권자가 채무자 등(채무자, 담보목적물의 물상보증인, 담보목적물의 제3취득자)(제2조 제9호)과 담보권자가 알고 있는 이해관계인(채무자 등과 담보목적물에 대한 권리자로서 담보등기부에 기록되어 있거나 그 권리를 증명한 자, 압류 및 가압류 채권자, 집행력 있는 정본에 의하여 배당을 요구한 채권자)(제2조 제10호)에게 통지하여야 한다(제23조 제1항 본문). 넷째, 담보권의 사적 실행은 담보권자가 채무자 등 이해관계인에게 통지를 한 날로부터 1개월이 경과하여 청산금을 지급하여야 한다(제23조 제1항). 귀속정산의 경우에는 동산담보권자가 청산금을 채무자 등에게 지급한 때에 담보목적물의 소유권을 취득한다(제23조 제4항). 또 처분정산의 경우에는 동산담보권자는 설정자로부터 담보목적물의 인도를 받은 후(제25조 제2항) 제3의 매수인에게 담보물을 매각하게 되는데, 매각대금의 지급과 동산의 인도는 동시이행이 관계에 놓이게 된다. 이 경우 동산담보권자의 채무자에 대한 청산금의 지급은 소유권의 이전 후에 있게 된다(민법 제188조 제1항, 제189조). 이상의 경우 담보권의 실행으로 담보권자나 매수인이 담보목적물의 소유권을 취득하면 그 담보권자의 권리와 그에 대항할 수 없는 권리는 소멸하게 된다(제24조). 즉, 동산 · 채권담보법(가등기담보법도 마찬가지)은 담보권실행의 결과로서 인수주의를 취하고 있다. 이상의 절차에 관한 규정 중에서 개선의 여지가 문제되는 것에 대하여 살펴보기로 한다.

(2) 정당한 이유

담보권의 사적 실행은 정당한 이유가 있는 경우에 인정한다(제21조 제2항 본문). 예를 들면, 경매를 하면 정당한 가격을 받기 어려운 사정이 있거나, 목적물의 가치가 적은 반면에 비용이 많이 들어 경매를 허용할 필요가 없거나,[76] 공개시장과 같이 경매에 의하지 않더라도 정당한 가격을 받을 수 있는 경우,[77] 부패 · 변질 등으로 속히 매각하여야 할 사정이 있는 경우 등이 정당한 사유가 될 것이다. 따라서 정당한 이유의 예시가 필요하다고 할 것이다. 이러한 정당한 이유가 있는지의 여부는 최종적으로 법원이 판단하게 된다. 다만, 법적 안정성을 위하여 정당

75) 정소민(주 3), 180.

76) 정소민(주 3), 181; 주석민법, 물권(4), 402.

77) 정소민(주 3), 181; 주석민법, 물권(4), 402.

한 이유에 대하여 예시하는 것도 하나의 방법이라고 할 수 있을 것이다. 한편 제23조 제2항에서 밝혀야 하는 직접 변제에 충당하거나 담보목적물을 매각하려는 이유란 바로 제21조 제2항에서 말하는 정당한 이유다. 따라서 제23조 제2항은 제21조 제2항에 부합하게 개정되어야 한다.

제23조 (담보목적물의 직접 변제충당 등의 절차) ② 제1항의 통지에는 피담보채권의 금액, 담보목적물의 평가액 또는 예상매각대금, 담보목적물로써 직접 변제에 충당하거나 담보목적물을 매각하려는 정당한 이유를 명시하여야 한다.

(3) 선순위권리자의 동의에 대한 규율

선순위권리자가 있는 경우에는 그의 동의를 받아 사적 실행을 하여야 한다(제21조 제2항 단서). 선순위권리자란 동산담보권 실행자보다 앞서는 일체의 동산담보권자를 말한다. 선순위권리자로서 선순위의 질권자, 선순위의 양도담보권자 또는 선순위의 동산담보권자가 있다. 따라서 담보등기만으로는 동산담보권의 권리관계를 파악할 수 없다. 이 경우 모든 선순위권리자의 동의를 받도록 한다면 동산담보권자의 사적 실행은 사실상 불가능하게 된다.[78] 이러한 이유에서 동산·채권담보법은 동산담보권자가 담보등기부에 등기되어 있거나 동산담보권자가 알고 있는 선순위권리자의 동의만을 얻도록 하는 것이다(제21조 제2항 단서). 그런데 이 경우 동산담보권자가 담보등기부에 등기되어 있는 선순위동산담보권자가 알고 있는 선순위권리자의 동의를 받지 않은 경우에는 어떻게 되는지가 문제이다. 담보권의 사적 실행절차는 엄격하게 정하여야 할 것이므로, 이를 위반한 후순위권리자의 담보권실행에 의한 귀속정산과 처분정산은 위법한 것이 된다고 보아야 할 것이다.[79]

한편 본조의 규정만으로는 선순위권리자의 지위가 여러 가지 명확하지 않은 점이 있다. 즉, 동산담보권자가 알고 있는 선순위권리자가 동의를 하지 않는 경우 그의 지위(가), 동산담보권자가 알고 있는 선순위권리자의 동의의 의미와 그 결과(나), 동산담보권자가 과실로 알지 못한 선순위권리자의 지위(다), 동산담보권자가 알지 못하는 선순위권리자의 지위(라)에 대해서는 언급을 하고 있지 않다. 마지막으로 동산담보권자가 알지 못하는 선순위권리자의 권리소멸에 따르는 취득자의 선의취득의 여부(마)의 문제도 검토할 필요가 있다.

(가) 선순위권리자가 동의를 하지 않는 경우 그의 지위　　동산담보권자가 알고 있는 선순위권리자가 의도적으로 동의를 하지 않는 경우에는 어떻게 되는가? 그의 권리가 소멸하는가? 우선 이 경우 선순위자의 동의가 없었기 때문에 담보권실행은 위법한 절차에 해당하여 무효가 된다고 볼 수도 있다. 반대로 담보권실행절차를 용이하게 하기 위하여 동의를 한 것으로 간주하고 선순위자의 권리는 소멸하지 않는 것으로 볼 수도 있다. 이는 선순위권리자에게 동의를 하지 않는 책임을 물어 그의 권리를 소멸시킬 수는 없기 때문이다. 생각건대 선순위담보

78) 법무부(주 32), 58.
79) 김현진(주 11), 336.

권자의 동의는 절차적 적법성을 보호하는 것으로 족하고, 동의를 하지 않았다고 하여 선순위권리자의 권리가 소멸하지 않는다고 할 것이다.

(나) 선순위권리자의 동의의 의미와 결과 동산·채권담보법은 선순위권리자의 동의의 내용, 방식과 그 결과에 대하여는 아무런 규정을 두고 있지 않다. 우선 동의란 후순위권리자가 사적 실행을 하여도 좋다는 것을 의미하는 것이라고 보아야 한다. 한편 동의의 결과 선순위권리자의 권리가 소멸하는 것인지(소제주의) 아니면 소멸하지 않는 것인지(인수주의)가 문제이다. 전자라면 통상의 담보물권에 관한 입법의 경우와 마찬가지로 경매에 의한 동산담보권의 실행에서와 같은 결과를 인정하는 것이 되고, 후자라면 동산·채권담보법은 전혀 다른 규율을 하는 것이 된다. 만일 후자라면, 동산·채권담보법의 운용에 아주 중요한 의미를 갖는 것이므로, 인수주의에 대한 명문의 규정을 두어야 할 것이다. 그런데 동산·채권담보법 제23조 제3항은 청산금으로 매각대금에서 자신의 채권액을 제외한 금액을 지급할 것을 규정하고 있는데, 이 경우 선순위권리자에 의하여 담보된 채권액을 포함시킬 것을 규정하고 있다.[80] 이는 곧 선순위권리자의 권리는 소멸하지 않는다는 것을 말하는 것이다.[81] 이는 담보권자나 매수인이 담보목적물의 소유권을 취득하면 담보권자의 권리와 그에 대항할 수 없는 권리는 소멸한다는 제24조의 반대해석의 결과이기도 하다.[82] 이러한 사항을 제21조(제2항)에서 명확하게 언급하는 것이 좋을 것이다.

제21조(동산담보권의 실행방법) ② 정당한 이유가 있는 경우 담보권자는 담보목적물로써 직접 변제에 충당하거나 담보목적물을 매각하여 그 대금을 변제에 충당할 수 있다. 선순위권리자(담보등기부에 등기되어 있거나 담보권자가 알고 있는 경우로 한정한다)가 있는 경우에는 그의 동의를 받아야 한다. <u>선순위권리자는 동의의 여부를 불문하고 그의 권리는 소멸하지 않는다</u>.

(다) 동산담보권자가 과실로 알지 못한 선순위권리자의 지위 동산·채권담보법 제21조 제2항 단서는 동산담보권자가 선순위권리자를 알지 못한 데에 대하여 과실이 있었던 경우의 선순위권리자의 지위에 대하여는 아무런 언급을 하고 있지 않다. 동산담보권자의 과실로 알지 못한 선순위담보권자는 알고 있던 자로 볼 것인지 아니면 무과실로 몰랐던 자로 볼 것인지가 문제이다. 동산담보권자의 과실이 선의로 의제되는 경우에는 선순위권리자의 동의를 받지 않아도 된다. 생각건대 동산담보권자는 동산 위의 권리관계를 모두 파악하기 어려운 경우가 많고 또 담보권의 사적 실행을 원활하게 하기 위해서는 동산담보권자의 과실은 묻지 않고 그가 알고 있는 경우에만 동의를 받도록 하는 것이 타당하다고 할 것이다. 즉, 과실 있는 동산

80) 가등기담보법 제4조 제1항도 이 경우 담보목적부동산 선순위담보권 등의 권리가 있을 때에는 그 채권액을 계산할 때 선순위담보 등에 의하여 담보된 채권액을 포함한다고 규정하고 있다. 이는 동산·채권담보법 제23조 제4항과 동일한 규정이다.

81) 주석민법, 물권법(4), 404. 선순위권리자의 동의에 관한 자세한 사항은, 김현진(주 11), 337-9 참조.

82) 양창수·김형석(주 15), 611.

담보권자는 선의로 의제된다고 보아야 한다. 또 이것이 선순위자를 "담보권자가 알고 있는 경우로 한정한다."는 문언에 부합하는 해석이라고 할 것이다.

㈑ 동산담보권자가 알지 못하는 선순위권리자의 지위 동산담보권자가 알지 못하는(전술한 바와 같이 알지 못한 데에 대하여 과실이 있느냐는 묻지 않는다) 선순위권리자에게는 동의를 받지 않아도 되지만, 그는 담보권의 실행에서 어떠한 지위를 갖는지가 문제이다. 이는 반사적으로 동산담보권자(귀속정산)나 매수인(처분정산)의 권리가 어떻게 되는지의 다른 측면이기도 하다. 그 효과로서 두 가지를 생각할 수 있다. 첫째, 선순위권리자의 권리는 소멸하지 않는다는 것이다. 이 경우 취득자는 선순위담보권의 제한이 있는 권리를 취득한 데에 대하여 채무자에게 담보책임을 추궁할 수 있다(제575조).[83] 원시적 하자가 있었던 것이므로 채무자는 무과실의 담보책임을 지게 되어 과실이 없더라도 책임을 져야 한다. 둘째, 선순위권리자의 권리가 소멸한다는 것이다. 이 경우 취득자는 선순위권리자의 권리에 제한을 받지 않는 소유권을 취득하게 된다. 권리를 상실한 선순위권리자는 채무자에 대하여 부당이득반환을 청구할 수 있다. 예를 들면, 동산담보권자가 매수인에게 선순위권리자의 존재가 없다고 하여 그의 존재를 감추고 채무자에게는 선순위권리자의 채권액을 공제하지 않은 금액을 청산금으로 통지하여 그 나머지 금액으로부터 변제를 받는 경우이다. 생각건대 동산·채권담보법이 동산담보권자가 알지 못하는 선순위권리자의 지위에 대하여 아무런 규정을 두고 있지 않다는 것은 그의 권리는 소멸한다는 것을 전제로 한다고 보아야 한다. 이는 담보권실행을 원활하게 하기 위해서는 부득이한 것이라고 하지 않을 수 없다. 따라서 선순위권리자는 채무자에 대하여 무담보의 채권을 가지게 된다. 그러나 담보권을 상실한 선순위권리자는 다음의 권리를 가질 수 있다고 할 것이다. 첫째, 선순위권리자는 민법의 일반법리에 따라 채무자에게 부당이득반환이나 불법행위책임을 물을 수 있다고 할 것이다. 예를 들면, 채무자가 사적 실행을 통지받았음에도 선순위권리자에게 이를 알려주지 않은 결과 선순위권리자가 담보권을 상실하여 무담보권리를 가질 수밖에 없고 또 제3자에게 무담보의 권리를 양도할 수밖에 없게 되어 입은 손해를 들 수 있다. 둘째, 선순위권리자는 과실이 있는 동산담보권자에 대하여도 부당이득반환 또는 불법행위책임을 물을 수 있다고 할 것이다. 선순위권리자의 존재를 알지 못한 데에 대하여 과실이 있는 동산담보권자를 선의로 의제하여 담보권의 사적 실행을 진행시킨다는 것과 그의 행위에 대하여 책임을 물게 한다는 것은 별개로 양립할 수 있기 때문이다.

제21조(동산담보권의 실행방법) ② 정당한 이유가 있는 경우 담보권자는 담보목적물로써 직접 변제에 충당하거나 담보목적물을 매각하여 그 대금을 변제에 충당할 수 있다. 선순위권리자(담보등기부에 등기되어 있거나 담보권자가 알고 있는 경우로 한정한다)가 있는 경우에는 그의 동의를 받아야 한다. <u>선순위권리자는 동의의 여부를 불문하고 그의 권리는 소멸하지 않는다.</u> <u>그러</u>

83) 김현진(주 11), 283.

나 동산담보권자가 알지 못하는 선순위권리자의 권리는 소멸한다.

(마) 동산담보권자가 알지 못하는 선순위권리자의 권리의 소멸에 따르는 취득자의 선의취득의 여부 담보권의 사적 실행의 결과 권리를 취득하는 자는 제21조에 따라 선순위담보권의 제한이 없는 소유권을 취득하게 된다. 이를 제32조에 의한 선의취득이라고 볼 수 있는지가 문제이다. 그러나 이것은 동산담보권자가 선의인 경우 담보권실행절차의 유효를 인정하는 결과 취득자가 선순위권리자의 권리의 제한을 받지 않는 권리를 취득하게 되는 것일 뿐이지, 권리취득자의 선의·무과실에 의하여 권리를 취득하는 것이 아니다. 즉, 제21조(제2항)가 간접적으로 선순위권리자의 권리가 소멸함을 전제로 하기 때문에 취득자가 권리를 취득하게 되는 것이지, 제32조가 적용되기 때문은 아니라고 할 것이다.

(4) 이해관계인의 보호절차

이해관계인의 보호절차로 그에 대한 통지절차가 있다. 또 이 절차와 관련해서 채권자가 자신이 통지한 청산금의 금액에 대하여 구속이 되는지가 문제이다.

(가) 이해관계인에 대한 통지 동산담보권자는 채권의 변제기 후에 동산담보권 실행의 방법(귀속정산 또는 처분정산)을 채무자 등과 담보권자가 알고 있는 이해관계인에게 통지하여야 한다(제23조 제1항 본문).[84] 여기서 이해관계인이란 채무자 등과 담보목적물에 대한 권리자로서 담보등기부에 기록되어 있거나 그 권리를 증명한 자, 압류 및 가압류 채권자, 집행력 있는 정본에 의하여 배당을 요구한 채권자를 말한다(제2조 제10호). 이 통지에는 피담보채권의 금액, 담보목적물의 평가액 또는 예상매각대금, 담보목적물로써 직접 변제에 충당하거나 담보목적물을 매각하려는 이유를 명시하여야 한다(제23조 제2항). 통지를 받은 후순위권리자는 자신의 선순위담보권자의 사적 실행에 동의하지 않을 경우에는, 이를 저지하고 일정한 요건하에 경매를 청구할 수 있다(제23조 제5항).[85]

(나) 채권자의 평가의 구속성 여부 동산담보권자는 이해관계인에게 통지한 경우 담보목적물의 평가액 또는 예상매각대금에 구속되는지가 문제이다. 가등기담보법(제9조)은 채권자는 그가 통지한 청산금의 금액에 관하여 다툴 수 없다고 하여 명문의 규정을 두고 있다.[86] 가등기담보법은 부동산에 대하여 사적 실행이 이루어지고 동산·채권담보법은 동산, 채권 또는 지식재산권에 대하여 사적 실행이 이루어진다는 점을 제외하고는 양자 사이에 아무런 차이가 없다. 그러나 동산·채권담보법은 평가의 구속성 여부에 대하여는 명문의 규정을 두고 있지 않다. 신의칙상 이를 긍정해야 한다는 견해가 있다.[87] 생각건대 동산의 경우는 청산기간내에

84) 가등기담보법상의 청산기간은 2개월이다.

85) 주석민법, 물권(4), 404.

86) **가등기담보법 제9조(통지의 구속력)** 채권자는 제3조 제1항에 따라 그가 통지한 청산금의 금액에 관하여 다툴 수 없다.

87) 김현진(주 11), 280.

가격변동이 심하지만 부동산의 경우는 그렇지 않다는 점, 평가에 구속력을 인정하는 규정은 예외적인 것이라는 점, 이러한 명문의 규정이 없다는 점 등을 고려한다면, 동산·채권담보법상 채권자는 평가에 구속되지 않는다고 보아야 것이다. 물론 신의칙(민법 제2조)에 의하여 예외적으로 담보권자는 자신의 평가에 대하여 구속되는 경우는 있다고 할 것이다. 예를 들면, 평가액을 반드시 지급하겠다고 약속하는 등의 경우가 그렇다고 할 것이다.

(5) 1개월의 청산기간의 경과

취득자의 통지는 채무자 등과 담보권자가 알고 있는 이해관계인에게 통지하고, 그 통지가 채무자 등과 담보권자가 알고 있는 이해관계인에게 도달한 날부터 1개월이 지나야 하고, 다만 담보목적물이 멸실 또는 훼손될 염려가 있거나 가치가 급속하게 감소될 우려가 있는 경우에는 그러하지 아니하다(제23조 제1항).[88] 청산기간은 1개월로서 가등기담보상법의 그것보다 단기간이다. 이는 동산이 부동산보다 가격변동이 심하고, 변질되어 가치가 훼손될 위험이 크다는 등의 이유 때문이라고 할 것이다.[89]

(6) 소유권의 이전시기

민법에 의하면 동산에 대한 소유권의 취득시기는 동산을 인도하여 점유를 이전하는 때이다(제188조 –제190조). 점유에는 현실인도(제188조 제1항), 간이인도(제188조 제1항), 점유개정(제189조)과 목적물반환청구권의 양도(제190조)가 있다. 그런데 동산·채권담보법(제23조 제4항)은 귀속정산의 경우 담보목적물의 소유권을 취득하는 시기는 청산금을 지급한 때라고 규정하고 있다. 본항에 대해서는 여러 가지 의문이 제기된다. 첫째, 본항은 왜 귀속정산의 경우에만 규정하고 있는가 하는 의문이다. 이는 동산·채권담보법이 가등기담보법을 참고로 하여 제정되었는데 가등기담보법은 취득정산에 대해서만 규정을 두고 있기 때문이다.[90] 그러나 처분정산의 경우에도 소유권이전의 시기에 대한 규정을 두어야 할 필요가 있는 것이다. 둘째, 본항의 규정을 두는 것이 과연 타당한 것인가? 담보권의 사적 실행의 경우 소유권의 취득시기에 대하여 특별한 규정은 가등기담보법(제4조 제2항)에도 있다. 가등기담보법에 의하면 이미 소유권이전등기(양도담보등기)를 마친 경우에는 채권자는 청산기간이 지난 후 청산금을 채무자 등에게 지급한 때 소유권을 취득한다고 규정하고 있다. 가등기담보법상의 규정은 민법상의 부동산이전등기에 의하여 소유권이 이전된다는 원칙(제186조)에 대한 예외규정이 된다. 그런데 동산담보권의 사적 실행의 경우도 청산금의 지급이 있는 때에 소유권을 이전시킨다는 규정이 있다(제23조 제4항). 이는 법리는 동산소유권의 이전법리에 반하는 것이 된다. 이것이 과연 타당한 것인가 하는 의문이 제기된다. 먼저 가등기담보법상의 소유권취득시기에 관한 규정을 살펴본 후, 동산·채권

88) 「가등기담보 등에 관한 법률」(제3조)은 취득정산의 경우 2개월 이상의 청산기간을 두고 있다.

89) 법무부(주 32), 72.

90) 주석민법, 물권(4), 404.

담보법의 규정을 검토하기로 한다.

㈎ 가등기담보법상 귀속정산에서의 소유권취득시기　　가등기담보법(제4조 제2항)은 "채권자는 담보목적부동산에 관하여 이미 소유권이전등기를 마친 경우에는 청산기간이 지난 후 청산금을 채무자등에게 지급한 때에 담보목적부동산의 소유권을 취득하며, 담보가등기를 마친 경우에는 청산기간이 지나야 그 가등기에 따른 본등기를 청구할 수 있다."고 규정하고 있다.[91] 첫째, 소유권이전등기를 마친 양도담보의 경우에는 채권자는 청산금을 지급하는 때에 소유권을 취득한다. 가등기담보법(제4조 제2항)은 부동산소유권취득시기에 대하여 양도담보의 경우에만 특칙을 두는 것이 된다. 물론 이 경우 청산금이 없다면 채권자는 청산기간이 경과한 때에 소유권을 취득하게 된다.[92] 또 공탁의 경우는 공탁의 효과가 발생한 날 채권자는 소유권을 취득하게 되는 것이다(가등기담보법 제8조 제1항). 이처럼 양도담보등기가 있는 경우에는 소유권의 취득시기를 청산금의 지급시기로 하는 특별규정을 두는 이유는 무엇인가? 가등기담보법은 양도담보등기에 소유권이전의 효력을 인정하지 않는다. 따라서 양도담보권자는 소유권이전등기가 되었더라도 소유권을 취득하지 못한다.[93] 소유권은 대내적으로든 대외적으로든 양도담보권설정자에게 있다. 가등기담보법이 청산금의 지급(또는 공탁)이 있는 때에 양도담보등기에 소유권이전의 효력을 인정하는 것은 부동산소유권이전에 관하여 일종의 무효등기의 전환을 인정하는 것이 된다. 달리 말하면, 가등기담보법이 청산금지급과 동시에 무효였던 양도담보등기를 실체관계에 부합하는 등기로서 취급하여 효력을 인정하는 것이라고 볼 수 있다. 이는 판례가 담보가등기의 경우 청산절차를 거치지 않고 본등기를 경료하였더라도 소유권을 취득하지 못하지만, 사후적으로 청산금을 지급하는 때에는 실체관계에 부합하는 등기로 취급하는 것과 마찬가지라고 하겠다.[94] 즉, 가등기담보권자가 청산금지급채무를 면하는 날 소유권이전의 효력을 인정하는 것이다. 요컨대 가등기담보법(제4조 제2항)이 청산금지급시기를 소유권이전시기로 보는 것은 유효로 전환될 수 있는 무효의 소유권이전등기가 있기 때문이라고 볼 수 있다. 그리고 이것은 형식적으로는 민법(제186조)이 소유권이전에 부동산등기를 요구하는 것에 부합하는 것이 되기도 한다. 둘째, 담보가등기가 있는 경우에는 가등기에 기한 본등기를 할 것을 요구하고 있을 뿐이다(제4조 제2항). 이는 본등기시에 소유권이 이전됨을 의미한다. 그리고 가등기담보법은 청산금의 지급채무와 부동산소유권이전등기 및 인도채무의 이행에 관하여 동시이행의 항변권에 관한 「민법」 제536조를 준용하고 있다(제4조 제3항).[95] 이는 한편으로 등기에

91) **가등기담보법 제4조(청산금의 지급과 소유권의 취득)** ② 채권자는 담보목적부동산에 관하여 이미 소유권이전등기를 마친 경우에는 청산기간이 지난 후 청산금을 채무자등에게 지급한 때에 담보목적부동산의 소유권을 취득하며, 담보가등기를 마친 경우에는 청산기간이 지나야 그 가등기에 따른 본등기(本登記)를 청구할 수 있다.

92) 양창수 · 김형석(주 15), 587.

93) 가등기담보법(제12조)은 경매에 있어서는 담보가등기권리를 저당권으로 본다고 규정하고 있다. 경매가 아닌 담보권실행(사적 실행)의 경우에도 마찬가지라고 보아야 할 것이다.

94) 대법원 2017. 8. 18. 선고 2016다30296 판결.

의한 부동산소유권의 이전법리에 반하지 않으면서, 다른 한편으로 청산금의 지급을 확보하기 위한 것이라고 하겠다.

(나) 동산·채권담보법상 귀속정산에서의 소유권취득시기 동산·채권담보법(제23조 제4항)은 동산담보권자가 담보목적물로써 직접 변제에 충당하는 경우 청산금을 채무자 등에게 지급한 때에 담보목적물의 소유권을 취득한다고 규정하고 있다. 즉, 귀속정산의 경우 채무자 등에게 청산금을 지급하는 때 동산의 소유권이 이전되는 것이다. 우선 동산담보권자가 동산을 점유하고 있는 경우에는 청산금을 지급한 때에 소유권을 취득하게 하더라도 아무 문제가 없다(제188조 제2항). 이는 가등기담보법상 양도담보의 경우 소유권이전등기를 마친 귀속정산의 경우 청산금을 지급(또는 공탁)하는 때에 소유권이전의 효력을 인정하는 것과 동일한 상황이라고 볼 수 있다. 즉, 담보목적의 소유권이전등기에 청산금의 지급과 동시에 소유권이전의 효력을 인정하는 것이다. 그런데 귀속정산을 실행하는 동산담보권자는 항상 담보물인 동산을 점유하고 있는 것이 아닌데, 이 경우에도 채무자에게 청산금을 지급하는 때에 동산담보권자가 소유권을 취득할 수 있는지가 문제이다. 즉, 가등기담보의 경우 소유권이전등기가 이미 존재하듯이 동산의 점유가 이전되어 있는 상환이 확보된 것은 아니기 때문이다. 만일 이러한 상태에서도 동산·채권담보법(제23조 제4항)이 의미를 갖는다고 한다면, 본항은 동산소유권의 이전을 위해서 동산점유의 이전을 규정하는 민법(제188조 내지 제189조)의 예외규정이 되는 셈이다. 즉, 동산담보권자가 동산을 점유하지 않은 경우에도 소유권을 이전시키는 것이 되어 버린다. 이는 동산소유권의 이전법리에 반한다고 하지 않을 수 없다. 따라서 이 경우에는 동산담보권자가 동산의 점유를 확보하는 방안을 마련하여, 소유권이전법리에 부합시키는 것이 합당하다고 할 것이다. 즉, 민사집행법(제205조 제2항)이 매각대금과 매각물의 교환에 대하여 동시이행관계를 인정하고 있는 바와 같이,[96] 청산금지급채무와 동산인도채무 사이에 동시이행의 관계를 인정하는 규정을 두게 되면 동산점유이전에 의한 소유권이전과 청산금지급이라는 두 가지 요청을 동시에 충족할 수 있게 된다.[97]

(다) 동산·채권담보법상 처분정산에서의 소유권취득시기 동산·채권담보법은 처분정산의 경우에는 소유권취득시기에 대하여 아무런 규정을 두고 있지 않다. 따라서 민법의 동산소유권의 이전법리에 따르게 된다. 그런데 동산담보권자는 동산의 매각을 위해서는 동산의 점유를 확보하여야 한다. 이를 위해서 동산·채권담보법(제25조 제2항)은 담보권자가 담보권을 실행하기 위하여 필요한 경우에는 채무자 등에게 담보목적물의 인도를 청구할 수 있다고 규정하고 있다. 동산에 대한 점유를 확보한 동산담보권자는 매수인에게 동산을 인도하고 매수인은

95) **가등기담보법 제4조(청산금의 지급과 소유권의 취득)** ③ 청산금의 지급채무와 부동산의 소유권이전등기 및 인도채무(引渡債務)의 이행에 관하여는 동시이행의 항변권(抗辯權)에 관한 「민법」 제536조를 준용한다.

96) **민사집행법 제205조** ② 매각물은 대금과 서로 맞바꾸어 인도하여야 한다.

97) 법원실무제요 민사집행법[Ⅲ], 법원행정처(2014), 199.

매각대금을 지급하여 매매를 완성하게 된다. 그러면 처분정산의 경우 매수인의 소유권취득시기는 언제인지가 문제된다. 귀속정산의 경우와 마찬가지로 채무자 등에게 청산금을 지급한 때에 소유권을 취득한다는 견해가 있다.[98] 그러나 처분청산의 경우 채권자가 채무자 등에게 청산금을 지급하는 것은 매수인으로부터 매각대금을 지급받은 후가 된다. 따라서 위 견해에 따르면 매수인이 이미 매각대금을 지급한 후에도 소유권을 취득하지 못하게 되어 불리하게 된다. 따라서 이 경우에도 매수인의 매각대금 지급채무와 동산담보권자의 동산 인도채무의 동시이행의 관계를 인정하는 규정을 두게 되면, 점유에 의한 동산소유권이전의 법리와 청산금지급이라는 두 가지 요청을 동시에 충족할 수 있게 된다. 이 경우 동산소유권의 이전은 민법(제188조 및 제190조)에 따르면 된다. 그렇게 하여야 처분정산에서도 민사집행법(제205조 제2항)의 매각물과 대금에 의한 소유권이전의 취지가 실현될 수 있다. 첫째, 채무자가 동산을 점유하고 있는 경우에는 동산담보권자는 담보권실행을 위하여 채무자에게 담보목적물의 인도를 청구하여야 한다. 담보목적물을 인도받은 동산담보권자는 매수인에게 현실인도(제188조 제1항)를 하거나 또는 점유개정의 합의(제189조)를 함과 동시에 매수인이 매각대금을 지급하면 소유권이 이전이 있게 된다. 이 경우 동산담보권자가 채무자에 대하여 청산금을 지급하는 것은 내부적인 절차로서 소유권이전과는 무관한 것이다. 즉, 처분정산의 경우 동산의 처분권을 수여받은 동산담보권자는 동산인도(점유개정에 의한 것도 가능)와 대금지급의 동시이행에 의하여 소유권이 매수인에게 이전된 후, 채무자에게 청산금을 지급하게 된다. 둘째, 동산을 제3자가 보관하고 있는 경우에는 점유자에 대한 동산반환청구권의 매수인에 대한 양도(제190조)와 매수인의 매각대금의 지급의 동시이행에 의하여, 소유권이 이전(제189조)된다.

이상에서 본 바와 같이 담보권의 사적 실행의 경우에도 공적 실행과 마찬가지로 청산금의 지급으로 소유권을 이전시킬 필요가 있다. 이 경우 동산소유권의 이전법리에 반할 필요까지는 없다. 귀속정산이든 처분정산이든 동산담보권자의 청산금의 지급 또는 매수인의 매각대금과 동산의 인도가 동시이행이 되어 소유권의 이전이 있는 것으로 하면 된다. 요컨대 동산·채권담보법상 소유권이전은 동산담보권자의 청산금채무의 지급 또는 매수인의 매각대금채무와 동산의 인도채무가 동시이행에 의하여 소유권이 이전된다고 제23조 제4항을 개정할 필요가 있다.

제23조(담보목적물의 직접 변제충당 등의 절차) ④ 담보권자가 담보목적물로써 직접 변제에 충당하는 경우<u>에는 담보권자의 청산금지급채무와 채무자의 동산인도채무 또 담보목적물을 매각하는 경우에는 매수인의 매각대금지급채무와 담보권자의 동산인도채무의 동시이행에 의하여 담보목적물의 소유권이 매수인에게 이전된다</u>.

98) 법무부(주 32), 71.

Ⅵ. 담보권의 존속기간

동산·채권담보법 제49조는 담보권의 존속기간과 그 연장에 대하여 규정하고 있다. 제49조 제1항은 "이 법에 따른 담보권의 존속기간은 5년을 초과할 수 없다. 다만, 5년을 초과하지 않는 기간으로 이를 갱신할 수 있다."고 규정하고, 제2항은 "담보권설정자와 담보권자는 제1항의 존속기간을 갱신하려면 그 만료 전에 연장등기를 신청하여야 한다."고 규정하고 있다.

권리의 존속기간이란 어느 계약에서 발생한 권리 또는 그 권리를 발생시키는 계약의 존속기간을 말한다. 계약에서 발생한 권리의 존속기간은 계약보다 단기일 수 있고 또 계약기간과 동일할 수도 있다. 제49조의 담보권의 존속기간이란 후자를 말하는 것으로, 담보권을 발생시키는 담보계약의 존속기간을 말하는 것이다.

계약의 존속기간의 유무는 계약의 종류에 따라 다르다. 우선 채권계약의 경우 양도계약은 계약의 존속기간이란 존재하지 않는다. 양도계약에 의하여 발생하는 권리의 이행기가 있을 뿐이다. 또 대차계약은 존속기간은 있을 수도 없을 수도 있다. 민법은 대차계약의 계약의 존속기간에 대하여 아무런 제한을 두지 않고 당사자의 자유에 맡기고 있다.[99] 또 고용, 위임, 임치, 조합의 경우에도 존속기간을 둘 수 있다. 한편 물권법상의 제한물권설정계약에 의하여 존속기간이 있을 수 있다. 우선 용익물권의 경우는 존속기간의 제한을 두고 있다. 지상권(제280조)의 경우는 최단기간의 존속기간을 두고 있다. 또 전세권(제312조)의 경우 최장기간의 존속기간을 두고 있다.[100] 전세권은 민법 개정에 의하여 용익물권성과 담보물권성을 겸유하게 되었으므로, 전세권의 존속기간이란 바로 용익기간을 의미한다. 그런데 지역권의 경우는 존속기간에 대하여 아무런 규정을 두고 있지 않다. 용익물권의 성질상 당사자가 존속기간을 정할 수 있음은 물론이다. 다만, 영구무한의 존속기간을 정할 수 있는지가 문제이다. 학설은 영구지역권의 유효성을 인정하고 있다.[101] 한편 담보물권의 경우에는 존속기간에 대한 규정을 두고 있지 않다. 그리고 부동산등기법(제75조 제1항)상으로도 담보물권의 존속기간은 등기사항이 아니다. 민법상의 전형담보물권(유치권, 질권 및 저당권)이든, 특별법상의 비전형담보물권(가등기담보 등에 관한 법률) 또는 기타 담보권이든(양도담보와 소유권유보부매매) 존속기간의 제한을 두지 않고 있다. 담보물권은 종속 물권으로 피담보채권이 실제 변제되는 기간까지가 존속하게 된다. 따라서 굳이 담보물권의 존속기간을 둘 필요가 그다지 크지 않다. 한편 피담보채권의 변제기란 정함이 있을 수도 있고 없을 수도 있다. 전자의 경우에도 변제기를 약속하는 것일 뿐 변제를 강제하는 것이 아니므로 이를 담보물권의 존속기간이라고 할 수 없다. 전세권도 용익기간이 종료하면

99) 종전에 임대차의 최장기간을 두는 규정이 있었지만, 헌법불합치의 판정이 있었다.

100) 민법은 지역권의 경우에는 존속기간을 두고 있지 않다. 따라서 지역권의 존속기간은 당사자가 자유롭게 약정할 수 있다.

101) 곽윤직·김재형, 물권법, 박영사, 2015, 334.

담보물권성을 갖게 되는바, 이 경우 역시 담보물권성의 전세권의 존속기간이란 존재하지 않는다. 이상의 점에 비추어 볼 때 동산·채권담보법이 담보권의 존속기간의 제한을 두는 것은 극히 이례적인 것이라고 할 것이다.

예외적으로 프랑스민법전(제2434조)은 우선특권과 저당권의 경우 등기의 유효기간을 정함으로써 담보물권의 존속기간에 제한을 두고 있다.[102] 프랑스민법전상 등기는 대항력을 가질 뿐이다. 프랑스민법전은 채권자가 피담보채권이 변제기를 고려하여 등기의 존속기간을 정하고 있다. 등기는 다음의 따라 채권자가 정하는 날까지 우선특권과 저당권을 보전한다(제2434조 제1항). 우선 피담보채권의 변제기가 정해진 경우이다. 즉, 피담보채권의 원본이 하나 또는 다수의 특정일에 변제되어야 하는 경우 변제기 전 또는 최종변제기 전에 행해진 등기의 최대효력일(la date extrême d'effet de l'inscription)은 채권자가 변제기로부터 최대한 1년 이내로 하여야 하며, 이 경우 등기기간은 50년을 넘지 못한다(제2항). 또 피담보채권의 변제기가 정해지지 않은 경우이다. 즉, 변제기 또는 최종변제기가 정해지지 않은 경우, 특히 소비법전 L.314-1조에 규정된 경우 또는 저당권이 제2422조에 규정된 재충전 조항이 있는 경우, 채권자는 등기기간을 등기일로부터 50년을 초과하지 않게 정해야 한다(제3항). 다음은 등기가 피담보채권의 이후에 행해진 경우이다. 즉, 변제기 또는 최종변제기가 등기 이전이거나 또는 등기와 동일한 경우에는, 등기기간은 등기일로부터 10년을 초과할 수 없다(제4항). 마지막으로 복수의 채권을 담보하는 경우이다. 담보물권이 여러 채권을 담보하고 이 채권들에 대하여 앞의 3개항(제2항, 제3항과 제4항) 중 복수의 항이 적용될 수 있는 것이라면, 채권자는 각 채권들을 위하여 별개의 등기를 신청하거나 또는 가장 먼 날까지 채권 전부를 위하여 하나의 등기를 신청할 수 있으며 또 전 3개항 중 제2항만이 적용되는 경우 각각의 채권들이 동일한 변제기 또는 최종변제기를 가지지 않는 경우에도 마찬가지이다(제5항). 등기기간이 법률 규정에 위반되는 경우, 등기관은 위반사실을 안 경우에는 사전에 등기신청을 거절하거나,[103] 사후에 당사자들의 신청을 받아 비고란에 변경등기를 하거나,[104] 등기관은 직권으로 10년 또는 50년의 등기기간을 수정할 수 있다.[105] 한편 등기는 제2434조 제1항에서 정한 날까지 갱신되어야 한다(제2435조 제1항). 갱신된 연장등기는 우선특권과 저당권에 대하여 원래의 순위를 유지하게 된다.[106] 즉, 대항력이 유지된다.[107] 그러나 이 기간을 경과한 경우에는 등기는 효력을 상실하게 된다(제2436조). 등기관은

102) 등기기간에 대하여는 1967년 법률에 의하여 개정이 이루어졌다.

103) N. Pierre, *"Privilèges et hypothèques - Mode de l'inscription. - Organisation générale de la publicité"*, Art. 2426 à 2439, Fasc. 10, Jurisclasseur Civil Code, 11 Février 2011, n° 200, p. 52.

104) N. Pierre, *op. cit.*, n° 201, p. 52.

105) N. Pierre, *op. cit.*, n° 202, p. 52.

106) P.-F. Cuif, *"Synthèse - Publicité des privilèges et des hypothèques"*, JurisClasseur Civil Code, 30 Août 2020, n° 59, p. 14; L. Andreu. *"Publicité foncière"*, Répertoire de droit civil, avril 2020, n° 297.

107) L. Andreu. *"op. cit.*, n° 298.

유효기간을 경과한 등기를 말소시킬 수 있다.108) 그러나 기간을 경과한 등기가 무효가 되는 것은 아니다.109) 즉, 우선특권과 저당권 자체는 여전히 유효하지만 대항력을 상실할 뿐이다.110) 그러나 등기기간이 경과하더라도 여전히 다시 등기를 할 수 있다. 재등기는 거듭 할 수 있다. 재등기의 경우에도 역시 기간을 지켜 실행되어야 한다(제2436조). 재등기(inscription reprise)는 소급효가 없으므로 재등기된 날로부터 다시 대항력을 갖게 된다.111) 이처럼 프랑스 민법전은 변제기를 중심으로 변제기 이전에 등기된 경우에는 변제기 후 1년 그러나 등기 후 50년을 또 변제기 이후에 등기된 경우에는 등기 후 10년의 기간을 존속기간으로 정하고 있다 이는 동산·채권담보법상의 그것과는 다르다.

1. 담보권 존속기간의 입법이유

담보물권의 존속기간을 정한다는 것은 피담보채권이 변제기에 변제되지 않았음에도 불구하고 담보권의 존속기간을 정한다는 것을 말한다. 동산·채권담보법은 이러한 담보권의 존속기간을 5년으로 제한하고 있다. 그 이유는 어디에 있는 있을까? 동산·채권담보권의 피담보채권 대부분이 상사채권이고 피담보채권이 소멸되면 담보권도 소멸되는 점을 고려하여, 담보권의 존속기간을 상사채권의 소멸시효기간인 5년을 초과할 없게 한 것이라고 한다.112) 소멸시효기간은 상사채권의 변제기 이후에 권리를 행사하지 않는 경우에 기산이 되는 것이다. 그렇게 되면 동산·채권담보법은 이미 변제기에 도달한 상사채권을 전제로 동산담보권이 설정되고 동산담보권자가 권리를 행사하지 않는다는 것을 전제로 하는 것이 되는데, 이는 실제 거래와 전혀 부합하지 않는 것이라 하지 않을 수 없다. 즉, 상사시효가 5년이라는 것으로 담보권의 존속기간을 5년으로 제한하는 이유가 될 수 없다고 할 것이다.

2. 담보권의 존속기간의 문제점

담보권의 존속기간을 5년으로 제한하는 것은 단기간의 금융만을 허용하는 부작용을 낳는다. 당사자들은 변제기를 담보권등기 후 5년 이후로 정하는 금융을 할 수 없게 된다. 실제로 이러한 담보권 존속기간의 제한에 의하여 담보권자인 금융기관이 중소기업에 장기자금을 제공하지 않고 만기를 최대 4년으로 정한 단기 동산담보대출상품만을 출시하게 하는 부작용을 야기한다고 한다.113) 이것은 한편으로는 5년 이상의 장기적인 금융을 대출받아 안정적으로 사업을 유

---

108) N. Pierre, *op. cit.*, n° 203, p. 52.

109) L. Andreu. "*op. cit.*, n° 294.

110) P.-F. Cuif, *op. cit.*, n° 58, p. 14.

111) Cass. 3e civ., 25 avr. 2007, n° 06-11.524 : JurisData n° 2007-038517; Bull. civ. 2007, Ⅲ, n° 60; JCP G 2007, I, 212, 18, obs. P. Delebecque.

112) 법무부(주 32), 2, 129.

113) 정소민(주 3), 176.

지하려고 하는 담보권설정자의 요청을 외면하는 것이 된다. 다른 한편으로는 장기간의 대출을 하여 안정적인 수익을 창출하려고 하는 담보권자의 지위를 약화시키는 것이 되고 만다.[114] 또 담보권의 존속기간을 5년으로 제한하는 것은 변제기가 지난 후 당사자가 소제기를 하여 소송이 5년 내로 종료되지 않는 경우에도 적용되는 문제가 있다. 이상의 담보물권의 존속기간을 제한하는 데에서 오는 불편을 해소하기 위하여 제49조 제2항은 존속기간의 연장등기에 대하여 규정하고 있다. 이는 채무자가 피담보채권을 변제하지 못한 경우를 위한 것이다. 또한 당사자들이 피담보채권의 변제기를 연장하기 위한 것일 수도 있다. 이 경우 존속기간을 연장하면 동산담보권의 동일성은 인정될 수는 있다. 그런데 동산담보권의 존속기간의 연장은 채권자와 채무자에게 비용과 시간을 요구하는 번거로운 절차가 될 수 있다. 존속기간의 연장은 이를 제한함으로 인한 불편을 없애는 데에 대한 미봉책에 불과하고 근본적인 대책이 되지 못한다.

3. 결 어

동산·채권담보법상 담보기간을 제한할 수도 있다. 그러나 이를 제한하는 실익은 크지 않고 오히려 불편만 야기되고 있다. 그렇다면 담보권의 존속기간의 제한 자체를 폐지하는 것이 바람직하다고 할 것이다.[115]

Ⅶ. 결 론

동산·채권담보법상 문제가 될 수 있는 담보권설정자의 인적 범위, 선의취득, 물상대위, 담보권의 사적 실행과 담보권의 존속기간에 대하여 살펴보았다. 우선 동산·채권담보법이 담보권설정자를 법인 또는 상업등기법에 따라 상호등기를 한 사람으로 제한하는 것은 민법과 특별법이 담보권설정자의 인적 범위에 대하여 아무런 제한을 두지 않는 것과 부합하지 않는다. 무엇보다도 상인이 아닌 개인사업자, 상호등기를 하지 않은 상인, 조합 또는 비법인사단이라고 하더라도 동산에 관한 질권 등의 담보권이 활성화되고 있지 않다는 점을 고려할 때, 이러한 제한은 폐지하는 것이 마땅하다.

동산·채권담보법상의 소유권과 질권의 선의취득과 관련하여 동산담보권에 대해서는 담보등기부가 존재하므로 담보등기부의 추정력이 선의취득의 요건인 무과실인 선의의 요건과 관련하여 아무런 영향을 미치지 않는다고 할 수는 없다. 따라서 양도인이 법인 또는 상호등기 있는 상인이라는 것을 안 취득자에 대해서는 동산담보등기부를 조사할 의무를 인정하더라도 거래의 신속성에 방해가 되지 않는다고 할 것이다.

114) 정소민(주 3), 175-6.
115) 정소민(주 3), 176.

동산·채권담보법은 민법상의 질권의 경우와는 달리 담보목적물에 대하여 매각, 임대 등의 경우에도 물상대위를 인정하고 있다. 이는 동산의 경우는 동산담보권자에게 추급권이 인정되지 않거나 또는 이를 행사하기가 사실상 불가능한 경우에 대비하여 동산담보권자를 특별히 보호하기 위한 것이라는 점에서 동산담보권자가 추급권도 갖는 것이 물상대위권의 인정에 방해가 되지 않는다고 할 것이다. 담보물권의 매각의 경우 담보물의 교환가치가 실현된 이상 동산담보권자가 추급권과 물상대위권을 선택한 경우에 완전한 만족을 받지 않았다는 이유로 다른 권리를 다시 행사할 수는 없다고 할 것이다. 그러나 임대 등의 경우에는 추급권을 선택한 경우에는 잔존하는 피담보채권에 대하여 물상대위가 인정되지 않지만, 역으로 물상대위권을 행사한 경우에는 동산담보권자가 피담보채권의 완전한 만족을 얻지 못하였다면 나머지 부분의 만족을 위하여 추급권을 행사할 수 있다고 할 것이다. 이를 물상대위의 조문에 반영할 필요가 있다.

동산·채권담보권의 사적 실행과 관련하여 많은 점이 명확하지 않은 채로 남아 있다. 예를 들면, 동산담보권자가 과실로 선순위권리자를 모르는 경우, 동산담보권자가 알고 있는 선순위권리자가 동의를 하지 않는 경우 선순위권리자의 지위가 명확하지 않다. 또 선의로 알지 못하는 선순위권리자의 권리가 소멸하지 않는다는 것도 명확하지 않다. 따라서 선순위권리자는 동의의 여부를 불문하고 그의 권리는 소멸하지 않고 동산담보권자가 알지 못하는 선순위권리자의 권리는 소멸한다고 규정할 필요가 있다. 또 동산·채권담보법은 취득정산의 경우만 청산금지급시에 소유권을 취득한다는 규정을 두고 있지만, 처분정산의 경우에도 소유권취득에 대하여 규정을 두어야 하고 또 소유권취득은 동산점유이전에 의한다는 민법의 일반법리를 고려한 규정을 두어야 할 것이다. 따라서 취득정산의 경우에는 청산금의 지급 또 처분정산시는 매각대금의 지급과 동산점유의 이전과 동시이행으로 소유권이 이전된다는 규정을 둘 필요가 있다.

동산·채권담보법상의 담보권의 존속기간에 관한 규정은 폐지하여야 한다. 우선 담보권의 존속기간을 피담보채권인 상사채권의 소멸시효기간인 5년을 초과할 수 없게 한 것이라는 입법취지는 전혀 설득력이 없다. 뿐만 아니라 이러한 제한은 금융기관이 5년 미만의 단기간의 금융만을 제공하는 부작용을 낳고 5년 이상의 장기적인 금융을 대출받으려는 담보권설정자의 현실적 요청에 반하는 것이 된다. 또 담보권의 존속기가을 제한하는 데에서 오는 불편을 해소하기 위하여 존속기간의 연장등기를 허락하는 것은 존속기간을 제한함으로 인한 불편과 문제점을 없애는 데에 대하여 근본적인 대책이 되지 못한다.

수탁자의 대리비용 규율: 회사법제와의 비교연구

노 혁 준*

Ⅰ. 들어가며

신탁법제는 어떠한 기능을 수행하는가? 신탁의 미덕이 신탁당사자간 자율성 및 탄력성 보장에 있다면 계약법 이외에 굳이 신탁법을 구비할 필요가 있는가? 신탁법은 단순한 계약법을 넘어 일종의 조직법(organizational law)으로 볼 수 있는바, 이에 따르면 신탁법제 특유의 기능은 두 가지로 요약된다.[1] 첫째 재산분리(asset partitioning) 기능이다. 위탁자로부터 수탁자로 이전된 재산은 그 자체 독립성을 갖고, 위탁자의 채권자 또는 수탁자의 채권자가 이를 집행할 수 없다. 이러한 신탁재산의 독립성은 별도 법규 없이 당사자들간 계약만으로는 성취하기 어렵다. 둘째가 지배구조(governance) 설정기능이다. 신탁재산의 독립성만으로는 신탁이 의도한대로 운영되기 어렵다. 특히 신탁을 관리하는 수탁자가 개인적 이익을 추구하지 않도록 지배구조를 정립할 필요가 있다. 재산분리와 달리 지배구조는 신탁당사자들간 약정으로 설정할 수도 있다. 하지만 신탁법은 가장 합리적인 내용을 기본조항(default provision)으로 제시함으로써, 신탁이 쉽게 결성되고 운영될 수 있도록 돕는다.

필자는 일찍이 위 첫 번째 재산분리 기능에 관해 회사법제와 신탁법제를 비교한 바 있다.[2] 이 글은 두 번째 지배구조 설정 기능에 관한 글이다. 특히 수탁자의 대리비용을 어떻게 규율할 것인지 다룬다. 대리문제는 본인(principal)의 일을 맡아 처리하는 대리인(agent)이 자신의 이익을 우선시할 때 발생한다.[3] 원래 회사법리는 신탁법제에 터잡아 발전되었다. 그러나 기업조직으로서 회사가 활성화됨에 따라, 신탁의 수탁자에 해당하는 이사(director)의 대리비용에 관해 오히려 회사법에서 정치한 논의가 전개되어 왔다. 대표적인 것이 "회사법의 해부(the Anatomy of Corporate Law)"에 제시된 5가지 쌍의 대리비용 규율전략이다.[4] 이 글은 위 전략에

---

* 서울대학교 법학전문대학원 교수.

1) Robert H. Sitkoff, Trust Law as Fiduciary Governance Plus Asset partitioning, Discussion Paper No. 711 (2011) p. 2 (available at www.ssrn.com).

2) 노혁준, 주식회사와 신탁에 관한 비교고찰: 재산분리 기능을 중심으로, 증권법연구 제14권 제2호(2013).

3) 박세일 외, 법경제학(재개정판), 박영사, 2019, 283.

4) Reinier Kraakman et al., The Anatomy of Corporate Law: A Comparative and Functional Approach

비추어 우리 신탁법제상 수탁자 규율방식을 검토하고 개선여지를 모색하기 위한 것이다. 비교 대상은 우리 회사법제에서 압도적으로 많이 활용되는 주식회사이다.

본격 논의에 앞서 검토대상인 '신탁'의 성격을 짚고 넘어가기로 한다. 우리나라에서 주식회사는 상인이고(상법 제5조 제2항), 영리를 추구한다(상법 제169조). 이사 개인이 당연히 상인인 것은 아니지만,[5] 그 업무 수행은 회사의 상행위로 인정되어 상법이 적용된다. 반면 수탁자의 경우, 민사신탁(donative trust)과 상사신탁(commercial trust)이 혼재되고, 상법 이외에 자본시장과 금융투자업에 관한 법률("자본시장법") 적용여부도 문제되기 때문에 복잡한 점이 있다.

〈표 1〉 수탁자의 유형과 적용법조

	신탁을 업으로 영위 X	신탁을 업으로 영위 O
신탁목적이 비영리적	① 유형 (e.g. 비전문가 지인이 인수하는 생전증여신탁, 부양신탁) ⇒ 자본시장법 비적용; 상법 비적용	③ 유형 (e.g. 신탁업자가 인수하는 생전증여신탁, 부양신탁) ⇒ 자본시장법 적용[6]; 상법 비적용
신탁목적이 영리적	② 유형 (e.g. 위탁자가 자금조달 위해 1회적으로 자회사 수탁자에게 영업이전) ⇒ 자본시장법 비적용; 상법 적용	④ 유형 (e.g. 부동산개발신탁, 자산운용신탁) ⇒ 자본시장법 적용; 상법 적용

위 도표는 주요 유형을 단순화한 것이다. 위 도표에도 불구하고, 수탁자가 업무를 수행하면서 상행위를 한다든지 금융투자상품을 거래한다면, 해당행위에 관해 각기 상법, 자본시장법이 적용될 여지는 남아있다. 주로 문제되는 것은 자본시장법상 금융투자업자에 관한 엄격한 규제의 적용범위이고, 이에 따라 자본시장법에서 신탁업을 분리하는 문제가 심도있게 검토된 바 있다.[7] 강학상으로는 특히 ②, ③을 둘러싸고 이들이 민사신탁인지 상사신탁인지 논란이 있다.[8] 이러한 민, 상사신탁 구분론 및 적용법조에 관한 논의는 다른 글로 미루고, 이 글에서는 전형적인 민사신탁, 상사신탁인 ①, ④(음영부분)에 초점을 맞추기로 한다. 즉 이 글에서 민

(3rd ed.), Oxford Univ. Press (2017), p. 32.

5) 대법원 2018. 4. 24. 선고 2017다205127 판결은 "회사가 상법에 의해 상인으로 의제된다고 하더라도 회사의 기관인 대표이사 개인이 상인이 되는 것은 아니다. 대표이사 개인이 회사의 운영 자금으로 사용하려고 돈을 빌리거나 투자를 받더라도 그것만으로 상행위에 해당하는 것은 아니다"라고 판시한 바 있다.

6) 다만 자본시장법은 관리형신탁(위탁자의 지시에 따라서만 신탁재산 처분이 이루어지는 경우이거나 수탁자가 보존, 이용, 개량행위만 가능한 경우)의 수익권은 금융투자상품의 개념에서 제외하고 있다. 자본시장법 제3조 제1항 제2호.

7) 금융위원회, 신탁산업 개선을 위한 정부부처 첫 합동회의 개최(2017. 2. 8.자 보도자료)에 따르면 정부는 2017년 중에 별도 신탁업법을 입법할 계획을 밝힌 바 있다.

8) 다수설은 수탁자가 업으로서 신탁을 인수하는 경우(즉 ③, ④)를 상사신탁으로 본다. 안성포, 현행신탁업의 규제체계와 한계, 한독법학 제19호(2014), 103. 반면 소수설은 신탁목적이 영리적인 경우(즉 ②, ④)를 상사신탁으로 본다. 이영경, 상사신탁의 개념과 유형에 관한 연구, 증권법연구 제21권 제3호(2020), 233.

사신탁이란 ① 유형을 가리키는바, 여기에는 신탁법, 민법이 적용된다. 반면 상사신탁이란 ④ 유형을 뜻하고, 여기에는 위 기본법에 추가하여 특별법인 자본시장법, 상법이 적용된다.

Ⅱ. 신탁법제와 회사법제상 대리문제 비교

1. 개 관

본고에서 논하는 대리문제는 경제학적 개념으로서 법률상 대리권의 존부와 무관하다.[9] 회사법리상 대리문제는 크게 세 유형으로 구분된다. 첫째, **주주와 이사간 대리문제**는, 회사의 소유자인 주주로부터 경영을 위임받은 이사가 사익을 추구하는 문제이다. 둘째, **지배주주와 소수주주**간 대리문제는, 회사의 의사를 결정할 수 있는 지배주주가 자신에 유리하고 소수주주에게 불리한 결정을 하는 문제이다. 셋째 **주주와 채권자**간 대리문제는 전체로서의 주주가 채권자를 희생시키면서 자신에게 유리하도록 회사의 의사결정을 하는 문제이다.[10] 수탁자의 대리문제와 관련한 비교대상은 위 첫째 대리문제이다.

이사 및 수탁자는 모두 관리 또는 경영을 위임받아 재산 운영 등 실무를 담당한다는 점에서 공통점이 있다. 이러한 임무를 (경제학적) 대리인에 맡기는 이유는 다양하다. 본인이 경험이 없거나 적절한 능력을 갖추지 못했을 수 있고, 설사 본인이 유능하더라도 대리인을 통하는 것이 더 효율적일 수도 있다. 어찌되었든 스스로 업무를 처리하지 않고 남(대리인)에게 업무를 맡기는 순간 필연적으로 대리문제는 발생하게 된다. 다만 이사와 수탁자는 대리문제 관점에서도 아래와 같이 상당한 차이를 갖는다.

2. 구조적 차이점: 본인(principal)의 분화

주주들과 이사 사이의 경우, 본인인 주주들은 대체로 균질적이고 동일한 이해관계를 갖는다. 물론 주주들 중에 무의결권 주식 등 종류주식을 보유한 자가 있기는 하지만, 보통주주와 종류주주간 이해관계가 직접 충돌하는 경우는 제한적이다.

반면 신탁의 경우 본인들 사이에서도 이질성이 강하다. 먼저 **위탁자와 수익자 사이의 분화**이다. 원래 신탁당사자로는 수탁자 이외에 위탁자, 수익자가 있다. 위탁자, 수익자 모두를 수탁자에 대한 본인으로 보는 것이 일반적이다.[11] 위탁자가 동시에 수익자가 되는 자익신탁의 경우 본인들 사이의 분화가 없다. 반면 위탁자와 수익자가 다른 타익신탁에서는 위탁자와 수익자의 생각이 다를 수 있다. 또한 **수익자들 사이의 분화**의 여지도 주주들 사이의 그것보다 크

9) 예컨대 우리 상법상 이사는 '주식회사'의 수임인이다(상법 제382조 제2항). 하지만 경제적 관점에서 볼 때, 위 첫 번째 대리문제에서 대리인(agent)인 이사에 대한 본인(principal)은 '전체로서의 주주'이다.

10) Reinier Kraakman et al., pp. 29-30.

11) Robert H. Sitkoff, An Agency Costs Theory of Trust Law, 89 Cornell L. Rev. 621, 624 (2004).

다. 대표적으로 원본수익자와 수입수익자와의 충돌이다.[12] 예컨대 위탁자의 처는 위탁자 사망 시까지 주식 배당수익을 받는 수입수익자이고, 위탁자의 아들은 위탁자 사망 시점에 주식 자체를 이전받는 원본수익자라면, 위 각 수익자들은 배당이 많아질수록 원본이 줄어드는 일종의 제로썸 관계에 놓이게 된다.

물론 신탁법은 이러한 분화 또는 본인들간 충돌에 대비한 조항을 두고 있기는 하다. 위탁자의 의사에 반한 신탁변경에 필요한 절차를 규정하기도 하고,[13] 수탁자에 수익자들을 공평하게 처우할 의무를 부담시키기도 한다.[14] 하지만 본인의 분화를 대리문제 관점에서 살펴본다면, 결국 대리인인 수탁자에 대한 견제가 약화될 소지가 크다. 본인이 다수인일 때 수탁자 견제에는 본인들간 조정비용(coordination cost)이 발생한다. 예컨대 동질적 이해관계를 갖는 주주들 사이에서도 무능한 이사를 몰아내려면 상호 의견교환 및 전략의 공동실행이 필요하다. 이러한 조정비용은 상호 이해관계가 다른 본인들 사이에서는 더 크게 발생할 수 있다.

3. 대리문제가 크게 나타날 요소

(1) 감시(monitoring)의 한계

특히 민사신탁의 경우 수탁자에 대한 감시가 이사에 대한 그것보다 어려울 가능성이 많다.[15] 위탁자 또는 수익자는 주주와 달리 투자자가 아니다. 수탁자가 전권을 행사하면서 사실상 아무런 견제를 받지 않을 수 있다. 많은 경우 민사신탁은 제한능력자 등 수탁자의 도움이 필요한 수익자를 전제하는데, 이러한 수익자가 수탁자를 감시하기를 기대하기는 쉽지 않다.[16] 이사에 대한 감시는 주주뿐 아니라 시장에 의하여도 이루어진다. 이사의 경영능력에 대한 평가는 해당 회사 주가에 반영된다. 민사신탁의 수익권은 통상 거래대상이 아니므로 시장을 통한 감시를 기대하기도 어렵다.

상사신탁은 기본적으로 투자자들이 자익신탁을 설정하는 방식에 의하므로 사정이 민사신탁보다 나은 편이다. 그럼에도 시장에 의한 감시 측면에서는 이사보다는 강도가 약하다. 이전가능성을 기본 요소로 하는 주식(상법 제355조 제1항 본문)과 달리, 많은 경우 수익권은 양도를 전제하지 않기 때문이다.

(2) 탈출(exit) 또는 해임(removal)의 제한성

주주인 경우 이사가 사익추구행위를 할 때 해당 이사와의 본인-대리인 관계를 단절시키는

12) Robert H. Sitkoff(주 11), 650.

13) 신탁법 제88조 제3항은 신탁행위 당시 예견하지 못한 사정이 발생한 경우 법원에 의한 신탁변경절차를 규정한다.

14) 신탁법 제35조 수탁자의 공평의무.

15) Melanie B. Leslie, In Defense of the No Further Inquiry Rule: A Response to Professor John Langbein, 47 Wm. & Mary L. Rev. 541, 554 (2005-2006).

16) Tamar Frankel, Fiduciary Law, Oxford Univ. Press (2011), p. 151.

탈출 전략, 해임 전략을 구사할 수 있다. 즉 주식을 타인에게 양도할 수도 있고 다른 주주들과 힘을 모아 이사를 교체할 수도 있다. 민사신탁의 경우 이러한 전략은 불가능에 가깝다. 일단 민사신탁의 수익권은 양도불가하고 비대체적인 경우가 많다. 위탁자가 정해둔 수탁자를 후에 수익자가 일방적으로 교체하기도 쉽지 않다. 상사신탁에서도 수익권의 양도성이 제한되어 매도가 쉽지 않은 경우가 많다.

이러한 사정으로 인해 수탁자 입장에서는 일종의 참호파기(entrenchment)가 가능하게 되고, 이는 대리문제 악화 요인이다.

4. 대리문제가 작게 나타날 요소

(1) 본인들의 숫자가 많지 않음

앞서 신탁 시 본인의 분화를 살펴보았으나, 위탁자, 수익자들의 절대 숫자를 비교하면 아무래도 대규모 주식회사에 비해 적을 가능성이 많다. 투자유치수단인 주식회사와 달리 특히 민사신탁은 주로 부양, 증여 등 수단으로 활용되기 때문이다. 물론 상사신탁의 경우 주식회사와 마찬가지 기능을 하는 경우를 상정할 수 있기는 하다.

본인의 숫자가 많지 않은 경우 상호 의사의 연락, 정보교환을 위해 필요한 조정비용을 줄일 수 있다. 대리비용 감소 측면에서는 긍정적이다.

(2) 법원의 후견적 개입

신탁법은 민사신탁에 대한 법원의 후견적 관여를 규정한다(제105조).[17] 이에 따르면 법원은 이해관계인의 청구 또는 직권으로 신탁사무 처리의 검사, 검사인의 선임, 그 밖에 필요한 처분을 할 수 있다. 주식회사에서는 이러한 법원의 일반적 감독권이 없다. 민사신탁의 수익자들은 감시능력이 미흡한 경우가 많음을 고려한 후견적 개입이다.

물론 법원의 개입은 법원을 대리인으로 하는 또 다른 대리문제를 창출할 수 있다. 하지만 수탁자의 대리문제 관점에서만 보면 이는 대리문제를 줄이는 기제가 된다.

(3) 수탁자의 권한범위 축소

주식회사 이사는 광범위한 재량을 갖는다. 주식회사 자체가 영리를 추구하다보니, 위험을 떠안도록 허용하는 한편 그 결과만을 이유로 책임을 추궁하지는 않는다. 특히 미국에서는 경영판단 원칙을 적용하여, 이사의 경영판단상 과실까지도 면책시킨다. 반면 미국에서도 (이사와 달리) 민사신탁 수탁자에게는 위험감수를 주문하지 않는다.[18] 설사 상사신탁이라 하더라도 경영판단 원칙을 적용하지는 않는다.[19] 그 배경으로 신탁의 수익자들은 주식 투자자들과 달리

17) 다만 자본시장법상 신탁업자의 경우에는 금융감독기관이 이를 담당한다. 신탁법 제101조 제1항 단서.

18) Melanie B. Leslie, Trusting Trustees: Fiduciary Duties and the Limits of Default Rules, 94 Geo.L.J. 68, 99 (2005).

19) A Joseph Warburton, Trusts versus Corporations: An Empirical Analysis of Competing Organizational

수익권의 포트폴리오를 다양하게 구성할 수 없기 때문에, 수탁자가 위험중립적(risk neutral)이 아니라 위험회피적(risk-averse)으로 운용해야 함을 들기도 한다.[20]

우리나라의 경우, 주의의무 측면에서는 이사이든 수탁자이든 모두 선관주의의무를 부담한다. 다만 수탁자에게는 신탁재산의 운영상 엄격한 제한이 부과된다. 예컨대 신탁재산인 금전의 경우, 상사신탁에서도 일정 방식으로만 운영 가능하고(자본시장법 제105조), 민사신탁에서는 그 제한이 더욱 엄격하다(신탁법 제41조).

이러한 수탁자의 권한범위 축소는 신탁재산의 효율적 운용에 반할 수 있지만, 대리비용을 줄이는 측면도 있다.

5. 소 결 론

수탁자이든 이사이든 사익을 추구하면서 본인 이익을 희생할 위험성은 항상 있다. 구조적 측면에서 대리비용 발생위험은 수탁자에 더 커 보인다. 특히 민사신탁의 경우 수탁자와의 연결이 사업관계가 아닌 신뢰관계로 맺어진 것이어서, 일단 수탁자가 변심하는 순간 이를 제대로 통제하기 쉽지 않기 때문이다. 앞서 '대리문제가 크게 나타날 요소'는 이러한 내재적 사유를 보여주는 것이라 하겠다. 한편 '대리문제가 작게 나타날 요소'는 어찌보면 이에 대한 반작용적 조치라고 할 수 있다. 아예 수탁자의 권한을 줄이고 최후 보루로서 법원의 후견적 기능을 두텁게 함으로써 이에 대응한 것이다.

이러한 차이점에도 불구하고 많은 경우 수탁자와 이사의 대리인으로서의 지위는 공통점을 갖는다. 특히 상사신탁의 경우 수탁자와의 연결점이 투자적 성격을 갖는 경우가 많기 때문에 더욱 그러하다. 이하 이사에 관한 대리비용 규율 전략이 시사점을 줄 수 있는 이유이다.

Ⅲ. 회사법제상 이사의 대리비용 규율 전략 개관

1. 개 요

어떻게 이사로 하여금 주주 이익을 위해 행동하도록 유도할 것인지는 회사법리상 오래된 숙제이다. 이를 위한 전략(strategy)을 체계적으로 정리한 대표적 연구로서, 크라크만 교수 등이 공저한 '회사법의 해부'는 이를 5가지 쌍으로 구분하였다. 이를 도표로 나타내면 아래와 같다.

Forms, 36 J. Corp.L. 183, 186-187 (2010).

20) Robert H. Sitkoff(주 11), 657.

〈표 2〉 본인 보호를 위한 법적 전략[21]

	대리인 행동제약	관계설정 조건	인센티브 일치	임면권	의사결정권
사전적	룰	진입	수탁자	선임	발의
사후적	스탠다드	탈퇴	보상	해임	거부

이하에서는, 수탁자에 위 법적 전략들을 적용하기에 앞서서 위 10가지 전략이 실제 이사를 상대로 어떻게 작동되는지 예를 들어 살펴보기로 한다.

2. 구체적인 내용

(1) 대리인 행동제약(agent constraints) 전략

이는 법이 직접적으로 대리인의 행위규범을 정해두는 것이다.[22] 규제당국은 이러한 규범을 사전적 룰(rule)과 사후적 스탠다드(standard)로 정할 수 있다. 룰은 사전적으로 특정요건을 갖출 것을 지시하는 형태이다. 예컨대 이사가 회사와 거래하려면 상세하게 정해진 절차를 밟아야 한다(상법 제398조). 반면 스탠다드는 추상적 기준만을 제시한다. 준수여부가 행위 시 명확히 판단되는 룰과 달리, 스탠다드 충족여부는 사후적으로 법원에 의해 판단된다. 예컨대 이사가 선관주의의무(상법 제382조 제2항)를 다했는지 여부는 사후적으로 분쟁이 발생한 경우 법원이 최종적으로 판단한다.

(2) 관계설정 조건(affiliation Terms) 전략

대리인 행동제약 전략이 대리관계 존속을 전제로 한 것이라면, 관계설정 조건 전략은 대리관계로의 진입 또는 탈퇴를 규율하는 전략이다.[23] 먼저 진입(entry) 측면으로서 법은 대리관계 설정에 앞서 대리인에 일정 자격요건을 요구하거나, 업무능력 등을 공개하도록 함으로써 대리비용을 줄인다. 예컨대 대규모상장회사의 감사위원회 위원 중 1명은 회계 또는 재무전문가여야 한다(상법 제542조의11 제2항). 진입전략이 사전적이라면, 탈퇴(exit) 전략은 사후적이다. 즉 일단 맺어둔 대리관계에 불만이 있는 본인이 이를 벗어날 수 있도록 법이 보장한다. 여기에는 투자처로부터 직접 투자금을 회수하는 방식(예컨대 상법 제374조의2에 의한 주식매수청구권 행사)과 타인에게 투자지분을 양도하는 방식(예컨대 상법 제335, 제336조에 의한 주식양도)이 있다.

(3) 인센티브 일치(incentive alignment) 전략

대리인으로 하여금 본인이익을 위해 행동할 인센티브를 부여하는 전략이다.[24] 이러한 인

21) Reinier Kraakman et al., p. 32.
22) Reinier Kraakman et al., p. 32.
23) Reinier Kraakman et al., p. 33.
24) Reinier Kraakman et al., p. 35.

센티브에는 금전적인 고강도 인센티브 외에 평판, 양심, 자부심 등 저강도 인센티브가 있다. 이사 등에 대한 주식매수선택권(상법 제340조의2) 부여는 고강도 인센티브, 즉 보상(reward)의 대표적 사례이다. 저강도 인센티브 부여방식은 수탁자전략(trusteeship strategy)이라고도 불리며, 시장 내 평판 등이 중시되는 자를 대리인 또는 그 감독자로 선임하는 것이다. 감사위원회에서의 사외이사 선임강제(상법 제415조의2 제2항, 제382조 제3항), 상장법인 등에 대한 외부 회계감사 의무화(주식회사 등의 외부감사에 관한 법률 제4조) 등이 그 예이다. 크라크만 교수 등은 고강도 인센티브를 성과에 대한 '보상전략'이라면서 사후적 전략으로 분류한 반면, 저강도 인센티브에 관련된 '수탁자전략'은 사전적 전략에 포함시킨다.

(4) 임면권(appointment rights) 전략

임면권 전략은 본인이 대리인을 선임(selection)하거나 해임(removal)할 수 있는 권한을 보유함으로써 대리비용을 통제하는 방식이다. 선임을 사전적, 해임을 사후적이라고 구분한다. 대리인(이사)과의 관계를 맺고 끊는다는 점에서 앞서 언급한 관계설정 전략과 유사점이 있으나, 다음과 같은 차이가 있다. 예컨대 어떤 이사가 경영하는 회사의 주식을 매수하고 매도하는 것은 관계설정 전략의 영역이다. 반면 주식을 매수한 주주로서 신규 이사를 선임하거나 기존 이사를 교체하는 것은 임면권 전략의 영역이다. 즉 임면권 전략은 관계설정이 이루어졌음을 전제로 구체적 대리인 발탁에 관련된 전략이다.

(5) 의사결정권(decision rights) 전략

조직의 근본적이고 주요한 변동사항에 관해 본인이 직접 의사결정을 하는 것이다.25) 대리인에 업무를 맡긴 취지에 반하는 것이므로 예외적으로만 작동한다. 크라크만 교수 등은 사전적 형태로서의 발의(initiation)와 사후적 형태인 거부(veto)로 구분한다. 우리 법제에 비추어 보면, 주주제안(상법 제363조의2) 및 이에 따른 주주총회 결의가 발의 전략의 대표적 형태이고, 종류주주총회(상법 제435조)의 거부권 행사가 거부 전략에 해당한다고 하겠다.

3. 소 결 론

크라크만 교수 등도 위 분류의 구분이 반드시 명확하지는 않다는 점과 하나의 행위가 동시에 여러 전략에 해당할 수 있다는 점을 인정한다.26) 특히 사전적 전략과 사후적 전략의 구분은 다소 작위적 측면이 있다.27) 그럼에도 위 구분은 대리비용을 규제하기 위한 틀을 분석적으로 제시한다는 장점이 있다. 기업지배구조법제에서 활용되는 제도의 대부분은 위 구성에 포섭된다. 이러한 이사에 대한 분석도구가 수탁자에 어떻게 적용될 수 있는지 살펴보는 것은 흥

25) Reinier Kraakman et al., p. 37.

26) Reinier Kraakman et al., p. 38.

27) 예컨대 의사결정권 전략 중 '거부'가 사후적인 전략인지는 의문이 있다.

미로운 일이다.

Ⅳ. 신탁법제상의 검토

이하에서는 위 회사법제에서의 분석 틀을 신탁법제에 적용해 본다. 이하에서 신탁법제는 신탁법 이외에 자본시장법상 신탁업에 관한 규율도 함께 포함하는 개념이다.

1. 대리인 행동제약 전략

(1) 룰(Rule)

신탁법에는 사전적, 직접적으로 수탁자의 사익추구를 규율하는 다양한 규범이 있다. 수탁자의 자기거래는 이사의 자기거래보다 더 엄격하게 규제된다. 전통적인 사유불문원칙(No Inquiry Rule)에 따르면, 수탁자는 신탁재산과 거래해서는 안 되고 만약 거래하였다면 수익자가 그 거래의 불공정성 등을 입증할 필요없이 거래를 취소할 수 있다.[28] 신탁행위 또는 법원에 의해 허용된 경우, 수익자 전원으로부터 승인받은 경우 등에만 예외적으로 유효하다.[29] 우리 신탁법도 기본적으로 비슷한 입장이다(신탁법 제34조 제2항). 거래의 내용과 절차가 공정하고 이사회 재적 2/3의 승인이 있으면 이사의 자기거래가 가능한 회사법제(상법 제398조)와 상당한 차이가 있다. 특이사항으로서 민사신탁에서는 신탁행위 등에 따른 자기거래 허용예외가 인정되는 반면, 상사신탁인 경우 그러한 예외조차 허용되지 않는다는 점이다(자본시장법 제104조 제1항이 신탁법 제34조 제2항 배제). 본인(주주 또는 수익자/위탁자)에 대한 후견적 보호의 강도가, 적어도 자기거래에 관하여는 상사신탁 > 민사신탁 > 주식회사의 순이어서 고개를 갸우뚱하게 한다.[30]

회사법에서 발견되지 않는 신탁법제상 주요한 사익추구행위 규제 룰 중 하나는 수탁자의 분별관리의무(신탁법 제37조)이다. 이는 주식회사와 신탁의 기본적 구조 차이에 따른 것이다. 주식회사인 경우 본인(주주)이 출연한 재산이 별도 법인인 회사에 귀속되고 해당 재산은 사업목적용이다. 반면 신탁의 경우 본인(여기에서는 위탁자)이 이전한 재산이 수탁자에 귀속되기는 하나, 수탁자는 신탁재산 이외에 고유재산을 보유한다. 따라서 별도 구분관리가 필요한 것이다. 분별관리의무는 이러한 신탁의 특수성에 기반한 룰이다.

(2) 스탠다드(Standard)

신탁법제는 회사법제와 마찬가지로 수탁자에 스탠다드를 부과한다. 대표적인 것으로 수탁

---

28) Steel v. Kelley, 710 N.E.2d 973 (Mass. App.), reviewed denied, 714 N.E.2d 354 (Mass. 1999).

29) 미국 통일신탁법(Uniform Trust Code) 제802조 (b).

30) 우리 신탁법상 수탁자와 신탁재산 거래에 관한 상세한 분석으로 노혁준, 차입형 토지신탁의 수탁자와 신탁재산 간 거래: 대법원 2017. 6. 8. 선고 2016다230317, 230324 판례 평석, 증권법연구 제20권 제2호(2019), 127 이하 참조.

자는 선관의무(신탁법 제32조)와 충실의무(신탁법 제33조)를 부담한다.[31] 이는 이사의 선관의무(상법 제382조 제2항, 민법 제681조)와 충실의무(상법 제382조의3)에 대응하는 것이다. 법적 전략 차원에서 스탠다드에 관한 신탁법제와 회사법제는 동일한가? 아래에서 보듯이 상당히 동일한 측면이 많다.

먼저 스탠다드의 집행은 유사하다. 회사법제상 이사에 대한 대표소송(상법 제403조)에 대응하는 것이 신탁법상 수탁자에 대한 원상회복(또는 손해배상) 청구이다(신탁법 제43조). 즉 회사법리에 따르면, 예컨대 이사가 회사재산을 낭비한 경우 주주는 직접 이사를 상대로 손해배상을 청구하지 못하고[32] 대표소송을 제기해야 한다. 이때 피고 이사는 원고주주가 아니라 회사에 손해배상책임을 이행하게 된다. 신탁법 제43조도 수탁자로 하여금 신탁재산에 원상회복 또는 손해배상책임을 이행하도록 한다.

다음으로 스탠다드의 구성요소 또는 사후적 판단기준도 유사한 점이 많다. 이사의 경영적 판단에 관하여 각국은 대체로 재량을 인정한다. 수탁자의 신탁재산 관리, 운용에 관하여도 재량이 인정된다고 볼 것이다. 물론 민사신탁의 수탁자는 보수적으로 재산을 '관리'할 뿐 특별히 공격적으로 재산을 '운용'할 필요는 없을 것이다. 하지만 이를 들어 신탁의 스탠다드 전략과 회사의 스탠다드 전략이 다른 것이라고 말할 수는 없다. 스탠다드 전략 자체가 추상성 및 탄력성을 내포하기 때문이다. 해당 대리인이 처한 상황에 따라 주의의무 수준이 달라질 뿐이다. 만약 미국의 경우처럼 이사의 경영판단에 관하여는 과실까지도 책임을 추궁하지 않는 반면(이른바 경영판단의 원칙[33]) 수탁자의 과실은 책임을 부과한다면, 스탠다드 전략이 이사와 수탁자 사이 달리 적용된다고 볼 수 있다. 그러나 우리 법제는 이사와 수탁자 모두에 선관주의의무를 부과하고 과실이 있으면 책임을 묻는다.

한편 선관의무 및 충실의무의 수준을 당사자의 협의로 낮출 수 있는지는 다소간 차이가 있다. 대체로 우리 회사법제에서는 이를 강행규정으로 보아 정관 또는 회사와의 계약으로도 그 수준을 낮출 수 없다고 본다.[34] 신탁법제 중 신탁법은 신탁행위로 선관의무를 제한하도록 허용하는 반면(신탁법 제32조 단서), 자본시장법에는 이러한 탄력성이 부인되어 있다고 본다(자본시장법 제102조 제1항의 반대해석[35]). 결국 상사신탁은 회사법리와 접근하고, 민사신탁은 회사법리

31) 자본시장법 제102조도 신탁업자의 선관의무와 충실의무를 규정한다.

32) 대법원 1993. 1. 26. 선고 91다36093 판결.

33) 미국의 경영판단원칙 하에서는 일부 경영판단 상의 과실이 있더라도 그 책임을 추궁하지 않는다. 송옥렬, 상법강의(제11판), 홍문사, 2021, 1045.

34) 김건식/노혁준/천경훈, 회사법(제5판), 박영사, 2021, 419.

35) 즉 자본시장법 제102조 제1항은 신탁법 제32조 단서에 해당하는 조항을 두지 않았다. 이러한 조문의 구조와 함께 신탁업자와 고객의 정보량 및 교섭능력의 차이를 감안할 때, 신탁법 제32조 단서에도 불구하고 신탁업자인 경우 신탁행위를 통해서도 주의의무를 경감할 수 없다고 보는 해석이 일반적이다. 한국증권법학회, 자본시장법 주석서(I) (개정판), 박영사, 2015, 524. 일본의 경우에도 신탁법상 주의의무 감경은 허용되나, 신탁업법상으로는 불가능하다고 보고 있다. 일본금융청, 信託法改正に伴う改正信託業法の概要, http://www.fsa.go.jp/

와 괴리가 있다.

2. 관계설정 조건 전략

(1) 진입(Entry)

진입전략은 부적절한 대리인이 대리관계에 진입할 수 없도록 걸러내는 것인바, 특히 본인이 조직화되지 못한 다수이거나 스스로 보호하기 어려운 경우 효능이 크다. 회사법제에서는 특히 투자자가 많은 상장회사의 경우 임원후보의 공시범위를 넓히거나 자격요건을 엄격하게 규정하는 경우가 많다.[36)]

신탁법제 중 민사신탁은 별도의 진입관련 규율을 두지 않는다. 수익자는 조직화되지 못하고 스스로를 보호하기 어려울 수 있지만, 정작 진입여부를 결정하는 위탁자는 수탁자와 대등하게 협의할 수 있다고 전제하기 때문이다. 반면 상사신탁의 경우, 신탁을 업으로 하는 수탁자의 특성 및 다수투자자들이 관련되어 있다는 점을 고려하여 수탁자(신탁업자)에 엄격한 자격을 요구한다. 예컨대 종합재산신탁업으로 인가를 받으려면 250억원의 최저자기자본을 갖추어야 하고,[37)] 한편 금융회사로서 적절한 지배구조를 갖추어야 한다.[38)] 또한 상사신탁의 경우 신탁업자는 관련법령상의 각종 공시의무를 부담하므로,[39)] 투자자는 이를 참조하여 관계설정 여부를 판단하게 된다.

(2) 탈퇴(Exit)

회사법리상 본인인 주주가 대리관계를 절연하는 탈퇴 전략은 주식의 매도 또는 주식매수청구권 행사에 의한다. 신탁법제 하에서 이러한 탈퇴는 용이하지 않다. 먼저 수익자의 수익권 매도를 본다. 민사신탁의 경우 앞서 살펴본 것처럼 수익권을 타인에 양도하기 쉽지 않다. 신탁법에 의하면 지명채권 양도절차를 밟아 수익권을 양도할 수 있기는 하다(신탁법 제64조, 제65조). 하지만 수익권 양수인은 새로운 수익자로서 권리뿐 아니라 (수익의 범위 내이기는 하지만) 일정 범위의 의무[40)]도 부담하는 점에서 주식 양수인과 차이가 있다. 또한 민사신탁 수익권 내용은 평가가 어려운 경우가 많고, 그 매매를 위한 시장도 형성되어 있지 않다. 상사신탁의 경우도 민

---

policy/shintaku/02.pdf.

36) 상법 제542조의4 제2항(상장회사 이사후보자에 관한 사항의 통지 또는 공고), 제542조의8 제2항(상장회사 사외이사의 결격요건) 등.

37) 자본시장법 시행령 별표 1.

38) 금융회사의 지배구조에 관한 법률("금융회사지배구조법")은 임원의 자격요건(제5, 6조), 내부통제기준(제24조), 위험관리기준(제27조) 등을 정하고 있다.

39) 예컨대 신탁업자는 그 임원의 선임 및 자격요건 적합여부, 해임사실을 인터넷 홈페이지 등에 공시해야 하고(금융회사지배구조법 제7조 제2, 3항), 매년 임직원의 보수에 관한 연차보고서를 작성하여 인터넷 홈페이지 등에 공시해야 하며(같은 법 제22조 제4항), 그 주주총회의 참석률 및 안건 찬반비율을 공시해야 한다(같은 법 제41조 제1항).

40) 신탁법 제46조 제4항, 제47조 제4항 등.

사신탁보다는 낮지만 수익권의 유통성은 주식시장에 비할 바 아니다. 예컨대 비상장주식의 매매가능성은 낮지만, 그럼에도 일반적으로 부동산개발신탁 수익권의 경우보다는 그 가능성이 높다.

다음으로 주식매수청구권에 준하는 수익권매수청구권이다. 이는 회사 또는 수탁자에 대하여 환급을 요구하는 것이다. 회사법리상 주식매수청구권은 합병, 분할합병, 주식교환 등 회사의 근본적 변동에 관한 소수주주 견제수단이다. 신탁법리상 수익권매수청구권도 유사하다. 수탁자 및 다수수익자가 신탁목적, 수익채권의 내용 변경 등을 시도하는 경우 소수파 수익자는 수탁자에 수익권을 매수할 것을 요구할 수 있다(신탁법 제89조, 제91조 제3항, 제95조 제3항). 수익권매수청구권 자체가 주식매수청구권에 준하여 설계되어 있으므로, 이 점에서는 회사법리와 신탁법리간 간극이 크지 않다.

3. 인센티브 일치 전략

(1) 수탁자(Trusteeship)

평판, 양심, 자부심 등 저강도 인센티브에 의지하는 수탁자 전략으로서, 회사법제는 사외이사, 외부 회계감사인 등 제도를 둔다. 이들은 중립적 입장에서 업무담당 이사 등을 견제한다. 신탁법제는 어떠한가? 신탁업자는 **외부 회계감사인**의 회계감사를 받아야 하는바(자본시장법 제114조 제3항) 이는 전형적인 수탁자 전략이다. 한편 신탁업자는 금융회사지배구조법의 적용을 받으므로, 이 법에 따른 **사외이사** 등을 둘 필요가 있다.[41] 다만 금융회사지배구조법에 의해 선임된 사외이사는 (신탁관계의 본인인 위탁자 또는 수익자의 경제적 대리인이 아니라) 해당 금융회사 전체 주주의 경제적 대리인이다. 즉 신탁업자 이사회의 사외이사는 법이 허용하는 범위 내에서 '수탁자(신탁업자)'의 이익을 추구하는 것이고, '위탁자 또는 수익자'의 이익을 추구하는 것은 아니라는 점에서 완전한 인센티브 일치가 작동된다고 보기는 어렵다.

신탁의 일반조항인 신탁법에 규정된 신탁관리인, 신탁재산관리인 또는 법원의 감독은 신탁법제에 특유한 것이다. 수익자가 불특정, 부존재하거나, 수탁자를 제대로 감독할 수 없을 때에 법원은 이해관계인의 청구 또는 직권으로 **신탁관리인**을 선임할 수 있다(신탁법 제67조 제1, 2항). 수익자가 여럿인 때에는 수익자들이 신탁관리인을 선임할 수 있다(신탁법 제67조 제3항). 신탁관리인은 수익자의 감독능력을 보완하는 기능을 하는바, 수탁자전략의 신탁법적 채용이라 하겠다. 다만 수익자들의 감독을 기대하기 어려운 경우에 한해 발동가능하다는 점, 신탁관리인의 평판, 양심, 자부심 등과 연결되는 자격요건을 별도로 규정하지는 않는다는 점에서 회사법리상 수탁자전략과는 차이가 있다. 한편 **신탁재산관리인**은 수탁자가 제대로 기능을 수행할 수 없을 때 법원이 선임하는 임시적 관리자이다. 수탁자가 임무종료되거나 수탁자와 수익자간 이

41) 금융회사지배구조법 제12조 제1항 등 참조.

해상반될 때 이해관계인의 신청으로 법원이 선임하는 경우(신탁법 제17조의 임의적 신탁재산관리인)와 수탁자의 사망, 파산, 사임 등의 경우 법원이 직권으로 선임하는 경우(신탁법 제18조의 필수적 신탁재산관리인)가 있다. 일시적으로 수탁자를 대체하기 위해 선임되는 점, 그 평판, 양심, 자부심 등과 연결되는 자격요건을 별도로 규정하지는 않는다는 점에서 회사법리상 수탁자전략과 차이가 있다. 마지막으로 신탁법 제105조 제1항은 "신탁사무는 법원이 감독한다. 다만 신탁의 인수를 업으로 하는 경우는 그러하지 아니하다"라고 하여 민사신탁에 관한 법원의 일반적 감독권을 규정한다. 이 역시 법원에 대한 평판 등을 매개로 하는 수탁자전략이다. 이러한 일반적 법원의 감독권은 회사법제에서는 발견되지 않는다.

(2) 보상(Reward)

회사법리에서는 이사의 이해관계를 주주와 일치시키기 위한 성과급 등 보상전략은 당연한 것으로 받아들여진다. 반면 전통적인 신탁법리 하에서 수탁자는 무상직이고 별도의 보상이 주어지지 않았다. 우리 신탁법도 "수탁자는 누구의 명의로도 신탁의 이익을 누리지 못한다"는 원칙을 천명하면서(제36조 본문), 특히 민사신탁의 경우 신탁행위로 정한 경우에만 보수를 받을 수 있도록 규정한다(제47조 본문).

인센티브 일치 전략의 관점에서 특히 문제되는 것은 이사와 상사신탁 수탁자의 '성과보수'이다. 어느 경우이든 적법한 절차를 거쳐서 체결된 성과보수 약정은 유효하다고 볼 것이다. 이사의 경우 성과보수도 보수의 일종이므로 정관 또는 주주총회 승인이 필요하다.[42] 상사신탁 수탁자의 경우 논란이 있을 수 있다. 즉 수탁자가 오로지 수익자의 이익만을 고려하는 것이 신탁과 다른 법률관계를 구별하는 징표라는 입장에 선다면,[43] 설사 상사신탁이라 하더라도 통상적인 보수 이외에 성과에 따른 보수는 받을 수 없게 된다. 적어도 상사신탁의 경우 이러한 풀이는 대리인과 본인간 인센티브 일치를 어렵게 하는 것으로 타당하지 않다. 상사신탁은 신탁행위에서 성과보수를 규정할 수 있다고 볼 것이다.[44] 만약 성과보수가 과다한 경우 이를 제한하는 방식으로 규제하면 족하다. 대법원도 이사 또는 상사신탁 수탁자의 보수에 관해 일정한 제한을 부과한다. 즉 이사 보수의 경우, 이사의 직무수행과 지급받는 보수 사이에 합리적인 비례관계가 없을 때 보수청구권을 제한한다.[45] 신탁업자의 경우에도 "신탁사무처리의 내용 및

42) 상법 제388조.

43) 道垣内弘人, 信託法, 有斐閣, 2017, 203은 수탁자가 오로지 수익자의 이익만을 추구하는 것이 어떤 법률관계를 신탁이라고 부르는 근거가 된다고 본다.

44) 신탁법 제47조 제1항 단서는 상사신탁의 경우 신탁행위의 정함이 없는 경우에도 보수를 받을 수 있도록 정하고 있다. 다만 상사신탁이라 하더라도 성과보수는 특별히 신탁행위로 정해야 청구가능할 것이다. 자본시장법 제109조 제8호는 신탁계약에 기재할 사항으로 "신탁업자가 받을 보수에 관한 사항"을 규정한다. 또한 자본시장법 시행령 제104조 제5항은 "신탁업자는 신탁계약이 정하는 바에 따라 신탁보수를 받을 수 있다"고 규정하고 있다.

45) 대법원 2015. 9. 10. 선고 2015다213308 판결은 "이사·감사의 소극적인 직무 수행에 대하여 보수청구권이 인정된다 하더라도, 이사·감사의 보수는 직무 수행에 대한 보상으로 지급되는 대가로서 이사·감사가 회사에 대

경과, 신탁기간, 신탁사무로 인한 위탁자의 손실 규모 및 발생 경위, 그 밖에 변론에 나타난 제반 사정을 고려하여 약정된 보수액이 부당하게 과다하여 신의성실의 원칙이나 형평의 원칙에 반한다고 볼 만한 특별한 사정이 있는 경우" 보수액을 제한하고 있다.[46] 이들 사안은 일반적 보수의 지급이 이사의 소극적 직무수행 또는 수탁자가 수행한 신탁업무의 실패 등에 비추어 과다한지가 문제되었던 경우이다. 나아가 성과급의 경우에도 마찬가지 제한법리가 적용될 수 있을 것이다.

4. 임면권 전략

(1) 선임(Selection)

회사법리상 이사의 선임권한은 전체 주주에 있다. 또한 그 임기는 3년을 초과할 수 없으므로(상법 제383조 제2항), 일단 선임된 후에도 주기적으로 연임에 관한 주주의 평가를 받아야 한다. 그 과정에서 본인인 주주는 통제권을 행사한다.

신탁법제는 어떠한가? 통상 타익신탁 방식으로 이루어지는 민사신탁의 경우 수익자는 원칙적으로 수탁자 선임권한이 없다. 즉 수탁자 선임권한은 신탁행위를 하는 위탁자에 있다. 다만 예외적으로 신탁행위에서 수익자에 선임권한을 규정할 수 있을 뿐이다. 또한 수탁자의 임기에도 별다른 제한이 없으므로, 연임과정에서의 통제장치도 작동하기 어렵다. 한편 상사신탁의 경우 특히 투자목적인 때에는 위탁자와 수익자가 동일한 자익신탁방식에 의하는데, 이 경우 본인(위탁자/수익자)이 스스로의 판단에 따라 수탁자를 선정하는 선임전략이 원모습대로 작동하게 된다. 신탁법 또는 자본시장법에 수탁자의 임기를 별도로 규정하지는 않지만, 이는 투자기한 설정 또는 후술하는 수탁자 해임 방식을 통해 대체가능하다.

(2) 해임(Removal)

회사법리상 주주는 이사의 임기만료 전 해임권을 갖는다. 상법에 따르면 주주총회는 언제든 특별결의로 이사를 해임할 수 있다(상법 제385조 제1문). 정당한 이유가 없는 해임인 경우, 이사가 잔여보수 등 손해를 청구할 수 있을 뿐이다(상법 제385조 제2문). 이사에 대한 해임압력은 지배주주뿐 아니라 시장으로부터 발생할 수도 있다. 특히 주가가 떨어질 경우 적대적 인수합

하여 제공하는 반대급부와 지급받는 보수 사이에는 합리적 비례관계가 유지되어야 하므로 보수가 합리적인 수준을 벗어나서 현저히 균형성을 잃을 정도로 과다하거나, 오로지 보수의 지급이라는 형식으로 회사의 자금을 개인에게 지급하기 위한 방편으로 이사·감사로 선임하였다는 등의 특별한 사정이 있는 경우에는 보수청구권의 일부 또는 전부에 대한 행사가 제한되고 회사는 합리적이라고 인정되는 범위를 초과하여 지급된 보수의 반환을 구할 수 있다. 이때 보수청구권의 제한 여부와 제한 범위는, 소극적으로 직무를 수행하는 이사·감사가 제공하는 급부의 내용 또는 직무 수행의 정도, 지급받는 보수의 액수와 회사의 재무상태, 실질적인 직무를 수행하는 이사 등의 보수와의 차이, 소극적으로 직무를 수행하는 이사·감사를 선임한 목적과 선임 및 자격 유지의 필요성 등 변론에 나타난 여러 사정을 종합적으로 고려하여 판단하여야 한다"고 설시하였다.

46) 대법원 2018. 2. 28. 선고 2013다26425 판결.

병의 대상이 될 수 있는바, 적대적 인수합병의 성공은 곧 이사교체를 의미한다. 다만 우리 회사운영 실무상 적대적 인수합병 위협이 현실화한 경우는 극히 드물다.

신탁법제상 수탁자 해임 전략은 몇 가지 난점이 있다. 먼저 증권시장과 같은 수익권시장이 제대로 형성되어 있지 않아서, 수탁자의 성취에 대한 객관적인 판단도 어렵고 시장의 의한 수탁자 교체도 쉽지 않다. 수탁자 교체는 원칙적으로 위탁자와 수익자의 합의에 따르므로,[47] 위탁자가 수익자와 뜻을 달리하는 경우 해임이 불가능하다. 다만 상사신탁에서 많이 볼 수 있는 자익신탁의 경우 본인인 위탁자/수익자가 언제든 수탁자를 교체할 수 있기 때문에, 이사에 관한 해임전략과 유사한 시스템이 작동하고 있다.

5. 의사결정권 전략

회사법제이든 신탁법제이든 회사재산 또는 신탁재산의 통상적 운영은 이사 또는 수탁자에 달려있다. 대리인의 전문성을 활용하여 운영의 효율성을 도모하는 것이다. 의사결정권 전략은 예외적으로 본인이 직접 의사결정에 나서는 방식이다. 회사법제에서는 이사가 주주총회, 이사회 의제를 설정하고 회사의 의사를 결정한다. 다만 예외적으로 주주들도 일정 요건 하에 주주총회 소집요구(상법 제366조), 주주제안(상법 제363조의2)으로 의제를 설정하고, 일정한 경우 보통결의(재무제표 승인, 배당 등. 상법 제449조, 제462조 제2항 등) 또는 특별결의(영업양수도, 정관변경, 합병 등. 상법 제374조, 제434조, 제522조 등)로 회사 의사를 확정한다.

신탁법제 중 주주총회 소집요구 등에 대응되는 것으로 수익자집회 소집요구를 들 수 있다. 즉 수익자는 직접 의제를 설정하여 수탁자에 수익자집회 소집을 청구할 수 있다(신탁법 제72조 제3항). 다만 수익자집회는 신탁행위에서 설치하기로 한 경우에만 운용되는 점(신탁법 제71조 제2항)에서 주주총회와 차이가 있다.

한편 신탁법제상 주요사항에 관한 의사결정은 어떠한가? 회사법리상 배당, 정관변경, 합병 등 회사의 주요한 의사결정은 통상 본인 및 대리인 모두의 승인으로 이루어진다. 즉 이사회 승인 및 주주총회결의가 필요하다.[48] 신탁법리의 경우에도 기본 골격은 유사하다. 즉 신탁변경은 원칙적으로 본인(위탁자 및 수익자)과 대리인(수탁자)이 모두 승인한 경우에 가능하다(신탁법 제88조). 다만 몇 가지 차이점을 발견할 수 있다. 첫째로 신탁법제 하에서는 위 승인 메커니즘을 신탁행위로 변형시킬 수 있다(신탁법 제88조 단서). 예컨대 수탁자의 단독 신탁변경권을 신탁행위에 명시하더라도 위법하지 않다. 주주총회결의에 관한 상법 조항이 강행조항으로 해석되는 것[49]과 차이가 있다. 둘째로 신탁법 제88조는 본인의 의사결정 관여범위를 넓게 인정한다.

47) 신탁법 제16조 제1항. 다만 위탁자가 없는 경우 수익자가 단독으로 해임할 수 있기는 하다.

48) 물론 조문상으로는 주주총회의 권한이지만(상법 제462조 제2항, 제433조, 제522조) 실제 이사회가 주도적으로 제시한 안을 주주총회에서 승인하는 형태가 통상적이다.

49) 김건식 외(주 34), 294는 상법상 주주총회 결의를 요하는 사항은 대체로 주주이익과 밀접한 관련이 있으므로

위 조문에서는 신탁변경은 그 경중을 가리지 않고 수탁자, 위탁자, 수익자 모두의 동의를 받도록 요구한다. 즉 위 신탁변경은 신탁의 각 요소들이 변경된 것을 뜻는바, 신탁재산의 관리방법 변경 등도 포함하는 넓은 개념이다.[50] 예컨대 이사의 회사운영방침 변경에 주주의 동의가 불필요한 것과 달리, 수탁자의 신탁운영방침 변경에는 위탁자 및 수익자의 승낙이 필요하다. 이 점에서만 보면 신탁의 경우 본인에 의한 의사결정권 전략을 폭넓게 채용하였다 할 수 있다. 물론 상사신탁의 경우 효율적 재산운용을 고려하여 신탁행위에서 위탁자 또는 수익자의 직접 관여를 제한하는 경우가 많을 것이다.

V. 평 가

1. 대리비용 감소 전략의 탄력성

이사 또는 수탁자의 대리비용 규제 전략은 위 10가지 유형에 한정되지 않는다. 또 10가지 전략의 다양한 변형 및 조합도 가능하다. 흥미로운 부분은 자유로운 전략 설계의 관점에서 오히려 신탁법제가 회사법제보다 우위에 있다는 점이다. 우리나라에서 신탁법리는 (조직법으로서의 성격도 갖지만) '계약법제'를 출발점으로 하기 때문에 위탁자의 신탁행위로 유연한 신탁설계가 가능하다. 반면 회사법리는 이른바 전형적인 '조직법제'로서 (위탁자의 신탁행위의 자유에 대응되는) 정관자치의 범위가 제한적이다. 대법원은 회사법의 많은 조항을 강행조항으로 인식한다.[51]

이 점에서는 회사법제가 조금 더 유연해질 필요가 있다. 회사설립자들이 신중하게 검토하여 고안한 대리비용 감소 전략 중 주로 내부적 이해관계 충돌(즉 주주와 이사간 이익충돌, 대주주와 소수주주간 이익충돌) 규율은 법에 의한 강행적 개입의 필요성이 높지 않기 때문이다. 최초 주주의 지위를 승계하는 신주주들도 이러한 전략을 수용하고 주식을 양수한 것이므로 법의 관여를 자제할 필요가 있다.

2. 민사신탁 경우: 시장과 법원

회사법리와 민사신탁법리를 개관할 때, 대리비용 규율 전략의 가장 큰 차이점는 결국 시장에 의한 자율적 감시 체계 작동 여부가 아닌가 싶다. 앞서 신탁에서 대리비용이 크게 나타날 요소로서 수익자의 제한적 능력, 수익권의 양도가능성 제한, 수익자의 탈출권 제한 등을 제시

회사가 정관으로도 이사회 또는 대표이사에 귀속시킬 수 없다고 봄이 일반적 해석이라고 설명하고 있다.

50) 최수정, 신탁법(개정판), 박영사, 2019, 440.

51) 예컨대 대법원 2011. 3. 24. 선고 2010다85027 판결은 "… 상법의 규정은 주주, 회사의 채권자 등 다수의 이해관계인에게 영향을 미치는 단체법적 특성을 가지는 점 등을 고려하면, 상법 제340조의4 제1항에서 정하는 주식매수선택권 행사요건을 판단할 때에는 구 증권거래법 및 그 내용을 이어받은 상법 제542조의3 제4항을 적용할 수 없고, 정관이나 주주총회의 특별결의를 통해서도 상법 제340조의4 제1항의 요건을 완화하는 것은 허용되지 않는다고 해석하여야 한다"고 설시한 바 있다.

한 바 있다. 이러한 문제점은 전형적 민사신탁에서 두드러진다. 앞서 살펴본 바와 같이 민사신탁의 수익권을 양도하는 것이 불가능하지는 않지만(신탁법 제64조, 제65조), 그 평가의 어려움 등으로 인해 실제 유통은 쉽지 않다. 개별적으로 창설되는 민사신탁의 특성상 그 권리의 자유로운 유통이 제한되고, 결국 시장의 관여는 용이하지 않은 것이다. 물론 모든 주식회사가 시장의 엄정한 감시를 받고 주주권이 활발하게 거래되는 것은 아니다. 하지만 주식은 기본적으로 투자의 매개체이고 유통가능성을 전제한다. 적어도 구조적으로는 시장이 작동할 여건을 갖추고 있다.

회사법리상 대리비용 규율 전략이 상당부분 시장 감시에 기반한다면, 신탁법리에서는 그 공백을 일정 부분 법원이 채우고 있다. 즉 신탁법은 제105조에서 법원의 일반적 감독권을 명시하고, 신탁의 주요국면에 법원의 후견적 관여를 규정한다.[52] 이 점에서 회사법리와 민사신탁법리는 큰 차이가 있다. 다만 법원에 의한 감시는 객관적일 수는 있으나 비효율적이고 실효성이 떨어질 가능성이 많다. 수탁자의 일탈행위를 이해관계자가 인지하는 것만도 시차가 발생하는데, 이에 대한 법원의 대응은 더 늦어질 수밖에 없다. 특히 신탁법 제105조 일반적 감독권의 실효성에 관하여는 논란이 많다.[53] 결국 민사신탁에서는 수탁자의 권한범위 자체를 축소하면서 법원 감시의 한계를 보완할 수밖에 없다(신탁법 제41조 참조).

3. 상사신탁의 경우: 회사법리와의 동질화

주식회사와 상사신탁은 유사점이 많다. 본인(주주; 위탁자겸 수익자)은 기본적으로 투자자로서 수익성을 추구한다. 이에 따라 대리인(이사; 수탁자)도 적극적인 경영 또는 운용이 기대된다. 정도의 차이는 있으나 투자자들이 주식 또는 수익권을 거래하는 넓은 의미의 시장 등이 존재함으로써 시장원리도 작동한다. 그럼에도 앞서 살펴본 바와 같이 양쪽 법제에는 몇 가지 차이점이 있다. 그 중 가장 중요한 것은 인센티브 일치 전략이다.[54]

인센티브 일치 전략 중 수탁자 전략은 평판, 양심, 자부심을 지렛대로 한다. 사외이사, 회계감사인처럼 대리인(이사)의 행위를 직접 살피면서 목소리를 내는 구조이다. 신탁법은 신탁관리인, 신탁재산관리인 제도를 두기는 하지만 이들은 예외적인 경우 한시적으로 법원에 의해

52) 신탁재산관리인의 직권선임(신탁법 제18조), 신수탁자의 선임(신탁법 제21조 제2항), 이익상반행위의 허가(신탁법 제34조 제2항), 신탁관리인의 직권선임(신탁법 제67조), 신탁의 변경(신탁법 제88조 제3항), 신탁의 종료명령(신탁법 제100조) 등.

53) 2011년 신탁법 개정과정에서, 법원이 신탁의 존재 여부를 알기 어려워 실질적 감독권을 행사하기 어렵다는 점을 들어 이 조항은 불필요하다는 주장도 있었다. 그러나 신탁법 전체에 걸쳐 법원이 후견적 지위에서 직권으로 권한을 행사할 수 있다고 규정하는 점, 민사신탁에서는 법원의 감독권이 필요한 경우도 발생할 수 있다는 점을 고려하여 존치되었다. 법무부, 신탁법해설, 2012, 789-790.

54) 그 밖에 상사신탁의 경우에도 타익신탁이라면 위탁자와 수익자간 긴장관계가 발생할 수 있다는 점, 의사결정권 전략에서 적어도 신탁법제상 본인 결정사항의 범위가 넓다는 점 등을 들 수 있을 것이다.

선임된다. 한편 수탁자가 주식회사인 경우 그 회사 이사회에 사외이사가 포함될 수 있으나, 이때의 사외이사는 해당 수탁자 주식회사의 전체 주주에 봉사할 뿐 신탁상 위탁자/수익자의 이익을 증진시키는 역할을 맡지는 않는다. 기업형으로 진행되는 신탁사업의 경우 복수 수탁자를 두면서 그 중 일부에 일종의 사외이사 역할을 맡기는 것도 대안이 될 수 있을 것이다.

인센티브 일치 전략 중 보상전략은 신탁의 전통 관념과 배치된다. 원래 수탁자는 수익자의 유일한 이익(sole interest)을 위해 봉사하는 것으로 이해되어 왔기 때문이다. 반면 회사법제는 전통적으로 주식매수선택권(상법 제340조의2) 등 이사와 회사의 이해관계를 일치시키는 다양한 보수패키지를 발전시켜왔다. 민사신탁은 물론이고 상사신탁의 경우에도 이와 같은 보상전략에 관한 논의는 활발하지 않다. 물론 상사신탁 중에서도 다양한 형태가 있을 수 있고 지나친 보상이 단기성과주의(short termism) 등 회사법제에서 나타나는 문제점을 발생시킬 수도 있다. 하지만 사안에 따라서는 상사신탁의 경우 수탁자에 대해 적절한 유인체제를 설계하는 것은 효율적인 업무수행을 위해 필요해 보인다. 과도한 보상패키지에 대하여는 앞서 살펴본 판례 등을 통해 제한이 가능할 것이다.

VI. 마 치 며

이 글에서는 대리비용 규율의 관점에서 신탁법제와 주식회사 법제를 비교하였다. 주식회사 지배구조도 상당히 다양할 수 있지만 신탁의 지배구조에 비하면 비교적 균질적이다. 신탁의 경우 민사신탁과 상사신탁이 적용법조 등 상당한 간극이 있을 뿐 아니라, 상사신탁들도 수행업무에 따라 다양한 형태가 나타난다.

어느 경우이든 구성원들이 정관 또는 신탁행위를 통해 지배구조를 설정할 수 있는 권한은 폭넓게 인정할 필요가 있다. 특히 회사법제에서 정관자치의 범위를 확장할 필요가 있음을 뜻한다. 민사신탁의 경우 시장을 통한 자율적 감시가 어려우므로 법원의 통한 후견적 감시 및 수탁자의 권한제한이 불가피한 면이 있다. 반면 상사신탁의 경우 대리비용 규율 전략 차원에서 회사법제와의 동질성이 크다고 할 것이다. 특히 인센티브 일치 전략, 즉 수탁자전략과 보상전략에서 상사신탁이 회사법리로부터 시사점을 얻을 수 있을 것이다.

부당이득법상의 이익 및 반환범위

박 세 민*

Ⅰ. 서 론

부당이득법을 구성하는 개념 중 가장 중심적인 지위에 있는 利益에 관해서는 그 개념을 민법이 규정하고 있지 않다. 부당이득법의 일반규정인 민법[1] 제741조가 부당이득반환청구권의 성립요건으로서 법률상 원인 없는 이익이 존재할 것을 규정하고 있을 뿐이고, 같은 법 제748조가 반환될 이익의 범위에 관한 기준 정도를 정하고 있을 뿐이다. 그런데 이와 같은 부당이득법에서의 이익 개념이나 반환범위를 전제로 한 규정들은 민법의 다른 곳에서도 발견된다. 가령 실종선고의 취소에 관한 제29조, 제한능력자의 법률행위 취소와 관련된 제141조와 보증인의 변제로 채무를 면한 채무자의 구상의무에 관한 제444조 등과 같은 것이 있는데, 각 제도에 적합한 고유의 방식으로 반환될 이익의 범위를 정하고 있음을 알 수 있다.

이익이라는 용어는 민법에서 매우 다양한 의미로 이용되고 있다. 부당이득법에서처럼 금전적 가치로 평가될 수 있는 경제적 이익을 가리키는 것 외에도, 기한의 이익이나 시효의 이익처럼 특정인에게 유리한 상황이나 지위로 인식되는 경우도 있다. 그런데 부당이득법에서의 이 이익이라는 개념은 실상 부당이득법 안에서조차도 일의적으로 정의되지 않는 매우 추상적인 개념이다. 제741조가 타인의 재산이나 노무처럼 이익발생원인을 적시하고는 있지만, 실제로 이익이라는 것은 더 포괄적인 개념이어서 그것 이상으로 해석될 수밖에 없다. 더욱이 이익반환의 범위에 관하여 규정하고 있는 제748조도 제1항과 제2항에서 공통적으로 "그 받은 이익"이라는 개념을 기준으로 삼아 각각 선의의 수익자와 악의의 수익자의 반환범위를 달리 정하고는 있지만, 그것이 반드시 동일한 의미인지는 분명하지 않다.

불명확한 이익 개념을 구체화하는 것은 전적으로 학설과 실무에 맡겨진 상황이다. 그리고 많은 경우 독일민법학에서 유래한 이론과 학설들이 충실히 소개되어 보충되고 있다. 그런데 이것은 비단 이익 개념과 관련되는 분야에 국한하는 것도 아니다. 민법상의 다른 제도에 비하

* 경북대학교 법학전문대학원 교수.

1) 이하 법명을 별도로 제시하지 않은 것은 민법의 규정이다.

여 부당이득법에서는 실상 다방면의 법리 구성에 있어서 독일민법학으로부터 상당히 포괄적인 이론 차용이 이루어지고 있다. 조문 자체가 매우 간략하고 단출하게 구성되어 있어서 다종다양한 부당이득 관련 사례에서 제대로 대처할 수 없다는 점도 그 주요한 원인 중 하나일 것이다. 그렇지만 그나마 일반적인 부당이득법리를 구성하며 민법상 규정된 아홉 개의 조문에 관하여서도 여전히 그 체계적인 이해와 면밀한 분석은 미흡하다고 할 수 있다.

독일민법학의 성과에 관한 상세한 이해와 연구도 필수적인 것이지만, 민법상의 조문을 중심으로 하여 그것을 어떻게 우리 법체계의 토대 위에 안착시킬 수 있을지도 깊이 숙고하고 대처해가야 할 부분일 것이다. 이하에서는 우리 민법에 적절히 기능할 수 있는 이익 개념 및 개별 사안에서 반환되어야 할 이익의 범위에 관하여 살펴보고자 한다.

Ⅱ. 부당이득법상의 이익 개념

1. 이익의 개념

(1) 판례상의 이익 개념

서두에 언급한 바와 같이 민법에는 부당이득법에서의 이익의 개념에 관한 규정이 마련되어 있지 않다. 독일민법도 마찬가지인데, 이것은 독일민법을 제정하는 과정에서 이익의 개념은 일률적으로 정할 것이 아니라 장차의 학설과 실무에 맡긴다는 태도를 취하였기 때문[2]이라고 한다.[3] 여기에서는 이익 개념에 관한 구체적인 검토에 앞서, 우선 실무에서의 관련 사안들을 파악하여 우리 판례가 상정하고 있는 이익의 개념을 추출해봄으로써 앞으로의 논의의 전제로 삼기로 한다.

대법원 2009. 11. 26. 선고 2009다35903 판결은 지방자치단체가 타인 소유의 토지 위에 설치한 수도시설, 안내판, 관리소 등을 유지·관리해온 사안을 다룬 것이다. 대법원은 토지소유자에 대하여 토지의 사용이익을 반환할 의무가 있을 수 있음을 전제로 하면서 그 산정의 기준은 차임에 상당하는 금액이 될 수 있다고 하였는데, 여기에서 부당이득법상의 이익의 개념과 관련하여 다음과 같이 명료하게 밝혀두었다. 즉 부당이득반환을 청구하려면 "우선 상대방이 얻는 이익의 구체적인 내용을 따져서 그 취득을 내용으로 하는 권리가 일반적으로 유상으로 부여되는 것이어서 그 이익이 부당이득반환의 대상이 될 만한 것인지를 살펴보아야 할 것"이라고 한 것이다.

2) 梁彰洙, 民法注解[XVII], 부당이득 부분(2005), 531.

3) 이와 대비되는 것으로 유럽민사법 공통참조기준안(DCFR) Ⅶ.-3:101에서는 이득(Enrichment)의 개념을 '재산의 증가 또는 채무의 감소', '용역을 받거나 일이 완성된 경우', '타인 재산의 이용'과 같이 특정하여 규정하고 있다. 해당 규정에 관한 구체적인 해석론은, 이상훈, 유럽민사법 공통참조기준안(DCFR) 부당이득편(2017), 24-28 참조.

이 판결에 의하면 부당이득법에서의 이익은 일단 금전의 가액으로 산출될 수 있는 경제적인 개념이다. 또한 제741조가 이익의 예시로 재산과 노무를 들고 있지만, 채무의 감소(가령, 제444조, 제472조)나 타인 재산의 이용(가령 제227조, 제230조)과 같은 것도 이익에 포함될 수 있다. 이 사안에서는 지방자치단체에 재산의 증가가 있었다고는 할 수 없지만, 대가를 지급함이 없이 타인의 토지를 사용하는 것을 이익으로 평가하였기에 일정한 기준에 따라 가액으로 환산할 수 있었다.

나아가 이 판결을 포함하여 대법원의 판례는 점유와 사용의 개념을 명확히 구별하여, 점유하고 있더라도 사용이 없는 이상 부당이득은 발생하지 않는다는 입장을 확고히 하고 있다. 가령 대법원 판결 중에, 임대차계약관계가 소멸한 경우 임대차 목적물을 계속 점유하고 있어도 임대차계약의 목적에 따라 용익하지 않아 이익을 얻은 적이 없다면 임차인의 부당이득반환의무는 성립하지 않는다[4]고 한 것이 있다. 이 판결에서 명시적으로 언급하지는 않았지만, 실은 이것은 다수의 판결이 지속적으로 제시해온 이른바 '실질적 이익론'의 법리를 그대로 계승한 것이다. 일련의 판결들[5]은 임차인이 임대차계약 종료 이후에도 동시이행의 항변권을 행사하는 방법으로 임차건물부분을 계속 점유한 경우에도 용익 등을 통하여 실질적인 이익을 얻은 것이 없다면 부당이득반환의무를 지지 않는다고 하였다.

보증금반환의무와 동시이행관계에 있다는 것이 임차목적물의 점유를 정당화하는 권원은 될지언정 그 점유로 인하여 얻은 이익의 보유를 가능하게 하는 법률상 원인이 될 수는 없는 것[6]이어서 반환되어야 할 것이지만, 실제로 사용·수익을 하지 않았다면 이익 자체가 발생하지 않는다고 판단한 것은 판례가 상정하고 있는 이익의 개념이 어떠한 것인지를 어느 정도 추측하게 한다. 보증금반환을 요구하면서 동시이행관계를 주장하는 임차인의 입장에서는 원하지 않는 점유가 계속되고 있는 상태에서 부당이득반환까지 부담해야 한다는 것이 가혹할 수 있다는, 판결의 배경에 자리한 감정적 요소에는 쉽게 수긍할 수 있다. 그렇지만 달리 생각해보면 이 사안에서 전적으로 임차인의 영역에 속한다고 할 수 있는 물건 이용의 기회나 가능성과 같은 것은 반환되어야 할 경제적인 가치의 이익으로서 평가되지 않았음을 알 수 있다. 나아가 임차인측이 점유함으로써 임대인측에서 박탈되고 있는 목적물 용익의 기회에 상응하는 가치를 전보해주는 개념도 부당이득법에서는 존재하지 않는다. 판례상의 이익 개념은 이처럼 구체적이며 실제적인 개념이며, 바로 그와 같은 점을 포착하여 "실질적 이익"이라는 개념으로 표현하였다고 할 수 있을 것이다.

---

4) 대법원 2019. 4. 11. 선고 2018다291347 판결.

5) 대법원 1992. 4. 14. 선고 91다45202, 45219 판결; 1998. 7. 10. 선고 98다8554 판결; 대법원 2001. 2. 9. 선고 2000다61398 판결; 대법원 2018. 11. 29. 선고 2018다240424, 240431 판결.

6) 같은 취지로, 최준규, "임대차계약 종료 후 임차인의 목적물 계속점유와 실질적 이득", 법률신문 4755호(2019. 12. 12), 13. 유치권에 관해서는 대법원 2009. 9. 24. 선고 2009다40684 판결.

한편 이 실질적 이익의 개념은 널리 다른 사안의 판결에서도 확인되고 있다. 토지소유자의 대리인을 사칭한 무권대리인과 토지매매계약을 체결한 매수인이 토지소유자의 은행계좌로 매매대금을 송금하였는데, 토지소유자로부터 미리 통장과 도장을 교부받아 소지하고 있던 무권대리인이 송금 당일에 전액을 인출해 간 사안[7]이다. 여기에서 대법원은 "이득자에게 실질적으로 이득이 귀속된 바 없다면 그 반환의무를 부담시킬 수 없다"고 하면서, "각 금원을 사실상 지배할 수 있는 상태에까지 이르러 실질적인 이득자가 되었다고 볼 만한 사정"이 없는 토지소유자에게는 부당이득반환의무를 인정할 수 없다고 하였다. 자기 명의의 은행계좌에 이체된 금원에 대해서조차 사실상의 지배가능성을 인정할 수 없다는 판결의 논리에 쉽게 수긍하기 힘든 것은 사실이지만,[8] 반환해야 할 이익의 존재조차 인식하지 못한 계좌명의인에게 부당이득반환의무를 묻는 것이 타당하지 못하다는 인식이 강하게 작용한 것으로 보인다. 이와 비교해볼만한 것으로, 금전을 횡령한 자가 퇴직금의 중간정산금이라고 하면서 자신의 처에게 보관을 부탁하여 처의 계좌로 송금한 후 가까운 시간 내에 다시 자신에게 송금 내지 교부하게 한 사안에 관한 판결[9]이 있다. 여기에서 대법원은 처가 실직적으로 이익의 귀속자가 되었다고 보기 어렵다는 이유를 들어 수취인인 처의 부당이득반환의무를 부정하였다. 이 경우는 자신의 계좌를 통한 금원의 입출금을 적극적으로 인식하고 개입하였다는 측면에서 앞의 무권대리인에 의한 매매계약에 관한 판결에 비하여 이익의 사실상 지배가능성[10]은 더 높다고 할 수 있다. 그럼에도 불구하고 대법원판결이 부당이득반환의무를 배제하였는데 아마도 그 이유는, 더 이상 반환의 대상이 되는 이익이 남아있지 않은 수취인이 橫領 사실에 대하여 善意임에도 불구하고 반환책임을 지게 한다는 것이 가혹한 것이라는 판단에서 연유한 것이라 추측된다.

이처럼 일시적으로나마 일정한 금전적 가치의 취득이 인정됨으로써 이득의 존재를 긍정할 수 있는 사안에서도 더 이상 반환되어야 할 이익이 존재하지 않는다는 이유로 면책을 인정하

---

7) 대법원 2011. 9. 8. 선고 2010다37325,37332 판결.

8) 이에 비하여 대법원 2011. 8. 18. 선고 2011다30871 판결은 적법한 대리인이 계약을 체결하고 그 권한에 기하여 계약상의 급부를 수령한 경우에 관한 것인데, 여기에서는 "본인이 대리인으로부터 그 수령한 급부를 현실적으로 인도받지 못하였다거나 해제의 원인이 된 계약상 채무의 불이행에 관하여 대리인에게 책임 있는 사유가 있다고 하여도" 대리인이 아닌 본인이 반환의무를 부담하는 것으로 결론지었다. 대리권 수여라는 것이 대리행위로 인하여 발생하는 모든 효과로부터 온전히 책임을 부담하겠다는 의사나 의지를 표명한 것으로 이해될 수도 있겠으나, 무권대리인에 관한 위 대법원 2011. 9. 8. 선고 2010다37325,37332 판결의 판시내용과 비교할 때, 이 사안의 본인에게 발생한 것으로 판단되는 그 사실상 지배 또는 실질적 이익이라는 것이 무엇인지 명확하지 않은 것도 사실이다.

9) 대법원 2003. 6. 13. 선고 2003다8862 판결.

10) 사실상의 지배가능성을 언급하지는 않았지만, 대법원 2007. 11. 29. 선고 2007다51239 판결은 착오송금이 이루어진 경우에, 계좌를 가지고 있는 수취인은 수취은행을 상대로 원인 없이 입금된 금액에 상당하는 예금채권을 가지게 되어 수취은행으로서는 이득이 없고, 따라서 송금의뢰인은 수취은행이 아닌 수취인을 상대로 부당이득반환청구권을 행사할 수 있는 것이라고 하였다. 수취은행에게 있어서 계좌에 입금된 금원 상당의 가치에 대하여 지배 내지 처분할 수 있는 지위에 있지 않다는 점이 반영된 것으로 보인다.

는 판결은 다른 곳에서도 발견된다. 금전채권 위에 질권을 설정하였는데 질권자가 자기 채권을 초과하여 제3채무자로부터 금전을 지급받은 사안과 관련하여, 대법원[11]은 그 초과지급 부분에 관하여 제3채무자의 질권자에 대한 부당이득반환청구권을 인정하면서도, 질권자가 초과지급 부분을 질권설정자에게 반환한 경우에는 질권자에게는 실질적인 이익이 없어 부당이득반환의무를 부담하지 않는다고 하였다. 질권자가 제3채무자로부터 금전을 수령할 당시 초과지급 사실에 관하여 선의였는지 여부를 문제 삼지 않고 이익 부존재의 항변을 받아들인 것인데, 여기에서도 대법원은 부당이득반환청구의 상대방이 되는 수익자는 "실질적으로 그 이익이 귀속된 주체"이어야 한다고 하며 실질적 이익론을 계승하고 있다.

이상에서 확인되듯이, 삼자 이상의 관계에서 금원 이전과 관련된 부당이득반환의 문제를 해결하고자 한 다수의 판결들을 관통하고 있는 관념은, 일시적일지언정 수익자가 원인 없이 취득하였던 구체적인 이익을 그대로 손실을 입은 자에게 반환하여야 한다는 것은 아닌 것으로 여겨진다. 오히려 여기에서는 경제적인 가치로 평가된 수령자의 수령 이익이 결과적으로 수익자의 재산상 증가로 이어져, 반환할 당시에 수익자에게 잔존해 있는지 여부를 주시하고 있는 것으로 보이며, 그와 같은 측면에서 판례는 이른바 실질적 이익을 취하지 않았다는 표현을 사용함으로써 이익반환의무를 부정하고 있는 것이다. 이익을 보유하지 않은 수익자에게는 반환의무가 있을 수 없다는, 利得法으로서의 부당이득법에 충실한 시도인 것이다. 다만 그와 같은 견지에서도, 문제되는 사안에서 과연 부당이득반환의무 자체가 성립하지 않은 것인지, 아니면 성립하였으나 이득이 소멸함으로써 책임을 면하게 되는 것인지는 분명히 구별되어야 한다. 그럼에도 불구하고 위의 채권질권자에 대한 초과지급의 예를 제외하고 그 밖의 판결에서는 그와 같은 점이 명확하게 인식되었던 것으로 보이지도 않는다.

원칙적으로 받은 이익을 그대로 반환할 의무가 발생하지만 선의의 수익자에 해당하면 이익소멸의 항변을 할 수 있다고 할 것인지, 그렇지 않고 이익이 남아 있지 않으면 의무조차 발생하지 않는다고 할 것인지의 문제는 제748조의 해석의 문제이기도 하다. 그리고 이것은 실상 부당이득의 본질과 관련된 것으로, 차액설과 구체적 대상설의 학설적 대립에 관한 것이기도 하다.

(2) 이득의 개념에 관한 학설

서두에서 언급한 바와 같이 부당이득법에서의 각종 개념과 관련하여 독일에서 전개된 이론들이 상당한 정도로 소개되어왔고, 그 중 이익 개념과 관련하여서는 차액설과 구체적 대상설의 대립[12]을 중심으로 한 이론들이 지속적으로 언급되어 왔다. 종래의 통설이라고 할 수 있는[13]

---

11) 대법원 2015. 5. 29. 선고 2012다92258 판결.

12) 그 상세한 내용은 梁彰洙(주 2), 524 이하 참조.

13) 梁彰洙(주 2), 524.

차액설은 수익자의 이익이 발생한 상황과 만일 수익자의 이익이 없었다면 존재하였을 가정적 재산상황을 비교하여 양자 사이의 가치 차이, 즉 차액을 이익으로 여기는 학설이다. 따라서 모든 이익은 추상적인 가치로 환산하여 평가될 수 있고, 이것을 총체재산의 변동에 연결시키는 태도[14]이다. 이에 비해 구체적 대상설은, 1차적으로는 수익자가 실제로 취득한 것이 이익으로서 반환되어야 한다는 것으로, 2차적으로 그 代償物, 果實 기타 이익도 이 반환대상에 포함될 수 있을 것이다.[15] 부당이득법의 본질과 관련하여서도, 전자는 이익의 보유, 즉 이익으로서 남은 것(Bereicherung)의 부당성을 교정한다는 것이고, 후자는 취득한 것(etwas Erlangte)의 부당성을 교정한다는 것에 초점을 맞춘다. 미국의 제3차 리스테이트먼트는, 구체적으로 취득한 대상으로서의 benefit과 그로 인한 수익자의 이득인 enrichment를 구별하여 사용하는데, 전자는 구체적으로 취득한 이익에, 후자는 차액설적 관점에서의 남아있는 이익에 대응[16]될 수 있는 것이다.

민법상 수익자의 선·악의에 따라 이득반환의 범위가 달라지는데, 여기에서도 양 학설이 상정하고 있는 부당이득반환의 원칙적인 모습에 차이가 있다. 기본적으로 부당이득법의 본질을 공평설에 두고 있는 차액설의 입장에서는 수익자에게 현존하는 이익을 반환하는 것이 이득반환의 원칙적인 형태이고, 악의의 수익자가 받은 이익을 모두 반환하는 것은 악의의 수익자에 대하여 예외적으로 책임이 가중된 것이라고 보게 된다. 반대로 유형론을 배경으로 하는 구체적 대상설의 경우에는 받은 이익을 그대로 반환하는 것이 기본적인 전제가 되는 것이며, 반환범위를 현존이득으로 제한하는 것은 선의의 수익자에 대한 특혜가 된다.

현재의 다수의 문헌에서는 독일 부당이득법의 통설이 설명하는 방식을 대체적으로 수용하면서 구체적 대상설을 지지[17]하는 것으로 보인다. 부당이득법은 불법행위법과 비교할 때 서로 제도적 이념을 달리 하는 것이기에, 손해배상에서의 손해를 산정하는 방식으로 제시되고 있는 차액설을 부당이득법에 대입하기에는 부적절하다는 이유[18]를 든다. 그리고 그 이념적 차이라

14) 梁彰洙(주 2), 524.

15) 이것은 순이익 접근법(pure net enrichment approach 또는 balance-sheet test)과 항목별 접근법(itemised approach)의 대비에도 대응하는 것인데, 전자는 이득 발생 이후 반환의무자의 전체 재산의 변동, 즉 "손익계산서상의" 수치, 다시 말해 모든 적극·소극 기입항목들의 총합으로서의 잔액(balance, Saldo)을 이득으로 보는 것이고, 후자는 구체적으로 얻은 개별적인 이득항목들을 이득으로 보는 것이다. 구체적인 내용은, 이상훈(주 3), 24.

16) 이상용, 미국 부당이득법의 개관 —제3차 부당이득법 리스테이트먼트를 중심으로—, 민사법학 제75호(2016. 6), 404.

17) 梁彰洙(주 2), 536; 김동훈, 부당이득에서 이득의 개념과 현존이익의 판단기준, 중앙법학(2009. 12), 87; 김상중, 대상청구권의 반환내용 —대법원 2016. 10. 27. 선고 2013다7769 판결—, 法曹 725(2017. 10), 636; 안병하, 부당이득 반환의 대상에 관한 몇 가지 쟁점들, 민사법학 제93호(2020. 12), 255; 최우진, "민법 제748조 제2항에서 정한 "악의"의 의미", 民事法學 제93호(2020. 12), 333.

18) 안병하(주 17), 255.

는 것은 불법행위의 경우 피해 전보를 목적으로 하는 것인 반면에, 부당이득은 법이 정한 귀속의 질서를 확인하기 위한 제도라는 것이다.

물론 민법상의 여러 제도가 각각 지향하는 목적이 다르고 상호간에 역할의 차이가 있다는 생각에는 어렵지 않게 수긍할 수 있겠지만, 실상 그것만으로 차액설이 배척되어야 하는 논거로 삼기에는 부족함이 있지 않나 생각되기도 한다. 이 두 학설이라는 것도 실제로는 부당이득법의 본질을 어떻게 이해하는지의 전제 여하에 따라 각각 논리적으로 귀결되는 것이기 때문이다. 현존이득의 반환을 부당이득반환의 원칙으로 한다면 수익자에 대한 지나친 특혜가 된다는 견해도, 결국은 부당이득법이라는 것이 이익을 保有하는 것의 부당성이 아니라 이익을 受領하는 事情 또는 行爲의 부당성을 교정하는 것이라고 여기는 입장, 즉 이른바 유형론의 입장에서 주장할 수 있는 일방적인 평가일 수 있다.

현행 민법 규정을 두고 우리 민법이 어떤 태도를 취하고 있는지 확인하기가 쉽지 않다. 부당이득의 반환범위의 기준을 정한 제748조가 선의의 수익자와 악의의 수익자의 반환범위를 병렬적으로 규정함으로써 지극히 가치중립적인 규정방식을 택하였기 때문이다. 그런데 민법의 다른 분야와 마찬가지로 부당이득법의 형성에도 많은 영향을 미친 일본민법의 경우에는 부당이득법의 일반규정에 있어서는 우리의 규정방식과 상당한 차이가 있다.

민법 제741조에 대응하는 일본민법 제703조는 "법률상 원인 없이 타인의 재산 또는 노무로 인하여 이익을 받고 이것 때문에 타인에게 손실을 미치게 한 자는 그 이익이 있는 한도에서 반환할 의무를 진다"는 방식으로 규정하고, 악의의 수익자의 반환범위를 제704조에서 별도로 규정하는 방식을 채택하였다. 이로써 일본민법의 규정상으로는 부당이득법이 공평설을 기초로 한 利益 保有의 不當性을 교정하기 위한 제도라는 것이 확인된다. 나아가 이것은 이익의 개념과 관련하여서도 자연스럽게 차액설과 연결될 수 있다. 그리고 이와 같은 규정방식은 일본민법이 제정될 당시에 보통법학의 성과를 명문화하는 작업을 진행하고 있던 독일민법학의 지배적 조류로부터 강한 영향을 받은 사실에 기인한다.[19] 당시의 통설에 의하면 부당이득법은 공평의 원리를 실현하기 위한 것으로, '이익'이 발생한 경우에만 반환의무를 지며, 선의의 수익자에게는 부당이득의 반환으로 어떠한 불이익이 있어서는 안 된다는 것이 형평에 부합한다[20]는 이념에 기반을 두었다.

그런데 이것 외에도 우리 민법 제748조 제2항에 대응하는 일본민법 제704조의 "이자" 부가 규정은 利得法 내지 價値法으로서의 부당이득법을 잘 드러낸 것이라고 할 수 있다. 독일민법에는 없으며 일본민법의 제정시에 새롭게 창안된 규정이다. 제정 당시의 논의를 살펴보면,[21]

19) 梁彰洙(주 2), 527.

20) 梁彰洙(주 2), 528-531.

21) 박세민, "일본 메이지민법 부당이득법상의 기본개념의 형성", 民事法學 제68호(2014. 9), 485.

특정한 물건 자체를 취득한 후 그것을 부당이득으로서 반환한다는 것의 의미는 그 물건을 용익하거나 담보에 제공하는 것처럼 어떤 식으로든 利用할 수 있는 가치를 반환한다는 것이 아니라, 그 물건의 價値 全部를 이익으로서 반환한다는 것이라고 한다. 그러므로 특정물이 원래의 상태대로 있으면 그 자체를 반환하면 되겠지만, 그렇지 않고 금전과 같은 가치적 변형물로 남아 있을 경우라면 응당 발생할 것으로 예상되는 利子를 지급해야 한다는 것이다. 부당이득제도를 부당한 재화이동의 사정 또는 행위를 교정하기 위한 것이라기보다는 부당한 이득이 수령자에게 보유되고 있는 상황을 제거하기 위한 제도로 이해한 결과이다. 부당이득의 반환범위를 포함한 일반조항과는 달리, 악의의 수익자의 반환범위에 관한 이 조문은 그대로 우리 민법에 수용[22]되었다.

이상의 내용에서 알 수 있듯이 우리 민법 규정에 보다 근거리에서 영향을 미친 일본민법의 규정은 기본적으로는 차액설의 입장을 취하고 있었음을 추론해볼 수 있다. 이제 우리 민법의 태도가 어떤 것인지가 문제이다. 제748조는 일본민법의 조문과는 다소 차별되는 규정방식을 채택하고 있기에, 해석론의 전개에 있어서 특정한 이론에 크게 얽매일 필요는 없으리라 생각된다. 다만 단순히 어느 하나의 입장을 선택함으로써 다른 입장을 비판하면서 그것과의 지속적인 평행선을 유지하는 것은 문제 해결에 큰 도움이 되지 않을 것이다. 오히려 어느 학설을 택하는 것이 제도운용에 용이한 것인지 현실성과 실용성의 측면 등을 더 탐구해가는 것이 바람직하리라 생각된다.

차액설을 취하게 되면 수익자의 전체 재산의 변동을 고려하여야 하기 때문에 문제되는 사안을 해결해야 하는 법원의 입장에서는 법적용상의 유용성이 의심스러울 수 있다는 이유[23]는 충분히 납득될 수 있는 부분이라고 생각된다. 다만 구체적 대상설을 택하게 될 경우에는 일단 이익을 수령한 자에게 반환의무가 인정될 것이기에, 앞서 언급한 판결들에서처럼 삼자 이상 관계에서의 금전가치의 이동상황을 규율함에 있어서 이득반환의 의무자를 결정하는 것이 그리 간단하지 않음을 알 수 있다. 차액설을 취한다고 하더라도 수익을 발생시키는 사유와 아무런 관계가 없는 재산의 변동상황까지 고려하여 이익 산정에 반영할 필요는 없겠지만, 어쨌든 수익으로부터 영향을 받는 재산의 범위를 확정하는 과정은 추가적으로 필요할 것이다. 반면에 구체적 대상설에 의하면, 실제로 받은 이익과 실제로 수익한 과실, 가치적 변형물 내지 대체이익 등의 항목별 산정이 이루어질 것이므로, 대상이 되는 재산의 범위 확정에는 상대적으로 문제점이 많지 않으리라 생각된다.

결론적으로 말해, 구체적 대상설에 기하여 산정해야 할 재산의 범위를 외연을 확정한 후,

---

22) 판례도 이 이자의 부가는 그 본질을 부당이득반환으로 이해하고 있다. 대법원 2017. 3. 9. 선고 2016다47478 판결. 또한 민법 제548조 제2항에 관한 판결로, 대법원 2000. 6. 23. 선고 2000다16275, 16282 판결.

23) 梁彰洙(주 2), 526.

가액반환의 경우 이것 자체를 금전가치로 환산하고, 그런 다음 이득소멸 기타 책임제한사유를 엄정하게 정비하여 후차적으로 적용해가는 것이 법적용상의 유용성과 엄정성을 더할 수 있을 것이라고 생각된다. 삼자 이상의 관계에서 구체적인 이익을 취득한 수익자는 원칙적으로 반환의무를 지지만 선의 기타의 일정한 사유로 면책이 되는 것과 같은 구조가 되어야 하며, 일부 판결에서처럼 실질적인 이익을 취득한 자가 아니어서 반환의무가 없다는 식의 논리전개는 지양되어야 한다.

이처럼 구체적 대상설을 채택하게 되더라도 가액반환의 경우(제747조 제1항)에는 반환범위 산정과 관련하여 여러 가지 문제가 생길 수밖에 없는데, 초과이익 및 반환범위 제한의 문제와 같은 것들이다. 이하에서 살펴보기로 한다.

(3) 이른바 '강요된 이익'과 '운용이익'의 문제

이른바 '강요된 이익'의 문제는, 수익자로서는 원하지 않은 이익에 관하여 가액의 반환 내지는 비용상환의 청구를 받은 경우 어떻게 처리할 것인지의 문제이다. 이것과 관련하여 독일[24]에서는, 가액의 개념을 통상의 시장가격을 의미하는 것이라고 하는 객관적 가치설과 수익자가 취득한 이익이 그에게 어느 정도의 가치를 지니는지를 고려하여야 한다는 주관적 가치설의 대립이 있어왔다. 그리고 객관적 가치설이 다수설과 판례의 태도라고 한다.

일본민법의 제정과정[25]에서도 이 객관적 가치설과 주관적 가치설의 첨예한 대립이 있었다. 객관적 가치설에 의할 경우에는, 수익자의 주관적인 평가보다 더 높은 가치의 재화를 얻었다면 그 얻은 이익의 실제 가치, 즉 높은 가치를 반환해야 하고, 다만 선의의 수익자의 재산상황을 더 불리하게 하지 않는 범위로 반환의무를 제한하여 확정할 수 있다는 것[26]이다. 반면에 주관적 가치설을 주장하는 입장에서는, 객관적으로 당초에 수령한 이익이 아니라 오로지 수령자 개인에게 있어서 의미가 있는 이익, 즉 주관적 가치를 반환하게 된다고 한다. 입법과정에서는 명백히 결론을 내린 것으로 나타나지 않지만, 대체로 기초위원들의 의견이 적극적으로 반영되었다고 할 수 있어 객관적 가치설의 입장에 있는 것으로 보인다.

우리 학설[27]과 판례[28]는 객관적 가치설의 입장을 따르는 것으로 보인다. 그렇다면 수익자의 개인적 재산관계의 증감을 염두에 두는 주관적 가치설에 비하여, 수익자의 사정과 재산취득에 관한 신뢰를 포함한 수익자의 주관적 사정을 고려하여 반환범위를 제한할 수 있는 장치로 보완될 필요가 있다. 그런 의미에서 나중에 살펴볼 利益消滅의 抗辯은 객관적 가치설을 채택할 때에 그 의미를 더하게 된다고 할 수 있다.

24) 상세한 내용은, 안병하(주 17), 268 이하의 논의.
25) 박세민(주 21), 476 이하.
26) 박세민(주 21), 477.
27) 梁彰洙(주 2), 568; 안병하(주 17), 269.
28) 대법원 2016. 7. 14. 선고 2014다82385 판결.

다른 한편으로 제741조는 부당이득반환의 청구를 위해 이익과 손해의 발생을 모두 요구하고 있으므로 수익자가 반환해야 할 이익은 반환을 구하는 측의 손실 개념으로도 제한될 여지가 있다. 그런데 부당이득법에서 損失 개념이 가지는 지위와 역할에 대해서는 계속해서 의문이 제기되어 왔다.

부당이득법에서의 손실은 손해배상에서의 손해 개념과는 달리, 반드시 반환권리자에게 구체적인 현실의 손해가 발생할 것이 요구되지는 않는다. 앞에서도 언급하였지만 일련의 판례는, 임차인이 임대차계약이 종료한 후에도 동시이행의 항변권을 행사하는 방법으로 목적물을 점유하였더라도 그에게 실질적인 이익이 발생하지 않았다면 부당이득을 반환할 필요가 없다고 하였다. 임차인에게 이익이라고 할 만한 것이 생기지 않은 이상, 임차인의 목적물 점유로 인하여 임대인에게서 박탈되고 있는 용익의 기회에 상응하는 가치가 전보되어야 한다는 관념[29]도 불필요한 것이다. 부당이득법에서의 손실이라는 것은 "어떠한 재화의 이전이라는 사실을 청구자 측에서 관찰한 명목적인 것"[30]이라고 평가될 수 있는 것이다.

판례는 기본적으로는 손실을 한도로 이익이 반환되어야 한다는 입장[31]이다. 다만 그 손실은 "사회통념상 손실자가 당해 재산으로부터 통상 수익할 수 있을 것으로 예상되는 이익 상당"[32]의 것이라고 한다. 가령 매매계약의 무효를 원인으로 하여 매매대금을 반환받는 사안에서, 외환위기 직후에 예금의 이율이 이례적으로 높던 시기에는 통상적으로 은행에 예금해둘 것이고, 거액의 자금은 보통예금보다는 정기예금으로 맡겨두는 것이 예상된다고 하면서, 수익자로 하여금 정기예금의 이자 상당액을 반환하도록 하였다.

그렇지만 판례는 수익자의 행위가 개입된 이른바 '운용이익'[33]의 반환은 원칙적으로 부정한다. 즉 "수익자가 자신의 노력 등으로 부당이득한 재산을 이용하여 남긴 이른바 운용이익도

---

29) 손실을 입는 자의 주관적인 사정이 고려될 필요가 없다는 것은 판례도 마찬가지이다. 대법원 1992. 6. 23. 선고 91다40177 판결("타인 소유의 토지 위에 소재하는 건물의 소유자가 법률상 원인 없이 토지를 점유함으로 인하여 토지의 소유자에게 반환하여야 할 토지의 임료에 상당하는 부당이득금액을 산정하는 경우에, 특별한 사정이 없는 한 토지 위에 건물이 소재함으로 인하여 토지의 사용권이 제한을 받는 사정은 참작할 필요가 없는 것") 등.

30) 梁彰洙(주 2), 580.

31) 대법원 1982. 5. 25. 선고 81다카1061 판결. "법률상 원인 없이 이득이 있다 할지라도 그로 인하여 타인에게 손해가 발생한 것이 아니라면 그 타인은 부당이득반환청구권자가 될 수 없으며" "그 손해가 있는 경우라도 손실액이 이득액보다 적을 경우에는 손실액의 한도에서만 이득액을 반환할 의무가 있다고 할 것."

32) 대법원 2008. 1. 18. 선고 2005다34711 판결. 또한 국유재산 무단점유자에 대한 구 국유재산법에 의한 변상금 부과·징수권의 행사와 별도로 부당이득반환청구의 소를 제기할 수 있다는 대법원 2014. 7. 16. 선고 2011다76402 전원합의체 판결.

33) 이른바 '이윤회수의 문제'와 관련하여 생각해볼 수 있는데, 이 문제는 주로 타인의 재산을 고의로 이용하여 수익한 경우 피해자의 손해의 범위를 고려하지 않은 채 고의의 수익자에게 그 이윤에 대한 반환의무를 부담시킬 것인지 여부가 논의의 중심으로 이룬다. 사무관리 제도로 해결할 것인지, 부당이득이나 불법행위와 같은 제도로 해결할 것인지에 관한 논의가 진행중이며, 상세한 내용은, 안병하(주 17), 271 이하.

그것이 사회통념상 수익자의 행위가 개입되지 아니하였더라도 부당이득된 재산으로부터 손실자가 당연히 취득하였으리라고 생각되는 범위 내의 것이 아닌 한"[34] 부당이득으로서 반환할 필요가 없다고 하였다. 정리하면, 부당이득이 발생하지 않았더라면 사회통념상 손실자에게 귀속되었을 것으로 예상되는 정도의 가치만이 부당이득법에서의 손실로서 평가되어 반환될 수 있다는 것이고, 이런 정도의 損失 개념은 반환되는 이익의 범위를 한정하는 역할도 함께 수행하게 된다.

이익의 개념과 관련된 이상의 논의를 기초로 하여 이하에서는 현행 민법 규정을 중심으로 이익반환의 범위에 관한 타당한 해석론을 모색해보기로 한다.

Ⅲ. 민법 제748조와 이익반환

1. "받은 이익"의 의미

제748조는 제1항과 제2항에서 선의와 악의의 수익자가 반환해야 할 이익의 범위를 각각 규정하고 있다. 그런데 양자가 공통적으로 "그 받은 이익"이라는 문구를 사용하고 있어, 외견상 이 단일한 기준에 의하여 반환의 범위가 확정될 수 있는 것으로 보이기도 한다. 그렇지만 양 개념 사이에는 미세한 차이가 존재한다는 것을 알 수 있다.

우선 선의의 수익자의 경우를 살펴보면, 민법 제748조 제1항은 "선의의 수익자는 그 받은 이익이 현존한 한도에서 전조의 책임을 진다"고 규정하고 있다. 반환청구에 응하여 반환할 당시에 이익이 남아 있는 한도에서 책임을 진다는 규정이겠으나, 이때의 받은 이익과 관련하여 실제로 이익을 수령할 당시의 구체적인 대상을 가리키는 것이지, 그렇지 않고 반환당시까지 수익한 상태에 있는 일체의 이익을 반환해야 한다는 의미로 해석되는지가 문제될 수 있다. 그리고 같은 조 제2항은 "악의의 수익자는 그 받은 이익에 이자를 붙여 반환하고 손해가 있으면 이를 배상한다"고 하여, 역시 "받은 이익"을 이익 산정의 기준으로 삼고 있는데, 이때에도 몇 가지 해석론이 생길 수 있다.

이것은 일본민법 제703조[35]와 비교될 수 있다. 일본민법상 부당이득반환청구권의 일반조항인 이 규정은, 부당이득의 반환은 원칙적으로 "그 이익이 남아있는 한도에서(その利益の存する限度において)" 이루어져야 하는 점을 명언하고 있어, 부당이득법의 본질이 공평설에 기초하고 있음을 확인할 수 있는 조문이기도 하다. 그리고 이어서 별도의 조문으로 구성된 일본민법

34) 대법원 1995. 5. 12. 선고 94다25551 판결.

35) "법률상 원인 없이 타인의 재산 또는 노무로 이익을 받고, 그로 인하여 타인에게 손해를 끼친 자(이하 이 장에서 '수익자'라고 한다)는 그 이익이 남아 있는 한도에서 이것을 반환할 의무를 진다(法律上の原因なく他人の財産又は労務によって利益を受け、そのために他人に損失を及ぼした者（以下この章において「受益者」という。）は、その利益の存する限度において、これを返還する義務を負う)."

제704조[36]에서 악의의 수익자의 반환범위를 정하면서 "그 받은 이익(その受けた利益に)"에 이자를 붙여 반환해야 한다고 규정하여, 악의의 수익자의 책임은 제703조가 규정하는 원칙적인 반환의 모습에 책임을 가중하는 모습으로 존재함을 분명히 하였다. 이것은 선의의 수익자의 반환범위와 악의의 수익자의 반환범위의 관계가 상호 원칙과 예외의 관계에 있음을 밝혀둔 것이라고 할 수 있다. 그에 반하여 한국민법 제748조 내에서 서로 대비되며 병존하는 두 항이 상호간에 원칙과 예외의 관계를 구성하고 있다고는 생각하기는 어렵다.

일본민법을 제정할 당시에 당초에는 제703조를 "그 이익이 현존하는(現存スル) 한도에서"로 규정하고자 했으나, 그렇게 하면 이른바 '비용지출의 절약'이라는 이익이 고려될 수 없다는 지적이 있어 '現' 글자를 삭제하여 지금의 형태로 하였다.[37] '현존'이라는 문구에 초점을 두게 되면 이익이 현실적으로 존재하는 경우만을 의미할 우려가 있다. 그런데 지출을 절약한 것은 설령 이익이 현재 남아있지 않더라도 실제로 이익을 얻은 것이므로 반환의 대상이 되어야 한다는 점을 조문상에 표현하고자 한 것이다. 현재 일본에서는 제703조의 반환범위의 해석론과 관련하여 이것을 '현존이익의 반환'으로 설명하면서도, 동시에 비용지출의 절약에 관한 이론도 수용되어 있음을 알 수 있다.[38]

통상 '현존이익'이라고 통칭되는 것이 구체적으로 어떤 의미인지를 생각해볼 필요가 있다. 현존이익이라는 것이 일정한 배상책임의 한도로서 기능하고 있는 제202조와 제740조와 같은 조문은 별론으로 하고, 순수하게 반환의 대상이 되는 이득의 현존 여부가 문제되는 조문들을 제748조와 비교해보는 것도 의미가 있는 일일 것이다. 제141조는 법률행위의 취소로 인한 제한능력자의 반환의 범위에 관한 규정과도 연관지어 생각해볼 수 있는데, 제2문에서 제한능력자는 "그 행위로 인하여 받은 이익이 현존하는 한도에서" 반환해야 한다고 하여, 법률행위가 유효한 것을 전제로 하여 취득한 것을 모두 원상에 회복할 필요가 없음을 규정하고 있다. 또한 실종선고 취소에 관한 민법 제29조에서도 이득반환이 문제될 수 있는데, 이 조 제2항에서도 반환의무자가 선의인 경우에는 "그 받은 이익이 현존하는 한도에서" 반환을 해야 한다고 하였다.

이 두 조문은 형태는 동일하지만, 서로 다르게 해석될 필요가 있다. 제한능력자의 경우에는 자신에게 이익이 된 물건을 설령 반환청구를 받은 당시에 가지고 있지 않더라도 그것으로 인하여 얻은 이익이 무형 또는 이형으로 남아있다면 응당 반환하여야 할 것이지만, 그럼에도 불구하고 특별히 반환 시점에 잔존해있는 이익만을 반환[39]하게 된다. 그러므로 가령 금전의

---

36) "악의의 수익자는 그 받은 이익에 이자를 붙여 반환해야 한다. 이 경우에 또한 손해가 있으면 그 배상의 책임을 진다(悪意の受益者は、その受けた利益に利息を付して返還しなければならない。この場合において、なお損害があるときは、その賠償の責任を負う)."

37) 박세민(주 21), 478.

38) 이상의 내용은, 박세민(주 21), 480.

39) 일본민법 제121조의2 제3항은 제한능력자의 반환범위에 관하여 "현재 이익을 받은 한도에서(現に利益を受けている限度において)"로 규정하고 있어, 다른 조문과 비교할 때 이와 같은 취지가 잘 드러난다고 할 수 있다.

경우에 소비하여 그것으로 인하여 얻은 이익이 남아있지 않은 경우에는 현존하지 않는 것이 된다. 반면에 실종선고의 경우에는 반환의무자를 특별히 보호해야 할 이유가 없고, 오히려 생존해있음에도 사망으로 의제되었던 자의 재산상의 권리가 가능한 한 완전하게 복구되는 것에 중점을 두어야 할 것이므로, 이 경우는 통상의 부당이득과 달리 취급할 이유도 전혀 없다. 일단 받은 이익은 직접 또는 간접으로 남아있는 것이어서 소비한 것의 가치도 반환되어야 하며, 설령 유희나 쾌락을 위하여 지출한 경우에도 자신의 고유한 재산이 남아있는 것이므로 그 가치만큼을 반환해야 할 것이다. 결국 반환 당시까지 수익한 상태에 있는 일체의 이익은 유·무형을 묻지 않고 반환하는 것으로 해석되어야 한다.

이 대조적인 해석론에 참고가 될 수 있는 것으로 부탁 없는 보증인의 구상권에 관한 민법 제444조를 들 수 있는데, 여기에서는 두 가지 기준을 명확하게 구별하여 규정하고 있다. 우선 부탁 없는 보증인이 주채무를 소멸한 경우에 주채무자의 배상범위는 배상하는 "그 당시에 이익을 받은 한도에서"(제1항)라고 하여, 채무소멸을 포함하여 일체의 받은 이익이 고려되어야 한다. 반면에 주채무자의 의사에 반하여 보증인이 된 자의 경우에는 주채무자는 단지 "현존이익의 한도에서"만 배상(제2항)을 하면 되기에, 이때에는 배상 당시의 잔존이익만 고려될 뿐이기 때문이다.

요컨대, 제한능력자의 경우는 반환 당시에 남아있는 이익의 한도에서 반환하는 것으로 이해되어야 하는 반면, 실종선고가 취소되는 경우를 포함하는 통상의 부당이득반환에 있어서 선의의 수익자는 소비한 것을 포함하여 수익자 자신이 향유한 모든 이익을 고려하여 반환범위를 정해야 한다. 제748조 제1항의 현존하는 "받은 이익"도 같은 차원에서 받은 이익에 실제로 향유한 이익까지 모두 포함하는 것으로 이해되어야 할 것이다.

이에 비하여 같은 문구를 사용한다고 하더라도 제748조 제2항의 "받은 이익"은 수익자의 재산상황의 변동상황과는 아무런 관계가 없을 것이기에, 기본적으로 수령할 당시에 받은 이익을 의미할 것이며, 代償物과 같은 가치적 변형물도 여기에 포함될 것이다. 그리고 果實은 元物의 일부가 아니고 수취할 권리자에게 속하는데(제102조), 독일민법 제818조 제1항이 규정하는 것처럼 "수취한 수익(die gezogenen Nutzung)"과 "수령자가 취득한 권리에 기하여 얻은 것(dasjenige, was der Empfänger auf Grund eines erlangten Rechts […] erwirbt)"을 반환한다는 규정이 없더라도, 부당이득으로서 원물 또는 수취한 권리를 반환하는 이상 반환의무자에게 과실을 수취할 권리가 인정될 수는 없을 것이다. 다만 민법 제201조 제1항과의 관계[40]를 어떻게 정할 것인지의 문제는 남아있다.

40) 후술하기로 한다.

2. 선의 수익자의 이득 소멸 항변

(1) 이득소멸 항변의 의의

일본민법과의 규정방식을 비교해보면 우리 입법자에게는 현존이익의 반환을 부당이득법의 징표로 두고자 하는 의사는 존재하지 않았음을 알 수 있다. 마찬가지로 수익을 그대로 반환하는 것을 원칙적인 모습으로 해야 한다는 의사 같은 것도 가지지 않았으리라 여겨진다. 단순히 서로 연관되는 표징으로써 하나의 조문으로 연결하여 법적용의 편의를 도모한 것이 아닌가 추측될 뿐이다.[41]

독일민법상 선의의 이득자에게 반환범위를 제한하는 것에 관한 논의는, 19세기의 보통법상의 통설의 이론에 따라 선의의 이득자가 이득의 반환으로 불이익을 입지 않는 한도 내에서만 이득의 반환을 청구하는 것이 형평의 원리에 부합한다는 이유[42]에서였다고 한다. 실상 독일민법학의 영향을 받은 일본민법이 제정될 당시[43]에도, 이익의 현존 여하에 반환범위가 결정되는 것이 과연 부당이득의 보편적인 원리인지, 천재지변과 같은 자연력에 의하여 이익이 소멸되면 반환할 필요가 없다는 것이 왜 유독 부당이득법에서만 등장하는지와 같은 의문이 제기되기도 하였다. 심지어 금전과 같은 경우에는 이익이 소멸한다는 것을 상정하기 어렵다는 생각에 유용성에서도 의구심을 낳았다고 한다.

보통법학 시대의 통설에 해당하는 공평설은 로마법상의 규율에 대한 추종에서 비롯되었다[44]고 한다. 그런데 간혹 부당이득법의 징표로 여겨지기도 하는 이 현존이득 한도에서의 반환의 법리는 로마법에서도 부당이득반환소송의 중심이 되는 제도는 아니었던 것으로 보인다.

고대 로마법에서는 이익조정에 관하여 단편적으로만 규율하였기에, 법률효과적 측면에서 포괄적으로 책임을 완화하는 것과 같은 것은 필요하지 않았다.[45] 다만 로마법에서는 부당이득반환소권(condictio)으로 구제되지 않는 다수의 사례에서 법정관법상의 부당이득반환소권이 부여되었는데,[46] 가령 후견인의 조성(auctoritas tutoris) 없이 피후견인이 계약을 체결한 경우 피후견인은 *quanto locupletior factus est*, 즉 이익이 있는 한도에서 반환할 수 있었고, 또한 상속재산을 처분한 선의의 유산점유자에 대한 상속회복청구의 소(hereditas petitio)나 고의로 타인사무를 자기 사무로 처리한 사무관리자의 청구에 대해서도 이와 같은 법리가 적용되었다. 따라서 우리 민법의 제한능력자의 반환범위(제141조)나 본인의 의사에 반하는 사무관리에서 비용

41) 유사한 규정방식이 점유자·회복자의 관계에 관한 제201조에서도 나타난다. 후술하기로 한다.

42) 梁彰洙(주 2), 532-533.

43) 박세민(주 21), 479.

44) 梁彰洙(주 2), 530.

45) Schärfer, Historisch-kritischer Kommentar zum BGB BandⅢ Schuldrecht:Besonderer Teil 2013, §§ 812-822, Rn.172.

46) Kaser, Das Römische Privatrecht, 1.Abschnitt 1971, S.600.

상환의 범위(제739조 제3항)에 관한 규정은 비교적 원형을 유지하며 계승된 형태라고 할 수 있다. 그리고 이와 같은 소권 부여의 기저에는 일정한 지위에 있는 자에 대한 특별한 保護의 목적이 있음을 추론해볼 수 있다.

한편 잔존한 이득을 한도로 하여 반환하는 또 다른 유형이 있다. 로마법상 일정한 징벌소송(Strafklage)에서 제소기간이 도과하였거나, 또는 책임의 상속이 제한되어 불법행위자의 상속인에게 더 이상 행위책임을 추궁할 수 없는 경우[47]이다. 이때에는 그 가벌적 성격은 소멸하였더라도 이익의 조정은 필요한 것이어서, 법정관은 *in id quod ad eum pervenit*, 즉 받은 것이 있는 한도에서 재산적 손해의 조정을 요구할 권리를 부여하였다.

두 유형을 비교해보면, 후자의 경우에 있어서는 전자의 예처럼 수익자에 대한 특별한 보호의 필요성을 염두에 두고 책임을 감축시킨 것이라고 보기 어렵다. 오히려 각각의 사안에 적합한 규범을 정상적으로 적용하였으나 그럼에도 불구하고 잔존한 수익이, 보편적인 공평의 원칙에 비추어볼 때 정당하지 못한 것으로 평가되기에 그대로 수익하는 상태를 용인할 수 없다는 취지에서 인정된 소권이라 여겨진다. 여기에서는 잔존하는 이득의 掃去가 규범의 일차적 목적이 아닐까 여겨진다.

이들 법정관법상의 소권들은 구체적인 사안에 따라 소권 부여의 필요성을 개별적으로 판단하여 결정하는 것이고, 그 취지를 살펴보더라도 현행 민법상의 이득반환의 범위를 감축할 수 있게 하는 일반적인 법리로서의 '수익자의 선의'라고 하는 표징의 직접적인 유래로 삼기 어려운 측면이 있다. 또한 이후에 이익소멸의 법리를 확장하고자 시도하였던 중세 스콜라법학에서의 윤리적 계명[48]과 같은 것도 더 이상 이론의 근거가 될 수 없다. 그렇다면, 예컨대 우리 현행법상 제한능력자의 반환범위를 한정하는 예처럼 별도의 고려가 필요한 경우를 제외하더라도, 부당이득법상의 책임 감축을 위한 일반 법리로서의 수익자의 선의가 의미하는 바와 그 정당성의 근거가 검토되어야 할 것이다.

(2) 선의인 수익자의 신뢰 보호

선의 수익자의 책임이 감축되는 제748조 제1항의 취지는 선의인 수익자의 신뢰보호에 있다고 보는 것[49]이 일반적이다. 즉 자신의 재산취득을 유효한 것으로 믿고 행동한 자를 보호하기 위한 것으로 이해되고 있다. 앞서 살펴본 로마법상 선의의 유산점유자에 대한 상속회복청구의 소에 대하여 면책의 가능성을 두고 있는 것과 유사한 맥락이라고 할 수 있다.

물론 부당이득법에서 이와 같은 선의의 수익자에 대한 보호라는 이념이 일관되게 유지되고 있다고 하기 어려운 예외적인 사안도 있다. 대법원[50]은 배당이의의 기회가 있었음에도 하

47) Kaser(주 46), S.600.

48) Schärfer(주 45), §§ 812-822, Rn.173의 "Bereichere Dich nicht."

49) 梁彰洙(주 2), 581; 최우진(주 17), 332.

50) 대법원 2019. 7. 18. 선고 2014다206983 전원합의체 판결.

지 않은 일반채권자가 배당을 받은 채권자를 상대로 부당이득반환을 청구할 수 있는지 여부와 관련하여 청구를 인정하였다. 이 경우는 실제로 이득반환청구를 하지 않을 것이라는 신뢰가 생긴 사안이라고 하기에 충분하지만, 다수의견은 배당이의제도의 미비를 이유로 들어 부당이득반환청구를 인정한 것이다.

수익자의 선의의 개념과 관련하여, 판례는 "부당이득의 수익자가 선의이냐 악의이냐 하는 문제는 오로지 법률상 원인 없는 이득임을 알았는지의 여부에 따라 결정되는 것"[51]이라고 하면서도, 수익자의 악의라는 것이 "민법 제749조 제2항에서 악의로 의제하는 경우 등은 별론으로 하고", "그 이익의 보유를 법률상 원인이 없는 것이 되도록 하는 사정, 즉 부당이득반환의무의 발생요건에 해당하는 사실이 있음을 인식하는 것만으로는 부족하다"[52]고 한다.

독일민법이 악의의 수익자의 책임을 가중(독일민법 제819조)하고 있는 근거는, 보호되어야 할 신뢰가 결여되어 있다는 점에서 찾고 있다.[53] 그러므로 일단 수익자의 악의라는 것은 한편으로는 단순히 법적 원인 부재가 기초한 사실관계를 알고 있는 것만으로 충분하지 않으며, 취득한 것을 보유할 수 없다는 규범적 평가까지도 이루어진 것[54]으로 이해한다. 즉 법률상 원인의 야기하는 사정뿐 아니라 그 법적 효과도 의식하고 있는 것[55]을 의미한다. 그러므로 이 점에 있어서는 독일의 해석론과 우리 판례의 입장에 큰 차이는 없는 것으로 보인다.

그렇지만 독일민법에서는 이처럼 수익자의 선악에 따라서 반환범위에 차별을 두는 근거를 신뢰보호 가능성에 두는 이상 그와 같은 악의의 개념은 법에 능숙한 사람만이 악의일 수 있을 정도로 수준이 높게 설정되어서도 안 된다는 점[56]도 도출될 수 있다고 한다. 따라서 우리 판례의 태도처럼 부당이득반환이라는 효과까지 인식할 것을 요구하는 것에 그친다면, 수익자가 법적 효과를 제대로 확인하지 않거나 부정확하게 인식한 경우에는 가중된 책임에서 벗어나고 나아가 이익소멸까지도 주장할 수 있다고 할지 모른다는 지적[57]도 쉽게 수긍할 수 있을 것이다.

이와 같은 문제와 관련하여, 독일에서는 부당이득을 보유할 수 없다는 분별이 있음에도 불구하고 최소한의 평가적 숙고도 하지 않은 채 진정한 사실관계나 법률관계를 외면하는 경우에는 책임을 가중하여야 한다는 것처럼 고의의 정도를 완화[58]시키려는 시도가 있다고 한다.

51) 대법원 1993. 2. 26. 선고 92다48635, 48642 판결.
52) 대법원 2018. 4. 12. 선고 2017다229536 판결.
53) Schwab, Münchener Kommentar Bürgerlichers Gesetzbuch Schuldrecht Besonderer Teil 7.Auflage, 2017, § 819, Rn.2.
54) Schwab, Münchener Kommentar BGB, § 819, Rn.2.
55) 梁彰洙(주 2), 591.
56) Schwab, Münchener Kommentar BGB, § 819, Rn.2.
57) 최우진(주 17), 330.
58) 최우진(주 17), 338.

더욱이 과책 없는 선의를 요구하는 스위스민법상의 일반적인 선의 개념을 고려하면서, 스위스에서는 부당이득반환[59]에서도 악의성 판단에 과실 여부가 고려되고 있다[60]고도 한다.

다수의 판결에서 실질적 이익 개념 내지 실질적으로 지배가능한 이익이 없어 부당이득반환이 부정된다고 한 것도 이 신뢰성의 존부와 연관지어볼 수 있을 것이다. 보호가치가 있는 신뢰가 존재하는 것으로 인정되기 위해서는, 이익의 수령자가 그 수령 및 수익의 유효성은 물론이고, 자신의 행위가 개입하든 외부의 힘이 작용한 것이든, 이익의 소멸이 진행되는 과정의 정당성에 관해서도 신뢰를 가지고 있었어야 할 것이다. 즉 이익 수령부터 반환시까지의 전과정의 유효성에 대한 정당한 신뢰가 존재하는 경우에만 그와 같은 신뢰가 보호되어야 한다. 따라서 그와 같은 신뢰의 보호가치성이 인정되지 않는다면 이익소멸의 항변이 받아들여져서는 안되며, 제748조 제2항의 악의의 수익자에 준하여 처리되어야 한다.

앞서 언급한 토지소유자의 대리인을 사칭하는 무권대리인이 소유자의 계좌로 매매대금을 송금받아 송금 당일 인출한 경우[61]에서도, 무권대리인이 토지소유자로부터 통장과 도장을 교부받아 소지하고 있는 이상, 토지소유자로서는 적어도 은행의 본인명의의 계좌를 통한 금원의 흐름이 자신의 의사에 좇아 적법하게 이루어질 것이라는 신뢰가 있지 않았을까 여겨진다.[62] 따라서 그에게 이익소멸의 항변이 인정될 여지가 있다. 그것이 정당성을 결여한 자금보관 및 은닉의 수단으로 이용된다는 것을 인식하였거나 인식할 수 있었다면 그와 같은 신뢰는 인정될 수 없으며, 보호의 가치도 긍정할 수 없어 이익소멸의 주장은 제한되어야 할 것이다.

마찬가지로 금전편취자가 퇴직금 중간정산금의 명목으로 그 보관을 부탁하여 처의 계좌에 송금한 경우라면 계좌의 명의인은 단기간이지만 수익을 한 사실이 있으며 그 수익에 관한 사실상의 지배력도 가지고 있었다고 해야 한다. 그렇지만 이 경우에도 수익 자체의 정당성 내지 적법성, 그리고 처분의 유효성에 대한 신뢰가 존재한 것으로 인정될 수 있기에 이익소멸의 항변으로 해결될 수 있는 사안이라고 생각된다.

(3) 점유자의 과실취득과의 관계

제748조의 이익반환범위에 관한 규정은, 점유자 · 회복자관계에서의 선의의 점유자의 과실

59) 스위스채무법 제64조 “Die Rückerstattung kann insoweit nicht gefordert werden, als der Empfänger nachweisbar zur Zeit der Rückforderung nicht mehr bereichert ist, <u>es sei denn, dass er sich der Bereicherung entäusserte und hiebei nicht in gutem Glauben war oder doch mit der Rückerstattung rechnen musste.</u>“

60) 최우진(주 17), 339-340.

61) 대법원 2011. 9. 8. 선고 2010다37325 판결.

62) 김수정, “무권대리인이 수령한 급여에 대해 본인을 상대방으로 한 부당이득반환청구 —대법원 2017. 6. 29. 선고 2017다213838 판결—” 法曹 통권727호(2018. 2), 714에서는 상대방이 무권대리인의 본인에게 급부한 것으로 인식한 이상 본인이 반환의무를 부담하지만, 이 경우에도 사정에 따라 이익소멸의 항변을 할 수 있다고 한다. 이익소멸의 항변이 인정될 사안이 아니며, 쌍방 기이행된 쌍무계약의 청산 사안으로 이해되어야 한다는 견해로, 이상훈(주 3), 33.

수취권 및 악의의 점유자의 과실반환의무에 관한 규정은 자주 비교되곤 한다. 판례[63]는 제201조 제1항은 제748조의 제1항의 특칙이라고 보는 반면, 제201조 제2항은 제748조 제2항과 특칙관계에 있지 않다는 입장이다. 따라서 소유물반환관계를 전제로 한다면, 선의의 점유자는 원물은 반환하더라도 과실 및 그것에 상당하는 가액은 현존 여부를 불문하고 전혀 반환할 필요가 없으며, 사용이익에 상응하는 가액도 반환할 필요가 없다. 반면에 악의의 점유자는 제201조 제2항에 의하여 과실과 관련된 일체의 이익을 반환 내지 보상해야 하며, 사용이익에 관해서도 그에 상응하는 가치를 반환할 의무가 있으며, 그 구체적인 범위는 제748조에 의하여 정해진다.

판례에 의하면, 제201조 제1항의 과실취득권이 있는 자는 과실수취권을 포함하는 본권이 있다고 잘못 믿은 자이고, 그와 같은 권원이 있다고 오신할만한 근거가 있을 것[64]도 함께 요구한다. 따라서 과실수취권이 없다고 적극적으로 인식하고 있는 경우는 물론이고, 그런 권원이 존재하는 것으로 오신한 데에 정당한 이유가 없으면 제201조 제2항에 의하여 과실과 관련된 일체의 반환 내지 보상의무를 부담하는 것이다.

현실적으로 수확, 보관의 수고로움이 요구되는 천연과실[65]의 특성을 생각해보면 모든 과실이 언제나 부당이득법에서 가리키는 이익에 해당한다고 단정하기 어렵지만, 일단 법정과실까지 포함하여 통상적으로 이익의 일종이라고 전제한다면, 그 보유 가능성 내지 반환 가능성 여부는 응당 부당이득법에서의 법률상 원인의 존부의 심사를 받아야 한다. 다만 제201조 제1항이 존재하는 이상, 그것은 소유물반환관계를 전제로 하여 선의의 점유자에게 과실의 귀속을 인정한다는 것이며, 그에 해당하지 않는다면 당연히 부당이득반환의 대상이 될 수 있을 것이다.

이처럼 제201조의 제1항과 제2항을 구분하는 해석론은 일본민법 규정을 통하여 참고를 얻을 수 있는데, 일본민법에는 우리 민법 제201조의 각항의 내용이 별개의 조문으로 분리되어 제189조와 제190조를 구성한다. 이 점은 일본민법의 입법자들은 선의의 점유자의 과실취득권과 악의의 점유자의 과실반환 내지 보상의무를 전혀 별개의 제도로 이해하고 있었음을 추정할 수 있게 하는 것이다. 즉 전자는 과실에 관한 귀속의 소재를 정하는 것이라면, 후자는 원물의 형태이든 가액의 형태이든 일체의 이익을 원래 귀속되어야 할 자에게 반환한다는 관념, 즉 부당이득반환의 모습인 것이다. 결과적으로 선의의 점유자의 과실취득권에 관한 규정이 부당이

63) 대법원 1976. 7. 27. 선고 76다661 판결; 대법원 2003. 11. 14. 선고 2001다61869 판결.

64) 대법원 2000. 3. 10. 선고 99다63350 판결 등.

65) 우리의 점유자·회복자관계는 일본민법 규정과 상당히 유사한데, 일본민법의 입법자들은 선의의 점유자가 취득하는 과실은 원래 천연과실에만 한정하고, 법정과실은 물건이 아닌 임대차나 소비대차와 같은 법률관계에서 발생하므로, 재산권의 행사에 관한 준점유를 통하여 해결하려는 구상을 가지고 있었다고 한다. 박세민, "일본메이지민법(물권편:점유권)의 입법이유", 民事法學 제60호(2012. 9), 420.

득법의 적용을 배제하는 특칙이지만, 악의의 점유자의 의무에 관한 규정은 부당이득법 규정들을 배척하지 않는다는 우리 판례의 태도도 충분히 수긍할 수 있을 것이다.

점유자가 자신의 권원에 관하여 오신을 하였지만 그것에 정당한 이유가 없다면 제201조 제1항의 적용을 받을 수 없어 제2항의 악의의 점유자로 취급될 것이다. 따라서 수취한 과실이 原物의 상태를 유지하면 원물 그대로, 소비하였으면 받은 이익의 가치만큼 가액으로 배상할 것이며, 이것은 부당이득반환의 모습이다. 그렇지만 과실로 인하여 훼손한 경우 또는 수취하지 못한 경우[66]에는 실제로 수익한 것이 없어[67] 결코 부당이득반환의 대상은 아니므로 제748조의 적용대상이 아니다.

결국 제201조 제1항과 제748조 제1항, 그리고 제201조 제2항과 제748조 제2항을 각각 일대일로 대응시키는 것을 적절하지 않다고 할 수 있다. 제201조 제1항의 적용에서 배제된 점유자는 제201조 제2항에 따라 부당이득반환의무 또는 손실보상의무를 부담할 것이며, 만일 부당이득반환이 문제된다면 그 한도에서는 사안에 따라 제748조 제1항 또는 제2항의 적용을 받게 된다. 선의의 수익자의 요건을 충족하게 된다면 수익자의 기준에서 보아 그가 받은 이익은 소비 여부를 불문하고 모두 반환하게 될 것이고, 악의의 수익자의 요건을 갖추고 있고 이와 더불어 가액반환이 문제되는 경우에는 이자를 부가하게 될 것이다.

Ⅳ. 결 론

부당이득법의 개념들은 매우 추상적이고 불명확하며 다양한 해석의 여지를 남긴다. 이 글에서는 부당이득법의 이익 개념과 관련하여, 문제될 수 있는 몇 가지 영역을 들어 간단하게 고찰하면서 간략하나마 그 구체화를 시도해보았다.

우리 부당이득법은 규율 내용이 상세하지 않을 뿐만 아니라 규정상의 용어도 그리 명료하지 않은 상태로 존재한다. 가령 제748조 각항의 중심 개념이라고 할 수 있는 "받은 이익"의 의미라든지, 또는 민법의 여러 곳에서 발견되는 "현존이익"의 의미에 관한 해석에서도 알 수

---

66) 일본민법 제190조는 다음과 같이 규정되어 있다. "악의의 점유자는, 과실을 반환하고, 동시에 이미 소비하거나, 과실로 손상시키거나, 또는 수취를 게을리한 과실의 대가를 상환할 의무를 진다(悪意の占有者は、果実を返還し、かつ、既に消費し、過失によって損傷し、又は収取を怠った果実の代価を償還する義務を負う)." 우리 민법 제201조 제2항이 "악의의 점유자는 수취한 과실을 반환하여야 하며 소비하였거나 과실로 인하여 훼손 또는 수취하지 못한 경우에는 그 과실의 대가를 보상하여야 한다"고 규정하고 있는데, 양자는 미세하지만 약간의 차이가 있다. 즉 ① 수취한 原物 상태의 과실 ② 소비한 과실 ③ 過失로 손상 또는 훼손시킨 果實에서는 별로 차이가 없지만, 일본규정상 수취를 게을리 하여 수취하지 못한 과실을 규정하고 있는 것에 반해, 우리 법은 마치 過失로 인하여 수취하지 못한 果實의 대가만을 보상할 수 있는 것처럼 읽히기도 한다. 일본민법을 잘못 해석한 결과가 아닐까 추측된다.

67) 梁彰洙(주 2), 558; 안병하(주 17), 260.

있듯이, 가리키는 방향이 서로 다른 것을 하나의 언어로 중첩시켜버린 예도 발견할 수 있었다. 많은 경우 판례를 통해 도입되는 새로운 법리가 흠결을 보충하고자 시도하지만, 그것 또한 상당히 모호한 측면이 있어 여러 가지 문제점을 야기한다. 또한 법을 적용하는 입장에서도 각 규정에 대한 이해가 충분하지 않기에, 명백히 부당이득법이 적용될 수 있는 사안임에도 불구하고 도외시되는 예가 빈번하다.

이득 개념 자체를 법률에 명문화하는 것에는 여러모로 고려해야 할 점이 많겠으나, 지금과 같은 규정을 지극히 추상적인 형태로 남겨두는 것은 부당이득법의 불명확성을 심화시켜 갈 뿐이다. 이를테면 반환범위를 설정할 수 있는 몇 가지 주요한 기준들을 구체적으로 규정에 나열해주는 것처럼 규범을 충실하게 보충해가는 방식으로 입법을 해간다면 규범의 실용성과 효용성도 높여갈 수 있으리라 생각된다.

또한 이익의 개념과 관련해서는, 반환의 대상의 식별에 용이한 구체적 대상설을 기초로 하는 것이 바람직하다. 다만 구체적인 이익반환범위를 정함에 있어서 보호가치가 있는 신뢰를 가지게 된 수령자 개인의 주관적인 사정이 제대로 반영될 수 있도록 이익소멸의 항변의 세부요건을 잘 정비해가는 것이 필요하리라 생각된다.

프랑스민법상 위약금

박 수 곤*

Ⅰ. 들어가며

우리 민법에서는 채무불이행의 경우에 채무자가 채권자에게 지급할 것을 약속한 금전을 위약금이라고 이해함이 일반적이다. 다만, 민법 제398조 제5항에서는 당사자가 금전이 아닌 것으로 손해배상에 충당할 것을 예정한 경우에도 위약금에 관한 규정이 준용되는 것으로 규정하고 있다. 그리고 위약금은 그 목적에 따라 계약상대방의 계약위반에 대한 제재로서의 위약벌, 채무불이행에 대비한 손해배상액의 예정, 그리고 위약벌과 손해배상액의 예정의 양자의 성질을 모두 갖는 경우로 나눌 수 있다고 이해함이 일반적이다. 그러나 당사자의 의사표시의 내용이 어떠한 성질의 위약금을 약정한 것인지 분명하지 아니한 경우에는 손해배상액의 예정으로 추정된다(민법 제398조 제4항).[1] 한편, 위약금의 약정이 손해배상액의 예정이 아니라는 것 또는 위약벌이라는 것은, 그것을 주장하는 자가 적극적으로 입증하여야 한다.[2] 아무튼, 위약금이 위약벌로서 성질결정이 될 경우에는 채무자의 채무불이행이 있을 경우 위약금 이외에도 채무불이행으로 인한 실손해의 배상을 별도로 청구할 수 있는 것으로 이해됨이 일반적이다. 다만, 위약벌으로서의 위약금이 부당히 과다한 경우에는 손해배상액의 예정과는 달리 이를 법원

* 경희대학교 법학전문대학원 교수.

1) 대법원 2016. 7. 14. 선고 2012다65973 판결에서도 "위약금은 민법 제398조 제4항에 의하여 손해배상액의 예정으로 추정되므로, 위약금이 위약벌로 해석되기 위해서는 특별한 사정이 주장·증명되어야 하며, 계약을 체결할 당시 위약금과 관련하여 사용하고 있는 명칭이나 문구뿐만 아니라 계약 당사자의 경제적 지위, 계약 체결의 경위와 내용, 위약금 약정을 하게 된 경위와 교섭과정, 당사자가 위약금을 약정한 주된 목적, 위약금을 통해 이행을 담보하려는 의무의 성격, 채무불이행이 발생한 경우에 위약금 이외에 별도로 손해배상을 청구할 수 있는지 여부, 위약금액의 규모나 전체 채무액에 대한 위약금액의 비율, 채무불이행으로 인하여 발생할 것으로 예상되는 손해액의 크기, 당시의 거래관행 등 여러 사정을 종합적으로 고려하여 위약금의 법적 성질을 합리적으로 판단하여야 한다."라고 판시하고 있다.

2) 대법원 2001. 1. 19. 선고 2000다42632 판결에서도 "도급계약서 및 그 계약내용에 편입된 약관에 수급인의 귀책사유로 인하여 계약이 해제된 경우에는 계약보증금이 도급인에게 귀속한다는 조항이 있을 때 이 계약보증금이 손해배상액의 예정인지 위약벌인지는 도급계약서 및 위 약관 등을 종합하여 구체적 사건에서 개별적으로 결정할 의사해석의 문제이고, 위약금은 민법 제398조 제4항에 의하여 손해배상액의 예정으로 추정되므로, 위약금이 위약벌로 해석되기 위하여는 특별한 사정이 주장·입증되어야 한다."라고 판시하고 있다.

이 감액할 수 없으나 공서에 반함을 이유로 일부 또는 전부무효로 다룰 가능성은 남아 있다고 설명되기도 한다.[3] 요컨대, 우리 법에서의 위약금은 채무불이행에 대한 제재수단으로서의 위약벌과 채무불이행으로 인한 손해배상을 대체하기 위한 수단으로서의 손해배상액의 예정이라는 이원적 구조를 가진다고 설명할 수 있다.[4]

반면, 프랑스민법에서는 위약금제도와 관련하여 이를 우리 민법에서의 태도와는 달리 위약벌과 손해배상액의 예정을 구별하지 않는다. 즉, 위약금에 관한 약정을 통하여 실질에 있어서는 비록 우리 식의 위약벌에 준하는 효과를 거두게 하는 것이 가능할 수는 있을지라도, 형식적인 측면에서는 우리 식의 손해배상액의 예정과 위약벌이라는 것이 위약금약정이라는 하나의 수단을 통하여 활용되고 있다는 것이다. 따라서 이러한 이유로 인하여 프랑스민법에서의 위약금제도에서는 채무불이행에 대한 제재적 기능을 발견하기가 쉽지 않다. 그러므로 프랑스에서의 위약금은 오히려 우리 식의 손해배상액의 예정과 유사한 면이 많다고 평가할 수 있을 것이다. 그러나 그렇다고 하여 우리 식의 손해배상액의 예정과 비교하여 그 내용면에서 동일하다고 평가할 것도 아니다. 이에 비교법적인 자료제공의 측면에서도 프랑스에서의 위약금제도에 대한 고찰의 필요성은 대두된다고 할 것이다. 다만, 그 논의의 순서에 있어서는 위약금약정의 구체적인 내용고찰에 앞서 위약금약정의 의의와 특징을 둘러 싼 프랑스에서의 이해의 태도를 우선적으로 검토할 필요가 있을 것이며, 위약금제도의 내용과 관련하여서 특히 법원에 의한 증감가능성에 관한 부분도 비중을 두어 검토하고자 한다.

---

3) 대법원 2016. 1. 28. 선고 2015다239324 판결에서도 "위약벌의 약정은 채무의 이행을 확보하기 위하여 정하는 것으로서 손해배상의 예정과 다르므로 손해배상의 예정에 관한 민법 제398조 제2항을 유추 적용하여 그 액을 감액할 수 없고, 다만 의무의 강제로 얻는 채권자의 이익에 비하여 약정된 벌이 과도하게 무거울 때에는 일부 또는 전부가 공서양속에 반하여 무효로 된다. 그런데 당사자가 약정한 위약벌의 액수가 과다하다는 이유로 법원이 계약의 구체적 내용에 개입하여 약정의 전부 또는 일부를 무효로 하는 것은, 사적 자치의 원칙에 대한 중대한 제약이 될 수 있고, 스스로가 한 약정을 이행하지 않겠다며 계약의 구속력에서 이탈하고자 하는 당사자를 보호하는 결과가 될 수 있으므로, 가급적 자제하여야 한다. 이러한 견지에서, 위약벌 약정이 공서양속에 반하는지를 판단할 때에는, 당사자 일방이 독점적 지위 내지 우월한 지위를 이용하여 체결한 것인지 등 당사자의 지위, 계약의 체결 경위와 내용, 위약벌 약정을 하게 된 동기와 경위, 계약 위반 과정 등을 고려하는 등 신중을 기하여야 하고, 단순히 위약벌 액수가 많다는 이유만으로 섣불리 무효라고 판단할 일은 아니다."라고 판시하고 있다. 대법원 2015. 12. 10. 선고 2014다14511 판결; 대법원 2017. 11. 29. 선고 2016다259769 판결 등도 참조할 것.

4) 다만, 판례상으로는 위약금약정이 손해배상액의 예정과 위약벌의 성질을 함께 가질 수 있음을 부인하지 않는다. 이에 대해서는, 대법원 2013. 4. 11. 선고 2011다112032 판결 참조.

Ⅱ. 위약금약정의 의의와 특성

1. 의 의

(1) 개념 정의

2016년에 프랑스채권법이 개정되기 이전에는 동법 제1226조에서 "위약금약정은 합의의 이행을 담보하기 위하여 채무불이행시에 무엇을 할 것을 의무부담하는 약정이다."라고 규정하고 있었다. 즉, 프랑스법에서도 '위약금약정'(clause pénale)의 의의와 관련하여 이를 채무불이행 또는 이행지체시 채무자가 지급하여야 할 손해배상금을 계약당사자가 미리 예정해 둔 약정을 말한다고 이해함이 일반적이다.[5] 예컨대, 도급계약에서 수급인이 약정한 기일 내에 공사를 완성하지 못한 경우라든가, 공연계약이나 리스계약에서 이행기 또는 변제기를 어기는 경우를 대비하여 지체상금을 지급하기로 한 경우를 예로 들 수 있다. 그리고 프랑스법원에서는 교수계약의 해소시 수강료를 반환하기로 하였다면, 그와 같은 약정도 위약금약정에 해당한다고 판시하기도 한다.[6] 반면, 이미 발생한 손해에 관한 약정으로서 향후 확정해야 할 손해배상금에 대한 선급금의 명목으로 일정액을 지급하기로 하였다 하더라도 그와 같은 약정은 위약금약정이 아니라고 한다.[7] 따라서 개념정의의 면에서 '위약금약정'은 우리 법에서의 손해배상액의 예정과 크게 다르지 않다고 평가할 수 있다.

한편, 2016년의 개정 이전 프랑스민법에서는 제1152조[8]에서 이와 같은 손해배상액의 예정의 유효성을 인정하는 한편, 동법 제1226조 내지 제1233조[9]에서 특별규정을 두어 위약금약

5) F. Terré, Ph. Simler, Y. Lequette et F. Chénedé, *Droit civil, Les obligations*, 12e éd., Dalloz, 2018, n° 887.

6) Cass. civ. 1re, 10 oct. 1995, *Bull. civ.* I, n° 347. 사안에서는 프랑스 파기원이 "위약금약정이란 당사자가 사전에 채무의 불이행시에 지급하기로 약정한 것으로서 손해배상액을 총액으로 평가한 것을 말한다."라고 판시하였다.

7) Cass. com., 5 avril 1994, *J.C.P.*, 1995, Ⅱ, 22384.

8) 2016년 개정 이전의 프랑스민법 제1152조에서는 "① 합의의 내용에 그 이행을 결여하는 자는 손해배상금으로 일정한 금액을 지급하기로 한 사항이 포함된 경우, 그는 그 금액보다 많거나 적은 금액을 타방에게 지급할 수 없다. ② 다만, 약정된 금액이 현저히 과다하거나 과소한 경우, 법원은 직권으로 그 약정된 금액을 감액하거나 증액할 수 있다. 이에 반하는 모든 약정은 '쓰이지 않은 것'(무효)로 한다."라고 규정하고 있었다.

9) 2016년 개정 이전의 프랑스민법 제1227조에서는 "① 주된 채무의 무효는 위약금약정의 무효를 초래한다. ② 위약금약정의 무효는 주된 채무의 무효를 초래하지 않는다."라고 규정하였으며, 제1228조에서는 "채권자는 이행지체에 빠진 채무자에 대하여 약정한 위약금을 청구하는 대신에 주된 채무의 이행을 청구할 수 있다."라고 규정하였다. 제1229조에서는 "① 위약금(약정)은 주된 채무의 불이행으로 인하여 채권자가 입게 될 손해에 대한 '전보적 보상'(compensation)이다. ② 채권자는 주된 채무의 이행과 위약금을 동시에 청구할 수는 없으나, 단순한 지체상금에 대한 약정이 있는 경우에는 그러하지 아니하다."라고 규정하였으며, 제1230조에서는 "원래의 채무에서 그것이 이행되어야 할 기한을 포함하고 있는지의 여부를 불문하고, 위약금은 인도의무, 수령의무 또는 작위의무를 부담하는 자가 지체에 빠진 경우에만 이를 청구할 수 있다."라고 규정하였다. 제1231조에서는

정에 대해 규율하고 있었으나, 개정 프랑스민법에서는 제1231-5조[10]에서 이를 규정하고 있다.[11] 다만, 위약금약정이 언제나 허용되는 것은 아니며, 예컨대 프랑스노동법 제L.1331-2조에서는 근로계약의 위반을 이유로 한 위약금(amende) 또는 금전적 제재를 금지하면서, 이에 반하는 모든 약정은 쓰이지 않은 것(즉, 무효)으로 간주하고 있다. 그리고 엄격한 위약금약정으로부터 계약당사자 중 일방을 보호할 필요가 있는 영역으로서 특히 건축이나 소비금융의 분야에서는 예정 손해배상액의 최고액을 제한하는 규정을 도입하기도 하였다.[12]

(2) 간접강제제도(이행강제금 : astreinte)와의 구별

채무불이행의 경우, 채권자가 금전에 의한 손해배상이 아닌 원상회복으로서의 현실적 이행을 받는 것이 실익이 있고 또한 그러한 원상회복을 주장하는 것이 정당하다고 판단될 경우에는 채무자에 의한 원상회복을 강제하는 수단, 즉 간접적 이행강제의 수단으로서 '아스트렌트'를 부가할 수 있다. 다시 말해, 법원은 상당한 기간을 정하여 원상회복을 명하면서, 이에 부가하여 그 기간을 도과하는 경우에는 일, 주, 월의 단위로 아스트렌트라는 이행강제금을 명할 수 있다.[13] 그러나 이 제도는 채권의 실현을 강제하는 수단의 하나일 뿐 채권 자체의 강제집

"의무부담이 부분적으로 이행된 경우에, 법원은 그 일부이행이 채권자에게 초래한 이익에 비례하여 약정된 위약금을 직권으로 감액할 수 있으며, 이 경우 제1152조의 적용을 방해하지 않는다. 이에 반하는 모든 약정은 쓰이지 않은 것으로(무효로) 한다."라고 규정하였으며, 제1232조에서는 "위약금의 약정을 포함한 원래의 채무가 불가분채무인 경우, 위약금(지급의무)은 채무자의 상속인들 중 1인의 위반만으로도 발생하며, 또한 위반한 자를 상대로 위약금 전부를 청구하거나 아니면 공동상속인에 대해서는 각자의 상속지분에 따라 이를 청구할 수 있다."라고 규정하였고, 제1233조에서는 "① 위약금을 수반하는 원래의 채무가 가분채무인 경우, 위약금(지급의무)은 당해 채무를 위반한 채무자의 상속인에 대해서만 발생하며, 또한 주된 채무에서 그가 책임을 지는 부분에 대해서만 발생하고, 채무를 이행한 자에 대해서는 소를 제기할 수 없다. ② 다만, 일부변제를 예방할 목적으로 위약금약정을 추가하였고, 공동상속인 중에 누군가가 채무의 전부이행을 방해한 경우에는, 이 원칙에 대한 예외가 인정된다. 이 경우, 위약금은 채무의 전부이행을 방해한 자에 대해서는 그 전부를, 다른 공동상속인에 대해서는 그 부담부분에 대해서만 청구할 수 있다. 이 경우, 다른 공동상속인의 구상권 행사는 방해받지 않는다."라고 규정하였었다.

10) 제1231-5조에서는 "① 계약으로 채무를 이행하지 않은 당사자가 일정한 금액을 손해배상으로 지급할 것을 약정한 경우에는 다른 당사자에게 이보다 많거나 적은 금액을 지급할 수 없다. ② 법관은 합의된 위약금이 명백히 과다하거나 과소인 경우에는 직권으로도 이를 감액 또는 증액할 수 있다. ③ 채무가 부분적으로 이행된 경우에는 합의된 위약금은 부분적 이행이 채권자에게 가져올 이익에 비례하여 법관에 의하여 직권으로도 감액될 수 있고, 제2항은 적용이 방해받지 않는다. ④ 제2항 및 제3항에 반하는 약정은 기재되지 않은 것으로 본다. ⑤ 불이행이 확정적인 경우를 제외하고, 위약금은 채무자가 지체에 빠진 경우에만 인정된다."라고 규정하고 있다.

11) 개정 프랑스민법에서는 종전의 제1230조, 제1231조, 제1152조의 규정을 통합하여 한 조문으로 만든 것으로 평가할 수 있으며, 나머지 조문들은 그 대부분이 중요성이 떨어지는 규정이거나 당연한 논리적 귀결을 선언한 것이었기에 개정과정에서 삭제된 것으로 평가할 수 있다.

12) 프랑스상법에서는 전문가 사이의 계약에 해당한다고 하더라도 명백한 불균형을 초래하는 위약금약정은 무효로 한다고 규정하고 있으며(프랑스상법전 제L.442-6조 I), 프랑스민법에서도 부합계약의 경우 불균형을 초래하는 위약금약정은 무효로 간주하고 있다(프랑스민법전 제1171조).

13) 계약당사자 사이에서도 이행지체에 대하여 일별, 주별, 월별로 아스트렌트 유사의 이행강제금을 약정할 수 있으나, 이는 아스트렌트가 아니라 우리 식의 지체상금 또는 손해배상액의 예정에 불과하다는 것이 프랑스 파기원의 태도이다(Cass. civ. 1re, 9 mars 1977, *Bull. civ.* I, n° 126 참조). 따라서 이 경우에는 일종의 위약금약

행은 아니며, 따라서 채무불이행에 의한 손해배상과는 완전히 독립된 것이라고 할 수 있다. 아스트렌트의 확정에 있어서도 채무자의 태도나 자력을 감안하여 법원이 재량으로 이를 결정할 수 있으므로, 단지 채무이행에 대한 위협수단이라고 이해하여야 한다.[14)]

한편, 아스트렌트 제도는 1820년대에 이르러 판례에 의하여 창설된 제도로서 그 법적 근거가 없으므로 인하여, 학설상으로도 그 당위성에 대하여 많은 논란[15)]이 제기되기도 하였으나, 1972년 7월 5일 법[16)]에 의하여 민사에 있어서의 일반원칙으로 확립되게 되었으며, 1991년 7월 9일 법으로 강제집행법을 개정하면서 1972년 법을 폐지함과 아울러 아스트렌트의 일부내용도 개정하였다.[17)]

아스트렌트의 적용분야와 관련하여서는 특별한 제한이 없으며,[18)] 금전배상의 이행에 있

정이 존재하는 것으로 간주되어, 그 액수가 과다 또는 과소한 경우에는 프랑스민법 제1231-5조 제2항(개정 전 제1152조 제2항)의 규정에 의하여 법원이 직권으로 이를 증감할 수 있게 된다(Cass. civ. 3e, 6 nov. 1986, *Bull. civ.* Ⅲ, n° 150 참조).

14) Ph. Malaurie, L. Aynès et Ph. Stoffel-Munck, *Droit des obligations*, 10e éd., L.G.D.J., 2018, n° 1135.

15) 아스트렌트를 전면적으로 부정한 견해는 드물다고 할 수 있으나, 이 제도에 대한 반론의 대표적인 것으로는 동 제도가 2016년 개정 전 프랑스민법 제1142조와 제1149조 및 제1150조의 취지에 반한다는 것이었다. 즉, 2016년 개정 전 프랑스민법 제1142조는 모든 채무불이행은 손해배상으로 해결될 수 있다는 취지를 규정하고 있으며, 제1149조 및 제1150조(2016년 개정 후 제1231-2조 및 제1231-3조)는 채무자의 태도 여하에 따라 그 손해배상의 범위가 예견불가능한 손해로까지 확대될 수 있음을 규정하고 있는데, 이와는 별도로 지체상금의 지급을 명하는 것은 민법상의 일반원칙을 위반한 것이라는 것이 그것이다. 그러나 현재에는 아스트렌트가 손해배상과는 독립된 것으로서 판결의 실효성확보를 위한 사법행정적 강제수단이라고 이해함이 일반적이다.

16) 동법 제5조에 의하면, "법원은 판결의 이행을 확보하기 위하여, 직권으로 아스트렌트를 명할 수 있다"고 규정하고 제6조에서는 "아스트렌트는 손해배상과는 독립한 것이다"라고 규정하고 있는 점에서 본 제도의 취지를 알 수 있다고 할 것이다.

17) 1991년 법의 핵심적 규정으로는 "종국적 아스트렌트는 법원에 의한 잠정적 아스트렌트의 지급명령이 있은 후, 그리고 법원이 결정한 기간에 대하여만 지급을 명할 수 있다"고 하는 것이다(1991년 법 제34조 제3항 참조). 아울러 "집행법원은 제반사정을 고려하여 필요하다고 인정되는 경우에는 타법원이 내린 판결에 부가하여서도 아스트렌트를 명할 수 있다"는 것이다(1991년 법 제33조 제2항 참조).

18) 아스트렌트가 적용되는 일반적인 경우로서 판례상으로는, 고용주가 피용자에게 근로계약서를 교부하게 한다거나(부당해고된 피용자의 재고용을 강제한 것으로는, Cass. soc., 29 juin 1966, *Bull. civ.* Ⅳ, n° 641 참조), 가옥을 명도하게 한다거나(목적물의 반환을 강제한 것으로는, Cass. com., 15 nov. 1967, *Bull. civ.* Ⅲ, n° 369 참조), 임대인에게 임차인을 위하여 전력공급원을 복원시키게 한다거나(전기회사에 대하여 배전을 강제한 것으로는, Cass. civ. 1re, 17 mars 1965, *Bull. civ.* I, n° 195 참조), 매도인이 매수인에게 목적물을 인도하게 하는 것(Cass. civ. 1re, 12 fév. 1964, *Bull. civ.* I, n° 82 참조) 등을 찾을 수 있다. 그러나 반드시 계약으로 인한 채무에만 적용되는 것은 아니며, 가족법분야(친권의 행사 또는 부부의 동거의무)나 상린관계에 있어서도 적용이 가능하다고 한다. 그러나 근래에는 프랑스법원이 부부관계에서 발생하는 의무에 대해서는 강제이행을 명하지 않고 손해배상만을 인정하는 추세라고 평가할 수 있다(이스라엘 국적의 부부는 이혼한 경우에도 남편이 gueth라는 포기각서를 발급하지 않을 경우, 이혼녀인 전부인의 재혼이 불가능한데, 이러한 포기각서를 작성하는 문제는 남편의 자유재량사항이라는 점을 인정하여 아스트렌트가 아닌 손해배상의 지급만을 인정한 사례로는, Cass. civ. 2e, 21 avril 1982, *Bull. civ.* Ⅱ, n° 62 참조. 다만, 사안에서는 아스트렌트를 인정하는 것보다 더 과중한 손해배상을 인정하였다). 아울러, 1949년 7월 21일 법에 의한 아스트렌트가 적용되는 경우(일정한 장소에서의 추방명령을 받은 경우)에는 1991년 법은 그 적용이 배제된다고 한다.

어서도 인용될 수 있으나, 예술가의 행위와 같이 이행되어야 할 급부의 내용이 채무자의 인격적 요소를 본질적인 것으로 하는 경우에는 아스트렌트의 적용이 배제된다고 이해한다.[19)]

아스트렌트의 종류는 두 가지로서 잠정적인 아스트렌트(astreinte provisoire)와 종국적인 아스트렌트(astreinte définitive)가 그것이다.[20)] 전자가 원칙적인 아스트렌트의 유형으로서, 이는 단순히 위하적인(comminatoire) 것에 불과하여, 채무자가 이를 지급하기 전에는 법원에 의한 재조정이 가능하다. 다시 말해, 채무자가 법원의 강제이행명령에 따라 급부를 이행하고, 아스트렌트도 지급하였다면 이는 종국적인 아스트렌트로서의 가치를 지니나, 그 전에는 채무자가 급부를 이행한 후에 아스트렌트에 대해서는 법원에 그 액수의 조정을 청구할 수 있으며, 법원은 채무자의 태도를 고려하여 종국적 아스트렌트를 명하게 된다. 결국, 성실하게 이행을 한 채무자는 아스트렌트에 대해서도 이를 면제받을 가능성이 있다는 것이다. 그러나 잠정적 아스트렌트와 함께 강제이행을 명하였음에도 채무자가 그 이행에 착수하지 않거나 이행하지 않을 것이 명백하게 된 경우에는, 법원은 종국적 아스트렌트를 명하게 된다. 이 경우에는 채무자가 아무리 성실히 이행을 한다고 하더라도 더 이상의 아스트렌트의 조정은, 이를 명한 법원에서조차도 할 수 없으며, 이 경우 채권자는 상당한 부당이득을 얻게 된다고도 할 수 있을 것이다. 물론, 법원의 강제이행명령이 내려졌음에도 불구하고 이후 천재지변 등의 사유로 그 이행을 못하게 되었음이 증명되면, 종국적 아스트렌트라 하더라도 이를 취소할 수 있다고 한다.[21)]

요컨대, 프랑스법에서의 아스트렌트 제도는 급부의 현실적 이행을 강제하는 간접적 강제수단에 불과하다고 할 것이어서, 피해의 구제를 통하여 채권자의 상태를 채무불이행이 있기 이전의 상태로 회복시키는 것을 본질적인 내용으로 하는 손해배상제도와는 그 제도적 취지를 달리 하는 것이라고 할 것이다. 따라서 아스트렌트는 손해배상의 국면에서 논의되고 있는 위약금제도와도 당연히 구별될 수 있는 개념이라고 할 것이다.

(3) 제도적 취지

위약금약정 또는 손해배상액의 예정은 채무불이행에 빠진 채무자가 지급하여야 할 손해배상금을 미리 약정해 둔다는 점에서 여러 가지의 장점이 인정될 수 있다. ① 우선, 위약금약정이 있는 경우에는, 손해의 중대성 또는 크기에 대한 이의제기 또는 문제 제기를 피할 수 있게

---

19) 예술가의 급부에 대하여 아스트렌트를 적용하지 않는 또 다른 이유는 변덕스러운 예술가들은 법원의 강제이행명령이 있는 경우, 작품성이 없는 급부를 이행할 우려도 있어서 오히려 금전배상의 방법에 의한 손해배상을 인정하는 것이 더 효율적이기 때문이라고 하는 견해도 있으나, 이러한 이유보다는 개인의 창작의 자유를 보장하기 위한 것이라고 이해함이 타당할 것이다(로시니는 법원이 두문불출의 강제이행명령을 내리자 3일 만에 세빌리아의 이발사를 만들었다고 한다. 이러한 설명으로는, Ph. Malaurie, L. Aynès et Ph. Stoffel-Munck(주 14), n° 1134.

20) 1972년 법에 의하여 도입된 이러한 구별은 종전의 프랑스법원의 태도를 그대로 답습한 것이며, 1991년 법에서도 이러한 구별은 유지되었다.

21) 이상과 같은 설명은, Ph. Malaurie, L. Aynès et Ph. Stoffel-Munck(주 14), n° 1135.

함으로써 분쟁의 발생을 감소시킨다. ② 다음으로, 채권자의 입장에서 볼 때, 손해배상액의 예정이 있는 경우에는 통상의 절차에서 발견되는 손해배상금의 확정에 소요되는 시간의 경과 및 손해배상금의 확정곤란의 어려움을 상당부분 감소하게 한다. ③ 다음으로, 채무자의 입장에서 볼 때, 손해배상액의 예정에 있어서 그 금액을 가볍게 예정해 둠으로써[22] 채무자의 책임이 경감되는 효과를 노릴 수도 있다. ④ 반면, 손해배상액의 예정이 있는 경우에는 당사자들이 자신들이 체결한 계약에 대해 한 층 강화된 구속력을 부여하는 요소로 작용할 수 있는데, 그 이유는 채무불이행시에 채권자에게 발생한 손해보다 가중된 위약금의 지급이 강제될 수 있기 때문이다.[23] 즉, 이 경우에는 채무불이행으로 인한 부담이 상당하므로 채무자에게 약정내용을 준수하게 할 유인책이 될 수 있다는 것이다. 이러한 점에서 위약금약정 또는 손해배상액의 예정은 이행강제금의 일종으로서 위에서 살핀 아스트렌트(astreinte)와 동일한 작용을 한다고 평가할 수도 있을 것이나, 위약금약정 또는 손해배상액의 예정은 법원의 결정이 아닌 당사자들의 합의로 미리 예정해 둔다는 점에서 아스트렌트와 근본적인 차이가 있다. 따라서 이상과 같은 이유로 인하여, 위약금약정 또는 손해배상액의 예정은 사단법인이나 조합과 같은 단체의 운영에 있어서 그 구성원들에게 단체의 결정을 존중하도록 하기 위한 목적으로 활용되기도 한다.[24] ⑤ 다음으로, 위약금약정 또는 손해배상액의 예정은 증여나 유증과 같은 무상행위에 있어서 진정한 의미에서의 위하적인 사적 제재의 수단으로서 활용되기도 한다.[25] 그리고 이 경우, 손해배상액의 예정은 처분권자의 의사가 실현되는 것을 담보하는 기능을 한다. 즉, 그와 같은 조항은 그것이 강행규정에 반하는 처분행위의 이행을 담보하기 위한 목적이라든가 상대방의 자유를 침해하는 성질의 것이 아니라면, 원칙적으로는 유효하다는 것이다.[26]

한편, 이상과 같은 위약금약정 또는 손해배상액의 예정의 장점은 그다지 의심의 여지가 없으나, 그에 병존하는 위약금약정 또는 손해배상액의 예정 제도의 운용과정에서의 위험도 있다. 즉, 위약금제도의 활용에 있어서, 예컨대 이자(usure)나 노동법규와 같은 분야에서의 강행법규에 반하는 활용방식을 허용하는 것이어서는 안 된다는 것이다.[27] 아울러, 위약금약정 또

22) 물론, 후술하는 바와 같이, 프랑스민법에서는 예정손해배상액이 지나치게 소액인 경우에는 이를 법원이 직권으로 증액할 수 있으므로, 그와 같은 과소한 금액이 아닐 것을 전제로 할 것이다.

23) 물론, 이 경우에도 후술하는 바와 같이, 그 금액이 과도할 때에는 법원이 직권으로 이를 감액할 수 있으므로, 그와 같은 과도한 금액이 아닐 것을 전제로 할 것이다.

24) 카르텔의 구성원에 대한 제재와 관련하여서는, Cass. civ., 23 mai 1940, S., 1940, 1, p. 80; 사단법인의 구성원에 대한 제재와 관련하여서는, Cass. civ., 27 juin 1944, S., 1944, 1, p. 143 참조. 이상과 같은 설명에 대해서는, F. Terré, Ph. Simler, Y. Lequette et F. Chénedé(주 5), n° 888.

25) 판례상으로도 이런 위하적 기능이 위약금제도의 특징이라고 확인한 것으로는, Cass. com., 14 juin 2016, n° 15-12.734.

26) F. Terré, Ph. Simler, Y. Lequette et F. Chénedé(주 5), n° 888, p. 958.

27) 위약금은 채무불이행에 대한 제재로서만 기능하여야 하며, 고리대금을 금지하는 규정에 복종하지는 않는다는 취지의 것으로는, Cass. civ. 1re, 10 oct. 1967, *J.C.P.*, 1968, Ⅱ, 15450.

는 예정손해배상액이 과소하거나 과다한 경우에는 또 다른 부조리를 유발할 수 있으며, 그와 같은 위약금약정 또는 손해배상액의 예정의 존재가능성에 대해서는 프랑스에서도 이미 오래 전부터 환기의 필요성이 제기되어 왔다. 그런데 이와 같은 위험은 위약금약정 또는 손해배상액의 예정의 특성에 기인한다고 할 것이며, 따라서 이에 대한 고찰이 필요하다고 할 것이다.

2. 위약금약정의 특성

(1) 손해배상금의 대체

위약금약정 또는 손해배상액의 예정이 있는 경우에는 이로써 손해배상금을 대체하게 된다. 즉, 당사자들의 합의에 의한 손해배상금이 손해배상에 관한 법원의 판단을 대체하게 된다고 평가할 수 있다. 물론, 위약금약정 또는 손해배상액의 예정에 따른 배상금의 지급이 있는 경우, 과연 손해배상이 있은 것으로 볼 것인지가 의문일 수도 있다. 2016년 개정 이전의 프랑스민법 제1229조[28] 제1항에서는 이와 같은 의문에 대해, 위약금약정 또는 손해배상액의 예정이 있다고 하여 그 법적 성질이 손해배상과 다름없음을 명문으로 확인하고 있었다. 그러나 이는 어쩌면 너무나 당연한 논리적 귀결일 수 있으므로, 2016년 개정에서는 종전의 제1229조를 단순히 삭제하고 새로 도입된 제1231-5조에는 그 내용을 반영하지 않았다. 아무튼 이러한 위약금약정 또는 손해배상액의 예정의 법적 성질에 기초하여 다음과 같은 결론의 도출이 가능하다.

우선, 예정배상액이 채무불이행으로 인한 손해배상을 대체하는 것이므로, 위약금약정 또는 손해배상액의 예정을 원용하기 위해서는 채무자의 채무불이행이 전제되어야 한다. 즉, 위법한 채무불이행(inexécution illicite)이 있어야 한다는 것이다.[29] 따라서 이러한 사정으로 인하여 위약금약정 또는 손해배상액의 예정은 '해약금약정'(clause de dédit) 또는 매매의 일방예약에 있어서의 '계약금' 또는 '동결보상금'(indemnité d'imobilisation), 일방적 해지에 대한 보상, 더 나아가 차주가 대주에게 미리 차용금을 상환할 수 있도록 한 약정 등과는 구별되어야 한다. 반면, 프랑스법원은 임대차계약의 위반을 이유로 한 해지시에 지급하기로 한 배상금,[30] 과책에 의해 조건을 위반할 경우에 지급하기로 한 약정배상금,[31] 매수인의 채무불이행을 이유로 계약이 해제된 경우 기왕에 지급된 중도금을 매도인에게 귀속시키기로 한 약정,[32] 경업금지의무를 위반할 경우에 지급하기로 한 배상금 관련 규정[33] 등을 위약금약정에 해당한다고 판시하고 있

28) (주 9) 참조.

29) 이러한 채무불이행의 존재라는 요건을 강조한 것으로서, 당사자가 약정한 매매예약이 실효된 경우에 있어서는 위약금약정을 적용할 수 없다고 한 것으로는, Cass. civ. 3e, 1er juin 2017, n° 16-15.237.

30) Cass. civ. 3e, 21 mai 2008, *Bull. civ.* Ⅲ, n° 94.

31) Cass. civ. 3e, 24 sept. 2008, *Bull. civ.* Ⅲ, n° 139.

32) Cass. com., 10 juil. 1990, *Bull. civ.* Ⅳ, n° 204.

33) Cass. soc., 5 juin 1996, *Bull. civ.* Ⅴ, n° 226.; Cass. civ. 1re, 17 déc. 2015, n° 14-18.378.

다. 그런데 이상에서 언급하고 있는 약정들이 위약금약정에 해당하는지의 여부를 구별할 실익은 법원이 위약금을 변경할 수 있는지에 있다고 할 수 있다. 그러나 1975년 7월 9일법 이후에 도입된 2016년 개정 이전의 프랑스민법 제1152조[34](현행 제1231-5조)에 근거하여 법원이 위약금의 내용을 변경할 수 있다고 하더라도 위약금약정 또는 손해배상액의 예정이 손해배상을 대체하는 것이라는 그 성질결정에 있어서 아무런 영향을 미치지 않는다고 할 것이다.[35]

한편, 우리 법에서의 해석론상으로는 손해배상액의 예정이 있는 경우, 그 법적 성질을 과실책임으로 이해할 것인지 아니면 무과실책임으로 이해할 것인지에 대해서 견해의 대립이 있다. 이와 관련하여, 프랑스에서는 위에서 살핀 바와 같이 위약금이 손해배상금을 대체한다는 점 및 프랑스민법 제1231-5조 제5항(2016년 개정 이전의 프랑스민법 제1230조[36])의 규정을 근거로 하여, 채무자에게 손해배상책임이 인정될 수 있는 경우, 즉 채무자가 이행지체에 빠지고(mise en demeure d'exécuter) 또한 그와 같은 채무불이행이 채무자에게 책임을 돌릴 수 있는(imputable) 것인 경우에만 채무자가 위약금약정 또는 손해배상액의 예정에 구속된다고 한다. 다만, 프랑스민법 제1231-5조 제5항에서 규정하는 바와 같이 '채무불이행이 종국적인 경우'(inexécution définitive)에는 채무자에게 미리 최고를 하여 이행지체에 빠지게 할 필요는 없다고 할 것이다.[37] 따라서 천재지변과 같은 불가항력적 사유로 인하여 채무의 이행이 불능으로 된 경우에는 위약금약정 또는 손해배상액의 예정을 원용할 수 없다는 것이다. 그러나 그렇다고 하여 일반적인 채무불이행책임의 성립에 있어서 요구되는 바와는 달리, 채권자는 채무자의 채무불이행으로 인하여 자신에게 손해가 발생하였음을 증명할 필요는 없다고 하는데, 그 이유는 이와 같은 손해의 존재는 추정되고 또한 계약체결과정에서 이미 산정되어 고려되었기 때문이라고 한다.[38] 아무튼, 위약금약정 또는 손해배상액의 예정은 손해배상금을 대체하는 보상금을 포함하고 있어야 한다. 따라서 보상금의 약정 없이 단순히 일정한 사항을 담보하기로 한 약정은 위약금약정 또는 손해배상액의 예정이 아니라고 한다.[39]

다음으로, 채무자가 이행지체에 빠진 경우, 채권자는 언제나 위약금약정 또는 손해배상액

---

34) (주 8) 참조.

35) 이상과 같은 취지의 평가에 대해서는, F. Terré, Ph. Simler, Y. Lequette et F. Chénedé(주 5), n° 890, p. 961.

36) (주 9) 참조.

37) 채무불이행이 종국적인 것으로 평가될 수 있는 경우로는, 부작위의무를 위반한 경우라든가 정기행위임에도 불구하고 일정한 기간 내에 이행이 이루어지지 않은 경우를 예로 들 수 있을 것이다. 아울러, 프랑스법원은 당사자의 합의에 의해 이행지체의 요건을 배제하는 것도 가능하다고 한다. 이와 같은 태도에 대해서는, Cass. civ. 3e, 7 mars 1969, *J.C.P.*, 1970, Ⅱ, 16461; Cass. civ. 3e, 9 juin 1999, *C.C.C.*, 1999, n° 154. 특히, 이러한 해결 방안은 제1231-5조 제4항에서 동조 제5항에 반하는 약정의 유효성을 부인하지 않고 있다는 점에서도 정당화될 수 있다.

38) Cass. civ. 3e, 20 déc. 2006, *J.C.P.*, 2007, Ⅱ, 10024.

39) 이러한 취지의 판결로는, Cass. soc., 4 mars 2008, *J.C.P.*, 2008, Ⅱ, 10095.

의 예정만을 원용할 수 있느냐가 문제될 수 있다. 즉, 채권자는 채무자의 이행지체에 대해 약정된 손해배상금만을 청구할 수 있고 원래 약정한 채무의 이행을 청구할 수 없는지가 문제일 수 있다. 이와 관련하여 2016년 개정 이전의 프랑스민법 제1228조[40]에서는 우리 민법 제389조 제3항에서의 규정내용과 같이 채권자에게 원래의 채무의 이행을 청구할 수 있는 것으로 규정하고 있다. 따라서 채권자는 지체에 빠진 채무자에 대해 예정배상액을 청구하지 않고 원래의 채무의 현실적 이행을 청구할 수 있음을 분명히 하였었다. 다만, 동조의 규정에서는 계약의 해제에 대해서 특별히 언급하고 있지 않으나, 프랑스법원도 일반이론에 입각하여 쌍무계약에 있어서는 채무불이행을 이유로 한 계약해제 또한 가능하다고 하였다.[41] 그런데 여기서 주의할 점은 2016년 개정 이전의 프랑스민법 제1228조에서는 원래의 채무의 이행과 위약금약정의 원용이 선택적이라는 점을 분명히 하였었다는 점이다. 즉, 채권자는 당사자가 최초 약정한 급부와 위약금을 채무자에게 동시에 청구할 수는 없었다는 것이다. 다만, 이에 대한 예외로서, 2016년 개정 이전의 프랑스민법 제1229조 제2항[42]에서는 지체상금의 약정이 있는 경우에는 원래의 채무이행과 지체상금을 모두 청구할 수 있다고 하였다.[43] 아무튼, 이러한 결론은, 채무의 이행이라는 측면과는 반대되는 측면이라고 할 수 있는 채무불이행을 이유로 한 손해배상을 동시에 취득할 수는 없다는 사고체계에 근거한다고 할 수 있다.[44] 그런데 이러한 원칙은 특히 리스계약(crédit-bail)의 영역에서, 귀책사유 있는 채무자로 하여금, 지급해야 할 차임의 전액 또는 그에 준하는 금액을 채권자에게 지급하도록 강제하는 매우 과중한 위약금약정 또는 손해배상액의 예정의 적용을 저지하기 위한 논거로 활용되기도 하였다. 즉, 이와 같은 위약금약정 또는 손해배상액의 예정을 인용할 경우에는 계약의 해지로 인하여 종국적으로는 계약의 이행이 실현된다는 것인데, 그 이유는 임차인으로서는 반대급부를 전부 지급하거나 지급해야 하는 상황이 되기 때문이라는 것이다. 그러나 프랑스 파기원은 이와 같은 반박논리를 다음과 같은 이유를 들어 배제하고 있다. 우선, 위약금의 수액이 아무리 크더라도 그것이 2016년 개정 이전의 프랑스민법 제1228조 및 제1184조 제2항에서 규정하는 선택권 행사의 법리에 대한 위반이라거나 해지(또는 해제)와 이행의 경합에 해당하는 것은 아니라고 한다. 다만, 이와 같은 경우, 비록 손해배상액이 당사자 사이의 합의에 의해 확정된 것이기는 하나, 2016년 개정 이전의 프랑스민법 제1184조 제2항에서도 허용하고 있는 것으로서 계약해지와 손해배상의 경합이 있을 뿐이라고 한다.[45] 아무튼, 2016년 개정 이후에는 위약금의 약정과 현실적 이행의 강제가 병합

40) (주 9) 참조.

41) 이와 같은 취지로는, Cass. civ. 3e, 22 fév. 1978, *Bull. civ.* Ⅲ, n° 172.

42) (주 9) 참조.

43) 건축하자로 인한 손해배상과 함께 공사의 완공이 지체됨으로 인한 지체상금의 경합적 청구가능성에 대한 것으로는, Cass. civ. 3e, 31 mai 1958, *Bull. civ.* I, n° 277.

44) F. Terré, Ph. Simler, Y. Lequette et F. Chénedé(주 5), n° 890, p. 962.

45) Cass. com, 30 avril 1974, *Bull. civ.* Ⅳ, n° 138.; Cass. com, 21 oct. 1974, *Bull. civ.* Ⅳ, n° 225.

될 수 있는 것으로 이해하기도 한다.[46] 즉, 위에서 언급하였던 2016년 개정 이전의 프랑스민법 제1228조 및 제1229조는 삭제되어 현행 제1231-5조에 더 이상 반영되고 있지 않고 있으며, 다른 한편 현행 제1217조 제2항에서는 손해배상은 다른 유형의 제재와 병합될 수 있음을 분명히하고 있기 때문이다.

(2) 총액에 의한 손해배상액의 예정

채권자가 입은 손해에 대한 배상의 상한을 정한 책임제한약정(clause limitative de responsabilité)과는 달리 손해배상액의 예정 또는 위약금약정에서는 채무불이행의 경우 지급되어야 할 종국적인 예정손해배상액이 '총액'(forfait)으로 확정되어 있어야 한다. 그리고 결과적으로 법원은 이와 같이 확정된 금액보다 더 크거나 적은 금액을 채권자에게 인정해서는 안 된다.[47] 프랑스에서의 전통적인 해석론에 의하더라도, 법원은 위약금약정 또는 손해배상액의 예정을 통하여 약정한 금액을 초과하는 금액의 지급을 허용해서는 안 되는 것으로 이해되었다. 그리고 이러한 의미에서, 위약금약정 또는 손해배상액의 예정은 책임제한약정과 유사한 면이 있다고 할 수 있다. 즉, 원칙적으로 그 유효성이 인정되는 책임제한약정은 채무자에게 청구할 수 있는 손해배상액의 상한선을 확정해 둠으로써 채무자의 책임을 제한하는 기능을 하기 때문이다. 예컨대, 발생할 수 있는 손해가 더 클 수 있다고 하더라도, '일정금액 이상의' 손해배상금을 청구할 수는 없는 것으로 약정해 둔다는 것이다. 그런데 위약금약정 또는 손해배상액의 예정이 있는 경우에도 마찬가지의 결론이 도출될 수 있으며, 따라서 사기(fraude)가 개입된 것이 아니라면, 책임제한약정에 적용될 수 있는 법리가 위약금약정 또는 손해배상액의 예정에도 확대 적용될 수 있다고 한다.[48] 그러나 그 적용범위에 있어서는 다소의 신중함이 필요하다고 한다. 비록 사기(dol)의 경우에는 채무자가 자신에게 유리하게 위약금약정 또는 손해배상액의 예정을 원용할 수는 없다는 점에 대해서 공감할 수 있지만, 이러한 해결책은 (중과실의 경우에도 마찬가지의 해결책을 채택하도록 유도하고 있는) 일반규정인 프랑스민법 제1231-3조(2016년 개정 이전의 제1150조) 규정을 다양한 개별약정보다 우선시한 태도라고 평가할 수 있기 때문이다.[49] 그리고 사실, 손해가 약정한 금액보다 큰 경우에는, 사기 또는 중과실의 채무자가 위약금약정 또는 손해배상액의 예정을 원용하는 것을 억제하고자 하는 것이 프랑스법원의 일반적인 태도라고 평가할 수도 있다. 그러나 위약금약정 또는 손해배상액의 예정에는 위하적 성격이 강조된다는

46) G. Chantepie et M. Latina, *La réforme du droit des obligations*, Dalloz, 2018, n° 690, p. 640.

47) 다만, 특정한 어느 채무의 불이행을 대비하여 위약금으로서의 손해배상액에 대한 약정을 두었으나, 그와 다른 채무의 불이행이 있은 경우에는 추가적인 손해배상이 인정될 수 있다고 할 것이다. 이와 같은 취지의 것으로는, Cass. com, 20 mai 1997, *J.C.P.*, 1998, Ⅱ, 10125.

48) 특히, 이러한 책임제한약정이 사업자와 비사업자 또는 소비자 사이에서 체결된 매매계약 등에 위약금약정이 있는 경우에 확대 적용될 수 있음에 대해서는 의문의 여지가 없다고 한다. 이러한 설명에 대해서는, F. Terré, Ph. Simler, Y. Lequette et F. Chénedé(주 5), n° 891, p. 963.

49) 이와 같은 취지의 것으로는, Cass. civ. 1re, 4 fév. 1969, *D.*, 1969, p. 601.

점에서 책임제한약정과는 본질적인 차이가 인정될 수 있다. 즉, 사기나 중과실의 경우를 제외하고는, 채무자에게 책임제한약정이 유익한 반면, 위약금약정 또는 손해배상액의 예정은 그 금액이 총액으로 확정되어 있다는 점에서 채무자뿐만 아니라 채권자에게도 유익할 수 있다는 것이다.[50]

Ⅲ. 위약금약정 또는 손해배상액 예정의 효과

1. 위약금약정의 운용을 둘러 싼 문제의 제기

프랑스에서는 과도한 위약금약정 또는 손해배상액의 예정의 문제가 종국적으로는 제도 자체의 위기를 초래하였고, 따라서 입법자들이 개입하게 되었다고 한다. 즉, 계약상 책임제한약정이 존재하고, 피해자에게 발생한 손해가 예정한 약정상한액에 미치지 못하는 경우, 채권자는 자신이 입은 손해에 상응하는 배상금만을 지급 받을 수 있다. 반대로, 위약금약정 또는 손해배상액의 예정을 통하여 일정액의 손해배상금을 예정해 둔 경우, 실 손해액의 크기에 관계없이 채권자는 예정배상액을 채무자에게 청구할 수 있다. 이 경우, 채무자는 채권자 측에 발생한 손해가 약정한 예정배상액에 미치지 못한다는 것을 이유로 예정배상액의 지급을 거절할 수 없다.

한편, 프랑스민법 제정 이후, 정액의 위약금제도는 채무자뿐만 아니라 법원에 대해서도 원칙적으로 아주 엄격히 적용되었으며, 특히 법원의 조정자적 역할은 전혀 인정되지 않았다.[51] 비록, 프랑스古法 시절에는 위약금이 과도한 경우 법원이 이를 감액할 수도 있었으나, 프랑스민법전의 제정자들은 그와 다른 태도를 취하였는데, 그 이유는 어쩌면 남소를 예방하기 위함이었다고 할 수 있다.[52] 그러나 장기의 리스나 렌트계약에 있어서 단 일회의 기별 차임채무를 불이행하는 경우에도 계약의 해지는 물론 향후 지급되어야 할 차임의 대부분 또는 전체를 채무자가 일시에 지급하여야 하는 것으로 하는 지나치게 과도한 위약금약정 또는 손해배상액의 예정은 당연히 그에 대한 저항을 초래하였다. 그리하여 우선 그와 같은 과도한 약정을 취소할 수 있는 것으로 이론 구성하고자 하는 시도가 있었다.[53] 그러나 프랑스법원에서는 이와

50) 이상과 같은 설명에 대해서는, F. Terré, Ph. Simler, Y. Lequette et F. Chénedé(주 5), n° 891, p. 963.

51) 특히, 프랑스민법 제1228조(2016년 개정 이전의 제1184조 제3항)에서는 채권자가 계약해제를 주장하더라도 법원이 채무자에게 일정한 기간을 허여할 수 있는 것으로 규정하고 있으며, 제1343-5조(2016년 개정 이전의 제1244-1조)에서는 법원이 제반사정을 고려하여 채무의 분할적 변제를 명할 수 있는 것으로 규정하고 있는데, 이러한 규정태도는 법원이 당사자의 주장여부에도 불구하고 일정한 재량권을 가지고 있음을 확인하고 있다는 점에서 위약금약정에 대해서는 법원이 보다 강하게 구속된다고 평가할 수 있다.

52) 이상과 같은 설명에 대해서는, F. Terré, Ph. Simler, Y. Lequette et F. Chénedé(주 5), n° 892, p. 964.

53) 특히, 이러한 시도는 프랑스법과 동일한 내용의 규정을 가지고 있는 벨기에의 법상황에서, 과도한 위약금약정 또는 손해배상액의 예정에 대하여 이를 위법하다거나 공서에 반한다는 것을 이유로 그 취소를 인정한 벨기에 법원의 태도에 영향을 받은 것이라고 한다. 이상과 같은 설명에 대해서는, F. Terré, Ph. Simler, Y. Lequette et F. Chénedé(주 5), n° 892, p. 964.

같은 시도를 받아들이지 않았다.[54] 즉, 일부 사실심법원의 반대되는 시도에도 불구하고, 프랑스 파기원은 '원인의 상실'(absence de cause), '권리남용'(abus du droit), '법률사취'(fraude à la loi) 또는 '과잉손해'(lésion)의 법리에 근거하여서는, 균형을 잃은 불공정조항을 취소하고자 하지는 않았다. 오히려 과도한 위약금을 예정하는 이러한 불공정한 손해배상액의 예정 조항을 실효시키는 것보다는, 외국의 입법례에서 발견할 수 있는 바와 같이, 법원이 실정법에 근거하여 그와 같은 과도한 예정배상액을 감액할 수 있는 근거를 마련하는 것이 더 필요하다는 인식의 공유가 확대되었다. 그런데 프랑스민법에서도 이미 이와 같은 가능성을 배제하지는 않고 있었다. 즉, 현행 프랑스민법 제1231-5조 제3항 및 제4항(2016년 개정 전 제1231조[55]))에서는 제정 당시부터 '원래의 채무가 부분적으로 이행된 경우'에 법원이 위약금을 변경할 수 있는 권능을 부여하고 있었는데, 이러한 상황이 바로 리스계약 등에서 임차인이 최초의 차임지급 이후 일정한 기간이 지나서 차임을 지급하지 못하게 된 바로 그 경우에 해당한다는 것이었다. 다만, 이러한 규정이 존재한다고 하여 당사자가 그와 같은 규정의 적용을 배제하거나 채무의 불가분성에 대한 약정을 두는 것을 방해하지는 못한다고 할 것인데, 그 이유는 프랑스법원도 2016년 개정 이전의 프랑스민법 제1231조가 강행규정은 아니라는 점을 일찍이 확인하고 있기 때문이다.[56] 따라서 2016년 개정 이전의 프랑스민법 제1231조의 적용을 배제하기 위하여 채무의 불가분성에 대한 약정을 별도로 할 필요는 없었으며, 단순히 일부불이행시의 손해배상액을 예정하는 것으로 족하였다는 것이다.

2. 법원의 직권에 의한 예정배상액의 증액 또는 감액

위에서 살핀 문제인식에 근거하여 위약금약정 또는 손해배상액의 예정에 대한 개정작업이 착수되고 1975년 7월 9일법에 의하여 드디어 관련 규정의 개정이 있게 된다.[57] 즉, 1975년 개정 전의 프랑스민법 제1152조에서는 손해배상액의 예정이 있는 경우 법원은 그보다 더 큰 금액 또는 더 적은 금액의 지급을 명할 수는 없음이 원칙이라는 점을 천명하고 있었는데, 1975년의 개정을 통하여 동조에 제2항을 추가하여 "약정된 예정배상액이 명백하게 과다하거나 과소한 경우에는 법원이 직권으로 이를 증감할 수 있으며, 이에 반하는 약정은 무효이다"

---

54) 그러나 이와 같은 시도가 오늘날에 제기되고 있다면, 최근의 부당약관에 대한 프랑스법원의 태도변화를 고려할 때, 그 결론을 달리 하였을 수 있을 것이라는 지적도 있다. 이에 대해서는, F. Terré, Ph. Simler, Y. Lequette et F. Chénedé(주 5), n° 892, p. 964.

55) (주 9) 참조.

56) Cass. civ., 4 juin 1860, *D.P.*, 1860, 1, 257.; Cass. com., 13 nov. 1969, *J.C.P.*, 1970, Ⅱ, 16376.

57) 1975년법에 의한 손해배상액의 예정에 관한 개정과 관련하여 법원의 직권개입 가능성 및 그 제한에 관한 설명에 대해서는, B. Boccara, "La réforme de la clause pénale : conditions et limites de l'intervention judiciaire", *J.C.P.*, 1975, I, 2742; P. MALAURIE, "La révision judiciaire de la clause pénale", *Defrénois*, 1976, p. 533.

라고 규정하게 되었다.[58] 다만, 동조의 해석과 관련하여 주의할 점은, 법원이 직권으로 예정배상액을 증감할 수 있다고는 하나, 증액의 경우뿐만 아니라 감액의 경우에 있어서도 예정된 배상액이 '명백히 과다'하거나 '명백히 과소'하다는 요건을 충족하여야 하며, 그에 대한 판단의 기준시점은 법원이 결정을 내리는 날을 기준으로 한다고 설명된다.[59] 그리고 법원이 예정배상액의 변경을 거절하는 경우에는 그에 대한 판단이유를 설시할 필요가 없으나,[60] 예정배상액의 증액 또는 감액을 명하는 판결을 내리는 경우에는 어떠한 점에서 예정배상액이 명백히 과소하거나 과다하였는지를 구체적으로 명시하여야 한다. 즉, 예정배상액이 어떤 점에서 과다하였는지를 심리하지 않고 단순히 금액이 '다소 과다'(un peu élevé)하다는 것을 이유로 삼아 당사자가 약정한 것보다 2/3 정도로 배상액을 감경하는 판단을 내린 하급심판결에 대해 프랑스 파기원은 그 판단의 근거가 박약하다고 판시하기도 하였다.[61]

한편, 예정배상액의 직권증감에 관한 법원의 재량은 실제의 손해와 예정배상액 사이에서만 가능하다. 그런데 법원이 이에 관한 재량권을 행사하고자 할 경우, 반드시 손해액에 예정배상액을 맞출 필요는 없다. 그러나 명백히 과소한 예정배상액을 증액하고자 하는 경우, 이를 실제 피해자가 입은 손해 이상으로 증액할 수는 없으며, 명백히 과다한 예정배상액을 감액하고자 하는 경우에도 이를 손해액보다 낮게 감액할 수는 없다. 그러나 법원은 채권자에게 손해가 없음이 확인된 경우에는 극단적으로는 타방당사자를 위약금의 부담으로부터 완전히 해방시킬 수도 있다.[62] 다만, 채권자에게 손해가 발생하지 않았다고 하여 위약금약정을 적용할 수 없다는 것은 아니다.[63] 아무튼, 손해의 규모나 채무자의 행동을 고려할 필요는 없다고 할 것이다.[64] 아울러, 비록 법원에 의한 재량권에 대한 이와 같은 원칙에 관한 규정은 프랑스민법 제1231-5조 제4항의 규정내용에 비추어 볼 때 그 성격이 강행규정이라고는 하나, 이 또한 법원의 재량권을 부인하는 약정만이 그에 해당한다고 할 것이며, 따라서 그와 같은 약정이 포함되어 있다고 하여 위약금약정이나 계약 그 자체의 효력이 문제되는 것은 아니다.

다른 한편, 위약금약정은 채무의 전부불이행의 경우뿐만 아니라 그 일부가 불이행된 경우

58) 법원에 의한 직권증감 가능성에 대해서는 2016년 개정 프랑스민법 제1231-5조 제2항에서 그대로 답습하고 있다.

59) 이러한 취지의 판단에 대해서는, Cass. civ. 1re, 19 mars 1980, *Bull. civ.* Ⅰ, n° 95.; Cass. com, 27 mars 1990, *Bull. civ.* Ⅳ, n° 90.

60) 예컨대, Cass. com, 26 fév. 1991, *Bull. civ.* Ⅳ, n° 91.

61) 이와 같은 취지의 판단으로는, Cass. ch. mixte, 20 jan. 1978, *D.*, 1978, IR, 229 참조. Cass. civ. 3e, 12 jan. 2011, *Bull. civ.* Ⅲ, n° 3도 참조.

62) 그러나 위약금의 부담으로부터 일방을 완전히 해방시키기 위해서는 손해 없음이 명백하게 확인되어야 한다. 이에 관해서는, Cass. com, 28 avril 1980, *Bull. civ.* Ⅳ, n° 167.; Cass. civ. 3e, 9 jan. 1991, *D.*, 1991, p. 481.

63) Cass. civ. 3e, 12 jan. 1994, *Bull. civ.* Ⅲ, n° 5.

64) A. Bénabent, *Droit des obligations*, 17e éd., L.G.D.J., 2018, n° 439, p. 346.

에도 원용될 수 있는데, 이 경우에도 예정배상액 전액을 청구할 수 있는지가 의문일 수 있다. 이러한 경우에 있어서의 법원의 재량권 행사의 범위에 대해서는 위에서 언급한 프랑스민법 제1231-5조 제3항(2016년 개정 전 제1231조)에서 규정하고 있으며, 결론적으로는 미이행부분의 비율에 해당하는 금액만을 청구할 수 있다고 할 것이다. 그리고 동조의 규정에서도 1975년의 개정을 통하여 "이에 반하는 약정은 무효로 한다"는 부분이 추가되었는데, 그 이유 또한 1975년 개정 이전의 파기원판결로 인한 불합리를 시정하기 위한 것이라고 할 것이다. 다만, 프랑스 파기원은 당사자가 특약을 두어 의무이행으로 인하여 채권자가 받을 이익에 상응하는 금액으로 위약금을 감액할 수 있는 것으로 약정한 경우에는 사실심 법원이 동조의 규정을 적용할 수 없다고 한다.[65]

3. 위약금약정과 부당약관의 문제

위에서도 언급한 바와 같이 소비자법의 진화과정에서 소비자법 영역에서는 위약금의 약정이 제한되고 있다고 평가할 수도 있다. 프랑스에서도 1978년 1월 10일의 법 제35조를 통하여 관할청에서 일정한 약정이 부당약관에 해당함을 선언할 수 있는 근거를 마련하고 있기 때문이다. 그러나 위약금과 관련하여서는 그와 같은 위험이 제한적이라고 평가되기도 한다. 왜냐하면, 프랑스 소비자법에서는 실제 채권자가 입은 손해에 미달하는 정액배상금을 위약금으로 약정한 경우에만 그 효력이 인정되지 않는다는 취지로 규정하고 있기 때문이다.[66] 한편, 1991년에 들어 프랑스 파기원은 1978년법 제35조에 근거하여 법원이 위약금약정을 부당약관으로 다룰 수 있다고 판시하기도 하였는데,[67] 이러한 프랑스 파기원의 새로운 시도에 영감을 얻은 일부 학설에서는 '명백히 과도한 위약금약정'에 대해서도 법원이 이를 '기재되지 않은 것'(즉, 무효)으로 다룰 것을 주장하기도 하였다.[68]

한편, 위약금의 부당약관 해당성 여부와 관련한 문제의 제기는 2009년 3월 18일의 데크레에 의하여 재점화되었는데, 동 데크레의 시행으로 인하여 "비사업자 또는 소비자에게 채무불이행을 이유로 과도하게 불균등한 위약금을 부과하는 것을 목적으로 하는 약정"은 부당약관의 유형에 해당한다.[69] 요컨대, 위약금약정은 소비자법의 영역에서는 부당약관으로 다루어지게 되었다는 것인데, 그에 대한 반증은 사업자가 증명하여야 한다. 아무튼, 모든 유형의 부합계약에 대해서는 프랑스민법 제1231-5조에 의한 감액가능성과 소비자법에 의한 효력부인의

65) Cass. com, 21 juil. 1980, *Bull. civ.* Ⅳ, n° 309.

66) 1978년 6월 24일의 데크레 제2조 참조.

67) Cass. civ. 1re, 14 mai 1991, *D.*, 1993, p. 56.

68) A. Sinay-Cytermann, "Clauses pénales et clauses abusives : vers un rapprochement", in *Les clauses abusives dans les contrats types en France et en Europe*, L.G.D.J., 1991, p. 167.

69) 프랑스 소비자법 제R.212-2조 참조.

가능성이 함께 고려될 수 있으며, 위에서도 언급한 바와 같이 과도한 위약금약정과 관련하여서는 프랑스민법 제1171조에 의해서도 그 효력이 부인될 수 있다.

Ⅳ. 마 치 며

이상에서는 프랑스에서의 위약금제도에 대해 개관하였다. 그리고 우리 법에서의 관련제도와 비교하여 다음과 같은 특징이 있음을 알 수 있다.

우선, 프랑스에서의 위약금약정의 의의와 관련하여서는 이를 우리 식의 손해배상액의 예정과 비교할 수 있을 것이다. 특히, 그 적용영역의 면에서도 상당부분 유사성이 인정된다고 할 것이다. 다만, 프랑스민법 제1231-5조의 규정만을 놓고 볼 경우에는 그대로 우리 식의 손해배상액의 예정에 관한 내용과 대동소이한 것으로 이해할 수 있으나, 2016년 개정 이전의 프랑스민법 제1226조 이하에서의 규정내용은 위약금약정을 통하여 우리 식의 전보배상을 취할 수 있게 한 것으로 해석할 수 있다. 그 이유는 특히 지금은 삭제된 규정들로서 2016년 개정 이전의 프랑스민법 제1228조에서는 위약금의 청구 대신에 본래의 채무의 이행을 청구할 수 있다고 하는 한편, 제1229조 제1항에서 위약금과 본래의 주된 채무의 이행이 선택적 관계에 있음을 명문으로 확인하고 있기 때문이다. 따라서 프랑스에서의 위약금약정은 이러한 이유로 인하여 우리 식의 손해배상액의 예정과는 다소 차이가 있음을 발견할 수 있을 것이다.

그러나 다음의 것들에 대한 설명과 관련하여서는 우리 법에서의 손해배상액의 예정에 관한 해결방안과 유사한 결론에 도달하고 있음을 알 수 있다. 먼저, 프랑스에서의 위약금은 채무불이행에 대한 제재적 기능을 인정하지 않는다고 할 수 있는데, 이는 2016년 개정 이전의 프랑스민법 제1229조 제1항에서 보는 바와 같이 위약금이 채무불이행으로 인한 손해에 대한 '전보적 보상'임을 명시하고 있다는 점에서 알 수 있다. 아울러, 프랑스법에서의 위약금은 현행 프랑스민법 제1231-5조 제5항(2016년 개정 이전의 제1230조)에서도 명시하는 바와 같이, 채무불이행에 있어서 채무자의 귀책사유가 인정되는 경우에만 이를 청구할 수 있는 것으로 하고 있다. 그러나 그렇다고 하여 채무불이행으로 인한 구체적 손해가 채권자에게 발생하였다는 것을 입증할 필요는 없는 것으로 이해되고 있다. 따라서 이상과 같은 점들은 우리 법에서의 손해배상액의 예정에 대한 해석론과 마찬가지의 것으로 이해할 수 있다. 다만, 우리 법에서는 손해배상액의 예정이 과실책임이라는 점을 학설상의 견해대립에도 불구하고 판례를 통하여 인정하고 있는 부분이지만, 프랑스에서는 이를 명문으로 규정하고 있다는 점에서 시사점이 없지 않다. 아울러, 채권자에게 전혀 손해가 발생하지 않았음이 확인될 경우에는 손해배상액의 경감이라는 차원에서 법원이 직권으로 채무자를 위약금의 부담으로부터 완전히 해방될 수 있게 할 수 있다는 점에서도 우리 법에서의 해결책과 다소의 온도차가 발생할 수 있는 부분이기도 하다.

다음으로, 프랑스에서의 위약금제도가 우리 법에서의 손해배상액의 예정과 비교하여 가장 특징적인 점은 예정위약금이 과소한 경우에 이를 법원이 직권으로 증액할 수 있게 하고 있다는 점이다. 그리고 이러한 법원의 재량권을 제한하는 모든 약정을 무효로 다루고 있다는 점 또한 특징적이다. 한편, 우리 법에서의 해석론 중에는 예정배상액이 과다한 경우에만 공평의 원칙이 적용되어야 한다거나, 처분권주의에 비추어 법원의 직권증액은 허용되지 않는다거나, 법문의 문리해석상 증액이 불가하다는 시각이 지배적이다. 그러나 프랑스에서의 법원에 의한 위약금의 직권증액 가능성은 채권자와 채무자 양 당사자 사이의 공평이라는 점만을 고려한 것이 아니라 과소한 위약금약정을 통하여 채권자에 대해 권리를 주장할 수 있는 자들의 권리침해가 초래될 수 있다는 점을 고려한 입법이라는 점에서 우리 법에서도 시사하는 바가 적지 않다고 할 것이다.

끝으로, 프랑스에서는 2016년의 채권법 개정을 통하여 종래 9개 조문에 걸쳐서 규정하고 있던 위약금에 관한 규정을 1개 조문으로 통합하였다는 점도 주목할만하다. 즉, 법을 개정함에 있어서는 기존의 법 상황에서의 흠결을 보충하는 방향으로 추진되는 것이 일반적이라는 점에서 관련 제도에 대한 규정내용을 구체화하고 그 의미를 명확히 하는 과정에서 조문의 수가 늘어나는 것이 통상적이라고 할 수 있다. 그러나 프랑스에서는 위약금약정과 관련하여 규정내용을 대폭적으로 축소한 것으로 평가할 수 있는데, 이는 당연한 논리적 귀결이라고 평가할 수 있는 사항 또는 논란의 여지를 남길 수 있는 사항에 관한 규정들을 삭제하는 한편 규정 의미가 다소 불분명하였던 사항에 대해서는 보다 명확하게 규정하고 있다는 점에서 입법형식 또는 입법정책의 면에서도 우리 법에 시사하는 바가 없지 않은 것으로 평가할 수 있을 것이다.

유언능력과 부당한 영향

박 인 환*

Ⅰ. 서 론

조선시대 경국대전(經國大典)에 유언에 관한 상세한 규정이 마련되어 있었고[1] 그 밖에 유언을 둘러싼 송사(訟事)도 빈번하였다고 하는 점에 비추어 보면, 전통 양반사회에서 유언은 상당히 가까운 생활문화의 일부였던 것으로 보인다. 조선시대의 유언제도는 요식행위였음에도 불구하고 일제강점기 일제는 우리나라 사람들의 유언에 방식을 요구하지 않고 구술(口述)에 의한 유언도 효력을 인정하였으나,[2] 우리 민법은 제정 당시 대체로 의용민법을 참고하여 유언에 관한 엄격한 방식 규정을 도입하였다(민법 제1065조 내지 제1072조). 그러나 전통사회에서의 유언문화와는 달리 적어도 민법 시행 이후 우리 사회에서 유언을 하는 것은 흔한 일은 아니었다. 유언이 우리의 생활규범으로 가깝게 다가오기 시작한 것은 고도성장기를 거치면서 우리 사회에 개인 자산의 축적이 사회 저변으로 폭넓게 확산하고 개인의 재산처분에 대한 자유와 그 중요성에 대하여 더 많은 관심을 갖게 되면서부터가 아닌가 생각된다. 이러한 생활문화의 변화에 따라 근래 법정상속을 둘러싼 분쟁과 함께 유언을 둘러싼 분쟁도 빠른 속도로 증가하고 있다.[3] 그 중 유언에 관하여는 근래 유언능력을 둘러싼 재판례가 점차 증가하고 있는 점이 주목

---

* 인하대학교 법학전문대학원 교수.

1) 김주수 · 김상용, 친족상속법, 법문사, 2016, 790; 그 밖에 조선시대 유언과 관련된 법제에 대해서는 김민정, "조선초기 상속법제에서 유언 자유의 의미", 법사학연구 제37호(2008, 5); 김은아, "조선전기 유증제도의 구조적 특징", 한양대 법학논총 제26권 제4호(2009, 12), 327 이하; 최병조 · 이상훈, "經國大典과 유언의 자유", 서울대 법학 제59권 제2호(2018. 6), 1 이하.

2) 經國大典刑典私賤條에 따르면 소유재산인 노비(奴婢), 전택(田宅) 등을 자손에게 분급하기 위한 유언은 조부모와 부모에 한하였다(續大典刑典文記條에서는 외조부모도). 유언의 방식은 문자를 아는 자는 반드시 자필하여야 하고, 조모나 모는 친족 중에 顯官{조선 시대 직사(職事)가 있는 9품(九品) 이상의 문무관직(文武官職)을 이르는 말로서 직함(職銜)은 있으나 직사가 없는 허직(虛職) · 영직(影職)과 상대되는 말임(세종대왕기념사업회, 한국고전용어사전, 2001)}의 증인과 서명을 요하였으며, 문자를 모르는 것이 두루 알려진 자와 병에 걸린 자에 한하여 조모와 모의 예(例)에 따르도록 하였다. 김주수 · 김상용(주 1), 791.

3) 사법연감의 각 연도별 가사비송사건 통계를 보면, 2000년 가사비송사건 중 상속사건이 8,409건, 유언사건이 84건에 불과하였으나 2010년에는 상속사건이 30,301건, 유언사건이 224건에 이르렀고, 2019년에는 상속사건이 43,799건, 유언사건이 323건에 달하고 있다(접수 건수 기준).

된다. 고령사회에 진입한 우리나라에서 인지증 고령인구가 급속하게 증가하고 있는 현상과 관련하여 이러한 추세는 앞으로 가속화될 것으로 생각된다. 반면에 유언능력에 관한 우리 민법의 해석론은 ―근래 본격적으로 유언능력의 문제를 다룬 몇몇 선행연구들에도 불구하고[4)]― 이러한 추세에 대응하는 데에 충분하다고는 할 수 없다. 질병이나 장애로 취약한 정신상태에서 유언을 하는 경우 구수 등 유언 방식의 준수와 관련한 유언능력의 존부에 대한 판단 문제, 유언에 의하여 재산을 취득하는 등 이익을 갖는 사람들에 의한 부당한 영향과 그것이 유언능력이나 유언의 효력에 미치는 영향을 법적으로 어떻게 포착하여 규율할 것인가 하는 문제, 유언의 공정증서를 작성하는 공증인 등의 역할 등에 대하여 충분히 규명되지 않은 문제점들이 남아 있다. 본고를 통하여 기꺼이 사족(蛇足)에 우견(愚見)을 더하고자 하는 까닭이다. 이를 위하여 먼저 유언능력의 개념을 체계적으로 파악하기 위하여 의사능력의 개념에 관한 관점들에 대하여 살펴본다(Ⅱ). 다음으로 유언능력이 유언의 구수(口授) 방식의 이행과 관련하여 빈번히 문제가 된다는 점에 착안하여 구수 방식의 준수와 유언능력 판단과의 관계를 살펴본다(Ⅲ). 이어서 유언능력이 문제되는 많은 사안에서 본인이 주도적으로 유언을 작성한 경우보다는 주위의 이해관계인, 특히 유언에 의하여 재산적 이득을 얻는 사람의 주도로 유언이 작성되는 경우가 많다는 점에서 유언능력과 유언에 대한 부당위압(undue influence)의 관계를 검토한다(Ⅳ).

양창수 선생님의 크나큰 학은(學恩)에 보답하기에는 천학비재(淺學菲才)에 게으른 천성(天性)의 필자로서는 이것으로 선생님께 소람(笑覽)의 기회를 드리는 것에 만족하고자 한다.

Ⅱ. 의사능력과 유언능력

1. 민법 제1062조의 의의

우리 민법은 유언능력에 관하여 직접 규정한 명문의 조항을 두고 있지 않다.[5)] 이는 법률행위에 필요한 의사능력에 관하여 따로 규정하지 않은 것과 마찬가지이다.[6)] 다만, 우리 민법

4) 비교적 근래 유언능력을 다룬 것으로 손흥수, "유언능력 유무의 판단기준과 그 판단요소", 사법논집, 제55집(2012), 99 이하; 윤부찬, "유언능력에 관한 고찰", 공증과 신뢰 제5호(2012), 153 이하; 김형석, "유언의 성립과 효력에 관한 몇 가지 문제", 민사판례연구 제38권(2016), 1017 이하; 김현진, "치매와 유언능력의 판단", 외법논집 제41권 제1호(2017. 2), 321 이하; 정소민, "유언능력에 관한 연구", 한양대 법학논총 제35집 제2호(2018. 6), 75 이하.

5) 이에 반하여 상속 및 유언 법 전반에도 많은 영향을 미친 일본 민법은 제961조에서 "만 15세에 달한 자는 유언을 할 수 있다."고 규정하고(의용민법 제1061조 참조) 제962조에서 "제4조(성년연령), 제9조(성년피후견인), 제12조(피보좌인) 및 제16조(피보조인)의 규정은 유언에는 이를 적용하지 않는다."고 규정하는 외에(괄호 안은 필자 첨가, 의용민법 제1062조) 제963조에서 "유언자는 유언을 할 때에 그 능력을 가지고 있어야 한다."고 규정하고 있다.

6) 일본민법도 의사능력에 관하여는 별도의 규정을 두고 있지 않다. 일본민법의 기초자인 우메 겐지로(梅謙次郎)는 자신의 교과서에서 의사무능력(Willensunfähig)의 경우에는 법률행위의 요소인 의사를 결여한 것으로 법률

은 만 17세에 달하지 못한 자는 유언을 하지 못한다고 함으로써 만 17세를 유언적령으로 법정하고 있다(민법 제1061조). 이에 대하여 학설은 우리 민법이 만 17세 정도의 사람이 갖는 이해력을 기준으로 유언에 관한 의사능력을 규정한 것이라고 설명한다.[7] 그러나 획일적 기준으로 특정한 법률행위를 할 수 있는 자격을 제한하고 있다는 점에서 행위능력에 대한 특별규정으로 이해하는 것이 더 적절해 보인다.[8] 만 17세 이상이 되면 유언을 할 수 있는 의사능력이 있는 것으로 다루어지고(추정), 반대로 만 17세 미만의 미성년자는 실제 유언을 할 수 있는 의사능력이 있는지 여부와 관계 없이 유언능력을 배제한다는 점에서 미성년자의 행위능력에 관한 규율과 유사하기 때문이다. 따라서 미성년자의 일반적 법률행위와는 달리 17세 이상으로 유언을 함에 있어서는 법정대리인의 동의는 필요하지 않다. 반대로 17세 미만의 미성년자는 법정대리인의 동의를 얻거나 ―유언의 성질로부터 추론되는 것이기도 하지만― 대리에 의해서도 유언할 수 없다(민법 제1062조). 다른 한편으로 우리 민법은 통상의 법률행위에 대하여는 행위능력이 배제되는 피성년후견인이라고 하더라도 의사능력을 회복한 때에는 유언을 할 수 있고, 다만 피성년후견인이 유언을 하려면 의사가 심신회복의 상태를 유언서에 부기하고 서명·날인할 것을 요구하고 있다(제1063조). 반면에 만 17세 이상이고 피성년후견인이 아니더라도 정신적 장애 등으로 유언에 필요한 이해력과 판단력을 갖추고 있지 못하다면 유효한 유언을 할 수 없음은 자명하다(의사능력). 유언의 행위능력에 관한 민법 제1061조는 만 17세 이상인 사람의 유언능력(의사능력)에 관한 추정을 제공하고 있을 뿐이기 때문이다.[9] 그런데 왜 법률행위 일반과는 달리 유언에 있어서는 만 17세를 행위능력의 기준으로 하였는지에 대하여는 추가적인 설명이 필요하다. 학설은 유언의 내용을 이해하고 그 결과를 판단할 정도의 의사능력이 있으면 유언능력이 있고 반드시 일반적인 재산적 법률행위를 할 수 있는 능력을 갖추고 있을 필요는 없다고 보아야 한다고 한다.[10] 그 이유에 대하여 학설은 행위자 자신을 보호하는 것이 목적인 무능력자제도를 그대로 엄격하게 유언에 적용할 필요가 없으며, 유언은 사망한 사람의 최종의 의사를 존중하려는 데에 그 존재의의가 있다고 볼 수 있으므로 오히려 무능력자제도의 취지를 완화하여 본인의 최종의사를 존중하는 것이 타당하다고 한다.[11] 이러한 설명은 의용민법의 입

행위가 성립하지 않으므로 굳이 무능력자라고 이를 규정하지 않는다고 밝히고 있다{梅謙次郎, 訂正增補 民法要義(卷之一), 有斐閣書房, 1909}, 13; 일본민법 제정과정 및 학설사적 관점에서의 의사능력 개념의 전개와 근래 일본 채권법개정에서 의사능력에 관한 입법론적 논의에 관하여는 우선, 백승흠, "일본민법에서 의사능력 개념의 발전과 수용", 동북아법연구 제13권 제3호(2020. 1), 115 이하 참조.

7) 김·김(주 1), 793; 곽윤직, 상속법, 박영사, 1997, 369.

8) 가령 "일반적인 법률행위에 있어서 행위능력이 요구되는 것과 마찬가지로 유언을 유효하게 하기 위해서는 유언자에게 유언능력이 있어야 한다. 민법은 이를 일반적인 행위능력보다 완화하여 미성년자라도 17세에 달하면 유언을 할 수 있다고 규정하고 있다."는 설명도 같은 취지로 보인다. 윤진수, 친족상속법, 박영사, 2018, 502.

9) 김형석(주 4), 1027.

10) 윤진수(주 8), 502.

11) 김·김(주 1), 793.

법자의 설명으로 소급된다. 그에 따르면 "유언도 역시 법률행위이므로 만약 특별한 규정이 없으면 유언의 능력도 역시 총칙의 처음에 규정하고 있는 바에 의거하여야 함은 의문이 없으나, 한편으로 유언은 신성(神聖)한 것으로서 무엇보다도 사자(死者)의 의사를 중시하고자 하는 입법정신에 의하여 다른 법률행위와 같이 법정대리인으로 하여금 대신하게 하거나 일정한 사람의 동의를 얻어 이를 할 수 있도록 하는 것은 이를 인정할 수 없다. 다른 한편으로 통상의 법률행위는 반드시 일정한 때에 이를 할 것을 요하지 않아 가령 미성년자가 성년에 달할 때까지 기다렸다가 이를 해도 되는 경우가 많지만, 유언은 반드시 사망 전에 하지 않으면 안 되므로 도저히 후일(後日)을 기하기 어려운 경우가 많다. 그러므로 그 능력을 너그럽게 할 필요가 있다." 라고 한다.[12)]

비교법적으로도 영국과 스웨덴은 만 18세로 성년연령과 동일하지만 그 밖에 일본은 만 15세(일본민법 제961조), 독일(독일민법 제2229조 제1항)과 프랑스(프랑스민법 제904조)는 만 16세와 같이 대체로 성년연령보다 낮은 연령에서 유언의 행위능력을 인정하는 경우가 많다.[13)] 그러나 현재의 시점에서 만 17세 유언적령 규정이 적당한 것인지는 입법론적으로 검토의 여지가 있다. 당초 민법 제정 당시에 의용민법이 만 15세로 정한 것과 달리 어떤 이유에서 만 17세로 상향하였는지는 분명하지 않고, 근래 우리나라는 이미 성년연령을 만 19세로 인하한 바 있기 때문이다(민법 제4조). 성년연령 인하에 관한 입법적 고려가 유언적령에도 미칠 수 있다.[14)]

2. 의사능력과 유언능력

앞서 살펴본 것처럼 우리 민법은 유언적령에 관한 규정을 둔 것 외에 유언능력의 의의에 관하여는 규정하고 있지 않다. 학설은 유언은 일종의 의사표시이므로 의사능력이 없는 자가 한 유언은 무효라고 하여 유언능력을 유언에 관한 의사능력으로 이해한다.[15)] 나아가 유언에 필요한 의사능력이 어떤 것인지에 대해서는 "유언의 내용을 이해하고 그 결과를 판단할 정도의 의사능력"이라고만 하고 더 구체적인 설명을 하고 있지 않다.[16)] 결국 유언능력의 정의는 법률행위 일반의 의사능력으로 환원된다. 따라서 유언능력의 해명은 법률행위 일반의 의사능력으로부터 출발할 필요가 있다.

학설은 의사능력에 대하여, '자기의 행위의 의미나 결과를 정상적인 인식력과 예기력으로

---

12) 梅謙次郎, 民法要義 巻之五(相續編), 有斐閣書房, 1910, 261(覆刻版); 이와 유사한 맥락의 설명으로 윤부찬(주 4), 157; 김현진(주 4), 330.

13) 김현진(주 4), 329. 김현진 교수는 혼인연령과의 관계에서 유언적령의 타당성을 검토하고 있다.

14) 일본의 만 15세 유언적령은 입양의 동의(일본민법 제797조) 및 협의파양 및 파양의 소를 제기할 수 있는 연령(각 만 15세, 일본민법 제811조, 제815조)과 관련하여 그 타당성을 구하고 있다. 新版注釈民法(28), 有斐閣, 2002(補訂版), 55(中川善・加藤)

15) 김・김(주 1), 793.

16) 윤진수(주 8), 502; 주해상속법 제1권, 박영사, 2019, 643(현소혜).

합리적으로 판단할 수 있는 정신적 능력 또는 지능'으로 정의한다.[17] 이 의미는 결국 통상인이 가지는 정상적인 판단능력을 뜻하는 것으로 이해되는데[18] 전통적 견해는 이러한 의사능력은 대체로 만 7세 (내지 10세) 전후 어린이의 정신능력이 있으면 인정된다고 본다.[19] 여기서의 정신능력은 행위능력에서 보다 크게 낮은 것이라고 해야 한다는 점에서 의사능력은 단지 행위의 사회적 의미를 이해할 수 있는 정신능력을 내용으로 한다고 부연(敷衍)한다.[20] 그러나 이러한 설명은 의사능력의 유무를 구체적인 법률행위와 관련하여 개별적으로 판단되어야 할 것으로 보는 최근의 판례의 태도와는 조화되지 않는 측면이 있다. 근래 판례는 의사능력에 대하여 학설을 좇아 "자신의 행위의 의미나 결과를 정상적인 인식력과 예기력을 바탕으로 합리적으로 판단할 수 있는 정신적 능력 내지는 지능을 말한다고 하면서도, 의사능력의 유무는 구체적인 법률행위와 관련하여 개별적으로 판단되어야 할 것이라고 한다.[21] 여기서 한 걸음 더 나아가 어떤 법률행위가 그 일상적인 의미만을 이해하여서는 알기 어려운 특별한 법률적인 의미나 효과가 부여되어 있는 경우 의사능력이 인정되기 위하여는 그 행위의 일상적인 의미뿐만 아니라 법률적인 의미나 효과에 대하여도 이해할 수 있을 것을 요한다고 본다.[22] 이러한 판례 법리는 만 7세 전후에 기대되는 정신능력으로는 기대하기 어려운 것이다.

따라서 여기에는 서로 이질적인 두 가지 관점이 무리하게 연결되어 있는 것으로 보인다. 하나는 법률행위의 행위로서의 사회적 의미나 결과를 이해할 수 있는 어떤 객관적 기준(그 최소한으로서 만 7세 연령 수준)의 정신능력을 의사능력으로 이해하는 것이고 다른 하나는 결정해야 할 구체적인 법률행위의 의미와 효과(판례에 따르면 당해 법률행위 고유의 특별한 법률적 의미나 효과)를 이해할 수 있는 정신능력으로서 그 법률행위의 복잡성과 난이도에 따라 요구되는 정신능력도 달라질 수 있다는 의미에서 의사능력을 당해 법률행위와의 관계에서 상대적으로 이해하는

---

17) 곽윤직 · 김재형, 민법총칙, 박영사, 2013, 109.

18) 주석민법총칙(1) 제5판, 한국사법행정학회, 2019, 274(신숙희).

19) 김주수 · 김상용, 민법총칙, 삼영사, 2013, 97 같은 면은 다만 과자를 사는 법률행위는 7세 정도의 의사능력으로 충분하나 부동산매매계약의 경우에는 13세 정도, 신분행위는 15세 정도를 의사능력의 대체적 기준으로 제시하고 있다; 그 밖에 김증한 · 김학동, 민법총칙, 박영사, 2013, 120. 송덕수, 민법총칙, 박영사, 2018, 154도 만 7세 미만은 대체로 의사능력이 없다고 본다.

20) 김증한 · 김학동(주 19), 120.

21) 대법원 2002. 10. 11. 선고 2001다10113 판결(공2002, 2675)

22) 대법원 2006. 9. 22. 선고 2006다29358 판결(미간행); 대법원 2009. 1. 15. 선고 2008다58367 판결(공2009상, 155); 주해상속법 제1권(주 16), 642(현소혜)도 유언능력과 관련하여 이러한 설명을 따르고 있다. 그러나 실제 사안(일본의 관결들 포함)에 대한 분석을 수행한 연구에 의하면, 한국과 일본의 법원에 의해서 의사무능력자로서 인정을 받은 자들은 대부분 일상적인 생활에 필요한 행위조차도 스스로 할 수 없거나 할 수 없는 단계에 이른 사람들이었다는 점에서, 행위자가 자신이 행한 행위의 일상적인 의미조차 제대로 파악하지 못하는 정도의 상황이라면 "의사능력이 인정되기 위하여는 그 행위의 … 법률적인 의미나 효과에 대하여도 이해할 수 있을 것을 요구"하는 것은 아무런 의미가 없다는 견해도 있다. 이준현, "의사무능력자의 법률행위", 인권과 정의 통권 제404호(2010. 5), 100 이하.

것이다. 전자의 관점은 반드시 구체적 법률행위를 전제로 하지 않고 행위자의 일반적 정신능력에 초점을 맞춘다는 점에서 하나의 인적 속성으로서의 객관적 정신능력이라고 할 수 있는데 반하여, 후자는 결정해야 할 특정 법률행위를 전제로 바로 그 행위를 합리적으로 이해하고 판단할 수 있는 능력이라는 점에서 기능적 관점에서 상대적으로 파악된 정신능력이라고 할 수 있다.[23]

이러한 관점의 차이는 근래 일본 채권법 대개정으로 의사표시에 관한 규정을 명문화하는 입법논의에서도 재현되었다. 당시 일본은 채권법 대개정의 일환으로 의사능력에 관하여 "법률행위의 당사자가 의사표시를 한 때에 의사능력을 가지지 않았을 때에는 그 법률행위는 무효로 한다."(제3조의2)라는 규정을 신설하였다.[24] 그러나 여기서 요구되는 의사능력이 무엇인가에 대하여 의사능력의 의의에 대한 규정은 두지 않았다.[25] 그 논의과정에서 의사능력이 무엇인가, 즉 법률행위를 하는 것의 의미의 이해와 관련하여 ① 사람의 일반적인 속성으로서의 사리변식능력(事理辨識能力)인가 아니면, ② (당해) 법률행위에 기한 권리의무의 변동의 의미를 이해하는 능력인가에 대하여 다투어졌다.[26] 전자의 경우에는 초등학교 입학 정도의 지적 정신적 성숙도(6세 정도)가 대체적인 기준이 되는 데 반하여 후자의 경우에는 법률행위의 내용에 따라서 의사능력의 유무를 판단하게 된다.[27] 이에 대하여 일본의 채권법개정과정에서의 다음과 같은 발언

23) 전자의 관점은 일본민법 제정 당시 입법자들의 이해에서 출발한 것인 데 반하여 후자의 관점은 민법 시행 이후의 판례와 학설에 의하여 형성된 것이다. 그에 관하여는 우선 박인환, "UN장애인권리협약과 성년후견 패러다임의 전환 —의사결정대행에서 의사결정지원으로—", 가족법연구 제28권, 제3호(2014. 11), 195 이하.

24) 의사능력이 없는 상태에서 한 법률행위가 무효라는 것은 판례·학설상 다툼이 없으나 민법에 의사능력에 관한 일반규정이 없어 일반적으로는 이 준칙(rule)을 알기 어려운 데 반하여 판단능력이 저하된 고령자의 재산거래에 관한 분쟁에 대응하기 위한 규율로서 의사능력에 관한 규율의 중요성이 높아졌다는 것을 명문화의 이유로 제시하고 있다. 日本民法(債権関係)部会資料 第73A(일본법무성 홈페이지<http://www.moj.go.jp/content/000108371.pdf>에서 다운로드 가능(이하 다른 部會資料에 대해서도 같다. 2021. 7. 25. 최종방문)), 25; 筒井健夫 외, 一問一答民法(債権関係)改正, 商事法務, 2019, 13. 입법의 의의에 대해서는 확립된 판례에 의하여 현재 통용되는 준칙을 국민 일반이 알기 쉽게 명문화한 것에 지나지 않으므로 동조 시행이 실무에 미치는 영향은 크지 않을 것으로 평가되고 있다. 上山 泰, "意思能力概念の意義と機能", 安永正昭 외, 債権法改正と民法学 1, 商事法務, 2018, 351.

25) 그 이유는 실무 재판례에서 의사능력이라는 문언이 정착되어 있으므로 그 내용을 구체화할 필요가 적다고 생각되고 이론적으로도 의사능력의 판단에 있어서 정신상의 장애라고 하는 생물학적 요소와 합리적으로 행위를 할 능력을 결여한 심리학적 요소 쌍방을 고려할 것인가, 심리학적 요소만을 고려할 것인가의 문제, 판단 변식능력만이 아니라 자기의 행위를 지배하는 데에 필요한 제어능력을 고려할 것인가의 문제에 대하여 견해가 나뉘어져 있기 때문이라고 하였다. 日本民法(債権関係)部会資料 第73A(주 24), 26. 그 밖에 법제심의회에서 의견이 나뉘었던 그 밖에 의사능력과 관련한 입법과제로서 상대방 보호를 위한 예외적 유효화의 가능성, 일상생활행위에 대한 의사무능력법리의 적용 여부, 의사무능력 무효의 효과에 관한 명문화 역시 모두 입법에 이르지 못하여 계속해서 해석론에 맡겨지게 되었다.

26) 전자는 加藤雅信 교수가 주축이 되어 구성된 민법개정연구회의 안에서 유래한 것인 데 반하여 후자는 법무성 법제심의회의 민법 개정 논의가 본격화하기 전 그 밑그림을 그리기 위하여 법무성의 비공식적 지원하에 법제심의회 민법부회 주류 멤버를 주축으로 구성되었던 민법(채권법)개정검토위원회의 안이다. 上山 泰(주 24), 355-359; 日本民法(債権関係)部会資料 第12-1, 3 이하.

(山本敬三)이 이를 잘 설명하고 있다. "① 본래 사람의 행위 일반을 상정하여 원래 그 사람의 행위에 해당하는 것이라고 하기 위하여 필요한 능력은 무엇인가라는 것을 묻는 것이라고 생각됩니다. 이에 의하면 무릇 사람의 행위에 해당하는 것을 하였다 라고 하기 위해서는 대체 몇 세 정도의 지능이 필요한가와 같이 가령, 5세인가, 6세인가, 7세인가 같이 객관적 절대적인 기준이 세워져야 한다고 생각합니다. ② 이에 반하여 의사능력에서 문제가 되는 것은 … 그와 같은 다양한 종류의 법률행위를 스스로 했다고 할 수 있는가 라고 말할 수 있는지 여부입니다. 여기서는 그와 같은 각종의 법률행위마다 …필요한 능력은 어떤 것인가 라는 것이 문제가 되게 됩니다. 실제 지금까지의 재판례를 보더라도 … 가령 소액의 차금을 하는 경우와 고액의 차금을 하는 경우 나아가 담보로서 저당권을 설정하는 경우 혹은 더욱 복잡한 양도담보권을 설정하는 것과 같은 경우 등 그에 따라 행위의 의미를 변식하는 능력도 달라지는 결과, 의사능력의 유무도 달라지게 되는 것입니다."[28] 이어서 鹿野菜穂子 위원은 다음과 같이 덧붙이고 있다. "제한행위능력에 대해서는 '사리변식능력'이라는 문구가 조문상 이용되고 있는데, 이는 행위능력의 제한과 관련된 심판을 하는 때의 기준으로서 그 일반적인 판단기준이 거기에 마련되어 있는 것이라고 생각합니다. 이에 반해 의사능력은 해당 구체적인 법률행위와 관련하여 그 법률행위의 의미를 이해하는 능력이 있었는가 아닌가 하는 것이 문제가 된다는 점에서 행위능력의 경우와 차이가 있다고 생각합니다. 즉 의사능력은 문제가 되고 있는 당해 법률행위와 관련하여 판단되는 바의 상대적인 개념으로서 파악할 수 있지 않을까 생각해 왔습니다."[29]

이와 같은 입장을 따르게 되면 전통적 의미에서의 의사능력은 있더라도 대상이 되는 행위 자체가 복잡하거나 위험한 경우에는 그에 맞게 높은 정도의 판단력이 요구되게 되므로 이러한 입장을 관철한다면 고령자가 가령 파생상품과 같이 복잡한 금융상품을 구입하는 경우에는 전통적인 의미에서의 의사능력은 있더라도 동조에 있어서의 의사능력은 없다고 판단될 여지가 생기게 된다.[30] 이러한 우려에서 위 두 위원의 설명에 대하여 가령, "파생상품거래와 같이 매우 전문적이고 복잡한 계약에 대해서는 … 저를 포함해 여기에 계신 선생님들 중에도 혹은 의사무능력이라고 판정될 수도 있는 것은 않을까"라는 우려와 앞서의 이해가 일반적인 의사능력의 의미에 대한 이해와 상당히 달라진다는 점에서 다른 법리, 예를 들어 정보제공의무라든가, 혹은 상황의 남용이라든가 해서 처리해야 하는 것은 아닌가 라는 우려에서의 반대견해가 제기되었다.[31]

27) 입법과정의 중간시안에서는 법률행위 부분에서 제안되었으나 최종적으로는 사람(인)에 관한 부분으로 옮겨졌다. 의사능력은 사람의 능력으로 행위능력의 전제라는 점에서 개정법의 규정 배치의 타당성을 설명하고 있다. 그러나 이것이 인적 속성으로서의 의사능력 관점의 채용을 시사하는 것은 아니라고 한다. 潮見佳男, 民法(債権関係)改正法の概要, 金融財政事情研究会, 2017, 2.

28) 日本法制審議會, 民法(債権関係)部会議事録 第10回, 18-19(山本敬三의 발언).

29) 民法(債権関係)部会議事録 第10回(주 28), 19-20(鹿野菜穂子의 발언).

30) 中田裕康 외, 講義債権法改正, 商事法務, 2017, 20(大村敦志).

위와 같은 의사능력에 관한 상반된 관점은 유언능력에도 그대로 전사(轉寫)될 수 있다. 무엇보다도 유언능력을 판정하는 데에 있어서 정신능력의 손상 그 자체가 유언무능력을 의미하지 않는다는 것은 분명하다. 가령 정신장애나 발달장애가 있다고 해서 유언능력이 없다고 단정해서는 안 된다. 특히 정신장애로 인한 망상(妄想)이 있더라도 그것이 유언의 동기에 영향을 미치는 등으로 유언 작성과 관련된 경우에만 유언능력에 영향을 줄 수 있다.[32)]

그런데 당해 법률행위와의 관련하에 의사능력을 파악하는 관점에 따르면 유언능력에 있어서도 당해 유언의 복잡성이 유언능력의 판단에 영향을 미칠 수 있다. 그러나 일부의 견해는 가령, 정신능력에 비추어 복잡한 유언은 어렵지만 간단한 유언은 가능하다는 식으로 판단력의 정도에 따라 단계적인 유언능력을 인정하는 것은 허용되지 않는다고 본다. 그러한 단계적 능력개념은 우리 민법이 알지 못할 뿐만 아니라 개별적 사항별로 능력 단계를 평가·확인해야 하는 불명확함이 있기 때문에 복잡한 분쟁 발생 위험이 있다는 것이다.[33)] 가령, 독일에서도 통설에 따르면 유언능력은 관계자에게 미치는 결과도 고려하여 자신의 구체적인 표시의 효과를 이해할 수 있을 때에만 유언능력이 있다고 보므로 단지 유언 작성에 대한 일반적인 관념만으로 유언능력을 판단하는 것은 충분하지 않다고 본다. 구체적으로 유언자의 능력에 기초하여 이러한 평가를 하는 경우 유언처분의 범위와 복잡성은 참작하지 않는 것인지는 분명하지 않고, 오히려 유언자와 관계에서는 해야 할 결정의 복잡성의 정도에 따라 단계적 상대적 유언능력을 인정하는 것이 더 설득력이 있다는 견해도 있다.[34)]

생각건대, 유언 내용이 상속재산의 전부 또는 2분의 1을 누구에게 유증한다는 것과 같이 유언의 법적 효과의 단순성만으로 유언능력의 허들(hurdle)이 결정되지는 않는다. 무엇보다도 그러한 유증이 상속 기대권을 가지는 법정상속인들에게 어떤 영향을 미치는지 그것을 받아들일 것인지 여부에 관한 이해와 판단이 가능하여야 한다. 이러한 영향은 통상의 법률행위에 있어서 의사능력의 판단에 있어서도 마찬가지로 고려될 수 있다. 가령 주택 매매계약으로 상당한 대금을 받고 소유권을 이전시켜 줌으로써 자신은 소유권을 잃는다는 사실을 명확히 인식하였다고 하더라도 거기에 거주하고 있는 근친이 주거를 상실하여 쫓겨나게 된다는 것을 인식하고 인용하는 의사를 가질 수 없었다면 그 법률행위의 성질과 효과에 대한 명확한 인식에도 불구하고 의사능력이 부족한 것으로 판단할 수 있다. 의사능력은 당해 법률행위의 성질과 효과뿐 아니라 그것이 행위자의 사회적 관계에 미치는 영향이라는 맥락에서도 이해와 판단력을 요

31) 民法(債権関係)部会議事錄 第10回(주 28), 20-21(深山雅也 및 松本恒男의 각 발언).

32) 김형석(주 4), 1028에 소개된 적실한 외국의 사례 참조.

33) 김형석(주 4), 1028; 이에 찬동하는 견해로 정소민(주 4), 99. 김형석 교수는 이것이 독일의 통설로서 그러한 상대적 유언능력은 입법조치가 있어야 가능하다고 본다. 종래 독일의 판례와 학설이 단계적 상대적 유언능력의 개념에 대하여 소극적이었던 것은 사실이다. 그러나 최근에는 이를 긍정하는 견해가 늘어나고 있다는 평가도 있다. Leipold, Erbrecht, Mohr Siebeck, 2020, Rn. 269a.

34) MükoBGB/Hagena 7. Aufl., 2016, BGB § 2229, Rn.15.

구하기 때문이다. 이러한 사정들은 통상 법률행위의 외부의 사태로서 그 성질상 기껏해야 법률행위를 할 것인지 여부를 결정하는 동기와 관련될 수 있는 것에 불과하지만, 의사능력은 법률행위 자체의 의미와 법적 결과뿐만 아니라 그로 인한 사회적 결과(영향)에 대한 이해와 판단에도 미치기 때문이다. 그런데 유언에 있어서는 통상 유증 등에 의하여 영향을 받는 상속 기대권자가 존재한다는 점에서 유언이 유언자의 사회적 관계에 미치는 영향이 유언능력의 판정에 있어서는 보다 더 중요하게 고려될 필요가 있다. 따라서 유언상 처분의 난이도만으로 단계적 상대적 유언능력 개념을 형성하는 것은 옳지 않다. 그러나 의사능력을 적어도 당해 법률행위를 전제로 평가하여야 한다는 점에서 유언의 내용적 복잡성 역시 유언이 다른 사회적 인간 관계에 미치는 영향의 중대성 내지 복잡성과 마찬가지로 유언능력의 평가에 고려되어야 할 것이다. 유언능력에 대한 이러한 관점은 의사결정능력 평가에 관한 최근의 주류적 방법인 기능적 접근법과도 일치한다.[35)]

Ⅲ. 구수(口授)와 유언능력

1. 구수방식의 의의

유언은 모두 민법이 정한 다섯 가지 법정방식 가운데에 하나의 방식에 의하여 작성되어야 한다(민법 제1065조 내지 제1072조). 유언 방식의 취지에 대하여 유언자가 사망한 후에 비로소 효력이 발생하므로 당해 유언이 유언자의 의사에 기초한 것인지 여부를 확인하기가 쉽지 않기 때문에 유언자의 진의를 명확히 하고 유언자의 내심의 의사를 둘러싼 분쟁과 혼란을 예방할 필요가 있다는 점이 거론된다.[36)] 유언 당시 유언자의 진의를 분명히 한다는 방식의 목적은 진의 형성의 전제로서 당연히 유언능력의 존부에도 미친다. 방식 준수와 관련하여 유언능력이 빈번히 문제되는 것이 구수(口授)의 방식이다. 구수는 유언방식 중에서도 공정증서유언과 긴급한 상황에서의 예외적 특별방식으로서 구수유언에 각각 포함되어 있다.

구수(口授)란, 원칙적으로 말을 하여 그 취지를 전달하는 것을 의미한다.[37)] 구수의 방식은 문자를 이해하지 못하거나 스스로 필기를 할 수 없는 사람이라도 이를 이용할 수 있으나 질병이나 장애로 말을 할 수 없는 사람은 그 유언의 취지를 구수할 수 없어서 사실상 공정증서에 의한 유언을 할 수 없다는 문제가 있다.[38)] 입법론적으로는 서면방식의 공정증서 유언 작성을

35) 영국에 있어서 2005 정신능력법(Mental Caapacity Act)과 유언능력 인정에 대한 기능적 접근법에 대해서는 손흥수(주 2).

36) 김 · 김(주 1), 794; 주해상속법 제1권(주 16), 634(현소혜).

37) 김 · 김(주 1), 800; 곽윤직(주 7), 383; 주해상속법 제1권(주 16), 674(현소혜).

38) 일본은 1999년 법률개정에 의해 언어장애가 있는 자와 청각장애인을 위한 공정증서 유언방식에 관한 일본민법 제969조의2를 신설하였다. 그 내용은 다음과 같다; 제969조의2(말할 수 없는 자의 공정증서유언) ① 말을 할 수 없는 자가 공정증서에 의하여 유언을 작성하는 경우에는 유언자는 공증인 및 증인의 면전에서 유언의 취지

허용하는 것이 바람직하다는 견해가 있는 까닭이다.[39] 그러나 현행법으로서 구수요건은 공정증서유언이나 특별유언으로서의 구수유언에 필수적 방식요소이다. 다만, 유언 실무에 있어서 구수요건은 상당히 완화된 모습을 보이고 있다.

2. 실무에 있어서 구수방식의 완화

우선 판례는 "공증인이 유언내용의 취지를 유언자에게 말해주고 그렇소? 하고 물으면 유언자는 말은 하지 않고 고개만 끄덕거리"는 것으로는 유언자가 구수한 것이라고 할 수 없다고 본다.[40] 그러나 이러한 사안들은 모두 유언자가 반혼수상태 또는 기면성(嗜眠性) 정신상태에 있었던 것들로서 유언을 할 수 있는 정신상태에 있었는지가 매우 의문스러운 경우들이었다.[41] 이들 사례에 대해서는 구수하지 못한 사실 자체로부터 유언능력에 대한 의문을 가질 수 있고 실제 유언능력이 의심스러운 상황에 있었다면 구수의 방식요건에 의하여 유언능력이 결여된 유언의 성립이 저지됨으로써 유언 성립에 있어서 방식성의 허들이 본래의 취지대로 작동한 것으로 평가할 수 있다.

반면에 유언능력이 있다고 사실을 확정한 사안에 대하여는 판례·통설 모두 구수방식의 취지와는 사뭇 다른 방법으로 작성된 공정증서유언에 대하여도 구수방식의 충족을 인정하고 있다.

먼저 대표적인 두 판결을 살펴본다.

를 통역인의 통역에 의하여 진술하거나 자서하여 제969조 제2호의 구수에 대신하여야 한다. 그 경우에 있어서 동조 제3호의 규정의 적용에 대해서는 동호 중 '구술'이라고 하는 것은 '통역인의 통역에 의한 진술' 또는 '자서'로 한다. ② 제969조의 유언자 또는 증인이 청각장애인인 경우에는 공증인은 동조 제3호에 규정한 필기한 내용을 통역인의 통역에 의하여 유언자 또는 증인에게 전달하여 동호의 낭독에 대신할 수 있도록 한다. ③ 공증인은 전 1,2항에 정한 방식에 따라서 공정증서를 작성할 때는 그 취지를 증서에 부기하도록 한다. 일본 개정 민법의 자세한 내용과 연혁에 관해서는 김영희, "공정증서유언과 장애인차별", 가족법연구 제16권 제1호(2002. 3), 268 이하 참조. 독일법에 있어서 공정증서유언과 서면방식의 공정증서유언 등 장애인을 위한 특별방식에 대해서도 같은 글 274 이하 참조. 우리 법상 신체장애인과 정신장애인의 유언능력에 대해서는 윤부찬(주 2), 161 이하, 173 이하 참조.

39) 서면방식의 공정증서에 의한 유언 규정의 신설을 제안하는 것으로 현소혜, "유언방식의 개선방향에 관한 연구", 가족법연구 제23권 제2호(2009. 7), 32. 그러나 김형석, "유언방식의 개정방향", 윤진수 외, 상속법개정론, 박영사(2020), 106 이하는 공정증서 유언에 있어서 서면의 교부만으로 유언의 취지를 전달할 수 있으면 타인의 영향하에 있는 유언자가 그 타인이 작성한 서면을 그저 전달하는 것에 그침으로써 타율적 유언의 위험이 더욱 크게 될 우려가 있다는 점에서 구수를 원칙으로 하되 구수와 청취에 장애가 있는 사람에 대해서는 예외적으로 유언서의 교부 및 증서의 열람에 따른 확인을 가능하도록 하는 규율이 적절하다고 한다. 김·김(주 1), 800도 대체로 이러한 취지라고 이해된다.

40) 대법원 1980. 12. 23. 선고 80므18 판결(공1981, 13584); 대법원 1993. 6. 8. 선고 92다8750 판결(공1993, 1989); 대법원 1996. 4. 23. 95다34514 판결(공1996, 1562) 유언능력의 관점에서 각 판결들에 대한 상세한 분석과 검토는 손홍수(주 2)(일본 판결례도 포함), 김현진(주 2), 정선미(주 2)의 각 선행연구를 참조하기 바란다.

41) 홍승면, "구수증서에 의한 유언에 있어서 유언취지의 구수", 대법원판례해설 제60호, 2006(상), 153; 손홍수(주 2), 108 및 동소 각주 25)의 각 인용문헌; 주해상속법 제1권(주 6), 675(현소혜).

"'유언취지의 구수'라고 함은 말로써 유언의 내용을 상대방에게 전달하는 것을 뜻하는 것이므로 이를 엄격하게 제한하여 해석하여야 하는 것이지만, 공증인이 유언자의 의사에 따라 유언의 취지를 작성하고 그 서면에 따라 유언자에게 질문을 하여 유언자의 진의를 확인한 다음 유언자에게 필기된 서면을 낭독하여 주었고, 유언자가 유언의 취지를 정확히 이해할 의사식별능력이 있고 유언의 내용이나 유언 경위로 보아 유언 자체가 유언자의 진정한 의사에 기한 것으로 인정할 수 있는 경우에는, 위와 같은 '유언취지의 구수' 요건을 갖추었다고 보아야 할 것"이라고 한다.[42] 동 판결의 원심이 확정한 사실관계는 다음과 같다. 유언 하루 전날 원고(수증자)가 증인 2명과 함께 공증인 사무실을 찾아가서 공증에 필요한 서면 등을 미리 작성한 후 공증 변호사가 망인의 자택을 방문하여 위 서면에 따라 망인에게 질문을 하여 확인절차를 거치고 망인이 공정증서에 서명날인하였다. 망인은 유언 당시 만 69세여서 거동이 불편하긴 하나 의식이 명료하고 언어소통에 지장이 없었으며, 공증 변호사가 망인에게 유증할 대상자와 유증할 재산에 대하여 묻자 망인은 원고에게 '논, 밭, 집터, 집'이라고 대답하였고 공증 변호사는 미리 작성하여 온 공정증서의 내용에 따라 망인에게 등기부에 기재된 지번과 평수 및 그 지역에서 부르는 고유 명칭을 하나하나 불러주고 유증의사가 맞는지를 확인하였다. 그 후 공증 변호사는 망인에게 유언공정증서의 내용을 읽어주고 이의가 없는지를 확인한 후 공정증서 등에 망인과 증인 소외 2, 3의 자필서명을 받았다. 이와 같이 확정된 사실에 기초하여 원심은, 위와 같이 망인이 의식이 명확한 상태에서 본인의 의사에 따라 유증할 의사를 밝혔고, 사전에 작성하여 온 공정증서에 따라 공증인이 개별 부동산에 대하여 불러준 후 유증의사가 맞는지 확인함과 더불어 유언공정증서의 내용을 낭독하고 이의 여부를 확인한 후 망인의 자필서명을 받은 점에 비추어 이 사건 공정증서에 의한 유언은 유언자의 구수가 있었다고 보아야 할 것이고, 비록 공증인이 미리 유언내용을 필기하여 왔고 이를 낭독하였더라도 유언자의 구수내용을 필기하여 낭독한 것과 다를 바 없으므로 이 사건 공정증서에 의한 유언은 민법 제1068조의 요건을 모두 갖추어 유효하다고 판단하였다. 대법원은 위 판시에 의거하여 상고를 기각하고 원심판결을 확정하였다.

또 다른 사안에 대하여도 대법원은 "제3자에 의하여 미리 작성된 유언의 취지가 적혀 있는 서면에 따라 유언자에게 질문을 하고 유언자가 동작이나 한두 마디의 간략한 답변으로 긍정하는 경우에는 원칙적으로 유언 취지의 구수라고 보기 어렵다고 할 것이지만, 공증인이 사전에 전달받은 유언자의 의사에 따라 유언의 취지를 작성한 다음 그 서면에 따라 유증 대상과 수증자에 관하여 유언자에게 질문을 하고 이에 대하여 유언자가 한 답변을 통하여 유언자의 의사를 구체적으로 확인할 수 있어 그 답변이 실질적으로 유언의 취지를 진술한 것이나 마찬가지로 볼 수 있으며, 유언자의 의사능력이나 유언의 내용, 유언의 전체 경위 등으로 보아 그

42) 대법원 2007. 10. 25. 선고 2007다51550, 51567 판결(공 2007하, 1828).

답변을 통하여 인정되는 유언 취지가 유언자의 진정한 의사에 기한 것으로 인정할 수 있는 경우에는, 유언취지의 구수 요건을 갖추었다고 볼 수 있"다고 하였다.[43)]

이 판결의 원심은, 유언 당시 망인은 반응이 느리고 멍한 표정으로 눈을 제대로 맞추지 못한 적이 있었음은 부인할 수 없으나, 망인은 폐암수술 후 퇴원하였다가 약 4개월 후 다시 입원하고 2주 정도 지나 이 사건 유언을 하였던 점, 망인은 유언 후 두 달이나 지나 비로소 사망하였던 점, 유언 당시 망인은 유언공정증서에 직접 명확한 글씨체로 서명까지 한 점, 그리고 아래와 같이 공증인과의 사이에 나누었던 질문과 답변의 내용 및 경위 등에 비추어, 유언 당시 망인에게 유언의 취지를 이해할 의사식별능력은 있었다고 판단하였다. 원심판결 이유에 의하면 원심은, 피고들은 공증인에게 원고와 피고들의 어머니인 망인이 증인들의 참석하에 (주소 생략) 임야 21,808㎡ 중 망인의 소유인 2분의 1 지분을 원고를 배제한 채 피고들에게 절반씩 유증하는 내용의 유언을 하기로 하였다면서 공정증서에 의한 유언 절차를 의뢰한 사실, 이에 공증인은 피고들로부터 전해들은 내용 그대로 미리 유언공정증서를 작성하여 이를 소지하고 망인의 병실을 찾아가 증인들이 참석한 상태에서 망인에게 "이 사건 부동산 중 망인의 지분을 피고들에게 2분의 1씩 유증하겠느냐"고 유언 취지 그대로 질문을 하였고, 망인이 "그렇게 하라"고 답변하자 유언공정증서에 망인과 증인들로 하여금 서명하도록 한 사실을 인정한 다음, 사정이 그러하다면, 유언자인 망인은 의식이 명확한 상태에서 본인의 의사에 따라 유증할 의사를 밝힌 것으로 볼 수 있고, 또한 이 사건 부동산은 한 필지에 불과하고 유증 대상자도 피고들 2인뿐이어서 그 유언의 내용이 간단하여 유언자의 유증 의사를 쉽게 확인할 수 있으므로, 공증인이 미리 의뢰받은 내용에 따라 작성된 유언공정증서에 기초하여 이 사건 부동산의 지분과 수증자를 불러주는 등 유언공정증서를 낭독하면서 그 내용에 따른 질문을 하였다고 하더라도 그 질문이 부적절하였다거나 내용상 구체적이지 못하다고 볼 수 없을 뿐만 아니라, 망인은 공증인의 질문에 대하여 "그렇게 하라"는 내용의 구술 답변을 한 후 유언공정증서를 확인하고 증인들과 함께 서명하였던 것으로서 공증인의 진술에 유도되어 단순히 수긍하는 답변 태도를 취한 것으로는 보이지 않는바, 이상 살펴본 유언 당시 망인의 의사식별능력, 유언에 이르게 된 경위, 공증인의 질문 및 망인의 답변 내용 등 기록에 나타난 여러 가지 사정들을 앞서 든 법리에 비추어 보면, 비록 망인이 공증인의 질문에 대하여 "그렇게 하라"는 내용의 답변을 하였지만, 이는 유언취지 그대로 물은 공증인의 질문 내용을 충분히 이해하고 그에 따른 절차를 취하라는 취지의 의사를 표시한 것이어서 실질적으로 그 질문 내용과 같은 의사를 표시한 것이고 또한 그 답변을 통하여 인정되는 유언 취지가 망인의 진정한 의사에 기한 것으로 볼 수 있는 여지가 어느 정도 인정된다고 하였다.

두 판결 모두 전형적인 유언 취지의 구수가 없었음에도 불구하고 구수의 방식 준수를 인

43) 대법원 2008. 2. 28. 선고 2005다75019, 75026 판결(공2008상, 429).

정한 것으로서 사안의 특이점은 구수의 방식 준수를 인정하기 전에 유언자의 용태에 기초하여 유언능력을 평가, 인정하였고 전형적인 구수 대신에 사전에 유언의 수증자가 유언 취지를 기재한 서면에 기초하여 작성된 공정증서 초안에 대하여 공증인이 그 내용을 들려주고 유언자의 동작이나 답변을 통하여 그 내용을 확인받은 후 각 서명, 날인하는 방법으로 공정증서를 작성한 것이다.

이에 대하여 거의 통설이라고 해도 좋을 정도로 다수의 견해가 유언능력을 전제로 한 것이라면 이러한 방법으로 작성된 유언의 구수 방식성의 준수를 인정한다.[44] 유언자의 유언능력 자체가 의심스럽거나 유언의 작성이 유언자의 진정한 의사에 기한 것인지 여부를 판단하기 어려운 경우에까지 공정증서 유언의 효력을 인정할 수는 없으나 유언자가 주도적으로 유언 내용을 통제할 수 있는 상황이었는지 여부에 따라 구수의 요건을 갖추었는지 여부를 결정할 수 있다는 것이다.[45]

3. 구수방식 완화에 대한 평가

판례가 인정하고 있듯이 방식규정의 목적에 비추어 보면 방식성은 엄격히 해석되어야 하고 판례와 통설의 태도는 방식 규정에 관한 통상의 해석방법에서는 벗어난 것이라고 하지 않을 수 없다.[46] 그럼에도 불구하고 그 실무적 불가피성에 대해서는 어느 정도 공감할 수 있는 바가 없지 않다. 중병 상태로 임종기에 들어선 환자나 고령자의 경우, 실제 무언가를 쓰거나 말을 할 수 있는 상태에 있지 않은 경우가 많다. 이러한 상태에 있는 사람으로서는 다른 방식에 의하여 유언을 하는 것도 곤란하여 구수의 방식이 유일한 선택지일 수 있다는 점에서 가능한 유언의 기회를 제공하기 위한 법정책적 필요에 의하여 구수 방식의 완화가 불가피하다는 점을 수긍할 수 있다. 나아가 유언을 둘러싼 법률관계를 명확히 해둔다는 점에서 공정증서 방식이 갖는 고유한 기능 내지 이점은 유언능력이 취약한 사람에게도 가능한 한 보장될 필요가 있다는 점도 아울러 고려될 필요가 있다. 문제는 구수의 방식은 앞서 본 것처럼 유언자의 진의를 명확히 하여 사후의 분쟁을 방지하기 위한 것인데, 구수 방식을 완화하는 순간 공정증서의 이러한 기능을 기대하기 어렵게 된다는 사실이다. 구수행위는 그 자체로 유언자의 유언능력과 유언자의 진의를 어느 정도 보장할 수 있는데, 구수를 짧은 응답이나 이를 승낙하는 의미의 거동으로 대체함으로써 유언자의 유언능력 내지 진의가 유언 작성의 방식절차에 의해서는 보장되기 어려우므로 별도로 사전에 유언자의 의사능력 내지 진의를 확정하는 과정이 필요하게 된

44) 김·김(주 1), 많은 문헌이 이에 찬동하고 있다. 각 문헌에 대해서는 주해상속법 제1권(주 16), 675(현소혜) 주 10)의 문헌들을 지시하는 것으로 갈음한다.

45) 주해상속법 제1권(주 16), 675(현소혜) 이하.

46) 구수 방식을 완화하는 해석에 대하여 방식 해석의 엄격성에 비추어 바람직하지 않다는 견해로서 김현진(주 2), 347.

다. 물론 구수 그 자체만으로 유언자의 유언능력과 진의를 모두 보장한다고는 할 수 없으나 구수행위를 관찰함으로써 공증인이나 증인들은 유언자의 유언능력의 존부와 진의 여부에 대한 많은 정보를 얻을 수 있는 것은 분명한 사실이다. 그런데 위 판결들은 구수 방식의 엄격한 준수에 의하여 저절로 확보될 수 있는 유언자의 유언능력과 진의를 유언자의 용태나 거동 그 밖의 유언 당시의 정황에 의거하여 확정하고 이를 근거로 구수방식의 준수 여부를 판단함으로써 본말전도의 역전된 판단구조를 취하고 있다. 판례의 이러한 태도는 질병이나 장애로 인하여 구수의 방식을 준수할 수 없는 사람들에게 구수에 의한 유언을 허용하기 위하여 구수의 방식을 완화하는 대신 구수 방식에 의하여 확보되어야 할 유언자의 유언능력과 진의에 대하여 구수방식 이외에 유언자의 상태와 거동, 유언 당시의 정황에 근거하여 판단할 수밖에 없게 된 것이라고 할 수 있다.[47)]

다음으로 공정증서유언 실무에 있어서는 공정증서에 의한 유언의 경우에 유언자가 공증인을 부르러 보내면서 유언 취지를 미리 작성하여 보내서 공증인이 그에 맞추어 서면을 작성하여 오게 되면, 공증인이 자신이 작성하여 온 내용을 유언자에게 확인하는 방법으로 유언을 하는 경우가 많다고 하고 위 판결들의 사안도 모두 그러하다. 이에 대하여 실무적 관점에서는 이때 유언자의 말만을 본다면 주로 공증인이 진술하는 내용에 대하여 확인하는 답변들뿐이므로 이것은 당초 법률이 예정한 '유언의 취지를 구수'하는 것과는 거리가 있으나 —즉, 구수와 유언서 작성이 순서가 바뀐 경우이거나 유언 취지를 사전에 전달하여 구수에 갈음하는 경우— 이러한 경우까지 모두 무효라고 할 수는 없다고 한다.[48)]

현실적으로 유언자가 공증사무소에 출석하여 유언하는 경우를 제외하고 공증인이 병실 등에 있는 유언자를 방문하여 공정증서 유언을 작성하는 경우, 아무런 준비 없이 공증인이 방문하고 유언자 역시 즉석에서 자신이 생각한 대로 유언의 취지를 구수하는 것은 좀처럼 상상하기 어렵다. 어떤 방식으로든 서면의 준비가 필요한 것인데, 문제는 일반적으로 외국의 서면방식 공정증서유언에서 나타나기 쉬운 바와 같이 특히 제3자 그것도 유언에 의하여 이익을 얻는 사람의 주도로 작성된 사전 서면에 기초하여 유언취지의 질의와 문답 또는 거동 방식으로 구수절차를 진행하는 경우 —통상의 구수방식 준수에서는 배제될 수도 있는— 유언의 내용이 유언자의 진의에서 이탈할 위험을 통제하기 매우 어렵게 된다. 특히 유언자가 구수를 이행하기도 어려울 정도로 정신적 육체적으로 한계상황에 있다는 점이 매우 우려스러운 점이라고 할 것이다. 심신의 쇠약은 일반적으로 제3자로부터의 부당한 영향을 견뎌낼 수 있는 내구력을 심하게 저하시킨다. 특히 현재 간병을 하거나 자신을 돌보고 있는 근친에 의한 압력이 있는 경우

47) 병자의 구수의 성부를 고려하는 경우 유언능력의 문제와 관련하여 검토하여야 한다는 견해는 이러한 실질적 관계를 의식한 것이라고 생각된다. 김영희, "구수증서유언과 유언에 있어서 구수의 의의", 가족법연구 제21권 제3호(2007. 11), 384.

48) 홍승면(주 41), 155.

라면 더욱 그러하다. 대체로 유언으로부터 이익을 얻는 사람의 주도로 작성된 서면에 기초하여 문답 방식으로 진행되는 '구수'는 이러한 위험을 통제하는 데에는 매우 무력할 것이라는 점을 쉽게 짐작할 수 있다. 따라서 구수 방식의 완화가 요구되는 대부분의 사안에서 전형적으로 유언능력의 부존재와 제3자의 부당한 영향의 위험이 상존한다는 점에 유의하지 않으면 안 된다. 제3자가 유언자의 유언에 부당하게 개입하여 유언자의 유언의 자유를 침해하는 경우 그것이 기망이나 해악의 고지에 해당하는 경우에는 총칙의 사기 또는 강박의 규정에 의해 이를 취소할 수 있다(민법 제10조, 제11조). 그러나 질병이나 고령으로 심신이 쇠약한 유언자의 경우에는 기망이나 강박에 이르지 않는 경우에도 쉽게 유언에 관한 의사결정의 자유를 침해당할 수 있다는 점에서 고유한 문제성이 존재한다. 이와 관련하여 유언에 대한 제3자의 부당한 영향의 문제는 영미에서는 유언에 있어서의 부당위압(undue influence)이라는 문제로 다루고 있으나 대륙법계의 우리 민법에서는 그러한 문제상황에 대한 고유한 법리를 갖추고 있지 못하다. 따라서 그러한 문제상황은 유언자의 취약한 유언능력의 문제로 다룰 수밖에 없다. 그러나 그동안 이에 대한 문제의식은 다소 미흡했던 것은 아닌가 생각된다. 이하에서 장을 바꾸어 살펴보고자 한다.

Ⅳ. 유언능력과 부당한 영향

1. 유언에 있어서 부당한 영향의 의의

제3자가 유언자의 의사결정의 자유를 침해하는 경우에 대하여 우리 민법은 특별한 법리를 발전시키지 않았다. 유언 역시 의사표시의 하나이므로 유언자가 유언의 작성에 관하여 사기 또는 강박을 당한 경우에는 이를 취소할 수 있을 뿐이다.[49] 그러나 앞서 설명한 것처럼 유언의 구수를 할 수 없을 정도로 정신적으로나 육체적으로 탈진상태의 유언자에게 있어서는 제3자의 부당한 간섭이 기망을 하거나 해악을 고지하는 데에 이르지 않더라도 그로 인하여 유언에 관한 의사결정의 자유를 쉽게 침해받을 수 있다. 특히 심리적으로나 육체적으로 의존하고 있는 동거의 근친이나 돌봄을 제공하고 있는 사람이 가해오는 압력을 그러한 취약한 상태의 유언자가 견뎌내기는 쉽지 않다. 이에 대하여 영미에서는 형평법상 발달해 온 부당위압(undue influnece)의 법리에서 해결의 실마리를 찾고 있다. 이러한 사안에 대하여 강박에 의한 의사표시의 취소만을 인정하는 대륙법계의 태도를 따르면서 특별히 강행규정을 두지 않고 있는 우리 민법에서는 유언자의 의사를 조종하는 그 타인 행태의 비난가능성과 유언에 따라 발생하게 될

49) 그러나 유언자가 이미 사망한 때에는 더 이상 취소할 수 없고 유언자가 아직 생존해 있는 경우에는 이를 자유롭게 철회할 수 있으므로 취소할 수 있다는 것의 실익은 없다는 견해가 있으나 다수의 학설은 유언자가 사망한 후에도 상속인이 유언자의 취소권을 승계하여 이를 대신 취소할 수 있으므로 유언자의 취소권을 인정할 실익이 있다고 본다. 김·김(주 1), 814; 윤진수(주 8), 530; 주해상속법 제1권, 739(현소혜).

관계인들의 재산상태의 변화 등을 종합적으로 고려하여 양속위반을 인정함으로써 대처할 수밖에 없다는 견해가 있다.[50] 그러나 우리민법 제103조 양속위반에 의하여 이러한 사태 해결에 접근하는 것에 대해서는 의문이 없지 않다. 아래에서 살펴보는 것처럼 가령, 병원이나 양로시설의 종사자 등 제3자가 유언자의 의사를 조종하는 것이라면 그러한 행태의 사회적 비난가능성을 인정하기 쉽겠지만, 실제 빈발하고 있는 근친의 가족에 의한 영향의 경우라면 사태가 전혀 다르기 때문이다. 가령 유언자인 부모와 동거하며 계속해서 돌봄노동을 제공하는 어느 한 자녀가 다른 자녀를 배제하고 더 많은 몫의 유산을 받기 위하여 집요하게 유증을 조르는 경우, 이를 양속 위반이라고 비난할 수 있을 것인가? 더구나 그때까지 제공되어 온 돌봄노동의 가치와 비교해 보더라도 그것이 그리 부당한 것이라고 볼 수 없는 경우에는 어떻게 처리할 것인가? 사기나 강박에는 이르지 않았으나 근친등 제3자의 부당한 압력에 대하여 유언자의 취약한 심신상태로 인하여 유언자의 유언에 관한 자유로운 의사결정이 사실상 억압되어 버린 경우, 유언자의 유언의 자유는 그러한 근친의 위압으로부터도 보호되어야 하지만 일반적 사회관념에 비추어 이를 양속위반으로 규율하는 것은 적당해 보이지 않는다. 유언자가 심신이 건전한 상태에 있는 경우에는 배우자나 자녀의 집요한 압력으로 그러한 유언을 작성하는 것은 전혀 문제되지 않는다. 유언자에게 아양을 떨든, 더 안주면 죽겠다고 협박을 하든 민법의 사기, 강박에 해당하지 않는다면 유언자는 여전히 —적어도 규범적으로는— 스스로 유언을 결정할 자유를 가지고 있기 때문이다. 오직 심신쇠약에 의하여 그러한 압력에 견딜 힘이 부족한 유언자에게 있어서만 유언의 자유를 침해하는 부당한 영향이 문제될 수 있다. 따라서 유언에 있어서 부당한 영향의 문제는 거의 전적으로 취약한 유언능력과 관련해서만 문제가 될 수 있다. 유언능력은 단지 유언의 법적·사회적 의미와 결과에 대한 이해뿐만 아니라 그러한 이해에 따라 자유롭게 결정할 수 있는 능력이 있어야 한다.[51] 그동안 우리 민법상 의사능력의 해석에 있어서는 그 이해능력(인식력과 예기력)만을 문제 삼고 그 이해에 따라 행동할 수 있는 능력은 의사능력의 요소로서 고려하지 않았던 것 같다. 요컨대 이해능력만 있다면 의사능력은 인정되는 것이고 그 밖에 타인의 부당한 간섭이나 압박에 대하여 자유로운 의사결정을 할 수 있었는지의 문제는 사기·강박에 의한 의사표시의 하자의 문제로만 처리하여 왔다. 그 결과 법률행위를 하

50) 김형석(주 2), 1042. 이에 찬동하는 것으로서 영미의 부당위압법리의 소개와 함께 이러한 해석을 지지하는 견해로 정소민(주 2), 102.

51) 독일민법 제229조 제4항 후단 참조. 정신활동의 병적장애, 정신박약, 의식장애로 인하여 자신이 하는 의사표시의 의미를 이해하고 그러한 이해에 따라서 행동할 수 없는 사람은 유언을 할 수 없다. 특히 후단의 규정은 행위능력에 관한 독일민법의 이해가 유언능력에 있어서 명문화된 것에 지나지 않는다. 즉, 독일민법 제104조 제2호는 정신활동의 병적 장애로 인하여 자유로운 의사결정을 할 수 없는 사람을 행위무능력(Geschäftsunfähigkeit)으로 정의하고 있는바, 자유롭게 자신의 의사를 형성하고 나아가 자신이 획득한 인식에 따라 행위할 수 없는 경우에는 의사결정의 자유가 배제된 것, 즉 행위무능력으로 본다(MüKoBGB/Spickhoff, 8. Aufl., 2018, BGB § 104, Rn. 15).

는 사람이 당해 행위의 법적·사회적 의미는 이해하지만 그 이해에 따라 행위(결정)하지 못하는 경우, 가령, 심신의 쇠약 등 때문에 제3자의 부당한 간섭이나 압박에 견디지 못하고 본의(진의) 아닌 의사표시를 하게 되는 경우, 그것이 사기·강박에 해당하지 않는 한 보호의 흠결이 발생할 수 있다. 그러한 전형적인 문제상황이 유언행위에 대한 근친 등의 부당한 압력에 대하여 유언자가 심신의 쇠약으로 인하여 그 부당한 압력을 배제하고 자유롭게 유언을 결정할 수 없는 경우에 나타나게 된다. 이러한 사태는 유언자의 심신쇠약으로 인하여 부당한 간섭이나 압박에 대하여 견디는 힘(耐性)과 관련하여 본질적으로 유언자에 의한 의사결정 능력 또는 기능의 취약성에서 비롯된 것이라는 점에서 유언능력의 문제로 다루는 것이 적절하다. 이러한 관점에서 독일민법 제2229조 제4항의 규정이 참고가 된다. 우리나라에서는 이러한 관점을 명확히 한 논의가 별로 없으므로 외국에서의 경험과 논의를 검토해 보는 것이 유익하다.

2. 독일의 유언능력과 부당한 압력

우리와 같은 대륙민법(독일민법)에서는 유언에 관한 부당한 압력을 어떻게 규율하는지 살펴본다.

(1) 독일민법상 유언능력

유언능력에 대하여 독일민법 제2229조는, 제1항에서 미성년자의 유언적령을 만 16세로 정하고, 제2항에서 미성년자의 유언에 법정대리인의 동의를 요하지 않는다고 규정하는 한편, 제4항에서 정신활동의 병적장애, 정신박약, 의식장애로 인하여 자신이 하는 의사표시의 의미를 이해하고 그러한 이해에 따라서 행동할 수 없는 사람은 유언을 할 수 없다고 규정하고 있다. 동조 제1항에 따라 원칙적으로 만 16세 이상 모든 사람들은 유언능력이 있는 것으로 간주된다. 유언능력은 유언 작성시에 존재하여야 하고, 공증유언의 경우(독민 제2232조)에는 유언능력이 직권으로 심사되어야 한다. 유언자에게 필요한 행위능력이 없다고 공증인이 확신하는 경우에는 공증은 거절되어야 하지만{공증인법(BeurkG) 제11조 제1항}, 유언무능력이 법원이 확신할 수 있게 증명되지 않는 한 유언의 자유를 보장하기 위하여 유언능력이 있는 것으로 추정된다.

유언능력이 존재하는지 여부는 두 단계의 판단을 통하여 밝혀져야 한다. 첫째는 정신적 장애가 존재하는지가 구명되고(진단 레벨) 그 다음 둘째로 확정된 정신적 장애가 자유로운 의사결정(이해능력과 행위능력)을 배제하는 결과를 초래하는지가 검토되어야 한다.[52] 특히 유언자에게 정신질환이 있다고 해도 그로 인해 영향을 받지 않았다면 유언상의 처분은 효력을 잃지 않는다.[53]

유언자가 자신의 처분 결과, 그것이 관련된 사람과의 인적·경제적 관계에 미치는 영향과

52) MüKoBGB/Hagena(주 34), BGB § 2229, Rn. 2.
53) MüKoBGB/Hagena(주 34), BGB § 2229, Rn. 13 f.

처분의 근거에 대하여 명확한 판단을 할 수 있어야 하고(이해능력) 그러한 판단에 따라 제3자의 영향을 받지 않고 자유롭게 행위할 수 있어야 한다{행위능력(Handlungsfähigkeit), 법률행위능력(Geschäftsfähigkeit)과는 구별된다}.[54] 여기서 이해능력은 유언자가 자기결정권을 실현하기 위하여 자신의 유언 처분의 결과를 이해할 것을 요건으로 한다. 이때 상세한 법적·경제적 맥락에 관한 정확한 이해를 요하는 것은 아니지만, 유언자는 관계된 사람들에게 미치는 영향과 자신의 결정을 양속(良俗)상 정당화하거나 혹은 양속에 반하는 근거에 관해서도 분명한 생각을 가질 수 있어야 한다. 따라서 유언자가 처분한 재산의 귀속 그 자체를 이해한 것만으로는 이해능력을 인정하는 데에 충분하지 않다. 처분의 내용에 의하여 —아마도 정당한— 다른 사람의 기대를 어느 정도 무시하는 것인지를 이해할 수 있어야 한다. 이러한 이해가 있으면 객관적인 내용이 사려 깊지 못한 것이고 유언자의 처분 동기나 이유가 제3자에게는 공감이 되지 않는 것이라도 원칙적으로 그 처분의 내용을 이유로 유언자의 이해능력이나 행위능력을 다투거나 유언의 효력을 부인할 수 없다.[55]

(2) 유언능력과 부당한 압력

유언능력에는 이해능력 이외에 유언자가 자신의 이해능력에 맞게 행위할 수 있을 것, 즉 상응하는 행위능력을 가지고 있을 것을 요한다. 유언능력은 유언자가 자신의 사정에서 비롯된 영향(질병이나 망상)뿐만 아니라 제3자의 영향에 의해서도 배제될 수 있다. 제3자의 영향으로 유언자가 자신의 이해에 상응하여 행동하거나 유언하는 데에 지장이 생긴 경우가 그러하다. 가령 유언자가 협박이 있었다고는 할 수 없더라도 정신적 육체적 피해를 두려워하여 제3자의 제안에 반대할 수 없었던 경우에는 필요한 행위능력, 즉 유언능력이 없는 것이다. 그리고 이는 유언자가 제안받은 타인의 의사를 단순히 기계적으로 재현하는 경우, 가령 유언자가 이를 유언에 받아적은 경우에도 마찬가지이다. 정신기능이 둔화되어서 질문이나 제안에 기계적으로만 반응하는 경우에는 이해능력도 행위능력도 갖고 있지 못한 것이고 따라서 행위무능력이다. 반대로 유언자가 제3자의 영향에 의한 지원이나 상담을 받았더라도 그가 여전히 자기결정한 의사에 상응하여 행동할 수 있다면 제3자의 개입이 유언 무능력으로 이어지는 것은 아니다. 유언자가 제3자의 제안을 완전히 신뢰하여 그 정당성을 확인하지 않는 경우에도 그가 이를 알고 스스로 이러한 제안을 자기 자신의 유언상 처분으로 결정을 하는 한 유언무능력이 아니다. 그에 반하여 유언자가 (그가 협박을 받지는 않았더라도) 정신적 육체적 손상으로 인하여 제3자의 제안을 거부하지 못한 경우에는 필요한 행위능력이 없고 따라서 유언능력도 없다.[56] 결국 유언자는 제3자로부터 조언을 받을 수 있고 이것은 원칙적으로 행위능력에 아무런 영향이 없다.

---

54) MüKoBGB/Hagena(주 34), BGB § 2229, Rn. 21.

55) MüKoBGB/Hagena(주 34), BGB § 2229, Rn. 22. 다만, 그와 같이 성립된 유언의 내용에는 독일민법 제138조(양속위반의 법률행위)에 의하여 정해진 사적자치에 의한 법률관계 형성에 대한 한계가 적용될 수 있다고 한다.

56) MüKoBGB/Sticherling, 8. Aufl., 2018, BGB § 2229, Rn. 37.

나아가 유언자가 제3자의 조언을 받은 제안을 무조건적으로 따르고 이러한 형태로 처분의 내용에 결정적인 영향을 미치는 경우에도 마찬가지이다. 여기서는 유언자가 이러한 제안을 거절하거나 수정할 자유가 있었는지만이 요건이다. 이것은 제3자의 제안이 이기적인 경우에 있어서조차 그러하다.[57)]

(3) 독일에서의 시사점

독일은 유언능력을 유언자가 자신의 처분의 결과, 특히 그것이 관계당사자와의 인적 경제적 관계에 미치는 영향과 처분의 근거에 대하여 명확한 판단을 할 수 있을 것을 요하고(이해능력) 그러한 판단에 따라 제3자의 영향을 받지 않고 자유롭게 행위할 수 있을 것을 요한다(행위능력). 협박이 수반된 강박에는 이르지 않은 제3자의 부당한 압력은 유언자가 자신의 이해(능력)에 따라 자유롭게 행동하는 것을 제약하는 한에서만 유언능력을 배제하게 된다. 독일에서는 부당한 압력의 문제를 자신의 이해에 따라 자유롭게 행동할 능력이 침해된 것으로 규율하는 것이다. 이에 반하여 우리나라에서는 법률행위(유언)의 의미와 결과에 대한 이해에만 초점을 맞추고 그 이해에 맞게 자유롭게 행위할 수 있는 능력에 대해서는 별다른 고려를 하지 않는다. 나아가 법률행위의 의미와 결과에 대한 이해능력에 있어서도 우리법에서는 법률행위의 규범적 의미나 효과에 집중하고, 특히 유언과 관련해서 그것이 관련 당사자(상속기대권자)와의 인적 경제적 관계에 미치는 영향 나아가 유언에 의하여 상속기대권자를 배제하는 결과를 초래하는 경우에는 그 이유를 인식하고 있어야 한다는 점(그러한 상속 배제의 이유에 대하여 인식하고 있는 한 그것이 사회적으로 비난받을 만한 것이더라도 유언능력에는 영향이 없고 따라서 ―양속위반이 문제되지 않는 한― 유언의 효력에도 영향이 없다) 등에 대해서는 그다지 주목하지 않았던 것은 아닌가 생각된다. 독일에서는 유언능력을 이해능력과 그 이해에 따라 자유롭게 행위할 능력 두 가지 측면에서 파악하고 제3자의 부당한 압력을 후자의 능력 문제로 접근하고 있다. 이와 같은 사고는 유언능력에 관한 명문의 규정이 없는 우리나라에 있어서 열려 있는 해석론적 접근이 아닌가 생각된다. 법률행위(유언)에 필요한 의사능력이 그 법률행위의 의미와 법적 사회적 결과(그것이 사람들 사이의 관계에 미치는 영향 포함)에 대한 이해에 한정된다고 보기는 어렵다. 마땅히 그에 맞게 자유롭게 행위할 수 있는 능력도 포함해서 의사능력 개념을 발전시켜 나갈 필요가 있다.

다른 한편으로 부당한 압력은 근친에 의하여 가해지는 경우가 많은데, 자신에게 유리하도록 근친의 유언에 영향을 미치려고 하는 것은 인지상정(人之常情)으로 모두 부당하다고는 할 수 없다. 유언자의 취약한 의사능력에 편승하여 유언자의 자유로운 의사결정을 억압하는 정도에 이른 경우에야 부당한 압력으로서 유언능력을 상실하였다고 평가할 수 있을 것이다. 그러나 이론적으로나 실제에 있어서나 어느 정도의 압력이 있어야 유언능력을 배제하는 부당한 압

57) MüKoBGB/Sticherling(주 56), BGB § 2229, Rn. 42. 다만, 그러나 유언자가 제안의 정당성을 상세하게 검토하지 못한 경우 그로 인하여 신중한 검토과정이 결여된 경우에도 그러한지는 의문이라고 한다.

력이라고 할 수 있는가 하는 판단은 매우 미묘한 문제이다. 이에 관하여 영국에서는 일찍이 형평법상 부당위압(undue influence)의 법리를 유언에 관하여 특수한 형태로 발전시켜 왔으므로 이를 살펴보는 것이 참고가 될 수 있다.

3. 영국에서의 유언능력과 부당위압

(1) 영국에서의 유언능력과 부당위압

영국법에서도 어떤 법률행위에 필요한 정신능력은 그 행위의 당사자와 그가 수행하는 행위의 복잡성에 의하여 평가되며 이것은 유언에 있어서도 마찬가지이다.[58] 이를 구체화한 것으로 먼저 영국의 판례법상 유언능력에 관한 가장 중요한 리딩 케이스의 법리를 살펴본다. 영국에서 유언능력에 관하여 판례법이 형성한 가장 중요한 정식화는 *Banks v Gooodfellow* 사건에서 이루어졌다.[59] 이 판결은 거의 150년 동안 영국과 웨일즈의 유언능력의 표준적 기준으로 사용되어 왔고 보통법(common law)을 따르는 전세계 영미법계의 나라들에서도 적용되어 왔다. 사실관계의 개요는 다음과 같다.

"유언자 존 뱅크스(John Banks)는 휘드스톤 알렉산더(Feathstone Alexander)라고 불리우는 사람에 대하여 비이성적인 극심한 혐오감을 가지고 있었다. 존 뱅크스는 그 사람이 다양한 악귀들의 도움을 받아 자신을 계속해서 괴롭히고 있다고 확신하였다. 이러한 망상은 휘드스톤 알렉산더가 사망한 후에도 계속되었는데, 때때로 간질발작까지 일으키는 중대한 망상으로 결국 그는 지역의 정신병원에 강제입원되었다. 이러한 망상에도 불구하고 그는 조카딸에 대한 애정을 잃지 않았고 마지막 유언에서 그녀를 자신의 유일한 상속인으로 지명하였다."

법정에서 정신병 때문에 그의 유언이 유효한지가 다투어졌지만 재판부는 유언의 유효성을 인정하면서, 유언자의 유언능력이 인정되기 위한 요건으로 유언자가 다음과 같은 기준을 충족하여야 한다고 설시하였다.

1. 유언행위의 성질과 효과를 이해하여야 한다.
2. 처분하는 재산의 내용(범위)을 인식하여야 한다.
3. 자신이 효과를 부여하는 청구권을 이해하고 그 가치를 평가할 수 있어야 한다.
4. 마음의 장애가 그의 애정을 해치거나 권리에 대한 이해를 왜곡하거나 그의 정상적인 능력의 행사를 방해하지 않아야 한다. 즉, 정신이상으로 인한 망상(妄想)이 재산의 처분에 관한 유언에 영향을 미치지 않아야 하고, 정신이 온전하였다면 하지 않았을 처분을 하게 하는 것이어서는 안 된다.

58) Martyn Frost, Testamentary Capacity, Oxford University Press, 2020, 6.

59) Martyn Frost(주 58), 29 이하; 이 사건의 유언능력 정식화에 대해서는 이미 김현진(주 2), 333 이하; 정소민(주 2), 82 이하에도 소개되어 있다.

*Banks v Gooodfellow*에서 정식화된 기준은 유언을 유효하게 하기 위하여 필요한 유언자의 이해 수준에 관한 것이지만 유언능력에 관한 의학적 기준은 아니라고 한다. 이 기준은 판사에 의하여 적용되기 위한 것으로 이러한 이유에서 의학용어가 아니라 비전문가적 표현으로 정식화되었다고 한다. 따라서 의학적 의견이나 진단은 유언능력을 판단하는 데에 결정적이지 않으며 법원이 다른 비의학적 증거와 함께 또는 대조하여 채용 여부를 결정할 수 있는 견해 가운데에 하나에 불과하다고 한다.60)

이와 같은 유언능력의 인정의 일반적 기준에 더하여 영국에서는 유언자에 대한 부당한 압력의 문제를 형평법상 발전해 온 부당위압(undue influence)의 법리를 유언의 특수성에 맞게 변형하여 발전시켜 왔으므로 이에 대하여 살펴본다.

(2) 유언과 부당위압(undue influnece)

가장 현대적인 부당위압(undue influence)과 유언에 관한 검토는 이미 19세기 JP Wilde 경(卿)의 *Hall v. Hall* 사건 판사에 대한 지시에서 시작한다. 그 핵심 원리는 다음과 같이 정식화되었다.61)

① 유효한 유언을 하기 위하여 유언자는 자유로운 행위자이어야 한다.

② 그러나 모든 영향이 불법은 아니다. 설득, 친족관계에서 비롯된 애정이나 유대, 과거의 봉사에 대한 감사의 감정에 대한 호소 또는 장래의 궁핍에 대한 동정 등은 모두 적법하고, 유언자에게 정당한 압력으로 가해질 수 있다.

③ 다른 한편으로 어떤 성질의 압력이든 —두려움을 갖게 하는 것이든 어떤 희망을 품게 하는 것이든— 판단을 설득하지 않고 자유의지를 억압하기 위하여 가해진 경우에는 유효한 유언을 할 수 없게 만드는 제약이 된다.

④ 유언자가 저항할 의지를 갖지 못하도록 하는 집요함이나 위협, 평온을 얻기 위해서거나 또는 마음의 괴로움이나 인간관계의 불편함을 피하기 위하여 따르게 되는 도덕적 요구, 이러한 것들도 유언자의 판단, 재량, 희망의 자유로운 발휘를 제압하는 정도에 이르게 되면 —폭력을 사용하거나 위협하지 않더라도— 부당위압이 된다.

⑤ 한 마디로 유언자는 권유를 받을 수는 있지만 조종되어서는 안 된다. 그리고 그의 유언은 자유의지의 산물이어야 하고 다른 누군가가 남긴 기록이어서는 안 된다.

특히 ④에 있어서 고령자나 병약자는 그러한 압력에 저항할 능력이 낮을 수 있기 때문에 그들의 유언에 존재하는 리스크에 주의를 기울여야 한다.

그 이후 유언과 부당위압에 관한 현행법리의 현대적 개요를 제시한 것이 Edwards에 관한 사건에서 Lewison J 판사가 제시한 다음과 같은 정식화이다.62)

60) Martyn Frost(주 58), 31.

61) (1868) 1 P&D 481 at 482(Martyn Frost(주 58), 85에서 재인용).

① 재산의 유언상 처분의 경우 생전처분에서와는 달리 부당위압의 추정은 존재하지 않는다.

② 따라서 부당위압이 유언의 실행을 야기했는지 여부는 사실의 문제이다.

③ 부당위압을 증명할 부담은 그것을 주장하는 사람한테 있다. 부당위압을 가정하는 것에 합치하는 사실을 증명하는 것만으로는 충분하지 않고 다른 가정에는 합치하지 않는다는 사실이 밝혀져야 한다. 이것은 현대법의 민사에 관한 (증명) 기준보다 높은 기준으로서 유언상 처분을 무효화하기 위하여 청구인에게 부당위압을 증명할 부담을 지우는 것이다.

④ 부당위압은 유언자의 의사가 제압되어야 한다는 의미에서는 강압(coercion)이나 사기(fraud)에 의해서도 실행될 수 있다.

⑤ 강압은 판단을 설득하지 않고 자유의지를 압도하는 압력이다. 이것은 단순한 설득, 애정적 유대, 장래 곤궁에 대한 동정 등과 —이것들은 모두 적법한 것이다— 구별되어야 한다. 유언자가 평온한 삶을 지키기 위하여 굴복하게 만드는 압력은 그것이 유언자의 자유로운 판단, 재량, 희망을 제압할 정도로 가해지게 되면 이러한 의미에서의 강압에 이르는 데에 충분하다.

⑥ 유언자의 육체적 정신적 강함은 그의 의사를 제압하는 데에 얼마만 한 압력이 필요한지를 결정하는 데에 상관적 요소들이다. 약하고 병든 사람의 의지는 강건하고 원기왕성한 사람보다 더 쉽게 제압될 수 있다. 어떤 사례에서 언급된 것처럼 힘없고 허약한 유언자에게는 단순히 말을 하는 것도 아픈 사람이 평온을 위하여 무언가를 하도록 유도할 만큼 머리를 피곤하게 할 수 있다. 한 방울 한 방울이 의지를 침식(侵蝕)시키는 데에 매우 효과적일 수 있다.

⑦ 사기를 이유로 유언자의 처분을 무효화하는 것은 별개의 근거이다. 이러한 종류의 사기를 언급되는 데 사용되는 표현이 사기적 중상(中傷)이다. 기본적인 사고는 A가 —그렇지 않으면 유언자의 증여를 받을 기대를 갖고 있는— B의 성품에 대하여 부정직한 비방(誹謗)을 퍼부어서 유언자의 마음에서 멀어지게 만들면 유언은 무시될 수 있다.

⑧ 사기적 중상의 핵심은 유언자의 마음에 부정적인 생각을 심어왔다고 지목된 사람이 그 비방이 거짓이라는 것을 알고 있거나 그것이 진실인지 거짓인지 신경을 쓰지 않았다는 점이다. 반대로 중상의 혐의를 받는 사람이 그것이 진실이라고 믿고 있었다면, 그것이 객관적으로 사실이 아니라고 하더라도 유언은 그 이유만으로는 무시될 수 없다.

⑨ 법원에 있어서 중요한 것은 유언자의 유언상의 처분이 공정한가 여부가 아니다. 왜냐하면 제정법상의 개입 권한이 유보되어 있기는 하지만, 유언자는 자신의 재산을 자기가 원하는 대로 처분할 수 있기 때문이다. 결론적으로 중요한 것은 그가 유언상의 처분을 할 때 자유로운 행위자로서 행동을 했었는가이다.

*Edwards*에 관한 사건에서 정식화된 기준의 충족 여부를 결정하는 데에는 매우 미묘한 판단이 요구된다. 따라서 이 가운데에 네 가지 중요한 기준(①~④)에 관해서는 몇 가지 판결례를

62) Martyn Frost(주 58), 86.

통하여 그 판단의 미묘함에 대하여 음미해 보는 것이 이 법리를 잘 이해하는 데에 도움이 된다.

① 재산의 유언상 처분의 경우 생전처분과 달리 부당위압의 추정은 존재하지 않는다.

영국에서 형평법상 발전되어 온 부당위압의 법리는 그 요건 인정에 있어서 두 가지 형태로 구별된다. 하나는 원고의 자유의지를 손상시키는 피고에 의한 비양심적인 압력의 행사가 증명된 경우(현실적 부당위압)이고, 다른 하나는 원고가 피고를 신뢰하는 관계에 있거나 우월적 지위를 차지하고 그로 인하여 그 계약이 당사자들의 관계에 의하여 쉽게 설명될 수 없거나 설명이 요구되는 경우로서(추정된 부당위압), 이 경우에는 피고가 원고가 자유롭게 계약을 체결한 것이라는 사실을 증명하지 못하는 한 그 계약이 부당위압에 의한 것이라고 결정된다.[63] 그러나 유언에 있어서는 유언 이외의 다른 거래에 대하여 설정된 부당위압에 관한 형평기준[64]보다도 더 엄격하다. 즉, 유언자와 다른 사람 사이의 관계가 어떠하든 부당위압이 있었다는 추정은 존재하지 않으며 언제나 부당위압이 실제로 밝혀져야 한다.[65]

그 이유는 다음과 같은 설명에서 잘 드러난다.

> "나는 잠시 중단하고 이것을 말해야겠다. 남편과 아내가 서로의 유언에 무엇이 담겨야 하는지 토론하는 것 그리고 때때로 격렬하게 어떻게 해야 하는지에 대하여 제안하는 것은 비정상이 아니다. 이것은 모두 결혼 상태의 일부이다. 이것은, 다른 사람들 사이에서는 의문이 없지만, 형평법원이 남편과 아내 사이의 관계는 그 자체로 생전 중 거래행위에 있어서와 같은 부당위압을 추정하여야 한다는 것을 거부하는 것과 같은 맥락의 생각이다. 결국 이것은 현실세계에서 현실의 사람들이 사는 방식이다. 유언자는 유인될 수는 있으나 조종되어서는 안 된다는 말을 명심할 필요가 있다. 배우자는 매우 자주 유언자가 공정하지 않다고 아주 강하게 말할 수 있다."[66]

위와 같은 설명은, 유언의 작성이나 변경을 둘러싸고 근친 간 일어나는 개입과 간섭은 통상적인 가족관계의 일부로서 그것이 매우 강력한 것이라도 정당한 압력으로 허용된다는 점과 근친 간 허용되는 정당한 압력과 유언자의 유언능력을 배제하는 부당위압을 가르는 기준을 '유언자는 유인될 수 있으나 조종되어서는 안 된다'는 표현으로 함축하고 있다. 생각건대 유언을 둘러싼 근친 간의 개입과 간섭은 허용될 수 있으나 그것이 유언자의 자유로운 결정을 배제하는 데에까지 이르러서는 안 된다는 의미로 이해된다. 어떤 방식과 수준의 개입이 유언자의

63) 영국 판례법상 부당위압의 법리에 대해서는 최선영, "부당위압의 요건 —영국 판례 중심—", 부산대 법학연구 제55권 제2집(2014. 5), 1 이하 참조.

64) *Royal Bank of Scotland plc v Etridge (No 2)* [2001] UKHL 44.

65) Martyn Frost(주 58), 87.

66) *Buckenham v Dickson*[2000] WTLR 1083 at 1089H(Martyn Frost(주 58), 87에서 재인용).

자유로운 결정을 배제하는 것인지 다음의 예에서 음미해 볼 수 있다.

② 부당위압이 유언을 하도록 하였는지 여부는 사실(fact)의 문제이다.

유언에 있어서 근친에 의한 부당위압이 인정된 최근의 사례로서 *Schrader v Schrader* 판결은 근친간 부당위압을 인정하기 위하여 수행된 법원의 면밀한 판단과정의 일례를 보여준다.[67]

사실관계는 다음과 같다.

> "유언자는 1990년에 사무변호사가 준비한 유언을 하였다. 그 유언에는 그의 특정 동산을 손주들에게 물려주고 나머지 유산은 두 아들에게 나누어 주도록 되어 있었다. 2005년 그녀가 낙상(落傷) 사고를 당한 다음, 한 아들이 그녀를 돌보기 위하여 그녀의 집으로 이사해 왔는데 그즈음 그의 집은 그의 수탁자의 파산으로 매각되었다. 2006년 그녀는 새로운 유언을 작성하였다. 이번 유언은 유언작성서비스를 이용하여 그의 아들이 준비한 것이었다. 이 유언은 1990년의 것과는 달리 그녀의 집을 그 아들에게 물려주도록 하였다. 그 집은 주된 상속재산으로 새로운 유언은 실질적으로 다른 아들을 상속에서 배제하는 것이었다. 법원은 그녀가 유언능력이 있고 유언의 내용을 알고 승인하였다는 사실은 인정하였으나, 동시에 그녀가 유언 작성에 있어서 그의 아들로부터 부당위압을 받았다는 사실을 인정하였다. 부당위압의 인정은 직접증거에 기초한 것이 아니라 여러 정황으로부터의 추론에 의거한 것이었다."

그 추론 과정은 다음과 같다.

> "유언자는 취약한 상태였다. 그녀는 90대 중반이고 넘어진 다음부터는 더 능력이 약해졌다. 그녀는 넘어진 다음부터 그 아들에게 매우 의존적이 되었다. 의존의 정도가 전적인(全的) 것은 아니고 그녀는 자기의 생각을 가지고 있었지만, 아들이 이사를 나가서 자신을 돌보는 것을 그만둘 수 있다는 것에 대하여 매우 우려를 했음에 틀림없다. 이전의 사무변호사를 이용하지 않는 것에 대하여 문제 제기를 했을 때 아들의 설명이 그녀에게 만족스럽지 못했다. 그 대신에 유언작성서비스에 의존한 것은 유언서의 작성이 그녀와 그녀의 사정에 대한 사전지식 없이 준비될 수밖에 없었음을 보여준다. 그 집을 그 아들에게 남겨주어야 할 유언자의 이유로서 제시된 것은 사실과 달랐고, 법원이 인정한 바에 따르면 그 정보의 원천은 바로 그 아들이었다. 유언자가 그 집과 관련하여 유언의 변경을 원하였을 것이라는 어떤 증거도 없었다. 아들은 강한 육체를 가진 강압적인 남자였으나 위협이나 폭력의 증거는 없었다. 그는 자신이 다른 형제와 동등하게 대우받지 못했다고 느끼는 불만을 가지고 있었다. 그는 자신이 인정한 것보다 더 많이 개입하였고 그의 부인에도 불구하고 유언의 초안을 수정하는 데에 직접적으로 개입하

67) Martyn Frost(주 58), 87 이하.

였다. 이러한 점들을 종합하면 법원의 관점에서 부당위압을 인정하는 것을 뒷받침하는 데에 충분하였다."[68)]

이 판결에서는 유언자에 대한 부당위압의 존재를 인정하는 데에 있어서 유언자의 정신상태와 생활여건, 유언 당시 유언자와 유언으로 이익을 얻는 사람과의 관계, 그러한 관계가 유언 작성에 미치는 구체적인 영향, 유언자가 유언의 작성에 관하여 충분한 설명이나 정보를 얻고 이를 숙고할 가능성이 있는지, 유언자의 관점에서 유언을 작성 또는 변경하려고 할 이유가 있었는지, 유언으로부터 이익을 얻는 사람의 개입의 정도 등에 대한 매우 면밀한 검토가 이루어지고 있음을 엿볼 수 있다.

③ 부당위압을 증명할 부담은 그것을 주장하는 사람한테 있다. …

부당위압을 입증하기 위해서 *Killick v. Poutney* 판결에서는 다섯 가지 기준이 되는 질문을 제안하였다.[69)] 원고가 자신의 청구에 관한 입증을 하였는가라는 질문에 답하기 위해서는 다음 다섯 가지의 포인트를 만족시켜야 한다.

1. 피고가 유언자에게 영향을 미치는 지위에 있었는가?
2. 피고가 유언자에게 영향을 미쳤는가?
3. 영향을 미치는 것이 부당한가?
4. 다투어지고 있는 유언에 대하여 부당위압이 행사되었는가?
5. 부당위압에 의하여 유언이 작성되었는가?

*Wilkes*에 관한 사건에서는 다음과 같이 기술되었다.[70)]

"부당위압은 특정한 내용으로 유언을 작성하도록 강압하는 것을 의미한다. 그러한 영향을 행사할 동기나 기회가 있었다는 증거는 필요하기는 하지만 —그러한 동기나 기회를 가진 사람이 다른 사람을 배제하고 유언에서 이익을 얻었다는 것과 결부해서도— 그러한 증거가 존재한다는 것만으로는 부당위압의 증거로 충분하지 않다. 유언자의 자유의지를 압도하는 강압에 대한 적극적인 증거가 있어야 한다. 강압은 폭력, 구속, 협박, 감정적 공갈(恐喝) 또는 자유의사를 압도하기 위한 단순한 지속적 정신적 압박을 포함한다."[71)]

68) Martyn Frost(주 58), 88; 과정상의 흥미로운 점은 유언의 대서자(代書者)가 그의 지시서식에 '나는 유언자가 재산의 분배에 관하여 어떤 부당한 압력이나 영향 하에 있지 않았다는 점에 대하여 묻고 확인을 받았다, 나는 이것을 아들이 방에 없는 동안 그녀에게 확인하였다'라고 기재하였다는 점이다. 그러나 "당신은 부당한 영향을 받고 있습니까?"라고 물었을 때의 우리의 경험은 "예"라고 대답이 나올 가능성은 거의 없다는 것이다. 판사는 나중에 그 지시서식에 기록함으로써 얻으려 했던 효과, 즉, 그녀에게 압력이 있었는지 여부를 확인하려는 이러한 시도는, 특히 이러한 경우에는 오히려 그 반대의 사실을 강하게 시사한다고 말하였다. 같은 면, 주 35).

69) Martyn Frost(주 58), 89.

70) Martyn Frost(주 58), 89.

"부당위압을 주장하는 데에 단순히 누군가 다른 사람에게 과도하게 영향을 미칠 능력이 있다는 것을 보여주는 것은 충분하지 않다. … 어떤 사람이 유언자의 의사를 과도하게 제압할 힘이 있다는 것을 증명하는 것으로도 충분하지 않다. 나아가 어떤 사실들이 부당위압의 주장에 합치한다는 사실을 증명하는 것으로는 충분하지 않고, 그 사실들이 다른 이성적 가정들과는 합치하지 않는다는 것을 보여주는 것이어야 한다."72)

이와 관련하여 *Hubbard v Scott* 사건에서 유언의 사실인정과 관련하여 판사는 다음과 같이 기술하였다.73)

"부당위압은 2009년의 유언작성과 일치하는 유일한 가정은 아니다. 또 다른 완전히 합리적인 설명이 있다. 유언자는 나이가 들었고 외로웠다. 청구권자와 그들의 어머니의 방문은 빈도가 줄지 않았다. 그는 자신의 재산을 남겨 주고 싶은 다른 사람은 없었다. 그가 원조를 해야 할, 해야 한다고 느낄, 해야 할 의무를 지고 있는 사람이 아무도 없었다. 그는 사무변호사에게 그 자신을 고아(孤兒)라고 말하였다. 피고는 그의 삶에 들어갔고 그는 그녀를 좋아하게 되었다. 이 모든 정황에서 나는 부당한 영향은 형성되지 않았다는 사실을 인정한다."

④ 이러한 맥락에서 부당위압은 유언자의 의사가 제압되어야 한다는 의미에서 강압이나 사기에 의해서도 실행될 수 있다.

법의 눈으로 부당위압이 되기 위해서는 종합해서 한마디로 표현하면 강압이 있어야 한다. 유언이 유언자가 그렇게 하기를 원하지 않았음에도 그렇게 하도록 강압된 경우에만 부당위압이라고 할 수 있다. 이러한 목적에서의 강압은 다양한 행동으로 야기될 수 있다. 가장 극단적으로는 구속이나 실제의 육체적 폭력일 수 있다. 그러나 폭력을 가할 듯 위협하거나 괴롭히거나 유언자에 대한 도움이나 서비스를 거절할 듯 위협하거나 유언자를 외면하는 등의 행동을 망라한다.74)

Walker v Walker 사건에서 그것은 다음과 같이 표현되었다.75)

"실제의 부당한 영향은 다양한 형태를 취할 수 있고 미묘한 것일 수 있다. 부당위압은 어떤 사람이 통제되고 궁지에 몰려서 또는 위협을 받거나 지배를 당하여 다른 사람을 만족시키기 위하여, 성냄을 막기 위하여, 분쟁을 피하기 위하여, 평화로운 상태를 얻기 위하여 거의 무엇이

71) Martyn Frost(주 58), 89.
72) Martyn Frost(주 58), 90.
73) Martyn Frost(주 58), 90.
74) Martyn Frost(주 58), 90 이하.
75) Martyn Frost(주 58), 91.

든 하도록 만들기 위한 것으로서, 순간적인 압력, 위협, 지배일 필요는 없으며 일정한 기간의 통제, 지배, 감정적 압력의 형태를 띨 수도 있다. 여기서 부당위압이 미묘할 수 있고 일정한 기간의 압력을 사용할 수도 있다는 암시는 부당위압의 문제가 노골적이거나 외관으로부터 즉시 알 수 있는 것이 아닐 수 있다는 것을 강조하고 있다. 유언을 작성해 주는 사람은 부당위압이 분명하고 누구나 알 수 있는 명백할 것이라고 예상해서는 안 된다. 그의 질문과 기록된 관찰은 결과적으로 덜 직접적이고 그가 할 수 있는 한 주변정황을 가능한 한 상세히 밝혀두는 것에 초점을 둠으로써 법원의 관심을 일으킬 수 있는 정황에 관하여 가능한 한 모든 기억들을 얻을 수 있도록 하여야 한다. 부당위압에 관한 단순한 질문으로 충분한 경우는 거의 없다."

이 사건에서의 기술을 통하여 부당위압의 요소로서의 '강압'은 매우 다양한 방법과 형태로 —특히 장기간 은밀한 형태로도— 가해질 수 있음을 알 수 있다. 따라서 유언 작성에 관여하는 사람(가령, 공증인)은 유언자의 유언의 자유를 보장하기 위하여 유언능력을 이유로 쉽게 유언 작성을 거절하지 못하더라도 유언 작성 당시에 사후에 유언능력이 문제되었을 때에 참고가 될 수 있는 정황에 대하여 가능한 한 상세한 기록을 남길 필요가 있다는 점이 강조되고 있다.

(3) 영국에서의 시사점

영국의 관련 판결을 통하여 유언의 효력을 배제하는 부당위압이 있었다고 결정하는 데에 필요한 다양한 기준과 관점들을 살펴볼 수 있었다. 그 중에서도 중요한 점은 다음과 같은 것들이다.

첫째, 유언에 대한 부당위압은 재산거래에 있어서 부당위압과는 달리 의존적 관계 그 자체로부터는 결코 추정되지 않는다. 그 이유는 어느 판결에서 언급된 것처럼 유언에 있어서 부당위압의 문제가 주로 배우자나 부모 자식과 같은 근친 간의 특수한 관계에서 일어나고 그러한 관계에서는 때로는 무리하게 주장하고 비난하고 압력을 가하는 것이 현실세계의 통상의 모습으로 용인된다는 점이다. 둘째, 부당위압은 이를 주장하는 자가 증명하여야 하고, 그 증명에 있어서는 부당한 영향을 미칠 동기와 기회가 존재하였고 유언으로부터 이익을 얻었다는 사실만으로는 부족하고 부당위압이 유언을 야기했다는 사실을 분명히 증명할 것을 요하며, 이를 뒷받침할 수 있는 다른 합리적 가정(이유)을 배제할 수 있어야 한다는 점이다. 셋째, 부당위압이 인정되기 위해서는 판단을 설득하지 않고 자유의지를 제압하는 '강압'이 인정되어야 한다. 이때 강압은 본격적인 강박이나 사기에 이르지 않더라도 집요한 설득, 사기적 중상(中傷) 등 매우 다양한 형태와 방법으로 가해질 수 있으며, 그 강압의 정도는 유언자의 취약한 정신적 육체적 상태에 따라 낮아질 수 있다는 점에 유의하여야 한다.

우리 민법에서는 유언자의 유언능력에 관하여 유언자가 유언행위의 법적 사회적 의미와 결과를 이해하였는가라는 유언자의 정신능력에만 초점을 맞춘 매우 협애한 사실만을 문제 삼는다. 이에 반하여 영국에서는 —앞서 독일에서도 그러하지만— 제3자의 유언에 대한 부당한 개입이나 간섭(압력)에 대하여 자유로운 결정을 할 수 있었는가 라는 관점에서 유언능력을 평가·판단하고 있음을 알 수 있다. 그리고 이러한 제3자의 부당한 개입과 간섭에 의하여 유언능력이 배제되고 유언이 무효화되는 경우를 결정하기 위하여 형평법상의 부당위압의 법리를 유언의 특수성에 맞게 변형하여 적용하고 있다. 이는 우리의 유언능력의 존부 판단에도 제3자의 부당한 영향에 의하여 유언능력이 배제될 수 있다는 점을 시사하면서, 이러한 관점을 수용하여 적용하는 데에 필요한 풍부한 판단 근거들을 제시해 주고 있다.

V. 결　　론

우리나라에서도 유언이 점점 더 익숙한 생활문화로 자리잡아 가고 있다. 이를 위하여 유언자가 자신의 진의에 따라 자유롭게 유언제도를 이용할 수 있는 제도적 사회적 환경을 마련할 필요가 있다. 그 일환으로 유언분쟁에 있어서 어쩌면 가장 미묘하고 규명하기 어려운 유언능력에 관하여 우리의 생활문화와도 잘 조화되고 유언자의 유언의 자유를 보장하며, 분쟁을 예방하고 발생한 분쟁에 적절한 해결방안을 제공해 주는 해석론을 확립하는 것이 중요하다. 이를 위하여 먼저 법률행위의 의사능력 개념의 새로운 전개에 맞추어 유언능력이 당해 법률행위에 따라 개별 구체적으로 평가되어야 한다는 점을 살펴보았다. 이어서 판례가 유언실무에 있어서 유언의 구수방식을 완화하는 것을 용인함으로써 취약한 유언능력의 유언자에게 있어서 근친 등 제3자의 개입과 간섭에 의한 유언자유의 침해 리스크가 확대될 수 있음을 지적하였다. 그리고 제3자 개입에 의한 구수방식의 이행이 부당한 압력에 의한 유언의 자유 침해로 이어질 가능성에 주목하여 이를 유언능력의 관점에서 접근하여야 한다는 점을 확인하고 이를 뒷받침하는 것으로 독일에서 유언능력의 구성요소로서 자신의 이해에 따라 행위할 능력이라는 개념을 우리 민법상 유언능력의 판단에 있어서도 적극적으로 고려할 필요가 있음을 밝혔다. 그리고 영국의 유언에서의 부당위압 법리를 검토하여 특히 취약한 상태의 유언자에 대한 근친의 부당한 영향(위압)이 유언능력을 배제하는 경우를 평가하기 위한 다양한 고려요소들을 살펴보았다. 향후 유언능력에 관한 해석론적 발전을 기대하며 결론에 갈음한다.

코로나19 감염과 전파에 대한 손해배상 책임

박 주 현*

Ⅰ. 머리말: 코로나19 대유행과 경제와 사회의 변화

코로나19 유행으로 시민의 자유로운 생활은 방역을 위해서 제한되었고 경제는 침체하였다. 대면적인 신앙생활, 직장생활, 교육은 온라인 활동으로 바뀌었고, 쇼핑과 식사도 택배와 배달 음식으로 대체되었다. 코로나19로 시민과 기업들은 경제적인 어려움을 겪었다.

1. 감염병 유행과 과학발전에 기반한 감염병 통제

(1) 코로나19 대유행의 경과

㈎ 코로나19 감염의 국제 상황　　중국 우한에서 19년 11월에 코로나19 환자가 처음 발생했으며, 이듬해 1월 춘절(설날) 전후로 국내외 이동이 많아지면서 세계로 감염이 전파되었다. 초창기에 세계보건기구(WHO)는 코로나19를 사람 간의 전파력은 크지 않다고 생각하여 국경봉쇄를 권장하지 않지만, 태국, 일본, 싱가포르, 우리나라 등의 인접 국가로 급격히 전파되었다. 전파속도가 매우 빨라서 2020년 3월 중순에 세계보건기구는 코로나19 대유행을 선언하였다. 전 세계에서 환자가 급증하였고 이에 전 세계의 의료시스템은 폭증한 환자로 마비되었고 그로 인해 사망자가 속출하였다.

세계 각국은 집단감염에 취약한 시설이나 장소를 봉쇄하였고 감염병 유행 국가에 대하여 국경과 항로를 봉쇄하였다. 그로 인해 세계 교역량은 감소하고 대다수 국가에서 경제가 침체하였다. 2020년 4분기에 백신의 개발로 코로나19 종식의 희망이 보였다. 세계는 백신 확보에 사활을 걸었으며 대다수 국가는 백신 접종을 서두르고 있다.

㈏ 국내의 코로나19 집단감염 발생과 감염병 유행　　국내 첫 환자는 2020년 1월 중순에 발생하였다. 2020년 3월 대구에서 특정 교회를 중심으로 집단감염이 발생하여 경북 전역으로 확산하였다. 정신병원 등의 요양 시설로 집단감염이 발생하여 하루 평균 7백 명에 달하는 신규 환자가 발생하였고 1차 유행은 1개월 만에 안정되었다.

---

* 아현서울이비인후과의원 전문의, 의학박사, 법학박사.

이후 해외유입과 국내감염 사례들이 산발적으로 발생하다가 2020년 여름에 서울과 수도권에서 감염이 급증하였다. 이 무렵 정부는 경기 활성화를 위하여 각종 소비 쿠폰을 지급하였고, 일부 교회를 중심으로 집단감염이 발생했다.

20년 11월부터 날씨가 추워지고 감염전파 환경이 조성되었다. 3차 유행은 전국에서 골고루 나타났는데, 교회와 요양원, 사업장을 중심으로 집단감염이 확산하였다. 기나긴 감염병 유행으로 시민의 경계심이 풀어지고, 정부도 경제 활성화를 위해 엄격한 방역을 고집할 수 없었다. 정부는 유연하고 완화된 대응으로 전환하였다. 21년 3월 신규로 감염자 수가 4백 명대로 유지되고 있다.

(2) 감염병 유행에 대응하는 의과학과 방역지식의 발전

㈎ 중세 유럽의 흑사병 유행과 현대 코로나19 유행의 차이 14세기 유럽에 흑사병이 실크로드를 따라 아시아에서 유럽으로 전파되어 유행했다. 이 병은 쥐 벼룩의 물림에 의해서 전파된다. 당시 사망자는 7천 5백만 명(유럽 인구 약 30%)에 달하였다.

흑사병과 코로나19 감염은 다른 점이 있다. 흑사병은 인수(人獸) 감염으로 전파되지만, 코로나19는 대인(對人) 감염으로 전파된다. 흑사병은 쥐 벼룩에 의해 전파되고, 코로나19는 비말을 통해 전파된다. 중세 사람들은 흑사병의 원인을 몰랐으며 모여서 기도하며 신의 은총으로써 병을 퇴치하고자 하였다. 오늘날 시민들은 병의 원인을 알아 방역수칙 준수로 감염전파를 막았다.

㈏ 과학발전으로 불운에서 책임 영역으로 인식되는 감염전파 오늘날 과학발전으로 현미경을 이용해서 병원체의 관찰이 가능해졌고 항균제로 병원체를 죽일 수 있었고, 감염병의 원인을 알아내었다. 감염병은 중세와 달리 인간의 통제 가능한 영역으로 바뀌었다. 현대 시민은 감염병을 불운의 탓으로 돌리지 않고 과학 지식을 바탕으로 만든 방역수칙을 지킨다. 이를 위반한 시민은 처벌을 받는다. 감염병 예방과 관리가 신의 영역에서 인간의 책임 영역으로 이전되었다.

2. 감염병 유행으로 인한 경제와 사회의 변화

(1) 국경봉쇄와 인적 교류의 감소

㈎ 국경봉쇄와 물류와 사람의 해외이동 감소 세계 국가들은 감염병 유입을 막기 위해서 국경과 항로를 봉쇄하였다. 그로 인해 물류와 시민의 해외이동은 급감했다. 우리 정부도 해외입국자에게 2주간 격리처분을 부과하였고, 코로나19 음성 검사증명서의 제출을 요구하였다. 정부는 국민에게 필수방문 외에 해외여행을 자제하도록 하였다. 세계 관광객은 코로나19 이전 대비 70% 이상 감소하였고, 우리나라의 해외 방문객도 80% 이상 줄었다.[1] 코로나19

1) 김현주, 전효재 외, 코로나19의 관광산업 영향과 대응방안, 한국문화관광연구원(2020. 12), 37-41.

감염이 전 세계로 확산하면서 공장가동이 중단되고 생산활동이 위축되었다. 생산중단은 공급사슬(supply chain)에도 영향을 주어서 전·후방 산업의 활동이 축소되었고, 국제 물류도 감소하였다. 코로나19 유행으로 2020년 국제 물류가 15% 이상 감소하였다.[2)]

(나) 시민들의 국내 이동의 감소 코로나19 유행으로 2020년 국내 항공 이용은 전년대비 20% 이상 감소하였고, 철도 이용도 40% 급감하였다. 서울 시내버스 이용은 20% 이상 줄었고, 지하철 이용도 약 30% 감소하였다.[3)] 정부의 방역조치와 시민의 불안감으로 시민은 외출이나 이동을 줄였다. 시민의 이동감소는 경제침체로 이어졌다. 여행을 포함한 대면 서비스 이용과 소비가 줄면서 내수는 침체하였다. 시민들은 경제활동만이 아니라 종교, 봉사, 친교 등의 모든 사회활동을 줄였다.

(2) 기업과 시민의 경제적 위기

(가) 기업활동 위축과 서비스 생산활동의 감소 코로나19 유행으로 민간소비는 7% 정도 감소하였고, 수출도 40% 정도 감소하였다. 숙박업과 요식업, 문화산업, 교육업도 위축되었다. 인적 이동과 물류의 감소로 인해 온라인 서비스를 제외하고 재화와 서비스에 대한 수요가 감소했다. 그로 인해 기업과 자영업자들은 생산활동을 줄였고, 2020년 국내총생산은 1.0% 감소하였다. 특히 교통업과 문화산업, 숙박·음식업의 생산활동이 크게 줄었다. 민간소비와 수출은 감소했지만, 정부의 지출증가로 그나마 경제성장률은 −1.0%로 유지되었다.[4)]

(나) 기업의 폐업 위기와 근로자의 고용불안 방역 처분으로 영업이 금지된 방문판매업, PC방, 노래방, 유흥주점업에서 폐업이 증가하였으며 그 분야의 일자리가 크게 줄었다. 기업은 투자나 고용계획을 축소하거나 철회하였다.

코로나 유행 1년간 고용률은 0.8% 감소하였고, 실업률은 0.2% 증가하였다. 최저임금 인상, 근로시간 단축과 같은 친노동 정책으로 그 이전부터 일자리가 줄었지만, 코로나 이후 신규채용이 줄면서 30대 미만의 고용률이 2.5% 감소하였다. 공공 부문에서 고용은 증가하였지만, 자영업 비중이 높은 숙박·음식점, 마트와 백화점 등의 대면적 영업 부문에서 고용이 감소했다. 코로나 유행기에서 취약계층의 일자리가 더 많이 줄었다. 대기업보다 중소기업의 일자리, 정규직보다 일용직, 고임금의 남성보다 저임금의 여성의 일자리가 더 많이 줄었다. 특히 숙박업, 음식점 부문의 영세 자영업자가 만드는 일자리가 많이 줄었다. 계층 간에 일자리 불균형은 소득 양극화로 이어졌다.[5)]

2) S Singh, R Kumar et al., "Impact of COVID-19 on logistics systems and disruptions in food supply chain", INT. J. OF PRODUCTION RES. 59-7(2021), pp. 1996-7.

3) KOSIS 국가통계포털, https://kosis.kr/

4) 이승석, KERI 경제동향과 전망 — 2020년 4분기(30-4), KERI 한국경제연구소(2020. 12), 3-10.

5) 사회통계국 고용통계과, 경제활동인구조사: 2020년 12월 및 연간 고용동향, 통계청(2021. 1), 11-6.

3. 코로나19 이후 민사적 분쟁의 발생 가능성

(1) 불가항력으로 발생한 코로나19 대유행과 채무불이행의 위기

(가) 계속적 계약관계에서 감염병 대유행으로 인한 채무불이행 가능성　코로나 유행으로 기업과 시민의 경제활동은 위축되고 기업의 수익과 시민의 소득은 감소했다. 사업 수익성이 낮은 기업들과 자영업자들은 시설과 고용의 유지비용을 감당하기 어려웠다. 실직한 시민들은 이전 수준의 생계를 유지할 수 없었고 금융비용도 감당할 수 없었다. 기업과 자영업자에게 부담스러운 변동비용은 인건비, 부동산의 임대차 비용, 리스와 금융의 이자, 재료비이다. 사업을 축소하려는 기업은 비용을 줄이려고 이와 관련된 근로계약, 임대차계약, 소비대차계약, 계속적 공급계약을 해지하려고 할 것이고, 현금흐름이 경색된 기업은 변제기가 지난 채무조차 이행할 수 없을 것이다. 소득을 상실한 시민들도 생계유지나 주택마련을 위한 금융의 이자와 원금, 주택 임대차의 차임, 전기와 도시가스, 수도의 사용료나 통신비를 지급할 수 없을 것이다.

정부의 코로나 지원금은 기업에는 방역 처분으로 인한 손실 중 극히 일부에 대한 보상에 불과했고, 시민에게는 최소 생계유지에도 미치지 못하는 지원이었다. 이러한 상황에서 기업과 시민들은 각종 계약관계에서 채무불이행의 위험에 놓이게 되었다.

(나) 감염병 대유행으로 인한 사정변경의 주장과 손실의 분담　코로나 유행 이후에 지역사회가 경제를 재건하고 활력을 되찾기 위해서 경제 주체들이 다시 일어날 수 있는 발판이 마련되어야 한다. 지역사회가 코로나 유행으로 인한 기업과 가계의 손실을 어떻게 분담할 것인지를 결정해야 한다. 이와 관련하여 정부는 '착한 임대인 운동'을 펼친 적이 있다.[6] 상가임대인이 임차인에게 코로나 유행 기간의 차임을 감면하면, 정부는 임대인에게 일부에 대해 세금을 감면해 준다. 경제침체로 상가의 공실이 많아져서 계약해지보다는 차임을 일부 감면하여 계약을 유지하는 것이 임대인에게 더 나을 수도 있다. 이처럼 당사자들이 서로 양보하여 코로나19로 인한 손실을 나누려는 경우도 있지만, 향후 늘어나는 분쟁으로 소송이 많아질 것이다.

코로나19 유행은 불가항력적 사유로서 당사자들의 이익을 조정하거나 계약의 내용을 변경할 정도로 중대한 사정변경에 해당하는지가 쟁점이 될 것이다.[7] 미주·유럽에서 이 문제의 해결을 위한 입법이 논의되었다.[8] 우리 국회도 소상공인과 자영업자의 지원에 대한 입법을 논

6) 지역일자리경제과, "자치단체 '착한 임대인 운동'확산 지원", 행정안전부, 2020. 6. 4. 보도자료.

7) 불가항력의 인정요건으로 채무자의 통제 불가능성, 계약당시 사고의 예견불가능성, 결과발생의 회피불가능성이 있다(UNIDROIT, Note of the UNIDROIT Secretariat on the UNOIDROIT Principles of International Commercial Contracts and the COVID-19 Health Crisis, 2020. 7, pp. 8-9).

8) 독일 코로나19-법이 제정되었고(C Wolf, R Eckert et al., "Die zivilrechtlichen Auswirkungen des COVID-19-Gesetzes - ein erster Überblick", JA 2020, 401, 411), 미국에서 시민과 소규모 사업자를 지원하는 코로나19 파산완화 확대법이 제정되었다([H.R.1651] COVID-19 Bankruptcy Relief Extension Act of 2021).

의하고 있으며, 정부는 임대차나 금융계약에서 당사자들의 자율적인 협의를 통해 손실 부담을 조정하도록 권장한다.[9] 코로나19 유행으로 인한 채무불이행에 관한 논의는 중요하지만, 이 글은 논의 범위를 감염전파로 인한 손해로 한정한다.

(2) 감염전파로 인한 손해의 급증과 소송의 범람

㈎ 감염전파로 인한 민사책임의 발생　코로나19 감염은 주로 개인이나 단체의 부주의로 전파되었다. 가해자는 방역지침을 위반하여 다른 사람이나 구성원들에게 감염을 확산시켰다. 그로 인해 피해자들은 건강과 생명을 잃었고, 강제격리로 경제활동을 할 수 없었다. 이후 피해자들은 직장이나 다른 시설에 새로운 감염을 전파하여 집단감염을 발생시켰으며, 그 장소들도 방역 처분으로 폐쇄되었다. 감염력이 매우 큰 코로나19 감염에서 한 명의 환자가 무수한 사람들을 감염시킬 수 있으며, 다시 새로운 감염자들은 무수한 사람들에게 기하급수적으로 감염을 전파한다. 이들과 밀접 접촉한 가족, 직장동료, 학교 친구, 이웃은 방역 처분에 따라 격리될 수 있으며, 그들이 방문한 시설이나 장소는 폐쇄될 수 있다. 이러한 상황에서 처음 감염을 전파한 가해자가 이후 발생한 모든 결과를 책임져야 한다면 너무 가혹하다. 감염전파로 발생한 나쁜 결과의 책임을 누구에게 귀속시킬 것인지를 결정해야 한다.

㈏ 감염병 대유행과 감염전파와 관련된 소송의 범람 위기　코로나19 유행으로 채무불이행만이 아니라 감염전파로 인한 손해 발생으로 당사자 간에 다툼이 증가될 것이다. 코로나19 종식 후에 소송의 범람으로 시민은 감염병의 악몽을 잊고 이전으로 돌아갈 수 없고 기업은 경제활동에 전념하지 못하여 감염 유행기의 손실을 회복할 수 없을 것이다.

이 문제의 해결을 위해 합리적이고 공평한 이해 조정과 통일적이고 신속한 절차 진행이 중요하다. 이 글은 감염 손해에 대한 공평한 분담기준을 제시하여 원만한 분쟁 해결을 도모한다. 우선 코로나19 전파의 양식과 방역 방법을 알아본 후, 시민과 기업이 감염 예방을 위하여 어떤 의무를 부담하는지를 살펴보고, 이를 기초로 감염전파에 대한 손해배상책임을 논의한다.

Ⅱ. 호흡기 감염병의 전파양식과 방역

1. 호흡기 감염병 전파양식

(1) 비말과 공기를 통한 감염전파

호흡기 감염병은 호흡하는 과정에서 병원체가 침투하여 발생하는데, 오염된 공기를 매개하여 전파되는 것이 특징이다. 감염전파의 매체에 따라서 비말전파와 공기전파로 나뉜다. 비말전파는 환자의 침방울이 퍼져 접촉자를 감염시키는 방식으로 1m 미만 거리의 접촉자에게 전

9) 국회 안으로 "소상공인 보호 및 지원에 관한 법률 일부개정법률안"(21. 4. 1, 2109263)과 "서민의 금융생활 지원에 관한 법률 일부개정법률안"(21. 3. 26, 2109168)(의안정보시스템, http://likms.assembly.go.kr).

파된다. 반면 공기전파는 수분이 마른 병원체 입자(비말핵)가 접촉자에게 도달되는 방식인데, 비말핵은 50m 거리의 접촉자에게도 전파될 수 있다. 공기전파 감염병은 결핵, 홍역, 수두이며, 비말전파 감염병은 사스, 메르스, 독감, 코로나 바이러스, 아데노바이러스 감염이다.[10] 코로나 바이러스는 특수한 환경에서 비말이 아닌 공기로도 전파가 가능하다. 침방울의 기화(vaporization)로 인해 수분이 말라 비말핵 형태로 가벼워져서 공기전파의 방식으로 접촉자에게 전달된다. 겨울철 밀폐된 공간에서 에어컨 등의 대류난방은 비말을 기화시켜 비말핵으로 만들어 기화된 공기전파를 확산시킨다. 기화된 비말핵은 환자의 치료 중에서도 생기는데, 호흡기 치료나 기계 호흡, 내시경 검사와 입과 코의 처치 과정에서 발생한다. 바로 에어로졸 유발 가능 치료(aerosol-generating procedures)이다.[11] 이러한 치료가 행해지는 병원에서 다른 환자와 보호자들에게 감염이 전파될 수 있다.

(2) 감염 재생산지수

감염 재생산지수(Basic Reproduction Number)는 환자 1인에 의해 감염이 전파되는 2차 감염자의 수이다. 병원체의 전파능력만이 아니라, 감염전파가 쉬운 환경과 접촉자들의 생활방식도 매우 중요하다. 컬맥-맥켄드릭 모형에 따르면 감염 재생산지수는 감염병의 발생률/회복률에 수렴하는데, 신규 환자가 급증할수록 그리고 완치 속도가 느릴수록 감염 재생산지수가 커진다.[12] 감염 재생산지수를 낮추기 위해서 정부는 환자의 조기발견과 치료가 가능한 방역 시스템을 갖추고 신속한 환자격리로 집단감염을 예방해야 한다. 정부는 감염전파의 사전예방을 위해서 시민에게 최소한의 사회활동을 권장하고 기업에 재택근무와 원격회의 등의 비대면 생산활동을 권장한다.[13]

감염 재생산지수는 향후 감염전파를 예측하고 현재의 방역 수준을 점검하는 지표로 이용된다. 재생산지수가 커지면 방역수준을 강화하고, 작아지면 경제 활성화를 위해서 방역 수준을 낮춘다.[14] 재생산지수가 커지면 신규 환자가 늘어나고, 환자가 많아지면 재생산지수가 더 커지는 악순환이 반복된다.[15] 악순환의 고리를 끊으려면 엄격한 방역수칙 준수와 환자 및 격리 의무자의 철저한 격리가 필요하다.

---

10) A Božič, M Kanduč, "Relative humidity in droplet and airborne transmission of disease", J Biol Phys. 47-1(2021), pp. 1-2.

11) BE Howard, "High-Risk Aerosol-Generating Procedures in COVID-19: Respiratory Protective Equipment Considerations", Otolaryngol Head Neck Surg 163-1(2020. 7), pp. 98-9.

12) MY Li, An Introduction to Mathematical Modeling of Infectious Diseases, Springer, 2007, pp. 37-40.

13) 안선주, 박해범 외, "코로나19 대응 경험에 기반한 K-방역모델의 국제표준화", 표준인증안전학회지 11-1(2021), 46-7.

14) 중앙재난안전대책본부, 생활 속 거리두기 세부지침, 제4판, 2020. 11, 15-8.

15) MY Li(주 12), pp. 38-9.

(3) 전파경로 불명의 감염과 집단감염

감염병 예방에서 가장 큰 문제는 전파경로 불명의 감염과 집단감염이다. 경로 불명의 감염은 사회활동으로 불특정 다수와 많은 접촉을 하는 청장년층에서 나타난다. 감염원과 경로를 찾아내지 못하면, 그 감염원에 의해서 새로운 환자들이 생길 수 있어 지역사회에 감염이 만연한다. 전파경로 불명의 감염을 막기 위해서 정부는 감염 의심자에 대한 빠른 선별검사를 시행하고 대중교통과 다중이용시설에서 출입자들에게 방역수칙을 준수하도록 해야 한다.

집단감염은 지역사회에 감염을 유행시키는 중핵이다. 집단감염은 인구가 밀집하고 밀접한 접촉이 많은 요양원, 병원, 학교, 교정시설, 직장에서 발생한다. 집단감염 환자들은 지역사회에서 그들과 접촉한 사람들에게 감염을 전파하고, 다시 2차 감염자들이 다른 사람들에게 전파하여 지역사회에 신규 환자를 폭발적으로 증가시킨다. 이를 방지하기 위해서 환자의 철저한 격리, 집합시설의 출입자들에 대한 선제적 감시검사, 밀집 환경의 개선, 집단감염 발생 시설의 조기 폐쇄, 방역수칙의 철저한 준수가 필요하다.

(4) 환자의 감수성 · 취약성과 병원체의 유전자 변이

㈎ 감염에 대한 감수성과 취약성 감염 감수성은 감염자의 유전적 소인과 과거 병력에 따라 달라진다. 혈액형 A의 사람이 코로나19에 걸리기 쉬우며, 고혈압이나 심장병 환자는 코로나19에 걸리기 쉽다. 반면 건강한 아동은 코로나19에 잘 감염되지 않는다. 감염 감수성은 세포내 안지오텐신-전환효소2 수용체(ACE2 receptor) 단백의 발현과 관계가 있다. 이 단백은 코로나 바이러스의 돌기 단백(spike protein)과 결합하여 바이러스를 세포 안으로 들어오게 하는 통로 역할을 한다. 고혈압이나 심장병 환자에서 이 단백은 발현이 증가한다.[16]

감염 취약성은 주로 75세 이상의 노령 환자들에게 나타난다. 코로나19 사망자 중에 다수가 75세 이상이다. 천식이나 만성 호흡기 질환, 당뇨, 고혈압, 심 · 뇌혈관 질환의 환자는 코로나 감염으로 인한 치료 기간과 입원 기간이 길며, 중증도도 높았다.[17] 많은 국가는 감염 감수성과 취약성이 높은 집단을 고위험군으로 분류하여 방역 조치와 백신 접종에서 우선순위에 둔다.

㈏ 병원체의 유전자 변이 모든 바이러스 감염에서 유전자 변이가 발생한다. 바이러스는 증식과 숙주 감염을 통해서 끊임없이 유전자를 변화시켜서 숙주 환경에 적응한다. 흔한 독감 바이러스도 변이가 심하다. 매번 독감 접종을 받는 이유도 바이러스의 유전자 변이 때문이다.

문제의 코로나19 바이러스 변이는 영국의 B.1.1.7 변이, 남아공화국의 B.1.351 변이, 그리고 브라질의 P.1 변이이다. 변이 바이러스는 감염전파가 쉽고 빠르며 환자의 병증을 변화시

16) JY Chung, MN Thone et al., “COVID-19 vaccines: The status and perspectives in delivery points of view”, Adv. Drug Deliv. Rev. 170(2021. 3), pp. 3-6.

17) B Bakhshandeh, SG Sorboni et al., “Variants in ACE2; potential influences on virus infection and COVID-19 severity”, Infect. Genet. Evol. 90(2021), p. 2.

키고 기존 검사로는 감염을 찾아낼 수 없으며 기존 치료제와 백신을 무력화한다.[18] 전파력이 매우 큰 변이 바이러스에 대응하기 위해서 철저한 방역수칙의 준수가 필요하다.

(5) 감염병 유행 이후의 풍토병화

무서운 감염병인 사스와 메르스, 코로나19는 모두 코로나 바이러스 감염이다. 이 중에는 겨울철 감기를 일으키는 계절성 코로나 바이러스(HCoVs)도 있다. 성인이면 누구나 이 바이러스에 대한 항체가 있을 정도로 매우 흔하다. 이 감염에 걸려도 대다수 환자는 무증상이며, 면역이 약한 아동이라도 하루나 이틀 정도의 가벼운 감기를 앓고 나면 약을 먹지 않아도 완쾌된다.

환자가 바이러스 감염으로 면역이 생겨도 바이러스는 변이로 면역을 피해갈 수 있다. 마찬가지로 백신접종으로 집단면역이 생겨도 바이러스는 유전자 변이로 숙주의 면역 감시에서 벗어난다. 코로나19 대유행이 끝나도 그 바이러스는 유전자 변이로 계절성 독감처럼 지역사회에 늘 존재할 가능성이 크다. 그렇다고 너무 걱정할 필요는 없다. 변이 바이러스는 독성이 강한 것이 아니라 숙주에 친화된 상태로 계속 살아남는다. 코로나19 유행 초기에는 발생 환자수만이 아니라 사망자수도 폭증했다. 그런데 유행 1년 후에 환자는 여전히 많지만 사망자는 오히려 줄었다. 물론 의료진이 경험과 기술을 축적하여 환자를 잘 치료한 결과이지만, 한편으로 숙주의 면역과 적절히 타협하여 약한 독성의 변이만 생존하게 되는 바이러스의 약독화 현상이 환자의 사망이나 중증도를 줄였다는 주장도 있다.[19] 코로나19 감염이 풍토화(endemic)될 경우 시민 생활의 패러다임은 전환될 것이다. 대면 접촉이 필요한 산업은 위축되고, 비대면 산업이 활성화된다. 감염병 고위험군에 대해서는 지속적인 감염예방의 노력이 필요하며, 이로 인해 돌잔치, 혼례와 상례, 제례 등의 생활문화도 바뀔 것이다.

2. 감염전파에 효율적인 방역

(1) 사회적 거리두기와 장소의 3밀 방지

코로나19 감염은 주로 1m 이내 거리의 감염자와 밀접접촉을 통해 전파된다. 따라서 사람 간의 접촉 거리가 감염전파의 중요 요인이다. 사람 간의 1m 이상 거리두기와 3밀 방지가 중요하다.

㈎ 사회적 거리두기 경제 · 사회활동을 하려면 사람 간의 긴밀한 대면 접촉이 필요하다. 물건 구매나, 교육, 진료를 위해서 1m 이내 거리의 대면 접촉이 필요하다. 사회적 거리두기는 사람 간의 일정한 공간 거리를 유지하거나 그 이내의 접촉이 필요한 경우 마스크 착용이나 칸막이 설치로 비말 전파를 방지하는 것이다. 정부의 '생활 속 거리두기 세부지침'에서 방역조치는 감염 상황에 맞추어 3단계로 구분되며, 시민의 밀접한 접촉이 필요한 활동을 제한

18) D Zhou, W Dejnirattisai et al., "Evidence of escape of SARS-CoV-2 variant B.1.351 from natural and vaccine-induced sera", Cell 189(2021. 4), pp. 1-2.

19) M Veldhoen, JP Simas, "Endemic SARS-CoV-2 will maintain post-pandemic immunity", Nature Rev. Immunology 21(2021), pp. 131-2.

한다. 감염의 전국적 유행인 3단계에서 시민은 원칙적으로 집에 머물러야 하고 진료나 생필품 구입 외에는 이동과 집합이 금지되며, 교육은 원격수업만 허용되고, 직장도 필수인력 외에 재택근무가 의무화된다. 온라인 종교활동만 허용된다.[20]

영업제한은 업종마다 다르다. 영업의 필수성과 장소의 감염전파 위험성에 따라 제한의 내용이 달라진다. 그런데 업종 간의 차별이 비과학적이고 비합리적이라는 논란이 있다.[21] 일부 업주들은 야간 영업의 규제를 피하려고 낮에 시설을 운영해서, 오히려 출입자들이 낮에 붐비는 현상이 발생하였다. 일부 시민과 업주들은 풍선효과를 발생시키는 비효율적이고 불공정한 방역조치라고 비난하였다. 정부가 시민과 기업에게 그 조치의 필요성을 충분히 설명하고 동의를 구하여 그들의 자발적인 참여를 이끌어야 사회적 거리두기가 성공할 수 있다.

(나) 3밀 환경의 방지　　3밀 환경이란 좁은 공간에서 많은 사람이 긴밀한 접촉을 하고 환기가 안 되어 비말이 사람에게 잘 전파될 수 있는 밀집(密集), 밀접(密接), 밀폐(密閉)의 환경이다. 밀집을 방지려면 관리자는 면적당 수용인원을 제한해야 한다. 거리두기 3단계에서 음식점과 카페는 8m²당 1명을, 목욕탕은 16m²당 1명을 수용해야 한다. 5인 이상의 집합금지명령이나 결혼식의 하객수 제한도 밀집 해소를 위한 조치이다. 밀접을 방지하려면 관리자는 이용자 간의 거리를 두어야 한다. 다중이용시설에서 이용자 간의 거리를 최소한 1m 이상 두고, 대중교통의 관리자는 출퇴근 시간에 배차를 늘려서 승객 간의 거리를 두어야 한다. 밀폐의 방지를 위해서 시민들은 격렬한 운동을 실내보다는 실외에서 해야 하며, 고위험군의 시민은 밀폐되고 환기가 안 되는 시설에 출입을 삼가야 한다. 밀폐된 장소에서 손 위생과 마스크 착용은 의무이다. 소모임의 장소로 실내보다는 야외공간이나 환기가 잘 되는 곳을 선정해야 한다. 밀폐된 다중이용시설의 관리자는 기계환기 설비를 갖추어 상시 가동하거나, 2시간마다 10분 이상 창문을 열어 자연 환기를 해야 한다.

3밀 환경의 해소를 위한 환경 개선과 설비 구축에 큰 비용이 든다. 기계환기 설비의 구축과 대기실 면적의 확충, 칸막이나 차단 설비의 설치와 유지에 비용이 많이 든다. 반면 관리자는 대면 업무와 시설 운영을 줄여야 한다. 그로 인한 수입 감소와 비용지출 증가로 영업의 수익성은 급감한다. 이러한 상황이 오래가면 관리자는 영업을 그만두고 장소를 폐쇄할 것이다. 코로나19 유행의 장기화로 시설의 목적과 운영방식, 방역 상황에 맞춰서 3밀 환경에 대한 적정한 방역기준의 조정이 필요하다.

(2) 격리와 시설 폐쇄

환자 격리(isolation)와 접촉자 격리(quarantine)는 환자로부터 전파되는 2차 감염을 예방하

20) 중앙재난안전대책본부(주 14), 15-8.

21) 방역 처분은 명백하고 측정 가능한 대상(위해)이 있고, 최소수단에 그쳐야 하며, 과잉금지와 비례의 원칙에 충실하고, 결정과 시행과정에서 투명성이 보장되어야 한다(C Nyamuta, "Do Civil Liberties Really Matter During Pandemics?", Int. Human Right Law. Rev. 9(2020), pp. 73-5).

여 감염의 확산을 방지하려는 방역 처분이다. 환자가 발생한 장소와 3밀 환경의 취약한 시설을 폐쇄하는 것도 신규 환자의 발생을 막기 위함이다. 이러한 처분은 시민의 자유를 제한하는 것이므로 시민의 격리와 시설 폐쇄에 대한 합리적이고 과학적인 근거를 바탕으로 처분이 내려져야 하고 공정하고 투명하게 집행되어야 한다.

㈎ 국경봉쇄 감염병의 유행국으로부터 유입 차단을 위한 방역 조치가 국경봉쇄이다. 국경봉쇄는 항로와 해상, 국경을 통한 물자와 사람의 이동을 통제하기 때문에 감염병 유행 초기에 매우 효과적이다. 그러나 국경봉쇄는 외교상 문제와 교역의 중단을 일으킬 수 있어서 입국자 검역과 의무격리처분과 같은 다른 방역 조치를 먼저 시행한 후에 고려되는 최후의 수단이다. 중국 우한에서 감염 유행이 시작되었을 때, 많은 국가는 중국에 대한 전면적인 봉쇄조치를 결정했다. 우리나라는 중국과의 외교와 교역을 고려하여 우한에 대해서만 부분적인 봉쇄 조치를 취했다. 이에 대하여 국내에서의 논란이 있었다.[22)]

㈏ 자가격리와 시설격리, 통째 격리 격리는 크게 자가격리와 시설격리로 구분된다. 자가격리는 격리의무자의 주택이나 거소에 일정 기간 스스로 격리하는 것이며, 시설격리는 격리의무자를 시설에 수용하여 경과를 관찰하는 것이다. 시설격리에서 격리의무자는 담당관의 감시를 받아서 확실한 격리가 보장되지만, 격리의무자가 급증하면 수용시설이 부족하게 된다. 반면에 자가격리는 별도의 수용시설이 없어도 가능하나 오직 격리의무자의 자율에 맡겨져서 격리의무자의 일탈이 있다면 격리목적을 달성하기 어렵다.

요양원이나 병원에서 집단감염이 발생하면 환자가 폭증한다. 집단감염의 환자만 아니라 그들과 접촉한 사람들도 격리된다. 격리할 수용시설이 부족하면 집단감염이 일어난 장소를 격리시설로 활용하기도 한다. 그 경우 격리의무자들은 그 장소에 수용되어 격리되며, 외부인의 출입은 통제된다. 이것이 통째 격리다.[23)] 통째 격리는 격리의무자의 출입통제와 감시에 편리하고, 별도의 격리시설을 마련하지 않아도 되어 편리성과 효율성이 높다. 그러나 감염되지 않은 격리의무자가 통째 격리로 감염될 수 있고, 환자가 적절한 치료를 받지 못하며, 유전자 변이의 출현도 가능하다. 이와 관련하여 2020년 2월 일본 유람선 다이아몬드 프린세스호의 집단감염 사례가 있다. 일본 정부는 하선금지 명령을 내려 통째 격리를 시행하였고, 그 후 환자가 속출하여 그 수가 705명에 달했다.[24)] 우리나라에서도 2020년 12월 말에 요양병원에서 집단감염이 발생했을 때, 정부는 요양병원에 통째 격리를 시행하였으나 의료진과 격리의무자들에 대

22) 고길곤, 김범, "한국의 코로나19 대응 평가에 대한 비판적 검토: 이슈의 변화와 경험적 근거 분석을 중심으로", 행정논총 58-4, 서울대학교 한국행정연구소(2020), 12-5.

23) 코호트 격리(Cohort isolation)라는 용어는 공통 감염원에 노출된 집단 전체를 격리한다는 의미에서 사용되었다. 역학자 코호트가 이 격리 방법을 도입한 것은 아니며, 격리의무자 모두가 특정 요인에 노출된 것이 아니므로 잘못된 사용(misnomer)이다.

24) CC Lai, CY Hsu et al., "The Bayesian Susceptible-Exposed-Infected-Recovered model for the outbreak of COVID-19 on the Diamond Princess Cruise Ship", Stoch Environ Res Risk Assess 35 (2021), pp. 7-9.

한 감염확산의 우려와 감염환자들에 대한 신속하고 적절한 치료제공의 실패로 비판적 여론이 일어나자 정부는 통째 격리를 포기하고 개별 격리로 바꾸었다.

(다) 장소 또는 시설 폐쇄 정부는 환자 발생의 장소나 3밀 환경으로 취약한 장소를 폐쇄하여 집단감염을 방지한다.[25] 감염병 유행 단계에서 정부는 시민의 비필수적인 이동을 제한하거나 시설의 운영 시간을 제한한다. 가령 사회적 거리두기 2단계에서 오후 9시나 10시 이후 음식점의 영업은 제한되고, 카페나 제과점에서 포장 판매만 가능하고 매장 안에서의 음식 섭취는 금지된다.

그런데 정부의 방역 기준에 과학적 근거가 부족하고 자의적이라는 비판이 있었다. 가령 태권도장이나 헬스장은 모두 땀을 흘리면서 격한 운동을 하는 장소인데, 태권도장의 영업은 허용되었고 헬스장의 영업은 금지되었다. 빵과 음료를 파는 제과점과 카페는 업종이 유사한데도 불구하고, 제과점 안에서의 음용은 가능하나 카페 안에서는 불가하다.[26] 아마도 태권도장은 아동들을 돌보는 기능을 해서 탁아를 위한 필수시설로 보았고, 제과점은 시민들이 식사로 빵을 섭취하기 때문에 의식주를 위한 필수시설로 보아서 영업이 허용되었던 것 같다.

장소에 대한 규제가 강화될수록 지역경제는 침체하고 사회의 활력은 저하된다. 특히 코로나19 유행이 길어지면서 시설을 무한정 폐쇄할 수는 없다. 여러 국가에서 코로나19 유행 초기와 비교하여 시간이 지날수록 장소에 대한 규제는 점차 완화되었다.

(3) 보호장구 착용과 시설소독

3밀 환경의 장소이지만 대중교통이나 병원에서 출입자들은 비말 전파를 방지하기 위해서 보호장구를 착용해야 한다. 보호장구에는 호흡 보호구와 보호복, 보안경, 보호 장갑이 포함된다. 특히 의료진이 감염병 환자를 돌보는 경우 반드시 보호장구를 착용해야 한다. 코로나19 환자를 진료하는 의료진들은 레벨-D 수준 이상의 보호장구를 착용해야 하며, 보호장구는 N95 마스크, 앞치마, 전신 보호복, 덧신, 고글, 이중장갑으로 구성되어 있다.[27] 출입자들이 보호장구를 착용해도 감염병에 걸릴 수 있다. 이미 사용한 보호장구의 표면에는 병원체가 묻어 있고, 환자가 손으로 만진 출입문의 손잡이에도 병원체가 있다. 출입자는 이를 방지하기 위해서 손 위생을 철저히 하며, 관리자는 출입자의 손으로 접촉한 물체의 표면을 소독해야 한다.

(가) 마스크 착용 마스크 착용은 착용자의 자신과 타인을 감염으로부터 보호하기 위해 매우 중요하다. 특히 호흡기 감염병 유행 시기에 마스크 착용은 3밀의 환경이나 다중이용 시설에서 의무화되어 있다.

---

25) 감염병 예방 및 관리에 관한 법률(제17920호, 2021. 3. 9. 시행) 제47조 1호(이하 '감염병예방법'으로 약칭한다).

26) 정석우, "파리바게뜨는 매장영업, 스타벅스는 안돼… 편의점에선 야간 식사, 음식점에선 못해", 조선일보 (2020. 8. 31), A. 3.

27) 중앙재난안전대책본부, 코로나바이러스감염증-19 대응지침, 제1-2판(2020. 12. 31), 62-8.

마스크는 종류와 착용 방법에 따라서 비말 차단의 효과가 달라진다. 의료용 N95 마스크가 비말 차단의 효과가 가장 크지만, 코로나 유행 이후 병원에서도 구하기가 어렵다. 식약처에서 인증한 KF94 마스크가 N95의 대용품으로 사용된다. 수술용 마스크나 덴탈 마스크는 착용자가 내뱉는 비말을 막아 타인을 보호하기 위한 것이고, 비말이 착용자의 호흡기로 침투하는 것을 막는데 효과는 적다. 천마스크는 비말 차단의 효과가 매우 낮아서 권장되지 않는다.

마스크 착용 방법도 매우 중요하다. 용도와 얼굴 크기에 맞춰서 적합한 마스크를 선택한다. 착용자는 머리칼이나 옷, 수염으로 마스크와 얼굴 사이에 틈이 생기지 않도록 주의하여 밀착시키고, 두 개의 마스크 착용은 마스크의 틈을 벌릴 수 있어서 권장되지 않는다. 마스크는 1회 사용이 권장되며, 세척 후에 재사용하면 안 된다. 마스크의 최대 사용 시간은 환경에 따라 다르나, 하루를 넘게 사용하는 것은 권장되지 않는다.[28)]

㈏ 보호장구 착용 　　마스크 이외에 보호복과 보안경(goggle), 보호장갑, 안면 보호구(facial shield)가 있다. 보호복과 보안경은 코로나19 환자를 진료하는 의료진 이외에 일상생활에서 사용되지는 않는다. 보호장갑은 다중이용시설에서 손 접촉을 통한 감염전파의 예방을 위해 사용되며, 일회용 비닐장갑이나 폴리에틸렌 장갑이 많이 사용된다. 안면 보호구는 비말로부터 눈과 안면을 보호하고 마스크를 보완하는 기능도 한다.[29)] 보호장구는 용도와 상황에 적합한 보호장구를 선택하여 올바른 방법으로 착용해야 한다. 착용 원칙은 보호하는 신체를 모두 가릴 수 있도록 착용하며, 벗을 때에는 바깥면을 맨손으로 만지지 말고 피부에 닿지 않도록 주의한다. 보안경과 같이 일회용이 아닌 보호장구는 바깥면을 소독액으로 철저히 소독한다.

보호장구가 대개 일회용으로 사용되는데 분해되지 않는 플라스틱이나 비닐로 만들어져서 환경오염을 일으킬 수 있다. 감염병 유행기에 수요의 폭증으로 보호장구들이 부족하며, 관리자가 출입자들에게 적절한 보호장구를 제공하지 못하는 경우도 많다.

㈐ 손 위생과 시설소독 　　호흡기 감염병도 손으로 전파될 수 있다. 환자가 병원체를 만진 손으로 눈을 비비거나 코나 입 근처의 얼굴을 만져서 감염에 걸릴 수 있다. 환자와의 접촉이 불가피한 의료진은 반드시 철저한 손 위생으로 환자에게 감염병을 전파하지 않도록 주의해야 한다.

시민이 대중교통이나 다중이용시설을 이용하는 경우 손 위생을 철저히 해야 한다. 손잡이와 스위치, 동작 버튼, 공용 필기구에 병원체가 묻어 있다. 관리자는 감염 예방을 위해 비접촉식의 자동문이나 스위치로 바꾸거나, 손 소독제를 비치하여 사용 전후 출입자에게 손 위생을 권장해야 한다. 관리자는 시설 종사자들에게 직무교육을 통해서 손 위생을 교육하기도 한다.

손 위생은 출입자의 자발적인 참여가 매우 중요하다. 출입자는 손 위생을 통해서 병원체

28) 중앙재난안전대책본부(주 27), 62-4.

29) 중앙재난안전대책본부(주 27), 63-4.

로부터 타인과 자신을 보호할 수 있다. 손 소독제는 70~80% 에탄올 젤리형 제품이나 분사형 제품이 많이 사용된다. 코로나19 유행 이후 대중교통이나 다중이용시설만이 아니라 아파트의 승강기에도 손 소독제가 비치되었다.

다중이용시설의 관리자는 감염예방을 위해서 시설을 소독해야 한다. 공기 소독은 감염 예방에 효과가 없으며 오히려 호흡기 질환을 유발할 수 있다. 관리자는 기계 환기 또는 자연 환기로 비말의 대류 및 확산을 통해 비말의 밀도를 줄여야 한다. 관리자는 출입자들이 손으로 만진 물건이나 의자, 출입문과 비말이 침전된 바닥을 적절한 소독제로 자주 소독해야 한다.

(4) 집단면역과 백신 접종

모든 환자를 찾아내어 일시에 격리하여 치료하면 감염병 유행이 종식될 수 있지만, 현실에서 불가능하다. 감염병 대유행의 종식을 위한 유일한 방법은 인구집단이 병원체에 대한 집단면역을 획득하여 저항력을 갖는 것이다.

㈎ 집단면역　　코로나19 유행 초기에 영국과 스웨덴은 자연감염을 통한 집단면역(herd immunity)의 획득을 시도하였다. 이들 국가는 감염병에 강한 젊은 층에 대해서 사회적 활동을 통제하지 않고 자유롭게 생활하도록 하여 감염을 유도하고, 감염병에 취약한 고령층이나 기저질환이 있는 환자에 대해서 엄격한 거리두기를 통해서 감염병에 걸리지 않도록 하였다. 이러한 방식으로 인구의 60~70%가 병원체에 대한 면역을 획득한다면, 불특정 다수가 대면접촉을 하더라도 소규모의 산발 감염(sporadic infection) 외에는 대규모의 집단감염이나 유행은 일어나지 않는다. 그러나 이러한 시도는 감염 취약층에서 많은 사망자의 발생으로 중단되었다. 현실적으로 건강한 청년층과 고령의 감염 취약층을 생활에서 완벽하게 분리할 수 없었고, 건강한 감염자가 감염을 앓고 나도 면역이 생기지 않거나 면역이 오래 유지되지 않았다. 코로나19 환자의 바이러스에 대한 특이항체는 길어야 6개월 정도까지 유지되었고, 환자 중 일부는 감염병에서 완치된 후에 재감염되기도 하였다. 현재 자연감염에 의한 집단면역의 전략은 포기되었고, 모든 국가는 오직 백신 예방접종에 의한 집단면역 전략을 실행하고 있다.

㈏ 백신 접종　　이상적인 백신은 접종자에게 면역을 잘 생성시키고 부작용 없는 백신이다. 백신은 인체의 면역세포를 자극하여 병원체에 대한 항체의 생성과 면역 기억세포의 활성화를 통하여 접종자의 저항성을 키운다. 그런데 독감백신처럼 유효하고 안전한 백신으로 정착되기 위해서 10년 이상의 시간이 필요하다. 그러나 코로나19 대유행으로 완벽한 백신을 기다릴 여유가 없다.

우리나라에서 2021년 1분기까지 승인된 코로나19 백신으로 바이러스 전달체(virus vector)를 이용한 백신과 나노입자(lipid nano particle)에 실어 전달하는 리보핵산(mRNA) 백신이 있다. 전달체 백신이나 리보핵산 백신은 근래에 나온 기술이며 기존의 생백신이나 사백신과는 다른 원리로 제조된다. 새로운 백신의 안전성에 대한 논란이 있다.[30]

리보핵산 백신은 나노입자를 구성하는 물질에 대한 알레르기 반응이 우려된다. 이 물질은 폴리에틸렌 글리콜(PEG)인데, 식품과 의약품의 안정제나 점도증강제로 흔히 사용된다. 이 물질에 대한 알레르기가 있는 접종자에게 아나필락시스나 심각한 알레르기 반응을 일으킬 수 있다. 전달체 백신도 아직 모든 접종자에게 안전하다고 말할 수 없다. 바이러스 전달체는 접종자에게 염증성 반응을 일으켜서 접종 후 림프절이 붓거나 독감 증상이 나타나거나 혈전을 생성시키는 면역반응을 유발할 수도 있다.[31]

코로나19 백신은 코로나19 백신 세계공동구매 기구(COVID-19 Vaccine Global Access Facility, COVAX)를 통하거나 제조사와 정부 간의 공급계약을 통해서 구매된다. 백신에 대한 임상 시험정보가 완전하지 않아서 제조사들은 세계 정부와 백신 공급계약을 체결하면서 제조물 책임을 면제할 것을 요구한다. 정부는 드문 부작용이라도 조기에 대응하도록 접종 기관의 대응 체계를 점검하며, 접종자에게 사소한 부작용을 경험하더라도 바로 병원을 방문하도록 교육한다.[32]

정부가 백신 접종을 독려하기 위해서 접종 부작용 피해자에게 적극적으로 피해 보상을 시행해야 한다. 부작용과 접종 사이에 인과관계는 아나필락시스 반응처럼 명확한 병리학적 기전에 의해서 발생한 경우라면 인정될 수 있다. 그러나 접종자가 기저질환과 같은 피해 소인이 있거나 혈전증처럼 접종과의 병리학적 관련성이 밝혀지지 않은 부작용에 대하여 접종과의 인과관계가 인정되지 않을 수도 있다. 다만 접종 후의 부작용 발생 빈도가 자연 발생보다 현저히 높다면 발생기전이 불명하더라도 접종과 그 부작용 사이에 인과성이 인정될 수 있다. 인과관계가 인정되어야 법률에 따른 보상을 받을 수 있다.[33]

현재 우리 정부는 충분한 양의 코로나19 백신을 확보하지 못했다. 정부는 감염 감수성과 취약성에 따라서 코로나19 환자를 진료하는 의료진과 방역에 종사하는 공무원, 고령의 요양원 종사자와 입소자들에게 먼저 접종할 예정이다. 어떤 접종자 군에게 어떤 종류의 백신을 접종해야 할지도 논란이 되었다. 전달체 백신은 리보핵산 백신보다 다소 예방 효과가 낮다고 알려지고, 젊은 접종자들에게 고열과 근육통 등의 부작용이 나타나면서 시민들의 백신에 대한 우려와 거부감이 커졌다. 집단면역을 형성하려면 인구의 60% 이상이 면역을 형성해야 하고 접종의 효능을 약 70%로 가정한다면 80% 이상의 시민이 접종에 참여해야 한다. 접종에 대한 시민의 불신과 거부가 커지면 집단면역이 형성되지 않는다. 백신에 대한 투명한 정보 공개와 접

---

30) JY Chung, MN Thone(주 16), pp. 10-12.

31) NG Kounis, I Koniari et al., “Allergic Reactions to Current Available COVID-19 Vaccinations: Pathophysiology, Causality, and Therapeutic Considerations Vaccines”, Vaccines 9-3(2021. 3), pp. 13-4.

32) 코로나19 예방접종 대응 추진단, “코로나바이러스감염증-19 예방접종 후 이상반응 관리지침”, 제1판(2021. 2), 9-10.

33) 감염병예방법 제71조 제1항.

종 효과에 대한 지속적인 감시가 필요하다.

최근 변이 바이러스가 출현하면서 이에 대한 접종 효과가 의심되고 있다. 아직 이와 관련하여 실험실 조사(*in-vitro* test) 외에는 백신 효능에 대한 명확한 조사는 없다. 일부 변이 바이러스에 대한 백신 효능이 떨어질 수 있지만, 조만간 변이 바이러스에 유효한 백신이 개량될 것이다.[34)]

(5) 선별검사와 역학조사

선별검사와 역학조사는 방역에서 필수적인 수단이다. 방역의 목표는 환자를 조기에 찾아내어 격리하는 일인데, 환자를 찾는 수단이 선별검사와 역학조사이다. 정부는 선별검사와 역학조사를 대상자에게 강제실시할 수 있지만, 시민의 자발적인 협력이 없다면 이를 제대로 시행할 수 없다.

(가) 선별검사 가장 정확한 방법은 코로나19 바이러스 중합효소연쇄반응(polymerase chain reaction, PCR) 검사이다. 검체는 피검자의 코와 구강을 통하여 채취한 비인두 점액이다. 비용은 6만 원 정도이며, 소요 시간은 6시간 정도이다. 국가는 방역에 필요한 검사의 비용을 모두 부담한다.

선별검사의 시간과 비용을 줄이기 위하여 신속 항원검사가 개발되었으나 양성 예측도(predictive value)가 낮아서 선별검사로서 권장되지 않는다. 이 검사는 민감도 95%, 특이도 95%로 알려져 있다. 코로나의 유병률이 0.05% 미만이라고 가정하면 양성 예측도는 10% 미만이다. 검사에서 양성으로 나와도 피검자 열 명 중 한 사람만 환자라는 뜻이다.[35)]

일부 지방정부는 모든 외국인 근로자에 대하여 선별검사를 의무화한 적이 있다. 그런데 내국인과 외국인의 차별에 대한 비판이 제기되었고, 우리나라 주재 외국 대사관들의 우려가 있어서 그러한 조치가 철회되었다. 반면 요양원의 입소자와 종사자에 대한 월 2~4회의 선별검사 의무화 조치는 계속 유지되고 있다.

(나) 역학조사 역학조사는 환자로부터 동선 정보를 수집하여 감염원을 밝히고, 밀접접촉을 통해 전파된 후속 감염자를 찾아내는 일이다. 환자의 기억이 명확하지 않을 수도 있어서, 정부는 환자의 신용카드 사용정보나 휴대전화의 위치 정보를 수집하고 환자가 출입한 장소의 감시카메라와 출입자명단을 확인하여 접촉자들을 찾아낸다. 감시카메라가 시설에 설치되어 있지 않거나 출입자명단이 부실한 경우, 정부는 구체적인 시설을 대중에게 공지하여 환자와 동선이 겹치는 출입자에 대하여 선별검사를 권고한다. 코로나19 유행 초기에 정부는 모든 환자의 동선을 실명으로 공개한 적이 있다. 최근에도 환자가 방문한 장소들이 일부 공개되기

34) D Zhou, W Dejnirattisai(주 18), p. 11.

35) G Chowell, JM Hyman, Mathematical and Statistical Modeling for Emerging and Re-emerging Infectious Diseases, Springer, 2016, pp. 296-297.

도 하였다. 이와 관련하여 환자의 사생활과 개인정보의 침해라는 비판도 제기되었다.[36)]

환자가 급증하여 역학조사의 업무가 폭증하면 한정된 인원의 조사관들이 환자들의 동선을 제대로 파악하지 못하는 경우도 많았다. 대중교통이나 다중이용시설에서 밀접접촉에 대한 조사가 현실상 불가능하다. 출입자가 신용카드를 사용하지 않거나 휴대전화의 위치 정보가 확인되지 않으면 출입자의 동선추적은 불완전하다. 따라서 역학조사가 감염원을 추정할 수 있어도 단정할 수는 없다.

Ⅲ. 감염전파의 위험과 관리의무

시민은 방역수칙을 준수하여 감염에 걸리지 않도록 해야 하고, 시설 관리자는 그 공간에서 감염이 일어나지 않도록 해야 할 공법상 의무를 진다.[37)] 정부는 감염전파에 취약한 시설의 관리자에게 방역지침을 따르도록 명하고, 이를 위반한 관리자에게 시설 폐쇄를 명할 수 있다.[38)] 국가는 시민들의 집합을 제한하거나 시설 출입을 금지할 수 있으며, 시민에게 조사, 진찰, 격리, 치료의 처분을 내릴 수 있다.[39)] 감염병 전파는 본인과 상대방을 포함한 지역사회 전체의 건강과 생명을 위태롭게 한다. 따라서 공법상 규정이 없어도 시민은 일상생활에서 접촉하는 상대방에게 감염병을 전파하지 않도록 주의해야 할 신의칙상의 의무를 부담한다.[40)]

1. 관리자의 감염전파 방지를 위한 관리의무

관리자는 회사, 학교, 교회의 시설 관리자만이 아니라, 일시적 모임을 주최하는 집회 주최자, 결혼식 혼주, 장례식 상주와 같은 집합 관리자, 그리고 차량 운전자, 선박의 선장, 비행기의 기장과 같은 운송 관리자를 포함한다. 관리자는 시설 출입자에게 감염병으로부터 안전한 환경을 제공하고, 감염자와 접촉한 출입자들에 관하여 방역 관청에 신속히 알려서 추가적인 감염병 전파를 방지하도록 협조해야 한다.

(1) 장소 운영의 필요성에 따른 주의의무 수준

코로나19 대유행기(pandemic)라도 감염전파의 예방을 위해서 모든 시설을 폐쇄할 수는 없다. 의식주와 관련된 물품과 서비스를 제공하는 매장과 병원처럼 시민의 생명과 건강의 유지

---

36) 고희진, "코로나19 확진자 동선 등 인권침해…인권위 "공개 기준 필요", 경향신문(2020. 3. 9), A. 10; 동선 공개와 관련하여 감염병예방법 제34조의2 제1항에서 제5항 참조.

37) 감염병예방법 제6조 제4항에서 권리와 의무의 주체는 '국민'이다. 그런데 이 법은 입법 취지상으로 국내에 거주하는 외국인에게도 적용되어야 한다는 점에서 '국민' 대신에 '시민'이라는 용어를 사용했다.

38) 감염병 발생 시설의 폐쇄는 감염병예방법 제47조 1호, 예방적 시설 폐쇄 처분은 동법 제49조 제3항.

39) 감염병예방법 제42조 제1항.

40) 감염방지의무는 사회생활상 의무로서 신의칙이나 조리를 통해 민사책임의 근거로 작동한다(金天秀, 감염방지의무와 민사책임, 법조 69-5(2020. 10), 12).

에 필수적인 장소는 감염병 유행이 심각하더라도 그 이용을 금하거나 장소를 폐쇄할 수 없다. 반면에 사교와 취미 활동을 위한 장소는 이용이 제한되거나 폐쇄될 수 있다. 종교행사와 정치 집회, 학술모임, 교육 활동의 경우 대면 집회를 제한하고 비대면 활동으로의 전환을 권장한다.

감염병 유행기에 필수시설에 대한 수요증가로 인해 관리자는 감염관리에 있어서 더 큰 부담을 갖게 된다. 가령 감염병 환자가 폭증하면 병원이 감염환자와 다른 질환자들로 붐비게 되어 사람의 밀집도가 높아져서 집단감염이 발생할 수 있다. 그렇다고 병원 관리자가 곧바로 감염 예방의 설비를 구축하거나 전담 인력을 확충할 수 없다. 이러한 상황에서 정부는 병원처럼 필수시설의 관리자에게 책임을 면제하는 입법을 추진하거나, 법원이 법률의 해석을 통하여 관리자에게 요구되는 주의의무 수준을 낮출 수 있다.[41] 반면에 감염전파의 우려가 큰 뷔페식당이나 클럽, 무도장처럼 비필수적 시설의 관리자는 감염 예방을 위해 엄격한 수준의 주의의무를 부담해야 할 것이다.

(2) 환자 또는 격리의무자에 대한 출입통제 의무

감염전파의 방지를 위한 가장 효율적인 방법은 감염환자의 시설 출입이나 집회 참여를 통제하는 것이다. 관리자는 환자를 선별해야 하는데, 출입자의 체온 측정과 감염 증상의 문진, 위험지역의 방문 이력, 환자와의 접촉에 관한 정보를 출입자로부터 얻어서 판단한다.

그러나 현장에서는 관리자가 출입자의 체온을 측정하는 것이 고작이다. 체온은 시간에 따라 변화하며, 해열제를 복용하면 고열이 사라진다. 체온의 측정 방식이나 환경에 따라서 달라진다. 적외선 체온계는 피부 체온을 측정하는 기구인데, 실내온도에 따라서 측정 결과가 달라진다. 추운 겨울 바깥에서 들어온 출입자의 체온은 실제보다 낮게 측정된다. 체온 측정을 통해서 환자를 선별하는 방식은 불완전하다.

가장 확실한 선별법은 코로나19 중합효소연쇄반응 검사이다. 최근 여러 나라는 모든 입국자에게 이 검사의 음성 확인서를 제출하도록 요구한다. 집회 관리자도 참가자들에게 음성 확인서의 제출을 요구하였다. 음성 확인서의 발급 비용은 검사비를 포함하여 10만 원 정도로 높아서 모든 출입자에게 시행하기 어렵다. 고령층 환자가 상주한 요양원이나 요양병원에서 환자와 종사자들은 이 검사를 2주에 1회 정도 주기적으로 받아야 한다.[42]

관리자는 감염 의심자나 체온 측정을 거부하는 출입자의 출입을 제한할 수 있다. 출입자가 관리자에게 자신의 정보를 올바로 제공하지 않으면 관리자는 환자의 출입통제를 제대로 할 수 없다. 회사 관리자는 직원과의 지속적인 신뢰 관계를 바탕으로 출입통제를 할 수 있지만,

41) 병원과 같은 필수시설에 대한 배상책임의 면제 조건으로 시설은 소비자에게 안전한 환경을 제공하기 위해 적어도 정부의 방역수칙을 준수해야 한다(Z Takhshid, “Nonessential Businesses and Liability Waivers in the Time of COVID-19”, Minn, L, Rev. 105(2020), pp. 44-6).

42) 보건의료정책과, “코로나19 선제적 주기검사(요양병원 등) 협조 요청”, 서울시 보건의료정책과-37855호, 2020. 11. 18.

다중이용시설의 관리자는 초면인 출입자로부터 얻은 정보만으로 환자를 선별하기 어렵다.

(3) 감염전파의 방지를 위한 환경 개선 의무

관리자는 감염원으로부터 출입자를 보호할 수 있는 환경을 만들어야 한다. 이를 위해서 이른바 '3密 환경'을 개선하고, 시설을 소독해야 한다.

㈎ 3밀 환경 방지　　비말감염은 3밀 환경에서 잘 전파된다. 관리자는 3밀 환경의 개선을 위해서 단위면적당 출입자 수를 제한하고, 출입자의 거리두기를 실시하고 칸막이처럼 비말 차단시설을 설치하고, 자연 환기를 유지하거나 강제환기나 음압 공조시설을 갖추어 비말을 제거해야 한다. 음압 공조시설은 감염환자를 돌보는 중환자실이나 코로나19 선별검사실에 설치되어야 한다. 하지만 이러한 시설의 설치·유지에는 큰 비용이 든다.

㈏ 시설소독　　공기의 소독 방법은 아직 개발되어 있지 않다. 관리자는 환기를 통해서 비말의 밀도를 감소시킬 수 있다. 관리자는 출입자의 손으로 접촉했던 시설들의 표면을 소독제로 닦아서 시설을 소독한다. 관리자는 출입자가 장소에 출입하기 전이나 스위치나 손잡이를 만지기 전에 손 위생을 하도록 손 소독제를 비치한다. 그러나 손 소독제에 민감한 출입자나 아동은 이를 사용할 수 없다. 관리자는 일회용 비닐장갑을 비치하여 이러한 출입자에게 사용하도록 하거나 비접촉식의 시설을 갖추어 손 접촉을 통한 병원체 전파를 예방한다.

관리자가 방역 물품의 품절을 대비하여 충분한 양의 소독제나 방역 물품을 구매하는 것을 기대할 수 없다. 방역 물품의 유효기간은 통상 제조 후 2년이며, 기간이 지나면 전량 폐기해야 한다. 관리자가 미리 감염병 유행을 예견하여 충분한 방역 물품을 갖출 수는 없다.

(4) 출입자 보호의 의무

관리자가 보호할 대상은 시설 종사자와 이용자, 종교행사와 집회 참가자, 배달과 우편 업무를 위한 일시적인 방문자 등이다. 관리자는 시설의 출입목적과 환경, 체류 시간 등을 고려하여 감염 예방의 조치를 시행해야 한다. 특히 집단감염이 우려되는 병원과 요양원의 관리자는 출입자의 동선과 행태를 감시하고, 출입자에게 적절한 보호 수단을 제공해야 한다.

㈎ 보호장구 제공 및 착용 감시　　관리자가 모든 출입자에게 충분한 보호장구를 제공할 수는 없다. 그러나 출입자가 시설 종사자나 수용자라면 관리자는 그들에게 적절한 보호장구를 제공해야 한다.[43] 보호장구는 일차적으로 출입자를 보호하고, 부수적으로 감염된 출입자에서 배출된 비말로부터 다른 사람들을 보호한다.

모든 출입자가 최상의 보호장구를 착용할 수는 없다. 고령의 노인이 N95 마스크와 우주복과 같은 보호복을 입으면 호흡곤란을 느끼고 땀의 배출이 안 되어 탈진한다. 특히 호흡이 약

---

43) 시설 종사자에 대한 보호장구 제공의 의무에 관하여 HY Chan, "Hospitals' Liabilities in Times of Pandemic: Recalibrating the Legal Obligation to Provide Personal Protective Equipment to Healthcare Workers", Liverp. Law Rev.(2020), pp. 3-6.

한 영유아들은 마스크를 착용하면 호흡곤란이 심해져서 영유아의 마스크 착용은 권장되지 않는다. 관리자는 출입자의 신체 상태를 고려하여 보호장구를 제공해야 한다.

보호장구의 비용도 고려사항이다. 최상의 보호장구는 일회용이지만 가격이 비싸서 관리자가 모든 출입자에게 값비싼 보호장구를 제공하기 어렵다. 따라서 관리자는 출입자에게 최상의 보호장구가 아니라 출입목적과 장소의 환경에 맞추어 최적의 보호장구를 제공해야 한다.

출입자가 장소의 출입을 위해서 보호장구를 스스로 마련할 때도 있다. 대중교통 승객은 마스크를 준비하여 착용해야 하며, 병원이나 관공서와 같은 다중이용시설을 출입하는 방문객도 마스크를 미리 준비하여 착용해야 한다. 마스크를 착용하지 않은 방문객은 장소의 출입이 거절될 수 있다.

출입자가 출입 시에 보호장구를 착용하더라도 출입 후에 보호장구를 제대로 쓰지 않는 경우도 많다. 지하철 승객이 승차할 때에는 마스크를 썼지만, 승차 후 마스크를 턱에만 걸치거나 음료를 마시려고 마스크를 벗는다. 관리자는 출입자가 보호장구를 계속 잘 착용하는지를 감시한다. 출입자가 보호장구를 벗는 경우 관리자는 출입자에게 시정을 요구하여 적절한 조치를 해야 한다.

㈏ 출입자 명부작성 관리자는 출입자 명부를 작성하여 사후에 감염자와 접촉한 출입자들을 파악하고 이를 방역 관청에 제공해야 한다. 출입자 명부는 역학조사에서 중요한 정보이며, 관리자는 출입자 명부를 작성하여 제출할 공법상 의무를 부담한다.[44] 개인정보의 유출을 우려하는 출입자는 QR 코드 인증을 활용하여 명부작성을 갈음한다.

㈐ 안전수칙 제정 및 알림 관리자는 방역수칙을 참고하여 시설의 이용목적, 체류상황과 시간 등을 고려하여 감염 예방을 위한 안전수칙을 제정하고, 출입자들이 준수하도록 알려야 한다. 대중교통 관리자는 승객들에게 마스크 착용, 객차 내의 식사 금지, 승차대에서 거리두기 실천, 객차 내 불필요한 대화 금지, 유증상 승객의 탑승 금지 등의 안전수칙을 만든다. 병원 관리자는 모든 내원객의 마스크 착용, 지정 보호자 외 면회금지, 호흡기 증상이 있는 방문객의 출입통제 등의 원내 안전수칙을 운영한다.

㈑ 감염전파에 대한 위험성 고지 시민은 생계나 건강 유지를 위해 마트나 병원에 가고, 친교나 오락 목적으로 식당이나 주점에 간다. 감염병 유행기에 정부는 후자의 경우 집합금지 명령을 내렸지만, 전자의 경우 감염이 발생된 장소를 제외하고 운영을 허용했다. 최근 일부 병원이나 교정시설에서 집단감염이 발생하였지만 병원은 감염이 발생한 부서를 제외하고 운영을 지속했으며, 교정시설도 환자들을 병원으로 신속히 이송하고 수용인원을 줄였으나 시설을 완전히 폐쇄하지는 않았다.

관리자는 감염전파의 우려가 있으나 지속해서 운영되어야 하는 병원이나 마트 등의 필수

44) 감염병예방법 제18조, 제49조 제1항.

시설의 출입자에게 감염전파의 위험성을 알릴 필요가 있다. 첫째, 출입자에게 감염 위험을 경고하여 출입자가 스스로 조심하여 감염 예방에 적극적으로 참여하기 위함이다. 둘째, 관리자가 출입자에게 감염 위험성을 알려서 감염전파의 책임을 나눌 수 있다. 관리자는 출입자의 모든 행동을 통제할 수 없으며, 출입자도 자기 행동에 대한 책임을 져야 한다. 감염 위험을 고지받은 출입자는 예견된 위험의 회피를 위해서 주의를 다해야 한다.

2. 시설 출입자의 감염 예방을 위한 주의의무

요양병원의 환자나 교정시설의 수용자는 부득이하게 시설에 상주하고, 직장 근로자는 생계를 위해 직장에 출근한다. 이들은 관리자나 사용자의 지시 · 감독을 따르며, 관리자는 관리하는 시설에서 이들에게 전파된 감염에 대한 책임을 부담한다. 이에 반하여 식당이나 백화점 고객은 이용 안전수칙을 제외하고 관리자의 통제를 받지 않는다. 고객이 매장에서 감염되어도 관리자의 관리상 책임이 없다면, 고객은 감염을 불운으로 감수해야 한다. 감염 예방을 위해서 관리자와 출입자 간의 협력적 대응이 필요하며, 관리자와 출입자는 협력하고 상호 보호할 부수적 의무를 부담한다.

(1) 감염병 예방 및 관리에 필요한 정보제공의 의무

출입자가 감염자 또는 격리의무자라면 다중이용시설의 출입을 삼갈 의무가 있다. 격리의무자가 건강을 지키려고 병원에 갔다면, 그는 병원에 그 사실을 알려야 한다. 관리자는 출입자로부터 정보를 수집하고 감염전파의 방지를 위한 대책을 마련하여 출입을 허용하거나 거절할 것이다. 만일 출입자가 고의 · 과실로 감염 정보를 알리지 않았다면 출입자는 그에 대한 책임을 부담해야 한다.

㈎ 출입자의 신체 상태에 관한 고지 요양원과 병원의 종사자들은 사용자에게 감염 사실, 해열제 등의 약물 복용, 호흡기 증상 여부 등의 정보를 알려야 한다. 밀폐 공간에서 장시간 체류하는 항공기와 선박의 승객도 관리자로부터 감염 관련 정보를 요청받는다. 호흡기 증상과 같은 정보는 코로나 감염을 선별하는 절대적인 기준은 아니지만, 체온 측정만으로 확인되지 않은 감염자의 선별에 도움을 주는 중요한 정보이다.

감염자는 코로나19 증상에 대해 잘 알지 못하며, 열이 있어도 자각하지 못할 수 있다. 감염자가 호흡기 기저질환을 앓고 있다면 기침과 가래가 기저질환 때문인지 코로나 감염으로 발생한 것인지를 구분할 수 없다. 건강한 감염자는 증상이 없는 경우도 드물지 않다. 따라서 출입자가 사후에 감염자로 판명되어도 이것만으로 자신의 신체 상태에 관한 고지를 게을리했다고 단정할 수 없다.

㈏ 출입자 명부작성을 위한 개인정보 고지 직장은 직원 명부와 출퇴근 기록으로 출입자 명부를 갈음하고 병원이나 수용시설은 입원환자 명부나 수용자 명부를 작성한다. 학교

는 출석부를 작성하고, 교회와 사찰은 신도 명단을 관리한다.

식당, 카페, 노래방, 주점이나 경기장처럼 출입자가 일회적으로 장소를 이용하는 경우, 관리자는 별도의 출입자 명부를 작성해야 한다. 출입자는 관리자의 출입자 명부작성에 협조해야 한다.[45] 일반적으로 출입자 명부에는 출입자의 성명, 전화번호, 거주지와 장소 방문의 날짜와 시각, 개인정보 수집 동의가 포함된다.

㈐ 감염병 관리를 위한 동선 정보의 고지 출입자가 요양병원 종사자라면 퇴근 이후 동선을 관리자에게 보고해야 한다. 지방정부는 고령층 입소자가 상주하는 요양병원의 종사자에 대한 동선 보고를 명하였다. 사생활 침해라는 비판이 있으나 지방정부는 코로나19 유행기에서 수용자 보호를 위한 불가피한 조치라고 하였다.[46]

감염환자와 밀접 접촉자 또는 14일 이내 입국자는 격리의무자이지만, 자신의 질병으로 병원 응급실을 방문한다면 관리자에게 이러한 사실을 알려야 한다. 관리자는 격리의무자에게 선별검사를 시행하고 다른 출입자들과 접촉하지 않도록 출입자의 동선을 조정한다. 격리의무자가 방역수칙을 어기고 다중이용장소에 출입하거나 격리의무자라는 사실을 알리지 않으면 행정법상의 처벌을 받을 수 있다.[47]

(2) 관리자의 안전조치에 협력할 의무

출입자는 안전조치를 따라야 하며, 관리자는 그것에 불응하는 자의 출입을 제한할 수 있다.

㈎ 안전수칙 준수 관리자는 정부의 방역지침에 따라서 시설 이용의 안전수칙을 정한다. 출입자는 안전수칙에 따라서 시설을 이용해야 한다. 이러한 수칙에는 출입 인원의 제한, 출입장소에서 식사 금지, 거리두기, 마스크 착용 등이 있다. 출입자가 이용수칙을 지키지 않으면 관리자로부터 퇴거 요청을 받는다. 가령 지하철 승객이 마스크를 벗은 채로 탑승하거나 식사를 하면 관리자는 승객에게 하차를 요구한다.

㈏ 예방접종 고령층이 생활하는 요양원이나 요양병원의 종사자는 시설의 감염 예방을 위해서 사용자로부터 예방접종의 요청을 받는다. 국가나 관리자가 종사자에게 예방접종

45) 감염병예방법 제49조 제1항 2호.

46) 종사자가 제출하는 동선 정보에는 종사자가 방문한 '은밀한' 장소까지 포함되어야 한다는 점이다. 방역을 이유로 사생활의 핵심적인 정보의 수집에도 일정한 한계가 그어져야 한다(양창수, "프라이버스의 우리 불법행위법상의 위치", 민법연구 1, 박영사(1998), 523). 종사자의 동선 고지는 종사자의 사적 정보에 관한 자기결정권과 관리자의 경제적 활동의 자유 사이에 권리의 충돌이 발생하는 지점이다. 상호 이익을 고려하여 비례 원칙을 따라 해결해야 한다. 체온 측정이나 해열제 복용 여부 고지는 종사자가 수인할 수 있지만, 사생활 관련 동선 정보나 진단 정보는 종사자의 자기 결정권을 심각하게 침해할 가능성이 크다(RV Stück, "Corona Covid-19 und Compliance: Aktuelle arbeitsrechtliche Aspekte zur präventiven undrepressiven Bewältigung der viralen Herausforderung", CCZ 2020, 208).

47) 울산지방법원 2020. 11. 6. 선고 2020고단3616 판결; 의정부지방법원 2020. 5. 26. 선고 2020고단1946 판결; 수원지방법원(안양지원) 2020. 9. 4. 선고 2020고단984 판결. 격리기간의 착오로 격리조치 위반의 고의를 부정한 사례로 수원지방법원 2020. 12. 10. 선고 2020노4720 판결(각공2021상, 122).

을 권장할 수 있어도 강제할 수는 없다.[48] 특히 종사자가 백신에 대한 아나필락시스 과거력이 있거나 1차 접종에서 알레르기 증상을 보인 경우, 관리자는 종사자에게 예방접종을 요구할 수 없다.[49] 예방접종을 거부한 종사자가 입소자에게 감염을 전파시켜 심각한 결과를 일으킨다고 예견되면, 관리자는 입소자와 대면 업무를 하는 종사자를 그 직무에서 배제할 수 있다. 마찬가지로 예방접종을 거부한 종사자가 코로나19 환자 진료에 참여하는 경우, 관리자는 종사자의 보호를 위해 직무에서 배제할 수 있다.

요양원과 요양병원의 환자들도 예방접종을 권유받는다. 물론 환자가 예방접종을 거부해도, 관리자가 퇴원이나 퇴실을 요구할 수 없으며 요양 서비스의 제공을 거절할 수 없다.[50]

㈐ 동선 관리 및 일상생활 관리 교육기관이나 의료기관, 요양원은 다중에 감염을 전파하여 집단감염이 발생할 수 있다. 이러한 시설 종사자는 사적 모임을 자제하도록 관리자로부터 지시를 받는다. 감염환자를 진료하는 의료진은 감염될 가능성이 커서 가족과도 밀접한 접촉을 피하라고 요청을 받는다.

콜센터처럼 종사자들이 3밀 환경에서 일하는 경우, 관리자는 직원들에게 감염전파에 취약한 클럽이나 유흥업소의 방문을 자제하도록 요청한다. 병원 관리자는 입원이 예정된 환자에게 밀집한 다중이용시설이나 비말 전파가 가능한 음식점의 출입을 자제하라고 요청한다. 출입자의 일상생활에 대한 개입이 사생활 침해라는 주장도 있다. 하지만 코로나 유행기에 개인의 자유에 대한 제한은 과잉금지 원칙이나 비례의 원칙에 반하지 않는 범위에서 정당화될 수 있다.[51] 최근 정부는 설날 주민등록상 거주지가 다른 가족의 모임을 5인 미만으로 제한한 적도 있었다.[52]

Ⅳ. 감염전파에 대한 손해배상책임

1. 감염전파 손해배상책임의 성립 요건

피해자는 손해를 불운으로 감수할지 아니면 누구에게 전가할지를 결정한다. 피해자가 손해 전가의 대상을 정해도 손해배상책임의 성립 요건을 입증하는 것은 매우 어렵다. 피해자와 가해자 사이에 비말이라는 감염전파의 매개체가 개입하기 때문이다.

(1) 감염전파의 위법성과 고의·과실

비말은 눈에 보이지 않아서 그 출처를 알 수 없고, 감염병 유행기에 피해자가 어떤 경로

48) 감염병예방법 제46조 제1항.

49) 코로나19 예방접종 대응 추진단, 코로나바이러스-19 예방접종사업 지침, 제1판, 2021. 3. 2, 18.

50) 의료법(제17069호, 2021. 3. 5. 시행) 제15조 제1항; 감염병예방법 제4조 제2항.

51) RV Stück(주 46), CCZ 2020, 208, 209.

52) 김성규, "설날 따로사는 가족 5인이상 못 모인다", 동아일보(2021. 2. 1), A. 1.

로 감염되었는지를 증명하기 어렵다. 비말이 사람의 대화나 호흡을 통해 전파된다고 피해자가 모든 사람에게 호흡이나 대화조차 하지 말라고 요구할 권리는 없다. 가해자의 호흡이나 대화 자체를 위법하다고 평가할 수는 없다.

(개) 가해행위로서 감염전파행위　　감염전파로 인한 건강침해는 일반적인 신체적 법익의 침해와는 달리 비말을 매개로 하며, 가해자와 피해자 사이의 신체적 접촉 없이 발생하는 점에서 환경오염에 의한 건강침해와 유사하다. 환경오염 관리자는 오염물을 처리하거나 그 배출량을 줄일 수 있다. 하지만, 코로나19 유행기에 관리자는 3밀의 환경의 개선과 출입자에 대한 안전조치로 감염전파를 방지하고, 시설 출입자는 방역수칙을 준수하여 타인과의 비말 교환을 회피할 수 있을 뿐이다. 가해자가 이를 게을리하여 피해자에게 감염을 전파하면 그것이 가해행위로 평가된다.

(내) 감염전파행위의 위법성 평가　　가장 확실한 감염예방 조치는 시설 폐쇄와 시민의 통행 금지이다. 그러나 모든 장소가 폐쇄되고 통행이 금지되면 그 공간에서 이루어지는 경제, 종교, 교육, 의료 등의 모든 활동이 중단되고 지역사회가 마비된다. 감염전파로 침해된 생명과 건강은 중대한 법익이지만, 모든 시설의 폐쇄로 인해 시민들의 생계권과 생활권 그리고 더 나아가 생존권마저 위협을 받는다. 가해자의 행위에 대한 위법성 평가를 위해서 침해된 피해자의 법익과 시설 폐쇄로 위협받는 시민의 법익 사이에 이익 형량이 필요하다. 감염환자라도 그들의 모든 활동을 위법하다고 평가해서는 안 된다.[53]

행위 불법성 평가에서 방역수칙은 중요한 평가 수단이다. 가해자의 방역수칙 위반은 피해자의 건강을 침해하는 행위로 평가될 수 있다.[54] 그러나 방역수칙은 인구집단의 감염전파를 방지하기 위해 제정된 지침일 뿐이며 가해자와 피해자가 처한 구체적인 사정이나 상황을 고려하지 않는다. 비록 가해자의 방역수칙 위반은 행위 불법성을 보여주는 강력한 징표이지만 가해행위에 대한 위법성 평가를 위해서 감염전파의 구체적인 상황이나 당사자들의 제반 사정이 고려되어야 한다.

(대) 가해자의 고의 · 과실과 감염 피해자의 과실　　감염전파는 한순간에 일어나서 가해자가 모든 감염전파를 예견하고 회피하는 것은 불가능하다. 가해자의 고의 · 과실은 방역수칙 준수로 감염예방에 주의의무를 다하였는지로 평가된다.[55]

방역수칙의 세부 내용이 구체적인 피해자의 손해와 직접적인 관계가 없을 수 있다. 식당

53) 감염병 예방을 위한 외출금지명령을 어기면 형사처벌을 받지만 가족과 본인의 건강에 필요한 외출은 제외된다(M Verpeaux, “Etat d’urgence sanitaire, sanctions et procédure pénales”, AJDA 2020, 2095).

54) 감염과 같은 일반적인 생활위험은 늘 존재하기 때문에 가해자가 감염 예방을 방역수칙을 준수했음에도 감염이 발생된 경우에 책임귀속이 부정될 가능성은 높다(O Brand, O Becker, “Deliktische Haftung bei einer Ansteckung mit SARS-CoV-2”, NJW 2020, 2667).

55) 감염예방의무는 ‘자신의 감염’과 ‘타인에의 전염’을 방지할 의무를 말한다(金天秀(주 40), 11).

이나 카페의 영업시간 제한이 그러하다. 관리자가 허용된 영업시간을 벗어나서 식당을 운영했다면 방역수칙을 위반한 것이다. 그러나 영업시간 위반은 피해자의 감염과는 직접적인 관련이 없다.[56] 가해자가 영업시간을 준수했더라도 피해자는 감염에 걸릴 수 있다. 반면에 관리자가 시설에 허용된 인원수를 초과하여 출입시키거나, 좌석 간의 칸막이를 설치하지 않거나, 체온측정을 하지 않아 감염자를 출입시켰다면 관리자의 과실이 인정될 수 있다. 이러한 방역수칙의 내용은 구체적인 손해와 관련된 것이다.

출입자가 감염이 의심됨에도 불구하고 대중교통이나 다중이용시설을 이용하였다면 그의 과실은 인정될 것이다. 코로나19 유행기에 호흡기 증상이 있는 가해자는 감염을 의심할 수 있고 타인에게 감염을 전파할 가능성을 충분히 예견할 수 있다. 그는 방역수칙대로 선별검사와 자가 격리를 통해서 피해자의 감염을 방지할 수 있다.[57] 가해자에게 요구되는 주의의무 내용은 사회적인 평균인을 기준으로 객관적이고 추상적으로 확정된다.[58] 장소의 특성과 환경, 가해자의 직업, 피해자와 가해자의 관계 등의 제반 사정은 주의의무의 구체적인 내용을 결정하는데 고려된다. 가령 행위자가 병원의 관리자라면, 주의의무 수준은 평균적인 병원 관리자를 기준으로 결정된다.[59]

감염 환경은 주의의무 수준의 결정에 중요하다. 술과 대화를 나누며 춤과 노래를 즐기는 손님들로 붐비는 클럽은 차만 마시는 한적한 노천카페보다 감염전파의 가능성이 매우 크다. 유명한 핸드 판사의 공식에 따르면, 클럽은 노천카페보다 손해를 발생시킬 확률이 더 높아서 클럽의 관리인은 노천카페보다 감염 방지를 위해 더 큰 비용과 노력을 들여야 한다. 유사한 목적의 장소라도 그 장소의 이용자에 따라서 예견되는 손해의 크기가 다를 수 있다. 보육원은 아동들이 생활하는 장소인데, 아동은 코로나19의 증상이 약하다. 반면에 양로원은 어르신들이 생활하는 장소인데, 어르신은 코로나19에 걸리면 중병으로 되거나 사망하기 쉽다. 예견되는 손해의 크기는 보육원보다 양로원이 훨씬 크기 때문에 양로원 관리자는 감염 방지를 위해 더

56) 행정상 방역조치 위반이 민사상 거래안전의무 위반과 일치되지 않을 수 있다. 감염병으로부터 피해자 보호에 적합하지 않거나 필요하지 않은 방역조치는 거래안전의무의 판단에는 적용되지 않는다(O Brand, O Becker (주 54), NJW 2020, 2666). 공법의 주의의무 부과가 특정 피해자에 대한 사법상의 주의의무 부담으로 연결되지 않는데, 공법상의 이익을 위한 방역 조치가 특정 사인에 대한 의무와 불일치하여 피해자에 대한 가해자의 연결성이 결여(lack of nexus)되었다(BA Chapman, Rationing in Pandemics: Administrative and Private Law Challenges, Master of Laws Thesis, Univ. of Toronto, 2011, p. 98).

57) 감시대상자 격리(Quarantine)는 확진이 안 된 사람들을 대상으로 격리한 것이기 때문에 확진자 격리(Isolation)보다는 강화된 방역처분이다(J Tanimoto, "Quarantine and Isolation", Sociophysics Approach to Epidemics 23(2021. 3), pp. 132-3).

58) 양창수, 권영준, 권리의 변동과 구제, 박영사, 2015, 607.

59) 郭潤直, 民法注解(XVIII), 박영사, 2005, 190(李尙勳 執筆); 대법원 95. 12. 26. 선고 95다313 판결(공1996상, 522); 대법원 2020. 5. 10. 선고 2002다10585 판결(공2002하, 1377); 대법원 2008. 1. 17. 선고 2007다40437 판결(공2008상, 211).

큰 노력을 들여야 한다.[60)]

감염 피해자가 스스로 방역수칙을 어긴 경우도 많다. 피해자의 과실이 가해자의 것보다 미약하면 가해자의 불법행위 책임이 성립하는데 이론은 없다. 하지만 전자가 후자보다 훨씬 크다면, 기여과실이 인정되지 않는 우리나라에서도 '수정된 비교과실론'의 관점에서 입법적으로 고려할 필요가 있다는 주장도 있다.[61)] 피해자의 과실은 손해배상액의 산정에서 감액 사유로 고려될 수 있다.

㈑ 코로나19 유행에서 감염전파와 과실책임주의　　우리나라의 코로나 1차 유행은 3밀 공간에서 집단생활을 하는 교회에서 시작되어 지역사회로 확산하였다. 교인의 다수가 집단생활하였으며, 교회는 3밀의 예배 시설에서 집회를 빈번히 개최했다. 교회 관리자가 정부의 역학조사에도 협조하지 않아서 지역사회 전파를 키웠다. 모든 방역 비용과 치료비용은 그 교회가 부담해야 한다는 여론이 높았다. 최근 이와 관련한 법조문이 신설되어 정부는 방역수칙을 위반한 개인이나 단체에 구상권을 행사하여 방역 비용이나 치료비용을 부담시킬 수 있다.[62)] 정부가 구상권을 행사하려면 손해배상책임이 성립되어야 한다. 그런데 감염전파에 있어서 책임의 성립을 증명하기 어렵다.

가해자가 고의 또는 중과실로 방역수칙을 위반하였고 그로 인해 지역사회에 감염병을 유행시켰다면 증명책임의 경감이나 위험책임의 적용이 주장될 수 있다.[63)] 교회 관리자가 고의로 방역지침을 위반하여 교회의 집단감염을 지역사회로 전파하였다면 교회는 창출한 감염전파의 위험에 비례하여 책임을 져야 한다는 주장도 타당한 점이 있다.[64)] 그러나 집단감염이 발생한 교회도 엄밀히 말하면 감염 피해자이고, 그 감염은 외부에서 유입된 것이다. 교회 관리자가 감염전파의 실현으로 이익을 본 것은 없으며 오히려 그로 인해 교회시설의 폐쇄라는 불이익을 당했다. 감염병 예방과 관리는 일차적으로 정부에게 책임이 있다. 정부는 종교단체에 대한 역학조사와 시설 폐쇄 등의 방역 처분을 내리는 강력한 권한을 행사한다. 방역수칙을 위반한 관리자는 그에 상응하는 처벌을 받아야 하지만, 국가가 감염전파로 발생한 모든 손해를 집단감

60) 손해를 발생시킬 확률을 P, 손해의 크기가 L, 손해를 방지하기 위하여 들어가는 부담이 B라면 과실은 B < PL 일 때 성립한다(박세일, 법경제학, 개정판, 박영사, 2000, 290-2).

61) 장준혁, "미국 불법행위법상의 기여과실", 민사법학 66(2014), 355-6.

62) 감염병예방법 제72조의2.

63) 감염전파 손해에서 증명책임의 전환이 부적절하다는 견해도 있다. 증명책임이 전환되면 가해자는 피해자의 감염이 자신과 무관하다는 점을 밝혀야 하는데, 관련성 있음의 증명보다 관련성 없음의 증명이 어렵다. 이는 가해자의 소송상 지위를 지나치게 떨어뜨린다(O Brand, O Becker(주 54), NJW 2020, 2667).

64) 양창수, 권영준(주 58), 605. 위험에 비례하는 책임(proportional liability)은 피해자의 구체적 손해를 야기했을 가능성에 대한 사후적 평가를 기반으로 한 것이 아니라 가해자가 창조한 사전적 위험을 기반으로 평가한 비율적인 책임을 말한다(I Gilead, MD Green et al., Proportional Liability: Analytical and Comparative Perspectives, De Gruyter, 2013, pp. 2-3). 이에 반하여 유책성에 비례하여 책임을 부담해야 한다는 주장도 있다(박동진, "손해배상법의 지도원리와 기능", 비교사법 11-4(2014. 12), 307).

염이 시작된 단체에 전가하는 것은 과도하다. 따라서 감염전파로 인한 손해배상책임에서 위험책임의 법리를 적용하기보다는 과실책임주의를 유지하는 것이 옳다고 생각한다.

(2) 감염전파행위와 손해 사이의 인과관계

피해자가 가해자의 책임성립을 입증할 때 가장 어려운 부분이 바로 가해행위와 손해 사이의 인과관계이다. 감염은 보이지 않는 비말로 전파되기 때문에 피해자가 구체적인 감염원을 밝히기 힘들다. 피해자가 교정시설의 재소자나 요양원의 입소자처럼 감염의 발생 장소에 상주하지 않았다면 그가 어디에서 감염되었는지조차 밝히기 어렵다.[65]

㈎ 감염원의 불확실성과 조건설의 적용 불법행위 책임이 성립되기 위해서 가해행위와 손해 사이의 인과관계가 있어야 하며, 우리나라는 판례와 학설에서 상당인과관계설을 따른다.[66] 상당인과관계설에 따르더라도 일차적으로 가해행위와 손해 사이에 조건적 인과관계가 증명되어야 한다.[67] 가해자는 피해자에게 감염병을 직접 전파하거나 감염원을 관리하지 못하여 간접적으로 전파할 수 있다. 피해자가 이러한 사실을 증명하기 위해서 감염원을 특정하고 그 존재를 입증해야 한다. 피해자를 감염시킨 구체적인 감염원이 없다면 피해자의 감염이 발생하지 않았을 것이라는 절대적 제약공식(conditio sine qua non)이 성립해야 한다. 그런데 감염원의 특정과 입증은 어렵다. 통상적으로 감염환자는 일상생활에서 감염된 것인데, 그 환자는 일상생활에서 직장과 학교, 다중이용시설, 대중교통을 출입하면서 다중과 대면 접촉을 하고 호흡을 통해서 비말을 교환했을 것이다. 피해자는 접촉한 많은 사람 중에서 누구로부터 감염되었는지 확실히 알 수 없다.

피해자가 수집한 증거는 대부분 역학조사 자료이고, 그 자료는 피해자와 잠정적인 가해자들의 동선에 관한 것이다. 피해자는 '특정 장소에 부재했다면 감염전파가 없을 수도 있다(sine sedes infectio non)'는 간접적 가능성을 증명할 수 있을 뿐이다. 그 장소에만 상주하지 않는 피해자는 이러한 주장을 입증하기가 어려울 수도 있다. 이 같은 변형된 제약공식의 충족으로 사실적 인과관계가 인정되어도, 손해배상책임이 성립되기 위해서 상당한 개연성의 심사를 통과해야 한다.

㈏ 역학조사와 역학적 인과관계 역학조사란 집단에서 감염병의 발생과 전파경로, 경과 등을 조사하여 감염원을 찾아내는 과정이다.[68] 역학조사는 특정 개인에 국한하지 않고 인구집단을 대상으로 하며, 시행 목적은 구체적 피해자의 배상을 위한 인과관계 규명이 아니

65) 바이러스 감염이 일상생활에서도 걸릴 수 있어서 책임설정적 인과관계에 대한 완전한 입증이 불가능하다. 피해자가 한 장소에만 상주하지 않았던 경우 더 그러하다(O Brand, O Becker(주 54), NJW 2020, 2666).

66) 곽윤직, 채권각론, 박영사, 2000, 472-3; 양창수, 권영준(주 58), 629; 대법원 94. 11. 25. 선고 94다35671 판결(공1995상, 99); 대법원 2000. 9. 8. 선고 99다48245 판결(공2000하, 2074); 대법원 2008. 4. 10. 선고 2005다48994 판결(공2008상, 653).

67) 金天秀(주 40), 21.

68) 양창수, 권영준(주 58), 640-2.

라 인구집단에서 감염병의 원인 규명과 전파경로의 추적이다. 책임설정적 인과관계의 증명에서 역학조사의 내용은 정황증거일 뿐이다.

그런데 감염 피해자가 역학조사 외에는 인과관계를 증명할 다른 수단을 갖지 못한 경우도 많다. 특정 장소 내에 대규모 집단감염이 발생한 경우에 피해자는 그 장소에서 감염된 것이라고 주장할 수 있다. 하지만 피해자가 다른 경로로 감염되었을 가능성도 있다면 그는 역학조사에 기초한 역학적 인과관계만으로 책임설정적 인과관계를 입증할 수는 없다.[69]

피해자는 집단감염이 발생한 시기에 특정 장소에 있었다는 사실과 그 장소의 감염률이 지역사회의 감염률을 크게 초과하였다는 역학적 인과관계 이외에,[70] 장소에서의 체류 시간과 취약한 장소의 환경, 마스크의 미착용과 같은 방역수칙에 반하는 가해자의 행태 등의 추가적인 정황증거로 증명한다면 집단감염으로 인하여 피해자 감염의 개연성이 인정될 수도 있다. 역학조사와 역학적 인과관계는 감염전파의 책임성립을 증명하는 중요한 도구가 될 수 있다.

㈐ 감염 피해자의 소인과 가정적 인과관계 코로나19 감염은 환자의 기질적 소인(素因, Anlage)에 따라서 감염될 확률이나 감염의 중증도가 달라진다. 심혈관 질환이나 폐 질환이 있는 환자는 감염에 걸리기 쉬울 뿐만 아니라 사망 등의 심각한 합병증을 겪을 가능성이 크다. 따라서 피해자의 소인이 책임설정적 인과관계의 인정에 있어서 고려될 수 있는지가 문제이다.

현실에서 피해자의 신체적 손해가 코로나19 감염에 의한 것인지 아니면 환자의 지병으로 인한 것인지 불명확한 경우가 허다하다. 가령 요양병원에 입원 중인 고령층 환자는 대부분 심혈관 질환이나 뇌혈관 질환, 당뇨를 앓고 있으며, 폐렴이나 요로감염, 욕창과 같은 염증성 질환을 앓고 있기도 하다. 코로나19 환자의 병증이 패혈증으로 진행된 경우, 그 환자의 패혈증은 코로나19 감염 때문인지 아니면 기저질환이 진행된 것인지 구분하기 어렵다. 가해자는 환자의 소인과 손해 사이에 가정적 인과관계를 주장할 수 있다. 코로나19 감염이라는 현실적 원인이 없더라도 피해자는 과거 병력의 진행으로 인해 사망할 수 있다. 즉 현실적 원인이 없어도 환자의 소인이라는 가정적 원인에 의해서 후발적으로 손해가 발생할 수 있다.

손해의 발생에 대한 현실적 원인과 가정적 원인의 관계가 명확하지 않다면 가정적 원인을 근거로 손해배상책임이 부정될 수 없다고 생각한다.[71] 일반적으로 현실적 원인과 가정적 원인이 패혈증이라는 환자의 손해에 대하여 중첩적 관계를 갖기 때문에 현실적 원인만으로도 손해가 발생할 개연성이 높다. 가정적 원인으로서 피해자의 소인이 있어도 그 손해가 실현되지 않

69) 집단감염과 같은 특별한 상황에서 역학적 인과관계는 표현증명의 방식으로 인정될 수 있으나 적어도 다른 감염경로가 없어야 한다(O Brand, O Becker(주 54), NJW 2020, 2667).

70) 역학적 인과관계만으로 책임성립이 인정된 우리나라 판결례는 아직 없다(양창수, 권영준(주 58), 643; 대법원 2014. 4. 10. 선고 2011다22092 판결(공2014상, 1004); 대법원 2014. 9. 4. 선고 2011다7437 판결(공2014하, 1964)).

71) 民法注解(XVIII)(2005), 235(李尙勳 執筆).

을 수도 있으며, 가정적 원인으로 그 손해의 발생이 시작되었어도 현실적 원인이 손해를 악화시킬 수 있다. 또한, 환자의 소인은 책임성립을 차단하지 못해도 배상액 산정에 있어서 과실상계 법리의 유추 적용으로 고려될 수 있다.[72] 그러므로 가정적 원인이 책임성립을 원천적으로 차단한다면 피해자의 권리구제를 지나치게 제한하는 것이어서 타당하지 않다.

2. 감염전파 손해와 배상 범위의 제한

코로나19 감염은 가해자의 사소한 실수로도 피해자에게 한순간에 전파될 수 있다. 가령 환자가 가벼운 감기 증상이 있었으나 대수롭지 않게 생각하여 코로나19에 감염된 줄도 모르고 예배, 식사, 목욕 등의 일상생활을 하다가 교회와 식당, 목욕탕에 집단감염을 발생시켰다고 가정하자. 정부의 방역수칙에 따르면 호흡기 증상이 있는 사람은 다중이용시설을 출입해서는 안 된다. 만일 이를 근거로 정부가 환자에게 모든 방역 비용과 집단감염 환자들의 치료비용을 청구한다면, 그 환자는 전 재산을 처분해도 갚지 못할 정도로 고액의 배상의무를 부담해야 한다. 물론 가해자는 민법 765조에 따라 법원에 배상액의 경감을 주장할 수 있으나 실무상 인정된 예는 거의 없다.[73] 가해자에게 집단감염으로 발생한 손해 전부를 부담시키는 것은 매우 지나치고 가혹한 일이다. 비록 가해자의 책임성립이 인정되어도 손해의 공평한 분담을 위해서라도 배상 범위를 제한하거나 배상액의 경감을 고려할 필요가 있다.

(1) 감염전파로 인한 손해의 특성

㈎ 감염전파로 인한 손해의 종류 　손해는 구체적 손해설에 따라 분류하면 금전으로 산정될 수 있는 재산적 손해와 생명과 신체, 자유, 명예 등의 비재산적 손해로 구분되며, 재산적 손해는 손해의 내용에 따라서 기존 재산의 감소로 표시되는 적극적 손해와 장래 얻을 수 있는 이익을 놓쳐버린 소극적 손해로 구분된다.[74] 감염 손해의 본질은 감염병 발생으로 인한 생명 및 신체에 관한 비재산적 손해이지만, 감염병 치료를 위한 치료비와 요양비의 지출(적극적 손해)과 감염병으로 인한 일실이익(소극적 손해)을 포함하는 재산적 손해로 연결된다. 비재산적 손해도 위자료라는 정신적 손해로 환원되어 금전화된다.[75] 의료비가 저렴하고 의료복지가 발달한 우리나라에서 치료비 및 요양비의 지출과 같은 적극적 손해보다도 위자료나 소극적 손해의 금전적 평가가 더 큰 경향이 있다.

㈏ 후속 감염전파와 후속손해 　감염 손해는 최초 피해자에게만 국한하여 발생하지

72) 대법원 1998. 9. 4. 선고 96다11440 판결(공1998하, 2380); 대법원 2000. 1. 21. 선고 98다50586 판결(공2000상, 470); 최재천, 박영호, 의료과실과 의료소송, 육법사, 2001, 763.

73) 양창수, "민법 제765조 — 잊혀진 규정?", 민법연구 5, 박영사(1999), 269.

74) 郭潤直, 民法注解(IX), 박영사, 2007, 469(池元林 執筆).

75) 民法注解(IX)(2007), 481(池元林 執筆); 대법원 1976. 10. 12. 선고 76다1313 판결(집23(4)민, 116; 공548, 9390); 대법원 1989. 10. 24. 선고 88다카29269 판결(집37(3)민, 125; 공862, 1759); 대법원 1996. 8. 23. 선고 94다20730 판결(공1996하, 2795).

않고, 감염전파의 과정을 통해 새로운 피해자가 기하급수적으로 증가하여 손해의 범위가 무한정 확대될 수 있다.[76] 최초 피해자의 손해보다도 새로운 후속 피해자들의 손해의 총량이 훨씬 클 수도 있다. 후속 피해자들의 손해 발생에는 전 단계 피해자들의 위법행위가 개입될 수 있고, 이런 식으로 여러 단계의 감염전파가 진행되는 경우 후행 피해자들의 손해 발생에 선행 피해자들의 새로운 위법행위들이 개입될 수 있다.

후속 피해자들의 손해를 가해자가 부담해야 할 손해배상의 범위에 포함하려면, 가해자의 행위와 후속 피해자들의 손해 사이에 조건공식이 인정되어야 하고 원래 피해자의 손해가 후속 피해자의 손해를 파생시킬 위험성과 관련되어야 하며 후속손해의 발생에 있어서 원래 피해자나 제삼자의 위법행위가 개입되지 말아야 한다.[77]

(2) 민법 제393조에 따른 배상범위의 제한

㈎ 통상손해와 특별손해 우리나라의 손해배상법은 제한배상주의를 채택하고 있으며, 통상손해를 한도로 하고 특별손해는 예견가능성이 있는 경우에만 배상대상으로 한다.[78] 우리나라의 통설인 상당인과관계설에 따르면 통상손해는 사회 일반의 관념에 따라 어떤 선행사실이 있으면 후행의 사실로서 보통 발생하리라고 생각되는 범위의 손해를 말한다. 즉 통상손해는 감염전파라는 가해자의 위법행위와 상당인과관계에 서는 손해를 말하고, 사회 일반의 관념이란 우리 사회에 있어서 일반적이고 객관적인 평가로서 가해자의 주관적 인식을 요구하지 않는다.[79] 반면에 특별손해에 있어서 채무자의 예견가능성이 필요하다.

앞서 본 바와 같이 감염 손해의 평가에 있어서 적극적 손해보다 소극적 손해나 위자료의 항목이 더 클 수 있으며, 여러 단계의 감염전파로 인한 광범위한 후속손해가 발생할 가능성이 크다. 상당인과관계설에서 통상손해의 표지인 객관적 예견가능성의 관점에서 보면, 치료비나 요양비 등의 적극적 손해는 쉽게 예견할 수 있으나 일실이익이나 위자료와 같은 손해는 예견하기 어렵다. 여러 단계의 감염전파로 인한 광범위한 후속손해는 더욱 예측하기 어렵다.

한편 규범목적설이나 보호범위설에 따르면 감염전파와 관련하여 가해자와 피해자의 법률관계, 감염전파의 발생 상황과 가해자의 방역수칙 위반 정도, 감염전파의 상황에서 통상 요구되는 방역 수준 등의 정책적 가치판단에 기초한 보호범위 내의 손해를 통상손해로 평가할 수 있다.[80]

---

76) 최초 피해와 후속 피해간에 우연적 연결인지 아니면 최초 피해와 관련된 특정 위험이 계속 작용했는지에 따라서 최초 가해자에 대한 책임귀속이 달라질 수 있다(O Brand, O Becker(주 54), NJW 2020, 2668). 가령 의사가 에이즈 걸린 남편에게 아내와 성관계를 갖지 말라고 권유하지 않음으로써 아내가 에이즈에 걸렸다면 최초 피해와 관련된 위험이 계속 작용한 것이다(BGHZ 163, 209; NJW 2005, 2614(재인용)).

77) 民法注解(IX)(2007), 513-5(池元林 執筆).

78) 양창수, 권영준(주 58), 629.

79) 民法注解(IX)(2007), 534(池元林 執筆).

80) 民法注解(IX)(2007), 535(池元林 執筆); 박영규, "통상손해의 범위", 서울법학 19-3, 서울시립대학교(2012), 79-80.

감염병예방법에서 국가는 감염병 예방과 관리에 대한 일차적인 책임을 부담하므로 적극적 손해로서 감염병 진단과 치료에 드는 비용을 부담해야 하지만, 방역수칙을 위반한 가해자에게 구상할 수 있다.[81] 소극적 손해와 위자료에 관해서는 규정을 두고 있지 않다. 감염병 유행에서 손해배상의 범위를 어떻게 정해야 하는지는 향후 입법으로 정하거나 판례에서 귀납적으로 판단 기준을 추출할 필요가 있다.[82]

(나) 감염 손해에서 배상기준의 정형화 감염병 대유행에서 감염환자들이 속출하고 감염 피해와 관련된 소송들이 범람할 수 있다. 감염 손해의 공평하고 타당한 분담을 위해서 배상 범위의 결정에 대한 일관적이고 통일적인 기준의 적용이 중요한데, 이를 위하여 감염 손해의 유형화 및 정형화가 필요하다. 피해자의 나이와 소인, 가해자의 위법행위 유형과 감염전파 상황, 피해자와 가해자의 관계 등을 고려하여 적극적 손해와 소극적 손해, 위자료라는 손해 항목별로 통상손해를 유형화하고 통상손해의 유형에 대한 배상액의 범위를 정하고, 특별손해의 부분은 배상 의무자의 주관적 예견가능성 기준으로 결정하면 좋겠다. 투명하고 공정한 감염 손해의 배상기준이 만들어지면 당사자들은 재판외 분쟁해결(ADR)을 선호할 수도 있으며 신속한 분쟁의 해결로 사회적 비용을 줄일 수 있다.

3. 감염전파에 대한 손해배상책임의 면제 또는 경감의 필요성

코로나19 대유행은 기업과 시민들의 경제·사회활동을 위축시켜 경기가 침체하였고, 비대면 활동의 유행으로 시민의 생활방식과 문화를 바꾸었다. 감염병 대유행은 자연재해로서 감염병 전파를 어느 한 개인이나 단체의 탓으로 돌릴 수 없다. 시민과 기업은 감염병 전파에 있어서 잠재적 가해자일 뿐만 아니라 잠재적 피해자도 될 수 있다. 어려운 경제 상황에도 불구하고 시민과 기업에게 감염전파에 대한 무거운 배상 책임을 지운다면 그들은 감염병 유행으로 인한 손실이나 충격에서 벗어날 수 없어서 다시 일어서지 못한다. 우리 사회가 감염병 유행을 극복하기 위해서 가해자에 대한 손해배상책임을 면제하거나 경감시킬 필요가 있다.[83]

---

81) 방역 실패에 대한 국가책임에 관하여 전병주, "신종 감염병 전염과 국가의 손해배상책임에 관한 연구: 메르스 판결을 중심으로", 인문사회21 11-3(2020), 1979-80; 서울중앙지방법원 2018. 2. 9. 선고 2017나9229 판결. 구상권에 관하여 감염병예방법 제72조의2.

82) 民法注解(IX)(2007), 535(池元林 執筆).

83) 이와 관련하여 사업자의 책임을 면제하자는 주장, 경과실에 대한 책임을 제한하자는 주장, 명백한 감염 위험에 대해서 정부가 직접 규제하고 피해자의 손실에 대해서 정부의 보상프로그램과 기금을 조성하자는 주장이 있다 (RJ Durbin, "Congress battles over liability shields for businesses during the COVID-19 pandemic. ABA Journal 106-4(2020. 8), A. 1; T Cowen, T Mitchell, "Legal Liability and COVID-19 Recovery", CE Think Tank Newswire, Miami(2020. 5. 8), p. 1; H Litman, "Immunity if you negligently spread virus? That's nasty", Los Angeles Times, Calif.(2020. 5. 28), A. 11).

(1) 감염전파와 불법행위제도의 기능

불법행위법은 일차적으로 피해자에게 발생한 손해를 가해행위 이전의 상태로 회복 또는 전보하는 기능을 하며, 행위자에게 사전주의를 촉구하여 애당초 불법행위가 발생하지 않도록 하는 사고의 억제 기능을 한다.[84] 감염병 대유행 상황에서 손해배상책임의 면제 또는 경감이 불법행위법의 목적에 비추어 타당한지 검토한다.

㈎ 감염 피해자에 대한 보상 기능 불법행위제도에서 가장 중요한 기능은 피해자 전보 또는 보상 기능이다. 감염병 유행기에 가해자의 행위가 개입되지 않았더라도 피해자가 감염될 가능성은 늘 있다. 감염병의 본질은 불가항력의 자연재해이며, 국가가 감염병 예방과 관리, 치료에 드는 비용을 부담한다.

감염 손해와 관련한 손해배상책임을 강화하는 것이 피해자에 대한 보상에 실질적으로 도움을 주지 않는다고 생각한다. 감염병 유행 시기에서 가해자로부터 시작된 감염전파는 무한정 범위의 후속손해를 만들어 가해자는 피해자 중 일부에 배상하기도 전에 무자력(無資力)에 빠진다. 따라서 손해배상책임의 강화만으로 피해자의 보상을 담보하지는 못한다. 자연재해와 같은 감염병 유행기에 피해자가 불법행위법에만 의지하여 가해자로부터 보상받는 방식은 바람직하지 않다. 감염전파로 인한 손해는 사회보장의 차원에서 접근하는 것이 타당하다. 환자의 격리나 치료 과정에서 소극적 손해가 발생하면, 국가가 피해자들에게 방역으로 인한 영업손실이나 생계를 위한 재난지원금을 지급할 필요가 있다.

㈏ 감염전파의 예방 기능 보통의 합리적인 사람은 손해 발생을 방지하기 위해 안전조치를 취할 것인데, 불법행위제도는 그러한 안전조치를 취하지 않음을 과실로 평가하여 가해자에게 책임을 귀속시키는 기준으로 삼기 때문에 사고의 예방적 기능이 있다.[85] 감염전파에 대한 손해배상책임을 강화한다면, 시민이나 기업은 감염전파 방지를 위해 더욱 철저히 방역조치를 실행할 것이다. 손해배상책임의 강화는 감염의 예방이나 관리에 도움이 되는 측면이 있다.

그러나 손해배상책임이 가혹할 정도로 강화되면 오히려 역학조사와 방역에 악영향을 줄 수 있다. 역학조사와 방역 조치는 감염환자의 절대적인 협조가 필요하다. 손해배상책임을 강화하면 환자는 자신의 책임을 면하기 위해서 감염증이 중증으로 될 때까지 선별검사를 받지 않거나 역학조사에서 자신의 동선을 숨길 수도 있다. 방역의 목적은 감염전파의 책임자를 찾아내어 처벌하는 것이 아니라 감염자를 조기에 발견하여 신속히 격리하여 감염병 전파를 예방하고 관리하는 것이다. 따라서 가해자에게 가혹한 민사책임을 부담시키는 것은 방역에 나쁜 영향을 줄 수 있다. 방역 처분에 불응하거나 방역수칙을 위반한 자에 대해서 행정벌을 부과해야

84) 民法注解(XVIII)(2005), 31-2(金星泰 執筆).
85) 民法注解(XVIII)(2005), 32(金星泰 執筆).

하지만, 민·형사책임의 강화가 능사는 아니다. 시민에 대한 교육과 홍보를 통해서 시민이 자발적으로 참여하는 방역 체계를 만드는 것이 지역사회의 감염예방과 관리를 위해 더 효과적이다.[86]

(2) 코로나19 유행 이후 갈등 조정을 통한 경제와 사회의 재건

코로나 방역을 위한 이동 통제로 시민의 경제와 사회활동은 위축되었고, 경기는 침체하였다. 이로 인해 시민과 기업은 경제적으로 큰 어려움을 겪고 있다. 특히 집단감염이 발생한 시설 관리자는 감염전파로 인한 법적 책임을 부담해야 하고, 방역과 불경기에 따른 업무의 축소와 중단으로 그 이전에 합의된 계약들을 이행하지 못하여 각종 채무불이행에 의한 배상의무를 부담한다. 시설 관리자는 법적 책임과 부담으로 시설을 더는 운영할 수 없어서 폐쇄한다.

이러한 시설이 폐쇄되면 시민들의 불편이 커진다. 가령 집단감염이 발생한 요양원이 과중한 배상으로 운영할 수 없게 되면, 입소자와 가족들은 새로운 요양시설을 찾아야 한다. 코로나 이후 요양원의 폐업이 늘어나면 입소자는 전보다 더 큰 비용을 부담해야 할 것이다. 코로나 이후 사회재건과 경제 활성화를 위해서 요양원이나 병원, 학교와 같은 필수시설만이 아니라 카페, 식당, 쇼핑몰 등의 다중이용시설에 대해서도 감염전파로 인한 손해배상의 책임을 경감하거나 면제할 필요가 있다. 감염전파와 관련한 분쟁 해결의 절차를 간소화하고, 배상 범위나 배상액의 기준을 정형화해야 한다. 사회적 합의를 통한 입법이나 법원의 법률해석이나 법 형성으로 문제를 해결할 수 있다.

V. 맺 음 말

코로나19 대유행은 우리의 일상을 비대면의 생활로 바꾸었고, 감염병 유행의 종식 이후에도 이러한 생활은 새로운 생활 표준(New Normal)으로 될 것이다.[87] 코로나 대유행이 우리에게 준 교훈은 감염병과 같은 환경문제는 전 인류가 지혜와 노력을 모으지 않으면 극복되기 어렵다는 점이다. 감염병 시대에서 우리는 감염원이 되거나 감염 피해자가 될 수 있다. 우리가 선제적으로 지역사회의 감염병을 예방하고 관리해야 하지만, 감염병 유행이 지난 후에는 감염으로 인한 손해를 공평하게 배분하여 어려움을 극복해야 한다.

과실책임주의를 원칙으로 삼는 우리나라의 책임법에서 감염 손해는 감염전파를 예견하여 회피할 수 있는 주체에 귀속되어야 한다. 코로나19 감염은 비말을 매개체로 삼아 전파되는데,

86) 주현경, "코로나19 감시의 형사정책의 한계", 형사정책 32-4(2021. 1), 174-5. 국가 주도의 방역은 비효율성과 공유지의 비극을 낳을 수 있으며, 시민들의 자발적인 방역은 불균형과 불평등을 가져올 수 있다. 이러한 점에서 시민이 참여하는 협력적이고 다중심적인 거버넌스가 필요하다(Y Pesqueux, "La responsabilité sociale de l'entreprise (RSE) après l'Accords de Paris de 2015 et la pandémie covid-19 de 2020", Innovar 30-78, Paris(2020. 10), pp. 10-3).

87) 김군수, 성영조 외, "포스트 코로나19, 뉴노멀 시대의 산업 전략", 이슈&진단 411, 경기연구원(2020. 5), 12-3.

이 글에서 공간을 관리하는 관리자와 그 공간을 점유하는 출입자로 나누어 각각 부담하는 작위의무를 제시하였다. 이를 바탕으로 감염 손해에 대한 책임성립과 배상 범위를 살펴보았다. 감염병 유행기에 가해자가 전파한 감염이 후속 감염으로 기하급수적으로 증가하면, 그로 인해 발생하는 손해의 범위와 가액은 가해자의 자력을 초월한다. 지역사회에 만연하는 감염의 유행기에서 가해자의 감염전파가 불가항력일 수도 있다. 따라서 일정한 수준으로 배상 범위를 제한할 필요가 있다.

가해자와 피해자 모두 코로나 유행에서 벗어나 일상으로 돌아가기 위해서 신속한 분쟁 해결과 공평한 손해의 분담이 중요하다. 이를 위해서 감염전파의 상황과 가해자와 피해자의 관계 등을 고려하여 손해를 유형화하고, 손해의 항목에 따른 배상 범위와 배상액의 정형화된 기준에 의해 결정하는 방안을 제시하였다. 아울러 지역사회의 빠른 경제 회복과 공익적인 시설의 지속적인 운영을 위하여 정부가 가해자들에게 감염 손해의 배상책임을 면제하고 피해자들에게 그 손실을 국가재정으로 보상해야 한다고 생각한다. 이 글로 당사자들 사이에 신속하고 원만한 분쟁의 해결을 돕고 지역사회의 시민 모두가 암울했던 코로나 유행에서 벗어나서 하루속히 활기를 되찾는데 티끌이나마 보탬이 되었으면 좋겠다.

구민법 시행 이전부터 점유한 자의 취득시효 기산점

배 병 일*

Ⅰ. 들어가며

우리나라가 1910년 일제 식민지가 되기 이전 대한제국과 조선에서는 민사에 관하여 경국대전,[1] 대전통편,[2] 대전회통,[3] 형법대전[4] 등의 법령이 적용되고 있었다. 즉 1910년 8월 29일 이전 대한제국[5]에서는 경국대전, 대전통편, 대전회통, 형법대전 등의 법령이 있었고, 1897년 10월 12일 이전 조선에서는 경국대전, 대전통편, 대전회통 등의 법령이 있었다. 우리나라는 1910년 8월 29일 일제에 의해 국권을 박탈당했고 1945년 8월 15일까지 36년간 일제의 식민지로 있었고, 그 일제 강점기 동안 1912년 조선민사령(1912. 3. 18. 제정, 1912. 4. 1. 시행)을 시행하면서 일제는 당시의 일본 민법(1896. 4. 27. 제정, 1898. 7. 16. 시행)을 우리나라에 의용 적용하였고(조선민사령 제1조 제1호), 일제 강점기 당시 지금의 대법원에 해당하는 조선고등법원[6]에서는 조선민사령과 일본 민법에 의거하여 많은 민사 판결을 생산하였다. 우리나라는 해방이후 미군정을 거쳐 1948년 8월 15일에 정부가 수립되었지만, 조선민사령과 일본 민법은 미군정법령 제21호(1945. 11. 2.)와 제헌 헌법 제100조[7]에 의해서 구민법(舊民法)으로 계속하여 유효한 법령으로 유지되어 1960년 민법(1958. 2. 22. 제정, 1960. 1. 1. 시행)이 시행되기 이전까지 우리나

---

* 영남대학교 법학전문대학원 교수.

1) 경국대전은 1460년(세조 6년)부터 1471년(성종 2년)까지 만들어져 2차례 개수를 거쳐 정치, 경제, 사회를 모두 아우르는 종합 법전(신묘대전, 갑오대전, 을사대전)으로 민법, 형법, 행정법, 군법 등이 그 내용으로 있고, 1485년(성종 16년) 1월 1일부터 시행되었다.

2) 대전통편은 1785년(정조 9년) 경국대전과 속대전 및 그 후의 법령을 통합해 편찬한 6권 5책으로 된 통일 법전으로, 1786년(정조 10년) 1월 1일부터 시행되었다.

3) 대전회통은 1865년(고종 2년) 영의정 조두순 등이 대전통편 이후 80년간의 수교, 각종 조례 등을 보충, 정리 편찬하여 6권 5책으로 되어 있는 조선시대 마지막 통일법전이다.

4) 형법대전은 1901년 5월 법부대신 유기환의 지시로 형법교정관들이 기초하여 만든 조선말기의 법전으로 민사관계조항을 다수 포함하고 있고, 1905년 5월 29일에 공포되어 시행되었다. 1908년 7월 23일에 제2차 개정으로 민사관계조항을 삭제하였다.

5) 1897년 10월 12일부터 1910년 8월 29일까지 조선의 나라 이름이다.

6) 일제 강점기 당시에는 지방법원-복심법원-고등법원의 3심제였다.

7) 현행 법령은 이 헌법에 저촉되지 아니하는 한 효력을 가진다.

라에 적용되었다. 따라서 우리나라는 민사적 재산 법률관계에 대해서 1912년 3월 31일까지는 조선과 대한제국의 법령으로서 경국대전, 대전통편, 대전회통, 형법대전 등이 적용되었고, 1912년 4월 1일부터 1959년 12월 31일까지는 조선민사령과 일본 민법이 의용민법 또는 구민법으로 적용되었고, 1960년 1월 1일부터는 민법이 적용되고 있다.

그런데 대법원 1987. 7. 7. 선고 86다카1396 판결은 조선민사령 이전부터 점유하여 온 토지의 취득시효에 관한 사안에서 그 판결이유를 설시하지 아니하고, 취득시효기간의 기산점은 조선민사령이 시행된 1912. 4. 1.부터 기산할 수 있다고 하면서, 그 이전의 점유에 대해서는 취득시효기간의 산정에서 제외하고 있다. 이와는 달리 대법원 1966. 3. 22. 선고 66다26 판결은 민법 시행이전 구민법 아래에서부터 점유하여 온 토지의 취득시효에 관한 사안에서 원고의 주장은 이 사건 계쟁 부동산의 점유권을 취득하였다는 것이 아니라, 20년간 소유의 의사로 평온 공연하게 부동산을 점유하였으니 그 부동산의 등기명의인에 대하여 소유권 이전등기의 이행을 청구하는 것이라고 하면서 취득시효의 기산점을 민법이 시행된 1960. 1. 1. 이전부터 기산할 수 있다고 하여, 민법 시행 이전의 점유에 대해서도 취득시효기간의 산정에 포함시키고 있다.

이처럼 대법원은 취득시효 기간이 대한제국에서 일제 강점기로 걸쳐 있는 경우 시효기간 산정에서 점유를 단절시키고 있는 반면에, 일제 강점기 법령에서 민법으로 걸쳐 있는 경우에는 점유를 단절시키지 아니하고 산입시키고 있다. 여기에서 생기는 의문점은 ① 취득시효 법리해석에 있어서 취득시효에서의 점유를 권리관계로 파악하느냐 아니면 사실상태로 파악하느냐? ② 일제가 우리나라를 식민지로 하면서 우리나라 법령을 무시하는 것은 가능하고, 대한민국은 일제 강점기 법령을 유효한 것이라고 보아도 되는가? ③ 전근대적 법령에서 근대적 법령으로 이행되는 과정과 근대적 법령에서 현대적 법령으로 이행되는 과정은 달리 보아야 하는가? ④ 조선민사령과 민법에서는 각 법령 제정당시 경과규정을 두고 있었던바, 그 경과규정의 해석을 어떻게 해야 하는가? ⑤ 대법원이 일제 강점기 조선고등법원판결의 법리를 무비판적으로 그대로 받아들이는 것을 허용하여야 하는가? 등이다. 이러한 의문점을 해소하기 위해서 이 연구에서 이들 문제점에 대하여 천착하고자 한다.

Ⅱ. 구민법과 민법의 시행에 있어서의 경과규정

일제는 우리나라를 식민지로 합병하면서 종전 대한제국의 법령과의 충돌을 방지하고자 조선의 법령의 효력에 관한 건(1910. 8. 29. 제정, 제령 제1호)[8]을 제정하여, "조선총독부를 설치할 때 조선에서 효력을 상실할 제국법령 및 한국법령은 당분간 조선총독이 발하는 명령으로서 여

8) 이 규정은 단 1개조문만으로 구성되어 있다.

전히 그 효력을 유지한다."고 규정하였다. 그 후 1912년 일제는 조선민사령으로 일본 민법을 우리나라에 적용하면서도(조선민사령 제2조 제1호) 경과규정을 두지 않았다. 조선민사령에서는 이 영 시행 전에 발생한 사항에 대하여는 조선인 외에 관계자가 없는 경우에 한하여 민법시행법 및 상법시행 중 민법 및 상법의 시행 전에 발행한 사항에 관한 규정을 준용하며, 그 규정에 의한 구법을 적용하여야 하는 경우에 있어서는 조선의 종래의 예에 의한다(조선민사령 제81조)고 규정하여 경과규정을 두지 않고 일본 민법시행법에 의하여 해결하도록 하였다. 그런데 일본 민법시행법(1898. 6. 21. 제정)에서는 민법 시행전부터 점유 또는 준점유를 한 자에게는 그 시행일부터 민법의 규정을 적용한다(민법시행법 제38조)고 하여 점유에 관한 경과규정을 두었다. 일제는 대한제국을 망하게 하고 식민지로 만들었기 때문에 대한제국의 법령을 인정할 수 없었을 것이다. 그래서 구법을 적용하여야 할 경우에는 조선의 종래 법령이 아니라 종래의 예에 의한다고 하였다. 그러나 조선고등법원판결에서는 간혹 "구(舊)한국의 법률에 의하면"이라고 하여 구한국, 다시 말해서 대한제국의 법률을 재판근거로 드는 경우도 있었다.

한편 우리나라는 1960년 민법을 시행하면서 역시 경과규정을 두었다. 우리 민법은 부칙에서 본법은 특별한 규정이 있는 경우 외에는 본법 시행일 전의 사항에 대하여도 이를 적용한다. 그러나 이미 구법에 의하여 생긴 효력에 영향을 미치지 아니한다(민법 부칙 제2조)고 규정하였다. 또한 시효에 관한 경과규정을 두어 본법 시행당시에 구법의 규정에 의한 시효기간을 경과한 권리는 본법의 규정에 의하여 취득 또는 소멸한 것으로 본다(민법 부칙 제8조 제1항). 본법 시행당시에 구법에 의한 취득시효의 기간을 경과하지 아니한 권리에는 본법의 소유권취득에 관한 규정을 적용한다(민법 부칙 제8조 제3항)고 규정하여 역시 소급하고 있다. 또한 소유권이전에 관한 경과규정으로 부칙을 두고, 본법 시행일 전의 법률행위로 인한 부동산에 관한 물권의 득실변경은 이 법 시행일로부터 6년내에 등기하지 아니하면 그 효력을 잃는다(부칙 제10조 제1항). 본법 시행일 전의 시효완성으로 인하여 물권을 취득한 경우에도 제1항과 같다(부칙 제10조 제3항)고 규정하고 있다. 우리로서는 일제 강점기의 법령이 1945년 8월 해방이후 15년이 지나도록 1959년 12월까지 계속 시행되어 왔기 때문에 그동안 이루어졌던 법률관계를 전면적으로 부정하기에는 법적 안정성 등에 비추어보아 상당한 정치적 법리적 부담이 있었을 것이다. 그래서 부득이 종전 법적 토대나 기반을 인정하는 것을 전제로 하면서 법령을 제정하고 경과규정을 둘 수밖에 없었을 것이다. 따라서 취득시효에서 점유의 단절은 있을 수 없고, 구민법하에서의 점유기간을 취득시효 기간에 포함시킬 수밖에 없을 것이다.

Ⅲ. 점유와 취득시효의 기간

시효제도는 진실한 권리관계와 현재 존재하는 사실관계가 충돌할 경우에 현재의 사실상태를 존중하여 권리관계로 인정하는 제도로서, 소멸시효(민법 제162조)와 취득시효가 있다. 취득시효는 물건에 대한 권리 외관이 일정기간 계속되는 경우에, 진실한 권리관계와 관계없이 그 외관상 권리자에게 권리취득의 효과를 생기게 하는 제도이다. 우리 민법상 취득시효에는 부동산소유권 취득시효(민법 제245조)와 동산소유권 취득시효(민법 제246조)가 있고, 부동산소유권 취득시효는 점유취득시효(민법 제245조 제1항)와 등기부취득시효(민법 제245조 제2항)가 있다. 민법은 점유취득시효에 대해서는 20년간 소유의 의사로 평온, 공연하게 부동산을 점유하는 자는 등기함으로써 그 소유권을 취득한다(민법 제245조 제1항)고 규정하고, 등기부취득시효에 대해서는 부동산의 소유자로 등기한 자가 10년간 소유의 의사로 평온, 공연하게 선의이며 과실없이 그 부동산을 점유한 때에는 소유권을 취득한다(민법 제245조 제2항)고 규정하고 있다. 그래서 취득시효는 점유가 있어야 하고, 그 점유도 소유의 의사로 점유하는 자주점유를 필요로 한다.

1. 점 유

점유는 물건을 사실상 지배하고 있는 경우에 법률상의 권리(이른바 본권)가 있는지 여부 및 그 원인이 무엇인지를 불문하고 사실상 지배상태에 대하여 일정한 법률효과를 부여하는 제도이다.[9] 사실상 지배는 사회관념상 물건이 어떤 사람의 지배에 있다고 할 수 있는 객관적 관계를 의미한다. 본권의 유무는 원래 점유의 성립과 무관하지만, 사회관념상 사실적 지배가 있느냐를 판단함에 있어서 유력한 표준이 될 수 있다. 따라서 도둑에게도 점유가 인정될 수 있다.[10] 점유가 성립하기 위해서는 사실상 지배 외에 점유의사는 필요하지 않다. 민법은 물건을 사실상 지배하는 자는 점유권이 있다(민법 제192조 제1항)고 규정하여 점유의사가 필요하지 않다고 한다. 그러나 적어도 사실적 지배관계를 가지려는 의사(점유설정의사)는 필요하다. 점유설정의사는 일정한 법률효과와 결부된 법적 의미에서의 의사가 아니라 자연적 의사이다. 점유설정의사는 명시적일 필요가 없고 일반적으로 추단되며, 개개의 물건에 관하여 의식되어야 하는 것이 아니라 포괄적으로 표시될 수도 있다.[11] 대법원도 취득시효는 부동산의 점유권을 취득하였다는 것이 아니라, 20년간 소유의 의사로 평온 공연하게 부동산을 점유함으로써 성립하는 것이라고 한다.[12] 대법원도 물건에 대한 점유란 사회관념상 어떤 사람의 사실적 지배에 있다고 할 수 있는 객관적 관계를 가리키는 것으로서, 사실상의 지배가 있다고 하기 위하여는 반드

9) 곽윤직·김재형, 물권법, 박영사, 2015, 187.

10) 점유자가 점유 개시 당시에 소유권 취득의 원인이 될 수 있는 법률행위 기타 법률요건이 없이 그와 같은 법률요건이 없다는 사실을 잘 알면서 타인 소유의 부동산을 무단점유한 것임이 입증된 경우, 특별한 사정이 없는 한 점유자는 타인의 소유권을 배척하고 점유할 의사를 갖고 있지 않다고 보아야 할 것이므로 이로써 소유의 의사가 있는 점유라는 추정은 깨어졌다(대법원 1997. 8. 21. 선고 95다28625 전원합의체 판결)고 하여 악의의 무단점유가 타주점유로 인정된 대법원 판결까지는 유효하였다.

11) 지원림, 민법강의 18판, 홍문사, 2021, 534.

12) 대법원 1966. 3. 22. 선고 66다26 판결.

시 물건을 물리적·현실적으로 지배할 필요는 없고, 물건과 사람과의 시간적·공간적 관계와 본권관계, 타인의 간섭가능성 등을 고려하여 사회관념에 따라 합목적적으로 판단하여야 하므로, 물건에 대한 사실상의 지배를 상실했는가의 여부도 역시 위와 같은 사회관념에 따라 결정되어야 한다고 한다.[13] 물건에 대한 점유란 사회관념상 어떤 사람의 사실적 지배에 있다고 보여지는 객관적 관계를 말하는 것으로서 사실상의 지배가 있다고 하기 위하여는 반드시 물건을 물리적, 현실적으로 지배하는 것만을 의미하는 것이 아니고, 물건과 사람과의 시간적, 공간적 관계와 본권관계, 타인 지배의 배제 가능성 등을 고려하여 사회관념에 따라 합목적적으로 판단하여야 한다.[14] 따라서 임야에 대한 점유의 이전이나 점유의 계속은 반드시 물리적이고 현실적인 지배를 요한다고 볼 것은 아니고 관리나 이용의 이전이 있으면 인도가 있었다고 보아야 하고, 임야에 대한 소유권을 양도하는 경우라면 그에 대한 지배권도 넘겨지는 것이 거래에 있어서 통상적인 형태라고 할 것이며, 점유의 계속은 추정되는 것이다.[15]

점유는 법적인 개념이기는 하지만, 법령에 의해서 인정되는 것이 아니라 사실상 지배로서 사실상태를 의미한다. 따라서 점유는 사실상태이고 법령에 의해서 인정되는 것이 아니지만, 가령 법령에 의해 인정된다고 하더라도 그 법령은 근대적 법령만을 의미하는 것이 아니고 전근대적 법령이라고 하더라도 점유의 개념은 인정될 수 있다고 보아야 한다. 그래서 근대적 법령인 일본 민법이나 조선민사령뿐 아니라 경국대전이나 대전회통 등에 의해서도 점유는 인정될 수 있다고 보아야 한다. 경국대전과 대전회통에서도 점유의 개념은 인정하고 있었고, 일제가 토지조사사업이나 임야조사사업을 하면서도 그 소유권확정을 위한 근거 장부는 결수연명부, 토지가옥증명규칙 또는 토지가옥소유권증명규칙의 증명 등 종전의 서류를 이용하였다. 토지조사사업에서의 소유권확정을 위한 사정에 절대적 효력을 인정하는 것도 소유권에 한하고, 점유 등에 대해서는 사정의 효력이 미치지 않았다. 오히려 일제하 조선고등법원에서는 분묘기지권의 성립과 관련하여 1912년 조선민사령 이전에 점유한 사실에 대해서 점유로서 인정한 경우도 있었다.[16] 일제가 토지조사사업이나 임야조사사업을 하면서도 소유권을 확정한다고 하였지만, 그 경우 소유권이라는 개념을 새롭게 창설적으로 만드는 것이 아니라 종전 조선이나 대한제국부터 인정되어 왔던 소유권을 근대법적으로 인정하는 *法認*한 것에 지나지 않는다고 보아야 한다. 일제는 토지조사사업이나 임야조사사업에서 소유권을 확정함으로써 소유권을 절대적으로 취득하였지만,[17] 점유에 대해서는 아무런 조치를 취하지 아니하였다. 따라서 점유에 대해서는

13) 대법원 2012. 1. 27. 선고 2011다74949 판결.

14) 곽윤직·김재형(주 9), 188.

15) 대법원 1992. 6. 23. 선고 91다38266 판결.

16) 조선고등법원 1927. 3. 8. 민상 제585호에서는 타인의 토지에 그 승낙을 얻지 않고 분묘를 설치한 자라도 20년간 평온 또는 공연하게 분묘기지(基地)를 점유할 때는 시효로 인해 타인의 토지에 대해 지상권과 유사한 일종의 물권을 취득하는 것으로 한다고 하였다.

17) 대법원은 소유권을 원시적으로 취득한다(대법원 1998. 9. 8. 선고 98다13686 판결)고 하였다.

대한제국이나 조선부터 사실상 지배로서의 점유를 하여 오던 것을 취득시효에서의 점유로서 인정할 수밖에 없을 것이다.

2. 취득시효 기간

민법상 점유취득시효에서의 시효기간은 20년이고(민법 제245조 제1항), 등기부취득시효에서의 시효기간은 10년이다(민법 제245조 제2항). 취득시효의 요건으로는 시효기간의 경과가 필요하고, 그 시효기간의 경과에 있어서는 시효기간의 산정에서의 기산점에 대한 판단이 선행되어야 한다. 시효기간의 기산점에 따라 시효기간의 완성시점도 달라지고, 이에 따라 등기청구권과 소유권 변동시점도 달라지고, 자주점유나 선의 무과실의 점유개시 판단시점도 달라지고, 취득시효 제2원칙[18]과 제3원칙[19]의 적용여부도 달라진다. 시효기간의 산정에서는 고정시설(固定時說)과 역산시설(逆算時說)이 있다.

1) 고정시설

취득시효기간의 계산에 있어 점유기간 중에 당해 부동산의 소유권자의 변동이 있는 경우에는 취득시효를 주장하는 자가 임의로 기산점을 선택하거나 소급하여 20년 이상 점유한 사실만 내세워 시효완성을 주장할 수 없고, 이와 같은 경우에는 법원이 당사자의 주장에 구애됨이 없이 소송자료에 의하여 인정되는 바에 따라 진정한 점유의 개시시기를 인정하고, 그에 터잡아 취득시효주장의 당부를 판단하여야 한다.[20]

2) 역산시설

취득시효를 주장하는 자는 소유자의 변동이 없는 토지에 관하여는 취득시효의 기산점을 임의로 선택할 수 있고, 취득시효를 주장하는 날로부터 역산하여 20년 이상의 점유사실이 인정되고 그것이 자주점유가 아닌 것으로 밝혀지지 않는 한 취득시효를 인정할 수 있다.[21] 점유취득시효를 주장하는 기간 동안 토지 소유자의 변동이 없었다면 점유의 기산점을 어디에 두든지 간에 증거에 의하여 시효기간이 경과한 사실만 확정되면 이를 인용할 수 있고 또 취득시효의 기산일은 당사자의 주장과는 상관없이 법원이 소송자료에 의하여 확정하여야 한다.[22]

---

18) 취득시효기간의 만료 전에 등기부상의 소유명의가 변경되었다 하더라도 이로써 종래의 점유상태의 계속이 파괴되었다고 할 수 없으므로 이는 취득시효의 중단사유가 될 수 없다(대법원 1997. 4. 25. 선고 97다6186 판결).

19) 점유로 인한 부동산소유권의 취득기간이 경과하였다고 하더라도 부동산을 점유하는 자가 자신의 명의로 등기하지 않고 있는 사이에 먼저 제3자의 명의로 소유권이전등기가 경료되어 버리면 특별한 사정이 없는 한 점유자가 그 제3자에 대하여는 시효취득을 주장할 수 없다(대법원 1993. 9. 28. 선고 93다22883 판결).

20) 대법원 1995. 5. 23. 선고 94다39987 판결; 대법원 2015. 3. 20. 선고 2012다17479 판결; 대법원 2020. 3. 27. 선고 2019다285363 판결.

21) 대법원 1992. 11. 10. 선고 92다20774 판결.

22) 대법원 1993. 4. 13. 선고 92다44947 판결.

3) 소 결 론

부동산 취득시효에 있어서 점유는 사실상태를 의미하고 점유권을 의미하는 것은 아니다. 부동산의 시효취득에 있어서 점유기간의 산정기준이 되는 점유개시의 시기나 권원 등은 점유기간이나 자주점유를 추정하는 간접사실인 것이므로 법원은 당사자의 주장에 구애됨이 없이 소송자료에 의하여 인정되는 바에 따라 진정한 점유의 시기와 권원을 심리하여 취득시효의 완성 여부를 판단할 수 있다.[23] 따라서 취득시효기간의 산정은 점유기간 중에 당해 부동산의 소유권자의 변동이 있는 경우에는 고정시설에 따라 취득시효를 주장하는 자가 임의로 기산점을 선택할 수 없지만, 소유자의 변동이 없는 토지에 관하여는 역산시설에 따라 취득시효의 기산점을 임의로 선택할 수 있다고 보아야 한다. 또한 취득시효는 당해 부동산을 오랫동안 계속하여 점유한다는 사실상태를 일정한 경우에 권리관계로 높이려고 하는 데에 그 존재이유가 있고,[24] 부동산에 대한 취득시효 제도의 존재이유는 부동산을 점유하는 상태가 오랫동안 계속된 경우 권리자로서의 외형을 지닌 사실상태를 존중하여 이를 진실한 권리관계로 높여 보호함으로써 법질서의 안정을 기하고자 하는데 있기 때문에,[25] 취득시효 기간의 산정에 있어서 사실상 지배상태에 있는 점유의 존재는 법령의 존재나 소유권 등 권리의 존재와 아무런 관련이 없다. 그 경우 법령은 현재의 법령뿐 아니라 구법령이나 조선 및 대한제국도 포함된다고 보아야 한다.

Ⅳ. 조선민사령 이전부터 점유한 자의 취득시효

대법원은 조선민사령 시행 이전에 점유한 사실을 근거로 취득시효를 주장하고 있는 사안에서 아무런 이유 설시도 없이 취득시효에서의 기간산정에서 구민법 시행이전에 이루어진 점유를 인정하지 아니하고 취득시효 기간에 포함시키지 않고 있다.

1. 대법원 1987. 7. 7. 선고 86다카1396 판결

(1) 사실관계

가. 조선총독부는 1911. 7.경 삼척국민학교(초등학교)를 개설하면서 삼척향교의 정문 주위에 위치하는 사건 토지를 학교부지로 편입하여 이를 점유 사용하여 왔다.

나. 삼척향교는 향교 정문주위에 위치하는 사건 토지가 조선총독부에 의하여 학교부지로 편입되었으나 이를 묵인하였다.

23) 대법원 1992. 12. 8. 선고 92다41955 판결.
24) 대법원 2001. 7. 13. 선고 2001다17572 판결.
25) 대법원 2016. 10. 27. 선고 2016다224596 판결.

다. 1948. 8. 30. 삼척향교가 재단법인 강원도 향교재단법인(원고)으로 설립될 당시나 1948. 8. 15. 정부수립 후 향교재산법이 공포 시행된 때에도 삼척향교는 재단법인 강원도 향교재단법인의 재산목록에 사건 토지를 등록하지 않았다.

라. 재단법인 강원도 향교재단법인은 1979. 5.경 감독관청인 문화공보부 당국의 지적을 받고나서야 삼척군(피고)에 대하여 사건 토지가 향교재단법인의 소유임을 이유로 임대료 청구소송을 제기하였다.

(2) 원심 판결(서울고등법원 1986. 5. 13. 선고 84나62 판결)요지

조선총독부당국은 삼척국민학교의 부지로서 사건 토지를 소유할 의사로 이를 점유한 것으로 추정된다 하겠고 달리 소유의 의사없이 이를 점유하였다고 인정하기에 족한 아무런 증거가 없어 1931. 8. 1.경에는 20년의 점유취득시효가 완성되었음이 분명하다. 이에 기해서 원고는 피고에게 취득시효완성을 원인으로 한 소유권이전등기의무가 있으니 사건 토지들에 대한 차임상당 손해금청구권이 없다.

(3) 대법원 판결(대법원 1987. 7. 7. 선고 86다카1396 판결)요지

우리나라에 있어서 구 민법시행 전부터 부동산을 점유하여 온 사람의 취득시효에 대해서는 조선민사령에 의하여 우리나라에 구 민법이 시행된 1912.4.1.부터 기산해야 할 것이고 그 이전의 점유기간은 산입할 것이 아니다.

(4) 검 토

이 사건은 원고인 재단법인 강원도 향교재단법인이 삼척국민학교의 경영주체인 피고 삼척군을 상대로 삼척국민학교[26]가 점유사용하고 있는 사건 토지가 삼척 향교의 소유라고 주장하고, 임료상당의 손해배상을 청구한 것이다. 당초 사건 토지는 삼척향교의 소유에 속하였는데, 삼척국민학교가 1911. 7.경부터 이 사건 소송을 제기할 때까지 학교부지로 점유사용하여 왔다. 1948년 삼척향교가 재단법인 강원도향교재단으로 바뀐 이후에도[27] 사건 토지를 재단법인 강원도 향교재단법인 명의로 등록하지 않았다. 이후 1979. 5.경 재단법인 강원도 향교재단법인은 삼척군(피고)에 대하여 사건 토지가 향교재단법인의 소유임을 내세워 차임상당 손해금의 배상을 최고하다가 임대료 청구소송을 제기한 것이다. 이 사안은 삼척향교의 소유 토지를 1911. 7.경부터 삼척국민학교가 점유사용하여 왔는데, 1979. 5.경에 이르러 삼척향교의 후신인 향교재단이 소유자임을 근거로 임대료 상당의 청구소송을 제기하자 이에 대하여 삼척국민

26) 국민학교의 명칭은 소학교(1895년-1905년), 보통학교(1906년-1937년), 심상소학교(1938년-1940년), 초등학교(1941년-1995년), 초등학교(1996년-현재)로 변경되어 왔다. 보통학교는 시와 군이 설치경영주체이다.

27) 미군정은 향교에 대해서 아무런 이유없이 1947년 5월 17일 향교재산관리에 관한 건(군정법령 제194호)으로 재단법인 향교재단으로 바꾸어 향교재산은 각 도별로 설립된 향교재단의 소유로 귀속시켰다. 1962년 1월 10일 향교재산법에서도 각 도별로 향교재단을 설립하였다(배병일, 향교의 법률관계, 저스티스 170호, 한국법학원(2019)).

학교의 권리를 승계한 삼척군이 취득시효를 주장한 것이다. 대법원은 이 사건 원심이 사건 토지들을 조선총독부가 1931. 8. 1.경에 20년의 취득시효에 의하여 권리를 취득한 것으로 본 것은 잘못이라 할 것이고 이는 현저히 정의와 형평에 반한다고 인정할 만한 중대한 법령위반에 해당한다고 하면서 원심을 파기환송하였다.

이 사안에서 쟁점 중의 하나는 구민법 시행이전부터 다른 사람의 소유 토지를 자주 점유하여 온 사람이 구민법 제162조 제1항에 의하여 20년의 취득시효가 완성되는 날이 언제인가 하는 점이다. 여기에는 몇 가지 기준이 있을 수 있다. 먼저 구민법이 시행되기 이전에 점유가 이미 20년이 경과한 경우에는 구민법에 의한 취득시효의 혜택을 받을 수 없다. 물론 이 경우에도 소유자의 변동이 없다고 하는 경우에는 문제된 시점에서 역산하여 20년이 경과하였다고 볼 수 있다고 하면 점유가 구민법 시행 전후로 걸쳐 있는 것으로 보아 구민법에 의한 취득시효가 문제될 수 있다. 둘째 구민법이 시행된 이후에 점유가 10년이나 20년이 경과하였다고 하면 당연히 구민법에 의한 취득시효가 성립한다. 마지막으로 문제가 되는 것은 이 사안에서와 같이 구민법 시행 전후에 걸쳐서 점유가 10년이나 20년간 계속되었다고 한다면 구민법 시행이전의 점유기간을 구민법 제162조에 의한 취득시효의 기간으로 산입할 수 있는지 여부이다. 이에 대해서 구민법 제162조 제1항의 취득시효기간의 만료 여부는 반드시 그 점유기간이 그 법률 시행 후에 시작된 것이라야 하는 것은 아니라고 하면서, 신법 시행 후에 자주점유 20년이 채워졌으면 그 법조를 적용하여 권리취득을 인정하는 것이 합리적이라고 하는 견해가 있다.[28] 따라서 그 점유기간이 신법시행전후에 걸쳐 있는 것은 무방하다고 한다.

생각건대, 취득시효에서의 점유라는 것은 사실상태로서의 점유를 의미하는 것이므로 법령 시행 여부나 권리가 있는지 여부와 관련이 없이 실제적으로 점유라는 사실상의 지배를 의미한다고 보아야 하고, 그렇다면 점유를 시작하는 시점부터 점유라는 사실상의 지배가 있었다고 보아야 한다. 그래서 구민법의 시행 여부와 관계없이 당사자가 주장하는 점유가 있었다는 증거가 있는 한 그 시점부터 점유가 있었다고 보아야 하고, 또한 사회통념상 건물은 그 부지를 떠나서는 존재할 수 없는 것이므로 건물의 부지가 된 토지는 그 건물의 소유자가 점유하는 것으로 볼 수 있기 때문에 삼척국민학교가 건물부지로 점유 사용하고 있었다고 하면 그 시점부터 취득시효로서의 점유를 하고 있었다고 볼 수 있다.

그런데 가령 법령에 의한 사실상 지배로서의 점유라는 개념을 인정한다고 하더라도, 그 법령은 새 법령이나 구 법령이나 마찬가지이고, 자국의 법령이나 타국의 법령이나 동일하다고 보아야 할 것이다. 더구나 일제의 구민법이 시행된 1912. 4. 1. 이전에도 대한제국의 경국대전, 대전통편, 대전회통 형법대전 등의 법령이 있었고, 그 이전 1897년 이전의 조선에서도 경국대전, 대전통편, 대전회통 등의 법령이 있었다. 일제도 조선의 법령을 인정하기도 하였고,

28) 이재성, "허가에 의한 상고와 상고의 이유", 이재성판례평석집 10권, 한국사법행정학회(1989), 53.

설령 조선의 법령을 인정하지는 않았다고 하더라도 그 법령의 근저에 통용되고 있던 관행이나 관습을 인정하기도 하였다. 따라서 일제의 구민법 이전의 점유 상태를 취득시효에서의 점유로 인정하는 것에는 아무런 문제가 없을 것이다. 그렇다면 대법원이 말하는 조선민사령의 시행 시점을 근거로 그 때부터 취득시효의 기산점을 삼는다고 하는 것은 법리상으로 보아도 문제가 있다고 하지 않을 수 없고, 매우 부당하다고 사료된다.

나아가 대법원 판결과 같이 1912. 4. 1.부터 취득시효기간 20년을 산정한다면 취득시효기간이 만료되는 시점은 1932. 4. 1.이 되지만, 피고가 주장하는 바와 같이 취득시효기간의 기산점을 1911. 7.로 하면 그 만료시점이 1931. 8. 1.이다. 그래서 대법원 판결과 피고의 주장을 비교해서 취득시효기간 완성시점을 산정해 보면, 피고의 주장에 비해서 대법원판결은 8개월 늦어지는 것밖에 없기 때문에, 그 기간은 크게 길지 않은 사소한 이유에 지나지 않는다. 또한 이 사안에서 다툼이 있어 문제된 1980년대에 이르기까지 사건 토지의 소유자가 변동이 없었기 때문에 문제된 시점을 기준으로 역산하여 보더라도 20년의 취득시효기간이 성립함을 알 수 있는데도 피고가 그렇게 주장하지 않은 이유를 알 수 없다. 이처럼 취득시효에서의 기간 산정 문제는 사소하고 크게 문제될 것이 없음에도 불구하고 대법원은 굳이 취득시효기간을 문제삼아 "현저히 정의와 형평에 반한다고 인정할 만한 중대한 법령위반에 해당한다"고 하면서 매우 엄중한 용어를 사용하면서 파기환송하여 원고 삼척향교재단에게 유리하게 할 필요가 있었는지가 궁금하다.

이 대법원판결에 대하여 위와 같은 점을 고려하여, 상고기각에 해당하는 사안이었지만 실제로는 원심판단에 문제가 있었기 때문에 부득이 대법원이 당시에 시행되고 있던 소송촉진 등에 관한 특례법(이하 "소송촉진법") 제12조 제2항의 현저히 정의와 형평에 반한다고 인정할 만한 중대한 법령위반이 있을 때에 해당하는 것으로 보아 파기환송하고자 이렇게 표현하고 있다고 하는 견해도 있다.[29] 이를 좀 더 살펴보면, 이 대법원판결이 선고될 당시에 소송촉진법이 시행되면서 상고허가제를 실시하고 있었는데, 소송촉진법 제11조에 의한 권리상고와 제12조에 의한 허가상고가 있었다. 소송촉진법 제12조에서 대법원은 제11조에 규정된 상고이유가 없는 경우에도 법령의 해석에 관한 중요한 사항을 포함하는 것으로 인정되는 사건에 관하여는 그 판결확정전에 당사자의 신청이 있는 때에 한하여 대법원규칙이 정하는 바에 따라 상고를 허가할 수 있고(소송촉진법 제12조 제1항), 제1항의 규정에 의하여 상고가 허가된 경우에 대법원은 원심판결을 파기하지 아니하면 현저히 정의와 형평에 반한다고 인정할 만한 중대한 법령위반이 있을 때에는 원심판결을 파기하여야 한다(소송촉진법 제12조 제2항)고 규정하고 있었다. 그래서 대법원은 실제로 다투어보아야 하는 내용을 괄호 속에서 "원심은 조선총독부당국이 이 사건 각 토지를 점유해 왔다고 하고 있는데, 그렇다면 모름지기 토지조사령에 의한 사정 때 어떻게

29) 이재성(주 28), 55.

되었는가와 그 법적 효과 그리고 왜정 때의 소학교, 국민학교에 대한 관리주체가 누구인가에 대하여, 충분한 검토와 조사가 이루어져 그에 기하여 법적 사실을 확정하고 판단해야만 할 것이다."라고 서술하고 있다는 것이다. 이 견해는 매우 경청할만한 탁견이라고 생각된다.

한편 이 사안에서는 다루어지지는 않았고 대법원은 괄호로 설시하였지만, 토지조사사업에서 토지조사령에 의한 사정으로 시효 중단의 문제가 있을 수 있다. 토지조사사업에서의 사정(査定)은 토지소유권을 확정하는 조선총독부의 행정처분이지만, 그 사정이 확정된 때에는 사정명의자가 절대적으로 소유자로 확정된다고 하였다.[30] 그런데 사정에 의하면 시효중단의 효력이 있기 때문에, 사정은 그 공고를 할 때에 시효중단의 효력을 발생한다. 조선고등법원도 사정공고를 할 때에 있어서 아직 취득시효가 완성되지 않은 소유권에 관해서는 그 확정 후 새로 전(全)시효기간을 경과하지 아니하면 권리를 취득할 수 없다[31]고 하였기 때문에, 구민법 시행이전부터 토지를 점유하고 있었다고 한다면 토지조사사업의 사정으로 인하여 취득시효기간이 늦어져 취득시효 완성 시점이 늦어질 수 있을 것이다.

어쨌든 대법원은 이 사안에서 그 이유를 설시하지 않고 있지만, 취득시효기간의 기산점을 조선민사령이 시행된 1912. 4. 1.부터 기산할 수 있다고 하고, 그 이전의 점유에 대해서는 취득시효기간의 산정에서 제외하고 있다. 그런데 이 판결에 앞서 조선고등법원 판결에서도 이 사안과 유사한 취지의 판결은 이미 존재하고 있고, 그 판결 이유를 설시하고 있다. 이하에서 이에 대해서는 다음에 살펴보기로 한다.

2. 조선고등법원 1912. 9. 24. 大正 원년[32] 9월 24일 민상 제117호

(1) 사실관계

가. 당초 사건 전택(田宅)은 A(피상고인)의 소유에 속하였다.

나. A가 소유하고 있던 사건 전택을 1896년(명치 29년) 무렵 B가 C(상고인)에게 도매(盜賣)하였다.

다. C는 사건 전택을 1896년부터 1912년 오늘에 이르기까지 계속하여 점유하고 있다.

라. A는 C를 상대로 가옥 택지 소유권확인 및 인도청구를 하였다.

(2) 원심 판결(경성복심법원 명치45년(1912년) 5월 9일) 요지

대전회통에서 전택(田宅)의 도매(盜賣)에 대해서는 5년의 청송기간을 적용하지 않고 언제라도 그 소송을 수리하라는 취지를 규정하고 있는 점, 본 건의 경우에는 구 형법대전 제16조

30) 배병일, 일제하 토지조사사업에 관한 법적 연구, 영남대출판부(2021), 80.

31) 조선고등법원 1927. 4. 16. 昭和 2년 4월 16일 민상 제102호.

32) 대정 원년이 명치 45년으로 1912년이다. 메이지천황(明治天皇, 1852.11.3.~1912.7.30.)은 일본 제국의 제122대 천황(재위: 1867.1.30.~1912.7.30.)이고, 다이쇼천황(大正天皇, 1879.8.31.~1926.12.25.)은 일본의 제123대 천황(재위: 1912.7.30.~1926.12.25.)이다.

에서 규정하고 있는 20년의 소송기한까지 경과한 것은 아니라는 점, 명치 29년(1896년) 이래 A가 계쟁물에 대한 권리를 행사하지 않았다는 한 가지를 가지고 그 소유권 포기를 추정할 수 있는 것은 아니라는 점, 구 한국시대에는 소유권의 취득시효에 관한 규정이 없었다는 점 등을 이유로 A의 청구를 인용하였다.

(3) 판결 요지

민법 시행법 제38조에서 민법 시행전부터 점유나 준점유를 하여 온 자에게는 그 시행일부터 민법의 규정을 적용한다고 하고 있으므로, 이와 같은 자에 대한 취득시효의 기산점은 당연히 민법시행일로써 하여야 한다. 명치 29년(1896년)부터 민법 제162조 제2항의 요건을 구비하고 계정 부동산을 점유하여 왔다 하더라도 (조선에 민법시행 전부터 점유한 자의 취득시효에 대해서는) 취득시효의 기산은 민사령에 따라 조선에 민법이 시행된 명치(明治) 45년(1912년) 4월 1일부터 기산하여야 하는 것이어서 그 이전의 점유기간을 산입(算入)하여야 하는 것은 아니다.

(4) 검 토

이 사건은 A의 소유로 되어 있던 田宅(가옥과 택지)을 1896년경 이무런 권한도 없는 B가 (A의 이름은 조행준, B는 조행복이라는 점을 고려할 때, A와 B는 아마도 형제 등 같은 집안이나 친척간에 있는 것으로 추정) C에게 도매(盜賣, 훔쳐서 팔아버림)하였고, 이러한 도매 사실을 모르는 C는 매수한 전택을 1896년 무렵부터 1910년에 이르기까지 16년 이상 평온 공연하게 점유하여 왔다. A는 16년 동안 아무런 권리행사를 하지 않았다. 1910년경에 이르러 A는 C를 상대로 가옥 택지(田宅)의 소유권확인 및 인도를 청구하였다. 이에 대하여 C는 A에게는 출소기간이 경과하여 물상청구권이 없다고 하는 점과 C 자신이 점유 취득시효를 하였다고 하는 점을 주장하였다. 원심인 경성복심법원은 A의 C에 대한 청구를 위 원심 판결요지와 같은 이유로 인용하였고, 이에 패소한 C의 상고에 대하여 조선고등법원은 위 판결요지와 같은 이유로 기각함으로써, A는 자신의 가옥과 택지를 되찾게 되었다.

이 사안에서 문제는 C의 취득시효 주장에 있어서 시효취득기간의 산정 시점, 즉 기산점을 언제로 볼 수 있느냐이다. 상고인 C는 사실상 선의 무과실로 점유하기 시작한 1896년 이후 16년간 소유의 의사로 평온 공연하게 토지를 점유하여 왔다고 주장하였다. 그래서 조선민사령 적용과 함께 민법 시행법의 준용을 받아, 민법 시행법 제38조의 규정이 있으므로 상고인은 민법 제162조 제2항에 의하여 10년의 취득시효로 사건 토지의 소유권을 취득하였다고 주장하였다. 이에 대하여 조선고등법원은 구한국시대에는 소유권의 취득시효에 관한 규정이 없었다는 점, 민법 시행법 제38조에서 민법 시행전부터 점유나 준점유를 하여 온 자에게는 그 시행일부터 민법의 규정을 적용한다고 하고 있으므로 취득시효의 기산은 조선에 민법이 시행된 1912. 4. 1.부터 하여야 하고 그 이전의 점유기간은 산입할 수 없다고 하여 C의 점유취득시효 주장을 배척하였다.

먼저 이 당시 시행되고 있던 법령을 살펴보면, 당시 일본 민법은 취득시효에 대하여 20년간 소유의 의사로 평온 또한 공연하게 타인의 물건을 점유한 자는 그 소유권을 취득한다(일본 민법 제162조 제1항). 10년간 소유의 의사로 평온 또한 공연하게 타인의 부동산을 점유한 자가 그 점유의 시초에 선의이며 과실이 없는 때에는 그 부동산의 소유권을 취득한다(일본 민법 제162조 제2항)라고 규정하였다. 또한 조선민사령에서는 이 영 시행 전에 발생한 사항에 대하여는 조선인 외에 관계자가 없는 경우에 한하여 민법 시행법 및 상법 시행법 중 민법 및 상법의 시행 전에 발생한 사항에 관한 규정을 준용하며, 그 규정에 의하여 구법을 적용하여야 하는 경우에 있어서는 조선에 있는 종래의 예에 의한다(조선민사령 제81조)고 규정하였다. 민법 시행법에서는 민법 시행전부터 점유 또는 준점유를 한 자에게는 그 시행일부터 민법의 규정을 적용한다(제38조). 민법 시행전에 출소기간이 경과한 채권은 시효로 인하여 소멸한 것으로 간주한다(제29조). 그래서 조선고등법원은 조선에 민법 시행 전부터 점유한 자의 취득시효에 대해서는 민법 시행법 제38조에서 민법 시행전부터 점유나 준점유를 하여 온 자에게는 그 시행일부터 민법의 규정을 적용한다고 하고 있으므로, 이와 같은 자에 대한 취득시효의 기산점은 당연히 민법시행일인 1912. 4. 1.부터 기산할 수 있고, 그 이전에 이루어진 점유에 대해서는 인정할 수 없다고 하였다. 민법의 규정을 적용한다고 하는 것은 민법상 취득시효에 관한 규정을 적용하는 것이고, 그 경우에 있어서 그 구성요건까지 민법 규정을 적용하는 것은 아니다. 즉 취득시효의 효과를 적용하는 것이라고 볼 수 있고, 그 구성요건으로서의 점유에 대해서 적용하는 것은 아니라고 보아야 할 것이다. 물론 일제로서는 대한제국의 법령을 인정할 수 없을 뿐 아니라 그 전제가 되는 사실관계에 대해서도 부인을 할 수밖에 없었기 때문에, 조선민사령 시행 이전의 사실관계나 권리관계를 부인하고자 조선민사령 시행이전으로 소급하는 것을 금지한 것이라고 생각된다.

일제는 대한제국이 패망한 국가이고, 존재 자체를 부정해야 하는 국가이므로, 일제의 지배하에 있는 경성복심법원이나 조선고등법원은 취득시효의 기간산정에서 점유를 소급시키지 않은 것이다. 이 사안의 원심 경성복심법원도 대전회통 등 법규에 비추어보면 구 한국시대에는 소유권취득시효규정이 전혀 없다고 하여 상고인의 주장을 배척하였다. 또한 조선고등법원의 상고이유에서 상고인은 구한국 법규인 대전회통에서 전택에 관한 소송은 5년의 청소기간이 있는데, 그 기간이 경과하면 피상고인은 출소하지 않으면 상고인이 그 기간경과와 함께 소유권을 취득한다고 주장하였지만, 받아들여지지 않았다. 조선고등법원은 민법 시행전부터 점유나 준점유를 하여 온 자에게는 그 시행일부터 민법의 규정을 적용한다고 하기 때문에 이와 같은 자에 대한 취득시효의 기산점은 당연히 민법시행일로써 하여야 한다고 하지만, 점유는 법률의 규정에 의해서 인정되는 사실적 지배로서 소유권 등 본권이 있는지 여부와 관계없다. 여기에서 법률은 성문법률뿐 아니라 불문법으로서의 관습법도 포함된다고 보아야 한다. 성문 법률에는 지배자의 법률뿐 아니라 당해 국가로서 식민지 법률도 포함된다고 보아야 한다. 앞서 본 바와 같이 1910년 일제 식민지가 되기 이전 대한제국과 조선에서는 민사에 관하여 경국대전, 대전통편, 대전회통 형법대전 등의 법령이 우리나라에 있었다. 또한 점유는 사실상 지배로서 소유권 등 본권의 존재 여부와 관계없다. 오히려 한일합병이전 조선이나 대한제국에는 소유권 등 권리의 개념이 있었고, 일제도 이를 긍정하고 전제하면서 소유권 확정으로서 사정을 하였다.

그런데도 일제는 사실상태로 파악하는 점유에 대해서 일본식 점유와 조선식 점유를 구별하고 있고, 자칭 근대적 법령인 일본민법에서의 점유만 인정하고 자신들이 전근대적 법령이라고 하는 조선법령에서의 점유는 인정하지 않고 달리 취급할 이유가 있는가, 이미 조선도 1894년 갑오경장으로 근대적 법령체제국가로 변신되었는데도 일제가 전근대적 법령이라고 주장한다고 하여 우리가 전근대적 법령이라고 하면서 달리 취급할 이유가 있는가? 오히려 일제는 조선고등법원 등에서 근대적 법령으로서 일본 민법을 적용하면서도 그 이전 조선말기의 대전통편이나 대전회통을 식민지 법령이라고 무시하지 않았다. 조선고등법원은 구(舊)형법대전 제16조의 소위 청송(聽訟)하는 기한은 민사 사송(詞訟)은 20년 이내임을 정한다는 규정은, 민사의 소송은 소송을 제기할 수 있는 때로부터 기산하여 20년을 경과한 때에는 같은 법 시행의 전후를 묻지 아니하고 모두 청송에 해당되지 아니한다는 취지이므로, 가령 같은 법 시행 이전에 시행된 대전회통에 청송기한의 규정이 없는 분묘설비에 관한 소송과 같은 것이라 하여도, 그 시행 후에 있어서는 그 적용을 받는다고 하였고,[33] 분묘 이장(掘移)의 소송은 대전회통에 이른바 5년의 청송기한을 경과하지 않을 때는 출소할 수 없는 것으로 한다고 하였다.[34] 이처럼 조선고등법원은 다른 판결에서는 구한국법령에 의하면 이라고 하여 조선법령을 인정하면서도 유독이 취득시효에서의 점유에 대해서는 인정하지 않는 특별한 이유가 있는가? 아울러 일제는 토지조사사업에서의 소유자 확정에 근거장부로 결수연명부를 하고 있는 점을 보더라도 종전의 소유권을 전제로 하고 있다고 할 수 있다. 조선고등법원의 원심인 경성복심법원에서는 구 한국시대에 있어서는 소유권취득시효에 관한 규정이 전혀 없었다고 하여 취득시효를 인정할 수 없다고 하였지만, 조선고등법원에서는 이에 대한 판단은 하지 않았다. 그렇다면 취득시효의 기산은 점유에 관한 기산을 1896년부터 하는 것이 합리적이다.

결론적으로 우리 대법원이 무비판적으로 일제 조선고등법원판결을 받아들이는 법리를 구성하는 것은 문제라고 하지 않을 수 없다. 더욱이 대한제국은 우리나라이고, 비록 일제는 그 소급을 부인하였지만, 우리 대법원은 당연히 점유의 사실상태를 소급하는 것이 올바른 법리구성이라고 하지 않을 수 없다. 조선고등법원에서 왜곡한 법리를 그대로 받아들이는 대법원은

33) 조선고등법원 1916. 11. 7. 선고 대정 5년 민상 207호.

34) 조선고등법원 1927. 1. 18. 선고 대정 15년 민상 577호.

새로운 시각에서 법리 구성을 할 필요가 있다.

V. 마 치 며

대법원 1987. 7. 7. 선고 86다카1396 판결은 취득시효 기산점에 대해서 조선민사령 이전으로는 소급할 수 없다고 하는 것이지만, 점유의 성질상 사실적 지배는 법령 제한이나 본권 존재를 극복할 수 있는 사실상태를 의미하므로, 조선민사령이라는 법령을 취득시효에서의 기산점으로 기준을 삼을 수는 더욱 없다. 특히 이 대법원판결은 명시적으로 밝히지는 않고 있지만, 조선고등법원판결에 근거하는 것으로 추정할 수 있다. 그러나 대법원의 사안과 조선고등법원의 사안은 별개의 사안이고 구체적 사실관계 내용도 다른 사안이다. 특히 대법원이 아무런 이유없이 조선고등법원판결을 무비판적으로 받아들이는 것은 문제라고 하지 않을 수 없다. 따라서 당사자가 입증을 하면,[35] 법원은 그에 대하여 귀를 기울여야 할 것이고, 그 경우 취득시효에서의 기산점은 1910년 이전까지 소급할 수 있다고 보아야 할 것이다. 그런 의미에서 대법원 1987. 7. 7. 선고 86다카1396 판결은 폐기되어야 할 것이다.

35) 이 대법원판결이 선고될 당시만 하더라도 조선토지조사사업에 관한 법적 연구는 많지 아니하여 당사자가 토지조사령에 의한 사정 등에 알지 못하였을 수도 있었고, 그래서 대법원도 사정 등에 대해서 충분한 검토와 조사가 이루어져야 한다고 하고 있다.

미국 연방파산법에 따른 회생계획인가결정의 한국에서의 승인*

석 광 현**

대상결정: 대법원 2010. 3. 25.자 2009마1600 결정[1)]

[사안의 개요]

아래는 원심결정[2)]을 기초로 정리한 사안의 개요이다.

1. 기초 사실[3)]

(1) 채무자의 외국도산절차 신청

채무자인 미국인 토드 오(이하 "채무자" 또는 "토드 오"라고 한다)는 주식회사 고합(이하 "고합"이라 한다)이 제기한 미합중국(이하 "미국"이라고 한다) 소송의 제1심법원에서 패소한 직후인 2004. 2. 9. 미국 캘리포니아 주(州) 중앙파산법원 산타아나 지원(이하 "미국 파산법원"이라고 한다)에 미국 연방파산법(이하 "연방파산법"이라고 한다) 제11장에 근거한 회생절차(이하 "이 사건 미국

---

* 2021. 7. 1. "국제도산법제의 동향과 함의 — 개선방안의 모색"이라는 주제로 한국국제사법학회와 서울회생법원은 공동으로 학술대회를 개최한 바 있다. 발표자료는 국제사법학회 홈페이지(http://www.kopila.re.kr/modules/doc/index.php?doc=intro)에 있는 공동학술대회 자료집 참조. 이 글과 직접 관련된 발표는 김영주, "도산 관련 재판의 승인 및 집행에 관한 2018년 UNCITRAL 모델법의 수용 방안"이다. 발표 논문들의 전부 또는 일부는 심사를 거쳐 2021년 말 국제사법연구에 수록될 예정이다.

** 서울대학교 법학전문대학원 교수.

1) 대법원 결정 전에 필자는 "외국도산절차에 따른 면책 효력의 승인"이라는 제목의 글을 써서 법률신문 제3763호(2009. 7. 20), 15에 발표하였고 이를 석광현, 국제사법과 국제소송 제5권, 2012, 587 이하에 수록하였으며, 대법원 결정 후에 "승인대상인 외국판결의 개념에 관한 대법원재판의 상충"이라는 제목의 글을 법률신문 제3976호(2011. 10. 20), 11에 발표하였고 이를 국제사법과 국제소송 제5권, 490 이하에 수록하였다. 양자는 대상결정에 대해 비판적인 것이다. 또한 대상결정에 대하여는 한민 교수와 필자가 2020년 12월 법무부에 제출한 '2018년 모델법과 2019년 모델법에 관한 연구보고서'(이하 "연구보고서"라고 한다) 중 필자가 책임집필한 제2장, 86 이하에서 부분적으로 논의하였다. 이 글은 연구보고서를 수정·보완하고 판례평석으로 재구성한 것이다. 연구보고서는 온-나라정책연구 웹사이트(www.prism.go.kr) 참조. 연구보고서 중 2018년 모델법을 소개한 부분을 수정·보완하고 논문으로 재구성한 글은 석광현, "도산 관련 재판의 승인 및 집행에 관한 2018년 UNCITRAL 모델법의 소개와 우리의 입법방향", 동아대 국제거래와 법 제33호(2021. 4), 1 이하 참조.

2) 서울고등법원 2009. 8. 28.자 2008라1524 결정.

3) 원심에 따르면, 이 사건에서 고합은 고합이 생산하는 '병(Botttle)용 페트 수지(Pet Resin)'의 미국 내 판매촉진을 위하여 캘리포니아주 소재 그랜드벨 사('그랜드벨')와 판매대리점계약을 체결하였고, 토드 오는 당시 그랜드벨의 유일주주 겸 대표이사였다. 고합과 토드 오의 분쟁 경위는 복잡하나 아래의 논의를 위하여 필요한 범위로 축약한다.

회생절차"라고 한다)를 신청하였다. 그에 따라 미국 회생절차는 별도 재판 없이 개시되었으며(연방파산법 제301조), 동시에 채무자에 대한 모든 추심행위 등이 자동적으로 중지되었다(연방파산법 제362조(자동중지) a항). 도산절차가 개시되면 개인 채무자는 DIP채무자(debtor in possession)이며, 원칙적으로 회생절차 개시 이후에도 관리처분권을 갖는다(연방파산법 제1107조(DIP채무자의 권리, 권한과 직무) a항).

(2) 이 사건 외국도산절차의 주요 내용 및 진행 경과

토드 오는 미국 파산법원에 연방파산법 제521조에 의하여 채권자목록을 제출하면서 고합의 토드 오에 대한 손해배상채권을 다툼 있는 채권으로 기재하였으나, 고합은 미국 파산법원이 정한 채권신고기간 내에 채권을 신고하지 아니하였다. 토드 오는 2005년 3월 채권자집회를 거쳐 수정된 회생계획안을 제출하였고, 이는 2005년 4월 채권자집회에서 가결되었으며, 미국 파산법원은 2005. 5. 18. 위 회생계획안을 인가하는 결정(이하 "이 사건 회생계획인가결정"이라고 한다)을 하였다. 인가된 회생계획에 의하면, 회생계획상 무담보 채권을 변제하고 남은 재산은 토드 오에게 귀속하며, 미신고된 고합의 토드 오에 대한 손해배상채권을 변제하거나 면책에서 제외한다는 등의 내용은 포함되지 않아 고합의 토드 오에 대한 채권은 면책되었다(연방파산법 제1141조(인가의 효과)).

토드 오는 인가된 회생계획에 따라 2005년 7월 일정금원을 변제하였고, 미국 파산법원은 2005. 11. 30. 이 사건 미국 회생절차에 대한 종결결정을 내린 뒤, 2006. 1. 19. 무렵 이 사건 회생절차를 종료하였다.[4] 이처럼 이 사건 회생계획인가결정으로부터 약 6개월 여 후에 종결결정이 있었는데, 심급이탈의 시기는 불분명하나 어쨌든 이 사건 회생계획인가결정에 의하여 심급이탈이 된 것이 아님은 분명하다.

(3) 채무자의 한국에서의 국제도산 승인 및 지원 신청

토드 오는 2007. 3. 13.경 미국의 파산법원으로부터 종료된 미국 회생절차의 재개결정을 받아 그 절차의 대표자로 선임되어 2008. 2. 12. 11:00 서울중앙지방법원 2007국승2호로 이 사건 미국 회생절차에 대한 국제도산 승인신청을 하여 2008. 2. 12. 외국도산절차 승인결정을 받았고,[5] 다시 2008. 3. 11. 서울중앙지방법원 2008국지1호로 국제도산관리인 선임과 제1, 2차 가압류 취소 등을 구하는 국제도산 지원신청을 하였다.

고합은 토드 오를 상대로 그의 재산이 있는 국내에 파산신청(2008하합20)을 하였고, 서울중앙지방법원 제12파산부는 2008. 7. 9. 10:00 토드 오에 대하여 파산을 선고하고 파산관재인을

4) 여기에서 회생절차 종료라고 하나 이는 파산법원의 별도의 재판이 있었던 것은 아니고 서기가 확인한 것이라고 한다. 이 점은 필자가 김영석 판사로부터 전문한 것이다.

5) 그에 앞서 토드 오는 법원에 국제도산 승인신청을 하였으나 2007. 1. 22. 이 사건 외국도산절차가 이미 종결되었고, 채무자는 그 절차의 대표자가 아니라 단지 채무자의 지위에서 국제도산 승인신청을 하였다는 이유로 승인신청을 각하한 바 있었다.

선임하였으며, 이에 대하여 토드 오는 즉시항고를 제기하였다.

[소송의 경과]

이 사건의 직접적인 쟁점은 고합이 채권자로서 우리 법원에 토드 오의 파산신청을 할 수 있는가이다. 즉 미국 회생계획인가결정의 승인이 선결문제로서 다루어진 사건이다.

1. 제1심 결정[6]

채무자는 미국 회생절차에서 면책된 결과 고합의 채권은 실효되었으므로 고합의 파산신청은 기각되어야 한다고 주장하였으나, 제1심은 토드 오에 대하여 파산을 선고하였다. 제1심은 민사소송법(제217조)의 외국판결 승인요건을 검토한 뒤 미국 회생절차의 승인은 공서에 반하여 허용할 수 없다고 보고, 또한 "채무자 회생 및 파산에 관한 법률"(이하 "채무자회생법"이라 한다)에 따른 외국도산절차의 승인 및 지원의 관점에서 보더라도, 국내의 승인결정은 미확정일 뿐 아니라 어떠한 지원결정도 없으므로 미국 회생절차상의 면책의 효력이 국내 채권자에게도 미치는 것으로 보기 어렵다고 판단하였다.

2. 원심결정

원심은 아래의 이유로 항고를 기각하였다.[7]

즉 원심은 채무자회생법의 승인결정 및 지원결정이 내려지면 이 사건 회생계획인가결정에 따른 면책의 효력이 고합의 한국내 권리행사에도 미칠 수 있음을 전제로 하면서, 우리 법원이 지원결정을 내리지 않은 이상 그 면책의 효력은 고합에게 미친다고 볼 수 없으므로, 국제도산 승인결정으로 인하여 이 사건 외국도산절차상 면책의 효력이 발생하여 고합의 채권이 실효되었다는 채무자의 주장은 받아들일 수 없다고 보았다. 또한 이 사건 외국도산절차에서의 면책의 효력을 그대로 인정하는 것은 국내 사법질서에 반할 뿐 아니라 국내 채권자의 이익을 부당하게 침해하는 것으로서 허용될 수 없다고 보았다.

이 과정에서 원심은 채무자회생법에 따른 이 사건 회생계획인가결정의 승인가능성만을 검토하였고 민사소송법 제217조의 적용은 논의하지 않았다.

3. 대상결정의 판시사항과 결정요지

대법원은 재항고를 기각하였다. 즉 원심이 우리 법원의 지원결정이 없는 이상 그 면책의 효력은 고합에게 미치지 않는다고 판단한 것은 채무자회생법의 승인·지원결정의 법적 성질과

6) 서울중앙지방법원 2008. 7. 9.자 2008하합20 결정.

7) 필자는 원심결정이 있기 전에 법원의 요청으로 법원에 가서 의견을 개진할 기회가 있었다.

효력 및 민사소송법 제217조의 법리를 오해한 잘못이나, 이 사건 회생계획인가결정은 공서요건을 충족하지 못하여 승인될 수 없다고 한 원심의 판단이 정당하므로 파기사유는 아니라는 것이다. 여기에서 다루는 논점에 관한 대상결정의 취지는 아래와 같다.8)

[1] 채무자회생법상 '외국도산절차의 승인결정'의 법적 성질 및 효력

채무자회생법상의 '외국도산절차의 승인'은 민사소송법상의 '외국판결의 승인'과 달리 재판이 아니라 '외국도산절차'를 승인하는 것으로서 그 법적 효과는 외국도산절차가 지원결정을 하기 위한 적격을 갖추고 있음을 확인하는 데 그치고, 그 승인에 의하여 외국도산절차의 효력이 직접 한국 내에서 확장되거나 국내에서 개시된 도산절차와 동일한 효력을 갖게 되는 것은 아니다.

[2] 채무자회생법상 외국법원의 회생계획인가결정의 승인 여부의 판단 방법

외국법원의 회생계획인가결정은 실체법상의 청구권 내지 집행력의 존부에 관한 것으로서 그 효과는 채무자와 개별 채권자 사이의 채무 혹은 책임의 감면이라는 단순하고 일의적인 것이고, 그 회생계획인가결정의 승인 여부를 둘러싼 분쟁은 대상이 된 채권에 기하여 제기된 이행소송이나 강제집행절차 혹은 파산절차 등에서 당해 채무자와 채권자 상호간의 공격방어를 통하여 개별적으로 해결함이 타당하므로 외국판결의 승인과 다를 바 없다. 따라서 외국법원의 회생계획인가결정의 승인 여부는 민사소송법의 승인요건 충족 여부를 심리하여 개별적으로 판단함이 상당하다.

[3] 외국법원의 회생계획인가결정의 승인이 한국의 공서위반인 경우

외국법원의 회생계획인가결정을 승인하기 위해서는 그 승인이 한국의 공서에 어긋나지 않아야 하는바, 공서에 어긋나는 경우는, 회생계획인가결정의 성립절차 또는 내용이 공서에 어긋나는 경우뿐만 아니라, 회생계획인가결정에 따른 면책적 효력을 국내에서 인정하면 국내 채권자의 권리나 이익을 부당하게 침해하는 등 그 구체적 결과가 공서에 어긋나는 경우 등도 포함된다. 미국 파산법원의 회생계획인가결정에 따른 면책적 효력을 승인하는 것은 구 회사정리법의 속지주의 원칙을 신뢰하여 미국 회생절차에 참가하지 않고 채무자 소유의 국내 재산을 통하여 채권을 회수하려던 국내 채권자의 권리를 현저히 부당하게 침해하게 되어 그 구체적 결과가 한국의 공서에 어긋나므로 허용될 수 없다.

[4] 채무자회생법상 지원결정의 법적 성질

채무자회생법상의 지원결정은 국내에서 진행되고 있는 채무자의 업무 및 재산에 대한 소송 등의 중지 등을 위한 절차적인 지원을 하는 것일 뿐, 외국법원이 외국도산절차에서 한 회생계획의 인가결정 등과 같이 채무나 책임을 변경·소멸시키는 재판을 직접 한다거나 외국법원의 회생계획인가결정 등에 대하여 국내에서 동일한 효력을 부여하는 재판을 함으로써 채권자의 권리를 실체적으로 변경·소멸시키기 위한 절차는 아니다.

8) 아래의 번호는 공보[공2010상, 815]에 수록된 것이 아니라 필자가 임의로 수정한 것이다.

[연 구]

Ⅰ. 문제의 제기

토드 오의 파산신청을 한 고합이 채권자의 지위를 가지는지가 쟁점이 된 이 사건에서 선결문제로서 이 사건 회생계획인가결정의 승인이 문제되었는데, 대법원은 회생계획인가결정이 도산절차에서 내려진 재판, 더욱이 채권자들 기타 이해관계인들의 권리에 집단적으로 직접 영향을 미치는 재판임에도 불구하고 민사소송법 제217조의 승인대상이라고 판시하였으나, 다만 이 사건에서는 공서위반을 이유로 그 승인을 거부하였다.

외국 법원의 통상의 민사재판(이하 "통상의 재판"이라 한다)의 승인이 민사소송법 제217조에 따른다는 점은 의문이 없다. 그런데 우리는 1997년 모델법을 받아들인 탓에 주로 외국도산절차의 승인에 대하여는 관심을 가졌지만 도산절차 개시재판 후에 내려지는 도산 관련 재판의 승인 및 집행에 대하여는 무관심하였다. 그 결과 우리 법상 도산 관련 재판의 승인 및 집행의 처리는 불분명하였고 그에 대하여 ① 통상의 재판의 승인에 관한 법리를 적용하는 견해[9]와 ② 채무자회생법 중 국제도산편이 정한 지원처분에 의해야 한다는 견해[10] 등이 있었다. 그런 상황 속에 대상결정에서 대법원은 외국 법원의 회생계획인가결정이 민사소송법 제217조에 의하여 승인될 수 있다고 판시하였다. 과거 필자는 ②의 견해를 지지하였으나 외국도산절차의 종료 전후를 구분하였다. 여기에서는 기존 주장을 반복하려는 것이 아니라, 1997년 모델법의 미비로 인한 법적 불확실성을 제거하고자 UNCITRAL이 채택한 2018년 "도산 관련 재판의 승인 및 집행에 관한 모델법(UNCITRAL Model Law on Recognition and Enforcement of Insolvency-Related Judgments)"(이하 "2018년 모델법"이라 한다)을 소개하고, 또한 2015년 개정되고 2017. 6. 26. 발효한 "도산절차에 관한 유럽의회 및 이사회 규정(recast) (Regulation (EU) 2015/848 of the

---

9) 대상결정 전의 임치용, "판례를 통하여 본 국제도산법의 쟁점", 파산법연구 3(2010), 288(당초 BFL 제38호(2009. 11), 114 수록). 대상결정 후의 오영준, "채무자 회생 및 파산에 관한 법률하에서 외국도산절차에서 이루어진 외국법원의 면책재판 등의 승인", 대법원판례해설 통권 제83호(2010년 상반기), 637 이하; 이연주, "민사소송법 제217조의 승인대상으로서 외국재판의 개념 —외국법원의 면책재판 등에 관한 논의를 중심으로—", 이화여자대학교 법학논집 제21권 제2호(2016. 12), 91-92; 김효정 · 장지용, 외국재판의 승인과 집행에 관한 연구(2020), 44; 김영석, "「유럽의회와 유럽연합이사회의 2015년 5월 20일 도산절차에 관한 2015/848(EU) 규정(재구성)」에 관한 검토 —전문(Recital)에 관한 시역(試譯)을 중심으로—", 국제사법연구 제21권 제2호(2015. 12), 325(아마도).

10) 대상결정 전 위 주 1에 언급된 문헌에서 필자는 이런 견해를 취하였다. 대상결정 후의 한민, "도산 관련 외국재판의 승인과 집행", BFL 제81호(2017. 1), 106도 이를 따르나 다소 변형된 견해이다. 국제도산편이 도입되기 전의 임채웅, "外國倒産節次가 國內에 미치는 影響에 관한 硏究 —外國倒産節次의 承認 및 竝行倒産을 중심으로—", 파산법의 제문제[상], 재판자료 제82집(1999), 225 이하도 같은 취지이다. 우리 학설의 소개와 비판은 오영준(주 9), 633 이하 참조.

European Parliament and of the Council of 20 May 2015 on Insolvency Proceedings (recast))"(이하 "EU도산규정"이라 한다)[11]의 태도와, 2019년 채택된 헤이그국제사법회의의 "민사 또는 상사에서 외국재판의 승인 및 집행에 관한 협약(Convention on the Recognition and Enforcement of Foreign Judgments in Civil or Commercial Matters)(이하 "재판협약"이라 한다)"[12]의 태도를 소개함으로써 국제규범의 흐름을 파악하고자 한다. 이하 2018년 모델법에 관하여는 UNCITRAL의 Guide to Enactment(이하 "Guide"라 한다)[13]를 주로 참고하였다.

아래에서는 1997년 모델법의 승인대상(도산절차)과 2018년 모델법의 승인대상(도산 관련 재판)(Ⅱ.), 승인대상인 통상의 재판과 도산 관련 재판의 구분(Ⅲ.), 대법원처럼 이 사건 회생계획인가결정이 통상의 재판이라고 보는 경우 승인요건의 검토(Ⅳ.), 채무자회생법상 지원결정으로써 외국의 회생계획인가결정 승인의 가부(Ⅴ.), 승인효과: 확장모델과 동화모델(Ⅵ.), 우리나라의 2018년 모델법의 수용(Ⅶ.)과 맺음말(Ⅷ.)의 순서로 논의한다.

Ⅱ. 1997년 모델법의 승인대상(도산절차)과 2018년 모델법의 승인대상(도산 관련 재판)

1997년 모델법상 승인대상은 문언상 도산절차로 보인다. 즉 1997년 모델법(제2조)은 외국절차를 정의하는데, 제Ⅲ장의 제목(외국절차의 승인과 구제)과 일부 조문들의 제목(제15조(외국절차의 승인 신청), 제17조(외국절차를 승인하는 재판)와 제20조(외국주절차 승인의 효과))을 보면 승인대상이 재판이 아니라 외국절차이다. 이는 재판(즉 소송행위)이 아니라 전체로서의 외국도산절차가 승인대상이라는 인상을 준다.[14] 따라서 도산절차가 전체로서 승인되면 도산절차 개시재판 후에 내려진 도산 관련 재판[15]은 도산절차를 구성하므로 일종의 패키지로서 별도 절차 없이 승인된

11) 이는 2002년 5월 발효된 "도산절차에 관한 이사회 규정(Regulation (EC) No 1346/2000 on Insolvency Proceedings)"을 대체한 것이다.

12) 영문 명칭은 "Convention on the Recognition and Enforcement of Foreign Judgments in Civil or Commercial Matters"이다. 이에 관하여는 장준혁, "2019년 헤이그 외국판결 승인집행협약", 국제사법연구 제25권 제2호(2019. 12), 437 이하; 석광현, "2019년 헤이그 재판협약의 주요 내용과 간접관할규정", 국제사법연구 제26권 제2호(2020. 12), 192 이하 참조.

13) 이는 https://uncitral.un.org/en/texts/insolvency/modellaw/mlij 참조.

14) 山本和彦, 國際倒産法制, 商事法務, 2002, 30은 도산절차의 승인은 종래 일본의 실정법이 알지 못하는 관념으로 외국판결의 승인과 같은 외국국가행위의 승인과 同様의 요소를 가지면서도 외국판결의 승인과 상당히 이질적 요소가 포함됨을 지적한다. 일부 논자는 승인대상은 도산절차이지, 외국도산절차의 개시결정 등의 재판은 아니라고 단정한다. 中西 康, "承認の理論的性格", 山本克己＝山本和彦＝坂井秀行(編), 國際倒産法制の新展開 —理論と實務—, 金融・商事判例 增刊号 No. 1112, 2001, 122.

15) 2018년 모델법(제2조 d호)에 따르면 "도산 관련 재판(insolvency-related judgment)"은 (i) 도산절차가 종결되었는지 여부에 관계없이 도산절차의 결과로 발생하거나 도산절차와 실질적으로 관련이 있는 재판으로서 그 도산절차의 개시 시 또는 그 후에 발령된 재판을 의미하고, (ii) 도산절차를 개시하는 재판은 포함하지 않는다.

다고 볼 여지가 있다.[16] 더욱이 1997년 모델법은 도산절차의 승인만 언급하고 도산절차를 구성하는 재판의 승인과 집행은 언급하지 않는다. 모델법을 수용한 채무자회생법(제628조, 제631조, 제632조와 제633조 등)도 같다.

도산절차를 승인대상으로 삼는 1997년 모델법 하에서 도산 관련 재판의 승인을 어떻게 취급할지는 불확실하였는데 2018년 모델법은 그런 불확실성을 해결하려는 것이다. 그런데 2018년 모델법을 보면, 1997년 모델법상 승인대상은 문언상 도산절차이나 실제로는 도산절차 개시재판(더욱이 도산관재인 선임재판을 포함하지 않는)일 뿐이고 도산 관련 재판은 아예 1997년 모델법의 승인대상은 아니라는 취지로 보이기도 한다.[17] 하지만 반드시 그런 것은 아니다. 왜냐하면 아래(Ⅲ.6.)에서 보듯이 도산 관련 재판을 1997년 모델법에 따른 지원처분으로서 승인할 수 있다면, 도산 관련 재판의 승인이 도산절차의 승인 내에 포섭된다고 설명할 여지도 있기 때문이다.

어쨌든 모델법 체제는 1997년 모델법과 2018년 모델법을 통하여 EU도산규정에 상응하는 국제도산 규범체계를 구비하게 되었다.[18] 솔직히 필자는 모델법 체제가 불필요한 혼란을 초래하였다고 보는데 그것이 불가피한 선택이었던가라는 의문이 있다. 특히 UNCITRAL이 EU도산규정과 달리 도산절차를 승인대상으로 구성한 것이 결정승인제를 취하기 위하여 부득이한 선택이었는지 의문이다.

Ⅲ. 승인대상인 통상의 재판과 도산 관련 재판

1. 통상의 재판과 도산 관련 재판의 구분

위에서 본 것처럼 종래 우리나라에서는 외국 법원의 통상의 재판의 승인은 민사소송법 제217조에 따르는 데 반하여, 도산 관련 재판의 승인 및 집행에 대하여 어떤 법리가 적용되는지는 불분명하였고 그에 대한 관심도 크지 않았다. 그런 상황에서 대상결정에서 대법원은 외국 법원의 회생계획인가결정이 민사소송법 제217조에 의하여 승인될 수 있다는 추상적 법률론을 제시하였다. 그러나 이는 아래의 이유로 설득력이 없다.

도산 관련 재판의 승인 및 집행은 2018년 모델법에 의하는 데 반하여 통상의 재판의 승인

16) 과거 필자는 모델법에 따르면 "승인의 대상은 도산절차를 개시하고, 도산관재인 등 도산기관을 선임하는 것과 같은 개시단계에서의 재판뿐만 아니라 그 이후의 재판에까지 미친다"고 하였다(석광현, 국제사법과 국제소송 제3권, 박영사, 2004, 270). 또한 채무자회생법은 모델법을 따르므로 채무자회생법상 승인의 대상은 '외국도산절차'라고 하였다. 석광현, 국제사법과 국제소송 제5권, 박영사, 2012, 525. 대상결정도 외국법원의 재판이 아니라 당해 외국도산절차를 승인하는 것이라고 판시하였다.

17) Guide, para. 37, 58과 62에 따르면 1997년 모델법의 승인대상은 결국 도산절차 개시재판이라는 취지로 보인다.

18) 다만 EU도산규정(제V장 제56조-제77조)이 기업집단 도산에 관한 조문을 두고 있음을 고려하면 UNCITRAL의 기업집단 도산에 관한 2019년 모델법까지 더해야 비로소 EU도산규정에 버금가는 규범체계가 된다.

및 집행은 그의 대상이 아니다. 후자는 UNCITRAL이 아니라 헤이그국제사법회의의 작업 대상이고 실제로 2019년 재판협약이 채택된 바 있다. 재판협약상 회생계획인가결정은 통상의 재판이 아니라서 재판협약의 적용범위로부터 제외되고, 유럽연합에서도 도산 관련 재판의 승인은 EU도산규정에 의하는 데 반하여, 통상의 재판의 승인 및 집행은 브뤼셀체제(이는 브뤼셀협약, 브뤼셀 I 과 브뤼셀 I Recast를 말한다)[19]에 의한다. 이처럼 모델법, 재판협약과 EU도산규정은 모두 일치하여, 회생계획인가결정에 대하여 통상의 재판의 승인에 대한 법리를 적용하지 않는다.

통상의 재판과 도산 관련 재판 모두 외국의 고권적 행위(즉 재판)의 승인, 즉 '절차법적 승인'의 문제라는 점은 같다. 그러나 양자를 구분하는 이유는 재판의 기초가 되는 절차의 성질과 재판의 효력이 미치는 범위 등이 달라 승인요건, 승인절차 및 승인효과를 구별할 필요가 있기 때문이다. 양자를 달리 취급한다면, 문제된 외국법원의 재판이 통상의 재판인지 아니면 도산 관련 재판인지라는 성질결정이 중요한 쟁점이 된다.

2. 도산 관련 재판의 개념과 유형

도산절차에는 도산절차 개시재판 후에 도산절차와 관련되거나 그로부터 파생되는 재판들이 있다. EU도산규정에서는 이를 표현하기 위하여 아래 소개하는 '파생재판'을, 2018년 모델법에서는 '도산 관련 재판'이라는 개념을 사용한다.

(1) 유럽연합법의 태도

유럽연합은 통상의 재판의 승인 및 집행에 대하여는 브뤼셀체제를, 도산절차 개시재판과 파생재판의 승인에 대하여는 EU도산규정을 적용하므로 양자를 구별할 필요가 있다. 양자의 구별을 둘러싸고 실제로 다양한 쟁점이 제기되고 있다.

EU도산규정(제32조)은 ① "도산절차의 진행과 종결에 관련된 재판과 법원이 인가한 화의" 그리고 ② 도산절차로부터 직접 파생된 재판으로서 도산절차와 밀접한 관련이 있는 재판(Annexentscheidung)(파생재판 또는 부대재판)[20]의 승인 및 집행(제32조 제1항)을 별도로 규정한다. EU도산규정(제6조 제1항과 전문 제35항)은 부인소송을 전형적인 '파생소송'(또는 '부대소송')으로 예시한다.[21] EU도산규정(제32조)의 대상인 재판은 대체로 2018년 모델법상의 도산 관련 재판일

19) 브뤼셀협약은 "민사 및 상사사건의 재판관할과 재판의 집행에 관한 1968년 유럽공동체협약"을 말하고, 브뤼셀 I (2000)과 브뤼셀 I Recast(2012)는 이를 대체한 규정을 말한다.

20) Reinhard Bork/Renato Mangano, European Cross-Border Insolvency Law, Oxford University Press, 2016, para. 5.27. 파생재판은 위 ②를 가리킨다. Reinhard Bork/Kristin van Zwieten, Commentary on the European Insolvency Regulation, Oxford University Press, 2016, para. 32.11. 파생재판의 개념은 브뤼셀협약 상 그의 적용범위로부터 제외되는 도산사건을 둘러싼 유럽연합사법재판소의 1979. 2. 22. Gourdain v. Nadler 판결(C-133/78)에서 유래한다. 국내에서는 임채웅(주 10), 26 이하는 '파생판결', 노영보, 도산법 강의, 박영사, 2018, 31은 '파생소송'이라는 표현을 사용한다.

21) Bork/van Zwieten(주 20), para. 32.16. EU사법재판소의 2009. 2. 12. Christopher Seagon v Deko Marty Belgium NV. 판결(C-339/07)도 과거 그런 취지로 판시하였다. 이는 직접적으로는 재판관할의 맥락에서 규정

것이다.

이런 맥락에서 특히 위 ②에서 말하는 파생재판과 통상의 재판의 구별이 문제되는데, 유럽연합에서는 대체로 청구원인 또는 쟁송의 핵심에 따라 통상의 민상사법에 근거한 청구에 대한 재판이라면 통상의 재판이나, 도산법(정확히는 통상의 민상사법과 다른 도산법 특유의 원칙)에 근거한 것이면 도산재판으로서 승인된다고 본다.[22)23)] 이런 태도는 나름 설득력이 있다. 주목할 것은 재판협약의 해석상으로도 그런 견해가 수용되고 있다는 점이다.

(2) 2018년 모델법의 태도

도산 관련 재판이라 함은, 도산절차로부터 직접 파생되고 도산절차와 밀접한 관련을 가지는 일련의 재판들인데, 2018년 모델법은 1997년 모델법에 의하여 초래된 불확실성을 제거하고 입법국들에 도산 관련 재판의 승인 및 집행을 위한 단순하고 간단하며 조화된 절차를 제공하기 위한 것이다.[24)] 2018년 모델법에 따르면 승인국 법원은 외국 도산 관련 재판의 승인신청을 받아 승인결정을 할 수 있고, 또한 도산 관련 재판의 승인이 선결문제로 제기되는 경우 승인요건이 구비된다면 별도의 승인결정 없이 이를 승인할 수 있다.[25)]

하나 재판의 맥락에서도 타당하다.

22) EU사법재판소의 2014. 9. 4. Nickel & Goeldner Spedition 사건 판결(C-157/13)은 양자를 구별하는 결정적 기준은 소의 절차적 맥락이 아니라 소송의 기초(basis of the action)가 민상사법인가라는 점을 명확히 판시하였다(para. 27). 기타 Peter Mankowski/Michael F. Müller/J. Schmidt, EuInsVO 2015: Europäische Insolvenzverordnung 2015 Kommentar, C.H.Beck, 2016, Art. 32, Rn. 25 (Müller 집필부분); Bork/van Zwieten(註 20), para. 32.37; 이필복, "한진해운의 도산 관련 민사사건의 판결 동향 Ⅰ-정기용선료 등 청구사건과 슬로트용선계약의 정산금 청구 사건", 한국해법학회지 제41권 제1호(2019. 5), 250도 참조. 예컨대 환취권과 별제권에 관한 재판은 특별히 도산전형적 사안이 아니라면 도산 관련 재판에 속하지 않는다고 한다. Christoph G. Paulus, EuInsVO Kommentar, 5. Auflage, Recht und Wirtschaft, 2017, Art. 32, Rn. 16 참조. 그런 판단을 함에 있어서 ① 그러한 소송이 도산절차의 개시가 없었더라면 제기되지 않았는지, ② 해당 소송을 제기할 수 있는 자격이 있는 당사자가 도산대표자뿐인지와 ③ 소송을 제기할 수 있는 제소기간이 신고한 채권목록 작성시와 같이 도산과 관련된 순간부터 진행하는지 등이 의미가 있다는 견해도 있다. Klaus Pannen (Ed.), European Insolvency Regulation (2007), Art. 25, para. 19 (Susanne Riedemann 집필부분)는 도산 관련 재판인지를 판단함에 있어서 도산법원이 전속관할을 가지는지, 도산관재인이 당사자적격을 가지는지와 대금이 모든 채권자들에게 배분되는지를 고려할 요소로 열거한다. 이런 설명들은 도산국제사법에 관한 논의에서 도산법정지법원칙이 적용되는 범위는 도산전형적 효과에 한정된다는 논의를 연상시킨다. 석광현, 국제사법과 국제소송 제5권, 2012, 572. 대법원 2015. 5. 28. 선고 2012다104526, 104533 판결도 그런 취지로 판시하였다. 도산 특유의 파생재판(insolvenztypischen Annexentscheidungen)이라는 표현도 사용한다. 우리 문헌으로는 이제정, "UNCITRAL 제46차 도산 실무작업반 회의 참가보고서", 국제규범의 현황과 전망, 법원행정처(2014), 336 이하가 EU도산규정상 파생재판의 예를 상세히 열거한다.

23) Miguel Virgós/Etienne Schmit 보고서, para. 196 이하는 통상의 재판의 예로 일반법에 근거한 채권(예컨대 계약)의 존부, 유효성과 금액에 관한 소송, 채무자가 보유하는 타인 재산 회복 소송과 일반적으로 도산절차의 개시 없이도 채무자가 취할 수 있었던 소송을 열거한다. 위 보고서는 Bork/van Zwieten(주 20), p. 817 이하에도 수록되어 있다.

24) https://uncitral.un.org/en/texts/insolvency/modellaw/mlij; Guide, para. 2 이하 참조.

25) 1997년 모델법과 2018년 모델법의 관계에서 주목할 것은 1997년 모델법 제21조의 해석을 다루는 2018년 모델법 제X조이다. 이는 아래(Ⅴ.2.)에서 언급한다.

2018년 모델법상 '도산 관련 재판'은 (i) 그 도산절차가 종결되었는지 여부를 불문하고 도산절차의 결과로 발생하거나 도산절차와 중요하게 관련된 재판으로서, 도산절차의 개시 시 또는 개시 후에 내려진 재판을 의미하나, (ii) 도산절차를 개시하는 재판을 포함하지 아니한다(제2조 d호). 도산절차 개시재판은 1997년 모델법의 승인대상이나, 도산관재인 선임재판은 도산 관련 재판이다. 이를 기초로 Guide는 도산 관련 재판을 아래 6개의 유형으로 구분하여 예시하는데 이는 망라적인 것이 아니다.[26]

(a) 도산재단의 구성과 처분(재단에 속하는 재산의 처분)을 다루는 재판. 예컨대 어떤 자산이 도산재단의 일부인지(즉 도산재단에 귀속되는지), 도산재단에 양도되어야 하는지 또는 도산재단에 의하여 적절하게 또는 부적절하게 처분되었는지에 관한 재판.

(b) 채무자 또는 그의 도산재단의 자산에 연루된 거래가, 채권자들의 평등대우원칙을 파괴하거나(편파거래) 또는 재단의 가치를 부적절하게 감소시킨(우리 개념으로는 사해행위) 탓에 부인되어야 하는지를 결정하는 재판. 이는 대체로 부인재판을 가리키는 것이다.

Guide에 따르면 도산 관련 재판은 크게 두 가지로 구분할 수 있다.

① 채권자들 일반의 권리에 중대하게(materially) 영향을 미치는 재판 또는 "채권자들 기타 이해관계인들(stakeholders)의 권리에 집단적으로(collectively) 직접 영향을 미치는 재판. 이를 "집단적 절차 재판"이라고 할 수 있다.

② 통상의 재판처럼 당사자들간의 양면적 분쟁을 해결하는(resolving bilateral disputes between parties) 도산 관련 재판.[27] 이를 "대립당사자간 재판"이라고 할 수 있다.[28]

그런데 부인재판은 대립당사자간 재판이므로 이를 민사소송법 제217조에 따라 승인되는 통상의 재판이라고 볼 여지가 전혀 없지는 않다.[29] 그러나 Guide는 이를 (b)의 유형에 속하는 도산 관련 재판으로 분류하므로 이를 통상의 재판으로 볼 것은 아니다.

(c) 채무자의 대표자 또는 이사가, 채무자가 지급불능이 된 때 또는 도산에 근접한 시기

26) 6개의 유형과 그의 해설은 대체로 Guide, para. 60을 따른 것이다.

27) Guide, para. 40, para. 109. Bork/van Zwieten(주 20), para. 6.05는 대체로 전자를 집단적 도산절차(collective insolvency proceeding), 후자를 대립당사자간(또는 대심) 절차(adversarial proceeding)라고 구분한다.

28) 민사소송은 원고와 피고라는 양 당사자의 대립을 전제로 하는데 이를 민사소송에서 '당사자대립주의(Zweiparteiprinzip)'(이시윤, 민사소송법 제11판, 2017, 133) 또는 '이당사자대립주의', '대립당사자의 원칙' 또는 '쌍방대립주의'라고 부른다. 그런 구조를 '대석적 구조' 또는 '당사자 대립구조'라고 하고, 민사소송은 이 점에서 '편면적 구조'를 취하는 비송사건과 대비된다. 영어로는 'adversary 또는 adversarial system'이라고 한다. 전원열, 민사소송법 강의, 2020, 157. 종종 대석적 구조를 취하는 소송(재판)을 대심소송(대심재판)이라고 하나, 이는 결석소송(결석재판)과 대비되는 개념으로 사용하기도 한다.

29) 부인재판의 경우 종국재판요건과 송달요건을 구비하는 데 별 어려움이 없을 것이다. Rubin 사건/New Cap 사건에서 영국 대법원은 미국 파산법원의 부인재판에 대하여 통상의 외국재판의 승인의 법리를 적용하였다. *Rubin and another v Eurofinance SA and others* and *New Cap Reinsurance Corporation (in Liquidation) and another v AE Grant and others* [2012] UKSC 46. 개요는 UNCITRAL의 CLOUT case 1270 en/case_law.html) 참조.

에 행한 조치에 대하여 책임이 있는지를 결정하는(또는 책임추급) 재판. 그 책임에 관련된 소의 원인이 UNCITRAL 입법지침 제4부[30]와 일관되게 도산 관련 법상 채무자의 도산관재인에 의하여 또는 그를 위하여 수행될 수 있는 경우.

(d) 채무자가 금전채무 또는 (a) 또는 (b)에 포함되지 않는 기타 이행의무를 부담하는지 또는 그의 이행을 요구할 수 있는지를 결정하는 재판. 이 유형에는 (a) 또는 (b)에 포함되지 않는 도산채무자의 제3자 대한 채권과 채무를 결정하는 재판이 포함된다(A judgment determining whether the debtor owes or is owed a sum or any other performance not covered by subparagraph (a) or (b).). 이에 따르면 도산관재인이 제3자에 대하여 제기하는 통상의 민상법상의 채권에 기한 소에 대한 재판은 이 유형에 포함되므로 문언상 이 유형의 범위는 매우 넓다.

위에서 언급한 것처럼, EU도산규정의 맥락에서는 청구원인 또는 쟁송의 핵심을 분석하여 통상의 민상사법에 근거한 청구에 관한 재판이라면 통상의 재판이나, 도산법(정확히는 통상의 민상사법과 다른 도산법 특유의 원칙)에 근거한 것이면 도산재판으로서 승인된다고 보는 데 반하여, Guide는 그러한 구별을 하지 않고 훨씬 넓은 범위의 재판을 도산 관련 재판으로 분류한다. 그렇다면 2018년 모델법의 해석론으로서, 도산 관련 재판의 범위를 넓게 보는 Guide와 달리, 청구원인의 법적 기초를 기준으로 그 범위를 제한할 수 있는가라는 의문이 제기된다. 필자는 2018년 모델법의 해석론으로서도 그것이 가능하다고 본다. 그 근거는 "도산절차의 결과로 발생하거나 도산절차와 중요하게 관련된 재판(a judgment that arises as a consequence of or is materially associated with an insolvency proceeding, whether or not that insolvency proceeding has closed)"이라는 2018년 모델법의 '도산 관련 재판'의 정의로부터 도출할 수 있다. 즉 위 문언은 '직접성'을 요구하지 않는 점에서 EU도산규정보다 그 범위가 다소 확대되었지만, EU도산규정(제32조)이 말하는 "도산절차로부터 (직접) 파생되고 도산절차와 밀접한 관련이 있는 재판(judgments deriving (directly) from the insolvency proceedings and which are closely linked with them)"과 기본적으로 유사하기 때문이다. 물론 2018년 모델법은 의도적으로 EU도산규정과 정의를 달리하고 직접성이 삭제되는 등 완화되어 있으므로 EU도산규정에서보다는 도산 관련 재판의 범위를 넓게 볼 수 있지만, 이는 2018년 모델법을 성안한 Working Group이 EU도산규정의 문언과 동일하지는 않으면서도 그로부터 너무 멀지는 않은 문언[31]을 채택하는 타협을 한 때부터 예정된 결과인지도 모른다.

30) 이는 도산에 근접한 시기에서 이사의 의무에 관한 제4편(UNCITRAL Legislative Guide on Insolvency Law, Part Four: Directors' obligations in the period approaching insolvency)(2013)을 말한다.

31) 미국 대표단의 일원으로 Working Group에 참여하였던 John Pottow, The Dialogic Aspect of Soft Law in International Insolvency: Discord, Digression, and Development, 40 Mich. J. Int'l L. 479, 493 (2019)의 지적 참조. Pottow는 2018년 모델법의 문언 하에서 EU사법재판소의 판례가 정립한 원칙을 따르는 것을 경계한다.

(e) (i) 회생계획 또는 청산계획을 인가(또는 확인) 또는 변경하는 재판, (ii) 채무자의 면책 또는 채무 면제를 허가하는 재판 또는 (iii) 자율적 또는 법정외 채무(또는 구조)조정합의(out-of-court restructuring agreement)를 인가(또는 확인)하는 재판.[32] (iii)에 해당하는 합의는 전형적으로 도산법에 의하여 규율되는 것이 아니라 참가하는 모든 채권자들의 채권을 합의에 의하여 변경하기로 하는 비공식적 협상을 통하여 이루어질 수 있다. (e)는 대립당사자간 재판이 아니라 다수 이해관계인 간의 집단적 화해에 관한 재판이다. 이처럼 회생계획인가와 채무의 면책 등이 도산 관련 재판(또는 그 효과)에 포함된다.[33]

(f) 채무자의 이사가 제3의 법역에 소재하는 경우 그 이사에 대한 조사의 재판. 이것이 정확히 어떤 재판인지는 분명하지 않으나, 문언상 이사에 대하여 책임추급(위 c의 유형)을 하기 위한 전제로서 또는 책임추급을 하는 과정에서 외국 소재 이사에 대하여 재산 등에 대한 조사를 허용하는 재판(예컨대 민사집행법(제62조)의 재산명시명령에 유사한 재판)을 가리키는 것으로 보인다.

3. 2019년 재판협약의 태도

통상의 재판의 승인 및 집행을 규율하는 재판협약은 도산 관련 재판의 개념과 유형을 상세히 규정할 필요는 없다. 그러나 도산절차 개시재판과 파생재판의 승인 및 집행은 재판협약의 적용범위로부터 제외되므로 양자를 구별할 필요가 있다. 구체적으로 재판협약(제2조 제1항)은 민사 또는 상사임에도 불구하고 재판협약의 적용범위로부터 제외되는 사항을 열거하는데 그에는 도산사건(insolvency)이 포함된다. 다만 제외되는 것은 도산과 직접 관련된 재판에 한정된다는 점을 주의하여야 한다. 즉 재판협약의 보고서[34]는 소송의 법적 근거가 도산절차에 특유한 규칙인지 아니면 통상의 민상사법 규칙에 근거한 것인지를 구별해야 하고, 후자의 경우에는 비록 도산관재인이 당사자이더라도 재판협약의 대상이라고 설명하면서, 재판이 도산절차 개시 후에 선고되었는지, 재판의 기초가 된 절차가 채권자 일반의 이익에 봉사하는지와 당해 소송이 채무자의 도산이 없었더라면 제소될 수 없었던 것인지 등을 구별기준으로 삼을 수 있다고 하고, 나아가 관할합의협약의 보고서[35]를 인용하면서 도산절차의 개시, 진행과 종결, 회생계획인가, 편파행위의 부인과 채권의 순위 등에 관한 재판(이런 종류의 재판은 2018년 모델법의 적용대상이다)은 도산과 직접 관련된 재판으로서 재판협약에서 제외된다고 설명한다.[36]

---

32) 이런 재판은 2018년 모델법 제14조 (f)호 (i)이 열거하는 재판과 같다.

33) 이 점은 EU도산규정상으로도 같다. Bork/van Zwieten(주 20), Art. 32, para. 32.12.참조.

34) 이는 Francisco Garcimartín & Geneviève Saumier, Judgments Convention: Explanatory Report, 2020를 말한다.

35) Hartley/Dogauchi, para. 57. 이는 Trevor C. Hartley와 Masato Dogauchi가 공동으로 작성한 보고서를 말하는데, Permanent Bureau of the Hague Conference on Private International Law, Proceedings of the Twentieth Session 14 to 30 June 2005, Tome Ⅲ, 2010, p. 784 이하에 수록되어 있다.

36) Garcimartín/Saumier(주 34), paras. 51과 52.

4. 승인의 맥락에서 본 도산 관련 재판의 유형

승인의 맥락에서 본 도산 관련 재판의 유형을 비교하면 아래와 같다.

〈표 1〉 승인의 맥락에서 본 도산 관련 재판의 유형

<table>
<tr><th></th><th>도산절차
구성 여부
(EU규정)</th><th>소송구조
(모델법)[37]</th><th>사례</th><th>EU</th><th>모델법 체제</th><th>한국</th></tr>
<tr><td>통상의
재판[1][38]</td><td>×</td><td>대립당사자간
재판</td><td></td><td>브뤼셀 I</td><td>–[39]</td><td>민소법(§ 217)
/자동승인</td></tr>
<tr><td rowspan="3">도산 관련
재판[2]-[3]</td><td rowspan="2">파생재판
[2][40]</td><td>대립당사자간
재판[2–1]</td><td>부인재판</td><td rowspan="2">도산규정
(§ 32(1)1)</td><td rowspan="2">2018년
모델법 /
1997년
모델법</td><td>견해 대립</td></tr>
<tr><td>집단적 절차
재판[2–2][41]</td><td></td><td>–</td></tr>
<tr><td>도산절차
진행 · 종결
재판[3]</td><td>집단적 절차
재판[42]</td><td>종결결정
회생계획인가
결정[43]</td><td>상동 1문</td><td></td><td>견해 대립[44]</td></tr>
<tr><td>도산절차
개시재판[4]</td><td>○</td><td>집단적 절차
재판</td><td></td><td>도산규정
(§ 19)</td><td>1997년
모델법</td><td>채무자회생법
/결정승인</td></tr>
</table>

위 표를 부연설명하면 아래와 같다.

통상의 재판[1]은 민사소송법에 따른 자동승인의 대상인 데 반하여, 외국도산절차 개시재판[4]은 채무자회생법에 따라 결정승인 방법에 의하여 승인된다. 양자가 양 극단에 있고 그 사이에 다양한 재판이 있는데, EU도산규정의 개념을 빌리면 파생재판[2], 도산절차의 진행과 종결에 관한 재판[3]과 도산관재인 선임재판[45]이 있다. 전자[2]에는 [1]에 더 가까운 대립당사자

37) 표 1에서 EU도산규정의 개념과 모델법의 개념이 정확히 일치한다는 의미는 아니고 이해의 편의를 위하여 정리한 것이다.

38) 현행법상 우리 법원의 재판에서는 공익채권 또는 재단채권에 기한 소송은 여기에 속할 가능성이 크다.

39) 모델법 체제는 해당 없다. 이는 헤이그국제사법회의 2019년 재판협약의 대상인데, 이는 통상의 민상사재판만을 대상으로 하고 도산사건의 재판은 제외된다.

40) 여기에서는 도산절차를 구성하는 재판을 좁게 이해하여 파생재판은 포함되지 않는 것으로 이해한다.

41) 파생재판 중에 집단적 절차 재판이 있는지는 불분명하나 가능성을 고려하여 두었다.

42) Guide는 명시하지 않으나 이는 승인거부사유를 정한 제14조 (f)호가 적용되는 재판과 대체로 일치하는 것으로 보인다.

43) 엄밀하게는 이는(특히 면책재판의 경우) 도산절차의 진행·종결에 관한 재판과 별도로 분류할 수 있으나 여기에서는 묶어서 논의한다. 김영석(주 9), 325의 표는 법원이 인가한 화의와 도산절차 개시신청 이후 취해진 보전처분에 관한 재판을 구분한다.

44) 대상결정은 이를 [1]로 취급하였으나, 필자는 회생절차의 승인을 전제로 채무자회생법에 따른 지원처분으로서 승인재판이 필요하다고 보았다. 석광현(주 22), 589에 수록된 글 참조.

45) 도산관재인 선임재판은 편의상 위 표에서는 생략하였다.

간 재판[2-1]과, [4]에 더 가까운 집단적 절차 재판[2-2]이 있다. 한편 모델법 체제에 따르면 [4]는 1997년 모델법의 승인대상이고, [2]와 [3]은 2018년 모델법의 승인대상인 '도산 관련 재판'이다. 필자는 미국의 회생계획인가결정은 [3]에 속한다고 보고 1997년 모델법에 따라 지원처분이 필요하다고 보았다. 반면에 대법원은 이를 [1]에 해당한다고 판단하였다. [3]이 민사소송법의 승인대상이라는 대법원에 따르면 그보다 통상의 재판[1]에 더 가까운 [2-1]과 [2-2]는 민사소송법에 따른 승인대상이 된다. 하지만 [2-1][2-2]와 [3]은 [1]과 달리 모두 2018년 모델법의 승인대상이므로 현행법상으로는 채무자회생법에 따라 처리하는 것이 옳다.

5. 대법원의 판단과 그에 대한 비판

(1) 대법원의 판단: 회생계획인가결정의 성질

대법원은 대상결정에서 추상적 법률론으로 미국 회생계획인가결정에 따른 면책효력에 대하여는 민사소송법 제217조[46]에 따른 외국판결 승인의 법리가 적용된다고 판시하였는데 그 논거는 아래와 같은 취지이다.

> "외국법원의 회생계획인가결정[47]은 ① 실체법상의 청구권 내지 집행력의 존부에 관한 것으로서 그에 의하여 발생하는 효과는 채무자와 개별 채권자 사이의 채무 혹은 책임의 감면이라고 하는 단순하고 일의적인 것이고, ② 그 면책재판 등의 승인 여부를 둘러싼 분쟁은 면책 등의 대상이 된 채권에 기하여 제기된 이행소송이나 강제집행절차 혹은 파산절차 등에서 당해 채무자와 채권자 상호간의 공격방어를 통하여 개별적으로 해결함이 타당하므로, 이 점에서 외국법원의 면책재판 등의 승인은 그 면책재판 등이 비록 외국도산절차의 일환으로 이루어진 것이라 하더라도 민사소송법 제217조가 규정하는 <u>일반적인 외국판결의 승인과 다를 바 없다</u>. 따라서 외국법원의 면책재판 등의 승인 여부는 그 면책재판 등이 민사소송법 제217조의 승인요건을 충족하고 있는지를 심리하여 <u>개별적으로 판단함이 상당하고</u>, 그 승인 여부를 채무자 회생 및 파산에 관한 법률의 승인절차나 지원절차에 의하여 결정할 것은 아니다."(번호와 밑줄은 필자가 추가함)

위 대법원의 판시를 지지하는 견해도 있고, 외국법원의 면책결정의 승인이 우리 법원에서 선결문제로 제기된 사건에서 하급심 판결들은 위 판시를 따르고 있다. 예컨대 채권자인 원고가 미국 법원으로부터 절차 참가에 관한 통보를 받지 못하였고 파산절차 진행 사실조차 알지

46) 대상결정 당시 민사소송법 제217조였으나 2014년 5월 개정되어 현재는 제217조 제1항이다. 석광현, "손해배상을 명한 외국재판의 승인과 집행: 2014년 민사소송법 개정과 그에 따른 판례의 변화를 중심으로", 국제사법연구 제23권 제2호(2017. 12), 245 이하 참조.

47) 판결문에는 "외국법원의 면책재판 등", 즉 "외국법원이 외국도산절차에서 한 면책결정이나 회생계획의 인가결정 등과 같이 채무나 책임을 변경·소멸시키는 재판"이라고 기재되어 있으나, 이 사건에서는 회생계획인가결정이 문제되었으므로 회생계획인가결정이라고 한다.

못하였음을 이유로 공서위반을 근거로 미국 법원의 면책결정의 승인을 거부한 서울중앙지방법원 판결[48]도 있고, 채권자인 원고가 송달을 받은 사안에서 일본 동경지방재판소의 면책결정을 승인한 인천지방법원 판결[49]도 있는데 이는 모두 외국법원의 면책결정이 민사소송법 제217조에 따른 자동승인의 대상이라고 보았다.

(2) 대법원의 판단에 대한 비판

대상결정에 대하여는 아래와 같은 비판을 할 수 있다.[50]

첫째, 면책재판 등의 성질과 효과에 관하여 대법원은 외국법원의 면책재판 등은 실체법상의 청구권 내지 집행력의 존부[51]에 관한 것으로서 그에 의하여 발생하는 효과는 채무자와 개별 채권자 사이의 채무 혹은 책임의 감면이라고 하는 단순하고 일의적인 것이라고 판시하였다. 그러나 위 ①의 밑줄 친 부분은 설득력이 없다. 이 사건 회생계획인가결정은 집단적 절차인 도산절차의 일환으로 내려지는 재판이고 대립당사자 간의 재판이 아니며 그 효과도 채무자와 개별 채권자 사이에서가 아니라, 채무자와 다수의 채권자들 및 기타 이해관계인 사이에서 집단적으로 발생한다. 물론 영향을 받는 권리내용은 채권자별로 다르고, 채권자집단은 개별채권자들로 구성되므로 이를 분해하여 채무자와 개별 채권자 사이의 문제라고 강변할 수 있으나 이는 회생계획인가결정이 집단적 절차 재판임을 왜곡하는 것이다.

둘째, 대법원은 면책재판 등의 승인은 통상의 외국판결의 승인과 다를 바 없다고 판단하였으나 이는 피상적인 결론이다. 대법원의 결론은 2018년 모델법, EU도산규정과 재판협약의

48) 서울중앙지방법원 2018. 9. 18. 선고 2018나11861 판결. 원고가 운영하는 미국 회사는 피고가 운영하는 피고회사에 비닐식품포장지를 공급하였다. 원고는 피고를 상대로 물품매금의 지급을 구하는 소를 제기하자 피고는 미국 파산법원에서 2016. 11. 면책결정을 받았으므로 물품대금채무도 면책되었다고 주장하였다. 서울중앙지방법원은 외국법원의 면책재판 등의 승인은 외국판결의 승인과 다를 바 없는데, 피고가 미국 법원에 이 사건 약정에 기한 채무를 신고하지 않아, 원고는 미국 법원으로부터 채권자집회통보를 받지 못하였음은 물론 파산절차 진행 사실조차 몰랐으므로 미국 법원의 면책결정은 원고의 적법한 절차 참가권이 침해되어 공서위반으로서 승인될 수 없다고 판단하였다.

49) 인천지방법원 2017. 8. 30. 선고 2016나13185 판결. 원고는 피고에게 대출을 한 소외 A로부터 채권을 양수하였다면서 양수금 지급을 구하는 소를 제기하였다. 피고는 2007년 3월 동경지방재판소에서 파산개시결정을 받아 2009년 11월 면책결정을 받았기에 양수금채무가 면책되었다고 주장하였다. 인천지방법원은 위 면책결정은 승인요건을 구비한다고 판단하고 그 결과 통상의 채권이 가지는 소제기 권능과 집행력을 상실하였다고 보아 원고의 청구를 각하해야 한다고 보고 그런 결론을 취한 제1심판결이 정당하다고 판단하였다.

50) 어느 것도 만족스럽지 않은데 그 이유는 도산 관련 재판의 승인을 다룸에 있어서 1997년 모델법이 불충분한 탓이다. 2018년 모델법의 성안은 이를 증거한다. 필자가 위 견해를 취한 것은, 가급적 외국재판의 승인에 관한 기존이론과의 정합성을 유지하면서, 1997년 모델법과 우리 국제도산법의 승인대상이 도산절차인 점을 중시하였기 때문이다.

51) 이는 외국법원의 면책재판 등에 의하여 실체법상의 청구권이 소멸하거나 집행력이 배제된다는 취지이다. 우리 채무자회생법에 따르면 회생계획인가결정에 의하여 채권이 소멸하는 것은 아니고 책임만 소멸하여 자연채무가 된다. 대법원은 "채무 자체는 존속하지만 회사에 대하여 이행을 강제할 수 없다"고 판시하였다. 대법원 2001. 7. 24. 선고 2001다3122 판결 등. 학설은 서울회생법원 재판실무연구회, 回生事件實務(下) 제5판, 2019, 111 참조.

태도에 정면으로 반한다. 대법원의 논리를 따른다면, 위 국제규범들이 통상의 외국판결과 도산 관련 재판을 구별하여 달리 취급하는 이유를 이해하거나 설명할 수도 없다. 회생계획인가결정은 Guide가 열거하는 (e) 유형에 속하므로 도산 관련 재판임이 명백하고, 또한 EU도산규정(제32조 제1항)에 따른 승인대상이지 브뤼셀체제에 따른 승인대상이 아니며 재판협약도 이를 적용범위에서 제외한다. 즉 이러한 국제규범들의 태도는 외국법원의 회생계획인가결정이 통상의 재판이 아님을 여실히 보여준다.

셋째, 채무자회생법은 외국도산절차를 승인하므로 2018년 모델법 제X조에서 보듯이 채무자회생법에 따른 지원처분으로써 회생계획인가결정을 승인할 여지도 있는데, 대법원은 그런 견해가 회생계획인가결정의 승인을 마치 도산절차나 도산절차의 승인절차처럼 획일적으로 처리한다고 하나 이는 옳지 않다. 도산절차에 대한 승인결정은 획일적인 처리라고 하더라도 지원처분은 그렇지 않기 때문이다. 외국법원의 회생계획인가결정에 대하여 우호적인 태도를 취하는 미국 파산법원은 실제로 도산절차의 승인결정에 기초한 개별적인 지원처분으로서 외국법원의 회생계획인가결정을 승인한다. 필자도 과거 그런 견해를 피력한 바 있는데 이는 아래(V.)에서 논의한다.

넷째, 대법원처럼 통상의 재판의 승인 경로를 통하여 회생계획인가결정에 따른 면책효력을 승인한다면, 미국의 회생절차 개시결정의 효력이 한국에서 승인되기 전에, 그를 논리적 전제로 하는 면책효력이 먼저 발생한다. 더욱이 이 사건처럼 미국의 회생절차가 한국에서 승인될 수 없음에도 불구하고 회생계획인가결정은 승인될 수 있다는 것은 부당한데 대법원에 따르면 이것이 가능하다. 2018년 모델법은 도산 관련 재판의 승인요건의 하나로 도산절차의 승인가능성을 요구한다.

다섯째, 대법원의 판시(② 부분)도 근거가 없다. 외국도산관재인이 한국에서 외국 회생계획인가결정에 대한 승인을 신청하거나, 채권자들의 강제집행을 금지하는 포괄적인 명령을 신청하는 경우에는 채무자와 채권자 상호간의 공격방어를 통하여 개별적으로 해결할 사안이 아니겠으나, 별개의 소송에서 도산 관련 재판(면책재판 이외의)의 <u>승인이 선결문제로 제기되는 경우</u>에는 회생계획인가결정만이 다를 것은 없다. 외국에서 도산절차 개시재판이 있음에도 불구하고 특정 채권자가 한국에 있는 채무자의 재산에 대해 개별집행을 시도하는 경우에도 도산절차 개시재판의 승인이 문제되고, 구 도산법 하에서 파산관재인의 한국내 재산 처분이 유효한지를 둘러싸고 발생한 분쟁들[52]처럼 도산관재인 선임재판의 승인이 문제되는 경우에도 당사자 상호간의 공격방어를 통하여 개별적으로 해결할 상황은 동일하다. 하지만 그런 경우 대상결정의

52) 파올로 구찌 사건(서울지방법원 1996. 6. 28. 선고 96가합27402 판결)과 구찌 사건(대법원 2003. 4. 25. 선고 2000다64359 판결) 참조. 전자는 석광현, 국제사법과 국제소송 제1권, 박영사, 2001, 450 이하; 후자는 석광현, 국제사법과 국제소송 제4권, 박영사, 2001, 363 이하 참조.

논리를 적용할 수 없음은 명백하다. 대법원의 취지는 도산 관련 재판의 승인이 선결문제로 제기되는 경우 자동승인이 가능하다는 것일 수 있으나,[53] 그렇더라도 민사소송법 제217조를 적용할 근거는 없고 2018년 모델법과 같은 법적 근거가 필요하다.[54] 이는 우리가 2018년 모델법을 수용할 동기가 될 수 있다.

Ⅳ. 대법원처럼 이 사건 회생계획인가결정이 통상의 재판이라고 보는 경우 승인요건의 검토

대법원은 이 사건 미국의 회생계획인가결정에 대하여 민사소송법 제217조를 적용하였다. 여기에서는 회생계획인가결정의 승인에 제217조가 정한 외국재판의 승인요건[55]을 적용하는 것이 적절한지, 적용한다면 수정할 필요가 있는지와 어떻게 수정해야 하는지를 논의한다.

1. 회생계획인가결정은 대립당사자간의 재판인가

민사소송법 제217조에서 말하는 '외국법원의 판결' 또는 재판'이라 함은 재판권을 가지는 외국의 사법기관이 그 권한에 기하여 사법상(私法上)의 법률관계에 관하여 대립적 당사자에 대한 상호간의 심문이 보장된 절차에서 한 재판"이라고 이해되고 있다.[56] 필자는 종래의 견해에 따라 대상결정의 취지를 외국법원의 재판이라고 함은 … ① 대립적 당사자 간의 쟁송에 대하여 ② 당사자 쌍방에 대한 심문이 보장된 절차에서 한 재판이라고 이해한다. 그런데 회생계획인가결정은 회생절차의 일부를 구성하는 재판으로서 집단적 절차 재판이지, 통상의 소송에서 보는 바와 같은 대립적 당사자간의 분쟁을 해결하는 재판이 아니다.[57] 제1심이 제217조의 적

53) 외국 면책재판은 채권자들이 채무자를 상대로 우리 법원에서 이행의 소를 제기하거나 강제집행을 구하는 데 대해 채무자가 항변으로 면책을 주장하거나 채무자가 적극적으로 채무부존재확인의 소송을 구하는 경우 문제되는데, 그 경우에까지 채무자에게 승인신청을 요구하는 것은 절차상 부담이 크고 외국도산절차의 승인신청권한을 외국도산절차의 대표자에게 한정한 법체계에 반한다는 점도 전부터 대상결정의 결론의 논거로 주장되었다. 서울중앙지방법원 파산부 실무연구회, 회생사건실무(하) 제2판, 2008, 279.

54) 2018년 모델법은 법원이 외국 도산 관련 재판의 승인신청을 받아 승인결정을 할 수 있도록 하는 한편, 승인이 선결문제로 제기되는 경우 도산 관련 재판을 별도의 승인결정 없이 승인할 수 있도록 한다(제4조, 제11조 제1항 제2문과 제13조 (d)호).

55) 승인요건의 상세는 석광현, 국제민사소송법, 박영사, 2012, 346 이하; 석광현, 국제사법과 국제소송 제1권, 박영사, 2001, 263 이하 참조.

56) 캘리포니아 주법원의 승인판결의 외국판결성을 부정한 대법원 2010. 4. 29. 선고 2009다68910 판결도 그런 취지로 판시하였다. 다만 이런 정의만으로는 부족하다. 왜냐하면 비록 대립당사자간 재판이라고 하더라도 도산절차로부터 직접 파생되고 도산절차와 밀접한 관련이 있는 재판은 통상의 재판이 아니라 도산 관련 재판으로 달리 취급되기 때문이다. 위 판결과 대상결정의 충돌은 석광현, "승인대상인 외국판결의 개념에 관한 대법원재판의 상충", 법률신문 제3976호(2011. 10. 20), 11; 석광현(주 22), 490 이하 참조.

57) 예컨대 한민(주 10), 94는 부인권행사에 관한 재판등은 대심적 쟁송인 데 반하여, 회생계획인가와 면책결정은 다수의 이해관계인 간의 집단적 화해에 관한 재판임을 지적한다.

용을 검토하면서 이 사건 회생계획인가결정이 "대립구조하의 변론절차 없이 다수 대립당사자의 권리관계의 변경을 가져오는 재판"이라고 판시하였음은 주목할 만하다.

Guide는 도산 관련 재판을 집단적 절차 재판과 대립당사자간 재판으로 구분하고 있음은 위에서 보았다. 다만 대립당사자간 재판은 도산 관련 재판의 분류의 맥락에서 집단적 절차 재판과 대비되는 개념인 데 반하여, 대법원이 말하는 대립적 당사자간의 절차에서 한 재판은 당사자대립주의(또는 대립당사자의 원칙)를 가리키므로 맥락이 다소 다르나 본질적으로 유사한 개념이라고 본다. 회생계획인가결정의 경우 채권자들과 기타 이해관계인들이 절차에 참가(또는 관여)하고 그들의 이익에 집단적으로 직접 영향을 미치는 재판이므로 이를 대립당사자간 재판이라고 볼 수는 없다. 회생계획인가재판은 미국 회생절차의 필수적 구성부분으로서 도산의 집단적 성질을 여실히 드러내는 재판이다.[58] 따라서 도산 관련 재판에 제217조를 원용하자면 이를 유추적용하고, 집단적 절차 재판을 포섭할 수 있도록 대립당사자간의 재판일 것이라는 요건을 포기하거나 완화할 필요가 있다.

필자가 과거 이런 취지의 지적을 했음에도 불구하고 반영되지 않았다. 위에서 보았듯이 외국재판의 승인의 맥락에서 2018년 모델법, 유럽연합규정과 재판협약은 모두 통상의 재판과 회생계획인가결정(즉 도산 관련 재판)을 구별하여 달리 취급하는 데 반하여, 대법원은 양자에 동일하게 민사소송법 제217조를 적용함으로써 국제적 정합성을 상실하였다.

2. 회생계획인가결정은 종국재판인가

조문은 명시하지 않지만 민사소송법 제217조에서 말하는 '외국법원의 판결 또는 재판'이라고 함은 종국적 재판(또는 종국재판. 이하 양자를 호환적으로 사용한다), 즉 심급을 이탈시키는 재판을 말하는 것으로 해석된다.[59] 그러나 회생계획인가결정은 회생절차를 구성하는 일련의 재판의 하나로 그에 의하여 심급이탈의 효과가 발생하지 않으므로 종국재판이 아니다.[60] 따라서 이는 제217조가 말하는 통상의 재판이 아니다. 위에서 본 것처럼 토드 오 사건에서 이 사건

58) 혹시 이를 채무자 v. 채권자 기타 이해관계인들이라는 구도로 대비시키는지 모르겠다. 그러나 한충수, "국제민사소송절차와 국제도산절차에서의 외국재판", 민사소송 제20권 제2호(2016), 38은 회생계획인가절차가 원고와 피고라는 대립적인 당사자 간의 공방을 전제로 한 전통적인 재판절차와 다르다는 점을 인정하면서도, 회생계획인가결정도 채무자를 포함한 이해관계인들이 회생계획안에 대한 이의를 제기할 수 있고 이에 대한 재판절차가 진행되므로 심문이 보장된 재판절차임은 분명하다고 한다. 하지만 이런 설명은 송달요건 내지 절차적 공서요건을 승인대상의 문제인 재판의 개념과 혼동하는 것이다.

59) 석광현(주 56), 266. 위 대법원 2010. 4. 29. 선고 2009다68910 판결에서 대법원은 '외국법원의 판결'이라 함은 … 외국의 사법기관이 … 사법(私法)상의 법률관계에 관하여 … 보장된 절차에서 <u>종국적으로 한 재판</u>을 의미한다고 판시하였다.

60) 그러나 한충수(주 58), 38은 Alan Resnick & Henry Sommer, Collier Bankruptcy Manual vol. 3 (3rd ed. 2008), 1141-6을 인용하면서 회생계획인가결정도 종국재판이라고 주장한다. 하지만 영어의 final judgment를 종국재판으로 이해할 것은 아니다.

회생계획인가결정으로부터 약 6개월 여 후에 회생절차의 종결결정이 있었던 데서 보듯이 회생계획인가결정에 의하여 심급이탈의 효과가 발생한 것은 아니었다.[61] 더욱이 도산절차에서 파생되는 일련의 파생재판들을 승인대상으로 인정한다면 종국재판일 것을 요구할 이유도 없다. 따라서 도산 관련 재판에 제217조를 원용하자면 이를 유추적용하고, 종국재판 요건은 제외할 필요가 있다. 제217조 제1항은 확정재판일 것을 요구하는데, 미국의 회생계획인가결정도 일정 기간이 지나면 통상의 불복방법으로는 다툴 수 없는 상태에 이르므로 그 때에는 확정재판요건은 구비된다.[62]

3. 간접관할요건

우리 법은 도산 관련 재판의 국제재판관할을 규정하지 않는다. 이는 직접관할과 간접관할 양자에 관하여 그러하다. 다만 민사소송법 제217조 제1항은 간접관할에 관하여 직접관할원칙을 따른다는 '鏡像의 원칙(Spiegelbildprinzip)'을 규정하는데 이는 도산 관련 재판에서도 타당하다고 본다. 직접관할을 정한 국제사법(제2조)의 원칙은 국제도산에도 타당한데 그에 따르면 법원은 채무자회생법의 관할규정을 참작하되 국제재판관할의 특수성을 충분히 고려하여야 한다. 도산 관련 재판의 직접관할을 논의함에 있어서는 ① 도산절차를 개시하기 위한 재판관할(이는 도산절차 개시재판을 하기 위한 재판관할이다)[63]과 ② 그 후의 도산 관련 재판을 하기 위한 재판관할을 구분할 필요가 있다. 후자는 다시 ②-1 집단적 절차 재판(예컨대 이 사건 회생계획인가결정)과 ②-2 대립당사자간 재판으로 구분할 필요가 있다.

(1) 도산 관련 재판의 유형에 따른 구분

집단적 절차 재판의 경우 도산사건을 심리하는 법원(이하 "도산법원"이라 한다)이 관할을 가지는 것이 당연하므로 도산절차 개시재판을 하기 위한 재판관할이 있는지가 문제된다. 이 범위 내에서는 위 ①과 ②의 관할이 일치한다.

한편, 대립당사자간 재판[64]의 경우 통상의 민사소송에 관한 관할규칙이 어느 정도 적용될

61) 박승두·안청헌, "기업회생제도에 관한 한국과 미국의 비교연구", 한양대학교 법학논총 제35권 제3호(2018), 278은 미국 절차에 관하여 "기업회생절차는 회생절차의 신청, 회생계획안의 제출, 동 계획안에 대한 투표와 인가, 그리고 인가계획 실행의 절차를 거치게 되면 종료된다. 따라서 회생계획이 실질적으로 수행되면 재단은 완전히 관리된 것으로 되어, 파산법원이 이해관계인의 신청 또는 직권으로 관리인 또는 DIP에게 그 임무로부터 해방시키고 사건을 종결처리 한다(제350조 (a))"고 설명한다.

62) 박승두·안청헌(주 61), 282는 한국과 미국에서 회생계획 인가결정이 확정되면 인가계획 중에 규정하고 있는 사항은 확정판결과 동일한 효력(*res judicata*)이 생긴다고 한다. 그러나 우리 채무자회생법상 회생계획인가결정은 면책의 효력과 권리변경의 효력이 있고(노영보(주 20), 541 이하) 회생채권자표의 기재는 확정판결과 동일한 효력이 있으므로 이는 집행권원이 될 수 있으나 위 효력은 기판력은 아니라는 것이 판례(대법원 2005. 6. 10. 선고 2005다15482 판결 등)와 다수설이다. 서울회생법원 재판실무연구회(주 51), 121; 노영보(주 20), 555. 그렇다면 이는 res judicata는 아니다.

63) ①에 관하여는 석광현(주 22), 514 이하 참조.

64) 부인재판의 승인이 문제된 영국 대법원의 Rubin 사건(주 29 참조)이 이에 해당한다.

수 있는지(특히 일반관할, 관련 관할, 합의관할 및 변론관할의 인정 여부), 아니면 전적으로 독자적인 관할규칙을 도출할지, '도산법원의 관할집중력(*vis attractiva concursus*)'[65]을 전면 인정할지와, 만일 관할집중력을 인정한다면 그것이 전속관할인지 등이 문제된다. 관할집중력이라 함은 도산절차 개시국 법원이 파생소송 또는 부대소송에 대하여 관할을 가진다는 원칙을 말한다.

(2) 도산 관련 재판의 간접관할근거에 관한 EU도산규정과 2018년 모델법의 차이

EU도산규정은 직접관할과 간접관할의 맥락에서 모두 도산법원의 관할집중력을 인정하나, 간접관할만을 규정하는 2018년 모델법은 관할집중력 원칙을 규정하지 않는다. EU도산규정(제3조)은 도산절차의 개시를 위한 직접관할을 규정하고, 도산 관련 소송에 대하여도 국제재판관할규칙을 둔다.[66] 반면에 모델법은 제14조 (g)호에서 열거하는 관할근거 중 어느 하나가 충족되면 관할요건이 구비되는 것으로 취급한다. 관할근거는 ① 상대방 당사자의 명시적인 동의, ② 상대방 당사자의 묵시적 동의(즉 변론관할에 상응하는 관할권에의 복종), ③ 승인국법에 따라 재판국의 직접관할이 있을 것과 ④ 승인국법과 양립할 수 없는 것이 아닌 근거로 재판국이 관할권을 행사한 경우이다.

이처럼 2018년 모델법은 구체적인 관할근거를 열거하는 대신 합의관할과 변론관할에 상응하는 규칙을 두면서, 그 밖에는 직접관할과의 관계에서 간접관할을 결정하는 원칙만을 제시한다. EU도산규정 하에서는 파생소송에 대한 도산법원의 관할은 전속관할이므로 관할합의와 변론관할은 허용되지 않으나 2018년 모델법은 이를 허용한다.[67]

(3) 우리나라에서의 논의

과거 별로 논의가 없었으나, 근자에는 도산 관련 재판에 대한 국제재판관할규정을 국제사법 또는 채무자회생법에 두자면서 도산법원의 관할집중력을 명시하는 전속적 직접관할규칙을 담은 문언을 제안하고, 해석론으로도 유사한 결론을 지지하면서 도산 관련 사건과 통상의 재판관할에 따르는 사건의 구별기준을 두자는 견해가 보인다.[68] 이는 EU도산규정(제6조)의 관할규칙을 도입하자는 것이다. 그러나 대상결정과 2018년 모델법을 고려할 때 과연 그런 결론을

65) Bork/van Zwieten(주 20), para. 0.18; Antonio Leandro, Insolvency, Jurisdiction and *Vis Attractiva*, Jürgen Basedow *et al.* (eds.), Encyclopedia of Private International Law, Vol. 2 (2017), p. 951 이하. *Vis attractiva concursus*를 독일식 표현(Anziehungskraft der Insolvenz)을 따라 "도산흡인력"이라고도 번역한다. 김용진, "도산사건의 국제재판관할에 관한 유럽도산법의 발전과 그 교훈", 법학연구 제30권 제2호(통권 제48호)(2019), 22.

66) 구체적으로, 직접관할을 규정한 EU도산규정(제6조 제1항)은 파생소송에 관하여 도산절차를 개시한 법원의 관할집중력원칙을 명시한다. EU사법재판소는 구 EU도산규정(제3조)의 해석론으로 부인소송인 2018. 11. 14. Wiemer v. Trachter 사건(C-296/17)에서 파생사건에 대한 도산법원의 관할이 전속관할이라고 판단하였다.

67) 2018년 모델법과 Guide는 명시하지 않으나, 모델법 하에서 관할합의와 변론관할이 집단적 절차 재판에도 적용되는지는 의문이다.

68) 김용진, 한국과 아시아의 시각에서 본 유럽연합 민·상사 법제의 빅뱅과 도전, 충남대학교 출판문화원, 2019, 319 이하.

따를지를 더 검토할 필요가 있고, 그런 입법에 앞서 도산 관련 재판의 범위를 검토하고, 국제도산편을 개정하여 주절차와 종절차를 개시할 직접관할을 명시할 필요가 있다.[69] 다만 집단적 절차 재판의 경우 도산법원의 관할집중력을 인정하는 데는 이견이 없다.

(4) 이 사건의 검토

이 사건은 도산절차와 분리될 수 없는 집단적 절차 재판을 다룬 것이다. 이 사건에서 채무자의 주소는 아마도 파산법원(캘리포니아주 중앙파산법원 산타아나 지원)의 관내에 있었을 것이다. 그렇다면 위 미국 법원은 채무자의 회생절차를 개시할 재판관할이 있으므로 이 사건 회생계획인가결정에 대하여도 재판관할을 가진다. 이 사건에서 미국 파산법원의 간접관할요건이 구비됨은 의문이 없는데 이는 쟁점도 아니었던 것으로 보인다.

4. 송달요건

이 요건은 패소한 피고의 방어권을 보장함으로써 적법절차를 준수하기 위한 것이므로, 도산 관련 재판 중에서 부인소송과 같은 대립당사자간 소송[70]의 경우와 달리, 회생계획인가결정의 경우에는 잘 부합하지 않고,[71] 특히 패소한 피고는 누구인가라는 의문이 제기된다. 채무자가 모르는 도산절차의 진행은 상정하기 어려우므로, 채권자에게 도산절차에 참가하여 권리를 주장할 기회가 없이 도산절차를 진행하는 경우가 그에 상응한다고 주장할지 모르겠으나 도산절차와는 상황 자체가 맞지 않는다. 오히려 도산절차(성질상 비송사건)에서는 당사자 대립구조가 부존재하므로(다만 대립당사자간 재판인 도산 관련 재판의 경우는 제외) 송달요건은, 실질적인 절차보장이라는 요건으로 치환되어야 하고, 이는 채권자에게 채권의 신고 및 의견 청취의 기회가 부여되고 인가 결정 등에 대한 불복 신청의 가능성이 있다면 족하다는 견해도 있다.[72] 따라서 도산 관련 재판에 제217조를 원용하자면 이를 유추적용하고, 집단적 절차 재판과 대립당사자간 재판을 구분할 필요가 있다. 이를 절차적 공서요건으로 해결할 여지도 있다.

---

69) 도산법원의 관할집중력원칙을 도산 관련 소송의 전속관할로 규정하는 데 대하여는, EU도산규정과 채무자회생법의 토지관할을 보면 수긍할 여지가 있고, 특히 이 사건 회생계획인가결정과 같은 집단적 절차 재판의 경우 전속관할을 인정하는 데는 거부감이 없으나, 파생소송에 관하여는 더 검토할 필요가 있다. 2018년 모델법(제14조 (g)호)은 도산 관련 재판에 대한 도산법원의 관할을 전속관할로 취급하지 않는다는 점도 고려해야 한다.

70) 그 경우는 2018년 모델법 제14조 (a)호에서 보는 것처럼 송달요건의 준수를 요구할 수 있는데, 바로 그런 이유로 송달요건은 대립당사자간 재판에만 필요하고 회생계획인가결정과 같은 집단적 절차 재판에는 문면 그대로 요구되는 것은 아니다.

71) Ulrike Graf, Die Anerkennung ausländischer Insolvenzentscheidungen, Mohr Siebeck, 2003, S. 313.

72) 이것이 일본의 유력설인데, 일본에서는 아자부건물(주)[麻布建物(株)]의 도산사건에서 미국 연방파산법 제11장의 회생절차를 신청하여 동 절차에서 회생계획 인가 후, 미국의 회생계획을 일본에서도 실행할 목적으로 일본 법원에 별도로 회사갱생절차를 신청하여 미국 회생계획의 내용을 반영한 갱생계획을 인가받은 예가 있는데, 이는 위 유력설에 따라 미국 연방 파산절차에서의 송달이 일본법에 부합되지 않는 것으로서 승인되지 않을 우려 때문이라고 한다. 한민(주 10), 104 참조.

5. 공서요건과 모델법 제14조 (f)호

민사소송법 제217조 제1항 제3호에 따르면, 그 확정재판등의 내용 및 소송절차에 비추어 그 확정재판등의 승인이 한국의 공서에 어긋나지 아니할 것이 승인요건이다. 이는 절차적 공서와 실체적 공서의 문제이다. 대상결정이 회생계획인가결정의 성립절차 또는 내용의 공서위반을 언급한 것은 이런 맥락에서 이해할 수 있다. 대상결정은 이 사건 회생계획인가결정에 따른 면책적 효력을 승인하는 것이 구 회사정리법의 속지주의 원칙을 신뢰하여 미국의 회생절차에 참가하지 않고 채무자 소유의 국내 소재 재산을 통하여 채권을 회수하려던 국내 채권자의 권리를 현저히 부당하게 침해하게 되어 그 구체적 결과가 한국의 공서위반이라고 판단하였는데, 이런 결론은 수긍할 수 있다. 이는 우리 도산법이 속지주의로부터 완화된 보편주의로 이행하는 과도기에 발생한 문제이다.

한편 2018년 모델법 제14조 (f)호에 따르면 예컨대 회생계획 또는 청산계획의 인가 여부, 면책 허부, 자율적 또는 법정외 구조(또는 채무)조정합의(a voluntary or out-of-court restructuring agreement)에 대한 인가 여부 등의 결정과 같은 도산 관련 재판의 경우, 그 재판에 의하여 중대하게 영향을 받는 채권자 기타 이해관계인의 권리가 그 재판이 내려진 절차에서 적절히 보호되지 않은 경우에는 승인거부사유가 된다. 도산절차에서 채권자 기타 이해관계인의 권리가 적절히 보호되지 않는 것이 실체적 권리의 측면에서 문제됨은 명백하나, 그것이 절차적 권리의 측면도 포함하는지는 불분명하다. 문언상 (f)호는 대립당사자간의 도산 관련 재판에는 적용되지 않는데, 그 경우에도 채권자와 다른 이해관계인의 이익이 영향을 받을 수는 있으나 이는 도산재단의 감소로 인한 간접적인 영향에 불과하기 때문이다.[73] (f)호는 통상의 재판의 맥락에서 공서위반에 포섭될 수 있으나 2018년 모델법은 이를 구체화한 것이다(2018년 모델법(제7조)은 공서위반을 별도로 규정한다). 대상결정은 이 사건 회생계획인가결정에 따른 면책적 효력을 국내에서 인정하게 되면 그 구체적 결과가 공서에 어긋난다고 판시하였는데 이런 사정은 (f)호에 포섭할 여지도 있다. 따라서 도산 관련 재판에 제217조를 원용하자면 이를 유추적용하고 공서요건을 도산 관련 재판의 맥락에서 더욱 구체화하는 것이 바람직하다.

6. 상호보증요건

한국에는 별로 논의가 없으나, 일본에는 회생계획인가결정의 승인의 맥락에서 민사소송법 제217조를 유추적용하더라도 외국도산절차의 승인단계에서 상호보증은 요구되지 않고 도산절차의 보편성의 관점에서 보아도 상호보증은 불필요하다는 견해가 있다.[74] 대상결정에서 드러

---

73) Guide, para. 109.

74) 한민(주 10), 104 참조.

나는 대법원의 태도는 알 수 없으나 별 다른 언급이 없으므로 아마도 필요하다는 취지로 짐작된다. 만일 상호보증요건이 필요하다면 이는 '부분적 상호보증'을 의미하므로 상호보증의 유무는 한국과 외국(또는 그 주) 간에 동일한 종류 또는 내용의 판결에 대하여 판단해야 한다.[75] 따라서 통상의 재판이 아니라 회생계획인가결정에 관하여 미국 법원이 우리 재판을 승인하는지를 검토해야 한다. 따라서 도산 관련 재판에 제217조를 원용하자면 이를 유추적용하고 상호보증요건을 제외하는 것이 바람직하다. 다수 이해관계인의 권리에 집단적으로 직접 영향을 미치는 도산사건에서는 상호주의는 적절하지 않다.

7. 민사소송법 제217조로부터 도출되지 않는 요건: 도산절차의 승인가능성

민사소송법 제217조는 명시하지 않지만 도산 관련 재판의 승인을 위하여는 도산절차의 승인을 전제로 하거나 적어도 도산절차의 승인가능성이 있어야 한다. 2018년 모델법이 명시하듯이 도산절차 자체가 승인될 수 없다면 그로부터 파생되는 재판도 승인될 수 없다.

8. 대법원의 판단과 그에 대한 비판

승인요건에 관하여 대법원이 어떤 태도를 취한 것인지는 불분명하다. 민사소송법 제217조를 곧바로 적용한 것을 보면 아마도 제217조의 요건이 그대로 적용된다고 본 것으로 짐작된다. 그러나 이는 잘못이다. 만일 대법원처럼 이 사건 회생계획인가결정에 통상의 재판에 관한 법리를 적용하자면 적어도 민사소송법 제217조를 '유추적용'하는 접근방법을 취해야 한다.[76] 예컨대 일본의 다수설은 회생계획인가결정이나 면책결정은 비송사건의 재판이므로 외국 비송재판의 승인이 문제로 되는데, 이는 따로 규율되고 있지 아니하므로 일본 민사소송법 제118조를 유추적용할 수 있음을 전제로 논의한다.[77] 독일의 법학방법론에 따르면 법관의 법획득(Rechtsgewinnung)에는 두 가지 방법, 즉 법발견(Rechtsfindung)과 법형성(Rechtsfortbildung)이 있는데, 전자는 법문언(또는 법문)의 '가능한 의미' 안에서 법률로부터 해당 사안에 적용할 법을 찾아내는 해석인 데 반하여, 후자는 규율되어야 할 사안에 대한 법적 기준이 존재하지 않는 법

75) 대법원 2004. 10. 28. 선고 2002다74213 판결도 "한국과 외국 사이에 동종 판결의 승인요건이 현저히 균형을 상실하지 아니하고 외국에서 정한 요건이 한국에서 정한 그것보다 전체로서 과중하지 아니하며 중요한 점에서 실질적으로 거의 차이가 없는 정도라면 상호보증의 요건을 구비하였다고 봄이 상당하다"는 취지로 판시함으로써 추상적 법률론으로는 이런 취지를 명확히 하였다.

76) 석광현, 국제민사소송법, 박영사, 2012, 463, 주 50은 "대법원판결로서는 민사소송법 제217조를 유추적용하는 것이 적절했을 것이다"라고 지적한 바 있다. 한민(주 10), 107도 동지.

77) 한민(주 10), 104 참조. 한국에서는 도산절차가 성질상 비송사건이라는 점에 대한 인식이 부족하다. 도산절차는 아니나 한국에서도 외국 비송재판의 승인에 대하여는 민사소송법 제217조를 유추적용하는 견해가 유력하다. 석광현, "국제입양에서 제기되는 國際私法의 제문제: 입양특례법과 헤이그입양협약을 중심으로", 가족법연구 제26권 제3호(2012. 11), 375 참조.

률의 흠결을 보충하는 것인데[78] 여기에서 논의는 해석의 범위를 넘기 때문이다. 법원으로서는 위에서 본 것처럼, 유추하는 과정에서 민사소송법의 승인요건을 어떻게 수정할지 고민하고 구체화하였어야 한다. 이런 고민 없이 민사소송법 제217조를 곧바로 적용하는 것은 제217조의 취지는 물론이고, 통상의 재판과 도산 관련 재판의 차이를 제대로 이해하지 못한 것이다.

V. 채무자회생법상 '지원결정'으로써 외국의 회생계획인가결정 승인의 가부

1. 외국의 회생계획인가결정의 승인에 대하여 필자가 피력한 견해

필자는 대상결정이 나오기 전에, 회생계획인가결정은 통상의 재판의 승인이 아니라 도산절차의 승인과 지원처분에 의하여야 한다는 견해를 피력하였다.[79] 승인결정만으로는 아무런 효력이 없고 외국도산절차 승인의 경로를 통하는 한 어떤 형태로든 지원처분이 필요하므로, 부자연스러운 면은 있지만 외국의 면책재판, 회생계획인가결정 또는 외국 법률의 규정에 의한 면책의 효력을 승인하는 재판을 제636조 제1항 제5호(그 밖에 채무자의 업무 및 재산을 보전하기 위하여 필요한 처분)의 지원처분으로 할 수 있다는 것이었다.[80] 그를 기초로 통상적인 지원처분(예컨대 한국 내에서 채권자의 조치에 대항하는 개별집행금지(필요하다면 회생계획에 저촉되는 한국에서의 모든 조치의 금지))을 명할 수도 있다.

미국 파산법원의 실무와 2018년 모델법 제X조는 필자와 같은 접근방법을 취하였음에 반하여, 대상결정(아래 3. 참조)은 필자와 달리 지원결정의 형식으로 외국법원의 면책재판 등을 승인할 수 없다고 판시하였다.

2. 외국의 회생계획인가결정의 승인과 2018년 모델법 제X조

2018년 모델법 제X조[81]는 도산 관련 재판의 승인 및 집행이 1997년 모델법에 따라 지원

78) 김영환, "법학방법론의 관점에서 본 유추와 목적론적 축소", 법철학연구 제12권 제2호(2009. 8), 9. 유추는 해석이 아니라 법형성의 문제이다. 김영환, "한국에서의 법학방법론의 문제점 —법발견과 법형성: 확장해석과 유추, 축소해석과 목적론적 축소 간의 관계를 중심으로—", 법철학연구 제18권 제2호(2015. 8), 161-162 참조. 대법원은 국제사법 제9조를 유추적용하여 숨은 반정을 명시적으로 허용한 바 있다. 대법원 2006. 5. 26. 선고 2005므884 판결 참조.

79) 석광현(주 22), 587 이하 참조.

80) 한민(주 10), 106도 외국도산절차 종결 전에는 외국도산절차의 대표자는 외국도산절차에 대한 승인 결정을 받은 후 채무자회생법 제636조 제1항 제1호, 제2호 및 제5호에 근거하여 면책된 채권의 채권자 전부(또는 필요한 일부)를 대상으로 면책된 채권의 행사를 중지·금지하는 법원의 지원결정을 받을 수 있음을 지적한다. 필자는 필요하면 제5호를 보완하는 데는 이견이 없다.

81) 2018년 모델법은 1997년 모델법의 입법국들은 후자(제21조)에 따라 재판이 승인·집행될 수 있는지에 관하여 의문을 가질 수 있으므로 제X조의 입법을 고려할 수 있다고 명시한다.

"제X조 [국제도산에 관한 UNCITRAL 모델법 제21조를 입법한 입법국의 법에 대한 언급을 기재할 것]에 따른 도산 관련 재판의 승인

처분으로서 가능함을 명시한다.[82] 입법국이 제X조를 채택한다면 도산 관련 재판의 승인·집행은 1997년 모델법을 수용한 국내법에 따른 지원처분으로 가능하다.[83] 즉 제X조는 1997년 모델법 및 채무자회생법의 해석상 위에 언급한 필자의 견해가 가능하다는 것이다.

다만 제X조에 관하여 몇 가지 의문이 있으므로 우리가 입법을 한다면 이를 해결해야 한다. 첫째, 2018년 모델법은 도산 관련 재판의 승인요건과 승인효과를 규정하는데 제X조에 따라 도산 관련 재판의 승인을 지원처분으로 한다면 승인요건과 승인효과는 어떻게 되는가(혹시 승인국 법원의 재량에 맡겨지는가)의 문제가 있다. 둘째, 제X조와 2018년 모델법(제X조를 제외한)에 따른 승인·집행의 관계도 문제된다. 이는 1997년 모델법을 채택한 국가가 2018년 모델법을 채택하면서 제X조를 도입하는 경우[84] 도산 관련 재판의 승인 및 집행이 1997년 모델법에 의하는지(도산절차의 승인재판을 전제로 한다), 아니면 2018년 모델법에 의하는지(도산절차의 승인가능성만으로 족하다) 등의 문제이다. 경로에 따라 요건과 효과가 다를 수 있으므로 이는 실익이 있는 논점이다.

3. 대법원의 판단과 그에 대한 비판

대법원은 채무자회생법상 '지원결정'의 법적 성질에 관하여 아래의 취지로 판시하였다.

> "채무자회생법상의 '지원결정'은 국내에서 진행되고 있는 채무자의 업무 및 재산에 대한 소송 등의 중지와 강제집행, 담보권실행을 위한 경매, 보전절차 등의 금지 또는 중지, 채무자의 변제금지 또는 채무자 재산의 처분금지 등 외국도산절차의 대표자가 외국도산절차에 필요한 배당·변제재원을 국내에서 보전·확보하고 이를 기초로 배당·변제계획을 수립하거나 그 계획을 수행할 수 있도록 절차적인 지원을 하는 것일 뿐, 외국법원이 외국도산절차에서 한 면책결정이나 회생계획의 인가결정 등과 같이 채무나 책임을 변경·소멸시키는 재판(이하 '외국법원의 면책재판 등'이라고 한다)을 직접 한다거나 외국법원의 면책재판 등에 대하여 국내에서 동일한 효력을 부여하는 재판을 함으로써 채권자의 권리를 실체적으로 변경·소멸시키기 위한 절차는 아니다."

대법원의 설시는 채무자회생법에 따른 지원결정의 법적 성질을 판시한 것인데, 밑줄 친 부분은 근거를 제시하지 않고 우리 법원이 지원결정의 형식으로 외국법원의 면책재판 등을 승인할 수 없음을 밝히고, 필자의 견해와 미국 파산법원의 실무를 배척한 것이다. 하지만 채무자

종전의 여하한 상반된 해석에도 불구하고, [국제도산에 관한 UNCITRAL 모델법 제21조를 입법한 입법국의 법에 대한 언급을 기재할 것]에 따라 제공될 수 있는 지원처분은 재판의 승인 및 집행을 포함한다."

82) Guide, para. 126.

83) Guide, para. 126.

84) 현행법에 도산 관련 재판의 승인·집행을 포함시킨 국가에서는 제X조는 불필요하다. Guide, para. 126 참조.

회생법 제636조 제1항 제5호는 "그 밖에 채무자의 업무 및 재산을 보전하거나 채권자의 이익을 보호하기 위하여 필요한 처분"을 할 수 있음을 명시하므로, 그런 처분으로써 우리 법원이 외국 도산 관련 재판을 승인하는 결정을 할 수 있다고 본다. 외국법원의 회생계획인가결정에 대하여 우호적인 미국 파산법원은 필자와 유사한 견해를 취한다. 즉 미국 파산법원은 외국도산절차에 대하여 승인결정이 있으면 연방파산법 제1521조와 제1507조[85]에 따라 지원처분으로써 면책된 채권의 행사를 영구히 금지하는 명령을 발령한다.[86][87]

대상결정은 지원결정의 범위를 좁게 해석하였으나 이는 근거가 없고, '외국도산절차'가 승인대상이라고 보는 것과 일관성이 없다. 2018년 모델법 제X조는 승인국 법원이 도산 관련 재판의 승인을 1997년 모델법(제21조)에 따른 지원결정으로 할 수 있음을 명시한다. 필자는 '도산절차의 승인'이라는 개념 속에 그것이 내포되어 있고, 제X조는 당초 1997년 모델법의 의도가 그것이라는 점을 확인하는 것이라고 이해한다.

Ⅵ. 승인효과: 확장모델과 동화모델

1. 도산 관련 재판의 승인효과에 관한 일반론

2018년 모델법(제15조 제1항)은 승인효과에 관하여 확장모델과 동화모델을 선택지로 규정한다. 우리는 양자 중 어느 것을 선택할지, 아니면 제3의 누적설을 따를지를 결정한 뒤 이를 국제도산법에 적절히 반영해야 한다.

EU도산규정(제32조)에 따르면 승인 결과 도산절차개시국법에 따른 효력이 다른 회원국들

85) 미국 법원의 추가적 지원(additional assistance)의 법적 근거는 연방파산법 제1521조와 제1507조를 든다. 모델법(제21조 제1항 g호)에 상응하는 제1521조는 추가적 구제를 부여할 수 있음을 명시하고, 제1507조는 모델법 제7조에 상응한다(채무자회생법과 일본 승인원조법에는 후자에 상응하는 조문은 없다). 제1507조는 법원의 고려요소들을 명시하는 점에서 제1521조와 다른데 양자의 관계는 불분명하다. 연방파산법(제105조)은 나아가 파산법원에 강력한 권한을 부여한다. 제1521조가 면책재판의 승인을 명시하지는 않으나 제1521조에 따른 지원을 인정한 예는 In re Rede Energia S.A., 515 B.R. 69, 88 (Bankr. S.D.N.Y. 2014) 사건 참조. 석광현, "외국도산절차의 승인에 관한 모델법과 EU규정의 비교: 한진해운 사건을 계기로", 국제거래법연구 제28집 제2호(2019. 12), 44 주 80 참조.

86) 실제로 삼선로직스 사건에서 미국 법원이 우리 법원의 회생계획인가결정에 의해 면책된 채권의 행사를 미국 내에서 영구적으로 금지하는 명령을 발령한 바 있다. In re Samsun Logix Corporation, No. 09-B-11109 (SMB). 김철만, "한국회생절차의 외국에서의 승인", 도산법연구 제2권 제1호(2011. 5), 262 참조. 외국의 회생계획인가결정의 승인에 대한 미국 법원의 태도는 한민(주 10), 101 이하 참조.

87) 일본 기업으로는 최초로 엘피다 메모리사에 대하여도 일본의 회사갱생절차에서 인가된 갱생계획을 승인하고 그에 의하여 면책된 채권의 행사를 영구적으로 금지하는 명령을 지원처분의 일환으로 발령하였다고 한다. 한민(주 10), 101 참조. In re PT Delta Merlin Dunia Textile, et al., Case No. 19-13214에서도 뉴욕주 남부지구 연방파산법원(Bankr. S.D.N.Y. Sep. 14, 2020)은 인도네시아의 도산절차를 주절차로 승인하고, 지원처분으로서 인도네시아 회생계획을 승인하고 미국에서 그 회생계획에 저촉되는 모든 행위의 금지를 명하였다. 소개는 https://www.whitecase.com/publications/alert/us-chapter-15-recognition-indonesian-reorganization-plan 참조.

로 확장된다. 이에 관하여는 제20조와 같은 명문의 규정은 없으나 이 경우 외국판결 승인의 경우처럼 확장모델을 따른다는 데 의문이 없다.[88] 특히 도산관재인은 원칙적으로 절차 개시국의 법률에 의해 부여된 모든 권한을 다른 회원국에서 행사할 수 있다(제21조). 이는 EU도산규정(제19조, 제32조)이 자동승인제를 취하는 것과 자연스럽게 연결된다.

이 사건 회생계획인가결정에 민사소송법 제217조를 적용한 대상결정을 보면 승인효과에 관하여 종래의 통설인 효력확장설을 따를 가능성이 크지만 아직 직접적인 대법원 판례는 없는 탓에 단정하기는 어렵다. 이처럼 대상결정은 현행법의 해석론으로 승인요건만이 아니라 승인효과에도 영향을 미칠 수 있다.[89]

2. 대법원의 판단

대상결정에서는 이 사건 회생계획인가결정은 승인되지 않았으므로 승인효과는 쟁점이 되지 않았다. 따라서 이에 관하여 논의할 바는 없다.

Ⅶ. 우리나라의 2018년 모델법의 수용

1. 2018년 모델법의 개관

위에서 여러 가지 관점에서 2018년 모델법의 내용을 단편적으로 언급하였으나 이를 개관하면 아래와 같다.

2018년 모델법은 1997년 모델법 하에서 도산 관련 재판의 승인 및 집행을 둘러싼 불확실성을 제거하고 도산 관련 재판의 승인 및 집행을 위한 단순하고 조화된 절차를 제공하여 국제적 공조를 강화하기 위한 것이다.

2018년 모델법에 따르면, 일정 요건이 구비되면 즉 승인국 법원에 관련 문서가 제공되고, 그 재판이 재판국에서 유효하고 집행가능하며, 권한 있는 사람이 승인 및 집행을 요구하고, 승인거부사유가 없으면 승인국 법원은 외국의 도산 관련 재판을 승인하고 집행하여야 한다.[90] 2018년 모델법에 따르면 승인국 법원은 외국 도산 관련 재판의 승인신청을 받아 승인결정을 할 수 있고, 도산 관련 재판의 승인이 선결문제로 제기되는 경우 승인요건이 구비되면 별도의 승인결정 없이 승인할 수 있다(제4조, 제11조 제1항 제2문과 제13조 (d)호).[91]

88) Mankowski/Müller/Schmidt(주 22), Art. 32, Rn. 31.

89) 미국 연방파산법 제524조 (e)에 따르면 제11장의 면책은 원칙적으로 채무자에게만 미치나, 법원이 이를 관대하게 해석하여 채권자의 동의 없이 면책재판이 제3자에 대한 권리를 소멸시키는지(즉 "third party releases")가 논란이 있다. 한민·석광현(주 22), 137, 주 431(석광현 집필부분) 참조.

90) Guide, para. 38.

91) 2018년 모델법은 자동승인제를 전제로 관할법원이 당사자의 승인 신청에 따라 별도로 승인결정을 할 수 있다고 규정한다. 2018년 모델법이 승인신청과 승인결정을 명시하는 이유는 승인국 법원의 승인결정이 있으면 선

2018년 모델법에 따르면 이 사건 회생계획인가결정은 한국에서 승인될 수 없다. 2018년 모델법은 도산 관련 재판의 승인요건의 하나로 그 기초가 된 도산절차의 승인가능성을 요구하는데, 이 사건 미국 회생절차 개시 당시 우리 도산법제는 속지주의를 취하였기 때문에 이 사건 미국 회생절차는 한국에서 승인될 수 없는 탓이다. 이 사건에서처럼 도산 관련 재판의 승인이 선결문제로 제기되는 경우에도 같다.

2018년 모델법 제14조는 승인거부사유를 규정한다(그 밖에 제7조가 규정하는 공서위반도 승인거부사유이다). 승인거부사유 중 송달요건(a호), 사기(b호)와 재판의 저촉(c호와 d호)에 관한 요건은 통상의 재판의 경우에도 큰 차이가 없으나, 위에서 본 것처럼 도산절차의 특수성에 기인하는 차이가 있다. 민사소송법(제217조)은 재판의 저촉을 승인거부사유로 규정하지 않으나 이는 공서위반으로 처리할 수 있다. 위에서 본 것처럼 민사소송법은 승인대상이 확정재판이고 종국재판일 것과 상호주의를 요구하나 2018년 모델법은 이를 요구하지 않는다.[92] 도산 관련 재판의 승인 및 집행에 특유한 것은 (e)호부터 (g)호이고, 1997년 모델법을 채택한 국가의 경우에는 그에 더하여 (h)호가 있다.[93]

2. 우리나라의 2018년 모델법의 수용에 관하여[94]

한국이 2018년 모델법에 대하여 취할 수 있는 선택지는 크게 세 가지이다. 제1안은 대법원의 논리를 따르는 방안이고, 제2안은 1997년 모델법에 따른 도산절차의 승인과 그를 기초로 하는 지원처분을 활용하는 방안이다. 제3안은 2018년 모델법을 수용하는 방안인데 이에는 두 가지 선택지가 있다. 어쨌든 제1안 또는 제2안을 따르면 2018년 모델법을 수용할 필요는 없고 2018년 모델법의 수용은 제3안을 전제로 한다. 이를 부연하면 아래와 같다.

(1) 제1안: 대상결정의 논리를 따르고 별도 입법을 하지 않는 방안

대상결정의 논리를 따른다면 회생계획인가결정은 민사소송법 제217조의 적용대상이다.[95] 그러나 제1안은 제217조의 외국재판의 승인의 법리에 반한다. 더욱이 회생계획인가결정은 대

결문제로 판단한 경우와 달리 다른 법원을 구속할 수 있으므로 법적 확실성을 확보할 수 있기 때문이다.

92) 도산 관련 재판이 재판국에서 효력이 있으면 족하고 확정재판일 필요는 없다. 비확정재판의 경우 승인국 법원은 승인 또는 집행을 연기하거나 거부할 수 있고 아니면 담보제공을 조건으로 승인 또는 집행을 하게 할 수도 있다. 2018년 모델법 제10조 참조.

93) 이는 (e) 승인·집행이 채무자의 도산절차의 관리를 방해한 경우, (f) 그 재판이 회생계획 또는 청산계획의 인가 여부, 채무자 또는 채무의 면책 허부, 자율적 또는 법정외 채무조정합의에 대한 인가 여부 등에 대한 결정과 같이 채권자 일반의 권리에 중대하게 영향을 미치고, 채권자 및 다른 이해관계인의 권리가 그 재판이 내려진 절차에서 적정하게 보호되지 아니한 경우, (g) 재판법원이 간접관할요건을 구비하지 못한 경우와 (h) 그 재판이 1997년 모델법을 수용한 법률에 따라 승인될 수 없거나 승인될 수 없을 도산절차를 가진 국가에서 내려진 경우(예외 있음)이다. 상세는 한민·석광현(주 22), 67 이하(석광현 집필부분) 참조.

94) 상세는 한민·석광현(주 1), 94 이하(석광현 집필부분) 참조.

95) 다만 그 점을 더욱 명확히 하고자 민사소송법(또는 채무자회생법)에 규정을 추가할 여지는 있다.

립당사자간 재판이 아니라 집단적 절차 재판인데, 대법원의 논리를 관철하면 2018년 모델법이 대상이 되는 도산 관련 재판은 대부분(절차적 의미만 가지는 도산절차의 진행에 관한 재판은 제외) 제217조에 따라 승인대상이 된다. 이런 결론은 부당하므로, 일정한 도산 관련 재판을 제217조의 적용범위로부터 제외하고 대신에 그의 승인을 해결할 법적 근거가 필요하다. 제1안을 따른다면 적어도 제217조를 유추적용하여야 하고 그 요건을 어떻게 변용할지를 고민하면서 구체화하는 작업이 필요하다.

(2) 제2안: 채무자회생법상에 따른 도산절차의 승인과 지원처분으로써 처리하는 방안

이는 미국 파산법원의 실무와 필자의 견해처럼, 1997년 모델법 하에서 승인국 법원의 도산절차 승인결정과 그에 기초한 지원처분으로 도산 관련 재판을 승인하고 필요한 경우 집행하는 것이다. 제1안을 따르는 견해[96]는 채무자회생법이 면책결정이라는 지원처분을 상정하고 있지 않은 점, 외국도산절차의 종료 여부에 따라 지원처분을 달리할 이유가 없는 점 등을 논거로 든다. 그러나 필자가 도산절차의 종료 여부에 따라 지원처분의 내용을 달리하는 이유는 도산절차가 이미 끝났으면 1997년 모델법상 도산철차의 승인결정은 불가능하므로 종료되지 않았다면 '도산절차 승인결정+지원처분'이, 종료되었다면 '지원처분만'이 가능하다고 보기 때문이다.[97] 또한 필자가 말하는 지원처분은 외국 법원의 회생계획인가결정(또는 면책결정)의 효력[98]을 승인하는 승인결정(그 밖에 면책된 채권의 행사를 중지·금지하는 지원처분도 포함)을 말하는데, 위에서 보았듯이 이런 형태의 지원처분은 포괄적인 채무자회생법 제636조 제1항 제5호로 포섭할 수 있다. 한국처럼 외국도산절차의 승인결정이 지원결정을 위한 적격 확인에 그치는 법제[99]에서는 지원처분을 충분히 활용해야 한다. 미국에서는 이런 지원처분을 활용함에도 불구

96) 위 주 9에 인용된 문헌들 참조.

97) 물론 후자를 부정할 여지도 있다. 그러나 예컨대 외국의 도산계획 인가재판처럼 성질상 가능하고 필요한 경우에는 비록 도산절차가 종결되었더라도 그것이 종결 전에 승인가능한 것이었다면 승인할 수 있음을 명시할 필요가 있다. 실제로 2018년 모델법은 이를 개선하여 외국도산절차가 종료되었더라도 회생계획인가결정의 승인을 가능하게 한다. 바꾸어 말하면 일단 도산절차가 종료되면 도산절차 개시결정은 더 이상 승인할 필요가 없으나, 그와 달리 도산계획 인가재판이나 부인재판의 효력은 도산절차가 종료되었더라도 승인할 필요가 있다. 그렇다면 애당초 1997년 모델법이 (지원처분으로 하는) 도산계획 인가재판이나 부인재판과 같은 도산 관련 재판의 승인의 전제로 도산절차의 승인재판(따라서 그의 존속)을 요구할 이유는 없었다고 할 수 있다. 이 점에서 1997년 모델법의 태도는 지나치게 경직된 것이었다. 대법원이 당초 이 사건에서 미국 회생절차의 종료 후 승인이 문제되었던 점을 고려하여 그런 경우에도 회생계획인가결정의 승인을 가능하게 하고자 이론구성을 시도한 것이었다면 나름 평가할 여지도 있었을 것이나 이 사건에서 미국 회생절차가 재개되어 그런 문제가 해소되었으므로 그렇게 평가할 수도 없다.

98) 필자가 효력을 승인한다고 하는 것은 재판이 아니라 법률상 면책효력이 발생하는 법제도 있기 때문이다. 제1안은 재판의 존재를 전제로 하므로 법률에 의한 효력으로서 면책효력을 승인하는 것을 설명할 수 없다.

99) 외국도산절차의 승인효과에 관한 한 채무자회생법은 일본 승인원조법의 영향을 받았다. 대상결정도 "채무자회생법상의 외국도산절차의 승인은 외국도산절차를 승인하는 것으로 그 법적 효과는 외국도산절차가 지원결정을 하기 위한 적격을 갖추고 있음을 확인하는 데 그친다"고 판시하였다. 이에 관한 논의는 오영준(주 9), 630 이하 참조. 일본에서는 이는 마치 '입장권'을 받는 것과 같다고 하는데(中西 康, "承認の理論的性格", 山本克

하고, 우리는 외국 도산 관련 재판의 승인을 지원처분으로 할 수 없다면서 그로 인하여 파생되는 현실적인 문제는 민사소송법 제217조에 따른 자동승인으로 해결하려는 제1안은 '도산절차'의 승인의 의미를 오해하고, 확립된 통상의 재판의 승인 법리에 반하면서까지 제217조의 적용범위를 너무 확대한 것으로서 잘못이다.

다만 제2안을 따르는 경우에도 아래와 같은 보완이 필요하다는 점은 인정해야 한다.

첫째, 도산절차가 종료된 경우에도 과연 그런 처리가 가능한지 의문이므로 이 점을 명확히 할 필요가 있다.[100] 둘째, 국제도산편에 따른 지원결정은 그 효력이나 내용이 유동적이어서 기판력의 국내 확장을 수반하는 외국재판의 승인경로로는 적합하지 않다는 비판도 있다.[101] 이를 해소하자면 그 경우 지원결정으로 하는 도산 관련 재판 승인의 효과를 2018년 모델법을 참고하여 명시하는 방안도 고려할 수 있다. 셋째, 집행의 문제이나, 외국 도산 관련 재판의 집행이 필요한 경우 지원처분으로서 집행을 허가하는 경우는 집행결정을 해야 하므로 그것이 민사집행법(제27조)이 규정하는 집행판결과 동일한 효과를 가질 수 없다. 만일 집행결정에 그런 효력을 부여하자면 집행결정의 근거와 효력을 명시해야 한다.[102]

(3) 제3안: 2018년 모델법을 수용하는 방안

이는 모델법을 수용하여 그에 따라 도산 관련 재판의 승인 및 집행을 가능하게 하는 것이다. 제3안에는 제X조를 도입하는지 여부에 따라 두 가지 선택지가 있는데, 하나는 제3안을 제2안과 선택적으로 적용하는 방안이고(제X조를 도입함으로써), 다른 하나는 제3안만 적용하고 제2안은 배제하는 방안이다(제X조를 도입하지 않거나 배제함으로써) 필자는 종래 제2안을 지지하나, 만일 제3안을 채택한다면 논리적으로는 제X조를 채택하지 않는 것이 적절하다고 본다.

Ⅷ. 맺 음 말

대상결정은 미국 연방파산법원의 회생계획인가결정의 승인이 토드 오에 대한 파산선고의 선결문제로 제기된 사건이다. 대상결정의 잘못은 두 가지다. 하나는 승인의 맥락에서 통상의 재판과 도산 관련 재판을 구별하지 않은 것이고, 다른 하나는 국제도산법의 지원결정의 의미를 근거 없이 좁게 해석한 것이다.

전자의 잘못은, 대법원이 통상의 재판의 승인에 적용되는 민사소송법 제217조를, 도산 관

己＝山本和彦＝坂井秀行(編)(주 14), 122), 이는 '승인 또는 지원을 하기 위한 적격의 확인'에 불과하고 국제사법과 국제민사절차법에서 말하는 승인의 개념에 포섭될 수 없다. 대법원이 '도산절차'의 승인의 의미를 판시하지 않은 점은 아쉽다.

100) 위(주 97) 참조.

101) 한민(주 10), 94.

102) 구 중재법은 외국중재판정의 집행을 위하여 집행판결을 요구하였으나 2016년 개정 중재법은 집행결정을 요구한다. 석광현, 국제상사중재법 제2권, 박영사, 2019, 209 이하 참조.

련 재판 중에서도 집단적 절차 재판인 이 사건 회생계획인가결정에 대해서까지 적용함으로써 적용범위를 지나치게 확대한 점이다. 1997년 모델법이 도산절차를 승인대상이라고 규정함으로써 혼란을 야기한 면이 있지만, 대상결정은 지나친 것이고[103] 승인대상인 외국판결을 정의한 2010년 대법원 판결에도 반한다.[104] 통상의 재판과 도산 관련 재판의 승인을 구별할 필요가 있음은 유럽연합규정, 2018년 모델법과 재판협약에서 보는 바와 같다. 대법원은 통상의 재판의 승인과 도산 관련 재판의 승인 간에 다소 희미하게 존재하던 경계선을 무너뜨렸고, 양자 간의 경계를 명확히 획정하려는 국제사회의 노력을 무의미한 것으로 만들었다. 대법원처럼 회생계획인가결정에 민사소송법 제217조를 원용하자면, 최소한 제217조를 유추적용하면서 집단적 절차 재판의 승인시 승인요건의 변용방안을 고민했어야 한다. 도산 관련 재판 중 대립당사자 간의 재판과 집단적 절차 재판의 차이를 인식하고, 제217조의 대상인 통상의 재판의 승인 법리를 아는 법률가라면 마땅히 그런 접근방법을 취했어야 한다.

후자의 잘못은, 법리상 회생계획인가결정의 승인이 지원결정으로써 가능함에도 불구하고 대법원이 근거없이 이를 부정한 점이다. 이것이 가능함은 1997년 모델법의 승인대상이 '도산절차'라는 사실로부터 도출할 수 있고 필자도 과거 그런 견해를 피력한 바 있다. 그 후 필자는 1997년 모델법을 수용한 미국 연방파산법원의 실무가 필자와 같은 견해임을 확인하였고, 더욱이 2018년 모델법 제X조는 필자와 같은 견해가 가능함을 명시하면서 1997년 모델법을 채택한 국가들이 그런 취지를 국내법에 명시할 것을 고려하라고 규정한다.

대상결정에 의하여 초래된 혼란을 극복하여 도산 관련 재판의 승인을 합리적으로 처리하고, 외국 도산 관련 재판의 승인이 선결문제로 제기되는 경우 자동승인을 가능하게 하자면 우리나라도 2018년 모델법을 수용할 필요가 있다.[105] 이 글을 계기로 우리나라에서도 2018년 모델법의 수용을 포함하여 도산 관련 재판의 승인 및 집행에 관한 논의가 활발해지기를 기대한다. 나아가 대법원도 견해를 변경하여 올바른 해석론을 전개하기를 희망한다. 그것은 국제적 정합성을 확보하는 길이기도 하다.

---

103) 영국 대법원의 Rubin 사건(주 29 참조)은 대립당사자간 재판인 부인재판의 승인에 대하여 통상의 재판의 승인의 법리를 적용하였으므로 대상결정과 비교하면 일탈의 정도가 약하다.

104) 캘리포니아 주법원의 승인판결의 외국판결성을 부정한 대법원 2010. 4. 29. 선고 2009다68910 판결.

105) 필자와 같이 채무자회생법에 따른 지원처분으로써 해결하자면 도산절차의 승인결정이 선행되어야 하기 때문에 그런 처리는 불가능하다.

문화재의 불융통적 속성에 따른 새로운 법원칙

송 호 영*

Ⅰ. 머 리 말

2011년 국내외에서 문화재환수와 관련하여 매우 의미 있는 2가지 사건이 있었다. 우리나라에서는 1866년 병인양요 당시 프랑스 군대에 의해 약탈되어 프랑스국립도서관에 보관되어 있던 외규장각 의궤 297권이 국내로 반환되었다. 또한 해외에서는 독일과 터키 사이에 오랫동안 분쟁을 빚어오던 보가즈코이 스핑크스(Bogazköy Sphinx)상이 베를린의 페르가몬 박물관으로부터 터키로 반환되었다. 이러한 문화재환수 사례는 세계적으로 많은 관심을 끌기 충분하였다. 이들 문화재는 과거 제국주의 시대에 불법반출된 것들이다. 문화재환수에 관한 문제를 거론하면 대개는 과거 제1 · 2차 세계대전이나 제국주의가 팽배하던 식민지시대에 불법하게 반출된 문화재의 반환문제를 떠올린다. 물론 그러한 문화재가 환수의 대상으로서 다루어질 중요한 비중을 차지하는 것이 사실이다. 국외소재문화재재단의 자료에 의하면 2020. 4. 1. 기준 세계 20여 개국에 소재하는 우리문화재는 총 193,136점에 해당하며, 이 중 상당수는 불법반출된 것으로 추정된다. 실제로 그러한 문화재의 대부분은 일본의 식민지지배시대, 이후 미국의 군정시대 및 한국전쟁 당시의 역사적 혼란기에 집중적으로 불법반출된 것들이다. 과거 제국주의시기에 있었던 문화재의 약탈과 불법반출의 문제는 현재에 이르기까지 쉽게 해결되지 않고 있으며, 오히려 이들 문화재의 반환문제는 오늘날 전 세계적인 관심으로 확대되고 있는 실정이다. 예컨대 그리스는 대영박물관(The British Museum)에 전시되어 있는 파르테논(Parthenon) 신전을 구성하던 대리석 조각물이었던 이른바 파르테논 마블스(Parthenon mables)의 반환을 위해 수십 년째 영국과 분쟁을 벌이고 있다.[1)] 이 분쟁은 법리적 문제뿐만 아니라 문화재를 어떻게 이해할

* 한양대학교 법학전문대학원 교수.

1) 이 조각상들은 1810년 당시 터키주재 영국 대사였던 엘긴 경(卿)이 당시 터키정부의 허가를 받아 터키의 피지배국이었던 그리스의 파르테논 신전에서 떼어내어 영국으로 반출한 것으로써, 이를 영국정부가 매수하여 이를 대영박물관으로 옮겨 보관함으로써 현재에 이르게 된 것이다. 이를 둘러싼 다양한 법적 쟁점들에 대한 자세한 내용은 송호영, “누가 「파르테논 조각상」을 소유하는가?” 문화 · 미디어 · 엔터테인먼트법 제10권 제1호(2016. 6), 3 이하 참조.

것인가에 관한 본질적인 문제를 제기하고 있다. 또 다른 예로 1860년 제2차 아편전쟁당시 중국 원명원에서 유실된 쥐머리·토끼머리 청동유물이 2010년 프랑스 파리의 크리스티 경매장에서 매물로 등장하자 67명의 중국 변호사단이 크리스티를 상대로 경매의 중단과 유물의 반환을 청구하는 소송을 제기하였다.[2] 이 사건은 문화재의 불법유통의 금지와 예술품의 자유거래라는 상반된 가치가 충돌될 수 있음을 생생히 보여주고 있다. 그렇지만 다른 한편으로는 문화재의 불법반출이 단순히 과거의 불행한 시대에만 일어난 것으로 생각해서는 안 된다. 오늘날에도 문화재는 막대한 경제적 가치로 인해 끊임없이 불법거래의 표적이 되고 있다. 미국 국무성의 자료에 의하면, 문화재의 불법거래는 전 세계적으로 마약과 무기 다음으로 큰 불법시장을 형성하고 있다고 한다.[3] 특히 중동지역에서 발생하고 있는 문화재의 불법거래가 IS와 같은 테러조직의 자금으로 공급되고 있다는 보고도 있다.[4] 또한 오늘날 문화재의 불법거래는 통신 및 거래수단의 발달에 따라 일반인들에 의해서도 많이 행해지고 있다. 특히 eBay와 같은 인터넷 경매사이트를 통하거나 국제택배를 이용해서도 문화재의 불법거래가 쉽게 이루어지고 있는데,[5] 일반인들은 그러한 거래가 불법인지조차도 잘 모르는 경우가 많이 있어 사회적 문제가 되고 있다.

이처럼 문화재의 불법적인 거래를 막고 이를 환수해야 한다는 당위성에 대해 국제사회도 공감을 하여, 이를 실천하기 위한 다양한 국제 규범들을 형성하고 있다. 이에 관한 대표적인 국제규범은 1970년 UNESCO협약[6]과 1995년 UNIDROIT협약[7]이다. 이들 협약은 분명히 문화재의 불법적인 거래의 방지와 환수를 가능케 하는 중요한 역할을 하고 있다. 그렇지만 이들 협약에는 소급효가 인정되지 않기 때문에 협약발효 이전에 반출된 문화재에 대해서는 적용되

---

2) 이 사건은 결국 중국과의 관계를 고려하여 경매에서 유물을 취득한 Kering의 최고경영자 프랑스와 앙리 피노(François-Henri Pinault) 회장이 중국 측에 이를 기증하는 형식으로 종결되었다.

3) Noah Charney/Paul Denton/John Kleberg, Protecting Cultural Heritage from Art Theft, International Challenge, Local Opportunity, FBI LAW ENFORCEMENT BULLETIN (Mar. 2012), https://leb.fbi.gov/2012/march/protecting-cultural-heritage-from-art-theft-international-challenge-local-opportunity

4) Kimberly L. Alderman, Honor Amongst Thieves: Organized Crime and the Illicit Antiquities Trade, 45 Ind. L. Rev. 601, 609-611 (2012); Brigadier General (Ret.), Russell Howard/Jonathan Prohov/Marc Elliott, "Digging in and Trafficking out: How the Destruction of Cultural Heritage Funds Terrorism", CTC Sentinel, Vol 8 Issue 27, 14, 14-17 (Feb. 27, 2015); Janine di Giovanni/Leah McGrath Goodman/Damien Sharkov, How does ISIS fund its reign of terror?, Newsweek(Nov. 6, 2014), http://www.newsweek.com/2014/11/14/how-does-isis-fund-its-reign-terror-282607.html.

5) Kurt Siehr, Unidroit Convention of 1995 and Unclaimed Cultural Property without Provenance, ELTE Law Jounal, vol 2013, 89, 95 (2013)

6) 정식명칭은 Convention on the Means of Prohibiting and Preventing the Illicit Import, Export and Transfer of Ownership of Cultural Property 1970 (1970년 문화재의 불법반출입 및 소유권이전 방지와 예방수단에 관한 협약).

7) 정식명칭은 UNIDROIT Convention on Stolen or Illegally exported Cultural Objects (도난 또는 불법반출 문화재에 관한 UNIDROIT협약).

지 않는다. 그러한 문화재의 환수분쟁에 있어서는 당사국 사이에 외교적 경로를 통하거나 상호 협정를 통해 해결할 수도 있지만, 그렇지 않은 경우에는 국내 법원의 판결에 의해 해결할 수밖에 없다. 대개 각 나라마다 문화재의 불법반출을 막기 위한 법률을 가지고 있지만, 법원에서 문화재반환 분쟁에 적용될 특별한 법규를 가진 나라는 찾아보기 어렵다. 결국 어느 나라에서 불법반출된 문화재의 반환을 요구하는 소송이 법원에 제기된 경우에 그 관할 법원으로서는 일반적인 물건에 관한 소송에 적용되는 법리를 적용할 수밖에 없다. 그러나 법원이 문화재에 대해 일반적인 물건에 관한 소송에 적용되는 법리를 그대로 적용하는 것은 문화재의 특성을 간과하는 것이다. 왜냐하면 문화재는 다른 물건과는 달리 한 나라의 역사적, 정신적, 문화적 정체성이 담겨 있기 때문에 함부로 융통되지 않는 것이 기본적인 속성이기 때문이다. 본 논문은 문화재가 가지는 불융통성의 특성에 터 잡아 문화재의 반환분쟁에 적용될 수 있는 새로운 법원칙을 제안해보고자 한다. 우선 이를 위해 아래에서 문화재의 의미(Ⅱ)와 문화재의 불융통물로서의 속성(Ⅲ)에 대해 알아보고, 그러한 문화재의 속성에 기해 문화재반환분쟁에 적용될 새로운 법원칙에 관해 살펴본 후(Ⅳ), 마지막으로 필자의 생각을 정리하고자 한다(Ⅴ).

Ⅱ. 문화재의 의미

1. 개념의 혼용

우선 문화재의 반환문제를 논의하기 위해서는 도대체 무엇을 문화재라고 할 수 있는지를 살펴보아야 한다. 문화재를 한마디로 정의하기는 매우 어렵다. “문화재”라는 용어가 우리의 일상에서 매우 친숙한 용어이긴 하지만, 과연 무엇을 문화재라고 할 것인가는 학자들마다, 혹은 각 나라의 법률에 따라 나아가 여러 국제협약에서조차 상이하게 정의된다. 일상에서도 문화재와 관련된 용어들은 기념물(記念物), 유적(遺蹟), 고적(古蹟), 사적(史蹟), 명승(名勝), 문화유산(文化遺産) 등 다양하며, 이들 용어는 엄격한 구분 없이 서로 혼용되어 사용되기도 하지만, 가장 보편적으로 사용되는 용어는 ‘문화재’라고 할 수 있다. ‘문화재’라는 용어는 영어의 cultural property 또는 독일어의 Kulturgut(Kultur: 문화 + Gut: 재)이라는 단어를 번역한 것이다. 현재까지 문화재에 대한 통일된 개념정의는 없다는 것이 학자들의 중론이지만, 일반적으로 문화재는 예술적, 인류학적, 고고학적 및 역사적 가치를 가진 대상이라고 지칭된다.[8] 그러한 대상에는 한 집단의 사람들에게 있어서 문화적 정체성을 품고 있는 예술적 창작물(artifacts), 골동품(antiques), 역사적 기념물(historical monuments), 희귀한 수집품(rare collections), 종교적 물품(religious objects) 및 그들에게 있어서 역사적 · 예술적 · 사회적 성과를 상징하는 기타의 품목 등

8) John Henry Merryman, Thinking about the Elgin Marbles, Critical Essays on Cultural Property, Art and Law, 2nd Edition (The Netherlands: Kluwer Law International, 2009), p. 27.

이 포함된다.[9)]

그런데 '문화재'라는 표현에서 「재」(財; property; Gut)는 유형적인(tangible) 물건이라는 제한적인 뉘앙스를 담고 있다. 그렇지만 인류의 문화적 활동의 소산은 무형적인(intangible) 것들도 얼마든지 많이 있다. 또한 재(財)는 소유자의 권리를 보호해야 한다는 정책적 의미가 내포되어 있는데[10)] 그러한 의미를 극복하고 또한 유형적인 것뿐만 아니라 무형적인 문화적 소산들을 한데 묶을 필요에서 문화재라는 표현 대신 문화유산(cultural heritage)[11)] 또는 문화적 대상(cultural objects) 이라는 용어가 사용되기도 한다. 실제로 1970년 UNESCO협약[12)]에서는 문화재(cultural property)라고 표현하는데 반해, 1995년 UNIDROIT협약[13)]에서는 문화적 대상(cultural objects)이라고 표기하고 있다. 이러한 용어의 혼용은 무엇을 문화재로 할 것인지에 대한 명확한 통일적인 규준이 없이 각국의 법률에 따라 혹은 전문가의 분류에 따라 제각기 사용되고 있기 때문이다.[14)]

2. 국제협약상 문화재의 정의

(1) 1954년 헤이그협약

20세기 들어서 각국마다 문화재를 보호하기 위한 법률이 제정되었지만, 국제규범의 수준에서 문화재(cultural property)라는 용어를 처음 사용한 것은 1954년에 제정된 헤이그협약[15)]으로 알려져 있다.[16)] 1954년 헤이그협약은 제1·2차 세계대전 당시 무수한 문화재가 파괴·약탈된 경험의 반성에서 성안된 것으로써, 전시 또는 무장충돌 상태와 같은 특수한 위기상황으로부터 문화재를 보호하기 위한 협약이다. 헤이그협약은 문화재를 일반적으로 규정하는 방식

9) Christine K. Knox, "They've lost their Marbles: 2002 Universal Museums' Declaration, the Elgin Marbles and the Future of the Repatriation Movement", Shffolk Transnat'l L. Rev. Vol. 29 (2006), p. 317-318.

10) Lyndel V. Prott/Patrick J. O'keefe, "'Cultural Heritage' or 'Cultural Property'?", Int'l Journal of Cultural Property, Vol.1 Issue 2 (1992), p. 309-310.

11) Lyndel V. Prott/Patrick J. O'keefe, Ibid, p. 307-308. 2003년 UNESCO에서 채택된 「무형문화유산보호협약」(Convention for the Safeguarding of the Intangible Cultural Heritage)은 "문화유산"(cultural heritage)이라는 표현을 쓰고 있다.

12) 정식명칭은 「문화재의 불법적인 반출입 및 소유권 양도의 금지와 예방수단에 관한 협약」(Convention on the Means of Prohibiting and Preventing the Illicit Import, Export and Transfer of Ownership of Cultural Property). 이하 「1970년 UNESCO협약」으로 표기한다.

13) 정식명칭은 「도난 또는 불법반출 문화재에 관한 UNIDROIT협약」(UNIDROIT Convention on Stolen or Illegally exported Cultural Objects). 이하 「1995년 UNIDROIT협약」으로 표기한다.

14) Roy S. Kaufman (Editor), Art Law Handbook (New York: Aspen Law & Business, 2000), p. 391.

15) 정식명칭은 「무력충돌시 문화재 보호를 위한 협약」(Convention for the Protection of Cultural Property in the Event of Armed Conflict). 이하 「1954년 헤이그협약」이라 표기한다.

16) Manlio Frigo, "Cultural property v. cultural heritage: A 'battle of concepts' in international law", Int'l Review of the Red Cross, Vol. 86 (2004), p. 367.

(general definition)과 망라적으로 규정하는 방식(inclusive definition)을 절충하여 보호 대상인 문화재 목록을 예시적으로 열거하는 방식(illustrative definition)을 채택하였다. 협약 제1조는 제목에서부터 '문화재'(Cultural Property)라는 표현을 쓰면서, 그 출처(origin)와 소유권(ownership)과 관계없이 문화재가 될 수 있는 대상을 다음과 같이 예시하고 있다.

> 제1조 문화재의 정의
> 본 협약에서 '문화재'라 함은 그 출처 및 소유와 관계없이 다음을 포함한다.
> (a) 종교적이든 세속적이든 불문하고, 건축, 예술 또는 역사적 기념물과 같이 모든 민족의 문화유산에 대하여 중요성을 갖는 동산 및 부동산; 고고학적 유적; 전체적으로 역사적 또는 예술적 중요성을 갖는 건물들의 집단; 예술 작품; 예술적, 역사적 또는 고고학적 중요성을 갖는 원고, 서적 및 기타 물품들; 그리고, 과학적 소장품 및 서적, 기록물 또는 위에서 언급된 재산들의 복제물의 주요 소장품.
> (b) 박물관, 대형 도서관 및 기록물보관소와 같이 (a)항에서 정의된 동산문화재를 보존 또는 전시하는 것을 그 주된 실제 목적으로 하는 건물과 무력충돌시에 (a)항에서 정의된 동산문화재를 대피시키기 위한 보호시설;
> (c) (a)항과 (b)항에 규정된 다량의 문화재가 집중되어 있는 구역들로서, '기념물 집중구역'으로 인정될 수 있는 구역.

동 협약의 특징은 출처나 소유권을 고려하지 않고서("... irrespective of origin or ownership..."), 모든 민족의 문화유산에 대하여 중요성을 갖는("...great importance to the cultural heritage of every people...") 일정한 재화를 문화재로 본다는 점이다. 이러한 정의는 문화재의 인류보편적 성질을 강조하고 있다. 이것은 문화재를 인류공동의 유산으로 이해하는 이른바 문화국제주의(cultural internationalism)의 정신과 닿아있다.[17)]

(2) 1970년 UNESCO협약

1954년 헤이그협약은 무력충돌 상황에서 문화재를 보호하기 위한 협약인데 반해, 1960년대 들어 보다 폭넓게 문화재를 보호하기 위해서는 평시에도 적용될 수 있는 더욱 포괄적인 문화재 보호체제를 마련하여야 한다는 요구가 신생독립국가들을 중심으로 주장되었다. 그러한 요구에 부응하여 성안된 것이 「1970년 UNESCO협약」이다.[18)] 동 협약에서도 조약의 명칭에서

---

17) John Henry Merryman, "Two Ways of Thinking about Cultural Property", Am. J. Int'l L. Vol. 80 (1986), p. 831. 문화재를 바라보는 상반된 시각으로서 문화국가주의와 문화국제주의에 관한 자세한 설명은 송호영(주 1), 13 이하 참조.

18) 동 협약의 주요내용은 다음과 같다. ① 협약을 위반한 문화재 반출입 및 소유권의 양도를 불법한 것으로 천명하고(제3조), ② 문화재보호를 담당하는 국가기관을 설립하고 보호대상인 문화재를 목록화하며(제5조), ③ 문화재의 반출증명서 제도를 도입하며(제6조), ④ 불법반출된 문화재의 반입을 금지하며(제7조), ⑤ 문화재의 불법한 반출입에 관여한 자에 대하여 형벌 및 행정적 제재를 가하며(제8조), ⑥ 협약상의 조치를 위해 국제적인

문화재(cultural property)라는 용어를 사용되고 있으며, 특히 협약 제1조는 문화재를 다음과 같이 정의하고 있다.

> 제1조
> 본 협약에서 "문화재"라 함은 고고학, 선사학, 역사학, 문학, 예술 또는 과학적으로 중요함으로써 종교적 또는 세속적 근거에서 각국에 의하여 특별히 지정된 재산으로, 다음 범주에 속하는 재산을 의미한다.
> (a) 진귀한 수집품과 동물군, 식물군, 광물군, 해부체의 표본 및 고생물학적으로 중요한 물체
> (b) 과학, 기술 및 군사의 역사와 사회사를 포함하여 역사와 관련되고 민족적 지도자, 사상가, 과학자 및 예술가의 생애와 관련되며, 국가적으로 중대한 사건과 관련된 재산
> (c) (정규적 또는 비밀리의) 고고학적 발굴 또는 고고학적 발견의 산물
> (d) 해체된 예술적 또는 역사적 기념물 또는 고고학적 유적의 일부분
> (e) 비문, 화폐, 판각된 인장같은 것으로 백년이상의 골동품
> (f) 인종학적으로 중요한 물건
> (g) 미술적으로 중요한 재산으로 다음과 같은 것.
> (i) 어떤 보조물의 사용 또한 어떤 재료를 불문하고 전적으로 손으로 제작된 회화, 유화 및 도화(손으로 장식한 공업용 의장과 공산품은 제외)
> (ii) 재료 여하를 불문한 조상 및 조각물의 원작
> (iii) 목판화, 동판화, 석판화의 원작
> (iv) 재료 여하를 불문한 미술적인 조립품 및 몽타아지의 원작
> (h) 단일 또는 집합체를 불문하고(역사적, 예술적, 과학적 및 문학적 등으로) 특별히 중요한 진귀한 고판본, 필사본과 고서적, 고문서 및 고출판물
> (i) 단일 또는 집합체를 불문하고 우표, 수입인지 또는 유사 인지물
> (j) 녹음, 사진, 영화로 된 기록물을 포함한 고문서
> (k) 백년이상 된 가구와 오래된 악기

UNESCO협약 제1조가 정의하는 '문화재'에는 다음과 같은 의미가 담겨 있다. 협약은 문화재를 일반적으로 정의하거나 협약의 자체적인 기준에 따라 문화재를 정의하는 것이 아니라, 일정한 범주에 속하는 재산 중에서 "각국에 의하여 특별히 지정된"(specifically designated by each State) 재산을 문화재로 정의하고 있다. 다시 말하자면 동 협약 제1조에 열거된 (a)에서 (k)까지 열거된 카테고리에 속하는 재산이면 모두 문화재로 인정되는 것이 아니라, 그러한 품목 중에서 각 협약당사국의 국내법에서 문화재라고 특별히 지정하고 있는 것에 한해 문화재로 인정한다는 것이다. 결국 무엇이 문화재인가에 대해서는 각국이 협약을 국내법으로 이행

공조를 취하며(제9조), ⑦ 외국군대 점령시 강제적인 문화재이전을 불법한 것으로 간주한다(제11조).

(implementation)하는 과정에서 각국의 사정에 따라 정해지게 된다. 결국 동 협약은 개별국가로 하여금 무엇이 보호되어야 할 문화재인가를 결정하는 광범위한 재량을 인정하는 셈인데, 이것은 문화재의 국가성을 전제로 한다는 점에서 기본적으로 문화국가주의(cultural nationalism)를 기반으로 하고 있다.[19][20]

한편 무엇을 문화재로 지정(designation)할 것인가는 각 국가의 재량이지만(협약 제1조), 문화재로서의 가치가 있는 어떤 물건이 여러 국가와 관련되어 있을 때 이를 과연 어느 국가의 문화재로 보아야 하는지가 문제될 수 있다. 예컨대 A국에서 문화재로 카테고리 지워진 조각물을 B국이 A국으로부터 외교경로를 통해 획득한 경우 어느 국가의 문화재로 보아야 하는지, 혹은 A국 출신의 예술가가 B국에서 창조한 문화재는 어느 국가의 문화재로 되는지가 문제될 수 있다. 이러한 문제에 대해 협약 제4조는 다음과 같이 규정하고 있다.

> 제4조
> 본 협약의 당사국은 다음 범주에 속하는 재산이 본 협약의 목적을 위하여 각국의 문화적 유산으로 구성됨을 인정한다.
> (a) 관계국가 국민의 각 개인 또는 집단에 의하여 창조된 문화재, 또한 관계국 역내에 거주하는 외국인 또는 무국적인에 의하여 그 국가의 영역 내에서 창조된 관계국에 중요한 문화재
> (b) 국가 영역 내에서 발견된 문화재
> (c) 출처국 주무관청의 동의하에 고고학, 인종학 또는 자연과학 사절단에 의하여 획득된 문화재
> (d) 자유로이 합의된 교환의 대상이 되어온 문화재
> (e) 출처국 주무관청 동의하에 선물로서 증여 받거나 합법적으로 구입한 문화재

협약 제4조는 5가지 요소들을 연결요소(connecting factors)로 하여 어떤 문화재가 위와 같은 (a)에서 (e)까지의 어느 하나에 해당하면 그러한 연결요소에 관련된 국가의 문화재로 인정하고 있다.[21] 요컨대 협약 제1조는 문화재의 정의를 심사하는(definitional test) 규정이라면, 협약 제4조는 특정한 문화재가 어느 국가의 것으로 연결되는지를 심사하는(connection test) 규정이라고 할 수 있다.[22]

---

19) John Henry Merryman, "Two Ways of Thinking about Cultural Property", Am. J. Int'l L. Vol. 80 (1986), p. 842.

20) 특히 동 협약의 이러한 입장은 전문(preamble)에서 확인할 수 있는바, "문화재는 문명과 국민문화의 기본요소의 하나를 이루며, 그 참된 가치는 그 기원, 역사 및 전통적 배경에 관한 가능한 모든 정보와 관련하여서만 평가될 수 있음을 고려하고, 자국의 영역 내에 존재하는 문화재를 도난, 도굴 및 불법적인 반출의 위험으로부터 보호하는 것은 모든 국가에 부과된 책임"이라는 표현은 문화재의 국가적 특성을 강조한 것으로 이해될 수 있다.

21) Patrick J. O'Keefe, Commentary on the 1970 UNESCO Convention, 2nd Edition (Builth Wells: Institute of Art and Law, 2007), p. 45.

22) Sharon A. Williams, The International and National Protection of Movable Cultural Property a

(3) 1995년 UNIDROIT협약

1970년 UNESCO협약은 평시상태에서 문화재의 불법적인 반·출입을 막기 위하여 가입국의 정부가 취해야 할 행정적인 조치들을 주된 내용으로 하고 있다. 그렇지만 동 협약은 문화재의 불법거래를 사전적·예방적으로 막는 것에 초점을 두고 있기 때문에 도난 혹은 불법 반출된 문화재의 반환을 위한 사후적 조치에 관한 근거 규범으로는 주효하지 못하다. 이러한 UNESCO협약에 내재한 규범적 미비점을 보완하기 위해, 특히 도난당하거나 불법 반출된 문화재의 반환에 관한 국가간의 통일적인 규칙을 마련하고자 제정된 협약이 「1995년 UNIDROIT 협약」이다.[23)24)]

동 협약에서 문화재를 어떻게 정의할 것인가에 대해서는 협약의 제정당시부터 많은 논란을 빚었다. 우선 동 협약은 1970년 UNESCO협약과 달리 문화재를 cultural property라고 하지 않고 cultural objects라고 표현하고 있다. 협약의 원안에는 1970년 UNESCO협약과 마찬가지로 cultural property라고 되어 있었으나 심의과정에서 property라는 표현이 오해의 소지가 있으므로 그 대신 cultural heritage를 쓰자는 전문가의 의견이 있었으나, 협약은 cultural objects라는 표현으로 접점을 찾았다.[25)] 또한 문화재에 대한 개념정의에 대해서도 협약제정당시에 이를 포괄적으로 규정하자는 입장과 구체적·열거적으로 규정하자는 입장이 서로 대립되었었는데, 결국 협약은 그에 대한 타협점으로 양자의 절충적인 입장을 채택하였다.[26)] 즉, 동 협약은 제2조에서 문화재를 포괄적으로 정의하면서, 또한 문화재의 구체적인 대상에 관해서는 부록에 이를 열거하는 절충적 방법을 취하고 있다.

제2조 이 협약의 목적상 문화재란 세속적인 또는 종교적 근거에서의 중요성뿐만 아니라 고고학, 선사학, 역사, 문학, 미술 또는 과학적으로 중요한 물건으로서 이 협약의 부록에 열거된 여러 범주 중의 하나에 속하는 물건을 말한다.

Comparative Study (Dobbs Ferry · New York: Oceana Publications, 1978), p. 180-181.

23) 1970년 UNESCO협약과 1995년 UNIDROIT협약은 서로 보충적인(complementary) 관계에 있다고 한다. Lyndel V. Prott, Commentary on The UNIDROIT Convention (Leicester: Institute of Art and Law, 1997), p. 15 참조.

24) 동 협약의 주요내용은 다음과 같다. ① 도난과 불법반출의 경우를 구분하여, 도난된 문화재는 무조건 반환하도록 하고 불법반출된 문화재는 상대체약국의 법원 또는 문화재당국에 대해 반환을 명하도록 요청할 수 있다. ② 도난 또는 불법반출 문화재에 대해서는 선의취득을 인정하지 않고 문화재의 원소유자에게 반환하도록 하는 대신, 선의취득자에 대해서는 공정하고 합리적인 보상금을 지급한다. ③ 반환대상인 문화재에 대해서 반환청구권의 행사에 소멸시효를 인정한다. ④ 도난 또는 불법반출 문화재의 반환을 위한 소송의 재판관할을 규정하고, 소송을 대신하는 중재 회부도 인정한다. ⑤ 협약의 효력은 소급하지 않고 협약발효 이후 도난당한 문화재에 관해서만 적용된다.

25) Lyndel V. Prott(주 23), p. 17.

26) Irini A. Stamatoudi, Cultural Property Law and Restitution (Cheltenham · Northampton: Edward Elgar, 2011), p. 72 이하.

[부록]
(a) 희귀 콜렉션과 동물, 식물, 광물과 해부학 표본과 고생물학적인 관심사가 되는 유물;
(b) 과학, 기술, 군사, 사회와 국가의 지도자, 사상가, 과학자, 예술가의 생애, 그리고 국가적으로 중요한 사건에 관련된 역사적 유품;
(c) 정규 또는 비밀을 포함한 고고학적인 발굴의 산물;
(d) 해체된 예술적인 또는 역사적인 기념물, 또는 고고학적인 유적지의 일부분;
(e) 명문, 동전과 도장과 같이 100년 이상된 골동품;
(f) 민족학적인 관심사가 되는 물건;
(g) 다음과 같은 예술적인 관심사가 되는 문화재;
  (ⅰ) 어떤 바탕이나 어떤 자료(산업디자인과 손으로 장식한 제조품을 제외)를 가지고 손으로 만든 그림과 뎃상;
  (ⅱ) 소재를 불문한 소상(塑像)과 조각 작품;
  (ⅲ) 원판, 조판, 판화와 석판화;
  (ⅳ) 자료를 불문한 원본 예술적인 집합체와 몽따지;
(h) 유일본 또는 콜렉션 형태의 희귀 필사본과 고판본, 고서, 문서와 특별한 관심사가 되는 출판물(역사, 예술, 과학, 문학 등)
(i) 유일본 또는 콜렉션 형태의 우표와 수입인지와 그와 비슷한 스탬프;
(j) 음성, 사진과 영화를 포함하는 고문서;
(k) 100년 이상된 가구와 악기

3. 문화재보호법상 정의

우리나라 문화재보호법은 문화재를 "인위적이거나 자연적으로 형성된 국가적·민족적 또는 세계적 유산으로서 역사적·예술적·학술적 또는 경관적 가치가 큰 다음 각 호의 것을 말한다"고 규정하면서, 각 호에 해당하는 문화재를 그 성격에 따라 유형문화재, 무형문화재, 기념물, 민속문화재로 나누면서 각 유형별로 다시 정의를 부여하고 있다(제2조 제1항).

유형문화재는 건조물, 전적(典籍: 글과 그림을 기록하여 묶은 책), 서적(書跡), 고문서, 회화, 조각, 공예품 등 유형의 문화적 소산으로서 역사적·예술적 또는 학술적 가치가 큰 것과 이에 준하는 고고자료(考古資料)를 말한다. 무형문화재는 여러 세대에 걸쳐 전승되어 온 무형의 문화적 유산 중에 동 법률이 열거한 목에 해당하는 것을 말한다.[27] 기념물에 대해서는 특별한 정의없이 해당 목을 열거하고 있다.[28] 민속문화재는 의식주, 생업, 신앙, 연중행사 등에 관한 풍속이

27) 여기에는 ① 전통적 공연·예술, ② 공예, 미술 등에 관한 전통기술, ③ 한의약, 농경·어로 등에 관한 전통지식, ④ 구전 전통 및 표현, ⑤ 의식주 등 전통적 생활관습, ⑥ 민간신앙 등 사회적 의식(儀式), ⑦ 전통적 놀이·축제 및 기예·무예 등이 해당한다.

28) 여기에는 ① 절터, 옛무덤, 조개무덤, 성터, 궁터, 가마터, 유물포함층 등의 사적지(史蹟地)와 특별히 기념이

나 관습에 사용되는 의복, 기구, 가옥 등으로서 국민생활의 변화를 이해하는 데 반드시 필요한 것이라고 정의하고 있다.

문화재보호법은 문화재의 지정여부에 따라 지정문화재와 비지정문화재로 나누고, 그 지정주체에 대해서도 세분하고 있다. 즉, 지정문화재에는 지정주체에 따라 국가지정문화재,[29] 시·도지정문화재,[30] 문화재자료[31]로 나뉜다. 비지정문화재는 문화재보호법 또는 시·도의 조례에 의하여 지정되지 아니한 문화재를 말하는데, 여기에는 등록문화재,[32] 매장문화재, 일반동산문화재[33]가 속한다.

〈표〉 문화재의성격 및 지정주체에 의한 분류[34]

성격 / 지정주체	유형문화재		무형문화재	기념물			민속문화재
국가지정문화재	국보	보물	국가문형문화재	사적	명승	천연기념물	중요민속문화재
시·도지정문화재	지방유형문화재		지방무형문화재	지방기념물			지방민속문화재
시·도지사	문화재자료						

Ⅲ. 문화재의 불융통물로서의 속성

1. 불융통물(res extra commercium)의 유래

문화재(cultural property)라는 용어에서 볼 수 있듯이, 문화재도 일종의 재화(property)로서의 성격을 가짐은 분명하다. 따라서 그러한 재화로서의 문화재에는 유형의 문화재외에도 무형의 문화재도 있지만, 문화재의 반출 및 환수와 관련한 것은 대개 유형문화재에 한정된다. 물건을 동산과 부동산으로 나눌 수 있듯이(민법 제99조), 유형문화재는 동산인 문화재와 부동산인

될 만한 시설물로서 역사적·학술적 가치가 큰 것, ② 경치 좋은 곳으로서 예술적 가치가 크고 경관이 뛰어난 것, ③ 동물(그 서식지, 번식지, 도래지를 포함한다), 식물(그 자생지를 포함한다), 지형, 지질, 광물, 동굴, 생물학적 생성물 또는 특별한 자연현상으로서 역사적·경관적 또는 학술적 가치가 큰 것 등이 해당한다.

29) 여기에는 다시 국보·보물(유형문화재), 국가무형문화재(무형문화재), 사적·명승·천연기념물(기념물), 중요민속문화재(민속문화재) 등의 7종으로 세분된다.

30) 여기에는 지방유형문화재, 지방무형문화재, 지방기념물 및 지방민속문화재 등 4종이 존재한다.

31) 문화재자료는 시·도지사가 국가지정문화재 또는 시·도지정문화재로 지정되지 아니한 문화재 중에서 향토문화의 보존상 필요하다고 인정하는 것을 문화재보호법 제70조 제2항에 따라 지정한 문화재를 말한다.

32) 등록문화재"란 지정문화재가 아닌 문화재로써, 여기에는 국가등록문화재와 시·도등록문화재가 속한다.

33) 여기에는 ① 회화류, 조각류, 공예류, 서예류, 석조류 등 미술 분야, ② 서책(書冊)류, 문서류, 서각(書刻: 글과 그림을 새겨 넣는 것)류 등 전적(典籍) 분야, ③ 고고자료, 민속자료, 과학기술자료 등 생활기술 분야, ④ 동물류, 식물류, 지질류 등 자연사 분야 등이 해당한다(문화재보호법 시행령 제36조).

34) 아래의 표는 김창규, 문화재보호법총론, 개정증보판, 동방문화사, 2017, 129를 참조하였음.

문화재로 분류할 수 있다. 반출이 문제되는 문화재의 대부분은 동산문화재일 것이지만, 석탑이나 건축물 등 원래 부동산이었던 문화재도 해체와 분리를 통해 반출의 대상이 될 수 있다.[35)]

그런데 문화재를 일종의 재화 내지 물건으로 본다면, 문화재도 다른 일반적인 물건과 마찬가지로 거래의 대상이 되어야 할 것이다. 그러나 대부분의 국가에서는 문화재의 거래나 반출을 제한하는 법규를 두고 있다. 이것은 문화재의 국가성 내지 민족성이나 역사적 가치 등의 속성을 차치하고서도, 문화재가 규범적으로도 다른 일반적인 물건과는 달리 취급됨을 의미한다.[36)] 일반적으로 물건을 강학상 여러 가지 기준으로 분류하는데, 그 중 하나로 융통물과 불융통물로 구분한다.[37)] 私法上 거래의 객체가 될 수 있는 물건을 융통물이라고 하고, 그렇지 못한 물건을 불융통물이라고 한다. 각국의 문화재보호법을 보면 문화재의 양도나 유통을 금지하는 규정들이 많이 있다. 이러한 규정은 어디에서 유래한 것일까? 이에 대해 약간의 설명을 가하고자 한다.

로마법에서는 물건을 인간의 법에 따르는 것(*res humani iuris*)과 신의 법에 따르는 것(*res divini iuris*)으로 나누는데, 神法상의 物件, 즉 *res divini iuris*는 神과 인간과의 관계를 맺어주는 물건으로써, 언제나 거래의 대상이 될 수 없는 불융통물(*res extra commercium*)로 다루어졌던 것이다.[38)] 그러한 神法상의 물건(*res divini iuris*) 이외에도 人法상의 물건(*res humani iuris*) 중에서도 불융통물로 다루어진 것들이 있는데, 그것은 국가소유의 물건인 *res publicae*, 공기, 바다, 강과 같은 천연적인 물건인 res communes omnium 및 카이사르의 유산인 *res in patrimonio Caesaris* 등이 그것이다.[39)] 로마법은 특히 예술품에 대해서는 神法에 놓이는 *res divini iuris*와 국가소유의 *res publicae*는 불융통물로 하고 그 나머지에 대해서는 사적소유물인 *res private*로서 통용을 허용하였다.[40)] 오늘날 각국의 물건의 분류 내지 문화재보호법상의 보호대상인 문화재의 개념은 로마법에서 그 기틀이 만들어진 셈이다. 로마법상의 예술품에 대한 불융통물성은 까논법에서는 神聖物(*res sacra*)에 대해서 이어지고, 이후 유럽에서는 처음으

35) 우리나라 문화재 중 일제강점기 때 철거되어 일본으로 옮겨졌던 경복궁 자선당(資善堂)이 그러하고, 그리스의 파르테논 조각물도 그에 해당하는 예라고 할 수 있다.

36) 이하 문화재의 불융통물로서의 특성에 관한 자세한 설명으로는 송호영, "해외로 불법반출된 문화재의 민사법상 반환청구법리에 관한 연구", 비교사법 제11권 4호(2004. 12), 235 이하 참조.

37) 곽윤직 · 김재형, 민법총칙(제9판), 박영사, 2017, 225; 김증한 · 김학동, 민법총칙(제10판), 박영사, 2013, 273; 이영준, 민법총칙(개정증보판), 박영사, 2007, 991 등.

38) Amalie Weidner, Kulturgüter als res extra commercium im internationalen Sachenrecht, Berlin · New York, 2001, S. 15-16.

39) Amalie Weidner(주 38), S. 18-19. 독일민법 제90조(물건의 개념)은 "이 법률에서 물건이라 함은 유체물만을 뜻한다"라고 규정하고 있는바, 이것은 로마법상 *res communes omnium*에 해당하는 물건은 권리객체가 될 수 없다는 것에서 유래한 것이라고 한다(Hans Josef Wieling, Sachenrecht, 3. Aufl., Berlin u.a., 1997, S. 21).

40) Amalie Weidner(주 38), S. 19-21; Marc Weber, Unveräußerliches Kulturgut im nationalen und internationalen Rechtsverkehr, Berlin · New York 2002, S. 6.

로 1834년에 그리스가 문화재보호법을 제정하고 프랑스(1887년), 이태리(1902년), 독일(1902년) 등이 뒤이어 문화재보호에 관한 법률을 제정하게 된다. 이제는 어느 나라이든 자국의 문화재 보호법규를 통하여 일정한 종류의 문화재에 대해서 불융통물성을 인정하고 있는데, 이때 문화재가 불융통물(*res extra commercium*)이라고 하는 것은 민사법상 그것이 판매의 대상이 될 수 없고(inalienable), 시효의 대상이 되지 않음(imprescriptible)을 의미한다.[41] 또한 공법상으로는 문화재가 국가소유의 대상일 수 있고, 국제거래법상으로는 수출입금지대상품목이 됨을 의미한다. 문화재의 불융물로서의 속성은 국제협약뿐만 아니라 우리 문화재보호법에서도 찾아볼 수 있다.

2. 국제협약상 불융통성

(1) 1954년 헤이그협약

앞서 언급한 바와 같이 1954년 헤이그협약은 무력충돌 상황에서 문화재가 파괴·손상되는 것을 막기 위해 제정된 것이다. 동 협약에서 문화재의 '반환'과 관련한 주요 내용은 제1의정서[42]에 담겨있다. 의정서는 동산문화재와 관련한 규율을 위한 것인데 협약과는 구별되는 별도의 조약으로써 협약의 당사국이라 하더라도 의정서에 별도로 가입하지 않으면 그에게는 적용되지 않는다.[43] 동 의정서에 의하면, 각 체약국은 헤이그협약상의 문화재가 무력충돌 과정에서 자신이 점령한 영토로부터 반출(exportation)되지 않도록 할 의무를 부담한다(Part I, 1). 또한 각 체약국은 여하한 피점령지로부터 직·간접으로 자신의 영토로 반입된 문화재를 압류하여야 하고(Part I, 2), 자신의 영토상에 있는 문화재가 전항에 규정된 원칙에 반하여 반출된 것인 경우에는 적대행위가 종료되는 시기에 이를 이전에 점령되었던 영토의 권한있는 당국에게 반환하여야 하며, 그러한 문화재는 전쟁배상물로 유치할 수 없다(Part I, 3). 자기가 점령한 영역으로부터 문화재의 반출을 방지할 의무를 부담하는 체약국은 앞의 경우에서 반환하여야 할 문화재를 선의로 보유한 자에 대하여 배상을 해주어야 한다(Part I, 4). 또한 무력충돌의 위험으로부터 문화재를 보호하기 위하여 체약국이 자신의 영토로부터 다른 체약국의 영토에 기탁한 문화재는 적대행위가 종료되는 시기에 그 반출된 영토의 권한있는 당국에게 반환되어야 한다(Part Ⅱ, 5).

(2) 1970년 UNESCO협약

UNESCO협약 제3조는 "본 협약의 당사국이 본 협약에 따라 채택된 규정에 위반하여 문

41) Amalie Weidner(주 38), S. 35-36.

42) 정식명칭은 Protocol to the Convention for the Protection of Cultural Property in the Event of Armed Conflict 1954.

43) 이성덕, "무력 충돌시 문화재 보호: 1954년 무력 충돌시 문화재보호에 관한 헤이그 협약을 중심으로", 법학논문집 제33집 제2호(2009), 중앙대학교 법학연구소, 231.

화재를 반입, 반출 또는 소유권을 양도함은 불법"이라고 천명하고 있다. 다만 협약 자체가 불법성의 기준을 제시하지는 않고 문화재보호를 위해 당사국이 제정한 국내법이 해당문화재의 반출·반입 및 소유권양도를 불법한 것으로 규정하고 있다면 동 협약에 의해서 불법으로 간주하는 것으로 해석된다.[44] 예컨대 동 협약에서 요구하는 이행사항에 따라 문화재보호를 위해 제정된 A국의 법규를 위반해서 반출된 문화재를 B국에서 이를 반입하거나 소유권을 양도하는 것은 B국의 법규에도 불구하고 A국의 법규에 따라 불법으로 판정하여야 한다.

협약 제6조는 문화재의 불법적인 반출입을 통제하는 수단으로 반출증명서 제도의 도입을 요구한다. 만약 반출하려는 품목이 반출증명서에 포함되어 있지 않으면 체약국의 영역으로부터 문화재의 반출은 금지된다. 반출증명서 제도만으로는 문화재의 불법적인 반출을 규제하는데 한계가 있기에, 협약 제7조는 문화재의 반입통제와 그에 따른 반환과 회수조치에 관한 규정을 두고 있다. 즉, 협약이 관계국가에서 발효된 이후에 체약국은 자국 내에 소재하는 박물관 및 그 유사기관이 타 당사국으로부터 유래한 불법반출된 문화재의 취득을 방지하도록 국내 입법에 따라 필요한 조치를 취하여야 하며, 체약국은 다른 출처 당사국으로부터 불법적으로 이전한 문화재의 제공을 어느 때라도 그 당사국에게 통보하여야 한다(제7조 a항). 또한 협약 제7조 b항 (ii)호에 의하면, 관계당사국에 의해 협약이 발효된 후 발생한 상기 문화재의 반입상황이 발생하게 되면 체약국은 출처 당사국의 요청에 따라 반입된 문화재의 회수 및 반환에 관한 적절한 조치를 취하여야 한다. 이때 요청국은 선의의 매수인이나 그 문화재의 정당한 권리자에게 공정한 보상을 지급하여야 한다. 회수 및 반환 요청은 외교관청을 통하여야 하며, 요청당사국은 회수 및 반환청구를 하는데 필요한 증빙서류 및 기타 증거를 자국의 경비 부담으로 제출하여야 한다.

(3) 1995년 UNIDROIT협약

1995년 UNIDROIT협약은 도난된 문화재의 환수(restitution)와 불법반출된 문화재의 반환(return)에 관한 국제적 성격을 가지는 청구(claims of an international character)에 적용된다. 달리 표현하면, 동 협약은 국내에서 발생한 도난사건이나 불법반출사건에는 적용되지 않는다. 그리고 그러한 국제적 성격의 청구를 발생시키는 사유를 크게 두 가지로 나누고 있는데, 문화재가 도난된(stolen) 경우와 불법반출된(illegally exported) 경우로 나누어서 전자에 대해서는 환수(restitution)를 후자에 대해서는 반환(return)을 하도록 한다. 이러한 구분에 따라 협약은 제2장 '도난문화재의 환수'와 제3장 '불법반출문화재의 반환'로 나누어 규정하고 있다.

도난문화재에 대하여, 협약은 도난된 문화재의 점유자는 그가 선의취득자인지 악의취득자

44) 석광현, "대마도에서 훔쳐 온 고려 불상의 서산 부석사 반환을 명한 제1심판결의 평석: 국제문화재법의 제문제", 국제사법연구 제23권 제1호(2017), 36. 또한 같은 취지로 서헌제·박찬호, 도난·불법반출 문화재에 관한 법리적 연구, 한국법제연구원, 2007, 43.

인지 구별하지 않고 이를 반환하도록 정하고 있다(제3조 제1항). 즉, 도난문화재에 대해서는 자동 회복의 원칙을 관철하고 있다. 다만 협약은 도난 문화재에 대해서는 선의취득을 부정하고 무조건적인 반환원칙을 관철하는 대신에, 선의취득자에 대해서는 상당한 보상의 지급청구를 인정함으로써 형평을 유지하고 있다. 선의취득자가 보상을 청구할 수 있기 위해서는 첫째, 도난 문화재의 반환을 요구받은 점유자가 그 문화재가 도난당한 것이라는 사실을 알지 못하였거나 또는 합리적으로 볼 때 알 수 없었어야 하며. 둘째, 도난당한 문화재를 구입할 당시에 상당한 주의(due diligence)를 다하였다는 점을 입증할 수 있어야 한다(제4조 제1항).

불법반출된 문화재에 대해서,[45] 협약은 체약국이 다른 체약국의 법원 또는 기타 권한 있는 당국에 대하여 자국의 영역에서 불법 반출된 문화재의 반환을 명하도록 요청할 수 있도록 정하고 있다(제5조 제1항). 문화재가 '도난'된 경우에는 원소유자가 현재의 점유자를 상대로 문화재의 반환을 청구할 수 있는데 반하여, 문화재가 '불법반출'된 경우에는 문화재의 반환을 요청(request)할 수 있는 주체는 그 문화재가 반출된 국가의 정부이다. 불법반출된 문화재의 반환을 요청받은 경우, 현 점유자가 선의취득자였더라도 '원칙적으로' 이를 반환하여야 하되, 그 대신 보상청구권을 취득한다. 그러한 보상청구권은 문화재가 도난된 경우에 비해 요건이 완화된다. 즉, 불법반출된 문화재의 선의취득자는 도난의 경우와는 달리 선의취득자가 문화재를 취득할 당시에 상당한 주의를 다하였음을 입증할 필요가 없이 문화재의 취득당시에 해당 문화재가 불법반출된 것임을 알지 못했거나 합리적으로 알 수 없었음을 입증하기만 하면 보상청구권을 취득한다. 또한 불법반출된 문화재의 점유자는 원칙적으로 이를 반환하여야 하되, 예외적으로 요청국과의 합의에 따라 보상 대신 당해 문화재의 소유권을 보유하거나 "필요한 보증"을 제공하는 요청국 거주자로서 점유자가 선택하는 사람에게 유상 또는 무상으로 문화재의 소유권을 양도할 수 있다(제6조 제3항).

3. 문화재보호법상 불융통성

우리 문화재보호법 제39조는 국보, 보물, 천연기념물 또는 국가민속문화재는 국외로 수출하거나 반출할 수 없도록 정하고 있다(동조 제1항). 다만 문화재의 국외 전시 등 국제적 문화교류를 목적으로 반출하되, 그 반출한 날부터 2년 이내에 다시 반입할 것을 조건으로 문화재청장의 허가를 받으면 예외적으로 반출할 수 있다(동조 제2항). 또한 시·도지정문화재, 문화재자료 및 시·도등록문화재의 수출 또는 반출의 경우에도 제39조의 반출규정이 준용된다(동법 제74조 제1항). 나아가 문화재보호법은 일반동산문화재[46]에 대해서도 제39조를 준용하여 국외로

45) 도난된 문화재도 넓은 의미에서는 불법반출된 문화재에 속하겠지만, 1995년 UNIDROIT협약에서 의미하는 불법반출된 문화재란 도난되지는 않았지만 가령 적법한 반출절차를 위반하여 반출되었거나 전시 등 목적으로 반입을 조건으로 적법하게 반출되었지만 조건을 위반하여 반입되지 않은 문화재 등을 가리킨다.

46) 문화재보호법에 따라 지정 또는 등록되지 아니한 문화재 중 동산에 속하는 문화재를 의미함. 각주 33) 참조.

수출하거나 반출하는 것을 원칙적으로 금하고 있다(동조 제1항 본문). 다만 일반동산문화재의 국외전시 등 국제적 문화교류를 목적으로 ① 「박물관 및 미술관 진흥법」에 따라 설립된 박물관 등이 외국의 박물관 등에 일반동산문화재를 반출한 날부터 10년 이내에 다시 반입하는 경우, ② 외국 정부가 인증하는 박물관이나 문화재 관련 단체가 자국의 박물관 등에서 전시할 목적으로 국내에서 일반동산문화재를 구입 또는 기증받아 반출하는 경우에 해당하여 문화재청장의 허가를 받은 경우에는 반출할 수 있다(동조 제1항 단서).

또한 국유문화재는 문화재보호법에 특별한 규정이 없으면 이를 양도하거나 사권(私權)을 설정할 수 없다(제66조 본문). 다만, 그 관리 · 보호에 지장이 없다고 인정되면 공공용, 공용 또는 공익사업에 필요한 경우에 한정하여 일정한 조건을 붙여 그 사용을 허가할 수 있다(동조 단서).

한편 문화재보호법은 ① 문화재청장이나 시 · 도지사가 지정한 문화재, ② 도난물품 또는 유실물(遺失物)인 사실이 공고된 문화재, ③ 그 출처를 알 수 있는 중요한 부분이나 기록을 인위적으로 훼손한 문화재 중 어느 하나에 해당하는 문화재의 매매 등 거래행위에 관하여는 민법 제249조의 선의취득에 관한 규정이 적용되지 않는 것으로 정하고 있다(제87조 제5항 본문). 다만, 양수인이 경매나 문화재매매업자 등으로부터 선의로 이를 매수한 경우에는 피해자 또는 유실자(遺失者)는 양수인이 지급한 대가를 변상하고 반환을 청구할 수 있다(동조 제5항 단서).

4. 소 결

오늘날 '문화재'(cultural property)는 일상적으로 통용되는 용어임에도 불구하고 학문적으로 그에 대한 정의는 일치되어 있지 않으며, 각국의 법규에서 정한 문화재에 대한 개념도 상이하다. 그렇지만 문화재에 대한 보편적인 관념은 어느 국가나 어느 사회에서든지 상당부분 형성되어 있다고 할 수 있다. 국제사회는 이에 터 잡아 문화재를 보호하기 위한 국제협약을 제정하면서 문화재에 대한 정의를 시도하고 있다. 그렇지만 그러한 정의도 각 협약이 추구하는 목적에 따라 달라지게 된다. 이를테면 전시상황에서의 문화재를 보호하기 위한 목적(1954년 헤이그협약)과 평시상황에서 문화재를 보호하기 위한 목적(1970년 UNESCO협약) 및 도난 또는 불법반출된 문화재의 반환을 위한 목적(1995년 UNIDROIT협약)에서의 문화재에 대한 정의는 각기 다르다. 그것은 문화재를 인류공동의 재산으로 볼 것인지 아니면, 특정한 국가와의 관련성 또는 특정한 소유관계를 인정할 것인지에 따라 달라진다. 그렇지만 문화재에 대한 정의가 상이하더라도 문화재를 다른 일반 물건과는 달리 취급하여야 한다는 것에 대한 인식은 국제 협약상으로나 각국의 국내법규상으로나 공유하는 것으로 보인다. 즉 문화재의 불융통물성을 인정하여 각국의 법규에 따라 일정한 종류의 문화재에 대해서는 양도나 거래 및 반출이 제한된다는 것이다. 특히 1970년 UNESCO협약에서는 문화재의 이러한 특성을 인정하여, 협약 제13조 (d)항에서는 "본 협약의 각 당사국의 파기할 수 없는 권리, 즉, 특정문화재를 양도 불능으로, 따라서 사실상 반출되어서는 안 되는 것으로 분류하고 선언할 권리를 인정하고, 그것이 반출되었을 경우에는 관계국가에 의한 동 문화재의 회복을 용이하게 한다."고 규정하고 있다. 1995년 UNIDROIT협약은 문화재의 선의취득을 인정하지 않는 것을 기본적인 입장으로 삼고 있다. 우리 문화재보호법은 문화재를 세분화하면서 국가지정문화재나 시·도지정문화재뿐만 아니라 일반동산문화재에 대해서도 국외로 수출 또는 반출을 원칙적으로 금하고 있으며, 특히 일정한 문화재에 대해서는 민법상 선의취득이 적용되지 않도록 정하고 있다. 이처럼 국제협약이나 문화재보호법은 문화재를 다른 일반적인 재화와는 다른 불융통물로서의 성질을 반영하고 있다. 요컨대 불융통물의 속성을 가진 문화재는 다른 일반 물건과는 달리 취급하여야 할 것이며, 문화재의 불융통성은 문화재의 반환문제에 있어서도 중요한 규범적 단초로서 인식되어야 한다.

Ⅳ. 새로운 법원칙의 제안

1. 국제협약과 국내법 및 법원

2021년 현재 1970년 UNESCO 협약에는 140개국이 가입해있는데 반해, 1995년 UNIDROIT협약은 48개국이 가입한데 그치고 있다. 그것은 단지 양 협약이 발효된 시간상의 차이 외에도 규범적인 측면에서 양자가 적지 않은 차이가 있기 때문이다.

1970년 UNESCO협약에서는 협약상의 권리 또는 의무의 주체는 체약국 정부이다. 즉 협약에서 요구하는 사항들을 체약국정부가 이행하여야 한다. 그에 반해 1995년 UNIDROIT협약에서는 체약국가뿐만 아니라 기관이나 개인 등 불법문화재에 대한 권리·의무를 가진 모든 자가 대상이다. 협약의 규범적 속성에 있어서도 1970년 UNESCO협약은 체약당사국을 상대로 한 입법적·공법적·행정법적 속성을 띠는데 반해,[47] 1995년 UNIDROIT협약은 문화재의 원소유자와 현점유자 사이의 반환의무를 중심으로 하는 민사법적 속성을 가지고 있다.[48] 문화재의 불법성에 대한 판단에 있어서도 1970년 UNESCO협약은 체약국의 국내법규정에 의해 판단하도록 하고 있음에 반해(협약 제3조), 1995년 UNIDROIT협약은 '도난'과 '불법반출' 행위를 규제의 대상으로 직접 규정하고 있다(협약 제1조, 3조, 5조). 또한 양 협약은 협약의 수범자들에 대한 구속력에 있어서도 큰 차이를 보이고 있는데, 1970년 UNESCO협약은 이른바 자기집행적(self-executing) 효력이 없어 협약을 위반하더라도 이를 집행할 효력이 담보되어 있지 않은데 반해, 1995년 UNIDROIT협약은 자기집행력을 가지고 있어서 체약국의 법원은 협약을 재판의 규범으로 직접 원용해서 쓸 수 있고 그에 따라 협약위반자에 대해서도 협약을 근거로 직접 집

47) Andrea F. G. Raschèr, Kulturgütertransfer und Globalisierung, Baden-Baden, 2000, S. 53.

48) Zsuzsanna Veres, The Fight Against Illicit Trafficking of Cultural Property: The 1970 UNESCO Convention and the 1995 UNIDROIT Convention, 12 SANTA CLARA J. INT'L L. 91, 100 (2014)

행을 할 수 있다.[49)]

이러한 차이는 결과적으로 각국의 협약체결의 결정에 중요한 요소로 작용하게 된다. 즉 1970년 UNESCO협약은 체약국의 문화재행정에 관한 내용을 주로 담고 있기 때문에 협약의 이행이 그리 어렵지 않을 뿐만 아니라, 협약 자체가 자기집행력이 없어서 체약국으로서는 규범적 구속력을 크게 의식하지 않을 수 있기 때문에 협약가입에 크게 부담이 되지 않지만, 1995년 UNIDROIT협약은 협약의 효력이 체약국의 정부뿐만 아니라 일반국민에게도 직접 효력을 미치기 때문에, 각국의 민법 등 국내법규의 체계와 충돌이 발생할 수 있어서, 협약과 국내법규와의 관계가 정립될 때까지는 협약가입에 주저할 수밖에 없는 사정이다.[50)] 따라서 문화재의 불법거래를 방지하기 위한 국제협약에도 불구하고 여전히 문화재 환수에 관한 분쟁에 있어서는 국내규범의 역할이 중요한 역할을 한다.

A국의 개인이나 기관 또는 국가가 소유하던 문화재가 도난 또는 불법반출되어 B국에 소재하게 되는 경우를 생각해보자. 만약 A국과 B국이 모두 「1995년 UNIDROIT협약」에 가입해 있다면, A국의 원소유주는 현재 문화재를 소지하는 자(개인, 기관 또는 국가)를 상대로 B국의 법원에 문화재의 반환을 구하는 소송을 제기할 수 있고, 이때 법원은 UNIDROIT협약을 근거로 문화재의 반환여부를 결정하게 된다.[51)] 만약 양국 모두 혹은 A국 또는 B국이 UNIDROIT협약에 가입하지 않았다면, 법원은 국내규범에 따라 문화재의 반환여부를 판단하여야 한다. 이때 국내규범이란 구체적으로는 관련국(즉 A국 및 B국)의 민법과 문화재보호법이 가장 중심적인 법이다. 그런데 민법이나 문화재보호법은 각국마다 체계가 서로 다르고 문화재의 정의는 각 나라마다 일치하지 않으며, 문화재를 규율하는 내용이나 범위도 나라마다 차이가 있다. 현재 문화재의 환수에 관한 분쟁에 있어서는 이를 특별하게 다루는 재판의 원칙이 확립되어 있지 않다. 따라서 각국의 법원은 문화재반환에 관한 소송이 제기되면 다른 일반적인 물건의 반환분쟁과 마찬가지로 다룰 가능성이 크다. 그렇지만 앞서 살펴 본 바와 같이, 문화재는 불융통물로서의 성질을 가지고 있으므로 이에 대해 일반적인 재화와 같이 다루는 것은 바람직하지 않다. 문화재의 특수성을 고려한다면 법원이 문화재반환에 관한 소송을 다루게 될 경우에 이에 대해서는 특별한 법원리가 적용될 필요가 있다. 이에 대해 필자는 문화재의 반환분쟁에 적용될 새로운 준거법의 지정에 있어서 새로운 원칙을 적용할 것과 일정한 문화재에 대해서는 피고에게 증명책임을 전환할 것을 제안한다. 아래에서 자세히 살펴본다.

---

49) Andrea F. G. Raschèr(주 47), S. 205.

50) Michael L. Durta, Sir, How Muci is that Ming Vase in the Window?: Protecting Cultural Relics in the People's Republic of China, Vol. 5 ASIAN-PACIFIC LAW & POLICY JOURNAL, 62, 76-77(2004)

51) 물론 이 경우에 UNIDROIT협약의 적용을 받으려면, 문화재가 양국의 협약가입 이후에 도난 또는 반출되었어야 한다.

2. 새로운 준거법 선택원칙

문화재가 어떤 사유에 의하여 어느 나라로부터 반출되어 다른 나라에서 존재하는 경우에 그 문화재에 대한 소유권을 주장하는 자가 법원에 소송을 제기한 경우에 법원은 어느 나라 법을 준거법으로 채택할 것인지를 결정하여야 한다.[52] 반출된 문화재의 소유권에 관한 실체법적 쟁점은 주로 문화재가 불법적으로 반출되어 유통된 경우에 그러한 문화재의 불법성을 알지 못하고 제3자가 이를 취득한 경우에 제3자에게 선의취득을 인정할 수 있을 것인지, 또한 만약 제3자가 문화재를 취득한 경위가 거래에 의한 것이 아니거나 기타 선의취득의 요건을 충족시키지 못한 경우에는 취득시효의 완성을 이유로 소유권을 인정할 수 있을 것인지 또는 문화재에 대한 반환청구권의 소멸시효 등이 문제된다. 대표적으로 *Winkworth vs Christie, Mason & Woods Ltd.*사건[53]은 선의취득의 성립여부가 문제된 사례이고, *Koerfer vs Goldschmidt*사건[54]

52) Michael Anton, Internationales Kulturgüterprivat- und Zivilverfahrensrecht, Berlin · New York, 2010, S. 426.

53) Winkworth v. Christie, Manson & Woods Ltd., 1 All E.R. 1121 (1980). 일본산 목재조각예술품을 수집하던 영국인 윌리암 윈크워드(Wiliam Winkworth)는 그가 주소로 있는 영국에서 일본조각예술품을 도난당하였다. 도난당한 예술품은 이태리로 반출되고 그곳에서 도난품임을 모르는 이태리인 마르체스(Paolo Marchese)에게 팔리게 된다. 그 물건을 취득한 마르체스는 수년 후 그 예술품을 런던으로 가지고 와서 런던에 소재하는 크리스티회사에서 경매로 처분하기로 하였다. 예술품의 원소유자였던 윈크워드는 목재예술품이 자신이 소장하였던 물건과 같은 것임을 알게 되었고, 이에 윈크워드는 크리스티 경매장과 경매를 의뢰한 마르체스를 상대로 예술품에 대한 경매의 철회 및 예술품의 반환을 요구하는 소송을 영국법원에 제기하였다. 이에 대해 영국법원은 연결점에 있어서 영국법과의 많은 관련성에도 불구하고 마르체스가 그 예술품을 구입할 당시에 소재하였던 나라의 법(lex rei sitae)이었던 이태리법을 준거법으로 판정하였다. 이때 이태리법(구체적으로는 이태리민법)에 의하면 도품이나 유실물에 대해서도 선의취득을 인정하고 있기 때문에 마르체스가 취득한 예술품이 비록 도품이었다고 하더라도 적법하게 소유권을 취득한 것으로 인정되고 따라서 그 후 그 예술품이 영국으로 다시 되돌아왔다고 하더라도 원소유자인 윈크워드는 마르체스와 크리스티 경매회사에 대해 아무런 권리도 주장할 수 없다고 판시하였다.

54) Koerfer gegen Goldschmidt, BGE 94 II 297 (Swiss Federal Court, Dec. 13, 1968). 1931년 독일태생의 유태인인 야콥 골드슈미트(Jakob Goldschmidt)는 은행으로부터 대출을 받으면서 이를 위한 담보로 로트렉(Toulouse-Lautrec)이 그린 작품 2점에 대해 양도담보를 설정하였다. 즉 담보로 설정한 그림에 대해 골드슈미트는 여전히 점유권과 내부적 소유권을 가지고 있었던 것이다. 1933년 나찌정권이 들어서자, 그는 독일을 떠나 망명하게 되었고 1940년에 나찌로부터 국적을 박탈당하게 된다. 1941년에 그의 그림은 나찌에 의해 압수되었는데, 당시 재무상은 이 그림이 담보권을 가진 은행의 소유가 아니라 골드슈미트의 것으로 판단하여, 나찌정권은 국적을 박탈당한 그의 재산을 압수하여 公賣로 넘기게 된다. 이에 따라 1941년 2점의 로트렉 그림은 베를린에 사는 야콥 코에퍼(Jakob Koerfer)가 낙찰받게 된다. 코에퍼는 1942년 그의 처와 세 아들에게 이 그림을 증여하였다. 코에퍼의 처는 스위스 볼링엔(Bollingen)출신으로 결혼 후 남편과 함께 베를린에서 거주하여왔었다. 코에퍼의 처는 남편으로부터 증여받은 그림을 볼링엔으로 가지고 갔고, 이후 그 그림은 계속해서 스위스 볼링엔에 소재하게 된다. 1944년 코에퍼의 처는 사망하게 되고, 그 그림은 코에퍼의 세 아들이 상속받게 된다. 1948년과 1949년에 골드슈미트는 코에퍼의 상속인들을 상대로 문제가 된 로트렉의 그림이 나찌정권에 의해 불법적으로 강탈된 것이라는 이유로 반환할 것을 요구하였지만, 이를 소송을 통해 청구하지는 않았었다. 1955년 골드슈미트는 미국 뉴욕에서 사망한다. 이후 야콥 골드슈미트의 아들이자 단독상속인인 알프레드 어빈 골드슈미트(Alfred Erwin Goldschmidt)는 코에퍼의 세 아들을 상대로 문제된 그림의 반환을 요구하는 소를 스위

은 취득시효의 완성여부가 문제된 사례이며, *Greek Orthodox Patriarchate of Jerusalem v. Christie's, Inc.* 사건[55]은 반환청구권의 소멸시효의 완성여부가 문제된 사례이다.[56] 그런데 선의취득이나 취득시효 및 소멸시효의 요건이나 행사방법 등은 나라마다 상이하다. 따라서 '외국적 요소(foreign element)가 있는 법률관계'에서 어느 나라의 법을 준거법으로 삼아서 판단할 것인가는 소송의 승패에 있어서 매우 결정적인 요소로 작용한다. 위의 사건을 맡은 법원은 모두 준거법을 정함에 있어서 이른바 목적물의 소재지법주의(lex rei sitae)에 따라 판단하였다. 좀 더 정확하게 표현하면, 문화재를 취득한 행위나 사실의 완성당시 문화재가 소재하던 곳의 법을 준거법으로 삼아 판단하였던 것이다. 물건, 특히 동산에 관한 권리를 정함에 있어서 권리의 득실변경의 원인된 행위 또는 사실의 완성당시 목적물이 소재하던 곳의 법을 준거법으로 지정하는 것은 준거법선택의 일반원칙에 충실한 태도이다.[57] 또한 소재지법주의에 의하게 되면 목적물이 소재하던 영역 내에서 이루어진 거래나 취득에 대해 그 당시 소재지의 법이 적용됨으로써, 제3국의 법원으로써는 소재지국가의 주권을 존중하는 결과를 가져오므로 國際禮讓(international comity)을 준수하는 셈이다.[58] 이처럼 보편화된 소재지법주의에도 불구하고 문화재를 다른 물건과 같이 취급하여 문화재에 대해서도 소재지법주의를 취하는 것은 문화재의 특성을 도외시한 기계적인 법적용이라는 비난을 면하기 어렵다. 가령 A국의 甲이 소유하던 문화재가 A국에서 절취되어 B국으로 반입되어 그곳에서 그러한 사실을 모르는 乙이 고미술품가게에서 이를 매수한 경우에 만약 甲이 乙에게 문화재의 반환을 청구하는 소를 B국의 법원에 제기한 경우에 B국의 법원은 어느 나라의 법을 준거법으로 지정할 것인지를 판단하여야 한다. 이때

스법원에 제기하게 된다. 이에 대해 스위스연방법원은 목적물소재지, 즉 로트렉의 그림이 소재하던 스위스의 법에 따라 시효취득기간의 완성을 인정하여 알프레드 어빈 골드슈미트의 청구를 기각하였다.

55) Greek Orthodox Patriarchate of Jerusalem v. Christie's, Inc., 1999 WL 673347 (S.D.N.Y. 1999). 그리스정교회(Greek Orthodox Patiarchate)는 10세기경 아르키메데스(Archimedes)가 양피지에 작성한 것으로 추정되는 複記紙(Palimpsest)를 분실하였다. 이 고서는 1920년대에 프랑스 공무원이었던 시리엑스(Marie Louis Sirieix)가 취득하였는데, 그의 취득경위는 밝혀지지 않았다. 시리엑스는 1956년에 사망하였는데, 1947년부터는 그의 딸 안나 구에상(Anne Guersan)과 그의 남편 및 아들이 관리하였다. 구에상 가족은 복기지 상태를 점검하기 위하여 전문가에게 점검을 의뢰하였는데, 몇몇 전문가들은 복기서의 정식 보존을 권유하였다. 그에 따라 1970년대 접어들어 구에상 가족은 복기지의 판매를 고려하게 되고, 이에 따라 복기지를 알리기 위한 200권의 팜플렛을 제작하여 유럽과 미국에 전파하게 된다. 그에 따라 많은 대학과 수집가들이 관심을 가지게 되고, 그중 잠재적인 구매자에게 팔기 위해 구에상 가족은 복기지를 뉴욕에 있는 크리스티 경매회사로 인도하였다. 크리스티는 1998년 10월 29일에 복기지를 경매할 것이라고 공고하였는데, 경매 1주일 전인 10월 22일에 그리스정교회는 복기지의 정당한 소유자는 그리스정교회라고 선언하고 경매 전날인 10월 28일 뉴욕법원에 복기지의 반환을 청구하는 소를 제기하게 된다. 이에 대해 뉴욕법원은 시리엑스가 취득하고 구에상가족이 보유하고 있었던 당시의 프랑스법에 따라 판단하였다.

56) 이들 사례들에 대한 자세한 설명은 송호영, "국제사법상 문화재의 기원국법주의(lex originis)에 관한 연구", 재산법연구, 제30권 제1호(2013. 5), 82 이하 참조.

57) Derek Finhcam, "How Adopting the Lex Originis Rule Can Impede the Flow of Illicit Cultural Property", 32 Colum. J.L. & Arts 111, 115 (2008).

58) Derek Finhcam, Ibid., 115.

B국의 법원이 목적물소재지법주의에 따라 준거법을 정하게 되면 현재 목적물이 소재하는 B국법에 따르게 될 것이고 이때 B국법이 동산에 대한 선의취득을 인정하고 있으면 乙은 선의취득을 통하여 소유권을 인정받게 된다. 나아가 만약 乙이 이를 다시 C국에 사는 丙에게 매도하여 현재 丙이 소지하는 경우에, 만약 甲이 C국의 법원에 丙을 상대로 문화재의 반환을 청구하는 소를 제기하였다면 C국의 법원으로서는 역시 어느 나라의 법을 준거법으로 지정할 것인지에 대해 판단하여야 한다. 이때에도 C국의 법원으로서는 丙이 정당하게 소유권을 취득하였는지를 목적물소재지법주의에 따라 판단한다면, C국의 법원은 우선 乙의 선의취득여부를 심사하게 될 것이고 이때 乙의 선의취득이 완성될 당시의 문화재가 소재하였던 B국의 법을 준거법으로 정하게 될 것이다. 또한 C국의 법원이 乙의 선의취득요건은 충족되지 않았지만 丙의 선의취득의 완성여부가 문제된다고 판단한다면, 丙의 선의취득이 완성될 당시에 문화재가 소재하였던 C국의 법을 준거법으로 지정해서 판단하게 될 것이다. 이것이 현재 일반적으로 통용되는 목적물소재지법에 따른 준거법지정의 메카니즘이다. 그런데 이러한 목적물소재지법에 따른 준거법의 지정은 문화재를 단순히 거래의 대상이 되는 물건으로 볼 때 성립될 수 있는 논리이다. 즉 문화재에 대해 '불융통물'(res extra commercium)로서의 성질을 완전히 배제하고 문화재를 보통의 재화와 똑같이 취급한다면 문화재에 대한 권리의 준거법은 물건에 관한 권리의 준거법과 마찬가지로 목적물소재지법이 적용되는 것이 맞을 것이다. 그러나 문화재는 기본적으로 양도불가능한 성질을 가지는 '특수한 물건'(object *sui generis*), 이를 무시하고 다른 물건과 똑같이 취급하는 것은 문제가 있다. 더구나 나라마다 문화재에 대해 어떠한 법적 보호를 할 것인지에 대한 규율은 상이한데, 가령 A국으로부터 B국으로 문화재가 불법하게 반출된 경우에 A국의 법에서는 문화재의 유통이나 선의취득을 금지하는데 반해 B국에서는 문화재에 대해서도 일반 동산과 마찬가지로 선의취득을 인정하고 있다면, A국에서 불법적으로 반출된 문화재는 B국에서 선의취득을 이용하여 손쉽게 소유권의 세탁(ownership laundering)이 이루어지게 되고 이후 합법적으로 유통될 우려가 있다. 이렇게 되면 문화재의 보호를 위한 A국의 법은 무력하게 된다. 따라서 목적물소재지법주의가 자칫 문화재에 관한 권리의 세탁을 위한 방편으로 악용될 수 있음을 간과해서는 안 된다. 이러한 생각에서 '문화재'에 관한 준거법을 정함에 있어서는 일반적인 물건과는 다른 준거법의 지정원칙이 적용될 필요가 있는데, 그 대안으로 기원국법주의(lex originis)를 제안한다.[59] 문화재에 관한 법률관계에 적용될 준거법으로 목적물소재지법 대신 기원국법을 채택한다면, 과연 무엇을 문화재의 '기원'으로 보아 준거법을 정하는 연결요소로 삼을 수 있는지가 문제된다. 문화재는 다른 재화와 달리 역사적인 산물이기 때문

59) Erik Jayme, Internationales Kulturgüterscchutz: Lex originis oder lex rei sitae - Tagung in Heidelberg, IPRax 1990, S. 347 f.; also Erik Jayme, Neue Anknüpfungsmaximen für den Kulturgüterschutz im internationalen Privatrecht, in: Dolzer/Jayme/Mußgnug (Hrsg.), Rechtsfragen des iternationalen Kulturgüterschutzes, Heidelberg 1994, S. 5 ff.

에 일률적으로 그 기원을 정하기가 매우 어렵다. 따라서 문화재의 '기원' 내지 '원산'을 판단하기 위해서는 여러 복합적인 요소들 및 기준을 고려하여 판단할 필요가 있다. 그러한 기준으로는 신앙적 가치, 창작자의 국가적 정체성, 문화재가 생성된 곳, 문화재로 존치하는 곳, 문화재가 소재하던 곳, 문화재가 발견된 곳, 문화재가 계수된 곳, 불융통물로 지정된 곳 등의 요소를 고려할 수 있다.[60]

요컨대, 문화재반환분쟁을 관할하는 법원으로서는 무엇을 연결요소로 하여 어느 나라의 법을 준거법으로 정할 것인지에 대해서 판단하여야 한다. 여기에는 두 가지 가치관이 상충될 수 있다. 즉 거래의 안전을 존중할 것인가, 아니면 문화재의 보호에 보다 큰 가치를 둘 것인지가 그것이다. 달리 표현하자면, 문화재를 취득한 제3자의 보호에 치중할 것인가 아니면, 문화재의 원소유자의 보호를 우선할 것인가 하는 상반된 긴장관계가 드러난다. 전자를 중요시 하는 입장이라면 종래 전통적인 목적물소재지법주의(lex rei sitae)에 따라 준거법을 정할 것이고, 후자에 비중을 두는 입장이라면 기원국법주의(lex originis)를 대안적인 준거법지정원칙으로 채택할 것이다. 이에 대해 물건에 관한 권리의 준거법은 원칙적으로 목적물소재지법주의가 타당하지만, 물건 중에서 '문화재'에 관해서는 기원국법주의를 적용하는 것이 합당하다.[61)62)]

3. 증명책임의 전환

민사소송에서 증명책임을 누가 부담하는가는 소송의 승패에 매우 중요한 영향을 준다. 로마법시대에는 증명책임에 관한 일반적인 원칙은 확립되지 않았으나, 증명책임은 원고가 부담한다(*necessitas probandi incumbit ei qui agit*)는 룰이 통용되었다. 이후 증거법의 발달과 함께 독일에서는 민사소송법학자 로젠베르크(Rosenberg)에 의하여 현대의 증명책임론이 확립되었다. 즉 권리가 자신에게 있음을 주장하는 자는 그에 관한 근거를 스스로 증명하여야 한다.[63] 이것이 오늘날 보편적인 증명책임의 원칙이다. 따라서 물건이 법적 근거없이 소유자로부터 타인에게 넘어가서 현재 타인이 점유하고 있는 경우에는, 소유자는 그 물건에 관한 권리가 자신에게 있음을 증명하여야 한다.

그런데 그 물건이 문화재인 경우에는 어떻게 할 것인가? 이에 대해서는 현재 각국의 민사

---

60) Amalie Weidner(주 38), S. 194-201; Michael Anton(주 52), S. 848 ff.

61) Derek Fincham, op.cit., 146; Symeon C. Symeonides, A Choice-of-Law Rule for Conflicts Involving Stolen Cultural Property, 38 Vand. J. Transnat'l L. 1177, (2005)

62) 필자가 주장하는 기원국법주의에 대해 문화재에 대해서도 여전히 목적물소재지법주의가 타당하다는 견해로는 석광현, "국제적 불법거래로부터 문화재를 보호하기 위한 우리 국제사법(國際私法)과 문화재보호법의 역할 및 개선방안", 서울대학교 *法學*, 제56권 제3호(2015. 9), 135 이하.

63) Leo Rosenberg, Die Beweislast, 5. Aufl., München 1965, S. 98-99: "Jede Partei hat die Voraussetzungen der ihr günstigen Norm (= derjenigen Norm, deren Rechtswirkung ihr zugute kommt) zu behaupten und zu beweisen."

소송법이 특별히 규율하고 있지 않다. 문화재에 대해서도 위와 같은 똑같은 증명책임의 원칙이 적용된다면, 타인이 가지고 있는 문화재가 자신의 것이라고 주장하는 자는 타인이 현재 문화재를 점유하는 것이 불법하며 자신이 문화재에 대해 정당한 권리가 있음을 증명하여야만 한다. 그러나 이러한 원리를 모든 문화재에 대해서 그대로 적용하는 것은 옳지 않다. 왜냐하면 문화재는 다른 재화와는 달리 특정한 문화재는 유통될 수 없는 성질을 가지고 있기 때문이다. 불융통물로서의 문화재에 대해서는 문화재가 다른 곳으로 유통되었다는 사실이 정상적인 상황이 아닌 것이다. 따라서 그러한 경우에는 현재 문화재를 점유하는 자가 그 문화재를 정당하게 취득한 것이라는 것을 증명하는 것이 타당하다. 만약 그가 자신이 점유하는 문화재의 정당성을 증명하지 못한다면 그 문화재는 원래의 소유자에게 돌려주어야 할 것이다. 문화재의 반환에 관한 소송에서 증명책임을 전환해야 한다는 논리를 모든 문화재에 적용하는 것은 현재의 재산질서에 혼란을 줄 수 있으므로 증명책임이 전환되는 문화재는 일정한 요건을 충족하는 문화재로 한정할 필요가 있다. 그러한 문화재에 해당하는 경우는 두 가지 특수한 상황으로 생각할 수 있다.

첫 번째 특수한 상황은 특정대상에 관해서이다. 특정대상에 해당하는 문화재는 역사적으로 왕실이나 국가의 권위를 상징하는 문화재와 사찰과 교회와 같은 특정 종교기관의 소유였음을 징표할 수 있는 문화재이다. 그와 같은 문화재는 로마법시대부터 불융통물로써 분류되었던 것들로써, 불융통적 성질을 가진 그러한 문화재를 국가나 종교기관이 마치 일반물건처럼 타인에게 양도하였거나 기증하였다고 생각하기는 대단히 어렵다. 이러한 종류의 문화재를 타인이 소지하고 있는 상황에서는 그 문화재를 점유하는 자가 그것을 적법하게 취득하였다고 증명하는 것이 바람직하다.

두 번째 특수한 상황은 특정시기에 관해서이다. 문화재가 전쟁 또는 식민지시기에 정당한 권원없이 반출된 것이라면 현재 그 문화재를 점유하는 자는 적법하게 그 문화재를 취득하였다고 보기 어렵다. 따라서 그러한 문화재의 반환분쟁에 있어서는 그러한 문화재를 현재 점유하는 자가 문화재의 출처(provenance) 및 문화재 취득과정에서 적절한 주의의무(due dilligence)를 충분히 기울였음을 증명하도록 하는 것이 바람직하다. 하지만 이와 같은 증명책임의 전환을 일반화하는 것은 무리이기에 그러한 증명책임의 전환이 적용되는 문화재의 특정한 시기에 대해 일정한 제한이 필요하다. 그것은 전쟁 또는 식민시기가 종결된 이후 현재까지 사회적·경제적·정치적·외교적으로 해당국가에 직접적으로 영향을 미치는 직근의 전쟁(무력분쟁을 포함) 또는 식민시기로 한정하여야 한다.

여기에 해당하는 예를 들어본다. 어보(御寶)는 국권의 상징으로 국가적 문서에 사용하던 임금의 도장인데, 일제식민시기 및 한국전쟁 중에 다수의 조선왕실의 어보가 사라졌는데 최근 미국 등 외국에서 발견되곤 한다. 어보는 왕실의 권위를 상징하는 불융통물로써 일반물건과 달리 매매나 증여의 대상으로 삼을 수 없는 물건이기에 이를 소지하는 자가 문화재 취득과정의 적법성을 증명하여야 할 것이다.

V. 맺 음 말

오늘날 각 나라마다 문화재를 보호하고 과거에 불법반출된 문화재를 반환받기 위한 많은 노력을 기울이고 있다. 문화재가 특정한 국가의 전유물인지(문화국가주의) 아니면 인류공동의 유산인지(문화국제주의)에 대해서는 논란이 있지만, 문화재의 불법적인 거래는 용납해서는 안 되는 일이며, 불법반출된 문화재는 원산국으로 반환되어야 한다는 것에는 다툼이 없다. 1970년 UNESCO협약과 더 나아가 1995년 UNIDROIT협약은 이러한 생각에 기초하고 있다. 이러한 국제협약은 문화재의 불법반출을 방지하고 도난 또는 불법반출된 문화재의 반환을 가능하도록 하는 국제규범이라는 점에서 매우 중요한 의미를 가진다. 그렇지만 1970년 UNESCO협약은 문화재의 불법적인 반출을 "예방"하는 정부의 행정적 조치를 중심으로 하고 있으며, 자기집행적 효력이 없어서 불법반출된 문화재의 반환을 위한 근거 규범으로 삼기에는 한계가 있다. 이러한 약점을 보완하기 위하여 1995년 UNIDROIT 협약이 성안되었지만, 예술품시장의 위축을 우려한 나라들은 이 협약의 가입에 소극적이다. 또한 양 협약은 소급효가 없기 때문에 협약에 가입하기 이전에 발생한 불법반출문화재의 반환문제에는 적용될 수 없다는 한계가 있다.[64] 이 때문에 문화재의 반환분쟁에 관련된 국가들은 상호 협정을 체결하여 분쟁을 해결하는 경우가 많이 있지만[65] 국가간의 협정 체결이 여의치 않거나 사인이 분쟁당사자가 되어 문화재의 반환을 요구할 때에는 종국적으로 법원의 판결에 의해 분쟁을 해결할 수밖에 없다. 그렇지만 국내법상 소송에 있어서 문화재의 반환분쟁에 적용되는 특수한 법률규정은 찾아보기 어렵다. 즉 문화재반환분쟁은 지금까지 일반적인 물건의 반환분쟁과 동일한 법원리가 적용되어 왔음을 의미한다. 그러나 문화재는 기본적으로 불융통물로서의 성질을 가지고 있다. 이는 이미 로마법에서부터 유래하여 국제협약 및 각국의 문화재보호법이 인정하는 바이다. 그렇다면 문화재의 불융통물로의 성질을 고려하여 소송에서의 문화재반환분쟁에 있어서도 일반적인 물건과는 다른 법원리를 적용할 필요가 있다. 특히 준거법의 결정에 있어서 법원은 종래의 목적물소재지법 대신 기원국법주의를 적용하는 것이 바람직하다. 또한 문화재의 소유권에 대한 증명에 있어서도 특정한 문화재에 대해서는 문화재의 소지자가 문화재의 정당한 취득을 증명하도록 하는 것이 바람직하다. 이러한 제안이 소송에서 적용되기 위해서는 물론 극복해야 할

64) David N. Chang, Stealing Beauty: Stopping The Madness of Illicit Art Trafficking, Vol. 28:3 Hous. J. Int'l L. 829, 859.

65) 2011년 프랑스로부터 외규장각 의궤를 반환받았을 때에도 그 근거는 한국과 프랑스 사이에 체결된 외규장각 반환협정이다.

과제들이 많이 있다. 예컨대 문화재의 기원국을 판가름하는 구체적인 기준은 과연 무엇인지, 그리고 어떤 문화재에 대해 증명책임의 전환을 인정할 것인지는 세부적으로는 매우 까다로운 문제일 수 있다. 그렇지만 문화재의 특수성을 인식하고 상기에서 제안한 새로운 법원칙을 보다 전향적인 자세로 받아들인다면, 문화재의 불법적인 유통을 줄일 수 있는 효과와 함께 도난 또는 불법반출된 문화재의 환수문제를 둘러싼 국제적인 분쟁에 있어서도 보다 실질적인 해결책이 될 수 있을 것으로 기대해본다.

유언대용신탁과 유류분반환청구

신 동 현*

Ⅰ. 서 론

우리 민법은 피상속인의 재산처분의 자유와 법률에서 정해진 사항과 방식에 의한 유언의 자유를 인정하는 한편, 법정상속인들의 최소한의 상속이익에 대한 권리를 유류분제도와 유류분반환청구권의 형태로 보장함으로써 피상속인의 재산처분의 자유와 상속인의 최소한의 권리, 그리고 공동상속인들 간의 공평을 조정 및 보장하고 있다. 유류분제도 자체의 인정 여부와 그 범위에 대하여 점차 다양한 이견[1)]이 제기되고 있긴 하지만, 유류분제도가 민법상 존재하고 있는 한 피상속인의 재산처분의 자유와, 결과적으로 유류분을 침해하게 되는 피상속인의 재산처분에 관련된 이해관계자들은 상속인의 유류분반환청구의 제한을 받을 수밖에 없을 것이다.

그런데 기존의 거래형태가 아닌 새로 등장하거나 인정되는 제도에 의하여 결과적으로 일부 상속인의 유류분이 침해되는 것인지 여부가 문제되는 경우 유류분제도와 새로운 제도의 충돌 내지 우선 여부가 문제될 수 있다.

가령 이해를 돕기 위해 다음의 두 사례를 생각해 보기로 한다.

〈사례 1〉

피상속인 A에게는 상속인 B와 C가 있다. A는 증여나 유증의 방법에 의하여 C에게 자신의 유일한 재산인 X를 이전하기로 하였는데, A의 사망 후 그러한 증여(A의 생전에 C에게 이행된 것으로 전제한다)나 유증에 대하여 B가 자신의 유류분이 침해되었다고 주장하고 있다.

* 한림대학교 법학과 부교수.

1) 가령, 변동렬, "유류분 제도", 민사판례연구 XXV, 박영사(2003), 802-804; 이동진, "유류분법의 개정방향", 상속법 개정론, 박영사(2020), 127 이하; 최준규, "독일의 유류분 제도", 가족법연구 제22권 1호(2008. 3), 한국가족법학회, 296-299 참조.

〈사례 2〉

피상속인 A에게는 상속인 B와 C가 있다. A는 자신의 유일한 재산 X를 D은행에 이전하면서 생전에는 자신을 수익자로 하고, 자신이 사망하면 C가 수익자가 되어 X를 D은행으로부터 이전받기로 하는 유언대용신탁계약을 D은행과 체결하였다. A의 사망 후 C가 유언대용신탁계약에 따라 X를 D은행으로부터 이전받았는데, 이에 대하여 B가 자신의 유류분이 침해되었다고 주장하고 있다.

이 두 사례와 관련하여 생각해보면, 물론 다른 요건들의 충족 여부가 검토되어야 하겠지만, 대개 <사례 1>에서는 현행 민법과 판례의 태도에 따르면 A의 증여나 유증의 대상이 된 X재산은 증여계약 혹은 이행의 시기와 관계없이 B의 유류분 산정의 기초가 되는 재산에 포함되어 유류분 반환의 대상이 됨으로써, 상속인인 B에게 민법이 허용하고 있는 최소한의 상속이익이 보장되고 공동상속인인 C와의 공평이 일부 달성될 수 있을 것이다. 그런데 <사례 2>와 관련해서는 당사자들의 이익 상황이나 당사자들 간의 재산 이전의 목적이 <사례 1>과 유사해 보임에도 불구하고, 기존의 증여나 유증이 아니라 유언대용신탁이라는 신탁법상의 제도를 활용하고 그 수탁자인 D은행이 개재되었다는 수단 상의 차이로 인하여 B의 주장이 <사례 1>에서와 유사하게 관철될 수 있을 것인지에 관해 의문이 제기될 수 있다. 이와 관련해서는 학자들 간에도 다양한 의견들이 제기되고 있으며, <사례 2>와 유사한 구조의 사안에 대하여 최근의 한 하급심 판결[2]에서는 나름의 입장을 제시하고 있는바, 본고에서는 유언대용신탁제도에 한정하여 유언대용신탁과 유류분제도와의 관계에 관하여 살펴보고자 한다.

따라서, 이하에서는 <사례 2>의 문제 상황의 이해와 해결을 위하여 필요한 한도에서 이와 관련된 기존의 이론상의 논의들을 개관하고(Ⅱ), 이어서 수원지방법원 성남지원 2020. 1. 10. 선고 2017가합408489 판결에 관하여 살펴본 후(Ⅲ), 이론상의 논의와 수원지방법원 성남지원의 판결의 태도에 관하여 검토하는 과정을 거쳐 유언대용신탁과 유류분의 관계에 대한 문제 상황의 해결책을 모색해 보고(Ⅳ), 끝으로 관련 논의를 정리하는(Ⅴ) 순서로 논의를 진행하기로 한다.

Ⅱ. 이론상의 논의

1. 유언대용신탁과 수익자의 권리

(1) 유언대용신탁의 의의와 종류

유언대용신탁과 유류분의 문제를 이해하기 위해서는 신탁제도의 특징 및 유언대용신탁제

2) 수원지방법원 성남지원 2020. 1. 10. 선고 2017가합408489 판결. 이와 관련해서는 본고의 Ⅲ. 이하에서 자세히 살펴보기로 한다.

도의 법리를 이해할 필요가 있다. 그러나 이는 매우 방대한 문제이므로 불가피하게 본고에서는 문제 상황을 이해하는데 필요한 최소한의 한도에서만 살펴보고자 한다,

신탁법은 2011년의 전부개정을 통하여 제59조를 신설함으로써 유언대용신탁제도를 도입하였다. 유언대용신탁제도는 신탁법의 개정 전에도 그 유효성 혹은 가능 여부가 논의되던 것이었는데 신탁법은 제59조를 신설함으로써 명문으로 이를 인정하기에 이른 것이다.

유언대용신탁이란 위탁자가 자신이 사망한 때에 수익자에게 수익권을 귀속시키거나 수익자가 사망한 때부터 신탁이익을 취득할 수 있는 수익권을 부여하는 형태의 신탁을 말하며(신탁법 제59조[3]). 위탁자가 자신의 의사표시로 생전에 사망 후 상속재산의 귀속을 정한다는 점에서 민법상 유증과 동일한 효과를 낼 수 있다.[4]

유언대용신탁의 종류는 신탁법 제59조 제1항의 분류에 따라, 위탁자의 사망 시점에 사후수익자가 수익권을 취득하는 취지의 정함이 있는 신탁으로, 위탁자의 생전에는 수익자가 따로 있고(위탁자일 수도 있음) 사후수익자는 위탁자의 사망시에 비로소 수익자가 되는 유언대용의 생전신탁 유형(신탁법 제59조 제1항 제1호)과 위탁자의 사망 이후에 사후수익자가 신탁재산에 관한 급부를 받는 취지의 정함이 있는 신탁으로, 생전신탁이라는 점에서는 유언대용의 생전신탁과 마찬가지이나, 위탁자의 생전부터 달리 수익자가 있는 것은 아니고 사후수익자가 유일한 수익자이지만 신탁재산에 관한 급부청구권은 위탁자의 사망 이후에만 행사할 수 있는 위탁자 사망 후 수익채권이 발생하는 생전신탁 유형(신탁법 제59조 제1항 제2호)으로 구분해 볼 수 있다.[5]

(2) 수익권의 의의와 그 법적 성질

수익자는 신탁존속 중에 신탁의 이익을 향유하는 자로서 신탁으로부터 발생하는 각종의 권리를 가지게 되는데, 수익권은 수익자가 가지는 신탁재산 및 수탁자에 대한 각종 권리의 총체를 의미하는데,[6] 즉 수익권은 수익자적 지위에서 누리는 권리들의 총체를 포괄하는 개념으로서, 그 중 가장 대표적인 것이 바로 신탁에서 정해진 급부를 받을 권리이다.

일본의 신탁법은 제2조 제7항에서 수익권의 개념을 "신탁행위에 기초하여 수탁자가 수익

---

3) 신탁법 제59조(유언대용신탁)

① 다음 각 호의 어느 하나에 해당하는 신탁의 경우에는 위탁자가 수익자를 변경할 권리를 갖는다. 다만, 신탁행위로 달리 정한 경우에는 그에 따른다.

1. 수익자가 될 자로 지정된 자가 위탁자의 사망 시에 수익권을 취득하는 신탁
2. 수익자가 위탁자의 사망 이후에 신탁재산에 기한 급부를 받는 신탁

② 제1항제2호의 수익자는 위탁자가 사망할 때까지 수익자로서의 권리를 행사하지 못한다. 다만, 신탁행위로 달리 정한 경우에는 그에 따른다.

4) 이중기, 신탁법, 삼우사, 2007, 50; 법무부, 신탁법 개정안 해설, 2010, 468; 광장신탁법연구회, 주석 신탁법, 제2판, 박영사, 2016, 268.

5) 법무부(주 4), 468-467; 광장신탁법연구회(주 4), 268-269.

6) 최동식, 신탁법, 법문사, 2006, 321; 이연갑, "신탁법상 수익자의 지위", 민사판례연구 제30집, 박영사(2008), 917.

자에 대해 부담하는 채무로서 신탁재산에 속한 재산의 인도와 그 외 신탁재산에 관한 급부와 관련된 채권, 그리고 이것을 확보하기 위하여 이 법률의 규정에 의하여 수탁자와 그 외의 자에게 일정한 행위를 구할 수 있는 권리"로 정하고 있는데, 우리 신탁법에서는 수익권의 의미와 법적 성질 등에 대한 견해 대립이 존재하는 상태에서 수익권의 개념을 법률상 정의하거나 법적 성질에 관한 명시적 규정을 두는 것이 바람직하지 않다는 판단에 따라 수익권의 개념규정을 두지 않았다고 한다.[7)]

수익권의 법적 성질에 대하여는 영미신탁법에서도 견해 대립[8)]이 있어 왔고, 일본에서도 다양한 논의[9)]가 이루어지고 있는데, 우리나라에서도 일본에서 전개된 학설의 논의와 유사하게 채권설, 실질적 법주체성설(물적 권리설), 제한적 권리이전설(상대적 권리이전설), 수(隨)물권설, 병존설(부동산신탁·금전신탁 분리설) 등의 견해가 대립하고 있으며 판례의 태도는 채권설의 입장인 것으로 평가되고 있다.[10)]

수익자의 권리는 다양한 권리들의 총합으로 구성되어 있으므로 수익권의 법적 성질을 획일적으로 논하는 것은 어려울 것이지만, 수익권의 법적 성질에 관한 견해 대립을 주로 수익자가 신탁재산에 대하여 가지는 권리의 성질을 중심으로 파악해본다면, 재산권의 성질을 물권과 채권으로 준별하고 있는 우리 사법체계에서 수익자가 신탁재산에 대하여 물권을 갖는 것으로 보는 것은, 우리 민법이 물권법정주의(민법 제185조)를 채택하고, 법률행위에 의한 물권변동에 관하여는 성립요건주의(민법 제185조, 제188조 내지 제190조)를 취하고 있는 이상, 무리가 있는 것으로 보인다. 신탁재산이 동산 또는 부동산인 경우 이러한 신탁재산에 대한 소유권은 대내외적으로 수탁자에게 완전히 귀속되어 있으며, 수익자는 주로 수탁자를 상대로 신탁재산의 원본 또는 수익에 대하여 일정한 이익 내지 급부를 청구할 수 있는 지위에 있는 것으로 보아야 하기 때문에 수익권은 채권의 일종으로 파악할 수 있다고 생각한다.[11)]

그런데, 수익권의 법적 성질과 관련하여 특히 일본과 우리나라에서 이러한 논란이 전개되

---

7) 법무부(주 4), 448.

8) 이에 관하여는, 이연갑(주 6), 918-925 참조.

9) 이에 관하여는, 정순섭, "신탁의 기본구조에 관한 연구", BFL 제17호(2006. 5), 서울대학교 금융법센터, 10-14 참조.

10) 학설과 판례의 내용 및 평가에 관하여는, 법무부(주 4), 444-448; 광장신탁법연구회(주 4), 258-260; 정순섭(주 9), 10-14 참조.

11) 물론 이 외에도 보다 더 다양한 논증이 마땅히 이루어져야 할 것이지만, 본고에서는 유언대용신탁과 유류분의 관계를 이해하는데 필요한 범위에서만 간단히 언급하고 이상의 논의는 생략하기로 한다. 그 밖의 논거에 대하여는 오영걸, 신탁법, 홍문사, 2021, 285-288을 참조. 수익권의 법적 성질을 채권의 일종으로 파악하고 있는 견해로는 임채웅, "신탁과 유류분에 관한 연구", 사법 제41호(2017. 9), 사법발전재단, 140; 최준규, "유류분과 신탁", 사법 제34호(2015. 12), 사법발전재단, 256을 참조. 이 밖에 수익권을 물권화된 채권이라고 이해하는 견해로는, 이계정, "신탁의 기본 법리에 관한 연구 — 본질과 독립재산성", 서울대학교 박사학위논문(2016. 2), 120-135 참조.

고 있는 근본적인 이유는, 영미법상 보통법(common law)과 형평법(equity)의 분리 및 그에 따른 이중적 소유권 개념을 바탕으로 발달한 신탁 법리[12]가, 그와 같이 법체계가 분리되어 있지 않고 민법을 중심으로 소유권의 혼일성과 전면성을 인정하고 있는 대륙법계 법리와 이질적이어서 신탁제도와 기존 사법질서 간의 체계적 정합성을 확보할 필요가 있기 때문이다. 따라서, 유언대용신탁과 유류분의 관계를 정립하는데 있어서도 신탁제도의 고유한 법리와 기존 민법상의 법리를 조화롭게 이해하는 태도가 요구된다고 할 것이다.

끝으로 수익권자의 수익권 취득시기와 관련하여서는 신탁행위로 달리 정하지 않으면 수익자로 지정된 자가 별도의 수익의 의사표시 없이 수익권이 발생한 시점(신탁행위의 효력 발생 시점)에 당연히 수익권을 취득한다(신탁법 제56조 제1항).[13]

2. 유언대용신탁과 유류분의 관계

(1) 문제의 소재

우리 민법상 구체적인 유류분 침해액의 산정방식은 다음과 같다.[14]

유류분 침해액 = [유류분 산정의 기초가 되는 재산액(A) × 당해 유류분 권리자의 유류분 비율(B)] − 당해 유류분 권리자의 특별수익액(C) − 당해 유류분 권리자의 순상속액(D)
A = 적극적 상속재산 + 산입될 증여재산 − 상속채무액
B = 법정상속분의 1/2 또는 1/3
C = 당해 유류분 권리자의 수증액 + 수유액
D = 당해 유류분 권리자의 구체적 상속분 − 상속채무 분담액

유언대용신탁에 의하여 재산승계가 이루어지는 경우 유류분과 관련하여 주로 문제되는 것은, 유류분 산정의 기초가 되는 재산액의 산정방식 및 유류분 반환대상과 관련하여 신탁재산 그 자체와 수익자가 취득한 수익권이 어떻게 취급되어야 할 것인지와 유언대용신탁에 의하여

12) 영미 신탁의 가장 큰 특징은 위탁자가 수탁자에게 재산을 이전함으로써 수탁자는 신탁재산의 법적 권원(legal title)을 취득하고 수익자는 형평법상의 수익적인 소유권(equitable or beneficial ownership)을 취득하는데 있으며 신탁은 신탁재산의 법적 권원과 수익적 소유권을 분리시키기 때문에 단순 증여 또는 유증으로는 달성할 수 없는 다양한 재산이전의 구조를 창설할 수 있다는 설명으로는, 정소민, "신탁제도를 통한 재산승계 ―유언대용신탁과 수익자연속신탁을 중심으로―", BFL 제62호(2013. 11), 서울대학교 금융법센터, 87을 참조.

13) 신탁법 제56조(수익권의 취득)
① 신탁행위로 정한 바에 따라 수익자로 지정된 자(제58조제1항 및 제2항에 따라 수익자로 지정된 자를 포함한다)는 당연히 수익권을 취득한다. 다만, 신탁행위로 달리 정한 경우에는 그에 따른다.
② 수탁자는 지체 없이 제1항에 따라 수익자로 지정된 자에게 그 사실을 통지하여야 한다. 다만, 수익권에 부담이 있는 경우를 제외하고는 신탁행위로 통지시기를 달리 정할 수 있다.

14) 윤진수, 친족상속법 강의, 제3판, 박영사, 2020, 593.

유류분 침해가 인정되는 경우 유류분 반환의 상대방이 수탁자와 수익자 중 누가 될 것인지 그리고, 그 경우 유류분 반환의 방법은 무엇이 될 것인지이다. 이 중 견해의 대립이 심각한 것은 주로 첫 번째 문제이고, 유류분 반환의 상대방과 유류분 반환의 대상 및 반환방법의 문제가 반드시 첫 번째 문제와 동일한 것은 아니지만 어느 정도 상응하는 바가 있으므로, 본고에서는 주로 첫 번째 문제에 집중하여 상세히 살펴보고 후자의 문제들에 관해선 간단히 언급하기로만 한다.

(2) 유류분 산정의 기초가 되는 재산액의 산정방식 및 유류분 반환대상

이와 관련하여 대립하고 있는 견해들은 그 구체적인 내용에 있어 다양한 모습을 보이고 있는 관계로, 이하에서와 같이 단순하게 분류하는 것이 다소 거친 방법일 수 있지만, 주요 내용을 중심으로 크게 대별해 보자면 다음과 같이 분류해 볼 수 있을 것으로 보인다.[15)]

㈎ 신탁재산이 유류분 산정의 기초가 되는 재산액 중 수탁자에 대한 증여재산에 포함되어야 한다는 견해(제1설) 이 견해는 유언대용신탁의 설정에 따라 신탁재산 자체의 소유권은 이미 위탁자로부터 수탁자에게 이전된 것이고 이러한 신탁재산은 위탁자인 피상속인은 물론 수탁자의 고유재산과도 구별되는 독립성을 가지므로 신탁재산은 피상속인의 상속개시 시의 적극적 상속재산(민법 제1113조 제1항)에는 포함되지 않는다고 한다, 다만 민법은 상속개시 전의 1년간 행한 증여는 기초재산에 산입하고, 유류분 권리자에게 손해가 될 것을 알고서 한 증여는 1년의 제한 없이 기초재산에 산입하고 있는데(민법 제1114조), 통설은 증여 이외의 모든 무상처분도 폭넓게 포함하는 것으로 해석하고 있고, 신탁계약도 신탁재산의 이전이라는 측면에서는 무상·편무계약이기 때문에 피상속인이 상속개시 전의 1년간에 유언대용신탁을 설정하거나 기간 제한을 불문하고 유류분 권리자에게 손해가 될 것을 알면서도 신탁을 설정하였다면 그 신탁재산은 유류분 산정의 기초재산 중 수탁자에 대한 증여재산에 산입되어야 한다고 한다.[16)]

나아가 이 견해 중에는 수익자의 수익권은 유류분 산정의 기초가 되는 재산액에 포함될 수 없다고 하는 한편, 그 결과 유언대용신탁이 설정된 경우에 있어 유언대용신탁이 상속개시 전의 1년 이내에 설정되거나 위탁자와 수탁자 쌍방이 유류분 권리자에게 손해를 가할 것을 알면서 설정한 경우에 해당하지 아니하는 이상 수익자의 유류분반환청구가 아예 불가능한 영역이 존재하게 되는데, 피상속인의 재산처분의 자유는 민법이 마련해 둔 유류분제도의 틀 안에

15) 본고와 다소 다른 방식의 학설의 분류로는 특히, 엄복현, “신탁제도와 유류분반환청구권과의 관계”, 가족법연구 제32권 3호(2018. 11), 한국가족법학회, 169-172; 정구태, “신탁제도를 통한 재산승계 —유류분관의 관계를 중심으로—”, 인문사회 21 제9권 1호(2018. 2), 아시아문화학술원, 659-661 참조.

16) 이근영, “신탁법상 재산승계제도와 상속”, 법학논총 제32집 제3호(2012. 12), 전남대학교 법학연구소, 224; 광장신탁법연구회(주 4), 269; 이화연, “재산승계수단으로서의 신탁과 상속 —신탁의 재산승계수단으로서의 활용가능성과 유류분 반환의 문제를 중심으로—”, 사법논집 제65집, 법원도서관(2017), 495.

서만 제한되는 것이고, 위와 같은 결과는 민법이 규정하고 있는 유류분제도의 틀을 유언대용신탁이 설정된 경우에 대하여 그대로 적용한 결과 도출된 것이라 할 것이므로, 유류분반환청구가 불가능한 경우가 발생할 수 있다고 하여 민법이 예정한 상속질서에 반하는 것이라고 단정할 수는 없다고 한다. 다만 이러한 경우에는 민법에 의한 재산승계가 이루어진 경우와 비교하여 법정상속인의 이익 보호에 부족한 부분이 있을 수 있으므로 신탁법에 별도로 특별히 유류분반환청구를 할 수 있도록 허용하는 등의 입법적인 방법으로 해결되어야 할 문제라고 하는 견해[17]도 제기되고 있다.

이 견해에 대하여는, 신탁재산의 소유권이 수탁자에게 이전되더라도 위탁자에게 남아 있는 권리 및 수익자가 종국적으로 취득하는 권리는 어디까지나 신탁재산 자체가 아니라 수익권이므로, 유류분 산정에서 증여재산으로 가산되어야 할 것은 신탁재산이 아닌 수익권의 가치라는 비판[18]과 상속법상 유류분제도의 취지를 고려하면 '민법 제1114조의 산입될 증여'는 도관(conduit)에 불과한 수탁자가 취득한 신탁재산이 아니라 최종적 귀속자인 수익자가 취득한 가치를 기준으로 하는 것이 타당하다는 비판[19]이 있다.

(나) 신탁재산이 유류분 산정의 기초가 되는 재산액 중 피상속인의 상속재산에 포함되어야 한다는 견해(제2설) 이 견해는 유언대용신탁의 설정으로 형식적으로는 신탁재산이 위탁자로부터 수탁자에게 이전되었지만, 유언대용신탁의 위탁자는 원칙적으로 자유롭게 수익자를 변경할 수 있고(신탁법 제59조 제1항), 신탁행위로 달리 정하지 않는 한, 언제든지 유언대용신탁을 종료시키고 신탁재산을 위탁자 명의로 복귀시킬 수 있으므로 결국 유언대용신탁의 위탁자는 실질적인 의미에서 여전히 신탁재산을 지배하고 소유권에 견줄 수 있는 권리를 가진다고 보아야 하므로, 유언대용신탁의 신탁재산은 상속개시 시 피상속인(위탁자)이 가진 재산에 포함되어 유류분 산정의 기초재산이 되는 것으로 보아야 한다고 한다.[20]

이 견해에 대하여는, 유언대용신탁이 설정되면 신탁재산은 그 때부터 위탁자의 소유가 아니라 수탁자에게 대내외적으로 완전히 이전되는 것이고, 신탁재산의 독립성으로 인해 신탁재산은 위탁자의 채권자의 강제집행으로부터 자유로울 수 있고 위탁자가 도산하는 경우에도 안전하게 지킬 수 있는 것이고, 유언대용신탁의 설정으로 상속개시 시에 신탁재산은 피상속인의 재산으로 남아 있지 않으므로, 그와 같은 해석은 무리한 해석이라는 비판[21]과 위탁자가 언제라도 수익자를 변경하거나 신탁을 종료한 후 신탁재산을 위탁자 명의로 복귀시킬 수 있다는 것은 어디까지나 '가능성'에 불과할 뿐, 그러한 가능성이 실제로 실현되지 않은 이상 신탁재산

17) 이화연(주 16), 509-510.
18) 임채웅(주 11), 135-136, 138; 정구태(주 15), 662.
19) 정소민, "신탁을 통한 재산승계와 유류분반환청구권", 한양법학 제28권 제2집(2017. 5), 한양법학회, 227.
20) 정소민(주 19), 224-226.
21) 김상훈, "유언대용신탁을 활용한 가업승계", 기업법연구 제29권 제4호(2015. 12), 한국기업법학회, 17-18.

의 소유권이 수탁자에게 완전히 이전되었다는 사실은 부인할 수 없다는 비판[22]이 있다.

㈐ 수익권이 유류분 산정의 기초가 되는 재산액 중 수익자에 대한 증여재산에 포함되어야 한다는 견해(제3설) 이 견해는 유언대용신탁을 통해 피상속인(위탁자)으로부터 무상으로 재산을 이전받음으로써 궁극적으로 이득을 얻는 자는 도관(conduit)에 불과한 수탁자가 아니라 수익자이고, 위탁자는 실질적으로 수익자에게 수익권을 유증 또는 사인증여한 것과 유사하므로 유류분 기초재산 산정 시 수익자의 수익권이 증여재산에 준하여 산입되어야 하며,[23] 수익자가 수익권을 취득하는 시기는 피상속인의 사망 시이므로 신탁등기나 신탁계약이 피상속인 사망 전 1년 이내에 이루어졌는지와 무관하게 수익권의 가치는 모두 가산되어야 한다고 한다.[24]

이 견해에 대하여는, 수익자의 수익권은 피상속인이 가지고 있던 권리를 승계하는 것이 아니라 유언대용신탁에 의하여 발생한 고유한 권리를 수익자가 취득하는 것이며, 피상속인이 가지고 있지 않던 것을 증여하는 것은 법률상 불가능하다는 비판[25]과 대법원의 태도[26]에 따르면 민법 제1113조 제1항에서의 '증여재산'으로 볼 수 있으려면 상속개시 전에 이미 증여계약이 이행되어 소유권이 수증자에게 이전된 재산, 즉 이미 이행된 증여재산으로 볼 수 있어야 하는데, 유언대용신탁에서는 위탁자의 사망으로 비로소 수익자가 될 자로 지정된 자가 수익자로 되거나 수익자가 신탁수익의 지급을 받기 시작하기 때문에 유언대용신탁의 수익권을 상속개시 전에 수익자에게 '이미 이행된 증여의 목적물'로 보기 어려우므로 대법원 판례의 법리와 이론적으로 정교하게 들어맞지 않는다는 비판,[27] 그리고, 수익권은 일시의 재산이전과는 달리 통상 장기에 걸쳐 수익을 누리는 것을 예정하고 있는바, 유통성이나 시장성의 측면에서 볼 때 적정한 가격평가가 어렵고 저액화될 염려가 있다는 비판[28]이 있다.

㈑ 신탁재산과 수익권 모두 유류분 산정의 기초가 되는 재산액에 포함되지 않는다는 견

22) 정구태(주 15), 662.

23) 이계정(주 11), 277; 임채웅(주 11), 136; 정구태(주 15), 661; 최수정, "유언대용신탁과 유류분의 관계 —한국과 일본의 하급심판결에 대한 비교검토를 통하여—", 인권과정의 Vol. 493(2020. 11), 대한변호사협회, 195; 최준규(주 11), 245, 249.

24) 이계정(주 11), 277; 정구태(주 15), 661; 최준규(주 11), 252.

25) 김상훈, "신탁제도를 통한 재산승계 —유언대용신탁의 상속재산성, 특별수익성, 유류분과의 관계—", 최근 국내외 신탁실무의 동향, 한국신탁학회 2019년 춘계학술대회(2019), 73; 이화연(주 16), 500.

26) 민법 제1113조 제1항은 유류분 산정의 기초가 되는 재산의 범위에 관하여, "유류분은 피상속인의 상속개시시에 있어서 가진 재산의 가액에 증여재산의 가액을 가산하고 채무의 전액을 공제하여 이를 산정한다."라고 규정하고 있는바, 여기에서의 '증여재산'이란 상속개시 전에 이미 증여계약이 이행되어 소유권이 수증자에게 이전된 재산을 가리키는 것이고, 아직 증여계약이 이행되지 아니하여 소유권이 피상속인에게 남아 있는 상태로 상속이 개시된 재산은 당연히 '피상속인의 상속개시시에 있어서 가진 재산'에 포함되는 것이므로, 수증자가 공동상속인이든 제3자이든 가리지 아니하고 모두 유류분 산정의 기초가 되는 재산을 구성하는 것이라고 할 것이다(대법원 1996. 8. 20. 선고 96다13682 판결).

27) 김상훈(주 25), 73; 이화연(주 16), 500-501; 정소민(주 19), 228-229.

28) 이근영(주 16), 223-224; 이화연(주 16), 501.

해(제4설) 이 견해는 위탁자가 신탁재산을 수탁자에게 신탁하게 되면 그 때부터 신탁재산의 대내외적인 소유자는 수탁자이므로 유언대용신탁의 신탁재산은 상속개시 시 피상속인(위탁자)이 가진 상속재산에 포함되지 않고, 신탁재산을 수탁자에게 양도한 것으로 볼 수 없기 때문에 수탁자에게 증여한 재산으로 볼 수도 없으며, 위탁자가 유언대용신탁을 설정할 때 사후수익자에게 실제로 이전되는 재산은 아무것도 없으므로 신탁재산과 수익권 모두 증여재산에 포함될 수 없으므로 신탁재산과 수익권 모두 유류분 산정의 기초가 되는 재산액에 포함되지 않는다고 한다.[29] 한편 유류분의 제한을 받게 되는 유언신탁이 기존의 신탁법상에 존재하였음에도 불구하고 개정 신탁법에서 유언대용신탁을 신설한 취지, 유류분제도가 헌법상의 원칙이나 기본권에 해당하지 않으므로 유류분을 규정한 민법과 유언대용신탁을 규정한 신탁법 사이에 충돌하는 부분이 있다면, 그 우열관계는 일반적인 법률의 충돌 및 해석의 문제로 해결해야 한다는 점, 신탁법은 사법적 법률관계를 규율하는 민법의 특별법인 점(특별법 우선의 원칙) 등에 비추어 보면, 유언대용신탁이 유류분에 우선하는 특별한 제도라고 보는 것이 타당하다고 한다.[30]

이 견해에 대하여는, 신탁재산이나 수익권이 유류분 산정의 기초가 되는 재산액에 포함된다는 다른 견해들의 논증과 함께, 유류분제도 역시 헌법적 근거를 갖는 것이며 이 견해에 의하면 유언대용신탁이 유류분을 회피하는 수단으로 악용되고 유류분제도를 형해화시킬 위험이 매우 높다는 비판[31]과 특별법이라는 이유로 일반법의 정함이 배제되어야 한다는 것은 특별법이 해당 법제도에 대해 구체적으로 규정하였을 때에 해당하는 것인데, 신탁법이 유류분에 대해 특별히 정함이 없다면, 원칙적으로 그 점에 관한 한 일반법인 민법의 정함을 따르기로 한 것으로 해석하는 것이 타당하고, 다른 경로로의 수익권 취득은 특별수익이나 상속이 되는데 명확한 규정이 없음에도 불구하고 오직 유언대용신탁의 경우에만 예외로 인정하는 것은 타당하지 않다는 비판[32]이 있다.

(3) 유류분반환청구의 상대방

유류분 산정의 기초가 되는 재산액 산정방법과 유류분반환청구의 상대방, 반환의 대상 및 방법이 동일한 문제는 아니지만 어느 정도 논리의 연장선상에서 각 견해들이 상응하는 것으로 볼 수 있다.

신탁재산 자체를 제한적인 범위 내에서 수탁자에 대한 증여재산에 포함시키는, 전술한 Ⅱ. 2. (2)에서의 제1설은 수탁자에의 신탁재산 이전이 유류분을 침해할 수 있으므로 수탁자가 유류분반환청구의 상대방이 된다고 하며,[33] 수익자의 수익권을 증여재산에 포함시키는 제3

29) 김상훈(주 25), 71-73.
30) 김상훈(주 21), 19-20.
31) 정소민(주 19), 219, 230.
32) 임채웅(주 11), 136-137.
33) 이근영(주 16), 226; 이화연(주 16), 504.

설은 수익자를 유류분반환청구의 상대방으로 파악하고 있는 것[34]이 대체적인 경향인 것으로 보인다.

이와는 달리 신탁재산이 유류분 산정의 기초가 되는 재산액 중 피상속인의 상속재산에 포함되어야 한다는 제2설에서는 신탁재산이 수탁자에게 이전되지만 실질적으로 이익을 향수하는 자는 수익자이므로 수익자가 유류분반환청구의 상대방이 되는 것이 원칙이지만, 수익자가 존재하지 않거나 확정할 수 없는 경우처럼 특수한 사정이 있는 경우에는 예외적으로 수탁자를 상대로도 유류분의 반환을 청구할 수 있다고 탄력적으로 해석해야 한다는 견해[35]와 수익자의 수익권을 증여재산에 포함시키는 제3설의 입장을 취하여 원칙적으로는 수익자를 유류분반환청구의 상대방으로 보는 한편, 수익자가 아직 존재하지 않거나 특정되지 않는 경우에서는 예외적으로 수탁자에 대한 반환청구가 허용되어야 한다는 견해[36]도 제기되고 있다.

끝으로 신탁재산과 수익권 모두 유류분 산정의 기초가 되는 재산액에 포함되지 않는다고 하는 제4설의 입장에서 유류분반환청구의 상대방이 문제가 되지 않음은 당연한 귀결일 것이다.

(4) 유류분반환의 대상 및 방법

유류분반환의 대상 및 방법과 관련하여, 대법원 판례는 우리 민법상 유류분반환은 증여 또는 유증대상 자체를 원물반환함이 원칙이고, 예외적으로 원물반환이 불가능한 경우나 유류분 권리자와 반환의무자 사이에 가액으로 이를 반환하기로 협의가 이루어지거나 유류분 권리자의 가액반환청구에 대하여 반환의무자가 이를 다투지 않은 경우에 한하여 가액 상당액의 반환이 가능한 것으로 보고 있다.[37]

앞서 살펴본 견해들 역시 유류분반환에 있어 원물반환의 원칙을 취하고 있는 대법원 판례의 태도에 상응하는 입장을 취하고 있는 것이 대체적인 경향이긴 하지만, 유류분의 반환을 인정하는 경우에도 사망한 위탁자의 전체적인 재산승계의 계획을 최대한 존중해 줄 필요가 있다는 점에서 가액반환을 허용하고 신탁을 유지시킬 수 있다고 보거나,[38] 유류분 권리자에게로의

34) 임채웅(주 11), 139; 최준규(주 11), 259.

35) 정소민(주 19), 230-231.

36) 이계정(주 11), 278-279; 최수정(주 23), 186.

37) 우리 민법은 유류분제도를 인정하여 제1112조부터 제1118조까지 이에 관하여 규정하면서도 유류분의 반환방법에 관하여는 별도의 규정을 두고 있지 않다. 다만 제1115조 제1항이 "부족한 한도에서 그 재산의 반환을 청구할 수 있다"고 규정한 점 등에 비추어 볼 때 반환의무자는 통상적으로 증여 또는 유증 대상 재산 그 자체를 반환하면 될 것이나 위 원물반환이 불가능한 경우에는 그 가액 상당액을 반환할 수밖에 없다(대법원 2005. 6. 23. 선고 2004다51887 판결 등 참조). 원물반환이 가능하더라도 유류분 권리자와 반환의무자 사이에 가액으로 이를 반환하기로 협의가 이루어지거나 유류분 권리자의 가액반환청구에 대하여 반환의무자가 이를 다투지 않은 경우에는 법원은 그 가액반환을 명할 수 있지만, 유류분 권리자의 가액반환청구에 대하여 반환의무자가 원물반환을 주장하며 가액반환에 반대하는 의사를 표시한 경우에는 반환의무자의 의사에 반하여 원물반환이 가능한 재산에 대하여 가액반환을 명할 수 없다(대법원 2013. 3. 14. 선고 2010다42624,42631 판결).

38) 정소민(주 19), 231.

원물반환은 위탁자의 의사와 신탁의 법률관계를 크게 해칠 수 있고, 이미 안정적으로 구축해 놓은 법률관계가 심하게 훼손될 수 있다는 점에서 원물반환이 매우 적절하지 않은 경우로 보아 유류분을 가액으로 반환하는 것이 상당한 것으로 이론구성을 함으로써 유언대용신탁에서도 원물반환의 예외를 인정함이 상당하다는 주장[39]도 제기되고 있다.

Ⅲ. 수원지방법원 성남지원 2020. 1. 10. 선고 2017가합408489 판결의 태도

1. 사실관계

(1) A는 1946. 6. 13. B(1973. 10. 25. 사망)와 혼인하여 자녀로 C, 피고 D, E를 두었다.

(2) E는 1971. 7. 29. 원고 F와 혼인하여 그 사이에 자녀로 원고 G, 원고 H를 두고, 1998. 7. 16. 사망하였다.

(3) C는 I와 혼인하여 그 사이에 자녀로 J, K를 두고 A 생전에 사망하였으며, A는 2017. 11. 11. 사망하였다.

(4) A는 2014. 4. 29. 주식회사 L과 사이에 신탁계약을 체결하고, 생전수익자를 A로 사후 1차 수익자를 피고 D로 정하였으며, 위 계약에 따라 금전 3억 원 및 X 부동산을 신탁재산으로 하여, 위 신탁계약을 원인으로 2014. 4. 30. X 부동산에 관하여 L 명의의 소유권이전등기를 마쳐주었다.

(5) 피고 D는 A의 사망 직후인 2017. 11. 24. 이 사건 신탁부동산 X에 관하여 2017. 11. 23. 신탁재산의 귀속을 원인으로 한 소유권이전등기를 마쳤으며, 2018. 4. 30. 나머지 신탁재산인 현금 3억 원을 신탁계좌에서 출금하였다.

(6) A의 사망 당시 상속채무액은 존재하지 않았다.

(7) 원고들인 F, G, H는 E를 갈음한 대습상속인으로서 A의 상속재산에 대하여 유류분을 주장할 권리가 있고, A가 생전에 피고 D에게 이 사건 부동산 X 및 현금을 증여한 것으로 인하여 원고 F에게 472,834,656원, 원고 G에게 315,223,104원, 원고 H에게 315,223,104원의 유류분 부족액이 발생하였음을 이유로 피고 D를 상대로 그 반환을 구하는 이 사건 소를 제기하였다.[40]

2. 법원의 판단

(1) 수원지방법원 성남지원 2020. 1. 10. 선고 2017가합408489 판결은, “유류분 산정의

39) 이계정(주 11), 281.

40) 원고들의 청구취지는, 피고 D가 원고 F에게 472,834,656원, 원고 G, H에게 각 315,223,104원 및 각 금원에 대한 소정의 이자를 가산한 금원을 지급하라는 것이었다.

기초가 되는 재산의 범위에 관한 민법 제1113조 제1항에서의 '증여재산'이란 상속개시 전에 이미 증여계약이 이행되어 소유권이 수증자에게 이전된 재산을 가리키는 것이고, 아직 증여계약이 이행되지 아니하여 소유권이 피상속인에게 남아 있는 상태로 상속이 개시된 재산은 당연히 '피상속인의 상속 개시시에 있어서 가진 재산'에 포함되는 것이므로 수증자가 공동상속인이든 제3자이든 가리지 않고 모두 유류분 산정의 기초가 되는 재산을 구성한다(대법원 1996. 8. 20. 선고 96다13682 판결)"고 판시한 후, 이 사건 신탁재산은 망인의 사후에 비로소 피고의 소유로 귀속된 사실을 확인할 수 있으므로, 망인이 피고에게 이 사건 신탁재산을 생전증여하였다고 보기는 어렵다고 하였다.

(2) 또한, "망인의 사망 당시 이 사건 신탁재산은 수탁인인 L에게 이전되어 대내외적인 소유권이 수탁자인 L에게 있었으므로, 이 사건 신탁재산이 망인의 적극적 상속재산에 포함된다고 보기도 어렵다."고 판시하였다.

(3) 이어서 "그런데, 신탁재산의 수탁자로의 이전은 수탁자가 위탁자에게 신탁재산에 대한 대가를 지급한 바 없다는 점에서 성질상 무상이전에 해당하고, 민법 제1114, 1113조에 의해 유류분 산정의 기초로 산입되는 증여는 본래적 의미의 증여계약에 한정되는 것이 아니라 무상처분을 포함하는 의미로 폭넓게 해석되므로, 민법 제1114조에 해당하는 경우나 상속인을 수탁자로 하는 경우에는 민법 제1118조, 제1008조에 따라 유류분 산정의 기초가 되는 증여재산에 포함될 수 있다.[41)]"고 판시한 후, "이 사건 신탁계약의 수탁자는 상속인이 아니므로, 이 사건 신탁재산이 민법 제1114조에 의하여 증여재산에 산입될 수 있는지 보건대, 이 사건 신탁계약 및 그에 따른 소유권의 이전은 상속이 개시된 2017. 11. 11.보다 1년 전에 이루어졌으며, 이 사건 기록에 의할 때 수탁자인 L이 이 사건 신탁계약으로 인하여 유류분 부족액이 발생하리라는 점을 알았다고 볼 증거가 없으므로, 이 사건 신탁재산은 민법 제1114조에 따라 산입될 증여에 해당하지 않아 유류분 산정의 기초가 될 수 없다."고 판시하였다.

(4) 한편, 원고들 및 피고의 유류분 부족액을 계산해 본 결과 원고들에게 유류분 부족분이 발생하지 아니하였다는 결론에 이르게 되어, 결국 이 사건 유류분반환청구는 이유 없는 것이므로 기각한다는 판결을 내리게 되었다.

3. 검 토

이러한 재판부의 판단을 정리해보면, 유언대용신탁에 있어서 피상속인인 위탁자가 수탁자에게 이전한 신탁재산은 대내외적인 소유권이 수탁자에게 있으므로 수익자에게 생전증여를 하였다고 볼 수 없고, 피상속인의 상속개시 시의 적극적 상속재산에 포함된다고 볼 수도 없는 것이며, 수탁자가 위탁자에게 신탁재산에 대한 대가를 지급한 바가 없다는 점에서 성질상 무상

41) 이화연(주 16).

이전에 해당하므로 수탁자에 대한 증여재산으로 보아야 한다는 것이다. 그런데 이 사건의 수탁자는 상속인이 아니므로 수탁자에 대한 재산이전이 피상속인 사망 1년 내에 이루어졌거나, 또는 피상속인 사망 1년 전에 이루어진 것이라 하더라도 수탁자가 유류분의 침해사실에 대하여 악의인 경우에 한하여 수탁자에 대한 증여재산으로서 유류분 산정의 기초재산에 포함될 수 있을 것인데, 이 사건 신탁계약에 따른 소유권의 이전은 피상속인의 사망 1년 전에 이루어졌고, 수탁자가 신탁계약으로 인하여 유류분 부족액이 발생하리라는 점을 알았다고 볼 수 없으므로, 이 사건 신탁재산은 민법 제1114조에 따라 산입될 증여에 해당하지 않아 유류분 산정의 기초가 될 수 없다고 판단한 것이다.

이러한 법원의 판단은 신탁재산 자체를 제한적인 범위 내에서 수탁자에 대한 증여재산에 포함시키는, 전술한 Ⅱ. 2. (2)에서의 제1설의 견해를 상기시킨다. 수원지방법원 성남지원 2020. 1. 10. 선고 2017가합408489 판결에 대해서는, 원고들이 당해 신탁의 수익자가 취득한 수익권이 과연 원고들의 유류분을 침해하는 증여에 해당하는지 여부에 대해서는 아무런 주장을 하지 않은 결과 법원이 그에 대한 평가와 판단을 하지 않음으로써 유언대용신탁이 유류분을 회피할 수 있는 수단으로 오인될 소지가 크고, 실무에서는 이 판결로 인하여 유언대용신탁에 유류분의 적용이 없다는 오해 혹은 기대들이 나오고 있다고 하며 이 판결에 대한 오해를 경계하고 있는 지적[42]도 있지만, 본고의 각주 41에서 확인할 수 있는 바와 같이 해당 판결이 전술한 Ⅱ. 2. (2)에서의 제1설 중 수익자의 수익권은 유류분 산정의 기초가 되는 재산액에 포함될 수 없다고 하는 견해[43]를 판결 이유 부분에서 인용하고 있는 점을 고려한다면 그와 같이 평가할 수 있는 것인지에 대하여는 다소 의구심이 들기도 한다.[44]

아무튼 해당 판결은 하급심 법원의 판결이긴 하지만 유언대용신탁과 유류분반환청구의 관계에 관하여 명시적인 판단을 한 최초의 판결이라는 점에서 의의가 있다. 해당 판결의 판단에 대한 그 밖의 평가는 후술하는 Ⅳ. 1.에서 각 견해들을 검토하는 과정에서 함께 고찰하게 될 것이다.

4. 수원고등법원 2020. 10. 15. 선고 2020나11380 판결에서의 판단

앞선 판결이 선고된 후 원고들이 수원지방법원 성남지원 2020. 1. 10. 선고 2017가합408489 판결에 대하여 항소를 제기하였는데, 이 사건의 항소심인 수원고등법원 2020. 10. 15. 선고 2020나11380 판결은, 당해 신탁재산이 유류분 산정의 기초가 되는 재산에 포함될 경우와 포함되지 않을 경우에 원고들의 유류분 부족액이 발생하는지를 모두 검토한 후, 당해 신탁

42) 최수정(주 23), 175, 182, 195.

43) 이화연(주 16), 499-502, 509-510. 그 밖에 본고의 주 25, 주 27, 주 28도 참조

44) 박근웅, "상속에 의한 기업승계의 몇 가지 문제", 비교사법 제27권 3호(2020. 8), 한국비교사법학회, 74-75도 참조.

재산이 유류분 산정의 기초가 되는 재산에 포함되는지 여부와 무관하게 어떠한 경우라도 원고들의 유류분 부족액이 발생하지 않는다는 이유에 근거하여 결국 유류분 산정의 기초가 되는 재산에 신탁재산이 포함되는지 여부를 따로 판단하지 않는다고 판시함으로써, 결국 유언대용신탁과 유류분반환청구의 관계에 대해서도 별도의 판단을 하지 않았다. 다만 수원지방법원 성남지원 2020. 1. 10. 선고 2017가합408489 판결이 유언대용신탁과 유류분반환청구의 관계에 관하여 내린 명시적인 판단에 대하여, 해당 항소심 판결이 긍정적인 입장을 밝히고 있진 않지만 다른 한편으로 부정적인 입장 역시 밝히고 있지도 않다는 점을 상기할 필요가 있을 것이라 생각한다.

Ⅳ. 해결의 모색

1. 해석론에 의한 해결

(1) 유언대용신탁과 유류분의 관계가 문제가 되는 것은, 전술한 Ⅱ. 1. (2)에서 살펴본 바와 같이, 기본적으로는 신탁재산의 법적 권원과 수익적 소유권의 분리를 바탕으로 발달한 신탁제도의 고유한 법리와 소유권의 혼일성과 전면성을 인정하고 있는 대륙법계 및 우리나라의 기존 사법상의 법리 간에 조화로운 해석과 이해의 정립이 요구되기 때문이다.

(2) 유언대용신탁과 유류분의 관계에 관하여 전술한 Ⅱ. 2. (2)에서의 각 견해들의 대립은 근본적으로는 신탁 법리와 소유권 이전 및 귀속 등의 법형식을 중시할 것인지, 아니면 유언대용신탁에 의하여 이루어지는 재산승계에 있어 그러한 신탁의 목적과 당사자들의 의도 및 신탁으로 인한 실질적 이익의 궁극적인 귀속 등의 실질을 중시하여 민법상 유류분제도의 취지를 유언대용신탁의 경우에도 반영시키려는 것인지에 있다. 이러한 기준에 의하여 구별해 본다면 제1설과 제4설은 전자의 입장에 가깝고 제2설과 제3설은 후자의 입장에 가까운 것으로 볼 수 있다.[45)]

(3) 제4설과 제1설 중 특히 제1설과 수원지방법원 성남지원 2020. 1. 10. 선고 2017가합408489 판결의 태도는 소유권 이전의 법형식과 신탁 법리에 충실한 입장으로서 그 논거에 어느 정도 수긍할 여지가 있긴 하지만, 제4설과 제1설 등은 유언대용신탁으로 인한 재산승계는 궁극적으로 피상속인(위탁자)으로부터 수익자에게 이익을 이전시키는 것을 목적으로 하고 있다는 실질을 전혀 고려하지 않음으로써 피상속인에게 유언대용신탁을 활용하여 유류분제도의 취지를 형해화하거나 우회 내지 잠탈하는 경로를 제공하게 될 소지가 있다. 그런데 유언대용신탁이 도입된 취지와 개정 경과를 살펴보면, 유언대용신탁은 사실상 유언과 동일한 효과를 발생시키므로 상속법과의 충돌이 문제될 수 있으므로 상속법과의 관계에 대해 명시적으로 규정을 두는 방법도 생각할 수 있으나, 해석론으로 충돌 없이 해결 가능하므로 별도의 규정을 두지

45) 이와 관련하여서는 엄복현(주 15), 169-172와 최수정(주 23), 177-178에서의 학설의 분류방식도 참조.

는 않는다고 하고 있으므로,[46] 유언대용신탁제도의 도입이 유류분제도의 제한을 목적으로 하거나 유언대용신탁제도의 도입으로 유류분제도 중의 일부 법리를 그 이전과 다르게 변경하려고 했던 의도는 아니었던 것으로 보인다. 만일 그러한 의도가 있었다면 특례 규정을 두었어야 하고 특례 규정이 없다면 일반 사법인 민법의 내용이 그대로 적용되어야 하는 것은 일반법과 특별법의 관계에 관한 기본 법리에 비추어 주지의 사실이라 할 것이다. 물론 유류분제도 자체와 그 인정 범위에 대해 논란이 있는 것도 사실이지만, 현행법상 유류분제도가 계속 유지되고 그 내용의 변경이 없게 된다면 유언대용신탁제도뿐만 아니라 앞으로 새롭게 등장할 거래유형들 역시 특례 규정을 수반하지 않는 한에서는 피상속인의 재산처분의 자유를 일부 제한함으로써 법정상속인의 최소한의 상속이익을 보장하고 공동상속인들 간의 공평을 도모하고자 하는 유류분제도 내에서의 포섭과 운용 및 조화로운 이해가 필요하다고 할 것이다. 이 점에서 제4설과 제1설 등은 다소간의 문제가 있다.

(4) 제2설은 유언대용신탁으로 인한 소유권 이전의 형식에도 불구하고 실질을 고려하여 위탁자가 여전히 신탁재산을 지배하고 소유권에 견줄 수 있는 권리를 가지는 것으로 보아야 하므로 신탁재산을 상속개시 시 피상속인(위탁자)이 가진 재산에 포함하여야 한다고 한다. 만일 그렇다면 상속개시 시에 수탁자는 신탁재산에 대하여 소유권을 갖고 있지 않은 것인가. 피상속인은 상속개시 시에만 신탁재산을 가졌던 것인가 아니면 그 이전에도 여전히 갖고 있었던 것인가. 신탁이란 위탁자가 수탁자에게 특정의 재산을 이전하는 등의 것이란 신탁법 제2조[47]는 무슨 의미인 것인가. 위탁자가 여전히 신탁재산을 지배하고 있다면 소유권이 지배권이고 배타적인 권리라는 것은 어떤 의미인가 등등의 일물일권주의나 물권 일반의 정의, 신탁의 법리[48] 등 근본적인 법리에 기초한 의문을 떠올리게 한다. 그러한 근본적인 법리가 여전히 유효하다면 제2설의 취지와 별개로 그 핵심적인 논거는 흔들릴 수밖에 없는 것이 아닐까라고 조심스레 생각한다.[49]

46) 법무부(주 4), 469-470.

47) 신탁법 제2조(신탁의 정의)
이 법에서 “신탁”이란 신탁을 설정하는 자(이하 “위탁자”라 한다)와 신탁을 인수하는 자(이하 “수탁자”라 한다) 간의 신임관계에 기하여 위탁자가 수탁자에게 특정의 재산(영업이나 저작재산권의 일부를 포함한다)을 이전하거나 담보권의 설정 또는 그 밖의 처분을 하고 수탁자로 하여금 일정한 자(이하 “수익자”라 한다)의 이익 또는 특정의 목적을 위하여 그 재산의 관리, 처분, 운용, 개발, 그 밖에 신탁 목적의 달성을 위하여 필요한 행위를 하게 하는 법률관계를 말한다.

48) 특히 신탁제도의 핵심적인 법리 중 하나인 신탁재산의 독립성과 관련해서도 생각해 볼 필요가 있다. 즉, 수탁자에게 이전된 신탁재산은 위탁자인 피상속인의 고유재산과도 구분되는 독립성을 갖는다고 하는데, 그렇다면 신탁재산을 피상속인(위탁자)이 상속개시 시 가지고 있던 재산에 포함시켜 생각하는 것이 그러한 법리와 부합할 수 있을지 의문이 든다. 이와 관련하여서는 이계정(주 11), 275-276도 참조.

49) 물론 제2설의 주장은 단순히 위탁자가 소유권을 실제적으로 갖고 있다는 의미가 아니라 소유권에 견줄 수 있는 권리를 그것도 유언대용신탁을 종료시키고 자신의 명의로 복귀시킬 수 있다는 의미에서만 실질적으로 갖고 있다는 것이고, 신탁재산 역시 피상속인의 상속개시 시 적극재산이라는 것이 아니라 피상속인의 적극재산으로 실

(5) 한편 제3설과 관련하여서 살펴보면, 유언대용신탁에 있어 수탁자는 수익자가 신탁의 이익을 최종적으로 이전받기 위한 수단이나 경로(channel) 내지 도관(conduit)일 뿐이라는 실질을 떠나서 생각해보더라도 유언대용신탁에 의하여 수익자가 직접 취득하는 것은 수익권 그 자체이므로 수익권을 중심으로 유류분 산정의 기초재산을 판단해보려는 시도가 실질에 치우쳐 소유권 이전의 법형식 등과 부합하지 않는다고 할 수는 없을 것이다.[50] 유언대용신탁에 의해 최종적으로 수익자가 신탁재산의 소유권을 취득하게 되는 경우에도 그것은 수익자의 수익권이 실현된 결과일 뿐이지 수익자가 신탁재산 자체를 유언대용신탁의 설정행위에 의해 직접 취득하였던 것은 아니다. 따라서 유언대용신탁의 경우 유류분 산정의 기초재산의 산입의 대상으로 포착되어야 하는 것도 역시 수익자의 수익권 그 자체인 것이므로 결국 제3설의 입장이 기본적으로 타당한 것이라 생각한다. 그리고, 이와 같이 유언대용신탁을 통해 수익자가 수익권을 직접 취득하는 것이므로 무엇보다 수익권이 유류분 산정의 기초재산 산입의 대상으로 우선적으로 고려되어야 한다는 점이 인정될 수 있다면, 이는 제3설의 가장 설득력 있는 논거에 해당할 것이며 한편으론 다른 견해들에 대한 가장 큰 비판의 논거가 될 것이다.

이하에서는 제3설에 대한 비판을 검토하는 것으로써 제3설의 타당성을 논증하기로 한다.

우선, 수익자의 수익권은 피상속인이 가지고 있던 권리를 승계하는 것이 아니라 유언대용신탁에 의하여 발생한 고유한 권리를 수익자가 취득하는 것이며, 피상속인이 가지고 있지 않던 것을 증여하는 것은 법률상 불가능하다는 비판[51]과 관련하여서는, 유언대용신탁에서 수익자가 수익권을 취득하는 것은 위탁자와 수탁자가 신탁계약을 통해 수익자에게 채권의 일종인[52] 수익권을 취득하게 하는 일종의 제3자를 위한 계약의 형태로 이해할 수 있을 것인데,[53] 제3자를 위한 계약의 유형 중 대가관계가 존재하지 않는 유형에 있어서는 수익자의 권리취득이 실질적으로는 증여와 유사한 관계(위탁자와 수익자 사이에서는 사인증여)로 취급될 수 있으므로 수익권을 증여재산에 준하여 유류분 산정의 기초가 되는 재산액에 포함시키는 것이 근거가 없는 설명은 아니라고 생각한다. 즉, 민법 제1114조의 '상속개시 전 1년간에 행하여진 증여'의 해석과 관련하여 여기서의 증여의 개념은 일반적으로 폭넓게 파악되고 있으며, 증여와 동일시

질적으로 취급만 하자는 취지라는 것은 분명하다. 그리고 그러한 취지에 대하여도 충분히 공감이 간다. 하지만 그렇게 취급하려는 논거가 신탁재산의 수탁자에 대한 대내외적 소유권의 완전한 이전에도 불구하고 "위탁자가 실질적인 의미에서는 여전히 신탁재산을 지배하고 소유권에 견줄 수 있는 권리를 가진다고 보아야 하기" 때문이라면 그 논거와 관련해서는 위 의문들이 지나친 비약에 그치는 것만은 아닐 것이라 생각한다.

50) 임채웅(주 11), 134는 상속인에 의한 수익권의 취득은 어떤 경로에 의한 것이라도 상속과 관련하여 의미가 있고, 상속법리의 적용을 피할 수 없으며, 그 상속인이 취득한 것은 수익권이므로 특별한 사정이 없는 한 상속의 차원에서는 수익권을 그 대상으로 보고 논의하여야 한다고 한다.

51) 김상훈(주 25), 73; 이화연(주 16), 500.

52) 이와 관련하여서는 전술한 Ⅱ. 1. (2)와 본고의 각주 11을 참조.

53) 권재문, "연이은 유증과 수익자연속 신탁의 관계: 유류분 반환의 법률관계를 중심으로", 입법과 정책 제7권 제2호(2015. 12), 국회입법조사처, 351-353; 박근웅(주 44); 임채웅(주 11), 132; 최준규(주 11), 253, 268.

할 수 있는 제3자를 위한 무상의 사인처분 역시 유류분 산정의 기초가 되는 재산에 산입할 수 있어서, 가령 피상속인이 자기의 재산을 매각하고 그 매매대금은 피상속인이 사망할 때에 제3자에게 직접 지급하도록 약정한 경우에, 제3자는 매도인의 권리를 승계하는 것이 아니라 직접 매수인에 대하여 고유의 권리를 취득하는 것이므로, 이는 엄밀한 의미에서는 증여는 아니지만, 실질적으로는 증여와 유사하므로 유류분제도와 관련하여서는 유류분 산정의 기초재산에 산입하여야 하는 것[54]과 같은 취지로 볼 수 있다고 생각한다. 그리고, 무엇보다 근본적으로, 많은 문헌에서 유언대용신탁을 재산승계수단이라고 칭하고 있으며 유언대용신탁제도를 도입한 것 자체가 재산승계에 활용하기 위한 것이라고 설명하고 있는데,[55] 그렇다면 재산승계수단을 사용하여 일정한 결과가 발생한 현상을 실질적으로 승계가 있었던 것으로 파악하는 것(승계가 이루어지고 그 대가관계가 없다면 특정 재산의 무상승계에 준하여 취급하는 것, 즉 유언대용신탁을 이용한 재산승계를 증여에 준하여 파악하는 것)이 부적절한 것이라고 할 수 있을까. 그 때 사용하고 있는 “승계”의 의미는 전자와 후자에서 다른 의미인 것인가. 사실 혹은 현상과 이론 혹은 논리 구조가 부합하지 않는다면 다듬을 수 있는 것 또한 다듬어야 하는 것은 과연 어느 쪽인가 등의 반문이 가능하지 않을까 한다.

다음으로, 대법원의 태도[56]에 따르면 민법 제1113조 제1항에서의 ‘증여재산’으로 볼 수 있으려면 상속개시 전에 이미 증여계약이 이행되어 소유권이 수증자에게 이전된 재산, 즉 이미 이행된 증여재산으로 볼 수 있어야 하는데, 유언대용신탁에서는 위탁자의 사망으로 비로소 수익자가 될 자로 지정된 자가 수익자로 되거나 수익자가 신탁수익의 지급을 받기 시작하기 때문에 유언대용신탁의 수익권을 상속개시 전에 수익자에게 ‘이미 이행된 증여의 목적물’로 보기 어려우므로 대법원 판례의 법리와 이론적으로 정교하게 들어맞지 않는다는 비판[57]과 관련해서는, 먼저 전술한 바와 같이 수익자가 취득하는 수익권을 유류분 산정의 기초재산에 산입되는 증여재산에 준하는 것으로 파악할 수 있고 수익권을 채권의 일종으로 볼 수 있다면, 채권의 증여도 가능하고 민법 제1114조의 ‘상속개시 전 1년간에 행하여진’ 증여의 해석과 관련하여 채권을 증여한 경우 아직 대항요건을 구비하지 않았더라도 채권처분행위가 이루어진 이상

54) 윤진수(주 14), 588.

55) 법무부(주 4), 468. 472.

56) 민법 제1113조 제1항은 유류분 산정의 기초가 되는 재산의 범위에 관하여, “유류분은 피상속인의 상속개시시에 있어서 가진 재산의 가액에 증여재산의 가액을 가산하고 채무의 전액을 공제하여 이를 산정한다.”라고 규정하고 있는바, 여기에서의 ‘증여재산’이란 상속개시 전에 이미 증여계약이 이행되어 소유권이 수증자에게 이전된 재산을 가리키는 것이고, 아직 증여계약이 이행되지 아니하여 소유권이 피상속인에게 남아 있는 상태로 상속이 개시된 재산은 당연히 ‘피상속인의 상속개시시에 있어서 가진 재산’에 포함되는 것이므로, 수증자가 공동상속인이든 제3자이든 가리지 아니하고 모두 유류분 산정의 기초가 되는 재산을 구성하는 것이라고 할 것이다(대법원 1996. 8. 20. 선고 96다13682 판결).

57) 김상훈(주 25), 73; 이화연(주 16), 500-501; 정소민(주 19), 228-229.

증여가 이행되었다고 해석할 수도 있을 것[58]으로 생각되므로 이에 비추어 생각해본다면 문제가 없지 않을까 한다. 한편으론, 민법 제1113조 제1항에 의해 가산되어야 하는 증여재산이란, "상속개시 전에 이미 증여계약이 이행되어 소유권이 수증자에게 이전된 재산을 가리키는 것이고, 아직 증여계약이 이행되지 아니하여 소유권이 피상속인에게 남아 있는 상태로 상속이 개시된 재산은 당연히 '피상속인의 상속개시시에 있어서 가진 재산'에 포함되는 것"이라는 대법원 판결의 표현과 그 취지를 반추해보면 이미 이행되어 이전되었는가라는 판단은 수증자와 2당사자구조를 중심으로 생각하여 표현하고 있는 것이고 같은 문제를 상속개시 시의 피상속인의 적극재산 또는 피상속인을 중심으로 생각해본다면 어떤 재산이 피상속인의 상속재산에서 이탈되어 있는가의 문제와 완전히 동일한 사고 하에 놓여 있는 것이라 생각한다. 즉 대법원 판례의 취지는, 본래대로라면(증여가 없었더라면) 상속개시 시에 마땅히 피상속인의 적극재산에 남아 있어 상속재산으로 취급되었어야 할 재산들 중 상속개시 당시 (이미 증여로 인해) 이탈되어 있는 것들 중 일부를 증여재산으로서 일일이 끌어와(물론 관념적으로) 피상속인의 적극재산에 추가로 가산을 하고 상속개시 당시 여전히 적극재산으로 잘 보전되고 있는 것들은 그저 피상속인의 기존 적극재산으로 한데 계산하여 유류분을 산정하면 된다는 것이 아닐까 한다. 유류분 산정의 기초재산에 있어 상속인들의 가장 큰 관심은 "있어야 할 것이 다 있는가, 빠진 것은 없는가"이지 결코 "다른 사람에게 완전히 잘 도착해 있는가"는 아닐 것이다.[59] 즉 "이미 이행되어 이전된"이란 표현은 적어도 유류분 산정의 기초재산에 산입하는 것과 관련해선 "이미 이탈이 완료된"이란 표현과 같은 의미로 보는 것도 가능하지 않을까 생각한다. 이와 같이 이해한다면 제3설의 견해가 대법원 판례의 법리와 배치되는 것은 아니라고 생각한다.[60][61]

---

58) 주해상속법 제2권, 박영사, 2019, 941(최준규 집필부분)은, "채권을 증여한 경우 아직 대항요건을 구비하지 않았더라도 채권처분행위가 이루어진 이상 증여가 이행되었다고 해석해도 무방하다고 사료된다."라고 기술하고 있다.

59) 물론 유류분을 반환해야 하는 당사자의 입장에서 중요한 것은 당연히 후자일 것이므로 반환의무의 기준은 후자의 여부에 좌우되어야 할 것이다.

60) 이계정(주 11), 277은, 그러한 판결은 피상속인의 재산 중 증여가 이행되지 않아 소유권이 피상속인에게 남아 있는 경우를 전제로 한 판결이므로, 유언대용신탁에 의해 이미 위탁자에서 수탁자 앞으로 소유권이 이전된 후 위탁자(피상속인)가 사망하는 경우에 적용될 수 있는 법리는 아닌 것으로 판단된다(유언대용신탁은 생전신탁이므로 피상속인 사망 이전에 신탁재산에 관한 소유권이 이미 수탁자 앞으로 이전되었다)고 한다.

61) 유언대용신탁에 있어 신탁재산이 (잠재적으로는 수익권의 이탈도 예정하며) 피상속인의 재산에서 완전히 이탈하는 것은 신탁설정 시이며 이것이 상속개시 전에 이미 행하여진다는 것은 달리 설명이 필요하지 않을 것이다. 다만 증여재산에 준하여 산입되는 것은 신탁재산이 아니라 수익권 그 자체라는 점을 여전히 주의할 필요가 있다. 수익자의 수익권의 이탈(정확히는 취득)이 확정되는 것은 수익자변경권을 갖고 있었던 위탁자(피상속인)의 사망과 함께 수익자변경권이 소멸하는 동시의 법적 찰나(juristische Sekunde)의 순간이라고 할 것이다. 최준규(주 11), 253-254는, 위탁자가 수익자변경권을 갖고 있었으므로 위탁자 사망 후 발생할 수익권 상당의 경제적 가치가 위탁자 사망 직전에(in der logischen, juristischen Sekunde) 위탁자의 상속재산을 구성하다가 수익자가 확정적으로 수익권을 취득하는 즉시 수익자에게 이전한다고 보는 것이 충분히 가능하다고 한다.

끝으로 수익권의 적정한 가격평가가 어렵고 저액화될 염려가 있다는 비판[62]과 관련해서는, 민법 제1113조 제2항이 규정하고 있는 감정인의 평가에 의하여 수익권도 부족하나마 그 적정한 가액을 정할 수 있을 것이라는 점을 지적할 수 있을 것이다.

결론적으로 유류분 산정의 기초가 되는 재산액의 산정에 있어서는 제3설에 따라 수익자의 수익권 그 자체를 증여재산에 준하여 가산하여야 하고, 수익자가 수익권을 취득하는 시기는 피상속인의 사망 시이므로 신탁재산의 이전 시기와 상관없이 수익권의 가치는 모두 유류분 산정의 기초재산에 산입되어야 하며, 유류분반환청구의 상대방은 수익자가 되어야 하고, 유류분반환청구는 수익권 자체의 이전을 청구하는 형태로 이루어져야 한다는 것이 유언대용신탁과 유류분반환청구의 관계에 대하여 타당한 해결이라고 생각한다.

2. 입법적 해결

전술한 Ⅳ. 1. (3)에서와 같이 유언대용신탁제도의 도입과 신탁법의 개정 당시 이를 담당한 전문가들은 유언대용신탁과 유류분제도 등의 상속법과의 관계에 대해서는 해석론으로 충돌 없이 해결 가능하므로 별도의 규정을 두지 않아도 될 것이라 예상했지만, 그 이후의 상황을 보면 여러 가지 논쟁이 계속되고 있으며 모든 견해들이 공유하고 있는 최소한의 내용이 얼마나 될 것인지조차 의구심이 든다. 법형식과 신탁 법리에 충실하려 하는 견해들은 실질을 중시하고 유류분제도 내의 조화를 시도하려는 입장들에 대해 법형식을 무시하고 실질만 중시함으로써 다분히 목적지향적이고 기교적이며 의제에 가까운 무리한 논리에 기반하여 설명하려 한다는 의심을 갖고 있는 듯하고, 후자의 견해들은 전자의 입장에 대해 법형식에 치우쳐 실질을 전혀 고려하지 않는다는 의심을 갖고 있는 듯하다. 그런데 이러한 논란은 유언대용신탁의 문제뿐만 아니라 기본적으로 영미법에 기반한 신탁제도와 대륙법에 기반한 사법질서가 조화를 이루기 위한 문제들 모두에 해당되는 공통적인 고민 중의 하나라고 생각한다. 이는 사실 매우 어려운 문제로서 신탁제도와 관련하여 아직 심화 연구가 충분히 진행되지 않은 우리나라의 현실에서는 불가피한 과정에 해당할 것이다.

수익권의 법적 성질에 대해서조차 여전히 논란이 있고, 유언대용신탁이 이루어지는 경우 유류분 산정의 기초재산에 산입되어야 할 것이 존재하는지 여부와 존재한다면 과연 무엇일지에 대해서부터 이견이 분분하여 이와 관련하여 누구나 수긍할 수 있고 받아들여질 수 있는 해석론과 합의가 등장할 가능성이 현재로서는 요원해 보이므로, 해석론에 의한 해결이 충분한 해결책이 되지는 않을 수도 있으므로 궁극적으론 관련된 문제 상황에 대해 명확히 입법적으로 해결하는 것이 필요할 것이라 생각한다. 그 과정에서 입법의 대상은 민법보다는 신탁법이 되어야 할 것이며, 유언대용신탁제도에 대해서는 유류분제도를 배제하는 쪽으로 합의가 이루어

62) 이근영(주 16), 223-224; 이화연(주 16), 501.

진다면 신탁법에 특례 규정을 두어야 하고, 유언대용신탁 역시 유류분제도 내에서 활용되어야 한다는 결론에 도달한다면 유류분 산정의 기초재산에 산입되어야 할 것이 무엇인지에 대하여 명확히 규정하면 될 것이다. 물론 필자는 후자의 방향으로 신탁법 개정이 이루어지는 것이 바람직할 것이라 생각하고 그와 별도로 민법상의 유류분제도 자체의 유지 여부에 대한 검토와 유류분제도의 손질 역시 필요한 시점에 이르지 않았는가 생각한다.

V. 논의의 정리

이상의 논의를 정리하면 다음과 같다.

1. 유언대용신탁에 의해 재산승계가 이루어지는 경우, 피상속인의 재산처분의 자유와 상속인들의 최소 상속이익의 보장 및 공동상속인들 간의 공평을 도모하기 위한 유류분제도와의 관계가 문제될 수 있다.

2. 이에 대해 학설상으로는, 유류분 산정의 기초가 되는 재산액의 산정방식 및 유류분 반환대상과 관련하여 신탁재산 그 자체와 수익자가 취득한 수익권이 어떻게 취급되어야 할 것인지와 유언대용신탁에 의하여 유류분 침해가 인정되는 경우 유류분 반환의 상대방이 수탁자와 수익자 중 누가 될 것인지 그리고, 그 경우 유류분 반환의 방법은 무엇이 될 것인지에 대하여 다양한 견해가 대립하고 있다.

3. 이와 관련하여 수원지방법원 성남지원 2020. 1. 10. 선고 2017가합408489 판결은 신탁재산 자체의 경우에는 제한적인 범위 내에서 수탁자에 대한 증여재산에 포함될 수 있다는 판단을 함으로써 유언대용신탁과 유류분반환청구의 관계에 관하여 명시적인 판단을 한 최초의 판결로서 의미가 있다.

4. 필자는, 유류분 산정의 기초가 되는 재산액의 산정에 있어서는 수익자의 수익권 그 자체를 증여재산에 준하여 가산하여야 하고, 수익자가 수익권을 취득하는 시기는 피상속인의 사망 시이므로 신탁재산의 이전 시기와 상관없이 수익권의 가치는 모두 유류분 산정의 기초재산에 산입되어야 하며, 유류분반환청구의 상대방은 수익자가 되어야 하고, 유류분반환청구는 수익권 자체의 이전을 청구하는 형태로 이루어져야 한다는 것이 유언대용신탁과 유류분반환청구의 관계에 대하여 타당한 해결이라고 생각한다. 그러나 이와 별도로 궁극적으로는 신탁법의 개정에 의해 입법적으로 해결하는 것이 필요하리라 생각하고, 나아가 민법상의 유류분제도 자체의 유지 여부에 대한 검토와 유류분제도의 손질 역시 필요한 시점에 이르렀다고 생각한다.

프랑스 상속결격제도에 관한 연구

—2001년 12월 3일 법을 중심으로—

안 문 희*

Ⅰ. 들어가며

프랑스에서는 '생존 배우자와 간통으로 출생한 자녀에 대한 권리 및 다양한 상속권 규정의 현대화에 관한 2001년 12월 3일 법'[1]을 통해 1803년 4월 19일 법으로 제정된 상속결격제도[2]가 약 200년 만에 전면적으로 개정되었다.[3] 해당 법의 개정목적은 다음과 같이 2가지이다.

첫 번째 개정목적은 기존의 상속결격 규정의 기술적 측면에서의 현대화를 통해 상속결격 규정의 효율성을 회복하고자 하는 것이었다.[4] 해당 개정목적은 1803년 4월 19일 법, 즉 개정 전 프랑스민법 제727조 제2호의 상속결격 사유인 '피상속인이 사형선고를 받을 수 있는 고소(또는 고발)를 한 상속인으로, 해당 고소가 무고로 판단된 경우'가 실제로 거의 적용되지 않고 있다는 문제와 관련이 있었다.[5] 왜냐하면 '사형폐지에 관한 1981년 10월 9일 법'[6]을 통해 프랑스형법에서 사형제도가 폐지됨에 따라서 해당 상속결격 사유가 적용될 수 있는 여지가 없게 되었고, 이러한 점은 판례를 통해서도 확인된 바 있다.

상속결격 규정의 실제 활용을 위해서, 개정 전부터 현행 형법 규정을 반영하여 상속결격

---

* 한국법학원 연구위원, 법학박사.

1) Loi n° 2001-1135 du 3 décembre 2001 relative aux droits du conjoint survivant et des enfants adultérins et modernisant diverses dispositions de droit successoral; 2002년 7월 1일부터 시행. 이하에서는 2001년 12월 3일 법이라고 함.

2) 개정 전 1803년 4월 19일 법의 상속결격제도 및 입법론에 관해서는 '양창수, "상속결격제도 일반", 서울대학교 법학 제37권 제2호(1996)' 참조.

3) 상속결격제도에 관한 프랑스민법규정(제726조 내지 제729-1조)이 전면적으로 개정되었다(Raymond LE GUIDEC, Gérard CHABOT, *"Répertoire de droitcivil, Succession: dévolution"*, *Dalloz*, Janvier 2009 (actualisation : Novembre 2020), n° 101).

4) Philippe DAVIAUD, *"La nouvelle indignité successorale. Loi no 2001-1135 du 3 décembre 2001"*, *Dalloz*, 2002, p. 1856 et s.

5) Raymond LE GUIDEC, Gérard CHABOT(주 3), n° 101.

6) Loi n° 81-908 du 9 octobre 1981 portant abolition de la peine de mort; 이하에서는 1981년 10월 9일 법이라고 함.

사유를 구분하고자 하는 논의가 프랑스 사회에서 제기되어 왔다.[7] 이러한 논의는 이후에 살펴보게 될 형사상 범죄에 관한 현행 규정에 따라서 '절대적 상속결격(indignité de plein droit)'과 '상대적(또는 임의적) 상속결격(indignité facultative)'을 구분하는 것으로 개정되었다.[8]

사실상 구법(Ancien Droit)에서는 상속결격에 대한 폭넓은 이해가 허용되었으며, 상속결격에 관한 판단은 법원에 속하게 되어, 결과적으로 판사의 재량에 따라 상속결격에 관한 판단이 이루어진다는 위험성이 초래될 수 있었다.[9] 이에 대해서, 1803년 4월 19일 법, 일명 나폴레옹 민법을 통해 상속결격제도를 명문화하면서 상속결격 관련 규정(개정 전 프랑스민법 제726조에서 제730조)에 대한 해석을 엄격하게 제한하게 되었다.[10] 더구나, 상속결격에 사적 제재(peine privée) 또는 사벌(私罰)[11]적 성격이 인정되어 상속결격을 엄격하게 해석할 것이 요구되었으며, 법률 문언을 넘어서는 확장해석은 금지되었다.[12] 그러나 상속결격 규정을 상속인에게 적용함에 있어서, 반드시 사적 제재적 성격만이 요구되는 것은 아니며, 절대적 상속결격을 유지하면서도 상대적 상속결격을 배제할 이유가 없다는 것이 2001년 12월 3일 개정에 참여한 입법자들의 의견이었다.[13]

정리하면, 상속결격제도의 효율화를 위한 2001년 12월 3일 개정은, 첫째, 개정 전 프랑스 민법 제727조의 상속결격을 형사상 피상속인에 대한 중죄(peine criminelle)의 형을 선고받은 자(개정 프랑스민법 제726조의 절대적 상속결격 사유)와 형사상 경죄(peine correctionnelle)의 형을 선고받은 자(개정 프랑스민법 제727조의 상대적 상속결격 사유)로 구분하였고, 둘째, 개정 프랑스민법 제726조의 절대적 상속결격의 경우에는 피상속인인 고인의 의사와는 관계없이 당연히 상속에서 배제되나, 동법 제727조의 상대적 상속결격의 경우에는 다른 상속인들의 청구를 통한 법원의 선고에 따르도록 한다는 점에서 개정 전 상속결격 규정과는 차이를 두게 되었다.[14]

---

7) Bourges, 18 janv. 1999, Dr. fam. 1999. Comm. 73, obs. Beignier; Raymond LE GUIDEC, Gérard CHABOT(주 3), n° 101.

8) Raymond LE GUIDEC, Gérard CHABOT(주 3), n° 101; 본 논문에서는 상속결격 인정 여부가 다른 공동상속인의 청구에 의해서만 제기될 수 있다는 점에서 이를 상대적(또는 임의적) 상속결격이라 하고, 개정된 프랑스민법 제726조가 규정하는 범죄에 대한 유죄 판결을 받은 상속인의 경우에는 자동으로 상속결격이 된다는 뜻에서 이를 절대적 상속결격이라고 한다. 양창수 교수님은 'indignité de plein droit'를 당연결격(當然缺格)으로, 법관의 재량을 인정한다는 의미에서 'indignité facultative'를 재량결격(載量缺格)으로 번역(양창수(주 2), 151).

9) Claude BRENNER, Philippe MALAURIE, *Droit des successions et des libéralités*, L.G.D.J, 2020, n° 43, p. 65.

10) 나폴레옹 민법의 법규정에 충실한 해석 및 존중은 상속결격 규정에도 동일하게 적용되었다(Claude Brenner, Philippe Malaurie(주 9), n° 43, p. 65).

11) 양창수(주 2), 151.

12) Claude BRENNER, Philippe MALAURIE(주 9), n° 43, p. 65; Michel GRIMALDI, *Successions*, Litec, 2001, n° 90; Civ. 1re, 18 décembre 1984, *Bull. civ.*, I, n° 340; *Defrénois* 1985, art. 33560.867, obs. G. Champenois; *JCP* G1985.Ⅳ.80.

13) Raymond LE GUIDEC, Gérard CHABOT(주 3), n° 109.

14) Christian JUBAULT, *Droit civil : les successions, les libéralités*, L.G.D.J, 2005, p. 132.

두 번째 개정목적은 상대적 상속결격의 사적(私的) 측면을 강조하고자 하는 것으로,[15] 첫째, 피상속인의 상속을 받을 자격이 없는, 즉 상속결격자의 자녀에게 대습상속을 허용하는 동시에(프랑스민법 제729-1조),[16] 둘째, 상속결격자에 대해 피상속인인 고인이 상속결격자를 생전에 용서하고, 상속결격자에 대해 증여 또는 유증할 수 있도록 허용함으로써, 피상속인이 민법상 상속결격을 배제할 수 있도록 한 점(프랑스민법 제728조)[17]에서 이러한 성격을 찾을 수 있다. 이러한 측면에서, 기존의 상속결격제도를 보다 강화한 이번 개정은 공서(ordre public)와 피상속인의 의사에 대한 존중을 모두 고려했다는 평가를 받기도 한다.[18]

Ⅱ. 상속결격의 사유

상속결격 사유는 앞서 살펴본 것과 같이 기존의 상속결격제도를 사실상 계수한 것과 같은 절대적 상속결격 사유와(1) 2001년 12월 3일 개정을 통해 도입된 상대적 상속결격 사유로(2) 구분할 수 있다. 이들 상속결격 사유의 구분은 절대적 상속결격의 경우에는 원인이 되는 범죄행위에 대한 유죄 판결의 선고로 당연히 상속결격에 해당하게 되므로, 상속결격에 해당하는지에 대한 법원의 판단이 요구되지 않는 데 반해서, 상대적 상속결격의 경우에는 해당 범죄에 대한 유죄 판결만으로는 충분하지 않고, 해당 범죄의 상속결격 여부에 대한 소의 제기와 이에 대한 법원의 결정이 추가로 요구된다.[19]

1. 절대적 상속결격

개정된 프랑스민법 제726조는 첫째, 피상속인에 대한 살해 또는 살해 미수의 주범 또는 공범으로 중죄의 형을 선고받은 자(동조 제1호), 둘째, 살인의 고의 없이, 피상속인의 폭행치사 또는 상해치사의 주범 또는 공범으로 중죄의 형을 선고받은 자(동조 제2호)를 상속에서 배제함으로써 상속결격에 해당함을 규정하고 있다. 이들 2가지 절대적 상속결격이 성립되기 위해서는 반드시 해당 범죄에 대한 유죄 판결이 선고되어야 하며, 미수나 공범에 대해서도 마찬가지다.[20]

(1) 프랑스민법 제726조 제1호

개정된 프랑스민법 제726조 제1호가 규정하는 '피상속인에 대한 살해 또는 살해 미수의 주범 또는 공범으로 중죄의 형을 선고받은 자'는 사실상 개정 전 프랑스민법 제727조 제1호가

15) Christian JUBAULT(주 14), p. 53 et s.
16) Raymond LE GUIDEC, Gérard CHABOT(주 3), n° 101.
17) Michel GRIMALDI, *Droit civil, Successions*, Litec, 2001, p. 97; Raymond LE GUIDEC, Gérard CHABOT (주 3), n° 101.
18) Philippe DAVIAUD(주 4), p. 1856 et s.
19) Claude Brenner, Philippe Malaurie(주 9), n° 47, p. 65.
20) Claude BRENNER, Philippe MALAURIE(주 9), n° 45, p. 66.

규정하고 있었던 상속결격 사유를 계수했다고 볼 수 있다. 개정 전 프랑스민법 제727조 제1호는 피상속인에 대한 살해 또는 살해 미수로 유죄를 선고받은 상속인은 상속결격에 해당한다고 규정하고 있었으며, 특히 현행 규정인 제726조 제1호의 상속결격이 성립하기 위해서는 상속인에게 해당 범죄에 대한 유죄 판결이 선고되어야 하는데, 이러한 사항은 이미 개정 전 제727조 제1호의 상속결격 사유에서도 동일하게 요구되었던 점이다.21)

개정 전 프랑스민법 제727조 제1호의 상속결격에 해당하는 자가 사망한 경우, 예를 들어, 상속인이 자신의 부모를 살해하고 자신도 자살한 경우에, 관련된 어떠한 소도 제기되기 전이거나,22) 상속결격 사유에 해당할 수 있는 범죄에 대해 형사 소송 중이라면,23) 상속결격에 해당하지 않게 된다.24) 즉, 상속결격으로 상속에서 배제될 수 있는 상속인이라고 해도 해당 범죄로 유죄가 선고되기 전에 상속인이 사망하게 되면, 상속결격에 어떠한 영향도 미치지 못하게 되므로,25) 사망한 상속인에게 상속결격을 인정하기 위해서, 피상속인에 대한 살해 또는 살해 시도 이후에 상속인이 사망한 경우가 포함된 상속결격 재개정안이 상원에서는 채택되었으나, 최종적으로 절대적 상속결격 부분은 삭제되어,26) 개정 이후에도 해당 부분에 대한 논쟁은 계속될 것으로 보인다. 또한, 일반사면이나 공소시효 만료의 경우에도 마찬가지로 상속결격에 해당하지 않는다.27)

개정 전 프랑스민법 제727조 제1호는 단지 범죄의 주범만을 상속결격의 대상으로 보고 공범은 제외했으나, 개정된 프랑스민법 제726조 제1호는 공범을 포함하고 있다. 개정 전 상속결격 사유에는 공범에 대한 명확한 규정이 존재하지 않았기 때문에, 공범이 배제된다는 점과 관련해 논쟁이 있었는데,28) 당시 학설 대다수는 상속결격 규정을 확장해석하는 방식으로 공범을 인정하는 데에 찬성했다.29) 해당 견해에 따르면, 프랑스형법은 전통적으로 공범에 대해서도 주범의 범죄행위를 차용하는 방식으로 인정하고 있으므로,30) 상속결격에서도 이와 같은 방식으로 공범을 인정하자는 견해가 제기되었다. 그러나 상속결격 사건에서 살해 또는 살해 미

21) Raymond LE GUIDEC, Gérard CHABOT(주 3), n° 111.
22) Civ. 1re, 18 déc. 1984, Bull. civ. I, n° 100.
23) Civ. Montreuil-sur-mer, 5 mars 1897, DP 1897. 2. 184.
24) Raymond LE GUIDEC, Gérard CHABOT(주 3), n° 112.
25) Riom, 15 mai 2001, D. 2001. Somm. 2938, obs. Nicod.
26) Raymond LE GUIDEC, Gérard CHABOT(주 3), n° 112.
27) Raymond LE GUIDEC, Gérard CHABOT(주 3), n° 113 et s.
28) 1950년 11월 22일 판결은 부(夫)의 살해를 도운 처에 대해서도 개정 전 민법 제727조 제1호 사유를 인정하지 않음으로써, 처가 부의 상속인에서 배제되지는 않았으나, 처의 망은행위(忘恩行爲)를 이유로 처에 대한 유증을 취소할 수 있다고 보았다. 해당 처에 대해 상속결격을 인정하지 않은 판결에 대해 도덕적 감정에 합치하지 않는다는 비판이 제기되기도 했으며, 자신이 살해한 자의 상속이 긍인되는 경우라고 설명되기도 했다(양창수(주 2), 152).
29) Michel GRIMALDI(주 17), n° 90; Raymond LE GUIDEC, Gérard CHABOT(주 3), n° 115.
30) Raymond LE GUIDEC, Gérard CHABOT(주 3), n° 115.

수에 대해서가 아니라 주범을 돕거나 보조했다는 근거로 공범을 인정하는 판결[31]에 대한 비판이 제기되었는데, 상속결격 사건에 대한 형법상 엄격 해석의 원칙에 반하는 지나친 확장해석은 비판을 받을 수밖에 없었다.[32] 상속결격 사유의 공범과 관련한 당시 학설상의 논쟁은 개정 프랑스민법에서는 공범을 포함한다고 명시함으로써 해결되었다.[33]

(2) 프랑스민법 제726조 제2호

개정된 프랑스민법 제726조가 정하는 절대적 상속결격의 두 번째 사유는 '폭행 또는 상해로, 살인의 고의는 없었으나 피상속인을 사망에 이르게 한 주범 또는 공범으로 중죄의 형을 선고받은 자'에 해당한다(프랑스민법 제726조 제2호).[34] 특히 해당 규정은 기존의 상속결격 사유에 대한 확대 또는 확장으로 볼 수 있으며, 이는 2001년 12월 3일 개정에 참여한 입법자의 의사로도 이해된다. 사실상 개정 전 프랑스민법 제727조 제1호의 적용에 있어서, 폭행이나 상해로 인한 피상속인 사망의 경우에는 상속결격이 인정되지 않는다는 문제가 학설상 제기된 바 있고, 이러한 문제에 대한 해결책으로서 개정된 프랑스민법 제726조 제2호를 평가할 수 있을 것이다. 즉, 절대적 상속결격의 두 번째 사유의 성립에 있어서 피상속인에 대한 폭행이나 상해를 통해 피상속인이 사망한 경우에 상속인에 대한 살인의 고의를 묻지 않음을 명시하고 있다.[35] 즉, 과실이라고 할지라도 상속인의 폭행이나 상해를 통한 피상속인의 사망이라는 객관적 사실만으로 절대적 상속결격이 성립하게 된다.[36]

사실상, 살인의 고의 없이도 성립되는 두 번째 절대적 상속결격 사유와 관련해서, 기존에 형성된 판례와 개정 전의 학설 사이에는 견해의 충돌이 있었다. 개정 전 프랑스민법 제727조 제1호의 상속결격 성립과 관련한 기존 학설의 입장은 상속인의 피상속인에 대한 살해의 고의가 요구된다는 것이었다.[37] 그럼에도 불구하고, 개정 이전의 판례를 검토해 보면, 해당 규정을 통한 범죄의 성립에 살해의 고의를 요구하는 데에 어려움이 있었음을 알 수 있다. 구체적으로, 2006년 10월 3일 파기원의 판례를 살펴보면, 1996년 8월 7일 밤에 부(夫)에 대한 처(妻)의 여러 차례 폭행으로, 부가 심각한 상해를 입고 결국 사망에 이르렀으나, 처는 구조요청을 하지 않은 사건에서, 중죄법원에서는 부를 사망에 이르게 한 처의 폭행에 대해서 살해의 고의가 없

31) Civ. Épernay, 22 nov. 1950, *D.* 1950. 781, *JCP* 1950. II. 5193, *RTD* civ. 1951. 97, obs. R. Savatier, *Gaz. Pal.* 1951. 1. 91.

32) Philippe DAVIAUD(주 4), p. 1856 et s.

33) 개정을 통해 절대적 상속결격의 대상은 공범으로 확장되었다(Philippe DAVIAUD(주 4), p. 1856 et s.).

34) 개정된 프랑스민법 제726조 제2호가 "des coups(구타나 폭행)", "des violences(폭력이나 폭행)" 또는 "voies de fait(구타, 상해, 폭력 등)"를 연속적으로 나열하고 있는 것과 관련해, 해당 행위들 사이의 차이는 무엇인지에 대한 의문이 제기된 바 있다(Philippe DAVIAUD(주 4), p. 1856 et s.).

35) Michel GRIMALDI(주 17), n° 90; Raymond LE GUIDEC, Gérard CHABOT(주 3), n° 116.

36) Raymond LE GUIDEC, Gérard CHABOT(주 3), n° 116.

37) R. SAVATIER, obs. RTD civ. 1936. 516 et 1950. 207; M. NAST, note DP 1937. 2. 27; Raymond LE GUIDEC, Gérard CHABOT(주 3), n° 117.

다고 판단하였고, 2003년 11월 25일 파리항소법원은 2001년 12월 3일 개정 전 프랑스민법 제727조 제1항에 따라 처에게 상속결격을 선고하게 되자, 처는 이에 불복하고 상고하였고, 이에 대해 파기원은, "처(원고)의 피상속인에 대한 상속결격 선고와 관련해, 파리항소법원이 상속결격을 판단하면서, 개정 전 프랑스민법 제727조 제1항이 살해의 고의를 규정한 바 없음에도, 해당 사건에서 이를 명시적으로 판단한 것은 동규정에 대한 위반"이라고 판시했다. 결국, 과거의 판결에서는 엄격한 문언 해석을 하는 경향이 있었음에도, 살해 행위에 대해서 형벌을 가볍게 할 목적으로 살해의 고의가 있어도 폭행치사나 상해치사를 인정하는 경향이 있었는데,[38] 2001년 12월 3일 개정을 통해 살해의 고의 부분을 분명히 하여, 기존의 이러한 논쟁이 종료될 수 있게 되었다.

2. 상대적 상속결격

2001년 12월 3일 법을 통한 상속결격 개정의 가장 큰 변화 중 하나는 5가지 상대적 상속결격 사유를 신설한 것이라고 평가되었는데,[39] 최근 '부부폭력의 희생자 보호를 위한 2020년 7월 30일 법'[40]을 통해 상대적 상속결격 사유가 추가되어, 최종적으로 6개의 상대적 상속결격 사유가 프랑스민법 제727조를 통해 규정되고 있다.

프랑스민법 제727조가 규정하는 상대적 상속결격의 선고는 다른 공동상속인의 청구에 따라 법원에 의한 상속개시 이후에 이루어진다(프랑스민법 제727-1조 제1항). 이러한 상대적 상속결격 선고의 청구는, 피상속인의 사망 이전에 상속인에 대한 유죄 판결 또는 선고 결정이 있는 경우에는 상속개시로부터 6개월 이내에, 피상속인 사망 이후에 유죄 판결 또는 선고 결정이 있는 경우에는 이로부터 6개월 이내에 제기되어야 한다(프랑스민법 제727-1조 제1항). 만약 다른 상속인이 없는 경우에는, 해당 청구는 검사가 제기할 수 있다(프랑스민법 제727-1조 제2항). 상대적 상속결격의 청구를 위한 6개월의 소멸시효와 관련해서, 해당 상속결격을 상대적 상속결격이라기보다는 오히려 '소멸시효에 의한(péremptoire)' 상속결격이라고 보아야 한다는 견해도 있다.[41]

결국, 상대적 상속결격이 성립하기 위해서는 해당 사유를 근거로 하는 다른 공동상속인이나 검사의 상속결격 선고의 청구 및 이에 대한 법원의 결정이 요구되므로, 단순히 상대적 결격사유에 해당하는 범죄행위에 대한 유죄 판결이 있다는 사실만으로는 상대적 상속결격에 해당하지 않으며, 이러한 점에서 절대적 상속결격과는 구분된다. 따라서 프랑스민법 제727조의 상속결격 청구에 대한 판사의 임무는 상속결격의 요건들이 충족되었는지를 확인하는 것에 한정

38) Civ. Arras, 11 déc. 1935, DP 1937. 2. 27.

39) Stéphane PIEDELIÈVRE, *"Réflexions sur la réforme des successions"*, *Gaz. Pal.* 576, spéc., 2002, n° 55.

40) Loi n° 2020-936 du 30 juillet 2020 visant à protéger les victimes de violences conjugales.

41) Christian JUBAULT(주 14), p. 133.

된다고 해석된다.[42] 즉, 프랑스민법 제727조의 상대적 상속결격의 법적 요건들이 충족되고, 이에 대해서 적합한 항변 수단이 존재하지 않는다고 판사가 판단한 경우에는 상대적 상속결격이 선고되어야 하므로, 상속결격에 대한 판사의 권한은 제한적이라고 볼 수 있다.[43] 이러한 측면에서 프랑스민법 제727조가 규정하는 상대적 상속결격에서 '상대적(facultative)'에 해당하는 부분은 결국 소의 제기 여부라고 볼 수 있다.[44] 그러나, 이러한 해석과는 달리, 상대적 상속결격에 관한 판단은 법원, 즉 판사의 재량적 권한에 속한다고 보는 견해도 있다.[45]

상대적 상속결격은 개정 프랑스민법 제727조 제1항 제1호부터 제5호까지의 6가지 사유로, 이를 성격에 따라 다음과 같이 구분할 수 있다. 첫째, 피상속인의 신체에 대한 침해 행위(프랑스민법 제727조 제1항 제1호, 제2호 및 제2-1호), 둘째, 피상속인의 신체 침해에 대해 어떠한 조치를 하지 않은 행위(프랑스민법 제727조 제1항 제4호), 셋째, 피상속인에 대한 위증 행위이다(프랑스민법 제727조 제1항 제3호 및 제5호).[46]

(1) 피상속인의 신체에 대한 침해 행위(프랑스민법 제727조 제1항 제1호, 제2호 및 제2-1호)

상대적 상속결격의 첫 번째 범주인 "피상속인의 신체(또는 신체의 완전성) 침해에 관한 범죄"로 유죄 판결을 선고받은 자에 속하는 경우는 첫째, '피상속인에 대한 살해 또는 살해 미수의 주범 또는 공범으로 경죄의 형을 선고받은 자(프랑스민법 제727조 제1항 제1호)', 둘째, '살해의 고의 없이 피상속인의 폭행치사의 주범 또는 공범으로 경죄의 형을 선고받은 자(동조 제2호)', 셋째, '피상속인에 대한 고문 및 야만적 행위, 고의적 폭력, 강간 또는 성폭행의 주범 또는 공범으로 중죄 또는 경죄의 형을 선고받은 자(동조 제2-1호)'이다.

프랑스민법 제727조 제1항의 제1호 및 제2호의 사유는 사실상 동법 제726조의 절대적 상속결격 사유와 거의 유사하나, 앞서 언급한 바와 같이 제726조의 절대적 상속결격의 경우는 중죄이나, 제727조의 상대적 상속결격의 경우는 경죄의 형을 선고받은 경우라는 차이점을 가지며, 해당 규정들은 개정 전 형벌의 경중에 따른 형사소추의 어려움에 대한 이해가 반영되었다고 볼 수 있다.[47] 프랑스민법 제727조 제1항의 제3호는 '부부 폭행의 피해자 보호를 위한 2020년 7월 30일 법'[48]을 통해 신설되었는데, 해당 법은 부부 폭행의 주된 피해자인 여성과

42) Christian JUBAULT(주 14), p. 133.

43) Christian JUBAULT(주 14), p. 133.

44) Christian JUBAULT(주 14), p. 133.

45) Pierre VOIRIN, Gilles GOUBEAUX, *Droit privé notarial, régimes matrimoniaux, successions-libéralités*, L.G.D.J., 2004, n° 341; Jean Maury, *Successions et libéralités*, Lexis Nexis/Litec, 2002, n° 46; Christian JUBAULT(주 14), p. 133.

46) Raymond LE GUIDEC, Gérard CHABOT(주 3), n° 119.

47) Jérôme. CASEY, "*Droit des successions : commentaire de la loi du 3 décembre 2001*", *RJPF*, 2002, p. 6 et s.; Raymond LE GUIDEC, Gérard CHABOT(주 3), n° 121.

48) LOI n° 2020-936 du 30 juillet 2020 visant à protéger les victimes de violences conjugales;

아동을 보호하기 위한 목적을 가지며,[49] 피상속인에 대한 고문 및 야만적 행위, 고의적 폭력, 강간 또는 성폭행의 주범 또는 공범으로 중죄 또는 경죄의 형을 선고받은 자에 대해서 상속결격이 될 수 있도록 규정하고 있다.

그리고 동조 제1항 제1호 및 제2호에 해당하는 자가 사망하는 경우에, 공소가 제기될 수 없었거나 시효로 소멸한 경우에도, 상속결격 선고가 가능하다(프랑스민법 제727조 제2항). 해당 부분은 앞서 살펴본 바와 같이 개정 전 프랑스민법 제727조 제1호의 상속결격에 해당하는 자가 사망한 경우에 상속결격이 선고될 수 없었던 부분을, 개정을 통해 상대적 상속결격의 두 가지 경우에만 허용될 수 있도록 했다. 사실상 상속결격 될 상속인이 사망한 경우에도, 상속결격이 가능하도록 한 해당 부분은 이번 2001년 12월 3일 개정에서 주목해야 할 부분 중 하나이다. 다만, 절대적 상속결격인 프랑스민법 제726조 제1호 및 제2호가 상대적 상속결격인 제727조 제1항 제1호 및 제2호와 사실상 거의 유사한 상속결격 사유임에도 불구하고, 사망한 상속인에 대한 상속결격이 전자에 대해서는 인정되지 않지만, 후자의 경우에는 인정된다는 점에서 비판이 제기될 수 있다.[50]

(2) 피상속인의 신체 침해에 대해 어떠한 조치를 하지 않은 행위(프랑스민법 제727조 제1항 제4호)

상대적 상속결격의 두 번째 범주인 "피상속인의 신체 침해에 대해 어떠한 조치를 하지 않은 행위"로 유죄 판결을 받은 자에 속하는 경우는, '본인이나 제3자에 대해서 어떠한 위험이 없음에도, 피상속인을 사망에 이르게 하는 신체를 침해하는 중죄 또는 경죄를 고의로 막지 않아 유죄 판결을 선고받은 자'를 가리킨다(프랑스민법 제727조 제1항 제4호). 즉, 피상속인의 신체 침해를 막으려는 조치를 상속인 자신(또는 제3자)에게 어떠한 위험이 없이 할 수 있었음에도, 이를 저지하지 않은 데에 유죄 판결이 선고되는 경우이다.

프랑스민법 제727조 제1항 제4호의 사유는 상속인의 자발적 행위뿐만 아니라, 상속인의 회피까지도 포함된다는 점에서, 상속결격 규정의 확장이라고 볼 수 있다. 또한, 피상속인의 신체적 완전성을 침해하는 중죄나 경죄가 발생하고 있는데도, 상속인이 이를 의식적, 자발적으로 방치한 행위는 도덕적으로 심각한 문제라는 점에서 해당 규정의 신설은 시의적절하다는 평가를 받고 있다.[51]

구체적으로, 해당 규정은 피상속인에 대한 신체적 완전성의 침해를 저지해야 한다는 적극

49) 프랑스에서 매년 120명 이상의 여성 살해가 이루어지고, 220,000명의 여성폭행피해자가 발생하며, 170,000명의 아동이 이러한 폭행에 노출되어 있어, 이러한 피해자 보호를 위한 목적으로 '부부 폭행의 피해자 보호를 위한 2020년 7월 30일 법'이 제정되었다(Proposition de loi n° 2478 visant à protéger les victimes de violences conjugale, Assemblée nationale, 2019. 12. 3.); https://www.assemblee-nationale.fr/dyn/15/textes/l15b2478_proposition-loi.

50) Philippe DAVIAUD(주 4), p. 1856 et s.

51) Raymond LE GUIDEC, Gérard CHABOT(주 3), n° 123.

적 의무를 간접적으로 부여한다고 볼 수 있다.52) 상속인의 이러한 회피 행위는 수동적(협의의) 공범을 구성할 수 있는 것으로 이해되는데, 이는 프랑스형법 제223-6조의 위험에 처한 자에 대한 구조불이행 규정의 성립요건과 동일하다.53) 그러나, 상속인의 개입이 상속인 자신이나 제3자에게 위험할 수 있다면, 이러한 모든 의무는 소멸된다.

프랑스민법 제727조 제1항 제4호가 규정하는 회피의 범위에 개정 전 프랑스민법 제727조 제3항이 규정하는 '피상속인의 살해를 알고도 이를 고발하지 않은 성년의 상속인'은 포함되지 않는다.54) 더구나, 개정 전 프랑스민법 제727조 제3항의 '피상속인의 살해를 알고도 이를 고발하지 않은 성년의 상속인' 규정은 범인을 찾아 벌하기 위한 목적으로,55) 궁극적으로는 고발하지 않은 상속인을 상속에서 배제하는 결과를 가져오게 되어,56) 부적절한 사유라는 비판을 받아왔으며, 2001년 12월 3일 개정으로 삭제되었다.

(3) 피상속인에 대한 위증 행위로 유죄 판결을 받은 자(프랑스민법 제727조 제1항 제3호 및 제5호)

상대적 상속결격의 세 번째 범주인, "피상속인에 대한 위증 행위로 유죄 판결을 받은 자"에 속하는 경우는 첫째, '형사 소송 중에 피상속인에 대한 위증으로 형을 선고받은 자(프랑스민법 제727조 제1항 제3호)', 둘째, '(상속인의) 고발로 피상속인에게 중죄가 부과되었으나, 이로 인해 무고죄로 형을 선고받은 자(동조 제5호)'이다.

상대적 상속결격 사유로서 프랑스민법 제727조 제1항 제3호와 제5호의 신설은 상속결격제도의 현대화라는 입법자의 고민과 관련되어 있다. 특히 '사형폐지에 관한 1981년 10월 9일 법'에 따라, 프랑스형법에서 사형제도가 삭제되자, 개정 전 프랑스민법 제727조 제2호의 '피상속인에게 사형이 선고될 수 있는 고소(또는 고발)를 제기하였으나, 무고가 선고된 자'에 대한 규정 또한 삭제되어야 했기 때문에 개정을 통해 프랑스민법 제727조 제1항 제3호와 제5호가 신설된 것이다.57) 더구나 개정 전 프랑스민법 제727조 제2호는 프랑스 혁명 당시 빈번하게 행해진 고발에서 연유하는 것으로, 이후 해당 규정은 시대에 뒤떨어진 것이라는 비판을 받았다.58)

개정 전 프랑스민법 제727조 제2호는 피상속인에 대한 '고소 또는 고발'이 대상이라면, 개정된 제727조 제1항 제3호의 경우에는 프랑스형법 제434-13조의 '위증'을 대상으로 한다는

---

52) Raymond LE GUIDEC, Gérard CHABOT(주 3), n° 124.

53) Raymond LE GUIDEC, Gérard CHABOT(주 3), n° 124.

54) 사실상 개정 전 프랑스민법 제727조 제3항이 규정하는 피상속인에 대한 상속인의 도덕적 고발 의무에 대한 비판과 적용의 어려움이 제기되었다(Raymond LE GUIDEC, Gérard CHABOT(주 3), n° 126).

55) Michel GRIMALDI(주 17), n° 90.

56) 뿐만 아니라, 개정 전 규정은 해당 범죄는 성년인 상속자에 의해 행해져야 하며, 미성년자나 제한능력자인 성년자에게는 적용되지 않았다(Raymond LE GUIDEC, Gérard CHABOT(주 3), n° 125).

57) Raymond LE GUIDEC, Gérard CHABOT(주 3), n° 127.

58) 양창수(주 2), 153.

점이 다른데, 2001년 12월 3일 개정에 참여한 입법자가 위증은 고소 또는 고발로 이해될 수 있다고 보는 학설을 수용한 결과라고 볼 수 있다.59) 또한, 개정된 프랑스민법 제727조 제1항 제5호의 경우는 단순히 상속인의 결격만이 목적이 아니라 프랑스형법 제226-10조의 무고죄가 규정하는 고발된 사실의 실질적 중요성까지도 고려해야 하는데, 그 이유는 피상속인을 무고죄로 고발한 상속인에 대한 중죄 선고가 요구되기 때문이다.

Ⅲ. 상속결격의 효과

판례는 개정 전 프랑스민법 제727조가 규정하는 상속결격은 절대적 결격으로, 상속결격의 판단에 있어서 별도의 재판 없이도 상속결격에 해당한다고 보았으며,60) 전통적으로 대다수 학자는 이러한 견해에 찬성했으나,61) 예외적으로 상속결격에 법원의 선고가 필요하다는 학설 또한 19세기에 제기된 바 있다.62) 2001년 12월 3일 개정에서는 해당 부분과 관련해 절대적 상속결격과 상대적 상속결격을 구분하면서, 기존의 명확하지 않았던 부분을 정리하였다.63)

상속결격의 효과는 아래와 같이 상속인 본인과 관련한 내용(1)과 상속인의 자녀에 대한 것(2)으로 구분된다.

1. 상속결격자 본인에 대한 효과

상속결격은 상속개시 시점부터 효력이 발생한다. 비록 피상속인 사망 시점에 절대적 상속결격에 대해 몰랐거나, 상대적 상속결격에 대한 판결이 선고되지 않았다고 해도, 상속결격은

59) Charles AUBRY, Charles RAU, Droit civil français, ESMEIN, Éditions techniques, 1953, § 593; Raymond LE GUIDEC, Gérard CHABOT(주 3), n° 127.

60) Bordeaux, 1er déc. 1853, DP 1854. 2. 157; Poitiers, 25 juin 1856, DP 1856. 2. 195; Civ. Épernay, 22 nov. 1950, D. 1950. 781; 이와는 달리, 법원의 판결이 필요하다고 본 판례도 있다(Civ. Marmande, 25 juin 1879, DP 1881. 3. 85).

61) F. LAURENT, *Principes de droit civil*, t. 9, nos 12 et s.; G. BAUDRY-LACANTINERIE et A. WAHL, *Des successions*, 3e éd., t. 1, n° 260; C. AUBRY et C. RAU, *Droit civil français*, ESMEIN, 1953, § 593; M. PLANIOL et G. RIPERT, *Traité pratique de droit civil français*, t. 4, n° 49; R. BEUDANT et P. LEREBOURS-PIGEONNIÈRE, *Cours de droit civil français*, t. 5, Rousseau et Cie, n° 403; A. COLIN et H. CAPITANT, *Cours élémentaire de droit civil français*, t. 3, 10e éd, n° 1013; G. RIPERT et J. BOULANGER, *Traité de droit civil*, t. 4, 1950, L.G.D.J., n° 1546 et s.; Michel GRIMALDI(주 17), n° 91; H., L. et J. MAZEAUD et F. CHABAS, *Leçons de droit civil*, t. 4, 2e vol., n° 723; J. FLOUR et H. SOULEAU, *Les successions*, 3e éd., 1991, A. Colin, n° 30; F. TERRÉ et Y. LEQUETTE, *Les successions. Les libéralités*, 3e éd., 1997, Précis Dalloz, n° 49; Raymond LE GUIDEC, Gérard CHABOT(주 3), n° 129.

62) C. DEMOLOMBE, *Cours de code Napoléon*, t. 13, 1875, Pédone, nos 275 et s.; C. AUBRY et C. RAU, *Droit civil français*, t. 9, 5e éd. par ESMEIN, 1953, Éditions techniques, § 593.

63) Raymond LE GUIDEC, Gérard CHABOT(주 3), n° 130.

피상속인의 사망시부터 적용되어, 상속결격자는 상속개시시부터 상속인의 자격을 갖지 못한다.[64] 만약 상속결격자가 상속을 받은 경우라면, 상속의 효과가 발생한 상속개시 시점 이후의 모든 과실 및 수익을 반환해야 한다(프랑스민법 제729조).[65] 상속결격자는 피상속인에 대한 상속에서 배제되며, 프랑스민법 제728조에 해당하는 경우를 제외한 모든 증여와 유증에서도 배제된다.[66]

프랑스민법 제728조는 동법 제726조의 절대적 상속결격 또는 동법 제727조의 상대적 상속결격에 해당하여 상속에서 제외된 상속결격자라고 해도 증여나 유증[67]이 가능함을 규정하고 있다. 비록 피상속인인 고인이 상속인의 상속결격에 해당하는 행위에 대해서 인식했음에도 불구하고, 상속결격자에 대해서 유언의 형식[68]을 통한 상속의 명백한 의사를 밝혔다면, 상속결격자는 증여나 유증에 따라 고인의 재산을 수증할 수 있게 된다(프랑스민법 제728조). 예를 들어, 자녀인 상속인이 제727조가 규정하는 상대적 상속결격의 대상임에도, 해당 상속인이 상속에서 배제되는 것을 생전에 피상속인이 원치 않는 경우가 발생할 수 있는데, 이러한 경우에 피상속인은 상속결격 사유가 발생한 이후에도 상속결격자에게 증여나 유증을 할 수 있다. 이는 피상속인에게만 부여된 '용서의 자격(또는 권한)'으로 볼 수 있는데,[69] 상속결격자에 대한 피상속인의 용서는 첫째, 상속결격 사유가 발생한 이후, 둘째, 상속결격 행위를 인지한 이후라는 두 가지 요건을 충족해야 한다. 즉, 상속결격에 해당하는 사유로 피상속인이 즉시 사망한 경우라면 유증은 불가능하게 된다.[70]

결국, 프랑스민법 제728조의 피상속인의 상속결격자에 대한 증여나 유증은 상속결격 규정을 배제하는 효과를 가져오게 되는데, 이는 절대적 상속결격을 규정한 제726조 규정의 취지에는 맞지 않는 것으로도 볼 수 있으나, 2001년 12월 3일 개정의 두 번째 입법목적에 해당하는 상속결격에 대한 사적 성격으로도 이해될 수 있다.

---

64) 최근의 학설은 이견 없이 상속결격의 소급효를 인정하고 있지 않으며, 상속결격자는 한시라도 상속인이었던 적은 없다고 본다(Raymond LE GUIDEC, Gérard CHABOT(주 3), n° 144).

65) 그러나 이미 배상한 상속채무에 대해서는 반환청구권을 가진다(C. AUBRY et C. RAU(주 61), § 594; A. COLIN et H. CAPITANT(주 61), n° 1016; G. RIPERT et J. BOULANGER(주 61), n° 1556; Raymond LE GUIDEC, Gérard CHABOT(주 3), n° 148.

66) Christian JUBAULT(주 14), p. 136.

67) 프랑스민법 제728조는 포괄적 무상처분 또는 부분적 무상처분(libéralité universelle ou à titre universel)으로 규정하고 있음.

68) 2001년 12월 3일 개정을 통해, 유언의 형식을 취하면 되므로, 부부 사이의 증여계약 또한 포함된다(Bernard BEIGNIER, Rémy CABRILLAC, Hervé LECUYER, Florence LEANDRI, *Droit des régimes matrimoniaux, successions et libéralités*, Lamy, 2003, p. 306); Raymond LE GUIDEC, Gérard CHABOT(주 3), n° 142.

69) Michel GRIMALDI(주 17), n° 92; Raymond LE GUIDEC, Gérard CHABOT(주 3), n° 138.

70) 반대로, 상속결격자라고 해도, 상속결격에 해당하는 피상속인 외의 자에 대한 상속이나, 피상속인으로부터 이미 받은 증여에 대한 권리는 가진다. 다만 해당 증여는 망은행위(ingratitude)를 원인으로는 취소될 수 있다(Claude BRENNER, Philippe MALAURIE(주 9), n° 45, p. 66).

2. 상속인의 자녀에 대한 효과

개정 전 프랑스민법 제730조는 상속결격자의 자녀에 대한 대습상속을 규정하고 있었는데, 해당 규정은 개정으로 삭제되었으나, 관련 내용은 현행 프랑스민법 제729-1조로 편입되었다. 2001년 12월 3일 개정에 따라서, 상속결격자의 자녀는 대습상속이건, 본위상속이건 상속결격을 원인으로[71] 상속에서 배제되지 않는다(프랑스민법 제729-1조). 그러나, 어떠한 경우라도 상속결격자는 해당 상속 재산에 대한 용익권을 법이 허용하는 부모의 권리로 주장할 수 없다(프랑스민법 제729-1조). 이때, 법이 허용하는 미성년자녀의 상속 재산에 대한 부모의 권리는 미성년자녀의 연령이 18세에 달하기 전까지 해당 자녀의 재산을 관리, 사용, 수익할 수 있는 권리를 의미하며, 미성년자녀의 재산에 대한 처분, 채무의 승인이나 상속에서의 단순승인 등의 경우는 가정법원 판사가 이를 허용해야 한다.[72]

개정 전 프랑스민법 제730조의 대습상속은, 상속결격자의 자녀는 대습이 아닌, 본위상속하는 경우에는 부(父)의 과책을 원인으로 상속에서 배제되지 않는다고 규정하였는데, 상속결격자에게 다른 공동상속인이 없는 경우에는 상속결격자의 자녀는 본위상속으로 피상속인의 재산을 상속할 수 있었으나, 이와는 달리 다른 공동상속인이 있는 경우에는 대습상속하게 되어 궁극적으로는 상속에서 배제되는 결과를 가져오게 되어,[73] 이에 대한 비판이 제기되었다.[74] 해당 부분은 2001년 12월 3일 개정을 통해, 본위상속이건 대습상속이건, 상속결격자의 자녀는 피상속인의 재산을 상속할 수 있게 되어, 자신의 잘못이 아닌 사유로 상속에서 배제되는 문제를 해결하였다.[75]

Ⅳ. 마 치 며

프랑스는 2001년 12월 3일 민법개정을 통해 1803년 4월 19일에 제정된 종래의 상속결격제도가 가지고 있었던 문제점을 해결하였다. 우선, 시대에 맞지 않는다는 비판을 들었던 개정 전 상속결격 사유를 삭제하고(개정 전 프랑스민법 제727조 제2호 및 제3호), 상속결격 사유를 절대적 상속결격(프랑스민법 제726조)과 상대적 상속결격(프랑스민법 제727조)으로 이원화하였으며, 절대적 상속결격 사유 2가지[76]와 상대적 상속결격 사유 6가지[77]를 제안하여 상속결격 사유를 보다

71) 해당 부분을 직역하면 '상속인(피대습자)의 과책을 원인으로(par la faute de leur auteur)'임.

72) 프랑스민법 제382조 내지 제387-6조.

73) Raymond LE GUIDEC, Gérard CHABOT(주 3), n° 160.

74) 양창수(주 2), 156-157.

75) Raymond LE GUIDEC, Gérard CHABOT(주 3), n° 158.

76) '피상속인에 대한 살해 또는 살해 미수의 주범 또는 공범으로 중죄의 형을 선고받은 자(프랑스민법 제726조 제1호)', '폭행 또는 상해로, 살인의 고의는 없었으나 피상속인을 사망에 이르게 한 주범 또는 공범으로 중죄의

세분화, 다양화하였다.

2001년 12월 3일 개정은 상속결격제도의 확대 및 현대화라는 긍정적인 평가를 받고 있는데,[78] 기존 판례에서 나타나던 문제를 해결했다는 점과 상속결격제도에 관한 학설의 입장을 적극적으로 수용했다는 점에서도 개정의 의의를 찾을 수 있을 것이다. 또한, '부부 폭행의 피해자 보호를 위한 2020년 7월 30일 법'을 통해 신설된 프랑스민법 제727조 제1항 제2-1호를 통해 가정폭력이나 부부 폭행의 가해자에 대해 상속결격을 규정하였는데, 현실적인 상속결격 사유라고 볼 수 있을 것이다.

이어서, 개정의 두 번째 목적에 해당하는 상속결격의 사적 특성은 앞서 언급한 상속결격자의 자녀에 대한 대습상속을 인정하는 점과 피상속인이 상속결격자를 용서하고 상속결격을 배제할 수 있도록 한 점에서 잘 나타나고 있다. 이는 프랑스민법이 정하는 상속결격에 해당한다고 해도, 상속재산에 대한 피상속인에 대한 자유로운 의사와의 균형을 추구한다는 점에서 공서와 피상속인의 의사 모두를 고려한다고 평가할 수 있다.[79] 또한, 이와는 다른 측면에서 상대적 상속결격에서 다른 공동상속인에게 선택권을 부여했다는 점에서도 찾을 수 있다. 더구나 기존의 3가지 상속결격 사유에 한정되었던 해당 제도를 절대적 상속결격과 상대적 상속결격으로 구분하고, 그 종류와 범위를 확대하면서도, 상대적 상속결격을 통해 다른 공동상속인에게 상속결격에 대한 소의 제기라는 요건을 규정하여, 다른 상속인에게 선택권을 부여하고 있는 점은 상속결격제도의 물리적 확대를 허용하면서도 이에 대한 제재를 함께 규정하고 있다고 볼 수 있을 것이다.

앞서 살펴본 바와 같이, 프랑스의 상속결격제도는 부양이나 양육 의무 해태나 불이행에 따른 상속결격을 규정하고 있지 않고, 오히려 프랑스민법 제955조를 통해서 3가지의 망은행위(ingratitude), 즉, 수증자가 증여자를 살해하려 한 경우(동조 제1호), 수증자의 증여자에 대한 학대, 경죄 또는 중대한 모욕을 한 경우(동조 제2호), 수증자가 증여자의 부양을 거절한 경우(동조 제3호)에, 증여의 철회를 인정하고 있다.[80] 즉 부양의무 위반에 대한 제재를 상속결격이 아닌

형을 선고받은 자(프랑스민법 제726조 제2호)'.

77) '피상속인에 대한 살해 또는 살해 미수의 주범 또는 공범으로 경죄의 형을 선고받은 자(프랑스민법 제727조 제1항 제1호)', '살인의 고의 없이 피상속인의 폭행치사의 주범 또는 공범으로 경죄의 형을 선고받은 자(프랑스민법 제727조 제1항 제2호)', '피상속인에 대한 고문 및 야만적 행위, 고의적 폭력, 강간 또는 성폭행의 주범 또는 공범으로 중죄 또는 경죄의 형을 선고받은 자(프랑스민법 제727조 제1항 제2-1호)', '형사 소송 중에 피상속인에 대한 위증으로 형을 선고받은 자(프랑스민법 제727조 제1항 제3호)', '본인이나 제3자에 대해서 어떠한 위험이 없음에도, 피상속인을 사망에 이르게 하는 신체를 침해하는 중죄 또는 경죄를 고의로 막지 않아 유죄 판결을 선고받은 자(프랑스민법 제727조 제1항 제4호)', '(상속인의)고발로 피상속인에게 중죄가 부과되었으나, 이로 인해 무고죄로 형을 선고받은 자(프랑스민법 제727조 제1항 제5호)'.

78) Philippe DAVIAUD(주 4), p. 1856 et s.

79) Philippe DAVIAUD(주 4), p. 1856 et s.

80) 자녀에 대한 부모의 양육 의무 불이행을 상속결격 사유로 보고 있는 다른 외국의 법제와는 달리(김상용, 박인

생전증여의 철회를 통해 규정하고 있음을 알 수 있다.[81)]

프랑스는 2001년 12월 3일 개정을 통해서 상속결격제도를 다양화, 현대화하면서도 상속결격 사유에 대해서는 피상속인에 대한 형사상의 심각한 범죄로 상속결격 사유를 제한하는 신중한 태도를 유지하고 있다고 평가할 수 있다. 또한 프랑스민법이 상속결격을 규정하면서도, 상속결격자에 대한 피상속인의 용서를 규정하여, 피상속인의 의사를 존중하고 있는 점도 이와 같은 맥락에서 이해될 수 있다.

환, "상속권상실선고에 관한 법무부 개정안의 문제점", 중앙법학 제23집 제1호(2021), 27-31), 망은행위, 특히 부양의무 거절로 인한 증여철회에 관한 프랑스민법 제955조는 1803년 5월 3일 제정되어, 실질적인 내용상의 개정이 한 차례도 없었다는 점에서도, 프랑스의 상속결격 사유는 형사상 심각한 범죄에 한정된다는 특징을 가진다고 볼 수 있다.

81) 최근 우리 사회에서는 법무부의 상속권상실제도에 관한 민법일부개정안이 국무회의를 통과했는데, 상속인이 될 사람이 '피상속인에 대한 부양의무를 중대하게 위반한 경우' 및 '피상속인 또는 그 배우자나 직계혈족에 대한 중대한 범죄행위, 학대 그 밖의 심히 부당한 대우를 한 경우'에, 생전에 피상속인이 해당 상속인에 대한 상속권 상실을 청구하거나 공정증서에 의한 유언으로 해당 의사를 표시할 수 있도록 하고, 피상속인 사망시에는 다른 공동상속인이 6개월 이내에, 가정법원에 상속권 상실을 청구할 수 있도록 하는 내용의 개정안 제1004조의2의 신설을 제안하고 있다. 이는 피상속인이 사망 전에 장래의 상속인, 즉 상속권을 아직 가지고 있지 않은 자에 대한 상속권을 상실하도록 한다는 점에서 비판의 여지가 있다(상속권 상실 선고에 관한 법무부 개정안에 관해서는 '김상용, 박인환(주 80)' 참조).

日本における契約自由と消費者保護
—「契約法の実質化」からみた日本法の現状と課題*

山本敬三(야마모토 케이죠)**

I. はじめに

1. 契約法の実質化

1999年9月27日に、ドイツ民法典（以下では「BGB」と略する。）の制定100周年を記念して開催されたドイツ民法学者大会（Deutsche Zivilrechtslehrertagung）において、カナーリス（Claus-Wilhelm Canaris）が、「債務契約法の変遷 — その『実質化』の傾向」と題する記念講演を行い、この100年の間に、BGBは、「非常に形式的な（formal）基本構想から、法制度、特に契約法をますます実質的に（materiel）理解する方向へと進んできた」とし、「実質化（Materialisierung)」をその特徴として指摘した[1]。そこで、カナーリス

* 本稿は、2018年11月2日に東京で開催された独日法律家協会創立30周年記念日独シンポジウムにおいて、「Vertragsfreiheit und Verbraucherschutz（契約自由と消費者保護）」という統一テーマのもと、マリエッタ・アウアー（Marietta Auer）教授（ギーセン（Gießen）大学教授（当時）、現マックス・プランク法史学・法哲学研究所所長）がドイツ法について講演を行ったのに対し、筆者が日本法について行った講演（原題：「Vertragsfreiheit und Verbraucherschutz in Japan（日本における契約自由と消費者保護）」。これは、Zeitschrift für Japanisches Recht, Sonderheft 15, 2019, S.77に掲載されている。）の原稿に、その後の動向を踏まえて加筆修正を行ったものである。講演は、契約自由と消費者保護に関する日独の比較を行うことを目的とし、しかも日本法について十分な知識のない聴衆も想定していたことから、日本語で発表する論稿としては不必要な説明も行い、日本法に関する欧文文献を相当数引用していた。これらについては全面的に削除することも考えられたが、本稿のテーマに関する情報として無意味とまではいえないと考え、その多くを残すこととしている。いずれにしても、敬愛する梁彰洙先生への献呈論文集において、このようなかたちでしか寄稿することができないのは申し訳が立たないことであるが、ご海容を請うほかない。

** 京都大学 教授.

1) *Claus-Wilhelm Canaris*, Wandlungen des Schuldvertragsrechts –Tendenzen zu seiner „Materialisierung“, AcP 200(2000), 273 ff. なお、本稿のもとになったシンポジウムにおいて「ドイツ法における契約自由と消費者保護」について講演をしたアウアー教授は、筆者とほぼ同時期にミュンヘン大学においてカナーリス教授のもとで研究活動をしていたという関係があり、カナーリス教授の問題提起を受けつつ、新たな視角から「実質化」に関する検討を行った論稿として、*Marietta Auer*, Materialisierung, Flexibili-

は、「実質化」の概念を3つに分けて説明している。

第一は、契約自由の実質化（Materialisierung der Vertragsfreiheit）である。そこでは、形式的＝法的決定自由（formale-rechtliche Entscheidungsfreiheit）と実質的＝事実的決定自由（materiale-tatsächliche Entscheidungsfreiheit）が対置されている。BGBの制定時には、形式的＝法的な決定自由が重視されていたのが、次第に、実質的＝事実的決定自由が重視されるようになってきたというのが、契約自由の「実質化」の意味だとされている。

第二は、契約正義の実質化（Materialisierung der Vertragsgerechtigkeit）である。そこでは、形式的＝手段的正義（formale-prozedurale Gerechtigkeit）と実質的＝内容的正義（materiale-inhaltliche Gerechtigkeit）が対置されている。BGBの制定時には、形式的＝手続的正義が重視されていたのが、次第に、実質的＝内容的正義が重視されるようになってきたというのが、契約正義の「実質化」の意味だとされている。

第三は、世界観・政策上の基本姿勢の実質化（Materialisierung der weltanschauulich-politischen Grundhaltung）である。そこでは、liberalな基本姿勢とsozialな基本姿勢が対置されている。liberalな基本姿勢は、自由ないし自己決定を高く尊重するという立場であるのに対して、sozialな基本姿勢は、事実として存在する不平等や自由の抑圧を問題とし、後見的な保護を認めるという立場である。ここでも、BGBの制定時には、liberalな基本姿勢が重視されていたのに対して、次第に、sozialな基本姿勢が重視されるようになってきたといのが、このレベルでの「実質化」の意味だとされている。

その上で、カナーリスは、そうした「実質化」の特徴をよく示す例として、BGB138条における「実質化」の傾向（現代的暴利行為）、誤認惹起行為から実質的契約自由を保護するための手段としての契約締結上の過失制度、約款の内容規制、撤回権と消費者保護を挙げ、それぞれにおける「実質化」の意味と課題を分析している。

2. 課題の設定

この今もなおしばしば引用されるカナーリスの論稿における分析に照らすと、消費者保護が問題となるのは、契約自由の実質化、つまり実質的＝事実的な決定自由の保護が求められる場面である。問題は、それが契約正義の実質化や世界観・政策上の基本姿勢の実質化を伴うかどうかである。それは、そこで認められる実質化の根拠と限界という問題と関わる。本稿では、このような観点から日本法の状況を紹介し、その特徴と課題を分析することとしたい。

---

sierung, Richterfreiheit、2005を発表している。

ただ、この分野の日本法を理解するためには、もう1つの観点を考慮する必要がある。それは、実質化の実現手段(エンフォースメントの手段)である。実質化を実現するための手段としては、私法的手段だけでなく、公法的手段も考えられる。また、私法的手段に関しても、実体的なルールを定めるほか、それを実現するための手続や制度も問題となる。以下では、そうした実質化の実現手段も考慮に入れて検討することとしたい。

Ⅱ. 日本における消費者法の形成と変遷

最初に、日本における消費者法の形成とその変遷を紹介しておこう[2)]。

1. 消費者法の形成

(1) 問題指向の法形成

日本で消費者法が形成され出したのは、1960年代からである。その特徴は、社会的に大きな被害が発生したことを受けて、そうした被害に対処するために必要な法規制が次々と作られてきたことである。

最初に特に被害が生じたのは、製品の安全性と品質及びその表示についてであり、薬事法(2014年に「医薬品、医療機器等の品質、有効性及び安全性の確保等に関する法律」に変更され、「薬機法」と略される。)や食品衛生法、景品表示法や家庭用品品質表示法などが制定され、何度も改正されることになった。その後は、取引の仕方や内容についても大きな被害が生じるようになり、宅地建物取引業法や旅行業法、訪問販売法(2000年に「特定商取引に関する法律」に変更され、「特定商取引法(特商法)」と略される。)、割賦販売法や貸金業法等、投資事業に関する多くの様々な法律が制定ないし改正されることになった。

日本の消費者法の特徴は、このように問題に指向した実践的性格が強いところにある。これは、その反面で、体系性が乏しく、通観しづらいということでもある。

(2) 行政的規制を中心とした法形成

それと同時に、日本の消費者法は、行政的規制を中心として形成されてきたということができる。先ほど挙げた法律の多くは、日本では「業法」と呼ばれるもので、一定の事業を対象として行政的な規制を行うことを主たる目的としている[3)]。

---

2) 大村敦志『消費者法〔第4版〕』(有斐閣、2011年)5頁以下のほか、欧文文献として、*Marc Dernauer*, Verbraucherschutz, in: Baum/ Bälz (Hrsg.), Handbuch Japanisches Handels- und Wirtschaftsrecht, 2011, S. 567 ff.: *ders.*, Verbraucherschutz und Vertragsfreiheit im japanischen Recht, 2006, insb. S. 11 ff. も参照。

3) 消費者取引に関する行政的(公法的)規制について、くわしくは、大島義則=森大樹=杉田育子=関口その主要な規制手法は、開業規制と行為規制である。開業規制とは、ある事業を営むために監督官庁の許可や認可、届出を必要とするものである。行為規制とは、事業活動に関して一定の行為を禁止したり、命令したりするものである。例えば、表示義務や書面の交付義務、広告に関する規制、不当な勧誘方法の禁止などがその代表例である。これらの規制は、省令などの下位規範によって具体化されている。さらに、行政機関が規制を行うための細かな指針がガイドライン等として定められることもよくある。

このような行政的規制については、その実効性を確保するために、行政機関が指示、命令、立入検査などの行政処分を行うことが認められている。また、違反行為に対して刑罰を定めている場合もある。

日本の行政的規制では、このようなハードな方法のほか、ソフトな方法がとられるのも特徴である。いわゆる行政指導のほか、事業者の団体を設立することをうながして、それらの団体による自主規制や苦情処理を奨励することもよく行われてきた。

2. 規制緩和論と消費者法

(1) 規制緩和論

これ対して、日本でも、1980年代から、最初はアメリカからの圧力を受けて、不透明な規制の撤廃ないし緩和が求められるようになった。さらに1990年代に入り、バブル経済が崩壊した後は、政府が巨額の財政支出によって景気の回復を図ったにもかかわらず、長く不況が続いた。その結果、日本経済には効率的な経済活動を妨げる構造的な欠陥があると考えられるようになり、1990年代から2000年代にかけて規制緩和が進められた[4)]。

ただし、注意する必要があるのは、こうした日本の規制緩和は、たしかに新自由主義的な考え方をもとにしているが、その目的は「経済の活性化」にあったということである。そのため、新自由主義的な考え方からすると必要なはずの規制が、「経済の活性化」に対する悪影響を考慮して導入されない、ないしは不完全にしか導入されないということも目立ってる。この点は、後で具体的に紹介することとしたい。

岳史＝辻畑泰喬編著『消費者行政法 ― 安全・取引・表示・個人情報保護分野における執行の実務』(勁草書房、2016年)2頁以下のほか、欧文文献として、*Dernauer*, a.a.O.(Fn.2) Verbraucherschutz und Vertragsfreiheit im japanischen Recht, S. 433 ff.を参照。

4) 山本敬三「『法の継受』の可能性と課題 ― 日本法の経験から」星野英一先生追悼『日本民法学の新たな時代』(有斐閣、2015年)70頁以下等のほか、欧文文献として、 *Harald Baum/ Moritz Bälz*, Rechtsentwicklung, Rechtsmentalität, Rechtsumsetzung, in: Baum/Bälz (Hrsg.), a.a.O. (Fn.2), S. 22 ff.; *Kahei Rokumoto*, Institutionen: Recht und Juristen in der Transformation, in: Baum/Bälz (Hrsg.), a.a.O. (Fn.2), S. 36 f.

(2) 消費者法への影響

もっとも、消費者法の領域では、以上のような規制緩和論の影響は、規制の量に関しては、あまり大きくなかったということができる。これらの規制は、もともと現実の被害に対処するために形成されたものなので、緩和することができない。むしろ、消費者法に関する規制は拡大し続けてきたということができる。

ただ、規制緩和論は、消費者法の理念に関しては影響があった。それまでは、消費者は「弱者」としてとらえられ、後見的な「保護」の客体として位置づけられていた。しかし、この時期から後は、消費者は「自立した、ないし自立しうる存在」としてとらえられ、そのような存在が自律的な決定を行うことができるようにするための「支援」を行うことが消費者法の理念とされるようになった。「保護」が必要だとしても、それは、後見的・温情的な保護ではなく、正当な権利の侵害に対する保護として位置づけられるようになった[5)]。

こうした消費者法の理念の転換は、2004年に、消費者政策の指針を定める法律である「消費者基本法」において明確に示されることになった。この法律は、それまでは「消費者保護基本法」と呼ばれていたのに対し、このような理念の変更を反映して、改正の際に「保護」という文字が削除されることになった。

3. 消費者私法の形成

次に、私法的規制に関しては、当初は、先ほど紹介した主として行政的規制を定める個別的な業法の中で、クーリング・オフなどを散発的に定めるという対応が行われていた。

この状況が大きく変わるきっかけとなったのは、1980年代後半、つまりバブル経済の時期に、投資取引を中心として、欺瞞的ないし攻撃的な取引によって消費者が被害を受ける事件が数多く発生したことにある。裁判所は、ドイツ法よりも柔軟な不法行為法の一般条項を用いて、これらの被害を救済した。これらの数多くの裁判例とその理論的な正当化を試みる学説を通じて、現在の消費者私法が形成されてきた[6)]。

その1つの成果として2000年に制定されたのが、消費者契約法である。ただし、この法律がこの時期に制定されたのは、先ほど述べた規制緩和論の影響によるということができる。政府による事前規制を緩和するのであれば、消費者紛争は裁判所によって事後

5) 大村・前掲注(2)29頁以下、日本弁護士連合会編『消費者法講義〔第5版〕』(日本評論社、2018年)17頁以下、特に24頁以下〔齋藤雅弘〕を参照。

6) 大村・前掲注(2)9頁以下のほか、*Dernauer*, a.a.O.(Fn.2) Verbraucherschutz und Vertragsfreiheit im japanischen Recht, S. 105 ff.を参照。

的に解決されることになる。そこで、そのために必要な法律として消費者契約法が制定されることになったわけである。

4. 消費者行政に関する組織改革

最後に指摘しておく必要があるのは、日本では、2009年に、消費者行政を一元的に担当する組織として、消費者庁が設置されたことである。これは、この当時の政府が、消費者ないし「生活者」を重視するという政策を打ち出したことによる。さらに、消費者庁をチェックする第三者機関として、消費者委員会も設置されることになった[7]。これにより、日本の消費者行政の組織が確立したということができるが、予算およびスタッフの数も十分とはいえず、今もなお改善の余地がある状況である。

Ⅲ. 日本における消費者私法の現在の状況

1. はじめに

次に、日本の消費者私法の現在の状況を紹介し、その特徴と問題点を明らかにすることとしたい。日本の消費者私法は、一般法としての民法と特別法としての消費者契約法からなる。この２つの法律について、最近、大きな改正が行われた。そこでは、実質化の根拠と限界という観点から興味深い議論がみられる。以下では、そのいくつかを取り上げることとしたい。

2. 債権法改正

まず、日本の民法（債権関係）は、2017年に、制定から約120年ぶりに大きく改正され、2020年4月より改正法が施行されている[8]。この改正は、民法総則の法律行為と消滅時効、債権総則及び契約法を対象としている。ここでは、特に消費者法に関わる重要な問題についての改正をめぐる議論を紹介しておこう。

(1) 契約自由の明文化

この改正の目的の１つは、民法を「国民一般に分かりやすいものとする」ことだっ

---

7) 齋藤憲道編著『消費者庁 — 消費者目線で新時代の経営を創る』（商事法務、2009年）41頁以下を参照。

8) 債権法改正の内容と理由については、筒井健夫＝村松秀樹編『一問一答民法（債権関係）改正』（商事法務、2018年）を参照。改正された日本民法（債権関係）のドイツ語訳として、*Keizo Yamamoto u.a.*, Übersetzung des novellirten Zivilgesetzes 2020, ZJapanR Nr.45 (2018), 183 ff.がある。債権法改正の概要に関する欧文文献として、*Keizo Yamamoto*, Einführung in die Übersetzung des novellierten Zivilgesetzes 2020, ZJapanR. Nr.45(2018), 177 ff.を参照。

た[9)]。このような考慮から、民法に書かれていなかったけれども、当然に認められてきた原則として、契約自由が明文で定められた（民法521条）[10)]。19世紀に確立した原則が21世紀に規定されることは、奇妙に思われるかもしれない。これは、新自由主義にしたがった改革が最近行われたことと無関係ではないとみるべきだろう。

（2）消費者契約法の統合案

次に、改正の際には、消費者契約法を民法の中に統合するという案が検討された。これは、2002年のドイツの債務法改正で行われたことと似ている。民法が規律する現代の市民社会は、事業者と消費者が大量の契約を行っていることを前提として成り立っているため、それは民法が規律するのにふさわしいというのが提案の理由である。

しかし、この案は最終的に採用されなかった。それは、むしろ政治的な理由による。事業者側は、消費者契約法が民法に統合されることにより、民法の規律が消費者保護に傾くことを危惧した。消費者側も、消費者法のうち消費者契約法だけが民法に統合されると、消費者法が分断され、一元的な消費者行政が実現できなくなることを危惧した[11)]。

このほか、消費者契約法のうち、事業者の不実告知を理由に消費者が誤認した場合に意思表示の取消しを認める規定を、すべての契約に妥当する一般的な規定として民法に定めることも検討された[12)]。しかし、この案も、事業者側の反対によって実現されなかった。これは、意図せず不実の表示をしてしまうことがありうるため、取消しを一般に認めると、意思表示の効力が否定される範囲が広がりすぎることになるという理由による[13)]。

---

9) 諮問第88号（http://www.moj.go.jp/content/000005084.pdf）。

10) 民法521条（契約の締結及び内容の自由）
「何人も、法令に特別の定めがある場合を除き、契約をするかどうかを自由に決定することができる。
2 契約の当事者は、法令の制限内において、契約の内容を自由に決定することができる。」
この規定の趣旨については、筒井＝村松編著・前掲注(8)216頁を参照。

11) 消費者契約法を民法の中に統合するという提案とそれをめぐる議論については、民法（債権法）改正検討委員会編『債権法改正の基本方針』（商事法務、2009年）18頁、同『詳解・債権法改正の基本方針Ⅰ』（商事法務、2009年）28頁以下のほか、山野目章夫「改正債権法の社会像 — 基底をなす人間観」安永正昭＝鎌田薫＝能見善久監修『債権法改正と民法学Ⅰ総論・総則』（商事法務、2018年）16頁以下を参照。

12) この問題については、山本敬三「『動機の錯誤』に関する判例の状況と民法改正の方向(下)」NBL 1025号（2014年）37頁以下・43頁以下、同「『動機の錯誤』に関する判例法の理解と改正民法の解釈 — 保証に関する判例法を手がかりとして」法学論叢182巻1＝2＝3号（2018年）51頁以下を参照。

13) 法制審議会民法（債権関係）部会資料83－2（http://www.moj.go.jp/content/000126620.pdf）3頁を参照。ただし、「相手方が誤った表示等を行ったために表意者に錯誤が生じ、その誤った認識を前提として表意者が意思表示をし、そのことを相手方も当然の前提であると認識していたと評価できるような場合には、『法律行為の基礎とされていることが表示されていた』と評価することで対応することも可能であるとの指摘」もあるとされている。

（3）暴利行為の明文化案

このほか、日本の民法には、公序良俗に反する法律行為は無効とするという規定があるが（民法90条）、暴利行為に関する規定はない。しかし、判例は、暴利行為は公序良俗違反の一つの場合であるとし、ドイツ民法138条2項と同様に、暴利を受けている者の窮迫・軽率・無経験等という主観的要素と著しく過当な利益の取得（給付の重大な不均衡）という客観的要素からなる定式を採用してきた[14)]。

今回の債権法改正では、これを明文化する案が検討されたが[15)]、これも事業者側の反対により認められなかった。それは、要件を明確に規定できないため、評価の余地が残り、予見可能性を確保することができないという理由による[16)]。

（4）定型約款

これに対して、今回の債権法改正では、新たに約款規制が民法の中に定められた。組入規制と不当条項規制のほか、約款の変更に関する規制が定められた(民法548の2条以下)[17)]。

ただ、民法に約款規制を定めることについても、事業者側は反対した。事業活動に過剰な負担をもたらすおそれがあることがその理由である。そのため、妥協として、規制の対象は、不特定多数の者を相手方とし、その内容が画一的であることが双方にとって合理的な取引で用いられる約款 — これを「定型約款」という — に限定された(民法548条の2・1項)。また、組入れについても、ドイツ法と異なり、定型約款の開示は要件とされず、事業者があらかじめ定型約款を契約の内容とする旨を相手方に表示していただけでよいとされた(民法548条の2・1項及び548条の3)。結果として、ドイツ法などと異なり、非常に簡単に組入れが認められることになっている。さらに、不当条項規制も、一般条項に相当するものが定められただけである(民法548条の2・2項）[18)]。

---

14) 大判昭和9（1934）年5月1日民集13巻875頁等。

15) 法制審議会民法（債権関係）部会「民法（債権関係）の改正に関する中間試案」〔平成25（2013）年7月4日補訂〕（http://www.moj.go.jp/content/000112242.pdf）1頁では、「相手方の困窮、経験の不足、知識の不足その他の相手方が法律行為をするかどうかを合理的に判断することができない事情があることを利用して、著しく過大な利益を得、又は相手方に著しく過大な不利益を与える法律行為は、無効とするものとする」ことが提案されていた。この問題については、山本敬三「法律行為通則に関する改正の現況と課題」法律時報86巻1号（2014年）13頁以下を参照。

16) 公序良俗に関する規定の改正については、山本敬三「公序良俗」潮見佳男＝千葉絵美子＝片山直也＝山野目章夫編『詳解改正民法』（商事法務、2018年）1頁、特に4頁以下を参照。

17) くわしくは、筒井＝村松編著・前掲注(8)240頁以下を参照。改正の意義と問題点については、山本敬三「改正民法における『定型約款』の規制とその問題点」消費者法研究3号（2017年）31頁を参照。

18) 民法548条の2（定型約款の合意）

「定型取引（ある特定の者が不特定多数の者を相手方として行う取引であって、その内容の全部又は一部が画一的であることがその双方にとって合理的なものをいう。以下同じ。）を行うことの合意（次

（5）個人保証の規制

このほか、今回の債権法改正では、事業に関する債務を個人が保証する場合について特別な規制が定められた（民法465条の6以下）[19]。これは、1990年代以降、親しい者から頼まれて断り切れずに保証をした者が経済的に破綻するという事件が多数発生したことを背景としている。ドイツでもこれと似た現象があったことはよく知られている[20]。

この規制の特徴は、個人が事業に関する債務を保証する場合は、保証人が公正証書により意思表示をする必要があるとされたことである(民法465条の6)[21]。内容規制では

条において「定型取引合意」という。）をした者は、次に掲げる場合には、定型約款（定型取引において、契約の内容とすることを目的としてその特定の者により準備された条項の総体をいう。以下同じ。）の個別の条項についても合意をしたものとみなす。

一　定型約款を契約の内容とする旨の合意をしたとき。

二　定型約款を準備した者（以下「定型約款準備者」という。）があらかじめその定型約款を契約の内容とする旨を相手方に表示していたとき。

2　前項の規定にかかわらず、同項の条項のうち、相手方の権利を制限し、又は相手方の義務を加重する条項であって、その定型取引の態様及びその実情並びに取引上の社会通念に照らして第一条第二項に規定する基本原則に反して相手方の利益を一方的に害すると認められるものについては、合意をしなかったものとみなす。」

民法548条の3（定型約款の内容の表示）

「定型取引を行い、又は行おうとする定型約款準備者は、定型取引合意の前又は定型取引合意の後相当の期間内に相手方から請求があった場合には、遅滞なく、相当な方法でその定型約款の内容を示さなければならない。ただし、定型約款準備者が既に相手方に対して定型約款を記載した書面を交付し、又はこれを記録した電磁的記録を提供していたときは、この限りでない。

2　定型約款準備者が定型取引合意の前において前項の請求を拒んだときは、前条の規定は、適用しない。ただし、一時的な通信障害が発生した場合その他正当な事由がある場合は、この限りでない。」

19) くわしくは、筒井＝村松編著・前掲注(8)127頁以下を参照。

20) 児玉寛「無資力近親者による共同責任をめぐる判例の展開 ― 現代ドイツ私的自治論の諸相・第１」大阪市立大学法学雑誌41巻4号（1995年）213頁、原田昌和「巨額な共同責任の反良俗性 ― ドイツ良俗則の最近の展開(1)(2)」法学論叢147巻1号24頁・148巻1号85頁（2000年）、同「極端に巨額な保証債務の反良俗性 ― ドイツ良俗則の最近の展開・その2(1)(2)」法学論叢148巻2号18頁・149巻5号46頁（2000－01年）、齋藤由起「近親者保証の実質的機能と保証人の保護 ― ドイツ法の分析を中心に(1)－(3)」北大法学論集55巻1号113頁・2号223頁・3号213頁（2004年）を参照。

21) 民法465条の6（公正証書の作成と保証の効力）

「事業のために負担した貸金等債務を主たる債務とする保証契約又は主たる債務の範囲に事業のために負担する貸金等債務が含まれる根保証契約は、その契約の締結に先立ち、その締結の日前一箇月以内に作成された公正証書で保証人になろうとする者が保証債務を履行する意思を表示していなければ、その効力を生じない。

2　前項の公正証書を作成するには、次に掲げる方式に従わなければならない。

一　保証人になろうとする者が、次のイ又はロに掲げる契約の区分に応じ、それぞれ当該イ又はロに定める事項を公証人に口授すること。

イ　保証契約（ロに掲げるものを除く。）　主たる債務の債権者及び債務者、主たる債務の元本、主たる債務に関する利息、違約金、損害賠償その他その債務に従たる全てのものの定めの有無及びその内

なく、手続的規制によって、保証人の自由で真摯な意思を確保しようとしているわけである。これは、sozialというよりは、liberalな考え方に基づく規制ということができそうである。

3. 消費者契約法とその改正

(1) はじめに

次に、消費者契約法とその改正に移る。日本では、2000年に、民法の特別法として消費者契約法が制定された。消費者と事業者の間には情報及び交渉力の構造的な格差があるため、消費者は本来ならば望まないような契約を締結させられるおそれがある。そのため、消費者契約法は、消費者に、そのような望まない契約の拘束力から免れるための保護手段を認めている[22]。日本の消費者契約法の特徴は、不当条項の内容規制だけでなく、契約締結過程の規制も定めているところにある。これは、事業者の不当な勧誘行為によって契約を締結した消費者に、取消権を認めるものである。

先ほどの民法(債権関係)の改正案が公表されたのは2015年だった。民法の中に消費者契約法が統合されなかったのは、消費者契約は消費者契約法で規律するのが望ましいと考えられたためである。そうすると、次の問題は、消費者契約法の見直しである。そ

容並びに主たる債務者がその債務を履行しないときには、その債務の全額について履行する意思(保証人になろうとする者が主たる債務者と連帯して債務を負担しようとするものである場合には、債権者が主たる債務者に対して催告をしたかどうか、主たる債務者がその債務を履行することができるかどうか、又は他に保証人があるかどうかにかかわらず、その全額について履行する意思)を有していること。

ロ　根保証契約　主たる債務の債権者及び債務者、主たる債務の範囲、根保証契約における極度額、元本確定期日の定めの有無及びその内容並びに主たる債務者がその債務を履行しないときには、極度額の限度において元本確定期日又は第四百六十五条の四第一項各号若しくは第二項各号に掲げる事由その他の元本を確定すべき事由が生ずる時までに生ずべき主たる債務の元本及び主たる債務に関する利息、違約金、損害賠償その他その債務に従たる全てのものの全額について履行する意思(保証人になろうとする者が主たる債務者と連帯して債務を負担しようとするものである場合には、債権者が主たる債務者に対して催告をしたかどうか、主たる債務者がその債務を履行することができるかどうか、又は他に保証人があるかどうかにかかわらず、その全額について履行する意思)を有していること。

二　公証人が、保証人になろうとする者の口述を筆記し、これを保証人になろうとする者に読み聞かせ、又は閲覧させること。

三　保証人になろうとする者が、筆記の正確なことを承認した後、署名し、印を押すこと。ただし、保証人になろうとする者が署名することができない場合は、公証人がその事由を付記して、署名に代えることができる。

四　公証人が、その証書は前三号に掲げる方式に従って作ったものである旨を付記して、これに署名し、印を押すこと。

3　前二項の規定は、保証人になろうとする者が法人である場合には、適用しない。」

22) 消費者契約法については、消費者庁消費者制度課編『逐条解説消費者契約法〔第4版〕』(商事法務、2019年。以下では「逐条解説」として引用する。)のほか、欧文文献として、*Dernauer*, a.a.O.(Fn.2), Verbraucherschutz und Vertragsfreiheit im japanischen Recht, S. 245 ff.を参照。

こで、2015年から消費者契約法の改正について検討が進められ、2016年と2018年に改正が成立した[23)]。以下では、実質化の根拠と限界という観点から重要なポイントを紹介することとしたい。

(2) 締結過程の規制 ― 積極行為規制

(a) 制定時の規制

まず、締結過程の規制として、制定時の消費者契約法は、次のように、事業者の一定の行為によって消費者が誤認をした場合と困惑をした場合に取消しを認めていた。

(i) 誤認による取消し

まず、誤認による取消しが認められるのは、事業者が消費者契約の締結について勧誘をする際に、次の3つの行為をしたことにより消費者が誤認をし、それによって当該消費者契約の申込み又はその承諾の意思表示をした場合である。

第1は、不実告知といわれるものであり、事業者が重要事項について事実と異なることを告げたことである(消契法4条1項1号)。

第2は、不利益事実の不告知といわれるものであり、事業者が消費者に対してある重要事項又は当該重要事項に関連する事項について消費者の利益になる旨を告げ、かつ、当該重要事項について当該消費者の不利益となる事実(その告知により当該事実が存在しないと消費者が通常考えるべきものに限る。)を故意に告げなかったことである(消契法旧4条2項)。

第3は、断定的判断の提供といわれるものであり、当該消費者契約の目的となるものに関し、将来における変動が不確実な事項につき、事業者が断定的判断を提供することである(消契法4条1項2号)。

(ii) 困惑による取消し

次に、困惑による取消しが認められるのは、事業者が消費者契約の締結について勧誘をする際に、次の2つの行為をしたことにより消費者が困惑し、それによって当該消費者契約の申込み又はその承諾の意思表示をした場合である。いずれも、このような圧迫を受けると、消費者は合理的な判断をすることができなくなることが、取消しが認められる理由である。

---

23) 2016年及び2018年の消費者契約法改正については、山本敬三「2016年消費者契約法改正の概要と課題」法律時報88巻12号(2016年)4頁以下、上野一郎＝福島成洋＝志部淳之介「消費者契約法改正の概要」NBL1128号(2018年)58頁、山本敬三＝沖野眞已＝河上正二＝長谷川雅巳＝山本健司「消費者契約法の改正と課題」ジュリスト1527号(2019年)14頁、鹿野菜穂子「消費者契約法の改正と契約締結過程の規律 ― 2016年・2018年改正の意義と課題」中田邦博＝若林三奈＝潮見佳男＝松岡久和編『ヨーロッパ私法・消費者法の現代化と日本私法の展開』(2020年、日本評論社)491頁も参照。

第1は、当該事業者に対し、当該消費者が、その住居又はその業務を行っている場所から退去すべき旨の意思を表示したにもかかわらず、それらの場所から退去しないことである(消契法4条3項1号)。

第2は、当該事業者が当該消費者契約の締結について勧誘をしている場所から当該消費者が退去する旨の意思を示したにもかかわらず、その場所から当該消費者を退去させないことである(消契法4条3項2号)。

(b) 2016・2018年消費者契約法改正

以上からもわかるように、消費者契約法によって取消しが認められる場合は限定的であり、その要件も厳格であったことから、これを拡充する必要あることが以前から指摘されていた。上述したように、2015年に民法(債権関係)の改正案が確定した後、その過程で検討されたけれども実現をみなかったものを消費者契約法の改正によって受けとめるかどうかについて検討が進められ、2016年及び2018年に、次のような改正が行われた。

(i) 不利益事実の不告知による取消しの拡張

まず、不利益事実の不告知による取消し(消契法4条2項)について、上記のとおり、制定時の規定によると、重要事項について消費者の不利益となる事実を告げないという不作為があるだけでは、消費者に取消しは認められない。取消しが認められるためには、さらに、①事業者が消費者に対し、ある重要事項又はそれに関連する事項について消費者の利益になる旨を告げたという先行行為が必要とされている。しかも、②事業者が告げるべき不利益事実は、先行行為により、そのような事実は存在しないと消費者が通常考えるべきものに限られ、③事業者がその不利益事実を故意に告げなかったことが必要とされていた。

以上の要件のうち、とりわけ③事業者の故意が必要とされている点について、その立証が困難であることから、この規定は実務ではほとんど利用されないことになっていた。そこで、2018年の改正により、事業者に故意がある場合だけでなく、重大な過失がある場合も取消しが認められることとされた[24)]。

(ii) 2016年改正 — 過量販売による取消し

次に、民法(債権関係)の改正において暴利行為に関する規制を明文化することが

24) 前掲注(22)逐条解説144頁を参照。消費者契約法4条2項の改正については、丸山絵美子「消費者契約法の改正と消費者取消権」ジュリスト1527号(2019年)57頁以下、日本弁護士連合会消費者問題対策委員会編『コンメンタール消費者契約法〔第2版増補版〕補巻 — 2016年・2018年改正』(日本評論社、2019年。以下では「コンメンタール消費者契約法」として引用する。)50頁以下、鹿野・前掲注(23)495頁以下を参照。

できなかったことを受けて、少なくとも消費者契約において、消費者が合理的な判断をすることができない事情を事業者が利用して契約を締結させる場合に関する規制を拡充することが検討された。この背景には、高齢者をはじめとして、契約を締結するか否かを合理的に判断することができない事情がある消費者が、事業者にその事情を利用されて、不必要な契約を締結させられるという被害が多発しているという事情がある。

もっとも、そのような被害に対応するとして、どのような場合がそこに含まれるかが判然としなければ、取引実務の混乱を招きかねず、当該規定が適用される可能性のある取引を事業者が回避することになり、かえって消費者にとって不利益になりかねないことも指摘された。そのため、規定を設けるとして、その要件はできるかぎり客観的な要件をもって明確に定めることが求められた。

その結果、2016年改正では、そうした要件の設定が可能なものとして、事業者が消費者契約の締結について勧誘するに際し、過量な内容の契約に当たることを知っていた場合において、消費者がその勧誘により当該消費者契約の申込み又は承諾の意思表示をした場合に、取消しを認める規定が新設された（消契法4条4項）[25)]。

(iii) 2018年改正

もっとも、消費者が合理的な判断をすることができない事情が利用される場合は、このような過量販売による場合に限られない。そのため、2016年改正の後も、さらに検討が進められた結果、2018年の改正では、次のように、取消しが認められる場合が広げられた[26)]。

---

25) 消費者契約法4条4項「消費者は、事業者が消費者契約の締結について勧誘をするに際し、物品、権利、役務その他の当該消費者契約の目的となるものの分量、回数又は期間（以下この項において「分量等」という。）が当該消費者にとっての通常の分量等（消費者契約の目的となるものの内容及び取引条件並びに事業者がその締結について勧誘をする際の消費者の生活の状況及びこれについての当該消費者の認識に照らして当該消費者契約の目的となるものの分量等として通常想定される分量等をいう。以下この項において同じ。）を著しく超えるものであることを知っていた場合において、その勧誘により当該消費者契約の申込み又はその承諾の意思表示をしたときは、これを取り消すことができる。事業者が消費者契約の締結について勧誘をするに際し、消費者が既に当該消費者契約の目的となるものと同種のものを目的とする消費者契約（以下この項において「同種契約」という。）を締結し、当該同種契約の目的となるものの分量等と当該消費者契約の目的となるものの分量等とを合算した分量等が当該消費者にとっての通常の分量等を著しく超えるものであることを知っていた場合において、その勧誘により当該消費者契約の申込み又はその承諾の意思表示をしたときも、同様とする。」

この規定の意味については、前掲注（22）逐条解説189頁以下のほか、山本・前掲注（23）7頁を参照。

26) これらの規制の意味については、前掲注（22）逐条解説129頁以下、特に161頁以下のほか、前掲注（24）コンメンタール消費者契約法58頁以下・109頁以下を参照。さらに、残された問題点について、山本ほか・前掲注（23）38頁以下、丸山・前掲注（24）63頁を参照。

1) 強迫類似の行為による困惑の惹起

第1は、強迫に類する行為により、消費者を困惑させる場合である。具体的には、次の3つの場合が追加して規定された。

①当該消費者に対し、霊感その他の合理的に実証することが困難な特別な能力による知見として、そのままでは当該消費者に重大な不利益を与える事態が生ずる旨を示してその不安をあおり、当該消費者契約を締結することにより確実にその重大な不利益を回避することができる旨を告げる場合(消契法4条3項6号)。

②当該消費者が当該消費者契約の申込み又はその承諾の意思表示をする前に、当該消費者契約を締結したならば負うこととなる義務の内容の全部又は一部を実施し、その実施前の原状の回復を著しく困難にする場合(消契法4条3項7号)。

③当該消費者が当該消費者契約の申込み又はその承諾の意思表示をする前に、当該消費者契約の締結を目指した事業活動を実施した場合において、取引上の社会通念に照らして正当な理由がある場合でないのに、当該事業活動が当該消費者のために特に実施したものである旨及び当該事業活動の実施により生じた損失の補償を請求する旨を告げる場合(消契法4条3項8号)。

2) つけ込みによる困惑の惹起

第2は、消費者の事情につけ込み、消費者を困惑させる場合である。具体的には、次の3つの場合が追加して規定された。

④当該消費者が、「社会生活上の経験が乏しい」ことから、社会生活上の重要な事項又は自分の身体の特徴若しくは状況に関する重要な事項に対する願望の実現に過大な不安を抱いていることを知りながら、その不安をあおり、正当な理由がある場合でないのに、当該消費者契約の目的となるものが当該願望を実現するために必要である旨を告げる場合(消契法4条3項3号)。

⑤当該消費者が、「社会生活上の経験が乏しい」ことから、当該消費者契約の締結について勧誘を行う者に対して好意の感情を抱き、かつ、当該勧誘を行う者も同様の感情を抱いているものと誤信していることを知りながら、これに乗じ、当該消費者契約を締結しなければ当該勧誘を行う者との関係が破綻することになる旨を告げる場合(消契法4条3項4号)。

⑥当該消費者が、「加齢又は心身の故障によりその判断力が著しく低下している」ことから、現在の生活の維持に過大な不安を抱いていることを事業者が知りながら、その不安をあおり、正当な理由がある場合でないのに、当該消費者契約を締結しなければその現在の生活の維持が困難となる旨を告げる場合(消契法4条3項5号)。

(iv) 追加された規制の意味と残された課題

以上のように、2016年・2018年改正により追加された規制は、いずれも、消費者契約について、形式的＝法的決定自由ではなく、実質的＝事実的決定自由を保護しようとするものであり、まさに契約自由の実質化を実現するものということができる。

ただし、以上の中でも、つけ込みによる困惑の惹起に関する④⑤⑥の規制は、消費者の中でも、「社会生活上の経験が乏しい」、あるいは「加齢又は心身の故障によりその判断力が著しく低下している」ことから合理的な判断をすることができない者を対象にしている。これは、ヨーロッパで注目されている「脆弱な消費者 (vulnerable consummer)」[27]に対応しているとみることもできそうである。

ただ、事業者の行為によって消費者が合理的な判断をすることができなくなるのは、以上の場合に限られない。改正の過程では、より一般的な条項を定めることも検討された。しかし、その案も、要件を明確に特定できないため、予測可能性が乏しく、過剰介入をもたらすおそれがあるという理由から、採用されなかった。

(3) 消極行為規制 — 情報提供努力義務

(a) 制定時の規定

以上は、事業者が積極的な行為をした場合である。それに対して、事業者が積極的な行為をしていない、つまり必要な情報を提供しない場合について、消費者に取消しを認める規定はない。消費者契約法が情報提供について定めているのは、事業者の努力義務だけである(消契法3条1項2号)。制定時の規定によると、事業者は、「消費者契約の締結について勧誘をするに際しては、消費者の理解を深めるために、消費者の権利義務その他の消費者契約の内容についての必要な情報を提供するよう努めなければならない」とされた (消契旧3条1項)。

消費者契約法が制定された理由によると、事業者と消費者の間には、情報及び交渉力の構造的な格差があるため、消費者は、必要な情報を知らないまま、契約を締結してしまうおそれがある。そうした格差を是正するために、事業者は、消費者に必要な情報を提供することが要請されると考えられる。

しかし、そこから直ちに、法的な効果を伴う情報提供義務を事業者に一般的に課すことはできないと考えられた。それは、本来、自ら契約する以上、必要な情報は自分で集めて対処するのが原則であり、それに反して、事業者に法的な効果を伴う情報提供義務を課すためには、特別な理由が必要であるという考え方に基づく。単に事業者というだ

---

27) 日本語の文献として、岩本諭『競争法における「脆弱な消費者」の法理 — 顧客誘引に対する規制と規律の複線化の考察』(成文堂、2019年) を参照。

けでは、そのすべてに一律に法的な効果を伴う情報提供義務を課す理由にはならないと考えられたわけである[28)]。

(b) 2018年改正 — 情報提供努力義務の維持と考慮要素の追加

これに対して、事業者と消費者の間に情報格差があることを理由に立法をしている以上、むしろ原則として事業者に法的な効果を伴う情報提供義務を認めるべきであるという見解が学説では強く主張されてきた。2015年から開始された消費者契約法の改正作業においても、この規定を改正すべきかどうかが問題となった[29)]。

検討の過程では、ここでも、事業者側から、これを法的な効果を伴う情報提供義務として規定すると、その介入的な側面から、過剰介入が生じるおそれがあることが指摘された。消費者契約に一般的な規定を定めると、事業者が提供すべき情報の範囲が具体的に特定されていないため、事業者にとって事前の予測可能性が確保されないという問題が生じる。事業者が提供すべき情報は、取引によって多様であるため、情報提供義務を定めるのであれば、消費者契約法のような消費者契約一般に適用される法律ではなく、適用される取引を限定した特別法で定めるべきであると主張された。

最終的には、情報提供義務については、努力義務として定めるという現行法の考え方が維持された。ただし、その考慮要因として、「物品、権利、役務その他の消費者契約の目的となるものの性質に応じ、個々の消費者の知識及び経験を考慮した上で」という文言が追加された(消契3条1項2号)。これは、提供された情報をどの程度理解することができるかは個々の消費者の知識及び経験や消費者契約の目的となるものの性質によってそれぞれ異なるという考慮に基づく[30)]。これは、努力義務という枠内においてではあるが、個々の消費者の実質的=事実的決定自由の保障を図る方向に一歩踏み出したものとみることができる。

(4) 不当条項規制

(a) 制定時の規制

次に、不当条項規制について、消費者契約法には、一般条項と不当条項リストが定められている。

---

28) 山本敬三「消費者契約法と情報提供法理の展開」同『契約法の現代化 I — 契約規制の現代化』(商事法務、2016年、初出2000年)217頁以下、同「消費者契約法の意義と民法の課題」同書(初出2001年)243頁以下のほか、*Dernauer*, a.a.O.(Fn.2) Verbraucherschutz und Vertragsfreiheit im japanischen Recht, S.253を参照。

29) 後藤巻則「総則規定の問題点と課題」ジュリスト1527号(2019年)52頁以下、前掲注(24)コンメンタール消費者契約法32頁以下を参照。

30) 前掲注(22)逐条解説116頁以下のほか、前掲注(24)コンメンタール消費者契約法35頁以下も参照。

(i) 一般条項

このうち、一般条項(制定時の消契法旧10条)は、ドイツの約款に関する一般条項とよく似ている。それによると、法令中の公の秩序に関しない規定 ― 任意法規に相当する ― の適用による場合に比して消費者の権利を制限し又は消費者の義務を加重する消費者契約の条項であって（前段要件）、民法第1条第2項に規定する基本原則（信義則）に反して消費者の利益を一方的に害するるものは（後段要件）は、無効とされている。

(ii) 不当条項リスト

これに対し、不当条項リストとして、制定時の消費者契約法は、事業者の責任を制限する条項（消契法旧8条）と、損害賠償額の予定・違約金に関する条項（消契法旧9条）のみを定めていた。

1) 責任制限条項

このうち、前者の責任制限条項については、次のような条項が無効とされた。

①事業者の債務不履行により消費者に生じた損害を賠償する責任の全部を免除する条項（消契法旧8条1項1号）。

②事業者の故意又は重大な過失による債務不履行により消費者に生じた損害を賠償する責任の一部を免除する条項（消契法旧8条1項2号）。

③「消費者契約における事業者の債務の履行に際してされた当該事業者の不法行為」により消費者に生じた損害を賠償する「民法の規定による責任」について、その全部を免除する条項及び故意又は重大な過失による責任の一部を免除する条項（消契法旧8条1項3号・4号）。

④消費者契約が有償契約である場合において、目的物の瑕疵により消費者に生じた損害を賠償する事業者の責任の全部を免除する条項（消契法旧8条1項5号）。

2) 損害賠償額予定・違約金条項

また、損害賠償額の予定・違約金に関する条項については、次のように規定された。

①消費者契約の解除に伴う損害賠償の額を予定し、又は違約金を定める条項であって、これらを合算した額が、当該条項において設定された解除の事由、時期等の区分に応じ、「当該消費者契約と同種の消費者契約の解除に伴い当該事業者に生ずべき平均的な損害の額を超えるもの」は、その超過部分について無効とする（消契法9条1号）。

②当該消費者契約に基づき支払うべき金銭の全部又は一部を消費者が支払期日までに支払わない場合における損害賠償の額を予定し、又は違約金を定める条項であって、これらを合算した額が、支払期日の翌日からその支払をする日までの期間について、その日数に応じ、当該支払期日に支払うべき額から当該支払期日に支払うべき額のうち

既に支払われた額を控除した額（支払残高）に年14．6%の割合を乗じて計算した額を超える場合に、その超過部分について無効とする（消契法9条2号）。

(b) 2016年・2018年改正

(i) 不当条項リストの改正

以上に対し、2016年・2018年改正では、不当条項リストを拡充することが検討され、次の3つのものが新たに規定された[31)32)]。

1) 消費者の解除権を放棄させる条項

第1に、事業者の債務不履行により生じた消費者の解除権を放棄させる条項が、2016年改正により、例外なく無効とされることになった（消契法8条の2）。これらの規定の要件を満たすにもかかわらず、消費者が解除をすることができないとすると、消費者は意味を失った契約に拘束され続け、すでに支払った代金の返還を受けられず、あるいは未払代金の支払義務を免れることができなくなるため、特に不当性が高いというのがその理由である[33)]。

2) 事業者に対し後見開始の審判等による解除権を付与する条項

第2に、事業者に対し、消費者が後見開始、保佐開始又は補助開始の審判を受けたことのみを理由とする解除権を付与する消費者契約の条項が、2018年改正により、無効とされた。ただし、消費者が事業者に対し、消費者契約の目的となるものを提供することとされているものは除くとされている（消契法8条の3）[34)]。これは、後見開始、保佐開始又は補助開始の審判を受けた障害者に対する差別的な取扱いを禁止するという趣旨によるものであり、sozialな基本姿勢の表れとみることができる。

3) 事業者に決定権限を付与する条項

第3に、事業者にいわゆる決定権限を付与する旨の条項が無効とされている。上記のように、改正前の旧8条1項では、事業者の損害賠償責任の全部又は一部を免除する条項を無効とすることが定められていた。2018年改正では、これらの条項について、当該責任の有無又は限度を決定する権限を事業者に付与する条項も無効とすることが定められ

31) これらの規制の意味については、前掲注（22）逐条解説242頁以下を参照。さらに、残された問題点については、山本ほか・前掲注（23）36頁以下、宮下修一「不当条項規制をめぐる改正と今後の課題 —『平均的損害の額』の立証責任と不当条項の類型の追加を中心に」ジュリスト1527号(2019年)64頁を参照。

32) このほか、事業者の不法行為による損害賠償責任を免除する条項に関する規定（消契法旧8条1項3号・4号）について、「民法の規定による」という文言が削除されたほか、債権法改正により、それまでの瑕疵担保責任について、これを債務不履行責任として構成することとされたことに伴い（これについては、山本敬三「売主の『担保責任』に関する日本民法の改正」法学論叢（韓国全南大学校）36巻1号（2016年）199頁を参照）、消契法旧8条2項等の文言が修正されている。

33) 前掲注（22）逐条解説264頁以下のほか、山本・前掲注（23）8頁以下を参照。

34) 前掲注（22）逐条解説269頁以下を参照。

た（消契法新8条1項1号以下）。また、上記の8条の2についても、解除権の有無を決定する権限を事業者に付与する条項を無効とすることが定められた（消契法新8条の2）。

4) 改正の意味と限界

以上のように、2016・2018年改正では、不当条項リストが追加されたが、それでも、リストの数は、ドイツ法やＥＵ法とは比較にならないくらいわずかである。その原因は、日本では、評価の余地のない不当条項、いわゆるブラックリストのみを定めようとしているところにある。事業者側は、評価の余地を伴う不当条項、いわゆるグレーリストを定めることに強く反対する。そのような条項を規定すると、予測可能性が低いため、それらの条項を使うことを回避してしまう結果、過剰介入をもたらすおそれがあるという理由による。

(ii) 一般条項の改正

次に、一般条項（消契法10条）については、前段要件について、「消費者の不作為をもって当該消費者が新たな消費者契約の申込み又はその承諾の意思表示をしたものとみなす条項」がその例示として定められた[35]。これは、次の2つの意味を持つ[36]。

1) 前段要件の意味の確認

第1に、前段要件の「公の秩序に関しない規定」（任意規定）には、それまでも、判例により、法律の明文の規定だけでなく、一般的な法理等も含まれると解されているため[37]、このことを明確に示すことが望ましい。そこで、2016年改正では、明文の任意規定があるといえない契約条項を例示することにより、前段要件の「公の秩序に関しない規定」は明文の規定に限られないことを示そうとしたわけである。

2) グレーリストへの接近

第2に、対象となる契約条項を例外なく無効とすることができず、一定の要件をみたすもののみを無効とすることが適当と考えられる場合は、その「一定の要件」をどのように規定するかが問題となる。2016年改正では、この「一定の要件」を一般条項の後段要件に求めることとしたわけである。

これによると、消費者の不作為をもって当該消費者が新たな契約の申込み又はその承諾の意思表示をしたものとみなす条項は、後段要件 — 信義則に反して消費者の利益を一方的に害する — を満たすと判断された場合に無効となる。これは、不当条項リストに関するグレーリストに通じる規定の仕方だとみることもできる[38]。

---

35) 前掲注（22）逐条解説291頁以下、特に293頁以下を参照。
36) 山本・前掲注（23）9頁を参照。
37) 最判平成23（2011）年7月15日民集65巻5号2269頁。
38) 山本ほか・前掲注（23）22頁以下を参照。

4. 消費者私法の実現手段

最後に、消費者私法の実現手段（エンフォースメントの方法）についての日本法の特徴を紹介しておきたい。

(1) 従来の状況

消費者契約に関する被害の特徴は、多数の被害が発生するけれども、1つ1つの被害は少ない額にとどまることが多いということである。そのため、個々の消費者は、被害を受けても、コストのかかる裁判を利用しないという傾向がある。

このような消費者紛争の処理について、日本では、行政機関が大きな役割を果たしてきた。具体的には、国の組織として国民生活センター、地方自治体の組織として消費者センターが、消費者からの相談に応じて紛争処理を行っている。その数は、1年間に100万件近くになる。ただ、これらのセンターは司法機関ではないため、強制力がないほか、法律の専門家が担当しているわけではないという問題がある。

(2) 消費者団体訴訟の導入とその問題点

最初に紹介したように、日本の消費者法は、行政的規制を中心としてきた。そのエンフォースメントも、行政機関によって行われてきた。

しかし、行政機関のリソースは限られているため、消費者被害に十分対処することができていないことも否定できない。そこで、2006年に、ドイツ法を参考にして、消費者団体訴訟制度が導入された(消契法12条以下)。これは、消費者契約法に違反した契約や不当条項などの差止めのほか、景品表示法など他の特別法に違反した事業者の行為の差止めも対象としている[39)]。消費者団体のイニシアチブによって、消費者被害の発生と拡大を防ごうと考えたわけである。

ただ、日本では、このような訴訟が認められる消費者団体の数は限られている上に、ドイツと違って、公的な助成がない。そのため、期待される活動が十分できていないという問題がある。

(3) 集団的消費者被害救済制度の導入とその問題点

また、消費者被害の問題は、個々の被害は少額にとどまることが多く、個別的な民事

---

39) その概要については、山本敬三『民法講義 I 総則〔第3版〕』（有斐閣、2011年）314頁以下のほか、欧文文献として、*Dernauer*, a.a.O.(Fn.2)Verbraucherschutz, S.601 f.も参照。くわしくは、前掲注（22）逐条解説335頁以下、後藤巻則＝齋藤雅弘＝池本誠司『条解消費者三法』（弘文堂、2015年）121頁以下〔後藤〕を参照。また、欧文文献として、*Maximilian Lentz*, Die Bündelung gleichgerichteter Interessen im japanischen Zivilprozess – Unter besonderer Berücksichtigung der japanischen Gruppenklage, 2017, S. 80 ff.を参照。

訴訟では費用がかかりすぎ、被害の救済が実現できないところにある。こうした問題に対処するため、日本では、2013年に、消費者の被害を救済するための制度として、集団的消費者被害回復制度が導入された（消費者の財産的被害の集団的な回復のための民事の裁判手続の特例に関する法律）[40]。

(a) 二段階の手続

これは、二段階の手続からなる。

まず、第一段階では、適格消費者団体のうち特に認められたもの（特定適格消費者団体）が、多数の被害者に対して事業者に共通義務があるかどうかの確認を求める訴訟（共通義務確認訴訟）を提起することができる（消費者裁判手続特例法3条以下）。

この訴訟で事業者に共通義務が認められた場合には、第二段階として、特定適格消費者団体が、救済対象となりうる被害者（対象消費者）に対して通知又は公告を行い、参加を希望する対象消費者から授権を受けた後に、裁判所で簡易な手続（破産手続に類似したもの）にしたがいそれらの対象消費者の請求権の有無及び損害額を確定するという手続（対象債権確定手続）を進めることができる（消費者裁判手続特例法12条以下）。

(b) 対象となる債権

この制度の対象となるのは、消費者契約に関して消費者が事業者に対して有する金銭支払請求権であり、①契約上の債務の履行請求権、②不当利得の返還請求権、③契約上の債務の不履行による損害賠償請求権、④不法行為に基づく民法の規定による損害賠償請求権である（消費者裁判手続特例法3条1項）。さらに、請求が可能な損害の範囲から、拡大損害、逸失利益、人身損害、慰謝料は除かれている（消費者裁判手続特例法 3条2項）。

これは、画期的な制度であるが、対象となる消費者の権利が特定の金銭の支払請求権に限られるほか、手続費用の負担に関する制約などから、これまでのところ利用が限られている。そのため、すでに制度の見直しの必要性が指摘されているところである[41]。

---

40) この制度については、消費者庁消費者制度課編『一問一答消費者裁判手続特例法』（商事法務、2014年）、山本和彦『解説消費者裁判手続特例法〔第2版〕』（2016年、弘文堂）、伊藤眞『消費者裁判手続特例法〔第2版〕』（商事法務、2020年）、三木浩一『民事訴訟による集合的権利保護の立法と理論』（2017年、有斐閣）特に293頁以下のほか、日独の比較法研究として、宗田貴行『消費者団体訴訟の理論』（2021年、信山社）、*Lentz*, a.a.O.(Fn.39), S. 129 ff.を参照。

41) 消費者裁判特例法の課題を指摘するものとして、八田卓也「消費者団体訴訟制度と消費者裁判手続特例法 ― 消費者裁判手続特例法の改正課題の検討」ジュリ1558号（2021年）34頁を参照。

Ⅳ. 終わりに

最後に、日本の消費者法について、実質化の状況とその正当化、そして実質化の限界と実現手段という観点からまとめておきたい。

1. 実質化の状況とその正当化

(1) 契約自由と契約正義の実質化？

まず、日本における現在の消費者法の状況をみると、契約自由の実質化、つまり実質的＝事実的な決定自由を保護するという傾向がみられる。それは特に、事業者と消費者の間の情報及び交渉力の格差を理由として消費者契約法が制定されているところに表れている。さらに、2016年・2018年の改正により、そうした実質的＝事実的決定自由の保護が拡充されている。

それに対して、契約正義の実質化はあまりみられない。消費者契約法や改正された民法の定型約款に関する不当条項規制は、実質的＝内容的な契約正義に基づく。しかし、それは量的には多くない。むしろ、消費者契約法の締結過程の規制は、自由でゆがみのない決定を保障するためのものであり、形式的＝手続的正義に基づく。改正された民法の個人保証に関する規制も、公証人の関与による形式的＝手続的正義の実現を目指していた。

(2) 世界観·政策上の基本姿勢の実質化？

次に、世界観・政策上の基本姿勢に関しては、理念としては、liberalな基本姿勢が前面に出ている。例えば、改正された民法に契約自由が明文化された。消費者法の理念は、「弱者」としての消費者の保護から「自立した、ないし自立しうる存在」としての消費者の支援へと転換している。先ほどの形式的＝手続的正義に基づく消費者契約の締結過程の規制や個人保証の規制も、権利や自由を保障するためのliberalなルールとして位置づけられる。

ただ、このようなliberalな基本姿勢は、日本では、経済を活性化するという政策を実現するための手段として採用された[42]。liberalな基本姿勢によると本来必要なはずの規制が、経済活動に対する影響を理由に導入されないことがよくあるのは、そのためだろう。定型約款の組入れについて開示が要件とされないこと、消費者契約でも法的な効果を伴う情報提供義務が明文化されないことなどがその例である。暴利行為の禁止も、実

42) 土田和博＝須網隆夫編著『政府規制と経済法 ― 規制改革時代の独禁法と事業法』(日本評論社、2006年) 3頁以下を参照。

質的＝事実的な決定自由の保護を目的とするものであるが、民法に明文化することができなかった。

その一方で、消費者契約法では、「社会生活上の経験が乏しい」、あるいは「加齢又は心身の故障によりその判断力が著しく低下している」ことから合理的な判断をすることができない者を対象にした特別な規制が導入された。こうした「脆弱な消費者」に対応した規制は、sozialな基本姿勢の必要が残ることを示している。また、2018年改正により、事業者に対し後見開始の審判等による解除権を付与する条項が無効とされたのは、障害者に対する差別禁止というsozialな基本姿勢によるものとみることができる。

2. 実質化の限界と実現手段

(1)「過剰介入」のおそれ

さらに、日本では、実質化の限界が繰り返し問題とされていた。実質化を進めると、事業活動に対する制約が大きくなり、過剰介入がもたらされるおそれがある。また、不明確な基準によって実質化を進めると、予測可能性が低くなり、萎縮効果を通じて過剰介入が生じるおそれがあることもよく指摘されていた。このように、明確な基準によって不必要な負担を事業者にかけない規制を行うことが強く求められていることが日本法の特徴になっていることを指摘しておく必要がある。

(2) 実質化の実現手段との関係

これは、実質化の実現手段とも関係している。

行政的規制は、行政機関によって執行される。日本では、通常、そのためのくわしい指針が省令やガイドラインなどによって示される。それによって、予測可能性が確保されている。

それに対して、私法的規制では、そのような指針は、最終的には判例の確立によって形成される。しかし、消費者契約に関する紛争は少額の被害を対象とするものが多く、裁判の利用を期待することができない。消費者センターでの紛争処理では、現状では、一般的に適用可能な法的ルールの形成は望めない。そのような状況のもとでは、事業者も、消費者から過剰な利益主張がされたときに、それを拒絶することが難しいといわれている。日本の事業者は悪い評判が広まるのを恐れるという傾向が強いことも、その背景にある。

このように、私法的規制についても、その適正な実現を確保するための手続や制度を整備することが求められている。消費者団体訴訟に加えて、集団的被害者救済制度が導入されたが、まだ十分とはいえない。必要な規制を効果的に実現していくためには、行政的規制も含め、さまざまな手段を適切に組みあわせていくことが必要だろう。同じことはドイツにとっても問題になるのではないか — そして韓国法はどうであろうか — という問題提起をして、本稿を閉じることとしたい。

프랑스 민법에 있어서 부당이득의 체계적 지위

—우리 민법상 부당이득과의 접점(接點)을 찾아서—

여 하 윤*

Ⅰ. 서 설

프랑스는 1804년 나폴레옹 민법 제정 이후 200여 년이 넘는 기간 동안 민법 개정이 전혀 이루어지지 않고 있었다. 그 기간 동안 프랑스 사회도 많은 변화가 일어났고 자연스럽게 기존 프랑스 민법전만으로 대응하지 못하는 사례들이 많이 발생해서 이에 대하여 프랑스는 판례에 의하여 나름대로 신축성 있게 대응해오고 있었다. 그러다보니 프랑스 민법전과 프랑스 판례 사이에 간극이 생기는 부분들이 많이 발생했고, 심지어 프랑스 민법의 문언을 뛰어넘는 프랑스 재판례들이 등장하기도 하였다.[1)] 2016년에 단행된 프랑스 채권법 개정은, 프랑스 판례의 입법화를 통한 프랑스 판례와 프랑스 민법전 간의 간극의 축소, 민사법 분야의 국제적 조류의 반영 등의 측면에서 매우 중요한 의미를 가지고 있다.[2)] 프랑스 민법 제1303조 이하에 마련된 부당이득에 관한 규정들도 2016년 프랑스 민법 개정의 하나의 장(場)으로 자리매김하고 있다. 그러나 이 부분은 프랑스에서 그다지 개혁적이라고 평가받는 부분은 아니다. 그 이유는 프랑스 민법은 부당이득에 관한 규정을 두고 있지 않았기에 판례에 의하여 부당이득 법리가 발전되어 왔는데, 뒤에서 보는 바와 같이 프랑스 민법상의 부당이득은 보충성의 원칙이 작동하여 그 작동 영역이 그리 크지 않았고 이렇게 상대적으로 협소한 영역에 관한 프랑스 판례의 법리를 그대로 입법화한 것에 불과하기 때문이다.

필자는 본고에서 프랑스 민법상의 부당이득을 우리 민법상의 부당이득과 비교하여, 체계적 지위에 있어서 외견상 매우 다른 양 국가의 제도가 실질적으로 어떠한 공통점을 가지고 있는지, 프랑스 민법에서의 부당이득 제도의 운용 모습으로부터 우리가 추출해서 활용할 수 있는 논리는 없는지 등을 점검하였다. 이를 위하여 다음과 같은 순서로 논의를 진행하였다.

---

* 중앙대학교 법학전문대학원 교수.

1) 예를 들어, 계약 해제권에 관한 토크빌 판결(*arrêt Tocqueville*)이 대표적이다. 자세한 내용은, 여하윤, “프랑스 민법상 해제권에 관하여”, 法과政策硏究 第17輯 第3號(通卷 第47號), 韓國法政策學會(2017. 9), 369 이하.

2) 프랑스 불법행위법 부분은 개정이 진행 중이다.

첫째, 프랑스 민법은 손실자가 다른 권리를 행사할 수 있는 경우 부당이득반환청구를 하지 못하도록 하고 있다(프랑스 민법 제1303-3조, 부당이득의 보충성). 민법전 내의 체계적 지위에 있어서 우리 민법상 부당이득반환청구권과는 그 모습이 확연히 다르다고 할 수 있다. 왜 이러한 큰 차이가 나타나게 되었는지, 그럼에도 불구하고 양 제도의 공통점은 없는지를 검토한다(Ⅱ).

둘째, 프랑스 민법상 부당이득이 효용을 발휘하는 부분은 전용물소권(轉用物訴權, actino de in rem verso)이다. 현재 우리 판례는 확고하게 전용물소권을 인정하지 않고 있으나, 프랑스에서는 전용물소권이 인정되고 있다. 프랑스에서 전용물소권에 관한 재판례와 논리를 검토하고 우리나라 판결례와 비교한다(Ⅲ).

셋째, 프랑스 민법상 부당이득의 보충성 원칙의 취지가 우리에게 참작될 수 있는 것은 아닌지를 검토한다. 예를 들어, 프랑스 민법상으로는 손실자가 불법행위를 이유로 손해배상청구권을 행사할 수 있다면 부당이득반환청구권은 행사할 수 없다. 반면, 우리의 통설은 양자의 병립 내지 경합을 인정하고 있다.[3] 그러나 실제 우리 재판례의 흐름을 보면 이 부분이 명확하지 않음을 알 수 있다. 이에 대하여 검토하고, 프랑스 민법상 부당이득의 운용 원칙으로부터 얻을 수 있는 시사점을 생각해보았다(Ⅳ).

넷째, 프랑스 민법상 부당이득은 반환범위를 산정함에 있어서 손실자의 귀책의 유무, 그 정도 등을 적극적으로 고려하고 있다. 그러나 우리 민법 제741조 이하는 수익자의 선의·악의만을 문제 삼고 있을 뿐, 손실자의 귀책에 대해서는 전혀 언급하고 있지 않다. 부당이득에서의 손실자의 귀책을 고려하는 프랑스 민법과 판례의 흐름을 살펴본다(Ⅴ).

Ⅱ. 일반원칙 vs. 보충성

1. 프랑스 민법 제1303조 이하

프랑스는 2016년 채권법 대개정으로 비로소 부당이득에 관한 규정을 마련하였다. 이는 기존 프랑스 판례의 흐름을 그대로 입법화한 것이다.[4]

> 제1303조
> 사무관리, 비채변제 외에 다른 사람의 불이익으로 부당한 이익을 얻은 사람은, 다른 사람이 이로 인하여 손실을 입었다면 그 이익과 손실 중 가치가 적은 것을 한도로 배상할 책임이 있다.

3) 民法注解[XVII] 債權(10), 169(梁彰洙 집필 부분).

4) Y. Buffelan-Lanore et V. Larribau-Terneyre, Droit civil - Les obligations 17e éd., Sirey, 2020, n° 2047 (p. 671).

제1303-1조
손실자의 채무의 이행이나 손실자의 자유로운 의도에 기인하지 않은 이득은 부당하다.[5)]

제1303-2조
제1항 손실자의 이익을 위한 행위로 인하여 발생한 손실에 대하여는 배상하지 않는다.[6)]
제2항 법원은 손실자의 과책으로부터 발생한 손실에 대한 배상을 감액할 수 있다.

제1303-3조
손실자가 다른 권리를 행사할 수 있거나 그 권리가 시효소멸하는 등 [그 행사에][7)] 법적 장애가 있는 경우에는 위에 근거한 권리는 없다.

제1303-4조
비용이 지출된 날에 확인된 손실과 청구일에 존속하는 이득은 판결[선고]하는 날을 기준으로 평가된다. 수익자가 악의인 경우, 이 두 가지 중에서 더 높은 금액으로 배상한다.

그러나 부당이득에 관한 프랑스 민법 규정들은 우리 민법 제741조 이하의 모습과는 체계적으로 상당히 다른 모습을 하고 있다. 우선, 우리 민법은 부당이득반환이 제741조에서 일반원칙으로 선언이 된 다음, 부당이득반환 특칙으로서 비채변제가 규정되어 있다(제742조). 그런데, 프랑스 민법은 제1302-1조 이하에서 비채변제(paiment de l'indu)를 부당이득 규정에 앞서 먼저 규정하고 있다.[8)] 비채변제를 이유로 하는 반환청구가 허용되지 않는 경우에 일반 부당이득반환청구가 허용된다(요건을 충족한다면)는 점에 있어서 큰 차이는 없다고 볼 수 있다. 그런데, 더 나아가 프랑스 민법 제1303-3조는 다른 민사상 권리를 행사할 수 있는 경우에는 부당이득반환을 허용하지 않고 있다. 우리 민법 제741조(부당이득)가 제390조(계약상 채무불이행책임), 제750조(불법행위책임)와 어깨를 나란히 하면서 전면에 등장하고 있는 것과 매우 대비되는 모습이다. 부당이득제도가 왜 이렇게 체계적으로 다른 모습으로 등장하게 되었는가?

5) '부당성'에 대하여 이와 같은 정의(定義) 규정을 두게 됨으로써 부당이득이 작동될 수 있는 영역이 더 협소해질 위험성이 있다는 점이 지적되고 있기는 하다. 기존의 프랑스 판례에 의하면, 손실자가 채무를 이행하거나 자유로운 의사에 의하는 외에도, 상대방(수익자)이 급부를 보유하는 것이 적법한 경우가 있었기 때문이다. Y. Buffelan-Lanore et V. Larribau-Terneyre, *op.cit.*, n° 2065 et s(p. 677); F. Terré, P. Simler, Y. Lequettet et F. Chénedé, Droit civil - Les oblgiations 12e éd., Dalloz, 2018, n° 1307(p. 1367).

6) 매매에 기하여 목적물을 유효하게 취득하였던 매수인이 소유자로서 목적물에 일정한 작업을 하였으나 이후 매매가 실효됨으로써 소유권을 상실하게 된 경우, 매수인이 소유자로서 행하였던 작업은 여기서 말하는 '자신의 이익을 위한 행위'로서 부당이득반환을 구할 수 없는 경우에 해당하지 않는다. 계약이 소급적으로 실효되었으므로, 매수인이 자신의 이익을 위하였다는 것도 함께 소멸하였다고 보아야 하기 때문이다. Civ. 1re 25 mai 1992, n° 90-18.222, n° 90-18.634, n° 90-18.814.

7) [ ] 안에 있는 표현은 원문에는 없으나 독자의 이해를 위해서 필자가 번역하면서 가미한 부분이다.

8) 제1302-1조 착오 또는 고의로 채무 없는 자로부터 부당하게 변제를 받은 사람은 변제자에게 이를 반환해야 한다.

2. 독일 민법의 영향

과거 민사법리가 발전된 법체계에서는 대부분의 민사상 권리는 계약 혹은 불법행위에 속해 있었고, 이 두 영역의 어느 쪽에도 속하지 않는 권리들이 부당이득의 영역으로 인식되고 있었다. 말하자면, 부당이득은 계약 혹은 불법행위에 기한 권리처럼 적극적(positive)으로 인식되기보다는, 이에 속하지 않는 영역이라는 식으로 소극적(negative)으로 인식되어 왔었다.[9] 이러한 연유로 프랑스 민법은 2016년 채권법 개정이 이루어지기 이전까지 부당이득에 관한 규정을 두고 있지 않고 있었다. 그런데, 전통적으로 이렇게 소극적인 영역으로 인식되어 왔던 부당이득을 일반 원칙으로 고양(高揚)시켜 명문화한 것은 독일 민법이었다. 이미 알려진 바와 같이 독일은 물권변동에 관하여 무인주의(無因主義)가 지배하고 있기 때문에, 예를 들어 유효하게 성립한 매매계약에 기하여 권리가 매수인에게 이전된 이후 그 매매계약이 실효되더라도 이전된 권리는 여전히 매수인에게 남아있고 매도인에게 당연히 복귀하지 않아서 매도인의 입장에서 매수인을 상대로 이전된 권리의 반환을 구할 논리가 필요했기 때문이다.[10] 반면, 프랑스에서는 유효하게 성립하였던 계약이 이후 실효될 경우 소급적으로 계약이 효력이 소멸한다고 보았을 뿐만 아니라(소급효), 그에 기하여 이전된 권리도 당연히 원래의 소유자에게 복귀한다고 인식하고 있었으므로[11] 독일처럼 부당이득 제도를 전면에 내세워야 할 절실한 필요는 별로 없었던 것으로 보인다. 우리 민법의 부당이득에 관한 일반규정은 독일 민법을 본받은 것이고, 그 규정의 해석에 있어서도 독일 민법의 영향을 결정적으로 받았다.[12]

3. 부당이득 제도의 작동 국면

위와 같이 프랑스 민법상 부당이득과 우리 민법상 부당이득은 각각의 민법전 내에서 차지

---

9) K. Zweigert & H. Kötz, An Introduction to Comparative Law 3rd ed., Oxford University Press, 1998, p. 538.

10) K. Zweigert & H. Kötz(주 9), p. 542; 民法注解[XVII] 債權(10), 102(梁彰洙 집필 부분).

11) 프랑스 민법 제1178조
제1항 유효 요건을 갖추지 못한 계약은 무효(nullité)이다.
제2항 무효로 된 계약은 존재하지 않았던 것으로 본다.
P. Malaurie, L. Aynès et P. Stoffel-Munck, Droit des obligations 11e éd., LGDJ, 2020, n° 420(p. 389); '아무도 자신이 가진 권리 이상을 다른 사람에게 양도할 수 없다(nemo plus juris trasferre potest ad alium quam ipse habet)'는 로마법상의 원칙과 결합하여 프랑스 민법상 소급효는 일반적으로 적용되는 원칙이다. 따라서 소급적으로 무효인 계약에 기초하여 권리를 취득한 전주(前主)로부터 권리를 취득한 사람은 권리를 상실한다. B. Fages, Droit des obligations 10e éd., LGDJ, 2020, n° 206(p. 187) et n° 208(p. 189); R. Cabrillac, Droit des obligations 14e éd., 2020, Dalloz, n° 108(p. 107) et n° 110(p. 110); A. Bénabent, Droit des obligations 17e éd., LGDJ, 2018, n° 230(p. 202); F. Terré, P. Simler, Y. Lequettet et F. Chénedé, *op.cit.*, n° 1806 et ss(p. 1883 et ss.).

12) 民法注解[XVII], 146(梁彰洙 집필 부분).

하고 있는 체계적 위치가 매우 다름에도 불구하고, 실질적으로는 다음과 같은 중요한 공통점이 있음을 발견할 수 있다.

독일과 달리 프랑스처럼 물권변동에 관하여 유인주의(有因主義)를 취하고 있는 우리 법제하에서는,[13] 계약상 의무가 물건의 소유권 이전을 내용으로 한 것인 때에는 급부자는 여전히 소유자로서 급부수령자에 대하여 소유물반환청구권(민법 제213조) 등의 물권적 청구권을 행사할 수 있고, 이 경우 물권적 청구권은 소멸시효에 걸리지 않는 등 채권적 부당이득반환청구권보다 유리한 점이 있기 때문에 이 경우 실무상 계약상 급부의 반환에 관하여 부당이득법을 적용하는 것이 일반적이지 않다.[14] 이러한 측면에서 우리나라의 부당이득법은 독일 민법상의 그것에 비하여 적용 영역이 축소되어 있고, 프랑스법제와 공통분모를 가지고 있다고 말할 수 있다.

그러나, 다음의 부분에서는 큰 차이가 나타나고 있다. 우리 민법의 부당이득반환 제도는 계약이 실효되었을 경우에 이미 이루어진 급부의 청산 기능이 중심을 이루고 있다고 해도 과언이 아니다. 그러나 프랑스는 계약의 실효와 이미 이루어진 급부의 청산 문제를 전혀 부당이득의 문제로 인식하지 않고 있다.[15] 프랑스는 이에 대해서도 2016년 개정 이전에는 프랑스 민법에 규정을 두고 있지 않았고 순전히 프랑스 판례에 의존하여 해결하여 왔다.[16] 특히 주된 급부가 소유권 이전을 내용으로 하는 것이라면 부당이득반환 법리가 굳이 필요하지 않았고, 현실적으로 부당이득에 관한 명문 규정이 없는 상황이라면 프랑스에서는 과실, 사용이익 등 부수적 이익의 반환에 대하여도 부당이득반환으로 인식할 유인(誘因)은 많지 않았을 것으로 생각된다. 2016년 채권법 대개정시 계약의 실효와 원상회복에 관하여 제1352조 이하에 10개의 규정을 마련함으로써 프랑스는 이에 대한 통일적인 법리를 구축하게 되었다.[17] 그러나 이 문제를 체계적으로 부당이득반환의 문제로 인식하고 있지 않은 것은 여전하다.[18]

---

13) 대법원 1977. 5. 24. 선고 75다1394 판결 "… 민법 548조 1항 본문에 의하면 계약이 해제되면 각 당사자는 상대방을 계약이 없었던 것과 같은 상태에 복귀케 할 의무를 부담한다는 뜻을 규정하고 있는바 계약에 따른 채무의 이행으로 이미 등기나 인도를 하고 있는 경우에 그 원인행위인 채권계약이 해제됨으로써 원상회복 된다고 할 때 그 이론 구성에 관하여 소위 채권적 효과설과 물권적 효과설이 대립되어 있으나 우리의 법제가 물권행위의 독자성과 무인성을 인정하고 있지 않는 점과 민법 548조 1항 단서가 거래안정을 위한 특별규정이란 점을 생각할 때 계약이 해제되면 그 계약의 이행으로 변동이 생겼던 물권은 당연히 그 계약이 없었던 원상태로 복귀한다 할 것이다 …"; 同旨 대법원 1982. 7. 27. 선고 80다2968 판결; 대법원 1995. 5. 12. 선고 94다18881, 18898, 18904 판결 등.

14) 民法注解[XVII] 債權(10), 180-181(梁彰洙 집필 부분).

15) G. Chantepie et M. Latina, Le nouveau droit des obligations - Commentaire théorique et pratique dans l'ordre du Code civil - 2e éd., Dalloz, 2018, n° 1054(p. 944); Civ. 1re 24 sept. 2002, n° 00-21.278.

16) G. Chantepie et M. Latina, *op.cit.*, n° 1053(p. 942 et s.)

17) 자세한 내용은, 여하윤, "프랑스 민법상 원상회복의무 —체계적 의미와 반환범위에 관한 논의를 중심으로—", 民事法學 제94호, 韓國民事法學會(2021. 3), 275 이하 참조.

18) G. Chantepie et M. Latina, *op.cit.*, n° 1054(p. 944); L. Andreu et N. Thomassin, Cours de droit des obligations 5e éd.,Gualino, Lextenso, 2020, n° 1411(p. 500); Civ. 1re 24 sept. 2002, n° 00-21.278.

Ⅲ. 전용물소권(轉用物訴權, action de in rem verso)

1. 문제의 제기

위에서 살펴본 바와 같이, 프랑스 민법상 부당이득제도가 실제로 활용되는 국면은 매우 협소하다. 우리 민법상 부당이득제도가 해결하고 있는, 계약의 실효와 이미 이루어진 급부의 청산 문제를 프랑스 민법이 부당이득반환의 문제로 인식하지 않고 있다는 점을 고려하면 더욱 그러하다. 그런데, 프랑스 민법상 부당이득제도가 작동하고 있는 국면은 '전용물소권'이다. 우리 판례가 확고하게 전용물소권을 인정하지 않는 것과 대조적이다. 이하에서는 프랑스 부당이득 판례 법리의 효시를 이루었던 부디에 판결(arrêt Boudier)[19]을 살펴보고 이를 분석하고 우리 재판례와 비교 검토한다.

2. 부디에 판결(arrêt Boudier)

사실관계는 다음과 같았다. 비료 판매상 부디에가 농부 A에게 비료를 판매하였는데, A는 농지를 임차하여 경작하고 있었다. A는 이 비료를 사용하여 농토를 비옥하여 만들고 경작을 계속하였다. 그런데, A는 비료를 인도받고 사용한 뒤 무자력 상태가 되어 비료 대금, 농지 차임 등을 제대로 지급할 수 없는 상황이 되었다. A가 더 이상 경작을 할 수 없는 상황이 되자, 농지 소유자이자 임대인인 B는 A로부터 수확 전의 농산물이 있는 상태의 농지를 인도받았다. A는 대물변제로서 농산물도 B에게 인도하였던 것이다.[20] A로부터 비료 대금을 지급받지 못한 부디에는 비료의 사용으로 농지 소유자 B가 궁극적으로 이익을 받게 되었으므로(토지를 비옥하게 하여 농산물을 수확하게 되었으므로) 그 이득의 반환을 구하였다. 이 사안에서 프랑스 파기원(Cour de cassation, 破棄院)은 다음과 같이 판시하면서 원고 부디에의 청구를 인용하였다.

> "… 전용물소권(action de in rem verso, 轉用物訴權)은 법률에 규정되어 있지는 않으나 다른 사람의 불이익을 통하여 이익을 얻는 것은 금지된다는 형평의 원리에 기하여 도출되므로, 그 행사에 있어서 어떠한 특정된 요건에 따를 것은 아니고, 다만 인용되기 위하여는 자신의 희생 또는 행위로 취득하였을 수익을 상대방이 취득하였다는 것을 주장하고 증명하는 것으로 충분하다…"

19) Req. 15 juin 1892, DP 92. 1. 596. 판결 원문은 H. Capitant, F. Terré, Y. Lequette et F. Chénedé, Les grads arrêts de la jurisprudence civile t. 2, 13e éd., Dalloz, 2015, pp. 520-522.

20) 그러나 농산물 가격을 산정할 때 사용된 비료의 값은 고려하지 않았다고 한다. L. Andreu et N. Thomassin, *op.cit.*, n° 1382(p. 491); H. Capitant, F. Terré, Y. Lequette et F. Chénedé, *op.cit.*, p. 527.

여기서 우리가 주목해야 할 것은 위 판시에서 보는 바와 같이 프랑스 민법상 부당이득 제도의 효시를 이루었고 현재까지도 유지되고 있는 사례는 '전용물소권'이라는 점이다. 위 사안에서 비료의 가치는 제3자인 A를 통해서 B에게 이전되었기 때문에 원고 부디에는 피고 B와 간접적으로만 관련되어 있을 뿐이었다.[21] 그러나, 다음에서 보는 바와 같이 우리 판례는 전용물소권을 인정하지 않고 있다.

> "… 계약상의 급부가 계약의 상대방뿐만 아니라 제3자의 이익으로 된 경우에 급부를 한 계약당사자가 계약 상대방에 대하여 계약상의 반대급부를 청구할 수 있는 이외에 그 제3자에 대하여 직접 부당이득반환청구를 할 수 있다고 보면, 자기 책임하에 체결된 계약에 따른 위험부담을 제3자에게 전가시키는 것이 되어 계약법의 기본원리에 반하는 결과를 초래할 뿐만 아니라, 채권자인 계약당사자가 채무자인 계약 상대방의 일반채권자에 비하여 우대받는 결과가 되어 일반채권자의 이익을 해치게 되고, 수익자인 제3자가 계약 상대방에 대하여 가지는 항변권 등을 침해하게 되어 부당하므로, 위와 같은 경우 계약상의 급부를 한 계약당사자는 이익의 귀속 주체인 제3자에 대하여 직접 부당이득반환을 청구할 수는 없다고 보아야 한다 …"[22]

3. 이후의 프랑스 판례의 흐름

그런데, 이와 같은 외견상의 큰 차이에 대해서는 좀 더 면밀하게 점검할 필요가 있다. 특히 부디에 판결 이후 프랑스 판례는 전용물소권의 인정에 대하여 더 엄격한 태도를 보이고 있기 때문이다.[23] 예를 들어, 임차인 A가 임차 목적물의 수리, 개조 등에 대하여 B에게 도급을 주었는데 A가 보수를 지급하지 않았을 경우, 수급인 B는 수리, 개조 등으로 증가된 가치분에 대하여 목적물의 임대인이자 소유자인 C에게 부당이득반환을 구할 수 있는가? 이와 같은 구조의 사안에서 프랑스 파기원은 부당이득반환을 인정하지 않고 있다. 임대인 C와 임차인 B는 임대차 계약을 체결하면서 임대차 종료시 임대차 목적물의 개량된 상태에 대하여 배상하지 않기로 약정한 바가 있었는데, 이러한 약정의 존재로 C의 급부 보유는 정당하고 수급인이 위 약정의 당사자가 아니라고 하더라도 마찬가지라고 하였다.[24] 그리고 이러한 기조는 앞으로도 유지

21) G. Chantepie et M. Latina, *op.cit.*, n° 745(p. 684); F. Terré, P. Simler, Y. Lequettet et F. Chénedé, *op.cit*, n° 1304(p. 1366); Y. Buffelan-Lanore et V. Larribau-Terneyre, *op.cit.*, n° 2060(p. 676); K. Zweigert & H. Kötz(주 9), p. 549 and p. 563.

22) 대법원 2002. 8. 23. 선고 99다66564, 66571 판결; 同旨 대법원 2005. 4. 15. 선고 2004다49976 판결; 대법원 2008. 9. 11. 선고 2006다46278 판결; 대법원 2010. 6. 24. 선고 2010다9269 판결; 대법원 2011. 11. 10. 선고 2011다48568 판결 등.

23) F. Terré, P. Simler, Y. Lequettet et F. Chénedé, *op.cit*, n° 1307(p. 1369); K. Zweigert & H. Kötz(주 9), p. 563.

24) Civ.3e 28 mai 1986, n° 85-10.367; Civ. 3e 27 Fév. 2008, n° 07-10.222; Com. 16 déc. 2014, n° 13-24.943; 이점을 명시한 선구적 재판례는 Civ. 28 fév. 1939, DP 1940. 1. "… 이득이 이를 적법하게 하는 법률행위에 근거할 경우, 부당한 이득은 없다 …" 이 사안의 판결 원문은 H. Capitant, F. Terré, Y. Lequette

될 것으로 전망되고 있다.[25] 위 부디에 판결에 대하여는, 농지 소유주 B는 임차인 A로부터 경작물과 농지를 인도받고 그 대금을 산정함에 있어서 이미 비료대금이 공제되었기 때문에, 설사 A와 B 간에 관련한 계약이 체결된 바가 있었다고 하더라도 B는 비료 사용으로 인한 이익을 보유할 적법한 원인이 없는 것으로 평가되는 것이 맞고 이 사안에 있어서는 오늘날의 프랑스 판례의 관점에서 보더라도 결론이 다르지는 않을 것이라는 점이 지적되고 있기도 하다.[26] 결론적으로, 프랑스에서 전용물소권이 인정되고 있기는 하지만, 실제로는 전용물소권이 인정되는 영역이 극히 축소되어 있다고 평가된다.[27]

4. 대법원 판결례와의 비교

위에서 살펴본 바와 같이 프랑스에서도 전용물소권이 인정되는 범위는 매우 축소되어 있다. 여기서 전용물소권이 인정되는지 여부가 문제되는 사안의 구체적 해결에 있어서 프랑스와 우리나라의 판례가 얼마나 차이를 보이고 있을까 하는 궁금증이 생기게 된다.

(1) 대법원 2002. 8. 23. 선고 99다66564, 66571 판결

앞에서 언급하였던 위 판결의 사안은 대략 다음과 같았다. A(1/2지분), B(1/4지분), C(1/4지분)는 甲 건물을 각각의 지분에 따라 공유하고 있었다. 그런데, B가 A의 동의 없이 D에게 이 건물의 1, 2층 창호 공사를 2억 5천만 원에 도급을 주었고, D가 약정 기간 내에 공사를 완료하였으나 공사대금을 지급하지 않고 있었다. 이 공사로 인하여 건물의 가치는 1억 5천만 원 상당이 증가해 있었다고 평가되고 있었다. D가 공사대금을 받지 못하여 건물을 계속 점유하고 있자 A는 D를 상대로 건물인도를 청구하였고, 이에 대해 D는 유치권을 주장하면서 위 건물의 1억 5천만 원 상당의 증가분 중 A의 지분에 상응하는 금액(약 7천 5백만 원)을 반소로써 청구한 사안이었고, 앞에서 살펴본 판시에 따라 D의 청구는 인정되지 않았다. 이 사안의 경우, 수익자 A와 제3자 B 간에 A가 수익을 보유할 수 있는 별도의 합의 내지 약정이 체결되어 있지 않다면, 프랑스 판례의 시각에서는 우리와 달리 부당이득반환을 인정했을 것으로 일응 보인다.

(2) 대법원 2009. 9. 24. 선고 2009다15602 판결

그런데 부합과 부당이득에 관한(민법 제261조) 대법원 판결례의 내용을 살펴보면, 프랑스와 우리나라가 결론에 있어서는 유사할 것으로 추측된다. 사안의 구도는 다음과 같았다. B회사는 A회사로부터 건축자재를 매수하였고, 매수하면서 소유권유보부 특약을 체결하여 A회사에게 건축자재에의 소유권이 유보되어 있는 상태였다. C는 B회사에 공장 건물을 도급을 주었고 B

et F. Chénedé, *op.cit.*, pp. 531-532 참조.

25) G. Chantepie et M. Latina, *op.cit.*, n° 747(p. 685 et s.).

26) K. Zweigert & H. Kötz(주 9), p. 550.

27) K. Zweigert & H. Kötz(주 9), p. 540. 전용물소권이 인정되고 있는 오스트리아도 마찬가지이다. 民法注解 [XVII] 債權(10), 118 이하(梁彰洙 집필 부분).

회사가 그 자재를 공장 건물 건축에 사용하였다. C는 B회사에게 공사대금을 이미 지급하였으나, B회사는 A 회사에게 건축 자재의 대금을 지급하지 않은 상태였다. 이에 A는 C를 상대로 민법 제261조에 따른 보상청구권을 행사한 사안이었다.

> "…… 민법 제261조에서 첨부로 법률규정에 의한 소유권 취득(민법 제256조 내지 제260조)이 인정된 경우에 "손해를 받은 자는 부당이득에 관한 규정에 의하여 보상을 청구할 수 있다"라고 규정하고 있는바, 이러한 보상청구가 인정되기 위해서는 민법 제261조 자체의 요건만이 아니라, 부당이득 법리에 따른 판단에 의하여 부당이득의 요건이 모두 충족되었음이 인정되어야 한다. 매도인에게 소유권이 유보된 자재가 제3자와 매수인 사이에 이루어진 도급계약의 이행으로 제3자 소유 건물의 건축에 사용되어 부합된 경우 보상청구를 거부할 법률상 원인이 있다고 할 수 없지만, <u>제3자가 도급계약에 의하여 제공된 자재의 소유권이 유보된 사실에 관하여 과실 없이 알지 못한 경우라면 선의취득의 경우와 마찬가지로 제3자가 그 자재의 귀속으로 인한 이익을 보유할 수 있는 법률상 원인이 있다고 봄이 상당</u>하므로, 매도인으로서는 그에 관한 보상청구를 할 수 없다 …"

손실자 A와 수익자이자 건물 소유주인 C 간의 이익의 이전은 직접적이지 않다. B라는 매개체를 통하여 간접적인 관련성을 가질 뿐이다. 전용물소권의 구도와 유사하다고 볼 수 있다. 그러나 수익자 C는 제3자 B와 그 이익 보유에 관한 약정이 체결되어 있다고 볼 수 있으므로 전용물소권이 인정되고 있는 프랑스에서도 C의 수익은 법률상 원인이 있는 것으로 평가되어 이 경우 부당이득반환이 인정되지 않을 것으로 충분히 추측할 수 있다고 생각한다.

5. 소 결

부당이득에 있어서 전용물소권을 인정할 것인지 여부에 대하여 프랑스와 우리나라는 외견상 큰 차이가 있어 보이지만, 프랑스가 실질적으로 전용물소권이 인정되는 범위를 축소시켜왔기 때문에 우리 판례의 흐름과 그 간극은 많이 좁혀져 있다고 말할 수 있다. 각각의 민법이 다른 구조를 취하고 있기 때문에 구체적인 논거의 설시에는 차이가 있어도, 적어도 수익자가 중간 매개자인 제3자와의 사이에 있어서 계약 등으로 그 수익을 보유할 법률상 원인이 있다면, 손실자의 부당이득반환을 제한하겠다는 취지는 공통적으로 흐르고 있다고 볼 수 있다.

Ⅳ. 부당이득의 보충성

1. 문제의 인식

프랑스에서는 프랑스 민법 제1303-3조에 따라서 손실자가 불법행위로 인한 손해배상청구권을 행사할 경우, 부당이득반환청구권을 행사할 수 없다. 우리 민법 제741조(부당이득)는 제390조(계약상 채무불이행책임), 제750조(불법행위책임)와 어깨를 나란히 하면서 일반원칙으로서 전면에 등장하고 있고, 우리나라 통설과 판례도 양자의 경합을 인정하고 있다. 그러나 그 운용의 실질을 보면 우리나라에서도 양자의 경합을 인정하는 것이 바람직한 것인지에 대해서 의문이 없지는 않다. 이와 관련하여 프랑스 민법상 부당이득의 보충성 원칙이 나타나게 된 배경과 관련한 프랑스 재판례의 흐름을 살펴본 이후, 우리의 대법원 판결례와 비교 검토한다.

2. 프랑스 민법상 부당이득의 보충성 검토

다른 민사상 권리를 행사할 수 없을 경우 부당이득반환이 허용되지 않는다는 원칙은 프랑스 민법 제1303-3조뿐만 아니라, 제1303조에서도 나타나고 있다; "사무관리, 비채변제 외에 다른 사람의 불이익으로 부당한 이익을 얻은 사람은 … 배상할 책임이 있다." 프랑스에서 부당이득의 보충성 원칙이 인정되어 왔던 것은, 채권자가 손실을 보상받기 위하여 다른 권리를 행사할 수 있으나 이에 대한 법률적 제한이 있을 때 이러한 제한을 회피하기 위하여 부당이득반환을 구하는 것을 방지하고자 함에 있었다.[28] 프랑스에서 부당이득의 보충성이 특히 문제되었던 경우는 수익과 손실 간에 간접적인 관련성만 있는 전용물소권의 사례보다는, 양자 간에 직접적인 인과관계가 인정되는 사안들이었다.[29] 그리고 프랑스에서는 계약의 실효와 급부 반환의 문제를 부당이득의 영역으로 인식되지도 않았으므로, 부당이득이 작동하는 영역은 우리의 부당이득제도에 비해 작았고 할 수 있다. 프랑스 법원은 주로 내연관계(concubinage)가 종료되었을 경우 내연관계 당사자 일방이 상대방에게 기여한 이익을 보상해주기 위한 논리로 부당이득을 활용하여 왔다.[30] 예를 들어, 내연관계에 있는 당사자 일방이 상대방의 회사에 무보수

28) F. Terré, P. Simler, Y. Lequettet et F. Chénedé, *op.cit.*, n° 1309(p. 1372); 프랑스 학계에서 이러한 원칙은 오브리와 로(Aubry et Rau)에 의하여 주장되었고 이후 앙드레 루아스트(André Rouast), 폴 에스마인(Paul Esmien) 등에 의하여 기조가 이어져왔다. F. Terré, P. Simler, Y. Lequettet et F. Chénedé, *op.cit.*, n° 1311 et s(p. 1373).

29) 손실과 수익 간에 간접적인 관계만 있는 경우에는 당사자 간에 다른 민사상 권리를 행사할 수 없는 때가 많아서 부당이득의 보충성(프랑스 민법 제1303-3조)이 별로 문제되지 않는다. F. Chénedé, Le nouveau droit des obligations et des contrats 2e éd., Dalloz, 2018, n° 134.34(p. 181).

30) 우리 판례상 부첩관계를 유지하는 계약은 공서양속에 반하여 무효이나(대법원 1960. 9. 29. 선고 4293民上302 판결), 첩의 생존을 유지하고 자녀의 성장을 보장하는 범위에서의 특약은 유효한 것으로 보고 있다. 대법원 1980. 6. 24. 선고 80다458 판결 "… 피고가 원고와의 부첩관계를 해소하기로 하는 마당에 그동안 원고가 피

로 일을 하면서 회사 운영에 기여한 경우, 내연관계 종료시에 이에 대한 보수를 부당이득으로 보아 반환하도록 하였다. 물론 이러한 행위가 있었다고 해서 항상 부당이득반환이 인정되는 것은 아니고, 일상적이고 평균적인 공동생활의 범위를 넘어서 기여한 바가 있는지를 검토하여 이를 넘어서는 부분에 대하여 인정되었다.[31)]

위와 같은 보충성 원칙의 취지를 선명하게 드러내기 시작한 판결례는 다음의 1915년 3월 2일 파기원 민사부 판결이었다.[32)]

> "… 부당이득반환소권(訴權, action de in rem verso)[33)]은 한 사람의 재산이 다른 사람 재산의 손실로 적법한 원인 없이 이익을 얻는 경우에 한하여 인정되어야 하는데, 손실자가 보상을 받기 위해서는, 계약(contat), 준계약(quasi–contrat), 불법행위(délit), 준불법행위(quasi–délit) 등에 기인하는 어떠한 소권(訴權, action)도 없어야 한다 …"

그리고 이후 프랑스 파기원은 부당이득의 보충성 원칙의 내용을 다음과 같이 자세히 설시하기에 이른다.[34)]

> "… 부당이득반환소권은 원고가 행사할 수 있는 다른 모든 소권이 없을 경우에 한하여 인정되는 것이므로, 특히 소멸시효, 실권, 제척기간, 판결의 기판력, <u>해당 권리가 요구하는 증명을 하지 못하거나</u> 기타 다른 법적 장애로 인하여 다른 권리를 행사할 수 없는 경우에 이를 보완하기 위하여 행사될 수는 없다 …"

그러나 다음에서 보는 바와 같이 이후의 프랑스 판례는 부당이득 보충성 원칙을 제한하고 있다. A는 1984년 6월 2일에 경매회사 B가 주관하는 공개경매시장에서 C가 소유하는 뷰로

고를 위하여 바친 노력과 비용 등의 희생을 배상 내지 위자하고 또 원고의 장래 생활대책을 마련해 준다는 뜻에서 금원을 지급하기로 약정한 것이라면 부첩관계를 해소하는 마당에 위와 같은 의미의 금전지급약정은 공서양속에 반하지 않는다고 보는 것이 상당하다 …"; 프랑스는 여기서 더 나아가 내연관계를 유지하기 위한 목적의 무상행위도 유효한 것으로 보고 있다. Ass. plén. 29 oct. 2004, n° 03-11.238. "… 내연관계와 관련하여 합의된 무상행위의 원인(cause)은 공서양속에 반하지 않는다 …". 자세한 내용은, 여하윤, "프랑스 민법상의 불법원인급여(exception d'indignité", 財産法硏究 第34卷 第1號, 韓國財産法學會(2017. 5), 129 이하.

31) Y. Buffelan-Lanore et V. Larribau-Terneyre, *op.cit.*, n° 2055(p. 674 et s.); F. Terré, P. Simler, Y. Lequettet et F. Chénedé, *op.cit*, n° 1307(p. 1368); M. Brusorio Aillaud Droit des obligations 11ᵉ éd., Bruylant, 2020, p. 169-170; M. Fare-Magnan, Droit des obligations 2-Responsabilité civile et quasi-contrats 4ᵉ éd., puf, 2019, n° 541(p. 579) et n° 547(p. 583).

32) Civ. 2 mars 1915, DP 1920. 1. 102. 판결 원문은 H. Capitant, F. Terré, Y. Lequette et F. Chénedé, *op.cit.*, pp. 527-528 참조.

33) action de in rem verso 의 정확한 번역은 전용물소권이다. 그러나 프랑스 문헌들은 이 용어를 전용물소권 외에 넓게 부당이득반환소권 일반의 의미로 확장하여 사용하고 있는 경우가 많다.

34) Civ. 3ᵉ 29 avril 1971, n° 70-10.415.

(bureau) 책상을 구입하였다. 이 책상은 당시 루이 15세 시기의 책상으로 소개되었다. 그런데, 이후 1990년에 이 책상의 복원을 의뢰하면서 위조품이라는 사실을 알게 되었다. 이에 A는 소송을 통해서 B에게 25만 프랑(franc)의 지급을 명하는 판결을 얻었다. 그리고 B 또한 부당이득을 이유로 C로부터 14만 프랑(franc)의 지급을 받는 판결을 얻었다. 이에 대하여 C는 다음과 같은 이유로 상고하였다: 즉, 부당이득반환소권은 보충성이 있다. 그런데, 확인된 사실관계에 따르면 B는 자신(C)에게 담보청구소권(action en garantie)을 행사한 바가 있었고, 이 청구가 인용되기 위해서는 C의 과책(faute)을 B가 증명해야 했으나 이를 증명하지 못하여 기각되었다. 따라서 B에게 인정되지는 않았지만 다른 권리가 있었던 것이므로, 부당이득반환소권은 받아들여질 수가 없다고 주장하였다. 그러나 파기원은 다음과 같은 판시를 하면서 C의 상고를 기각하였다.35)

> "… 항소심법원이 C가 B에 대하여 과책을 범했는지가 결여되었기 때문에 B의 C에 대한 담보청구소권을 배척하고 B의 [부당이득반환]청구를 인용한 것은, 매도인의 부당이득에 기인한 권리의 보충성을 방해하지 않는다 …"

프랑스 판례의 흐름상 부당이득의 보충성 원칙의 경계가 불분명한 면이 있었음에도 불구하고 프랑스 민법 제1303-3조로 입법화되었다. 그리고 동 조항이 다른 민사상 권리가 존재하지 않는 경우뿐만 아니라, 존재하여 행사는 가능하지만 증명책임을 다하지 못하여 승소하기 어려운 경우에도 부당이득반환을 제한하는 것인지는 분명하지 않다는 점이 여전히 지적되고 있다.36) 프랑스 민법 제1303-3조에 관한 입법이유서는 다음과 같이 기술되어 있다.37)

> "… 민법 제1303-3조는 판례에 의하여 인정되어 왔던 부당이득반환소권의 보충성을 인정한 것이다. 이 권리는 손실자가 보유하고 있는 계약, 계약 외의, 또는 법적 권리들에 관한 규정을 우회하기 위한 목적으로 행사될 수 없고, 소멸시효, 제척기간, 실권, 제척기간, 판결의 기판력 등 다른 권리들이 이러한 법적 장애로 행사할 수 없는 것을 보완하기 위하여도 행사될 수 없다 …"

---

35) Civ. 1re 3 juin 1997, n° 95-13.568; 이후에도 이와 같은 취지의 판시가 발견된다. Civ. 1re 25 juin 2008, n° 06-19.556 등.

36) Y. Buffelan-Lanore et V. Larribau-Terneyre, *op.cit.*, n° 2067(p. 678); L. Andreu et N. Thomassin, *op.cit.*, n° 1396(p. 496); S. Porchy-Simon, Droit des obligations 13e éd., Dalloz, 2020, n° 1053 (p. 522).

37) *Rapport au Président de la République relatif à l'ordonnace n° 2016-131 du 10 février 2016 portant réforme du droit des contrats, du régime général et de la preuve des obligations* https://www.legifrance.gouv.fr/affichTexte.do?cidTexte=JORFTEXT000032004539

위 입법이유서에는 앞의 파기원 민사 3부 1971년 4월 29일 판결(Civ. 3e 29 avril 1971, n° 70-10.415)에서 언급되었던 내용의 일부(다른 권리를 행사하면서 증명책임을 다하지 못하여 권리를 행사할 수 없는 경우, 필자가 밑줄 친 부분)가 빠져있음을 알 수 있다.[38)]

3. 대법원 판결례

우리나라에서도 부당이득반환청구권과 다른 민사상 권리와의 경합이 바람직하지 않은 상황들이 있었다. 대표적인 사안이 대법원 2002. 1. 25. 선고 2001다52506 판결이다. 사안의 구조만 간단히 설명하면 다음과 같다. A는 주식회사 B의 이사였고, B 회사의 공장매수대금을 마련하기 위하여 금융기관 C로부터 자금을 대출받아 B 회사에게 지급하고, B회사는 연대하여 대출원리금 반환채무를 부담하기로 하였다. 그런데, B 회사는 예전에 확정판결에 의한 부당이득반환채권을 C에 대하여 취득한 바 있었고, 이에 B 회사와 C는 각각의 입장에서 위 부당이득반환채권과 대출금반환채권에 대한 상계권을 행사할 수 있는 입장이었다. 이에 C는 위 대출원리금 채권을 자동채권으로, 하고, 위 부당이득반환채권을 수동채권으로 하여 B 회사에 대하여 상계의 의사를 표시하였다. 한편, 위 부당이득반환의무는 C가 소속 직원의 고의의 불법행위에 대하여 B에게 민법 제756조 책임을 져야 하는 채무로부터 발생한 것이기도 하였다(청구권 경합). 여기서 민법 제496조의 취지상 C가 B에게 상계권을 행사할 수 있는 지위에 있다고 볼 수 있는가가 문제되었다. 이에 대하여 대법원은 다음과 같은 이유로 상계권 행사를 허용하지 않았다.

> "… 민법 제496조의 취지는, 고의의 불법행위에 의한 손해배상채권에 대하여 상계를 허용한다면 고의로 불법행위를 한 자까지도 상계권 행사로 현실적으로 손해배상을 지급할 필요가 없게 되어 보복적 불법행위를 유발하게 될 우려가 있고, 또 고의의 불법행위로 인한 피해자가 가해자의 상계권 행사로 인하여 현실의 변제를 받을 수 없는 결과가 됨은 사회적 정의관념에 맞지 아니하므로 고의에 의한 불법행위의 발생을 방지함과 아울러 고의의 불법행위로 인한 피해자에게 현실의 변제를 받게 하려는 데 있다 할 것인바, 법이 보장하는 상계권은 이처럼 그의 채무가 고의의 불법행위에 기인하는 채무자에게는 적용이 없는 것이고, 나아가 <u>부당이득의 원인이 고의의 불법행위에 기인함으로써 불법행위로 인한 손해배상채권과 부당이득반환채권이</u>

---

38) 부당이득반환이 허용되지 않는 경우는 다른 권리의 행사에 법적 장애가 있는 경우에 한정되고 사실상의 장애가 있는 경우에는 허용되기 때문에, 손실자가 다른 권리를 행사하면서 증명책임을 다하지 못한 경우는 사실상의 장애가 있는 경우여서 부당이득반환청구를 할 수 있다고 보는 견해로는 P. Malaurie, L. Aynès et P. Stoffel-Munck, *op.cit.*, n° 690(p. 618); 이 경우에도 부당이득이득반환은 제한된다고 보는 견해로는, A. Sériaux, Manuel de droit des obligations 4e éd., puf, 2020, n° 91(p. 204); T. Douville, La réforme du droit des contrats, du régime général et de la preuve des obligations 2e éd., Gualino, 2018, p. 257; M. Fare-Magnan, *op.cit.*, n° 548(p. 583).

모두 성립하여 양채권이 경합하는 경우 피해자가 부당이득반환채권만을 청구하고 불법행위로 인한 손해배상채권을 청구하지 아니한 때에도, 그 청구의 실질적 이유, 즉 부당이득의 원인이 고의의 불법행위였다는 점은 불법행위로 인한 손해배상채권을 청구하는 경우와 다를 바 없다 할 것이어서, 고의의 불법행위에 의한 손해배상채권은 현실적으로 만족을 받아야 한다는 상계금지의 취지는 이러한 경우에도 타당하므로, 민법 제496조를 유추적용함이 상당하다 …"

부당이득과 불법행위가 형식적으로 경합하는 것은 맞지만, 민법 제496조의 입법취지에 비추어 불법행위로 인한 손해배상이 인정되지 않는 경우 부당이득반환도 허용하지 않겠다는 것이다. 그리고 다음에서 보는 바와 같이 다른 민사상 권리가 민법 제162조 제2항의 소멸시효기간보다 짧아서 시효소멸하였을 경우, 당사자가 10년의 소멸시효 기간의 적용을 받는 부당이득반환청구권을 행사하여 실질적으로 보상의 목적을 달성할 수 있는가에 대하여 대법원은 다음과 같이 제한하기도 하였다.

"… 주식회사인 부동산 매수인이 의료법인인 매도인과의 부동산매매계약의 이행으로서 그 매매대금을 매도인에게 지급하였으나, 매도인 법인을 대표하여 위 매매계약을 체결한 대표자의 선임에 관한 이사회결의가 부존재하는 것으로 확정됨에 따라 위 매매계약이 무효로 되었음을 이유로 민법의 규정에 따라 매도인에게 이미 지급하였던 매매대금 상당액의 반환을 구하는 부당이득반환청구의 경우, 거기에 상거래 관계와 같은 정도로 신속하게 해결할 필요성이 있다고 볼 만한 합리적인 근거도 없으므로 위 부당이득반환청구권에는 상법 제64조가 적용되지 아니하고, 그 소멸시효기간은 민법 제162조 제1항에 따라 10년이다 …"[39)]

"… 가맹점사업자인 갑 등이 가맹본부인 을 유한회사를 상대로 을 회사가 가맹계약상 근거를 찾을 수 없는 'SCM Adm'(Administration Fee)이라는 항목으로 갑 등에게 매장 매출액의 일정 비율에 해당하는 금액을 청구하여 지급받은 것은 부당이득에 해당한다며 그 금액 상당의 반환을 구한 사안에서, 갑 등이 청구하는 부당이득반환채권은 갑 등과 을 회사 모두에게 상행위가 되는 가맹계약에 기초하여 발생한 것일 뿐만 아니라, 을 회사가 정형화된 방식으로 가맹계약을 체결하고 가맹사업을 운영해 온 탓에 수백 명에 달하는 가맹점사업자들에게 갑 등에게 부담하는 것과 같은 내용의 부당이득반환채무를 부담하는 점 등 채권 발생의 경위나 원인 등에 비추어 볼 때 그로 인한 거래관계를 신속하게 해결할 필요가 있으므로, 위 부당이득반환채권은 상법 제64조에 따라 5년간 행사하지 않으면 소멸시효가 완성된다 …"[40)]

우리는 프랑스처럼 부당이득의 보충성 원칙이 인정되지도 않고 청구권 경합의 논리를 기

39) 대법원 2003. 4. 8. 선고 2002다64957, 64964 판결.
40) 대법원 2018. 6. 15. 선고 2017다248803, 248810 판결.

반으로 하고 있어서 외견상 다른 논리가 등장하게 되지만(부당이득반환청구권의 소멸시효가 경우에 따라 상사시효의 적용을 받게 된다는 등) 프랑스 민법 제1303-3조의 취지는 우리도 이미 어느 정도 느끼고 받아들이고 있었다고 생각된다.

4. 소 결

필자는 우리 민법상 부당이득을 운용함에 있어서 프랑스 민법상 부당이득의 보충적 지위로부터 다음과 같은 점을 참고할 수 있다고 생각한다. 부당이득이라는 제도의 본질적 속성, 즉 제도적 기원에 있어서 계약, 불법행위 이외의 제3의 영역으로 소극적으로 인식되었던 것은 프랑스 민법상 부당이득 규정에서 잘 나타나고 있다. 우리 민법 제741조 이하는 구조상 이러한 특성이 잘 드러나지 않지만, 이것은 부당이득이라는 제도가 지니는 본래적 속성이라고도 할 수 있다. 따라서 우리 민법상 부당이득과 다른 민사상 권리가 형식적으로 경합하더라도 양자의 관계를 조율하여 운용할 필요가 있다고 생각한다. 채권자가 손실을 보상받기 위하여 다른 권리를 행사할 수 있으나 법률적 제한이 있을 때 이러한 제한을 회피하기 위하여 부당이득반환을 구하는 것은 방지할 필요가 있다. 이러한 부당이득의 보충성 원칙의 취지는 우리 민법에서도 설득력을 가질 수 있다. 이러한 측면에서 앞에서 언급하였던 대법원 판결례의 결론들은 타당성을 지닌다.

V. 손실자의 과책(faute)

1. 문제의 제기

프랑스 민법상 부당이득이 우리 민법상 부당이득에 비하여 구조상 큰 특징을 보이고 있는 것 중의 하나는, 부당한 이득의 반환 여부 내지 반환 범위 등을 정함에 있어서 손실자의 귀책사유를 고려하고 있다는 점이다: 프랑스 민법 제1303-2조 제1항 손실자의 이익을 위한 행위로 인하여 발생한 손실에 대하여는 배상하지 않는다. 제2항 법원은 손실자의 과책으로부터 발생한 손실에 대한 배상을 감액할 수 있다. 프랑스 민법상 부당이득은 당사자들의 재산적 균형을 회복시키는 것과 '손실자의 행동을 고려하여' 부당한 이득을 배상하는 것 두 가지 요소를 기반으로 하고 있다.[41] 우리 민법 제741조 이하에서는 찾아보기 힘든 내용들이다.

2. 프랑스 판례

이와 관련한 기존의 프랑스 판례는 손실자의 과책이 중대할 경우(faute lourde ou grave)와 단순한 경솔(imprudence) 또는 부주의(négligence)한 경우를 나누어서, 전자의 경우에는 부당이

41) Y. Buffelan-Lanore et V. Larribau-Terneyre, *op.cit.*, n° 2050(p. 672).

득반환을 허용하지 않았고, 후자의 경우에는 부당이득반환을 인정하고 있었다.

> "… 자신의 손실로 다른 사람에게 이득을 준 사람의 경솔 혹은 부주의를 범한 행위가 그의 부당이득에 기초한 권리를 상실시키지는 않더라도, 그 손실이 손실자의 중대한 혹은 의도적인 과책에 기인한 경우에는 부당이득반환은 이루어질 수 없다 …"[42)]

그런데, 프랑스 민법 제1303-2조 제2항은 기존 프랑스 판례처럼 과책이 중대한지 여부를 구분하지 않고 손실자의 과책의 정도에 따라 감액을 할 수 있다고 하는, 더 실용적인 방식으로 규정하였다. 그리고 이는 법관의 판단 영역을 넓혀준 입법으로 평가되고 있다.[43)] 프랑스 민법 입법이유서에서도 밝힌 바와 같이, 법원은 경우에 따라 부당이득반환을 인정하지 않을 수도 있다.[44)]

3. 소 결

프랑스 민법은 부당이득에서뿐만 아니라, 비채변제에 있어서도 손실자의 과책을 고려하여 반환범위를 정하고 있다.[45)] 우리 민법 제741조 이하의 규정들은 손실자의 과책은 고려하지 않고 있다. 프랑스 민법의 입법 태도는 반환범위의 조정을 통해서 구체적 타당성 있는 해결책을 도모하는 데에 더 유용하다고 평가할 수 있다. 우리나라에서도 구체적 사안 해결에 있어서 이러한 사정을 고려하는 것이 바람직한 경우들이 있을 수 있으나 현행 민법의 구조상 해석에 의하여 관철시키기에는 한계가 있다. 이러한 프랑스 민법의 태도를 우리도 입법적으로 도입할 필요가 있는 것인지 여부를 신중하게 검토해볼 필요가 있다.

Ⅵ. 결 어

우리 민법의 부당이득에 관한 일반규정은 독일 민법을 본받은 것이고, 그 규정의 해석에 있어서도 독일 민법의 영향을 결정적으로 받았다. 그러나 부당이득 역시 다른 민법상의 제도

---

42) Civ.1re 5 avv. 2018, n° 17-12.595 et n° 17-14.029.

43) F. Chénedé, *op.cit.*, n° 134.71(p. 183); L. Andreu et N. Thomassin, *op.cit.*, n° 1404(p. 498); F. Terré, P. Simler, Y. Lequettet et F. Chénedé, *op.cit.* n° 1318(p. 1383).

44) *Rapport au Président de la République relatif à l'ordonnace n° 2016-131 du 10 février 2016 portant réforme du droit des contrats, du régime général et de la preuve des obligations*
https://www.legifrance.gouv.fr/affichTexte.do?cidTexte=JORFTEXT000032004539

45) 제1302-1조 착오 또는 고의로 채무 없는 자로부터 부당하게 변제를 받은 사람은 변제자에게 이를 반환해야 한다.
제1302-3조 제2항 변제가 과책에 기한 경우, 원상회복은 감축된다.

와 유기적으로 연결되어 작동될 수밖에 없다. 우리 민법 제741조가 독일 민법의 영향을 받았다 하더라도, 우리 민법의 다른 제도들이 독일 민법과 다른 모습으로 작동되고 있다면 결국 우리 민법상의 부당이득 역시 독일과 같은 모습으로 운영될 수 없는 이유이다.

첫째, 우리는 법률행위에 의한 물권변동에 관하여 형식주의를 취하고 있음에도 불구하고 (민법 제186조) 물권변동에 관하여는 독일과 같이 무인주의(無因主義)를 취하지 않고 프랑스처럼 유인주의(有因主義)를 취하고 있다. 계약상의 의무가 물건의 소유권 이전을 내용으로 한 것인 때에는 실무상 계약상 급부의 반환에 관하여 부당이득법을 적용하는 경우는 드물다. 이러한 측면에서 우리나라의 부당이득법은 독일 민법상의 그것에 비하여 사실상(de facto) 적용 영역이 축소되어 있고, 프랑스법제와 공통분모를 가지고 있다고 말할 수 있다.

둘째, 부당이득이라는 제도의 본질적 속성, 즉 제도적 기원에 있어서 계약, 불법행위 이외의 제3의 영역으로 소극적으로 인식되었던 것은 부당이득이라는 제도가 지니는 본래적 속성이라고 할 수 있다. 따라서 우리 민법상 부당이득과 다른 민사상 권리가 형식적으로 경합하더라도 양자의 관계를 조율하여 운용할 필요가 있다. 채권자가 손실을 보상받기 위하여 다른 권리가 있으나 법률적 제한이 있을 때 이러한 제한을 회피하기 위하여 부당이득반환을 구하는 것이 허용되어서는 안 된다.

셋째, 프랑스 민법은 부당이득에서뿐만 아니라, 비채변제에 있어서도 손실자의 과책을 고려하여 반환범위를 정하고 있다. 우리 민법 제741조 이하의 규정들은 손실자의 과책은 고려하지 않고 있다. 우리나라에서도 구체적 사안 해결에 있어서 이러한 사정을 고려하는 것이 바람직한 경우들이 있을 수 있으므로, 이러한 프랑스 민법의 태도를 우리도 입법적으로 도입할 필요가 있는 것인지 여부를 신중하게 검토해볼 만하다.

소비자 피해구제에서의 사법과 공법의 융합

연 광 석*

Ⅰ. 서 론

대량생산 대량소비 사회로 접어든 이제 잘못된 상품이나 서비스로 인한 피해는 국민 모두의 문제가 될 수밖에 없다. 특히, 최근 제조업, 금융업, 서비스업 등 산업 전반에서 이룩한 과학기술과 판매기법의 발전은 소비자 후생을 증진시키고 있으나, 그 반면에 이들 분야에서 피해를 입은 소비자가 그 배상 등의 구제를 받고자 할 경우 대량생산과 대량판매가 안고 있는 구조적인 문제 또는 개별 사업자의 경제적 사정 등으로 인해 소비자가 아예 그 배상을 받지 못하거나 불완전한 구제만을 받는 상황이 발생하고 있다. 예컨대 사회적으로 큰 이슈가 된 사건만 나열해도 지난 10년 동안 가습기 살균제 사건, 폭스바겐 배기가스 불법조작 사건, 라돈 매트리스 사건, 카드사 개인정보 대량유출 사건 등이 있고, 서민의 전재산을 위탁받아 관리한다고 할 수 있는 금융업에서는 그 규모가 더욱 거대한 사건이 끊이지 않고 발생하였다. 게다가 현대 경제가 대량생산과 대량공급의 구조를 바탕으로 하고 있음에도 소비자가 이러한 생산이나 유통과정에 개입하거나 관여할 수 있는 여지는 거의 없는 반면 소비자에게 이르는 과정의 복잡화, 일반인이 이해하기 어려운 금융상품의 대량판매, 도시화 등 현대사회의 특징을 기반으로 하는 소비자피해는 비슷한 형태로 반복될 수밖에 없다. 그럼에도 현행 손해배상제도는 피해자들을 위한 적절한 구제에 한계가 있는바, 현재 이와 같은 사건의 피해자들은 손해를 배상받기 위해 개별적으로 민사소송을 제기할 수밖에 없으나 기업들은 원인규명과 손해배상에 소극적인 반면, 피해자들의 경우 소송비용 부담과 소송기간 장기화로 인해 적극적인 손해배상이 이루어지기 어려운 것이다. 일례로, 가습기살균제 사건의 경우 2011년 공론화되었지만, 2019년에야 수사가 마무리되어 관련자들에 대한 공소제기가 완료되었으며, 2020년에 이르기까지 다수의 민사소송이 계속 중인 상황이다.[1] 증권 · 파생상품 등 금융투자상품은 일반상품이나 서

---

* 국회사무처 이사관, 법학박사, 변호사/현재 헌법재판소 파견 중.

1) 이학영, 김종민, 박주민, 백혜련, 오기형 국회의원 주최, 대규모 소비자 피해사례 발표 및 소비자권익 3법 입법 토론회(2020년 11월 12일) 발표자료 참조.

비스에 비해 투자 과정에서 복잡한 상품구조 때문에 고도의 전문성과 이해가 요구되면서도 원금 손실위험을 갖는 특성상 소비자들이 고위험에 노출되기 때문에 법적 분쟁이 발생할 가능성이 높음에도 이 역시 분쟁이 생긴 경우 분쟁 당사자는 전통적인 소송제도를 통해 분쟁을 해결할 수밖에 없다. 그러나 정보나 교섭력, 조직 등에서 금융투자업자와 소비자 간 비대칭성 문제가 커서, 투자자가 피해를 입은 경우, 입증 등 소송절차에서 투자자는 금융투자업자에 비해 불리한 상황에 처해 있다. 피해를 입었는지 파악하는 것조차 수월하지 않고, 불공정거래로 피해를 입은 투자자가 민사소송을 통하여 승소하더라도 불공정행위자로부터 해당 승소금액을 받아내는 것도 책임재산의 부족 및 은폐 등으로 용이한 일이 아니다.

이렇듯 현대사회의 소비자피해는 사업자 측의 양심이나 시장의 작동원리에 맡김으로써 해결될 수 있는 단계 또는 규모를 넘어섰다고 할 수 있다. 이는 사회적 문제이며, 전통적인 피해구제 시스템이 상정하였던 어느 특정 개인과 특정인 사이에 국한되지 않고 모든 사람과 기업에게 보편적으로 발생할 수 있고 발생하고 있는 문제라는 점에서 공익의 문제이고 국민생활 깊숙이 관련된 과제여서 그 해결에 어떠한 형태로든 정부와 같은 공적 부분의 관여가 요구되는 것이라 할 수 있다.[2] 또한 이러한 문제의 해결방안은 지금까지의 사법구제 제도가 상정한 형태가 아니므로 기존의 사법구제를 전제로 하는 보완책들, 예컨대 입증책임의 전환, 집단소송의 도입, 소송 이외의 대체적 분쟁해결수단 등으로는 현실적인 구제책 마련이 어렵다고 보여진다. 결국 문제의 근본적인 해결을 위해서는 기존의 공법과 사법체계의 구분을 전제로 소송을 통한 구제에 의존하기보다는 융복합적인 사고의 전환과 제도적 혼합이 필요하다 할 것이다. 예컨대 감독기관의 제재절차와 병행하여 위법사실을 확인하고 이를 기초로 금전제재를 부과하여 확보된 재원을 피해투자자에게 배분하는 것은 이러한 불공정거래 피해자의 어려움을 덜어 주고, 피해구제의 활성화를 통해 간접적으로 불공정거래의 억제에도 기여할 수 있을 것으로 생각된다.[3] 이러한 관점에서 최근에는 전통적인 사법 체계에서는 파격적이라고 할 수 있는 제도의 도입이 논의되고 있는 것이다. 이하에서는 그러한 논의 중 손해배상 대불제도, 미국의 Fair Fund 제도, 소비자보호를 위한 기금 등에 대하여 살펴보고자 한다.

2) 윤준식, 소비자집단피해의 구제에 관한 연구, 고려대 석사학위논문(2012), 9.

3) 엄세용, 증권분야 분쟁해결 및 불공정거래 피해구제 개선방안 연구, 증권법연구 제16권 1호, 한국증권법학회, 259.

Ⅱ. 손해배상금 대불[4)]제도

1. 의의 및 도입분야

손해배상금 대불제도는 현재 의료분야 등에서만 극히 제한적으로 도입되어 있어 일반화하기 어려우나 공통적인 사항만 설명한다면 다음과 같다. 즉, 권한 있는 기관에 의하여 사업자에게 소비자 피해에 대한 배상을 하도록 하는 결정이 내려졌음에도 사업자가 배상능력이 없어 이행하지 못할 경우 정부가 기금을 통해 대신 손해배상금을 지급하고 사업자의 경제적 여건이 나아지면 구상권을 행사하는 제도라고 할 수 있다. 현행법에서 이러한 손해배상 대불제도로 분류할 수 있는 것은 의료사고 피해자 손해배상금 대불제도,[5)] 응급의료 미수금 대불제도,[6)] 의

---

4) 대불이라는 표현은 현행법에서는 찾아보기 힘든 표현이며, 일본식 용어라는 점은 명백해 보인다. 우선지급 또는 대위지급 등의 표현을 고려할 수 있을 것이나, 이곳에서는 의료분쟁조정법 상의 용어를 그대로 사용할 수밖에 없고 향후의 과제로 남겨둔다.

5) 「의료사고 피해구제 및 의료분쟁 조정 등에 관한 법률」 제47조(손해배상금 대불) ① 의료사고로 인한 피해자가 다음 각 호의 어느 하나에 해당함에도 불구하고 그에 따른 금원을 지급받지 못하였을 경우 미지급금에 대하여 조정중재원에 대불을 청구할 수 있다. 다만, 제3호의 경우 국내 법원에서의 판결이 확정된 경우에 한정한다.

1. 조정이 성립되거나 중재판정이 내려진 경우 또는 제37조제1항에 따라 조정절차 중 합의로 조정조서가 작성된 경우
2. 「소비자기본법」 제67조제3항에 따라 조정조서가 작성된 경우
3. 법원이 의료분쟁에 관한 민사절차에서 보건의료기관개설자, 보건의료인, 그 밖의 당사자가 될 수 있는 자에 대하여 금원의 지급을 명하는 집행권원을 작성한 경우

② 보건의료기관개설자는 제1항에 따른 손해배상금의 대불에 필요한 비용을 부담하여야 하고, 그 금액과 납부방법 및 관리 등에 관하여 필요한 사항은 대통령령으로 정한다.

③ 조정중재원은 손해배상금 대불을 위하여 보건복지부령으로 정하는 바에 따라 별도 계정을 설치하여야 한다.

④ 제2항에 따라 보건의료기관개설자가 부담하는 비용은 「국민건강보험법」 제47조제3항에도 불구하고 국민건강보험공단이 요양기관에 지급하여야 할 요양급여비용의 일부를 조정중재원에 지급하는 방법으로 할 수 있다. 이 경우 국민건강보험공단은 요양기관에 지급하여야 할 요양급여비용의 일부를 지급하지 아니하고 이를 조정중재원에 지급하여야 한다.

⑤ 조정중재원은 제1항에 따른 대불청구가 있는 때에는 보건복지부령으로 정하는 기준에 따라 심사하고 대불하여야 한다.

⑥ 조정중재원은 제5항에 따라 손해배상금을 대불한 경우 해당 보건의료기관개설자 또는 보건의료인에게 그 대불금을 구상할 수 있다.

⑦ 조정중재원은 제6항에 따라 대불금을 구상함에 있어서 상환이 불가능한 대불금에 대하여 결손처분을 할 수 있다.

⑧ 제5항에 따른 손해배상금 대불의 대상·범위·절차 및 방법, 제6항에 따른 구상의 절차 및 방법, 제7항에 따른 상환이 불가능한 대불금의 범위 및 결손처분 절차 등에 관하여 필요한 사항은 대통령령으로 정한다.

6) 「응급의료에 관한 법률」 제22조(미수금의 대지급) ① 의료기관과 구급차등을 운용하는 자는 응급환자에게 응급의료를 제공하고 그 비용을 받지 못하였을 때에는 그 비용 중 응급환자 본인이 부담하여야 하는 금액(이하 "미수금"이라 한다)에 대하여는 기금관리기관의 장(기금의 관리·운용에 관한 업무가 위탁되지 아니한 경우에는 보건복지부장관을 말한다. 이하 이 조 및 제22조의2에서 같다)에게 대신 지급하여 줄 것을 청구할 수 있다.

② 기금관리기관의 장은 제1항에 따라 의료기관 등이 미수금에 대한 대지급을 청구하면 보건복지부령으로 정

료급여비용 대불제도,[7] 범죄피해구조금 지급제도,[8] 임금채권보장제도,[9] 자동차 손해배상 보

하는 기준에 따라 심사하여 그 미수금을 기금에서 대신 지급하여야 한다.
③ 국가나 지방자치단체는 제2항에 따른 대지급에 필요한 비용을 기금관리기관의 장에게 보조할 수 있 다.
④ 기금관리기관의 장은 제2항에 따라 미수금을 대신 지급한 경우에는 응급환자 본인과 그 배우자, 응급환자의 1촌의 직계혈족 및 그 배우자 또는 다른 법령에 따른 진료비 부담 의무자에게 그 대지급금(代支給金)을 구상(求償)할 수 있다.
⑤ 제4항에 따른 대지급금의 상환 청구를 받은 자가 해당 대지급금을 정하여진 기간 내에 상환하지 아니하면 기금관리기관의 장은 기한을 정하여 독촉할 수 있다.
⑥ 제5항에 따른 독촉을 받은 자가 그 기한 내에 대지급금을 상환하지 아니하면 기금관리기관의 장은 보건복지부장관의 승인을 받아 국세 체납처분의 예에 따라 이를 징수할 수 있다.
⑦ 기금관리기관의 장은 제4항에 따라 대지급금을 구상하였으나 상환받기가 불가능하거나 제22조의3에 따른 소멸시효가 완성된 대지급금을 결손으로 처리할 수 있다.
⑧ 미수금 대지급의 대상 · 범위 · 절차 및 방법, 구상의 절차 및 방법, 상환이 불가능한 대지급금의 범위 및 결손처분 절차 등에 관하여 필요한 사항은 대통령령으로 정한다.

7) 「의료급여법」 제20조(급여비용의 대지급) ① 제10조에 따라 급여비용의 일부를 의료급여기금에서 부담하는 경우 그 나머지 급여비용(보건복지부장관이 정한 금액으로 한정한다)은 수급권자 또는 그 부양의무자의 신청을 받아 제25조에 따른 의료급여기금에서 대지급(代支給)할 수 있다.
② 제1항에 따른 대지급금의 신청 및 지급방법 등에 필요한 사항은 보건복지부령으로 정한다.
제21조(대지급금의 상환) ① 제20조에 따라 대지급금을 받은 사람(그 부양의무자를 포함한다. 이하 "상환의무자"라 한다)은 보건복지부령으로 정하는 바에 따라 대지급금을 그 거주지를 관할하는 시장 · 군수 · 구청장에게 상환하여야 한다. 이 경우 대지급금의 상환은 무이자로 한다.
② 상환의무자가 그 거주지를 다른 특별자치시 · 특별자치도 · 시 · 군 · 구로 이전하였을 때에는 대지급금을 새 거주지를 관할하는 시장 · 군수 · 구청장에게 상환하여야 한다.
③ 제1항 및 제2항에 따라 대지급금을 상환받은 시장 · 군수 · 구청장은 이를 제25조에 따른 의료급여기금에 납입하여야 한다.

8) 「범죄피해자보호법」 제16조(구조금의 지급요건) 국가는 구조대상 범죄피해를 받은 사람(이하 "구조피해자"라 한다)이 다음 각 호의 어느 하나에 해당하면 구조피해자 또는 그 유족에게 범죄피해 구조금(이하 "구조금"이라 한다)을 지급한다.
1. 구조피해자가 피해의 전부 또는 일부를 배상받지 못하는 경우
2. 자기 또는 타인의 형사사건의 수사 또는 재판에서 고소 · 고발 등 수사단서를 제공하거나 진술, 증언 또는 자료제출을 하다가 구조피해자가 된 경우

제21조(손해배상과의 관계) ① 국가는 구조피해자나 유족이 해당 구조대상 범죄피해를 원인으로 하여 손해배상을 받았으면 그 범위에서 구조금을 지급하지 아니한다.
② 국가는 지급한 구조금의 범위에서 해당 구조금을 받은 사람이 구조대상 범죄피해를 원인으로 하여 가지고 있는 손해배상청구권을 대위한다.
③ 국가는 제2항에 따라 손해배상청구권을 대위할 때 대통령령으로 정하는 바에 따라 가해자인 수형자나 보호감호대상자의 작업장려금 또는 근로보상금에서 손해배상금을 받을 수 있다.

9) 「임금채권보장법」 제7조(체불 임금등의 지급) ① 고용노동부장관은 사업주가 다음 각 호의 어느 하나에 해당하는 경우에 퇴직한 근로자가 지급받지 못한 임금등의 지급을 청구하면 제3자의 변제에 관한 「민법」 제469조에도 불구하고 그 근로자의 미지급 임금등을 사업주를 대신하여 지급한다.
1. 「채무자 회생 및 파산에 관한 법률」에 따른 회생절차개시의 결정이 있는 경우
2. 「채무자 회생 및 파산에 관한 법률」에 따른 파산선고의 결정이 있는 경우
3. 고용노동부장관이 대통령령으로 정한 요건과 절차에 따라 미지급 임금등을 지급할 능력이 없다고 인정하는 경우
4. 사업주가 근로자에게 미지급 임금등을 지급하라는 다음 각 목의 어느 하나에 해당하는 판결, 명령, 조정 또는 결정 등이 있는 경우

장사업[10])을 들 수 있다. 이들은 제3의 기관이 피해자의 손해를 우선 대신 지급한다는 공통점

가. 「민사집행법」 제24조에 따른 확정된 종국판결
나. 「민사집행법」 제56조제3호에 따른 확정된 지급명령
다. 「민사집행법」 제56조제5호에 따른 소송상 화해, 청구의 인낙(認諾) 등 확정판결과 같은 효력을 가지는 것
라. 「민사조정법」 제28조에 따라 성립된 조정
마. 「민사조정법」 제30조에 따른 확정된 조정을 갈음하는 결정
바. 「소액사건심판법」 제5조의7제1항에 따른 확정된 이행권고결정

② 제1항에 따라 고용노동부장관이 사업주를 대신하여 지급하는 임금등[이하 "체당금(替當金)"이라 한다]의 범위는 다음 각 호와 같다. 다만, 대통령령으로 정하는 바에 따라 제1항제1호부터 제3호까지의 규정에 따른 체당금의 상한액과 같은 항 제4호에 따른 체당금의 상한액은 근로자의 퇴직 당시의 연령 등을 고려하여 따로 정할 수 있으며 체당금이 적은 경우에는 지급하지 아니할 수 있다.
1. 「근로기준법」 제38조제2항제1호에 따른 임금 및 「근로자퇴직급여 보장법」 제12조제2항에 따른 최종 3년간의 퇴직급여등
2. 「근로기준법」 제46조에 따른 휴업수당(최종 3개월분으로 한정한다)
3. 「근로기준법」 제74조제4항에 따른 출산전후휴가기간 중 급여(최종 3개월분으로 한정한다)

③ 근로자가 같은 근무기간, 같은 휴업기간 또는 같은 출산전후휴가기간에 대하여 제1항제1호부터 제3호까지의 규정에 따른 체당금을 지급받은 때에는 같은 항 제4호에 따른 체당금은 지급하지 아니하며, 제1항제4호에 따른 체당금을 지급받은 때에는 해당 금액을 공제하고 같은 항 제1호부터 제3호까지의 규정에 따른 체당금을 지급한다.
④ 체당금의 지급대상이 되는 근로자와 사업주의 기준은 대통령령으로 정한다.
⑤ 사업장 규모 등 고용노동부령으로 정하는 기준에 해당하는 근로자가 제1항에 따라 체당금을 청구하는 경우 고용노동부령으로 정하는 공인노무사로부터 체당금 청구서 작성, 사실확인 등에 관한 지원을 받을 수 있다.
⑥ 고용노동부장관은 근로자가 제4항에 따라 공인노무사로부터 지원을 받은 경우 그에 드는 비용의 전부 또는 일부를 지원할 수 있으며, 지원금액 및 구체적인 지급방법 등에 관한 사항은 고용노동부령으로 정한다.
⑦ 그 밖에 체당금의 청구와 지급 등에 필요한 사항은 대통령령으로 정한다.

10) 「자동차손해배상보장법」 제30조(자동차손해배상 보장사업) ① 정부는 다음 각 호의 어느 하나에 해당하는 경우에는 피해자의 청구에 따라 책임보험의 보험금 한도에서 그가 입은 피해를 보상한다. 다만, 정부는 피해자가 청구하지 아니한 경우에도 직권으로 조사하여 책임보험의 보험금 한도에서 그가 입은 피해를 보상할 수 있다.
1. 자동차보유자를 알 수 없는 자동차의 운행으로 사망하거나 부상한 경우
2. 보험가입자등이 아닌 자가 제3조에 따라 손해배상의 책임을 지게 되는 경우. 다만, 제5조제4항에 따른 자동차의 운행으로 인한 경우는 제외한다.

② 정부는 자동차의 운행으로 인한 사망자나 대통령령으로 정하는 중증 후유장애인의 유자녀(幼子女) 및 피부양가족이 경제적으로 어려워 생계가 곤란하거나 학업을 중단하여야 하는 문제 등을 해결하고 중증 후유장애인이 재활할 수 있도록 지원할 수 있다.
③ 국토교통부장관은 제1항 및 제2항에 따른 업무를 수행하기 위하여 다음 각 호의 기관에 대통령령에 따른 정보의 제공을 요청하고 수집·이용할 수 있으며, 요청받은 기관은 특별한 사유가 없으면 관련 정보를 제공하여야 한다.
1. 경찰청장
2. 특별시장·광역시장·도지사·특별자치도지사·시장·군수·구청장
3. 보험요율산출기관

④ 정부는 제11조제5항에 따른 보험회사등의 청구에 따라 보상을 실시한다.
⑤ 제1항·제2항 및 제4항에 따른 정부의 보상 또는 지원의 대상·기준·금액·방법 및 절차 등에 필요한 사항은 대통령령으로 정한다.
⑥ 제1항·제2항 및 제4항에 따른 정부의 보상사업(이하 "자동차손해배상 보장사업"이라 한다)에 관한 업무는

은 있으나 세부적으로는 다시 차이가 있으므로 몇 가지를 구체적으로 소개하는 것이 필요할 것으로 생각된다.

2. 「의료사고 피해구제 및 의료분쟁 조정 등에 관한 법률」에 따른 손해배상 대불

(1) 도입과정

「의료사고 피해구제 및 의료분쟁 조정 등에 관한 법률」(이하 "의료분쟁조정법"이라 함)의 입법논의는 1989년부터 있었으나 본격적인 계기가 된 사건이 연예인 신해철씨의 의료사고 사망사건이었기 때문에 한때 신해철법으로도 불리우다가 2011년 3월 11일 국회에서 통과됨으로써 23년간의 논의를 매듭지었다. 이 법은 의료분쟁의 조정 및 중재 등에 관한 사항을 규정함으로써 의료사고로 인한 피해를 신속 · 공정하게 구제하고 보건의료인의 안정적 진료환경을 조성하기 위한 목적(제1조)으로 제정되는 등 의료분쟁 당사자의 이해를 모두 고려하고 있다. 이 법이 특히 주목받게 된 것은 의료사고로 인한 피해자를 조정 등의 절차에 적극적으로 유도하기 위하여 '손해배상금 대불제도'를 도입하였기 때문이라고 할 수 있다. 손해배상 대불제도는 입법 초기부터 도입이 예정된 것은 아니었으며, 당시에는 의료사고 피해자 측에 대한 손해배상금 지급을 담보하기 위한 방안으로 주로 '의사배상책임보험 · 공제제도'가 논의되었으나,[11] 의료인 측이 환자 측에 손해배상금을 지급하지 못할 경우를 대비하여 손해배상금 대불제도를 활용한다면 책임보험 가입을 강제하지 않더라도 환자 측의 손해는 충분히 배상받을 수 있다는 당시 보건복지가족부의 주장[12]을 받아들여 이 제도가 도입되었다.

(2) 주요 내용

의료분쟁조정법상 '손해배상금 대불제도'는 이 법에 의한 조정 등이 성립되었음에도 불구하고 보건의료기관 개설자 또는 보건의료인(이하 "보건의료인 측"이라 함)의 사정으로 의료사고로 인한 피해자가 손해배상금을 지불받지 못한 경우 피해자 측이 한국의료분쟁조정중재원(이하 "조정중재원"이라 함)에 보건의료인 측을 대신하여 지불해 줄 것을 청구하면 조정중재원이 이를 심사한 후 손해배상금을 대불하여 주고 나중에 보건의료인 측으로부터 대불금을 구상하여 상환받는 제도이다(제47조). 손해배상금 대불제도를 통해 피해자는 별도의 강제집행절차 없이 쉽게 채권의 만족을 얻을 수 있고, 보건의료인 측은 당장 채무를 변제하지 않아도 되는 것이 장점이라고 할 수 있다.[13]

국토교통부장관이 행한다.

11) 이와 관련하여 다른 나라에서는 대부분 보험제도를 활용하고 있으며 국내에서도 특정 직종 종사자들에게 보험 또는 공제 등에 가입하도록 의무화한 사례가 많이 있다. 예컨대, 공인회계사법 제19조, 세무사법 제16조의2, 관세사법 제16조 등 참조.

12) 보건복지가족위원회, 의료분쟁 조정 및 피해구제에 관한 법률안(심재철 의원 대표발의) 검토보고(2009. 11), 137.

13) 전병남, 의료분쟁조정법안(약칭)의 민사법적 고찰, 의료법학 제11권 1호, 40. 이백휴, 의료분쟁조정법상 손해배

이러한 손해배상의 대불은 원래의 채무자인 의료기관개설자를 대신하여 조정중재원이 배상금을 대신지급하게 된다는 점에서 피해자가 갖게 되는 손해배상 대불청구권의 법적 성격이 문제된다. 먼저, 피해자의 손해배상금 대불청구권은 계약이 아닌 법률에 근거하여 인정되는 것으로서 피해자는 의료기관과 조정중재원 양 측에 직접 선택적으로 행사할 수 있다.[14] 따라서 의료기관과 조정중재원 사이의 관계를 논할 필요가 있는데, 이에 대해서 살펴보면 조정중재원은 보건의료인 측이 지급해야 할 손해배상금 중 미지급금에 한하여 지급할 책임이 있고, 조정중재원이 대불금을 지급한 경우 보건의료인에게 구상할 수 있다는 점에서 조정중재원이 보건의료인의 채무이행을 담보하는 의미가 있으므로 보증채무의 성격을 갖게 된다.[15] 다만, 앞에서 보았듯이 대불청구권은 계약상의 권리가 아니라 법률에 의하여 직접 인정되고, 규정의 내용상 보충성은 없으므로 최고·검색의 항변권까지는 인정되지 않는 점에서 차이가 있다.[16]

다음으로, 조정중재원이 손해배상금 대불을 하는데 소요되는 비용은 '보건의료기관개설자'가 부담하도록 하고 있는데(의료분쟁조정법 제47조제2항), 이러한 비용부담의 법적 성격에 대하여는 논란이 있는 듯 하다. 법에 의하여 인정되는 점에서 조세와 비교할 수 있는 점도 있으나, 손해배상금 대불 비용은 그 사용목적이 보건의료기관개설자에 대하여 손해배상 청구를 한 피해자에게 배상금을 대신지급(대불)하는 것에 국한되는 점, 비용을 부과하게 되는 대상자도 보건의료기관개설자에 한정된다는 점에서 조세로 보기 어렵다. 결국 보건의료기관개설자가 손해배상 대불을 위하여 조정중재원에 납부해야 할 금액을 부담금으로 볼 것인지 또는 예치금으로 볼 것인지로 의견이 모아진다고 할 수 있다. 이 두 가지 견해의 주요 차이점으로는 부담금으로 볼 경우 보건의료기관개설자는 비용에 해당하는 금원을 납부함으로써 그 납부금에 대한 권한이 소멸하지만, 후자인 예치금으로 본다면 의료기관개설자는 여전히 납부금에 대한 권한을 유지함으로써 향후 의료업 폐업 시 정산을 통해 이를 돌려받을 수 있다는 점에 있을 것이다. 비용부담의 법적 성격에 대하여는 현행법의 규정을 떠나서는 생각할 수 없으므로 의료분쟁조정법의 규정으로부터 해석해 나갈 수밖에 없을 것이다. 이러한 관점에서 보건대, 입법 당시 손해배상금의 대불을 위해 보건의료기관개설자가 부담하는 재원을 예치금으로 보았다면 의료분쟁조정법에는 예치금 반환, 예치 현황 통보 등 예치금 관리에 관한 사항을 규정했어야 한다. 그러나 현행법에서는 이러한 내용의 규정 없이 손해배상금 대불의 유일한 재원을 보건의료기관개설자로부터 징수한다는 규정만을 두고 있다는 점에서 비용부담의 법적 성격은 손해배상금

상금 대불제도의 문제점과 개선방안, 의료법학 제12권 2호(2011), 165-166 참조.

14) 「의료사고 피해구제 및 의료분쟁 조정 등에 관한 법률」 제47조(손해배상금 대불) ① 의료사고로 인한 피해자가 다음 각 호의 어느 하나에 해당함에도 불구하고 그에 따른 금원을 지급받지 못하였을 경우 미지급금에 대하여 조정중재원에 대불을 청구할 수 있다.

15) 장창민, 의료분쟁조정법상 손해배상금 대불제도에 관한 일고, 전북대 법학연구 34집, 222.

16) 장창민(주 15), 222.

대불의 재정충당을 위해 부과되는 특별부담금(Sonderabgaben)으로 평가할 수밖에 없다는 견해가 있다.[17] 그러나 법률에서는 이러한 규정을 두고 있지 않으나 시행령에서는 조정중재원장으로 하여금 보건의료기관개설자가 폐업으로 인하여 보건의료업을 계속할 수 없게 된 경우에는 보건복지부장관의 승인을 받아 보건의료기관개설자가 납부한 대불비용의 전부 또는 일부를 반환할 수 있도록 하고 있어[18] 여전히 논란이 되고 있다. 생각건대 납부된 대불비용을 의료기관 폐업시에 반환토록 하는 것은 매년 납부한 금액의 어느 범위까지 반환하여야 하는지의 해석을 또다시 야기하므로 부담금으로 해석하는 것이 타당하다고 보여지나, 이 문제는 이 글의 주된 목적을 벗어나는 것이므로 자세한 논의는 생략하기로 한다.

(3) 주요 절차

㈎ 대불에 필요한 비용의 납부　　의료분쟁의 일방 당사자인 '보건의료기관개설자'는 조정 및 대불절차가 진행되기 전에 대불에 필요한 재원을 납부하여야 한다(법 제47조 제2항). 이 재원 마련을 위한 납부절차의 세부적인 내용은 다시 시행령에서 정하고 있는바, 조정중재원장은 보건복지부장관의 승인을 받아 보건의료기관개설자가 부담하는 손해배상금의 대불에 필요한 비용(이하 "대불비용"이라 한다)의 연도별 적립 목표액을 정하거나 이를 변경하되, 보건의료기관의 유형에 따라 대불비용 부담액의 산정기준을 달리 정할 수 있다.[19]

---

17) 정영철, 손해배상대불금에 대한 헌법적 정당성 검토, 의료법학 제20권 1호, 39.

18) 의료사고 피해구제 및 의료분쟁 조정 등에 관한 법률 시행령 제27조(보건의료기관개설자의 대불비용 부담 등) 제6항 참조.

19) 이에 대하여 규정하고 있는 의료사고 피해구제 및 의료분쟁 조정 등에 관한 법률 시행령을 소개하면 다음과 같다. 제27조(보건의료기관개설자의 대불비용 부담 등) ① 원장은 법 제47조제2항에 따라 보건의료기관개설자가 부담하는 손해배상금의 대불에 필요한 비용(이하 "대불비용"이라 한다)의 연도별 적립 목표액을 정하거나 이를 변경하려는 경우에는 보건복지부장관의 승인을 받아야 한다.
② 원장은 제1항의 연도별 적립 목표액의 범위에서 보건의료기관개설자별 대불비용 부담액의 산정기준 및 이에 따른 징수액을 정한다. 이 경우 보건의료기관의 유형에 따라 대불비용 부담액의 산정기준을 달리 정할 수 있다.
③ 원장은 제2항에 따라 산정된 대불비용을 징수하려는 경우에는 그 비용 및 징수일을 징수일 1개월 전까지 공고해야 한다. 이 경우 법 제47조제4항에 따라 국민건강보험공단으로부터 요양급여비용의 일부를 지급받는 방법으로 징수하려는 경우에는 국민건강보험공단에도 그 비용 및 징수일을 징수일 1개월 전까지 알려야 한다.
④ 원장은 제2항에 따라 보건의료기관개설자별 대불비용 부담액의 산정기준을 정하거나 산정된 대불비용을 제3항에 따라 징수하기 위하여 필요한 경우에는 국민건강보험공단이나 건강보험심사평가원에 관련 자료의 제출을 요청할 수 있다.
⑤ 원장은 제2항에 따라 보건의료기관개설자별 대불비용 부담액의 산정기준을 정하거나 산정된 대불비용을 제3항에 따라 징수하기 위하여 필요한 경우에는 관계 지방자치단체에 다음 각 호의 사항에 관한 자료의 제출을 요청할 수 있다.
1. 보건의료기관의 개설 및 폐업에 관한 사항
2. 보건의료기관의 개설 변경에 관한 사항
3. 보건소, 보건지소, 보건의료원의 등록변경에 관한 사항
⑥ 원장은 보건의료기관개설자가 폐업으로 인하여 보건의료업을 계속할 수 없게 된 경우에는 보건복지부장관의 승인을 받아 보건의료기관개설자가 납부한 대불비용의 전부 또는 일부를 반환할 수 있다.

㈏ 손해배상 미이행 발생 및 대불금 청구 의료사고 피해자는 분쟁의 대립 당사자인 보건의료인과의 조정 등을 통해 그에 따른 금원을 지급받음으로써 분쟁을 종결할 수 있다. 그런데 당사자 사이에서 조정 등이 성립되었음에도 불구하고 보건의료인의 경제적 사정 등으로 피해자가 해당 금액을 지급받지 못한다면 미수금이 발생하게 된다. 이 경우 피해자는 보건의료인측이 부담하여야 하는 손해배상금에 대하여 조정중재원에 대신 지불할 것을 청구할 수 있게 된다. 대불금 청구의 주체는 '의료사고로 인한 피해자'이며 대불청구의 대상이 되는 금액은 '해당 미지급금'이 된다.[20]

㈐ 대불금 청구에 대한 심사와 지급 피해자가 대불금을 청구한 경우 조정중재원은 보건복지부령으로 정하는 기준에 따라 심사하고 대불하여야 한다(제47조 제5항). 이때의 심사는 이미 당사자 사이의 분쟁에 대하여는 조정 등이 이루어져 다툼의 여지가 없는 상태이므로 어디까지나 실체적인 내용이 아닌 형식적인 사항에 대한 사후심사여야 할 것이다. 따라서 조정중재원은 피해자의 대불청구에 대하여 보건의료인의 의료과실, 환자의 손해의 정도, 조정 등의 적절성 및 산출금액의 적정성 등에 대한 심사는 할 수 없고, 환자가 제출하는 서류에 대한 사실확인 및 환자의 중복 청구 여부 확인 등에 한정될 것이다.[21] 한편 조정중재원이 대불금 심사를 하는 과정에서 환자가 제출한 서류 및 자료가 누락 또는 미비한 경우 이에 따른 보완자료의 제출을 요청할 수 있도록 할 필요가 있는데, 조정중재원은 보건의료기관 등 관계 기관에 대하여 대불금 구상 및 결손처분 등을 위하여 필요한 자료의 제공을 요청할 수 있을 뿐(제48조) 환자에 대한 추가 자료를 요청할 수 있는 근거는 마련되어 있지 않다. 이는 입법적 미비점으로 보여지므로 향후 이에 대한 보완이 이루어져야 할 것이며, 아울러 조정중재원이 환자에게 대불금을 지급하기 전에 이미 손해배상금이 지급되었거나 미수금 대불의 범위를 벗어난 경우 등을 확인하는 절차, 나아가 신속한 대불금 심사 및 지급이 필요하므로 그 법정기한도 명시할 필요가 있다고 보여진다.[22]

㈑ 구상권 행사 조정중재원이 피해자의 청구에 응하여 손해배상금을 대불해 준 경우 원래의 책임자인 보건의료인에게 그 대불금을 구상할 수 있다(제47조 제6항). 즉 조정중재원은 환자에게 미수금을 대불한 경우 그 대불금 전액에 대하여 보건의료인에 대하여 일정한 기간 내에 이를 상환하도록 통보할 수 있는바, 구체적으로 조정중재원은 국민건강보험공단으로부터 구상금 해당 액수만큼 요양급여비용의 일부를 지급받는 방식으로 의료기관에 대한 구상

20) 의료사고 피해구제 및 의료분쟁 조정 등에 관한 법률 시행령 제25조(대불의 대상 및 범위) ① 법 제47조제1항에 따른 대불의 대상은 손해배상금으로 한정하고, 조정비용·중재비용 및 소송비용 등은 포함하지 아니한다. ② 법 제47조제1항에 따른 대불의 범위는 손해배상금 중 미지급된 금액으로 하되, 다음 각 호에서 정한 날 이후의 지연손해금은 제외한다.

21) 이백휴, 의료분쟁조정법상 손해배상금 대불제도의 문제점과 개선방안, 의료법학 제12권 2호(2011), 172 및 장창민(주 15), 226.

22) 장창민(주 15), 227.

금 채권을 행사할 수 있다.[23] 이에 대해 보건의료인측이 해당 대불금을 납부하면 대불절차가 종료하게 된다. 조정중재원은 대불금을 구상함에 있어서 상환이 불가능한 대불금에 대하여 결손처분을 할 수 있고(제47조 제7항), 이에 대한 범위 및 절차 등에 대한 세부 규정은 시행령에서 규정하고 있다.

3.「응급의료에 관한 법률」에 따른 응급의료비 미수금 대불

(1) 도입취지

사고현장에서 필요한 응급처치에 시간을 놓치거나 의료기관으로의 이송이 늦어지면 환자의 생명과 신체에 중대한 피해를 초래하는 상황이 발생할 수 있다. 그런데 의료법에서는 응급의료종사자에게 응급의료제공에 대해 일정한 의무를 부여하고 있는데, 만일 의사에게 응급의료에 대한 응급의료제공 의무를 부과하는 것에 대응하여 의무이행에 대한 비용부담에 대한 보전이 이루어질 수 있는 현실적인 제도적 장치가 마련되어 있지 않으면 의사에게 일방적인 의무와 부담만을 주게 되어 이로 인하여 의사가 응급환자의 치료를 거부하거나 지연하여 환자가 피해를 보게 될 수도 있다.[24] 이에 응급상황시에 국민의 생명과 건강을 보호하기 위한 응급의료가 경제적 사유로 인하여 적기에 응급의료를 제공받아야 할 응급환자에게 지연되거나 거부되지 않고 응급환자가 적기에 응급의료를 제공받을 수 있도록「응급의료에 관한 법률」을 제정하여 응급의료기금을 설치하여 응급의료 진료비 중 미수금에 대한 대불 등의 용도에 사용하도록 하였고, 2002년 응급의료재원 확충을 위한 법률 개정으로 기금에 2003년도 434억원, 2004년도에는 500억원이 전입되었다. 이로써 기금 총운용규모가 연간 총 50억에서 500여억원의 규모로 크게 증가되었고,[25] 신속히 치료를 받아야 할 응급환자에게 의료비를 내지 못한다는 이유로 의료기관 등이 응급의료를 거부하거나 지연되는 폐해가 상당 부분 방지될 수 있게 되었다.

(2) 주요 내용

㈎ 응급환자의 응급의료비　　응급의료비미수금대불은 의료기관 등이 응급환자에게 응급진료 및 이송처치를 제공하고 응급환자로부터 응급의료 비용을 지불받지 못하였을 경우 응급의료에 관한 법률(이하 '법'이라 한다)에 의하여 응급의료비미수금에 대한 대불사업을 위탁받은 건강보험심사평가원(이하 '심사평가원'이라 한다)에 응급환자를 대신하여 지불하여 줄 것을 청

23) 의료사고 피해구제 및 의료분쟁 조정 등에 관한 법률 시행령 제27조(보건의료기관개설자의 대불비용 부담 등) ③ 원장은 제2항에 따라 산정된 대불비용을 징수하려는 경우에는 그 비용 및 징수일을 징수일 1개월 전까지 공고해야 한다. 이 경우 법 제47조제4항에 따라 국민건강보험공단으로부터 요양급여비용의 일부를 지급받는 방법으로 징수하려는 경우에는 국민건강보험공단에도 그 비용 및 징수일을 징수일 1개월 전까지 알려야 한다.

24) 범경철, "응급의료에 있어서 의사의 미수금 대불청구권", 의료법학, 제4권 제1호(2003), 356.

25) 보건복지가족부, 2005년도 보건복지백서, 347-354; 송기민 · 김윤신 · 이영호, 현행 응급의료비 미수금대불제도에 대한 법리적 고찰, 의료법학 제9권 2호, 142에서 재인용.

구하면, 심사평가원은 동 응급의료비용을 대불하여 주고 사후에 응급환자 본인, 부양의무자 및 다른 법령에 의한 진료비부담의무자에게 대불금을 상환받는다. 이러한 응급환자에 대해서는 법 제2조 제1호에서 '질병, 분만, 각종 사고 및 재해로 인한 부상이나 기타 위급한 상태로 인하여 즉시 필요한 응급처치를 받지 아니하면 생명을 보존할 수 없거나 심신상의 중대한위해가 초래될 가능성이 있는 환자 또는 이에 준하는 자'라 정의하고 있다.

응급의료대불제도에 의해 적용되는 응급의료비는 응급환자에게 제공된 응급의료비용 중 응급환자 본인이 부담하는 비용이다. 결국 응급의료의 의미가 핵심이라고 할 수 있는데, 이에 대하여 법 제2조 제2호는 응급환자의 발생부터 생명의 위험에서 회복되거나 심신상의 중대한 위해가 제거되기까지의 과정에서 응급환자를 위하여 행하여지는 상담, 구조, 이송, 응급처치 및 진료 등의 조치를 말한다고 규정한다. 즉, 응급대불이 적용되는 응급상황은 "응급환자의 발생부터 생명의 위험에서 회복되거나 심신상의 중대한 위해가 제거되기까지"라 할 수 있다. 그리고 응급의료비용이라 함은 응급증상 및 응급에 준하는 증상이 있는 자가 의료기관의 응급실 등에서 최초로 진료를 받기 시작한 날부터 그 증상이 완화되어 응급의료가 종료된 날까지 발생한 비용이라 할 수 있고, 동법 시행규칙 제19조(미수금 대불의 범위)에서는 법 제22조의 규정에 의한 미수금 대불은 의료기관의 응급의료비용과 이송처치료 중 응급환자 본인이 부담하여야 하는 비용이라고 규정한다.

㈏ 법적 성격 응급의료대불청구권(이하 "대불청구권"이라 한다)은 응급의료서비스에 대한 대가로서 채권자는 의료기관 등이고, 채무자는 응급의료서비스를 제공받은 응급환자라 할 수 있다. 하지만, 앞서 본 바와 같이 대불청구권의 당사자로는 응급의료서비스를 제공한 의료기관, 환자, 심사평가원이 존재하므로 그 성격은 다수당사자의 채권관계로 보여지는바, 민법이 인정하는 다수당사자의 채권관계인 분할채권관계, 불가분채권관계, 연대채무 및 보증채무 중 대불청구권은 다음과 같은 측면에서 보증채무의 성격을 가진다고 볼 수 있다. 우선, 현행 대불청구권은 "의료기관 등이 응급환자에게 응급의료를 제공하고 이에 대한 비용을 지불받지 못하였을 경우"에 청구할 수 있으므로 부종성과 보충성을 가지고 있다. 또한 응급환자 본인이 부담하여야 하는 금액에 대하여 청구할 수 있으므로 보증채무의 同一性도 가지고 있다. 끝으로 시행령 제20조 제1항 및 시행규칙 제10조의 규정에 의하면 응급의료 대불을 청구할 때 제출하는 서류 중에는 "환자 또는 그 보호자의 응급진료비 미납확인서"가 포함되어 있어 이는 일종의 보증채무상의 최고·검색의 항변권을 인정하고 있는 것이라 볼 수 있다.[26)]

(3) 주요 절차

응급환자에 대해 응급의료를 실시하고 미수금이 발생하면 의료기관과 구급차등을 운용하는 자는 진료종료일 또는 이송종료일부터 3년 이내에 심사평가원에 응급의료대불을 신청하고

26) 송기민·김윤신·이영호(주 25), 147-149 참조.

(동법 시행령제20조), 심사평가원장은 청구된 대불금에 대해 일정한 심사를 거친 후 대불금을 지급한다. 대불금 지급범위는 의료기관 등의 대불청구 내역을 장관이 정하는 기준에 따라 심사한 후 산출된 금액으로서 이때 장관이 정하는 기준이라 함은 동법 시행규칙 제9조에 규정되어 있는 수가 대조,[27] 비용산출의 적정성, 의료행위 적정성 및 공정성을 의미한다. 대불청구금 심사결과에 이의가 있는 경우 이의신청서에 관련서류를 첨부하여 심사평가원장에게 이의신청을 할 수 있다. 이의신청을 제기할 수 있는 기간은 심사결과 및 지급통보서가 당해 의료기관등에 도달한 날부터 90일 이내이고, 이렇게 제기된 이의신청에 대해 심사평가원장은 이의신청을 받은 날부터 60일 이내에 결정하되, 30일의 범위 안에서 그 기간을 연장할 수 있다.[28]

4.「임금채권보장법」에 따른 체불임금 지급

(1) 도입취지

기업이 도산하면 근로자의 임금이나 퇴직금은 지급 여부가 불확실해진다. 물론 경매절차 등을 통해 임금과 퇴직금을 우선변제받을 수 있는 제도적 장치가 마련되어 있기는 하나,[29] 이 같은 절차 또한 상당한 시간과 비용이 소요되기 때문에 경제적으로 취약한 근로자와 그 가족은 상당 기간 생계를 위협받게 된다. 더구나 1997년 말 외환위기 이후 기업들의 구조조정이 빈번하게 이루어지면서 수많은 근로자들이 실업자로 전락하면서도 근무기간 동안의 임금과 퇴직금마저 제대로 받지 못한 채 퇴출되는 일 또한 상당하게 발생하고 있다. 이에 정부도 사회안전망 확보 차원에서 근로자들과 가족의 생계를 국가가 보호해 줄 필요성을 인식하고 1998년 「임금채권보장법」(이하 법이라 한다)을 제정하고, 기업의 도산으로 인해 퇴직당한 근로자가 임금 및 퇴직금을 지급받지 못한 경우 정부가 사업주를 대신하여 일정 범위의 체불임금과 퇴직금을 지급해 줌으로써 근로자의 기본적인 생활안정을 도모하고 있다.[30]

(2) 법적 성격

임금채권보장을 위한 체불임금 지급에 따른 법률관계는 많은 부분 법 자체에서 규정하고 있어[31] 굳이 체불임금 지급의 법적 성격을 논할 실익은 없어 보인다. 다만, 몇 가지 언급할 필

---

27) 수가 대조 심사는 응급진료비 및 이송처치료 산출내역서를 응급의료수가기준, 국민건강보험법령의 요양급여비용 산정기준 및 의료급여법령의 의료급여수가의 기준 및 일반기준과 대조하여 심사하는 것이다.

28) 응급의료비 미수금 대불청구심사기준 제10조, 제11조 참조.

29) 근로기준법 제37조. 특히 최종 3월분의 임금, 최종 3년간의 퇴직금, 재해보상금은 질권 또는 저당권에 담보된 채권, 조세 · 공과금 및 다른 채권에 우선하여 변제되는 최우선 변제제도를 보장하고 있다.

30) 임금채권보장법 제7조.

31) 제7조 ② 제1항에 따라 고용노동부장관이 사업주를 대신하여 지급하는 임금등[이하 "체당금(替當金)"이라 한다]의 범위는 다음 각 호와 같다. 다만, 대통령령으로 정하는 바에 따라 제1항제1호부터 제3호까지의 규정에 따른 체당금의 상한액과 같은 항 제4호에 따른 체당금의 상한액은 근로자의 퇴직 당시의 연령 등을 고려하여 따로 정할 수 있으며 체당금이 적은 경우에는 지급하지 아니할 수 있다.
제8조(미지급 임금등의 청구권의 대위) ① 고용노동부장관은 제7조 또는 제7조의2에 따라 해당 근로자에게 대

요가 있는 것은 다음과 같다. 먼저, 체당금(替當金)이란 표현의 의미와 적절성이다. 법 제7조 제2항에서는 고용노동부장관이 사업주를 대신하여 지급하는 임금등을 "체당금(替當金)"이라 표현한다. 그 의미는 이미 법에서 설명하고 있듯이 사업주를 대신하여 지급한 금액을 말하는 것으로 보여지는바, 이는 일본식 표현이어서 법제처에서는 대신지급금으로 표기하도록 권고하고 있다.[32] 다만, 현행법에서 사용하는 용어이므로 이 글에서는 그대로 인용하기로 한다.

체불임금의 체당지급(대신지급)과 관련하여 고려할 규정은 민법 제469조이다. 민법에 따르면 채무변제는 제3자도 할 수 있으나, 채무의 성질 또는 당사자의 의사표시로 제3자의 변제를 허용하지 아니하는 때에는 이를 변제할 수 없고, 이해관계 없는 제3자는 채무자의 의사에 반하여 변제하지 못한다.[33] 따라서 임금채권보장법에 따른 체불임금의 지급제도는 민법 제469조가 적용된 사례라고 할 수 있다. 왜냐하면 임금채권은 금전채무이므로 그 성질상 제3자도 이행할 수 있는 채권이고, 이해관계 없는 제3자는 채무자의 의사에 반하여 변제하지 못하나 파산에 이른 사업자가 근로자에 대한 임금지급에 반대할 이유가 없다고 보여지고, 만일 특별한 이유없이 반대한다면 이는 권리남용으로 보아야 할 것이기 때문이다. 또는 임금채권보장법에 의하여 국가에게도 체불임금을 지급하도록 의무가 지워졌으므로 이미 이해관계 있는 제3자의 지위를 취득하였다고도 볼 수 있을 것이다. 이렇듯 임금채권 체당지급은 민법에 따른 제도로 보여짐에도 임금채권보장 제도에 관하여 일부에서는 이를 민법 제469조의 특례로 보고 있다.[34] 이 견해는 민법 제469조를 그대로 소개하면서 이를 근거로 이러한 견해를 취하고 있으나, 앞에서 보았듯이 임금채권보장 제도는 민법의 규정이 적용된 것으로도 설명할 수 있으므로 적절한 근거가 될 수 없다고 할 수 있으며, 아마도 이 견해는 임금채권보장법 제7조 제1항[35]에서 "제3자의 변제에 관한 「민법」 제469조에도 불구하고 그 근로자의 미지급 임금등을 사업주를 대신하여 지급한다"라고 규정한 것을 근거로 하였다고 보여진다. 생각건대 법문상 "민법 제469조에도 불구하고"라는 표현을 사용하고는 있으나, 이는 국가를 이해관계 없는 제3자로 보아 채무자인 사업자의 의사에 반하여도 지급할 수 있도록 하려는 것으로 해석하는 것

지급금을 지급하였을 때에는 그 지급한 금액의 한도에서 그 근로자가 해당 사업주에 대하여 미지급 임금등을 청구할 수 있는 권리를 대위(代位)한다.

② 「근로기준법」 제38조에 따른 임금채권 우선변제권 및 「근로자퇴직급여 보장법」 제12조제2항에 따른 퇴직급여등 채권 우선변제권은 제1항에 따라 대위되는 권리에 존속한다.

32) 법제처, 알기쉬운 법령정비기준(7판), 239.

33) 민법 제469조(제삼자의 변제) ① 채무의 변제는 제삼자도 할 수 있다. 그러나 채무의 성질 또는 당사자의 의사표시로 제삼자의 변제를 허용하지 아니하는 때에는 그러하지 아니하다.
② 이해관계없는 제삼자는 채무자의 의사에 반하여 변제하지 못한다.

34) 엄주천, 기업도산에 따른 임금채권의 보호, 충북대 박사학위 논문, 27.

35) 제7조(체불 임금등의 지급) ① 고용노동부장관은 사업주가 다음 각 호의 어느 하나에 해당하는 경우에 퇴직한 근로자가 지급받지 못한 임금등의 지급을 청구하면 제3자의 변제에 관한 「민법」 제469조에도 불구하고 그 근로자의 미지급 임금등을 사업주를 대신하여 지급한다.

이 보다 적절하다고 보여진다. 즉, 국가가 근로자에게 사업주를 대신하여 미지급 임금 등을 지급하는 것은 근로자의 생계보장이라는 정책적인 목적에 의한 것이므로 근로자가 지급받지 못한 임금 등의 지급을 청구하는 경우에 일정 범위의 임금채권에 대해서는 사업주의 의사에 관계없이 국가가 대신 지급할 수 있도록 한 것으로 보아야 할 것이다. 다만, 일반법과 특별법의 관계로 볼 때 굳이 이러한 표현을 사용할 필요는 없었다고 보여진다. 끝으로 임금채권을 체당하는 것의 정책적 의미는 기업 도산 시 근로자에 대한 임금채권 확보의 문제를 사회연대책임의 원리에 따라 총자본과 전체 근로자의 관계로 파악하여 사업주의 부담으로 제도를 운용하는 방식을 취한 것이라고 한다.[36]

(3) 주요 내용

임금채권보장법에 의한 체불임금지급 제도는 산업재해보상보험 적용사업장의 사업주가 도산으로 인하여 퇴직한 근로자에게 임금 등을 지급하지 못하는 경우, 국가가 별도로 마련한 임금채권보장기금으로 사업주를 대신하여 일정 범위의 미지급 임금 등을 지급하는 것이 주된 내용이다. 그 구체적인 내용은 노동법의 영역이므로 자세한 설명은 생략하되 논란의 여지가 있는 사항을 소개하면 다음과 같다.

체당금은 기업의 도산 등으로 임금을 지급받지 못한 상태에서 퇴직한 근로자에게 지급하는 것이므로 근로자의 개념이 핵심이고, 근로자성 여부는 직위, 사업에의 참여 형태, 업무집행, 보수의 성격, 취업규칙, 정관 등을 종합적으로 고려하여 실질적으로 판단한다. 따라서 이사 등 임원 명칭을 사용하고 있더라도 업무집행권을 가진 자의 지휘 감독을 받으면서 사실상 노무에 종사하고 그 대가로서 임금을 받는 경우에는 근로자로 해석된다고 하면서도, 사업이 여러 차례 도급에 의하여 이루어진 상황에서 원수급업체가 도산한 경우에 하수급업체 근로자들의 임금지급 여부는 원수급업체 도산과 직접적인 관계에 있다고 보여짐에도 원수급업체와는 무관한 관계에 있다고 보아 체불임금 지급을 할 수 없다고 보고 있다고 한다.[37] 이는 실질적 판단의 한계가 드러난 것이므로 입법적 보완이 필요해 보인다.

5. 「범죄피해자보호법」에 따른 범죄피해구조금

(1) 도입취지

우리 헌법은 타인의 범죄행위로 인해 생명을 잃거나 신체상 피해를 입은 국민이나 그 유족은 국가를 상대로 재정적 피해구조를 청구할 수 있는 권리를 보장하고 있다.[38] 이처럼 범죄피해자보호제도를 헌법에서 규정하는 것에 대하여 의문을 제기하는 견해는 범죄피해자에 대한

---

36) 노동부, 임금채권보장제도 10년사 정리(2007), 6.

37) 엄주천(주 34), 30.

38) 헌법 제30조 "타인의 범죄행위로 인하여 생명 · 신체에 대한 피해를 받은 국민은 법률이 정하는 바에 의하여 국가로부터 구조를 받을 수 있다."

보상규정이 있는 헌법이 거의 없는데, 우리가 이를 도입한 것이 기본권의 남발은 아닌지, 따라서 이러한 기본권 설정이 합당하였는지에 대하여 비판적으로 본다.[39] 물론 이러한 헌법규정이 도입되기 이전에도 범죄피해자는 민법이나 국가배상법상의 손해배상제도 또는 소송촉진 등에 관한 특례법상의 배상명령제도에 의해 손해배상 청구를 할 수 있었으므로 이러한 비판은 공적인 영역과 사적인 영역의 상호존중과 최소간섭이라는 측면에서 충분히 제기될 수 있을 것이다. 그러나, 가해자에게 충분한 배상능력이 없거나 범인이 도주한 경우에는 배상을 담보할 수 없었기 때문에 1987년 9차 헌법 개정을 통하여 범죄피해자 구조청구권을 규정하게 되었다고 보는 견해가 있으며,[40] 이러한 입장은 1983년 11월에 범죄피해자 보상에 관하여 국제적인 가이드라인으로 제시된「폭력범죄 피해자 보상을 위한 유럽협약(the European Convention on the Compensation of Victims of Violent Crimes 1983)」과 1985년 유엔총회에서 채택된「범죄 및 권력 남용의 피해자를 위한 사법 기본원칙 선언(the Declaration of Basic Principles of Justice for Victims of Crime and Abuse of Power)」 등에 비추어 보아도 설득력이 있다고 한다.[41]

(2) 법적 성질

범죄피해자가 피해의 전부나 일부를 배상받지 못하는 경우에 국가가 구조금을 지급하는 이유에 관하여는 국가책임이론, 사회적 의무이론, 사회보험 이론, 정부과실론, 범죄방지이론, 인도주의 이론, 사회복지 이론, 정치적 동기이론, 동등보호 이론, 합리적 형사정책 이론 등 다양한 이론들이 존재한다. 이들 이론에는 저마다 일정 부분 타당성과 설득력을 지니나, 그중에서도 기본이 되는 이론으로 평가받는 국가책임이론[42]에 대하여 살펴보면, 국가의 존립 근거 중 주요한 사항이 치안유지 혹은 국민보호에 있다는 것을 전제로 국가에게는 범죄예방의무가 있음에도 그 의무를 이행하지 못하여 범죄피해가 발생하였기 때문에 자기 책임을 인정하여 피해자에게 구조금을 지급해야 한다고 본다. 따라서 범죄피해의 범위와 관계없이 국가는 범죄피해를 보상해야 하고, 피해자는 당연히 국가에 청구권을 가지며, 보상의 범위도 개인에게 발생한 모든 손해를 포함한다고 한다.[43] 이에 대하여 범죄피해자구조법 입법 당시의 제안이유[44]를 살펴보면 범죄로 희생을 당한 자나 그 유족이 범죄피해로 인하여 생계유지에 어려움을 겪는

39) 정종섭, 헌법학원론, 박영사, 2014, 871; 임종훈, 범죄피해자 구조청구권에 관한 고찰, 헌법학연구 제16권 제4호, 한국헌법학회(2009), 397.

40) 권현식, 범죄피해자 구조제도의 문제점과 개선방안, 피해자학연구 제24권 제3호, 한국피해자학회(2016), 44.

41) 전영실·최민영, 과실 범죄피해자에 대한 범죄피해구조금 지급 확대방안, 법무부, 9.

42) 전영실·최민영(주 41), 4-7.

43) 김현철, "범죄피해자구조금제도 개선에 관한 연구", 서울대 박사학위논문(2015), 48.

44) "오늘날 물질만능주의가 팽배해짐에 따라 강력사범이 증가하고 범죄양태도 흉폭·다양해지고 있어 그 피해자가 날로 증가하는 등 사회문제로 대두되고 있으나 현행법 체계하에서는 가해자가 불명이거나 무자력인 경우에는 그 피해자가 가장 소중한 생명·신체상의 피해를 당하더라도 아무런 구제를 받을 수 없는 실정이므로 국가가 이러한 범죄피해자 또는 그 유족에게 일정한 한도의 범죄피해구조금을 지급함으로써 민법상 불법행위제도의 흠함을 보완하고 법률복지의 증진에 이바지하려는 것이다."

경우 국가가 그 생계의 일부나마 부조해 준다고 하는 사회보장제도의 일환으로 구상된 것으로 보아야 하며, 이러한 접근방식은 법률의 제명을 정함에 있어 보상이나 배상이라는 용어를 피하고 구조라는 용어를 선택[45]한 것에서도 나타난다는 견해가 있다.[46]

생각건대 범죄피해자구조금의 법적 성격은 헌법이 아닌 현행 범죄피해자보호법의 규정을 바탕으로 해석해야 할 것이다. 왜냐하면 헌법규정 자체로는 범죄피해자에게 국가적 도움을 주어야 한다는 명제만 주어지고 그 구체적인 내용은 전적으로 입법권자의 형성권에 위임되어 있기 때문이다. 이러한 관점에서 현행법을 살펴보면 피해자에게 지급되는 것은 피해자 자신이 범죄로 인하여 받을 수 있었던 금액 중 받지 못한 금액이고, 이마저도 국가는 피해자에게 지급한 이후 범죄자에게 구상할 수 있도록 되어 있다.[47] 결국 범죄피해자구조금도 피해자가 범죄자로부터 받을 배상금을 국가가 선이행하고 그 채권을 대위하여 구상하게 되는 구조여서 손해배상금의 대불제도 일반과 다를 바 없다고 보여진다.

(3) 주요 내용

범죄피해 즉 범죄로 인하여 사망하거나 신체에 중장해가 남은 경우에도 피해자 본인이나 그 유족이 가해자를 알 수 없거나 가해자에게 경제적 능력이 없어 피해에 대한 배상의 전부나 일부를 받지 못하고, 그 생계유지가 어려운 사정이 있는 경우에만 법에 의한 구조를 받게 된다. 범죄피해구조금은 범죄로 인하여 사망한 者의 유족에게 주는 유족구조금과 범죄로 인하여 신체상에 중장해가 남은 者 본인에게 지급하는 장해구조금의 두 종류가 있으며, 유족구조금·장해구조금 모두 一時金으로 지급된다.

유족구조금과 장해구조금의 액수는 제22조에서 규정하고 있는데, 유족구조금은 구조피해자의 사망 당시(신체에 손상을 입고 그로 인하여 사망한 경우에는 신체에 손상을 입은 당시를 말한다)의 월급액이나 월실수입액 또는 평균임금에 24개월 이상 48개월 이하의 범위에서 유족의 수와 연령 및 생계유지상황 등을 고려하여 대통령령으로 정하는 개월 수를 곱한 금액, 장해구조금과 중상해구조금은 구조피해자가 신체에 손상을 입은 당시의 월급액이나 월실수입액 또는 평균임금

45) 현행법은 범죄피해자보호법이나 그 전신은 1987년 제정된 범죄피해자구조법이며, 2005년에 현행 범죄피해자보호법으로 대체되었다.

46) 윤장근, 범죄피해자구조법 해설, 법제처 홈페이지 자료(https://www.moleg.go.kr/mpbleg/) 참조.

47) 제16조(구조금의 지급요건) 국가는 구조대상 범죄피해를 받은 사람(이하 "구조피해자"라 한다)이 다음 각 호의 어느 하나에 해당하면 구조피해자 또는 그 유족에게 범죄피해 구조금(이하 "구조금"이라 한다)을 지급한다.
1. 구조피해자가 피해의 전부 또는 일부를 배상받지 못하는 경우
제21조(손해배상과의 관계) ① 국가는 구조피해자나 유족이 해당 구조대상 범죄피해를 원인으로 하여 손해배상을 받았으면 그 범위에서 구조금을 지급하지 아니한다.
② 국가는 지급한 구조금의 범위에서 해당 구조금을 받은 사람이 구조대상 범죄피해를 원인으로 하여 가지고 있는 손해배상청구권을 대위한다.
③ 국가는 제2항에 따라 손해배상청구권을 대위할 때 대통령령으로 정하는 바에 따라 가해자인 수형자나 보호감호대상자의 작업장려금 또는 근로보상금에서 손해배상금을 받을 수 있다.

에 2개월 이상 48개월 이하의 범위에서 피해자의 장해 또는 중상해의 정도와 부양가족의 수 및 생계유지상황 등을 고려하여 대통령령으로 정한 개월 수를 곱한 금액으로 한다. 그리고 피해자나 유족이 그 피해에 대하여 손해배상을 받은 경우에는 구조금을 지급하지 아니하고, 피해자나 유족이 손해의 일부만을 배상받은 경우에 그 배상받은 금액이 장해구조금이나 유족구조금으로 지급받을 액수보다 적은 경우에는 그 차액만을 구조금으로 지급하게 된다.

국가가 구조금을 지급한 경우에는 그 금액의 한도내에서 피해자나 유족이 가지는 손해배상청구권을 대위하여 행사하게 된다. 이는 제3자로서 가해자의 불법행위로 인한 손해배상채무의 일부를 대신 지급한 국가에 대하여 당연히 인정되는 것이라고 하겠다. 다만, 가해자가 체포되어 형을 받게 되면 일반적으로는 자력이 없는 경우가 많을 것이므로 국가가 구조금으로 지급한 금액을 완전히 회수할 수 있는 경우는 거의 없을 것이라고 하겠으나, 그렇다고 해서 가해자가 형을 받는 것만으로 모든 책임을 면한다고 하는 생각을 갖게 되어서는 이 법이 법질서의 확립에 역행하는 결과를 가져올 우려도 있으므로 가해자인 수형자나 보호감호처분을 받은 자가 수용기간중 작업을 함으로써 받게 되는 작업상여금 또는 근로보상금에 대하여 대위권을 행사할 수 있게 하였다(제8조 제3항). 그러나 작업상여금이나 근로보상금 전체를 다시 국고로 회수하는 것은 작업상여금과 근로보상금을 주도록 한 취지에 반한다고 생각되기 때문에 그 일부에 대해서만 대위권을 행사하도록 하고 있다.[48)]

6. 「자동차손해배상보장법」 제30조 제1항에 따른 자동차손해배상 보장

(1) 도입취지

자동차 등록대수는 2019년 말 2,368만 대, 2020년 말 2,430만 대(24,365,979대, 이륜자동차 229만 대 제외)를 기록하였는데, 이는 인구 2.13명당 자동차 1대를 보유하고 있는 것으로, 미국(1.1명), 일본(1.7명), 독일(1.6명)에 근접하고 있다. 이처럼 자동차는 일상의 한 부분이 되었지만 그만큼 교통사고 위험이 도사리고 있는 것 또한 사실이며, 순간적으로 발생하는 교통사고에서 피해자는 상대방의 과실을 입증하기가 어려울 뿐만 아니라 제대로 배상을 받지 못하는 경우도 발생한다. 이에 정부는 교통사고 피해자 구제방안의 일환으로 자동차손해배상보장법(이하 자배법)을 제정하여 조건부 무과실 책임주의, 보험제도와 연계하는 배상책임보험 가입의 의무화 등과 함께 특히 교통사고 피해자를 신속히 구제하기 위하여 뺑소니·무보험 차량 등에 의해 불의의 교통사고[49)]를 당하고도 배상받을 길이 없는 피해자에 대한 보상사업을 채택하였

48) 범죄피해자 보호법 시행령 제19조(작업장려금·근로보상금에 대한 손해배상청구권의 대위행사) ① 지구심의회는 법 제21조제3항에 따라 가해자인 수형자 또는 보호감호대상자의 작업장려금 또는 근로보상금에 대하여 손해배상청구권을 대위행사할 것인지와 대위행사하는 경우 100분의 50을 넘지 않는 범위에서 작업장려금 또는 근로보상금 중 공제할 비율을 심의·결정한다

49) 2020. 8. 18.자 대한민국 정책브리핑(www.korea.kr)에 따르면 뺑소니·무보험 자동차사고 피해자 발생 현황

다.[50] 피해자는 가해자에 의하여 배상받는 것이 원칙이지만, 이는 가해자의 자력을 전제로 하는 것이어서 가해자를 알 수 없거나 배상능력이 없는 경우 보충적으로 국가에 의한 보상·구조책을 제공한다는 점에서 자동차 사고로 인한 피해구제 문제를 단순히 가해자와 피해자 사이의 문제로만 보지 않고 위험배분과 보상원리에 따른 사회문제로서 국가가 일정부분 관여하도록 한 측면을 볼 수 있다.[51] 다만, 국가는 배상책임자로부터 구상을 받게 되므로[52] 역시 민법상 제3자의 채무이행으로 볼 수 있고, 이러한 해석은 다음에서 보듯이 대법원이 책임보험 회사의 책임이 명확하지 않은 경우는 정부보장 범위에 포함되지 않는다고[53] 보는 점에서도 뒷받침될 수 있다.

(2) 주요 내용

자배법 제30조 제1항에 따르면 정부는 우선 자동차보유자를 알 수 없는 자동차의 운행으로 사망하거나 부상한 경우에 피해자의 청구에 따라 책임보험의 보험금 한도에서 그가 입은 피해를 보상하게 되는데(같은 항 1호), 여기에서 보유자를 알 수 없는 자동차라 함은 사고를 일으킨 자동차의 보유자와 가해차량의 등록번호가 모두 불명인 경우의 차량을 말한다.[54] 다만 복수의 가해자 모두에게 자배법 제3조에서 정하고 있는 운행자책임이 있는 공동불법행위로 인한 사고의 경우에 일방의 가해자가 도주하였더라도 다른 일방의 가해자가 명확한 경우에 그가 가입한 책임보험으로부터 손해배상을 받을 수 있다면 피해자의 정부보장사업자에 대한 보상청구는 인정되지 않는다고 한다.[55]

또한, 정부는 책임보험 미가입 자동차에 의한 사고, 도난 자동차에 의한 사고로서 운전자가 도주한 경우, 면허 없이 자동차를 운행하다가 발생한 사고 등 사고차량의 보유자가 피해자에 대한 손해배상책임을 면한 경우에도 피해자의 청구에 따라 책임보험의 보험금 한도에서 그

을 분석하면 2000년대 초반에는 증가하여 2009년 6,881명을 기록하였으나 2015년 5,137명에서 2019년에는 3,196명으로 감소하였는데, 이는 의무보험 가입률 증가, 폐쇄회로(CC)TV·블랙박스 확대 보급으로 분석된다고 한다.

50) 제30조(자동차손해배상 보장사업) ① 정부는 다음 각 호의 어느 하나에 해당하는 경우에는 피해자의 청구에 따라 책임보험의 보험금 한도에서 그가 입은 피해를 보상한다. 다만, 정부는 피해자가 청구하지 아니한 경우에도 직권으로 조사하여 책임보험의 보험금 한도에서 그가 입은 피해를 보상할 수 있다.

1. 자동차보유자를 알 수 없는 자동차의 운행으로 사망하거나 부상한 경우
2. 보험가입자등이 아닌 자가 제3조에 따라 손해배상의 책임을 지게 되는 경우. 다만, 제5조제4항에 따른 자동차의 운행으로 인한 경우는 제외한다.

51) 김희수, 자동차손해배상보장사업 제도 개선방안, 손해보험 485호(2009. 4), 5; 박세민, 자동차손해배상보장사업의 적용범위 등에 관한 소고, 보험학회지 제82집, 104.

52) 제39조(청구권 등의 대위) ① 정부는 제30조제1항에 따라 피해를 보상한 경우에는 그 보상금액의 한도에서 제3조에 따른 손해배상책임이 있는 자에 대한 피해자의 손해배상 청구권을 대위행사(代位行使)할 수 있다.

53) 대법원 2007. 12. 27. 선고 2007다54450 판결.

54) 정규, 자동차손해배상 보장사업 법제의 법정책적 고찰, 법과 정책연구 제10집 제3호, 한국법정책학회, 1251.

55) 대법원 2007. 12. 28. 선고 2007다54351 판결.

가 입은 피해를 보상한다(같은 항 2호). 다만 제2호의 적용범위에 관하여는 논란이 있는데, 피보험 차량의 사고가 제3자의 무단운전에 의해 야기된 것임을 이유로 보험회사가 면책항변을 하며 보험금의 지급을 거절하는 경우와 같이 보험회사의 보상책임 유무가 객관적으로 확실하게 밝혀지지 않은 경우에도 자배법 제30조 제1항 제2호에서 규정하는 정부보장사업의 보상금 지급대상에 해당하는가의 여부에 관한 문제가 그것이다. 대법원은 정부보장사업은 피해자 보호를 목적으로 하면서 법률상 강제되는 자동차책임보험제도를 보완하려는 것이지, 피해자에 대한 신속한 보상을 주목적으로 하고 있는 것은 아니라고 함으로써 정부보장사업의 적용범위를 법문에 명기된 사유만으로 한정하여 보험회사가 면책사유를 내세워 보험금의 지급을 거절하는 경우와 같이 보험회사의 보상책임 유무가 객관적으로 확정되지 않을 때는 적용범위에 해당하지 않는다고 한다.[56)]

정부는 자배법 제30조 제1항에 따라 피해를 보상한 경우에는 그 보상금액의 한도에서 제3조에 따른 손해배상책임이 있는 자에 대한 피해자의 손해배상 청구권을 대위행사할 수 있다(자배법 제39조 제1항). 다만 피해자의 손해액이 정부보장사업에 의한 보상액을 초과하여 자배법 제39조에 의해 취득하는 정부보장사업자의 가해자에 대한 대위권과 피해자가 가해자에 대하여 가지는 잔존손해에 대한 배상청구권이 경합하는 때에는 자배법의 목적인 피해자 보호와 자동차손해배상 보장사업의 취지를 고려하여 피해자의 잔존손해에 대한 배상청구권이 우선한다고 본다.[57)]

Ⅲ. 페어펀드

1. 의의 및 연혁

과거 금융업은 물적 담보 위주의 대출 등 상품구조가 단순하고 여신과 수신 중심으로 영업이 이루어져 소비자 보호문제가 크게 대두되지 않았다. 그러나 경제발전으로 축적된 자본은 천문학적 수준이 되었고 이러한 거대자본의 투자처를 위하여 금융산업은 파생상품을 만들어냄으로써 점점 금융상품의 복잡화를 야기하였다. 그리고 이러한 거대자본에는 기업의 자금뿐 아니라 일반인들의 생활자금 원천으로서 재산의 대부분일 수도 있는 저축액과 노후생활의 유일한 근거인 연금이 많은 부분을 차지하고 있어 이제 금융소비자보호의 문제는 다른 산업에서와 달리 손해전보의 차원이 아니라 생존권 보호의 문제로 변화하고 있다.

이러한 상황에서 최근 파생결합펀드(DLF) 불완전판매, 라임펀드, 옵티머스 등 대규모 환매

56) 대법원 2007. 12. 27. 선고 2007다54450 판결.

57) 문영화, 자동차손해배상보장법 제28조제2항의 취지와 교통사고의 피해자가 보장사업자로부터 보상금을 수령하면서 향후 가해자측으로부터 손해배상금을 받을 경우에 보상금을 반환하기로 하는 약정의 의미, 대법원판례해설 55호, 58.

중단과 사모펀드 관련 사고로 자본시장의 근간이 흔들리고 천문학적 규모의 피해가 발생하여 금융소비자 보호를 위한 획기적 조치 마련의 요구가 점점 커지고 있다. 이에 금융소비자보호법의 제정으로 제도적 전환과 출발이 되었으나, 앞에서 열거한 금융사고 피해자들에 대한 실질적인 구제가 이루어지지 못하고 있는 점에 대한 반성과 대책으로서 미국에서 시행 중인 페어펀드 제도를 도입하자는 논의와 제안이 행해지고 있다.[58] 미국은 일찍부터 증권투자자 등의 손해를 구제하기 위한 제도로서 이른바 '페어펀드'를 도입하였다.

페어(FAIR)는 "Federal Account for Investor Restitution"의 줄임말로 피해 투자자에 대한 배상을 위한 연방계좌를 지칭하며, Fair Fund는 동 계좌를 통해 투자자 피해보상이 이루어지게 되는 펀드기금이다. 이러한 Fair Fund는 투자자 보호를 목적으로 제정된 2002년 사베인 옥슬리법(SOA:Sarbanes-Oxley Act of 2002)과 2010년 도드-프랑크법(Dodd-Frank Wall Street Reform and Consumer Protection Act of 2010)을 통해 제도화되었는바, 특히 엔론, 워드컴 등 회계부정으로 인한 스캔들에 대응하기 위해 제정된 2002년 사베인 옥슬리법 제308조[59]에서 미국 증권거래위원회(SEC)에 불공정거래 · 불완전판매 등의 연방증권법 위반행위에 대해 부과된 민사제재금(civil penalty)을 기존의 국고 귀속에 대신하여 부당이득 환수금과 합쳐 피해 투자자에게 배분할 수 있는 권한을 부여하면서 시작되었다고 할 수 있다.[60]

2. 미국에서의 Fair Fund 개요

앞에서 간략히 소개하였듯, 미국에서의 Fair Fund는 불공정거래 등 증권불법행위로 인한 피해투자자를 위한 효과적인 구제수단으로서 활용되고 있으므로 금융투자로 인한 소비자 피해가 증대하고 있는 우리로서도 이러한 미국의 사례를 참고하여 Fair Fund 제도의 도입을 고려하여야 한다는 견해가 제시되고 있다.[61] 따라서 미국에서의 경험과 운영을 소개하는 것이 나름의 의미가 있다고 보여지므로 아래에서 미국 Fair Fund의 운용에 대하여 간략히 살펴보고자 한다.

(1) 기본 구조

미국에서의 Fair Fund는 증권법 위반 등 위법행위로 피해를 야기한 금융업자에 대하여 금융당국이 부과한 행정제재로서의 민사제재금을 재원으로 하여 피해자에게 손해배상을 하는 것이 기본구조이다. 즉, Fair Fund는 가해자(불법행위자)와 피해자 사이의 순전한 민사상 손해배상관계를 공적인 성격의 Fair Fund(SEC)와 피해자의 관계로 전환시킨다고 할 수 있어 피해자는 가해자 대신에 Fair Fund로부터 손해를 회복하는 것이므로 그 본질은 피해에 대한 좀더

58) 2020. 10. 13. 파이낸셜뉴스, 2020. 11. 9. 뉴스핌 등.

59) § 308(a) Federal Account For INvestor Restitution Provision('Fair Funds').

60) 엄세용(주 3), 254.

61) 2020. 10. 13. 파이낸셜 뉴스, '금융소비자 구제 … 한국형 페어펀드 윤곽.

간편하고 신속한 손해구제라고 할 수 있고, 그 운영도 민사소송과 매우 유사한 것으로 보인다. 왜냐하면 Fair Fund의 기본절차인 「분배청구 - 심사 - 분배결정」은 일반 민사소송에 있어 「손해배상청구 - 법원 재판(심사) - 배상판결」과정과 크게 다르지 않기 때문이다. 또한, Fair Fund는 가해자로부터 직접 배상을 받는 것이 아니라 법원 또는 금융감독당국이 조성한 펀드에서 손해를 배상받는 것이지만, 실질에 있어 배상의 재원이 가해자(위법행위자)로부터 징수한 민사제재금이나 부당이득반환금으로 이루어진 것이므로 결국은 가해자로부터 간접배상을 받게 되는 형식으로 이해할 수 있고 한다.[62]

(2) 상설이 아닌 사건별 설치

Fair Fund는 특정 금융사업자가 위법행위를 하여 SEC로부터 금전제재를 받으면서 결성된다. Fair Fund를 결성할지 여부는 SEC의 재량에 속하는데, SEC는 (i) 위법행위로 피해를 입은 피해투자자 그룹의 특정 가능성, (ii) 위법행위자로부터 징수한 금액이 잠재적 피해자 그룹의 손해배상에 분배될 수 있을 정도로 충분한지 여부를 함께 고려하여 결성 여부를 판단한다. 그리하여 페어펀드가 결성되면 SEC는 회계부정과 같은 부정행위로 피해를 입은 투자자를 찾아서 그들에 한하여 개별적인 피해금액을 보전해 주게 된다. 즉 Fair Fund는 증권 위법행위에 대한 일반적 구제를 목적으로 하는 것이 아니라 특정 사건으로 인한 특정 피해자만을 구제하기 위해 사건별로 설치되는 것이다. 이러한 의미에서 금융기관이 파산에 대비하여 보험기구에 보험료를 납부하고 조성된 보험료를 재원으로 보험에 가입한 금융기관의 파산시 투자자에게 일률적으로 지급하는 증권투자자보호기금과 같은 제도와는 그 성격을 달리할 뿐 아니라, A라는 사건의 과징금은 A 사건 피해자에게 모두 분배하고 그 피해자가 불상 등이어서 분배 후 잔액이 발생할 경우 그 잔액은 다시 국가에 귀속되도록 하는 것이 Fair Fund의 운영방식이므로 여러 사건의 증권 위법행위자로부터 징수된 과징금을 모아서 통합기금을 만들고 이 전체기금으로 금융사고의 피해자에게 배상해 주는 방식도 원래의 Fair Fund의 취지와는 다른 것이라고 할 것이다.[63]

(3) 설립 및 관리

Fair Fund의 설립 및 관리방식은 SEC 설립형과 법원 설립형이 있으며, SEC 설립형은 위법행위자에게 민사제재금과 부당이득액에 대한 지급요구명령을 하면서 펀드를 설립하는 것이고, 법원 설립형은 위법행위 사건이 법원에 제소된 경우 법원의 명령으로 설립된다.[64] 이를 SEC 감독형과 법원 감독형으로 분류하는 견해도 있으나[65] 이 견해도 인정하고 있듯이 페어펀드 운영에 있어서는 SEC가 결성부터 분배 및 종료까지 주도적인 역할을 하고 심지어 분배

62) 엄세용, Fair Fund 분배사례 분석 및 운영방향 연구, 증권법연구 21권 3호, 142.
63) 엄세용(주 62), 143.
64) 김민혁, 미국의 Fair Fund 운영 현황 및 시사점, KDIC 조사분석정보(2020. 3. 13), 예금보험공사, 4.
65) 엄세용(주 62), 143-144.

관리인을 SEC 직원으로 선임할 수도 있어 감독권한보다는 설립의 주체로 분류하는 것이 타당하다고 보여진다. 그동안 이루어진 SEC의 Fair Fund 분배요약표(2002-2013)를 보면 SEC 설립형이 100건, 법원 감독형이 143건이라고 하며,[66] 2007년 이전 대형 10개 Fair Fund의 경우에는 법원이 결성한 것이 6건, SEC가 결성한 것이 4건으로 나타나 있다.[67] 이처럼 법원 설립형이 오히려 우위를 점하는 것은 법원의 관여는 Fair Fund 대상 사건이 법원의 재판과정에서 위법행위의 규모 및 피해자 범위가 확인될 수 있어 Fair Fund 설치 여부에 대한 판단이 보다 용이한 점과 Fair Fund 속성이 손해배상 내지 원상회복이라는 민사구제에 있다는 점이 고려된 것이라고 한다.[68]

3. 도입논의

우리의 금융시장도 사모펀드 시장에서 대규모 환매중단 사태가 발생한 것을 계기로 금융소비자 보호의 문제가 쟁점화되면서 미국과 같이 불완전판매 행위자에게 거둔 과징금을 재원으로 기금을 조성하여 피해자를 구제하고 시장을 정상화하는 '페어펀드(Fair Fund)' 제도를 도입하자는 견해가 제시된다. 이러한 견해는 현재의 소비자 피해구제 수단인 분쟁조정이나 소송이 갖고 있는 한계인 조정의 강제성 부존재, 소송에서의 입증책임 부담과 장기간의 시간 소요 등을 이유로 제시한다.[69] 페어펀드 논의의 계기가 된 환매중단이 주로 문제되는 국내투자자의 해외펀드 투자액은 2020년 기준 총 202조5857억원으로서 최근 5년 동안 7.2배나 급증했다. 대부분의 경우 부실펀드는 상품설명과 다른 부실자산을 편입해 자산수익률이 급감하거나 수익률과 투자자산 가치를 허위보고하는 등의 문제로 대규모 환매중단 사태가 일어나게 되지만, 비교적 자유롭게 운용하면서 위험한 투자도 하는 것이 사모펀드의 기본적인 접근방식이므로 이러한 사모펀드의 본질상 사전규제는 적절하지 않으며 소비자 보호는 불법행위 발생시 처벌을 대폭 강화하는 것과 같은 사후관리에 충실해야 하는데,[70] 우리나라는 이와는 달리 사모펀드의 소유·운용·공시규제 등 사전적인 규제는 해외보다 강하지만 사후제재는 미약해 이를

66) Urska Velikonja, Public Compensation for Private Harm; Evidence from the SEC's Fair Fund Distributions, Stanford Law Review, Vol. 67:331(February 2015), p. 352; https://www.jstor.org/stable/24247004

67) GAO(United States Government Accountability Office), Information on Securities and Exchange Commission Fair Fund Collections and Distributions, GAO-10-448R SEC Fair Fund Collection and Distributions, p. 18(enclosure p. 14.)

68) 엄세용(주 62), 144.

69) 김민혁(주 64), 7.

70) 2020. 6. 26. 뉴시스, [사모펀드 무엇이 문제] '깜깜이 펀드' 셀수도 없어…. 환매중단의 사례로는 2019년 하반기에 KB증권의 호주부동산펀드, 신한금융투자의 독일 헤리지티 파생결합증권(DLS)이 환매중단을 한 데 이어, 2020년 들어서는 하나은행 이탈리아 헬스케어 펀드, 기업은행의 디스커버리채권 펀드가 환매를 중단했다고 한다.

보완하기 위하여 금전제재를 강화할 필요가 있고 그 방안 중 하나로 논의되는 것이 미국 '페어펀드(fair fund)' 제도를 우리나라에도 도입하여 펀드 사고 피해자를 신속하고 간편하게 구제하는 것이고, 2020년도 정무위원회 국정감사 중에 이러한 논의가 이루어졌다.[71] 향후 한국형 페어펀드 도입논의가 이루어질 경우 중요하게 고려되는 사항은 운영 재원 확보가 될 것인바, 원칙적으로 불공정거래·불완전판매 제재 차원에서 부과된 금전과 시세조종 등 불공정행위 벌금, 불완전판매 등 시장 교란행위에 대한 과징금, 부당이득에 대한 몰수·추징금 등이 대상으로 될 수 있을 것이다.

Ⅳ. 결 론

이상으로 소비자 피해구제를 위한 공적 관여에 대하여 살펴보았다. 공법과 사법의 구분과 법체계적 분리는 법학에서는 오래된 관념이자 전통으로서 현재도 받아들여지고 있다. 그러나 4차 산업혁명의 주된 특징이 융·복합으로 표현되고, 전자산업과 자동차 산업의 경계가 허물어지고 있는 것처럼 산업에서도 기존의 분류가 점점 무의미해지고 있어 이제 모든 영역에서 전통으로 전제하였던 것들에 대한 재검토와 의문의 제기가 시작되고 있으며, 이는 소비자 문제에서도 마찬가지이다. 정보통신기술의 발달로 인터넷이나 SNS 등을 통하여 소비환경이 확장되면서 소비자들이 겪게 되는 문제 또한 다양화, 대량화 등의 변화를 맞고 있다. 그럼에도 지금까지 소비자들이 입게 되는 피해에 대하여 공법과 사법의 구분과 사적 분쟁은 소송을 통한 해결만이 궁극적이라는 관념에 사로잡혀 소비자 권리보호에 국가적 관심이 부족하였고, 소비자 보호는 공공부문이나 국가가 관여할 문제가 아닌 것처럼 소극적으로 다루어져 왔다. 그러나 모든 분야가 융합과 통합의 과정을 겪고 있는 지금 경제사회의 질적 성숙과 이러한 경제적 성숙 정도에 부응하는 소비문화 정착과 이를 통한 소비자 후생의 증진이 영속적으로 자리잡을 수 있도록 공적 부문이 주도적 역할을 하는 선순환 구조가 필요하다.[72] 위에서 살펴본 페어펀드도 이러한 측면에서 이해될 수 있는 제도이지만, 이는 금융 분야의 제도이므로 보다 보편적인 소비자 보호를 위한 공공부분의 기여가 필요하다는 견해가 공감대를 형성하고 있으며, 이러한 관점에서 동의의결제와 소비자권익증진을 위한 기금설치 등이 논의되고 있다.

동의의결제는 1915년 미국에서 최초로 도입한 소비자 피해 구제 제도이다. 동의 의결이란 공정거래법 위반 혐의를 받는 사업자가 스스로 시정방안과 소비자 피해 구제방안을 제안하고 공정위가 이 제안을 받아들임으로써 사건을 종결하는 것을 말하는 것으로 미국, 일본, EU, 독

71) 2020. 11. 9. 뉴스핌 기사, 〔길 잃은 사모펀드〕 ④ 투자자 보호, 페어펀드로 길 열릴까 참조.

72) 천규승·류주연·윤철환·고광숙, 소비자권익증진기금 설치 및 활용방안에 관한 연구, 공정거래위원회 연구용역보고서(2014), 1.

일, 호주 등 대부분의 나라에서 도입하고 있는 제도인데, 나라별로 구체적인 동의의결제도의 대상 행위나 절차적 차이점은 있으나 행정 당국이 가해기업의 위법성을 확정하지 않고 시정 방안을 마련하게 함으로써 피해소비자에게 실질적 배상을 이루고 신속하게 사건을 종결한다는 공통점을 지니고 있다. 우리나라는 한미 FTA 체결과 함께 2011년 말에 동의의결제가 도입·시행되었고,[73] 네이버와 다음이 광고비를 지불한 업체를 검색 결과 화면의 상단에 나오게 함으로써 이용자들로 하여금 키워드 광고와 검색 결과를 혼동하게 하고, 중소기업에게 부당한 대우를 한 혐의에 대하여 공정거래위원회는 2014년 2월과 3월에 행정 제재 대신 동의의결제를 적용하여 네이버는 자진 시정 방안으로 거래 질서 개선과 소비자 후생을 위해 기금 출연 등으로 3년간 총 1,000억원 규모의 지원 사업, 다음은 피해구제기금과 온라인 생태계 지원 사업으로 3년간 40억원을 출연하기로 했다.[74] 그러나 동의의결은 사업자 스스로 신청하는 경우에 가능하다는 제약이 있으며, 소비자 피해는 명확하지만 피해자를 특정하기 어려운 경우에는 가해 사업자가 동의의결 조성 금원을 자의적으로 오용할 우려가 있다고 한다.[75]

따라서 보다 보편적인 소비자 손해의 구제책으로서 이러한 목적에 활용하기 위한 기금을 설치하자는 견해가 있으며, 임기만료로 폐기되었으나 20대 국회에서는 이러한 내용의 입법이 발의되기도 했다.[76] 다만, 이 법안은 이 기금을 통한 손해배상의 대불을 목적으로 하기보다는

---

73) 독점규제 및 공정거래에 관한 법률 제51조의2(동의의결) ① 공정거래위원회의 조사나 심의를 받고 있는 사업자 또는 사업자단체(이하 이 조부터 제51조의5까지의 규정에서 "신청인"이라 한다)는 당해 조사나 심의의 대상이 되는 행위(이하 이 조부터 제51조의5까지의 규정에서 "해당 행위"라 한다)로 인한 경쟁제한상태 등의 자발적 해소, 소비자 피해구제, 거래질서의 개선 등을 위하여 제3항에 따른 동의의결을 하여 줄 것을 공정거래위원회에 신청할 수 있다. 다만 해당 행위가 다음 각 호의 어느 하나에 해당하는 경우 공정거래위원회는 동의의결을 하지 아니하고 이 법에 따른 심의 절차를 진행하여야 한다.

1. 해당 행위가 제19조(부당한 공동행위의 금지)제1항에 따른 위반행위인 경우
2. 제71조(고발)제2항에 따른 고발요건에 해당하는 경우
3. 동의의결이 있기 전 신청인이 신청을 취소하는 경우

② 신청인이 제1항에 따른 신청을 하는 경우 다음 각 호의 사항을 기재한 서면으로 하여야 한다.

1. 해당 행위를 특정할 수 있는 사실관계
2. 해당 행위의 중지, 원상회복 등 경쟁질서의 회복이나 거래질서의 적극적 개선을 위하여 필요한 시정방안
3. 소비자, 다른 사업자 등의 피해를 구제하거나 예방하기 위하여 필요한 시정방안

③ 공정거래위원회는 해당 행위의 사실관계에 대한 조사를 마친 후 제2항제2호 및 제3호에 따른 시정방안(이하 "시정방안"이라 한다)이 다음 각 호의 요건을 모두 충족한다고 판단되는 경우에는 해당 행위 관련 심의 절차를 중단하고 시정방안과 같은 취지의 의결(이하 "동의의결"이라 한다)을 할 수 있다. 이 경우 신청인과의 협의를 거쳐 시정방안을 수정할 수 있다.

1. 해당 행위가 이 법을 위반한 것으로 판단될 경우에 예상되는 시정조치, 그 밖의 제재와 균형을 이룰 것
2. 공정하고 자유로운 경쟁질서나 거래질서를 회복시키거나 소비자, 다른 사업자 등을 보호하기에 적절하다고 인정될 것

④ 공정거래위원회의 동의의결은 해당 행위가 이 법에 위반된다고 인정한 것을 의미하지 아니하며, 누구든지 신청인이 동의의결을 받은 사실을 들어 해당 행위가 이 법에 위반된다고 주장할 수 없다.

74) 천규승·류주연·윤철환·고광숙(주 72), 27.

75) 천규승·류주연·윤철환·고광숙(주 72), 30.

다양한 소비자보호 활동에 기금을 사용하는 것을 주된 목적으로 하고 있어 현재 활동 중인 한국소비자원의 예산확보에 전용될 가능성이 높을 것으로 보여지며, 이러한 이유로 2018년 당시 한국소비자원장은 언론과의 인터뷰에서 사업자가 소비자 분쟁조정 결과를 수용하려고 해도 배상능력이 되지 않아 어쩔 수 없이 배상하지 못하는 경우가 있으므로 소비자 복지 차원에서 손해배상금 대불제도가 현실화되어야 하고, 이를 위하여 국회에 계류 중인 법안에서 신설하고자 하는 기금의 활용처에 소비자 손해배상금 대불도 포함돼야 한다고 밝힌 바 있다.[77] 21대 국회

---

76) 2017년 2월 15일에 의안번호 5660으로 발의되었다가 임기만료 폐기된 소비자기본법 일부개정법률안이 그것으로서 구체적인 내용은 다음과 같다. 동 법률안 제22조의2(소비자피해 구제 및 보호기금) ① 공정거래위원회위원장은 소비자의 피해 구제 및 예방을 위하여 소비자피해 구제 및 보호기금(이하 "기금"이라 한다)을 설치한다.

② 기금은 다음 각 호의 재원으로 마련한다.

1. 정부의 출연금 및 융자금
2. 정부가 아닌 자의 출연금
3. 기금운용수익금
4. 제22조의4의 규정에 따른 일반회계로부터의 전입금
5. 개인, 법인 또는 단체의 기부금품
6. 그 밖에 대통령령으로 정하는 수입금

③ 기금은 다음 각 호의 어느 하나에 해당하는 용도에 사용한다.

1. 소비자의 피해구제 및 피해예방을 위한 사업
2. 소비자의 안전 확보를 위한 사업
3. 소비자의 합리적 선택을 위한 정보 제공 및 이의 지원 사업
4. 그 밖에 대통령령으로 정하는 사업

④ 기금은 공정거래위원회위원장이 운용·관리하되, 기금의 운용·관리에 관한 업무의 전부 또는 일부를 대통령령으로 정하는 바에 따라 소비자보호 관련 업무를 수행하는 법인 등에 위탁할 수 있다.

⑤ 제2항제5호에 따라 기부하는 자는 특정 개인, 법인 또는 단체에 대한 지원 등 그 용도를 정하여 기부할 수 있다.

⑥ 공정거래위원회는 기금의 계정을 설치하여 별도로 운용하도록 하여야 한다.

⑦ 그 밖에 기금의 운용·관리에 필요한 사항은 대통령령으로 정한다.

제22조의3(기금운용심의회) ① 기금의 운용·관리에 관한 사항을 심의하기 위하여 기금운용심의회(이하 "심의회"라 한다)를 둔다.

② 심의회는 다음 각 호의 사항을 심의한다.

1. 기금의 운용·관리에 관한 주요 정책
2. 「국가재정법」 제66조제5항에 따른 기금운용계획안의 수립
3. 「국가재정법」 제70조제2항에 따른 주요항목 지출금액의 변경
4. 「국가재정법」 제73조에 따른 기금결산보고서의 작성
5. 기금의 운용·관리에 관한 중요 사항으로서 대통령령으로 정하는 사항
6. 그 밖에 심의회의 위원장이 필요하다고 인정하여 회의에 부치는 사항

③ 심의회의 위원장은 기금관리주체의 장이 되며, 위원은 위원장이 위촉하되, 학식과 경험이 풍부한 자로서 공무원이 아닌 자를 2분의 1 이상 위촉하여야 한다.

④ 심의회의 구성과 운영에 필요한 사항은 대통령령으로 정한다.

제22조의4(일반회계로부터의 전입) 정부는 회계연도마다 「소득세법」 제162조의3제7항에 따라 소비자가 현금영수증의 발급을 요청하지 아니하는 경우에 발급된 현금영수증에 해당하는 금액 중 대통령령으로 정하는 비율에 해당하는 금액을 일반회계로부터 기금에 전입하여야 한다.

77) 2018. 11. 11. 연합뉴스 [인터뷰] 소비자원장 "소비자 손해배상금 대불제도 도입 검토해야" 기사 참조.

에 들어서는 아직 소비자를 위한 손해배상 대불제도에 관한 법률안이 발의되지는 않은 것으로 보여진다. 그러나 앞에서 페어펀드 도입에 대한 국회에서의 관심이 있었던 것을 소개하였듯이 손해배상 대불제도를 소비자 구제에 전반적으로 확대하는 시도는 곧 공론화될 것이다. 이러한 제도가 공법의 영역이라는 이유만으로 사법학에서 관심을 두지 않는다면 이것이 내포하는 공법과 사법의 혼재적 성격을 고려하면 향후 제도가 도입된 이후 법률관계를 둘러싼 혼란이 우려되기도 한다. 그러므로 안정적인 제도의 도입을 위하여 공법학과 사법학의 협조와 융합연구가 필요하다고 할 것이다.

杉山直治郎の温泉権論 — 宇奈月温泉事件との照応

大村敦志(오무라 아쓰시)*

はじめに — 宇奈月温泉事件とは何か

日本には、学習用の判例教材として『判例百選』(有斐閣)というシリーズがある。法分野ごとに重要判例を100件前後集めて、事案の概要と判旨を掲げ解説を付したものである。民法に関しては、まず『家族法判例百選』が刊行され、その後、『民法判例百選Ⅰ』『同Ⅱ』がこれに続いたが[1)]、それぞれ版を重ね、現在では『民法判例百選Ⅰ』『同Ⅱ』は第8版が、『家族法判例百選』は『民法判例百選Ⅲ』と表題を改めて第2版が刊行されている[2)]。私が同世代の同僚たちとともにその編集を引き継いだのは2009年の第6版からであるが、執筆に参加したのは1996年の第4版からである。『民法判例百選Ⅰ～Ⅲ』の巻頭に置かれているのは「宇奈月温泉事件」[3)]と呼ばれる事件であるが、第4版以降、この事件は私が担当・執筆している[4)]。どのような事件であるかを示すと同時に、『判例百選』のイメージを共有していただくために、私の執筆部分から「事実の概要」と「判旨」を引用しよう。

まず「事実の概要」である。「宇奈月温泉は富山県の黒部渓谷に位置する温泉であるが、同温泉の湯は約7.5キロに及ぶ引湯管によって黒薙温泉から引かれていた。この引湯管は、大正6〔1917〕年頃に訴外Aによって約30万円の巨費を投じて完成されたものであったが、同温泉は大正13〔1924〕年には、宇奈月を終点として鉄道事業を営むY社(被告・被控訴人・被上告人)によって経営されるに至っていた。引湯管敷設のために、Aは、ある部分は有償で、ある部分は無償で、土地の利用権を獲得していたが、昭和3〔1928〕年に、X(原告・控訴人・上告人)は、引湯管がその一部(2坪〔6.6平方メートル〕ほどの部分)をかすめる本件係争地(3畝22歩=112坪〔369.6平方メートル〕)を訴外Bか

* 学習院大学教授，東京大学名誉教授。

1) それぞれ、1967年、74年、75年に刊行。最初の1冊は加藤一郎、太田武男編、後の2冊は星野英一、平井宜雄編。

2) いずれも2018年に刊行。編者は私のほか、水野紀子、潮見佳男、道垣内弘人、窪田充見、森田宏樹の各教授。

3) 大判昭和10〔1935〕・10・5民集14巻1965頁。

4) 民法判例百選Ⅰ(第8版)〔1〕事件(大村敦志)。

ら買い受け（Bはその前年に訴外Cから買い受けた）、Yに対して不法占拠を理由に引湯管の撤去を迫り、さもなくば周辺の荒蕪地と合わせて合計3000坪〔1万平方メートル〕の土地を坪7円総額2万余円で買い取るように要求した。Yがこれに応じなかったために、Xが所有権に基づく妨害排除を求めて訴訟を起こしたのが本件である」（4頁）。

この後に1・2審の判決（権利濫用を理由に請求を棄却）と上告理由が紹介され、続いて「判旨」が掲げられている。「上告棄却。『所有権ニ対スル侵害又ハ其ノ危険ノ存スル以上、所有者ハ斯ル状態ヲ除去又ハ禁止セシムル為メ裁判上ノ保護ヲ請求シ得ヘキヤ勿論ナレトモ、該侵害ニ因ル損失云フニ足ラス而モ侵害ノ除去著シク困難ニシテ縦令之ヲ為シ得トスルモ莫大ナル費用ヲ要スヘキ場合ニ於テ、第三者ニシテ斯ル事実アルヲ奇貨トシ不当ナル利益ヲ図リ殊更侵害ニ関係アル物件ヲ買収セル上、一面ニ於テ侵害者ニ対シ侵害状態ノ除去ヲ迫リ、他面ニ於テハ該物件其ノ他ノ自己所有物件ヲ不相当ニ巨額ナル代金ヲ以テ買取ラレタキ旨ノ要求ヲ提示シ他ノ一切ノ協調ニ応セスト主張スルカ如キニ於テハ、該除去ノ請求ハ単ニ所有権ノ行使タル外形ヲ構フルニ止マリ真ニ権利ヲ救済セムトスルニアラス。即チ、如上ノ行為ハ、全体ニ於テ専ラ不当ナル利益ノ掴得ヲ目的トシ所有権ヲ以テ其ノ具ニ供スルニ帰スルモノナレハ、社会観念上所有権ノ目的ニ違背シ其ノ機能トシテ許サルヘキ範囲ヲ超脱スルモノニシテ権利ノ濫用ニ外ナラス。従テ、斯ル不当ナル目的ヲ追行スルノ手段トシテ、裁判上侵害者ニ対シ当該侵害状態ノ除去並将来ニ於ケル侵害ノ禁止ヲ訴求スルニ於テハ、該訴訟上ノ請求ハ外観ノ如何ニ拘ラス其ノ実体ニ於テハ保護ヲ与フヘキ正当ナル利益ヲ欠如スルヲ以テ、此ノ理由ニ依リ直ニ之ヲ棄却スヘキモノト解スルヲ至当トス』」。

判決文中に現れているように、この判決は権利濫用を理由に妨害排除請求を退けたものとしてよく知られている[5)]。この判例がもとになって、1947年改正の際に民法1条3項が新設されて、権利濫用の法理は明文化されることとなった。おそらく日本で民法を学んだ者で、このことを知らない者はいないだろう。しかし、この判例自体は古いものであり、今日では明文の規定があるために、判例の理解について争われるということはないと言ってよい。私の解説も、1970年代までに現れたいくつかの重要判例には触れているものの[6)]、その後の動静については何も述べておらず、叙述の内容は第4版から第8版を通じて変わっていない。一言で言えば、この判決はいわば記念碑的な判例となっているが、それ以上の意味を持たない、というのが現在の理解であろう。

5）権利の濫用にあたる場合には不法行為が成り立ちうることは、より早くに示されていた。大判大正8・3・3民録25輯356頁（民法判例百選Ⅰ（第8版）〔2〕事件〔長野史寛〕）。

6）所有権留保に関する最判昭和50〔1975〕・2・28民集29巻2号193頁、解雇権の行使に関する最判昭和50〔1975〕・4・25民集29巻4号456頁、時効の援用に関する最判昭和51〔1976〕・5・25民集30巻4号554頁など。

しかしながら、最近では私は、宇奈月温泉事件＝権利濫用法理の確立という図式からはなれて、この判決をもう一度見直してみる必要があるのではないか、と感じている。理論的な観点からの考察は別稿で行うことを予定しているが[7)]、それとは別に、本稿では事件の社会的・歴史的背景を視野に収めつつ多少の検討を加えてみたい。そのための素材とするのが杉山直治郎の『温泉権概論』[8)]である。まずは著者と書物の内容を紹介した上で（Ｉ）、この本に即した検討とこの本からは多少外れた検討とを行ってみたい（Ⅱ）。最後に一言、このような検討の意義についても述べることとする（おわりに）[9)]。

Ｉ. 紹　介

1. フランス法学者・比較法学者としての杉山

杉山直治郎『温泉権概論』という著者・書物の組み合わせは、（ある年齢以上の）日本の法学者にとっては意外な印象を与える。というのは、杉山はフランス法学者、比較法学者として知られる人物であり、その学問的な業績と「温泉権」は直ちには結びつきにくいからである。この違和感を共有してもらうためには、フランス法学者・比較法学者とし

7) 本稿の姉妹編をなす別稿として、「担保と権利濫用—宇奈月温泉事件の再検討」を予定している。注6に掲げた、所有権留保に関する最判昭和50〔1975〕・2・28民集29巻2号193頁が検討の出発点をなすが、むしろ権利濫用論そのものの再検討を行いたいと考えている。

8) お茶の水書房、2005年刊。入会権や温泉権など慣習的権利につき研究をしている北條浩などの手によって遺稿が整理・編集されて刊行された。その経緯については本文で後述する。

9) 本稿は、尊敬する先達・梁彰洙教授の古稀を祝う論文集に寄稿される。梁教授はドイツ法・アメリカ法や日本法などにつき広い比較法的知見を持っておられるほか、フランス民法典の翻訳に見られるように、フランス法に対しても深い関心と学識を有しておられる。本文で述べるように、杉山直治郎は20世紀前半の日本のフランス法学を代表する研究者であるとともに、比較法研究の先駆者であった（この点につき、貝瀬幸雄「普遍比較法学の復権—杉山直治郎の比較法学」同・普遍比較法学の復権（信山社、2008）所収を参照）。その杉山の意外な業績を紹介することによって、お祝いの列に加わることにした。このようなテーマを選んだ理由は他にもあるが、この点については改めて後述することとして、ここでは個人的な思い出話を一つ付記させていただきたい。

私が妻とともに初めて韓国を訪れたのは1990年9月のことであるが、その際にソウル大学で梁先生とお目にかかる機会を得た（手元には、法学教育百周年記念館の前で当時2歳になろうとしていた娘を梁先生が抱き上げてくださって一緒に撮った写真が残っている。本書が刊行される頃にはその娘の子がほぼ同齢になっていることだろう。時の流れの速さを感じる）。ソウルからプサンに向かった私たちを、同地の韓雄吉教授はヘウンデ（海雲台）に案内してくださった。当時のヘウンデはひなびた海水浴場という印象であった（少なくともいまのようにビルが林立する一大リゾート地ではなかったと記憶している）。折角、ヘウンデを訪れながら、当時の私はヘウンデが温泉地であるということを知らなかった。韓教授が説明してくださったかもしれないが、印象に強く残ることはなかった。残念なことである（その後、竹国友康・韓国温泉物語—日朝沐浴文化の源流をたどって（岩波書店、2004)に接し、ヘウンデやオンネ（東萊）の温泉について知ることとなった）。

ての杉山につき予備的な説明をしておく必要がある。

杉山直治郎（1878－1966）は、1903年に東京帝国大学法学部を卒業、1905年から08年までの間、フランス、ドイツ、スイス、アメリカに留学[10]、その前後には学習院や長崎高商などで民法その他を担当した。恩師・富井の推奨により、1915年に東京帝大助教授、16年には教授になっている。1938年に定年退官し、39年には日本学士院会員になっているが、退官後は中央大学に移籍し、日本比較法研究所を創設して所長となった。杉山は日本民法典の起草者・富井政章（1858－1935）の弟子であったが[11]、富井の薫陶を受けて東京帝大におけるフランス法講座を担当する初代の日本人教授となった[12]。また、富井とともに日仏会館の創設に参画し、1931年からは同館の雑誌『新日仏文化』を創刊しその編集の任にあたった[13]。

杉山の主要な論文は戦後に『法源と解釈』にまとめられて刊行されている[14]。巻頭の大論文「明治八年布告第百三号裁判事務心得と私法法源—ヂェニー先生の古稀を祝して」を含む10編の論文が収録されているが、それらは法理論・法思想に関する5編と比較法学総論に関する3編、比較法学各論（実定法学）に関する2編[15]に分けられる。これらの論文（さらには自身の学風）につき、杉山は次のように述べている。「元来新自然法論的立場に在る私の基調は、未曾有の世界的な時代転換につれて、幾つかの変遷段階を辿った。就中、自国法的基調から、次第に普遍法的なものへ発展してきたのである。このことは、法律思想の発達（第4編）で、私の思想の根本的立場として述べた社会連帯観が

---

10) 杉山よりもやや早く、美濃部達吉はドイツ、フランス、イギリスに留学しているが（1899－1900年）、これは美濃部が当初は比較法制史担当であったからであろう。杉山もまた当初から比較法を念頭に置いて留学先を選んだのであろう。もっとも、その後の世代は実定法学者もまた数ヶ国を巡歴するというタイプの留学（遊学）が多くなる。民法学者の例に挙げれば、鳩山秀夫はドイツ、フランスに（1911－14年）、穂積重遠はドイツ、フランス、イギリス、アメリカに（1912－16年）、末弘厳太郎はアメリカ、フランスに（1917－20年）、我妻栄はアメリカ、イギリス、ドイツに（1923－25年）、それぞれ留学している。

11) 富井の還暦祝賀論文集や追悼論文集を編集している。

12) 杉山以前にはジュネーヴ大学出身の人々（ルヴォン、ブリーデル）が教えたこともあったが、その前はフランス人が教えていた（ボワソナード、アッペール、リヴィリョ）。ルヴォンやブリーデルについては、他のところで若干の検討を加える予定である。

13) 1927年に創刊された『日仏文化』は3号で途絶えたため、杉山が『新日仏文化』を改めて発刊した。なお、同誌には杉山の寄稿も多いので、杉山の全体像を描き出すためには、それらを参照することが不可欠であるが、ここではこのことを指摘するにとどめる。

14) この書物については、大村「共和国の民法学」同・20世紀フランス民法学から（東京大学出版会、2009）や大村・フランス民法（信山社、2010）で紹介・検討したことがある。

15) 「有限責任会社に就いて」「附合契約の観念に就いて」の2編。このうち前者は、法理論・法思想に関するものに分類した「『デュギー』の権利否認論の批判」とともに、杉山の初期の論文「法人人格ノ観念」法学志林13号～22号（1900－01）以来の関心に繋がるものである。なお、同論文につき、貝瀬・前出注9）146頁及び149頁注6）を参照。

次第に人類連帯観に高まったこと、又これと結着いて当初の自国法的傾向の比較法の考え方（第6編）が、人類連帯を基盤とする普遍比較法理論（第7編乃至第8編）に伸展したこと、更に明治八年太政官布告第百三号裁判事務心得と私法法源（第1編）で扱った条理の探求の努力が、法一般原則的普遍比較法解釈方法の構成に帰向したことなど、あれこれ考えあわせられるのである」[16]としている。

なお、杉山には、この他にも著書・論文がないわけではない。そのうちの相当部分は『法源と解釈』に連なるものであるが[17]、一見すると、同書との関連は相対的に乏しい、独立の関心に立脚するように見えるもの、あるいは、『法源と解釈』の杉山から見ると、突出した印象を与えるものがある。温泉権に関する一群の著書・論文はまさにそのようなものの一例にほかならない。次の項では、本稿の主題である『温泉権概論』を紹介するが、実は、温泉権以外の問題につき、やはりやや異様に見える一群の著書・論文がないわけではないのだが、この点については以下の行論の中で必要に応じて触れることにしたい。

2.『温泉権概論』の著者としての杉山

(1) 杉山『概論』の内容

杉山直治郎の『温泉権概論』（以下、引用にあたっては「概論」と略称し、必要に応じて頁数のみを示す）は300頁弱の書物であり、「温泉権概論」「温泉権の基本」「温泉権の本質」「温泉権制定の社会的要請」「比較法的考察」「温泉立法資料」の6部からなる。このうち中心を占めるのは全体の約4割の分量を占める「温泉権概論」の部分であるが、「社会的要請」や「比較法的考察」にも3割弱の紙幅が割かれているのが注目される。フランス法学者・比較法学者である杉山は実定法に閉じこもってはいない。

杉山は『概論』の「序」においてまず、「温泉権の地位」について述べる。「温泉の法律関係」は「私法上における温泉権の問題がその根本を成し、ほとんど総ての温泉の法律関係の諸問題は温泉権問題の解決によって始めて解決されると考える」とした上で、「私法上温泉権の問題は、少くも大体においては、いわゆる『泉源権』または「地下水権」問題なる一般論の各論を成す。即ちこの泉源中その特殊形態たる温泉はその経済的価値と社会的使命よりして、各国ともに特にこれを重視する。殊に世界随一と言われる温泉国であり、

16) 杉山・法源と解釈（有斐閣、1957）「序」2-3頁。

17) 杉山自身が前注引用の部分に続けて「実は社会連帯についても、法源と解釈についても、比較法理論についても、附合契約についても、有限責任会社についても、それぞれ叙上の段階的発展の志向を具現した一連の邦文乃至欧文の拙稿は他に大なり小なり存在するのである。それ等は本書の諸編を軸としてそれぞれ互いに裨補し合うものであるが、茲には列挙の煩を避ける」としている（杉山・前出注16）「序」3頁）。

かつ温泉につき古き歴史と慣習とを持つところの我国にあっては、他の一般の泉源以上に重視されるべき一層の理由があり、それ等以上に権利としての存在理由が高調されてしかるべき特殊の資格を有すると考える」。

こうした基本認識に立って、杉山は温泉ないし温泉権を次のように述べる。「法律上『温泉』とは、比較的多量の鉱物質を含有し、浴用、内服用、または含嗽用、気療用等により、医療的、保健的に相当顕著なる効用のある湧出（流動）水（温度は問はず、即ち冷泉にても可なり）または蒸気を言う。/ 右のごときものが温泉に関し従来与えられた法源観念中最も完全なものと思われる。そして温泉の本体を地上の湧出水にありとするのが従来の概念の核心を成すと思われる。再言すれば従来の土地本位の思想に基き、温泉は土地の構成部分として土地に包含されているものとするのが従来の通念であると認められる。/ 私はこの定典的通念に承服するを得ないのである」（概論3頁。/ は改行を表す）。

では、どう考えるのか。杉山は述べる。「私は直接支配権の物体としての温泉には多く他の物体に見ることを得ない一大特色を認める。私をして言わしむれば『温泉なるものの本体』は今日までの定典的通念たる『地表に湧出する水（またはガス）』ではないと思う。『湧出地その他の土地と或程度にまで分離独立して地下に存在する泉脈（またはガスの原脈）それ自体または泉脈全体』であると信ずる。『湧出水』に至っては、その泉脈に対する支配の結果がおよぶに過ぎない、再現すれば泉脈支配の効力の具体的発現として温泉水の取得が認められるものに過ぎないと考える」（概論7頁）。要するに、「温泉権とは、湧出地を使用し、湧出温泉水を取得する泉脈支配の権利を言う」（概論11頁）と言うのである。

このような立論を行うにあたって、杉山はフランス・ドイツ・スイスの法制度の変遷や日本の慣行に留意しているが、同時に「温泉の独立経済価値」を重く見ていることを注記しておく。後の議論のためにも、次の一節を引用しておこう。「省察を要するのは土地と温泉との経済的および社会的価値の関係である。人の知るごとく温泉地における土地の高価はその実温泉の高価が土地の価格に匹敵し、もしくは超過する場合は現在稀でない。外面上土地の高価と見える場合にもその実温泉の高価がその内包をなすこと少なくない。例えば『道後温泉』のごときは土地所有権よりも温泉の権利を重要視していると聞く。また温泉利用のために一大資金を投下すること稀でない。またこれに牽連して取引観念上土地所有権と温泉所有権とが対当の地位に置れ殊に温泉権が主眼であって、借地権、地役権等は更なり、土地所有権すらも従たるに過ぎざる場合がある。/ 上述個人的立場から転じて公益的立場より考察するも、(1)公衆衛生上、(2)温泉地の稀になる附帯産業または一地方全体の盛衰に影響すること、(3)延いては一国の富にも関係あることを看過してはならない」(概論23頁)。

(2) 杉山『概論』の由来

杉山の『概論』は、杉山の没後40年以上を経て、御茶の水書房から2005年に刊行された。編者の一人・北条浩が記した同書の「あとがき」によれば、同書の原稿は、1960年ごろに「社団法人・日本温泉協会の松見正雄さんから杉山直治郎氏の原稿を手渡され、なんとか出版することができないだろうか、と相談を受けた。原稿は、松見正雄さんが鉄道省の上司であった片岡謌郎氏から手渡されたもので、杉山直治郎氏が旧知の片岡悟郎(謌郎の誤記か—大村注)氏に依頼され、松見正雄氏は杉山直治郎氏とも面識があったことから保管していたのである」(概論295頁)。この原稿は清書未了部分を含む不完全原稿であったことなどもあって長く放置されていたが、「今年に入って、入会権・温泉権・水利権の判決や資料の整理をしていたときに、この原稿が出てきて、あらためて原稿を読み、長い間、約束をはたせなかったことを実行することにしたのである」(概論296頁)という。

北条はまた、同書を刊行する理由を次のように述べている。「杉山直治郎氏が初めて概説書という形式で執筆された本書は、今日の温泉法の改正＝制定が急務とされているにもかかわらず、温泉権についての実態的知識・判決や研究について熟知している者はほとんどいなくなっている現在、温泉法の制定という実務ばかりでなく、温泉権についての概説的知識をうるためにも指針となる価値をもつものであると考える。草稿を受け取ってから40年以上の年月を経たが、これを刊行するのは、いまもなお現実的で重要な意味をもつからである」(概論297頁)。

以上の引用部分で私が最も関心を持ったのは、杉山と温泉研究との関係を示唆する二つの人名ないし組織名、すなわち松見正雄(日本温泉協会)と片岡謌郎(鉄道省)である。これらの人物・組織と杉山ないし概論の関係は、概論の末尾に付された「『温泉権概論』について」(以下、「解説」と呼ぶこともある)という7頁ほどの解説文の中で次のように解説されている。「日本温泉協会の設立が昭和4(1929)年12月である。鉄道省東京鉄道局の片岡謌郎氏がヨーロッパの視察から帰ってきて、温泉研究ならびに温泉立法の必要性から日本温泉協会の設立を主導したものである。機関誌『温泉』の創刊は翌5年の4月1日の刊行である。編集長・安西計太郎氏を輔佐したのが松見正雄氏(東京鉄道局)で、この時から松見正雄氏は日本温泉協会に関係するようになる。この年には、温泉保護を重要課題の一つとして、温泉の法律関係の研究を杉山直治郎・清水澄・美濃部達吉氏(以上、東京帝国大学教授)と武田軍治氏(裁判所判事)に委嘱した。杉山直治郎氏はこのときから日本温泉協会とのかかわりをもつが、研究もこれと時期を同じくしている。日本温泉協会が社団法人として正式に発足するのは昭和6(1931)年で、会長に一条実孝公爵、副会長に潮恵之輔(内務省)・青木周三(鉄道次官)らがなる」(概論288頁)。

(3) 杉山『概論』の背景

杉山『概論』がいつ書かれたのかは判然としないが、昭和5(1930)年ごろに起稿され、最終的に原稿がとりまとめられたのは昭和16(1941)年ごろであろうと推定されている(概論289頁、293頁、299頁)。概論の「あとがき」や「解説」によれば、1930年に日本温泉協会(以下、「温泉協会」と呼ぶ)が杉山に研究委託を行い、これによって杉山の温泉研究が始まったと解される。

この点につき杉山自身は『概論』には何も書き残していない。しかしながら、温泉協会発行の叢書『温泉研究』の第1輯(1931年刊)の巻頭[18]に収められた杉山の講演記録「泉源保護」(以下、「泉源」と呼ぶ)の冒頭で、杉山は自分が温泉に関する法律につき語る資格があるかと自問して、次のように述べている。「実は前々から温泉に関する日本の法則は、どうも不備があるやうには感じて居りましたが、特に此の問題に付て調べたことは無かったのであります。所が、先頃初めて片岡さんや堤さんから、日本の温泉制度の不備と云ふことに付てお話を伺ひましたので、それにつれて段々興味も加って参ったと言ふ程度に過ぎないのであります」(同1頁)。さらに杉山は「ホンの昨今の駆出し者」「素人の私」「私の研究は本当に日が浅い」等の表現を繰り返すとともに(同2頁)、(同席していたと思われる)専門家である武田軍治に対して謝意を表している。

武田軍治もまた、杉山ら3教授とともに温泉協会の委託を受けて研究をしていたが、彼は1920年代半ばから温泉の多い長野県松本の裁判官として温泉関係の紛争をしばしば扱うなかで[19]、特に温泉の独立取引の慣行に興味を持っていたところ、1929年に司法省から「地下水利用権に就て」というテーマで調査報告を命じられた(この調査報告書を杉山は参照している)。その後、司法省・内務省・厚生省・農林省の嘱託を受けて研究を続けるとともに、日本温泉協会に関与するようになったという[20]。

---

18) ほかに、日本の林学・造園学の第一人者で、個人投資家として財をなしたことでも知られる本多静六の「温泉場の経営法」が収められている。温泉協会は本多とも関係を有していたのであろう。

19) 温泉権の物権的性質・対抗要件などにつき判示した大判昭和15(1940)・2・18民集19巻1611頁は民法判例百選Ⅰに今日まで掲載されている重要判決(第8版では〔49〕事件、松尾弘解説)であるが、本件は長野地裁松本支部に係属していた。裁判官としての武田がこの事件に関与した可能性は低いが、当時の長野県松本では温泉紛争が多かったことを示す一つの事例であろう。

20) 武田軍治・地下水利用権論(岩波書店、1942)「自序」3-4頁。本書は戦前期における温泉権研究として最もまとまったもの(唯一のもの)と言える。なお、戦後の代表的研究書としては、川島武宜・潮見俊隆・

ここで、杉山や武田らを擁して日本の温泉権研究をスタートさせた[21]日本温泉協会とは何かについて触れておこう。概論の「あとがき」や「解説」からも窺われるように、温泉協会は鉄道省のイニシアチブによって設けられた半官半民の団体であった。このことは温泉協会のウェブサイトに掲げられた「沿革」に関する年表[22]でも確認することができる。そこには、「日本温泉協会設立。半官半民の団体として活動をはじめる」(1929年)、「事務局を東京鉄道局旅客掛内においた」(1931年)、「逐次全国的に組織を拡大し、北海道、東北、関東、中部、関西、西部、満州の７支部を設け、支部長に各鉄道局長が就任」(1931年)、「業務拡大にともない事務局を日本交通公社内に移し公社員が事務を担当」(1933年)、「本部事務局を旧鉄道省庁舎内に移転」(1938年)などの記述が見られる。

ここで二つの疑問が生ずる。一つは、なぜ、それまで温泉権に対して関心を持ったことのない杉山に研究委託がされたのかという疑問、もう一つは、なぜ、温泉協会はこの時期に設置されたのかという疑問である。項を改めて、これらについて検討してみよう。

Ⅱ. 検　討

1. 杉山に関して

温泉権の法学的研究を組織するにあたって、日本温泉協会はなぜ杉山直治郎に研究を委託したのか。その理由は定かではないが、いくつかの方向から推測してみよう。

(1) 杉山への委託

まず、杉山とともに委託を受けていた美濃部達吉・清水澄とのバランスや関係から見てみよう。1930年当時、美濃部は東京帝大法学部の長老教授であり、憲法・行政法の第一人者であった。1932年には貴族院議員となる。これに対して、清水は(帝大ではなく)学習院教授と行政裁判所評定官を兼任していた。行政裁判実務の重鎮であり、1932年に

渡辺洋三編・温泉権の研究(勁草書房、1964)、同編・続温泉権の研究(勁草書房、1980)があり、近年では、北條浩・温泉の法社会学(御茶の水書房、2000)がある。川島らの編著は大部分を占めるのは実態調査の報告・検討であるが、参加者の中には、若き日の森島昭夫(当時・名古屋大学助教授)、山田卓生(当時・東京大学助手)、平井宜雄(当時・東京大学助手)などの名も見いだされる。

21) 我妻栄は、武田・前出注20)に寄せた「序」において、「殊に温泉協会は、従来の如く温泉を厚生的見地からのみ取扱ふ態度を棄て、更にこれを法律的立場から取扱ふこととなし、問題に関する法律的研究の進歩に寄与する所大なるものがあたった」と評している(同1頁)。前注に掲げた川島らの編著も温泉協会の委託調査に基づくものであることを考えるならば、戦後も、温泉権研究は温泉協会によって推進されてきたと言えるだろう。なお、温泉協会はほかにも、北條浩編・伊香保温泉史料集(日本温泉協会、1964)、同・下呂温泉史料集(日本温泉協会、1967)などの温泉権に関する史料集も刊行している。

22) https://www.spa.or.jp/association/activities/ (2021年3月11日閲覧)。

は行政裁判所長官になっている。また、東宮職御用掛・宮内省御用掛を務めるなど宮中とも関係の深い人物であった。温泉権の公法的な側面については、行政法の理論・実務の両分野から代表的な人物に白羽の矢が立てられたと言える。

この二人とバランスがとれた形で、私法的な側面の検討を委ねるべき人物は誰か。最初に思いつくのは東京帝大の民法教授たちであろう。当時は、穂積・末弘・我妻の3教授時代であるが、年齢的に見ると、最年長の穂積（1883年生まれ）も美濃部（1873年生まれ）・清水（1868年生まれ）と比べると、やや若い。もちろん、多少若くてもかまわないという考え方もありえたかもしれないが、働き盛りの彼ら（特に年長の穂積・末弘）は多忙を極め[23]、依頼を受けることができなかったのかもしれない。見方を変えると、美濃部と並んで功成り名を遂げた長老教授であるべきだった人々（1875年生まれの川名兼四郎、1877年生まれの石坂音四郎）が早逝してしまっていたため適任の民法教授がいなかったということになる。

そこで、民法も教えたことがあり、フランス法・比較法と言っても私法中心に研究を行ってきた杉山に依頼がされることになったのだろう。具体的に、誰がどのようにして杉山の名を挙げたのかはわからない。しかし、杉山が東京帝大における美濃部と同年配の同僚教授であること、清水が席を置く学習院で教えていたこと、また、温泉協会の実質的な中心であった片岡謌郎が欧州視察から帰って、フランスをはじめ欧州の事情に詳しい人材が必要だと考えていただろうこと[24]、さらには、武田軍治がその著書で触れているように[25]、日本でもフランス法の影響を受けた旧民法には関連規定がないわけではなかったこと、などの諸事情が考慮に入れられたのかもしれない。

（2）杉山の受諾

ところで、杉山はなぜこの委託を受け入れたのだろうか。フランス法・比較法の専門家が温泉権について論じるというのは、一見する限りでは異例のことと言わざるを得ない。しかし、杉山の場合には、そのように断ずることはできない。一言で言えば、杉山はかなり実践的な関心の高い研究者であったと言えそうなのである。推測の域を出ないが、

---

23) 当時、穂積は家族法関係、末弘は小作法関係の立法に従事するなど、多くの仕事を抱えていた。

24) 温泉に関する国際団体である国際温泉気候連合（FEMTEC＝Fédération Mondiale du Thermalisme et du Climatisme）は1937年に設立されたが、その名称・加盟国からしてもフランス及びヨーロッパが中心であったと見られる（初代会長はハンガリーから選出）。日本温泉協会は1985年に加盟、88年に総会を開催している。現在では、韓国・中国も加盟。

25) 武田・前掲注20）「自序」2頁には、「我が国は此の点（地下水利用―大村注）に関し従来甚だ不用意に経過してゐる。即ち成文としては先づ私法方面に於て前に所謂旧民法立案に際し仏蘭西民法に倣った若干法条を見たのであるが実施に至らず…」と記されている。若干法条とは、旧民法財産編227条・228条を指すものと思われる。これらの規定については別途検討の機会を持ちたい。

ここでも二つの方向から状況証拠を挙げておこう。

第一は、杉山の著作である。『法源と解釈』の奥付にも記されているのだが、杉山には『契約法則より見たる九国条約の効力』(岩波書店、1938年。以下、「条約の効力」と呼ぶ)という著書がある。また、これより早く、『東京市仏貨公債訴訟意見書』(非売品、1926年。以下、「意見書」と呼ぶ)という出版物も公刊している。

刊年順に「意見書」の方から見てみよう。表題からも窺われるように、これは東京市が当事者となって争った仏貨公債に関する国際的な訴訟事件に関する意見書である。東京市は1912年に電気事業公債として、イギリスで317万5千ポンド、アメリカで200万ポンド、フランスで1億88万フランを起債し、仏貨公債の元利はフラン建てで支払うこととした。ところが1924年ごろからフランは暴落し、発行当時の10分の1の価値しか持たなくなった。1926年に至り、パリ在住の原告X(フランス人)が東京市を相手にセーヌ商事裁判所に対して、仏貨公債の債券10枚に付着した利札に対して、従来のように額面通りのフラン建てではなく、ポンドに相当するフランで支払うべきことを求めたものであった[26)]。

杉山の意見書は付録を除いても150頁を超えるものである。その内容は、契約解釈(ポンド換算約款の存否)や事情変更の原則(不予見理論)に関するものであるが、本稿の関心からはその内容は問題ではない。杉山が東京市の委託を受けて、このような大部な意見書を執筆したという事実そのものが重要である。その動機を杉山は次のように説明している。「本訴訟事件はそれ自体は一小事件に過ぎない。併し其の司法解釈は直ちに未償還仏貨市債全部の利子総額に亘って磅(ポンド—大村注)と法(フラン—大村注)との為替相場の今後の差益の得喪を支配する力ある以上実は一大事件と目さねばならぬ。…更に本件の解決如何に依ては或は仏国にて起債の東京市債以外の我公債社債の元利償還又は其他の契約関係にも波及する危険性なしとせぬ。…寔に東京市創始以来の最大訴訟事件たるのみならず、我国の遭遇した国際民事事件の最大のものと謂ふも過言ではないであらう」(意見書2頁)。

続いて「条約の効力」である。100頁ほどの本書は依頼された意見書ではなく、杉山が進んで執筆したものである。ここにいう「九国条約」とは1922年に締結された「中国に関する九ヵ国条約」を指す。1938年の時点でこれについて論ずる理由を杉山は次のように述べている。「我国が日支事変に因て当面せる最重大の法律問題は、九国条約の効力のそ

---

26) 以上は、「意見書」及び東京市電気局編・東京市仏貨公債訴訟事件の経過(1931年)による。訴状(日本語訳)は前者末尾に、債券・利札の券面記載(日本語訳)は後者の本文中に、それぞれ収録されている。なお、同じ公債に関する国内事件につき、大判昭和9(1934)・12・27民集13巻2386頁がある。

れと私は考へる。/我国が昨秋以来国際連盟及びブリュッセルに於ける支那に関する九国条約締約国会議より、法を侵し力の政治を推通さんとする国たるかの如くに、世界世論を誤解せしむる嫌ある批判を蒙れること程、日本の法律学徒として心外なことはあり得ない。…私は大正十五年、東京市仏貨公債訴訟事件に関して、市の請に応じて意見を提供した。昨夏又巴里法律問題国際週間に出席した。此の両度の機会に於て端なくも、最近或は我国の通念かとも観ゆる所の事情変更理論に関して、必ずしもそれと一致せざる所ある、多少の卑見を陳述した。九国条約の問題が此の理論と交渉ある限り、心窃かに責任を痛感せざるを得ない」(条約の効力「序」1−2頁)。

杉山が論じるのは、事情変更の原則によらずに日本の主張を支持する方策である。その意味で確かに、「条約の効力」は「意見書」の延長線上にある。(事情変更原則の適用に慎重な姿勢を示す)「意見書」の立場を維持しつつ、別の契約法理により条約の効力を否定するというのが、ここでの立論の骨子である。しかし、ここでも本稿にとって重要なのは立論の内容そのものよりも、このような政治色の濃い著書を積極的に公刊しようとする杉山の姿勢である。

第二は、杉山の行動(法学外の発言を含む)である。この点については、日仏会館を拠点とする杉山の行動を子細に検証する必要があるが、いまはその余裕がない。ここでは、1933年から34年にかけてのフランス渡航について触れるに留める。フランス滞在中に行われた杉山の講演はいくつかのスピーチとともに、*Ma mission en France 1934. Conférences et Allocutions*と題されて1936年に日仏会館から出版された仏文の書物に収録されている(以下ではMa missionと呼ぶ。なお、奥付では表題は「仏蘭西に使して」と訳されている)。これまで収録された諸講演に言及されることはあっても、スピーチに言及されることはほぼなかったが、スピーチのなかには見逃すことができない情報が含まれている。

最もわかりやすいのは、1933年10月3日、日仏会館で行われた晩餐会におけるスピーチである。杉山に対して送別の辞を述べたのは、日仏会館理事長の曾我子爵であった。曾我(祐邦)は日仏学術交流のために杉山がフランスに派遣される旨を述べているが、曾我は翌1934年には日仏同志会(1934年設立)という団体の会長になっている。この団体は日本の国連脱退を受けて日仏関係を強化しようという意図から設立された団体であり[27]、杉山もまた評議員に名を連ねている。杉山の答辞では曾我に対する謝辞のほかに、長岡大使に対する謝辞も述べられている。長岡(春一)は1932年に駐仏大使になった

27) この団体や当時の日本からフランスへの働きかけの一端につき、和田桂子ほか編・満鉄と日仏文化交流雑誌『フランス・ジャポン』(ゆまに書房、2012)を参照。

が、33年2月、日本の国際連盟脱退の際に、松岡洋右とともに議場から退場したことで知られている。

杉山は答辞の中で、フランス行きの第一の目的はパリ大学を訪問して、前年の名誉博士号授与に対して謝意を表することだとしているが、あわせて日仏会館の命を帯びて日仏関係の強化に尽力する意欲を示している。続けて杉山は言う。「我々はジュネーブから遠ざかったことにより、フランスとの関係の一層の強化は妨げられるものではない」(Ma mission, p. 214)。こうして見ると、国際連盟脱退に関与した人々が中心になって、フランスとの関係強化が打ち出されており、杉山もまたそれに与する人物としてフランスに向かったものと推測される[28)]。ここにも杉山は純粋な研究者としての関心を超えた観点から行動する人物であったことが窺われるのである。

2. 杉山から離れて

温泉協会は鉄道省主導で設立され、その委託研究を杉山は積極的に引き受けた。その背後には杉山の実践的な姿勢—よく言えば社会改良主義的な義務感、わるく言えば政治的な思惑—があったのではないか。では、官公庁(政府)主導の温泉研究に参画することに、どのような意味があったのだろうか。この点は、なぜ、この時期に温泉協会が設立されたのかという問いにかかわる。この点を十分に明らかにするだけの資料は手元にはないが、ここでもいくつかの断片的資料から推測を試みよう。

(1) 当時の関係者の発言から

まず第一に、当時の杉山自身の発言を拾ってみよう。出発点は『概論』の中に見出される。すでに引用したように、杉山は「温泉はその経済的価値と社会的使命よりして、各国ともに特にこれを重視する。殊に世界随一と言われる温泉国であり、かつ温泉につき古き歴史と慣習とを持つところの我国にあっては、他の一般の泉源以上に重視されるべき一層の理由があり、それ等以上に権利としての存在理由が高調されてしかるべき特殊の資格を有する」(概論「序」)とした上で、「省察を要するのは土地と温泉との経済的および社会的価値の関係である。人の知るごとく温泉地における土地の高価はその実温泉の高価が土地の価格に匹敵し、もしくは超過する場合は現在稀でない。…また温泉利用のために一大資金を投下すること稀でない。またこれに牽連して取引観念上土地所有権

28) 富井もまたこの流れの中にあるが、この点も含めて、1930年代の日仏関係については別の機会に検討したい。なお、当時、フランスの側から日本に向けられていた関心のあり方については、アンドレ・ヴィオリス(大橋尚泰訳)・1932年の大日本帝国—あるフランス人記者の記録(草思社、2020)が興味深い。なお、少し前の時代については、当時の駐日フランス大使によるポール・クローデル(奈良道子訳)・孤独な帝国 日本の一九二〇年代—ポール・クローデル外交書簡一九二一〜二七』(草思社、1999)がある。

と温泉所有権とが対当の地位に置れ殊に温泉権が主眼であって、借地権、地役権等は更なり、土地所有権すらも従たるに過ぎざる場合がある。/ 上述個人的立場から転じて公益的立場より考察するも、(1)公衆衛生上、(2)温泉地の稀になる附帯産業または一地方全体の盛衰に影響すること、(3)延いては一国の富にも関係あることを看過してはならない」（概論23頁）と述べていた。「泉源」においては、より端的に次のように述べている。「温泉という泉源は、一般の泉源に立ち優った泉源でありませう。少なくとも泉源の中で、特に貴重な利用価値と今後に於ける大なる経済的社会的使命を持って居るものであります」（4頁）。

このように杉山は温泉の経済的・産業的価値を重視しているが、さらに進んで「今後に於ける大なる経済的社会的使命」に言及している。その内実はいかなるものか。この点を端的に示す発言は、「泉源」を収録して刊行された『温泉研究』第1輯の「序」に見出される。そこには次のような一節がある。「健康第一主義より温泉の利用いよいよ盛んとなるの傾向著しく、現に欧州温泉場の如き最近の凡ての産業不振の間にひとり好景気を呈しつつある有様で、我が国に於ても今や温泉を外客誘致の有力なる資源とし官民協力して大にこれが研究開発に当らんとしつつあるはまことに機宜に適せる措置というべきである」（「序」1頁）。このように述べたのは高久甚之助であるが、高久は1928年に鉄道省国際課長からジャパン・ツーリスト・ビューローの第3代幹事に就任した人物である。ビューローはもともと外国人観光客誘致のための組織だったが、1925年には国内観光客のためのクーポンなどの発行もはじめていた[29]。高久は内外の観光客を誘致するために温泉を活用しようと見られる[30]。

（2）今日の研究から

観光業推進のための温泉の活用が鉄道と結びつくことは容易に理解される。たとえ

---

29) JTBと高久については、JTBのウェブサイト（https://www.jtbcorp.jp/jp/100th/history/　2021年3月12日閲覧）およびフライデー（ネット版）「創業100年企業の血脈・最終回　JTB　戦時中にユダヤ人を救った友愛の精神」https://gendai.ismedia.jp/articles/-/32691?imp＝0　2021年3月12日閲覧）による（ほかに、白幡洋三郎・旅行ノススメ—昭和が生んだ庶民の『新文化』（中公新書、1996）も参照）。なお、高久はいわゆる杉原ビザによるユダヤ人救出の際に輸送手段を提供した人物としても知られている。

30) そのほか、1930年には鉄道省の外局として国際観光局が設立されている。これと前後して、1929年には国立公園が制定され、1930年代には国際観光ホテルが相次いで設立された（現在の上高地帝国ホテル、蒲郡クラシックホテル、（横浜）ホテル・ニューグランド、雲然観光ホテル、川奈ホテルなど）。なお、最近、吉田初三郎のパノラマ（鳥瞰図）が再び注目を詰めているが（たとえば、国際日本文化センターの「吉田初三郎式鳥瞰図データベース」を参照https://iiif.nichibun.ac.jp/YSD/　2021年3月14日閲覧）、吉田が活躍したのはまさに、旅行が盛んになった大正末年から昭和初年であった。ちなみに、ソウル（京城）については1934年、台北については1935年に、それぞれ吉田による鳥瞰図が描かれている。旅行ブームが東アジアに及んだことを示す資料は他にもいろいろあるが、ここでは立ち入らない。

ば、宝塚少女歌劇が阪急電車の終点への集客のために考案されたことはよく知られているが、歌劇団の初公演(1914年)以前の集客の目玉は宝塚新温泉の開設(1911年)であった[31)]。ここでは最近の研究を参照しつつ、温泉(観光)と鉄道の関係についてより一般的な指摘をしておく。

まず前提として、1920年代後半以降の観光について触れておこう。旅行と温泉開発が「国策」とされたのは、この時代に国内でも旅行ブームが起きつつあったからである。ある著者は、この時期の柳田国男の講演を援用しつつ、「旅」と「旅行」とは本質的に異なるとする。「旅」という言葉には長い伝統があるが「旅行」は新しい言葉である、より具体的には、「旅は苦行であり、目的は別にある」のに対して、「旅行はそれ自体が独自の価値を持っている」という[32)]。そして、このような旅行が庶民に普及したのは昭和期(1920年代後半)になってからだとする。この指摘は、温泉についてもあてはまる。別の著者は『温泉案内』[33)]に記載された温泉地の特色の変遷に着目している。それによれば、たとえば、もともとは交通の便の悪かった群馬県・栃木県の温泉は、当初は「療養」を特色としていたが、次第に「保養」に重点が移っていったという[34)]。

同じ著者によれば、このような変化の背後にあるのは、交通機関、特に鉄道の発達である。たとえば、群馬県では、中心都市の高崎・前橋から渋川までの軌道が1910年に電化され、同年に渋川と伊香保温泉を結ぶ鉄道も開通、また、軽井沢から草津温泉に向かう鉄道も1926年に全面開通している。栃木県でも、1913年には日光から(湯本温泉に近い)馬返しまで軌道が延び、1929年には東武日光線が全面開通している。また、塩原温泉へは西那須野からの軌道が1915年に設けられ、1921年には電化された[35)]。

同様の指摘は別の著者も行っている。「鉄道が促す温泉地振興」と題された節の一部を引用しよう。「鬼怒川温泉(栃木県)では、渓谷に自然湧出していた温泉の利用は難しかった。それが大正時代にダム開発で川の水量が減ると利用しやすくなったが、小規模にとどまっていた。水力発電所資材運搬用の軌道を使って大正4年(1915)に下野軌道ができ、これが東武資本傘下に入って昭和2年(1927)に東武日光線と結んで東京・浅草と直結する。/ 下呂温泉も飛騨川の河原から自然湧出していたが、洪水のたびに泉源の埋没が起きていた。…昭和5年(1930)には高山線が岐阜から延伸して下呂駅が開業。鉄

31) 鹿島茂・日本が生んだ偉大なる経営イノベーター・小林一三(中央公論社、2018)100–104頁など。

32) 白幡・前出注29)4–5頁。

33) 大正9(1920)年版は博文館、昭和2(1927)年版は日本旅行協会(その後、ジャパン・ツーリスト・ビューローと合併)、昭和6(1931)年版、15(1940)年版は日本温泉協会が発行。編集はいずれも鉄道省(1920年版は鉄道院)。

34) 関戸明子・近代ツーリズムと温泉(ナカニシヤ出版、2007)152–157頁(表12、13を含む)。

35) 関戸・前出注34)143–145頁(図64を含む)。

道開通が大きな転機となり、昭和初期に湯ノ島館、水明館といった大型旅館建設が相次ぐ。このため温泉の新たな手当てが必要となり、名古屋の資本家が湯ノ島区と契約して温泉権を借り受けるかたちで掘削開発を行った。これによって下呂温泉でも宿の内湯化が進む」[36]。

1920年代・30年代における温泉と鉄道の関係は、一般には以上のようなものであったが、最後の引用部分には、宇奈月温泉事件と密接に関連する話題も含まれている。ひとつは、ダム開発のための軌道が温泉地のために利用されるようになったということ、もう一つは、「内湯」化への動きが生じていたということである。「内湯」化とは、次のことを指している。同じ著者は次のように言う。「鉄道の発達で温泉観光客が増大し、旅館数がさらに増えると、宿に引湯して内湯を設けたいという要望は高まる一方となる。この時期は内湯化をめぐっても転換期に来ていた」[37]。たとえば、塩原温泉では「共同浴場がありながらも、上流の塩釜から温泉を木樋で導いて内湯を備えるようになった」し、伊香保温泉では「温泉は泉源から大堰を通し、そこから決められた大きさの小間口に引湯して、権利をもつ温泉宿に引き込まれた」[38]。

（3）宇奈月温泉事件の位置づけ

以上のように見てくると、宇奈月温泉は温泉開発・鉄道延伸の大きな流れの中に位置づけられることがわかるだろう。宇奈月温泉は1917年に引湯管（木樋）により泉源から導かれ、その経営は1924年からは鉄道会社Yによってなされていた。正確にはYは東洋アルミナムというアルミ製造をもくろむ会社であったが、この当時は電源開発を目的とするようになっていた。この会社が1923年に資材と温泉客を運ぶために設けたのが黒部鉄道である。そして、鉄道開設によって発展しようとしている宇奈月温泉に目をつけたのが、事件の原告Xだったというわけである。宇奈月温泉の経済的価値はYが生み出したものである。それだけでなく、温泉地の発展を図ることはYの利益のためのみならず国策上も望ましいことである。宇奈月温泉事件の背後にはこのような価値判断が存在する[39]。

ところで、杉山の「泉源」には、宇奈月温泉事件を意識しているかもしれない（あるいは予期するかのような）記述もある。杉山は言う。「温泉に単純許可温泉と公益泉源の温泉とを区別し、後者に対しては保護地域の決定とか拡大とかもっと積極的なると同時に科学的に改めなければならぬ。保護地域の効力としては特に温泉権の持主が地役権を

36) 石川理夫・温泉の日本史—記紀の古湯、武将の隠し湯、温泉番付（中公新書、2018）202頁。
37) 石川・前出注36）211頁。
38) 関戸・前出注34）103頁、100頁。
39) 宇奈月温泉事件の上告理由を見ると、原審でYはこのような事情を主張したようである。

設定するまでもなく、消極地役、積極地役と云ふものを法律規定で定めて他地の持主が温泉権を害することが出来ない様、又或程度の補償はしなければならないが温泉の持主が他の土地を使用することが出来る様、さうした法定地役権を温泉権に付与してやる必要がある」(泉源44頁)。これは立法論であるが、解釈論としてこれを実現したのが宇奈月温泉事件であったことになるだろう。

おわりに —「コンテクスト」から「間テクスト性」へ

一方に宇奈月温泉事件、他方に杉山の「概論」を置くと、(一見すると遠く離れて見える)権利濫用判例とフランス法・比較法学者の間に、どのような「照応correspondance」を見出しうるか。本稿では多少の試みをしてみた。これは宇奈月温泉事件の背景を明らかにしようというものではない。かつて、いくつかの不法行為判例を取り上げてそのような試みをしたことはあるが[40]、ここで試みたのは、より距離の離れた異なるテクスト間に関連性を見出そうという、背景の探索とはやや異なる試みであった。ずいぶん前に流行した現代思想用語を借りるならば、「文脈contexte」ではなく「間テクスト性intertextualité」を示そうという試みであると言ってもよい[41]。

「間テクスト性」の探求は、次から次へと課題を呼び起こす。本稿を結ぶにあたって、次の4点を開かれた問いとして掲げておく。

第一は、法学者と政治との関係についてである。今日の日本においては(憲法学者を除くと)実定法学者が政治的な発言をすることは稀である。しかし、20世紀においてはそうした発言は少なくなかったし、19世紀に遡れば、政治と法とは不可分であったとも言える。この点についてはいずれ、杉山の師にして民法典起草者の一人・富井政章を対象として、より立ち入った検討を加えたいと考えている[42]。第二は、法律と慣習、立法と解釈の関係についてである。杉山は明治8年太政官布告103号3条の研究を通じてジェニーの理論に接近した。しかしながら、「概論」の杉山は慣習よりも法律を重視し、温泉権に関する従来の学説を「慣習法至上主義」「慣習法過信」と評している。そしてその際に

---

40) 大村敦志・不法行為判例に学ぶ—社会と法の接点(有斐閣、2011)。

41) フランス文学研究者の工藤庸子はどこかで、「教養」を定義して「遠く離れたものを結びつける力」と定義していたが—ちなみに私が好きな「教養」のもう一つの定義は、政治史家の三谷太一郎による「異なるものを理解する力」というものである—、私の知る東アジアの法学者の中で最も教養に富んだ人物として、私が深く敬愛する梁彰洙教授の古稀をお祝いするのにふさわしい(梁先生ならばこの試みを面白がって下さる)試みなのではないかと考えた次第である。

42) 『穂積重遠』(ミネルヴァ書房、2013)、「星野英一研究資料(その1)~(その3)」法学協会雑誌133巻10号(2016)以下断続連載中に続く学説史研究となる。

「これは現行法たる明治八年布告第百三号を閑却せる嫌がある」としている。杉山によれば、「安易放漫に慣習法を認め」ることがあってはならない、それは同布告の趣旨に反するというのである（概論198–199頁）[43)]。この点については、杉山の法源論・解釈論を改めて検討してみる必要がある[44)]。

第三に、杉山自身も触れていた地役についてである。フランス民法や日本の旧民法は地役に関する詳しい規定を持つが、その歴史的な意義とともに、今日的な意義を明らかにする必要がある[45)]。第四に、温泉と地域経済・地域開発の関係についてである。最近では、コモンズ研究や地域経済史研究の延長線上に温泉研究を位置づけるようという研究も現れている[46)]。また、戦前に展開された新リゾート地としての花巻温泉の宣伝との関係で宮沢賢治を論ずる研究もある[47)]。今日では民法の教科書で温泉権に触れられることはほとんどなくなってしまったが、慣習上の物権というのとは異なる観点から、温泉を再検討する必要もあるだろう[48)]。そこには意外にも、豊かな泉脈が隠されているかもしれない。

---

43) 同様に杉山は、本文で見たように、事情変更の原則についても、一般論としては現代的な法現象に対して柔軟な解釈を認めるかに見えるが、具体的な適用に関しては比較的厳格な解釈を採用していた。

44) この点は、杉山自身がサレイユに比した富井の立場（杉山「恩師富井先生」同編・富井政章先生追悼集〔日仏会館、1936〕96頁）とあわせて、検討を要するところである。

45) たとえば、国立マンション訴訟1審判決（東京地判平成 14（2002）・12・18 判時 1829–36）においては、景観利益を相隣関係上の権利（法定地役権）に準ずるものとして捉える理解が示されていたが、環境保全やまちづくりについて考えていく上で重要な視点であろう。

46) 高柳友彦・温泉の経済史―近代日本の資源管理と地域経済（東京大学出版会、2021）。

47) 岡村民夫・イーハトーブ温泉学（みすず書房、2008）。

48) 川島武宜・民法Ⅰ（有斐閣、1960）は、「所有権」の下位項目として「温泉」を立て、4頁を費やして説明していたが、星野英一・民法概論Ⅱ（良書普及会、合本版、1976）では、「温泉」「温泉権」という言葉は4ヶ所で現れるが（うち1ヶ所は宇奈月温泉事件）、もっともまとまった説明は2行ほどに過ぎず、大村・新基本民法２物権編（有斐閣、第２版、2019）でも、「温泉権」は1ヶ所のみに現れ、説明はやはり2行ほどにとどまる（いずれも昭和15年判決に触れる）。なお、内田貴ほか・民法判例集総則・物権（有斐閣、第2版、2014）は、民法判例百選よりも多くの数の判例を収録するにもかかわらず、もはや昭和15年判決を収録していない。

유류분반환청구권과 소멸시효

—대상판결: 대법원 2015. 11. 12. 선고 2011다55092, 55108 판결(미간행)—

오 영 준*

Ⅰ. 사안의 개요

1. 사실관계

(1) 소송의 경과

㈎ 원고의 1차 소제기 갑은 2007. 5. 14. 사망하였다. 원고와 피고 등은 갑의 상속인이다. 원고는 2007. 5. 30. 제주지방법원 2007가단10442호로 피고 등을 상대로 이 사건 토지에 관한 유류분반환청구(이전등기청구)의 소를 1차로 제기하였다. 원고는 자신의 유류분을 침해한 증여행위로 '2001. 11. 15.자 증여행위'를 특정하였는데, 이 사건 건물은 반환을 청구하는 목적물에서 누락되었다. 1심은 2008. 7. 2. 원고 일부 승소판결을 선고하였다. 이에 피고 등이 항소하였다.

㈏ 원고의 2차 소제기 원고는 2008. 3. 7. 제주지방법원 2008가단4970호로 피고를 상대로 이 사건 토지에 관한 유류분반환청구(이전등기청구)의 소를 2차로 제기하였다. 원고는 자신의 유류분을 침해한 증여행위로 '2007. 5. 14.자 유증행위'를 특정하였는데, 이때에도 이 사건 건물은 반환을 청구하는 목적물에서 누락되었다. 1심에서 2008. 10. 7. 원고 전부 승소판결을 선고하였고, 피고가 항소하였다.

㈐ 항소심에서의 병합 및 대법원의 일부 파기환송 파기환송 전 원심은 양 사건을 병합한 후 2009. 11. 4. 원고 일부 승소판결을 선고하였다. 이에 대하여 피고 등이 상고하였고, 대법원은 2010. 3. 25. 이 사건 토지 중 일부 토지에 대한 피고 등의 상고를 받아들이고, 나머지 상고를 기각하였다.

㈑ 환송후 원심에서의 이 사건 건물에 대한 반환청구 원고는 환송후 원심에서 2010. 8. 9.자 '(예비적) 청구취지 및 원인 변경신청서'를 통하여 이 사건 건물을 유류분반환의 목적물로 추가하였다. 원고는 자신의 유류분을 침해하는 행위로 '2007. 5. 14.자 유증행위'를

---

* 대법원 수석재판연구관.

특정하였다.

파기환송 후 원심은 위와 같이 추가된 이 사건 건물에 관한 이전등기청구에 대하여 '시효소멸'을 이유로 기각하였다. 원고는 시효소멸을 이유로 기각당한 이 사건 건물 부분에 대하여 상고하였다.

(2) 환송후 원심 판단의 요지

㈎ 원고는 2008. 3. 7. 피고를 상대로 이 사건 토지에 관하여 유류분반환을 원인으로 한 소유권이전등기절차이행을 구하는 소를 제기하였으므로, 적어도 그 즈음에는 상속의 개시 및 반환하여야 할 유증을 한 사실을 알았다.

㈏ 이 사건 건물에 관하여 유류분반환을 원인으로 한 소유권이전등기절차이행을 구하는 내용의 청구취지 및 원인변경신청서는 그로부터 1년이 경과된 후인 2010. 8. 9. 법원에 제출되었음은 기록상 명백하다.

㈐ 따라서 이 사건 건물에 관한 유류분반환청구권은 이미 시효로 소멸하였으므로, 이 부분 청구는 이유 없다.

(3) 원고의 상고이유

원고가 당초 이 사건 토지만을 반환대상으로 특정하기는 했으나 2007. 5. 14.자 유증행위에 기하여 유류분권 침해당하였다면서 반환청구의 의사를 표시한 이상, 같은 날 행해진 모든 목적물에 대한 유증행위에 대하여 유류분반환청구권을 행사한 것이다. 이로써 소멸시효가 중단되었으므로 이 사건 건물에 관한 유류분반환청구권은 시효로 소멸하지 아니하였다.

2. 대상판결의 요지

(1) 일반 법리

대법원은 먼저 유류분반환청구권의 행사방법에 관하여 "유류분반환청구권의 행사는 재판상 또는 재판 외에서 상대방에 대한 의사표시의 방법으로 할 수 있다. 그 의사표시는 침해를 받은 유증 또는 증여행위를 지정하여 이에 대한 반환청구의 의사를 표시하면 그것으로 충분하고, 그로 인하여 생긴 목적물의 이전등기청구권이나 인도청구권 등을 행사하는 것과는 달리 그 목적물을 구체적으로 특정하여야 하는 것은 아니다. 유류분권리자가 위와 같은 방법으로 유류분반환청구권을 행사하면 민법 제1117조 소정의 소멸시효 기간 안에 권리를 행사한 것이 된다."고 판시하였다.

나아가 대법원은 유류분반환청구권의 행사 효과에 관하여 "유류분권리자가 유류분반환청구권을 행사한 경우 그의 유류분을 침해하는 범위 내에서 유증 또는 증여는 소급적으로 효력을 상실하고, 상대방은 그와 같이 실효된 범위 내에서 유증 또는 증여의 목적물을 반환할 의무를 부담한다."고 판시하였다. 그런 다음 소멸시효에 관하여 "유류분반환청구권을 행사함으로써 발생하는 목적물의 이전등기청구권 등은 유류분반환청구권과는 다른 권리이므로, 그 이전등기청구권 등에 대하여는 민법 제1117조 소정의 유류분반환청구권에 대한 소멸시효가 적용될 여지가 없고, 그 권리의 성질과 내용 등에 따라 별도로 소멸시효의 적용 여부와 기간 등을 판단하여야 한다."고 판시하였다.

(2) 구체적 판단

대법원은 이러한 일반 법리를 기초로 하여, "원고가 2008. 3. 7. 피고를 상대로 이 사건 소를 제기하면서 망 소외인의 피고에 대한 2007. 5. 14.자 유증행위를 지정하며 반환청구의 의사표시를 하였다면, 비록 원고가 그 당시 이 사건 건물을 구체적으로 특정하지 않았다고 하더라도 상속의 개시와 반환하여야 할 유증을 한 사실을 안 때부터 1년 내에 유류분반환청구권을 행사한 것으로 볼 수 있다."고 판시하였다.

나아가 대법원은 "원고가 위와 같이 유류분반환청구권을 행사함으로써 발생한 이 사건 건물에 관한 이전등기청구권에 대하여는 민법 제1117조 소정의 유류분반환청구권에 대한 소멸시효가 적용되지 아니하므로, 원고가 위 유류분반환청구권을 행사한 2008. 3. 7.부터 1년 내에 그 이전등기청구권을 행사하지 아니하였다고 하여 민법 제1117조가 규정하는 1년의 단기소멸시효가 완성되었다고 볼 것은 아니다."라고 판시하였다. 그리고 이와 달리 판단한 원심판결에 대하여 "유류분반환청구권과 그 행사의 법률효과로 발생한 목적물 이전등기청구권의 소멸시효에 관한 법리 등을 오해하여 판결에 영향을 미친 위법이 있다."고 판시하였다.

Ⅱ. 검 토

1. 유류분반환청구권에 관한 민법 규정

민법 제1115조(유류분의 보전) 제1항은 "유류분권리자가 피상속인의 제1114조에 규정된 증여 및 유증으로 인하여 그 유류분에 부족이 생긴 때에는 부족한 한도에서 그 재산의 반환을 청구할 수 있다."고 규정하고 있다.

민법 제1117조(소멸시효)는 "반환의 청구권은 유류분권리자가 상속의 개시와 반환하여야 할 증여 또는 유증을 한 사실을 안 때로부터 1년 내에 하지 아니하면 시효에 의하여 소멸한다. 상속이 개시한 때로부터 10년을 경과한 때도 같다."고 규정하고 있다.

2. 유류분반환청구권의 법적 성질

(1) 학 설

㈎ 청구권설 청구권설은 민법이 '청구할 수 있다'고 정한 문언 그대로 유류분반환청구권을 단순한 청구권으로 본다. 이는 민법 제1115조의 문언상 유류분반환청구권은 문제 된

'재산의 반환을 청구'할 수 있는 권리일 뿐, 유류분을 침해하는 법률행위의 실효를 목적으로 하는 권리는 아니라고 본다. 청구권설은 이러한 문언적 근거와 아울러 형성권설에 의할 경우 제3자에게도 목적물의 양도를 청구할 수 있게 되어 거래의 안전을 위협한다는 점을 근거로 든다. 우리 민법이 유류분반환청구권의 행사 시 제3자 보호 규정을 두지 않았다는 것은 형성권설이 아니라 청구권설의 입장을 취한 것이라고 보는 것이다.

청구권설에 의하면, 유류분반환청구는 피상속인이 행한 증여나 유증이 비록 유류분을 침해하는 것이더라도 그 효력을 부인하지 아니한 채 유류분권리자에게 목적물의 반환을 청구하는 것으로 본다. 그 결과 유류분반환청구권을 행사하더라도 상대방이 소유권을 이전해 주지 않는 한 그 부동산 등의 소유권은 여전히 유류분을 침해한 상대방에게 귀속한 상태로 남아 있게 된다.

청구권설에 의하면 유류분반환청구권은 증여 또는 유증의 효력과는 관계없이 재산반환 그 자체를 목적으로 하는 것이므로 그 반환청구도 목적물을 구체적으로 특정하여 하여야 한다는 결론에 이르게 된다.[1)]

㈏ 형성권설　　형성권설은 유류분권리자가 유류분을 침해하는 증여나 유증을 일방적으로 실효시킬 수 있는 권리를 유류분반환청구권이라고 본다. 이 권리를 행사하면 마치 취소권을 행사한 경우처럼 당해 법률행위(유증, 증여 등)가 소급적으로 실효하게 되므로, 이 권리는 일방적으로 법률관계를 변화시킬 수 있는 '형성권'이라는 것이다.

이 견해는 유류분반환청구권은 문제 된 증여 등의 실효를 목적으로 하는 권리이고, 유류분반환청구권과 그 권리를 행사한 결과 발생하는 개별적 재산의 반환청구권은 서로 별개라고 본다. 다만 형성권을 취하더라도 유류분권리자가 유류분반환청구권을 행사하여 증여나 유증이 실효하면 어떤 권리를 취득하게 되는가에 관하여는 견해가 갈린다,

'채권적 형성권설'을 취하는 견해는 유류분반환청구권을 행사하면 유류분을 침해하는 증여나 유증은 실효하게 되지만, 이로써 반환되어야 할 재산에 관한 물권 등이 유류분권리자에게 복귀하는 것은 아니고, 유류분반환청구권자는 당해 재산의 이전을 청구할 수 있는 채권을 갖게 되는 것에 그친다고 한다.

반면 '물권적 형성권설'을 취하는 견해는 유류분반환청구권의 행사로써 증여나 유증이 실효하면 그 목적재산에 관한 물권 등이 유류분권의 범위 내에서 당연히 유류분권리자에게 복귀한다고 한다. 그 이유로는 이것이 청구권설에 비해 유류분권리자를 보다 두텁게 보호할 수 있다는 점을 든다. 이 견해가 우리나라의 다수설이다.

형성권설에 의하면 유류분반환청구의 의사표시는 유류분을 침해하는 증여 등을 실효시키기 위한 것이므로 그 증여 등을 특정하여 유류분권을 행사한다는 의사표시를 하는 것으로 충

1) 김능환, "유류분반환청구", 재판자료, 상속법의 제문제 78집, 43.

분하고 반환청구의 대상과 범위 및 순서를 특정할 필요는 없다. 다만 유류분반환청구권의 행사 결과 발생한 권리에 기하여 목적물의 반환 등을 소구하는 경우에는 이행의 소의 특성상 그 대상과 범위를 변론종결시까지 특정하여야 하며, 그 판결의 기판력도 그 소송에서 목적물로 특정된 것에 대해서만 미친다.[2)]

(2) 판 례

초기의 판례는 유류분반환청구권의 법적 성질이 무엇인지에 관하여 명시적인 입장을 표명하지는 않았지만, 형성권설, 그 중에서도 물권적 형성권설에 서 있음을 엿볼 수 있는 판시를 하였다.[3)]

즉 초기의 대법원 1995. 6. 30. 선고 93다11715 판결[4)]은 "유류분반환청구의 의사를 표시하면 그것으로 족하고 그로 인하여 생긴 목적물의 이전등기청구권이나 인도청구권 등을 …"이라고 판시하였다. 위 판결에서 '그로 인하여 생긴 목적물의 이전등기청구권'이라고 표현을 사용한 것은 유류분반환청구권의 행사에 의하여 유증이나 증여계약이 실효되고 그에 따라 소유권이전등기청구권이 발생한다는 논리 구조를 취한 것이므로, 형성권설을 취한 것이라고 이해되었다, 청구권설에 의하면, '유류분반환청구 자체가 목적물의 반환청구'가 되므로 이와 같은 2단계의 논리 구조를 취한 판시는 나올 수 없기 때문이다.

또한 같은 날 선고된 대법원 94므949 판결(미간행)은 유증의 효력을 부인하면서 그 유증에 기하여 경료된 피고 명의의 소유권이전등기 중 원고의 유류분에 해당하는 지분의 말소등기를 명한 원심판결을 정당하다고 판시하였다. 유류분권리자가 '지분의 말소등기'를 청구할 수 있다고 하려면, 유류분반환청구권의 행사에 의하여 유류분권리자에게 그 유류분 상당의 소유지분권이 당연히 복귀되었음이 전제되어야 한다. 즉 이러한 판시는 판례가 물권적 형성권을 취하지 않는 한 불가능한 것으로 이해되었다.

또한 대법원 1995. 6. 30. 선고 93다11715 판결[5)]은 "유류분반환청구권의 행사는 재판상 또는 재판 외에서 상대방에 대한 의사표시의 방법으로 할 수 있고, 이 경우 그 의사표시는 침해를 받은 유증 또는 증여행위를 지정하여 이에 대한 반환청구의 의사를 표시하면 그것으로 족하고 이로 인하여 생긴 목적물의 이전등기청구권이나 인도청구권 등을 행사하는 것과는 달리 그 목적물을 구체적으로 특정하여야 하는 것은 아니다."라고 판시하였다. 청구권설에 의하면 유류분반환청구권은 증여 또는 유증의 효력과는 관계없이 재산 반환 그 자체를 목적으로 하는 것이므로, 그 반환청구권의 행사도 반환목적물을 구체적으로 특정하여 행사하는 것이 자연스럽다. 반면, 형성권설에 의하면 반환청구의 의사표시는 유류분을 침해하는 증여 또는 유증

2) 김능환(주 1), 43.

3) 김능환(주 1), 18-19; 이진만, "유류분의 산정", 민사판례연구 제19집, 368-369.

4) 집 43-1, 367.

5) 집 43-1, 367.

을 실효시키기 위한 것이므로 그 증여 또는 유증을 특정하여 유류분권을 행사한다는 의사표시를 하는 것으로 충분하고 반환청구의 대상과 범위 및 순서를 특정할 필요가 없다. 이러한 점에서 위 판결의 입장도 물권적 형성권설에 터 잡은 것으로 이해되었다.

대법원 2002. 4. 26. 선고 2000다8878 판결[6]은 "유류분반환청구권의 행사에 의하여 반환하여야 할 유증 또는 증여의 목적이 된 재산이 타인에게 양도된 경우 그 양수인이 양도 당시 유류분권리자를 해함을 안 때에는 양수인에 대하여도 그 재산의 반환을 청구할 수 있다고 보아야 할 것이다."라고 판시하였다. 청구권설에 의하면, 유류분반청구권을 행사하더라도 "증여 또는 유증"의 효력을 실효시키지 못하고 단순히 반환의무자에 대하여 채권적 반환청구권만 가진다. 그리하여 목적물이 반환의무자로부터 제3자에게 양도된 경우에는 제3자에게 목적물의 반환을 구할 근거가 없게 된다. 물권적 형성권에 의하면, 당연히 제3자에 대하여 소유권에 기한 목적물의 반환을 청구할 수 있을 것이지만, 이는 거래의 안전을 해할 우려가 있다. 판례가 '제3자가 양도 당시 유류분권리자를 해함을 안 때'에 한하여 유류분반환의무를 지게 된다고 본 것은 물권적 형성권설을 취하되, '거래의 안전'을 고려하여 정책적으로 악의 제3자에 한하여 반환을 인정한 것으로 이해되었다.

대법원 2013. 3. 14. 선고 2010다42624 판결[7]은 그간의 판례의 집적을 토대로 물권적 형성권설을 취하고 있음을 명확히 판시하였다. 즉 위 판결은 "유류분반환청구권의 행사로 인하여 생기는 원물반환의무 또는 가액반환의무는 이행기한의 정함이 없는 채무이므로, 반환의무자는 그 의무에 대한 이행청구를 받은 때에 비로소 지체책임을 진다."고 판시하였다. 그리고 "유류분권리자가 반환의무자를 상대로 유류분반환청구권을 행사하는 경우 그의 유류분을 침해하는 증여 또는 유증은 소급적으로 효력을 상실하므로, 반환의무자는 유류분권리자의 유류분을 침해하는 범위 내에서 그와 같이 실효된 증여 또는 유증의 목적물을 사용·수익할 권리를 상실하게 되고, 유류분권리자의 그 목적물에 대한 사용·수익권은 상속개시의 시점에 소급하여 반환의무자에 의하여 침해당한 것이 된다."라고 판시하였다.

유류분반환청구권의 행사로 곧바로 반환의무자가 '이행지체'에 빠지는 것이 아니고, 그 행사에 따른 법률효과에 기하여 발생한 구체적인 원물반환청구 또는 가액반환청구를 하여야만 지체책임을 진다고 판시한 것은 2단계의 논리 구조를 취한 종래 판례의 입장을 재확인한 것으로 볼 수 있다. 또한 유류분반환청구권의 행사에 의하여 증여 등이 소급적으로 실효되고, 그 결과 목적물의 소유권이 유류분권자에게 상속개시 시점에 소급하여 귀속된다고 한 판시는, 물권적 형성권의 입장을 취하고 있음을 명확히 한 것으로 볼 수 있다.

---

6) 집 50-1, 411.

7) 공 2013상, 625.

3. 유류분반환청구권의 행사와 소멸시효

(1) 형성권과 그 행사로 인하여 발생하는 권리 및 소멸시효

(개) 형성권이 소멸시효에 걸리는지　형성권은 권리자의 의사표시가 있으면 상대방의 이행이나 협조 없이도 그것만으로 바로 권리의 내용이 실현된다. 따라서 형성권은 권리행사기간의 중단이나 갱신을 상정할 수 없으므로 일반적으로 그 성질상 제척기간에 걸릴 뿐 소멸시효에 걸리지 않는다는 것이 다수설이다.

그러나 성질상 형성권이라 하더라도 민법의 조문상 '시효로 인하여'라고 되어 있으면 그 권리행사기간을 소멸시효로 보아야 한다.[8] 상속의 포기나 승인에 대한 취소권의 행사기간에 관하여 "1년 내에 행사하지 아니하면 시효로 인하여 소멸된다."고 규정한 민법 제1024조 제2항, 유증의 승인과 포기에 대한 취소권에 관하여 민법 제1024조 제2항을 준용한 제1075조 제2항이 그 대표적인 예이다.

한편, 발행인에 대한 어음상의 청구권에 대한 소멸시효는 만기의 날로부터 3년인데 만기가 백지인 어음은 어음상의 권리에 관하여 소멸시효를 적용할 수 없게 된다. 그리하여 통설 및 판례[9]는 백지보충권의 성질을 '보충권을 행사하여 미완성어음을 완성시키는 형성권'이라고 보면서도, 이러한 보충권은 보충권을 행사할 수 있는 날로부터 3년의 소멸시효에 의하여 소멸될 수 있다고 보아 만기가 백지인 어음의 경우 등도 어음상의 법률관계의 조기 종결이 가능하도록 하고 있다. 따라서 형성권이라고 하여 반드시 제척기간에만 걸리고, 소멸시효에는 걸리지 않는다고 해석하는 것은 타당하지 않다.

유류분반환청구권의 행사기간에 관하여는 민법 제1117조가 '소멸시효'라는 제목으로 "1년 내에 하지 아니하면 시효에 의하여 소멸한다. 상속이 개시한 때로부터 10년을 경과한 때도 같다"고 규정하고 있으므로, 그 성질이 소멸시효임은 분명하다.

(내) 형성권의 행사로 발생하는 권리의 소멸시효　한편 형성권의 행사로 발생하는 권리의 소멸시효 기산점에 관하여는 학설이 대립한다. 제1설은 형성권의 행사기간을 두는 취지가 법률관계를 조속히 안정시키는 데 있으므로, 형성권의 행사기간을 곧 채권의 존속기간으로 보아야 하고, 따라서 형성권을 행사할 수 있는 때가 형성권 행사로 발생하는 채권의 소멸시효 기산점이 된다고 한다. 반면 제2설은 법률관계의 안정이라는 목적은 형성권이 행사됨으로써

---

8) 대법원 1993. 4. 13. 선고 92다3595 판결(공 1993, 1370); 대법원 2008. 7. 10. 선고 2007다9719 판결(정보); 대법원 2015. 11. 12. 선고 2011다55092, 55108 판결(정보). 대법원 92다3595에 대한 평석으로는, 유승정, "유류분반환청구권 행사기간의 성질", 사법행정 35-1, 71-72.

9) 대법원 1997. 5. 28. 선고 96다25050 판결(공 1997하, 1976); 대법원 2001. 10. 23. 선고 99다64018 판결(공 2001하, 2523); 대법원 2002. 2. 22. 선고 2001다71507 판결(공 2002상, 759); 대법원 2003. 5. 30. 선고 2003다16214 판결(집 51-1, 298).

달성되는 것이므로, 형성권의 행사로 발생하는 채권의 행사기간을 형성권의 행사기간 내에 포함시킬 필요가 없다고 한다.

종래 판례는 제2설의 입장을 취하였다. 즉 판례[10]는 징발재산정리에관한특별조치법 제20조 소정의 환매권은 일종의 형성권으로서 그 존속기간은 제척기간이나, 환매권의 행사로 발생한 소유권이전등기청구권은 환매권 행사일로부터 10년의 소멸시효 기간이 진행되는 것이지, 위 제척기간 내에 이를 행사하여야 하는 것은 아니라고 한다. 또한 판례[11]는 신탁법의 신탁해지로 인한 소유권이전등기청구권은 물권적 등기청구권이 아니라 채권적 청구권으로서 그 청구권은 그 발생일, 즉 해지일로부터 10년의 소멸시효기간이 적용된다고 한다.

(2) 유류분반환청구권의 행사로 발생하는 권리와 소멸시효

㈎ 청구권설과 형성권설의 입장　　앞서 본 소멸시효에 관한 문제는 유류분반환청구권 등에 관하여도 동일하게 제기될 수 있다. 청구권설에 의하면 민법 제1117조에서 정한 소멸시효 기간이 도과한 경우에는 채권적 청구권인 유류분반환청구권 그 자체가 소멸되는 것으로 보게 된다. 그러나 형성권설에 의하면 불안정한 권리관계의 확정을 위한 형성권의 행사와 그 행사의 효과로서 생기는 법률관계는 준별되므로, 유류분반환청구권과 그 행사로 인하여 생기는 구체적인 권리에 대한 소멸시효기간은 별개라고 보게 된다. 형성권인 유류분반환청구권을 행사하면 증여 등이 실효되고 목적물의 소유권이나 기타 급부의 청구권이 유류분권자에게 귀속되는 결과가 발생한다. 이와 같이 형성권으로서의 유류분반환청구권과 그 청구권의 행사에 따른 소유권 내지 급부청구권이라는 두 가지 권리가 서로 구별되므로 그 각 권리에 대한 시효소멸 여부는 서로 달라질 수 있다.

한편 형성권을 취하더라도 형성권의 소멸시효 기간은 그 형성권의 행사로 인하여 생기는 권리에도 미친다는 전제에 서면, 유류분반환청구권의 행사에 따라 발생하는 구체적인 급부청구권 역시 소멸시효기간의 경과로 소멸된다는 결론에 이르게 될 것이다. 그러나 형성권과 그 행사로 인하여 생기는 구체적인 권리에 대한 소멸시효 기간이 별개라고 보는 경우에는 이와 같이 볼 수 없다, 이러한 입장이 우리나라의 다수설이다.[12] 이러한 견해는 민법 제1117조 소정의 각 기간은 유류분반환청구권의 행사기간을 정한 것이고, 반환청구권의 행사로 인하여 생긴 구체적인 권리는 그 성질에 따라 별도로 소멸시효에 걸린다고 보게 된다. 일반적으로 형성권의 행사로 인하여 생긴 권리가 소유권 등의 물권인 경우에는 시효소멸의 대상이 될 수 없고, 그 권리가 채권적 청구권인 경우에는 그 권리가 발생한 때로부터 10년의 소멸시효기간이 적용된다. 이는 유류분반환청권의 경우에도 다르지 않다.

---

10) 대법원 1991. 2. 22. 선고 90다13420 판결(집 39-1, 172).

11) 대법원 1993. 3. 26. 선고 92다25472 판결(공 1993, 1288).

12) 주석 민법 [상속(2)], 390.

(3) 종전의 판례

부산고등법원 1989. 2. 15. 선고 87나243 판결[13]은 "민법 제1115조 소정의 유류분반환청구권은 형성권으로서 그 행사는 유증을 받은 자에 대하여 반환의 의사표시를 함으로써 충분하고, 그 행사에 의하여 유증을 받은 자가 취득한 권리는 유류분을 침해하는 한도에서 당연히 실효되어 유류분권리자에게 귀속한다고 봄이 상당하므로 유류분권리자가 상속의 개시와 반환하여야 할 유증을 한 사실을 안 날로부터 1년 내에 반환청구의 의사표시를 한 이상 그 의사표시에 의하여 확정적으로 반환의 효력이 생기고 그 반환청구권에는 민법 제1117조 소정의 소멸시효가 적용될 여지가 없다."고 판시한 바 있다.

그런데 대법원 1995. 6. 30. 선고 93다11715 판결[14]은 "유류분반환청구권의 행사는 재판상 또는 재판 외에서 상대방에 대한 의사표시의 방법으로 할 수 있고, 이 경우 그 의사표시는 침해를 받은 유증 또는 증여행위를 지정하여 이에 대한 반환청구의 의사를 표시하면 그것으로 족하고 그로 인하여 생긴 목적물의 이전등기청구권[15]이나 인도청구권 등을 행사하는 것과는 달리 그 목적물을 구체적으로 특정하여야 하는 것은 아니라 할 것이고, 민법 제1117조 소정의 소멸시효의 진행도 위 의사표시로 중단된다고 할 것이다."라고 판시하였다.

위 대법원판례는 "유류분반환청구권의 행사는 … 그로 인하여 생긴 목적물의 이전등기청구권이나 인도청구권 등을 행사하는 것과는 달리"라고 하여, 그 유류분반환청구권과 그로 인하여 생기는 목적물의 반환청구권이 서로 다르다는 점을 전제로 하고 있다. 하지만 재판상 또는 재판 외에서 상대방에 대한 의사표시의 방법으로 행사되는 유류분반환청구권은 일단 이를 행사하면 "형성권의 행사"에 따른 법률효과가 즉시 발생한다. 따라서 향후 더 행사할 "유류분반환청구권"이라는 것은 있을 수 없다. 즉 일단 행사된 유류분반환청구권에 대하여는 "소멸시효의 중단"을 관념할 여지가 없고, 행사의 효과로 인하여 발생한 목적물 반환청구권 등만이 소멸시효에 걸리는지 여부만의 문제만이 남을 뿐이다.

종래 학설 중에는 이러한 문제점을 지적한 것이 있었다. 즉 "형성권이 예외적으로 소멸시효에 걸리더라도 형성권의 본질상 소멸시효에 있어서 인정되는 것과 같은 사실상태의 중단은 인정될 여지가 없고, 그러한 한에서는 제척기간과 차이가 없다. 이러한 점에서 대법원판례의 태도는 비판적으로 검토되어야 한다. 민법 제1117조의 기간은 유류분반환청구권 자체의 행사기간이라고 볼 것인데, 유류분반환청구의 의사표시로 민법 제1117조에 정한 소멸시효의 진행이 중단된다는 것은 유류분반환청구권의 법적 성질을 청구권으로 볼 때는 타당하지만, 대법원판례가 유류분반환청구권을 형성권으로 파악하고 있는 이상 유류분반환청구권의 행사, 즉 반

13) 하집 1989-1, 267.

14) 집43-1, 367. 같은 취지로는 대법원 2002. 4. 26. 선고 2000다8878 판결(집50-1, 411).

15) 물권적 형성권설의 입장에서는 유류분반환청구권의 행사에 의하여 물권적으로 소유권이 유류분권리자에게 귀속된 결과 "진정명의 회복을 위한 이전등기청구권"을 행사하는 것이 된다.

환청구의 의사표시와 함께 더 이상 시효중단의 문제는 생길 여지가 없다고 보는 것이 수미일관하는 해석이기 때문이다."라는 비판이 있었던 것이다.

참고로 일본의 판례도 "피상고인이 상속의 개시 및 감쇄(減殺)를 할 본건 유증이 있었음을 안 1961. 2. 26.부터 1년 이내인 1962. 1. 10.에 감쇄의 의사표시를 한 이상, 위 의사표시에 의하여 확정적으로 감쇄의 효력이 생기고, 위 감쇄청구권은 소멸시효를 고려할 여지는 없다."고 판시한 원심을 정당하다고 판시하였다[16] 그 후 판례도 "유류분권리자가 특정 부동산의 증여에 관하여 감쇄청구를 한 경우에는 수증자가 취득한 소유권은 유류분을 침해한 한도에서 위 유류분권리자에게 귀속하므로, 유류분권리자가 감쇄청구에 의하여 취득한 부동산의 소유권 또는 지분권에 기한 등기절차청구권은 시효에 의하여 소멸하지 않는다고 해석된다."고 판시하였다.[17] 이는 형성권과 형성권 행사로 인하여 생긴 청구권을 준별하면서 그 소멸시효를 서로 달리 보는 것이다.

(4) 대상판결의 판시

대상판결은 종래 대법원판례에서 보였던 일부 혼선을 정리하면서 그 입장을 명확히 하였다. 유류분권리자가 민법 제1117조 소정의 소멸시효 기간 안에 유류분반환청구권을 행사하면 유류분을 침해하는 범위 내에서 유증 또는 증여는 소급적으로 효력을 상실하고 상대방은 그와 같이 실효된 범위 내에서 유증 또는 증여의 목적물을 반환할 의무를 부담한다. 대상판결은 여기서 유류분반환청구권을 행사함으로써 발생하는 목적물의 이전등기청구권 등은 유류분반환청구권과는 다른 권리이므로, 그 이전등기청구권 등에 대하여는 민법 제1117조 소정의 유류분반환청구권에 대한 소멸시효가 적용될 여지가 없고, 그 권리의 성질과 내용 등에 따라 별도로 소멸시효의 적용 여부와 기간 등을 판단하여야 한다고 판시한다. 이는 유류분반환청구권의 행사로 인하여 발생하는 수증자 또는 수유자에 대한 반환청구권이 원물반환청구권인 경우에는 이를 물권적 청구권으로 보고 소멸시효에 걸리지 않는다고 보는 한편, 원물반환이 아닌 가액반환청구권은 이를 채권적 부당이득반환청구권으로 보아 소멸시효 적용 여부 및 기간을 판단하라는 취지로 이해된다.

4. 이 사건의 검토

원고는 2008. 3. 7. 피고 등을 상대로 이 사건 토지에 관하여 유류분반환청구를 하면서, 유류분반환청구권의 행사 대상으로 2007. 5. 14.자 유증행위를 지정하였다. 따라서 그 유류분반환청구권의 행사에 의하여 위 유증행위는 실효되었다고 보아야 한다. 이 경우 위 유류분반환청구권의 행사할 당시 지정된 유증행위에 같은 날에 행하여진 다른 목적물에 대한 유증행위

16) 日最判 1966.(昭 41) 7. 14.(民集 20-6, 1183).

17) 日最判 1995.(平 88) 6. 9.(民集 175, 549).

도 포함되는지가 문제 된다.

이는 기본적으로 의사표시 해석의 문제이다[18]. 하지만 '유류분반환청구권의 행사시 목적물의 특정을 요하지 아니한다'는 대법원판례에 의하면, 동일자에 행하여진 일체의 목적물에 대한 유증행위도 포함되는 것으로 해석함이 상당하다. 그것이 유류분반환청구권을 행사하는 유류분권리자의 의사에도 부합하기 때문이다.

위 유류분반환청구권의 행사는 망인의 사망일(2007. 5. 14.)로부터 1년 내에 이루어진 것이므로, 원고가 유류분침해 사실을 안 날을 언제로 보든지 간에 민법 제1117조가 정한 1년의 소멸시효가 완성되었다고 볼 여지는 없다.

한편 위 유류분반환청구권의 행사로 인하여 생긴 목적물 등의 반환청구권은 위 유류분반환청구권 자체와는 구별되는 권리이므로 민법 제1117조의 적용을 받아 1년의 소멸시효에 걸리는 것이 아니다. 다만 그 권리가 원물반환을 구할 권리인 경우에는 물권적 청구권이므로 소멸시효에 걸리지 않는다. 그 권리가 가액반환을 구할 권리인 경우에는 채권적 부당이득반환청구권이므로 10년의 소멸시효에 걸린다고 보아야 한다.

따라서 이와 달리 판단한 원심판결은 위법하고, 상고이유의 주장은 이유 있다.

Ⅲ. 대상판결의 의의

대상판결은 유류분반환청구권의 법적 성질이 형성권이고 그것이 소멸시효에 걸린다는 종전의 입장을 재확인하였다. 나아가 유류분환청구권 및 그 행사로 발생하는 권리는 서로 구별되는 별개의 권리로서 그 각 소멸시효 기간은 서로 다르다는 점과 유류분환청구권의 행사로 발생하는 권리의 소멸시효는 그 구체적인 권리의 성질에 따라 별도로 판단하여야 할 사항임을 최초로 판시하였다. 대상판결은 유류분반환청구권의 법적 성질과 소멸시효를 둘러싼 그간의 일부 혼선을 정리하고 소멸시효에 관한 판단기준을 처음으로 제시하였다는 데에 그 의의가 있다.

18) 대법원 2012. 5. 24. 선고 2010다50809 판결(공 2012하, 1107): 구체적으로 유류분반환청구 의사가 표시되었는지는 법률행위 해석에 관한 일반원칙에 따라 의사표시의 내용과 아울러 의사표시가 이루어진 동기 및 경위, 당사자가 의사표시에 의하여 달성하려고 하는 목적과 진정한 의사 및 그에 대한 상대방의 주장·태도 등을 종합적으로 고찰하여 사회정의와 형평의 이념에 맞도록 논리와 경험의 법칙, 그리고 사회일반의 상식에 따라 합리적으로 판단하여야 한다.

불법행위책임에 관한 조망

윤 석 찬*

Ⅰ. 서 론

1. 자기손해부담원칙과 귀책

(1) 법익소지자의 자기손해부담원칙

“법익소지자는 자신의 법익에 대한 우연한 사건으로 발생한 손해를 스스로 감내하고 부담해야 한다”는 자기손해부담원칙(casum sentit dominus)은 사물의 이치에 그 근거를 둔 것이므로 자신에게 발생한 손해를 타인에 의하여 인수되게 하는 것은 극히 예외적인 경우라는 것을 의미한다. 그렇다면 타인에 의한 손해인수가 예외라는 측면에서는 특별한 근거가 요구되는데, 타인에게 발생한 손해에 대한 인수의 근거로서 흔히 귀책(Zurechnung)이 언급된다. 다시 말해서 귀책은 피해자가 자신에게 발생한 손해를 타인에게 인수시키거나 혹은 전가할 수 있는 법적 근거를 지칭하는 일반적인 개념으로서 인간의 행위와 관련된 것이다. 결국 손해에 대하여 타인이 부담하는 책임은 타인의 귀책에 근거한 행위에 대한 책임(Verhaltenshaftung)이라 볼 수 있다.[1] 그리하여 인간의 의사에 지배된 행위와 관련된 손해만이 전보되는 것으로 자연현상에 기한 손해나 인간이 소유하고 있지 않은 동물에 의한 손해 혹은 반사운동[2]과 같이 인간의 의식적 통제가 불가능한 행위에 의하여 초래된 손해에는 책임이 발생치 않는다. 따라서 손해배상책임에서의 첫 번째 요건이 인간의 행위라 볼 수 있고, 피해자는 자신이 타인의 행위에 의하여 손해를 입게 되었다는 사실에 관한 증명책임을 부담하게 된다.[3]

(2) 주관적 귀책과 객관적 귀책

행위와 그 행위 결과를 행위자에게 개인적으로 부담지울 수 있기 위해서는 행위자에게 주

---

* 부산대학교 법학전문대학원 교수.

1) Deutsch/Ahrens, Deliktsrecht, 4. Aufl., S. 1 f.

2) 대표적 사례로는 숙면 중에 몸부림으로 손이나 발로 타인을 치는 행위를 들 수 있다. 그러나 독일 연방대법원(BGH)의 판결(BGH VersR 68, 175)에 따르면 타인의 공격행위 직후에 이루어진 의식적 통제를 벗어난 본능적이고 반사적 방어행위로서의 가격행위는 행위로 보았다.

3) 독일 연방대법원의 판결(BGHZ 39, 103)의 입장이다.

관적 귀책이 인정되어야 하는데, 이러한 행위에 대하여 "고의"나 "비난 가능한 과실"이 있게 되면 주관적 귀책이 인정된다. 특히 책임능력은 일반적으로 주관적 귀책과 연관되어 진다. 반면에 사건 또는 결과가 인간의 의사에 귀결될 수 있을 때, 예를 들어 상당인과관계가 인정될 때 그 행위의 객관적 귀책이 인정된다.[4)]

2. 손해배상책임의 근거

상기에서 언급한 바와 같이 '자기손해부담원칙'에 대한 예외로서 피해자 이외의 사람에게 손해배상의무를 부담시키기 위해서는 특별한 법적 근거가 요구된다. 그러한 근거에는 불법행위법이라는 근거뿐만 아니라 새로운 적극적 입법에 근거한 것도 있다. 전자는 소위 원칙적인 것이고 후자는 보충적인 것이다. 또한 전자로는 과실책임주의(Verschuldenshaftung)를 들 수 있는데, 이에 의하면 타인은 자신의 고의 또는 과실에 대하여만 손해배상책임을 부담하게 된다.[5)] 후자로는 위험책임(Gefährdungshaftug)을 들 수 있는데, 이는 특별한 법률규정을 전제로 한다. 그러한 예로는 우리나라의 원자력손해배상법[6)]에 근거한 원자력 사업자의 손해배상책임을 들 수 있다. 동법 제3조 제1항[7)]에 따르면 원자력 사업자는 원자력손해가 발생하였을 때 무과실책임으로서 위험책임을 부담하게 된다. 독일의 경우에는 도로교통법(StVG) 제7조에 근거한 자동차 소유자의 무과실책임으로서 위험책임[8)] 혹은 의약품법(AMG) 제84조에 근거한 의약품 제조업자의 무과실책임으로서 위험책임을 들 수 있다.

(1) 과실책임

과실책임주의는 로마법상의 불법행위법에서 발전된 원칙이다. 로마법의 12표법에서는 소위 "고려된 행위"와 "고의가 아닌 행위"로 구별되었다. 이후에는 물건의 훼손에 관한 법을 중심으로 발전되었고, 아킬리아법(lex Aquilia 286 v. Chr)[9)]에 의하여 관철된 '위법하게 가해진 손

4) Deutsch/Ahrens, a.a.O., S. 2.

5) 따라서 피해자에게 우연히 발생한 손해에 대하여는 책임이 없게 된다.

6) 우리나라에서는 위험책임으로서 원자력손해배상법이 제정되어 1969년 1월 24일부로 시행되고 있다.

7) "원자로의 운전 등으로 인하여 원자력손해가 생겼을 때에는 해당 원자력 사업자가 그 손해를 배상할 책임을 진다. 다만, 그 손해가 국가 간의 무력 충돌, 적대 행위, 내란 또는 반란으로 인하여 발생한 경우에는 배상책임을 지지 아니한다."

8) 독일의 경우에는 도로교통법(StVG)이 운행자의 무과실책임을 규정하여 위험책임으로 입법되었다. 우리나라의 자동차손해배상보장법은 엄격히 보면 무과실책임규정을 두지 않았기에 법적으로 위험책임이라 할 수 없으나 운행자의 면책사유가 충족되기 어려워서 사실상 위험책임이라 평가할 수 있다.

9) 아킬리아법은 BC 286년경 로마의 호민관 아킬리우스의 제안으로 제정된 법률로서 12표법 또는 기타 종래의 법들을 대체하였는데 그 내용으로 제1장에는 타인의 남자노예나 여자노예 또는 네발 달린 가축을 위법하게 살해한 자는 그 물건의 그 해 동안의 최고가격에 해당하는 금원을 소유자에게 배상해야 한다고 규정되었고, 제2장에는 채권자로 추가된 자가 채권자를 해하고자 채무를 면제한 경우 그에 상응하는 배상책임을 부담한다는 것이고, 제3장에는 노예 또는 가축살해를 제외한 나머지 경우에 있어서 타인의 물건을 위법하게 불태우거나 부수거나 망가뜨려 손해를 가한 자는 사태 발생으로부터 30일이 되는 시점에서의 그것의 액수를 소유자에게 배

해의 원칙(damnum injuria datum)'은 결국 손해는 유책한 행위로 발생해야 한다는 것으로 해석된다. 그리고 여기서의 유책성(Verschulden)은 고의(dolus malus)와 과실(neglegentia)을 포함한다. 과실은 우연(casus)과 대립되는 개념으로서[10] 우연에 대하여는 책임이 성립하지 않는다. 그리하여 현행법에서는 유책성에 근거한 책임(Schuldhaftung)이 과실책임주의(Verschuldens-haftung)로 발전한 것이다. 이러한 과실책임주의는 행위자의 유책성, 즉 고의 또는 과실이 인정되는 경우에만 책임이 인정될 수 있기에 권리상태의 유지의 이익보다 행위자의 행위자유의 이익에 보다 우위적 가치판단을 내포하고 있다. 또한 유책성에 근거한 책임은 언제나 위법한 행위를 전제로 한다. 그리하여 "타인을 해하여서는 아니 된다(alterum non laedere)"라는 원칙은 위법한 행위에 대한 귀책이 인정되는 경우에서 손해배상청구권을 통하여 실현될 수 있다.[11] 이처럼 과실책임주의는 허용되지 않는 행위(unerlaubte Handlungen)를 전제로 하여 가해자로 하여금 자신의 유책한 행위로 발생한 모든 손해에 대하여는 책임을 부담하게 한다.[12]

(2) 위험책임

위험책임이란 자신의 이익을 위하여 위험원을 창설하거나 유지 내지 지배하는 자는 그 위험원으로부터 손해가 발생하게 되면 무과실책임을 부담하여야 한다는 것이다.[13] 여기에서의 위험원으로는 첨단기술상의 빠른 속도와 같은 '과도한 위험'을 의미한다. 그리하여 위험책임은 산업사회에서 새롭게 창출되는 위험원에 대한 법적 대응이라고도 볼 수 있다. 위험책임은 불법에 대한 책임을 의미하는 것은 아닌, 다시 말해서 '허용되지 않는 행위(unerlaubte Handlungen)'에 대한 책임은 아닌 것으로[14] 소위 '허용된 위험한 상태의 초래'에 대한 책임인 것이다.[15] 또한 위험원이라 볼 수 있는 빠른 속도의 속성의 지닌 자동차의 운행이 위법한 것은 아니기 때문에 독일의 자동차 소유자의 도로교통법(StVG)에 근거한 위험책임에는 위법성이 없다. 이러한 무과실책임법리의 위험책임은 일반적인 과실책임주의에 대한 예외로서 법률의 유보하에서 인정된다.

3. 공평책임

공평책임은 독일법에서 명문규정으로 도입되었다. 독일 민법 제827조 이하 규정에 의하여 가해자에게 주관적 귀책능력(책임능력)이 결여되어 있다면 그 가해자는 원칙적으로 책임이 없게 된다. 그러나 특별한 사유에 근거해서, 다시 말해서 감독의무 있는 제3자로부터 손해배상이 전

상하여야 한다고 규정되어 있다.

10) Fuchs, Deliktsrecht, 4. Aufl., Spring, S. 2.

11) Deutsch/Ahrens, a.a.O., S. 3.

12) von Bar, Gemeineuropäisches Deliktsrecht I, Rn. 14 f.

13) von Caemmerer, Haftung für besondere Gefahr, AcP. 1970, S. 1 f.

14) Larenz/Canaris, Schuldrecht Bd. II/2(1994), 13. Aufl., § 84 I 3a f.

15) Medicus, Grundwissen zum Bürgerlichen Recht (2011), 9. Aufl., S. 123.

보될 수 없으며 당사자들의 재산관계에 비추어도 손해의 전보가 요구되는 등의 사정이 있다면 공평책임(Billigkeitshaftung)으로서 독일 민법 제829조에 근거하여 공평의 이유에 기하여 그 가해자의 책임이 인정 된다는 것이다. 이러한 공평책임과 관련한 독일 연방대법원(BGH)의 판결을 보면 교통사고로 인하여 손해가 발생한 사건에서 피해자가 독일 도로교통법(StVG)의 위험책임에 근거하여 재산적 손해에 대한 전액의 배상을 받았다고 하더라도 교통사고 관련자들의 경제적 사정을 고려하여 특히 가해자를 위한 자동차책임보험이 준비되어 있다면 그 교통사고의 가해자에게 설령 과실이 없더라도 독일 민법 제829조에 근거한 공평책임이 인정되어 그 가해자는 피해자에게 도로교통법의 위험책임에서 인정되지 않은 위자료 배상책임을 부담하게 된다.[16]

Ⅱ. 불법행위의 이해

1. 불법행위의 개념

귀책이 인정되는 가해자의 행위를 흔히 불법행위라 하는데, 이는 법질서를 깨뜨리는 위법행위로서 고의 또는 과실로 타인에게 손해를 주는 행위이고, 손해배상채무의 주요한 발생 원인이 되기도 한다.[17] 그렇다면 불법행위법은 타인의 행위에 의하여 발생한 손해에 대하여 그 손해의 피해자가 그 타인과의 계약관계의 유무와 무관하게 그 타인에게 책임을 전가할 수 있는지의 여부에 관한 문제를 규율하는 것으로서 결국 불법행위로 인한 법률관계를 규율하는 法이다. 종래에는 여기서의 불법행위에는 타인에게 이미 발생한 손해에 한정하였으나 최근에는 손해를 줄 우려가 있는 행위도 포섭된다고 볼 수 있다.[18]

2. 광의의 불법행위법과 협의의 불법행위법의 구별

불법행위법은 '광의의 불법행위법'과 '협의의 불법행위법'으로 분류되기도 한다.[19] 후자의 '협의의 불법행위법'을 흔히 불법행위법(Deliktsrecht)으로 통용되는데, 이는 유책주의를 근거로 하는 과실책임주의만을 의미하는 것으로서 여기에는 "과실 없으면 책임도 없다"는 공식이 통용된다. 이와 달리 전자의 광의의 불법행위법(Haftungsrecht)이라 함은 협의의 불법행위법으로서의 과실책임주의와 함께 무과실책임주의를 표방한 위험책임(Gefährdungsrecht)에 관한 법도

16) BGH, Urteil v. 11.10.1994 - VI ZR 303/93 (Oldenburg).

17) 곽윤직, 채권각론, 신정판, 박영사, 1995, 656.

18) 송오식 교수는 대법원 2010. 8. 25.자 2008마1541 결정에서 불법행위의 효과로서 금지 및 예방청구권이 인정되었는데, 이는 손해의 발생뿐만 아니라 향후 손해 발생의 우려가 있는 위법행위에 대하여도 불법행위라고 평가한 것으로 의미 있는 결정이라 평하고 있다. 이에 관해서는 송오식, 불법행위법(2012), 법률정보센터, 4 참조.

19) 편집대표 곽윤직, 민법주해 제18권, 채권(11), 박영사, 2005, 2.

포함하게 된다. 이러한 위험책임법에 관한 법은 협의의 불법행위법에서의 위법성과 유책성을 전제로 하지 않는 것이 그 특징이다.

3. 불법행위법의 연혁

(1) 고전시대

"사람이 있는 곳에 법이 있다(Ubi societas ibi ius)"라는 법언과 같이 사람은 사회생활을 시작하면서 그 사회생활의 평화유지를 위하여 규범을 만들었기에 법의 시작은 사회평화의 유지로부터 출발한 것이다. 그리고 법의 시작은 자연법이며 이후 실정법으로 발전하게 된다. 자연법이라는 용어는 그리스의 스토아철학에서 처음 사용하였다. 이후 가이우스는 만민법을 자연법이라 칭하였고, 울피아누스는 법을 자연법, 만민법, 시민법으로 분류하였다.[20] 이러한 자연법은 마침내 로마법대전에서는 실정법으로 입법이 되었다. 이처럼 자연법은 자연의 이치, 사물의 본성, 인간의 선한 본성에 기초한 법으로 실정법 위에 존재하기도 하고, 실정법으로 전환되어 실정법에 내재하기도 한다. 자연법의 본질은 결국 인간의 본성, 사물의 이치로서 영구불변의 법이라고도 할 수 있다.[21]

그런데 인간의 역사의 시작과 함께 생성된 법은 바로 법 중에서도 민법이었다. 왜냐하면 인간과 인간이 모여 공동체를 이루면서 그 공동체의 평화를 유지하기 위하여 민법이 생성되었고, 민법 이외의 다른 법들은 사람들의 공동체가 단순히 사람들이 모인 비조직적인 집단의 정도를 넘어 조직을 갖춤과 함께 생성되어 발전되었기 때문이다.[22] 실정법으로서 최초의 성문법전으로는 잘 알려진 바빌로니아 왕국의 함무라비 법전(B.C.1,400-300)인데 여기서는 불법행위책임으로서의 민사책임과 형사책임이 구분되지 않았고 오직 응보주의에 기한 동해보복(lex talionis)이었다. 그리하여 자기 아들이 살해되면 살해한 자를 벌하는 것이 아니라 살해한 자의 아들을 살해하는 형식의 연좌제와 같은 규정이 있었다.[23] 그리스 철학자 플라톤도 "만약 노예가 사람을 살해하면 그 노예는 사자의 가족에게 넘겨주어야 한다. 사람을 상해한 노예는 임의로 사용할 수가 있도록 피해자에게 인도하여야 한다"고 주장했다.[24] 결국 고전시대에는 민사와 형사의 책임이 분리되지 않았고, 소위 사적인 형벌(Privatstrafe)이 허용되었다는 것이다.

(2) 로 마 법

불법행위법은 연혁적인 측면에서는 로마법의 전통에서 기원한 것으로서 그 뿌리는 공법이

20) Paolo Prodi, Eine Geschichte der Gerechtigkeit; Vom Recht Gottes zum modernen Rechtsstaat, 2. Aufl. (2005), C.H. Beck, S. 28.
21) 김상용, 자연법론과 법정책, 피앤씨미디어, 2014, 6 참조.
22) 김상용, 서양법사와 법정책, 피앤씨미디어, 2014, 3 참조.
23) 최종고, 법사상사, 박영사, 1990, 15.
24) 편집대표 곽윤직(주 19), 5 이하.

라 할 수 있는 형법이라고도 볼 수 있다.[25] 로마법에서 최초의 성문법으로서의 12표법에는 실제로 형법규정이 존재하였다. 그러나 그 중심내용은 주로 사법이라 볼 수 있고, 특히 공동체 유지를 위하여 가족법과 상속법으로 구성되었다. 물론 불법행위법에 관한 규정도 포함되어 있었다.[26] 로마법은 실체법과 절차법이 구별되지 않은 상태의 소권법체계(Aktionensystem)이었기에 불법행위로 인한 책임도 소권으로 인정되었고[27], 최후의 수단으로서 중한 불법행위 등의 경우에는 여전히 사적으로 가해자를 보복하는 것이 허용되었다. 이후 로마제국이 발전됨에 따라 아킬리아법에 따르면 노예와 유체재산에 대한 침해로 타인에게 손해가 야기된 경우에는 금전으로 배상되었고, 또한 고의뿐만 아니라 과실에 대한 민사책임이 인정됨으로 인하여 진일보하였다고 평가되었다.[28] 여하튼 로마법에서는 불법행위를 사법상의 손해배상청구권의 발생원인으로 인정되었다.

(3) 게르만법

게르만법에서는 공법과 사법이 분화되지 않았기에 사법상의 불법행위와 공법상의 범죄행위가 개념상 그리고 내용상 동일시되었고, 불법행위책임에는 형벌적 효과가 귀속되었다. 특히 게르만법은 원인책임 또는 결과책임의 원칙에 따라 행위자의 과실을 묻지 않고 손해발생의 원인을 제공한 자에게 결과에 대한 책임을 귀속시켰다. 그리하여 누구든 어떠한 위험상태를 야기한 자는 자신의 행위와 결과 사이에 인과관계가 성립하는 한 우연한 사정에 대해서도 책임을 부담하게 되었다.[29] 그리고 게르만법에서는 범죄와 불법행위가 분화되지 않았기에 양자의 법률효과는 동일하였다. 그리하여 형벌적 제재수단으로서의 재산형이 손해배상이라는 사법적 기능을 수행하기도 하였다. 여기서의 재산형에는 생명침해에 대한 인명금과 신체나 재산침해로 인한 속죄금으로 나누어진다. 이러한 금액들은 프랑크 시대에 편찬된 부족법에는 배수정액제로 규정되었는데, 피해자의 사회신분의 차이에 따라 국왕 및 관리는 평민의 3배였고, 귀족은 평민의 2배였으며, 반자유인은 평민의 반액으로 피해자는 법정액 이상을 청구할 수 없었다.[30] 이처럼 '행위자 본인의 행위에 대한 불법행위책임'뿐만 아니라 '타인의 행위에 의한 불법행위책임' 그리고 '동물 및 물건에 의한 불법행위에 대한 책임'으로 게르만법의 불법행위책임은 나누어진다. 게르만법에서는 타인의 불법행위에 대하여 가장 또는 영업주의 책임이 널리 인정되었고, 설령 가장 또는 영업주가 자신의 보호 및 감독하에 있는 자의 불법행위가 우발적 사정임을 주장하더라도 면책될 수 없었다.[31] 동물의 행위에 의한 불법행위책임과 관련하여서 고대

25) Coing, Europaeisches Privatrecht I, § 100, S. 503.
26) 최병조, 로마법연구(I): 법학의 원류를 찾아서, 서울대학교 출판부(1995), 3-33 참조.
27) 김상용(주 22), 52 참조.
28) 편집대표 곽윤직(주 19), 7.
29) 현승종, 조규창, 게르만법 제3판, 박영사, 2001, 443 이하.
30) 현승종, 조규창(주 29), 445.
31) 현승종, 조규창(주 29), 446 참조.

게르만의 관습을 성문화한 살리카법전(Lex Salica)에 따르면 가축이 사람을 죽인 경우에 가축 소유자는 피해액에 해당하는 화해금의 절반을 금전으로 지급하였고, 나머지 절반의 피해액에 대해서는 그 가축을 피해자측에 넘겨주어야 했다.[32] 게르만법에서도 로마법에서와 유사하게 응보주의에 머물지 않고 손해의 전보가 주된 기능이었다고 볼 수 있다.

4. 불법행위법의 구조와 근거

(1) 과실책임의 구조

과실책임주의를 표방하고 있는 우리 민법 제750조나 독일 민법 제823조의 규정은 두 가지의 규범으로 구성되어 있다. 여기에는 일차적 기능을 수행하는 구성요건규범(Tatbestands-norm)과 이차적 기능을 수행하는 법률효과규범(Rechtsfolgenorm)이 있다.[33] 일반적으로 불법행위책임의 규정에 따르면 행위자의 과실에 기한 위법한 가해행위가 있게 되면 그 행위자에게 손해배상의무가 부과되는데 이러한 결과적 내용이 바로 법률효과규범이라 볼 수 있다. 반면에 구성요건규범은 직접적으로 손해배상의무를 명하기보다는 간접적으로 고의 내지 과실에 기한 법익침해를 금지시키게 된다. 이처럼 구성요건규범은 일차적으로 법익침해를 금지시키고 방해하여 법익을 보호하는 기능을 가지고 있으나, 법률효과규범은 구성요건규범이 유책하게 위반된 경우에 한하여 이차적으로 손해배상의무를 부과하는 기능을 수행하게 된다.

(2) 과실책임의 근거

1) 구성요건　　구성요건(Tatbestand)은 과실책임의 근거 중 가장 기초적인 요소로서 사법상 중요한 사실의 특징적 요소를 의미한다. 예를 들어 가해자에 의하여 이루어진 신체침해로 인한 책임은 우리 민법 제750조의 '타인에게 손해를 가한 자'라는 구성요건에서 출발한다.[34] 이러한 구성요건의 형성은 대상이 되는 현실적 사실을 추상화시키게 된다. 이러한 구성요건에서 핵심적 개념은 바로 손해의 발생이다. 그러나 손해의 개념에 관하여 우리나라 민법을 비롯하여 독일 민법 등 대부분의 외국의 입법례에서도 명문 규정을 두고 있지 않다. 손해는 '자연적 손해'와 '규범적 손해'로 분류할 수 있고, 전자는 전통적 학설과 우리 판례의 원칙적 태도인 차액설로 설명되는데, 법익에 발생된 손실 또는 불이익한 변화를 평가하는 것으로 가해행위가 없었더라면 있었을 가정적 재산상태와 가해행위로 인한 현재의 불리한 재산상태를 비교하여 산정한다. 후자에 따르면 손해는 규범으로부터 도출되어야 한다는 것이다.[35] 후자가 등장하게 된 이유는 손해의 산정에 있어 침해결과에 대한 규범적 평가가 필요하다는 취지가

---

32) 편집대표 곽윤직(주 19), 8.

33) Deutsch/Ahrens, a.a.O., S. 5 f. 참조.

34) 이를 독일 민법에 적용하여 신체침해로 인한 책임은 독일 민법 제823조 제1항의 "타인의 신체에 대한 침해"라는 구성요건에서 출발하게 된다.

35) Deutsch, Haftungsrecht, S. 499 f.

반영된 것이다.[36] 일찍히 독일의 학설과 판례[37]는 일정한 사안에 대하여 규범적 손해의 개념을 인정하였고, 우리 판례[38]도 규범적 손해의 개념을 인정하고 있다. 아울러 이러한 손해에 관하여 그 발생뿐만 아니라 인과관계, 고의 내지 과실의 요건사실을 손해배상청구소송에서 피해자인 원고가 주장하고 고도의 개연성의 확신을 갖도록 증명해야 한다. 다만 2016년 3월에 우리 민사소송법 제202조의2가 신설되어 피해자에게 손해발생의 사실은 인정되지만 구체적 손해액이 완전하게 증명될 수 없는 경우에 법원은 모든 사정을 종합하여 상당하다고 인정되는 금액을 손해배상액으로 정할 수 있게 되었다.

이외에도 손해는 '재산적 손해'와 '비재산적 손해'로 구별될 수 있다. 전자는 양도성과 대체성의 속성으로 특징되는 인간의 물질적 재화에 대한 침해를 의미하고, 후자는 인간의 생명권, 신체권, 건강권 내지 인격권 등의 절대권에 대한 침해로 원칙적으로는 금전배상의 방법으로는 전보될 수 없는 고유한 특성을 지니고 있다.[39] 왜냐하면 비재산적 손해는 재산적 손해와 달리 시장가격 등에 의하여 객관적으로 평가하기 어렵기 때문이다. 따라서 비재산적 손해에 대하여는 차액설이 적용될 수 없다.[40] 그리하여 이러한 비재산적 손해는 피해자의 제반 상황을 고려하여 예측하여서 평가될 수밖에 없다. 한편 오로지 정신적 고통 그 자체가 비재산적 손해라고 보는 견해[41]도 있다. 그리하여 이러한 정신적 고통에 대한 배상액의 산정은 우리 대법원의 입장대로 법원의 공정한 자유재량에 따라 결정될 법원의 전권사항인 것이다. 사실 이는 로마법 이래 확립된 원칙이기도 하다.[42] 물론 이러한 정신적 고통에 대한 금전배상을 위자료라고 하는데, 그 연혁을 보면 독일 민법(BGB) 이전의 1794년 프로이센 일반란트법(ALR) 제112조와 제113조에 최초로 위자료청구권이 도입되었고, 이 당시에는 가해자에게 적어도 중과실이 있어야 위자료청구권 인정되었다.[43]

2) 위 법 성 구성요건의 성립에 추가하여 위법성(Rechtswidrigkeit)이 별도로 존재한다. 다시 말해서 구성요건의 해당성을 전제로 하여 법적 가치평가가 필요한데, 이것이 위법성 여부에 관한 것이다. 그리하여 위법성은 구성요건과 밀접한 관련이 있게 된다.[44] 다시 말해서

36) 김상중, "손해의 개념과 손해발생의 인정", 민사법학 제90호(2020. 3), 204 참조.

37) BGHZ 50, 304; BGH NJW 1969, 1477.

38) 서울고등법원 2013. 4. 10. 선고 2012나68493 판결에 따르면 통상 이용료 상당액은 소프트웨어 정품 소매가격에 불법 복제 부수를 곱한 금액이라고 하여 규범적 손해가 인정되고 있다.

39) 윤석찬, "책임원인에 따른 비재산적 손해에 대한 배상과 위자료", 민사법학 27호(2005), 525.

40) 곽윤직, 채권총론, 제6판, 박영사, 2009, 113.

41) 신동현, 민법상 손해의 개념, 경인문화사, 2014, 107. 반면에 비재산적 손해를 반드시 정신적 고통 내지 정신적 손해로 국한할 필요가 없다는 견해도 있다. 예를 들어 대인 관계의 훼손, 이미지 실추, 혼인 기회의 감소, 여행 기회의 상실 등은 정신적 손해가 아닌 비재산적 손해라는 것이다. 이에 관해서는 안병하, "위자료 기능의 새로운 이해", 사법 제21호(2012. 9), 사법발전재단, 11 참조.

42) 조규창, "소유권침해와 위자료청구권 — 통설·판례에 대한 비판적 고찰", 고려대 판례연구 제4집(1986), 161 참조.

43) 윤석찬, "신체침해에 따른 비재산적 손해배상에 관한 법리", 법조 통권 634(2009. 7), 3.

구성요건과 위법성은 종종 근거와 결과의 관계에 있다. 일반적으로 유형화된 구성요건은 구성요건에 해당하는 행위의 위법성을 표시하고 있다. 그리하여 위법성에 관한 증명책임은 피고에게 전환되어 있다는 것이다. 결국 타인의 신체에 상해를 가한 자는 자신의 행위의 정당성을 증명해야 한다. 만약 그가 자신의 행위의 정당성을 증명치 못하면 위법성은 확정된다.

우리나라 혹은 독일의 통설에서의 결과불법설(Lehre vom Erfolgsunrecht)에 따르면 특별한 정당화 사유가 없는 한 법익침해는 항상 위법한 것이 된다. 반면에 행위불법설(Lehre vom Handlungsunrecht)[45]에 따르면 위법성을 행위에 대한 평가로 이해한다. 그리하여 행위자가 고의 혹은 과실로 손해를 발생치 않았다면 위법성이 부정되게 된다. 그러나 구체적으로 위법성의 존부 및 정도를 판단하기 위하여는 결국에는 법익의 종류와 침해의 태양을 상관적으로 고려하게 된다. 특히 단순한 채권침해에 대하여 위법성이 인정되기 위해서는 귀책사유의 정도나 침해의 태양의 중대성이 요구된다.[46] 그리하여 소유권은 물권 중에서도 가장 강한 권리이기에 그 침해는 원칙적으로 위법성을 가진다. 채권침해의 경우에는 엄격한 요건하에서만 위법성이 인정된다. 왜냐하면 제3자에 의한 채권침해를 수월하게 인정하면 채권의 상대효에 반하기 때문이다. 그리고 이러한 위법성에 대한 입증책임은 피해자인 원고가 부담한다고 볼 수도 있는데 신체침해의 경우에는 피해자가 신체침해를 입었다는 사실의 입증만으로 위법성이 인정될 수 있으나, 단순한 채권침해의 경우에는 침해의 태양과 관련하여 특별한 입증이 요구된다.[47]

3) 유 책 성 　위법성의 요건에 추가하여 유책성(Verschulden)이 논의된다. 부정적으로 평가를 받은 행위를 행위자의 책임으로 귀책하는 판단이 유책성으로 이루어진다. 위법성과 연관을 짓자면 위법한 행위에 대하여 그 행위자를 비난할 수 있는 경우라면 그에게 유책성이 인정된다.[48] 이러한 유책성은 구성요건 및 위법성과 관련된 상대적 개념이지 유책성 자체만으로 존재할 수 없다. 다시 말하자면 유책성은 하부구조에 있는 구성요건과 위법성에 영향을 받게 된다. 구성요건 차원의 행위가 발생하면 고의 내지 과실인지에 관한 의문이 생기게 되고, 위법성이 인정되면 인식 유무에 관한 의문이 생기기 때문이다. 유책성은 하나의 전제 요건이 필요한데, 유아 혹은 정신장애인에게 결여된 책임능력(Zurechnusfähigkeit)인 것이다. 또한 유책성에는 의도적으로 구성요건을 실현하는 '고의'와 무의식적으로 구성요건을 실현하는 '과실'이라는 두 가지 현상형태가 있다.[49] 이와 달리 영미법과 불란서 법에서는 위법성과 유책성이 엄격하게 구별되지 않고 있다고도 한다.[50] 이러한 유책성에 관한 증명책임은 피해자인 원고가

44) Deutsch/Ahrens, a.a.O., S. 7.
45) Kötz/Wagner, Deliktsrecht(2001), 9. Aufl., Rn. 98.
46) 이창현, 로스쿨 불법행위법, 유로서적, 2011, 43.
47) 오석락, 입증책임론, 1996, 461.
48) 이는 케머러 교수의 견해이다. 이에 관해서는 양창수, 민법연구, 제1권, 박영사(1991), 48.
49) Deutsch/Ahrens, a.a.O., S. 8.
50) 안춘수, 불법행위, 부당이득, 사무관리, 동방문화사, 2018, 13; Zweigert/Kötz, Einführung in die Rechts-

부담하는데, 예외로서 법률의 규정에 의하여 입증책임이 전환되는 경우와 사실상 과실의 추정으로 입증책임이 전환되는 경우도 있다.

5. 민사책임과 형사책임

(1) 개념적 구별

민사책임과 구별하여 우선 형사책임을 살펴보면 미수범의 경우에 있어서는 행위의 결과뿐만 아니라 행위 자체에 대한 비난을 목적으로 하기에, 설령 법익침해의 결과가 생기지 않았다 하더라도 일정한 범죄행위를 시도하였다는 것만으로도 형사책임이 인정된다. 게다가 '고의'에 의한 범죄인지 혹은 '과실'에 의한 것인지에 따라 형사책임의 성립 여부가 달라질 수도 있고 모두 형사책임이 성립한다고 하여도 양형의 내용이 달라질 수도 있다. 반면에 민사책임의 경우에는 피해자에게 발생한 손해를 이전 상태로 회복하는 것이 그 목적이기에 피해자에게 손해라는 법익침해의 결과가 그 전제가 되어 그 책임이 인정되기에 법익침해 없이 단순히 행태가 위법하다는 이유만으로는 그 책임이 인정되지 않는다. 게다가 민사책임에서는 '중과실'은 '고의'에 해당한다고 보기 때문에(culpa lata dolus est)[51] '중과실'과 '고의'는 사실상 법적 평가에 있어 동가치적 의미이고, 특히 민사책임의 성립과 범위에 있어서 '고의'와 '과실(중과실 포함)'은 아무런 결과적 차이가 없다. 물론 영미법상의 징벌적 손해배상책임의 경우에는 예외라 할 수 있다.

(2) 형사절차에서 민사책임으로서 배상명령제도

형사책임은 형사소송을 통하고, 민사책임으로서 불법행위책임은 민사소송을 통하여 다투어 지기에 예를 들어 하나의 교통사고가 발생하더라도 형사소송과 민사소송이 각각 진행되어야 한다. 이러한 경우 때로는 법원과 당사자 모두에게 비효율적이고 비경제적일 뿐만 아니라 판결의 모순저촉이 초래될 위험도 있다. 그리하여 일정한 요건하에 형사절차에서 민사책임의 일부를 확정하고 그 이행을 명하는 제도가 생겨났다. 다시 말해서 불법행위로 인한 손해배상청구를 일정한 요건하에 형사소송절차에 포섭하여 병합심리 함으로써 분쟁을 일거에 해결하는 것이다. 이를 위하여 우리나라에서는 '소송촉진 등에 관한 특별법'에서 배상명령제도를 신설하였다. 그리하여 동법 제25조 제1항[52]에 근거한 범죄행위로 발생한 손해액 또는 동법 제25조 제2항[53]에 근거한 피고인과 피해자 간에 합의된 손해액에 대하여 법원은 피고인에게 배상을

---

vergleichung, 3. Aufl.(1996), S. 607 ff.

51) 윤석찬, "징벌적 손해배상책임에 관한 소고", 재산법연구 제29권 제4호(2013. 2), 145.

52) "제1심 또는 제2심의 형사공판 절차에서 다음 각 호의 죄 중 어느 하나에 관하여 유죄판결을 선고할 경우, 법원은 직권에 의하여 또는 피해자나 그 상속인의 신청에 의하여 피고사건의 범죄행위로 인하여 발생한 직접적인 物的 피해, 치료비 손해 및 위자료의 배상을 명할 수 있다."

53) "법원은 제1항에 규정된 죄 및 그 외의 죄에 대한 피고사건에서 피고인과 피해자 사이에 합의된 손해배상액에 관하여도 제1항에 따라 배상을 명할 수 있다."

명하게 된다.

(3) 형사책임적 요소를 내포한 영미법상 징벌적 손해배상책임

징벌적 손해배상은 피해자에게 발생한 실손해에 대한 전보적 의미의 민사손해배상과 함께 추가적으로 징벌적 의미로서 인정되는 특별한 유형의 예외적 손해배상책임이다. 그래서 영미법상에서는 이를 두고 '별도의 배상(extracompensatory damages)'이라 칭하고, 독일법에서는 '추가분(Zuschlag)'이라 칭한다. 따라서 불법행위소송이 제기된 경우에 실손해에 대한 손해배상으로서의 전보적 손해배상이 기본적으로 청구되어야만 추가적으로 징벌적 손해배상이 청구될 수 있는 것이다.[54] 징벌적 손해배상의 기능으로는 첫째, 특별히 비난할 행위에 대한 처벌적 기능, 둘째, 가해자 내지 제3자에 대한 예방적 기능, 셋째, 피해자에 대한 이익부과적 기능이다. 그러나 이중에서 징벌적 손해배상의 주요한 기능은 바로 처벌적 기능이라는 것이다. 결국 징벌적 손해배상의 근원은 형사법에서 찾을 수 있고 당연히 형사책임적 요소를 내포하고 있다.[55] 우리나라에서 징벌적 손해배상을 처음 도입한 것은 2011년 '하도급거래 공정화에 관한 법률'이다. 동법에 의하면 특히 원사업자의 부당반품으로 수급사업자가 손해를 입은 경우에 발생한 손해의 3배 이하의 범위에서 배상책임을 지는 것을 내용으로 하는데, 이는 미국의 독점금지법(반독점법: Clayton Act; The Antitrust Laws of the United States of America)상 3배 배상제도를 도입한 것이라고 볼 수 있다. 이외에도 우리나라는 소비자 보호, 차별금지, 저작권 등 여러 분야의 특별법에서 3배 배상의 배액배상제도를 도입하고 있다.

영미법상의 징벌적 손해배상은 원칙적으로 보통법(common law)에 근거하고 있는 제도로서 영미법계의 연방법 내지 주법도 징벌적 손해배상을 인정하면서도 그 액수의 한도기준에 대하여 명확히 정하고 있지 않다. 그러다 보니 징벌적 손해배상책임은 미국에서도 주마다 다양한 모습으로 발전해 왔으며, 징벌적 배상책임에 대한 입장도 주마다 많은 차이를 보이고 있다.

Ⅲ. 불법행위법의 분화와 과제

1. 불법행위법의 분화

흔히 불법행위법(Deliktsrecht)은 계약법(Vertragsrecht)과 더불어 채권법(Schuldrecht)에서 책임법의 양대 산맥을 이룬다고 볼 수 있다. 불법행위법상의 불법행위책임은 불법행위라는 위법행위에 대한 민사책임을 의미한다. 여기서의 불법행위라 함은 고의 또는 과실로 타인에게 손해를 주는 위법행위를 말한다. 우리 민법은 동법 제750조의 일반불법행위책임과 동법 제755조 내지 제760조의 특수불법행위책임(소위 특별한 유형의 불법행위책임으로서 입법자는 이를 입증책임이

54) Marshall S. Shapo, Principle of Tort Law, Third Edition, WEST, 2010, 494 이하.

55) 윤석찬, "제조물책임법상의 징벌적 손해배상론", 저스티스 통권 제163호(2017. 12), 한국법학원, 13.

전환된 중간책임으로 구성한 것이다)으로 규정하고 있다. 물론 이외에도 민법전 밖에서 제조물책임법 등과 같이 민사특별법의 형식으로서도 불법행위책임이 규정되어 있기도 하다. 그리하여 불법행위로 인하여 손해배상책임이 문제 되는 경우에 특별법 우선의 원칙에 따라 관련 민사특별법이 우선 적용되는지 검토되어야 하고, 특별법이 존재하지 않는 경우에는 특별규정 우선의 원칙에 따라 특수불법행위책임이 성립하는지 여부가 검토되어야 하며, 끝으로 우리 민법 제750조의 일반불법행위책임이 성립하는지 검토되어야 한다.[56] 그런데 특이하게도 우리 민법 제750조를 적용함에 있어서 동조항의 네 가지의 법률요건(고의 또는 과실로 인한 가해행위, 가해행위의 위법성, 손해 발생, 가해행위와 손해 발생 사이의 인과관계) 모두가 한결같이 불법행위책임의 구체적 사건들에 검토되어지는 것은 아니다. 다시 말해서 어떠한 사건의 경우에는 우리 민법 제750조의 일부의 법률요건이 그 실질을 상실하거나 변용되기까지도 한다는 것이다.[57] 이러한 일례로서 대법원 판결 1977. 1. 25. 선고 77다2092와 대법원 판결 1979. 12. 26. 선고 79다1772는 과실 판단의 전제요건인 피고의 가해행위를 전혀 검토하지도 않았다는 점이다.

2. 불법행위법의 과제

종래의 불법행위법은 피해자에게 발생한 재산적 혹은 정신적 손해에 대한 금전적 배상으로서 사후적 구제수단으로서의 역할이 주된 것이었다. 그러나 오늘날은 금전적 손해배상과 더불어 사전예방적 역할의 금지청구권이 깊이 있게 논의되고 있다. 한편으로 정신적 손해에 대한 금전배상으로서 위자료청구권이 인터넷 등의 통신기술의 발달로 인한 명예훼손 내지 개인정보침해 등의 인격권 침해의 불법행위에 있어서 그 역할이 더욱 부각되었다. 이를 반영하듯 법무부는 1999년에 민법 재산편에 관한 개정작업을 하면서 불법행위법의 개정을 다룬 바가 있고, 2012년에는 불법행위법편에 신설조항을 포함하여 14개 조항의 개정시안도 마련한 바도 있다. 이와 관련하여 2012년의 개정시안 중 민법 제751조[58]의 민법개정위원회 확정안을 살펴보면 "타인의 신체, 자유, 명예나 그 밖의 법익을 침해하여 재산 이외의 손해를 가한 자는 그 손해도 배상할 책임이 있다"고 하여 정신적 고통을 전제로 하지 않는 비재산적 손해를 도입하고자 하였다.

또한 개정시안은 민법 제766조의 2[59]를 신설하여 금지청구권을 도입하였는데, 이는 계속

56) 양형우, 민법의 세계, 제7판, 2015, 1581 참조.

57) 양창수, "불법행위법의 전망", 민사법학 1993년 7월호, 한국민사법학회, 527.

58) 우리 민법 제751조 제1항은 다음과 같다. "타인의 신체, 자유, 또는 명예를 해하거나 기타 정신상 고통을 가한 자는 재산이외의 손해에 대하여도 배상할 책임이 있다."

59) 동조 제1항은 다음과 같다: "타인의 위법행위로 인하여 손해를 입거나 입을 염려가 있는 자는 손해배상에 의하여 손해를 충분히 회복할 수 없고 손해의 발생을 중지 또는 예방하도록 함이 적당한 경우에는 그 행위의 금지를 청구할 수 있다." 제2항은 다음과 같다: "제1항의 금지를 위하여 필요한 경우에는 손해를 입거나 입을 염려가 있는 자는 위법행위에 사용되는 물건의 폐기 또는 그 밖에 적절한 조치를 청구할 수 있다."

적 불법행위로 피해자에게 피해가 계속 발생하는 경우와 같은 일정한 유형의 불법행위에서는 피해자로 하여금 그저 가해행위가 완료되고 손해가 발생할 때까지 기다렸다가 손해배상을 청구하도록 하기보다는 오히려 가해자의 법익침해행위를 억지할 수 있는 구제수단을 행사할 수 있도록 함이 보다 적절하다는 판단에서 이루어진 것이다.[60] 이러한 금지청구권은 어떠한 행위를 하려는 자에 대하여 자유로이, 다시 말해서 타인의 권리 내지 법익에 대하여 부당하게 침해함이 없이 활동할 수 있는 경계가 어디까지인지에 관한 행위의 위법성 여부를 미리 판단할 수 있게 해주는 것으로서 이를 넘지 말도록 경고해 줄 뿐이지 상대방에게 어떠한 새로운 의무를 부과하는 것은 결코 아니라는 것이므로 고의 내지 과실이라는 귀책사유가 요구되지 아니한다. 게다가 금지청구권의 보호법익은 절대권에 한정되지 않고 영업이익과 채권 및 계약관계와 같은 법익에 대해서도 미치게 된다.[61] 이러한 금지청구권의 대상에는 이미 행해지고 있는 침해행위를 멈추거나 또는 임박한 행위를 행하지 않도록 하는 부작위뿐만 아니라 침해원인이 되는 물건의 폐기처분 등과 같은 적극적 작위행위도 해당한다. 이처럼 금지청구권은 '단순한 부작위'와 '적극적이지만 위험원의 제거'에 한정되기에 침해결과의 원상회복적 제거는 손해배상법을 통하여만 실현될 수 있다.

Ⅳ. 불법행위법의 기능과 변천

1. 불법행위법의 기능

불법행위법은 과실책임주의를 원칙으로 하기에 '불법행위법의 기능'이라 함은 '과실책임주의의 기능'이라고도 할 수 있다. 이러한 기능에는 i) 피해자에 대한 보상적 기능, ii) 법익침해행위의 억지 또는 예방적 기능, iii) 위법행위자에 대한 처벌적 기능, iv) 피해자의 만족적 기능, v) 사회질서의 회복적 기능이 있다. 이 다섯 가지 기능 중에서 어떠한 특정한 기능이 강조되는지는 시대 혹은 불법행위의 유형 등에 따라 각각 달리하였다.[62]

그런데 불법행위는 단순한 불운이 아니라 불법의 영역에 속하는 사고라 할 수 있다. 여기서 불운과 불법의 영역은 결국 예방가능성과 귀책가능성에 의하여 구별된다. 개인적 불운은 사람의 힘으로 예방할 수 없거나, 예방할 수 있었더라도 특정인에게 귀책시키기 곤란한 것이지만 불법은 예방가능하고 귀책 가능한 것이다.[63] 그렇다면 불법행위법의 주요한 기능은 결국 '불법행위로 인한 결과에 대한 회복'과 '불법행위의 예방' 그리고 '불법행위자에 대한 제재'로 요약된다. 이는 상기에서 기술한 i) 보상적 기능, ii) 예방적 기능 그리고 iii) 처벌적 기능을 의

60) 김상중, "불법행위에 대한 금지청구권 규정의 신설 제안", 민사법학 제55로(2011. 9), 178 참조.
61) 김상중(주 60), 217 참조.
62) 편집대표 곽윤직(주 19), 29.
63) 권영준, "불법행위법의 사상적 기초와 그 시사점", 저스티스(2009. 2), 76.

미한다. 물론 처벌적 기능도 예방적 기능과 밀접한 관련성으로 인하여 처벌적 기능의 수행으로 예방적 기능이 부분적으로 이루어진다고 볼 수 있다.

한편 독일법에서도 이러한 불법행위법의 기능으로 보상적 기능이라고도 할 수 있는 전보적 기능(Ausgleichsfunktion), 예방적 기능(Präventionsfunktion), 그리고 처벌적 성격의 제재적 기능(Sanktionsfunktion)으로 분류되고 있다.[64] 그러나 형법이 아닌 사법으로서의 불법행위법이 불법행위자를 제재한다는 것을 인정할 수 있는지 여부에 대해서는 여전히 의문시되고 있다. 이러한 시각에서 바라본다면 미국법에서는 회복과 예방의 양 구도가 전제되어 있고, 2005년의 유럽불법행위법 원칙(The Principle of European Tort Law) 제10:101조도 불법행위법의 목적을 회복과 예방으로 명백히 선언한 점에서 불법행위법의 기능은 회복과 예방으로 한정함이 타당할 것이다.[65] 게다가 회복적 의미의 전보적 기능은 불법행위법의 주된 기능이라 볼 수 있다. 아울러 불법행위법의 예방적 기능은 결국 사회구성원들에게 행위지침을 제시함으로써 바람직한 행위를 유도하고 바람직하지 못한 행위는 억제 내지 억지하는 것이다.[66] 그리고 이러한 예방적 기능은 비재산적 손해가 문제되는 영역에서 더욱 적극적 기능을 수행한다. 왜냐하면 비재산적 손해는 재산적 손해보다 범위를 확정하기 어렵고 비재산적 손해에 대한 재산적 회복이 전보적 기능을 수행할지도 의문이기 때문이다. 그리하여 법원에 의하여 위자료 액수를 산정함에 예방적이고 정책적 판단이 개입되게 된다.[67] 그런데 이러한 예방적 기능은 실무에 있어 과실의 개념을 확정하는 과정에서 역할을 한다. 왜냐하면 과실이라 함은 '사회평균인에게 요구되는 주의의무의 불이행'이고, 이러한 주의의무의 불이행은 결국 손해발생의 방지 내지 억지를 위한 예방조치를 게을리 한 것이기 때문이다. 여기서 주의의무의 내용[68]은 주의의무의 발생근거가 정하는 바에 따라 결정되는데, 주로 법령과 계약에 의하여 정하여지지만 우리 판례[69]는 조리 내지 신의칙 등 보충적인 근거에 의해서도 발생한다고 한다. 그리고 실제로 발생한 손해를 초과하는 배상책임인 징벌적 손해배상책임의 인정도 향후 유사한 사태를 방지하고자 함에

64) 독일법의 확고한 태도이다. 이에 관해서는 Mertens, München Kommentar zum BGB, 4. Aufl.(2004), Vor §823, Rn. 41.

65) 권영준, 민법학의 기본원리, 박영사, 2020, 159.

66) 권영준 교수는 결국 불법행위법의 예방적 기능에 보다 많은 불법위법의 규범적 중요성을 부여하였다. 그리하여 어떤 행위가 법적으로 허용되는 것인지 그렇지 않은 것인지에 관한 경계선을 제시하는 법이 불법행위법이라 보고 있다. 이에 관해서는 권영준(주 65), 155.

67) 권영준(주 65), 194 참조.

68) 주의의무의 구체적 내용으로는 예견의무와 결과회피의무가 있는데, 결과회피의무는 예견가능성 내지 예견의무를 전제로 하기로 예견 가능한 결과 중 구체적 위험이 존재하게 된 것에 대하여 결과회피의무가 인정된다는 것이다. 그런데 예견의무의 이행 혹은 불이행 여부와 무관하게 구체적 위험의 결과를 회피하였다면 과실이 인정되지 않고 구체적 위험의 결과를 회피하지 못하였다면 과실이 인정된다. 이에 관해서는 권영준(주 65), 204 참조.

69) 대법원 2009. 5. 14. 선고 2008다75676, 75683 판결; 대법원 2006. 4. 28. 선고 2003도4128 판결 등.

그 목적이 있다고 볼 수 있기에 이는 제재를 통한 예방적 기능이 발휘한 것으로 본다. 반면에 보험제도는 사람들의 위험기피적 성향을 누그러뜨리고 도덕적 해이를 불러일으킴으로써 예방의 효과를 감소시킬 수 있기에 불법행위법의 예방적 기능과는 상충하게 된다.[70] 그러나 자동차사고에 대한 책임보험의 경우에는 적어도 보험료가 인상되기에 부주의한 운전을 예방 혹은 억제하는 효과가 있다고 볼 수 있다.

2. 불법행위법의 변천

현대의 불법행위법은 많은 변천을 거쳤다. 인간이 공동생활을 시작하면서 점차 위법한 행위에 대한 제재가 필요하게 되었는데, 그 제재는 오늘날의 형사책임과 민사책임이 분리되지 않은 형태였다. 그러다 시대가 발전하면서 양책임이 지향하는 법의 목적 내지 내용이 구별되기 시작하여 양책임이 분리되기 시작한 것이다. 그리하여 형사책임은 가해자에 대한 처벌이 그 주된 목적이 되었고, 민사책임은 피해자에게 발생한 손해의 회복에 그 주된 목적을 두게 된 것이다. 특히 불법행위책임은 계약책임과 더불어 민사책임의 주된 유형으로서 법률관계를 형성하는 법적 근거이다. 그런데 불법행위책임이 원칙적으로 과실책임주의를 취하게 된 것은 근대 이후의 세계문명의 산업화 과정에서 법익의 보호라는 가치보다는 개인의 행동의 자유를 최대한 보장하는데 더 많은 가치를 두고자 하는 의도에서 이루어진 것이다. 심지어 이러한 취지에서 독일의 불법행위책임 규정은 우리나라 민법 제750조와 같은 완전한 일반조항의 형태로도 입법화되지 못하였다.

그러다 현대에는 생존배려적 사회국가의 필요성이 대두하게 되었고, 이로 인하여 피해자에게 발생한 손해에 대하여 더 이상 가해자에 대한 과실 내지 유책을 논하지 않고 발생한 손해에 대하여 공평한 분담이 그 중심이 되었다. 특히 산업화를 거쳐 기술의 첨단화로 인하여 특정한 위험원의 운영에는 특정한 위험이 항상 수반되게 되었고, 이처럼 수반되는 위험이 내재된 행위에 대한 허용은 다른 측면에서는 이로 인하여 발생된 손해에 대한 전보로 이어지는 것이 필연적인 것이 되었다. 결국 피해자의 두터운 보호와 위험창출행위의 감소를 위하여 무과실책임법리의 위험책임이 등장하였을 뿐만 아니라 점차 그 영역도 확대되었다.[71]

독일에서의 최초의 위험책임의 입법례는 1838년의 프로이센 철도법이다. 동법에서는 빠른 속도를 가진 철도가 잠재적 위험원이고, 철도사업자가 이러한 위험원으로부터 발생한 손해에 대하여 무과실책임을 부담하는 것이다. 독일의 학자 Esser는 이러한 위험책임의 임무를 "사회적으로 우연히 발생한 손해에 대한 합리적 분배"라 정의하였다.[72] 그런데 독일의 연방대

70) 권영준(주 63), 83.

71) 권영준(주 65), 201 참조.

72) Esser, Grundlagen und Entwicklung der Gefaehrdungshaftung, S. 69.

법원(BGH)의 입장에 의하면 위험책임의 성립에는 책임의 병렬적 구조상 과실책임과 동일하게 가해행위의 위법성을 그 전제로 한다는 것이다.[73] 반면에 독일의 통설에 따르면 위험책임의 성립에는 위법성을 요구하지 않는다고 한다.[74] 그러나 상기의 두 견해가 모두 타당하다는 것이다. 왜냐하면 그 해답은 결국 위법성의 개념을 어떻게 규정하는지에 따라 달라질 수 있기 때문이다. 만약 위법성을 결과불법론에서의 개념에 따른다면 법익의 침해가 인정되게 되면 위법성이 충족되기에 위험책임에서도 위법성이 그 전제가 된다. 그러나 위법성의 개념을 법익의 침해라는 결과로 파악치 않고 가해자의 행위와 관련하여 의무위반, 즉 주의의무위반을 전제로 한다면 이러한 주의의무위반은 결국은 과실을 의미하기에 위험책임에서는 그 책임성립의 전제로서 위법성이 요구되지 아니한다.

다음으로 위험책임의 과실책임과의 관계를 살펴보아야 하는데 종래까지는 위험책임은 과실책임을 보충 내지 보완하는 책임법리였다. 그러나 이제는 위험책임의 위상은 더 이상 종래까지의 과실책임주의의 예외적 책임이 아니라, 광의의 불법행위책임법에서 과실책임주의와 대등한 관계에 서서 양대 산맥을 이루고 있다고 봐야 한다. 그리하여 민법에서의 위험책임의 일반조항의 도입도 가능하다는 것이 국내외적 학계의 입장이다. 이를 반영하듯 우리나라에서도 그간 수차례 민법개정위원회에서 위험책임의 일반조항의 민법전 도입까지도 논의된 바가 있다. 결국 불법행위법의 주된 과제는 법익보호와 개인의 행동자유 사이의 긴장관계의 적절한 형성이라 보여진다.[75]

한편으로 위험책임은 연혁적으로 보면 일반조항의 형식이 아니었다. 왜냐하면 구체적이고 특정한 위험원이 발생할 때마다 그러한 특정 위험원을 규율하고 배상책임을 인정하는 특별법 형식을 취하였기 때문이다.[76] 이러한 입법형식은 위험책임법의 분화를 초래하기도 하였다. 아울러 특정한 위험원에 관한여 개별적으로 입법된 위험책임법의 아직 입법화되지 않은 다른 유사한 위험원에 대한 유추적용 가능성과 관련하여서는 독일에서는 명백한 입장이 있는바, 독일 연방대법원(BGH) 판례는 부정적 입장이다.[77]

V. 결 론

민사책임의 결과는 손해배상의무의 발생이라 할 수 있다. 손해배상에 있어 주요한 요소는 손해, 그 손해의 범위 그리고 그 손해의 원인이라 할 수 있다. 특히 손해배상의무가 발생하면

73) BGHZ 117, 110, 111 f. = NJW 1992, 1389.
74) Deutsch, Haftungsrecht I, Rn. 644.
75) Larenz/Canaris, Lehrbuch des Schuldrechts Band II; Besonderer Teil, 13. Aufl., 1994, & 75, I 1.
76) Wagner, Grundstrukturen des Europaeischen Deliktsrecht, Rn. 275 ff.
77) BGHZ 63, 234, 237 = NJW 1975, 117, 118.

그 손해의 배상범위를 정하는 것이 현실적 문제이다. 손해배상의 범위로는 우리 민법 제393조의 규정에 의하여 통상손해가 배상되어져야 하고, 특별한 사정에 의한 특별손해는 채무자의 예견가능성의 여부에 따라 정해진다. 손해배상책임의 성립단계에서는 위법성과 과실이 주로 논의되지만, 손해배상책임의 범위결정 단계에서는 상당인과관계론을 중심으로 하여 다양한 이론이 우리 민법 제393조의 통상손해와 특별손해를 구별하는 논의로 전개되었다.[78] 그런데 손해배상의 범위를 결정함에 손해배상제도의 목적은 발생한 실손해의 전보에 있고, 손해의 공평타당한 분담은 손실보상제도와 위험책임에서 추구되어야 할 목적이라는 견해[79]가 있지만, 우리 민법상 손해배상제도를 이해하는 출발점은 당사자 간에 이미 발생한 손해를 가장 바람직하게 분담하는 방법을 찾아내는 것이다.[80] 그 대표적 근거로는 우리 민법 제396조의 과실상계의 확대적용의 사례이다. 과실상계제도는 이미 피해자의 과실의 의미를 넘어서 피해자의 과실이 개입되지 않은 경우에도 그 법리가 적용되어 손해의 공평하고 타당한 분담을 실현하는 중요한 도구로 그 의미가 확대되었다. 대표적 사례로서 피해자의 체질적 소인 또는 질병의 위험도와 같이 피해자를 비난할 수 있는 귀책사유와 무관한 요인이 가해행위와 경합하여 손해가 발생하거나 손해가 확대된 경우에도 질환의 태양, 정도 등에 비추어 공평의 원칙상 과실상계의 법리를 유추적용하여 피해자측의 요인을 참작할 수 있게 된다.[81] 또한 물건의 훼손에 의한 손해배상을 금전에 의하는 경우에 전손해의 전보라는 의미에서는 원상회복을 위한 금액이 그 손해배상의 범위가 되어야 함에도 우리 판례는 물건의 완전성 이익이 교환가치보다 큰 경우에는 교환가치를 그 한도로 하여 손해배상액을 인정한다.[82] 한편으로 현대사회에서 과실책임주의와 병렬적 위상을 확보한 무과실책임법리의 위험책임법도 입법적으로 강하게 확대되고 있는 추세인데[83], 이러한 위험책임의 특별법은 한결같이 책임한도액이 규정되어 있다는 것이다. 이처럼 과실책임에서나 위험책임에서 손해배상책임의 제한제도는 과도한 손해배상책임 인정으로 인한 개인뿐만 아니라 기업 등의 행동의 자유를 위축시킨다는 우려에 대응하여 손해배상의 범위에 관한 합리적 제한을 가하는 것이다. 결국 손해의 공평한 분담이라는 명제는 지속적으로 수호되어야 할 이념인 것이다.

---

78) 박동진, "손해배상법의 지도원리와 기능", 비교사법 제11권 제4호(통권 27호), 292 참조.
79) 김증한/김학동, 채권총론, 박영사, 1998, 124 이하.
80) 박동진(주 78), 298.
81) 대법원 1998. 7. 24. 선고 98다12270 판결; 대법원 1992. 11. 13. 선고 92다13356 판결.
82) 대법원 2001. 11. 13. 선고 2001다52889 판결.
83) Medicus, a.a.O., S. 123.

집합건물 공용부분의 무단점유로 인한 부당이득
—대법원 2020. 5. 21. 선고 2017다220744 전원합의체 판결—

윤 진 수*

Ⅰ. 사실관계 및 법원의 판단

1. 사실관계

이 사건 건물은 지하 4층, 지상 9층의 상가건물로서 18개의 점포로 구성된 집합건물이다. 원고는 집합건물의 소유 및 관리에 관한 법률(이하 '집합건물법') 제23조에 따라 이 사건 건물의 구분소유자 전원을 구성원으로 하여 이 사건 건물과 그 대지 및 부속시설의 관리에 관한 사업을 시행할 목적으로 구성된 관리단이고, 피고는 이 사건 건물 1층의 전유부분인 상가 101, 102호를 경매절차에서 매수하여 2012. 2. 2. 그 명의로 소유권이전등기를 경료한 후 2012. 7. 31.부터 골프연습장을 운영하는 사람이다. 피고는 2012. 7. 31.경 이 사건 건물 1층의 복도와 로비 477.19㎡에 골프연습장의 부대시설로 퍼팅연습시설, 카운터, 간이자판기 등 시설물을 설치하고 골프연습장 내부공간처럼 사용하였다. 원고는 피고에게 이 사건 복도와 로비는 이 사건 건물의 공용부분이므로 이 사건 복도와 로비를 원고에게 인도할 것과 피고가 이 사건 복도와 로비를 배타적으로 점유·사용하고 있는 것에 대하여 2012. 7. 31.부터의 차임 상당에 해당하는 금액을 부당이득으로 반환할 것을 청구하였다.

2. 1, 2심 법원의 판단

제1심 법원은 무변론 판결로 원고 승소 판결을 선고하였다.[1] 그런데 항소심은, 이 사건 복도와 로비는 이 사건 건물을 출입하기 위한 통로로 사용되던 곳으로서 그 구조상 전체공용부분에 해당하므로 피고가 원고에게 이를 인도할 의무가 있다고 하여 그 인도를 명하였으나, 집합건물의 복도, 계단 등과 같은 공용부분은 구조상 이를 점포로 사용하는 등 별개의 용도로 사용하거나 그와 같은 목적으로 타에 임대할 수 있는 대상이 아니므로 특별한 사정이 없는 한

* 서울대학교 명예교수.

1) 청주지방법원 2013. 10. 11. 선고 2013가단155743 판결.

구분소유자 중 일부가 아무런 권원 없이 이를 점유·사용하였다고 하더라도 이로 인하여 다른 구분소유자에게 임료 상당의 이익을 상실하는 손해가 발생하였다고 볼 수 없다고 하여 부당이득 반환청구는 기각하였다.[2)]

3. 대법원 판결

대법원 전원합의체는 원심판결 중 원고의 패소부분인 부당이득 반환청구 부분을 파기환송하였고, 피고의 상고는 기각하였다. 여기에는 박상옥 대법관의 반대의견과, 이기택, 김재형 대법관의 다수의견에 대한 각 보충의견이 있었다.

가. 다수의견

(1) 구분소유자 중 일부가 정당한 권원 없이 집합건물의 복도, 계단 등과 같은 공용부분을 배타적으로 점유·사용함으로써 이익을 얻고, 그로 인하여 다른 구분소유자들이 해당 공용부분을 사용할 수 없게 되었다면, 공용부분을 무단점유한 구분소유자는 특별한 사정이 없는 한 해당 공용부분을 점유·사용함으로써 얻은 이익을 부당이득으로 반환할 의무가 있다. 해당 공용부분이 구조상 이를 별개 용도로 사용하거나 다른 목적으로 임대할 수 있는 대상이 아니더라도, 무단점유로 인하여 다른 구분소유자들이 해당 공용부분을 사용·수익할 권리가 침해되었고 이는 그 자체로 민법 제741조에서 정한 손해로 볼 수 있다.

㈎ 물건의 소유자는 다른 특별한 사정이 없는 한 법률이 정한 바에 따라 그 물건에 관한 모든 이익을 향유할 권리를 가진다. 집합건물법에 따르면, 각 공유자는 전원의 공유에 속하는 공용부분을 그 용도에 따라 사용할 수 있고(제11조), 규약에 달리 정한 바가 없으면 그 지분비율에 따라 공용부분에서 생기는 이익을 취득한다(제17조).

㈏ 구분소유자 중 일부가 정당한 권원 없이 집합건물의 복도, 계단 등과 같은 공용부분을 배타적으로 사용하는 경우 다른 구분소유자들은 해당 공용부분을 사용할 수 없게 되는 불이익을 입게 된다. 즉 다른 구분소유자들의 해당 공용부분에 대한 사용권이 침해되는 것이다. 이는 해당 공용부분을 구조상 별개 용도로 사용하는 것이 불가능하거나 다른 목적으로 임대할 수 없더라도 마찬가지이다.

㈐ 구분소유자 중 일부가 집합건물법에서 정한 절차를 거치지 않고 정당한 권원 없이 공용부분을 배타적으로 사용하였다면 해당 공용부분에 대한 다른 구분소유자들의 사용·수익권을 침해하여 그에 해당하는 손해를 가한 것이다.

㈑ 구분소유자 중 일부가 정당한 권원 없이 공용부분을 배타적으로 점유·사용한 경우 해당 공용부분이 구조상 별개 용도로 사용될 수 있는지 여부나 다른 목적으로 임대할 수 있는 대상인지 여부는 부당이득반환의무의 성립 여부를 좌우하는 요소가 아니다. 정당한 권원 없이

2) 청주지방법원 2017. 2. 14. 선고 2013나26167 판결.

집합건물의 공용부분을 배타적으로 점유하여 사용한 자는 부동산의 점유·사용 그 자체로 부당한 이익을 얻게 된다. 이로 인하여 다른 구분소유자들은 해당 공용부분을 사용할 수 있는 가능성이 원천적으로 봉쇄되는 손해를 입었으므로 이로써 민법 제741조에 따른 부당이득반환의 요건이 충족되었다고 볼 수 있다. 그 외에 해당 공용부분에 대한 별개 용도로의 사용 가능성이나 다른 목적으로 임대할 가능성이 추가적으로 요구된다고 볼 수 없다.

(마) 일반적으로 부동산의 무단점유·사용에 대하여 차임 상당액을 부당이득으로 반환해야 한다고 보는 이유는 해당 부동산의 점유·사용으로 인한 이익을 객관적으로 평가할 때 그 부동산 사용에 관한 권리가 당사자 간의 합의로 설정된다고 가정하였을 경우 약정되었을 대가로 산정하는 것이 합리적이기 때문이지, 해당 부동산이 임대 가능한 부동산일 것을 요건으로 하기 때문이 아니다. 이렇듯 '차임 상당액'은 부동산의 무단점유·사용으로 얻은 부당이득을 금전적으로 평가하는 데 필요한 기준일 뿐이다.

(바) 침해부당이득에 관한 부당이득반환제도의 목적은 현실적으로 발생한 사실관계를 바탕으로 법률상 원인 없이 타인의 재산으로 인하여 이익을 얻고 타인에게 손해를 가한 자로부터 이득의 원천이 된 재산의 권리자에게 그 이익을 귀속시킴으로써 부당한 재산적 가치의 이동을 조정하는 데 있다. 공용부분을 정당한 권원 없이 배타적으로 점유·사용한 자가 그로 인한 이익을 누렸는데도, 해당 공용부분이 구조상 별개의 용도로 사용하거나 다른 목적으로 임대할 수 있는 대상이 아니라는 이유로 다른 구분소유자들에게 손해가 없다고 한다면, 이는 공용부분을 배타적으로 사용한 자로 하여금 점유·사용으로 인한 모든 이익을 보유하도록 하는 것으로서 부당이득반환제도의 취지인 공평의 이념에도 반한다.

(2) 이러한 법리는 구분소유자가 아닌 제3자가 집합건물의 공용부분을 정당한 권원 없이 배타적으로 점유·사용하는 경우에도 마찬가지로 적용된다.

(3) 이와 달리 집합건물의 복도, 계단 등과 같은 공용부분은 구조상 이를 점포로 사용하는 등 별개의 용도로 사용하거나 그와 같은 목적으로 임대할 수 있는 대상이 아니므로 특별한 사정이 없는 한 구분소유자 중 일부나 제3자가 정당한 권원 없이 이를 점유·사용하였더라도 이로 인하여 다른 구분소유자에게 차임 상당의 이익을 상실하는 손해가 발생하였다고 볼 수 없다고 하여 부당이득이 성립하지 않는다고 판시한 대법원 1998. 2. 10. 선고 96다42277, 42284 판결 등을 비롯하여 같은 취지의 대법원판결들은 이 판결의 견해에 배치되는 범위에서 이를 모두 변경하기로 한다.

(4) 원심은 원고(관리단)가 피고의 무단점유 부분 등에 관하여 어떠한 사용·수익권을 가지고 있는지에 관하여 아무런 주장·증명을 하지 않고 있다는 점에서도 원고의 부당이득반환 청구를 받아들일 수 없다고 부가적으로 판단하였다.

그러나 원고는 '구분소유자들이 피고의 무단점유에 대하여 소 제기를 통하여 문제를 해결하기로 관리단집회에서 결의하였고 이에 따라 부당이득 반환을 청구한다'고 주장하였다. 또한 '원고의 규약 제13조 및 제22조에 따라 이 사건 건물의 공용부분에 대한 사용료 징수주체로서 관리단집회의 결의에 따라 피고에게 이 사건 복도와 로비에 대한 사용료 상당의 부당이득반환을 구한다'고 주장하면서 원고의 규약과 관리단집회 회의록 등을 제출하였다.

그렇다면 원고가 피고에게 부당이득의 반환을 구할 수 있는 근거에 관하여 주장하였음은 분명하고, 관련 증거도 제출하였다. 그런데도 원심은 원고의 부당이득반환청구를 기각하였으니 이러한 원심의 판단에는 관련 법리를 오해하고 필요한 심리를 다하지 아니하여 판결에 영향을 미친 잘못이 있다.

나. 반대의견

(1) 집합건물 공용부분의 무단점유로 인해 구분소유자들에게 차임 상당의 이익을 상실하는 손해가 발생하는지

부당이득제도는 이득자의 재산상 이득이 법률상 원인을 결여하는 경우에 공평과 정의의 이념에 근거하여 이득자에게 그 반환의무를 부담시킴으로써 부당한 재산적 가치의 이동을 조정하려는 제도이므로, 이익에 대응하여 손해를 입은 사람이 있어야 하고, 어떤 사람의 재산이나 노무가 다른 사람에게 이익을 주는 일이 있더라도 그로 말미암아 그 재산 또는 노무의 제공자에게 어떤 손해를 주는 일이 없는 이상, 이득자에 대하여 그 이득의 반환을 명할 수 없다(대법원 2015. 6. 25. 선고 2014다5531 전원합의체 판결 참조).

집합건물 구분소유자의 필수적 공용부분에 대한 사용·수익권은 배타적 사용·수익이 허용되지 않는 형태로 제한되고, 구분소유자는 필수적 공용부분을 별개의 용도로 사용하거나 이를 특정인에게 임대하여 차임 상당의 소득을 얻는 등 영리 목적으로 사용할 수 없다. 공용부분의 무단사용으로 차임 상당의 부당이득이 성립하기 위해서는 구분소유자들이 차임 상당 이익 내지 소득을 얻을 수 있었는데도 이를 얻지 못한 손해를 입었다는 것을 전제로 하여야 한다. 그러나 필수적 공용부분을 특정인에게 임대하여 배타적으로 사용하게 하는 것은 집합건물법 제11조에서 정한 공유자의 사용권을 침해하여 허용될 수 없으므로 구분소유자는 물론 구분소유자 전원을 구성원으로 하는 관리단에도 해당 공용부분에 대한 차임 상당의 이익이나 소득이 발생할 수 있는 여지가 없다. 구분소유자나 제3자가 집합건물의 복도, 로비 등 필수적 공용부분을 배타적으로 사용·수익하고 있더라도, 다른 구분소유자들이 해당 공용부분에 대한 임대 등을 통해서 차임 상당액을 얻을 수 있는 가능성은 처음부터 없었으므로, 그로 인해 구분소유자들에게 차임 상당의 이익을 상실하는 손해가 발생하였다고는 도저히 볼 수 없다. 즉 공용부분의 무단점유에 대하여 차임 상당의 부당이득반환을 인정할 수는 없다.

(2) 이 사건 부당이득반환청구의 주체에 관하여

설령 다수의견대로 특정 구분소유자의 공용부분 무단점유로 해당 공용부분에 대한 사용·

수익권의 침해라는 손해 또는 차임 상당액의 손해가 발생하였다고 하더라도, 이러한 손해는 결국 다른 구분소유자들의 권리가 침해되어 발생하는 손해이므로 다른 구분소유자들이 무단점유자를 상대로 부당이득반환을 청구할 수 있을 뿐이다.

관리단이 이러한 손해를 부당이득으로 청구할 수 있으려면 구분소유자들로부터 유효하게 그 권리를 양수하였다는 등의 특별한 사정이 증명되어야 한다. 나아가 이러한 경우라도 피고의 지분비율에 해당하는 금액은 청구할 수 없다고 보아야 할 것이다. 관리단이 구분소유자들의 부당이득반환청구권을 양수하였거나 위임 등을 통하여 그 권리를 행사할 수 있게 되었더라도 피고의 지분비율에 상응하는 권리 부분을 양수하였거나 그 권리의 행사를 위임받았다고 볼 수는 없기 때문이다.

Ⅱ. 연 구

1. 처음에

대상판결에 대하여는 이미 이를 지지하는 대법원 재판연구관의 판례해설[3)]과 판례평석[4)]이 나와 있다. 필자도 이 대법원 판결을 지지한다. 그런데 필자는 이 사건이 대법원에 계속 중에 대법원으로부터 요청을 받아 의견을 제출한 바 있다. 이 의견이 대법원의 결론을 좌우하였다고 할 수는 없지만, 대법원의 합의에는 도움이 되었던 것으로 보인다. 그리하여 그때 제출한 의견서를 바탕으로 대상판결에 대한 평석을 써 보고자 한다. 서술의 순서는 부당이득반환청구권의 성립 여부, 부당이득액의 산정 및 관리단이 부당이득반환청구권을 행사할 수 있는지 여부이다. 마지막 논점은 필자가 대법원에 제출한 의견서에서는 다루지 않았다.

2. 부당이득반환청구권의 성립 여부

가. 종전의 선례

이 사건 판결은, 집합건물의 공용부분을 구분소유자 중 일부나 제3자가 정당한 권원 없이 이를 점유·사용하였더라도 이로 인하여 다른 구분소유자에게 차임 상당의 이익을 상실하는 손해가 발생하였다고 볼 수 없으므로 부당이득이 성립하지 않는다고 한, 변경되어야 할 대법원 판례로서 8개를 들고 있다. 그러나 그 대부분은 공간되지 않았고, 대법원 2014. 7. 24. 선고 2014다202608 판결만이 공간되어 있다.[5)]

---

3) 박설아, "집합건물 공용부분의 무단점유에 따른 부당이득의 성립 여부", 사법 제53호(2020), 873 이하.

4) 이계정, "집합건물 공용부분 무단사용자에 대한 관리단의 부당이득반환청구 가부", 법조 제70권 1호(2021), 368 이하; 권영준, "2020년 민법 판례 동향", 서울대학교 법학 제62권 1호(2021), 280-287; 윤정운, "공용부분 무단점유로 인한 부당이득반환청구권의 성립과 행사", 사법 제56호(2021), 250 이하.

5) 종전 판례의 소개는 박설아(주 3), 888 이하; 이계정(주 4), 376-377 참조.

위 2014다202608 판결은, 집합건물의 복도, 계단 등과 같은 공용부분은 구조상 이를 점포로 사용하는 등 별개의 용도로 사용하거나 그와 같은 목적으로 타에 임대할 수 있는 대상이 아니므로 특별한 사정이 없는 한 구분소유자 중 일부가 아무런 권원 없이 이를 점유·사용하였다고 하더라도 이로 인하여 다른 구분소유자에게 임료 상당의 이익을 상실하는 손해가 발생하였다고 볼 수 없다고 하면서, 이 사건 판결이 변경한 대법원 2005. 6. 24. 선고 2004다30279 판결을 선례로서 인용하고 있다.

나. 침해부당이득에서의 손해 개념

그러나 이러한 선례는 잘못된 것이다. 공용부분을 일부 구분소유자가 권원 없이 이를 점유·사용하였다면, 다른 구분소유자는 원래의 공용부분을 그 용도에 따라 사용하지 못하게 되는 것이므로, 이 자체가 손해에 해당한다. 따라서 다른 특별한 사정이 없는 한, 다른 구분소유자는 손해를 입었다고 보아야 하는 것이다.

이를 이론적으로 설명한다면 다음과 같다. 종래에는 부당이득제도를 공평을 이념으로 하는 통일적인 것으로 이해하고 있었다(통일설). 그런데 독일에서는 이러한 통일설에 대하여, 그것만으로는 부당이득을 제대로 설명할 수 없다고 하는 비판이 대두되었고, 빌부르크(Wilburg)와 폰 케머러(von Caemmerer)가 부당이득을 몇 가지로 나누어 설명하여야 한다고 하는 유형론을 주장하였으며, 이러한 유형론이 현재 독일의 통설이 되었다. 근래 우리나라에서도 이러한 유형론이 받아들여져서, 유력한 견해가 되었다. 유형론이 종래의 통일설을 비판하는 근거는, 공평이라는 이념만으로는 부당이득의 다양한 유형을 제대로 설명할 수 없고, 부당이득의 성립 여부는 개별 유형에 따라 나누어 판단하여야 한다는 것이다.[6)]

유형론에서는 부당이득을 우선 일단 급여가 이루어졌으나 급여를 정당화할 수 있는 법률상 원인이 처음부터 없었거나, 또는 나중에 소멸한 경우에 그 반환을 청구할 수 있는 급여부당이득(Leistungskondiktion)[7)]과 그 밖의 부당이득, 즉 비급여부당이득(Nichtleistungskondiktion)으로 나누고, 비급여부당이득을 다시 몇 가지로 세분한다. 그리고 이른바 침해부당이득(Eingriffs-kondiktion)이 비급여부당이득에 속한다는 것은 일반적으로 인정되지만, 다른 비급여부당이득에 어떤 것이 있는지는 반드시 의견이 일치하지 않는다.

이 사건과 같이 일부 구분소유자가 공용부분을 배타적으로 점유하는 경우에 문제될 수 있는 것은 침해부당이득이다. 침해부당이득이란 다른 사람에게 배타적으로 귀속되는 재화 또는 이익을 권한 없이 사용, 수익 또는 처분함으로써 이익을 얻는 경우에 그 이익을 반환하게 하는

6) 간단한 설명은 윤진수, "부당이득법의 경제적 분석", 서울대학교 법학 제55권 3호(2014), 110 이하 참조.

7) 일반적으로는 급부부당이득이라고 부르지만, 우리 민법에는 급부라는 용어는 사용되고 있지 않다. 급부(給付)라는 용어는 일본민법에서 사용되고 있으나, 민법은 급부를 급여(給與)라는 용어로 대체하였다. 예컨대 제451조 제1항, 제466조, 제478조, 제746조 등. 따라서 종래 쓰이던 '급부부당이득'이라는 말은 민법에 비추어 정확하지 않고, '급여부당이득'이라고 하는 것이 바람직하다.

것이다.[8] 일단 배타적인 재산권이 이미 설정된 경우에, 그러한 배타적인 재산권의 침해가 있더라도 그로 인한 이익의 반환을 청구할 수 없다면, 이미 설정된 재산권의 보호는 공허하게 되고 만다. 그러므로 재산권을 보유하고 있는 사람은 재산권의 침해를 막기 위하여 많은 비용을 쓸 인센티브를 가지게 된다. 예컨대 자신의 부동산에 대한 다른 사람의 침입을 막기 위하여 높은 담장을 설치하고, 경비원을 고용하여 계속 순시하게 하여야 하는 것이다. 그렇지만 법이 개입하여 다른 사람이 소유권을 침해함으로써 얻은 이익을 반환하게 하면, 소유자는 좀더 적은 비용을 지출하게 될 것이다.[9]

우리 민법의 "손해"라는 말은 독일 민법 제812조 제1항 제1문의 "그의 손실로(auf dessen Kosten)"이라는 말에서 유래한 것이다.[10] 그런데 독일에서는 이러한 침해부당이득에서는 "손실"이라는 부당이득의 요건은 누가 부당이득반환청구권자인가 하는 점을 판단하는 기준이 된다고 설명한다.[11] 그리고 이익이 침해되었다면 그로써 손해는 발생하는 것이고,[12] 그와는 별도로 손해가 발생하였을 것을 필요로 하지 않는다. 다시 말하여 침해가 있으면 손해가 있다고 할 수 있다. 그러므로 중요한 것은 이처럼 특정인에게 귀속되어야 할 이익이 다른 자에게 귀속되었는가 하는 점이다. 독일에서는 이를 이른바 할당이론(Zuweisungstheorie)에 의하여 설명한다.[13] 즉 수익자에게 흘러간 이익이 원래 법질서가 채권자에게 할당한 것이었고, 따라서 결과적으로 채권자의 손실이 된 것인가 하는 점이다.[14]

---

8) 민법주해 17, 박영사, 2005, 243(양창수); 윤진수(주 6), 112. 대법원 2018. 1. 24. 선고 2017다37324 판결은, 당사자 일방이 자신의 의사에 따라 일정한 급부를 한 다음 그 급부가 법률상 원인 없음을 이유로 반환을 청구하는 이른바 급부부당이득의 경우에는 법률상 원인이 없다는 점에 대한 증명책임은 부당이득반환을 주장하는 사람에게 있고, 이는 타인의 재산권 등을 침해하여 이익을 얻었음을 이유로 부당이득반환을 구하는 이른바 침해부당이득의 경우에는 부당이득반환 청구의 상대방이 그 이익을 보유할 정당한 권원이 있다는 점을 증명할 책임이 있는 것과 구별된다고 하였다.

9) 윤진수(주 6), 117-119 참조. 침해부당이득의 법경제학적 기능에 대한 다른 설명으로는 안병하, "인격권 침해와 부당이득반환", 민사법학 제68호, 2014, 501-502도 참조.

10) 독일 민법 제812조 제1항 제1문: 타인의 급여로 인하여 또는 기타의 방법에 의하여 그의 손실로 법적 원인 없이 어떤 것을 취득한 자는 그에 대하여 반환의무를 진다(Wer durch die Leistung eines anderen oder in sonstiger Weise auf dessen Kosten etwas ohne rechtlichen Grund erlangt, ist ihm zur Herausgabe verpflichtet). 독일에서는 "그의 손실로"는 "타인의 급여로"에는 걸리지 않으므로 급여부당이득에 관하여는 손실 요건이 필요하지 않다는 논의가 있다. Larenz/Canaris, Lehrbuch des Schuldrechts, Bd. Ⅱ/2, C. H. Beck, 1994, § 67 Ⅱ. 1. a), b)(S. 131); Jauernig/Stadler, Bürgerliches Gesetzbuch, 18. Auflage, C. H. Beck, 2021, BGB § 812 Rdnr. 11. 등 참조. 대법원 2010. 3. 11. 선고 2009다98706 판결도 급여부당이득과 침해부당이득을 구별하여, 급여부당이득에서 부당이득반환의무에서 민법 제741조가 정하는 '이익' 또는 '그로 인한 손해'의 요건은 계약상 급부(급여)의 실행이라는 하나의 사실에 해소된다고 하였다.

11) JuS Lern-CD Zivilrecht Ⅰ/Riehm, Edition 3, C. H. Beck, 2002, Eingriffskondiktion (§ 812 Ⅰ 1 Alt. 2) Rn. 446 4.: 일반적인 침해부당이득에서 "그의 손실로"라는 표지는 부당이득반환청구권자를 정하는 역할을 한다.

12) Schwarz/Wandt, Gesetzliche Schuldverhältnisse, 2. Aufl., Verlag Vahlen, 2006, S. 184 Rdnr. 10: "그의 손실로"라는 구성요건 표지는 타인의 권리에 대한 침해가 존재할 때 충족된다.

13) 이계정(주 4), 381은 이를 권리귀속설(Zuweisungsgehaltstheorie)이라고도 부른다.

14) Münchener Kommentar zum BGB/Schwab, 8. Auflage, 2020, C. H. Beck, BGB § 812 Rn. 287. 또한 이

이 할당이론에 대하여 좀더 설명하면 다음과 같다. 독일에서는 할당이론으로서 다음과 같은 학설들이 주장되고 있다.[15] 첫째, 물권적 청구권과 같은 금지청구권(Unterlassungsanspruch)을 기준으로 하는 설. 이 설에서는 법질서가 권리보유자에게 금지청구권을 인정할 때 침해부당이득이 성립할 수 있다고 한다.

둘째, 사용기능과 대가성을 기준으로 하는 설. 여기서는 침해부당이득에서 문제되는 법적 지위가 청구를 하는 자에게 사용기능(Nutzungsfunktion)을 부여하는지 하는 점을 따져야 하는데, 이는 부당이득반환채무자의 행동이 채권자의 어떤 경제적 가치(Vermögenswert)가 있는 법적 지위를 침해하는 것인가 하는 점을 전제로 한다고 한다. 그리고 이는 청구를 하는 사람이 그 침해에 의하여 일반적인 처분의 자유뿐만 아니라 그와 함께 대가를 받고 법적 지위 내지 그로부터 나오는 이익을 처분할 수 있는 가능성이 침해되었는가 하는 점에 따라 결정되어야 한다고 한다. 독일의 판례가 이를 따른다고 한다.

셋째, 불법행위법을 기준으로 하는 설. 이 설(카나리스가 주장한다)은, 대가를 받을 수 있는 가능성이 있어야 할 뿐만 아니라, 침해되는 법익은 불법행위법에 의한 보호를 받을 수 있어야 한다고 주장한다.

이 사건에서는 이러한 학설 가운데 어느 것이 맞는지를 따질 필요는 없다. 각 학설 사이에 실제적인 차이도 별로 크지 않을 뿐만 아니라,[16] 이 사건에서는 어느 설에 의하더라도 모두 침해부당이득이 성립할 수 있기 때문이다. 이 사건 원심에서는 원고의 방해배제청구권 행사는 긍정하였고, 전체 구분소유자의 공용부분 사용 권능이 재산적 가치가 없다고는 할 수 없으며, 피고의 행위가 불법행위에 해당함은 부정할 수 없기 때문이다.

한편 미국의 제3차 부당이득법 리스테이트먼트{Restatement (Third) of Restitution and Unjust Enrichment (2011)} 제1조는 "타인의 손실로 부당하게 이익을 얻은 자는 원상회복의 책임이 있다(A person who is unjustly enriched at the expense of another is subject to liability in restitution)"고 규정한다. 이에 대한 공식 주석은, 부당이득의 모범 사례는 거래의 일방이 얻은 이익이 타방의 증명 가능한 손실에 대응하는 것이지만, 타인의 손실로(at the expense of another)라는 공식은 원고가 손해를 입었다는 것을 증명할 필요 없이 타인의 법적으로 보호되는 권리를 침해하였다는 것을 의미한다고 설명한다.[17]

동진, "독일 · 오스트리아 · 스위스의 부당이득법", 비교사법 제25권 1호(2018), 266-267 참조.

15) Münchener Kommentar zum BGB/Schwab(주 14), BGB § 812 Rn. 289 ff.

16) 다만 두 번째 설은 첫 번째 설을 다음과 같이 비판한다. 가령 부정경쟁행위의 경우에는 그 행위자에 대하여 경쟁자가 금지청구를 할 수는 있지만, 이러한 부정경쟁행위는 현존하고 보호되는 사용 가능성이 아니라 다만 공정한 경쟁의 기회를 침해하는 것이라는 것이다. Münchener Kommentar zum BGB/Schwab(주 14), BGB § 812 Rn. 283.

17) Restatement (Third) of Restitution and Unjust Enrichment § 1 (2011) Comment a. 이에 대하여는 진도왕, "미국 침해부당이득법 개관", 재산법연구 제33권 3호(2016), 271 참조.

그런데 문헌 가운데에는 마치 침해부당이득에서 손해라는 요건 자체가 필요없는 것처럼 설명하는 것도 있다. 가령 침해 또는 이용으로 인하여 권리자가 "손해"를 입었느냐 하는 것은 부당이득의 성립 여부를 좌우하지 못하고, 이러한 요건을 침해부당이득에 대하여 요구하는 것은 결과적으로 손해의 의미를 무한정 확장하여 어떠한 경우에도 손해가 있다는 무의미한 결론에 도달하기에 이른다는 것이다.[18] 독일의 문헌에서도 이와 같은 취지의 표현을 찾아볼 수 있다. 즉 "손실"이라는 것은 부당이득반환청구권자에게 재산적 손해가 발생하여야 한다는 것을 의미하지는 않으며, 이 표지는 단지 관련이 있는 권리 보유자에게 할당된 권한의 권한 없는 이용이 부당이득반환청구권을 발생시킬 수 있다는 것을 의미한다는 것이다.[19]

그러나 손해의 발생 자체가 필요없다는 것은 지나친 것으로 보인다.[20] 부당이득반환청구권은 한편으로는 이익에 의하여, 다른 한편으로는 손해에 의하여 제한되기 때문에, 손해가 발생하지 않았다면 부당이득반환청구도 성립할 수 없는 것이다. 위와 같은 표현은 침해 외에 별도의 독립된 손해는 필요하지 않다는 의미로 받아들여야 할 것이다.

그러므로 침해부당이득에서는 타인의 배타적인 권리 내지 이용이 침해되었다면 그 자체로 손해는 존재하는 것이고, 이를 따로 임대하는 등 영리적인 목적으로 사용할 수 없다고 하여 손해가 존재하지 않는다고는 할 수 없다. 가령 주인이 해외에 있는 관계로 현재 사용할 수 없어 비어 있는 별장에 누군가가 무단으로 들어가 숙박을 하였다면, 그 주인에게는 현실적 재산의 감소가 전혀 발생하지 않았다고 하더라도 그의 소유권에 내포되어 있는 독점적, 배타적 사용권능이 침해되었기 때문에 부당이득법상의 손실은 인정될 수 있다. 그 별장에서 숙박할 수 있는 이익은 그 주인에게만 독점적으로 귀속되어 있는 것이기 때문에 무단숙박자는 그러한 귀속질서에 어긋나는 이익을 취득한 것으로 되어 그 이익을 반환하여야 하기 때문이다.[21] 따라서 이 사건에서는 피고가 집합건물의 공용부분인 복도와 로비를 점유하고 사용하고 있음으로 인하여 다른 구분소유자가 복도와 로비를 원래의 용도대로 사용하지 못하고 있다면, 이것만으로 손해는 존재한다고 보아야 한다.[22]

다. 외국의 사례

일본과 독일에서 이와 유사한 문제에 대한 논의는 별로 많지 않은데, 이는 이러한 경우에 손해를 인정할 수 없기 때문이 아니라, 손해의 존재는 당연한 것으로 전제하기 때문인 것으로

---

18) 양창수(주 8), 244-245.

19) Jauernig/Stadler, Bürgerliches Gesetzbuch, 17. Auflage, 2018, BGB §812 Rn. 58.

20) 박설아(주 3), 885는, 부당이득의 성립 요건으로 손해의 발생이라는 요건이 필요없다는 입장들은 민법 제741조에서 명시적으로 부당이득의 요건으로 '타인에게 손해를 가하였을 것'을 요하고 있다는 점에서 보면 과격한 측면이 있다고 한다.

21) 안병하(주 9), 507. 이계정(주 4), 382도 비슷한 예를 들고 있다.

22) 윤정운(주 4), 285-287은 법경제학적 관점에서 보더라도 집합건물 공용부분의 무단점유로 인한 부당이득반환청구권의 성립을 인정하는 것이 바람직하다고 하면서, 윤진수(주 6), 118-119를 인용하였다.

여겨진다.

우선 일본 최고재판소 2015(平成 27). 9. 18. 판결[23]은 다음과 같은 사안에 대한 것이다. 즉 집합건물(구분소유건물)의 구분소유자 1인이, 다른 구분소유자가 집합건물의 공용부분을 전화회사에 전화기지국을 설치할 수 있도록 임대하여 취득한 차임 가운데 자신의 지분 비율 상당액의 돈을 부당이득이라 하여 반환청구를 하였다.

최고재판소는, 일부의 구분소유자가 공용부분을 제3자에게 임대하여 얻은 차임 가운데 각 구분소유자의 지분비율에 상당하는 부분에 관하여 생기는 부당이득반환청구권은 각 구분소유자에게 귀속하므로, 각 구분소유자는 원칙적으로 위 청구권을 행사할 수 있지만, 구분소유자의 단체(관리단)만이 위 청구권을 행사할 수 있다고 구분소유자 집회에서 결의하거나 규약으로 정할 수 있고, 그러한 경우에는 구분소유자 단체만이 청구권을 행사할 수 있으며, 개별 구분소유자는 행사할 수 없다고 하였다.

이 판결에 대하여는 부당이득반환청구권의 성립은 당연한 전제로 하여, 그 청구권을 누가 행사할 수 있는가에 대한 논의가 있으나,[24] 부당이득반환청구권의 성립 자체에 대하여는 당연한 것으로 받아들여서인지 별다른 논의가 없다.

그리고 독일에서는 독일 프랑크푸르트 암 마인 고등법원 2008. 10. 1. 결정[25]이 참고가 된다. 이 사건에서는 피고 구분소유자단체(Wohnungseigentümergemeinschaft)가 자신의 지하 주차장에 접근할 수 있는 차도가 없어 인접한 원고 소유자단체(Eigentümergemeinschaft)의 지하 주차장 벽을 뚫고 이를 통하여 자신의 지하 주차장 차도를 만들었다. 법원은 피고의 부당이득을 인정하고 부당이득액을 연 2,000유로로 정하였다. 독일의 주석서는 이 판결을 소유권 사용의 침해로 인한 부당이득의 예로 들고 있다.[26]

라. 종전의 손해가 없다고 한 다른 선례와의 관계

(1) 판　　례

종전에도 집합건물의 공용부분에 관한 것은 아니지만, 부당이득 및 불법행위에 관하여 손해가 없다고 하여 부당이득반환청구나 불법행위로 인한 손해배상청구를 기각한 선례가 있다.

㈎ 대법원 1985. 10. 22. 선고 85다카689 판결　　"불법점거를 당한 부동산의 소유자는 불법점거자에게 불법점거로 인하여 상실한 임료상당의 이익에 대한 손해배상을 청구할 수 있으나 불법점거가 없었다고 하여도 부동산소유자에게 임료상당의 이익이나 기타 소득이 발생할 여지가 없는 특별한 사정이 있는 때에는 손해배상을 청구할 수 없다."

---

23) 民集 69巻 6号 1711頁.

24) 齋藤毅, 最高裁 判例解說, 法曹時報 68巻11号, 2016, 222 이하; 平野裕之, "区分所有建物の共用部分についての不当利得返還請求権の帰属と行使", 私法判例リマークス 54号, 2017, 14 이하 등.

25) NJW-RR 2009, 805.

26) Münchener Kommentar zum BGB/Schwab(주 14), BGB §812 Rn. 297.

이 사건의 사실관계는 피고가 피고 소유의 임야 지하에 있는 석회암 천연동굴에 대하여 관광개발허가를 받고 그곳에 철책과 전기시설등 내부시설을 한 후 1978년부터 입장료를 받고 일반에게 관람케 하는 관광업을 하여 오면서 위 각 임야에 인접한 원고들 소유의 같은리 산 16 임야 지하에 있는 위 천연동굴과 연결된 동굴부분 55평까지 점유사용하고 있는 경우였다. 원심법원은 시설물철거 및 동굴인도뿐만 아니라 임료 상당 손해배상까지 명하였으나, 대법원은 손해배상 부분을 파기환송하였다.

대법원은, 위와 같이 판시하면서, 원고들이 자기소유 임야안에서 그 임야 지하에 있는 동굴부분에 출입할 수 있는 출입구를 별도로 개설하는 것이 가능한지, 만일 가능하다면 그 출입구를 개설하여 원고들 소유부분의 동굴 약 55평만을 가지고 관광장소로 개발하여 임료상당 이익이나 기타 소득을 얻을 만한 가치가 있는 것인지 의심스러우며, 이러한 점들이 기록상 분명히 밝혀져 있지 않고, 만일 별도로 동굴출입구를 개설하는 것이 불가능하거나 현저히 곤란하다면 더 말할 것도 없거니와 그 출입구 개설이 가능하다고 하여도 원고들 소유임야 지하에 있는 동굴 55평 부분만 가지고는 독립된 관광장소로 개발하여 임료상당 이익이나 기타 소득을 얻을 만한 가치가 없다고 한다면 피고가 자기소유 동굴에 연결된 원고들 소유의 동굴 부분을 불법점거하였다고 하더라도 그로 말미암아 원고들에게 임료상당 이익을 상실한 손해가 발생하였다고 보기 어려울 것이라고 하였다.

㈏ 대법원 1988. 4. 25. 선고 87다카1073 판결 이 사건에서는 원고들 소유명의로 등기되어 있는 이 사건 구거의 일부지상에 피고가 교량 2개를 가설하여 차량과 시민의 통행을 하게 한 경우였다. 대법원은 "불법점유를 당한 부동산의 소유자로서는 불법점유자에 대하여 그로 인한 임료상당 손해의 배상이나 부당이득의 반환을 구할 수 있을 것이나 불법점유라는 사실이 발생한 바 없었다고 하더라도 부동산소유자에게 임료상당 이익이나 기타 소득이 발생할 여지가 없는 특별한 사정이 있는 때에는 손해배상이나 부당이득반환을 청구할 수 없는 것이다"라고 하면서 위 85다카689 판결을 인용하였다. 그리하여 원고들 소유의 이 사건 구거중 피고가 교량 2개를 가설하여 차량과 시민의 통행에 제공하고 있는 부분은 오래전부터 자연히 하천(준용하천)의 하상으로 되어 그 위로 늘 물이 흐르게 됨으로써 농경지나 대지로 회복될 가능성이 없게 되었고 다른 용도로도 쓸 수가 없게 되었으므로 피고의 교량가설에 의하여 소유자들이 새삼스럽게 위 구거부분을 사용수익할 수 없게 된 것은 아니라 하여 소유자들의 부당이득반환청구를 배척한 조치는 정당하다고 하였다.

이 사건에서 직접 문제된 것은 부당이득반환청구였으나, 대법원은 손해배상에 관한 선례를 원용하면서 부당이득도 부정하였다.

㈐ 대법원 2002. 12. 6. 선고 2000다57375 판결 이 판결은 다음과 같이 판시하였다.

"불법점유를 당한 부동산의 소유자로서는 불법점유자에 대하여 그로 인한 임료 상당 손해의 배상이나 부당이득의 반환을 구할 수 있을 것이나, 불법점유라는 사실이 발생한 바 없었다고 하더라도 부동산소유자에게 임료 상당 이익이나 기타 소득이 발생할 여지가 없는 특별한 사정이 있는 때에는 손해배상이나 부당이득반환을 청구할 수 없다고 할 것인데(대법원 1985. 10. 22. 선고 85다카689 판결; 1988. 4. 25. 선고 87다카1073 판결 등 참조), 원심 인정 사실과 기록에 의하면, 이 사건 구거는 원래 농업용 수로로만 사용되던 토지로서 구거의 소유자인 원고가 이 사건 구거의 원상태 그대로 또는 그 상단을 복개하여 농업용 수로 이외의 다른 용도로 활용할 상황은 아니었으며 피고에 의한 상단 복개 후에도 농업용 수로로서의 이용은 계속되고 있는 사정을 알 수 있는바, 이런 상태에서 피고가 이 사건 구거 중 일부를 복개하여 주민들의 편의를 위하여 제공하였다고 하더라도, 이로 인하여 구거의 소유자인 원고가 위 구거 부분을 사용·수익하지 못함으로 인한 손해를 입었다고 보기는 어려우므로, 원심이 원고의 임료 상당 부당이득 반환청구를 배척한 조치는 결론에 있어 정당하다고 할 것이다."

(2) 이 사건과의 비교

우선 위의 선례들은 그 문언만에 의한다면 소유자가 가해자 내지 점유자의 행위가 없었더라도 그 토지를 전혀 사용할 수 없었다는 것이므로, 공용부분을 다른 구분소유자가 그 용도에 따라 사용할 수 있는 이 사건이나 그 밖의 공용부분 점유로 인한 부당이득을 부정하는 판례들과는 구별된다. 그러므로 후자의 판례를 변경함에 있어서 전자의 판례를 반드시 변경할 필요는 없다.

그러나 이론적으로 이처럼 불법점유를 인정하면서도 불법점유가 없더라도 소유자가 사용할 수 없었다고 하여 손해가 없다고 하는 것은 문제가 있다. 이는 결국 구제를 부정하는 것과 크게 다르지 않다. 그러므로 이러한 경우에도 손해는 있다고 봄이 타당하다.[27]

이에 관하여 참고할 것은 "철도의 건설 및 철도시설 유지관리에 관한 법률(철도건설법)" 및 도시철도법에 의한 지하부분 보상이다. 위 법률들은 철도나 도시철도를 건설하기 위하여 타인 토지의 지하부분을 사용하려는 경우에는 보상을 하도록 규정하고 있다(철도건설법 제12조의2, 도시철도법 제9조). 그 세부적인 기준은 국토교통부 고시나 지방자치단체의 조례 등으로 정하고 있는데, 일정한 깊이(한계심도)를 초과하는 경우에도 보상을 전혀 하지는 않고, 일정한 비율의 보상을 하도록 규정하고 있다.[28] 이를 고려한다면, 불법점유가 없었더라도 소유자가 사용할 수 없었다는 이유로 손해의 발생을 부정하는 것은 재검토되어야 한다.

---

27) 양창수(주 8), 285는, 부당이득의 일반적 요건으로서의 청구권자의 손실은 침해부당이득에 관한 한 수익자의 이익이 청구권자의 재산으로부터 얻어진 것이면 충족되며, 청구권자가 그 재산으로부터 현실적으로 이익을 얻을 가능성이 있는지는 문제삼을 것이 아니고, 그러한 사정은 그 사용이익의 가액을 산정함에 있어서 고려하면 충분하다고 한다.

28) 철도건설을 위한 지하부분 토지사용 보상기준(국토교통부고시 제2017-161호) 제8조 제6항, 서울특별시 도시철도의 건설을 위한 지하부분토지의 사용에 따른 보상기준에 관한 조례(서울특별시조례 제7423호) 제9조 제2항 등.

(3) 부당이득과 불법행위를 구별할 것인지 여부

논자에 따라서는 이 사건과 같은 경우에 불법행위법상의 손해는 인정될 수 있어도, 부당이득법상의 손해는 인정될 수 없다는 견해를 취할 수도 있다. 그러나 그러한 주장은 근거가 없다.

우선 불법행위법상의 손해와 부당이득법상의 손해는 다른 것인가? 민법 제741조는 "법률상 원인없이 타인의 재산 또는 노무로 인하여 이익을 얻고 이로 인하여 타인에게 손해를 가한 자는 그 이익을 반환하여야 한다"고 규정한다. 그런데 과거 법무부 민법개정위원회에서는 위 조문의 "손해"를 손실로 바꾸려는 논의가 있었으나, 결국 채택되지는 않았다. 이에 관하여 보고한 권영준 교수는, 손실은 법익에 대한 불이익의 의미로 사용된다는 점에서 손해와 공통되지만, 재산상 법익에 국한된 개념이라는 점에서 손해와 구별된다고 한다.[29] 그러므로 적어도 재산상 법익의 침해에 관한 한 불법행위법상의 손해가 인정됨에도 불구하고 부당이득법상의 손실은 인정되지 않는다고 하는 경우는 생각하기 어렵다.

이론적으로 보더라도 침해부당이득은 불법행위와 동질적이다. 독일의 카나리스 교수가 침해부당이득을 불법행위법에 의하여 보호되는 법익 침해의 경우에 인정하려고 한다는 것은 앞에서 보았다. 뿐만 아니라 침해부당이득의 존재이유를 살펴보더라도 그러하다. 필자는 과거에 침해부당이득에 대하여 다음과 같이 설명하였다.

"예컨대 다른 사람이 나의 토지를 불법으로 점유하고 있다고 하자. 이때 나는 소유권을 행사하여 그 사람을 나의 토지로부터 쫓아낼 수 있을 것이다. 그런데 침해부당이득의 반환이 인정되지 않는다면, 나는 다른 사람이 점유하고 있던 동안 그 토지를 사용하지 못하는 손해를 본 반면, 그 사람은 이익을 얻었는데도 불구하고 이를 그대로 보유할 수 있게 된다. 물론 이 경우에는 불법행위를 이유로 하는 손해배상을 청구하면 되므로 큰 문제는 없을 수 있다. 그러나 침해부당이득이라고 하여 항상 불법행위가 성립하는 것은 아니다. 예컨대 임차인이 임대인에게 보증금을 지급한 경우에는 임대차가 종료하여도 임차인의 임대차목적물 반환의무와 임대인의 보증금 반환의무는 동시이행관계에 있고, 따라서 임대차보증금을 지급받지 못한 임차인은 임대차목적물을 계속 점유할 권리를 가지게 되므로, 임차인의 점유는 불법행위가 아니다. 그렇지만 이러한 경우에도 임차인이 임대차목적물을 사용수익하는 것은 임대인에 대하여는 부당이득이 되므로, 임대인에게 이를 반환하여야 한다."[30]

다시 말하여 재산권을 침해하는 불법행위가 성립하고, 그로 인하여 가해자에게 이익이 있다면 피해자는 가해자에게 부당이득의 반환을 청구할 수 있다고 보아야 하고, 그렇지 않은 경우는 생각하기 어렵다.

---

29) 권영준, "부당이득에 관한 민법개정안 연구", 서울대학교 법학 제55권 4호(2014), 160.

30) 윤진수(주 6), 117-118. 각주 생략.

다만 불법행위법상의 손해는 인정되지 않더라도, 침해부당이득에서의 손해(손실)는 인정될 수 있는 경우가 없다고는 할 수 없다. 이 점을 잘 보여주는 것이, 독일의 항공여행사건(Flugreisefall)이다.[31] 이 사건에서는 미성년자가 독일 뮌헨에서 함부르크까지는 유효한 항공권을 가지고 항공사 항공기를 타고 갔지만, 함부르크에서는 유효한 항공권 없이 비행기를 타고 미국 뉴욕까지 갔고, 미국에서 비자가 없다는 이유로 입국이 거절되자 항공사가 그를 항공사의 비행기편으로 독일 뮌헨까지 데리고 왔다. 위 미성년자의 법정대리인인 어머니가 항공 요금 지급을 거절하자, 항공사는 위 미성년자를 상대로 함부르크-뉴욕 간 및 뉴욕-뮌헨 간 항공요금을 청구하였다.

이 판결은 이른바 사실적 계약관계 내지 사회정형적 행동(sozialtypisches Verhalten)의 이론 적용을 부정한 것으로 잘 알려져 있지만, 불법행위법과 부당이득법에 관하여도 의미 있는 판시를 하였다. 즉 연방대법원은 유효한 계약관계가 없었음을 이유로 계약상 요금 청구는 인정하지 않았고, 또 불법행위로 인한 손해배상청구도 비행기가 만석이 아니어서, 다른 사람을 태우지 못했다는 사정이 없기 때문에 손해가 없었으므로 인정될 수 없다고 하였다. 그러나 연방대법원은 부당이득을 원인으로 하는 항공요금 청구는 인정하였다. 연방대법원은 손실(Kosten)보다는 이득을 주로 문제삼았는데, 독일 민법 제812조의 이익은 수익자에게 진정한 재산의 증가가 있을 때에만 인정될 수 있고, 재산의 증가는 비용의 절약일 수도 있다고 하였다. 이 판결은 이 경우의 부당이득이 급여부당이득인지 아니면 침해부당이득인지를 명확히 하지는 않았으나, 독일의 학설은 이 사건을 일반적으로 침해부당이득을 인정한 것으로 이해하고 있다.[32]

마. 대상판결에 대하여

대상판결의 다수의견은, 구분소유자 중 일부가 정당한 권원 없이 집합건물의 복도, 계단 등과 같은 공용부분을 배타적으로 점유·사용함으로써 이익을 얻고, 그로 인하여 다른 구분소유자들이 해당 공용부분을 사용할 수 없게 되었다면, 공용부분을 무단점유한 구분소유자는 특별한 사정이 없는 한 해당 공용부분을 점유·사용함으로써 얻은 이익을 부당이득으로 반환할 의무가 있고, 해당 공용부분이 구조상 이를 별개 용도로 사용하거나 다른 목적으로 임대할 수 있는 대상이 아니더라도, 무단점유로 인하여 다른 구분소유자들이 해당 공용부분을 사용·수익할 권리가 침해되었고 이는 그 자체로 민법 제741조에서 정한 손해로 볼 수 있다고 하였다. 정당한 권원 없이 집합건물의 공용부분을 배타적으로 점유하여 사용한 자는 부동산의 점유·사용 그 자체로 부당한 이익을 얻게 되고, 이로 인하여 다른 구분소유자들은 해당 공용부분을 사용할 수 있는 가능성이 원천적으로 봉쇄되는 손해를 입었으므로 이로써 민법 제741조에 따른 부당이득반환의 요건이 충족되었다고 볼 수 있으며, 그 외에 해당 공용부분에 대한 별개 용

31) BGH NJW 1971, 609.

32) 예컨대 Schwarz/Wandt(주 12), S. 191.

도로의 사용 가능성이나 다른 목적으로 임대할 가능성이 추가적으로 요구된다고 볼 수 없다는 것이다.

이러한 판시는 앞에서 설명한 할당이론과 궤를 같이하는 것이다. 김재형 대법관의 다수의견에 대한 보충의견은, 침해부당이득에서는 권리자가 수익자의 침해행위로 재산을 이용할 가능성이 박탈되었다는 사실 자체로 손해가 있다고 보아야 한다고 주장하였다. 다만 위 보충의견은, 민법 제741조에서 말하는 '손해'는 불법행위나 채무불이행에서 말하는 '손해'와 동일한 개념으로 파악할 필요가 없다고 하였는데, 이는 일반론으로서는 타당할 수 있지만, 이 사건에서는 적절하지 않다. 이 사건에서 원고가 피고를 상대로 부당이득 아닌 불법행위를 원인으로 하는 손해배상을 청구하였어도 이는 받아들여졌을 것이다. 이때 손해의 존부를 파악함에 있어서는 전통적인 차액설 대신 이른바 규범적 손해개념에 따라야 할 것이다.[33)]

한편 박상옥 대법관의 반대의견은, 어떤 사람의 재산이나 노무가 다른 사람에게 이익을 주는 일이 있더라도 그로 말미암아 그 재산 또는 노무의 제공자에게 어떤 손해를 주는 일이 없는 이상, 이득자에 대하여 그 이득의 반환을 명할 수 없다고 하면서, 공용부분의 무단사용으로 차임 상당의 부당이득이 성립하기 위해서는 구분소유자들이 차임 상당 이익 내지 소득을 얻을 수 있었는데도 이를 얻지 못한 손해를 입었다는 것을 전제로 하여야 한다고 주장한다. 일반론으로는 부당이득은 손해(손실)가 없으면 성립할 수 없는 것이기는 하지만, 침해부당이득에서는 타인의 배타적인 권리 내지 이용이 침해되었다면 그 자체로 손해는 존재하는 것으로 보아야 한다는 것은 앞에서 설명하였다.

위 반대의견은, 대법원 2015. 6. 25. 선고 2014다5531 전원합의체 판결을 원용하고 있다. 이 판결은 국립대학의 기성회가 기성회비를 납부받은 것이 '법률상 원인 없이' 타인의 재산으로 이익을 얻은 경우에 해당한다고 볼 수 있는지에 관한 것이다. 이 판결의 다수의견은 기성회비는 고등교육법 제11조 제1항에 의하여 국립대학의 설립자·경영자가 받을 수 있는 '그 밖의 납부금'을 납부받은 것과 마찬가지로 볼 수 있다고 하여 법률상 원인이 없는 것이 아니라고 하면서, 부가적으로 부당이득제도는 부당한 재산적 가치의 이동을 조절하려는 제도이므로, 이익에 대응하여 손해를 입은 사람이 있어야 하고, 어떤 사람의 재산이나 노무가 다른 사람에게 이익을 주는 일이 있더라도 그로 말미암아 그 재산 또는 노무의 제공자에게 어떤 손해를 주는 일이 없는 이상, 이득자에 대하여 그 이득의 반환을 명할 이유가 없는데, 원고들이 영조물인 국립대학을 이용하면서 그에 상응하는 대가를 피고 기성회들을 통하여 국립대학의 설립자·경영자인 국가에 납부한 것을 두고, 국가나 피고 기성회들이 부당한 이익을 얻었다거나 그로 인하여 원고들에게 어떤 손해가 발생하였다고 볼 수 없다고 하였다. 그러나 위 판결에서 문제된

33) 규범적 손해개념에 대하여는 예컨대 신동현, 민법상 손해의 개념, 경인문화사, 2014, 47 이하; 김상중, "손해의 개념과 손해발생의 인정", 민사법학 제90호(2020), 200 이하 등 참조.

것은 이른바 급여부당이득으로서, 침해부당이득이 문제되는 이 사건에 관하여는 적절한 선례가 되기 어렵다.

한편 위 반대의견은, 여기서 문제되는 공용부분은 이른바 필수적 공용부분으로서 관리단이 규약이나 관리단집회 결의 등을 통해서 특정인에게 필수적 공용부분을 배타적으로 사용하게 하거나 임대하는 것도 허용될 수 없다고 하면서, 필수적 공용부분을 특정인에게 임대하여 배타적으로 사용하게 하는 것은 허용될 수 없으므로 구분소유자는 물론 구분소유자 전원을 구성원으로 하는 관리단에도 해당 공용부분에 대한 차임 상당의 이익이나 소득이 발생할 수 있는 여지가 없다고 주장한다.

이러한 필수적 공용부분이라는 개념은 일반적으로 인정되고 있는 것은 아니고, 과연 이처럼 관리단이 특정인에게 공용부분을 배타적으로 사용하게 하거나 임대할 수 없는 경우가 있다고 단정할 수 있는지는 의문이다. 대상판결의 다수의견은, 구분소유자들은 집합건물법에서 정한 절차에 따라 집합건물의 공용부분을 사용하거나 수익하는 구체적인 방법을 폭넓게 정할 수 있고, 구분소유자 중 일부나 제3자에게 공용부분을 전용으로 사용할 수 있도록 하는 것도 공용부분의 관리 또는 변경에 관한 사항에 해당한다고 하였다. 설령 관리단이 특정인에게 공용부분을 배타적으로 사용하게 하거나 임대할 수 없는 경우가 있을 수 있다고 하더라도, 이것이 집합건물에서 필수적인 공용부분을 특정인이 혼자만 사용·수익하였을 경우 부당이득을 부정하는 근거가 될 수는 없다. 규범적으로 집합건물 공용부분에 대하여 용도에 따른 사용이 보장되어야 한다는 것과, 현실적으로 공용부분을 무단점유·사용함으로써 그 이익을 취득한 경우 왜곡된 불균형 상태를 시정해야 한다는 것은 다른 문제이다.[34]

3. 손해가 인정되는 경우 그 손해의 인정방법 — 생각할 수 있는 두 가지 방식

이 경우에 손해의 인정방법으로는 두 가지를 생각할 수 있다. 그 하나는 피고가 문제되는 공용부분을 영업장으로서 사용하고 있다면, 그 영업장의 차임 상당을 손해액으로 보는 것이다. 다른 하나는 위 공용부분을 임대하는 것은 허용되지 않으므로, 차임 상당을 손해액으로 볼 수는 없고, 다른 구분소유자들이 공용부분을 사용하지 못하는 것 자체의 손해를 인정하여야 한다는 것이다.

이 사건 원고의 규약에 의하면, 원고는 특정 구분소유자나 제3자에게 일정액의 사용료를 징수하고 일정기간 공용부분을 전용(專用)으로 사용하게 할 수 있다고 한다. 만일 그것이 허용된다면 그 차임 상당을 손해액으로 인정할 수 있을 것이다. 그러나 그것이 허용되지 않는다면 그와 같은 방법은 문제가 있다. 뿐만 아니라 설령 임대가 허용된다고 하더라도, 공용부분 임대에 관한 다른 비교할 만한 사례가 없다면, 차임 상당의 인정 자체가 쉽지 않을 것이다.

34) 박설아(주 3), 901; 이기택 대법관의 다수의견에 대한 보충의견 참조.

이 문제는 제1차적으로는 사실심이 판단할 문제이다. 그러나 이 경우에 손해액의 인정이 쉽지는 않을 것으로 보인다. 이 문제의 해결책으로는 민사소송법 제202조의2를 유추하는 것을 생각해 볼 수 있다.

민사소송법 제202조의2(손해배상 액수의 산정): 손해가 발생한 사실은 인정되나 구체적인 손해의 액수를 증명하는 것이 사안의 성질상 매우 어려운 경우에 법원은 변론 전체의 취지와 증거조사의 결과에 의하여 인정되는 모든 사정을 종합하여 상당하다고 인정되는 금액을 손해배상 액수로 정할 수 있다.

이 규정은 실제로는 2013년 법무부 민법개정위원회에서 작성한 개정안[35]과 대체로 같은 내용으로서, 입법 당시에 이를 참조한 것으로 보인다. 필자도 민법개정위원회의 실무위원회 위원장으로서 위 개정안을 만드는 데 관여하였다.[36] 이 개정안은 입법 과정에서 독일 민사소송법 제287조를 참고하였다.

독일 민사소송법 제287조

(1) 손해의 성립 여부와 그 손해 또는 배상할 이익의 범위에 관하여 당사자들 사이에 다툼이 있는 경우에, 법관은 제반사정을 참작하여 자유로운 심증에 따라 이를 판단한다. 신청된 증거조사 또는 직권에 의한 감정인의 감정을 명할 것인지 여부와 그 범위는 법원의 재량에 따른다. 법원은 손해 또는 이익에 관하여 증거제출자를 심문할 수 있다; 제452조 제1항 제1문, 제2항 내지 제4항은 준용된다.

(2) 제1항 제1, 2문은 재산권상의 분쟁에 관하여는 다른 경우에도 당사자들 사이에 청구권의 범위에 관하여 다툼이 있고, 이에 관한 모든 사정을 완전히 해명하는 것이 다툼이 있는 청구권 부분의 의미와 균형이 맞지 않을 정도로 어려움이 있는 한 준용된다.[37]

앞에서 언급한 독일 프랑크푸르트 암 마인 고등법원 결정(주 25)은, 피고가 원고의 지하

35) 제202조의2(손해액의 결정): 손해가 발생한 사실은 인정되나 손해액을 밝히기 매우 어려운 경우에는 법원은 변론 전체의 취지와 증거조사의 결과를 참작하여 손해액을 정한다.

36) 그 경위에 관하여는 김재형, "채무불이행으로 인한 손해배상에 관한 민법개정안", 민사법학 제65호(2013), 624 참조.

37) § 287 Schadensermittlung; Höhe der Forderung

(1) Ist unter den Parteien streitig, ob ein Schaden entstanden sei und wie hoch sich der Schaden oder ein zu ersetzendes Interesse belaufe, so entscheidet hierüber das Gericht unter Würdigung aller Umstände nach freier Überzeugung. Ob und inwieweit eine beantragte Beweisaufnahme oder von Amts wegen die Begutachtung durch Sachverständige anzuordnen sei, bleibt dem Ermessen des Gerichts überlassen. Das Gericht kann den Beweisführer über den Schaden oder das Interesse vernehmen; die Vorschriften des § 452 Abs. 1 Satz 1, Abs. 2 bis 4 gelten entsprechend.

(2) Die Vorschriften des Absatzes 1 Satz 1, 2 sind bei vermögensrechtlichen Streitigkeiten auch in anderen Fällen entsprechend anzuwenden, soweit unter den Parteien die Höhe einer Forderung streitig ist und die vollständige Aufklärung aller hierfür maßgebenden Umstände mit Schwierigkeiten verbunden ist, die zu der Bedeutung des streitigen Teiles der Forderung in keinem Verhältnis stehen.

주차장 벽을 뚫고 이를 통하여 자신의 지하 주차장 차도를 만든 경우에 피고의 부당이득액을 연 2,000유로로 정하면서 그 근거로 독일 민사소송법 제287조를 들었다.

그러므로 부당이득의 손해를 산정하는 데 어려움이 있는 때에는 민사소송법 제202조의2를 유추할 필요가 있다.[38] 그런데 이에 대하여는 다음의 두 가지 반론이 있을 수 있다. 첫째, 우리 민사소송법 제202조의2는 손해배상에 관하여 적용되는 규정이고, 부당이득에 관하여 적용되는 것은 아니라는 것이다. 그러나 독일 민사소송법이 손해배상 아닌 다른 청구권의 범위에 다툼이 있는 경우에 관하여 준용한다는 규정을 둔 것에서 알 수 있는 것처럼, 이를 손해배상 아닌 부당이득에 관하여 유추하는 것이 무리는 아닐 것이다. 특히 앞에서 설명한 것처럼 불법행위에서의 손해와 부당이득에서의 손해가 동질적이라면 유추에 별다른 문제가 없다.

둘째는, 민사소송법 제202조의2는 2016. 3. 29. 공포되어 그로부터 6개월 후에 시행된 것인데, 이 사건에서 피고의 공용부분 점유는 그 이전부터 시작된 것이므로 위 민사소송법의 규정을 소급적용하는 것이 된다는 것이다. 그러나 위 개정 민사소송법(법률 제14103호, 2016. 3. 29.) 부칙 제2조는 명문으로 “이 법은 이 법 시행 당시 법원에 계속 중인 사건에 대하여도 적용한다”고 규정한다. 이론적으로도 실체법 아닌 절차법은 소급적용될 수 있는 것이므로 소급적용이라 하여도 별 문제는 없다.

대상판결의 다수의견은, 일반적으로 부동산의 무단점유·사용에 대하여 차임 상당액을 부당이득으로 반환해야 한다고 보는 이유는 해당 부동산의 점유·사용으로 인한 이익을 객관적으로 평가할 때 그 부동산 사용에 관한 권리가 당사자 간의 합의로 설정된다고 가정하였을 경우 약정되었을 대가로 산정하는 것이 합리적이기 때문이지, 해당 부동산이 임대 가능한 부동산일 것을 요건으로 하기 때문이 아니라고 하였으나, 구체적으로 어떻게 부당이득의 액수를 산정하여야 하는지는 말하고 있지 않다.

다른 한편 이기택 대법관의 다수의견에 대한 보충의견은, 피고가 부당이득으로서 반환해야 할 이 사건 복도와 로비에 대한 부당이득액을 어떻게 산정할 것인지는 결국 사실심의 사실인정과 가치평가에 속하는 문제이지만, 재판 실무상 이 사건 복도와 로비의 무단점유로 인한 부당이득액은 다른 특별한 사정이 없는 한 그 차임 상당액을 평가하여 산정하는 방법을 따를 수밖에 없을 것이라고 한다.

그러나 개인적으로는 대상판결이 민사소송법 제202조의2에 대하여 언급하여 주었더라면 하는 아쉬움이 있다.

한편 이기택 대법관의 다수의견에 대한 보충의견은, 관리단인 원고가 피고에게 이 사건 복도와 로비의 무단점유로 인한 부당이득반환을 구할 경우 이 사건 복도와 로비에 대한 부당이득액 전부를 인정할 수 있고, 피고의 지분비율에 해당하는 금액을 제외할 필요가 없다고 하

38) 같은 취지, 박설아(주 3), 902-903; 이계정(주 4), 387; 권영준(주 4), 285 주 264).

였다. 그 이유는, 관리단이 공용부분의 무단점유자에게 부당이득반환을 구하는 것은 구분소유자 전체의 이익을 위한 것이고, 그 부당이득반환청구를 통하여 취득한 금액은 구분소유자들 전체에게 분배되거나 집합건물의 유지·관리, 구분소유자들의 복지를 위하여 사용되는 등 여러 가지 방법으로 구분소유자들의 이익에 직간접적으로 귀속될 것이고, 이는 공용부분의 무단점유자가 제3자인지 구분소유자인지에 따라 달라진다고 볼 수 없다는 것이다. 이러한 설시는 수긍할 수 있다.[39]

4. 관리단이 부당이득반환청구를 할 수 있는지 여부

대상판결의 반대의견은, 다수의견대로 특정 구분소유자의 공용부분 무단점유로 해당 공용부분에 대한 사용·수익권의 침해라는 손해 또는 차임 상당액의 손해가 발생하였다고 하더라도, 이러한 손해는 결국 다른 구분소유자들의 권리가 침해되어 발생하는 손해이므로 다른 구분소유자들이 무단점유자를 상대로 부당이득반환을 청구할 수 있을 뿐이라고 한다.

그러나 다수의견은, 원고는 변론기일에 구분소유자들이 피고의 무단점유에 대하여 소 제기를 통하여 문제를 해결하기로 관리단집회에서 결의하였고 이에 따라 부당이득반환을 청구한다고 주장하였고, 원고의 규약 제13조, 제22조에 따라 관리단집회의 결의에 따라 피고에게 이 사건 복도와 로비에 대한 사용료 상당의 부당이득반환을 구한다고 주장하였으므로, 원고가 피고에게 부당이득의 반환을 구할 수 있는 근거에 관하여 주장하였음은 분명하다고 하였다.

한편 이기택 대법관의 다수의견에 대한 보충의견은, 구분소유자뿐만 아니라 관리단도 그 부당이득반환청구권을 행사할 수 있다고 하면서, 그 근거로서 종래의 대법원 판례 외에도 "관리단은 건물의 관리 및 사용에 관한 공동이익을 위하여 필요한 구분소유자의 권리와 의무를 선량한 관리자의 주의로 행사하거나 이행하여야 한다"고 규정한 집합건물법 제23조의2, 관리인의 권한으로서 공용부분의 보존행위와 관리단의 사업 시행과 관련하여 관리단을 대표하여 하는 재판상 또는 재판 외의 행위를 규정한 집합건물법 제25조를 들었다. 그러면서 구분소유자 전원으로 구성된 관리단이 공용부분을 무단점유한 자에 대한 부당이득반환청구권을 재판상 또는 재판 외에서 행사할 수 있다고 보는 데 문제가 없고, 오히려 집합건물의 구분소유자가 많은 경우 단체적 의사결정을 통해서 관리단이 부당이득반환청구권을 행사할 수 있도록 하는 것이 법적 분쟁의 간명한 해결이라는 점에서 정책적으로 더 바람직하며, 다수의 구분소유자들이 각각 부당이득반환청구권을 행사하도록 하는 것은 많은 사회·경제적 비용과 노력이 들 뿐만 아니라 또 다른 법적 분쟁들을 야기할 수 있다는 점에서 볼 때에도 그러하다고 하였다.[40]

39) 같은 취지, 박설아(주 3), 909-910. 한편 윤정운(주 4), 288은, 피고 소유의 공유지분에 상응하는 부당이득반환청구권의 성립을 인정할 수 있는지부터 우선 점검될 필요가 있다고 하면서, 부당이득반환청구권의 발생 근거가 구분소유자의 공유지분권 침해에 있다면, 피고에게 귀속되는 공유지분권에 관하여는 피고의 공유부분 무단점유로 인한 침해 자체를 상정하기 어렵다는 반론도 불가능하지만은 않기 때문이라고 서술한다.

관리단이 구분소유자의 권한을 어느 범위에서 행사할 수 있는지에 관하여는 불명확한 점이 있다. 대법원 2011. 12. 13. 선고 2011다80531 판결은, 관리단이 아파트 공용부분에 관하여 하자보수에 관한 손해배상청구권을 행사할 수 없다고 판시하였다.[41] 대상판결의 다수의견은, 관리단이 부당이득반환청구권을 행사할 수 있는 근거로서 집합건물법의 규정은 언급하지 않고, 관리단집회의 결의와 관리단규약의 규정을 들고 있다.

생각건대 위 보충의견이 지적하는 것처럼, 집합건물의 구분소유자가 많은 경우 다수의 구분소유자들이 각각 부당이득반환청구권을 행사하도록 하는 것은 많은 사회·경제적 비용과 노력이 든다는 점에서 바람직하지 않고, 관리단이 부당이득반환청구권을 행사할 수 있도록 하는 것이 정책적으로 더 바람직하다. 이러한 관점에서 볼 때 집합건물법 제23조의2가 관리단이 구분소유자의 부당이득반환청구권을 행사할 수 있는 근거가 될 수 있다고 해석할 수 있다.[42][43]

설령 이와 같이 해석하기 어렵다고 하더라도, 집합건물의 구분소유자가 규약이나 관리단의 결의에 의하여 관리단에게 부당이득반환청구권을 재판상 행사할 수 있도록 하였다면 이는 허용될 수 있는 이른바 임의적 소송담당(소송신탁)에 해당한다고 보아야 할 것이다. 대법원 1984. 2. 14. 선고 83다카1815 판결은, 임의적 소송신탁은 그 허용되는 경우라는 것은 극히 제한적이라고밖에 할 수 없지만, 탈법적 방법에 의한 것이 아니고 이를 인정하는 합리적 필요가 있다고 인정되는 경우가 있을 것이므로 민법상의 조합에서 조합규약이나 조합결의에 의하여 자기의 이름으로 조합재산을 관리하고 대외적 업무를 집행할 권한을 수여받은 업무집행조합원은 조합재산에 관한 소송에 관하여 조합원으로부터 임의적 소송신탁을 받아 자기의 이름으로 소송을 수행하는 것은 허용된다고 하였다.[44]

또 대법원 2016. 12. 15. 선고 2014다87885, 87892 판결은 같은 취지에서, 집합건물의 관리단이 관리비의 부과·징수를 포함한 관리업무를 위탁관리회사에 포괄적으로 임한 경우에는, 통상적으로 관리비에 관한 재판상 청구를 할 수 있는 권한도 함께 수여한 것으로 볼 수 있고, 이 경우 위탁관리회사가 관리업무를 수행하는 과정에서 체납관리비를 추심하기 위하여 직접 자기 이름으로 관리비에 관한 재판상 청구를 하는 것은 임의적 소송신탁에 해당하지만, 다수의 구분소유자가 집합건물의 관리에 관한 비용 등을 공동으로 부담하고 공용부분을 효율적

40) 박설아(주 3), 904 이하는 이를 지지한다. 이계정(주 4), 388-391도 같은 취지이다.

41) 이계정(주 4), 390은, 이 판결은 관리단의 권한을 확장하기 위해 마련된 위 제23조의2가 신설되기 전의 사안으로 현재에도 위 판결이 유효하다고 보기 어렵다고 한다.

42) 그러나 윤정운(주 4), 291-292는, 집합건물법 제23조의2에 따른 관리단의 권리 행사는 그 권리의 귀속주체인 구분소유자의 위임에 기한 것으로 볼 수 있는 경우에만 정당화될 수 있고, 위 규정만으로 관리단이 구분소유자의 의사에 반하여서까지 구분소유자의 권리를 행사할 수 있다고 보기는 어렵다고 한다.

43) 다만 위 보충의견이 집합건물법 제25조를 언급한 것은 반드시 적절하지 않은 것으로 보인다. 위 조문은 직접적으로는 이 사건 원고와 같은 관리단이 아니라 관리단을 대표하는 관리인에 관한 것이다.

44) 같은 취지, 대법원 1997. 11. 28. 선고 95다35302 판결; 2001. 2. 23. 선고 2000다68924 판결.

으로 관리하기 위하여 구분소유자로 구성된 관리단이 전문 관리업체에 건물 관리업무를 위임하여 수행하도록 하는 것은 합리적인 이유와 필요가 있다고 하여, 관리단으로부터 집합건물의 관리업무를 위임받은 위탁관리회사는 특별한 사정이 없는 한 구분소유자 등을 상대로 자기 이름으로 소를 제기하여 관리비를 청구할 당사자적격이 있다고 하였다.

그리고 대법원 2017. 3. 16. 선고 2015다3570 판결도, 같은 취지에서 집합건물의 관리단으로부터 공용부분 변경에 관한 업무를 위임받은 입주자대표회의는 특별한 사정이 없는 한 구분소유자들을 상대로 자기 이름으로 소를 제기하여 공용부분 변경에 따른 비용을 청구할 권한이 있다고 하였다.[45)]

앞에서 언급한 일본 최고재판소 2015(平成 27) 9. 18. 판결(주 23)은, 일부의 구분소유자가 공용부분을 제3자에게 임대하여 얻은 차임 가운데 각 구분소유자의 지분비율에 상당하는 부분에 관하여 생기는 부당이득반환청구권은 원칙적으로 각 구분소유자가 행사할 수 있지만, 구분소유자의 단체(관리단)만이 위 청구권을 행사할 수 있다고 구분소유자 집회에서 결의하거나 규약으로 정한 경우에는 구분소유자 단체만이 청구권을 행사할 수 있고, 개별 구분소유자는 행사할 수 없다고 하였다. 이 판결도 임의적 소송담당의 법리에 의하여 관리단의 당사자적격을 인정한 것으로 이해할 수 있다.[46)]

이 사건과 같은 경우에도 관리단에게 임의적 소송담당을 인정할 수 있는 합리적인 필요성이 있다고 보아야 할 것이다. 다시 말하여 집합건물의 구분소유자가 각각 부당이득반환청구권을 행사하도록 하는 것보다는 관리단이 부당이득반환청구권을 행사할 수 있도록 하는 것이 효율적이고, 또 이는 관리단의 업무에도 속한다고 볼 수 있으므로, 임의적 소송담당을 부정할 별다른 이유가 없다.

다만 이와 같이 이 판결을 임의적 소송담당으로 이해하는 경우에, 관리단 외에 원래의 구분소유자도 재판상 부당이득반환청구권을 행사할 수 있는가 하는 문제가 있다. 위 일본 최고재판소 판결은 이를 부정하였다. 이 점에 관하여 한 대법원 판결의 판례해설은, 임의적 소송신탁의 경우 권리주체의 소송수행권 상실 여부에 관하여 학계의 논의는 활발하지 아니한 것으로 보인다고 하면서, 이와 유사한 선정당사자의 경우에, 선정당사자가 선정되면 선정자들은 소송수행권을 상실하고 소송관계에서 탈퇴하게 된다고 한 대법원 2013. 1. 18. 자 2010그133 결정을 언급하고 있다.[47)]

---

45) 종래의 판례들을 분석한 글로는 문영화, "입주자대표회의의 임의적 소송담당", 성균관법학 제30권 3호(2018), 97 이하가 있다.

46) 川嶋四郎, 法学セミナー 747号, 2017, 124-124 참조.

47) 신신호, "집합건물의 관리단으로부터 건물관리를 위탁받은 위탁관리업체가 구분소유자를 상대로 체납관리비를 청구할 당사자적격이 있는지 여부", 대법원판례해설 제109호(2016년하)(2017), 361 이하.

5. 결 론

대상판결은 집합건물의 공용부분을 무단점유한 구분소유자는 특별한 사정이 없는 한 해당 공용부분을 점유·사용함으로써 얻은 이익을 부당이득으로 반환할 의무가 있고, 집합건물의 관리단은 위 구분소유자에 대하여 부당이득 반환을 청구할 수 있다고 하였다. 이 결정이 타당함은 앞에서 본 바와 같다. 나아가 이론적으로 볼 때 이 판결은 이른바 침해부당이득에서의 손해의 요건이 어떠한 의미를 가지는가를 명확히 한 점에서 큰 의미를 가진다.

물건의 개념에 관한 소고

윤 철 홍*

Ⅰ. 들어가며

1. 우리 민법 제98조에서는 물건의 개념을 '유체물 및 전기 기타 관리할 수 있는 자연력'이라고 정의하고 있다. 이 규정은 물건에 전기뿐만 아니라 '기타 관리할 수 있는 자연력'까지 포함하고 있기 때문에, '유체물'로 제한하고 있는 입법례와는 달리 물건의 포섭 범위를 자연스럽게 확대할 수 있다. 그러나 우리 민법이 관리 가능한 무체의 자연력을 물건에 포섭할 수 있도록 규정하고 있다 하더라도, 물건의 범위에 대한 해석에 전혀 문제가 없는 것은 아니다. 예컨대 이 규정에 대한 해석론뿐만 아니라 입법론적인 문제가 제기되고 있다.[1] 물건의 개념과 관련하여 서구 유럽의 여러 나라에서는 물건의 개념 속에 포함되었던 동물을 물건에서 제외하는 입법을 추진하였다. 우리나라에서도 반려동물 인구의 폭발적인 증가로 말미암아 동물의 비물건성에 대한 논의와 함께 실제로 국회에 민법개정법률안이 제안되기도 하였다.[2] 이 밖에도 전기 기타 관리할 수 있는 자연력의 범위도 확대되고 있어, 어떤 것들을 물건의 개념 속에 포섭할 것인지에 대해 근본적으로 검토해야 할 시점에 이르렀다고 여겨진다. 이에 따라 이 글에서는 물건의 개념에 대한 포섭 범위와 관련한 몇 가지 문제를 검토해 보고자 한다.

2. 양창수 선생님은 교수로 재직하다 대법관을 역임하셨고, 대법관의 임기를 마친 후 현재도 대학에서 후학들을 양성하고 계시는데, 2021년에 고희를 맞이하셨다. 양선생님께서 한국민법학의 발전에 기여한 점은 필자의 필설로는 형언하기 어려울 정도로 지대하다. 우리 민법전의 제정에 관한 연구와 사회변화에 따른 민법의 변화 및 발전 방향 등 민법에 대한 기초적인 연구에서부터 민법상 다양한 해석론과 입법론에 이르기까지 민법 전 분야에 걸친 실로 방대한 연구 성과를 이룩하셨다.[3] 특히 여기에서 다루는 물건의 개념과 관련하여 재산과 물건,

* 숭실대학교 법과대학 명예교수.

1) 김성수, "한국민법에서의 물건(재물)과 재화", 민사법학, 77호(2016), 339.

2) 제 20대 국회에서 정의당 이정미 의원이 대표 발의한 민법 일부 개정안이 그것이다. 이 개정안은 법제사법위원회에서 제대로 심의되지 못한 채 20대 국회의 종료로 자동폐기되고 말았다.

3) 예컨대 양선생님은 그 동안 학술지에 게재하였던 연구논문들을 모아 「민법연구」라는 단행본으로 1998년에 제1

내용이 변동하는 집합적 동산, 인체에서 분리된 부분의 문제 등에 관해서도 선구적인 연구를 수행하였다. 필자는 최근 개정의 필요성이 제기되고 있는 물건의 개념을 검토하여 상제함으로써 양선생님이 이룩한 학덕을 기리고자 한다.

3. 이 글에서는 후술하는 바와 같이 물건의 개념에 대한 포섭 범위와 관련한 몇 가지 문제를 검토해 보고자 한다. 우선 제2장에서는 민법상 물건에 대한 연혁과 입법례를 간단하게 살펴보고, 제3장에서는 우리 민법상 물건의 구성요소와 관련된 문제를 유체물과 무체물 등으로 나누어 검토한 다음, 제4장에서 이러한 문제들에 대한 개정방향을 제시하고, 제5장에서 글을 맺고자 한다.

Ⅱ. 민법상 물건의 연혁과 입법례

1. 개 설

태초부터 인간이 존재하는 곳에서는 언제나 의식주가 문제 되었다. 이러한 의식주의 지배 내지 관리는 곧 물건의 지배나 관리였다. 따라서 물건은 시공을 초월하는 인간의 보편적인 관심사였다. 특히 권리의 객체로서 물건에 대한 논의는 방법과 정도의 차이가 있었을 뿐 소위 민법이 존재하는 곳에서는 언제나 제기되는 문제였다. 민법, 특히 물권법에서는 물건이 물권의 객체로서 핵심적인 요소가 되었기 때문에 더욱더 그러했다. 예컨대 물건의 개념을 유체물로 한정할 것인가의 여부에 대해서도 근대 민법전 제정 당시부터 첨예하게 대립하였다. 각국의 입법례는 후술하는 바와 같이 유체물로 한정하는 민법전과 지배 가능한 무체물까지 포함하는 민법전으로 나누어진다. 예컨대 로마법을 계수한 프랑스 민법과 오스트리아 민법[4] 및 스위스 민법은 유체물뿐만 아니라 무체물을 포함하고, 독일 민법과 일본 민법 등은 유체물로 제한하고 있다.

과학기술이 발달함에 따라 사람이 관리할 수 있는 자연력의 범위가 차츰 확대되어, 그 만큼 거래의 객체 역시 확대되고 있다. 오늘날 자연력 상 무체물을 물건에 포함하는 것은 거래의 실제에서 아주 자연스러운 것이 되었다. 물건을 유체물로 한정하고 있는 입법례들에서도 해석론으로 그 범위를 확대하고 있다. 우리 민법은 스위스 민법의 태도를 본받아 물건의 개념을 유체물에 한정하지 않고 '전기 기타 관리할 수 있는 자연력'까지 포함했기 때문에, 관리 가능한 무체물을 물건의 범주에 포함하는데 전혀 문제없다. 다만 관리 가능성에 따라 그 범위가 달라질 뿐이다. 오늘날과 같이 고도로 발달된 과학 문명 시대에는 관리할 수 있는 자연력의 영역이

권(박영사)을 발행한 후 2019년에 제10권에 이르기까지 순차적으로 출간하셨다.

4) 오스트리아 민법 제285조에서는 "사람으로부터 구별되고, 인간의 사용에 공여되는, 모든 것은 법률의 의미에서 물건이라 칭한다(Alles, was von der Person unterschieden ist, und zum Gebrauche der Menschen dient, wird im rechtlichen Sinne eine Sache genannt)"라고 규정하여 물건의 개념을 폭넓게 인정하고 있다. 이에 대해서는 우리 민법 제정시 참고하지 않은 관계로 외국 입법례를 소개하는 곳에서 언급하지 않기로 한다.

날로 확장 내지 확대되어 가고 있는 것을 고려한다면, 우리 민법의 입법 태도가 시대변화에 부합하는 것이라 여겨진다. 그러나 물건의 개념을 확장한 우리 민법의 태도에도 불구하고 입법 당시에도 경제 사정에 비추어 불충분하다고 평가하였다.[5] 여기에서는 우리 민법상 물건의 개념 형성에 직접 혹은 간접적으로 영향을 미친 물건에 대한 로마법과 현대 대륙법계의 주요한 입법례 중 우리 민법 제정시 참고한 민법전들 중에서 최근 개정한 독일, 프랑스, 스위스 민법상의 물건의 개념을 간략하게 살펴보고자 한다.

2. 로마법상 물건의 개념

로마법에서 물건을 뜻하는 라틴어 'res'는 다양한 의미로 사용되었다. 우선 좁은 의미에서의 'res'는 개별적이고, 법률상 독립적인 유체물을 의미하였다. 이에 반해 넓은 의미에서 'res'는 권리나 법적 분쟁의 대상이 되는 유체물과 무체물을 포함하는 모든 것을 의미하기도 하고, 더 나아가 경제적 가치가 있는 총체적인 재산을 의미하기도 하였다.[6] 물권법에서 물권의 객체로서 물건은 첫 번째 의미로 사용되었다. 이러한 물건의 해석과 관련하여, Gaius는 최초로 물건을 유체물(res corporales)과 무체물(res incorporales)로 명확히 구별하였다.[7] 그에 따르면 유체물이란 사람의 감각기관에 의한 식별을 기준으로 만져볼 수 있는 물건으로서, 토지, 노예, 의복, 금, 은 기타 무수한 물건들을 의미하였다.[8] 이에 반해 무체물은 만져볼 수 없는 것, 다시 말해 권리로서만 존재하는 것을 의미하였다. 예컨대 상속권, 용익권 또는 다양한 종류의 채권과 같은 것들은 모두 무체물로 취급되었다.[9] 이러한 물건의 분류는 그리스의 류(類)와 종(種)으로 구별하는 연구 방법론의 영향을 받은 것이다. Gaius는[10] 유체물 이외의 권리는 사람이나 소권에는 포함될 수 없는 것으로 이해하였기 때문에 유체물 이외에도 무체물을 물건에 포함해 권리의 객체를 폭넓게 인정한 것이다.[11] 이러한 물건의 분류에 관하여 Cicero는 한 걸음 더

5) 예컨대 민사법연구회, 민법의견서, 일조각, 1957, 7.

6) M. Kaser RPR, Bd.1 S. 318-319.

7) Gaius, 2.12: Quadam praeterea.re corporales sunt, quaedam incorporales,

8) Gaius 2.13: Corporales hae sunt, quae tangi possunt, veluti fundus, homo vestis, aurum, argentum et denique aliae re innumerabiles

9) Gaius 2.14: Incorporarales sunt, quae tangi. non possunt, qualia sunt ea, quae in iure consistent, sicut hereditas, ususfructus, obligationes quoquo modo contractae. nec ad rem pertinet, quod in hereditate res corporales continentur, et fructus, qui ex fundo percipiuntur, corporales sunt, et id, quod ex aliqua obligatione nobis debutur, plerumque corporale est, veluti fundus, homo, pecunia: nam ipsum ius successionis et ipsum ius utendi fruendiet ipsum ius obligationis incorporale est, eodem numero sunt iura praediorum urbanorum et rusticorum.

10) 이러한 가이우스의 물건에 대한 이해에 관해서는 Ch. Becker, Die 'res' bei Gaius-Vorstufe einer Systembildung in der Kodifikation?, Beiträge zur neueren Privatrechtsgeschichte 12, Köln 1999, S. 41 ff. 를 참조할 것.

11) M. Kaser RPR, Bd.1, S. 318.

나아가 물건을 볼 수 있고 만질 수 있는 물리적 존재로서의 물건과 용익권이나 후견권과 같은 지적으로만 파악할 수 있는 관념적 존재로서의 물건을 구별하였다. 물권법에서 물건은 첫 번째 의미로 주로 사용되었다. 따라서 유체물만이 소유권과 다른 물권의 객체가 될 수 있었다. 이러한 로마 법학자들은 유체물을 'corpora', 무체물을 'jura'라는 용어로 표현하였다.[12] 로마법에서는 물건을 융통물과 비융통물로로 대별하고, 융통물에는 유체물과 무체물로, 비융통물에는 신법상의 물건과 인법상의 물건으로 분류하였다.[13] 융통물도 여러 가지 기준에 의해 분류할 수 있었으나, 특히 중요하게 취급한 것은 단일물과 합성물 및 집합물에 따른 분류였다. 예컨대 로마 법학자들은 물건을 견고하게 결합된 부분과 결합되지 않는 부분으로 단순하게 분류하였다. 예컨대 폼포니우스에 따르면 물건에는 세 가지 유형이 존재하였다.[14] 첫째로는 돌이나 화산처럼 단일체(Einheitliches)로서 존재하는 단일물이다. 둘째로는 건물이나 선박 등과 같이 여러 가지가 결합해 있는 합성물이다(Zusammengefuegtes). 셋째로는 가축이나 민족처럼 개별적으로 존재하는 것이 아니라 하나의 개념에 통합되어 있지만, 서로 결합하지 않는 집합물이다.[15] 이러한 구분은 스토아철학으로부터 기원하였으며,[16] 오늘날에도 여전히 유용하게 사용되고 있다. 단순한 물건(res unitae, corpora unitae)은 개별화된 구성 부분들이 서로 결합하지 않은 집합물이다.

3. 독일 민법상 물건의 개념

(1) 추상적인 개념을 중심으로 한 로마법의 영향을 받은 독일에서, 특히 보통법학(Ius Commune)에서도 유체물과 무체물의 개념군(群)에 대한 논의가 자주 제기되었다. 실무상 큰 영향을 지닌 res 개념이 광범하였기 때문이다. 보통법상의 광범한 res 개념은 18세기부터 19세기로 전환되던 시기에 성립하였던 자연법적인 법전 편찬에 반영되었다. 예컨대 오스트리아 민법전(ABGB)과 프로이센 일반주법(ALR)은 'res'라는 용어를 독일어 'Sache'로 대체하였다. 따라서 유체물의 범주보다 넓은 물건의 개념을 상정하였다.[17] 이러한 민법전과 마찬가지로 19세기 초기 독일어로 편찬된 판덱텐 교과서에서도 보통법상의 res 개념을 수용하였다. 그러나 이러한 경향은 19세기 중반에 접어들면서 바뀌었다. 특히 사비니는 물건의 개념을 고대 보통법상 유체물(res corporales)로 제한하였다.[18] 이러한 물건의 개념에 대한 축소는 하나의 경향을 이루

12) 조규창, 로마법, 법문사, 1996, 478.
13) Vgl. M. Kaser RPR, Bd.Ⅱ, S. 175 ff.
14) H. J. Wieling, Sachenrecht Bd 1, 1990, S. 57 ff.
15) Pomponius D.41, 3, 30 pr.
16) Vgl. die Lit. bei Holthoefer 20 Fn.41; Wieling(주 14), S. 51.
17) HKK-BGB-Th. Rüfner, §§ 90-103, Bd.1, 2003, Rn. 5.
18) Fr. C. v.Savigny, System des heutigen römischen Rechts, Bd.1.1840, S. 338.

어 당시 다양한 판덱텐문헌에서 발견할 수 있다.[19] 빈트샤이트 역시 이러한 견해를 수용하였다.[20] 이렇게 고대 로마법과 판텍텐법의 현대적 관용을 통해 보통법화된 로마법, 그리고 근대 자연법의 영향 아래 제정된 독일 민법전은 제90조에서 “이 법에서 물건이란 유체적 대상만을 말한다.”고 규정하였다. 이 조항은 1888년의 제1차 초안에도 그대로 있었던 것이다. 기르케는 그 유명한 제1차 초안에 대한 비판서에서 물건을 ‘유체물’로 한정하는 것에 대해 신랄하게 비판하였다.[21]

(2) 독일 민법상 넓은 의미에서 물건이란 권리의 객체로 존재하는 비인격적인 사물을 지칭하였다. 이러한 물건의 개념은 하나의 법적인 개념으로서, 권리주체인 사람에 대칭되는 것이다.[22] 따라서 그것은 자연계의 대상 개념과 일치하는 것은 아니었다. 인간 생활에서 통상 물건이라는 표현은 유체물로 제한되었으며, 학문이나 법률의 용어에서 유체물은 좁은 의미에서의 물건으로 표현되었다.[23] 기르케에 따르면 ‘물건이란 유체적 대상만이’라는 독일 민법 제90조 규정은 주로 다른 대상으로 확대되는 것을 의도하지 않는 한, 물건에 관한 권리 규정들은 오직 유체물에만 적용되는 것을 의미한다고 이해했다. 그러나 확대 필요성이 존재하는 한, 독일 민법상 권리에 따라 문제가 되는 대상들은 무체물(unkörperliche Sache)이라 생각했다. 따라서 법 기술적인 물건 개념 이외에도 학문적인 개념으로서 무체물이 자연스럽게 존재한다고 주장하였다.[24] 물론 이러한 주장이 제기된 독일 민법학에서 이후 물건의 개념은 민법학의 중심개념이 되었으며, 때로는 이데올로기와 결합하여 중요한 논의의 대상이 되기도 하였다.[25]

(3) 오늘날 독일에서는 민법 제90조가 물건보다 상위개념(Oberbegriff)으로서 권리의 대상(Gegenstand)을 규정하고 있다고 이해한다.[26] 민법전의 제정 전후에 끊임없이 논의되었던 물건의 개념은 이렇게 ‘유체적 대상’만으로 제한하지만, 실제 법적인 거래에서는 대상의 인정 여부에 많은 문제가 발생하였다. 법질서에서 자유롭게 지배할 수 있는 권리객체로서 물건에는 공간을 차지하고 있는 모든 것을 포함하는 것은 아니며, 반대로 무체적 대상도 존재할 수 있기 때문이다. 물건에는 고체뿐만 아니라 액체와 가스 형태의 유체물도 고려될 수 있다. 예컨대 병속에 있는 음료나 운반할 수 있는 용기에 들어 있는 난방오일, 벤진, 가스 등도 물건이다. 문

19) Vgl. G. F. Puchta, Pandekten, 3.Aufl., 1845, S. 47 f.; C.G.v.Wächter, Pandekten, Bd.1, 1880, S. 257 ff.; F. Regelsberger, Pandelten Bd.1, 1893, S. 366 f. usw.

20) Windscheid/Kipp, Lehrbuch des Pandektenrecht Bd. I, 9.Aufl., 1906, S. 689 ff.

21) konkret dazu vgl. O. v. Gierke, Der Entwurf eines bürgerlichen Gesetzbuchs und das deutsche Recht, 1889, S. 43 ff.

22) O. v. Gierke, DPR, Bd.1, S. 269.

23) O. v. Gierke(주 22), S. 270.

24) O. v. Gierke, DPR, Bd.2, S. 3 Anm.3.

25) 예컨대 나치하에서는 통치수단을 합리화하는 이론에 이용되기도 하였다. 예컨대 F. Wieacker, Sachbegriff, Sacheinheit, Sachordnung, in AcP, 148, 1943, S. 58 ff. 참조.

26) Münchener- Streseman, § 90, 8. Aufl., 2018, Rn. 1

학서의 글, 악보, 필름 작업 혹은 컴퓨터 프로그램과 같은 정신적인 창작물들이 책이나 오디오판, 카세트 혹은 디스켓과 같은 곳에 저장 형태로 존재하는 경우에는 물건처럼 취급될 것이다.[27] 유체물이라 하더라도 인체, 아직 인체에 미치지 못하지만 생명이 존재하는 배아 및 신체에 부착된 의치나 의족 등도 물건으로 보지 않으며, 반대로 직접적으로 지배할 수 없는 것 역시 물건에 포함되는 것은 아니다. 예컨대 별, 지구의 성층권, 구름, 바닷물 등은 민법상 물건으로 취급되지 않는다.[28]

(4) 독일의 민법상 물건의 개념조항인 제90조는 1900년 1월 1일부터 시행된 이래 한 번도 개정되지 않았다. 그런데 물건의 개념에 대한 개정이 이루어진 계기는 동물에 대한 의식의 변화였다. 1990년에 신설된 제90a조는 유체물을 물건이라고 정의하고 있는 독일 민법 제90조 물건의 개념으로부터, 동물을 분리하여 "동물은 물건이 아니다."라고 규정한 것이다. 원래 인간과 동물의 관계는 인류 역사만큼이나 장구하다. 동물을 지배의 대상으로 삼고 있는 기독교나[29] 윤회설에 따라 동물의 생명을 존중하고 있는 불교에서 알 수 있는 바와 같이 종교에 따라 동물에 대한 이해도 다양할 것이며, 철학적, 생물학적인 관점에서 역시 상호 다른 접근이 가능할 것이다. 이러한 종교적, 철학적, 윤리적인 접근과는 달리 법적인 관점에서 동물의 지위는 비교적 명확하였다. 예컨대 고대사회에서 동물은 확실한 경제적 재화이며 상품이었다. 로마법에서도 역시 그것은 확실한 물건(res)이었다.[30] 보통법(ius commune)시대에도 동물의 인간에 대한 종속성 역시 결코 의심스러운 것이 아니었다. 19세기 이후에는 동물 복지적인 차원에서 보호 법제들이 나타났지만,[31] 사법상의 지위는 권리의 객체인 물건에 불과했다. 그런데 1988년 오스트리아 민법전에서, "동물은 물건이 아니다."라는 조항을 최초로 신설한 것이다.

(5) 1988년에 개정된 오스트리아 민법과 독일 국민들의 동물에 대한 인식의 변화에 따라 동물의 법적 지위에 대한 민법의 개정 작업이 1989년부터 본격화되었다.[32] 1989년 8월 11일에 민법상 동물의 법적 지위에 관련한 연방정부의 민법상 개정 법률안이 완성되어 연방 참의원에 먼저 이송되었다.[33] 이 법률안은 연방 참의원의 법률분과위원회에서 심의되었으며,[34]

27) Larenz/Wolf, Allgemeiner Teil des Bürgerlichen Rechts, 8. Aufl., 1997, S. 386.

28) 이러한 문건의 범주에 대해 자세한 것은 Münchener- Streseman(주 26), Rn. 10-34; Juris PK-Vieweg, § 90, 9.Aufl., 2020, Rn. 5-31 등을 참조할 것.

29) 창세기 제1장 28절 3문에서 "바다의 고기와 공중의 새와 땅에 움직이는 모든 생물을 다스리라"고 규정하고 있다.

30) R. Sohm, Institutionen des römischen Rechts, 1911, S. 366 f.

31) 동물의 복지차원의 입법적인 조치는 세계 각국에서 오늘날까지도 계속되고 되고 있다. 최근의 동향에 대해서는 박찬운, "동물보호와 동물복지론: 유럽상황을 중심으로", 법조 제640호(2010. 1), 300 이하 참조.

32) 독일법상 동물의 법적 지위에 관해서는 윤철홍, "독일민법상 동물의 법적 지위에 관한 소고", 인권과 정의 제420호(2011. 9), 9 이하 참조.

33) BR-Drs. 380/1/89.

34) BR-Drs. 380/89 (abgedruckt in Bundestagsdrucksache 11/5463, Anlage 2, S. 8-10).

1989년 9월 22일에 연방 참의원에서 의결되는 등[35] 일련의 입법 과정을 거쳐 1990년 8월 20일에 공포되었으며, 1990년 9월 1일부터 시행되었다. 이 법률의 핵심적인 사상은 동물을 윤리에 기초하여 법으로 보호하자는 것이다. 인간은 인간의 이웃 혹은 친구로서, 그리고 고통을 느끼는 감성을 지닌 동물에 대한 책임을 져야만 한다는 것이다. 이것은 동물과 관련한 법률들의 발전 방향과도 부합하는 것이었다.

이 규정을 통해 전체 법질서 안에서 동물보호라는 기본적인 사상이 확고하게 보장되었으며, 민법에서도 물건과 동물이 형식적으로 동등한 지위에 있던 것이 폐지되면서, 동물이 물건과는 다른 지위에 있다는 점을 명문으로 규정하게 된 것이다.[36] 따라서 동물은 민법상 물건이 아니라, 법률의 특별한 보호 아래 존재하는 생명체로 간주하였다. 물건에 적용되는 규정들은 연방정부의 의지에 따라, 동물의 보호를 위한 특별한 규정에 반하지 않는 때에만 준용될 뿐이다. 이러한 준용규정으로 해결할 수 없는 조항들, 예컨대 동물이 물건에 포함된다는 점을 전제로 하여 제정된 여러 규정은 이 개정 법률에 포함되어 함께 개정되었다. 예컨대 손해배상액의 조정(§ 251 Abs.2 S.2 BGB)이나 소유권의 내용(§ 903 BGB), 민사집행법상의 압류금지물(§ 811c ZPO) 등에 관한 규정들이다. 더 나아가 개정작업의 후속 조치로서 독일기본법은 1994년에 제20a조에 장래 세대를 위한 자연적 생활기반(natürliche Lebensgrundlage)의 보호 규정을 두었다. 이처럼 사법상의 규정 변화에 따라 독일 기본법을 개정하기에 이르렀다.[37] 그러나 동물을 구체적으로 보호하는 규정에는 이르지 못했다.[38] 특히 인간은 동물의 고유한 성질에 맞지 않는 사육으로부터, 그리고 피할 수 있는 고통 및 동물의 생활근거지 파괴로부터 동물을 보호해야 함을(den Schutz der Tiere vor nicht artgemässiger Haltung, vermeidbaren Leiden sowie der Zerstörung ihrer Lebensräume) 추상적으로 규정한 것이다.[39] 1990년에 신설된 독일 민법 제90a조는 “동물은 물건이 아니다. 동물은 별도의 법률에 따라 보호된다. 그에 대한 다른 정함이 없는 한 물건에 관한 규정이 준용된다.”라고 규정하였다. 이러한 규정의 신설 이유는, 동물은 인간과 유사한 생명체로서 인간이 마음대로 지배할 수 있는 객체가 아니라는 점이다.[40] 이 규정의 신설에 따라 동물에 관한 법적인 취급이 우선 물권법상 지배권의 객체로서 소유물이 아니라, 다른 법률들, 특히 동물보호법에 따라 보호되는 특별한 존재로 전환된 것이다. 그러나 동물을 인간의 공동체 속에서 자기결정과 책임능력을 지닌 인간과 같은 존재로 취급할 수는 없다. 인간의 관

35) BT-Drs. 11/5463.

36) BT-Drs. 11/5463, S. 1.

37) 2002년 7월 26일의 기본법의 개정에서는 이러한 사법상의 움직임을 반영하여 자연적 생활기반의 보호 조항에 동물의 보호를 포함시켜 국가기관에게 동물의 종족보호를 넘어서 윤리적인 동물보호, 즉 개별 동물들을 고통과 상해로부터 보호해줄 의무를 부과하였다

38) 이에 대해 자세한 것은 Scholz, Bonner Grundgesetz Kommentar, Art. 20a GG, 2010, Rn. 59 ff.

39) BT-Drs. 14/8860, S. 3.

40) Larenz/Canaris/Wolff(Fn 27), S. 386 f.

점에서 볼 때, 인간의 공동체 속에서 살고 있는 동물이나 야생동물은 인간과 공존 내지 보호의 대상이 될 수 있을 뿐이다. 따라서 이 개정 법률에서는 인간의 동물에 대한 보호와 책임의식을 강조하고 있다.

4. 프랑스 민법전 상 물건의 개념

(1) 1804년에 제정된 프랑스 민법은 농경사회를 시대적 배경으로, 구체제를 청산하고 새로운 계약사회를 위한 출발점이었다. 프랑스 민법전은 로마법상의 물건 개념을 기초로 하여 재물(Bien)을 제2편인 물권에서 물권의 객체로 규정하였다. 예컨대 로마법상의 res 개념은 프랑스어 Bien으로 대체되었다.[41] 이에 따르면 부동산은 성질에 의한 부동산, 용도에 의한 부동산 및 객체에 의한 부동산으로 구분되고(민법 제517조), 토지와 건물을 성질에 의한 부동산으로 규정하였다(제518조). 그리고 부동산이 아닌 재물(Bien)의 나머지가 동산이 된다. 프랑스의 부동산에는 한국 민법에서 동산으로 취급되는 여러 가지 물건, 즉 토지의 소유자가 토지임차인들에게 경작을 위해 인도한 동물(제552조 제1항), 주택 또는 다른 주거에 물을 끌어들이는 데에 사용되는 수도관(제523조), 토지의 소유자가 토지의 역무와 경영을 위해 토지에 설치한 물건, 동물 및 농기구 등(제524조 제1항 및 제2항)이 해당하고, 부동산용익권, 지역권 또는 토지사용권, 부동산의 반환을 목적으로 하는 소권과 같은 권리(제526조)도 부동산이 되는 등 동산과 부동산의 구별이 우리 민법과 다르다. 그 결과 토지의 소유자가 정액토지임차인과 분익토지임차인에게 경작을 위해 인도한 동물(제552조 제1항), 토지의 역무와 경영을 위해 토지에 설치된 우리에 있는 동물의 경우에는 부동산이 되나(제524조 제2항), 그 밖의 동물은 동산으로 취급되었다. 다만, 이때의 동물은 야생동물과 같은 무주물이 아닌 동물을 말한다.

(2) 최근 2015년 2월 16일 제2015-177호 법률 제2조에 따라 프랑스 민법 제515-14조에 동물의 법적 지위에 관한 일반 규정을 신설하였다. 이것은 Glavany의 개정안을 채택한 것이다. 그에 따라 민법 제515-14조는 “동물은 감정을 지닌 생명체이다. 동물은 이를 보호하는 법률을 제외하고는 재물(bien)의 법률관계에 따른다.”는 규정이 신설되었다.[42] 이 개정에 따라 동물은 더 이상 성질에 의한 동산이 아니다. 사람과 마찬가지로 감성을 지닌 생명체로 인정받는 존재가 된 것이다. 다시 말해 Glavany의 개정안은 동물에 대한 법적 정의와 그에 대한 감정적 가치를 조화시키기 위한 목적으로 제안된 것이다. 이는 여러 법전 사이의 조화를 고려하고 법의 현대화를 추구함으로써 동물에 관한 일관성 있는 법체계를 달성하기 위한 것으로, 이 개정안을 통하여 동물이 법적으로 정의되고, 명시적으로 동물을 보호하기 위한 특별법상의 취

41) 이러한 개념의 이해에 대해서는 Aude Fiorini, Das Rechtobjekt in Frankreich, in: Wacke/chr. Baldus (Hrg.), Rechtsobjekt, 2002 unter Ⅱ.1.

42) Ph. Malaurie et L. Aynès, Les biens, 6e éd., Dalloz, 2015, n° 126 이하 참조.

급은 별도로 하면서도 동물을 재산으로서의 법체계에 귀속시키는 것이다.[43] 프랑스 민법 제515-14조의 "동물은 감정을 지닌 생명체"라는 정의와 관련하여 곤충, 갑각류, 연체동물, 지렁이와 같은 벌레, 산호 또는 해파리와 같은 몇몇 동물들이 과연 감정을 가졌는지에 관해 의문이다.[44] 이러한 동물들은 감정을 가지고 있다고 할 수 없음으로, 개정 민법 제515-14조에서 말하는 동물이라 할 수 없을 것이다. 따라서 개정 민법 제515-14조에서 말하는 동물은 감정이 있어야 한다는 점에서, 통상 가축(animaux domestiques)을 의미한다. 이러한 개정은 가축을 보호하기 위한 것이라고 한다.[45] 그러나 기본법인 민법에서 동물의 개념을 정의하기는 현실적으로 어려운 면이 있다. 인간 및 다른 재산과 구별되는 동물만의 특징을 찾아 민법에 규정한다는 것은 난감한 일이다. 현재로서는 감성을 지닌 생명체 정도의 의미를 부여하면서 단순한 물건이 아닌 인간에 근접하는 중간적인 지위를 부여하는 것이 입법 기술상 합리적이라 여겨진다. 인간과 같은 권리주체로서 법적 지위를 부여할 수 없는 점을 고려한다면 중간적인 존재로 규정하는 것이 합리적이라는 것이다.

(3) 프랑스 민법 제515-14조에서 말하는 모든 동물은 감정을 가진 살아있는 생명체이므로, 그 소유자가 동물의 공간에 그 생명체 유지를 위해 필수적인 조건을 충족시켜 동물의 보호를 꾀하는 것을 의미하는 것이다. 즉 동물의 자율적인 권리의 주체성을 의미하는 것은 아니다. 이 규정은 인간과 동물 사이의 관계의 감정적인 면을 중점으로 하는 것으로, 소유자 및 공동체의 동물보호책임을 규율하는 것이다. 그리고 개정안을 제안하면서 힘쓴 여러 동물보호단체는 이 개정에서 동물보호의 목적을 중요한 것으로 여겼다. 동물보호단체는 이 규정에 따라 동물에 대한 잔인한 범죄 및 학대행위를 처벌하기 위해서는 법원의 시각이 변화되어야 한다고 생각했다. 그러한 점에서 이 조문이 민법전에, 그것도 재산 및 소유권의 여러 변형이라는 전체 목차에 포함되어 있음은 입법적으로 모호한 선택으로 여겨진다고 한다.

5. 스위스 민법상 물건의 개념

(1) 1907년에 제정된 스위스 민법은 1804년의 프랑스 민법전과 1900년 1월 1일부터 시행된 독일 민법전의 영향을 많이 받았다. 그러나 물건의 개념은 독일 민법보다는 프랑스 민법의 태도와 유사한 것이었다. 스위스 민법 제713조에서는 "동산소유권의 객체는 성질상 가동의 유체물과 법적인 지배가 가능하고 토지에 속하지 않는 자연력이다(Gegenstand des Fahrnis-eigentums sind die ihrer Natur nach beweglichen koerperlichen Sachen sowie die Naturkräfte, die der

43) 이 개정안과 개정 취지는 프랑스 국민의회 홈페이지에서 검색이 가능하다. (http://www.assemblee-nationale.fr/14/amendements/1808/AN/59.asp).

44) M. FOUR-BROMET, Un statut de l'animal dans le Code civil, LA GAZETTE JURIDIQUE, 2015. https://univ-droit.fr/la-gazette-juridique/18288-un-statut-de-l-animal-dans-le-code-civil.

45) P. Reigne, Les animaux et le Code civil, JCP G 2015, n° 9, p. 242.

rechtlichen Herrschaft unterworfen werden können und nicht zu den Grundstücken gehöhren)"라고 규정하고 있다. 이 규정은 스위스 민법의 공통적인 권리의 객체로서 물건에 관한 민법총칙 상 물건의 정의 규정이 아닌, 물권법상 동산소유권의 객체를 동산과 토지에 속하지 않는 자연력으로 명정한 것이다. 여기서 토지는 토지 위의 건축물과 수목 및 원천을 포함하는(제667조 2항) 넓은 개념이다. 따라서 스위스 민법 제713조의 동산은 법적인 의미에서 제655조서 규정하고 있는 토지에 속하지 않는 개개의 물건을 의미한다.[46] 가동의 유체물은 프랑스 민법상 문언에서 분명하게 적시해 주는 것과 같이, 본질적인 실체의 변화 없이 한 지역에서 다른 지역으로 이동시킬 수 있는 물건이다.[47] 이러한 유체물에서 이동성의 요소는, 자기의 의지대로 움직일 수 있는 동물의 경우뿐만 아니라 자기의 성향에 의해 움직일 수 없는 살아 있는 식물 등 생물 또는 자동차나 가구, 생활필수품 등과 같은 무생물을 포함한다.[48]

(2) 스위스 민법 제713조는 물건의 유체성이라는 요건을 통해 동산의 포섭범위가 정해진다. 예컨대 유체성의 요건을 충족하지 못하는 부동산에 관한 권리나 채권, 무체재산권은 이에 포섭되지 않는다. 그러나 살아 있든 시체든 인간의 몸은 물건이 아니라고 한다.[49] 스위스 민법 제713조의 가장 중요한 특징은 '자연력'이라는 용어의 존재이다. 동법 제713조가 바로 이전에 제정된 독일 민법이나 일본 민법과는 달리 법적으로 지배 가능하고 토지에 속하지 않은 자연력을 동산으로 규정하고 있다. 이러한 자연력이란 저장된 작용이나 작용능력을 의미한다. 다시 말해 이 자연력은 수력(Wasserkräft)이나 전기(Elektrizität) 및 원자력(Nuklearkräft)과 같이 사람에 의해 지배되고 이용될 수 있는 범위 내에서, 그와 같은 지배와 이용을 통해 금전적 가치가 있는 경우에 경제적 가치를 지니게 되고, 그러한 가치는 권리의 객체로서 법적인 보호를 받게 된다. 따라서 이러한 자연력은 토지에 속하지 않지만, 법적 지배가 가능한 독립적이며 계속적인 권리, 특히 동산소유권의 객체로서 인정되는 것이다.[50] 이와 같은 물건의 개념 속에 동물은 유체물로서 당연히 포함되었다. 그런데 2002년 민법의 개정에 따라 "동물은 물건이 아니다."라고 선언하게 되었다.[51]

(3) 오스트리아와 독일 민법의 개정에 자극을 받고, 동물에 대한 변화된 국민감정을 고려하여, 동물의 법적 지위를 개선하고자 하는 것이 스위스 민법의 개정 목적이었다.[52] '동물은 물건'이라는 로마법적 전통에 기초한 동물 관은 스위스 국민들에게도 오랫동안 통용되었다. 그

46) Schwandler, Art. 713, Kommentar zum ZGB, Rn. 2.
47) Schwandler(Fn. 46), Rn. 3.
48) Schwandler(Fn. 46), Rn. 4.
49) Schwandler(Fn. 46), Rn. 62.
50) Schwandler(Fn. 46), Rn. 8.
51) 스위스법상 동물의 법적 지위에 관해 지세한 것은 윤철홍, "스위스법상 동물의 법적 지위에 관한 연구", 민사법학 제68호(2014. 9), 645 이하 참조.
52) W. Wiegand, Art.641a, in: Basler Kommenta Ⅱ, 3. Aufl., 2007, Rn. 1.

러나 스위스 민법에 따르면 동물이 상처를 입은 경우에도 물건의 훼손으로 취급될 때에는 동물애호가들뿐만 아니라 일반 국민들의 정서에도 부합하지 못하는 것이었다. 이에 따라 동물은 물건이 아니며, 다른 특별한 규정이 없는 때에만 물건에 관한 규정이 준용된다는 원칙적인 규정을 제정하기에 이른 것이다. 스위스 민법에서 상속법상의 개정 조문(제482조)과 유실물습득자 처리 규정(제720a조), 동물의 점유와 소유권의 이전의 경우(제722조, 728조, 934조), 동물에 관한 재판 시 판결 지침(제651a조)이 새롭게 신설된 것들이다. 더 나아가 스위스 채무법에서도 동물의 상해시 치료비용에 대한 손해배상(제42조 OR), 동물이 죽은 경우 손해산정 시 애호가치(제43조 OR)를 신설하였다. 또한 동물은 특별한 경우에는 압류가 허용되지 않았다(제92조 SchKG). 그래서 이러한 동물에 대한 고려가 새롭게 입법화된 것이었다. 이러한 개정 법률 속에 윤리적으로 기초한 동물보호의 핵심적인 기본 사상은 인간이 동물을 이웃과 같이 고통을 느낄 수 있는 존재로서 인정하면서, 그에 대한 책임감을 느껴야 한다는 것이다. 이러한 기본적인 사상은 구체적인 개별 규정들의 개정을 요구하는 동시에, 동물에 대해 형식적인 것이 아닌 실질적으로 동등한 지위를 부여하는 것을 통해 실현될 수 있도록 하는 것이다.[53]

(4) 동물의 법적 지위에 관한 일반조항과 관련하여 스위스 민법 제641a조에서는 "① 동물은 물건이 아니다. ② 동물에 대해서 특별한 규정이 없는 한, 이에 대해서는 물건에 적용될 수 있는 규정이 적용된다."고 규정하고 있다.[54] 이 규정의 주된 목적은 상술한 바와 같이 동물에 대한 변화된 국민들의 정서를 반영하는 동시에, 동물의 법적 지위를 개선하기 위한 것이었다.[55] 특히 동물을 생명과 감정 있는 인간의 이웃(Mitgeschöpf)으로서 승인하는 것이다. 이 규정에 따르면 동물은 법률상 더 이상 물건이 아니며, 다른 특별한 규정이 없는 때에만 기존의 물건에 관한 규정을 준용할 수 있을 뿐이다.[56] 이러한 동물에 관한 기본적인 변화를 규정한 이 원칙 규정은 오스트리아 민법이나 독일 민법에서와 마찬가지로 다양한 문제들을 야기한다.[57] 예컨대 이 규정은 모든 동물에 적용된다는 입법자의 의사를 무조건 따라야 하는가? 물건의 개념은 어떻게 이해될 수 있는가? 동물이 물건이 아니라면 무엇인가? 동물에 대한 어떤 특별한 규정이 법률에 따라 제시되고 있는가? 이러한 문제들에 대해 충분한 것은 아니지만 제641a조의 해석론을 통해 나름의 해답을 찾고 있다.

---

53) C. Strunz, Die Rechtsstellung des Tieres, Zürich 2002, S. 15.

54) 스위스 민법상 동물의 법적 지위에 관한 규정의 의미에 대해서는 윤철홍(주 51), 661 이하 참조.

55) A. F. Goetschel, Tier, keine Sache-Dokumentation fuer den Nationalrat, Zürich, 2002, S. 110.

56) A. F. Goetschel(Fn. 55), ebenda.

57) Vgl. E. S. Kayasseh, Haftung bei Verletzung oder Tötung eines Tiers, Zürich Univ. Diss., 2009, S. 24

Ⅲ. 우리 민법상 물건의 개념

1. 물건의 개념에 관한 입법 과정과 의의

(1) 우리 민법 제98조에서는 “본법에서 물건이라 함은 유체물 및 전기 기타 관리할 수 있는 자연력을 말한다.”고 규정하고 있다. 이 규정에 따르면 물건이란 통상 일반인들이 물건이라고 여기고 있는 유체물과 무체물 중에서도 전기뿐만 아니라 그 밖의 관리할 수 있는 자연력을 의미한다. 전술한 바와 같이 물건을 유체물로 제한하고 있는 입법례보다 그 포섭 범위가 넓은 것이다. 이러한 입법 태도는 최근 문제 되는 다양한 형태의 자연력을 포함할 수 있는 장점이 있다. 이 규정은 스위스 민법의 태도를 본받은 것이다.[58] 우리 민법 제98조의 입법 당시 참조한 외국 입법례들은 당시 현행법으로서 일본 민법 제85조와 동일한 취지 아래서 독일 민법(제90조, 유체물), 프랑스 민법(제517조 이하, 유체물 이외에도 무체물도 인정하는 동시에 권리도 포함하고 있다), 스위스 민법(제713조, 유체물과 지배 가능한 자연력), 만주 민법(제95조, 유체물)이었다.[59] 특히 민법안 심의과정에서 크게 논의되지는 않았으나, “권리의 객체로서 ‘물건’의 개념을 현존의 유성에서 유체성과 관리 가능성의 이원적 개념으로 변경한 것은 시기 맞는 적절한 개정이라 할 수 있다”는 의견에서[60] 확인할 수 있듯이 당시 시행 중이던 일본 민법과 명백히 다른 태도를 취한 것이다. 다시 말해서 일본 민법과 그 모법이라 할 수 있는 독일 민법이 유체물로 제한하고 있는 규정을 참조하기는 했으나, 당시 외국법에서 논란이 되고 있던 전기에 관한 문제를 해결하기 위해 스위스 민법의 태도를 반영하여 명문화한 것이다. 예컨대 스위스 민법 제713조는 “동산소유권의 객체는 성질상 유체의 동산과 법률 지배가 가능하고 토지에 속하지 아니한 자연력이다.”라고 규정하고 있다. 이러한 스위스 민법의 태도는 독일 민법이 유체물로 제한하고 있는 방식을 탈피하면서 프랑스 민법 나아가 로마법의 물건의 개념을 받아들인 것이다. 특히 무체물은 유체물과 별도로 법적으로 지배할 수 있고, 토지에 속하지 않는 자연력, 예컨대 에너지를 동산으로 인정한 것이다. 이러한 스위스 민법의 태도를 우리 민법에서 적극적으로 계수한 것이다. 이러한 과정을 고려해 볼 때 민법 제98조에 대해 “당시 의용되던 일본 민법 제85조와 동일한 취지로, 형법 제346조를 아울러 참조한 것”이라는,[61] 입법 당시의 설명은 부당한 것이라 여겨진다.

(2) 이러한 우리 민법 제98조에 대해 입법 당시에도 비록 물건의 개념을 확장하였지만,

58) 송덕수, 민법총칙, 박영사, 2015, 690; 이영준, 민법총칙, 박영사, 2003, 838; 명순구, 실록 대한민국민법 1, 법문사, 2008, 296 등.

59) 국회사무처, 민법심의록(제26회 국회정기회의 속기록), 제62호, 74.

60) 민의원 법제사법위원회 민법안 심의소위원회, 민법안심의자료집, 69(이병호의견).

61) 중의원 법제사법위원회 민법안심의 소위원회, 민법안심의록(상권), 1957, 67.

본질적으로는 의용 민법과 비슷하여, 오늘날의 경제 사정에 비추어 심히 불충분하다는 비판이 제기되었다.[62] 그러나 이러한 민법상 물건의 개념 규정은 오늘날에 이르기까지 전혀 개정되지 않았다. 현재 학설도 우리 제98조 민법 태도가 타당하다는 견해[63]와 권리 등을 포함해야 한다는 견해로 대립하고 있다.[64] 그런데도 2004년과 2014년에 행해졌던 대대적인 민법개정작업을 위한 연구 결과물로서 보고된 개정 시안에도 민법 제98조에 대한 개정은 반영되지 않았다.[65] 최근에는 물건의 개념 자체에 대한 논의보다 포섭 범위의 확장 내지 제한 등에 대한 논의가 이루어지고 있다. 예컨대 과학기술의 발달로 인해 더욱 중요시 다루어지고 있는 정보의 물건성에 대한 논의와 유체물에 속한 것으로 물건으로 취급해 왔던 동물과 관련하여 외국 입법례의 동향과 반려인구의 증가로 동물의 물건성에 대한 비판적인 견해가 제기되고 있다.

2. 물건의 구성 요소로서 유체물에 관한 문제

(1) 문제의 소재

민법 제98조 1항의 '유체물'은 어떻게 정의할 수 있는가? 이에 대해서는 두 가지의 견해로 나누어지고 있다, 우선 유체물을 '형체를 가지는 물질'이라고 단순하게 정의하고, 이러한 형체가 없는 것을 무체물이라 하는 견해이다.[66] 이에 반해 "공간의 일부를 차지하고 사람의 오감에 의하여 그 존재를 알아서 깨달을 수 있는 모습을 지닌 물질"이라는 견해가 있다.[67] 이것은 사람이 오감을 통하여 지각할 수 있는 형태를 가지며, 물리학상의 관념과 일치한다.[68] 따라서 전기나 열, 광(빛), 음향, 원자력, 풍력과 같은 에너지, 향기 등과 같은 것은 형체를 지니지 않고 있기 때문에 무체물일 뿐이다. 그렇다면 모든 유체물이 우리 민법상 물건에 포함되는 것인가? 또한 인격절대주의에 따르면 보호 대상인 인체도 민법상 물건에 포함될 수 있는가? 더 나아가 권리주체로서 기능이 소멸한 시체는 어떠하며, 인체에서 분리된 모발이나 혈액 등은 어떻게 취급해야 하는가? 최근들어 우리나라에서도 반려동물을 키우는 인구가 1,500만명에 이르고 있다. 이렇게 인간의 이웃으로 존재하는 반려동물을 포함한 동물 역시 물건인가? 이러한 의문들과 같이 유체물이라 하더라도 유체물 모두가 민법상 물건의 범주에 포섭되는 것은 아니기 때문에 구분하여 검토해야 할 것이다.

---

62) 민법안연구회, 민법의견서, 일조각, 1957, 7.

63) 곽윤직/김재형, 민법총칙, 박영사, 2012, 212.

64) 이영준(주 58), 838; 민법주해(2), 제98조, 28(김병재집필) 등.

65) 2004년과 2009년의 민법개정위원회에서는 물건의 개념을 확대하고자 다양한 논의가 있었으나, 개정시안에는 채택되지 못했다. 자세한 것은 법무부 민법(재산편) 개정자료집(2014. 11), 129 이하 참조.

66) 이영준(주 58), 838; 이은영, 민법총칙, 박영사, 2004, 299.

67) 곽윤직/김재형(주 63) 212; 이와 유사한 견해로 민법주해(Ⅱ), 28(김병재집필); 김용한, 민법총칙, 박영사, 1997, 215 등 다수 .

68) 민법주해(2) 28(김병재집필).

유체물의 정의는 전술한 바와 같이 형체를 지닌 물질을 유체물이라는 견해와 공간적 일부를 이루고 오감에 의해 지각할 수 있는 물질이라는 견해는 서로 포섭 범위가 달라질 수 있을 것이다. 그러나 우리 민법은 유체물과 무체물을 구별하여 유체물은 원칙적으로 물건에 해당하나, 무체물의 경우는 관리 가능한 자연력의 범위 내에서만 예외적으로 물건으로 취급하는 것처럼 보인다. 따라서 민법 제98조의 표현 자체가 애매하다. 그러나 후술하는 바와 같이 유체물도 관리 가능한 경우만 물건으로 취급한다. 따라서 우리 민법의 경우에는 유체물의 범위를 구태여 세분화시킬 필요가 없기 때문에 유체물을 '형체를 지닌 물질'로 이해하는 것이 규정 정합적이라 여겨진다.

(2) 유체물 중 관리가 불가능한 것들에 대한 문제

민법상 물건은 비록 유체물이라 하더라도 관리가 가능한 것이어야 한다. 여기서 관리 가능성이란 물리적인 지배 가능성으로 사무적인 관리는 포함되지 않는다.[69] 따라서 사람이 지배나 관리할 수 없는 물건은 법률상 사용, 수익, 처분할 수 없다. 다시 말해서 물권의 대상이 될 수 없다. 유체물이지만 관리가 불가능한 것들, 예컨대 달이나 별, 바다 등은 민법상 물건이라 할 수 없다. 그러므로 민법 제98조의 표현이 '관리할 수 있는 자연력'이라고 하여, 마치 자연력에만 관리 가능성이 요구되는 것처럼 규정되어 있으나, 당연히 유체물도 포함되는 것으로 해석해야 할 것이다.[70] 물론 예외적으로 해면 일부를 관리하는 경우 그 위에 어업권이나[71] 공유수면매립권 등 권리의 대상이 될 수 있다. 이때에는 해면도 물건이 될 수 있으며, 만약 이것을 침해하면 불법행위가 성립될 뿐만 아니라 물권적 청구권의 대상이 될 수 있다.

(3) 인체는 물건인가

1) 인격 절대주의 입장에서는 인격체로서 사람의 신체(人體)는 비록 유체물이라 하더라도 물건이라 할 수 없다. 특히 인체는 그 전부나 일부든 배타적인 지배를 인정할 수 없어서 물권의 객체가 될 수 없다. 물론 물권이 아닌 인격권이나 친족권 등과 같은 특수한 권리의 객체는 될 수 있다. 고대사회에서 인정되던 노예 등은 권리주체로서 권리능력을 지니지 못하였기 때문에 물건으로 취급하던 곳에서는 매매의 대상이 될 수 있었다. 그러나 노예제도를 인정하지 않는 현대사회에서는 그 어느 곳에서도 인간을 물건으로 취급하지 않기 때문에 인체 자체는 원칙적으로 물건이 될 수 없다. 그러나 인체로부터 분리된 것은 예외적으로 물건이 될 수 있을 것이다.

2) 인공적으로 인체에 부착한 유체물은 독립된 물건인가? 물권법상 종물 이론을 유추 적

69) 대법원 1994. 3. 8. 선고 93도2272 판결. 이에 따르면 "현행 형법의 규정에 비추어 볼 때 사무적으로 관리가 가능한 채권이나 그 밖의 권리 등은 재물에 포함된다" 한다.

70) 같은 견해로 곽윤직/김재형(주 63), 220; 송덕수(주 58), 690.

71) 어업권이란 수산업법 제8조에 따라 면허를 받아 어업을 경영할 수 있는 권리를 말한다(동법 제2조 9호). 수산업법은 어업권을 물권으로 규정하고 민법 중 토지에 관한 규정을 준용하고 있다(동법 제16조 2항).

용하여 부착된 물건들, 예컨대 의치, 의안, 의족, 가발 등을 인체 일부로 보고 원칙적으로 주물에 해당하는 인체가 물건이 아니므로 부착된 물건 역시 물건이 아니라고 보아야 할 것이다. 다시 말해 인체에 부착된 상태의 부착물은 인체 일부로써 독립된 물건이라 할 수 없을 것이다.[72]

3) 반대로 인체로부터 분리된 인체 물질은 물건인가? 모발이나 혈액 등을 인체로부터 분리한 경우에 때로는 물건으로서 매매의 대상이 될 수 있다. 이러한 물건은 분리되기 이전에 부착하고 있던 사람의 소유에 속한다. 인체로부터 분리된 인체 물질은 인체로부터 분리되는 순간 독립적인 물건이 될 것이다. 그러나 분리된 인체 물질에 대한 법률관계는 일률적으로 처리할 수 없는 다양한 문제를 내포하고 있다. 인체 물질의 유형과 처리방식에 따라 다른 법률문제가 제기될 수 있기 때문이다. 인체 물질을 분리하는 수술의 경우에도 그 사람을 살리기 위한 치료목적으로 분리한 후 그것을 병원 등 기관에 양도하는 경우와 장기밀매와 같이 '선량한 풍속 기타 사회질서에 반하는'(민법 제103조) 처분행위는 무효가 될 것이다. 그러나 인체로부터 분리된 물질의 경우에는 일률적으로 처리할 수 있는 것이 아니기 때문에, '장기 등 이식에 관한 법률' 등 여러 관련 법률에 따라 법률관계의 유효나 무효 등 처리 방향이 달라질 것이다.

4) 여기서 특히 문제가 되는 것은 인체로부터 분리된 정자나 난자로부터 생성된 체외 배아가 물건인가 하는 점이다. 먼저 난자의 매매 등에서 확인할 수 있는 바와 같이 인체 외에서 수정된 배아의 지위를 물건으로 보는 견해도 있다.[73] 그러나 지배적인 견해는 체내의 배아이든 체외의 배아이든 인간의 생명과 관련된 것이기 때문에 일종의 인간 생명의 탄생과 직접 관련된 것으로 본다면 비록 아직 인간으로서 존재를 인정할 수 있는 단계는 아니라 하더라도 단순한 물건으로 취급할 수는 없을 것이다. 만약 배아를 물건으로 취급할 수 없다면, 물건에 따라 정해지게 되는 부모에게 귀속되는 소유권도 부정되어야 할 것이다. 더 나아가 환자의 몸으로부터 생명윤리 및 안전에 관한 법률 제2조 2호에서 규정하고 있는 인체 유래물을 포함한 다양한 인체 파생물질이 민법상 물건으로서 소유권의 객체가 되는지도 문제가 될 것이다. 만약 물권적 구성설에 따른다면 이러한 것들 역시 소유권의 객체가 될 수 있을 것이나, 인체 파생물질 역시 통상적인 물건과는 달리 신체를 구성하였던 것으로 인격적 요소를 내포하고 있기 때문에, 이를 물건으로 본다면 인체를 상품화할 우려가 있어 인격권으로 구성해야 한다는 인격권 구성설이[74] 타당하다고 여겨진다.

---

72) 곽윤직/김재형(주 63), 213; 송덕수(주 58), 691; 양창수, "분리된 인체부분의 법적 성격", 민법연구, 제9권(2007), 75 등 다수.

73) 황만성, "생식자의 매매에 관한 법률 —난자매매를 중심으로", 의료법학 제3권 1호(2002), 234.

74) 박동진, "냉동보관 중인 정자의 훼손에 대한 민사법적 평가", 의료법학 제3권 2호(2002), 166 이하; 최상희, "인체 및 인체부산물이 소유권에 대한 비판적 고찰", 재산법연구 제26권 제1호(2009), 103 이하; 최수정, "인체세포에 대한 법적관리", 재산법연구 제23권 제2호(2006), 122 이하 등 다수.

(4) 시체와 유골의 물건성

1) 시체의 물건성 여부

살아있는 사람의 몸은 물건이 아니라는데 이론이 없다. 이에 반해 권리주체로서 기능을 상실한 시체에 대해서는 물건이라고 보는 것이 지배적인 견해이다.[75] 사람은 사망에 따라 권리와 의무주체로서 지위를 상실한다. 하지만 사자라도 생존 시 누렸던 인격권이 완전히 소멸하는 것은 아니다. 사자명예훼손죄가 성립하는 것이 대표적인 예이다. 더 나아가 시체나 유골은 거래의 대상이 될 수 없기 때문에 물건이 될 수 없다는 견해가 있다.[76] 지배적인 견해에 따라 시체를 물건이라고 해석할 경우뿐만 아니라 물건이 아니라는 견해에서도 시체나 유골에 대한 권리의 법적 성질이 문제다.

2) 권리에 대한 법적 성질

(가) 학 설 시체와 유골에 대한 권리는 어떤 성질을 지닌 것인가? 먼저 시체의 물건성을 인정하게 되면 소유권의 객체가 될 수 있다. 그러나 이때의 소유권은 시체를 사용, 수익, 처분할 수 있는 권능을 보유하지 못하고, 오직 시체의 매장이나 제사 등을 할 수 있는 권능과 의무를 지니게 된다. 따라서 일반적인 소유권이 아니라 특수한 소유권이라고 한다.[77] 이러한 견해에 대해 시체 역시 인격권을 지닌 것이기 때문에 소유권의 대상이라 할 수 없고, 비록 소유권의 대상이라 하더라도 매장이나 제사의 권능만을 가질 뿐이기 때문에, 시체나 유골을 양도나 포기할 수 없는 관습법상 관리권이라고 보는 견해도 있다.[78]

(나) 판 례 시체와 유골에 대해 대법원은 "사람의 유체·유골은 매장·관리·제사·공양의 대상이 될 수 있는 유체물로서, 분묘에 안치되어 있는 선조의 유체·유골은 민법 제1008조의3 소정의 제사용 재산인 분묘와 함께 그 제사주재자에게 승계되고, 피상속인 자신의 유체·유골 역시 위 제사용 재산에 준하여 그 제사주재자에게 승계된다"라고 판시하였다.[79] 이와 같이 대법원은 "사람의 유체·유골을 매장·관리·제사·공양의 대상이 될 수 있는 유체물"로서 사망자의 시체나 유골에 대한 제사주재자들에게 재산에 준하여 승계를 인정하여 '특수한 소유권설'을 취하고 있는 것으로 여겨진다.

(다) 검토 및 사견 특수한 소유권설에 따른다고 하더라도 제사 주재자에게 시체와 유골을 자유롭게 사용, 수익, 처분할 수 있는 권능이 주어지지 않고, 매장, 관리, 제사, 공양의 대상이 될 수 있을 뿐이다. 따라서 관습법상 관리권설과 실질적으로는 그 권능 상 차이가 없

---

75) 고상룡, 민법총칙, 법문사, 1990, 282; 곽윤직/김재형(주 63), 213; 김증한/김학동, 민법총칙, 박영사, 2001, 233; 송덕수(주 58), 691; 이은영(주 66), 301 등 다수.

76) 김상용, 민법총칙, 화산미디어, 2009, 280; 명순구, 민법총칙, 법문사, 2007, 268.

77) 곽윤직/김재형(주 63), 214; 김증한/김학동(주 75), 233; 송덕수(주 58), 691; 이은영(주 66), 301.

78) 김대정, 민법총칙, Fides, 2012, 542; 김상용(주 76), 279; 이영준(주 58), 839.

79) 대법원 2008. 11. 20. 선고 2007다27670 전원합의체 판결.

다. 그러나 특수한 소유권은 시체나 유골이 물건이라는 것이 전제되어야 한다. 그런데 비록 그 기능이 약화되었다 하더라도 사자의 인격권이 인정되고 있어서 물건이라 단정할 수 없고, 또한 소유권의 주요한 권능인 사용, 수익, 처분의 권능이 전혀 인정되지 않고 있으며, 이에 따라 거래의 대상이 될 수 없는 것을 고려하면 관습상 관리권설이 타당하다고 여겨진다.

3) 시체와 유골에 대한 권리의 귀속

사망자의 시체와 유골에 대한 권리는 누구에게 귀속되는가? 이 문제는 상술한 시체와 유골에 대한 권리의 법적 성질에 따라 형식적으로는 달라진다. 예컨대 특수한 소유권설에 따르면 그 권리를 특수한 소유권으로 보기 때문에 상속인에게 귀속된다고 해석하는데 반하여, 관습상 관리권설에 따르면 상주, 즉 사망자의 직계비속의 장남에게 속한다고 한다. 그러나 대법원은 "선조의 유체 · 유골은 민법 제1008조의3 소정의 제사용 재산인 분묘와 함께 그 제사 주재자에게 승계되고, 피상속인 자신의 유체 · 유골 역시 위 제사용 재산에 준하여 그 제사 주재자에게 승계된다"고 전제하고, 이러한 "제사 주재자는 우선적으로 망인의 공동상속인들 사이의 협의에 의해 정하되, 협의가 이루어지지 않는 경우에는 제사 주재자의 지위를 유지할 수 없는 특별한 사정이 있지 않은 한 망인의 장남(장남이 이미 사망한 경우에는 장남의 아들, 즉 장손자)이 제사주재자가 되고, 공동상속인들 중 아들이 없는 경우에는 망인의 장녀가 제사 주재자가 된다"고 판시하였다.[80] 이러한 판례의 태도에서 확인할 수 있듯이 어느 설을 따르든 결국 상주 혹은 제사 주재자에게 귀속되어 양설의 실질적인 차이는 없다고 보여진다.

4) 시체와 유골의 처분행위

시체와 유골을 물건으로 보지 않는 경우는 물론이거니와 시체를 물건으로 보는 특수한 소유권설에 따른다고 하더라도 시체에 대한 처분행위는 인정되지 않는다. 따라서 상주 또는 상속인이 사망자의 시체나 유골을 처분하는 경우에는 사회질서에 반하는 것으로 무효가 될 것이다(민법 제103조). 더 나아가 사망자 본인이 생존 시에 자신의 시체를 처분하는 행위 역시 무효라고 해석된다. 특히 의학발전을 위해 시체를 기부하거나 자신의 장기를 기증하는 행위는 법률상 무효인 행위로서 시체에 대한 권리의 귀속권자에게 구속력이 없다고 한다.[81] 한편 사망자의 시체나 유골 등을 손괴하거나 유기나 은닉하는 등의 행위는 형사처벌의 대상이 된다(형법 제159조-제162조).

---

80) 대법원 2008. 11. 20. 선고 2007다27670 전원합의체 판결. 이 판결의 당부에 대해 다양한 견해가 제기되고 있다. 예컨대 송경근, "제사주재자의 결정방법과 망인 자신의 유체 · 유골(유체 · 유골)에 관한 처분행위의 효력 및 사자(사자)의 인격권", 대법원판례해설 77호(2009. 7), 623-686; 이진기, "제사주재자의 결정과 제사용재산", 고려법학 56호(2010. 3), 47-94; 이준형, "소유권에 기한 유체인도청구의 허용 여부", 의료법학 11권 1호(2010. 6), 199-242; 정구태, "제사주재자의 결정방법에 관한 소고 : '전통'의 관점에서 본 대법원 2008. 11. 20. 선고 2007다27670 전원합의체 판결의 비판적 검토", 경희법학 45권 4호(2010. 12), 55-94 등 다수 참조.

81) 곽윤직/김재형(주 63), 214; 김대정(주 78), 543.

(5) 동물의 물건성

현행 우리 민법상 동물은 유체물로서, 물건이다. 따라서 소유권의 대상이 된다는 점에 대해 이론의 여지가 없다. 이와 같이 동물은 인간의 소유 대상으로서 지배나 종속된 존재이지만, 생명을 지닌 고통을 느끼는 존재이기도 하다. 이러한 특수성 때문에 복지 차원에서 동물에 대한 법적인 보호가 나타났다. 서구 유럽에서 이러한 동물복지의 역사는 100년 이상이 되었다. 최근에는 헌법에서 동물의 보호를 규정하고 이어서 다양한 특별법에서 동물의 복지를 보장하고 있다. 또한 전술한 바와 같이 1988년 오스트리아 민법에서는 세계 최초로 "동물은 물건이 아니다(Tiere sind keine Sache)."라는 선언과 함께 동물의 법적 지위를 명문으로 규정하기에 이르렀다. 또한 독일 민법에서는 1990년에, 스위스 민법에서는 이상 두 나라의 개정 민법전이 10여 년 이상 시행된 결과를 검토한 후 2002년에 사법상 거의 완벽한 동물의 법적 지위를 규정하게 되었다. 이러한 입법례들에서 확인할 수 있는 바와 같이 동물이 물건이 아니라고 선언했지만, 동물에게 적극적으로 권리주체로서 지위를 인정한 것은 아니다. 다시 말해 동물, 특히 반려동물이 단순한 물건이 아니라 하더라도, 그렇다고 권리 주체가 될 수 있는 것은 아니라는 것이다. 그러나 로마법 이래 지난 2000여 년 동안 인정되어 오던 권리주체로서 인간과 권리객체로서 물건으로서 동물 관계를 이해하는 이원주의로부터, 권리주체로서 인간과 생명체로서 동물, 그리고 무생물인 권리 객체로서의 물건으로 구분하는 삼원주의가 나타난 것이다. 우리 민법에서도 비록 인간의 지배 대상으로서 인간의 필요에 따라 양육이나 사육되는 동물을 물건으로써 취급하는 다수 규정을 지니고 있다. 하지만 다른 물건과는 생명을 지닌 존재라는 점에서 다르다. 다시 말해 동물은 생명체를 지니고 고통을 느끼는 존재라는 점을 고려한다면, 동물을 단순한 물건과는 달리 취급해야 한다는 당위성은 어렵지 않게 인정할 수 있을 것이다. 그래서 우리 민법에서도 우리 국민들의 동물에 대한 인식의 변화를 고려한다면, 물건으로 취급해야 하는 영리나 사업 등을 위해 사육하는 동물을 제외한 반려동물 등을 물건, 특히 유체물 속에 포함하는 것보다는 생명을 지닌 존재로서 별도로 취급해야 할 것이다.

3. 관리 가능한 자연력의 문제

민법 제98조에서는 스위스 민법과 같이 물건을 유체물에 국한하지 않고 '전기 기타 관리할 수 있는 자연력'까지 포함하고 있다. 이러한 물건은 유체물이든 무체물이든 관리 가능해야 한다는 것을 전제로, 관리 가능한 무체물 역시 물건으로 규정한 것이다. 대표적인 것으로 예시하고 있는 전기를 비롯하여 열, 빛, 원자력, 풍력과 같은 에너지나 향기와 같은 것을 들 수 있다. 이것은 비록 유체물과 같은 형체는 없지만 관념상으로 존재하는 것이다. 이러한 관점에서 권리도 무체물에 포함될 수 있는 것이다. 따라서 물건의 개념 구성에서 가장 핵심적인 요건은 관리 가능성이라 할 수 있다. 유체물에서 관리 가능성은 전술한 바와 같이 지배 가능성을 의미하는 것인데, 무체물에서 역시 지배 가능한 것만이 물건의 범주 속에 포함되는 것이다. 이러한 지배나 관리 가능성은 과학의 발달에 따라 확대될 수 있다. 관리 가능성이 확대된다면 그에 따라 거래의 가능성도 확대될 수 있을 것이다. 무체물에 대한 물건성 존재 여부는 지배 가능성에 따라 구체적으로 판단할 수밖에 없다. 예컨대 대기 속에 떠돌고 있는 전파와 같이 배타적인 지배 범위를 벗어난 무체의 자연력의 경우에는 물건이라 할 수 없을 것이다.[82] 이처럼 배타적인 지배 가능성은 과학의 발달과 시대의 변화에 따라 달라질 수 있는 상대적인 개념이다.

Ⅳ. 현행 민법상 물건의 개념에 대한 개정방향

1. 민법상 권리의 객체는 물건보다 상위의 개념이다. 물건은 물권의 객체에 불과하기 때문에 물권 이외의 다른 권리는 다른 객체들이 존재한다. 채권은 채무자의 '일정한 행위'가 객체이며, 친족권은 친족법상의 지위, 상속권은 상속재산, 지식재산권은 저작이나 발명 등 정신적인 창작물이며, 인격권은 권리주체 자신, 형성권은 법률관계가 될 것이다. 이러한 권리 객체의 다양성에도 불구하고, 우리 민법은 제1편 총칙 제2장 자연인과 제3장 법인에 이어 제4장에서 권리의 객체로서 물건을 규정하고 있다. 우리 민법 제정 당시 참고한 입법례 중에서 독일 민법과 일본 민법이 총칙 편에서 물건을 규정하고, 프랑스 민법과 스위스 민법에서는 물권 편에서 물권의 객체로서 물건을 규정하고 있다. 입법 정책적인 관점에서는 물권 편에서 물건을 규정하는 것이 바람직하다고 여겨진다.[83] 그렇다고 해서 70여 년 동안 시행해 온 우리 민법전에서 물건에 관한 장(章)을 물권 편으로 이동시켜야 할 필요는 없다고 생각한다. 그동안 수차례 민법 개정이 있었고, 법무부주관 아래 민법개정을 위한 많은 연구 및 작업이 이루어졌지만, 물건의 개념에 관한 개정작업은 이루어지지 않았다. 다만 알기 쉬운 민법전 작업에서는 내용을 변화시키지 않은 범위 내에서 개정 시안을 제안한 바 있으나,[84] 앞으로 개정한다면 관리 가능한 유체물만을 물건으로 취급하는 학설을 반영하여 "물건이란 관리할 수 있는 유체물 및 전기 그 밖의 자연력을 말한다."로 개정하는 것이 바람직할 것으로 여겨진다.

2. 물건의 개념을 규정하는 입법 태도는 크게 두 개의 형태로 나누어 볼 수 있다. 먼저 좁은 의미의 물건을 의미하는 유체물만을 물건으로 규정하고 있는 입법례로는 독일 민법과 일본 민법이 있으며, 다른 하나는 유체물뿐만 아니라 무체물까지 포함하는 입법례로는 프랑스 민법과 오스트리아 민법 및 스위스 민법 등이 있다. 각국의 민법전들은 제정 이후 많은 개정이 있었음에도 불구하고 물건의 개념 규정을 개정하지 않았다. 유체물만을 물건으로 규정하고 있

82) 주석민법(2), 제98조, 220(이한구집필).

83) 같은 견해로 이영준(주 58), 837.

84) 예컨대 띄어쓰기와 한글화를 중심으로 한 것으로, "물건이란 유체물(有體物), 전기, 그 밖에 관리할 수 있는 자연력(自然力)을 말한다"는 방식으로 제안하였다.

는 독일 민법과 일본 민법에서는 해석론을 통해 다양한 형태의 무체물을 물건에 포함하고 있다. 우리 민법은 스위스 민법과 같이 무체물까지 물건의 개념에 포함하고 있어 탄력적으로 해석할 수 있기 때문에, 과학의 발달에 따른 무체물의 지배 가능성의 확장에 대처할 수 있다. 그러나 무체물에 속하는 것으로 해석되는 권리들과 정보에 대한 개정작업은 적극적으로 검토할 필요가 있다. 2004년의 민법개정위원회에서는 권리에 대한 물건성을 적극적으로 검토하였으나, 개정 시안을 성안하지는 못했다. 또한 정보 역시 경제적인 가치 증가로 말미암아 그 중요성이 점증하고 있어, 입법이 필요하지만, 그것이 불가능할 경우에는 최소한 물건의 개념 속에 정보를 포함해야 한다는 주장이 제기되었다. 적극적으로 검토해야 할 과제라 여겨진다. 오늘날 지식재산권의 발전은 눈부실 정도이다. 인간의 정신적 산출물은 하루가 다르게 다양한 형태로 변모 발전하고 있다. 또한 그 양도 급증하며, 그로 인해 법적 분쟁도 증가하고 있다. 따라서 특허권이나 저작권, 상표권과 같은 권리를 물건에 포함할 것인가에 대한 진지한 검토가 있어야 할 것이다.

3. 우리 민법에도 동물의 법적 지위에 관한 규정의 신설이 필요하다고 여겨진다. 그동안 법무부 제2기 민법개정위원회에서 개정 시안을 마련하는 등 적극적으로 검토하였으나, 민법 개정위원회 안으로 채택되지 못했다. 그러는 동안 제20대 국회에 정의당 이정미 의원이 대표 발의하여 개정안을 제안하였으나, 법사위원회에서 제대로 심의도 이루어지지 못한 채 계류 중에 회기말로 폐기되고 말았다. 필자는 동물의 법적 지위와 관련한 개정 시안을 다음과 같이 발표한 바 있다.[85] "제98조의 2(동물의 법적 지위) ① 동물은 물건이 아니다. ② 동물은 별도의 법률에 따라 보호된다. ③ 동물에 대해서는 다른 특별한 규정이 없는 한 물건에 관한 규정이 준용된다." 우선 제1항에서는 "동물은 물건이 아니다."라는 규정을 통해 동물은 단순한 유체물이 아닌 생명을 지닌 존재라는 것을 선언하였다. 로마법 이래 2000여 년 동안 권리주체로서 사람(자연인과 법인)과 권리 객체로서 물건으로 분류하는 이분법적 체계에서 사람과 사람을 제외한 생명체로서 동물, 그리고 생명이 없는 단순한 물건으로 나누어 삼분법적 체계로 구성하고자 한다. 그러나 생명체로서 동물이 권리주체와 동등한 그리한 법적 지위를 가지는 것은 아니다. 예컨대 권리주체로서 행사할 수 있는 행위능력이나 소송능력 등은 배제된다. 다만 생명체로서 단순한 무생물체인 물건과는 다르다는 점을 분명히 하는 것이다. "동물은 별도의 법률에 따라 보호된다."라는 제2항에서는 동물보호법과 같은 특별법에 따라서 보호될 수밖에 없다는 것을 강조한 것이다. 그러나 이 규정이 없다고 하더라도 동물보호법 등과 같은 동물의 복지적 차원에서 입법화된 다양한 특별법에 따라서 보호될 수 있다. 그러나 이 조항을 통해 명문으로 확실하게 하고자 한 것이다. 동물이 비록 물건이 아니라 하더라도, 동물의 물건성 자체가 완전히 배제되는 것은 아니다. 목장의 소나 돈육장의 돼지 등과 같이 영리를 위해 사육하고 있는 동물

85) 윤철홍, "동물의 법적 지위에 관한 개정시안", 재산법연구 제29권 3호(2012) 참조.

이나 야생 짐승 등 다양한 종류의 동물이 존재하며, 동물의 존재 형태 역시 다양하기 때문에 동물의 물건성 여부를 일률적으로 규정할 수는 없을 것이다. 동물 중에서 물건성을 보유하거나 계속 유지해야 할 동물들에 대해서는 물건에 관한 규정을 준용해야 할 것이다. 따라서 제3항에서는 "동물에 대해서는 다른 특별한 규정이 없는 한 물건에 관한 규정이 준용된다."고 규정하여, 이러한 준용규정의 근거를 제공하고자 했다.[86]

V. 마 치 며

1. 우리 민법상 물건이란 유체물 및 전기 기타 관리할 수 있는 자연력이다. 여기서 유체물은 유형적 형태를 가진 물질이다. 이러한 유체물은 원칙적으로 물건에 속한다. 다만 달이나 별과 같이 인간의 지배권이 미치지 않는 것이나 바다와 같이 관리할 수 없는 것들은 제외될 것이다. 이에 반해 무체물은 원칙적으로는 물건이 아니나 관리할 수 있는 자연력의 경우에는 예외적으로 물건으로 취급된다. 무체물과 관련하여 경제적 가치가 점증하고 있는 '정보'와 재산적 가치가 있는 권리를 물건의 범주에 포함할 것인가의 문제는 앞으로 본격적으로 검토해야 할 과제라 여겨진다.

2. 인체는 비록 유형적 형태를 지니고 있지만, 인격 절대주의 관념에 따르면 물건이 아니다. 또한 인체에 물건을 부착시킨 경우, 부착된 의치나 가발 등과 같은 것도 부착된 상태로 있는 한 물건이라 할 수 없다. 그러나 그것이 다시 분리된 경우나 혈액 등과 같이 인체로부터 분리된 것들은 독립된 물건이 될 수 있다. 비록 인체로부터 분리나 추출한 것이라 하더라도 배아는 생명의 잉태를 전제로 하는 것이기 때문에 물건으로 취급할 수 없을 것이다.

3. 시체나 유골 등은 인체와는 별도로 취급되어야 한다. 다수설적인 견해는 시체 등을 물건으로 취급하고 있으나, 시체 역시 인격적 요소를 지니고 있고 거래의 대상이 될 수 없는 것이므로 물건으로 취급해서는 안 될 것이다. 물건으로 해석하는 다수설적인 견해에 따른다고 하더라도, 이 물건에 대한 법적 성질은 사용, 수익, 처분의 대상이 아닌 매장이나 관리 및 제사의 대상이 되는 특수한 소유권의 객체에 불과하다. 판례도 이와 같은 견해를 따른 것으로 이해된다. 그러나 비록 '특수한'이라는 말이 부가되었지만, 우리 민법상 이러한 유형의 소유권은 존재하지 않는다. 따라서 시체를 매장하거나 제사의 대상으로 삼는 관습상 특수한 관리권으로 이해하는 것이 타당하다고 여겨진다. 물론 이러한 학설의 구별에 따른 기능상의 실익은 거의 없다.

4. 동물은 유체물로서 민법상 분명한 물건이다. 그러나 동물, 특히 반려동물은 생명을 지

86) 이 밖에도 스위스 민법에서처럼 다양한 규정은 아니라 하더라도 동물의 부상이나 사망에 따른 손해배상에 관한 규정과 강제집행과 관련한 규정을 제안하였다

니고 있어서, 고통을 느낄 수 있는 등 희로애락을 표현하기도 한다. 최근 들어 우리나라도 반려동물의 인구가 대략 1,500만 명에 이르고 있다. 이에 따라 가족 공동체 일원으로, 인간의 이웃으로 큰 역할을 하고 있다. 민법의 개정을 통해 "동물은 물건이 아니다."라고 선언한 서구 유럽에서처럼 우리 민법도 동물에 대한 인식의 변화를 수용하여 동물의 비물건성에 대한 규정을 신설하는 것이 바람직하다고 생각한다.

분양계약 해제에 따른 부당이득의 법률관계와 수분양자 보호방안

이 계 정* **

Ⅰ. 서 론

1. 우리나라는 일정한 요건을 충족하는 경우에 완공 전에라도 장차 완공될 건축물에 대한 분양을 허용하는 선분양제를 인정하고 있다. 이러한 선분양제는 분양사업자로 하여금 용이하게 수분양자로부터 건설자금을 조달하게 함으로써 많은 자금을 투여함이 없이 건설업을 영위할 수 있게 하는 장점이 있다. 실제 이러한 선분양제가 건설경기의 활성화에 상당한 기여를 하여 경제발전의 동력으로 역할을 해 왔다. 그러나 이러한 선분양제는 분양 이후 입주할 때까지 시공과정에서 발생할 수 있는 다양한 사업리스크, 예를 들면 사업부도로 인한 공사중단의 피해를 수분양자에게 전가시키는 문제를 가지고 있다.

이러한 문제를 최소화하기 위하여 신탁제도가 널리 활용되고 있다. 신탁은 수탁자 앞으로 재산이전을 통해 신탁재산이 위탁자의 채권자의 공취력의 대상이 되지 않도록 함으로써 '도산절연성'을 확보할 수 있는 장점이 있는바,[1] 건축물 선분양에서도 신탁의 이러한 장점을 활용하고 있다. 건축물의 분양에 관한 법률(이하 '건분법'이라고만 한다)은 분양관리신탁을 해야 시행사가 건축물을 선분양할 수 있음을 명확히 하고 있다.[2] 분양관리신탁은 건분법에 의거하여 위

* 서울대학교 법학전문대학원 부교수, 민법학박사.

** 민법학의 새로운 장을 여신 양창수 대법관님의 고희를 누구보다 진심으로 축하드리고 싶다. 양창수 대법관님의 논문을 탐독하면서 민법학도의 꿈을 꾸었고, 특히 부당이득에 관한 논문은 많은 영감을 주었다. 이 자리를 빌려 주옥같은 글을 통해 깨달음의 즐거움을 선사하신 대법관님께 깊이 감사드리고 싶다.

1) 이계정, 신탁의 기본 법리에 관한 연구 — 본질과 독립재산성, 경인문화사, 2017, 257 이하.

2) 건분법 제4조 제1항 제1호. 통상 주택의 분양과 관련하여서는 주택법이, 주택 이외의 건축물(오피스텔, 상가건물 등)의 분양에 대하여는 건분법이 적용된다. 다만, 주택 이외의 건축물에 대하여 건분법이 항상 적용되는 것은 아니다. 건분법은 ① 분양하는 부분의 바닥면적의 합계가 3천제곱미터 이상인 건축물이나 ② 오피스텔, 생활숙박시설에 해당하는 것으로 30실 이상인 건축물에 한하여 적용되기 때문이다(건분법 제3조 제1항, 동법 시행령 제2조 제1호). 따라서 소규모 건축물에 대해서는 건분법이 적용되지 않는다. 주택건설사업자의 신탁에 대하여는 주택법 제61조 제6항, 주택 이외의 건축물 분양사업자의 신탁에 대하여는 건분법 제4조, 동법 시행령 제3조 제1항이 각 규정하고 있다. 이러한 신탁은 분양보증과 결부되어 이루어지기도 하는데, 이 점에 대하여는

탁자(분양사업자, 시행사[3]))가 사업 부지와 시공된 건축물을 수탁자(신탁업자) 앞으로 소유권을 이전함으로써 수분양자를 보호하고, 위탁자가 채무를 이행하지 않는 경우 신탁부동산을 환가·처분하여 그 처분대금에서 수분양자가 지급한 분양대금을 우선 반환하는 내용의 신탁이다.[4] 건분법은 분양관리신탁과 대리사무계약이 같이 체결되도록 법적으로 강제하고 있는데,[5] 뒤에서 상술하겠지만 대리사무계약은 시행사가 분양주체로서 건축물을 분양하는 것을 전제로 시행사가 대출받은 금원이나 수분양자로부터 지급받은 분양대금 등을 신탁업자가 관리하는 것을 목적으로 하는 계약이다.[6]

한편, 건분법이 적용되지 않는 건축물에 대해서는 법적으로 강제되는 것은 아니나 통상 담보신탁과 대리사무계약을 통해 이해관계인을 보호하고 있다. 담보신탁에서 위탁자는 자신의 재산을 채권자의 담보 목적으로 수탁자 앞으로 소유권을 이전하고, 우선수익자는 이를 담보로 위탁자에게 대출을 하거나 위탁자에 대한 채권을 발생시키는 계약을 하게 된다.[7] 담보신탁에서 대출기관이 우선수익자가 되는바, 우선수익자는 위탁자(채무자)의 채무불이행이 있는 경우 수탁자에게 신탁재산의 환가를 요구할 수 있고, 환가가 이루어진 경우 환가대금의 교부를 요구함으로써 자신의 채권에 대한 만족을 꾀할 수 있다. 담보신탁의 주요한 목적은 대출기관의 채권 회수에 있다는 점에서 수분양자에 대한 보호를 주목적으로 하는 분양관리신탁과 구별된다.

2. 본 논문에서는 건축물 선분양과 관련된 문제로서 수분양자가 분양대금을 납부한 후 적법하게 분양계약을 해제한 경우에 분양대금의 반환을 누구에게 구해야 하는지 건분법이 적용되는 분양계약을 중심으로 살펴보고자 한다. 건분법이 적용되는 경우 시행사는 신탁업자와 사이에 신탁업자에게 분양대금채권을 양도하는 대리사무계약을 체결하여야 하는데,[8] 신탁업자가 채권양수인으로서 수분양자로부터 분양대금을 받은 후 수분양자가 시행사와 체결한 분양계약을 해제한 경우에 분양대금의 반환을 계약당사자인 시행사에게 구해야 하는지 아니면 채권양수인인 신탁업자에게 구할 수 있는지 문제가 된다. 위 문제에 대해서 적정하게 결론을 도출하기 위해서는 분양관리신탁계약과 대리사무계약에 대한 정확한 이해가 필수적인바, 위 두 계약을 중심으로 건축물 선분양의 법률관계에 관하여 선행적으로 검토하고자 한다. 끝으로 수분양자가 신탁업자에게 부당이득의 반환을 구할 수 없고 시행사에 대해여만 부당이득 반환청구

이계정, "담보신탁과 분양보증신탁에 관한 연구", 사법 제41호(2017), 110 이하.

3) 건분법은 건축물을 분양하는 자를 '분양사업자'로 정의하나 실제 거래에서는 '시행사'라는 용어를 더 많이 사용하고 있으므로 본 논문에서는 가급적 익숙한 용어인 '시행사'로 칭하기로 한다.

4) 건분법 시행령 제3조 제1항 참조.

5) 건분법 시행령 제3조 제2항, 건분법 시행규칙 제2조.

6) 서희경, "시행사와 수분양자간의 분양계약이 해제된 경우 시행사와 담보신탁 및 자금관리대리약정을 체결한 신탁회사의 분양대금반환책임", 재판과판례 제26집, 대구판례연구회(2017), 214-215.

7) 담보신탁에 관한 설명으로는 이계정(주 2), 99 이하.

8) 건분법 시행령 제3조 제2항 제2호 참조.

를 해야 한다면, 시행사가 무자력인 경우에 수분양자가 취할 수 있는 구제수단에는 어떤 것이 있을 수 있는지 논의하고 입법론을 제시하고자 한다.

Ⅱ. 건축물 선분양의 법률관계

1. 문 제 점

분양계약 해제에 따른 부당이득의 법률관계와 수분양자 보호방안을 논하기 위해서는 우선적으로 건축물 선분양의 법률관계를 명확히 이해할 필요가 있다. 이하에서는 건분법이 적용되는 건축물 분양을 중심으로 분양관리신탁과 대리사무계약의 내용, 법적 성질 등에 대하여 살펴보고자 한다.

2. 분양관리신탁과 대리사무계약

2003년 시행사가 대지소유권이 미확보된 상태에서 상가를 사전분양한 후 분양대금을 유용하여 약 3,200명의 수분양자에게 총 3,735억원 상당의 피해를 입힌 '굿모닝시티 사건'이 있었고, 위 사건이 도화선이 되어 건분법이 제정되었다. 이에 따라 건분법은 수분양자를 보호하기 위한 방안으로 분양관리신탁과 대리사무계약을 강제하고 있다. 실제 분양관리신탁과 대리사무계약에 의하여 건분법이 수분양자를 어떻게 보호하고 있는지 구체적으로 살펴보면 다음과 같다.

(1) 분양관리신탁

㈎ 시행사는 착공신고 후 신탁업자와 분양관리신탁계약 및 대리사무계약을 체결한 다음 건축물을 분양하여야 한다. 앞서 본 바와 같이 분양관리신탁은 시행사가 사업 부지와 시공된 건축물을 신탁업자 앞으로 소유권을 이전함으로써 수분양자를 보호하고, 위탁자가 채무를 이행하지 않는 경우 신탁부동산을 환가·처분하여 그 처분대금에서 수분양자가 지급한 분양대금을 우선 반환하는 내용의 신탁이다.[9] 구체적으로 보면 시행사가 소유하는 사업부지와 시공

---

9) 실제 케이비부동산신탁주식회사(이하 'KB신탁')의 분양관리신탁계약의 핵심내용을 소개하면 다음과 같다. https://kbret.co.kr/File/KONG/%EB%B6%84%EC%96%91%EA%B4%80%EB%A6%AC%EC%8B%A0%ED%83%81%EA%B3%84%EC%95%BD%EC%84%9C.pdf (2021. 4. 23. 방문).

제1조(신탁목적) 이 신탁계약은 "건축물의 분양에 관한 법률"에 의거하여 위탁자가 신탁부동산상에 건물을 신축 또는 증축하여 분양하는 사업에 있어 수탁자가 신탁부동산(완공된 건축물이 추가 신탁된 경우를 포함한다)의 소유권을 보전 관리하여 피분양자를 보호하고, 위탁자(채무자가 따로 있는 경우에는 이를 포함한다)가 부담하는 채무 불이행 시 신탁부동산을 환가·처분하여 정산함에 그 목적이 있다.

제12조(피분양자의 보호)

② 위탁자의 부도, 파산 등으로 사업추진이 불가한 경우 또는 기타 사유로 중도에 신탁계약을 해지하여 정산하는 경우에는 신탁부동산의 처분대금 등 신탁재산에서 우선수익자 등 다른 권리자에 우선하여 피분양자의 분양대금반환에 우선 지급한다.

된 건축물을 신탁업자에게 이전하고, 신탁업자는 이전받은 신탁부동산의 소유권관리 등에 대하여 선량한 관리자로서 주의의무를 부담한다.[10] 관리신탁은 '부동산 소유자가 신탁계약을 통해 부동산의 소유권을 수탁자에게 이전하면, 수탁자는 신탁계약에서 정한 바에 따라 부동산에 대한 소유권 등의 관리를 수행하고 그로부터 발생하는 신탁수익을 수익자로 지정된 자에게 교부하는 것'을 말하는데,[11] 분양관리신탁은 위와 같은 점에서 관리신탁의 성격을 가지고 있다. 이처럼 사업 부지와 시공된 건축물을 신탁업자 앞으로 이전하면 시행사의 채권자가 사업 부지와 건축물에 대하여 강제집행을 할 수 없는바(신탁법 제22조 제1항 본문 참조), 건축 공사가 안정적으로 진행되게 함으로써 수분양자를 보호할 수 있는 것이다.

한편, 분양관리신탁은 담보신탁의 성질도 가지고 있다. 담보신탁은 채무자인 위탁자가 채권자를 우선수익자로 하여 수탁자에게 부동산의 소유권을 이전하고 채무자가 채무를 불이행하면 수탁자가 신탁재산을 처분하여 그 매각대금으로 채권자인 우선수익자의 채권을 변제하는 신탁을 의미한다.[12] 건축물 선분양에 있어서 금융기관으로부터 대출을 받아 건축 공사가 진행되는바, 신탁업자 앞으로 이전된 사업부지와 건축물은 금융기관의 대출금 채권에 대한 담보의 성격을 가지고 있다. 이에 시행사의 사업의 진행이 어려워 대출금을 변제하지 못할 가능성이 많은 경우에 수탁자는 신탁재산을 처분하여 그 매각대금으로 우선수익자인 금융기관의 대출금 채권을 변제하게 된다.[13] 다만, 이 경우에도 '수분양자 보호'라는 건분법의 취지가 관철되어야 한다. 따라서 신탁부동산의 처분대금에서 우선수익자의 피담보채권보다 수분양자의 분양대금 반환채권이 먼저 변제되도록 신탁업자가 자금집행을 하여야 한다.[14]

---

10) KB신탁 분양관리신탁계약서 제3조, 제14조 제1항. 시공된 건축물에 대해서 위탁자 앞으로 소유권보존등기를 경료하자마자 신탁업자에게 소유권을 이전한다.

11) 신영수 · 윤소연, "부동산신탁의 쟁점", BFL 제62호(2013. 11), 47; 고일광, "부동산신탁에 관한 회생절차상 취급 — 부동산담보신탁의 경우를 중심으로", 사법 제9호, 사법연구지원재단(2009), 65-66.

12) 이계정(주 2), 99 이하. 전형적인 담보신탁의 표지는 ① 채권담보의 목적일 것, ② 채권자가 수익자가 되는 타익신탁일 것, ③ 수익자에게 처분요청권이 부여될 것이다.

13) KB신탁 분양관리신탁계약서 제19조, 제24조.

14) 이러한 내용의 분양관리신탁은 건분법 시행령 제3조 제1항 제3호에 의하여 법령상 강제되는 사항이다. 이에 KB신탁 분양관리신탁계약서 제12조 제2항, 제24조 제1항은 다음과 같이 규정하고 있다.

제12조 제2항

위탁자의 부도, 파산 등으로 사업추진이 불가한 경우 또는 기타 사유로 중도에 신탁계약을 해지하여 정산하는 경우에는 신탁부동산의 처분대금 등 신탁재산에서 우선수익자 등 다른 권리자에 우선하여 피분양자의 분양대금반환에 우선 지급한다.

제24조 제1항

수탁자가 신탁부동산을 처분 환가하여 정산하는 경우의 순위는 다음 각 호에 의한다.

1. 법령에 의한 각종 제세공과금 및 부담금 신탁사무처리와 관련하여 발생된 제비용 및 신탁보수 임대차보증금
2. 수분양자가 분양대금의 반환을 요구하는 경우 수분양자가 사업약정 및 대리사무계약에 따라 기납부한 분양대금
3. 잔존 대리사무보수
4. 우선수익자의 피담보채권

한편, 수분양자가 시행사와 분양계약을 체결하고 분양대금을 약정에 따라 납부한 경우에는 해당 분양목적물에 대하여는 우선수익자의 환가권이 제한된다고 보아야 한다.[15] 판례가 밝힌 바와 같이 수분양자가 약정에 따라 분양대금을 납부한 경우에 시행사는 수분양자에게 분양목적물에 대한 소유권이전등기를 마쳐주기 위하여 그 부분에 대한 신탁을 일부 해지할 수 있고, 우선수익자는 신탁일부해지의 의사표시에 동의의 의사표시를 하기로 하는 묵시적 약정을 하였다고 보아야 하기 때문이다.[16] 해당 분양목적물에 대해서 수분양자가 분양대금을 납부한 이상 해당 분양목적물에 대하여 이미 환가가 이루어진 것이므로 우선수익자는 더는 해당 분양목적물에 대하여 권리를 주장하지 않기로 약정하였다고 볼 수 있다. 따라서 우선수익자인 금융기관은 시행사가 대출금을 제때 변제하지 않는다고 하더라도 해당 분양목적물에 대해서 처분요청을 할 수 없고, 이에 따라 수탁자도 우선수익자의 채권 회수를 위하여 처분을 할 수 없다고 보아야 한다. 이에 따라 수탁자는 신탁의 일부해지가 이루어지면 즉시 수분양자에게 소유권이전등기를 마쳐줄 수 있다.[17]

㈏ 앞서 본 바와 같이 건분법이 적용되지 않는 건축물에 대해서는 분양관리신탁 대신에 담보신탁이 활용되고 있다. 앞서 본 바와 같이 분양관리신탁은 담보신탁의 성격을 가지고 있으므로 건분법이 적용되는 경우의 분양관리신탁과 건분법이 적용되지 않는 경우의 담보신탁 사이에 본질적인 차이가 있는 것은 아니다. 다만, 건분법이 적용되지 않은 담보신탁의 경우 분양관리신탁과 달리 신탁재산의 처분대금에서 우선수익자로 지정되는 금융기관이 우선변제를 받고, 수분양자는 분양대금반환채권을 변제받을 수 없도록 신탁조항이 구성되어 있다.[18] 따라

---

5. 시공사의 공사대금채권 및 본 분양사업과 관련한 제반비용
6. 기타 수익자의 권리에 우선하는 채권
7. 정산 후 잔액은 수익자에게 교부

15) 유현송, "담보신탁계약과 대리사무계약의 상호관계", 인권과 정의 통권 제438호(2013. 12), 122.

16) 대법원 2010. 12. 9. 선고 2009다81289 판결(공 2011상, 105). 통상 분양관리신탁계약에는 '신탁계약은 위탁자, 수탁자 및 우선수익자 전원의 합의로 해지할 수 있다.'는 조항이 있는바(KB신탁 분양관리신탁계약서 제26 제1항 참조), 시행사가 수분양자 앞으로 소유권이전등기를 마쳐주기 위하여 신탁을 일부 해지하는 경우에 우선수익자는 위와 같이 해지에 동의할 의무가 있으므로 신탁의 일부 해지를 통한 수분양자 앞으로 소유권이전등기가 가능해지는 것이다.

17) KB신탁 분양관리신탁계약서 제27조 제2항.

18) 실제 KB신탁의 담보신탁계약서를 소개하면 다음과 같다. https://kbret.co.kr/File/KONG/%EB%8B%B4%EB%B3%B4%EC%8B%A0%ED%83%81%EA%B3%84%EC%95%BD%EC%84%9C.pdf (2021. 4. 23. 방문).
제22조 (처분대금 등 정산) ① 수탁자가 신탁부동산을 환가하여 정산하는 경우의 순위는 다음 각 호에 의한다.
1. 신탁계약 및 처분절차와 관련하여 발생된 비용과 신탁보수
2. 제3호에 우선하는 임대차보증금
3. 신탁계약 체결전 설정된 저당권자 등의 채무(채권최고액 한도내)
4. 수탁자 명의로 임대차계약 체결된 임차인의 임차보증금
5. 수탁자가 발행한 수익권증서상의 우선수익자의 채권(수익권리금 한도내)
6. 제1호 내지 제5호의 채무를 변제한 후 잔여액이 있을 경우 위탁자에게 지급

서 건분법이 적용되지 않는 경우의 담보신탁은 대출기관의 채권회수에 주된 방점이 찍혀 있다고 할 수 있다.[19]

건분법이 적용되지 않는 건축물에 대해서 수분양자가 약정에 따라 분양대금을 납부한 경우에 건분법이 적용되는 건축물과 마찬가지로 우선수익자의 환가권이 제한된다고 보아야 할 것이다.[20] 우선수익자가 더는 해당 분양목적물에 대하여 권리를 주장하지 않기로 하는 묵시적 약정이 마찬가지로 인정될 수 있기 때문이다.[21]

(2) 대리사무계약

㈎ 대리사무계약은 시행사가 건축물 분양사업을 함에 있어 대출받은 금원이나 수분양자로부터 지급받은 분양대금 등을 신탁업자가 관리·집행하기로 하는 내용의 계약이다. 건분법 시행령 제3조 제2항은 대리사무계약에 포함되어야 할 사항을 정하고 있는데, 이에 따라 대리사무계약에 들어갈 핵심 내용은 다음과 같다.

1) 자금관리계좌 개설 조항: 신탁업자는 분양대금과 대출금을 관리하기 위한 계좌(이하 '자금관리계좌'라고만 한다)를 개설한다.
2) 분양대금채권 양도 조항: 시행사는 수분양자에 대하여 가지는 분양대금채권을 신탁업자에게 양도하여 신탁업자는 수분양자로 하여금 자금관리계좌로 분양대금을 입금하게 하는 방법으로 분양대금을 수납한다.
3) 대출기관 동의에 의한 자금 집행 조항: 자금관리계좌에 입금된 금원이 해당 분양사업과 관련된 용도로만 사용될 수 있도록 시행사는 자금집행을 위한 증빙서류를 첨부하여 대출기관의 동의를 받아 신탁업자에게 서면으로 요청하고, 신탁업자는 이러한 자금지급요청이 상당하다고 판단되는 경우에는 시행사에게 지급하거나 시행사가 지급하고자 하는 제3자에게 직접 지급할 수 있다.

19) 건분법이 적용되지 않는 담보신탁에서도 신탁재산이 시행사에서 신탁업자로 이전됨으로써 건축 공사가 안정적으로 진행할 수 있는바, 이를 통해 수분양자가 보호가 되나 담보신탁의 주된 목적이라고 보기 어렵다.

20) 유현송(주 15), 121. 필자가 개인적으로 입수한 주식회사 무궁화신탁이 사용하고 있는 담보신탁계약서에는 "신탁부동산"의 일부 또는 전부에 대하여 신탁해지를 할 필요가 있는 경우, "위탁자"가 "우선수익자"의 사전동의를 받아 "수탁자"에게 요청하여야 하며 "수탁자"는 법령상의 제한이 없는 한 신탁해지 절차를 진행하기로 한다."라는 조항이 있는바, 위와 같은 취지를 반영한 것으로 이해할 수 있다.

21) 이와 달리 분양계약이 해제된 경우에는 우선수익자에게 위와 같은 묵시적 약정을 인정하기 어렵다. 따라서 수분양자가 분양대금을 납부한 후 분양계약이 해제된 경우에 해당 분양목적물에 대해서 처분이 이루어진 경우에 우선수익자는 여전히 자신의 우선수익권을 행사할 수 있다고 보아야 할 것이다. 그러나 대법원 2009. 7. 9. 선고 2008다19034 판결(공 2009하, 1413)은 이와 다른 취지에서 위와 같이 처분으로 얻은 대금을 수분양자에게 지급한 행위가 우선수익자의 우선수익권을 침해한 것이 아니라고 판시하였는바, 법리의 타당성에 대하여 상당한 의문이 있다. 필자와 같이 위 판결에 비판적인 견해로는 김지훈, "분양계약 해제 시 담보신탁 법률관계와 관련한 대법원 판결의 동향", BFL 제94호(2019. 3), 59 이하.

한편, 건분법 시행규칙 제3조 제2호는 수분양자 보호를 위하여 '부도·파산 등으로 사업추진이 불가능한 경우 분양수입금 관리계좌의 남은 금액은 분양받은 자에게 우선하여 지급하여야 한다는 사항을 포함한 분양대금의 지출 원칙, 방법 및 용도'가 대리사무계약에 편입되어야 함을 명기하고 있다. 이에 따라 대리사무계약에는 자금의 집행순서에 대하여 다음과 같이 규정하고 있다.[22)]

> 자금의 집행순서 조항: 신탁업자는 자금을 집행함에 있어 자금청구의 경합이 있는 경우 다음 각 호의 우선순위에 따라 지급한다.
> 1. 계약이 해제된 경우 반환할 분양대금, 신탁재산의 제세공과금, 등기 및 소송비용, 대리사무보수 및 신탁보수, 신탁사무처리비용 및 대리사무처리비용, 대출기관에 대한 대출이자
> 2. 사업추진비(설계비, 감리비, 분양대행수수료 및 모델하우스 등 분양 관련 제경비, 광고홍보비 등)
> 3. 대출기관에 대한 대출원금 상환
> 4. 시공사의 공사비
> 5. 위 항목 외의 기타사업비

(나) 대리사무계약과 분양관리신탁계약과의 관계가 문제된다. 대리사무계약은 사업자금이 적정하고 투명하게 이루어질 수 있도록 체결된 것으로 대리사무계약의 대상이 되는 재산은 분양대금과 대출금으로 구성된 사업자금이다. 반면, 분양관리신탁계약은 그 대상이 되는 재산이 사업부지와 시공된 건축물로 대리사무계약과 그 대상이 되는 재산이 다르고, 그 목적에 있어서도 수분양자 보호뿐만 아니라 대출기관의 대출금 회수도 포함되는바, 대리사무계약과 분양관리신탁계약은 별개의 계약이라고 할 것이다. 이에 따라 수분양자가 납부한 분양대금은 분양관리신탁계약의 신탁재산이 되지 않는다.[23)] 실제에 있어서 시행사와 신탁업자 사이에 위 두 계약이 동시에 체결되는 것이 통상이지만, 경우에 따라서는 대리사무계약은 A 신탁업자와 사이에, 분양관리신탁계약은 B 신탁업자와 사이에 체결되는 것도 가능하다.

대리사무계약과 분양관리신탁계약은 위와 같이 대상이 되는 재산과 목적이 다르므로 그 내용이 일치하지 않는다. 다만, 건분법에 따른 두 계약 모두 분양사업이 정상적으로 진행되게 함으로써 수분양자가 분양목적물을 현실적으로 분양받게 하는 데 그 목적이 있으므로 최대한 그 취지를 살리는 해석이 필요하다. 예를 들면 앞서 본 바와 같이 대리사무계약에 따라 수분양자가 자금관리계좌로 분양대금을 납부한 경우에는 해당 분양목적물에 대하여는 분양관리신탁

22) 필자가 개인적으로 입수한 주식회사 무궁화신탁이 사용하고 있는 사업약정 및 대리사무계약서(이하 '무궁화신탁 대리사무계약서'라고 약칭한다)를 기준으로 적시하였다.

23) 대법원 2015. 1. 15. 선고 2013다26838 판결 참조. 오상민, "담보신탁 및 자금관리대리사무에서 신탁회사의 분양대금반환책임", 판례연구 제29집 제2호(2016. 1), 서울지방변호사회, 244.

계약에 따른 우선수익자의 환가권이 제한된다고 해석해야 할 것이다.

한편, 대리사무계약의 법적 성질이 문제가 된다. 당사자가 계약서에 신탁이라는 문언을 쓰지 않았더라도 ① 위탁자의 수탁자에 대한 재산의 이전, ② 수탁자의 일정한 목적에 따른 재산의 관리, ③ 신탁설정의사가 인정되는 경우에는 신탁의 성립을 인정할 수 있다.[24] 신탁설정의사를 확인할 수 있는 지표 중의 하나는 상대방으로 하여금 이전된 재산을 상대방의 고유재산과 분별하여 관리하게 함으로써 상대방의 도산위험으로부터 이전된 재산을 보호하고자 하는 것이 당사자의 의사인지 여부이다.[25] 신탁재산은 수탁자의 고유재산과 별개의 재산으로 취급되어야 하므로 도산절연성이 인정된다는 점, 즉 신탁재산의 독립성은 신탁의 법률관계를 다른 법률관계와 구별하게 하는 핵심표지이기 때문이다.

이러한 맥락에서 대리사무계약을 분석하면 ① 대리사무계약의 중요한 목적은 수분양자가 납부한 분양대금의 보호에 있는바, 수분양자가 신탁업자에게 납부한 분양대금은 신탁업자의 고유재산과 분별되어 관리되어야 하므로 신탁업자에게 자금관리계좌를 개설하게 하고 위 계좌에 입금된 금원에 대하여 분별관리의무를 부과하고 있는 점,[26] ② 신탁업자에게 부과된 분별관리의무는 신탁업자의 재산상태의 변동과 관계없이 자금관리계좌에 입금된 금원을 보호하기 위함이므로 위 금원에 대하여 도산절연성을 의도하였다고 볼 수 있는 점, ③ 건분법이 대리사무계약에 따라 자금관리를 할 수 있는 자를 '신탁업자'로 한정한 것은 신탁의 위와 같은 도산절연성 기능을 염두에 둔 것으로 볼 수 있고, 대리사무계약의 당사자인 시행사와 신탁업자 등[27]도 신탁의 도산절연성 기능을 고려하여 계약을 체결한 것으로 볼 수 있는 점 등에 비추어 신탁설정의사가 인정된다. 실제 대리사무계약을 보면 "계약의 해제 등 기타사유로 분양계약이

24) 정순섭, "사채원리금 지급대행계약의 법적 성질론", 증권법연구 5권 1호(2004), 332 이하.

25) 허준석, "신탁 성립에 관한 연구 — 성립 요건과 범위를 중심으로", 박사학위논문, 서울대학교(2019. 8), 274 이하. 대법원이 사채원리금 지급대행계약을 신탁계약이라고 판단하면서 "사채원리금 지급대행계약은 발행회사가 발행한 사채의 사채권자에게 그 원리금을 지급하기 위하여 발행회사가 사채원리금 지급 자금을 은행에게 인도하고 은행은 이를 인도받아 보관, 관리하면서 사채권자에게 그 사채원리금을 지급하는 것을 목적으로 하는 것으로서 신탁계약으로서의 성질을 가지고, 그렇다면 발행회사가 은행에게 인도하는 사채원리금 지급자금은 신탁재산에 해당하고 수익자인 사채권자의 이익 향수(향수)의 의사는 추정되는 것이므로, 은행은 발행회사로부터 인도받은 사채원리금 지급자금을 그 신탁의 본지에 따라 관리할 의무가 있고, 은행이 사채권자의 이익과 관계없이 발행회사의 청구만에 의하여 위 사채원리금을 반환하거나 그 지급자금의 반환채권을 수동채권으로 하여 자신의 발행회사에 대한 채권과 상계하는 것은 신탁의 법리상 허용되지 아니한다."라고 판시한 것은 위와 같은 맥락으로 이해할 수 있다(대법원 2002. 7. 26. 선고 2000다17070 판결).

26) 건분법 시행령 제3조 제4항은 '신탁업자가 분양받은 자로부터의 입출금, 분양계약의 해제, 주소 관리 등 분양업무를 수행하는 경우에는 그 관리 내용을 공정하고 투명하게 전산으로 관리하여야 함'을 규정하고 있고, 무궁화신탁 대리사무계약서에는 "신탁사는 자금관리계좌의 자금을 본 사업의 용도 이외에 사용할 수 없으며 제3자에게 질권을 설정하거나 양도할 수 없다"라고 규정하여 분별관리의무를 명확히 하고 있다(제20조 제3항).

27) 대리사무계약에 시행사, 신탁업자 이외에 시공사, 대출기관도 참여하나 시공사, 대출기관은 핵심 당사자는 아니며, 시공사, 대출기관으로서도 신탁의 도산절연성 기능이 발휘되는 것이 자신에게 유리하므로 이를 의도하여 계약에 참여하였다고 볼 수 있다.

종료된 경우 수분양자가 분양한 분양대금은 대리사무계약이 정한 절차에 따라 신탁재산 한도 내에서 반환될 수 있으며, 신탁재산으로 분양대금을 반환할 수 없거나 부족한 경우 분양대금 반환에 대한 책임은 시행사가 부담한다."고 하여 신탁재산의 독립성을 명확히 하고 있다 (밑줄 — 필자).[28]

따라서 ① 시행사로 하여금 신탁업자에게 수분양자에 대한 분양대금채권을 양도하게 하고 대출기관으로부터 받은 대출금을 자금관리계좌에 입금하게 함으로써 재산의 이전이 있는 점(신탁재산의 이전), ② 사업자금의 적정하고 투명한 집행을 목적을 위하여 재산이 이전된 것인 점(수탁자의 재산 관리의 목적), ③ 앞서 본 바와 같이 신탁설정의사가 인정되는 점에 비추어 대리사무계약은 신탁계약으로 보아 신탁의 법리를 적용하는 것이 타당하다.

(한편, 건분법 시행령 제3조 제1항 제3호는 "신탁을 정산할 때에 분양받은 자가 납부한 분양대금을 다른 채권 및 수익자의 권리보다 우선하여 정산하여야 한다는 사항"을 분양관리신탁에 포함시켜야 한다고 정하고 있으므로 분양대금은 대리사무계약이 아닌 분양관리신탁의 신탁재산이라고 주장하는 견해가 있을 수 있다. 그러나 위 조항은 앞서 본 바와 같이 신탁부동산의 처분대금에서 수분양자의 분양대금반환채권이 먼저 변제되도록 신탁업자가 자금집행을 해야 한다는 자금집행 순서에 관한 조항일 뿐 분양대금이 분양관리신탁의 신탁재산임을 규정한 것이라고 보기 어렵다. 대리사무계약을 통해 신탁업자가 분양대금채권을 양수하게 됨은 앞에서 본 바와 같은바, 분양대금채권과 그 채권이 현실화되어 수분양자로부터 납부받은 분양대금이 대리사무계약에 따른 신탁재산을 구성한다고 보는 것이 타당하다.)

이 경우에 대리사무계약의 수익자가 누구인지 문제가 된다. 신탁의 목적이 일정한 자에게 신탁재산으로부터의 이익을 귀속시키기 위한 것인 때 그 일정한 자가 수익자에 해당하는바,[29] 수익자가 누구인지는 계약해석의 문제이다. 앞서 본 바와 같이 자금의 집행순서에 있어 분양계약이 해제된 경우 수분양자에게 반환할 분양대금이 우선순위로 되어 있다는 점을 가지고 수분양자가 수익자라고 볼 수 있는지 문제가 된다. 그런데 자금의 집행순서 조항은 자금관리계좌에 입금된 금원에 대한 적정한 지출순서에 관한 것으로 수탁자가 자금관리에 있어서 주의해야 할 의무를 규정한 것에 불과하므로 이를 두고 수분양자에게 수익자로서 수익권을 부여한 것이라고 보기 어렵다. 이와 같이 해석하는 것이 대리사무계약의 당사자의 의사에도 부

28) 서울중앙지방법원 2020. 7. 15. 선고 2019가합574716 판결에서 설시하고 있는 대리사무계약의 내용이다. 한편, 위 내용을 수탁자의 책임한정특약으로 한정하여 해석하는 견해도 있을 수 있으나 그와 같은 경우에 수탁자는 대리사무계약 당사자 이외에는 '신탁재산 한도 내 반환하겠다'는 항변을 할 수 없게 되는 문제가 있다. 이러한 견해는 수탁자에게 합리적 근거 없이 과중한 책임을 부과하는 해석으로 타당하지 않다. 위 대리사무계약의 내용은 수탁자가 신탁의 성립을 전제로 신탁재산의 독립성을 '대세적'으로 항변할 수 있음을 확인하는 조항이라고 이해하는 것이 타당하다.

29) 최수정, 신탁법, 개정판, 박영사, 2019, 99.

합한다.[30]

결국 특별한 사정이 없는 한, 대리사무계약의 수익자는 시행사로 보는 것이 타당하므로 자익신탁이라고 보아야 할 것이다. 실제 대리사무계약을 보면 "사업 정산시 발생한 사업손익은 시행사에게 귀속된다"는 조항이 포함되어 있다.[31]

㈐ 건분법이 적용되지 않는 건축물에 대해서도 대리사무계약이 체결되어 신탁업자가 시행사가 대출받은 금원이나 수분양자로부터 지급받은 분양대금 등을 관리하는 경우가 많다. 그런데 위와 같은 경우 건분법에서 요구하는 분양대금채권 양도 조항이 반드시 포함되어야 하는 것은 아니므로 신탁업자는 채권양수인으로서 수분양자로부터 분양대금을 받는 것이 아니라 시행사로부터 자금관리의 위임을 받아 분양대금을 수납하는 것이다. 또한, 건분법이 적용되지 않으므로 자금의 집행순서에서 '분양계약 해제로 인한 수분양자의 분양대금반환채권'은 대출기관의 채권보다 열후한 순위가 된다.[32]

그러나 건분법이 적용되지 않는 대리사무계약은 건분법이 적용되는 대리사무계약과 마찬가지로 사업자금의 적정한 관리를 위하여 신탁업자에게 사업자금을 이전하는 것으로 신탁업자에게 분별관리의무가 인정되고 신탁업자의 자금관리계좌에 입금된 금원에 대하여도 도산절연성을 인정해야 할 것이므로, 건분법이 적용되는 대리사무계약과 마찬가지로 신탁계약으로 보아야 할 것이다. 이 경우의 수익자가 누구인지는 계약 해석의 문제이나 앞서 본 바와 같이 자금관리계좌 자금의 집행순서에 관한 계약 조항은 수익자 획정에 있어서 의미를 가지기 어려우므로 시행사로 보아야 할 것이다.

현재까지 주요하게 논의한 건분법이 적용되는 경우의 선분양의 법률관계를 그림으로 정리하면 아래와 같다.

30) 대법원 2018. 7. 12. 선고 2018다204992 판결(공 2018하, 1597)은 건분법이 적용되는 사안은 아니나 '자금관리계좌 자금의 집행순서에 관한 계약 조항이 계약 당사자가 아닌 제3자로 하여금 수탁자에 대한 권리를 직접 취득하게 하는 것을 목적으로 한 규정이라고 해석할 수 없다'는 취지로 판시하여 자금관리계약은 제3자를 위한 계약이 아니라고 결론을 도출하였는바, 같은 맥락으로 이해할 수 있다.

31) 무궁화신탁 대리사무계약 제26조 제2항.

32) 서울중앙지방법원 2012. 9. 6. 선고 2011가단304273 판결의 사실관계를 보면 건분법이 적용되지 않는 대리사무계약의 자금의 집행순서는 '1순위: 대출금 이자, 2순위: 신탁재산의 제세공과금, 신탁처리비용 및 신탁보수, 대리사무보수, 사업추진비(분양대행수수료, 분양제비용 등), 3순위: 대출원금, 4순위: 미지급 공사비, 5순위: 기타 사업비'인바, 분양계약 해제로 인한 수분양자의 분양대금반환채권은 5순위(기타 사업비)에 해당한다고 볼 수 있다.

〈그림 1〉 건분법이 적용되는 선분양의 법률관계

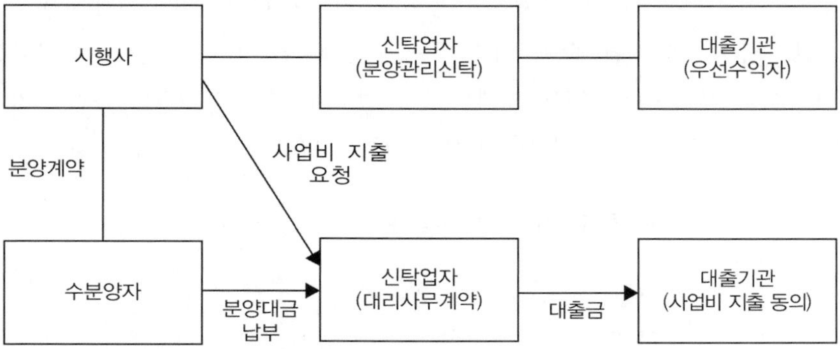

시행사

신탁업자
(분양관리신탁)

대출기관
(우선수익자)

분양계약

사업비 지출
요청

수분양자

분양대금
납부

신탁업자
(대리사무계약)

대출금

대출기관
(사업비 지출 동의)

Ⅲ. 분양계약 해제에 따른 부당이득의 법률관계

1. 문 제 점

앞서 본 바와 같이 건분법이 적용되는 대리사무계약의 경우에 시행사는 신탁업자에게 수분양자에 대한 분양대금채권을 양도해야 하는 분양대금채권 양도 조항이 포함되어야 한다. 이에 따라 수분양자는 시행사와 분양계약을 체결하지만 채권양수인인 신탁업자의 자금관리계좌로 분양대금을 납부해야 한다. 그런데 후에 수분양자가 분양계약을 해제한 경우에 수분양자는 누구에게 분양대금의 반환을 구해야 하는지 문제가 된다. 특히 시행사가 무자력인 경우에 문제가 된다. 위 문제에 대하여는 종래부터 채권양도가 있은 후 양도인과 채무자 사이의 계약(이하 '기본계약'이라고만 한다)이 해제된 경우에 부당이득의 반환상대방이 누구인지에 대해서 활발한 논의가 있어왔는바, 이에 대하여 살펴보기로 한다.

2. 견해의 대립의 배경 — 지시관계에서의 부당이득 법률관계[33)]

채권양도 후 기본계약 해제 시 부당이득의 법률관계에 대한 견해의 대립을 이해하기 위해서는 지시관계에서의 부당이득의 법리를 우선 살펴볼 필요가 있다.

지시관계란 C가 B에 대하여 일정한 급부를 청구할 권리(대가관계)를 가지고 있고, B는 A에 대해서 같은 종류의 급부를 청구할 수 있는 권리(보상관계)를 가지고 있는 경우에 이 3자 사이의 결제를 간편하게 하기 위해서 B(지시자)가 A(피지시자)에 대해서 C(급부수령자)에게 일정한

33) 지시관계에서의 부당이득 법률관계에 대하여는 이계정, "삼각관계에서의 부당이득 법률관계와 질권자의 부당이득반환의무 유무", 법조 제721호(2017. 2), 632 이하. 이하의 내용은 위 논문을 요약한 것이다.

출연을 지시(Anweisung)하고, 이에 따라 A가 C에게 급부를 한 경우를 의미한다. 지시관계의 주요 특징은 동시이행효와 재산의 경유적 이동이다. 지시에 따라 A가 C에게 급부를 한 경우, A의 B에 대한 채무와 B의 C에 대한 채무는 동시에 변제되는 것이며(동시이행효), 그 결과 재산이동은 A(피지시자)로부터 C(지시수령자)에게로 직접 이루어졌지만 관념적인 재산의 이동은 B(지시자)를 경유한 것으로 의제되는 것이다(재산의 경유적 이동).

〈그림 2〉 지시관계에서의 부당이득의 법률관계

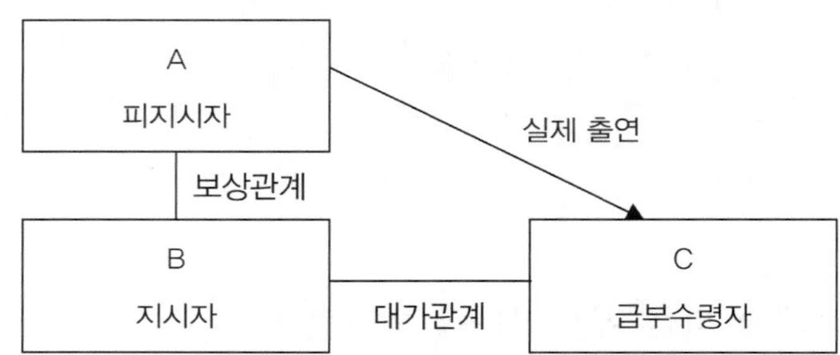

이러한 지시관계에 의한 출연에서 보상관계가 흠결이 된 경우에 A(피지시자)가 C(급부수령자)를 상대로 부당이득을 할 수 있는지 문제가 된다. 그런데 지시관계에 의한 급부관계는 동시이행효과 재산의 경유적 이동에 비추어 급부의 이동은 A(피지시자)에서 B(지시자)로, B(지시자)로부터 C(급부수령자)로 이루어진 것으로 보되, 지시에 의하여 A(피지시자)로부터 C(지시수령자)로 단축급부가 이루어진 것으로 보아야 한다. 따라서 보상관계가 무효가 된 경우에 A가 B에게 부당이득반환청구를 할 수 있을 뿐 C에게 부당이득반환청구를 할 수 없다.[34)]

이러한 지시관계에서의 부당이득 법리가 제3자를 위한 계약에서도 마찬가지로 적용되는지 문제가 된다. 대법원은 보상관계가 해제된 사안에서 "제3자를 위한 계약관계에서 낙약자와 요약자 사이의 법률관계(이른바 기본관계)를 이루는 계약이 해제된 경우 그 계약관계의 청산은 계약의 당사자인 낙약자와 요약자 사이에 이루어져야 하므로, 특별한 사정이 없는 한 낙약자가 이미 제3자에게 급부한 것이 있더라도 낙약자는 계약해제에 기한 원상회복 또는 부당이득을 원인으로 제3자를 상대로 그 반환을 구할 수 없다."라고 하여 지시관계에서의 부당이득의 법리를 적용하였다(요약자반환설).[35)]

34) 대법원의 다음과 같은 판시, 즉 "계약의 일방 당사자가 계약 상대방의 지시 등으로 급부과정을 단축하여 계약 상대방과 또 다른 계약관계를 맺고 있는 제3자에게 직접 급부한 경우, 그 급부로써 급부를 한 계약 당사자의 상대방에 대한 급부가 이루어질 뿐 아니라 그 상대방의 제3자에 대한 급부로도 이루어지는 것이므로 계약의 일방 당사자는 제3자를 상대로 법률상 원인 없이 급부를 수령하였다는 이유로 부당이득반환청구를 할 수 없다."는 판시는 위와 같은 맥락이다(대법원 2003. 12. 26. 선고 2001다46730 판결(공 2004상, 207)).

35) 대법원 2005. 7. 22. 선고 2005다7566, 7573 판결(미간행).

문제는 지시관계에서의 부당이득 법리가 채권양도의 경우에도 확장되어 적용될 수 있는지 여부이다. 채권양도의 경우에 채무자의 채무 변제 시점에 지시관계의 대가관계에 대응하는 채권양도인과 양수인 사이의 채권관계가 존재하지 않는 특징이 있다. 또한, 채권양도인은 채권을 양도함으로써 채무자에 대한 채권을 상실하고, 채무자에 대한 권리가 전적으로 양수인에게 귀속하는 특징도 있다(즉 지시관계의 보상관계에 해당하는 것이 없다). 이러한 특징 때문에 견해의 대립이 있을 수밖에 없다.

3. 견해의 대립

(1) 양도인반환설[36)]

양도인반환설은 지시관계에서의 부당이득 법리가 채권양도의 경우에도 확장되어 적용될 수 있음을 전제로 기본계약 해제 시 채무자는 양도인을 상대로 부당이득반환을 구해야 한다고 주장한다. 양도인반환설의 핵심 논거는 다음과 같다.

① 계약의 일방당사자의 무자력위험은 그를 계약상대방으로 선택한 타방당사자가 부담하여야 하고 제3자에게 전가하여서는 아니 되고, 계약관계의 청산에서도 같은 법리가 적용되어야 한다. 따라서 설령 양도인이 무자력이더라도 채무자는 양도인을 계약상대방으로 선택한 이상 그 위험을 부담해야 하고 양수인에게 부당이득반환청구를 할 수 없다.

② 양수인을 반환상대방으로 인정하게 되면 동시이행의 항변권과 같이 양도인이 기본계약에 근거하여 채무자에 대하여 가지는 대항사유를 우회하는 것을 허용하게 되는바, 채무자를 근거 없이 우대하는 것이다.

③ 채무자가 채권자의 지시에 의하여 제3자에게 그 채무를 직접 이행을 한 것이나 제3자

---

36) 양도인반환설을 지지하는 견해로는 최수정, "지명채권양도에 있어서 다수인 사이의 부당이득반환", 민사법학 제30호(2005. 12), 319 이하; 제철웅, "보상관계 또는 대가관계에서의 흠결이 이미 경료된 중간생략등기에 미치는 영향", 저스티스 제33권 제1호(2000. 3), 142 이하; 김형배, 사무관리·부당이득, 박영사, 2003, 328 이하; 배성호, "채권이 양도된 후 보상관계가 해제된 경우 부당이득반환청구의 상대방", 법학연구 통권 제37집(2012. 12), 전북대학교 법학연구소, 284 이하; 김창희, "지명채권양도 후 기본관계가 해제된 경우 부당이득반환", 원광법학 제27권 제3호(2011), 259 이하; 정태윤, "민법 제548조 제1항 단서의 제3자의 범위", 민사판례연구 제31권(2009), 356 이하; 이상훈, 유럽민사법 공통참조기준안(DCFR) 부당이득편 연구, 경인문화사, 2017, 169 이하. 기본적으로 양도인반환설을 따르면서도 구체적인 사안의 이익상황을 고려해 예외를 인정하자는 견해로는 장보은, "계약의 해소와 부당이득반환의 문제: 선분양계약에서의 신탁관계를 중심으로", 저스티스 통권 제171호(2019. 4), 302 이하. 채무자의 양수인에 대하여 변제하는 시점을 기준으로 양도인과 양수인 사이에 기본관계가 전제되어 있고, 양수채권의 변제와 기본관계에 기초한 변제가 동시에 이루어지는 경우에는 단축급부로 평가하여 양도인반환설에 따라야 한다는 견해로는 윤지영, "채권양도와 부당이득", 민사판례연구(41), 박영사(2019), 648 이하. 독일 연방대법원도 양도인반환설의 입장에 있다(BGHZ 122, 46 = NJW 1993, 1578). 독일의 학설 대립에 대해서는 MüKoBGB/Schwab, 8. Aufl., 2020, BGB § 812 Rn. 241 ff. 양도인반환설을 지지하는 대표적인 견해로는 Claus-Wilhelm Canaris, "Der Bereicherungsausgleich im Dreipersonenverhältnis", Festschrift für Karl Larenz zum 70. Geburtstag, München, Beck, 1973, S. 799 ff.

를 위한 계약에 따라 낙약자가 제3자에게 채무를 이행한 경우나 채권자가 제3자에게 채권을 양도하여 채무자가 제3자에게 채무를 이행한 경우나 모두 그 이익상황에서 차이가 없다.[37] 따라서 채권자의 지시에 의하여 채무자가 제3자에게 이행을 한 경우에 채권자와 채무자 사이에 보상관계가 흠결이 있다고 하더라도 채무자는 제3자에게 부당이득반환청구를 할 수 없고, 제3자를 위한 계약에서 기본계약의 흠결이 있다고 하더라도 낙약자는 제3자에게 부당이득반환청구를 할 수 없듯이 채권양도 사안에서 채무자는 양수인에게 부당이득반환청구를 할 수 없다.

(2) 양수인반환설[38]

양수인반환설은 지시관계에서의 부당이득 법리가 채권양도의 경우에는 확장되어 적용될 수 없음을 전제로 채무자는 기본계약 해제 시 양수인을 상대로 부당이득을 구해야 한다고 주장한다. 양수인반환설의 핵심 논거는 다음과 같다.

① 채권양수인으로서는 양수 당시에 계약이 해제될 수도 있다는 사실을 충분히 예상할 수 있었고, 따라서 양수인을 제3자로서 보호하지 않고 그에게 계약 해제로 인한 위험을 부담시킨다고 하여 불합리한 것은 아니다.

② 물권행위의 유인론을 취하는 우리 법체계에서는 기본계약이 해제된 경우 원물반환을 위하여 채무자가 양수인에 대하여 물권적 청구권을 행사할 수 있는바, 부당이득반환청구권도 같은 상대방을 지향하게 해야 하므로 양수인에 대하여 할 수 있다고 보아야 한다.

③ 양도인이 현실적으로 변제를 받은 것은 아니므로 양도인에게는 반환의 대상이 될 수 있는 이득이 존재한다고 보기 어려운바 양도인반환설은 타당하지 않다.

4. 판 례

대법원은 분양대금채권 중 미수금채권에 대한 양도가 이루어져 채무자가 양수인에게 채무를 이행하였는데 분양계약이 해제된 사안에서 "민법 제548조 제1항 단서에서 규정하고 있는 제3자란 일반적으로 계약이 해제되는 경우 그 해제된 계약으로부터 생긴 법률효과를 기초로 하여 해제 전에 새로운 이해관계를 가졌을 뿐 아니라 등기·인도 등으로 완전한 권리를 취득

37) 채권양도 통지 이후에 채무자가 양수인에게 채무를 이행한 경우에는 채무자는 양수인에게 민법 제451조 제2항에 기한 항변을 할 수 없는바, 이 점은 제3자를 위한 계약에서 낙약자가 제3자에게 채무 이행 후에는 기본계약이 해제되더라도 이에 기하여 제3에게 부당이득반환청구를 할 수 없다는 점과 동일하므로 제3자를 위한 경우 계약이나 채권양도나 부당이득반환관계는 동일하게 처리하는 것이 타당하다는 주장(제철웅(주 36), 143)도 같은 맥락이다.

38) 양수인반환설을 지지하는 견해로는 윤진수, "부당이득법의 경제적 분석", 서울대학교 법학 제55권 제3호(2014. 9), 137 이하; 이동진, "채권양도, 부당이득, 동시이행", 비교사법 제22권 제1호(2015. 2), 296 이하; 김동훈, "채권양도와 계약해제", 고시연구(2003. 6), 289 이하; 박세민, "삼각관계상의 부당이득", 박사학위논문, 서울대학교(2007. 2), 299 이하. 독일에서 양수인반환설을 지지하는 대표적인 견해로는 Johannes Köndgen, Wandlungen im Bereicherungsrecht, Festchrift für Josef Esser(1975), S. 66 ff.

한 자를 말하고, 계약상의 채권을 양수한 자는 여기서 말하는 제3자에 해당하지 않는다고 할 것인바, 계약이 해제된 경우 계약해제 이전에 해제로 인하여 소멸되는 채권을 양수한 자는 계약해제의 효과에 반하여 자신의 권리를 주장할 수 없음은 물론이고, 나아가 특단의 사정이 없는 한 채무자로부터 이행받은 급부를 원상회복하여야 할 의무가 있다."라고 판시하면서 채무자는 양수인에게 분양대금의 반환을 구할 수 있다고 판시하였다.[39] 그런데 위 판결은 지시관계에서의 부당이득 법리가 채권양도의 경우에도 확장되어 적용될 수 있는지에 대해서는 판단하지 아니한 채 민법 제548조 제1항 단서의 취지만을 고려하여 결론을 도출하였다는 점에서 양수인반환설의 입장이라고 단정하기 어려운 면이 있었다.

그런데 대법원 2017. 7. 11. 선고 2013다55447 판결(공 2017하, 1607)은 지시관계에서의 부당이득 법리에 근거하여 달리 판시하였다. 위 판결은 건분법에 따라 분양사업이 이루어져 시행사가 대리사무계약에 기하여 신탁업자에게 수분양자에 대한 분양대금채권을 양도한 사안으로, 수분양자가 신탁업자에게 분양대금을 납부한 다음 신탁업자를 상대로 분양계약 해제 또는 분양계약 취소를 원인으로 분양대금의 반환을 구하였다. 대법원은 수분양자가 신탁업자 명의의 계좌에 분양대금을 입금한 것은 이른바 '단축급부'에 해당하고, 이 경우 신탁업자는 대리사무계약에 근거하여 분양대금을 수령한 것이므로 신탁업자에 대하여 법률상 원인 없이 급부를 수령하였다는 이유로 원상회복청구나 부당이득반환청구를 할 수 없다고 판시하였다.[40]

5. 검토 — 양도인반환설의 타당성

(1) 이른바 '삼각관계에서의 부당이득 법률관계',[41] 특히 계약에 기한 채무이행이 계약상대방이 아닌 제3자에게 이루어졌는데 기본관계(보상관계)에 흠결이 있거나 지시에 흠결이 있는 경우에 부당이득반환의무자가 누구인지 문제가 된다.

이에 관하여 우리의 삼각관계에서의 부당이득 법률관계에 많은 영향을 끼친 독일의 논의를 살펴볼 필요가 있다.[42] 재산이동이 직접적이었는지 여부에 따라 부당이득반환의무자를 정하자는 '직접적 인과관계설'을 극복하기 위하여 급부관계설(목적적 급부개념론)이 주장되었다.[43]

---

39) 대법원 2003. 1. 24. 선고 2000다22850 판결(공 2003상, 685).

40) 위 판결은 "앞서 본 대법원 2003. 1. 24. 선고 2000다22850 판결은 사안을 달리하므로 이 사건에 원용될 수 있는 것이 아니다"라고 판시하였다.

41) 계약에 기한 채무이행이 계약상대방이 아닌 제3자에게 이루어지는 경우에 기본관계(보상관계)나 대가관계에 흠결이 있거나 지시에 흠결이 있어서 발생하는 부당이득 법률관계를 '삼각관계에서의 부당이득 법률관계'라고 하며, 계약상대방의 지시, 제3자를 위한 계약, 채권양도, 제3자에 대한 변제 사안 등에서 발생하는 부당이득 법률관계를 총칭한다.

42) 독일의 삼각관계 부당이득 법률관계에 대한 논의로는 편집대표 곽윤직, 민법주해(17), 채권(10), 박영사(2005), 205 이하(양창수 집필부분); 이계정(주 33), 633 이하; 박세민, 삼각관계상의 부당이득, 한국학술정보(주)(2009), 131 이하; 김형배(주 36), 281 이하.

43) 직접적 인과관계설에 따르면 지시관계에서의 부당이득 법률관계에 있어서 A(피지시자)로부터 C(급부수령자)로

급부관계설에 따르면, A(피지시자)가 C(급부수령자)에게 채무를 이행한 목적은 B(지시자)에 대한 채무를 변제하기 위한 것으로 B(지시자)의 재산을 증대시키기 위한 것이었으므로 A(피지시자)가 B(지시자)에 대해서 급부한 것으로 평가된다. 따라서 보상관계가 흠결된 경우에 A(피지시자)는 C(급부수령자)에 대하여 부당이득반환청구를 할 수 없고 B(지시자)에 대하여 부당이득반환청구를 할 수 있다는 결론에 도달하게 된다.

급부관계설의 이론적 강점에도 불구하고, 급부관계설이 지시관계 이외에 삼각관계 전부를 포괄하는 이론적 틀을 제공하고 있는지에 대해서는 강한 비판이 있었다.[44] 이에 카나리스(Canaris)는 급부개념에 의존하여 부당이득반환의무자를 결정하려는 종래의 태도를 비판하면서, 삼각관계에서 누가 부당이득반환의무를 부담하는지 여부는 다음과 같은 3개의 기준에 의하여 평가되어야 한다고 주장하였다.[45]

「① 하자 있는 원인관계의 각 당사자는 상대방에 대한 항변사유(유치권, 시효 등)를 그대로 보유하여야 하며, 제3자가 부당이득관계의 상대방이 됨으로써 항변사유를 주장할 기회를 박탈하여서는 아니 된다.

② 당사자는 그의 계약상대방이 제3자와 맺은 법률관계에서 발생하는 항변권(계약의 무효 주장 등)으로부터 보호되어야 한다.

③ 무자력의 위험은 정당하게 분배되어야 한다. 계약 당사자는 계약 상대방을 선택하였고 상대방의 재산 상태를 제3자보다 잘 인식할 수 있는 지위에 있었으므로, 계약 상대방의 무자력위험을 부담하여야 하며, 이를 제3자에게 전가하여서는 아니 된다.」

카나리스의 실질적 평가기준설은 계약관계의 청산은 각 당사자 사이에 이루어져야 하며 제3자에게 청산 의무를 전가하여서는 아니 된다는 '계약법의 기본원리'에 부합하고, 삼각관계의 부당이득에 관여하고 있는 자 사이의 적정한 이익형량을 통해 복잡한 부당이득 법률관계를 관통하는 선명한 틀을 제시하고 있다는 점에서 타당성을 인정할 수 있다. DCFR(유럽민사법 공통참조기준안)이 삼각관계의 부당이득 사안을 위와 같은 계약법의 기본원리에 입각하여 단일모델을 구축하고 있는 것도 실질적 평가기준설의 영향에 따른 것으로 이해할 수 있다.[46]

직접적인 재산이동이 이루어졌으므로 보상관계가 흠결된 경우에 A(피지시자)는 C(급부수령자)에게 부당이득반환청구가 가능하다는 결론에 도달한다. 이러한 결론은 지시관계에 의한 급부관계의 특징, 즉 동시이행효과와 재산의 경유적 이동을 반영하고 있지 못하다는 점에서 많은 비판을 받았다.

44) 예를 들면, 제3자를 위한 계약에서는 낙약자가 수익자에게 이행을 하는 것은 동시에 요약자에 대한 채무도 이행이 되는데 여기서 낙약자는 두 개의 급부목적을 가지므로, 낙약자는 누구를 상대로 부당이득반환청구를 할 수 있는지 급부관계설에 의하여 설명하기 어려운 한계가 있다.

45) Claus-Wilhelm Canaris(주 36), 802 f.

46) DCFR Ⅶ.-2:102 손실자가 제3자에게 부담하는 채무 또는 추정 채무의 이행의 결과로 수익자가 이득을 얻은

다만, 우리 법이 독일과 달리 물권행위 유인론을 채택하고 있다는 점에서 원물 반환의 법률관계에서는 다소의 조정이 필요하다는 주장이 있을 수 있으나,[47] 적어도 금전의 급부를 원인으로 한 삼각관계 부당이득 법률관계와 관련하여서는 금전의 점유자가 금전의 소유자라는 법리에 비추어[48] 실질적 평가기준설을 적용하는 것이 타당하다. 그동안 대법원은 지시관계에 의하여 피지시자가 급부수령자에게 금전을 직접 급부한 경우에 피지시지가 급부수령자에게 보상관계의 흠결을 이유로 부당이득반환청구를 할 수 없다는 판결,[49] 제3자를 위한 계약관계에서 기본관계가 해제된 경우라도 낙약자는 금전을 수령한 제3자를 상대로 부당이득반환청구를 할 수 없다는 판결[50]을 선고하여 왔는바, 그 판결의 핵심 논거로 '계약 관계의 청산은 계약 당사자 사이에 이루어야 한다', '계약 관계 이외의 제3자에게 부당이득반환청구를 인정하면 제3자가 계약상대방에 대하여 가지는 항변권을 침해하게 된다'는 점을 언급하였는바, 앞서 본 실질적 평가기준설의 타당성을 받아들인 결과로 이해될 수 있다.

(2) 그럼 실질적 평가기준설에 입각하여 쟁점이 되는 '채권양도가 있은 후 기본계약이 해제된 경우의 부당이득의 법률관계'를 살펴보자.

양도인(매도인)과 채무자(매수인) 사이에 체결된 기본계약이 매매계약이고 양도인(매도인)이 채무자(매수인)에 대하여 가지는 매매대금채권을 제3자(양수인)에게 양도하였고, 이에 채무자(매수인)가 제3자(양수인)에게 매매대금을 지급하고 목적물을 인도받았는데 매매계약이 해제된 경우 채무자(매수인)가 제3자(양수인)를 상대로 대금반환을 구할 수 있는가? 양수인반환설에 따르면 이를 긍정해야 할 것이다. 그러나 양도인(매도인)과 채무자(매수인)는 매매계약의 당사자로 매매계약이 해제된 경우에 원상회복의무에 대하여 동시이행의 항변을 가진다. 즉 양도인(매도인)의 매매대금반환의무와 채무자(매수인)의 목적물인도의무는 동시이행관계에 있다. 그런데 채무자(매수인)가 제3자(양수인)를 상대로 대금반환을 구할 수 있다고 보는 경우에 제3자(양수인)는 매매계약의 당사자가 아니므로 동시이행의 항변, 즉 자신의 대금반환의무와 채무자(매수인)의 양도인(매도인)에 대한 목적물인도의무가 동시이행관계에 있다는 항변을 하지 못한다.[51] 제3자(양수인)가 부당이득관계의 상대방이 됨으로써 기본계약의 당사자인 양도인(매도인)이 항변사유

경우, 다음의 경우 그 이득은 정당화된다:
(a) 손실자가 임의로 행한 경우; 또는
(b) 이득이 단순히 채무이행의 부수적인 결과의 경우
위 조항에 대한 자세한 설명은 이상훈(주 36), 139 이하 참조.

47) 가령 정태윤, "다수당사자 사이의 부당이득에 관한 최근의 판례의 검토", 민사법학 제52호(2010. 12), 512 이하.

48) 곽윤직 · 김재형, 물권법[민법강의 Ⅱ], 제8판(전면개정)보정, 박영사, 2015, 162.

49) 대법원 2008. 9. 11. 선고 2006다46278 판결(공 2008하, 1330).

50) 대법원 2005. 7. 22. 선고 2005다7566, 7573 판결(미간행).

51) 대법원 2003. 1. 24. 선고 2000다22850 판결(공 2003상, 685). 위 법리에 찬성하는 견해로는 이동진(주 38), 311. 반대하는 견해로는 양창수, "매매대금채권 일부의 양수인이 대금을 수령한 후에 매매계약이 해제된 경우 그 금전반환의무는 매수인의 목적물인도의무와 동시이행관계에 있는가?", 민법연구, 제7권, 박영사(2005), 374.

를 주장할 기회가 박탈되게 되고 채무자(매수인)에게 동시이행의 항변을 우회할 수 있는 수단을 열어주는 것이 된다. 이러한 불합리한 결과를 방지하기 위하여 실질적 평가기준설이 계약관계의 청산은 각 당사자 사이에 이루어져야 한다는 점을 강변하고 있는 것이다. 이 점에서 양수인반환설보다는 양도인반환설이 타당하다.

다음으로 무자력의 위험의 분배 관점에서도 양도인반환설이 타당하다. 채권양도는 양도인과 양수인 사이의 약정에 의하여 이루어지는 것일 뿐 채무자는 관여하지 않는다. 양수인반환설에 의하면 채무자가 양수인의 무자력의 위험을 부담해야 하는데 채무자가 자신의 관여하지 않은 채권양도에 의하여 양수인의 무자력의 위험을 부담하는 것은 타당하지 않다.[52] 오히려 채무자가 양도인을 계약 상대방으로 선택하였다는 점에서 양도인의 재산 상태를 잘 인식할 수 있는 지위에 있었으므로 채무자에게 양도인의 무자력의 위험만을 부담하게 하는 것이 타당하다. 이 점을 반영하여 실질적 평가기준설은 계약 당사자는 계약 상대방의 무자력의 위험을 부담해야 하며 이를 제3자에게 전가하여서는 아니 된다는 점을 강조하고 있는 것이다.

(3) 이러한 양도인반환설은 실정법과도 부합한다. 민법 제548조 제1항 본문은 "당사자 일방이 계약을 해제한 때에는 각 당사자는 그 상대방에 대하여 원상회복의 의무가 있다."라고 규정하고 있다(밑줄 — 필자). 즉 원상회복의무, 계약의 청산은 매매계약 당사자 사이에서 이루어져야 함을 강조하고 있다. 다만, 해제는 계약을 소급해서 무효로 하므로(물권적 직접효과설) 위 계약에 이해관계를 맺은 제3자의 보호가 문제가 되는바, 민법 제548조 제1항 단서는 "제3자의 권리를 해하지 못한다."라고 규정하여 위 문제를 다루고 있는 것이다. 즉 민법 제548조 제1항 단서는 계약청산의 상대방을 정하는 조항이 아니며 이는 본문에 의해서 결정되어야 한다.[53] 또한, 앞서 본 바와 같이 금전의 급부를 원인으로 한 삼각관계 부당이득 법률관계와 관련하여서는 금전의 점유자가 금전의 소유자라는 법리가 인정되므로 물권적 직접효과설이 적용되기 어려운바, 제548조 제1항 단서에 의해서 부당이득반환의무자를 정할 이유가 없다. 결국 제548조 제1항 단서는 ① 물권적 직접효과설에 의하여 소급적으로 물권을 상실하는 제3자를 정함으로써 채무자가 물권적 청구권을 행사할 수 있는 인적 범위를 정하거나, ② 제3자를 위한 계약에서 제3자가 지급을 구하는 경우에 낙약자가 지급을 거절할 수 있는 근거가 되거나, ③ 채권양도가 있은 후 양수인이 지급을 구하는 경우에 채무자가 지급을 거절할 수 있는 근거가 되나[54] 부당이득반환의무자가 누구인지를 정하는 규정은 아닌 것이다. 대법원도 "제3자를 위한

52) 양수인반환설을 주장하는 입장에서는 양수인이 무자력이어서 양수인에 대하여 부당이득반환청구권을 실현할 수 없을 때에는 채무자는 양도인의 해제를 원인으로 한 반대급부 반환청구에 대하여 이득소멸의 항변을 할 수 있다고 주장하나, 이득소멸의 항변의 개념에 비추어 타인의 무자력을 가지고 이득소멸 항변이 가능한지에 대해서 상당한 의문이 있다. 이득소멸 항변의 개념에 대하여는 이계정, "송금된 금원에 대한 예금 명의인의 부당이득반환의무 유무의 판단기준 — 부당이득에 있어서 이득의 개념을 중심으로", 민사판례연구(35), 박영사(2013), 594 이하; 四宮和夫, 事務管理 · 不當利得 · 不法行爲 上卷, 青林書院, 1995, 88-89頁.

53) 同旨 이상훈(주 36), 170.

계약에서의 제3자가 계약해제 시 보호되는 민법 제548조 제1항 단서의 제3자에 해당하지 않음은 물론이나, 그렇다고 당연히 계약해제로 인한 원상회복의무를 부담해야 하는 것은 아니다."라고 판시하였는바, 위와 같은 점을 염두에 둔 판시로 이해할 수 있다.[55]

또한 우리 법은 계약 상대방 아닌 제3자에게 부당이득반환의무를 부담하게 함에 있어 엄격한 제한을 가하고 있다는 점도 고려해야 한다. 민법 제747조 제2항은 수익자가 그 수익을 반환할 수 없을 경우에는 수익자로부터 무상취득을 한 악의의 제3자에 대하여 부당이득반환의무를 지우고 있다. 즉 부당이득의 반환을 구하는 자가 원래의 반환의무자에 대하여 자신의 청구권을 관철할 수 있는 한 제3자에 대한 청구를 인정하지 않을 뿐만 아니라 예외적으로 인정하는 경우라도 악의의 무상취득을 요구하는바, 급부수령자의 신뢰를 보호해야 한다는 점과 계약 청산은 원칙적으로 계약 당사자들 사이에서 이루어져야 한다는 점을 강조하고 있다.[56] 채권양수인은 악의의 무상취득자가 아닐 뿐만 아니라 채권양수인의 신뢰는 보호되어야 하는바, 민법 제747조 제2항의 취지에 비추어 계약상대방을 넘어서 제3자인 채권양수인에 대하여 부당이득반환의무를 지우는 해석은 타당하지 않다.

(4) 지시관계에서의 부당이득의 법률관계와 채권양도에서의 부당이득의 법률관계는 차이점보다 유사점이 더 많다. 즉 지시관계에서의 부당이득의 법률관계에서 A(피지시자)가 C(급부수령자)가 아니라 B(지시자)에 대하여 부당이득반환청구를 구해야 하는 이유 중의 하나는 B(지시자)가 A(피지시자)에 대하여 지시(Anweisung)를 하였더라도 A(피지시자)와 B(지시자) 사이에 계약은 그대로 존속하고 A(피지시자)는 B(지시자)와의 계약의 목적을 실현하기 위하여 C(급부수령자)에게 급부를 이행한 것이기 때문이다. 이는 채권양도에서도 마찬가지이다. 채권양도가 이루어졌다고 하더라도 양도인과 채무자 사이의 기본계약은 유효한 것으로 채무자는 기본계약의 목적을 실현하기 위하여 변제를 한 것이다. 따라서 기본계약이 해제된 경우에 지시관계에서의 부당이득 법률관계와 마찬가지로 채무자는 기본계약의 당사자인 양도인에게 부당이득반환을 구하는 것이 논리정합적이다.[57]

앞서 본 바와 같이 지시관계에 의한 급부관계는 동시이행효과 재산의 경유적 이동에 비추어 재산의 이동을 A(피지시자)에서 B(지시자)로, B(지시자)로부터 C(급부수령자)로 보아야 하나, 채권양도의 경우 재산의 이동을 A(채무자)에서 C(양수인)으로 보아야 하는 차이가 있다. 그러나 A→B→C의 경로를 거쳐 C가 급부를 취득한 경우와 C가 채권을 양수하여 급부를 취득한 경우

54) 민법 제451조 제2항은 채무자는 채권양도통지를 받은 때까지 양도인에 대하여 생긴 사유로 양수인에게 대항할 수 있다고 규정하고 있어 채권양도통지 후에 해제가 된 경우에 채무자가 양수인의 이행청구에 대항할 수 있는지 문제가 되나 민법 제548조 제1항 단서에 기하여 대항할 수 있는 것이다.

55) 대법원 2005. 7. 22. 선고 2005다7566, 7573 판결(미간행).

56) 김형석, "지급지시·급부관계·부당이득", 서울대학교 법학 제47권 제3호(2006. 9), 295-297.

57) MüKoBGB/Schwab, 8. Aufl., 2020, BGB § 812 Rn. 242. 제3자를 위한 계약에서 낙약자는 제3자가 아닌 요약자를 상대로 부당이득반환을 구해야 한다는 요약자반환설에 대하여도 같은 논거를 들 수 있다.

를 비교하면, C의 급부보유에 대한 신뢰의 정도가 다르지 않다는 점에서 후자만이 C가 받은 급부를 반환할 의무가 있다고 차별성을 둘 합리적 이유가 없다(오히려 후자의 경우 C는 채권양도계약이라는 적극적 행위에 기하여 급부를 수령한 것이므로 급부보유에 대한 신뢰가 더 크다고 볼 수 있다).[58)]

(5) 양수인반환설은 앞서 본 바와 같이 원물반환을 위하여 채무자가 양수인에 대하여 물권적 청구권을 행사할 수 있는바, 부당이득반환청구권도 같은 상대방을 지향해야 한다는 점을 가지고 양도인반환설을 비판한다. 즉 양도인반환설에 따르면 부당이득반환청구권은 양도인에게, 물권적 청구권은 양수인에게 행사해야 하는 문제가 있다는 것이다. 그러나 이러한 결과는 우리 민법이 물권과 채권을 준별하여 채권적 부당이득반환청구권과 물권적 청구권을 경합하여 인정하고 있기 때문에 발생한 논리적 결과일 뿐 양도인반환설의 논리적 결함은 아닌 것이다.[59)] 나아가 금전채권을 양수하여 양수인이 변제를 받은 경우에 금전의 점유자가 금전의 소유자라는 법리가 인정되므로 양수인에 대하여 물권적 청구권을 행사할 수 없는바, 금전의 부당이득 법률관계와 관련하여 위와 같은 비판이 설 자리가 없다.

또한, 양도인반환설에 대하여 앞서 본 바와 같이 양도인이 현실적으로 변제를 받은 것은 아니므로 양도인에게는 반환의 대상이 될 수 있는 이득이 존재한다고 보기 어렵다는 비판이 있다. 그러나 급부부당이득은 재화의 이동에 관한 법(Recht der Güterbewegung)에 속하는 제도로 잘못된 급부를 청산·교정하는 기능을 한다.[60)] 따라서 급부부당이득에서는 급부를 중심에 두고 손해를 파악하면 되는바, 급부가 있었으나 법률상 원인이 흠결된 경우에는 그 급부가 수익자의 이득이자 손실자의 손해인 것이다.[61)] 따라서 채무자의 양수인에 대한 출연 그 자체가 수익자인 양도인의 이득인 것이다.[62)] 또한, 양수인의 급부 수령은 채무자와 양도인 사이의 계약에 근거하여 이루어진 것인바, '해제로 인한 원상회복의무'는 계약당사자 사이에 해제된 계약에 근거하여 이루어진 급부의 반환을 명하는 것으로 반드시 그 급부가 상대방에 대해서 이루어져야 함을 요구하지 않는다는 점에서 양도인에게 양수인이 수령한 급부의 반환을 명하여도 논리적으로 문제가 되지 않는다. 제3자를 위한 계약관계에서 기본계약이 해제된 경우에 낙

58) 정태윤 교수는 "물건의 취득과정이 갑→을→병의 경로를 거친 경우와 을의 갑에 대한 목적물 인도청구권을 병이 양도받아서 이행받은 경우의 이익상황은 다를 것이 없고, 또 현재 병이 그 물건의 소유권을 취득하였으므로 보호규정이 적용되기 위한 요건을 갖춘 상태이므로 굳이 그 보호에 차이를 둘 이유는 없다고 할 것이다. … 목적물이 금전인 경우도 마찬가지라 할 것이다."라고 설득력 있게 기술하고 있다(정태윤, "독일에서의 부당이득의 삼각관계에 대한 논의가 우리 민법에도 그대로 타당한가?", 비교사법 제14권 제4호(2017. 12), 245).

59) 이상훈(주 36), 172.

60) 반면 침해부당이득은 물권적 청구권과 같이 재화를 보호하는 기능을 담당한다. v. Caemmerer, "Bereicherung und unerlaubte Handlung", Festschrift für Ernst Rabel, Bd 1. (1954), S. 353.

61) 이계정, "집합건물 공용부분 무단사용자에 대한 관리단의 부당이득반환청구 가부", 법조 제70권 제1호(2021. 2), 380-381.

62) 해제의 경우에 수익자가 누구인지 여부는 앞서 본 바와 같이 민법 제548조 제1항 본문에 의하여 결정되어야 하는바, 수익자는 양도인이다.

약자가 제3자에게 급부한 것이 있더라도 낙약자는 요약자에 대하여 제3자가 수령한 급부의 반환을 명할 수 있는 이유가 여기에 있다.

(6) 요컨대, 양도인반환설은 실질적 평가기준설이 제시한 기준에 부합하는 점, 실정법적 근거를 갖추고 있는 점, 지시관계에서의 부당이득의 법률관계와 강한 유사성이 인정되는 점, 양도인반환설에 대한 기존의 비판은 충분히 극복가능하다는 점 등에 비추어 타당하다.

다만, 채무자가 양수인에게 부당이득반환청구를 할 수 있는 예외적 상황도 있다. 즉, 채무자가 착오로 양수인에게 채무액보다 과다한 금액을 지급한 경우, 채권양도가 없었음에도 채무자가 양수인에게 지급한 경우와 같이 부당이득반환문제를 야기한 흠이 채무자와 양수인 사이에 존재하는 경우에는 채무자는 양수인에 대하여 반환청구를 할 수 있다고 보아야 할 것이다.[63] 학설에 따라서는 양도인이 이득소멸의 항변을 할 수 있는 경우에는 채무자가 양수인에게 부당이득반환청구를 할 수 있다는 견해도 있으나[64] 양도인의 이득소멸의 항변을 이유로 양수인에 대한 부당이득반환청구권의 부여라는 채무자에 대한 혜택이 과연 정당화될 수 있는지 의심스럽다는 점에서 쉽게 따르기 어렵다.

6. 분양계약이 해제된 경우 원상회복의무자 — 시행사

(1) 건분법이 적용되는 대리사무계약의 경우에 수분양자가 채권양수인인 신탁업자의 자금관리계좌로 분양대금을 납부한 이후에 분양계약이 해제된 경우 양도인반환설에 따라 수분양자는 신탁업자가 아닌 시행사에 대하여 분양대금의 반환을 구해야 한다.

신탁업자가 분양대금을 반환해야 한다는 해석론은 다음과 같은 문제가 있다.

첫째, 신탁업자는 대리사무계약에 따른 자금의 집행순서와 관련된 항변을 수분양자에게 주장할 수 없는 문제가 있다. 앞서 본 바와 같이 대리사무계약에 의하면 분양대금 반환과 신탁보수의 지급은 자금의 집행순서에 있어서 같이 1순위이다. 그런데 신탁업자가 자금관리계좌에 입금된 금원을 분양사업을 위하여 정상적으로 지출한 결과 잔존한 금원이 분양대금 반환과 신탁보수를 모두 충족할 수 없는 경우를 가정하면, 신탁업자를 분양대금 반환의무자로 인정하는 경우 신탁업자는 수분양자에 대하여 자신의 신탁보수와 안분해야 한다는 항변을 할 수 없게 된다. 예를 들면 자금관리계좌에 1억 원만 남은 상황에서 수분양자가 반환을 구하는 분양대금이 1억 원이고 신탁업자가 받아야 할 보수가 1억 원이라면 자금관리계좌에 남은 1억 원의 자금집행은 분양대금 5,000만 원, 신탁보수 5,000만 원으로 안분하여 집행되어야 할 것이다.[65]

---

63) MüKoBGB/Schwab, 8. Aufl., 2020, BGB § 812 Rn. 252, 253; 최수정(주 36), 323-324.

64) Claus-Wilhelm Canaris(주 36), S. 835 f.

65) 앞서 본 바와 같이 대리사무계약의 법적 성질을 신탁계약으로 보아야 하므로 신탁업자는 자신의 의무를 신탁재산 한도 내에서 부담한다. 따라서 만약 자금관리계좌에 남은 1억 원인데 반환할 분양대금이 2억 원인 경우 양수인반환설을 취한다고 가정하면, 신탁업자는 2억 원을 반환해야 하는 것이 아니고 신탁재산 한도 내인 1억 원

그러나 자금의 집행순서 조항은 대리사무계약의 당사자인 시행사와 신탁업자 등만을 구속하는 것이므로 신탁업자가 대리사무계약의 당사자가 아닌 수분양자에게 주장할 수는 없는 것이다. 따라서 양수인반환설에 따라 신탁업자에게 수분양자에 대한 분양대금반환의무를 인정하게 되면, 신탁업자는 위와 같이 부당이득관계의 상대방이 됨으로써 시행사 등에게 할 수 있었던 주장을 수분양자에게 할 수 없게 되는 불이익이 있다.

둘째, 수분양자가 분양 목적물을 사용한 상황에서 분양계약이 해제된 경우에 동시이행의 항변권과 관련하여 문제가 발생한다. 위와 같은 경우에 분양계약 해제를 원인으로 한 수분양자의 목적물 인도의무와 사용이익반환의무는 분양대금반환의무와 동시이행관계에 있다. 그런데 만약 수분양자가 신탁업자에 대해서 분양대금의 반환을 구할 수 있다면 신탁업자는 분양계약의 당사자가 아니므로 수분양자에게 동시이행의 항변을 할 수 없게 되는바, 신탁업자에게 부당이득반환의무를 지우는 해석론은 타당하지 않다.

셋째, 수분양자는 시행사를 분양계약의 상대방으로 선택하였는바, 시행사의 재산 상태를 잘 인식할 수 있는 지위에 있었다. 시행사가 무자력이라고 하여 신탁업자에 대한 분양대금 반환청구를 허용하는 것은 수분양자 자신이 부담해야 하는 무자력 위험을 신탁업자에게 전가하는 것이 된다.

이상에서 살펴본 바와 같이 앞서 본 실질적 평가기준설이 제시한 기준에 비추어 보면, 분양계약 해제 시 수분양자는 계약 당사자인 시행사에게 분양대금반환청구를 하여야 한다고 보는 것이 타당하다. 시행사가 분양대금을 직접 수령한 것이 아니라는 점에서 시행사가 취득한 이득이 분양대금이 아니라고 주장할 수 있으나, 앞서 본 바와 같이 양수인인 신탁업자가 취득한 이득을 양도인인 시행사의 이득으로 볼 수 있다. 또한, 시행사는 분양계약을 통해 수분양자에 대하여 분양대금채권을 취득하였고, 시행사는 신탁업자에게 금전 대신에 분양대금채권 양도의 방법으로 입금을 하였고, 실제 신탁업자가 수분양자로부터 분양대금을 납부받음으로써 분양대금채권이 현실화되었다는 점에서 수분양자는 시행사에게 분양대금 상당액의 반환을 구할 수 있는 것이다.

(2) 이에 대하여 분양대금은 경제적으로 신탁업자의 것이 아니라 시행사의 자산으로 보아야 하므로 형식적으로 분양대금의 반환 주체가 신탁업자가 된다고 하더라도 이를 신탁업자의 경제적 출연이라고 보기 어렵다는 이유로 수분양자는 시행사뿐만 아니라 신탁업자를 직접 상대방으로 하여 분양대금반환청구를 할 수 있다는 견해가 있다.[66] 이에 대하여는 신탁회사의 자금관리계좌에 입금된 금원은 신탁재산으로 시행사나 신탁업자의 고유재산과는 독립된 재산

만을 반환해야 한다. 타인을 위한 재산관리제도라는 신탁의 본질상 신탁재산은 수탁자의 고유재산과는 별개의 재산으로 취급하여야 한다는 '신탁재산의 독립성'은 대세적으로 주장할 수 있는 항변이기 때문이다(신탁법 제22조 제1항 본문 참조).

66) 장보은(주 36), 306.

으로서 신탁채권자와 수익자를 위한 책임재산이 되므로, 막연히 시행사의 자산인 분양대금을 신탁업자가 반환하는 것이라고 보는 것은 무리라는 비판이 있다.[67] 신탁재산은 위탁자로부터 독립된 재산이므로 수탁자의 신탁재산은 위탁자의 재산과 분리하여 사고하여야 한다는 '신탁재산의 독립성'은 신탁의 본질에 해당하는 부분이라는 점에서 이를 존중하는 해석이 필요하고,[68] 자금관리계좌에 입금된 금원은 오로지 시행사를 위한 금원이 아니라 대출기관 등 분양사업과 관련된 이해관계인을 위하여 특정목적 하에 수탁된 금원이라는 점에서 위와 같은 비판은 타당하다.

한편, 앞서 본 바와 같이 대법원 2017. 7. 11. 선고 2013다55447 판결은 수분양자가 신탁업자 명의의 계좌에 분양대금을 입금한 것은 이른바 '단축급부'에 해당한다고 설시하였다. 그러나 시행사는 엄연히 별개의 권리주체인 신탁업자에게 채권을 양도하였고, 신탁업자는 채권양수인으로서 수분양자로부터 급부를 수령한 것으로 이는 '단축급부'가 될 수 없다(채권양도의 경우 채권을 양도함으로써 채무자에 대한 권리가 전적으로 양수인에게 귀속된다). 따라서 결론에 있어서는 위 판결이 타당하지만, 위와 같은 법리 설시는 타당하지 않다.

(3) 앞서 본 바와 같이 건분법이 적용되지 않는 건축물 분양에 대해서도 대리사무계약이 체결되어 신탁업자가 시행사가 대출받은 금원이나 수분양자로부터 지급받은 분양대금 등을 관리하는 경우가 많다. 이 경우에 분양대금채권 양도 조항이 있는 경우에는 위에서 본 바와 같이 양도인반환설에 따라 분양계약이 해제되는 경우에 수분양자는 시행사에 대하여 분양대금의 반환을 구해야 할 것이다.

만약 분양대금채권 양도 조항이 아니라 시행사의 지시에 의하여 수분양자가 신탁업자에게 분양대금을 납부한 경우에는 앞서 본 지시관계에서의 부당이득 법률관계가 적용된다. 따라서 위와 같은 경우에도 마찬가지로 수분양자는 시행사에 대하여 분양대금의 반환을 구해야 할 것이다.[69]

Ⅳ. 분양대금 반환을 위한 수분양자 보호방안

1. 문 제 점

건분법은 수분양자를 보호하기 위하여 마련된 것이므로 앞서 본 바와 같이 대리사무계약의 자금집행순서에서도 분양계약 해제 시 수분양자가 반환받을 분양대금이 1순위로 집행되도록 규정되어 있다. 그러나 앞서 타당성을 논증한 양도인반환설에 따르면 시행사가 무자력인

67) 최수정, "분양계약의 해제에 따른 분양대금의 반환", 인권과 정의 제484호(2019. 9), 65.

68) 신탁재산의 독립성이 신탁의 본질이라는 점에 대하여는 이계정(주 1), 243 이하 참조.

69) 대법원 2003. 12. 26. 선고 2001다46730 판결(공 2004상, 207); 대법원 2018. 7. 12. 선고 2018다204992 판결(공 2018하, 1597).

경우에 수분양자가 분양대금을 반환받는 데 현실적인 어려움이 따를 수밖에 없다. 이하에서 시행사가 현실적으로 자력이 없는 경우에 수분양자가 신탁업자로부터 분양대금을 반환받을 수 있는 방안이 있는지 검토하기로 한다.

2. 수분양자의 신탁업자에 대한 직접 청구 인정 여부

(1) 우선 대리사무계약을 제3자를 위한 계약으로 보아 수분양자가 신탁업자에 대하여 직접 분양대금의 반환을 구할 수 있는지 문제가 된다.

어떤 계약이 제3자를 위한 계약에 해당하는지는 당사자의 의사가 그 계약으로 제3자에게 직접 권리를 취득하게 하려는 것인지에 관한 의사해석의 문제로서, 계약 체결의 목적, 당사자가 한 행위의 성질, 계약으로 당사자 사이 또는 당사자와 제3자 사이에 생기는 이해득실, 거래 관행, 제3자를 위한 계약제도가 갖는 사회적 기능 등을 종합하여 계약당사자의 의사를 합리적으로 해석함으로써 판별할 수 있다.[70]

대리사무계약의 자금의 집행순서에 있어 분양계약 해제 시 수분양자에게 반환할 분양대금이 우선순위로 집행되도록 규정되어 있으나, 이는 앞서 본 바와 같이 자금관리계좌에 입금된 금원에 대한 적정한 지출방법에 관한 것으로 수탁자가 자금관리와 관련하여 시행사 등 대리사무계약의 당사자에게 부담해야 할 주의의무를 규정한 것에 불과한바, 수분양자에게 직접 권리를 부여하는 내용이라고 보기 어렵다. 따라서 대리사무계약을 제3자를 위한 계약으로 해석하여 수분양자에게 신탁업자에 대한 직접 청구권을 인정하기 어렵다.[71]

(2) 분양관리신탁계약서에는 "위탁자의 부도, 파산 등으로 사업추진이 불가한 경우 또는 기타 사유로 중도에 신탁계약을 해지하여 정산하는 경우에는 신탁부동산의 처분대금 등 신탁재산에서 우선수익자 등 다른 권리자에 우선하여 피분양자의 분양대금반환에 우선 지급한다."라고 하여 신탁부동산의 처분대금에서 수분양자의 분양대금반환채권이 먼저 변제되어야 함을

70) 대법원 2006. 9. 14. 선고 2004다18804 판결(공 2006하, 1717); 대법원 2018. 7. 12. 선고 2018다204992 판결(공 2018하, 1597).

71) 대법원 2018. 7. 12. 선고 2018다204992 판결(건분법이 적용되는 사안은 아니지만, 자금관리계좌 자금의 집행순서에 관한 계약 조항이 계약 당사자가 아닌 제3자로 하여금 신탁업자에 대한 권리를 직접 취득하게 하는 것을 목적으로 한 규정이 아니라고 판시). 앞서 본 바와 같이 '시공사의 공사비'도 자금의 집행순서 조항에서 4순위에 해당하는바, 위 조항을 가지고 시공사의 신탁업자에 대한 지급청구권을 인정하기 어려울 것이다(대법원 2006. 9. 14. 선고 2004다18804 판결 참조). 다만, 이와 달리 제3자를 위한 계약으로 본 하급심 판결로는 광주고등법원 2020. 2. 5. 선고 2019나22516 판결(미상고로 2020. 2. 20. 확정)이 있으나 설득력이 있다고 보기 어렵다. 위 판결은 '계약의 해제 등 기타 사유로 계약이 종료된 경우 수분양자가 납부한 분양대금은 대리사무계약이 정한 절차에 따라 신탁업자가 신탁재산 한도 내에서 반환될 수 있으며, 신탁재산으로 분양대금을 반환할 수 없거나 부족한 경우 분양대금 반환에 대한 책임은 시행자가 부담한다.'고 약정한 점을 강조하고 있으나(밑줄-필자), 이는 신탁업자의 신탁재산 범위 내에서 의무를 부담한다는 신탁의 법리를 강조한 것일 뿐 수분양자에게 권리를 취득하게 하는 약정으로 보기 어렵다.

명시하고 있다. 이를 근거로 위 조항이 수분양자에게 직접 권리를 부여하는 이른바 '제3자 약관'이라는 주장이 있다.[72)]

그러나 위 조항은 각주 14에서 기재한 신탁부동산 처분대금의 집행순서를 구체화한 규정인바, 처분대금의 집행순서 조항은 앞서 본 바와 같이 수탁자가 자금관리에 있어서 주의해야 할 의무를 규정한 것에 불과하다고 보아야 하는 점, 수분양자는 분양관리신탁의 수익자는 아니라는 점[73)] 등에서 위 주장이 타당하다고 보기 어렵다. 설령, 위 조항을 '제3자 약관'으로 보더라도 시행사의 부도, 파산 등으로 사업추진이 불가하게 되는 등의 사유로 그 계약당사자가 중도에 신탁계약을 해지하여 정산하는 경우에 적용되므로 수분양자가 분양계약을 해제한 경우에는 위 규정이 적용되지 않는다. 따라서 위 주장에 따르더라도 수분양자는 신탁업자에게 직접 분양대금반환청구를 할 수 없다.

(3) 신탁업자는 수분양자가 납부한 분양대금과 수분양자에게 분양된 분양목적물을 둘 다 보유하게 되는 이중의 이익을 누리므로 분양계약 해제 시 수분양자는 신탁업자에 대해서 부당이득을 원인으로 분양대금반환청구를 할 수 있다는 주장이 있을 수 있다.

그러나 앞서 본 바와 같이 대리사무계약과 분양관리신탁계약은 별개의 신탁계약이고, 수분양자가 납부한 분양대금은 대리사무계약의 신탁재산이고 수분양자에게 분양된 분양목적물은 분양관리신탁계약의 신탁재산으로 구별하여 파악하여야 한다. 수탁자가 복수의 신탁을 수탁하고 있는 경우에는 관리하는 각 신탁재산 각각에 독립성이 인정되므로 각 신탁재산별로 실질적인 별개의 인격성이 존재하고 있는 것으로 보아야 하기 때문이다.[74)] 특히 대리사무계약의 신탁재산인 분양대금은 건축사업이 진행되면서 사업추진비, 시공사 공사비 등으로 소진되므로 신탁업자가 분양대금과 분양목적물 모두를 보유한다고 보기 어렵다.

따라서 대리사무계약의 신탁재산과 분양관리신탁계약의 신탁재산을 분리하지 않는 전제에서 하는 위와 같은 주장은 타당하지 않다.[75)]

3. 수분양자의 채권자대위권 행사

수분양자가 시행사에 대하여 가지는 분양대금반환채권을 피보전권리로 하여 시행사의 신

72) 최수정(주 67), 58; 남궁주현, "수분양자의 신탁회사에 대한 분양대금반환청구에 관한 소고", 기업법연구 제34권 제3호(2020. 9), 228.

73) 앞서 본 바와 같이 분양관리신탁의 수익자는 대출기관(우선수익자), 시행사(수익자)로 보아야 할 것이다.

74) 新井 誠, 信託法, 第4版, 有斐閣, 2014, 357頁.

75) 건분법이 적용되지 않는 건축물 분양 사안이기는 하나 필자와 같은 결론의 판결로는 대법원 2015. 1. 15. 선고 2013다26838 판결(원심은 "담보신탁계약과 대리사무계약은 규율내용이 전혀 다른 별개의 계약으로 보아야 하므로 신탁업자가 수분양자로부터 대리사무계약에 따라 수령하게 되는 분양대금은 담보신탁계약에서 정하고 있는 '신탁부동산의 처분대금이나 이에 준하는 것'에 해당하지 않아 담보신탁계약의 신탁재산이 되지 않는다"는 취지로 판시하면서 신탁업자가 이중의 이득을 얻고 있다는 수분양자의 주장을 배척하였다. 대법원은 위와 같은 원심의 판단이 정당하다고 판시하였다).

탁업자에 대한 권리에 대하여 채권자대위권을 행사하여 위 피보전채권을 만족시킬 수 있는지 문제가 된다.

대리사무계약의 당사자는 시행사와 신탁업자인바, 시행사는 앞서 본 '대출기관 동의에 의한 자금 집행 조항'[76]에 근거하여(Ⅱ.2.(2)(가) 참조) 신탁업자에게 자금지급을 요청할 수 있는 권리가 있다(이하 '사업비 지출 요청권'라고만 한다). 특히, 분양계약 해제 시 신탁업자는 수분양자에게 반환해야 할 분양대금을 1순위로 자금집행할 의무를 부담하므로, 시행사가 위 대금의 지급을 위한 사업비 지출 요청권을 행사한 경우에 신탁업자로서는 특별히 이를 거부할 사유가 없는 한 그 대금 상당액을 신탁업자에게 지급하거나 직접 수분양자에게 지급해야 한다.

그런데 여기서 문제가 되는 것은 크게 두 가지이다.

첫째, 시행사가 무자력이 아닌 경우 시행사의 사업비 지출 요청권을 대위행사할 수 있는지 여부이다. 그러나 채권자가 보전하려는 권리와 대위하여 행사하려는 채무자의 권리가 밀접하게 관련되어 있고 채권자가 채무자의 권리를 대위하여 행사하지 않으면 자기 채권의 완전한 만족을 얻을 수 없게 될 위험이 있어 채무자의 권리를 대위하여 행사하는 것이 자기 채권의 현실적 이행을 유효·적절하게 확보하기 위하여 필요한 경우에는 채무자의 무자력을 요건으로 하지 않는다.[77] 대리사무계약의 중요한 목적이 수분양자에 보호에 있고, 사업비 지출 요청권 행사 시 분양대금 반환에 대하여 신탁업자에게 우선 집행의무를 부담시키고 있는바, 피보전권리인 분양대금반환채권과 피대위권리인 사업비 지출 요청권은 밀접하게 관련되어 있을 뿐만 아니라 사업비 지출 요청권의 대위 행사는 분양대금반환채권의 현실적 이행을 적절하게 확보하기 위하여 요청된다고 할 수 있다. 따라서 시행사가 무자력인지 여부는 문제가 되지 않는다. 대법원도 2014. 12. 11. 선고 2013다71784 판결(공 2015상, 103)을 통해 같은 취지로 판시를 한 바 있다.

둘째, 수분양자가 사업비 지출 요청권을 대위 행사하는 경우 그것만으로 신탁업자에게 자금집행의무가 발생하는지 문제가 된다. 앞서 본 바와 같이 시행사가 사업비 지출 요청을 하는 경우에 대출기관의 동의를 받아야 하기 때문에 문제가 된다. 대리사무계약의 중요한 목적 중의 하나가 대출금의 적정한 관리와 집행에 있으므로 자금집행에 있어서 대출기관의 동의를 무시할 수는 없다. 따라서 수분양자가 시행사의 사업비 지출 요청권을 대위 행사하는 경우에 대출기관의 동의를 받지 아니하였다면 신탁업자는 자금을 집행할 의무가 없다.[78]

76) 대리사무계약서에 "자금관리계좌에 입금된 금원이 해당 분양사업과 관련된 용도로만 사용될 수 있도록 시행사는 자금집행을 위한 증빙서류를 첨부하여 대출기관의 동의를 받아 신탁업자에게 서면으로 요청하고, 신탁업자는 이러한 자금지급요청이 상당하다고 판단되는 경우에는 시행사에게 지급하거나 시행사가 지급하고자 하는 제3자에게 직접 지급할 수 있다."라고 명시하고 있다.

77) 대법원 2001. 5. 8. 선고 99다38699 판결(공 2001하, 1323); 대법원 2013. 5. 23. 선고 2010다50014 판결(공 2013하, 1098).

78) 대법원 2014. 12. 11. 선고 2013다71784 판결(공 2015상, 103).

그렇다면 수분양자가 사업비 지출 요청권을 대위행사하면서 어떻게 대출기관의 동의를 받아야 하는지 문제가 된다. 신탁업자의 자금집행에 대출기관의 동의를 요하도록 한 이유는 사업자금의 적정한 지출을 감독하기 위한 것인바, 신탁업자가 대리사무계약에 따라 적절하게 자금집행을 하려는 경우에는 대출기관은 이에 동의할 의무가 있으며 만약 대출기관이 동의하지 않는 경우에는 시행사는 대리사무계약에 근거하여 대출기관에 동의를 구할 수 있다.[79) 특히, 앞서 본 바와 같이 분양계약 해제 시 신탁업자는 수분양자에게 반환해야 할 분양대금을 1순위로 자금집행하기로 대리사무계약에 명시되어 있고 대출기관도 대리사무계약의 당사자인 점, 대출기관은 분양목적물에 관하여 우선수익권을 행사할 수 있는 점 등에 비추어 특별한 사정이 없는 한 수분양자가 시행사를 대위하여 대출기관에 자금집행의 동의를 구하는 경우에 대출기관은 이에 동의의 의사표시를 할 의무가 있다.[80)]

결국 수분양자는 분양대금반환채권을 보전하기 위하여 시행사를 대위하여 ① 신탁업자를 상대로 사업비 지출 요청권을 행사하고 ② 대출기관을 상대로 동의의 의사표시를 구함으로써 신탁업자에게 분양대금의 반환을 구할 수 있다. 다만, 앞서 본 바와 같이 대리사무계약은 신탁계약이므로 신탁업자는 신탁재산 한도 내, 즉 자금관리계좌에 보유하고 있는 잔고 범위 내에서 위 청구에 응할 의무가 있음을 항변할 수 있다.[81)]

4. 수분양자의 분양대금 반환 보장을 위한 입법론

위에서 논의한 바와 같이 건분법이 수분양자를 보호하기 위하여 마련되었음에도 수분양자가 시행사의 채무불이행을 원인으로 계약을 해제한 경우 납부한 분양대금을 반환받는 것이 쉽지 않다. 이는 분양대금을 납부받은 신탁업자는 수분양자의 계약 상대방이 아니므로 수분양자가 신탁업자에 대해서는 부당이득반환청구 등 권리행사가 여의치 않다는 사법상의 원리를 간과하고 입법을 한 결과이다. 즉 신탁업자에게 자금집행순서에 있어서 수분양자가 반환받을 분양대금을 1순위로 집행하도록 법으로 정하면 수분양자가 보호될 수 있으리라고 막연히 생각한 정치(精緻)하지 못한 입법의 결과인 것이다. 이제라도 수분양자 보호라는 건분법의 취지가 몰각되지 않도록 다음과 같은 입법을 적극적으로 검토할 필요가 있다.

79) 同旨 최수정(주 67), 67.

80) 청구취지는 "피고 금융사는 피고 신탁업자의 원고에 대한 … 금전지급에 대하여 동의의 의사표시를 하라"로 구성할 수 있다. 한편, 건분법이 적용되지 않는 대리사무계약의 경우 앞서 본 바와 같이 수분양자에게 반환해야 할 분양대금은 후순위로 집행하게 되어 있다. 따라서 신탁업자가 보유한 사업자금으로 선순위 대상이 되는 채권을 모두 만족시키고도 계산상 잔고가 있다는 사정이 없는 한 대출기관이 이러한 자금집행에 동의할 의무가 있다고 보기 어렵다.

81) 앞서 본 바와 같이 대리사무계약의 자금의 집행순서에서 분양대금 반환과 신탁보수는 자금의 집행순서에 있어서 같이 1순위이므로, 신탁업자가 자금관리계좌에 입금된 금원을 정상적으로 지출한 결과 잔존한 금원이 분양대금 반환과 신탁보수를 모두 충족할 수 없는 경우를 가정하면, 신탁업자는 자신의 신탁보수와 안분해야 한다는 항변을 할 수 있다.

첫째, 건분법에 수분양자의 직접 청구권을 창설하는 것이 필요하다. 앞서 본 바와 같이 현재의 해석론으로는 수분양자는 신탁업자에 대한 직접 청구가 인정되지 않아 채권자대위권의 행사라는 우회로를 이용할 수밖에 없고 그 과정에서 여러 가지 예측하지 못한 장애가 발생할 수 있다. 수분양자가 신탁업자에 납부한 분양대금에 대하여 직접 반환을 구할 수 있는 권리를 법으로 인정하는 것이 수분양자 보호의 취지에 부합한다고 볼 수 있다.[82] 다만, 그 경우에도 신탁업자는 신탁재산 한도 내에서 지급할 의무가 있다는 점 등 신탁업자의 항변사유를 명확히 하는 것이 필요하다. 한편, 대리사무계약이 신탁계약이라는 점을 염두에 두면 수분양자를 우선수익자로 하는 내용의 계약을 법적으로 강제하는 방법도 대안이 될 수 있다.

둘째, 건분법은 시행사가 건축물을 선분양하기 위해서는 신탁계약 및 대리사무계약을 체결하거나 분양보증을 받을 것을 요구하고 있는데, 수분양자의 분양대금 반환 보장을 위한 가장 확실한 방법은 분양보증을 받도록 요구하는 것이다. 따라서 시행사의 분양대금반환채무와 관련하여 분양보증을 받도록 하는 입법을 검토할 수 있다. 분양보증은 제3자를 위한 계약의 성격을 가지므로[83] 수분양자는 분양보증을 한 금융기관에 대하여 직접 분양대금반환을 구할 수 있으며 실제 주택분양보증에서 효과적으로 활용되고 있다.

다만, 분양보증을 일률적으로 요구하는 경우에 시행사의 분양보증료에 대한 부담이 커지는 문제가 있는바, 기존의 분양관리신탁과 대리사무계약은 유지하는 전제에서 해제 등 일정 사유 발생 시 분양대금 반환만을 위한 분양보증을 받도록 하는 방안을 검토함으로써 분양보증료를 낮출 수 있을 것이다.

V. 결 론

본 논문에서는 건축물 선분양과 관련된 문제로서 수분양자가 분양대금을 납부한 후 적법하게 분양계약을 해제한 경우에 분양대금의 반환을 누구에게 구해야 하는지 건분법이 적용되는 분양계약을 중심으로 살펴보고, 수분양자의 보호방안에 대하여 검토하였다. 본 논문의 논의를 요약하면 다음과 같다.

첫째, 건분법이 적용되는 경우 시행사는 신탁업자와 사이에 신탁업자에게 분양대금채권을 양도하는 대리사무계약을 체결하여야 하는데, 신탁업자가 채권양수인으로서 수분양자로부터 분양대금을 받은 후 수분양자가 분양계약을 해제한 경우에 계약상대방인 시행사에게 분양대금 반환청구를 하여야 한다고 보는 것이 타당하다. 이는 지시관계에서의 부당이득의 법리가 채권

82) 수분양자의 직접청구권과 관련하여 하수급인의 도급인에 대한 직접청구권을 규정한 하도급거래 공정화에 관한 법률 제14조를 참고할 수 있을 것이다.

83) 대법원 2006. 5. 25. 선고 2003다45267 판결(공 2006하, 1115).

양도의 경우에도 확장되어 적용될 수 있는지의 문제로 양도인반환설이 실질적 평가기준설이 제시한 기준에 부합하는 점, 실정법적 근거를 갖추고 있는 점, 지시관계에서의 부당이득의 법률관계와 강한 유사성이 인정되는 점 등에 비추어 타당하기 때문이다.

둘째, 시행사가 무자력인 경우 수분양자가 시행사로부터 분양대금을 반환받는 데 현실적인 어려움이 따를 수밖에 없으므로 수분양자가 신탁업자로부터 분양대금을 반환받을 수 있는 방안이 강구되어야 한다. 현재로서는 수분양자가 신탁업자에 대하여 분양대금의 반환을 직접 구할 수는 없으며 분양대금반환채권을 보전하기 위하여 시행사를 대위하여 신탁업자에 대하여 사업비 지출 요청권을 행사하고 대출기관을 상대로 동의의 의사표시를 구함으로써 신탁업자에게 분양대금의 반환을 구할 수 있다고 보는 것이 타당하다. 입법론으로 건분법에 수분양자의 직접 청구권을 창설하는 것이 필요하다.

담보의 부종성에 관한 소고(小考)

이 동 진*

Ⅰ. 서 론

「담보」는 널리 어떤 권리를 실현시키거나 그 실현을 쉽게 하는 수단을[1] 말한다. 즉, 다른 권리의 실현에 조력하는 장치를 가리키는 것이다. 그러나 담보법이라고 할 때 담보는 좀 더 좁은 범위의 것이 의도되곤 한다. 책임재산에 채무자 아닌 제3자의 재산을 보태는 인적 담보와 특정 재산을 우선적으로 특정 채권의 만족에 충당하는 물적 담보를 합쳐 (채권)담보라고 하고, 그에 관한 법을 (채권)담보법이라고 하는 경우가 많은데,[2] 이들은 어느 것이나 금전채권의 만족(Befriedigung)에 관계한다.[3] 유(流)담보약정 자체나 위약벌과 같이 초과 만족의 위협을 통하여 권리실현을 용이하게 하는 장치는 좁은 의미의 담보에는 포함되지 아니한다.

담보는 넓게 파악하든 좁게 파악하든 조력의 대상이 되는 어떤 권리를 전제한다. 그러므로 조력의 대상이 되는 권리에 변동이 생기면 담보도 영향을 받게 마련이다. 좁은 의미의 담보의 경우 피담보채권을 초과하는 만족이 배제되므로 범위에 있어서도 피담보채권에 종속된다. 피담보채권이 존재하지 아니하거나 소멸하거나 그에 항변이 붙어 있는 경우 담보도 같은 제한을 받을 뿐 아니라, 담보로 파악할 수 있는 책임재산의 가치도 피담보채권의 범위로 제한된다. 또한, 피담보채권이 제3자에게 이전되면 담보도 이전되어야 한다. 학설이 부종성(附從性) 또는 부수성(附隨性)이라고 하는 것은[4] 대체로 좁은 의미의 담보의 이와 같은 성질을 가리킨다.

* 서울대학교 법학전문대학원 교수.

1) 제철웅, 담보법 개정증보판, 2017, 2. 한편 곽윤직 · 김재형, 물권법 제8판(전면개정), 2014, 365는 "채권의 실현을 확보하기 위한 수단", 김증한 · 김학동, 물권법 제9판, 1997, 439는 "채권의 만족을 확실케 하기 위하여 발달한 것"이라고 한다.

2) 곽윤직 · 김재형(주 1), 365-366; 김증한 · 김학동(주 1), 440-441.

3) Becker-Eberhard, Die Forderungsgebundenheit der Sicherungsrechte, 1993, S. 14 ff.는 담보에 압박수단(Druckmittel), 만족수단(Befriedigungsmittel), 만족대상의 유보(Reservierung eines Befriediungsobjekts) 기능이 있다면서, 물적 담보는 위 세 기능을 모두 갖고 있으나 보증은 순수한 만족수단이고, 담보목적채권양도는 만족수단 겸 만족대상의 유보, 유치권은 순수한 압박수단, 소유권유보는 압박수단 겸 만족대상의 유보라고 설명한다.

4) 부수성은 부종성과 수반성(隨伴性)을 구분하는 전제 아래에 양자를 합친 표현이다. 부종성과 수반성을 구분하

민법에는 부종성을[5] 정면에서 선언하는 규정이 많지 아니하다. 보증에 관하여 몇 개의 관련 규정(제430조, 제433조 제1항)이 있고, 저당권에 관하여 분리처분을 금지하는 규정(제361조)이 있는 외에, 피담보채권의 담보를 목적으로 한다는 개념 정의 규정에 터 잡아 일종의 공리(公理)처럼 도출되어왔을 뿐이다. 그러다 보니 부종성이 어느 범위에서 어떤 작용을 하는지에 대하여도 분명하지 아니한 점이 있다. 이 점은 비전형 담보는 물론 전형담보에 대하여도 그러하다. 그러나 근래 들어 부종성의 정확한 의미가 문제 되는 경우가 종종 보인다. 이 글에서는 이러한 관점에서 부종성의 목적, 기능과 적용범위 내지 관철방법, 그 한계를 검토하고, 부종성이 문제 된 몇몇 관련 쟁점에 적용해보고자 한다.

Ⅱ. 비교법적 고찰

1. 독　　일

(1) 독일은 스위스와 함께 부종적 담보와 비부종적 담보를 제도적으로 병치시킨 드문 예에 해당할 뿐 아니라,[6] 담보의 부종성에 대하여 비교적 풍부한 논의가 이루어진 곳이기도 하다.

먼저 보증(Bürgschaft)의 경우 독일민법 제767조 제1항 제1문이 보증채무가 주채무의 존재를 전제함을 선언하고, 제768조 제1항 제1문은 보증인은 주채무자(Hauptschuldner)에게 속한 항변을 행사할 수 있다고 정한다. 채권양도 등에 관하여는 채권양도법에 속하는 제401조 제1항이 "양도된 채권과 함께 그것을 위하여 존재하는 저당권, 선박저당권 또는 질권 및 그것을 위하여 설정된 보증상의 권리는 신채권자에게 이전한다"고 정하고 있는데, 이 규정에 의한 이전은 법률규정에 의한 이전이므로 별도의 보증채권양도는 불필요하다.[7]

다음 질권(Pfandrecht)의 경우, 제1210조 제1항이 질권설정자의 책임범위를 그때그때의 피담보채권액 등으로 제한하고 있고, 제1211조 제1항 제1문이 "질권설정자는 질권자에 대하여 인적 채무자(persönliche Schuldner)가 채권에 관하여 할 수 있는 항변을 할 수 있다"고 정하는 한편, 제1252조가 채권이 소멸하면 질권도 소멸한다고 규정한다. 제1250조 제1항은 채권의 이전(Übertragung)으로 질권은 신채권자에게 이전하고,[8] 질권은 채권 없이 이전될 수 없다고 정

는 것으로, 가령 곽윤직 · 김재형(주 1), 371-372. 그러나 양자를 구별하지 아니한 채 부종성이라고 하는 견해로, 김증한 · 김학동(주 1), 450-451; 양창수 · 김형석, 민법Ⅲ—권리의 보전과 담보 제3판, 2018, 263-264. 제철웅(주 1), 141, 297 이하는 부종성과 수반성을 구별하면서도 양자를 묶어 부수성이라고 부른다.

5) 이 글에서는 편의상 이른바 수반성을 포함하여 부종성으로 통칭하기로 한다.

6) Schmid/Hertel/Wicke, Real Property Law and Procedure in the European Union, 2005, pp. 89-90. 다만 최근 에스토니아, 헝가리, 슬로베니아 등 구 동구권 국가들에 비부종적 담보제도가 도입되었다고 한다.

7) BeckOGK/Lieder, 1.1.2021, BGB § 401 Rn. 16. 이 규정은 법률규정에 의한 채권이전에도 적용된다. BGH NJW 2007, 1208. 전부명령에 대하여는 독일민사소송법 제830조 이하 참조.

8) 독일민법 제1251조 제1항은 신질권자는 구질권자에게 질물의 반환(Herausgabe)을 구할 수 있다고 규정하나, 이는 단지 명확화 기능을 가질 뿐이고, 피담보채권의 이전으로 이미 질권자는 질물에 대한 물권적 반환청구권

하고, 제2항은 채권이전에서 질권의 이전이 배제된 경우 질권은 소멸한다고 정한다.

저당권(Hypothek)에 대하여는 제1137조 제1항 제1문에서 제1211조 제1항 제1문과 같은 규정을 마련하고 있고, 제1153조 제1항은 채권의 이전(Übertragung)으로 저당권은 신채권자에게 이전한다고 규정한다.

입법자료는 위 각 규정이 별다른 실질적인 논의 없이 이들 담보의 (오직) '부종적인 성격(akzessorischer Natur)'을 논거로 원용하곤 하였음을 보여준다.[9] 그러나 이처럼 부종성에서 각 규율을 도출하는 데 대하여는 개념법학적이라는 비판이 제기되었다.[10] 그리하여 부종성을 이론적 · 실질적 관점에서 설명하려는 시도가 행해졌는데, 널리 받아들여진 것은 목적(Zweck) 개념을 통한 설명이다. 가령 헤크는 이익법학의 관점에서 채권과 담보의 결합이 어떠한 생활상 필요를 충족시키고 당사자들이 어떠한 목적을 추구하였는지를 따져야 한다면서, 담보는 인적 채권(persönliche Forderung)이 보장(sichern)하는 것과 같은 급여를 보장하기 위하여 설정된다는 점에서 채권과 담보는 하나의 단일한 만족(Befriedigung)을 위한 목적공동(Zweckgemeinschaft) 관계라고 한다.[11] 오늘날에는 여기에 담보가 채권에 부종하는 것이지 채권이 담보에 부종하는 것은 아니라는 점을 보태어 이를 '채권 목적이 이끄는' 채권과 담보의 목적공동이라고 설명하는 예가 많다.[12] 그리고 '목적'을 강조하는 것은 자연채무처럼 만족 내지 급여보유의 근거는 될 수 있으나 청구를 관철할 수는 없는 '채권'을 위하여 담보가 설정될 수 있음을 설명하기 위함이다. 그러나 좀 더 주목되는 것은 위 설명이 기본적으로 (합리적으로 구성된) 당사자의 의사와 이익상황에서 근거를 찾았다는 점이다. 귀속상 부종성에 관한 일반규정인 제401조가 임의규정이라는 점도[13] 이러한 측면에서 이해될 수 있다. 사정은 별도의 명문 규정(제1250조)을 두고 있는 질권에서도 같다.

(독일민법 제1227조, 제985조)을 취득한다고 이해된다. BeckOGK/Förster, 1.12.2020, BGB § 1251 Rn. 2.

9) Jakobs/Schubert, Die Beratungen des Bürgerlichen Gesetzbuchs in systematischer Zusammenstellung der unveröffentlichen Quellen: Matelialien zur Entstehungsgeschichte des BGB: Recht der Schuldverhältnisse Ⅲ §§ 652-853, 1983, S. 395, 456, 458, 461 f. 471 f. und 476; *ders*, Die Beratungen des Bürgerlichen Gesetzbuchs in systematischer Zusammenstellung der unveröffentlichen Quellen: Matelialien zur Entstehungsgeschichte des BGB: Sachenrecht Ⅱ §§ 1108-1296, 1991, S. 540 ff., 770 und 862 f.; Mugdan, Die gesammten Materialien zum Bürgerlichen Gesetzbuch für das Deutsche Reich, Ⅱ: Recht der Schuldverhältnisse, 1899, S. 368 und 371; *ders*, Die gesammten Materialien zum Bürgerlichen Gesetzbuch für das Deutsche Reich, Ⅲ: Sachenrecht, 1899, S. 455 f.

10) 가령 Becker-Eberhard(주 3), S. 104 ff. und 112 ff. 또한, Heck, Grundriß des Sachenrechts, 1930, § 78. 부종성 도그마라는 Habersack, "Die Akzessorietät - Strukturprinzip der europäischen Zivilrechte und eines künftigen europäischen Grundpfandrechts", JZ 1997, 857, 860; Medicus, "Durchblick: Die Akzessorietät im Zivilrecht", JuS 1971, 497, 501의 표현도 참조.

11) Heck(주 10), § 78.

12) Becker-Eberhard(주 3), S. 180 ff., 222 ff., 234 und 719.

13) Lieder(주 7), Rn. 14 f.

반면 저당권에 대하여는 제1153조 제2항이 채권은 저당권 없이 이전될 수 없고 저당권은 채권 없이 이전될 수 없다고 하여 이를 강행규정화하고, 제1154조 제1항은 저당권부채권양도에 관하여 서면에 의한 양도표시와 저당권증서(Hypothekenbrief)의 교부 또는 부동산등기부에의 채권양도등기를 요구하고 있다. 이는 저당권이 피담보채권의 존재를 불가결의 요건으로 하므로, 저당권등기의 추정력이 피담보채권에 미친다는 점과 관계되어 있다. 즉, 채권은 선의취득할 수 없다는 원칙과 등기부의 공신력에 터 잡은 물권취득이 가능하다는 원칙 및 저당권에는 부종성이 있다는 원칙을 조화시키기 위하여 등기가 문제되지 아니하는 증서저당권에서는 채권에 부종시키고, 등기저당권에서는 피담보채권과 저당권을 결합하여 피담보채권의 양도마저 등기에 종속시키는 한편 양자의 결합을 강행화한 것이라고 이해할 수 있다.[14] 역시 물권변동 및 공시와 관계되어 있음에도 동산질권에 대하여 이러한 규율을 두지 아니한 것은 동산물권법에서 점유가 갖는 의미가 훨씬 약하다는 점과 관계되어 있다.[15]

보증, 질권, 저당권에서도 부종성은 일정 범위에서 완화되어 있다. 장래채권과 조건부채권을 피담보채권으로 할 수 있고, 물적 담보의 경우 그 순위도 보전한다(제765조 제2항, 제1113조 제2항, 제1204조 제2항). 이들의 경우 피담보채권이 특정되지 아니하였어도 특정될 수 있으면 된다. 다만 이들 채권은 발생 개연성이 있어야 한다. 이러한 부종성의 예외의 근거는 실천적 필요에 있다.[16] 그 밖에 저당권의 경우 발생 개연성과 특정 가능성 요건도 갖추지 못하였어도 최고액저당(Höchstbetragshypothek)을 설정할 수 있다(제1190조). 피담보채권이 발생하지 아니하거나 소멸하였을 때 순위승진 대신 소유자저당(Eigentümerhypothek)으로의[17] 전환을 정한 제1163조 제1항도 부종성의 예외이다. 그렇게 하지 아니하면 소유자가 회복된 지위를 활용하여 그의 신용수요를 만족시킬 보호가치 있는 이익을 해할 것이기 때문이다.[18]

(2) 그런데 독일의 거래 실무와 판례는 동산과 채권에 관하여 위와 같이 법률이 정한 담보를 이용하기보다는 계약법 및 물권법적 거래를 통하여 비전형 담보를 만들고 이용하는 경향을 보였다. 대표적인 예가 양도담보이다. 통설은, 부종성은 법률에 근거규정이 있어야 인정된다는 전제하에, 양도담보에서는 엄밀한 의미의 부종성이 인정되지 아니한다고 한다.[19] 이들을

---

14) Jakobs/Schubert Sachenrecht Ⅱ(주 9), S. 547 ff.; Mugdan Ⅲ(주 9), S. 387 f.

15) von Rintelen, Der Übergang nichtakzessorischer Sicherheiten bei der Forderungszession, 1996, S. 92-93 und 96-98.

16) BeckOGK/Madaus, 1.12.2020, BGB § 765 Rn. 107 ff.; BeckOGK/Kern, 1.11.2020, BGB § 1113 Rn. 92 ff.; BeckOGK/Förster, 1.12.2020, BGB § 1204 Rn. 57 und 61 f.

17) 피담보채권이 존재하지 아니하는 경우에는 소유자토지채무(Eigentümergrundschuld)로 전환되는데, 채무자가 변제한 경우가 그러하다. BeckOGK/Wohlrab, 1.4.2017, BGB § 1163 Rn. 26 f.

18) Mugdan Ⅲ(주 9), S. 112 f. 이는 이미 프로이센법과 관련하여 논란되어 부종성에 근거한 이론적 의심에도 불구하고 혼동의 예외를 인정하여야 한다는 결론에 이른 것이었다. Heynemeyer, Der Grundsatz der Akzessorietät bei Kreditsicherungsrechten, 2017, S. 108 ff.

19) Buchholz, "Können Sicherungszession und Sicherungsübereignung akzessorisch gestaltet werden?",

흔히 비부종적 담보(nichtakzessorische Sicherheit)라고 부르는 이유이다. 그러나 당사자가 특정 채무의 '담보를 위하여' 담보대상이 된 권리를 양도한 이상, 그 채무가 소멸되거나 감축되거나 이전되면 담보도 그에 따라 소멸되거나 감축되거나 이전되어야 한다는 점은 이른바 비부종적 담보에서도 다르지 아니하다. 부종성의 여러 측면 중 피담보채무의 범위에 대한 부종성과 피담보채무에 대한 항변 대항은 담보계약(Sicherungsvertrag)의 해석으로부터 이를 도출하는 데 별 어려움이 없다.[20] 반면 피담보채무가 존재하지 아니하거나 소멸한 경우 담보가 자동적으로 불성립하거나 소멸하지는 아니하고 담보계약상 반환청구권이 인정되며, 이는 원칙적으로 채권적 청구권이라고 이해하고 있다.[21] 피담보채권이 양도된 경우에는 독일민법 제401조를 유추하거나[22] 양도계약의 해석상[23] 담보의 이전을 구할 채권적 청구권을 도출한다.[24]

판례도 기본적으로는 이러한 입장이다. 즉, 원칙적으로 피담보채권이 존재하지 아니하거나 소멸하면 채권적 반환청구권이 발생하고,[25] 피담보채권이 이전되면 담보의 이전을 구할 채권적 청구권이 발생한다.[26] 그러나 담보목적 동산 또는 채권양도가 피담보채권의 발생을 명시적 정지조건으로 하여 이루어지거나 피담보채권의 소멸을 명시적 해제조건으로 하여 이루어질 수 있음은 일반적으로 인정되고 있다.[27] 문제는 이러한 조건이 묵시적으로도 인정될 수 있는가, 있다면 얼마나 너그럽게 인정될 수 있는가 하는 점이다. 이와 관련하여 독일연방대법원은 1981. 9. 23. 판결에서[28] 담보목적 채권양도는 원칙적으로 무인(無因)이지만 당사자가 명시적 또는 묵시적으로 합의하여 채권양도와 피담보채권의 존재에의 의존을 작출할 수 있다면서, 이와 같은 약정은 "계약의 경제적 목적 기타 사정으로부터도 도출될 수 있"는바, 담보목적 채권양도는 질권과 목적이 같고 전자가 후자에 대하여 —채권양도는 채권질권(독일민법 제1280조)과 달리— 통지할 필요가 없다는 장점이 있어 당사자는 단지 이러한 통지를 피하고자 하였을 뿐 담보권 고유의 부종성을 피하고자 한 것은 아니리라는 전제하에, 실제로 대출이 실행되지 아니한 경우 채권양도도 이루어지지 아니하였다고 본 반면, 1990. 10. 30. 판결에서는[29] 양도

Jura 1990, 300, 301; Habersack(주 10), S. 864. 또한, Becker-Eberhard(주 3), S. 77.

20) 가령 Becker-Eberhard(주 3), S. 550 ff.; Medicus(주 10), S. 503.

21) 가령 Behrens, Die Rückabwicklung der Sicherungsübereignung bei Erledigung oder Nichterreichung des Sicherungszwecks, 1989, S. 18-20 und 114 ff.

22) Bayer/Wandt, "Das Verhältnis zwischen Bürgen und Grundschuldbesteller - BGH, NJW 1982, 2308", JuS 1987, 271, 275; Scholz, "Der Wechsel des Gläubigers einer fiduziarisch gesicherten Forderung", NJW 1962, 2228, 2289. 다만, 그 결과는 채권적 청구권이라는 취지이다.

23) Becker-Eberhard(주 3), S. 536 ff.

24) Pfeiffer, "Übertragung von Sicherheiten auf den zahlenden Bürgen", NJW 1958, 1859, 1860.

25) BGH NJW 1991, 353(피담보채권의 부존재); NJW 1984, 1184(피담보채권의 소멸).

26) BGH NJW 1983, 2449.

27) 가령 Becker-Eberhard(주 3), S. 338, 612.

28) BGH NJW 1982, 275.

29) BGH NJW 1991, 353(주 25).

담보에서 담보목적이 조건이 된다는 일반원칙은 존재하지 아니한다면서 피담보채권이 소멸한 경우에는 양도담보 목적물의 소유권이 자동적으로 담보설정자에게 복귀한다는 조항이 있으나 피담보채권이 발생하지 아니한 경우에 대하여는 별다른 약정이 없다는 이유로 이때에는 채권적 반환청구권만 발생한다고 하였다. 앞의 판결에 대하여는 법률상 근거 없이 사실상 부종성을 인정하였다는 비판도 있으나,[30] 당사자 의사와 이익에 부합한다면서 이를 지지하는 견해도 있다.[31] 뒤의 판결에 대하여는 그러한 반대해석이 타당한 의사해석인지에 대하여 의문이 제기되고 있다.[32] 다른 한편 피담보채권이 이전된 경우에 대하여도 학설상 독일민법 제401조를 직접 적용하여 담보소유권의 당연이전을 인정하여야 한다는 견해도 주장되고 있다.[33]

한편 부동산담보의 경우에는 민법이 이미 저당권 외에 비부종적인 토지채무(Grundschuld)를 인정하고 있다. 토지채무는 부동산에서 토지채권자에게 특정금액을 지급할 부담을 지는 것을 가리키는데, 개념요소에 피담보채무가 포함되지 아니할 뿐 아니라(제1191조), 아예 피담보채무를 전제하지 아니한다는 점을 명시한다(제1192조 제1항). 그러나 1872년 프로이센법 개정으로 토지채무가 도입될 당시부터 증가한 신용수요에 대응하기 위하여 주로 비부종적 담보로 쓰일 것을 염두에 두고 도입되었고, 독일민법에서도 주로는 담보로 쓰일 것을 예정하였으므로 저당권에 관한 규정 중 부종성에 관한 부분을 제외한 규정을 준용하는 것으로 한다(제1192조 제1항).[34] 이처럼 담보목적으로 설정된 토지채무를 담보토지채무(Sicherungsgrundschuld)라 하는데, 이에 대하여는 앞에서 본 양도담보에서 피담보채권과 양도담보의 관계에 관한 설명이 대체로 타당하다.[35] 다만 토지채무는 등기의 대상이므로 피담보채권의 발생 내지 존재를 정지조건으로 하거나 그 소멸을 해제조건으로 하려면 조건도 등기하여야 하는데, 실무상 그러한 등기는 찾아볼 수 없다고 한다. 신용제공 단계에서는 채권자가 우월적 지위를 누리는데, 정지조건이 채권자에게 불리함은 물론, 해제조건도 등기되면 토지채무의 양도를 저해할 것이므로 채권자는 그러한

30) 가령 Buchholz(주 19), S. 300 f.; Gerhardt, "Anmerkung zum BGH Urt. v. 30.10.1990 - IX ZR 9/90 (OLG Oldenburg)", JZ 1991, 726; Jauernig, "Zur Akzessorietät bei der Sicherungsübertragung", NJW 1982, 268 ff.

31) Bähr, "Akzessorietätsersatz bei der Sicherungszession", NJW 1983, 1473 ff.; Heynemeyer(주 18), S. 266-268; Lange, "Lage und Zukunft der Sicherungsübereignung", NJW 1950, 565, 570; Thoma, "Die Akzessorietät bei der Sicherungsübereignung", NJW 1984, 1162 ff.

32) 가령 Gehardt(주 30), S. 726.

33) Heynemeyer(주 18), S. 294 ff.; von Rintelen(주 15), S. 81 ff. und 142 ff.; Thoma(주 31), S. 1163. 이에 대하여 양도담보의 신탁적 성격에 비추어 아예 양도가 제한된다고 보아야 한다는 견해로, Pulina, "Gleichbehandlung von Sicherungseigentum und akzessorischen Sicherheiten im Sicherungsfall?", NJW 1984, 2872 ff. 이러한 견해는 오늘날에는 잘 보이지 아니한다.

34) 토지채무의 입법경위에 관하여 보다 자세한 것은 Dollinger, Die Forderungsabhängigkeit der Sicherungsgrundschuld, 2014, S. 70 ff.; Heynemeyer(주 18), S. 112 ff.

35) 우선 Dollinger(주 34), S. 99 ff.

등기를 받아들이지 아니하는 것이다.[36]

피담보채권이나 토지채무가 이전되는 경우는 어떠한가. 양도담보에서는 피담보채권이 이전되면 담보소유권도 당연히 이전된다고 보는 견해도 토지채무에서는 '부동산등기시스템' 때문에 그러한 당연이전은 불가능하다고 한다.[37] 우선 피담보채권과 토지채무가 각각 채권양도 및 물권적 합의와 등기로 동일인에게 이전하는 경우 양자를 연결시켜준 담보계약에 신채권자가 가입하거나 이를 인수하는 것으로 볼 수 있다.[38] 반면 피담보채권과 토지채무 중 어느 하나만 이전되거나 둘이 서로 다른 사람에게 이전된 경우 "소유자가 그와 구채권자 사이에 존재하는 법률관계에 터 잡아 저당권에 대하여 갖는 항변은 신채권자에게도 대항할 수 있다. 제892조, 제894조 내지 제899조, 제1140조는 이러한 항변에도 적용된다"고 정한 독일민법 제1157조가 문제되었다. 이 규정은 토지채무에도 준용되고,[39] 여기에서 제3자에게 대항할 수 있는 항변에는 토지채무에 관한 항변뿐 아니라 담보계약을 통하여 연결된 피담보채권에 관한 항변, 즉 피담보채권의 부존재, 소멸, 담보권실행사유의 미발생 등도 포함된다고 해석된다.[40] 다른 한편 담보목적은 물론, 담보계약상의 항변도 등기할 수 있다.[41] 그 결과 담보계약상의 항변을 등기하지 아니하면 (대개 등기하지 아니한다) 토지채무가 피담보채권과 분리하여 이전하는 경우 토지채무의 선의의 제3취득자에 대하여는 그 항변으로 대항하지 못한다(제892조 제1항, 등기의 공신력).[42] 그리하여 토지채무를 피담보채무와 분리하여 양도하면 담보계약상 의무위반에

---

36) Dollinger(주 34), S. 98 f. und 119 f. 예상과 달리 토지채무를 설정하고 신용을 제공하는 채권자가 은행이어서 남용 위험을 걱정할 필요가 적었다는 점을 드는 것으로, Kircher, Grundpfandrechte in Europa. Überlegungen zur Harmonisierung der Grundpfandrechte unter besonderer Beachtung der deutschen, französischen und englischen Rechtsordnung, 2004, S. 47.

37) von Rintelen(주 15), S. 2.

38) Dollinger(주 34), S. 113-119.

39) 이 규정은 부종성이 있는 저당권에 대하여는 당연한 규정이지만, 토지채무에 대하여는 그렇지 아니하다. 그러나 이 규정이 입법될 당시 토지채무에 준용된다는 점이 의식되었고, 오히려 그 점이 중요하였다. 그럼에도 불구하고 토지채무가 아닌 저당권에 관하여 이 규정을 두고 토지채무에 준용한 것은 토지채무는 비교적 큰 규모의 신용거래에 활용되고 개인은 저당권을 활용할 터인데, 이 경우 전자에 관여하는 사람은 법을 잘 알 것이라는 점으로 설명된다. Dollinger(주 34), S. 82 ff.; Mugdan Ⅲ(주 9), S. 792 ff. und 986. 이는 토지채무에 대한 수표법적 이해와 모순되지 아니하고 수표법상 악의의 항변을 불필요하게 한다고 한다. 그러나 토지채무에 대한 수표법적 이해에 반한다는 것으로, Buchholz, "Abtretung der Grundschuld und Wirkungen der Sicherungsvereinbarung - Zur Anwendbarkeit des § 1157 BGB auf die Sicherungsgrundschuld". AcP 187 (1987), 107, 129.

40) Dollinger(주 34), S. 87 ff.; Wilhelm, "Sicherungsgrundschuld und Einreden gegen den Dritterwerber", JZ 1980, 625, 628. 그러나 이에 반대하는 것으로 Buchholz(주 39), S. 116 ff.

41) Dollinger(주 34), S. 142 ff.; Wilhelm(주 40), S. 628.

42) 특히 토지채무 이전 당시 아직 발생하지 아니한 항변의 경우 담보목적이라는 점만 인식하면 (상대적으로 쉽게 충족되는 요건이다) 악의로 볼 수 있지만 이미 발생한 항변의 경우 담보목적이라는 점의 인식만으로는 악의로 볼 수 없고 구체적인 항변발생사실까지 인식하여야 악의가 된다. Dollinger(주 34), S. 148 ff. 후자에 비판적인 것으로, Wilhelm(주 40), S. 625 ff.

도 불구하고 선의의 제3취득자로서는 토지채무에 터 잡아 집행을 개시할 수 있다. 독일에서는 2007년 중반 언론에서 채권자가 토지채무를 양도하고 (아직 담보권실행사유가 발생하지 아니하였음에도) 담보권을 실행시키는 사례가 있다는 보도가 있었고,[43] 그에 대한 대응으로 2008. 8. 18. 민법이 개정되었다. 같은 개정으로 "토지채무가 청구권의 담보(Sicherung)를 위하여 창출된 경우(담보토지채무), 소유자는 구채권자와의 담보계약상 토지채무에 대하여 갖는 항변 또는 담보계약으로부터 발생하는 항변으로 모든 토지채무의 취득자에 대하여 대항할 수 있다; 제1157조 제2항은 그 한도에서 적용되지 아니한다(이하 생략)"는 내용의 제1192조 제1항a가 신설되었다. 이 규정은 담보토지채무를 정면에서 수용하였을 뿐만 아니라 담보계약상 항변의 등기 여부, 제3취득자의 선·악의, 이미 발생한 항변인지 양도 후 발생할 항변인지를 따지지 아니하고[44] 담보계약상의 항변으로 제3취득자에 대하여 대항할 수 있게 한 것이다.

이러한 개정이 담보토지채무를 전면적으로 부종적 담보로 바꾸었다고 할 수는 없다.[45] 다만 항변에 관하여 부종성이 인정된 셈임은 부정하기 어렵다. 그런데 그 결과 가령 피담보채권은 A에게, 담보토지채무는 B에게 귀속하는 경우 교착상태가 발생하게 되었다. 즉, B의 담보토지채무행사에 대하여 피담보채권이 그에게 귀속하지 아니한다는 항변을 할 수 있고, A의 피담보채권행사에 대하여는 담보(토지채무)의 반환과 상환으로만 응하겠다고 항변할 수 있게 된 것이다. 그리하여 이러한 교착상태의 해결이 문제되고 있는데, 대체로 피담보채권의 양수인을 우선하는 방안이 고려되고 있다.[46]

2. 그 밖의 나라

(1) 프랑스에서 전통적으로 인정되던 인적 담보인 보증(cautionnement)과 물적 담보인 질권(gage), 저당권(hypothèque)은 모두 부종성(caractère accessoire)을 갖는다. 보증의 경우 주채무가 있어야 성립하고 주채무의 범위를 초과하지 못하며, 주채무자의 항변으로 대항할 수 있고 (2006년 개정 프랑스민법 제2289조, 제2290조, 제2313조), 명문 규정이 없음에도 주채무가 소멸하면 함께 소멸한다고 해석되고 있다.[47] 주채무는 현재뿐 아니라 장래의 채무일 수도 있으나 특정될 수 있어야 한다.[48] 질권도 현재 또는 장래의 특정 가능한 피담보채권의 존재를 요건으로 하는(제2333조) 부종적 담보로 이해되고 있다. 이처럼 피담보채권의 특정성을 요구하는 것은, 그렇게 하지 아니하고 포괄적인 담보를 허용하면 과잉담보를 막기 위하여 법관이 개입하여야

43) 그러나 실제로 그러한 사례가 확인된 것은 아니었다고 한다. Dollinger(주 34), S. 21 f.

44) BeckOGK/Rebhan, 1.9.2019, BGB § 1192 Rn. 13 ff.

45) Rebhan(주 44), Rn. 6-9.

46) Dollinger(주 34), S. 201-206. 결국 토지채무가 피담보채권의 양수인에게 이전되어야 한다.

47) 그 근거는 부종성(caractère accessoire)에 있다. Piette, Rép. civ. Dalloz, V° Cautionnement, juin 2016, n° 19.

48) 이는 계약의 일반법리를 적용한 것으로, 과거에는 장래채권은 현재 존재하지 아니하여 부종성원칙 위반이라는 이유로 그 효력을 의문시하는 견해도 있었다고 한다. Piette(주 47), n° 95.

하는데, 이는 채권자에게도 불확실성을 초래할 것이기 때문이라고 한다.[49] 저당권 또한 부종적 담보로서 피담보채권의 존재와 범위를 전제하고, 피담보채권이 소멸하면 자동적으로 소멸하며, 피담보채권에 관한 항변으로 대항할 수 있다고 해석된다.[50] 과거 목적물 가치의 3/4까지 인정되던 (비부종적) 소유자저당(hyphothèque sur soi-même)은 혁명기인 1798. 11. 1. 폐지되었다. 부동산의 유통성이 제고되면 가산(家産)이 산일될 위험이 커진다는 고려 때문이었다고 한다.[51] 채권양도에 관하여는 2016년 개정 전 프랑스민법 제1692조에서 "채권의 매매나 양도는 보증, 우선특권 및 저당권과 같은 채권에 부종하는 권리를 포함한다"고 규정하고 있었고, 2016년 개정 제1321조 제3항은 아예 채권양도의 효력이 "채권의 종물(accessoires)에 미친다"고 정한다. 이는 법률상 당연이전이므로 예컨대 보증인에 대한 채권양도의 통지는 필요하지 아니하다고 해석된다.[52] 저당권의 경우도 같다.[53] 2006년 개정 민법 제2430조(개정 전 제2149조)에 따라 양도사실 등에 관하여 부기등기를 하여야 하나 부기등기를 하지 아니하여도 원칙적으로 채무자의 법적 지위에 영향을 주지 아니하므로, 양도로 대항할 수 있는 것이다.[54] 대체로 엄격하게 부종성의 원칙을 고수하고 있다고 할 수 있다.

다만, 2006년 개정 프랑스민법은 충전저당(hypothèque rechargeable)을 도입하여 부종성을 완화하였다. 충전저당은 피담보채권을 다른 것으로 교체할 수 있는 저당권으로서 부기등기를 하지 아니하면 제3자에게 대항하지 못하고, 순위를 보전하지 못한다. 피담보채권의 충전, 즉 교체합의는 종전의 피담보채권이 완제되었는지 여부와 관계가 없고, 채권자의 변경도 허용된다. 대신 최초의 설정행위에 총액이 표시되어 있어야 하고, 충전은 그 범위에서만 가능하며(2006년 개정 제2422조), 피담보채권이 양도되어도 저당권이전에는 부기등기가 필요하다.

종래 프랑스민법에서는, 소유권유보를 제외하면, 법률이 정하는 외의 담보, 가령 양도담보가 일체 부정되었다. 그러나 2006년 개정 프랑스민법은 비부종적 담보를 수용하였다. 명문으로 부종성을 부정한 독립적 보증(garantie autonome)이[55] 그 예이다. 그 이외에 담보신탁(fiducie

49) 입법자료를 포함하여, Crocq, Rép. civ. Dalloz, V° Gage, février 2017, n° 9.

50) Juillet, Rép. civ. Dalloz, V° Hypothèque, mai 2019, n° 167 et suiv.

51) Mazeaud, Chabas et Picod, Leçons de droit civil, tome III prem. vol., Sûretés-Publicité foncière, 7e éd., 1999, n° 228. 오늘날의 기준으로는 그다지 설득력이 없는 논거일 것이다.

52) Ophéle, Rép. civ. Dalloz, V° Cession de créance, avril 2008, n° 214. 이 규정은 소유권유보에도 적용된다고 한다.

53) 과거에는 지명채권인 피담보채권의 양도에 대하여는 대항요건을 갖추어야 하나, 피담보채권을 약속어음금채권으로 하면 피담보채권에 대하여도 대항요건을 갖출 필요가 없었다. 그러나 1976년 법률로 공증인에 의한 집행권원의 작성을 요구하게 되었다. Juillet(주 50), n° 183.

54) 당초에는 민사부와 상사부가 다른 입장이었으나 민사부가 상사부의 위와 같은 입장을 따르는 것으로 정리되었다. Cass. civ. 3e, 16 juillet 1987, Bull. civ. Ⅲ, n° 145; civ. 3e, 17 novembre 2010, n° 09-70.452. Juillet(주 50), n° 182. 국내문헌 중에는 이 부분을 잘못 소개한 것이 몇 있다.

55) 2006년 개정 프랑스민법 제2321조는 독립적 보증에 대하여 명문으로 항변의 차단과 수반성의 부정을 정하면서, 이른바 악의의 항변만을 허용한다.

–sûreté)에 관한 일련의 규정을 마련하였는데, 이 경우 수익자의 권리범위와 그 행사요건을 엄격하게 피담보채권에 종속시키고 있어[56] 부종적 담보로 보는 것이 일반적이다.[57]

(2) 대륙법과 달리, 영미법에서는 부종성(accessoriness)이라는 용어 자체가 낯설다.[58] 특히 저당권의 경우 보통법상 양도에 형평법상의 반환청구권(equity of redeem)이 결합된 형태로 발전되어왔다는 점이 이에 기여하였다.[59] 저당권으로 성질 결정되는 한 형평법상 반환청구권은 당연히 인정되고 이를 배제하는 합의도 무효이다.[60]

그러나 실제에 있어서는 미국법에서도 담보의 부종성이 인정되고 있다. 가령 보증의 경우 원칙적으로 주채무가 소멸하면 보증인도 면책되고 주채무가 이전되면 그 양수인이 보증채권도 취득한다.[61] 약정담보권(contractual lien)은 피담보채권이 소멸하면 그에 따라 소멸하고 이전되면 그에 따라 이전된다.[62] 저당권이 유효하고 목적물에 대하여 권리를 주장하는 제3자에게 대항할 수 있으려면 피담보채권이 기술 내지 특정되어야 한다. 피담보채권은 장래채권일 수 있으나 합리적으로 확인될 수 있어야 한다.[63] 또 저당권은 피담보채권이 양도되면 그에 따라 양도되고, 피담보채권이 유가증권상의 권리인 경우 유가증권의 교부 등에 의하여 이전된다.[64] 등록(recording)은 저당권 이전의 요건이 아니다. 다만 몇몇 주에서는 저당권 이전에 등록을 요구하는데, 이 경우 저당권의 이전을 등록하지 아니하면 그 사이 이해관계를 맺은 제3자에게 저당권 이전으로 대항할 수 없는 것이 보통이다.[65] 등기의 대상인 부동산물권과 관련하여서는 특별한 처리가 이루어질 수 있음을 보여준다.

미국에서도 부종성이 모든 국면에서 관철되지는 아니한다. 포괄저당(blanket mortgage)을 설정한 경우에는 피담보채권에 별다른 제한이 없고, 최고액을 정할 수도 있고 정하지 아니할 수도 있다.[66] 특히 저당권의 경우 피담보채권의 소멸은, 연혁적 이유에서, 보통법상의 소유권

---

56) 2006년 개정 프랑스민법 제2488조의1 이하.

57) Cottet, Essai critique sur la théorie de l'accessoire en droit privé, 2013, n° 182-183.

58) Steven, "Accessoriness and Security over Land", ESLR 13(3) (2009), 387, 388.

59) Steven(주 58), pp. 390-391.

60) Amendola et al., 59A C.J.S. Mortgages §§ 1366-1369, December 2021 Update.

61) Buchwalter and Oakes, 38A C.J.S. Guaranty §§ 92 and 114, December 2020 Uptate. 이러한 결론은 일반보증(general guaranty)이 주채권에 따라 "누구에 대해서든" 보증하는 취지, 즉 임의의 주채권자를 수익자로 하는 취지의 약정이기 때문이다. 반면 특별보증(special guaranty)을 하면 특정 채권자만 보증채권자가 된다. Buchwalter and Oakes, 38A C.J.S. Guaranty § 9, December 2020 Update. 가령 Self-Help Ventures Fund v. Custom Finish, LLC, 199 N.C. App. 743 (2009).

62) Yaworsky, 53 C.J.S. Liens § 27, December 2020 Update.

63) Amendola et al., 59 C.J.S. Mortgages § 147, December 2020 Update.

64) Amendola et al.(주 63), §§ 415 f. 이는 저당권을 부동산물권이 아닌 equitable interest로 보는 것과 관계되어 있다고 보인다.

65) Amendola et al.(주 63), §§ 426 f.

66) Amendola et al.(주 63), §§ 207, 209 and 429 ff.

을 당연히 복귀시키지는 아니하고 형평법상 반환청구권을 부여할 뿐이다.[67] 당사자 동의하에 피담보채권자가 아닌 제3자의 명의로 저당권을 취득하는 것도 허용된다.[68]

당사자가 양도증서(deed of conveyance)상 단순양도(absolute deed)를 한 경우에도 실제 의도가 담보였다면 저당권으로 취급하고,[69] 신탁증서(trust deed)하에 담보 목적으로 목적물을 채권자 또는 제3자에게 신탁적으로 양도하는 경우에도 그 목적이 담보에 있는 이상 저당권으로 본다.[70] 그 결과 여기에서도 부종성이 인정된다.

Ⅲ. 부종성의 목적, 기능, 그리고 그 한계

1. 일반이론

(1) 부종성은 넓게 파악할 수도 있고, 좁게 파악할 수도 있다. 넓은 의미에서 부종성은 어떤 채권을 '담보하기 위하여' 의무 내지 책임을 인수하거나 권리를 설정 또는 이전해주는 거래 내지 권리 자체의 목적적 구조에서 도출된다.[71] 이러한 거래는 전형적으로 다른 채권의 '만족'을 확보해주는 것이므로, 어떤 수단을 쓰던 실제 채권자에게 확보되는 가치는 채권의 범위로 제한되게 마련이고, 그러한 의미에서 채권에 종속된다. 이러한 종속성은 피담보채권이 의무, 책임 또는 권리의 존부와 범위, 행사와 귀속을[72] 직접, 그리고 자동적으로 결정하게 함으로써 달성될 수도 있다. 이를 좁은 의미의 부종성이라고 할 수 있다. 그러나 담보계약을 매개하여 간접적인 방식으로 달성될 수도 있다. 그 또한 넓은 의미에서는 부종성이라고 할 수 있다.[73]

보증과 같이 계약자유의 원칙이 적용되는 경우 좁은 의미의 부종성은 당사자의 의사만으로도 확보될 수 있다. 반면 물권법정주의(민법 제185조)가 적용되는 물적 담보의 경우 사정이 좀 더 복잡하다. 법률상 부종성이 있는 전형담보를 이용하지 아니하는 경우 당해 물권, 가령 소유권의 내용은 이미 법정되어 있고 부종적이지 아니하므로 다른 수단을 이용하여 부종성을 확보하여야 하는 것이다. 직접 물권에 영향을 미치는 방법으로는 조건(민법 제147조 이하)이 있다. 피담보채권의 발생을 정지조건,[74] 그 소멸을 해제조건으로 담보의 목적인 권리를 양도한다면 피

67) Amendola et al.(주 63), § 1368.

68) Newton Savings Bank v. Howerton, 163 Iowa 677, 145 N.W. 292 (1914).

69) Amendola et al.(주 63), § 52. 본래 forfeiture에 부종성과 조화되지 아니하는 점이 있는 것이다.

70) Amendola et al.(주 63), § 15.

71) 담보물권과 채권은 공동목적성을 가진다는 것으로, 지원림, 민법강의 제18판, 2021, 768.

72) 부종성을 이렇게 구분하는 것으로, 양창수 · 김형석(주 3), 263-264; Medicus(주 10), S. 498 ff.

73) 이들을 통칭하여 (담보의) 채권구속성(Forderunsgebundenheit der Sicherungsrechte)이라고 하는 것으로, Becker-Eberhard(주 3), S. 48 ff.; Schur, "Grundprobleme der Wirkungsweise von Akzessoretätsprinzip und Sicherungsabrede", Jura 2005, 361, 363 ff. 독립적 보증 등 이른바 비부종적 담보에도, 그 목적상, 어느 정도의 부종성이 있다는 점은 프랑스문헌에서도 지적되고 있다. Cottet(주 57), n° 184-185.

74) 피담보채권의 발생 여부가 장래의 불확실한 사실이 아닌 현재의 알려지지 아니한 사실인 경우(이른바 현재조

담보채권의 발생과 그 소멸이 직접 담보의 목적인 권리의 이전에 영향을 주어 좁은 의미의 부종성이, 사실상, 확보된다. 그러나 그러한 조건이 어떠한 사정으로 인하여 허용되지 아니하는 경우에는[75] 좁은 의미의 부종성은 불가능하다. 이때 당사자의 의사는 넓은 의미의 부종성을 통하여 실현될 수 있을 뿐이다.

다른 한편 좁은 의미의 부종성을 확보할 수 있는 경우에도 거래 당사자가 그 대신에 넓은 의미의 부종성에 만족하기로 할 수 있음은 물론이다. 이른바 독립적 은행보증이 대표적인 예이다. 여기에서 당사자는 부종적 담보로서 보증을 합의하는 데 제약이 없음에도 항변을 차단한 비부종적 담보에 합의한다. 주채무가 존재하지 아니함에도 보증채무를 지고 이를 이행하여 생기는 문제는 사후청산으로 해결한다.[76] 양도담보에서도 조건부로 권리를 이전할지는, 앞서 독일판례에서도 확인할 수 있듯, 당사자의 의사에 달려 있다.

(2) 법이 허용하는 한, 동일한 경제적·사실적 목적을 달성하는 복수의 법적 구성 중 어느 하나의 선택은 당사자의 몫이다. 당사자가 통상적인 의미의 '담보'를 의욕한 이상 어떤 형태의 부종성이든 부종성이 인정되어야 함은 분명하나, 어떤 형태의 부종성이 인정되어야 하는지는, 기본적으로는, 의사해석의 문제이다.[77] 당사자의 의사가 비교적 명확하게 드러나는 경우에는 별 문제가 없다. 그러나 많은 경우 당사자는 구체적 법적 구성에 관하여 의사를 분명히 하지 아니하므로, 전형적 이해관계의 분석을 통하여 당사자 의사를 적절히 재구성할 필요가 있다.

담보거래가 그 목적상 넓은 의미의 부종성을 포함하는 이상, 이는 원칙적으로 좁은 의미의 부종성에 의하여 달성함이 바람직하다. 피담보채권이 존재하지 아니하거나 발생하지 아니할 것이 확정된 경우 좁은 의미의 부종성이 인정되면 곧바로 담보가 설정자에게 복귀하나 채권적으로 청산하여야 한다면 피담보채권의 소멸에도 불구하고 담보가 채무자의 책임재산으로 남는데, 그렇게 할 합리적인 이유를 생각하기 어렵고 오히려 부당한 결과가 생길 수 있다. 부종성과 물권행위의 유·무인은 별개의 문제이지만,[78] 이 점에서는 평행한 측면이 있는 셈이

건)에는 엄밀한 의미의 조건은 아니나, 이러한 조건에 물권변동의 효력을 연동시키는 것이 일반적으로 금지되지는 아니한다. Heinemeyer(주 18), S. 269 ff.

75) 독일에서는 제한물권의 설정에 조건이나 기한을 붙일 수 있다. BeckOGK/Reymann, 1.11.2020, BGB § 158 Rn. 116. 독일민법 제925조 제2항은 Auflassung에 붙은 조건이나 기한을 무효로 하는데, 이는 법적 안정성, 특히 등기부기재의 명확성을 위하여 물권을 조건 또는 기한부로 설정할 수 있다는 일반원칙에 대하여 예외를 둔 것이다. BeckOGK/J. Weber, 1.2.2020, BGB § 925 Rn. 92.

76) 우선, 김형석, "보증계약과 손해담보계약", 저스티스 통권 제77호(2004), 60 이하.

77) 담보의 부종성은 담보의 목적적 구조에서 도출되고, 약정담보에서 그러한 목적이 당사자의 의사표시의 한 내용이기 때문이다. 보증과 손해담보계약의 구별이 계약해석 문제라는 점은, 김형석(주 76), 55 이하, 양도담보에서 조건 합의의 유무 해석과 관하여는, Heynemeyer(주 18), S. 272 ff., 일반적으로 부종적 담보와 비부종적 담보의 구별기준을 원인(cause)(의 구분)과 관련지으면서 의사에서 그 근거를 구하는 것으로, Westendorf, Le transfert des sûretés, 2015, n° 289 et suiv.

78) 물권행위의 유·무인은 물권행위의 효력의 원인(causa)에의 종속 여부에 관한 것인데, 물권행위의 원인행위는 담보약정이지 피담보채권을 발생시키는 행위가 아닌 것이다. Dollinger(주 34), S. 50 ff.; Stadler, Gestal-

다.[79] 피담보채권이 이전되는 경우도 같다. 2008년 개정 후 독일의 토지채무의 예에서 보듯, 담보가 담보인 이상 피담보채권과 분리하여 이전되면 담보는 그 요건을 결하여 독자적으로 실행될 수 없고 가치가 없다. 담보만의 분리 이전은 대개 별 의미 없는 병리현상에 불과하다. 담보는 피담보채권을 따라 이전되어야 한다. 이때 채권적 이전청구권만 부여하여 이전절차를 두 차례 밟게 하면 피담보채권과 담보가 불필요하거나 무의미하게 분리되는 기간이 생기고,[80] 피담보채권이 법률행위에 의하여 이전되는 경우에는 보충적 해석으로 담보이전청구권을 인정할 여지가 있으나 법률규정에 의한 이전에서는 그러한 구성이 불가능하다는 문제도 있다. 피담보채권이 이전되면 담보도 당연히 따라 이전되는 것으로 처리함이 간명한 것이다.[81]

그러나 당사자가 부종성의 완화를 원하는 상황도 있다. 순위가 존재하는 물적 담보에서 선순위담보권이 채무자에 의한 피담보채권의 만족 기타 절대적 소멸사유로 소멸하여 부종성의 원칙에 따라 선순위담보권이 소멸한다고 하면, 후순위담보권자는 선순위담보권의 소멸의 반사적 효과로 담보가치가 증가하는 이득을 얻는다. 이러한 우연적 이득을 부여하는 것을 정당화할 만한 실질적 이유는 생각하기 어렵다. 소유자저당권과 같이 담보가치를 재활용할 수 있는 수단을 부여하는 것이 당사자의 의사와 이익에 부합할 것이다. 당사자는 피담보채권의 교체나 일정 범위 내의 증감하는 피담보채권의 담보를 원할 수도 있다. 특정 채권자와의 현재 또는 장래의 거래에 우선적으로 담보를 제공하기 위함이다. 이를 위하여 당사자는 피담보채권 교체 합의나 이를 가능하게 하는 근담보약정을 체결하곤 한다. 그 결과 부종성이 완화된다.[82] 그 이외에 담보의 무단처분 위험 방지, 잦은 양도로 인한 거래비용의 절감, 국제적 채권양도에서 준거법 지정을 둘러싼 법적 불안에 대응하기 위하여 채권자와 담보 보유자를 분리하기를 원할 수도 있다.[83] 담보신탁이나 자산유동화(Asset Backed Securities)가 그 예이다.

이들 중 피담보채권의 소멸에도 불구하고 물적 담보권의 순위를 권리자가 재활용할 수 있게 해주는 것은 물권법의 문제이다. 피담보채권의 교체나 증감변동을 허용하는 담보거래, 채권

---

tungsfreiheit und Verkehrsschutz durch Abstraktion. Eine rechtsvergleichende Studie zur abstrakten und kausalen Gestaltung rechtsgeschäftlicher Zuwendungen anhand des deutschen, schweizerischen, österreichischen, französischen und US-amerikanischen Rechts, 1996, S. 18 ff.

79) 부종성이 무인성 원칙의 예외라는 일부 독일 학설의 입장을 이러한 관점에서 이해할 수 있다. Bähr(주 31), S. 1474; Buchholz(주 19), S. 300 f.; Stadler(주 78), S. 603 ff.

80) Heinemeyer(주 18), S. 296 f.; von Rintelen(주 15), S. 157 f.

81) von Rintelen(주 15), S. 157 f. 담보가 피담보채권에 따라 이전되는 것은 가정적 당사자 의사에서 도출되는 것이고, 법률규정에 의한 이전은 순전히 기술적인 문제라고 한다.

82) 피담보채권의 특정성을 부종성과 관련지어 논의하는 것으로, Wiegand, "Akzessorietät und Spezialität. Zum Verhältnis zwischen Forderung und Sicherungsgegenstand", Probleme der Kreditsicherung, Berner Tage für die juristische Praxis, Bern, 1982, S. 40 ff.

83) Becker-Eberhard(주 3), S. 416 ff. 참조. 특히 국제거래에서 이러한 필요에 대하여는 Kircher(주 36), S. 376 ff., 특히 388 ff. 참조.

자와 담보 보유자의 분리 의사는 비교적 쉽게 인식될 수 있다. 그러한 사정이 없는 경우, 가령 특정된 피담보채권의 담보를 위하여 그 채권자에게 담보를 설정해준 때에는 원칙적으로 좁은 의미의 부종성을 확보하는 법적 구성을 부여함이 당사자의 의사와 이익에 부합한다.[84)]

(3) 담보의 부종성은 담보거래의 목적 자체에서 도출된다. 로마법에서부터 일종의 부종성이 인정되었던 이유이다. 이후 이는 단순화를 위하여 법률규정에 의하여 부여되고 담보의 존부와 귀속, 범위 등에 직접 효력을 미치는 것으로, 즉 좁은 의미의 부종성으로 발전하였다.[85)]

앞서 본 바와 같이 거래 당사자에게는 부종성의 완화를 원할 만한 반대되는 이익 또한 존재한다. 그럼에도 근대사법전은 대체로 엄격하게 부종적 담보만을 입법하는 경향을 보였다. 이 점은 피담보채권의 특정성이 어느 정도 엄격하게 고수되었다는 점(특히 프랑스), 유담보 약정이 금지된 점(특히 미국 등), 비부종적 담보는 기업 등 전문적인 거래 당사자가 이용하는 것이 예정되어 있었다는 점(독일)에서도 확인된다. 물적 담보의 경우 이는 물권법정주의와 결합하여 채무자보호에 기여한다(채무자보호 기능).[86)] 채무자보호라는 관점을 일관한다면 비부종적 담보를 금지함이 옳을 것이다. 그러나 비교법적으로는 대부분의 나라에서 거래 현실상 비부종적 담보에 대한 높은 수요가 있었고, 법률이 그러한 담보를 인정하지 아니하는 경우 비전형 담보로 그러한 수요를 충족시키는 경향이 나타났으며, 이를 끝까지 무시할 수는 없었다는 점 또한 중요하다.

두 쟁점을 구별할 필요가 있겠다. 하나는 순위보전 내지 비부종적 소유자담보물권의 인정과 담보를 채권자가 아닌 제3자에게 맡길 가능성이고, 다른 하나는 피담보채권의 특정성의 완화와 일반적인 비부종적 담보권의 허용이다. 앞의 것은 허용하더라도 부종성의 채무자보호 기능에 반하지 아니한다. 당사자 의사에 기초하여 그러한 가능성을 부여할 필요가 있다. 그럼에도 불구하고 이들이 부종성 때문에 금지되었다면 이는 부종성을 경직된 도그마로 받아들인 결과이다. 반면 뒤의 것은 채무자보호 기능과 충돌한다. 그러나 모든 채무자가 보호되어야 하는 것은 아니고, 전형담보에 의한 채무자보호가 모든 면에서 성공적이었다고 할 수도 없다. 전문적인 거래 당사자 사이에서는 사적 자치에 맡기는 것이 바람직할 수 있고, 비전문적인 당사자에게도 전형담보의 채무자보호 중 사적 실행의 금지나 일반채권자보호를 위한 점유질의 원칙(민법 제332조)의 회피는, 거래상의 수요를 고려할 때, 용인할 수밖에 없을 수 있다. 여기에서는 각 거래의 특성을 고려한 개별구체적 접근이 어느 정도 불가피해 보인다. 전형담보를 부종적

84) 자세한 것으로, Heinemeyer(주 18), S. 272 ff. Dollinger(주 34), S. 36은 이를 부종성의 보호기능(Schutzfunktion)이라고 한다.

85) 이를 부종성의 단순화 기능(Vereinfachungsfunktion)이라고 할 수 있다. Medicus(주 10), S. 498; Dollinger(주 34), S. 36. 다만, 이는 넓은 의미의 부종성과 좁은 의미의 부종성의 구별과는 관계가 없다. 발전과정에 대하여는 Becker-Eberhard(주 3), S. 127 ff.; Heinemeyer(주 18), S. 35 ff. 또한, Westendorf(주 77), n° 208 et suiv.(근대에 이르러 완고한 형태로 정착되었음을 지적한다).

86) Habersack(주 10), S. 862; Wiegand(주 82), S. 38 ff.

담보로 하고, 약정의 해석이 분명하지 아니한 경우 그에 따르는 것으로 추정하는 접근이 이 문제의 해결에 어느 정도 기여함은 분명하다. 전문적인 거래 당사자가 아닌 한 그때그때의 수요에 맞추어 복잡한 비전형 담보를 만들어내기 어려워 법이 정하는 부종적 담보에 합의할 가능성이 높으므로 간접적으로 채무자보호가 도모된다. 그러나 거래관행상 이러한 방법으로는 보호되어야 할 채무자가 비전형 담보를 제공하는 것을 완전히 방지할 수 없을지도 모른다. 비부종적 담보에서도 담보약정의 해석을 통하여 (조건구성 등을 통하여) 부종성을 확보하고,[87] 일정한 경우 담보목적을 초과하는 권한 부여를 계약법적인 방법(약관규제, 공서양속 등)으로 일부무효로 하는 개입이 필요하다.

피담보채권의 이전에 담보가 수반하는 것은 약간 차원을 달리하는 문제이다.[88] 피담보채권이 특정되어 있는 이상, 수반하여 이전하지 아니한 담보는 의미가 없다. 여기에서 문제되는 것은 부종성의 정도가 아니라 이전절차를 두 번 거치게 할 것인지, 그리하여 양자의 잠정적 분리귀속을 인정할 것인지이다. 이는 채무자보호나 거래의 필요, 사적 자치와는 관계가 없는 기술적(技術的) 구성의 문제로서, 좁은 의미의 부종성, 즉, 담보이전을 위한 별도의 조치 없이 담보가 수반하여 이전되게 하는 것이 원칙적으로는 합리적이다. 다만, 피담보채권의 이전과 담보의 이전에 적용되는 법리 사이의 간극이 커서 전자에 후자를 흡수시키는 것이 부적절한 경우도 있을 수 있는데, 비교법적으로 부동산담보에 대하여 별도의 논의가 이루어지곤 하는 이유가 바로 여기에 있다.

2. 구체적 응용

(1) 민법전은 원칙적 부종적 담보만을 인정하고 있다. 그중 특히 피담보채권이 양도되면 그에 대한 담보도 따라 이전되는 부분이 임의규정이라는 데는 별 이론(異論)이 없다. 부종성은 당사자의 의사 내지 목적에 터 잡은 것으로, 그중 강행적 성격을 가지는 것은 채무자보호가 문제 될 때뿐인데, 피담보채권 이전에 따라 담보가 이전하는 것은 채무자보호와 관계가 없기 때문이다. 대법원 2002. 9. 10. 선고 2002다21509 판결은 "보증채무는 주채무에 대한 부종성 또는 수반성이 있어서 주채무자에 대한 채권이 이전되면 당사자 사이에 별도의 특약이 없는 한 보증인에 대한 채권도 함께 이전"한다고 하여 특약에 의한 배제 가능성을 인정하였고, 2004. 4. 28. 선고 2003다61542 판결은 "담보권의 수반성이란 피담보채권의 처분이 있으면 언제나 담보권도 함께 처분된다는 것이 아니라 채권담보라고 하는 담보권 제도의 존재 목적에 비추어 볼 때 특별한 사정이 없는 한 피담보채권의 처분에는 담보권의 처분도 당연히 포함된다고 보

87) 이 점에서는 독일에서 비부종적 담보인 토지채무가 비전문적 거래 당사자 사이에서도 널리 이용되자 2008년 개정으로 담보토지채무에 부분적으로 부종성을 인정한 것도 참고가 된다.

88) Dollinger(주 34), S. 37은 이를 부종성의 정서기능(Ordnungsfunktion)이라고 하여 부종성의 다른 기능들과 구별한다.

는 것이 합리적이라는 것일 뿐이므로, 피담보채권의 처분이 있음에도 불구하고, 담보권의 처분이 따르지 않는 특별한 사정이 있는 경우에는 채권양수인은 담보권이 없는 무담보의 채권을 양수한 것이 되고 채권의 처분에 따르지 않은 담보권은 소멸한다"면서, 어음할인대출을 담보하기 위하여 어음에 배서하여 넘긴 것이 질권을 설정하기 위한 숨은 입질배서에 해당하는 경우 어음이 부도가 나 가치가 없다는 이유로 무담보채권으로 분류하여 양수하였다면 이들 어음에 대한 질권은 소멸하였고 질권설정자는 어음에 대하여 환취권을 행사할 수 있다고 하여 분리처분을 실제로 인정한 바 있다. 대법원 2003. 10. 10. 선고 2001다77888 판결도 "피담보채권을 양도하는 당사자 사이에 저당권의 양도를 배제하는 특약이 있는 등의 특별한 사유가 존재하는 경우에만 채권양수인은 저당권이 없는 무담보의 채권을 양수한 것이 되고, 피담보채권의 처분에 따르지 않은 저당권은 소멸"한다고 한다.

흥미를 끄는 것은 그러한 특약이 없는 경우 부종성을 관철하는 방법이다. 대법원 2002. 9. 10. 선고 2002다21509 판결은 주채무가 이전된 경우 부종성으로 보증채무가 이전되는 것이 임의규정이라는 전제하에서도 "이 경우 채권양도의 대항요건도 주채권의 이전에 관하여 구비하면 족하고, 별도로 보증채권에 관하여 대항요건을 갖출 필요는 없다"고 한다. 통설도 같다. 그러나 질권의 경우 피담보채권의 이전으로 당연히 질권이 이전하는 것은 아니고 질권양도가 따로 있어야 한다는 것이 통설이다.[89] 저당권의 경우는 어떠한가. 대법원 2005. 6. 10. 선고 2002다15412, 15429 판결은 "저당권부 채권의 양도는 민법 제186조의 부동산물권변동에 관한 규정과 민법 제449조 내지 제452조의 채권양도에 관한 규정에 의해 규율된다"면서, "저당권의 양도에 있어서도 물권변동의 일반원칙에 따라 저당권을 이전할 것을 목적으로 하는 물권적 합의와 등기가 있어야 저당권이 이전된다"고 하고, 2003. 10. 10. 선고 2001다77888 판결은 "피담보채권이 먼저 양도되어 일시적으로 피담보채권과 저당권의 귀속이 달라진다고 하여 저당권이 무효로 된다고 볼 수는 없"다고 한다.[90] 학설로도 이에 찬성하는 것이 다수이다.[91] 그리고 저당권이전의 부기등기는 마쳐졌으나 피담보채권의 양도에 대하여는 아직 대항

89) 가령 제철웅(주 1), 348-349; 지원림(주 71), 764.

90) 다만, 같은 판결은 이미 피담보채권을 양도한 양도인이 그 변제를 수령할 수는 없으므로 배당표에 자신에게 배당하는 것으로 배당표의 경정을 구하거나 양수인을 대신하여 변제를 수령할 수도 없다고 한다. 다른 한편 피담보채권의 양수인이 배당요구를 하려면 부기등기를 마쳐야 하므로 그대로 두면 양도인도 양수인도 배당을 받지 못하여 그만큼 후순위권리자에게 배당된다. 이때의 문제에 관하여는 우선 손홍수, "근저당부 채권의 양도와 집행에 관한 이의 —근저당권부 채권이 양도되었으나 근저당권 이전등기가 경료되지 않은 상태에서 실시된 배당절차에 대하여 근저당권 명의인이나 채권양수인이 배당금이 채권양수인에게 배당되어야 한다는 이유로 집행에 관한 이의를 할 수 있는지 여부—", 법조 통권 제626조(2008), 282 이하(다만 당해 사안에는 특유의 절차법적 문제가 있었다).

91) 박준서 편집대표 주석민법[물권(4)] 제3판, 2000, 151(여상훈); 손홍수(주 90), 252 이하; 양창수, "2003년 민사판례 관견", 민법연구, 제8권(2005), 391(반대설을 따른다면 채권양도의 대항요건과 등기 중 하나만 행해진 경우 공시와 실제 권리귀속 사이에 괴리가 생긴다고 한다); 정병호, "저당권부 채권의 양도에 관한 하나의 시

요건을 갖추지 못한 경우에 대하여 대법원 2000. 10. 25.자 2000마5110 결정은 "부동산에 대한 저당권 등의 담보권을 실행하기 위해서는 실체법상 담보권이 존재하고, 그 담보권의 피담보채권이 존재하며, 그 피담보채권의 변제기가 도래하여야 하는 것"이고, 민사소송법상 "경매개시결정을 함에 있어서 채권자에게 피담보채권의 존부를 입증하게 할 것이 아니"나, "피담보채권의 존재는 민사소송법 제725조에 기한 채무자 또는 소유자로부터 제기된 경매개시결정에 대한 이의 등의 절차에서 심리·판단함에 있어서 채권자가 피담보채권을 증명하여야 하는 것이며, 이를 증명을 할 수 없는 때에는 담보권실행의 개시결정을 취소하게 되는 것"이라면서, 이러한 경우 담보권의 실행을 저지할 수 있다는 입장을 취한다. 이 또한 다수의 학설의 지지를 받고 있다.[92] 그러나 이에 대하여는 피담보채권과 근저당권의 분리를 인정하는 경우 근저당권이 (잠정적으로) 무효가 되지 아니하는 것을 설명하기 어렵다면서 저당권이전의 등기가 마쳐졌을 때 피담보채권도 비로소 이전한다는 견해도[93] 있다. 이 견해는 나아가 피담보채권에 관하여 대항요건이 갖추어지지 아니하여도 저당권이전의 부기등기가 마쳐졌다면 등기로 피담보채권의 양도가 공시되므로 따로 대항요건을 갖출 필요 없이 저당권을 실행할 수 있다고 한다.[94]

동산물권법에서 인도의 제한적인 의미에 비추면 동산질권에서 인도가 있어야 비로소 양수인에게 질권이 이전된다고 볼 필요는 없다. 비교법적으로도 질권의 경우 당연이전을 인정하는 예가 흔하고, 당연이전을 인정하는 데 해석상 큰 어려움이 있는 것도 아니다. 문제는 저당권이다. 피담보채권의 이전과 저당권의 이전을 모두 등기에 결부시키는 견해는 독일민법을 참조한 것으로 보이는데, 등기의 공신력이 인정되는 독일에서 부동산담보권을 취득하는 경우 등기의 공신력을 유지하기 위하여 그것이 피담보채권의 이전에 따른 것이 아니어도 피담보채권의 취득을 인정할 필요가 있는 것과 달리, 등기의 공신력을 부정하는 우리 민법에서는 그와 같이 해석할 근거가 없고, 피담보채권과 저당권의 결합이 강행적인 독일민법 달리 우리 민법에서는 채권양도법에 따른 피담보채권의 독립양도의 효력을 부정하기 곤란하다. 저당권과 함께 이전될 때에만 등기를 기준으로 하는 접근은 거래에 혼란을 초래할 것이다. 이는 해석론은 물론 입법론으로도 취할 바가 아니다.[95] 부종적 담보에서 이전의 부기등기가 마쳐지지 아니하는 한 저당권이 이전할 수 없다거나[96] 따로 양도행위가 필요하다는 통설도 불필요하게 형식적이다. 피담보채권이 양도되면 저당권은 당연이전된다고 해석함이 타당하다.[97] 비교법적으로도 그러

론: 대항요건과 성립요건의 교차", 민사법학 제36호(2007), 424-426.

92) 가령 여상훈(주 91), 152.

93) 김증한·김학동(주 1), 551; 지원림(주 71), 828.

94) 김증한·김학동(주 1), 552. 그러나 지원림(주 71), 827은 대항요건을 갖추어야 한다고 한다.

95) 같은 취지로, 최수정, "피담보채권의 양도와 저당권이전", 민사법학 제48호(2010), 146-148.

96) 손흥수(주 90), 253-254는 민법 제361조가 제187조의 법률규정에 해당한다는 것은 법문의 의미를 지나치게 확대하는 것이어서 따르기 어렵다고 한다.

97) 강태성, "민법에서의 종물이론과 부종성이론", 경북대 법학논고 제44집(2013), 120-122; 조성민, "저당권부 채

한 입법례가 많다. 다만 저당권에 대하여는 민법 제482조 제2항 제1호를 유추하여 부기등기 전 저당물에 권리를 취득한 제3자에 대하여 대항할 수 없다고 보는 것이 등기와 거래의 안전을 존중하고 일관성이 있는 태도일 것이다.

민법 제348조는 저당권부 채권에 대하여 질권이 설정된 경우에 대하여 저당권등기에 질권의 부기등기를 하여야 그 효력이 저당권에 미친다고 정한다. 질권설정은 양도와 달리 완전권의 이전이 아니므로 피담보채권만 양도하면 저당권이 무의미해지는 것과 달리 피담보채권에만 질권을 설정한다 하여 저당권이 무의미해지지 아니한다. 그러나 다른 한편 피담보채권에 질권을 설정한다면 저당권에도 질권의 효력이 미치게 하는 것이 보통일 것이다.[98] 입법론적으로는 질권의 효력이 원칙적으로 미치는 것으로 하고 반대특약의 가능성을 인정할 수도 있다. 다만 그때에도 제482조 제2항 제1호 같이 부동산물권법에서 등기의 기능을 보호하기 위한 규정이 필요한데, 여기에서는 민법 제348조가 그러한 기능을 하고 있는 것이다. 반면 채권에 대하여 질권이 설정된 뒤 그 채권을 담보하기 위한 저당권이 설정된 경우에는 그러하지 아니하다. 이 경우 애초에 질권의 목적이 된 채권에는 저당권이 없었으므로 질권설정 당시 저당권까지 함께 입질할 의사를 추정할 수는 없다. 채권에 질권이 설정된 상태에서 그 채권을 담보하기 위하여 저당권을 설정하는 경우 저당권은 채권만을 담보할 수도 있고 질권의 목적이 될 수도 있으며, 어차피 저당권설정을 위한 등기를 하여야 하므로 질권의 부기등기 없이 입질되었다고 추정할 필요도 훨씬 약하다. 대법원 2020. 4. 29. 선고 2016다235411 판결이 여기에 민법 제348조를 유추하는 것을 이러한 관점에서 이해할 수 있다.

(2) 부종성이 한편으로는 (법정담보권이 아닌 한 당사자의 의사에 의하여 설정되는) 담보의 목적에, 다른 한편으로는 채무자보호에 근거를 두고 있다면, 그중 채무자보호를 위하여 요청되는 범위를 넘는 것은 사적 자치에 맡길 필요가 있다. 그 대표적인 예가 근담보이다. 판례는 민법 제357조와 같은 명문의 규정이 없는 질권에 대하여도 널리 근질권을 인정하고[99] 학설도 같은

권의 양도 — 대법원 2003. 10. 10. 선고 2001다77888 판결", Jurist 제410호(2006), 526. 입법론적으로 비슷한 취지로, 최수정(주 95), 148-155. 이렇게 해석한다면 가령 저당권이전의 부기등기를 마치지 못하여 후순위 권리자에게 배당이 이루어진 경우 집행절차 밖에서 부당배당을 이유로 하는 부당이득반환청구를 인정하기가 쉬워진다.

98) 대법원 2020. 4. 29. 선고 2016다235411 판결 참조. 그러나 김증한 · 김학동(주 1), 500은 피담보채권에 질권이 설정되는 경우 저당권을 분리하여 질권의 효력범위에서 배제하는 것은 허용되지 아니한다는 전제하에 부기등기가 마쳐진 때에 피담보채권에 대하여도 질권설정의 효력이 미친다고 한다. 같은 취지로, 김용덕 편집대표 주석민법 물권 3 제5판, 2019, 683(이태종).

99) 대법원 2009. 10. 15. 선고 2009다43621 판결은 이를 전제로, "금전채권에 대하여 설정된 근질권은 근저당권처럼 등기에 의하여 공시되는 것이 아니기 때문에, 통상 그러한 채권을 압류한 제3자는 그 압류 당시 존재하는 근질권의 피담보채권으로 인하여 예측하지 못한 손해를 입을 수밖에 없고, 나아가 근질권자가 제3자의 압류 사실을 알지 못한 채 채무자와 거래를 계속하여 채권을 추가로 발생시키더라도 근질권자의 선의를 보호하기 위하여 그러한 채권도 근질권의 피담보채권에 포함시킬 필요가 있으므로 그 결과 제3자가 입게 되는 손해 또한 불가피한 것이나, 근질권자가 제3자의 압류 사실을 알고서도 채무자와 거래를 계속하여 추가로 발생시킨 채권

데,[100] 이를 이러한 관점에서 이해할 수 있다. 특히 (채권)최고액이 존재하여 채무자(및 근저당권의 경우 제3자)보호가 최고액으로 확보될 수 있는 근저당권과 근보증(민법 제357조, 제428조의3)에서는 포괄근저당 · 포괄근보증도 원칙적으로 허용함이 옳다.[101] 물론 당사자가 전혀 예상하지 않은 우연적인 채권채무관계까지 근저당권으로 담보하는 것은 과도한 경우가 있을 수 있다. 판례가 약관해석 등을 통하여 피담보채권의 범위를 제한하는 것은[102] 이러한 경우 채무자보호를 위하여 계약법적 수단을 쓴 예라고 볼 수 있다.

한편 저당권의 경우 실제로는 특정 채권을 담보하기 위한 것임에도 근저당권을 설정하는 예도 흔하다.[103] 판례 · 학설은 이러한 근저당권의 효력을 인정하면서도 이때에는 피담보채권이 확정된 뒤의 근저당권과 같은 효력을 부여한다.[104] 근저당권은 채권최고액의 범위에서 효력이 있을 뿐이므로 채무자보호에는 별 문제가 없고, 근저당권설정등기가 공시하는 것은 그 저당권의 부종성의 제한 내지 완화이고 그뿐이므로, 당사자 의사를 존중하여 특정 채권을 담보하기 위한 근저당권도 채권최고액 범위 내에서 효력을 인정하는 데 별 무리가 없다.

특정채권을 담보하기 위한 것이든 포괄근저당처럼 보이지만 해석상 한정근저당인 경우든, 대외적으로는 근저당권으로 공시될 뿐이다. 이러한 거래에서 당사자는 장래를 위하여 부종성의 제한 내지 완화의 이익을 확보해두고자 한 것으로 볼 수 있고, 그것이 근저당권을 통하여 실현될 수 있는 것인 한 그러한 이익을 누릴 수 있게 해주는 것이 좋을 것이다. 즉, 근저당권으로 등기된 이상 당사자 합의로 피담보채권을 교체하는 것을 허용함이 타당하고, 굳이 무효등기의 유용(流用) 구성으로 우회할[105] 필요가 없다고 본다.

또 하나 문제되는 것은 피담보채권의 채권자와 담보권자의 분리이다. 담보는 피담보채권의 만족을 확보하기 위한 것이므로 채권자와 담보권자는 같은 것이 원칙이다. 그러나 채권자

까지 근질권의 피담보채권에 포함시킨다고 하면 그로 인하여 근질권자가 얻을 수 있는 실익은 별 다른 것이 없는 반면 제3자가 입게 되는 손해는 위 추가된 채권액만큼 확대되고 이는 사실상 채무자의 이익으로 귀속될 개연성이 높아 부당할 뿐 아니라, 경우에 따라서는 근질권자와 채무자가 그러한 점을 남용하여 제3자 등 다른 채권자의 채권 회수를 의도적으로 침해할 수 있는 여지도 제공하게 된다"면서, "근질권이 설정된 금전채권에 대하여 제3자의 압류로 강제집행절차가 개시된 경우 근질권의 피담보채권은 근질권자가 위와 같은 강제집행이 개시된 사실을 알게 된 때에 확정된다고 봄이 타당하다"고 한다.

100) 지원림(주 71), 769-770은 질권의 경우 후순위권리자가 없는 것이 보통이므로 저당권보다 좀 더 넓게 근담보를 인정할 수 있다고 한다.

101) 김재형, "담보법의 현재와 미래 —민법 시행 50주년을 맞이하여—", 민사법학 제52호(2010), 336-337. 가령 포괄근저당이 저당권의 부종성 원칙을 무의미하게 한다는 비판(이순철, "물상보증인의 책임", 김기선박사고희기념 현대재산법의 제문제, 1987, 183)은 다시 부종성이 왜 강행적으로 관철되어야 하는가 하는 의문을 제기하는 것이다.

102) 대법원 2004. 2. 13. 선고 2002다43882 판결 등.

103) 김재형(주 101), 335-336.

104) 김상용, 부동산담보법, 1996, 131.

105) 가령 대법원 2012. 6. 28. 선고 2010다36773 판결 참조.

와 담보권자 사이의 합의로 담보권자가 채권자를 위하여 담보를 보유하고 채권자의 만족에 충당할 수 있다면 양자의 분리를 금지할 필요는 없을 것이다.[106] 이는 채무자보호와는 관계없기 때문이다. 미국법이 그러한 입장이다. 판례가 "채권담보의 목적으로 채무자 소유의 부동산을 담보로 제공하여 저당권을 설정하는 경우에는 담보물권의 부종성의 법리에 비추어 원칙적으로 채권과 저당권이 그 주체를 달리할 수 없는 것이지만, 채권자 아닌 제3자의 명의로 저당권등기를 하는 데 대하여 채권자와 채무자 및 제3자 사이에 합의가 있었고, 나아가 제3자에게 그 채권이 실질적으로 귀속되었다고 볼 수 있는 특별한 사정이 있거나, 거래경위에 비추어 제3자의 저당권등기가 한낱 명목에 그치는 것이 아니라 그 제3자도 채무자로부터 유효하게 채권을 변제받을 수 있고 채무자도 채권자나 저당권 명의자인 제3자 중 누구에게든 채무를 유효하게 변제할 수 있는 관계 즉 묵시적으로 채권자와 제3자가 불가분적 채권자의 관계에 있다고 볼 수 있는 경우에는, 그 제3자 명의의 저당권등기도 유효하다고 볼 것이고, 이러한 법리는 채권담보를 목적으로 가등기를 하는 경우에도 마찬가지로 적용된다"고 하는 것을[107] 이러한 관점에서 이해할 수 있다. 나아가 대법원 2001. 3. 15. 선고 99다48948 전원합의체 판결의 다수의견은 실질적인 채권자가 소유자인 경우에도[108] 마찬가지라는 입장을 취한다. 이는 독일민법상 소유자저당권을 인정한 것과 비슷한 결과가 된다. 반대의견은 이를 비판하나,[109] 그러한 담보거래에 대하여 현실적 수요가 존재하고 이를 존중할 필요가 있음을 고려할 때 다수의견에 수긍할 바가 있다.[110] 입법론으로는 순위확정과 소유자저당을 도입함이 바람직할 것이다.

(3) 비전형 담보에서도 특정 채권을 담보하기 위한 것인 이상 당사자는 좁은 의미의 부종성을 원하였으리라고 봄이 합리적인 의사해석이다.

앞서 본 대법원 2004. 4. 28. 선고 2003다61542 판결은 어음을 채권 담보 목적으로 배서하여 넘긴 것이 "양도담보권을 설정한 것이라 하더라도 역시 피담보채권의 분리 양도에 따라 담보권이 소멸한 이상 위에서 본 법리에 따라 원고는 더 이상 파산법 제80조의 제한을 받지 않고 피고를 상대로 이 사건 어음들에 대한 환취권을 행사할 수 있다"고 한다. 반면 대법원 1999. 11. 26. 선고 99다2309 판결은 "채권양도가 다른 채무의 담보조로 이루어졌으며 또한 그 채무가 변제되었다고 하더라도, 이는 채권 양도인과 양수인 간의 문제일 뿐이고, 양도채권

106) 그러나 이에 반대하는 것으로 김미리, "제3자 명의 저당권등기의 효력 —대상판결: 대법원 2001. 3. 15. 선고 99다48948 전원합의체 판결—", 법조 통권 제545호(2002), 215 이하.

107) 가령 대법원 2009. 11. 26. 선고 2008다64478, 64485, 64492 판결. 이러한 경우 채권양도 내지 불가분채권관계의 인정은 다분히 의제적이고 너그럽게 이루어지는 경향이 있다. 요컨대 담보권자가 담보권이 아닌 피담보채권을 행사하는 것은 예정되어 있지 아니하다고 보이는 경우에도 유효하다고 보는 것이다. 가령 대법원 2011. 1. 13. 선고 2000다69940 판결. 또한, 김종기, "채권자 아닌 제3자 명의의 근저당권설정등기가 경료된 경우 그들 사이에 형성된 법률관계의 실체를 판단하는 기준 내지 방법", 대법원판례해설 제87호(2011), 41 이하.

108) 저당권은 타물권이므로 이러한 저당권설정등기는 현행법상 허용되지 아니한다.

109) 비슷한 취지로, 윤홍근, "근저당권의 부종성의 한계", 민사판례연구[XXIV](2002), 86-87.

110) 남영찬, "근저당권의 피담보채권과 부종성", 민사재판의 제문제 제11권(2002), 175 이하.

의 채무자는 채권 양도·양수인 간의 채무 소멸 여하에 관계없이 양도된 채무를 양수인에게 변제하여야 하는 것이므로(대법원 1979. 9. 25. 선고 79다709 판결 참조), 설령 원고의 소외인에 대한 대여금채권이 그 후 변제로 소멸되었다고 하더라도, 피고로서는 이를 이유로 원고의 양수금 청구를 거절할 수 없다"고 한다.[111] 양도담보설정자의 환취권은 반드시 물권복귀를 전제하지 아니하더라도 설명 내지 정당화할 수 있다는 점에서[112] 물권이 당연복귀하지는 아니하고 채권적 반환청구권만 인정된다는 것이 판례의 태도라고 추측된다. 그러나 특정 채권을 담보하기 위한 양도담보의 경우 별다른 사정이 없는 한 정지조건과 해제조건의 결합에 의하여 부종성이 확보되는 것으로 봄이 옳다.[113]

다만, 이는 등기의 대상인 부동산을 담보목적으로 양도하는 경우에는 적용되지 아니한다. 해제조건이 등기되지 아니한 이상 해제조건의 성취가 제3자에 대하여 물권적 효력을 미친다고 볼 수 없기 때문이다. 판례는 해제조건부 매매에서 해제조건이 성취된 경우 부동산소유권이 곧바로 매도인에게 복귀한다고 하면서도,[114] 해제조건부 증여에서 수증자의 처분행위로 권리를 취득한 제3자에게 대항하려면 해제조건을 가등기해야 한다고 한다.[115] 대법원 1974. 12. 10. 선고 74다183 판결도 "양도담보라 함은 채권담보의 목적으로 담보목적물의 소유권을 채권자에게 신탁적으로 이전하여 그로 하여금 그 담보목적 범위내에서 소유권을 행사케 하는 것이므로(대법원 1955. 3. 31 선고 4287민상124 판결 참조) 그 피담보 채무가 전부 변제되었다면 채권자는 그 담보권을 상실한 것이니 다른 특별한 사정이 없는 한 채무자에게 그 담보물의 소유권을 회복하여 줄 의무가 있다고 할 것이며 그 채무자로부터 적법하게 어떤 권리를 받은 제3자에 대하여 그 소유권이전등기가 있다는 그 사실만 가지고 소유권을 주장할 수 없다"고 하여 결론적으로 비슷한 태도를 취한다.

나아가 비전형 담보에서도 피담보채권이 이전되면 원칙적으로 담보가 당연이전된다고 봄이 옳고, 비전형 담보의 신탁적 성격이 이에 반한다고 볼 것도 아니다.[116] 이는 특히 피담보채

111) 판례를 지지하는 취지로, 유남근, "담보목적의 채권양도(채권양도담보)의 성질과 그 피담보채무가 변제된 경우의 법률관계", 부산판례연구회 판례연구 제14집(2003), 307 이하. 그러나 같은 문헌도 당사자 사이에서는 해제조건부 양도로 보는 것이 더 합리적임을 인정하고 있다. 다른 한편 제3자는, 위 문헌의 주장과 달리, 민법 제452조 제2항에 의하여 보호될 수 있다.

112) 전병서, "파산법상 환취권 고찰", 법조 통권 제510호(1999), 161-162. 양도담보설정자의 환취권을 부정한 구 파산법 제80조는 채무자 회생 및 파산에 관한 법률에서 대체 없이 삭제되었다. 물론 위 판례의 대상사안에서는 이 규정이 적용되었으므로, 위 판결을 소유권의 복귀를 전제하지 아니하는 것으로 이해한다면 이는 법률에 반하는 법형성(Rechtsfortbildung contra legem)에 해당한다.

113) Bähr(주 31), S. 1473 f.(채무자보호기능에 터 잡아 보충적 계약해석으로 인정할 수 있다고 한다).

114) 대법원 2011. 7. 28. 선고 2011다15094 판결. 관련 논의는 우선, 권성, "해제조건의 성취와 민법 제187조", 민사판례연구[Ⅷ](1983), 33 이하 참조.

115) 대법원 1992. 5. 22. 선고 92다5584 판결; 2015. 5. 14. 선고 2014다36443 판결.

116) 비전형 담보에 신탁적 성격이 있다 하더라도 그것이 계약이전을 부정하는 취지라고 보기는 어렵고 오히려 피담보채권의 이전에 따라 담보약정도 이전될 것이 예정되어 있다고 봄이 옳다. 이러한 담보약정은 그 성질상 세

권이 압류·전부되는 등 법률규정에 의하여 이전되는 경우에[117] 의미가 있다.

그런데 대법원 2017. 6. 22. 선고 2014다225809 전원합의체 판결의 다수의견은 토지구획정리사업의 사업자가 토지구획정리사업의 시행사인 A에 대한 대여금채무를 담보하기 위하여 부동산담보신탁을 설정하여 A에게 대여금채무를 담보하는 내용의 우선수익권을 부여하고, 위 우선수익권에 시공사 B 앞으로 질권이 설정되었는데, 이후 A의 채권자 C가 사업자에 대한 위 대여금채권을 압류·전부받은 사건에서 "위탁자가 금전채권을 담보하기 위하여 그 금전채권자를 우선수익자로, 위탁자를 수익자로 하여 위탁자 소유의 부동산을 신탁법에 따라 수탁자에게 이전하면서 채무불이행 시에는 신탁부동산을 처분하여 우선수익자의 채권 변제 등에 충당하고 나머지를 위탁자에게 반환하기로 하는 내용의 담보신탁을 해 둔 경우, 특별한 사정이 없는 한 우선수익권은 경제적으로 금전채권에 대한 담보로 기능할 뿐 금전채권과는 독립한 신탁계약상의 별개의 권리"라면서, "우선수익권과 별도로 금전채권이 제3자에게 양도 또는 전부되었다고 하더라도 그러한 사정만으로 우선수익권이 금전채권에 수반하여 제3자에게 이전되는 것은 아니고, 금전채권과 우선수익권의 귀속이 달라졌다는 이유만으로 우선수익권이 소멸하는 것도 아니"라고 하여 이와 다른 입장을 취하였다. 이 판결에는 대여금채권이 전부명령으로 소멸한 이상 담보신탁도 종료하고 우선수익권 및 그에 대한 질권도 소멸한다는 대법관 권순일의 반대의견이 있었다. 학설도 피담보채권과 분리된 이상 우선수익권을 행사할 수 없으나 소멸하지는 아니한다는 견해와[118] 피담보채권이 (상대적으로) 소멸하여 우선수익권도 없어진다는 견해가[119] 대립한다.

그러나 담보신탁의 우선수익권을 담보물권으로 볼 수[120] 없다 하더라도 그것이 담보의 실질을 가지고 특정 채권을 담보하기 위한 것인 이상, 즉 담보목적인 이상 피담보채권이 전부명

당사자의 합의 없이 피담보채권을 따라 계약이전을 인정할 수 있다. 법정담보의 경우에도 담보권자와 담보설정자 사이에 채권적 권리의무관계가 존재하고 그러한 관계 중에는 목적물의 양도에 따라 제3취득자에게 이전하는 부분이 존재한다는 점을 참조할 수 있다. von Rintelen(주 15), S. 25 ff. und 254 ff. 이는 물(권)적 성격을 가진 채권채무(Realobligation, Zustandobligtion 등) 관념으로 설명되던 일련의 제도들에서 나타나는 현상이다. 변제자대위에서 이러한 계약상 권리의 이전(즉, 계약이전)이 인정된다는 점에 대하여는 대법원 1997. 11. 14. 선고 95다11009 판결 참조.

117) 담보에서 피담보채권이 양도되는 경우 담보가 함께 이전되는 것이 당사자 의사에 터 잡은 것임에도 법기술적으로는 (특약에 의하여 배제할 수 있는) 당연이전으로 구성된다는 점, 대법원 2009. 11. 26. 선고 2006다37106 판결이 양도담보에 대하여 물상대위를 유추한 점도 여기에 참고가 된다. 프랑스법에서 이러한 방향으로 판례·학설이 발전해온 과정과 특히 순위유지효과에 대하여는 Westendorf(주 77), n° 440 et suiv.

118) 이계정, "담보신탁과 분양보증신탁에 관한 연구", 사법 통권 제41호(2017), 108-109.

119) 권영준, "2017년 민법 판례 동향", 서울대 법학 제59권 제1호(2018), 461-462; 최수정, "부동산담보신탁상 우선수익권의 성질과 우선수익권질권의 효력 —대법원 2017. 6. 22. 선고 2014다225809 전원합의체 판결을 계기로—", 인권과 정의 제470호(2017), 55.

120) 담보물권으로 보는 견해로, 김상용, "부동산담보신탁제도개발의 필요성과 법적 문제점 검토", 경영법률 제5집(1992), 666 이하.

령 등으로 이전되면 그 담보인 우선수익권도, 보증의 경우와 마찬가지로, 당연이전된다고 봄이 옳다. 담보신탁약정이 특정 우선수익권자만 우선수익권을 갖고 우선수익권의 이전이 허용되지 아니한다고 해석되는 경우는 예외적이고, 피담보채권이 이전되면 우선수익권도 함께 이전되는 것이 원칙이며,[121] 우선수익권이 피담보채권과 분리되면 의미를 잃어 교착상태에 빠지게 된다는 점에 비추면[122] 굳이 양자의 분리를 인정할 이익이 없다. 독일의 토지채무가 이러한 교착상태를 초래하는 것은 무엇보다도 물권법정주의와 등기로 토지채무를 부종적으로 형성할 수 없기 때문이다. 담보신탁상 우선수익권은 신탁약정에 따라 발생하는 일종의 채권이므로 여기에서는 그러한 문제가 존재하지 아니한다.

반면 부동산양도담보의 경우 등기부상으로는 소유권이므로 피담보채권이 이전되었다 하여 담보소유권도 당연히 이전된다고 볼 수 없다. 별도의 양도와 등기가 필요하다(민법 제186조). 피담보채권의 양도인이 담보소유권을 제3자에게 무단 처분하는 경우 계약위반 문제가 생길 뿐 분리처분은 유효하다. 이는 부동산물권법에서 등기의 의미를 존중하기 위하여 부종성이 깨진 예라고 할 수 있다.

Ⅳ. 결　　론

담보의 부종성은, 이미 판례도 언급한 바와 같이, 담보의 목적적 구조에서 도출되고, 약정에 의한 담보의 경우 결국 당사자의 의사에 터 잡는다. 그러나 역사적으로는 거래를 단순화하고 당사자의 의사와 이익에 보다 잘 부합하도록 담보권자에게 권리를 이전하고 담보설정자에 대하여 채권적 의무를 지우는 신탁적 구조에서 피담보채권이 담보의 존부와 범위, 행사, 귀속에 직접 영향을 미치는 좁은 의미의 부종성을 갖춘 담보로 발전하였다. 이러한 부종성에는, 물권법정주의 등과 결합하여, 채무자를 보호하는 기능도 있었다. 법률이 정한 담보유형이 별 예외 없이 부종적 담보가 된 데에는 이러한 기술적 및 중립적 측면과 실질적 측면이 병존하였다.

이후 금융담보의 발전은 법률이 정하는 여러 담보제도가 현실의 수요를 충분히 충족할 수 없음을 확인시켜 주었다. 전형담보에서는 부종성을 완화하는 해석과 거래형태가 발전하였고 비전형 담보도 발전하였다. 부종성 중 채무자보호와 관계없는 부분은 사적 자치적 형성을 어느 정도 허용할 필요가 있으나, 다른 한편 비전형 담보가 부종성을 배제하고자 한 것이 아니라 전형담보의 다른 측면을 피하여 당사자가 원하는 형태의 담보를 형성하고자 한 것일 때에는 비전형 담보에서도 좁은 의미의 부종성을 확보할 필요가 있다. 부종성(및 그와 밀접한 관련이 있

121) 최수정(주 119), 53도 채권이 양도되는 경우 다른 특약이 없으면 우선수익권도 함께 양도하는 것으로 '해석'할 수 있다고 한다.

122) 권영준(주 119), 462-463; 최수정(주 119), 53-55.

는 특정성)의 완화를 허용할 때에는 채무자보호를 위하여 계약법 등 다른 방법을 활용할 필요도 있다. 이른바 부종적 담보와 비부종적 담보의 구별은 평가적으로는 질적 차이가 아닌 양적 차이에 불과하고, 또 그래야 한다.[123] 이른바 부종적 담보와 비부종적 담보를 전혀 다른 제도로 만드는 기술적 차이들은 바로 부종적 담보가 역사적 발전과정에서 제거해온 불필요한 우회이고, 이른바 비부종적 담보에서도 유추 등의 방법으로 제거될 수 있는 것이다.

판례·학설을 살펴보면 우리 거래 현실에서도 이러한 문제가 다양한 형태로 제기되고 있음을 확인할 수 있다. 판례·학설은 전형담보에서 부종성을 완화하여 거래상 수요에 부응하기도 하고, 부종성을 엄격한 도그마로 받아들여 법률규정에 의하여 부종성이 인정되는 경우에는 그 예외를 쉽게 인정하지 아니하거나 법률규정이 없는 비전형 담보에서는 명백히 불합리한 결과에도 불구하고 좁은 의미의 부종성을 아예 부정하기도 한다. 어떠한 담보를 법정하더라도 그에 의하여 포섭되지 아니하는 거래상 수요에 부응하기 위하여 비전형 담보가 발전하곤 했던 담보법의 역사에 비추어볼 때 부종성의 배후에 있는 근거와 기능, 한계 및 기술적 관철방법에 대한 원리적 접근이,[124] 이러한 상황에 대응하기 위해서도, 필요하다.

123) Kircher(주 36), S. 393 f.
124) Wiegand(주 82), S. 36 f.

금지청구권에 대한 연구

—최근 국내외 입법동향을 중심으로—

이 선 희*

Ⅰ. 서 론

불법행위에 대한 구제수단으로서의 금지청구권이 2020. 12. 독점규제 및 공정거래에 관한 법률(이하 '공정거래법')의 개정으로 불공정거래행위에 대하여 도입됨에 따라 공정거래법 집행은 물론, 민법의 영역에서도 일대 전환의 계기를 맞이하게 되었다.

그런데 우리나라에서 금지청구권의 도입논의는 공정거래법보다 민법의 영역에서 먼저 시작되었다. 일찍이 양창수 교수님은 1994년부터 시작된 한국민사법학회 민법개정안연구 소위원회에서 위원으로 활동하시고, 불법행위에 대하여 금지청구권을 도입하는 내용을 포함한 불법행위법 개정안 의견서를 작성하신 바 있다. 그 내용은 "예방적 부작위청구"라는 제목으로 "불법행위가 급박하거나 반복될 명백한 우려가 있는 경우에 그 행위로 인하여 손해를 입은 사람은 그 행위의 유지(留止) 또는 예방을 청구할 수 있다"는 제764조 규정을 신설하는 것이었다.[1] 그 후 1999년 법무부 법무자문위원회에 설치된 민법(재산법)개정 특별분과위원회가 마련한 2001년 민법개정시안에 위 민법개정안 의견서와 같은 내용의 규정 신설제안이 있었으나, 장기적 검토사항으로 분류되어 개정안에 포함되지는 않았다. 그 이유 중의 하나로, 외국의 입법례가 없다는 것이 지적되었다.[2] 그리고 2009. 2. 4. 법무부 주도하에 설치된 민법개정위원회가 마련한 2014년 민법개정시안에도 "금지청구권" 규정[3]이 포함되어 있었으

* 성균관대학교 법학전문대학원 교수.

1) 양창수, "손해배상의 범위와 방법/손해배상책임의 내용", 민사법학 15호(1997), 219-221.

2) 법무부, 법무자료 제260집, 민법(재산편) 개정 자료집, 2004, 1130-1131; 법무부 민법개정자료발간팀 編, 2004년 법무부 민법 개정안(채권편 · 부록), 민법개정총서 4, 민속원, 594-595; 양창수, "최근의 한국민법전개정작업", 서울대학교 법학 43권 3호(2002), 47-48.

3) 제766조의 2(금지청구) ① 타인의 위법행위로 인하여 손해를 입거나 입을 염려가 있는 자는 손해배상에 의하여 손해를 충분히 회복할 수 없고 손해의 발생을 중지 또는 예방하도록 함이 적당한 경우에는 그 행위의 금지를 청구할 수 있다.

② 제1항의 금지를 위하여 필요한 경우에는 손해를 입거나 입을 염려가 있는 자는 위법행위에 사용되는 물건의 폐기 또는 그 밖에 적절한 조치를 청구할 수 있다.

나,[4] 실제 입법으로는 연결되지 못하였다.[5]

그런데 2020. 12. 공정거래법 개정으로 도입된 불공정거래행위에 대한 금지청구권 규정은 2021. 12. 30. 시행을 앞두고 있는바, 이것이 민법상 금지청구권에 대한 입법론 및 해석론에 영향을 줄 것으로 보인다. 이에 금지청구권에 대한 국내외의 입법동향을 중심으로, 우리나라 금지청구권에 대한 입법론과 해석론을 전개하고자 한다.

Ⅱ. 공정거래법상 불공정거래행위와 민법상 불법행위의 관계

공정거래법상의 불공정거래행위는 법률행위에 의한 경우가 적지 않다. 이와 관련하여 주로 생각할 수 있는 것은, i) 어떤 행위가 공정거래법에 규정된 불공정거래행위의 요건을 충족하면 바로 민법상 불법행위를 구성하는지, ii) 법률행위가 공정거래법에 규정된 불공정거래행위의 요건을 충족할 경우에 그 행위의 사법상 효력이 부정되는지, iii) 위와 같은 불공정거래행위로 인하여 침해를 받거나 받을 우려가 있는 자가 법원에 침해행위의 예방 또는 금지를 청구하는 금지청구권을 행사할 수 있는지 등이다.

위와 같은 점들을 염두에 두고, 공정거래법상 불공정거래행위와 민법상 불법행위의 관계에 대하여 고찰하기로 한다.

1. 불공정거래행위의 해당 여부에 대한 판단과 민법

공정거래법은 경쟁을 제한(개정법 제45조 제1, 2, 3, 7호)하거나 경쟁수단이 불공정한 경우(동조 제4, 5, 8호) 및 거래내용이 불공정한 행위(동조 제6호)를 불공정행위로 규제한다.[6] 거래당사자 간의 법률행위가 불공정거래행위를 구성하는 경우도 있지만, 거래당사자가 아닌 제3자의 행위가 특정 사업자에 대한 불공정거래행위를 구성하기도 한다.

거래당사자간에 발생하는 거래거절, 차별적 취급이나 지위남용행위 등 불공정거래행위에 있어서는, 자유롭고 공정한 경쟁질서를 저해하는 정도가 심각하여 실질적인 계약자유를 침해할 정도에 이르면 불공정하다는 판단을 내린다. 한편 거래관계가 없는 제3자의 행위가 불공정행위를 구성하는지 여부는 민법 제103조와 같은 일반조항의 도움을 얻는 경우가 있다. 예를 들어, 대법원 2018. 7. 11. 선고 2014두40227 판결은 사업자가 그의 경쟁사업자의 사업활동을

4) 법무부 민법개정자료발간팀 編, 2013년 법무부 민법개정시안(채권편 下) 민법개정총서 10권(2013), 411-439; 김상중, "불법행위에 대한 금지청구권 규정의 신설 제안", 민사법학 55호(2011), 229; 엄동섭, "불법행위법의 개정", 민사법학 60호(2012), 140-141.

5) 엄동섭, "민법개정, 무엇을 어떻게 할 것인가?", 민사법학 85호(2018), 223, 243-244; 지원림, "민법개정: 이상과 현실", 민사법학 85호(2018), 112.

6) 권오승 · 서정, 독점규제법(제3판), 법문사, 2018, 412.

방해하였는지를 판단함에 있어서, 경쟁사업자와 거래관계 있는 고객에게 "혜택이나 함께 사용된 다른 방해 수단이 통상적인 거래 관행에 비추어 이례적이거나 선량한 풍속 기타 사회질서에 반하는 등으로 관련 법령에 부합하는지 여부"를 해당 사업활동 방해행위의 부당성 판단에 있어서 고려하였다. 이는 거래관행과 민법 제103조를 고려하여 관련 법령과의 부합 여부를 따져 보는 것인데, 공정거래법상 불공정거래행위의 성부가 민법원리의 적용에 의하여 좌우되도록 한 것이고, 제3자 채권침해에 있어서 위법성 판단의 기준에 관한 판시와도 유사하다.[7)]

이와 같이 어떤 행위가 불공정거래행위에 해당하는지를 판단함에 있어서는 민법의 기본원리가 중요한 역할을 수행한다.

2. 불법행위의 성립요건으로서 '위법성'

그렇다면 어떤 행위가 공정거래법에 규정된 불공정거래행위의 요건을 충족하면 바로 민법상 불법행위를 구성하는가?

어떤 행위가 불법행위에 해당하려면 그것이 위법하여야 한다. 이때 위법하다는 것은 단순한 법규위반을 넘어서서 법질서 전체의 견지에서 부정적 판단을 받음을 의미한다. 법질서 전체의 견지에서 부정적 판단을 받았다고 볼 수 있는 가장 쉽고도 대표적인 표지는 해당 행위에 대하여 행정벌을 부과하는 것을 넘어서 형벌을 부과하는 규정이 있는 경우이다. 현행 공정거래법이 불공정거래행위(제23조)에 대하여 제66조, 제67조에서 형벌규정을 두고 있다는 것은 불공정거래행위가 단순히 공정거래법 위반행위에 그치는 것이 아니라 민법상으로도 불법행위를 구성한다고 볼 만한 중요한 단서가 될 수 있다.

보다 근본적으로, 어떤 유형의 행위를 금지하는 법률이 해당 행위에 의하여 보호받는 자에게 그에 상응하는 권리 또는 법률상 이익을 부여한 것으로 볼 수 있다면 그 권리 또는 법률상 이익의 침해를 불법행위로 구성하게 된다. 그런데 공정거래법은 소유권 등의 절대적 법익의 보호를 목적으로 하는 것이 아니라 자유롭고 공정한 경쟁질서의 유지라는 일반적 이익의 보장을 위하여 시장행위 규범을 정립하고 있기 때문에, 경쟁법규가 과연 부수적으로나마 개인적 이익의 보호를 도모하고 있는지에 대하여 의문이 생긴다. 공적 규범의 위반행위에 따른 민사적 손해배상책임은 당해 위반 법규가 공공일반의 이익만이 아니라 부수적으로라도 개개인의 이익도 보호하기 위하여 설정된 경우에 비로소 인정될 수 있다고 여겨지기 때문이다.[8)] 자유롭고 공정한 경쟁질서의 유지라는 일반이익은 시장참가자의 개인적 손해를 넘어서는 고유한 의미를 갖고 있다. 그렇지만 경쟁질서의 유지는 그 자체가 목적이기보다는, 자유롭고 공정한 경

7) 강우찬, "대법원의 공정거래 사건 판결 요지 : 2018년 5월~7월", 경쟁저널 196호, 공정경쟁연합회(2018), 55; 최승재, "2018년 경제법 중요판례평석", 인권과 정의 481호(2019), 131.

8) 공법적 법규 위반에 따른 민사법적 위법성 판단에 관하여는 김재형, "법규 위반과 불법행위책임", 판례실무연구 [XI](상)(2014), 674, 704.

쟁을 유지하고 이로써 경쟁행위가 법규에 부합하게 이루어질 것이라는 시장참가자들의 기대를 보호하는 데에 이바지하는 면에 있다. 그렇다면 공정거래법은 경쟁질서 유지라는 제도의 보장 이외에 이를 통하여 시장참가자의 이익을 보호하려는 취지도 포함한다고 할 것이다. 따라서 공정거래법 위반이 인정되는 한 그 위반행위가 특정인의 손해를 지향하였는지를 묻지 않고 민법 제750조의 불법행위 요건인 위법성도 함께 충족한다고 판단된다.[9] 이와 같은 개인보호 목적의 부수적 인정은 경쟁법 집행에서 개인의 역할을 강조하여 민사상의 손해배상책임을 통하여 법규 위반행위를 억제해야 한다는 제도적 요청에도 부합한다고 볼 수 있다.[10]

특히 거래관계가 없는 제3자에 의한 행위가 불공정거래행위를 구성하는 경우에 불법행위를 인정하는 것은, 그것이 위법한 제3자 채권침해에 해당하는 것으로 보기 때문이다. 이와 같은 취지에서 대법원 2003. 3. 14. 선고 2000다32437 판결은 “일반적으로 채권에 대하여는 배타적 효력이 부인되고 채권자 상호간 및 채권자와 제3자 사이에 자유경쟁이 허용되는 것이어서 제3자에 의하여 채권이 침해되었다는 사실만으로 바로 불법행위로 되지는 않는 것이지만, 거래에 있어서의 자유경쟁의 원칙은 법질서가 허용하는 범위 내에서의 공정하고 건전한 경쟁을 전제로 하는 것이므로, 제3자가 채권자를 해한다는 사정을 알면서도 법규에 위반하거나 선량한 풍속 또는 사회질서에 위반하는 등 위법한 행위를 함으로써 채권자의 이익을 침해하였다면 이로써 불법행위가 성립한다고 하지 않을 수 없고, 여기에서 채권침해의 위법성은 침해되는 채권의 내용, 침해행위의 태양, 침해자의 고의 내지 해의의 유무 등을 참작하여 구체적, 개별적으로 판단하되, 거래자유 보장의 필요성, 경제·사회정책적 요인을 포함한 공공의 이익, 당사자 사이의 이익균형 등을 종합적으로 고려하여야 한다”고 판시하였다.

3. 불공정행위의 사법적 효력

민법의 적용을 받는 법률행위가 공정거래법에 규정된 불공정거래행위의 요건을 충족할 경우에 그 행위의 사법상 효력이 부정되는가?

불공정거래행위가 법률행위에 의하여 이루어진 경우에, 법률행위의 내용을 이유로 그 사법적 효력이 부인되는 대표적인 예는 선량한 풍속 기타 사회질서에 위반하는 법률행위(민법 제103조)와 강행규정에 위반하는 법률행위에 해당하는 경우이다. 민법 제103조는 어떤 법률행위가 선량한 풍속 기타 사회질서에 반하는 경우에는, 비록 명시적인 법령의 규정이 없다고 하더라도, 그 행위의 법률적 효과를 부정하는 데에 사용된다. 한편 관련되는 법규정이 있을 때에는 위 제103조보다 손쉬운 방법으로서 문제된 행위가 관련 법령에 위반한 것인지를 판

9) 이선희, 독점규제법상 부당한 공동행위에 대한 손해배상청구, 경인문화사, 2013, 108.

10) 김상중, “민사법에 의한 경쟁법규의 관철 —민법과 경쟁법의 상호보완이라는 관점에서—”, 재산법연구 34권 4호(2018), 15.

별하는데, 관련 법령 중 행위의 효력을 부정하는 규정은 강행규정, 보다 정확하게는 효력규정이다.

우리나라에서는 공정거래법상 불공정거래행위에 대한 규정을 강행규정으로 볼 것인지에 대하여 별다른 논의가 없이, 공정거래법 위반행위의 사법적 효력에 대하여 학설이 무효설, 원칙적 무효설,[11] 개별적 해결설[12]로 나뉜다. 대법원 2011. 1. 27. 선고 2010다53457 판결은, 부당한 대금감액을 금지하는 하도급법 제11조가 이에 위반하는 행위의 효력을 부인하는 강행규정으로 볼 수 없고, 대금의 정산합의가 민법상 유효한지 여부 및 정산합의의 과정에서 사기, 강박 등에 이르는 행위가 있었는지 여부와 관계 없이, 하도급법 제11조 제2항에 위반되는 불공정거래행위는 위 규정에 의하여 보호되는 원고의 권리와 이익을 침해하는 불법행위를 구성한다고 판시하였다. 또한 대법원 2017. 9. 7. 선고 2017다229048 판결은 거래상 지위의 남용행위가 공정거래법상 불공정거래행위에 해당하는 것과 별개로, 위와 같은 행위를 실현시키고자 하는 사업자와 상대방 사이의 약정이 경제력의 차이로 인하여 우월한 지위에 있는 사업자가 그 지위를 이용하여 자기는 부당한 이득을 얻고 상대방에게는 과도한 반대급부 또는 기타의 부당한 부담을 지우는 것으로 평가할 수 있는 경우에는, 선량한 풍속 기타 사회질서에 위반한 법률행위로서 무효라고 판시하였다. 위와 같이 판례는 공정거래법상 불공정거래행위에 대한 규정을 강행규정으로 보는 것 같지는 않고, "공정거래법상 불공정행위에 해당하는 것과는 별개로" 법률행위의 구체적인 내용을 고찰하여 민법 제103조에 의한 무효 여부를 판단하는 입장을 취함으로써 공정거래법 위반행위의 사법적 효력에 대해서는 개별적 해결설의 입장을 취하는 것으로 보인다.

일본의 판례 및 이에 대한 해석론도 대체로 유사하다.[13] 다만, 불공정거래행위에 관한 규정 중에는 강행규정이 있을 수 있다고 보고, 그로 인하여 위반행위가 무효가 될 가능성은 열어두었다. 최고재판소는 사적독점금지 및 공정거래확보에 관한 법률(私的独占の禁止及び公正取引の確保に関する法律, 이하 '독점금지법') 제19조[14]에 위반한 계약의 사법상 효력에 대하여, 그 계약이 공서양속에 반한다고 되는 것과 같은 경우는 별론으로 하고, 동조가 강행법규라는 이유로 즉시 무효라고 해석해야 하는 것은 아니라고 판시하였다.[15]

11) 권오승 · 이민호, "경쟁질서와 사법상의 법률관계", 비교사법 제14권 제1호(2007), 89-90.

12) 서정, 독점규제법 집행에 관한 연구 서울대학교대학원 석사학위논문(1998), 98; 홍대식, "독점규제법상 불공정거래행위의 사법적 효력", 사법논집 제30집, 법원도서관(2000), 166-170; 이선희, "우리 나라의 독점규제법과 사적 집행의 발전", 성균관법학 23권 1호(2011), 61-62.

13) 이에 대한 상세는 권오승 · 이민호(주 11), 85-86; 일본의 학설 전개에 관해서는 今村成和 外 3人編, 注解 経済法 上巻, 青林書院, 1985, 299-302頁 및 村上政博(監修), 向宣明 · 中野雄介 · 宇都宮秀樹(編輯代表), 独占禁止法と損害賠償 · 差止請求, 中央経済社, 2018, 579-580頁 참조.

14) 현재 우리나라 공정거래법 제23조에 상응하는 불공정거래행위에 관한 일반조항이다.
第十九条　事業者は、不公正な取引方法を用いてはならない

15) 岐阜商工信用組合 両建預金사건—最判 昭和52(1977)年6月20日 民集31巻4号449頁.

또한 독점금지법 위반행위가 공서양속에 반하는 것으로서 민법 제90조[16]에 의하여 무효가 되는지 여부의 판단기준에 대하여, 하급심 판결이기는 하지만, "독점금지법의 규정의 성격은 그 내용에 따라 상당히 다르고 효력규정적 요소가 강한 것부터 행정단속법규적 요소가 강한 것까지 여러 가지이므로, 독점금지법위반의 계약, 협정이라 하더라도 일률적으로 유효 또는 무효라고 생각하는 것은 상당하지 않고, 규정의 취지와 위반행위의 위법성 정도 거래의 안전보호 등 제반 사정으로부터 구체적 계약, 협정마다 그 효력을 고려하는 것이 상당하다."는 판시가 있다.[17]

Ⅲ. 불법행위의 구제수단으로서 금지청구제도

1. 개　설

어떤 법률행위가 선량한 풍속 기타 사회질서 또는 강행규정에 위반한다면, 이를 이유로 그 행위의 효력을 부인할 수 있다. 한편 해당 법률행위가 무효는 아니더라도 불법행위에 해당한다면, 우리 민법은 구제수단으로 피해자에게 손해배상청구권을 부여한다. 불공정거래행위가 법률행위의 형식을 취하는 경우에 해당 행위의 효력이 일률적으로 부인되지는 않지만 불법행위가 성립한다고 하는 앞서 본 논의에 따르면, 이 경우에도 손해배상청구권은 부여된다. 그런데 불법행위를 구성하는 불공정거래행위에 대하여, 그 위법행위로 인한 방해의 제거 또는 예방 청구권과 같은 금지청구권이 허용되는가?

우리 민법상 물권이나 인격권과 같은 절대권 침해의 경우에 금지청구가 허용된다. 소유권 등 물권에 기한 방해제거청구권 또는 방해예방청구권(제214조 등)은 금지청구권의 실질을 가진다. 그러나 불법행위 일반에 대하여 금지청구권을 인정하는 이론이 우리 민법을 비롯한 대륙법계의 민법에는 존재하지 않았다. 이런 이유에서 불공정거래행위에 대하여 명문의 규정 없이도 금지청구권을 인정할 것인가에 대해서는, 최근까지도 부정적인 견해가 다수를 차지하였다.[18]

그런데 2021. 12. 시행을 앞두고 있는 우리나라의 개정 공정거래법은 불공정거래행위에 대하여 금지청구권을 전면적으로 도입하였다. 이는 민법 및 공정거래법 영역에서 금지청구권을 법률에 도입하는 최근 각국의 움직임과 무관하지 않다. 이에 금지청구권을 비교법적으로

16) 우리 민법 제103조에 상응하는 규정이다.
第九十条(公序良俗) 公の秩序又は善良の風俗に反する法律行為は、無効とする。

17) 奥道後温泉バス路線(오쿠도고 온천버스 노선) 판결. 高松高判 昭和61(1986)·4·8 判タ629号179頁.

18) 장승화, "독점금지법상 금지청구", 민사판례연구 24권, 박영사(2002), 676; 김차동, "공정거래법의 사적집행제도의 변경 및 그 보완방안", 경쟁법연구 11권(2005), 93; 권오승·이민호, 97; 강우찬, "공정거래법상 금지청구권과 가처분", 민사판례연구 제31권, 박영사(2009), 881; 이선희, "한국 경쟁법의 사적 집행제도의 개요와 향후 발전 방향", 경쟁법연구 제29권(2014), 299.

검토해 본다.

2. 비교법적 검토

(1) 미국의 경우

미국은 금지청구권이 가장 활발하게 행사되고 있는 나라로서, 민법의 영역에서 형평법에 의하여 인정되는 외에 1914년 클레이튼법(Clayton Act) 제16조에 경쟁법 위반행위의 금지청구권에 관한 명문의 규정을 두었다.

㈎ 형평법상 금지청구 형평법은 권리의 종류 여하를 막론하고 침해행위에 대한 금지청구권의 부여가능성을 원칙적으로 인정한다.[19] 이러한 금지청구(injunction)는 주로 사람·가축·토지에 대한 침범(tresspass)이나 환경오염 등의 불법행위에 대하여 인정되고 있다. 금지청구는 영구적인 금지명령(permanent injunction)과 잠정적인 금지명령(preliminary injunction)으로 구분된다.[20]

일반적으로 피해자의 권리 또는 이익의 침해에 대하여 금지명령에 의한 구제가능성은 i) 원고에게 회복 불가능한 피해가 발생하였는지 여부 ii) 손해배상과 같은 보통법상의 구제수단이 그 피해를 보상하기에 부적절한 것인지 여부, iii) 원고와 피고의 곤란을 고려할 때 형평법상의 구제가 정당화될 수 있는지 여부, iv) 공익이 금지명령에 의하여 해를 입지 않는지 여부에 달려있다.[21]

그런데 i)에서 "회복 불가능한 피해"에 해당하는지 여부는 영구적인 금지명령의 경우와 잠정적인 금지명령의 경우에 있어서 기능적으로 다르다. 영구적인 금지명령에 있어서는 "회복 불가능한 피해"를 성향상(in orientation) 예상할 수 있다고 보고, 잠정적인 금지명령의 경우보다 그다지 엄격하게 판단하지 않는다.[22]

한편 잠정적 금지명령은 본안소송이 열릴 때까지 당사자들의 관련 상황을 보존하기 위한 것으로서, 우리나라의 가처분제도와 유사하다. 판례는 잠정적인 금지명령에 있어서 위 i)의 요

---

19) 미국 형평법상의 금지청구권을 소개한 국내논문으로는 권영준, "불법행위와 금지청구권 : eBay vs. MercExchange 판결을 읽고", LAW & TECHNOLOGY 4권 2호, 서울대학교 기술과법센터(2008), 51-55; 김차동, "금지(유지)청구권에 관한 비교법적 고찰 : 대한민국과 미국을 중심으로", 법학논총 26권 4호, 한양대학교(2009), 228-230.

20) 이외에도 임시적인 금지명령(temporary restraining order)이 있는데, 이것은 긴급 상황을 위한 비상 구제수단이라고 설명된다. 일반적으로 10~20일 정도의 짧은 기간이고, 잠정적 금지명령의 심문이 이루어질 때까지 사이에 현상을 유지하기 위한 것이다. 우리 법에는 이에 해당하는 유형의 금지명령은 없다.

21) Dan Dobbs & Caprice Roberts, Law of Remedies: Damages, Equity, Restitution (Hornbooks) (3rd Ed.), West Academic Publishing, 2018, pp. 168-170, 190-191; Fischer, Understanding Remedies (3rd Ed.), Carolina Academics Press, 2016, pp. 249-255, 288-293; eBay Inc. v. MercExchange, L.L.C., 547 U.S. 388 (2006); 권영준(주 19), 65.

22) Fischer(주 21), p. 288.

건을, 본안판결 시점까지 참는 것이 가혹하다고 생각되는 경우의 손해 여부로 파악한다. 이론적으로는, 본안소송까지의 원고의 손실이 본안소송 시점에서 금전적으로 적당하게 보상받을 수 있다면, 원고가 잠정적인 금지명령의 신청이 기각됨으로 인하여 회복할 수 없는 손해를 입는 것이 아니라고 본다.[23] 그리고 위 i) 내지 iv)의 요건 외에 본안에서의 승소가능성을 추가적으로 고려한다.[24]

㈏ 독점금지법 위반행위에 대한 금지청구 클레이튼법(Clayton Act) 제15조, 제16조는 경쟁법 위반행위에 대한 금지청구권을 명문으로 규정하고 있다. 위 금지청구권을 통하여 이루려는 목표는 정부가 경쟁법 위반행위에 대하여 조치를 취하지 않았거나 못하였을 경우에 사인(私人)들에게 대안의 구제책을 제공하고, 또한 사인들이 직접 경쟁법 집행기관의 역할을 함으로써 경쟁법이 강력하게 집행될 수 있도록 하기 위함이다.[25] 반면 경쟁방법의 불공정성을 문제 삼는 연방거래위원회법(Federal Trade Commission Act)은 위반행위에 있어서 사인의 금지청구를 허용하지 않는다.[26]

그런데 클레이튼법 제16조에 근거한 금지청구소송은 일반 소비자보다는 경쟁자에 의하여 활발히 제기된다. 비록 많은 경우에 소송당사자 요건을 갖추지 못하여 각하되지만, 특히 기업결합이 승인될 경우에 경쟁이 치열해질 것을 방지하기 위한 전략적인 이유에서 금지청구소송을 제기하는 경우가 많다고 한다.[27]

(2) 독일의 경우

㈎ 개 설 독일에서 금지청구권에 관한 가장 중요한 규정은 민법 제1004조로서, 이 규정에서는 소유권에 기한 방해배제와 부작위청구권을 정하고 있다.[28] 인격권에 관하여는 유일하게 성명권에 대한 침해의 제거 및 금지청구를 인정한다(제12조). 그리고 지적재산권에 관한 개별 법률들과 부정경쟁방지법 등에서 금지 및 결과제거청구권을 두고 있다.[29] 그러나 불법행위 일반에 대하여 일반화된 금지청구권의 성문규정은 없으며, 경쟁질서에 반하는 행위에 대하여 최근까지도 경쟁제한법에서 일반화된 성문규정으로 대처하지는 못하였다.[30]

㈏ 민법상 금지청구권 이론의 발전 독일법원은 민법전 시행 직후인 1901. 4.

23) Fischer(주 21), pp. 251-253; Dobbs & Roberts(주 21), p. 193.
24) Fischer(주 21), pp. 249-251.
25) Zenith Radio Corp. v. Hazeltine Research, Inc., 395 U.S. 100, 130 (1969).
26) 윤세리, "미국 독점금지법상의 사소제도", 경쟁법연구 제9권(2003), 38-41; 강우찬(주 18), 883; 이선희(주 12), 30.
27) 김용상 · 정진, "미국법상 사인의 금지청구제도 개요", 경쟁저널 168, 한국공정경쟁연합회(2013), 10.
28) 제1004조[방해배제청구권 및 부작위청구권] ① 소유권이 점유침탈 또는 점유억류 이외의 방법으로 방해받은 때에는 소유자는 방해자에 대하여 그 방해의 배제를 청구할 수 있다. 앞으로도 방해받을 우려가 있는 때에는 소유자는 부작위를 소구할 수 있다. ② 소구자가 수인의 의무를 지는 경우에는 제1항의 청구권은 배제된다.
29) 송오식, "불법행위의 효과로서 금지 및 예방청구권", 법학논총 31권 1호, 전남대학교 법학연구소(2011), 525.
30) 김상중(주 4), 192.

11(RGZ 48.118) 판결에서 처음으로 불법행위적 금지청구권을 인정하여 위 제1004조의 소유권에 기한 방해배제 청구권의 적용범위를 넘어서는 재산적 이익에 대하여도 보다 일반화되고 포괄적인 금지청구권의 형성에 착수하였다.[31] 이 판결에서는 당시 시행되던 부정경쟁방지법의 적용대상이 아닌 불공정행위에 대하여 영업활동의 침해에 대한 부작위청구권을 긍정하였다.[32] 특히 위 판결은 위 제1004조 등의 유추적용도 언급하기는 하였으나 무엇보다 고의의 양속위반행위에 관한 제826조를 언급하면서, "제826조는 비록 명시적으로는 손해배상의무만을 정하고 있으나 실제로는 그와 동시에 침해금지의 부작위 의무를 표현하고 있으며, 법률이 개인에게 권리의 부여 또는 의무의 설정을 행하고 있는 한 권리실현을 위한 청구권 또는 의무준수를 위한 부작위의 청구권을 부여해야만 한다"고 밝혔다.[33]

그 후 독일법원은 "불법행위적 부작위청구권"이라는 구성을 대신하여 가해자의 고의·과실을 요하지 않는 "준 부인소권(準 否認訴權)"이라는 표현을 사용하면서 "법률에 의해 보호되는 법익에 대한 단지 객관적으로 위법한 침해"만으로 부작위청구권이 부여될 수 있도록 하여 준물권적 금지청구권의 법리를 만들었으며, "중지적" 부작위청구권에 한정하지 않고 "예방적" 부작위청구권까지 인정하기에 이르렀다. 위와 같은 금지청구권의 법리는 성명권 외 인격권, 환경침해 또는 그 외 공해(immission)의 민사법적 규율에서도 예방적 침해금지를 위한 중요한 기능을 하고 있다.[34]

㈐ 경쟁법상의 금지청구권 　경쟁과정에서의 불공정한 행위 규율을 목적으로 1896년 제정되어 시행되어 온 독일 부정경쟁방지법(Gesetz gegen den unlauteren Wettbewerb, 이하 'UWG')은 2004년 개정으로 금지청구권에 대한 명문의 규정을 두었다. 2004년 법 개정 이전에도 1909년 이래 법 위반행위가 이미 존재하는 경우 금지청구권의 행사가 가능하였고, 구체적인 법 위반행위 발생의 위험에 대한 우려가 있는 경우, 방해배제 또는 부작위청구권 행사가 가능하였다.[35] 이와 같은 법현실을 반영하기 위하여, 2004년 제8조 제1항에 금지청구권을 명문화하여 결과에 대한 방해배제 또는 철회청구권과, 이미 존재하는 법 위반행위의 중지를 구하는 단순 부작위청구권 그리고 아직 발생하지 않았으나 임박한 최초 법 위반행위에 대한 예방적 부작위청구권을 규정하였다.[36] 그런데 UWG는 위반행위를 오로지 손해배상청구 및 금지청구 등의 사소(私訴)로 해결하도록 정하고 있다. 이 점이 아래에서 보는 경쟁제한방지법과 구별

31) 송오식(주 29), 528 재인용.
32) 뒤에서 보는 우리나라 대법원 2010. 8. 25.자 2008마1541 결정과 공통점이 있다.
33) 김상중(주 4), 193; 송오식(주 29), 528.
34) 김상중(주 4), 193-194.
35) 박윤석·안효질, "독일 부정경쟁방지법 최근 개정 동향", 저스티스 통권 제157호(2016), 254; Dreher/Kulka, Wettbewerbs- und Karellrecht, 10. Aufl., C.F.Müller, 2018, Rn. 509.
36) Fritzsche, §8 UWG in: Heermann/Hirsch (Hrsg.), Münchener Kommentar zum Lauterkeitsrecht, C.H.Beck, 2006, Rn. 5.

되는 특징이다.[37)]

한편 경쟁질서를 규율하는 전통적인 경쟁법에 해당하는 경쟁제한방지법(Gesetz gegen Wettbewerbsbeschränkungen, 이하 'GWB')은 1957년에 금지청구권에 대한 규정을 두었다. 현행 GWB 제33조에 내용상 상응하는 금지청구권 규정은 2005년 GWB 제7차 개정에서 마련된 것인데, 기존의 보호법규요건을 포기하고 관련시장참가자가 위 법의 규정, 유럽연합 기능조약(Treaty on the Functioning of the European Union, 이하 'TFEU') 제101조,[38)] 제102조,[39)] 카르텔청의 처분에 위반한 자를 상대로 금지청구권을 행사할 수 있다고 규정하고 있다.[40)] 관련시장참가자란 경쟁사업자로서 또는 시장참가자로서 위반행위에 의하여 권리가 침해된 자를 말한다. 그러나 활용도는 현재까지 그다지 높지 않은 것으로 보인다.

그런데 유럽연합은 1998년 '소비자 이익 보호를 위한 금지청구에 관한 유럽공동체 지침(Directive 98/27/EC)' 이래 2009년 지침(Directive 2009/22/EC) 및 2020년 지침{Directive(EU) 2020/1828}에서 단체소송에 의한 금지청구의 도입을 권고하였고, '온라인 플랫폼 시장의 공정성 및 투명성 강화를 위한 2019년 이사회 규칙{Regulation(EU) 2019/1150}' 제14조에 대표 기구·단체 및 공공기관에 의한 금지청구권에 대한 규정을 두었다. 이와 같은 경향 속에서 독일은 소비자이익과 관련되는 약관 등에 대한 금지청구권에 대한 내용을 규율하는 부작위소송법[41)] 제3조, 제3a조, 제4조와[42)] UWG 제8조 제3항, 제8a조, 제8b조[43)] 및 2013년 GWB 제33조 제4항에[44)] 단체소송에 의한 금지청구가 가능하도록 하는 규정을 두었다. 그리하여 소비자법의 영역에서 소비자단체를 통한 금지청구권이 활성화될 것으로 기대되고 있다.

(3) 일본의 경우

㈎ 민법 기타 특별법상 금지청구권 일본 민법에는 소유권에 기한 물권적 청구권에

37) 강우찬(주 18), 887; 이선희(주 12), 52.

38) 현행 우리 공정거래법 제19조의 부당한 공동행위에 해당한다.

39) 현행 우리 공정거래법 제3조의 2의 시장지배적 지위남용행위에 해당한다.

40) 강우찬(주 18), 887; 이선희(주 12), 52.

41) 독일 부작위소송법(Gesetz über Unterlassungsklagen bei Verbraucherrechts- und anderen Verstößen, sog. Unterlassungsklagengesetz - UKlaG)은 소비자 이익과 관련되는 약관 등의 금지청구에 관한 근거 법률이다. 2002년 시행된 채권법현대화법(Gesetz zur Modernisierung des Schuldrechts)에 의하여 1976년 제정·시행되어 오던 보통거래약관법(Gesetz zur Regelung des Rechts der Allgemeinen Geschäftsbedingungen, AGBG)이 폐지되면서 보통거래약관법의 실체법적 규정과 절차법적 규정이 민법과 위 부작위소송법으로 편입되었다.

42) 송호영, "독일의 부작위소송법 및 부정경쟁방지법상 단체소송에 관한 연구", 인권과 정의 351호(2005. 7); 서종희, "독일의 집단적 피해자 구제를 위한 집단소송제도 도입에 관한 논의", 소비자법연구 3권 2호(2017), 301; https://www.buzer.de/gesetz/3547/l.htm.

43) 서종희(주 42), 302; 박윤석·안효질(주 35), 250; Dreher/Kulka, a.a.O., Rn. 517-539.

44) 심재한, "경쟁법제의 개정과 카르텔 규제 —독일의 제7차 개정 경쟁제한방지법을 중심으로—", 상사판례연구 20권 1호(2007), 114-116; BT-Drucks. 17/9852, 31.5.2012., S. 17: "Die Position der Verbraucherverbände wird durch eine angemessene Beteiligung an der privaten Kartellrechtsdurchsetzung verbessert."

대한 우리 민법의 제214조 내지 제217조에 대응하는 법규정 자체가 존재하지 않는다. 그러한 이유에서 구제방법에 있어서 물권에 대응하는 채권침해의 특별성보다는 불법행위의 효과로서 예방적 청구권의 인정여부에 초점이 맞춰졌다. 그리하여 불법행위법 분야에서 예방적 권리보호론이 차지(差止)청구라는 이름으로 전개되었다.[45] 그리고 지적재산권 등 무체재산권분야의 개별법이나 부정경쟁방지법에서는 금지청구권에 대한 규정을 두었다.

학설로는 불법행위의 요건을 구비하면 위 청구권이 발생한다는 순수불법행위설, 피해가 사회적으로 수인하여야 할 한도를 넘고 있는 경우에 금지를 인정한다는 신(新) 수인한도론적 불법행위설, 법적 보호가치가 있는 이익에 대하여 침해가 있으면 금지청구권이 발생한다는 위법단계설(절충설)이 있다. 최고재판소는 피보전권리의 성질을 문제삼지 않고 침해의 정도가 일정한도를 초과하는가를 중심으로 판단하는 경향이 강하다고 한다.[46]

(나) 독점금지법상 금지청구권 2000년 개정된 독점금지법(2000. 5. 19. 공포 법률 제76호)은 제24조[47]에 사인의 금지청구권에 대한 근거규정을 도입하였다.[48]

일본에서 독점금지법 위반행위에 대한 사인의 금지청구권을 도입한 것은, 미국과 같이 동법 집행의 일부를 사인에게 맡긴다는 것이 아니고, 동법 위반행위에 의한 사인의 피해에 대한 민사적 구제수단을 부여한다는 의미를 가진다. 그와 같은 의도 하에 금지청구의 대상에서 전통적인 경쟁법의 규제대상인 사적 독점과 부당한 거래제한 및 기업결합관련행위 등을 배제하고, 개인 및 사업자단체의 불공정한 거래행위만을 그 대상으로 하였다.

금지청구권의 요건으로서 다른 입법례에서 찾아보기 어려운 “현저한 손해”라는 요건을 두었다. 위 요건을 둔 이유로서, 입안관계자는 예외적 보충적으로 인정되는 금지청구권 행사를 위해서 위반자에게 손해배상청구권 행사의 경우보다 고도의 위법성이 필요하다는 ‘위법성단계설’을 제시한다.[49] 앞서 본 바와 같이 일본 민법은 물권적 청구권에 대한 우리 민법의 제214조 내지 제217조에 대응하는 법규정을 두지 않았기 때문에 물권적 청구권의 유추에 의하여 금지청구권을 관념하기보다는, 불법행위의 효과로서 예방적 청구권을 인정하되 특히 불법행위의 위법성이 강한 경우에 금지청구권을 인정하자는 입장이다.[50] 그 위법성이 강한 경우의 표현이

45) 송오식(주 29), 530.

46) 송오식(주 29), 532-533.

47) [제24조] 제8조 제5항 또는 제19조의 규정에 위반하는 행위에 의하여 이익을 침해받거나 또는 침해받을 우려가 있는 자는, 이에 의하여 현저한 손해가 발생하거나 또는 발생할 우려가 있는 경우, 이익을 침해하는 사업자나 사업자단체 또는 침해할 우려가 있는 사업자나 사업자단체에 대하여 침해의 정지 또는 예방을 청구할 수 있다.

48) 위 제8조 5항은 사업자단체가 사업자에게 불공정거래행위를 하도록 한 행위를 가리키며, 19조는 사업자에 의한 불공정거래행위이다. 결국 금지청구권의 대상이 되는 행위의 유형은 독점금지법 제2조 제9항에서 정의된 불공정거래행위이다.

49) 김두진, 공정거래법 집행제도의 개선방안, 한국법제연구원, 2003, 151; 곽상현, “공정거래법의 집행과 금지청구제도”, 법조 통권 607호(2007), 126.

50) 양창수(주 1), 172, 220.

"현저한 손해"라는 것이다.51) 그러나 이러한 이론적 이유보다는 소액의 피해자에게 금지청구권을 인정할 경우 남소에 따른 사회적 피해를 우려하는 등의 정치적 타협의 산물이라는 견해도 있다.52) 입법론으로는 위 요건을 삭제하여야 한다는 논의도 있다.53)

그런데 독점금지법상 금지청구권이 도입된 후에도 그 활용도는 그다지 높지 않다. 2001년부터 시행된 이래 2015년경까지 선고된 금지청구 사건54) 중 판결에서 인용된 사례는 신테츠(神鉄)택시 사건55)이 유일하다. 가처분사건인 드라이아이스 보전 사건 가처분명령56)을 포함하여도 2건에 불과하다. 모두 부정경쟁방지법상 금지청구와 동일한 성격을 가지는 것으로, 불공정한 경쟁 수단형의 불공정거래 방법인 경쟁자에 대한 거래 방해에 해당하는 것이다. 한편, 1심에서 7건, 1심 청구 기각 후 2심에서 각 화해로 종결된 사건이 4건 있다. 2013년 4월 말을 기준으로 상고심에서 금지청구를 인용하는 내용의 판결이 선고된 것은 없다고 한다.57)

Ⅳ. 우리 민법 및 공정거래법상 금지청구권의 인정여부

1. 민법상 불법행위의 경우

(1) 전통적인 견해

우리나라의 종래 통설은, 현행 민법 제214조의 소유권에 기한 예방청구권을 배타권인 물권의 속성으로부터 도출되는 이른바 물권적 청구권으로만 파악하였다. 그 결과 배타성이 인정되는 물권 및 이에 준하는 권리(대표적으로 인격권) 침해의 경우에만 금지청구가 허용될 뿐, 그 이외의 법익을 침해하는 불법행위의 경우에는 —적어도 현행 민법의 해석론으로는— 금지청구권을 인정할 수 없다는 입장을 취하였다.58) 이에 따라 종래의 판례 역시 물권이나 인격권

51) 村上政博(주 13), 567-568頁.

52) 강우찬(주 18), 888.

53) 白石忠志, 獨禁法講義(第7版), 有斐閣, 2014, 262頁; 村上政博(주 13), 627頁.

54) 村上政博, 680頁은 이를 55건으로 파악한다(다만, 위 건수는 동일 사건에 대하여 1심-항소심-상고심 판결이 선고된 경우에 3건으로 계산한 것이다). 한편, 2013. 8. 23. 작성된 일본변호사연합회의 독점금지법 일부 개정 법률안에 대한 의견서 중에는, 재판소의 통지에 의하여 일본 공정위가 파악하고 있는 금지소송의 건수는 2012년(平成24년)까지 제소된 것이 64건이라는 내용이 있다. 한편, 강우찬(주 18), 890은, 위 금지청구권이 도입된 이후에 청구된 조사 가능한 유지청구소송은 2006년까지 5건 정도라고 한다.

55) 神戸地裁判 平成26(2014)年1月14日 平成23(ワ)3452(請求棄却), 大阪高裁判 平成26年10月31日 平成26(ネ)471(一部認容), 最高裁判 平成27年9月25日 平成26(ネ)290等(上告棄却・不受理決定)

56) 東京地決 平成23(2011)年3月30日 平22(ヨ)20125(判例集未登載, Westlaw Japan データベース 2011 WLJPCA 03306001〔ドライアイス〕"). 경쟁사의 비방, 중상을 거래 방해로 문제삼았는데, 위 사건의 본안 사건에서 원고가 승소하였다(東京地判 平成25年3月19日 ウエストロー・ジャパン文献番2013WLJPCA 03198003).

57) 村上政博(주 13), 630-637頁. 위 신테츠 택시 사건은 항소심의 일부 인용 결정에 대하여 최고재판소에서 우리나라의 심리불속행에 해당하는 불수리결정으로 종결되었다.

58) 엄동섭(주 4), 39-40.

침해의 경우 그 배타성을 근거로 금지청구를 허용하였다.[59]

(2) 판례에 의한 적용범위의 확대

판례는, 절대권의 침해 이외의 경우에도 다양한 방법으로 금지청구권을 확대해 왔다. 부산대학교 사건(대법원 1995. 9. 15. 선고 95다23378 판결)의 경우, 교육이나 종교 등의 문화적 이익, 일조나 조망의 이익, 기타 안온한 생활환경에 관한 이익의 침해의 경우에도 그 사전적 보호를 위하여 소유권의 개념을 확장하면서 물권적 방해배제와 예방청구권을 인정하였다. 또한 판례는 인격권에 대해서도 현행 민법이 불법행위에 따른 금전적 손해배상 그리고 명예훼손의 경우 명예회복에 적당한 조치만을 예정해 두고 있음에도, 준물권적 지위를 인정하여 침해행위에 대한 중지와 예방청구권의 사전적 보호를 더해 주고 있다(대법원 1996. 4. 12. 선고 93 40614, 40621 판결).[60]

한편 판례는 위에서 언급한 생활방해나 인격권의 침해 이외에 제3자에 의한 채권침해에 대하여는 종래 방해배제·예방청구권을 인정하지 않았다.[61] 학설로서는 권리의 불가침성을 근거로 방해배제·예방청구권을 인정하는 견해도 존재하였지만,[62] 채권에 대하여 일반적으로 방해제거청구권을 인정할 수는 없다는 견해가 지배적이었다.[63] 그러나 학설상 금지청구권에 대한 명문의 규정이 없이도 영업권의 침해, 부정경쟁방지법이나 표시광고법 등 개별법상 각 규정의 유추적용 등을 통하여 특정 사례군의 불법행위에 대하여는 금지청구가 인정되어야 한다는 견해도 있다.[64] 한편 대법원 2001. 5. 8. 선고 99다38699 판결에서는 제3자 채권침해에 대한 방해청구권을 인정하지 않으면서 그 대신에 제3자의 채권침해에 따른 손해발생·확대에 대한 예방적 보호를 목적으로 하는 채권자대위권 활용의 가능성을 시사하였는데, 이로써 채권자대위권의 확대적용을 통한 우회적 구제의 수단을 열어두고 있다고 볼 수 있다.

그런데 판례는 부정경쟁행위에 대하여 널리 금지청구권을 인정한다. 부정경쟁방지 및 영업비밀보호에 관한 법률에 한정적으로 열거된 부정경쟁행위[65]에 대한 금지청구권(제4조)을 인

59) 대표적으로 대법원 2005. 1. 17.자 2003마1477 결정(서적발행판매반포등 금지가처분)

60) 김상중, "불법행위의 사전적 구제수단으로서 금지청구권의 소고", 비교사법 17권 4호(2010), 158-159.

61) 대법원 1981. 6. 23. 선고 80다1362 판결; 대법원 2001. 5. 8. 선고 99다38699 판결.

62) 김주수, 채권총론, 삼영사, 1984, 86.

63) 곽윤직, 채권총론(신정판), 박영사, 1994, 122 등. 그러나 곽윤직, 같은 책 446-447에서는, 방해제거청구권의 인정여부를 이론상의 문제가 아니라 입법정책상의 문제로 보아 "불법행위로 인한 손해배상청구권이 인정된다고 하여 당연히 방해배제 또는 예방청구권을 인정하여야 하는 것은 아니고 명문의 규정이 없다고 하여 해석상 전혀 이를 인정할 수 없다는 것도 아니다. 이 문제는 실질적으로 가해자의 활동제한이라는 손실과 그로부터 피해자가 얻은 이익을 비교형량하여 이들 청구권의 인정유무를 결정하여야 한다"고 하여 구제수단을 열어놓기도 한다.

64) 김재형, "제3자에 의한 채권침해", 민법론 Ⅲ, 박영사(2007), 431-432; 송오식(주 29), 540; 김상중(주 4), 213-216 등.

65) 정의규정인 제2조 제1호의 가 내지 카목 참조.

정할 뿐 아니라, 위 제2조 제1호의 정의 규정에 포섭되지 않은 무단이용행위가 실질에 있어서 민법상 불법행위에 해당한다고 하면서 위와 같은 무단이용 상태가 계속되어 금전배상을 명하는 것만으로는 피해자 구제의 실효성을 기대하기 어렵고 무단이용의 금지로 인하여 보호되는 피해자의 이익과 그로 인한 가해자의 불이익을 비교·교량할 때 피해자의 이익이 더 큰 경우에는 그 불법행위의 금지 또는 예방을 청구할 수 있다고 판시하였다(대법원 2010. 8. 25. 자 2008마1541 결정).[66] 이는 앞서 본 독일의 부정경쟁행위와 관련된 판례의 입장과 같다. 그 외에 부당광고의 경우에 예외적으로 금지를 구하는 가처분이 인용된 예가 있으나, 금지청구권에 대한 직접적인 판시는 없었다(대법원 2003. 2. 26. 선고 2002다67062 판결; 대법원 2003. 3. 31. 자 2002마4109 결정).

2. 공정거래법상 불공정거래행위의 경우

판례는 앞서 Ⅱ. 3.에서 본 바와 같이, 불공정거래행위의 사법상 효력에 대하여 개별적 효력설을 취하면서, 공정거래법상 불공정거래행위에 해당한다고 하여 법률행위의 형식으로 이루어진 불공정거래행위의 사법상 효력이 당연히 부정되는 것은 아니라고 보았다. 그런데 법률행위의 형식을 취하는 불공정거래행위가 선량한 풍속 기타 거래 질서에 위반되어 민법 제103조에 의하여 무효라든가, 또는 강행 규정에 위반되어 무효라는 주장이 받아들여진 경우는 찾기 힘들다. 따라서 불공정거래행위로 인하여 피해를 입은 당사자로서는, 위 불공정법률행위가 불법행위에 해당한다는 이유로 손해배상을 청구하는 외에, 계약의 효력을 부정하거나 계약의 이행을 저지시킬 수 있는 효과적인 방법을 가지기 어려웠다.

그리하여 불공정거래행위로 인하여 침해를 받거나 받을 우려가 있는 자의 구제책으로 법원에 침해행위의 예방 또는 금지를 청구하는 금지청구권을 인정할 것인지가 중요한 화두로 등장하게 되었다.

(1) 해석론과 입법론

앞서 본 바와 같이 공정거래법상 불공정거래행위의 경우에, 민법상 불법행위에 해당하여 손해배상청구는 가능하다. 그런데 나아가 불공정거래행위에 대하여 불법행위의 효과로서 손해배상 외에 행위의 효과를 제거하는 금지청구를 일반적으로 허용할 것인가? 2000년 개정된 일본의 독점금지법이 불공정거래행위에 금지청구권을 도입함에 따라 우리나라에서도 그 무렵 공정거래법의 사적 집행을 위한 손해배상제도의 강화와 더불어 금지청구권을 입법화할 것인지가 검토되었고, 2004년 공정거래법 개정시에 입법화되지 못하자 명문의 규정 없이도 금지청구권을 인정할 것인지의 논의로 이어지게 되었다.

우리나라 법원은, 비록 하급심 단계이기는 하지만, 법률의 규정이 없다는 이유로 금지청

66) 위 판결의 내용 및 평석은 송오식(주 29), 519-524, 542, 553.

구권을 허용하지 않는 태도를 취하였다.[67] 또한 학설로서도 명문의 규정이 없는 한, 공정거래법 위반행위에 관하여 사인의 금지청구권을 인정하기는 어렵다는 것이 다수의 견해를 차지하였다.

그리하여 공정거래법상 위법행위의 효과적인 억제를 위하여 금지청구제도를 입법화하여야 한다는 논의가 계속 진행되었고,[68] 마침내 2020. 12. 공정거래법의 개정으로 불공정거래행위에 한하여 금지청구권이 도입되어 2021. 12. 시행을 앞두고 있다.[69]

(2) 금지청구권의 체계상 지위

금지청구권은 실체법상의 권리인가? 아니면 절차법상의 권리인가?

독일은 실체법인 민법 제1004조에 금지청구권의 실질을 가지는 방해배제청구권 및 부작위청구권을 규정하였기 때문에, 위 규정에 의하여 실체법상 및 소송법상 지위를 인정하고자 하였다. 한편 금지청구의 소의 기초에 실체법상의 금지청구권이 존재하여야 하는 것은 아니라는 이유로 이를 단순한 소송법상의 제도로 보는 견해도 있었다. 그러나 현재로서는 대부분의 학자들이 예방적 금지청구권의 개념을 인정하고, 이를 둘러싼 원·피고 간의 권리·의무를 이해함에 있어서 피고의 의무는 모든 사람에 대한 객관적 위법행위를 유지하여야 하는 일반적인 법적 의무로, 금지청구권은 모든 사람에 대한 자기 법익의 유지를 구하는 일반적인 권리로 이해한다고 한다.[70] 즉, 실체법상의 권리로 파악하는 것이다.

일본은 2000년에 독점금지법에 금지청구권이 신설된 후, 가처분사건에서 금지청구권을 피보전권리로 기재하는 등[71] 실무상 실체법상의 권리로 파악한다.[72] 한편 우리나라에서는 이

---

67) 다음커뮤니케이션이 마이크로소프트(MS)를 상대로 메신저 끼워팔기 금지를 법원에 청구한 사안에서, 법원은 공정거래법에 근거가 없다는 이유로 기각 판결(서울중앙지법 2003. 8. 1. 선고 2001가합60373 판결)을 선고하였다. 그 외 가처분 사건인 서울중앙지방법원 2006. 1. 31.자 2005카합4494 결정(부당한 거래거절 사건)에서도 같은 이유로 기각 결정이 내려졌다.

68) 대부분의 학자들은 도입을 주장하였다. 예를 들면 권오승, "독일 경쟁법의 집행체제", 경쟁법연구 9권(2003), 79; 권오승·이민호(주 18), 96-97; 장승화, "사적 집행의 확대: 사인의 금지청구", 공정거래법과 규제산업, 법문사(2007), 398; 곽상현(주 49), 133; 서정, "불공정거래행위의 사법상 효력", 민사판례연구 31권(2009), 817-818; 김차동(주 19), 234-235; 강우찬(주 18), 892-894; 이선희(주 12), 56 등. 한편, 이봉의, "공정거래법의 실효적 집행", 경쟁법연구 제10권(2004), 21-24는 공적 집행의 중요성을 강조하면서 금지청구권의 도입에 대해서는 다소 신중한 시각을 보였다.

69) 제105조(금지청구 등) ① 이 법 제44조 제1항(제9호는 제외한다), 제50조 제1항 제4호 중 전단 규정을 위반한 행위로 인하여 피해를 입거나 피해를 입을 우려가 있는 자는 그 위반행위를 하거나 할 우려가 있는 사업자 또는 사업자단체에 대하여 자신에 대한 침해행위의 금지 또는 예방을 청구할 수 있다. ② 제1항에 따른 금지청구의 소를 제기하는 경우에는 「민사소송법」에 따라 관할권을 갖는 지방법원 이외에 해당 지방법원 소재지를 관할하는 고등법원이 있는 곳의 지방법원에도 제기할 수 있다. ③ 법원은 제1항에 따른 금지청구의 소가 제기된 경우에 그로 인한 피고의 이익을 보호하기 위하여 필요하다고 인정하면 피고의 신청 또는 직권으로 원고에게 상당한 담보의 제공을 명할 수 있다.

70) 송오식(주 29), 527.

71) 예를 들면, 일본테크노 사건이라고 불리는 東京地判 平成16(2004)年3月18日(審決集50巻766頁·判時1855号145頁·判タ1155号161頁)이 그러하다.

점에 대해 특별히 눈에 띄는 논의가 없다. 부정경쟁행위에 대하여 금지청구권을 인정한 대법원 2010. 8. 25. 자 2008마1541 결정의 경우, 금지가처분신청이 받아들여졌고, 대법원은 가처분이의에 대한 결정에서 행위의 금지 또는 예방을 청구할 수 있다고 하여 원심을 확정하였지만, 이것이 실체법상의 권리인지 절차법상의 권리인지를 명시하지는 않았다.

금지청구권은 가처분의 형식으로 많이 사용된다. 제3자에 대하여 절대적 효력을 가지는 물권의 침해에 대한 방해금지가처분은 물권에 기한 방해배제청구권을 피보전권리로 하는데, 위 방해배제청구권은 실질에 있어서 금지청구권이다. 일조침해의 위법성이 매우 커서 공사중지를 구하는 가처분을 하는 경우에, 해석상 금지청구권이라는 피보전권리의 보전을 위하여 가처분이라는 절차를 이용하는 것이다. 부정경쟁행위와 관련된 금지가처분에 있어서도 마찬가지로 볼 것이고, 불공정거래행위에 대해서도 그러하다고 할 것이다. 이와 같이 금지청구권은 그 자체가 절차법상의 권리는 아니고, 불법행위의 효과로서 그 금지 또는 예방을 청구할 수 있는 실체법상의 권리로 보아야 할 것이다.[73] 과거 양교수님께서 1997년 작성하신 불법행위법 개정안 의견서에 금지청구권 신설의 이유 중 하나로 "실무에서 행하여지고 있는 가처분에 실체법상 기초(피보전권리)를 줄 필요가 있음"을 들고 있는데, 이는 위 금지청구권을 실체법상 권리로 파악하였음을 의미한다.[74]

(3) 금지청구권 인정의 함의

불공정거래행위에 대하여 금지청구권이 인정된다는 것은 어떤 의미를 가지는가?

필자는 앞서 Ⅱ. 2.에서 밝힌 바와 같이 독점규제법상 불공정거래행위의 요건을 충족하는 모든 행위는 불법행위를 구성한다는 견해를 가지고 있지만, 법원도 그와 같이 파악하는지는 명확하지 않다. 그리고 위 불공정거래행위가 불법행위를 구성한다고 하더라도 그러한 불공정거래행위에 바로 금지청구권이 인정된다고 볼 수도 없었다. 부정경쟁행위에 대한 대법원 2010. 8. 25.자 2008마1541 결정을 계기로 대법원이 법률의 규정 없이도 불법행위에 대하여 금지청구권이 인정될 여지를 다소 열어주기는 하였지만, 모든 불법행위에 대하여 그런 것은 아니다. 그런 가운데 독점규제법상 불공정거래행위에 대하여 금지청구권이 도입되었다는 것은, 법원이 해당 불공정거래행위가 불법행위의 요건을 충족하는지, 법률행위의 형식으로 이루어진 불공정거래행위에 있어서 당해 법률행위의 효력을 부정할 수 있는지, 위 불공정거래행위가 민사법적으로 금지청구를 할 만한 행위에 해당하는지를 판단할 필요 없이, 독점규제법상 불공정거래행위의 요건을 충족하면 바로 금지를 명할 수 있음을 의미한다.

불공정거래행위의 실무에서 높은 비중을 차지하는 거래상 지위남용의 예를 상정해 보자.

72) 村上政博(주 13), 565, 576.

73) 송오식(주 29), 540-542와 강우찬(주 18), 910도 같은 견해로 보인다.

74) 양창수(주 1), 220.

A가 거래상 지위를 남용하는 내용의 계약을 B와 체결하였는데, 계약 자체를 민법 제103조에 의하여 무효로 하기는 어려운 사정이 있다고 가정한다. B로서는 위 계약을 이행한 후에 위 계약이 공정거래법에 위반되는 불공정거래행위로서 불법행위에 해당한다는 이유로 손해배상을 청구할 수는 있을 것이다. 그러나 A의 이행청구에 대하여, B가 위 계약이 불공정행위라는 이유만으로 그 이행을 거절할 수는 없다. 그런데 이제 공정거래법 위반행위에 대하여 금지청구를 허용하는 조항이 입법화되었는바, B로서는 A의 청구 전에 위 계약이 불공정거래행위라는 이유로 금지를 구하는 것이 가능하다. 그리고 위 제도가 활성화된다면, 불공정거래행위의 상대방은 굳이 요건이 까다로운 위 제103조의 해당 여부에 대한 판단을 기다릴 필요 없이[75] 불공정거래행위를 금지시킬 수 있으므로 매우 효율적인 예방적 구제수단이 될 수 있다. 이런 점에서 독점규제법상 불공정거래행위에 대한 금지청구권의 도입은 민법 전반에도 큰 영향을 끼칠 수 있는 일대 혁신이라고 볼 수 있다.

그런데 소유권이나 인격권의 침해 등에서와 같이 민법의 해석론으로도 금지청구권이 인정되는 영역 외에, 제3자 채권침해에 대한 방해배제 등의 사건이 대부분 공정거래법 위반행위와 관계가 있었던 점을 고려한다면, 공정거래법상 금지청구권의 활용이 다소 활발할 수 있고, 이로 인하여 민법상 금지청구권이 활용될 수 있는 상당부분이 공정거래법상 금지청구권에 흡수될 수도 있을 것이다. 그러나 일조침해와 같이, 공정거래법상 금지청구권이 흡수할 수 없는 민법 고유의 영역에서, 다소 억지스럽게 소유권의 불가침성을 차용하여 금지청구권을 인정하고 있는 현행 해석론을 벗어나 불법행위에 대한 일반적인 구제방법으로서의 금지청구권을 인정할 필요성은 여전히 존재하며, 이를 위하여 민법 개정시에 금지청구권제도를 입법화하여야 할 것으로 생각한다.

V. 개정 공정거래법상 신설된 금지청구권의 내용

민법상 금지청구권은 명문의 규정으로 허용된 것은 아니고, 판례에 의하여 부분적으로 허용된 것에 불과하여 체계적인 파악이 어렵다. 그런 견지에서 개정 공정거래법 제108조[76]에 대

75) 이와 관련하여, 우리나라에서 공정거래법 위반의 사법적 효력에 대한 관심이 많은 이유는 금지청구권이 허용되지 않기 때문이라는 점을 지적하는 견해로는 서정(주 70), 817-818.

76) 제108조(금지청구 등) ① 제45조 제1항(제9호는 제외한다) 및 제51조 제1항 제4호[제45조 제1항(제9호는 제외한다)에 따른 불공정거래행위에 관한 부분으로 한정한다]를 위반한 행위로 피해를 입거나 피해를 입을 우려가 있는 자는 그 위반행위를 하거나 할 우려가 있는 사업자 또는 사업자단체에 자신에 대한 침해행위의 금지 또는 예방을 청구할 수 있다.

② 제1항에 따른 금지청구의 소를 제기하는 경우에는 민사소송법에 따라 관할권을 갖는 지방법원 외에 해당 지방법원 소재지를 관할하는 고등법원이 있는 곳의 지방법원에도 제기할 수 있다.

③ 법원은 제1항에 따른 금지청구의 소가 제기된 경우에 그로 인한 피고의 이익을 보호하기 위하여 필요하다

한 필자의 해석을 통하여 금지청구권의 내용을 보다 명확히 파악하고자 한다.

1. 행사요건

금지청구권은 사업자 및 사업자단체의 불공정거래행위(단, 부당지원행위는 제외)를 대상으로, 불공정거래행위를 금지하는 규정을 "위반하는" 행위로 피해를 입거나 피해를 입을 우려가 있는 때 행사할 수 있다. 법문상으로는 "위반한 행위로"라고 되어 있어서, 이미 위반행위가 존재하는 경우만을 상정하는 것으로 새겨질 수도 있다. 그러나 그 뒤에 이어지는 "그 위반행위를 하거나 할 우려가 있는 사업자(이하 생략)" 등의 문언을 보면, 아직 위반행위가 행해지지 않았더라도 장래에 행해질 우려가 있다면 금지청구권의 행사가 가능하다고 보아야 할 것이다.[77] 독일 민법에서 금지청구권이 예방적 침해금지를 위한 중요한 기능을 수행하고 있는 것에 비추어 보아도,[78] 이와 같이 해석하는 것이 타당하다.[79]

피해의 발생과 관련하여서는, 피해가 실제로 발생할 필요는 없고 발생의 개연성이 있으면 된다고 규정한다.[80] 피해 발생의 개연성은, 위반행위가 이미 이루어진 경우에는 피해 발생이 반복 내지 계속될 우려가 있는지가 문제되고, 위반행위가 이루어지지 않은 경우에는 위반행위에 의한 손해 발생의 임박한 위험이 있는지 여부로 판단한다. 가해자가 행해진 위반행위를 중지하는 경우에는 행위 재개의 가능성을 판단할 필요가 있다. 위반행위 및 피해 발생의 개연성은 장래의 사실에 관한 것이므로 현재까지의 사실로부터 추정하게 된다.

일본 독점금지법 제24조[81]는 금지청구권의 요건으로, 불공정거래행위로 인한 피해자에게 "현저한" 손해가 발생하거나 또는 발생할 우려가 있을 것을 요건으로 한다. 그러나 위 요건에 대한 일본 내 비판[82]을 염두에 둔 탓인지, 개정 공정거래법 제108조에 위 "현저한 손해" 요건은 없다. 다만, 금지청구는 금전배상을 내용으로 하는 손해배상청구보다 필연적으로 가해자의 재산권 등 경제적·사회적 자유를 크게 제한하는 결과를 가져오기 때문에, 금지청구의 인용을 위한 위법성의 정도는 손해배상청구의 경우보다 더 높은 정도로 요구된다고 할 것이다.[83] 그

고 인정하면 피고의 신청이나 직권으로 원고에게 상당한 담보의 제공을 명할 수 있다.

77) 만일, 우리 공정거래법상 위반한 행위라는 표현에 중점을 두게 되면 '적어도 1회 위반행위가 있는 경우에' 그 행위에 대하여 또는 장래 계속하여 위반행위를 할 우려를 이유로 하는 금지 또는 예방 청구라고 새길 여지도 있지만, 그와 같은 주장이 받아들여지리라고는 생각되지 않는다. 참고로 공정위 설명자료에도 제도 활성화를 위하여 사전 예방도 허용한다고 밝히고 있다.

78) 김상중(주 4), 194.

79) 홍대식, "공정거래법의 사적집행제도로서의 사인의 금지청구제도", 경쟁법연구 39권(2019), 51.

80) 미국의 클레이튼법 제16조도 입증의 대상이 '실제 발생된 손해'가 아니라 '손해 발생의 우려(threatened loss or damage)'이다.

81) 조문 내용은 앞의 주 47) 참조.

82) 대표적으로는 白石忠志(주 53), 262頁.

83) 우리 판례도 대법원 2011. 2. 24. 선고 2010다13107 판결 등 환경침해소송에서, 손해배상청구의 인용을 위한

렇다면 피해 발생 또는 그 개연성은, “현저한 손해”는 아니라 하더라도 단순한 피해 또는 피해 발생의 우려만으로는 부족하다고 볼 수 있다.

가해자가 위반행위를 자발적으로 중지하였다고 하여 더 이상 위반행위로 인한 손해 발생의 우려가 없다고 단정하기는 어렵다. 행위의 자발적 중지는 금지청구를 회피하기 위한 것일 수도 있으므로, 위반행위가 반복되지 않음이 분명한 경우가 아닌 한 재개 가능성을 부정하여서는 안 되고, 가해자 측이 더 이상 위반행위를 반복·계속할 우려가 없다는 것에 대하여 객관적인 보증 조치(거래처에 대한 알림이나 문서 배포 등)가 취해졌는지를 확인할 필요가 있다.[84] 이 점은 미국에서도 종종 문제가 된 것으로 보이는데, 미국 민사 판례는 개입된 고의의 정도, 위반의 성질상 반복 가능성, 위법행위에 대한 인식 정도, 피고의 전문성이나 개성상 장래 위반 가능성, 장래 위반에 대한 진정성, 오래 지속되어 온 관행인지, 반복에 드는 비용 등 제반 사정을 자발적 중지와 관련된 손해발생의 우려를 판단하는 고려 요소로 들고 있다.[85]

2. 청구권자

위 요건을 충족하는 자는, 사업자인지 소비자인지 불문하고 청구할 수 있다. 자연인, 법인 외에 법인격이 없는 사단 등도 포함하는 취지이다.

그러나 이에 해당하지 않는 소비자단체 등 제3자는 청구권이 없다. 이러한 입장은 일본 독점금지법상의 금지청구의 경우와 같다. 그런데 독일의 부작위소송법, UWG 및 GWB는 일정한 자격을 구비한 단체에 의한 금지청구가 가능하도록 하는 규정을 두고 있다. 이는 최근 세계적으로 소비자의 권익 보호가 주된 관심사가 되고 있고, 특히 유럽연합 내에서 단체소송을 통하여 소비자의 권익을 보호하여야 한다는 움직임에 따른 것이다. 불공정거래행위의 피해자가 소비자일 경우에는 개개의 피해가 소액이어서 개별적으로 소송을 제기할 인센티브가 크지 않다는 점을 감안한다면, 우리나라에서도 입법론으로 단체소송 등에 의한 금지청구권의 행사를 검토할 필요가 있다.

다만, 단체소송을 허용한다고 할 때, 어떤 단체에게 금지청구권의 행사를 허용할 것인지,[86] 직접적 피해자가 아닌 관련 단체에게 단지 소송법상의 당사자적격만을 부여함에 그칠 것인지 아니면 위 단체소송으로 얻은 이익을 단체나 그 구성원도 향수하게 할 것인지 등에 대해서는 법이론뿐 아니라 정책적인 견지에서의 연구를 필요로 한다.[87)]

위법성의 정도보다 건축공사금지청구의 인용을 위한 위법성의 정도를 한 단계 이상 높게 설정하는 위법성 단계설을 채용한다.

84) 岸井大太郎, “独占禁止法上の差止請求”, 判タ1062号(2001. 8. 30.), 211.

85) Fischer(주 21), pp. 238-240.

86) 독일 부작위소송법 및 부정경쟁방지법에 있어서 단체소송의 원고적격에 대해서는 송호영(주 42), 14-16, 19-21 참조.

87) 김상중(주 4), 224.

3. 청구의 내용과 범위

(1) 청구의 내용: 작위청구의 가부

금지청구로서 작위명령을 발하는 것이 허용되는지 여부에 대해서는 찬반양론이 있을 수 있다.

일본에서는 부정경쟁방지법 제3조 제2항 등에서 "침해의 정지 또는 예방"뿐 아니라 "침해의 정지 또는 예방에 필요한 행위"를 청구할 수 있다는 취지가 아울러 규정되어 있는 것에 비하여, 독점금지법상의 금지청구권에는 전자만이 규정되고 문언에 후자를 빠뜨리고 있는 것 등을 이유로 부정적으로 해석하는 견해가 있다. 작위명령이 발령된 경우에 강제집행의 어려움이 지적되기도 한다.[88] 우리나라도 적극적인 작위를 명하는 결과제거청구권을 부정경쟁방지법(제4조 제2항)과 특허법(제126조 제2항), 상표법(제107조 제2항) 등에서 규정하고 있으나, 공정거래법에는 이를 규정하지 않았으므로 일본에서와 마찬가지의 해석론이 가능할 것이다.

그러나 부작위를 실현시키기 위한 구체적 수단으로서의 작위명령은 허용된다고 할 것이다. 또한 침해원인의 제거를 위하여 적극적인 행위가 필요할 수도 있다. 그러므로 금지명령이 유효한 구제 수단으로서의 의미를 가지려면 해당 사안에서 필요성과 허용성이 인정되는 범위에서 부정경쟁방지법 등과의 문언상의 차이에도 불구하고, 침해의 정지 또는 예방에 필요한 조치로서 일정한 작위를 명하는 것이 가능하다고 보아야 할 것이다.[89]

(2) 금지청구의 범위

행위자에게 위반행위의 전면적인 금지를 요구하는 공정위의 시정명령과는 달리, 금지청구는 소송당사자인 피해자의 구제 범위에 한정되는 것이 원칙이다. 금지명령이 사적 구제인 만큼, 청구권자인 당해 사인의 피해 구제에 필요한 범위로 하는 것이 적당하다고 보기 때문이다.[90] 그러므로 예를 들어, 위법한 재판매가격 구속이나 구속조건부거래 등의 예에 있어서, 구속을 받고 있는 소매업자가 금지를 청구할 수 있는 것은 자신에 대한 구속 부분만이라고 볼 수 있다.[91] 그러나 사실상 다른 사람에게도 금지의 효과가 미칠 수 있고, 경우에 따라서는 위

---

88) 독점금지법에 관한 일본 판례로 최고재판소의 것은 아직 없고, 하급심에서 작위청구를 인정한 것과 부정한 것이 각각 존재한다 — 東京地判 平成16(2004)年4月15日 判時1875号69頁 · 判タ1163号235頁 및 東京地判 平成26(2014)年6月19日 判時2232号102頁 · 判タ1405号371頁).

89) 다만, 예를 들어 부당한 거래거절에 대하여 거래명령을 내릴 수 있는지와 같이 작위명령에 있어서 적극성의 정도에 대해서는 미세한 견해의 차이가 존재한다. 다소 신중한 태도는 신현윤, "일본 독점금지법상의 위법행위 유지청구권", 경쟁법연구 제7권(2001), 131-132; 장승화(주 18), 703-705; 강우찬(주 18), 904; 白石忠志(주 53), 262-263頁. 적극적인 태도는 村上政博(주 13), 567-568頁; 東出浩一(編著), 独禁法違反と民事訴訟, 商事法研究会, 2001, 30頁; 岸井大太郎(주 84), 215頁; 홍대식(주 79), 56-58.

90) 이 점은 공정위도 앞서 본 설명자료에서 "제3자에게 예기치 못한 결과를 초래할 수 있으므로 위반행위 전체가 아닌 청구당사자(원고)에 대한 침해행위로 한정"한다고 밝혔다.

91) 村上政博(주 13), 621頁; 東出浩一(주 89), 30頁; 강우찬(주 18), 904.

반행위 전체의 금지청구로 이어질 가능성도 있다.[92] 대상 행위에 대하여 특히, 당해 피해자와의 사이에 관계성이 인정되는 부분만을 가려내기 어려운 경우가 이에 해당할 것이다.[93] 앞서 본 재판매가격으로 구속을 받고 있는 소매업자의 청구와는 달리, 위법한 재판매가격으로 구입하는 소비자의 청구에서는 해당 소비자에 대하여 손해 발생의 개연성이 인정되는 범위의 판매업자에 대한 구속 모두를 대상으로 하는 것이 가능하다.

4. 담보 제공

공정거래법 제108조 제2항은 관할법원을, 제3항은 담보제공에 대하여 규정한다. 그 중 관할법원은 공정거래법에 특유한 문제이므로, 여기에서는 담보제공에 한하여 본다.

개정법은, 금지청구의 소가 제기된 경우에 법원이 그로 인한 피고의 이익을 보호하기 위하여 필요하다고 인정하면 피고의 신청이나 직권으로 원고에게 상당한 담보의 제공을 명할 수 있다고 규정하고 있다. 위 담보 제공 규정에서 “피고의 이익을 보호하기 위하여 필요”한 경우의 의미가 무엇인지는 명확하지 않다. 공정위는 설명자료에서 당해 규정이 남소(濫訴)의 방지책이고, 원고 패소시 피고가 이를 통하여 소송비용을 보전받을 수 있도록 한다고 밝히고 있다. 이는 무용한 금지청구가 제기되면 피고가 응소하기 위하여 소송비용을 지출하게 될 것이므로, 위 지출비용을 보전받도록 하기 위하여 원고로 하여금 상당한 담보를 제공하게 한다는 의미이다.[94] 그렇지만 무용한 소송비용의 회수만이 피고의 이익이라는 취지는 아닐 것이고, 소송비용 외에도 원고가 본안소송에서 패소하는 등으로 보전처분이 부적절함이 밝혀진 경우에, 채무자가 그 보전처분으로 인하여 입은 손해를 배상받을 수 있도록 하기 위함일 것이다.

위 규정은 일본 독점금지법의 부정한 목적에 의한 제소에 대한 담보제공명령에 대한 규정(제78조)[95]을 참고한 것이 아닌가 생각된다.[96] 그런데 위 규정의 목적이 남소 방지에 있으므로 위 “부정한 목적”을 엄격하게 새길 것은 아니고, 금지청구권이 동법 위반행위에 의한 피해의 구제로서가 아니라, 경쟁사업자의 사업 활동을 제약하여 경쟁을 회피하거나 거래상대방과의

---

92) 홍순강, “일본 독점금지법상 사인의 금지청구제도 개요”, 경쟁저널 168호(2013), 18.

93) 村上政博(주 13), 621頁.

94) 채권자가 담보를 제공하게 되면, 채무자로서는 담보 제공한 현금 등에 질권을 잡은 효과가 생긴다(민사집행법 제19조 제3항, 민사소송법 제127조, 제123조 참조). 이시윤, 신민사집행법(제8개정판), 2020, 663; 주석 민사집행법 Ⅶ(제3판), 한국사법행정학회, 2012, 307; 법원실무제요 민사집행 Ⅳ, 2003, 85 등은 보전소송에서의 담보에 대한 설명이지만, 여기에도 그대로 적용될 수 있는 내용이다.

95) [제78조] 제24조의 규정에 의한 침해의 정지 또는 예방에 관한 소가 제기된 때에는 재판소는 피고의 신청에 의하여 결정으로 상당한 담보를 제공할 것을 원고에게 명할 수 있다. 전항의 신청을 하기 위해서는 동항의 소의 제기가 부정한 목적(부정한 이익을 얻을 목적, 타인에게 손해를 가할 목적 기타 부정한 목적을 말한다)에 의한 것임을 소명해야 한다.

96) 개정법 제108조의 문언과 유사한 내용을 입법론으로 제시하고 있는 장승화, 공정거래법상 사인의 금지청구제도 도입 방안 연구, 공정거래위원회, 2005, 55-56을 보면, 일본의 위 규정을 참고하였음을 알 수 있다.

교섭을 유리하게 진행하기 위한 수단으로서 이용되는 등 동법의 목적에 반하는 경우를 널리 포괄하는 것이라고 한다. 그러나 일본에서 금지청구소송과의 관계에서 그 담보 제공의 규정이 유효하게 활용된 사례는 찾아볼 수 없다고 한다.[97]

5. 금지청구권에 기한 가처분

금지청구는 본안소송뿐만 아니라 보전 절차에서도 사용할 수 있다. 보전 절차에 있어서 기본적인 검토 사항은 통상적인 소송 절차의 경우와 같지만, 한편으로 보전 절차 고유의 검토 사항으로서 신청의 취지, 피보전권리의 존재 및 보전의 필요성이 존재한다. 또한, 보전 절차이기 때문에 절차상 유의해야 할 점도 있다.

금지와 관련된 가처분명령은 임시 지위를 정하는 가처분명령에 해당한다. 가처분명령의 신청이 행해진 시점에서는 공정거래법 위반행위의 존부에 대하여 최종적인 판단이 이루어지지 않으므로, 가처분명령의 신청을 인정함으로 인한 피고의 불이익과 인정하지 않음으로 인한 원고의 불이익을 비교하여 정한다.

(1) 신청의 취지

금지청구로서 구하고자 하는 대상 행위를 특정하여 그 금지를 신청한다. 집행 가능성을 고려하여 구체적으로 기재해야 하지만, 위반행위의 실시 방법이나 실효성 확보 수단에 대해서는 문제된 위반행위와 실질적으로 동일하다고 할 수 있는 범위에서 어느 정도 추상적인 내용으로 되는 것은 불가피하다. 그렇지 않으면 명령의 잠탈(潛脫)이 쉽게 발생하기 때문이다. 다소 추상적이라도 금지되어야 할 결과가 특정되어 있으면 금지명령으로서의 특정은 충분하고, 구체적으로 어떠한 예방 조치를 강구할지는 채무자의 선택에 맡겨지므로, 신청 취지로 허용된다고 할 것이다.[98]

(2) 피보전권리

공정거래법 제108조에 기한 금지청구를 보전 절차에서 하는 경우에, 앞서 Ⅳ. 2. (2)에서 본 바와 같이 피보전권리는 바로 위 금지청구권이다. 금지청구권이 절차상의 청구권이 아니라 실체법상의 청구권이라는 것은 이러한 의미이다. 이 단계에서 어떠한 유형의 불공정거래행위인지를 밝히는 것도 필요하다.

(3) 보전의 필요성

금지청구를 보전 절차로 하는 경우, 민사집행법 제301조에 의하여 준용되는 제277조[99] 소정의 보전의 필요 외에 민사집행법 제300조 제2항의 "계속하는 권리관계에 끼칠 현저한 손

97) 村上政博(주 13), 617.

98) 岸井大太郎(주 84), 214.

99) 제277조 (보전의 필요) 가압류는 이를 하지 아니하면 판결을 집행할 수 없거나 판결을 집행하는 것이 매우 곤란할 염려가 있을 경우에 할 수 있다.

해를 피하거나 급박한 위험을 막기 위하여 또는 그 밖의 필요한 이유"의 요건을 주장 · 입증할 필요가 있다. 여기에서 현저한 손해는 본안판결 시점까지 참는 것이 가혹하다고 생각되는 정도의 불이익이나 고통을 말한다.[100] 이론적으로는, 본안소송까지의 원고의 손실이 본안소송 시점에서 금전적으로 적당하게 보상받을 수 있다면, 원고는 금지명령의 보전 처분이 기각됨으로 인하여 회복할 수 없는 손해를 입는 것이 아니다.

(4) 절차상의 유의점

보전 절차에서는 입증 방법이 한정된다는 점에 유의할 필요가 있다. 즉, 민사집행에서의 입증은 소명으로 충분하지만(민사집행법 제301조, 제280조), 한편으로 소명은 "즉시 조사할 수 있는 증거"에 의해야 한다(민사집행법 제23조 제1항, 민사집행법 제299조 제1항). 따라서 보전 절차에서는 문서제출명령의 신청이나 문서 송부 촉탁의 이용은 인정되지 않는다고 여겨진다.[101]

그러나 보전소송에서는 일반적으로 이유의 소명이 부족한 경우에도 담보 제공을 조건으로 명할 수 있으므로(민사집행법 제301조, 제280조 제2항, 제3항), 소명에 대신하는 담보 제공을 활용할 수는 있을 것이다.

Ⅵ. 결 론

공정거래법에 신설된 금지청구권은 향후 민법상 금지청구권에 대한 입법 및 해석론에도 영향을 끼칠 것으로 생각된다.

그런데 우리나라보다 앞서 2001년부터 불공정거래행위에 대한 금지청구제도를 시행하고 있는 일본의 경우, 그 활용도는 그다지 높지 않다. 위반행위의 유형은 비교적 다양하지만, 실제 사건 수는 그다지 많지 않다. 이에 비추어 보면, 우리나라 민법에 금지청구권 규정이 신설되는 경우에 그것이 얼마나 활용될지는 미지수이다. 그러나 소유권이나 인격권의 침해 등에서와 같이 민법의 해석론으로도 금지청구권이 인정되는 영역 외에 제3자 채권침해에 대한 방해배제 등의 사건이 대부분 공정거래법 위반행위와 관계가 있었던 점을 고려한다면, 공정거래법상 금지청구권의 활용이 다소 활발할 수 있고, 이로 인하여 민법상 금지청구권이 활용될 수 있는 상당부분이 공정거래법상 금지청구권에 흡수될 수도 있을 것이다. 또한 미국의 예를 보면, 피해자의 피해구제 목적이 아니라, 경쟁기업에 의하여 전략적으로 사용될 가능성도 없지 않다. 법원이 이를 어떻게 운용할 것인지의 측면도 제도의 활성화 여부에 영향을 줄 것으로 생각된다.[102]

---

100) 우리나라의 금지청구를 미국의 영구적 금지명령(permanent injunction)에 해당한다고 본다면, 그 가처분에 상응하는 잠정적 금지명령(preliminary injunction)의 요건인 회복할 수 없는 손해(irreparable injury)에 대한 Fischer(주 21), pp. 251-253 및 Dobbs & Roberts(주 21), pp. 190-202의 서술을 참고할 수 있을 것이다.

101) 村上政博(주 13), 577.

102) 이선희(주 18), 301-302.

그러나 공정거래법상 금지청구권이 흡수할 수 없는 민법 고유의 영역에서, 다소 억지스럽게 소유권의 개념을 확대하여 금지청구권을 인정하고 있는 현행 해석론을 벗어나 불법행위에 대한 일반적인 구제방법으로서의 금지청구권은 여전히 필요할 것으로 생각되며, 이를 위하여 민법 개정시에 금지청구권제도를 입법화하는 것이 필요하다고 생각한다. 소송법적으로 소비자들의 단체소송의 길을 열어주는 것도 금지청구제도의 활성화에 영향을 줄 것으로 생각되는바, 이를 향후 입법에 반영할 필요가 있다고 생각된다.

오래된 기억과 실체적 진실

이 연 갑*

1. 민사소송법 제1조 제1항은 “법원은 소송절차가 공정하고 신속하며 경제적으로 진행되도록 노력하여야 한다.”고 규정하고 있다. 여기에서 ‘공정’을 ‘진실에 합치되는 사실인정과 정당한 법규의 해석 · 적용’이라고 이해하는 데 이견이 없다.[1] 한편 형사소송법에는 형사소송의 이상 내지 이념에 관한 규정은 없으나, 학설은 일치하여 실체적 진실 발견을 형사소송의 이념 중 하나로 들고 있고,[2] 판례도 그러하다.[3] 여기에서의 ‘실체적 진실’이란 과거에 실제로 발생하였던 있었던 그대로의 존재 또는 현실을 의미하는 것으로 일반적으로 이해되고 있다.[4] 그렇다면 민사소송의 이상이 ‘진실에 합치되는 사실인정’을 전제로 하는 법령의 올바른 적용이라고 할 때, 여기의 ‘진실’은 형사절차에서의 ‘실체적 진실’과 다른 것을 의미하는가?

이에 대하여 민사소송의 심리에서는 처분권주의가 적용되고 당사자가 자백한 사실에 법원이 구속되는 등의 제약이 있으므로 여기에서의 적정은 당사자 사이에서 분쟁을 해결하기 위한 상대적이고도 구체적인 타당성의 추구를 의미할 뿐, 누구에게나 보편적, 절대적으로 타당한 객관적 진실의 추구를 의미하는 것은 아니라는 견해가 있다.[5] 이 견해가 소송절차에서의 진실 추구는 절차법적 규율의 제약에 따라야 하므로 일정한 한계가 있을 수밖에 없다는 의미라면, 이는 형사소송에서나 민사소송에서나 다르지 않다고 하겠다. 형사소송에서도 위법하게 수집된 증거는 설령 그것이 실체적 진실을 증명하는 데 결정적이라고 하더라도 이를 유죄의 증거로 삼을 수 없고, 전문진술을 증거로 삼는 데에도 일정한 제약이 있으며, 자백이 유일한 증거인

* 연세대학교 법학전문대학원 교수.

1) 이시윤, 신민사소송법(제14판), 2020, 25; 송상현 · 박익환, 민사소송법(신정7판), 2014, 18; 정동윤 · 유병현 · 김경욱, 민사소송법(제6판), 2017, 30.

2) 배종대 · 이상돈, 형사소송법, 홍문사, 1997, 14-19; 이재상, 형사소송법, 박영사, 1987, 18-39; 손동권, 형사소송법, 세창출판사, 2010, 17-27; 이은모, 형사소송법, 박영사, 2010, 14-22; 권오걸, 형사소송법, 형설출판사, 2010, 9-22.

3) 대법원 2009. 10. 22. 선고 2009도7436 전원합의체 판결; 대법원 2006. 10. 13. 선고 2005모552 판결.

4) 이러한 실체적 진실 개념에 대하여 법철학 분야에서는 비판적인 견해가 제기되고 있다. 예컨대 양천수, “형사소송법상 실체적 진실주의와 적정절차원칙에 대한 비판적 고찰 —법철학의 관점에서—”, 경남법학 23집 (2008), 131-132.

5) 閔日榮 편집대표, 주석민사소송법 1, 한국사법행정학회, 2018, 64-65(황진구).

때에는 설령 그 자백이 실체적 진실에 부합하더라도 이를 증거로 삼을 수 없다. 또한 기본권 보장의 취지에서 의심스러운 때에는 피고인의 이익으로 재판하여야 한다는 원칙도 적용된다. 뿐만 아니라 우리나라에서는 형사소송에서도 당사자가 신청한 증거를 중심으로 조사하고, 법원의 직권 조사는 (가능하기는 하지만) 예외적으로만 실시되고 있으므로 신청주의에 의한 증거조사라는 점에서 민사소송과 크게 다르지 않다.

민사소송에서 추구하여야 할 사실이 실체적 진실이어야 하는 이유는 무엇보다도 이것이 정의의 요청이기 때문이다. 예컨대 불법행위법은 위법한 행위로 손해를 가한 자에게 그 배상의 의무를 지움으로써 교정적 정의를 실현하려고 한다.[6] 그런데 정의는 구체적 사실에 적용되지 않으면 아무런 의미가 없다. 따라서 만약 위법한 행위를 하였는지가 명확하지 않은 상태에서 배상을 명한다면 교정적 정의의 요청에 부응할 수 없다.

또한 실체적 진실에 부합하지 않는 법원의 판단은 그 재판의 당사자를 납득시킬 수 없을 뿐 아니라, 그 밖의 이해관계인이나 일반 시민이 정당하고 효율적인 분쟁 해결 절차로서 재판에 대하여 가지는 신뢰를 무너뜨리게 된다.

그러므로 민사소송이든 형사소송이든, 모두 법령의 적용을 위한 전제로서 과거에 실제로 존재하였던 진실, 즉 실체적 진실의 추구는 아무리 어렵다고 하더라도 포기할 수 없는 법관의 가장 기본적인 임무라고 하겠다.[7]

2. 민사소송에서 추구하여야 할 진실이 실체적 진실이고, 따라서 법원은 실체적 진실에 최대한 부합하는 사실인정을 해야 한다고는 하지만, 여기에는 일정한 제약이 있다. 그러나 그러한 제약 때문에 실체적 진실과 법원이 인정하는 사실 사이에서 간극이 생기는 경우에도, 그것이 정당화되는 경우가 있고 그렇지 않은 경우가 있다. 예를 들어 통신비밀보호법 제14조 제1항, 제2항, 제4조는 공개되지 아니한 타인간의 대화를 전자장치 또는 기계적 수단을 이용하여 녹음한 내용 또는 그 청취한 내용은 재판에서 증거로 사용할 수 없다고 정하고 있다. 이는 실체적 진실 발견의 이익보다 사생활 자유의 이익을 우선적으로 고려한 것이라고 하겠다. 나

6) Jules Coleman, "Tort Law and Tort Theory", in Gerald J. Postema (ed.), Philosophy and the Torts, Cambrdige U. Press, 2001, p. 192; John Gardner, "What is Tort Law for? Part 1. The Place of Corrective Justice", Law and Philosophy, Vol. 30, No. 1 (2011), pp. 5-6; Martin Stone, "The Significance of Doing and Suffering", in Gerald J. Postema (ed.), Philosophy and the Torts, Cambridge U. Press, 2001, p. 152 f.

7) 따라서 법철학적 관점에서 실체적 진실 개념을 비판하고 민사소송에서 추구하여야 하는 진실이 합리적 대화를 통해 합의된 진실이라는 견해는 절차적 정의의 관점에서 실체적 진실의 발견에 일정한 제한이 있을 수밖에 없다는 한계를 인정해야 한다는 것을 넘어, 그러한 '합의된 진실'이 곧 실체적 진실을 대체할 수 있다는 취지인 한 찬성할 수 없다. 이 견해에 관하여는 양천수·우세나, "민사소송에서 바라본 진실 개념", 민사소송 14권 2호(2010), 33 이하 참조.

아가 민사재판에서 위법하게 수집한 증거에 대하여 증거능력을 인정할 것인지에 관해서 논란이 있는데,[8] 그 논란의 핵심은 인격적 이익 등 다른 정당한 이익의 보호와 실체적 진실 발견 사이의 이익형량에 있다. 이러한 증거능력의 제한은 정책적 또는 그 밖의 이유에서 정당화되는 것이므로, 그 때문에 실체적 진실과 어긋나는 사실의 인정을 하더라도 이는 불가피하다고 할 수 있다. 민사소송법 제314조, 제315조에 의해 증언거부권을 가지는 사람이 증언을 거부하는 경우에도 마찬가지이다. 자기에게 공소가 제기되거나 자기가 유죄판결을 받을 염려가 있는 사항에 대한 증언거부권은 헌법이 보장하는 자기부죄거부의 특권에 터잡은 것이다. 또 증인의 친족에게 유죄판결을 받을 염려가 있는 사항에 대하여 증언거부권을 인정한 것은 증언으로 인해 혼인관계 또는 가족관계가 파탄에 이르게 될 가능성을 고려한 것이다. 나아가 변호사 등에게 직무상 비밀에 대하여 증언거부권을 인정하는 것은 그 의뢰인으로 하여금 변호사 등에게 모든 사실을 밝힐 수 있게 함으로써 변호사 등의 직무가 원활히 이루어질 수 있게 하기 위한 것이다. 신속한 재판이라는 민사소송의 또 다른 이상을 고려하여 실체적 진실 발견이 어려워지는 것을 감수해야 하는 경우도 있다. 종국판결의 선고기간 제한(민사소송법 제199조), 변론준비기일에 제출하지 아니한 공격방어방법의 실권(민사소송법 제285조 제1항), 실기한 공격방어방법의 각하(민사소송법 제149조 제1항) 등의 제도로 인하여, 때로는 실체적 진실과 법원이 인정하는 사실 사이의 거리가 좁혀지지 않을 수 있다. 법원의 기능은 분쟁의 해결에 있는 것이고, 여기의 분쟁 해결은 원고가 제기한 소에 대하여 인용 또는 기각의 답변을 하는 것을 말한다. 이때 당사자가 원한다고 해서 또는 법관이 아직 궁금한 점이 남았다고 해서 무한정 증거조사를 할 수 없다. 실체적 진실에 부합하든 그렇지 않든, 변론을 종결할 당시까지도 증거조사를 통해 밝혀지는 사실과 그렇지 못한 사실이 있을 수 있게 된다. 그럼에도 불구하고 청구의 기각이든 인용이든 결론을 내어 분쟁을 해결해야 하는 법원의 기능을 다하기 위해서는, 고도의 개연성에 의한 확신이 서면 변론을 종결하고 판단을 내려야 한다.

나아가 종국성(finality)이라는 재판의 속성상 법원이 한 종국판결이 소송절차 내에서 통상적인 불복방법에 의해 취소 또는 변경될 수 없게 되면, 재심사유가 없는 한 그 재판은 종국적으로 끝나고, 이제 새로운 증거를 제출할 여지가 없게 된다. 재판이 확정되고 수십 년이 지난 후 그 재판의 근거가 된 사실과 모순되는 새로운 증거가 발견되더라도 그것만으로 재판을 다시 열어 새롭게 사실인정을 하는 것은 허용되지 않는 것이다.

이상 설명한 실체적 진실에 대한 접근을 어렵게 하는 제약들은 모두 정당하게 보호되어야 할 다른 이익들을 고려한 것이므로, 그에 따라 실체적 진실과 법원이 인정한 사실 사이에 간극이 생기더라도 이는 부득이하다고 평가할 수 있다. 그러나 그와 같이 정당화될 수 없는 다른 사정, 예컨대 사실인정을 하는 법관의 편견이나 무능력, 당사자를 대리하는 소송대리인의 능력

8) 김홍엽, 민사소송법(제7판), 박영사, 2018, 587-589; 전원열, 민사소송법강의, 박영사, 2020, 357-359.

부족, 나아가 신뢰할 만한 증거의 부족 등에 의해 실체적 진실과 다른 사실에 터잡아 법원의 재판이 내려질 수도 있다. 이와 같이 정당화될 수 없는 사정에 의해 부실한 사실인정이 이루어지는 경우, 그 재판의 정당성은 그만큼 약해질 수밖에 없다. 그리고 정당화되기 어려운 재판을 한 법원에 대한 신뢰도 그만큼 낮아지게 될 수밖에 없다.

3. 민사재판에서 이렇다 할 서면에 의한 증거가 제출되지 않고 감정 등 다른 증거방법이 없거나 그다지 쓸모가 없을 때, 당사자의 진술 또는 증인의 증언에 의존하여 판단할 수밖에 없는 경우가 종종 있다. 이때 당사자나 증인의 진술을 과연 신뢰할 수 있는가가 사실인정의 관건이 된다. 진술의 진위를 객관적 상황과 대비하여 그 신빙성을 검토하지 아니하고 만연히 증거로 채택하면 채증법칙 위반이 되고,[9] 증언의 신빙성 판단에서는 증언 내용의 합리성, 증인의 증언 태도, 다른 증거와의 합치 여부, 증인의 사건에 대한 이해관계, 당사자와의 관계 등을 종합적으로 검토하여야 한다고 하지만,[10] 구체적인 사건에서 진술의 신빙성 판단은 결코 쉽지 않다.

증인이나 당사자의 기억에 의존하는 증거의 신빙성에 대해서는 법심리학자들 사이에서 많은 연구가 이루어졌다.[11] 여러 연구의 공통된 결론은, 우리의 기억은 매우 신빙성이 낮은 증거라는 것이다.[12] 우선 우리는 과거의 사실을 실제 있었던 대로 기억하지 않는다. 기억에 부호화(encoding)되는 과정에서 우리의 관심사, 우리가 이미 가지고 있던 정보, 기대, 필요나 감정상태 등이 작용한다. 이 정보는 그 후 우리의 장기기억 속에 이미 저장되어 있는 다른 정보와 통합되어 저장된다. 나중에 기억이 인출될 때에도 부호화될 때 영향을 미치는 요소들에 더하여, 누구에 대하여 어떤 목적으로 기억을 회상하는가에 큰 영향을 받는다. 우리가 기억하는 것은 저장과 인출 사이의 기간 동안 일어날 수 있는 망각 또는 다른 경험에 의한 간섭을 거친 나머지 기억으로부터 재구성된다. 이와 같이 우리의 기억은 저장될 때에도, 저장으로부터 인출 사이에서도, 인출될 때에도 변형과 재구성을 거친다. 우리의 기억이 오류투성이이고 믿기 어려운 이유는 이러한 기억의 메커니즘 때문이다. 우리는 원래의 경험 중 상세한 부분을 잊을 뿐 아니라, 실제와 다르게 기억하기도 한다.[13] 예컨대 사건 발생 후에 경찰관으로부터 조사를 받

9) 대법원 1987. 7. 21. 선고 86다카1806 판결.

10) 대법원 2016. 10. 27. 선고 2014다72210 판결; 대법원 2015. 11. 26. 선고 2014다45317 판결 등.

11) 범인식별 진술의 신빙성에 관하여, 우소연·조은경, “목격자의 범인식별 절차에서 식별 전 지시와 순차적 제시방식 유형에 따른 식별 정확성”, 한국범죄심리학회지 26권 4호(2012), 141 이하; 김지영·김시업, 목격자 증언의 정확성 제고방안, 한국형사정책연구원 연구총서(2006); 홍기원·이보영, “목격증인의 범인식별 진술의 신빙성”, 법학연구 43권(2011), 195 이하 등. 아동의 진술의 신빙성에 관하여, 권순민, “형사절차에서 아동의 증언능력과 신빙성 판단에 대한 연구”, 형사정책연구 92호(2012), 123 이하 등. 최근 법심리학적 접근에 대하여, 김상준, “사실인정과 의사결정 모델에 관한 법심리학적 연구동향”, 법학평론 5호(2015), 8 이하.

12) Mark L. Howe & Lauren M. Knott, The fallibility of memory in judicial processes: Lessons from the past and their modern consequences, Memory, Vol. 23, No. 5 (2015), 633.

13) 엘리자베스 로프터스, 정준형 옮김, 우리 기억은 진짜 기억일까?, 도솔, 2008.

을 때 그의 질문에 의해 사건에 대한 기억이 심각하게 왜곡될 수 있다. 심리학자들에 의하면 경찰, 검사, 법관 등 법에 종사하는 사람들 중에는 기억에 대하여 순진한 믿음을 가지는 사람들이 많다. 그 중 하나가 심각한 피해를 입은 기억 또는 충격적인 사건을 본 기억은 믿을 수 있다는 것이다. 그러나 최근의 연구에 따르면 충격적인 사건의 피해자 또는 목격자는 그 사건을 정확히 인식하지 못할 가능성이 크다고 한다.[14] 강한 스트레스를 받게 되면 인지능력이 저하되기 때문이다. 또한 증언이 구체적일수록 그 기억이 정확하다고 생각하는 사람이 많지만, 심리학의 연구는 구체적인 기억일수록 의심스럽다고 말한다.[15] 이와 같은 이유로 어떤 재판에서든 피해자나 증인의 진술은 그 신빙성을 의심하고, 다른 방법에 의해 신빙성을 보강하거나 아니면 이를 판단의 근거로 삼아서는 아니되는 것이다.[16]

진술을 하는 사람이 경험한 사건이 최근의 것인 경우에도 기억에만 의존하는 사실인정은 잘못된 판단으로 이어질 위험이 크다. 수십 년 전에 있었던 일을 되살려 재판하여야 하는 경우, 그 위험은 더 커진다. 진술인의 기억이 정확하지 못할 가능성이 커질 뿐 아니라, 그 진술 내용이 실체적 진실에 부합하는지 검증할 객관적인 자료가 남아 있지 않을 가능성이 많기 때문이다.

4. 최근 한일관계 경색의 결정적 계기를 제공한 대법원 2018. 10. 30. 선고 2013다61381 전원합의체판결의 원심(서울고등법원 2013. 7. 10. 선고 2012나44947 판결)은 그 사건의 원고들이 일본 신일철주금 주식회사를 상대로 제기한 불법행위에 기한 손해배상청구 소송에서 다음과 같은 사실을 인정하였다.

> "구 일본제철은 1943.경 평양에서 오사카제철소의 공원모집 광고를 냈는데, 그 광고에는 오사카제철소에서 2년간 훈련을 받으면 기술을 습득할 수 있고 훈련 종료 후 한반도의 제철소

---

14) Sven-Ake Christianson &Elizabeth F. Loftus, Memory for Traumatic Events, 1 Applied Cogn. Psychol., Vol. 1 (1987), p. 227; Brian R. Clifford & Clive R. Hollin, Effects of Type of Incident and the Number of Perpetrators on Eyewitness Memory, J. Applied Psychol., Vol. 66 (1981), p. 369; Charles A. Morgan III et al., Accuracy of Eyewitness Memory for Persons Encountered During Exposure to Highly Intense Stress, International Journal of Law and Psychiatry, Vol. 27 (2004), pp. 268, 272.

15) M.L. Howe, Memory lessons from the courtroom: Reflections on being a memory expert on the witness stand, Memory, Vol. 21 (2013), pp. 576-583.

16) 국제형사재판에서도 마찬가지의 문제가 있다. Nancy A. Combs, Fact-Finding Without Facts: The Uncertain Evidentiary Foundations of International Criminal Convictions, Cambridge U. Press, 2010, pp. 14 f. 위 책의 저자는 국제형사재판의 기록을 검토하여 증인들의 여러 차례에 걸친 진술들 사이에서 불일치나 누락이 있을 뿐 아니라, 거짓말을 용인하는 문화적 배경, 집단의 가치에 충성하는 성향, 이념적 또는 개인적 적대감, 보복에의 우려, 증언에 대한 재정적 보상의 유혹, 거짓말을 하더라도 이를 반박할 증거가 없다는 점 등의 이유로 위증이 많이 행해졌다고 지적하고 있다. 이러한 위증에의 유혹은 본문에서 언급하고 있는 사건들에서도 충분히 강력하다.

에서 기술자로 취직할 수 있다고 기재되어 있었다. 원고 A, B는 1943. 9.경 위 광고를 보고, 기술을 습득하여 우리나라에서 취직할 수 있다는 점에 끌려 응모한 다음, 구 일본제철의 모집 담당자와 면접을 하고 합격하여 위 담당자의 인솔 하에 구 일본제철의 오사카제철소로 가서, 훈련공으로서 노역에 종사하게 되었다. 오사카제철소에서 원고 A, B는 1일 8시간의 3교대제로 일하였고, 한 달에 1, 2회 정도 외출이 허용되었으며, 한 달에 2, 3엔 정도의 용돈만 지급받았을 뿐이고, 구 일본제철은 임금전액을 지급하면 낭비할 우려가 있다는 이유를 들어 원고 A, B의 동의를 얻지 않은 채 위 원고들 명의의 구좌에 임금의 대부분을 일방적으로 입금하였으며, 그 저금통장과 도장을 기숙사의 사감에게 보관하게 하였다. 위 원고들은 화로에 석탄을 넣고 깨뜨려서 뒤섞거나 철 파이프 속으로 들어가서 석탄찌꺼기를 제거하는 등 화상의 위험이 있고 기술습득과는 별 관계가 없는 매우 고된 노역에 종사하였는데, 제공되는 식사는 그 양이 매우 적었다. 또한 경찰이 자주 들러서 위 원고들에게 '도망치더라도 바로 잡을 수 있다'고 말하였고 기숙사에서도 감시하는 사람이 있었기 때문에 위 원고들은 도망칠 생각을 하지 못하였는데, 원고 B는 도망가고 싶다고 말하였다가 발각되어 기숙사 사감으로부터 구타를 당하고 체벌을 받기도 하였다. … 원고 C는 1941.경 대전시장의 추천을 받아 보국대로 동원되어 일본으로 건나가 구 일본제철의 가마이시제철소에서 코오크스를 용광로에 넣고 철이 나오면 다시 가마에 넣는 등의 노역에 종사하였는데, 먼지가 심한 작업환경에서 일하였으며 용광로에서 나오는 불순물에 걸려 넘어져 배에 상처를 입고 3개월간 입원하기도 하였다. 노역에 종사하는 동안 처음 6개월간은 외출이 금지되었고, 일본 헌병들이 보름에 한번씩 와서 인원을 점검하며 일을 나가지 않는 사람에게 꾀를 부린다며 발길질을 하기도 했으며, 임금을 저금해준다는 말을 들었을 뿐 임금을 전혀 받지 못하였다. … 원고 D는 1943. 1.경 군산부(지금의 군산시)의 지시를 받고 모집되어 구 일본제철의 인솔자를 따라 일본으로 건너가 구 일본제철의 야하타제철소에서 각종 원료 및 생산품을 운송하는 선로의 신호소에 배치되어 선로를 전환시키는 포인트 조작과 열차의 탈선방지를 위한 포인트의 오염물 제거 등의 노역에 종사하였는데, 임금을 전혀 받지 못하였고, 도주하다가 발각되어 약 7일 동안[17] 심한 구타를 당하며 식사를 제공받지 못하기도 하였다. 위 원고는 위 노역에 종사하는 동안 임금을 전혀 지급받지 못하였고, 일체의 휴가나 개인행동은 허용되지 않았으며 ….”(생략은 필자)

이러한 사실인정에 기하여 법원은 “원고들은 당시 한반도와 한국민들이 일본의 폭압적 지배를 받고 있었던 상황 아래에서 장차 일본에서 처하게 될 노동 내용이나 환경에 대하여 잘 알지 못한 채 일본 정부와 구 일본제철의 위와 같은 조직적인 기망에 의하여[18] 동원되었다고

17) 제1심은 “5일 동안”이라고 인정하였는데, 이것이 제1심의 착오였는지 아닌지는 기록을 열람할 수 없어 확인할 수 없다.

18) 그러나 구체적으로 구 일본제철의 어떤 행위가 기망에 해당하는지는 판결문상 명확하지 않다. 광고와 달리 원고들이 기술을 습득할 수 있는 노역에 종사하지 아니하였다는 것이라면, 구 일본제철에게 원고들에게 기술을 습득할 수 있는 노역에 종사하게 하지 않을 계획이면서도 그와 같이 거짓말하였다는 사실이 인정되어야 할 것

봄이 상당하다"고 판단하였다.[19)]

위 인정사실 중 원고들의 진술을 토대로 한 것으로 추측되는 부분 중, (1) 임금을 전혀 또는 조금밖에 지급받지 못하였다는 주장, (2) 각 원고들의 구체적인 노역 내용, (3) 폭행을 당했다는 주장에 대해서만 그 신빙성을 검토해 본다. 우선 임금을 전혀 또는 조금밖에 지급받지 못하였다는 취지의 진술은 구 일본제철이 원고들을 포함한 조선인에 대한 미불금 공탁 내역에 비추어 신빙성을 판단할 수 있다.[20)] 법원도 원고들에 대하여 공탁된 미지급 급료와 예저금액을 인정하고 있는데, 아마도 위 자료를 근거로 한 것이라고 추측된다. 이에 따르면 원고 A에 대한 공탁액은 급료 50.52엔, 예저금 445엔 합계 495.52엔, 원고 B에 대한 공탁액은 급료 57.44엔, 예저금 410엔 합계 467.44엔, 원고 C에 대한 공탁액은 예저금 23.80엔, 원고 D에 대한 공탁액은 급료 40엔, 퇴직수당 10.20엔 합계 50.20엔이다. 구 일본제철의 자료를 신뢰하지 못한다면 이러한 사실인정을 하지 않았을 것이다. 그런데 그에 따르면 위 공탁액 외의 임금은 모두 지급되었다고 추론하는 것이 합리적이다. 그렇다면 원고들의 진술 중 임금을 전혀 또는 조금밖에 지급받지 못하였다는 부분의 신빙성을 의심할 만도 한데, 법원은 그럼에도 불구하고 원고들의 진술 내용을 사실로 받아들였다. 원고들의 구체적인 작업 내역 중에서는 이 사건 이전에 원고들이 일본 법원에 제기한 손해배상청구 소송에서 인정된 사실과 다른 부분을 지적하지 않을 수 없다. 우리 법원은 원고 A, B가 "화로에 석탄을 넣고 깨뜨려서 뒤섞거나 철 파이프 속으로 들어가서 석탄찌꺼기를 제거"하는 작업을 하였다고 인정하였다. 그러나 일본 오사카 지방재판소의 판결에 의하면, 위 작업을 한 사람은 원고 B이고, 그와 달리 원고 A는 일본인 공원의 지도하에 기중기를 조작하여 선철이나 고철 등을 평로에 투입하는 노무에 종사하였다. 이 노무도 고온으로 연소하는 평로 가까이에서 기중기를 조작하는 위험한 작업이기는 하지만, 원고 A는 일찍 기중기 조작법을 익혀 모범공원으로 선정되어 표창까지 받았다.[21)] 왜 동일한 원고가 한 노무의 내용이 두 사건에서 이렇게 달리 인정되었는지는 명확하지 않다. 다만 일본에서의 재판에서 주장한 사실과 우리나라에서의 재판에서 주장한 사실이 다르다면 그에 관한 진술의 신빙성을 의심하지 않을 수 없다. 나아가 우리 법원은 시기나 이유에 대한 설명 없이 "원고 B는 도망가고 싶다고 말하였다가 발각되어 기숙사 사감으로부터 구타를 당하고 체벌을 받기도 하였다"고 인정하였는데, 일본 오사카 지방재판소 판결은 원고 B가 "1944년 가을경 징병

인데, 판결문 어디에도 구 일본제철이 그러한 '허위광고'를 하였다는 설명이 없다.

19) 환송판결(대법원 2012. 5. 24. 선고 2009다68620 판결)의 취지에 따르면 일본의 조선에 대한 식민지배는 위법하므로 징용령도 효력이 없고, 따라서 징용은 그 자체로서 원고들의 자유를 침해하는 불법행위라는 논리가 성립하는데, 원심은 그러한 판단을 하지 아니하였다. 만약 위 환송판결의 논리에 따른다면, 이 사건에서 원고들이 임금을 받았는지 여부나 구체적인 노역의 내용, 그리고 폭행을 당하였는지에 관한 사실인정을 할 이유가 없다.

20) 이영훈 외, 반일 종족주의와의 투쟁, 미래사, 2020, 132.

21) 일본 大阪地裁 2001(平成 13). 3. 27. 판결.

을 위한 신체검사를 받고 해군항공정비병으로 징병될 것이라는 고지를 받자, 전장에 나가면 분명히 죽게 될 것이라고 생각하고 종전부터 직장이나 공습을 감내해야 하는 것에 불만을 가지고 있었으므로 친구와 도망을 계획하였다가 실행 전에 그 계획이 발각되어" 기숙사 사감으로부터 구타와 체벌을 받았다고 인정하였다.[22] 어느 쪽의 사실이 보다 실체적 진실에 부합하는지는 알 수 없다. 그러나 아무런 이유 없이 "도망가고 싶다고 말하였다가" 발각되어 구타를 당하였다는 사실인정에 의문을 제기할 정도로 우리 법원의 사실인정이 허술하다는 점은 지적할 수 있다.

5. 최근 서울중앙지방법원은 종군위안부 12인이 일본 정부를 상대로 제기한 손해배상청구소송에서 원고들 승소 판결을 선고하였다(서울중앙지방법원 2021. 1. 8. 선고 2016가합505092 판결). 이 판결은 원고들을 유괴하거나 납치하여 위안소에 감금시킨 채로 상시적 폭력, 고문, 성폭행에 노출시키고, 그 과정에서 임금을 지급하지 아니한 행위는 여성의 성적 자기결정권 침해를 금지한 헤이그 육전협약 제3조, 부속서 제46조, 성매매를 목적으로 한 납치, 인신매매를 금지한 백인노예매매의 억제를 위한 국제조약, 여성을 기망, 납치하는 행위를 금지한 여성과 아동의 인신매매금지조약, 노예해방을 규정한 국제연맹의 노예협약, 강제노동을 폐지한 국제노동기구의 강제노동에 관한 협약을 위반한 행위이고,[23] 일본 정부 공무원들은 국외 이송 목적의 약취·유인·매매죄를 정한 일본 구 형법을 위반하였고, 일본 정부는 이를 적극적으로 조장 또는 방조하였다고 판단하고 있다. 이러한 판단을 하기 위해서는 우선 원고들이 유괴 또는 납치되었다는 사실이 인정되어야 할 것이다. 이 판결에는 원고들이 위안부로 일하게 된 경위에 관하여 원고들 자신의 진술을 토대로 한 듯 보이는 사실이 인정되고 있다. 이에 따르면 원고들은 '군인 복장을 한 남자', '일본인 순사,' '일본 군인', '동네 공무원'에게 강제로 끌려갔다고 하거나, 위안부 모집책이나 '40세 가량의 일본인과 조선인 남자들,' 심지어 친구의 기망 또는 유혹에 넘어갔다고 진술하였다. 이들 진술의 신빙성을 어떤 자료에 비추어 검토하였는지는 판결문상 분명하지 않다. 또 법원이 인정한 사실은 너무나 간략하고 막연해서, '군인 복장을 한 남자'가 일본 군인인지 아니면 경찰인지, '동네 공무원'이 무슨 권한으로 강제로 끌고 갈 수 있었는지, 강제로 끌어가려 했다면 이에 저항하거나 가족 또는 주위의 사람들에게 도움을 청하지 않았는지, 도중에 도주할 수 있는 기회가 있었는데 도주하지 않은 것인지 아니면 감시가 심해서 도주하지 못한 것인지 등에 관하여 전혀 알 수 없다. 또 '일본인과 조선인 남자들'이 위안부 모집업자인지, 친구의 유혹에 빠져 중국으로 갔다면 그 친구와 위안부 모집업자 또는 일본군이 어떤 관계에 있는지에 관하여 아무런 정보를 주지 않는다.[24]

22) 일본 大阪地裁 2001(平成 13). 3. 27. 판결.

23) 판결문상 이 위법행위를 한 사람이 누구인지는 명확하게 특정되어 있지 않다.

24) 이 사건에서 피고측이 사실관계에 관한 실질적인 변론을 하지 아니하여 이런 결과에 이른 것이 아닌가 추측된다. 이와 같은 사정도 실체적 진실과 법원이 인정한 진실 사이의 간극을 넓히는 요소라고 할 수 있다.

이와 같이 법원이 인정한 사실의 질이 낮은 것은 오래된 기억에 의존하여 사실인정을 할 수밖에 없기 때문이다. 종군위안부들이 오랜 침묵을 깨고 자기의 경험에 대하여 진술을 하기 시작한 것이 1980년대이므로 그 무렵 이미 상당한 고령이었고, 그 경험을 한 때로부터 수십 년이 경과한 후였다. 그러므로 세부적인 기억에 상당한 쇠퇴가 일어난 것은 당연하다고 하겠다. 여기에 기억이 부호화되는 과정이나 저장된 상태에서, 또는 기억을 다시 되살리는 과정에서 기억의 왜곡이 발생하였을 가능성도 있다. 더욱이 종군위안부의 진술에 관한 한 연구에 따르면 어떤 위안부의 진술은 진술할 때마다 달라진다. 처음에는 만 열여섯 살 때 "강가에서 보았던 일본 남자"가 보여주는 "빨간 원피스와 가죽구두가 좋아서" 그를 따라 나섰다고 말했다가, 다른 기회에는 열다섯 살에 "일본군의 칼에 위협을 받은 여성이 자신을 불러 감싸안아 끌어갔다"고 진술하고, 또 다른 인터뷰에서는 "집 앞마당에까지 일본군이 들어와서 끌고 갔다"고 말하였다.[25] 이와 같이 위안부의 진술이 계속 바뀌는 경우가 있다는 지적은 다른 연구에서도 볼 수 있다.[26] 법률가라면 이런 경우 그 진술의 신빙성에 의문을 제기하는 것이 보통일 것이다. 그러나 이와 반대로 증언은 듣는 사람과 말하는 사람의 공동작업이므로 듣는 사람이 바뀌면 내용도 바뀌는 것이며, 증언자는 증언을 할 때마다 지배적인 언설에 맞추려고 하기 때문에 증언자의 진술에서 나타나는 모순이나 비일관성이야말로 가치를 인정해야 하는 것이라는 견해도 있다.[27] 그에 따르면 위안부의 증언은 여러 현실(realities) 중 하나이고, '지배자의 현실'에 의해 감추어지고 억압되어 왔던 '피억압자의 현실'을 인정하는 것이 중요하다고 한다.[28] 그 주장의 정치적 타당성은 별론, 적어도 그가 말하는 현실은 법원이 사실인정에 있어서 추구하는 실체적 진실과는 거리가 멀다고 하겠다.

6. 이와 같이 오래 전의 기억에 의존하는 진술의 신빙성은 이른바 과거사 사건에서도 자주 문제된다. 진실·화해를 위한 과거사정리 기본법이 정하고 있는 조사 대상인 과거사는 물경 100여년 전으로 거슬러 올라간다. 이 경우에는 서면자료 외에 의미 있는 진술을 할 수 있는 사람은 생존해 있지 않고, 진술이 있을 수 있다면 조상으로부터 들었다는 후손의 전문진술 정도일 것이다. 그나마 관련자들이 생존해서 자기가 직접 경험한 사실을 진술을 할 수 있는 상태

25) 박유하, 제국의 위안부, 뿌리와 이파리, 2013, 132. 박유하는 이런 경우에 대하여 위안부의 의식적인 거짓말이라기보다는 "듣는 이들의 기대가 그렇게 만든 측면이 크다. … 그런 의미에서는 위안부의 증언에 차이가 난다고 해서 위안부들만을 비난할 일은 아니다."고 평가하고 있다. 위 책, 133. 이는 곧 기억의 인출 과정에서 기억이 왜곡될 수 있다는 지적에 다름 아니다.

26) 上野千鶴子, "ジェンダー史と歴史學の方法", 日本の戦争責任資料センター 편, シンポジウム ナショナリズムと「慰安婦」問題, 青木書店, 1998, 28.

27) 上野千鶴子(주 26), 28.

28) Ueno Chizuko, The Politics of Memory, History and Memory, Vol. 11, No. 2 (1999), pp. 142-144; 上野千鶴子, 差異の政治学, 岩波書店, 2015, 56-89.

에 있는 사건들은 6.25 사변 이후의 것들이나, 이마저도 진술을 할 수 있는 사람들로부터 신빙성 있는 진술을 얻기 어렵다. 이 때문에 상당수의 진실규명신청이 불규명으로 종결된다. 그러나 진실규명결정이 내려진 사건들조차, 진실규명결정의 전제가 되는 사실인정이 부실하게 될 가능성이 많다. 예를 들어 전남 진도군 일대에서 북한군에 부역하였다는 이유로 경찰에게 체포, 구금되었다가 행방불명되거나 사망한 사람들의 유족이 진실규명을 신청한 데 대하여, 과거사정리 조사위원회는 2009. 4. 6. 유족과 참고인의 진술, 시신 수습 여부 및 제적부의 기록을 근거로 이들이 적법한 절차에 의하지 않고 경찰에 의해 불법적으로 희생되었다는 내용의 진실규명결정을 하였다. 그 중 E에 대한 부분을 보면, "수복이 되자 E는 용장리 인민재판에 참관했다는 이유로 경찰에 연행되어 진도경찰서에 구금되었는데 1950년 11월 10일 경찰에게 끌려나간 후 행방불명되었다."고 기재되어 있다.[29] 그리고 그 근거로는 진실규명 신청인인 F와 참고인 G의 진술을 들었다. 우선 F의 진술은 조사보고서에 다음과 같이 요약되어 있다.[30]

> "용장리 인민재판은 극난할 정도로 처형이 이루어졌다. 수복이 되자 용장리 사람인 ○○○(후에 진도군수 역임)는 국회의원이었던 ○○○에게 ○○○을 죽여야겠다고 말하자 ○○○과 친척이었던 ○○○이 손을 써서 ○○○을 석방시켰다. ○○○이 석방되면서 박옥배를 비롯해 여러 사람을 모략하였다. 이에 ○○○가 분토리에 사는 의경 ○○○을 시켜 박옥배를 죽이도록 했다. 1950년 11월 10일 경찰이 진도경찰서에 구금되어 있던 박옥배를 끌고 나갔는데 지서 급사 ○씨(이름 모름)의 말에 따르면 벽파부두 쪽으로 데리고 갔다고 한다."

한편 E의 친척인 G는 E를 "한마을에 살아서 알게 되었고, 수복 이후 경찰에 끌려간 후 행방불명되었다."는 취지로 진술하였다.[31] 위 두 사람의 진술을 근거로 조사위원회는 E를 경찰의 불법적인 공권력 행사의 희생자로 추정하는 결정을 하였다.[32] 위 진상규명결정을 근거로 제기된 손해배상청구소송에서, 제1심과 원심은 위 조사보고서의 기재내용을 근거로 공무원에 의한 불법행위가 있었다고 인정하고 손해배상을 명하였다. 그러나 대법원의 다수의견은 F의 진술은 그 진술의 내용만으로도 망인이 대한민국 소속 경찰에 의해 희생되었다는 것인지 아니면 개인적인 모략으로 피해를 당하였다는 것인지 분명하지 않고, G의 진술만으로 구체적인 피해 경위를 알 수 없다고 판단하였다.[33] 이들의 진술은 사건이 발생한 때로부터 50년이 경과한 후에 이루어진 것인 데다가 그 내용도 자기가 직접 경험한 것이 아니라 다른 사람으로부터 들

29) 진실·화해를 위한 과거사정리위원회, 2009년 상반기 조사보고서 제4권, 527.
30) 진실·화해를 위한 과거사정리위원회(주 29), 527.
31) 진실·화해를 위한 과거사정리위원회(주 29), 563.
32) 진실·화해를 위한 과거사정리위원회(주 29), 544.
33) 대법원 2013. 5. 16. 선고 2012다202819 전원합의체 판결.

어서 아는 것이므로 그에 부합하는 다른 객관적인 증거에 의해 보강되지 않는 한 이를 쉽게 믿기 어렵다. 게다가 진술인이 진실규명 신청인으로서 앞으로 제기하게 될 손해배상청구를 염두에 두고 진술을 한 것이라면 더더욱 그렇다. 만약 정상적인 재판에서라면 당연히 위 F의 진술에 대한 반대심문과, 가능하다면 '분토리에 사는 의경'과 '지서 급사'의 증언을 통해 F의 진술의 신빙성을 검증하였을 것이다. 위 사건의 반대의견은 피해자가 과거사정리위원회의 진실규명결정을 증거로 제출하면 그로써 불법행위책임의 발생 원인사실의 존재를 증명하였다고 보아야 하고, 국가가 그 내용이 사실과 다르다는 반증을 하여야 한다고 주장하였다. 그러나 이 견해에는 찬동할 수 없다. 과거사정리위원회의 조사 과정이 재판과 다른 중대한 차이는 반대증거에 의한 검증이 보장되지 않는다는 데 있다. 민사소송절차에서 반대심문은 주심문에서 한 진술의 신빙성을 떨어뜨리는 데 그 목적이 있으므로, 당연히 그 진술이 실체적 진실에 부합하지 않는다고 전제하고 진술의 모순이나 맹점을 가혹하게 따진다. 이 과정에서 증인은 때로 모욕적인 경험을 할 수도 있다. 소송절차에서 반대심문권을 보장하는 것은 그럼에도 불구하고 이를 통해 증인이 한 진술이 실체적 진실에 부합하는가 여부를 보다 확실히 하고자 함에 있다. 그러나 과거사정리위원회의 조사 과정에서는 그와 유사한 절차가 보장되어 있지 않다.[34] 뿐만 아니라 조사절차에서는 재판절차에서 준수되어야 하는 증거능력이나 증명력에 관한 법리가 적용되지 않는다. 따라서 조사관은 입수 가능한 모든 진술과 자료를 참고할 수 있고, 그로부터 어떤 사실의 존재에 관하여 고도의 개연성 있음을 확신하여야 할 필요도 없다. 이와 같이 과거사정리위원회의 사실인정 과정이 재판에서의 그것과 다른 이유는 과거사정리위원회의 역할이 법원의 역할과 다르기 때문이다. 법원의 역할은 분쟁의 해결에 있다. 따라서 법관의 사실 인정은 이를 기초로 누군가의 재산을 강제집행을 통해 강제로 빼앗거나 신체의 자유를 박탈하는 재판의 전제가 된다. 그러나 과거사정리위원회의 역할은 진실의 규명을 통해 화해를 이루는 데 있다. 과거사정리위원회는 규명된 진실을 토대로 정부에 일정한 권고를 할 수 있을 뿐, 그 이상의 권한은 없다. 과거사정리위원회의 진실규명은 과거의 사건들에 대한 지식을 축적하고 공동체 내에서 간직되어야 할 사회적 기억을 보존하는 데 그 목적이 있다. 법관의 재판은 종국적이어서 확정된 후에는 특별한 사정이 없는 한 바뀔 수 없지만, 과거사정리위원회의 진상규명결정에는 그러한 의미의 종국성이 없고, 언제든지 변경될 수 있다.[35] 이러한 의미에서 과거사정리위원회의 진실규명은 법관의 사실인정보다는 역사가의 그것에 가깝다고 하겠다. 역사

34) 과거사정리위원회 내부에서는 진술을 받을 경우 그 방법론에 관한 구체적인 지침이 있을지도 모르나, 웹사이트에는 그에 관한 자료가 공개되어 있지 않다.

35) Michael Stolleis, "Der Historiker als Richter - der Richter als Historiker", Norbert Frei, Dirk van Laak & Michael Stolleis (hrsg.), Geschichte vor Gericht, C.H. Beck, 2000, S. 179. "법관에게 역사가의 역할을 하라고 하게 되면 사법절차는 오염되고, 이는 돌이킬 수 없다." Carlo Ginzburg, The Judge and the Historian, Verso, 1999, pp. 118-119.

문제는 법정에서 다루어져서도 아니되고, 법적 문제가 역사가들에 의해 결정되어서도 아니된다.[36] 따라서 조사보고서의 내용을 다른 증거와 달리 특별히 취급하여 예컨대 진실규명결정이 진실에 부합한 것으로 일응 추정하고 이에 대하여 상대방이 반증으로 그 추정을 번복하여야 한다는 견해는 이러한 차이를 무시한 단견이라고 할 수 있다.[37]

7. 이상의 사례들은 모두 오래된 기억에 의존하는 재판이 실체적 진실에서 멀어질 수 있다는 문제점을 잘 보여준다. 만약 누군가 30년이나 50년 전에 다른 사람으로부터 폭행을 당하거나, 약취 · 유인을 당하거나, 아니면 살해를 당했다고 주장하면서 가해자를 상대로 손해배상청구를 한다면, 법원은 당연히 피해자 또는 유족이 한 진술의 증명력에 대하여 엄격한 심사를 거쳐 그 신빙성을 판단하고, 다른 객관적인 자료와 종합하여 그 주장 사실이 존재할 고도의 개연성에 대해 확신을 가진 경우에만 그 사실을 인정할 것이다. 그런데 원고가 일제시대의 피징용자, 종군위안부, 그리고 전시 민간인 희생자들이고 피고가 일본 기업, 일본 정부, 또는 대한민국이라는 이유로 이를 달리 보아야 하는가? 앞서 든 사건들의 원심에서 한 사실인정은 모두 원고 주장 사실의 존부에 관하여 보통의 사건과 다른 기준에 따라 판단한 것이 아닌가 싶을 정도로 엉성하다. 가해행위자가 누구인지도 구체적이지 않고, 행위를 한 시간이나 장소도 특정되지 않으며, 행위를 하게 된 경위나 맥락도 나타나 있지 않고, 때로는 그 자체로서 잘 납득이 가지 않거나 다른 기회에서의 진술 또는 다른 객관적 자료와 모순되는 진술을 판단의 전제로 삼았다. 사실인정을 위한 증명도의 수준을 '고도의 개연성에 대한 확신'에서 '증거의 우월'로 낮춘다면 원심의 사실인정이 타당하다고 볼 여지도 있다.[38] 그러나 원심이 그러한 법리의 전환을 전제로 사실인정을 하였다고 볼 근거도 없다. 그렇다면 혹시 원고들이 겪었을 아픔과 고통에 공감한 나머지, '건국을 하는 심정'으로 재판해야 한다거나 아니면 법관도 언필칭 '촛불정신'을 받들어야 한다는 삐뚤어진 생각이 변론의 전취지라는 외피를 쓴 채 법정에 숨어들어 왔던 것일까?

이들 사건에서와 같이 오래 전의 사건에 대하여 진술의 신빙성을 객관적 자료에 의해 검증하라는 것은 지나치게 가혹한 요구라는 견해도 있을 수 있다. 그러나 사태의 가장 주된 원인

36) Giorgio Resta & Vincenzo Zeno-Zencovich, "Judicial "Truth" and Historical "Truth": The Case of the Adreatine Caves Massacre", Law and History Review, Vol. 31 (2013), p. 844.

37) 이스라엘의 경우 진상규명위원회의 조사보고서나 조사과정에서의 진술내용을 소송상 증거로 사용하지 못한다는 명문의 규정을 두고 있다. Commission of Inquiry Law §§ 22, 14. 이는 조사위원회의 조사는 "진실의 공연하고 포괄적인(open and comprehensive) 조사"를 우선시하므로, 민사소송절차에 따르지 않기 때문이다. Asher Maoz, "Historical Adjudication: Courts of Law, Commissions of Inquiry, and 'Historical Truth'", Law and History Review, Vol. 18, No. 3 (2000), p. 571 n. 37.

38) 우리 민사재판에서 채택되고 있는, 고도의 개연성에 대한 확신에 이르러야 한다는 증명도의 기준을 미국의 민사재판에서와 같은 증거의 우월(preponderance of evidence)로 낮추어야 한다는 견해도 있다. 김차동, "민사소송에서의 증명도 기준의 개선에 관한 연구", 법조 68권 3호(2019), 74 이하.

은 모든 것을 불분명하게 만들어 버리는 시간의 힘(verdunkelnde Macht der Zeit)에 있다. 오랜 세월이 지났기 때문에 객관적인 자료는 거의 소실되고, 그렇지 않아도 믿기 어려운 기억은 더욱 믿기 어렵게 되었다. 이는 소송의 어느 쪽에 있든지 다르지 않다. 그렇다고 하여 오래된 기억의 신빙성을 판단하는 기준을 다른 사건과 달리 해야 할 이유는 없다. 증거가 부족하거나 믿기 어려우면 증명책임의 법리로 돌아갈 수밖에 없다. 그로 인해 원고의 청구가 기각되고, 그 때문에 법원이 일부 사람들의 감정 섞인 비판을 받더라도, 실체적 진실에 부합하지 않는 재판에 의해 법원의 신뢰가 무너지는 일은 피해야 하는 것이다.

피해자들에 대한 금전적 보상은 국회에서의 논의 등을 통한 정치적인 방법으로 얼마든지 할 수 있다. 그 실행의 과정에서 보상의 전제가 되는 피해사실의 인정에는 재판절차에서와 같은 엄격한 사실인정 기준이 적용되지 않으므로 앞에서 본 것과 같은 문제는 생기지 않는다. 국회가 보상을 하는 입법을 하지 않으니 법원이라도 배상을 통해 피해를 구제하여야 한다는 생각을 할 수도 있지만, 이 견해는 분쟁의 해결에 있어서 정치와 재판이 전혀 다른 원리에 의해 작동하는 이치를 무시한 것이다. 정치에서는 대립되는 이익의 타협을 통해 분쟁을 해결할 수 있지만, 재판은 그렇게 할 수 없다. 재판에서 정치의 원리를 구현하려 하게 되면 결론을 미리 내려놓고 그에 맞추어 사실인정과 법령의 적용을 할 것이 요구될 수 있고, 이 요구에 순응하기 위해서는 합리적 근거 없이 예외적 취급을 해야 하기 때문에 법리의 왜곡이 불가피하게 발생한다. 이것이 재판제도에 대한 신뢰를 저하시키는 요인이 될 수 있음은 두말할 나위도 없다.

일찍이 하이에크는 1940년대 유럽의 지적 풍토에 대하여 다음과 같이 비판한 바 있다.[39)]

> 이제 "진실(truth)"이라는 단어 자체가 원래 가지고 있던 의미를 잃어버리게 된다. 더 이상 개인의 양심을 유일한 잣대로 삼아 어떤 특정 사건에서 증거에 의해 확신할 수 있는 어떤 것을 의미하지 않게 된다. 대신 어떤 권위에 의해 결정된 것, 조직적인 노력의 통일성을 위해 신봉되어야 하는 것, 그리고 이 조직적 노력의 필요에 따라 바뀔 수 있는 것을 의미하게 된다. 이런 상황이 낳는 일반적인 지적 분위기, 즉 진실에 대한 철저한 냉소주의, 진실이 무엇인지에 대한 감각의 상실, 독립된 연구의 정신과 합리적 확신의 힘에 대한 신뢰의 소멸, 각 학문 분야에서의 견해의 차이가 권위에 의해 결정되어야 할 정치적 문제로 되는 현상, 이 모든 것들은 우리가 몸소 체험해 보아야 하는 것이다. 짧은 설명으로는 그 심각성을 전달할 수 없다.

아마도 우리는 위 글에서 묘사된 것과 같은 현상을 체험하는 시대에 살고 있는지도 모른다. 그러나 지구가 태양 주위를 돌고 있다는 명제를 사실이라고 하는 이유는 그렇게 믿는 사람이 많아서가 아니라 그에 부합하는 객관적 증거가 있기 때문이다. 위안부가 약취 · 유인을 당하

39) F.A. Hayek, The Road to Serfdom, University of Chicago Press, 2003, pp. 178-179.

였다거나, 일제하 전시동원 체제에서 일본 기업으로부터 부당한 대우를 받았다거나, 6.25 전쟁 하에서 억울하게 죽임을 당하였다거나 하는 사실 역시 그와 같이 생각하는 사람이 많다고 해서 사실로 인정될 수 있는 것이 아니다. 오래된 기억에 의존하는 재판일수록 사실과 허구를 명확히 구별해 내는 용기와 지혜가 절실하다고 하겠다.

프랑스민법상 사무관리

이 은 희*

I. 서 론

미성년자, 피성년후견인 등과 같이 행위능력이 제한되는 경우를 제외하면 모든 사람은 자신의 이익을 돌보는 일에 있어서 최종적 결정권을 갖는다. 제3자가 타인의 사무에 간섭하는 것은 금지되며 무단개입자는 민사책임[1]뿐 아니라 형사책임까지도 부담할 수 있다. 그런데 즉시 누군가 개입하지 않으면 이익이 침해될 수 있는 상황에서 본인은 아무런 조치를 취할 수 없는 경우가 있을 수 있다. 가령 누군가 화재나 가스 누출사고 등으로 이웃집이 위험에 처한 것을 목격하였는데, 집주인이 부재중이라고 하자. 이때 목격자가 즉시 개입하지 않으면 이웃집에 돌이킬 수 없는 손해가 발생할 위험이 있다. 그러한 상황에 대해서는 두 가지 접근법이 가능하다. 하나는 개인주의적 접근법이고 다른 하나는 사회적 접근법이다. 개인주의적 접근법에 따르면 각 개인은 법적으로 독립성이 있기 때문에 누구도 개입하면 안 된다. 이웃집에 고의로 침입하는 것은 주거침입죄마저 성립시킬 수 있다. 반면 사회적 접근법에 따르면 임박한 손해를 예방하고자 자발적으로 개입한 사람을 비난하여서는 안 된다. 아무런 사심 없이 이웃의 사무를 관리한 그의 행위는 호의적인 행위로 평가되어야 한다. 영미법은 개인주의적 접근법을 취하는 반면,[2] 고전 로마법은 사회적 접근법을 취하였다.

프랑스민법은 절충적인 입장을 취하고 있다.[3] 즉 타인의 사무에 부당하게 개입하는 것을 두둔하지 않으면서 동시에 이타주의를 단념시키지 않으려는 입장을 취한다. 이러한 입장은 사무관리의 요건과 효과 속에 나타나 있다. 즉 사무관리의 성립을 제한하는 요건들을 둠으로써 무단개입을 방지하는 한편, 사무관리로 인해 이득을 얻은 본인에게 비용상환의무 등을 부과함으로써 유익한 개입을 두둔하는 것이다. 우리 민법도 사무관리의 성립을 제한하는 요건(제734

* 충북대학교 법학전문대학원 교수.

1) 안춘수, 무권리자의 처분과 부당이득 및 사무관리, 법학연구 제24권 제1호(2014), 연세대 법학연구원, 141.

2) 그러나 영미법도 사무관리에 해당하는 주요한 사안에 대하여 개별적으로 대륙법과 동일한 결과에 이르고 있었다고 한다. 곽윤직 편집대표, 민법주해 [XVII], 박영사, 9 이하(최병조 집필부분).

3) François Terré/Philippe Simler/Yves lequette/François Chénedé, Les obligations, 2018, n° 1268, p. 1338.

조)을 두는 한편, 사무관리자에게 비용의 상환(제739조) 및 손해의 보상(제740조)을 청구할 수 있는 권리를 인정하고 있다.[4] 이하에서는 프랑스 민법상 사무관리의 개념과 역사(Ⅱ), 요건(Ⅲ), 효과(Ⅳ) 및 구체적 규정사례(Ⅴ)에 관하여 검토한 후 우리 민법의 사무관리규정 해석에 대한 시사점을 도출하고자 한다(Ⅵ).

Ⅱ. 사무관리의 개념과 역사

1. 사무관리의 정의

사무관리는 "의무 없이 타인의 사무를 의도적으로 그리고 유익하게 관리하는 자의 행위로서 본인이 이를 모르거나 반대하지 않는" 행위이다(프랑스민법 제1301조).[5] 달리 말하면 어떤 사람(관리자)이 자발적으로 타인(본인)에게 도움을 줄 목적으로 타인의 사무에 개입하는 것이 사무관리이다. 관리자는 사무를 관리함에 있어 합리적인 사람으로서의 모든 주의를 기울여야 하며 본인이나 그의 승계인이 그 사무를 관리하게 될 때까지 관리를 계속할 의무가 있다(제1301-1조). 사무가 유익하게 관리된 본인은 관리자에게 비용을 상환하고 관리자가 체결한 의무부담을 이행하여야 한다(제1301-2조).

2. 사무관리의 법적 성질

사무관리는 계약이 아니다. 관리자와 본인 사이에 사전합의가 존재하지 않고 본인이 관리자에게 자신의 계산으로 행위할 임무를 부여하지 않았을 뿐 아니라 어떠한 임무도 부여하지 않았기 때문이다.

그렇다면 사무관리는 관리자의 단독행위인가? 즉 관리자의 의사에 기해 본인과 관리자 사이에 채권관계가 성립하는 것인가? 이를 긍정하는 견해[6]도 있으나 일반적으로는 이를 부정한다. 관리자에게 타인의 사무를 관리할 의사가 있어야만 사무관리가 성립하기는 하나 관리자와 본인 사이에 성립하는 채권관계는 관리자의 의사에 기한 것이 아니라 법률에 기한 것이다. 유용한 관리라는 사실(fait)에 법률이 위와 같은 법률효과를 부여하는 것이다.

법률은 사무관리에 위임과 비슷한 효과를 부여한다(제1301조). 따라서 사무관리는 준위임계약(quasi-contrat de mandat)이다. 프랑스민법상 사무관리는, 비채변제 및 부당이득과 함께 준계약으로 분류되어 있다.

---

4) 곽윤직 편집대표(주 2), 10(최병조 집필부분).

5) 사무관리에 대한 정의는 개정 전 제1372조와 거의 비슷하지만 몇 가지 요소가 추가되었다. (개정 전 조문과 비교하여) 추가된 점은, 사무관리가 본인에게 유용해야 한다는 점과 사무관리는 법률행위일 수도 있고 사실행위일 수도 있다는 점이다.

6) Philippe Malaurie/Laurent Aynès/Philippe Stoffel-Munck, *Les obligations*, 2013, n° 1028, p. 556.

3. 사무관리의 역사

사무관리의 역사적 기원은 로마법에 있다. 로마법은 타인을 위해 행위한 관리자의 이익과 본인의 이익을 보호하기 위해 두 가지 소권을 창설했다.[7] 본인을 위해서는 사무관리의 직접소권(negotiorum gestorum directa), 관리자를 위해서는 사무관리의 반대소권(negotiorum gestorum contraria)을 창설하였는데, 두 소권 모두 위임계약에 기한 소권을 모방한 것이다. 준위임계약이 존재한다고 생각하였기 때문이다. 하지만 로마법상 수임인은 모든 비용의 상환을 청구할 권리를 갖는 반면 사무관리자는 본인에게 유용하였던 비용의 상환만을 청구할 수 있었다.[8] 이러한 차이는 프랑스민법에서도 유지되고 있는데, 제3자가 본인의 사무에 부당하게 개입하는 것을 저지하려는 것이다.

19세기에 프랑스의 학설과 판례는 수많은 사안에서 사무관리를 인정하였다. 가령 공증인이 고객이 위임하지 않은 일을 한 행위, 또는 환자가 동의하지도 않았는데 일반의(médecin)가 전문의(spécialiste)를 부른 행위에 대해 사무관리를 인정하였다. 다른 법제도, 즉 제3자를 위한 계약이나 연대채무의 이차적 효과 등을 사무관리에 기대어 설명하려는 시도도 있었다. 행위자가 타인에게 도움을 주려는 의사가 없었던 때조차 판례는 사무관리를 인정하였다. 이 모든 것은 계약관계가 존재하지 않는 경우에 채권관계를 인정할 필요성, 즉 사회적 연대성을 긍정할 필요성에 따른 것이었다.

제정 프랑스민법에는 부당이득에 관한 일반규정이 존재하지 않았기 때문에 프랑스법원은 누군가 타인의 비용으로 부당하게 이득을 얻었다면, 손실자에게 사무관리의사가 없었다 해도 사무관리를 인정하는 경향이 있었다.[9] 부당이득소권(action de in rem verso)이 판례상 처음 인정된 것은 1892년 6월 15일의 Boudier 판결에서이다.[10] 이 판결에서 파기원은 부당이득 법리는 "타인의 손실로 인해 이득을 얻는 것을 방지하는 형평의 원칙으로부터 도출되는 것으로서 현행법에는 아무런 규정이 없기 때문에 그 권리행사시 따라야 할 정해진 요건은 없다"고 판시하였다. 따라서 "원고는 자신의 희생이나 개인적 행위로 인하여 타인이 얻은 이득의 존재를 주장하고 증명하는 것으로 충분하다"고 하였다.[11] 파기원이 이 판결로써 부당이득소권을 인정한 후에는 타인의 손실로 인해 이득을 얻은 사람에게 손해배상의무를 지우는 데 있어서 사무관리법을 적용할 필요가 없게 되었다.[12] 그리하여 20세기초부터 판례는 사무관리에 관리의사

7) 최병조 역주, 로마법상의 사무관리, 서울대학교출판부, 2001, 2.
8) 최병조 역주(주 7), 79 이하.
9) 남효순, 개정 프랑스민법전(채권법)상의 비체변제와 (협의의) 부당이득, 저스티스 통권 제164호(2018), 22.
10) Cass. req., 15 juin 1892.
11) 남효순(주 9), 24.
12) A. Rouast, L'enrichissement sans cause et la jurisprudence civile, *RTD civ.* 1922, n° 4, p. 35.

요건을 다시 요구하기 시작하였다.[13]

20세기에 있었던 또다른 변화는 가족법에서 사무관리가 중요한 지위를 갖게 되었다는 것이다.[14] 프랑스민법 제219조에 따르면, 법정권한, 위임 또는 재판상 수권이 없을 경우에는, 배우자 일방이 다른 일방을 대리하여 한 행위는 그에 대하여 사무관리의 규정에 따라 효력을 갖는다(제2항).[15] 제418조에 따르면 피보호성년자의 사망은 보호업무수행자의 직무를 종료시키나, 이는 사무관리에 관한 규정의 적용에 영향을 미치지 아니한다. 제815-4조에 따르면 공유자 중 1인이 의사를 표현할 수 없는 경우 법관은 다른 공유자에게 대리권을 부여할 수 있으며(제1항), 법정권한, 위임 또는 재판상 수권이 없을 경우에는, 어느 공유자가 다른 공유자를 대리하여 한 행위는 그에 대하여 사무관리의 규정에 따라 효력을 갖는다(제2항). 그런데 가족간의 사무관리는 전통적인 사무관리와는 그 성질이 좀 다르다.[16] 첫째, 관리자 자신의 이익도 게재되어 있다는 점에서 오로지 타인을 위한 활동은 아니다. 둘째, 지속성과 포괄성을 갖는다는 점에서 특정한 행위에 한정된 전통적인 사무관리와 다르다.

4. 인접제도와의 비교

사무관리는 위임, 제3자를 위한 계약, 부당이득과 공통점이 있지만 다음과 같은 차이가 있다.

(1) 위 임

사무관리와 위임은 둘 다 타인을 위한 행위를 대상으로 한다는 점이 동일하다. 그래서 사무관리자의 의무는 수임인의 의무와 동일하다. 관리행위를 본인이 추인하면 위임의 효력을 갖는다. 그러나 둘 사이에는 본질적인 차이가 두 가지 있다. 첫째, 위임은 법률행위만을 대상으로 하는 반면에 사무관리는 사실행위도 가능하다. 둘째, 위임은 위임인과 수임인 간의 사전합의를 전제로 하는 반면, 사무관리는 관리자가 자발적으로 하는 데 특징이 있다. 본인이 관리자의 개입을 사전에 동의한 경우에는 사무관리가 아니라 계약이 성립한다(제1101조). 계약관계에서는 사무관리가 있을 수 없다. 파기원은 집합건물 관리인(syndic)을 선임하는 위임계약의 체결이 문제된 사안에서 이러한 취지로 판시한 바 있다.[17]

---

13) 반면 부당이득소권은 제3자의 이득을 허용한 자(즉 손실자)의 심리적 요소를 전제로 하지 않는다.

14) Malaurie(주 6), n° 1025, p. 554.

15) 부부 중 일방이 그 배우자의 특유재산을 처분한 때에는 배우자의 명시적인 위임이 없었다면 그 처분행위는 무효이다. 재산의 소유자 또는 그 대리인이 처분행위를 추인하지 않는 경우에는 처분행위가 사무관리에 해당하는지 여부를 검토할 수 있다. 사무관리의 법리를 적용받기 위해서는 당해 거래가 소유자에게 유용하다는 점이 증명되어야 한다. 그런데 소유자의 반대에도 불구하고 부부 일방이 그 배우자의 특유재산의 관리에 개입하였다면 사무관리가 성립할 수 없다. 부부 일방이 그 배우자의 특유재산의 관리에 개입하였으나 소유자는 개입 사실을 몰랐던 때에는 사무관리에 해당하는지 여부를 검토할 수 있다.

16) Malaurie(주 6), n° 1025, p. 554.

17) Cass. civ. 3^e^, 3 juin 1987, n° 85-18.650.

이론적 관점에서 보면 사무관리는 위임계약의 영향권에 있다. 사실 사무관리는 준위임계약이다. 즉 관리자는 수임인으로서의 모든 의무를 부담하며(제1301조) 사무관리를 본인이 추인한 때에는 위임의 효력을 갖는다(제1301-3조).

(2) 제3자를 위한 계약

사무관리와 마찬가지로 제3자를 위한 계약도 타인에게 권리를 부여한다. 그런 연유로 한때 일부 학자들은 제3자를 위한 계약을 설명하는 데 사무관리의 개념을 차용하였다. 즉 요약자가 제3자에게 낙약자에 대한 권리를 부여함으로써 제3자의 사무를 관리한다는 것이다. 제3자의 수익의 의사표시는 관리행위를 추인하는 것이고 당해 관리행위를 위임에 기한 행위로 변화시킨다고 한다. 그 결과 제3자를 요약자가 대리한 셈이고 사실상 제3자는 계약의 당사자라고 주장하였다.

그러나 제3자를 위한 계약과 사무관리 사이에는 적어도 세 가지 차이점이 존재한다. 첫째, 제3자를 위한 계약은 계약이지만 사무관리는 계약이 아니다. 둘째, 제3자를 위한 계약에서 요약자는 계속하여 계약의 당사자로 남지만, 사무관리에서는 관리자가 본인을 위해 계약을 체결하였더라도 본인이 계약상 의무를 부담하고 관리자는 의무를 부담하지 않는다. 셋째, 제3자를 위한 계약은 제3자에게 권리만을 부여하지만 사무관리에서는 본인이 의무도 부담할 수 있다.

(3) 부당이득

19세기 말에 부당이득을 독자적인 청구원인으로 인정한 판결이 나오기 전까지 부당이득은 사무관리의 아종, 즉 "비정상적 사무관리"라고 생각되었다. 그러나 사무관리와 부당이득 사이에는 적어도 두 가지 차이점이 존재한다. 첫째, 부당이득은 이득의 존재를 요건으로 하는 반면, 사무관리는 관리자가 타인의 사무를 자발적으로 유용하게 관리한 행위를 요건으로 한다. 둘째, 부당이득에 있어서 손실자는 "이득과 손실 가운데 적은 금액의 배상"을 청구할 수 있다(제1303조). 반면 사무관리에 있어서 자신의 사무가 유용하게 관리된 본인은 결과적으로는 아무런 이득이 없더라도 관리자의 비용을 상환해야 한다.

관리행위가 사무관리의 요건을 갖추지 못한 때에는 행위자는 부당이득의 법리에 따른 배상청구를 할 수도 있다(제1301-5조).[18][19] 물론 제1303조 이하에 규정된 부당이득의 요건이 증명되어야 배상받는 것인데 아마 그 요건을 갖추는 경우는 많지 않을 것이다. 가령 관리자가 아무런 의무 없이 관리한 게 아니어서 사무관리가 인정되지 않는 경우에는 부당이득도 원용할 수 없다. 원고가 문제삼는 이득은 관리자의 의무를 발생시킨 계약이나 법률 등에 기한 이득이기 때문이다.[20] 본인이 반대하는데도 사무를 관리하여서 사무관리가 인정되지 않는 경우에는

18) 원고가 청구원인으로 부당이득과 사무관리를 동시에 주장하는 경우가 적지 않다. 가령 Cass. civ. 1re, 28 mai 1991.

19) 프랑스민법 제1301-5조는 3개의 준계약, 즉 사무관리, 비채변제, 부당이득 사이에는 본질적인 통일성이 있음을 보여주는 조문이기도 하다.

20) F. Chénedé, Les quasi-contrats, *JCP* 2015, Suppl. au n° 21, p. 60, spéc. n° 10.

제1303-2조에 부딪쳐 부당이득반환청구도 배척될 것이다. 즉 관리자가 타인의 사무에 부당하게 간섭하였다는 점에서 과책을 범하였다거나(제1303-2조 제2항), 자신의 이익을 위해서만 관리행위를 하였다(제1303-2조 제1항)는 이유로 반환청구가 배척될 것이다. 그런데 관리자가 자신의 사무를 관리한다고 믿고(선의로) 타인의 사무를 관리한 경우에도 부당이득반환청구를 할 수 없는지가 문제된다.[21] 관리자가 행위 당시에는 본인을 위해 유익하도록 행위를 하지 않았는데 결과적으로 본인에게 이익이 된 경우에는 반환청구가 인정되어야 할 것이다.[22]

Ⅲ. 사무관리의 요건

사무관리가 인정되기 위한 네 가지 요건은 다음과 같다: 첫째, 관리행위가 존재할 것, 둘째, 유용할 것, 셋째, 타인을 위한 것일 것, 넷째, 본인의 정당한 반대가 없을 것(제1301조).

그러나 사무관리의 요건이 충족되지 못한 때에도 본인이 추인하면 관리행위가 본인을 구속한다(제1301-3조). 본인이 어느 시점에든 관리자의 행위를 승인하는 것을 추인이라고 하는데, 일방적인 행위로서 일종의 위임이다.[23] 추인은 명시적일 수도 있고 (관리자가 제3자에게 지시한 작업에 대해 본인이 대금을 지불한다든가 하는 식으로) 묵시적일 수도 있다. 본인이 추인하면 특히 관리행위가 본인에게 유용한지 여부는 따질 필요가 없다.[24]

관리행위가 사무관리의 요건을 갖추지 못한 때에는 행위자는 부당이득의 법리에 따른 반환청구를 할 수도 있다(제1301-5조). 제1301-5조는, 부당이득은 사무관리와 비채변제의 요건들이 충족되지 않을 때에 적용된다는 '보충성의 원칙'의 일환이라고 할 것이다.[25]

---

21) 제1352조 이하에서 규정하는 급부반환을 청구할 권리는 인정될 수 있지만 이는 반환해야 할 물건이 존재함을 존재로 한다.

22) O. Deshayes, Th. Genicon et Y.-M. Laithier, *Réforme du droit des contrats, du régime général et de la preuve des obligations*, LexisNexis, 2018, p. 620.

23) Malaurie(주 6), n° 1026, p. 555.

24) G. Chantepie et M. Latina, *La réforme du droit des obligations*, Dalloz, 2018, n° 725, p. 668. 예: Cass. com., 4 déc. 1972, 허약한 돼지 사건, *Bull. civ.* Ⅳ, n° 319. 이 사건에서 Féve(사료제조업자)가 사육자의 위임을 받지 않은 채 사육자가 새끼돼지를 구입하고 사육하는 계약을 체결하였다. 사육자는 그 계약에 구속되는 것을 거부하였고 사무관리도 성립하지 않는다고 주장하였다. 해당 돼지들의 품질이 나빠서 다섯 마리는 죽었고 15마리는 발육상태가 좋지 않아 큰 손실을 입을 위험이 있었다고 하였다. 그러나 법원은 사육자가 해당 계약을 추인하였다는 사실을 인정하였고 따라서 Féve(사료제조업자)의 행위가 유용하였는지 여부는 살피지 않았다.

25) G. Chantepie et M. Latina(주 24), n° 706, p. 659는, 사무관리나 비채변제 반환의 요건이 충족되지 않을 때에 비로소 부당이득이 적용되는 점을 가리켜 부당이득의 '일반조항(une clause générale)'적 성격이라고 한다.

1. 관리행위

(1) 사실행위

사무관리자의 행위는 사실행위일 수도 있고 법률행위일 수도 있다(제1301조). 사실행위도 사무관리에 해당할 수 있다는 점은 그에 관한 명시적 규정이 없던 개정 전 프랑스민법 하에서 인정되어온 바이다. 환자를 운송하는 행위,[26] 동물을 보살피는 행위, (화재나 홍수로) 위험에 처한 재산이나 동물을 이동시키거나 보호하는 행위, 분실물을 보관하는 행위,[27] 경기를 자발적으로 감독하는 행위,[28] 식사를 제공하는 행위[29] 등이 사실행위의 예이다.

그러나 제1301조가 사실행위까지 사무관리에 포함시킨 것은 논리적으로는 모순이라는 견해[30]가 있다. 위임은 원칙적으로 법률행위만을 대상을 하는데 사무관리는 사실행위인 경우에도 준위임계약이 가능하게 되기 때문이다.

(2) 법률행위

사무관리는 위임에 준하는 것이므로 관리자가 할 수 있는 행위에 법률행위가 포함된다는 점에 대해서는 아무런 의문이 없다. 법률행위는 법률효과를 발생시킬 목적으로 하는 의사표시이다(프랑스민법 제1100-1조). 법률행위는 계약일 수도 있고 단독행위일 수도 있다.

전통적으로 사무관리자는 관리행위(actes d'administation)[31]만을 할 수 있다고 인정되어 왔다. 물건을 수리하도록 하는 행위, 가산금을 물 위험이 있는 채무를 변제하는 행위,[32] 물건을 임치하는 행위,[33] 사막에서 길을 잃은 여행객을 구조하기 위해 비행기를 임차하는 행위[34]가

---

26) Req., 28 févr. 1910, 선한 사마리아인 사건, *DP*, 1911.I.177. 사안은 다음과 같다. Foucault가 고용한 두 명의 마부가 각자 상품배달마차를 운전하여 주막(식당 겸 여인숙) 앞을 지나다가 마차가 넘어져서 마차바퀴에 깔렸다. 그 주막을 운영하는 Scheuplein이 부상당한 마부들을 자기 집으로 옮기고 돌보았다. Scheuplein이 Foucault를 상대로 두 마부를 재우고 먹이고 빨래하여 입힌 비용의 상환 및 이로 인하여 주막 운영에 지장이 있어 입은 손해의 배상을 청구하자 Foucault는 자신이 Scheuplein에게 이를 지급할 의무가 없다고 주장하였다. 하지만 법원은 Scheuplein은 Foucault가 면할 수 없는 비용을 지출한 것이므로 사무관리자라고 판시하였다.

27) Cass. civ. 1re, 3 janv. 1985, *Bull. civ.*, I, n° 5, p. 4 참조.

28) Cass. civ. 1re, 14 nov. 1978, *Bull. civ.*, I, n° 344, p. 267: 뱃놀이를 하던 사람이 보트경기를 감독한 사안에서 사무관리가 인정되었다.

29) Cass. civ. 3e, 8 juin 1977, *Bull. civ.*, Ⅲ, p. 195: 건축업자가 인부들에게 식사를 제공하지 않자 건축주가 식사를 제공한 사안에서 건축업자를 위한 건축주의 사무관리가 인정되었다.

30) G. Chantepie et M. Latina(주 24), n° 715, p. 663.

31) 관리행위는 본인의 재산에 큰 위험을 초래하지 않으면서 그 재산을 활용하는 행위이다. 판례에 따르면 관리자가 본인의 재산을 보존할 목적으로 행한 관리행위와 보존행위는 사무관리로 인정된다. 수리공사를 맡기는 계약을 체결하는 행위, 과실을 수취하는 행위, 청구대금을 결제하는 행위, 부동산을 관리하는 행위 등이 이에 해당할 수 있다.

32) Cass. civ. 1re, 7 fév. 1967, *Bull. civ.*, I, n° 58.-Cass. civ. 1re, 11 fév. 1986, *Bull. civ.*, I, n° 23.

33) Cass. com., 18 fév. 1969, *Bull. civ.*, Ⅳ, n° 64.

34) Cass. civ. 1re, 22 déc. 1981, *Bull. civ.*, I, n° 395.

그에 속한다. 그러나 20세기 중반 이래 판례는 처분행위(actes de disposition)[35]에 대해서도 사무관리를 인정하였다. 즉 1942년 10월 28일 판결에서 파기원은 주식을 적절히 양도한 행위를 사무관리로 인정하였다.[36] 토지를 매도하거나 교환한 행위,[37] 관리자가 본인의 현금으로 소비대차계약을 체결한 행위,[38] 무역어음에 배서한 행위[39]마저 사무관리로 인정하였다. 그런데 이 사안들에는 예외적인 사정이 있었다. 즉 목적물이 멸실될 위험이 있거나 관리자의 즉각적 개입이 요구되는 상황(전쟁, 자연재해 등)이었다.

위임계약에 있어서 수임인은 일반적으로 관리행위만을 할 수 있고(제1988조), 처분행위는 명시적인 위임이 있어야만 할 수 있다. 이는 수임인의 권한을 제한하여 위임인의 재산을 보호하기 위한 것이다. 이러한 법리는 사무관리에도 적용되는가? 사무관리는 원칙적으로 일상적인 관리행위를 대상으로 한다는 견해[40]를 취하는 학자는 유용한 행위는 일반적으로 관리행위이지 처분행위가 아니라고 한다. 타인의 재산을 뒤바꿀 필요성이란 존재하지 않는다고 주장한다.[41] 반면 사무관리는 처분행위를 포함하여 모든 유형의 법률행위가 가능하다는 견해[42]를 취하는 학자는 중요한 것은 당해 행위의 유용성 여부이며, 처분행위의 경우에는 법원이 유용성의 판단을 더 엄격히 할 것이라고 주장한다.[43]

본인을 위해 소송을 제기하는 것은 사무관리로 인정되지 않는다는 것이 일반적인 견해이며, 판례이다.[44] 그런데 오늘날에는 많은 영역에서 소멸시효가 단기이기 때문에 사무관리를 인정할 필요가 있다는 반론이 제기되고 있다.[45]

(3) 적법한 행위

사무관리가 성립하기 위해서는 관리자의 행위가 적법한 행위이어야 하는지 하는 문제가 있다. 가령 1988년 6월 14일 판결에서 파기원은 관리자가 계약을 부적법하게 해지함으로써 본인에게 절약의 이익을 주었다 해도 관리자는 사무관리에 기한 비용상환청구권을 인정받지 못

---

35) 처분행위는 본인의 재산을 변경시키는 결과를 초래하는 중대한 행위이다. 재산의 내용을 크게 변경시킨다거나 자산가치를 현저하게 감소시키거나 권리자의 권한이 장기간 제약받게 하는 행위 등이 처분행위이다.

36) Cass. civ. 1re, 28 oct. 1942.

37) Cass. civ. 1re, 15 mai 1974, *Bull. civ.*, I, p. 125(남편이 처의 소유인 토지를 교환한 행위). - 23 juill. 1974, *Bull. civ.* I, n° 147, p. 207.

38) Cass. civ. 1re, 13 janv. 1998.

39) Cass. com., 5 juill. 1970.

40) Malaurie(주 6), n° 1030, p. 557.

41) Malaurie(주 6), n° 1030, p. 558.

42) G. Chantepie et M. Latina(주 24), n° 715, p. 664.

43) F. Leduc, *L'acte d'administation en droit privé*, Th. Bordeaux I, L'espace juridique, 1992, n° 35 et s.: "관리행위라는 개념과 유용한 행위라는 개념은 완전히 구분되는 개념이다."

44) Cass. civ. 1re, 9 mars 1982, *Bull. civ.* I, n° 104: "사무관리자인 원고가 제기한 소송의 변론을 제3자들이 승낙할 것을 강제할 수 없다."

45) Cass. civ. 1re, 28 déc. 1981, *JCP* 1983.Ⅱ.19961; *RTD civ.* 1982, 651, obs. Normand.

한다고 판시하였다.[46] 그 밖에 부동산중개인이 법률이 정하는 절차를 위반하여 개입한 경우,[47] 위임계약상 "사무관리는 인정하지 않음"이 명시된 수임인이 권한을 넘어서는 행위를 한 경우[48]에도 사무관리가 인정되지 않았다.

학설은 이 문제에 대해 견해가 나뉘고 있다. 프랑스민법에 관리자의 행위가 적법할 것을 요구하는 규정은 존재하지 않기 때문이다. Bénabent은 프랑스민법 제1301-1조는 "관리자의 과책이나 부주의로 인한 본인의 손해에 대한 배상을 감경할" 권한을 법관에게 부여하고 있다는 점에 비추어 사무관리가 인정되어야 한다고 주장한다. 즉 이 조문은 관리자에게 적어도 부분적인 권리는 인정하는 취지라고 한다.[49]

(4) 자발적 행위

준계약은 "순전히 자발적인 행위"(제1300조)를 전제로 하기 때문에 행위자가 행위를 할 의무를 부담하는 경우에는 사무관리가 성립할 수 없다.[50] 제1301조는 사무관리자가 "아무런 의무 없이" 개입하였을 것을 요구한다. 관리자가 법률에 기한 것이든[51] 계약에 기한 것이든[52] 의무를 부담하는 행위를 한 때에는 사무관리가 성립할 수 없다.[53] 최근에도 파기원은 "사무관리는 본인을 위해 행위한다는 의사를 내포하는 것이므로 계약상 의무의 이행과는 양립할 수 없다"고 판시한 바 있다.[54] 특히 파기원은 관리자에게 직업적인 의무가 있는 때에는 사무관리가 성립할 수 없다는 점을 일관되게 판시해왔다.[55]

판례는 제3자가 행위자에게 개입할 것을 제안하거나 부탁하였다 해도 "자발성"이 인정될

46) Cass. civ. 1re, 14 juin 1988, n° 86-17.428, *Bull. civ.* I, n° 191. - Mecene-Marenaud, Le role de la faute dans les quasi-contrats, *RTD civ.* 1994.515.

47) Cass. civ. 1re, 22 mars 2012, n° 11-13000, *Bull. civ.* I, n° 72.

48) Cass. civ. 3e, 3 juin 1987, *Bull. civ.* Ⅲ, n° 115.

49) A. Bénabent, *Droit des obligations*, 2018, n° 447, p. 358.

50) 이처럼 관리자의 개입이 자발적일 것을 요구하는 것은 준계약법리는 보충적으로만 적용된다는 원칙, 즉 의무가 이미 존재하는 때에는 적용되지 않는다는 원칙에 따른 것이다. 준계약은 형평이 부당하게 파괴되었을 때 법관이 형평을 회복할 수 있도록 하는 일종의 안전망의 기능을 하기 때문이다.

51) Cass. civ. 1re, 17 juill. 1996, *Bull. civ.* I, n° 323; *D.*, 1996, IR 192; *JCP* G, 1996.Ⅳ.2170: 이 사건의 사실관계는 다음과 같다. 재판에 불참하게 된 변호사 Y의 대행자로 변호사회장이 변호사 X를 지정하였다. 이에 Carpa(변호사들 간의 자금 흐름을 관리하는 단체)가 변호사 X에게 4만 프랑을 지급하였다. 그 후 Carpa는 변호사 Y를 상대로 사무관리를 주장하며 4만 프랑의 상환을 구하는 소를 제기하였다. 원심법원은 원고의 청구를 인용하였으나 파기원은 이를 파기하였다. 사무관리가 성립하려면 사무본인의 이익을 위해 행위하려는 의사가 있어야 하는데, 재판에 참석할 수 없는 변호사를 대행하는 것과 같이 법정 의무를 이행하는 경우에는 사무관리가 인정될 수 없다고 판시하였다. Cass. com., 13 janv. 2015, n° 13-11550, *Bull. civ.*, Ⅳ, n° 3; *RDC* 2015.487, obs. Libchaber(재판상 청산인이 취한 보존조치)

52) Cass. com., 16 nov. 1976, n° 74-13.681, *Bull. civ.* Ⅳ, n° 291.

53) 1984년 10월 11일 판결에서 파기원은 "법적으로 또는 계약상 일정한 행위를 해야 할 의무가 있는 사람은 사무관리를 주장할 수 없다"고 판시하였다. Cass. soc. 11 oct. 1984, n° 83-12.686.

54) Cass. civ. 1re, 15 mai 2019, n° 18-15.379.

55) Cass. com., 14 oct. 1997, n° 95-19.468.

수 있다고 한다.[56] 자신이 부담하는 의무 이상을 수행한 자는 사무관리자로 인정된다.[57] 위험에 처한 사람을 구조할 의무는 법률규정에 의한 의무로서 위반시에 형사처벌까지도 받게 되지만(프랑스형법 제223-6조 제2항) 자기 자신이나 제3자에게 위험이 없이 구조할 수 있을 때에만 부과되는 의무이다. 만일 어떤 사람이 그런 위험을 감수하고 구조행위를 하였다면 이는 사무관리에 해당한다.

판례는 계약당사자 일방이 자신에게 주어진 권한을 유월하여 행위한 때에도 사무관리를 인정하였다. 즉 재해를 당한 임차부동산을 재건축하는 공사를 체결한 임차인에게 사무관리가 인정되었다.[58] 위임이나 법률규정 또는 재판에 의하여 대리권을 부여받은 사람[59]이 권한을 유월하여 행위를 한 때에도 사무관리가 성립할 수 있다.[60] 즉 대리인이 자신의 권한을 넘어서 본인에게 유용한 행위를 한 때에는 사무관리자가 될 수 있다.[61]

그런데 프랑스민법 제1156조는 자칭 대리인이 행한 행위는 표현대리에 해당하는 경우 외에는 본인을 구속하지 못함을 규정하고 있다. 나아가 제1156조는 사무관리에 해당하는 때에는 본인이 "그의 이익을 위하여 관리자가 약정한 의무를 이행할"[62] 의무가 있을 수 있다는 점에 대하여 아무런 언급이 없다. 하지만 제1156조가 사무관리를 명시적으로 언급하지 않았다고 하여 권한유월의 경우에 준계약법리를 적용하지 못할 이유는 없다.[63]

그 근거는 다음과 같다. 첫째, 준계약법리를 적용하지 않는다면 자신의 권한을 유월한 대리인을 권한 없이 행위한 자보다 더 매정하게 대우하는 셈이 될 것이다. 둘째, 자칭 대리인이 자신에게 당해 행위를 할 권한이 없다는 점을 모를 수가 있는데, 이는 사무관리의 경우와 상황이 비슷하다. 특히 제1156조는 권한의 유월뿐 아니라 권한이 없는 경우도 규율하고 있으므로, 권한유월의 경우뿐 아니라 권한의 부존재의 경우에 대해서도 사무관리가 성립할 수 있는지에 관하여 침묵하는 셈이다. 그런데 권한 없이 행위를 한 사람이 사무관리의 요건을 갖춘 때에 사무관리를 주장할 수 있다는 점은 자명하다. 특히 대리인이 능력을 상실함으로써 대리인의 권

---

56) Cass. civ. 14 nov. 1978: 뱃놀이를 하던 사람이 구조협회의 권유를 받고 보트경기를 감독한 사안인데 파기원은 그가 이 체육행사를 조직한 협회의 사무를 자발적으로 관리하였다고 판단하였다(*JCP* 1980.Ⅱ.19379, note R. Bout). Cass. civ. 1re, 24 mai 1989: 산에서 조난당한 환자를 운송회사가 헬리콥터로 구조한 사안에서 운송회사는 환자의 사무를 자발적으로 관리한 것으로 인정되었는데, 이 운송회사는 해당 지방자치단체(commune)와 계약을 맺고 있는 회사였다(*Bull. civ.* I, 211; *RTD civ.* 1990.477, obs. J. Mestre).

57) Cass. com., 16 nov. 1976, *Bull. civ.* Ⅳ, n° 291 - Civ. 3e, 8 juin 1977, *Bull. civ.* Ⅲ, n° 255.

58) Cass. civ. 1re, 17 déc. 1958.

59) 예: 수임인, 미성년자의 법정재산관리인, 재판상관리인, 계쟁물관리인.

60) 대리인이 자신에게 주어진 권한을 넘어서 행위한 경우에는 권원 없이 개입한 것이므로 결국 "아무런 의무 없이" 한 셈이다.

61) Cass. civ. 3e, 3 juin 1987, n° 85-18.650, *Bull. civ.* Ⅲ, n° 115-Civ. 3e, 16 oct. 2013, n° 12-20.881, *Bull. civ.* Ⅲ, n° 131.

62) 제1301-2조

63) G. Chantepie et M. Latina(주 24), n° 710, p. 661.

한이 소멸한 때(프랑스민법 제1160조) 또는 이해충돌이 있는 경우(프랑스민법 제1161조)에도 본인과 대리인 사이에 사무관리가 성립할 수 있다.

프랑스민법전은 제1153조 이하에 대리에 관한 규정을 두면서 최고권을 도입하여 자칭 대리인과 법률행위를 한 사람은 그 자칭 대리인이 그 법률행위를 할 권한이 있는지 여부를 확인하여 줄 것을 본인에게 요구할 수 있도록 하고 있다(제1158조). 기간 내에 본인의 확답이 없으면 대리인이 그 법률행위를 할 권한을 부여받은 것으로 보며, 그 결과 본인은 그 법률행위로 인한 채무를 직접 부담하게 된다. 하지만 이 경우에도 본인과 자칭 대리인 사이에 사무관리가 성립할 수 있다. 사무관리의 요건이 충족된 경우에는 본인의 추인이 필요하지 않다.[64)]

2. 행위의 유용성

(1) 유용성의 개념

제1301조는 관리행위가 유용하였어야 함을 요구하는데,[65)] 이는 본인에게 의무를 부과하는 근거인 동시에 타인의 부당한 개입(intervetions intempestives)을 저지하여 본인을 보호하려는 것이다.[66)] 엄밀히 말하면 관리자로 하여금 꼭 필요한 행위만을 하도록 하려는 것이다.

유용성은 사무관리가 성립하기 위한 주된 요건이다. 파기원은 1995년 1월 31일 판결에서 족보연구자에게 사무관리를 인정하지 않았는데 그의 작업이 사무 본인에게 유용성이 없었다는 것이 그 이유였다.[67)] 그 사건에서 제1민사부는 족보연구자가 자신의 직업활동을 통해 어느 망인의 상속인들을 찾아냈다 하더라도 상속인과의 아무런 계약도 존재하지 않는 상태에서 사무관리에 기해 보수의 지급을 구할 수는 없다고 판시하였다. 그 상속인은 망인이 사망할 즈음 망인과의 관계가 소원해지기는 하였지만 상속재산을 담당하는 공증인에게 직접 문의하여 상속사실을 알았기 때문이다.

판례상 유용성의 판단기준으로 제시된 것은 다음 세 가지이다. 첫째, 유용성은 행위시를 기준으로 판단된다.[68)] 행위를 할 때에 유용하였다면 기대했던 성과를 결국 거두지 못하였더라

---

64) 예: Cass. civ. 1[re], 26 nov. 1958, Bull. civ. I, 525: 독일이 파리를 점령하고 있던 시절에 어느 부인이 변호사에게 "파리에 있는 내 사무를 해결"하라고 위임하였다. 변호사는 임대차를 해지하였다. 부인은 자신이 추인하지 않았다고 하며 해지를 인정하지 않았으나 법원은 변호사의 행위가 사무관리에 해당한다고 하였다. 그리고 사무관리가 성립하는 때에는 본인이 관리행위를 추인하지 않았더라도 관리자가 취한 의무부담을 이행할 의무가 있다고 판시하였다.

65) 이는 개정 전 제1375조에도 규정되었던 요건이다.

66) 예: Cass. com., 8 juin 1968, *Bull. civ.*, Ⅳ, n° 180. 사실관계는 다음과 같다. 자동차소유자가 "사고를 당한 후 자동차를 수리하기 위해" 정비업자에게 자동차를 맡겼다. 그런데 정비업자가 자동차를 개조하였다. 정비업자가 사무관리와 부당이득을 이유로 소를 제기하였으나 법원은 두 청구원인 모두 배척하였다. 고객이 주문하지도 않았고 명백한 유용성도 없는 작업이었기 때문이다.

67) Cass. civ. 1[re], 31 janv. 1995, *Bull. civ.* I, n° 59

68) Civ. 28 oct. 1942. G. Chantepie et M. Latina(주 24), n° 716, p. 664.

도 상관없다.[69] 가령 타인의 생명이나 재산을 구조하고자 한 사람이 성공하지 못하였더라도 구조과정에서 입은 손해를 배상받을 수 있다.

둘째, 행위를 할 때에 유용하였다면 관리자가 사무관리에 기한 비용상환을 청구하는 시점에는 결국 유용하지 않은 것이 되었다 해도 상관없다. 가령 이웃집 지붕을 수리하였는데 나중에 폭풍으로 지붕이 날아간 경우 또는 위험에 처한 사람을 구조하였는데 그 사람이 부상으로 인해 끝내 사망한 경우에도, 관리자는 사무관리에 기한 권리를 주장할 수 있다. 사무본인의 의무는 자신이 받은 이익에 한정되지 않는다.[70] 이 점이 바로 부당이득과 사무관리의 차이이다. 부당이득반환의무는 반드시 의무자에게 이득이 있어야 성립한다.

셋째, 중요한 행위일수록 행위의 유용성이 명백하여야 한다. 특히 처분행위는 긴급성이 있거나 이익이 명백한 때만 사무관리를 인정할 수 있다.[71] 그런데 파기원 상사부는 은행이 고객의 계좌에서 출금하여 고객의 아들의 계좌로 입금한 사안에서 사무관리를 인정한 바 있다. 하지만 은행의 불간섭원칙에 비추어 은행은 고객의 지시가 없는 한 그런 행위를 임의로 할 수 없으므로 그 판결은 부당하다는 비판이 있다.[72]

나아가 본인이 관리행위를 할래야 할 수 없는 때(부재시 또는 긴급시)에만 관리행위가 유용할 수 있는가 하는 문제가 있다. 이를 긍정한 파기원판결이 존재하며,[73] 제1301조 제1항[74]이 그러한 요건을 내포하고 있다는 견해[75]가 있다. 보통 긴급한 경우에 관리자가 개입을 하게 되기는 하지만 긴급성이 사무관리의 요건은 아니다. 제1301조는 관리자의 개입이 유용할 것, 즉 여러 사정에 비추어 시의적절할 것(opportunité)을 요구할 뿐이다.[76]

(2) 본인의 추인

프랑스민법 제1301-3조는 관리자의 개입이 있고 난 후 본인이 동의한 때에는 더 이상 사무관리가 문제되지 않으며 위임계약에 의해 규율된다는 점을 규정한다. 이 동의는 바로 사무관리의 추인이며 소급효를 갖는다. 즉 여기서 위임이란 판례가 인정하는 바와 같이[77] '장래를

69) Cass. civ. 1re, 25 nov. 2003, n° 02-14.545: *RJDA* 2004.670.

70) Malaurie(주 6), n° 1030, p. 558.

71) Cass. civ. 1re, 15 mai 1974, n° 72-11.417, *Bull. civ.* I, p. 125에서 남편이 처의 소유인 토지를 교환한 행위는 유용성이 인정되어 사무관리로 인정되었다.-반면 Civ. 1re, 21 déc. 1964, *Bull. civ.* I, 586, p. 452에서 농지임대는 유용성이 없어서 사무관리로 인정되지 않았다.

72) Cass. com., 14 nov. 1989, *D.* 1991, somm. 33, obs. critique Vasseur.

73) 이 사건의 원고인 은행이 고객의 동의 없이 고객의 소권을 양도한 후 사무관리를 주장하였다. 그런데 은행은 "고객이 스스로 행위를 할 수는 없었다고 합리적으로 생각된다는 점"을 증명하지 못했고 그대로 두었다가 고객에게 닥칠 수 있는 위험이 매우 중대하다는 점을 밝히지도 못했다고 하여 법원은 그 청구를 기각하였다(Com., 12 janv. 1999, n° 96-11.026: *Bull. civ.* IV, n° 7, *RTD civ.* 1999. 830, obs J. Mestre).

74) 관리자는 사무의 본인이 사무관리를 할 수 있을 때까지 관리를 계속할 의무가 있음을 규정하는 조문이다.

75) G. Chantepie et M. Latina(주 24), n° 714, p. 663.

76) G. Chantepie et M. Latina(주 24), n° 716, p. 664.

77) Cass. com., 31 janv. 2006, n° 03-16.280.

위한 위임'(mandat pour l'avenir)이 아니라 '실행된 위임(mandat exécuté)'을 의미한다.[78)]

이는 제3자에 대해서뿐만 아니라 관리자에게도 안정성을 부여하게 된다. 관리자는 그 행위로 인한 의무부담으로부터 완전히 면책되기 때문이다.[79)]

제1301-3조는 확립된 판례를 수용한 조문이다. 사실 제1301-3조는, 추인자로부터 사전에 권한을 부여받지 않은 채 행해진 행위의 추인에 관한 제1156조 제3항을 다시 중복하여 규정하는 셈이다.[80)] 그러나 제1301-2조 바로 다음에 위치하고 있기 때문에 사무관리에서 일어날 수 있는 여러 경우들을 종합적으로 볼 수 있게 해주는 장점이 있다. 관리자가 본인의 이름으로 체결하지 않았더라도 본인의 이익을 위하여 체결한 행위라면 본인은 그 행위에 구속된다는 점을 고려할 때, 제1301-3조는 본인의 이익에 부합하지 않는 행위의 경우에 적용될 듯하다. 즉 추인은 제1301-1조의 영역 밖에 있는 행위들을 대상으로 행해질 것이다.[81)]

(3) 유용하지 않은 행위의 운명

관리자의 행위가 본인에게 아무런 유용한 결과를 달성하지 못하였다면 관리자는 사무관리 명목으로 비용상환 등을 청구할 수 없다. 그 비용은 여전히 행위자가 부담하여야 한다. 잘못된 관리행위로 본인이 손해를 입었다면 행위자는 본인에 대해서 손해배상책임도 부담할 수 있다.

3. 타인을 위한 행위

(1) 본인의 존재

사무관리는 본인의 존재를 전제로 한다. 사무본인은 자연인이어도 되고 법인이어도 된다.[82)] 설립중의 회사와 같이 장래의 사람을 위한 사무관리도 인정된다.[83)]

관리자가 자신이 개입하는 사무의 본인이 누구인지를 정확하게 알아야만 하는 것은 아니다. 구조행위를 하는 관리자는 사무본인이 누구인지 알지 못하는 경우가 많다. 그런데 이런 유형의 행위에 대해서 사무관리를 부정한 판례가 있었다. 타인의 사무를 관리한 것이 아니라 공동체에 봉사한 것이라는 이유에서였다. 그러므로 손해배상은 국가를 상대로 청구해야 한다고 하였다.[84)]

---

78) B. Mercadal, *Réforme du droit des contrats*, Editions Francis Lefebvre, 2016, n° 910, p. 229

79) O. Deshayes, Th. Genicon et Y.-M. Laithier(주 22), p. 618.

80) O. Deshayes, Th. Genicon et Y.-M. Laithier(주 22), p. 618.

81) 어떤 사무에 관하여 관리자가 적절한 행위뿐 아니라 적절하지 않은 행위도 한 경우, 본인은 도리나 명분상 당해 거래 전체를 유효하게 하는 쪽을 선택할 수도 있을 것이다. 이때 관리자의 적절하지 않은 행위가 추인의 대상이 될 것이다.

82) Cass. civ. 1re, 16 nov. 1955.

83) Cass. com., 14 janv. 2003, n° 00-12.557.

84) Cass. civ. 1re, 7 janv. 1971, Ville 호텔 잡화점 사건, *Bull. civ.* I, 9; *D.*, 1971.288; *JCP* G, 1971.Ⅱ.16670. Varlet라는 행인이 Ville 호텔 잡화점에 든 도둑을 쫓아가다가 다쳤다. Varlet가 잡화점을 상대로 사무관리에 기한 손해배상을 청구하였는데 법원은 그 청구를 기각하였다. 법원은 원고가 "잡화점의 사무에 개입한다고 생각하지 않았으며 잡화점이나 잡화점 직원을 돕는다고 생각하지도 않았으며 공익을 위해서 경찰에 협조한" 것

하지만 정반대로 사무관리를 인정한 판결도 있었고,[85] 구조합의(convention d'assitance)가 있었다고 의제한 판결도 있었다.[86]

구조행위가 사무관리에 해당하는지에 관하여 학설은 부정설[87]과 긍정설로 나뉘어 있다. 긍정설을 취하는 학자들은 자기가 겪는 것이 아니면 범죄에 대해 점점 더 무관심해지고 있는 상황을 바로잡기 위해서는 이런 유형의 행위를 사무관리로 인정할 필요가 있다고 한다.[88]

본인이 제한능력자일 때에는 능력자와 마찬가지로 관리자에게 의무를 부담한다. 제한능력자는 자신의 행위로부터는 보호받지만 자기 의사와는 관계 없이 법률상 부담하게 되는 의무로부터 보호받지는 못한다.[89]

(2) 본인의 이익

관리자는 아무런 의무 없이 타인의 사무에 개입하여야 함에 있어서 타인의 사무임을 "알고" 개입해야 한다. 사무관리는 관리자가 타인의 사무를 관리한다는 점 및 사무본인의 이익을 위해 행위한다는 점을 인식하고 있는 때에만 성립한다. 이 요건은 사무관리와 부당이득을 구분짓는 요건이며,[90] 개정 전 제1372조에도 있던 요건이다.

그런데 프랑스 판례는 입법자가 사무관리를 제한하기 위해 요구한 이 요건을 무시한 적이 있었다. 즉 관리의사를 가지고 행위를 한 것이 아닌 때에조차 사무관리를 인정하였다. 19세기에는 판례상 부당이득소권(action de in rem verso)이 인정되지 않기 때문에 법관들은 타인에게 이익을 주고 자신은 손해를 입은 사람이 설령 관리의사가 없었다 해도 그 손해를 배상받을 수 있게 하려고 사무관리법리를 적용한 것이다.[91] 하지만 Boudier 판결로써 부당이득소권을 인

이라고 판시하였다.

85) Cass. civ. 1re, 26 janv. 1988, 도매할인점 사건, *Bull. civ.* I, 25; *D.*, 1989.405; *JCP* G, 1989.Ⅱ.21219, note Dagorne-Labbé; *RTD civ.* 1988.539, obs. J. Mestre. 현금으로만 결제할 수 있고 배달을 해주지 않는 반면 저렴한 가격이 특징인 Cash and Carry 점포에 무장강도가 들어 매출금을 탈취하였다. 이에 M. Abane라는 고객이 몇 사람과 함께 강도들을 좇아갔다. 그 결과 강도 한 명이 훔친 돈을 내버리고 도망갔는데, 다른 강도가 쏜 총탄에 M. Abane가 부상을 입었다. M. Abane이 상점을 상대로 사무관리에 기한 손해배상을 청구한 데 대해서 법원은 다음과 같은 이유로 그 청구를 인용하였다. 원고의 첫 반응은 "올바른 인간으로서는 참을 수 없는 강도들의 소행에 의해 유발되었지만 원고의 행동은 위험을 무릅쓰고 그 도매할인점을 위한다는 의사로써 한 것이다."

86) Cass. civ. 1re, 1er déc 1969: *JCP* 1970.16445, note Aubert(원심은 피해자를 구조하겠다는 B의 청약을 피해자 A가 받아들이는 의사표시가 '묵시적으로' 있었기 때문에 일종의 '구조합의'가 성립하였고 따라서 구조과정에서 손해를 입은 B의 손해를 배상할 책임이 있다고 판시하였는데 파기원은 원심판결을 지지하였다); 여하윤, "프랑스민법상 계약책임과 불법행위책임의 관계", 577 이하 참조. - 27 janv. 1993, *Bull. civ*, I, 42; *RTD civ.* 1993. n° 584, obs. Mestre. - Bout, La convention dite d'assistance, Mélanges Kayser, p. 157 참조.

87) Malaurie(주 6), n° 1027, p. 555.

88) Francois Terré/Philippe Simler/Yves lequette/Francois Chénedé(주 3), n° 1276, p. 1344.

89) Francois Terré/Philippe Simler/Yves lequette/Francois Chénedé(주 3), n° 1278, p. 1346.

90) Malaurie, n° 1028, p. 556.

91) 남효순(주 9), 22.

정한 후에는 타인의 손실로 인해 이득을 얻은 사람에게 손해배상의무를 지우는 데 있어서 사무관리법을 적용할 필요가 없게 되었다. 그리하여 다시 사무관리의 요건을 엄격하게 해석하게 되었는데, 파기원은 1919년 6월 25일 판결에서 사무관리자에게 타인의 사무를 관리한다는 의사가 있어야 한다는 점을 판시하였다.92) 출판업자인 원고가 자신이 피고의 작품을 유용하게 활용하였으므로 보수를 달라고 청구한 사건에서, 법원은 원고가 계쟁 작품의 저작권이 자신에게 있다고 생각하고 오로지 자신의 상업적 이익을 위해 활용한 것이므로 사무관리가 성립하지 않는다고 하였다.

(3) 공동이익의 사무

행위자가 자기 자신을 위해 한 행위는 이타성 요건을 갖추지 못한 것이므로 사무관리가 인정되지 않는다.93) 그러나 자기 자신과 타인의 이익을 동시에 추구하는 행위도 있을 수 있다. 판례는 "당사자들의 공동이익이란 사정 자체는 사무관리의 성립을 배제하지 않는다"고 하여, 사무관리의 동기가 오로지 이타적인 의도일 필요는 없다는 점을 오래전부터 인정하고 있었다.94) 즉 점용권자가 자기 자신과 허유권자의 이익을 위해 행한 행위95) 및 공유자 1인이 공유자 전원의 이익을 위해 행한 행위96)에 사무관리를 적용하였다. 제1301-4조는, 판례를 수용하여,97) 타인의 사무의 관리가 관리자 자신에게도 이익이 된다고 해서 사무관리규정의 적용이 배제되지는 않음을 규정한다. 즉 본인과 관리자 사이에 "공동이익(intéret conjoint)"이 존재하는 때에는 사무관리가 배제되지 않는다. 그러므로 변제자가 자기 자신과 채무자의 이익을 위해 변제한 때에도 사무관리가 성립한다. 가령 어느 상속인이 피상속인의 채권자에게 변제함에 있어서 상속인들간의 자기 분담부분보다 더 많이 변제한 때에는 다른 상속인들을 상대로 사무관리에 기한 비용상환청구권을 갖는다.98) 제1301-4조의 규율은 특히 사실혼관계에 유용하게 적용될 것이다.99) 2012년 1월 12일 판결에서 파기원은 사실혼 배우자간 사무관리를 인정한 바

---

92) Cass. civ. 25 juin 1919, *S.* 1921.I.12; *DP* 1923.1.223

93) J.-L. Aubert, obs. sous Cass. civ. 1re, 28 mai 1991, *Defrénois* 1992, art. 35295.

94) Cass. com., 16 nov. 1976, n° 74-13.681 - Civ. 1re, 28 mai 1991, *Bull. civ.* I, n° 167 - Civ. 1re, 12 janv. 2012, n° 10-24512(사실혼 배우자간 사무관리).

95) Cass. civ. 28 oct. 1942.

96) Cass. req., 20 déc. 1910, *DP* 1911.1377, note Planiol - Civ. 1re, 15 mai 1974, *Bull. civ.* I, 147, p. 125, *D.* 1974. Somm. 109. 공유자간의 사무관리를 명시하고 있는 프랑스민법 제815-4조 제2항은 이러한 판례를 받아들인 조문이다. 공유물의 보존행위는 공유자 1인이 할 수 있으나(제815-2조) 관리행위는 공유지분의 2/3의 찬성으로 할 수 있다(제815-3조 제1항). 공유물의 통상적 이용에 속하지 않는 모든 처분행위는 공유자 전원의 합의가 있어야 한다(제815-3조 제2항). 그러나 사무관리, 재판상 허가, 위임이 있는 경우에는 위 요건을 갖추지 못해도 행위의 효력이 유지될 수 있다. 가령 공유자 1인이 공유물을 처분한 때에도 그것이 사무관리에 해당하면 효력이 유지될 수 있다(제815-4조 제2항).

97) O. Deshayes, Th. Genicon et Y.-M. Laithier(주 22), p. 619.

98) 이은희, "프랑스민법상 채권·채무의 상속과 분할", 법학연구 제27권 제1호(2019), 경상대 법학연구소, 58.

99) F. Chénédé, La gestion d'affaires intéressée: la réforme du droit des quasi-contrats au secours des

있다.[100)]

(4) 오신사무관리

자기 자신을 위해 행위한다고 믿었는데 뜻하지 않게 타인에게 도움을 준 때에는 사무관리가 성립하지 않는다.[101)] 부동산을 상속받았다고 믿고 그 부동산을 수리하는 공사계약을 체결한 사람이 나중에 자신을 상속에서 배제하는 유언장을 발견하고 수유자를 상대로 사무관리에 기한 비용상환을 청구한 사안에서 파기원은 사무관리를 인정하지 않았다.[102)]

제1301-4조 제1항은, 그 문언만을 보면 관리자가 완전히 개인적인 의도에서 행위한 경우, 가령 관리자가 자기 자신의 사무를 관리한다고 생각하고 실제로는 타인의 사무를 관리한 경우에도 사무관리를 인정하는 듯이 보인다. 하지만 의무, 비용, 손해의 부담은 "각 이익에 비례하여" 분배됨을 규정하는 제1301-4조 제2항이 있기 때문에 그러한 해석은 불가능하다. 제1301-4조 제2항은 그 사무가 본인과 관리자에게 '공동이익의 사무'(affaire d'intérêt commun)인 것을 전제로 하기 때문이다.[103)]

4. 본인의 정당한 반대가 없을 것

프랑스민법 제1301조에 따르면 사무관리는 본인이 모르거나 반대하지 않는 경우에만 성립한다. 즉 관리행위는 본인이 알지 못하거나 반대하지 않는 상태에서 행해져야 한다. 개정 전 제1372조가 사무관리를 '본인이 알든 모르든' 성립할 수 있는 것으로 규정하였던 것과 다르다. 하지만 본인이 반대하려면 관리자의 행위를 알아야 하기 때문에 사실 법리가 달라진 것은 없다. 결론적으로 말하면, 관리행위가 본인의 동의 하에 행해진 경우 또는 본인의 반대에도 불구하고 행해진 경우에는 사무관리가 성립하지 않는다.

---

concubins?: *D.* 2017, p. 71. 법률혼 배우자간에 사무관리가 성립된다는 점은 프랑스민법 제219조 제2항에 명시되어 있다.

100) Cass. civ. 1re, 12 janv. 2012, n° 10-24512, *Bull. civ.* I, n° 4; *D.* 2012.1592, n. A. Gouezel; *JCP* G 2012.362, n. P. Cassou; *RDC* 2012.831, obs. J. Klein: 사실혼 배우자 일방(남)이 타방(여)의 대여금채무를 변제하였다. 사실혼관계가 파기된 후 변제자가 사무관리에 기한 비용상환청구를 하여 승소하였다. "변제자의 행위는 자기 자신의 이익과 채무자(전 배우자)의 이익을 동시에 위한 행위였다. 그 변제는 채무자의 채무를 소멸시켰을 뿐 아니라 채무자의 부동산에 대한 강제집행을 면하게 해줌으로써 채무자에게 유용하였다. 이는 사무관리에 해당한다."

101) Cass. civ. 1re, 28 mai 1991: *Bull. civ.*, I, n° 167; *RTd civ.* 1992, p. 96-97, obs. J. Mestre; *Defrénois* 1992, art. 35295, obs. J.-L. Aubert. 이 사건의 원고인 족보연구자는 계쟁토지에 대한 자신의 임차권을 인정받고자 상속인을 찾는 작업을 하였다. 그 결과 상속인들이 자신들이 상속받은 사실을 알게 되었다. 족보연구자가 상속인들을 상대로 보수의 지급을 구하는 소송을 제기하자 법원은 그 청구를 기각하였는데 원고의 행위가 "순전히 개인적 이익을 위한" 행위였다는 것이 그 이유였다. 원고의 부당이득반환청구도 기각되었다.

102) Cass. civ. 1re, 1er déc. 1959. 이때 그가 부당이득의 반환을 청구할 수 있는지(제1301-5조)도 확실하지 않다. 왜냐하면 제1303-2조는 손실이 손실자 자신의 이익을 위해서 한 행위로부터 발생한 때에는 배상이 인정되지 않음을 규정하기 때문이다.

103) F. Terré, Ph. Simler et Y. Lequette(주 3), n° 1040, p. 1094.

본인이 반대하는 경우에는 아무리 그에게 이익이 되는 관리행위라 하더라도 거절하는 사람에게 제공할 수는 없는 노릇이기 때문에, 관리자가 본인의 반대를 안 때로부터 관리자의 행위는 부적법한 행위가 된다. 본인이 관리자의 개입을 금지하였음에도 불구하고 관리자가 본인의 사무에 간섭하였다면 관리자는 본인에게 아무런 권리를 주장할 수 없다.104)

그러나 관리자의 개입을 본인이 반대하였으므로 관리자에게는 아무런 권리가 없다고 하기 위해서는 본인의 반대가 명백하게 부당하지 않아야 한다. 그에 관한 판례의 사안을 소개한다. 상점에 떼강도가 들어 매출금을 탈취하였는데 한 고객이 몇 사람과 함께 강도들을 쫓아갔다. 그 결과 강도 한 명이 훔친 물건을 내버리고 도망갔는데, 다른 강도가 쏜 총탄에 고객이 부상을 입었다. 고객이 상점을 상대로 손해배상을 청구하자 상점은 고객에게 끼어들지 말라고 지시하였다는 점을 들어 사무관리의 불성립을 주장하였다. 그러나 항소법원은 본인의 반대가 정당하지 않았다는 이유로 사무관리를 인정하였고 파기원은 상고를 기각하였다.105)

본인이 관리행위를 알고도 침묵한 때에는 묵시적 위임이 성립하고 그 결과 사무관리는 배제되는가? 이에 대해서는 학설의 대립이 있다.

Bénabent은 침묵만으로는 묵시적 승낙이 인정될 수 없다고 한다. 따라서 본인이 사무관리를 알고도 침묵하는 경우에는 묵시적 위임이 성립할 수 없으며 사무관리의 적용을 받는다고 한다. 따라서 사무관리자는 자신의 행위가 시의적절하다는 점을 증명할 책임이 있다고 한다.106)

그런데 이에 반대하는 학설은, 제1120조가 "특별한 상황"에서 침묵이 승낙으로 평가될 수 있음을 규정하고 있다는 점을 근거로 한다. 누군가가 자기의 이익을 위해 행한 행위에 대해 본인이 알고도 침묵하는 것은 바로 제1120조에 규정된 "특별한 상황"에 해당한다고 본다면 묵시적 위임이 성립하고 사무관리가 성립할 수 없다.107)

Ⅳ. 사무관리의 효과

프랑스민법 제1301조에 따르면 사무관리자는 "수임인이 부담하는 모든 의무"를 부담한다(1). 이는 본인도 마찬가지이다. 본인은 위임인과 마찬가지로 관리자에 대한 의무와 제3자에 대한 의무를 부담한다(2).

그런데 사무관리의 효과가 발생하기 위해서는 관리자에게 행위능력이 있어야 하는가 하는 문제가 있다. 프랑스민법 제1301조 이하에 규정된 의무들은 행위능력이 없는 관리자에게는 부

104) Cass. civ. 1re, 22 déc. 1969, *Bull. civ.* I, n° 403 참조.
105) Cass. civ. 1re, 26 janv. 1988, n° 86-10.742.
106) Bénabent(주 49), n° 453, p. 360.
107) G. Chantepie et M. Latina(주 24), n° 713, p. 663.

과되지 않는다. 관리자의 의무는 법률규정에 의한 것이지 관리자의 의사에 기한 것은 아니다. 하지만 관리자의 행위로 인하여 그에게 중대한 결과가 발생할 수 있기 때문에 이 경우에는 제한능력자를 보호하는 것이 좋다. 관리자가 미성년자나 피후견성년자 또는 피보좌성년자와 같은 제한능력자일 때 본인은 자신의 이름으로 행해진 행위에 구속되고 관리자의 손해를 배상해야 한다. 이렇게 한다고 해서 아무런 문제도 없다. 왜냐하면 사무관리는 그 개념상 본인에게 유용성이 있는 것이기 때문이다.

1. 관리자의 본인에 대한 의무

사무관리자는 수임인과 동일한 의무를 부담한다(제1301조). 따라서 관리자는 다음 세 가지 의무를 부담한다.

(1) 성실의무

사무관리에 대해서 합리적인 사람으로서의 모든 주의를 기울일 의무를 부담한다(제1301-1조 제1항 제1문).[108] 그 결과 관리자는 사무관리 중에 범한 모든 과책에 대해 손해배상의무를 부담한다.[109] 이타적 행위라고 해서 관리상의 태만이나 과책이 용서되지 않는다. 그런데 프랑스 민법 제1301-1조 제2항은, 개정 전 제1374조 제2항에서와 마찬가지로,[110] 관리자가 범한 과책을 이유로 본인에게 지급해야 하는 배상액을 감경할 권한을 법관에게 준다. 사무관리는 부분적으로라도 이타적인 동기에서 행해지기 때문에 그러한 권한이 부여되었다. 그런데 개정 전 제1374조는 법관이 참작할 수 있는 사정을 '관리자가 사무를 인수하게 된 사정'[111]에 한정하였는데, 제1301-1조에는 그러한 한정이 없다. 물론 불가항력으로 인한 손해에 대해서는 배상의무를 지지 않는다.[112]

(2) 관리계속의무

수임인과 마찬가지로 사무관리자는 관리계속의무를 부담한다. 그런데 이 의무는 사무관리자의 의무가 수임인의 의무보다 더 엄격하다. 첫째, 수임인은 위임을 포기할 수 있는데(제2007조), 사무관리자는 사무의 본인이 사무를 관리할 수 있을 때까지 관리를 계속하여야 한다. 둘째, 관리를 완료하기 전에 본인이 사망한 경우 사무관리자는 상속인이 사무를 관리할 수 있을 때까지 관리를 계속하여야 한다. 하지만 위임의 경우에는 위임인이 사망하면 수임인은 지체로 인하여 위험이 발생할 우려가 있는 때에만 위임사무의 이행을 계속할 의무가 있다(제1991조 제2항).

108) 제1301-1조 제1항 제1문은 개정 전 제1374조 제1항과 거의 동일하다.

109) Cass. civ. 1re, 2 mars 2004, *JCP* 2004.Ⅳ.1842, *RCA* 2004, 171.

110) 예: 슈퍼마켓 고객이 카트에 손가방을 두고 간 것을 슈퍼마켓측이 보관하다가 분실한 사안에서 슈퍼마켓에게 감경된 손해배상책임이 인정되었다: Cass. civ. 1re, 3 janv. 1985, *Bull. civ.* I, n° 5; *RTD civ.* 1985.573, obs. Mestre; *JCP* G, 1985.Ⅳ.102.

111) 예: 본인의 이익이 매우 급박한 위험에 처해 있었고 관리자 외에는 사무를 관리할 사람이 없었다.

112) Cass. civ. 3e, mai 1955, *D.* 1955. Somm. 64.

위임인은 언제든지 수임인을 교체할 수 있지만 사무본인은 사무관리가 중단된다면 자신의 이익을 돌볼 수 없어서 손해를 입을 것이기 때문이다.113) 관리자가 관리행위를 무단으로 중단한 때에는 관리자는 본인 또는 그 상속인에게 계약외책임을 진다. 이는 제1301-1조 제2항이 함의하는 바이다. 관리자의 관리계속의무에 대해서도 법관의 감경권한이 적용된다.114)

(3) 보고의무와 반환의무

수임인과 마찬가지로, 사무관리자는 자신의 관리행위를 보고할 의무와 본인에게 속하는 금액을 반환할 의무(제1993조)도 부담한다.115)

2. 본인의 의무

본인의 의무에는 제3자에 대한 의무와 관리자에 대한 의무가 있다. 관리자가 사무관리를 할 때 제3자와 계약을 체결하는 등의 행위도 할 수 있기 때문에 제3자에 대한 의무가 문제된다(1). 관리자에 대해서 본인은 위임인과 마찬가지로 비용상환의무와 손해배상의무를 부담한다(2). 사실 관리자가 한 행위 가운데에는 관리자에게 아무런 비용이나 손해가 발생하지 않는 행위, 본인이 제3자에게 이행할 의무를 부담하지 않는 행위도 있을 수 있다. 그 경우에는 본인은 관리행위로 인한 이익을 얻으면서도 관리자나 제3자에게 아무런 의무를 부담하지 않는다.116)

(1) 제3자에 대한 의무

프랑스민법 제1301-2조는, 개정 전 제1375조와 마찬가지로, "사무가 유익하게 관리된 본인은 관리자가 본인의 이익을 위하여 약정한 의무부담을 이행(remplir les engagements)해야" 함을 규정한다. 따라서 관리자가 본인의 이익을 위하여 행위한 이상 본인은 제3자에 대하여 직접 의무를 부담하게 된다. 그런데 이 의무부담은 관리자가 본인을 대리하여 행위하였는가 그렇지 않은가에 따라 달리 고려되어야 한다.

㈎ 관리자가 본인을 대리하여 행위한 때　　관리자가 본인을 대리하여 행위한 경우 본인이 제3자에 대해 의무를 부담한다. 제1301-2조 제1항은 본인은 관리자가 본인의 '이익을 위하여(dans son intéret)' 약정한 의무를 이행하여야 한다고 규정하므로, 완전대리(représentation parfaite)117)와 불완전대리(représentation imparfaite)118)를 불문하고 본인이 제3자에 대해 의무를 부담한다. 즉 사무관리에서는 관리자가 제3자에게 자신이 본인의 계산으로 행위한다는 점을

113) Philippe Malaurie/Laurent Aynès/Philippe Stoffel-Munck(주 6), n° 1031, p. 558.
114) G. Chantepie et M. Latina(주 24), n° 721, p. 666.
115) G. Chantepie et M. Latina(주 24), n° 719, p. 665.
116) G. Chantepie et M. Latina(주 24), n° 718, p. 665.
117) 완전대리는 대리인이 자신의 권한 범위 내에서 본인의 이름 및 계산으로 행위를 하는 경우를 말한다(제1154조 제1항).
118) 불완전대리는 대리인이 타인의 계산으로 행위한다는 점을 표시하지만 자기의 이름으로 계약을 체결하는 경우를 말한다(제1154조 제2항).

표시하였다면 본인은 본인을 위해 체결된 의무부담을 이행하여야 하며, 그 의무부담이 관리자의 이름으로 행해졌다는 점은 중요하지 않다.

개정 전 프랑스민법 하에서는 의무부담이 본인의 이름으로 행해진 때에만 본인에게 이행의무가 발생하였다.[119] 개정 전 제1375조가 본인은 관리자가 본인의 '이름으로(en son nom)' 약정한 의무를 이행하여야 한다고 규정하였기 때문이다. 관리자가 의사표시를 본인의 이름으로 하지 않은 경우에는[120] 관리자만이 제3자에게 의무를 부담하고[121] 본인은 관리자가 제3자에게 지급해야 하는 금액을 상환하여야 했다. 즉 본인은 본인의 이름으로 제3자에게 부담하는 의무는 자신이 이행해야 하고, 관리자가 관리자의 이름으로 계약을 체결한 때에는 관리자가 지출한 금액을 상환해야 했다.[122] 현행 프랑스민법 하에서 중요한 것은 관리자가 행한 의무부담이 본인의 '이익을 위한' 것이었는지 여부이다.[123] 그러나 제3자의 관점에서는 두 가지 상황, 즉 의무부담이 '본인의 이름 및 계산으로' 행해진 때와 '관리자의 이름 및 본인의 계산으로' 행해진 때를 구분하여야 한다.

1) 의무부담이 본인의 이름 및 계산으로 행해진 때 이 경우에는 완전대리가 성립하며 의무부담에 대해서는 본인만이 책임을 진다.[124] 대리인이 합의하고 계약서에 서명을 하였어도, 대리인은 계약의 당사자가 아니다. 본인과 제3자 사이에 계약의 효과가 직접 발생하고, 계약불이행의 책임은 본인에게 발생하며 제3자는 대리인에게 불이행책임을 추궁할 수 없다.

2) 의무부담이 관리자의 이름 및 본인의 계산으로 행해진 때 이 경우에 불완전대리의 법리를 적용하면 계약의 당사자로 간주되는 자는 본인이 아니라 대리인이다. 따라서 제3자는 대리인에 대해서만 이행청구권을 갖는다(제1154조 제2항). 그러나 제1301-2조 제1항은 제3자가 (본인의 이익을 위해 체결된 유용한 계약임을 증명하면) 본인에게 직접 청구할 수 있게끔 하는 조항이다.[125]

그렇다면 관리자 자신은 의무를 부담하지 않는가(제1해석) 아니면 제3자는 그 계약이 본인

---

119) 예: Cass. civ. 1re, 14 janv. 1959: *Bull. civ.* I, n° 29; *D.*, 1959.106: 모친이 아들을 위하여 보험계약을 체결하였다. 아들은 첫 보험료를 지급하였으나 그 후로는 지급을 거절하였다. Cie 보험회사가 보험료지급청구의 소를 제기하자 항소법원은 사무관리자인 모친이 보험료를 지급할 것을 명하였다. 파기원은 "사무관리자가 본인을 위해 제3자와 계약을 체결한 경우 사무관리자가 본인을 위해 법률행위를 한다는 점이 제3자에게 명시적 또는 묵시적으로 표시된 때에는 사무관리자는 그 계약에서 발생한 의무를 제3자에게 이행할 책임을 부담하지 않는다"고 하여 항소심판결을 파기하였다.

120) 관리자 자신의 계산으로 계약을 체결하였는지 본인의 계산으로 계약을 체결하였는지는 불문한다.

121) Cass. civ. 1re, 10 févr. 1982, n° 81-10.436: *Bull. civ.* I, n° 67.

122) Ph. Malaurie/L. Aynès/Ph. Stoffel-Munck(주 6), n° 1032, p. 559.

123) G. Chantepie et M. Latina(주 24), n° 722, p. 667.

124) Cass. civ. 17 mai 1939, *Gaz. Pal.* 1939.2.245(개인병원에서 아동환자를 돌보기 위해 병원장이 안과의사를 불렀다. 치료를 받은 아이의 아버지는 사무본인으로서 제3자인 안과의사의 보수를 지급할 의무가 있다).

125) O. Deshayes, Th. Genicon et Y.-M. Laithier(주 22), p. 617은, 그렇게 해석하지 않는다면 제1301-2조 제1항과 제1301-2조 제2항이 규정하는 바(지출된 비용의 상환)가 아무런 차이가 없게 될 것이라고 한다.

의 이익을 위하여 체결된다는 사실을 몰랐더라도 두 명의 채무자, 즉 관리자와 본인에게 이행을 청구할 수 있는가(제2해석)? 이에 대해서는 견해의 대립이 있다. 개정 전 제1375조에서와 마찬가지로 제3자는 본인에 대해서만 권리를 갖는다는 견해[126]가 있는가 하면, 제3자를 두텁게 보호하기 위해 제2해석을 취해야 한다는 견해[127]가 있다.

(나) 대리법이 적용되지 않는 경우 관리자가 자기 자신의 이름으로 계약을 체결하면서 타인의 계산으로 한다는 점을 제3자에게 알리지 않은 경우에는 대리법리가 적용될 수 없다. 그 결과 관리자만이 제3자에게 의무를 부담한다. 이 경우 본인은 의무부담의 당사자가 아니므로 제3자가 본인에게 이행을 청구할 수 없다. 그러나 본인은 관리자에게 의무부담으로 인한 비용을 상환하여야 한다.

(2) 관리자에 대한 의무

관리자와 본인 사이에서는 관리자의 행위에 대리법이 적용되는지 여부는 아무런 상관이 없다. 관리자의 행위에 대리법이 적용되지 않는 경우에도 관리자는 본인에게 사무관리를 주장하여 비용상환 등을 청구할 수 있다.[128]

본인이 관리자에 대해 부담하는 의무는 위임인이 수임인에게 부담하는 의무와 비슷하다. 관리자에 대한 의무를 성립시키는 이념은 관리자는 자신의 관리행위로 인하여 아무런 손실도 아무런 이익도 얻어서는 안된다는 것이다.

(가) 비용상환의무 관리자가 아무런 손실도 입어서는 안되므로 본인은 관리자가 본인의 이익을 위하여 지출한 비용을 상환(rembourse)해야 한다. 본인에게 유용한 관리이긴 하나 이득이 없다고 해도 본인은 관리자에게 비용을 상환해야 한다.[129] 관리자에게 상환하여야 하는 비용은 어떻게 평가하여야 하는가? 개정 전 프랑스민법전 하에서는 금전명목주의원칙에 따라서 지출일 기준으로 평가된 비용을 토대로 상환금액이 산정되었다. 제1301-2조 역시 본인이 관리인에게 부담하는 채무가 가치채무(dette de valeur)임을 명시하지 않고 있기 때문에 금전명목주의원칙을 적용해야 할 것인가? 프랑스민법전은 부당이득에 관한 신설조문에서 금전명목주의를 채택하지 않는다(제1303-4조). 또한 전통적으로 부당이득반환청구권자인 손실자보다 사무관리자를 우대하였는데, 이는 사무관리자는 손실자에게는 없는 이타적 정신이 있기 때문이었다. 따라서 손실자를 사무관리자보다 우대하는 결과가 되는 것은 이해하기 힘든 일이다. 그러므로 제1303-4조를 사무관리에 유추적용하는 것이 타당하다.[130]

---

126) O. Deshayes, Th. Genicon et Y.-M. Laithier(주 22), p. 617.

127) G. Chantepie et M. Latina(주 24), n° 722, p. 667.

128) François Terré/Philippe Simler/Yves lequette/François Chénedé(주 3), n° 1281, p. 1347.

129) 반면 부당이득소권은 손실자의 개입으로 인하여 판결일 기준으로 피고가 이득을 얻은 바가 있어야만 성립한다(제1303-4조).

130) O. Deshayes, Th. Genicon et Y.-M. Laithier(주 22), p. 617.

본인은 사무관리자에게 사무관리자가 지출한 금액에 대해 지출일로부터의 이자를 지급하여야 한다(제1301-2조 제3항).[131] 이는 수임인에 관한 제2001조를 사무관리자에게 확대적용한 판례[132]를 수용한 것이다.

관리자는 수임인과 마찬가지로, 관리자의 자격으로 점유하는 물건을 본인에 대한 자신의 채권액을 지급받을 때까지 유치할 수 있다. 사무관리자의 유치권은 본인에게 반환하여야 하는 물건과 자신의 채권과의 견련성에 기초한 것이다(제2286조 제1항 제2호).

(나) 손해배상의무 본인은 사무관리자가 사무관리로 인하여 입은 손해를 배상(indemnise)하여야 한다(제1301-2조 제2항).[133] 만약 사무관리자가 구조행위를 하던 중 부상을 입었다면 이 조항을 근거로 손해배상을 받을 수 있다.[134]

까탈라초안(제1329조)과 떼레초안(제17조)의 제안을 받아들여 개정 프랑스민법은 관리이익이 사무관리자에게도 존재하는 때에는 위 법리가 약간 수정된다는 점을 규정한다.[135] 즉 관리행위로부터 본인만 이익을 얻는 원칙적인 경우에는 "의무, 비용, 손해의 부담"이 본인에게만 주어지지만, 공동이익이 존재하는 때에는 각자의 이익에 비례하여 분배된다(제1301-4조). 원칙적인 경우에는 교정적 정의가 요구되지만 사무관리자도 이익을 얻는 경우에는 분배적 정의가 요구되기 때문이다.[136]

(다) 보수지급의무? 프랑스민법 제1301-2조는 관리자가 본인에게 보수를 청구할 수 있는지에 관하여는 침묵하고 있다. 파기원은 관리자가 비용상환과 손해배상에 더하여 자신의 노무에 대한 보수를 청구할 수는 없다고 판시하였지만[137] 하급심법원의 판결은 그와 다른 경우가 종종 있었다.

그리하여 까탈라초안(제1328-3조)은 사무관리자는 본인에게 보수를 청구할 수 없다는 점을 명시하였는데 개정 프랑스민법전은 이를 채택하지 않았다. 하지만 제1301-2조 제2항은 비용상환과 손해배상만을 규정하고 있으므로 그러한 보수는 청구할 수 없다는 점을 암시하고 있

131) 일반적으로 채권자의 지급최고가 있은 후에야 이자가 발생하는 것(프랑스민법 제1231-6조 제1항)과 다르다.

132) Cass. civ. 1re, 12 juin 1979, n° 77-15.516: *Bull. civ.* 1979, I

133) "배상(indemnisation)"이란 용어를 상환(remboursement)과 같은 뜻으로 사용하였던 개정 전 제1375조와 달리, 제1301-2조 제2항은 피해자가 입은 손해를 배상한다는 뜻으로 '배상'이란 말을 사용한다. G. Chantepie et M. Latina(주 24), n° 723, p. 667.

134) Civ. 1re, 16 nov 1955, *JCP* 1956.Ⅱ.9087, note Esmein - Civ. 1re, 14 nov. 1978, *JCP* 1980.Ⅱ.19379, note Bout: 뱃놀이를 하는 사람이 호의로 요트경기를 감독하였는데 사무관리로 인한 손해의 배상을 청구한 사안이다.

135) G. Chantepie et M. Latina(주 24), n° 712, p. 662.

136) Francois Terré/Philippe Simler/Yves lequette/Francois Chénedé(주 3), n° 1283, p. 1348.

137) Cass. com., 15 déc. 1992, n° 90-19.608: *Bull. civ.* Ⅳ, n° 415; RTD *civ.* 1993.579, obs Mestre.: 포도주를 보관하는 창고업자가 임치계약이 해지된 옛 고객을 위해 포도주 판촉활동을 하였다. 그리고 사무관리를 이유로 판촉활동에 대한 보상(dédommagement)을 청구하였으나 기각되었다. - Civ. 1re, 18 avril 2000, *Bull. civ.* I, n° 113, p. 76, *Defrénois* 2000. 1384, obs. Delebecque..

다.[138] 보수청구권을 인정함으로써 사무관리를 촉진하기보다는 (비용상환청구권과 손해배상청구권을 인정함으로써) 사무관리를 단념시키지 않는 입장을 채택한 것이라고 볼 수 있다.[139]

V. 구체적 규정사례

1. 배우자의 사무

법률상 부부 각자에게 독립적인 권한이 인정됨에도 불구하고 부부 일방이 타방의 특유재산을 관리하는 일이 종종 있다. 프랑스민법 제1432조는 이 문제를 규율하고 있다. 부부 일방이 타방의 특유재산에 대한 관리를 하고 있고 타방이 이를 알면서 이의를 제기하지 않은 때에는, 그 부부 일방이 관리 및 수익행위를 포함하나 처분행위는 포함하지 않는 묵시의 위임을 받은 것으로 본다(제1432조 제1항). 이 배우자는 타방 배우자에게 수임인으로서 관리에 대하여 책임을 진다(같은 조 제2항).[140] 그런데 부부 일방이 타방의 특유재산을 관리하는 것이 타방이 모르는 채 이루어진 경우에는 그 행위가 유용하였다면 사무관리가 성립한다. 그런데 파기원은 이혼소송 중인 부부 일방이 한 행위를 사무관리로 인정하지 않았다. 반목하는 사이에서 그 행위를 호의적인 의사로 하였을 리가 없다는 것이 그 이유였다.[141] 하지만 이무런 이혼절차를 밟지 않고 있는 동안에 부부 일방의 개입이 이루어진 사건에서는 사무관리를 인정하였다.[142]

2. 사법보호를 받는 성년자의 사무

질병이나 장애, 노화로 인하여 능력이 손상되어 일시적인 법적 보호가 필요하거나 특정행위를 함에 있어서 대리인이 필요한 사람은 사법보호(sauvegarde de justice)의 대상으로 지정될 수 있다(제433조 제1항). 사법보호를 받는 성년자와 그 재산을 관리한 자 사이에 위임계약이 없는 때에는 사무관리에 관한 규정이 적용된다(제436조 제2항). 행위자에게 타인 사무의 관리 의사가 인정되고 그의 행위가 피보호자에게 유용하다는 점이 인정되면 피보호자는 사무관리자의 손해를 배상하고 비용을 상환할 의무를 진다(제1301-2조). 행위자가 한 행위가 보존행위와 관리

---

138) O. Deshayes, Th. Genicon et Y.-M. Laithier(주 22), p. 617.

139) G. Chantepie et M. Latina(주 24), n° 724, p. 668.

140) 부부 일방이 타방의 특유재산의 관리에 개입하는 것이 이의 제기를 무시하고 이루어진 때에는 그 일방은 개입으로 인한 모든 결과에 대하여 책임을 져야 하며 그가 수취하였거나 수취를 게을리하거나 사해적으로 소비한 모든 과실을 제한 없이 계산하여야 한다(제1432조 제3항).

141) Cass. com. 3 juin 1966, *Bull. civ.* Ⅲ, n° 278.

142) 예: Cass. civ. 1re, 5 mars 1985, *Bull. civ.* I, n° 86; *D.*, 1985, IR, 338; *JCP* G, 1985.Ⅳ.179. 성(城)의 소유자가 부부별산제를 채택하고 혼인한 후 감옥에 수감되었는데, 그의 처가 성을 거주공간으로 만드는 공사를 하게 한 후 자기 자녀와 함께 살았다. 이혼후 처가 성의 소유자를 상대로 "일정한 유용성이 있었던" 비용의 상환을 청구하여 승소하였다.

행위인 경우[143]뿐 아니라 처분행위인 경우에도 사무관리가 인정될 수 있다.

그런데 사법보호를 받는 성년자의 법률혼 배우자, 동거계약을 체결한 배우자, 사실혼 배우자[144] 또는 혈족, 인척, 피보호자와 밀접하고 지속적인 관계를 가지고 있는 사람, 피보호자의 약정 수임인[145]이나 특별수임인[146]은, 보존행위의 긴급성 및 사법보호조치의 개시사실을 알게 된 즉시 피보호자의 재산관리에 필요불가결한 보존행위를 하여야 할 의무를 진다(제436조 제3항 제1문). 피보호자를 유숙시키고 있는 사람 또는 기관도 마찬가지이다(같은 조 같은 항 제2문). 사무관리가 강제되는 셈이다.[147]

여기서 보존행위란 다음 세 가지 요건을 갖춘 행위를 말한다. 첫째, 필요하고 긴급해야 한다. 둘째, 물건에 대한 권리의 상실 또는 물건의 파손을 방지하는 것이어야 한다. 셋째, 보존하고자 하는 물건의 가치에 비해 상대적으로 적은 비용이 소요되어야 한다. 즉 제436조가 말하는 보존행위는 긴급한 행위보다 좁은 개념이다. 가령 필요하고 긴급한 행위라 할지라도 보존하고자 하는 물건에 비해 많은 비용이 소요되어 피보호자의 재산에 이익이 되지 않는다면 그 행위는 제436조에서 말하는 보존행위에 포함되지 않는다.

의무자가 보존행위를 하지 않거나 잘못 한 때에는 손해배상책임을 부담한다. 그런데 이 의무는 가족간의 부조와 연대성에 기반한 책무이고 보존행위를 수행한다고 해서 보수를 지급받는 것도 아니므로 의무자에게 고의 또는 중과실이 있는 경우에만 책임을 지도록 해야 한다는 견해[148]가 있다.

3. 피보호성년자의 사망 후의 사무

피보호성년자의 사망은 보호업무수행자의 직무를 종료시킨다(제418조, 제443조). 그런데 이는 사무관리에 관한 규정의 적용에 영향을 미치지 아니한다(제418조).[149] 당연한 듯 보이는 이 규정은 2007년에 신설되었는데, 그 취지는 종전의 관행을 타파하기 위한 것이다. 보호기관들

143) 주택의 사소한 수선, 행정적인 우편에 대한 답신, 가사도우미와의 연락, 병원방문예약, 은행계좌확인, 수표에의 기입 보조, 수공업자에게 도움을 요청하는 행위 등이 그 예이다.

144) 이 셋(법률혼 배우자, 동거계약자, 사실혼 배우자)은 사법보호를 받는 해당 성년자와의 공동생활이 중단되지 않았을 것을 요한다.

145) 피보호자가 자신의 재산에 대한 관리를 맡기기 위하여 위임계약을 체결하여 재산관리를 맡은 수임인을 말한다. 사법보호를 받은 성년자가 타인에게 자신의 재산에 대한 관리를 맡기기 위하여 체결한 위임계약은 사법보호조치 기간 동안 계속 효력을 유지하나, 후견법관이 그 위임계약을 파기 또는 정지시킬 수 있다(제436조 제1항).

146) 피보호자의 재산관리를 위해 필요한 특정한 행위 또는 수개의 행위를 수행하도록 후견법관이 지정한 수임인을 말한다(제437조 제2항).

147) Nathalie Peteka/Anne Caron-Déglise/Frédéric Arbellot, *Protection de la Personne Vulnérable*, Dalloz, 2017, n° 322.31, p. 403.

148) J. Massip, *Les incapacités, Etude théorique et pratique*, Defrénois, 2002, n° 350.

149) N. Peterka, La gestion d'affaires au décès de la personne protégée. Bréves réflexions autour de l'article 418 du Code civil, *Dr. fam.* 2014, Étude 24.

이 피보호성년자가 사망한 후에 망인의 가계를 조사하는 계약을 하거나 장례식을 치르거나 하는 등 망인의 사무를 계속 관리하는 경우가 많았기 때문이다. 보호업무수행자와 후견법관이 피보호자의 채무를 변제하고 최종회계보고서를 승인하기까지 하였는데 이는 결국 피보호자의 상속인이 할 일을 대신하는 셈이었다. 이처럼 피보호자가 사망한 뒤에도 보호업무수행자가 계속하여 한 행위는 사무관리법에 따라 규율되고 있었다.150) 2007년의 민법개정과 더불어 종전의 관행에 다음 두 가지의 제약이 가해졌다. 첫째, 피보호자의 사망 후 보호업무수행자가 누군가에게 피보호자의 상속인을 조사하도록 하는 위임계약을 체결할 때에는 후견법관 또는 공증인의 허가를 받아야 한다(프랑스 민사소송법 제1215조 제2항). 둘째, 보호업무수행자가 피보호자의 상속인을 대신하여 상속재산을 위한 행위를 하는 것이 명시적으로 금지되었다. 피보호자의 상속인을 알 수 없는 경우 보호업무수행자로서는 피보호자의 공증인에게 상속재산의 처리를 의뢰할 수 있을 뿐이다. 만일 피보호자의 공증인이 없는 때에는 보호업무수행자는 공증인협회장에게 피보호자의 공증인을 지정해 달라고 청구할 수 있다(프랑스 민사소송법 제1215조 제1항). 그 밖의 행위에 대해서는 사무관리가 인정될 수 있다. 이때 사무관리법리를 적용하는 취지는 보호조치가 종료된 후 보호업무수행자의 임무가 갑자기 중단되는 것을 막는 것이다.151)

사무관리가 성립하기 위해서는 보호업무수행자에게 타인의 사무를 관리한다는 의사가 있어야 한다. 가령 보호업무수행자가 아무런 의무가 없는데도 사망한 피보호자의 장례를 치렀다면 사무관리에 해당한다. 그런데 보호업무수행자의 관리행위를 상속인들이 반대하거나 동의하면 사무관리가 성립할 수 없다. 상속인들이 관리행위에 동의하는 경우에는 사무관리의 추인이 된다. 이로써 상속인들과 보호업무수행자 사이에 소급적으로 위임관계가 생긴다. 가령 보호업무수행자가 사망한 피보호자의 가구를 가구창고에 보관하는 계약을 체결하였는데, 상속인들이 이에 동의하는 경우에 그러하다.

사무관리가 성립하기 위해서는 관리행위가 본인에게 유용하여야 한다. 피보호자의 상속인들은 보호업무수행자의 개입으로 인한 부적절한 부담을 이행할 의무가 없다.

사무관리자는 보수를 청구할 수는 없으나 손해를 배상받을 수 있다. 사무관리자는 피보호자의 상속인들을 상대로 비용상환과 손해배상을 청구할 수 있다. 가령 보호업무수행자가 피보호자의 장례비를 지출한 때에 그러하다.152) 피보호자의 상속인을 알 수 없거나 상속인이 상속을 포기한 때에는 그 장례비는 피보호자가 남긴 상속재산 또는 피보호자의 부양의무자가 부담해야 할 채무가 된다. 즉 보호업무수행자는 상속공백상태의 상속재산관리인(curateur à la succe-

150) Cass. civ. 28 mai 1879, *S.* 1879. 1. 415 - Soc. 3 déc. 1959, *Bull. civ.* Ⅳ, n° 1304 - Paris, 25 ch. B, 2 févr. 2007, RG n° 04/09584, *JCP* N 2007.1314, obs. Plazy.

151) Nathalie Peteka/Anne Caron-Déglise/Frédéric Arbellot(주 147), n° 331.72, p. 419.

152) TI Valence, 14 déc. 1960.

sion vacante)[153]에게 비용상환을 청구할 수 있으며 상속재산으로 변제할 수 없는 때에는 부양의무자에게 청구할 수 있다.[154] 부양의무자가 상속을 포기하였더라도 마찬가지이다.[155] 하지만 피보호자가 사망후에 발생한 그 밖의 비용, 즉 피보호자의 주거와 관련된 비용, 피보호자의 가구나 개인 소지품의 보존과 관련된 비용 등은 상속인이 상속을 포기한 때에는 상환받기 어렵다.[156]

4. 제3자의 변제

(1) 채무자의 명의로 한 변제

1929년 2월 12일의 민사부의 판결은 제3자인 변제자는 채무자에 대하여 "그가 변제에 이해관계가 있는지의 여부에 따라 그 성격이 달라지는 구상권"을 가진다고 명시하였다. 달리 말하면 변제자가 채무자의 명의로 그리고 그를 위하여 변제를 하였다면 위임 또는 사무관리의 소권을 가질 것이다. 만일 변제자가 채무자의 지시에 따라서 변제를 하였다면 위임의 소권을, 그렇지 않다면 사무권리의 소권을 갖는다. 변제자가 자신의 명의로 변제하였다면 증여의 의사가 없는 한 부당이득반환소권을 갖는다.

그런데 파기원 민사1부는 1990년 5월 15일의 판결에서 변제자의 구상은 변제 그 자체에 근거를 두고 있다고 판시하였다. 따라서 타인의 채무의 변제의 경우 채무자가 그 구상을 면하고자 한다면 변제자의 증여의사에 대하여 증명하여야 한다고 하였다. 그러나 이러한 해결은 진정한 채무자가 자신의 채권자(즉 수령자)가 소송을 제기해왔더라면 그에게 주장할 수 있었을 항변권을 상실하게 하는 등 타인의 영역에 대한 부당한 간섭을 초래한다고 하는 점에서 문제가 있다는 비판을 받았다.[157]

그리하여 피가원 민사1부는 1992년 6월 2일의 판결로 위 입장을 변경하였다. 즉 "사정을 잘 알면서 타인의 채무를 이행한 자는 채권자의 권리에 대위하지 못하며, 그 변제를 하게 한 원인이 채무자가 그 지급된 금액을 상환하여야 할 의무를 내포하고 있음을 증명할 책임이 있다"고 하였다. 학설은 대체로 이러한 판례의 변경에 찬동하였다.[158] 변제할 의무도 없고 또 변제자대위도 인정되지 않는 상황에서 타인의 채무를 변제하였다면 이 변제는 증여의 의도에서

153) 이지은, "프랑스민법상 상속인 부존재시의 상속재산 관리", 민사법학 제59호(2012), 703.

154) 부양의무자에게 자력이 있어야 하며, 자력은 부양의무자의 수입을 근거로 판단한다.

155) Civ. 1re, 29 mars 1950, *D.* 1950. 593, note Carbonnier–Civ. 1re, 14 mai 1992, n° 90–18.967, *Bull. civ.* I, n° 140; *JCP* 1993. Ⅱ. 22097, note Testu; *Defrénois* 1992. 1435, obs. Massip; *RTD civ.* 1993. 171, obs. Patarin–Civ. 1re, 8 juin 2004, n° 02–12.750, NP; *Dr. fam.* 2004, 152, obs. Beignier–Civ. 1re, 21 sept. 2005, n° 03–10.679, *Bull. civ.* I, n° 341; *Dr. fam.* 2005, 251, note Beignier–Civ. 1re, 28 janv. 2009, n° 07–14.272, *Bull. civ.* I, n° 12; *D.* 2009.431, note Raoul–Cormeil; *Defrénois* 2009.748, note Massip.

156) Nathalie Peteka/Anne Caron–Déglise/Frédéric Arbellot(주 147), n° 331.76, p. 421.

157) J. Ghestin/M. Billiau/G. Loiseau, *Le régime des créances et des dettes*, n° 818, p. 853.

158) *RTD civ.* 1993, p. 130, obs. J. Mestre.

비롯되었다고 생각할 수 있으며 만일 그렇지 않다고 한다면 위임사무의 처리로서 변제하였다거나 사무관리에 해당함을 변제자가 증명하여야 한다는 것이다. 이러한 파기원의 입장은 1993년 11월 17일의 민사 1부의 판결에서도 반복되었다.

(2) 채무자의 의사에 반하여 한 변제

타인의 채무를 채무자의 의사에 반하여 변제한 경우에는 사무관리가 성립하지 않는다.[159] 타인의 사무에 개입하는 것은 일반적으로 금지되기 때문에 오히려 불법행위책임을 부담할 수도 있다.[160] 그런데 파기원이 본인의 반대가 부당하다고 하여 사무관리의 성립을 인정한 사례가 있다. 관리자가 본인의 지불불능사태에 대처한 행위가 문제된 사안에서 파기원은 본인의 반대가 부적법하다는 이유로 사무관리의 성립을 인정하였다. 즉 아버지가 주택을 구입하기 위해 금전을 차용하였는데 월부금 변제기가 되자 아들이 아버지의 반대에도 불구하고 아버지를 대신하여 월부금을 변제한 사안[161]에서 아들에게 사무관리자로서의 권리가 인정되었다.[162]

Ⅵ. 결 론

우리 민법상 사무관리는 특히 학설상의 대립이 많은 분야이다. 인정근거에 관하여 사회부조설[163]과 귀속성설[164]이 대립하고 있으며, 성립요건에 관하여는 관리의사가 필요한지,[165] 관리의사가 필요하다면 어느 경우에 관리의사가 인정되는지,[166] 사무관리자에게 행위능력이 필요한지[167]에 관하여 견해의 대립이 있다. 필자는 프랑스민법상 사무관리에 관하여 살펴본 결과 우리 민법상 사무관리를 해석함에 있어서 부당이득과의 경계를 명확히 할 필요가 있다는

159) Cass. com., 21 nov. 1978, *Bull. civ.* Ⅳ, n° 271.

160) Cass. civ. 3e, 12 avr. 1972.

161) 아버지는 주택을 매도하고자 하였으나 법원은 그 주택이 가족의 주거에 해당한다는 이유로 매도를 허가하지 않았다.

162) Cass. civ. 1re, 11 fév. 1986, *Bull. civ.* I, n° 23.

163) 곽윤직, 채권각론, 제6판, 박영사, 2003, 335; 김주수, 채권각론, 제2판, 삼영사, 1997, 514; 김형배, 사무관리·부당이득, 박영사, 2003, 7.

164) 이은영, 채권각론, 제5판, 박영사, 2007, 649.

165) 필요하다는 견해: 박영규, "사무관리에 있어서 관리의사와 보수청구권", 경희법학 제47권 제2호, 경희대 법학연구소(2012), 188; 지원림, 민법강의 제12판, 홍문사, 2014, 1608. 필요하지 않다는 견해: 이병준, "사무관리 제도의 기능과 그 적용범위", 고려법학 제56호, 고려대 법학연구원(2010), 144; 이은영(주 164), 665; 장병일, "사무관리제도의 확장과 계약책임의 적용", 법학연구 제43집(2011), 126.

166) 관리의사는 의무 없이 타인을 위해서 사무를 처리한다는 의사(의도)를 의미한다는 견해: 박영규(주 165), 191. 관리의사는 '이타적인' 목적에 국한되지 않고 계약상의 의무를 이행한다는 의도로써 행위한 경우에도 사무관리가 성립될 수 있다는 견해: 곽윤직(주 163), 338; 김주수(주 163), 526; 김증한, 채권각론, 박영사, 1988, 393.

167) 행위능력이 필요하다는 견해: 김주수(주 163), 518; 곽윤직(주 163), 337; 송덕수, 채권법각론, 제4판, 박영사, 2019, 434. 필요하지 않다는 견해: 김상용, 채권각론, 화산미디어, 2011, 498; 이은영(주 164), 663; 지원림(주 165), 1607.

생각을 하게 되었다. 사무관리제도는 관리의사가 있을 경우를 대상으로 하고 그 경우 본인과 관리자 사이의 관계는 위임관계에 준하여 규율한다는 것을 내용으로 한다(민법 제738조, 제739조 제2항). 관리의사가 없는 경우에는 부당이득만 성립될 수 있을 것이다.[168] 이 경우 상대방에게 이익이 있어야 하고 이익이 손실에 미치지 못하는 경우에는 이익의 한도에서만 반환을 청구할 수 있을 것이다. 가령 타인의 사무를 자기의 사무로 오신하고 처리하였더라도 사무관리가 성립한다고 하는 해석[169]은 사무관리와 부당이득의 경계를 모호하게 하는 것으로 바람직하지 않다. 또한 사무관리는 법적인 의의가 크지 않은 것으로 보는 견해[170]가 있으나, 사무관리제도를 적극적으로 활용할 필요가 있다는 생각을 하게 되었다. 무권대리의 경우에 본인과 무권대리인 간에 사무관리가 성립할 수 있으며, 특히 부부 사이나 피후견인과 후견인 사이, 공유자들 사이에서 1인의 행위가 사무관리에 해당할 여지가 있다.

168) 박영규(주 165), 189.
169) 이은영(주 164), 665.
170) 송덕수(주 167), 433.

종교단체 대표자에 관한 분쟁 사례 검토

—임시지위가처분사건과 비송사건을 중심으로—

이 재 찬*

Ⅰ. 들어가며

우리나라에는 많은 종교단체가 있고,[1] 종교단체 내부적으로 많은 분쟁이 발생하고 있다. 실무상 종교단체에 관한 분쟁은 주로 동일 종교 내의 교리, 재산 등에 관하여 발생하고 있고, 다른 종교와 사이에 발생하는 분쟁은 그리 많지 않아 보인다.[2] 이 글에서는 종교단체 내의 분쟁 중 대표자를 둘러싸고 발생하는 몇몇 분쟁 사례를 검토함으로써 실제 분쟁 유형과 그에 관한 실무상 쟁점에 관해 살펴보고자 한다.

이를 위해 이 글에서는 다음과 같은 방향 및 방법으로 검토를 진행한다.

우선, 이 글에서 사용하는 용어인 '종교단체' 및 '대표자'에 대해 다음과 같이 정의한다. '종교단체'란 교의의 선포, 의식의 집행, 신자의 교화를 주요 목적으로 하는 단체로서, 이념적 요소로서 교의, 행위적 요소로서 예식 · 행사, 인적 · 조직적 요소로서 성직자와 신도, 물적 요소로서 시설이 결합된 것을 의미한다.[3] 종교단체는 종교와 단체에 따라 그 법적 성격과 모습이 다양하여 이를 일률적으로 규율하기는 어렵지만, 이 글에서는 포괄적인 의미에서의 종교단체 분쟁, 그 중 대표자에 관한 분쟁을 다루고, 개신교, 불교 등 각각의 종교에 관한 분쟁의 특징을 별도로 다루지는 않는다. 그리고 이 글에서 '종교단체의 대표자'라 함은, 교단, 종파 등 포괄종교단체의 대표자와 교회, 사찰 등 단위종교단체의 대표자를 모두 포함한다.[4]

* 서울고등법원 고법판사.

1) 2018년 현재 우리나라에서 활동하는 종교단체(교단) 수는 불교 482개, 개신교 374개, 천주교 1개 등 총 927개에 달하고, 2015. 11. 1. 기준 총 신도(종교인구) 수는 2,155만여 명에 달한다("2018년 한국의 종교 현황", 문화체육관광부 2018년 연구용역). 교단에 속한 사찰, 교회 수는 훨씬 더 많다. 예를 들면, 위 자료가 2018년에 조사한 바에 의하면, 대한불교조계종에 속한 사찰만 3,185개이고, 대한예수교장로회총회(합동)에 속한 교회만 11,937개이다.

2) 박해성, "종교단체에 대한 법적 규율", 민사판례연구 19권(1997), 583과 소성규, "종교단체를 둘러싼 분쟁과 법적 규율 방향", 한양법학 12권(2001), 89도 같은 취지이다.

3) 민법주해 V, 박영사(1992), 649(이동명 집필부분). 대법원 2011. 9. 8. 선고 2009두6766 판결.

4) 소성규(주 2), 91-95는 종교단체를 단위종교단체(사찰, 교회 등)와 포괄종교단체(단위종교단체를 포함하는 교

다음으로 이 글에서는 종교단체 대표자에 관한 분쟁 사례 중 주로 임시지위가처분사건, 그리고 일부 비송사건을 중심으로 검토하고자 한다.

마지막으로 이 글에서는 서울고등법원에서 2019. 11.경부터 2021. 2.경까지 사이에 결정이 이루어진 분쟁 사례를 중심으로 검토한다. 실무에서 발생하는 분쟁 사례는 위 분쟁 사례 이외에도 다른 형태들이 있을 수 있으나 위와 같은 분쟁 사례의 검토로써 대부분의 주요 분쟁 유형은 검토할 수 있다고 판단하였고, 검토 사례 범위를 지나치게 넓힐 수는 없으므로 위와 같이 검토 사례 범위를 한정하였다.

이에 따라 이 글에서는 종교단체 대표자에 관한 분쟁 사례를 소개하고, 단체의 대표자에 관한 분쟁 해결의 특성, 그 중에서도 종교단체 대표자에 관한 분쟁 해결의 특성, 임시지위가처분 및 비송사건에 의한 분쟁 해결의 특성 등에 관한 측면에서 분쟁 사례를 검토한다.

Ⅱ. 종교단체 분쟁의 사법심사에 관한 기본 법리

1. 종교단체 대표자에 관한 분쟁과 사법심사

종교단체 내에서도 일반 단체에서와 마찬가지로 다양한 형태의 분쟁이 발생하고, 이 글의 주제인 종교단체 대표자에 관하여도 마찬가지이다. 종교단체 중에는 자체적인 분쟁해결절차를 갖추고 있는 경우도 있다. 예를 들면, 우리나라 개신교회의 헌법은 교회 내의 분쟁에 관하여 자체적인 재판을 하는 교회법원을 설치하는 규정을 두고 있고, 그 재판의 종류는 권징재판(죄를 저지른 교인, 교회 직원을 징계하기 위한 재판)과 행정재판(권징재판 외에 교회에서 발생하는 권리관계에 관한 분쟁에 대한 재판)이 있다.[5] 그러나 대표자에 관한 분쟁의 경우 대표자와 그를 따르는 신도들이 자체적인 분쟁해결절차의 신뢰성에 대해 의문을 제기하고 위 분쟁해결절차를 거친 후에 또는 이를 거치지 않고 바로 사법심사로 나아가는 경우가 많다.[6]

모든 국민은 헌법 제27조 제1항에 따라 헌법과 법률이 정한 법관에 의하여 법률에 의한 재판을 받을 권리를 가지므로 종교단체 대표자 등 구성원도 자신과 관련된 분쟁에 관하여 사법심사를 받을 수 있다. 한편 종교단체는 헌법상 종교의 자유가 보장되고[7] 인간의 내적영역인

파, 종파, 교단 등)로 구분하고, 단위종교단체의 대표자를 종교주재자(주지, 담임목사 등 종교교사 가운데 제일 상위에 있는 자)라고 하고, 포괄종교단체의 대표자를 통리자(종정, 문주, 교주 등 종교상의 최고위자)로 구분한다. 즉, 이 글에서 종교단체 대표자에 관한 분쟁은 종교주재자와 통리자에 관한 것 모두를 포함한다.

5) 백현기, "교회분쟁관계법 — 교회의 예방과 해결", 법문사(2017), 301.

6) 백현기(주 5), 297 이하에서는 교회분쟁의 내부적 해결절차에 관하여 자세히 설명한 후, 교회재판의 문제점으로 ① 규정의 미비, ② 전문성의 결여, ③ 통일성과 일관성의 결여, ④ 정치성(공정성의 결여)을 들고 있다. 특히 정치성에 관하여, "교회재판은 때로는 정치적인 이해관계에 따라, 때로는 법리를 무시하고 수적인 우위에 따라 불공정한 재판을 한다. 이러한 정치성이야말로 교회재판이 불신받는 가장 큰 원인이 되고 있다"고 기술한다(335, 336).

7) 헌법 제20조 제1항 : 모든 국민은 종교의 자유를 가진다.

신앙에 관한 공동체라는 특수성에 비추어 자율성이 최대한 보장되어야 한다. 이러한 점을 고려하여, 종교단체에 관한 분쟁이 사법심사의 대상이 될 수 있는지 여부와 그 기준, 사법심사의 대상이 되더라도 일반 분쟁과 다른 심사 기준이 적용되어야 하는지 여부 등에 관하여 문제가 제기된다.

2. 판례의 법리

종교단체에 관한 분쟁이 사법심사의 대상이 될 수 있는지 여부와 사법심사의 대상이 되었을 때 그 심사 기준에 관하여 판례의 법리는 다음과 같다.

첫째, 종교단체 내부에 관한 사항은 원칙적으로 사법심사의 대상이 되지 않는다.

둘째, 구체적인 권리 또는 법률관계의 분쟁에 관한 청구를 판단하기 위해 필요할 때는 예외적으로 종교단체 내부에 관한 사항도 사법심사의 대상이 된다.

셋째, 사법심사의 대상이 될 때, 종교단체의 결의나 처분이 무효이려면 일반단체의 결의나 처분을 무효로 할 만한 절차상 하자가 있고, 나아가 그것이 매우 중대하여 그대로 둘 경우 현저히 정의관념에 반하는 경우여야 한다.

(1) 사법심사의 대상 여부에 관한 판례

㈎ 종교활동은 헌법상 종교의 자유와 정교분리의 원칙에 의하여 국가의 간섭으로부터 그 자유가 보장되어 있다. 따라서 국가기관인 법원으로서도 종교단체 내부관계에 관한 사항에 대하여는 그것이 일반 국민으로서의 권리의무나 법률관계를 규율하는 것이 아닌 이상 원칙적으로 실체적인 심리·판단을 하지 아니함으로써 당해 종교단체의 자율권을 최대한 보장하여야 한다. 한편 종교단체가 그 교리를 확립하고 종교단체 및 신앙의 질서를 유지하기 위하여 교인으로서의 비위가 있는 사람을 종교적인 방법으로 제재하는 것은 종교단체 내부의 규제로서 헌법이 보장하는 종교의 자유의 영역에 속하는 것임에 비추어, 교인의 구체적인 권리 또는 법률관계에 관한 분쟁이 있어서 그에 관한 청구의 당부를 판단하는 전제로 종교단체의 교인에 대한 징계의 당부를 판단하는 것은 별론으로 하더라도, 법원이 그 징계의 효력 자체를 사법심사의 대상으로 삼아 효력 유무를 판단할 수는 없다(대법원 2011. 10. 27. 선고 2009다32386 판결 참조).[8)]

㈏ 지교회가 특정 교단 소속을 유지하는 것은 해당 교단의 지휘·감독을 수용하겠다는 지교회 교인의 집합적 의사의 표현으로 볼 수 있으므로, 소속 교단에 의하여 지교회의 종교적 자율권이 제한되는 경우 지교회로서는 교단 내부의 관련 절차에 따라 문제를 해결하여야 하고, 관련 내부 절차가 없거나 그 절차에 의하여도 문제가 해결되지 않는 경우 지교회로서는 그

---

8) 갑 교회의 교인 을 등과 담임목사를 비롯한 다른 교인들 사이에 장로 선출을 둘러싼 분쟁 및 담임목사에 대한 이단 고발 등으로 갈등이 심화되어 갑 교회가 정기당회에서 교단 임시헌법에 근거하여 을 등을 교적에서 제적하는 결의를 한 사안에서, 위 제적결의 및 효력 등에 관한 사항은 사법심사의 대상이 아니라고 한 사례이다.

제한을 수인할 수밖에 없다. 따라서 지교회의 일반 국민으로서의 권리의무나 법률관계와 관련된 분쟁에 관한 것이 아닌 이상, 교단의 종교적 자율권 보장을 위하여 교단의 내부관계에 관한 사항은 원칙적으로 법원에 의한 사법심사의 대상이 되지 않는다(대법원 2014. 12. 11. 선고 2013다78990 판결 참조).[9)]

(다) 종교단체의 징계결의는 종교단체 내부의 규제로서 헌법이 보장하고 있는 종교자유의 영역에 속하는 것이므로 교인 개인의 특정한 권리의무에 관계되는 법률관계를 규율하는 것이 아니라면 원칙적으로 법원으로서는 그 효력의 유무를 판단할 수 없다고 할 것이지만, 그 효력의 유무와 관련하여 구체적인 권리 또는 법률관계를 둘러싼 분쟁이 존재하고 또한 그 청구의 당부를 판단하기에 앞서 위 징계의 당부를 판단할 필요가 있는 경우에는 그 판단의 내용이 종교 교리의 해석에 미치지 아니하는 한 법원으로서는 위 징계의 당부를 판단하여야 한다(대법원 2005. 6. 24. 선고 2005다10388 판결 참조).[10)]

(2) 사법심사 기준에 관한 판례

우리 헌법이 종교의 자유를 보장하고 종교와 국가기능을 엄격히 분리하고 있는 점에 비추어 종교단체의 조직과 운영은 그 자율성이 최대한 보장되어야 할 것이므로, 교회 안에서 개인이 누리는 지위에 영향을 미칠 각종 결의나 처분이 당연 무효라고 판단하려면, 그저 일반적인 종교단체 아닌 일반단체의 결의나 처분을 무효로 돌릴 정도의 절차상 하자가 있는 것으로는 부족하고, 그러한 하자가 매우 중대하여 이를 그대로 둘 경우 현저히 정의관념에 반하는 경우라야 한다(대법원 2006. 2. 10. 선고 2003다63104 판결 참조).[11)] 그러한 경우라 함은, 징계결의가 그 종교단체가 정하는 징계절차를 전혀 밟지 아니하였다거나 징계사유가 전혀 존재하지 아니하는 경우(대법원 1992. 5. 22. 선고 91다41026 판결 참조)를 예로 들 수 있을 것이다.

---

9) 갑 교단 소속의 을 교회가 병을 위임목사로 청빙하는 것을 승인해 달라는 요청을 하여 갑 교단의 하급 치리회인 노회에서 청빙승인결의를 하였는데, 갑 교단의 최고 치리회인 총회에서 위임목사 청빙승인결의 무효확인 및 병에 대한 목사안수결의 무효확인 총회판결을 하자 을 교회가 총회판결의 무효확인과 병의 대표자 지위 확인을 구하는 소를 제기한 사안에서, 위 총회판결은 사법심사의 대상이 되지 않는다고 한 사례이다.

10) 갑 종단에 등록된 사찰의 주지이던 을이 직무와 관련하여 종단과 사찰의 명예를 훼손하였다는 사유로 갑 종단이 을을 징계해임하여 을이 그 절차의 하자를 이유로 무효확인을 구하였고, 위 사찰의 대표자가 누구인지 및 후임 주지에 의한 사찰재산의 처분이 유효한지에 대한 쟁송이 존재하므로 그 청구의 당부를 판단하는 전제로서 이 사건 을에 대한 징계해임처분의 유·무효를 판단할 필요가 있고, 그 판단은 단순한 절차의 하자에 대한 것일 뿐 종교상의 교리의 해석에까지 미치는 것이 아니므로, 위 징계해임처분의 무효확인을 구하는 이 사건 소는 사찰의 대표권과 사찰의 재산에 대한 관리처분권 등 구체적 권리의무관계에 대한 법률상 쟁송에 해당하여 사법심사의 대상이 된다고 한 사례이다.

11) 교회의 목사와 장로에 대한 신임투표를 위한 공동의회의 소집절차에 당회의 사전 결의를 거치지 아니한 하자가 있으나 그 하자가 정의관념에 비추어 도저히 수긍할 수 없을 정도의 중대한 하자가 아니라는 이유로, 공동의회에서의 시무장로에 대한 불신임결의가 당연 무효라고 볼 수 없다고 한 사례이다.

3. 검 토

(1) 판례는, 종교단체에 관한 분쟁이 사법심사의 대상이 되는지 여부에 관하여 법리를 세워 우선 이를 심사하고, 대상이 아니라고 판단하면 소가 부적법하다고 하여 이를 각하한다. 종교단체 분쟁의 유형은 크게 ① 교리의 해석에 관한 분쟁, ② 종교단체의 조직·운영에 관한 분쟁, ③ 종교단체의 재산에 관한 분쟁 등으로 나눌 수 있을 텐데, 판례의 태도에 의하면 ①항의 것과 ②항의 것 중 순수히 권징재판에 관한 사항(개인의 구체적인 권리 또는 법률관계를 둘러싼 분쟁 해결의 전제가 되지 않는 경우)은 사법심사의 대상이 되지 않고, ②항의 분쟁 중 나머지의 것(종교단체 대표자에 관한 것 중 순수하게 권징재판에만 속한다고 보기 어려운 것도 여기에 포함된다)과 ③항의 것[12)]은 사법심사의 대상이 될 것이다.[13)]

한편 판례는, 교회의 대표자(담임목사)는 예배 및 종교활동을 주재하는 종교상의 지위와 아울러 비법인사단의 대표자 지위를 겸유하면서 교회 재산의 관리처분과 관련한 대표권을 갖는다고 할 것이므로, 재산의 관리처분과 관련한 교회 대표자 지위에 관한 분쟁은 구체적인 권리 또는 법률관계를 둘러싼 분쟁에 해당하여 그 대표자 지위의 부존재 확인을 구하는 것은 소의 이익이 있다고 판시하였다(대법원 2007. 11. 16. 선고 2006다41297 판결).[14)] 이 판례 등을 근거로, 담임목사, 주지 등 종교단체 대표자의 경우에는 비법인사단의 대표자로서 재산의 관리처분권이 있으므로 구체적 분쟁이 전제되지 않은 경우에도 법률상 쟁송성을 인정하는 것이 판례의 법리라는 견해도 있다.[15)] 그러나 위 판례는 종교단체(교회) 재산의 관리처분과 관련하여 대표

---

12) 종교단체 재산에 관한 분쟁에 대한 사법심사의 대표적인 판례는 교회 분열 및 재산 귀속에 관한 대법원 2006. 4. 20. 선고 2004다37775 전원합의체 판결이다. 위 판결은 기존의 판례를 변경하여, ① 교인들이 집단적으로 교회를 탈퇴한 경우, 법인 아닌 사단인 교회가 2개로 분열되고 분열되기 전 교회의 재산이 분열된 각 교회의 구성원들에게 각각 총유적으로 귀속되는 형태의 '교회의 분열'을 인정하지 않고, ② 교인들이 교회를 탈퇴하여 그 교회 교인으로서의 지위를 상실한 경우, 종전 교회 재산은 잔존 교인들의 총유에 속하며, ③ 교회의 소속 교단 탈퇴 또는 변경을 위해서는 의결권을 가진 교인 2/3 이상 찬성의 결의요건을 갖추어야 하며, 그 경우 종전 교회 재산은 탈퇴한 교회 소속 교인들의 총유라고 판시하였다. 이 판결은 교회의 분열현상을 규율할 새로운 법리를 선언한 획기적 판결로서, 교회의 분열적 현상을 민법의 일반원리에 따라 규율하여 사법질서의 통일성을 기할 수 있게 되고, 위 판결에서 명백히 한 교단변경 결의 요건 등을 통해 민주주의 원칙과 사단의 일반 법리에 따라 교회를 운영할 수 있게 되고 이로써 교회 분쟁에 대한 예방적 기능을 수행할 수 있게 되었다고 평가받는다[민유숙, "교인들이 집단적으로 교회를 탈퇴한 경우 법률관계", 대법원판례해설 60호(2006), 84; 민유숙, "교회의 분열적 분쟁에 대한 새로운 해결", 정의로운 사법 : 이용훈대법원장재임기념문집(2011), 345]. 또한 위에서 본 의미의 '교회의 분열'을 인정하던 기존 판례는 사법심사에 의한 해결을 유보하고 교회 스스로 분쟁을 해결하기를 기대하여 온 것으로 평가되었는데[백현기(주 5), 337], 위 변경된 판례에 의해 교단 탈퇴 내지 변경에 관하여 교인들이 대립되었을 때 사법심사에 의하여 보다 실질적인 분쟁 해결이 가능하게 되었다.

13) 백현기(주 5), 352-353. 위 문헌은 교회분쟁에 관하여 본문과 같은 내용을 기술하고 있으나, 이러한 분쟁 유형의 분류는 다른 종교단체 분쟁에 관하여도 일반적으로 적용할 수 있다고 보인다.

14) 유사한 취지의 판례로 앞서 본 대법원 2007. 11. 16. 선고 2006다41297 판결; 대법원 2005. 6. 24. 선고 2005다10388 판결 등이 있다.

15) 오상진, "교회의 위임목사 청빙 효력을 부정한 교단 총회판결에 대한 사법심사 가부", 대법원판례해설 101호

자의 지위 여부가 문제될 때는 구체적인 권리 또는 법률관계를 둘러싼 분쟁이 존재하여 소의 이익이 있다는 취지로 보이므로, 앞서 본 종교단체 분쟁이 사법심사의 대상이 되는지 여부에 대한 판례의 일반 법리가 적용된 것이지, 종교단체 대표자에 관한 분쟁은 구체적 분쟁의 전제 없이도 항상 사법심사의 대상이 된다는 논리라고 보기는 어렵다.[16] 다만 종교단체 대표자가 그 단체 재산의 관리처분권을 가진다는 점을 강조하면, 대표자 지위 여부를 판단하는 것은 구체적인 법률관계에 관한 분쟁으로서 사법심사의 대상이 된다고 보다 폭넓게 인정할 수 있을 것이다.[17] 아래에서 최근 서울고등법원 결정례와 함께 다시 살펴보겠지만, 최근 종교단체 대표자에 관한 임시지위가처분 사건에서는 사법심사의 대상인지 여부에 대하여는 보다 관대하게 심사하여 그 대상임을 인정하고, 실체 판단에 더 중점을 두는 경향으로 보인다.

(2) 판례는 사법심사의 대상이 된다고 판단한 종교단체 분쟁에 관하여도, 종교단체 결의나 처분이 특히 '절차적 하자가 매우 중대하여 이를 그대로 둘 경우 현저히 정의관념에 반하는 경우'에만 무효에 해당한다는 사법심사의 기준을 제시하고 있다.[18] 즉, 사법심사의 대상이 되는 종교단체 분쟁에 관하여도 다시 한 번 종교단체의 자율성을 존중하면서 사법심사로써 종교단체의 결의나 처분의 효력을 부인하는 데 신중해야 한다는 취지로 볼 수 있다. 이는 종교단체의 자율성에 대한 존중에 근거를 두는 것으로서 종교단체 대표자에 관한 분쟁 일반에 대하여도 모두 적용되는 법리라고 볼 수 있다.

다만 이러한 원칙에 지나치게 의존하면 사실상 사법심사에 의한 실질적인 분쟁 해결 및 권리 구제를 회피하는 결과가 될 수 있다. 따라서 종교단체 대표자에 관한 어떠한 분쟁이 오로지 교리에 관한 것으로서 사법심사의 대상이 될 수 없다고 판단하여 그 소를 각하할 것이 아닌 이상, 막연히 위 법리에 기대어 실질적인 사법심사를 자제하거나 회피하지 않도록 유의할 필요가 있다. 사법심사를 자제하여 현재의 분쟁원인을 그대로 두는 결론이 분쟁을 방치하는 결과가 되지는 않는지, 부당한 결론을 유지하여 당사자의 권리 구제가 제대로 되지 않는 것은

(2015), 138.

16) 위 대법원 2007. 11. 16. 선고 2006다41297 판결과 유사한 취지의 위 대법원 2005. 6. 24. 선고 2005다10388 판결에 대한 글인, 고규정, "종단에 등록된 사찰의 주지의 지위에 관한 소의 적법성", 판례연구(부산판례연구회) 8집(2007. 2), 616도, 위 판결의 사안은 형식상으로는 사찰 주지에 대한 종교단체의 징계결의이지만 실질적으로는 사찰의 대표권과 재산에 대한 관리처분권 등 구체적인 권리 또는 법률관계에 대한 분쟁이므로 사법심사의 대상이 된다고 기술하여, 필자와 같은 취지로 위 판례의 논리를 이해하는 것으로 보인다.

17) 백현기(주 5), 368은, 종교단체의 대표자로서의 지위 자체가 구체적인 권리 또는 법률관계라고 보게 되면, 대표자에 대한 징계는 항상 사법심사의 대상이 된다는 결론이 되어 전제성은 불필요한 요건이 된다는 취지로 기술한다.

18) 앞서 본 대법원 2011. 10. 27. 선고 2009다32386 판결에서는 '제적결의를 위한 당회 소집 및 결의 절차 등에 정의관념에 비추어 묵과하기 어려울 만큼 중대한 하자가 있다고 할 수 없는 점을 더하여 보면, 위 제적결의 및 효력 등에 관한 사항은 사법심사의 대상이 아니다'고 설시하여 사법심사의 기준에 관한 중대한 하자 법리를 사법심사의 대상 여부를 판단하는 데 보충적인 근거로 듦으로써 이를 혼용하기도 하였다.

아닌지 분쟁 상황을 전체적으로 조망하는 고민이 필요하다.[19)]

Ⅲ. 종교단체 대표자에 관한 분쟁의 유형별 사례

이하에서는 종교단체 대표자에 관한 분쟁 중 임시지위가처분 사건과 비송사건을 중심으로 실제 사례를 유형별로 살펴보면서, 앞서 본 법리가 실무에서 어떻게 적용되고 있는지를 검토해 보기로 한다.

1. 직무집행정지 가처분 및 직무대행자 선임

실무에서 종교단체 대표자 분쟁에 관한 임시지위가처분 중에는 직무집행정지 가처분이 가장 빈번해 보인다. 대표자의 외관을 갖추고 있는 자를 상대로 그 대표자 자격을 부정하는 자들(종교단체, 자신이 진정한 대표자라고 주장하는 사람, 그를 따르는 신도들 또는 위 대표자의 외관을 갖추고 있는 사람을 반대하는 신도들)이 당장 그 대표자 직무의 집행정지를 구하는 경우이다. 직무집행 정지기간은 보통 '본안판결 확정시까지' 또는 '본안판결 제1심 선고시까지'이다. 또한 그와 함께 대표자의 직무집행이 정지되어 있는 동안 그 직무를 대행할 사람(보통 채권자와 우호적인 관계에 있는 사람을 추천한다)의 선임도 함께 구하는 경우가 많다.

임시지위가처분은 다툼이 있는 권리관계에 대하여 임시의 지위를 정하기 위한 것으로서, 특히 계속하는 권리관계에 끼칠 현저한 손해를 피하거나 급박한 위험을 막기 위하여, 또는 그 밖의 필요한 이유가 있을 경우에 하여야 한다(민사집행법 제300조 제2항). 임시지위가처분에서는 이러한 피보전권리의 존재와 보전의 필요성을 인정할 수 있는 구체적 사실을 소명해야 하는데(민사집행법 제279조 제2항, 제301조), 소명은 증명보다는 낮은 정도의 개연성으로 법관으로 하여금 일응 확실할 것이라는 추측을 얻게 한 상태를 말한다.[20)] 다만 실무에서는 신청취지가 본안소송의 청구취지와 실질적으로 동일하여 가처분신청이 인용될 경우 본안소송에서 승소한 것과 같은 결론을 얻게 되는 이른바 '만족적 가처분'에서는 증명에 가까운 고도의 소명을 요구한다.

---

19) 앞서 본 대법원 2006. 4. 20. 선고 2004다37775 전원합의체 판결에 의한 판례의 변경은 법원이 종교단체 분쟁의 실질적인 해결 방향으로 나아간 것이라고 할 수 있다.

[민유숙, "교회의 분열적 분쟁에 대한 새로운 해결", 정의로운 사법 : 이용훈대법원장재임기념문집(2011), 345에 의하면, 위 판결로 교회분쟁의 법률문제는 민법상 사단법인 및 법인 아닌 사단을 규율하는 일반 법리의 질서로 편입되었다.

한편, 서헌제, "교회분열에 관한 대법원 판결의 의의 —타당성과 현실성을 중심으로—", 저스티스 145호(2014. 12), 86-87은, 위 판례는 '우리나라 교회 분쟁에 대한 종합적인 처방으로서의 의미를 지니나, 한편으로는 우리 법원이 그동안 신앙단체로서의 교회의 권위를 존중하여 교회분열에 대해서는 일반 단체와 구별된 법리를 적용하던 데에서, 결국 교회 분쟁도 세속인의 재산다툼과 다름이 없다는 것을 정면으로 인정한, 한국교회로서는 뼈아픈 변화'라고 기술한다].

20) 법원실무제요-민사집행V(보전소송), 사법연수원(2020), 100.

종교단체 대표자에 대한 직무집행정지 가처분도 대부분 이러한 '만족적 가처분'에 해당하므로 고도의 소명이 요구된다. 그런데 소명은 즉시 조사할 수 있는 증거에 의하여야 하므로(민사소송법 제299조 제1항),[21] 본안소송과 같이 충분한 증거의 제출·조사를 거칠 수는 없고, 따라서 고도의 소명을 하기가 어려워 가처분 신청이 기각될 수도 있다. 종교단체 대표자에 대한 직무집행정지 가처분의 경우, 증명보다 낮은 단계인 소명만 하면 되므로 본안소송보다 입증이 쉽다고 생각할 수도 있지만, 실제로는 고도의 소명이 요구되고 소명의 방법은 제한되므로 오히려 본안소송보다 입증이 어려울 수 있다. 사건을 맡은 법관은 특히 피보전권리가 소명되었는지 여부를 판단할 때 나중에 본안소송에서 청구가 인용될 수 있는가를 하나의 기준으로 삼게 되는데, 본안소송과 같은 정도의 증거가 없는 상태에서 대표자의 외관을 갖추고 있는 자의 직무를 가처분으로써 정지시킬 때는 신중을 기할 수밖에 없다. 특히 그 외관이 종교단체의 다수 신도들의 지지를 받고 있다고 보일 때는 더욱 그렇다. 그리고 종교단체의 자율성 존중, 단체 구성원의 의사 존중 측면과 보전처분의 남용 및 본안화 방지 측면에서 그렇게 신중을 기하는 것이 옳다고 생각한다.[22]

(1) 기각 사례

㈎ 기독교 갑 교단의 총회 대의원들인 채권자들이 교단 총회장을 선출한 총회에 중대한 하자가 있다고 주장하며, 총회장으로 선출된 채무자를 상대로 직무집행 정지를 구한 사안[23] : 채권자들은 후보자 추천절차의 하자, 자격이 없는 대의원들의 결의 참여 하자 등과 함께 채무자가 목사안수를 취소하는 내용의 징계를 받았으므로 피선거권이 없다는 주장을 하였다. 이에 채무자는 그 징계가 무효라고 주장하였고, 채권자들은 징계가 갑 교단 내부의 권징재판에 해당하므로 사법심사의 대상이 되지 않는다고 주장하였다. 법원은, 위 징계결의의 효력에 따라 채무자의 피선거권 및 총회장 선출의 효력 유무가 달라질 수 있으므로 징계결의의 당부를 판단할 필요가 있고, 채무자의 주장사유도 징계결의를 한 위원회의 구성의 위법성 등 교리의 해석에 미치지 않는 것이므로 위 징계결의는 사법심사의 대상이 된다고 하였다. 그리고 위 징계위원들에 대한 임명은 권한 없는 전임 총회장에 의한 것으로서 무효이므로 그들에 의한 위 징계결의도 무효라고 판단하였다. 결국 채무자의 피선거권이 인정되고, 채권자들의 다른 주장도

---

21) 즉시 조사할 수 있는 증거란, 그 증거방법이 시간적으로 즉시 조사할 수 있는 상태에 있고 장소적으로 심리가 행하여지는 그 장소에 현재하여, 조사를 위하여 사전에 또는 새삼스럽게 법원의 준비행위를 필요로 하지 아니하여 심리기간 내에 조사를 마칠 수 있는 증거를 의미한다[법원실무제요-민사집행V(보전소송)(주 20), 100]. 이러한 기준이 반드시 명확하다고 볼 수는 없으나, 이에 따라 임시지위가처분에서 증인, 문서송부촉탁, 문서제출명령, 검증, 감정의 신청이 이루어지는 경우는 매우 드물고, 신청이 있더라도 잘 채택되지 않는다.

22) 이는 대표자의 직무집행정지가처분에서 요구되는 피보전권리의 소명을 어떠한 기준에서 판단할 것인가에 관한 것으로서, 필자가 뒤에서 말하는 종교단체 분쟁의 실질적인 해결을 지향하는 태도와 어긋나는 것은 아니다.

23) 서울고등법원 2020. 7. 7.자 2020라20570 결정(주문 : 항고 기각. 대법원 2020. 9. 18.자 2020마6556 결정으로 재항고 기각되어 그대로 확정되었다).

이유 없어 위 가처분신청은 기각되었다.

이 사건은 가처분의 직접 대상이 아니라 그 전제로서 채무자에 대한 교단 내 징계결의의 효력이 문제되었는데, 앞서 본 판례의 법리에 따라 징계결의의 효력 유무와 관련하여 구체적인 권리 또는 법률관계를 둘러싼 분쟁이 존재하고, 그 청구의 당부를 판단하기에 앞서 위 징계의 당부를 판단할 필요가 있다고 판단하고, 징계결의의 효력에 대한 판단에 나아간 경우이다.

(나) 갑 교회 장로인 채권자가 갑 교회 장로회와 공동의회의 의결을 통해 담임목사로 청빙된 채무자를 상대로 공동의회 결의의 하자 등을 주장하며 직무집행정지를 구한 사안[24)]: 법원은 종교단체 내부의 권징재판이 아닌 한 종교단체 내에서 개인이 누리는 지위에 영향을 미치는 단체법상의 행위라 하여 반드시 사법심사의 대상에서 제외할 것은 아니라고 하여 신청 자체는 적법하다고 보았다. 이어서 종교단체의 결의는 하자가 매우 중대하여 이를 그대로 둘 경우 현저히 정의관념에 반하여야 무효라는 판례의 법리를 설시하면서, 갑 교회가 3년 넘게 담임목사가 없이 비정상적으로 운영되어 온 점, 갑 교회 정관 등에 청빙 절차에 관한 구체적 정함이 없고, 정관에 중요 안건에 대한 결의권, 선거권 등을 교인의 권리로 규정하는 점, 갑 교회 교인 대다수가 채무자가 담임목사직을 맡는 것을 찬성하는 점 등을 이유로 위 담임목사 청빙 결의가 무효라고 볼 수 없다고 하여, 가처분신청을 기각하였다.

우선 이 사건은 교회의 담임목사를 청빙하는 공동의회의 결의의 유효 여부가 사법심사의 대상이 된다고 보았다. 이러한 의결의 절차상 하자 여부는 오로지 교리에 관한 것이 아니고, 사실상 일반 단체에서 대표자를 선출한 결의에 관한 분쟁과 형식적인 면에서는 다를 바가 없으므로 위 판단은 적절하다. 위 결정뿐 아니라 이 글에서 검토대상으로 삼은 결정들에서는 종교단체 대표자에 관한 분쟁이라고 하여 사법심사의 대상 자체가 아니라고 판단한 사례는 잘 보이지 않는다. 사실상 종교단체 대표자에 관한 분쟁이 오로지 교리에 관한 것이고 구체적인 권리관계와는 무관하기가 쉽지 않을뿐더러, 특히 첨예한 대립이 있기 마련인 대표자에 관한 분쟁에서 사법심사의 대상성 자체를 부정하기에는 법원도 매우 조심스러울 수밖에 없다. 자칫 잘못 판단하면 실체적인 권리를 침해당한 사람의 권리를 구제받을 기회 자체를 박탈할 수 있고,[25)]

24) 서울고등법원 2020. 10. 20.자 2020라21002 결정(주문 : 항고 기각. 대법원 2021. 1. 8.자 2020마7572 결정으로 재항고 기각되어 그대로 확정되었다).

25) 한편 민사소송법 제418조는 '소가 부적법하다고 각하한 제1심 판결을 취소하는 경우에는 항소법원은 사건을 제1심 법원에 환송하여야 한다. 다만, 제1심에서 본안판결을 할 수 있을 정도로 심리가 된 경우, 또는 당사자의 동의가 있는 경우에는 항소법원은 스스로 본안판결을 할 수 있다'고 규정하고, 이는 민사집행법 제23조 제1항에 의해 임시지위가처분신청 각하결정에 대한 즉시항고 사건에도 준용된다. 실무에서는 보통 제1심에서 신청의 적법성뿐만 아니라 신청의 당부에 관하여도 심리가 이루어지므로, 제1심의 각하결정을 제2심에서 취소하는 경우에도 사건을 제1심 법원에 환송하지 않고 위 조항 단서('제1심에서 본안판결을 할 수 있을 정도로 심리가 된 경우')를 적용하여 실체 판단을 하는 경우가 많다. 이러한 경우 아무래도 당사자로서는 제1심의 잘못된 각하 결정으로 인해 제1심에서 실체 판단을 받을 기회를 잃어버리게 되는 측면이 있다.

분쟁을 실질적으로 해결해주지 못하고 분쟁상태를 방치하는 결과가 될 수 있기 때문이다.

이 결정에서는 갑 교회의 정관 규정도 근거로 삼았는데, 종교단체 대표자에 관한 분쟁에서 실무에서는 가장 중요한 판단기준의 하나로서 종교단체의 자체적인 규범(교단헌법, 종헌, 징계규정 등)을 살피게 된다. 이는 일반 단체에 관한 분쟁에서 그 정관의 절차를 지켰는지가 쟁점이 되는 것과 마찬가지이나, 종교단체의 규정을 해석할 때는 종교단체의 교리, 역사, 목적 등을 존중하여 해석할 필요가 있다.

마지막으로 이 결정은 갑 교회 교인 대다수가 채무자가 담임목사직을 맡는 것을 찬성하는 점을 채무자에 대한 직무집행정지 신청을 기각하는 이유로 들었다. 종교단체 대표자 분쟁에 관한 사법심사, 특히 증거방법에 한계가 있는 가처분단계에서는 종교단체 구성원 다수의 의사를 존중하는 것이 필요하다. 그 대표자를 선정하는 절차에 다소 하자가 보인다 하더라도 종교단체 구성원 다수가 그 대표자를 지지하는 것으로 보인다면, 절차에 명백하고 중대한 하자가 소명되지 않는 한 가처분으로써 섣불리 그 직무집행을 정지시키는 것은 자제하는 것이 바람직하다. 이러한 경우에 그 대표자의 직무집행을 정지시킨다면 오히려 분쟁을 실질적으로 해결하지 못하고 분쟁을 반복·확대하는 결과가 될 수 있다. 또한 중대한 하자가 소명되어도 본안소송 전에 대표자의 직무집행을 정지시키지 않는다면 현저히 정의관념에 반하는 경우에 해당하는지도 신중히 판단해야 한다. 실무를 하다 보면, 불리한 처분을 받은 대표자 또는 그를 따르는 신도들이 그 처분은 '수적인 우위를 점한 반대파의 의사에 따른 내부 결정'이라고 반발하고 재판으로 오는 경우가 많다.[26] 그러나 '수적인 우위에 따른 결정'이라는 것이 바로 위법 내지 불공정으로 연결되는 것은 아니라는 점에 판단의 어려움이 있다. 명백하게 절차 내지 실체에 하자가 있는 '수적인 우위에 따른 내부 결정'은 위법하다고 판단하는 데 어려움이 없으나, 하자가 명백 또는 중대한지 여부가 불분명한 경우가 많다. 이러한 경우, 종교단체는 결국 신도들이 모인 단체이고, 수적인 우위를 점하고 있는 다수의 신도들이 찬성·지지한 결정이라면 사법부가 되도록 이를 지지해주고, 이를 무효로 하는 데에는 신중을 기할 필요가 있다. 종교단체의 단체적 특성에 종교적 특성까지 고려하면 그 자율성을 최대한 존중하는 것이 타당하기 때문이다.

한편 판례는 '단체의 대표자 선임 결의의 하자를 원인으로 하는 직무집행정지 가처분신청에 있어서는 장차 채권자가 본안에 승소하여 적법한 선임 결의가 있을 경우, 채무자가 다시 대표자로 선임될 개연성이 있는지의 여부도 가처분의 필요성 여부 판단에 참작하여야 한다'고 판시하였으므로,[27] 채무자가 교인 다수의 지지를 받는 사정은 보전의 필요성 판단에도 참작되어야 한다.

---

26) 백현기(주 5), 336은, "교회재판은 때로는 정치적인 이해관계에 따라, 때로는 법리를 무시하고 수적인 우위에 따라 불공정한 재판을 한다. 이러한 정치성이야말로 교회재판이 불신받는 가장 큰 원인이 되고 있다"고 기술한다.

27) 대법원 1997. 10. 14.자 97마1473 결정.

(2) 인용 사례

(가) 갑 종교단체의 신도들 사이에 분쟁이 발생하여, 전임 대표자가 소집한 총회에서 대표자로 선임된 채권자가 비상대책위원회 측 교인들이 소집한 총회에서 대표자로 선임된 채무자 등을 상대로 직무집행정지를 구한 사안[28] : 법원은, 갑 종교단체가 우리나라 고유의 종교단체이고, 이 사건 신청은 갑 종교단체 내부의 지위를 둘러싼 분쟁에 관한 것이므로 직권으로 이 사건 신청이 사법심사의 대상이 되는지에 관하여 판단하였다. 법원은, 종교단체 내부에서 이루어진 각종 의결 및 처분의 효력 유무가 구체적 권리의무에 관한 청구의 전제문제로 다투어지는 사안에서조차도 소의 적법성을 부정하면 구체적 권리의무에 관한 분쟁이 해결되지 않은 채로 남게 되고, 그 결과 국민의 재판청구권이 침해될 위험이 큰 점, 현실적으로 종교단체 내에서의 지위를 둘러싼 분쟁의 경우 관련 처분이나 회의체의 소집 및 결의 절차 등에 정의관념에 비추어 도저히 묵과하기 어려운 매우 중대한 하자가 있는 수가 적지 아니할 터인데, 종교단체 내부의 분쟁이라는 이유만으로 본안에 관한 심리를 거부하는 것이 반드시 타당하다고는 보기 어려운 점 등을 이유로, 이 사건 신청이 사법심사의 대상이 된다고 판단하였다. 그리고 본안심리에서는, 갑 종교단체의 규범 해석과 민법 제691조[29]의 유추 적용을 통하여 후임 대표자를 선임할 때까지는 전임 대표자에게 대표자 업무수행권이 인정된다고 판단하고,[30] 전임 대표자가 소집한 총회에서 후임 대표자로 선임된 채권자가 적법한 대표자이고 채무자 등은 적법한 대표자 등이 아니라고 판단하였다.

법원은 이 사건이 사법심사의 대상이라고 판단하면서, 이 사건 분쟁이 구체적인 권리의무에 관한 것인 점에 더하여 '특히 종교단체 내부의 분쟁에 관한 사법적 관여의 자제는 종교단체의 자율적 운영의 보장이라는 헌법적 고려를 바탕에 깔고 있는데, 이 사건의 경우처럼 종교단체 내부의 반목이 극심한 경우 처분이나 결의의 정당성에 관하여 종교단체 내에서의 자율적 문제 해결이 사실상 불가능한 점'도 하나의 근거로 설시하였는데,[31] 사법부의 실질적인 분쟁

---

28) 서울고등법원 2020. 9. 25.자 2020카합20004 결정.

29) 민법 제691조: 위임종료의 경우에 급박한 사정이 있는 때에는 수임인, 그 상속인이나 법정대리인은 위임인, 그 상속인이나 법정대리인이 위임사무를 처리할 수 있을 때까지 그 사무의 처리를 계속하여야 한다. 이 경우에는 위임의 존속과 동일한 효력이 있다.

30) 대법원 1996. 10. 25. 선고 95다56866 판결 취지 참조 : '주택건설촉진법에 의하여 설립된 재건축조합은 민법상의 비법인사단에 해당하므로, 민법의 법인에 관한 규정 중 법인격을 전제로 하는 조항을 제외한 나머지 조항이 원칙적으로 준용되고, 민법상 법인과 그 기관인 이사와의 관계는 위임자와 수임자의 법률관계와 같은 것으로서 이사의 임기가 만료되면 일단 그 위임관계는 종료되는 것이 원칙이나, 그 후임 이사 선임시까지 이사가 존재하지 않는다면 기관에 의하여 행위를 할 수밖에 없는 법인으로서는 당장 정상적인 활동을 중단하지 않을 수 없는 상태에 처하게 되고 이는 민법 제691조에 규정된 위임종료의 경우에 급박한 사정이 있는 때와 같이 볼 수 있으므로, 임기 만료되거나 사임한 이사라도 그 임무를 수행함이 부적당하다고 인정할 만한 특별한 사정이 없는 한 후임 이사가 선임될 때까지 이사의 직무를 계속 수행할 수 있다.'

31) 앞서 본 대법원 2006. 2. 10. 선고 2003다63098 판결도 같은 취지의 설시를 하였다.

해결 기관으로서의 역할을 고려하면 매우 타당한 설시라고 생각한다.

(나) 이미 선행결정에서 본안판결 확정시까지 채무자의 갑 교회의 담임목사로서의 직무집행이 정지되어 있는 상황에서, 갑 교회의 장로 등 교인들인 채권자들이 직무대행자의 선임을 구한 사안[32] : 선행결정[33]은, 채무자가 갑 교회 내부규정인 안식년 규정('담임목사는 6년 시무 후 1년 안식년. 재시무를 위하여는 안식년 종료 2개월 전 당회[34]의 결의나 공동의회[35]의 신임투표를 받아야 함)에 따른 재시무를 위한 결의를 거치지 않아 담임목사의 지위를 상실하였다고 판단하여 채무자의 직무집행을 정지하면서도, 직무대행자를 선임할 필요성이 충분히 소명되었다고 보기 어렵다는 이유로 직무대행자 선임신청은 기각하였다. 이 사건에서 법원은, 채무자의 직무대행자를 선임하여 갑 교회의 대표자 결원 상태가 장기화되는 것을 막고, 갑 교회 내 분쟁을 예방하거나 최소화할 필요성이 있다고 판단하였다. 채권자들은 갑 교회의 신도들(원로목사 등) 두 명 중 한 명을 직무대행자로 선임할 것을 구하였으나, 법원은 당사자들의 이해관계, 채무자의 태도, 직무대행자에게 요청되는 중립성 등을 고려하고, 대외적으로 갑 교회를 대표하고 대표자를 선임하는 절차에서 소집권을 적절하게 행사할 수 있는 법률전문가인 변호사를 직무대행자로 선임하였다. 채무자는 변호사를 직무대행자로 선임하는 것은 갑 교회가 속한 교단 헌법에 반하고, 대법원 2009. 11. 19.자 2008마699 전원합의체 결정[36]의 취지에도 반한다고 주장하였다. 그러나 이 결정은, 교회 내부의 총체적 분규와 전체적 대립 양상으로 인하여 당해 종교의 신도 중에서는 중립적인 지위에서 교회의 대표자 업무를 적정하게 수행할 수 있는 적임자를 도저히 찾을 수 없는 예외적 사정이 존재하는 경우에는 신도가 아닌 사람도 대표자로 선임할 수 있고, 이 사건은 그러한 예외적 사정이 존재하는 경우이므로 변호사를 직무대행자로 선임한 것은 적절하다고 판단하였다.

일반적인 대표자 직무집행정지 사건에서 직무대행자 선임이 필요한 경우, 원칙적으로는 중립적인 변호사를 직무대행자로 선임한다.[37] 그러나 종교단체 대표자의 직무대행자인 경우, 그 종교단체의 신도가 아니어서 신앙적 동일성이 인정되지 않는 외부인을 신앙공동체인 종교

32) 서울고등법원 2020. 1. 6.자 2019라20800 결정(주문 : 항고 기각. 위 결정은 재항고되지 않아 그대로 확정되었다).

33) 서울중앙지방법원 2019. 1. 4.자 2018카합20961 결정.

34) 우리나라 대부분의 교회들은 평신도 대표인 장로들과 성직자 대표인 목사(부목사 등 포함)가 공동으로 당회를 구성하여 예배와 교회행정의 중요사항을 관장하도록 하고 있다[백현기(주 5), 146-149].

35) 의결권이 있는 세례교인들의 모임인 교인총회를 말한다[백현기(주 5), 146-152].

36) 법원이 종교단체의 임시이사를 선임할 때, 그 종단의 신도가 아닌 외부의 제3자로 하여금 종단의 대표자 업무를 담당하도록 하는 것은 특별한 사정이 없는 한 종교단체의 자율성과 본질에 어긋나므로 원칙적으로 허용되지 않는다는 취지의 결정. 아래 임시대표 선임청구 사례에서 자세히 본다.

37) 가처분신청서에 직무대행자를 지정하여 신청하는 경우가 많으나 당사자에게는 직무대행자 지정권이 없고 법원이 재량에 의하여 적절한 자를 선임한다. 법원은 선임한 직무대행자가 부적당하다고 인정할 때에는 직권으로 언제든지 직무대행자를 개임할 수 있다[법원실무제요-민사집행V(보전소송)(주 20), 477-478].

단체 대표자의 직무대행자로 선임하는 것이 적절한가 하는 문제가 제기된다. 위 대법원 전원합의체 결정 취지에 따라 신도들 중에 중립적인 위치에 있는 사람을 대표자의 직무대행자로 선임하는 것이 이상적이겠으나, 이 사건에서는 채권자들이 직무대행자로 추천한 두 명의 신도들에 대해 채무자 측이 반대의사를 분명히 하였고, 채무자 측에서 다른 신도를 추천하더라도 채권자들이 이를 수용할 것을 기대하기 어려운 점 등을 종합하여, 신도는 아니나 중립성이 보장되는 변호사를 직무대행자로 선임하였는바, 적절한 결정이라고 생각한다. 또한 위 대법원 전원합의체 결정은 비송사건에서 임시대표자 선임에 관한 결정이다. 이에 따른 임시대표자의 권한은 원칙적으로 정식으로 선임된 대표자의 권한과 동일하지만, 가처분결정에서 선임된 직무대행자는 단체를 종전과 같이 그대로 유지하면서 관리하는 한도 내의 통상업무에 속하는 사무만을 행할 수 있고, 그 외의 사무를 행하려면 법원의 허가를 얻어야 한다(민법 제60조의2 제1항, 대법원 2006. 1. 26. 선고 2003다36225 판결 참조). 따라서 종교단체의 임시대표자를 선임하는 것이 아니라 이 사건과 같은 직무대행자를 선임하는 경우에는 신도가 아닌 제3자를 선임하는 데 보다 유연하게 판단해도 괜찮다고 생각한다(물론 이 경우 직무대행자가 예배 주재 등 종교적인 행위는 할 수 없을 것이다).[38]

2. 종교단체 재판의 효력정지가처분

종교단체 재판에 의한 징계처분에 대한 사법심사는 어떤 측면에서는 종교단체의 자율성 존중이 가장 문제될 수 있는 사안으로 보이나, 이 글에서 검토 범위로 정한 결정에 포함된 종교단체 재판에 대한 결정 세 건[39] 중에는 그 신청이 사법심사의 대상이 되지 않는다고 판단한 결정은 없고, 모두 본안판단을 하였다.

예를 들면, 갑 기독교 교단의 총회에서 지교회 목사들인 채권자들에 대하여 내린 정직판결의 효력 정지를 구하는 사건에서는, 채권자들이 담임목사로서 예배 및 종교 활동을 주재하는 종교상의 지위와 함께 독립적인 실체를 갖는 비법인사단의 대표자 지위를 겸하면서 교회재산의 관리처분권까지 가지고, 이 사건 결정은 채권자들의 종교활동의 자유와 재산권 행사에 영향을 미치므로 사법심사의 대상이 된다고 판단하였다.[40]

---

38) 이에 관하여, 교회의 담임목사는 행정적인 지위 외에 영적인 지위가 있으므로 그 직무정지에 신중을 기하여야 하고, 직무대행자를 함부로 선임하는 것은 목자와 양의 관계를 임의로 설정한다는 점에서 극히 조심해야 한다는 견해가 있다[백현기(주 5), 407]. 이 견해는, 직무집행의 정지 및 직무대행자의 선임을 행정적인 부분에 한하고 영적인 부분은 제외시키는 것도 방법이 될 수 있으나 현실적으로 쉽지 않다고 한다.

39) 서울고등법원 2020. 10. 8.자 2019라20988 결정(재항고되지 않아 그대로 확정되었다); 서울고등법원 2020. 9. 28.자 2020라20566 결정(제1심에서 신청이 기각된 채권자의 항고를 기각하였다. 대법원 2021. 1. 8.자 2020마7404 결정으로 재항고 기각되어 그대로 확정되었다); 서울고등법원 2020. 12. 1.자 2020라21235 결정(제1심에서 신청이 기각된 채권자들의 항고를 기각하였다. 재항고되지 않아 그대로 확정되었다).

40) 위 서울고등법원 2020. 12. 1.자 2020라21235 결정. 다만 제1심결정인 서울중앙지방법원 2020. 9. 25.자 2020카합20992 결정은 채권자들의 판결효력정지 신청을 기각하면서, 가처분단계에서 위 판결을 무효로 판단할 정

갑 지교회의 교인들인 채권자들이 그 지교회가 속했던 을 기독교 교단의 판결(위 교단 소속 노회[41])가 갑 지교회에 병 목사를 임시당회장으로 파송하고, 병 목사가 소집한 공동의회와 제직회[42])의 결의는 정당하다는 내용)의 효력 정지를 구한 사안에서는,[43]) 법원은 위 교단 판결이 사법심사의 대상이라는 전제 아래, 위 공동의회와 제직회 결의는 을 기독교 교단 총회 헌법에서 정한 소집절차를 거치지 않고 일부 회원의 참여 기회를 봉쇄한 채 이루어져 해당 회원들의 참석 · 결의 권한을 중대하게 침해하여 무효인 것으로 보이고, 위 교단의 판결에는 위 공동의회와 제직회 결의가 유효하다고 판단한 중대한 하자가 있으므로 위 판결은 무효라고 판단하여 그 효력을 본안판결 확정시까지 정지한다고 결정하였다. 종교단체의 규범에서 정한 회의체의 소집절차 등을 중시하여, 이를 현저하게 위반한 회의체의 결의를 유효하다고 판단한 종교단체 내의 재판의 효력을 정지시킨 사례이다. 종교단체가 스스로 정한 규범의 내용을 중시한 결정으로서 종교단체의 자율성 존중에 반하지 않고, 회의체 소집 절차 규정을 위반하였다는 판단으로서 교리 해석에 관한 것도 아니다. 종교단체 내의 결의라 하여도 자체 규범에 정한 절차를 준수하여 구성원들의 진정한 의사가 반영될 수 있도록 해야 한다는 취지로서, 자체 규범의 목적에 따라 회의체 결의의 효력을 판단한 타당한 결정이다.

3. 종교단체 시설 출입방해 및 예배방해 금지 가처분

종교단체 대표자를 둘러싼 분쟁에 관하여, 종교단체의 한 세력이 다른 세력이 그 시설(교회, 사찰 등)에 출입하고, 예배를 하는 것을 방해하는 경우가 빈번하게 발생하고, 이러한 경우 방해를 받는 대표자, 교인 등이 시설 출입 및 예배의 방해를 금지해달라는 가처분신청을 하게 된다. 이 글에서 검토 대상으로 삼은 가처분사건에서도 이와 같은 유형의 가처분사건이 많이 보인다. 종교단체의 성직자 또는 신도들은 일반적으로 당해 종교시설에 출입하여 예배를 할 권한이 있으므로, 이러한 유형의 사건들은 결국 출입 · 예배의 방해를 받는 자들이 그 성직자 또는 신도의 자격을 갖추고 있는지가 쟁점이 된다.[44])

도의 중대한 하자가 있는지에 대한 소명이 부족할 뿐만 아니라 '위 분쟁은 교단의 내부관계에 관한 사항이라고 할 것이어서 원칙적으로 헌법상 보장된 종교적 자율권에 따라 교단 내부의 관련 절차에 따라 문제를 해결하여야 할 사항으로 보이고, 채무자(갑 기독교 교단) 재판국이 교단 헌법상 교단 내 분쟁 해결에 관한 최종 권한자로서 이 사건 판결로써 그 소속 노회의 판결을 번복하고 최종적인 판단을 내리게 되었는바, 이러한 채무자 재판국의 판결은 최대한 존중되어야 한다'고 판시하였다.

41) 노회는 지교회 간의 협력과 교리를 보전하고 교회행정과 권징을 행하는 기관으로서 지교회의 당회와 최상급 치리회인 총회의 중간에 위치한다[백현기(주 5), 60].

42) 제직회는 목사, 장로, 집사, 권사, 전도사, 서리집사로 구성하고, 공동의회에서 결정한 예산 집행, 재정에 관한 일반수지 예산 및 결산, 당회가 요청한 사항 등을 결의한다[백현기(주 5), 152].

43) 위 서울고등법원 2020. 10. 8.자 2019라20988 결정.

44) 이 글의 이 부분 검토 대상 사건은 모두 교회에 관한 것이었다. 교인은 종교적인 활동을 위해 교회재산을 사용할 수 있으므로 예배 등 교회 활동의 목적 범위 내에서 교회 건물 등을 사용 · 수익할 수 있다[백현기(주 5),

예를 들면, ① 교회가 채권자 갑을 담임목사로 따르는 교인들(나머지 채권자들)과 다른 담임목사(채무자)를 따르는 교인들(나머지 채무자들)로 나누어져 분쟁이 발생하였는데, 채권자들이 자신들의 교회 출입과 예배행위를 방해하는 채무자들을 상대로 그 금지를 구하는 가처분신청을 하였고, 법원이 채권자 갑이 위 교회의 담임목사의 지위를 가지고 있고, 나머지 채권자들은 교회의 교인들이므로 채무자들은 채권자들의 교회출입 및 예배를 방해하면 안 된다고 결정한 사례,[45] ② 채권자들과 채무자들은 같은 교회 소속 교인들이고, 채권자들은 관련 사법부 재판의 취지에 반하여 담임목사가 아닌 자를 담임목사라고 주장하며 위 교회를 폐쇄하고 채무자들을 교회에 들어오지 못하게 하였다는 이유로 교회로부터 제적, 제명, 출교 처분을 받았는데, 그 후 채무자들이 채권자들의 교회 출입 및 예배를 방해한다는 이유로 채권자들이 그 방해의 금지를 구하였으나, 위 제명 등 처분에 절차상 하자가 없다는 등의 이유로 이를 기각한 사례[46] 등이 있다.

4. 임시대표자 선임청구(비송사건)

(1) 종교단체 임시대표자 선임청구 사건의 특징과 참여 당사자

민법 제63조[47]는 법인의 조직과 활동에 관한 것으로서 법인격을 전제로 하는 조항은 아니고, 법인 아닌 사단이나 재단의 경우에도 이사가 없거나 결원이 생길 수 있으며, 통상의 절차에 따른 새로운 이사의 선임이 극히 곤란하고 종전 이사의 긴급처리권도 인정되지 아니하는 경우에는 사단이나 재단 또는 타인에게 손해가 생길 염려가 있을 수 있으므로, 민법 제63조는 법인 아닌 사단이나 재단에도 유추 적용할 수 있다.[48] 따라서 종교단체가 법인 아닌 사단이나 재단에 해당하는 경우, 이해관계인은 민법 제63조가 정하는 요건에 따라 법원에 임시대표자의

400].

45) 서울고등법원 2020. 12. 15.자 2020라21259 결정(다만, 이 사건에서 위 인용결정은 제1심인 서울남부지방법원 2020. 10. 16.자 2020카합20392 결정에서 이루어졌다. 위 서울고등법원 결정은, 제1심에서 채권자 갑의 집무실과 사택 인도 신청, 채권자들의 간접강제 신청을 기각한 것에 대하여 채권자들이 항고한 사건이다. 위 결정은 채권자들의 인도단행가처분과 간접강제 신청에 대하여 그 필요성 등에 대한 소명이 부족하다고 판단하여 채권자들의 항고를 기각하였다).

46) 서울고등법원 2020. 3. 24.자 2019라20745 결정(주문 : 항고 기각. 대법원 2020. 8. 20.자 2020마5722 결정으로 재항고 기각되어 그대로 확정되었다).

47) 민법 제63조 : 이사가 없거나 결원이 있는 경우에 이로 인하여 손해가 생길 염려가 있는 때에는 법원은 이해관계인이나 검사의 청구에 의하여 임시이사를 선임하여야 한다.

48) 대법원 2009. 11. 19.자 2008마699 전원합의체 결정; 위 전원합의체 결정에 대하여 상세한 평석으로는, 이원범, "임시이사 선임에 관한 민법 제63조가 법인 아닌 사단에 유추 적용되는지 여부와 종교단체에서의 제한 가능성", 사법 제11호(2010. 3)와 이재혁, "법인 아닌 사단에서 대표자가 없게 된 경우의 업무수행 —임시이사와 관련하여—", 민사판례연구 33-1권(2011) 참조. 위 논문들은 임시이사 선임에 관한 민법 제63조가 법인 아닌 사단에 유추적용 되는지 여부를 중점적으로 다루고 있고, 위 전원합의체결정의 판시 중 종교단체 관련 부분에는 큰 비중을 할애하지는 않고 있다.

선임을 청구할 수 있고, 그 재판은 비송사건에 해당한다.[49)]

비송사건은 일반적으로 사권관계의 형성, 변경, 소멸에 법원이 관여하는 사건이라고 설명된다. 사인간의 법률관계는 사적자치의 원칙이 지배하는 것이나 공익상 이를 방임하는 것이 적당하지 않을 때에는 후견적인 입장에서 예외적으로 관여하는 것이 비송사건이다. 따라서 이는 항상 대립하는 당사자를 전제로 하는 것은 아니고, 처분권주의, 변론주의가 배제되고 직권주의, 직권탐지주의가 적용된다.[50)] 그러나 이러한 비송사건의 기본적 성격에도 불구하고 종교단체의 임시대표자를 선임하는 비송사건에서는 어느 소송사건 못지않게 종교단체 내 세력 간의 다툼이 매우 치열하게 전개되고 이해관계가 첨예하게 대립된다. 앞서 보았듯이, 이에 의해 선임된 임시대표자는 원칙적으로는 정식으로 선임된 대표자와 권한에 차이가 없고(실제로는 법원이 결정에서 그 권한을 제한하는 경우가 종종 있다), 비록 임시대표자라 하더라도 종교단체가 절차를 거쳐 정식으로 대표자를 선임할 때까지 종교단체를 대표하고 위 선임 과정을 주재하게 되기 때문이다. 이 경우 관련 당사자들은, 임시대표자 선임 청구를 한 자는 '신청인', 당해 종교단체는 '사건본인'으로 비송사건에 참가하게 되고, 보조참가를 허용하고 있으므로 '사건본인의 보조참가인'으로 참가하기도 한다.[51)] 그리고 실무에서는 폭넓게 이해관계인들의 사건 참여를 허용하고 있고, 결정문에도 이들을 당사자란에 '이해관계인'으로 표시한다.[52)]

(2) 관련 법리(대법원 2009. 11. 19.자 2008마699 전원합의체 결정)

㈎ 헌법 제20조는 종교의 자유를 보장하고 종교와 국가기능의 엄격한 분리를 선언하고 있으므로, 종교의 자유에 속하는 종교적 집회·결사의 자유는 그 성질상 일반적인 집회·결사의 자유보다 광범위한 보장을 받으며, 이에 따라 종교적 집회·결사의 자유를 실현하기 위하여 설립된 종교단체에 대하여는 그 조직과 운영에 관한 자율성이 최대한 보장되어야 한다. 따라서 법원이 종교단체에서 이사의 결원으로 발생하는 장해를 방지하기 위하여 임시이사의 형태로 그 조직과 운영에 관여하게 될 때에도 헌법상 종교단체에 보장되는 종교활동의 자유와 자율성이 침해되지 않도록 그 선임요건과 필요성을 인정함에 신중을 기하여야 하며, 특히 그 선임요건으로 '손해가 생길 염려가 있는 때'를 판단할 때에는, 이사의 결원에 이르게 된 경위와 종교단체가 자율적인 방법으로 그 결원을 해결할 수 있는지 여부를 살피고, 아울러 임시이사

49) 비송사건절차법 제33조 제1항은 '임시이사 또는 특별대리인의 선임은 법인의 주된 사무소 소재지의 지방법원 합의부가 관할한다'고 규정한다.

50) 법원실무제요-비송, 법원행정처(2014), 1, 8-9.

51) 비송사건절차법은 보조참가에 관한 민사소송법 제71조를 준용하고 있지 않으나, 비송사건에서 보조참가를 허용하여도 불합리할 것은 없으므로 보통 보조참가를 인정한다고 한다. 대법원 2010. 11. 22.자 2010그191 결정에서도 사건본인의 보조참가인을 당사자란에 표시하고 있어 위 보조참가를 인정하는 것으로 보인다[법원실무제요-비송(주 50), 28].

52) 신청인 외에 별도로 '이해관계인'을 당사자로 표시하는 명확한 근거는 찾지 못하였다. 민법 제63조가 '이해관계인'이 법원에 임시이사 선임 청구를 할 수 있다고 규정하므로, 이에 기인한 것으로 보인다.

의 부재로 인하여 혼란이 초래되어 임시이사를 선임하지 아니하는 것이 현저히 정의관념에 반하고 오히려 자유로운 종교활동을 위한 종교단체의 관리·운영에 심각한 장해를 초래하는지 여부 등의 사정을 종합적으로 참작하여야 한다.

㈏ 종교단체에서 임시이사의 선임요건에 관한 심사 결과 당해 종교단체에 장래 발생이 염려되는 손해를 방지하기 위한 조치로서 임시이사의 선임이 불가피한 경우에도, 결원이 된 당해 이사가 지니는 지위, 권한 및 직무내용과 임시이사가 실제로 수행하여야 하는 업무나 역할 등 당해 종교단체에 관한 구체적 사정에 따라서는 종교단체의 종교적인 활동 및 그 자율성에 장해를 주지 않도록 선임자격이나 그 구체적 권한 내지 직무내용을 제한함이 상당하다. 특히, 교의의 통일 등을 위하여 단위 종교단체의 상위 단체로 조직한 포괄적인 종교단체인 종단의 대표자는 법률적으로 종단을 대표하는 권한을 가지고, 종단의 규약이 정한 임명권 등을 통하여 종단의 업무 조직을 구성하는 포괄적인 권한을 가지는 한편, 종교적 권능을 통하여 대내외적으로 당해 종단의 정체성을 표창하고 신도들의 신앙적 일체감을 지지·통합하는 구심점인 역할을 수행하는 지위에 있다. 이와 같이 종교적인 영역에서 차지하는 종단 대표자의 지위나 역할의 중요성을 감안하면 그 종단의 신도가 아니어서 신앙적 동일성이 인정되지 않는 외부의 제3자로 하여금 신앙공동체인 종단의 대표자 업무를 담당하도록 하는 것은 특별한 사정이 없는 한 종교단체의 자율성과 본질에 어긋나므로 원칙적으로 허용되지 않는다. 다만, 종단 내부의 총체적 분규와 전체적 대립 양상으로 인하여 당해 종단의 신도 중에서는 중립적인 지위에서 종단의 대표자 업무를 적정하게 수행할 수 있는 적임자를 도저히 찾을 수 없는 예외적 사정이 존재하는 경우에는 신도 아닌 사람도 임시이사로 선임할 수 있으나, 이 경우에도 그 직무범위나 권한을 비종교적 영역 내에서 선임의 필요성에 상응한 최소한의 범위로 제한함으로써, 종단의 정체성을 보존하고 그 자율적 운영에 대한 제약도 최소화될 수 있도록 하여야 한다.[53][54](밑줄은 필자가 추가한 것이다).

(3) 사 례

㈎ 갑 종교단체 종단[55]의 신도들이 임시대표자 선임 청구를 하였고, 법원은 신도들과 변호사를 공동 임시대표자로 선임하고 그 권한을 제한한 사례[56] : 위 종교단체 종단 헌법에는

53) 위 전원합의체 결정은 위와 같은 법리를 설시한 후, 위 사건 종단의 임시 대표자로 변호사를 선임하면서도 별도의 직무범위나 권한 제한도 하지 않은 원심결정을 파기·환송하였다.

54) 이 결정은, 종교단체에 대한 민법의 일반법리 적용과 종교단체의 헌법상 가치와의 조화를 도모한 점에서 그 의의가 있다는 평가를 받는다[이원범(주 48), 271; 이재혁(주 48), 78].

55) 위 전원합의체 결정의 사건본인이었던 종교단체 종단이다.

56) 서울고등법원 2020. 5. 11. 2019라21014 결정(대법원 2020. 9. 11.자 2020마5980 결정으로 재항고 기각되어 그대로 확정되었다). 이 사건 제1심은 공동 임시대표자를 선임하는 결정을 하였고, 이에 위 종단 소속 한 방면(분파)의 임원들이 항고하였다. 비송사건절차법 제20조 제1항은 '재판으로 인하여 권리를 침해당한 자는 그 재판에 대하여 항고할 수 있다'고 규정한다. 위 서울고등법원 결정은 제1심 결정은 종단의 대표자를 정하는 것으로서 한 방면의 임원들인 항고인들의 직위 및 권한에 직접적으로 영향이 있는 것이 아니므로 항고인들이 제1

대표자가 종신제로 되어 있고, 후임 대표자 선출 절차 등에 관하여 아무런 규정이 없는 상황에서, 위 종단을 창설한 대표자가 사망하였다. 그 후 대표자에 관한 많은 분쟁과 재판이 있었음에도 적법한 대표자가 선임되지 못하자, 위 종단 소속의 주요 4대 방면(方面, 분파) 임원들이 임시대표자 선임을 구하는 이 사건 신청을 하였다. 법원은, 위 4대 방면의 대표자 네 명과 중립적인 변호사 한 명을 공동 임시대표자로 정하고, 그 권한을 '갑 종단의 대표자 선임을 위한 교단 헌법의 개정에 관한 행위', '개정된 헌법에 따른 갑 종단의 대표자 선임에 관한 절차적인 진행에 관한 행위'로 제한하였으며, 공동 임시대표자가 '그 밖에 보전적인 재산관리행위, 갑 종단에 관한 재판상의 행위 등 비종교적 영역에서의 행위'를 하고자 하는 때에는 미리 법원의 허가를 얻어야 한다고 정하였다.

갑 종단 내의 오랜 분쟁 상황 등을 고려하면, 어느 한 방면에 속하는 신도를 임시대표자로 정할 경우 다른 방면에 속하는 신도들의 설득이 어려울 수 있는 점, 반면에 각 방면의 신도들로 공동 임시대표자를 선임할 경우 서로 다른 방면에 대한 설득과 타협에 적극적으로 임할 것으로 기대할 수 있는 점, 중립적인 위치에 있는 법률전문가인 변호사 임시대표자는 각 방면의 의견을 조율하는 역할을 할 수 있을 것으로 기대되는 점, 이 사건 공동 임시대표자에게 요구되는 역할이 갑 종단의 대표자 선임을 위한 규정을 개정하고, 적법한 절차를 통해 대표자를 선임함으로써 위 종단을 정상화하는 것임에 비추어 그 직무범위와 권한을 적절하게 제한한 것으로 보이는 점 등을 종합해 볼 때, 이 결정은 앞서 본 대법원 전원합의체 결정이 정한 법리의 취지를 잘 따른 것으로서 매우 적절한 결정이다[57](위 전원합의체 결정은, 종교단체의 자율성과 신앙공동체적 특성에 대한 존중을 바탕으로 하는 것으로서, 앞서 본 종교단체 분쟁에 관한 판례들의 법리와 궤를 같이한다).

㈏ 갑 종교단체(불교) 재단법인의 이사들 중 한 명이, 결원인 이사에 관하여 임시이사 선임 청구를 하였고, 법원은 신청인이 추천한 사람을 임시이사로 선임한 사례[58] : 갑 재단법인의 정관상 5인 내지 7인의 이사가 필요한데 4인의 이사만 자격을 유지하는 상황에서, 갑 재단법인이 자율적으로 결원을 해결하기 어려운 상황으로 판단하고 법원이 임시이사를 선임하는 결정을 하였고, 임시이사로는 신청인이 추천한 승려(불교의 승려이나 위 종교단체와 소속 종파는 다르다)를 선임하였다. 종교단체의 특성 등에 비추어 볼 때, 같은 종파의 승려를 임시이사로 선임

심 재판으로 인해 권리를 침해당한 자에 해당하지 않는다고 하여 항고를 각하하였다(예비적 판단으로서 실체적으로도 제1심 결정이 위법하거나 부당하지 않다고 설시하였다).

57) 한편, 위 갑 종단의 재산을 관리하는 재단법인에 대하여도 임시이사 선임을 청구하는 사건이 있었다. 위 사건에서 서울고등법원 2021. 2. 18.자 2017라21427 결정은, 주로 위 네 방면에서 추천한 사람들을 임시이사로 선임하였고(재단법인 정관에 따라 7인의 임시이사를 선임하였다), 그 직무범위와 권한을 '위 재단법인의 임원 선출에 관한 절차적인 진행에 관한 행위'와 '보존적인 재산관리행위'로 제한하였다.

58) 서울고등법원 2020. 12. 2.자 2020라20544 결정(결정 후 다른 두 명의 이사들에 의해 재항고되어 2021. 3. 31. 현재 대법원 2021마5030호로 계속중이다).

하는 것이 가장 바람직할 것이나, 위 사례에서는 신청인이 다른 적절한 후보를 추천하지 못하였고, 위 임시이사 후보가 종파는 다르나 승려로서 불교에 관한 기본적 이해를 갖춘 자이며, 신청인이 위 후보를 추천한 이후로 갑 재단법인 내에서 별다른 이의가 제기되지 않은 점, 기존 4인의 이사는 위 종파에 속하는 사람이므로 1인의 임시이사를 다른 종파의 승려로 선임한다고 하여 종교의 자율성을 본질적으로 침해하는 것은 아닌 점 등을 종합하여 위와 같이 결정하였다. 위 이유를 종합해 볼 때, 위 결정이 위 전원합의체 결정의 취지에 어긋나는 것은 아니라고 보인다.

5. 그 밖의 사례들

그 밖에 종교단체 대표자에 관한 분쟁 사례로, ① 채무자(교회)의 교인들인 채권자들이 채무자를 상대로 '채무자 당회로 하여금 담임목사 물색을 위한 청빙위원회를 구성하고, 구성된 청빙위원회로 하여금 담임목사 후보자를 물색하여 당회에 보고하는 절차를 이행하게 하라'는 신청을 한 사안에서, 법원은 담임목사 청빙 여부가 채권자들의 일반 국민으로서의 구체적인 권리의무나 법률관계와 관련성이 있다고 보기 어렵고(임시당회장이 담임목사로서의 직무를 수행 중이었다), 채무자의 정관상 청빙위원회의 구성은 당회의 권한으로서 채권자들이 청빙위원회 구성을 구할 수 있는 사법상의 권리까지 있다고 보기 어렵다는 등의 이유로, 위 신청은 종교단체의 내부관계에 관한 사항으로서 사법심사의 대상이 되지 않는다고 판단한 사례,[59] ② 채권자(교회)의 대표직을 맡는 목사가 아들에게 그 지위를 잇게 하자 이에 반대하는 채권자의 일부 교인들이 교회개혁협의회를 만들어 활동하였고, 채권자가 교회개혁협의회 후원 헌금 명목의 금원을 관리하는 교인들(채무자)을 상대로 헌금처분금지 가처분을 구한 사안에서, 법원은 채권자 내부 분쟁이 진행되고 있는 단계에서 위 금원에 대한 관리 및 사용권한이 채권자에게 있다고 단정하기 어렵고, 위 가처분을 받아들일 경우 채무자들의 교회개혁 활동이 크게 위축될 것으로 보인다는 등의 이유로 보전의 필요성이 소명되지 않는다고 판단하여 신청을 기각한 사례,[60] ③ 위 ②항에서 본 교회개혁협의회 소속 교인(채권자)이 위 교회(채무자)를 상대로 채무자의 회계전산파일, 예금통장, 재정보고서, 감사보고서, 교회 신축 공사 관련 공사도급계약서 등의 열람·등사를 구한 사안에서, 법원은 교회의 내부 규정 중에 교인에게 회계장부 및 서류를 열람·등사할 수 있는 권리를 직접 인정하는 규정은 없으나, 교인은 교회가 보유한 재산의 공동소유자(총유자)이고, 채무자 운영원칙에 따르면 사무처리회는 최고 의결기구로서 고정재산과 보통재산의 변경, 재정과 재산에 대한 감사 등의 권한을 보유하고 있는데, 채권자는 사무처리

59) 서울고등법원 2019. 11. 6.자 2019라20797 결정(주문 : 항고 기각. 재항고되지 않아 그대로 확정되었다).

60) 서울고등법원 2019. 12. 23.자 2019라20167 결정(주요 주문 : 항고 기각. 다른 취지의 신청은 설명을 생략하였다. 재항고되지 않아 그대로 확정되었다).

회의 구성원 지위에 있으므로, 채권자는 교회의 회계처리가 적정한지 여부를 판단할 수 있는 회계장부 등을 열람·등사할 수 있는 권한을 가진다고 판단하여 그 열람·등사의 허용을 명한 사례[61] 등이 있다.

기본적으로 종교단체의 자율성과 특성을 존중한 결정들이면서도, 특히 ②항과 ③항의 결정은 교인들에게 종교단체 운영의 적절성과 투명성을 확인하고 관련 의견을 낼 수 있도록 지지해 준 결정들이다. 종교단체도 개인들이 모여 사회 체제 내에서 활동하는 단체이므로, 신앙이라는 특수성만을 내세워 일반 단체들에 요구되는 자료의 공개, 구성원들의 자유로운 의견의 개진을 회피하거나 방해할 수는 없다는 점에서 위 결정들은 타당하다.

Ⅳ. 마 치 며

앞서 살핀 바와 같이 종교단체 대표자에 관하여 다양한 분쟁 양상이 나타나고, 많은 경우 당사자들은 이를 사법적으로 해결해주기를 원한다. 이러한 분쟁은 법적 잣대를 그대로 들이대면 자칫 종교단체의 자율성을 침해할 우려가 있고, 종교단체 자율성을 지나치게 존중하면 실질적인 분쟁 해결이 안 되거나 사법적 해결을 회피하는 결과가 될 수 있으므로, 법원의 적절한 관여 정도를 정하기 위해 많은 고민이 필요하다.

이제껏 설명한 사례들을 보면, 최근의 경향은 우선 종교단체 분쟁이라는 이유로 가처분신청이 사법심사 대상 자체가 아니라는 소송법적 판단을 하는 것에는 매우 신중한 것으로 보인다.[62] 또한 종교단체의 자율성과 특수성은 존중하되, 불합리한 상태가 유지되지 않도록 종교단체 내의 규범에 위반하거나 일반 법원칙을 위반하여 절차적 하자가 중대한 총회 결의의 효력을 명확하게 부정하는 등 비교적 적극적으로 분쟁해결에 나서는 결정례가 다수 보인다. 종교단체 내부에 분쟁이 발생한 경우 안타깝게도 종교단체의 자율적인 분쟁해결절차가 점점 제대로 기능하지 못하고 있는 것으로 보이고, 법원에 청구된 사건은 그러한 자율적인 해결이 되

61) 서울고등법원 2019. 12. 23.자 2019카합39 결정(서울고등법원 2019. 10. 16.자 2019라20188 가처분결정에 대한 이의 사건이다. 대법원 2020. 4. 7.자 2020마5083 결정으로 재항고 기각되어 그대로 확정되었다).

62) 서울고등법원 2020. 6. 30.자 2020라21261 결정(주문 : 항고기각. 재항고되지 않아 그대로 확정되었다)은, 승려인 채권자가 갑 종단의 징계결의에 따른 제적처분 효력의 정지를 구한 사건인데, 사법심사의 대상을 폭넓게 인정하고 있다. 권징재판인 위 징계처분은 사법부의 심판대상이 될 수 없다는 채무자의 본안전항변에 대해 법원은, '채권자가 위 징계처분의 무효를 주장하면서 그 효력정지를 구하는 것은 징계절차의 적법여부 및 징계사유의 당부를 다투는 것일 뿐 종교단체인 채무자의 교리 해석과 직접 연관되는 것으로 보이지 않는다. 반면, 위 징계처분은 채권자를 제적함으로써 채권자의 승려신분상의 일체의 공권을 박탈하므로 채권자의 권리가 제한되는 결과를 초래한다. 결국 위 징계처분은 채권자의 구체적인 권리나 법률관계에 영향을 미칠 것이 예상되므로, 사법심사의 대상이 되는 구체적인 권리의무에 관한 법률상 쟁송에 해당한다'고 판시하였다. 이는 대표자가 아닌 승려에 대한 사건인바, 이러한 논리를 관철하면 전적으로 교리상의 문제만을 이유로 하는 징계처분이 아닌 한 적어도 종교단체의 성직자에 대한 징계처분은 모두 사법심사의 대상이 될 수 있을 것으로 보인다.

지 않아 사법심사의 단계까지 온 것이다. 종교단체에 관한 분쟁 중에는, 다툼의 내용 또는 원인이 종교적인 것이 아니라 일반 단체의 분쟁과 그다지 다를 바 없는 경우도 종종 있다.[63] 또한 사법부의 역할은 분쟁의 실질적이고 최종적인 해결이다. 종교단체 내의 분쟁이라는 이유로 막연히 사법부의 심사를 자제하는 것은 계속적인 분쟁을 야기할 뿐이고, 이는 사회적·경제적으로도 비합리적이고 비효율적이다. 그러므로 법원의 이러한 실질적인 분쟁해결 경향은 매우 타당하다고 생각한다.[64] 여러 유형의 분쟁과 그에 대한 법원의 결정례를 살펴본 이 글이, 앞으로 종교단체 대표자에 관한 분쟁을 실질적이고 종국적으로 해결하는 데 조금이나마 참고가 되기를 바란다.

---

63) 서헌제(주 19), 86은 '근래의 교회분열은 교리상의 문제라기보다는 담임목사의 지위와 관련된 재산싸움의 양상이 짙다'고 기술한다.

64) 남형두, "사회 현상으로서의 주리스토크라시(Juristocracy) —사법(私法) 영역을 중심으로—", 법학연구(연세대학교 법학연구원) 27권 1호(2017. 3), 157-160은, 종교단체 교리와 직접 관련이 있는 경우라면 세속법의 적용을 자제해야 하나, 종교인에게도 무차별적으로 적용되어야 하는 법적 문제 또는 법률관계에 대해서까지 종교단체의 자치성, 자주성을 내세워 법치의 예외 지역에 두는 것은 동의하기 어렵다고 한다. 특히 종교단체 내부 분쟁도 실질적으로는 재산분쟁, 재산 확보를 목적으로 한 세습분쟁 등이 많은 것이 우리나라 현실이고, 이는 대체로 종교인도 무차별적으로 지켜야 하는 사회규범 위반의 문제이므로, 종교단체 분쟁에서 특수성보다는 차별 없는 법의 적용이 앞서야 한다는 취지로 기술한다. 필자도 위 취지에 동의한다.

집합건물 관리질서 창설에 있어서 분양자의 의무

이 준 형*

Ⅰ. 서 론

양 교수님께서는 학문으로서 법학이 가지는 실천적 성격을 누구보다 잘 이해하시고 그렇기 때문에 저술활동을 통하여 판례에 영향을 미치는 일과 함께 민법과 민사특별법의 개정준비작업에 직접 참가하여 관련 법률의 개선에 본인의 능력을 사용하는 데에 주저하지 않으셨다. 한편 2000년대 들어오면서 우리 사회가 복잡해짐에 따라서 정부입법의 양태가 외부전문가를 적극 활용하는 방식으로 변화하면서 과분하게도 필자 또한 민법과 민사특별법의 개정준비작업에 몇 차례 참가할 수 있는 기회를 가졌는바, 그 가운데 가장 오랫동안 참가했고 또 가시적인 성과를 거둘 수 있었던 것이 집합건물의 소유 및 관리에 관한 법률(이하 '법' 또는 '집합건물법'이라 함)이었다.

2010년 가을 당시 2년차 민법개정위원회에 참가하고 있었던 필자에게 법무부 담당자가 집합건물법에 관한 민원이 너무 많아서 개정이 필요하니 그 일을 좀 맡아달라는 부탁을 하였고, 그때부터 최근까지 10여 년간 두 차례의 대개정(2012. 12. 18, 2020. 2. 4.)과 시행령 및 시행규칙의 제·개정, 표준관리규약의 제정에 빠지지 않고 참가하였다. 그 과정에서 필자가 일관되게 추구했던 믿음은 집합건물의 관리에서 자율적 질서가 작동하려면 관리인이 실효적으로 활동하여야 하고, 또한 분양자가 분양단계에서 관리질서를 제대로 구축해야 한다는 것이었다. 양 교수님의 고희를 기념하는 기회에 이 가운데 후자에 관한 검토를 이하에서 해보고자 한다.

1. 집합건물 관리질서의 형성(창설 및 변경)을 둘러싼 어려움

(1) 법리상 어려움: 규약 없는 관리단의 존재 가능

법 제23조(관리단의 당연 설립 등) 제1항에 따르면 "건물에 대하여 구분소유 관계가 성립되면 구분소유자 전원을 구성원으로 하여 건물과 그 대지 및 부속시설의 관리에 관한 사업의 시행을 목적으로 하는 관리단이 설립된다." 반면에 법 제28조(규약) 제1항에 따르면 "건물과 대지 또는 부속시설의 관리 또는 사용에 관한 구분소유자들 사이의 사항 중 이 법에서 규정하지

* 한양대학교 법학전문대학원 교수.

아니한 사항은 규약으로써 정할 수 있다." 또 법 제29조(규약의 설정·변경·폐지) 제1항 1문에 따르면 "규약의 설정·변경 및 폐지는 관리단집회에서 구분소유자의 4분의 3 이상 및 의결권의 4분의 3 이상의 찬성을 얻어서 한다." 이상의 법률규정을 종합하면 관리단과 규약에 관하여 다음 두 가지 결론, 즉 하나의 공통점과 하나의 차이점을 도출할 수 있다.

첫째, 관리단과 규약은 공히 '건물과 그 대지 및 부속시설의 관리'의 한도에서는 동일한 목적을 가진다.

둘째, 관리단은 구분소유 관계의 성립과 동시에 당연히 설립하지만(그리고 조문에서 명시적으로 규정하고 있지는 않지만 구분소유 관계가 존속하는 동안에는 당연히 존속한다고 볼 수 있지만), 규약은 관리단집회의 가중의결요건에 따라서 변동(설정·변경 및 폐지)될 뿐이다.

그러므로 관리단집회에서 규약의 설정을 결의하는 데 실패했거나 기존 규약의 폐지를 결의한 경우처럼 규약이 없는 관리단이 존재할 수 있다.

(2) 현실적 어려움: 규약 없는 관리의 문제점

물론 이렇게 규약이 없더라도 오로지 관리단만으로 '건물과 그 대지 및 부속시설의 관리'를 하는 것이 불가능한 것은 아니다. 후술하듯이(Ⅱ) 비교법적으로 보더라도 가령 같은 유럽이라고 하더라도 규약 제정이 선택인 나라가 있는가 하면 필수인 나라가 있다.[1] 우리 법도 법 제31조(집회의 권한)에서 "관리단의 사무는 이 법 … 으로 관리인에게 위임한 사항 외에는 관리단집회의 결의에 따라 수행한다."고 하고 있고, 또 법 제24조(관리인의 선임 등) 제1항 및 제3항은 '관리단을 대표하고 관리단의 사무를 집행할 관리인을' '관리단집회의 결의로 선임'할 수 있도록 하고 있으므로, 이에 따라서 관리단집회의 결의로 포괄적 대리권(대표)을 가진 관리인을 선임하든지 아니면 개별적 대리권을 누군가에게 부여함으로써 관리단의 사무를 수행할 수도 있기 때문이다.

그러나 이러한 방식에 의한 관리단의 사무 수행은 현실적으로 두 가지 점에서 어려움에 부딪힌다. 첫째는 관리단집회 자체의 소집이 잘 이루어지지 않는다는 점이고,[2] 둘째는 따라서 관리단집회에 의한 관리인의 선임(나아가 변경) 역시도 원활하게 이루어지지 않는다는 점이다.

이러한 어려움을 해결하기 위하여 최근 두 차례 법률의 개정이 이루어졌는바, 이하 2.와

---

1) 여기서 간단히 언급하자면 前者에 속하는 대표적인 경우로는 프랑스(1965년 법률 제8조 및 제14조 제3항: 법원이 보충적으로 개입), 이탈리아(민법 제1138조: 전유부분이 10 이상인 경우에 한정), 네덜란드(민법 제5:111조 제1항 d호: 성립문서로 규약 요구), 그리고 덴마크(1966년 법률 제7조: 표준규약을 보충적으로 적용)가 있다. 특히 덴마크의 표준규약에 관하여는 Seidel, Wohnungseigentum nach dänischem Recht(Diss. Uni. Kiel, 1975), SS. 332-337 참조. 반면에 나머지 국가, 가령 독일, 스위스, 오스트리아, 그리스, 심지어 벨기에의 경우는 관련 당사자의 의사에 따라 선택할 수 있도록 하고 있다.

2) 일반적으로 이해당사자가 건물과 그 대지 및 부속시설의 관리(최광의의 관리)에 가장 큰 관심을 가지고 적극적으로 참여하는 단계는 일상적인 관리 단계보다는 집합건물의 초기 단계(분양 이후 입주 전후까지)와 노후 단계(재건축결의 전후부터 사업시행까지)라고 할 수 있다.

3.에서 그 내용을 먼저 살펴본다.

2. 2012. 12. 18. 개정의 내용

먼저 2012. 12. 18. 개정 집합건물법(법률 제11555호)에서는 3가지 측면에서 개선을 시도하였는바, 먼저 첫째, 건물의 분양으로 인하여 다수의 구분소유자가 발생하면 그만큼 모이기가 어렵고, 따라서 그와 같은 어려움이 발생하기 이전 단계, 다시 말해서 분양이 본격적으로 이루어지기 이전 혹은 그 직후 단계에서 관리질서의 형성(규약의 설정 및 관리인의 선임)을 도모하는 것이 바람직하다는 문제의식 하에 분양자에게 '건물과 그 대지 및 부속시설의 관리'와 관련한 다음 3가지 의무를 부과하였다{법 제9조의3(분양자의 관리의무 등)[3)]}. 즉, "제23조제1항에 따른 [=당연 설립하는, 인용자 주] 관리단이 관리를 개시(開始)할 때까지 선량한 관리자의 주의로 건물과 대지 및 부속시설을 관리하여야" 하고(동조 제1항: 임시 직접관리의무), "제28조제4항에 따른 [=시·도지사가 마련, 보급한, 인용자 주] 표준규약을 참고하여 공정증서로써 규약에 상응하는 것을 정하여 분양계약을 체결하기 전에 분양을 받을 자에게 주어야" 하며(동조 제2항: 임시규약의 마련 및 교부 의무), "예정된 매수인의 2분의 1 이상이 이전등기를 한 날부터 3개월 이내에 구분소유자가 규약 설정 및 관리인 선임(選任)(제24조제1항의 경우[=관리인을 선임하여야 하는 경우, 인용자 주] 에만 해당한다)을 하기 위한 관리단집회를 소집하지 아니하는 경우에는 지체 없이 이를 위한 관리단집회를 소집하여야" 한다(동조 제3항: 최초관리단집회의 보충적 소집).[4)] 다시 말해서 분양자는 분양 前에 임시규약을 (표준규약을 참고하여) 마련하고 분양회망자에게 교부해야 하고, 분양 後에는 절반 이상 입주한 때로부터 3개월 이내에 규약(임시규약을 승인, 변경, 대체하는 정식규약) 설정 및 관리인 선임을 위한 관리단집회(이하 '원시집회'라 함)를 소집해야 하며, 관리단(또는 관리인)에 의한 실효적 관리가 개시될 때까지 임시관리(마치 임시관리인처럼)를 맡는다.

둘째, 관리단집회가 좀처럼 열리지 않는 현실을 반영하기 위하여 미니(mini) 상설 관리단집회 역할을 할 간접대의기구, 즉 관리위원회를 규약에서 둘 수 있도록 하였다(법 제26조의2 제1항). 관리위원회는 '관리인의 사무 집행을 감독'하고(동조 제2항) 또 관리인이 '제25조제1항 각 호의 행위[=구체적인 사무 집행, 인용자 주]'를 하는 데 필요한 '결의'를 한다(동조 제3항). 관리위원회를 구성하는 관리위원은 구분소유자 중에서 관리단집회의 결의에 의하여 또는 (규약이 정하

3) 법 제9조의3의 표제에 '등'이 있어서 마치 관리의무 이외에 다른 의무도 있는 듯하지만, 동조 제1항의 직접관리의무뿐 아니라 제2항과 제3항의 의무도 넓게 보면 관리단에 의한 관리가 제대로 작동할 수 있도록 조력한다는 의미에서 관리의무에 포섭할 수 있다고 생각한다.

4) 현행 공동주택관리법 제11조(관리의 이관) 제1항에 따르면 "의무관리대상 공동주택을 건설한 사업주체는 입주예정자의 과반수가 입주할 때까지 그 공동주택을 관리하여야 하며, 입주예정자의 과반수가 입주하였을 때에는 입주자등에게 대통령령으로 정하는 바에 따라 그 사실을 통지하고 해당 공동주택을 관리할 것을 요구하여야 한다." 동조와 법 제9조의3 제1항 및 제3항을 비교하면 前者가 '의무관리대상'을 건설한 사업주체에게만 의무를 부과하는 데 반하여 後者는 오히려 모든 집합건물의 분양자에게 의무를 부과하고 있다는 차이점이 있다.

는) 선거구별로 선출한다{집합건물의 소유 및 관리에 관한 법률시행령(이하 '시행령') 제7조 제1항 참조}. 주지하듯이, 이것은 현재 공동주택에서 광범위하게 사용되고 있는 입주자대표회의를 포섭하기 위한 것이다.5)

셋째, 관리단집회가 자주 열리지 않더라도 선출된 관리인이 있으면 관리책임을 그에게 물을 수 있으므로, 관리의 어려움을 줄일 수 있지만, 관리단집회가 현실적으로 어려움으로 인하여 관리인 또한 선출되지 않는 경우가 많음을 고려하여 규약에 따라서 미니 상설 관리단집회에 해당하는 관리위원회가 관리인을 선출할 수 있도록 하였다(법 제24조 제3항 단서).

3. 2020. 2. 4. 개정의 내용

최근 2020. 2. 4. 개정된 집합건물법(법률 제16919호)은 다시 다음과 같은 조치를 추가하였다.

첫째, 분양자가 관리질서 창설의무의 구체적인 절차를 규정하였는바, 그전까지는 구분소유자들이 일정한 기한(예정된 매수인의 2분의 1 이상이 이전등기를 한 날로부터 3개월이 경과하는 시점)까지 자발적으로 최초관리단집회를 소집하지 않은 경우에 한하여 분양자가 최초관리단집회를 소집하도록 하였지만, 이제는 분양자가 예정된 매수인의 2분의 1 이상이 이전등기를 하면 바로 구분소유자들에게 최초관리단집회를 소집하도록 통지하도록 하였고(법 제9조의3 제3항, 통지방법과 도달간주시점은 집합건물법시행령 제5조의2 참조), 그 통지일로부터 3개월이 지나도록 구분소유자들이 최초관리단집회를 자발적으로 소집하지 않으면 분양자가 지체없이 이를 소집하도록 하였다(법 제9조의3 제4항).

둘째, 분양자가 이와 같은 통지의무 및 소집의무를 이행하지 아니한 때에는 감독청(지자체장)이 과태료를 부과하도록 하여 행정감독이 가능하도록 하였다(법 제56조 제3항 제1호 및 제2호).

셋째, 자율적 관리질서가 구축되기 전까지 분양자는 선관주의로써 관리할 의무를 부담하는데, 그 종료시점을 기존의 '관리단'이 관리를 개시할 때에서 선임된 '관리인'이 관리를 개시할 때로 개정하여 실효적인 관리가 분양자에서 관리인으로 연속되도록 보장하였다(법 제9조의3 제1항).

4. 두 차례 개정의 평가

이상과 같은 개정이 있었음에도 불구하고, 현행 법률에는 여전히 문제점이 적지 않다. 이를 분양자의 관리의무와 관리위원회의 구성 및 운영으로 나누어서 검토할 수 있는바, 後者에 대해서는 다른 기회로 미루고, 여기에서는 前者, 즉 분양자의 관리의무에 한하여 살펴보기로 한다. 분양자의 관리의무를 규정한 과거의(2020. 2. 4. 개정 전) 제9조의3의 경우는 조문의 불완전함과 표현의 불명료함으로 인하여 다음과 같은 한계가 있었다.

---

5) 다만 표준관리규약에서 관리위원과 관리인을 겸임하지 못하도록 한 이유는 본문에서 적었듯이 법률상 명문규정에 따르면 관리위원회가 관리인의 사무 집행을 위한 의결기관일 뿐만 아니라 감독기관이기 때문이다.

첫째, 동조 제2항에 따르면 분양자가 '표준규약을 참고하여 공정증서로써 규약에 상응하는 것을 정하여 분양계약을 체결하기 전에 분양을 받을 자에게' 교부하지 않을 경우에 분양자에게 아무런 불이익이 발생하지 않고, 그로 인한 불이익은 고스란히 수분양자 내지 구분소유자가 부담하는데, 그렇다면 분양자의 입장에서 그러한 수고(비용부담)를 할 이유가 없으며, 또 수분양자의 입장에서 분양자의 의무 이행을 강제할 수 없는바, 이러한 의무는 계약 체결 이전에 이행되어야 하는 것이므로 계약상 의무라고 할 수 없고 또 법률상 의무라 하더라도 그 위반을 이유로 해제 등의 방법으로 수분양자가 계약상 구속으로부터 벗어날 수 있다고 보기에는 법률의 규정이 불분명하기 때문이다(오히려 계약해제를 주된 급부의무의 중대한 의무에 한하여 제한적으로 인정하는 판례의 태도에 비추어 보면[6] 받아들여지지 않을 가능성이 높다).

이를 해결하기 위한 방식으로는 두 가지를 생각해볼 수 있는데, 그 하나는 사후적 · 司法的 구제로서 분양자가 임시규약 마련 및 교부 의무를 위반한 때에 수분양자에게 분양계약의 해제 또는 손해배상의 권리를 명문으로 인정하는 것이다. 그러나 이러한 방식은 일단 계약해제의 기본법리와 맞지 않는바, 임시규약 없이 분양계약을 체결한 것이 가령 계약교섭 과정에서 상대방(매수희망자)의 매수 결정에 중요한 사항을 제대로 설명하지 않았고 또 그러한 설명의무의 해태가 신의성실의 원칙에 반하는 경우와 언제나 동일시할 수 있을지 의문이고, 또한 손해배상을 인정할 경우에도 이용 및 관리 질서의 미정비 내지 결여를 과연 금전적으로 얼마로 평가할 것인가(민법 제394조 참조)도 실무상 어려울 것이며, 나아가 같은 분양희망자라도 분양계약의 체결 여하에 따라 해제 또는 손해배상의 권리가 인정/불인정되거나 인정되더라도 다른 취급을 받는 것이 형평상 타당 내지 실무상 적절하다고 볼 수 없다.

다른 하나의 해결책은 분양자가 의무를 이행하도록 감독하고 위반하면 즉시 제재하는 사전적 · 行政的 구제이다. 先분양 後건설의 관행이 광범위하게 퍼져있는 우리의 경우에 분양자와 분양희망자 사이에서 분양을 위한 개별 교섭이 거의 일어나지 않고 대부분이 행정법규에 의한 인허가 절차를 밟아서 분양공고 후 주택청약, 수분양자에 대한 자격심사 등이 이루어지는 현실에 비추어 이런 해결책은 앞서 본 사후적 · 司法的 구제의 문제점을 극복하기 위한 장점이 있다고 생각한다. 문제는 과연 누가 감독 및 제재를 할 것인가 하는 점인데, 분양과정에서 인허가권을 갖고 있고 또 현행법상 표준관리규약을 마련, 보급할 의무를 부담하고 있는 '시 · 도지사', 즉 지방자치단체가 맡는 것이 가장 타당하고 또 효과적일 것이다. 이러한 문제의식 하에 2020. 2. 4. 개정법률 제66조(과태료) 제3항은 제1호와 제2호를 신설하고 분양자의 통지의무 및 소집의무 위반에 대하여 2000만 원 이하의 과태료를 부과하도록 하였는바, 이를 통하여 이러한 문제점은 다소 완화될 것으로 기대한다.

둘째, 분양자의 의무 이행을 지방자치단체가 맡아서 감독하고 제재한다고 하더라도 그것

---

6) 가령 양창수/김재형, 계약법(제3판), 박영사, 2020, 587 주 13에서 인용하는 판결례 참조.

은 어디까지나 분양자의 입장에서 부담 내지 불이익을 받는 것에 불과하고, 구분소유자의 입장에서 보면 여전히 이용·관리질서의 결여 내지 未작동의 문제라는 불이익 내지 손해는 그대로 남게 된다. 물론 현행법에서도 "관리인이 없는 경우에는 구분소유자의 5분의 1 이상은 관리단집회를 소집할 수" 있도록 하고 있기는 하지만(법 제33조 제4항), 현실에서 그와 같은 일은 특별한 사정이 없는 한 기대하기 어렵다. 가령 공동의 이익에 어긋나는 이웃의 행위에 대하여 재판상 혹은 재판외로 정지청구 등을 하기 위하여(법 제43조 참조) 혹은 사용금지를 청구하기 위하여(법 제44조 참조) 혹은 이웃의 전유부분 등을 경매청구하거나 대차계약을 해제하고 인도청구하기 위하여(법 제45조, 제46조 참조) 5분의 1 이상의 구분소유자들을 모아서 관리단집회를 소집해야 한다면 그러한 수고를 기꺼이 감수할 구분소유자란 자신에게 특별한 불이익이 있지 않는 한 많지 않을 것이기 때문이다.

따라서 분양자에 의하여 임시규약이 마련되지 않았을 경우에 과연 어떠한 내용의 관리질서가 집합건물에 적용되어야 하는지를 분명히 하여야 한다. 물론 구분소유관계가 성립하고 관리단이 당연 성립하였음에도 불구하고 아무런 규약도, 어떠한 집회결의도 없는 경우라고 이를 반드시 관리질서의 진공 내지 공백이라고 할 수는 없는바, 그런 경우는 관련 법령(집합건물의 소유 및 관리에 관한 법률 및 동 시행령)의 규정이 규약에 아무런 유보도 없이 그대로 적용될 것이기 때문이다. 그러나 집합건물에 관한 우리의 일반법령은 외국의 법제나 공동주택에 관한 우리나라의 공법규정에 비하여 상대적으로 규정이 적고 내용도 자세하지 않다.

이를 해결하기 위한 방안을 찾기 위하여, 먼저 공동주택관리법을 살펴보면 동법은 "공동주택이 투명하고 체계적이며 평온하게 관리될 수 있도록" 정책을 수립할 의무가 국가와 지방자치단체에 있음을 전제로(동법 제3조 제1항 2호) "공동주택의 입주자등을 보호하고 주거생활의 질서를 유지하기 위하여 대통령령으로 정하는 바에 따라 공동주택의 관리 또는 사용에 관하여 준거가 되는 관리규약의 준칙을 정하여야" 할 의무를 지방자치단체에 부과하고 있고(동법 제18조 제1항), 이에 따라 지방자치단체가 마련한 상세한 관리규약준칙을 참조하여 '입주자등'[7]이 관리규약을 정하도록 하였다(동법 제18조 제2항 1문).[8] 동법은 기본적으로 그 기원이 되었던 구 공영주택법(1963년 제정)의 관점, 즉 공적 자금을 사용하여 건설한 공영주택을 임차한 민간인은 동 주택을 관리할 공법상 의무가 있다는 관점을 그대로 유지하고 있기에 입주자(구분소유자)와 사용자를 구별하지 아니하고 모두에게 공동주택을 관리할 의무와 '관리주체'[9]의 업무에 협조

7) 입주자와 사용자를 말한다{공동주택관리법(정의) 제2조 제1항 7호}.

8) 그러나 공동주택관리법에서는 법 제9조의3 제2항과 같은 분양자의 임시규약 마련 및 교부 의무는 규정하지 않았다. 따라서 동법 제11조(관리의 이관) 제1항 前段에 따른 사업주체에 의한 임시관리의 경우는 원칙적으로 지방자치단체의 관리규약준칙을 따라야 할 의무가 없다고 할 것이다.

9) 공동주택관리법 제2조(정의) ① 이 법에서 사용하는 용어의 뜻은 다음과 같다. (중략)
10. "관리주체"란 공동주택을 관리하는 다음 각 목의 자를 말한다.
가. 제6조제1항에 따른 자치관리기구의 대표자인 공동주택의 관리사무소장

할 의무를 부과하고, 나아가 사업주체(분양자)나 입주자등, 입주자대표회의 회장에게는 상호 또는 시·도지사에 관리방법 및 관리규약을 통지 또는 신고할 의무를 부과하는 식으로 관리질서의 창설을 도모하고 있다(가령 동법 제11조 제1항 및 제3항, 제12조 2문, 제19조 등).

그러나 공동주택관리법의 규율모델을 집합건물 일반의 소유 및 관리에 전면적으로 받아들이기 위해서는 선결해야 하는 문제가 있는바, 먼저 '의무관리대상'이라는 개념을 어떻게 받아들일 것인가 하는 질문에 답해야 하고, 다음으로 집합건물의 관리 문제를 과연 이해당사자 사이의 협조 또는 행정청의 감독만으로 해결할 수 있을지 하는 의문을 해소할 수 있어야 한다. 그 밖에도 동법의 고질적인 약점인 입주자대표회의와 소위 '관리주체'의 법적 대표성, 즉 정통성(legitimacy)을 비롯하여 해결해야 할 문제가 적지 않고,[10] 또 근본적으로 구분소유자와 점유자에게 건물의 적절한 관리를 할 의무를 인정할 것인지에 대해서도 광범위한 논의와 이에 기초한 사회적 합의가 먼저 있어야 할 것이다.

그러한 합의가 있기 전에는 일단 당사자의 합의를 중시하고, 국가(지방자치단체 포함)는 어디까지나 합의의 형성에 조력하거나 합의 과정에 장애 내지 고장이 발생한 때에 한하여 보완적으로 개입하거나 합의의 집행을 맡는 역할에 머무는 것이 적어도 현재 우리 법공동체 안에서 일반적으로 통용되는 입법의 기준에 부합한다고 생각한다. 이 문제에 관해서는 2020. 2. 4. 개정과정에서 논의가 있었지만, 입법에는 이르지 못하였는바, 이하 Ⅱ.에서는 먼저 비교법적 검토를 하고, 다음 Ⅲ.에서는 우리법에의 시사점을 모색해보고자 한다.

Ⅱ. 비교법적 검토

1. 대륙법계

(1) 프랑스: 규약의 강행적 설정/상세한 법령규정

① 구분소유 및 집합건물의 관리에 관한 기본 법률(1965년 법률)[11] 및 여러 데크레(1967년

나. 제13조제1항에 따라 관리업무를 인계하기 전의 사업주체
다. 주택관리업자
라. 임대사업자
마. 「민간임대주택에 관한 특별법」 제2조제11호에 따른 주택임대관리업자(시설물 유지·보수·개량 및 그 밖의 주택관리 업무를 수행하는 경우에 한정한다) (후략)

10) 가령 의무관리대상 공동주택의 입주자등이 공동주택을 자치관리할 것을 정한 경우에 입주자대표회의는 관리사무소장을 자치관리기구의 대표자로 선임하고 반드시 대통령령으로 정하는 기술인력 및 장비를 갖추어야 한다거나(공동주택관리법 제6조 제1항) 사업주체가 보충적으로 주택관리업자를 선정할 수 있도록 하거나(동법 제12조 1문) 분양을 목적으로 한 공동주택과 임대주택이 함께 있는 이른바 '혼합주택단지'에서 그 관리에 관한 사항을 입주자대표회의가 임대사업자와 공동으로 결정하는 것(동법 제10조 제1항, 동법 시행령 제7조 제2항)이 과연 정당한지는 관점에 따라 달리 판단할 수 있다.

11) 프랑스 최초의 집합건물법은 1938년 6월 28일자 법률이다. 동법은 일물일권주의의 예외로서 건물을 구분소유의 대상으로 할 수 있는 2가지 방식으로 주택건설조합 참가와 구분소유권을 처음으로 규정하였다. 현행법은 이

데크레와 2005년 데크레가 대표적)는 상세한 규정을 가지고 있다.[12] 동법 제43조 제1항에 따르면 이들 규정 중 상당수가 강행규정인데,[13] 그 강행규정 목록에는 규약에 관한 동법 제8조가 들어있다. 따라서 프랑스에서 규약은 필수적이다. 동조 제1항을 보면 규약에는 집합건물의 구분명세서(état descriptif de division)를 포함하는 경우와 포함하지 않는 경우가 모두 있는 것처럼 되어있지만, 현실에서는 이를 포함하는 경우가 일반적이다. 법률에 규약에 관한 상세한 조문을 두고 있지 않은 이유에 대하여 학설은 관리단이 설립하기 전에 이미 규약이 존재하는 경우가 다반사이고, 이미 존재하는 것에 대하여 법률이 규정하는 것은 무의미하기 때문이라고 설명한다.[14]

참고로 프랑스에서는 관리단[15]은 건물에 대한 구분소유가 개시되면 자동으로 성립한다. 건물에 대한 구분소유가 개시되는 시점은 분양자(주택건설조합 포함) 이외에 다른 사람이 전유부분을 매수하는 때이다.[16]

② 프랑스의 입법자는 관리단 설립 이전의 규약('사전 규약')과 설립 이후의 규약('사후 규약')을 구분한다는 설명은 1965년 법률 제정 직후에 나온 최초의 해설[17]부터 지금까지 계속해서 이어지고 있다. 前者가 통상적 경우이고, 後者가 예외적인 경우라고 한다.[18] 사전 규약은 분양을 목적으로 건물을 신축하는 경우나 기존건물을 단독으로 소유한 자가 자발적으로 분양하는 경우, 나아가 기존건물을 공유(공동상속 포함)하는 자들이 합의하여 또는 재판상 공유건물을 분할하는 경우 모두에서 빈번하게 사용된다.[19] 관리단 설립 이전에 사전 규약을 설정하는 편이 설립 이후에 관리단집회에서 사후 규약을 만드는 것보다 훨씬 광범위한 자유를 누릴 수 있다는 점이 강조된다.[20] 물론 사전 규약도 강행법규를 위반해서는 안 되지만, 가끔씩 이를 위반하는 사전 규약이 작성되기도 하는데, 그럴 경우는 이른바 '조정' 절차를 선택하는 것이 실무에서는 일반적이라고 한다.

를 승계한 1965년 7월 10일자 법률(법률 제65-557호)이다.

12) 1967년 3월 17일자 데크레(데크레 제67-223호)가 1965년 법률의 시행을 위한 데크레고, 2005년 3월 14일 자 데크레(데크레 제2005-240호)는 관리단의 회계투명화를 위한 데크레이다.

13) 1965년 법률 제43조 제1항 참조. 보다 상세한 설명은 Givord/Giverdon/Capoulade, La copropriété (9e éd.) (Dalloz, 2018), n° 313.41, p. 321 참조.

14) Givord/Giverdon/Capoulade(주 13), n° 312.09, p. 305.

15) 관리단은 법인격을 가지며(1965년 법률 제14조 제1항), 협동조합(syndicat coopératif)의 형태를 취할 수도 있다(동조 제2항).

16) 1938년 법률 제7조는 명문으로 이 점을 보다 분명히 밝히고 있다. 한편 프랑스는 물권변동에 대하여 이른바 의사주의를 취하고 있기 때문에 가령 독일 WEG 제8조에서처럼 건물의 단독소유자가 다른 누군가에게 매도하지 않고 오로지 자기 건물을 분양등기함으로써 구분소유관계를 발생시키는 경우는 인정되지 아니한다.

17) 무엇보다도 1965년 법률을 축조 해설한 Lombois, L. 1965, D. 1966. lég. 93 ss., 특히 n° 51.

18) Givord/Giverdon/Capoulade(주 13), n° 312.11, p. 306은 사전 규약을 '익숙한', n° 312.21, p. 307은 사후 규약을 '예외적'이라고 각각 표현한다.

19) 각각에 대한 상세한 설명은 Givord/Giverdon/Capoulade(주 13), n° 312.12 내지 n° 312.14, p. 306 참조.

20) Givord/Giverdon/Capoulade(주 13), n° 312.21, p. 307.

사후 규약의 설정 및 사전 규약을 포함한 모든 규약의 변경은 그것이 공용부분의 사용, 수익, 관리에 관한 것이라면 관리단집회에서 구분소유자 과반수 및 의결권 3분의 2 이상의 이중과반수(double majorité) 결의로써 한다(1965년 법률 제26조 제1항 b호).[21] 반면에 일반적인 관리나 공용부분의 사용조건 등은 직접 혹은 대리 참석한 구분소유자가 행사하는 의결권의 과반수로 결의한다(1965년 법률 제24조 제1항). 그런데 2000년 개정[22]으로 법령 등의 개정으로 기존 규약의 내용을 '조정'할 필요가 발생한 경우는 규약의 변경임에도 불구하고 관리단집회에서 제26조의 이중과반수가 아닌 제24조의 단순과반수로 결의할 수 있도록 완화하였다(1965년 법률 제24조 Ⅱ f항). 그리고 실무에서는 이 조항을 규약 제정 후 사후적인 법령 등의 개정으로 인하여 규약을 개정해야 하는 경우뿐만 아니라 사전 규약이 처음부터 강행법규 위반인 경우에까지 확대함으로써 사전 규약에 흠결이 방치하기보다는 법률의 내용에 맞게 흠결을 보다 용이하게 조정할 수 있도록 한 것이다.

사전 규약과 달리 사후 규약의 제정은 어디까지나 구분소유자 개개인의 불가침적 권리(의결권)에 기초한[23] 것이기 때문에 수수료 부과, 비용부담 변경과 같은 재산권과 관련한 사항이나 전유부분에 대한 사항은 사후 규약의 내용으로 할 수 없다. 앞서 인용한 1965년 법률 제26조 제1항 b호의 '공용부분의 향유, 사용, 관리에 관한 한'이라는 문구는 이 점을 분명히 하고 있다.

③ 규약에 대한 관리단의 결의가 불가능한 경우에 프랑스에서는 법령, 특히 관리단집회의 운영에 관한 1967년 데크레 제7조 내지 제21조의 상세한 규정이 적용되기 때문에 관리단 내에서 최소한의 의사형성은 이루어질 수 있다. 그런데 만약 규약을 설정해달라는 이해당사자의 재판상 청구가 있으면 법원이 전문가의 도움을 받아서 직접 규약을 창설할 수 있을까? 일부학설은 규약이 계약의 성질을 갖는다는 이유로 법원의 개입에 반대하였다.[24]

규약의 법적 성질에 관해서는 아직까지도 견해의 대립이 있는데, 일설은 1965년 법률 제8조의 '약정규약'이란 표현과 1967년 데크레 제3조의 규약은 "약정증서의 대상으로 할 수도 있

21) 애초에는 4분의 3이었으나 중요한 결정, 특히 개량공사의 결정을 보다 원활히 하기 위하여 1985년 12월 31일 법률로써 법정 결의 정족수를 감축하였다.

22) 2000년 12월 13일 법률{법률 제2000-1208호, 2006년 7월 13일 법률(법률 제2006-872호)로 개정된 것}로 1965년 법률에 제49조가 개정되었고, 2009년 3월 25일 법률(법률 제2009-323호)로 조정권한이 영구화되고 범위도 확대되었다가 그 후 2014년 7월 10일 법률로 삭제되고 제24조로 통합되는 등 몇 차례 개정을 거치고 최근에도 2019년 12월 24일 법률(법률 제2019-1428호)로 개정되었다. Givord/Giverdon/Capoulade(주 13), n° 312.31, p. 308 참조. 이로써 사전규약의 조정(adaptation)은 제24조의 단순과반수로 족하지만, 사후규약의 변경(modification)은 제26조의 이중과반수 요건을 갖추어야 비로소 효력을 발생하도록 하였다. '조정'의 개념에 관하여는 Givord/Giverdon/Capoulade(주 13), n° 312.42, pp. 309-310 참조.

23) Givord/Giverdon/Capoulade(주 13), n° 312.21, p. 307: "규약 제정을 맡은 관리단집회는 각 구분소유자의 先在하는 '기득권(droits acquis)'을 전제로 한 것이기에 일반법과 제26조 b호는 그 권리에 대한 존중을 요구한다."

24) Givord/Giverdon/Capoulade(주 13), n° 312.22, p. 307의 각주 9(다음 주에서 보듯이 n° 311.21, p. 301 각주 6과 상당 부분 일치한다).

고, 재판상 문서로도 할 수 있다"는 규정을 근거로 계약으로 보는 데 반하여, 다른 입장에서는 규약의 효과가 계약의 범위를 벗어난다는 이유로 일종의 법규로 본다.[25] 관리단의 정관과 연결되는 고유한 제도로 보는 절충적인 입장도 있다.[26]

개인의 재판상 규약 청구권에 대하여 1989년 파기원(프랑스 최고법원)은 긍정하는 판결을 내렸다.[27] 즉, 당사자 사이에 합의가 없으면 법원은 1965년 법률의 내용대로 건물을 구분하라는 판결을 내릴 수 있고 이를 통하여 규약이 설정될 수 있다고 한 것이다. 이러한 판례의 태도는 앞서 언급한 1967년 데크레 제3조의 문언("재판상 문서로도 할 수 있다")에 부합할 뿐만 아니라 1965년 법률의 요건에 따른 건물의 구분에는 자동적으로 동법이 적용된다는 원칙(동법 제1조 제1항 참조)과도 합치한다. 나아가 법관이 규약을 작성하는 동안에도 자신에게 제기된 사건의 처리를 거부할 수 없다는 점도 판례는 분명히 하였다.[28]

④ 그 밖에도 프랑스에는 집합건물의 관리에 직간접적으로 관련이 있는 이해당사자 단체들의 활동이 활발한데, 프랑스 부동산소유자연합(Union nationale de la propriété, 약칭 UNPI), 전국주거연맹(Confédération générale du logement, 약칭 CGL), 구분소유책임자협회(Association des reponsables de copropriété, 약칭 ARC), 프랑스 부동산중개사회(Fédération nationale des agents immobiliers, 약칭 FNAIM), 프랑스 재산관리인연맹(Confédération nationale des administrateurs de biens, 약칭 CNAB), 프랑스 부동산전문가단체(Syndicat national des professionnels immobiliers, 약칭 SNPI)가 대표적이다. 이들 단체의 회장 또는 대표는 1987년 이래로 프랑스 정부가 설치, 운영 중인 '구분소유위원회(Commission relative à la copropriété)'[29]의 당연직 구성원으로 참여중이다.[30]

(2) 독일: 규약의 임의적 설정/상세한 법률규정

① 독일에서 구분소유관계를 규율하는 法源은 1차적으로 구분소유법(1951년 3월 15일 Gesetz über Wohnungseigentum und das Dauerwohnrecht,[31] 약칭 WEG), 2차적으로 민법(BGB)의 공동소유법이고(WEG 제10조 제2항 1문), 다음으로 구분소유자 전원의 합의(Vereinbarung)가 이들 법률을 대체 또는 보충하며(WEG 제10조 제2항 2문), 끝으로 구분소유법과 당사자의 합의로 집회결의에 맡긴 사항에 관해서는 집회에서 (가중)다수결 결의(Beschluss)로써 정한다(WEG 제23조 제

25) Givord/Giverdon/Capoulade(주 13), n° 311.21, pp. 301-302 각주 6과 각주 7의 인용문헌을 참조.

26) 대표적으로 Givord/Giverdon/Capoulade(주 13), n° 311.21, pp. 301-302. 일찍이 Lombois(주 17), n° 53도 같은 입장에서 관리단의 규약이 주식회사정관 및 노사단체협약과 유사하다고 보았다.

27) Civ. 3ᵉ, 15 nov. 1989, n° 87-15.213, D. 1990, 195.

28) Civ. 3ᵉ, 13 sept. 2005, n° 04-15.768, NP, AJDI oct. 2006, 34.

29) 1987년 8월 4일자 법무부 및 국토교통부 합동명령에 의하여 설치되었다. 그 임무는 1965년 법률의 적용 과정에서 발생할 문제점을 파악하고 그 해결(특히 합의를 통한 해결)을 모색하며, 필요하다면 입법부 및 행정부에 제안하는 것이다. 이를 위하여 권고, 의견제시, 제안 등의 활동을 한다.

30) 1987년 합동명령(주 29) 제3조 참조.

31) 독일연방관보(BGBl.) I S. 175, ber. S. 209.

1항). 이 중 '합의'는 등기가 없으면 구분소유권의 특별승계인에 효력이 없지만, '결의'는 법률의 판결과 마찬가지로 등기를 요하지 아니한다.[32]

② 전원의 '합의'에 대해서는 원칙적으로 계약자유가 인정되지만, 여기에는 예외가 있다. 그 중 주요한 예외를 들면 다음과 같다.[33]

- 건물의 존속 내지 안전에 필요한 건물 중 공용부분 등에 관한 WEG 제5조 제2항
- 전유부분의 불가분성(WEG 제6조)
- 관리단의 해산불가능(WEG 제11조)
- 양도 동의는 중대한 사유가 없는 한 거부할 수 없음(WEG 제12조 제2항)
- 양도 제한의 폐지(WEG 제12조 제4항 2문)
- 다수결 요건의 가중 금지(WEG 제16조 제5항)
- 구분소유권 박탈청구권과 관련한 WEG 제18조 제1항, 제4항(한편 WEG 제18조 제3항에 의한 위 청구권에 관한 결의권도 일방적으로 제한할 수 없다.)
- 관리인의 선임(WEG 제20조 제2항)
- 결의에 의한 지급방법의 결정(가중 금지)(WEG 제21조 제7항)
- 시설현대화에 가중요건 설정금지(WEG 제22조 제2항)
- 집회의 결의절차(WEG 제24조 제7항)
- 관리인 선임에 대한 제한 설정(WEG 제26조 제2항)[34]
- 관리인의 임무 및 권한 제한(WEG 제27조 제4항)
- WEG 제43조 이하의 규정에 따른 토지관할과 사물관할
- WEG 제43조 이하의 규정에 따른 절차, 가령 구분소유공유자의 집회결의 취소권[35]
- 구분소유자의 일반 공유에 속하는 이웃토지의 이용규정[36]

③ WEG는 우리법과 달리 '규약(Gemeinschaftsordnung)'이란 용어보다는 '합의'란 용어를 선호한다. 합의든, 규약에 대한 동의든 공히 그 설정 · 변경에는 구분소유자 전원의 합의가 필요하지만, 집회를 열거나 동시에 할 필요는 없고, 개별적으로 순차적으로 가능하다.[37] 그러나 합의는 규약과 달리 서면을 요하지 아니하고 구두로도 얼마든지 가능하며, 또 규약으로 정할

32) Bärmann/Pick, WEG-Kommentar(18. Aufl.)(C. H. Beck, 2007), Rz. 12 zu § 10 참조.

33) Bärmann/Pick(주 32), Rz. 7 vor § 10 참조.

34) LG Lübeck, DerWEer 85, 128/LS = 86, 64.

35) BayObLG, DerWEer 83, 30.

36) OLG Frankfurt a.M., Rpfleger 75, 179, 또한 HansOLG Hamburg, Rpfleger 80, 122도 참조.

37) Bärmann/Pick(주 32), Rz. 14 zu § 10 참조. 따라서 규약을 개정한다는 다수결 결의는 무효이다(BGHZ 145, 158 = NJW 2000, 3500). 다만 구분소유자가 부당하게 규약에 대한 동의를 거부하는 때에는 신의칙을 근거로 동의에 갈음하는 의사표시를 청구할 수 있는데, 실무는 이를 제한적으로 받아들일 뿐이다. Bärmann/Pick(주 32), Rz. 18 zu § 10 참조.

수 있는 내용은 합의의 대상이 될 수 있는 것이면 무엇이든 가능하므로,[38] 결국 규약보다는 합의가 넓은 개념이라 할 수 있다.[39]

규약 작성은 철저히 당사자에 맡겨져 있고, 국가나 지방자치단체가 개입하지 않는다. 구분소유권의 설정, 즉 분양을 어떤 식으로 하느냐에 따라서 달라지는데, 가장 일반적인 방식인 건물 단독소유자의 분양하겠다는 일방적 의사표시(Teilungserklärung)에는 그 단독소유자가 작성한 규약이 포함되어 있는 것이 보통이고, 업자(관리회사, 자문회사, 변호사 등)나 비영리단체(주택소비자단체, 종교단체 등)의 홈페이지에서 무료로 다운받을 수 있는 표준규약양식 또한 대부분 이런 경우를 전제로 한다. 여기서 주의할 점은 건물 단독소유자가 일방적으로 작성한 규약이라 해도 그 법적 성질은 어디까지나 약관이 아니므로(약관을 사용한 계약은 없었으므로!) 약관규제법이 아닌 민법상 법률행위(일방적 의사표시이므로!) 해석의 일반원칙이 적용된다는 사실이다.[40] 물론 신의성실의 원칙 등(독일민법 제133조, 제157조, 제242조)에 따른 내용통제는 가능하다. 또 한 가지 추가하고 싶은 것은 담보권자와 같은 이해관계 있는 제3자가 있고 또 합의의 내용이 그 제3자에게 손해를 발생시킬 우려가 있는 경우[41]는 독일의 판례와 학설이 그 제3자의 동의를 요구한다는 사실이다.[42]

④ 이상에서 보듯이, 독일의 경우는 WEG의 강행법규를 두고, 이에 반하지 않는 범위에서 당사자에게 규약 등 합의의 자유를 인정함으로써 분양자에 의한 관리질서의 창설을 허용하고, 실무에서 분양자는 그와 같은 자유를 일반적으로 적극 행사하고 있다. 참고로 독일의 경우는 분양 후 건설의 경우가 없는 것은 아니지만 건설 후 분양의 경우가 많고, 구분소유권의 성립에 등기를 요하기 때문에 분양자가 가령 자신이 단독으로 소유하는 현존 건물을 분양하고자 하는 때에는 먼저 구분소유등기부터 하여야 하고, 그 과정에서 요구되는 서류에는 규약이 포함되어 있으므로, 분양을 하고자 하는 경우는 규약부터 설정할 수밖에 없다.

물론 분양자가 일방적으로 설정하는 규약의 내용이 구분소유자 전부 또는 일부에게 불리할 수도 있지만, 그런 경우는 법원에 구제를 요청할 수 있는 길이 열려있다. 즉, "제반 사정, 특히 다른 구분소유자의 권익에 비추어 현재의 규율상태를 유지하는 것이 부당하다고 판단될 때에는 구분소유자라면 누구라도 법률과 다른 약정을 요구하거나 약정의 조정을 요구할 수 있다(WEG 제10조 제2항 3문)." 이 조항은 2007년 WEG 개정의 핵심으로서 '구분소유자의 의사형

38) Bärmann/Pick(주 32), Rz. 11 zu § 8: "단독소유자의 규약은 정관 내지 현실법규로서 구분소유권의 내용이 된다[인용판례 생략, 인용자 주]. 그것은 구분소유자들이 어차피 합의할 수 있는 모든 사항을 원칙적으로 규율할 수 있다."

39) 가령 일회적 사안에 대한 판단이라면 규약의 제정보다는 일회적 합의가 적당할 것이다.

40) Bärmann/Pick(주 32), Rz. 9 vor § 10(참고문헌 및 판례 포함) 참조.

41) 가령 전유부분의 양도를 제한하거나(WEG 제12조 참조) 그 이용을 제한하는 규약을 설정하려고 하는 경우가 여기에 해당한다.

42) Bärmann/Pick(주 32), Rz. 25 zu § 10(참고문헌 및 판례 포함) 참조.

성을 보다 용이하게 할 것'이란 목표를 위하여 신설된 것인데,[43] 동 개정이 있기 전까지 판례는 규약의 내용이 분양 당시 이미 수분양자에게 공개되어 있었고 수분양자가 분양계약 당시에 이미 규약에 합의했다는 이유로 오로지 극히 예외적인 경우에 한하여 신의칙(독일민법 제242조)을 근거로 그 수정을 요구할 수 있을 뿐이라는 소극적 입장을 취했으나,[44] 이에 대해서는 분양자(부동산개발업자 또는 건물의 단독소유자)가 일방적으로 정한 규약에 분양자가 동의하면서 자신의 동의가 어떤 결과를 가져올지 판단하기란 쉽지 않고, 대부분 입주한 다음에야 그 부당성을 인식하는 것이 보통이기 때문에 판례의 태도는 분양자에게 가혹하다는 지적이 있었다.[45] 2007년 개정은 이러한 법상황을 개선하기 위한 것이었고, 따라서 규약 작성을 당사자에게 전적으로 맡긴다는 원칙은 그대로 유지하면서 그로 인한 문제는 사후적, 司法的 구제수단으로 보정한다는 제도설계이다.

⑤ 참고로 이러한 독일 WEG 모델은 이웃나라 오스트리아에도 영향을 주었다. 오스트리아는 2002년 자국의 구분소유법(WEG)을 개정하여 규약('합의')에 관한 명문의 규정을 두었다(제26조). 비록 해당 조문에서는 규약사항을 관리단 내부의 기구설치 및 의사결정으로 제한했지만(동조 제1항 1문), 다른 규정에서 규약으로 정할 수 있는 것들을 언급하고 있으므로, 반드시 제한적으로 새길 필요는 없다. 또한 규약은 서면의 형태를 갖춰야 하고, 구분소유법의 강행규정에 반하여서는 효력이 없다(동조 제2항 2문). 학설과 판례가 WEG의 상당수의 규정을 강행규정이라고 보는 것도 독일법의 사정과 크게 다르지 아니하다.[46]

(3) 스위스: 규약의 임의적 설정/상세한 법률규정/민간차원의 다양한 표준규약

① 1907년 제정된(1912년 발효한) 스위스 민법에 1960년대 초반 제712조의a 이하에 구분소유에 관한 일련의 규정들을 신설할 당시에[47] 동법 제712조의g 제3항에서 각 구분소유자에게 규약의 제정을 청구할 수 있는 권리는 부여하되, 관리단에 규약제정을 강제하지 않기로 하였다.

그 결과, 스위스에서는 구분소유관계가 규약 없이도 얼마든지 존속할 수 있고, 관리단을 완전히 자유롭게 운영할 수가 있다. 모든 것이 순조롭게 처리된다면 이러한 '규약의 진공' 상

---

43) 입법자가 밝힌 2007년 WEG 개정의 목표는 세 가지였는데, 첫째는 구분소유자의 의사형성을 보다 용이하게 하고 등기담당자의 부담을 가중시키지 않으면서 구부소유자의 결의에 대한 정보 제공을 개선할 것, 둘째는 민사소송법 규정을 집합건물사건절차에까지 확대 적용함으로써 재판절차를 평준화할 것, 셋째는 관리비채권에 대한 강제집행절차에서 채권자인 다른 구분소유자들의 지위를 금융기관에 비하여 강화할 것이었다. 독일정부가 제출한 2006년 3월 8일 법안의 개정이유 중 A. I. 참조{Bärmann/Pick, Synopsen und Materialien: Ergänzungsband zu WEG 18. Auflage(C. H. Beck, 2007), S. 122에서 재인용}.

44) 독일정부가 작성한 개정이유에는 관련 재판례를 꽤 상세하게 인용하고 있다. Bärmann/Pick(주 43), SS. 143-144 참조.

45) 대표적으로 Würfel, WE 2000, 100{Bärmann/Pick(주 43), S. 143에서 재인용}.

46) 오스트리아의 법상황은 Würth, Miet- und Wohnrecht, Band 2: WEG, HeizKG, BTVG und Maklerrecht (23. Aufl.)(Manz, 2015) 참조.

47) 1963. 12. 19. 개정, 1965. 1. 1. 발효, AS 1964, 993; BBl(스위스연방관보) 1962 Ⅱ, 1461.

태는 그다지 문제가 되지 않는다. 다만 구분소유자 중 1인이라도 명확한 규약화가 필요하다고 느끼면 관리단의 자유로운 운영은 제한을 받는다. 특히 1차적으로 관리단총회에서 규약을 제정하지 않으면 각 구분소유자는 2차적으로(관리단집회의 반대가 있더라도) 법원을 상대로 규약을 제정해줄 것을 청구할 수가 있다고 본다(이견 없음).

한편 스위스민법 제649조의a는 독일법과 달리 규약을 집회결의, 법원판결과 마찬가지로 등기 없이도 구분소유권의 특별승계인에 대항할 수 있는 것으로 하되(동조 제1항), 당사자가 원하면 등기부에 이를 표시할 수 있도록 하였다(동조 제2항, 스위스 부동산등기법 제80조, 제97조 제2항 참조).

② 그런데 원래 입법자(스위스 연방의회)의 계획은 규범적 효력이 있는 보충적 규약을 제정하는 것이었고, 행정부(스위스 연방법무경찰부)의 입장 또한 적어도 표준초안만이라도 공포하고자 하였으나 결실을 보지 못하였다. 그 경과와 좌절 이유에 대하여 입법자는 다음과 같은 기록을 남겼다.[48] "원래 제1초안에서는 법률의 규정 수를 크게 줄이고 대신에 연방의회가 규약을 제정하여 거기에 상세한 규정을 두고 따로 규약을 두지 않은 관리단에 대해서는 이 규약이 적용되는 것으로 하려고 하였다. 학설도 이러한 방식을 선호하였다.[49] 그러나 신중히 검토한 결과, 이러한 방식은 먼저 입법례가 없을 뿐만 아니라 상이한 법형식의 여러 규정들 사이에 효력과 관련한 우선순위를 정하기가 어렵고, 특히 관리단마다 성립과정이나 규모, 생활양식이 너무나 다양한데, 그것도 규약을 자체적으로 합의하거나 결의하지도 못한 관리단에게까지 획일적으로 적용될 수 있는 규약을 만든다는 것은 지극히 어렵거나 불가능하다는 문제점이 있다. 스스로 규약을 마련할 수 없는 경우란 소규모의 牧歌的인 관리단에서 가장 빈번할 것이다. 그렇다고 규약을 이러한 관리단에 맞추어 아주 간략하게 만들면 이번에는 도시 지역의 보다 대규모 관리단에게는 충분하지 못하게 된다." 요컨대 스위스에서는 입법례의 부재, 法源 사이의 우선순위 결정의 곤란, 표준규약 작성의 현실적 어려움, 이상의 3가지 이유에서 보충적 표준규약의 제정을 포기하였다.

오늘날 스위스에서도 독일과 마찬가지로 다양한 단체나 부동산 관련조직에서 회원을 위한 표준규약을 마련해놓고 있다. 스위스 주택소유자연합(Hauseigentümerverband Schweiz, 약칭 HEV)의 경우는 34,000명이 넘는 자기 회원들을 위하여 자체관리, 관리위임, 공사발주 등 다양한 표준규약을 제공하고 있고,[50] 최근 2016년 말에는 베른 공증인협회(Verband bernischer Notare, 약칭 VbN)에서 새롭게 표준관리규약을 발표했다.[51] 학계에서는 오히려 실무계보다도 먼저 표준

48) BBl 1962 Ⅱ, 1486-1487.

49) 여기서 입법이유서는 학설의 근거로서 Liver P., ZBGR 35, S. 28; Flattet, ZSR 75, S. 690o und 693a; 보다 상세히는 Friedrich, ZSR 75, S. 165a ff.를 들고 있다.

50) 1915년 창립한 동 협회의 이러한 회원 수는 스위스의 모든 단체 중에서 가장 많은 회원 수라고 한다. http://www.hev-schweiz.ch/verband/hev-schweiz <최종방문 2021. 5. 31.>

51) 동 협회 표준문서(Musterurkunde) Nr. 642로 발표되었으며, 1층 및 다락층에 대한 규약상의 특별이용권에 관한 부속서류 2종, 그리고 66개의 주석이 붙어있다. 원본은 다른 200여 개의 문서와 함께 동 협회의 표준문서집

관리규약을 개인적으로 작성, 발표해왔는데, 그 중에는 주석이 붙어있는 것과 붙어있지 않은 것이 있다.[52] 그 밖에도 공증인이나 관리인 등 실무종사자들 역시 자신들의 경험을 기초로 표준규약을 만들곤 한다. 특기할 점은 스위스가 연방국가임에도 불구하고 스위스민법이 연방법률이고 또 칸톤별로 성문법상 차이가 없으므로, HEV 등의 표준규약은 모두 스위스 전역을 대상으로 한다는 사실이다.[53]

2. 영미법계

(1) 오스트레일리아: 규약의 강제적 설정/구분소유법의 부속문서로서 표준규약

① 연방국가인 오스트레일리아 중에서 1966년부터 구분소유법이 존재했던[54] 西오스트레일리아 주를 중심으로 살펴보면 제정 당시부터 부속문서에 구분소유자의 의무 등 규약에 해당하는 내용이 소략하게나마 들어있었다. 그러다가 1980년대 초반 西오스트레일리아의 법률개혁위원회(Law Reform Commission[55] of Western Australia)의 보고서가 나왔는데,[56] 여기에서는 전반적으로 적용되는 규약의 제정은 집합건물의 다양한 형태에 비추어 적당하지 않으므로 이를 포기하고(20.39), 대신에 당사자가 규약을 제정하는 것을 돕기 위하여 예시적 표준규약의 형태로 제시할 것을 권고하였다(20.40). 그 후 1985년 구분소유법이 전면 개정되면서 기존의 내용을 보다 보완한 표준규약이 법률의 부속문서로 추가되었다. 이때에 제1부속문서 표준규약(우리의 관리규약에 해당)과 제2부속문서 표준규약(사용규칙과 유사)이 분리되어 각각 제정되어 오늘날에 이른다.[57] 그러다가 다시 1992년 당시 地籍部(Department of Land Information)가 산업계의

(Musterurkundensammlung, 약칭 MUSA, 전 8권)에 실려 있고, 그 사본이 Wernelinger(hrsg.), Luzerner Tag des Stockwerkeigentums 2017(Stämpfli, 2017), SS. 24-55에 Pfäffli, "Ausgewählte Fragen zum Reglement der Stockwerkeigentümer", 그리고 Wolf(hrsg.), Aktuelles zum Stockwerkeigentum: insbesondere aus der Sicht des Notariats(Stämpfli, 2017), SS. 93-124에 Bräm, "Das Reglement der Stockwerkeigentümergemeinschaft"란 제목으로 각각 실렸다.

52) 前者의 대표적 예가 Friedrich 규약, 後者의 예는 Magnenat, Michaud, Müller, Rey의 私案들이 있으며, 특히 Rey의 私案{Rey, Schweizerisches Stockwerkeigentum: mit Anhängen: Musterreglement für Stockwerkeigentümer und Übersicht über die Rechtsprechung des Bundesgerichts(3. Aufl.)(Schulthess, 2009)말미에 게재}은 과거 우리 법무부에 의하여 번역된 바가 있다.

53) 따라서 베른 공증인협회의 표준규약도 다른 지역에서 사용하는 것이 가능하다.

54) 동법은 1961년 뉴 사우스 웨일즈 주의 법률을 모델로 한 것이었다.

55) 본래 오스트레일리아의 법률개혁위원회는 1996년 설치된 법정독립기구로서 법무부장관(Attorney-General)의 요청에 따라서 현행 법률을 조사, 검토하고 시정할 사항이 있으면 정부 및 입법기관에 필요한 입법조치를 권고하는 것을 임무로 한다. 이후 각 주에서도 법률개혁위원회가 구성되었다(西오스트레일리아 주의 경우는 1972년 근거법률이 마련되었다).

56) 1966년 법률의 문제점을 검토하는 西오스트레일리아 법률개혁위원회 제56호 프로젝트는 1974년 착수하여 1982년에 완결되었다. 검토의 직접적인 계기는 동법의 모델법인 뉴 사우스 웨일즈 법이 1973년에 개정되었고, 西오스트레일리아 주에서 집합건물에 거주하는 사람의 숫자가 크게 늘어났기 때문이다.

57) 1966년 법률에는 부속문서 1안에 제1부와 제2부로 나누어져 있었는데, 제2부는 단 2개의 조문에 불과할 정도로 내용이 전반적으로 부족하였다.

대표들로 구성한 자문위원회가 행한 자문을 좇아서 1995년 또 다시 법률개정을 하였는데, 여기에서 관리단에 의한 개정이 따로 없는 한 모든 유형의 집합건물에 표준규약이 획일적으로 적용되도록 개정되었다.

② 다른 주의 경우에도 사정은 비슷하지만, 법률의 형식과 내용은 반드시 동일하지 아니하다. 그러므로 가령 뉴 사우스 웨일즈 주에서는 2015년 법률(집합건물관리법) 제134조가 집합건물에 적용되는 규약은 동법에 따라 정해지거나 변경되어 등록된 규약을 말한다고 하고,[58] 제138조가 "시행령(regulation)에 집합건물의 규약으로 할 수 있는 표준규약을 둘 수 있다."고 하였으며, 2016년 시행령에서는 제1부속문서 표준규약과 제2부속문서 표준규약이 아니라 1996년 이전의 규약(부속서류 2)과 공동주택표준약관(부속서류 3)으로 나누어 규정한다. 참고로 2015년 법률 이전(1996년 법률 및 2010년 시행령)까지만 해도 시행령에 6개 용도의 집합건물에서 사용하는 표준규약이 있었다. 즉, 2010년 시행령을 보면 제2부속문서가 공동주택용, 제3부속문서가 은퇴자 주거단지용, 제4부속문서가 산업용, 제5부속문서가 호텔/리조트용, 제6부속문서가 상업용, 제7부속문서가 혼합용도용 표준규약을 각각 담고 있었다. 그러나 2015년 법률 및 2016년 시행령으로 넘어오면서 공동주택용 표준규약만 남고 다른 용도의 표준규약은 만들지 않아서 공동주택에만 집중하는 모습을 보이고 있다.

(2) 캐나다: 규약의 강제적 설정/구분소유법의 부속문서로서 표준규약

캐나다 또한 연방국가로서, 가령 브리티시 콜롬비아 주의 1998년 구분소유법(2000년 발효)[59] 제120조는 "관리단의 규약은 등기소에 다른 규약이 제출되지 않는 한 본법의 표준규약으로 한다."고 규정한다. 표준관리규약과 다른 규약이 적용되는 경우로는 분양자가 등기소에 다른 규약을 제출하거나 구분소유자들이 동법에 따른 변경절차(3/4의 찬성과 등기소 제출)를 밟는 2가지가 있으므로, 표준관리규약과 다른 규약은 등기소에 제출되어야 그 효력을 발생하게 된다. 1998년 법률은 제7장 '규약 및 세칙'에 3개의 절을 두고 순차적으로 총칙, 규약의 개정, 규약 및 세칙의 집행에 관하여 모두 20개의 조문을 두고 있다(제119조 내지 제138조).[60] 결국 현실에서 규약은 표준규약, 즉 '법정규약'과 당사자가 이를 개정한 '개정규약' 2가지만 존재한다.

동법의 유일한 부속문서로서 제정된 표준규약은 7개의 장, 30개의 조문으로 구성되어 있다. 표준규약은 법률의 개정과 함께 빈번하게 변경되었다. 2002. 1. 1. 이전까지만 해도 구분소유권이 성립된 시점을 기준으로 하여 그 당시에 시행중인 표준규약이 당해 집합건물의 준거

58) 동조는 구분소유관계가 성립된 시점을 기준으로 2015년 법률 시행 이후와 1996년 법률 시행 이후 및 그 이전으로 3분하여 규율하고 있는데, 특히 동조 제3항은 1996년 법률 시행 이전에 성립한 구분소유관계에 대해서는 동법 시행령에서 정한 규약이, 수정된 부분이 있으면 그 수정을 포함하여 적용된다고 하고 있다.

59) 브리티시 콜롬비아 주에서 최조의 구분소유입법은 1966년에 있었고, 그 후 1974년 전면개정 후 1980년 집합건물법으로 명칭을 바꿨다가 2000년 현행법으로 대체되었다.

60) 2000년 시행령(B.C. Reg. 43/2000)에는 제7장 '규약 및 세칙'에서 2개의 조문(7.1 및 7.2)과 제17장 '총칙'에 3개의 조문(17.11 내지 17.13)을 두고 있다.

규약이 되었기 때문에 이를 일일이 확인하는 것이 불편했다. 그러나 현재는 2000년부터 시행된 현행 1998년 법률에서 정한 유예기간이 끝나는 2002. 1. 1.부터 구분소유권의 성립 시기와 무관하게 모든 집합건물에 현행 표준규약이 적용되도록 하였다. 다만 애완동물, 입주연령제한, 차임제한의 경우에 기존 이익이 침해받지 않도록 이른바 祖父待遇(grandfathering)를 받는다.[61]

현재 또는 과거의 구분소유자나 임차인 및 그들의 대리인이 규약에 쉽게 접근할 수 있도록 규약을 공시하도록 한 것 외에도 관리주체에게 정보제공요청에 응해야 할 의무[62]와 받을 수 있는 복사비용의 한도[63]까지도 규정해 놓고 있다. 또한 집합건물 관련단체의 활동도 활발하여 브리티시 콜롬비아 주만 해도 브리티시 콜롬비아 공동주택소유자협회(Condominium Home Owners Association of BC, 약칭 CHOA), 밴쿠버 아일랜드 구분소유자협회(Vancouver Island Strata Owners Association, 약칭 VISOA), 캐나다 집합건물보호원(Canadian Condominium Institute, 약칭 CCI) 밴쿠버 지부가 활동 중이다.

(3) 싱가포르: 규약의 강제적 설정/구분소유법령의 부속문서로서 표준규약(사용규칙)

싱가포르 역시 2004년 구분소유법(2008년 개정) 제32조 제2항에서 동법 시행령 부속문서의 표준규약을 모든 집합건물에 적용하고, 다만 관리단이 일정한 사항에 관해서는 예외적으로 특별정족수에 의하여 이를 개정, 폐지할 수 있도록 하였다(동조 제3항). 특별정족수를 요하는 경우는 (a) 보안조치, (b) 공용부분의 사용제한, (c) 애완동물의 사육, (d) 차량의 주차, (e) 바닥재, (f) 쓰레기처리, (g) 행동거지, (h) 모든 구분소유자가 지켜야 할 건축조경에 관한 지침, (i) 기타 집합건물의 유형에 따른 문제 등 9가지이다. 모든 규약의 제·개정 및 폐지는 담당부처에 규약 사본을 제출하여야 효력이 발생한다(동법 제4항). 이에 따라 2005년 동법시행령 제20조 및 제2 부속서류에 표준규약('강행규약')이 들어있다.[64]

(4) 말레이시아: 규약의 강제적 설정/관계법령의 부속문서로서 표준규약

최근에는 말레이시아가 새롭게(기존의 집합건물법을 크게 수정하여) 집합건물관리법을 2013년, 그리고 그 시행령을 2015년에 각각 제정하면서 동 시행령 제3부속문서로서 보다 상세한 法定規約을 두었다(모두 8개의 장으로 15페이지에 이른다). 참고로 과거 1985년 집합건물법에서는 규약을 개략적으로만 규정했었다.[65]

61) 1998년 법률 제123조 참조. 여기서 grandfather는 동사로서 "새로운 규칙에서 제외된다"는 의미를 갖는다.

62) 1998년 법률 제36조 제3항에는 '1주일 이내'에 처리하도록 하고 있는데, 브리티시 콜롬비아 주 1995년 법률해석법(Interpretation Act) 제25조 제2항에 따르면 초일은 산입하지 않고 말일은 산입하므로 신청 당일을 포함하면 총 8일 이내가 된다.

63) 1998년 법률 제36조 제4항 및 2000년 시행령 제4.2조에 따르면 장당 25센트의 비용 이상을 받지 못한다.

64) 상세히는 Teo, Strata Title in Singapore and Malaysia(5th ed.), LexisNexis, 2015, Chapters 1, 4, 8 참조.

65) *Ibid.*

3. 평 가

(1) 이상의 비교법적 검토를 개괄하면, 대륙법계 국가에서는 규약의 설정은 원칙적으로 당사자 전원의 합의가 필요하다고 보기 때문에 이를 강제하기보다는 사적자치에 전적으로 맡기고 대신에 법률에 강행규정(구분소유자 개인의 규약개정청구권까지 포함하는)을 둠으로써 사후적, 司法的 방식으로 집합건물의 관리가 황폐화되는 것을 최소화하려는 태도를 보이는 데 반하여, 영미법계 국가에서는 법령의 본문 혹은 그 부속문서로서 표준규약을 미리 제시하고 당사자가 이 표준계약에 수정을 가한 부분이 있으면 이를 공부에 등재하도록 하고 그 효력을 승인함으로써 사전적, 立法的 방식으로 집합건물의 충실한 관리를 도모하려는 경향이 강하다고 거칠게나마 정리할 수 있다.

(2) 그러나 현실에서 양자는 상당히 접근하는 모습을 보이는바, 대륙법계 국가에서도 관련 업계나 각종 단체가 만든 모델관리규약이 빈번하게 사용되며, 스위스의 경우처럼 처음 입법할 당시부터 표준규약의 필요성을 인정하고 그 입법화를 적극 검토했던 나라가 있었다(그 시점은 영미법계 집합건물법제에서 가장 앞섰던 오스트레일리아, 캐나다와 비슷하다). 또한 영미법계 국가에서는 자동(default)규약을 구체적인 집합건물의 상황에 맞게 수정할 수 있도록 개정절차에 관한 상세한 규정을 법령에 마련해 놓고 있다. 또한 최근에는 양쪽 모두에서 규약에 대한 이해당사자의 접근을 보다 용이하게 하기 위한 각종 조치를 입법화하는 경향을 보인다. 그 밖에도 집합건물의 관리를 둘러싼 각종 법률문제를 조언하거나 그 해결에 조력하는 조직 내지 단체의 활동이 오랫동안 활발했다는 사실도 양쪽의 공통점으로 지적할 수 있다.

Ⅲ. 우리 법에의 시사점

1. 표준규약 이용의 현실적 어려움

(1) 사법(司法)서비스 전달체계의 불비

현행법상 표준규약의 마련 및 보급의 책임은 '시 · 도지사'에게 있는데, 법률시행일로부터 8년이 넘은 현시점에서 표준규약을 마련한 곳은 서울시, 경기도 등 일부 지방자치단체에 불과하고, 나아가 적극적으로 그 보급까지 펼치는 곳은 서울시가 거의 유일하다. 소관부처인 법무부가 표준규약의 마련에 사용할만한 초안을 해설과 함께 발표하긴 했지만,[66] 실제 지방자치단체의 현실을 보면 대부분 집합건물사무를 담당할 부서 내지 책임자조차 지정하고 있지 않은 곳이 많다. 즉, 다른 정부부처(국토교통부)와 달리 법무부는 민사법률 서비스를 국민들의 생활 곳곳에 전달하기 위한 체계를 아직까지 갖추고 있지 못하다고 평가할 수 있다.

66) 김규완 외, 집합건물법에 따른 법무부 표준관리규약 해설(법무부, 2015) 참조.

(2) 분양자의 소극적 태도

현행법은 1차적으로 분양자에게 임시규약을 제공하도록 하고 있지만, 분양자가 이를 제공하지 않아도 어떠한 형사상, 행정상 제재를 받지 않고, 또 단속할 기관도 지정되어 있지 않다. 규약의 작성, 제공 의무는 일반적으로 분양자가 계약상 부담한다고 보기 어려우므로, 특별한 사정이 없는 한, 점유자는 물론이고 수분양자라도 분양자를 상대로 규약의 제공을 요구하기도 곤란할 것이다. 또한 분양자가 규약을 제공하지 않아도 관리단집회에서 규약을 제정할 수 있기 때문에(법 제29조 제1항 1문 참조) 설령 규약의 부재로 인하여 구분소유자가 어떠한 불이익을 입었다고 해서 그것이 반드시 분양자의 의무해태로 인한 것이라고 단정하기도 어렵다. 분양자의 입장에서도 이처럼 아무런 불이익을 보지 않음에도 공증비용 등을 지출하는 수고를 감수할 이유가 없다.

(3) 관리단을 지원할 전문가의 부족

표준규약의 사용에는 장점과 단점이 있는바, 법적 안정성을 도모할 수 있고 일종의 체크리스트와 같은 역할을 한다는 장점이 있는가 하면 구체적인 사안에 정확히 부합하는 경우가 드물기 때문에 수정작업이 필요하다는 단점이 있다. 이러한 수정작업은 매우 어려운데, 그 이유는 대부분의 표준규약은 특정한 체계에 좇아서 작성되므로, 이를 부분적으로 수정하면 다른 조항에 예기치 못한 영향을 주게 되어 체계 전체의 효율을 떨어뜨리고 규약 내부에 모순을 야기하는 사태가 발생할 수 있기 때문이다. 그러므로 표준규약의 수정에도 전문가의 도움을 받는 것이 바람직하다. 분양자가 규약을 제공하지 않았거나 제공한 규약의 내용이 불완전하여 관리단이 규약을 제정하거나 개정하고자 하는 때에는 전문가의 도움을 받아야 하는데, 마땅히 도움을 받을 전문가나 조직이 없다는 점이 관리단의 입장에서는 현실적 어려움을 가중시킨다.

(4) 판례로 인한 구분소유권 설정의 애매함

현재의 대법원판례에 따르면 甲이 아파트를 신축하면서 내부 구분건물 각각에 대하여 분양계약을 체결한 후 토지에 관하여 乙 주식회사와 부동산담보신탁계약을 체결하고 신탁등기를 마쳐 준 경우에 신탁등기를 마친 당시 아파트 각 전유부분이 구조상 · 이용상 독립성을 갖추었고, 甲이 구분건물 각각에 대하여 분양계약을 체결함으로써 구분행위의 존재도 인정되므로, 아파트 전유부분에 관하여 이미 구분소유권이 성립한 이상 토지만에 대한 부동산담보신탁계약은 무효이므로 신탁등기는 말소되어야 한다.[67] 즉, 이에 따르면 신축건물의 경우 각 전유부분별로 주관적 구분행위(분양계약의 체결)와 객관적 독립성(구조상 · 이용상)이라는 2가지 요건을 갖추면 그 전유부분에 관하여 구분소유권이 성립한다. 그런데 공동주택(아파트)이 아닌 구분상가의 경우는 그 용도가 무엇인가가 특히 중요한데, 대부분의 경우 용도는 개별 분양계약에서 정해지는데, 그 용도 지정 조항은 분양자와 수분양자 사이의 단순한 계약조항이 아니라 다른 구분소유자가 수분양자의 승계인 및 점유자에 대하여 주장할 수도 있는 對物的 성질을 가진 규

67) 대법원 2013. 1. 17. 선고 2010다71578 전원합의체 판결(公2013上, 298).

약이라고 보아야 할 것이다(법 제42조 제1항 및 제2항 참조). 판례의 기준에 따라서 物權인 구분소유권의 성립을 인정하려면 논리적으로 먼저 구분소유권의 내용이 확정되어야 하는바(민법 제185조 참조), 따라서 판례가 말하는 '구분행위' 안에는 구분소유자의 구체적인 권리 및 의무를 정하는 규약의 확정이 포함되는 것으로 이론을 구성할 필요가 있다.

(5) 先분양으로 인한 불확실성의 가중

다시 신축 구분상가의 예를 들어 설명하면 설령 규약에서 구체적으로 특정한 구분상가의 용도를 지정하지 않았다고 하더라도 장래 완성될 건물과 그 내부에 구분될 전유부분의 형상(위치 및 넓이, 모양 등)과 용도가 표시된 이른바 '권리설정문서'[68]가 있거나 또는 이미 건물이 완성되어 그 물리적 형상이 전유부분의 용도를 제한하는 때에는 분양을 희망하는 자의 입장에서 어느 정도 자신이 취득하고자 하는 권리 및 의무를 예상할 수 있다. 그러나 우리의 현실은 先분양, 그것도 공사가 전혀 진행되지도 않은 상태에서 대략적인 전체 공사의 개요만으로 분양에 임하는 경우가 많다. 판례에 따르면 분양광고의 내용은 청약의 유인으로서의 성질을 갖는데 불과하고, 동 · 호수 · 평형 · 입주예정일 · 대금지급방법과 시기 정도만이 기재되어 있는 분양계약서는 완결된 것이 아니라 견본주택 및 각종 인쇄물에 의하여 구체화될 것을 전제로 하는 것이며, 그나마도 광고 내용 중 사회통념에 비추어 수분양자 입장에서 분양자가 이행한다고 기대할 수 없는 것은 분양계약에서 제외된다.[69] 이러한 판례의 기준은 '사회통념'이란 표현에서 보듯이 구체적인 사안에서 법적 안정성을 도모하기에 한계가 있다.

(6) 분양자에 대한 불신

분양자에 대한 불신은 비단 어제 오늘의 일도, 또 우리나라에 국한된 일도 아니지만, 문제는 현행법이 이를 완화하거나 불식시키는 데 한계가 있다는 점이다. 먼저 현행법에 따르면 분양자는 표준규약을 '참고하여' 임시규약을 정하면 되도록 되어 있다(법 제9조의3 제2항). 그러므로 자신의 이익을 위하여 표준규약과 다르거나 심지어 법령에 반하는 내용을 포함시킬 수 있다. 물론 법령 중 강행규정에 반하는 규약은 무효이지만, 그 확인을 받으려면 무효 확인을 구하는 재판상 절차를 거쳐야 하는 번거로움이 있고, 표준규약과 다르거나 기타 부당한 규약은 관리단집회를 열어 이를 개정하면 되지만, 구분소유자의 4분의 3 이상 및 의결권의 4분의 3 이상의 찬성을 얻어야 하고, 또 규약의 변경이 일부 구분소유자의 권리에 특별한 영향을 미칠 때에는 그 구분소유자의 승낙을 받아야 한다(법 제29조 제1항).[70]

또한 분양자에 의한 관리는 어디까지나 임시적인 것으로서 '관리단이 관리를 개시할 때까

68) 우리나라와 일본을 제외한 대부분의 나라에서 집합건물의 신축을 위하여 요구하는 문서로서 가령 프랑스의 état descriptif de division, 독일의 Aufteilungsplan, 네덜란드의 akte van splitsing, 미국이나 캐나다의 declaration 또는 master deed 등을 가리킨다.

69) 대법원 2007. 6. 1. 선고 2005다5812,5829,5836 판결(公2007下, 972).

70) '그 구분소유자'가 임시규약을 정한 분양자일 때는 승낙을 받지 못할 위험도 있다.

지'만 인정되는데(법 제9조의3 제1항), 그 판단의 기준을 둘러싸고 다툼이 있을 수 있다. 실제로 최근 하급심판결 가운데에는 주상복합오피스텔에서 전체 구분소유자 5분의 1 이상의 동의를 얻어 관리인을 선임하였으나 시행자 겸 분양자 및 그와 계약을 한 관리회사가 관리규약의 설정이 없다는 이유로(규약 설정을 위한 의결정족수 미달) 관리단의 관리가 아직 개시되지 않았다고 주장한 데 대하여 타당하게도 그 주장을 받아들이지 않았다.[71]

2. 개정방향의 검토

집합건물의 효율적 관리가 이루어지기 위해서는 2가지 요소가 절대적으로 필요한데, 하나가 관리규약의 존재이고, 다른 하나는 능력 있는 관리인의 선임이다. 관리단은 하나 또는 복수의 집합건물에 속하는 전유부분을 취득했다는 이유만으로 묶여진 구분소유자들의 집단이므로, 적극적으로 공동의 목적을 갖는 법인이나 조합과는 다르기 때문에 구분소유자가 관리규약의 제정과 관리인의 선임에 적극적으로 나서지 않는 것은 어떻게 보면 당연하다고 할 수 있다. 그럼에도 불구하고 집합건물의 관리는 구분소유자들로 구성되는 관리단이 맡을 수밖에 없으므로, 입법으로써 이를 현실화할 수 있는 방안을 강구하여야 한다.

(1) 모델의 전환

생각해볼 수 있는 최상의 방법은 구분소유에 관한 모든 문제가 발생하는 始原에 해당하는 구분행위 단계에서 관리규약을 마련하도록 하는 것이고,[72] 그렇다면 그 부담은 분양자=부동산개발업자가 부담하여야 한다. 2010. 3. 31. 개정 법률 이전 단계에서 우리 법은 구분소유관계가 성립하고 난 다음에 관리단집회에서 구분소유자 4분의 3 및 의결권 4분의 3 이상의 결의로 규약을 설정하는 이른바 사후 규약 모델에 입각했다면, 위 개정 이후에는 사후 규약 모델과 함께 분양자가 분양 이전에 모델을 마련하고 분양받고자 하는 자에게 이를 교부하는 이른바 사전 규약 모델을 새롭게 도입하여 양자를 병존시켰다.

그러나 여전히 위 1.에서 본 여러 가지 문제점이 있기에 그 해결을 위하여 이제는 사전 규약 모델을 기본으로 하고 사후 규약 모델로 이를 보완하는 새로운 모델로 전환할 필요가 있다고 생각한다. 이하에서는 새로운 모델의 내용에 관하여 분양자가 작성하는 규약을 '임시규약', 최초의 관리단집회에서 결의하는 규약을 '원시규약'이라고 하고 설명하기로 한다.

(2) 표준규약의 마련

현재 지방자치단체의 장이 정하도록 한 표준규약을 집합건물법령의 주무관청인 법무부장관이 정하도록 하거나 아예 시행령(대통령령) 별표로 두는 방향으로 개정을 하면 표준규약을 정

71) 부산지방법원 동부지원 2016카합10003 판결 <https://www.lawtimes.co.kr/Legal-News/Legal-News-View?serial=100514(최종방문 2021. 8. 13.)>

72) 특히 주상복합의 경우나 대규모상가의 경우는 일단 분양이 시작되면 구분소유자 사이에 이해관계가 크게 갈리기 때문에 사후적으로는 규약을 합의하기란 거의 불가능하다.

하지 않은 지방자치단체의 경우에도 표준규약을 갖게 되는 효과가 있다. 前者의 방향으로 개정하면 법무부가 마련한 표준규약을 지방자치단체가 사정에 맞게 수정하여 시행할 수 있도록 할 수 있고, 後者의 방향을 취한다면 법무부가 표준규약을 작성하는 과정에서 지방자치단체와 긴밀히 협조할 필요가 있다.

(3) 최초 관리단집회 이전까지

현행법상 부동산개발사업을 시행하고자 하는 자는 사업계획서를 허가권자(지방자치단체의 장)에게 제출하여야 하는바, 관련법을 개정하여 이때 장차 완성하여 분양할 집합건물 관리단의 규약을 함께 제출하도록 하고, 늦어도 분양허가가 있기 전까지 규약사용에 대한 승인이 나오면 분양공고에서 규약도 포함시키고 그 이후에는 규약을 함부로 변경하지 못하도록 한다. 이렇게 청약자에게 규약의 내용에 관한 정보를 제공하고, 분양계약을 할 때에는 규약에 대한 동의와 서명을 받도록 하면 분양이 완료되면 임시규약에 대한 모든 수분양자(장래의 구분소유자)의 전원동의가 달성된다. 이 단계에서는 개발사업의 허가권자인 지방자치단체의 장이 지금까지와 마찬가지로 감독하도록 하되, 이를 위한 법적 근거를 법령에 마련하여야 한다.[73]

(4) 최초 관리단집회의 개최

그 후 분양이 일정 단계에 이르면[74] 분양자는 최초의 관리단집회를 개최하여 원시규약을 정하고 관리인을 선임하도록 한다. 이 집회는 임시규약(임시관리) 단계에서 원시규약(정식규약) 단계로 넘어가는 분수령이 되므로, 많은 입법례에서 다음과 같은 특별규정을 두고 있다.

① 분양자는 관리단에 의한 정식관리가 이루어지기 전까지 임시관리업무를 맡는다.

② 임시관리를 위하여 분양자가 관리비의 부과 및 징수와 관리를 위한 각종 계약을 할 수 있지만 그 계약기간이 임시관리기간을 넘을 수는 없고 관련 서류는 빠짐없이 보관해야 한다.

③ 최초의 관리단집회를 소집하는 절차와 통지할 내용, 집회의 진행자 및 회의록 작성자의 선정, 의결권의 계산방법(가령 미분양분이 있는 경우)을 정한다.

④ 최초의 관리단집회의 원활한 의사결정을 위하여 특별정족수(대개는 보다 완화하여 가령 "3분의 1 참석과 참석자 과반수 찬성, 그리고 결과 공지 후 2주간 아무런 이의가 없으면 유효한 결의로 간주" 하는 식)를 인정한다.

⑤ 최초의 관리단집회 후 일정 시점까지 분양자는 임시관리조치를 종료하고 공사 및 임시관리에 관한 서류 일체를 새로 선임된 관리인에게 인도하여야 한다.

---

73) 현재 이와 관련된 집합건물법 개정안이 입법예고를 마친 상태이다(020. 5. 19. 법무부공고 제2020-141호와 2020. 11. 11. 법무부공고 제2020-353호). 관련내용에 관해서는 이준형, "2020년 개정 집합건물법의 성과와 한계: 원활화 조치를 중심으로", 집합건물법학 제38집, 한국집합건물법학회(2021), 1-34 참조.

74) 예정된 매수인의 2분의 1 이상이 이전등기를 하고 분양자가 구분소유자에게 관리단집회를 소집할 것을 통지한 날로부터 3개월이 도과한 직후(2021. 2. 5. 개정된 법 제9조의3 제3항 및 제4항 참조), 반면에 아시아계 영연방국가에서는 대개 과반수 분양 혹은 분양 개시 후 6개월이나 1년의 경과 중 빠른 것을 기준으로 한다.

(5) 관리단집회의 유효한 결의가 없을 경우

이러한 모델에 따르면 임시규약조차 설정되지 않는 경우란 발생하기 힘들다. 또 임시규약과 원시규약은 크게 달라지기가 어렵고, 기껏해야 단지 일부 조항의 조정 정도가 있을 것이다. 그렇지만 최초의 관리단집회가 시도되었으나 무산되거나 집회 자체는 성사되었지만 결의에까지 이르지 못할 가능성은 얼마든지 생각해볼 수 있다.[75] 이러한 경우를 대비하여 임시규약을 원시규약으로 간주하는 규정을 둘 필요가 있다고 생각한다. 다만, 여기에 각 구분소유자가 임시규약의 특정한 내용으로 인하여 다른 구분소유자에 비하여 부당하게 불이익을 받는다는 사실을 입증하고 법원에 해당 규약의 '개정'을 청구할 수 있는 길을 열어둘 필요가 있다. 그 취지는 표준규약 제도를 두지 않은 독일과 스위스에서 각 구분소유자에게 규약의 '설정'을 법원에 청구할 수 있는 권리를 부여한 것과 같다.

현행법의 규정과 위 모델을 비교하면, 무엇보다도 제9조의3 제2항("분양자는 제28조 제4항에 따른 표준규약을 참고하여 공정증서로써 규약에 상응하는 것을 정하여 분양계약을 체결하기 전에 분양을 받을 자에게 주어야 한다")과 부동산개발 관련법규(건축법, 주택법 등)를 함께 개정해야 한다. 또한 제9조의3 혹은 별도조문에서 분양자가 최초의 관리단집회를 전후하여 부담하는 의무를 보다 상세히 규정할 필요가 있다.

끝으로 분양자가 임시규약을 만들 때에는 표준규약을 참조하고 특별한 사정이 없으면 따르도록 하는 것이 바람직하다. 반면에 구분소유자들이 원시규약을 만들 때에는(그것이 대부분의 경우는 임시규약을 손질하는 형태로 이루어진다고 하더라도) 굳이 그와 같은 요구를 할 필요가 없고, "본법의 강행규정을 침해하지 않고 구분소유자 사이의 공평한 분담을 꾀하도록" 정도의 한계를 설정하고 단체자치를 보장하는 방안이 타당할 것이다.

---

75) 앞의 주 71 판결의 사실관계도 그러하다.

점유보호청구권과 제척기간*

이 창 현**

Ⅰ. 서 론

민법은 제204조(점유의 회수), 제205조(점유의 보유), 제206조(점유의 보전)에서 점유보호청구권을 규정하고 있다. 점유보호청구권이 실무상 자주 이용되지 아니한 관계로 이에 관한 판례가 풍부하지 않은 측면이 있고, 이러한 문제양상에 기인한 것인지 이에 관한 논의가 풍부한 것은 아니다. 지방자치단체가 무허가건물의 출입문에 각목이나 철망을 설치하는 등 공가폐쇄조치를 하자, 무허가건물을 양수한 자가 가옥에 대한 소유권, 주거권, 점유권 등에 기한 방해제거청구로서 가옥에 설치된 철망의 철거를 구한 사안에서 대법원은 점유보호청구권의 권리행사기간의 성격과 그 기산점에 관하여 점유보호제도의 취지를 감안하여 출소기간으로 해석하고, 기산점을 방해행위의 종료시로 판단하였다.[1] 유력설은 점유보호청구권에 관한 민법 제정 경위와 소제기의 신중성을 고려하여 출소기간설을 반대하고 상태방해의 경우 제척기간의 기산점에 대하여 유익한 관점을 제시하고 있다.[2] 법률해석의 적정성은 역사적 해석, 문언해석, 체계해석의 관점이 종합적으로 고찰되어야 비로소 달성될 수 있다. 1차적으로 입법자의 의사를 확인하는 작업이 중요한데, 이는 문언해석과 체계해석의 관점과도 밀접한 관련성이 있으므로 점유보호제도의 비교법적 접근이 병행되어야 비로소 입법자의 입법의도를 추적하는 작업이 온전하게 전개될 수 있다. 본고에서는 점유보호청구권의 제척기간에 관한 여러 쟁점을 중심으로 살펴보고자 한다. 비교법적 고찰은 민법 제정 과정에서 참고된 독일, 스위스, 일본의 입법례, 일본의 입법례에 상당한 영향을 끼친 프랑스의 입법례, 유럽사법통합의 결과물인 공통참조초안(DCFR)과 오스트리아의 입법례를 포함시켜 진행하고자 한다. 비교법적 고찰은 아래의 쟁점별

* 본고는 한국민사법학회 동계학술대회(2020. 12. 12.)의 발표문을 수정 · 보완한 것이다. 여러 가지 유익한 지적을 해주신 토론자 김진우 교수님, 점유방해 등으로 인한 손해배상에 관하여 유익한 지적을 해주신 제철웅 교수님께 감사드린다.

** 서강대학교 법학전문대학원 교수.

1) 대법원 2016. 7. 29. 선고 2016다214483, 214490 판결.

2) 권영준, "점유권에 기한 방해제거청구 제척기간의 기산점", 민법판례연구 Ⅰ(2019), 83.

로 전개하여 선명성을 드러내고자 한다. ① 권리행사기간을 제척기간으로 해석할 것인지를 살펴보아야 한다. 소멸시효로 해석할 여지는 없는지, 소멸시효에 관한 규정의 유추적용의 가능성도 살펴보아야 한다. ② 권리행사기간의 준수에 재판상 행사가 요구되는지를 살펴보아야 한다. 판례와 다수설은 점유보호청구권의 권리행사기간을 출소기간으로 해석하고 있는바, 재판외 행사기간으로 해석할 여지는 없는지 살펴보아야 한다. 출소기간으로 해석할 경우에 제척기간의 준수 여부가 문제되는 다양한 경우를 분석하여야 한다. 이행의 소가 요구되는지 아니면 확인의 소로 충분한지, 소송상 항변이나 보전처분신청으로 충분한지도 문제된다. ③ 1년의 권리행사기간이 적정한 기간인지 검토될 필요가 있는데, 기간의 적정성의 문제는 비교법적 고찰을 통하여 해결될 수 있을 것이다. 외국의 입법례는 객관적 체계인지 주관적 체계인지 구분하여 구체적 기간을 분석하고자 한다. ④ 권리행사기간의 기산점을 행위방해와 상태방해로 구분하여 해석할 것인지 여부가 검토되어야 한다. 판례와 다수설은 방해행위의 관점에서 접근하여 권리행사기간의 기산점을 방해행위를 종료한 날로 해석하고 있다. 상태방해로 인하여 점유방해배제청구권이 문제되는 양상과 그 경우의 기산점에 관한 논의를 보충할 필요가 있다. ⑤ 점유방해 등으로 인한 손해배상청구권의 경우에도 1년의 권리행사기간이 적용되는지 여부를 살펴보아야 한다. 점유방해 등으로 인한 손해배상청구권은 불법행위의 영역이라고 한다면 점유보호청구권에 대한 제척기간의 적용이 없다고 해석될 여지가 있기 때문이다. 아울러 점유방해 등으로 인한 손해배상청구권의 내용을 구체적으로 알아볼 필요가 있다. 더 나아가 점유방해로 인한 손해배상청구권과 본권에 기한 손해배상청구권의 관계도 규명되어야 한다. 점유보호청구권과 제척기간에 관한 비교법적 고찰의 결과를 토대로 민법상 해석론을 전개하고자 한다.

Ⅱ. 비교법적 고찰

1. 독일의 논의

(1) 점유보호제도의 취지

점유보호제도는 현재의 상태를 보호하여 사회평화를 유지하고 잠정적 보호를 부여한다.[3)] 근래에 채권적 점유자(obligatorischer Fremdbesitzer)의 보호를 위한 수단으로서의 기능이 강조된다.[4)] 점유보호는 동산에 대하여도 전면적으로 인정되었다.[5)] 왜냐하면 동산에 대한 점유보호의

3) J. v. Gierke, Sachenrecht, 3. Aufl., 1948, S. 22; Quitmann, Eigentums- und Besitzschutz im deutschen und englischen Recht, 2011, S. 248 .

4) Baur/Stürner, Sachenrecht, 18. Aufl., 2009, § 9, Rn. 16(S. 96); Heck, Grundriß des Sachenrechts, 1930, S. 52; J. v. Gierke(주 3), S. 23.

5) Mugdan, Band 3, S. 65 = Motive, Band 3, S. 117; Jakobs/Schubert, Die Beratung des Bürgerlichen Gesetzbuchs, Sachenrecht 1, 1985, S. 178 f.

필요성을 부정하기 어렵기 때문이다.

(2) 점유보호청구권

1) 일 반 점유의 법적 성질에 대하여는 권리성을 부정하는 견해(Rechtsposition)[6]와 권리성을 긍정하는 견해[7]로 나뉜다. 다만 권리성을 긍정하는 견해는 점유권은 물권에 유사한 권리 또는 중간적 권리(Zwischenrechte)이며,[8] 점유보호청구권은 물권적 청구권과는 상당한 차이가 있다고 파악한다.[9] 점유보호제도는 보통법학의 논의와는 달리 점유방해 등으로 인한 손해배상청구권을 포함하지 않는다.[10] 하자있는 점유자도 점유보호를 청구할 수 있다.[11] 점유방해 등의 위법성은 요구되나, 방해자 등의 귀책사유는 요구되지 않는다.[12] 위법성은 인간의 행위(menschliche Handlung)를 전제로 하며, 순수한 자연적 사건은 금지된 사력이 아니다.[13] 따라서 자연적 사건과 관련하여 방해자에게 자신의 행위로 귀속될 수 있는 사정이 인정되어야 한다.[14]

2) 점유회수청구권(제861조[15]) 독일 민법 제861조는 점유침탈에 대한 점유보호청

---

6) RGZ 91, 60, 65 f.; BGHZ 32, 194, 204; Bamberger/Roth/Fritzsche, 4. Aufl., 2019, § 854, Rn. 15; Erman/Lorenz, 15. Aufl., 2017, Vorbem 3 zu § 854; Jauernig/Berger, 17. Aufl., 2018, § 854, Rn. 1; Palandt/Herrler, 78. Aufl., 2019, Überblick § 854, Rn. 1; RGRK/Kregel, 12. Aufl., 1979, Vorbem 2 zu § 854; Soergel/Stadler, 13. Aufl., 2002, Vorbem 5 zu § 854; Staudinger/Gutzeit, 2018, Vorbem zu §§ 854-872, Rn. 36; Esser/Weyers, Schuldrecht, Band 2/2, 8. Aufl., 2000, § 55 Ⅰ 2 b(S. 163); Heck(주 4), § 17 Ⅳ(S. 65 f.); Wieling, "Grund und Umfanf des Besitzschutzes", Festgabe für Lübtow, 1980, S. 584.

7) Enneccerus/Lehmann, Schuldrecht, 15. Aufl., 1958, § 221 Ⅰ 2(S. 875); Enneccerus/Nipperdey, Allgemeiner Teil, 15. Aufl., 1960, § 80(S. 467); Wolff/Raiser, Sachenrecht, 10. Aufl., 1957, 1 § 3 Ⅲ(S. 19).

8) MünchKomm/Gaier, 8. Aufl., 2020, Einleitung zum Sachenrecht, Rn. 5-6; Soergel/Stadler, 13. Aufl., 2002, Einleitung, Rn. 46-47. Staudinger/Heinze, 2018, Einleitung zum Sachenrecht, Rn. 64에 의하면 점유권은 물권은 아니나 물건과 관련하여 제3자에 대하여 사실상 지배력을 가진다고 하며, Eck, Vorträge über das Recht des Bürgerlichen Gesetzbuchs, Band 2, 2. Aufl., 1904, S. 52에 의하면 점유권은 사실적 지배에 기한 권리이나 불완전한 권리라고 한다.

9) Westermann/Gursky/Eickmann, Sachenrecht, 8. Aufl., 2011, S. 162. Eck(주 8), S. 51에 의하면 금지된 사력의 경우에만 점유보호청구권이 인정되고, 단기의 제척기간이 적용된다는 점에서 물권적 청구권과 상당한 차이가 있다고 한다.

10) Mugdan, Band 3, S. 66=Motive, Band 3, S. 119; Wieling, Sachenrecht, 2. Aufl., 2006, S. 208; Windscheid/Kipp, Pandektenrecht, Band 1, 9. Aufl., 1906, S. 811; Regelsberger, "Der gerichtliche Besitzschutz nach römischem Recht, nach gemeinem Recht und dem Bürgerlichen Gesetzbuch", Festschrift für die juristische Fakultät in Giessen, 1907, S. 256 f.

11) Wolff/Raiser(주 7), S. 59.

12) Wolff/Raiser(주 7), S. 57 f; Regelsberger(주 10), S. 268.

13) MünchKomm/Schäfer, 8. Aufl., 2020, § 858, Rn. 2; Müller/Gruber, Sachenrecht, 2016, Rn. 285; 김진우, "독일법상의 소유권방해배제청구권에서의 방해", 재산법연구 제29권 제4호(2013), 47.

14) Staudinger/Gutzeit, 2018, § 858, Rn. 5.

15) ① 점유자가 금지된 사력에 의하여 점유를 침탈당한 때에는 그는 그에 대하여 하자있게 점유하는 사람에 대하여 점유의 회수를 청구할 수 있다.

구권을 규율한다. 폭력에 의한 침탈이 요구되는 것은 아니나, 의사에 반한 침탈이 요구된다.[16] 점유회수청구권의 목적은 점유의 회수이지, 대위물의 반환이나 손해배상이 아니다.[17]

3) 점유방해금지청구권(제862조[18]) 독일 민법 제862조는 점유방해로 인한 점유보호청구권을 규율하는데, 이는 방해의 제거와 금지를 내용으로 한다. 점유자는 방해행위로 인한 방해결과의 제거를 청구할 수 있고, '방해의 염려(Wiederholungsgefahr)'가 있는 경우에 방해금지를 청구할 수 있다.[19] 방해행위가 종료되었으나 방해결과가 발생하지 않는 경우에는 방해금지청구권이 인정되지 않는다.[20] 방해의 염려는 개별 사건의 제반 사정을 고려하여 판단되나, 추상적 가능성만으로는 충분하지 않다.[21]

4) 점유방해 등으로 인한 손해배상청구권

① 점유보호제도에서의 배제 로마법이나 보통법학에서와는 달리 독일 민법에서는 손해배상청구권이 점유보호청구권에서 배제되었다.[22] 부분초안의 입안자인 요호(Johow)는 손해배상청구권을 점유보호청구권에서 배제하였고,[23] 이러한 태도는 그대로 유지되었다. 이는 점유는 그 자체로 재산적 가치가 없어 점유방해에 대한 손해배상청구권이 인정되기 어렵다고 판단되었기 때문이다.[24] 점유방해 등으로 인한 손해배상청구권은 점유보호청구권의 범위에 속하지 않고, 불법행위의 일반적인 요건에 따라 결정된다.[25] 점유방해 등으로 인한 손해배상청

② 침탈된 점유가 현재의 점유자 또는 그 전주에 대하여 하자 있는 것이고 또한 침탈 전 1년 이내에 취득한 것인 경우에는 제1항의 청구권은 배제된다.

16) Bruns, Das Recht des Besitzes im Mittelalter und in der Gegenwart, 1848, S. 250; Dernburg, Das Sachenrecht des Deutschen Reichs und Preußens, 4. Aufl., 1908, S. 79.

17) Soergel/Stadler, 13. Aufl., 2002, § 861, Rn. 3; Staudinger/Gutzeit, 2018, § 861, Rn. 3; J. v. Gierke(주 3), S. 27; Westermann/Gursky/Eickmann(주 9), S. 165; Wolff/Raiser(주 7), S. 58.

18) ① 점유자가 금지된 사력에 의하여 점유를 방해받은 때에는 그는 방해자에 대하여 방해의 제거를 청구할 수 있다. 앞으로도 방해받을 우려가 있는 때에는 점유자는 부작위를 소구할 수 있다.
② 점유자의 점유가 방해자 또는 그 전주에 대하여 하자 있고 또한 방해 전 1년 이내에 취득한 것인 경우에는 제1항의 청구권은 배제된다.

19) Palandt/Herrler, 78. Aufl., 2019, § 862, Rn. 6; Soergel/Stadler, 13. Aufl., 2002, § 862, Rn. 2; Staudinger/Gutzeit, 2018, § 862, Rn. 3; Regelsberger(주 10), S. 270.

20) LG Augsburg NJW 1985, 499; MünchKomm/Schäfer, 8. Aufl., 2020, § 862, Rn. 2.

21) MünchKomm/Schäfer, 8. Aufl., 2020, § 862, Rn. 3.

22) Regelsberger(주 10), S. 269. 다만 Eck(주 8), S. 38에 의하면 점유보호청구권은 불법행위청구권이 아니므로 손해배상이 청구될 수 없다고 한다.

23) Schubert(Hrsg.), Die Vorlagen der Redaktoren für die erste Kommission zur Ausarbeitung des Entwurfs eines Bürgerlichen Gesetzbuchs, Sachenrecht, Teil 1, 1982, S. 571 ff.

24) Wieling(주 6), S. 579. Josef, "Erläuterungen zu den Besitzklagen des Bürgerlichen Gesetzbuchs aus dem Preußischen Recht und der Preußischen Rechtsprechung", Archiv für bürgerliches Recht 15, 1899, S. 289에 의하면 사용이익의 손해는 점유자가 본권(소유권, 임차권 등)을 증명한 경우에 한하여 청구될 수 있다고 한다.

25) Staudinger/Gutzeit, 2018, § 861, Rn. 4; Crome, System des Deutschen Bürgerlichen Rechts, Sachenrecht, 1905, S. 68, Fn. 8; Regelsberger(주 10), S. 256. v. Bar, Gemeineuropäisches Sachenrecht, Band

구권의 성립에는 귀책사유가 요구되며,[26] 손해배상청구권에 대하여는 1년의 제척기간이 적용되지 않는다.[27]

② 손해배상청구권 점유방해 등으로 인한 손해배상책임은 불법행위법에서 규율된다.[28] 입법자는 민법제정과정에서 점유의 법적 성질에 관한 논란에 관여하기를 꺼려하면서 독일 민법 제823조 제1항의 절대권에 점유를 포함시키지 아니하였다.[29] 통설과 판례는 적법한 점유를 독일 민법 제823조 제1항의 기타 권리로 인정한다.[30] 유력설은 점유 그 자체는 독일 민법 제823조 제1항의 절대권이 될 수 없다고 지적한다.[31] 제국법원의 판례는 독일 민법 제858조를 보호법규로 하여 독일 민법 제823조 제2항에 따라 손해배상책임을 긍정하고,[32] 연방대법원은 제국법원의 판례를 수용하였다.[33] 학설은 판례에 동조하는 견해,[34] 보호가치가 있는 점유의 경우에 한하여 독일 제858조가 독일 민법 제823조 제2항의 보호법규가 될 수 있다는 견해,[35] 독일 민법 제858조는 잠정적 보호를 규율대상으로 하므로 독일 민법 제823조 제2항의 보호법규가 될 수 없다는 견해로[36] 나뉜다.

Ⅱ, 2019, Rn. 120에 의하면 손해배상의 판단은 종국적 판단이어서 점유에 대한 잠정적 판단과 다르다고 한다.

26) RGZ 16, 147; RGZ 31, 181; Wolff/Raiser(주 7), S. 58.

27) Biermann, Sachenrecht, 2. Aufl., 1903, § 864, Bem. 2(S. 27); Erman/Lorenz, 15. Aufl., 2017, § 864, Rn. 2; Palandt/Herrler, 78. Aufl., 2019, § 864, Rn. 1; Wieser, "Der Schadensersatzanspruch des Besitzers aus § 823 BGB", Jus 1970, S. 560. 특히 Wieling(주 6), S. 583에 의하면 점유방해 등으로 인한 손해배상청구권은 본권에 관한 청구이므로 점유보호청구권의 제한(제척기간, 하자있는 점유의 항변)이 적용되지 않는다고 한다.

28) Müller, Besitzschutz in Europa, 2010, S. 66.

29) Mugdan, Band 2, S. 1077.

30) BGHZ 62, 243, 248= NJW 1974, 1189; Erman/Wilhelmi, 15. Aufl., 2017, § 823, Rn. 43; Jauernig/Teichmann, 17. Aufl., 2018, § 823, Rn. 16; MünchKomm/Wagner, 8. Aufl., 2020, § 823, Rn. 324; RGRK/Steffen, 12. Aufl., 1989, § 823, Rn. 33; Soergel/Spickhoff, 13. Aufl., 2005, § 823, Rn. 98; Staudinger/Hager, 2017, § 823, Rn. B 167; Esser/Weyers(주 6), § 55 Ⅰ 2 b(S. 163); Medicus/Peterson, Bürgerliches Recht, 27. Aufl., 2019, Rn. 607; Mincke, "Forderungsrechte als „'sonstige Rechte" i. S. des § 823 Abs. 1 BGB", JZ 1984, S. 863.

31) Boehmer, Einführung in das bürgerliche Recht, 1954, S. 222; Fikentscher/Heinemann, Schuldrecht, 10. Aufl., 2006, Rn. 1568; Larenz/Canaris, Lehrbuch des Schuldrechts, Besonderer Teil 2, 13. Aufl., 1994, S. 396 f.; v. Caemmerer, "Wandlungen des Deliktsrechts", Festschrift für 100 Jahre DJT, Band 2, 1960, S. 81 f.; Canaris, "Die Verdinglichung obligatorischer Rechte", Festschrift für Flume, Band 1, 1978, S. 401; Mincke(주 30), S. 863; Wieling(주 6), S. 581.

32) RGZ 59, 326, 328(석유판매상점에서 석유가 누출되어 임차인이 피해를 입은 사안); RGZ 105, 213, 218(양털가공공장에서 유출된 매연과 유황가스로 용익임차인이 피해를 본 사안); RGZ 170, 1, 6(할부구입한 화물차가 교통사고로 파손된 사안).

33) BGH NJW 1962, 1342.

34) RGRK/Steffen, 12. Aufl., 1989, § 823, Rn. 33.

35) Wieser(주 27), S. 560.

36) v. Caemmerer(주 31), S. 83. Wieling(주 6), S. 581 f.에 의하면 제858조의 규율목적은 점유자의 인격보호이

③ 손해배상의 내용 사용수익권능을 가진 적법한 점유자의 경우 사용이익의 침해에 대한 손해배상이 인정된다.[37] 또한 과실수취권을 가지는 선의점유자의 경우에도 사용이익의 침해에 대한 손해배상이 인정된다.[38] 다만 점유는 그 자체로 물건에 대한 사용권능을 보유하는 것이 아니므로 단순 점유자는 사용이익의 침해에 대한 손해배상을 청구할 수 없다.[39] 또한 부적법한 점유자는 사용이익의 침해를 손해배상으로 청구할 수 없다.[40]

5) 가처분과의 관계 민사소송법상 가처분제도의 도입으로 점유보호청구권의 실익이 의문시되었다.[41] 민법 제정단계에서는 결국 점유보호청구권은 실체법상 권리로서의 독자성이 인정되었고,[42] 그로 인하여 가처분이 인용될 여지가 확대되었다.[43] 독일 민사소송법 제940조에 기한 가처분의 요건이 충족되지 않는 경우에도 독일 민사소송법 제935조에 기한 가처분이 점유보호청구권에 기하여 인정될 수 있다.

(3) 권리행사기간(독일 민법 제864조 제1항[44])

1) 입법경위 부분초안 제82조는 점유방해행위시로부터 1년 이내의 경우에만 점유방해행위를 다툴 수 있다고 규정한다. 요호(Johow)는 보통법학의 논의를 참고하여 1년의 단기소멸시효를 채택하였다.[45] 제1위원회에서 플랑크(Planck)는 점유보호청구권에 대한 단기소멸시효(1년)와 권리자의 인식에 따라 소멸시효가 기산되는 주관적 체계를 제안하였으나,[46] 제1위원회는 점유관계 분쟁을 신속하게 종결하기 위하여 소멸시효와 주관적 체계를 거부하고 제척기

지 재산보호는 아니므로 제858조는 제823조 제2항의 보호법규가 될 수 없다고 한다.

37) BGH NJW 1984, 2569, 2570; BGH NJW 1981, 750, 751; OLG Düsseldorf VersR 1995, 1363, 1364; MünchKomm/Wagner, 8. Aufl., 2020, § 823, Rn. 325; Medicus, "Besitzschutz durch Ansprüche auf Schadensersatz", AcP 165, 1965, S. 121; Wieling(주 6), S. 583.

38) Medicus(주 37), S. 121; Wieling(주 6), S. 583.

39) Mincke(주 30), S. 863.

40) RGRK/Steffen, 12. Aufl., 1989, § 823, Rn. 33; Wieser, "Zum Schadensersatzanspruch des nicht-berechtigten Besitzers", NJW 1971, 598 f.

41) Meischeider, Besitz Und Besitzschutz, 1876, S. 196.

42) Mugdan, Band 3, S. 273=Motive, Band 3, S. 490.

43) Staudinger/Gutzeit, 2018, Vorbem zu §§ 854-872, Rn. 21; MünchKomm/Schäfer, 8. Aufl., 2020, § 861, Rn. 2, 16. S. Planck, "Zur Kritik des Entwurfes eines bürgerlichen Gesetzbuches für das Deutsche Reich", AcP 75, 1889, S. 395에 의하면 판사의 재량이 넓게 인정되는 보전처분과 달리 점유보호에 대한 실체법적 근거가 필요하다고 한다.

44) 제861조, 제862조에 기한 청구권은 금지된 사력이 행사된 때로부터 1년 이내에 소의 방법으로 행사되지 아니한 경우에는 소멸한다.

45) Schubert(Hrsg.)(주 23), S. 466 f. 19세기 중반의 개별 주의 민법초안에서도 1년의 기간이 인정되었다. 바이에른주 민법 초안 제3장 제38조 제1항은 점유방해와 점유침탈로 인한 청구권은 점유방해시 또는 점유침탈시로부터 1년의 경과로 소멸한다고 규정하고, 헤센주 민법초안 제2장 제23조 제1항은 점유방해시 또는 점유침탈시로부터 1년의 경과로 점유소권은 소멸한다고 규정한다. 다만 부분초안 제82조의 표제(Verjährung des Besitzanspruches)에서 소멸시효라는 용어가 사용되었으나, 부분초안에는 소멸시효가 명확하게 드러나지 않는다.

46) Jakobs/Schubert(주 5), S. 188 f.

간으로 규율하는 것이 타당하다고 판단하였고,[47] 제2위원회도 점유보호청구권에 대하여 제척기간이 적용된다고 하면서 제1위원회의 판단을 수용하고 조문의 부제를 제척기간(Ausschlußfrist)으로 표시하였다.[48] 특히 점유보호청구권이 소멸시효의 대상인지 여부 그리고 항변권의 소멸시효에 관한 어려운 문제가 제기되어 점유보호청구권의 소멸시효는 타당하지 않다고 판단되었다.[49] 제1초안 제824조[50]는 제척기간을 명시하지 않았으나,[51] 제2초안 제786조 제1항[52]은 제척기간을 명확하게 규정했고, 이러한 태도는 독일 민법 제864조 제1항에서도 수용되었다.[53]

2) 해 석 론 판례와 통설은 독일 민법 제864조 제1항의 기간을 제척기간으로 해석한다.[54] 법원은 제척기간 경과 여부를 직권으로 살펴야 한다.[55] 제척기간의 준수는 소를 통해

47) Jakobs/Schubert(주 5), S. 188 ff. Mugdan, Band 3, S. 74=Motive, Band 3, S. 133에 의하면 점유관계 분쟁(einem thatsächlichen Besitzkonflikte)에서 형식적 권리(das formelle Recht)가 누구에게 귀속되느냐의 문제는 시간이 흐름에 따라 급격하게 가리기 어려워지며("baldige Verdunkelung"), 침탈당했다고 주장하는 자가 단기간 내에 제소하지 않으면 상대방은 시간의 지체로 인하여 반대증거를 제시하기가 더욱 어려워진다고 한다.

48) Mugdan, Band 3, S. 518≒Protokolle, Band 3, 1899, S. 45. 조문의 부제(§ 824. Ausschlußfrist)는 후자의 문헌에만 기재되어 있다.

49) Mugdan, Band 3, S. 73 f.=Motive, Band 3, S. 132.

50) Im Besitzprozesse können als verbotene Eigenmacht Handlungen nicht mehr geltend gemacht werden, seit deren Vornahme zur Zeit der Geltendmachung eine längere Frist als ein Jahr verstrichen ist. Die vorstehende Vorschrift findet insoweit keine Anwendung, als die Geltendmachung zur Begründung des Einwandes erforderlich ist, daß von Seiten des Einwendenden verbotene Eigenmacht nicht verübt worden sei.

51) Mugdan, Band 3, S. 73=Motive, Band 3, S. 132에 의하면 제1위원회는 제1초안은 제척기간을 전제로 하고 있다고 한다.

52) Ein nach den §§ 783, 784 begründeter Anspruch erlischt, wenn er nicht innerhalb eines Jahres nach der Verübung der verbotenen Eigenmacht im Wege der Klage geltend gemacht wird.

53) Jakobs/Schubert(주 5), S. 195.

54) Mugdan, Band 3, S. 73 f.=Motive, Band 3, S. 132 f.; RG JW 1903, Beilage S. 105, Nr. 235; RGZ 68, 386, 389; OLG Düsseldorf OLGZ 1975, 331, 333; Bamberger/Roth/Fritzsche, 4. Aufl., 2019, § 864, Rn. 3; Biermann(주 27), § 864, Bem. 2(S. 27); Erman/Lorenz, 15. Aufl., 2017, § 864, Rn. 2; MünchKomm/Schäfer, 8. Aufl., 2020, § 864, Rn. 4; Planck/Brodmann, 5. Aufl., 1932, § 864, Anm. 1(S. 74); RGRK/Kregel, 12. Aufl., 1979, § 864, Rn. 1; Soergel/Stadler, 13. Aufl., 2002, § 864, Rn. 1; Staudinger/Gutzeit 2018, § 864, Rn. 2; Baur/Stürner(주 4), § 9, Rn. 19(S. 97); Eck(주 8), S. 45; Gaertner, Der gerichtliche Schutz gegen Besitzverlust nach römischem und neuerem deutschen Recht, 1901, S. 188; J. v. Gierke(주 3), S. 28; Müller/Gruber(주 13), Rn. 335; Nuerck, Das Sachenrecht des Reichs mit besonderer Berücksichtigung Elsaß-Lothringens, 1909, S. 56; Quitmann(주 3), S. 256; Rosenberg, Sachenrecht, 1919, § 864 Anm. Ⅰ. 4(S. 99); Strohal, Der Sachbesitz nach dem Bürgerlichen Gesetzbuche für das Deutsche Reich, 1897, S. 118; Westermann/Gursky/Eickmann(주 9), S. 166; Wieling(주 10), S. 208; Wilhelm, Sachenrecht, 6. Aufl., 2019, Rn. 528; Windscheid/Kipp(주 10), § 159, Anm. Ⅰ. 2(S. 819); Wolff/Raiser(주 7), S. 61.

55) RG JW 1903, Beilage S. 105(Nr. 235); BGH NJW 1995, 132; BGHZ 147, 45, 52; OLG Düsseldorf OLGZ 1975, 331, 333; Biermann(주 27), § 864, Bem. 2(S. 27); Erman/Lorenz, 15. Aufl., 2017, § 864, Rn. 2; MünchKomm/Schäfer, 8. Aufl., 2020, § 864, Rn. 4; Crome(주 25), S. 69; Strohal(주 54), S. 119.

서만 달성될 수 있고, 소송상 항변이나 보전처분으로 충분하지 않다.[56] 손해배상청구, 부당이득반환청구, 본권에 기한 청구는 기간 준수의 효과가 없다.[57] 유력설은 점유상태가 견고해짐에 따라 본권과 독립된 점유보호의 요청이 약화된다고 한다.[58] 일정한 시간이 경과하면 점유취득경위와 관계없이 새로운 점유가 보호된다.[59]

3) 기 산 점　　상대방의 행위시(점유침탈의 완료시, 방해행위 종료시)가 기산점이며,[60] 점유자의 인식 여부는 기산점에 영향을 미치지 않는다.[61] 방해행위로 인하여 방해상태가 존속하는 경우에도 방해행위종료시가 기산점이다.[62] 계속적 방해행위의 경우에는 방해행위별로 새로 기산된다.[63]

(4) 점유소송 절차의 폐지

1877년 제국민사소송법(CPO) 제819조의 가처분절차가 도입되면서 점유소송의 절차(possessorium summariissimum)는 폐지되었고,[64] 제국민사소송법 제819조는 독일 민사소송법

56) Biermann(주 27), § 864, Bem. 2(S. 27); Erman/Lorenz, 15. Aufl., 2017, § 864, Rn. 2; Nomos Kommentar/Hoeren, 2. Aufl., 2008, § 864, Rn. 5; Staudinger/Gutzeit, 2018, § 864, Rn. 4; Gaertner(주 54), S. 189. 확인의 소의 제기로 제척기간이 준수되느냐에 대하여 견해가 대립하는데, 통설은 확인의 소로는 부족하고 이행의 소가 요구된다고 한다(Bamberger/Roth/Fritzsche, 4. Aufl., 2019, § 864, Rn. 4; Nomos Kommentar/Hoeren, 2. Aufl., 2008, § 864, Rn. 5; Soergel/Stadler, 13. Aufl., 2002, § 864, Rn. 3; Staudinger/Gutzeit, 2018, § 864, Rn. 4; Rosenberg, Sachenrecht, 1919, § 864, Anm. Ⅰ. 3 a)(S. 98 f.)). 다만 소수설은 확인의 소로 충분할 수 있으나 대개 확인의 이익이 부정된다고 한다(MünchKomm/Schäfer, 8. Aufl., 2020, § 864, Rn. 3).

57) Staudinger/Gutzeit, 2018, § 864, Rn. 4; Westermann/Gursky/Eickmann(주 9), S. 166.

58) Müller(주 28), S. 49.

59) MünchKomm/Schäfer, 8. Aufl., 2020, § 864, Rn. 1.

60) BGH NJW 2008, 580, 582; Rosenberg, Sachenrecht, 1919, § 864, Anm. Ⅰ. 1(S. 98).

61) OLG Düsseldorf OLGZ 1975, 331, 333; Erman/Lorenz, 15. Aufl., 2017, § 864, Rn. 2; MünchKomm/Schäfer, 8. Aufl., 2020, § 864, Rn. 2; Nomos Kommentar/Hoeren, 2. Aufl., 2008, § 864, Rn. 3; Planck/Brodmann, 5. Aufl., 1932, § 864, Anm. 1(S. 74); RGRK/Kregel, 12. Aufl., 1979, § 864, Rn. 1; Soergel/Stadler, 13. Aufl., 2002, § 864, Rn. 2; Staudinger/Gutzeit, 2018, § 864, Rn. 3; Müller/Gruber(주 13), Rn. 336; Westermann/Gursky/Eickmann(주 9), S. 166; Wieling(주 10), S. 208.

62) BGH NJW 1995, 132; Bamberger/Roth/Fritzsche, 4. Aufl., 2019, § 864, Rn. 4; Erman/Lorenz, 15. Aufl., 2017, § 864, Rn. 2; jurisPK/Diep, 4. Aufl., 2009, § 864, Rn. 4; Palandt/Herrler, 78. Aufl., 2019, § 864, Rn. 2; RGRK/Kregel, 12. Aufl., 1979, § 864, Rn. 1; Soergel/Stadler, 13. Aufl., 2002, § 864, Rn. 2; Wolff/Raiser(주 7), S. 61.

63) BGH NJW 1995, 132; Erman/Lorenz, 15. Aufl., 2017, § 864, Rn. 2; MünchKomm/Schäfer, 8. Aufl., 2020, § 864, Rn. 2; Nomos Kommentar/Hoeren, § 864, Rn. 3; Palandt/Herrler, 78. Aufl., 2019, § 864, Rn. 2; RGRK/Kregel, 12. Aufl., 1979, § 864, Rn. 1; Soergel/Stadler, 13. Aufl., 2002, § 864, Rn. 2; Staudinger/Gutzeit, 2018, § 864, Rn. 3; Baur/Stürner(주 4), § 9, Rn. 19(S. 97); Rosenberg, Sachenrecht, 1919, § 864, Anm. Ⅰ. 1(S. 98); Wieling(주 10), S. 208; Wolff/Raiser(주 7), S. 61.

64) RGZ 4, 405; Gaupp, Die Civilprozeßordnung für das Deutsche Reich, Band 2, 2. Aufl., 1892, S. 596; Coing, Europäisches Privatrecht, Band 2, 1989, S. 373; Roth, System des deutschen Privatrechts, Band 3, 1886, S. 105 f.; Stobbe/Lehmann, Handbuch des Deutschen Privatrechts, Band 2/1, 3. Aufl., 1896, S. 240; Windscheid/Kipp(주 10), § 159, Anm. Ⅰ. 9(S. 822).

제940조로 승계되었기에 로마법이나 보통법학과는 달리 민사소송법상 점유보호청구권에 관한 별도의 절차가 존재하지 않는다.[65] 신속한 점유보호를 위하여 보전소송이 주로 활용되므로,[66] 점유보호청구권에 기한 본안소송의 실무상 의미는 적다고 한다.[67]

(5) 증명책임

점유자는 자신의 점유가 상대방에 의하여 침탈 또는 방해되었다는 것을 증명하고, 침해자는 자신의 행위가 적법하다는 것을 증명하여야 한다.[68] 기산점에 대한 증명책임은 침해자가 부담한다.[69] 침해자는 제척기간의 기산점과 제척기간의 경과를 증명하는 것으로 충분하고, 점유자는 제척기간의 준수를 증명하여야 한다.[70]

2. 오스트리아의 논의

(1) 점유보호제도의 취지

점유보호청구권은 위법한 사력에 의하여 점유상태가 변경되는 것을 금지하는데, 이는 사회질서를 유지하기 위한 것이다.[71] 본권에 기초하여 점유에 관한 권리관계가 종국적으로 해결되기까지 잠정적인 규율이 필요하다는 점에서 점유보호청구권은 실체법상 중간적 권리로 명명된다.[72] 민사소송법의 점유소송에 관한 특별절차는 점유 관계에 대한 잠정적 규율을 예정하고 있다.[73] 유력설은 채권적 점유자(obligatorischer Fremdbesitzer)의 보호를 위한 수단으로서의 기

65) Staudinger/Gutzeit 2018, § 861, Rn. 18; Müller(주 28), S. 55; Wieling(주 10), S. 201.

66) Müller(주 28), S. 58; Müller/Gruber(주 13), Rn. 325.

67) Berner Kommentar/Stark/Lindenmann, 4. Aufl., 2016, Vorbem. zu Art. 926-929, N 131.

68) Baumgärtel/Schmidt-Eichhorn, Handbuch der Beweislast, 4. Aufl., 2019, § 861, Rn. 1, 3/§ 862, Rn. 1, 3; Westermann/Gursky/Eickmann(주 9), S. 168.

69) Planck/Brodmann, 5. Aufl., 1932, § 864, Anm. 1(S. 74); Staudinger/Gutzeit, 2018, § 864, Rn. 5; Strohal (주 54), S. 119.

70) Erman/Lorenz, 15. Aufl., 2017, § 864, Rn. 2; MünchKomm/Schäfer, 8. Aufl., 2020, § 864, Rn. 5; Palandt/Herrler, 78. Aufl., 2019, § 864, Rn. 2; Soergel/Stadler, 13. Aufl., 2002, § 864, Rn. 3; Staudinger/Gutzeit, 2018, § 864, Rn. 5; Baumgärtel/Schmidt-Eichhorn(주 68), § 864, Rn. 1; Rosenberg, Sachenrecht, 1919, § 864, Anm. Ⅰ. 5(S. 99).

71) Fasching/Kodek, 2. Aufl., 2004, § 454, Rz. 15; Klang/Kodek, 3. Aufl., 2011, § 339, Rz. 6; Kletečka/Schauer/Kodek, ABGB-ON, 2010, § 339, Rz. 1; KurzkommentarABGB/Eccer/Riss, 6. Aufl., 2020, § 339, Rz. 1; Schwimann/Kodek/Grüblinger, 4. Aufl., 2012, § 339, Rz. 1; Schwimann/Klicka, 3. Aufl., 2005, § 339, Rz. 1; Iro/Riss, Sachenrecht, 7. Aufl., 2019, Rz. 2/55; Welser/Kleteka, Grundriss des bürerlichen Rechts, Band 1, 15. Aufl., 2018, Rz. 872.

72) Klang/Kodek, 3. Aufl., 2011, § 339, Rz. 7; Leipold, Grundlagen des einstweiligen Rechtsschutzes, 1971, S. 58.

73) 민사소송법 제459조 제1문("Die Entscheidung hat sogleich nach geschlossener Verhandlung mittels Beschlusses (Endbeschluss) zu erfolgen und sich darauf zu beschränken, eine einstweilige Norm für den thatsächlichen Besitzstand aufzustellen oder provisorisch nach dem Gesetze (§§ 340 bis 343a. b. G. B.)"); Swoboda, Sachenrecht, 2. Aufl., 1944, S. 232.

능을 강조한다.[74)]

(2) 점유보호청구권

1) 서 설 점유보호청구권은 점유방해(Besitzstörung)와 점유침탈(Besitzentziehung)에 대하여 인정된다.[75)] 이는 종전의 상태의 회복, 장래의 방해행위의 금지, 손해배상을 내용으로 한다.[76)] 뵈머(Böhmer)와 사비니(Savigny)의 비판에 영향을 받아 오스트리아 민법에서는 카논법상 점유회복소권(Spolienklage)이 채택되지 않았다.[77)] 피고는 점유방해자 · 점유침탈자 및 포괄승계인에 한정되고, 특정승계인은 악의라도 피고로 되지 않는다.[78)] 점유방해 · 점유침탈의 위법성이 인정되어야 한다.[79)] 점유를 침해하는 인간의 행위(menschliche Handlung)가 요구되며, 순수한 자연 현상으로 충분하지 않다.[80)] 방해상태는 방해자에게 귀속될 수 있는 침해행위로 인하여 발생한 것이어야 한다.[81)] 판례와 통설은 작위를 요구하고 단순 부작위로는 충분하지 않다고 한다.[82)] 방해자에게 점유방해의 의도나 인식이 요구되지 않는다.[83)] 단순 소지자는 안

---

74) Krainz/Pfaff/Ehrenzweig, System des österreichischen allgemeinen Privatrechts, Band 1/2, 6. Aufl., 1923, S. 92.

75) Iro/Riss(주 71), Rz. 2/56.

76) Pfersche, Österreichisches Sachenrecht, Band 1, 1893, S. 186.

77) Randa, Der Besitz nach österreichischem Rechte, 4. Aufl., 1895, S. 293, Fn. 6.

78) OGH GIUNF Nr. 5203(1910. 10. 6.); Fasching/Kodek, 2. Aufl., 2004, § 454, Rz. 88; Burckhard, Die einzelnen Privatrechtsverhältnisse, 1889, S. 73; Krainz/Pfaff/Ehrenzweig(주 74), S. 96; Pfersche(주 76), S. 204; Randa(주 77), S. 293; Canstein, "Der Besitzschutz nach österreichischem Rechte", GrünhutZ 6, 1879, S. 147 f. 특별승계인이 점유방해에 관여한 경우에야 비로소 피고로 삼을 수 있다(OGH GIU Nr. 7795(1880. 1. 8.); Fasching/Kodek, 2. Aufl., 2004, § 454, Rz. 88; Klang/Schey/Klang, 2. Aufl., 1950, §§ 345-348, S. 119; Schwimann/Kodek/Grüblinger, 4. Aufl., 2012, § 339, Rz. 12; Schwimann/Klicka, 3. Aufl., 2005, § 339, Rz. 29).

79) Kletečka/Schauer/Kodek, ABGB-ON, 2010, § 339, Rz. 6; KurzkommentarABGB/Eccer/Riss, 6. Aufl., 2020, § 339, Rz. 6; Schwimann/Kodek/Grüblinger, 4. Aufl., 2012, § 339, Rz. 16; Demelius, Grundriss des Sachenrechts, 1900, S. 12; Iro/Riss(주 71), Rz. 2/62; Swoboda(주 73), S. 230; Canstein(주 78), S. 122.

80) Fasching/Kodek, 2. Aufl., 2004, § 454, Rz. 51; Klang/Kodek, 3. Aufl., 2011, § 339, Rz. 85; Schwimann/Kodek/Grüblinger, 4. Aufl., 2012, § 339, Rz. 24.

81) KurzkommentarABGB/Eccer/Riss, 6. Aufl., 2020, § 339, Rz. 2.

82) OGH GIUNF Nr. 63(1898. 3. 15.); Fasching, Kommentar, 1966, § 454, Anm. 3(S. 881); Fasching/Kodek, § 454, Rz. 51 f; Schwimann/Kodek/Grüblinger, 4. Aufl., 2012, § 339, Rz. 31; Schwimann/Klicka, 3. Aufl., 2005, § 339, Rz. 16; Iro/Riss(주 71), Rz. 2/60; Randa(주 77), S. 263 f. 다만 Canstein(주 78), S. 129에 의하면 부작위로도 충분하다고 한다.

83) OGH GIU Nr. 11841(1887. 11. 17.); Fasching/Kodek, 2. Aufl., 2004, § 454, Rz. 58 f; Kletečka/Schauer/Kodek, ABGB-ON, 2010, § 339, Rz. 6; KurzkommentarABGB/Eccer/Riss, 6. Aufl., 2020, § 339, Rz. 4; Ofner, Sachenrecht, 1893, S. 39; Randa(주 77), S. 247; Swoboda(주 73), S. 230; Canstein(주 78), S. 129. 다만 Fasching, Kommentar, 1966, § 454, Anm. 3(S. 882); Klang/Schey/Klang, 2. Aufl., 1950, § 339, S. 109; Schwimann/Klicka, 3. Aufl., 2005, § 339, Rz. 26에 의하면 침해의 의도는 요구되지 않으나 침해의 인식은 요구된다고 한다.

되고 점유자에게만 점유보호청구권이 인정된다.[84)]

2) 점유방해에 대한 보호청구권(제339조[85)]) 오스트리아 민법 제339조는 점유방해로 인한 점유보호청구권을 규율한다. 점유자는 점유의 방해제거 및 손해배상을 청구할 수 있다(오스트리아 민법 제339조 제2문). 방해의 염려가 있는 경우에는 금지청구도 인정된다.[86)] 그러나 점유방해에 대하여 확인의 소만 제기하는 것은 허용되지 않는다.[87)] 생활방해(Immission)가 수인한도를 초과하는 경우 점유방해를 구성한다.[88)] 점유방해행위로 인하여 점유자의 인격이 침해될 수도 있다.[89)]

3) 점유침탈에 대한 보호청구권(제346조[90)]) 오스트리아 민법 제346조는 점유침탈의 경우 점유의 반환과 손해배상을 청구할 수 있다고 규정한다. 초기의 문헌에 의하면 점유를 침탈당한 자는 침탈자에게 과실의 반환을 청구할 수 있다고 하나,[91)] 유력설은 점유자에게 할당내용이 인정되지 않으므로 부당이득이 인정될 수 없다고 한다.[92)] 점유물의 반환이 불가능한 경우에 점유자는 점유보호청구권에 기하여 대위물의 반환을 청구할 수 없다.[93)]

---

84) OGH GIU Nr. 14001(1891. 11. 24.); OGH GIU Nr. 12872(1889. 9. 27.); Fasching/Kodek, 2. Aufl., 2004, § 454, Rz. 14; Klang/Kodek, 3. Aufl., 2011, § 339, Rz. 43; Klang/Schey/Klang, 2. Aufl., 1950, § 339, S. 104; Kletečka/Schauer/Kodek, ABGB-ON, 2010, § 339, Rz. 3; Schwimann/Kodek/Grüblinger, 4. Aufl., 2012, § 339, Rz. 6; Schwimann/Klicka, 3. Aufl., 2005, § 339, Rz. 1; Stubenrauch, Commentar zum österreichischen Allgemeinen bürgerlichen Gesetzbuche, Band 1, 8. Aufl., 1902, § 339, S. 408; Gschnitzer/Faistenberger, Österreichisches Sachenrecht, 2. Aufl., 1985, S. 23; Randa(주 77), S. 176; Roth(주 64), S. 114; Canstein(주 78), S. 121, Fn. 21. 이에 반하여 소수설은 단순소지자는 부적법한 점유자보다 보호되어야 하므로 단순소지자에게도 점유소권이 인정되어야 한다고 주장한다(Ellinger, österreichischen allgemeinen Zivilrecht, 7. Aufl., 1877, S. 155).

85) § 339. Der Besitz mag von was immer für einer Beschaffenheit seyn, so ist niemand befugt, denselben eigenmächtig zu stören. Der Gestörte hat das Recht, die Untersagung des Eingriffes, und den Ersatz des erweislichen Schadens gerichtlich zu fordern.

86) Fasching/Kodek, 2. Aufl., 2004, § 454, Rz. 92; KurzkommentarABGB/Eccer/Riss, 6. Aufl., 2020, § 339, Rz. 8; Rummel/Spielbüchler, 3. Aufl., 2002, § 339, Rz. 8; Schwimann/Klicka, 3. Aufl., 2005, § 339, Rz. 44; Canstein, Das Civilprozessrecht, Band 2, 2. Aufl., 1893, S. 272; Gschnitzer/Faistenberger(주 84), S. 25; Iro/Riss(주 71), Rz. 2/64; Ofner(주 83), S. 40; Swoboda(주 73), S. 231; Welser/Kleteka(주 71), Rz. 877.

87) Fasching/Kodek, 2. Aufl., 2004, § 454, Rz. 202; Klang/Kodek, 3. Aufl., 2011, § 339, Rz. 139; Schwimann/Kodek/Grüblinger, 4. Aufl., 2012, § 339, Rz. 50; Schwimann/Klicka, 3. Aufl., 2005, § 339, Rz. 45; Rechberger/Simotta, Grundriss des österreichischen Zivilprozessrechts, 9. Aufl., 2017, Rz. 1020.

88) Fasching/Kodek, 2. Aufl., 2004, § 454, Rz. 40; Rummel/Spielbüchler, 3. Aufl., 2002, § 339, Rz. 2; Iro/Riss(주 71), Rz. 2/60.

89) Fasching/Kodek, 2. Aufl., 2004, § 454, Rz. 44.

90) § 346. Gegen jeden unechten Besitzer kann so wohl die Zurücksetzung in die vorige Lage, als auch die Schadloshaltung eingeklagt werden. Beydes muß das Gericht nach rechtlicher Verhandlung, selbst ohne Rücksicht auf ein stärkeres Recht, welches der Geklagte auf die Sache haben könnte, verordnen.

91) Burckhard(주 78), S. 76; Canstein(주 86), S. 276; Ofner(주 83), S. 40; Pfersche(주 76), S. 188.

92) Klang/Kodek, 3. Aufl., 2011, § 339, Rz. 194.

93) Fasching/Kodek, 2. Aufl., 2004, § 454, Rz. 104; Klang/Kodek, 3. Aufl., 2011, § 346, Rz. 8.

4) 점유방해 등으로 인한 손해배상청구권 손해배상청구권은 점유보호청구권에 포함되지 않으므로 점유소송절차에서 심리될 수 없다.[94] 오스트리아 민법 제1295조 이하의 규정에서 정하는 요건이 충족되어야 비로소 손해배상청구권이 인정되는 것이며, 오스트리아 민법 제339조 제2문은 손해배상청구권의 근거가 될 수 없다.[95] 점유보호제도는 점유를 잠정적으로 회복할 뿐이어서 점유자에게 점유물에 대한 재산적 가치가 귀속되는 것이 아니므로 점유방해 등으로 인한 손해배상이 인정되지 않는다.[96] 단순점유자는 방해제거비용을 손해배상으로 청구할 수 있을 뿐이다.[97]

(3) 권리행사기간

1) 법적 성질 오스트리아 민법은 점유보호청구권의 행사기간을 구체적으로 규정하지 않고, 오스트리아 민사소송법은 점유소송에 관한 특별절차(Besondere Bestimmungen für das Verfahren über Besitzstörungsklagen)(제454조 이하)에서 단기의 제소기간을 규정하고 있다.[98] 방해 및 방해자를 안 날로부터 30일 내에 소를 제기하여야 한다(오스트리아 민사소송법 제454조 제1항).[99] 점유소송에 관한 특별절차의 심리대상은 점유의 회복과 방해금지에 한정되며, 점유침해로 인한 손해배상은 포함되지 않는다.[100] 이는 신속한 분쟁 해결을 지향하면서 복잡한 증명문제(본권의 존부와 내용, 선의의 점유, 손해배상청구권)를 배제한 것이다.[101] 민사소송법상 권리행사

---

94) Fasching/Kodek, 2. Aufl., 2004, § 454, Rz. 124; Klang/Kodek, 3. Aufl., 2011, § 339, Rz. 190; Klang/Schey/Klang, 2. Aufl., 1950, §§ 345-348, S. 119; KurzkommentarABGB/Eccer/Riss, 6. Aufl., 2020, § 339, Rz. 9; Rummel/Spielbüchler, 3. Aufl., 2002, § 339, Rz. 11; Schwimann/Klicka, 3. Aufl., 2005, § 339, Rz. 50; Burckhard(주 78), S. 79; Gschnitzer/Faistenberger(주 84), S. 26; Iro/Riss(주 71), Rz. 2/64; Krainz/Pfaff/Ehrenzweig(주 74), S. 96, 98; Ofner(주 83), S. 38; Pfersche(주 76), S. 186; Welser/Kleteka(주 71), Rz. 877.

95) OGH SZ 48/107(1975. 10. 21.); Rummel/Spielbüchler, 3. Aufl., 2002, § 339, Rz. 11; Schwimann/Klicka, 3. Aufl., 2005, § 339, Rz. 56/§ 346, Rz. 1; Koziol, Österreichisches Haftpflichtrecht, Band 2, 2. Aufl., 1984, S. 25 ff.; Krainz/Pfaff/Ehrenzweig(주 74), S. 95 f.; Pfersche(주 76), S. 186; Randa(주 77), S. 342; Canstein(주 78), S. 133, 145. Burckhard(주 78), S. 62에 의하면 손해배상청구는 순수하게 본권에 관한 청구(ein rein petitorischer Anspruch)라고 한다.

96) Fasching/Kodek, 2. Aufl., 2004, § 454, Rz. 126; Klang/Kodek, 3. Aufl., 2011, § 339, Rz. 193; Iro/Riss(주 71), Rz. 2/64; Koziol(주 95), S. 25 ff.에 의하면 점유자는 물건에 대한 권리가 없으므로 물건 자체에 대한 손해나 사용이익의 침해에 대한 손해배상을 청구할 수 없다고 한다.

97) Iro/Riss(주 71), Rz. 2/64.

98) 점유소송절차에 관한 민사소송법 규정의 연원은 1849년 10월 27일의 규정(Kaiserliche Verordnung)(RGBl. 1849, Nr. 12)이다.

99) §. 454. (1) Im Verfahren über Klagen wegen Störung des Besitzstandes bei Sachen und bei Rechten, in welchen das Klagebegehren nur auf den Schutz und die Wiederherstellung des letzten Besitzstandes gerichtet ist und welche innerhalb dreißig Tagen anhängig zu machen sind, nachdem der Kläger von der Störung Kenntnis erlangte, haben die nachfolgenden besonderen Bestimmungen (§§. 455 bis 460) zu gelten.

100) Fasching, Kommentar, 1966, § 454, Anm. 2(S. 881); Krainz/Pfaff/Ehrenzweig(주 74), S. 98; Welser/Kleteka(주 71), Rz. 877.

101) Welser/Kleteka(주 71), Rz. 878.

기간의 법적 성격에 대하여 초기의 학설은 소멸시효설,[102] 소송법상 제척기간설,[103] 실체법상 제척기간설[104]로 나뉘었다.[105] 대법원은 판례의 혼선을 연합부 판결을 통하여 정리하였다.[106] ① 점유소송은 단순한 소송법상 행위가 아니라 점유보호청구권을 실현하는 수단이며, 민사소송법 제454조의 기간은 제척기간이므로 그 기간의 경과로 실체법상 점유보호청구권이 소멸하며, ② 민사소송법 시행법 제52조에 의하면 민사소송법의 시행으로 제소기간(1849년 점유소송절차에 관한 규정 제2조)에 영향이 없다고 규정하는데, 이는 위 제소기간의 법적 성격을 실체법상 제척기간이라고 전제한 것이라고 한다. 이후의 학설은 일치하여 판례에 동조하면서 실체법상 제척기간으로 해석한다.[107] 법원은 제척기간 도과 여부를 직권으로 살펴야 한다.[108]

2) 적용 범위　　제척기간은 방해제거청구권과 반환청구권의 경우에만 적용되고 방해금지청구권의 경우에는 적용되지 않는다.[109] 점유방해 등으로 인한 손해배상청구권은 특별절차에서 규율되지 않으므로 일반소송절차에서 주장되어야 하며,[110] 이러한 경우에는 단기의 제

---

102) Stubenrauch, Commentar zum österreichischen Allgemeinen bürgerlichen Gesetzbuche, Band 1, 8. Aufl., 1902, S. 411; Randa(주 77), S. 335 ff.; Ullmann, Das österreichische Zivilprozeßrecht, 2. Aufl., 1887, S. 518, Fn. 2.

103) Canstein(주 78), S. 156 f.; Kris, "Zum Besitzschutze nach österreichischem Rechte", GZ 1880, Nr. 103, S. 410. 소송법상 제척기간설에 의하면 기간 경과시 일반 점유소송절차(possessorium ordinarium)에서 제소하는 것은 가능하다고 한다.

104) Demelius(주 79), S. 10; Pfersche(주 76), S. 191; Tilsch, Der Einfluss der Civilprocessgesetze auf das materielle Recht, 2. Aufl., 1901, S. 81.

105) 소송법상 제척기간설은 점유보호청구권(민법 제339조, 제346조)이 소멸하는 것이 아니라 간이신속절차(possessorio summarissimo)에서 제소할 수 없을 뿐이므로 통상절차(possessorium ordinarium)에서 제소가 가능하다고 하나, 실체법상 제척기간설은 점유보호청구권(민법 제339조, 제346조)이 소멸하고, 다른 권리(민법 제372조: Actio Publiciana)에 기하여 통상절차(possessorium ordinarium)에서 제소가 가능하다고 한다.

106) OGH GIUNF Nr. 1858(Plenissimarbeschluß: 1902. 4. 22.). 소송법상 제척기간설에 따르는 판례(OGH GIU Nr. 139, 555, 601, 2722, 3470, 7098, 10879, 10907)와 소멸시효설에 따르는 판례(OGH GIU Nr. 1771, 2289, 3030, 3634, 6394, 6794, 6982, 8657, 10825, 11270, 12185)가 상당수 존재한다(Canstein(주 86), S. 266, Fn. 4)

107) Fasching, Kommentar, 1966, § 454, Anm. 4(S. 883); Klang/Schey/Klang, 2. Aufl., 1950, Vorbemerkungen zu §§ 339 bis 348, S. 103, § 339, S. 112; Rechberger/Fucik, 5. Aufl., 2019, § 454, Rz. 5; Rummel/Spielbüchler, 3. Aufl., 2002, § 339, Rz. 10; Schwimann/Kodek/Grüblinger, 4. Aufl., 2012, § 339, Rz. 56; Schwimann/Klicka, 3. Aufl., 2005, § 339, Rz. 53; Gschnitzer/Faistenberger(주 84), S. 25; Iro/Riss(주 71), Rz. 2/63; Krainz/Pfaff/Ehrenzweig(주 74), S. 97; Petschek/Stagel, Der österreichische Zivilprozess, 1963, S. 357; Pfersche(주 76), S. 191; Rechberger/Simotta(주 87), Rz. 1021; Swoboda(주 73), S. 233; Tilsch(주 104), S. 81; Welser/Kleteka(주 71), Rz. 874; K. Wolff, Grundriss des österreichischen bürgerlichen Rechts, 4. Aufl., 1948, S. 231. 다만 유력설은 소송법상 제척기간이므로 위 기간이 경과하더라도 일반 소송에서 다툴 수 있다고 한다(Fasching/Kodek, 2. Aufl., 2004, § 454, Rz. 240).

108) Fasching, Kommentar, 1966, § 454, Anm. 4(S. 884); Fasching/Kodek, 2. Aufl., 2004, § 454, Rz. 237; Rummel/Spielbüchler, 3. Aufl., 2002, § 339, Rz. 10; Schwimann/Kodek/Grüblinger, 4. Aufl., 2012, § 339, Rz. 58; Schwimann/Klicka, 3. Aufl., 2005, § 339, Rz. 53; Krainz/Pfaff/Ehrenzweig(주 74), S. 98.

109) Fasching/Kodek, 2. Aufl., 2004, § 454, Rz. 262; Klang/Kodek, 3. Aufl., 2011, § 339, Rz. 265.

110) Schwimann/Kodek/Grüblinger, 4. Aufl., 2012, § 339, Rz. 60; Welser/Kleteka(주 71), Rz. 881.

척기간이 적용되지 않는다.[111] 따라서 점유방해 등으로 인한 손해배상청구권에 대하여는 3년의 단기소멸시효(오스트리아 민법 제1489조)와 30년의 일반소멸시효(오스트리아 민법 제1478조)가 적용된다.[112]

3) 기 산 점 　제척기간의 기산점은 방해자 및 방해의 인식시이다.[113] 오스트리아 민사소송법 제454조 제1항의 문언에 의하면 인식의 대상을 방해로 한정하나, 통설과 판례는 인식의 대상으로 방해자를 포함한다.[114] 적극적인 인식이 요구되며 객관적 인식가능성만으로 충분하지 않다.[115] 방해행위로 인하여 방해결과가 존재하는 경우 방해행위에 대한 인식시가 기산점이 된다.[116] 일련의 방해행위에 통일성(Einheit)이 인정되는 경우에는 최초의 방해행위에 대한 인식시가 기산점이다.[117] 이에 반하여 일련의 방해행위에 통일성이 인정되지 아니하는 경우에는 개별 행위별로 기산된다.[118]

(4) 점유소송의 절차

오스트리아 민사소송법은 점유소송에 관한 특별절차를 규정하고 있는데, 제454조 이하의 규정은 점유방해금지소송뿐만 아니라 점유반환소송에도 적용된다.[119] 오스트리아 민사소송법 제457조 제1항에 의하면 심리의 대상은 점유와 점유방해로 한정되고, 점유의 태양(적법성, 선의)과 손해배상청구권에 관한 심리는 배제된다.[120] 오스트리아 민사소송법 제458조에 따라 급박한

111) Rummel/Spielbüchler, 3. Aufl., 2002, § 339, Rz. 11; Krainz/Pfaff/Ehrenzweig(주 74), S. 98; Gschnitzer/Faistenberger(주 84), S. 26; Welser/Kleteka(주 71), Rz. 881. 특히 Iro/Riss(주 71), Rz. 2/64에 의하면 점유는 물건에 대한 권리를 보장하는 것이 아니므로 점유침해에 대한 손해배상청구권이 인정될 수 없다고 한다.

112) Pfersche(주 76), S. 190.

113) Fasching/Kodek, 2. Aufl., 2004, § 454, Rz. 250.

114) OGH GIUNF Nr. 3113(1905. 7. 4.); Fasching/Kodek, 2. Aufl., 2004, § 454, Rz. 250; Klang/Kodek, 3. Aufl., 2011, § 339, Rz. 252; Klang/Schey/Klang, 2. Aufl., 1950, Vorbemerkungen zu §§ 339 bis 348, S. 103; Kletečka/Schauer/Kodek, ABGB-ON, 2010, § 339, Rz. 23; K. Wolff(주 107), S. 231.

115) Fasching/Kodek, 2. Aufl., 2004, § 454, Rz. 251; Klang/Kodek, 3. Aufl., 2011, § 339, Rz. 253.

116) Klang/Kodek, 3. Aufl., 2011, § 339, Rz. 260; Canstein(주 86), S. 266 f.

117) OGH GIU Nr. 2889(1867. 10. 22.); Fasching, Kommentar, 1966, § 454, Anm. 4(S. 883); Fasching/Kodek, 2. Aufl., 2004, § 454, Rz. 256; Klang/Schey/Klang, 2. Aufl., 1950, Vorbemerkungen zu §§ 339 bis 348, S. 103; Kletečka/Schauer/Kodek, ABGB-ON, 2010, § 339, Rz. 23; Rechberger/Fucik, 5. Aufl., 2019, § 454, Rz. 6; Rummel/Spielbüchler, 3. Aufl., 2002, § 339, Rz. 10; Schwimann/Kodek/Grüblinger, 4. Aufl., 2012, § 339, Rz. 56; Schwimann/Klicka, 3. Aufl., 2005, § 339, Rz. 51; Iro/Riss(주 71), Rz. 2/63. 다만 Canstein(주 86), S. 267에 의하면 최후의 방해행위에 대한 인식시가 기산점이라고 한다.

118) Fasching/Kodek, 2. Aufl., 2004, § 454, Rz. 258; Klang/Kodek, 3. Aufl., 2011, § 339, Rz. 260.

119) Krainz/Pfaff/Ehrenzweig(주 74), S. 93; Welser/Kleteka(주 71), Rz. 873 f.

120) §. 457. (1) Die Verhandlung ist auf die Erörterung und den Beweis der Thatsache des letzten Besitzstandes und der erfolgten Störung zu beschränken, und es sind alle Erörterungen über das Recht zum Besitze, über Titel, Redlichkeit und Unredlichkeit des Besitzes oder über etwaige Entschädigungsansprüche auszuschließen. 점유의 태양과 점유방해로 인한 손해배상은 본권에 관한 청구에서 판단된다(Rechberger/Simotta(주 87), Rz. 1024).

위험, 폭력행위, 회복할 수 없는 손해의 방지를 위하여 필요한 경우 가처분도 가능하다.[121)]

(5) 증명책임

점유자는 자신의 점유가 상대방의 행위에 의하여 침해(침탈 또는 방해)되었거나 방해의 염려가 있다는 것을 증명하여야 하고,[122)] 침해자는 침해행위가 위법하지 않거나 제척기간이 경과하였다는 것을 증명하여야 한다.[123)]

3. 스위스의 논의

(1) 점유보호제도의 취지

점유보호제도는 금지된 사력을 방지하여 점유자의 이익을 보호하고 아울러 평화유지라는 공적 이익을 보호한다.[124)] 현재의 시점에서는 채권관계에 기하여 점유를 하는 자(가령 임차인)의 제3자에 대한 효력이 강조된다.[125)] 점유보호제도는 점유상태를 신속하게 복원하는 것을 내용으로 하므로 절차의 신속이 요구된다.[126)] 점유제도는 할당내용(Zuweisungsgehalt)을 보호하지 않고 현재의 사실상태(status quo)만을 보호할 뿐이다.[127)]

(2) 점유보호청구권

1) 일 반 점유보호청구권이 인정되기 위하여는 인간의 행위에 의하여 발생하여야 하고, 인간의 행위로 귀속될 수 없는 순수한 자연적 사건으로는 인정되지 않는다.[128)] 부작위에 의한 점유침해도 인정될 수 있다.[129)] 점유의 침해는 금지된 사력(verbotene Eigenmacht)으로 위법하여야 한다.[130)] 점유보호청구권의 성립에 있어 방해자·침탈자의 귀책사유가 요구되

121) Rechberger/Simotta(주 87), Rz. 1027.

122) Fasching/Kodek, 2. Aufl., 2004, § 454, Rz. 95, 157; Klang/Kodek, 3. Aufl., 2011, § 339, Rz. 144, 231; Klang/Schey/Klang, 2. Aufl., 1950, §§ 345 bis 348, S. 119; Swoboda(주 73), S. 231; Welser/Kleteka(주 71), Rz. 873; K. Wolff(주 107), S. 229.

123) Fasching/Kodek, 2. Aufl., 2004, § 454, Rz. 157, 266; Klang/Kodek, 3. Aufl., 2011, § 339, Rz. 231, 268; Klang/Schey/Klang, 2. Aufl., 1950, § 339, S. 112; Krainz/Pfaff/Ehrenzweig(주 74), S. 98; Welser/Kleteka(주 71), Rz. 876.

124) Berner Kommentar/Stark/Lindenmann, 4. Aufl., 2016, Vorbem. zu Art. 926-929, N 1-2b; Fuchs, Die Besitzesschutzklagen nach Art. 927 ff. ZGB, 2018, N 133.

125) Zürcher Kommentar/Homberger, 2. Aufl., 1938, Art. 927, N 3; Fuchs(주 124), N 134.

126) Fuchs(주 124), N 128.

127) Fuchs(주 124), N 132.

128) Basler KommentarZGB/Ernst, 6. Aufl., 2019, Vor Art. 926-929, N 4; Berner Kommentar/Stark/Lindenmann, 4. Aufl., 2016, Vorbem. zu Art. 926-929, N 5; Orell Füssli Kommentar/Berger-Steiner/Schmid, 3. Aufl., 2016, Art. 926, N 8; Zürcher Kommentar/Homberger, 2. Aufl., 1938, Art. 927, N 28; Fuchs(주 124), N 168.

129) Berner Kommentar/Stark/Lindenmann, 4. Aufl., 2016, Art. 928, N 23; KurzkommentarZGB/Domej/Schmidt, 2. Aufl., 2018, Art. 926, N 3; Zürcher Kommentar/Homberger, 2. Aufl., 1938, Art. 928, N 8; Fuchs(주 124), N 193.

130) Berner Kommentar/Stark/Lindenmann, 4. Aufl., 2016, Vorbem. zu Art. 926-929, N 21; KurzkommentarZGB/

지 않는다.[131] 점유침해의 의사나 인식도 요구되지 않는다.[132]

2) 스위스 민법 제927조　　스위스 민법 제927조는 점유회복청구권을 규율한다. 동조의 규율대상은 동산과 부동산이다.[133] 동조 제1항은 금지된 사력으로 타인의 물건을 침탈한 자는 이를 반환할 의무를 부담한다고 규정한다. 동조 제2항은 피고가 바로 본권(besserer Recht)을 증명하여 원고에게 물건의 반환을 다시 주장할 수 있는 경우에는 물건의 반환을 거부할 수 있다고 규정한다. 스위스 민법 제927조 제2항은 점유회수의 소에서 본권에 관한 항변을 허용하고 있다.[134] 이는 법질서의 통일성(Plausibilität der Rechtsordunung)과 소송경제의 요청에 기한 것이다.[135] 본권은 물권뿐만 아니라 채권의 경우도 포함한다.[136] 증명에 시간이 지체되지 않고 특별한 비용이 들지 않아야 한다.[137] 동조 제3항의 소는 점유의 회복과 손해배상을 내용으로 한다. 판례와 통설은 동조 제3항의 손해배상청구권은 스위스 채무법 제41조의 손해배상청구권을 의미한다고 해석한다.[138] 피고는 침탈자, 포괄승계인, 악의의 특정승계인이다.[139] 악의의

Domej/Schmidt, 2. Aufl., 2018, Art. 926, N 3; Orell Füssli Kommentar/Berger-Steiner/Schmid, 3. Aufl., 2016, Art. 926, N 8; Zürcher Kommentar/Homberger, 2. Aufl., 1938, Art. 926, N 4; Fuchs(주 124), N 198; Schmid/Hürlimann-Kaup, Sachenrecht, 5. Aufl., 2017, N 220.

131) Berner Kommentar/Stark/Lindenmann, 4. Aufl., 2016, Vorbem. zu Art. 926-929, N 5; Berner Kommentar/Stark/Lindenmann, 4. Aufl., 2016, Art. 927, N 10, Art. 928, N 18; KurzkommentarZGB/Domej/Schmidt, 2. Aufl., 2018, Art. 928, N 5; Orell Füssli Kommentar/Berger-Steiner/Schmid, 3. Aufl., 2016, Art. 926, N 8; Zürcher Kommentar/Homberger, 2. Aufl., 1938, Art. 927, N 24, Art. 928, N 19, 22; Zürcher Kommentar/Wieland, 1909, Art. 928, N 2; Fuchs(주 124), N 239; Schmid/Hürlimann-Kaup(주 130), N 221.

132) Tuor/Schnyder/Schmid, ZGB, 14. Aufl., 2015, §92, N 2; Fuchs(주 124), N 239.

133) Hrubesch-Millauer/Graham-Siegenthaler/Roberto, Sachenrecht, 5. Aufl., 2017, N. 02.116.

134) Zürcher Kommentar/Homberger, 2. Aufl., 1938, Vorbemerkung zu Art. 919 ff. ZGB, N 4.

135) BGE 144 Ⅲ 145 E. 3.1; Basler KommentarZGB/Ernst, 6. Aufl., 2019, Art. 927, N 6; Berner Kommentar/Stark/Lindenmann, 4. Aufl., 2016, Art. 927, N 19; Orell Füssli Kommentar/Berger-Steiner/Schmid, 3. Aufl., 2016, Art. 927, N 3; Hrubesch-Millauer/Graham-Siegenthaler/Roberto(주 133), N. 02.127.

136) BGE 40 Ⅱ 559, E. 3; Berner Kommentar/Stark/Lindenmann, 4. Aufl. 2016, Art. 927, N 20; Handkommentar/Eitel/Arnet, 2007, ZGB Art. 927, N 6; Orell Füssli Kommentar/Berger-Steiner/Schmid, 3. Aufl. 2016, Art. 927, N 3; Hinderling, Schweizerisches Privatrecht, Ⅴ/1, 1977, S. 455; Hrubesch-Millauer/Graham-Siegenthaler/Roberto(주 133), N. 02.128; Sutter-Somm, Schweizerisches Privatrecht, Ⅴ/1, 2. Aufl. 2014, N 1339.

137) Berner Kommentar/Stark/Lindenmann, 4. Aufl., 2016, Art. 927, N 21; Sutter-Somm(주 136), N 1339.

138) BGE 66 Ⅰ 228, 236 E. 3(1940. 11. 29.); Basler KommentarZGB/Ernst, 6. Aufl., 2019, Art. 927, N 8; Berner Kommentar/Stark/Lindenmann, 4. Aufl., 2016, Art. 927, N 26; Handkommentar/Eitel/Arnet, 2007, ZGB Art. 927, N 7; KurzkommentarZGB/Domej/Schmidt, 2. Aufl., 2018, Art. 927, N 6; Orell Füssli Kommentar/Berger-Steiner/Schmid, 3. Aufl., 2016, Art. 927, N 2; Zürcher Kommentar/Homberger, 2. Aufl., 1938, Art. 927, N 27; Zürcher Kommentar/Wieland, 1909, Art. 927, N 5d; Fuchs(주 124), N 351; Hrubesch-Millauer/Graham-Siegenthaler/Roberto(주 133), N. 02.125; Schmid/Hürlimann-Kaup(주 130), N 238; Sutter-Somm(주 136), N 1340; v. Tuhr/Peter, Allgemeiner Teil des Schweizerischen Obligationenrechts, Band 1, 3. Aufl., 1979, S. 463. 다만 소수설은 손해배상청구권에 귀책사유가 요구되지 않는다고 한다(Berner Kommentar/Ostertag, 2. Aufl., 1917, Art. 927, N 22).

139) Basler KommentarZGB/Ernst, 6. Aufl., 2019, Art. 927, N 4; Berner Kommentar/Ostertag, 2. Aufl., 1917,

특정승계인에 대하여 대항할 수 없게 되면 점유회수제도의 취지가 몰각되기 때문이다.[140] 아울러 유력설은 점유회수청구권이 물권이 아니므로 선의의 제3자에게 주장될 수 없다고 한다.[141]

3) 스위스 민법 제928조　　스위스 민법 제928조는 점유방해에 대한 구제수단을 규율한다. 동조의 규율대상은 동산과 부동산이다.[142] 점유자는 방해자가 본권을 주장하더라도 방해제거, 방해금지 및 손해배상을 청구할 수 있다.[143] 피고는 방해자와 포괄승계인이다.[144] 특별승계인은 방해행위에 대한 악의로 충분하지 않고 방해상태를 지배하는 경우에만 피고가 될 수 있다.[145] 점유방해의 경우에는 방해행위로 인하여 방해상태가 존속하는지 유의하여야 한다.[146] 손해배상청구권은 스위스 채무법 제41조 이하의 규정에 의하므로 귀책사유가 요구된다.[147]

4) 손해배상청구권

① 손해배상의 요건　　점유방해 등으로 인한 손해배상책임이 성립하기 위해서는 스위스 채무법 제41조의 요건이 충족되어야 한다. 따라서 위법성, 손해, 인과관계, 귀책사유가 인정되어야 한다.[148] 위법성의 요건은 절대권의 침해 또는 보호법규의 위반의 경우에 충족된다.[149] 다수설은 점유권을 절대권으로 보고 점유방해 등의 경우에 위법성을 긍정한다.[150] 유력설은

Art. 927, N 17; Berner Kommentar/Stark/Lindenmann, 4. Aufl., 2016, Art. 927, N 5; KurzkommentarZGB/Domej/Schmidt, 2. Aufl., 2018, Art. 927, N 2; Handkommentar/Eitel/Arnet, 2007, ZGB Art. 927, N 3; Orell Füssli Kommentar/Berger-Steiner/Schmid, 3. Aufl., 2016, Art. 927, N 5; Zürcher Kommentar/Wieland, 1909, Art. 927, N 5b; Hinderling(주 136), S. 454; Hrubesch-Millauer/Graham-Siegenthaler/Roberto(주 133), N. 02.120; Sutter-Somm(주 136), N 1337. 다만 Zürcher Kommentar/Homberger, 2. Aufl., 1938, Art. 927, N 8에 의하면 명문의 근거가 없으므로 확대해석이 인정될 수 없다고 한다.

140) Basler KommentarZGB/Ernst, 6. Aufl., 2019, Art. 927, N 4; Fuchs(주 124), N 253.

141) Basler KommentarZGB/Ernst, 6. Aufl., 2019, Art. 927, N 4; Fuchs(주 124), N 256.

142) Hrubesch-Millauer/Graham-Siegenthaler/Roberto(주 133), N. 02.135.

143) Berner Kommentar/Stark/Lindenmann, 4. Aufl., 2016, Art. 928, N 2.

144) Berner Kommentar/Stark/Lindenmann, 4. Aufl., 2016, Art. 928, N 10.

145) Berner Kommentar/Stark/Lindenmann, 4. Aufl., 2016, Art. 928, N 11; Fuchs(주 124), N 260.

146) Fuchs(주 124), N 181('Vorgang und Zustand'). 가령 무단으로 시설을 설치하거나 폐기물을 적치하는 경우가 그러하다.

147) BGE 99 Ⅱ 28, E. 3.b; Berner Kommentar/Stark/Lindenmann, 4. Aufl., 2016, Art. 928, N 46; Handkommentar/Eitel/Arnet, 2007, ZGB Art. 928, N 7; KurzkommentarZGB/Domej/Schmidt, 2. Aufl., 2018, Art. 928, N 8; Orell Füssli Kommentar/Berger-Steiner/Schmid, 3. Aufl., 2016, Art. 928, N 5; Zürcher Kommentar/Homberger, 2. Aufl., 1938, Art. 928, N 23; Fuchs(주 124), N 240; Hinderling(주 136), S. 456; Hrubesch-Millauer/Graham-Siegenthaler/Roberto(주 133), N. 02.143; Sutter-Somm(주 136), N 1343; Zobl/Thurnherr, ≪Pflanzenstreitigkeiten≫-Eine Übersicht über die Möglichkeiten des Grundeigentümers und deren Verhältnis zur actio negatoria", Festschrift für Huwiler, 2007, S. 765, Fn. 62. 다만 소수설은 손해배상청구권에 귀책사유가 요구되지 않는다고 한다(Berner Kommentar/Ostertag, 2. Aufl., 1917, Art. 928, N 20).

148) Fuchs(주 124), N 352.

149) BGE 116 Ⅰb 367, 374.

150) Berner Kommentar/Stark/Lindenmann, 4. Aufl., 2016, Art. 928, N 47; Schnyder/Portmann/Müller-

점유권에 기초한 손해배상은 인정될 수 없고 본권에 기초한 손해배상만이 인정될 수 있다고 한다.[151]

② 손해배상의 내용 점유방해로 인한 가치감소분은 손해로 인정되지 않는다.[152] 점유방해로 인하여 발생한 재산상 손해가 배상된다.[153] 유력설은 점유방해로 인한 손해배상은 방해제거를 목적으로 하므로 방해제거비용이 손해로 인정된다고 한다.[154] 손해가 경미하여 감수하여야 할 정도인 경우에는 손해배상이 부정된다.[155] 점유방해의 경우에는 스위스 채무법 제47조와 제49조가 적용되지 않으므로 위자료청구권은 인정되지 않는다.[156]

(3) 권리행사기간

1) 일 반 스위스 민법 제929조는 점유보호청구권을 두 가지 방식으로 규율한다. 동조 제1항은 방해 및 방해자를 알고 즉시 이의를 제기할 것을 요구하고, 동조 제2항은 방해 및 침탈시로부터 1년이 경과하면 시효로 소멸한다고 규정한다. 단기의 권리행사기간은 점유 분쟁을 신속하게 해결하기 위함이다.[157] 동조의 규율대상은 점유보호청구권이고 점유침해로 인한 손해배상청구권(스위스 채무법 제41조 이하)은 포함되지 않는다.[158] 또한 방해예방청구권의 경우에는 제척기간이 적용되지 않는다.[159]

2) 스위스 민법 제929조 제1항 스위스 민법 제929조 제1항에 의한 이의제기(Protest)는 특별한 방식이 요구되지 않으므로 제929조 제1항의 기간 준수를 위하여 재판상 행

Chen, Ausservertragliches Haftpflichtrecht, 2008, N 153; Schwenzer, Schweizeriches Obligationenrecht, Allgemeiner Teil, 7. Aufl., 2016, N 50.05; Keller/Gabi/Gabi, Haftpflichtrecht, 3. Aufl., 2012, S. 44 f.; Basler KommentarOR/Kessler, 6. Aufl., 2015, Art. 41, N 33.

151) Fuchs(주 124), N 357. 또한 Rey, Haftpflichtrecht, 4. Aufl., 2008, N 692에 의하면 점유는 사실적 상태에 불과하므로 절대권으로 인정될 수 없다고 한다.

152) Basler KommentarZGB/Ernst, 6. Aufl., 2019, Art. 928, N 13; Berner Kommentar/Stark/Lindenmann, 4. Aufl., 2016, Art. 928, N 48.

153) Basler KommentarZGB/Ernst, 6. Aufl., 2019, Art. 928, N 13에 의하면 점유방해소송으로 인하여 임대인이 임차인에게 임료를 감액한 금액을 방해자에게 손해배상으로 청구할 수 있다고 한다.

154) Basler KommentarZGB/Ernst, 6. Aufl., 2019, Art. 928, N 13; Berner Kommentar/Stark/Lindenmann, 4. Aufl., 2016, Art. 928, N 47; Orell Füssli Kommentar/Berger-Steiner/Schmid, 3. Aufl., 2016, Art. 928, N 5; Rey, Die Grundlagen des Sachenrechts und das Eigentum, 3. Aufl., 2007, N 2107.

155) Basler KommentarZGB/Ernst, 6. Aufl., 2019, Art. 928, N 13; Berner Kommentar/Stark/Lindenmann, 4. Aufl., 2016, Art. 928, N 48.

156) Berner Kommentar/Stark/Lindenmann, 4. Aufl., 2016, Art. 928, N 49.

157) Fuchs(주 124), N 365.

158) Berner Kommentar/Stark/Lindenmann, 4. Aufl., 2016, Art. 929, N 2; KurzkommentarZGB/Domej/Schmidt, 2. Aufl., 2018, Art. 929, N 1; Orell Füssli Kommentar/Berger-Steiner/Schmid, 3. Aufl., 2016, Art. 929, N 5; Zürcher Kommentar/Homberger, 2. Aufl., 1938, Art. 929, N 4; Fuchs(주 124), N 366; Sutter-Somm(주 136), N 1336; Zobl/Thurnherr(주 147), S. 765. 손해배상청구권의 소멸시효는 스위스 채무법 제60조에 따라 안 날로부터 5년, 행위시로부터 10년이다.

159) Berner Kommentar/Stark/Lindenmann, 4. Aufl., 2016, Art. 929, N 2, 14; Zürcher Kommentar/ Homberger, 2. Aufl., 1938, Art. 929, N 3; Zobl/Thurnherr(주 147), S. 765.

사를 요구하는 것은 아니다.[160] 이의제기는 침해자에게 행해져야 한다.[161] 스위스 민법 제929조 제1항의 기산점은 방해자와 방해를 인식한 날이며,[162] 즉시 이의했는지 여부는 개별 사건의 제반 정상이 고려되어 결정된다.[163]

3) 스위스 민법 제929조 제2항 스위스 민법 제929조 제2항은 점유소권은 침탈 또는 방해시로부터 1년의 소멸시효에 걸린다고 규정한다.[164] 기간의 법적 성격에 대하여 판례와 통설은 문언(verjähren)과 달리 점유관계분쟁을 조속하게 해결하기 위하여 '제척기간(Verwirkungsfrist)'으로 해석한다.[165] 따라서 법원은 제척기간 경과 여부를 직권으로 살펴야 한다.[166] 기간 준수를 위하여 소의 제기가 요구되고, 스위스 민사소송법 제261조 이하의 규정에 의한 가처분으로는 충족되지 않는다.[167] 스위스 민법 제929조 제2항의 기산점은 침탈행위시 또는 방해행위시이며, 점유자의 인식여부는 기산점에 영향을 미치지 않는다.[168] 방해행위가 종료되고 방

160) Berner Kommentar/Stark/Lindenmann, 4. Aufl., 2016, Art. 929, N 4; KurzkommentarZGB/Domej/Schmidt, 2. Aufl., 2018, Art. 929, N 2; Orell Füssli Kommentar/Berger-Steiner/Schmid, 3. Aufl., 2016, Art. 929, N 2; Fuchs(주 124), N 369; Hrubesch-Millauer/Graham-Siegenthaler/Roberto(주 133), N. 02.147; Schmid/Hürlimann-Kaup(주 130), N 247; Tuor/Schnyder/Schmid(주 132), § 92, N 7, Fn. 15.

161) Berner Kommentar/Stark/Lindenmann, 4. Aufl., 2016, Art. 929, N 4; Fuchs(주 124), N 369.

162) Basler KommentarZGB/Ernst, 6. Aufl., 2019, Art. 929, N 2; Fuchs(주 124), N 370.

163) Berner Kommentar/Stark/Lindenmann, 4. Aufl., 2016, Art. 929, N 6; KurzkommentarZGB/Domej/Schmidt, 2. Aufl., 2018, Art. 929, N 2; Zürcher Kommentar/Homberger, 2. Aufl., 1938, Art. 929, N 1; Fuchs(주 124), N 371.

164) 취리히 사법 제508조는 6월의 제소기간을 규정한다. 점유소권은 방해시 또는 침탈시로부터 6월 내에 제소되어야 하고, 이 경우에는 대체로 명령절차(Befehlsverfahren)에서 처리된다. 분쟁의 신속한 해결을 위하여 단기의 기간이 설정되었다(Bluntschli, Sachenrecht, S. 31). 1900년 부분초안 제971조의 기간은 1년이었으나 1902년 전문가회의 단계에서 6개월로 감축되었다가 초안 제967조 제2항에 대한 의회심의과정에서 점유방해의 양상에 비추어 6개월의 기간은 너무 짧다는 이유에서 결국 1년으로 연장되었다(Fasel, Sachenrechtliche Materialien, 2005, S. 1631).

165) BGE 5A_658/2009, E. 4(2010. 1. 19. 1.); Basler KommentarZGB/Ernst, 6. Aufl., 2019, Art. 929, N 4; Berner Kommentar/Stark/Lindenmann, 4. Aufl., 2016, Art. 929, N 10; Handkommentar/Eitel/Arnet, 2007, ZGB Art. 929, N 2; KurzkommentarZGB/Domej/Schmidt, 2. Aufl., 2018, Art. 929, N 3; Orell Füssli Kommentar/Berger-Steiner/Schmid, 3. Aufl., 2016, Art. 929, N 3; Zürcher Kommentar/Homberger, 2. Aufl., 1938, Art. 929, N 2; Fuchs(주 124), N 373; Hinderling(주 136), S. 454; Hrubesch-Millauer/Graham-Siegenthaler/Roberto(주 133), N. 02.148; Schmid/Hürlimann-Kaup(주 130), N 248; Sutter-Somm(주 136), N 1335; Tuor/Schnyder/Schmid(주 132), § 92 N 11; Zobl/ Thurnherr(주 147), S. 765. 다만 초기의 견해는 문언에 충실하게 소멸시효로 해석하였다(Berner Kommentar/Ostertag, 2. Aufl., 1917, Art. 929, N 3; Zürcher Kommentar/Wieland, 1909, Art. 929, S. 506; v. Tuhr/Escher, Allgemeiner Teil des Schweizerischen Obligationenrechts, Band 2, 3. Aufl., 1974, S. 213).

166) KurzkommentarZGB/Domej/Schmidt, 2. Aufl., 2018, Art. 929, N 3; Fuchs(주 124), N 376.

167) Basler KommentarZGB/Ernst, 6. Aufl., 2019, Art. 929, N 6; Berner Kommentar/Stark/Lindenmann, 4. Aufl., 2016, Art. 929, N 12; Fuchs(주 124), N 376; Sutter-Somm(주 136), N 1335.

168) Basler KommentarZGB/Ernst, 6. Aufl., 2019, Art. 929, N 5; Berner Kommentar/Stark/Lindenmann, 4. Aufl., 2016, Art. 929, N 13; KurzkommentarZGB/Domej/Schmidt, 2. Aufl., 2018, Art. 929, N 3; Orell

해상태가 존속하는 경우에는 방해행위시에 기산된다.[169] 일련의 행위가 통일성을 구성하면 최초의 방해행위시에 기산되나, 개별적 방해행위의 경우에는 각기 기산된다.[170]

(4) 점유소송 절차

연방 민사소송법이 시행되기 전에는 칸톤(Kanton)의 민사소송법이 적용되었는데, 다수의 칸톤은 점유소송을 '간이절차(summarisches Verfahren)'에서 규율하였다.[171] 연방 민사소송법은 점유소송에 관하여 별도의 규정을 두고 있지 않으므로 일반규정에 따라 규율된다.[172] 다툼이 없는 경우에는 스위스 민사소송법 제257조에 따라 간이절차로 진행되며, 점유자는 스위스 민사소송법 제261조 이하의 규정에 따라 보전처분을 신청할 수 있다.

(5) 증명책임

점유자는 자신의 점유가 상대방에 의하여 방해 또는 침탈되었다는 것을 증명하여야 하고, 침해자는 점유방해·점유침탈의 적법성 또는 제척기간의 경과를 증명하여야 한다.[173]

4. 프랑스의 논의

(1) 점유보호제도의 취지

점유보호제도는 점유자의 점유 자체의 보호에 그치지 않고 점유물에 관한 분쟁을 평화적으로 해결하는 기능을 수행한다.[174] 점유회수소권(l'action en réintégration)의 경우에는 점유요건이 완화되어 질서유지기능이 강조된다.[175] 특히 부동산소유권에 대한 증명이 매우 어렵기 때문에 점유소권의 의미가 컸으나,[176] 실무상으로 급속심리절차(référé)가 선호되어 점유소권의

Füssli Kommentar/Berger-Steiner/Schmid, 3. Aufl., 2016, Art. 929, N 4; Zürcher Kommentar/Homberger, 2. Aufl., 1938, Art. 929, N 3; Fuchs(주 124), N 374; Hrubesch-Millauer/Graham-Siegenthaler/Roberto(주 133), N. 02.148.

169) Basler KommentarZGB/Ernst, 6. Aufl., 2019, Art. 929, N 5; Berner Kommentar/Stark/Lindenmann, 4. Aufl., 2016, Art. 929, N 13; Zürcher Kommentar/Homberger, 2. Aufl., 1938, Art. 929, N 3; Fuchs(주 124), N 374; Sutter-Somm(주 136), N 1335.

170) Basler KommentarZGB/Ernst, 6. Aufl., 2019, Art. 929, N 5; Berner Kommentar/Stark/Lindenmann, 4. Aufl., 2016, Art. 929, N 13; Fuchs(주 124), N 374; Schmid/Hürlimann-Kaup(주 130), N 250.

171) Berner Kommentar/Stark/Lindenmann, 4. Aufl., 2016, Vorbem. zu Art. 926-929, N 106. 연방 민사소송법의 시행일은 2011년 1월 1일이다.

172) Berner Kommentar/Stark/Lindenmann, 4. Aufl., 2016, Vorbem. zu Art. 926-929, N 106; Fuchs(주 124), N 418; Sutter-Somm(주 136), N 1346.

173) Berner Kommentar/Stark/Lindenmann, 4. Aufl., 2016, Art. 928, N 52; Fuchs(주 124), N 386-387.

174) 남효순, "프랑스민법상의 점유제도", 서울대 법학 제37권 제2호(1996), 225.

175) Caterina, "The Evolution of Possessory Actions in France and Italy", in: Descheemaeker(ed.), The Consequences of Possession, 2014, p. 101에 의하면 점유회수소권은 공공의 안전을 해치는 행위를 금지한다는 면에서 진정한 의미의 점유소권으로 보기 어렵다고 한다.

176) Ferid/Sonnenberger, Das Französische Zivilrecht, Band 2, 2. Aufl., 1986, 3 C 446. 김현진, "프랑스法上 action en revendication과 action possessoire", 재산법연구 제29권 제4호(2013), 74에 의하면 프랑스법상 부동산물권변동에서 의사주의가 적용되고 부동산등기의 추정력이 인정되지 않아 양도인이 진정한 소유자라는

유용성이 상당히 감소되었다.

(2) 점유소권의 전개양상

1) 점유소권에 대한 초기의 규율양상 관습상 점유소권은 크게 방해배제소권(la complainte)과 점유회수소권(l'action en réintégration)으로 분류되어 인정되어 왔다.[177] 점유소권에 대한 최초의 입법적 규율은 1806년 민사소송법 제23조인데, 동조에 의하면 1년 이상 평온하게 점유한 자에게만 점유소권(action possessoir)이 인정된다.[178] 동조의 규율 범위와 관련하여 점유회수소권의 경우에도 점유기간요건이 필요하냐의 문제가 제기되었으나, 통설은 종전의 규율이 그대로 적용되므로 점유회수소권의 경우에는 1년의 평온한 점유는 요구되지 않는다고 해석하며, 파기원 판례도 이러한 해석에 동조한다.[179] 점유회수소권은 그 특수성으로 인하여 협의의 점유소권이 아니라는 주장이 유력하다.[180] 부동산에 대하여만 점유소권을 통한 보호가 인정된다.[181] 이는 통상적으로 동산의 시가가 낮아 보호의 필요성이 적다는 고려에 기인한다.[182] 방해배제소권(la complainte)이 점유방해와 폭력에 의하지 아니한 점유침탈에 대한 구제수단이어서 점유보호소권의 일반적 형태이다.[183] 방해배제소권(la complainte)을 주장하기 위해서는 1년 이상 적법하게 점유할 것이 요구된다.[184] 상대방의 행위에 의한 점유방해(trouble possessoire)가 요구된다.[185] 방해예방소권(la dénonciation de novellle œuvre)은 상린지역에서의 건축으로 인한 방해에 대하여 인정되는 소권인데,[186] 실무상 의미는 매우 적다.[187] 점유회수

점을 증명해야 하기 때문이라고 한다.

177) 방해배제소권은 게르만법상 게베레에서 유래하고, 점유회수소권은 카논법상 점유회복소권에서 유래한 것이라고 한다(Caterina(주 175), p. 98).

178) Godley/Mattei, "Protecting Possession", 44 Am. J. Comp. L. 314-315 (1996).

179) Godley/Mattei(주 178), p. 315. Henrion de Pansey의 견해가 통설을 이끌었다(Henrion de Pansey, De la Compétence des juges de paix, 10. éd. 1835, 464-465).

180) Aubry/Rau, Cours droit civil français, Tome 2, 5. éd. 1897, § 189(S. 253); Müller(주 28), S. 118 f. 점유의 기간요건이 요구되지 않고 소지자에게 인정된다는 점에서 그러하다.

181) Berner Kommentar/Stark/Lindenmann, 4. Aufl., 2016, Vorbem. zu Art. 926-929, N 127; Coing(주 64), S. 380; Müller(주 28), S. 117; Zachariä/Crome, Handbuch des französischen Civilrechts, Band 1, 8. Aufl., 1894, S. 467; Caterina(주 175), p. 103.

182) Müller(주 28), S. 117 f. 다만 Caterina(주 175), pp. 103-104에 의하면 동산에 있어 점유는 실제적으로 소유권을 증명하는 기능을 수행하므로 동산점유자는 소유권에 기한 반환소권(action de revendication)을 행사할 수 있어 동산에 대한 점유소권이 인정될 필요가 없다고 한다.

183) Ferid/Sonnenberger(주 176), 3 C 454.

184) Berner Kommentar/Stark/Lindenmann, 4. Aufl., 2016, Vorbem. zu Art. 926-929, N 128a; Coing(주 64), S. 380. 소유와 점유가 명확하게 구분되지 아니한 시기에 1년 이상의 평온공연한 점유를 독자적인 권원인 'saisine'를 보호하기 위한 수단으로 방해배제소권이 고안되었는데, 소유와 점유가 명확하게 구분되는 시대에도 그대로 유지되었다(Godley/Mattei(주 178), p. 314). Caterina(주 175), p. 96에 의하면 1년의 점유기간이 점유의 하자를 치유한다고 한다.

185) Müller(주 28), S. 120; 남효순(주 174), 225.

186) 이는 로마법상의 'novi operis nunitiatio'에서 유래한 것이라고 한다(Müller(주 28), S. 117).

187) Berner Kommentar/Stark/Lindenmann, 4. Aufl., 2016, Vorbem. zu Art. 926-929, N 128c.

소권은 폭력에 의한 점유침탈에 대하여 인정되는 소권인데, 단순 소지자(détenteur)에게도 허용되며, 1년의 점유 또는 소지가 요구되지 않는다.[188] 점유자가 평온하게 점유를 취득하였을 것이 요구된다.[189] 점유침탈의 방법(폭력성)에 기초하여 점유기간요건이 포기된 것이다.[190] 점유회수소권은 침탈자(포괄승계인)와 공범에 대하여만 행사될 수 있고, 악의의 특정승계인에 대해서는 행사될 수 없다.[191]

2) 1975년 7월 9일 법률(Loi 75-596)에 따른 규율양상 1975년 7월 9일 법률에 의하여 점유소권에 관한 2개 조문이 점유보호라는 제목으로 프랑스 민법 제20편의 제6장(제2282조, 제2283조)으로 편입되었고,[192] 그와 동시에 점유소권의 절차에 관한 규정이 프랑스 민사소송법(제1264조 내지 제1267조)에 규정되었다. 프랑스 민법 제2278조 제2항에 의하여 소지자에게도 점유보호가 인정되었다.[193] 1년의 점유 요건은 그대로 유지되었고, 점유보호는 그대로 부동산에 한정되었다.[194]

3) 점유소권의 내용 점유소권은 점유방해가 있는 경우에 인정되는데, 점유방해가 성립하기 위해서는 제3자의 의도적 행위가 있어야 한다.[195] 점유소권의 내용은 점유의 회복, 방해의 제거, 손해배상이다.[196] 손해배상은 점유소송절차에서 청구될 수 있다.[197] 손해배상은 불법행위의 영역이다.[198]

4) 점유방해로 인한 손해배상청구권 프랑스 민법 제1382조에 따라 점유방해로 인한 손해배상청구권이 인정된다.[199] 왜냐하면 물권이나 채권뿐만 아니라 사실상 이익의 침해의 경우에도 불법행위가 성립할 수 있기 때문이다.[200] 적법한 점유자만이 손해배상을 청구할 수 있다.[201] 왜냐하면 부적법한 이익이 프랑스 민법 제1382조에 의하여 보호될 수 없기 때문이다.

---

188) Berner Kommentar/Stark/Lindenmann, 4. Aufl., 2016, Vorbem. zu Art. 926-929, N 128b; Aubry/Rau(주 180), §189(S. 250); Ferid/Sonnenberger(주 176), 3 C 449; Wiget, Studien zum französischen Besitzrecht, 1982, S. 91 f.; Zachariä/Crome(주 181), S. 459, Fn. 2; Caterina(주 175), p. 101.

189) Müller(주 28), S. 119.

190) Grimaldi, Droit des Biens, 2. éd. 2019, N 761; 김현진(주 176), 88-89.

191) Godley/Mattei(주 178), p. 316; Aubry/Rau(주 180), §189(S. 253).

192) 조문의 신설로 인하여 제2278조와 제2279조로 이동하였다.

193) Ferid/Sonnenberger(주 176), 3 C 449. 민법 제2278조: "① 점유는 본권에 관계없이 점유에 대한 위험으로부터 보호받는다. ② 소지자도 권리를 취득받은 자를 제외한 모든 사람과의 관계에서 점유로서 보호를 받는다".

194) Malaurie/Aynès, Droit des Biens, 7. éd. 2017, N 504; Müller(주 28), S. 118 f.

195) Müller(주 28), S. 120; 남효순(주 174), 225.

196) Müller(주 28), S. 123.

197) Larroumet, Droit civil, N 132; Müller(주 28), S. 123; Roth(주 64), S. 110.

198) 남효순(주 174), 225.

199) Müller(주 28), S. 133.

200) Colin/Capitant, Traité de droit civil, Tome Ⅱ, 1959, N 1070. Ferid/Sonnenberger(주 176), 3 A 110에 의하면 소지(détention)의 경우에도 민법 제1382조의 손해배상이 인정될 수 있다고 한다.

201) Müller(주 28), S. 133.

(3) 권리행사기간

1) 2015년 2월 16일 법률(Loi 2015-177) 이전의 법상황 점유의 소는 점유의 방해(trouble possessoire) 또는 침탈시로부터 1년 내에 제기되어야 한다(프랑스 민사소송법 제1264조).[202] 1년의 제소기간은 소멸시효로 해석되며, 시효의 중단과 정지가 인정된다.[203] 1년의 권리행사기간의 기산점은 방해행위시이다.[204] 방해행위가 계속되는 경우에는 기산점에 대하여는 최후의 방해시설[205]과 최초의 방해시설[206]이 대립한다.

2) 2015년 2월 16일 법률(Loi 2015-177) 이후의 법상황 2015년 2월 16일 법률(Loi 2015-177)에 의하여 프랑스 민법 제2279조[207]가 폐지되고 프랑스 민사소송법 제1264조 이하의 규정[208]에 의한 점유소송에 관한 특별절차가 폐지되어 점유에 대한 잠정적 보호는 급속심리절차(référé)로 대체되었다.[209] 이는 점유의 소가 그 독자적 유용성이 감소하고 본권의 소와 관련하여 복잡한 문제를 야기한다는 판단에 기초한다.[210] 2015년 2월 16일 법률에 의한 점유소권의 폐지가 점유보호를 포기하는 것은 아니다.[211] 점유소권에 관한 프랑스 민사소송법 규정의 폐지로 인하여 제소기한이 사라졌으므로 긴급심리절차에서 시간적 요소는 긴급성(urgence) 및 중대성(illicéité manifeste)의 관점에서 검토된다.[212]

202) Coing(주 64), S. 380; Ferid/Sonnenberger(주 176), 3 C 452; Müller(주 28), S. 120; Planiol/Ripert/Picard, Traité pratique de droit civil français, tome Ⅲ, Les biens, 2. éd. 1952, N 188; Roth(주 64), S. 123. 다만 김현진(주 176), 91에 의하면 점유회복의 소의 제기기간의 제한이 없다고 한다.

203) Larroumet, Droit civil, tome 2, 5. éd. 2006, N 134; Marty/Raynaud, Droit civil, Les biens, 2. éd. 1980N 212; 남효순(주 174), 226; 김현진(주 176), 91. 다만 Zachariä/Crome(주 181), S. 474에 의하면 소멸시효가 아니라 소송법상 제척기간(prozessuale Nothfrist: fatale)이므로 법원이 직권으로 기간 준수 여부를 판단하여야 한다고 한다. Planiol/Ripert/Picard(주 202), N 188에 의하면 제척기간(déchéance)의 경우에도 당사자의 항변이 요구되고 소멸시효의 중단의 법리가 적용될 수 있다는 점에서 프랑스법상 소멸시효와 제척기간의 차이가 크지 않다.

204) Ferid/Sonnenberger(주 176), 3 C 452; Müller(주 28), S. 120; Zachariä/Crome(주 181), S. 474.

205) Zachariä/Crome(주 181), S. 474, Fn. 8.

206) Müller(주 28), S. 120.

207) "점유소권은 민사소송법전에 정해진 조건에 따라 평온하게 점유하거나 소지하는 자에게 인정된다".

208) 제1264조: "평온하게 1년 이상 점유하거나 소지한 자는 방해시로부터 1년 내에 점유방해소권을 행사할 수 있다. 다만 점유회복소권은 1년을 점유하지 아니한 경우에도 인정된다"
제1265조: "① 점유보호와 본권보호는 중첩되지 않는다. ② 판사는 점유보호의 요건이 충족되었는지 확인하기 위하여 권리를 조사할 수 있다. ③ 증거조사는 권리의 실질에 영향을 줄 수 없다"
제1266조: "본권에 기한 소를 제기한 자는 더 이상 점유소권을 행사할 수 없다"
제1267조: "점유소권의 피고는 방해를 종료한 후에만 본권의 소를 제기할 수 있다"

209) v. Bar(주 25), Rn. 106; Grimaldi(주 190), N 761; Terré/Simler, Droit Civil, Les Biens, 10 ed. 2018, N 198.

210) Jacques, "La Possession et La Détention", Propositions de l'Association Henri Capitant pour une réforme du droit des biens, 2009, p. 66.

211) Terré/Simler(주 209), N 198.

212) Dross, Possession et prescription acquisitive, JurisClasseur civ.(2020. 6. 10), N 24.

(4) 급속심리절차

급속심리절차에서는 긴급성(urgence), 임박한 손해(dommage imminent), '명백하게 위법한 방해(trouble manifestement illicit)'를 요건으로 하고(프랑스 민사소송법 제809조, 제808조),[213] 급속심리절차에서는 점유소권의 엄격한 요건이 요구되지 않는다.[214] 따라서 동산의 경우에도 인정되고, 점유기간요건이나 권리행사기간요건을 충족하지 않더라도 급속심리절차에서 신청이 인용될 수 있다. 파기원은 1989년 판결에서 점유소권에 대한 판단은 '소심법원(Tribunal d'instance)'의 전속관할이므로 급속심리절차에서 다루어질 수 없다고 판시하였고,[215] 이러한 입장은 1992년 판결까지 그대로 이어졌다.[216] 1999년 파기원 판결에 의하여 점유소송절차와 급속심리절차의 본질적 차이가 긍정되고 급속심리절차가 폭넓게 활용될 가능성이 보장되었고,[217] 학설은 이에 동조하면서 점유소권의 유용성이 크게 감소됐다고 평가한다.[218] 특히 점유자는 점유소권에 비하여 요건이 완화된 급속심리절차를 보다 선호한다고 한다.[219] 급속심리절차에서 신속하게 결정이 선고되고, 그 결정은 집행력을 가지기 때문이다.[220]

5. 일본의 논의

(1) 서　설

일본 구민법 재산편의 점유소권제도는 프랑스의 점유소권제도를 소폭으로 변경하여 도입하였는데,[221] 일본 민법의 제정자는 구민법상의 점유소송에 관한 규정을 대폭 개정하였다.[222] 점유의 소와 본권의 소의 병합금지 그리고 본권에 기한 반소금지가 폐지되었고, 점유소권이 부동산에 한정되는 것이 아니며 점유기간에 관한 요건도 없어서 프랑스의 점유소권제도

---

213) 김현진(주 176), 93.

214) Müller(주 28), S. 132. Wiget(주 188), S. 91에 의하면 소지자의 경우에도 급속심리절차에 의한 보호가 가능하다고 한다.

215) Cass. 3e civ., Bull. civ. Ⅲ, N 32(1989. 2. 8.).

216) Cass. 3e civ., Bull. civ. Ⅲ, N 160(1992. 5. 20.); Müller(주 28), S. 130 f.

217) Cour de Cassation, Chambre civile 3, du 24 février 1999, 96-18.742, Bulletin 1999 Ⅲ N° 51.

218) Müller(주 28), S. 132.

219) Malaurie/Aynès(주 194), N 504; 김현진(주 176), 93. 동소에 의하면 점유소권에서는 1년 이상의 점유, 점유방해로부터 1년 이내의 소제기, 점유와 명백히 상치되는 방해가 증명되어야 하나, 급속심리절차에서는 긴급성, 임박한 손해 또는 명백히 위법한 방해가 증명되는 것으로 족하다고 한다.

220) Grimaldi(주 190), N 762.

221) 보아소나드는 일본 구민법의 제정 과정에서 프랑스의 점유소권 유형을 계승하면서도 동산의 경우에도 방해배제소권과 점유회수소권을 인정하였다(편집대표 김용덕, 주석 민법, 제5판, 2019, 510-511(김형석)). 일본 구민법 재산편 제199조에 의하면 점유소권을 보지소권(점유방해에 대한 점유자의 소권), 신공고발소권(이웃토지의 신공사를 폐지하거나 변경하기 위한 부동산점유자의 소권), 위해고발소권(이웃토지로부터 발생할 손해를 막기 위한 부동산점유자의 소권), 회수소권(점유침탈에 대한 점유자의 소권)으로 구분한다(박세민, "일본메이지민법(물권편:점유권)의 입법이유", 민사법학 제60호(2012), 433).

222) 일주석민법(7), 신판, 2007, 244-245(広中・中村).

와 상당한 차이가 있다. 점유소송에 관한 특별절차는 존재하지 않는다.[223)]

(2) 점유보호제도의 취지

점유보호청구권은 현재의 점유상태를 금지된 사력으로부터 보호하고 사회의 평화와 질서를 유지하기 위한 것이다.[224)] 아울러 채권관계에 기한 점유가 점유보호청구권에 의하여 보호될 수 있다.[225)] 다만 점유보호제도는 점유의 사실상태를 잠정적으로 보호할 뿐이어서 신속한 처리가 요구된다.[226)]

(3) 점유보호청구권의 법적 성질

점유소권은 일정한 법률요건을 충족하는 경우에 발생하는 실체법상 청구권을 의미하고, 일종의 물권적 청구권이다.[227)] 소권이라는 용어는 연혁적 이유에 기한 것이다.[228)] 점유보호청구권의 성립에 있어 침해행위의 위법성은 요구되나 침해자의 귀책사유는 요구되지 않으며,[229)] 이는 일본 민법 제199조의 손해담보청구권의 경우에도 마찬가지이다.[230)]

(4) 점유보호청구권의 내용

1) 제198조(점유보유의 소) 일본 민법 제198조는 점유자가 점유의 방해를 받은 때에는 점유보유의 소에 의하여 그 방해의 정지 및 손해의 배상을 청구할 수 있다고 규정한다.[231)] 점유자는 현재 진행 중인 방해행위의 중지, 방해행위로 인한 결과(방해상태)의 제거를 청구할 수 있다.[232)] 방해는 동적 방해와 정적 방해로 구분되는데, 전자는 방해행위를 의미하고, 후자는 방해행위로 인하여 방해상태가 창출된 것을 의미한다.[233)]

2) 제199조(점유보전의 소) 일본 민법 제199조는 점유자가 점유의 방해를 받을 염려가 있는 때에는 점유보전의 소에 의하여 그 방해의 예방 또는 손해배상의 담보를 청구할 수 있다고 규정한다.[234)] 방해의 염려는 경험칙에 따라 객관적으로 판단된다.[235)] 점유보전의 소는

---

223) 일주석민법(7)(주 222), 245(広中 · 中村).

224) 일주석민법(7)(주 222), 247(広中 · 中村); 広中俊雄, 物権法, 第二版増補, 1987, 319; 石田穣, 物権法, 2008, 554; 柚木馨/高木多喜男, 判例物権法總論, 1972, 403-404.

225) 일주석민법(7)(주 222), 250(広中 · 中村); 石田穣(주 224), 556.

226) 末川博, "占有訴権", 占有と所有, 1962, 94; 三林宏, "占有訴権", 權利消滅期間の研究, 2006, 364.

227) 末川博(주 226), 93-94; 鈴木祿弥, 物権法講義, 五訂版, 2007, 78; 柚木馨/高木多喜男(주 224), 405.

228) 広中俊雄(주 224), 317; 松岡久和, 物権法, 2017, 275; 我妻榮/有泉亨, 物権法, 新訂版, 1983, 503.

229) 일대심원 1916. 7. 22. 판결(民録 22輯 1585); 일주석민법(7)(주 222), 243, 254, 261(広中 · 中村); 広中俊雄(주 224), 332; 松岡久和(주 228), 276; 安永正昭, 物権 · 担保物権法, 第3版, 2019, 227; 鈴木祿弥(주 227), 80; 柚木馨/高木多喜男(주 224), 405; 末川博(주 226), 102.

230) 일주석민법(7)(주 222), 262(広中 · 中村); 広中俊雄(주 224), 322.

231) 일본 민법 제198조는 일본 구민법 재산편 제200조를 수정하면서 점유의 방해에 대하여 보지의 소를 규정하고, 점유의 침탈에 대하여 회수의 소와의 관계를 명확히 하였다.

232) 일주석민법(7)(주 222), 270(広中 · 中村).

233) 広中俊雄(주 224), 332. 동소에 의하면 쓰레기를 투기하는 행위가 동적 방해이고, 투기행위로 인하여 쓰레기가 방치된 결과가 정적 방해라고 한다.

234) 일본 민법 제199조는 일본 구민법 재산편 제201조와 제202조의 규정의 신공고발소권과 급해고발소권을 점유

방해의 위험이 존재하는 한 제기될 수 있다.[236] 다만 공사의 경우에는 일본 민법 제201조 제2항에 따라 소제기가 제한된다.

3) 제200조(점유회수의 소) 일본 민법 제200조 제1항은 점유자가 점유를 침탈당한 때에는 점유회수의 소에 의하여 그 물건의 반환 및 손해의 배상을 청구할 수 있다고 규정한다.[237] 동조 제2항에 의하면 악의의 특정승계인으로부터 점유를 회수할 수 있다. 소유물반환청구권과 달리 자연력이나 제3자의 행위에 의한 침탈의 경우에는 민법 제200조가 적용되지 않는다.[238] 판례와 다수설은 대용물의 반환을 긍정한다.[239]

4) 손해배상청구권 점유방해 등으로 인한 손해배상청구권은 점유보호청구권의 필수사항이라고 보기 어렵고 편의상 규정된 것이다.[240] 점유방해 또는 점유침탈로 인한 손해배상청구권이 인정되기 위해서는 민법 제709조 이하의 규정에 의하여 불법행위가 성립하여야 하므로 점유방해자·점유침탈자의 귀책사유가 요구된다.[241] 판례와 통설은 본권이 있거나 선의인 점유자에 대하여 사용이익의 침해로 인한 손해배상을 긍정한다.[242] 점유회복을 위한 비용은 손해배상으로 청구될 수 있다.[243] 점유방해 등으로 정신적 손해가 발생한 경우에는 위자료 청구권이 인정된다.[244]

(5) 권리행사기간

일본 민법 제201조는 점유의 소의 제기기간을 규정하고 있으며, 제1항은 점유보유의 소, 제2항은 점유보전의 소, 제3항은 점유회수의 소를 정하고 있다.[245] 통설은 제척기간(출소기간)

보전의 소로 통합하고, 소권자를 동산점유자로 확대하고, 보증인 입보에서 손해배상의 담보로 일반화하였다.

235) 末川博(주 226), 109.

236) 일주석민법(7)(주 222), 271(広中·中村); 末川博(주 226), 111. 다만 공사에 기한 방해예방청구의 경우에는 제201조 제1항 단서가 적용되므로 공사착수 후 1년 이후 또는 준공 후에는 점유보전의 소는 제기될 수 없다(민법 제201조 제2항 단서).

237) 일본 민법 제200조는 일본 구민법 재산편 제204조 제1항의 점유침탈의 원인(폭행, 협박, 사술)을 삭제하고, 동조 제2항의 관여를 악의로 수정하였다.

238) 松岡久和(주 228), 277.

239) 일대심원 1910. 12. 20. 판결(신문 694, 27)(목적물인 미곡이 압류된 후 보존방법으로 환가된 사례); 일대심원 1925. 5. 7. 판결(民集 4輯 249)(목적물인 석탄이 소송 중 가처분명령에 의하여 환가된 사례); 広中俊雄(주 224), 356; 末川博(주 226), 115.

240) 安永正昭(주 229), 227; 鈴木祿弥(주 227), 80.

241) 일대심원 1916. 7. 22. 판결(民録 22輯 1585); 일대심원 1934. 10. 19. 판결(民集 13巻 1940); 일주석민법(7)(주 222), 258(広中·中村); 広中俊雄(주 224), 322; 石田穣(주 224), 559; 松岡久和(주 228), 276; 鈴木祿弥(주 227), 80; 柚木馨/高木多喜男(주 227), 405.

242) 일대심원 1915. 9. 20. 판결(民録 21輯 1481); 일주석민법(7)(주 222), 268(広中·中村); 安永正昭(주 229), 227; 鈴木祿弥(주 227), 80.

243) 鈴木祿弥(주 227), 80.

244) 동경지법 1989. 7. 10. 판결(労判 543号 40)(정년퇴직의 효력을 다투는 대학교원 연구실의 점유를 무단으로 침탈한 사안); 일주석민법(7)(주 222), 269(広中·中村).

245) 일본 민법 제200조는 일본 구민법 재산편 제206조를 수정하였는데, 그 핵심은 공사 착수 후 1년이 경과한 경

으로 해석하므로 법원은 기간 경과 여부를 직권으로 고려하여야 한다고 해석한다.[246] 제척기간이 경과하기까지 점유의 소가 제기되지 않으면 현재의 점유상태가 평온한 것으로 보호된다.[247] 일본 민법 제201조 제1항의 규율대상은 점유보유의 소이므로 그에 포함되는 모든 청구권(방해정지 및 방해제거청구권뿐만 아니라 점유방해로 인한 손해배상청구권)에 대하여 제척기간이 적용된다.[248] 일본 민법 제201조 제2항의 규율대상은 점유보전의 소이므로 그에 포함되는 모든 청구권(방해예방청구권뿐만 아니라 손해배상담보의 청구권)에 대하여 적용된다.[249] 다만 일본 민법 제201조 제2항 1문은 방해의 위험이 존속하는 한 소를 제기할 수 있다고 규정하고 있을 뿐이고 1년의 기간이 명시되지 않고 있다. 일본 민법 제201조 제3항의 규율대상은 점유회수의 소이므로 그에 포함되는 모든 청구권(점유반환청구권뿐만 아니라 점유침탈로 인한 손해배상청구권)에 대하여 제척기간이 적용된다.[250] 일본 민법 제201조 제1항 단서와 제2항 단서가 적용되는 경우에도 점유보유의 소와 점유보전의 소의 규율대상 전부에 대하여 특례가 적용된다.[251]

(6) 기 산 점

일본 민법 제201조 제1항 본문은 점유보유의 소는 방해가 있는 동안 또는 그의 소멸 후 1년 이내에 제기하여야 한다고 규정한다. 다수설은 방해상태종료설에 따라 1년의 제척기간은 손해배상청구권에 관한 것이라고 한다.[252] 이에 반하여 유력설은 방해행위종료설에 따라 방해행위시로부터 1년 이내에 방해결과의 제거를 청구할 수 있다고 한다.[253] 점유침탈의 경우에는 침탈시로부터 1년의 기간 내에 점유의 반환을 청구하여야 한다.[254]

6. 공통참조초안

(1) 점유보호제도의 취지

점유보호제도는 점유 자체를 잠정적으로 보호하는 것이며, 자력구제를 방지하고 분쟁의 공적 해결을 지향하는 것이다.[255]

우에는 점유보지의 소와 점유보전의 소를 제기할 수 없다는 것이다.

246) 일주석민법(7)(주 222), 270(広中・中村); 広中俊雄(주 224), 332, 355; 石田穰(주 224), 560, 562, 565; 我妻榮/有泉亨(주 228), 507, 508, 511.

247) 일주석민법(7)(주 222), 272(広中・中村); 松岡久和(주 228), 276; 我妻榮/有泉亨(주 228), 511-512.

248) 일주석민법(7)(주 222), 259, 271(広中・中村); 末川博(주 226), 108; 広中俊雄(주 224), 329; 我妻榮/有泉亨(주 228), 507.

249) 일주석민법(7)(주 222), 271-272(広中・中村).

250) 일주석민법(7)(주 222), 273(広中・中村); 石田穰(주 224), 560, 565; 我妻榮/有泉亨(주 228), 512.

251) 일주석민법(7)(주 222), 271-272(広中・中村).

252) 末川博(주 226), 108; 石田穰(주 224), 560; 安永正昭(주 229), 227.

253) 일주석민법(7)(주 222), 270(広中・中村).

254) 일주석민법(7)(주 222), 272(広中・中村); 石田穰(주 224), 565; 末川博(주 226), 118.

255) v. Bar/Clive(Eds.), DCFR, Full Edition, Vol. 5, 2010, p. 5236.

(2) 점유보호청구권의 내용

점유보호청구권은 점유침탈에 대한 점유회수청구권, 점유방해에 대한 방해배제청구권으로 구분된다.[256] 점유보호청구권의 성립에 있어 상대방의 귀책사유가 요구되지 않는다.[257] 점유방해 등으로 인한 손해배상청구권은 점유보호청구권에서 규율되지 않는다.

1) 점유회수청구권 공통참조초안 제8권 제6:203조는 점유침탈에 대한 점유보호청구권을 규정한다. 점유회수청구권은 점유의 회수(recovery)를 내용으로 한다.

2) 점유방해로 인한 청구권 공통참조초안 제8권 제6:204조는 점유방해에 대한 점유보호청구권을 규정한다. 점유방해에 대한 구제수단(protection order)은 방해중지, 방해제거이다.[258]

(3) 권리행사기간

점유관계분쟁을 신속하고 간명하게 처리하기 위하여 단기의 권리행사기간이 요청되는데, 유럽 회원국가의 권리행사기간은 대체로 1년으로 수렴한다.[259] 1년이라는 기간은 점유권의 잠정성, 신속한 분쟁해결의 요청에 비추어 적정하다.[260] 다수의 유럽회원국가가 채택하는 객관적 권리행사기간(objective limitation period)이 선택되었다.[261] 다만 당해 기간이 제소기간인지는 명확하지 않다. 기산점은 점유침탈시 또는 점유방해시이다. 계속적 방해시의 경우에는 점유자가 방해자의 의도를 확실하게 알 수 없으므로 최후의 방해시로 기산한다.[262]

7. 소 결

점유보호제도는 점유 그 자체를 보호하는 잠정적 구제수단으로서의 역할을 수행한다. 사인에 의한 금지된 사력을 방지하여 사회질서를 유지하는 전통적인 기능과 함께 현재는 채권관계에 기하여 점유를 개시한 자의 법적 보호의 기능이 강조되고 있다. 점유보호청구권은 점유침탈과 점유방해에 대한 보호청구권을 내용으로 하는데, 비교법적 경향은 로마법이나 보통법학과는 달리 손해배상청구권을 점유보호청구권의 범주에서 배제한다. 이는 점유방해 등으로 인한 손해배상청구권이 실질적으로 본권에 관한 판단을 내포하기 때문이다. 특히 스위스와 오스트리아에서는 손해배상청구권이 점유보호제도의 맥락에서 규율되나, 권리행사기간에 대하여는 불법행위의 규정이 적용된다. 오히려 일본이 손해배상청구권을 점유보호청구권에 포함시키

256) v. Bar/Clive(Eds.)(주 255), pp. 5235-5236.

257) v. Bar/Clive(Eds.)(주 255), p. 5239.

258) v. Bar/Clive(Eds.)(주 255), pp. 5242, 5173.

259) v. Bar/Clive(Eds.)(주 255), p. 5240.

260) v. Bar/Clive(Eds.)(주 255), p. 5241.

261) 객관적 권리행사기간(objective limitation period)은 객관적 시점(침탈시 또는 방해시)을 기산점으로 하는 것이며, 주관적 권리행사기간(subjective limitation period)은 주관적 시점(점유자의 인식시)을 기산점으로 한다.

262) v. Bar/Clive(Eds.)(주 255), pp. 5241-5242.

면서 아울러 단기의 제척기간으로 규율하는 것은 비교법적으로 이례적이다. 점유권의 본질과 조속한 분쟁 해결의 필요라는 관점에서 비교법적으로 점유보호청구권에 대하여 단기의 권리행사기간이 규정되고 있다. 압도적 비교법적 경향은 권리행사기간을 제척기간으로 해석하는 것이고, 프랑스가 예외적으로 소멸시효로 해석한다. 제척기간으로 해석하는 입법례는 출소기간으로 해석하고, 기간의 준수로 이행의 소로 한정하여 엄격하게 운용하고 있다. 비교법적으로 객관적 규율체계를 채택하는 국가가 다수이며, 권리행사기간은 대체로 1년이다. 오스트리아는 이례적으로 주관적 규율체계를 채택하고 있으며, 그 기간은 방해자 및 방해를 안 날로부터 30일이다. 비교법적 경향은 점유보호청구권에 관한 특별절차는 존재하지 않는 것인데, 오스트리아는 이례적으로 점유소송절차를 두고 있다. 스위스에서는 다수의 칸톤에서 점유소송의 특별절차를 규율하였으나, 연방민사소송법의 시행으로 점유소송의 특별절차는 인정되지 않는다. 다만 프랑스는 점유소권의 폐지라는 중대한 입법적 결단을 내리고, 급속심리절차를 통해 점유보호가 이루어진다. 점유소권에 관한 문제점을 인식하고 점유관계의 잠정적 규율을 급속심리절차로 처리하고자 한 것이다. 인간의 행위로 귀속될 수 있는 사정에 기하여 점유의 방해가 발생하여야 한다는 점에서 순수한 자연적 사건에 의한 침해는 점유보호청구권의 규율대상이 아니라는 점은 매우 시사적이다. 방해행위를 기본적 규율대상으로 보면서 제척기간의 기산점도 방해행위시로 보고 있으며, 방해행위로 인하여 방해결과가 존속하는 경우에도 방해행위시가 기산점이 되며, 계속적 방해의 경우에는 방해행위별로 개별적으로 제척기간이 진행된다.

Ⅲ. 민법상 해석론

1. 점유보호제도의 취지

점유보호제도는 현재의 사실적 지배상태를 긍인하여 점유자의 현실적 이용을 보호하고 금지된 사력을 방지하여 사회질서를 유지한다.[263] 다만 점유보호는 잠정적이고 일시적인 것이므로 확정적 권리관계는 본권의 소를 통해 결정된다.[264] 점유보호제도는 보전처분과의 관계에서도 독자성을 지닌다. 점유보호청구권을 피보전권리로 하여 보전처분이 발령될 수 있다.[265] 점유자가 점유보호청구권을 재판상 행사하는 경우에도 보전처분제도가 활용될 수 있다. 가령 점유자가 점유물반환청구의 소를 제기하고 침탈자에 대하여 점유이전금지가처분을 신청할 수 있

263) 대법원 1970. 6. 30. 선고 68다1416 판결; 집필자대표 황적인, 주석민법(Ⅱ), 물권법, 1990, 311(김상용); 편집대표 곽윤직, 민법주해[Ⅳ], 1999, 434(최병조); 곽윤직/김재형, 물권법, 제8판(전면개정) 보정, 2015, 211; 권용우, 물권법, 전정판, 1990, 325; 김민중, 물권법, 2014, 237-238; 김상용, 물권법, 2009, 281.

264) 정병호, “점유보호청구권에 관한 민법개정안”, 서울법학 제26권 제2호(2018), 115.

265) 다만 김건일, “점유이전가처분”, 재판자료 45집(1989), 415에 의하면 권원없는 점유의 경우에는 보전의 필요성에 관하여 신중한 심리가 요구되며, 본권이 없는 것이 명백한 경우에는 점유자를 보호해야 할 특별한 사유가 있어야 한다고 한다.

어야 한다. 아울러 점유보호제도는 채권적 용익권이나 물권성이 약한 물권(유치권, 질권)을 일정한 한도에서 물권적으로 강화하는 기능을 수행한다.[266] 본권을 고려하지 않고 점유 그 자체를 보호의 대상을 삼으며, 종전의 점유상태를 잠정적으로 복원하는 점유보호제도의 취지에 비추어 단기의 권리행사기간을 결부시키고 기간 준수 여부를 엄격하고 명확하게 처리하는 것이 타당하다.

2. 점유보호제도에 대한 입법자의 선택

점유보호제도에 대한 민법전의 조문은 일본 민법과 만주국 민법을 토대로 하여 작성되었는데, 심의과정에서 독일 민법, 스위스 민법 그리고 중국 민법이 참고되었다.[267] 민법안소위는 제2편 제2장의 점유에 관한 규정에 관하여 다양한 수정과 보충을 하였으나,[268] 제193조부터 제197조에 이르기까지 점유보호청구권에 관한 민법안을 그대로 수용하였다(현행 제204조 내지 제208조).[269] 일본 민법과 달리 만주국 민법은 소라는 용어를 삭제하고 청구권이라는 용어를 도입하였는데, 점유보호제도를 실체법상 제도로 파악하는 것이다. 학계도 점유소권을 실체법적 관점에서 재조명하여 청구권으로 대체하는 초안에 찬성하였다.[270] 민법 제정 이후의 해석론도 구민법상 점유소권이라는 용어는 연혁에 기인한 것으로 그 본질은 사권인 청구권이라고 한다.[271] 점유보호제도의 규율에 손해배상청구권과 손해배상의 담보를 명시적으로 포함시키고, 그러한 점유보호제도 일반에 대하여 제척기간을 적용한 것은 비교법적으로 이례적이라고 할 수 있다. 그러나 이러한 입법자의 선택은 점유보호제도의 한계를 긍정하면서도 점유관련 분쟁의 1회적 해결을 강조한 것으로 평가할 수 있겠다. 다만 단기의 제척기간이 적용되는 점유방해 등으로 인한 손해배상청구권을 명확하게 분석할 필요가 있다.

---

266) 김증한/김학동, 물권법, 제9판, 1996, 215; 황적인, 현대민법론 Ⅱ, 증보판, 1985, 187; 김형석, "법에서의 사실적 지배", 민사법학 제36호(2007), 186.

267) 민의원 법제사법위원회, 민법안심의록 상권, 1957, 129-131.

268) 양창수, "민법안에 대한 국회의 심의(I)", 민법연구 3권(1995), 15에 의하면 점유의 개념에 관하여 의사주의를 포기하고 객관주의를 채택하였고, 상속으로 인한 점유의 당연승계를 정하고, 점유보조자에 대한 규정을 신설하고 점유권의 양도방식과 관련하여 점유개정과 간이인도를 추가하였다고 한다.

269) 양창수(주 268), 16. 다만 민법안소위는 자력구제에 관한 조항(법사위수정안 제49항)을 제안하여 현행 민법 제209조가 신설되었다.

270) 민사법연구회, 민법안의견서, 1957, 82(이종흡). 또한 민사법연구회, 민법안의견서, 1957, 9(이항녕)에 의하면 민법초안 전체의 총평에서 '점유소권에서 청구권'으로 변경한 것을 용어의 정비로 평가한다.

271) 집필자대표 황적인(주 263), 313(김상용); 편집대표 김증한, 학설판례 주석민법(상), 1972, 269(김증한); 권용우(주 263), 325; 김민중(주 263), 236; 김용한, 물권법, 전정판, 1985, 207; 김증한, "물권적 청구권의 비교법적 연구", 법조 제4권 제1호(1955), 9; 이근식, "점유보호청구권", 고시연구 통권 제161호(1987), 137.

3. 점유보호청구권의 법적 성질

점유보호청구권의 법적 성질에 대하여 통설은 일종의 물권적 청구권이라고 해석한다.[272] 다만 소유권에 기한 물권적 청구권과는 다르게 일정한 제약이 가해지는데,[273] 이는 권리의 보호가 아니라 현재의 사실상의 점유상태의 보호를 목적으로 하기 때문이다. 민법은 제2편 물권편 제2장에서 점유권을 규율하고 있으므로 점유권과 점유보호청구권의 법적 성질은 일응 물권과 물권적 청구권이라고 보아야 한다.[274] 점유보호청구권은 침해자의 귀책사유와 관계없이 인정되고 제3자에 대하여도 행사될 수 있다는 점에서 물권적 청구권의 성격을 지닌다고 보아야 한다. 점유권이라는 물권을 전제하지 아니하고 물권적 청구권인 점유보호청구권이 발생한다고 보기 어렵다. 또한 물건에 관하여 생긴 권리라는 점에서 물권이라고 볼 수 있는 것이며, 물권이라고 하여 소유권과 같은 강력한 효력이 부여되는 것은 아니다. 점유권과 점유보호청구권은 본권과 관계없이 물건에 대한 사실적 지배로부터 도출되는 특성으로 인하여 그 내용은 소유권 및 소유권에 기한 물권적 청구권에 비하여 상당히 약화되어 있다. 점유의 침해라는 순전히 객관적인 상태에 대한 구제수단이므로 행위자의 위법성인식이나 귀책사유는 요구되지 않는다.[275] 다만 인간의 행위가 개입되지 않은 순수한 자연적 사건에 의한 침해는 점유보호청구권의 규율대상이 아니다.[276]

---

272) 집필자대표 황적인(주 263), 313(김상용); 편집대표 김용덕(주 221), 515(김형석); 편집대표 이영준, 주석 물권법(상), 1991, 371(김정수); 곽윤직/김재형(주 263), 211; 김민중(주 263), 237; 김상용(주 263), 280; 김용한(주 271), 207; 김준호, 물권법, 제12판, 2019, 129; 김증한/김학동(주 266), 215; 박동진, 물권법강의, 2018, 159; 박종두, 물권법, 제6판, 2014, 308; 송덕수, 물권법, 제4판, 2019, 263; 오시영, 물권법, 2009, 254; 윤철홍, 물권법, 개정판, 2013, 181; 이덕환, 물권법, 2011, 305; 이상태, 물권법, 9정판, 2015, 195-196; 황적인(주 266), 188; 송오식, "점유물반환청구권에서 점유와 점유의 침탈의 의미", 법학논총 제33집 제2호(2013), 183; 이근식(주 271), 140. 다만 이영준, 물권법, 전정신판, 2009, 397에 의하면 소유권에 기한 물권적 청구권과 대단히 유사한 실체법적 청구권이나 물권적 청구권과는 본질을 달리한다고 한다.

273) 점유보호청구권에 대하여 단기의 권리행사기간이 정해지고, 악의의 특정승계인에 대하여만 점유물반환청구권이 인정된다.

274) 곽윤직/김재형(주 263), 211.

275) 집필자대표 황적인(주 263), 320, 321(김상용); 편집대표 곽윤직(주 263), 438(최병조); 편집대표 김용덕(주 221), 525(김형석); 편집대표 이영준(주 272), 375, 380(김정수); 강태성, 물권법, 제10판, 2020, 447; 곽윤직/김재형(주 263), 215; 권용우(주 263), 326; 김민중(주 263), 240-242; 김상용(주 263), 288; 김용한(주 271), 208; 김준호(주 272), 129; 김증한/김학동(주 266), 216; 박종두(주 272), 309-311; 박동진(주 272), 163; 송덕수(주 272), 264, 266, 267; 이덕환(주 272), 310; 이상태(주 272), 196; 이영준(주 272), 394; 황적인(주 266), 187; 송오식(주 272), 184; 이근식(주 271), 146; 장경학, "점유보호청구권", 고시계 통권 제254호(1978), 19. 다만 고상룡, 물권법, 2002, 228에 의하면 방해자가 자신의 지배하에서 방해하고 있다는 점을 인식해야 한다고 한다.

276) 편집대표 곽윤직(주 263), 438(최병조).

4. 점유보호청구권의 내용

(1) 점유물반환청구권

점유자가 점유의 침탈을 당한 때에는 물건의 반환을 청구할 수 있다. 점유물반환청구권이 인정되기 위해서는 점유침탈의 위법성이 긍정되어야 한다.[277] 확인의 소는 확인의 이익이 없어 허용되지 않는다.[278] 침탈된 점유 자체가 회복되어야 하므로 그 과실이나 그 대체물은 점유물반환청구권의 대상이 될 수 없으며, 본권이 있는 점유자에 한하여 허용할 것도 아니다.[279] 점유물에 갈음하는 것은 본권에 기하여 청구될 수 있을 뿐이다.

(2) 점유물방해제거청구권

점유자는 방해의 제거와 손해배상을 청구할 수 있다(민법 제205조 제1항). 점유의 방해는 방해자의 방해행위로 발생할 수도 있고(폐기물의 투척, 무단 건축으로 인한 점유 등), 생활방해(소음, 진동)에 의하여 발생할 수도 있다.[280] 특히 생활방해의 경우에는 수인한도를 넘어야 비로소 위법하게 된다는 점에서 어려운 문제가 제기된다.

(3) 점유물방해예방청구권

점유자는 점유가 방해받을 염려가 있은 경우에 방해의 예방 또는 손해배상의 담보를 청구할 수 있다(민법 제206조 제1항). 방해의 염려는 개별 사건의 제반 정상을 참작하여 객관적으로 판단된다.[281]

(4) 점유방해 등으로 인한 손해배상청구권

1) 점유보호청구권과의 관계 　통설은 점유방해 등으로 인한 손해배상청구권은 편의상 점유보호제도에 규율되었으나, 불법행위로 인한 손해배상청구권이므로 피고의 귀책사유가 요구된다고 해석한다.[282] 아울러 통설은 법문언을 강조하여 점유방해 등으로 인한 손해배상청

---

277) 편집대표 김용덕(주 221), 517(김형석).

278) 이영준(주 272), 401

279) 편집대표 곽윤직(주 263), 442(최병조); 편집대표 김용덕(주 221), 521(김형석); 편집대표 김증한(주 271), 271(김증한); 강태성(주 275), 453, 각주 7; 곽윤직/김재형(주 263), 214; 김민중(주 263), 239; 김증한/김학동(주 266), 218; 박동진(주 272), 161; 박종두(주 272), 310; 송덕수(주 272), 265; 오시영(주 272), 257; 윤철홍(주 272), 183; 이덕환(주 272), 309; 이상태(주 272), 198; 이영준(주 272), 398; 이은영, 물권법, 제4판, 2006, 367. 다만 소수설은 이를 전면적으로 긍정하는 견해(집필자대표 황적인(주 263), 317(김상용); 편집대표 이영준(주 272), 377(김정수); 권용우(주 263), 328; 김상용(주 263), 286; 김용한, 물권법론, 전정판, 1988, 211)와 본권이 있는 점유자의 경우에 한하여 긍정하는 견해(고상룡(주 275), 227)가 있다.

280) 편집대표 김용덕(주 221), 525(김형석).

281) 대법원 1987. 6. 9. 선고 86다카2942 판결; 대법원 1962. 4. 4. 선고 4294민상1443 판결; 편집대표 이영준(주 272), 383(김정수); 곽윤직/김재형(주 263), 215-216; 권용우(주 263), 330; 김용한(주 271), 213; 윤철홍(주 272), 184; 이영준(주 272), 406; 이은영(주 279), 369.

282) 집필자대표 황적인(주 263), 313(김상용); 편집대표 곽윤직(주 263), 444(최병조); 편집대표 김용덕(주 221), 515(김형석); 편집대표 김증한(주 271), 272(김증한); 편집대표 이영준(주 272), 371(김정수); 곽윤직/김재형

구권의 경우에도 1년의 제척기간이 적용된다고 한다.[283] 그러나 소수설은 1년의 제척기간이 아니라 민법 제766조가 적용된다고 한다.[284] 비교법적 고찰에서 알 수 있는 바와 같이 점유보호청구권의 규율사항에 손해배상청구권을 포함시킬 것이냐에 대하여 상당한 논란이 있었으나, 압도적 경향은 손해배상청구권은 불법행위의 영역이라는 판단에서 점유보호청구권의 규율대상에서 제외되어 결국 제척기간의 적용이 없다는 것이다. 그러나 우리 민법의 입법자는 비교법적 경향에도 불구하고 점유 관련 분쟁의 1회적 해결의 요청을 무겁게 고려하여 손해배상청구권을 제척기간의 규율대상에 포함시켰다.[285] 다만 점유방해 등으로 인한 손해배상청구권은 점유보호제도의 취지에 맞게 해석되어야 한다. 점유보호제도는 점유 그 자체의 보호를 위한 잠정적 규율인바, 점유방해 등으로 인한 손해배상도 점유 그 자체의 침해로 인한 손해배상으로 국한되어야 한다.

2) 손해배상청구권의 내용 통설은 대체로 점유물 자체의 가치하락에 대한 손해배상은 부정하나 사용이익 침해에 대한 손해배상을 긍정한다.[286] 유력설은 일정한 점유자에게만 사용이익의 침해에 대한 손해배상을 긍정한다.[287] 단기의 제척기간이 적용되는 손해배상청구권을 명확히 할 필요가 있으므로 점유 그 자체의 침해로 인한 손해배상과 점유의 태양과 본권의 유무에 따른 손해배상을 구분하여야 한다. 우선 점유 그 자체의 침해에 대한 손해배상을 살펴보기로 한다. 점유 그 자체에 대하여는 할당내용(Zuweisungsgehalt)이 인정되지 않으므로 가치감소분(수리비), 사용이익의 침해로 인한 배상이 단순 점유자에게 허용되지 않는다.[288] 단순점유자에게는 점유회복비용, 방해제거비용이 재산적 손해배상으로 인정될 수 있

(주 263), 211-212; 권용우(주 263), 326; 김민중(주 263), 239; 김상용(주 263), 282; 김용한(주 271), 208; 김준호(주 272), 129; 김증한/김학동(주 266), 215; 박동진(주 272), 159; 송덕수(주 272), 263-264; 윤철홍(주 272), 183; 이덕환(주 272), 310; 이상태(주 272), 196; 홍성재, 물권법, 신정2판, 2017, 79; 황적인(주 266), 188; 이근식(주 271), 140; 장경학(주 275), 14, 19.

283) 집필자대표 황적인(주 263), 319(김상용); 편집대표 김용덕(주 221), 515(김형석); 편집대표 이영준(주 272), 378, 381(김정수); 권용우(주 263), 328; 김상용(주 263), 286-287; 박동진(주 272), 161; 박종두(주 272), 310; 이상태(주 272), 198.

284) 편집대표 곽윤직(주 263), 451(최병조); 이병준, "점유보호청구권과 그 행사기간의 의미", Jurist 제410호(2006), 264-265. 다만 오시영(주 272), 254; 이영준(주 272), 403, 405에 의하면 제척기간이 경과한 경우에도 일반규정에 의한 손해배상청구권을 행사할 수 있다고 한다.

285) 분쟁의 1회적 해결을 강조하는 태도는 ① 판례와 통설이 점유의 소가 계류 중인 경우에 본권에 기한 반소를 전면적으로 허용하는 점, ② 종래의 판례에 의해 허용되지 아니한 주관적·예비적 병합이 민사소송법의 개정으로 허용되는 점 등에서도 드러난다. 편집대표 김용덕(주 221), 515(김형석)에 의하면 점유보호청구권을 손해배상청구권과 결합하여 규정하는 태도는 전형적인 프랑스법적 요소라고 한다.

286) 편집대표 김증한(주 271), 271(김증한); 고상룡(주 275), 228; 곽윤직/김재형(주 263), 214-215; 김상용(주 263), 286; 김용한, 물권법론, 전정판, 1985, 211; 김증한/김학동(주 266), 218; 송덕수(주 272), 265; 이영준(주 272), 402; 이은영(주 279), 367; 황적인(주 266), 188.

287) 박동진(주 272), 161(점유권원이 있거나 선의인 점유자).

288) 편집대표 김용덕(주 221), 522(김형석); 홍성재(주 282), 79.

다. 또한 점유방해행위로 인하여 단순점유자의 인격적 이익이 침해된 경우에는 위자료가 인정될 수 있다.[289] 점유의 태양, 본권에 기하여 손해배상을 청구하는 경우에는 점유 자체에 기한 손해배상이 아니므로 단기의 제척기간이 아니라 민법 제766조의 소멸시효가 적용된다. 본권에 내재된 사용수익권능의 침해, 선의 점유자의 과실수취권의 침해의 경우에는 점유자는 그러한 사항을 증명하여 손해배상을 청구할 수 있다.[290]

5. 권리행사기간

(1) 법적 성격

판례와 통설은 민법 제205조 제2항의 제척기간을 출소기간으로 해석한다.[291] 일정한 기간이 경과하면 소의 방법으로도 원상의 회복을 허용하지 않는 것이 점유제도의 이상에 부합한다고 한다. 2014년 민법개정작업에서도 점유보호청구권의 행사 여부를 명확히 하기 위하여 점유보호청구권의 제척기간이 출소기간으로 명시되었다.[292] 이에 반하여 소수설은 입법자의 의도적 선택("소" 또는 "재판상"라는 문언의 삭제)과 소제기의 강제의 신중성을 고려하여 재판외 행사기간으로 해석한다.[293] 그러나 점유의 적법성을 따지지 아니하고 점유 상태대로 일시적이며 잠정적인 보호를 부여하는 이상 점유보호청구권의 행사기간 준수 여부를 명확하게 가릴 필요가 있으므로 출소기한으로 해석하는 판례와 통설이 타당하며, 이는 비교법적 고찰의 결과와도 일치한다. 재판외 행사기간으로 해석하더라도 점유분쟁은 종국적으로 소송을 통하여 해결되는 것이므로, 재판외 행사설은 권리행사기간을 연장하는 결과를 초래할 뿐이다. 독일 민법 제정 당시의 논의에 의하면 점유관계의 증명이 시간의 경과에 따라 급격하게 어려워진다는 점이 무겁게 고려되었다. 민법 제정 과정의 논의[294]에 비추어 보면 점유보호청구권에 관한 조문(제204조 내지 제206조)은 의용 민법(일본 민법)과 동일한 취지로 파악되고 있으며 용어의 정비의 차원에서 소권을 청구권으로 변경한 것이므로 출소기간의 포기로 볼 수 없다.[295] 소의 제기가 필

289) 편집대표 김용덕(주 221), 522(김형석).

290) 편집대표 김용덕(주 221), 522(김형석).

291) 대법원 2016. 7. 29. 선고 2016다214483, 214490 판결; 대법원 2002. 4. 26. 선고 2001다8097, 8103 판결; 집필자대표 황적인(주 263), 318-319(김상용); 편집대표 곽윤직(주 263), 452(최병조); 편집대표 김용덕(주 221), 523(김형석); 편집대표 김증한(주 271), 271(김증한); 편집대표 이영준(주 272), 378(김정수); 곽윤직/김재형(주 263), 215; 김용한(주 271), 211; 김준호(주 272), 129; 박동진(주 272), 161; 박종두(주 272), 311-312; 송덕수(주 272), 265; 오시영(주 272), 258; 윤철홍(주 272), 183-184; 이덕환(주 272), 309-310; 이상태(주 272), 198; 홍성재(주 282), 78; 이근식(주 271), 145.

292) 권영준, 2014년 법무부 민법개정시안 해설, 민법총칙·물권편, 2017, 399.

293) 권영준(주 2), 83-84. 강태성(주 275), 450, 각주 14에 의하면 출소기간설은 제소요건을 규정하지 아니한 법문에 반한다고 한다.

294) 민의원 법제사법위원회(주 267), 129-130; 민사법연구회, 민법안의견서, 1957, 9(이항녕), 82(이종흡).

295) 김진우, "제척기간이 붙은 권리의 보전방법", 외법논집 제28집(2007), 190-191.

요하므로 항변권을 행사하거나 가처분신청을 하는 것으로는 부족하다.[296] 본권의 소에서 점유회수의 소로 변경하는 경우에 제척기간준수의 기준시점은 소변경시이다.[297] 출소기간은 이행의 소를 통해서만 준수될 수 있으며, 확인의 소로는 충분하지 않다. 점유보호청구권의 취지를 감안할 때 확인의 보충성은 엄격하게 판단되어야 하며, 점유보호청구권의 예외적 성격에 비추어 점유자는 이행의 소를 제기하여야 하고, 상대방이 제기한 소송에서 항변으로 점유보호를 주장할 수 없다. 아울러 점유의 소와 보전처분은 별개의 절차이며 점유보호청구권은 제척기간이어서 보전처분의 신청이나 결정에 의하여 소멸시효의 중단이 적용될 여지가 없다. 점유보호청구권의 권리행사기간을 출소기간으로 해석하고, 출소기간의 준수를 위하여 이행의 소가 요구된다고 해석하는 것은 압도적인 비교법적 경향이다.

(2) 객관적 규율체계

민법상 점유보호청구권의 권리행사기간은 점유자의 인식을 기준으로 하는 주관적 규율체계가 아니라 방해행위라는 객관적 시점을 기준으로 기산되는 객관적 규율체계이다. 이는 점유보호제도의 취지 그리고 점유관계의 증명곤란의 관점에서 정당화될 수 있다. 점유보호청구권은 본권의 유무, 점유의 태양과 관계 없이 점유 그 자체로 보호되기 때문에 점유자는 자신의 이익을 보호하기 위하여 신속하게 대응하여야 한다. 점유관계는 시간의 경과에 따라 급속도로 증명하기 어려워지므로 객관적 시점을 기준으로 하여 권리가 행사되어야 하고, 권리행사방식도 재판상 행사가 요구된다. 1년이라는 단기의 기간은 점유보호청구권의 취지 및 비교법 고찰에 비추어 적정한 것으로 평가된다.

(3) 기 산 점

1) 점유침탈　　민법 제204조 제1항은 점유회수청구권의 기산점을 침탈을 당한 날로 규정한다. 이는 점유의 침탈이 종료된 날을 의미한다.[298]

2) 점유방해

① 행위방해　　방해행위가 종료되었으나 방해행위로 인하여 방해결과가 발생하지 않았다면 점유자는 이미 종료된 방해행위의 중지를 청구할 여지가 없다. 문제는 방해행위로 인하여 방해결과가 발생하는 경우이다. 이에 대하여 판례는 방해행위가 종료한 날을 기산점으로 삼으므로 방해행위종료일로부터 1년의 제척기간을 적용한다.[299] 통설인 방해상태종료설에 의할 경우 방해가 존속하는 동안은 언제나 방해제거를 청구할 수 있으므로 민법 제205조 제2항의 제척기간은 방해제거청구권이 아니라 손해배상청구권에 대해서만 의미를 가지게 된

296) 창원지법 2004. 5. 21. 선고 2002나7309 판결; 편집대표 곽윤직(주 263), 452(최병조); 이영준(주 272), 403(소는 이행의 소를 말하고 확인의 소는 포함되지 아니한다); 이병준(주 284), 264.

297) 대법원 1972. 2. 22. 선고 71다2641 판결; 편집대표 곽윤직(주 263), 453(최병조).

298) 편집대표 곽윤직(주 263), 452(최병조); 박종두(주 272), 310; 이영준(주 272), 403; 이은영(주 279), 367.

299) 대법원 2016. 7. 29. 선고 2016다214483, 214490 판결; 대법원 2002. 4. 26. 선고 2001다8097, 8103 판결.

다.[300] 이에 반하여 방해행위 종료설은 통설(방해상태 종료설)에 따르면 방해상태가 계속되는 한 점유자는 기간 제한을 받지 않고 방해배제를 청구할 수 있게 되는데, 이는 제척기간을 둔 취지에 부합하지 않고 점유침탈의 경우와 비교해 보더라도 부당하다고 지적한다.[301] 점유보호청구권의 제척기간의 기산점은 방해행위의 종료시이고, 방해행위로 인하여 방해결과가 존속하고 있다고 하여 달라지지 않는다. 따라서 통설의 태도는 점유보호제도의 취지에 부합하지 않는다. 통설은 방해행위가 반복되는 경우에는 방해행위별로 매번 새로운 기간이 시작된다고 해석한다.[302] 방해결과가 발생하지 아니하는 방해행위가 계속되는 경우에는 별개의 방해행위로 볼 수 있으므로 독립적으로 제척기간이 기산되어야 한다. 또한 이러한 경우에는 방해의 염려가 인정될 수 있으므로 방해예방 또는 손해배상의 담보가 청구될 수 있다.

② 상태방해 유력설은 방해자의 행위가 개입되지 않은 상태방해의 경우에는 방해상태가 확립되어 안정된 시점을 기산점으로 삼아야 한다고 주장한다.[303] 가령 폭풍우로 A의 돌담이 B의 토지 위로 무너져 내린 경우에 B는 점유권에 기해 방해배제청구권을 행사할 수 있다고 한다. 그러나 방해자의 적극적 행위에 의하지 아니한 상태방해에 대하여는 신중한 접근이 필요하다.[304] 방해자가 물건이나 시설을 설치하여 관리하는 등으로 방해원을 지배하고 있다는 법적 평가가 있어야 비로소 점유자는 방해제거청구권을 행사할 수 있다. 그러한 예외적 사정이 있는 경우에는 방해상태의 성립시(방해상태가 확립되어 안정된 시점)가 제척기간의 기산점이 될 것이다.

6. 증명책임

점유자는 자신의 점유, 점유의 방해, 침탈, 방해의 염려를 증명하여야 하고, 침해자는 위

300) 집필자대표 황적인(주 263), 320(김상용); 고상룡(주 275), 229; 곽윤직/김재형(주 263), 215; 김용한(주 271), 212; 김증한/김학동(주 266), 219; 송덕수(주 272), 266; 오시영(주 272), 259; 윤철홍(주 272), 184; 이덕환(주 272), 311; 이상태(주 272), 199; 이영준(주 272), 405; 이근식(주 271), 146. 박동진(주 272), 162에 의하면 타인의 토지 위에 담장을 설치한 경우에 담장설치시로부터 1년이 지나더라도 방해제거를 청구할 수 있다고 한다.

301) 편집대표 곽윤직(주 263), 452(최병조); 편집대표 김용덕(주 221), 528(김형석); 강태성(주 275), 455, 각주 15; 김준호(주 272), 132; 권영준(주 2), 84; 정병호(주 264), 115. 이병준(주 284), 265에 의하면 민법 제204조 제3항과의 균형의 관점에서 방해상태가 아니라 방해행위로 보는 것이 타당하다고 한다.

302) 편집대표 곽윤직(주 263), 453(최병조). 이영준(주 272), 403에 의하면 동일한 침탈이 반복하여 행하여지는 경우에는 최종의 침탈이 종료한 때로부터 기산된다고 한다.

303) 권영준(주 2), 84-85.

304) 편집대표 곽윤직(주 263), 443(최병조)에 의하면 자연력에 의한 침해는 점유보호청구권의 규율대상이 아니라고 한다. 또한 유력설은 소유권에 기한 방해배제청구에 관련하여 방해자가 일정한 한도에서 물건이나 시설을 설치하고 관리하여 이후 방해가 나타날 수 있는 선행조건을 창출한 경우에는 방해배제청구권이 인정될 수 있으나 순수한 자연력에 의하여 타인의 소유권에 대한 간섭이 발생한 경우나 물건 자체의 방해 잠재력이 실현되었다고 볼 수 없는 경우에는 방해배제청구권이 인정될 수 없다고 하면서 상태책임이 발생할 수 있는 요건을 제시한다(김형석, "소유물방해배제청구권에서 방해의 개념", 서울대 법학 제45권 제4호(2004), 417).

법성조각사유 및 제척기간의 도과를 증명하여야 한다. 침해자는 제척기간의 기산점과 제척기간의 경과를 증명하는 것으로 충분하고, 점유자는 제척기간의 준수를 증명하여야 한다.

Ⅳ. 결 론

점유보호제도는 점유 그 자체를 보호하는 것이며, 본권 유무나 점유의 적법성을 따지지 아니하므로 잠정적 구제수단으로서의 제한된 역할을 수행한다. 점유보호청구권의 중점은 아무래도 채권관계에 기하여 점유를 개시한 자의 보호에 있다고 해도 과언이 아니다. 부동산등기에 대한 추정력과 보전처분이 발달된 현재의 시점에서 더욱 그러하다. 점유보호제도는 점유권의 속성(본권 유무나 점유의 적법성을 따지지 아니하고 물건에 대한 사실적 지배인 점유 그 자체 기초하여 발생함), 점유관계의 속성(시간의 경과에 따라 급격하게 점유라는 사실관계의 규명이 어려워짐)에 비추어 통상적인 물권적 청구권과 달리 단기의 제척기간을 통하여 규율된다. 민법의 입법자는 비교법적으로 보아 이례적으로 손해배상청구권도 단기의 제척기간의 규율대상으로 삼았으나, 이는 점유 분쟁의 1회적 요청을 무겁게 고려한 합리적 결정으로 수긍될 수 있다. 점유방해 등으로 인한 손해배상청구권은 점유 그 자체의 침해로 인한 손해배상청구권을 의미하므로 점유물의 파손이나 사용수익의 상실로 인한 손해배상은 포함되지 않는다. 잠정적 구제수단으로서의 역할에 부합되게 점유보호청구권을 운용하기 위해서는 판례와 통설과 같이 출소기간으로 해석되어야 한다. 입법자의 의사는 민법 제정 당시의 논의를 수용하면서 점유소권을 실체법상 청구권으로 변경한 것에 불과하므로 출소기간설을 포기한 것으로 보기 어려우며, 이러한 해석은 압도적 비교법적 경향과 일치한다. 점유보호청구권의 규율대상은 인간의 행위에 의한 점유권의 침해이므로 침해자에게 귀속될 수 있는 사정이 존재하여야 하고, 순수한 자연적 사건은 점유보호청구권의 규율대상에서 제외된다. 점유침해행위에 대하여 객관적 위법성이 요구되나, 주관적 귀책사유는 요구되지 않는다. 점유방해로 인한 점유보호청구권과 관련하여서는 방해행위와 방해행위로 인한 방해결과를 구분하여야 한다. 방해행위가 종료되고 방해결과가 존속하지 아니한 경우에는 방해배제청구권은 인정될 수 없고, 방해의 염려가 있는 경우에 한하여 장래의 방해행위에 대한 금지청구권이 인정될 수 있을 뿐이다. 방해행위가 종료하였으나 방해결과가 존속하는 경우에는 방해제거청구권이 인정될 수 있다. 제척기간의 준수와 관련하여서도 이행의 소로 한정하여 엄격하게 운용하는 것이 점유보호제도의 취지에 부합하며, 이는 비교법적 경향과도 일치한다. 제척기간의 기산점과 관련하여서는 행위방해와 상태방해를 구분하여 검토하는 것이 유용하다. 점유 분쟁의 신속한 종결을 위하여 방해행위시로부터 제척기간이 기산되어야 하고, 방해결과가 존속하더라도 제척기간은 그대로 진행한다. 방해자에게 귀속될 수 있는 침해행위에 의하여 발생한 상태방해에 대하여도 점유보호청구권이 인정되는데, 이 경우 제척기간의 기산점은 상태방해의 성립시이다. 방해행위가 계속되는 경우에는 개별적으로 판단하는 것이 타당하다. 통일성 여부에 따라 기산점을 달리하는 것은 점유보호청구권의 제척기간의 문제를 지나치게 복잡하게 만들 우려가 있다. 점유자는 자신의 점유가 침해자에 의하여 침탈 또는 방해를 증명하여야 하고, 침해자는 침해행위의 적법성 또는 제척기간의 경과를 증명하여야 한다. 침해자는 제척기간의 기산점을 명확하게 증명하여야 한다.

국제재판관할법상 실질적 관련성 기준에 관한 판례의 표류

— 지도원리의 독립적 관할기초화와 예견가능성론에 의한 무력화 —

장 준 혁*

Ⅰ. 문제제기

국제관할법도 원칙적으로 관할배분설에 따르는 것이 타당하다. 내국 재판권 행사범위의 역외적 확장의 논리로 국제관할법에 접근하는 영미법계도 관할배분설적 접근을 점차적으로 하는 태도로 이해될 수 있다. 관할배분설도 사법접근(司法接近)의 요청, 집행의 편의나 곤란 등을 고려하여 절충될 수는 있다. 그렇지만 국내토지관할법도 관할배분설에 따르므로, 국제·국내관할법은 가급적 합치하는 것이 좋다. 한국의 입법자는 국내토지관할법을 이미 마련해 두었고 국제관할법의 성문화는 미비하므로, 국내토지관할규정의 선별적 유추적용이 국제관할법 해석의 당면과제가 된다. 국제사법 제2조 제1항이 관할배분설을 명시하기 전부터 이것이 판례의 일관된 입장이었다. 그런데 제2조의 신설은 의외의 부작용을 낳았다. 대법원은 국제관할법을 국가이익이 깊게 관여하는 대외관계법(일국의 국제관계에 관한 국내법과 국제법의 총체)처럼 다루면서 국제관할의 한계를 명확히 한정짓는 사법적(司法的) 법형성을 경원시한다. 국가이익이 예민하게 관련된다고 여긴 나머지 전략적 모호성을 추구하는 듯하다. 국제관할의 외연을 범주적으로 명확히 하지 않으면서 개별 사건에서 실질적 관련성 기준 충족 여부만 그때그때 판별한다. 국제관할법의 사법(司法)적 형성과 적용의 지도원리인 실질적 관련성 기준이 독립적 관할기초로 되었다. 실질적 관련성 관할이라고 부를 만하다. 대법원이 제2조에서 무리하게 도출한 '실질적 관련성 관할'의 법리는 원고편향성을 키우고 국제관할법을 혼돈에 빠뜨렸다. 관할의 장소적 배분사상에 덜 유념하고, 현실적 또는 잠재적 당사자의 예견가능성과 법적 안정성의 요청에 소홀하게 된다. 국가이익과 법원의 편의가 과도하게 중시되어 당사자간의 이익형량이 외면되고 있다.

2018/2020년 국제사법 개정안(Ⅱ. 6.)의 입법화로 국제관할 규정체계가 도입되면, 이런 혼돈과 방향실종은 바로잡아질 것인가? 명확한 연결점으로 국제관할을 정하는 독립적 국제관할

* 성균관대학교 법학전문대학원 교수.

규칙을 발견을 위한 판례의 노력도 미약하나마 이어져 왔고, 국제사법 개정안에 의하여 다소 고무되는 모습도 눈에 띈다. 그러나 오히려 '실질적 관련성 관할'을 다른 형태로 존속시키려는 듯한 움직임이 보인다. 최근에 대법원은 내국재산 소재가 예견가능성을 가져와 실질적 관련성을 충족시킨다는 궤변을 내놓았다. 피고가 국제관할을 열심히 다툰 것을 "적극적 응소"라 하여 국제관할 긍정의 근거로 삼기도 한다. 국제관할을 근거지우기 적절한 요소와 그렇지 않은 요소를 가리지 않고 결론을 이끌어내는 태도가 오히려 심화되고 있다. 성문의 국제관할 규정 체계 도입으로 법원의 행동반경이 줄어드는 부분을 상쇄하고자 미리 대비하는 것처럼 보인다. 어떻게 판례에서 긍정적 요소를 살리고 부정적 요소를 정리해 나갈 것인가? 이 글에서는 판례의 현주소와 전개방향을 진단하고, 위험요인을 축소시킬 해석론적 방안을 모색한다.

Ⅱ. 한국 국내토지관할법의 굴곡과 국제관할법상의 해결 노력

1. 국제관할 징표효(이중기능)가 부적절한 국내토지관할규정의 산재

독일 입법자는 의식적으로, 민사소송법의 토지관할규정에 국제관할도 징표하는 이중기능을 부여했다.[1] 이런 입법의사가 입법연혁상 워낙 명백하여, 이 점을 논의하는 문헌이 적을 정도이다.[2] 독일 민사소송법의 "이중기능"적 토지관할규정은 국제관할까지 명시적으로 규정하는 것은 아니지만, 국제관할 징표효는 분명히 가진다. 이렇게 범주적으로 국제관할 징표효를 가지는 국내토지관할규정들이 있으므로, 국제관할법에 포괄적 흠결이 있는 것은 아니다. 즉, 국제관할규칙은 명시적 국내토지관할규정 내에 분명히 들어 있다. 그러나 그 규정을 가리켜 명시적 국제관할규정을 겸한다고 할 수는 없다. 요컨대, 여기에서 말하는 "이중기능"은 두 가지 점을 동시에 명시적으로 다루는 규정이라는 수학적인 의미가 아니다. 범주적으로 분명하게 국제관할 징표효도 가진다는 의미의 이중기능일 뿐이다.[3]

---

1) Kropholler, Internationales Privatrecht, 6. Aufl., Beck, 2006, § 58 Ⅱ 1; 오정후, "판례에 나타난 국제재판관할에 대한 이해에 관한 소고", 서울대 법학 제48권 제1호(2007. 3), 51의 주 8.

2) Kropholler(주 1).

3) 독일 민사소송법의 국내토지관할규정의 "이중기능"(Doppelfunktion)은 그 규정이 국제관할규정이기도 하다는 의미는 아니고, 단지 국제관할 징표효도 분명히 가진다는 뜻이다. 즉, "이중기능"적 토지관할규정이 국제관할을 "직접" 규율하는 것은 아니다. Schack, Internationales Zivilverfahrensrecht, 8. Aufl., Beck, 2021, Rn. 239. Kropholler의 표현으로는, 이중기능적 국내토지관할규정(예: 보통재판적을 규정한 ZPO 제13조, 계약재판적을 규정한 제29조, 불법행위재판적을 규정한 제32조)은 "국제관할도 함께 규율"하는 것이지만, "명시적이지 않게 외국관련 사안에 관여한다". "토지관할이 전면에 서"고, 국제관할은 "직접적이 아니라 간접적으로만 규율"된다. 즉, 국제관할에 관한 "명시적" 규율은 아니다. 그렇다 하여 국내토지관할규정이 국제관할 문제에 "단지 '준용'되거나 '유추'적용되는 것은 아니다". Kropholler(주 1), § 58 Ⅱ 1. 그래서 이시윤, 민사소송법, 제14판, 박영사, 2020, 62와 같이 독일의 이중기능설을 "역추지설(토지관할규정유추설)"의 이름으로 소개해도 상관없다. 이처럼 "이중기능"의 입법기술과 "이중기능"이라는 표현에는 독일적인 은밀함이 배어 있다. 이를 간과하고 "이중기능"이라는 표현에만 매달리면, 국제관할까지 명시적으로 규정한다는 뜻으로 오해할 소지가 있

독일 민사소송법의 국내토지관할 규정체계는 일본을 통하여 한국에도 전해졌다. 그러나 한국의 국내토지관할 입법은 국내관할만 염두에 두고 발달해 왔다. 그래서 국제관할 징표효를 가질 수 없는 규정들이 국내토지관할법 내에 섞여 들어갔다. 국내적 과잉관할규정은 일본 식민지기에 이식(移植)된 것을 1960년 민사소송법[4]에서 보존시킨[5] 것도 있고,[6] 한국 입법자가 추가한 것도 있다.[7] 국내토지관할규정 중 국제관할법에 맞지 않는 예를 몇 개만 든다.

피고의 보통재판적에 관하여 제3조 단서는 한국에 주소가 없으면 거소지관할을 인정하고, 한국에 거소도 없으면 최후주소지관할을 인정한다.[8] 국내관할규정으로는 유용하다. 피고의 주소 내지 상거소가 한국에 없어도, 어떤 사건에 대하여 한국에 특별관할이 있을 수 있다. 그런 사건이 여럿일 수 있다. 그 사건들이 모두 제기될 수 있는 곳으로, 단순거소지와 최후주소지를 지정한다. 그러나 피고의 주소 내지 상거소가 외국에 있는데도 단순거소지 내지 최후주소지임을 이유로 한국에 일반관할을 인정하는 것은 부당하다.

제5조 제2항은 외국법인이 한국에 사무소나 영업소를 복수로 둔 경우, 그 중에서 비교적 주된 것의 소재지에 국내적 일반관할을 인정한다.[9] 이 규정도 국내관할법적으로는 유용하다. 외국법에 따라 설립된 법인으로서, 주된 사무소·영업소나 주된 활동지가 한국으로 변경된 일이 없으면 외국법인에 해당한다(국제사법 제16조).[10] 그래서 외국법인의 주된 사무소·영업소는 외국(설립준거법 소속국이나 제3국)에 있을 것이다. 그러나 특별관할은 한국에 있을 수 있다(가령 의무이행지나 불법행위지가 한국임을 이유로). 제5조 제2항은 그 사건들이 두루 제기될 수 있는 국내적 보통재판적을 정한다.[11] 그러나 한국이 종된 사무소·영업소 소재지임을 독립적 근거로 하여 한국에 일반관할(보통재판적)을 인정하는 것은 부당하다.[12]

다. 실제로 그렇게 오해하는 예로, 김상균, "재산소재지의 재판적에 관한 검토", 전남대 법학논총 제32집 제2호(2012. 8), 241.

4) 1960. 4. 4. 제정 법률 제547호(1960. 7. 7. 시행).

5) 그것은 이식받은 법을 유지시킨 점에서 당연한 조치이지만, 보존적 계수라고 할 수도 있다.

6) 자연인인 피고의 보통재판적으로 거소지관할과 최후주소지관할도 규정한 부분(일본 민사소송법 제4조 제2항 2단, 3단, 한국 민사소송법 제3조 단서), 외국법인의 보통재판적은 국내에 있는 사무소나 영업소 중에서 주된 것의 소재지에도 인정하고, 국내에 사무소·영업소가 없으면 업무담당자의 주소지에도 인정하는 부분(日 제4조 제4항, 韓 제5조 제2항), 의무이행지관할을 재산권상의 소 전반에 대하여 의무이행지관할을 규정한 부분(日 제5조 제1호, 韓 제8조) 등. 이상 현행법 조문으로 인용함.

7) 재산권상의 소에 대한 거소지관할(민사소송법 제8조, 1960년 민사소송법 제6조로 신설), 근무지관할(제7조, 1990년 개정시 제5조의2로 신설) 등.

8) 일본 민사소송법 제4조 제2항 2단, 3단도 같다.

9) 일본 민사소송법 제4조 제5항도 같다.

10) 국제사법 제16조 단서가 주된 "영업소"는 언급하지 않지만, 사무소와 영업소는 등가적이다. 그래서 외국법에 따라 설립된 법인이 한국에 주된 영업소를 두는 경우에도 단서가 적용되는 것으로 물론해석된다.

11) 제5조 제2항은 이런 국내토지관할규정으로만 입법된 것이고, 국제관할 징표효는 처음부터 아예 배제된 것으로 해석해야 한다. 최공웅, 국제소송, 개정판, 육법사, 1988, 302.

12) 최공웅(주 11), 302; 한충수, "국내토지관할 규정의 국제적 정합성: 법인의 보통재판적과 영업소 및 재산소재

한편, 국내토지관할을 규율하기에도 심히 부당한 조문도 있다. 그것은 국내관할법에서도 폐기함이 바람직하다. 제8조의 거소지관할이 대표적 예이다. 피고의 거소를 말한다면, 주소를 중심으로 피고의 보통재판적을 정한 제3조 본문과 제5조가 무의미해진다. 원고의 거소를 말한다면 일반적 원고재판적이 되어 피고재판적(actor sequitur forum rei)의 원칙을 위협한다. 어느 모로 보나 거소지관할은 국내관할법적으로도 폐지되거나 적어도 사문화되어야 한다.[13]

불법행위의 손해배상채무의 이행지에 제8조의 의무이행지관할을 인정하는 해석도 부정해야 한다. 사안의 성질에 기한(ratione materiae) 장소적 관할은 불법행위지에 인정하면 된다. 굳이 손해배상채무의 이행지에 또 인정할 이유가 없다. 그곳은 사안근접성(Sachnähe)도, 증거근접성(Beweisnähe)도 없다.

물론, 재산소재지관할(민사소송법 제11조)처럼 원래부터 국제관할에 초점을 둔 것도 있다. 민사소송법의 다른 토지관할규정들에 대해서는 국제관할 징표효를 가지는지, 즉 이중기능적 토지관할규정인지 검토할 여지가 있을 뿐이지만, 제11조는 아예 한국의 국제관할을 스스로 정한다.[14] 대법원 1988. 10. 25. 선고 87다카1728 판결은 분명히 이런 태도에 섰다.[15] 제11조가 국내토지관할을 정하는 부분은 한국이 재산소재지 국제관할을 가지는 경우를 위한 것이다. 제11조가 스스로 국제관할을 정하고 있으므로, 국제관할 문제에 적용하면 된다. 국제사법 제2조 신설 후에도 달리 볼 이유가 없다. 제2조 제2항은 국제관할법에 흠결이 있는 경우의 보충방법을 정할 뿐이다. 국제관할을 판단할 때 항상 제2조 제2항에 의하라는 뜻은 아니다. 즉, 제2조가 신설됨으로써 국제관할법에 총체적 흠결이 있다고 전제해야 하는 것은 아니다. 물론, 역

지 특별재판적을 중심으로", 민사소송 제13권 제2호(2009. 10), 137(제5조 제2항은 내외국법인을 차별하여 입법론적 부당성이 명백하지만, 해석론으로는 국제사법 제2조 하에서 실질적 관련성 유무를 엄격히 판단하는 방법밖에 없음); 석광현, 국제민사소송법, 박영사, 2012, 84, 108-109. 석광현, *ibid.*는 민사소송법 제5조 전체를(제1항도 포함하여) 국제관할의 기준으로 끌어오지 않을 것을 주장한다. 제5조 제1항을 끌어오지 않더라도 피고상거소지국의 일반관할(제2조, 제3조 본문)을 인정하는 데 부족함이 없다는 취지로 보인다. 그러나 상게서, 108도 지적하듯이 제5조 제1항은 조모법(祖母法)인 독일 민사소송법(제17조 제1항)을 통하여 계수한 것이고, 독일 민사소송법의 그 규정은 국제관할 징표효(이중기능)를 인정받고 있다.

13) 최공웅(주 11), 303은 거소지관할규정을 국제관할 판단에 끌어들이는 해석가능성에 대해 아예 언급도 하지 않는다.

14) 조모법인 독일 민사소송법 제23조(재산재판적)가 오래 전부터 그렇게 해석되고 있다. 석광현, 국제재판관할에 관한 연구: 민사 및 상사사건에서의 국제재판관할의 기초이론과 일반관할을 중심으로, 서울대학교출판부, 2001, 250-251. 한국 민사소송법 제11조도 마찬가지로 해석되어야 한다. 독일 민사소송법 제23조가 국제관할규정을 겸하는 것을 가리켜, 이 조문에서 국제관할규정이 "직접 도출"된다고도 표현한다(석광현(주 12), 251). 서울고법 2006. 1. 26. 선고 2002나32662 판결에 인용된 원고 소송대리인의 주장과 김상균(주 3), 241은 이것이 곧 "이중기능"인 것처럼 말하나, 오해이다.

15) 석광현(주 14), 261은 민사소송법의 재산소재지관할규정이 국제관할 문제에 "직접 적용되거나 類推適用됨을 인정"한 것으로 이 판결의 판지를 풀이한다. 그러나 당시는 수정역추지설이 판례로 채택되기 전이었고, 대법원 1988. 10. 25. 판결의 취지도 문면상 명백했다. 수정역추지설을 채용한 흔적이 전혀 없고(전면적 입법흠결, 조건부의 역추지, 특별사정 유무 검토 등이 전혀 없었음), 단순히 민사소송법의 재산소재지관할규정(당시는 제9조)을 국제관할에 직접 적용했다.

추지설과 수정역추지설은 견해를 달리하여, 민사소송법상의 재산소재지관할규정까지 국내토지관할규정일 뿐이라고 하는 것이 보통이었다. 그러나 국제관할법의 총체적 입법흠결을 이야기한 것은 역추지설과 수정역추지설이지, 제2조가 아니다. 그럼에도 불구하고, 민사소송법 제11조가 국제관할을 직접 규정하는 것이 아니라고 해석하는 견해도 있다.[16] 판례도 국제사법 제2조 신설을 계기로 그런 태도로 바뀌었다.[17]

한편, 재산소재지 국제관할은 관할배분설의 상궤를 벗어나 집행의 편의에 근거하여 인정되는 것이므로,[18] 과잉관할을 본질로 한다.[19] 이 점을 고려하여 내국관련성의 제약을 부과할지는 별문제이다.[20] 독일 판례[21]처럼 한국과의 사안관련성이 실질적 관련성(제2조 제1항) 수준에 이를 것을 요구하는 해결책이 2018/2020년 개정안 제5조 제2항으로 채택되었다.

과잉관할은 국제관할에서 실제로 더 심각한 문제를 낳는다. 국내토지관할법 내의 과잉관할규정들도 정리함이 최선이지만, 입법자는 그럴 생각이 없어 보인다. 그래서 국제관할법과 국내토지관할법을 괴리시키는 해결방법밖에 남지 않는다. 그래서 국내토지관할규정들 중 국제관할의 기준으로 끌어다 쓰기에 적당한 것을 선별할 필요가 생겼다. 이를 위해 수정역추지설(修正逆推知說)과 국제사법 제2조가 나왔다.

2. 수정역추지설의 도입

민사소송법의 과잉적 국내토지관할규정들은 국내적으로는 폐해가 비교적 적지만, 국제관할에 그대로 준용했다가는 큰 문제를 낳을 것이다. 그런 규정은 가려내야 한다. 그런 규정을 지적하는 판례는 보이지 않지만, 판례의 행간을 읽을 필요가 있다. 민사소송법 제7조의 근무지

16) 한충수, "국제사법의 탄생과 국제재판관할", 법조 제536호(2001. 5), 49-50, 50의 주 11.

17) 인천지방법원 2003. 7. 24. 선고 2003가합1768 판결; 서울고법 2006. 1. 26. 선고 2002나32662 판결(고엽제 2심)("재산소재지의 국제재판관할 유무를 판단함에 있어 이러한 국내법의 관할규정을 참작하되 당사자 또는 분쟁이 된 사안과 법정지인 대한민국 사이에 실질적 관련성이 존재하는지 여부도 고려하여야 할 것이다"); 대법원 2010. 7. 15. 선고 2010다18355 판결(X/중국국제항공); 서울고등법원 2011. 12. 8. 선고 2011나43329 판결; 대법원 2019. 6. 13. 선고 2016다33752 판결. 석광현(주 14), 261은 판례가 수정역추지설을 확립시킨 것을 계기로—특히 대법원 1995. 11. 21. 선고 91다39607 판결에 주목하여—그렇게 해석론을 바꾸어야 한다고 지적했다.

18) Schack(주 3), Rn. 398; 대법원 2019. 6. 13. 선고 2016다33752 판결.

19) Schack(주 3), Rn. 398. 그래서 재산소재지관할로만 국제관할이 뒷받침되는 내국판결은 원칙적으로 외국에서 승인될 수 없다. *Ibid.*

20) 석광현(주 12), 113은 재산소재지관할의 과잉관할적 성격을 이유로 국제관할법에서는 아예 배제하는 해석을 주장한다. 그리고 설사 완전히 배제하지는 않더라도, 독일 BGH처럼 충분한 내국관련을 요구하는 해석이 차선책으로 타당하다고 한다. Schack(주 3), Rn. 399는 사안의 내국관련 요건을 부가하면 재산소재지 국제관할을 인정하는 본연의 취지가 훼손된다고 보아, 그 요건의 추가에 반대한다.

21) BGH 1991. 7. 2. 판결(BGHZ 115, 90 = NJW 1991, 3092 = IPRax 1992, 160 = JZ 1992, 51)(내국재산소재 외에 "법적 쟁송의 충분한 내국관련"을 요구). 그 요지와 "충분한 내국관련"의 내용에 관한 학설 · 판례는 석광현(주 14), 253-255.

관할과 제8조의 거소지관할을 국제관할 판단에 끌어오지 않는 태도가 일관되게 보인다. 불법행위의 손해배상의무지에 제8조의 의무이행지관할을 인정하는 논리를 멀리하는 태도도 눈길을 끈다.[22)]

그런데 이런 암묵적 선별에만 의존하기보다는, 국내토지관할규정의 국제관할 징표효를 일률적으로 부정하는 것이 오히려 편하다. 그것이 선별적 유추적용에 의한 흠결보충과 그렇게 설정한 국제관할규칙의 해석을 오히려 용이하게 해 준다. 법리적 근거도 부족하지 않다. 국내토지관할규정들이 국제관할의 문제를 염두에 두지 않고 입법되어 왔고, 국제관할 징표효 인정이 범주적으로 부당한 국내토지관할규정이 산재하다는 점을 이유로 들면 된다. 결국 한국의 판례도 일본의 학설·판례의 영향을 받아, 과감하게 국제관할법의 포괄적 흠결을 선언하게 된다.[23)]

한국의 판례가 국제관할법의 포괄적 흠결을 선언하기 위하여 주목한 것은 일본에서 학설과 판례의 합작으로 발달한 수정역추지설이었다. 이에 앞서 역추지설(逆推知說)이 주장되었고, 판례로도 채용되었다.[24)] 역추지설은 국내토지관할규정의 국제관할 징표효를 원칙적으로 인정한다. 그런데 일본 민사소송법에도 국제관할 징표효를 가지기에 부적당한 국내토지관할규정이 있으므로, 이 부분을 어떻게 교정(矯正)할지 문제된다. 국내토지관할규정을 유추적용하면서 국제관할법적으로 내용을 다듬거나, 유추적용이 부적당한 조문을 선별하는 법형성 작업에는 힘이 든다. 수정역추지설은 그 부담을 덜어준다. 수정역추지설은 일단 모든 국내토지관할규정이 그 모습 그대로 국제관할 징표효를 가지는 것처럼 전제하여 사안에 적용한 뒤, 개별 사건에서 국제관할에 대하여 부적절한 결론이 일어나지 않도록 피하기만 한다. 즉, 사법(司法)적 법형성에 의한 흠결보충의 힘든 작업을 피해 개별 사안의 해결로 만족한다. 이 매력으로 인하여 수정역추지설이 일본에서 통설, 판례로 되었다.[25)]

수정역추지설의 작업틀은 다음과 같다. 일단 국내토지관할규정의 국제관할 징표효를 부정하여, 국제관할법에 전면 흠결이 있다고 한다(제1단계). 그러나 제2단계에서는 선별없이 모든 국내토지관할규정의 국제관할 징표효를 조건부로 인정한다. 그래서 내국에 국내토지관할 있는 법원이 있으면 내국의 국제관할도 원칙적으로 인정하려 한다(제3단계). 다만 국제관할을 이렇게 판단하는 것이 개별 사안에서 부당하면, 개별 사안의 결론만 수정한다. 그렇게 할 특별사정("특단의 사정")이 있으면 개별 사안에서 여러 국내토지관할규정들의 적용으로써 국제관할이 징

22) 특히 서울지판 1996. 1. 12. 94가합66533 중간판결(홍완유/타이항공).

23) 대법원 1988. 4. 12. 선고 85므71 판결; 대법원 1992. 7. 28. 선고 91다41897 판결(미츠오/암코); 대법원 1995. 11. 21. 선고 93다39607 판결(메릴랜드보험/나우정밀); 서울지방법원 1996. 1. 12. 선고 94가합66533 판결(홍완유/타이항공); 서울지방법원 1997. 5. 8. 선고 95가합11856, 96가합14175 판결(진양산업/판엔지니어링); 대법원 2000. 6. 9. 선고 98다35037 판결(광주은행/중국은행).

24) 最判 昭和56[1981]·10·16 民集35卷7号 1224頁(말레이지아항공 판결).

25) 最判 平成9[1997]·11. 11 民集51卷10号 4055頁(화미리 사건).

표되었던 잠정적 결론을 수정한다(제4단계). 이것이 수정역추지설이다. 이중기능설의 일본판인 역추지설을 특별사정론으로 상대화했다는 의미이다. 역추지설과 달리 제4단계를 명시하여 큰 역할을 부여하므로, 특별사정론("특단의 사정론")이라고도 부른다. 모든 국내토지관할규정에는 국제관할 징표효가 없다고 했다가(1단계), 모든 국내토지관할규정에 국제관할 징표효가 일단 있다고 하고(2단계), 이를 개별 사안별로 다시 뒤집는다(4단계).[26] 국내토지관할규정의 국제관할 징표효에 대한 태도를 두 번 뒤집는, 이중어법(double talk) 반복의 묘기가 벌어진다. 그런 가운데, 개별 국내토지관할규정을 놓고 국제관할 징표효를 가지거나 국제관할에 유추적용할 만한지 검토하는 일은 회피된다. 국내토지관할규정의 유추적용 과정에서의 선별, 변용(적응)작업을 정면으로 내세우지 않으면서 개별 사안별로 결론만 다듬는다. 이런 우회논법이 수정역추지설의 실무적 매력이자 근본적 문제점이다. 그러나 법해석과 사법(司法)적 법형성 작업의 부담을 덜어주는 점은 한국 법원에게도 매력적으로 보였을 것이다. 결국 대법원은 일본의 수정역추지설을 전격 수입한다.[27]

수정역추지설은 해석론의 부담을 줄여주는 장점을 가진다. 그러나 선별적 규정유추작업과 독립적 국제관할규칙의 세부적 내용탐구를 방해하여 국제관할법 해석작업을 퇴행시켰다. 국제관할법의 전면적 흠결에서 출발하면서도 흠결보충을 마냥 미룬다. 이렇게 하여 모호성과 불투명성을 극대화하면, 이중기능을 염두에 두지 않고 입법했던 과거지사를 탓하는 일을 피하여, 선대의 법률가들에게 예의를 다할 수 있다. 그러나 입법과 해석의 본연의 임무는 경시된다. 수정역추지설은 법형성 없이 변통할 수 있게 하여 법원의 짐을 덜고 행동반경을 넓혀주었지만, 불확실성을 키우고 흠결보충을 전면 거절하는 폐단이 따라왔다. 수정역추지설을 도입한 뒤에야, 직설적으로 선별적 유추를 하고 유추과정에서 변용을 가하는 편이 낫다는 점이 주목받게 되었다. 이런 비판적 평가가 일본[28]과 한국[29]에서 국제사법학계의 통설이 되었다.

일본에서는 수정역추지설을 긍정적으로 평가하여 수정역추지설을 성문화하려는 시도도

26) 일본과 한국의 판례는 이렇게 4단계로 설시한다. 학설도 이를 반영하여 4단계로 설명하는 것이 보통이다. 석광현(주 12), 72-74 참조. 그러나 국내토지관할규정에 의한 일응의 판단과 특별사정 유무 검토의 2단계로 설명하는 견해도 있다. 한충수(주 16), 56-57, 57의 주 22. 일본에도 그런 견해가 있다고 한다. 松岡博, 國際關係私法入門, 第3版, 有斐閣, 2012, 257.

27) 대법원 1992. 7. 28. 선고 91다41897 판결; 대법원 1995. 11. 21. 선고 93다39607 판결; 대법원 2000. 6. 9. 선고 98다35037 판결 등.

28) 木棚照一 · 松岡博 · 渡邊惺之, 國際私法概論, 第5版, 有斐閣, 2009, 291 등. 일본 국제사법학계의 다수파는 일찍이 1990년대 초 법무성에 제출한 의견서에서, 수정역추지설이 국내토지관할법과 국제관할법을 기본적으로 같다고 전제하면서 국제관할법을 항구적 불명확 속에 방치하게 되는 폐단을 지적하고, 수정역추지설의 명문화에 반대하면서 구체적 국제관할규정의 성문화를 제안했다. 道垣內正人(이후동 역), "일본에 있어서 국제민사절차법상의 제문제", 국제사법연구 창간호(1993), 212에서 재인용. 이 제안은 결국 2011년의 민사소송법 개정과 2018년의 人事訴訟法, 家事事件手續法 개정으로 결실을 맺게 된다.

29) 석광현(주 12), 83-88 등.

있었다. 민사소송법의 1996년 전면개정에 앞서 제시된 ‘민사소송수속에 관한 개정요강시안’에서는 “국내토지관할[sic]이 정하는 관할원인이 우리나라에 있는 때에는, 우리나라 법원에서 심리 및 재판을 하는 것이 상당하지 않다고 인정되는 일정한 경우를 제외하고, 우리나라에 관할권이 있다는 취지의 규정을 둘지” 검토했다.[30] 그러나 국제사법학계의 다음과 같은 강한 반론에 부딪쳤다. 첫째, 국제관할규칙과 국내토지관할규칙이 기본적으로 같다고 전제하면서 개별사건의 결과만 수정하므로, 국제관할규칙의 정립을 항구적으로 미루고 국제관할법을 불확정한 상태에 내버려두게 된다.[31] 둘째, 과잉적 국내토지관할규정의 원용도 허용하여 국제관할을 너무 넓힐 우려가 있다. 셋째, 소비자재판적처럼 국내토지관할규정의 유추적용으로 설명 불가능한 국제관할규칙도 필요하다. 넷째, 헤이그국제사법회의에서 1990년대부터 진행된 ‘국제관할 및 외국판결 승인집행조약’ 성안작업(“재판 프로젝트”[32])의 경과를 지켜보아야 한다.[33] 당시에는 일본 입법자도 국내토지관할법 내의 과잉관할규정 최소화 필요성에 무관심했고, 결국 국제재판관할규정체계를 별도로 입법하게 되었다. 재산관계와 인사·가사 분야로 나누어 각기 2011년과 2018년에 마무리했다.[34] 그런데 일본에서는 수정역추지설을 긍정적으로 평가하는 견해도 있어,[35] 독립적 국제관할규정들의 체계를 성문화하면서도 특별사정이 있으면 소를 각하할 수 있다는 규정을 두었다(民事訴訟法 제3조의9, 人事訴訟法 제3조의5, 家事事件手續法 제3조의14). 수정역추지설의 제4단계의 입법화이다.[36]

---

30) 民事訴訟手續に關する改正要綱試案, 第16 國際民事訴訟法{横山潤, 總論的考察—立法の方向性から緊急管轄まで, 國際私法年報 第10号(2008), 2에서 재인용}. “국내토지관할이 정하는”이라 함은 “국내토지관할규정이 정하는”의 의미임이 분명하다.

31) 일본 국제사법학계의 다수파가 제출한 의견서. 道垣内正人(이후동 역)(주 28), 212에서 재인용.

32) “Judgments Project”. 판결승인집행협약은 흔히 “판결협약” 내지 “재판협약”으로 약칭된다. 헤이그국제사법회의 상설사무국은 신규조약의 성안작업을 가리켜 “Project”라 한다. 재판협약을 신규로 교섭, 성안하는 작업이므로 “재판 프로젝트”이다. 한국어로 “재판”협약이라 하는 것은 재판의 형식(판결, 결정, 명령 등)을 불문하는 취지이다. 2002년 개정 민사소송법 제217조가 “판결”을 “재판”으로 개칭한 취지도 같다. 그런데 한국어로 “재판”이라 하면 재판의 결론을 가리키기보다 재판절차를 가리키는 어감이 있다. 그리고 재판 프로젝트에서 나온 2005년 관할합의협약(Convention on Choice of Court Agreements)(제7조)과 2019년 민상사 외국판결 승인집행협약(Convention on the Recognition and Enforcement of Foreign Judgments in Civil and Commercial Matters)(제3조 제1항 (b)목 2문)은 모두 임시조치의 승인집행을 다루지 않는다. 그래서 두 협약의 명칭과 조문을 번역할 때에도 “판결”의 승인집행이라고 하는 것이 낫고, “판결 프로젝트” 내지 “판결조약 성안작업”이라고 하는 편이 낫다.

33) 둘째부터 넷째: 横山潤(주 30), 2-3.

34) 2011년과 2018년에 신설된 국제관할조문의 개관은 김문숙, “일본법원의 국제재판관할에 관하여: 2011년 개정 민사소송법을 중심으로”, 국제사법연구 제18호(2012), 279-331; 김문숙, “일본에서의 인사소송사건에 관한 국제재판관할: 개정 인사소송법을 중심으로”, 국제사법연구 제25권 제2호(2019. 12), 403-435.

35) 예컨대 本間靖規·中野俊一郎·酒井一, 國際民事手續法, 第2版, 有斐閣, 2012(中野俊一郎 집필부분), 42-43. 국제사법학계의 이 소수설은 2011년 민사소송법 개정과정에서 법원 측의 지지를 받았다.

36) 松岡博(주 26), 257.

3. 국제사법 제2조: 토지관할규정의 굴곡과 그에 따른 입법흠결의 해결을 위한 응급책

한국의 입법자도 판결협약 성안작업을 기다려 본격적인 국제관할 입법을 미루기로 했지만,[37] 수정역추지설의 우회성과 모호성을 온존시키는 대신, 유추적용할 국내토지관할규정을 선별하는 사법(司法)적 법형성을 요구하는 도입조항(Einleitungsklausel)을 두었다. 국제사법의 2001년 전면개정시에 신설된 국제사법 제2조가 그것이다.[38] 사법(司法)적 법형성의 필요성을 명시적으로 언급하면서(제2항), 유념해야 할 지도원리를 언급하는(제1항) 친절까지 베푼다.

제2조는 국제관할법의 광범위한 흠결 때문에 존재한다. 법의 흠결이 있으면 법관은 통상의 흠결보충작업에 따라 '재판관정에서의 법형성' 즉 사법적(司法的) 법형성을 시도해야 한다. 사법(司法)적 법형성의 어려움을 덜고자, 법형성 과정을 이끄는 지도원리도 언급해 주는 친절을 베푼다. 제1항은 국제관할법에 대해서도 관할배분설("국제재판관할 배분의 이념"[39])이 지도원리임[40]을 선언한다. 그리고 내국관련이 실질적 수준에 이르러야 한다고 말한다(제1항). 형식적 관련에 불과해서는 안 된다는 것이다. 흠결보충과 해석의 구체적 요령은 제2항이 알려준다. 우선적으로 국내토지관할규정의 유추의 방법을 시도하라고 한다.[41] 국내토지관할규정 중 국제관

---

37) 법무부, 국제사법 해설, 2001, 23; 석광현, 국제사법 해설, 박영사, 2013, 59.

38) 국내토지관할법에서 끌어낼 수 없는 소비자계약과 근로계약의 특칙은 따로 성문화했다. 2001년에 신설된 제27조 제4항-제6항, 제28조 제3항-제5항.

39) 横山潤(주 30), 4의 표현: "재판기능을 각국 재판기구에 배분하는 사고방식".

40) 일본 국제사법학계에는 유력한 이설(異說)이 있다. 横山潤(주 30), 4-5. 국제관할을 국제입법으로 통일하는 경우에는 국제관할에 대해서도 관할배분설의 관점이 "불가결"하다고 한다(4면). 그러나 일국법으로 국제관할을 정하는 경우에는, 외국에서 일본과 대등하거나 나은 수준의 재판을 하리라는 보장이 없으므로, 관할배분설적으로 접근하여 내국의 국제관할을 엄격히 정하거나, 승인예측설에 따라 외국 선소(先訴)에 양보하여 내국의 국제관할을 불행사하는 것은 부적당하다고 한다(4-5면). 외국의 재판제도가 일본 수준과 대등하거나 나은지, 미달하는지에 따라 달리 취급하는 것도 어색하다고 한다(4면). 재판제도의 수준 문제의 대표적 예로 법관의 독립 결여를 든다(5면). 그러나 절차적 공서위반의 우려를 이유로 관할배분설을 배척할 일이 아니다. 법관의 독립이 없는 국가의 판결은 절차적 공서위반을 이유로 불승인하면 된다. 이를 명시하는 입법례로 미국의 Uniform Foreign-Country Money Judgments Recognition Act (2005), Section 4(b)(a). 그리고 내외국 재판의 질적 대등성 보장이 없는 것은 사실이지만, 그만큼 국제관할기초를 더 다양하게 인정할 수 있고, 부분적으로 관할배분설을 벗어나 재산소재지관할, 긴급관할(forum necessitatis) 등을 인정하면 되는 것이지, 관할배분설을 아예 배척할 이유는 되지 못한다.

41) 동지: 대법원 2019. 6. 13. 선고 2016다33752 판결("민사소송법 관할규정은 국제재판관할권을 판단하는 데 가장 중요한 판단 기준으로 작용한다."). 이런 설시는 국내토지관할규정의 유추적용 가능성을 지나치게 강조하여 "수정역추지설을 상기시킬 수 있"어 "불필요하고 부적절"하다는 비판도 있다. 김홍엽, "2019년 분야별 중요판례분석 ⑤ 민사소송법", 법률신문 제4773호(2020. 2. 20), 12. 그러나 이 지적은 수정역추지설과 제2조의 극명한 차이를 간과하고 있다. 수정역추지설은 국제사법'규칙'을 사법(司法)적으로 형성하여 흠결보충하는 데 극도로 소극적이다. 제2조는 바로 이 점을 극복하고 국내토지관할규정의 선별적 유추적용을 강조하는 점에 큰 의미가 있다. 대법원의 위 추상론은 이 점에 유념하라는 촉구로서, 매우 긍정적으로 평가된다. 한편, 민사소송법의 국내토지관할규정이 중요한 판단기준의 하나'라는 정도로 설시했으면 더 좋았겠다는 지적도 있다. 석광현, "국

할 징표효를 가져도 될 만한 것을 선별하라고 한다. 국제관할의 규율에 적합하지 않은 국내토지관할규정은 유추대상에서 제외하라고 한다. 유추대상인 규정을 적절히 변용할 필요도 생길 수 있다. 필요에 따라서는 변용도 가하라고 한다.[42] 한편, 규정유추나 법유추(체계유추)의 방법으로 흠결이 메워지지 않으면, 보다 창조적인 법형성으로 메우라고 한다.[43] 물론 규정유추든, 보다 창조적인 법형성이든, 국제재판관할의 독립적 기초들을 정립하기를 가장 우선적으로 추구해야 한다.[44] 독립적 국제관할기초를 정하는 독립적 국제관할규칙이야말로 규칙다운 규칙(rule-like rule)으로서 가장 바람직한 규정형태이기 때문이다. "국제재판관할의 특수성"을 고려하여 "참작"하라(제2항)는 표현에 이상의 점들이 모두 함축되어 있다.

"국제재판관할의 특수성"의 언급이 의미하는 바에 주의를 요한다. 첫째, 사물적합성을 고려하라는 원론적 표현이다. 국제재판관할이 특이한 분야라는 뜻이 아니다. 국제재판관할은 오래된 문제이며, 국제관할법은 특이한 법이 아니다. 둘째, 현행 국내토지관할규정의 이례성을 직시하고 회피한다는 뜻이다. 개별 국내토지관할규정의 입법론적 당부(當否) 평가가 불가피함을 밝힌다. 다만, 민사소송법 입법의 난맥상을 질타하기를 피하여 점잖은 표현을 썼다. '유추적용하면 폐단이 증폭될 조문을 골라낸다'고 말하기를 피한다. '우리 영역의 독특한 점을 고려하여 선별한다'고 했다. 유추적용할 규정을 놓고 '이상한 부분'을 들어내겠다고 하는 대신, '우리 분야가 유난한 점'을 고려하겠다고 말하는 겸양적 반어법(反語法)이다.

"참작"은 선별적 규정유추를 말한다. 이렇게 완곡한 표현을 쓰게 된 사정이 있다. 첫째, 규정체계 전체를 포괄적으로 "준용"하기도 곤란하다. 그런 입법례가 있지만(예: 가사소송법 제12조 본문, 행정소송법 제8조 제2항, 헌법재판소법 제40조), 국제관할은 고도의 예견가능성과 법적 확실성을 요구하므로 이렇게 규정하기 어렵다. 둘째, 가사소송법 제12조 단서처럼 준용대상에서

제사법 제2조 제2항을 올바로 적용한 2019년 대법원 판결의 평석: 일반관할과 재산소재지의 특별관할을 중심으로", 국제거래와 법 제29호(2020. 4), 142. 그러나 이렇게 말하면 '국제관할 징표효를 가질 만한 국내토지관할규정의 규정유추를 우선적으로 검토하라'는 메시지는 크게 약화될 것이다.

42) 석광현(주 41), 141(제2조는 국내토지관할규정 중 "그대로 국제관할규칙으로 사용할 수 있는 것"과 "국제적인 고려에 의하여 수정함으로써 국제재판관할규칙으로 사용할 수 있는 것"을 골라내고 그렇게 유추적용하는 국제관할규칙의 내용을 명확히 할 것도 요구한다).

43) *Ibid*.

44) 대법원 2019. 6. 13. 선고 2016다33752 판결에서 대법원은 민사소송법 제3조 본문에 상응하는 일반관할의 기초사실이 구체적 사안에 존재함을 확인했다. 그럼에도 불구하고 피고에 대한 국제적 일반관할규칙을 형성하고 적용하는 데 이르지 않았다. 단지 국제관할을 인정하는 비독립적 근거들 중 하나로 들었을 뿐이다. 국제관할 징표효를 가지기 곤란한 국내토지관할규정들까지 사안에 일단 적용하는 일을 피하는 점에서는 수정역추지설을 탈피했다고 할 수 있지만, 독립적 국제관할규칙을 발견하는 데 이르지 못한 점에서는 수정역추지설의 태도를 완전히 탈피하지 못했다. "참작"의 문구를 문리해석하는 데 머무른 탓으로 생각된다. 그런데 석광현(주 41), 144는 "민사소송법의 보통재판적규정을 분명히 참작하여 그 규정을 거의 그대로 따라 국제재판관할을 판단"했다 하여 긍정적으로 평가한다. 이 문헌은 제2조 제2항이 말하는 "참작"을 문자 그대로의 의미에 조금 더 가깝게 이해하는 듯하다.

제외하는 조문을 명시하기도 조심스럽다. 국제관할법에 안 맞는 국내토지관할규정 중에는, 국내토지관할법상으로도 사문화되어 있거나 사문화가 마땅한 것이 있다.[45] 이것을 특정하여 준용대상에서 제외된다고 하면, 마치 국내토지관할법상으로는 적절한 듯이 보여져, 사법(司法)적 폐기를 방해할 수 있다. 이런 난감한 맥락 속에서, "참작"이라는 이례적 표현이 쓰였다. 법학방법론의 학문적 개념을 조문에 옮겨적기를 피한 의미도 있었을 것이다.[46] 모호하고 정중하며 우아한 표현으로써 선별적 유추적용을 지시한다.

4. 국제사법 제2조를 충실히 적용한 판례[47]

국제사법 제2조를 충실히 적용하여, 국내토지관할규정의 선별적 유추적용으로 국제관할규칙을 해석상 발견하여 흠결보충하고 사안에 적용하는 사례도 없지 않다. 제2조 신설 후 초창기에는 이런 판례가 오히려 유력했다. 서울고법 2002. 9. 25. 선고 2002나4896 판결[48]은 국제관할 판단의 말미에서 실질적 관련성 기준 자체에 근거하는 잔여적 국제관할규칙을 인정하여 적용한 점에서 아쉬움이 남기는 하지만, 먼저 개별적 국제관할규칙을 하나하나 발견하여 적용했다. 국제관할에 규정유추하기에 적합한 개별 국내토지관할규정들을 들어 한국의 국제관할을 긍정할 수 있는지를 하나하나 검토했다. 제2조의 신설취지를 비교적 충실히 반영하여 국제관할을 판단한 편인데, 수정역추지설적 색채가 짙다고 평가할 여지도 있다. 이 판결은 개별 국제관할사유 검토에 이어 잔여적 실질적 관련성 관할을 검토했다.

그 후 고엽제로 인한 제조물책임사건에서 서울고법 2006. 1. 26. 선고 2002나32662 판결은 한층 진일보한 태도를 보였다. 첫째, 서울고법 2002. 9. 25. 판결과 달리, 잔여적 실질적 관련성 관할규칙을 전혀 언급하지 않았다. 둘째, 국내토지관할규정 가운데 개별 국제관할 문제에 유추적용할 만한 것들을 선별하여 국제관할법의 흠결을 보충하고, 그렇게 사법(司法)적으로 설정한 국제관할규칙의 관할기초의 내용을 구체적으로 밝히고자 애썼다. 이 태도가 완전히 일관된 것은 아니다. 국제관할법의 흠결을 보충한 국제관할규칙에 따라 판단한 후에, 다시 여러 접촉들과 다른 고려들을 종합하여 한국의 국제관할을 인정하는 것이 타당한지 재검토하였다. 그래서 이 판결도 서울고법 2002. 9. 25. 판결과 마찬가지로 수정역추지설적 색채가 전혀 없지는 않다. 그러나 중요한 것은 국제관할규칙을 사법(司法)적으로 형성하면서 그 구체적 내용을 논구한 점이다. 이 작업이 충분하면, 최종적 종합평가는 별로 중요하지 않게 된다. 최종적 종

45) 거소지관할(민사소송법 제8조), 불법행위에 의한 손해배상채무의 이행지관할(같은 조문의 문리해석).

46) 영어권의 "plain English" 운동에 상응.

47) 자연인, 가사, 상속 사건에서 하급심판결은 명확한 국제관할규칙을 보충하는 예가 드물지 않다. 상속사건에 대하여 부동산소재지관할을 인정한 서울가법 2005. 11. 10.자 2004느합17 심판.

48) hpweb.com의 도메인이름에 관한 김용환과 휴렛팩커드 컴퍼니 간의 1차 상고심 판결인 대법원 2005. 1. 27. 선고 2002다59788 판결의 원심판결.

합평가에 큰 짐을 지우면서 국제관할규칙을 다듬어 나가기를 방기하는 수정역추지설의 태도를 탈피하게 된다. 이 판결에서는 이런 노력이 보인다. 그래서 개별 사안에서의 종합적 재검토는 있었지만, 특별사정론적 재검토는 아니었다고 선해할 여지가 없지 않고, 이 판결의 태도를 그렇게 의미부여하여 승계할 수 있었다. 그러나 이 모범적 선례는 후속 판례에서 승계되지 않고 버려졌다.

그 대신 '실질적 관련성 관할'이 판례를 지배하게 되었지만, 모든 분야에서 그런 것은 아니다. 대법원 판례도 계약이 관련되는 문제에 관해서는 실질적 관련성 기준을 독립적 관할기초로 삼기를 삼가고, 명확한 연결점을 채용하는 개별 국제관할규칙을 발견하여 적용하는 태도를 대체로 일관한다. 국제관할합의의 효력을 인정하고,[49] 계약사건의 의무이행지관할,[50] 제조물책임사건의 불법행위지관할[51]을 인정한다. 계약사건에서는 피고 법인에 대한 국제적 일반관할을 정할 때에는 민사소송법 제5조 제1항의 기준만을 빌어와 "주된" 사무소 · 영업소 소재지국에 인정해야 한다는 태도를 설시하기도 주저하지 않는다.[52] 대법원도 계약은 국제상거래의 핵심이므로 무시할 수 없다고 보고, 계약이 끼어들면 당사자이익, 법적 안정성의 요청 쪽으로 무게추가 기우는 것 같다.

제조물책임이 아닌 일반적 불법행위에 관해서도, 제조물책임 사건만큼은 아니지만 불법행위지 국제관할을 설시하는 데 근접하고 있다. 항공기추락사고에 대하여 승무원이 불법행위를 이유로 항공사를 제소한 사건과, 전시법령에 의하여 징집되거나 모집된 징용근로자나 종군위

---

49) 외국법원을 선택하는 전속적 국제재판관할의 유효요건(합의법정지와의 당사자관련성 또는 사안관련성 형태로 "합리적 관련성" 요구): 대법원 1997. 9. 9. 선고 96다20093 판결; 서울지법 2002. 12. 24. 선고 2002가합32672 중간판결(공서양속 위반으로 무효); 대법원 2004. 3. 25. 선고 2001다53349 판결; 대법원 2010. 8. 26. 선고 2010다28185 판결; 대법원 2011. 4. 28. 선고 2009다19093 판결; 서울고법 2020. 6. 9. 선고 2019나2044652 판결. 위 판례의 내국법원 선택에 대한 확장: 대법원 2011. 4. 28. 선고 2009다19093 판결. 비전속적 국제관할합의로의 추정: 대법원 2008. 3. 13. 선고 2006다68209 판결; 울산지법 2014. 2. 6. 선고 2012가합3810 판결.

50) 대법원 1972. 4. 20. 선고 72다248 판결(송천산업/니찌맨지쓰교); 창원지법 2006. 10. 19. 선고 2005가합9692 판결(경남은행/미즈호뱅크); 대법원 2008. 5. 29. 선고 2006다71908, 71915 판결(성우엔타프라이스/미호오재팬)(냉동청어사건); 울산지법 2014. 2. 6. 선고 2012가합3810 판결(후쿠/캄차카 골드 씨오); 대법원 2014. 4. 10. 선고 2012다7571 판결. 다만, 대법원 2014. 4. 10. 선고 2012다7571 판결은 계약사건임에도 의무이행지관할 유무를 분명히 검토하지 않고, 계약사건과 한국 간의 여러 접촉을 종합하여 실질적 관련이 있다고 판단하는 데 머물렀다. 한편, 대법원 2008. 5. 29. 판결에 대해서도, 의무이행지관할규칙을 발견, 적용한 판례가 아니라, "전적으로 실질적 관련에 근거"하는 국제관할 판단방식에 머무른 판례로 파악하는 견해가 있다. 석광현(주41), 139.

51) 제조물책임의 결과발생지국 관할규칙을 설시한 판례(구체적 기준은 세 가지로 일관성 결여): 대법원 1995. 11. 21. 선고 93다39607 판결(메릴랜드보험/나우정밀)(간접관할: 예견가능성 외에 개별 피고의 활동에 의한 속지적 접촉도 요구); 대법원 2013. 7. 12. 선고 2006다17539 판결(고엽제)(직접관할: 예견가능성도, 활동에 의한 접촉도 불요); 대법원 2013. 7. 12. 선고 2006다17553 판결(미공간)(고엽제)(상동); 대법원 2013. 7. 12. 선고 2006다17539 판결(HSN/대양코리아)(간접관할: 예견가능성 요구).

52) 창원지방법원 2006. 10. 19. 선고 2005가합9692 판결.

안부의 손해배상청구에서 이런 경향이 보인다. 두 사건유형 모두 고용계약이 관련되기는 한다.

김해공항 항공기 추락사건(X/중국국제항공)의 1심판결인 부산지방법원 2009. 6. 17. 선고 2006가합12698 판결[53]과 대법원 2010. 7. 15. 선고 2010다18355 판결은 한국이 불법행위지인 점을 한국의 국제재판관할 긍정을 뒷받침하는 유력한 2개의 접촉 중 하나로 들었다.[54] 물론 불법행위지관할규칙을 명확히 설시하지는 않았다. 게다가, 불법행위지관할만 설시해도 충분한 사안임에도 굳이 한국 내 영업소를 또 하나의 유력한 접촉으로 든 점에서, 독립적 국제관할기초로서의 불법행위지 국제관할에 대한 확신이 다소 적어 보이기도 한다. 승무원이 항공기 추락사고로 사망한 사안으로서, 한국 영업소가 청구의 기초된 법률관계(승무원과의 고용관계) 형성에 관여한 영업소는 아니었지만, 항공사의 특수성을 고려하여, 사안관련성 없는 영업소도 유력한 접촉으로 평가한 취지로 이해된다. 이 사건의 각 심급 판결은 불법행위지라는 접촉으로 충분하다는 설시를 하지 않은 점에서 아쉬움이 남는다.

인신구속, 가혹행위 등의 불법행위에서도 명확한 국제관할규칙을 설시하는 태도에 근접하는 경향이 서서히 나타나고 있다. 전시징용근로자의 불법행위 손해배상청구 사건에서 약 10년 간격으로 나온 다음 두 판결을 비교해 볼 수 있다. 부산고법 2009. 2. 3. 선고 2007나4288 판결(X/미츠비시중공업)(강제징용사건)은 불법행위지를 국제관할의 근거로 들지는 않았다. 한국법이 불법행위지법으로서 실체준거법이 될 것이라는 점을 국제관할의 근거로 들었을 뿐이다. 이 설시를 문리해석하면 준거법소속국관할(forum legis)적 고려의 설시로 이해된다. 그러나 불법행위지관할적 고려의 설시로 선해하는 것이 타당하다. 실제로 위와 같은 준거법소속국관할적 설시는 후속 판례에 의하여 무시되고 있으며, 일회성 해프닝으로 매듭지어졌다. 광주고법 2018. 12. 5. 선고 2017나13822 판결은 진일보하여, 민사소송법 제18조가 채용하는 불법행위지가 한국임을 한국의 국제관할 인정의 결정적 근거로 들었다. 부산고법 2009. 2. 3. 판결과 달리 불법행위지가 한국인 점을 유독 강조했다. 그것이 국내토지관할규정이 채용하는 연결점임을 강조했다. 실질적으로 불법행위지 국제관할을 인정하는 결과가 되었다. 불법행위지 국제관할규칙을 발견하여 국제관할의 흠결을 보충하는 데에는 이르지는 않았지만, 선별된 국내토지관할규정의 국제관할 징표효를 설시하는 이중기능설(역추지설)의 요소가 돋보인다. 한편, 서울중앙지법 민사34부 2021. 1. 8. 선고 2016가합505092 판결[55]에는 종군위안부에 대한 인신구속과 가혹행위의 불법행위가 문제되었는데,[56] 한국이 불법행위지인 점을 들기는 했지만 이 점을

53) 미공간, 대법원 종합법률정보.

54) 부산고등법원 2010. 1. 28. 선고 2009나10959 판결도 동지이나, 판결이유는 1심판결에서 수정하는 부분만 기재하고, 국제관할에 대한 판시는 없다.

55) 항소기간 도과로 확정.

56) 그러나 국제재판관할 판단에서 종군위안부 사안의 특수성이 고려, 감안된 흔적은 없다. 보편주의적 국제관할 법리는 전혀 원용되지 않았다. 주권면제의 예외사안이라 하여 국제재판관할의 기준을 단순화하거나 낮추지도 않았다.

강조한 흔적이 없다. 기타 여러 접촉과 고려들을 종합하여 국제관할을 인정하는 '실질적 관련성 관할'의 색채가 짙다.

2018/2020년 국제사법 개정안에 자극받아서인지, 제2조 제2항에 따라 국내토지관할기초사유에 준하는 국제관할기초를 조심스럽게 탐색하는 접근방법이 다시 살아나는 움직임도 보인다. 대법원 2021. 3. 25. 선고 2018다230588 판결은 사무소·영업소 소재지국의 특별관할을 인정하면서 실질적 관련성의 기준에 맞는지를 검증했을 뿐, 실질적 관련성 기준을 독립적 관할기초로 보는 태도를 멀리했다. 예견가능성의 원리가 실질적 관련성 기준의 중요한 내용인 것처럼 설시한 것은 아쉬움이 남지만, 예견가능성 기준이 일반적으로 무의미함을 깨닫고 나면 남는 것은 순수한 사무소·영업소 소재지국 특별관할일 것이다. 그러나 이런 태도가 일관되지는 않는다. 2년 앞선 대법원 2019. 6. 13. 선고 2016다33752 판결의 사실관계를 보면 한국이 피고에 대한 일반관할을 가진다고 판단하기 충분했다. 원심판결인 광주고법(제주) 2016. 7. 6. 선고 2014나1166 판결은 한국에 피고의 상거소 내지 주소가 있다고 볼 만한 사실관계를 설시한 뒤, "이 사건 소 제기 당시에는 원고 또는 피고들의 실질적인 생활의 기반이 대한민국에 형성되어 있었다"고 설시하기까지 했다. 대법원의 '실질적 관련성 관할'론과 달리, 피고상거소지 국제관할규칙을 인정하고 사안에 적용하여 독립적 국제관할기초로 삼는 태도에 거의 완전하게 근접했다. 하급심이 대법원의 '실질적 관련성 관할' 법리를 정면으로 폐기하기를 기대하기는 무리일지 모르나, 원심판결의 설시는 거의 정면도전에 가까왔다. 매우 주목할 만한 설시이다. 원심판결 후에 국제사법 개정안도 나왔으므로, 대법원은 원심판결이 채용한 법리를 더욱 분명히 선언할 것이 기대되었다. 원심의 법리판단이 바로 피고상거소지 국제관할규칙임을 밝혔어야 한다. '실질적 관련성 관할'을 만들어 개별 국제관할규칙의 발견작업의 활력을 약화시킨 것이 대법원이므로, 대법원 스스로 문제점을 성찰하고 결자해지(結者解之)의 정신으로 범주적 국제관할규칙 설정으로 나아갔어야 했다. 그러나 대법원은 눈앞에 있는 피고상거소지 국제관할을 설시하지 않고, 오히려 재산소재지관할에 대한 실질적 관련성 기준의 제약을 무력화하는 데 주력했다. 개정안의 방향설정을 외면하고 이에 역행했다.

5. 국제재판관할법을 한 개의 일반조항으로 왜소화하는 판례의 발달

(1) 개별 국제재판관할규칙과 별도로 인정되는 잔여적 실질적 관련성 관할

서울고법 2002. 9. 25. 선고 2002나4896 판결은 수정역추지설에 따른 검토에 머무르지 않았다. 다음 단계로, 국내토지관할법에 대응되는 규정은 없더라도 제2조 제1항에 직접 의거하여 분쟁 내지 당사자와 한국 간의 실질적 관련을 이유로 국제관할을 인정할 수 있는지 검토했다. 실질적 관련성 기준을 독립적 관할기초로 하는 잔여적 국제관할규칙을 추가로 인정한 첫 판결례로 보인다. 서울고법이 이런 해석론의 근거를 제2조에 둔 점은 분명하지만, 구체적인 법리구성은 밝히지 않는다. 제2조가 수정역추지설을 입법화하면서 잔여적 실질적 관련성 관할도 추가한 것으로 해석하는 태도였을 가능성이 있다. 그러나 이 사안은 2001년에 신설된 제2조의 시간적 적용범위에 들어가지 않는 사안이어서, 이런 관할규칙이 입법적으로 신설된 것으로 해석하는 것은 근거가 약하다. 결국, 실질적 관련성 기준을 독립적 관할기초로 하는 국제관할규칙이 제2조 신설 전에도 이미 해석론상 인정된다고 설명할 가능성만이 남는다.

(2) 제반 사정을 종합 판단하는 형평법으로서의 실질적 관련성 관할

국제사법 제2조가 신설되자, 대법원은 민사소송법의 국내토지관할규정으로부터의 적절한 차별화를 꾀하던 종래의 태도를 바꾸었다. 제2항을 무시하여 국내토지관할규정의 선별적 유추와 변용의 작업을 방기하고,[57] 제2조 제1항에 언급된 지도원리를 독립적 관할사유로 변질시켰다. 제2조는 국제관할법이 규칙체계 형태로 존재할 필요 없다고 명하여 정상적인 사법(司法)적 법형성을 제약하는 조문이 전혀 아닌데도, 그런 것처럼 취급한다. 사법(司法)적 흠결보충에 의한 법형성 없는 빈 공간에서 무제한의 형평판단권한을 가지도록 하는 일반적 수권조항(授權條項)으로 풀이한다. 이것을 문자 그대로 편의법정지(적절한 법정지, forum conveniens) 법리라고 부를 수도 있겠지만, 혼동의 여지가 있다. 영국의 역외송달관할법은 피고나 사안과의 실질적 관련을 각 문제별로 명확히 정의하여(예: 계약위반지, 불법행위로 인한 손해발생지) 국제관할 존부의 기준으로 삼되, 그 국제관할의 행사는 영국이 적절한 법정지인지 검증한 뒤에 한다(편의법정지 법리).[58] 즉, 우선 각 문제별로 가장 유력한 접촉을 기준으로 국제관할의 존부를 정하는 단계가 있고, 이 관문을 통과하지 못하면 편의법정지 법리의 검토는 없다. 관할행사의 적절성을 검토할 때, 관할기초(계약위반지 등)를 재차 고려하지도 않는다. 이와 달리 한국 판례는 국제관할의 주변적 근거와 국제관할을 근거지우기 부적당한 접촉과 고려들을 걸러내지 않고 모아 종합평가하여 실질적 관련 유무를 판별한다. 여기에는 법원의 주관이 강하게 작용할 수 있다. 이것은 자의관할(恣意管轄, forum arbitrum)의 본질을 가진다.[59]

'실질적 관련성 관할'은 개별 국제관할규칙의 존재이유를 무색하게 만들었다. 국제관할법과 비슷하게 마련인 국내토지관할법으로부터의 선별적 유추적용으로 흠결이 보충되어야 함에도, 국제관할법의 흠결보충은 집단적으로 방기(放棄)되었다. 빈 공간은 법관의 현명한 판단으

---

57) 같은 취지의 비판: 석광현(주 41), 140("제2조에는 제2항은 없고 제1항만 있다고 믿는 것처럼 보인다").

58) 영토적 접촉요건은 Civil Procedure Rules, Practice Direction 6B, para. 3.1에 규정. 그 외에 본안의 승소가능성과, 영국이 적절한 법정지일 것이 요구된다. 이 세 요건이 충족되면 법원이 역외송달을 허가하고, 원고가 역외송달을 실행함으로써 국제재판관할이 성립한다. 그 개관은 J.H.C. Morris, David McClean & Veronica Ruiz Abou-Nigm, The Conflict of Laws (9th ed., Sweet & Maxwell, 2016), paras. 7-013～7-026A.

59) 대체로 동지: 석광현, "계약사건의 국제재판관할에서 의무이행지와 실질적 관련", 국제사법과 국제소송 제5권, 박영사, 2012, 385{원래는 법률신문 제3792호(2009. 11. 12), 14}("비록 국제사법 제2조가 개방적인 일반조항이지만, 법원이 이것을 恣意的 判斷을 정당화하는 도구로 남용해서는 아니 된다."). 재량관할(裁量管轄)이라고 보기에는 법률심의 직관에 의한 통제가 강하다.

로 메우라고 대법원은 공언한다. 법에 구애받지 않는 권한이 창출되었다. 법은 위축된다.

국제재판관할의 한계를 따지는 해석은 섬세해야 한다. 그러려면 국제재판관할의 근거를 세분화해야 한다. 국내토지관할도 장소적 관할이므로, 국내토지관할규정의 선별적 유추적용을 우선시해야 한다. 사법(司法)적 법형성으로 규칙다운 규칙을 만들어 흠결보충함으로써 법적 안정성의 요청에 부응할 수 있다. 그러나 대법원은 법해석과 흠결보충의 통상(通常)적 방법을 무시하고, 법 없이 법관의 직관적 종합판단에 맡기는 '실질적 관련성 관할'규칙을 만들어 광범위하게 통용시킨다.

물론 위에서 언급한(4.) 대로 예외는 있다. 특히 국제관할합의, 계약사건의 의무이행지관할, 제조물책임 사건의 불법행위지관할에 관해서는 규칙다운 규칙을 발견하는 태도를 견지한다. 그리고 이런 태도를 좀 더 일반화하려는 시도도 눈길을 끈다. 그러나 계약이 끼어들지 않으면 다른 쪽으로 경도되는 경향이 뚜렷하다. 국제관할법의 이념과 민사소송의 이상에의 직접적(무매개적) 집착, 국가이익과 법원의 이익의 중시에 치우쳐, 사법(司法)적 법형성을 방기한다.

대법원은 '실질적 관련성 관할' 법리의 근거로 정형화된 추상론을 반복 설시한다. 먼저 국제사법 제2조 제1항을 옮겨적고, 수정역추지설의 제4단계(특별사정 유무 검토)처럼 공평, 적정, 신속 등의 민사소송법의 이상을 언급하고, 당사자이익 외에 국가이익과 법원의 이익을 언급한다.[60] 우아한 추상론의 증보에 힘쓰는 것과 달리, 국제관할사유를 구체적으로 다듬는 일은 원

60) 대법원 2005. 1. 27. 선고 2002다59788 판결; 서울고법 2006. 1. 26. 선고 2002나32662 판결; 서울중앙지법 2007. 8. 23. 선고 2006가합89560 판결; 서울중앙지법 2007. 8. 30. 선고 2006가합53066 판결; 대법원 2008. 5. 29. 선고 2006다71908, 71915 판결; 서울고등법원 2009. 1. 21. 선고 2007나96470 판결; 부산고법 2009. 2. 3. 선고 2007나4288 판결; 부산지방법원 2009. 6. 17. 선고 2006가합12698 판결; 대법원 2010. 7. 15. 선고 2010다18355 판결; 서울고등법원 2011. 12. 8. 선고 2011나43329 판결; 대법원 2012. 5. 24. 선고 2009다22549 판결; 대법원 2012. 5. 24. 선고 2009다68620 판결; 대구지법 2012. 9. 4. 선고 2011가합8748 판결; 대법원 2012. 10. 25. 선고 2009다77754 판결; 서울고법 2013. 2. 8. 선고 2012르3746 판결; 대법원 2013. 7. 12. 선고 2006다17539 판결; 대법원 2013. 7. 12. 선고 2006다17553 판결; 서울고법 2014. 1. 17. 선고 2013나17874 판결; 대법원 2014. 4. 10. 선고 2012다7571 판결; 대법원 2014. 5. 16. 선고 2013므1196 판결; 대법원 2015. 1. 15. 선고 2012다4763 판결; 대법원 2015. 1. 15. 선고 2012다4763 판결; 광주고법(제주) 2016. 7. 6. 선고 2014나1166 판결; 서울고등법원 2017. 11. 17. 선고 2017나2009518 판결; 광주고법 2018. 12. 5. 선고 2017나13822 판결; 대법원 2019. 6. 13. 선고 2016다33752 판결; 서울중앙지법 2021. 1. 8. 선고 2016가합505092 판결; 대법원 2021. 2. 4. 선고 2017므12552 판결; 대법원 2021. 3. 25. 선고 2018다230588 판결 등. 심지어 민사사건의 국제재판관할을 국가"주권"의 문제로 보고 그것을 한계짓는 데 신중할 것을 요구하는 것으로, 대법원 2010. 7. 15. 선고 2010다18355 판결(X/중국국제항공)(김해공항 항공기 추락사건)("국제재판관할권은 주권이 미치는 범위에 관한 문제라고 할 것이므로, 형식적인 이유를 들어 부당하게 자국의 재판관할권을 부당하게 넓히려는 시도는 타당하지 않지만, 부차적인 사정을 들어 국제재판관할권을 스스로 포기하는 것 또한 신중할 필요가 있다."). 드물게 국가이익과 법원이익을 언급하지 않는 판례로, 대구지방법원 2005. 5. 18. 선고 2004르441 판결(이혼, 친권행사자 및 양육자 지정); 대법원 2006. 5. 26. 선고 2005므884 판결(이혼, 친권행사자 및 양육자 지정); 창원지법 2006. 10. 19. 선고 2005가합9692 판결(신용장대금). 흥미롭게도, 외국판결의 승인집행을 위하여 외국의 간접관할을 심사할 때에는 국가이익과 법원이익을 언급하지 않는 것이

칙적으로 소홀히 한다. 그래서 독립적 국제관할규칙들로 구성되는 국제관할규칙체계를 해석상 발견하는 일은 지체되고 있다. 대법원이 모든 국제관할 문제에 두루 쓸 수 있는 추상론에 집중하는 것은 다음의 취지인 듯하다. ① 제2조 제1항은 국제관할법의 이념으로서 국제적 관할배분의 사상과 실질적 관련의 기준을 규정한다. 이것은 민사소송법의 이상만큼이나 추상적이다. 이를 보면, 국제관할법이 추상적인 기준에 머물러야 함을 알 수 있다. ② 그러므로 국제관할법은 현실적 또는 잠재적 당사자들에게 법적 안정성을 높이고 현장에서 적용하기 좋은, 명확한 법규, 즉 규칙다운 규칙일 필요가 적다. ③ 법관의 고차원적 감각으로 민사소송의 이상에 맞는 답을 찾으려면 모호해야 한다. ④ 게다가 국제관할은 단순한 민사소송의 문제가 아니다. 국가이익이 개입하는 국제정치적 문제이다. 또, 법원의 이익이 중요하게 관여하는, 권력 간의 역학의 문제이다. 그래서 전략적 모호성[61]이 중요하고 유용하다. ⑤ 결국, 계약이 개입하거나 배경에 깔린 문제를 제외하면, 국제관할법은 국내토지관할법처럼 규칙다운 규칙들로 존재하기보다, 법관의 현명한 지혜와 직관에 맡겨야 한다. 물론, 이상과 같은 추론과정을 대법원이 소상히 밝힌 적은 없다. 그렇지만 제2조 제1항이 언급하는 지도원리와 국가이익 및 법원이익을 언급하기 시작하면서 모호한 '실질적 관련성 관할'로 흐른 것이 사실이다.

민사소송법은 국제관할 위반을 상고이유에서 제외[62]하지 않으므로, 국제관할 판단에서의 재량은 사실심 법관의 재량이 아니다. 법률심이 권위적으로 규정짓는다. 대법원이 소송지휘권류의 재량을 생각하고 있다면, 이 부분에 대한 개정 필요성을 이야기하게 마련이다. 대법원은 국회 법제사법위원회 여당측 의원(특히 간사)과 비공식적으로 접촉하여 절차법 분야의 개정안을 건네주는 관행이 있다. 그런데 그렇게 한 일이 없다. 대법원은 '실질적 관련성 관할'을 법률심의 심사대상으로 삼는 데 만족하는 듯하다. 고준(高峻)한 이념과 민사소송의 이상에 직접 호소하며 국가이익과 법원의 이익을 중시하여 전략적 모호성을 추구해야 하는 분야로 보기 때문일 것이다. 이렇게 고위급의 감각으로 판단해야 할 문제를 현장의 사실심의 안목에만 맡길 수 없다고 여기는 것 같다.

보통이다. 예: 서울고등법원 2008. 3. 21. 선고 2006나88168 판결.

61) Henry Kissinger가 국제정치에서 "건설적 애매성(constructive ambiguity)"의 가치를 역설했다고 한다. Francisco Garcimartín, "The Judgments Convention: Some Open Questions", Netherlands International Law Review (2020) 67:19, p. 20. 가르티마르띤은 국제협약에서 장래의 법형성에 맡기는 부분의 가치를 설명하기 위해 이 개념을 원용한다. 최선의 입법을 하기 위하여 교섭국들이 협력하는 맥락을 전제하면서, 지금 최대한의 입법을 할지, 아니면 장래의 과제로 미룰지를 이야기한다. 국제입법에 자세한 내용을 넣지는 않는 점에, 교섭국들이 모종의 소극적 의견합치(consensus)를 보았다는 것이고, 이를 긍정적으로 평가한다. 이와 달리 이 헌정논문의 봉헌자는 일국의 국가이익을 의식하여 타국에게 양보하지 않으려는 국가기관의 태도를 전략적 모호성의 추구로 평가하고, 이를 비판한다. 한국 판례는 국가이익을 염두에 두고 한국 국제관할법의 외연을 명확히 하기를 꺼리는 경우가 많다. 일국의 이기주의를 내세워 당사자와 잠재적 당사자의 예견가능성 및 법적 확실성을 희생시키는 태도이다.

62) ZPO § 545 ②는 국내토지관할 위반을 상고이유에서 제외한다.

'실질적 관련성 관할'의 발단은 대법원 2005. 1. 27. 선고 2002다59788 판결이다.[63] 도메인이름 부당선점과 탈취에 대한 국제관할이 문제되었다. 도메인이름 분쟁에 관한 비종국적 중재가 국가재판권을 배제하는 것이 아니며, 도메인이름에도 국가재판권이 미쳐야 한다는 고려가 대법원의 판단에서 중요하게 작용했던 듯하다. 도메인이름은 지식재산권이 아닌 영업표지(標識)로서, 문자로 기억하기 쉬운 전화번호에 가까운 것이며,[64] 도메인이름 부당선점은 인터넷상의 부정경쟁행위임이 명백하지만, 당시에는 도메인이름에 대한 권리의 본질과 도메인 부당선점의 법률관계의 본질에 대하여 통설이 확실히 정립되어 있지 않았고, 국내의 학설상황은 매우 빈약했다. 또, 행동지는 오프라인상의 행동지로 식별하면 되고, 결과발생지는 국제사법적으로 의미있는 결과발생지로 취급되기 위한 관문을 적절히 높이면 되는 것이지만, 당시에만 해도 사이버공간(cyberspace) 자치론 내지 사이버공간 무정부주의와, 부정경쟁방지법의 논리는 오프라인(off-line)의 물리적 공간(real space)에만 타당한 것이라는 극단적 견해가 기세등등했다. 이런 상황에서, 대법원은 이례적으로 국가이익과 법원의 이익까지 의식, 언급하고, 매우 조심스럽게 판단했다. 결국 기존의 불법행위지관할규칙에 따라 행동지관할(도메인이름 부당선점에 대하여)과 결과발생지관할(도메인이름 부당탈취에 대하여)을 인정한 셈이고, 이런 판지를 읽어낼 수 있다. 그러나 이 판지는 매우 완곡하게 설시되었다. 불법행위지 국제관할규칙을 제조물책임 사건에서 세밀히 구체화, 차별화하려 한 대법원 1995. 11. 21. 선고 93다39607 판결에 비하여 명확성 면에서 크게 위축되었다. 사이버공간의 권력과의 관계에서 불법행위지관할의 기본원칙인 편재주의(Ubiquitätsprinzip) —행동지와 결과발생지가 모두 관할한다는 원칙— 만이라도 지켜내려는 취지였을 것이다. 그렇지만 지도원리에의 과잉의존이 능사는 아니었다. 영미권을 포함한 해외 법률가들에게 설득력을 더하려면 오히려 구체적 근거제시가 필요했다. 법은 삶에 뿌리박은 계속성과 구체성을 생명의 원천으로 한다. 성문법적 소여(所與)인 민사소송법의 불법행위지관할(제18조), 관련사건관할(제25조)을 유추적용하면서 쌓아올려진 기존 판례를 유지했어야 한다. 제2조 제2항도 이 작업을 요구한다. 그러나 국내토지관할의 선별적 규정유추로 국제관할법의 흠결을 보충해 온 기존 판례를 전혀 언급하지 않았다. 제2조 제1항이 언급하는 지도원리에만 의존하여 개별 사안을 판단했다. 미국법원이 법재록(Restatement of the Law)만의 원용으로 만족하는 방식에 지나치게 경도되었다. 이렇게 '실질적 관련성 관할'의 씨앗이 뿌려졌다.

그 후 판례가 나아갈 길은, 온라인 분쟁의 낯설음 앞에 위축되었던 대법원 2005. 1. 27. 판결을 끝으로 혼란상을 정리하고 법해석 방법론의 정도(正道)로 돌아가는 것이었다. 제2조 제

63) 석광현(주 59), 382.

64) Adrian Wolff, "Pursuing Domain Name Pirates into Unchartered Waters: Internet Domain Names That Conflict with Corporate Trademark", 34 San Diego L. Rev. 1463 (1997), p. 1496.

2항이 친절히 지시하듯이, 국제관할법 흠결보충에 적절한 국내토지관할규정을 선별하여 규정유추하고, 보충적으로 체계유추(전체유추), 조리(條理)에 의한 흠결보충을 시도했어야 한다. 바로 제2조는 수정역추지설처럼 사법(司法)적 법형성을 마냥 미루지 말고 유추에 의한 흠결보충에 충실하라고 명한다.

그러나 판례의 전개는 반대방향으로 흘러갔다. 대법원 2005. 1. 27. 판결은 온라인권력과의 관계에서 한국의 국제재판관할을 조심스럽게 설시한 것으로 보았어야 한다. 제2조 제2항을 무시하고 기존 국제관할법을 전면 폐기한 것처럼 보여지는 부분은 일회적 해프닝으로 넘겼어야 한다. 그러나 오히려 후자의 부분이 진지하게 받아들여지면서 '실질적 관련성 관할' 창설의 첫걸음으로 자리매김되었다.[65] 온-오프라인 권력 간의 다툼과 같은 낯선 요소가 없는 평이한 사건에서도 그렇게 한다. 대법원과 하급심의 주류는 제2조의 신설취지를 오해하여, 기존 판례가 일괄하여 판례로서의 가치를 잃었다고 본다. 전속적 국제관할합의에 관한 판례와, 계약과 제조물책임 사건에 대한 특별관할을 제외하면, 국제관할규칙체계를 조심스럽게 세워 오던 판례의 자산은 포괄적으로 매몰되었다.[66] 국내토지관할규정의 선별적 유추적용작업을 스스로 하는 것도 아니다. 제2조에서 제2항은 거의 잊혀졌다.[67] 제1항을 판결이유에 옮겨적고 증보한 추상론이 그 자리를 차지하여 국제관할법을 단순화시켰다. 그 추상론을 마법의 주문처럼 되뇌인 후 개별사안의 판단에 임하는 태도가 주류적 판례가 되었다. 국제관할규칙의 사법(司法)적 형성을 통한 이익형량이라는 사법부(司法府) 본연의 임무는 수준낮은 일이나 구시대적 방식인 것처럼 치부되는 듯하다. 관념적인 추상론을 우아하게 다듬는 데 열중하는 것과 대조적으로, 내국과의 접촉의 경중을 가려내고 원피고의 이익을 형량하는 일은 소홀히 한다. 오히려 국가이익과 법원의 이익을 내세워 이익형량을 억누른다. 원고가 한국에 제소함을 한국의 국제관할의 적극적 근거로 들고, 피고가 국제관할을 전력을 다해 다투는 것을 "적극적 응소"라 부르면서 복종의 제스처로 오독(誤讀)하여, 피고에게서 국제관할을 다툴 자유를 박탈하기를 당당하게 내세우는 극단적 이익형량 파괴를 감행할 정도로 법원이익이 전횡한다. 내외국을 정면에서 차별하여 내국의 직접관할은 넓게, 외국의 간접관할은 좁게 판단하기도 하여,[68] "국제재판관할

65) 동지: 석광현(주 41), 139.

66) 오랜 시간이 걸려서야, 이 태도가 겨우 조금 극복되어 2001년 이전 판례가 때때로 인용되기 시작했다. 예: 대법원 2015. 2. 12. 선고 2012다21737 판결(미공간)(대법원 1995. 11. 21. 선고 93다39607 판결 인용).

67) 학계에서 강하게 비판받고 있다. 한충수(주 12), 128; 석광현(주 41), 140 등.

68) 제조물책임의 결과발생지관할에 관하여 이런 괴리가 심각하다. 대법원 1995. 11. 21. 선고 93다39607 판결(메릴랜드보험/나우정밀)은 제조물책임의 결과발생지의 간접관할을 상당히 제한적으로 해석했다. 이 판결은 미국 연방대법원 판결인 *Asahi Metal Industry Co. v. Superior Court*, 480 U.S. 102 (1987)에서 4 대 4로 나뉜 의견 중 결과발생지관할을 좀 더 제한하는 O'Connor 대법관의 준다수의견(plurality opinion)에 따랐다. 그래서 제조물이 자연스러운 유통의 흐름(stream of commerce)을 통하여 결과발생지에 도달하여 그 법역이 결과발생지가 되리라는 것이 합리적으로 예견가능한 것으로는 부족하다. 이에 더하여, 결과발생지에서 또는 그 법역을 향하여 상품광고, 구매상담 등의 영업행위를 하는 등으로, 활동지적 접촉이 추가로 있어야 한다. 다행히

배분의 이념"(제2조 제1항)을 배반한다. 그 배경에도 국가이익과 법원이익이 있을 것이다. 온갖 사정을 자유롭게 종합 평가하여 실질적 관련성 유무를 가려낼 뿐인 판단방식이 이런 일들을 기술적으로 가능케 한다. 전속적 국제관할합의와 계약사건의 의무이행지관할을 제외하면, 개별 사건별(case-by-case)로 그때그때(ad hoc) 종합판단하는 방식에 극단적으로 경도된 나머지, 사법(司法)적 법형성은 폭넓게 포기되고 있다. 제2조 제2항을 정면으로 위반하여 실질적 관련성 관할 규칙을 창설하고 이를 무소불위의 절대반지로 삼아 국제관할법의 대부분을 대체하려 한다.

판례의 '실질적 관련성 관할'의 문제점은 명백하다. 제2조 제2항이 명시적으로 촉구하는 사법(司法)적 법형성의 직무를 방기하고 제1항의 지도원리에만 기대는 데 뿌리가 있다. 그런데 판례는 그 폐해를 오히려 장점으로 자부하기까지 한다. 판례는 길을 잃은 듯하다. 이러한 사태 극복을 위하여 판례의 문제점을 세분하여 살핀다.

첫째, 판례는 "국제재판관할의 특수성"(제2조 제2항)이란 곧 국가이익과 법원의 이익을 말하고, 국제관할법은 관할의 장소적 배분사상(관할배분설)을 수시로 뛰어넘어 국익과 법원이익을

도 그 후 미국 연방대법원에서는 이 견해가 다수의견으로 되어, 미국 판례를 추종하려다가 미국 판례와 어긋나는 불상사는 면했다. *J. McIntyre Machinery, Ltd. v. Nicastro*, 131 S. Ct. 2780 (2011). 그러나 대법원 1995. 11. 21. 판결이 미국 판례를 따른 것은 미국 플로리다주의 결과발생지관할을 부정하기 위하여 국제관할을 최대한 좁게 해석하는 견해를 끌어다 쓴 것처럼 보인다. 한국 제조업자는 해당 제품이 미국 플로리다주에서의 판매를 예상하면서 수출했음이 명백하여 보인다. 취득지와 결과발생지도 플로리다주였다. 그래서 이 판결이 설시한 예견가능성 기준과 유통의 정상적 흐름 기준은 모두 명백히 충족되는 사안으로 보인다. 대법원은 그럼에도 불구하고 플로리다주 판결을 불승인하려는 생각에서 미국 연방대법원 판례도 아니었던 해석론을 전격 채용한 듯하다(예견가능성만 요구하는 것이 타당하고 활동지관할의 요소는 요구하지 않았어야 한다는 비판으로 석광현(주 41), 153). 그렇다면 이 해석론이 사안에 정확히 적용되기는 했는가? 한국 제조업자가 스스로 플로리다주에서 상품광고, 구매상담 등의 영업행위를 하지는 않은 듯하다. 그러나 도매업자와의 수출계약에서는 거래처를 찾거나 광고를 하는 등의 마케팅 활동을 할 의무를 도매업자가 지는 일이 흔하다. 그래서 Asahi 판결의 준다수의견에 따르더라도 간접관할이 부정되어야 할 경우였는지 알려면 증거자료와 소송기록을 자세히 살펴보았어야 한다. 그러나 이 점을 살핀 흔적이 없다. 결국 대법원은 편향되게 자국민 선호적인 판결을 한 것으로 평가된다. 한편, 대법원 2013. 7. 12. 선고 2006다17539 판결(고엽제소송)은 제조물책임의 결과발생지국의 직접관할에 관하여 대폭 완화된 판단기준을 설시, 적용했다. 대법원 1995. 11. 21. 판결과 일관성 있으려면, 예견가능성과 함께 유통의 정상적 흐름 내일 것과 활동지 요건을 요구해야 했는데, 대법원은 예견가능성만 요구했다. 심지어 한국은 후유증 발생지로서 일종의 2차적 손해발생지에 불과했지만, 결과발생지관할을 인정하기를 주저하지 않았다. 게다가, 선례인 대법원 1995. 11. 21. 판결과 달리 판단하는 이유를 설명하지도 않고, 아예 인용조차 하지 않았다. 이제 대법원 1995. 11. 21. 판결은 잊혀진 듯했으나, 대법원 2015. 2. 12. 선고 2012다21737 판결(HSN/대양코리아)(미공간)은 제조물책임사건의 결과발생지관할에 관하여 다시 직접관할과 간접관할을 노골적으로 차별했다. 이 판결의 추상론만 보면, 대법원 2013. 7. 12. 판결이 설시한 직접관할규칙과 동일하게 예견가능성의 제약만 두는 것처럼 보인다. 그러나 구체적 사안의 판단에서는 대법원 1995. 11. 21. 판결에 철저히 따랐다. 게다가, 뉴욕주에 주문자 상표 부착방식으로 수출한 사안임에도, 결과발생지와의 활동지적 접촉을 부정했다. 이처럼 제조물책임의 결과발생지의 국제관할을 판단함에 있어, 법적으로도, 사실의 평가 면에서도, 외국의 관할이 내국의 관할보다 훨씬 좁게 판단되고 있다. 상세는 Jang Junhyok, "Divergence of Direct and Indirect Jurisdiction in the Supreme Court of the Republic of Korea", Korean Yearbook of International Law, Vol. 4 (2016), 261-270 참조.

우선시킬 수 있다고 여기는 듯하다.[69] 그래서 국제정치에서 이야기되는 전략적 모호성을 여기에서도 채용하여, 의도적으로 국제관할규칙의 사법(司法)적 형성을 미루는 듯하다. 국제관할도 장소적 관할로서[70] 관할배분설의 지배를 받고(제2조 제1항) 민사재판관할에서는 당사자이익이 가장 중요함을 간과하는 태도이다.

둘째, 판례의 추상론은 민사소송 전반의 이상인 공평, 적정, 신속 등(민사소송법 제1조)을 국제관할 판단의 중요한 고려요소로 든다.[71] 절차법의 일부라는 이유만으로 막연한 이상만 좇아, 국제관할법의 목적과 이익을 경시할 수는 없음에도, 총론지향성을 극단화하다 못해 민사소송의 이상까지 거슬러 올라간다. 구름 위의 고준담론(高峻談論) 내지 미사여구(美辭麗句)를 펼친 뒤, 급전직하(急轉直下)하여 개별사안별 접촉 종합판단을 한다. 독립적 관할저촉규칙 형태로 다듬어진 국제관할법을 가지기를 거부하고, 민사소송의 이상에서 곧바로 답을 도출하겠다고 호언장담하는 셈이다. 법 없이 사는 것, 더 정확히는 법 없이 재판하는 것과 같다.

셋째, 당사자관련성에 근거하는 관할사유(관할원인, 관할기초)[72]와 사안관련성에 근거하는 관할사유는 명확히 구별된다. 전자는 일반관할 내지 보통재판적, 후자는 특별관할 내지 특별재판적이다. 그러나 판례는 특별관할의 근거로 당사자관련성도 들곤 한다. 심지어 원고가 법정지와 가지는 관련을 들기도 한다.[73] 그래서 사안관련성이 약해도 특별관할이 인정되는 현상이 빚어져, 법적 안정성이 추락한다.

넷째, 판례는 피고와의 당사자관련성이 충분하여 일반관할을 인정해야 하는 경우에도 개별 사안에 대하여 국제관할을 인정할 만한지를 따진다.[74] 그래서 일반관할을 폐지한 셈이 되고 있다.

다섯째, 판례는 특별관할의 근거 중 하나로 원고관련성을 들어,[75] 특별관할에 원고재판적(forum actoris)의 색채를 노골적으로 넣는다. 그러나 피고에게 원고 있는 곳으로 오라고 요구하는 것은 지나치다. 원고는 현상(status quo)을 깨뜨리는 자이며, 그 점만으로도 피고는 불리한

69) 주 60에 인용된 판례 참조.

70) 호문혁, 민사소송법, 제14판, 법문사, 2020, 212는 "국내의 관할권[국내관할]과 국제재판관할은 본질적으로 다르다"고 하면서, 국내관할과 달리 국제관할의 판단에 따라 법원제도, 절차법, 실체법, 소송문화 등이 달라짐을 설명한다. 국제관할이 장소적 관할임을 부정하는 것이 아니다.

71) 주 60에 인용된 판례.

72) 관할사유, 관할원인, 관할기초는 모두 같은 말이다. 독일어로는 Zuständigkeitsgrund. 영어로는 basis of jurisdiction.

73) 서울고법 2006. 1. 26. 선고 2002나32662 판결(고엽제 환송전 2심)(원고의 한국 국적과 한국 거주); 대법원 2012. 5. 24. 선고 2009다22549 판결(전시 강제징용)(원고의 한국 거주); 대법원 2012. 5. 24. 선고 2009다68620 판결(전시 강제징용)(원고의 한국 거주); 대법원 2013. 7. 12 선고 2006다17539 판결(고엽제)(원고의 한국 국적과 한국 거주); 대법원 2014. 4. 10. 선고 2012다7571 판결(원고의 한국 거주); 광주고법(제주) 2016. 7. 6. 선고 2014나1166 판결(원고의 실질적 생활기반이 한국에 있음).

74) 특히 대법원 2006. 5. 26. 선고 2005므884 판결; 대법원 2019. 6. 13. 선고 2016다33752 판결.

75) 주 73에 인용된 판례.

입장에 놓이기 때문이다.[76] 재산관계 소송의 국제관할에서 당사자관련성은 곧 피고관련성을 말한다. 그래서 원고재판적을 정면에서 인정할 수 없다. 이와 마찬가지로, 원고관련성을 정면에 내세워도 곤란하다. 장소적 관할법은 원고보다 피고의 이익을 중시해야 한다.[77] 그렇게 하더라도 피고에게 부당하게 유리한 것은 아니다. 사안근접성이 있어 특별관할이 인정되는 곳이 원고에게 가까운 경우가 적지 않고, 원고는 피고에 대한 일반관할지(국)와 특별관할지(국) 중에서 자유롭게 선택할 수 있기 때문이다.[78]

여섯째, 판례는 "분쟁이 된 사안"의 일부를 이루지 않는 옛날 일이나 "분쟁이 된 사안"과 무관한 접촉을 들기를 주저하지 않는다.[79] 사안관련성은 "분쟁이 된 사안"과의 관련성을 말하는 것임(제2조 제1항)을 간과한다. 해당 사안과 무관한 피고의 행동을 들어 해당 사안에 대한 관할을 근거지우는 일은, 해당 사안과 무관하게 행해진 행동을 탓함을 뜻한다. 이는 당사자의 일반적 행동자유를 함부로 재단하는 것이다. 개인의 일거수 일투족을 지적하고 평가하여 공권력 행사의 근거로 삼는 것이다. 매우 위험한 사고방식이다.

일곱째, 판례는 피소의 예견가능성이 관할을 근거지우는 중요한 요소인 듯이 다룬다.[80] 그러나 피소의 예견가능성은 실질적이지 않은 접촉을 실질적 접촉으로 만들어줄 수 없다. 피

76) Schack(주 3), Rn. 243.

77) Schack(주 3), Rn. 243("피고의 이익을 원고의 이익에 원칙적으로 우선시키는 것은 정당화된다. 특히 국제관할에서 그렇다.").

78) 다만 개정안은 제12조에 불편의법정지(forum non conveniens) 법리를 규정하여, 국제관할이 있어도 그 행사가 매우 부적절하면 소송을 중지할 수 있게 한다.

79) 민사소송법 제5조 제2항의 국제관할 징표효 인정: 대법원 2000. 6. 9. 선고 98다35037 판결(광주은행/중국은행, 신용장대금지급청구)(수정역추지설에 따름); 부산지법 2007. 2. 2. 선고 2000가합7960 판결(X/미쓰비시중공업)(2001년 개정 국제사법이 적용되기 전 사건으로 수정역추지설에 따름). 제2차 세계대전 당시 징용근로자의 손해배상청구 사건에서, 징용근로자 사용기업의 승계법인인 피고가 불법행위시부터 20년 가까이 국교단절로 정상적 경제교류가 마비된 뒤에 연락사무소를 설치한 것을 특별관할의 근거로 든 예: 부산고법 2009. 2. 3. 선고 2007나4288 판결(X/미쓰비시중공업, 2심); 대법원 2012. 5. 24. 선고 2009다22549 판결(X/미쓰비시중공업)(두 사건의 1심은 국제적 일반관할을 인정). 이혼과 그 부수사건에서 국제관할의 근거로 혼인체결지를 든 예: 대법원 2006. 5. 26. 선고 2005므884 판결. 한편, 서울지판 1996. 1. 12. 94가합66533 중간판결(홍완유/타이항공)과 대법원 2010. 7. 15. 선고 2010다18355 판결(X/중국국제항공)(김해공항 항공기추락사건)이 사안과 무관한 영업소를 관할근거의 일부로 드는 것은 한국에도 일상적으로 취항하는 항공회사의 특수성을 고려한 것으로 평가할 여지가 있다. 타이항공 판결의 모델이 된 일본 최고재판소의 말레이지아항공 판결(最判 昭和 56[1981]·10·16 民集35卷7号 1224頁)에서도 수정역추지설에 따라 구체적 사건에서 비합리적이지 않으면 종(從)된 사무소·영업소에 일반관할을 인정하는 것도 무방하다는 태도를 취했다. 미국학계에서 드물게 이를 긍정적으로 평가하는 견해로, Andreas F. Lowenfeld, International Litigation and the Quest for Reasonableness, Clarendon Press, 1994, pp. 48-51. 그러나 민사소송법 제5조 제2항과 같은 국제관할규칙을 일반적으로 인정하는 것은 부당하다. 더구나 현재성을 결여한 소위 과거사 소송(소위 "역사 바로잡기" 소송)인, 미쓰비시중공업 사건에서 사안과 전혀 무관한 연락사무소(liaison office)의 존재를 국제관할의 근거로 당당하게 든 것은 매우 의문스럽다.

80) 특히 대법원 2019. 6. 13. 선고 2016다33752 판결; 대법원 2021. 3. 25. 선고 2018다230588 판결(강음시양명플라스틱/한미실업).

소의 예견가능성은 피소의 빌미가 제공되고 있음을 말해줄 뿐이다. 미약한 접촉만 있는 법역에도 제소될 수 있지만, 이 점을 예견가능성의 논리로 포장하여 국제관할을 정당화할 수는 없다. 예견가능성을 관할의 적극적 근거로 드는 것은 "법정지와 접촉이 맺어져 피소의 빌미가 생기고 피소가 예견가능해졌으니 너에 대한 관할은 그만큼 정당해진다"는 것이다. 예견가능한 불이익은 감수하라는 것이다. 이것은 기교적 궤변에 불과하다.

여덟째, 원고가 한국에 제소한 것을 피고에 대한 국제관할의 근거로 들기도 한다.[81] 그러나 이것은 당사자이익을 잘못 다룬 것이다. 원고와 피고의 관할법적 이익이 종종 대립되고, 재산관계 소송사건에서는 항상 정반대로 대립된다.

아홉째, 최근에 대법원 2021. 2. 4. 선고 2017므12552 판결은 피고가 국제관할을 형식적으로만 다투지 않고 실질적으로 다투는 것을 "적극적 응소"라고 부르며 관할 긍정의 중요한 근거로 들었다.[82] 국제관할을 실질적으로 다툴 기회를 사실상 박탈하는 법리를 당당히 설시했다. 이것은 국제관할의 판단절차의 근간을 뒤흔드는 명백한 오류이다.

6. 2018/2020년 개정안

제2조는 국내토지관할법의 입법론적, 이익형량상 문제점을 직설적으로 지적하지 않았는데, 법원은 제2조를 법원의 판단자유 확대의 계기로 삼아, 실질적 관련성 자체를 독립적 관할원인으로 하는 국제재판관할규칙을 창설하고, 나아가 굳이 선별적 유추적용과 창의적 법형성의 수고를 할 필요 없이 실질적 관련성 관할 하나만으로 국제재판관할법을 아우르는 자기만족에 빠졌다. 대원칙 하나만으로 변통하여 국제민사소송의 주인공인 당사자들에게 불확실성과 법적 불안정을 감내하도록 요구하는 것은 부당하다. 규칙다운 규칙을 두는 것이 타당하다. 바로 관할배분의 사고방식(국제사법 제2조 제2항)은 국제관할규칙이 문제별로 세분될 것을 요구한다. 판례의 발달방향은 근본적으로 어긋난 것이다.

'실질적 관련성 관할'의 비대화의 늪에서 빠져나오기 위하여 국제재판관할 규정체계를 신설하는 입법이 추진되었다. 사법부도 판례가 봉착한 교착상태를 극복하기 위한 입법 필요성을

81) 대법원 2010. 7. 15. 선고 2010다18355 판결; 의정부지방법원 고양지원 2020. 2. 14. 선고 2017가합72082 판결. 한애라, "국제재판관할과 관련된 판결의 추이 및 국제사법의 개정방향: 국제재판관할의 판단구조 및 법인에 대한 일부 과잉관할의 쟁점과 관련하여", 민사판례연구 제35집(2013), 1171에 의하면 서울중앙지법 2008. 5. 16. 선고 2007가합43936 판결과 서울고법 2010. 7. 1. 선고 2008나68090 판결에서 그런 설시가 있다고 한다. 같은 논문, 1117은 대법원 2012. 5. 24. 선고 2009다68620 판결도 한국에서 제소받겠다는 "원고의 의향"을 한국의 국제관할의 근거로 들었다고 언급하나, 이 판결의 문면상으로는 그런 설시를 찾을 수 없다.

82) 대법원 2006. 5. 26. 선고 2005므884 판결에서도 피고가 국제관할을 열심히 다투는 것을 "적극적 응소"라고 부르면서 이혼 및 부수청구(친권행사자 및 양육자 지정)에 관한 관할 긍정의 사유로 들었다. 그렇지만 그 사건에서는 쌍방 배우자의 상거소가 한국에 있어서, "적극적 응소" 운운은 사족에 불과했다. 또, 대법원 2019. 6. 13. 선고 2016다33752 판결의 원심판결을 비롯하여 하급심에서 "적극적 응소"론을 오용하는 예가 빈발했지만, 하급심의 문제로 생각되었다. 그러나 이런 빗나간 유행이 급기야 대법원까지 번진 것이다.

수긍하였고,[83] 법원 측에서도 2인이 개정위원회에 적극 참여하여 정력적으로 의견을 개진했고, 개정위원회 내에서 의견이 팽팽히 나뉠 때 사실상 캐스팅 보트를 행사했다. 개정위원회의 작업원칙의 하나로 1999년 예비초안과 2005년 관할합의협약의 수용과 함께, 판례의 성문화를 추구한 데 따른 것이다. 국제재판관할법을 적용하는 관청이 법원인 점도 고려되었다고 할 수 있다. 그 결과 입법적 개혁이 방해된 면도 없지 않았다.

2018년과 2020년의 국제사법 개정안[84]은 규칙다운 규칙을 규정하는 방식을 따랐지만, 유연성을 기하는 조문을 의식적으로 두어 법적 확정성의 요청을 타협시킨 부분도 있다. 첫째, 실질적 관련성 기준을 벗어난 관할사유로 재산소재지관할을 규정하되 과잉관할은 배제되도록 했다(제5조 제2항). 둘째, 관련사건관할도 규정했는데, 여기에 편의법정지 법리적 요소가 자연스럽게 명문화되었다(제6조). 셋째, 명문의 규정을 두지 않은 문제에 대해서는 제2조에 맡겨 국내토지관할규정의 신중한 유추적용을 우선적으로 검토하도록 한다. 현행 제2조와 달리, 국제관할규정이 없는 경우에 한하여 제2조에 의하게 한다(제2항). 그래서 성문의 국제관할규정이 다루는 문제에 관하여 그 규정을 제쳐두고 제2조로 도피하는 일은 불가능해진다. 국내토지관할규정의 유추적용이 명백히 가능함에도 제2조 제2항을 무시하고 제1항에 지나치게 의존하거나 제2조 하에서 수정역추지설을 재연했던 판례상 경향에 크게 제동이 걸릴 것이다. 넷째, 불편의법정지(forum non conveniens)임을 이유로 하는 국제관할의 재량적 불행사 법리가 입법적으로 도입되었다(제12조). 일본의 입법자가 국제관할 규정체계를 신설하면서도 2012년 개정 민사소송법 제3조의9, 2018년 개정 인사소송법 제3조의5에 특별사정론을 성문화한 것과 기능적으로는 비슷할 수는 있다. 그러나 국제관할이 존재한다는 판단을 대략적으로만 한 채 제12조로 나아갈 수는 없다. 이 점에서 특별사정론과 대조된다. 특별사정론은 반대해석으로써 배제된다. 한편, 긴급관할은 명문으로 규정하지 않고 해석에 맡겼다.

7. 재산소재지관할을 실질적 관련성 관할의 모범사례로 내세우는 판례

대법원 2010. 7. 15. 선고 2010다18355 판결(X/중국국제항공)은 김해공항 항공기추락사건

83) 노태악, "2018년 국제사법 전부개정법률안의 주요 내용", 민사소송 제22권 2호(2018. 11), 2-3 참조.

84) 2018. 11. 23. 제20대 국회에 제출된 개정안이 임기 만료로 폐기된 후, 똑같은 개정안이 2020. 8. 7. 제21대 국회에 다시 제출되었다. 개관은 노태악(주 83); 석광현, "2018년 국제사법 전부개정법률안에 따른 국제재판관할규칙: 총칙을 중심으로", 국제거래와 법 제21호(2018. 4), 41-126; 석광현, "2018년 국제사법 전부개정법률안에 따른 국제재판관할규칙: 각칙을 중심으로", 국제거래와 법 제23호(2018. 10), 41-145. 분야별로는 한애라, "국제사법 전부개정안 검토: 물권, 계약에 관한 소의 국제재판관할을 중심으로", 민사소송 제22권 2호(2018. 11), 91-133; 김원태, "국제사법 전부개정법률안의 검토: 가사사건의 국제재판관할을 중심으로", 민사소송 제22권 2호(2018. 11), 135-187; 석광현, "2018년 국제사법 전부개정법률안[공청회안]에 따른 가사사건의 국제재판관할규칙", 국제사법연구 제24권 제2호(2018. 12), 485-552; 석광현, "2018년 국제사법 전부개정법률안에 따른 해사사건의 국제재판관할규칙", 한국해법학회지 제40권 제2호(2018. 11), 7-91.

에서 한국의 국제재판관할을 인정하는 근거로 한국이 불법행위지, 종(從)된 영업소 소재지임을 언급한 뒤, 고전적 재산소재지관할도 언급했다. 즉, 재산소재지이면 실질적 관련의 제약 없이 국제관할이 인정될 수 있다고 설시했다.[85] "참작"대상인 국내토지관할규정에 대응하는 하나하나의 국제관할기준들을 가급적이면 독립적인 국제관할기초의 형태에 가깝게 제시한 점에서 주목받는 판례인데, 그 과정의 부산물로, 실질적 관련성 기준의 통제 없는 고전적 재산소재지관할이 설시되었다. 이 판지의 판례로서의 입지가 확고한 것은 아니다. 오히려 국제관할을 뒷받침할 사정들을 드는 과정에서 나타난 일회적 해프닝으로 볼 여지가 있었다.

대법원 2010. 7. 15. 판결에서는 대법원 2019. 6. 13. 선고 2016다33752 판결처럼 피소의 예견가능성을 국제관할의 근거로 드는 설시도 있었다. 그러나 이것은 고전적 재산소재지관할을 정당화하는 설시는 아니었다. 단지, 한국이 불법행위지이자 항공사의 영업소 소재지(문제된 여객운송계약에 관여한 영업소라는 언급이 없음)여서 국제관할을 인정하기에 충분하다는 점이 당사자의 이익 차원에서 정당함을 부연설명한 것에 불과했다.

그래서 실질적 관련성 기준의 제약 없는 재산소재지관할은 판례의 대세가 되지 않았다. 오히려 서울고등법원 2011. 12. 8. 선고 2011나43329 판결은 재산소재지 국제관할에 대한 실질적 관련성의 제약을 인정했다. 재산소재지관할의 원리에 대한 외재적, 이질적 제약으로 보는 정확한 이해를 보여주었다. 그래서 재일교포 간 대여금 사건이 한국과 사안근접성이 전혀 없고 당사자근접성도 전혀 없음을 이유로 실질적 관련성을 부정하여, 한국 내 재산 소재에도 불구하고 한국의 국제재판관할을 부정했다. 이런 판례의 흐름을 배경으로 국제관할규정체계 신설작업이 진행되었고, 국제사법 개정안 제5조 제2항은 재산소재지관할도 실질적 관련성의 제약 하에 놓임을 명시한다. 법관 2인이 참여한 국제사법개정위원회(2014-2015)에서 이 부분은 아무 이견 없이 채택되었다.

그런데 선례성이 약한 판결례로 묻혀 있던 대법원 2010. 7. 15. 판결은 대법원 2019. 6. 13. 판결에 의하여 살아났다. 그것도 그 판결에서 재산소재지관할을 설시한 부분과 예견가능성을 설시한 부분을 결합하여, 더욱 강력하고 더욱 19세기적인 형태로 되살아났다. 대법원은 재산소재지에의 피소는 예견가능하므로 실질적 관련성이 있다는 궤변을 추가했다. 외관상으로는, 재산소재지관할도 실질적 관련성 기준(제2조 제1항)의 제약을 받는다는 통설을 받아들이는 것처럼 보일지 모른다. 그러나 실제로는 실질적 관련성 기준에 의한 통제를 전면 무력화한다. 이런 새로운 설시는 원심판결에도 없는 내용이며, 서울고등법원 2011. 12. 8. 선고 2011나

---

85) "또한, 피고 회사의 영업소가 대한민국에 있음에 비추어 대한민국에 피고 회사의 재산이 소재하고 있거나 장차 재산이 형성될 가능성이 있고, 따라서 원고들은 대한민국에서 판결을 받아 이를 집행할 수도 있을 것이고, 원고들도 이러한 점을 고려하여 이 사건 소를 대한민국 법원에 제기한 것으로 볼 수 있다. 따라서 법원의 이익 측면에서도 대한민국 법원에 재판관할권을 인정할 여지가 충분하다고 할 것이다." 이 판결은 재산소재지관할의 주된 근거가 법원의 이익인 것으로 오해하는 모습도 보여준다.

43329 판결[86])의 선례와 정면으로 충돌한다. 이런 판례의 급변은 재산소재지관할에 실질적 관련의 통제가 가해짐을 명시하는 국제사법 개정안에 대한 선제적 대응으로도 보인다. 개정안에 의하여 폐지될 '실질적 관련성 관할'의 기능적 대안을 찾는 시도로도 보인다.

대법원 2019. 6. 13. 판결의 예견가능성론은 제조물책임 사건에서 제조물의 당해 결과발생지 도달이 합리적으로 예견가능했어야 한다는 법리[87])와는 본질적으로 다르다. 제조물은 기본적으로는 유통연쇄를 통하여 이동한다. 그래서 결과발생지관할을 무조건 인정하면 과잉관할, 즉 실질적 관련성 기준을 넘는 관할이 될 수 있다. 특히, 유통연쇄 외에서 장소를 옮긴 경우에는 예견가능성의 제약 내에서만 결과발생지관할이 인정되도록, 불법행위지관할 법리를 제조물책임사건에 맞게 다듬을 필요가 있다. 불법행위사건에서 보통 인정되는 접촉(결과발생)만으로는 관할이 인정되지 않게끔, 예견가능성 기준을 덧붙여 관할요건을 강화한다. 그러나 대법원 2019. 6. 13. 판결에서 재산 소재가 피소의 예견가능성을 불러와 실질적 관련성 관할을 충족시킨다고 한 것은 관할을 엄격히 하는 논리가 아니다. 오히려 고전적 재산소재지관할 법리에 실질적 관련성 기준이라는 이질적 통제장치를 덧붙이지 않아도 아무 문제가 없다는 것이다. 실질적 관련성 기준을 무력화하여 고전적 재산소재지관할을 존속시키겠다는 자기긍정의 선언일 뿐이다.

물론, 대법원 2019. 6. 13. 판결이 재산이 한국에 소재하게 된 경위와 가액을 감안하라는 설시를 덧붙인 부분은 주목할 만하다.[88]) 이 부분은 서울고법 2006. 1. 26. 선고 2002나32662 판결(고엽제)의 설시를 대법원 판례로도 승계한 것이다. 실질적 관련성의 제한 없는 고전적 재산소재지관할의 틀 내에서도, 이렇게 관할기준의 세부를 다듬을 수 있다. 그러나 이것은 '본질적으로 실질적 관련성과 무관한 재산소재지관할'에 대하여 실질적 관련성 기준의 속박을 덧붙이는 것만큼 강력한 제약이 아니다. 바로 서울고법 2006. 1. 26. 판결이 재산소재지관할에 실질적 관련성의 제약을 가한 선구적 판례였는데, 대법원 2019. 6. 13. 판결은 그 부분은 따르지 않는 선별적 태도를 보였다.

대법원 2019. 6. 13. 판결이 제시하는, 실질적 관련성 기준의 제약이 무력화된 재산소재지관할 법리는 매우 부당하다. '재산소재지인 한국에서의 피소는 예견하다'라는 말은 수사학적 기교일 뿐, '한국이 재산소재지이다'라는 말에 더해주는 것이 없다. 민사소송법에 재산소재지

---

86) 미간행; 대법원 종합법률정보(http://glaw.scourt.go.kr) 수록.

87) 판례도 인정: 대법원 1995. 11. 21. 선고 93다39607 판결(메릴랜드보험/나우정밀); 대법원 2013. 7. 12. 선고 2006다17539 판결(고엽제소송); 대법원 2015. 2. 12. 선고 2012다21737 판결(미공간). 서울고법 2006. 1. 26. 선고 2002나32662 판결(고엽제)은 제조물책임의 결과발생지관할에 대한 예견가능성의 제한을 다소 느슨하게 적용하기는 했지만, 이 맥락에서 예견가능성론이 가지는 역할을 크게 벗어나지는 않았다.

88) 이 점에 대한 각별히 긍정적인 평가로 석광현(주 41), 148, 150. 한애라, "재산소재지 특별관할에 관한 법리와 판례의 검토 및 입법론: 대법원 2019. 6. 13. 선고 2016다33752 판결", 저스티스 제182-1호(2021. 2), 243도 재산소재지관할에 관한 이 판결의 설시를 대체로 긍정적으로 평가한다.

관할규정(제11조)이 있고, 그것이 재산소재지 국제관할규칙을 징표하는 것임은 주지의 사실이다. 이 점을 모르는 피고라 해도, 자신이 일국에 재산을 보유함으로써 그 국가에서 제소당할 위험이 커진다는 것은 예견가능하다. 원고 입장에서는 그곳에서 실체재판을 받아 집행하기가 절차적으로 간편하여 선호할 만하기 때문이다. 그래서 한국 내 재산 보유로 인한 피소의 예견가능성은 재산 소재에 당연히 따라오는 것일 뿐, 국제사법 제2조 제1항과 개정안 제5조 제2항이 말하는 사안근접성을 뒷받침할 요소가 될 수 없다.

개정안이 입법화되면 실질적 관련성 기준을 독립적 관할기초로 하는 '실질적 관련성 관할'은 설 땅을 잃게 된다. 그런데 대법원은 이를 아쉽게 여기고, '실질적 관련성의 통제 하에 놓인 재산소재지관할'을 실질적 관련성 관할의 대용품으로 폭넓게 활용하려고 준비하는 것 같다. 재산소재지관할을 제약하는 실질적 관련은, 재산 소재로 인한 예견가능성 논리에 약간의 주변 사정을 덧붙여 쉽게 인정할 수 있고, 또 쉽게 부정할 수도 있어, 법원의 행동반경을 넓게 가져갈 수 있다고 여기는 것 같다.

이것은 매우 걱정스러운 상황이다. '실질적 관련성 기준으로 틀어막은 재산소재지관할'의 논리를 뒤집어, 재산소재라는 첫 단추만 충족되면 여러 접촉과 고려들을 종합하여 실질적 관련성 관할을 재연시키는 식으로 개정안 제5조 제2항을 오용(誤用)하는 것이기 때문이다. 내국에 피고의 재산이 있기만 하면, 이것은 실질적 관련성 관할과 마찬가지로 기능할 수 있다.

Ⅲ. 결 어

민사소송법의 토지관할규정에 국제관할 징표효를 가지기 어려운 규정들이 섞여 들어오면서 한국 국제재판관할법의 수난사가 시작되었다. 국제관할 징표효를 당연히 가지는 국내토지관할규정과, 명백히 국제관할 징표호를 가질 수 없는 국내토지관할규정이 뒤섞였다. 입법자는 두 종류의 국내토지관할규정을 구별하여 규정하지 않았다. 둘을 구별하는 짐이 법원에게 지워졌다. 두 종류의 국내토지관할규정을 구별하여 전혀 달리 취급하는 것을 정당화할 이론은 한동안 법원 앞에 제시되지 않았다. 법원은 하는 수 없이 암묵적으로 둘을 구별해야 했다. 왜 둘을 전혀 달리 취급해야 하는지를 법리적으로 논증하지 못했다. 국제재판관할을 판단할 때에는 국제관할 징표효를 가질 만한 국내토지관할규정들만 언급하고 그것들에만 기대었지만, 왜 그렇게 해야 하는지를 명시적으로 설시하지 못했다.

일본에서 발달된 수정역추지설도 매우 소극적인 형태의 법리에 불과했다. 그렇지만 국제재판관할법에는 총체적 흠결이 있고 국내토지관할규정의 징표효는 개별 사안에서 뒤집어질 수 있음을 분명히 했다. 게다가, 국내토지관할규정 중 국제관할 징표효 있는 것과 그렇지 않은 것을 분명히 가려내는 작업을 회피할 수 있게 해 주었다. 그 점에서 해석론에 지워지는 부담은 적었다. 그러나 수정역추지설은 발전성이 없는 이론이다. 국내토지관할규정 중 어느 것이 국제관할 징표효가 있는지의 문제와 국제관할의 해석론상 세부논점에 정면으로 부딪치지 않도록 하여, 법원으로 하여금 법형성을 미루도록 한다. 이렇게 하면 판례의 태도는 개별적 판단례의 오랜 집적을 통하여 은근히 드러나는 방법밖에 남지 않는다. 국제관할이라는 심각한 문제를 이런 일본식 정중동(靜中動)의 은근하고 미묘한 논법에만 의존하기는 어렵다. 일본의 국제사법과 국제민사소송법 학자들도 큰 불만을 표시했다. 직설적 설시를 피하는 일본식 어법은 한국에서는 한층 더 어색하게 느껴졌을 것이다.

그래서 수정역추지설의 우회논법을 지양하고, 법률흠결의 적극적인 보충을 유도하기 위하여 국제사법 제2조가 신설되었다. 그러나 대법원 판례가 그렇게 하는 것은 주로 전속적 국제재판관할, 계약 사건의 의무이행지관할, 제조물책임 사건의 특별관할처럼 계약이 끼어드는 경우에 국한된다. 계약적 요소가 없는 한, 명확한 기준을 설정해야 당사자들이 확실성과 법적 안정성을 향유할 수 있다는 생각은 별로 보이지 않는다. 일반적으로는 제2조 제1항의 실질적 관련성 기준에 직접 호소한다. 실질적 관련은 지도원리에 머물러야 함에도, 실질적 관련 자체가 국제관할의 기준이 된다. 실질적 관련 자체가 독립적 관할기초이므로, 가히 실질적 관련성 관할이라 부를 수 있다. 사안이나 당사자와의 접촉은 단순한 간접사실로 격하된다. 제2조를 오용하여 법관의 재량을 극대화하는 법리를 창안한 것이다. 법관이 자유롭게 고차원적 판단을 할 수 있게 되었다는 생각에 고무된 탓인지, 통상적 흠결보충작업을 요구하는 제2항을 무시하기를 주저하지 않는다. 제2항은 국내토지관할규정을 “참작”하라고 겸허하게 말하는 것은 국내토지관할규정 중 유추적용할 만한 것을 선별하고 적절히 변용하라는 뜻인데도, 이런 입법취지는 외면되고 있다. 법형성 과정을 이끄는 지도원리에 머물러야 할 실질적 관련성 기준을 독립적인 관할기초로 변질시키고, 국내토지관할규정의 이중기능을 과도하게 부정, 외면한다. 그래서 국제관할법에서 장소적 정의가 왜소화되고 “국제재판관할 배분”(제1항)의 사고방식은 위축된다.

국내토지관할규정 중에 대응되는 것이 없어 유추 외의 방법으로 국제관할규칙을 사법(司法)적으로 형성을 해야 할 경우도 있고, 이 경우 실질적 관련성 기준이 그런 법창조의 연원이 될 수 있다. 그러나 실질적 관련성 기준 자체가 독립적인 국제관할기초로 군림하여, 당사자나 사안의 유력한 내국관련까지도 간접사실 수준으로 격하시키는 것은 결코 바람직하지 않다.

그러나 판례는 실질적 관련성 관할에 과잉의존하여 국제관할법을 공동화하기를 주저하지 않는다. 국내토지관할규정을 “참작”하여 독립적 국제관할기초를 설정하려 하지 않고, 단순히 여러 사정을 종합하여 실질적 관련 유무를 판단한다. 형사재판에서 작량감경(형법 제53조)을 위하여 정상(情狀)을 참작하는 것을 연상시킨다. “참작”이라는 법문의 의미를 가볍게 여기다 보니, 국제관할의 판단기준을 이룰 수 있는 사정이 아닌 것까지도 가리지 않고 두루 “참작”하는 일이 비일비재하다. 마치 패소를 눈앞에 둔 당사자가 지푸라기라도 잡으려 하듯이, 문제와 무관한 주변 사정에 중요한 의미를 부여하려 하는 궁색한 모습을 보인다. 혼인관계 사건에 국제관할을 인정하는 근거로 혼인관계와 상관없는 사정을 들기도 한다. 어느 나라에서 혼인하든 혼인체결이 전세계적으로 승인되는 오늘날의 상황을 생각하지 않고, 재판상 이혼의 국제관할의 근거로 혼인체결지를 언급하기도 한다. 심지어 원고와 피고의 국제관할법상 이익은 종종 정반대로 대립한다는 점을 무시하기까지 한다. 심지어 원고가 한국법원을 선택한 점이나 피고가 국제관할을 열심히 다투는 점을 한국의 국제관할의 유력한 근거로 들기도 한다. 즉, '원고가 한국에 제소하므로 피고도 여기에서 재판받아야 한다'고 하거나, 피고가 국제관할에 대하여 나름대로 근거를 대면서 적극적으로 다투는 것을 보니 한국의 국제관할을 인정해도 좋겠다고 한다. 이렇게 법관의 재량은 극대화된다. 이에 따른 이익형량의 불공정, 투명성과 법적 안정성의 저하는 종종 심각한 수준에 이른다. 국제관할법상 중요한 접촉을 가려내고 국제관할법적 이익들을 적절히 형량하면서 조심스럽게 국제관할규칙의 윤곽을 그려나가는 판례도 있으나, 실질적 관련성 관할의 틀 내에 머무르는 탓에, 주류적 판례에 휩쓸려 묻히고 있다.

실질적 관련성 기준이 이렇게 오남용되는 가운데, 원고편향성이 심화되고 있다. 대법원 판례에서 몇 가지 기이한 논리가 목도된다. 첫째, 피고가 한국에 재산을 두었으면 한국에서 제소될 가능성을 예견할 수 있었을 것이고, 예견가능성은 곧 실질적 관련성으로 이어진다는 설시이다. 둘째, 원고가 선택한 나라이니 국제관할이 유력해진다는 논리가 자주 설시된다. 원고선택재판적이라고 이름붙일 만한 것이다. 주요 선진국에서 유례를 찾을 수 없다. 그 부당성은 명백하다. 셋째, 피고가 국제관할을 내용있게 다투면, "적극적 응소"를 한다 하여 거꾸로 국제관할 긍정의 유력한 근거로 삼는다. 그래서 원고가 국제관할을 다투려면 결론만 한 줄 쓰는 식으로 형식적으로만 다투어야지, 왜 국제관할을 부정해야 하는지를 구체적 사안의 맥락에서 내실있게 논증하려 해서는 안 된다. 그랬다가는 "적극적 응소"의 누명을 뒤집어쓰게 된다.

결국 대법원이 국제관할법의 이익형량에 진지하게 임하여 순응하기로 마음을 고쳐먹지 않는 한, 개정안이 통과되더라도 한국 국제관할법의 앞길은 암담하여 보인다. 더구나, 대법원은 개정안이 통과되어 실질적 관련성 자체를 독립적 관할기초로 하는 국제관할규칙이 없어질 것에 대비해서인지 모르겠으나, '실질적 관련성 관할'과 과잉관할의 장치들을 확대 보강하고 있다. 판례가 '실질적 관련성 관할'과 과잉관할의 요소를 너무 많이 가지므로 이를 통제하려고 개정안을 마련한 것인데, 오히려 개정안이 대법원의 자의관할, 과잉관할의 도구들을 보강하는 자극제 역할을 한 셈이다. 이 상태에서 개정안마저 통과되지 않는다면, 한국 국제관할법은 과잉관할의 요소가 심화되고 국제관할에 관한 예견가능성과 법적 확실성이 추락하는 상황으로 치닫을 것이다.

판례가 창안한 실질적 관련성 관할은 크게 비판받아, 이를 전면 폐지하거나 그 역할을 최소화하는 국제사법 개정안이 2018년에 나왔고 2020년에 국회에 다시 제출되었다. 개정안은 재산소재지관할이 실질적 관련성 기준의 통제를 받는 점도 체계상 분명히 한다.

그런데 개정안에 반응하여 나온 판례는 개정안이 입법화된 후의 앞날을 어둡게 한다. 대법원 2019. 6. 13. 선고 2016다33752 판결은 고전적 재산소재지관할을 피고의 예견가능성의 미명 하에 실질적 관련성 관할의 모범사례 중 하나로 부풀렸다. 재산의 소재는 예견가능성을 낳고 예견가능성은 실질적 관련성을 낳는다는, 원고의 이익에 치중한 도식적 사고방식을 내세운 결과, 재산소재지관할에 대해서는 실질적 관련성 기준의 통제가 무력화된다. 물론 구체적 사안에서는 피고 상거소지관할을 인정하면 충분한 경우였다. 그러나 1심부터 3심까지 줄곧 피고상거소지관할을 설시하기를 꺼리고 '실질적 관련성 관할'에만 집착한 이유를 이해할 수 없다. 게다가, 재산소재지관할은 곧 실질적 관련성 관할이라는 부당한 판례를 남기고 말았다. 대법원 2021. 2. 4. 선고 2017므12552 판결은 피고가 성실히 국제관할을 다툰 것을 "적극적 응소"라고 부르며 거꾸로 국제관할 긍정의 결정적 사유로 뒤집어 사용한다. 그래서 피고가 적극적으로 관할항쟁의 기회를 사실상 박탈하게 된다. 피고의 국제관할 항쟁은 국제관할을 무조건 다툰다는 식으로 형식적으로만 해야지, 왜 구체적 사안에서 국제관할이 부정되어야 하는지를 적극적으로 논증하려 해서는 안 된다. 그렇게 하면 대법원에 의하여 "적극적 응소"를 한 것으로 몰려 국제관할을 긍정하는 유력한 근거가 되어버리기 때문이다.

개정안은 명확한 국제재판관할기초들을 규정하여 확실성과 예견가능성을 높이려 한다. 그렇지만 식민지기에 이식된 민사소송법이 이미 예정했듯이, 내국의 재판소재지 국제관할도 규정한다. 관할배분설이 타협되는 부분이다. 다만 재산소재지관할이 과용(過用)되지 않도록 실질적 관련성 기준으로 제약을 가한다(개정안 제5조 제2항). 한편, 개정안이 모든 분야에서 완벽한 성문화를 이루지는 못했고, 국제관할법의 흠결은 제2조로 메우도록 한다.

그런데 개정안이 입법되더라도, 규칙다운 규칙보다 고차원적 명제와 지도원리에 직접 의지하여 '실질적 관련성 관할'을 인정하기를 압도적으로 선호하는 판례의 습성이 입법취지에 반하여 온존될 우려가 없지 않다. 재산소재지관할을 먼저 원용하려 한다든가, 제2조를 흠결보충의 길잡이가 아니라 '실질적 관련성 관할'의 근거규정으로 곡해하면서 그것부터 활용하려 한다면, 개정취지는 물거품이 될 것이다. 이런 일이 생기지 않으려면 다음 두 점에 유념해야 한다. 첫째, 재산소재지 국제관할은 보충적 관할사유로 규정된 것은 아니지만, 기능상 그에 가깝다. 개별적 국제관할규칙에 따라 내국의 국제관할이 없을 때 보충적으로 검토되어야 한다. 국제관할의 근거로 궁색한 관할기초를 제시하기를 꺼리는 경향이 나타나야 하고, 그것이 재산소재지관할을 사실상 보충적 관할사유처럼 만들어야 한다. 둘째, 내국에의 재산 소재는 실질적 관련성 기준과 전혀 무관하며, 단지 집행의 편의에 근거하는 관할기초임을 직시해야 한다. 다만 재산소재지관할의 이런 고유기능을 실질적 관련성 기준으로 대폭 틀어막아 놓은 것임을 이해해야 한다. 실질적 관련성 기준이 전면에 서고 재산소재 요건이 가미된 것이 아니다. 즉, 현행 판례가 제2조에 따라 무단히 인정하는 '실질적 관련성 관할'에 대하여 재산소재의 요건을 덧붙인 것이 아니다. 하물며, 재산소재가 예견가능성의 미명 하에 실질적 관련을 뒷받침한다는, 미국에서 오래 전에 철퇴를 맞은 궤변[89]에 미련을 가질 일은 아니다.

89) *World-Wide Volkswagen Corp. v, Woodson*, 444 U.S. at 295 ("Yet 'foreseeability' alone has never been a sufficient benchmark for personal jurisdiction under the Due Process Clause."). 판지: 예견가능성은 장소적 관할법의 목표이지, 관할을 적극적으로 뒷받침하는 요소로 곡해되어서는 안 된다. 구매자가 일방적으로 제조물의 소재지를 옮겨 손해가 발생한 곳은 적법절차 기준을 충족하기 어렵고, 예견가능성만으로 결론을 바꾸지 못한다. 평가: 자동차는 이동수단이므로 달리 보아야 한다는 궤변이 미국의 자동차 문화 속에서 솔깃하게 들릴 수 있다. 그러나 연방대법원은 유독 자동차만 달리 취급할 이유가 없다고 일침을 놓았다.

유류분 침해액의 반환순서*

전 경 근**

Ⅰ. 들어가며

「가족끼리 왜 이래」라는 제목의 책이 나올 정도로 재산을 둘러싼 가족간의 법적 분쟁은 그 후유증을 감당하기 힘들다.[1] 재산을 둘러싼 가족간의 법적 분쟁 중 가장 빈번한 것은 이혼에 따른 재산분할이지만, 상속재산의 분할에 관한 분쟁도 증가하고 있고, 유류분에 관한 다툼도 마찬가지이다.[2]

민법 제정 당시 일본 민법에서 규정하고 있던 유류분제도는 우리 민법에 채택되지 않았다.[3] 그렇지만 1977. 12. 31. 민법개정에 의하여 도입되었고, 1979. 1. 1.부터 시행되었다.[4] 그 후 유류분에 관한 대법원판결이 처음 선고된 때는 1993년이며,[5] 이 글에서 다루고자 하는 공동상속인들의 유류분침해액의 반환순서에 관하여는 대법원 2013. 3. 14. 선고 2010다42624, 42631 판결과 대법원 2014. 8. 26. 선고 2012다77594 판결에서 비로소 판단하고 있다.[6]

---

* 이 논문은 홍익대학교 법학연구소에서 발간하는 홍익법학 제22권 제2호(2021)에 게재되었음을 밝힌다.

** 아주대학교 법학전문대학원 교수.

1) 박민제, 가족끼리 왜 이래, 동아시아, 2018.

2) 박민제 기자가 조사한 바에 따르면 2002년 69건에 불과했던 유류분 소송 접수 건수가 2016년에는 1,091건에 이르렀다고 한다. 자세한 내용은 박민제(주 1), 18 이하 참조.

3) 일본에서의 유류분제도 도입에 관하여는 박세민, "일본 유류분제도의 도입과 고유의 상속법 원리와의 조화", 법사학연구 58권, 한국법사학회(2018. 10), 244 이하 참조.

4) 민법을 제정하면서 유류분제도를 도입하지 않은 이유를 명확하게 밝히고 있는 문헌을 찾을 수는 없었다. 다만 민법안심의록에서는 민법 중 친족편과 상속편을 제정하면서 일본민법과 구일본민법을 참고한 것으로 기록되어 있으므로 유류분제도가 있다는 사실은 알고 있었다고 할 것이며, 유류분제도의 도입에 관하여 논의하였던 당시 국회법사위원회 회의록(1977. 12. 16.자)에서 민법 제정 당시에 배제하였던 유류분제도를 도입하는 데 대한 반대의견을 찾을 수 있었지만, 표결에 의하여 법제사법위원회의 대안을 채택하였다.

5) 유류분에 관한 최초의 대법원판결인 대법원 1993. 4. 13. 선고 92다3595 판결에서는 유류분반환청구권의 기간의 성질이 무엇인지가 쟁점이 되었고, 대법원은 기간의 성질이 소멸시효기간이라고 판시하면서, 상속개시 후 10년이 지났지만 피고가 사실심에서 소멸시효 항변을 하지 않았으므로 유류분반환청구는 정당하다고 보았다.

6) 유류분의 반환순서에 관한 최초의 판결은 대법원 2001. 11. 30. 선고 2001다6947 판결이었지만, 이 판결에서는 유류분침해액을 반환하여야 할 사람이 피고밖에 없었고, 사인증여를 반환하여야 하는 상황이었기 때문에 법원은 민법 제1116조를 적용하여 반환을 명하면서 사인증여를 유증과 같은 순위로 반환해야 한다고 판시하였

그런데 유류분의 반환순서에 관하여 판단함에 있어서, "제1항의 경우에 증여 및 유증을 받은 자가 수인인 때에는 각자가 얻은 유증가액의 비례로 반환하여야 한다."고 규정하고 있는 민법 제1115조 제2항과 "증여에 대하여는 유증을 반환받은 후가 아니면 이것을 청구할 수 없다."고 규정하고 있는 제1116조의 규정을 조화롭게 적용하여 반환의 범위와 순서를 결정하여야 함에도 불구하고, 대법원은 제1115조 제2항에 의한 보전의 범위를 명확하게 밝히지 않은 상태에서, 제1116조를 적용하여 유증을 증여에 우선하여 반환하여야 하는 것으로 판시하고 있다.[7]

그렇지만 유류분을 침해하는 수증자와 수유자가 다수이고, 이들이 피상속인으로부터 받은 증여나 유증의 가액이 서로 다르다고 가정한다면, 제1116조를 우선적으로 적용하여 반환의 순서와 범위를 결정하는 경우에는 '각자가 얻은 유증가액의 비례로 반환'하도록 규정하고 있는 제1115조 제2항에 반하는 결과를 가져올 가능성이 매우 높다.

또한 민법 제1115조 제1항에서는 "유류분권리자가 피상속인의 제1114조에 규정된 증여 및 유증으로 인하여 그 유류분에 부족이 생긴 때에는 부족한 한도에서 그 재산의 반환을 청구할 수 있다."고 규정하고 있음에도 불구하고, 제2항에서 '각자가 얻은 유증가액의 비례'로 반환하도록 하는 것은 규정 그 자체로 논리에 맞지 않는 것으로 보인다.

그러므로 이 글에서는 수증자와 수유자가 다수인 경우에 누가 어떠한 범위에서 유류분침해액을 반환해야 하는가에 관한 부분에 대하여 집중적으로 살펴보기로 한다.

Ⅱ. 유류분침해액 반환순서에 관한 판결

1. 대법원 2013. 3. 14. 선고 2010다42624, 42631 판결

이 판결은,[8] 이 글에서 다루고자 하는 증여 또는 유증을 받은 재산 등의 가액이 자기 고유의 유류분액을 초과하는 수인의 공동상속인이 유류분권리자에게 반환하여야 할 재산과 범위를 정하는 기준 및 어느 공동상속인 1인이 수개의 재산을 유증받아 각 수유재산으로 유류분권리자에게 분담액을 반환하는 경우, 반환하여야 할 각 수유재산의 범위를 정하는 방법 외에도 유류분에 관한 다수의 쟁점에 대하여 판단하고 있다.[9] 그렇지만 이 글에서는 유류분침해액의

다. 그리고 유류분의 반환범위에 관한 대법원 2006. 11. 10. 선고 2006다46346 판결에서는 공동상속인과 상속인 아닌 자에게 유증한 재산의 반환이 문제되었기 때문에 이 글에서 다루고자 하는 사안과는 다르다고 할 것이다.

7) 그 이유는 명확하지 않지만, 참고할 수 있는 외국의 법제에서는 상속인간의 형평을 고려하는 제1115조 제2항과 같은 규정이 없거나, 제1116조와 같이 유증을 증여에 우선하여 반환하게 하는 것이 일반적이기 때문이라고 추측된다.

8) 이하에서는 '판결1'이라 한다.

9) 이 판결에서는 유류분침해액의 반환순서 외에도 ① 유류분반환청구소송에서 법원이 유류분권리자가 소장을 통하여 특정한 대상과 범위를 넘어 청구를 인용할 수 있는지 여부, ② 유류분반환청구권의 행사로 생기는 원물반환의무 또는 가액반환의무에 대한 지체책임의 발생 시기, ③ 유류분권리자의 가액반환청구에 대하여 반환의무자가 원물반환을 주장하며 가액반환에 반대 의사를 표시한 경우, 법원이 가액반환을 명할 수 있는지 여부, ④

반환순서에 관한 부분에 한정하여 살펴본다.[10)]

(1) 사실관계

피상속인은 2005. 9. 20. 사망하였고, 그의 상속인으로는 처인 소외 2, 자녀들인 원고(반소피고, 이하 '원고'라고 한다), 피고(반소원고, 이하 '피고'라고 한다), 소외 3이 있다. 망인은 생전에 소외 2, 피고, 소외 3(이하 이들 3인을 가리켜 '피고 등 3인'이라고 한다)에게 원심판결 별지 1 목록 기재 각 재산을 증여하였고, 1997. 4. 11. 원심판결 별지 2 목록 기재 각 재산을 피고 등 3인에게 유증한다는 내용의 유언공정증서를 작성하여 피고 등 3인이 이를 유증받은 반면, 원고는 망인으로부터 재산을 증여받거나 유증받지 못하였다.

(2) 원심의 판단

원심은, 원고의 유류분 부족액은 3,416,704,422원, 소외 2의 수유재산의 가액은 1,071,609,000원, 수증재산의 가액은 4,773,678,318원, 피고의 수유재산의 가액은 4,329,237,747원, 수증재산의 가액은 10,212,189,003원, 소외 3의 수유재산의 가액은 2,195,423,050원, 수증재산의 가액은 7,425,595,404원이고, 소외 2의 수증재산 및 수유재산의 가액 합계(이하 '수증재산 및 수유재산의 가액 합계'를 '특별수익액'이라고 한다) 5,845,287,318원 중 소외 2의 유류분을 초과하는 가액은 720,230,685원, 피고의 특별수익액 14,541,426,750원 중 피고의 유류분을 초과하는 가액은 11,124,722,328원, 소외 3의 특별수익액 9,621,018,454원 중 소외 3의 유류분을 초과하는 가액은 6,204,314,032원이라고 인정한 다음, 먼저 피고가 원고에게 '피고의 수유재산의 가액' 중 피고의 유류분을 초과하는 가액인 912,533,325원을 반환하고, 그 다음으로 피고 등 3인이 원고에게 원고의 나머지 유류분 부족액 2,504,171,097원을 각자의 특별수익액이 각자의 유류분을 초과하는 가액의 비율에 따라 각자의 수증재산으로 반환하여야 하며, 이에 따라 피고가 원고에게 반환하여야 할 재산의 범위는 피고 소유의 각 수유재산에 14,541,426,750분의 912,533,325를 곱하여 산출한 지분 또는 가액과 피고 소유의 각 수증재

공동상속인 중 1인이 자신의 법정상속분 상당의 상속채무 분담액을 초과하여 유류분권리자의 상속채무 분담액까지 변제한 경우, 그러한 사정을 유류분권리자의 유류분 부족액 산정 시 고려할 것인지 여부, ⑤ 유류분권리자의 유류분반환청구권 행사에 의하여 그의 유류분을 침해하는 증여 또는 유증이 소급적으로 실효된 경우, 반환의무자가 부당이득으로 반환하여야 하는 목적물 사용이익의 범위 등 유류분과 관련한 다수의 쟁점에 대하여 판단하고 있다. 그렇지만 이 글에서는 위의 논점에 대한 논의를 생략하기로 한다.

10) 이 판결에 대해서는 오영준, "수증재산이나 수유재산의 가액이 자기 고유의 유류분액을 초과하는 수인의 공동상속인이 유류분권리자에게 반환하여야 할 재산과 그 범위를 정하는 기준 등 —대법원 2013. 3. 14. 선고 2010다42624, 42631 판결—", 대법원판례해설 제95호, 법원도서관(2013상), 202 이하; 김상훈, "공동상속인들이 증여와 유증을 혼합하여 받은 경우 유류분반환의 순서와 범위", 상속법판례연구, 세창출판사(2020), 320 이하; 전경근/정다영, "유류분침해로 인한 반환의 순서", 외법논집 제41권 제4호(2017. 11), 247 이하; 정구태, "유류분반환에 관한 諸問題 —대법원 2013. 3. 14. 선고 2010다42624 판결에 대한 비판적 연구—", 이화여자대학교 법학논집 제18권 제1호(2013. 9)가 있다. 오영준 판사와 김상훈 변호사 그리고 정구태 교수 모두 대법원의 법리에 동조하고 있다.

산에 14,541,426,750분의 1,543,453,706을 곱하여 산출한 지분 또는 가액이라는 취지로 판단하였다.

(3) 대법원의 판단

유류분권리자가 유류분반환청구를 함에 있어 증여 또는 유증을 받은 다른 공동상속인이 수인일 때에는 각자 증여 또는 유증을 받은 재산 등의 가액이 자기 고유의 유류분액을 초과하는 상속인에 대하여 그 유류분액을 초과한 가액의 비율에 따라서 반환을 청구할 수 있다(대법원 1995. 6. 30. 선고 93다11715 판결; 대법원 2006. 11. 10. 선고 2006다46346 판결 등 참조). 한편 민법 제1116조에 의하면, 유류분반환청구의 목적인 증여나 유증이 병존하고 있는 경우 유류분권리자는 먼저 유증을 받은 자를 상대로 유류분침해액의 반환을 구하여야 하고, 그 이후에도 여전히 유류분침해액이 남아 있는 경우에 한하여 증여를 받은 자에 대하여 그 부족분을 청구할 수 있다(대법원 2001. 11. 30. 선고 2001다6947 판결 등 참조).

따라서 증여 또는 유증을 받은 재산 등의 가액이 자기 고유의 유류분액을 초과하는 수인의 공동상속인이 유류분권리자에게 반환하여야 할 재산과 그 범위를 정함에 있어서, 수인의 공동상속인이 유증받은 재산의 총 가액이 유류분권리자의 유류분 부족액을 초과하는 경우에는 그 유류분 부족액의 범위 내에서 각자의 수유재산을 반환하면 되는 것이지 이를 놓아두고 수증재산을 반환할 것은 아니다. 이 경우 수인의 공동상속인이 유류분권리자의 유류분 부족액을 각자의 수유재산으로 반환함에 있어서 분담하여야 할 액은 각자 증여 또는 유증을 받은 재산 등의 가액이 자기 고유의 유류분액을 초과하는 가액의 비율에 따라 안분하여 정하되, 그중 어느 공동상속인의 수유재산의 가액이 그의 분담액에 미치지 못하여 분담액 부족분이 발생하더라도 이를 그의 수증재산으로 반환할 것이 아니라, 자신의 수유재산의 가액이 자신의 분담액을 초과하는 다른 공동상속인들이 위 분담액 부족분을 위 비율에 따라 다시 안분하여 그들의 수유재산으로 반환하여야 한다. 나아가 어느 공동상속인 1인이 수개의 재산을 유증받아 그 각 수유재산으로 유류분권리자에게 반환하여야 할 분담액을 반환하는 경우, 반환하여야 할 각 수유재산의 범위는 특별한 사정이 없는 한 민법 제1115조 제2항을 유추 적용하여 그 각 수유재산의 가액에 비례하여 안분하는 방법으로 정함이 상당하다.

원심이 인정한 사실관계에 의하면, 피고 등 3인이 각자 망인으로부터 받은 특별수익액은 각자 고유의 유류분을 초과하고 있고, 피고 등 3인의 수유재산의 총 가액은 7,596,269,797원(1,071,609,000원 + 4,329,237,747원 + 2,195,423,050원)으로서 원고의 유류분 부족액 3,416,704,422원을 초과하고 있으므로, 피고 등 3인은 원고에게 위 유류분 부족액을 각자의 수유재산으로 반환하면 되는 것이지 이를 놓아두고 피고 등 3인의 수증재산으로 반환할 것은 아니다. 이 경우 피고가 원고에게 피고의 수유재산으로 반환하여야 할 분담액은 원고의 유류분 부족액 3,416,704,422원에 '피고 등 3인 각자의 특별수익액이 각자의 유류분을 초과하는 가액의 합계'에 대한 '피고의 특별수익액이 피고의 유류분을 초과하는 가액'의 비율을 곱하여 산정하여야 할 것이다. 한편 피고는 원고에게 반환하여야 할 피고의 분담액을 피고 소유의 수개의 수유재산으로 반환하여야 하는데, 이때 반환하여야 할 각 수유재산의 범위는 각 수유재산의 가액에 비례하여 안분하는 방법으로 정함이 상당하다.

(4) 판결1에서의 반환순서에 관한 검토

판결1의 원심은, 피고로 하여금 원고의 유류분침해액을 반환하게 하면서 피고가 유증받은 가액에서 피고의 유류분을 공제한 가액을 우선적으로 반환하게 한 후, 남은 유류분침해액은 민법 제1115조 제2항에 근거하여 피고 등 3인의 유류분을 공제한 특별수익액의 비율에 따라 반환하는 것으로 계산하였다. 따라서 원심은 유류분침해액의 반환에 있어서 민법 제1116조를 먼저 적용한 후, 제1115조 제2항에 따라 각자의 부담액을 계산하였다.[11)]

이에 비하여 대법원은 피고가 원고에게 반환하여야 할 분담액을 산정함에 있어서는 '피고 등 3인 각자의 특별수익액이 각자의 유류분을 초과하는 가액의 합계'에 대한 '피고의 특별수익액이 피고의 유류분을 초과하는 가액'의 비율을 곱하여 산정하여야 한다고 함으로써 제1115조에 따라 특별수익액에서 유류분을 공제한 후 그 비율에 따라 반환하여야 할 금액을 산정하였으며, 반환하여야 할 금액은 유증받은 재산에서 먼저 반환하여야 하는데, 이 경우 수유재산만으로 자신의 몫에 해당하는 유류분침해액을 반환할 수 없는 수유자와 자신의 몫인 유류분침해액을 수유재산으로 반환한 후에도 여전히 수유재산을 가진 수유자 중 수유재산이 남은 수유자가 그 재산으로 우선 반환하여야 하며, 반환하는 비율은 남은 수유재산의 가액에 비례하여 안분하는 방법에 의한다고 함으로써 2차로 유증받은 재산을 반환함에 있어서는 제1116조만 적용하였다.[12)]

판결1에 대한 평석인 각주 10에서 인용한 논문들에서는 대체로 대법원이 제시한 법리를 긍정하고 있다. 먼저 판례해설을 작성한 오영준 판사는 유류분을 침해한 공동상속인 중 1인의 수유액이 반환해야 할 금액에 미달하는 경우에는 증여받은 재산을 반환하도록 하는 것이 아니라, 자신이 수유재산에서 반환해야 할 금액보다 더 많은 금액을 유증받은 상속인이 유증받은 재산에서 먼저 반환하도록 하는 것이 대법원이 제시한 법리라고 설명하고 있다.[13)] 그리고 김상훈 변호사는 후술하는 민유숙 대법관의 비판론을 이해 못할 바는 아니라고 하면서도, 민법

11) 원심은 유증받은 재산을 반환함에 있어서 각자의 유류분을 공제한 금액을 기준으로 산정하였다. 그런데 필자의 계산법에 따르면 각자의 유류분은 상속받은 재산 전체를 기준으로 반환범위를 정하면서 공제하여야 한다. 왜냐하면 유증을 먼저 반환하도록 하는 현재의 판례에 따르는 경우, 유증받은 재산에서 유류분을 공제하고서 반환하게 하면 유류분보다 적은 재산을 유증받은 상속인이 유증으로 반환할 필요가 없어 유증을 많이 받은 다른 상속인에 비하여 유리하게 되기 때문이다.

12) 판결1에서는 유증받은 재산만으로도 유류분침해액을 반환할 수 있었기 때문에 증여받은 재산에 대하여는 어떠한 비율에 따라 반환하여야 하는지에 관하여 판단하지 않았다.

13) 오영준(주 10), 219.

은 명문으로 유증을 반환받은 후에야 증여에 대해 반환 청구할 수 있다고 하여 반환 순서를 규정하고 있고, 또한 증여와 유증을 구별하는 데는 합리적인 이유 내지 타당성이 있어서 다른 나라에서도 이러한 입법례를 볼 수 있다는 점을 고려하면 대상판결의 결론이 부당하다고만은 할 수 없을 것 같다고 주장한다.[14] 그리고 대상판결에 대하여 정구태 교수는 유류분침해액의 반환에 있어서 유증이 증여에 우선하여야 하는 이유에 대한 설명을 하고서,[15] 증여에 대한 반환청구도 허용되어야 한다는 취지로 서술하고 있다.[16]

한편 최근에 발간된 주석민법에서는 판결1에 대하여, "위와 같은 판례의 태도는 민법 제1116조에서 정하는 유류분 반환의 순서에 따른 것인데, 이에 대하여는 위와 같이 제1116조를 엄격하게 전면적으로 적용하여 유류분 반환순서뿐 아니라 반환범위까지도 유증재산을 증여재산보다 절대적으로 우선시하면 피상속인의 생전에 증여를 많이 받은 공동상속인을 상대적으로 유리하게 취급하여 공동상속인들 사이의 불균형을 심화시키므로, 제1116조를 유연하게 해석할 필요가 있다는 반론이 있다."고 하면서 민유숙 대법관의 글을 인용하고 있다.[17] 한편 윤진수 편집대표, 주해상속법 제2권 중 제1116조에 관한 주석(최준규 집필부분)에서는 판결1에 관하여 언급하고 있지 않다.

그렇지만 대법원의 판단에 따르는 경우에는 특별수익으로 동일한 금액을 취득하였으나 유증을 많이 받은 상속인이 증여를 많이 받은 상속인보다 불리한 지위에 있게 된다. 이러한 관점에서 비판을 하고 있는 견해로는 민유숙 대법관이 있다. 민유숙 대법관은 아래의 각주에서 인용한 사안을 예로 들면서 다음과 같이 주장하고 있다.[18]

14) 김상훈(주 10), 325. 김상훈 변호사는 위와 같은 주장에 이어서 대상판결의 이해를 돕기 위한 예시를 제시하고 있다.

15) 정구태(주 10), 506 이하.

16) 정구태(주 10), 507. 그렇지만 정구태 교수는 대법원의 판결을 인용하면서 반환이 순서에 관하여는 더 이상 논의를 진행하지 않고 있다.

17) 민유숙 편집대표, 주석민법(제5판), 752(김혜진 집필부분).

18) 甲이 공동상속인 A, B, C, D 중 A, B, C에게만 재산 전부를 생전 증여 및 유증으로 소진하여 D가 유류분반환청구를 하는 사건에서, A, B, C의 유류분초과액 비율이 1:1:1이고, A, B, C의 유증받은 재산가액비율은 3억원:2억원:1억원인 경우를 상정하여 설명한다. A, B, C가 甲으로부터 받은 재산 총액은 같지만, A는 유증을 많이 받고, C는 생전 증여를 많이 받은 경우이다. 대상판결과 같이 A, B, C의 유증재산 가액이 유류분부족액을 초과하는 사례로 설명한다.

(1) 유류분부족액이 3억 원인 경우

① 종전 판례 — 3억 원을 1:1:1 비율로 반환한다. 1억원:1억원:1억원이다.

② 대상판결 — 유류분초과비율 1:1:1에 따라 1억원:1억원:1억원 비율로 반환시킬 경우 A, B, C 모두 유증받은 재산으로 반환할 수 있으므로 비율대로 반환을 명한다. 1억원:1억원:1억원이다.

(2) 유류분부족액이 4억 5,000만 원인 경우

① 종전판례 — 4억 5,000만원을 1:1:1 비율로 반환한다; 1억 5,000만원:1억 5,000만원:1억 5,000만원이다.

② 대상판결 — 유류분초과비율 1:1:1에 따라 1억 5,000만원:1억 5,000만원:1억 5,000만원 비율로 반환하면 C는 유증받은 재산이 이에 미치지 못하므로 C에게는 유증재산 1억원만 반환을 명한다. 부족한 5,000만원은 A, B가 1:1 비율로 2,500만원씩 반환한다. A, B, C는 1억 7,500만원:1억 7,500만원:1억원 비율로 반환하게 된다.

「사안 (1), (2)의 차이는 유류분부족액의 차이인 바, 유류분의무자들이 받은 증여/유증 재산이 많아질수록 유류분부족액은 커진다. 종전 판례가 공동상속인에 있어서 증여재산을 모두 유류분 산정에 포함시킨 이유는 공동상속인들 사이의 공평을 기하는 데에 목적이 있었다. 그렇다면 유류분 반환 순서에 관한 민법 1116조를 해석함에도 같은 태도가 유지되어야 할 것이다. 유류분액의 계산과 반환 순서 및 범위는 논리적으로 구분되지만 실제로는 원고의 인용액을 결정하는 일련의 계산과정을 이루기 때문이다. 그러나 대상판결은 종래판례의 취지를 도외시하고 조문의 문리적 해석에 집착한 결과 반환순서 뿐 아니라 반환범위를 정함에서 유증재산을 절대적으로 우선시켰고, 이에 따른 계산결과는 종래 판례의 취지와 역행하여 공동상속인 사이의 불균형을 심화시키는 결과를 낳았다. 나아가 대상판결에 따르면 종래 판례에 비하여 피고별 인용액수가 달라지는 문제도 생기게 되었다.」

또한 특별수익액에 비례하여 피고 등의 반환범위를 결정한 후 유증받은 재산을 먼저 반환하도록 함으로써 유류분침해액을 완전히 보전하지 못한 경우, 유증받은 재산이 남은 상속인들을 대상으로 '각자 증여 또는 유증을 받은 재산 등의 가액이 자기 고유의 유류분액을 초과하는 가액의 비율에 따라' 반환하도록 한 것은 아무런 법적 근거 없이 유증을 많이 받은 상속인에게 추가적인 부담을 지우는 것이라 할 것이다.

결론적으로 판결1에서의 근본적인 문제점은 민법 제1115조 제2항을 적용하여 유류분침해액을 반환하여야 하는 수증자와 수유자의 형평을 도모할 것인가, 아니면 제1116조에 따라 유증한 재산을 우선반환하게 한 후 증여재산을 반환하게 함으로써 거래의 안전을 도모할 것인가라고 할 수 있다. 이에 관한 자세한 논의를 뒤에서 다시 하기로 한다.

2. 대법원 2014. 8. 26. 선고 2012다77594 판결

(1) 사실관계와 원심의 판단

망 소외인은 2003. 10. 5. 사망하였고, 원고들(6인)과 원심 공동원고 6, 피고, 제1심 공동피고 2가 망인의 상속인이다. 망인은 1997. 5. 16. 그의 소유이던 대전 중구 X 토지를 피고에게, Y 토지를 제1심 공동피고 2에게 각 유증한다는 내용의 유언공정증서를 작성하였고, 피고와 제1심 공동피고 2는 위 공정증서에 기하여 위 X 및 Y 토지에 관하여 2003. 10. 5. 유증을 원인으로 소유권이전등기를 경료하였다. 원고들의 유류분을 산정하기 위하여 기초가 되는 재산의 가액은 576,316,100원인데, 제1심에서 제1심 공동피고 2가 Y 토지 중 3/15 지분을 원고 1에게, 2/15 지분씩을 나머지 원고들에게 각 이전해 주기로 하는 내용의 화해권고결정이 확정되었으므로 이를 원고들의 특별수익으로 고려한다고 하면서, 위 유류분 산정의 기초가 되는 재산가액에 원고들의 유류분 비율을 곱한 금액에서 원고들이 위 화해권고결정에 의하여 이전받기로 한 Y 토지의 지분 가액 상당액을 빼고, 여기서 다시 원고들이 상속에 의하여 얻은 재산액을 공제하는 방법으로 원고들이 반환받을 유류분 부족액을 산정하였다.

(2) 대법원의 판단[19)]

우선 제1심에서 화해권고결정이 확정됨에 따라 원고들이 제1심 공동피고 2로부터 이전받기로 한 Y 토지의 지분은 원고들이 피상속인으로부터 증여 또는 유증받은 것이 아니므로, 민법 제1118조에 의하여 준용되는 민법 제1008조의 특별수익에 해당한다고 볼 수 없다.

그럼에도 원심은 이를 원고들의 특별수익으로 보아 유류분 부족액을 산정할 때에 이를 공제하였으므로, 이러한 원심판결에는 유류분 부족액 산정 시 공제하여야 할 특별수익에 관한 법리를 오해함으로써 판결에 영향을 미친 잘못이 있다.

한편 원심은 상속재산인 충북 옥천군 이원면 Z 과수원 중 원고 4의 지분을 1000/2539으로, 원심 공동원고 6의 지분을 1539/2539로 인정하여 이를 기초로 원고 4가 상속에 의하여 얻은 재산액과 유류분 부족액을 계산하였으나, 을 제5호증(등기부등본)의 기재에 의하면 원고 4의 위 이원리 과수원에 관한 지분은 1539/2539이고, 원심 공동원고 6의 지분이 1000/2539인 사실을 알 수 있으므로, 이 부분 원심판단에는 명백한 오류가 있고, 이러한 오류는 판결에 영향을 미쳤다고 할 것이다.

유류분권리자가 유류분반환청구를 함에 있어 증여 또는 유증을 받은 다른 공동상속인이 수인일 때에는 각자 증여 또는 유증을 받은 재산 등의 가액이 자기 고유의 유류분액을 초과하는 상속인에 대하여 그 유류분액을 초과한 가액의 비율에 따라서 반환을 청구할 수 있다. 한편 민법 제1116조에 의하면, 유류분반환청구의 목적인 증여와 유증이 병존하고 있는 경우 유류분권리자는 먼저 유증을 받은 자를 상대로 유류분 침해액의 반환을 구하여야 하고, 그 이후에도 여전히 유류분 침해액이 남아 있는 경우에 한하여 증여를 받은 자에 대하여 그 부족분을 청구할 수 있다.

따라서 증여 또는 유증을 받은 재산 등의 가액이 자기 고유의 유류분액을 초과하는 수인의 공동상속인이 유류분권리자에게 반환하여야 할 재산과 그 범위를 정함에 있어서, 수인의 공동상속인이 유증받은 재산의 총 가액이 유류분권리자의 유류분 부족액을 초과하는 경우에는 그 유류분 부족액의 범위 내에서 각자의 수유재산을 반환하면 되는 것이지 이를 놓아두고 수증재산을 반환할 것은 아니다. 이 경우 수인의 공동상속인이 유류분권리자의 유류분 부족액을 각자의 수유재산으로 반환함에 있어서 분담하여야 할 액은 각자 증여 또는 유증을 받은 재산 등의 가액이 자기 고유의 유류분액을 초과하는 가액의 비율에 따라 안분하여 정하되, 그중 어느 공동상속인의 수유재산의 가액이 그의 분담액에 미치지 못하여 분담액 부족분이 발생하더라도 이를 그의 수증재산으로 반환할 것이 아니라, 다른 공동상속인들 중 자신의 수유재산의 가액이 자신의 분담액을 초과하는 공동상속인들이 위 분담액 부족분을 위 비율에 따라 다시

19) 이하에서는 '판결2'라 한다.

안분하여 그들의 수유재산으로 반환하여야 한다(대법원 2013. 3. 14. 선고 2010다42624, 42631 판결 등 참조).

원심판결 이유에 의하더라도 피고와 제1심 공동피고 2가 유증받은 재산의 총 가액이 원고들의 유류분 부족액을 초과하고 있고, 제1심 공동피고 2가 유증받은 재산의 가액이 그의 분담액에 미치지 못하여 분담액 부족분이 발생하는 경우도 아니므로, 피고는 원고들의 유류분 부족액 중 '피고와 제1심 공동피고 2가 각자 증여 또는 유증을 받은 재산의 가액이 각자의 유류분액을 초과하는 가액의 합계'에 대한 '피고가 증여 또는 유증을 받은 재산의 가액이 피고의 유류분액을 초과하는 가액'의 비율에 해당하는 부분을 반환할 의무가 있다.

그럼에도 원심은 그 판시와 같은 이유로 제1심 공동피고 2가 제1심 화해권고결정에 따라 유증받은 Y 토지의 소유권을 원고들에게 이전해야 하는 점을 고려하여 피고가 우선 원고들에게 유류분 부족액을 반환하여야 한다고 판단하였으므로, 이러한 원심판결에는 증여 또는 유증을 받은 공동상속인이 수인인 경우의 유류분반환의 순서나 범위에 관한 법리를 오해한 잘못이 있음을 지적해 둔다.

(3) 판결2에서의 반환순서에 대한 검토

판결2에서는 제1심 공동피고 2가 자신이 상속받은 재산을 원고들에게 분할해 주었는데, 이 재산에 대하여 원심이 '특별수익'에 해당한다고 본 것은 잘못되었지만, 사견으로는 상속받은 재산을 원고들에게 분할해 준 것은 결과적으로 원고들의 유류분침해액을 반환한 결과가 되었다는 점에서는 원심의 판단이 옳다고 하여야 할 것이다. 따라서 공동피고 2가 유증받은 재산을 원고들에게 반환하기로 하였으므로, 피고는 공동피고2의 수증재산이 반환된 후에도 부족한 유류분침해액에 한하여 반환할 의무가 있다고 보아야 할 것임에도, 대법원은 피고와 제1심 공동피고 2가 유증받은 재산을 우선적으로 반환하여야 한다고 판시하고 있다. 법리상으로는 유류분침해액의 반환에 있어 피고와 제1심 공동피고 2가 유증받은 재산을 그들이 증여받은 재산에 우선하여 반환하여야 하는 것은 맞지만, 제1심 공동피고 2가 자신의 의사에 따라 수증재산을 원고들에게 인도하는 것은 유류분침해로 인한 분쟁을 해결하기 위한 것이므로 이러한 재산이전의 효과에 대한 판단이 우선적으로 이루어져야 할 것으로 생각된다. 따라서 대법원은 민법 제1116조에 의한 반환만을 강조함으로써 분쟁의 원만한 해결을 도외시한 것은 아닌가 하는 생각을 해 본다.

Ⅲ. 유류분침해액의 반환순서에 관한 규정의 검토

이하에서는 유류분침해액의 반환순서에 관한 민법규정의 도입과정과 독일과 프랑스 그리고 일본의 반환순서에 관한 규정을 살펴본 후에 Ⅳ.에서 현행 민법이 규정하는 유류분침해액의 반환순서에 관한 필자의 의견을 개진하기로 한다.

1. 유류분에 관한 민법규정의 검토[20]

유류분제도를 도입하기 위하여 발의된 이숙종 의원안[21]에서는 유류분 권리자와 유류분의 비율, 유류분 산정의 기초가 될 재산, 유류분의 보전에 관한 규정만 두었는데, 유류분의 보전에 관한 제1114조 제1항에서는 "피상속인의 유증으로 인하여 그 유류분에 부족이 생긴 때에는 부족한 한도에서 유증재산의 반환을 청구할 수 있다."고 하면서, 제2항에서는 "전항의 경우에 유증을 받은 자가 수인인 때에는 각자가 얻은 유증가액의 비례로 반환하여야 한다."고 하였다.[22] 그런데 법제사법위원회에서는 대안을 통하여 증여의 산입에 관한 규정(현행 제1114조), 반환의 순서에 관한 규정(현행 제1116조)을 추가함으로써 현재와 같은 내용이 만들어지게 되었다.[23]

2. 유류분 반환순서에 관한 외국법의 규정

(1) 일본민법

유류분을 침해하는 부분에 대한 일본민법의 규정은 다음과 같다.[24]

- 제1031조 [유증 또는 증여의 감쇄청구] 유류분권리자 및 그 승계인은 유류분을 보전하는데 필요한 한도에서 유증 및 전조에 규정하는 증여의 감쇄를 청구할 수 있다.[25]
- 제1033조 [증여와 유증의 감쇄 순서] 증여는 유증을 감쇄한 후가 아니면 감쇄할 수 없다.
- 제1034조 [유증의 감쇄 비율] 유증은 그 목적의 가액의 비율에 따라 감쇄한다. 다만, 유언자가 그 유언에 별단의 의사를 표시한 때에는 그 의사에 따른다.
- 제1035조 [증여의 감쇄 순서] 증여의 감쇄는 후의 증여부터 순차로 전의 증여에 대하여 한다.

---

20) 유류분 규정의 제정과정에 관한 자세한 논의는 전경근/정다영(주 10), 256을 참조.

21) 이숙종 의원은 유류분제도에 관한 법률안을 의안번호 제090165호(1974. 9. 28.)로 제출하였다가 이를 철회한 후 다시 의안번호 제090332호(1975. 4. 9.)로 제안하였다.

22) 제2항은 일본민법 제1034조 본문과 유사하다. 다만 이숙종의원안은 유류분 산정의 기초가 될 재산에는 증여가액을 가산하는 것으로 하였으나, 유류분에 부족한 부분에 대해서는 유증재산의 반환을 청구할 수 있도록 하였다. 따라서 증여재산의 합산에 의하여 유류분침해액이 유증재산의 가액보다 많은 경우에는 어떠한 방식으로 처리되어야 하는지에 관하여는 규정하고 있지 않아 문제가 있다고 생각된다.

23) 이숙종의원안과 비교할 때 대안은 일본민법의 규정 중 제1033조를 추가로 규정한 것으로 이해할 수 있다. 그렇지만 이숙종의원안의 제1114조를 적절하게 수정하지 않음으로써 해석상의 어려움을 초래하였다고 볼 수 있다.

24) 일본민법의 규정은 법무부에서 발간한 일본민법전에서 인용함.

25) 일본민법 제1030조 : 증여는 상속개시 전의 1년 동안에 행한 것에 한하여 전조의 규정에 의하여 그 가액을 산입한다. 당사자 쌍방이 유류분 권리자에게 손해를 가할 것을 알고 증여를 한 때에는 1년 전의 날보다 전에 한 것에 대해서도 같다.

위 일본민법의 규정에 따르면 유류분의 침해가 발생한 경우 유증과 일정 범위의 증여에 대한 반환을 청구할 수 있지만, 유증에 대한 반환을 먼저 청구한 후에야 증여에 대한 반환을 청구할 수 있고, 증여에 대하여 반환을 청구하는 경우에도 후의 증여부터 순차로 반환을 하도록 하고 있다. 따라서 일본민법의 경우에는 유류분침해액의 반환에 있어 수유자 사이의 관계에 있어서만 형평을 고려하며, 수증자에 대한 반환에 있어서는 형평은 고려하지 않고, 거래의 안전만 고려하고 있다고 할 것이다.

(2) 독일민법[26)]

• 제2325조 증여의 경우 의무분보충청구권

① 피상속인이 제3자에게 증여한 경우, 증여된 목적물이 유산에 산입되어야 할 때에는 의무분권자는 의무분이 증가하는 정도의 금액을 의무분의 보충으로 청구할 수 있다.

② 소비물은 그 물건이 증여할 때에 가졌던 가액으로 산정된다. 다른 목적물은 그가 상속이 개시된 때에 가지는 가액으로 산정된다; 그것이 증여할 때에 낮은 가치를 가졌던 경우 그 가액만이 산정된다.

③ 증여는 상속이 개시되기 전 1년 내에는 전부를, 상속이 개시되기 전 그 이전의 각 연도는 각 10분의 1 감축하여 반영된다. 증여의 목적물을 급부한 때부터 10년이 경과한 때에는 증여는 반영하지 아니한다. 증여가 배우자에게 이루어진 경우 그 기간은 혼인이 해소되기 전에는 진행하지 아니한다.

• 제2329조 수증인에 대한 청구권

① 상속인이 의무분의 부족분을 보충할 의무가 없을 때에는, 의무분권자는 부족금액을 원인하는 하는 변제를 목적으로 부당이득에 관한 규정에 따라 증여의 반환을 청구할 수 있다. 의무분권자가 단독상속인일 때에도 그에게 같은 권리가 주어진다.

② 수증인은 부족금액을 지급하여 반환을 면할 수 있다.

③ 여러 명의 수증인 사이에서 먼저 증여받은 수증인은 후에 증여받은 수증인이 의무가 없을 때에만 책임을 진다.

독일민법의 경우에는 유류분에 관하여 34개의 조문을 가지고 있다. 이 가운데 반환의 순서와 관련된 조문은 앞서 인용한 것 정도라고 할 수 있는데, 유류분에 관한 규정에 따르면 유류분권자는 우선 피상속인이 유증한 재산으로 말미암아 유류분이 침해된 경우에는 상속인에 대하여 부족분의 반환을 청구할 수 있다고 하였다(독일민법 제2305조 등). 그렇지만 유증한 재산의 반환만으로 의무분을 충족시키지 못하는 경우에는 증여한 재산의 반환을 청구할 수 있으며, 이 경우에는 기간의 경과에 따라 반환할 재산액을 점차 감액하는 것으로 함으로써 거래의

26) 독일민법의 규정은 이진기, 한국/독일민법전 상속편, 박영사, 2019에서 인용함.

안전을 도모하고 있다.[27)]

(3) 프랑스민법[28)]

- 제923조 유증에 따라 처분된 모든 재산가액에 대하여 반환청구를 한 후, 생전증여에 대해 반환청구를 해야 한다. 증여에 대한 반환청구는 가장 최근의 증여부터 가장 과거의 증여까지 순차적으로 하여야 한다.
- 제926조 유언처분이 자유분 또는 자유분 중에서 생전증여의 가액을 공제하고 남은 잔여분을 초과하는 때에는, 반환청구는 포괄유증과 특정유증의 구별없이 안분비례로 행해진다.
- 제927조 그럼에도 불구하고 유언자가 명시적으로 특정한 유증이 다른 유증보다 먼저 이행되기를 원하는 의사를 표시한 경우에는 그러한 우선순위에 따른다. 이와 같이 우선권이 인정되는 유증은 다른 유증의 가액으로 법정유류분을 충족시키지 못하는 때에 한하여 반환청구를 한다.
- 제924조의4 ① (유류분권리자가) 유류분반환청구의 상대방인 (유류분반환)채무자의 재산에 사전검색을 하였으나 그가 무자력인 경우, 유류분권리자는 수익자(유류분반환채무자)로부터 무상처분의 대상 부동산을 양수받은 제3취득자에 대하여 유류분반환청구권 또는 소유물반환청구권을 행사할 수 있다. 이러한 소권은 수익자들에 대하여 행사되는 것과 마찬가지 방법으로 양도시점의 순서에 따라 가장 최근의 양도부터 시작하여 행사된다. 이 소권은 제2279조가 적용되지 아니하는 경우 동산의 제3취득자에 대해서도 행사될 수 있다.

  ② 증여시 또는 그 이후, 증여자와 모든 추정 유류분권리자가 증여 재산의 양도에 동의한 경우에는 어떠한 유류분권리자도, 심지어 모든 이해관계 상속인들의 동의가 이루어진 이후에 태어난 유류분권리자라고 하더라도 제3취득자에 대하여 그 소권을 행사할 수 없다. 유증재산의 경우에는 이 소권은 유류분권리자가 그 양도에 동의하였다면 더 이상 행사될 수 없다.

프랑스민법도 유류분을 산정함에 있어서는 유증뿐만 아니라 증여한 재산도 포함시키지만, 반환순서에 있어서는 유증을 먼저 반환하도록 하고, 그 다음에 증여한 재산을 반환하도록 한

27) 필자는 유류분의 반환에 관한 주제로 대법원 민사실무연구회에서 발표한 적이 있는데, 이 당시 10년이 지난 증여에 대해서는 반환을 허용하지 않아야 한다는 의견이 제기되었다. 그렇지만 유류분 반환에 있어서 문제되는 재산의 범위는 유류분제도가 시행되기 전까지 미치고 있다는 점을 감안하면(대법원 2012. 12. 13. 선고 2010다78722 판결; 대법원 2018. 7. 12. 선고 2017다278422 판결 참조), 반환하여야 할 증여재산의 범위를 10년으로 제한하는 것은 적절하지 않은 측면이 있다고 할 것이다.

28) 프랑스민법의 조문은 전경근/정다영(주 10), 262-263에서 인용함.

다. 그리고 유증액을 반환함에 있어서는 안분비례의 형태로 반환할 액수를 정한다. 다만 우리 민법과는 달리 유언자가 유증에 대한 우선순위를 정할 수 있다는 점에서 차이가 있다. 나아가 유증된 재산이 제3자에게 양도된 경우에도 반환을 청구할 수 있다는 것을 명문으로 규정하고 있다는 점에서 우리 민법뿐만 아니라 일본민법이나 독일민법과도 차이가 있다고 할 수 있다.

Ⅳ. 유류분반환순서에 관한 규정의 비판

민법은 유류분의 반환에 관하여 2개의 규정을 가지고 있다. 그 하나는 민법 제1115조 제2항으로, 침해된 유류분을 보전하기 위하여 증여 또는 유증을 받은 상속인으로 하여금 자신의 유류분을 공제한 가액에 비례하여 반환하도록 하고 있고, 제3자의 경우에는 받은 재산가액에 비례하여 반환하도록 하고 있다. 이를 공동상속인의 범위로 제한하여 살펴본다면, 유류분을 반환함에 있어 반환의무를 부담하는 상속인 사이의 형평을 도모하기 위한 것으로 평가할 수 있을 것이다.

그런데 반환의 순서에 관하여 규정하고 있는 제1116조에 의하면 우선 유증을 반환받아야 하고, 유증받은 재산을 모두 반환한 후에도 유류분권자의 유류분을 충족시키지 못하는 경우에는 증여한 재산을 반환하도록 함으로써 거래의 안전을 도모하고 있다.

그런데 상속인 사이의 형평을 도모하는 것과 거래의 안전을 도모하는 것이 동시에 가능하지 않은 경우도 있을 것이다. 그렇다면 반환의무자 사이의 형평의 도모와 거래의 안전 중 어느 법익이 우위에 있다고 하여야 하는가에 대하여 생각해 보아야 한다. 제1115조 제2항과 제1116조의 관계에 관하여 명확한 견해를 제시하고 있는 문헌을 찾기 어려운바, 가장 명확한 의견을 피력하고 있는 김민중 교수는 다음과 같이 설명하고 있다.

> 「민법은 증여 또는 유증을 받은 자가 수인인 때에는 각자가 얻은 가액에 비례하여 반환하여야 한다고 규정하고 있다(민법 제1115조 제2항). 수개의 유증의 경우에는 그 효력발생의 동시성으로부터 선후를 판단할 수 없다고 생각하면 민법 제1115조 제2항이 정한 그 가액의 비례에 따른 반환을 쉽게 긍정할 수 있다. 그러나 거래의 안전을 고려할 때 시기가 다른 수개의 증여가 있다고 하면 상속개시시에 가까운 증여로부터 먼저 반환을 받아야 하고, 순차로 앞의 증여에 미친다고 보는 태도가 타당하다고 본다.[29] 물론 동시에 이루어진 수개의 증여가 있으면 수개의 유증의 경우와 마찬가지로, 가액의 비례에 따른 반환이 인정된다.[30]」

한편 유류분제도 전반에 관한 자세한 설명을 담고 있는 문헌에서는 유류분반환청구의 순

29) 김민중 교수는 입법례로서 일본민법 제1035조를 참조할 수 있다고 한다.

30) 김민중, 유언의 자유와 유류분, 90-91.

서에 관하여 설명하면서 유증이 증여에 우선하여 반환되어야 한다는 점에 관하여는 자세히 서술하고 있으면서도, “유증을 받은 자가 수인인 때에는 각자가 얻은 유증가액의 비례로 반환하도록 하고 있다.”고 규정하고 있는 민법 제1115조 제2항에 대하여는, “이 조문은 프랑스법계의 입법례에 따른 것으로 생각된다.”고만 설명하고 있다.[31] 이러한 설명은 제1115조 제1항에서 증여와 유증을 반환하도록 규정하고 있으면서도 제2항에서는 유증가액에 대한 비례로 반환하여야 한다는 점에 관한 충분한 설명이 되지 못한다고 생각된다. 왜냐하면 만약 유증을 우선적으로 반환하여야 하고, 유증받은 자가 수인인 경우에는 가액에 비례하여 반환하여야 한다면, 유증만으로 유류분침해액을 반환하지 못하는 경우에는 어떠한 방법으로 부족한 부분을 보충하여야 하는가에 관한 규정이 마련되었어야 하기 때문이다.

앞서 살펴본 바와 같이 민법에 유류분제도를 도입하는 과정에서 유류분침해액의 산정과 반환순서에 관한 충분한 논의가 없었던 것으로 생각된다.[32] 따라서 유류분제도 전반에 관한 충분한 검토가 있어야 하겠지만, 반환의 순서에 관하여는 논리적으로 모순되는 부분이 발생하고 있으므로 빠른 시간 내에 반드시 개정되어야 한다. 그리고 개정을 위해서는 반환의무자 사이의 형평을 더 고려할 것인가 아니면 거래의 안전을 중시할 것인가를 정하는 것이 가장 중요하다고 생각된다.[33]

그렇지만 현재의 규정을 수정하는 방법으로 개정이 이루어진다면 제1115조 제1항에 따라 제2항에서는 유증가액에 비례하여 반환하는 것이 아니라 증여와 유증을 포함하는 특별수익액에 비례하여 반환하는 것으로 규정할 필요가 있다. 그리고 제1116조에서는 반환의무자가 부담하는 범위 내에서는 그가 유증받은 재산을 먼저 반환하도록 하고, 유증받은 재산만으로는 그의 부담부분을 완전히 반환할 수 없는 경우에만 증여받은 재산으로 반환하도록 하되, 이 경우에도 최후에 증여받은 재산을 먼저 반환하도록 하는 방법으로 반환의무자 사이의 형평과 거래의 안전을 모두 도모할 수 있도록 하여야 할 것이다.

31) 이경희, 유류분제도, 삼지원, 1995, 161.

32) 유류분제도가 어떠한 논의를 거쳐 도입되었는가에 관하여 연구한 논문은 없다. 유류분제도의 도입에 관한 민법 개정안에 대하여 작성된 국회의 심사보고서에서는 필요하다는 취지의 의견만 제시하고 있고, 제98회 법제사법위원회 회의록 제28호(1977. 12. 16)에서는 유류분제도의 도입에 반대하는 취지의 발언이 소개되고 있지만, 결국은 다수결에 의하여 법안을 채택하였다는 점에서 국회에서나 학계에서 유류분제도의 운용에 관한 깊이 있는 논의가 이루어졌다고 하기에는 부족한 감이 있다. 유류분제도를 도입한 1977년의 민법 개정안은 호주제의 폐지 등을 주장했던 이숙종의원안 중 사회적으로 수용이 가능하다고 생각된 상속분의 조정, 혼인적령의 인하, 부모의 공동친권행사, 혼인재산의 공유추정, 협의이혼에서의 의사확인만 주요골자로 소개하고 있고, 유류분제도는 주요골자에서도 빠져 있다. 다만 국회본회의 의사록에는 유류분제도가 주요골자로 소개되었지만 이에 대한 찬반논의는 이루어지지 않았고(민법개정안에 대한 심의에는 8분이 소요되었다), 재석 158인 중 가 118, 부 35로써 가결되었다.

33) 앞서 인용한 일본, 독일, 프랑스법과 같이 유증을 먼저 반환하도록 한 후 증여를 반환하도록 함으로써 거래의 안전을 고려하면서, 최후에 처분된 재산인 유증된 재산에 관하여는 수유자의 형평을 도모하는 것으로 개정하는 것도 하나의 방법이며, 필자의 사견으로는 이러한 방향으로 개정될 가능성이 가장 높다고 생각한다.

따라서 앞서 지적한 문제점을 해결하기 위하여 아래와 같은 개정안을 고려해 볼 수 있을 것으로 생각된다.

• 제1115조 제2항: 제1항의 경우에 증여 및 유증을 받은 자가 수인인 때에는 각자가 얻은 증여가액과 유증가액을 합산한 가액의 비례로 반환하여야 한다.

☞ 제안이유: 제1115조 제1항에서는 "유류분권리자가 피상속인의 제1114조에 규정된 증여 및 유증으로 인하여 그 유류분에 부족이 생긴 때"에 반환을 하여야 하는 것으로 하고 있으므로, 반환받은 증여와 유증을 합한 금액에 비례하여 반환하도록 하는 것이 상속인간의 형평을 도모하는데 바람직하기 때문이다. 그리고 이러한 방법으로 산정한 가액을 반환함에 있어서는 제1116조에서 정한 순서에 따라 반환하도록 하여야 할 것이다.

• 제1116조: ① 증여에 대하여는 유증을 반환받은 후가 아니면 이것을 청구할 수 없다.
② 수유자가 유증받은 가액으로 자신의 침해분을 반환할 수 없는 경우에는 증여받은 가액으로 반환하여야 한다.
③ 수증자가 증여재산으로 반환을 하여야 하는 경우, 나중에 증여받은 재산에서 우선적으로 반환하여야 하고, 같은 시기에 증여받은 경우에는 가액에 비례하여 반환하여야 한다.

☞ 제안이유: 거래의 안전을 도모하기 위하여 유증을 우선 반환하게 한 후 증여를 반환하도록 할 필요가 있다. 따라서 현행 규정을 제1항으로 하여 반환의 순서를 우선 정한다.

제1항에서 유증을 우선적으로 반환하도록 하였지만 유증만으로는 자신이 반환해야 할 가액을 반환할 수 없는 경우에는 제1115조 제2항에 따라 정하여진 가액의 나머지를 자신의 증여받은 재산에서 반환하도록 하였다(제2항). 이때 같은 시기에 증여받은 재산이 수개인 경우에는 각각의 가액에 비례하여 반환하도록 하는 것이 현행법의 해석과 조화된다는 점에서 제3항에서는 이와 같이 규정하였다.

〈개정조문 비교표〉

현행	개정안
제1115조(유류분의 보전) ① 유류분권리자가 피상속인의 제1114조에 규정된 증여 및 유증으로 인하여 그 유류분에 부족이 생긴 때에는 부족한 한도에서 그 재산의 반환을 청구할 수 있다.	현행과 같음
② 제1항의 경우에 증여 및 유증을 받은 자가 수인인 때에는 각자가 얻은 유증가액의 비례로 반환하여야 한다.	② 제1항의 경우에 증여 및 유증을 받은 자가 수인인 때에는 각자가 얻은 증여가액과 유증가액을 합산한 가액의 비례로 반환하여야 한다.
제1116조(반환의 순서) 증여에 대하여는 유증을 반환받은 후가 아니면 이것을 청구할 수 없다.	제1116조(반환의 순서) ① 증여에 대하여는 유증을 반환받은 후가 아니면 이것을 청구할 수 없다.
	② 수유자가 유증받은 가액으로 자신의 침해분을 반환할 수 없는 경우에는 증여받은 가액으로 반환하여야 한다.
	③ 수증자가 증여재산으로 반환을 하여야 하는 경우, 나중에 증여받은 재산에서 우선적으로 반환하여야 하고, 같은 시기에 증여받은 경우에는 가액에 비례하여 반환하여야 한다.

위와 같은 개정안을 구체적인 사안에 적용하면 다음과 같은 결과를 얻을 수 있다. 예를 들어 공동상속인인 A가 증여로 14억원, 유증으로 1억원을 받았고, B는 증여로 1억원, 유증으로 14억원을 받았으며 피상속인에게 다른 재산이 없다고 가정한다면, 아무것도 상속받지 못한 공동상속인인 C의 유류분 부족액은 5억원이다. 따라서 상속인 사이의 형평을 고려하면 A와 B는 각각 2억 5억천만원을 반환하여야 하지만, 판결1에 따라 계산하는 경우 A는 유증 1억원을 반환하여야 하면 되고, B는 유증받은 금액에서 2억 5천만원을 반환한 후 추가로 1억 5천만원을 반환함으로 합계 4억원을 반환하여야 한다. 왜냐하면 A의 증여받은 재산을 반환하기에 앞서 B의 유증받은 재산을 반환하여야 하기 때문이다.

그렇지만 필자의 개정안에 따르면 A는 유증받은 재산 1억원을 반환한 후 증여받은 재산 1억 5천만을 반환하게 되며, 이 경우 증여받은 재산인 여러 개인 경우에는 가장 최근에 증여받은 재산을 반환하여야 한다. 이에 비하여 B는 자신이 유증받은 재산으로 2억 5천만원을 반환함으로써 자신의 의무를 다한 것이 된다. 이렇게 되면 유류분침해액의 반환에 있어서 A와 B의 형평을 도모할 수 있을 뿐만 아니라, A의 경우에는 거래의 안전도 고려할 수 있게 될 것이다.[34]

34) 특별수익의 비율이 다른 경우를 예를 든다면, A가 21억원(증여 20억, 유증 1억) B가 9억원(증여 1억, 유증 8억)을 상속받은 경우에는 A와 B는 각각 자신의 유류분인 5억원을 제외한 16억원과 4억원의 비율에 따라 C에게 침해액을 반환하여야 하는바, A는 4억원, B는 1억원을 반환하게 된다. 따라서 A는 유증 1억원과 증여 3억

V. 마 치 며

지금까지 유류분을 침해한 상속인들 사이의 반환순서에 관하여 살펴보았다. 국내에서는 반환의 순서에 관한 논의가 거의 이루어지지 않고 있고, 외국의 입법례를 참고하여 증여보다 유증을 우선적으로 반환하도록 하여야 한다는 주장과 그 주장을 일부 받아들여 반환의 순서를 판단한 판결들이 있을 뿐이다.

필자는 반환의 순서라는 제목을 가진 민법 제1116조뿐만 아니라 유류분의 보전에 관한 제1115조 제2항도 유류분침해액의 반환순서에 관한 규정이라고 생각한다. 그런데 "증여 및 유증을 받은 자가 수인인 때에는 각자가 얻은 유증가액의 비례로 반환하여야 한다."는 제1115조 제2항의 규정은 우리 민법에서만 발견할 수 있었으며, 독일이나 프랑스 그리고 유류분에 관한 규정을 제정할 때 참고하였다고 추측되는 일본의 민법에서는 이러한 취지의 규정을 두고 있지 않다. 따라서 외국의 보편적인 입법내용과 거래의 안전에 대한 보호를 중시하여야 한다는 점에서 증여에 비하여 유증을 우선적으로 반환하도록 하고 있는 판결1의 법리에 찬성할 여지가 있기는 하다. 그렇지만 유류분제도의 도입이 남아선호사상을 포함하는 가부장적 가족제도로 말미암아 출가한 딸은 물론이고 출가하지 않은 딸에 대해서도 아들에 비하여 훨씬 적은 재산을 증여하거나 유증하였던 과거의 관행으로 인한 불이익을 조금이나마 해소하기 위한 것이라는 점을 고려한다면,[35] 제1115조 제2항에 따른 반환의 범위가 먼저 결정되고, 각자 반환해야 단계에서 수익자가 받은 유증을 우선적으로 반환하게 하고, 그것만으로는 그의 부담부분을 충족할 수 없는 경우에는 비로소 증여받은 재산을 증여받은 순서와는 반대로 반환하도록 함으로써 거래의 안전을 도모할 필요가 있을 것이다.

원, B는 유증 1억원을 반환하는 방법으로 침해액을 보전하게 될 것이다.

35) 유류분제도를 도입해야 하는 이유에 관하여 설명하고 있는 문헌에서는 위와 같은 이유는 제시하지 않고 있으며, 부양가족의 보호, 가산의 유지 등을 도입이유로 제시하고 있다.(이경희(주 31), 92)

미국의 등기제도 및 저당권(mortgage)에 대한 검토

전 원 열*

Ⅰ. 들어가며

1. 미국법상 담보물권의 개요

대륙법계 국가의 법률가가 미국의 물권법을 이해하기는 무척 어렵다. 담보권(security interest) 중에서 ―인적 담보 즉 보증을 제외하고― 담보물권(real security) 부분의 설명 역시 잘 이해되지 않는 경우가 많다. 이 부분이 성문화되어 있지 않아서 개념이 법문상 定義되지 않은 점, 중세 시대로부터의 역사적 개념들이 남아 있는 점, 미국 내에서도 각 주별로 차이가 있는 점 등을 이유의 일부로 들 수 있을 터이다.

전통적으로 영미법상 담보물권에는 mortgage, charge, pledge, lien의 4종류가 있다고 설명되어 왔다. 이 넷 중에서 현대 영미의 사회생활 내지 거래실무에서 가장 중요한 담보물권은 모기지(mortgage)이다. 그 현대적 기능은 한국의 저당권에 거의 대응하는 것이지만, 원래 모기지는 담보목적물을 '讓渡'하는 방법에 의한 부동산금융수단이었다. 지금도 물권법 교과서들은 '소유권이전'에 관한 章의 한 부분에서 모기지를 설명한다.1) 그래서 모기지의 번역어로서 일본에서는 '讓渡抵當'을 종종 사용한다.2) 하지만 그 현대적 기능을 보면, 소유권 자체의 양도와는 이미 거리가 멀다. 이 모기지는 ―등기제도와 발맞추어 발달한 독일법계의 저당권3)과

* 서울대학교 법학전문대학원 교수.

1) 예컨대, Christopher Serkin, The Law of Property 2nd ed., Foundation Press (2016)은 Ch.7의 "Land Transfers" 중의 한 節로서 "Mortgages"를 설명하고, Jesse Dukeminier, et al., Property, 7th ed., Wolters Kluwer (2010)은 Part Ⅳ의 "Transfers of Land"의 Ch.7 "The Land Transaction"의 한 절(E)에서 "Mortgages"를 설명한다.

2) 그러나 植田淳, "イギリス担保物權法の特質について" 神戶外大論叢 第52卷 3号 (2001. 9), 119 이하는 '양도저당'이라는 번역어가 부적절하다고 보고 그냥 モーゲージ라고 하고 있고, 일본에서는 mortgage를 이렇게 발음대로 옮겨쓰는 경우도 많다. 한국의 번역사례를 보면, 박홍래, 미국 재산법, 전남대학교 출판부(2004), 215 이하도 "모게지"라고만 기재하고 있다.

3) 중세 유럽대륙의 등기부의 발달과정은 저당권 제도와 밀접하게 관련된다. 즉 근대적인 등기제도는 중세 도시에서 부동산의 점유를 이전하지 않고 담보화할 수 있는 저당제도의 필요성에서부터 생성되었다. 김상용, "부동산등기제도와 저당제도 발전의 상호관계", 민사법연구(3), 법원사(2000), 359.

는 차이점이 있어서— 그 번역어로서 '저당권'이라는 단어를 사용하기가 주저되지만, 그래도 한국의 법률가에게는 이 단어로써 모기지(mortgage)를 이해하는 편이 쉽다고 생각되므로, 본고에서는 모기지를 '저당권'으로 몇 군데에서 표현하였다.[4] 하지만 한국의 저당권과 성격·내용이 동일하다는 오해를 피하기 위하여, 이하의 대부분의 설명에서 영어 발음대로 '모기지'라고 적기로 한다.

영미법상의 나머지 담보물권인 charge, pledge, lien 중에서 한국 담보물권법상의 개념과 직접 대응시킬 수 있는 것은 pledge이다. 이는 점유를 요소로 하는 것이고 계약상 발생하는 담보물권이어서 한국의 '질권'과 아주 흡사하다.[5] 그러나 charge는 원래, 담보목적물의 매각권을 포함하지 않는 비점유 담보권인데, 한국어에 대응시킬 만한 단어가 없다(그나마 현대에 와서 잘 이용되지 않는 담보제도라서 번역어에 대한 고민이 줄어든다). Lien은 이용빈도가 높고 종류도 많은 미국 담보법상의 중요 개념이지만, 광의와 협의의 양쪽으로 사용되는 단어인데다가, 개념의 외연이 막연하여,[6] 이에 대응시킬 만한 한국어 단어가 없다.[7] 그냥 리엔으로 쓰는 수밖에 없다고 생각된다.

영미법상 전통적으로 담보물권의 종류라고 설명되던 위의 4가지 외에도 현대에 와서 발달한 다양한 형태의 영미법상 담보물권이 있다. 그 중에서 가장 대표적인 것은 미국의 통일상법전[8] 제9편이 정하고 있는 "담보권(security interest)"이다. 이 담보권은 주로 인적 재산(personal property)[9]의 담보에 관한 법으로서,[10] 인적 편성주의에 기반한 등록제도를 이용하여 동산·채

4) 이성호, "미국법상 담보권실행 및 강제집행절차와 채권자의 청구금액 확장에 관한 문제", 법조 46권 2호(1997. 2), 31 이하 및 일본 京都大學 교수 笠井正俊가 작성한 笠井正俊, 法務省 競賣制度研究會報告書 "ニューヨーク州における不動産競賣制度について", 1(http://www.moj.go.jp/content/000011235.pdf; 2021.4.20. 방문)도 mortgage를 저당권으로 번역하고 있다.

5) 植田淳(주 2), 119 이하도 영미법상의 담보물권 4가지 중에서 —mortgage/charge/lien은 각각 モーゲージ/チャージ/リーエン으로 소리대로 표기하면서— pledge만 '질권'으로 적고 있다.

6) 미국에서는 이 단어를 종종 광의로, 담보물권 전반을 지칭하는 용어로 사용한다. 협의의 리엔을 발생근거에 따라 종류를 크게 나누면 계약상 리엔(contractual lien), 커먼로상 리엔(common law lien), 형평법상 리엔(equitable lien)으로 나누어진다. 자세히 종류를 나누면 수십 가지가 된다.

7) Lien에 대한 성문법률상의 定義는 연방도산법(Federal Bankruptcy Code) §101 (37)에서 찾아볼 수 있다. "charge against or interest in property to secure payment of a debt or performance of an obligation"라고 정의한다. 번역하자면, "채무의 변제나 이행을 확보하기 위하여 재산상에 설정한 챠지 혹은 권리"라고 할 것인데, 너무 광범위하고 막연한 말이어서 개념파악에 도움이 되지 않는다.

8) 미국의 통일주법 위원회 전국회의(National Conference of Commissioners on Uniform State Laws)와 미국법학원(American Law Institute)이 협업하여 1952년에 만든 모델입법인 Uniform Commercial Code(UCC)를 가리킨다.

9) personal property라고 하면 채권만을 가리키는 것이 아니다. 동산도 가리키고, 그 외에 부동산(real property) 아닌 재산의 전부를 가리킨다. 그리고 personal property에 설정되는 담보가 personal security이다.

10) 통일상법전 제9편은 personal property 및 fixture(부동산에 부합한 동산)의 담보권을 규율한다고 정하고 있다.

권 등의 담보거래를 활성화하고 표준화하려는 것이다.[11] 즉 미국에서 'security interest'는 광의로는 담보권 일반을 뜻하고, 협의로는 통일상법전 제9편이 정하는 동산·채권 담보권을 뜻한다.

2. 본고의 검토범위 및 논의순서

본고는 미국의 담보물권법, 그 중에서도 모기지에 관한 몇 가지 논점을 검토하려는 것이다. 우리가 "영미법상의 담보물권"이라고 말을 하지만, 영미법계에 속하는 국가마다 담보물권법의 내용에는 차이가 있다.[12] 따라서 본고에서는 영국의 모기지를 (현대 미국의 모기지를 이해하기 위하여 언급한 몇 군데를 제외하고는) 논의하지 않는다.

본고의 논의순서는 다음과 같다. 우선 미국 모기지의 현황과 특징을 이해하기 위해서는 미국의 등기제도에 관한 기초지식이 필요하므로, 미국의 등기제도를 간략히 본다(Ⅱ). 그 다음에 미국법상 모기지의 개념 및 그 권리의 내용에 관한 몇 가지 쟁점을 검토하고(Ⅲ), 모기지의 실행절차를 살펴본다(Ⅳ). 그리고 나서 한국의 저당권과 모기지를 비교해 보면서 글을 마무리한다(Ⅴ).

Ⅱ. 미국의 등기제도

1. 개　요

미국의 저당권(mortgage)을 이해하려면 먼저 미국의 등기제도를 알아야 한다. 그런데 영미법계의 등기제도, 즉 부동산물권변동의 公示制度는 대륙법계의 그것과 크게 다르다. 독일·프랑스의 물권법은 근대민법전의 편찬과정에서 종래의 게르만법적 중세 물권법에서 벗어나서, 등기제도와 결합한 근대적 물권법으로 근본적인 전환을 했지만, 근대적 민법전 제정과정이 없었던 영국·미국에서는 토지법이 여전히 중세토지법의 연장선상에 있다.[13] 중세토지법상의 개념들 가령 tenure, estate, seisin 등을 사용하고 있는 영미의 부동산등기제도를 독일·프랑스와 같은 평면에서 논하는 것은 무리이다.[14]

미국 부동산의 등기 내지 등록 제도의 중심을 이루는 것은, 아래 2.에서 보는 레코딩 시스템(recording system; 證書登錄制度)이다. 이 제도의 기원은 미국 식민지 시대로 거슬러 올라간

11) 통일상법전 제9편의 담보권(security interest)에 관해서는, 한국에서 '동산·채권 등의 담보에 관한 법률'의 도입과정에서 많은 소개 문헌이 있으므로, 더 자세한 설명은 생략한다.

12) 가령 영국법에서는 '리엔'이 —equitable lien을 제외하면— '占有' 담보권이지만, 미국에서는 훨씬 넓은 범위에서 '리엔'이라는 용어를 사용하고 주로 非占有 담보권을 의미한다.

13) 新版 注釋民法(6) 物權(1) (吉村眸) 有斐閣 (1997), 58.

14) 新版 注釋民法(6) 物權(1) (주 13), 59.

다.[15] 영미법상의 부동산 등기 내지 등록 제도 중에서 이 '증서등록제도'와 대비되는 것이 아래 3.에서 보는 토렌스 시스템(Torrens system)이다. 아래에서 보듯이 미국에서 토렌스 시스템은 일부 주에서 채택하기도 했으나, 현재 보편적으로 이용되고 있지 않다. 영국은 1925년에 제정된 일련의 재산법 개혁법[16]으로써 토렌스 시스템을 채택하였고, 1989년의 權原登記法(The Registration of Title Order 1989)으로써 잉글랜드와 웨일스 전역에 1990. 12. 1.부터 토렌스 시스템의 적용이 강제되고 있다.

여기서 등기 및 등록이라는 용어에 관하여 짚고 넘어간다. "부동산의 공시제도는 어떤 내용이더라도 모두 '등기'라고 부르자"고 정한다면, 아래에서 설명하는 미국의 제도들을 등기라고 칭할 수 있겠지만, 한국의 부동산등기법에서 알고 있는 등기와 미국의 레코딩 시스템은 차이가 크다. 오히려 '등록'이라고 부르는 편이 한국 법률가의 오해를 덜 유발할지 모른다.[17] 따라서 이하에서 볼 미국의 '레코딩 시스템'에 대해서는 주로 登錄을, '토렌스 시스템'에 대해서는 주로 登記를 사용하기로 한다.

레코딩 시스템 즉 증서등록제도는 낡은 제도이고 여러 결함이 있다. 미국 같은 고도 자본주의 국가가 이런 전근대적인 제도를 유지하고 있음은 놀랍기도 하다.[18] 미국에서 이런 결함 있는 제도가 유지되는 이유는, 아래에서 보듯이 不動産權原保險(title insurance)이 발달하여, 위 증서등록제도 하에서도 부동산 거래에서 큰 문제가 발생하지 않고 있기 때문이다. 하지만 부동산권원보험은 증서등록제도의 결함을 근본적으로 해결하는 것은 아니며, 미봉책일 뿐이다.[19] 이하에서는 —실제로는 채택한 지역별 多寡에서 차이가 크지만— 미국의 양대 부동산 공시제도라고 할 레코딩 시스템과 토렌스 시스템에 대하여 개관한다.

2. 미국의 레코딩 시스템[20]

(1) 부동산거래절차

미국의 전형적인 부동산 매매는 다음 ①~③과 같이 2단계 계약[21]으로써 이루어진다.[22]

---

15) 일찍이 1640년에 초기 정착지인 매사추세츠 지역에서, 아래의 레코딩 시스템의 초기 형태를 정한 법이 이미 제정되었다.

16) Land Registration Act 1925, Land Charges Act 1925, Administration of Estate Act 1925, Settled Land Act 1925, Trustee Act 1925 등이다.

17) 토지법에 관한 영미문헌들에서도 증서의 등록제도는 대개 "recording"이라고 부르고 권리의 등록제도는 대개 "registering"이라고 부르는 경우가 많다.

18) 福田充孝, "アメリカの不動産登記制度について", Urban study, 民間都市開發推進機構都市研究センター, (2020. 12), Vol. 71, 1.

19) 福田充孝(주 18), 1.

20) 미국의 레코딩 시스템에 대한 상세한 설명은 Jesse Dukeminier, et al., op.cit., p. 645 ff. 참조.

21) 2단계 계약이라는 점은 독일에서도 비슷하다. 독일도 1단계의 채권적 매매계약과 별도의 단계로서, 물권행위인 부동산소유권이전의 합의(Auflassung)가 행해지기 때문이다.

22) Jesse Dukeminier, et al., op.cit., p. 519 ff.

① 매수인과 매도인이 교섭을 거쳐 일단 매매계약을 체결한다.[23] 일반적으로 이 계약에서는, 捺印證書(deed)[24]를 작성 · 교부할 날짜, 그 날까지 쌍방이 해야 할 사항 (매수인의 권원조사 · 현장조사 · 대금준비, 그리고 매도인의 인도준비 등) 및 권원이전이 예정대로 안 될 경우의 처리방법 등이 정해진다. 대금준비의 일부로서 모기지 조건 등을 은행과 협의하게 된다.

② 약정된 날짜에 양 당사자가 만나서, 매수인의 대금지급과 상환으로 매도인이 捺印證書를 매수인에게 교부한다. 이로써 목적 부동산의 소유권이 이전된다.[25]

③ 매수인과 매도인이 날인증서를 부동산 등록소(recording office)[26]에 제출하여 등록한다. 이로써 소유권이전이 제3자에게 대항할 수 있게 된다.

위와 같이 —권리나 권원 자체가 아니라— 날인증서(deed)를 공무소에 등록해 두는 부동산공시제도가 미국의 레코딩 시스템이다. 거듭 말하거니와, 위와 같은 날인증서 등록제도는, 토지에 대한 권리 자체를 등기하는 것이 아니다. 다만 토지의 처분에 관한 증서를 등록해 두어서, 후일에 이를 강력한 증거로 삼는 데에 지나지 않는다. 당사자가 날인증서를 그 토지를 관할하는 등록소에 제출하고 수수료를 지급하면, 그 제출시점에 날인증서가 등록된 것이 된다. 등록관은 그 증서의 사본을 시간 순으로 편철한다.[27] 등록관에게는 실질적 심사권이 없고 신청을 그대로 등록해야 한다. 따라서 이중양도의 날인증서, 무권리자로부터의 날인증서 등도 등록될 수 있다.

그래서 미국에서 부동산의 등록은, 단지 權原의 역사를 조사하기 위한 증거일 뿐이며, 부동산거래를 하려는 자는 시간 순으로 편철된 증서들 중에서 당해 부동산에 관한 증서를 찾아서, 자신이 취득하려는 권리가 실제로 양도인에게 속하는 유효한 것인지를 매수인 자신의 책임으로 판단해야 한다. 최근에는 인터넷을 통해 권원조사를 하는 유료 사이트가 생겼다고는 하나, 모든 과거의 기록이 전산화되었다고 보장할 수는 없다. 그래서 여전히 권원보험이 이용되고 있다.

---

23) 이 contract for sale이 한국법에서의 채권계약 즉 매매계약이다.

24) 날인증서(deed)는 미국 물권법에서 아주 중요하다. 원래 어원상 증거(evidence)를 뜻하는 말이다. 이는 어떤 권리를 확인하거나 이전하는 증거가 되는 서면을 가리키며, 그 서면상에 "deed"라는 단어가 표현되어야 하고, 이 서면이 (권리를 확인받거나 이전받는) 상대방에게 물리적으로 인도되어야 한다. Deed에 기재된 내용은 강한 추정을 받으며, 이 deed에 기재된 조건을 "covenants"라고 한다. 쌍방 당사자의 날인이 아니라 일방 당사자의 날인만으로 충분한 경우도 있다. 그 번역어로서 讓渡證書를 사용한 예도 있으나[가정준, "미국법상 부동산 소유권 변동과정에 대한 법적 고찰", 민사법학(31)(2006. 3), 151], deed가 '양도'에만 이용되는 문서가 아니라 여러 종류의 거래에서 이용되므로, 날인증서라는 번역어가 더 낫다고 생각된다.

25) 이 날인증서의 작성 · 교부에 의한 부동산양도를 가리키는 영어단어가 conveyance이다. 다만 conveyance를 광의로 쓸 때에는 부동산양도거래 전체를 가리키기도 한다.

26) 날인증서라는 증거를 등록하는 곳이고, 본고에서 '레코딩 시스템'에 대해서는 주로 登錄라는 용어를 사용하기로 했으므로 —등기소라고 표현하지 않고— '등록소'라고 하였다.

27) https://www.americanfinancing.net/ 의 설명 참조(2021. 5. 1. 방문).

(2) 레코딩 시스템 하의 등록방법

부동산에 대한 권리에 영향을 주는 증서(instruments)로서 州法上 등록사항이라고 정해진 것은 모두 등록할 수 있다.[28] 가장 대표적인 등록사항은 날인증서(deed)이지만, 판결(judgment), 리엔(lien), 날인증서상의 특약(covenant), 부동산임차권(lease) 등도 등록할 수 있다.

등록소는 당해 부동산이 소재한 카운티별로 마련되어 있다. 등록소 직원은 제출된 증서를 복사하여 등록철에 편철하고 색인부를 만든다. 증서의 원본은 제출자에게 반환한다. 색인에는 인명색인과 필지별 색인이 있는데, 전자가 더 보편적이다.[29]

(3) 등록의 효력

미국에서 카운티마다 설치된 부동산 등록소에 날인증서를 등록한다는 것은 거래당사자 간의 양도행위의 성립 및 효력과는 무관한 행위이다.[30] 거래는 당사자 간의 날인증서 수수로써 마무리되고, 소유권은 유효하게 이전되었다. 등록은 다만 이를 강력한 증거로 하여 제3자에게 공시함으로써 제3자에 대한 대항력을 발생시킬 뿐이다. 그러나 이 대항력이라는 것도 —위 등록 자체가 권리의 등록이 아니라 증서의 등록일 뿐이므로— 한국의 등기법에서 논하는 대항력과는 의미가 다르다.

부동산의 이중양도가 있을 경우에 등록이 관련자들의 權利의 得喪에 어떤 영향을 주는지를 보자. 미국에서는 등록시스템이 권리취득에 미치는 방식을 3가지로 나누어 설명하는데,[31] ① 등록우선방식, ② 선의자보호방식 ③ 결합방식이 그것이다.

① 등록우선방식(race statute)에서는 먼저 등록한 자가 우선이다. 즉 제2매수인이라도 등록하기만 하면 (아직 등록하지 않은) 제1매수인에게 우선하며, 따라서 이 방식 하에서는 이해관계인들이 먼저 등록하기 위해 경주(race)하게 된다. ② 선의자보호방식(notice statute) 하에서는, 제2매수인이 부동산을 취득하려면 당해 부동산에 선행하는 청구권의 존재를 과실 없이 몰랐어야 하고,[32] 또한 이를 과실 없이 몰랐다면 —등록 순서와 무관하게[33]— 부동산을 취득한다. 여기서 등록은 부차적 판단요소일 뿐이고, 제2매수인이 제1매수인의 청구권의 존재를 알았거

---

28) Jesse Dukeminier, op.cit., p. 647.

29) 필지별 색인이 더 진보한 것이지만, 필지별 색인을 구비했는지는 주마다 그리고 카운티마다 다르다. 모든 카운티가 필지별 색인을 가진 주는 2004년 기준으로는 6개 주뿐이라고 한다(박홍래(주 2), 225). 현재는 권원보험회사들이 만든 데이터베이스 덕분에, 필지별 색인이 구비되어 있는 것과 마찬가지이다.

30) John Bruce & James W. Ely, Modern Property Law 6th ed., West Academic Publishing (2007), p. 535.

31) Jesse Dukeminier, et al., op.cit., pp. 667-669; Christopher Serkin, op.cit., pp. 138-140 등 물권법 교과서마다 일반적으로 설명된다.

32) Christopher Serkin, op.cit., p. 139.

33) 즉 제1, 2매수인 중 한쪽만 등기·등록한 경우뿐만 아니라, 중복등기·등록이 행해진 경우도 이 설명문구에 포함된다. 한국에서는 제1, 2매수인에 의한 중복등기 상황을 가정하여 설명하지 않지만, 미국의 부동산 레코딩 시스템에서는 중복등록이 발생하기가 상대적으로 쉬우므로, 양 매수인이 각각 등록하여 중복등록이 발생하는 경우도 고려해야 한다.

나 혹은 알 수 있었는지가 핵심 판단요소이다. 다만, 등록이 고지(notice)의 역할을 하므로, 등록이 있으면 제2매수인이 선순위 매수인의 존재를 알지 못했다고 주장하지 못한다. ③ 결합방식(race-notice statute) 은 위 ①, ②를 결합한 것이다. 제2매수인이 제1매수인의 청구권을 과실 없이 알지 못했고 제2매수인이 먼저 등록한 경우에만 제2매수인의 소유권취득을 인정한다.

이중매매시에 소유권을 취득하는 자가 누구인지를 표로 정리하면 아래와 같다(A가 제1매수인, B가 제2매수인).

		등록우선방식	선의자보호방식	결합방식
B가 A를 인지했던 경우	A의 등록이 우선할 때	A	A	A
	B의 등록이 우선할 때	B	A	A
B가 A를 몰랐으나 그 不知에 과실 있는 경우	A의 등록이 우선할 때	A	A	A
	B의 등록이 우선할 때	B	A	A
B가 A를 과실 없이 몰랐던 경우	A의 등록이 우선할 때	A	B	A
	B의 등록이 우선할 때	B	B	B

위 3가지 방식 중에서 레코딩 시스템이 처음 만들어지던 시기에는 등록우선방식이 보편적이었다.[34] 그러나 19세기 초에 제1매수사실을 인지하면서 매수를 하고 먼저 등록하는 제2매수인의 행위는 제1매수인에 대한 기망적 행위라는 판결례들이 나오면서, 여러 州가 선의자보호방식을 입법했고 이것이 퍼져나갔다. 그러나 그 후 선의자보호방식의 실무상의 비효율성 때문에(선의·과실의 입증은 어디에서나 어렵다는 점을 상기) 결합방식을 채택하는 주가 증가하여, 현재는 전체 50개 주 중에서 선의자보호방식을 채택한 주와 결합방식을 채택한 주가 각각 약 절반씩이라고 한다.[35]

위 표 및 현재 선의자보호방식과 결합방식의 두 가지가 미국에서 보편적이라는 점을 살펴보면, 미국에서의 부동산의 '등기 내지 등록'이 가지는 효력이 한국에 비하여 작음을 알 수 있다. 즉 한국의 판례·다수설이 취하는 부동산 이중양도 이론에 의하면, 제2매수인이라도 등기가 우선하면 일단 소유권을 취득하되, 다만 제2매수인이 매도인에게 이중양도를 권유하는 등

34) 본문에서 보듯이 현재는 대부분의 주가 선의자보호방식 또는 결합방식을 채택하고 있고, 등록우선방식을 채택한 주는 루이지애나, 노스캐롤라이나 둘뿐이다. 그런데 위 두 개 주로 한정되는 것은 소유권이전거래에서만 그러하고, 모기지 설정거래에서는 등록우선방식을 채택한 주가 몇 개 더 있다고 한다. Jesse Dukeminier, et al., op.cit., p. 667.

35) Jesse Dukeminier, et al., op.cit., p. 669. 선의자보호방식을 채택한 주로 매사추세츠, 텍사스, 일리노이, 버지니아 등이 있고, 결합방식을 채택한 주로 뉴욕, 뉴저지, 미시간, 조지아 등이 있다.

양도인의 배임행위에 적극가담한 경우에 한하여 제2매매가 무효라고 하므로, 이는 (미국에서 잘 취하지 않는) 등록우선방식에 가깝다. 그런데 미국에서는, 제2매수인의 등록이 우선 기입되었더라도, 제2매수인이 제1매수사실을 인지하였거나 과실로 불인지하였다면 제1매수인이 보호된다는 것이므로, 한국보다 제1매수인이 더 넓게 보호된다.

(4) 권원조사와 권원보험

이와 같이 부동산공시제도가 —거기에 공신력을 인정하기는커녕— 권리·권원의 공시조차 아니다 보니, 부동산 매도자에 대한 권원조사가 불가피하게 된다. 그런데 권원조사는 쉽지 않은 작업이라서, 실제로는 매수인이 이를 직접 하는 것이 아니라 전문가가 담당한다. 부동산 전문변호사[36] 및 조사전문기관이 조사를 행하며, 먼저 조사전문기관이 목적부동산에 관한 모든 거래에 관하여 등록부 등을 조사하고 그 결과를 요약한 "권원요약서(title abstract)"를 작성한다.[37] 그리고 이 서면에 기하여 변호사가 매수인에게 매도인의 권리관계에 관한 의견을 제시한다.

하지만 권원조사가 항상 완전할 수는 없다. 우선 목적 부동산에 관한 등록부의 모든 사항을 빠짐없이 조사했는지를 확인할 수 없고, 또한 등록부 자체가 —무효 날인증서가 등록되었거나 날인증서 등록누락이 있는 등으로— 불완전한 경우도 있어서이다. 그래서 권원조사에 더하여, 장래에 매수인이 입을 수 있는 손실에 대하여 보험증권을 발행하고 그 권면액(대개 매매가격)의 범위에서 무과실책임을 부담하는 회사들이 생겨났다. 이것이 부동산권원보험회사이다. 이들 발생 당시의 미국은, 산업혁명의 진전에 수반하여 도시에의 인구집중이 진행되었고 부동산거래가 증대하고 있어서, 부동산권원보험회사들이 급성장하였지만, 그 후 1930년대에 대공황에 의한 부동산가치의 하락으로 많은 회사가 파산하였다. 그러나 부동산권원보험회사는 20세기 후반 미국경제의 발전과 더불어 회복했고, 현재는 부동산권원보험회사가 100개가 넘고 그 이용률을 보면 —지역에 따라 차이는 있지만— 대부분의 토지가 그 보험의 대상으로 되어 있다.[38] 보험료도 상당한 수준이다. 각 회사에 따라 차이가 있지만, 대개 보험금액의 0.35% 수준이고 보험대상을 확대하면 1% 정도가 된다. 보험사고 발생률이 1.5% 정도라고 하니 상당히 높다.[39]

그런데 약 수십 년 전부터 금융의 발달과 함께 모기지의 流動化[40]가 활발히 이루어지면서,[41] 모든 2차거래시장(secondary mortgage market)에서 모기지 양수인들이 모기지 양도인(즉

36) title lawyer 또는 title examining lawyer라고 한다.

37) Jesse Dukeminier, et al., op.cit., p. 520.

38) 캘리포니아에서는 95% 이상, 뉴욕에서는 90% 이상의 토지가 권원보험의 대상이라고 한다. 福田充孝(주 18), 4.

39) 福田充孝(주 18), 5.

40) 이에 관한 요약 설명으로는, Christopher Serkin, op.cit., p. 144 ff. 참조.

41) 모기지의 증권화 및 유동화는 그 시작점을 찾아보면 1930년대로 거슬러 올라간다. 각 지방의 모기지 대출자들(개별 은행들)로부터 연방정부의 Fannie Mae 및 Freddy Mac 등의 저당기구, 또는 전국적 금융기관이 모기지

모기지를 담보로 대출을 한 은행 등)에게 권원보험의 제출을 요구하게 되었다. 연방정부의 저당기구와 금융기관이 지방의 모기지 양도인들로부터 모기지를 사는 모기지 2차거래시장에서는, 투자자들이 전국의 여러 지역으로부터 저당권을 획득함에 있어서, 수많은 지방 변호사들의 (권원조사에 관한) 자질이나 경험을 판단하고 단속하는 것이 어려운 반면에, 권원보험은 권원을 확실히 하는 표준화된 대체가능한 전국적인 수단이므로 훨씬 더 매력적이기 때문이다. 이와 같이 수십 년 전부터 미국의 부동산거래시장에서, 날인증서 등록제도와 권원보험제도가 상업적인 이유로 결합을 하게 되었고, 금융 산업과 연계되었다. 그래서 이제는 레코딩 시스템 하의 등록제도를, 권원보험제도 및 모기지 2차거래시장과 떼내어서 하나만 폐지할 수가 없게 되었다.

하지만, 권원보험에 가입했다고 해서, 보험사고가 발생하는 경우에 즉 매도인이 진정한 권리자가 아님이 판명되는 경우에 피해자가 항상 보상받는 것이 아니라는 점은 유의해야 한다. 즉 부동산매수인 중 다수는 일반인으로서 권원보험회사의 조사를 신뢰할 수밖에 없지만, 그럼에도 불구하고 권원보험에 가입했는데도 매수인이 보호받지 못하는 사례들이 있다.[42]

현재의 미국 레코딩 시스템에 대해서는, 정부기관인 날인증서 등록소와 사기업인 권원보험회사가 병존하는 것이 중복이라는 비판, 부동산소유자는 세금과 권원보험료를 이중으로 지출해야 한다는 비판 등이 있지만, 권원보험제도가 부동산거래의 안전에 관해 담당하는 역할이 크다거나, 권원보험회사의 조사 서비스는 공무원인 등록관(등기관)에게는 도저히 기대할 수 없는 것이다는 등의 옹호론도 있다.[43]

3. 미국의 토렌스 시스템

(1) 토렌스 시스템의 연혁

1858년에 호주 관세청에 근무하던 로버트 토렌스 경이 —종전의 증거를 등록하는 제도에서 벗어나서— 權原(title) 자체를 등록하는 시스템을 창안하여 호주 남부에서 실시한 것이 토렌스 시스템의 始發이다.[44] 호주 전역으로 급속히 퍼져나갔고, 영국에서도 보급되었다. 현재 영국에서 이 등기방식이 법제화된 점은 앞의 Ⅱ.1.에서 본 바와 같다.

미국에서 토렌스 시스템은 1890년대에 4개주에서 처음 채용되었고, 그 후 1910년대까지 15개주와 하와이[45]가 이를 입법화하였으며, 전성기에는 이를 채용한 주가 21개까지 되었다. 그러나 채용한 주에서도 이 제도가 강제되지는 않았고 구제도인 레코딩 시스템(날인증서 등록제

附 대출채권을 매입하는 거래가 발달하기 시작했다. 이 시장이 secondary mortgage market이다.

42) 그런 사례에 관해서는 中村昌美, "アメリカ法における不動産權原保険會社の調査・賠償責任", 慶應義塾大學法學研究會 法學研究 72卷 12号 (1999. 12), p. 459 참조.

43) 福田充孝(주 18), 5.

44) Jesse Dukeminier, et al., op.cit., p. 709.

45) 당시에는 주가 아닌 準州(territory)였고 1959년에 50번째 州(state)가 되었다.

도)과 병존하였으며, 따라서 토렌스 시스템의 이용은 일부 주 중에서도 일부 카운티를 벗어나서 확대되지 못하였다.

1930~1940년대에 대공황 하의 부동산권원보험회사의 도산에 의하여 한때 토렌스 시스템에의 관심이 높아졌지만, 2차대전 후 사회가 안정되면서 권원보험회사가 부활하고 토렌스 시스템이 더 확대되지는 못하였다. 그 후 이를 채용했던 주들 중에서 여러 주가 이를 폐지하였고, 현재 (날인증서의 등록이 아니라) 권원(title) 자체를 등기할 수 있게 하는 'Title Registration Act'가 남아 있는 주는 12개주에 불과하며, 그 주 내에서도 몇 개 카운티에서만 이용되고 있을 뿐이다.

(2) 토렌스 시스템의 내용

이는 권원 그 자체를 등기하는 것이고, 공권력에 의하여 일정한 보장을 받는다.[46] 최종적인 권리에 관한 사실과 결론만이 등기부상에 표시된다. 따라서 등기부 기재사항에는 확정력이 부여된다. 최초의 보존등기를 하려면, 토지상의 권리를 化體한 權利證書(certificate of title)가 작성되어야 하고, 그 권리증서가 등기소에 편철되어 등기부로 되며, 그 부본이 부동산소유자에게 발급된다. 권리증서에 기한 보존등기(창설적 등기)는 미국에서는 법원재판에 의한 사법절차로서 행해진다. 즉 등기신청의 소(suit for registration)를 제기해야 하고, 이는 관할법원에서 對物訴訟으로서 행해진다. 이 소가 제기되면, 법원은 정해진 바에 따라 공시 및 송달을 하고, 법원에 의하여 임명된 조사관이 법률·사실 문제에 관한 조사결과를 법원에 제출하며, 이 조사결과를 이해관계인에게 열람 및 이의신청하도록 한 후에, 신청인이 목적부동산에 대한 적법한 권원을 가진다고 인정되면 법원이 등기관에게 등기명령을 발한다. 등기관은 위 법원의 결정에 따라서 등기부에 새로 등기용지를 개설한다. 이렇게 토렌스 시스템에 따른 등기가 마쳐지면, 추후의 매수인은 용이하고 확실하게 권원을 취득할 수 있다는 혜택을 입지만, 현재의 소유자에게는 비용 및 시간이 소요되는 번거로운 일로서 그다지 뚜렷한 이익이 없다. 이것이 이 제도가 널리 보급되지 않은 하나의 이유이다.[47]

토렌스 시스템 하에서 소유권이전등기를 하려면, 당사자는 양도증서 및 양도인이 가진 권리증을 등기관에게 제출한다. 그러면 등기관은 양도인명의의 권리증에 그 소유권이전의 날짜 및 신권리증이 편철되는 등기부의 면수를 기재하고 "cancelled"를 압날한다. 그리고 등기관은 양수인 명의로 새로 권리증을 발행한다. 토렌스 시스템에서 보존등기의 확정력은 등기신청절차에 있어서 대물소송의 기판력[48]의 효과이다. 따라서 법원의 결정은 당해 토지에 관한 권리관계를 대세적으로 확정해 준다. 누구도 그 보존등기 권리자에 대하여 다툴 수 없다.

---

46) Jesse Dukeminier, et al., op.cit., p. 709.

47) Jesse Dukeminier, et al., op.cit., p. 710.

48) 여기서 기판력은 "estoppel by judgment"를 가리킨다.

이렇게 법원에서의 대물소송을 통해 보존등기가 마쳐지고 나면, 토렌스 시스템 하에서의 부동산거래에는 성립요건주의가 적용된다. 즉 토렌스 등기가 마쳐진 부동산에 대해서는 —소유자가 부동산양도 등의 계약을 자유롭게 할 수 있음은 당연하지만— 그 계약서가 등기소에 제출되어 등기부에 기입되지 않는 한 유효한 권리변동이 발생하지 않으며, 부동산에 관한 권원·권리가 이전되지 않는다. 요컨대 성립요건주의가 적용된다.

미국의 부동산 등기·등록제도는 구태의연하고, 한국 법률가의 관점으로 보면 비합리적이다. 현재 미국 대부분의 지역에서 행해지고 있는 레코딩 시스템(날인증서 등록제도)은 어쩌면 미국 특유의 "작은 정부 + 활발한 민간활동"의 한 단면일 수도 있다.

4. 요　약

한국의 부동산 등기제도에 대응하는 토렌스 시스템은 현재 미국에서 보편적이지 않다. 현재 미국에서 일반적으로 부동산 거래에서 이용되는 레코딩 시스템은 권리 또는 권원 자체를 기록하는 것이 아니라, 거래의 증거인 날인증서(deed)를 기록하는 것일 뿐이다. 따라서 날인증서(deed)의 교부로써 —그 시점에서— 소유권이 이전하며, 그 날인증서로써 등록을 하는 행위는 당사자 간의 물권변동의 효력을 좌우하는 것이 아니다.[49] 결국 레코딩 시스템 하에서의 거래등록은 제3자에 대한 대항을 위하여 증거를 등록하는 것이다.

현재 미국의 부동산 거래에서는 권원보험이 아주 중요한 지위를 차지한다.[50] 금융업자들이 모기지 2차거래시장을 발달시켰고, 이 2차거래시장의 투자자들이 모두 권원보험을 요구하기 때문이다. 그리고 현재는 컴퓨터 기술의 발전과 함께 권원보험회사들이 권원조사내용을 모두 데이터베이스화 함으로써, 자체적으로 거의 완전한 수준의 私的인 권리등록부(private title plant)를 만들었다. 이렇게 등록부가 데이터베이스화되면, 이는 부동산등기부와 별 차이가 없게 된다.[51] 또한 인터넷 기술로 인하여 먼 곳의 등록소에 있는 증서들의 조사도 쉽게 이루어지게 됨에 따라, 사람들이 등록제도의 결함을 점점 인식하지 못하게 되었으며, 권원보험료도 점차 저렴해졌다. 따라서 미국에서 현재의 레코딩 시스템에 대한 근본적 개혁의 움직임은 보이지 않는다. 부동산권원보험회사가 강고하게 존재하는 이상, 증서등록제도의 폐지는 곤란할 것으로 예상되고 있다.

하지만, 미국의 부동산등기제도는 한국·독일·일본의 법률가 입장에서 볼 때에는 아직 정비되지 않은 점이 많은, 미발달 상태의 등기로 보일 듯하다.

---

49) McCormack, "Torrens and Recording : Land Title Assurance in the Computer Age", 18 William Mitchell Law Review 62,67 (1992).

50) 홍봉주, "미국의 부동산 등기제도", 토지법학 제25권 2호(2009), 47.

51) McCormack, op.cit., p. 73.

Ⅲ. 모기지의 개념 및 권리의 내용

1. 모기지의 개념

(1) 영국법상 모기지의 연혁

앞의 Ⅰ.1.에서 현대 미국 사회에서 모기지는 한국의 저당권과 유사한 기능 · 역할을 한다고 설명했으나, 그 개념의 역사적 출발점은 상당히 다르다. 한국의 抵當權은, 유럽대륙의 법전편찬기에 등기제도와 함께 발달한, 담보를 위한 제한물권을 일본에서 민법 제정시 소화하여 만들어 낸 대로, 다시 한국이 받아들인 것이다. 반면에 모기지는 —종종 이에 대해 '양도저당'이라는 번역어를 사용함에서도 알 수 있듯이— 그 초기발전 단계에서는 소유권을 양도하는 제도였다. 모기지를 이해하려면 그 발전역사를 살펴볼 필요가 있다.[52]

발전초기의 모기지의 설정에 있어서는, 借主가 貸主에게 자신의 재산의 소유권을 실제로 양도하였다.[53] 토지의 매매에서 매수대금의 대여로서 행해지기도 했고, 혹은 토지소유자가 금전을 차용할 때에 행해지기도 했는데, 어느 쪽이든 간에 금전차용자(mortgagor)는 실제로 자신의 토지소유권을 —그 토지의 매도시와 똑같은 방법으로— 대주(mortgagee)에게 양도했다. 다만 당시의 법리에 의하면, 借主는 변제기에 채무를 변제하면 貸主로부터 당해 재산을 되찾아 올 수 있는 "還收權"(equity of redemption)[54][55]을 가지는 것이었고, 달리 말하면 貸主는 借主의 환수권 하에서 그 재산소유권을 취득하는 것이었다. 좀더 영국의 커먼로식으로 설명하자면, 절대적 단순부동산권(fee simple absolute)에는 조건을 붙일 수 있었고, 따라서 (현대 한국의 소유권과 유사한) 위 권리를 "변제기에 피담보채권의 변제를 해제조건으로 하여" 양도하는 것이 모기지 거래였다.[56] 물론 차주가 변제를 적시에 하지 않으면, 대주는 이미 소유권 명의를 가지고 있으므로, 그 재산을 곧바로 자신의 소유로 삼는 것이었다. 그러나 대개 담보목적물의 가치가 대여금보다 훨씬 커서 변제기 도과시 대주가 횡재하는 일이 빈발했고,[57] 이와 같이 차주가 불공평한 상황에 처한다는 점 때문에, 16세기 무렵부터는 변제기 후에도 환수권을 행사할 수 있다고 인정해 주는 판결례가 나오기 시작했으며,[58] 17세기 이후에는 이러한 변제기 연장이 차

52) Christopher Serkin, op.cit., p. 139.

53) 정확하게는, fee simple absolute를 아래에서 보는 환수권 조건 하에 양도하는 것이었다. 영미법상 토지의 소유권에 관한 설명은 너무 복잡해서 여기서 간단히 하는 것이 불가능하다. fee, fee simple, fee tail 등 (봉건적 흔적이 남아 있는) 여러 등급 · 종류의 재산권이 무엇을 의미하는지에 관한 개괄적 설명으로는, Christopher Serkin, op.cit., pp. 71-76 참조. 한국문헌상의 설명으로는 박홍래(주 2), 22 이하.

54) 이 환수권은 형평법(equity)상의 권리라고 인정되었다.

55) equity of redemption 및 redemption right를 일본에서는 종종 "受戻權"으로 번역한다.

56) 青木則幸, アメリカ不動産担保法における後順位担保權の位相(1), 早稻田法學 第92卷(1) (2016. 11), 14.

57) Jesse Dukeminier, et al., op.cit., p. 618.

58) 모기지 설정자에게 변제기 도과 후 환수권을 인정해 준 판결례는 16세기에는 단 2건 확인될 뿐이라고 한다.

주의 권리로 인정되었다. 그런데 "변제기 후에도" 환수권이 있다고 영국 법원이 인정했더니, 이제는 다시 모기지권자 측의 지위가 불안정해졌다. 즉 피담보채무의 변제 없이 변제기가 도과해도 소유권이 확정되지 않았고, 차주의 환수권이 야기한 애매한 상황 때문에 대주는 그 재산을 처분할 수가 없었다.

이 문제를 처리하기 위해 등장한 판례법리가 "foreclosure"이다. 즉 영국 법원은 형평법상 차용자에게 (변제기 후에 추가로) 일정한 변제기한을 준 다음에 그 기간이 지나면 형평법상 환수권이 "앞서서 닫힌다"고 (즉 fore-close 된다고) 하면서, 이로써 대주가 그 즉시 재산을 소유하게 된다고 판시했다. 이 절차가 판례법상 확립되었고, 그 후 조문화되어 현대의 모기지 법리가 되었으며, 이것이 담보권자의 '환수권 상실절차'[59]라는 구제수단(remedy of foreclosure)이다.[60]

영국법상 전통적으로, 모기지는 커먼로상의 모기지와 형평법상의 모기지로 구분되어 있었는데,[61] 20세기 초에 커먼로와 형평법 절차가 통합되면서, 위 두 모기지 간의 구별의 필요성과 기준에 관한 논의가 진행되었으며, 드디어 영국에서는 1925년 토지법 대개정시에 등기제도를 전면적으로 개혁하면서 토렌스 시스템을 받아들였고, 이때부터 모기지는 커먼로상의 소유권이전이라는 과거의 성격에서 벗어나는 것이 되었다. 이때 모기지 설정방법도 크게 변화했고, 영국에서 모기지는 급기야 소유권이전형식을 취하지 않게 되었다.

(2) 미국 건국 이후

미국의 모기지 제도는, 물론 영국법상의 모기지에 바탕을 둔 것이지만, 식민지 시대부터 독자적인 발전을 해 갔다. 가령 식민지 시대 및 건국 초기에 이미, —유산으로 상속받은 토지의 보호를 중시하던 영국법과 달리— 상인들의 경제적 이익을 위하여 부동산을 담보로 한 채

R.W. Turner, The Equity of Redemption(1931), p. 26 [靑木則幸(주 56), 15에서 재인용].

59) foreclose의 번역어는 마땅치 않다. '저당권실행'이라는 번역어를 쓴 사례가 있지만, 본래의 의미를 살리지 못할뿐더러 시간적·사항적 범위가 너무 넓은 번역어라는 느낌이다. '환수권을 상실시키는 절차·조치'라는 의미이므로, 본고에서는 문맥에 따라 환수권상실조치 또는 환수권상실절차라고 하기로 한다. 한편 foreclosure에는 광의와 협의가 있다. 일반적인 용법인 광의에서는 위와 같이 환수권상실조치라는 의미인 데 반하여, 협의로는 流抵當 즉 모기지권자가 담보목적물을 자기 소유로 귀속시키는 것을 가리킨다.

60) Christopher Serkin, op.cit., p. 140.

61) 커먼로상 모기지와 형평법상 모기지는 역사적으로 나누어서 설명되었다. 커먼로상 모기지를 지칭할 때에는 —커먼로 법리상의 것임을 강조하여— "진정한(true)"을 덧붙여서 true legal mortgage 라고 하는 때가 많다. 커먼로상 모기지라는 말은, 모기지 설정시의 양도방법이 전통적인 커먼로를 따른다는 말이고, 대개 형평법상 모기지나 제정법상 모기지와 구별하는 의미로 써 왔다. 즉 true legal mortgage가 되려면, 그 부동산이전방법 자체가 common law상의 방법이어야 한다. "진정한" 커먼로상 모기지는 현대에 와서는 잘 쓰이지 않으며, 영국에서는 제정법상의 모기지(statutory mortgage)로써 완전히 대체되었다. 반면에, 형평법상 모기지(equitable mortgage)는 2가지 경우에 발생할 수 있다. 커먼로상 설정된 모기지인데 설정대상 재산의 양도형식을 취하지 않아서 대항요건을 구비하지 못한 경우, 그리고 처음부터 형평법상의 모기지로 하기로 약정한 경우가 그것이다. 또한 담보대상재산 자체가 형평법상의 권리인 경우(예컨대 신탁에서 수익자의 권리)에는 항상 형평법상의 모기지가 된다. 형평법상의 모기지는, 형평법상의 권리일 뿐이므로 그 목적물에 모기지 설정이 있음을 모른 채 선의로 취득한 제3자에게 대항하지 못한다는 점에서 커먼로상 모기지와 차이가 있다.

무의 미변제시에 보다 쉽게 그 부동산을 채권자에게 귀속시키거나 매각하도록 법이 시행되었다고 한다.[62)]

또한 미국에서는 일찍부터 아래 Ⅲ. 3.에서 보는 (모기지의 법률구성 이론으로서) 리엔적 구성이 퍼져나가서, —애초의 "양도"라는 형식에도 불구하고— 이를 제한물권으로 취급하는 실무가 많았다.[63)] 리엔적 법률구성은 차주를 보호하고자 하는 데에서 출발했던 것이며, 이 법률구성에 힘입어서 모기지는 한국의 제한물권과 더욱 유사한 모습을 보인다.[64)]

(3) 현대 미국의 모기지

모기지는 현재 미국에서 가장 많이 이용되는 담보물권이다. 담보권의 대표라고 할 만하다. 시민들이 주택을 구입할 때 금융수단으로 보편적으로 이용되며, 현재 미국의 모기지는 그 이용·기능 등의 면에서 한국의 저당권과 흡사하다고 볼 수 있다.[65)]

모기지가 담보목적물로 삼는 것은 대부분 부동산 소유권이지만, 부동산 소유권이 아니라도 모기지의 대상이 될 수 있다.[66)] 소유권 외의 기타 물권이 모기지의 대상이 될 뿐만 아니라, 동산·채권도 모기지의 대상이 될 수 있다.[67)] 그 채권으로 커먼로상의 채권뿐만 아니라, 형평법상 채권도 모기지 목적물이 된다. 모기지 자신도 모기지목적물이 될 수 있고, 그렇게 되면 'sub-mortgage'라 부른다.[68)]

현대 미국에서는 모기지의 증권화 문제가 논란의 대상이다. 앞에서 Ⅱ.2.(4)에서 보았듯

62) Claire Priest, "Creating an American Property Law: Alienability and Its Limits in American History", 120 Harv. L. Rev. 385 (2006) p. 386 ff.; K-Sue Park, "Money, Mortgages, and the Conquest of America", Law & Social Inquiry Vol. 41, Issue 4, (Fall 2016) p. 1006 ff.

63) Jesse Dukeminier, et al., op.cit., p. 618.

64) Joseph W. Singer, Property Law, Little, Brown and Company (1993) p. 914는 모기지설정자를 보호하기 위하여 판례나 제정법으로 마련되어 있는, 현대 미국담보법상의 장치로서 아래의 것들을 나열한다. ① '환수권'(Equity of Redemption) — 담보목적물에 대한 환수권상실절차 전에 차용금 잔액을 변제함으로써 설정자는 목적물 소유권의 상실을 피할 수 있다.
② 환수권상실절차의 고지 — 모기지권자는 모기지설정자에게 환수권상실절차가 개시됨을 알려야 한다.
③ 환수권상실절차(Foreclosure) — 이 절차를 법원이 감독하도록 함으로써, 모기지권자가 피담보채무 및 모기지의 존재 사실, 모기지설정자의 미변제 사실을 증명하게 하여, 모기지설정자를 보호한다.
④ 매각의 공고 — 그 매각이 공개되게 함으로써, 잠재적 매수인의 입찰가능성을 증거시킴으로써 입찰가격을 올리고 부족액판결(deficiency judgment)을 방지한다.
⑤ 모기지설정자의 입찰권 — 환수권상실절차에 모기지설정자도 입찰할 수 있게 한다.
⑥ 입찰가격에 대한 법원의 감독 — 낙찰가격이 너무 낮은 경우에는, 모기지설정자로 하여금 모기지권자가 신인의무를 위반했음을 이유로 하는 법원불복절차를 허용한다.

65) 참고로 채권최고액만을 정하는 '근저당권'을 미국에서는 open-end mortgage라고 한다.

66) Peter Birks, English Private Law, Vol.1, Oxford University Press (2000), p. 415.

67) 원래 영국 커먼로상 모기지의 대상이 되는 것으로는, 커먼로상의 권리인지 형평법상의 권리인지를 불문했을뿐더러, 확정적으로 귀속한 권리뿐만 아니라 기대권(expectant interest), 미확정 권리(contingent interest) 등도 모두 모기지의 대상이 될 수 있었다.

68) 植田淳(주 2), 121.

이, 수십 년 전부터 모기지는 유동화 · 증권화되었다.[69] 1990년 이후에는 주택금융 시장에서 모기지를 증권화하여 거래하는 제2차 시장이 급속히 확대되었고, 급기야 이 시장에서의 문제가 2008년 세계적 금융위기를 초래하는 원인이 되기도 하였다. 모기지를 분해하고, 그룹별로 모아서 증권화하는 등의 작업이 더 많은 가치와 유동성을 만들어 내는 면이 있지만, 일정 수준을 넘어가면 재조립할 수준을 넘어서서 파편화되면서 차주와 대출은행, 나아가서는 전체 경제에 타격을 줄 수 있게 되는 것이다.[70]

2. 모기지권자의 권리

과거 영국의 커먼로상 모기지권자(貸主)의 주된 권리로 들 수 있는 것은, ① 담보목적물을 점유할 권리, ② 환수권을 상실시킬 권리, ③ 담보목적물을 매각할 권리, ④ 수익관리인(receiver)을 임명할 권리였다.[71] 주목할 점은 위 ①인데, —앞의 Ⅲ.1.(1)에서 보았듯이— 당시 커먼로상의 모기지는 소유권을 '양도'하는 형식을 취했고 따라서 소유자가 모기지권자였기 때문에 점유권도 가졌던 것이다.

하지만 모기지설정자가 아니라 모기지권자가 목적물을 점유하게 되면, 모기지권자는 피담보채무를 변제할 수익을 창출하기 어려워질 뿐만 아니라, 이는 사회적으로 자원의 최적이용이라는 면에서도 바람직하지 않다. 따라서 영국의 형평법상 일찍부터, 점유를 한 모기지권자에게 선관주의의무는 물론 목적물로부터의 수익을 모기지설정자에게 반환할 의무를 부여함으로써, 모기지권자로 하여금 실질적으로 점유하기 곤란하게 하는 법리가 형성되었다. 따라서 오래 전부터 위 ①의 점유권은 유명무실해져 있었고, 현대 미국에서는 모기지설정계약에서 아예 처음부터 점유권이 배제되기도 한다.

변제기 이후에 차주의 환수권을 상실시키고 담보목적물을 매각에 부치는 ②, ③은 한국의 저당권과 유사하다. 목적물을 매각한 후에 만약 잉여금이 발생하면, 이를 채무자에게 반환하는 법리도 점차 자리를 잡아서, 현대 미국에서는 당연한 것이 되어 있다. 위 ④는 한국의 민사집행법상의 강제관리를 떠올리게 한다.

3. 모기지의 법률적 구성

위와 같이 연혁적으로 모기지는 소유권 자체의 양도였지만, 미국에서 발달 · 변화하면서 점점 제한물권적 성격이 짙어져 갔고, (레코딩 시스템 하에서든 토렌스 시스템 하에서든) 부동산의 등록 · 등기 제도가 자리잡으면서 더더욱, 모기지가 권원 자체의 양도로부터 멀어져 갔다. 그래서

69) 이에 관한 개괄적 설명으로는, Christopher Serkin, op.cit., p. 144 ff. 참조.
70) Christopher Serkin, op.cit., p. 152.
71) 植田淳(주 2), 126.

일찍부터 미국에서는 모기지설정이란 —권원(title)을 넘겨주는 것이 아니라— 목적물상에 리엔(lien)이라는 담보를 설정하는 것이라는 법률적 설명이 나타났고,[72] 현재는 이 법률구성이 더 넓은 지지를 받고 있다.

요컨대 오늘날 미국의 각 주들은 모기지의 법률구성에 관하여 2가지 접근법을 취하는데, 하나는 리엔 이론(lien theory)이고 다른 하나는 權原 이론(title theory)이다.[73] 권원 이론 하에서는, 모기지의 존속기간 동안 모기지권자(貸主)가 소유권 명의를 가진다. 반면에 리엔 이론 하에서는 목적물의 소유권 명의가 모기지 설정자(借主)에게 남아 있으며, 그 대신 모기지권자는 그 목적물에 리엔을 가진다. 이 리엔은 등기·등록되는 담보권이며, 이에 기하여 채권자가 환수권상실조치(foreclose)를 할 권능을 가지게 된다. 현재 권원 이론을 취하는 주는 10개 전후로 남아 있다고 한다.[74]

하지만, 리엔 이론을 따르는 주이든 권원 이론을 따르는 주이든 간에, 현재 실질적인 결과의 차이는 미국법 실무상 거의 없다고 한다.[75][76] 다만 모기지설정계약시 작성하는 문서의 내용이 달라질 뿐이다.[77] 또한 대부분의 주는, 모기지의 대체물로서 '신탁증서'(deed of trust; trust deed)[78]를 인정해 주고 있는데, (모기지 대신에) 이 신탁증서가 이용되는 경우에는 그 법률구성이 전혀 달라져서, 위의 리엔 이론이냐 권원 이론이냐의 논의가 무의미해져 버린다.

4. 후순위 모기지

한국의 법률가에게 동일 부동산에 대해 여러 건의 저당권이 설정되는 것은 익숙하다. 제2순위 저당권은 종종 설정되고 있고, 심지어 제3순위, 제4순위 저당권이 설정되는 일도 있다.

---

72) 건국 초기부터 있던 주에서는 아직도 권원 이론(title theory)을 따르는 곳이 종종 있고, 건국 후의 신설 주에서는 리엔 이론(lien theory)을 따르는 주가 훨씬 많다고 한다. Andra Ghent, "How Do Case Law and Statute Differ? Lessons from the Evolution of Mortgage Law", The Journal of Law and Economics, Vol. 57, Nr 4 (Nov. 2014) p. 1088.

73) Christopher Serkin, op.cit., p. 141.

74) 문헌마다 이러한 州의 숫자에 관해서 다르게 적고 있어서 정확한 숫자는 알기 어렵다. 가령 Joseph W. Singer, op.cit., p. 914는 8개 주(알라바마, 조지아, 메인, 메릴랜드, 매사추세츠, 뉴햄프셔, 펜실베이니아, 로드아일랜드)라고 하는데 반해서, Jesse Dukeminier, et al., op.cit., p. 618은 "a dozen states"라고 한다. 권원이론과 리엔이론 간에 이미 실질적 차이가 없어졌으므로 정확한 개수는 중요하지 않다.

75) Jesse Dukeminier, et al., op.cit., p. 618.

76) 다만 Christopher Serkin, op.cit., p. 141은 위 2가지 접근법에 따라 차이가 나타나는 경우가 있을 수 있다고 한다.

77) Andra Ghent(주 72), p. 1089.

78) 신탁증서를 이용하는 경우의 구조는 다음과 같다. 대여자(신탁법상 수익자)가 차용자(신탁자)에게 담보목적물의 매입대금을 교부하고, 차용자(신탁자)는 이 돈을 매도인에게 제공하며, 매도인은 그 목적재산을 차용자(신탁자)에게 양도한다는 부동산양여증서(grant deed)를 실행하고, 차용자(신탁자)는 즉시 담보신탁증서(trust deed)를 실행하여 그 재산을 수탁자에게 교부하여 그로 하여금 대여자(수익자)를 위하여 그 재산을 보관하게 한다. 즉 3자간 법률구성이다.

그러나 앞에서 본 모기지의 역사적 발전과정에서 짐작할 수 있듯이, 소유권을 양도하는 것이라는 모기지의 법률구성 하에서, 후순위 모기지의 설정이라는 개념은 쉽게 받아들일 수 있는 것이 아니다.

하지만, 후순위 저당권 설정의 거래상의 필요성이 이미 수백 년 전부터 제시되었음은 당연하고, 이런 필요에 대응하여, 이미 영미법에서도 후순위 저당권의 설정이 이미 인정되고 있었다. 과거의 이론구성은 아래와 같다. 모기지 설정 후에 설정자가 보유하는 형평법상의 환수권은 물권(a property right)이므로 그 권리자는 그에 관하여 공유 · 신탁 · 매각 · 증여 등 다양한 행위를 할 수 있을 뿐만 아니라, 모기지 설정자가 그 환수권에 대해 다시 담보를 설정, 즉 모기지를 설정할 수가 있다. 이로써 영미법상 제2순위, 나아가서는 제3, 제4순위의 모기지가 가능하게 된다.[79]

현대 미국에서 후순위 모기지의 설정이 가능하다는 점에 대해서는 아무도 이의를 제기하지 않는다. 등기 · 등록 제도의 발달 및 금융시장의 발달 때문에 이는 당연한 일이 되었다. 모기지와 리엔이 순위를 가지고 각각 설정되는 일도 종종 있다. 가령 물권법 교과서에서는 다음과 같은 사례가 설명된다.[80] 예컨대, HOA[81]가 구성되어 있는 동네의 주택을 매수할 때에 은행 앞으로 모기지를 설정한 사람이, 나중에 그 주택을 레노베이션하기 위하여 대출을 받으면서 제2번 모기지를 설정할 수 있다. 또한 이 주택소유자가 위 HOA에 내야 하는 연간관리비를 미지급하여, HOA가 그 주택에 대해 리엔을 취득할 수 있다. 이런 경우에는 3명의 채권자는 각자의 우선권 순서(기본적으로 등기 · 등록 순서)에 따라서 각각 변제받으며, 그 변제가 모두 끝나야 비로소 잉여금을 (만약 있다면) 주택소유자(모기지 설정자)가 받아갈 수 있다.

Ⅳ. 모기지의 실행절차

1. 개 요

차주가 채무를 미변제하는 경우에 대주는 담보목적물을 강제로 매각함으로써 채권을 회수할 수 있어야 한다. 모기지권자(mortgagee)는 피담보채권의 변제기 후에 법률상의 일정한 절차를 밟고 나면, (법원결정을 받아서 혹은 법률상 당연히) 모기지 설정자(mortgagor)에 대해 환수권(equitable right of redemption)을 종료시킬 수 있다. 모기지권자는, 리엔 이론 하에서는 리엔 권

79) Garrard Glenn, Mortgages (1943), 248 [青木則幸(주 56), 13에서 재인용].

80) Christopher Serkin, op.cit., p. 142.

81) Homeowner association, 즉 주택소유자협회를 가리킨다. 미국의 주택들은 뚝 떨어진 단독주택이면 HOA에 속해 있지 않지만, 단독주택이라도 단지로 조성된 곳이거나 또는 공동소유건물인 경우에는 대체로 그곳에는 HOA가 구성되어 있고, 매년 관리비를 내야 한다. 주로 공동구역 가령 공동수영장을 관리하고 주택의 외벽페인트 등을 관리하는 역할을 한다.

리자(lien holder)로서 이런 종료조치를 하는 것이지만, 권원 이론 하에서도 같은 권능이 인정된다. 이처럼 모기지권자가 자신의 고유한 권리로서 환수권상실조치를 할 수 있는 것은, 채권의 종류를 불문하는 것이므로, 그가 조세채권자이든 도급대금 채권자이든 무방하다. 이와 같이 모기지권자가 목적물의 賣得金을 피담보채권 및 매각비용의 변제에 사용하는 절차를 환수권상실절차(foreclosure)라고 한다.

모기지 설정시에는 대개 약속어음(promissory note) 형식으로 차주가 대주에게 채무의 내용을 작성·교부하고 있고, 이 채무를 모기지의 피담보채무로 삼게 된다. 이 약속어음에는 일반적으로 遡求 조항이 들어 있으며, 담보목적물의 매득금이 매각비용 및 피담보채무의 원리금 전액을 커버하지 못하면, 모기지권자는 —채무자의 다른 재산으로부터 회수가 가능해지도록 하기 위하여— 법원에 대하여 不足額判決(deficiency judgment)을 구할 수 있다.

2. 유 형

모기지설정계약서에 기재된 시점에 모기지권자가 환수권상실절차를 개시할 수 있는데, 일반적으로 변제기를 도과한 후 일정 기간이 지난 때가 그 시점이다. 미국에서의 환수권상실절차로는 크게 2가지가 행해지는데, 법원의 매각절차와 법원 밖에서의 사적 경매절차가 그 2가지이다. 법원의 매각절차는 법원에 의한 제어기능이 작동하여 절차의 공정이 보장되고 절차상의 하자가 생기기 어렵다는 이점이 있는 반면에, 사적 경매절차에 비하여 시간과 비용이 걸린다는 단점이 있다. 2016년 현재 미국에서, 법원절차가 법률로써 강제되는 주는 15개 주이고 나머지는 비법원절차를 따를 수 있는데,[82] 그 나머지 주들에서는 대체로 비법원절차가 더 활발하다.

(1) 법원절차

법원에서의 환수권상실절차(foreclosure by judicial sale; judicial foreclosure)는 담보목적물을 법원의 감독 하에 매각하는 것이다. 매득금을 모기지권자와 기타 리엔 권리자에게 지급하고, 만약 남으면 그 잉여금은 모기지 설정자(차주)에게 지급된다.

절차개시를 위하여는 모기지권자가 (모기지설정자를 피고로 하는) 일종의 소장을 州法院에 제출해야 하며, 이는 일종의 소송절차라고 이해되고 있다.[83][84] 이해관계자 모두에게 통지가 이루어져야 하지만, 구체적 통지절차는 주마다 다르다. 피고로부터 답변서가 제출되어 訴答節次(pleadings)가 마쳐지면 법원이 법정에서의 간단한 심문을 거친 후에 결정을 내린다. 그리고

82) Deutsche Bank Tr. Co. Ames. v. Beauvais, 188 So.3d 938, 950-951 (DCA 2016).

83) 가령 플로리다 주의 환수권상실절차를 설명한 Michael Starks & Heidi Bassett, Florida Foreclosure Law, Full Court Press (2020)은, 당사자적격(Ch.4), 訴因(Ch.5), 소장의 기재(Ch.6), 답변과 항변(Ch.7,8), 디스커버리(Ch.11), 공판 및 증거(Ch.13), 소송비용(Ch.16) 등을 차례로 설명한다.

84) 환수권상실절차는 형평법상의 소송절차 중의 하나이다. M. Starks & H. Bassett, op.cit., p. 1.

나면 법원소속 공무원이 그 목적물의 매각을 감독하며, 법원에서 임명한 'referee'가 절차를 진행할 수도 있다.

법원절차에서는 절차를 지연시키기 위한 모기지설정자 측의 異議 등 방해책이 종종 행해진다고 한다. 반면에 비법원절차에서 매각결과에 대해 불복하기 위해서는, 모기지설정자 측이 —법원절차에서의 단순 이의신청을 하는 것이 아니라— 소를 제기해야 하므로 절차가 지연되는 일이 실제로 드물고, 그래서 은행 등 모기지권자 측에서 비법원절차를 선호한다고 한다.[85)] 그럼에도 불구하고 법원절차가 이용되는 때도 있는데, 그런 경우로는 ① 애초부터 權原(title)에 관하여 다툼이 있는 경우, ② 담보목적물의 관리인(receiver)이 필요한 경우, ③ 담보물의 가치가 피담보채권보다 낮은 경우라서 모기지권자가 경매에 의하여 만족을 얻지 못하는 잔액채권에 관하여 부족액판결(deficiency judgment)을 구하려는 경우가 그런 경우라고 한다.[86)]

(2) 비법원절차

모기지설정계약서에 모기지권자가 법원 외에서 매각권을 행사할 수 있다는 이른바 "power of sale" 조항이 들어 있는 경우에는, 모기지권자가 법원의 감독 없이 매각을 진행할 수 있으며, 이를 매각권한절차(foreclosure by power of sale) 또는 非法院節次(nonjudicial foreclosure)라고 부른다. 법원절차와 비법원절차 양쪽이 모두 허용되는 대다수의 주에서는 후자가 대체로 활발히 이용되며, 특히 캘리포니아, 텍사스 등지에서는 이쪽의 진행이 훨씬 많다고 한다. 대체로 비법원절차가 법원절차에 비하여 더 신속하고 비용이 적게 든다. 매득금의 처리는 법원절차와 같은 순서에 따른다.

3. 절차의 진행

(1) 법원절차

앞에서 언급했듯이, 법원절차 하에서는, 대주가 미변제 차주를 피고로 삼아 주법원에 "소를 제기하는" 형식으로 환수권상실절차를 개시한다. 환수권상실의 소제기 요건은, 일반적인 계약위반에 따른 채권자의 제소요건과 비슷하다. 전형적인 사안에서라면 원고가 ① (모기지) 약정의 존재, ② 채무자의 불이행, ③ 이행기 도과에 따른 채권자의 통지 등 조치, ④ 잔존채무를 증명해야 한다.[87)]

법원의 결정은 대개 약식판결(summary judgment)[88)]로 내려지며, 이 결정에 따라 그 담보

85) 田中健治, "アメリカ(ミシガン州 デトロイト, テキサス州 ダラス, ニューヨーク州 ニューヨーク)における抵当権實行手續及び强制執行手續の實態", 判例タイムズ 1000 号 (1999), p. 230. 이는 일본의 田中健治 판사가 미국의 Detroit, Dallas, New York 의 세 도시의 모기지실행절차를 견학하고 작성한 보고서이다.

86) 田中健治(주 85), 231.

87) Bank of Am., N.A. v. Delgado, 166 So. 3d 857, 859 (Fla. 3d DCA 2015).

88) 공판절차(trial) 및 추가적인 증거조사절차를 생략한 채로 원·피고 중 일방을 승소시키는 판결을 선고하는 것을 가리킨다.

목적물이 당해 카운티의 'sheriff' 또는 법원소속 공무원이 진행하는 경매대상물로 들어간다. 여러 주가, 피담보채무와 담보목적물의 가액 차이가 클 경우 등 몇 가지 경우에는 필수적으로 법원절차에 의해야 한다고 정하고 있다. 경매의 최고가입찰자에게 sheriff가 날인증서(deed)를 교부해 준다. 채권자인 은행 및 기타 금융기관도 입찰에 참가할 수 있음은 당연하다. 일정한 횟수의 법원경매기일에 아무도 입찰에 참가하지 않으면, 대체로 대주가 당해 목적물의 소유권을 취득하게 된다.

(2) 비법원절차

실제 대부분의 환수권상실절차에서 채무자의 이의가 제기되지는 않으므로, 신속과 절차경제를 위하여 법원 바깥에서의 매각이 허용되어야 한다는 주장이 점차 확대되었고, 현재는 비법원절차를 허용하는 주가 앞에서 보았듯이 35개이다. 비법원절차에서는 "모기지권자"가 차주에게 이행지체의 통지(NOD: notice of default) 및 목적물을 주법률에 따라 매각한다는 통지 등을 한다. 위 NOD가 담보목적물의 등기·등록부상에 등재되는 州도 있고 안 되는 州도 있다. 일부 주에서는 이 비법원절차에 대해서도 법원서기(court clerk)의 확인 날인을 받도록 정한 곳도 있지만, 대부분의 주에서는 등기·등록소의 공무원 외에는 이 절차에 관여하는 공무원이 없으며, 법원의 소송절차에 따라 경매가 진행되는 것이 아니므로 이를 비법원절차(nonjudicial foreclosure)라고 부르는 것이다. 제정법상 절차(statutory foreclosure)라고 부르기도 한다. 진행순서는 법원절차와 유사하다.[89)]

비법원절차이지만, 주에 따라서는 모기지권자가 sheriff에게 의뢰하여 sheriff가 법원건물에서 행하는 일이 많다고 한다. 최고가 입찰자가 정해져서 낙찰이 이루어지면, 낙찰자는 낙찰금액을 현금이나 지급보증수표(certified check)로써 지급해야 한다. 그 후 sheriff가 낙찰자에게 날인증서(deed)를 교부하고, 낙찰자는 자신의 소유권취득사실을 등기·등록한다.

최고가 입찰자가 소유자가 되고, 당해 부동산상의 기존의 여러 채무가 소멸되지만, 당해 모기지보다 선순위인 다른 리엔[90)]의 부담을 인수하는 경우도 있다.

4. 환수권상실절차에서 채무자의 구제

모기지권자만 경매에 참가하면 공정시장가격에 비하여 너무 낮은 가격으로 낙찰될 우려, 즉 차주가 부당한 피해를 입을 우려가 있다. 따라서 미국 법원 및 법률들은 이를 방지하기 위한 몇 가지 제도를 발달시켜 왔다.

첫째, 공고가 실질적으로 이루어지도록 하여, 일반인의 경매 참가를 고취한다.[91)]

89) 얼마나 자주, 몇 시에 어디서, 어떤 구체적인 모습으로 디트로이트 및 뉴욕에서 경매가 행해지는지에 관한 상세한 묘사는 田中健治(주 85), 231 이하 및 笠井正俊(주 4), 4 이하를 참조.

90) 선순위 모기지일 수도 있고, 당해 부동산의 재산세일 수도 있고, 기타 리엔일 수도 있다.

91) 田中健治(주 85), 231에 의하면, 미시간 주의 경우, 모기지실행통지(＝환수권상실절차 통지)에는 ① 저당권자

둘째, 차주도 입찰에 참가할 수 있도록 한다. 이렇게 정하면, 당해 목적물의 담보가치가 충분한 경우에는, 차주가 그 목적물을 담보로 하여 다른 금융기관으로부터 신규대출을 받아서 피담보채무를 해결할 수 있기 때문이다.

셋째, 일부 주에서는 부족액판결(deficiency judgment)을 금지한다. 이는 모기지권자로 하여금 낮게 낙찰받으려는 동기를 가지지 않게 한다.

넷째, 모기지권자가 낮은 가격에 낙찰받은 후에 단기간 내에 되파는 경우에, 그 취득에 대하여 원래의 차주가 소를 제기하는 것을 인정하는 주가 많다.

V. 마 치 며

이상에서 미국의 부동산 등기·등록제도와 모기지 제도를 살펴보았다. 미국의 부동산공시제도는 한국 법률가가 보기에는 상당부분 후진적이고 비용이 많이 드는 제도로 보인다. 한편 미국의 모기지 제도는 여전히 비효율적인 역사적 요소를 포함하고 있다고 생각된다. 그리고 현실에서의 저당권실행절차 즉 환수권상실절차에 대한 일반인의 참여도가 낮아서, 미국의 저당권실행에 따른 경매가격은 일반 시가에 비하여 차이가 상당히 나는 것으로 보인다. 요컨대 미국의 저당권실행절차는 한국보다 시장성이 약하고 덜 公共化되어 있다고 생각된다.

하지만, 미국의 저당권실행절차 중에서 많은 주가 채권자가 매각을 주도하는 비법원절차를 허용한다는 점은, 절차의 신속 및 효율이라는 점에서 참고로 연구해 볼 가치가 있다고 생각된다. 또한 미국의 저당권실행경매에서는 최저매각가격의 사전결정이 없는 대신에, 피담보채무액 이하의 경매에 대해서는 차주에게 매수할 권한을 인정하는 등 일정한 경우에 절차상의 당사자주의가 강조된다는 점[92]이 눈에 뜨인다.

본고는 미국의 부동산 등기·등록제도와 저당권에 관하여 기초적인 검토를 한 것에 불과하지만, 이 분야에 대한 기존 연구가 워낙 빈약한 상황이므로, 본고가 향후의 비교법적 연구를 위한 출발점이 될 수 있다면 감사하겠다.

및 저당권설정자의 이름, ② 저당권설정 및 등기의 날짜, ③ 통지서 작성 시점의 피담보채권의 총액, ④ 피담보부동산, ⑤ 환수권 기간(redemption period) 등이 포함되어야 한다. 또한 이 통지서에는, 통상적으로 위의 필수사항 외에도 피담보채권의 이율 및 매각이 행해질 일시·장소 등이 기재된다고 한다. 미시간 주에서, 이 통지는 피담보부동산이 소재하는 county에서 발행하는 신문에 4주 연속으로 주1회 게재해야 한다(대개 5주 연속 게재하는 것이 실무라고 함). 미시간주에서는 위 통지를 게재하는 신문으로서 대개 —일반적인 일간신문이 아니라— 법률신문이 사용되고 있는데, 그 이유는 그 게재료가 더 저렴하기 때문이라고 한다. 또한 모기지권자는, 최초의 신문게재일로부터 15일 이내에 위 통지서 사본을 담보목적물 중 잘 보이는 곳에 게시해야 한다.

92) 田中健治(주 85), 235.

조선 향약의 벌조에 대한 고찰

—안동 〈예안향약〉과 〈김기향약〉을 대상으로—

정 긍 식*

Ⅰ. 서 론

'鄕約'은 "**鄕**村規**約**의 준말로, 지방의 향인들이 서로 도우며 살아가자는 약속"이라고 정의하고, "鄕規, 一鄕約束, 鄕約契, 鄕案, 洞約, 洞契, 洞案, 族契, 約束條目 등의 다양한 의미를 가진다."라고 소개하였다.[1] 즉 향약은 통일적인 국법질서와는 다른 향촌의 자치적 규약이라고 정의할 수 있다. 자치조직과 그 규약은 중앙집권의 추구와 노력에도 불구하고 항상 존재하여 왔으며, 朱熹 향약의 수용 이전부터 다양한 명칭이나 형식으로 존재하여 왔고,[2] 내용과 성격이 뚜렷이 분리되지 않는다.[3]

조직규약에는 조직유지를 위해 규약위반자에 대한 처벌규정이 대부분 포함되어 있다. 그러므로 본고에서는 이를 엄격히 구분하지 않고 자치규약과 국가로부터 위임받은 또는 국가가 방기한 자율적 처벌의 측면에 초점을 두어 논지를 전개하기로 한다. 즉 국법질서와는 다른 '**향**촌의 자치규**약**'이란 점에 초점을 두고 향약을 '광의'로는 "한 마을의 약속"으로, '협의'로는 향

* 서울대학교 법학전문대학원 교수.

1) 한국학중앙연구원 편, 『한국민족문화대백과』 "향약" 검색(http://encykorea.aks.ac.kr/).

2) '향약'만으로 통칭되는 이러한 규범에 대해 鄕規, 洞契, 州縣鄕約, 村契로 구분해야 한다는 의견이 있다. 즉 ① 鄕規는 "鄕中之規"의 약자로, 중앙과 지방세력의 타협책으로 鄕任들이 유향소를 중심으로 운영된 鄕權을 위한 顯族 위주의 자치조직이다. ② 洞契는 임란 후 피폐한 사회를 복구하기 위해 향촌의 구성원 전부를 포섭하기 위해 등장하였다. ③ 州縣鄕約은 위기에 처한 향촌사회를 안정시키기 위해 수령이 주도하여 상하 전 주민을 참여시킨 것으로 동계의 확대로 18세기가 전성기이었다. ④ 村契는 향약 수용 이전부터 존재하는 한국의 전통적·자발적 자치조직이다. 동계는 향권 장악을 위한 사족의 조직이며, 촌계는 주민의 상호부조를 위한 자발적 조직이다. 촌계는 향약의 수용으로 공존 또는 포섭되어 내용이 변질되었지만 자생적 성격은 유지되었다. 金龍德, 總序: 鄕約新論, 鄕村社會史研究會 편, 조선후기 향약연구, 民音社, 1990, 14-21 참조.

3) 박현순은 향약의 명칭은 鄕約, 鄕規, 鄕憲, 約條·立議 등으로 불렸으며, 형식과 내용은 鄕規, 鄕約, 洞契를 포괄하고 있어서, 획일적으로 정의할 수 없다고 보아, "향약이라는 용어는 '一鄕의 約束'이라는 형식을 총괄하여 지칭하는 보통명사로 이해"하고 "개념적으로는 鄕規를 향안입록과 유향소 선임에 관한 규정, 즉 '조직규범'이며, 鄕約을 행위규범에 관한 규정으로 구분"하였다. 朴賢淳, 조선시기 鄕罰의 내용과 추이, 국사관논총 105, 국사편찬위원회(2004), 3-4.

약 구성원이 준수해야 할 처벌을 전제로 한 "행위규범"으로 정의한다. 단체가 지향하는 목표와 행위규제는 서로 분리될 수 없다. 하지만 본고에서는 향약이 지향하는 공동체의 성격과 그 구성원의 자격변동 등 조직법적 성격은 다루지 않는다. 향촌자치라고 하는 향약이 지향하는 목적을 밝히려고 구성원에 대한 행위규제와 그 위반행위의 처벌에 관심을 갖고 행위규범에 초점을 두고 논지를 전개한다. 후자를 대상으로 논지를 전개한다.

향약 등에 대한 연구는 식민지기부터 진행되었으며, 특히 자치적 성격은 식민지 조선의 독립을 억제하려는 시도로 강조되었다. 해방 후에도 다양한 관점에서 연구가 진행되었다. 초기에는 유교이념이 향촌사회에 전파되는 수단으로 향약을 이해하였다. 또 미시적인 관점에서 향촌사회에서 지배구조의 변동에 초점을 두어 향약과 이와 관련된 현상을 검토하였다. 그리고 자생적 조직에 초점을 두어 연구대상을 향약을 넘어서 동계 등으로 확대하였다. 특히 한국사회의 민주화와 관련하여 1980년대 후반부터 1990년대 중반까지 집중적인 연구성과가 나왔다. 기존 역사학계의 연구를 통하여 향약의 실태와 변화과정 그리고 이를 통해 향약의 역사적 성격 등에 대해서는 상당부분 해명되었다고 할 수 있다.[4]

한상권은 16 · 17세기의 다양한 향약을 사회경제적 변화에 조응하여 시기별로 성격의 변화를 재판권, 처벌권[사법권], 약법제정권의 강약에 따라 사족자치에서 半官을 거쳐 관의 예속으로 전락하여 향약이 형해화되는 과정을 밀도 있게 그려냈다.[5] 김현영은 16, 17세기(조선중기)는 토지공유제와 良人齊一化에 기초한 국역체제의 운영을 통한 중앙집권적 전제국가의 완성이라는 초기의 이상이 소멸되는 시기이자 사적 소유제와 班常制를 기반으로 하는 지주제가 성장하는 시점이면서 국가와 지주층의 이해가 대립되는 가운데 후자의 주장이 무게를 더해가는 시점으로 이해하고, 퇴계향약과 율곡향약으로 구분하여 율곡향약의 영향을 받은 충청과 호남의 향약을 분석하였다.[6] 심재우는 사족의 자치를 국가-수령-의 사법권과 관련하여 고찰하였다. 조선초기 일원적 사법권을 확립하였지만, 실제 집행에는 한계가 있었기 때문에 사족의 私刑이 어느 정도 용인된 점을 16, 17세기 지방사회 운영체계의 중요한 특징으로 파악하였고, 사형의 실태와 이의 약화과정을 밝혔다.[7] 박현순은 "향벌은 향촌사회에서 공론으로 시행하는 것으로 공론이 집결되면 시행할 수 있었으며, 향약은 이런 관행을 공식화한 점에 의의가 있다."라고 전제를 한 후 1458년~1756년 사이 30종의 향약 · 동계에 있는 鄕罰을 향약 성격의

4) 연구사 정리는 한상권, 조선후기 향촌사회와 향촌사회조직 연구현황, 近代史硏究會 編, 韓國中世社會 解體期의 諸問題(下): 朝鮮後期史 연구의 현황과 과제, 한울, 1987 및 金龍德, 鄕廳과 鄕約, 한국사연구입문(제2판), 지식산업사, 1989 및 고석규, 지방사회, 한국사연구입문(제3판), 지식산업사, 2008 참조. 이후 연구에서도 개별적 향약에 대한 연구에 치중되어 있다.

5) 韓相權, 16 · 17세기 鄕約의 構造와 性格, 진단학보 58, 진단학회(1987) 참조.

6) 김현영, 사족지배체제와 지방지배, 한국역사연구회 조선시기 사회사 연구반 편, 조선은 지방을 어떻게 지배했는가, 아카넷, 2000 참조.

7) 심재우, 수령의 대민지배와 재지사족, 한국역사연구회 조선시기 사회사 연구반 편(주 6) 참조.

변화에 따라 정리하고 사례를 소개하였다.[8]

그 동안 향약에 대해서는 역사학적 접근이 주를 이루어 향약의 실시가 갖는 사회적 의미, 향촌사회의 지배구조의 변화 등에 대해 집중적으로 조명되었다. 그러나 "향약은 사족들의 향촌민에 대한 **법률적**, 신분적, 경제적 지배기구이다."[9](강조는 필자)라고 정의하면서도 향약의 벌조의 구체적 내용과 중앙집권제 하에서 국법과의 관계에는 크게 주목하지 않았다. 국법이든 자치규약이든 구성원의 준수는 제재에 의해 담보될 수밖에 없다. 특히 향약(Village Code)을 '법'으로 이해할 때, 법의 한 속성인 제재(Sanction)의 측면[10]을 검토하지 않고서는 향약을 이해하였다고 할 수 없다.

본고에서는 향약의 4대 강목 중에서 규제행위와 벌조를 규정한 '과실상규'의 조목에 집중하여 ＜주자증손 여씨향약＞, 1556년 이황(1501~1570)의 ＜禮安鄕約＞[11] 및 1602년 金圻(1547~1603)의 ＜鄕約＞[12]에 규정된 위반자의 처벌에 대해 살펴본다. 먼저 두 향약의 성립 배경을 소개하고(Ⅱ), 향약의 모태인 ＜주자증손 여씨향약＞의 구조와(Ⅲ.1) 안동의 두 향약의 구성과 벌조 및 처벌의 강도를 검토한다(Ⅲ.2). 이어서 국가형벌권의 한계(Ⅳ.1) 및 향약 처벌권의 한계(Ⅳ.2)를 살펴 향약의 벌조와 국법과의 관계를 분석한다. 향약에 대한 역사적 접근보다는 향약의 규제행위 및 처벌을 세밀하게 분석하는 법학적 접근을 시도하였다. 이러한 분석과 접근은 향약의 또 다른 측면을 이해함에 도움이 될 것이다.

Ⅱ. 〈예안향약〉 및 〈김기향약〉의 성립과정

향약은 11세기 후반 북송대 呂大臨 형제들이 만들었고 주희는 이를 바탕으로 禮俗相交와 매월 모임인 讀約禮의 내용을 보충하여 ＜朱子增損 呂氏鄕約＞을 편찬하였다. 이는 德業相勸, 過失相規, 禮俗相交, 患難相恤의 4대목과 세부규정으로 구성되어 있다. 조선에서는 이를 그대로 수용하지 않고 관습에 바탕을 둔 사법권, 約法 제정권 등 포괄적 자치권을 부여받았으며 과실상규와 환난상휼을 강조하여 조선적 특질을 드러내었다.[13]

---

8) 박현순(주 3) 참조.

9) 韓相權(주 5), 31.

10) 법의 속성으로 권위, 보편적 적용, 권리-의무관계와 함께 제재를 들고 있다. 레오폴드 포스피실/이문웅 옮김, 법인류학, 민음사, 1992의 제3장 "법의 속성" 참조.

11) ≪退溪先生文集≫ 卷之42 ＜序＞에 "鄕立約條序"로 수록되어 있으며, 원문과 번역문은 한국고전번역원에서 운영하는 한국고전종합DB(https://db.itkc.or.kr/)에서 확인할 수 있다. 金仁杰·韓相權 編, 朝鮮時代社會史硏究史料叢書(1) 鄕約, 보경문화사, 1986, 24-5에 영인되어 있다. 吳世昌 外 編著, 嶺南鄕約資料集成, 영남대학교 출판부, 1986, 107-8에 수록되어 있다. "禮安鄕約"으로 부르기로 한다.

12) ≪北厓先生文集≫ 卷之三 ＜雜著＞ "鄕約"으로 수록되어 있으며, 원문은 한국고전종합DB에서 확인할 수 있다. 金仁杰·韓相權 編(주 11), 47-52에 영인되어 있다. 吳世昌 外 編著(주 11), 113-7에도 수록되어 있다. 본고에서는 학계의 관례에 따라 "김기향약"으로 부르기로 한다.

향약에 대한 본격적인 관심과 실시는 성리학에 대한 이해가 진전되고 재지적 기반이 갖추어진 후에야 가능하였다. 15세기 말 초기 사림파들이 주목하였으며, 중종대 조광조(1482~1519) 등 사림파는 주자학적 질서를 파급하려고 향약보급운동을 펼쳤다. 이때 향약은 중앙에서의 논의를 토대로 <주자증손 여씨향약>을 언해하여 이를 감사와 수령이 보급하는 관 중심으로 전개되었다. 하지만 순진한 이상주의적 성향과 향약에 대한 이해의 부족 때문에 좌절되었다. 16세기 말 다시 논의가 되었지만, 전국적 차원에서의 실시는 보류되고 지역적 상황에 맞게 실시를 권장하는 방향으로 진행되었다. 임란 이후 향약은 수령이 주도하는 州縣鄕約과 재지사족 중심의 洞約으로 분화·발전하였다. 이 둘은 주도세력만 달랐지 재지사족을 매개로 하여 유교적 이념을 사회에 뿌리내려 지방지배를 공고히 하려는 목표는 같았다. 결국 주자성리학에 대한 이해를 바탕으로 사족이 향촌에서 지배력을 장악한 16세기 후반에야 향약이 조선사회에 뿌리를 내릴 수 있었다.[14)]

조선시기 재지사족의 향촌지배는 16, 17세기에 모습을 갖추었다. 그들은 사족으로서 신분적 기반과 함께 중소지주로 경제적 기반을 확보하고 동시에 유향소, 향안, 향약과 동계·동약 등으로 상호보완적 지배체제를 확립하였다.[15)] 안동은 일찍부터 사족이 형성·발전하였고, 이황의 학문적 배경과 사회경제적 기반을 통해 사족지배의 전형을 확립한 지역이다.[16)] 여말선초 신분이 사족과 吏族으로 분화되었으나 16세기 초반까지 사족은 이족을 완전히 배제하지 못하였다. 경재소를 통한 중앙세력의 지배와 간섭이 존재하는 상황에서 16세기 후반에야 향약을 실시하여 중앙의 간섭을 약화시켰으며, 결국 1603년 경재소의 폐지 등을 계기로 지배권을 장악할 수 있었다.[17)]

16세기 향촌사회의 긴박한 문제는, 농민이 중앙과 재지사족 양쪽으로부터 받은 시달림 때문에 발생한 '民의 流亡'이었다. 그 해결책으로 중앙이 아닌 향촌 차원에서 재지사족을 중심으로 향약을 실시하여 향촌질서를 정비할 수밖에 없었고, 이는 사족의 이익을 보장하는 것으로 귀결되었다.[18)] 지주제의 발전에 터잡은 재지사족의 무단행위는 수령권과 마찰을 일으켜 이 때문에 사족은 정치적 기반을 상실할 우려가 있으며 설사 수령권을 압도하더라도 농업생산 기반을 붕괴시킬 우려가 있었다.[19)] 이현보(1467~1555)는 향촌교화를 위하여 여씨향약의 실시를 생각하였고, 그의 사후 후손과 이황이 이를 이어받아 예안 사족의 공론으로 <예안향약>을

13) 柳洪烈, 朝鮮에 있어서의 鄕約의 成立, 韓國社會思想史論考, 일조각, 1980[원: 1938]; 이근명, 朱熹의 <增損呂氏鄕約>과 朝鮮社會, 中國學報 54, 한국중국학회(2002) 참조.

14) 김필동, 향약의 보급과 그 사회사적 의미: 16세기를 중심으로, 차별과 연대, 문학과지성사, 1999, 243-5.

15) 정진영, 조선시대 향촌사회사, 한길사, 1998, 30.

16) 이수건, 영남 사림파의 형성과 전개, 일조각, 1995, 19.

17) 정진영(주 15), 97-8.

18) 정진영(주 15), 101-3.

19) 정진영(주 15), 123-5.

마련하였다.[20]

이황은 유민을 막기 위해서는 교화가 우선이며 교화는 위에서 먼저 해야 한다고 인식하였다. 그는 사족의 자기규제를 통한 향촌사회의 안정을 목표로 하였다. 그래서 하층민을 대상으로 한 ＜溫溪洞規＞가 있음에도 불구하고 사족 상호간의 문제, 수령권과의 문제, 하층민과의 관계를 사족의 입장에서 정리하여 사족만을 대상으로 한 ＜예안향약＞을 구상하였다. 그러나 향약은 기존의 鄕徒[香徒]조직과의 마찰을 빚었고, 또 향촌에 기반을 확보한 가문은 자기규제에 적극적이었고 그렇지 않은 가문은 소극적이어서 이해관계가 달랐기 때문에 향론의 반대에 부딪혀 실패하였다. 자기규제의 핵심 조문인 "인호 예속 및 부세와 관련된 규정(㉕, ㉖)은 갈등 끝에 문집에 수록되지 않았다.[21] 하지만 향촌의 안정에 위협이 되는 재지사족의 무단행위를 자발적으로 근절하려는 일환으로 이황의 문인인 금난수(1530~1604)는 ＜土民侵占匠人田地禁斷規約＞(1593, 선조26)[22] 등을 마련하였지만, 항구적이지는 않았다.[23]

향촌을 안정시키기 위해서는 자기규제를 중심으로 한 사족만의 규약만으로는 부족하고 하층민까지 포섭하는 새로운 규약이 필요하였다. 특히 임진왜란 이후 향촌사회를 복구하기 위해서는 하층민의 자발적 협력이 필수적이었다. 사족의 향규와 하층민의 촌계를 통합하여 전후 극복이라는 공동목표를 추구하였으며, 이러한 경향은 전국적 추세였다. 1598년(선조 31) 금난수는 ＜부포동계＞에서 하층민도 명분은 다르지만 같은 천명을 받은 존재로 인정하여 동일한 규범 아래에서 살고 형장만으로 다스릴 것을 배제하였다.[24] 1601년(선조 34) 정탁(1526~1605)의 예천 ＜高坪洞洞契更定約文＞에서는 '下契庶人'까지 포섭하여 구성원 전원이 참여하도록 하였다.[25] 이황의 미완의 기도는 1602년 金圻(1547~1603)의 향약으로 완성되었다. 이현보의 외손이며 이황의 제자인 김기는 ＜예안향약＞에 3개조를 추가하고 '下人約條'를 신설하여 同約之人으로 서로 규찰·경계하였으며, 사족의 솔선수범과 하층민이 본받을 것을 강조하였다.[26] ＜예안향약＞에 "하인약조" 등을 보완한 ＜김기향약＞은 기존 동계의 吉凶慶弔, 患難相救 등을 토대로 덕업상권, 예속상교, 환난상휼의 조목을 갖춘 향약을 마련하였고, 이는 영남지방 향약의 모범이 되었다.[27]

20) 정진영(주 15), 127-131.
21) 정진영(주 15), 139.
22) 琴蘭秀, ≪惺齋先生文集≫ 卷之二 ＜雜著＞ [土民侵占匠人田地禁斷規約] 참조.
23) 정진영(주 15), 140.
24) 琴蘭秀, ≪惺齋先生文集≫ 卷之二 ＜雜著＞ [洞中約條小識]: 鄕立約條與洞中族契, … 而自變亂以後, 人心日益淆薄, 不可以刑杖笞罰而爲勸懲也. … 下人賤隸名分雖殊 同受天命之性, 則豈可鄙夷而不爲之勸誘同歸於至善之地乎.
25) 鄭琢, ≪藥圃集≫ 卷三 ＜序＞ [高坪洞契更定約文序], [洞契約條] 참조.
26) 金龍德, 金圻鄕約 연구, 鄕村社會史硏究會 編(주 2), 113-4.
27) 吳世昌 外 編著, 「解說篇」(주 11), 5-6; 金龍德(주 26), 100-1.

Ⅲ. 향약 벌조의 내용

조선 향약에서는 대부분 과실상규에 세부적으로 규제행위를 나열하고 있다. 이는 <여씨향약>의 내용을 토대로 하면서 조선의 사정을 반영하여 보완한 것이다. 여기에는 당대 사회의 폐단을 제거하여 이상적 향촌사회의 질서를 구축하려는 사림의 문제의식이 반영되어 있다. 16세기 초의 향약은 <주자증손 여씨향약>을 묵수하였으나, 16세기 후반 이황은 향촌의 실정에 맞는 향약의 규정을 창안하였다. 그리고 17세기 초반에 김기는 사족만이 아니라 하층민까지 대상으로 하여 양자를 구분한 향약을 만들었다. 향약의 주된 대상은 사족과 노비 등을 포함한 하층민 그리고 수령을 보조하면서 향권을 실제로 장악하여 민폐를 끼치는 胥吏[鄉吏]들이었다.

1. 〈주자증손 여씨향약〉의 구성과 벌조

<주자증손 여씨향약>[28]은 조선 향약의 모범이 된 것이다. 먼저 4대덕목을 제시하고 향약의 조직과 운영방법에 대해 설명하였다. 그리고 過失相規에서는 과실을 세 부류로 구분하였는데 다음과 같다.

一, 의를 어긴 과실 6종(犯義之過六): ①술주정, 도박, 싸움, 쟁송(酗博鬪訟), ②버릇없는 행동(行止踰違), ③불손한 행동(行不恭遜), ④신실하지 않은 말(言不忠信), ⑤무고와 비방(造言誣毁), ⑥지나친 사리사욕의 추구(營私太甚)

二, 규약 위반행위(犯約之過): 향약 4대 덕목위반

三, 자기수양을 하지 않는 행위(不修之過): ①부류가 아닌 사람과 교유(交非其人), ②안일과 나태(遊戲怠惰), ③절도 없는 행동(動作無儀), ④사무처리의 불성실(臨事不恪), ⑤낭비(用度不節)

過失相規의 마지막에서는 이를 위반한 자에 대한 조처를 규정하였다. 작은 허물이면 몰래 알려주고, 큰 허물이면 여러 사람이 꾸짖으며 이를 듣지 않으면 집회 때에 직월이 약정에게 보고하고 약정이 의리로 훈계하였다. 만약 사과하고 고치려고 하면 이를 기록하여 고치는 것을 기다리며, 만약 수긍하지 않고 끝내 고치지 않으면 향약에서 퇴출시켰다.[29]

---

28) <增損呂氏鄉約> ≪性理大全≫ 卷51 및 ≪增損呂氏鄉約諺解≫ 참조. ≪增損呂氏鄉約諺解≫는 단국대학교 동양학연구소에서 1976년(2판: 1992)에 출판한 영인본을 이용하였다.

29) <增損呂氏鄉約諺解>: 右件過失 同約之人 各自省察 互相規戒. 小則密規之[小過則私相戒之] 大則衆戒之[大過則衆共警戒之] 不聽則會集之日 直月以告於約正 約正以義理誨諭之 謝過請改則書于籍以俟[俟其改過] 其争辨不服 與終不能改者 皆聽其出約[不服其過 而爭相辨論 及 有過而不卽悛改者 任其去

＜주자증손 여씨향약＞에서는 대상을 특별히 제한하지 않았지만, 향촌 내의 유력자인 士人들로 향촌의 자치질서의 구축을 도모하였다. 孝悌貞烈 등 가족윤리에 대한 언급이 보이지 않으며, 국가에 대한 의무인 '충'도 약하게 나타난다. 대부분은 개인적인 것으로 사치, 낭비, 사욕, 술, 도박, 쟁송, 음해, 의절, 나태 등을 금지하고 있다. 사회적 윤리로 연장자에 대한 존경을 강조하고 신뢰와 공동체에 대한 의무를 중시하였다. 또한 위반자에 대한 처벌은 譴責하는 것과 退出만이 있고, 구성원에 대한 笞刑 등 형벌은 없는데, 이는 자발적 참여를 전제로 한 것이다. 그러나 사인은 향촌사회에 큰 영향력을 발휘하지 못하였기에 향약의 실시에 태생적 제약이 존재하였다. 게다가 향약 위반자에 대한 최고의 제재는 出約에 불과하여 강력한 강제력의 부재도 그 이유 중의 하나이며, 이는 주자 자신도 인식하고 있었다.[30)]

2. 〈예안향약〉과 〈김기향약〉의 구성과 벌조

'조선적' 향약이라고 평가를 받는 ＜예안향약＞과 이를 이은 ＜김기향약＞에서는 향약의 4덕목 중에 과실상규만을 규정하였다. ＜예안향약＞에 바탕하여 보충하고, 상중하의 처벌 내용[31)]까지 언급한 ＜김기향약＞을 기준으로 서술한다.

(1) 벌조의 구성과 내용

＜김기향약＞에서는 「상인약조」와 「하인약조」로 구분하여 적용대상을 달리하고 각각 행위를 극벌, 중벌, 하벌로, 처벌수위는 상중하로 구분하였다. 또 「상인약조」에서는 향리와 관련된 4개조가 별도로 더 있다. 내용은 다음과 같다.

一. 「上人約條」

가. 極罰: 8개조

①부모에게 불순한 자: 불효죄는 국전에 형벌이 있으므로 우선 그다음 죄만 들었다(父母不順者＜不孝之罪 邦有常刑 故姑擧其次＞).

②형제가 서로 싸우는 자: 형이 잘못하고 아우가 옳으면 같게 처벌하고, 형이 옳고 아우가 잘못하였으면 아우만 처벌하며, 서로 비슷하면 형은 가볍게 아우는 무겁게 처벌한다(兄弟相鬪者＜兄曲弟直均罰 兄直弟曲止罰弟 曲直相半兄輕弟重＞).

③家道를 어지럽히는 자: 부부가 때리고 욕하는 행위, 정처를 쫓아내는 행위[아내가 사납게 거역한 경우는 죄를 감등한다], 남녀의 분별이 없는 행위, 적처와 첩을 바꾼 행위, 첩을 처로 삼은 행위, 서자를 적자로 삼은 행위, 적자가 서얼을 아끼지 않는 행위, 서얼이 적자를 능멸하는 행

而不與約].: [⋯] 부분은 언해에서 추가·설명한 내용이다.

30) 이근명(주 13), 278-280.

31) ＜예안향약＞에서는 처벌규정이 없다기보다는 수록되지 않은 것으로 보아야 할 것이며, 따라서 김기는 기존의 관행적 향벌을 수용한 것으로 보아야 한다.

위(家道悖亂者<夫妻毆罵 黜其正妻[妻悍逆者 減等] 男女無別 嫡妾倒置 以妾爲妻 以孼爲嫡 嫡不撫孼 孼反淩嫡>).

④사건이 관부에 저촉되어 향풍과 관계되는 자(事涉官府 關鄕風者)

⑤함부로 위세를 부려 관을 소란하고 마음대로 행하는 자(妄作威勢 擾官行私者)

⑥소민을 침학하고 사적으로 처벌하는 자(侵暴小民 私門用杖者)[<김기향약> 추가]

⑦향장을 능욕하는 자(鄕長陵辱者)

⑧수절하는 과부를 유혹·협박하여 간음하는 자(守身孀婦 誘脅汚奸者)

* 상벌은 관에 신고하여 처벌하며, 불과 물을 서로 통하지 않는다. 중벌은 향안에서 삭제하여 마을에서 함께 하지 않는다. 하벌은 손도하여 공회에서 함께 하지 않는다(上罰 告官司科罪 不通水火, 中罰 削籍不齒鄕里, 下罰 損徒不與公會).[32]

나. 中罰: 18개조

⑨친척과 화목하지 않는 자(親戚不睦者)

⑩정처를 박대하는 자: 처에게 잘못이 있으면 감등한다(正妻疏薄者<妻有罪者減等>[33]).

⑪이웃과 불화한 자(隣里不和者)

⑫동료들과 서로 싸우는 자(儕輩相毆罵者)

⑬염치를 무시하고 사풍을 더럽힌 자(不顧廉恥 汚壞士風者)

⑭힘에 기대어 약자를 능멸·침탈하여 분쟁을 일으키는 자(恃强陵弱 侵奪起爭者)

⑮무뢰배와 무리를 이루어 난폭한 일을 많이 하는 자(無賴結黨 多行狂悖者)

⑯공사 모임에서 관정을 시비하는 자(公私聚會 是非官政者)

⑰거짓을 꾸미고 사람을 무고하는 자(造言構虛 陷人罪累者)

⑱환란에 힘이 있는데도 보기만 하고 구하지 않는 자(患難力及 坐視不求者)

⑲관명을 받고 공무를 빙자하여 폐해를 만드는 자(受官差任 憑公作弊者)

⑳혼인과 상장에 이유 없이 시기를 넘기는 자(婚姻喪祭 無故過時者)

㉑집강을 무시하고 향령을 따르지 않는 자(不有執綱 不從鄕令者)

㉒향론에 따르지 않고 도리어 원망을 품는 자(不伏鄕論 反懷仇怨者)

㉓집강이 사정으로 함부로 향안에 들인 자(執綱循私 冒入鄕參者)

㉔구관 전송에 까닭 없이 참석하지 않는 자(舊官餞享 無故不參者)

㉕인호를 많이 예속시키고 관역에 응하지 않는 자(多接人戶 不服官役者)[<김기향약> 추가]

㉖부세에 성실히 하지 않고 요역을 면하기를 도모하는 자(不勤租賦 圖免徭役者)[상동]

---

32) '削籍'은 향안에서 명단을 삭제하는 처벌로 자격 박탈에 해당한다. 損徒: 삭적보다 낮은 처벌로 일정기간 자격을 정지하는 처벌이며, 자격을 회복하기 위해서는 반성의 의미로 잔치를 베풀어야 한다. 鄭求福, 齊馬首와 損徒, 고문서연구 5, 한국고문서학회(1994) 참조.

33) 할주는 <예안향약>에만 있다.

* 상벌은 관사에 신고하여 처벌하도록 하며, 중벌과 하벌은 경중에 따라 처벌한다(上罰 告官司科罪, 中下 從輕重施罰).

다. 下罰: 5개조

㉗공회에 늦게 온 자(公會晩到者)

㉘문란하게 앉아 예의를 잃은 자(紊坐失儀者)

㉙좌중에서 떠들썩하게 다투는 자(座中喧爭者)

㉚자리를 비워 놓고 물러가 편한 대로 하는 자(空座退便者)

㉛까닭 없이 (모임에서) 먼저 나가는 자(無故先出者)

* 상벌과 중벌, 하벌은 혹 면책하고 처벌한다(上中·下 或面責施罰).

라. 향리 규제[필자 명명]: 4개조

㉜간악한 시골아전(元惡鄕吏)[34]

㉝아전으로서 민가에 폐를 끼치는 자(人吏民間作弊者)

㉞공물 담당으로 대가 등을 과도하게 징수한 자(貢物使濫徵價物者)

㉟서인으로 사족을 능멸한 자(庶人凌蔑士族者)

* 이상은 적발하는 대로 관사에 신고하여 법에 따라 처벌하도록 한다(已上 隨聞見摘發 告官擬律科罪).

二. 「下人約條」

가. 극벌: 8개조

ⓐ부모를 봉양하지 않아서 구걸하게 만든 자(不養父母 使之丐乞者)

ⓑ부모에게 불손하고 도리에 어긋나는 행동을 하는 자(不順父母 多行悖惡者)

ⓒ시부모를 욕하고 꾸짖는 여인(女人誶詈舅姑者)

ⓓ형제간에 화목하지 않는 자: 서로 다투면 옳고 그름에 따른 처벌은 「상인약조」②에 따른다(兄弟不和者＜相鬪則曲直 依上條論＞).

ⓔ불 지르고 훼방 놓는 자(銜火作孼者)

ⓕ양반을 모욕하는 자: 양반이 비리로 욕을 먹어도 역시 처벌한다(兩班凌辱者＜其中兩班 以非理取辱 則亦論罰＞).

ⓖ유부녀와 간통하는 자(有夫女潛奸者)

ⓗ방친인 조부, 아저씨, 형제를 모욕하는 자(傍親祖叔兄弟凌辱者)

* 상벌은 관사에 신고하여 처벌하도록 하고 불과 물을 서로 통하지 않으며, 중벌과 하벌은 경중에 따라 처벌한다(上罰 告官司科罪 不通水火, 中下 從輕重施罰).

34) "元惡鄕吏"의 번역은 윤국일, 경국대전연구, 평양: 과학, 백과사전출판사, 1986, 463.

나. 중벌: 8개조

ⓘ힘을 믿고 휘둘러 마을에 해를 입히는 자(恃强肆暴 作害閭里者)

ⓙ젊은이로 늙은이를 모욕하는 자(以少凌辱老者)

ⓚ마을 사람과 화합하지 못하고 싸우는 자(鄕里不和 及相鬪者)

ⓛ고급 복장 등으로 명분을 문란하게 한 자(絲笠細衣紊亂名器者)

ⓜ양반과 말을 같이 타는 자(兩班等馬者)

ⓝ일에 힘쓰지 않고 농사를 게을리 하며 편히 지내는 자(不力其業 惰農自安者)

ⓞ행동이 황당하여 남을 주인으로 삼는 자(行止荒唐 人作主者)

ⓟ창녀와 간통하고 장난쳐서 상해하는 자(遊女相姦 作亂傷人者)

* 상벌은 관사에 신고하여 처벌하도록 하며, 중벌과 하벌은 경중에 따라 처벌한다(上罰告官司科罪, 中下 從輕重施罰).

다. 하벌: 4개조

ⓠ길흉사의 부조 약속을 지키지 않는 자(吉凶扶助 不約者)

ⓡ공사를 핑계대고 하지 않는 자(公事時 託故不隨行者)

ⓢ마을에서 큰 소리로 꾸짖는 자(閭里間 高聲叱辱者)

ⓣ모임에서 술에 취해 시끄럽게 구는 자(聚會時 使酒喧爭者)[처벌: 중벌과 동일 생략]

＜김기향약＞에서는 상인약조인 ＜예안향약＞에 "⑥侵暴小民 私門用杖者[극벌], ㉕多接人戶 不服官役者, ㉖不勤租賦 圖免徭役者[중벌]"이 추가되었다. ⑥은 사족에 대한 자기 규제를 강화하여 하층민에 대한 사적인 처벌을 금지하였고, ㉕, ㉖은 전후의 상황에서 국역을 회피하려는 것을 규제하려는 것이다.[35)]

「상인약조」는 극벌(8개조), 중벌(18개조), 하벌(5개조), 향리(4개조)로 구분하여 모두 35개조를, 「하인약조」는 극벌(8개조), 중벌(8개조), 하벌(4개조)로 구분하여 모두 20개조를 규정하였다. 향촌구성원 전원과 사족과 향리를 대상으로 하는 조문 및 규제 내용에 따라 가족질서, 풍속, 신분질서, 향약, 수령권 관련으로 구분할 수 있다. 총 55개 규정을 적용대상과 내용에 따라 정리하면 ＜표 1, 2＞와 같다.

35) 정진영(주 15), 132-5.

〈표 1〉 적용 대상 및 내용 별 분류

종류	대상	내용	「상인약조」	「하인약조」
극벌	전원	가족	① ② ③	ⓐ ⓑ ⓒ ⓓ ⓗ
		풍속	⑧	ⓔ ⓖ
		신분		ⓕ
	사족	신분	⑥	
		향약	⑦	
		수령권	④ ⑤	
중벌	전원	가족	⑨ ⑩	
		풍속	⑪ ⑫ ⑭ ⑮ ⑰ ⑳	ⓘ ⓙ ⓚ ⓝ ⓟ ⓢ
		신분		ⓛ ⓜ ⓞ
	사족	풍속	⑬	
		향약	⑱ ㉑ ㉒ ㉓	
		수령권	⑯ ⑲ ㉔ ㉕ ㉖	
하벌	전원	향약	㉗ ㉘ ㉙ ㉚ ㉛	ⓠ ⓡ ⓣ
향리 규제			㉜ ㉝ ㉞ ㉟	

〈표 2〉 규제 내용 별 조문수

	상인약조	하인약조	계
풍속	(2) 8[1/ 7/0]	(1) 8[2/6/0]	16[3/13/0]
향약	(1) 10[1/ 4/5]	(4) 3[0/0/3]	13[1/ 4/8]
가족	(4) 5[3/ 2/0]	(2) 5[5/0/0]	10[8/ 2/0]
수령권	(3) 7[2/ 5/0]		7[2/ 5/0]
신분	(5) 1[1/ 0/0]	(3) 4[1/3/0]	5[2/ 3/0]
전체	31[8/18/5]	20[8/9/3]	51[16/27/8]

* 향리규제 제외

먼저 규제 내용 별 조문 수를 보면, 전체로는 '풍속 규제', '향약', '가족' 등의 순이지만, 양자를 구분하면 다르다. 「상인약조」에서는 '향약', '풍속', '수령권' 등의 순인데, 이는 향약을 유지하기 위한 조치이다. 반면 「하인약조」에서는 '풍속', '가족', '신분' 등의 순이다. 이는 하층민을 교화하여 향촌사회의 안정을 도모하려는 의도이다.

세부내용에서도 차이가 있다. 가족윤리와 관련하여, 「상인약조」의 추상적인 '불효' 등[①, ⑨]을 「하인약조」에서는 구체적인 효의 행위를 예시하였다[ⓐ, ⓑ, ⓒ, ⓗ]. 형제 관계에서는 반대로 표현만 다르게 하여 차이를 드러내었다[②, ⓓ]. 사족과 하층민의 가족 질서와 윤리의 차이를 반영하여 부부와 처첩·적서 관계[③, ⑩]에 대해서는 「하인약조」에는 없다. 신분제와 관련하여, 「상인약조」에서는 '소민침학과 私刑 금지[⑥]'만, 「하인약조」에서는 양반에 대한 모욕[ⓕ], 복장과 승마 규제[ⓛ, ⓜ] 그리고 주인 무시행위[ⓞ][36]를 규정하였다. 이는 사족의 최소한의 자기규제와 하층민의 복종을 강조하고 있다. 풍속과 관련해서는 우선 성 규제에 차이가 있다. 사족에 대해서는 수절과부와의 간음[⑧]만을, 하층민은 유부녀 및 창녀[遊女]와의 간음도 규제하였다[ⓖ ⓟ]. 풍속규제는 사족은 추상적으로 규정하였으나[⑪, ⑫, ⑭, ⑮], 하층민은 구체적으로 규정하였다[ⓚ, ⓘ, ⓙ, ⓢ]. 사족에 대한 규제는 誣告, 혼상례의 失期[⑰, ⑳]이며, 하층민에 대한 규제는 방화, 게으름[ⓔ, ⓝ]이다. 향약 유지에 대해서는 큰 차이를 보이지 않는다.

사족과 하층민에게 요구된 윤리의 차이를 반영하여 「상인약조」에서는 규제행위가 추상적으로, 「하인약조」에서는 구체적으로 규정되었다. 특히 사족의 하층민 침학에 대한 규제와 하층민의 복종과 근면 등은 상보적인 것으로 하층민을 통제하여 안정된 향촌사회가 되기를 도모하였다.

(2) 처벌의 강도

<주자증손 여씨향약>과 이황의 <예안향약>을 전범으로 한 조선 향약의 가장 큰 차이점은 처벌의 존부이다. <예안향약>에서는 단지 극벌, 중벌, 하벌 및 그 하위의 상중하만으로 나타나는데, 이후 <김기향약>에서는 처벌의 구체적인 내용까지 규정하였다. 향약이 실시되기 위해서는 교화만으로는 불가능하고 위반에 따른 처벌이 있어야 한다. 따라서 향약의 핵심은 처벌 규정에 있다고 하여도 과언이 아닐 것이다.

「상인약조」와 「하인약조」에서는 극벌, 중벌, 하벌에 해당하는 행위의 구체적인 처벌강도를 상·중·하로 구분하였다. 이는 관의 처벌(告官科罪)을 전제로 하고 '일종의 부가형인 향촌 공동체 추방(不通水火)', '향원 자격 박탈(削籍 不齒洞里)', '향원 자격 정지(損徒 不與洞會)', '향촌의 자체 처벌(從輕重施罰)', '향회에서 책망(或面責施罰)' 등 자체 처벌을 규정하였다. 처벌 강도는 "㉠, ㉡, ㉢, ㉣, ㉤, ㉥"의 순서이며, 이를 표로 정리하면 <표 3>과 같다.

---

36) 이는 주인을 배반하고 남을 주인을 삼는 행위가 아니라, 잔약한 주인을 무시하고 호강한 자를 주인으로 여기는 행위로 보는 것이 타당하다. 노비가 주인을 배반하고 도망가면 장80으로 처벌하였다. ≪大明律講解≫ <戶律> [婚姻] §123 出妻: ④若婢背家長在逃者, 杖八十<奴逃者, 罪亦同.> ….

〈표 3〉 향약 처벌의 강도

종류		「상인약조」	「하인약조」
극벌	상	㉠告官科罪 不通水火	㉠
	중	㉢削籍 不齒洞里	㉤
	하	㉣損徒 不與公會	
중벌	상	㉡告官科罪	㉡
	중·하	㉤從輕重施罰	㉤
하벌	상	㉥或面責施罰	㉡
	중·하		㉤
향리		隨聞見摘發 告官擬律科罪	해당 없음

극벌, 중벌, 하벌의 대상은 적시되어 있지만, 처벌강도는 그렇지 않다. 따라서 전자는 위반행위의 도덕적 비난가능성, 즉 '추상적 위험성'을, 후자는 위반행위의 현실적 침해정도, 즉 '구체적 罪惡性'을 반영하는 것이다. 개별행위에 대해 상정하고 있는 처벌강도는 「상인약조」는 "극벌 상→중벌 상→극벌 중→극벌 하→중벌 중·하→하벌 전체"의 순으로 규정하여 추상적 위험성을, 「하인약조」는 "극벌 상→중벌 상→하벌 상→3종 전체 중·하"의 순으로 설정하여 구체적 죄악성을 강조하였다. 즉 사족은 '도덕적 기준'으로, 하층민은 '구체적 행동'으로 처벌의 강도를 결정하였다.

「하인약조」에서는 향원 자격과 관련된 삭적[㉢]과 손도[㉣] 그리고 책망[㉥]이 없어 양자의 차이를 잘 보여주고 있다. 향촌공동체 추방은 극벌의 상죄에만 해당하여 윤리를 강조하였다. 「상인약조」가 자격발탈이나 자격정지 그리고 面責을 처벌내용으로 함에 반해 「하인약조」는 施罰이 주류를 이루고 있어 확연한 대조를 보이고 있다. 또 1612년에 작성된 李庭檜(1542~1612)의 ＜족계완의＞에는 "重罰: 1년 손도(해제시 笞奴 50), 中罰: 태노 50, 輕罰: 태노 20"[37]에서 보듯이 시벌도 사족 자신이 아니라 노에게 대신 집행하는 것이었고, 이는 일반적 경향이었다.[38] 이는 신분에 따른 예·법의 분리[39]와 차별을 통하여 신분사회와 향촌질서를 향약으로 유지하려는 의도를 반영한 것이다.

---

37) ＜族契完議＞: … 重罰 一年損徒＜解時笞奴五十＞, 中罰 笞奴五十, 輕罰笞奴二十. 吳世昌 外 編著, 앞의 책(주11), 117.

38) 향약의 처벌은 사족층과 비사족층을 구분하여 전자에 대해서는 신체형이 아닌 삭적, 손도, 罰酒 등 경제적 불이익을, 후자에 대해서는 笞罰이 중심이었다. 박현순(주 3) 참조.

39) ≪禮記≫ ＜曲禮上 第一＞: 禮不下庶人, 刑不上大夫 참조.

Ⅳ. 국법질서와의 관계

고려말 형사사법의 문란을 극복한 조선시대에는 중앙집권을 강화하기 위해 공형벌권을 확립하였지만, 행정력의 한계 등으로 향촌사회의 자치적 처벌[향벌]은 묵인 내지 방조할 수밖에 없었다. 여기서는 국가형벌권과 향약의 처벌권의 관계를 향약운영 관련규정, 향리 관련규정, 구성원의 행위 관련규정으로 나누어 검토한다.

조선의 형사법은 보통법인 ≪대명률≫과 특별법인 國典으로 구성되어 있다. 총 460조인 대명률은 거의 모든 범죄를 규율할 수 있었으며, 또 처벌의 흠결을 피하기 위하여 유추적용에 해당하는 引律比附와 백지형법에 해당하는 違令罪, 관습형법에 해당하는 不應爲律을 규정하였다.[40] 또 ≪대명률≫에서 누락된 부분은 국전으로 보충할 수 있어서 가벌적이라고 인식되는 행위가 처벌되지 않은 일은 거의 생각할 수 없다. ≪대명률≫은 笞杖徒流死의 5형 체제로 구성되어 있으며, 조선의 형사사법은 이에 따라 태형(10~50대)까지는 수령이, 장형에서 유형까지는 관찰사가 直斷할 수 있으며. 사형은 국왕이 최종 재판권자이었다.[41] 따라서 태50 이하에 해당하는 범죄는 사소한 범죄에 해당한다.

1. 국가형벌권의 한계

(1) 향약운영 관련규정

향론의 준수와 향약의 유지를 위한 향약운영 관련규정은 자치적인 것으로 국법질서와 관련이 없으며 「상인약조」와 「하인약조」에서는 각각 10개조, 3개조 총 13개조를 규정하였다. 이 규정들은 향약의 운영규약이므로 국법질서와 직접관련이 없으며 이에 대한 직접적인 국법의 규정은 찾기 어렵다. 자율적 규제-처벌-이 가능하며, '향장 능욕행위(「상인약조」 ⑦)'만 극벌이고 나머지는 중·하벌이어서 처벌 강도도 낮다.

(2) 향리규제 관련규정

중앙집권을 확립하기 위해서는 향리로 대표되는 지방세력을 억압해야 한다. 향리는 수령을 보좌하는 행정실무로 백성의 안위는 이들의 손에 달려 있다고 해도 과언이 아니다. 그래서 초기부터 향리의 불법행위를 규찰하는데 노력하였으며, 이는 ≪경국대전≫ ＜형전＞ [元惡鄕吏]를 두어 징치대상행위 10개를 규정하였다.[42]

---

40) 정긍식, 大明律의 罪刑法定主義 原則, 서울대학교 법학 49-1, 서울대학교 법학연구소(2008) 및 김대홍, 조선의 법추론 인율비부, 민속원, 2018 참조.

41) ≪經國大典≫ ＜刑典＞ [推斷]: 本曹·開城府·觀察使 流以下直斷, 各衙門 笞以下直斷.

42) ≪經國大典≫ ＜刑典＞ [元惡鄕吏]: 元惡鄕吏＜操弄守令專權作弊者, 陰受貨賂差役不均者, 收稅之際橫斂濫用者, 冒占良民隱蔽役使者, 廣置田庄役民耕種者, 橫行里閭侵漁營私者, 趍附貴勢邀避本役者, 避役在逃隱接村落者, 假仗官威侵虐民人者, 良家女及官婢作妾者＞… 犯徒者永屬本道殘驛吏, 犯流者永屬他道殘驛吏 ….

이는 「상인약조」에만 있는데, ①간악한 시골아전, ②人吏가 민간에 폐단을 일으키는 행위,[43] ③貢物吏가 代價나 物價를 함부로 징수하는 행위,[44] ④서인이 사족을 능멸하는 행위를 규정하였다. 이는 수령권과 직결되므로 적발되는 대로 관에 신고하여 율에 따라 처벌하여 자치적 처벌을 허용하지 않았다. 안동 병산서원에 소장된 <인리제관속기과>에서 향약이 실제로 작동하였음을 알 수 있다. 이는 1615~1651년 향리 32명 등 총 42명의 규약 위반행위와 처벌 등을 기록한 자료이다. 위반행위는 요역·공물 관련, 무례, 작첩, 간통 등이다. 처벌은 결벌, 시벌, 徵贖 등이며, 기록한 후에 향회에서 처벌하였다.[45]

향리들이 백성들을 침학하는 행위는 법전 등에 규정이 있고 형벌은 국전에 따르면 신분을 驛吏로 격하시키며, ≪대명률≫에는 장60 이상이다. 그러나 현실에서는 법정형대로 처벌하기에는 침해성이나 가벌성이 약한 행위도 존재하기 때문에 국법으로 아전들의 침학행위를 망라하여 규율할 수는 없다. 특히 사족을 능멸하는 행위는 특정할 수 없다. 그렇다고 해서 사소한 침학행위를 방치할 수는 없고, 어떤 형태로든 규제를 하려고 「상인약조」에 규정을 마련하였다.

(3) 구성원의 행위 관련규정

향약의 규정은 그 운영 및 향리의 규찰과 관련된 규정을 제외하고는 대부분 구성원의 일상행위를 대상으로 한 것으로 국법에 해당규정이 존재한다. 「상인약조」의 벌조 중에서 ≪대명률≫과 ≪경국대전≫에 직간접으로 해당하는 조문은 다음과 같다.[46]

〈표 4〉 처벌 조문과 법령의 관계

상인약조	법전 출전	형벌
①父母不順者[ⓐ ⓑ ⓒ]	明 名 §2 十惡: 七曰不孝	본문 참조
②兄弟相鬪者[ⓓ]	明 刑 鬪毆 §341 毆期親尊長	장90 도2.5년 이상
③夫婦毆罵[47]	明 刑 鬪毆 §338 妻妾毆夫	婦: 장100 이상, 夫: 傷害 2등 감경
③黜其正妻 ⑩正妻疏薄者	明 戶 婚姻 §123 出妻	장80
③以妾爲妻	明 戶 婚姻 §109 妻妾失序	장100
③以孼爲嫡	明 戶 戶役 §84 立嫡子違法	장80
⑤妄作威勢 擾官行私者	明 刑 詐僞 §384 詐假官	장100 이상

43) ≪대전속록≫ <형전> [원악]: 各官用事書員, 操弄作弊, 事跡明白者, 依元惡鄕吏例論.
44) 유사한 조문으로 ≪大明律講解≫ <戶律> [倉庫] §128 多收稅糧斛面 참조. 형벌은 장60 이상이다.
45) 김현영, 17세기 안동지방의 惡籍, <人吏諸官屬記過>에 대하여, 고문서연구 1, 한국고문서학회(1991) 참조.
46) 「하인약조」는 「상인약조」와 유사한 내용이 많으므로 「상인약조」를 중심으로 서술한다.

⑧守身孀婦 誘脅汚奸者[ⓖ ⓟ]	明 刑 犯姦 §390 犯姦	장80 이상, 강간: 교형
⑨親戚不睦者[ⓗ]	明 名 §2 十惡: 八曰不睦	본문 참조
⑫儕輩相敺罵者, ⑮無賴結黨[ⓚ ⓘ]	明 刑 鬪敺 §325 鬪敺	태20 이상
⑭悖强陵弱 侵奪起爭者	明 刑 賊盜 §296 恐嚇取財[48]	절도(50) 1등가중
⑰造言構虛 陷人罪累者[ⓢ]	明 刑 訴訟 §359 誣告	反坐 및 가중
⑲受官差任 憑公作弊者	明 刑 受贓 §374 因公擅科斂[49]	장60 이상
⑳婚姻 無故過時者 喪祭 無故過時者	經 禮 惠恤 明 禮 儀制 §200 喪葬	장100 장80

법으로 구성원의 모든 범죄행위를 사전에 규정할 수 없고, 특히 개별구체적 구성요건을 규정한 법체계에서는 더욱 그러하다. 설사 그런 행위가 있더라도 침해정도가 가벼울 경우에는 처벌 역시 마땅하지 않다. 이런 처벌의 흠결을 「상인약조」에서 보완하였다.

'①父母不順'에서는 단순하고 추상적으로 규정하였다. 그러나 부모에게 순종하지 않는 불효행위는 일일이 나열할 수 없을 만큼 다양하다.[50] 이는 ≪대명률≫의 十惡인 '不孝'[51]에 해당하며 各則에서는 개별적 범죄행위를 규정하였다. 고소, 폭언, 폭행, 살인, 居喪行爲의 불준수, 불봉양, 불복종 등이다. 형벌은 최고 능지처참(謀殺 기수)에서 최저 장80(거상행위 위반)이다.[52] '⑨친척불목'도 십악의 '불목'[53]이며, 범죄행위는 친족을 모살하거나 구타 또는 고소하는 행위로, 최고 斬刑(모살 기수)에서 최저 장80(小功尊屬 고소)이다. 부모불순과 친척불목의 행위는 ≪대명률≫에 규정된 위 행위를 넘어서는 다양한 행위가 있을 것이다.[54] ≪대명률≫ 등에서 직간접으로 해당하는 율을 찾기 어려운 벌조도 있다.[55]

---

47) ≪大明律講解≫ <刑律> [罵詈]에서는 부부 사이의 욕설에 대해서는 규정하지 않고 있다.

48) '侵奪'만 이에 해당할 뿐이고 '起爭'은 [恐嚇取財]조의 내용과는 무관하다.

49) 재물을 거두어들이는 경우만 해당한다.

50) 孟子는 불효를 5개의 범주로 나누었다. ≪孟子集註≫ <離婁章句下> 30: 孟子曰, 世俗所謂不孝者五, 惰其四支, 不顧父母之養, 一不孝也. 博奕好飮酒, 不顧父母之養, 二不孝也. 好貨財, 私妻子, 不顧父母之養, 三不孝也. 從耳目之欲, 以爲父母戮, 四不孝也. 好勇鬪很, 以危父母, 五不孝也.

51) ≪大明律講解≫ <名例律> §2 十惡: 七曰 不孝<告言呪罵祖父母父母·夫之祖父母父母, 及祖父母·父母在, 別籍異財, 若奉養有缺, 居父母喪, 身自嫁娶, 若作樂·釋服從吉, 聞祖父母·父母喪, 匿不擧哀, 詐稱祖父母·父母死.> 참조.

52) 朴秉濠, 孝倫理의 法規範化와 그 承繼, 近世의 法과 法思想, 진원, 1996, 527 <도표 1> 참조.

53) ≪大明律講解≫ <名例律> §2 十惡: 八曰 不睦<謂謀殺及賣緦麻以上親, 敺告夫及大功以上尊長·小功尊屬.> 참조.

54) 예컨대, 사소한 부모의 훈계를 따르지 않는 경우를 들 수 있다. 특히 ≪大明律≫에는 嫡庶를 구별하고 있지 않으므로, 적서 사이의 행위[③家道悖亂者]는 직접적으로 향약의 규제대상이 된다. 1478년(성종 9) 庶兄의 嫡弟殺人 事件에 대해서는 조지만, 조선시대 형사법: 대명률과 국전, 경인문화사, 2007, 116-8 및 김대홍(주 40), 180-221 참조.

55) 이에 해당하는 벌조는 "④事涉官府 關鄕風者, ⑦鄕長陵辱者, ⑪隣里不和者, ⑬不顧廉恥 汚壞士風者, ⑮

「하인약조」 중 ‘ⓕ양반 능욕’[56]과 ⓗ방계존속 능욕’[57] 및 ‘ⓛ복장 문란’[58]은 해당 조문이 있다. 그러나 ⓕ는 형벌이 全家徙邊으로 무거워서, ⓗ와 ⓛ은 ‘능욕’, ‘문란’이 추상적이서 집행하기 어렵다. 그리고 ‘ⓜ승마’, ‘ⓝ게으름’, ‘ⓞ주인 무시’는 해당 조문이 없어서 추가한 것이다. 따라서 「상인약조」와 「하인약조」의 벌조는 성문 규정의 유무와 무관하게 도덕적·사회윤리적 관점에서 보았을 때 묵과하기 어려운 위반행위를 직접적인 대상으로 하였다.

벌조에 해당하는 행위에 대한 ≪대명률≫ 등의 최저형벌은 태20[59]이지만, 대개는 장60 이상으로 ≪대명률≫에 규정된 범죄행위, 즉 구성요건은 법익침해의 정도가 높은 것이다. 그러나 현실에서는 법익침해 정도가 낮아 율로 처벌하기 어려운 위반행위도 존재한다. 율로 처벌할 수 없는 행위는 불응위율로도 처벌할 수 있다. 그러나 수령이 직접 단죄하기에는 현실성이 부족하다. 일상적으로 발생하는 수많은 범법행위를 수령이 일일이 적발하여 처벌하기까지 행정력이 미치지 않았다.[60] 이는 「상인약조」 벌조의 규정방식에서도 확인할 수 있다. ≪대명률≫에서는 처벌에서 형평성을 고려하여 개별구체적인 구성요건을 고집하고 있다. 그러나 여기에서는 ‘향장 능욕’, ‘이웃과 불화’, ‘사풍 훼손’ 등 일반추상적인 구성요건을 규정하였다. 그렇기 때문에 ≪대명률≫보다는 포섭할 수 있는 대상이 훨씬 더 넓고 많다고 할 수 있다.

현실세계에서는 간과할 수 없는 사소한 비윤리적 행위가 상존한다. 그렇다고 해서 이를 그냥 내버려둘 수는 없다. 그래서 ≪대명률≫에서는 가벌적인 행위의 처벌의 흠결을 막기 위해 “불응위율” 등 다양한 법적 장치를 마련하였지만, 그렇다고 해서 이 모두를 율, 국가형벌권으로 처단하는 것 역시 무리이다. 이러한 국가형벌권의 흠결을 메우는 역할을 바로 향약이 수행하였다. 향약의 주도세력은 향촌에 살면서 하층민이나 동료들의 행동을 생활 속에서 직접 관찰할 수 있다. 그렇기 때문에 그들은 향약을 통하여 생활의 모든 것을 직접적이고 효과적으

無賴結黨 多行狂悖者, ⑯公私聚會 是非官政者, ㉔舊官錢享 無故不參者” 등이다.

56) ≪各司受敎≫ <형조수교> [罵詈] § 125에는 “서인과 노비가 사족을 구타하면 전가사변에 처하는 규정이 치폐를 거듭한 사실을 언급하고 회복한 내용”(1554년, 명종 9)이 있다. 그러나 ≪속대전≫에 수록되지 않은 일시의 법령이었다.

57) ≪大明律講解≫ <刑律> [罵詈] § 351 罵尊長 참조.

58) ≪경국대전≫ <예전> [잡령]: 士族衣服, … 庶人草笠, 三十竹, 又竹織笠·繩結笠. 형벌은 ≪大明律講解≫ <刑律> [雜律] § 409 違令에 따라 태50이다.

59) 일반인 사이의 상처가 나지 않은 구타(凡鬪毆, 以手足毆人不成傷者, 笞二十)이며, 구타의 경우 최고형은 杖100 流3천리이다(若斷人舌及毁敗人陰陽者, 並杖一百流三千里). ≪大明律講解≫ <刑律> [鬪毆] § 325 鬪毆 참조.

60) 父母不順, 즉 불효행위를 수령이 직접 처단할 경우, 유교윤리를 저버린 綱常罪로 비화될 가능성도 있다. 만약 사건이 강상죄로 비화되면 범죄인만 처벌받는 것이 아니라 수령 때로는 관찰사까지 파직되고 고을이 강등되는 등 전체가 처벌을 받는다. 따라서 가급적이면 강상죄가 발생하지 않는 것이 좋으며, 일단 숨기는 경우가 많았다. ≪속대전≫ <刑律> [鬪毆]: 綱常罪人<弑父·母·夫, 奴弑主, 官奴弑官長者.>, 結案正法後, 妻·子·女, 爲奴, 破家瀦澤, 降其邑號, 罷其守令.<從時居邑. ○縣令以上, 降縣監. 縣監, 勿革, 而序諸縣之末. 限十年復舊. ○反逆緣坐, 自有本律, 破家以下用此律.> 結案後徑斃者, 一體論.

로 규율할 수 있었다. 국법과 사회윤리와의 간극을 향약으로 제어하였고, 향약이 하층민은 물론 사족의 일상생활에까지 침투하였다. 이는 감시와 처벌의 일상화이다. 그래서 더욱 효과적으로 규율할 수 있었고, 향약이, 나아가 국가가 표방하는 유교윤리를 훨씬 더 효과적으로 사회에 파급할 수 있었다. 향약은 사족은 물론 하층민까지 포함하여 유교윤리를 사회 전반에 보급할 수 있는 기제로 작동하였다.

2. 향약 처벌권의 한계

중앙집권을 추구하여 私刑을 부정하는 입장에도 불구하고 향약의 과실상규 벌칙조항은 국법질서와 병존하고 있었다. 이는 규제대상의 행위가 국가의 법으로서 처단하기에는 사소한 비윤리적 행위라는 측면과 국가의 방침에도 불구하고 모든 범죄행위를 규찰할 수 없는 수령권, 즉 국가권력의 한계에 기인하기도 한다. 향약에서 구성원이나 하층민 등에 대한 처벌이 묵시적으로 허용되었지만, 이것만으로 충분한 것이 아니다. 자체적으로, 즉 향론에 따라 현실적으로 처벌할 수 있어야만 향약이 제대로 작동되었다고 할 수 있다.

＜주자증손 여씨향약＞에서는 작은 과실은 사적으로 바로잡고, 큰 과실은 대중이 바로잡으며, 이를 듣지 않으면 모임에서 直月이 約正에게 알리고 약정이 타일러 고치기를 기다리며, 만약 고치지 않으면 향약에서 강제로 탈퇴시켰다. 이는 ＜김기향약＞에서도 그대로 유지되었는데, 出約이 아닌 都約正이 관사에 신고하여 상중하벌로 죄를 다스리도록 하였으며,[61] 輕罪는 笞20으로 한정하고 笞30 이상은 관에서 처벌하도록 하였다.[62]

향약의 처벌권은 독자적인 것은 아니다. 향약에서는 이미 관정을 존중하는 것을 전제로 하고 있다. 즉, 향약에서는 관정에 대한 시비, 즉 수령의 행위를 비판하는 것[⑯]과 수령을 전별하는 행사에 참석하지 않는 것[㉔]을 처벌하고 있으며, 또 ＜김기향약＞에서는 "수령을 평가하는 것은 小民을 침해하고 국정을 해치는 것으로 향약 구성원을 모욕하는 것이니 절대 용서하지 못하도록" 규정하였다.[63]

자체적으로 집행할 수 있는 처벌은 자체 규약을 위반한 행위에 대해 적용되었고, 가벌성이 더 높은 행위인 태30 이상은 관에 신고하여 처벌하였다. 앞서 보았듯이 향약의 벌조는 국법질서의 흠결을 보완하는 것이다. 향약에서 규정하는 벌칙은 대부분 태40 또는 장80인 불응위율에 해당하는 것이다. 양자의 관계는 1560년 이황의 ＜溫溪洞規＞의 洞令 "만약 조목 이외의 사항을 범하였으면 모두 불응위율에 따라 사리의 경중을 판단하여 처리하라."[64]에 잘 나

61) ＜金圻鄉約＞: 一. 同約之人, 各自省察, 互相規戒. 小則密規之, 大則衆戒之. 不聽則會日, 約正以義理誨諭之, 謝過請改, 則許其自新. 其争辨不服, 與終不能改者, 告于都約正, 都約正報官司, 上中下三罰治之.

62) ＜金圻鄉約＞: 一. 重罪則報官司, 輕罪則笞二十論斷, 笞三十以上官決.

63) ＜金圻鄉約＞: 一 鄉約所體貌既尊重, 而約法又嚴. … 或持守令長短得失, 馴成倒置. 則其所以擾小民害國政, 有不可言. 豈不爲約中諸賢之辱乎, 若有如此事, 一一論罰, 絶勿饒貸.

타나 있다. 즉 향약에서 규정하지 않은 위반행위에 대해서는 불응위율[65]에 의하도록 하였으며, 이는 향중에서는 처단할 수 없고 수령이 처단해야 하는 것이다. 이 점에서 향약은 관권에 의지하는 한계를 가졌다.

형벌권의 독점 및 사형을 금지하는 국법질서와 향촌사회에서 독자적인 형벌권의 확보라는 향약은 적정한 선에서 타협을 이루었다. '反'도덕을 넘어서서 '非'도덕적 행위를 남김없이 처벌하려는 국법의 의도에도 불구하고 현실에서 발생하는 모든 가벌적 행위는 전부 처벌할 수 없었다. 그 한계 내지 흠결을 향약이 메운 것이다. 그 적정선 내지 한계선은 태40이 법정형인 불응위이었다. 즉 법령에 명시적으로 위반하지는 않지만 그냥 방치할 수는 없는 행위를 향약으로 처벌하되 그 한계는 태20 정도이었다.

다른 한편으로는 국가가 통치의 효율, 향촌사회를 안정적으로 지배하기 위하여 사족의 다른 사족이나 하층민에 대한 처벌이 지나치지 않으면 사실상 묵인한 측면도 있다. 濫刑을 금지하였지만 제한적이었다. 특히 신분제가 붕괴해가는 조선 후기에는 주노의 명분관계를 더욱 강화하였다. 대면하면서 살아가는 사족들이 하층민들을 직접 규율하는 것은 향촌사회의 안정과 통치에 도움이 되었으며, 사족이나 수령은 이 점에서 같은 입장이었다. 수령은 사족들에게 국가공권력에 직접적인 위해가 되지 않는 범위 내에서 향약의 자치적인 형벌권을 묵인하였다. 결국 향약은 사족이 하층민을 통제하는 수단이 되었던 것이다.[66]

V. 결 론

향약은 북송의 <주자증손 여씨향약>에 토대를 두고 있다. 조선에서는 16세기 초에 이를 수용하여 언해본을 간행하는 등 보급에 노력하였으나 정치적 이유 등으로 실패하였다. 16세기 후반 이황과 이이에 의해 조선의 고유성이 반영된 향약이 등장하면서 사회에 보급되었다. 중국의 향약과 비교하여 조선 향약의 가장 큰 특징은 과실상규를 강조하고 향약 자체에 처벌규정이 있는 점이다. 종래의 연구에서는 향약 실시의 사회적 배경과 향촌사회에서 주도권의 변동 —사족과 수령 및 사족집단들 사이— 에 주목하여 왔다. 그러나 이러한 역사적·정치적

64) <溫契洞規> [洞令]: 右洞令設立本意段 洞中居人 皆家門奴婢 以漸至無統難治 不得已徇舊規 立此若干條 皆就其重者而爲例 其有事係各條 而情可恕者 臨時僉議審其故誤 而的當論決爲乎矣 如有條外所犯者 並依不應爲事理重輕之例 裁處爲旀 犯者不係奴婢人是去等 洞中論決導良[원문은 '除良'이나 문맥상 '導良'이 옳다] 依他告官治罪爲乎乙事.; 吳世昌 外 編著(주 11), 121. <溫契洞規>는 내용상 下人約條이다.

65) ≪大明律講解≫ <刑律> [雜犯] §410 不應爲: 凡不應得爲而爲之者 笞四十<謂 律·令無條 理不可爲者>, 事理重者 杖八十; 김대홍, 不應爲考(주 40), 132-156 참조.

66) 정약용(1762~1836)은 향약의 폐단을 도적보다 심하다고 비난하였다. ≪牧民心書≫ <禮典六條> [教民]: 守令之志高才疏者, 必行鄕約. 鄕約之害, 甚於寇盜. 土豪鄕族, 差爲執綱, 自稱約長, 或稱憲長, 其下有公員直月等名目, 專擅鄕權, 威喝小民, 討酒徵粟, 其求無厭. … 由是言之, 鄕約不可輕議, 熟講精思, 乃可行也. 번역은 다산연구회 역주, 역주 목민심서 4(전면개정판), 창비, 2018, 20 참조.

접근은 조선 향약의 특징인 처벌에 대해서는 눈길을 주지 않았으며 결국 향약에 대해 편면적인 이해에 그쳤을 뿐이다. 본고에서는 방향을 선회하여 벌조를 분석하여 기존에 검토되지 않은 향약의 형사법적 성격을 검토하였다.

영남향약의 남상인 이황의 1556년 <예안향약>과 이를 승계·발전시킨 1602년 <김기향약> 「상인약조」와 「하인약조」의 벌조를 분석하였다. 사족을 대상으로 한 「상인약조」에서는 체벌이 미약하다. 하층민까지 대상으로 한 「하인약조」에서는 "從輕重施罰"이 두드러진 처벌이다. 極中下罰의 하위에는 다시 상중하의 구분이 있는데, 전자는 위반행위의 추상적 위험성을, 후자는 구체적 죄악성을 반영하는 것이다. 9개의 처벌정도를 「상인약조」와 「하인약조」로 나누어보면 사족은 도덕적 기준으로 하층민은 구체적 행동으로 판단하였다. 사족과 하층민 사이 각기 다른 판단기준 및 형벌의 차이는 신분제를 강화하여 향촌사회의 안정을 유지하려는 의도이다.

국법은 개별구체적으로 규정된 것임에 반해 향약의 벌조는 일반추상적으로 규정된 것이 많다. 또 국법의 형벌은 대개 장60 이상으로 무거운 반면에 향약의 형벌은 태벌은 20 또는 30으로 가볍다. 태30 이상은 직접 처벌하지 않고 관에 신고하여 처벌하도록 하고 있다. 따라서 향약의 벌조는 국법에서 처벌할 수 없는 사소한 비도덕적·비윤리적 행위를 규율하는 것이다. 향약의 형벌과 국가의 형벌의 한계는 도의관념 내지 관습에 위반하는 행위를 처벌하는 불응위율이라고 할 수 있다.

향약에 의한 처벌, 즉 사족의 자치적 형벌권의 집행은 私刑을 금지하는 국가정책에는 위배하지만 지방통치에는 적절한 측면이 존재함을 부인할 수 없다. 수령권의 한계로 모든 범죄를 적발·처벌할 수 없고, 그렇다고 해서 이를 방치할 수는 없는 한계적 상황을 사족들이 향약을 통하여 자체적으로 처벌하였다. 나아가 사족들은 향촌에서 대면하면서 직접 규율하였다. 이 점에서 수령에 의한 적발과 처벌보다 더 효율적이었다. 향약은 자율적 자치규범이 아니라 상층민이 하층민을 생활 속에서 규율하려는 기제였다. 이는 감시와 규율의 일상화이다. 이것은 향약의 역사적 성격을 잘 드러낸다.

향약은 국법질서의 흠결을 메워 비도덕적인 사소한 행위를 규율하는 것으로 국법질서와 상보적인 관계에 있음을 확인하였다. 그러나 본고는 경상도 안동의 향약 2개를 고찰한 것이기에 이를 조선 사회 전체로 확대하기에는 무리가 있을 것이다. 특히 李滉의 향약과 쌍벽으로 조선적 향약의 전형을 이루는 李珥 계통의 향약을 검토하지 않은 점 역시 부족한 점이다. 또 분석과 소개가 규범적 차원에만 머물렀지 실제의 작동과 적용을 전혀 고려하지 않은 한계 역시 부인할 수 없다. 하지만 "첫술에 배부른 법이 없다"는 속담에 위안을 삼으며 앞으로의 연구를 약속하고 기대한다.

계약금 교부의 법률관계 재검토

정 상 현*

Ⅰ. 들어가며

계약금은 매매계약이나 임대차계약 등 주된 계약의 체결과 함께 당사자 사이의 합의에 따라 교부되는 금전 기타 유가물을 의미한다. 매매계약이 체결되는 상황을 예로 들면, 甲 소유 X토지에 관하여 매매대금을 10억 원으로 하고 乙이 이를 매수하는 경우, 乙은 계약 당일 계약금 1억 원을 교부하고, 1개월 후 중도금 4억 원을 지급하며, 3개월 후 甲이 소유권이전등기 서류의 교부와 상환으로 잔금 5억 원을 지급할 것을 약정함으로써, 甲과 乙 사이에 X토지에 관한 매매계약이 체결된다. 이때 교부된 계약금은 우리민법에서 해약금으로 추정한다(민법 제565조 제1항). 그 외 증약금으로서 성질도 있고, 별도의 약정에 따라 위약금이 되거나 손해배상액의 예정으로 추정되기도 한다(민법 제398조).[1]

매매계약 등 주된 계약이 원만하게 이행되면 계약금 역시 본래의 역할을 수행하고 그 운명을 다한다. 그런데 매매계약이 무효, 취소 등의 사유로 소멸되거나 당사자의 채무불이행 또는 해약금 추정에 따라 해제되는 경우에는 그 계약금의 반환과 관련하여 여러 가지 분쟁이 발생한다. 계약금에 관한 판결이 전체적인 숫자로 그리 많지 않고,[2] 그 해석도 분분하다. 특히 계약 체결 당시 당사자가 약정한 계약금을 전혀 지불하지 않거나 일부만 지급한 경우에 해약

---

* 성균관대학교 법학전문대학원 교수.

1) 대법원 1979. 4. 24. 선고 79다217 판결; 대법원 1981. 7. 28. 선고 80다2499 판결; 대법원 1987. 2. 24. 선고 86누438 판결; 대법원 1988. 5. 10. 선고 87다카3101 판결; 대법원 1989. 12. 12. 선고 89다카10811 판결; 대법원 1990. 2. 13.자 89다카26250 결정; 대법원 1995. 2. 10. 선고 94다51109 판결; 대법원 1996. 6. 14. 선고 95다11429 판결; 대법원 1998. 3. 27. 선고 97다36996 판결; 대법원 1999. 9. 17. 선고 99다19926 판결; 대법원 2004. 12. 10. 선고 2002다73852 판결 등. 그 외 계약금이 해약금과 손해배상액의 예정을 겸한다는 판결로 대법원 1967. 3. 28. 선고 67다122 판결; 대법원 1971. 5. 24. 선고 71다473 판결; 대법원1992. 5. 12. 선고 91다2151 판결; 대법원 1996. 10. 25. 선고 95다33726 판결 참조.

2) 해약금 해제를 위한 이행의 착수인지 여부가 주로 문제되었다. 대법원 1966. 6. 21. 선고 66다699 판결; 대법원 1970. 4. 18. 선고 70다105 판결; 대법원 1997. 6. 27. 선고 97다9369 판결; 대법원 2000. 2. 11. 선고 99다62074 판결; 대법원 2006. 11. 24. 선고 2005다39594 판결; 대법원 2008. 10. 23. 선고 2007다72274 판결 등.

금에 따른 해제가 가능한지 견해가 나뉜다. 이에 관하여 대법원은 논리적으로 이해하기 어려운 판시사항을 나타내기도 한다. 대법원의 이러한 태도는 계약금의 법적 성격에 관한 논리적 설명과 계약금이 교부되는 현실 사이의 괴리에서 기인한다.

앞의 예에서 乙이 계약 당일 계약금 1억 원을 전혀 지급하지 못하거나 일부인 1,000만 원만 지급하는 경우도 상정할 수 있고, 약정대로 계약금 1억 원을 모두 지급하고 각 약정일에 중도금 4억 원과 잔금 5억 원을 모두 지급하여 소유권이전등기를 넘겨받는 경우도 예상할 수 있다. 우리 대법원은 계약금의 교부 그 자체를 매매계약과는 '독립적'인 '종된' '계약금계약'으로 의제하고, 그 계약금계약은 '요물계약'의 성질을 가진다고 판시한다.[3] 계약금의 교부에 대한 대법원의 시각을 기초로 두 가지 상황에 대한 논리적 일관성과 현실 적합성을 살펴보기로 한다.

우선 乙이 계약 당일 약정한 계약금 1억 원을 지급하지 못하거나 일부인 1,000만 원만 지급한 경우를 본다. 일반적인 견해와 대법원 판결에 따르면 계약금계약은 요물계약이므로 계약금이 전부 지급되지 않았다면 계약금계약 자체가 성립하지 않는다. 계약금의 교부가 민법 제565조 제1항에 따른 해약금의 성질을 갖고 이행의 착수나 乙의 계약금 포기, 甲의 배액 상환 등 그 요건을 충족하더라도, 아직 성립조차 되지 못한 매매계약을 해제할 수는 없다.[4] 그런데 대법원은 계약금의 미지급이 계약금계약의 불이행이고, 이를 법정해제의 원인으로 삼아 계약금계약을 해제할 수 있으며, 종된 계약금계약이 해제됨으로써 주된 매매계약이 그 목적을 달성하기 어렵다면 매매계약도 해제할 수 있다고 판시하였다.[5] 이에 더하여 계약금이 일부만 지급된 경우 계약금계약은 성립할 수 없어 해약금으로서는 매매계약을 해제할 수 없다고 전제하면서, 지급된 일부 계약금의 반환이 아니라 약정한 계약금 전액을 반환하면 해제할 수 있다고도 한다.[6] 성립되지 않은 매매계약의 해약금 해제가 불가능하다는 전제와 달리, 추가적으로 또는 가정적으로 그 해제 가능성을 제시한 이들 판결은 논리적 일관성에 의문이 생긴다.

나아가 매매계약의 원만한 이행으로 그 목적이 달성되는 과정에서도 계약금과 관련하여 불필요하게 복잡하고 우회적인 설명을 해야 하는 경우가 있다. 일반적인 견해와 대법원에 따르면, 계약금계약은 주된 매매계약과 '독립적'으로 성립한다고 해석한다. 계약 당일 교부된 계약금은 매매계약의 종된 계약금계약의 목적일 뿐 주된 매매계약의 내용과는 관련이 없다는 것이다. 그 결과 甲과 乙이 약정한 매매대금 10억 원 중 1억 원은 별도의 계약금계약의 내용이고, 중도금과 잔금 합계 9억 원만 매매계약의 내용이다. 그렇다면 계약 당일 계약금 1억 원을 지급한 乙이 중도금 4억 원과 잔금 5억 원을 약정일에 모두 지급하고 소유권이전등기를 넘겨받아 매매계약이 목적을 달성하여 소멸하면, 그 종된 계약인 계약금계약 역시 목적을 달성하

3) 대법원 1975. 12. 23. 선고 74다1761 판결.
4) 대법원 1955. 3. 10. 선고 4287민상388 판결.
5) 대법원 2008. 3. 13. 선고 2007다73611 판결.
6) 대법원 2015. 4. 23. 선고 2014다231378 판결.

여 소멸한다. 따라서 소멸된 계약금계약에 따라 甲은 수령한 계약금 1억 원을 乙에게 반환해야 논리적이라고 한다. 이때 乙이 1억 원을 반환받았더라도 매매계약에서 약정한 매매대금은 10억 원이므로, 乙은 매매대금으로서 1억 원을 추가로 지급해야 한다. 이러한 설명이 금전의 반복적 반환을 야기하므로, 이 과정을 생략하고 乙이 지급한 계약금 1억 원을 매매대금 10억 원에 충당하는 것으로 해석한다. 이 얼마나 복잡하고 우회적인 설명인가?

이러한 의미에서 본 논문은 학설과 판례에 의하여 일반적으로 수용되고 있는 '계약금계약'의 독립적 의미를 이론적 필요 내지 실익 그리고 계약 현실에 비추어 재검토한다. 계약금계약을 전제로 한 요물계약설과 낙성계약설의 주장 내용과 근거 역시 논의대상으로 삼을 것이다. 어떤 사실에 대한 법리적 성질을 창조하는 것이 이론적으로나 현실적으로 불필요한 논란의 원인이 되는데도 굳이 그 전제가 되는 개념 내지 법적 성격을 유지해야 하는지 의문이다. 실제 매매계약이나 임대차계약 등의 체결과정에서 매수인 또는 임차인이 계약금을 교부할 때 주된 계약과는 별도의 계약금계약을 체결한다고 인식하는지, 계약금계약의 체결에 따른 채무이행으로서 계약금을 교부한다고 생각하는지 의문이다. 민법상 계약금의 교부에 대한 법적 의미를 다시 생각할 필요가 있다고 생각한다.

Ⅱ. 계약금 교부의 법적 성질

1. 계약금의 교부와 해약금 추정

(1) 통상적으로 매매계약이나 임대차계약 등을 체결하는 과정에서 당사자는 합의에 따라 일정액[7]의 계약금을 수수하는 관행이 있다. 계약금은 내금, 선금 또는 선급금, 착수금, 보증금, 약정금, 예약금 등의 명칭으로도 사용되지만,[8] 우리민법 제정 전에는 '수부금'이라고 하였다.[9] 법률적으로는 계약체결의 증거인 증약금이나 해제권을 유보하는 해약금[10] 또는 별도 특

7) 대체로 매매대금이나 보증금의 10% 가량을 수수한다.

8) 중국에서는 정금(定金)이라 하고 일본에서는 수부(手附)라고 한다. 일본 민법전에서는 手付를 사용하고 있으나 手附를 혼용하는 경우도 있다(吉田豊, 手付の研究, 日本比較法研究所研究叢書(69), 中央大學出版部, 2005; 吉田豊, "近代民事責任の原理と解約手附制度との矛盾をめぐって", 法学新報 第72巻 第1·2·3号, 中央大学法学会, 1965; 遠藤浩, "手付契約の解釈", 民事研修 第545号, 2002; 末川博, "手附契約の解釈", 民商法雑誌 第26巻 第4号, 有斐閣, 1951; 遠田新一, "手附の性質", 民商法雑誌 第30巻 第6号, 有斐閣, 1955; 来栖三郎, "日本の手附法", 法学協会雑誌 第80巻 第6号, 1964). 그 외 주된 계약의 성립을 위한 성약금의 성질을 인정하는 견해도 있는데(김기선, "계약금(보증금)", 고시계 제25권 제10호(1980. 9), 44), 이에 관해서는 계약금의 교부를 요물계약으로 이해할 때 의미 있는 속성이라고 한다(심재돈, 민법주해(편집대표 곽윤직), 제XIV권, 채권(7), 박영사, 1997, 139).

9) 제주지방법원 1988. 9. 9. 선고 88나100 판결에서는 "수부금이란 용어는 구민법시대에 계약금을 뜻하는 것으로서 오늘날까지 같은 의미로 거래상 쓰이고 있고 계약금은 계약체결시 교부되는 것이 원칙이나 계약체결 후 변제기 전에 교부되더라도 당사자가 계약금임을 명백히 한 때에는 계약체결시 교부되는 금액과 합하여 계약금으로 보아야 할 것이고 위 계약금은 당사자 사이에 달리 특약이 없는 한 해약금의 성격을 잃지 않는다."고 하

약에 따라 계약위반에 대한 제재로서 위약금의 성질을 갖기도 한다.[11] 이와 같은 계약금 교부의 법적 효과는 과거 요물계약이었던 매매계약이 낙성계약으로 발전하는 과정에서 생겨났다고 한다.[12] 우리민법에 나타나는 계약금 관련 내용은 계약금의 교부로 해제권이 유보되는 법적 효과를 규정할 뿐이다. 즉 민법 제565조 제1항은 "매매의 당사자 일방이 계약 당시에 금전 기타 물건을 계약금, 보증금 등의 명목으로 상대방에게 교부한 때에는 당사자간에 다른 약정이 없는 한 당사자의 일방이 이행에 착수할 때까지 교부자는 이를 포기하고 수령자는 그 배액을 상환하여 매매계약을 해제할 수 있다."고 규정하고, 이를 다른 유상계약에 준용한다(제567조).

(2) 서구 민법 역사에서 계약금은 변방의 존재(Randexistenz)로 취급되었다.[13] 근대민법에서도 낙성계약의 발전과 함께 계약금 수수에 대하여 특별한 의미를 부여하지 않았다.[14] 독일민법 제336조는 계약금에 증약금(Haftgeld)의 의미를 부여하였을 뿐이고,[15] 해약금(Reugeld)은 제353조에서 따로 규정하고 있다.[16] 스위스채무법 제158조 역시 계약금을 증약금으로 보면서(제1항), 해약금으로 약정된 경우에는 교부자가 이를 포기하고 수령자는 그 배액을 상환하여 계약을 해제할 수 있다(제3항)고 규정한다.[17] 반면 프랑스민법 제1590조는 매매의 예약과 관련하여, 예약금(les arrhes)이 수수된 경우 교부자는 예약금을 포기하고 수령자는 그 배액을 상환함

였다. 과거 우리 판결에서 종종 등장하는 용어였다(대법원 1953. 1. 1. 선고 52다18 판결; 대법원 1955. 3. 10. 선고 4287민상383 · 384 판결; 대법원 1955. 5. 31. 선고 4288행상22 판결; 대법원 1966. 6. 21. 선고 66다699 · 700 판결).

10) 우리 판례는 계약금이 해약금과 손해배상액의 예정을 겸할 수도 있다고 한다(대법원 1967. 3. 28. 선고 67다122 판결; 대법원 1971. 5. 24. 선고 71다473 판결; 대법원1992. 5. 12. 선고 91다2151 판결; 대법원 1996. 10. 25. 선고 95다33726 판결).

11) 곽윤직, 채권각론, 박영사, 2000, 130-131; 김증한 · 김학동, 채권각론, 박영사, 2006, 215-216; 장재현, 채권법각론, 경북대학교출판부, 2006, 217-219; 송덕수, 신민법강의, 박영사, 2021, 1169-1170; 지원림, 민법강의, 홍문사, 2021, 1446-1447; 박동진, 계약법강의, 법문사, 2016, 160; 이용운, 주석민법(편집대표 박준서), 채권각칙(2), 한국사법행정학회, 1999, 415; 심재돈(주 8), 139-140.

12) 곽윤직(주 11), 157.

13) 외국의 입법례에 관하여 자세한 것은 김동훈, "민법의 해약금 규정의 운용방향", 비교사법 제22권 제3호, 한국비교사법학회(2015. 8), 1115; 오종근, "계약금의 법적 성질 —해약금을 중심으로—", 법학논집 제15권 제3호, 이화여자대학교 법학연구소(2011. 3), 171-173 참조.

14) Volker Rieble, Staudingers Kommentar zum BGB, Buch 2, 12.Aufl., 2004, 2 zu § 336, S.230; Peter Gottwald, Münchener Kommentar zum BGB, Bd.2, 6.Aufl., C. H. Beck, 2012, 1 zu § 336, S.2291.

15) 독일민법 제336조(계약금의 해석) (1) 계약체결에서 계약금으로 교부된 것은 계약체결의 표지로 인정된다. (2) 계약금은 의심스러운 경우 해약금으로 인정되지 않는다.

16) 독일민법 제353조(해약금에 의한 해제) 해약금을 지급하면 해제할 수 있다고 약정된 경우 해제의 의사표시 전이나 그 표시 당시에 해약금이 지급되지 아니하고 상대방이 이를 이유로 해제에 대하여 지체 없이 이의를 제기한 때에는 해제는 효력이 없다. 그러나 이의 제기 후 지체 없이 해약금이 지급된 경우에는 그 의사표시는 유효하다.

17) 스위스채무법 제158조(증약금과 해약금) (1) 계약금으로 교부된 것은 증약금이고 해약금이 아니다. (2) 계약이나 지역의 관행으로 별도의 정함이 없으면 계약금을 수령한 자는 채권에 충당함이 없이 보유한다. (3) 해약금이 약정된 경우 교부한 자는 이를 포기하고 수령자는 배액을 상환하여 계약을 해제할 수 있다.

으로써 매매예약을 해제할 수 있도록 규정하여, 예약금을 해약금으로 추정한다.[18] 다만 이는 매매의 예약(la promesse de vente)을 해제하는 것으로 본계약의 해제에 관한 우리민법과는 큰 차이가 있다고 한다.[19] 일본민법 제557조 제1항[20]은 계약금에 대한 해약금 추정 규정을 두지만, '계약 당시에', '당사자간의 다른 약정이 없는 한'과 같은 내용을 포함하지 않고 있는 점이 우리와 다르다.[21] 한편 중국은 합동법 포함 9개의 민법 관련 개별 법률[22]을 통일한 민법전을 제정하였고, 2020. 5. 28. 전국 인민대표대회 제3차 상무위원회에서 최종 심의를 통과하여 2021. 1. 1. 시행되었다. 계약금과 관련하여 중국민법전은 제586조, 제587조, 제588조에서 규정하고 있지만,[23] 계약금을 해약금으로 추정하는 규정은 없다.[24] 다만 특이한 것은 당사자의 별도 약정으로 계약금계약을 체결할 수 있고, 채무가 이행된 경우 계약금은 대금에 충당하거

---

18) 프랑스민법 제1590조 당사자 사이에 예약금의 지급과 함께 매매예약이 약정된 경우, 교부자는 예약금을 포기하고 수령자는 그 배액을 상환함으로써 매매예약을 해제할 수 있다.

19) 명순구, "계약금약정의 해석", 법학논집 제35집, 고려대학교 법학연구원(1999. 12), 90.

20) 일본민법 제557조(계약금) (1) 매수인이 매도인에게 계약금을 교부한 때에는 매수인은 그 계약금을 포기하고 매도인은 그 배액을 현실적으로 제공하여 계약을 해제할 수 있다. 다만 그 상대방이 계약의 이행에 착수한 후에는 그러하지 않다. (2) 제545조 제4항은 전항의 경우에 적용하지 않는다. 제545조 제4항은 해제권의 행사는 손해배상청구를 방해하지 않는다는 내용의 규정이다.

21) 일본민법 제557조의 제정과정에 관하여 자세한 것은 廣中俊雄·星野英一, 民法典の百年Ⅲ, 個別的觀察(2) 債權編, 有斐閣, 1998, 310頁 이하; 한웅길, "계약금에 관한 소고", 동아법학 제40호, 동아대학교 법학연구소(2007. 8), 133; 이준현, "주된 계약과 더불어 계약금계약을 한 당사자가 계약금의 전부 또는 잔금을 지급하지 않은 경우의 법률관계", 법조 제663호, 법조협회(2011. 12), 277-284; 최창렬, "해약금계약의 법적 성질", 토지법학 제32권 제2호, 한국토지법학회(2016. 12), 279-283 참조.

22) 중국민법전 부칙 제1260조에 의하면 민법전 시행일인 2021. 1. 1. 기존의 中华人民共和国婚姻法(혼인법), 中华人民共和国继承法(상속법), 中华人民共和国民法通则(민법통칙), 中华人民共和国收养法(입양법), 中华人民共和国担保法(담보법), 中华人民共和国合同法(계약법), 中华人民共和国物权法(물권법), 中华人民共和国侵权责任法(불법행위책임법), 中华人民共和国民法总则(민법총칙)은 동시에 폐지하는 것으로 규정하였다.

23) 중국민법전 제586조(계약금담보) (1) 당사자는 일방이 상대방에게 채권담보로 계약금의 지급을 약속할 수 있다. 계약금계약은 실제로 계약금을 지급할 때 성립된다. (2) 계약금의 액수는 당사자가 약정할 수 있다. 그러나 주계약의 목적물 가치의 20퍼센트를 초과할 수 없으며 초과된 부분은 계약금의 효력을 갖지 않는다. 실제 지급되는 계약금액이 약정액보다 많거나 적으면 계약금액에 관한 약정을 변경한 것으로 본다. 제587조(계약금 벌칙) 채무자가 채무를 이행하는 경우 계약금은 대금을 상쇄하거나 채무자에게 반환하여야 한다. 계약금을 지불한 일방이 채무불이행을 하거나 채무이행 약속에 부합하지 않아 계약 목적을 달성할 수 없는 경우에는 계약금의 반환을 청구할 수 없다. 계약금을 받은 일방이 채무불이행을 하거나 채무이행 약속에 부합하지 않아 계약 목적을 달성할 수 없게 하는 경우에는 계약금을 2배로 반환하여야 한다. 제588조(위약금과 계약금 경합시의 책임) (1) 당사자가 위약금과 계약금을 모두 약정한 경우 일방이 위약하면 상대방은 위약금 또는 계약금에 관한 조항의 적용을 선택할 수 있다. (2) 계약금은 일방의 위약으로 인하여 생긴 손실을 전보하기에 충분하지 않으면 상대방은 계약금 액수를 초과한 손해배상을 청구할 수 있다.

24) 과거 합동법(계약법) 역시 제115조에서 계약금에 관하여 규정하였고, 제114조에서 위약금을, 제116조에서 계약금과 위약금을 동시에 약정한 경우의 선택을 규정할 뿐 별도의 해약금 추정 규정은 없었다. 계약금의 법적 성질과 관련된 중국합동법 해석에 대하여 자세한 것은 채성국, 중국의 계약책임법, 경인문화사, 2008, 226-227 참조.

나 반환해야 하며, 채무가 불이행된 경우에는 위약금으로 작용한다는 것이다.

(3) 우리민법 제565조 제1항의 평가는 긍정론과 부정론으로 나뉜다. 긍정론은 국민들의 법의식에 계약금을 해약금으로 추정하는 관습이 이미 형성되었고,[25] 당사자가 일정액의 대가를 지급하고라도 변심의 기회를 갖거나,[26] 성급한 계약체결의 위험을 회피할 기회를 제공하는 것은 바람직하다고 한다.[27] 그리고 계약 해제로 당사자가 얻게 되는 이익이 포기하는 계약금보다 적을 때에는 계약 파기를 억제할 수 있으며,[28] 계약금 교부에 대한 해약금 추정의 효과 발생을 회피하려면 이를 배제하는 특약을 하면 된다는 견해 역시 긍정적인 태도로 평가될 수 있다.[29] 반면 부정론은 계약법의 대원칙인 계약준수원칙에 비추어 다른 해제사유도 없이 계약금 교부만으로 주된 계약의 해제를 인정하는 것은 계약의 구속력을 약화시키는 근거가 될 뿐이고,[30] 계약금의 교부를 통하여 구속력을 강화하고자 하는 당사자의 의사에도 반한다고 한다.[31] 그러면서 민법 제565조 제1항의 적용에 매우 신중한 태도가 필요하다거나 그 적용범위를 극히 제한해야 하며,[32] 개정론으로서 서구 여러 국가와 같이 증약금으로 추정하거나 이 규정의 폐지를 주장하는 견해도 있다.[33]

2. 일반적인 견해: 계약금계약

(1) 독립적인 종된 계약

우리 민법학계의 다수견해에 따르면, 매매계약 등이 체결될 때 계약금의 수수에 관한 약정을 하면, 이는 주된 매매계약과 별도로 체결되는 '독립적'인 '종된 계약'으로서 '계약금계약'

---

25) 정길용, "계약금이 수수되어 해제권이 유보된 계약과 채무자의 기한의 이익 포기", 법학연구 제20집 제3호, 연세대학교 법학연구원(2010), 24; 오종근(주 13), 174.

26) 남효순, "계약금약정에 관한 몇가지 쟁점", 서울대학교 법학 제39권 제2호, 서울대학교법학연구소(1999. 8), 281-282; 지원림, "계약금 분할지급 약정의 효력 — 대상판결: 대법원 2015. 4. 23. 선고 2014다231378 판결", 민사법학 제72호, 한국민사법학회(2015. 9), 100.

27) 이준현(주 21), 293.

28) 오종근(주 13), 175; 정길용(주 25), 24.

29) 송호영, "해약계약금의 약정에서 계약금의 일부만 지급된 경우의 법률관계", 민사판례연구 제38권, 박영사(2016), 477.

30) 황적인, 채권법각론, 한국방송통신대학교출판부, 1999, 161; 양창수 · 김재형, 민법I 계약법, 박영사, 2010, 55; 김준호, 민법강의, 법문사, 2021, 947; 정병호, "요물계약 개념의 유래와 현행법상 요물계약설에 관한 비판적 고찰", 법사학연구 제53호, 한국법사학회(2016), 250; 임병석, "해제조건 불성취의 주장과 해약계약금계약의 본질", 민사법학 제77호, 한국민사법학회(2016. 12), 173; 송덕수(주 11), 1170; 김동훈(주 13), 1114; 이준현(주 21), 276-277.

31) 김형배, 채권각론[계약법], 박영사, 2001, 306; 김병재, "계약금몰수 · 배액상환약정의 해석", 민법판례연구XI, 민사판례연구회, 박영사(1989), 206; 심재돈(주 8), 147.

32) 조일윤, "민법상 계약금규정에 관한 입법론적 고찰", 동아법학 제46호, 동아대학교 법학연구소(2010. 2), 195-196; 남효순(주 26), 282; 최창렬(주 21), 290.

33) 김형배(주 31), 306.

이라고 한다.[34] 그리하여 주된 계약으로서 매매계약이 무효, 취소, 해제로 인하여 실효되면 계약금계약도 그 효력을 상실하므로, 수령자는 받은 계약금을 부당이득에 따라 교부자에게 반환하여야 한다.[35] 계약금계약은 주된 계약과 별개의 독립적인 계약이므로 그 법적 성질 역시 따로 고려된다. 대체로 계약금은 주된 계약의 체결 시에 교부되지만 계약금계약이 주된 계약의 내용은 아니기 때문에 반드시 주된 계약과 동시에 성립하여야 하는 것은 아니다. 주된 계약이 성립된 후 수수된 계약금도 일종의 계약금으로서 그 효력이 발생하고 계약 당시에 반드시 계약금 전액이 지급될 필요는 없다고 한다.[36] 다소 오래된 판결이지만 우리 대법원의 태도 역시 동일하다. 즉 수부금(계약금)에 관한 약정이 주된 계약에 부수한 요물계약이기는 하나 반드시 주된 계약과 동시에 성립할 것을 요하지 아니하므로 주된 계약이 체결된 후에 성립된 계약금계약도 유효하다고 판시한 바 있다.[37] 반면 계약금계약과 주된 계약은 동시에 체결되어야 하고 주된 계약 체결 후에 성립한 계약금계약은 무효라는 견해도 있다.[38]

(2) 요물계약

㈎ 우리 대법원은 계약금의 교부를 계약금계약으로 보고, 특히 이를 '요물계약'으로 파악하였다. 즉 "부동산계약의 성립에 관한 우리의 거래관행은 …계약금을 건네어야 비로소 계약이 성립된다고 보며, …계약금도 건네지 않은 것을 계약 성립으로 인정하려면 그럴싸한 이유가 있"어야 한다고 판시하였다.[39] 나아가 "계약금계약은 요물계약이므로 계약금이 지급되지 않거나 일부 지급된 경우에는 계약금계약이 성립하지 않으므로 당사자가 임의로 주계약을 해제할 수 없다."고 하였다.[40]

㈏ 우리 민법학계의 다수견해 역시 요물계약설이고,[41] 낙성계약이라는 견해도 있다.[42]

---

34) 김증한 · 안이준, 채권각론, 박영사, 1967, 213; 이태재, 채권각론, 진명문화사, 1990, 166; 김현태, 채권법각론, 일조각, 1986, 111; 김형배 · 김규완 · 김명숙, 민법학강의, 신조사, 2010, 1297; 김상용 · 박수곤, 민법개론, 화산미디어, 2015, 1550; 엄동섭, "계약금(해약금)계약의 법적 성질", 저스티스 제152호, 한국법학원(2016. 2), 178; 곽윤직(주 11), 130; 황적인(주 30), 160; 김증한 · 김학동(주 11), 215; 송덕수(주 11), 1168; 지원림(주 11), 1446; 심재돈(주 8), 144; 송호영(주 29), 463.

35) 곽윤직(주 11), 130; 김현태(주 34), 114; 이태재(주 34), 167; 황적인(주 30), 160; 장재현(주 11), 217; 김증한 · 김학동(주 11), 215; 김형배 · 김규완 · 김명숙(주 34), 1297; 송덕수(주 11), 1168; 심재돈(주 8), 144; 이용운(주 11), 424; 송호영(주 29), 463.

36) 곽윤직(주 11), 130; 김형배 · 김규완 · 김명숙(주 34), 1297; 김상용 · 박수곤(주 34), 1550; 송덕수(주 11), 1169; 심재돈(주 8), 144; 오종근(주 13), 169; 송호영(주 29), 463.

37) 대법원 1955. 3. 10. 선고 4287민상388 판결.

38) 김기선(주 8), 44.

39) 대법원 1975. 12. 23. 선고 74다1761 판결.

40) 대법원 1955. 2. 10. 선고 54다3 판결.

41) 김증한 · 안이준(주 34), 218-219; 곽윤직(주 11), 158; 김현태(주 34), 111; 김증한 · 김학동(주 11), 215; 이태재(주 34), 166; 황적인(주 30), 160; 김형배(주 31), 304; 김상용 · 박수곤(주 34), 1550; 심재돈(주 8), 143; 이용운(주 11), 423; 지원림(주 11), 1446; 박동진(주 11), 160; 김기선(주 8), 44.

42) 이종구, "계약금의 미지급 단계에서의 계약금계약과 주계약의 효력 등에 관하여", 법학논총 제33권 제1호, 단

요물계약설의 근거는 민법 제565조 제1항의 명문규정에 계약금의 '교부'나 그 '포기' 또는 배액의 '상환'이 규정되었고, 이것은 계약금의 현실적인 지급을 의미하므로 단지 계약금의 교부를 '약정'하는 것만으로 계약금계약의 성립을 인정하면 사실상 민법규정은 의미를 상실하는 것으로 보았다.[43] 또한 이렇게 규정한 것은 계약금을 실제로 '교부'함으로써 주된 계약이 해제될 경우의 위험을 분담하기 위한 것인데, 이를 단순한 약정으로 대신한다면 위험의 담보가 될 수 없어 당사자의 이해관계 조정에도 적절하지 않기 때문이라고 한다.[44] 반면 낙성계약설은 민법 제565조 제1항이 임의규정이므로 계약금계약은 계약금의 지급 약정을 전제로 한 계약이라고 한다. 계약금이 전부 지급되기 전이라도 계약금을 대가로 해제권을 유보하는 약정을 하는 것은 계약자유의 원칙에 비추어 얼마든지 가능하다는 것이다.[45] 요물계약설에 대하여 계약금의 교부가 오히려 계약의 구속력을 약화시키는 모순, 즉 계약금이 지급된 경우 민법 제565조 제1항의 적용으로 주된 계약을 해제할 수 있게 되어, 그렇지 않은 경우보다 계약의 구속력이 약화된다고 비판한다.[46] 그리고 민법의 다른 제도와 비교하여, 증약금이나 위약금을 낙성계약이라고 하면서 계약금을 요물계약으로 볼 이유가 없으며, 민법 제330조가 질권설정계약의 요물성을 규정하지만 해석상 낙성계약으로 보는 입장도 있음을 전제로 요물계약설을 비판하는 견해도 있다.[47] 그 외 로마법을 요물계약설과 낙성계약설의 연혁적인 근거로 제시하기도 한다.[48] 한편 이들 견해와 다소 구분되지만, 원칙적인 형태로 계약 체결시에 계약금이 전부 교부되면 요물계약으로 보고, 계약금이 일부 지급되거나 전혀 지급되지 않으면 법률행위의 해석을 통하여 낙성계약으로 볼 수 있다는 주장도 등장하였다.[49]

㈐ 생각건대 민법 제565조 제1항의 존재의의는 계약금의 '교부'가 해약금으로 추정되는 법적 효과를 발생시킨다는 점이 본질적이다. 계약금의 교부를 요물계약이나 낙성계약으로 볼

국대학교법학연구소(2009. 6), 192; 최창렬, "계약금계약에 관한 연구", 재산법연구 제20권 제1호, 한국재산법학회(2003. 8), 62; 엄동섭(주 34), 185; 남효순(주 26), 267-272; 오종근(주 13), 179; 송호영(주 29), 470-472.

43) 김동훈(주 13), 1113; 지원림(주 26), 102.

44) 김동훈(주 13), 1114; 지원림(주 26), 102.

45) 남효순(주 26), 267-272; 엄동섭(주 34), 185; 오종근(주 13), 179; 최창렬(주 42), 62; 송호영(주 29), 470-472; 이종구(주 42), 192.

46) 이준현(주 21), 276-277; 김동훈(주 13), 1105-1106.

47) 송호영(주 29), 470-471.

48) 요물계약설에서는 로마시대의 계약금 교부가 요물계약으로 취급되었다고 하고(현승종·조규창, 로마법, 법문사, 1996, 814 이하; 최병조, 로마법강의, 박영사, 1999, 463), 낙성계약설에서는 로마법상 계약금은 증약금일 뿐이었다고 주장한다(엄동섭(주 34), 185-190; 남효순(주 26), 277-280). 그러나 이 시기의 계약은 구속력을 갖기 위하여 엄격한 방식 내지 물건의 인도가 필요하였으므로 이와 동일시 할 수 있을지는 의문이고, 시대적·장소적 기반의 다양성으로 인하여 계약금계약의 법적 성질에 대한 보편적 로마법의 태도를 가늠하기는 어려울 것이다. 특히 로마법대전에 대한 수많은 수정(interpolatio)을 고려한다면 혼란은 더욱 가중된다.

49) 전창은, "법률행위 해석의 관점에서 바라본 해약금약정의 효력", 민사법학 제76호, 한국민사법학회(2016. 9), 152-155; 명순구(주 19), 92-103.

필요가 없다고 생각하지만, 이 규정에서 계약금의 '교부'는 그 전부 지급을 의미하는 것으로 보아야 하므로, 해석상으로는 요물계약설이 이에 가깝다. 그리고 위 규정과 관련하여 계약금이 교부된 경우가 계약의 구속력이 강해야 하는데 요물계약설을 따르면 그렇지 않다는 낙성계약설의 주장은 일면 타당성이 있어 보인다. 그러나 민법 제565조 제1항에 대한 평가는 엇갈리지만, 그 취지는 성급한 계약체결의 위험을 회피할 수 있는 기회를 제공하고,[50] 계약 해제로 당사자가 얻게 되는 이익이 포기하는 계약금보다 적을 때에는 계약 파기를 억제할 수 있다는 점이 중요하다.[51] 계약금의 지급 여부에 따라 주된 계약의 구속력에 강약의 차이가 발생하더라도, 이 역시 위 규정의 적용에 따른 법률효과이다. 낙성계약설 역시 계약금을 전혀 지급하지 않거나 일부만 지급한 경우에도 위 규정의 적용에 따른 해약금 해제를 인정하므로, 계약 구속력의 약화에 대한 민법 제565조 제1항의 평가가 요물계약설의 약점이 되거나 낙성계약설의 장점이 되는 것은 아니다. 민법의 다른 제도와 비교하여 요물계약설을 비판하는 입장은 법적 성질과 취지가 다른 제도를 비교 대상으로 삼고 있다. 계약금의 교부를 해약금으로 추정하는 민법 제565조 제1항을 전제로 하면, 해약금을 증약금이나 위약금과 동일시할 수 없고, 계약금을 중도금이나 잔금과 비교해서는 안 된다. 이 견해는 질권설정계약과도 비교하지만, 물권행위의 구성요소와 공시방법의 관계에 비추어 보면, 물권행위를 물권적 합의와 공시방법을 포함하여 이해하는 입장[52]에서는 물권행위인 질권설정행위의 성립에 질물의 인도가 포함되므로 이를 요물계약으로 파악할 여지가 있고, 물권적 합의만 물권행위로 보고 공시방법은 물권변동의 별도 요건으로 이해하는 견해에 의하면[53] 질물의 인도와 관계 없이 질권설정행위 자체로서 물권행위가 성립하므로 이는 낙성계약으로 이해될 수 있다. 그러므로 해약금으로 추정되는 계약금계약의 법적 성질을 이러한 논리에 따라 요물계약 또는 낙성계약으로 규정할 수는 없다.

3. 사견: 계약금계약 개념의 부정

(1) 일반적인 학설과 대법원 판결은 '계약금의 교부'를 '계약금계약', '독립된 계약', '종된 계약', '요물계약'으로 본다. 그리고 계약금이 전액 교부되어 계약금계약이 성립하여야 민법 제565조 제1항에 따른 해약금 추정의 효력이 발생되어 주된 계약의 해제가 가능하다는 논리를 구성하고 있다. 나아가 계약금의 교부를 계약금계약으로 전제하고, 그 성격이 요물계약이라거나 낙성계약이라는 견해의 다툼으로 발전되었다. 이것은 계약금의 교부를 매매계약 등 주

50) 남효순(주 26), 281; 이준현(주 21), 293.

51) 오종근(주 13), 175; 정길용(주 25), 24.

52) 방순원, 신물권법, 일한도서, 1960, 25; 장경학, 물권법, 법문사, 1990, 164; 이영섭 · 최식, 신민법대의(상), 박영사, 1968, 197-200, 286; 이영준, 한국민법론[물권편], 박영사, 2004, 85-86, 744.

53) 곽윤직, 물권법, 박영사, 2004, 39, 299; 김증한, 물권법, 박영사, 1983, 47, 434; 김기선, 한국물권법, 법문사, 1990, 69, 370.

된 계약과 독립된 별개의 계약금계약으로 파악하면서 발생한 논란이다. 그런데 민법 제565조 제1항의 적용은 계약금의 교부에 따른 법률적 효과일 뿐, 위와 같은 개념을 인정해야 할 논리적 필연성은 없다. 주된 계약의 내용으로서 약정한 계약금을 모두 교부하면 그 자체로서 해약금 추정의 법률적 효과는 발생한다. 위 규정의 어디에도 '계약금계약'이라는 용어뿐만 아니라 계약금계약의 '성립' 또는 '효력' 등의 개념을 사용한 바가 없다. 단지 당사자 일방이 '계약 당시에' 금전 기타 유가물을 '계약금' 명목으로 상대방에게 '교부'한 때, 교부자는 이를 '포기'하고 수령자는 그 배액을 '상환'하여 매매계약을 해제할 수 있다고 규정할 뿐이다. 법의 해석은 법규 및 그 구성요소인 낱말이나 개념 등의 의미를 명확히 하는 것이다. 법해석의 방법으로는 법규에 사용된 단어의 사전적 의미를 명확히 하는 문리해석이 모든 해석의 출발점이고, 이를 토대로 특별한 경우에 목적론적인 해석, 즉 법규의 용어나 문자가 가지는 의미를 확장하거나 축소할 수 있는 것이다. 이와 같은 법해석의 원칙에 비추어 민법 제565조 제1항 자체에 규정된 개념 중 계약금, 교부, 포기, 상환 등과 관련하여 문리해석을 통한 의미의 확정이 곤란한 것은 없다. 위 규정상 계약금의 교부 그 자체로서 위와 같은 일정한 법률적 효과가 발생된다고 하면 끝날 문제를 '계약금계약'이라든지 계약금계약의 '성립' 등으로 파악하여 논란을 가중시켰다. 이러한 개념을 인정함으로써 요물계약설과 낙성계약설의 불필요한 논쟁으로 진행되는 상황을 야기한 것이다.

(2) 생각건대 계약금의 교부는 그 이상도 이하도 아닌 매매대금의 일부이고, 분할하여 지급되는 매매대금 중 가장 먼저 지급되는 것으로서 특별한 의미가 있을 뿐이다. 계약금계약의 개념을 인정하고 요물계약설을 견지하는 일반적인 학설과 판례의 태도는 민법 제565조 제1항의 실효성을 유지하기 위하여 계약금을 대금의 일부로 보아서는 안 된다고 한다. 위 규정은 계약금이 교부된 경우 '이행에 착수할 때까지' 주된 계약을 해제할 수 있다고 한다. 이때 만일 교부된 계약금을 주된 계약에 따른 채무의 일부 이행, 즉 대금의 일부로서 그 분할지급 내지 선급금으로 본다면, 계약금의 교부 자체가 이미 이행에 착수한 것이 되므로, 계약금이 교부되는 순간 해약금 해제는 불가능하여 위 규정의 존재의의가 상실된다고 생각하는 것이다. 그러나 이러한 주장은 매우 기교적인 해석으로 보인다. 왜냐하면 민법 제565조 제1항에 의할 경우 계약금의 교부는 그 자체로서 해약금 추정의 전제가 되는 것으로 보아야 하기 때문이다. 그래서 해제권 행사의 요건으로서 '이행의 착수'는 계약금의 교부를 제외한 것으로 중도금의 교부와 같은 행위가 있을 때로 해석해야 한다. 계약금의 지급 자체는 해약금 추정의 '전제'일 뿐, 이를 '이행의 착수'로 보아서는 안 되는 것이다. 판결 중에도 동일한 취지를 나타내는 경우가 있다. 대법원은 매매계약의 체결과 함께 계약금이 교부된 후, 중도금의 일부 지급에 갈음하여 채권을 양도하고 통지한 경우,[54] 약정에 따라 매수인이 중도금을 지급하면서 매도인 소유의

54) 대법원 2006. 11. 24. 선고 2005다39594 판결.

다른 부동산에 근저당권의 설정을 요구한 경우,[55] 계약금 외의 매매대금의 일부가 수수된 경우,[56] 이러한 추가적 사실에 대하여 이행의 착수를 인정하였다.

(3) 현실적으로도 주된 매매계약을 체결할 때 매수인이 매도인에게 계약금을 교부하면서, 매매계약과 별도로 '계약금의 지급에 관한 계약'을 체결한다는 의사를 가지는지 의문이다. 오히려 매수인은 매매계약의 내용으로 전체 매매대금을 계약금, 중도금, 잔금으로 분할하여 지급하기로 약정하는 정도의 의사를 갖는다. 그 중 계약금이 가장 먼저 지급됨으로써 증약금이나 해약금 등의 특별한 속성을 가질 것이라고 인식하면서, 중도금이나 잔금을 대금의 일부로 취급하는데 의문이 없는 것처럼 계약금 역시 동일한 의미를 갖는 것으로 생각할 것이다. 이와 같이 계약금을 대금의 일부로 취급하는 것은 이미 다른 유형의 계약에서 일반화되고 있다. 여행계약과 관련하여 공정거래위원회의 표준약관에서 "여행자는 계약체결시 계약금(여행요금 중 10%이하 금액)을 여행사에게 지급하여야 하며, 계약금은 여행요금 또는 손해배상액의 전부 또는 일부로 취급합니다."라고 규정한다.[57] 대부분의 여행사가 여행요금에 관한 약정으로 이 표준계약서와 동일하거나 일부 수정하여 사용하고, 특히 계약금을 '여행요금 또는 손해배상액의 전부 또는 일부로 취급'하는 것은 공통적이다.

(4) 물론 당사자가 주된 계약과 별도로 계약금계약을 체결하는 것 자체를 부정할 이유는 없다. 주된 매매계약에서 계약금의 총액을 정했더라도, 별도의 계약금계약을 통하여 계약금의 지급 방법이나 시기에 관하여 약정하는 것은 계약자유의 원칙상 허용될 수 있기 때문이다. 계약의 체결 단계에서 등장할 수 있는 이른바 '예약'이나 '가계약'은 주된 계약과의 독립성을 인정할 수 있다. 예약은 향후 본계약의 체결을 약속하는 별개의 계약으로 본계약의 내용이 확정되거나 확정가능성이 있는 상태를 만들고, 가계약은 다양한 국면에서 논의될 수 있지만 독자적인 법적 의미는 예약단계에 이르지 않은 별개의 계약으로 본계약의 성립에 필요한 사항의 일부에 대한 잠정적 합의라고 할 수 있다. 예약이나 가계약의 성립에 즈음하여 교부되는 예약금이나 가계약금은 증약금으로서의 성질을 가지고 그 외의 법적 의미를 갖는 것은 당사자의 의사에 따라 결정된다. 그 외 예약이나 가계약에 이르지 않은 상태에서 계약체결의 우선적 지위를 확보하기 위하여 계약체결 의사를 밝히는 이른바 목적물을 '찜'하는 경우도 있는데, 이때 금전이 교부되는 것은 상대방에 대한 심리적 강제로서의 의미를 가진다고 한다.[58] 이런 형식이 주된 매매계약의 내용에 포함되는 계약금의 지급에 관한 약정, 즉 매매계약을 체결하면

55) 대법원 1994. 5. 13. 선고 93다56954 판결.

56) 대법원 1952. 7. 29. 선고 4285민상18 판결.

57) 여행업 표준약관으로서, 제20020호 국내여행표준약관(2019. 8. 30. 개정)은 제9조(여행요금) 제2항에서 규정하고, 제10021호 국외여행표준약관(2019. 8. 30. 개정)은 제10조(여행요금) 제3항에서 동일하게 규정하고 있다.

58) 지원림(주 26), 92-95.

서 그 내용으로 계약금을 언제 어떠한 방법으로 지급할 것인지를 정하고, 그에 따라 계약금이 교부되는 것과는 구별되어야 한다. 이러한 점에서 계약금이 주된 계약에 부수하여 체결되는 별도의 계약금계약에 따라 교부되는 경우와 그러한 계약금계약 없이 교부되는 경우로 나누어 그 법적 기초를 설명하는 것은 의미가 있다고 생각된다.[59)]

(5) 이상과 같이 민법 제565조 제1항에서 규정한 '계약금의 교부'를 매매계약 등 주된 계약에 '종된' '독립적'인 '계약'으로 이해하고, 이를 전제로 '요물계약' 또는 '낙성계약'으로 이해하는 태도가 실제 거래에서 어떤 실천적 의의를 갖는지 의문이다. 민법 제565조 제1항의 적용은 주된 계약의 해제 가능성으로 인하여 그 평가가 나뉘지만, 위와 같은 학설과 판례의 일반적인 해석이 이 규정의 개정론으로서는 주장될 수 있을 지라도 현행의 명문규정에 대한 해석론으로 정착되기에는 한계가 있다. 이하에서는 항목을 넘겨 우리 대법원 판결이 민법 제565조 제1항에서 규정된 '계약금의 교부'를 주된 계약의 '독립적인 종된 계약'으로 이해함으로써, 그리고 이러한 '계약금계약'을 '요물계약'으로 파악함으로써 야기되는 논리적 일관성의 결여와 현실과의 괴리를 살펴보기로 한다.

Ⅲ. 계약금의 미지급 또는 일부지급으로 인한 계약해제 가능성

1. 대법원 판결의 변화

계약금의 교부를 주된 계약의 독립적인 종된 계약으로 이해하고, 이러한 계약금계약을 '요물계약'으로 파악한 종래 대법원의 태도에 큰 변화가 생겼다. 2008년과 2015년 계약금계약의 요물성을 후퇴시키는 판결이 등장하여 주목을 끌었기 때문이다.[60)]

(1) 2008년 대법원 판결

㈎ 2008년의 대법원 판결은 다음과 같다. 당사자가 대금을 5억 원, 계약금을 6,000만 원으로 하여 아파트 매매계약을 체결하였는데, 계약 당일 매수인이 계약금을 모두 마련하지 못하여 우선 300만 원을 매도인의 계좌에 송금하기로 하고 나머지 5,700만 원은 다음날 송금

59) 장재현(주 11), 217.

60) 이러한 판결 이전에 부동산 매매계약 당시 당사자가 계약금의 지급을 약정하였으나 매수인이 계약금을 마련하지 못하여 그 다음날 10:00경 계약금을 지급하기로 하면서도 형식상 매도인이 계약금을 받은 것으로 하고 이를 다시 매수인에게 보관한 것으로 하여 매수인이 현금보관증을 작성, 교부한 사례에서, 대법원은 계약금은 계약해제권유보를 위한 해약금의 성질을 갖는다고 하면서, "실제로 당사자 사이에는 적어도 다음날 10:00까지 계약금이 현실로 지급된 것과 마찬가지의 구속력을 갖게 된 것으로 보아 당사자는 약정된 계약금의 배액상환 또는 포기 등에 의하지 아니하는 한 계약을 해제할 수 없기로 약정한 것으로 보는 것이 상당하다."고 판시하였다(대법원 1991. 5. 28. 선고 91다9251 판결). 이 판결은 실제로 계약금이 지급되지 않은 상태에서 매도인의 해제권을 인정한 것이었다. 이에 대하여 요물계약설이 완화된 것으로 파악하는 견해도 있지만(정병호(주 30), 246), 이 사안에서는 현금보관증의 작성 등 추가된 사실이 있고 당사자의 의사해석이 추가되었으므로 이것만으로 요물계약설을 완화한 판결로 이해하기는 명확하지 않은 부분이 존재한다.

할 것을 약정하였으나, 결국 매수인은 380만 원 정도 예치된 MMF통장을 공인중개사에게 맡겼을 뿐 계약금을 전혀 지급한 바 없었던 사안이 있었다.[61)]

(나) 매도인의 장모에 대한 손해배상청구와 관련하여, 대법원은 원심법원의 판결을 파기, 환송하였다.[62)] 즉, “당사자가 계약금의 일부만을 먼저 지급하고 잔액은 나중에 지급하기로 약정하거나 계약금 전부를 나중에 지급하기로 약정한 경우, 교부자가 계약금의 잔금이나 전부를 약정대로 지급하지 않으면 상대방은 계약금 지급의무의 이행을 청구하거나 채무불이행을 이유로 계약금약정을 해제할 수 있고, 나아가 위 약정이 없었더라면 주계약을 체결하지 않았을 것이라는 사정이 인정된다면 주계약도 해제할 수도 있을 것이나, 교부자가 계약금의 잔금 또는 전부를 지급하지 아니하는 한 계약금계약은 성립하지 아니하므로 당사자가 임의로 주계약을 해제할 수는 없다.”고 판시하였다.[63)]

(2) 2015년 대법원 판결

(가) 2015년의 대법원 판결은 이에 더하여 가정적인 결론을 추가하였다. 당사자는 2013. 3. 25. 매매대금을 11억 원, 계약금을 1억 1,000만 원으로 정하고, 계약금 중 1,000만 원은 계약 당일 지급하되 나머지 1억 원은 다음 날 매도인의 은행계좌에 송금하며, 중도금 없이 잔금은 2013. 4. 29. 소유권이전과 동시에 지급하기로 약정한 사안이었다.[64)] 매수인이 계약체결 당일 매도인의 계좌로 계약금 중 1,000만 원을 송금하고, 다음날 나머지 계약금 1억 원을 송

61) 매도인의 장모가 대리권을 수여받지 않은 상태에서 공인중개사의 도움을 받아 매매계약을 체결하였고, 계약 다음날 매수인의 남편이 매도인의 계좌로 6,000만 원을 송금하였다. 매도인의 장모가 이를 수표로 인출하여 매수인에게 교부하였으나 수령을 거부하므로 공탁하였다. 매수인은 약정일에 아파트의 소유권이전을 요구하였고 이를 거부하자 매도인을 상대로 계약금 6,000만 원을 위약금으로 하여 그 배액의 상환을 청구하였다. 그 외 예비적으로 매도인의 장모를 상대로 민법 제135조의 무권대리인책임을 물어 6,000만 원의 손해배상을 청구하고, 공인중개사에 대해서 선관주의의무 위반을 근거로 동액의 손해배상을 청구하였다.

62) 제1심법원(수원지방법원 2006. 10. 12. 선고 2005가단44172 판결)은 장모에게 대리권이 없으며 민법 제126조의 권한을 넘은 표현대리도 성립하지 않아 매매계약의 효력을 인정할 수 없다는 이유로 매도인에 대한 주위적 청구를 기각하였다. 다만 민법 제135조에 따른 장모의 책임은 인정하되 손해배상액이 과다하다는 이유로 2,000만 원을 인용하였고, 공인중개사에 대해서는 특별손해에 대한 예견가능성이 없다고 하여 청구를 기각하였다. 원심법원(서울고등법원 2007. 9. 20. 선고 2006나107557 판결)은 제1심법원과 같이 매매계약의 효력을 인정할 수 없다고 하여 매도인에 대한 주위적 청구를 기각하고, 공인중개사에 대한 예비적 청구 역시 그 의무위반사실이 없다고 하여 기각하였다. 한편 장모에 대한 예비적 청구에 대해서는 제1심법원과 달리 계약금 지급 전에 매매계약이 적법하게 해제되었다는 이유로 민법 제135조의 책임이나 계약상의 손해배상책임을 물을 수 없다고 하여 기각하였다. 매수인은 주위적 청구를 포기하고 예비적 청구에 대하여 상고하였다.

63) 대법원 2008. 3. 13. 선고 2007다73611 판결.

64) 매매계약서 제4조에 “만일 2013. 3. 26.까지 계약금 중 1억 원이 입금되지 않을 경우 별도의 약속이 없는 한 최고 없이 이 계약은 해제된다.”, 제5조에 “매수인이 잔금을 지불하기 전까지 매도인은 계약금의 배액을 배상하고 매수인은 계약금을 포기하고 이 계약을 해제할 수 있다.”, 제6조에 “매도인 또는 매수인은 계약상의 채무불이행이 있을 경우 계약당사자 일방은 채무를 불이행한 상대방에 대하여 서면으로 이행을 최고하고 이를 이행하지 않았을 경우 계약을 해제할 수 있다. 이 경우 매도인과 매수인은 각각 상대방에 대하여 손해배상을 청구할 수 있으며 손해배상에 대하여 별도 약정이 없는 한 제5조의 기준에 따른다.”는 내용이 포함되었다.

금하려 하였으나 실행되지 않다. 매수인은 1억 원을 공탁하였고 매도인은 수령한 계약금 1,000만 원의 배액 상환과 함께 매매계약 해제의 의사표시를 하였다. 매수인이 중도금과 잔금의 지급을 위한 공탁에도 약정일이 경과하도록 매도인이 소유권이전등기의무의 이행을 거절하자, 매수인은 매매계약을 해제하고 그에 따른 원상회복으로서 이미 지급한 계약금 1,000만 원의 반환과 위약금약정에 따른 손해배상으로서 계약금액 1억 1,000만 원을 합한 1억 2,000만 원의 지급을 청구하였다.[65)]

(나) 이에 대법원은 계약금 교부를 위약금 약정으로 해석하고 위약금을 손해배상액의 예정으로 추정하여 그 감액을 인정한 원심법원의 판결을 그대로 인용하였다.[66)] 즉, "주된 계약과 더불어 계약금계약을 한 경우에는 민법 제565조 제1항의 규정에 따라 해제를 할 수 있기는 하나, 당사자가 계약금 일부만을 먼저 지급하고 잔액은 나중에 지급하기로 약정하거나 계약금 전부를 나중에 지급하기로 약정한 경우, 교부자가 계약금의 잔금 또는 전부를 지급하지 아니하는 한 계약금계약은 성립하지 아니하므로 당사자가 임의로 주계약을 해제할 수는 없다."고 하여, 계약금계약이 요물계약임을 명확히 하였다. 그런데 이어서 대법원은 "피고의 주장과 같이 계약금 일부만 지급된 경우 수령자가 매매계약을 해제할 수 있다고 하더라도, 그 해약금의 기준이 되는 금원은 '실제 교부받은 계약금'이 아니라 '약정 계약금'이라고 봄이 타당하다. '실제 교부받은 계약금'의 배액만을 상환하여 매매계약을 해제할 수 있다면 이는 당사자가 일정한 금액을 계약금으로 정한 의사에 반하게 될 뿐 아니라, 교부받은 금원이 소액일 경우에는 사실상 계약을 자유로이 해제할 수 있어 계약의 구속력이 약화되는 결과가 되어 부당하기 때문"이라고 판시하였다.[67)]

(3) 대법원 판결의 평가

위 두 판결에서 대법원은 계약금계약의 요물성을 유지하면서, 추가적인 또는 가정적인 내

---

65) 매도인은 매수인이 계약금 중 1억 원을 이행기인 2013. 3. 26.까지 지급하지 아니함에 따라 계약금계약 자체가 성립하지 않았고, 매매계약 당시 약정한 계약내용 제5조와 제6조 역시 성립하지 않았다고 주장하면서, 위 제6조에 따른 약정계약금 상당의 손해배상금 지급을 거절하였다.

66) 제1심법원(서울중앙지방법원 2014. 3. 12. 선고 2013가합528346 판결)은 계약금이 일부만 지급된 경우 계약금계약은 성립하지 않으므로 당사자가 민법 제565조 제1항에 따라 임의로 주된 계약을 해제할 수는 없다고 전제하였다. 이어서 해약금약정으로 추정되는 계약금계약과 손해배상액의 예정은 그 법률적 성격이 다르므로 계약당사자가 손해배상액을 계약금 상당액으로 예정한 경우에 계약금계약이 성립하지 않았다고 하여 손해배상액의 예정까지 성립하지 않은 것은 아니라고 하면서 乙의 항변을 배척하였다. 그러면서 매도인은 계약금의 일부로 받은 1,000만 원은 원상회복으로 전액 반환해야 하고, 위 매매계약서 제6조에 따른 위약금약정을 손해배상액의 예정으로 보아 그 70%를 감액한 3,300만 원의 손해배상금을 합하여, 4,300만 원을 지급해야 한다고 판시하였다. 원심법원(서울고등법원 2014. 10. 23. 선고 2014나2010739 판결)은 제1심법원과 동일한 취지로 판시하였지만, 손해배상액의 예정금액을 30% 감액한 7,700만 원으로 확정하고, 계약금의 일부로 수령한 1,000만 원을 합한 8,700만 원의 지급을 명하였다. 이에 매도인이 상고하였고, 대법원은 원심과 동일한 결론으로 판시하였다.

67) 대법원 2015. 4. 23. 선고 2014다231378 판결.

용의 판시를 통하여 낙성계약으로서의 면모를 일부 드러내었다. 2008년 판결에서는 아직 지급하지 않은 계약금의 지급의무를 불이행하면 '계약금약정'[68] 자체를 해제할 수 있다는 법정해제(민법 제544조) 가능성을 보였다. 계약금계약의 요물성을 전제하면서도, 계약금이 전혀 지급되지 않은 상태에서 계약금약정은 성립되었고 그 효력으로 아직 지급되지 않은 계약금의 지급의무를 인정한 것은 낙성계약설의 주장과 다르지 않다. 2015년 판결에서도 계약금을 일부만 지급한 경우에는 계약금계약이 성립되지 않았으므로 이를 해제할 수 없다고 전제하면서, '해제할 수 있다고 하더라도' 해약금의 기준은 약정 계약금이라는 가정적 결론을 도출하였다. 이 역시 계약금이 일부 지급된 경우에는 요물계약설에 의할 경우 해제할 수 없다는 결론과 낙성계약설에 의할 경우 주된 계약을 해제할 수 있다는 결론이 동시에 존재하는 모순된 상황의 연출이었다. 대법원은 계약금 교부에 대한 요물계약을 포기하고 낙성계약으로 선회할 것인지 고민하고 있는 것인가? 대법원의 기본입장에서 빗겨나간 위 두 판결은 어떻게 해석해야 할까?

2. 계약금의 일부지급에 대한 관견

(1) 계약금의 지급 유형

계약금의 교부에 대한 법적 성질을 현실적으로 파악하기 위해서는 계약금의 교부방식에 대한 당사자의 약정 유형을 참작할 필요가 있다. 매매계약의 체결과 함께 계약금을 전부 지급

68) 이와 관련하여 "판례는 계약금을 지급하기로 한 약정, 즉 '계약금약정'과 요물계약인가가 문제되는 '계약금계약'을 구분한다는 점이다. 전자는 당사자의 합의만으로도 이행의무를 발생시키고 그 의무불이행시 그 약정의 해제권을 발생시키므로 당연히 낙성계약일 것이다(학설, 판례는 이를 매매 등 주된 계약과 대비하여 종된 계약으로 본다). 그러나 이와 별개로 계약금계약을 상정하고, 약정한 계약금이 지급되어야 비로소 그 계약이 성립하여 주된 계약의 해제권 발생이라는 효과를 갖는다."라고 하면서, 계약금약정을 대물변제예약으로 보고, "예약인 계약금약정에 의해 본계약인 계약금계약 체결의무가 발생하고 보통 계약금 지급을 약속하는 매수인이 매도인에게 계약금을 지급함으로써 본계약인 계약금계약이 성립한다는 것이다. 대물변제를 요물계약으로 보고, 그 예약을 인정하는 경우, 예약에 의해 대물변제의 성립을 위한 합의와 요물성의 충족을 위한 대물급부를 청구할 수 있다고 보듯이, 계약금계약을 요물계약으로 보는 경우 보통 예약상 권리자인 매도인이 매수인에게 그 예약인 계약금약정에 기초하여 계약금계약의 성립을 위해 계약금지급을 청구할 수 있을 것"이라고 하는 견해가 있다(정병호(주 30), 249). 물론 앞에서 본 바와 같이 실제 거래관계에서 당사자 사이에 계약금의 교부와 관련된 별도의 약정을 하는 경우가 있고, 계약금을 교부함으로써 그 자체가 해약금으로 추정되는 계약금계약이 있을 수 있다. 이 견해가 의미하는 '계약금약정'이 별도의 약정으로서 체결된 것이라면 이는 '계약금계약'과 구별되어야 하겠지만, 이 판결에서는 그러한 별도의 약정이 나타나지 않는다. 단지 당사자 사이에 매매계약을 체결하면서 계약금으로 6,000만 원을 지급하기로 하였을 뿐이므로 이 견해가 나타내는 '계약금약정'을 그 법적 성격이 문제되는 '계약금계약'과 구별할 수 있는지 의문이다. 위 견해 역시 "요물계약인 계약금계약과 별도로 계약금약정이 있다는 법리구성을 이해하기 쉽지 않다. 계약금약정은 계약금계약에서의 합의와 다르다고 볼 이유를 찾기 어렵기 때문이다."라고 기술한 것 역시 이러한 의문을 뒷받침한다. 한편 위 견해는 "학설·판례상 계약금계약이 요물계약인지 문제되는 것은 계약금이 해약금으로 교부되는 때이다."(정병호(주 30), 251)라고 하여 계약금의 교부를 계약금계약으로 보면서도, "매매계약금은 일반적으로 매매대금의 일부로 이해된다는 점을 고려하면, 더욱 그러하다."고 서술하였는데(정병호(주 30), 251), 이 마지막 문장의 구체적인 의미에 관하여 자세한 설명이 없다.

할 것인지, 아니면 일부 지급하고 나머지를 다른 날 지급할 것인지에 따라 주된 계약의 해제 가능성을 널리 인정할 것인지 아니면 좁게 인정할 것인지 달라질 수 있기 때문이다. 주된 계약의 체결 당시 계약금이 전부 교부된 경우는 요물계약설이나 낙성계약설에 의할 때 계약금 전부에 대한 계약금계약이 성립되었고, 특히 낙성계약설에 의하면 계약금계약의 이행 역시 이루어진 것으로 본다. 이들 견해를 따르거나 계약금을 대금의 일부라고 하더라도 계약금이 전부 교부되면 민법 제565조 제1항의 해약금 추정 규정에 따라 주된 계약의 해제가 가능하다는 점은 공통적이다. 계약금이 전혀 교부되지 않은 경우는 그 정도에 차이가 있을 뿐 계약금이 일부 교부된 경우와 유사한 결론에 이르므로 별도로 서술하지 않는다.

(2) 계약금의 일부지급과 해약금 해제 가능성

주로 문제가 되는 것은 계약금 중 일부만 지급된 경우 해약금 추정으로 인한 해제 가능성에 관해서이다. 계약금은 통상 주된 계약 체결 시에 그 전액이 교부된다. 그런데 당사자가 계약의 이행을 확신하지 못하거나 계약 체결 당시 매수인이 계약금을 미처 준비하지 못하여, 계약 당일 일부만 지급하는 경우도 있다. 계약금 1억 1,000만 원 중 1,000만 원을 먼저 계약 당일 지급하고, 나머지 1억 원은 다음날 매도인의 계좌에 송금하기로 약정한 2015년 판례의 사안은 그 전형적인 예이다. 이때 다수설과 대법원 판결의 기본적인 입장은 계약금이 전부 지급되지 않았으므로 요물계약인 계약금계약은 성립하지 않았고, 따라서 계약금을 해약금으로 추정하는 민법 제565조 제1항은 적용될 수 없어 주된 계약의 해제 자체가 불가능하다고 한다. 결국 매도인은 실제 받은 계약금의 반환뿐만 아니라 약정한 계약금을 반환하더라도, 그리고 매수인은 교부한 계약금을 포기하거나 나머지 계약금을 추가하여 지급하더라도 매매계약을 해제할 수 없다는 결론에 이른다. 반면 소수설은 계약금계약이 낙성계약이므로 당사자 사이에 계약금의 교부 약정 자체만으로도 계약금계약은 성립하여 계약금의 지급에 관한 약정이 있는 한 계약금이 전혀 교부되지 않았거나 일부만 교부된 경우에도 민법 제565조 제1항이 적용될 수 있다고 한다.69)

(3) 계약금의 일부지급에 대한 당사자의 의사

㈎ 부동산 매매계약에서 매매대금 총액의 10%에 해당하는 계약금을 포기하거나 상환하고 계약을 해제할 수 있다는 것은 오랜 관행을 통해 형성된 우리 법감정의 응집 결과이다. 그런데 실제 거래에서 당사자는 계약을 해제하기 위한 계약금 10% 상당의 불이익을 매우 부담스럽게 생각할 수도 있다. 그래서 계약을 통하여 매수인에게 반드시 그 목적물을 매수해야 한다는 결심이 없으면, 그리고 매도인 역시 반드시 처분해야 한다는 확정적 의사가 없으면, 계약

69) 남효순(주 26), 269; 엄동섭(주 34), 185; 오종근(주 13), 181; 최창렬(주 42), 62-63. 계약금의 교부를 낙성계약으로 보지만 해약금에 의한 해제권은 계약금이 전부 지급되어야 한다는 견해도 있다(이종구(주 42), 193-194).

이 돌이킬 수 없는 상태로 진행되는 것을 꺼리거나 다른 방법으로 매매계약의 구속력을 약화시키기 위한 방안을 강구할 것이다. 그 중 가장 손쉬운 방안으로 선택하는 것이 해제권을 행사하기 위하여 감내해야 할 불이익으로서 계약금을 적게 교부하고 수령하는 것이다. 그리하여 당사자가 계약금을 매매대금의 10%가 아닌 1%, 아니면 0.1%의 교부를 약정할 수도 있다. 이러한 약정은 계약자유의 원칙상 당연히 허용된다. 이에 관하여 요물계약설 또는 낙성계약설은 위 1% 또는 0.1%의 범위에서 계약금계약이 성립되었다고 할 것이고, 필자는 그 범위의 금액이 대금의 일부로서 교부되었다고 생각할 것이다. 어떤 입장에 의하더라도 주된 계약의 내용으로 약정한 계약금은 전부 교부되었으므로, 민법 제565조 제1항의 적용에 따라 해약금 해제가 가능하다. 이때 당사자는 매매대금의 1% 또는 0.1%에 해당하는 계약금 정도의 계약 구속력을 인식하였을 것이므로, 매수인은 그 정도의 금액만 포기하면, 그리고 매도인은 그 정도의 금액만 더 얹어서 배액을 상환하면, 매매계약을 해제할 수 있다고 생각할 것이다. 계약금을 통한 해약금 추정력을 매매대금의 1% 또는 0.1%에 해당하는 계약금 교부로 확대하였기 때문에, 당사자 모두 계약의 구속력을 약화시켜서 언제든지 변심할 수 있는 여지를 남겨 둔 것이다.

(나) 그런데 계약금의 교부와 해약금 해제가 주로 문제가 되는 상황은 이와 좀 다르다. 앞서 본 2008년 판결은 계약금으로서 교부를 약속했던 계약금이 매매대금 5억 원의 12%인 6,000만 원이었고, 그 중 300만 원을 먼저 교부하기로 약정하였으나 이를 매도인에게 교부하지 않아, 결국 계약금이 전혀 교부되지 않은 사례였다. 2015년 판결은 매매대금 11억 원의 10%인 계약금 1억 1,000만 원에서, 1,000만 원만 계약 당일 교부하고 나머지 1억 원은 그 다음날 교부하기로 약정하였으나 변심한 매도인의 계좌폐쇄로 그마저 교부하지 못한 사례였다. 이때 당사자가 매매계약을 해제할 수 있는 계약금으로 의식한 것은 얼마일까? 위 2015년 판결 사안에서 당사자는 계약체결 당일 1,000만 원에 해당하는 계약금 정도로 매매계약에 대한 구속력을 인식하였을까? 그리하여 매수인은 1,000만 원만 포기하면, 그리고 매도인은 1,000만 원만 더 얹어서 상환하면, 매매계약을 해제할 수 있다고 생각하였을까? 과연 이러한 당사자의 인식을 법적 정의와 타당성의 측면에서 정당한 것으로 받아들여야 할까? 그러나 매매계약을 통하여 매수인이 계약금을 1억 1,000만 원 교부하기로 약정하였으므로, 민법 제565조 제1항에 의한 해약금의 추정 효력은 1억 1,000만 원이 모두 교부되어야 발생하는 것으로 보아야 할 것이다. 이렇게 되면 매매계약의 해제를 위해 매수인이 포기해야 하는 금액은 1억 1,000만 원이 되고 매도인 역시 1억 1,000만 원을 얹어 배액을 상환해야 하므로, 해제에 상당한 부담을 느낄 것이다. 그러므로 1,000만 원만 지급된 상태에서는 위 규정에 따른 해약금 해제의 효력은 발생하지 않는다고 해야 한다. 설명 방식에는 차이가 있지만 요물계약설에 의하더라도 동일한 결론에 이른다. 그러나 낙성계약설에 의하면 1,000만 원이 지급되었더라도 계약금을 1억 1,000만 원으로 약정하였기 때문에, 1억 1,000만 원의 범위에서 계약금계약이 체결되어 해약

금 해제가 가능하다고 해석한다. 마치 낙성계약설은 계약의 구속력을 약화시키기 위하여 당사자가 선택한 방안으로 계약금을 1%나 0.1%로 정한 것과 동일한 결론에 이르도록 해석한다. 그러나 이러한 해석은 당사자의 의사에 비추어 매우 의문이다.

(4) 평 가

㈎ 위 2008년과 2015년 판결의 결과는 낙성계약설이 계약 당시의 약정으로 계약금계약이 성립되며, 계약 당일 일부를 지급하고 다음날 잔액을 지급함으로써 계약금계약이 이행된다는 해석 가능성을 피력한 배경이 되었다. 그 결과 지급되지 않은 계약금의 교부를 이행의무로 하여 계약금계약은 성립하므로, 민법상의 해약금 추정 규정이 적용될 수 있는 상태가 되고, 따라서 '당사자의 일방이 이행에 착수할 때까지' 매매계약의 해제가 가능하다는 입장이다. 그리고 이 견해에 따를 경우 해약금 해제를 위해서 포기하거나 상환해야 하는 배액의 결정 기준이 실제 지급된 일부의 계약금인지 아직 지급되지 않은 계약금을 포함한 전액인지 확정되어야 하는 문제가 남는다. 반면 요물계약설은 이러한 해석을 경계한다.

㈏ 그러나 어떤 견해에 의하더라도 민법 제565조 제1항의 명문규정에 비추어 현실적으로 지급된 계약금을 기준으로 해약금 해제가 가능하다는 해석을 용인할 수 있을까? 이러한 해석은 앞서 본 바와 같이 계약의 구속력, 즉 계약법의 대원칙인 '약속은 지켜져야 한다.'는 명제를 심각하게 훼손하는 것이므로, 해약금으로 추정되는 계약금은 약정한 금액 전부를 기준으로 해야 할 것이다. 이때 오히려 계약금도 대금의 일부로 이해하면 간편할 일이다. 계약금을 분할하여 교부하는 것도 매매계약의 내용으로 그 지급방식을 달리 정한 것으로 볼 수 있고, 그 역시 계약자유의 원칙에 비추어 얼마든지 가능하다. 즉 이러한 형식의 계약금 지급방식 역시 매매계약을 통한 대금분할지급의 일환일 뿐이므로, 이것이 계약금의 교부를 낙성계약이나 요물계약으로 해석해야 할 논리적 필연성은 없다. 결국 논리적·실제적 근거가 뒷받침되지 못하는 '계약금계약'과 그 '성립', 그리고 그에 대한 이론적 설명으로서 '요물계약설' 및 '낙성계약설'은 의미 없는 책상머리의 논쟁일 뿐이다.

Ⅳ. 계약금 반환의 다양한 국면과 반환 내용

1. 계약금의 반환 국면

(1) 계약금이 교부된 매매계약이나 임대차계약 등이 그 이행과정에서 계약금을 반환해야 하는 상황이 다수 발생할 수 있다. 다만 반환의 구체적 내용과 관련하여 두 가지 상황을 염두에 두어야 한다. 그 첫 번째는 앞에서 잠시 언급한 바와 같이, 당사자가 주된 매매계약 등과는 별도로 계약금의 교부와 그 반환에 관하여 명시적으로 약정한 경우이다. 이는 주된 계약과 별도의 계약금계약을 인정할 수 있고, 계약자유의 원칙에 비추어 당사자의 약정에 따라 요물계

약 또는 낙성계약이 될 수도 있을 것이다. 또한 계약금이 전부 교부되었다면 해약금으로 추정되지만, 당사자 사이에 임의규정인 민법 제565조 제1항의 적용을 배제하기 위한 특약을 할 수 있고, 이로써 해약금 추정의 효력을 생기지 않을 수도 있다. 두 번째는 계약금의 교부가 매매계약의 내용으로 약정될 뿐 명시적인 별도의 약정을 하지 않은 일반적인 경우이다. 물론 이에 관하여 독립적인 계약금계약의 존재를 인정하는 입장에서는 당사자 사이에 계약금의 지급을 위한 묵시적 약정이 있었고 그에 따라 제565조 제1항의 해약금 해제가 가능하다고 해석한다.[70] 이 중에서 첫 번째 경우는 계약금의 반환 내용이 당사자의 명시적 약정으로 정해질 것이므로 두 번째 경우와 중복 가능한 것 외에는 따로 설명할 필요가 없다.

(2) 따라서 이하에서는 통상적인 두 번째 상황에서 문제될 수 있는 계약금의 반환에 관하여 서술하기로 한다. 구체적으로 (1) 계약금의 교부가 해약금으로 추정되어 주된 계약이 해약금의 지급으로 해제된 경우, (2) 매매계약 등 주된 계약이 무효, 취소, 해제된 경우, (3) 종된 계약으로서 계약금계약이 무효, 취소, 해제된 경우이다. (4) 나아가 매매계약 등 주된 계약의 채무 내용이 모두 이행되어 계약의 목적이 달성되었음에도 계약금의 교부를 계약금계약으로 이해하는 입장에서는 계약금을 다시 반환해야 하는 것으로 해석한다.

2. 해약금 해제와 계약금의 반환

(1) 계약금의 교부 양상

계약금이 전부 교부되고 계약금계약이 성립하여 해약금 해제가 가능한 경우, 해제권의 행사를 위하여 교부자는 계약금을 포기하고 수령자는 받은 계약금의 배액을 상환해야 한다. 이 글의 서두에서 든 예에 비추어, 첫 번째, 甲 소유 X토지에 관하여 대금을 10억 원으로 하고 매매계약이 체결된 후 乙이 계약금 1억 원을 교부하였다고 가정하자. 이때 민법 제565조 제1항의 요건이 충족되어 매도인 甲 또는 乙이 매매계약을 해제하는 경우, 甲이 상환해야 할 해약금과 乙이 포기해야 할 해약금은 구체적으로 얼마일까? 두 번째, 계약금이 전혀 교부되지 않거나 일부가 교부된 경우에도 계약금계약은 성립하므로 이때에도 민법 제565조 제1항의 해약금 추정 규정이 적용된다면 해약금은 얼마로 보아야 할 것인가. 요물계약설에 따르면 매매계약의 해제는 불가능하겠지만 낙성계약설이나 위 2008년과 2015년 판결에 따라 해제가 가능한 것을 전제로 한다. 예를 들어 乙이 약정한 계약금이 1억 원인데 1,000만 원만 지급한 상황이라면, 매매계약의 해제를 위하여 甲이 상환해야 할 해약금과 乙이 포기해야 할 해약금은 각각 얼마일까?

(2) 계약금이 전부 교부된 경우

㈎ 약정한 계약금 1억 원이 전부 교부된 경우를 먼저 살펴보기로 한다. 민법 제565조

---

70) 남효순(주 26), 280.

제1항의 문언에 따르면, 교부자 乙은 이를 '포기'하고 매매계약을 해제할 수 있으므로 乙의 해약금은 1억 원이다. 반면 수령자 甲은 그 '배액을 상환'해야 하므로, 계약금의 배액, 즉 2억 원을 상환해야 해약금 해제가 가능할 것이다. 이때 甲이 상환해야 하는 2억 원 모두가 해약금인가, 아니면 1억 원만 해약금인가. 계약금의 교부를 계약금계약으로 보는 일반적인 견해는 2억 원으로 보는 듯하다. 왜냐하면 계약금의 교부가 해약금으로 추정되는 민법 제565조 제1항의 요건이 충족되어 매매계약이 해제되더라도, 계약금 교부는 '이행에 착수'한 것이 될 수 없다. 계약금은 매매계약의 내용인 채무자의 매매대금 지급채무의 이행으로 교부된 것이 아니기 때문이다. 계약금을 교부한 것은 계약금계약의 내용일 뿐 매매계약에 따른 대금의 일부 지급이 아니므로, '당사자의 일방이 이행에 착수할 때까지', 즉 아직 이행에 착수하지 않은 상태이므로 위 규정의 적용에 따라 해약금 해제가 가능하다고 보는 것이다. 그 논리적 결과로 매매계약이 해제되어 계약관계가 소급적으로 소멸되었지만, 그 해제의 효과로 민법 제548조에 따라 원상회복되어야 할 이미 이행된 급부는 존재하지 않는다. 따라서 당사자 사이에 '이행에 착수'한 것이 없으니 원상회복의무도 발생하지 않는다고 할 수밖에 없다.[71)]

(나) 그런데 이렇게 해석하면 상대적으로 매수인 乙이 해제하는 경우 포기하는 해약금은 1억 원인데 반하여, 매도인이 상환해야 할 해약금은 2억 원으로 그 두 배가 되어 공평하지 못하다. 물론 甲과 乙 사이의 이익 상태를 기준으로 하면 해제한 자가 누구이든 1억 원의 경제적 손실을 입었고, 그 상대방에게는 1억 원의 이익이 생겼을 뿐이다. 그러나 계약금의 교부를 계약금계약으로 보는 일반적인 견해가 민법 제565조 제1항을 과도하게 경직적으로 해석하여 계약금이 교부되었음에도 '이행에 착수한 것이 없으므로 원상회복할 것도 없다.'는 입장을 고수하는 한, 논리적으로 매도인 甲이 상환해야 하는 해약금은 2억 원이고, 매수인 乙이 포기하는 해약금은 1억 원이라고 할 수밖에 없다. 이러한 결과는 요물계약설이든 낙성계약설이든 동일하게 해약금에 관한 한 매도인과 매수인을 불공평하게 취급한다.

(다) 생각건대 계약금의 교부를 계약금계약이 아니라 매매대금의 일부로 이해하고, 민법 제565조 제1항은 그 자체로 정해진 요건에 따라 해석하면 그와 같은 불공평은 시정될 수 있다. 이 규정의 문언에 따르면 계약금이 교부되었더라도 중도금의 지급이나 그와 유사한 '이행에 착수할 때까지' '교부자는 이를 포기'하고 수령자는 '배액을 상환'하여 매매계약을 해제할 수 있다고 해석하면 된다. 위 예에서 乙은 교부한 1억 원을 포기하면 되므로 해약금이 1억 원이다. 甲은 '배액'인 2억 원을 '상환'해야 하지만 그 중 1억 원은 乙로부터 받은 금액이므로 원상회복에 따라 반환하는 것이고 나머지 1억 원은 해약금으로 상환하는 것이다. 甲과 乙의

71) 김상용, 채권각론(상), 법문사, 1999, 212; 이은영, 채권각론, 박영사, 2004, 227; 윤철홍, 채권각론, 법원사, 2001, 170; 양형우, 민법의 세계, 정독, 2021, 1287; 김증한 · 안이준(주 34), 217; 김증한 · 김학동(주 11), 219; 곽윤직(주 11), 161; 김형배 · 김규완 · 김명숙(주 34), 1300; 김준호(주 30), 948; 송덕수(주 11), 1173; 지원림(주 11), 1450.

해약금은 모두 1억 원이어서 위 일반적인 견해와 같은 불공평은 발생하지 않는다.

(3) 계약금이 일부 교부된 경우

(가) 다음으로 약정한 계약금 1억 원의 일부인 1,000만 원만 교부된 경우를 살펴보자. 약정한 계약금이 전부 지급된 경우와 달리, 우선 이 경우에 해약금에 관한 민법 제565조 제1항을 적용할 수 있는지가 문제된다. 다수설과 판례의 기본적인 입장인 요물계약설에 따르면 그 적용을 부정할 수밖에 없지만, 소수설인 낙성계약설에서는 이 규정의 적용을 긍정한다. 그리고 낙성계약설이 지지하는 2008년 판결은 계약금채무의 불이행을 전제로 한 계약금약정의 법정해제가 가능하고 이와 밀접한 관련성을 전제로 매매계약의 해제 가능성을 추가적으로 제시하였다. 2015년 판결 역시 약정한 계약금 전부의 상환을 가정적인 전제로 삼아 매매계약의 해약금 해제 가능성을 보여주었다. 그런데 요물계약설은 매매계약의 해제 자체를 부정하므로, 그리고 2008년 판결은 해약금 해제와는 다른 법리로서 매매계약의 해제를 인정하였으므로, 민법 제565조 제1항에 따른 '포기' 또는 '배액 상환'의 내용은 논의할 필요가 없다. 결국 낙성계약설에 따를 경우 교부자가 포기해야 할 해약금액과 수령자가 반환 내지 상환해야 할 해약금액, 그리고 2015년 판결에 따를 경우 교부자가 포기해야 할 해약금의 구체적인 금액이 얼마인지 문제된다. 낙성계약설의 일반적 입장은 계약금이 일부만 지급된 경우에도 민법 제565조 제1항이 적용된다고 하지만,[72] 계약금이 전부 지급되어야 한다는 견해[73]도 있다. 후자의 견해는 해약금 해제를 위해서 지급되어야 할 해약금액에서는 결과적으로 요물계약설과 차이가 없다. 그렇다면 전자의 견해에서는 해약금의 내용을 얼마로 이해해야 할까?

(나) 먼저 계약금의 수령자인 甲이 해제하는 경우를 보자. 이에 관하여 이 글의 서두에서 든 예에 따라 2015년 판결의 결과를 대입하면, 甲은 실제 받은 1,000만 원의 배액이 아니라 약정한 계약금 1억 원을 기준으로 상환해야 한다. 즉 甲은 받은 1,000만 원에 1억 원을 더하여 1억 1,000만 원을 상환하면서 해제할 수 있다는 결론에 이른다. 앞에서 본 낙성계약설 중 후자의 견해가 이와 동일한 태도를 취한다. 그에 반하여 전자의 견해에 따르면 낙성계약설의 본래 취지에 따라 실제로 받은 1,000만 원에 그 배액인 2,000만 원을 더하여 3,000만 원의 상환으로 해약금 해제가 가능하다고 해야 한다. 그러나 낙성계약설의 결론은 너무 쉽게 해약금 해제를 인정함으로써 계약의 구속력을 약화시킨다. 이렇게 되면 낙성계약설이 요물계약설을 비판한 중요한 근거, 즉 계약금이 교부됨으로써 민법 제565조 제1항이 적용되고 그 결과 매매계약의 구속력이 심각하게 후퇴될 수밖에 없다는 주장은 더 이상 요물계약설의 약점이 아니고 낙성계약설의 장점도 아닌 무승부가 된다.

(다) 다음으로 乙이 해제하는 경우에는 어떻게 될까? 요물계약설이나 낙성계약설 중 후

72) 남효순(주 26), 269; 오종근(주 13), 181; 최창렬(주 42), 62-63.

73) 이종구(주 42), 193-194.

자의 견해에 따르면 해제가 불가하므로 더 이상 논의할 필요가 없다. 낙성계약설 중 전자의 견해가 약정계약금을 기준으로 한 2015년 판결과 동일한 입장으로 이를 대입하면, 乙은 계약금을 1,000만 원만 지급하였을 뿐이므로 그가 해약금으로서 계약을 해제하기 위해서는 1억 원을 추가로 지급하여야 한다. 이와 달리 실제로 지급한 계약금을 기준으로 한다면 乙은 1,000만 원을 포기하고 매매계약을 해제할 수 있을 것이다. 이 역시 계약의 구속력을 약화시킨다는 비판을 면할 수 없다. 그러나 해약금 해제로 인하여 계약의 구속력이 약화되는 결과는 민법 제565조 제1항의 명문 규정이 적용되는 소치일 뿐 계약금의 교부를 계약금계약으로서 요물계약으로 보든 낙성계약으로 보든, 아니면 사견과 같이 계약금계약을 부정하고 단지 대금의 일부로 보더라도 마찬가지이다.

(4) 해약금의 반환근거

해약금 해제로 상환하거나 포기해야 하는 해약금은 반환근거에서 원상회복이나 부당이득과 구별되어야 한다. 해약금은 민법 제565조 제1항에 근거한 급부의무일 뿐 부당이득이나 원상회복이 아니다. 甲이 배액으로 상환해야 하는 2억 원 중 1억 원은 해약금으로서 민법 제565조 제1항의 규정에 근거한 지급의무의 이행이라고 보아야 한다. 나머지 1억 원은 乙로부터 받은 계약금을 원상회복으로 반환하는 것이며 그 법적 근거는 제548조 제1항이다.[74] 이것은 부당이득의 반환범위를 규정한 민법 제748조의 특칙이므로 선의와 악의에 따라 반환범위가 달라지지 않는다. 언제나 받은 이익 전부를 반환해야 하며, 금전으로 받은 경우에는 이자, 금전 이외의 경우에는 과실 내지 사용이익을 붙여서 반환해야 한다.[75] 수령자가 상환해야 하는 배액이 해약금의 상환과 원상회복으로 구성된다는 것은 2015년 판결을 보더라도 알 수 있다. 제1심법원은 약정계약금 1억 1,000만 원을 손해배상액의 예정으로 보아 그 70%를 감액하여 3,300만 원의 지급을 명하였으나, 그 판시사항에서 매수인이 계약금의 일부로 교부한 1,000만 원은 '원상회복'으로 전액 반환해야 함을 분명히 하였다.[76] 원심법원 역시 이와 동일한 원리에 따라 예정 손해배상액의 감액비율을 30%로 정하여 7,700만 원과 받은 계약금 1,000만 원의 '원상회복'을 합하여 8,700만 원의 지급을 명하였다.[77] 대법원 역시 원심법원과 동일한 결론에 따랐다.[78]

74) 오종근(주 13), 183.

75) 김용덕(편집대표 곽윤직), 민법주해 제XIII권 채권(6), 박영사, 1997, 322-323.

76) 서울중앙지방법원 2014. 3. 12. 선고 2013가합528346 판결.

77) 서울고등법원 2014. 10. 23. 선고 2014나2010739 판결.

78) 대법원 2015. 4. 23. 선고 2014다231378 판결.

3. 계약의 무효, 취소, 해제와 계약금의 반환

(1) 매매계약이 무효, 취소된 경우

학설과 판례의 일반적인 입장에 따르면 계약금계약은 매매계약과 독립적인 별도의 종된 계약이고, 계약금은 계약금계약의 내용으로 교부되는 것일 뿐 매매계약과는 무관하다. 그러므로 매매계약이 무효 또는 취소되면 종된 계약인 계약금계약이 영향을 받는 것은 당연하다고 한다.[79] 매매계약의 소멸로 계약금계약 역시 효력을 상실하면 교부된 계약금은 부당이득에 따라 반환되어야 한다. 대법원은 계약금의 교부를 계약금계약이라고 하면서도, 토지거래허가구역 내의 거래에서 허가를 배제하거나 잠탈하는 내용의 매매계약은 확정적으로 무효가 되는데, 이때 계약금은 부당이득에 따라 반환을 구할 수 있다고 판시하였다.[80] 이러한 결론은 계약금계약의 개념을 인정하지 않고 계약금은 매매계약의 내용에 따라 교부된다는 사견에 의하더라도 마찬가지이다.

(2) 매매계약이 해제된 경우

㈎ 계약금의 교부로 해약금 추정이 된 경우에도 해약금의 해제와 채무불이행으로 인한 법정해제, 그 외 약정해제나 합의해제는 그 발생원인 및 요건, 효과가 다르다. 그러므로 해약금 해제와 관계없이 당사자가 해제권을 포기하거나 별도로 그 배제를 약정하지 않는 한 다른 원인의 매매계약 해제는 얼마든지 가능하다.[81] 판례도 해약금 해제와 법정해제의 경합을 인정한다.[82] 다만 이와 관련하여 매매계약의 해제가 의미를 갖는 두 경우를 중심으로 논의를 이어가기로 한다. 하나는 해약금 해제가 가능하지만 이를 하지 않은 상태에서 채무불이행 등의 다른 원인에 따라 매매계약을 해제하는 경우이고, 다른 하나는 계약금이 일부 교부되거나 전혀 교부되지 않아 해약금 해제는 불가능하지만 2008년 판결과 같이 계약금계약의 불이행을 원인으로 계약금계약을 해제하고 그에 따라 매매계약의 해제가 가능한 경우이다. 매매계약이 해제된 경우 그 일반적 효과는 계약의 소급적 소멸[83]과 이미 이행한 급부의 반환이다. 당사자 사이에 원상회복의무가 발생하고 손해가 있으면 그 배상청구도 가능하다(제551조). 원상회복의무의 법적 성질은 부당이득이지만,[84] 그 반환범위는 제748조가 아니라 특칙인 제548조에 따른

79) 김형배(주 31), 304; 김증한 · 김학동(주 11), 215; 송덕수(주 11), 1169; 양형우(주 71), 1284; 오종근(주 13), 181.

80) 대법원 1995. 6. 9. 선고 95다2487 판결; 대법원 1996. 11. 22. 선고 96다31703 판결; 대법원 1997. 11. 11. 선고 97다36965 · 36972 판결; 대법원 2008. 3. 13. 선고 2007다76603 판결.

81) 곽윤직(주 11), 161; 김형배(주 31), 308; 김준호(주 30), 948-949; 송덕수(주 11), 1173; 지원림(주 11), 1450; 양형우(주 71), 1287-1288.

82) 대법원 1983. 8. 23. 선고 82다카1366 판결.

83) 이는 계약해제의 효과에 관한 직접효과설의 입장이고, 이른바 청산관계설은 해제에 따라 새로운 반환채무관계가 성립하는 것으로 이해하여 계약의 소급적 소멸을 부정한다.

84) 대법원 1996. 4. 12. 선고 96다28892 판결.

다. 이때 당사자는 계약해제에 관하여 선의일 것인데 제748조 제1항에 따라 현존이익을 반환해야 한다면 각자의 재산운용 결과가 상대방에게 전가되므로 이해관계가 왜곡될 수 있기 때문이다.[85] 그러므로 이때에는 이익의 현존 여부를 묻지 않고 받은 이익 전부를 상대방에게 반환해야 한다.[86]

(나) 그런데 계약금의 교부를 계약금계약으로 이해하는 다수설과 판례의 입장에 따르면, 매매계약의 해제로 인한 계약금의 반환근거와 범위에 관하여 다시 견해가 나뉜다. 계약금의 반환 근거, 즉 반환청구권의 근거를 부당이득반환청구권으로 보는 견해[87]와 계약금계약상의 권리로 보는 견해[88]가 그것이다. 전자는 계약금이 교부되는 근거는 주된 매매계약의 해제가 아니라 그로 인한 종된 계약으로서 계약금계약의 효력 상실이라고 한다. 그러므로 계약금계약에 따라 교부된 계약금은 매매계약의 해제로 인한 원상회복이 아니라 계약금계약의 효력상실로 인한 부당이득반환으로서 민법 제741조와 제748조에 근거한다는 입장이다. 이에 따르면 반환의무자의 선의 또는 악의에 따라 반환범위가 달라진다. 후자는 계약금계약에 근거하므로 부당이득의 원리와 달리 반환의무자의 선의나 악의, 즉 이익의 현존 여부와 관계없이 받은 금액 전부를 반환해야 한다는 입장이다. 즉 받은 계약금 전액과 계약금이 금전이라면 받은 날부터 이자, 금전이 아닌 물건 등이라면 그 과실 또는 사용이익을 반환해야 한다는 것이다.[89] 그러나 매매계약의 해제로 인하여 종된 계약금계약이 소멸되는 것은 공통적일 텐데, 후자의 견해에 따르면 계약금의 반환 근거가 계약금계약이라고 하면, 이미 효력을 잃은 계약금계약에 따라 계약금이 다시 반환되는 기이한 결론을 어떻게 설명할지 의문이다.[90] 이러한 혼란스러운 해석 역시 주된 매매계약과 별도의 종된 계약금계약의 개념을 인정함으로써 발생된 문제이다. 그러나 사견과 같이 계약금은 매매계약의 내용으로 교부되었고, 해제되는 것은 계약금계약이 아니라 매매계약이라고 하면 간명하고 합리적이다. 따라서 이미 지급된 계약금이 전부이든 일부이든 원상회복의 법리(제548조)에 따라 반환되어야 한다고 해석하면 된다.

(다) 매매계약이 채무불이행으로 해제되는 경우 해제권자는 손해배상도 청구할 수 있다(제551조). 즉 계약금의 교부를 수반하는 매매계약이 매수인의 채무불이행으로 해제되는 경우 해제권을 행사한 매도인은 교부된 계약금을 손해배상금에 충당할 수 있는지 문제된다. 이에

85) 지원림(주 11), 1426.

86) 대법원 1998. 12. 23. 선고 98다43175 판결.

87) 김증한 · 김학동(주 11), 215; 남효순(주 26), 292.

88) 김기선, 한국채권법각론, 법문사, 1988, 128; 송덕수(주 11), 1173; 심재돈(주 8), 160; 이용운(주 11), 431; 오종근(주 13), 183.

89) 김용덕(주 75), 322-323; 송덕수(주 11), 1173; 오종근(주 13), 183.

90) 물론 계약해제의 효과에 관한 청산관계설에 의하면 주된 매매계약이 소멸되지 않으므로 그 종된 계약인 계약금계약 역시 유효하게 존속하여 계약금의 반환이 계약금계약에 근거한다는 설명도 설득력을 얻게 된다. 그러나 이 역시 매매계약과 계약금계약이 유효하게 존속하면 계약금이 반환될 이유가 없으므로 타당하지 않다.

대하여 판례는 계약금은 해약금으로 추정되므로 이를 위약금으로 별도의 특약을 하지 않은 한 매도인은 매수인의 채무불이행으로 인하여 실제로 발생한 손해를 배상받을 수 있을 뿐 계약금을 손해배상에 충당할 수 없다고 한다.[91] 이러한 판례의 태도를 수긍하면서도 실제 거래에 있어서는 당사자의 합의에 따라 충당하는 것이 일반적이라고 한다.[92] 그리고 이러한 입장에서는 채무불이행이 발생하였으나 매매계약이 해제되지 않은 경우, 계약금은 그 목적을 달성하지 못하였으므로 반환되어야 하는데, 이때 매수인이 채무를 불이행한 경우에는 계약금을 손해배상에 충당하고, 매도인이 채무불이행을 한 경우에는 매수인이 이행해야 할 본래의 채무에 일부 변제로 충당하는 것이 일반적이라고 한다.[93] 그런데 계약금은 매매계약과 별도로 체결된 계약금계약에 의하여 지급된 것으로 매매대금과 관련이 없다는 입장에서 이를 손해배상금에 충당한다는 해석은 매끄럽지 못하다. 오히려 사견과 같이 계약금의 교부를 매매계약의 내용으로 보아 대금의 일부 지급이라고 본다면, 매매계약의 당사자 일방의 채무불이행으로 발생하는 손해배상청구권이든(제390조) 계약해제에 따라 원상회복의무와 함께 발생하는 손해배상청구권이든(제551조), 이미 지급된 매매대금의 일부로서 계약금이 손해배상금에 충당된다고 해석하는 것은 매우 자연스럽고 간명하다.

(3) 계약금계약의 무효, 취소, 해제와 계약금의 반환

㈎ 계약금계약 자체에 무효, 취소 사유가 있다면 계약금계약은 소급적으로 소멸된다. 이로써 교부된 계약금은 부당이득으로서 반환되고(제741조), 반환의무자의 선의와 악의에 따라 반환범위가 다르다(제748조).[94]

㈏ 계약금계약이 해제되면 계약금은 원상회복의 방법으로 반환되어야 한다(제548조). 이때 계약금계약의 소멸이 매매계약에도 영향을 줄 것인가? 계약금계약은 매매계약의 '종된 계약'이므로 매매계약에 당연히 영향을 주지는 않을 것이다. 앞에서 본 2008년 판결에 의하더라도 계약금을 전부 지급하지 않아 계약금계약이 해제된 경우, 당사자가 '계약금계약이 없었더라면 매매계약을 체결하지 않았을 것으로 인정되는 경우'에 한하여 매매계약을 해제할 수 있다고 판시하였다.[95] 이러한 입장에 따르면 계약금계약이 무효, 취소, 해제되었음에도 매매계약에 전혀 영향을 주지 않는 경우도 있다는 의미로 읽힌다. 계약금계약이 소멸하여 계약금이 반환 또는 원상회복되어야 함에도 그로부터 영향을 받지 않는 매매계약을 인정하면, 매매계약은 유효하게 이행되어야 한다는 결론에 이른다.

91) 대법원 1992. 11. 27. 선고 92다23209 판결; 대법원 1987. 7. 24. 선고 86누438 판결.
92) 남효순(주 26), 291.
93) 남효순(주 26), 291.
94) 김증한·김학동(주 11), 215; 심재돈(주 8), 160; 이용운(주 11), 431; 남효순(주 26), 291-292; 오종근(주 13), 183.
95) 대법원 2008. 3. 13. 선고 2007다73611 판결.

㈐ 그런데 이러한 결론은 이론적으로도 의아하고 당사자의 의사에 부합하지도 않는다. 예를 들어 매매대금 10억 원 중 계약금 1억 원이 지급된 상태에서 계약금계약이 무효, 취소, 해제 사유로 소멸하여 매도인은 계약금 1억 원을 매수인에게 반환하였다고 가정하자. 이때 계약금계약의 소멸에도 매매계약이 영향을 받지 않으면, 매매계약에 따라 매수인은 중도금과 잔금 합계 9억 원의 지급과 함께 소유권이전등기를 청구할 수 있고, 실제로 그렇게 하였다고 한다면 그대로 이행이 될까? 매도인은 계약금을 이미 반환하였으므로 소유권이전등기의 대가로 9억 원을 받았을 뿐이다. 매매대금은 10억 원이므로 계약금에 해당하는 1억 원을 매수인이 추가로 매도인에게 지급해야 할 것이다. 매우 기이한 결론에 이르고, 이러한 결론은 계약금의 교부를 매매계약과 독립적인 계약금계약으로 해석하기 때문에 나타난 결과이다.

4. 주된 계약이 모두 이행된 경우의 계약금 반환

(1) 매매계약이 해약금 추정으로 해제되지 않고 무효 또는 취소 사유도 없으며 채무불이행으로 인한 법정해제도 되지 않은 상태에서, 매매계약이 모두 이행된 경우를 상정할 수 있다. 이 글의 서두에서 든 예로 보면, 甲은 X토지의 소유권이전등기를 乙에게 넘겨주었고, 乙 역시 계약체결 당시에 계약금 1억 원을 지급하였으며, 약정일에 중도금과 잔금을 모두 지급한 경우이다. 이것으로 甲과 乙은 자신의 각 채무를 모두 이행하여 매매계약의 목적을 달성하였다고 보는 것이 일반적인 시각이다. 그런데 계약의 이행과정을 시간적으로 나누어 세분해 보면, 계약금의 교부를 매매계약과 독립된 종된 계약금계약으로 이해하는 입장에서는 계약금과 매매대금의 관계에 비추어 자연스럽지 못한 과정을 노출하게 된다. 즉 매매계약이 급부의무의 전부 이행으로 목적을 달성하여 소멸하면서 그 종된 계약금계약 역시 효력을 잃게 되므로, 매매대금이 모두 지급된 것으로 보아야 하지만, 계약금계약에 근거하여 지급된 계약금은 다시 반환되어야 논리적이라는 것이다. 위의 예에서 甲은 이미 매매대금 10억 원을 모두 받았다고 보였으나 계약금계약의 효력 상실로 이미 받은 계약금 1억 원은 다시 乙에게 반환해야 한다. 이렇게 되면 매매대금은 10억 원이니 乙은 다시 1억 원을 甲에게 지급해야 계약의 목적이 달성된다. 이러한 과정이 번거로우니 甲이 계약금 1억 원을 乙에게 반환하고, 乙이 다시 1억 원의 매매대금을 甲에게 지급하는 과정을 생략하여, 甲이 반환해야 할 계약금 1억 원을 매매대금에 충당하는 것으로 의제한다.[96] 나아가 이때 甲이 乙에게 계약금 1억 원을 반환해야 하는 상황에서 乙이 甲을 상대로 그 반환을 청구할 수 있는 권리의 성격에 대하여, 부당이득반환청구권

96) 주재황, 채권각론강의, 탐구당, 1957, 126; 장경학, 민법대의(전), 법문사, 1968, 401; 김기선(주 88), 124; 김현태(주 34), 114; 곽윤직(주 11), 161; 김형배(주 31), 308; 김증한·김학동(주 11), 219; 김상용(주 71), 213; 송덕수(주 11), 1173; 지원림(주 11), 1450; 양형우(주 71), 1288; 이용운(주 11), 431; 남효순(주 26), 291. 독일민법 제377조 제1항 제1문에서도 명확하지 않은 경우 계약금은 교부자의 채무 목적인 급부에 충당된다고 규정하였다.

으로 보는 견해[97]와 계약금계약상의 권리로 보는 견해[98]로 나뉜다.

(2) 그러나 매매계약의 내용이 모두 이행되었음에도 매도인이 교부받은 계약금을 반환해야 한다거나 매수인이 다시 그 만큼 매매대금을 추가로 지급해야 한다거나, 이러한 과정을 생략하여 계약금을 매매대금에 충당한다는 해석은 이론적으로도 번거롭고 현실에도 부합하지 않는다. 계약 당사자인 매도인은 매매계약을 체결할 당시 급부가 모두 이행되면 받은 계약금을 매수인에게 다시 반환해야 한다고 생각하지는 않을 것이다. 계약금을 반환해야 하지만 번거로우니 매매대금에 충당한다고도 생각지 않을 것이다. 그렇다면 매매계약의 체결 당시 매매대금은 10억 원으로 약정되었으나 그 중 계약금계약에 따른 1억 원의 계약금을 매매대금이 아니라고 한다면, 실제로 매매대금은 9억 원인가? 물론 이러한 입장에서도 그렇게 생각할 필요는 없다고 여겨진다. 당사자의 의사와 현실에 부합할 지는 의문이지만, 매매계약의 체결 당시 당사자는 매매계약이 모두 이행된 후에 계약금을 매매대금에 충당하는 것을 전제로 계약금계약을 체결한 것으로 해석하여 매매대금은 10억 원으로 볼 수 있기 때문이다. 결국 위와 같은 번거로운 과정과 자연스럽지 못한 해석은 매매계약과 별도의 계약금계약을 인정하고 이를 매매계약의 종된 계약으로 취급함으로써 야기되었다. 그 결과 계약금의 반환과 대금의 추가 지급을 회피하기 위하여 계약금을 매매대금에 충당하는 의제적 해결을 선택한 것으로 보인다. 이러한 결과는 마치 이론을 위한 이론, 논리를 위한 논리로 생각될 수밖에 없다.

(3) 나아가 계약금의 반환 근거에 대한 해석도 이해하기 어렵다. 이를 부당이득반환청구권으로 보는 견해는 그 반환범위와 관련하여 타당성을 인정받기 어렵다. 부당이득의 반환범위는 제748조에 따라 정해지는데, 반환의무자가 선의이면 현존이익으로 족하고, 악의이면 받은 이득 전부와 이자를 반환해야 하며, 손해가 있으면 이를 배상해야 한다. 그러나 매매계약이 모두 이행되었음에도 계약금이 반환되어야 하는 경우는 계약의 하자나 당사자의 채무불이행에 의한 것이 아니므로, 계약금을 반환하더라도 받은 것을 모두 돌려주는 것이 합당하다. 그럼에도 이를 부당이득으로 구성하여 반환의무자의 선의 또는 악의인 경우 반환범위에 차이를 두는 것은 타당하지 않다고 생각한다. 한편 계약금계약상의 권리로 보는 견해 역시 그 구체적 의미를 알기 어렵다. 이는 계약금계약을 체결할 당시 계약금계약이 효력을 잃으면 계약금을 반환해야 한다는 당사자의 묵시적 의사에 따라 계약금계약이 체결되었으므로, 계약금이 반환되는 것은 이러한 계약금계약의 효력에 따라야 하기 때문이라는 주장이다.[99] 그러나 이 역시 계약

97) 김석우, 채권법각론, 박영사, 1978, 177-178; 김주수, 채권각론, 박영사, 1997, 194; 김증한 · 안이준(주 34), 218-219; 김증한 · 김학동(주 11), 219; 남효순(주 26), 292; 오종근(주 13), 182-183. 일본에서는 我妻榮, 債權各論, 中卷一, 岩波書店, 1990, 265.

98) 곽윤직(주 11), 161; 황적인(주 30), 163; 김상용(주 71), 213; 송덕수(주 11), 1173; 심재돈(주 8), 160; 이용운(주 11), 431. 일본에서는 田山輝明, 契約法, 民法講義V, 成文堂, 1989, 115.

99) 田山輝明(주 98), 115. 이에 대하여 계약이 무효이거나 취소된 경우에는 부당이득의 반환으로 보는데, 왜 무효, 취소의 경우에는 그런 의사가 발현되지 않는지, 그러한 의사를 인정하더라도 이때 반환관계를 규율하는 것

금계약은 매매계약의 종된 계약으로서 매매계약이 그 이행으로 소멸하면 계약금계약도 효력을 상실하는데, 이미 상실된 계약금계약의 효력에 따라 계약금 반환청구권이 발생한다는 주장은 권리발생의 근거에 대한 논리적 설명이라고 보기 어렵다.

(4) 생각건대 매매계약이 모두 이행되었다면 매수인은 계약금과 중도금, 잔금을 합쳐 매매대금 전부를 지급하였다고 생각하는 편이 현실적이고 합리적이다. 이로써 매수인은 자신의 급부의무를 모두 이행하였고, 이에 매도인은 소유권이전등기를 해주면 된다. 계약금도 매매대금의 일부로 보고 굳이 그 교부를 매매계약에 종된 계약금계약으로 해석하지 않으면, 쌍방의 급부가 모두 이행된 경우 계약금을 다시 반환해야 한다든가, 이를 매매대금에 충당한다는 등의 우회적인 해석은 필요하지 않을 것이다. 위 예에서 매매대금은 10억 원이고, 계약금은 매매계약의 내용으로 1억 원을 지급하기로 약정하였다. 계약 당일 매매대금의 일부로서 계약금 1억 원이 이미 교부되었고 중도금과 잔금 합계 9억 원이 모두 지급되었다면, 매매대금 10억 원은 모두 지급되었으므로 매수인은 매도인으로부터 소유권이전등기를 넘겨받으면 된다. 이러한 해석이 훨씬 간명하고 거래현실이나 당사자의 의사에 부합한다.

V. 마 치 며

1. 우리 학계의 일반적인 견해와 판례의 기본적인 태도는 매매계약이나 임대차계약 등에서 계약금이 교부되는 것을 주된 계약과 독립된 별개의 '종된' '계약금계약'으로 본다. 즉 계약금은 계약금계약의 이행으로 교부된 것일 뿐 매매계약의 내용과는 아무런 상관이 없다. 이러한 논리에 따르면 계약금은 매매대금의 일부로 볼 수 없게 된다. 나아가 이러한 해석은 계약금계약의 법적 성질에 관하여 '요물계약' 또는 '낙성계약'으로 파악하는 논쟁을 낳았다. 이로 인한 비논리적이고 비현실적인 해석은 계약금의 교부를 '계약금계약'으로 파악하는 입장에서 촉발되어 걷기 곤란한 계곡과 구릉을 갈마들어 가리사니를 잡을 수가 없다. 이 글의 서두에서 제시한 예와 함께 주요한 것만 몇 가지 간추려 본다.

(1) 계약금의 교부가 해약금으로 추정되는 민법 제565조 제1항의 요건이 충족되어 매매계약이 해제되더라도, 매매대금의 일부가 아닌 계약금 교부는 '이행에 착수'한 것이 될 수 없고, 따라서 매매계약이 해제되어 계약관계가 소급적으로 소멸되었지만, 그 해제의 효과로 민법 제548조에 따라 원상회복될 이미 이행된 급부는 존재하지 않는다. 그럼에도 교부자가 '포기'하는 계약금은 1억 원인 반면, 수령자가 상환하는 '배액' 2억 원을 해약금으로 본다면 당사자 사이에 불공평한 결과를 야기한다.

(2) 계약금이 매매계약의 내용이 아니고 그 교부가 매매대금의 일부가 아닌 한, 매수인이

이 부당이득제도가 아닌지 의문을 나타내는 견해도 있다(남효순(주 26), 292).

계약금뿐만 아니라 중도금과 잔금을 모두 지급하고, 매도인이 소유권이전등기를 마쳐주었다면, 매매계약의 목적은 이미 달성되었고 더 이상의 법률문제는 없다. 그런데 계약금의 교부가 매매대금의 일부 지급이 아니라 종된 계약금계약이라는 입장에서는 매매계약이 그 목적 달성으로 소멸하면 종된 계약인 계약금계약의 효력도 상실하므로, 매도인이 지급받은 계약금은 반환되어야 하지만, 매수인은 그 만큼의 매매대금을 추가로 지급해야 하는 번거로움이 있으니 계약금을 매매대금에 충당한다는 해석을 할 수밖에 없다. 이는 현실에 부합하지도 않고 당사자의 의사에도 맞지 않는 불필요한 논리구성일 뿐이다.

(3) 계약 당사자가 계약 당일 계약금 전액을 모두 지급하거나 일부만 지급하거나, 아니면 후에 전부를 지급하기로 약정하는 것은 계약자유의 원칙에 비추어 얼마든지 가능하다. 다만 민법 제565조 제1항에 비추어 계약금이 일부만 지급되거나 전혀 지급되지 않은 상태에서 해약금 추정의 효과가 발생할 것인지, 위 규정이 적용된다고 하더라도 교부자가 포기하거나 수령자가 상환해야 하는 해약금은 실제로 지급된 계약금을 기준으로 하는지, 아니면 약정한 계약금을 기준으로 할 것인지 명확하지 않다. 이는 계약금계약의 성질에 관한 요물계약설과 낙성계약설에 따라 다를 것이다. 그리고 위 규정의 타당성을 떠나 계약금을 해약금으로 추정한 것은 계약준수원칙의 큰 후퇴인데, 일부 지급된 계약금 또는 계약금이 전혀 지급되지도 않은 상태에서 해약금 해제가 가능하도록 하면 더더욱 계약의 구속력은 약해질 수밖에 없다. 앞에서 본 2015년 대법원판결의 태도는 이러한 결과를 방지하기 위한 선택이라고 하지만, 요물계약설을 취하면서 낙성계약설에 가까운 가정적 결론을 제시한 것은 이해하기 어렵다. 마찬가지로 2008년 판결 역시 내용상 차이는 있지만 유사한 결론에 이르렀다. 계약의 구속력 유지와 요물계약설, 낙성계약설 사이에 대법원은 어떤 스텝을 밟고 있는지 의문이다.

2. 이상과 같은 해석과 논쟁은 계약금을 해약금으로 추정하는 민법 제565조 제1항의 적용과 거래의 현실 그리고 당사자의 의사에 비추어, 추론 과정의 논리성이나 현실적 필요성을 발견하기 어렵다.

(1) 생각건대 계약금은 매매계약의 내용으로 정하는 매매대금의 일부이다. 거래 현실에서 중도금이나 잔금이 대금의 일부임에 의문이 없는 것처럼 계약금 역시 동일하다. 다만 분할하여 지급되는 대금 중 가장 먼저 지급되는 것으로서 특별한 의미가 있다. 계약금이 증약금, 해약금 추정, 별도의 위약금약정과 그에 대한 손해배상액예정의 추정 효과가 발생되는 것은 이 때문이다. 굳이 위와 같은 '계약금계약'의 개념을 인정할 필요가 없고, 이를 '요물계약'이나 '낙성계약'으로 성질을 규정하지 않아도 된다. 실제로도 매수인이 매도인에게 계약금을 교부하면서 매매계약과 별도로 '계약금의 지급에 관한 계약'을 체결한다는 의사를 갖지는 않는다. 오히려 매매계약의 내용으로 전체 매매대금을 계약금, 중도금, 잔금으로 분할하여 지급하기로 약정하는 정도의 의사를 갖는다고 해석하는 것이 현실에 부합한다. 그러므로 계약금의 교부를

반드시 주된 계약과 별도로 체결되는 계약으로 보거나 이를 요물계약 또는 낙성계약으로 해석할 필요는 더더욱 없다.

(2) 계약금의 교부가 해약금으로 추정되는 법률적 효과는 민법 제565조 제1항의 요건을 충족하면 된다. 매매계약 등 주된 계약의 내용으로 정한 계약금을 모두 교부하면 그 자체로서 발생하는 법률효과이기 때문이다. 이 규정에 따라 '계약 당시'에 계약금이 '교부'되면 '당사자 간에 다른 약정이 없는 한' 해약금 추정이 되므로, 교부자는 이를 '포기'하고 수령자는 그 '배액을 상환'하여 계약을 해제할 수 있다. 법해석의 일반원칙에 비추어 위 규정의 적용을 위한 확장, 축소, 유추 해석은 더 이상 필요 없다. 위 규정의 적용을 위한 계약금의 교부는 계약금이 전부 교부되어야 함을 전제로 하는 것이지 일부가 교부되는 것을 포함하지는 않는다. 그러므로 계약금이 일부만 교부되거나 전혀 교부되지 않은 상태에서는 민법 제565조 제1항의 요건이 충족되지 않아 해약금 해제는 불가능하다.

(3) 계약금을 매매대금의 일부로 해석하면, 계약금의 교부를 매매계약 등 주된 계약과 독립된 별개의 '종된' '계약금계약'으로 본다든가, 계약금계약의 법적 성질을 '요물계약' 또는 '낙성계약'으로 파악함으로써 발생하는 불필요한 법률문제를 간명하게 해결할 수 있다. 민법 제565조 제1항의 적용으로 매매계약을 해제할 때 교부자는 해약금 1억 원을 포기하면 되고, 수령자는 받은 1억 원은 원상회복, 상환하는 1억 원은 해약금이 되어, 이들 사이의 불공평한 결과는 없다. 매매계약이 모두 이행된 경우에도 매도인의 계약금 반환과 다시 매수인의 대금 일부지급 과정을 거쳐야 한다는 논리구성이나 이를 회피하기 위한 계약금의 매매대금 충당이라는 의제적 해석을 모두 피할 수 있다. 계약금이 일부 지급되거나 전혀 지급되지 않은 경우에, 민법 제565조 제1항의 적용 여부와 만일 해약금 해제가 가능하다고 할 때 그 해약금의 기준에 관한 요물계약설과 낙성계약설의 논쟁 역시 불필요하다.

3. 한편 이상과 같은 각각의 이론구성과 해석은 계약체결 당시 매매계약의 내용으로 계약금의 지급에 관하여 약정하는 일반적인 상황을 전제로 한 것이다. 그런데 이와 달리 당사자가 계약금의 교부에 관한 별도의 약정을 명시적으로 체결하는 경우는 이를 주된 계약과 독립적인 종된 계약금계약이라고 할 수 있을 것이다. 예를 들어 매매계약의 체결 전에 별도의 가계약이나 예약과 같은 형식의 계약이 체결되는 것처럼, 당사자가 매매계약과 별도로 계약금의 교부에 따른 법률효과를 달리 약정할 수 있다. 민법 제565조 제1항의 적용에 따른 해약금 추정 효력도 '다른 약정이 없는 한' 인정되는 것이므로, 별도의 계약금계약을 통하여 위 규정의 적용을 배제하는 것도 가능하다. 물론 이와 같은 형식의 계약금계약이 체결되더라도 계약의 이행과정에서 명확하게 해결하기 어려운 여러 상황에 직면하겠지만, 이때에는 대체로 계약금계약의 해석에 따라 법률관계를 재구성하면 될 것이라고 생각한다. 계약금에 관한 중국민법 규정이 이에 상응하는 것으로 보인다.

미국 상속법상 배우자의 지위

정 소 민*

I. 서 론

민법상 배우자의 상속분은 공동상속인의 상속분에 5할을 가산하는 방식으로 결정된다(제1009조 제2항). 이러한 배우자 상속분의 가변성은 배우자를 보호하는데 취약하고, 특히 고령화 시대에 고령 배우자에 대한 부양적 기능을 충실히 수행하지 못한다는 비판이 있다.[1) 또한 잠재적 지분의 청산이라는 관점에서 배우자 상속제도는 이혼 시 재산분할제도와 비교되는데 이때에도 현행 배우자 상속제도의 취약성이 드러난다. 이혼 시 혼인 생활 중에 형성한 재산에 대한 배우자의 지분을 50%로 인정하고 재산분할이 이루어지는 경향이 증가하고 있음에도 불구하고,[2) 상속에 의하면 배우자는 자녀가 1인인 경우에만 상속재산의 60%를 취득하고 자녀가 2인 이상인 경우부터는 상속재산의 50% 이하로 취득하게 되어 이혼 시 재산분할제도와의 불균형성도 지적된다.[3)

학계에서는 이러한 문제점을 개선하고 배우자의 상속권을 강화하기 위하여 다양한 학술적 논의가 지속되어 왔다.[4) 또한 17대 국회(2004. 5. 30.-2008. 5. 29.)에서 배우자 상속과 관련하여

* 한양대학교 법학전문대학원 교수.

1) 정구태, "배우자 상속권 강화를 위한 입법론 —상속에서의 약자 보호를 위한 관견—", 안암법학 제59권(2019. 11), 115.

2) 서울가정법원의 재산분할사건을 대상으로 한 실증적 연구에 따르면, 이혼시 배우자에게 50%의 재산분할비율을 인정한 판결은 2005년 29.9%에서 2012년 37.4%로 증가하였으며, 배우자에게 50%가 넘는 비율을 인정한 판결도 2005년 9.4%에서 2012년 22.5%로 크게 늘어났다. 박복순 · 송효진 · 전경근 · 현소혜, 여성 · 가족 관련 판례에 대한 성인지적 분석 및 입법과제(Ⅱ) —가족 관련 판례—, 한국여성정책연구원(2013. 12), 164-177.

3) 정구태(주 1), 117.

4) 박종용, "배우자상속권의 강화에 관한 연구", 가족법연구 제16권 2호(2002. 12), 229; 김은아, "배우자의 재산상속상 지위와 그 강화", 민사법학 제30호(2005. 12), 151; 윤진수, "민법개정안 중 부부재산에 관한 연구", 가족법연구 제21권 1호(2007. 3), 124; 김상용, "자녀의 유류분권과 배우자 상속분에 관한 입법론적 고찰 —유류분상실제도의 신설과 배우자 상속분의 증가 문제를 중심으로—", 민사법학 제36호(2007. 5), 669; 최행식, "인구구조 변화와 배우자 상속 —특히 부부 재산제와 관련하여—", 가족법연구 제21권 제1호(2007. 3), 57; 오시영, "배우자를 중심으로 한 상속분에 대한 재검토", 인권과 정의 제381호(2008. 5), 22; 조은희, "법정상속의 강화에 대한 재검토", 가족법연구 제23권 제3호(2009. 11), 167; 최현숙 · 윤석찬, "고령화 사회에서 부양의

민법 일부개정법률안이 3회 제출되었고,[5] 법무부 민법(상속편) 개정 특별분과위원회[6]는 2014년 1월 15일 배우자의 선취분제도 도입을 주요 내용으로 하는 상속법 개정시안(이하 "2014년 개정시안"이라고 한다)을 마련하여 법무부에 제출하였다.[7] 2014년 개정시안에서는 피상속인의 배우자는 혼인기간 동안 증가한 피상속인의 재산의 50%를 다른 공동상속인보다 먼저 선취분으로 취득한다고 규정하고 나머지 재산은 현재의 상속분에 따라 분배된다는 점을 그 주요 내용으로 하고 있다.[8] 그 후 20대 국회에서 정춘숙 의원이 2018년 7월 4일 대표발의한 민법 일부개정안이 있었으나 20대 국회의 임기만료로 폐기되었고, 동일한 내용의 민법 일부개정법률안이 다시 정춘숙 의원에 의하여 대표발의되어 현재 제21대 국회에 계류 중이다. 이 민법 일부개정법률안은 현행 부부재산제도가 별산제를 채택함으로써 혼인생활 중 취득한 재산에 대하여 명의를 가지지 못한 다른 일방의 재산권이 제대로 보호받지 못하는 측면이 있어 실질적으로 부부 간의 경제적 불평등을 초래한다고 지적하면서 (i) 민법상의 부부재산제도를 부부공동재산제로 변경하고, (ii) 부부의 공유재산으로 추정되는 재산의 50%를 선취분으로 청구할 수 있으며, (iii) 부부의 공유재산으로 추정되는 재산이 없는 경우에는 기존 법정상속분에 따라 가산하여 상속할 것을 제안하고 있다.

이러한 배경 아래 본 논문은 배우자의 상속권을 강화하는 논의의 연장선상에서 미국 상속법상 배우자의 지위가 어떻게 강화되어 왔는지를 비교법적으로 검토해 보고자 한다. 배우자상속에 관한 선행 연구는 독일, 스위스, 프랑스 등 대륙법계 국가에 관한 법제에 많이 치중되어 있고 영미법계에서 배우자상속이 어떻게 이루어지고 있는지에 관한 깊이 있는 연구는 많이 부족한 편이다. 우선 미국법상의 상속제도에 관하여 간략히 개관한 후 무유언상속에서 배우자의 상속순위, 상속분 등을 검토하고 특히 유언상속의 경우에 생존 배우자의 보호제도에 관하여도 살펴보고자 한다.

무에 관한 연구 —상속과의 연계를 중심으로—", 재산법연구 제29권 1호(2012. 5), 95; 전경근, "배우자상속분의 현황과 전망", 아주법학 제7권 제3호(2013. 12), 201; 정구태, 2014년 "법무부 민법개정위원회의 상속법 개정시안에 대한 비판적 단상", 강원법학 제41권(2014. 2), 996; 김상용, "사망으로 혼인이 해소된 경우 생존 배우자의 재산권 보호: 선취분과 사망 시 재산분할청구권을 중심으로", 중앙법학 제17집 제2호(2015. 6), 223; 정다영, "배우자 상속의 강화방안", 가족법연구 제31권 3호(2017. 11), 271 이하.

5) 2005년 의원 발의 법률안(이계경 의원안), 2006년 의원 발의 법률안(최순영 의원안), 2006년 정부 제출 법률안(2006년 법무부안)이다. 이들 법률안은 모두 17대 국회의 임기만료로 폐기되었다. 이들 법률안의 내용에 대한 자세한 내용은 정다영(주 4), 274-276 참조.

6) 위원장은 김상용 중앙대 교수.

7) 2014년 개정시안은 법무부에 제출되었으나 입법예고절차에 이르지 못하고 폐기되었다.

8) 그러나 '혼인기간 동안 증가한 피상속인의 재산'을 쉽게 확정하기 어렵고, 선취분 취득이 공정하지 않은 경우 공동상속인의 협의로 선취분을 감액할 수 있으나 협의가 안 되면 가정법원이 혼인 별거기간 등의 사유를 참작하여 감액할 수 있도록 하고 있어 상속분쟁이 증가할 가능성이 있다는 비판이 있다. 자세한 내용은 정구태(주 4), 987 이하 참조.

Ⅱ. 미국법상 상속제도

1. 미국법상 상속제도의 개관

미국법상 상속제도는 크게 무유언상속(intestacy), 유언상속(will), 유언대체수단(will substitutes)을 이용한 재산승계로 나누어 볼 수 있다. 무유언상속과 유언상속은 검인법원(probate court)의 관여 하에 이루어지는 검인절차에 따른 상속(probate succession)이고, 생전신탁(inter vivos trust), 사인지급계약(pay-on-death contract) 기타 유언대체수단에 의한 재산승계는 검인절차를 거치지 않는 비검인절차에 따른 상속(non-probate succession)이라고 할 수 있다. 검인절차는, 무유언상속의 경우에는 적용하여야 할 무유언상속법을 결정하고 유언상속의 경우에는 유언의 유효성을 심사하며, 상속재산을 관리하고 감독하는 절차를 포함하고 있다. 검인절차를 통하여 (i) 권원양도증서가 새로운 권리자에게 발급되고, (ii) 피상속인의 채무를 변제하는 절차를 진행하여 채권자를 보호하며, (iii) 채권자에 대한 변제가 이루어진 후에 피상속인의 재산을 승계할 권리가 있는 자에게 분배하는 세 가지 중요한 기능을 수행하게 된다.[9]

미국 상속법은 검인절차에 따른 상속과 비검인절차에 따른 상속 모두 재산처분의 자유라는 원칙에 기반하여 사자의 지배(dead hand control)를 인정하고 있는 것이 큰 특징이다.[10] 미국 상속법에서도 생존 배우자, 상속채권자 등을 보호하기 위하여 유언의 자유에 일정한 한계를 두고 있기는 하지만, 미국 상속법은 규제보다는 사망자의 의사실현을 촉진시키는데 중점을 두고 있다.[11]

(1) 무유언상속

유언이 없거나 무효인 경우에 무유언상속이 개시된다.[12] 무유언상속은 무유언상속법에 따라 법정상속절차가 진행되는데 검인법원(probate court)이 인격대표자(personal representative)[13]를 선임하고, 인격대표자는 검인법원의 감독을 받으며 상속재산을 관리한다. 상속법은 연방법이 아닌 주법으로 제정되고 각 주마다 각기 다른 내용의 상속법을 가지고 있다. 무유언상속법의 목적은 “유언 없이 사망한 평균적인 사람이 상속을 미리 계획하였더라면 밝혔을 재산승계

9) Jess Dukeminier/Robert H. Sitkoff, Wills, Trusts, and Estates, 9th edition, Wolters Kluwer, 2013, p. 44 (이하 “Dukeminier/Sitkoff”로 인용함).

10) Dukeminier/Sitkoff, p. 1.

11) Dukeminier/Sitkoff, p. 1.

12) Dukeminier/Sitkoff, pp. 64-65; Sterk/Leslie/Dobris, Estates and Trusts, Cases and Materials, Fourth Edition, Foundation Press, 2011, p. 65; Paul G. Haskell, Preface to Wills, Trusts and Administration, 2nd Edition, Westbury, The Foundation Press Inc., 1994, p. 181.

13) 일반적으로 상속재산관리인(administrator)으로 불린다. 상속재산관리인으로 될 수 있는 자는 법에 정해져 있고 통상 생존 배우자, 자녀, 부모, 형제 및 채권자 순으로 선임된다. Dukeminier/Sitkoff, p. 43.

에 관한 추정적 의사"를 실현하기 위한 것이다.[14] 이러한 목적을 반영하여 미국의 무유언상속법은 일반적으로 생존 배우자를 최우선적으로 우대하고 그 후 직계비속, 부모, 방계가족 등의 순으로 고려한다. 통일검인법(Uniform Probate Code, UPC)[15]은 사망자의 조부모와 그들의 직계비속까지를 상속을 받을 수 있는 방계혈족으로 규율하고 있다.[16] 한편, 무유언상속법에 따라 상속을 받을 상속인이 없는 경우에는 상속재산을 몰수한다.[17]

(2) 유언상속

피상속인의 사망시 유언이 있는 경우에는 유언집행자나 이해관계인이 유언장과 유언검인을 위한 신청서를 검인법원에 제출하여야 한다. 검인법원은 유언이 법에 따라 형식적인 요건 등을 구비하여 유효하게 작성된 것인지 여부를 심사하고 그 유효성이 인정되면 유언상속이 개시된다. 검인법원은 원칙적으로 유언의 내용에 관하여는 심사하지 않는다. 유언자가 유언으로 유언을 집행하고 검인재산을 관리할 인격대표자[18]를 지정한 경우에는 법원의 관리·감독 하에 그 인격대표자가 유언을 집행하게 된다.

(3) 유언대체수단에 의한 재산승계

피상속인이 사망하였을 때 반드시 검인절차를 거쳐야 하는 것은 아니다. 피상속인이 생전에 유언대체수단을 이용하여 자신의 모든 재산이 사후에 처분될 수 있도록 해 놓은 경우에는 검인절차를 회피할 수 있다. 검인법원의 검인절차는 시간과 비용이 많이 소요되고 특히 유언상속의 경우 유언의 내용이 공개되기 때문에 검인절차를 회피하려는 유인이 생기게 된다. 이러한 수요에 발맞추어 금융기관들은 검인절차를 거치지 않아도 되는 상품들이 개발하였는데, 대표적인 것으로 생전신탁(inter vivos trusts),[19] 생명보험, 사인지급(Pay on Death, POD) 또는 사인양도계약(Transfer-on-Death (TOD) Contracts) 등이다. 예컨대, 피상속인이 생명보험에 가입하고 수익자를 배우자로 지정한 경우에 피상속인이 사망하면 검인절차를 거치지 않고 배우자는 보험회사로부터 생명보험금을 받게 된다.[20]

다시 말하면, 피상속인이 사망 당시 소유한 재산은 검인재산(probate property)과 비검인재산(non probate property)로 나뉘게 된다. 검인재산은 유언자의 유언이나 무유언상속에 따라 검

---

14) Lawrence. H. Averill, Jr./Mary F. Radford, Uniform Probate Code and Uniform Trust Code, West Nutshell Series, 6th Ed., West, pp. 41-42(이하 "Averill/Radford"로 인용함).

15) 통일검인법에 대해서는 Ⅱ. 2. 참조.

16) UPC § 2-103. 이러한 제한은 혈족이라는 점을 용이하게 증명하도록 하고 소위 '웃고 있는 상속인(laughing heirs)'을 방지하기 위한 것이다.

17) UPC § 2-105.

18) 유언에 의해 지정된 인격대표자를 유언집행자(executor)라고 한다.

19) 미국에서는 철회가능신탁(revocable trusts)이 많이 이용된다. 우리 신탁법상의 유언대용신탁도 미국 철회가능신탁의 영향을 받은 것이다. 철회가능신탁에 관한 자세한 내용은 정소민, "신탁제도를 통한 재산승계 —유언대용신탁과 수익자연속신탁을 중심으로—", BFL 제62권(2013. 11), 86 이하 참조.

20) Dukeminier/Sitkoff, p. 42.

인법원의 검인절차를 거쳐야 하는 재산이고, 비검인재산은 유언대체수단인 생전신탁, 생명보험 등을 통해 검인법원의 검인절차를 거치지 않고 승계되는 재산이다.

2. 상속과 관련된 법률

무유언상속의 경우에, 일반적으로 피상속인이 사망 시에 거주했던 주법이 동산 등 인적재산(personal property)[21] 처분의 준거법이 되고, 피상속인이 소유한 부동산(real property)은 부동산의 소재지법에 따라 처분된다. 미국의 모든 주는 주법으로 검인법(state probate law)을 가지고 있고, 이를 통해 무유언상속과 유언상속 등을 규율하고 있다. 그런데 검인법은 주마다 그 내용이 매우 상이하고 복잡하였기 때문에 그 검인절차를 간소화·표준화하고 현대화시킬 필요성이 대두되었다.

통일검인법(Uniform Probate Code)은 무유언상속, 유언상속, 신탁 등을 포괄하여 미국 상속법을 단순화하고 통일화시키기 위하여 주법통일위원회[22]가 1969년 제정한 모델법(a model law)[23]이다. 미국의 약 1/3 정도의 주(州)가 1969년 통일검인법의 주요 내용을 주법으로 채택하였고, 주법으로 채택하지 않은 주도 통일검인법의 일부 내용을 입법하였다.[24]

3. 미국 상속법상 배우자의 지위

상속법은 한 나라의 문화적 산물이고 가족법과 긴밀히 연결되어 있다. 상속법은 일반적으로 사회·경제적 요구를 수용하여 그 사회에 적합한 방식으로 진화해 나가기 때문이다.

혈족상속을 중심으로 하는 상속법의 기본 체계에서 피상속인의 혈족이 아닌 배우자상속의 문제는 다소 이질적인 부분이다. 그러나 대부분의 국가에서 배우자의 상속권을 인정하면서 배우자상속권의 근거로 (i) 혼인생활 기간 중에 공동으로 형성한 재산에 대한 잠재적인 지분청산, (ii) 생존 배우자의 부양 내지 생활 보장을 들고 있다.[25] 우선 명의상으로는 피상속인이 단독권리자로 되어 있는 재산이더라도 실질적으로는 생존 배우자가 그 재산의 취득 증식 유지 등에 협력한 경우가 많기 때문에 실질적으로 생존 배우자의 지분이 피상속인의 재산에 잠재적으로 존재하는 것으로 보아 이 잠재적 지분을 혼인이 해소되는 때에 청산하여 생존 배우자에

21) 미국법상 인적재산(personal property)은 부동산(real property)에 대비되는 개념으로 동산, 채권, 유가증권 등 부동산을 제외한 모든 재산을 포괄하는 개념이다.

22) 주법통일위원회(National Conference of Commissioners on Uniform State Laws)는 1892년 설립된 비영리 단체로서 미합중국의 50개주, 컬럼비아 특별구(District of Columbia), 푸에르토리코, 미국령 버진아일랜드에서 구성된 통일법에 관한 주위원회(state commissions on uniform laws)를 구성원으로 한다. 주법통일위원회는 미국 각 주의 법률을 통일하는 것을 목적으로 하며, 가장 대표적인 업적으로 통일상법전(Uniform Commercial Code)의 제정을 들 수 있다.

23) 통일검인법은 모델법으로서 법적 구속력은 없다.

24) Dukeminier/Sitkoff, p. 67.

25) 곽윤직, 상속법, 박영사, 2004, 54.

게 귀속시키는 것이 배우자상속권을 인정하는 근거라고 설명한다. 둘째, 피상속인이 살아 있다면 생존 배우자는 그 부양을 받을 수 있는데 피상속인의 사망으로 부양을 받을 수 없게 되었기 때문에 그에 갈음하여 생존 배우자의 상속권을 인정하는 것이라고 한다.[26]

통일검인법을 기초로 미국 상속법에서 배우자의 지위를 검토하면, 전통적인 부양의 관점에서 배우자상속을 규율하다가 현재는 부부를 경제적 동반자관계(economic partnership)로 보는 현대적 관점을 적극적으로 반영하여 상속에 있어서 배우자의 지위를 강화하는 방향으로 개정되어 왔다.

Ⅲ. 무유언상속에서 생존 배우자의 지위

무유언상속이 이루어지는 경우 생존 배우자의 상속분은 각 주별로 매우 다르고, 또 피상속인의 다른 가족(특히 자녀, 부모 또는 형제자매)이 생존해 있는지 여부에 따라 생존 배우자의 상속분이 달라진다. 대체로 각 주법에 의해 인정되는 생존 배우자의 상속분은 상속재산의 1/4에서 1까지의 범위이다.[27] 미국에서 무유언상속과 관련하여 지속적으로 개정의 필요성이 논의되어 온 과제 중의 하나가 생존 배우자의 상속분에 관한 것이다. 특히 정책적 관점에서 (i) 피상속인에게 직계비속이 있는 경우와 (ii) 피상속인에게 직계비속은 없지만 다른 혈족이 있는 경우에 생존 배우자의 상속분을 어떻게 결정할 것인지가 주로 논의되었다. 다수의 미국인은 보통법과 주법에 규정된 생존 배우자의 상속분이 확대되어야 한다고 주장하였다. 1969년 통일검인법은 이 주장을 채택하였고, 1990년 통일검인법은 이를 보다 더 확장시켰다. 그리고 2008년 개정을 통하여 생존 배우자에게 지급하는 현금액을 기존 금액에 50%를 가산하여 증가시킴으로써 금액을 현실화시키고 인플레이션을 반영하여 자동적으로 생활비가 조정되도록 하는 조문을 신설하였다.[28] 통일검인법상 무유언상속이 개시되면 배우자는 1순위의 상속인이 되고, 일반적으로 통일검인법에 따를 때 전형적인 주법에 따라 상속할 때보다 생존 배우자가 더 많이 상속받게 된다고 평가된다.[29]

1. 통일검인법상 무유언상속시 생존 배우자의 상속분

(1) 생존 배우자가 피상속인의 모든 재산을 상속받는 경우

(i) 피상속인의 직계비속 및 직계존속이 모두 없는 경우[30] 또는 (ii) 생존하는 피상속인의

26) 곽윤직(주 25), 54.
27) Dukeminier/Sitkoff, p. 70.
28) UPC § 1-109.
29) UPC § 2-102.
30) UPC § 2-102(1)(A).

직계비속이 모두 피상속인과 생존 배우자 사이의 직계비속이고 생존 배우자에게 다른 생존 자녀가 없는 경우[31]이다.

통일검인법상 피상속인의 직계비속과 직계존속이 모두 없는 경우에 생존 배우자가 피상속인의 모든 재산을 상속받도록 규율하고 있는데 이것은 대부분의 주법과도 일치한다. 위 (ii)의 경우는 1990년에 새로 도입된 규정이다. 대부분의 유언자들이 유언에서 유언자의 모든 직계비속이 생존 배우자와의 사이에서 태어난 경우에 유언자의 모든 재산을 생존 배우자에게 유증하는 내용으로 유언을 작성하였다는 연구 결과를 반영한 것이다.[32] 통일검인법은 생존 직계비속이 사망한 배우자와 생존 배우자 사이에서 태어난 자녀이고 생존 배우자에게 다른 자녀가 없는 경우에 생존 배우자는 사망한 배우자의 모든 재산을 상속받도록 한다. 이는 대부분의 주법과는 다른 태도인데, 대부분의 주법은 사망한 배우자에게 직계비속, 부모, 형제자매가 모두 없는 경우에 생존 배우자가 모든 상속재산을 상속하도록 규정한다. 그러나 통일검인법은 생존 배우자의 상속분을 결정함에 있어서 형제자매의 유무를 고려하지 않는다. 통일검인법이 위 (ii)와 같이 규정한 것은 대부분의 배우자는 생존 배우자가 생존 직계비속의 이익을 위해 재산을 가장 유용하게 쓸 것으로 신뢰한다는 추정에 근거한다. 또한 미성년자인 직계비속에게 직접 상속분을 주게 되었을 때 재산관리인 등을 두는 등의 행정적인 번거로움과 비용이 발생하게 되는데 이를 피할 수 있는 장점도 있다.[33]

(2) 30만 달러를 먼저 상속받고 그 후 잔여 상속재산의 3/4을 상속받는 경우

피상속인에게 직계비속은 없고 부 또는 모만 생존하는 경우이다.[34] 피상속인의 부 또는 모는 잔여 상속재산의 1/4를 상속받게 된다.

(3) 22만 5천 달러를 먼저 상속받고 잔여 상속재산의 1/2을 상속받는 경우

생존하는 피상속인의 직계비속이 모두 피상속인과 생존 배우자 사이의 직계비속이고 생존 배우자에게 한 명 이상의 피상속인의 직계비속이 아닌 생존 직계비속이 있는 경우이다.[35]

생존 배우자에게 피상속인 이외의 다른 사람과의 사이에 다른 직계비속이 있는 경우를 별도로 규정하는 이유는 피상속인의 직계비속은 향후 생존 배우자가 사망하였을 때 그 생존 배우자의 상속재산의 유일한 상속인이 되지 않고 생존 배우자의 다른 직계비속과 공동상속인이 되기 때문이다. 이 규정의 목적은 피상속인의 직계비속에게 피상속인의 상속재산이 22만 5천 달러를 초과하는 경우 그 초과분에 해당하는 상속재산의 일정 지분을 확보해 주기 위한 것

31) UPC § 2-102(1)(B).

32) Dukeminier/Sitkoff, p. 71. Averill/Radford, p. 50. 이와 같은 입법은 무유언상속법의 목적이 유언 없이 사망한 평균적인 사람이 상속을 미리 계획하였더라면 밝혔을 재산승계에 관한 추정적 의사를 실현하기 위한 것이라는 점에 부합한다.

33) Dukeminier/Sitkoff, p. 71.

34) UPC § 2-102(2). 이때 잔여재산의 1/4는 피상속인의 부모가 상속받는다.

35) UPC § 2-102(3).

이다.[36)]

(4) 15만 달러를 먼저 상속받고 잔여 상속재산의 1/2을 상속받는 경우

피상속인과 생존 배우자가 아닌 다른 사람과의 사이에서 태어난 생존 직계비속이 있는 경우이다.[37)] 이때 피상속인의 자녀가 잔여 상속재산의 1/2을 상속받는다. 통일검인법은 생존 배우자가 양부모인 경우에 특별히 규정을 하고 있다. 즉, 생존 배우자가 사망한 배우자의 직계비속(이들 중 생존 배우자의 직계비속이 아닌 자가 있는 경우)을 제대로 돌보도록 하는데 신경을 쓰고 있다.

(5) 기타 고려사항

통일검인법은 여러 번의 결혼에서 출생한 자녀들이 증가하는 현상을 고려하여 생존 배우자의 상속분을 줄이고 생존 배우자의 직계비속이 아닌 피상속인의 직계비속을 보호하고자 한다. 생존 배우자는 무유언상속에서 위와 같이 상속받게 되고, 이에 추가하여 생존 가족 보호를 위한 지급과 피상속인이 생존 배우자를 위해 유언대체수단을 통한 재산승계를 설정해 놓았다면 검인절차를 거치지 않고 비검인재산으로서 취득하게 된다.

2. 배우자의 생존 요건 등

(1) 생존 요건

미국 상속법에서는 "생존 배우자(surviving spouse)"라는 용어를 사용한다. 배우자상속이 이루어지기 위해서는 피상속인의 사망 당시 배우자가 생존하고 있어야 한다. 이것은 배우자에게만 요구되는 조건은 아니고 일반적으로 상속을 받기 위해서 상속인은 피상속인의 사망 시에 생존해 있어야 한다.[38)] 이 생존 요건으로 인하여 피상속인의 사망 시점이 상속 여부를 좌우하는 중요한 법적 쟁점이 되었다. 미국의 많은 주들은 동시사망법(Simultaneous Death Act)을 제정하여 이 문제를 해결하고자 하였다. 원래 통일동시사망법(Uniform Simultaneous Death Act) 제1조는 죽음의 순서에 관하여 충분한 증거가 없으면(no sufficient evidence), 각자는 다른 사람보다 먼저 사망한 것으로 간주된다고 규정하였다. 결국 누구도 다른 사람의 재산을 상속하지 못하게 된다. 그러나 이 규정으로 인하여 오히려 법정에서 무엇이 "충분한 증거"인지가 격렬히 다투어졌고,[39)] 결국 이 문제를 해결하기 위하여 "120 시간 생존의 법칙"이 나타나게 되었다.

---

36) Official Comment to UPC § 2-102.

37) UPC § 2-102(4).

38) Dukeminier/Sitkoff, p. 75.

39) Estate of Campbell, 641 P.2d 610 (Or. App. 1982); In re Bucci, 293 N.Y.S.2d(Sur. 1968). Estate of Campbell 사건에서는 A와 B가 보트 사고로 익사하였는데 A가 B보다 수영을 잘 했고 건강상태도 양호했다는 증거가 제출되었다. 부검 결과 A는 죽음과 사투를 벌인 후 익사했다는 점이, B는 수동적으로 죽음에 이르렀다는 점이 밝혀졌다. 이것이 A가 B보다 더 오래 생존하였다는 것에 충분한 증거가 되는지 법정에서 치열하게 다투어졌다.

통일검인법은 상속인으로 인정되기 위한 요건으로서 120시간의 생존을 요구하고 있다. 즉, 피상속인의 사망 전에 태어난 사람이 피상속인보다 120시간 더 오래 살지 못한 경우에는 피상속인보다 먼저 사망한 것으로 간주한다.[40] 명백하고 확실한 증거(clear and convincing evidence)에 의해 어떤 사람이 피상속인보다 120시간을 더 살았다는 것을 증명하지 못하는 경우에는 그 사람은 피상속인보다 120시간을 더 살지 못한 것으로 간주된다.[41] 그 후 통일동시사망법도 통일검인법과 동일하게 개정되었다.

미국 일부 주에서는 명백하고 확실한 증거에 의해 배우자가 피상속인보다 더 오래 살았다는 것을 증명하도록 요구하는 주도 있고, 다른 주에서는 명백하고 확실한 증거에 의해 배우자가 피상속인보다 120시간을 더 살았다는 것을 증명하도록 요구하는 주도 있다.

(2) 사실혼 배우자

우리 배우자 상속제도상 배우자는 혼인신고를 마친 법률상의 배우자만을 의미하고 사실혼의 배우자에게는 상속권이 인정되지 않는다. 이는 상속법의 기본 원칙으로서는 타당한 것이지만 일정한 경우에 구체적 타당성이 결여된 결과를 낳을 수도 있다. 예컨대, 이혼을 하지 않아 법률상 배우자로 남아있지만 오랜 별거로 인하여 이미 혼인관계가 형해화된 경우라도 하더라도 그 배우자는 피상속인의 상속인이 되는데 이러한 경우까지 배우자의 상속권을 보장해야 하는지는 의문이 있다. 또한 현대 사회에서 사실혼의 배우자에게 상속권을 보장해 줄 필요는 없는지 검토가 필요하다.

미국 대부분의 주는 사실혼 관계에 있는 배우자에게 상속권을 인정하지 않는다.[42] 사실혼은 그 비형식성으로 인하여 사기와 위증에 취약할 수밖에 없다는 점과 혼인의 신성함을 약화시킨다는 점이 주된 이유이다. Bedard v. Corliss 사건[43]에서 A와 B는 멕시코에서 결혼을 하고 미국으로 돌아와 A가 2004년에 유언 없이 사망할 때까지 21년간 부부로 함께 살았다. 그런데 B는 A가 사망한 후에야 자신들의 결혼이 멕시코법상 무효라는 것을 알게 되었다. 매사추세츠 항소심 법원은 위 혼인은 B가 그것이 유효하다고 믿었더라도 무효이고, 매사추세츠 법이 사실혼을 인정하지 않으므로 B를 A의 배우자로 인정할 수 없다고 판결하였다.[44]

한편, 사실혼을 인정하는 주에서는 공통적으로 당사자들이 남편과 아내의 관계를 개시하

40) UPC § 2-104(a).

41) UPC § 2-104(a).

42) 10개의 주(앨라배마, 콜로라도, 아이오와, 캔자스, 몬태나, 오클라호마, 로드아일랜드, 사우스 캐롤라이나, 텍사스, 유타)와 워싱턴 D.C.에서만 사실혼 계약의 유효성을 인정하고 있다.

43) Bedard v. Corliss, 973 N.E.2d 691 (Mass. App. 2012).

44) 이와 관련하여 실제로는 혼인이 효력이 없었으나 그 혼인이 유효하다고 믿은 추정배우자(putative spouse)를 보호해야 한다는 이론이 있다. 통일혼인이혼법(Uniform Marriage and Divorce Act, UMDA)에 따르면, 추정배우자는 법률상의 배우자에게 부여하는 권리를 취득한다(§ 209). 캘리포니아 대법원은 추정배우자에게 무유언 상속에서 배우자의 지위를 인정하여 피상속인의 재산을 상속할 권리가 있다고 판결하기도 하였다(Estate of Leslie, 689 P.2d 133 (1984)).

고 유지하는데 동의할 것을 요구하고 공개적으로 동거할 것을 요구한다.[45] 또한 사실혼을 인정하는 주에서 유효한 사실혼으로 인정받은 경우에는 설사 그 후 사실혼을 인정하지 않는 주로 이사를 하였더라도 그 혼인은 유효한 것으로 본다. 다만, 사실혼을 인정하지 않는 주의 주민이 이를 피하기 위하여 일시적으로 다른 주에 가서 혼인을 한 경우에는 이를 탈법행위로 보아 혼인의 유효성을 인정하지 않는다.[46]

(3) 동거인(Domestic Partners), 동성혼

앞서 살펴본 바와 같이 무유언상속법의 목적은 유언 없이 사망한 평균적인 사람이 상속을 미리 계획하였더라면 밝혔을 재산승계에 관한 추정적 의사를 실현하기 위한 것이다. 미국에서의 연구 결과에 따르면 장기간 동거생활을 한 동거인들의 경우 대다수가 자신의 상속재산 중 일부를 동거인에게 상속하고 싶다는 의견을 밝혔다. 이러한 경향은 동성혼의 경우에는 더 강하게 나타난다.[47] 미국에서는 2012년 뉴욕주를 비롯하여 10개 주에서 동성혼의 배우자에게 무유언상속에 있어서 배우자의 지위를 인정하였고, 캘리포니아주를 비롯한 10개 주에서는 등록된 동거인에게 무유언상속에 있어서 배우자와 유사한 지위를 인정하였다.[48]

Ⅳ. 유언상속에서 배우자의 지위

1. 의 의

미국법상 피상속인의 유언이 있고 검인절차에서 유언의 유효성이 인정되면 유언상속이 행해지게 된다. 대륙법계 국가에 비해 영미법계 국가에서는 유언의 자유가 보다 광범위하게 인정된다고 평가받고 있는데,[49] 미국법상 배우자가 상속인이 될 것인지, 상속재산을 얼마나 상속할 것인지 여부는 일차적으로 유언자의 유언 내용에 달려있다. 유언자는 유언으로 자유롭게 재산을 처분할 수 있으며, 광범위한 유언의 자유가 인정되기 때문에 배우자에게 전혀 재산을 분배하지 않는다는 유언을 할 수도 있다. 따라서 유언상속에서 배우자를 보호하기 위한 제도가 필요하다. 우선 부부재산제도에 대해 먼저 검토한 후 유언상속에 있어서 배우자 보호제도에 관하여 살펴보기로 한다.

---

45) Sol Lovas, "When Is a Family Not a Family-Inheritance and the Taxation of Inheritance within the Non-Tranditional Family", 24 Idaho Law Review 353 (1987).

46) Vaughn v. Hufnagel, Supreme Court of Kentucky, 473 S.W.2d 124(1971).

47) Dukeminier/Sitkoff, pp. 72-73.

48) Dukeminier/Sitkoff, p. 73.

49) Marius J. de Waal, "Comparative Succession Law", Reimann and Zimmermann ed., *The Oxford handbook of Comparative Law*, 2006, p. 1085.

2. 부부재산제도와 생존 배우자의 선택지분

미국의 부부재산제도는 부부개별재산제도와 부부공동재산제도로 나눌 수 있다. 미국 대다수의 주가 보통법상의 전통적인 부부재산제도인 부부개별재산제도를 취하고 있고, 단지 9개 주만 부부공동재산제를 취하고 있다.[50)]

(1) 부부재산제도

(가) 부부개별재산제(separate property) 부부개별재산제도에서는 혼인 중에 부부가 각각 자신의 소득으로 자기 명의로 취득하는 재산은 그의 개별재산이 된다. 다만, 부부가 합의하는 경우 이를 부부공유재산으로 할 수 있다. 이와 같이 개별재산제도는 본인의 소득에 대한 개인의 자치권을 중시한다.[51)] 배우자 일방은 이혼 또는 사망의 경우를 제외하고 다른 배우자의 개별재산에 대하여 권리가 없다. 부부개별재산제도에서 자기 명의로 재산을 취득한 자는 자유롭게 자신의 재산을 처분할 수 있다. 이때 유언으로 배우자를 상속에서 배제하거나 배우자에게 거의 유증을 하지 않는 경우에는 생존 배우자 보호의 문제가 발생하게 된다. 따라서 부부개별재산제도를 취하는 주에서는 생존 배우자를 보호하기 위하여 선택지분제도(elective share)를 두고 있다.

(나) 부부공동재산제(community property) 결혼 전에 취득한 재산과 혼인 중에 증여받은 재산은 자신의 개별재산이 되지만, 혼인 중에 어느 배우자가 자신의 소득, 노동, 시간 등의 결과로서 취득한 재산은 부부공동재산이 된다. 부부공동재산제를 취하는 주에서는 부부가 결혼생활 중에 취득한 재산(marital property)을 각 1/2의 지분으로 공유하게 된다. 부부공동재산제는 결혼을 경제적 동반자관계(economic partnership)로 바라본다.[52)] 배우자 일방이 사망하는 경우 부부공동재산은 반으로 나누어진다. 그 재산이 어느 배우자에 의해 취득된 것인지 불문하고 각 배우자는 공동재산의 반을 취득하는 것이므로 부부공동재산의 1/2은 즉시 생존 배우자의 몫이 된다. 사망한 배우자의 몫이었던 나머지 1/2은 사망한 배우자의 유언 유무에 따라 무유언상속이나 유언상속, 유언대체수단에 의한 재산승계를 미리 설계한 경우에는 그에 따라 처분된다. 부부공동재산제는 일방 배우자의 생전처분과 유언에 의한 상속 배제로부터 다른 배우자를 보호해주는 장치로서 기능한다. 일반적으로 부부공동재산제를 취하는 주는 별도로 생존 배우자를 보호하기 위한 법률이 필요하지 않다. 다만, 일부 주에서는 배우자의 재산 중 부부공동재산제의 적용을 받지 않는 혼인 전 또는 혼인 중에 취득한 배우자의 재산을 규율하기

---

50) 캘리포니아, 애리조나, 아이다호, 루이지애나, 네바다, 뉴멕시코, 텍사스, 워싱턴, 위스콘신 9개 주가 부부공동재산제를 취하고 있다. 위스콘신주는 2004년 통일부부재산법(Uniform Marital Property Act)을 채택하여 부부공동재산제를 취한 것으로 분류된다.

51) Dukeminier/Sitkoff, p. 512.

52) Dukeminier/Sitkoff, p. 512.

위해 배우자 보호를 위한 법을 두고 있다.[53]

(2) 생존 배우자의 선택지분

㈎ 의 의 생존 배우자의 선택지분이란 생존 배우자가 사망한 배우자의 유언에 따른 지분을 상속할 것인지 또는 유언상의 지분을 포기하고 사망한 배우자의 검인재산(probate estate)의 일정 지분을 상속할 것인지 선택할 수 있는 권리이다.[54] 사망한 배우자가 유언으로 생존 배우자에게 전혀 재산을 남기지 않거나 적은 재산을 남긴 경우 생존 배우자는 유언에 따른 상속을 거부하고 사망한 배우자의 상속재산의 일정 지분을 상속하겠다고 선택할 수 있다. 사망한 배우자의 입장에서 보았을 때 사망한 배우자의 상속재산 중의 일정 부분은 생존 배우자에게 유보되도록 강제된다는(forced) 점에서 '강제지분(forced share)'이라고도 불린다.[55] 생존 배우자의 선택지분은 미국법상 유언자의 유언의 자유를 제한하고 생존 배우자에게 유언자의 상속재산의 일부를 분배한다는 점에서 민법상 유류분제도와 유사한 기능을 수행하고 있다. 미국 연방대법원은 생존 배우자의 선택지분은 합헌이라고 판시하면서 주의회에서 유언의 자유를 제한하는 법률을 제정할 수 있다고 보았다.[56]

통일검인법상의 선택지분 규정의 특징은 선택지분의 크기를 혼인기간에 연동시켜서 혼인기간이 길수록 더 많은 지분이 생존 배우자에게 부여된다는 점, 기계적인 계산방식을 채택하였다는 점과 일정한 경우에 생존 배우자 부양의 실효성을 거두기 위하여 75,000달러를 지급하도록 규정하고 있는 점이다.

㈏ 선택지분의 크기 1969년 통일검인법상 선택지분은 혼인기간에 상관없이 사망한 배우자의 확장된 상속재산(augmented estates)[57]의 1/3로 규정하였다.[58] 이 1/3이라는 숫자는 대체로 보통법상 과부권(dower)이라고 불리는 권리, 즉 과부가 사망한 남편의 토지에 대하여 생존하는 동안 1/3 지분을 가지는 것으로부터 이어진 것이라고 해석된다.[59]

통일검인법상 생존 배우자의 선택지분에 관한 규정은 1990년에 전면 개정되었고 1993년과 2008년에 재조정되면서 보다 명확해졌다. 이러한 개정의 주된 목적은 선택지분에 관한 규정을 결혼을 경제적 동반자관계(economic partnership)로 보는 현대적인 견해와 발맞추도록 하

53) Averill/Radford, pp. 101-102.
54) Dukeminier/Sitkoff, p. 513.
55) Dukeminier/Sitkoff, p. 513.
56) Supreme Court of the United States, 314 U.S. 556 (1942).
57) 확장된 상속재산에 대해서는 IV. 2. (2). (다) 참조.
58) 부부개별재산제를 취하는 미국 41개 주 중에 40개 주(뉴욕, 버지니아, 오하이오, 펜실바니아 등)가 생존 배우자에게 선택지분을 인정하고 있다. 한편 부부공동재산제를 취하는 9개 주(캘리포니아, 텍사스, 애리조나 등)에서는 부부가 결혼생활 중에 취득한 재산을 각 1/2의 지분으로 공유하게 되므로 추가로 생존 배우자의 보호를 위해 선택지분은 인정하지 않고 있다. Dukeminier/Sitkoff, pp. 512-514.
59) Official Comment to UPC § 2-202. 한편, 통일검인법은 보통법상의 과부권(dower), 환부권(curtesy)을 폐지하였다(UPC § 2-112).

기 위한 것이었다. 결혼을 경제적 동반자관계로 보는 이론은 부부의 이혼 시에는 보통법이나 부부공동재산제를 취하는 주에서나 모두 공평한 분배 시스템을 적용함으로써 이미 반영이 되어 있었다. 한편, 일방 배우자가 사망함으로써 혼인이 종료되는 경우에 부부공동재산제를 취하는 주는 이미 경제적 동반자관계론(economic partnership theory)이 적용된 것으로 볼 수 있다. 그러나 보통법에 따른 개별재산제를 취하는 주에서는 선택지분에 관한 규정이 있더라도 이러한 경제적 동반자관계론을 충분히 따라가지 못하고 있었다. 경제적 동반자관계론을 선택지분 규정에 반영하는 방법은 (i) 장기간 결혼생활을 하였으나 혼인 중의 재산이 불균형할 정도로 많이 사망한 배우자의 명의로 되어 있는 경우에 생존 배우자의 권리를 늘리고, (ii) 단기간의 결혼생활을 하거나 노년기에 결혼한 경우는 상대방의 재산 형성에 기여한 바가 많지 않으므로 부양이 필요한 경우 등 예외적인 경우를 제외하고는 생존 배우자의 권리는 줄이는 것이다.[60) 1990년 개정을 통하여 통일검인법은 부부공동재산제를 채택했을 때의 결과에 근접하도록 선택지분제도와 확장된 상속재산을 재설계하였고,[61) 그 후 다시 2008년 개정을 통하여 경제적 동반자관계론을 두 단계로 선택지분규정에 반영하였다.

첫째, 선택지분은 확장된 상속재산(the augmented estate) 중에서 혼인 중 취득한 재산 부분(marital-property portion)의 가치의 50%로 고정시켰다.[62)

둘째, 선택지분의 실제 금액 산정과 관련하여 혼인기간의 중요성을 인정하였다. 따라서 혼인기간에 따른 혼인 중의 재산에 대한 지분율을 <표 2>와 같이 구체화하였다. 1990년 통일검인법과 비슷하지만 혼인기간이 15년 이상이면 확장된 상속재산의 100%가 혼인 중 취득한 재산으로 인정되는 것이 특징이다.[63) 혼인 중 취득한 재산이 확장된 상속재산에 대한 비율로 결정되기 때문에 부부의 재산이 혼인 중 또는 혼인 전에 취득한 것인지 또는 혼인 중에 증여나 상속으로 취득한 것인지 확인할 필요가 없다.[64) 결론적으로 선택지분에 따른 금액은 확장된 상속재산 중에서 혼인 중 취득한 재산의 가치의 1/2로 결정된다.

한편, 통일검인법은 선택지분규정에 부양이론(support theory)도 반영하였다. 생존 배우자의 자산과 권리가 75,000달러 미만인 경우에는 75,000달러를 보완 선택지분금액(supplemental elective share amount)으로 받도록 규정하였다.[65) 이는 생존 기간 중 배우자의 상호 부양의무는 사망 후에도 생존 배우자를 위하여 어떤 형식으로든 계속되어야 한다는 부양이론이 반영된 것이다.[66)

---

60) UPC Part 2. Elective Share of Surviving Spouse, General Comment.

61) Dukeminier/Sitkoff, p. 534.

62) UPC § 2-202(a).

63) Averill/Radford, p. 108.

64) Averill/Radford, p. 108.

65) UPC § 2-202(b). 1990년 통일검인법에는 50,000달러를 지급하도록 규정하였으나, 2008년 개정에서는 인플레이션을 고려하여 75,000달러로 증액하였다.

66) UPC Part 2. Elective Share of Surviving Spouse, General Comment.

〈표〉 통일검인법상 혼인 중 취득한 재산 인정비율

혼인기간	혼인 중 취득한 재산 인정비율(Marital-Property Portion)
1년 미만	확장된 상속재산의 3%
1년 이상 2년 미만	확장된 상속재산의 6%
2년 이상 3년 미만	확장된 상속재산의 12%
3년 이상 4년 미만	확장된 상속재산의 18%
4년 이상 5년 미만	확장된 상속재산의 24%
5년 이상 6년 미만	확장된 상속재산의 30%
6년 이상 7년 미만	확장된 상속재산의 36%
7년 이상 8년 미만	확장된 상속재산의 42%
8년 이상 9년 미만	확장된 상속재산의 48%
9년 이상 10년 미만	확장된 상속재산의 54%
10년 이상 11년 미만	확장된 상속재산의 60%
11년 이상 12년 미만	확장된 상속재산의 68%
12년 이상 13년 미만	확장된 상속재산의 76%
13년 이상 14년 미만	확장된 상속재산의 84%
14년 이상 15년 미만	확장된 상속재산의 92%
15년 이상	확장된 상속재산의 100%

㈐ 확장된 상속재산의 입법　　위에서 살펴본 바와 같이 혼인 중에 취득한 재산의 인정비율이 결정되고 나면 생존 배우자가 선택지분을 통하여 상속할 수 있는 재산의 규모는 배우자의 검인재산(probate estate)에 비례하게 된다.[67] 따라서 '검인재산'의 범위를 어떻게 규율하느냐가 선택지분의 크기를 결정하는 중요한 요소이다. 생존 배우자의 선택지분의 구속을 받는 검인재산이란 사망한 배우자가 사망 당시 소유하고 있던 재산 중 검인절차의 대상이 되는 재산(the deceased spouse's probate estate)을 의미하는데, 일반적으로 '사망자가 사망 당시 소유하고 있던 재산'과 일치하는 경우가 많았다.[68] 전통적으로 사망한 배우자가 '생전에 처분한 재산(inter vivos transfers by the deceased spouse)'은 검인재산에 해당하지 않는다고 해석하고 있다. 여기에서 생전에 처분된 재산이란 제3자에게 처분되어 그 처분 이후에 사망자가 그 재산에 대하여 어떤 이익도 보유하고 있지 않은 재산을 의미한다.[69]

그런데 검인절차를 거치지 않는 철회가능신탁, 생명보험 등 유언의 대체수단이 활발히 이

67) Dukeminier/Sitkoff, p. 520.

68) 우리 민법상 '상속개시시에 피상속인이 가진 재산'과 유사한 개념이다.

69) Dukeminier/Sitkoff, p. 520.

용되면서 상속재산 중 검인재산에 해당하는 재산이 급격하게 감소하였다. 이에 따라 선택지분 제도가 생존 배우자를 보호할 수 있는 실질적인 기능을 상실해서는 안 된다는 목소리가 주목을 받게 되었고 미국 법원은 전통적인 의미의 생전처분과 유언의 대체수단으로서의 생전처분 사이의 차이점을 고민하기에 이르렀다.

미국에서는 생존 배우자의 선택지분에 구속되는 사망한 배우자의 검인재산에 어떤 재산을 포함시키고 어떤 재산을 포함시키지 않을 것인지와 관련하여 입법적인 결단이 필요하다는 주장이 힘을 얻게 되었고, 미국의 여러 주에서 '검인재산'에 실질적으로 사망을 원인으로 처분이 이루어지는 재산을 추가하는 방식으로 생존 배우자의 선택지분에 구속되는 '사망한 배우자의 검인재산'의 범위를 확장시켰다.[70] 이를 '확장된 상속재산(the augmented estate)'이라고 부른다.

현재 주법(state law) 또는 대법원 판결을 통하여 과반수 이상 주가 사망한 유언대체수단으로 활용되는 철회가능신탁의 신탁재산을 생존 배우자의 선택지분에 구속되는 '사망한 배우자의 상속재산'에 포함시키고 있다.[71] 예컨대, 뉴욕주법은 생존 배우자에게 50,000달러 또는 사망한 배우자의 확장된 상속재산의 3분의 1을 선택할 수 있게 하고 있다. 생존 배우자의 선택지분에 구속되는 '사망한 배우자의 상속재산'에 (i) 유증, (ii) 피상속인의 사망 1년 전에 이루어진 10,000달러를 초과하는 증여, (iii) 사인증여, (iv) 철회가능신탁 등을 포함시키고 있다.[72]

통일검인법은 위와 같은 뉴욕주법의 태도를 본받아 확장된 상속재산의 개념을 받아들였다. 확장된 상속재산은 ① 피상속인의 순수 검인재산(net probate estate),[73] ② 피상속인의 비검인재산 중 제3자에게 이전되는 재산, ③ 피상속인의 비검인재산 중 생존 배우자에게 이전되는 재산, ④ 생존 배우자의 재산 및 생존 배우자가 제3자에게 이전시킨 비검인재산이다.[74] 이와 같이 확장된 상속재산은 선택지분을 산정하기 위하여 정의한 것이다. 확장된 상속재산을 위 4가지 구성요소의 합계로 보고, 선택지분의 금액은 위 가액에서 혼인 중 취득한 재산으로 인정되는 부분의 가치의 1/2로 산정하게 된다.[75] 주의할 점은 위 4가지 구성요소에 제3자에게 처분되어 완결된 거래는 포함되지 않는다는 점이다. 예컨대, 사인증여가 아니라 피상속인이 X부동산을 생전에 제3자에게 증여하였고 X부동산의 소유권이 제3자에게로 이전되어 증여가 완결되었다면 X부동산은 위 ②에 포함되지 않는다. 이는 피상속인의 재산처분의 자유를 존중하

70) Dukeminier/Sitkoff, p. 527.

71) Dukeminier/Sitkoff, p. 526. 미국 법원은 혼인생활 중 설정된 생전신탁에서 위탁자인 사망한 배우자가 철회권 또는 신탁재산을 자신을 위하여 사용 또는 처분할 수 있는 일반적인 권리를 가지고 있다면 그 신탁재산은 선택지분의 구속을 받는다고 판단하였다. Sullivan v. Burkin, 460 N.E.2d 572 (Mass. 1984).

72) N.Y. Est. Powers & Trusts Law § 5-1. 1-A (1998).

73) 검인재산에서 장례비용, 상속재산관리비용, 법정비용, 채권자의 청구를 공제한 것이다.

74) UPC § 2-203(a).

75) UPC § 2-203(a) Alternative A.

기 위한 것이고, 완결된 거래가 피상속인의 사망으로 영향을 받아서는 안 되기 때문이다.[76]

한편, 확장된 상속재산에 위 ③ 피상속인의 비검인재산 중 생존 배우자에게 이전된 재산, ④ 생존 배우자의 재산 및 생존 배우자가 제3자에게 이전시킨 비검인재산을 포함시키기 때문에 혼인기간이 짧고 상당한 재산을 가진 생존 배우자는 선택지분을 청구하지 않을 유인이 된다.[77]

㈑ 기타 선택지분의 청구와 관련된 문제들

1) 미국에서는 생존 배우자가 선택지분을 청구하는 경우라도 사망한 배우자의 전체적인 상속계획(estate plan)을 최대한 존중할 필요가 있다고 한다. 미국에서는 선택지분금액을 생존 배우자에게 지급함에 있어서 우선적으로 사망한 배우자의 유언에 따라 생존 배우자가 취득한 재산을 공제하고 그 이후에도 선택지분금액으로 생존 배우자에게 지급해야 할 것이 있으면 유언에 따라 재산을 받은 수증자들(beneficiaries)로부터 안분하여 반환하도록 하고 일부 주에서는 잔여재산을 분배받은(the residuary gift) 수증자에게 반환하도록 하고 있다.[78]

2) 생존 배우자(A)가 선택지분을 청구하기 전에 사망한 경우에 A의 인격대표자가 선택지분을 청구할 수 있는지 여부가 문제된다. 이를 긍정한다면 사망한 배우자(B)의 상속재산으로부터 받을 금액은 A의 상속인에게로 귀속될 것이다. 만약 부정된다면 선택지분의 불행사로 인한 몫은 사망한 배우자(B)의 상속인에게로 귀속될 것이다.[79] 이 문제는 선택지분제도를 바라보는 시각과도 관련이 있다. 선택지분제도를 생존 배우자의 부양을 위한 제도라고 보면 A가 사망한 경우에는 더 이상 A를 부양할 필요가 없으므로 A의 인격대표자는 선택지분을 청구할 수 없다. 한편, 선택지분제도를 경제적 동반자관계론에 입각하여 바라보면 A가 혼인생활을 통해 취득하였던 지분을 청구하는 것이므로 A가 사망하더라도 A의 인격대표자가 A의 선택지분을 청구할 수 있다고 보아야 한다. 미국 대부분의 주에서는 선택지분은 생존 배우자가 생존한 동안에 한하여 본인 또는 대리인이 행사할 수 있다고 규정한다. 통일검인법도 같은 태도를 취한다.[80]

3) 통일검인법은 생존 배우자가 제한능력자인 경우에 대리인이 선택지분을 행사할 수 있지만 사망한 배우자가 생존 배우자에게 본래 남겼던 것을 초과하는 선택지분금액은 생존 배우자를 위하여 신탁(custodial trust)되어야 한다고 규정한다.[81] 수탁자는 신탁된 금액을 생존 배우자의 부양을 위해 사용할 권한이 있고 생존 배우자가 사망하면 수탁자는 남은 신탁재산을

76) Averill/Radford, p. 112.
77) Averill/Radford, p. 111.
78) Dukeminier/Sitkoff, pp. 517-518.
79) Dukeminier/Sitkoff, p. 518.
80) UPC § 2-212.
81) UPC § 2-212.

사망한 배우자의 유언에 따라 잔여 상속재산을 받을 수증자에게 이전해야 한다.[82] 선택지분금액이 제한능력자인 생존 배우자를 위해 사용되도록 추가적인 제한을 둔 것으로 이해된다.

4) 미국의 일부 주에서는 생존 배우자가 사망한 배우자를 유기하거나 부양하지 않은 경우에는 선택지분의 행사를 부정한다. 이에 대하여 정책적 측면에서, 선택지분제도를 결혼 생활에서 발생한 경제적 이익을 공유하는 데에 있는 것이라면 위와 같은 이유로 선택지분의 행사를 부정하는 것은 불합리하다는 비판이 있다.[83]

㈒ 선택지분의 포기 생존 배우자는 원칙적으로 언제든지 선택지분을 포기할 수 있다. 일반적으로 혼전계약서에서 선택지분을 포기하는 경우가 많다. 다만, 그 포기는 서면으로 작성되어 생존 배우자가 서명하여야 한다.[84] 선택지분의 포기는 (i) 그것이 자발적으로 이루어지지 않았다거나, (ii) 그 포기각서가 서명될 때 또는 서명되기 전에 생존 배우자가 사망한 배우자의 재정 상태를 알지 못하였거나 알 수 없었을 것이라고 합리적으로 인정되고 생존 배우자가 그러한 정보를 알 권리를 자발적이고 명백하게 포기하지 않은 경우로서 그 포기가 비도덕적이라는 점을 생존 배우자가 증명하면 효력이 없다.[85]

Reece v. Elliot 사건[86]에서 리스와 엘리엇은 전(前) 혼인에서 얻은 자녀가 있었고 그들의 재산이 각자의 자녀에게 상속되기를 원하였기 때문에 결혼하기 전 혼전계약서에 서명하였다. 둘에게는 각각 독립된 변호사가 있었고 각자의 재산목록을 작성하였다. 리스는 자신이 소유한 모든 재산과 은행계좌 목록을 작성하였으나, X 주식을 포함한 각 재산의 가치는 기입하지 않았다. 엘리엇은 X 주식의 가치를 몰랐기 때문에 리스가 가진 자산의 가치에 대해 완전히 알지 못하고(without full knowledge) 혼전계약이 체결된 것이어서 위 혼전계약이 무효라고 주장하였다. 법원은 "안다는 것"의 의미와 관련하여 계약서의 유효를 주장하는 자가 당사자의 재산의 성질, 범위 및 가치에 대해 완전하고 공정한 공개가 이루어졌다는 것을 입증해야 한다고 하였다. 엘리엇은 상대방에 대해 질문을 하여 재산의 범위를 알 수 있는 기회가 제공되었음에도 이를 하지 않은 것이므로 위 혼전계약서는 유효하다고 판단하였다. 이와 관련하여 캘리포니아주는 혼전계약서가 유효하기 위해서는 (i) 각 당사자에게 반드시 각자의 독립된 법률자문인이 있어야 하고, (ii) 서명하기 7일 전까지 상대방에게 통지하여야 한다고 규정하고 있다.

3. 배우자의 권리와 혼인 전 유언(Entitlement of Spouse; Premarital Will)

유언자가 결혼한 이후 혼인 전 유언을 수정하거나 철회하지 않아서 배우자에 대한 유증이

82) Dukeminier/Sitkoff, p. 519.
83) Dukeminier/Sitkoff, p. 519.
84) Dukeminier/Sitkoff, p. 537.
85) Uniform Premarital and Marital Agreement Act (2012) §9. 참조.
86) Reece v. Elliot, 208 S.W.3d419. (Tenn. Ct. App. 2006).

누락된 경우를 생각해 보자. 이때 유언자가 배우자에게 유증을 하지 않으려는 의도한 것인지 아니면 배우자에게 유증을 할 의도였지만 미처 유언장을 수정하거나 철회하기 전에 사망한 것인지가 문제된다.

보통법은 혼인 전 유언은 유언자의 결혼 또는 결혼 후 자녀의 출생으로 취소되는 것으로 보았다. 그러나 현재는 몇몇 주를 제외하고 이와 같은 보통법상의 법리는 혼인 전 유언에서 제외된 생존 배우자에게 무유언상속에 따른 지분을 부여하고 혼인 전 유언의 다른 부분의 효력은 그대로 유지하도록 하는 주법에 의해 변경되었다. 전형적인 기혼자가 생존 배우자에게 상속시키고자 하는 것을 무유언상속분으로 보고 주법은 유언자가 유언을 수정하지 못한 것을 실수로 추정하여 그 실수를 바로잡아 주는 것이다. 다만, 유언자가 고의로 생존 배우자를 유언에서 배제한 것이고 실수로 혼인 전 유언을 수정하지 않은 것이 아니라는 점을 증명하면 생존 배우자에게 무유언상속분을 인정하는 위와 같은 주법의 적용이 배제된다.[87]

통일검인법 역시 배우자를 보호하기 위한 특별 규정을 두고 있다.[88] 통일검인법상도 유언자가 실수로 배우자에게 유증을 하지 않은 것이라고 추정하고 생존 배우자에게 무유언상속분을 인정한다. 다만, 이러한 추정은 다음과 같은 경우에 깨진다. (i) 배우자에게 유증을 하지 않은 것이 의도적인 것이었고 그러한 의도가 유언 또는 다른 증거에 나타나는 경우,[89] (ii) 유언 이후에 결혼을 하더라도 유언이 유효하다는 의사가 유언에 표시된 경우[90] 또는 (iii) 유언자가 유언 이외의 방법으로 배우자에게 재산 승계를 하였고 그 재산승계가 유증을 대신하는 것이라는 의사가, 유언자의 진술(statement)로 표시되거나 그 재산승계의 금액으로부터 합리적으로 추론되거나 다른 증거에 의해 입증되는 경우이다.[91] 혼인 전 유언에서 누락된 배우자에게 위 법리는 자동적으로 적용되고 생존 배우자가 신청할 필요는 없다.[92]

4. 유언과 이혼

미국의 대부분의 주에서 유언자의 명시적인 다른 의사표시가 없는 한, 유언자가 유언 후 이혼을 하면 전(前) 배우자에 대한 유언은 자동적으로 철회된다는 법 규정을 두고 있다.[93] 배우자에 대한 유증 이후 이혼하였으나 유언장을 수정하지 않은 경우에 "수증자로서 이혼한 전

87) Dukeminier/Sitkoff, p. 563.

88) UPC § 2-301.

89) UPC § 2-301(a)(1).

90) UPC § 2-301(a)(2).

91) UPC § 2-301(a)(3).

92) Official Comment to UPC § 2-301.

93) Dukeminier/Sitkoff, p. 239; Friedman, p. 70. 영국의 유언법(Wills Act 1837)도 유사한 규정을 두고 있다. 한편, 독일 민법도 배우자에게 유증하였는데 유언자가 사망하기 전에 그 혼인이 해소되었다면 그 유증은 효력이 없다는 명문의 규정을 두고 있다. 다만 이혼의 경우에도 유언자가 유증을 하였을 것이라고 인정되는 때에는 무효가 아니라고 한다. 프랑스 민법도 2004년 개정으로 이혼에 따른 사인처분의 당연실효를 규정하고 있다.

배우자"를 "유언자보다 먼저 사망한 수증자"와 동일하게 다루고 있다.[94] 따라서 배우자에게 유증한 이후 이혼을 하게 되면 전 배우자에 대한 유언은 실효(철회)된다.

이와 같은 규정을 둔 취지는 유언자는 배우자라는 가족관계를 전제로 하여 배우자에게 유증을 하는 것이 전형적이므로 유언 이후 혼인관계가 해소되었다면 이러한 유증은 더 이상 유언자의 의사에 부합하지 않는 것으로 보기 때문이다. 예컨대, 유언자가 배우자에게 X 부동산을 유증하는 유언을 하였다고 생각해 보자. 만약 배우자가 유언자보다 먼저 사망하면 그 배우자의 아들(유언자의 의붓아들)이 X 부동산을 유증받게 된다. 그런데 유언자가 배우자와 이혼을 하고 사망하면 유언자의 상속인은 전(前) 결혼에서 태어난 아들이 된다.[95]

이와 같은 법리는 이혼한 배우자뿐만 아니라 이혼한 배우자의 가족들에 대한 유언에도 적용된다. 즉, 이혼한 배우자의 가족들에 대한 유증도 이혼으로 실효된다.[96]

통일검인법은 유언뿐만 아니라 유언대체수단으로 이루어지는 배우자에 대한 재산승계도 실효된다고 규정한다.[97] 즉, 신탁, 보험 등의 수익자를 배우자로 지정해 놓은 경우도 이혼으로 인하여 실효된다.

5. 기타 생존 가족 보호제도

배우자상속의 현대적인 주제로서 피상속인과 배우자가 공동으로 혼인생활을 영위하던 주거가 있는 경우 배우자에게 그 주거에 대한 권리 및 가사에 속하는 동산의 소유권을 승계시키는 문제에 대한 미국법상의 논의를 살펴보기로 한다.

(1) 주거권(the homestead right)

미국 대부분의 주에서는 피상속인의 채권자의 청구를 배제하고, 생존 배우자와 미성년 자녀에게 공동생활을 영위하던 주거를 보장하기 위한 법을 가지고 있다. 주거(homestead)라 함은 집으로서 소유자가 점유하고 있는 주택(house)과 대지를 의미한다. 이 주거권의 내용은 주에 따라 그 내용이 매우 상이하지만 대체로 생존 배우자에게 가족의 주거 또는 농장(family home or farm)을 살아있는 동안 점유할 수 있는 권리를 부여한다. 일부 주에서는 피상속인이 생전에 공공기관(public office)에 주거권의 신청 등을 통하여 주거권을 성립시켜 놓아야만 이를 인정하기도 하고, 다른 주에서는 검인절차에서 법원이 부동산을 주거권으로 유보시켜 놓을 권리를 가지기도 한다. 한편 다른 주에서는 주거권을 면제하고 단지 생존 배우자에게 주거를 마련할

94) Dukeminier/Sitkoff, p. 240; Friedman, Lawrence M. Friedman, Dead Hands, A Social History of Wills, Trusts, and Inheritance Law, Stanford Law Books, 2009, p. 70; M. McGovern/Sheldon F. Kurtz, Principles of Wills, Trusts & Estates, Thomson West, 2005, p. 136.

95) Dukeminier/Sitkoff, p. 240.

96) Friedman v. Hannan, 987 A2d 60(Md. 2010).

97) UPC § 2-804; § 1-201(18).

금액만을 지급하고 있다. 통일검인법은 일시불로 22,500달러를 추천한다.[98] 그러나 일부 주에서 주거권 면제를 위해서는 상당한 금액이 요구되고 그 부동산의 가격과 상관없이 모든 채권자와 수증자들의 청구로부터 그 부동산을 면제시킬 수도 있다.[99] 이러한 주거권은 생존 배우자의 다른 상속분에 추가하여 인정된다.[100]

(2) 조인트 테넌시(joint tenancy)

미국법상 공동소유형태인 조인트 테넌시(joint tenancy)제도에도 주목할 필요가 있다. 조인트 테넌시는 부동산뿐만 아니라 예금계좌 등에 대해서도 성립할 수 있는데 생존 배우자의 주거 보호와 관련하여 부동산에 관한 조인트 테넌시를 살펴본다.

부부 일방이 사망하였을 때 부부가 공동으로 혼인생활을 영위하던 주거에 대한 권리를 생존 배우자가 승계하기를 원한다면 부부는 그 주택에 대한 소유의 형태를 부부의 조인트 테넌시로 하면 된다. 미국법상 부부의 조인트 테넌시로 등록된 부동산은 검인재산에 포함되지 않고(non-probate property), 피상속인이 사망하면 보통법상 조인트 테넌시 이론(theory of joint tenancy)에 따라 피상속인의 지분은 소멸하고 생존 배우자가 그 부동산 전체를 소유하게 된다. 이것은 사망 시 피상속인의 지분이 생존 배우자에게 이전되는 것이 아니고, 사망한 배우자의 지분은 생존 중에만 유효한 것이어서(the right of survivourship) 그 배우자가 사망하면 공동소유의 관계에서 생존 배우자의 지분이 다시 계산되는 것이다. 생존 배우자는 피상속인의 사망증명서를 지역등기소에 제출함으로써 그 부동산에 대한 자신의 소유권의 대항요건을 갖출 수 있다(perfect the title to the real estate).[101]

부부가 조인트 테넌시로 소유하는 재산은 배우자가 모두 살아 있는 동안 다른 배우자의 동의와 서명 없이는 일방 배우자가 그 재산을 매도할 수 없는 것이 일반적이다.[102] 만약 그 부동산에 관한 자신의 지분을 사망시 다른 지분권자가 아닌 제3자에게 증여하고 싶다면 그 당사자는 생전에 조인트 테넌시를 보통법상의 테넌시(tenancy in common)로 변경하여야 한다.[103]

앞서 살펴본 바와 같이 조인트 테넌시의 지분은 생존 중에만 유효하고 지분권자가 사망하면 소멸하는 것이어서 지분권자의 채권자로서는 지분권자(joint tenant)의 생전에 그의 지분을 압류하여야만 한다.[104]

(3) 면제재산(Exempt Property)

미국의 많은 주에서는 생존 가족을 위해 피상속인의 재산 중에서 동산 일부를 일정 액수

98) UPC § 2-402. 이 금액이 비합리적으로 적다는 비판이 있다. Dukeminier/Sitkoff, p. 554.
99) Dukeminier/Sitkoff, p. 555.
100) Dukeminier/Sitkoff, p. 555.
101) Dukeminier/Sitkoff, p. 4.
102) Hower/Kahn, Wills, Trusts, and Estate Administration, 6th Edition, Delmar, 2008, pp. 130-131.
103) Dukeminier/Sitkoff, p. 494.
104) Dukeminier/Sitkoff, p. 494.

까지 면제시켜 주는 법령을 시행하고 있다. 통상적으로 그 동산은 가구, 주방기구, 자동차 등으로 제한된다.

통일검인법은 주거수당과 별도로 피상속인의 생존 배우자는 어떠한 담보권(security interest)에도 우선하여 1만 달러를 초과하지 않는 범위 내에서 자동차, 가구, 주방기구 등 피상속인의 유체동산(tangible personal property)에 대한 면제재산을 취득한다. 생존 배우자가 없을 경우에는 피상속인의 자녀들이 함께 1만 달러의 범위 내에서 권리를 가진다. 그런데 면제재산의 대상이 되는 재산의 가치가 1만 달러보다 적을 경우에는 1만 달러에 이를 때까지 다른 상속재산에 대하여 권리를 가진다. 그러나 면제재산의 부족분을 채우기 위하여 다른 상속재산에 대하여 가지는 권리는 주거수당과 가족수당(family allowance)[105]을 먼저 지급하기 위해 필요한 만큼 제한된다.[106]

V. 결 론 — 우리 배우자 상속제도에의 시사점

민법상 배우자의 상속순위(제1003조)와 배우자의 상속분을 정한 규정(제1009조 제2항)은 1990년 민법 개정으로 이루어진 것이다. 배우자의 상속분을 상속재산에 대한 일정 비율로 정하거나 다른 공동상속인과 동일한 비율로 정하지 않고 공동상속인의 상속분에 5할을 가산하는 방식으로 정하고 있는 것은 우리 배우자 상속의 특징이라고 할 수 있다. 그러나 이와 같은 상속분의 가변성 때문에 공동상속인이 많은 경우에는 상속에 있어서 배우자의 지위가 약화되는 결과가 초래되었고 최근 15년 동안 배우자의 상속분을 강화하려는 입법적 논의가 지속되어 왔다. 또한 이러한 논의의 배경에는 고령화사회에서 배우자의 생활을 보장하기 위한 정책적 요청이 중요한 동력이 되었다.

그런데 단순히 부양적 기능의 관점에서만 배우자 상속제도의 개정을 논하는 것은 양성평등의 관점에서 배우자를 동반자관계(partnership theory)로 바라보는 현대 사회의 변화된 흐름에 부응한다고 할 수 없고, 이혼 시 재산분할제도의 운영 현실과도 균형이 맞지 않는다. 이런 점에서 미국 통일검인법상 무유언상속 또는 유언상속에서 배우자의 지위가 강화되어 온 개정의 연혁과 그 논의들을 살펴보는 것은 우리 배우자 상속제도의 개정 논의에도 도움이 된다.

우선 미국 통일검인법상 무유언상속시 피상속인의 직계비속이 모두 생존 배우자와의 사이에서 태어난 자녀인 경우에 생존 배우자가 피상속인의 모든 재산을 상속한다는 규정을 주목할 만하다. 이 경우 생존 배우자가 우선적으로 피상속인의 재산을 모두 상속하지만 결국 생존 배

105) 미국 대부분의 주에서는 상속재산의 관리기간 동안 생존 배우자나 자녀에게 생계유지를 위한 현금을 매달 교부할 수 있는 권한을 검인법원에 부여하고 있다.

106) UPC § 2-403.

우자가 사망하면 결국 직계비속이 생존 배우자가 남긴 재산을 모두 상속하게 된다. 따라서 이와 같은 상속체계에 따르면 생존 배우자가 고령인 경우에 부양적 기능을 충실하게 수행할 수 있다는 장점이 있다.

다음으로, 통일검인법상 상속에서 배우자의 지위 강화는 부부를 경제적 동반자관계로 바라보는 관점을 적극 수용한 것이다. 즉, 부부개별재산제도를 취하는 주나 부부공동재산제를 취하는 주에서나 배우자 상속의 결과가 유사하게 나올 수 있도록 부부개별재산제도를 취하는 주에서 생존 배우자의 선택지분에 관한 규정을 강화하였다. 이는 어떤 형식의 부부재산제도를 취하였느냐와 상관없이 최종적으로 배우자에게 혼인 중에 취득한 재산의 1/2 지분을 인정해주고자 의도한 것이라고 해석된다. 또한 선택지분에 관한 규정을 강화하면서 선택지분의 크기를 혼인기간에 연동시켜서 혼인기간이 길수록 더 많은 지분이 생존 배우자에게 부여되도록 하고, 기계적인 계산방식을 채택하여 생존 배우자가 상속받을 수 있는 재산의 규모를 예측할 수 있도록 한 점도 참고할 만하다. 선택지분을 계산함에 있어서 확장된 상속재산의 개념을 도입하고 '혼인 중에 취득한 재산'을 특정하는데 발생할 수 있는 현실적인 어려움을 배제하고자 확장된 상속재산의 일정 비율로 혼인 중에 취득한 재산을 계산하는 것은 향후 실제 법을 적용할 때 발생할 수 있는 법적 분쟁을 최소화하고자 노력한 것으로 판단된다. 이러한 규정은 우리 민법상 유류분제도의 개선에도 참고할 수 있을 것이다.

향후 우리 민법상 배우자 상속제도를 개정함에 있어서 부양적 기능뿐만 아니라 위와 같은 경제적 동반자관계론의 관점을 적극 반영할 필요가 있다. 또한 현대 사회의 가족제도의 변화에도 주의를 기울일 필요가 있다. 이혼율이 높아짐에 따라 다양한 형태의 가족의 모습이 나타나고 있고, 동거인, 동성혼의 배우자에게 일정한 상속권을 인정할 수 있을 것인지에 관한 문제도 앞으로 우리 사회에서 진지하게 논의되어야 주제라고 생각된다. 1990년 배우자 상속제도에 대한 민법 개정이 이루어진 후 30년의 세월이 흘렀다. 부부와 가족 공동체를 바라보는 현대 사회의 변화된 관점을 배우자 상속제도에 적극 반영할 필요가 있을 것이다.

韓國民法의 過去·現在·未來

—梁彰洙 教授의 批判에 答하며—

정 종 휴*

Ⅰ. 머 리 말

1. “Nemo dat quod non habet. — 어느 누구도 자기가 갖지 못한 것을 남에게 줄 수 없다.” 내게 가장 무섭고 두려운 法諺의 하나이다. 내가 알지 못하는 것을 남에게 전할 수 없지 않겠는가. 한국민법의 “현재”도 그렇거니와 “미래”에 대하여 논한다는 것은 외람되기 짝이없다. 이미 뛰어난 학자들에 의한 수많은 연구 결과가 있지 않은가. 민법학자로서의 연구 생활이 초라할 뿐인 필자는 이러한 주제로 논하는 것은 말할 것도 없고 이 분야에 관한 기존의 연구 성과에 異議를 달 자격조차 별로 없음을 잘 알고 있다.

2. 민법학자로 대학에 몸담은 필자는 1980년대 중반 우리 民法典의 性格에 관한 견해를 밝힌 적이 있고, 이제 古稀를 맞이하신 梁彰洙 教授께서는 일찍이 이에 대한 批判을 마다하지 않으셨다. 필자의 견해에 대한 양 교수님의 지적에 반론도 하지 못한 채 30년 세월이 흘렀다. 하지만 아무리 타고난 무능과 태만 탓이라고는 해도 ‘민법/민사소송법 시행 60년 공동학술대회’(2020.11.6.~11.7)의 ‘기조 강연’「민법 시행 60년 : 회고와 전망」[1])에서까지 졸견에 대하여 비판적으로 언급하신 마당에 더 이상 침묵하는 것은 예의가 아니라 싶어 둔한 붓을 든다.

3. 나의 부족한 이해로는 기조 강연의 내용은 다음과 같이 요약될 수 있겠다.

(1) 머리말

(2) 1960년 1월 민법 시행은 그에 앞선 식민지 세대를 청산하는 법전적 기초를 마련한 것이었다. 1960년대의 우리 민법학을 규정하는 것은 1930년대의 일본 민법학이라 할 만하다. 그 실상은 민법의 ‘독일화(Eindeutschung)’이다. 일본 민법전은 프랑스 민법의 큰 영향을 받았음에도 독일적으로 해석하는 경향이 지배적이었고, “19세기 독일 법학을 세계적으로 가장 훌륭하

---

* 전남대학교 명예교수/전 주교황청 대사.

1) 학회 당일의 자료집에는 ‘기조강연’으로, 민사법학 제93호에는 ‘기조연설’로 표시.

게 발달한 것"이라는 김증한의 주장도 이러한 역사적 맥락과 연결된 것이다. 일본 민법의 '독일화'와 관련하여 '학설계수'가 이루어짐으로써 일본 민법의 이중계수론 내지는 이중구조론이 주장되었다. 정종휴도 그 이중계수론을 바탕으로 한국 민법전의 성격에 관한 입장을 밝히는데, "민법전을 바탕으로 해석론을 전개하는 것을 평생의 일로 알아 온 저(양창수)로서는 착잡한 느낌"이다.

(3) 1930년대의 일본 민법학은 독일 바이마르 민법학을 祖述한 것으로 이해한다. 동적 안전이 전면화하고, 금전채권 중심의 채권법이 되면서 '하는 채무'는 뒤로 밀린다. 계약의 자유 대신에 계약의 '공정'이 우선하게 된다. 신의성실, 공서양속, 공평한 손해분담, 무과실책임 영역의 확장 등, 단체주의의 이상에 기초한 원칙들이 천황 군국주의 아래서 개인의 자유를 자의적으로 억압하는 구실이 되지 않겠는가.

(4) 한국 민법학도 민법 제정/시행 후 상당한 기간은 1930년대의 일본 민법학에 의해 규정되고 있었던 셈이다. '교과서 법학'이니 '기본원리에 대한 성찰의 부족'이니 하는 한국 민법학의 특징은 그동안 많이 해소되었다.

(5) 민법 교수들이 해결해야 할 중요한 과제 셋만 들자면, 인격적 법익의 보호, 민법전의 전면 개정, 학문 후속세대의 양성이다.

이 기조강연에서 양창수 교수께서는 졸고의 주장을 비중 있게 비판하신 셈이다. 아울러 각주에서 필자의 '정년퇴임기념논문집'의 논문 배열 순서와 권말에 있는 대담의 배치 순서도 문제 삼으셨다.[2)]

4. 널리 동아시아법의 역사적 전통을 생각한다면 그 중심에 서는 것은 中國이다. 하지만 현대 韓國法의 관점에서 보면 과거의 中國法은 의미가 없고 日本法과의 관련이 관심의 대상임을 새삼 강조할 것도 없다. 다만 日本과의 관련이 대부분 日本의 일방적 강제, 억지, 전쟁,

---

2) 인용하면 다음과 같다. "그리고『현대 민법학의 진로 : 정종휴 선생 정년 퇴임 기념 논문집』(2016)에서 '일본 민법(채권법)의 개정'을 주제로 하는 일본인 교수 10인의 글을 주로 우리 법을 논의하는 우리 교수 21인의 글에 앞세워서 수록하고 있는 —저에게는 매우 기이한 또는 기괴한— 처리 (그 말미의 '정종휴 교수와의 대담'도 「묻는 이」가 일본인 교수인 것(「대담 1」)이 우리 교수인 것들(「대담 2」 및 「대담 3」)보다 앞에 놓입니다)도 한국 민법전의 비교법적 지위에 관한 위와 같은 주장과 무슨 연관이라도 있지 않은가 혼자 추측을 하여 보게 됩니다." 동학제현에게 묻고 싶다. 일본인 교수 10인의 논문을 한국인 교수 21인의 논문보다 먼저 게재한 것은 "기이 또는 기괴한 처리"인가? 이유는 두 가지. 우선 "외국 손님을 먼저", 또 다른 이유라면 일본 교수들의 논문은「채권법 개정」을 대상으로 한 것이라, 함께 앞에 배치하는 것이 좋으리라 생각했기 때문이었다. 민법전은 나라별로 다를지라도 역시 '共通財'로서의 측면이 강하고, 양창수 교수도 '민법전의 전면 개정'을 심기일전 착수해야 할 민법학의 과제라고 한다면, 그간 수없이 많은 국내 학자들의 연구가 집중되기도 한 이웃나라의 대형 채권법의 개정에 직간접으로 참여한 교수들의 미발표 논문을 싣는 것은 시의적절하다고 생각되었기 때문이다. 또한 '묻는 이'가 일본인(北居 功 교수)인 대담을 먼저 게재한 것도 같은 이유이며 또한 필자의 일본과의 관계, 쿄토대학 유학의 계기나 쿄토에서의 생활 등이 들어 있었기 때문에 '묻는 이'가 우리 교수(徐乙午 교수)인 일반성이 높은 대담보다 먼저 배치하는 것이 좋다고 생각했기 때문이었지 양 교수가 생각하는 식으로 필자가 일본의 법문화의 우월성에 굴복하여 한국 문화의 종속성을 무의식적으로 드러낸 것은 단연코 아니다.

식민지라는 불행한 과정을 통해 맺어진 것이기에 한일 양국의 법적 협력과 학문적 교류를 양성화하기에는 늘 껄끄러운 부분이 있다. 그럼에도 불구하고 한일 두 나라의 民法/民法學의 교류는 필요할 뿐만 아니라 그 확대는 세상 어느 교류보다 값진 시너지 효과를 가져올 수 있다고 생각한다. 그래서 이를 위한 몇 가지 관점을 韓國民法의 過去 · 現在 · 未來라는 틀로 나누어 제시하려는 하는 것이다.

5. 본고에서는 양 교수님의 기조강연 중에 필자의 주장을 직접 거론하신 (2)와 민법학자들의 화급한 과제 (5)를 들어 비판에 답하고, 아울러 몇 가지 견해를 함께 밝힌다. 그런데 (5)를 다루는 것은 어찌 보면 "民法外的"인 主題를 民法(學)의 未來를 위한 과제로 거론하는 일이기도 하다. 그것은 필자가 2010년에 작고한 세계적인 法史學者 한 분으로부터 40여년 전에 직접 들은 말씀에 깊이 공감하기 때문이다.

> "實定法學者는 연구생활이 잘못되어도 한계가 있다. 實定法이라는 토대가 있기 때문이다. 하지만 그러한 토대가 없는 理論法學者(法哲學, 法社會學, 法史學, 人權法, 法女性學 등)의 연구생활은 잘못되면 그 끝을 알 수 없을 정도로 추락하고 만다. 저술 편수가 많고 적고, 학계의 존경을 받고 말고, 연구비를 많이 받고 말고, 책이 잘 팔리고 말고와 그 학자의 연구생활이 진정으로 가치가 있는 것인지 아닌지는 별개이다."

이 元老學者에 따르면, 실정법학자야말로 법철학적 관점을 늘 의식해야 한다. 오늘날 이론법학자들의 연구라는 것은 실정법학에 도움이 되지 않는 데 그치지 않고 有害한 것이 많다. 또 실정법학자들 스스로가 실정법의 관점에서 법철학적 주제를 정면으로 거론해야 한다. 이에 더하여 老學者는 이렇게 덧붙인다.

> "法哲學的 主題에 대한 관점이 건전하면 實定法 내부의 欠缺은 意外로 쉽게 풀린다…."

여기서 말하는 "법철학"은 이른바 "理論法學 전반"을 말한다. "법철학"은 민법학에서도 이념적 방향성을 뜻하는 것이기에 가까운 '미래'를 논하기 위한 소재가 되는 것이다.

6. 양창수 교수님은 80년대 중반부터 발군의 지적 능력과 전대미문의 왕성한 열정으로 학계에 一陣狂風을 일으키시다시피 한 민법학자이다. 그의 연구영역은 민법전의 성립과정, 민법 전반의 해석론과 입법론, 판례분석, 비교법학과 더 나아가 민법과 헌법, 법철학, 법률문헌의 번역 등 널리 법학 전 범위에 걸치는, 그야말로 종횡무진이었다. 양 교수님의 『民法入門』(박

영사, 초판 1991)은 類書[3]와 비교컨대 가장 뛰어난 저서라고 할 만하고, 어언 10권에 이르고 앞으로도 계속될 『民法研究』(박영사)는 한국 민법학의 금자탑의 하나로 꼽더라도 손색이 없을 것이다. 또 로스쿨 발족 이후 양 교수님이 서울법대 세 교수님과 공저로 순차로 내신 3권의 민법 시리즈[4]는 어느 누구도 쉽게 모방할 수 없는 고단수 기획으로, 한국 법학의 수준을 자랑하는 쾌거라고 할 것이다. 양 교수님은 감사하게도 1989년 말 졸저에 대하여 화선지에 친필로 쓰신 서신을 인편으로 보내 주기도 하셨고, 1990년대 어느 학기에 필자가 담당하는 학부 강의에서 특강을 해주신 적도 있다. 그때 필자는 "우리나라에 많이 계시는 민법학자들 가운데 국제적 관점에서 경쟁력이 있는 분들을 찾기로 하자면 양창수 교수님이야말로 그 대표적인 학자이시다."라고 자랑스럽게 소개했음을 기억한다. 이하 본문에서는 관례에 따라 경칭을 생략한다.

Ⅱ. 韓國 民法(學)의 과거(1890년대~1950년대 후반) — 侵略에 의한 强制繼受

1. 배경 — 번역어 '民法'이 한국에 들어오기까지

(1) 民法典의 시행연기와 수정을 둘러싼 이웃나라의 상황

㈎ 일본에서의 브아소나드 민법 우리나라에 '民法'이 들어온 것은 일본을 통해서였다. 일본민법의 역사는 19세기 중엽부터 시작된다. 西勢東漸의 여파로 일본이 구미 각국과 맺은 조약은 關稅에 관한 일본 정부의 自主的 決定權을 부인하고 외국인에게 治外法權을 인정하는 불평등한 것이었다. 조약개정에는 서구식 법전의 정비가 불가결하였다.[5] 처음에는 오역도 무관하니 대충 번역이라도 해서 일본민법으로 삼으려 했으나, 민법전의 편찬은 당시 파리대학 교수 브아소나드(Gustave E. Boissonade, 1825~1910)의 초빙과 더불어 궤도에 오른다.

자연법론자인 브아소나드는 프랑스민법전을 기초로 하면서 독자적인 내용을 가미한 재산편의 民法草案을 기초했고('브아소나드 초안'), 일본정부는 여기에 일본인이 기초한 가족편을 더하여 1890년 단일 민법전으로 공포하여(브아소나드민법, 저들이 말하는 '舊民法'), 1893년 1월 1일부터 시행하기로 했다.

㈏ 法典論爭을 통한 방향 전환 하지만 민법전 공포 전부터 일본정부의 법전편찬은 졸속주의이자 관습의 무시라는 비판이 제기되었고, 歷史法學의 입장에서 민정 풍속에 맞지 않는 법은 善法이라 할 수 없다는 신중론이 대두하더니 급기야 대규모 법전논쟁으로 비화하였다. 이는 1891년 8월의 "民法이 나와 忠孝가 망한다"라는 절묘한 캐치프레이즈와 더불어

3) 北川善太郎, レクチャー民法入門, 有斐閣, 1988; 米倉 明, プレップ民法, 弘文堂, 1986 등.
4) 양창수·김재형 공저, 민법 Ⅰ — 계약법, 박영사, 2010; 양창수·권영준 공저, 민법 Ⅱ — 권리의 변동과 구제, 박영사, 2012; 양창수·김형석 공저, 민법 Ⅲ — 권리의 보전과 담보, 박영사, 2012.
5) 星野英一, 日本民法典(1), 法学教室 4(1981. 1), 22.

본격화한다. 일본은 조상교(祖上敎, 원문은 祖先敎)의 나라이며 家와 그 연장확대인 국가는 조상교에 입각해 있다, 조상의 靈을 대표하는 家長權은 신성불가침이다, 일본이 개인을 본위로 하는 유럽의 민법을 채용하는 것은 조상교와 가제도의 반영인 효도를 파멸시킨다는 것이다. 여기에 貴族院에서 이루어진 "애초에 이 법전이라는 것의 기초를 외국인에게 위탁한 것은 독립국으로는 그리스를 제외하고는 없다."라는 역사법학자의 연설[6]은 "외국인이 기초한 것에 대한 심정적 반발"[7]을 촉발하여 1892년 5월 기존 법률의 수정을 위해 1896년 12월까지 민법의 시행을 연기한다는 법률안이 통과되었다.

㈐ 한국의 국정과제로서의 '민법' 제정 사업 韓國은 日本과의 관계 속에 近代民法을 접하였다. 한국에서 민법전제정의 필요성은 1894년 이른바 서울 주재 일본공사 이노우에 카오루(井上 馨)가 한국 정부에 내민 이른바 "內政改革綱領"(이하 "이노우에 개혁안")에서 처음 거론되었다. 이로써 일본에서 1866년 民法이란 용어가 처음 만들어진 지 28년 만에 '民法'이란 용어가 최초로 한국에서 언급된 것으로 보인다. 이노우에 개혁안은 "民法 등의 법률을 제정하는 일이 필요하지만, 민법제정은 대사업인즉 하루아침에 이루어지지 않는다."라고 민법제정의 필요성과 어려움을 함께 언급하였다.[8] 민법은 "動産, 不動産, 人民 相互間의 權利 義務 등에 관하여, 人民 相互間 또는 政府에 대하여 王室에 대한 貸借 등의 사항을 규정하는 법률"[9]로 설명되었다. 가족편을 배제한 것은 그만큼 재산편의 제정이 시급했기 때문이었을 것이다. 민법전편찬은 같은 해 12월 이노우에 개혁안에 따라 만들어진 弘範十四條[10]에 포함되어 시급한 국정과제가 된다. 그러나 그 후 10여 년 동안 민법편찬을 위한 두 차례의 조직개편에도 불구하고 민법안의 기초가 개시된 흔적은 찾을 수 없다.[11]

㈑ 일본 메이지 민법전의 편찬 민법전의 시행을 연기한 일본은 민법전을 '根本的으로 改修'[12]한다는 명분 아래 3인의 법학자, 호즈미 노부시게(穗積陳重), 토미이 마사아키라(富井政章)와 우메 켄지로(梅謙次郎)를 기초위원으로 임명하여 새로운 민법전을 준비하였다. 그 결과 형식과 내용의 측면에서 독일민법에 영향을 받은 민법전이 1898년 공포되었다('메이지 민법전'). 이로써 실질적으로 일본 민법전 제1초안이라 부르기도 하는[13] 브아소나드 민법전과 완전히 다른 형식의 민법전이 탄생한 것이다. 하지만 제도와 규정내용을 자세히 살피면, 겉보기

6) 穂積陳重, 『商法及び商法施行条例期限法律案』に関する演説(1890년 12월 22일), 遺文集二, 173 이하.
7) 内田 貴, 法学の誕生, 筑摩書房, 2018, 158.
8) 外務省編, 日本外交文書 27卷之2(1953), 111-115.
9) 外務省編, 日本外交文書 27卷之2, 100.
10) 俞鎭五, 新稿 憲法解義, 일조각, 1953, 10-11은 "(홍범14조의) 내용은 역시 국정의 민주적 개혁을 약속한 것으로서…우리나라 최초의 근대적 성질을 띠운 헌법이라 할 것"이라 평했다.
11) 鄭肯植, 韓國近代法制史攷, 박영사, 2002, 82 이하.
12) 穂積陳重, 法窓夜話, 岩波書店, 1980, 360.
13) 大村敦志, 民法総論, 岩波書店, 2001, 24 참조.

와는 달리 절반 정도는 여전히 프랑스민법의 영향을 받은 것이었다.[14)]

(마) 메이지 민법전의 형식과 내용적 골격 한국민법전의 이해와 관련하여, 일본 민법전의 制定過程에서 우리가 주목하는 것은 브아소나드 초안에서부터 明治民法으로의 履行過程上의 方向轉換이다. 왜 판덱텐 방식을 채용하였고 물권편을 채권편 앞에 둔 이유는 무엇인가? 조문의 수가 줄어들고 조문의 표시방식을 단절없이 일련번호에 따른 조의 형식으로 만든 이유는 무엇인가? 이를 '根本的인 改修'를 위하여 설치한 法典調査會의 規定과 그 '法典調査規程理由書'를 참조하여 서술한다.

1) 판덱텐체계 — 메이지민법전(=일본민법전)은, 인스티투치오네스(Institutiones)체계를 기본으로 한 브아소나드초안과 달리, 총칙을 두고 물권과 채권을 준별하는 판덱텐체계를 채택한다. 호즈미에 따르면, 이는 "로마의 옛 방식인 인스티투치온시스템은 점차 폐지되어 근세 로마법학자가 채용하는 판덱텐시스템이라는 것이 행해지게" 됐기 때문이다.[15)] "원래 채권은 그 목적이 주로 물권의 득상행사에 관한 것이 많으므로 물권을 먼저 하고, 人權[16)]을 그 다음으로 함이 순서가 된다"(法典調査規程理由書 제2조). 호즈미의 믿음은 판덱텐체계 중에서도 특히 '작센민법'을 따르도록 하였다.

2) 조문의 수와 표시방법

가) 세밀한 규정의 회피 — 법전이 사회의 변천을 그대로 따를 수는 없다. 그것이 폐단으로 이어지지 않으려면 조문은 되도록 "原則을 제시하는 데 그치고 細則을 두어서는 안 된다." 세밀한 규칙을 두다 보면 사회의 사소한 변동에도 바로 개정이 필요해져서, "되도록 세밀한 규정을 생략"한다(法典調査規程理由書 제14조). 그 결과 프랑스법적인 동종 반복을 피하고, 독일법학 특유의 논리적 체계성을 높이게 되었다. 브아소나드 민법전 1,762개 조문에 비해 메이지민법전의 조문은 1,146개이다. 특히 재산편 부분의 조문이 1,319개조에서 724개조로 거의 반감되었다.[17)] 민법의 일반적 추상도가 높아짐으로써 해석의 탄력성이 강화되었다.

나) 定義規定의 회피 — 이와 더불어 '정의, 해설, 기타 교과서 같은 규정'을 모두 버리고 입법적 해석을 요하는 문장용어에만 풀이를 두기로 하였다(法典調査會規定 16조).

다) 표시방식 — 처음에 브아소나드 민법처럼 편마다 조문의 번호를 별도로 매겼으나(법전조사규정이유서 제13조), 중간에 전체 '일련번호'로 바꾸었다.[18)]

3) 각론의 짜임새 브아소나드초안처럼 민법 전부에 적용되어야 할 통칙을 각 편

14) 星野英一, 日本民法典に与えたフランス民法の影響, 日仏法学 3호(1965), 1 이하.

15) 「法典調査会理由書」 民法成立過程研究会, 明治民法の制定と穗積文書, 有斐閣, 1956, 114.

16) 사람에 대한 권리, 즉 債權이라는 의미이다. 物權이 물건에 대한 권리임에 반해 債權은 사람에 대한 권리라는 뜻에서 처음에는 '人權'이라 하였다.

17) 「前三編議會提出理由說明草稿」 民法成立過程研究會=福島正夫편, 明治民法典の制定と穗積文書, 1956, 129.

18) 자세히는 鄭鍾休, "日本民法典의 編纂", 法史學硏究 제36호(2007), 116.

속에 산발적으로 두는 것은 "法典의 體系를 얻은 것이 아니므로", "특히 總則編을 두어 민법 전부에 적용해야 할 通則"(法典調査規程理由書 제3조)으로 총칙편에 '私權의 主體, 目的, 得喪, 및 行使 등에 관한 通則'을 둔다(法典調査會規定 제3조).

이어서 物權編에 '物權 및 그 得喪, 行使 및 物上擔保 등에 관한 규칙'을 둔다(法典調査會規定 제4조). 브아소나드초안이 "財産編 첫머리에 財産權을 物權과 債權으로 대별하면서도, 이를 재산법 분류의 기초로 삼지 않았기에", '物權에 관한 모든 法規', 예컨대 先占, 添附, 物上擔保 등 다른 편에 배치되었던 물권관계 규정을 모두 물권편에 두기로 하였다. 처음에 물권편에 넣기로 했던 取得時效는 총칙편으로 이전배치되었다(法典調査規程理由書 제4조).

債權編에는 '債權 및 그 得喪, 行使 및 對人擔保 등에 관한 규칙'을 둔다(法典調査會規定 제5조). 브아소나드초안에서 분산규정되었던 채권에 관한 규정을 한곳으로 모았다.

親族編에 '家族 및 親族의 私法的 權利關係에 관한 규칙'을 두었다. 친족간의 사법적 권리관계는 "사회의 변천 시 세상의 진보에 따라 늘 그 변동을 낳는 것이기 때문에" 따로 묶어 규정함으로써 '將來 社會의 進步'에 대한 대응을 도모하고, 일본의 가족관계는 "목하 변천 시대에 있어" 舊慣을 중시하면서도 "장래의 진보에 적응할 수 있는 규정"을 두어야 할 필요에서 친족편을 따로 둔 것이다(法典調査規程理由書 제6조). 그러나 권리의 주체에 관한 규정을 함께 규정한 브아소나드초안과 달리, 친족편에 오직 "친족간의 관계만을 규정"한다(法典調査規程理由書 제6조). 그리고 相續編에는 '家督相續 및 遺産相續에 관한 규칙'을 두기로 결정하였다(法典調査會規定 제7조). 그러나 '家'制度라는 것이 戶主에 의한 家의 구성원에 대한 支配權을 내용으로 하는 제도[19]로서 규정되고 그것은 가독상속이라는 형태로 조문화되었다. '가'제도 및 '가독'(=호주)은 현실의 가족 형태와도 무관할 뿐만 아니라 역사적으로도 존재한 적이 없는 '前古無類의 新制度'[20]였던 것이나 그래도 천황지배 이데올로기의 날조에는 바탕 원리[21]같은 것이 되었다.

(바) 한국 민법전에 대한 영향 　한국 민법전이 판덱텐체계를 따르게 된 것, 물권이 채권에 앞서 규정된 것, 定義규정이 없는 것 등은 모조리 이러한 日本民法 編纂過程상의 方

19) 이렇게 이해하는 사람들은 家제도를 기축으로 하는 친족법은 公法이라고 주장하게 된다. 穗積八束, 權利ハ無權力ナリ(1893년), 穗積八束博士論文集(1913), 299.

20) 에도시대에 '가독상속'이라는 말은 있었으나 로마법에서와 같은 권력(Potestas)로서의 가장권은 존재하지 않았고, 서민들 사이에서는 재산의 분할상속이 행해졌음을 들어 메이지민법이 '가독상속이라는 것'을 창출하여 상속의 원칙으로 삼은 것은 '역사를 무시한 입법이라 해야 한다'는 연구도 있다. 中田薫, 徳川時代の文学に見られた私法, 岩波文庫, 1984, 180.

21) 예컨대, "부모를 같이 하는 이가 서로 의지하여 家를 이루고, 이것이 사회의 原始니라. 그 사상을 더욱 확대하여, 조상을 함께하는 민족이 始祖의 神位를 숭배하고, 그 威靈 아래 기대고 기대어 혈족적 단결을 이룬다. 이것이 우리 민족 건국의 기초이다"(穗積八束「憲法ノ精神」). 일본이라는 국가는 부모를 함께 하는 家가 중층적으로 겹쳐, 이를 거슬러 가면 萬世一系의 天皇家에 이른다는 식으로 황당무계한 천황지배 이데올로기의 조작에 쓰였다는 것이다. 内田貴, 法学の誕生, 筑摩書房, 2018, 327.

向轉換에 기인한다. 또한 일본의 전통과 무관한 架空의 家督相續은 2차대전후 일본에서는 깨끗이 사라진 후, 한국에서는 전통관습과는 완전히 무관한 '戶主相續'으로 제도화된다는 아이러니를 낳는다.

(사) 구한말 민법전 제정의 시도

1) 慣習調査와 民商法 統一法典의 구상 한국에서 민법전편찬은 한반도를 둘러싼 국제 정세, 특히 일본의 정치적 영향력의 변화에 따라 좌우되었다. 일본의 배타적, 정치적 지배가 노골화되면서 민법제정이 활기를 띤다. 1908년 1월 1일 '민법, 형법, 민사소송법, 형사소송법 및 부속법령의 기초'를 맡기 위하여 내각총리대신의 감독 아래 '法典調査局'이 설치되었다. 일찍이 프랑스유학을 마치고 일본 민법전의 기초도 맡은 우메 켄지로(梅謙次郎)가 고문으로 영입되었다.[22]

우메는 民法과 商法을 "合하여 一法典으로 만드는" 것,[23] 즉 民商法 統一法典의 제정을 理想으로 삼았다. 그는 民法과 商法 및 民事訴訟法[24]의 기초를 직접 맡았다. 대대적인 民事慣習의 調査[25]가 전국적으로 시행되었다. "새로 기초할 민법은 완전히 韓人만을 위한 것"[26]이라 하였다는 우메의 말에서 이미 1898년에 시행된 일본 민법전과 상당히 다른 민법전의 제정을 구상하였음을 알 수 있다.

2) 中樞院의 민법제정 건의 이와 별도로 1907년 5월 7일 內閣(議政府)의 자문기관 中樞院은 參政大臣에게 민법제정을 요구하였다.[27] 중추원은 몇 가지 중요 사안에 관해 조례를 갖추어 단행 법률로 먼저 시행하자는 것과 이를 민법전을 제정할 때 편입하자는 것이었다. 이러한 사실은 아직 학계에 알려지지 않은 듯하여, 몇 가지 안건을 그 이유와 함께 소개한다.

- 未成年者의 能力에 관한 건(만22세)
- 禁治產/準禁治產에 관한 것
- 公有地均享權에 관한 건: 우리나라 관습에 지방 사람들이 일정한 산림이나 원야를 공동으로 수익하고 그 수목이나 낙엽, 마른 가지 따위를 채취하거나 잡초를 베고 혹은 목축을 할 권리를 보유하는 일이 있다. 이와 관련하여 특별히 정해둔 게 없어 사람들이 무주지/황무지라

22) 鄭鐘休, 梅謙次郎と近代韓国立法事業, 法律時報 70권7호(1998), 57 이하.

23) 梅謙次郎, 韓国の合邦論と立法事業, 国際法雑誌 8巻9号(明43), 740.

24) 우메의 자필에 의한 전577조의 한국'민사소송법안'의 원고가 일본 法政大學 地下書庫에 소장되어 있다. 鄭鍾休, "韓國「民事訴訟法案」", 법사학연구 10호(1989), 231 이하에 풀이와 영인본이 실려 있다.

25) 朝鮮総督府, 慣習調査報告書, 1910. 우리말 번역본도 출간되었다. 정긍식 역, 國譯 慣習調査報告書, 한국법제연구원, 1992.

26) 梅謙次郎, 韓国の法律制度に就て(下), 東京経済雑誌 1514号(明42년10월), 796.

27) 中樞院來文(규장각 청구기호 奎17788). 제9책. 中樞院議長이 1907년 5월 7일 議政府參政大臣에게 보낸 문건.

고 하지만, 사실은 그렇지 않고 확실한 共有權의 성질이 있어서 일본민법은 이를 입회권이라 부르고 일종의 물권으로 인정하였다. 따라서 우리나라도 이를 公有地均享權으로 확인하는 법규를 제정하는 것이 필요하다.

- 先取特權에 관한 건: 우리 국민은 채무자 한 사람에 대하여 채권자가 여럿일 때는 힘이 가장 센 자는 부당이득의 상환을 받으나, 힘없는 자는 불의의 손실을 보는 일이 많으니 꼭 법률로 규정하여 私權이 치우치지 않도록 보호해야 한다.

- 損害賠償에 관한 건: 채권자의 權利保全을 위하여 채무자의 과태로 발생한 손해를 채무자로 하여금 배상케 함은 각 국법에서 공히 인정하는 바다. 그러나 우리나라 습관은 채권-채무자 간의 관계는 오로지 힘이 있느냐 없느냐에 따라 함부로 부당한 폭리를 거두거나 상당한 권리를 침해받고도 구제의 길이 없는 경우가 빈번하여 경제계에서도 원활한 거래에 방해가 적지 않으므로 시급히 법규를 정하여 백성의 이익을 보호해야 한다.

- 債務保證人에 관한 건: 채무보증인은 채무자에 대하여 상당한 의무가 있는 동시에 또 상당한 권리가 있지만, 우리나라는 이에 대한 법규가 없으므로 보증인이 마땅히 행할 의무를 거절하여 채권자에게 부당한 손해를 입히기도 하고 또는 과중한 부담을 주어 보증채무 이외의 손실을 면하기 어려운 폐도 있으므로 시급히 그 채무에 관한 규정을 두어 實業 발달의 조장을 도모해야 한다.

- 重婚禁止에 관한 건: 一夫一妻는 文明 人道에 맞는 세계의 통칙이다. 한 집안의 和合을 보존하고 한 나라의 風紀를 유지하려면 우리나라에 유래하는 畜妾의 폐풍은 절대적으로 금지해야 한다. 단, 기왕에 축첩한 이에게는 의사를 물어봄이 적합할 것이다.

- 親權者 및 後見人에 관한 건

- 相續財産 取得에 관한 건: 우리나라 사람의 상속법이 儒家의 엄중한 예절로 인하여 크게 문란함은 없으나 상속재산취득에 관해서는 더러 비상한 분쟁이 일어나 풍기를 해치는 폐해도 적지 않으니 옛 예를 참고하고 외국 제도를 채용하여 일정한 규정을 둘 것이다.

그러나 아쉽게도 이러한 건의가 구체적으로 조문화를 위한 시도로 이어졌다는 흔적은 찾을 수 없다.

3) 민법의 보급 '率養에 관한 件', '早婚을 禁하는 件', '寡婦의 再婚을 許하는 件', '外國人 土地所有權 취득 관련 법' 등 몇 가지 민법에 포함되는 입법조치[28]와 더불어, 재판소에서는 단행 법률과 일본민법전의 형태로 소개된 서구의 근대 민법이론이 바탕이 되어 재판이 이루어졌다.[29] 法官養成所[30] 등 官學에서는 물론 일본법을 의식한 법학 교육이

28) 國會圖書館 편, 韓末近代法令資料集 I(1970), 15에 수록.

29) 특히 統監府時代에 그러하였다. 大友 · 柿原 외, "朝鮮司法界の往事を語る座談会", 朝鮮司法協会雑誌 19권10=11호(1940), 49.

30) 朴秉濠, "開化期의 法制", 정범석박사화갑기념논집(1977), 204. 특히 법관양성소의 실제운용과 교수진에 대

이루어졌고, 普成專門學校와 養正義塾 등 私學에서도 일본민법에 바탕을 둔 민법총칙, 물권법, 채권법, 채권각론, 상속법 등의 교재가 편찬되어 법학 교육에 쓰였다.[31] 이 무렵 민법학과 민법교육은 계몽적 성격이 짙었고, 학설/이론 중심의 경향과 함께 그 나름 서구법을 土着化하려는 노력도 보였지만, 독일법학의 학설은 그다지 두드러진 강세를 보이지 못했다. 한국은 1876년-1910년까지 이러한 방식으로 입법, 사법, 교육을 통한 서구 민법의 계수를 경험하였다.[32]

2. 强制繼受를 통한 일방통행의 구조화(1910-1945년)

(1) 朝鮮民事令에 의한 일본민법의 강제이식

1910년부터 1945년까지는 이른바 "朝鮮總督의 명령"으로 "법률을 요하는 사항"이 정해졌고, 이러한 조선총독의 명령을 '制令'이라 한다. 1912년 3월 18일 제령 제7호로 '朝鮮民事令'이 발포되었다.[33]

朝鮮民事令 제1조에서 한국인의 "民事에 관한 사항은 本令 기타의 法令에 특별한 規定이 있는 경우를 제외하고 왼쪽(左)의 법률에 의한다."라고 하여, "왼쪽(左)의 법률"로 일본의 "民法", "民法施行法", "상법" 등 23종의 법령을 열거하였다. 일본민법의 강제 이식이 시작된 것이다. 종래 일제강점기에 적용된 일본민법을 '의용민법'이라 했던 것은 이처럼 조선민사령에 "의하여 쓰이게(依用) 된" 민법이라는 의미에서였다.[34]

(2) 朝鮮不動産證明令과 그 밖의 민사법령

日本民法의 附屬法令도 조선민사령의 발포와 함께 또는 그 후에 나온 제령에 의해 이식되었다. 예컨대, 조선민사령 제13조에 따른 '朝鮮不動産登記令'(1912. 3. 18. 제령9호)과 '朝鮮不動産證明令'(1912. 3. 22. 제령 15호)의 공포로 日本의 '不動産登記法'(1899. 2. 24. 법률 24호)이 부동산에 관한 권리의 등기를 규율하였다.

(3) 日本民法典과 民法學의 전개

일본 민법전과 민법학의 전개는 일제 치하는 물론 정부수립 후 제정된 한국 민법전에도 영향을 미치지 않을 수 없었다.

㈎ 學說繼受(Theorien-Rezeption)와 民法의 二重構造 일본 민법전은 '比較法學의 産物(a fruit of comparative jurisprudence)'[35]이다. 독일민법은 물론이지만 어쩌면 이와 같은 정

하여는 김효전, 近代韓國의 法制와 法學, 세종출판사, 2006, 209-258, 510-574에 자세하다.

31) 김효전, 근대 한국의 국가사상 —국권회복과 민권수호—, 철학과현실사, 2000, 777 이하 "Ⅷ. 私法學과 기타 법률 문헌"에는 1894-1908년 사이에 간행된 民法관련 10권, 商事法 10권의 서적이 소개되어 있다.

32) 鄭鍾休, "韓末의 西歐法 繼受 —民法學을 중심으로—", 전남대학교논문집(법학/행정학편) 제32집(1987), 108 이하.

33) 鄭鍾休, "韓國에서의 日本民法의 變容", 全南大學校論文集(法/行政學編) 제30집(1985), 75 이하.

34) 鄭鍾休(주 33), 82.

도로 프랑스민법의 영향이 컸고, 英美法의 영향도 있으며 그 밖에 다른 법의 영향도 없지 않다.[36] 하지만 日本民法은 시행 이후 급속히 獨逸法學說의 압도적인 影響 아래 놓이게 되었다. 民法제정 직후는 하자담보책임을 채무불이행의 일종이라 하더니 독일유학 후에는 채무불이행책임이 아니라고 부정한 오카마쯔 산타로(岡松参太郎)[37]가 상징하듯이, 日本民法 시행 후 日本 民法學은 급속히 독일 法理論의 영향을 받게 된다. "독일법이 아니면 법이 아니다."라는 항설이 생길 정도로, 1910~20년대에 이르면, 압도적 다수의 民法學者가 독일 民法學의 흐름에 몸을 맡겨, 독일식 民法解釋論의 구축에 노력을 기울였다.[38] 이는 民法 전반에 걸친 현상이었다. 이때 스위스 민법/채무법이 함께 밀려왔다.[39]

장기간에 걸친 外國學說의 대량적이고도 집중적인 자국 규범화를 "學說繼受"라 부른다(北川). 독일 民法學이 日本 民法學을 석권한 것이다(하토야마 히데오, 이시자카 오토자부로, 미쿠마 신조, 하나미치 분게이, 스에카와 히로시, 와가쯔마 사카에 등). 이 과정에서 ① 독일법에 유래하는 제도/규정이 더욱 독일적으로 정밀화되었다. ② 프랑스법, 기타 비독일적 연원을 갖는 제도/규정도 가급적 독일적으로 해석되었다(대리, 착오, 취득시효). ③ 日本民法典에 규정이 없는 제도는 독일에서 모범을 가져와 日本式으로 정착되었다(총유, 채무인수).

學說繼受로 日本民法典의 구조가 변환되었다. 즉 일본민법전이 예정한 民法體系와 學說繼受의 결과로 형성된 判例/學說로 이루어진 民法體系간의 괴리라고 하는 이른바 民法의 "二重構造"[40]가 그것이다.

(나) 中華民國民法典과 滿洲國民法典 1925년 '中華民國民法 제1편 총칙'(152개조), 동 '제2편 채편'(604개조) 및 동 '제3편 물권'(210개조)이 공포되었다.[41] 이는 말할 것도 없이 學說繼受 후의 日本民法學의 수준이 대폭 입법화된 것으로[42] 내용에서 "日本民法典과 공통점이 가장 많다."[43] 이어서 1937년 6월 총칙(175개조), 물권(184개조), 채권(396개조)의 순으

---

35) Hozumi, N., The New Japanese Civil Code as a Material of the Study of Comparative Jurisprudence, 1912, p. 22.

36) 前田達明＝松岡久和＝平田健治, 〈史料〉債権総則(1), 民商法雑誌 81巻3号 100頁 以下; 前田達明, 史料民法典, 成文堂, 2004, 1118.

37) 자세히는 北川善太郎, 日本法学の歴史と理論, 日本評論社, 1968, 111 이하.

38) 한 저명한 로마법학자는 이와 같은 일본민법학의 상황을 "독일의 법적 보일러속의 압력 변화를 독일에서 의식하기보다 빨리 표시하는 압력계"라 평하였다. Koschaker, P., Europa und das Roemische Recht, 3.Aufl., 1958, S. 132, Anm. 1.

39) 穂積重遠校閲＝辰巳重範述, 瑞西民法, 法学新報社, 1911; 水口吉蔵訳, 日本民法商法対比瑞西債務法, 清水書店, 1914.

40) 北川善太郎(주 37), 250.

41) 成宮嘉造, 「民事法」上海東亜同文書院支那研究部編, 現代支那講座 第二講 政治 · 法制 · 外交, 1939, 166 이하.

42) 훗날 '만주국민법전' 제정에 깊이 간여한 我妻栄도 스스로 中華民国民法総則(昭21, 日本評論社)을 지었다.

43) Wang Tze-chien, Die Aufnahme des europaeischen Rechts in China, AcP Bd. 166, 1966, S. 343.

로 총 755개 조문으로 이루어진[44] 滿洲國民法典이 '民法 제1편, 제2편, 제3편'의 이름으로 제정·공포되었다. 와가쯔마 사카에(我妻 榮)가 편찬에 깊이 관여[45]한 滿洲國民法典은 "日本의 判例/學說의 금일 이론의 최고수준을 규정한 것"[46]이었다.

㈐ 韓國民法典에의 영향 중화민국민법전과 만주국민법전 속의 모든 제도와 규정이 1960년 1월 1일 시행된 한국민법전에 그대로 조문화된 것은 물론 결코 아니다. 그러나 자세히 보면 볼수록 韓國民法典에는 입법자들의 고민이 응축된 부분이 드러난다. 이러한 점에서 한국민법전을 **'立法者들의 自主的인 取捨選擇의 결과'**[47]라고 평가할 수 있다. 하지만 비교법적으로 한국민법전이 媒介繼受이자 混合繼受의 産物이라는 평가를 받게 된 것은 형식적으로는 日本民法典과 그 强制適用, 내용적으로는 그 기간의 學說繼受 및 그 입법적 구체화로서의 중화민국민법전과 만주국민법전이라는 배경 없이는 설명할 수 없기 때문이다. 한국민법전의 이해를 위하여는 이들에 대한 일정한 이해가 필요한 것이다.

(4) 傳統 慣習法의 행방과 法律用語

㈎ 慣習法의 운명

1) 朝鮮民事令 제10조-제12조 한국의 전통 관습법은 36년의 일제강점기 동안 어떤 길을 걸었는가?[48] 朝鮮民事令은 그 실마리를 보여준다.[49] 조선민사령은 제10조에서 제12조까지 韓國의 民事慣習을 일정 부분 용인함을 규정한다. 첫째, 朝鮮人 相互間의 法律行爲에 관하여는 法令中 公共의 秩序와 무관한 慣習이라면 이를 적용한다(제10조). 둘째, 강제 이식된 民法 등 일본 법률 중 "能力, 親族 및 相續에 관한 규정은 朝鮮人에게는 적용하지 않는다"(제11조). 셋째, 不動産에 관한 物權의 種類 및 效力에 관한 慣習法도 허용한다(제12조). 어떻든 한국의 民事慣習은 한정된 범위에서나마 인정되었다.

2) 朝鮮民事令 제10~12조의 改正 그러나 식민정책이 악랄해짐에 따라 관습법은 갖가지 방식으로 점차 한국인의 법생활에서 배제된다. 朝鮮民事令 11조는 3차례에 걸친 개정을 겪어, 친족·상속에 관한 한국의 전통법 중 어떤 부분이 적용되어야 하는지 불투명할 정도로 깊은 상처를 입었다.[50] 法律行爲에 관한 관습을 적용토록 한 제10조와 제12조는 늘 학설의 공격대상이었다. 예컨대, 제10조는 "관념상 매우 광범하므로 어서 폐지해야 한다."라고

44) 前田達明編, 史料民法典, 成文堂, 2004, 2716 이하.

45) 「司法法規制定に就きて」 法曹雜誌4巻7·8合併号(民事法典制定記念号)(1937[康德 4]·8), 1058.

46) 我妻栄, 「滿洲国民法所感」 앞에 든 法曹雜誌民事法典制定紀念號, 48.

47) 鄭鍾休, 역사속의 민법, 교육과학사, 1994, 182. 따라서 필자는 "우리 민법은 … 만주민법을 거의 수정 없이 계수하였다고 말해도 무방할 듯하다"는 식의 풀이(이철송 "만주국민법의 우리 법제사적 의의 — 만주민법의 자리매김에 대한 의문", 민사법학 제78호[2017], 3 이하)에는 결코 동조할 수 없다.

48) 鄭鍾休(주 33), 10 이하.

49) Jonghyu Jeong, Die Umformung des Japanischen Zivilrechts in Korea, in:H. Leser, T. Isomura(Hrg.) Wege zum Japanischen Rechts (Festschrift fuer Zentaro Kitagawa, Dunker & Humblot, 1991).

50) 자세히는 鄭鍾休(주 33), 13.

하는가 하면,[51] 제12조는 "마음대로 물권을 창설할 기회를 얻게 할 것"[52]이므로 "조만간 이를 폐지하는 것이 적당하다."[53]라는 식이었다.

(나) 民事慣習의 조사 　民事慣習도 온전할 리 없었다. 식민지당국은 식민지통치에 참고자료가 되는 범위에서만 민사관습을 조사하였고, 그것이 관습법으로서의 법적인 유효성을 가지려면 식민지 당국[54]의 심의에 의한 인정이나 通牒/回答에 의한 확인을 받아야 했다[55]. 또한 전통적 민사관습은 식민지정책의 편의에 따라 조사단계, 심의단계, 재판상 적용단계에서 否認되거나 歪曲되는 일이 없지 않았다. 宗中, 特殊小作, 相續類型, 入養慣習, 相續順位, 子女均分相續 등은 그간의 조사로 드러난 예일 뿐이다.[56] 오죽했으면 1948년 制定憲法 제100조가 "現行 法令은 이 憲法에 抵觸하지 않는 한 效力을 갖는다."라고 규정했을까. 여기서 "法令"에는 成文法뿐만이 아니라 慣習法도 물론 포함되었다. 하지만 우리 고유의 제도인 祭祀相續은 判決로 무시되고 우리의 관습과는 상관없는 戶主相續이 朝鮮高等法院 判決로 인정된 것의 파급효과는 컸다.[57] 우리 민법전 제정시에 제사상속은 무시하고 호주상속을 당연한 관습인양 여겼던 입법 관계자들이 이를 법제화함으로써 수십 년간 호주상속폐지론에 휘말리게 된다.

(다) 法律用語 　구한말 서구법제도와의 만남을 통해 수많은 법률용어가 생겨났다. 강요되는 일본식 법률용어의 홍수 속에서도 한국인의 언어감각에 맞는 법률용어를 만들어내려는 노력도 있었다.[58] 漢字일망정 일본어 그대로는 아무도 알아듣지 못했기 때문이다. 그렇지만 일제강점기 동안 自家 法律用語는 흔적도 없이 사라지고, 일본식 법률용어가 완전히 법생활에 자리잡았다. 이로 인하여 오늘날까지 일본에서 訓讀을 전제로 만들어진 법률용어가 한국에서는 音讀인 채로 남고(예, '取消'), 같은 법률현상을 뜻하는 다른 표현이 반성 없이 그대로 쓰이는 실정이다.[59]

---

51) 吉田平次郎, "朝鮮に於ける慣習と民事法規との関係", 朝鮮司法協会雑誌 2-4(1923), 5 · 11.

52) 浅見倫太郎, 朝鮮法制史稿, 1922, 395.

53) 吉田(주 51), 28.

54) 조선총독부 산하 행정기관 내부의 '舊慣審査委員會'니 '舊慣及制度調査委員會', 또는 행정기관장(취조국 장관, 정무총감, 법무국장 등), 그리고 사법협회 내부조직인 '민사심의회'같은 것이 있었다. 자세히는 이상욱, "일제강점기 상속관습법의 정립과 왜곡", 민족문화논총 제33집(2006), 76 이하.

55) 「民事慣習回答彙集」(1933), 「司法協會決議回答集錄」(1932), 「司法協會續決議回答集錄」(1938) 같은 기록물이 남아 있다.

56) 예컨대, 李相旭, "日帝下 傳統家族法의 歪曲", 朴秉濠화갑기념 韓國法史學論叢(1991), 371 이하.

57) 이상욱, "일제강점기 제사상속관습법", 법사학연구 제60호(2019), 136-139.

58) 예컨대, "繳消", "讓與", "辨償", "傳致", "貰貸借"가 각기 "取消", "讓渡", "辨濟", "引渡", "賃貸借"를 나타내는 土着化 用語였다. 자세히는 鄭鍾休(주 32), 48.

59) 예컨대, 일본어에서는 "팔고 사기", 즉 파는 게 먼저 사는 게 나중이라 이를 '賣買'로 나타내는데, 한국어에서는 "사고 팔기", 즉 내가 먼저 남의 것을 사주고 내것을 남에게 판다는 언어감각이다. 그래서 經國大典 같은 전통법에서는 이를 買賣라 했던 것인데, 민법전에서는 일본식으로 "賣買"가 되어 있는 것이다.

(5) 일제 강점기의 민법

1910년부터 1945년까지의 식민통치기간 중 韓國에서 우리의 관습법이 기본적으로 무시되고, 民法典과 民法學 간의 괴리가 현저한 "이중구조 民法"이 적용되고 연구되었다. 日本語가 공식용어였고, 日本말로 판결문이 쓰였으며, 日本法의 법률용어가 그대로 韓國의 법률용어가 되었다. 당시의 한국의 민법학 내지 한일간의 法學교류는 日本으로부터의 일방적 수입, 日本法學의 韓國으로의 일방통행 바로 그것이었다.

3. 한국 민법전의 제정[60)]

(1) 美軍政期의 편찬 움직임

우리 민법전의 편찬은 1945년 8월 해방에 이은 美軍政의 실시와 더불어 기획되었으며, 크게 상반된 두 줄기의 흐름이 지배하였다.

하나는, 軍政廳 法典起草局에 의한 법전기초이다. 日本法에 근거하지 않은 '朝鮮自體의 民法'의 제정을 역설한[61)] 미국인 顧問官 主席[62)]은 방대한 民法典 '私案'[63)]을 만들었다.

다른 하나는, 같은 군정시절(南朝鮮 過渡政府)에 한국 법조인들로만 구성된 '法制編纂委員會'[64)]가 만든 민법제정안으로, 그 내용에서 내용상 미국측의 입장과 반대되는 것이었다. 그들이 마련한 '朝鮮臨時民法典 編纂要綱'에 따르면, "朝鮮 臨時民法을 제정함에 있어서는 大陸法系의 시스템을 취하며 주로 獨逸民法에 의거한 現行民法의 規定을 기초로 하되 現下世界文明各國의 立法例와 學說을 참작하고 우리나라 실정에 감하여 위선 필요한 한도에 있어서" '改正 또는 新設'하기로 하였다.[65)] 정부수립 후의 민법전 편찬 과정으로 보아, '법제편찬위원회민법분과위'의 설치와 그에 의한 임시민법전 편창요강이 한국민법전 편찬의 출발점이라 할 만한 것이었다.

---

60) 梁彰洙, "民法案의 成立過程에 관한 小考", 法學(서울대) 30권 3/4호(통권 79/80호)(1989. 12), 186 이하; 동, "民法의 歷史와 민법학", 民法研究 제3권, 117 이하; 鄭鍾休, "韓國民法典의 制定過程", 民法學論叢(곽윤직기념논문집)(1985), 1 이하; 동, "民法典의 編纂", 憲政50년 제1회 한국법학자대회 자료집(1998. 10. 22.) 수록.

61) 로빙기어, "日本民法改正私案", 法政 2권 2호(1947), 4 이하.

62) 일찍이 미국 지배하의 필리핀에서 "法典委員會의 副委員長"을 역임한 바 있는 로빙기어(Dr. Charles Lobingier)를 말한다.

63) Charles Lobingier, Proposed Civil Code for Korea, LAW Korea 7 Lobi 1949 (Library of Congress). 이에 관하여는 윤대성, "美軍政時代의 韓國民法典編纂事業과 로빈기어의 <韓國民法典改革>", 韓國民法의 歷史와 解釋, 창원민사법연구회편(2008), 191 이하.

64) 1947년 6월 30일 설치된 '法典編纂委員會'가 개칭된 것으로, 인적 구성 등에 관하여 자세히는 鄭鍾休(주 60), 7.

65) "朝鮮法制編纂委員會起草要綱 (3)", 法政 3권 8호(1948), 41.

(2) 정부수립후의 초안 작성

㈎ 법전편찬위원회의 수립과 민법전 편찬의 자세　　정부수립 직후 '法典編纂委員會職制'(1948.9.15 대통령령 4호)의 공포와 함께 민법전편찬이 본격화되었다. 당시 大法院長 金柄魯가 법전편찬위원회(이하 '법전위')의 위원장에 위촉되었으며, '民法分科委員會'는 總則, 物權, 債權, 親族, 相續의 5편으로 나뉘어 각편마다 責任委員과 一般委員이 임명되었다. 위원들은 대부분 앞 시대에 법관 또는 변호사로 일한 경험을 가진 실무가들이었다.[66]

민법전기초는 1948년 12월 15일부터 시작된 것으로 보이며, 처음에 재산편에 한정된 101항목의 '民法典 編纂要綱'[67]이 작성되었다. 이는 내용에서 군정시대 법제편찬위원회가 조선임시민법전편찬요강에서 선언한 민법전기초의 골격을 재확인하는 것이었다. '民法 親族相續法 編纂要綱'은 "고래의 순풍미속은 유지조장"하고 "비문화적, 비합법적이며" "우리 민족이 세계 진운에 병진하는 데 장애를 이루는 諸因習弊風은 포기하는 것을 가족법의 입법방침으로 하였다.[68]

㈏ 法典編纂委員會의 궤멸, 民法案의 起草, 政府案의 성립　　1950년 발발한 6.25 전쟁으로 민법전기초 책임위원, 일반위원, 또는 보조위원 중에서 7인이 납북되었고,[69] 준비했던 입법자료의 거의 전부가 소실되었다.[70] 심지어 정부개각으로 가족법 책임위원은 기초위원직을 물러났다.[71] 이 때문에 민법전의 기초작업이 사실상 완전한 중단사태를 맞았다.

이제 민법전기초는 법전위원장 김병로 한 몸에 맡겨지다시피 했다.[72] 김병로의 초안은 법전위의 총회를 거쳐 1953년 7월 4일 법전위의 공식법안이 된 것으로 보인다. 재산편의 초안과는 달리, 가족편 초안은 본래의 요강[73]에 구애되지 않는 것이었다.[74] 그러는 가운데 친족편과 상속편은 커다란 함정 또는 자가당착에 빠져들었다.

조선시대의 상속제도와는 무관한, 일본민법상의 제도에 유사한 호주상속이 가족편 전체를 관통하여 '호주의 지위와 권한'이 현실로 영위되는 가족 및 친족생활과는 너무도 동떨어진 관

66) 자세히는 鄭鍾休(주 60), 7.
67) 民議院 法制司法委員會 民法案審議小委員會, "公聽會記錄", 民法案審議資料輯(1957), 75.
68) 張暻根, "親族相續法立法方針及要綱私案", 法政, 3권9호(1949. 9), 26.
69) 民議院 法制司法委員會 民法案審議小委員會(주 67), 75.
70) 강명옥, "民法典의 制定經過報告", 法律新聞 286호(1958. 3. 3).
71) 鄭光鉉, 韓國家族法硏究, 1967, 334.
72) 국회 본회의에서의 법전편찬위원장 김병로의 발언, 第26會國會定期會議速記錄(이하 "國會速記錄"으로 인용함) 30권(1957), 4.
73) 본래의 입법방침은 호주제도를 두되 대가족제도가 아니라 "경제적 공동생활을 하는 가족단체를 경제적으로 보호유지하기 위하여 스위스 민법의 家財團, 可宅 등의 家産제도를 채용하고 이를 통솔 운용하는 것을 호주의 주요임무로 할 것"으로 하고, "家族제도의 미풍을 근본적으로 파괴치 않는 한도에서 男女를 원칙적으로 평등으로 할 것"으로 했었다.
74) 鄭光鉉(주 71), 335 이하.

념상의 죽은 제도로 조문화되어 국회심의 단계부터 폐지가 주장되었다. 전통 상속에 반할 뿐만 아니라 일본에서도 초창기부터 가족의 실제생활과는 거리가 먼 것으로 여겨져 왔고 1947년의 가족법 개정으로 완전히 소멸한 제도가 우리나라에서는 자발적인 제정으로 제도상 새롭게 고착되었다는 사실은 의외로 알려져 있지 않은 것 같다.

1954년 9월 30일 국무위원회를 통과한 민법전초안은 10월 13일 국회에 제출되었다. 제출 당시의 초안은 본문 1118조, 부칙 32조로 되어 있었고 제안이유서나 기초이유서 등 참고자료는 없었다.[75]

(3) 民法改正案硏究會

재산편에 대한 民法案小委의 審議結果와 修正案이 발표되자 민법교수들에 의한 민법안 공동연구가 시작되었다. 민법교수들은 民法案과 그 修正案에 대한 연구와 검토를 위해 1956년 9월 25일 '民法草案硏究會'[76]를 결성하여 總則, 物權, 債權, 身分의 4분과로 나누어 같은 해 11월 9일까지 豫備討議를 마치고 다음 해 1월 19일까지 全體會議를 통해 재검토한 후, 그 성과를 그 해 3월 '민법안의견서'라는 이름으로 발간하였다.[77] 이는 실무가들의 입장에 대한 신진학자들의 입장이 총 168개의 의견[78]으로 집약된 셈이다. 이 가운데 특히 중요한 내용이 현석호수정안의 형태로 국회 본회의에 제안되었으나, 민법전에 채용된 것은 소수에 그친다.[79]

(4) 民法案 國會審議/可決

㈎ 民法案審議小委員會의 심의 경과 정부가 제출한 민법안은 1954년 10월 28일 국회의 법제사법위원회(이하 '법사위')에 회부되었다. 민법안 소위는 심의에 있어 세 가지 기본방침[80]을 정하였다. 첫째는, '민법안 각조문을 축차적으로 빠짐없이 기초자에 대신하여 검토" 하는 동시에 조문마다 "외국입법제와 판례 학설을 조사검토'하고 '현행법과 우리 나라의 현사회 실정과의 부합성 등을 비교고찰'하는 것이었다. 둘째는 '민법안을 일응 시인'하는 것으로 특히 적극적인 이유가 없는 한 가급적 수정을 피하기로 했다. 셋째는 심의의 방법으로, 민법안의 각 조문에 일본민법의 해당조문, 판례와 학설, 외국입법례, 국내입법의견, 이들 각항에 대한 비판, 심의결과, 결론의 순으로 심의해 가리기로 하고, 심의결과를 기록으로 남기기로 하였다. 재산편 축조심의에 2년이 걸렸으며, 친족편과 상속편은 수정안 작성에 이르지 못하였다.

---

75) 張暻根, "民法案審查報告書", 29회 國會速記錄, 691.

76) 서울에 소재하는 여러 대학의 민법, 상법, 국제사법 교수 24명으로 조직된 것으로 오늘날 社團法人 韓國民事法學會의 전신이라 할 수 있다.

77) 국판, 본문 201쪽에 이르는 意見書 외에, 財産編의 民法案과 그에 대응하는 國會法制司法委員會 修正案을 부록으로 실었다. 1957년, 서울 一潮閣 발행.

78) 자세히는 鄭鍾休(주 60), 18, 19.

79) 鄭光鉉, 앞에 든 韓國家族法硏究 附錄, 158 이하에 그 전문이 실려 있다.

80) 民法案小委員長 명의의 '序' 民法案審議錄, 國會事務處, 1957, 6.

법사위 민법안소위원회의 수정안이 1957년 10월 11일 법사위 본회의에 상정되어 무수정 통과되었다.[81]

(나) 각종의 修正案 법사위의 민법안 수정안 외에 6종의 수정안[82]이 제출되었다. 그중 民法案意見書를 반영한 玄錫虎(의원외 19명) 修正案[83]과 여성단체 연합회 등의 의견을 수렴한 鄭一亨(의원 외 33명) 修正案[84]이 중요하다.

(다) 議決과 公布

1) 國會本會議에서의 議決 — 1957년 11월 이제 政府原案이 法司委 修正案과 나란히 제26회 국회본회의에 상정되었다. 제1독회 관심의 대상은 物權變動 등 일부 재산편에 속한 사항도 있었지만 태반은 가족편 문제, 특히 同姓禁婚制에 집중되었다. 제3독회를 생략하기로 한 까닭으로 제2독회가 끝난 12월 19일 민법안심의는 종료되었다. 심의결과로 정부원안을 대신하여 법사위 수정안이 채택되었다. 민사법연구회의 의견을 대변한 현석호 수정안은 법사위의 반대에 부딪치지 않는 범위에서 제한채택되었다. 정일형 수정안은 실질적으로 거의 무시되었다.[85]

2) 公布 — 민법전은 법사위에서 '字句修正, 各條文의 標題를 붙이는 것, 또 條文의 配列, 整理'[86]등의 절차를 거쳐, 1958년 2월 7일 정부에 이송되었으며, 정부는 이를 2월 22일 '法律 第471號 民法'으로 공포하였다. 이로써 정부를 수립한 때부터 11년에 결친 민법전 편찬작업이 결실을 맺었다. 민법전은 1960년 1월 1일[87]부터 시행되어 오늘에 이른다.

정부원안은 부칙을 포함하여 1150조이었으나, 국회심의 중에 285조가 수정받았고 35조는 삭제되었다. 이렇게 하여 본문 1111조와 부칙 28조로 이루어지는 총 1139조의 한국민법전이 제정된 것이다.[88] 판덱텐 체계를 따른 것이면서도, 1863년 작센 민법전처럼 물권편이 채권편에 앞서 규정된다. 제정 당시의 독일 민법전 2385조와 비교하여 조문수가 1111조로 훨씬 적다. 이는 定義規定도 별로 없고 세밀한 규정을 피한 결과이다.

(5) 制定過程의 특징

이제 한국민법전과 밀접 불가분의 관계에 있는 일본민법전의 제정경과과 내용을 염두에 두면서, 한국민법전의 制定過程에 나타난 몇 가지 특징을 들어 본다.[89] 실무가가 민법전을

81) "民法案審査報告書", 26회 國會速記錄, 696.
82) 자세히는 鄭鍾休(주 60), 14 이하.
83) 26회 國會速記錄 42호 부록(1957. 11. 21), 102 이하.
84) 26회 國會速記錄 42호 부록, 105 이하.
85) 鄭光鉉, 韓國家族法硏究 附錄, 158 이하에 전문이 수록되어 있다.
86) 26회 國會速記錄 62호, 11.
87) 國會 法司委에서는 民法典의 施行日을 처음에는 1959년 8월 15일로 예정하고 있었던 것으로 보인다. 鄭鍾休(주 60), 27.
88) 제1112조부터 제1118조는 1977년 12월 31일 민법개정으로 신설.
89) 鄭鍾休(주 60), 29 이하.

기초하였고, 민법전답지 않게 서둘러 제정되었으며, 제정과정에서의 견해대립이 주로 가족편의 제도에 치중되었다는 것, 그리고 입법자료가 빈약하다는 것 외에 다음 두 가지 사항이 강조될 필요가 있다.

첫째는, 민법전제정의 동기이다. 한국민법전의 제정에 관하여 예상할 수 있는 온갖 동기의 근원을 이루는 주명제는 '한국인의 손에 의한 법률'를 향한 강렬한 국민적 동경이었다. 해방 후 국민들 사이에 '국정에 맞는 최상의 민법전을 만들자는 염원'[90]이 있었음은 당연한 일이었다. 무엇보다 당시 실정법으로 적용되었던 일본민법상의 제도/습속이 현시대에 적합하지 않았고, 헌법의 민주주의와 양성평등주의에 입각한 민법전의 제정이 시급히 요청되었다. 여기에 점증하는 민족주의적 경향에서 일어난 반일감정이 가세되어, 이러한 국민적 열망을 증폭시켰다.

둘째는, 역설적으로 民法典의 '制定'에 대한 意識이 薄弱하였다는 점을 거론하지 않을 수 없다. 법전위의 '민법개정요강'은 '우리나라의 실정에 감하여 우선 필요한 한도에 있어서 개정 또는 신설'할 것이 명시하지 않았던가. 입법자료 등에는 '제정', '편찬'과 더불어 '개정'이라는 표현이 쓰였고, 당시 여전히 실정법으로 적용 중이었던 일본민법전에 들어 있지 않는 제도를 규정하려 할 경우 '신설'이라고 표기되는 일이 있었음을 주의하여야 한다. 이처럼 심지어 기초자들에게조차 민법제정의식이 반드시 강한 것은 아니었다. 민법이라는 게 전혀 없던 상태에서 새로 제정해야 하는 상태와 달리 법전편찬위원회가 출범할 당시 한국에서는 40년 가깝게 쓰여 온 依用民法이 존재하였다. 민법이 인간의 재산생활과 가족생활의 기본을 다루는 것이고 보면 의용민법과는 전혀 다른 민법전을 편찬한다는 것은 생각할 수 없었다. 이 때문에 의용민법을 바탕으로 그 법률규정을 수정, 삭제 또는 신설하는 방식으로 새로운 민법전을 제정한다는 목표는 결코 놀라운 일이 아니라 할 것이다.

(6) 制定의 의의

한국민법전은 실무가에 의하여 서둘러 제정되었지만 그래도 당시 한국이 처한 상황에서는 최선의 역량을 기울여 일본민법 보다 나은 민법을 제정하겠다는 열정이 담긴 장대한 입법성과이었다. 이로써 해방 이후 그 날까지 "민사생활에 관하여 남의 나라의 법률을 '의용'하여 왔던 수치스러운 과거를 청산할 수 있었다. 동시에 이로써 우리의 민법학이 비로소 성립하고 발전할 수 있는 실정법적 기틀이 놓여졌다."[91]

90) 국회 본회의에서의 정부 측의 民法案 提案 說明, 26회 國會速記錄 29호, 14. 자세히는 鄭鍾休(주 60), 34 이하.

91) 양창수, "한국 민법학 50년의 성과와 앞으로의 과제", 저스티스 제92호(2006. 7), 179.

4. 한국민법에 남은 일본민법의 그림자

해방으로부터 민법전이 제정·공포되기까지의 시기(1945-1957년)는 우리 민법학이 일본 민법학을 이해·흡수하고 소화하는 데 총력을 기울였다고 해도 좋을 시기로서 '보다 나은 민법전의 제정을 위한 준비작업'[92]으로서의 의미를 가진다. 이 시기의 법학을 '번역법학, 번안법학'[93]이라고 하는 것도 그 때문이다. 우리 학설과 판례의 상당수가 무비판적·맹목적으로 일본의 것을 도입하였고[94] 그 영향이 해방된 지 반세기가 지나는 동안 교과서나 논문과 판례에서 지워지지 않았으며, 지금도 상황이 크게 바뀌지 않은 것은 그 탓이 아닐까.

일본민법전이 판덱텐체계를 따르면서도 제법 '프랑스민법의 체격[몸]'을 가지고 있음[95]에 대하여, 한국민법전은 '일본민법전과는 비할 수 없을 만큼 분명하게 독일법의 체격'을 가진다. 또한 적어도 한국민법전, 적어도 재산편에서 전래의 慣習法制度 또는 그의 規定化를 찾을 수 없다.[96] 그리고 法律用語를 보더라도, 自發的으로 創出된 것은 거의 없고 태반이 他律的 强制의 産物이다. 각국이 서로 고유한 스타일로 스스로의 법문화발전을 도모하여야 하는 20세기 전반이라는, 다시없이 소중한 반세기 이상의 세월을 日本침략에 따른 일본법의 强制的適用으로 자발적 법제화의 역량과 기회를 빼앗겼다는 것은 씻을 수 없는 悲劇이다. 法은 인간사회 발전의 필수 조건이라는 국민적 공감대의 형성 역량을 앗긴 상태에서 제정법에 대한 반발, 준법의식의 약화, 법률용어와 생활용어의 괴리 같은 현상을 50년 이상에 걸친 '근대법의 타율적 강제 적용' 탓으로 돌려야 하는 측면도 적지 않을 것이다. 한국민법과 민법학은 아무리 독자적인 민법전을 갖고 그 시행 60년을 넘겼다 하더라도 일본민법의 굴레를 늘 의식하여야 하는 까닭이다.

Ⅲ. 한국 민법의 현재(1960-현재)

1. 민법전의 성격론

(1) 교과서의 일반적 설명

먼저 우리 민법전의 성격에 관한 교과서에서의 설명을 들어보기로 하자.

---

92) 양창수(주 91).

93) 양창수(주 91), 179-181. 처음엔 안이준 번역으로 1950년 2월부터 5월까지 我妻 榮의 '民法講義' 시리즈 전4권과 '민법II' 채권각론이 출판되었고, 이어서 1954년부터 1958년까지의 사이에 我妻의 교과서를 "우리 법현실에 적합"하도록 손질한 5권의 교과서가 김증한/안이준의 '공편' 또는 '편저'로 출간되었다고 한다.

94) 곽윤직, "한국민법학의 현대적 과제", 법과사회 연구 제3집(1984), 60.

95) 奧田昌道, 日本における外国法の摂取←ドイツ法, 伊藤正己編, 外国法と日本法(岩波現代法14), 1966, 233 이하는 일본 민법전을 "프랑스 민법의 몸매에 독일 민법의 의상을 걸치고 있다"고 표현한다.

96) 鄭鍾休, "한국 민법전의 비교법제적 분석", 행정논집(전남대 행정대학원) 제2집(1986), 22 이하.

"한국민법의 성격은 재산법에서는 일본민법과 독일민법을 계수한 것"(곽윤직).[97]

"일본민법(학)을 통해 대륙법의 여러 민법전으로부터 입법적 영향을 받았다",[98] "우리 민법전의 외국법계수는 혼합계수의 성질을 가졌다","우리 민법은 그동안 일본 민법학에서 이루어진 학설계수의 성과를 전면적으로 수용하였다는 점에서 포괄적 계수라고 할 수 있다" "현행 민법제정시점을 기준으로 그 이전을 강제적 계수, 그 이후를 주체적 계수라고 할 수 있다"(이상 김형배).[99]

"우리 민법전은 특히 만주국민법전과 그 내용 및 체재가 거의 유사한 점에서 궁극적으로 독일민법에 가까운 계보를 갖고 있다고 볼 수 있다"(김준호).[100]

"우리 민법전은 창조적으로 기초 · 제정되었으나, 시대적인 제약으로 일부에서는 일본법학의 결론을 수용하게 되었다"(송덕수).[101]

"우리 민법전은 일본을 통하여 독일민법학을 수용한 결과가 상당 부분 반영되어 만들어졌지만, 보다 넓게 서구민법학의 성과를 반영한 결과물"이다. 우리 민법전은 "일본의 영향 속에서가 아니라, 역사적으로 발전해 온 서구민법학의 성과와 연결되어 창조되었다"(서을오).[102]

이상의 서술은 모두가 무난한 설명이다. 그러나 각각의 설명을 확장하면 이야기는 달라질 것이다.

(2) 拙見에 대한 梁彰洙의 비판[103]

필자가 우리 민법전의 성격 내지 비교법적 계보에 관한 주장을 편 때는 1985년[104]이다. 그때만 하더라도 "현재 한국 민법전 편찬에 관하여는 아주 기초적인 부분을 제외하고는 거의 연구되어 있지 않다."라고 할 만했다. '전통의 민사법규와 서구법의 수용과정, 현행 법률용어의 형성과정, 민법전의 비교법적 특징, 그리고 관습법의 문제 등' 어느 것을 보더라도 연구가 되지 않은 영역의 예라 할 수 있었다. 그러면서 필자는, 양창수가 인용하듯이, "민법학을 연구하기 위해서는 민법전에 대한 연구가 선행과제이며, 또한 민법전을 역사적 · 비교법적으로 이해해야 한다."고 역설하였다. 필자의 연구는 일련의 선행연구를 묶어 1989년 단행본으로 출간되었다.[105]

---

97) 郭潤直 · 金載亨, 민법총칙(제9판), 博英社, 2013, 33. 아울러 같은 단락의 전반부에는 "재산법 내용은 물권법의 일부를 제외하고는 일본의 민법학에 의해 알려진 일본 민법의 결함이나 좗은 점을 그들의 이론에 비교적 충실하게 수정한 것이라 할 수 있다"고 하고 있다(동 32).

98) 김형배, 민법학강의[제10판], 신조사, 2011, 7.

99) 김형배(주 98), 8.

100) 김준호, 민법강의[제27판], 법문사, 2021, 16.

101) 송덕수, 민법총칙[제6판], 박영사, 2021, 40.

102) 서을오, 민법총칙, 세창출판사, 2013, 76.

103) 필자의 견해와 그에 대한 양창수의 비판을 다룬 연구가 있다. 박인환, "한국민법에 있어서 일본민법의 영향과 과제 —서론적 고찰—", 법학논집(이화여자대학교) 제20권 제3호(2016. 3), 1 이하.

104) 鄭鍾休, 韓国民法典の比較法的系譜, 民商法雑誌 제91권 5호(1985), 1 이하.

105) 鄭鍾休, 韓国民法典の比較法的研究, 創文社, 1989.

1990년 韓國法史學會 하계학술발표회장에서 필자의 간단한 발표에 대한 장시간 토론에서 양창수는 이러한 의견에 "전적으로 동감"이라면서도, 그러나 "이러한 기초적인 연구가 日本語로 발표된 것에 대해서는 우리 민법학의 貧困을 찔린 서글픔"이 든다고 평가하였다. 그럴까. 먼저 우리말로 발표되어야 하는 걸까.

한국민법전의 성격에 관한 필자의 핵심주장 중에서 양창수가 2020년 "민법시행 60년 기조강연"에서 지적한 부분은 다음과 같으며, 양창수는 이미 1990년 이를 다각도로 비판하였다.[106)]

> "같은 체계이면서 근대민법상의 여러 제도에 있어서 한국 민법전이 일본 민법전에 비해 보다 독일법적으로 되어 있다고 말하는 것은 기초자가 한국 민법전 제정 당시의 일본 민법학을 매개로 하여 민법전을 만들었기 때문이고, 여기에서 어느 시기에 형성된 일본 민법학의 모습을 볼 수 있는 것이다. **한국 민법전은 그러한 의미에서 바로「학설계수」에 의하여 생긴 이중구조, 즉 민법전과 민법학과의 체계상의 모순을 극복하고자 만들어진 입법상의 結晶**이다"[107)](강조는 양창수).

(3) 비판과 반론

㈎ 식민지 청산의 문제의식　　양창수는 졸저에 관하여 "우리 문화의 일본과의 관계에 관한 전반적인 문제, 즉 近代化와 植民地 淸算 문제를 민법전을 소재로 하여 제기하였다고 생각"한다고 하면서 "식민지 청산 문제를 논의할 때, 중요한 것은 역사적 사실을 냉엄하게 객관적으로 인식하고, 그러한 질곡으로부터 벗어나기 위한 力量과 條件의 발견이라는 問題意識을 가지는 것"이라고 한다. 필자 역시 전적으로 같은 의견이다. 필자도 발표에서 그러한 문제의식을 담은 셈이었으나 안타깝게도 토론자에게 전달되지 않았던 것 같다. 양창수는 토론의 소재로 다음을 제기하였으며, 부끄럽지만 이를 모두 수긍할 수밖에 없다.

첫째, 이 저서로 우리 민법전의 '역사적 · 비교법적 의의'가 적절하고도 충분하게 해명되었다고는 하기 어렵지 않은가. 그렇다. 미완성작이다.

둘째, 우리 민법의 독자적인 제도나 성격에 대한 보다 많은 성찰이 포함되었어야 하지 않은가. 그렇다. 부끄럽다.

셋째, 이 저서에는 민법전에 대한 비판적 평가의 관점, 바꾸어 말하면 과거를 통하여 우리 민법학의 장래를 내다보는 문제의식이 아쉽다. 그렇다. 참으로 부끄럽다.[108)]

106) 梁彰洙, 民法硏究第3卷, 박영사, 1995, 149-157. 처음 발표된 곳은 法史學硏究 제12호(1991. 12), 139 이하.

107) 양창수, "민법 시행 60년 : 회고와 전망", 민사법학 제93호(2021. 12), 500-501. 같은 글이 우리말로는 '한국 민법전의 비교법적 계보', 민사법학 제8호(1989. 12)로 발표되었으나 양창수는 일어판 졸저를 대본으로 삼고 있으므로 그에 따른다.

108) 이와 동시에 필자에게는 한편으로는 양창수 교수의 구체적 지적들이 모두 사실이기만 하다면 얼마나 좋을까 하

하지만 양창수가 위 물음에 대하여 각론으로 언급한 비판에 대하여는 아래와 같이 답할 수 있다.

(나) '이중구조의 해결'로는 설명되지 않는 부분 양창수는 키타가와(北川)의 학설계수와 '일본민법전과 독일민법학의 학설계수에 연유하는 일본민법학체계 사이에서 오는 일본민법의 이중구조론'을 필자의 연구골간으로 적시하고 필자가 우리 민법전을 일본민법의 이중구조를 극복하기 위한 입법적 노력의 結晶으로 본다고 한다. 아울러 그러한 접근방식과 앞의 결론에 근본적인 의문을 제기한다. 즉, 한국민법의 기초자들이 그러한 노력을 하지 않았다는 것이다. 예를 들면, 채무불이행에 관한 민법 제390조와 일본 민법 제415조, 손해배상의 범위에 관한 한국민법 제393조와 일본민법 제416조는 거의 같다. 그리고 이들 법률규정에 대한 학설은 독일민법학의 영향으로 채무불이행 유형 三分說과 相當因果關係로 각기 설명하며, 키타가와도 이를 일본민법의 이중구조의 대표적인 예의 하나로 들었다.[109] 그럼에도 우리 민법은 이를 입법화하지 않았다는 지적이다.

하지만 일본민법 제415조·제416조에 해당하는 한국민법 제390조·제393조를 이른바 삼분체계와 상당인과관계에 맞추어 축조하지 않은 사실을 근거로 이중구조의 해결과 무관하다고 말할 수 있을지는 의문이다.

현재 적용되고 있는 민법전과 현재 주류를 이루는 민법학 사이의 이중구조를 해결하기 위하여 '조문 문언의 개정이 필요한 경우'가 있고 '조문 문언의 개정이 굳이 필요 없는 경우'가 있다고 볼 수는 없을까. 예를 들어 총칙에서 법인, 착오, 대리에 관한 민법규정과 학설을 본다. 민법상의 법인을 '공익·비공익'으로 나누고, 허가주의를 취하며 설립등기를 대항요건으로 하는 당시의 민법규정에 학설은 "이 분류는 분류의 법칙에 맞지 않다", "입법론으로서는 영리와 비영리의 2종으로 나눔을 적당하다고 할 것이며 해석론으로서는 '공익에 관한'이라 함을 廣義로 풀이해야 한다"고 했으며, '要素의 錯誤'일 경우 '無效'라 했던 규정과는 달리 '법률행위의 主要部分의 錯誤'일 경우 '取消'할 수 있다고 풀이한 것이 다수설이었다. 규정은 '委任에 의한 代理'라고 했으나 학설은 이를 '法律行爲에 의해 수여된 代理權'으로 풀이해야 한다면서, 규정은 없지만 '一部無效'와 '無效行爲의 轉換'을 인정하는 것이 다수설이었다. 이러한 경우에는 조문 문언의 손질 없이 이중구조의 해결은 가능하지 않다.

그렇지만 債務不履行에 관한 일반규정 제390조와 損害賠償의 範圍에 관한 제393조는 반드시 개정이 필요한 것은 아니다. 다만 제393조는 '當事者'를 특별한 사정의 豫見者로 하였지만 이를 '債務者'로 새겨야 한다는 것이 학설계수의 결과였고, 1950년대의 우리 민법 교과서[110)]

는 이율배반적 심정도 도사리고 있음은 31년 전이나 지금이나 조금도 다름이 없다.

109) 北川(주 37), 42 이하, 75 이하.

110) 예컨대, "여기의 當事者라는 것은 債務者만을 의미하고 債權者는 포함치 않는다. 그 이유는 그 事情을 예견한다든지 예견할 수 있음을 필요로 하는 것은 채무자를 보호하기 위한 것이므로 채권자는 제외할 것"이라 했

도 그렇게 풀이하고 있었다. 같은 내용을 규정하면서도 이를 받아들여 한국민법 초안에서는 '債務者'로 바꿨다는 자체가 '조문 따로, 학설 따로'의 괴리를 입법적으로 해소한 대표사례[111] 라 할 것이다.

이와 관련하여 양창수의 주장을 소개하면: "일본민법과 다른 우리 민법전의 규정 일부는 어느 단계의 일본민법학의 영향 아래서 독일민법학의 결론을 수용한 것을 인정하더라도, 이러한 사실, 즉 독일민법학의 수용은 **일본**민법의 이중구조를 **한국**에서 입법으로 해결하려는 노력의 결과로 된 것이 아닙니다. 키타가와의 이론은 일본민법에 대한 분석 틀로는 가능하겠지만 한국민법전의 역사적 · 비교법적 위치를 규정하는 분석의 틀은 될 수 없습니다"(강조는 정종휴).

확실히 일본민법의 이중구조를 한국에서 입법으로 해결하는 것은 있을 수 없는 일이다. 하지만 당시의 일본민법은 동시에 한국의 현행민법이었다. 한국에서의 일본민법의 의미는 한국에서의 독일민법이나 프랑스민법의 의미와는 완전히 달랐다. 우리 민법전이 제정되던 당시에도 적용되었고 우리 민법을 새로 제정하면서도 "현행규정과 동일"이니 "개정"이니 "신규"니 하는 표현들의 대상은 기본적으로 1912년 조선민사령 이래 1945년 해방을 거쳐 적용되었고 민법전의 시행 직전까지 50년 가까이 효력을 가진 현행법률이었다. 그렇다면 그러한 전제 속의 현행 민법의 이중구조를 민법전의 제정을 통하여 극복하려 했던 것이라 보아야 하는 것은 아닐까. 현행 민법에서 "독일민법학의 수용은 **우리 민법전 편찬 당시 우리 땅에서 50년 남짓 적용되던** 민법의 이중구조를 **우리 스스로의** 입법으로 해결하려는 노력의 결과"라 하면 말이 통할까?[112] 그런 점에서 필자는 일본민법의 이중구조는 한국민법 재산편의 여러 제도 · 규정의 역사적 · 비교법적 위치를 규정하는 거의 필수적인 분석 틀이 될 수 있다고 보는 것이다.

㈐ '일독혼합계수법전'과 '일본민법/일본민법학'의 결합 법전 양창수는 일반적으로 민법 교과서들이 한국민법전을 日獨混合繼受 法典으로 설명한 것을 들어, 필자의 결론대로라면 그 설명에서 "독일민법이 일본민법학으로 대치"되고 만다. 즉 "일본 민법전과 어느 단계의 일본민법학이 결합된 것이 바로 우리 민법전의 역사적 · 비교법적 위치라는 것"인데, "이것이 정당한가?"라고 묻는다. 나아가 "우선 이 자체에 대해서 의문이 들고, 나아가 앞서 본 문제의식과 견주어 보면 이러한 결론은 아무런 소득이 없어 보인다"고 한다. 필자는 이것이 정당하다고 생각한다. 왜냐하면 법률의 제정도 시대와 환경의 제약을 벗어날 수는 없기 때문이다. 필자는 한국민법은 일본민법과 독일민법의 혼합계수라고만 정의하고 그로부터 '어떤 단계의 일본민법학'의 매개적 역할을 분리하려는 시도야말로 '아무런 소득이 없는 것'이라고 할 것이

다. 陳承祿, 債權法總論, 世文社, 1953, 58.

111) 일본민법 제416조에 비해 "우리 민법의 (제393조의) 규정이 훨씬 간명하고 세련된 문장으로 되어 있다고 말할 수 있다." 곽윤직, 신정판 채권총론, 박영사, 1994, 202.

112) 제26회 국회정기회의속기록 제39호, 1957년 11월 5일, 5 이하, 특히 7(법제사법위원장 장경근의 민법안심의결과보고) 참조.

라고 생각한다. 구차한 예이지만, 들어본다. 독일민법의 영향은 일반적으로 다음의 3가지로 분류할 수 있다.

① 일본민법학과는 관계없이 독일민법을 직접 배운 한국의 연구자가 독일민법의 규정을 직접 한국 민법전에 넣은 부분.

② 일본민법학을 고려하면서 연구나 실무를 맡고 있던 이들이 일본민법학에서 참조되던 독일법이론의 우위성을 인정하여 독일민법의 틀을 한국 민법전에 넣은 부분.

③ 독일법학을 계수한 일본민법학을 통하여 한국에서의 민법해석학으로서 확립된 것이 한국 민법전에 들어간 부분.

이들은 구별되어야 하며, 적어도 ③은 일본민법학의 영향이라고 하여도 틀리지 않을 것이다.

㈑ 독자성 있는 규정　　양창수는 "민법전의 제정 당시 제정자들이 일본민법전을 기본으로 하였고, 또 일본의 민법학설에 힘입은 바 큰 것은 인정되어야 할 것"이라고 하면서도 "민법전에는 독자성이 있는 규정이 많이 있"음을 강조한다. 물론이다.

1) 物權變動　　양창수는 강조하여 지적한다. "예를 들면, 물권변동에서 形式主義를 채택하면서 부동산물권에 대해서는 公信의 원칙을 배제한 것은 일본민법과 滿洲民法에서는 설명할 수 없습니다." 이것은 필자의 결론으로는 설명할 수 없다고 한다.

사실 민법전에는 '독자성 있는 규정'이 적지 않다. 양창수가 즐겨 드는 예가 물권변동이다. 필자도 우리 민법전의 물권변동을 "독창적인 규정"으로 즐겨 들곤 했다. 만주국민법은 물권변동에 대해 이른바 형식주의를 취한다. 즉, 부동산물권변동을 목적으로 하는 법률행위는 서면으로 이를 하고(만민 제180조), 또 등기(=등록)하지 않으면 그 효력이 없다(만민 제177조). 더 중요한 것은 登記簿의 公信力이다(만민 제179조). 양창수의 지적은 여기까지이다.

하지만 이것이 전부가 아니다. 물권변동에 관한 만주민법의 규정들은 민법전의 다른 제도와 달리 '土地審定法에 의한 地番의 整理를 완료한 지역에 있는 부동산에 관한 물권에만' 制限適用되었다(만주국민법 물권편 시행법 제3조). 그리고 '地籍整理가 완료되지 않은 지역에 있는 부동산에 관한 물권의 득실변경'은 종전대로 登記는 對抗要件에 지나지 않았다(동 시행법 제4조). 이는 지적정리가 완비된 지방, 즉 도회지에서 먼저 시행하고 점차 각지에 시행된다는 취지로 하였다. 이른바 意思主義에서 形式主義로의 변경도 대단한 정책전환인데, 일본이 이민족지배를 위하여 광활한 만주대륙 전체에 부동산등기의 公信力까지 인정하기 위하여는 그 나름의 신중한 준비가 필요하였고, '地籍整理'가 바로 그것이었다.

한국민법이 부동산 물권변동에 대해 형식주의를 취하면서도 등기의 공신력을 배제한 것은 매우 현명한 결단이며, 지극히 독창적인 조치였다. 필자는 이미 여러 해 전에 "立法의 獨創性이라는 것은 반드시 모두가 새로운 것이어야 하는 것은 아니다. 물권변동을 둘러싸고 민법안

연구회의 전문가들도 金炳魯의 草案에서 비롯한 政府案에 반대하고 意思主義 法制를 강력하게 주장하던 마당에, 形式主義로의 전환을 관철하면서도 한국의 현실을 감안하여 등기의 公信力은 취하지 않는다는 교묘한 결단이야말로 獨創性이 넘치는 선택의 適例"임을 주장하였다.[113)]

2) 共同所有 양창수는 '공동소유의 3형태'가 "입법연혁적으로 고찰하면, 일본의 石田文次郎의 이론이 아닌 故 金曾漢 교수께서 石田을 비판하면서 나름대로 이해한 것에 유래한다."라고 설명한다. 사실이 그러하다. 우리 민법전의 공동소유(제262조–제278조)의 규정방식은 일본민법은 물론 만주국민법과도 크게 다르다. 金炳魯초안(제252조–제263조)은 만주국민법(제240조–제253조)과 거의 일치하는 내용[114)]이었으나, 양창수의 지적[115)]대로, 故 金曾漢 교수의 치밀한 연구를 기반으로 하는 玄錫虎 수정안의 채택으로 성립한 공동소유의 부분은 국회심의과정에서 재산편에 이루어진 최대의 개정 포인트였다. 이 점에 관해서는 양창수의 견해에 찬동한다. 하지만, 어떤 의미에서는 한국민법의 제정단계에서 전후 일본에서 약화된 독일의 학설계수가 —독일민법학에 대한 정확한 이해는 별론[116)]으로 두고— 한국민법의 제정과정에서 더욱 철저히 위력을 발한 것으로 볼 여지도 상당하다. 이는 특히 總有의 입법에서 현저하며, 필자는 이러한 立法論을 學說繼受의 延長線에 자리매김하였다.[117)]

3) 傳貰權制度, 消滅時效完成의 절대적 효과, 민법 제607조 · 제608조 등 양창수는 이들 규정을 포함하여 "법전의 개별 규정 가운데는 일본민법과 일본학설의 수용만으로는 설명하기 어려운 부분이 많이 있는 것"이라 한다. 필자 역시 전적으로 그런 줄로 안다.

전세권제도를 규정하는 17개 법률규정(1984년 개정전)이 중화민국민법전과 만주국민법전의 典權과 위치와 규정에서 어느 정도까지 공통되는 것인지는 典의 기원[118)]과 민법안국회심의록

---

113) 鄭鍾休, 金炳魯 = 司法의 危機에 음미해야 할 생생한 古典 —佳人 金炳魯를 통해 보는 한국 민법전 편찬 이야기—(미발표)(한국법학원 강좌 제1기 2016년 6월 29일).

114) 이 점에 관한 그릇된 인식이 한국민법전과 만주국민법전과의 관계에 대한 오류를 만연케 하기도 한다. 예컨대, 高翔龍, 現代韓國法入門, 信山社, 1998, 134을 들어 한국민법전에서 "일본민법전에 대한 한국민법전의 특색이라고 주장되지만, 실제상 이러한 것은 모두 '만주제국'의 민법전편찬을 통해서 이미 정착된 제도였다"면서 거론하는 제도 속에 "공동소유 형태로서의 합유규정(271조 이하), 총유규정(275조 이하)"를 드는 논자도 있다. 申政武, 「滿洲民法解題」 前田達明編, 史料民法典, 成文堂, 2004, 1715.

115) 梁彰洙, "共同所有 —민법 제정과정에서의 論議와 그 후의 評價를 중심으로—", 民法硏究 제6권, 박영사(2001), 107 이하.

116) 공동소유에 관한 김증한 교수의 업적이 과장되었으며, 특히 공유와 합유의 이론이 독일민법의 오해에서 비롯한 것이라는 연구도 있다. 이진기, "공동소유의 법이론적, 정책(Programm)적 재이해 —공유에서 출발하여—", 民事法의 現實과 志向: 윤용석교수정년기념논문집, 부산대출판문화원(2019), 61 이하.

117) 鄭鍾休, "晴軒 金曾漢 교수의 共同所有論 — 특히 總有를 중심으로", 민사법학, 한국민사법학회, 제69호(2014), 251 이하. 외람되지만 구문 제목을 "Die Theorien-Rezeption und das Gesamteigentum: Der Beitrga von Professor Zung-Han Kim zu den Vorschriften über Gesamteigentum des Koreanischen Bürgerlichen Gesetzbuches."라 한 것은 바로 그러한 확신에서였다.

118) 典權은 중국에서 漢代 이후 발전한 제도인 典을 입법한 것으로, 가계가 곤란해도 조상의 재산을 팔아 쓰는 것

을 보는 것만으로 어느 정도 드러날 것이다. 어떻든 조문상의 유사성 등으로 보아 전세권 제도는 중화민국민법의 典權을 모법으로 하는 법률제도로 볼 수 있을 것이며 이러한 방식을 받아들인 입법태도는 필요할 경우 일본/독일민법학 외에 다른 국가의 민법전을 참고·반영한 기초자의 기능적·실용적 사고를 나타낸다 할 것이다. 아무튼 전세권제도는 적어도 일본민법과 일본학설을 수용한 것으로는 설명할 수 없다. 일본에서도 독일민법학을 계수했다고 이야기되던 시기에도 入會權이니 永小作權 같은 일본 고유의 사회·문화적 배경에서 유래한 제도는 독일민법이론으로 설명되지 않았다. 그런 의미에서 '외국법·외국법학의 계수'라는 것은 한 나라/지역에서의 법해석과 적용, 그리고 입법에서의 문화현상으로 이해되어야 한다. 계수된 子法國家의 사회제도가 母法國家와 이질적이고 그 사회제도의 유지가 적절할 때는, 그 한도에서 '법의 계수·학설의 계수'를 부정하여야 하는 것은 자명하다. 따라서 우리 민법전에 고유한 제도가 규정된다는 사실을 들어 외국민법전의 영향이나 '계수'현상을 부정하는 주장은 성립하기 어렵다.

김병로원안에 있던 소멸시효완성규정은 국회법제사법위원회에서 약간의 손질을 거쳐 통과되었다. 만주국민법은 소멸시효완성에 관하여 우리 민법전의 법률규정(162-164조)과 비슷한 규정방식을 따르면서 특별히 「권리의 소멸에 의해 이익을 받을 당사자는 그 권리의 소멸을 주장할 수 있다.」고 규정하였다(만주국민법 제173조). 이와 비교할 때, 소멸시효완성의 효과에 관하여 애매함을 없앤 우리 민법전은 진일보한 입법이 될 것이다.

그런 의미에서 정부원안에 있던 민법 제606조(대물대차), 제607조(대물반환의 예약), 제608조(차주에게 불리한 약정의 금지)도 눈여겨보아야 할 조문이다. 이들 법률규정들은 일본민법전과 만주민법전에서는 찾을 수 없는 내용이다. 제606조는 스위스민법 제317조와 그간 알려지지는 않았으나 중화민국민법 제481조[119]를 모델로 한 법률규정이라고 할 만하다. 하지만 제607조의 입법례는 찾을 수 없는 듯하다. 굳이 말하면 일본 브아소나드초안(구민법) 재산취득편 제187조[120]와 약간 유사할 뿐이다. 그렇더라도 우리 민법전을 제정할 당시의 부족한 참고자료와 불안정한 시국을 감안할 때 입법자에게 이 조문이 알려졌으리라고 기대하기는 힘들다. 그리고 제608조(차주에게 불리한 약정의 금지)는 스위스민법 제317조 제2항에 예가 있으며, 민법안심의록

은 조상에 대한 불효라 생각한 중국인들이 돈을 빌려 쓰기 위한 방법으로 활용한 제도라 한다. 鄭玉波 저/黃宗樂 수정, 민법물권(수정15판), 169(李鴻旼 박사학위논문 "민법 제정과 그 성과 분석"(2011), 155 주 638에서 재인용).

119) 중화민국 민법 제481조 "물품을 금전으로 환산하여 대차를 한 때에는 반대의 약정이 있는 경우에도 그 물품의 교부 장소의 시장 가격에 의해 가져야 할 가치로써, 그 대차금액으로 하여야 한다." 그러나 민법안심의록 '외국입법례'란에는 누락되어 있다.

120) 일본 구민법 제187조 제3항 "채권자가 실제로 대부한 원본을 넘는 원본을 인정케 하거나 또는 그 밖의 방법으로 부정당한 이자를 은비한 때는 채무자는 그 부정당한 이자를 변제할 필요가 없다. 변제한 때는 이를 돌려받을 수 있다."

에도 스위스민법에 대한 언급 외에는 아무런 기록이 없다. 그렇다면 이들 법률규정들, 특히 제607조는 놀라우면서도 자연스러운 법발전의 예가 아닐까.

'이행지체와 해제'를 표제로 하면서도 '이행거절과 해제'까지 포섭하는 민법 제544조도 정부원안 단계에 확정된 것으로, 감탄할 만한 규정이다. 이는 일본민법과 중화민국민법에서 예가 없고, 만주국민법과는 달리 "단서"를 추가함으로써 債務不履行의 類型에 일찌감치 '履行拒絶'[121]을 추가한 것으로도 풀이하지 못할 바 없기에 기초자의 先見에 탄복할 뿐이다.

이러한 법률규정들은 법과 법학의 문화적 발전이라는 점에서 일본민법학과 실무를 기초로 구축된 당시의 한국 법해석학에서도 독자적인 진화가 얼마든지 가능하다는 걸 증명한다. 이러한 차원에서 일본과 다르고 나아가 서구 민법과도 다른 제도·룰이 생성되는 것이 오히려 자연스러운 법발전이라 하겠다. 아울러 그 결과로 일본법과는 다른 제도·룰이 지배적이 된 민법의 부분이 있다면, 이것은 이제 한국 고유의 것으로서 자리매김될 수 있기에 큰 의미가 있다.

㈐ "보다 더 독일민법적"이라는 수식으로 커버될 수 없는 조문들 양창수의 지적과 같이 필자는 "우리 민법전의 성격에 대한 일반적인 결론은 독일민법전의 영향이 많다."라고 했고, 그것은 "일본민법학의 영향 때문이며, 우리 민법전이 또 일본민법보다 더 많이 독일민법적이라고 하는 한일 양국의 민법전의 차이는 실은 일본의 학설이 일본민법전을 독일민법식으로 해석한 것을 우리 민법이 수용한 것에서 연유하고, 따라서 韓日 양국의 民法典은 外面的인 類似性에다가 內面的 關聯性까지 지니고 있다."라고 했다. 이에 대하여 양창수는 "우리 민법이 일본민법과 다르게 정하고 있는 여러 규정들이 '보다 더 독일민법적'이라는 수식으로 커버될 수 있을지 의문"이라면서 "가령 物權變動의 形式主義는 獨法主義라고 하지만, 우리 민법의 태도는 독일민법과는 다르며 또 이는 김병로 선생의 國會發言에서도 분명"하다고 하면서 "제186조 및 제187조를 함께 본다면, 스위스민법전과 더 유사"하다고 한다. 양창수는 같은 곳에서 契約締結上의 過失(제535조)은 독일민법과 달리 原始的 不能의 경우에만 제한인 정함을 지적한다.

먼저 원시적 불능의 경우 계약체결상의 과실을 정한 제535조는 김병로 원안에 들어 있지 않았고, 민법안의견서의 제안(현승종)이 현석호 수정안으로 제출되어 통과한 예임을 알아야 한다. 내용적으로는 만주국민법 제522조의 본문과 단서에 대응한다.

양창수는 "독일민법전과 스위스민법전을 모두 독일민법적이라고 할 수 있겠"는가 묻고,[122] 필자가 예로 든 "非營利法人 등은 양자에 모두 있고, 실제 입법과정에서도 양자가 모

---

121) 履行拒絶에 관한 논의라면 우선 다음 두 논문을 뺄 수 없을 것이다. 梁彰洙, "獨自的인 債務不履行類型으로서의 履行拒絶, 民法學論叢/第二: 郭潤直 博士 古稀紀念論文集(1995), 162 이하; 성승현, "이행기 전의 이행거절과 민법 제544조 단서", 법조 통권 571호(2004년 4월), 127 이하.

122) 독일민법, 오스트리아일반민법과 스위스민법·채무법은 독일민법계로 분류되는 법률이다(Wieacker, F., Privatrechtsgeschichte der Neuzeit(2. Aufl.)(Vandenhoeck & Ruprecht, 1967, S. 491 ff.; 조규창, 비교법 [상](소

두 참조된 것"이라 한다. 물론이다. 사실 스위스민법이 일본민법학에 준 영향은 의외로 큰 것 같다. 일본 민법기초자의 한 사람인 우메 켄지로는 스위스채무법이 독일민법초안 이전까지는 가장 우수한 법전이라 평가하였다.[123] 그러나 스위스민법전이 일본에 번역[124]되고 일본민법학에 영향을 미치던 것이 시기적으로 독일법이론의 학설계수기와 맞물려서인지 스위스민법의 영향에 대해서는, 키타가와(北川)나 호시노(星野)의 연구[125]에서도 언급되지 않았다. 아무래도 이상하여 필자는 1985년 단계에서 "日本 民法學史에서 空白인 채로 남아있는 것 같은 느낌"[126]이라고 밝힌 바 있고, 최근 들어 그 면모가 상당 부분 드러나고 있다.[127]

㈥ 개별규정의 선행적 실증 연구　　양창수는 "민법전의 역사적·비교법적 위치를 규명하기 위해서는 그에 앞서 개별규정의 연혁에 대한 구체적이고 실증적인 연구가 필요하다." 라고 한다. 이 또한 전적으로 공감하며 뼈아픈 지적으로 늘 마음속에 살아 있다. 그가 비판한 필자의 저작은 말하자면, 총론적인 것으로, 마땅히 '개별 규정의 연혁에 대한 구체적이고 실증적인 연구'가 뒤따랐어야 했었지만, 그러지 못한 채 정년을 넘기고도 여러 해가 지나 버렸다. 타고난 '태만과 무능'의 탓으로 돌리기에는 너무도 옳고 절실한 지적이라 자괴스럽기 그지없다.[128] 2020년 민법시행 60주년 기념대회 기조강연에서 질책을 받은 덕택에 이렇게라도 답변할 수 있게 되어 그나마 다행스럽다. 다만, 민법전은 개별규정의 총체이기 때문에 전체에 대한 개관이 없는 상태에서 개별규정의 연혁을 추급하는 것은 어찌보면 대단히 위험한 방법이 아닐까 하는 변명으로 방어에 갈음한다.

2. 민법전과 민법학의 전개

(1) 민법전의 개정

㈎ 한　　국

1) 재 산 편　　민법전의 비중과 민법전이 감당해야 할 사회생활과 경제생활의 변화를 보자면 총칙, 물권에 관한 개정은 미미했고, 채권편의 규정은 아예 시행 당시 그대로이다. 집합건물법, 가등기담보법, 부동산실권리자명의 등기법, 주택임대차보호법, 약관보호법 등

화, 2005), 150 이하, 특히 157 이하 참조). 눈에 거슬리지 않는 약간의 제도 차이를 들어 이들을 세분하여 별개의 집단으로 나누는 것이 얼마나 타당성이 있을까 싶기도 하다.

123) 佐野智也, 民法起草時における参照外国法令の分析, 名古屋大學法政論集 257권(2014), 89-108에서 분석. 사노(佐野)는 데이터 분석을 통한 입법자료연구의 전문가로 알려져 있다.

124) 辰巳重範訳·穂積重遠閲, 瑞西民法, 法学新報社, 1911.

125) 星野栄一, 日本民法学史(1)-(4), 法学教室 No.8(1981. 5)-No.11(1981. 8).

126) 鄭鍾休(주 105), 287 주21.

127) 小沢 奈々, 大正期日本法学とスイス法, 慶應義塾大学出版会, 2015.

128) 또 다른 변명을 덧붙일 수 있다면 1990년 독일로 간 이래 가톨릭교회의 광대무변한 세계에 발을 깊이 딛게 되었기 때문이기도 하다. 이에 관한 변변찮은 설명을 시도한 적도 있다. 예컨대, "김태완의 인간탐험 '교황과 나의 30년 이야기'", 月刊朝鮮 2020년 8월호, 292 이하.

의 특별법으로 긴급한 필요에 대응하는 정도였다.

2) 가 족 편　　친족/상속편은 1962년, 1977년, 1990년, 2005, 2007년 5차례에 걸쳐, 특히 1990년과 2005년의 개정으로 엄청난 변화를 겪었다. 현재의 가족법 규정을 보고 제정 당시의 가족법을 상상할 수 없을 만큼 내용과 규모 면에서 변화가 컸다. 애당초 실효성이 없었고 전통과도 무관한 戶主相續은 임의적인 "戶主承繼制"라는 형해화(1990년)를 거쳐 2005년에야 완전히 폐지되었다. 가족의 범위, 혼인, 부부, 이혼, 양자, 부양, 상속(종류, 범위, 상속분, 유류분) 면에서 완전히 바뀌었다. 兩性平等 이데올로기의 철저한 관철, 사회 기초단위로서의 家族의 解體, 家族法의 財産法化가 현저해졌고, 夫婦平等 思想이라기보다는 夫婦不信의 理念이 조문에 반영된 것 같았다.

3) 2004년 민법개정안　　1999년 3월 "민법개정특별분과위원회"가 구성되어 5년간의 노력 끝에 2004년 정부의 改正案(이하 "2004년 민법 개정안"으로 줄임)이 확정되어 국회에 제출되었다. 재산편에 관한 최초의 본격적인 개정안으로 총 141개 조문의 개정, 폐지 또는 신설이 예정되었다. '改正' 수준이 아니라 '制定' 수준이라는 자평[129]도 있었다. 2004년 정부안으로 확정되기까지 수많은 공청회, 학회 토론 등이 있었고, 그 성과는 정부의 최종 개정안에 반영되기도 했다. 아울러 민법전 자체의 현대어화 작업도 진행되었다. 그러나 처음의 기대는 어느 틈엔가 오리무중의 지리멸렬이라는 실망으로 바뀌었다. 민법개정위원회의 인적 구성에 대한 막연한 불신이랄까 반감이 학계에 확산되어, 수많은 장점을 가진 개정 시안을 둘러싼 분열 상태가 야기되었다.[130] 법무부의 '개정안'은 한국 민법전을 안정된 현대형 민법전이라기보다는 오히려 '끝없는 공사판'으로 바꾸고 말 것이라는 우려를 낳았다. 오늘날 입법의 질적 수준으로 보아, 마지막 개정은 대개의 경우에 그 직전의 개정 때문에 행해지기 때문이다.[131] 현상 유지로 만족하고자 했던 자세에 완벽주의와 점묘주의가 가세했다. 이렇게 되면 민법전에 대한 끝없는 손질이 불가피해진다.

'5년 노력 개정안'은 국회에 제출된 후, 조금도 심의되지 않은 채 17대 국회는 회기가 종료되었다. 한국 민법전 50년 사상 최초의 대규모 재산편 개정안은 이렇게 하여 자동 폐기되고 말았다.

4) 2009년 민법개정위원회　　2008년 6월 한국민사법학회 하계 학술대회는 "民法改正 — 무엇을 어떻게 하여야 하나?"라는 주제에 관한 열렬한 토론의 장이 되었다.[132] "2009

129) 법무부, 민법(총칙편)개정공청회(자료집)(2001), 4.

130) 개정안에 대한 반대의 목소리가 집약된 것으로 民法改正案研究會, 民法改正案意見書, 삼지원, 2002가 있다.

131) Einleitung zum BGB (Helmut Coing/Heinrich Honsell), Eckpfeiler des Zivilrechts, Staudinger (2005), S. 17.

132) '민사법학' 제42호(2008. 9) 수록 제논고 참조. 특히, 日本民法(債権法)改正検討委員会事務局長内田貴의 講演 "日本民法典(債権法)改正의 論点"(민사법학 제42호 수록)은 커다란 관심을 불러일으켰다.

년 법무부 민법개정위원회"의 주도로 법전의 실질적 현대화가 시도되었다. 2009년부터 4-5년에 걸쳐 추진될 예정이었다. 민법전은 물론이고 실질적 의의의 민법에 들어가는 각종 법률까지 개정 대상이었다. "단계적 개정을 통한 전체 개정"을 목표로, 민사법학계 전원이 참여하다시피 열성을 다한 개정 작업[133]이었으나 '成年後見法' 등 극히 부분적인 개정을 제외하고는 2004년 개정안과 똑같은 이유로 2016년 폐안되고 말았다.

(나) 일본에서의 채권법 개정

1) 채권법 개정 이전 일본 민법전은 2차대전 후의 가족법 대개정 외에는 근저당권(1971), 성년후견(1999), 담보물권/민사집행(2003), 그리고 법인법(2006)의 신설/개정을 겪었다. 또한, 2004년에는 재산편 조문의 '現代語化'가 이루어졌고, 이때 보증제도의 개정을 보았다.

2) 채권법 개정 그 후 2017년에는 재산편을 중심으로 채권관계에 관한 규정(민법총칙, 채권총칙, 계약에 관한 규정)이 대폭 개정되어 '債權法의 現代化'가 이루어졌고 2020년 4월부터 시행 중이다.[134]

3) 채권법 개정 이후 2018년에는 상속법제에 관한 전체적인 개정이 이루어졌고, 이제 부동산 등기, 소유권, 담보법에 관한 규정의 개정에 들어갔다.

(2) 민법학의 발달

(가) 한 국 韓國 民法學에서 日本 法學은 늘 愛憎이 교차하는 '敬遠과 克服의 對象'이었다. 韓國民法典이 日本 民法典에 비해 독일민법 쪽으로 훨씬 더 기울어져 있다는 사실은 韓國의 法學者들로 하여금 자연스럽게 눈을 독일 법학에 돌리게 했다. 70년대 말까지는 여전히 일본 민법학에 대한 의존도가 높으면서도, 民法 공부에서는 "조문을 잘 읽을 것"이 강조되었다. 이제 학자들은 韓國 民法典에 고유한 제도(전세권론), 한국 민법전에는 있고 日本 民法典에는 없는 독일식 제도 규정(法人論, 착오론, 물권변동론, 공동소유론, 하자담보론, 불법행위론 등)의 강조에 신명이 났다. 立法과 解釋을 위해, 문제의 發見과 解決을 위해 독일법이 연구되었다. 하지만 초기에는 독일법 연구라 해도 그 실질은 이미 日本학자에 의해 연구 발표된 독일법 관련 저작을 바탕으로 한 경우가 비일비재했다. 독일 유학을 하여 독일어로 쓰

133) 일본에도 소개되었다. 徐熙錫, 韓国における民法改正作業の最新動向−2009年民法改正委員会案(債権法分野)を中心に−(上)(中)(下), NBL1016~1018호(2014년) 등.

134) 일본의 개정민법을 개략적으로 소개하는 국내 문헌만으로도 양창수, "[자료] 최근의 일본민법 개정: 계약법 및 소멸시효법", 민법연구, 제10권, 박영사(2019), 489 이하; 서희석, "일본 민법(채권법) 주요 개정사항 개관 —민법총칙을 중심으로—", 비교사법 제24권 3호(2017. 8), 1069 이하; 정태윤, "일본 개정민법(채권관계) 중 주요 부분에 관한 개관", 민사법학 제82호(2018), 255 이하를 참조. 아울러 개정조문의 전문을 번역한 것으로, 서희석, "일본 민법(채권법) 개정조문 試譯", 민사법학 제79호(2017. 6), 123 이하 등 수없이 많이 있다. 일본 민법 개정작업 참여자들에 의한 대표적인 저작이라면 다음과 같다. 内田貴, 民法改正のはなし, 民事法務協会, 2020; 潮見佳男, 民法(債権関係)改正法の概要, 金融財政事情研究会, 2017; 山本敬三, 民法の基礎から学ぶ民法改正, 岩波書店, 2017.

인 학위논문이라고 해도 예외가 아니었다. 그래서 日本 논문에 실린 독일법에 관한 誤譯/誤謬는 그대로 韓國 學者가 독일어로 쓴 學位論文에 그대로 이어지는 경우도 있었다는 말을 듣는다.

그러나 점차 독일 문헌을 읽는 데 자신이 붙고, 일어로 된 문헌을 참조하지 않을 수 있게 되면서, 나아가 日本 文獻의 誤謬까지 추려내는 정도로 힘이 붙은 독일법 연구가 이루어지기 시작했다. 2000년대 이후에는 독일 말고도 프랑스, 미국, 일본 등 국가로의 유학국 다변화도 두드러졌다. 프랑스 채권법 개정안 연구(프랑스법연구회)라든가 1890년대의 메이지 민법 입법자료 연구(메이지민법연구회)같은 것은 제3자적/비판적 견지에서 외국법의 학설판례를 바라보고 가려서 받아들일 수 있는 연구 풍토의 조성을 뜻한다. (그럼에도 독일법연구의 대부분은 현재도 "繼受型 硏究"인 것으로 보인다.) 물론 우리 민법전의 조문이 의용민법과는 명백히 다름에도 불구하고 의용민법시기의 해석론이 현재까지 영향을 미치는 경우[135]도 없지 않다.

(나) 일 본 日本 民法學에서는 오랫동안 比較法의 산물인 民法典과 學說繼受 후의 독일 쪽에 기운 民法學의 긴장관계가 유지되었다. 적어도 1970년대까지는 日本 民法學의 가장 가까운 민법학이라면 "독일民法學"이라고 이야기되었던 것으로 보인다. 저명한 民法學者들은 이른바 독일법에 관한 "繼受型 硏究"에 열심이었다. 1960년대 들어 日本 民法學에 대한 반성을 촉구하는 목소리가 民法典의 조문 연혁 연구의 강조로 나타났다.[136] "民法典으로, 조문으로 돌아가자!"라는 것이었다. 이를 기점으로 프랑스법에 유래하는 규정/제도에 가해진 독일류의 해석이론을 배제하고, 본래의 제도 취지를 재발견하자는 식의 연구가 잇따랐다.[137] 그러는 가운데 조문/제도의 연원에 해당하는 영미법 연구도 쏟아지고, 독일법 연구에서도 이른바 "比較型 硏究"가 등장하였다. 미국 법학의 조류에 영향을 받은 연구도 나타났다. 日本 法學에서 독일 法理論의 영향은 과거의 특권적 지위를 잃은 지 오래인 것으로 보인다.[138] 일본 민법학으로부터도 한일민법의 비교연구 필요성 제기된다.[139] 일본의 민법학의 활력은 캄보디아 민법의 제정(2007)[140]과 베트남 민법의 개정(2005)[141]에서도 드러났다.

---

135) 강태성, "일본민법학의 계수가 부당한 경우 및 그 시정방안", 재산법연구 제23권 제2호(2006), 1 이하.

136) 예, 星野, 앞에 든 「日本民法典に与えたフランス民法の影響」을 출발점으로 물권변동론, 권리능력없는 사단론, 시효의 존재이유 등의 연구에서 프랑스법적인 사고가 두드러졌다.

137) 예컨대, 池田真朗, 債権譲渡の研究, 弘文堂, 1993; 大村敦志, 公序良俗と契約正義, 有斐閣, 1995; 森田修, 強制履行の法学的構造, 東京大学出版会, 1995 등.

138) 大村敦志, 民法総論, 岩波書店, 2001, 102.

139) 오오무라 아츠시(저)=권철(번역), "日本에서 본 韓國民法學: 日韓比較民法研究序說·再論", 민사법학 36호(2007. 1), 53 이하. 다른 논고와 함께 후에 일본에서 출판되었다. 大村敦志·權澈, 日韓比較民法序説, 有斐閣, 2010.

140) 松本恒雄, カンボジア民法典の制定とその特色, ジュリスト1406호(2010. 9), 79 이하.

141) 角紀代恵, ベトナム2005年民法, ジュリスト1406호(2010. 9), 87 이하.

(다) 한일 민법학 쌍방교류의 개시와 전망　　1980년대 중반 約款規制法이 日本에 앞서 제정될 무렵부터 韓國人에 의한 독일법 연구는 日本에서의 연구를 그다지 의식하지 않는 모습을 띠기 시작한 것으로 보인다. 특히 2004년의 民法개정안은 비록 廢案되고 말았으나 日本 民法學界에 적지 않은 관심[142]을 불러일으켰고, 그 가운데 "保證契約" 관련 개정안은 2004년 이루어진 日本民法 현대화 과정에 직접 영향을 미친 것으로 보아 무방할 것이다. 게다가 일본의 "資金移動에 관한 법률"은 한국의 電子金融去來法의 자금 이체에 관한 부분을 일본의 실정에 맞게 입법화한 것[143]이고, "電子記錄債權法"도 우리의 전자외상매출채권제도와 전자어음법을 참조하여 전자채권도 전자어음도 아닌 제3의 유형으로서 "전자기록채권"을 입법화한 것인데 그 바탕에는 우리의 전자금융거래법(전자채권제도)과 전자어음법의 밀접한 영향[144]이 있다. 쌍방 교류 내지 쌍방 통행의 適例라 하겠다. 韓國 民法學은 어느덧 학설계수기의 日本 학자들의 독일법 이해 자체의 문제점을 지적[145]하는 수준으로 발전하여, 學說繼受期의 實狀 硏究가 韓日 兩國 民法學의 중요한 協力課題로도 부상하고 있다.

2017년 종료된 일본의 채권법 개정작업은 그 출발단계에서부터 한국 학계의 비상한 관심을 끌어 수많은 개별연구가 발표되고, 각종 세미나와 공동학술대회 등이 열렸다. 학계 간, 학자 간, 학회 간의 크고 작은 학술 교류 활동은 한일 관계가 정치적으로 경색된 가운데서도, 일일이 열거할 수 없을 정도로 일상화되었다.[146] 최근 코비드 19로 왕래가 거의 불가능해진 상태에서도 화상회의 방식의 버추얼 참여로 한일 간의 학술교류는 그치지 않고 있다. 이렇게 하여 한국에서의 일본법 연구는 "일본민법의 克服"(양창수)에서 "일본민법과의 交流와 共存"(서희석) 단계로 진입하려는 것이다.

(3) '판례계수'

(가) 일본 판례의 영향　　우리나라 판례 법리의 형성에도 종래 일본 판례의 영향이 심각했다. "해방된 지 반세기가 지난 오늘날에 이르기까지 교과서나 논문과 판례에서 일본의 그것을 그대로 복사하듯 번역"[147]한다든가, 90년대 초반 "일본과 법제가 다른 부분에까지 일본 판례의 태도를 답습하는 폐해가 아직도 많은 '것이' 현실"[148]이라는 탄식도 있다. 의용민법 시

142) 梁彰洙, 最近の韓国民法典改正作業, 民商法雑誌第 127권4=5합병호(2003), 643 이하; 梁彰洙·權澈, 韓国の2004年民法改正案—その後の経過と評価, ジュリスト1362호(2008. 9. 1), 84 이하; 鄭鍾休, 韓国民法の現代化(1)(2完), 民商法雑誌第 126권 제2호(2002), 155 이하·제3호(2002), 279 이하 등.

143) 서희석, "한국민법에 대한 일본민법의 영향과 향후의 관계", 민사법학 제52호(2010. 12), 149 각주 198.

144) 서희석(주 143), 149 각주 198.

145) 예컨대, 성승현, "적극적 계약침해론의 학설계수와 그 현대적 의의", 法學論叢(전남대학교) 제34집 제3호(2014. 12), 1 이하,

146) 자세히는 권철, "동아시아 비교민법학의 현황과 과제 —'법 계수'에서 '법 비교'로—", 저스티스 158-2호(2017. 2. 한국법률가대회 특집호 I), 288-320 참조.

147) 윤철홍, "私法上의 日帝殘滓淸算", 법사학연구 제16호(1995), 11.

148) 정옥태, "민법학의 현황진단과 그 처방", 고시연구 92년 4월호, 33.

대부터 시작된 일본 판례의 참조[149]는 현재에 이르기까지 광범위하다는 점에서 法典繼受 또는 學說繼受에 빗대어 "判例繼受"[150]라고 부르는 입장에 공감한다. 우리 민법 및 민사특별법상의 판례가 일본 판례의 강력하고 광범위한 영향을 받은 것은 "(독일법화된) 일본민법의 영향 때문이지 (일본법화된) 독일 민법의 영향 때문은 아닐 것이다."[151]

(나) 의용민법시대의 일본 판례의 영향[152] 예컨대, 채권자대위권의 전용(등기청구권)과 같이 의용민법시대의 일본 판례가 현행 민법하의 우리 판례에 영향을 미친 것으로 보이는 경우가 있는가 하면, 의용민법시대의 일본 판례가 일본에서는 변경되었는데 우리 판례에서는 그대로 영향을 미치는 것으로 보이는 경우도 지적된다. 특정물채권 보전을 위한 채권자취소권, 상속으로 인한 점유의 승계 등이 그러한 예로 거론된다.

(다) 민법 시행 이후의 일본 판례[153] 제3자에 의한 변제에서 '이해관계 없는 제3자'의 의미, 사칭대리인 채권의 준점유자성, 장래채권의 양도, 신뢰관계 파괴에 따른 계약해지 등 일일이 열거하기가 쉽지 않을 정도이다. 이외에도 민사특별법의 해석[154]이나 새로운 거래유형에 따른 법률문제의 해석[155]에서도 일본 판례 법리의 영향은 무시할 수 없음을 인정해야 할 것이다. 현실이 그렇다면 우리는 이제 "比較判例硏究"[156]를 한일간의 비교법의 주제로 추가해야 하지 않겠는가?

Ⅳ. 민법의 가까운 미래

1. 민법전의 전면 개정

(1) 민법전의 현대화

(가) 총칙의 존폐 민법전이 대상으로 삼는 지반의 변화, 즉 사실과 가치면의 세계화, 국제화, 해체와 통일은 민법전에 반영되어야 한다. 그럼 어떻게 할 것인가? 체계와 내용의 문제가 있다.

민법전의 현대화를 논할 때면 판덱텐 체계의 운명도 거론된다. 즉 총칙을 유지할 것인가, 해체할 것인가의 문제이다. "總則篇이라는 것은 불가피한 惡인가, 법학의 月桂冠인가, 의문

149) 윤태영, "일본 대정시대판결이 우리 민법학에 미친 영향에 대한 비판적 검토", 법사학연구 제40호(2009), 223 이하에 자세하다.
150) 서희석(주 143), 131.
151) 서희석(주 143), 124.
152) 서희석(주 143), 132-136.
153) 서희석(주 143), 136-139.
154) 서희석(주 143), 139-142.
155) 서희석(주 143), 142-147.
156) 서희석(주 143), 150.

스럽다"[157]는 지적이 나온 지 벌써 100년이 된다. 예컨대, 행위무능력자 부분은 친족편으로, 법인규정은 단체법으로 통합하며, 권리의 객체 부분은 물권법으로, 법률행위 규정과 소멸시효 규정은 계약법으로 각기 보내고, 10개조 이내의 가장 기본적인 원칙 규정만 민법총칙에 두자는 주장을 어떻게 감당할 것인가? 판덱텐 체계의 장점을 잘 살리기 위해서도 판덱텐 체계의 功罪를 분석하는 작업도 필요할 것이다. 하지만 우리는 민법전을 새로 制定하는 것이 아니라 민법전을 全面 改正하려는 것이다. 따라서 총칙으로 대표되는 판덱텐 체계는 그대로 유지하는 가운데 개정을 논해야 할 것이다. 아울러 동시다발로 민법전 전체를 단번에 개정하기 보다는 분야별로 단계적으로 개정해 가는 것이 실효적일 것이다.[158]

(나) 민법전의 실질적 현대화

1) 민법전 내부 사정의 변화 　20세기 후반 이후 민법으로 규율되는 기존영역의 변화가 현저하다. 예컨대, '법인격 없는 사단/재단'은 법 생활의 주체가 되는 데 큰 문제가 없다. 단 1개 조문만 있는 根抵當은 수십 개 조문이 있는 抵當權보다 이용 빈도가 월등히 높다. 목적부동산의 이용과 수익에는 개입할 수 없었던 것으로 여겨졌던 抵當權인데, 부동산의 수익과 사용에 저당권자의 관여가 중요한 문제가 되는 추세다. 金錢債務와 特定物引渡 債務가 발생하는 일회적 단발적 채무/주는 채무가 중심으로 설정된 채권법 영역에 種類債務, 繼續的 債務 등과 같은 債務의 등장이 두드러지고, 금전채무는 주로 電子的 方法으로 발생하고 履行된다. 서면에 의하지 않았다는 이유로 일방적으로 취소하기에는 贈與의 모습이 너무 다양하다. 같은 매매라도 선풍기 매매와 전투기 매매가 같은 수 없다. 이제 일상이 되어버린 온라인 방식의 賣買(통신판매 내지 전자상거래)에서는 동시이행관계가 유지되는 경우는 오히려 예외적이 되었고, 개인간 중고물품의 매매가 증가하는 현상도 나타나고 있다. 전세보증금에 관한 규정은 민법전 어디에도 없다. 일의 완성에 대하여 "報酬의 支給"을 약속하는 都給契約은 한편으로 賣買에 가까워지고, 한편으로는 委任에 가까워진다. 約款에 의한 계약이 당사자 합의에 의한 개별약정에 의한 계약보다 훨씬 많고, 계약 주체 간의 호환 가능성이 전무하다시피 한 消費者契約이 계약 거래의 중심을 이룬다. 당사자 입장의 호환 가능성이 없기는 現代型 不法行爲에서도 마찬가지이다. 인터넷 정보사회의 발달로 누구나 단숨에 국제거래의 주역이 될 수 있다. 민법전에는 판례에서 전혀 인용되지 않은 조문도 수두룩하다. 이러한 사실관계의 변화 또는 불변화 리스트는 얼마든지 계속될 수 있다.

2) 새로운 영역의 등장 　현대 민법에서는 근대 민법에 없는 새로운 영역의 등장

157) Theodor Sternberg, Einführung in die Rechtswissenschaft: Das Rechtssystem. II (Walter de Grunter, 1922), S. 48.

158) 그런 점에서 민법전 전면 개정을 '채권법'부터 시작한 일본 방식은 참고할 바가 있을 것이다. 이 방식에 대한 필자의 짧은 소감을 밝힌 적이 있다. 정종휴, '지정토론문' 제10회 한국법률가대회 심포지엄 '동아시아 법의 현황과 미래 — 조화와 통일의 관점에서', 저스티스 통권 제158-2호(2017), 138-140.

이 두드러진다. 다음은 몇 가지 현저한 예들이다.

첫째, 人格權의 눈부신 전개이다. 성명권, 명예권, 초상권 등의 종래의 인격권에 프라이버시권, 인격권의 경제적 사용에 대한 퍼블리시티권과 같은 법률적으로 성질이 다른 새로운 권리도 포함되는 추세다. 영미법에서 전개된 人格權法理는 대륙법계의 민법에 중요한 법률문제로 급부상했다. 2004년 민법토의용개정안 제1조의 2의 제2항 "인간의 인격권은 보호된다"에 대한 학계의 전체적 반응이 극히 냉담했음과는 달리 필자는 이를 높이 평가하여 일본에도 소개[159]한 적이 있다. 그 부분을 참고로 인용하고자 한다.

> 人格權은 생명, 신체, 자유, 명예, 프라이버시와 같은, 인격과 끊을 수 없는 "사람의 사람인 특질을 내용으로 하는 私權"이다. 인격권은 프랑스혁명기의 제대로 여과되지 않은 '人權' 개념보다 훨씬 高貴한 概念이다. 인격권이야말로 '민법＝재산법과 가족법의 총화'라는 근대민법의 二分法的 發想의 限界를 넘어, '民法-社會生活의 基本法'임을 나타내는 키워드이다. 그것은 공공의 복지, 신의성실의 원릭, 권리남용의 금지의 원칙과 함께 민법전의 冒頭에 강조되어야 할 권리라기 보다는 오히려 이들 제원칙의 상위개념, 말하자면 모든 일반조항과 개별조항의 입법 및 해석의 指導原理이며, 온갖 원리와 원칙, 다양한 이익과 가치, 원칙과 예외, 권리와 의무나 책임이 솟아나는 根源價値라 하지 않으면 안된다. 인격권이 민법전의 머리에 자리잡음으로써 민법은 '인간의 本能에 봉사하는 민법'에서 '인간의 本性', 특히 '인간의 社會的 本性에 봉사하는 민법'으로 자리매겨지게 된다. 인격권은 참으로 '각자에게 그의 것'(Suum cuique)를 주기 위한 민법 질서의 理念的 表現이다. 그러나 설령 헌법이 이를 명하지 않는다 하더라도, 또는 이를 명하는 헌법의 기능이 정지되는 사태가 발생한다 하더라도, 사회생활의 기본법으로서의 기능을 할 수밖에 없는 민법 그 內在的 原理의 最高峰을 宣言하는 의미는 극히 크다고 하지 않을 수 없다. 따라서 私見으로는 특히 人格權을 선언하는 (한국의 민법개정) 試案은 참으로 '21세기 私法의 마그나 카르타 條項'이다.

아직은 민법 전체의 규정원리로 자리 잡지는 못한 人格이야말로 "人間의 尊嚴"의 또 다른 표현이며 민법의 온갖 根本原理의 發源點이라는 인식의 확산은 더디다.[160]

---

159) 鄭鍾休, 韓国民法の現代化(1), 民商法雑誌第 126巻 第2号(2002), 164.

160) 정의채, 몬시뇰『모든 것이 은혜였습니다』(차동엽과의 대담집), 미래사목연구소, 2010, 177－179. '인격'의 이해를 둘러싸고 제헌헌법 기초로 유명한 玄民 俞鎭五에 관한 다음과 같은 일화가 있다. 60년대 중반 눈이 많이 내리는 겨울날 유진오는 정의채를 찾아 대화를 나눈다. 지나온 일 중 가장 보람있는 일이 뭐냐는 물음에 '민주헌법을 만든 일이었다'고 했다. 정의채는 묻는다. "그 憲法의 核이 무엇입니까?" "社會正義입니다." 다시 묻고 답한다. "正義가 무엇입니까?" "주고 받는 관계가 억울함 없이 公正하게 이루어지는 것입니다." 문답은 이어진다. "공정한 관계라면 (중략) 잘 훈련된 개를 주인이 죽이는 것과 주기만 하는 간난아이를 죽이는 것이 분명 다른 차원일 텐데 이런 것을 정제되지 않은 正義라는 개념으로 어떻게 설명할 수 있습니까?" "정의는 사람들 사이에서의 주고받는 관계에서만 해당합니다." 다시 묻는다. "왜 인간의 주고받는 관계에는 정의가 성립합니까?" "인간은 人格體이기 때문입니다." 정의채는 물었다. "人格은 무엇입니까" 몇 줄 그대로 인용한다. "그

둘째, 인격 개념의 발달과 관계가 깊은 것으로 '無形財의 全面化'를 들 수 있다. '비재산적 손해', '하는 채무'의 발달과 '不作爲 給付의 多樣化'는 '주는 채무' 중심의 법리 구조로는 수렴할 수 없는 현상을 양산하고 있다.

셋째는, 情報이다. 종래 '물건' 베이스로 행해지던 거래는 '정보' 베이스로 바뀌는 추세다. 인터넷 정보사회에서 하루도 인터넷 없이는 생활할 수 없으나 사회생활의 기본법인 민법에는 정보에 대한 법리가 형성되어 있지 않다. 정보, 정보재, 정보거래에 대한 법규범이 결여한 상태다. "情報法"이 별도로 발달하여 "민법"에서 분리한다고 하여 정보법이 "민법"이 아니란 말은 아니다.

넷째, 출판계약, 리스, 플랜차이즈, 재학계약, 의료계약, 신용카드계약, 중개계약, 복합계약, 등 非典型 契約이 발달한 가운데, 종신정기금계약 같은 典型契約은 전혀 이용되지 않는다.

다섯째, 과학기술의 발달에 따른 민법 영역의 확장이다. 예컨대, 장기이식, 뇌사, 인공생식, 재생의학 등은 自然人의 生과 死, 人體由來物, 인체의 部位別 去來 등 심각한 민법 문제를 야기한 지 오래이나, 민법학은 거의 손을 쓰지 못하고 있는 것으로 보인다.

(2) 이른바 '알기 쉬운 민법전'의 함정

이른바 '알기 쉬운 법전' 운동의 일환으로 민법전 자체가 '언어적으로만' 현대화되고 있다. 이 '민법전의 현대어화'는 국민이 갈수록 쓰기 언어생활에서 멀리하는 漢字의 추방으로 이어질 수 있다. 그러나 한국의 법률용어의 70-80%는 한자어다. 알기 힘든 법률용어와 법 문장을 오늘날 쓰이는 알기 쉬운 표현으로 바꾸는 것은 법의 생활화를 촉진하는 중요한 정책적 과제라 할 수 있다. 문제는 '알기 쉽다'는 의미가 무엇이냐 하는 것이다. 현대어화의 대부분은 漢字로 된 法律用語를 많은 경우에 한글로, 단순히 표기만을 바꾸는 것이다. 그로 인한 소득도 적지 않겠다. 하지만 '읽기 쉬운(easy to read) 법전'과 '알기 쉬운(easy to understand) 법전'은 별개다. 漢字를 이해하는 사람에게는 한글 표기가 實用的이지만, 漢字를 모르는 사람에게는 한글 표기가 경우에 따라서는 暗號가 될 수 있지 않을까? 이른바 '알기 쉬운 민법' 정책이 자칫 愚民化 政策으로 이어질 수 있음을 우려할 따름이다.[161)]

분(유진오)은 당황하며 말했습니다. 그분은 인격이 무엇인지, 왜 인간은 다른 사물과 전혀 다른 고차원적 가치세계에 있는지는 단적으로 말해 모른다고 하며 그런 질문이 학생들에게서 나올 것 같으면 화제를 돌려 다른 문제로 옮아간다는 아주 솔직한 면을 보였습니다." "그는 서구의 육법전서를 우리말로 번역했는데 그때 아주 어려웠던 단어가 바로 '인격'이라는 낱말이었다고 했습니다. 서구의 법전에서는 행위의 주체가 인격, 즉 persona로 되어 있으면 어떤 상별의 개념이 뚜렷한 데 우리네 언어에는 그런 주체의 개념이 거의 계발되어 있지 않아 어려움과 모호함이 있다는 것이었습니다. 그러면서 가톨릭 철학에서는 이 개념을 어떻게 풀이하느냐고 처음으로 묻는 것이었습니다." 유진오는 마침내 '인격'을 처음으로 이해하고 근본적인 심경의 변화를 경험한다.

161) 예컨대, '取消'는 원래 일본 민법에서 뜻으로 읽기 위해 만들어진 법률용어이다. 우리 민법에 그대로 들어온 표현이다. 일본에서는 음으로 읽으면 아무도 알아듣지 못하는 '취소'를 우리는 '취소'라고 소리나는 대로 음으로 읽고 써오고 있다. 한자를 아는 사람들에게 "取消"를 "취소"라 쓰면 편리한 표기가 되지만, 한자를 모르는 이에게 "취소"라 쓰면 읽기는 쉬워도 이해하기는 어려운 것 아닐까? 즉 읽기 쉬울 뿐 알기 쉬운 것은 아니라는

2. 민법의 참된 발전을 향하여

(1) 발전이란 무엇인가?

21세기 民法을 생각할 때 풀어야 할 과제는 조문, 제도, 편별, 체계, 일반법, 특별법, 임의규정, 강행규정, 일반조항, 개별조항, 세계화, 통일성, 다양성, 원칙, 예외, 民法의 성격, 등 民法學에서 생각할 수 있는 모든 항목에 걸친다. "발전"이 단순한 변화 내지 추이만을 말하는 것이 아니라면, 무언가 理想的인 目標를 향하여야 할 것이다. 법에서의 궁극적이고 이상적인 理念이라면 역시 '正義'일 것이요, 정의의 추구와 실현을 통한 "인간 전체의 발전",[162] 즉 한 인간 전체와 공동체 전체의 발전에의 기여일 때 "법의 발전"이라 할 수 있을 것이다. 그러한 의미에서 크고 작은 근거리, 중거리, 장거리 선택을 요구받는 21세기 民法이라는 것도 결국은 정의를 통한 "진정한 발전"을 떠나서는 있을 수 없는 것이 아닐까?

(2) 민법학의 두 속성

갈수록 세분되고 정밀화되는 학문의 성격상, 특히 그 자체의 볼륨이 다른 어느 법학 분야보다 크고 넓고 깊고 오래된 民法學의 성격상, "民法"의 틀을 떠나는 것은 民法學에서 다루지 않는 경향이 있는 것 같다. 하지만 기존의 제도 규정으로 만족할 수 없을 때 民法 개정이 요청되듯이, 기존의 학설 판례의 구조로 만족할 수 없을 때는 종래의 民法學의 틀을 뛰어넘는 발상의 전환, 패러다임의 전환이 요청된다.

패러다임 전환은 民法學이 추구해야 할 철학적 경향과 실용적 경향에 대한 반성을 촉구한다. 현실의 법적 분쟁을 해결하기 위한 제도/규정에 대해 왜 그러한 해결이 타당하며, 그 타당한 근거는 왜 타당한지, 그리고 그 근거는 어떠한 최종 근거를 바탕으로 타당성을 주장할 수 있는지에 대한 설명이 언제든지 궁극적으로 가능해야 할 것이다. 이러한 면에서 民法學은 당연히 "哲學的 傾向"을 갖는다.

한편으로 民法學은 제도와 규정이 있는 경우는 말할 것도 없고, 더러는 제도와 규정에 반하는 형식을 취해서라도, 또 제도와 규정이 없으면 없는 대로 민사 분쟁에 대한 그 나름의 해결책을 제시해야 한다. 이러한 면에서 民法學은 언제든지 "실용적인 경향"을 갖는 게 당연하다.

철학적 경향만 있는 民法學은 공허하고, 실용적 경향만 있는 民法學은 좌충우돌할 수밖

뜻이다. 읽을 수 있으니 막연하게 이해한다는 오해를 심어줘 실질적으로 모르고도 아는 척하는 사회 분위기 조성으로 이어지지 않을까? "取消"라 쓰면 "뭔가 지워 버린다"는 뜻으로 이해하게 되고, 뭔가 깊은 뜻이 있을 수 있다고 생각하게 하여 공부하는 국민을 만드는 데 일조하는 게 아닐까? 한자를 법률 문화에 생활화함으로써 국민 전체의 교양 함양으로도 이어지는 것이 아닐까? "民法"은 어떤가? "民法"보다 "민법"이 과연 알기 쉬운 법률명이란 말인가? 원문은 그대로 "民法"으로 둔 채, 편의상 "민법"으로 쓰는 게 현명한 문화정책이 아닐까?

162) 인간 사회의 발전의 의미에 대하여는 교황 베네딕토 16세 회칙 "진리 안의 사랑(Caritas in veritate)"(한국천주교중앙협의회, 2009) 참조.

에 없어 결국은 실용을 포기하게 만들 것이다. 늘 강조되는 比較法과 法史學의 가치도 民法의 "실용"과 "철학"을 떠나서는 학문의 유희가 되는 경우가 많다. 로스쿨 시스템 아래서의 민법학자는 기초의학과 임상의학을 동시에 맡아야 하는 의사와 같은 마음가짐이어야 할 것이다. 기초의학/임상의학 모두 궁극적으로는 인간의 건강을 목적으로 하는 것이라면 법학에서의 실용과 철학 모두 궁극적으로는 법의 이념인 正義를 추구하여야 하겠다. 이를 위해서는 현대 법체계와 사상 속에서 반드시 짚고 넘어가야 할 장벽이 있다.

(3) 憲法과 民法

㈎ 헌법의 민법 지배 실용과 철학을 떠날 수 없는 민법학의 참된 발전을 위해 '헌법과 민법'의 관계는 반드시 정리되어야 할 과제에 속한다. 민법학은 원리를 탐구하고 체계를 구축하여야 한다. 그러므로 오늘날과 같은 해체와 재구성의 시대에 우리는 새삼 '민법이 무엇인가'를 묻는다. 당연히 여겨지던 법체계가 법 현실을 반영하거나 규율하는 데 곤란을 보일 때 우리는 '근본적인 물음'을 던진다. 민법이란 무엇인가? 필자는 민법이란 '社會生活의 基本法'이라는 견해에 가담하고 싶다.

국가생활의 기본법이라면 '憲法', 그러나 사회생활의 기본법은 '民法'이다. 基本法이란 의미에서 민법은 참으로 사회의 基幹法(Konstitution)이다. 민법학은 사회생활의 기간법인 민법을 다루는 학문이다. 이러한 주장이 타당하다면, 기본법으로서의 민법에 어떤 제도를 신설하거나 민법 속의 제도를 개정하거나 폐지하는 데는 단순 다수결이 아니라 국민 전체의 동의를 얻어야 할 경우도 있을 것이다. 예컨대 국민투표 수준의 사전 작업이 필요할 수도 있을 것이다. 그런데 우리의 가족법의 제도/규정은 헌법과의 관련 아래 폐지/개정이 주장되었고, 憲法裁判所의 "憲法不合致決定"으로 그 효력 정지를 당하였으며, 마침내 국회에서의 단순 다수결의 절차를 거쳐 폐지/개정되는 가운데 가족법의 대규모 개정에의 길을 열었다.[163] 친족/상속에 관한 제도 규정은 단순 과반수로 개폐할 수 있는 규정들 뿐이가? 여기서 헌법과 민법의 관계, 다수결의 한계, 나아가 민법의 사명이라는 민법의 근본 문제가 결코 소홀히 다루어질 수 없음을 알 수 있다. 특히 ① 民法 規範이 主權國家의 立法事業의 범주를 넘어 '主權國家의 立法事業 + 國家的 範圍를 넘는 立法事業'이 되어가고, ② 과학기술의 발달이 민사적 법률관계의 법이론에 지대한 영향을 미치며, ③ 민사관계의 모든 영역이 自己決定權 및 私的自治의 범위에 드는 것처럼 이야기되는 현실을 감안하면, 이러한 물음은 한국 민법학의 장래를 생각할 때 결코 간과할 수 없는 것들이라 하겠다.

㈏ 헌법 개폐의 민법에의 영향 근대법의 생명은 그 체계성에 있다. 한 나라의 법생활이 헌법에 바탕을 두면서부터 헌법에는 모든 법률을 뛰어넘는 지위를 부여해야 했다. 그러니까 헌법은 헌법의 하위 법률을 만드는 것을 규정하는 것이면서 동시에 그 한계를 세운

163) 尹眞秀, "憲法이 家族法의 변화에 미친 영향", 法學(서울대) 45.1(2004. 3), 233 이하.

다.[164] 上位規範은 下位規範의 生成條件이다. 법의 제정은 헌법의 적용이다. 민법이 있을 수 있는 것은 헌법이 허용하기 때문이고, 민법은 최고법인 헌법에 위배되면 안 된다. 그렇다면 헌법이 契約自由를 부인할 때, 所有權 제도를 부인할 때, 契約自由와 所有權에 관한 민법규정은 효력을 잃는가? 내란으로 헌법 기능이 정지되면, 민법규정은 그 순간 무효가 되는가? 헌법이 규정하지 않는다면 법을 통한 국제 협력은 불가능한가? 만약 그렇지 않다면 왜 그러한가?[165]

㈐ 헌법과 민법을 초월한 가치 　오히려, 헌법에 규정되어 있기 때문에 중요하다고 할 수 있는 것은 合目的性의 요청에서 나오는, 말하자면 기술적인 사항이 아닐까? 헌법을 헌법답게 하는 고차원의 원리, 예컨대 기본권 규정 등은 헌법에 규정되어 있기 때문에 가치가 있다기보다는 가치가 있는 것이기 때문에 헌법의 조문으로 자리 잡게 된 것이 아닐까? 그렇다고 한다면, 헌법을 지탱하는 참된 원리는 헌법의 내부가 아니라 외부에서 오는 것이 아닐까? 많은 경우에 혁명이라든가, 패전이라든가, 독립이라든가 하는 이유로 단기간에 제정되기 십상인 헌법[166]은 헌법을 넘는 가치를 통하여 이해하지 않는 한, 오히려 헌법에 갇혀, 배 안에서 뱃고물을 미는 결과[167]가 되어, 당해 헌법의 내재적 가치 그 자체도 결국은 잃어버리고 말게 되는 것이다.

(4) 다수결 원칙과 자기결정권

민법의 참된 발전을 위해 함께 고려해야 할 것은 이른바 多數決에 의한 決定의 문제점이다. 인간에게는 무엇이든지 바랄 수 있는 자유가 있고, 바라는 것은 무엇이든지 할 수 있다. 각자 "自己決定權"의 주체이므로, 여럿이 모인 속에서는 다수결로 결정하면 그만이다. "다수 속에 진리 있다." 眞理가 多數決로 대체되고 말았는데, 그 이유는 켈젠의 지적처럼 공동으로 구속력을 갖고 다가갈 수 있을 정도의 진리란 게 존재하지 않는다고 인간이 믿기 때문이다.[168] 문화가 다양하다는 점이 곧 萬物의 相對性의 증거이다. 다수가 원하면 민법에 있는 제도도 바꿀 수 있고, 민법에 있는 제도도 폐지할 수 있으며 민법에 없는 제도도 신설할 수 있다. 그렇다면 다수가 원하면 남녀 간의 婚姻이라는 제도 자체를 없앤다든가 순수한 채권계약으로 만들 수 있는가? 一夫一妻가 아니라 一夫多妻나 一妻多夫制를 合法化할 수 있는가? 이른바 '同性婚'은 어떤가? 相續이라는 제도 자체를 없앨 수 있는가? 賣買와 賃貸借를 없앨 수 있는가? 만약 그렇지 않다면 왜 그러할까? 다수결로 해결할 수 없는 문제가 있다는 것을 망각하고 모든 것은 다수결로 결정한다면, 결국은 다수결 원리의 장점조차 살릴 수 없게 되는

164) Theo Mayer-Maly, Rechtswissenschaft, 5. Aufl., 1991, 48 ff.
165) 鄭鍾休, "憲法과 民法 —日本에서의 論議를 중심으로—", 公法硏究 37.3(2009. 2), 1 이하.
166) ホセ・ヨンパルト, 法哲学で学んだこと－一法学者の回顧録, 成文堂, 2008, 72.
167) 다나카 코타로(田中耕太郎)/鄭鍾休 역, 法과 宗敎와 社會生活, 교육과학사, 1989, 43.
168) Benedikt XVI.(Joseph Ratzinger), Glauben – Wahrheit – Toleranz, Herder (4. Aufl.) 2005, S. 60.

것 아닌가? 또한, 自己決定權이란 20세기 후반 들어 인류가 새로 발견한 권리가 아니라 동서고금을 막론하고 원칙적으로 타당한 사회생활의 기본원리, 즉 "스스로 결정했으니 책임을 져야 한다."라는 責任의 原理[169]일진대 가족법같은 곳에서의 현실적 역할은 어떠한가?

자기결정권, 다수결, 민주주의의 한계를 인식한다면, 그러한 물음에 대한 대답은 人間의 自由의 문제, 責任의 문제, 眞理의 문제, 倫理的 使命의 문제와 무관한 채, 합리적인 판단의 문제로만 존재할 수는 없을 것이다.[170]

민법학에는 철학적 경향이 있을진대, 민법 연구에서 진리의 물음을 금지하거나 불가능한 것으로 만드는 유형의 학문이라면 철학의 본질에 어긋나는 것이 아니겠는가. 이러한 자기 폐쇄, 이성의 왜소화가 철학의 척도일 수는 없을 것이다. 학문이 그 전체로서 인간의 본질적인 물음을 불가능하게 만드는 일로 끝나서는 안 된다. 법의 事實性과 相對性을 충분히 인정하더라도 역시 법률에는 뭔가의 理想的 要素가 포함되지 않을 수 없다. 그렇다면, 이 인간의 본질적인 물음이 없다면 법학 자체가 그저 공허한 헛일로 끝내 위험한 게 되고 말지도 모른다.[171]

(5) 형이상학의 소멸

'헌법의 민법에 대한 절대적 우위', '예외 없이 통용되는 다수결 원리' 같은 주장은 왜 일반화될 수 있는가? 그것은 무엇보다 20세기 이래 철학의 전 영역에서 '形而上學의 消滅'로 첫째는, 民主的 意思決定이라든가 合意論 같은 것으로 포장되는 法實證主義가 우세해졌기 때문이다. 인간에게는 眞理 파악능력이란 없고, 따라서 正義 파악능력이 없고, 무엇이 진리로 여겨져야 하는지, 무엇이 정의로 여겨져야 하는지 민주적인 절차에 따라 정하면 그만이라는 것이다. 그러니 이들에게는 實定法만이 참된 법이 되는 것이다.[172]

둘째, 법실증주의와는 반대 입장인 신칸트학파적 관념론이다. 신칸트학파의 법철학은 道德哲學의 보편타당한 내용을 갖는 道德律을 否定하고, 普遍妥當性을 形式的인 無上命令으로 한정하는 칸트 方法論의 흐름을 이어, 보편타당한 법적 내용의 存在를 否定하는 데 共通點이 있어 결국은 實定法만이 참된 법이라고 하는 法實證主義者와 공통의 오류를 범하는 것이다.[173]

그러나 이러한 식으로 인간이 '理智의 오만, 合理의 유혹'(솔로비요프)에 빠지게 될 때의 파국적인 결과를 우리는 인류의 역사에서, 결국은 법의 역사에서 보아 오지 않았던가. 20세기 후반 이래 哲學的 相對主義가 우리의 사고 전반을 지배하게 되어 선량한 사람들이 어떤 價値는 왜 보호되어야 하고 어떤 行爲는 왜 비난받아야 마땅한지를 갈수록 설명하기 힘들어 한

---

169) 鄭鍾休, "憲法과 民法", 25.
170) Benedikt XVI.(Joseph Ratzinger), a.a.O., S. 127.
171) Benedikt XVI.(Joseph Ratzinger), a.a.O., S. 209.
172) 田中耕太郎, 法律学概論, 学生社, 1958, 58.
173) 田中耕太郎(주 172), 59.

다. 그러다 보니 法의 理念을 正義라 하면서도 정의가 무엇인지 논하기보다는 어떻게 하는 게 正義의 法則에 맞는지를 생각하는 節次的 正義[174] 같은 것에 매몰되고 만다. 그러다가 어느 사이엔가 論理의 自家撞着에 빠진 줄도 모르고 각자의 주장만 탈 없이 주장할 수 있으면 그것으로 그만인 것 같은 풍조가 학계 일반을 지배[175]하게 된 것 같다. 이러한 상황이 더 심각해지기 전에 民法의 未來를 생각할 때 민법학의 연구에는 形而上學의 回復을 함께 도모해야 한다는 것이 필자의 미약한 주장이다.

(6) 형이상학, 즉 자연법의 회복

형의상학의 회복은 법학적으로 보자면 곧 自然法의 回復이다. 오늘날 "自然法"이라 하면 가톨릭교회의 이론쯤으로 여기고, 가톨릭 밖에서는 거론할 가치도 없는 것으로 여기는 지경이 되었다. 그러다 보니 倫理와 法에 관한 古典的 認識의 源泉이 힘을 잃게 된다. 自然과 理性에 관한 實證主義的 態度, 實證主義的 世界觀은 인간의 인식과 인간 능력의 탁월한 부분으로 결코 포기할 수 없는 부분이다. 하지만 실증주의 그 자체가 그것만으로 人間性의 폭에 어울리는 충분한 문화는 아니다. 實證主義만을 立法의 토대로 인정하다 보면, 우리 문화의 다른 가치들은 하위문화로 내몰려 결국 문화 없는 상태가 되고 만다.[176] 70년대 이후 세계적으로 일어난 자연환경생태 운동으로 "우리 모두 자연의 언어를 들어야만 하고 그에 맞게 응답해야 함"이 일반화되고 있다. 자연을 이용하되 가급적 자연 속에 내재한 '생명의 룰, 원리'를 찾아 가급적 이를 존중하자는 것 아닌가. 이제는 "사람의 生態(Ökologie des Menschen)"도 있음을 인정해야 한다. "사람에게도 하나의 자연(Natur)이 있다"[177]는 것, 그러므로 자연법이란 곧 인간의 "이성(Vernunft)"에 터를 잡은 것임을 인식하여야 한다. 사회생활과 국가생활에 필요한 법 원칙도 사람의 참된 본성(nature)에 어울리는 것이 되어야 하지 않겠는가? 그리고 자연법에 입각하여 헌법과 민법, 다수결, 인권, 자유, 평등, 권리, 의무, 현대화, 통일성, 다양성, 글로벌 스탠더드 등을 바라보면 법학의 숙명으로서의 '실용'과 '철학'은 모순없이 기능할 수 있을 것이며, 이렇게 될 때 21세기 사회생활의 기본법으로서의 민법은 충실히 기능할 수 있게 되리라는 것이 필자의 주장이다.

---

174) John Rawls, A Theory of Justice, Harvard UP, 1971.

175) 그러한 점에서 1990년 필자의 보고에 대한 양창수의 토론은 전혀 다른 차원의 것이었다. "(학회에서) 참가자들이 보다 논쟁적인, 폴레미슈한 立場展開를 행하여도 좋지 않은가 하는 점입니다. 다시 말하면, 의문이나 부족하다 싶은 것은 보다 명확하게, 직선적으로 표현하는 것이, 물론 인간관계에서는 손해를 볼지 모르겠습니다마는, 적어도 '토론'을 위하여는 思考의 발동을 촉구하는 장점이 있지 않을까 하는 것입니다." 양창수, 지정토론, 149. 학술토론에 임하는 자세의 모범답안과 같은 발언이었다.

176) 교황 베네딕토 16세의 독일연방의회 연설.
https://www.bundestag.de/parlament/geschichte/gastredner/benedict/rede-250244

177) 교황 베네딕토 16세의 위 연설.

(7) 이러한 논의가 일본과의 교류에 특히 중요한 까닭

日本은 서양법을 직접 도입하여 발전시켰다는, 스스로 자랑스러워하는 역사가 있다. 눈부신 발전을 거듭하였다. 그러나 日本 民法學에는 거의 태생적 한계가 있다. 그것은 日本이 서양법 문화를 받아들인 것이 하필이면 19세기였다는 것이다. 歷史主義, 實證主義, 科學主義, 進化論, 虛無主義가 기승을 부리던 19세기는 서양 법의 오랜 전통에서 보자면 일종의 "예외적" 시기라 할 것이 아니던가? 서구법을 낳은 오랜 역사와 사상에 대한 이해가 빈약한 채, 19세기의 잣대로 富國强兵策의 일환으로 서구법을 받아들인 日本에는 여전히 서양법에 대한 이해가 19세기에 머물러 있는 측면을 극복하지 못하고 있다.[178] 日本民法學, 나아가 日本의 法學 전체를 관통하고 있는 실증주의, 과학주의, 진화론, 신칸트주의적 觀念論[179] 같은 것이 그 증거이다. "和魂洋才"를 내세우며 19세기 틀에 갇힌 법적 외형만을 받아들인 日本이 굵직굵직한 현대형 문제들의 도전에 어떻게 대처하는지를 보면, 韓國 法學에는 오히려 희망이 있다는 생각이 들 정도다.

韓國 法學의 희망이라니? 日本보다는 덜 철학적이고, 日本보다는 덜 실증주의적이고, 日本보다는 덜 논쟁적인 엉성한 韓國의 법 현실, 이것이 오히려 더 희망적인 법문화가 아닐까? 서로 같기도 하고 다르기도 한 民法典에서 상당 부분을 共通財로 두고 있는 한일 두 나라의 民法學 교류는 서로의 나라에서 21세기 民法의 공통 과제 해결에 다양한 차원에서 시너지 효과를 거둘 수 있을 것이다. 한발 더 나아가 법실증주의와 신칸트파적 관념론에서 벗어나지 못하고 있는 일본의 학계에 근원적 반성을 위한 계기를 제공할 수도 있을 것으로 생각되는 것이다.

V. 맺 음 말

'民法'이란 용어는 1866년 일본에서 만들어진 지 28년 후인 1894년 民法은 한국에 들어왔다. 그 동안 이미 일본에서는 프랑스 학자를 초빙, 인스티투치오네스식 민법전을 편찬하여 이를 공포했으나 대규모 법전논쟁이 일어나 이를 근본적으로 수정하기로 한 법률안이 가결되어 새로운 민법전이 편찬중이라는 단계에 들어선 상태였다. 우리나라에서는 홍범14조에서 시급한 국정과제로 선언되었음에도 내외 정세는 자발적인 민법전 편찬을 허용하지 못했다. 러일전쟁 이후 한국 정치에 대한 주도권을 장악한 일본에 의해 대대적인 관습법조사 등 민법전 편찬을 위한 준비가 있었고, 중추원도 몇 가지 사항에 대한 시급한 민법 제정을 요구한 상태에서

178) 星野英一, 日本民法学の出発点, 民法論集第5巻, 有斐閣, 1986 수록.

179) 水波 朗, 日本国憲法解釈論と二十世紀哲学 — 新カント派観念論の奇異な残存, 自然法と洞見知, 創文社, 2005, 651.

한국은 일본의 강제병탄 상태를 맞는다.

그 후 일제치하에서는 일본민법이 일정한 유보 속에 우리 땅에 그대로 강제 적용된다. 이 때 밀려온 독일학설의 영향력은 일본민법의 체질을 바꿀 정도로 강력하였다. 우리의 전래 관습법은 일제의 통치 방침에 따라 무시, 왜곡, 부정되었다. 해방 후 정부 수립과 더불어 민법전 편찬은 본격화되었다. 재산편은 제정당시 적용되고 있던 민법전이 선언하는 민법과 학설/판례에서 통용되는 민법의 이중성을 극복하려는 차원에서 조문화되었다. 이와 달리 가족편의 규정은 제정관계자들의 순풍양속의 지향성과 일그러진 관습법관에 지배되었다. 1958년 공포되어 1960년 첫날부터 시행됨으로써 1894년 갑오경장부터 헤아려 근 70년만의 첫 민법전이다. 그것은 19세기 후반부터 20세기 전반까지 각국이 저마다의 노력으로 서구 근대적 법제화를 도모해야 할 다시 없이 소중한 한 세기를 송두리째 빼앗긴 채 모든 것을 강요된 방식으로 받아들여야 했다는 돌이킬 수 없는 시대적, 역사적 제약 속에서 탈일본을 향한 노력, 일본보다 더 나은 민법전과 우리 독자적인 민법에 대한 국민적 열망이 낳은 장대한 입법성과였다.

민법전 시행 60년이 넘은 지금도 민법전의 성격을 둘러싼 논쟁은 그치지 않는다. 하지만 한국과 일본 모두 상황은 바뀌어 새로운 사회 환경의 변화에 적응할 뿐 아니라 민법전의 조문 자체에 충실하자는 당연한 명제에 공들여 독자적인 길을 걷는 가운데 한국 민법학은 일본 민법학에 조금씩 영향을 주고 있다. 말하자면 일방통행에서 쌍방통행의 길이 트인 것이다. 특히 지난 30년간의 일이다.

이제 21세기, 모든 나라가 다른 나라 또는 세상의 움직임에 극도로 민감하게 된 이른바 '글로벌 시대', 민법학은 전례없는 "解體와 再構成"이라는 새로운 도전을 맞이하고 있다. 글로벌리즘이니 "세계화는 그 자체가 선험적으로 좋은 것도 나쁜 것도 아니다. 그것은 사람들이 만들어 가는 것이다."[180] 그런데 현실은 사회의 기본법으로서의 전통적인 민법의 역할 외에, 헌법과 민법의 관계가 흔들리고, 다수결 원리와 자기결정권만 있으면 모든 것을 결정할 수 있다는 이데올로기의 마성에 온 세상이 집단적으로 물들어 가고 있다. 사회생활의 기본법으로서의 민법의 입지도 민법학자들의 손에 의해 언제고 흔들릴 수 있는 상황에 직면해 있다. 마치 인간 "本性의 否認과 本能의 正當化"와 "전통적인 가치 서열의 파괴"가 글로벌리즘의 실체인 듯 보이는 오늘날 민법이 사회생활의 기본법으로서의 역할을 다하여, 법의 궁극적 목적인 '정의의 구현'에 봉사할 수 있으려면 이 세상의 '자연(nature)과 본성(reason)"이라는 두 자연(nature)에 대한 인식의 강화가 필요하다. 하지만 법실증주의와 신칸트학파적 관념론에 찌들린 일본법학은 비록 이러한 슬로건은 일반화될 수 있을지라도 그 지적 풍토가 그 실질을 이해할 수 없게 만든다. 여기에 일본보다 훨씬 덜 체계적이고, 덜 논쟁적인 한국민법학이 가까운 미래에는 오히려 일본민법학에 줄 것이 더 많은 날이 올 수 있지 않을까 함을 적어 본 셈이다.

180) 요한 바오로 2세, 교황청 사회학술원 연설(2001. 4. 27.).

민법상 인식에 대한 소고

정 진 명*

Ⅰ. 머 리 말

우리 민법에는 법 규정의 적용 여부를 법적 주체가 일정한 사실을 "알았거나 알 수 있었을 때"를 기준으로 판단하는 경우가 많다. 이 경우 법적 주체가 일정한 사실을 알고 있다면 그에게 불리한 법률효과가 부여되므로 어떤 사실에 대한 인식 여부는 법률효과 측면에서 법적 주체에게 중요한 의미가 있다. 이처럼 법 적용에 있어 법적 주체가 어떤 사실을 안다는 것이 무엇인지, 어떤 경우에 안 것으로 볼 것인지는 매우 중요한 문제이다. 하지만 우리 민법은 인식을 정면으로 다루고 있는 개별적인 법 규정이 없으며, 판례도 대부분 인식 귀속의 법리적 측면이 아니라 사실관계의 판단으로 보고 있다. 다만, 학설은 민법 제116조 제1항을 인식 귀속에 관한 기본 규범으로 보고 이를 토대로 인식규범을 논의하고 있다.[1)]

인식 개념과 관련하여서는, 첫째 인식 개념을 구체적으로 어떻게 이해할 것인지, 둘째 개별적인 법 규정에서 인식은 어느 정도로 존재하여야 하는지, 셋째 인식의 판단은 행위 사실로 충분한지 아니면 어떤 판단이 추가로 요구되는지, 넷째 어떤 사실을 안 경우와 알 수 있었는데 알지 못한 경우의 관계를 어떻게 설명할 것인지가 문제된다.[2)] 이러한 인식 개념은 입법 취지와 규율대상이 천차만별이므로 인식규범에서 인식 개념에 대한 일반적인 정의를 도출하기가 쉽지 않다. 예컨대, 인식의 존재는 법적 권리를 성립시킬 수도 있고, 선의취득을 저지할 수도 있다. 그러므로 민법의 개별적인 법 규정이 어떤 요건하에서 인식을 규율하고 있는지를 파악하는 것이 중요하다. 그 이유는 인식을 어떻게 이해할 것인지와 인식을 어떤 요건하에서 누구

* 단국대학교 법과대학 교수.

1) 인식의 귀속에 관한 연구로는 송호영, "이른바 인식의 귀속(Wissenszurechnung)에 관하여", 비교사법, 제8권 1호(2001. 6), 39 이하; 이병준, "법인에 있어서의 인식의 귀속과 인식의 책임", 외법논집, 제35권 제2호(2011. 5), 103 이하; 이중기, "법인에서의 인식의 귀속과 이익충돌의 인식: 거래 회사에서의 정보차단장치의 효력을 중심으로", 법학(서울대), 제55권 제4호(2014. 12), 421 이하; 정신동, "인식 귀속의 법률상 기본규범으로서 민법 제116조 제1항에 대한 연구", 민사법학, 제83호(2018. 6), 3 이하.

2) Buck, Wissen und juristische Person: Wissenszurechnug und Herausbildung zivilrechtlicher Organisationspflichten, 2001, S. 25.

에게 귀속시킬 것인지는 별개의 문제이지만 그에 대한 논의는 인식규범에서 시작할 수밖에 없기 때문이다.

민법상 인식규범에 대한 논의는 대부분 자연인의 인식을 대상으로 하지만 자연인이 아닌 법인의 경우에는 자연인의 인식을 의제할 수밖에 없으므로 어떤 방식으로 인식 또는 인식가능성을 판단할 것인지가 문제된다. 즉, 누구의 인식을 어떤 방식으로 누구에게 귀속시킬 것인지가 문제된다. 이러한 법인에서의 인식과 그 귀속의 문제는 독일 법학의 이론적 산물이며,[3] 우리나라에서의 논의도 주로 법인의 인식 귀속 문제에 초점이 맞추어져 있다. 하지만 인식 귀속에 대한 선결문제로서 인식 그 자체를 어떻게 볼 것인가는 규범적 평가와 관련하여 다양한 문제를 내포하고 있다.

따라서 이 연구는 방법론적으로 인식에 대한 접근을 인식과 인식 귀속의 단계로 구분하고, 인식은 다시 적극적 인식과 인식가능성으로 구분한다. 이를 토대로 인식규범의 분석을 통하여 인식 개념을 도출하고, 인식 개념의 확대와 축소에 대해서도 검토하기로 한다. 또한 인식 개념과 인식 귀속의 상관관계를 밝히고, 인식 귀속의 경우에 발생하는 귀속 문제와 인식 귀속의 법형성적 규범수정을 통한 인식합산의 이론적 근거를 검토하기로 한다.

Ⅱ. 인식규범과 인식 개념

1. 인식규범

인식을 어떻게 이해할 것인지의 문제와 인식 또는 인식가능성을 어떤 요건하에서 법적 주체에게 귀속시킬 것인지의 문제는 인식을 규율하고 있는 인식규범에서 시작된다. 그러나 인식규범은 민법, 상법 및 특별법에 산재하여 규정되어 있으며, 규율 내용도 너무 다양하여 통일적이며 체계적인 법적용이 어렵다. 따라서 인식규범이 규율하고 있는 법적 주체의 다양한 법적 이익 또는 불이익은 개별적인 법규정의 의미와 목적에 따라서 판단하여야 한다. 현재 우리 민법에 규정되어 있는 인식규범은 주관적 연결 요소의 규율방식에 따라 4가지 유형으로 구분할 수 있다.[4]

첫째, 법적 불이익이 법적 주체가 어떤 사실에 대하여 적극적으로 인식하는 것과 연결된 규정이다. 예컨대, 소멸시효나 제척기간의 기산점이 이에 해당하며, 채권자취소권의 제소기간 기산점(제406조 제2항),[5] 매도인의 담보책임을 묻기 위한 권리행사 기산점(제573조,[6] 제575조 제3항, 제582조), 불법행위로 인한 손해배상청구권의 소멸시효 기산점(제766조 제1항)[7] 등을 들 수

3) 이병준(주 1), 104.

4) 이병준(주 1), 103.

5) 대법원 2003. 7. 11. 선고 2003다19435 판결; 대법원 2011. 12. 22. 선고 2010다11408 판결.

6) 대법원 1991. 12. 10. 선고 91다27396 판결.

7) 대법원 2002. 6. 28. 선고 2000다22249 판결.

있다. 이러한 사례에서는 현존하는 권리의 효력발생에 대한 법적 주체의 부작위를 행위와 분리하여 고려한다. 즉, 행위의 부작위는 통상 시간적으로 존재하는 법적 주체의 인식상태에 의해서 의미를 갖게 되며, 단순히 시간의 경과가 아니라 법적 주체의 인식상태와 결합된 경우에만 권리실현에 영향을 미친다. 이 경우 시간의 기산은 법적 주체의 인식상태에 좌우되며, 인지의 정도는 종종 이미 지나간 시간에 좌우된다.[8)]

둘째, 법적 불이익이 법적 주체의 인식 또는 인식가능성과 연결된 규정이다. 이들 규정은 법적 주체가 어떤 사실을 알았다는 이유로 상대방에 대한 신뢰 보호가 개시되거나 또는 배제되는 경우이다. 예컨대, 비진의 의사표시에서 상대방이 표의자의 진의를 안 경우(제107조 제1항), 제3자에 의한 사기나 강박의 경우에 상대방이 그 사실을 안 경우(제110조 제2항), 대리권수여의 표시에 의한 표현대리의 경우 제3자가 대리권 없음을 안 경우(제125조 2문), 무권대리에서 상대방이 무권대리인을 안 경우(제135조 제2항), 영수증소지자에 대한 변제에서 변제자가 그 권한 없음을 안 경우(제471조), 원시적 불능의 경우에 상대방이 그 불능을 안 경우(제535조 제2항) 등을 들 수 있다.

셋째, 법적 불이익이 법적 주체의 적극적 인식이나 과실 또는 중과실로 인한 부지와 연결된 규정이다. 이들 규정은 법적 주체가 적극적 인식이나 과실 또는 중과실로 인하여 그 지위가 더 불리하게 되는 경우이다. 예컨대, 대리행위의 하자를 과실로 알지 못한 경우(제116조 제1항), 제3자가 과실로 대리권 소멸 사실을 알지 못한 경우(제129조), 지시채권증서를 취득한 소지인이 양도인이 권리 없음을 중대한 사실로 알지 못한 경우(제514조), 지시채권의 채무자가 소지인이 권리자가 아님을 중대한 과실로 알지 못한 경우(제518조) 등을 들 수 있다.

넷째, 법적 불이익이 법적 주체의 기망 내지 고의에 의한 용태와 연결된 규정이다. 이는 법적 주체가 어떤 사실을 알면서 악의적으로 묵비하는 경우이다. 예컨대, 증여자가 증여목적물의 하자나 흠결을 알고 이를 수증자에게 알리지 아니한 경우(제559조 제1항), 채무자가 경매목적물의 하자나 흠결을 알고 이를 채권자에게 고지하지 않은 경우(제578조 제3항), 담보책임면제의 특약을 한 경우 매도인이 이 사실을 매수인에게 고지하지 아니한 경우(제584조), 무이자 소비대차의 경우 대주가 그 하자를 알고 이를 차주에게 고지하지 않은 경우(제602조 제2항), 수급인이 그 재료 또는 지시의 부적당함을 알고 도급인에게 고지하지 아니한 경우(제669조) 등을 들 수 있다.

이처럼 민법상의 인식규범은 인식과 인식가능성을 그 효과와 관련하여 동등하게 취급하고 있지만, 그것이 양자의 전제조건도 동등하다는 것을 의미하지 않는다. 법률이 인식의 귀속을 고려하는 수많은 사례에서 과실에 의한 부지(Unkenntnis)의 의미로서 단순한 인식가능성을 요구하거나, 부분적으로는 선의의 구성요건에 적어도 중과실에 의한 부지를 요구하거나, 경우에

8) Schrader, Wissen im Recht, 2017, S. 115.

따라서는 특정 사정에 대하여 적극적 인식이 있는 경우에만 그에 따른 법률효과가 발생한다. 이 경우 법률요건 표지로서 인식과 인식가능성은 그 차이가 현저하므로 인식과 인식가능성은 원칙적으로 다른 전제조건과 연계되어야 한다.

2. 인식 개념

(1) 인 식

㈎ 의 의

1) 개 념 '인식(Wissen)'[9]이란 본래 심리적 개념으로서 사물을 분별하여 판단하고 아는 것이다. 그러나 인식에 대한 정의는 명확하지 않으므로 다양한 견해가 제시되고 있는데, 법적 관점에서는 확실히 실재하는 것으로서 사실에 대한 표상이라고 하거나,[10] 실제로 존재하는 사실에 대한 진실이라고 한다.[11] 이처럼 인식은 기본적으로 사실에 대한 개념이지만 어떤 사실에 대한 인식 여부와 관련하여서는 규범적 판단이 요구된다. 즉, 법적 주체가 어느 정도의 인식을 하고 있을 때 인식한 것으로 볼 것인지, 그리고 어느 시점에 인식한 것으로 볼 것인지는 심리적 기준에 따라 판단할 것이 아니라 개별적인 인식규범에 따라 판단하여야 한다. 그 이유는 민법과 상법 그리고 특별법에는 수많은 인식규범(Wissensnorm)이 존재하며, 이 경우 자연인의 인식은 규범적인 가치평가와 분리하여 판단하기 어렵기 때문이다.[12] 따라서 법률상의 '인식'은 "법적 주체가 어떤 사실이나 사물의 존재를 알고, 이를 기억하고, 그리고 망각하지 않는 상태"라고 정의할 수 있다.

2) 구성요소 인식 개념은 개별적인 인식규범에서 도출되지만 개별 인식규범을 해석하는 경우에 인식 개념을 구체적으로 어떻게 이해할 것인지는 어려운 문제이다. 특히 인식 개념은 인식에 대한 정의를 통해서는 법적으로 의미있는 기준을 도출하기 어렵기 때문에 인식의 구성요소를 통해 파악할 필요가 있다.[13]

첫째, 인식 개념은 단순히 어떤 사실에 대한 인지(Kenntnis)로 충분한지 아니면 이를 토대로 어떤 판단(Schlußfolgerung)이 추가적으로 필요한지가 문제된다. 예컨대, 채권자취소권 행사의 요건으로 '사해 의사'는 채무자가 채권의 공동담보에 부족이 생긴다는 것을 아는 것으로 충분하지만,[14] 불법행위에 의한 손해배상청구권의 소멸시효는 피해자가 손해를 알았다는 사실과

---

9) '인식'은 '인지'와 같은 의미로 사용되며, 독일에서도 인식을 의미하는 용어로 'Wissen'과 'Kenntnis'가 혼용되고 있다.

10) v.Thur, Der Allgemeiner Teil des Deutschen Bürgerlichen Rechts, Bd. Ⅱ/1, 1914(Neunachdruck 1957), S. 127.

11) 인식개념에 대해서는 Scheuble, Wissen und Wissenssurogate, 1998, S. 9 ff.

12) 이병준(주 1), 103; Baum, Wissenszurechnung, 1999, S. 20.

13) 이러한 접근방식으로는 Medicus, "Probleme der Wissenszurechnung", in: Karlsruher Forum 1994, S. 5.

14) 대법원 2009. 3. 26. 선고 2007다63102 판결(사해의사란 공동담보 부족에 의하여 채권자가 채권변제를 받기

함께 그 손해가 타인의 불법행위로 인하여 발생되었다는 것을 알았어야 한다.[15] 이처럼 개별 인식규범은 인식을 판단하는 정도가 다르지만 어떤 사실에 대하여 사실적으로 또는 규범적으로 알고 있다는 것을 요구하므로 '안다는 것' 자체가 인식 개념의 구성요소라고 할 수 있다.

둘째, 법적 주체가 어떤 사실에 대한 인식을 획득한 후 그 인식을 어느 정도까지 유지하여야 하는지가 문제된다. 예컨대, 부당이득의 반환범위와 관련하여 선의의 수익자는 자기가 얻은 이익이 법률상 원인 없음을 알지 못한 자를 의미하며, 이 경우 선의의 수익자는 법률상 이익이 있다는 인식을 계속 유지하여야 한다(제749조 제1항 반대해석). 또한 동산의 선의취득에 있어서도 선의가 인정되기 위해서는 거래상대방이 물건의 소유자라고 오신하고 있는 상태가 지속되어야 한다.[16] 그러나 법적 주체가 어떤 사실을 알았다는 것이 이후에도 사실적으로 또는 규범적으로 계속 알고 있었다는 것을 의미하지 않기 때문에 인식의 유지를 인식 개념의 구성요소로 볼 수 있는지가 문제된다.[17] 우리 민법상 개별 인식규범은 정도의 차이가 있지만 법적 주체가 인식을 획득한 이후 이를 유지하는 것을 요구하기 때문에 인식의 유지도 인식 개념의 구성요소라고 할 수 있다.

셋째, 법적 주체가 인식한 것을 망각하지 않아야 하는지가 문제된다. 기억인식의 경우에는 법적 주체가 기억을 망각하지 않는 한 인식을 유지하는 것이 필수적이지만, 기록인식의 경우에는 법적 주체가 이를 다시 확인할 수 있는 상태에 있어야만 인식으로 인정될 수 있다. 그런데 이러한 인식은 법적 주체의 내부적 사실이므로 이러한 인식을 증명하는 것이 매우 어렵다. 그 결과 학설과 판례는 적극적 인식과 관련하여 주관적 인식만을 대상으로 하지 않고 인식의 확정에 객관적 요소도 고려하고 있다. 예컨대, 불법행위로 인한 '손해를 안 날'을 판단하는 경우에 "개별적 사건에 있어서의 여러 객관적 사정을 참작하고 손해배상청구가 사실상 가능하게 된 상황을 고려하여 합리적으로 인정하여야 한다."고 한다.[18] 법적 주체가 실제로 어떤 사실을 망각할 수 있지만 망각에 대한 판단은 경험법칙에 따른다. 인식은 경험법칙에 따라 기억 속에 존재하고 그것을 다시 불러올 수 있어야 하므로 인식한 것을 망각하지 않는 것도 인식 개념의 구성요소라고 할 수 있다.

3) 인식 관련 개념과의 구분　　인식은 법적 주체가 어떤 사실을 알지 못하는 것에

어렵게 될 위험이 생긴다는 사실을 인식하는 것이며, 이러한 인식은 일반 채권자에 대한 관계에서 있으면 족하고, 특정의 채권자를 해한다는 인식이 있어야 하는 것은 아니다).

15) 대법원 2002. 6. 28. 선고 2000다22249 판결(불법행위로 인한 손해배상청구권의 단기소멸시효의 기산점이 되는 민법 제766조 제1항 소정의 '손해 및 가해자를 안 날'이라 함은 손해의 발생, 위법한 가해행위의 존재, 가해행위와 손해의 발생과의 사이에 상당인과관계가 있다는 사실 등 불법행위의 요건사실에 대하여 현실적이고도 구체적으로 인식하였을 때를 의미한다고 할 것이다).

16) 대법원 1991. 3. 22. 선고 91다70 판결(민법 제249조가 규정하는 선의 무과실의 기준시점은 물권행위가 완성되는 때이다).

17) Medicus, Allgemeiner Teil des BGB, 6. Aufl., 1994, Rd. 904a.

18) 대법원 2002. 6. 28. 선고 2000다22249 판결.

더하여 반대되는 사실에 대한 합리적이고 적극적인 확신 또는 신뢰가 있어야 인정되는 '선의'와 구분된다. 예컨대, 선의의 점유자는 단순히 자신에게 본권이 없음을 알지 못한 것으로 부족하고 과실취득권을 포함하는 권원이 있다고 오신한 점유자를 말한다.[19] 이에 대하여 '악의'는 법적 주체가 어떤 사실을 알고 있는 것을 의미하므로 인식과 유사하다. 그러나 악의는 법적 주체가 어떤 사실을 알고 있는 것에 더하여 이미 안 사실을 기억하거나 다시 불러올 수 있어야 하는지가 문제되지 않는 점에서 인식과 구분된다. 그리고 '고의'는 자기의 행위로부터 일정한 결과가 발생할 것을 인식하면서 감히 그러한 행위를 하는 것을 말한다. 이처럼 고의는 인식한 결과를 만들어 낸다는 심리적 의식의 상태를 말하므로 단순히 어떤 사실을 알고 있었는지를 의미하는 인식과 구분된다.[20]

(나) 종 류

1) 인식기준에 따른 구분 인식 개념은 자연인의 의식(Bewußtsein)을 기준으로 하여 주관적 인식과 객관적 인식으로 구분할 수 있다. 내부적 용태의 하나인 인식은 법적 주체가 어떤 사실을 실제로 '안 것'을 의미하며, 이를 '주관적 인식(Kenntnis)' 또는 '사실적 인식'이라고 한다. 이에 대하여 법적 주체가 어떤 사실을 알 수 있었지만 실제로 알지 못하였고, 그러나 통상적인 일반인이라면 '알 수 있었을 것'을 안 것으로 취급하며, 이를 '객관적 인식(Kennenkönnen)' 또는 '규범적 인식'[21]이라고 한다. 이러한 인식 개념의 구분은 보통인을 기준으로 하는 객관적 과실과 개별적인 지식과 능력을 지닌 구체적 개인을 기준으로 하는 주관적 과실의 구분과 유사하다. 그러나 법적 주체의 과실 여부는 주관적 과실과 객관적 과실 중 어느 하나의 기준만으로 판단하는 반면, 인식의 판단은 주관적 인식과 객관적 인식이 경합적으로 적용되는 점에서 차이가 있다.

한편, 객관적 인식은 법적 주체가 실제로 어떤 사실을 알지 못한 경우에도 안 것으로 취급하며, 또한 법적 주체의 인식능력이 아니라 일반인을 기준으로 판단한다는 점에서 인식가능성(Kennenmüssen)과 유사하다. 그러나 객관적 인식은 법적 주체가 개별적인 정보를 인식상태로 받아들일 의무가 없는 점에서 고유한 인식상태를 형성할 의무를 부담하는 법적 주체가 이러한 사실을 '과실로 알지 못한 것'을 말하는 인식가능성과 구분된다.[22] 객관적 인식은 인식이 분할된 경우에 대리인의 인식을 본인의 인식으로 귀속하거나 기관이나 기관구성원의 인식을 법인이나 조직의 인식으로 귀속하는 경우에 유용하다. 특히 객관적 인식은 규범적인 가치평가의 결과 실제로 인식하지 못하였지만 인식한 것으로 취급하기 때문에 법률에 규정이 없더라도 적용할 수 있다. 반면에 인식가능성은 애초에 과실로 인식하지 못한 것을 인식한 것으로 취급

19) 대법원 1991. 12. 10. 선고 91다27396 판결.
20) 곽윤직·김재형, 민법총칙, 제9판, 박영사, 2013, 39.
21) 규범적 인식이 항상 인식 여부의 판단기준을 객관화하는 용어로 사용되지는 않는다.
22) Schrader(주 8), S. 14.

하기 때문에 법률에 특별히 인식한 것으로 본다는 규정이 있어야 적용할 수 있는 점에서 차이가 있다. 특히 객관적 인식은 인식이 분할된 경우에 주관적 인식의 객관화를 통하여 인식 개념을 확대하는 역할을 한다.

2) 인식규범에 따른 구분 인식규범은 법적 불이익이 단순히 법적 주체의 적극적 인식과 결부된 규범과 인식가능성 또는 과실이나 중대한 과실로 인한 부지(Unkenntnis)와 결부된 규범으로 구분된다. 이러한 구분이 언제나 정당한 법적 평가 가치를 가지는 것은 아니지만 인식에 대한 입증책임과 관련해서는 인식 차원에서뿐만 아니라 개별적인 인식합산이 허용될 수 있는지와 관련하여 중요한 의미가 있다.[23] '적극적 인식(positives Wissen)'은 내적 사실 그 자체가 용태(작위 또는 부작위)와 결부되지 않은 앎(Erkenntnis)으로서 절대적 인식규범에서 도출되는 '결과조사 인식(Ergebnis-Befund Wissen)'을 말한다.[24] 그러므로 적극적 인식의 경우에 법적 주체는 권리설정적 법률사실에 대한 입증책임을 부담하고, 상대방은 권리무효 내지 권리장애적 법률사실에 대한 입증책임을 부담한다. 이에 대해서 '인식가능성(Wissenmüssen)'은 법적 주체가 인식해야 하는 것을 과실로 인식하지 못한 것을 말하며,[25] 인식가능성에 대한 입증은 객관적 기준에 따라 결정된다. 하지만 현행 법률은 인식가능성을 적극적 인식과 동일시하는 경우가 많다. 그 이유의 하나는, 인식 차원에서 과실에 의한 부지를 통해 적극적 인식의 존재에 대한 입증 부담을 줄이고, 다른 하나는 인식 귀속의 차원에서 법인이나 조직 내에서 인식이 분할된 경우에 일정한 조직의무의 설정을 통하여 인식 귀속을 쉽게 하기 위한 것이다.[26] 그러나 적극적 인식과 인식가능성은 인식의 단초인 정보에 대한 주의의무와 관련하여 차이가 있으므로 각 인식규범을 비례적으로 고려하는 것이 합목적적이라고 할 수 있다.[27]

3) 저장 매체에 따른 구분 인식은 인식이 저장되는 매체에 따라 기억인식과 기록인식으로 구분할 수 있다. '기억인식(Gedächtniswissen)'은 인간의 기억에 의존하는 것으로서 망각을 통하여 인식이 상실될 수 있다. 기억인식은 일반적으로 직접 증명할 수 없으므로 법적 주체가 인식하였다고 볼 수 있는 개연성이 있는 경우에만 고려될 수 있다. 예컨대, 인식 가능한 사정의 의미가 크면 클수록 법적 주체는 자신의 기억 속에 그 사정에 대하여 인식을 할 가능성도 크다.[28] 반면에 '기록인식(Aktenwissen)'은 인간의 두뇌 이외에 기록문서나 저장장치 등 인공적인 저장장치에 의존하는 것으로서 인식에 대한 판단에 중요한 의미가 있다. 즉, 인공적

23) Buck(주 2), S. 45.

24) 이러한 용어 사용으로는 Grigoleit, "Zivilrechtliche Grundlagen der Wissenszurechnung", ZHR 181 (2017), 170.

25) 독일에서는 과실 또는 중과실로 인식하지 못한 것을 인식하여야 하는 경우(Wissenmüssen)와 인식할 수 있는 경우(Wissenkönnen)를 용어상 구분하고 있지만 이를 반드시 구분하여 사용하지는 않는다.

26) Buck(주 2), S. 31.

27) Grigoleit, ZHR 181 (2017), 170.

28) Medicus, Allgemeiner Teil des BGB, Rd. 904a.

인 저장장치에 기록된 인식을 인간의 기억인식과 똑같이 취급하여야 하는지, 그리고 이를 똑같이 취급한다면 법적 주체에게 인공적인 저장장치에 기록된 인식을 모두 알고 있다고 볼 수 있는지가 문제된다.[29] 일상생활에서 법적 주체가 인공적인 저장장치에 기록된 인식을 모두 그리고 지속적으로 열람하거나 검색할 것을 기대하기 어렵다. 그러므로 기록인식의 귀속은 순수한 '의제'에 불과하며, 오히려 그 기록을 열람하거나 검색하고자 하는 사정이 문제된다. 결국 인간의 두뇌가 아닌 인공적인 저장장치에 기록된 인식은 그 기록을 저장장치에서 열람하거나 검색할 수 있는 사정이 법적 주체에게 기대 가능한 경우에만 인식한 것으로 인정된다.[30]

(2) 인식가능성

인식가능성은 법적 주체가 과실로 인하여 법적으로 중요한 사실을 알지 못한 것을 말한다. 인식가능성은 인식 차원에서는 입증과 관련하여 적극적 인식과 구분되며, 인식 귀속의 차원에서는 다양한 보조자의 개별적인 인식 지분(Wissensteil)을 합산할 수 있는지가 문제된다.[31]

인식 차원의 경우에 인식가능성은 적극적 인식과 달리 법적 주체가 어떤 사실을 알았다는 것을 입증할 필요가 없고, 그가 과실로 인하여 어떤 사실을 알지 못하였다는 것을 입증하면 적극적 인식과 동일한 법률효과가 발생한다. 특히 법률효과를 규율하고 있는 인식규범이 법적 주체의 보조자 또는 대리인의 인식가능성만으로 그 법률요건이 충족되는 경우에 인식가능성에 대한 입증은 객관적 기준에 따라 결정된다. 이처럼 인식가능성에 대한 입증은 객관적 기준에 따라 쉽게 이루어질 수 있으므로 적극적 인식을 인식가능성과 동일하게 취급하면 인식에 대한 입증 부담을 줄일 수 있다.

한편, 인식가능성을 적극적 인식과 똑같이 취급하는 경우 인식가능성은 인식 귀속의 차원에서 특별한 의미가 있다. 인식규범이 법률효과를 발생하기 위해서는 적극적 인식이 있어야 하며, 이 경우 인식 여부를 판단하는 시점에 법적 주체가 인식한 사실을 기억하고 있는지에 따라 법률효과가 달라진다. 그러나 인식가능성에 대한 판단은 법적 주체가 애초에 어떤 사실을 인식하지 못했고, 그리고 그것이 과실에 의하여 발생하였다는 점에서 법적 주체가 어떤 사실을 기억하지 못한다는 인식 표지가 고려될 여지가 없다. 이러한 측면에서 인식가능성은 규범적인 귀속 요소를 내포하고 있다. 즉, 법적 주체는 실제로 인식할 수 있는 사정만을 자신에게 귀속시킬 수 있으므로 그가 가용할 수 있는 인식을 설정한 것으로 추정된다. 이에 따라 인식가능성은 어떤 사실에 대한 인식이 법인이나 조직의 구성원들에게 분할되어 존재하는 경우에 인식합산을 쉽게 한다.[32] 즉, 개별 인식규범이 인식한 경우와 과실로 인해 인식하지 못한 경우

29) Medicus, Allgemeiner Teil des BGB, Rd. 904b.

30) 이러한 독일의 판례로는 BGH NJW 1993, 2807.

31) Buck(주 2), S. 31.

32) 인식의 귀속과 인식가능성의 구분은 조직 내 인식분할의 경우 중요한 의미가 있는 반면에, 단순한 2당사자 관계에서의 인식의 귀속 문제는 이를 구분하여 논의할 실익이 크지 않다고 한다(정신동(주 1), 6).

를 법률효과 차원에서 똑같이 평가하는 한도에서 양자는 법적 의미가 똑같다고 할 수 있다. 이처럼 적극적 인식과 인식가능성의 동일 취급은 인식 귀속이 확장되는 결과를 가져오지만, 이러한 결과가 곧바로 적극적 인식과 인식가능성을 통일적으로 다룰 수 있다는 것을 의미하지 않는다.

3. 소 결

우리 민법상 인식규범 체계는 절대적인 인식 요소인 적극적 인식과 인식가능성 및 과실에 의한 부지로 구성되며, 이러한 요소 사이에는 차이에 있다. 인식규범 중에서 법적 불이익이 단지 적극적 인식과 연계되는 경우에는 원칙적으로 상대방의 이익을 보호하기 위한 법적 주체의 정보적 주의의무 또는 이에 상응하는 책무가 배제된다. 즉, 적극적 인식의 경우에는 법적 주체에게 신중하게 정보를 취득, 처리, 저장할 의무가 성립하지 않는다. 이에 반하여 인식가능성은 인식 자체가 없으므로 이러한 의무 없이는 현재의 인식과 무관하게 책임을 부과할 수 없다. 그 결과 인식가능성은 법적 불이익의 이론적 근거로서 정보적 주의의무와 연계된다.

한편, 학설과 판례는 점점 더 적극적 인식과 관련하여 주관적 인식만을 대상으로 삼지 않고 인식의 확정에 객관적 요소도 포함한다. 이에 따라 법적으로 중요한 사정에 관한 법적 주체의 인식은 인간의 인지적인 주관적 인식 요건의 확정이 아니라 일정한 객관적 사정의 존재에 의존하게 된다. 이처럼 인식의 객관화는 인식분할의 경우에 인식 개념을 확대하고, 인식가능성을 적극적 인식과 동일시하는 경우에 인식의 합산을 쉽게 하는 장점이 있다. 그러나 인식과 인식가능성의 차이에 대한 지나치게 관대한 평가는 개념의 혼란을 초래하고, 규범 목적을 벗어난 남용적 원용의 위험이 존재하므로 인식과 인식가능성의 동일 취급은 법형성적 수정의 범위 내로 제한되어야 할 것이다.

Ⅲ. 인식의 요소

1. 적극적 인식

(1) 인식기준의 주관성

인식 개념은 인간의 생물학적 두뇌의 가용성을 넘어 인식책임의 활용 범위 내에서 문서화 되거나 또는 전자적으로 저장된 정보에 대해서도 확장될 수 있는지가 문제된다. 이러한 주관적 인식기준의 확장은 기능적으로 광범위하게 인정되고 있는 인식 귀속과 비교될 수 있다.[33] 그러나 주관적 인식기준의 확장은 인식과 인식가능성 사이의 규범적인 대비와 모순된다. 인식규범에서 '안다'는 것은 인간의 기억을 전제로 하며, 이는 인간의 인지, 경험, 의식을

33) 이에 대해서는 Buck(주 2), S. 24 ff.

말하므로 인간의 생물학적 두뇌와 연관성이 있다. 하지만 문서나 전자문서 또는 저장매체를 인간의 두뇌와 동일하게 취급하여 주관적 인식기준을 배제한다면 인식가능성 기준에 대한 절대적 인식기준의 대비가 문제된다. 왜냐하면 인식가능성 기준은 객관적인 가용성 차원에서 주관적 인식기준과의 연관성을 확대하는 데 도움이 되기 때문이다.[34] 이처럼 인식 요소는 적극적 인식과 인식가능성의 연관성과 관련하여 일관된 기준을 제시하지 못한다. 그러므로 개별 인식규범에 대해서는 그것이 입법론적으로 인식가능성 판단에 개방적인지를 고려하여야 하며, 이를 통하여 인식기준의 원칙적인 우연성, 동기의 문제, 입증의 난이도를 해결하여야 한다.[35]

인식규범에는 주관적 인식기준을 객관적으로 처리할 수 있는 특정 정보와 동일하게 취급하는 기준이 없다. 따라서 법적 주체가 특정 정보를 인간의 생물학적 두뇌로 처리할 수 있고, 그리고 그러한 개연성이 현저한 것으로 인정되는 경우에는 인식한 것으로 보아야 한다.[36] 이와 더불어 각 인식규범의 척도에 따라서는 법적 주체가 어떤 사실에 대해서는 알지 못하였지만, 그것이 존재한다고 믿는 소위 '미필적 인식(Eventualwissen)'[37]도 인식으로 볼 수 있다.[38] 그러나 문서나 저장매체에 저장된 인식은 그러한 인식에 좌우되는 인식담당자(Wissensträger)가 그 정보를 검색할 수 있다는 것을 알고 있는 경우에만 인식으로 인정된다. 이처럼 인식규범은 의도적으로 인식하지 않은 의욕의 결과인 미필적 인식 및 인식하지 못한 인식가능성을 적극적 인식과 동일하게 취급한다. 그러나 미필적 인식은 전면적으로 적극적 인식과 동일하지 않으며, 미필적 인식이 적극적 인식과 동일한지의 여부 및 언제 동일한지는 인식 개념의 상대성에 따라 판단하여야 한다. 나아가 인식기준의 주관성은 법인의 법적 영역에 있어서도 원칙적으로 이와 다르지 않다. 왜냐하면 법인의 법률관계는 규범적인 용태와의 연결과 관련하여 항상 기관구성원이나 대리인과 같은 자연인을 통해서만 매개되기 때문이다.[39]

(2) 사실적 인식의 축소

적극적 인식은 내적 주관적 사실뿐만 아니라 객관적인 특정 사실을 입증하여야 하므로 인식가능성보다 입증하기 어렵다. 그러므로 적극적 인식을 충족시켜야 하는 인식규범의 경우에 인식할 수 있는 것(Kennenkönnen)과 인식하여야 하는 것(Kennenmüssen)을 구성요건 충족으로 볼 수 있는지가 문제된다. 법률이 법률효과를 일정한 사실에 대한 인식과 연계하는 경우에 법적 주체의 인식은 신의칙에 따라 그에게 그러한 사정을 고려할 수 있는 용태를 기대할 수 있

34) Grigoleit, ZHR 181 (2017), 174.
35) Grigoleit, ZHR 181 (2017), 199.
36) Medicus, Karlsruher Forum 1994, S. 5 f.
37) 미필적 인식은 어떤 사정과 관련하여 요구되는 확신이 없는 것이므로 미필적 인식을 법률요건 충족을 위한 인식으로 볼 것인지는 여전히 문제가 된다.
38) Buck(주 2), S. 58; Grigoleit, ZHR 181 (2017), 174.
39) Grigoleit, ZHR 181 (2017), 174.

는 정도에서 확정된다.[40] 하지만 절대적으로 확신할 수 있는 인식 자체는 세상에 존재하지 않으며, 개별 인식규범이 적극적 인식을 요구하는 경우에도 그것이 완전하게 확실한 절대 불변의 확신을 요구하는 것은 아니다. 적극적 인식은 모든 근거 없는 의문에서 벗어난 사실의 존재 또는 부존재에 대한 확신을 전제로 하지 않는다. 다른 측면에서 적극적 인식은 순수한 표상, 추정, 인식의 승인에 대한 의심 등도 충분하다. 이처럼 인식기준은 법적 주체에게 허용되는 인식 개념의 상대성, 즉 주관적 척도와 객관적 척도가 어느 정도로 중시되는지와 관련되며, 이러한 상대성은 인식과 인식 귀속의 관계에서 가지는 효력에 의하여 결정된다. 결국 법적으로 중요한 인식과 관련하여 법적 주체가 어느 정도의 의심 또는 확신을 하여야 하는지는 개별 인식규범에 달려있다. 예컨대, 민법 제742조의 비채변제의 경우 변제자가 채무 없음을 확실하게 안 경우에만 구성요건이 충족되며,[41] 단순 의심의 경우에는 부당이득반환청구권을 행사할 수 있다. 이러한 인식규범으로는 민법 제749조의 수익자의 악의 인정[42] 및 제766조의 손해배상청구권의 소멸시효[43]를 들 수 있다.

㈎ 기록인식 기록인식은 인간의 두뇌 이외에 기록 또는 컴퓨터에 저장된 모든 인식을 말한다.[44] 기록인식 개념은 조직체에 있어서 인식 및 인식 귀속의 문제와 관련하여 대두되었다. 즉, 법인은 기술 발전에 터 잡아 정보를 획득하고, 저장하고, 가공하는 정보통신체계를 구축하여 운영하고 있으며, 또한 법인은 조직화 된 온라인 시스템을 통하여 처리되는 정보를 조직구성원의 인식으로 파악하고 이를 체계적으로 이용하고 있다. 이 경우 법인이 자신의 서류를 서면의 자료가 아니라 컴퓨터에 저장하여 보관할 의무를 부담하는지가 문제된다.[45] 법인의 경우 단기간 내에 다양한 기관구성원에 의하여 수많은 정보를 수집할 수 있으며, 또한 기관구성원이 얻은 인식은 그의 사임 등에 의하여 다시 소멸할 수 있다. 이 경우 인식 개념이 분업화된 조직에서도 여전히 적합한지 아니면 인식 개념의 해석을 통해서 기억인식과 기록인식의 동일 취급을 인정할 수 있는지가 문제된다.[46] 개별 인식규범에서 인식으로 볼 수 있는 것은 법조문의 문구나 법률의 의미상관성이나 그에 터 잡은 개념 체계에서 도출되지 않는다. 개

40) v.Tuhr, Der Allgemeiner Teil des Deutschen Bürgerlichen Rechts, S. 127.
41) 대법원 1998. 11. 13. 선고 97다58453 판결: 민법 제742조 소정의 비채변제에 관한 규정은 변제자가 채무 없음을 알면서도 변제를 한 경우에 적용되는 것이고, 채무 없음을 알지 못한 경우에는 그 과실 유무를 불문하고 적용되지 아니한다.
42) 대법원 2010. 1. 28. 선고 2009다24187, 24194 판결: 여기서 '악의'라고 함은 자신의 이익 보유가 법률상 원인 없는 것임을 인식하는 것을 말하고, 그 이익의 보유를 법률상 원인이 없는 것이 되도록 하는 사정, 즉 부당이득반환의무의 발생요건에 해당하는 사실이 있음을 인식하는 것만으로는 부족하다.
43) 대법원 1993. 8. 27. 선고 93다23879 판결: 민법 제766조 제1항의 가해자를 안다 함은 사실에 관한 인식의 문제일 뿐 사실에 대한 법률적 평가의 문제가 아니다.
44) Medicus, Karlsruher Forum 1994, S. 4, 14.
45) Buck(주 2), S. 55.
46) Buck(주 2), S. 55.

별 인식규범 의미에서 기록인식은 더 이상 인식담당자가 중요한 것이 아니라 단지 기록 속에 해당 정보가 저장되어 있는지가 문제된다. 즉, 인간이 획득하고 저장하고 가공한 인식은 인식 이후에는 인식담당자와 무관하다.47) 그 결과 인식 개념은 기술 발전의 영향을 받는다고 하더라도 원칙적으로 인간의 두뇌에 기억된 것뿐만 아니라 기록이나 컴퓨터에 저장된 것도 포함한다고 볼 수 있다.48)

한편, 기록인식을 인식규범의 의미에서 기억인식과 동일하게 취급하는 경우에 기록인식은 일정한 사정에 대한 인식뿐만 아니라 그러한 인식의 원천도 요구되는 인식규범의 경우에는 제한될 수 있다. 예컨대, 불법행위에 의한 손해배상청구권의 경우 피해자가 손해 및 가해자를 안다는 것은 손해 발생 사실뿐만 아니라 그 손해가 가해자의 불법행위로 인하여 발생하였다는 것을 안다는 의미이다. 이처럼 인식한 시점에 시효가 진행되는 인식규범의 경우에는 원칙적으로 기록인식은 배제된다. 그 이유는 기억인식과 기록인식의 동일 취급이 인식 개념 속에 내포된 사실적 인식의 주관적 요소와 인식담당자의 주관적 개인적 요소를 포기하기 때문이다. 따라서 기록인식은 인식담당자의 자동화된 인식이 아니며, 그 결과 법인에 귀속이 가능한 인식은 원칙적으로 인격관련 인식이라고 할 수 있다.49)

(나) 미필적 인식　　법적 주체가 법적으로 중요한 특정 사실을 알지 못했지만 그러한 특정 사실이 존재한다는 것을 예상하였다면 인식 요건이 충족된다. 이러한 미필적 인식은 법적으로 중요한 사실과 관련하여 법적 주체의 확신이 필요하지 않은 점에서 미필적 고의(dolus eventualis)와 구분된다.50) 미필적 인식은 의사(Wille)와 함께 고의를 구성하는 하나의 요소에 불과하며, 고의의 용태는 구성요건 표지의 부분적 요소인 인식이 아니므로 미필적 고의와 구분된다. 이처럼 미필적 인식이 구성요건 표지를 충족하는 인식으로 충분한 경우에 적극적 인식의 기준은 축소된다. 왜냐하면 미필적 인식의 의미에서 완전한 인식이 이미 유일한 구성원에게 존재하는 경우에는 인식 지분의 합산에 대한 문제가 배제될 수 있기 때문이다. 이 경우 구성원의 인식만 법인에 귀속되는지가 문제된다. 그러나 미필적 인식이 구성요건 표지를 충족하는 인식으로 충분하지 아니한 경우에는 인식과 인식가능성의 동일 취급은 허용되지 않으며, 오히려 단순 과실로 인한 부지와의 구분이 문제된다.51)

47) Medicus, Karlsruher Forum 1994, S. 11.

48) 인공지능에 의한 인식 귀속에 대해서 정진명, "인공지능에 의한 의사결정의 법적 문제", 경영법률, 제31집 제2호(2021. 1), 35 이하.

49) Buck(주 2), S. 57.

50) 우리 대법원은 "미필적 고의라 함은 결과의 발생이 불확실한 경우 즉 행위자에 있어서 그 결과발생에 대한 확실한 예견은 없으나 그 가능성은 인정하는 것으로, 이러한 미필적 고의가 있었다고 하려면 결과발생의 가능성에 대한 인식이 있음은 물론 나아가 결과발생을 용인하는 내심의 의사가 있음을 요한다."고 판시하고 있다(대법원 1987. 2. 10. 선고 86도2338 판결).

51) 독일에서 중대한 과실에 의한 부지와 적극적 인식의 구성요건적 동일지위에 대해서는 Sallawitz, Die tatbestandsmäßige Gleichstellung von grobfahrlässiger Unkenntnis mit Kenntnis, ein dogmatische und

(3) 법적 인식의 축소

인식규범 중에는 법적으로 중요한 특정 사실에 대한 인식뿐만 아니라 법적 인식도 존재한다. 법적 인식과 관련하여 어떤 사실에 대한 입증이 쉽지 않다는 것은 똑같다. 그러나 상대방이 확실한 법적 인식을 증명하는 것과 "법의 무지는 해롭다(ignorantia iuris nocet)"는 법원칙의 적용은 법적 인식에 대한 요건을 상대화할 수 있다. 즉, 신중하게 법적으로 인식한 자는 무효의 결과에 대해 생각하지 않거나 법적으로 올바른 평가를 할 수 없는 사람보다 엄격한 책임을 적용해서는 안 된다.[52] 그 결과 법적 인식의 존재에 대한 요구를 축소할 필요성이 있음에도 불구하고 그 이행을 위한 통일된 방법은 없다. 즉, 법적 인식이 요구되는 인식규범과 관련하여 구성요건 표지인 인식을 충족하기 위해서는 단순한 사실적 인식만으로는 충분하지 않다. 사실적 인식과 법적 인식의 동일 취급은 인식규범의 문구 및 입법목적에 위배되므로 법적 인식의 축소는 허용되지 않는다. 다만, 법적 인식의 축소에 대해서는 조건성취에 관한 규정(제150조)이 유추적용될 수 있으며, 이는 법적 의미에서 의제가 아니라[53] 법적 인식에 대하여 반증할 수 있는 입증의 문제라고 할 수 있다.

2. 인식가능성

(1) 인식가능성에서의 과실

인식가능성은 과실로 인하여 일정한 사실을 인식하지 못한 자를 인식한 것으로 취급하므로 그 자체로는 인식의 귀속이 문제되지 않는다. 그 이유는 인식가능성의 경우에 인식은 법적 주체의 사실적 인식이 아니라 의제적으로 존재하는 규범적 인식에 불과하기 때문이다.[54] 그러나 과실에 의한 부지에 객관적 척도를 적용하면 민사법의 과실 개념과의 구분이 문제된다. 민사법의 전형적인 과실은 법적 주체의 주관적 과실이 아니라 거래상 요구되는 객관적으로 유형화된 과실을 말한다. 이러한 객관적 과실의 척도에 따르면 인식가능성은 적극적 인식과 달리 법적 주체의 어떤 사실에 대한 망각을 고려할 필요가 없다. 그 이유는 법적 주체의 과실에 의한 주의의무 위반을 인식규범의 의미에서 적극적 인식과 동일하게 취급하면 이러한 과실 개념에 의해서 인식개념이 축소되기 때문이다. 그러나 인식가능성은 유책성(Verschulden)에서 통상적으로 요구되는 법적 의무의 침해가 없으므로 인식가능성의 근거가 되는 과실 개념은 유책성 의미에서의 전형적인 과실이 아니다. 우리 민법에는 일정한 인식상태를 유지하여야만 인정되

praktisches Problem des Privatrechts, 1973 참조.

52) Buck(주 2), S. 84.

53) 대법원 2021. 1. 14. 선고 2018다223054 판결: 민법 제150조는 사실관계의 진행이 달라졌더라면 발생하리라고 희망했던 결과를 의제하는 것은 아니므로, 이 조항을 유추적용할 때에도 조건 성취 의제와 직접적인 관련이 없는 사실관계를 의제하거나 계약에서 정하지 않은 법률효과를 인정해서는 안 된다.

54) Buck(주 2), S. 33.

는 일반적인 법적 의무가 존재하지 않으며, 또한 특별한 법적 의무의 승인을 위해서 요구되는 선행적인 법률행위 요건도 규정되어 있지 않다. 인식가능성의 경우에 과실에 의한 부지는 특정 용태의무 위반이 문제되지 않으며, 오로지 법적 주체에게 법적 불이익만 준다.[55)]

전형적 의미에서 유책성은 용태의무 위반이 존재하는 곳에서만 가능하다. 하지만 인식가능성이 전제된 인식규범의 경우 법적 주체가 주의를 소홀히 하여 다른 사람을 해하는 용태가 문제되는 것이 아니라 법적 주체가 인식의 단초인 정보에 대한 주의를 소홀히 함으로써 법적 불이익을 가져오는 것이다. 이처럼 인식가능성은 법적 주체의 부주의가 타인의 법익을 침해하지 않는 점에서 타인의 법익에 대한 침해를 요건으로 하는 전형적인 유책성과 구분된다. 그리고 과실에 의한 부지는 그 과실이 하자있는 용태를 요건으로 하는 조문에는 적용되지 않는다.[56)] 예컨대, 점유 권원에 대한 하자있는 부지는 단지 불법 점유취득자의 표상 속에 존재하는 의식상태라고 할 수 있다. 이러한 의식상태 그 자체는 법질서에 반하지 않으며, 또한 위법하지도 않다. 책임에 대한 비난을 위해서는 그것이 불법행위나 고의 또는 과실에 의한 계약위반과 같이 의식에 대한 작위 또는 의무위반의 부작위와 같은 요소가 추가되어야 한다. 이처럼 과실에 의한 부지는 당사자의 유책성을 요건으로 하지 않으며, 또한 자신에 대한 유책성도 아니다. 결론적으로 부지에 대한 과실은 전형적 의미의 과실이 아니며, 어떤 자가 부지로부터 법적 이익을 얻는 것이 정당하지 않다는 입법자의 가치평가에 의한 사정의 합산이라고 할 수 있다.[57)] 그 결과 인식가능성의 경우 법적 주체에게는 인식의 확보가 추정되기 때문에 법적 주체의 과실로 인정되기 위한 객관적 기준은 법적 주체가 인식의 단초인 정보를 고려하는 것을 소홀히 하고, 그리고 이러한 정보에 대하여 적절하고 가능한 조사를 하지 않은 것이라고 할 수 있다.

(2) 인식가능성 관여를 통한 정보에 대한 주의의무 승인

인식가능성은 필연적으로 정보에 대한 주의의무의 원칙적인 관여와 연결된다. 인식가능성의 경우에 과실로 인하여 일정한 사실을 인식하지 못한 것에 대한 비난은 법적 주체에게 정보의 획득, 처리, 저장에 대한 의무가 존재하는 경우에만 가능하다. 그러므로 인식가능성과 결부된 인식규범이 통상적으로 계약과 같은 특별결합관계와 관련되는 경우에 정보에 대한 주의의무는 원칙적으로 보호의무의 특별 모습으로서 성질을 가진다.[58)] 이 경우 법적 주체의 정보에 대한 주의의무는 계약의 목적과 직접적인 관련이 없으며, 상대방에 상응하는 이익의 척도에 따라 추상적이며 상대적으로 계약 이외의 법익을 구체화한 것이다. 이처럼 인식가능성이 예외

55) Huber, “Zivilrechtliche Fahrlässigkeit”, Festschrift für Ernst Rudolf Huber zum 70. Geburtstag, 1973, S. 262.

56) Huber(주 55), S. 262.

57) 같은 취지: Buck(주 2), S. 37.

58) Grigoleit, ZHR 181 (2017), 172.

적으로 계약 이외의 법익에 관여하는 한도에서 인식가능성의 구성요건을 결정하는 거래상의 주의의무의 하나인 조사의무(Nachforschungspflicht)가 적용될 수 있다.

한편, 인식가능성 기준이 주의의무를 확장하는 것 자체가 인식 개념이 인식가능성의 대안으로 기능을 하지 않는다는 것을 의미하지 않는다. 인식을 확정할 경우에 반드시 인식가능성도 인정하여야 하는 것은 아니다. 오히려 인식은 사정에 따라 정상적인 정보의 획득과정에서 벗어난 곳에서도 획득할 수 있다. 이러한 사례로는 미필적 인식이나 사적으로 획득한 인식(Privates Wissen)을 들 수 있다. 이 경우 법적 주체의 결과조사 인식은 적극적 인식이어야 하며, 가정적으로 인식하지 못한 인식가능성은 의무위반으로 항변할 수 없다.[59]

3. 소 결

인식은 내부적 사실이고, 많은 사례에서 보듯이 인식을 입증하는 것이 매우 어렵기 때문에 인식의 확정은 일정한 객관적 사정에 의존하게 된다. 하지만 인식은 순수한 주관적 인식기준을 목표로 삼는 경우에만 인식의 망각이 원용될 수 있으며, 이러한 경우에만 인식가능성이 존재할 수 있다. 이에 반하여 인식 개념의 객관화는 인식의 망각에 대한 원용을 제한한다. 그 결과 인식의 입증에 대한 어려움을 해결하기 위하여 사실적 인식이나 법적 인식과 같은 인식 요소를 축소하는 방안이 고려된다. 예컨대, 미필적 인식을 적극적 인식으로 승인하면 일부 사례에서는 법적 주체에게 인식이 인정된다. 이에 반하여 인식가능성에 대한 인식 요소의 축소는 수많은 사례에서 인식과 관련한 입증의 어려움을 제거할 수 없을 뿐만 아니라 법적 주체가 과실로 인식하지 못한 경우 법적 주체에 대한 구성원의 인식 귀속의 문제를 회피할 수 없도록 한다.[60] 그러나 다수의 인식규범은 사실적 인식을 인식에 대한 남용적인 자기차단(Sich-VerschlieBen)과 동일시한다. 이에 대한 법적 근거로 자신이 행한 사실 상태에 의하여 이익을 얻는 자가 신의성실을 위반하는 경우 불이익을 의제하는 민법 제150조를 준용할 수 있다. 그러나 법적 인식의 축소의 경우에는 과실에 의한 계약상의 부수의무 침해나 일응의 증명(prima-facie-Beweis)에 관한 해결책을 확신할 수 없다. 그 이유는 법적 인식의 객관적 특정은 법적 의미의 의제가 아니라 법적 인식의 위법한 추정을 야기하는 하나의 증거이기 때문이다.[61]

인식 요소의 축소와 인식 개념의 확대를 통해서는 구성원의 인식을 법인의 인식으로 확정할 수 없으며, 인식합산과 정보제공의무도 논의할 필요가 없다. 인식가능성의 경우에 법인에 존재한 정보의 이용의무는 인식 요건이 충족되는 한도에서만 역할을 한다. 그 이유는 인식가능성은 법적 주체가 과실로 정보를 이용하지 못한 것을 의미하기 때문이다. 그 결과 인식가능

59) Grigoleit, ZHR 181 (2017), 173.
60) Buck(주 2), S. 100.
61) Buck(주 2), S. 101.

성의 경우 고유한 법적 의무의 근거가 아니라 과실 요건이 문제되며, 여기서 과실은 인식에 대한 것이므로 유책성과 연계된 통상의 과실개념과 구분된다.

Ⅳ. 인식과 인식 귀속

1. 인식 귀속의 이론적 기초

(1) 인식규범과 인식 귀속

우리 민법은 인식 귀속을 직접 다루고 있는 규정은 없지만, 인식 이외의 것들을 귀속시키는 귀속규범(Zurechnungsnorm)[62]은 여러 곳에 규정되어 있다.[63] 인식 귀속은 다양한 인식규범(Wissensnorm)과 관련되며, 인식규범의 경우에 인식 요소에 대한 요건과 인식 귀속에 대한 요건이 문제된다. 이 가운데서 인식 귀속의 관점에서 제기되는 문제는 본질적으로 일반적인 귀속 원칙으로 해결할 수 없고, 각 인식규범의 특정 요건을 분석하여야 해결할 수 있다. 그 이유는 인식 귀속이 가능한지 그리고 인식 귀속을 위해서 어떤 요건이 필요한지는 인식규범의 의미와 목적에 의하여 정해지기 때문이다.[64] 인식규범은 통상적으로 인식과 인식가능성의 현저성을 직접 규정하고 있지만 인식 요소의 현저성은 몇 개의 규정에서만 간접적으로 규정하고 있다. 이에 대해서 귀속 개념은 법률에 규정되어 있지 않지만 법적 불이익이라는 효과와 법적 주체의 일정한 사실에 대한 관계를 말한다. 따라서 넓은 의미에서 귀속은 용태와 관련한 법적 주체의 책임 또는 법률효과를 말한다.[65] 이 경우 내부적 용태(내부적 의식)가 인과관계 또는 원인 발생과 관련되면 그와 결부된 외부적 용태(행위)가 없더라도 내부적 용태인 인식은 법률효과를 발생시킬 수 있다. 이러한 측면에서 인식 귀속은 민사법에 있어 일반적인 귀속이론의 초석이며,[66] 인식 귀속의 잠재적 연결점이다.

(2) 인식과 인식 귀속

인식은 인식 귀속의 대상으로서 인식귀속 규범의 기본요건이다. 우리 민법에는 법적 주체의 주관적 인식 여부에 따라 법률효과가 정해지는 조항들이 많이 있다. 이러한 조항에 따르면

62) 귀속 규범은 의사표시 귀속, 의사표시 이외의 행위 귀속, 사실적 지배의 귀속으로 구분하는 견해(Medicus, Allgemeiner Teil des BGB, Rd. 896)와 귀속 규범을 의사표시 귀속 규범(대리인)과 용태 귀속 규범으로 구분하고, 후자는 다시 용태 귀속 내에서의 행위만 귀속되는 규범(사용자책임), 용태 및 관련 유책성도 함께 귀속되는 규범(이행보조자책임, 법인의 불법행위책임), 점유귀속 규범으로 구분하는 견해(Larenz/Wolf, Allgemeiner Teil des Bürgerlichen Rechts, 9. Aufl., 1994, § 46 83-88(S. 851 f.))가 있다.

63) 송호영(주 1), 93; 이병준(주 1), 104; 정신동(주 1), 3.

64) 개별 인식규범의 해석만으로 인식 귀속의 문제를 해결하려는 시각은 우리 민법의 제정과정에서 모델로 참조되었던 독일 민법의 입법 및 해석에서도 주목을 받은 바 있다고 한다(정신동(주 1), 11).

65) 이러한 맥락에서 인식 귀속의 문제는 인식의 문제를 넘어 행위책임과 관련하여 조망하여야 한다는 견해가 있다(Grigoleit, ZHR 181 (2017), 166 ff.).

66) Buck(주 2), S. 108.

법적 주체가 어떤 사실을 알고 있으면 법적으로 불리한 법률효과가 발생하므로 어떤 사실에 대한 인식 여부는 법적 주체에게 중요한 의미가 있다. 이 경우 법적 주체가 어떤 사정을 알고 있다는 것이 무엇을 의미하는지가 문제되며, 특히 귀속의 대상으로서 인식이 무엇인지를 밝히는 것이 필요하다. 인식은 실제로 존재하는 사실에 대한 인지를 의미하는 반면, 인식 귀속은 이에 대한 규범적 평가를 동반한다. 인식 귀속은 실제로 존재하는 인식이 법적 주체와 인식담당자의 분리로 인해 확장되는 특성이 있으며, 이 경우 법적 주체가 스스로 인식을 획득하지 못하였다고 하더라도 인식담당자의 인식이 법적 주체에게 귀속하게 된다.[67] 이와 관련하여 법적 주체가 어떤 사실을 인식하는 것과 타인이 인식한 것을 누군가에게 귀속시키는 것[68]은 다른 차원의 문제[69]이므로 인식 개념은 인식 귀속 문제를 해결하기 위한 전제조건이 아니라는 견해가 있다.[70] 그러나 인식 개념이 확대되면 인식이 인정될 여지가 크므로 타인의 인식을 귀속시킬 필요성이 적고, 이와 반대로 인식 개념이 축소되면 인식이 부정될 여지가 크므로 그만큼 타인의 인식을 귀속시킬 필요성이 커진다. 이처럼 인식 영역과 인식 귀속 영역은 서로 상관관계(Interdependenz)를 가진다.[71] 다만, 인식 개념은 법적 주체가 어떤 사실에 대하여 인식을 하였는지에 대한 판단으로서 법적 주체의 책임 귀속과 관련되는 반면, 인식 귀속은 타인의 인식을 법적 주체의 인식으로 의제하는 것이므로 인식규범의 귀속 구조에 차이가 있다 .

인식 귀속에 관한 법교리적 근거로는 분업에 의한 인식의 확대가 법인, 조직 또는 정부에게 특권을 주어서는 안 된다는 것이다.[72] 즉, 법인이나 조직은 자연인과 마찬가지로 모든 필수적인 정보에 대하여 지속적인 통제를 보장하는 운영 및 조직상의 위험을 부담하며,[73] 한편으로는 그들이 법인이나 조직이기 때문에 상대방보다 더 나은 지위를 가져서도 안 되며, 다른 한편으로는 더 나쁜 지위를 가져서도 안 된다는 것이다. 나아가 법인이나 조직의 상대방은 기관 또는 기관구성원의 인식이 법인이나 조직에 전달될 것이라고 신뢰하므로 이러한 상대방의 정당한 신뢰는 보호되어야 한다는 것이다. 특히 법인이나 조직과 거래한 상대방이 자연인과의

---

67) MüKoBGB/Schubert, 8. Aufl., 2018, § 166 Rn. 50.

68) 인식 귀속은 법적 주체가 자기 자신의 인식을 귀속시키는 자기 귀속(Eigenzurechnung)과 타인의 인식을 귀속시키는 타인 귀속(Fremdzurechnug) 내지 제3자 귀속으로 구분된다. 이 가운데서 인식 귀속은 타인 귀속의 의미로만 사용되는 것이 원칙이다(정신동(주 1), 6).

69) Taupitz, "Wissenszurechnung nach englischem und deutschem Recht", in: Karlsruher Forum 1994, S. 17 ff.

70) Baum(주 12), S. 29.

71) 이병준(주 1), 105 각주 11; Buck(주 2), S. 25; Taupitz, Karlsruhe Form 1994, S. 29.

72) 인식 귀속에 관한 법교리적 근거를 우리 민법 제166조 제1항의 가치평가에 적용하는 견해로는 정신동(주 1), 17 이하.

73) 법인이나 조직에 있어 분업이 필연적으로 정보폭발을 가져오고 그 결과 법인이나 조직에서 인식 취약성을 감소시켜야 한다는 주장은 납득할 수 없으며, 오히려 분업화된 조직에 의하여 인식 위험(Wissensrisiko)이 높아진 것이 주된 원인이라고 한다(Grigoleit, ZHR 181 (2017), 192).

거래를 비교하였을 경우에 더 불리한 지위에 처해서는 안 된다는 동일지위(Gleichstellung) 논거는 인식 귀속을 정당화하는 반면, 동시에 인식 귀속을 제한하는 역할도 한다.[74] 즉, 분업을 기반으로 하는 법인이나 조직은 그들의 기관 또는 기관구성원의 법률행위나 준법률행위에 직접 관여하지 않은 경우에도 분업과 관련한 위험에 대해서 기관 또는 기관구성원과 연대하여 책임을 져야 한다. 그 이유는 법인이나 조직의 기관 또는 기관구성원은 인식분할에 따른 책임을 상대방에게 전가해서는 안 되며, 그 한도에서 거래상 요구되는 주의의무(정보의 전달 및 조사의무)에 근거하여 인식 귀속이 이루어져야 하기 때문이다.[75] 한편, 법인이나 조직 내에서 인식합산이 이루어진다고 하더라도 언제나 기관 또는 기관구성원의 인식이 모두 법인이나 조직에게 귀속된다고 할 수 없다. 이 경우 인식합산은 신의성실의 원칙에 따라 정보의 전달 및 조사의무가 존재하는지의 여부 및 이러한 의무의 사정거리를 고려하여 판단하여야 한다.

(3) 인식가능성과 인식 귀속

인식가능성이 언제 존재하는가의 문제는 인식 귀속의 결과도 포함한다. 법인이나 조직의 경우 인식가능성이 확정되어야만 조직구성원의 인식가능성을 법인이나 조직에 귀속시킬 것인지를 결정할 수 있다. 그 이유는 인식가능성에 대한 결정적인 기준이 조직구성원에게 존재하는 인식지분 자체의 중요성에 대한 문제를 포함하고 있기 때문이다.[76] 그런데 인식가능성의 존재에 대한 문제는 기관구성원과 대리인 간에 차이가 있다. 기관구성원의 경우 객관적으로 존재하는 인식가능성에 대한 요건이 대리인의 경우보다 훨씬 더 높다. 기관구성원은 내부적인 대리업무와 추가로 외부에 대한 사무처리 의무도 있으므로 그에게는 어느 정도 총체적 관점에서 인식가능성이 기대되며, 그 결과 인식가능성에 대한 비난은 대리인보다 더 높다고 할 수 있다.[77] 다른 한편, 아주 드문 경우이지만 법적으로 중요한 사정에 대한 망각이 기관구성원 또는 대리인에게 원용된다. 그 이유는 인식가능성은 법적 주체가 실제로 어떤 사실을 알았는지가 아니라 그가 과실로 알지 못한 것의 문제이기 때문이다.[78] 이처럼 인식가능성에 의한 귀속은 엄밀한 의미에서 인식 귀속과 구별되지만 법률이 법률효과 차원에서 동일한 것으로 평가하고 있으므로 인식가능성에 의한 귀속은 인식 귀속을 확장하는 결과를 가져온다.[79]

(4) 인식 귀속과 인식 확장

인식 귀속은 타인이 인식한 것을 법적 주체가 인식한 것으로 보는 것으로서 인식규범이 요구하는 적극적 인식을 법적 주체의 주관적 판단이 아니라 일반인을 기준으로 판단하는 것을

74) Medicus, Karlsruher Forum 1994, S. 15.
75) MüKoBGB/Schubert, 8. Aufl., 2018, § 166 Rn. 49.
76) Buck(주 2), S. 46.
77) Buck(주 2), S. 37.
78) Buck(주 2), S. 45.
79) Buck(주 2), S. 46

말하는 인식 확장(Wissensfortwirkung)과 구분된다.[80] 즉, 인식 귀속은 본인이 실제로 인식한 것이 아님에도 불구하고 본인이 인식한 것으로 보는 반면, 인식 확장은 본인이 어떤 사실을 "인지하여 알고 있는가"가 아니라 일반인을 기준으로 어떤 사실을 "인식하고 있다고 볼 수 있는가"가 문제된다. 인식 확장에 대한 이론적 근거는 일반인이 알 수 있었던 것은 본인이 안 것과 똑같이 본다는 의미이며, 이 경우 본인이 실제로 어떤 사실을 인식하였는지는 문제가 되지 않는다. 이러한 점에서 인식 확장은 인식 귀속과 구분되지만, 양자 모두 규범적 가치평가에서 벗어날 수 없다는 점에서는 동일하다. 특히 법적 주체의 인식 여부를 결정하는 데 있어 법적 주체가 실제로 인식하였는지를 판단하는 것이 우선하여야 하지만 이에 대한 입증과 관련하여 규범적인 가치평가가 중요한 역할을 하기 때문에 인식 귀속은 인식 확장과 밀접한 연관성을 가진다.

2. 인식 귀속의 문제

인식 귀속은 다양한 인식규범과 관련되며, 각 인식규범은 다양한 문제를 제기한다. 인식규범의 체계는 적극적 인식 또는 고의(기망)와 같은 절대적 인식 요소와 인식가능성 및 과실 또는 중과실로 인식하지 못한 부지 사이에 차이가 있다.[81] 그러므로 인식 귀속의 문제를 해결하기 위해서는 다음의 문제를 고려하여야 한다.

첫째, 인식 귀속과 인식 요건 사이의 긴장관계에 대한 고려이다. 인식 귀속의 허용 또는 관여는 그와 관련된 인식규범의 기준에 좌우되므로 인식 귀속은 독립된 귀속 문제로 다룰 수 없다.[82] 예컨대, 인식규범은 대체로 법적 주체의 인식 있는 행위와 결부되지만, 분업화된 조직에서 어느 한 사람이 행위하고 다른 사람이 인식한 경우에는 인식 요건은 인식 귀속을 통하여 충족될 수 없다. 이처럼 행위와 인식 사이에 분열이 생기는 경우에 이를 인식 귀속의 방법으로 상쇄하게 되면 인식규범은 숨겨진 방식으로 수정될 위험에 놓이게 된다.[83] 이는 무엇보다도 절대적 인식규범이 요구되는 경우이며, 소극적 규율방식인 인식가능성에는 적용되지 않는다. 이처럼 인식 귀속의 문제는 일반적인 귀속원칙에 의하여 해결될 수 없으며, 인식 귀속을 통한 인식기준의 보완은 각 인식규범의 숨겨진 수정을 통해서 이루어질 수 있다.[84] 그러므로 인식 귀속의 문제는 항상 인식 귀속을 통하여 인식 요건의 주관적 흠결을 제거할 수 있는지를 검토

80) Taupitz, Karlsruher Forum 1994, S. 17 ff.

81) Grigoleit, ZHR 181 (2017), 168-169.

82) 이처럼 인식 귀속은 인식규범으로부터 직접 도출되어야 하고, 개별 귀속규범에 의한 귀속원칙은 부인되어야 한다는 견해도 있다(Prölss, "Wissenszurechnung im Zivilrecht unter besonderer Berücksichtigung einer Zurechnung zu Lasten des Versicherungsnehmers", in: Liber Amicorum für Detlef Leenen zum 70. Geburtstag, 2012, S. 229 ff.).

83) Grigoleit, ZHR 181 (2017), 166.

84) Grigoleit, ZHR 181 (2017), 166.

하는 데서 시작하여야 한다.

둘째, 인식 귀속에 대한 실정법적 규정의 흠결이다. 현재 인식 귀속에 대한 명확한 실정법적 규정은 민법 제116조이며,[85] 인식 귀속의 관점에서 끌어드릴 수 있는 그 이외의 실정법적 규정은 민법 제35조[86]와 제391조이다. 하지만 이들 규정은 인식 귀속의 기본요건을 규정한 민법 제116조와 현저한 차이가 있다. 이들 규정은 손해배상의무가 부과된 용태의 귀속을 규정하고 있으며, 넓은 의미의 인식 귀속에서 제기되고 있는 행위와 인식의 분리 문제는 다루지 않는다. 이들 규정은 용태 기여분과 그것과 관련된 고의나 과실의 주관적 요소를 전제로 하며, 일반적으로 용태합산(Verhaltenszusammenhang)은 고려하지 않는다. 이들 규정의 토대가 되는 민법상 책임 귀속은 기관 또는 보조자가 독자적으로 손해배상청구의 모든 요건을 완전히 충족시킬 것을 전제로 한다. 이에 대하여 인식 귀속은 개별적인 법적 주체와 인식담당자가 분리되는 범위에서 인식 개념이 확장되는 경향이 있다.[87] 예컨대, 분업화된 조직에서 처리될 수 있는 인식은 잠재적으로 이러한 인식을 하지 못한 자의 기여분과 법적 주체의 책임을 결합시킬 가능성이 크다. 이처럼 인식 귀속은 인식 개념을 확장하는 경향이 있는 반면, 민법상의 책임원칙은 권리를 확정하는 방법으로 책임 귀속을 제한하기 때문에 양자는 가치평가 관점에서 구분된다.

셋째, 인식 귀속은 법률에 일반규정이 없으므로 법원칙이 일정한 역할을 한다. 하나는 개별적인 자연인과 분업화된 조직이 인식책임의 관점에서 서로 동등하다는 '동일지위' 원칙이다. 다른 하나는 조직의 규칙에 따른 의무를 전제로 하여 분업화된 조직이 개인에 대한 특권을 회피하기 위하여 이러한 조직의무를 부담하여야 한다는 소위 '인식책임론'이다.[88] 하지만 인식 귀속을 위한 법원칙은 매우 제한적인 범위에서만 인식에 대한 책임을 감당할 수 있다. 즉, 인식 귀속원칙은 민법 제116조 제1항처럼 대리인의 모든 인식을 귀속하는 것이 아니라 사적으로 얻은 인식은 제외하고 업무수행을 통하여 인식한 것만 법적 주체에게 귀속한다.[89]

3. 인식 귀속의 법형성적 규범수정

(1) 인식 귀속의 실정법적 규율

법적 불이익이 법적 주체의 적극적 인식에 의해서만 발생하는 경우에 소극적인 규율배치와 마주하게 된다.[90] 우리 민법은 소극적인 규율로서 인식가능성을 규정하고 있으며, 입법자

85) 이러한 견해로는 이병준(주 1), 108 이하; 정신동(주 1), 3 이하.

86) 우리 민법 제35조가 인식 귀속의 근거가 될 수 있다는 견해로는 남대하, "법인 대표자가 법인 직원과 공동으로 불법행위를 한 경우 법인의 인식에 관한 검토", 재판과 판례, 제13집(2005), 374.

87) Grigoleit, ZHR 181 (2017), 168.

88) 독일의 판례에서 발전된 인식책임론(Die Lehre von der Wissensverantwortung)은 실정법적 근거 및 법이론 측면에서 우리나라의 사정과 차이가 있으므로 인식 귀속의 근거에 대한 문제는 향후 과제로 미룬다.

89) 송호영(주 1), 64; 이병준(주 1), 106.

90) 이러한 연계를 절대적 인식기준으로 그리고 해당 규범은 절대적 인식규범으로 표시하기도 한다.

가 특정 법률효과를 단독적인 인식기준에 의존하도록 한 것은 해당 법률효과와 관련하여 인식가능성과의 연관성도 고려한 것으로 볼 수 있다. 즉, 입법자가 특정 법률효과와 관련하여 인식가능성이 필요하지 않다고 한 것은 법적 주체가 인식의 단초인 정보와의 관계에서 어떠한 의무도 부담하지 않는다는 것을 의미한다. 왜냐하면 인식가능성은 법적 주체가 인식하지 못한 것(Nicht-Wissen)에 대한 규율이므로 입법자가 적극적인 '결과조사 인식'을 요구하는 경우에 인식할 수 있었다고 하는 규율은 필요하지 않기 때문이다. 그 결과 입법자가 적극적 인식을 특정한 것은 상대방의 이익을 위한 것으로 볼 수 있는 정보에 대한 주의의무, 예컨대 정보의 획득, 처리, 저장에 대한 의무를 배제하는 의미에서 규율배치와 대조를 이룬다.[91]

적극적 인식의 특정은 각 인식규범의 평가 형태를 반영하며, 당사자의 보호 가치에 관한 특정 판단에 근거한다. 예컨대, 적극적 인식규범을 부담하는 당사자(인식주체)는 상대방과의 관계에서 원칙적으로 상대방이 이를 위하여 어떤 비용도 부담하지 않는 한도에서 보호 가치가 있다.[92] 이 경우 실제적인 인식의 획득은 인식주체의 상대적 보호 가치의 한계로 나타난다. 즉, 인식주체는 그가 가용할 수 있는 인식에 기초하여 보호되므로 상대방보다 보호 가치가 상대적으로 낮다. 그리고 인식주체는 어떤 비용도 부담하지 않고 자신의 법률영역 또는 이익영역을 보호할 수 있으므로 스스로 법적 불이익을 회피하여야 한다. 이처럼 인식주체는 해당 인식규범이 예정하고 있는 법적 불이익만 부담하면 된다.

적극적 인식의 특정은 법적 주체에게 현저한 우연적 요소를 부담할 것을 요구한다. 인식귀속의 경우에 법적 불이익은 인식주체의 결과조사 인식에 달려있기 때문에 법적 불이익을 부담하는 당사자는 이러한 조사를 입증할 동기를 가진다. 그러므로 적극적 인식규범은 인식의 획득이 철저하게 비정상적으로, 예컨대 사적인 방법으로 획득된 때에도 특정된다. 반면에 적극적 인식규범은 통상의 사정하에서 인식이 있는 것으로 고려될 수 있는 경우 및 인식하지 못한 것이 인식주체의 중대한 과실로 인한 경우에는 특정되지 않는다.[93]

(2) 법형성적 규범수정으로서 인식합산

인식 귀속의 시금석은 적극적 인식과 관련된 인식규범이며, 인식가능성에 대해서는 적용되지 않는다. 여기서 인식 관련 사항의 경과에 책임이 있는 자연인에게 그에 대한 인식이 존재하지 않는 경우에 인식 귀속이 그에 대한 법적 요건을 충족시킬 수 있는지가 문제된다. 이에 대한 본보기가 민법 제116조 제1항이며, 대리인이 의사표시를 하면 그는 인식 요소에 대한 표준적인 행위의 경과도 통제하는 것으로 본다. 이처럼 인식 귀속이 인식주체와 인식담당자가 분리되었음에도 불구하고 적극적 인식 요건을 요구하는 경우에 인식 귀속의 문제는 해결할 수

91) Grigoleit, ZHR 181 (2017), 170.

92) 이러한 규율 모습을 주의의무의 비효율성 관점에서 경제적 전망으로 기술하기도 한다(Wagner, "Wissenszurechnung: Rechtsvergleichende und rechtsökonomische Grundlagen", ZHR 181 (2017), 230 ff.).

93) Grigoleit, ZHR 181 (2017), 172.

없다. 이러한 측면에서 인식합산은 인식하지 못한 행위의 개입과 관련하여 인식 개념의 확대라고 할 수 있고, 소극적인 규율 질서의 제한과 관련하여서는 인식 요소의 축소라고 할 수 있다.94)

인식합산은 법률효과 발생에 필요한 인지가 다수의 자연인의 인식 요소와 결합하여 충족되는 경우이다. 예컨대, 법인은 자연인과 달리 다수의 이사가 각자 법인의 사무를 처리하는데, 이들이 사무를 처리하는 과정에서 얻은 인식을 조직 전체의 관점에서 법인의 인식으로 볼 수 있는지가 문제된다.95) 또한 법인은 동일성을 유지하면서 존속하는 반면, 법인을 구성하는 자연인은 시간의 흐름에 따라 선임과 퇴임 절차를 통해 변경되는 것이 일반적이다. 이 경우 퇴임한 이사의 인식이 법인에 귀속되었다면 새로운 이사가 선임된 경우에도 퇴임한 이사의 인식을 여전히 법인의 인식으로 볼 수 있는지가 문제된다.96) 전자를 기관 사이의 수평적 인식분할(Wissensaufspaltung)이라고 하고, 후자를 기관구성원 사이의 수직적 인식분할이라고 한다.97) 이 경우 분업화된 조직의 기관 또는 기관구성원이 가진 인식 귀속을 '인식합산(Wissens-zusammenhang)'이라고 하며, 다른 부서 또는 다른 기관이 가진 부분인식(Teilwissen)의 통합이라고 할 수 있다. 인식합산에 대한 논거는 분업화된 조직이 조직의 분업화로 인하여 어떤 이익을 얻었다면 그 상대방이 자연인과 거래하였을 경우와 비교하여 결코 불리한 지위에 놓여서는 안 된다는 '동일지위' 논거에 근거한다. 인식합산에서 부분인식 그 자체는 서로 연관성이 없지만, 부분인식을 통합한 결과 일정한 법률효과가 발생한다. 이 경우 부분인식이 조직에 귀속되는 한도에서 원칙적으로 합산된 인식에 대해서도 자연인과 동일한 기준이 적용되어야 하며, 인식담당자가 법률행위에 책임이 있는 한도에서 인식합산이 인정된다.98)

인식합산은 기관 사이의 수평적 인식분할의 경우 원칙적으로 사무를 처리한 기관의 인식만이 법인에 귀속된다. 만일 기관의 인식이 모두 법인에 귀속된다면 인식 범위가 너무 넓어지게 되어 법인은 사실상 인식 귀속에 대해서 무과실책임을 부담하는 결과가 된다.99) 하지만 인식합산은 다른 기관이 조직의무를 위반하여 그가 인식한 중요한 정보를 해당 사무를 처리하는 기관에게 전달하지 않은 경우에도 마치 정보가 전달된 것처럼 사무를 처리한 기관의 인식이 법인에 귀속된다.100) 그 이유는 조직 내에서 정보 교환이 가능하고, 그리고 조직의무가 명백한 경우에 어느 기관의 인식이든지 사무를 처리하는 기관에게 전달되었을 것으로 예상할 수 있기 때문에 그러한 인식은 법인에게 귀속된다. 이와 달리 기관구성원 사이의 인식분열은 다시 수

94) Grigoleit, ZHR 181 (2017), 178.

95) 송호영(주 1), 218; 김연미, "유동화회사의 인식의 귀속문제 —대법원 2011. 4. 28. 선고 2009다47791 판결—", 상사법연구, 제32권 4호(2014. 2), 322.

96) 이병준(주 1), 104.

97) Schwab, "Wissenszurechnung in arbeitsteiligen Organisationen", JuS 2017, 482.

98) MüKoBGB/Schubert, 8. Aufl., 2018, § 166 Rn. 62.

99) 송호영(주 1), 64.

100) Taupitz, Karlsruher Forum 1994, 28.

평적 인식분열과 수직적 인식분열로 구분할 수 있다. 전자의 경우 전임자가 자신이 알고 있는 사무 관련 정보를 후임자에게 전달하여야 함에도 불구하고 그러하지 않은 채 퇴임하였고, 후임자가 이러한 정보를 알지 못한 상태에서 법인을 위한 사무를 처리한 경우 전임자의 인식이 법인에 귀속되는지가 문제된다. 자연인은 그가 이전에 인식한 것을 망각할 수 있지만, 법인의 경우 전임자가 인식한 모든 것이 퇴임과 동시에 법적으로 소멸한다고 볼 수 없으므로 동일지위 논거는 적합하지 않다. 법인의 경우 자연인과 달리 전임자가 사무처리를 위해 중요한 정보를 보관하고, 이러한 정보는 후임자에게 전달되며, 후임자가 관련 사무를 처리하는 경우에 이러한 정보를 조사할 것이라는 거래상의 기대가 가능하므로 이러한 정보에 대한 인식은 법인에 귀속된다.[101] 후자의 경우 퇴임한 전임자의 인식이 법인에 귀속되는지는 전임자가 정보를 보관하고 후임자가 나중에 이를 조사할 의무가 있는지, 이러한 정보는 언제까지 보관하여야 하는지, 그리고 법인이 정보의 보관 및 전달에 대한 조직의무를 다했는지에 달려있다.[102]

결론적으로 인식합산은 인식규범 속에서 사실적 인식이 충족되는 경우에만 배타적으로 인정된다. 그러므로 법적 인식 요소의 축소가 확대할수록 인식합산은 그만큼 넓어진다.[103]

(3) 법형성적 규범수정의 가능성과 한계

적극적 인식에 대한 법형성적 규범수정은 선험적으로 배제되지는 않지만 엄격한 근거가 필요하다. 인식 귀속과 관련하여 동일지위 논거 내지 분업화된 조직의 인식책임이 모든 적극적 인식규범에 대해서도 일반화될 수 있다. 그러나 이러한 근거들은 적극적 인식에 대한 법형성적 규범수정에 대하여 충분한 정당성을 부여하지 못한다.[104] 예컨대, 개별 자연인과 분업화된 조직은 인식결합과 관련하여 서로 비교할 수 없으므로 동일지위 논거는 확고하지 못하다. 또한 주의의무 위반에 대한 원칙적인 과실책임도 적극적 인식규범의 상대화에 대한 충분한 근거가 되지 못한다. 왜냐하면 주의의무는 각 인식규범의 문맥과 더 가깝고, 일반적인 주의의무와 비교하여 더 특별하기 때문이다. 그러므로 적극적 인식에 대한 법형성적 규범수정은 각 인식규범의 검증을 통하여 정당화할 수 있다. 이러한 정당성 기준은 각 인식규범의 규범적이고 경험적인 문맥에서 나타나는 규범 상황의 변화에 따라 형성될 수 있다.[105] 예컨대, 어떤 사실에 대한 인식이 기간의 기산점이지만 절대적인 권리소멸의 효력을 가지지 않는 경우 적극적 인식에 대한 법형성적 규범수정의 요구는 상대적으로 사소하다. 그러나 인식이 중요한 법적 지위를 배제하거나 손해배상청구권의 요소로서 발현되는 경우에 인식에 대한 법형성적 규범수정의 요구는 상대적으로 명백하다. 나아가 적극적 인식의 법형성적 규범수정의 가능성은 인식

101) 이병준(주 1), 114; Schwab, JuS 2017, 484.
102) Schwab, JuS 2017, 487.
103) Buck(주 2), S. 26.
104) 이러한 비판적 견해로는 Grigoleit, ZHR 181 (2017), 179.
105) Grigoleit, ZHR 181 (2017), 178.

주체와 인식담당자의 대응관계를 통하여 설정할 수 있다. 만일 이러한 대응관계가 없다면 적극적 인식의 법형성적 규범수정은 법관법에 의하여 이루어지게 된다.

한편, 인식 귀속을 위한 법형성적 규범수정은 체계합치적으로 제한된 범위에서 인정되어야 한다. 인식분할의 경우 인식주체가 부담하는 법률효과의 주관적 정당성은 인식주체가 통상적인 경우에 인식규범의 기준에 따라 부담하는 주관적 정당성과 동일하지 않다. 그 한도에서 인식규범이 인식 귀속을 허용하는 경우 이는 법형성적 규범수정이라고 할 수 있다. 그 근거로는 인식담당자의 인식을 인식주체의 인식으로 역추론하는 것과 사실적 인식을 잠재적인 인식담당자의 남용적인 자기차단과 동일시하는 것을 들 수 있다.[106] 이러한 법적 모습은 분업화된 조직의 인적 지엽성으로부터 임의의 인식 귀속을 허용하지 않는다. 그러므로 법형성적 규범수정은 인식주체의 개연성과 인식담당자의 남용성 기준을 통하여 제한적으로 적용하여야 할 것이다.

4. 소 결

인식 귀속의 문제는 적용 가능한 귀속 원칙을 찾는 것이 아니라 법적 주체가 언제 자신에게 귀속될 수 있는 인식 또는 인식가능성을 가졌는지에 달려있다. 그런데 민법에서 인식 또는 인식가능성을 고려하는 결정적인 요소는 자연인의 경우에는 문제되지 않는다. 그 이유는 민법은 다양한 유형의 인식 귀속 규정을 가지고 있을 뿐만 아니라 타인의 인식을 법적 주체의 인식으로 귀속시키는 규범도 가지고 있기 때문이다. 그러나 타인이 인식한 것을 법적 주체가 인식한 것으로 다루는 타인귀속(Fremdzurechnung)의 경우에는 그 논리적 구조와 사정거리가 문제된다. 이는 주관적 요소와 객관적 요소를 통해서 인식을 얼마나 멀리까지 귀속시킬 수 있는지에 달려있으며, 이에 대한 결정적인 기준은 인식 개념과 인식 귀속 사이의 관계에서 허용될 수 있는 상대화 정도에 따른다.

인식 귀속을 위한 시금석은 적극적 인식과 관련된 인식 요소이며, 인식가능성은 그 대상이 아니다. 인식가능성의 경우 과실의 척도는 본질적으로 객관적이며, 합산할 수 있는 인식 요소의 주관적 특성을 결여한다. 그 결과 인식과 관련하여 인식주체와 인식담당자의 분리가 발생하지 않게 되므로 인식 귀속의 문제는 생기지 않는다. 이와 대조적으로 인식과 관련하여 인식주체와 인식담당자가 분리되었음에도 불구하고 절대적 인식기준을 요구하면 귀속의 문제를 해결할 수 없다. 그 이유는 인식분할은 해당 규범의 직접적인 적용영역 밖에 있기 때문이다. 그 결과 인식분할의 경우에 해당 규범의 적용은 법형성적 수정에 의할 수밖에 없으며, 이러한 수정은 제한된 요건하에서 이루어져야 한다. 즉, 인식 귀속을 위한 법형성적 규범수정은 각 규범의 규범적이며 경험적인 문맥에서 도출될 수 있는 규범 전환의 관점에서 체계합치적인 제도로서 그 효력을 고려하여야 한다.

---

106) Grigoleit, ZHR 181 (2017), 199.

V. 맺 음 말

우리나라에서 인식규범을 포괄적으로 체계화하고자 하는 시도는 지금까지 없었으며, 인식규범은 극도로 이질적이므로 체계화하기 어렵다. 그러므로 인식과 인식가능성의 연계와 관련하여 일관된 인식 개념을 따라야 한다는 전제도 유지하기 어렵다. 그러나 절대적인 인식에 대한 법형성적 규범수정 가능성을 어떻게 평가하든 관계없이 인식 요건을 개별적으로 그리고 체계적으로 검토하는 것은 의미있는 일이다. 그 이유는 인식 개념의 체계성 결여와 인식 귀속을 통해 인식규범을 수정하려는 실무의 노력은 법정책적으로 절대적 인식규범에 대한 적응의 가능성을 검토할 동기를 제공하기 때문이다. 이 경우 기존의 절대적인 인식 요건이 여전히 시대적으로 적합한지 또는 인식가능성 기준을 통해서 보완되어서는 안 되는 정도를 고려해야 한다. 이를 통하여 절대적인 인식기준에 대한 증명의 어려움을 해결할 수 있으며, 과실이나 중대한 과실의 개방 및 이와 결부된 객관화는 이러한 관점을 개선할 수 있을 것이다.

이 글을 마치며, 법학을 일생을 걸 만한 大業으로 여기고 연구와 강의를 해 오신 양창수 선생님의 "「민법학」이 어떠한 성질의 학문인가, 무엇을 궁극적인 목표로 하는 것인가, 거기에 도달하기 위하여는 어떠한 대상을 어떠한 방법으로 다루어야 하는가 등의 문제에 대한 투철한 의식이 필요하다"는 말씀[107]과 "독일법학이 가장 훌륭하게 발달하였다고 해서 우리에게 독자적인 이론 개척의 '손쉬운 의거처'가 된다고 말할 수 있는가"라는 물음[108]을 되새겨 본다. 이러한 물음에 대해서는 그 대답을 머뭇거릴 수밖에 없다. 다만, 우리 민법에 대한 개념 정립과 체계적 해석이라는 과제는 민법학의 기본원리에 대한 성찰이라는 측면에서 매우 중요하다고 생각하며, 이 글이 양창수 선생님의 민법학에 대한 애정과 열의, 그리고 지도해주신 노고에 미력하나마 부응했으면 하는 바람이다.

107) 양창수, "민법 시행 60년: 회고와 전망", 민사법학, 제93호(2020. 12), 515.
108) 양창수(주 107), 498.

근저당권의 피담보채무 확정에 관한 대법원 판결의 비판적 검토

제 철 웅*

Ⅰ. 문제제기

(1) 민법 제357조는 '채무의 최고액만을 정하고 채무의 확정을 장래에 유보'하고 저당권을 설정할 수 있도록 하고 있다. 동조는 이때의 저당권을 근저당권이라고 명명하고 있다. 이로써 근저당권은 피담보채권 없는 저당권의 성립과 존속을 부정하는 민법 제369조의 저당권의 부종성에 대한 중대한 예외가 된다. 또한 민법 제369조는 저당권의 양도 없이 피담보채권만의 양도가 있을 때 저당권이 소멸하는 근거규정으로 기능하기도 하는데, 근저당권은 근저당권과 피담보채권의 분리양도를 가능하도록 하고 있다(민법 제357조 제1항 제2문). 동조 제1항 제2문을 반대해석하면 '채무의 확정'이 있은 후 채무가 소멸되면 근저당권도 소멸하고, 채무가 이전되면, 채권 양도의 당사자 사이에 다른 합의가 없으면, 근저당권도 이전하는 것으로 해석하게 된다. 즉 '채무의 확정'이 있으면 근저당권은 통상의 저당권의 특성을 그대로 보유하게 된다. 통상의 저당권과 차이가 있다면 피담보채권의 범위에 관한 민법 제360조의 적용 대신 민법 제357조 제1항, 제2항이 우선적용된다는 점이다. 즉 근저당권 설정의 당사자가 합의한 '채무의 최고액' 만큼의 피담보채권이 근저당권에 의해 담보된다. 그 최고액에 채무의 이자도 산입될 뿐 아니라(민법 제357조 제2항), 그 밖에 당사자가 담보하기로 합의한 채무가 포함된다.[1] 당사자의 합의가 없다면, 민법 제360조에서 정한 위약금, 채무불이행으로 인한 손해배상 및 근저당권 실행비용을 담보하는 것으로 해석할 수 있을 것이다. 근저당권도 저당권의 일종이기 때문이다.[2] 몇 가지 차이를 제외한다면 근저당권과 저당권은 법적 성격이 동일하다고 할 수 있다. 그런데 근저당권과 저당권을 구분짓는 요소인 근저당권에 의해 담보되는 '채무의 확정'은 언제, 어떻게 하는지에 관하여 민법은 아무런 규정을 두지 않는다. 이 부분은 해석에 맡겨져 있는 셈인데, 이를 어떻게 해석하여야 할 것인지는 법해석학에서의 중요한 과제이다.

---

* 한양대학교 법학전문대학원 교수.

1) 대법원 2019. 5. 30. 선고 2016다221429 판결의 사안에서는 우선변제받기로 하는 채권의 순서에 관하여 당사자 사이에 미리 합의하였다.

2) 대법원 2010. 5. 13. 선고 2010다3681 판결 참조.

공동저당에서도 공동근저당권이 빈번하게 활용되는데, 여기서도 동일한 문제가 있다. 공동저당은 "동일한 채권"의 담보로 수개의 부동산에 저당권을 설정한 것을 말하는데(민법 제368조 제1항), 공동근저당권은 공동저당의 일종으로서 '채무의 최고액만'을 정하되 담보되는 "동일한 채권"의 확정을 장래에 유보한 것을 의미한다. 이때 '동일한 채권'을 언제, 어떻게 확정할 것인가에 대해서도 민법은 침묵하기 때문에 이에 대한 해석이 중요한 과제가 된다.

(2) 이 글은 양창수 교수님의 지도로 서울대 법학대학원에서 석사학위와 박사학위를 받은 필자가 교수님의 고희 기념 논문집에 헌정하기 위해 작성되었다. 이 글에서는 서울대 법학대학원에서 석사 및 박사 과정을 이수하면서 필자가 교수님으로부터 배우고 깨우친 바를 토대로 근저당권의 '채무의 확정'을 언제, 어떻게 하여야 할지에 대한 그동안의 해석, 특히 대법원 판결에 나타난 해석론을 비판적으로 검토하고자 한다. 아래에서는 먼저 근저당권의 피담보채권의 확정에 관한 대법원 판결을 비판적으로 분석한 후, 공동근저당권의 피담보채권 확정에 관한 대법원 판결의 비판적 분석으로 이동하고자 한다. 그 후 필자가 생각하는 피담보채권의 확정에 관한 적절한 해석론을 제시해 보고자 한다.

Ⅱ. 근저당권의 피담보채권의 확정에 대한 대법원 판결의 이론구성

1. 대법원 판결의 논리구조: 근저당권설정계약의 종료와 피담보채권의 확정

(1) 이미 확정된 채권에 대해 근저당권을 설정하는 경우를 제외한다면 근저당권에 의해 담보되는 채권은 계속적 거래관계에서 발생하거나 장래 발생할 것으로 예상되는 채권이다. 그 채권을 언제 '확정'하는가에 관하여 법률에 달리 규정한 바[3]가 없다면 그 확정은 '당사자의 의사'에 맡겨져 있다고 할 것이다. 우리나라의 법률에는 별도의 규정이 없으므로 '채무의 확정'은 이에 관한 당사자의 의사의 해석에 관한 문제가 될 것이다. 그렇다면 '채무의 확정'에 관한 대법원 판결 역시 당사자의 의사해석에 관한 판단이라고 볼 수 있을 것이다. 여기서 주목할 점은 대법원 판결이 '근저당권계약'의 존속기간이라는 용어를 사용하면서, 피담보채권의 성립근거인 원인채권관계의 종료 또는 해지와 구분되는 근저당권계약의 해지라는 표현을 사용한다는 점이다. 아래 판결이 그 부류에 속한다.

---

3) 일본 민법 제398조의6, 제398조의8 제4항, 제398조의9 제3항, 제4항, 제398조의19, 제398조의20 등에서 상세하게 근저당권의 피담보채무의 확정을 직접 정하고 있다. 우리나라에서도 2004년의 민법개정위원회에서 근저당권의 확정사유를 법률로 규정하려는 시도가 있었다. 근저당권의 확정에 관하여 기존의 학술논문들은 주로 일본 민법의 근저당권 확정사유를 중심축으로 해석론 또는 입법론을 전개하고 있다. 이에 대해서는 박수영, 근저당권의 확정에 관한 연구 — 일본 민법과의 비교를 중심으로, 홍익법학 제11권 제1호(2010), 111 이하; 이영규, 근저당권에 있어서 피담보채권의 확정, 법학논총(한양대 법학연구소) 제23집 제3호, 385 이하; 추신영, 근저당권의 피담보채권의 확정과 민사집행절차상의 제문제, 재산법연구 제32권 제3호(2015), 177 이하 등 참조. 그러나 아직까지 법률로써 피담보채무의 확정을 정하는 것은 없다.

[판결 1] 대법원 1962. 3. 22. 선고 4294민상1149 판결

근저당권설정계약의 존속 기간[강조는 필자. 이하 동일]이 정하여져 있다고 인정될 수 없는 본건에 있어서는 근저당권설정자는 언제나 상대방에게 해지의 의사 표시를 함으로써 자유로이 이를 해지시킬 수 있을 것이나 특단의 사유가 없는 한 본건 근저당권 설정 부동산의 제3취득자인 원고들에게 저당권 실행통지를 하였다는 것만으로서 저당권의 실행사실조차도 없는 본건 근저당권설정계약이 종료되었다고 인정할 수 없을 것임에도 불구하고 원판결이 이와 견해를 달리하여 본건 근저당권설정계약의 종료를 인정하고 저당권 실행통지서 소정 상환기일이후 발생한 채무는 본건 근저당권에 의하여 담보되지 아니한다고 판시한 것은 근저당권설정계약의 종료에 관한 법리를 오해한 위법이 있다.

여기서 증감변동하는 채권을 담보하는 근저당권의 경우 통상 계속적 거래관계에서 발생하는 채권을 담보하기 위한 목적인데, 대법원은 이때의 ‘계속적 거래관계의 존속기간’이라는 표현을 사용하지 않고, ‘근저당권설정계약의 존속기간’이라고 표현하는 것에도 주목할 필요가 있다. 당시의 부동산등기법에는 ‘근저당권의 존속기간’은 등기사항이 아니었음에도 불구하고 이런 표현을 사용하는 것에 유의할 필요가 있을 것이다. 그 이후 대법원 판결에서는 근저당권의 존속기간 또는 근저당권의 피담보채권의 성립의 기초가 되는 계약의 존속이라는 표현이 추가되었다. 아래 판결이 이에 관한 것이다.

[판결 2] 대법원 1966. 3. 22. 선고 66다68 판결

근저당권에 의하여 담보되는 채권이 전부 소멸하고 채무자가 거래를 더 계속할 의사가 없는 경우에는 근저당 또는 그 기초되는 계약에 존속기간의 정함이 있고 그 기간의 경과전이라 할지라도 설정자는 그 계약을 해지하고 설정등기의 말소를 구할 수 있다고 해석함이 조리에 합당하다.

이후에도 근저당권의 피담보채권의 성립의 기초가 되는 계속적 계약관계의 존속기간 또는 근저당권의 존속기간이라는 표현을 다 같이 사용하고 있다. 아래 판결이 이 부류에 속한다.

[판결 3] 대법원 1996. 10. 29. 선고 95다2494 판결

계속적 거래계약에 기한 채무를 담보하기 위하여 존속기간의 약정이 없는 근저당권을 설정한 경우에 그 거래관계가 종료됨으로써 피담보채무로 예정된 원본채무가 더 이상 발생할 가능성이 없게 된 때에는 그 때까지 잔존하는 채무가 근저당권에 의하여 담보되는 채무로 확정되며, 이 때 근저당권을 설정한 채무자나 물상보증인은 근저당권자에 대한 의사표시로써 피담보채무의 확정을 구할 수 있고 그 확정 당시에 피담보채무가 존재하지 아니하게 되었다면 근저당

권의 말소를 구할 수 있다.

위 양자의 표현을 결합하여 근저당권설정계약의 종료 또는 원인관계의 종료를 통해 피담보채권이 확정된다고 설시하는 대법원 판결이 그 이후 주류적 판결이라 할 수 있다.

> [판결 4] 대법원 2002. 5. 24. 선고 2002다7176 판결
>
> [근저당권의] 피담보채무는 근저당권설정계약에서 근저당권의 존속기간을 정하거나 근저당권으로 담보되는 기본적인 거래계약에서 결산기를 정한 경우에는 원칙적으로 존속기간이나 결산기가 도래한 때에 확정되지만, 이 경우에도 근저당권에 의하여 담보되는 채권이 전부 소멸하고 채무자가 채권자로부터 새로이 금원을 차용하는 등 거래를 계속할 의사가 없는 경우에는, 그 존속기간 또는 결산기가 경과하기 전이라 하더라도 근저당권설정자는 계약을 해지하고 근저당권설정등기의 말소를 구할 수 있고, 한편 존속기간이나 결산기의 정함이 없는 때에는 근저당권의 피담보채무의 확정방법에 관한 다른 약정이 있으면 그에 따르되 이러한 약정이 없는 경우라면 근저당권설정자가 근저당권자를 상대로 언제든지 해지의 의사표시를 함으로써 피담보채무를 확정시킬 수 있다고 할 것이다(대법원 1962. 3. 22. 선고 4294민상1149 판결; 1966. 3. 22. 선고 66다68 판결; 1994. 4. 26. 선고 93다19047 판결; 1996. 10. 29. 선고 95다2494 판결; 2001. 11. 9. 선고 2001다47528 판결; 2002. 2. 26. 선고 2000다48265 판결 등 참조).

위와 같은 표현을 사용함으로써 대법원은 피담보채권의 발생원인인 채권계약의 종료만이 아니라 근저당권계약의 종료를 통해서도 피담보채권이 확정될 수 있다는 논리를 발전시켜 왔다. 이 점이 중요한 것은, 피담보채권의 성립원인인 채권관계상의 당사자 아닌 물상보증인 또는 근저당권부 소유권의 취득자도 존속기간의 정함이 없는 근저당권설정계약을 종료시킬 권한이 있다고 대법원이 판단하기 때문이다. 아래 판결이 이에 관한 것이다.

> [판결 5] 대법원 2002. 5. 24. 선고 2002다7176 판결
>
> 근저당권에 의하여 담보되는 채권이 전부 소멸하고 채무자가 채권자로부터 새로이 금원을 차용하는 등 거래를 계속할 의사가 없는 경우에는, 그 존속기간 또는 결산기가 경과하기 전이라 하더라도 근저당권설정자는 계약을 해제하고 근저당권설정등기의 말소를 구할 수 있고, 존속기간이나 결산기의 정함이 없는 때에는 근저당권설정자가 근저당권자를 상대로 언제든지 해지의 의사표시를 함으로써 피담보채무를 확정시킬 수 있으며, 이러한 계약의 해제 또는 해지에 관한 권한은 근저당부동산의 소유권을 취득한 제3자도 원용할 수 있다고 할 것이다.

이 판결에서는 물상보증인만이 아니라 저당권설정자＝채무자로부터의 근저당권부 부동산

을 취득한 양수인도 근저당권설정계약의 해지를 통해 피담보채권을 '확정'할 수 있다고 판단하였다. 즉 근저당권이 존속기간의 정함이 있는 경우 피담보채권의 성립원인인 채권관계인 계속적 계약관계를 더 이상 존속시킬 의사가 없다면 존속기간 만료 이전이라도 근저당권설정자는 근저당권설정계약을 해지할 수 있고, 결산기의 정함이 없는 경우에는 언제든지 근저당권설정계약을 해지할 수 있다고 보고 있다. 근저당권설정계약을 해지하는 것이지 피담보채권의 성립원인인 채권관계를 해지하는 것이 아니기 때문에 물상보증인이나 제3취득자도 근저당권을 해지함으로써 '채무의 확정'을 가능하게 할 수 있다.[4)]

여기에 동원되는 법이론은 민법 제364조의 제3취득자의 변제권과는 다른 것이다. 제3취득자의 변제권은 피담보채권을 당해 부동산의 저당권에 의해 담보되는 범위만큼 변제함으로써 저당권의 소멸을 청구할 수 있는 권리로 민법 제469조의 제3자의 변제의 예외를 인정한 것이다. 제3자의 변제는 채무 전액을 변제하여야 하고 그렇지 않을 경우 채권자는 민법 제460조에 따른 변제제공이 아님을 이유로 변제수령을 거부할 수 있다. 이때 수령을 거부한 채권자는 채권자지체에 빠지지 아니한다. 이에 반하여, 민법 제364조의 제3취득자의 변제권은 채무 전액이 아니라 피담보채권의 한도로만 변제함으로써 저당권의 소멸을 청구할 수 있고, 채권자가 그 수령을 거절하게 되면 채권자지체에 빠지게 된다.[5)] 그런데 피담보채권이 아직 '확정'되지 않은 근저당권부 부동산의 소유권을 취득한 제3취득자 또는 물상보증인은 제364조의 변제권을 행사할 수 없다. 아직 '채무의 확정'이 없기 때문이다.[6)] 그러나 위 [판결 5]에 따르면 이때의 물상보증인 또는 제3취득자는 근저당권계약을 해지함으로써 피담보채권을 확정지을 수 있고, 그 때의 피담보채권을 채권최고액의 한도로 변제함으로써 근저당권을 소멸시킬 수 있게 된다.

(2) 근저당권설정계약의 종료를 통해 피담보채권을 확정할 수 있다는 대법원의 이러한 논리는 근저당권의 실행을 통한 피담보채권의 확정의 논리와도 자연스럽게 연결된다. 저당권의 경우 변제기에 이르지 않았다면 저당권실행은 집행정지사유가 될 수 있는데, 마찬가지로 근저당권의 경우도 피담보채권의 변제기에 도래하였다면 근저당권자의 선택으로 근저당권을 실행할 수 있다. 물론 당사자 간의 합의로 근저당권실행의 조건을 정해 두었다면 그에 따르지 않은 근저당권실행에 대해서는 이의를 제기할 수 있다.[7)] 근저당권설정계약의 당사자 사이에서 한

4) 이런 논리가 보다 잘 드러나는 것은 대법원 2017. 10. 31. 선고 2015다65042 판결이다. 여기서는 근저당권계약을 해지함으로써 그 해지의 효력이 발생하였을 시점에서 피담보채권이 확정된다고 하면서, 이 경우에도 피담보채권의 이행기가 도래하는 것은 아니라고 한다. 근저당권계약의 해지 내지 종료를 피담보채권의 발생원인인 계속적 계약관계의 해지 내지 종료와는 구분하는 것이다.

5) 이에 대해서는 제철웅, 담보법, 율곡출판사, 2017, 386 이하 참조.

6) 대법원 2000. 12. 26. 2000다54451 등 다수의 판결 참조.

7) 민사집행법 제86조에 따라 이의신청을 하면 집행법원은 동법 제16조에 임의경매 개시결정을 취소할 수 있다. 대법원 1968. 4. 14.자 68마301 결정; 대법원 2014. 12. 2.자 2014마1412 결정 등 참조.

합의에 따라 근저당권을 실행하거나 피담보채권의 변제기가 도래하여 근저당권을 실행한 경우, 그 근저당권의 실행은 근저당권설정계약의 해지의 의사표시라고 해석할 수 있기 때문에, 그 때까지 성립한 채권으로 피담보채권이 확정된다고 보게 될 것이다. 아래 대법원 판결이 이에 관한 것이다.

[판결 6] 대법원 1988. 10. 11. 선고 87다카545 판결

근저당권이 확정되면 그 이후에 발생하는 원금채권은 그 근저당권에 의하여 담보되지 않는 것인 바, 근저당권자 자신이 그 피담보채무의 불이행을 이유로 경매신청을 한 때에는 그 경매신청시에 근저당권은 확정된다고 보는 것이 타당하다.

이 판결은 그 이후 다수의 판결에서 일관되게 이어지고 있다. 이때의 대법원 판결은 '근저당권의 확정'이라는 표현을 사용하지만 대법원 1998. 10. 27. 선고 97다26104, 26111 판결 이후에는 '피담보채권의 확정'이라고 표현하고 있다. 그렇지만 근저당권설정계약이 종료하기 때문에 그 결과 '피담보채권'이 확정된다는 사고구조는 그대로 유지되고 있다.

(3) 반면 제3자의 신청에 의한 경매절차에서 매수된 경우는 이와 달리 판단할 수 있을 것이다. 아래 판결이 이에 관한 것이다.

[판결 7] 대법원 1999. 9. 21. 선고 99다26085 판결

당해 근저당권자는 저당부동산에 대하여 경매신청을 하지 아니하였는데 다른 채권자가 저당부동산에 대하여 경매신청을 한 경우 민사소송법 제608조 제2항, 제728조의 규정에 따라 경매신청을 하지 아니한 근저당권자의 근저당권도 경락으로 인하여 소멸한다. 그러므로 다른 채권자가 경매를 신청하여 경매절차가 개시된 때로부터 경락으로 인하여 당해 근저당권이 소멸하게 되기까지의 어느 시점에서인가는 당해 근저당권의 피담보채권도 확정된다고 하지 아니할 수 없다. 그런데 그 중 어느 시기에 당해 근저당권의 피담보채권이 확정되는가 하는 점에 관하여 우리 민법은 아무런 규정을 두고 있지 아니하다. …부동산 경매절차에서 경매신청기입등기 이전에 등기되어 있는 근저당권은 경락으로 인하여 소멸되는 대신에 그 근저당권자는 민사소송법 제605조가 정하는 배당요구를 하지 아니하더라도 당연히 그 순위에 따라 배당을 받을 수 있고(대법원 1998. 7. 28. 선고 98다7179 판결 참조), 이러한 까닭으로 선순위 근저당권이 설정되어 있는 부동산에 대하여 근저당권을 취득하는 거래를 하려는 사람들은 선순위 근저당권의 채권최고액 만큼의 담보가치는 이미 선순위 근저당권자에 의하여 파악되어 있는 것으로 인정하고 거래를 하는 것이 보통이므로 담보권 실행을 위한 경매절차가 개시되었음을 선순위 근저당권자가 안 때 이후의 어떤 시점에 선순위 근저당권의 피담보채무액이 증가하더라도 그와 같이 증가한 피담보채무액이 선순위 근저당권의 채권최고액 한도 안에 있다면 경매를 신청한 후순

위 근저당권자가 예측하지 못한 손해를 입게 된다고 볼 수 없다. 반면 선순위 근저당권자는 자신이 경매신청을 하지 아니하였으면서도 경락으로 인하여 근저당권을 상실하게 되는 처지에 있으므로 거래의 안전을 해치지 아니하는 한도 안에서 선순위 근저당권자가 파악한 담보가치를 최대한 활용할 수 있도록 함이 타당하다. 이와 같은 관점에서 보면 후순위 근저당권자가 경매를 신청한 경우 선순위 근저당권의 피담보채권은 그 근저당권이 소멸하는 시기, 즉 경락인이 경락대금을 완납한 때에 확정된다고 보아야 할 것이다.

경락인이 경락대금을 완납함으로써 근저당권이 소멸하게 되는데, 흥미롭게도 위 대법원 판결은 이때 피담보채권이 확정된다는 논리를 전개하고 있다.[8] 이처럼 제3자에 의한 경매신청이 있을 때 피담보채권의 확정은 경락대금의 완납으로 근저당권이 소멸하는 때라고 보는 판결은 그 이후에도 계속 이어지고 있다.[9] 그러나 이런 법률론은 이론적으로는 쉽게 납득하기 어렵다. 이 문제를 근저당권의 피담보채권의 '확정' 문제로 다루는 기존의 학설도 물론 이론적으로는 납득하기가 쉽지 않다.[10] 근저당권계약 당사자 중 어느 누구도 근저당권설정계약을 종료시킨 적이 없을 뿐 아니라, 피담보채권을 '확정'한 바가 없기 때문이다. 여기서의 문제는 오히려 근저당권이 소멸되었기 때문에, 어떤 범위의 피담보채권이 우선변제권의 대상이 되는지라고 보는 것이 적절할 것이다. 달리 말하면 근저당권자 또는 근저당권설정자가 근저당권계약을 종료시킨 것이 아니라, 근저당권이 소멸함으로써 근저당권의 우선변제권이 미치는 피담보채권의 범위를 정하는 것이 문제된다는 것이다. 이 경우 '피담보채권의 확정'이라는 개념을 동원할 이유도 필요도 없다. 피담보채권을 채권최고액의 한도로 배당해야 하는 것은 근저당권의 소멸의 효과일 뿐, 확정된 피담보채권의 확정 때문이 아니라는 것이다. 근저당권의 소멸 이후 성립한 채권은 근저당권이 부존재할 때 성립한 것이므로 근저당권에 의해 담보될 여지가 없다.

이 점은 다른 사유로 근저당권이 소멸하여 물상대위권을 행사하는 경우도 마찬가지이다. 근저당권이 소멸하여 물상대위권을 행사할 경우 근저당권 소멸 이후 성립한 채권은 담보권 없는 채권이므로 전환된 물상대위권으로써 담보할 수 없는 것이다.[11] 양자의 사안 모두에서 근

8) 국내의 학설들은 위 판결에 대해 경매개시결정이 있는 때에 근저당권이 확정된다는 견해 또는 경락허가결정이 있는 때에 확정된다는 주장을 전개하고 있다. 이동준, "선순위 근저당권자의 피담보채권액의 확정시가", 판례연구 12집(2001), 699 이하 참조. 2004. 10. 국회에 제출된 법무부의 민법개정안 제357조의11 제4호는 근저당권자가 저당부동산에 대한 경매절차의 개시 또는 체납처분으로 인한 압류가 있었음을 안 날부터 2주가 경과한 때에 확정되는 것으로 규정하였다. 후술하겠지만, 일본 민법 제398조의20의 영향일 것이다.

9) 공매절차에 관한 판결이지만 대법원 2001. 12. 11. 선고 2001두7329 판결 참조.

10) 이 문제는 아래에서 다룰 공동근저당권이 설정된 사안에서 제3자에 의해 실행된 경매절차에서 공동근저당권자가 배당받은 사안에서 '동일한 채권의 확정'이 있는지의 문제에 대한 접근방법에도 영향을 미친다. 상세한 것은 후술한다.

11) 물론 물상대위권을 근저당권이 연장된 것이라고 본다면 다르게 구성할 수 있겠으나, 대법원은 물상대위권을 행사하지 않아서 제3자가 담보물의 대상으로부터 만족을 얻었다 하더라도 그 자를 상대로 부당이득반환청구권을 행사할 수 없다고 한다. 대법원 2002. 10. 11. 선고 2002다33137 판결 참조. 물상대위권 침해의 효과에 대해

저당권의 소멸 이후 성립한 채권이 그 이전에 성립한 피담보채권과 더불어 근저당권의 채권최고액의 범위 내에 있다 하더라도 전자는 근저당권이 없을 때 성립한 것이므로 그에 의해 담보될 수 없는 셈이다. 즉 근저당권이 소멸된 경우에는 '피담보채무에 대한 우선변제'의 문제가 남을 뿐이지 '채무의 확정'의 문제는 생길 여지가 없다는 것이다.

(4) 회생절차의 개시가 있는 경우도 이와 유사하다. 대법원 2001. 6. 1. 선고 99다66649 판결에서는 "근저당권이 설정된 뒤 채무자 또는 근저당권설정자에 대하여 회사정리절차개시결정이 내려진 경우, 그 근저당권의 피담보채무는 회사정리절차 개시결정 시점을 기준으로 확정되는 것으로 보아야 하므로, 그 이후 근저당권자가 정리회사 또는 정리회사의 관리인에게 그 사업의 경영을 위하여 추가로 금원을 융통하여 줌으로써 별도의 채권을 취득하였다 하더라도, 그 채권이 위 근저당권에 의하여 담보될 여지는 없다"고 판단하였다. 대법원 2021. 1. 28. 선고 2018다286994 판결에서도 동일한 취지의 법률론을 전재하고 있다. 그런데 일본 민법 제398조의19와 같은 법률규정이 없는 한, 회생절차의 개시로 근저당권의 피담보채권이 확정된다고 볼 수 없다. 오히려 회생절차 개시 이후 취득한 채권으로 회생절차에서 그 효력을 주장할 수 없기 때문이다(채무자회생 및 파산에 관한 법률 제65조).[12] 그렇기 때문에 회생절차가 폐지된 경우 근저당권의 피담보채권의 확정의 효력이 소멸하고 미확정상태로 부활하는 것이 아니라, 애초부터 피담보채권은 확정되지 않았고, 회생절차에서 주장할 수 없는 상태에서 벗어난 것 뿐이어서, 회생절차개시 이후 취득한 피담보채권도 근저당권에 의해 담보될 수 있다.[13]

그러나 파산절차에서는 담보권자가 별제권을 행사할 수 있기 때문에 파산선고에도 불구하고 별제권을 행사하기로 하였다면 파산선고만으로 근저당권의 피담보채권이 확정되지는 않는다.[14]

2. 근저당권설정계약의 종료 또는 해지라는 개념의 적절성

(1) 대법원 판례는 근저당권에 의해 담보되는 '채무의 확정'을 채권발생의 원인이 된 채권관계의 확정에 따르는 것이 아니라 근저당권설정계약의 종료 또는 해지에 따르도록 한다. 더구나 대법원 판례는 근저당권설정계약의 당사자 사이에서만이 아니라 그 승계인인 근저당권부 소유권의 제3취득자도 근저당권설정계약의 종료시키거나 해지할 수 있다고 한다. 그 점에

서는 제철웅(주 5), 315 이하 참조. 통상의 저당권이라면 가령 그 등기가 말소되어 경매절차에서 배당받지 못했다 하더라도 저당권자의 권리를 침해하면서 배당받은 자를 상대로 부당이득반환청구권을 행사할 수 있는데 물상대위권은 그런 효과를 인정하지 않는 것이다. 이런 대법원 판결을 반영한다면, 물상대위권은 소멸한 (근)저당권의 잔여효로 인정되는 것이라고 볼 수 있을 것이다.

12) 서울중앙지방법원 파산부 실무연구회, 회생사건실무(상), 152 참조.

13) 일본민법은 법률규정(제398조의19)으로써 회생절차의 개시로 피담보채권이 확정되도록 하였기 때문에, 회생절차가 폐지된 경우 확정되지 않았던 것으로 간주하는 규정을 별도로 두고 있다.

14) 일본민법은 법률 규정으로써 이 경우에도 근저당권에 의해 담보되는 피담보채권이 확정되도록 규정하고 있다. 추신영(주 4), 183에서는 채무자 또는 근저당권설정자에 대해 파산선고가 있으면 그 시점을 기준으로 피담보채권이 확정된다고 한다.

서 보면 '근저당권설정계약'에 물권적 효력을 인정하는 셈이다. 이것이 과연 타당한가? 근저당권의 '채무의 확정'을 피담보채권의 성립원인인 채권관계에 맡기는 것은 법률관계를 불명확하게 할 수 있다는 점을 감안하면, 대세적 효력 있는 근저당권관계의 당사자 사이에서 근저당권관계의 확정을 통해 '채무의 확정'이 생기게 하는 것이 더 적절할 수 있을 것이다. 원인관계상의 계속적 계약관계가 일시적으로 종료했다 하더라도 근저당권의 존속기간이 아직 남아 있거나 존속기간의 정함이 없다면, 당사자는 원인관계상의 계속적 계약관계를 다시 연장하는 것도 가능할 것이다. 이때의 근저당권 등기를 무효등기의 유용이라고 볼 이유는 없다는 것이다. 제3자와의 관계에서 근저당권의 존속기간이 남아 있거나 존속기간이 없는 상태에서 근저당권이 존속하고, 또 근저당권의 특성상 채무의 확정이 장래에 유보되어 있기 때문에 당사자 간에 새로운 합의를 통해 계속적 채권관계를 다시 창설하더라도 제3자의 이익을 침해할 염려가 없기 때문이다. 특히 근저당권설정계약을 채무자 아닌 물상보증인이 하였다면 그는 근저당권계약을 종료시킴으로써 '피담보채무'를 확정할 수 있기 때문에 그에게 불이익한 것도 없기 때문이다.

한편 물권변동에서 유인주의를 취하는 우리 법제에서도 근저당권설정계약의 종료를 통해 '채무의 확정'을 가능하게 한다는 논리가 양립될 수 있는지가 문제된다. 이미 전세권설정계약은 물권적 효력이 있기 때문에 용익물권으로서의 전세권계약의 효력은 현재의 소유자와 현재의 전세권자 사이에 성립된다고 해석하고 있다.[15] 따라서 소유자와 전세권자가 각기 변동되더라도 용익물권으로서의 전세권이 종료하는 시점에서의 전세권자가 그 당시의 소유자에게 전세금의 반환을 청구할 수 있을 뿐 아니라, 전세목적물에 성립한 손해를 배상할 채무를 부담하게 된다. 채권계약으로서의 전세권설정계약의 당사자가 아닌 경우에도 이런 법률효과가 미치기 때문에 채권계약과는 구분되는 별도의 물권계약으로서의 효력이라고 관념할 수 있을 것이다. 근저당권관계의 이런 효력은 등기된 임차권이나 대항력 있는 임차권의 경우와 유사하다고 볼 수 있다는 것이다.

이처럼 근저당권계약관계의 물권계약의 효력에 초점을 맞출 경우 현재의 소유자 및 현재의 근저당권자가 각각 근저당권관계를 종료시킴으로써 '피담보채무의 확정'을 실현시킬 수 있는 지위에 있다는 논리가 성립될 수 있을 것이다. 이런 관점에 설 때만 물상보증인 또는 제3취득자가 근저당권관계를 종료시킬 수 있는 권한을 설명할 수 있을 것이기 때문이다. 이처럼 물권적 효력 있는 것으로서의 근저당권관계를 관념할 때 '채무의 확정'은 피담보채권의 성립 원인이 되는 채권관계가 아니라 근저당권관계의 종료를 통해 실현할 수 있다는 이론을 구성할 수 있을 것이다. 2011년 전면개정된 부동산등기법 제75조 제2항 제4호에서 근저당권의 존속

---

15) 대법원 2000. 6. 9. 선고 99다15122 판결 참조. 이 판결을 물권관계의 특성으로 분석하는 것으로는 제철웅, 전세금과 전세금반환청구권의 법적 성격, 법학논문집(중앙대 법학연구소), 제24권(2000.9), 125 이하; 제철웅(주 5), 356 이하 참조.

기간을 등기사항으로 규정함으로써 이런 논리는 이제 법적 기반을 갖게 되었다.

(2) 그러나 위와 같은 논리의 수용은 법비교를 할 경우 선뜻 수긍하기 어려운 점도 없지 않다. 다른 저당권과 달리 부종성을 전제하는 독일의 근저당권법에서는 채권최고액만 기재하고 피담보채권의 확정을 장래에 유보한다는 점에서는 우리 법의 근저당권과 다를 바 없다. 그런데 독일법의 근저당권에서는 피담보채권의 확정은 원칙적으로 채권관계의 당사자 사이의 계약에 맡겨진다고 한다. 따라서 물상보증인이 근저당권을 설정한 경우 피담보채권의 확정에 물상보증인이 관여할 여지는 없어지는 셈이다.[16] 물론 근저당권의 설정의 시점에 피담보채권을 확정할 권한을 채권자 또는 제3자에게 부여할 경우 어느 일방의 단독행위에 의해 이루어질 것이다. 그런데 또 다른 유력한 견해에 따르면 누가 어떻게 근저당권의 피담보채무를 '확정'할 것인가 역시 근저당권의 내용에 속한다고 한다.[17] 이에 따르면 근저당권설정계약이라는 물권계약에서 정한 객관적 기준, 당사자가 결정권한자로 정한 자, 또는 계약에서 정한 바에 따라 '확정'이 이루어진다고 한다. 다른 한편 근저당권의 실행을 위해서는 독일법에서는 별도의 물권법상의 권원이 필요한데,[18] 근저당권자의 경우 피담보채권 및 근저당권에 기한 액수를 기재한 소의 형태로 근저당권 실행을 위한 집행권원을 확보하거나 이에 준하는 집행권원을 확보하여야 한다. 결과적으로 근저당권은 경매청구라는 물권적 청구권에 기한 경매절차에서 만족을 얻게 되는 셈이다.

독일법과 달리 일본 민법에서는 근저당권의 피담보채권의 확정을 법률에서 직접 규율하고 있다. 일본 민법 제398조의6에서는 근저당권 설정계약의 당사자의 합의로 피담보채무의 확정기일을 정할 수 있다고 규정한다. 확정기일을 정한 경우 이를 등기하지 아니하면 제3자에게 대항할 수 없도록 한다(일본 민법 제398조의6).[19] 당사자가 이를 정하지 않은 경우 근저당권설정자가 확정청구를 할 수 있도록 정하고 있다(일본 민법 제398조의19). 한편 판례는 물상보증인이 근저당권을 설정한 경우 현저한 사정변경이 있을 때 확정기일을 정하였다 하더라도 확정청구를 할 수 있다고 한다.[20] 나아가 일본 민법 제398조의20에서는 근저당권자가 저당부동산에 대해 경매 또는 담보부동산수익집행 또는 민법 제372조에 의해 준용되는 제304조에 의한 압류를 신청한 때, 근저당권자가 저당부동산에 대해 체납처분에 의한 압류를 한 때, 근저당권자가 경매절차개시 또는 체납처분이 있음을 안 때로부터 2주가 경과한 때, 채무자 또는 저당권설정자에 대해 파산절차개시의 결정이 있은 때 근저당권의 '채무의 확정'이 있다고 규정한다.[21] 그

16) 가령 Münchener Kommentar/Eickmann, BGB, 6 Aufl., § 1190 Rn. 14 ff. 참조.

17) Staudinger/Wolfsteiner, BGB(2015), § 1190 Rn. 22 ff. 참조.

18) Staudinger/Wolfsteiner, BGB(2015), § 1147 22 ff. 참조.

19) 이에 관하여 상세한 것은 新版 注釋民法(2015), 504 이하(高木多喜男 집필부분) 참조.

20) 最高裁判所 昭和 42.1.31. 民集 21.1.43. 新版 注釋民法(2015), 505 재인용(高木多喜男 집필부분) 참조.

21) 상세한 것은 新版 注釋民法(2015), 549 이하(高木多喜男 집필부분) 참조.

밖에도 제398조의8, 제398조의9에서 상속이나 합병이 있는 경우에도 근저당권의 피담보채권이 확정될 수 있는 요건을 정해두고 있다. 근저당권자는 다른 채권자보다 우월적 지위를 확보하고, 근저당권설정자의 잔여담보가치 활용의 제한이 있기 때문에, 우월적 지위로 인해 다른 채권자가 입는 피해를 무시할 수 없고, 금융에서의 자유로운 경쟁이 제한된다는 부정적 요소가 있다. 이런 우려를 입법을 통해 세심하게 배려하고 있다고 평가할 수 있을 것이다.

(3) 피담보채권을 언제, 어떻게 확정할 것인지에 관하여는 나라마다 각자의 사정을 반영한 입법정책에 따라 각기 다른 규정을 둘 수 있다. 그러나 우리는 근저당권의 피담보채권의 '확정'에 관하여 아무런 규정을 두지 않았는데, 입법정책의 관점에서는 바람직하지 않을 수 있다. 그러나 이런 상황에서도 적절한 해석론을 통해 예측가능한 기준이 마련된다면 금융시장은 거기에 맞추어 독자의 금융수단과 담보상품을 개발할 수 있을 것이다. 금융시장에 가장 문제가 되는 것은 '불확실성'이다. 올바른 해석방법에 입각하였다고 수긍되지 않는다면 대법원의 법률론은 언제든지 전원합의체 판결로 변경될 수 있고, 그것은 시장에 혼란을 끼칠 수 있을 것이다. 그 점에서 보면 입법안이 시급하고 중요한 것이 아니라, 그것보다 더 중요한 것이 올바른 해석방법론에 입각한 법률론이라 할 수 있을 것이다. 이 점을 감안한다면, 필자는 피담보채권의 확정은 근저당권설정계약의 당사자 사이의 합의를 기준으로 하는 것이 가장 적절한 해석방법론이라고 생각된다. 피담보채권의 성립원인인 채권관계의 당사자의 합의일 필요는 없다. 근저당권을 설정하는 당사자의 의사가 더 중요하기 때문이다. 가령 근저당권설정자(물상보증인 포함)와 근저당권자가 채무자 기타 제3자에게 '채무의 확정'을 맡긴 것이 아닌 한 근저당권설정계약의 당사자가 '채무의 확정'을 정할 수 있다고 할 것이다. 이렇게 이론구성할 경우 근저당권설정자가 물상보증인일 경우의 관련 당사자 사이의 법률관계를 보다 더 적절하게 설명할 수 있을 것이다. 그 점에서 보면 근저당권의 존속기간을 정한 경우 그 존속기간의 만료로, 그렇지 않은 경우는 경매신청에 관한 다른 합의가 없다면 피담보채권의 변제기가 도래한 때의 근저당권자가 경매신청을 통해 근저당권관계를 종료시킴으로써 '피담보채권을 확정할 수 있고, 근저당권설정자 역시 언제든지 근저당권관계를 종료시킴으로써 피담보채권을 확정할 수 있다고 당사자의 의사를 해석하는 것이 가능할 것이다.

요컨대 근저당설정계약의 해지 또는 종료는 당사자 사이의 다른 합의가 없다면, 근저당권설정자 또는 근저당권에게 맡겨져 있는 것이고, 이들의 의사표시와 무관하게 발생하는 근저당권의 소멸은 피담보채권의 확정의 문제를 발생시키지 않는다고 보는 것이 더 적절할 것이다. 당사자 간의 합의로 근저당권의 존속기간을 정한 경우에는 그 기간의 만료로 근저당권계약이 종료되고 그 때의 피담보채권으로 확정될 것이다. 그렇지 않을 때에는 근저당권설정자에 의한 해지를 통한 근저당권의 종료[22]와 근저당권자에 의한 경매신청에 의한 근저당권관계의 종

22) 근저당권설정자 또는 제3취득자에 의한 종료사유는 해지의 의사표시에 관하여는 앞서 살펴본 [판결 1] 내지

료[23] 두 유형이 있다고 할 것이다.

3. 경매신청에 의한 근저당권의 확정 관련 대법원 판결의 문제점

(1) 근저당권관계의 종료를 통해 피담보채권을 확정할 수 있다면, 근저당권자가 경매신청을 함으로써 그 시점까지의 채권으로 피담보채권이 확정된다고 보아야 할 것이다. 경매신청의 의사표시로써 근저당권관계를 종료 또는 해지의 의사가 표시되었기 때문이다. 그런데 우리 대법원은 근저당권자가 경매신청을 한 경우 배당받을 수 있는 금액은 경매신청으로 확정된 피담보채권 중 채권최고액까지가 아니라 경매신청서에 기재된 금액에 한정된다고 판단하고 있다. 아래 판결이 이에 관한 것이다.

> [판결 8] 대법원 1997. 2. 28. 선고 96다495 판결
>
> 담보권의 실행을 위한 경매에서 신청채권자가 경매를 신청함에 있어서 경매신청서에 피담보채권 중 일부만을 청구금액으로 기재하였을 경우에는 다른 특별한 사정이 없는 한 신청채권자가 당해 경매절차에서 배당을 받을 금액이 그 기재된 채권액을 한도로 확정되고, 신청채권자가 채권계산서를 제출하는 방법에 의하여 청구금액을 확장할 수 없다고 할 것이므로, 설사 신청채권자가 경매신청서에 기재하지 아니한 다른 피담보채권을 가지고 있었다고 하더라도 청구금액을 확장한 채권계산서를 제출하는 방법으로는 피담보채권액 중 경매신청 당시의 청구금액을 초과하는 금액에 관하여는 배당에 참가할 수 없으며, 배당법원으로서는 경매신청 당시의 청구금액만을 신청채권자에게 배당하면 족하다. 따라서 근저당권자가 경매신청서에 피담보채권 중 일부만을 청구금액으로 기재하여 담보권의 실행을 위한 경매를 신청한 후 청구금액을 확장한 채권계산서를 제출하였을 뿐 달리 경락기일까지 이중경매를 신청하는 등 필요한 조치를 취하지 아니한 채 그대로 경매절차를 진행시켜 경매신청서에 기재된 청구금액을 기초로 배당표가 작성·확정되고 그에 따라 배당이 실시되었다면, 신청채권자가 청구하지 아니한 부분의 해당 금원이 후순위채권자들에게 배당되었다 하여 이를 법률상 원인이 없는 것이라고 볼 수는 없다.

이런 판결은 그 이후로도 계속해서 이어지고 있다.[24] 결과적으로 경매신청서에 기재된 채권 이외의 피담보채권이 있을 경우 근저당권자는 배당요구의 종기 이전에 이중압류를 하지 않으면 채권최고액에 미달하는 금액을 배당받을 수박에 없게 된다. 그러나 근저당권자가 경매신청을 하지 않은 경우라면 민사집행법 제84조 제2항에 따른 배당요구서를 제출할 때 잘못 계산

[판결 5]의 사안이 이에 해당된다.

23) 당사자 사이의 다른 합의가 없는 한 근저당권자는 이행기가 도래하였음에도 불구하고 채무자가 자발적으로 채무를 이행하지 않으면 경매신청을 통해 근저당권관계를 종료시킬 수 있을 것이다. 이런 이유로 경매개시신청의 당시의 피담보채권으로 확정된다고 할 것이다.

24) 대법원 1998. 7. 10. 선고 96다39479 판결 참조.

한 채권계산서를 제출하였다 하더라도 배당표가 작성될 때까지 피담보채권액을 보정하는 채권계산서를 다시 제출하는 것이 허용된다는 것이 대법원 판결이기도 하다.[25] 나아가 배당요구서를 제출하지 않았다 하더라도 배당표의 작성에서 잘못 배당되었다면 저당권자는 배당이의를 할 수도 있다. 나아가 피담보채권액을 보정하지 못하여 배당절차에서 자신이 배당받을 금액을 제대로 배당받지 못하였다면, 과다배당을 받은 채권자를 상대로 부당이득반환청구를 할 수 있다.[26] 그러나 근저당권자가 경매신청을 한 경우에는 피담보채권액을 보정할 수도 없고, 배당절차 종료 이후에 부당이득반환청구도 할 수 없다고 보는 것이다.

(2) 경매채권자가 경매신청의 시점에서 제출하는 채권계산서 자체는 피담보채권을 확정하는 효력도 없고, 피담보채권액의 포기의 의사가 있는 것도 아니며, 그 금액에 한정하여 배당받을 수 있도록 하는 민사집행법의 규정도 없다. 실제로 확정된 채권보다 적게 피담보채권을 기재한 것은 일부경매신청의 의사라고 보기는 어렵고 대부분 착오에 기인한 것에 불과한데 이것을 한도로 배당받을 수 있다는 것은 납득하기 어렵다. 독일법에서도 경매신청서에 기재한 채권이 아니라 실체법적으로 어떤 채권으로 확정되는지에 따라 배당받을 수 있는 효과가 결정된다고 한다.[27] 근저당권자 2중 압류를 할 수 있는 여지가 있다고는 하지만, 그것은 배당요구의 종기 이전까지 이중압류가 있어야 한다는 제약 때문에 착오를 일찍 발견하지 못한 근저당권자는 채권최고액에 못미치는 배당을 받을 수밖에 없을 것이다. 피담보채권액을 보정하는 채권계산서를 배당표 작성 이전까지 제출하도록 한다고 해서 후순위채권자에게 예상치 못한 불이익을 주는 것도 아니다. 근저당권의 채권최고액이 기재되어 있기 때문이다. 민사집행법 제149조에 따른 배당표 작성의 시점까지 채권계산서가 보정되었다면 그에 따라 배당표를 작성하지 않을 이유가 없는 것이다. 나아가 이 기회를 놓친 근저당권자는 부당이득반환청구권의 행사로써 과다배당을 받은 자로부터 이익을 환수하는 것을 막을 이유도 없는 것이다.[28] 배당이의를 하지 않은 채권자도 배당절차 이외에서 과다배당을 받은 채권자를 상대로 부당이득반환청구권을 행사할 수 있다는 점을 다시 확인한 대법원 전원합의체 판결에 비추어 보더라도 경매개시 신청의 시점에서 착오로 채권계산서에 피담보채권을 포함시키지 않은 것에 대해 부당이득반환청구권조차 배제하는 것은 납득하기 어렵다. 위 [판결 8]은 변경되어야 할 것이다.

---

25) 대법원 1999. 1. 26. 선고 98다21946 판결; 대법원 2002. 1. 25. 선고 2001다11055 판결; 대법원 2018. 3. 27. 선고 2015다70822 판결 등 참조.

26) 대법원 2019. 7. 18. 선고 2014다206983 전원합의체 판결. 이 판결의 결론이 타당함을 침해부당이득의 관점에서 뒷받침하는 것으로 제철웅, 부당배당과 부당이득반환청구권, 판례실무연구 XIII, 45 이하 참조.

27) Staudinger/Wolfsteiner, BGB(2015), § 1190 Rn. 53 참조.

28) 일본 민사집행법 학계에서도 이와 유사한 비판이 있다. 이에 대해서는 條解 民事執行法, 862(水元宏典 집필 부분) 참조.

Ⅲ. 공동근저당권의 피담보채권의 확정에 관한 대법원 판결의 문제점

[공동근저당권의 '채무 확정'에 관한 대법원 판결]

(1) 공동근저당권에서의 '채무확정'의 기준이 근저당권의 '채무확정'과 다를 수 없을 것이다.[29] 공동근저당권은 "동일한 채무"에 대한 저당권으로서 채권최고액만을 정한 상태에서 '동일성 있는 채무의 확정'을 장래에 유보하여 설정하는 것을 말한다. 그런데 공동근저당권에서는 대법원 2017. 9. 21. 2015다50637 판결에서는 제3자가 실행한 경매절차에 참가하여 우선변제를 받은 경우 매수인이 매각대금을 지급한 때 근저당권의 피담보채권이 확정된다고 하면서도, 나머지 부동산에 설정된 공동근저당권의 피담보채권은 확정되지 않는다고 판단하였다. 그렇기 때문에 제3자에 의해 실행된 경매절차에서 배당받은 후(더 정확히는 매수인의 대금 완납 이후) 성립된 피담보채권도 잔여 공동근저당권에 의해 담보된다고 보았다. 이 판결은 타당한 결론에 이르고 있지만,[30] 이론적으로는 몇 가지 문제가 있다. 첫째, 피담보채권이 확정되면 그것으로 '동일한 채권'도 확정되기 때문이다. 피담보채권이 확정된 이상 배당받은 후 성립한 채권은 더 이상 '동일한 채권'이 아니라는 것이다. 둘째, 제3자에 의한 경매신청에 참가하여 배당받은 것은 근저당권설정 당사자 사이에 이를 공동근저당권계약의 종료사유로 삼지 않은 이상 그 행위에 의해 공동근저당권관계의 종료 내지 해지가 있다고 할 수 없기 때문이다. 즉 '피담보채권의 확정'이 없는 것이고 따라서 '동일한 채권'이 아직 확정되지 않았다는 것이다.[31] 그 점에서 개

---

29) 공동근저당권의 피담보채무의 확정에 관하여는 다수의 선행연구가 있다. 양진수, 공동근저당권자가 채무자에 대한 회생절차에서 채무자소유 부동산의 환가대금으로부터 우선변제받은 경우에 공동담보물인 물상보증인 소유의 다른 목적부동산의 채권최고액 감액여부, 사법 통권 44호(2018), 470 이하; 양창수, 공동근저당권에 있어서 선행경매절차에서의 일부배당이 후행절차상의 우선변제권에 미치는 영향, 민법연구, 제8권(2005), 209 이하; 이동진, 공동근저당의 법리 — 2017. 9. 21., 2015다50637, 민사법학 제93호(2020. 12), 145 이하; 이준현(이하 이준현 1), 공동근저당권자에 대한 일부 담보목적 부동산의 우선배당과 나머지 담보목적 부동산에 대한 효력 — 대법원 2017. 9. 21. 선고 2015다50637 판결, 법조 727호(2018. 2), 642 이하; 이준현(이하 이준현 2), 공동근저당 목적부동산 매각에 이한 채무자의 변제와 채권자의 담보 포기 내지 순위변경 — 대법원 2018. 7. 11. 선고 2017다292756 판결, 법조 제69권 제2호(2020. 4), 551 이하; 조준현, 공동근저당의 이시배당에서 공동근저당권자의 우선변제권의 범위, 외법논집 제42권 제3호(2018. 8), 239 이하; 추신영, 공동근저당권에 있어서 피담보채권의 확정과 배당, 재산법연구 제37권 제2호(2020. 8), 81 이하; 홍봉주, 공동근저당에서 피담보채권의 확정과 채권최고액의 감액 — 대법원 2017. 9. 21. 선고 2015다50637 판결, 일감법학 제47호(2020. 10), 207 이하 참조.

30) 서울중앙지방법원 2004. 5. 18. 선고 2003가합5288 판결(법률신문 2004. 7. 23.자, 제3285호, 12)에 관한 평석이지만 양창수(주 29), 209 이하, 특히 230 이하는 선행경매절차에서 일부배당을 받았다면 후행절차에서 그 만큼 공제한 차액에 대해 채권최고액의 한도에서 배당받을 수 있다는 입장을 지지하고 있다. 반면 김병두, "공동근저당에 있어서의 채권최고액의 감액", 민사법학 제33호(2006), 125 이하는 중앙지방법원의 이 판결에 반대한다. 본문의 대법원 판결에 대해 찬성하는 평석을 한 것으로는 이동진(주 29), 144; 홍봉주(주 29), 207 이하 등이 있다. 이준현 1(주 29), 642 이하에서는 이에 반대하는 평석을 하고 있다.

31) 기존의 견해는 피담보채권의 확정을 언제나 전제하고 있다. 이 경우 피담보채무가 동시에 확정되지 아니하고

별적 확정설이라는 학설은 잘못된 것이다. 무엇보다도 공동근저당권자가 선행 경매절차에서 자신이 경매신청을 한 경우에도 채권최고액의 범위 내에 있다면 그 후 성립한 피담보채권으로도 우선변제받을 수 있다는 논리에 밑바탕을 깔아주기 때문이다.

물론 공동근저당권 중 일부에 대해 제3자의 신청으로 경매절차가 개시되거나 그 근저당권 설정자에 대해 회생절차가 개시되어 공동근저당권자가 배당받은 경우 피담보채권은 확정되지만, 배당받은 금액은 공동근저당권의 효력으로써 우선변제받은 것이기에, 후행경매절차에서 이미 우선변제받은 금액을 제한 나머지 금액에 대해 채권최고액의 한도에서 우선변제받을 권리만이 있다고 할 것이다. 공동근저당은 근저당목적물로부터 동일 채권에 대해 채권 최고액의 한도까지 우선변제받게 하는 것이므로, 근저당목적물 또는 물상대위권을 행사하여 그 대상물로부터 우선변제 받았다면 그 금액만큼 채권최고액에서 공제되어야 하기 때문이다.

(2) 아래 대법원 전원합의체 판결에서는 공동근저당 중 일부 부동산에 대해 먼저 회생절차에서 우선변제를 받은 후, 후행의 경매절차에서 앞서 회생절차에서 우선변제 받은 금액과 무관하게 채권최고액의 한도에서 피담보채권을 변제받을 수 있는지, 아니면 회생절차에서 우선변제받은 금액을 채권최고액에서 감액한 액수만큼 우선변제받을 수 있는지가 쟁점이 되었다.

[판결 9] 대법원 2017. 12. 21. 선고 2013다16992 전원합의체 판결

공동근저당권이 설정된 목적 부동산에 대하여 동시배당이 이루어지는 경우에 공동근저당권자는 채권최고액 범위 내에서 피담보채권을 민법 제368조 제1항에 따라 부동산별로 나누어 각 환가대금에 비례한 액수로 배당받으며, 공동근저당권의 각 목적 부동산에 대하여 채권최고액만큼 반복하여, 이른바 누적적으로 배당받지 아니한다. … 공동근저당권이 설정된 목적 부동산에 대하여 이시배당이 이루어지는 경우에도 동시배당의 경우와 마찬가지로 공동근저당권자가 공동근저당권 목적 부동산의 각 환가대금으로부터 채권최고액만큼 반복하여 배당받을 수는 없다고 해석하는 것이 민법 제368조 제1항 및 제2항의 취지에 부합한다. … 공동근저당권의 목적 부동산 중 일부 부동산에 대한 경매절차에서 자신의 우선변제권을 행사하여 우선변제권 범위의 채권최고액에 해당하는 전액을 배당받은 경우에는 후에 이루어지는 공동근저당권의 다른 목적 부동산에 대한 경매절차를 통해서 중복하여 다시 배당받을 수는 없다고 봄이 상당하다.

개별적으로 확정된다는 견해도 있고(가령 곽윤직/김재형, 물권법(2015), 510; 유혜주, 공동근저당권의 이시배당에 관한 연구, 민사판례연구 XLI(2019), 297; 조준현(주 29), 249; 추신영(주 29), 97 이하 등), 모든 공동근저당권에 대한 피담보채권이 동시에 확정된다는 견해도 있다(가령 이준현 1(주 29), 671 이하; 이우재, 민사집행법에 따른 배당의 제문제, 2008, 1022; 윤진수, 2006년도 주요 민법 관련 판례회고, 서울대 법학 제48권 제1호(2007), 418; 김지웅, 이시배당에 있어서 선순위 공동근저당권자의 우선변제권 범위, 성균관법학 제30권 제4호(2018), 169 이하 등). 필자는 이런 견해들은 모두 '동일한 채무의 확정'은 공동근저당권설정계약 당사자의 의사해석의 문제인데, 당사자의 의사 개입 없이 이루어진 선행경매절차에서의 배당의 '동일한 채무의 확정'에 미치는 효과가 있을 수 없음을 간과한 것이라고 본다.

이로써 공동근저당권의 목적 부동산이 일부씩 나누어 순차로 경매가 실행되는 경우 공동근저당권자가 선행 경매절차에서 배당받은 원본 및 이자·지연손해금의 합산액이 결과적으로 채권최고액으로 되어 있는 금액을 넘더라도 나머지 목적 부동산에 관한 경매 등의 환가절차에서 다시 우선변제권을 행사할 수 있다는 취지로 판단한 대법원 2009. 12. 10. 선고 2008다72318 판결을 변경하였다. 공동근저당권 또는 공동저당권은 '동일한 채권'의 범위에 속한 피담보채권에 대해 공동저당권이 설정된 부동산으로부터 1배액만 우선변제받을 수 있는 권리이다.[32] 그렇기 때문에 선행경매절차에서 배당받은 금액이 채권최고액에 달하였다면 그것으로 공동근저당권은 소멸한다고 보아야 할 것이다.

그런데 위 대법원 전원합의체 방론이지만 문제가 있는 다음과 같은 법률론을 설시하고 있다. 이를 자세히 살펴 볼 필요가 있다.

> "…공동근저당권자가 스스로 근저당권을 실행하거나 타인에 의하여 개시된 경매 등의 환가절차를 통하여 공동담보의 목적 부동산 중 일부에 대한 환가대금 등으로부터 다른 권리자에 우선하여 피담보채권의 일부에 대하여 배당받은 경우에, 그와 같이 우선변제받은 금액에 관하여는 공동담보의 나머지 목적 부동산에 대한 경매 등의 환가절차에서 다시 공동근저당권자로서 우선변제권을 행사할 수 없다고 보아야 하며, 공동담보의 나머지 목적 부동산에 대하여 공동근저당권자로서 행사할 수 있는 우선변제권의 범위는 피담보채권의 확정 여부와 상관없이 최초의 채권최고액에서 위와 같이 우선변제받은 금액을 공제한 나머지 채권최고액으로 제한된다고 해석함이 타당하다. 그리고 이러한 법리는 채권최고액을 넘는 피담보채권이 원금이 아니라 이자·지연손해금인 경우에도 마찬가지로 적용된다."

위 전원합의체 판결의 위 법률론은 공동근저당권자의 신청에 의해 경매가 개시되어 피담보채권이 확정되었으나 선행 경매절차에서 채권최고액의 한도에 못 미치는 배당을 받은 경우, 후행의 공동근저당권이 있을 때 선행 경매신청 이후 성립된 채권도 피담보채권의 범위에 포함되어 배당받을 수 있다는 것으로 해석되어서는 안 될 것이다. 공동근저당권자가 경매신청을 하였다면 이로써 공동근저당권관계의 종료 내지 해지가 있고 이로써 '동일한 채무의 확정'이 있는 것이다. 따라서 그 확정 이후에 성립된 채권은 민법 제368조에서 말한 '동일한 채무'에 해당하지 않는다.[33] '채무의 확정' 이후에 성립한 채권에 대해서는 별개의 근저당권을 설정하

32) 이에 반하여 民法注解 Ⅶ, 212(曺大鉉); 註釋民法 物權 (4), 295-296(李起宅)에서는 경매된 부동산상의 피담보채권만 확정된다고 하면서, 다른 부동산에 대하여는 담보한도가 줄지 않은 채 그 이후의 발생하는 것까지 담보하게 된다고 한다.

33) 독일법에서도 공동저당권(Gesamthypothek)에서 어느 부동산에 대해서 피담보채무를 확정하고, 다른 부동산에 대해서는 달리 피담보채무를 확정하는 것은 가능하지 않다고 한다. Staudinger/Wolfsteiner, BGB(2015), § 1132 Rn. 32 f. 참조. 이는 공동저당권이 "동일한 채권"의 담보를 목적으로 하는 것이기 때문에 논리 필연적

는 것은 별론으로 하고.[34] 그러한 채권은 '동일한 채권'을 담보하는 공동근저당권이 아니기 때문이다.[35]

(3) 공동근저당권의 경우 '채무의 확정'과 더불어 그 시점에서의 채권으로 동일성 있는 채권도 확정된다고 보는 것이 논리적으로 타당할 것이다. 그렇지 않다면 '채무의 확정'이라는 개념을 사용할 이유가 없는 것이다. 위 전원합의체 판결은 공동근저당권의 선행 경매에서 만족을 얻은 피담보채권액이 채권최고액에 미달하기 때문에 공동근저당권자는 채권최고액과 실제 배당받은 채권액의 차액인 잔여액의 한도에서 추가적으로 성립한 채권에 대해 공동근저당권에 의해 담보될 수 있다는 것으로 이해되어서는 안 될 것이다. 이는 지나치게 저당권자의 이익만을 추구하는 논리일 뿐이기 때문이다. 수개의 부동산으로써 '동일성 있는 채권'을 담보하고자 한 것은 채권자의 이익만이 아니라 채무자 나아가 다른 채권자의 이익을 고려하였기 때문이다. 공동근저당권자가 경매를 신청할 경우 그 때로부터 '채권의 확정'이 있는 것이고 그 이후 발생한 채권은 동일성 없는 채권이라고 관념함으로써 채무자가 낮은 이율로 금융을 조달할 수 있고, 다른 채권자가 채무자와 새로운 계약을 체결하는 것도 가능할 것이다. 동일성 없는 채권까지 공동근저당권의 채권최고액의 한도에서 담보하도록 하는 것은 법문의 규정을 벗어난 것일 뿐 아니라, 공동근저당권자에게 이유 없는 혜택을 부여하는 판결이라고 하지 않을 수 없다. 위 전원합의체 판결을 이렇게 해석할 경우 그것은 해석론의 한계를 유월한 것이다.

Ⅳ. 결 어

물권법, 특히 부동산 물권에 관한 법률은 해당 국가의 주권의 기본인 토지와 관련되어 있

이라고 할 수 있다. 물론 이런 논리필연적이라는 주장의 이면에는 공동저당권자와 다른 이해관계인과의 이익형량에 대한 정책적 판단을 전제한 것이다.

34) 일본민법 제398조의18조에서 규정한 누적적 근저당권이 그 예이다. 우리 법의 해석으로도 이와 같은 것이 인정될 수 있다고 한다. 대법원 2020. 4. 9. 선고 2014다51756, 51763 판결에서는 "당사자 사이에 하나의 기본계약에서 발생하는 **동일한 채권을 담보하기 위하여** 여러 개의 부동산에 근저당권을 설정하면서 각각의 근저당권 채권최고액을 합한 금액을 우선변제받기 위하여 공동근저당권의 형식이 아닌 개별 근저당권의 형식을 취한 경우, 이러한 근저당권은 민법 제368조가 적용되는 공동근저당권이 아니라 피담보채권을 누적적으로 담보하는 근저당권에 해당한다. 이와 같은 누적적 근저당권은 공동근저당권과 달리 담보의 범위가 중첩되지 않으므로, 누적적 근저당권을 설정받은 채권자는 여러 개의 근저당권을 동시에 실행할 수도 있고, 여러 개의 근저당권 중 어느 것이라도 먼저 실행하여 그 채권최고액의 범위에서 피담보채권의 전부나 일부를 우선변제받은 다음 피담보채권이 소멸할 때까지 나머지 근저당권을 실행하여 그 근저당권의 채권최고액 범위에서 반복하여 우선변제를 받을 수 있다."고 한다.

35) 누적적 근저당권이 인정됨으로써 공동근저당권의 개념징표에 대한 검토도 필요할 것이다. 일본 민법 제390조의19에 의한 누적적 근저당권은 동일한 피담보채권의 동일성이 인정되더라도 누적적 근저당권을 인정할 수 있다고 한다. 이를 전제한다면(위 대판 2014다51756도 동일한 취지이다), 공동근저당권은 피담보채권의 동일성만이 아니라 채권최고액에서의 동일성도 있어야 한다는 것으로 귀결될 것이다.

기 때문에 각 나라마다 독자성과 특수성이 있기 마련이다. 담보물권은 거래관계에서 발생한 채권을 담보하는 기능을 수행하기 때문에 거래법의 보편성과 유사한 보편성을 기대할 수도 있겠지만, 부동산 관련 담보물권은 보편성을 주장하는 데에 한계가 있을 수밖에 없다. 근저당권의 '채무의 확정'에 관한 법리도 이런 물권법의 특수성 하에서 발전해 왔고, 또 발전할 것이라는 점을 짐작할 수 있을 것이다. 우리나라의 근저당권이 다른 나라의 근저당권과 동일할 이유는 없지만, 그럼에도 불구하고 국내법질서에서 일관된 법원칙 하에서 해석론이 발전되어야 할 것이다. 해석론으로 해결하기 어려운 지점이 있거나 새로운 사회질서가 필요하다면 법개정을 주저할 이유가 없을 것이다.

이런 관점에서 보면 근저당권의 '채무의 확정'에 관한 대법원 판결의 법률론은 해석론상 수미일관하지도 않을 뿐 아니라 관련 당사자의 이익을 제대로 형량하지도 못하고 있다. 무엇보다도 근저당권, 공동근저당권에 관한 민법의 규정은 담보권자인 채권자의 이익만이 아니라 채무자, 근저당권설정자, 이에 부수한 다른 채권자의 이익을 고려하여 '채무의 확정' 또는 '동일한 채권의 확정'을 장래에 유보시켜 두었다. 채무의 확정이 있어야 저당권을 실행할 수 있도록 한 것이고, 그 이전에는 저당권을 실행할 수 없도록 한 것이라고 해석하여야 한다는 것이다. 그렇다면 채무의 확정 이후에는 채무자, 저당권설정자, 다른 채권자의 이익을 위해 근저당권자의 이익은 제한되어야 하는 것이다. 채무의 확정 이후 확정된 채권이 채권최고액에 달하지 않는다는 이유만으로 추가적인 채권을 성립시킬 권한을 채권자에게 인정하는 것은 채무자, 저당권설정자, 나아가 다른 채권자의 이익을 침해하게 될 것이다. 이는 근저당 및 공동근저당을 설정받을 수 있는 경제력이 막강한 금융자본에게 손쉽게 영업할 수 있는 금융수단을 제공함으로써 다른 금융자본, 무담보의 채권자의 지위를 열악하게 만들게 될 것이다. 그 점에 비추어 보면 근저당권이든 공동근저당권이든 '채무의 확정'은 원래의 입법의도에 부합되게 여러 이해관계자들의 이익을 충실히 고려하여 일관성 있게 해석하여야 할 것이다. 그 점에서 이 글은 다음과 같은 해석론을 제안한다. 첫째, 우리 법에서는 근저당권설정계약의 당사자 사이에 다른 합의가 없다면, 그들 당사자 및 그로부터의 전득자가 상호간에 '채무 확정'의 권한을 갖게 된다는 것이다. 존속기간의 정함이 있고, 그 존속기간 동안의 거래를 통해 채권의 성립, 소멸이 지속되는 경우는 그렇지 않지만, 여타의 경우에는 근저당권설정자 및 그로부터의 전득자에 의한 '근저당권계약의 해지'가 가능하며, 근저당권자는 언제든지 피담보채권의 변제기에 도래하거나 약정을 위반한 경우 근저당권계약을 해지함으로써 '채무의 확정'이 가능하다고 할 것이다. 둘째, 제3자의 신청에 의한 경매절차에서는 근저당권이 소멸한 시점에서 피담보채권을 우선변제받을 수 있는 것이고, 그 이후에 성립한 채권은 근저당권 없는 상태에서 성립한 채권이므로 피담보채권이 될 수 없다고 해석하여야 할 것이다. 여기에는 '채무의 확정'과 무관하게 피담보채권의 우선변제가 검토된다는 것이다. 셋째, 공동근저당권의 경우 '동일한 채권의 확정'을 장래에 유보하는 것이기 때문에 피담보채권이 서로 다른 시기에 확정되는 것은 논리적으로 가능하지 않다. 따라서 전원합의체 판결에서 말하는 '채무의 확정과 무관하게' 채권최고액의 한도에서 우선변제를 받을 수 있다는 것은 공동근저당권의 성질에 위반될 뿐 아니라 법문에 위반되는 해석이라 할 것이다. 이 경우에도 피담보채권의 확정 이후에 성립한 채권은 공동근저당권에 의해 담보되는 '동일한 채권'에 속하지 않기 때문에 공동근저당권의 피담보채권이 될 자격이 없다고 할 것이다. 그러나 위 둘째의 경우와 마찬가지로 제3자가 실행한 경매절차에서 배당받은 경우 '채무의 확정'이 없기 때문에, '동일한 채권의 확정'이 아직 없다고 해석할 것이다. 그럼에도 불구하고 공동근저당권은 채권최고액의 한도로 1배액의 피담보채권을 여러 부동산의 환가대금에서 우선변제받을 수 있는 권리이므로 '동일한 채권의 확정' 이전에 공동근저당권 일부의 실행으로 만족을 얻은 경우 그 금액과 채권최고액의 차액에 해당되는 금액만큼만 잔여 공동근저당권으로부터 만족을 얻을 수 있다고 해석하여야 할 것이다.[36] 피담보채권의 채무자의 임의변제 또는 제3자에 의한 대위변제가 여기에 해당되지 않는 것은 이러한 변제는 근저당권 또는 공동근저당권의 효력과는 무관한 것이기 때문이다.

36) 가령 곽윤직 대표편집, 민법주해 Ⅶ, 212(조대현 집필부분)와 같은 주장은 공동저당권 또는 공동근저당권의 해석론의 기반인 "동일한 채권"의 문언의 의미를 간과한 것이다.

신탁등기의 효력에 대한 斷想

지 원 림* **

Ⅰ. 들어가며

1961년 영미의 trust 법리에 터 잡은 신탁법이 제정·시행됨에 따라 法系 사이의 충돌문제가 顯在化되었고, 아직까지도 말끔하게 해결되지 않고 있다. 즉 보통법상의 소유권(legal ownership)과 형평법상의 소유권(equitable ownership)이라는 '이중소유권'개념에 터 잡은 신탁제도를 대륙법계의 입장에서 체계정합적으로 소화하기 위한 노력의 일환으로 신탁의 본질이나 수익권의 법적 성질에 관하여 지금까지 많은 논의가 있었다.

그런데 신탁의 내·외부관계(특히 수탁자의 의무와 그 위반의 효과)에 관하여 신탁법(이하 '법'이라고만 한다)이 비교적 상세하게 규정할 뿐만 아니라 그에 관한 논의가 상당한 성과를 거두었다. 반면 신탁의 공시, 특히 그 효력은 지금까지 주된 관심의 대상이 아니었지만, 적어도 법이론의 관점에서는 중요한 쟁점이다.

이러한 문제의식에 기하여 이 글은 신탁의 공시에 관한 법 제4조를 신탁재산의 법적 성질 및 공시의 효력이라는 관점에서 살펴보는데, 부동산신탁, 그것도 담보신탁을 제외한 이른바 관리신탁으로 논의를 한정한다.

Ⅱ. 신탁재산의 법적 성질

1. 신탁의 개념

법 제2조는 "이 법에서 "신탁"이란 신탁을 설정하는 자(이하 "위탁자"라 한다)와 신탁을 인수하는 자(이하 "수탁자"라 한다) 간의 신임관계에 기하여 위탁자가 수탁자에게 특정의 재산(영업이나 저작재산권의 일부를 포함한다)을 이전하거나 담보권의 설정 또는 그 밖의 처분을 하고 수탁자로 하여금 일정한 자(이하 "수익자"라 한다)의 이익 또는 특정의 목적을 위하여 그 재산의 관

* 고려대학교 법학전문대학원 교수.

** 존경하는 양창수 교수님의 고희를 축하드리며, 하잘 것 없는 이 글을 笑納하여 주시기 바랍니다.

리, 처분, 운용, 개발, 그 밖에 신탁목적의 달성을 위하여 필요한 행위를 하게 하는 법률관계를 말한다."라고 규정한다.

그런데 실질적 · 기능적 관점에서 보면, 신탁이란 일정한 목적을 위하여 재산의 관리 · 운용을 위탁하는 제도이다. 즉 위탁자가 수익자의 이익 등 신탁목적(위탁자의 의사에 기하여 설정된[1])을 위하여 특정의 재산을 수탁자에게 이전하고 그에게 그 재산의 관리 · 운용를 맡기는[2] 제도이다. 따라서 위탁된 재산, 즉 신탁재산의 관리 · 운용의 주체와 관리 · 운용에 따른 이익의 귀속주체[3]가 분리되고, 신탁재산은 수탁자의 고유재산과 구별되어 독립성을 가진다.[4]

2. 특별재산으로서 신탁재산

(1) 신탁재산의 특수성

① "신탁재산 없이 신탁 없다."[5] 즉 '법률관계'로서[6] 신탁이 성립하기 위해서는 목적재산이 수탁자에게 이전되어야 한다. 즉 재산의 이전이 신탁의 성립요건이다.[7] 여기서 신탁재산

---

1) "신탁의 목적"이란 위탁자의 의도를 뜻한다는 김태진, "신탁재산에 대한 강제집행 등 금지조항의 체계정합적 해석", 저스티스 제155호(2016), 62 참조.

2) 수탁자의 재산관리 · 운용능력을 차용하거나 재산의 보유나 관리에 따른 부담을 회피하기 위하여: 이연갑, 신탁법상 수익자 보호의 법리, 2014, 66.

3) 관련하여 신탁재산에 귀속되는 소득은 수익자에게 귀속되는 것으로 보고 과세하는 소득세법 제2조의3 제1항, 법인세법 제5조 제1항도 참조.

4) 新井 誠 저/안성포 역, 신탁법 제3판, 2011, 3은 신탁법상 신탁의 특징으로 ① 목적재산의 완전한 이전과 ② 관리주체와 수익주체의 분리 및 신탁재산의 목적구속성을 든다.

5) 이진기, "신탁의 성립과 공시의 법률문제", 동북아법연구(전북대 동북아법연구소) 제10권 제3호(2017), 403.

6) 신탁을 설정하는 '법률행위'로서 "신탁행위"(법 제3조 제4항과 제5항 그리고 제9조 이하 참조)와 그에 기하여 성립하는 '법률관계'로서 신탁(법 제2조 참조)은 구별되어야 한다. 가령 신탁재산의 강제집행 등의 금지에 대한 예외를 정하는 기준의 하나인 "신탁 전"(법 제22조 제1항 단서)은 '신탁행위 전'이 아니라, '개별적인 신탁재산에 관하여 신탁의 법률관계가 성립하기 전'을 의미한다(법무부, 신탁법 해설, 2012, 187).

7) 대법원 1994. 10. 14. 선고 93다62119 판결; 대법원 1991. 8. 13. 선고 91다12608 판결 등 판례의 입장도 같다. 신탁의 성립시기와 관련하여 '신탁행위가 낙성계약인지 아니면 요물계약인지'가 상당한 비중을 가지고 논하여진다. 그런데 이 문제는 ―법규정이나 법의 대원칙의 차이를 간과한 채― 일본신탁법학의 영향을 받은 것으로 짐작되는데, 우리나라에서는 무의미한(따라서 無益한) 논의이다. 즉 일본에서 신탁은 일정한 '행위'를 하는 것을 말하고(일본신탁법 제2조 제1항: "이 법에서 신탁이란 […] 목적의 달성을 위하여 필요한 행위를 하는 것을 말한다."), 신탁계약에 의하여 설정되는 신탁은 위탁자와 수탁자 사이의 신탁계약의 체결에 의하여 그 효력이 발생한다는 동법 제4조 제1항은 물권변동에 관하여 의사주의를 취하는 일본민법 제176조, 제178조와 궤를 같이 한다. 반면 우리나라에서는 재산의 이전에 있어야(법 제2조: "[…] 특정의 재산([…])을 이전하거나 […] 처분을 하고 […]") 그것도 민법 제186조, 제188조 제1항에 따라 공시방법을 갖추어야 비로소 '법률관계'로서 신탁이 성립한다. 그리고 의무부담행위로서 신탁행위의 이행행위를 ―계약의 성립시기에 관하여 낙성계약에 대비되는(지원림, 민법원론 제2판, 2019, [2044] 참조)― 요물계약으로 새길 수는 없다("어느 누구도 물권설정을 목적으로 하는 물권합의를 감히 요물계약으로 구성하려고 꿈꾸지 않는다."는 이진기(주 5), 404도 참조). 사정이 이러함에도 "개정 신탁법은 신탁계약의 법적 성질에 대하여 학설대립이 계속되고 있는 점을 고려하여 일본 신탁법과 달리 신탁의 효력발생시기에 관한 규정을 따로 두지 않고, 신탁계약의 법적 성질 및 효력발생시기에 대하여는 학설 · 판례의 해석에 맡"긴다는 법무부(주 6), 29는 부적절하거나 부주의하다.

은 물건 및 재산적 가치 있는 권리의 總和(Masse)를 말하는데,[8] 그 중 일부라도 수탁자에게 이전되면 그 한도에서 신탁이 성립한다고 할 것이다.

② 신탁목적의 달성을 위한 물적 기반으로서 신탁재산은 수탁자의 고유재산 및 다른 신탁재산과 구별되는 별개의 독립한 재산으로 취급되는데(법 제22조 이하 참조), 이를 '신탁재산의 독립성'이라고 한다.[9] 재산의 출연자인 위탁자나 명의자 겸 관리·운용자인 수탁자의 무자력 내지 도산의 위험으로부터 신탁재산을 지킬 수 있다는 점이 신탁의 큰 장점인데, 신탁재산의 독립성은 이러한 장점을 살릴 수 있게 한다.[10]

③ 신탁의 본질 내지 구조의 문제는 수익자[11]가 가지는 수탁자 및 신탁재산에 대한 각종 권리의 총체로서 '수익권'을 어떻게 파악할 것인지의 문제[12]로 귀결된다.

한편 재산권의 이전은 신탁의 성립요건이 아니라는 이중기, "신탁재산의 공시에 관한 연구", 홍익법학 제11권 제2호(2010), 429; 이근영, "신탁법상 신탁행위와 신탁재산의 공시방법", 토지법학 제29권 제2호(2013), 290 등은 앞에서 본 것처럼 일본신탁법과 구조를 달리하는 우리 신탁법의 해석론으로는 납득하기 어려운 주장이다(물론 신탁'행위'의 효력은 재산의 이전과 무관하게 원칙적으로 성립 즉시 발생하는데, 이는 별개의 문제이다). 그리고 신탁계약에 따른 신탁 '성립' 후 신탁'재산 이전' 전의 법률관계를 설명하기 위하여 신탁재산 이전청구권도 신탁재산이라고 하면서 그에 신탁재산의 독립성을 인정하려는 최수정, 신탁법, 2016, 176-7; 이근영, "신탁법상 신탁의 성립과 신탁재산 공시를 둘러싼 문제점에 관한 소고", 민사법의 이론과 실무 제23권 제1호(2019), 119 이하 등은, 수탁자에 의한 관리·운용의 대상 자체가 아니라 그에 관한 채권을 신탁재산으로 보려는 이론으로 동의하기 어렵다. 물론 채권도 신탁재산을 구성할 수 있지만, 이 경우에는 채권 자체가 관리·운용의 대상이라는 점에서 위의 구성의 근거로 되기는 어렵다.

8) 소극재산을 당연히 포함하는 "영업"을 재산에 포함시키는 법 제2조와 신탁재산의 범위에 관한 법 제27조(물상대위에 관한 규정이 아니라 代償의 법리에 기한 것이라는 이연갑(주 2), 158 이하 참조)가 그 반증이다.

9) 대법원 2002. 12. 6.자 2002마2754 결정은 "신탁법상의 신탁재산은 위탁자의 재산권으로부터 분리될 뿐만 아니라 수탁자의 고유재산으로부터 구별되어 관리되는 독립성을 갖게 되는 것이며, 그 독립성에 의하여 수탁자 고유의 이해관계로부터 분리되므로 수탁자의 일반채권자의 공동담보로 되는 것은 아니"라고 한다.

신탁재산은 수탁자의 인격을 차용한 목적재산으로 위탁자로부터 독립되어 있고, 수탁자의 명의로 되어 있으나 독자적인 신탁목적의 달성을 위한 관리제도라는 신탁의 본질상 실체적 법률관계에서 수탁자의 고유재산과 분별되어 별개로 취급되어야 한다는 법무부(주 6), 184도 참조.

10) 이계정, 신탁의 기본 법리에 관한 연구, 2017, 215는 신탁재산 독립의 효용으로, 위탁자나 수익자로서 수탁자의 재산상태를 수시로 점검할 필요가 없다는 점, 강제집행으로 인한 신탁재산의 散逸 때문에 신탁목적을 달성하지 못하는 경우를 대비할 필요가 없다는 점 및 위탁자나 수익자는 수탁자 변경을 비교적 자유롭게 할 수 있다는 점을 든다.

11) 신탁에서 특히 중요한 것은 수익자의 지위로, 신탁에 특유한 수탁자의 의무도 그리고 신탁재산의 독립성도 결국은 (신탁재산의 관리·운용을 통한) 수익자의 이익을 보장하기 위한 것이다.

12) 대법원 2002. 4. 12. 선고 2000다70460 판결 등 판례는 이른바 채권설의 입장이다. 참고로 대법원 2018. 4. 12. 선고 2016다223357 판결도 담보신탁에서 관용되는 "우선수익권은 수익급부의 순위가 다른 수익자에 앞선다는 점을 제외하면 그 법적 성질은 일반적인 수익권과 다르지 않다. 채권자는 담보신탁을 통하여 담보물권을 얻는 것이 아니라 신탁이라는 법적 형식을 통하여 도산 절연 및 담보적 기능이라는 경제적 효과를 달성하게 되는 것일 뿐이므로, 그 우선수익권은 우선변제적 효과를 채권자에게 귀속시킬 수 있는 신탁계약상 권리이다."라고 하였다.

수익권의 법적 성질에 관한 학설의 소개로 우선 법무부(주 6), 462 이하 참조. 관련하여 국제신탁에서 준거법 결정의 어려움에 관한 석광현, "국제금융에서의 신탁과 국제사법", BFL(서울대 금융법센터) 제17호(2006), 66 이하도 참조.

그런데 수익권은 그 본질에 있어서 수익자(이익의 귀속주체로서)가 수탁자(재산의 관리 · 운용의 주체인)에 대하여 가지는 채권인데, 법 제62조는 이를 "수익채권"이라고 한다.[13)]

그러나 법 제61조가 열거하는 "수익자의 권리"는 —수탁자에 대한 채권을 넘어— 제3자에게 효력을 미칠 수 있는 법적 지위를 포함한다. 이러한 지위는 수탁자의 "소유권"[14)]에 대한 제한과 동전의 양면을 이루는데, 수익의 기반인 신탁재산을 지키기 위하여 수익자에게 주어진 신탁위반 법률행위의 취소권(법 제75조)과 강제집행 등이나 도산에서 이의를 제기할 수 있는 권리(법 제22조, 제24조) 등은 수익자의 지위가 '물적' 단계로 고양됨을 보여준다.[15)] 다만 이러한 수익자의 지위는 수익채권의 실효성을 지키기 위하여 부수적으로 주어진 것일 뿐 이 때문에 수익권이 '물권'으로 되지는 않는다.[16)]

(2) 특별재산으로서 신탁재산

① 신탁재산을 수탁자가 보유하지만 수익권 때문에 일정한 제약을 받는다. 즉 신탁재산의 명의자인 수탁자는 그 재산 관리 · 운용의 주체일 뿐이어서, ⓐ 그 재산으로부터 이익을 얻지 못하고, 관리 · 운용의 대상이자 수익의 기반인 신탁재산을 ⓑ 신탁목적에 반하여 처분할 수 없으며, ⓒ 신탁재산이 수탁자의 책임재산을 구성하지도 않는다.

우리는 관용적으로 수탁자가 신탁재산의 '소유자'라고 하지만, 이처럼 민법 제211조가 규정하는 소유권의 권능 중 수익권능이 부정되고 처분권능도 제한되는 수탁자를 소유자로 표현하는 것이 적절한지[17)] 나아가 이러한 관행이 물권법정주의를 위반하는 것이 아닌지[18)]와 관련

---

13) 수탁자에 대한 원상회복청구권이나 이득반환청구권(법 제43조)도 수익채권의 변형이다.

14) 실질의 관점에서 보면, 수탁자는 신탁재산의 관리 · 운용을 통하여 이익을 창출한 후 그 이익을 수익자에게 전달하기 위한, 관리 · 운용자 겸 통로(導管)의 역할을 담당한다. 따라서 수탁자의 소유권은 신탁재산의 관리 · 운용을 위한 법적 기반('형식적 지위')에 불과하다고 할 수 있다. 아래 주 17도 참조.
수탁자의 '대외적' 지위에 관한 설명으로 신탁재산의 대표자라는 이계정(주 10), 64; 신탁재산의 독립성을 수탁자의 인격을 차용한 것으로 설명하는 이중기, 신탁법, 2007, 4 이하; 기관적 성질을 가진다는 오영걸, "신탁의 변용적 계수 및 그 법리적 과제들", 서울대 법학 제60권 제4호(2019), 115 등.

15) 가령 민사집행법 제48조 제1항이 드는 이의사유(강제집행의 목적물의 소유권 또는 목적물의 양도나 인도를 막을 수 있는 권리) 중 어느 것도 가지지 않는 수익자가 제3자이의의 소를 제기할 수 있도록 하는 법 제22조 제2항은 수익자에게 '물적' 지위를 부여하는 실정법적 근거라 할 것이다. 참고로 이연갑, "공시원칙과 신탁법 개정안", 법학논총(전남대 법학연구소) 제31권 제2호(2011), 102 주 40은 "제3자이의의 소를 소유권 등 인도를 저지할 수 있는 권리자를 보호하기 위한 제도가 아니라, 실질적으로 책임재산이 아닌 재산권에 대한 집행을 배제하기 위한 제도라고 이해한다면, 제3자이의의 소를 제기하는 자의 권리가 채권인지 물권인지는 중요하지 않다고 볼 수도 있다."고 한다.

16) 수익의 기반으로서 신탁재산에 대한 '실질적인 그러나 간접적인' 이해관계인으로서 수익자에게 그 재산을 보전하기 위하여 제3자효가 주어지는데, 수익자취소권의 행사나 제3자이의의 소의 제기의 효과는 신탁재산의 명의자인 '수탁자'에게 귀속되므로, 수익자의 '물적' 지위의 법적 성질은 "권한"이라고 해야 한다.

17) 일반적으로 수탁자를 신탁재산의 소유자로 보고 그의 소유권이 수익자의 취소권 등에 의하여 제한되는 상황을 어떻게 설명할 것인지를 신탁의 본질 내지 구조의 문제로 논의한다. 그런데 수탁자가 민법 제211조가 예정하는 '완전한' 소유권을 가진다고 보기 어렵고 부차적으로 부동산등기기록에 신탁재산의 권리자가 '소유자'가 아니라 '수탁자'로 기록됨도 고려하면, 신탁재산의 '명의자'(또는 보유자)라는 표현이 더 적절한지 모른다. 이러

하여 특별재산을 살펴볼 필요가 있다.

② 재산이란 어떤 이에게 속하는 물건 및 재산적 가치가 있는 권리의 總和를 말하는데, '1人 1財産'이 원칙적 모습이다. 다만 이에 대한 예외로 ❶ 어떤 이에게 속하는 재산 중 일부로서 일정한 목적을 위하여 분리되어 독자성을 가진 재산 및 ❷ 수인에게 속하지만 일정한 목적을 위한 공동재산을 특별재산(Sondervermögen)이라 한다.

신탁과 관련되는 ❶의 의미에서 특별재산은 '재산의 관리, 명의자의 처분권한, 수익의 귀속 및 책임재산 여부'의 관점에서 명의자의 고유재산과 구별된다.[19)]

물론 현행법상 특별재산은 실정법상 근거도 없을 뿐만 아니라 실제로 상이한 목적으로 형성되고 그에 따라 법률효과도 서로 다르다.[20)] 그러나 신탁을 둘러싼 법률관계를 정리하기 위한 '틀'(도구개념)로서 특별재산이라는 개념은 整序(체계화)기능을 가지는데, 법률의 해석과 법형성에서 체계의 통일성과 일관성을 확보하는 기준으로 유용할 수 있다.

③ 법적 성질은 어떤 법률제도의 의미·내용을 확정하여 이를 법적으로 규율하고 그에 상응하는 법률효과를 판단하기 위한 기초가 된다.[21)]

그런데 신탁의 법적 성질을 논할 때, 기존의 '틀'을 존중하면서 고정관념을 극복하고 유연하게 접근할 필요가 있다. 즉 신탁에서 재산의 관리·운용이라는 목적과 재산의 이전이라는 형식 사이의 괴리를 어떻게 이론구성할 것인지가 문제되는데, 신탁의 목적을 위한 '특별재산'이라는 개념을 통한 해결이 가능할 것인바,[22)] 신탁재산은 신탁목적의 달성을 위한 물적 기반으로, 명의자인 수탁자의 소유권이 수익자의 —형평법상의 소유권에 비견되는 '물적' 지위로서— 수익권에 의한 제약을 받음에 따라 신탁재산은 특별재산으로 구성한다고 할 것이다.[23)] 그리고 신탁재산의 독립성 및 수익자의 취소권에 관한 규정들은 신탁재산이 수탁자의 고유재

한 문제의식에도 불구하고 아래에서는 '일반적인 용어례에 따라' 수탁자의 지위를 '소유자'라고 표현한다. 신탁재산의 귀속에 관하여 가능한 이론구성으로 우선 이연갑(주 2), 38 이하 참조.

18) 물권법정주의와의 관계는 특히 —수탁자의 소유권을 제한하는— 수익자의 '물적' 지위를 어떻게 설명할 것인지로 귀결되고, 수익자의 이러한 지위가 민법 제185조에 위반된다고 할 소지는 충분하다. 그러나 물권법정주의를 不動의 원칙으로 볼 것은 아니고, 공시를 통한 거래비용의 低減(제3자효를 둘러싼 분쟁의 예방)을 위한 제도로 이해해야 한다. 즉 '거래의 안전 ← 공시 ← 물권법정주의.' 여기에 민법 제185조가 (공시방법의 구비를 전제로) 관습법에 기한 물권의 성립도 인정함을 더하여 보면, 신탁법이 동조 소정의 "법률"에 해당하고 신탁등기를 통하여 수탁자의 소유권이 수익자의 '물적' 지위에 의하여 제한됨이 공시되므로 물권법정주의라는 장애는 극복될 수 있다.

19) Larenz, Karl, Allgemeiner Teil des deutschen Bürgerlichen Rechts, 7.Aufl., 1989, S. 310.

20) 특별재산의 개념을 차용할 필요가 없다는 견해로 이계정(주 10), 244-5 참조.

21) 이진기(주 5), 401.

22) 동지로 이연갑(주 2), 142 이하.

23) 신탁재산은, 명의자인 수탁자에게 충실의무(법 제33조)와 특히 분별관리의무(법 제37조)가 부과되고, 그의 처분권한이 제한되며(법 제75조 참조), 재산의 운용에 따른 수익이 —도관으로서 명의자를 거쳐— 수익자에게 귀속되고(특히 법 제36조 참조) 그 재산이 명의자의 책임재산을 구성하지 않는(법 제22조 등) 등 앞에서 본 특별재산의 속성을 그대로 가진다.

산으로부터 분리된 특별재산임의 반증이라고 할 수 있다.

Ⅲ. 신탁재산의 공시

1. 신탁재산 공시 일반

(1) 공시의 대상

우선 "신탁"의 공시라는 법 제4조의 표제에도 불구하고 공시되어야 하는 것은 '신탁재산'인지 여부("그 재산이 신탁재산에 속한 것임")이지, 신탁(관계) 자체가 아니다.[24] 물론 신탁재산의 공시(특히 신탁원부의 등기)를 통하여 신탁행위의 내용을 포함한 신탁관계(그 요체는 신탁재산에 대한 수익자의 '물적' 지위)가 간접적·우회적으로 공시되기도 하지만, 이는 별개의 문제이다.

그리고 공시를 요하는 것은 집합체(Masse)로서 신탁재산이 아니라 집합체를 구성하는 '개개의 특정된 물건 및 재산적 가치 있는 권리'(이하 법 제4조 제1항의 용어례에 따라 「재산권」이라고 한다)이다(특정성!).

(2) 공시의 목적

특별재산으로서 명의자의 처분권한이 제한되거나 명의자의 고유채권자를 위한 책임재산을 구성하지 않는 경우에, 이해관계인의 '정당한' 이익을 해치지 않기 위하여 그러한 사실이 공시되어야 한다.[25] 신탁의 공시도 '특별재산'인 신탁재산을 구성하는 「재산권」에 관하여 수익자가 '물적' 지위를 가짐을 외부에 알림으로써 제3자의 예기치 않은 불이익을 예방하기 위하여 요구된다. 즉 (권리변동의 공시에 부가되는) 신탁의 공시를 통하여 방지되는 '不意'打는 수익자의 수익권이 제3자에게 그 효력을 미친다는 점이다.[26]

나아가 신탁재산에 속함이 공시되어야 수익자가 '물적' 지위에 기하여 일정한 권리를 행사할 수 있다는 점에서 신탁의 공시는 신탁재산에 대하여 '간접적인' 이해관계를 가지는 수익

---

24) 동지로 이진기(주 5), 406; 최수정(주 7), 256 등.

25) 가령 특별재산인(곽윤직 편집대표, 민법주해 제16권, 1997, 53(김재형 집필부분) 참조) 조합재산 자체에 관한 등기는 불가능하지만, 특정된 개개의 재산에 관하여 합유등기가 경료되었다면 조합의 채권자는 조합원 전원에 대한 집행권원에 기하여 그 재산을 강제집행할 수 있는 반면(앞의 책, 124 참조), 조합원 개인의 채권자는 강제집행을 할 수 없다. "민법상 조합의 채권은 조합원 전원에게 합유적으로 귀속하는 것이어서 특별한 사정이 없는 한 조합원 중 1인에 대한 채권으로써 그 조합원 개인을 집행채무자로 하여 조합의 채권에 대하여 강제집행을 할 수 없"다고 한 대법원 2001. 2. 23. 선고 2000다68924 판결도 동지.

반면 한정승인에 따른 상속재산은 상속채권자를 위한 특별재산인데, 이를 등기할 수 없으므로 상속채권자는 저당권을 설정받은 상속인의 채권자보다 열위에 선다(대법원 2010. 3. 18. 선고 2007다77781 전원합의체 판결).

26) 이와 관련하여 법무부(주 6), 45 등이 거래의 안전과 함께 공시의 목적으로 드는 "신탁의 남용방지"의 의미가 무엇인지 이해할 수 없다. 혹시 고유재산을 신탁재산으로 공시함으로써 수탁자의 일반채권자가 그 재산권에 대하여 집행할 수 없게 하는 등의 역효과(이연갑(주 15), 106 참조)를 우려한 것인가?

자의 보호에도 이바지한다.[27)28)]

2. 신탁등기

(1) 신탁등기는, 신탁재산을 구성하는 「재산권」에 관하여 그 「재산권」이 수탁자 명의에도 불구하고 그의 고유재산이 아니라 '신탁목적'의 구속을 받는 특별재산임을 공시한다. 즉 신탁의 목적인 부동산에 관하여 마쳐진 수탁자 앞으로의 이전등기에 부가하여 그 부동산이 '특별재산'인 신탁재산에 속함을 공시한다.

(2) 신탁등기의 절차

① 부동산등기법 제82조 제1항은 "신탁등기의 신청은 해당 부동산에 관한 권리의 [···]등기의 신청과 동시에 하여야 한다."고 한다.[29)] 이처럼 동시신청주의를 취한 이유는, 권리변동등기와 신탁등기가 그 「재산권」에 관하여 신탁이 성립하여 특별재산으로서 신탁재산에 속함을 공시한다는 공동목적을 가지기 때문이다.[30)]

② 공동신청주의를 취하던 2013년 개정 전 제82조 제2항과 달리 현행 부동산등기법 제23조 제7항은 수탁자의 단독신청주의를 채택하였다. 신탁등기는 권리변동이 신탁목적을 위한 것임의 공시'만'을 위한 것으로 —권리변동의 당사자가 아닌— 수익자의 이익을 위한 것이라는 점이 반영된 결과로 보인다.[31)]

(3) 재산권의 이전을 위한 권리변동등기와의 관계

① 신탁재산을 구성하는 「재산권」의 권리변동사실과 그 「재산권」이 신탁재산에 속한다는 사실이 동시·일괄신청에 의하고 하나의 순위번호로 등기되지만, 취지상이든(신탁등기는 신탁재산임을 알리는 기능만 수행한다는[32)]) 법규정상이든(수탁자의 단독신청으로 바꾼 부동산등기법 제23조 제7항 참조) 그 「재산권」에 관한 권리변동등기와 신탁등기는 별개의 등기이다.

그런데 논리적으로 본다면, 신탁재산으로 되는 「재산권」에 관하여 수탁자 앞으로의 이전

---

27) 동지로 이연갑(주 2), 152.

28) 신탁등기가 마쳐지면 수익권 침해에 대한 금지청구도 가능하다는 견해로 이계정(주 10), 151; 이연갑(주 2), 186.

29) 1건의 신청정보로 일괄하여 하도록 한 부동산등기규칙 제139조 제1항도 참조.
그 밖에 신탁등기사무처리에 관한 예규(등기예규 제1575호) 1.나(2): 신탁행위에 의하여 소유권을 이전하는 경우에는 신탁등기의 신청은 신탁을 원인으로 하는 소유권이전등기의 신청과 함께 1건의 신청정보로 일괄하여 하여야 한다. 등기원인이 신탁임에도 신탁등기만을 신청하거나 소유권이전등기만을 신청하는 경우에는 「부동산등기법」 제29조 제5호에 의하여 신청을 각하하여야 한다. 등기의 목적은 "소유권이전 및 신탁", 등기원인과 그 연월일은 "○년 ○월 ○일 신탁"으로 하여 신청정보의 내용으로 제공한다.

30) 이연갑(주 15), 97; 이진기(주 5), 420 등은 이를 "표리일체의 관계"라고 표현한다.

31) 개정의 의미에 관하여 신탁등기에서는 등기권리자, 등기의무자가 없고, 신탁등기가 제3자에 대한 대항요건의 의미만을 가지므로 굳이 공동신청주의를 택하지 않더라도 무방하다는 판단으로 보인다는 이연갑(주 15), 99도 참조.

32) 특히 이연갑(주 15), 91 참조.

등기가 마쳐지고 그에 신탁등기가 부가되어야 하지만,[33] 실질적으로는 신탁등기가 당해 「재산권」에 관하여 수탁자 앞으로 마쳐진 이전등기의 효력을 제한하는 기능을 담당한다.

② 신탁재산을 구성하는 「재산권」에 관하여 신탁등기가 경료되지 않은 경우의 법률관계를 본다.

먼저 신탁등기의 신청 없이 권리변동등기만 신청한 경우에 앞에서 본 등기예규 제1575호 1.나(2)에 따라 권리변동등기의 신청이 각하된다.

그럼에도 불구하고 신탁재산을 구성하는 「재산권」에 관하여 —특히 신탁 아닌 등기원인에 기하여— 수탁자 앞으로 권리변동등기가 마쳐진 경우에, 그 등기의 효력으로 수탁자가 그 「재산권」의 소유자로 되고,[34] 신탁등기가 무관하게 그 「재산권」은 신탁재산을 구성하지만[35] 신탁재산에 속함을 제3자에게 주장할 수는 없다(법 제4조).

Ⅳ. 신탁등기의 효력

1. 해 석 론

(1) 대항요건주의

법 제4조 제1항은 "등기[…]할 수 있는 재산권에 관하여는 신탁의 등기[…를] 함으로써 그 재산이 신탁재산에 속한 것임을 제3자에게 대항할 수 있다."고 규정한다. 여기서 대항이란 신탁관계의 당사자와 수익자 그리고 그들의 포괄승계인이 당해 「재산권」이 신탁재산에 속함을 주장할 수 있다는 의미인데, 신탁재산의 독립성을 주장하는 경우와 수익자가 취소권을 행사하는 경우에 특히 문제된다.

그런데 학설은 여기서의 제3자로 주로 위탁자나 수탁자의 채권자가 문제되겠지만 그에 한정되지 않고 등기의 당사자를 제외한 모든 이가 포함되며, 공시를 하지 않았다면 다른 방법으로 신탁재산임을 증명하거나 제3자가 악의였더라도 신탁재산임을 주장할 수 없다고 하는데,[36] 차례로 살펴본다.

(2) 제3자의 범위

앞에서 본 것처럼 신탁등기가 되지 않은 경우에 대항할 수 없는 제3자에 등기의 당사자를 제외한 모든 이가 포함된다는 것이 학설의 일반적 입장이다.

---

33) 권리변동등기를 신탁등기에 '선행'하는 개념으로 이해하는 이중기(주 7), 429도 참조.

34) 대법원 2014. 11. 27. 선고 2012두26852 판결은, 신탁등기가 마쳐지지 않은 경우에 등기명의자인 수탁자를 신탁재산인 부동산의 "사실상의 소유자"로 보는데, 이는 신탁재산에 대한 재산세의 납부의무자를 위탁자로 하는 지방세법 제107조 제2항 제5호와 관련된다.

35) 신탁법 개정 전의 것이지만, 대내적으로는 수익자가 수탁자에 대하여 신탁수익의 분배를 주장할 수 있다는 이중기(주 7), 430도 참조.

36) 이에 관하여 많은 것들 대신 법무부(주 6), 46 참조.

그러나 신탁의 공시는 당해 「재산권」이 신탁재산에 속하지 않음을 알지 못한 이의 신뢰를 보호하기 위한 제도이고, 그렇다면 보호가치 있는 신뢰를 가지지 않는 제3자까지 보호함으로써 수익자 등의 이익을 해칠 것은 아니다. 가령 신탁등기가 마쳐지지 않았다고 하여 수탁자의 지위를 포괄승계하는 상속인이 신탁재산의 '완전한'(즉 수익권의 제한을 받지 않는) 소유권을 취득하는 것은 우리의 건전한 상식에 반한다.[37] 나아가 신탁재산에 속하는 「재산권」의 불법점유 때문에 수익채권이 침해되는 경우에 수익자는 불법점유자에 대하여 그 「재산권」의 반환을 구할 수 있어야 한다.[38] 이러한 점들을 고려하면 —이른바 상대적 무효/취소에서와 마찬가지로 목적론적 축소에 의하여[39]— 제3자의 범위를 '신탁등기 없음을 신뢰하여 신탁재산에 속하는 「재산권」에 대하여 실질적으로 새로운 법률상 이해관계를 가지는 이'로 한정해야 할 것이다.

(3) 제3자의 주관적 容態

① 앞에서 본 것처럼 공시방법 불비의 경우에 악의의 제3자에게도 당해 「재산권」이 신탁재산에 속함을 주장할 수 없다는 학설의 일반적 입장이다.[40]

② 그러나 제3자 악의(특히 害意)의 경우에 수익자는 신탁등기 없이도 신탁재산의 독립성을 주장할 수 있어야 하는데, 그 이유는 다음과 같다.

첫째, 악의자에게 대항할 수 없게 하면서까지 거래의 안전을 보호함으로써 신탁재산 나아가 수익자를 해치는 것이 과연 적절한지 의문이 아닐 수 없다. 즉 빈번한 거래 등의 사유로 거래의 안전이 보다 강조되어야 하는 동산거래에서도 무권리자(또는 제한된 권리자)의 거래상대방은 선의·무과실이어야 보호되고 악의의 제3자는 보호의 대상에서 제외되는데,[41] 공신력이 인

---

37) 수탁자의 상속인에게는 신탁등기 없이도 대항할 수 있다는 견해로 이계정(주 10), 295.
실제로 일어날 가능성이 거의 없겠지만 수탁자인 회사가 합병된 경우에도 마찬가지로 보아야 할 것이다.

38) 이와 관련하여 수익자가 수탁자의 방해제거청구권을 대위행사할 수 있다는 입론도 가능하지만, 수탁자에 대한 수익채권을 가질 뿐인 수익자에게도 —부동산의 용익을 내용으로 하는 채권을 가진 임차인 등과 마찬가지로— 채권자대위권의 전용을 인정할 수 있는지는 검토를 요한다.
한편 양도담보에서 양도담보 설정자가 불법점유자에 대하여 실질적 소유자임을 주장할 수 있다는 대법원 1988. 4. 25. 선고 87다카2696·2697 판결도 권리보호자격을 갖추지 못한 이의 보호를 거절한 사례로 볼 수 있고, 그 밖에 물권변동에 관하여 의사주의와 대항요건주의를 취하는 일본에서 불법행위자나 불법점유자에 대해서는 등기 없이도 대항할 수 있도록 한 점(김성수·권 철, "제9회 동아시아 민사법 국제학술대회", 민사법학 제89호(2019), 311(横山美夏 집필) 참조)도 의미를 가질 것이다.

39) 이에 관하여 우선 지원림(주 7), [1228] 및 대법원 2000. 7. 6. 선고 99다51258 판결 참조.

40) 그 근거로, 공부상 기재할 수 있는 방법이 있는 신탁재산에 관하여 공부상의 기재를 신뢰한 제3자 보호를 위해 공부상 기재를 기준으로 대항 여부를 가리자는 것이 법 제4조의 취지라면, 악의의 제3자에 대해서도 대항할 수 없다고 해석해야 한다는 이연갑(주 15), 103-4; 그렇게 새기지 않으면 법 제4조 제1항의 존재가치가 반감될 수 밖에 없다는 이진기(주 15), 412 등.

41) 부동산물권변동에 관하여 공신력을 인정하는 독일민법 제892조 제1항 제2문도 양수인의 선의를 요구한다.
참고로 대항요건은 프랑스민법 2016년 개정 전에 동산의 선의취득에 상응하여 부동산거래의 안전을 도모하였는데(곽윤직, 물권법 재전정판, 1985, 64 참조), 부동산의 이중양도에 관하여 개정 전의 프랑스 판례는 자신의 권리를 먼저 공시한 이를 우대하였으나, 개정된 프랑스민법 제1198조 제2항은 제2양수인이 먼저 공시한 경우에도 '선의'인 경우에만 보호받을 수 있다고 규정한다. 한불민사법학회, 개정 프랑스채권법 해제, 2021,

정되지 않음으로써 진정한 권리자의 보호가 중시되어야 하는 부동산거래에서 신탁등기 不備의 경우에 악의의(거래의 목적인 「재산권」이 신탁재산에 속함을 아는) 아니면 적어도 害意를 가진 거래상대방까지 보호된다는 것은 균형에 맞지 않는 태도이다.[42] 즉 신탁재산을 구성하는 「재산권」의 양도에서 양수인이 악의라면 양도인인 수탁자의 처분권한에 대한 제한을 치유할 근거(동산의 선의취득에서라면 권리의 외관에 대한 보호가치 있는 신뢰[43]))가 없다.[44]

둘째, 보다 중요한 것은 이익의 형량이라는 관점에서 '공시 不備의 불이익'을 누가 부담해야 하는가 하는 점이다. 권리변동등기에서 통상 등기를 갖추지 않은 양수인이 불이익을 부담하는 반면, 신탁등기에서 등기를 하지 않음에 따른 불이익은 수탁자가 아닌 수익자에게 미친다. 즉 이해관계의 충돌이 권리변동등기의 경우에 양수인(등기권리자로서 자기의 이익을 지키기 위한 조치를 게을리한)과 제3자 사이에서 일어나는 반면, 신탁등기에서는 수익자(비록 대위등기를 할 수 있지만)와 제3자 사이에서 발생한다. 이처럼 신탁등기 懈怠에 따른 불이익이 등기를 단독으로 신청할 수 있는 수탁자가 아니라 수익자에게 미친다는 점에 앞에서 본 것처럼 신탁의 공시는 수익자를 보호하는 제도이기도 하다는 점을 더하여 보면, 신탁재산의 독립성의 이익을 누려야 하는 수익자의 보호를 위하여 제3자의 범위를, 당해 「재산권」이 '실질적으로는' 수탁자의 것이 아니라 타인(수익자)을 위한 것임을 알지 못하는 선의자로 제한할 필요가 있다. 그렇지 않다면 가령 수탁자의 악의의 고유채권자가 신탁재산에 속함을 알면서도 신탁등기 없음을 틈타 이익을 얻을 수 있게 된다. 따라서 악의자, 그것이 지나치다면 적어도 배신적 악의의 제3자에 대해서는 등기 없이도 대항할 수 있다고 할 것이다.[45]

셋째, 그 밖에 사실과 다른 등기로 선의의 제3자에게 대항할 수 없도록 하는 법 제20조 제3항, 상계의 금지와 관련하여 제3자가 자동채권과 수동채권이 같은 재산에 속하지 않음에

263-4(김현진 집필부분) 참조.

42) 일본에서 이른바 배신적 악의자에 대해서는 등기 없이도 물권변동을 주장할 수 있음에 관하여 우선 김성수 · 권철(주 38), 311 참조. 그 밖에 형평법상 원물추급권이 '선의'유상취득자에게는 미치지 못함(그에 따라 악의취득자에게는 추급이 가능함)에 관하여 우선 이계정(주 10), 73 참조.

43) 지원림(주 7), [5172] 참조.

44) 대항요건의 유효범위가 공신력과 직접적으로 연결되지는 않는다는 점에서 본문의 논거에 대하여 비판의 여지가 없지 않다. 그러나 공시된 바, 즉 '실체와 일치하지 않는 외관'에 대한 신뢰가 어느 정도로 보호되는가 하는 점에서 양자는 실질적으로 다르지 않다고 생각된다. 즉 공신력은 실체 없이 외관만 존재하는 경우에 그 외관에 대한 신뢰를 보호하는 제도이고, 본문의 주장은 실체가 있음에도 없는 듯한 외관을 신뢰한 이의 보호를 그의 주관적 용태를 기준으로 한정해야 한다는 점에서 공신력의 반대측면으로 볼 수 있을 것이다.

45) 참고로 재산분리의 경우에, 상속채권자 또는 상속인의 채권자의 '우선변제권 확보'를 위한 특별재산이 형성되고, 등기를 통하여 대항력을 획득한다(민법 제1049조). 그런데 일본민법 제945조의 複本이라 할 수 있는 민법 제1049조의 해석론으로 이성보, "상속재산의 분리", 재판자료 제78집(상속법의 제문제)(1998), 165는 '배신적 악의의 제3자'에 대하여 등기 없이도 대항할 수 있다는 입장이다. 다만 이에 대한 반론으로 경우에 따라 민법 제103조 위반으로 무효로 될 수 있음은 별론 —일본민법 제177조의 해석론으로— 일본판례가 발전시켜온 이른바 배신적 악의자 법리를 수용할 것은 아니라는 주해상속법, 2019, 574(이동진 집필).

대하여 선의·무과실인 경우에 예외를 인정한 법 제20조 제3항(공시와 관련되지는 않지만), 가공자가 악의인 경우에 관한 법 제28조 단서, 수탁자와의 거래상대방이 —신탁목적에 대하여— 악의이거나 선의이지만 중과실 있는 경우에 수익자가 취소권을 행사하여 신탁재산을 보전할 수 있다는 법 제75조 등도 보호가치 있는 제3자만을 보호한다는 법의 태도로 이해해야 한다.

③ 공시 不備의 구체적 효과를 통하여 대항요건주의가 수익자와 제3자 사이의 이해의 충돌을 해결하기 위한 적절한 기준인지를 점검한다.

먼저, 신탁재산에 대한 강제집행 등을 금지하는 법 제22조를 본다. 수탁자의 채권자가 신탁재산에 대하여 강제집행을 하는 경우에, 수익자는 앞에서 본 '물적' 지위에 기하여 제3자이의의 소를 제기할 수 있다(동조 제2항). 그런데 신탁재산에 속하는 「재산권」임을 알면서 강제집행을 신청한 수탁자의 고유채권자보다 수익자의 보호가치가 더 큼에도, 신탁등기 전이라면 제3자의 강제집행은 적법하다고 (해야) 하는데,[46] 이는 민사집행절차에서 공정(공평과 적정)·신속·경제의 이상이 실현되어야 한다는 요청[47]에 따라 외관을 기준으로 획일적으로 처리해야 한다는 절차법적 특수성이 반영된 '부득이한' 결과로 볼 수 있다.[48] 그런데 강제집행절차에도 신의칙이 적용되므로(민사집행법 제23조 제1항, 민사소송법 제1조 제2항), 악의를 넘어 害意를 가진 제3자의 강제집행은 권리남용에 해당하여 수익자가 청구이의의 소를 제기할 수 있다고 할 것이다.[49]

이어서, 수익자의 취소권에 관한 법 제75조를 본다. 악의나 중과실의 경우에만 그리고 짧은 제척기간(법 제76조) 내에 행사되어야 하지만, 취소권의 행사를 통하여 신탁재산의 보전(실제로는 추급?)이 가능하다는 점에서 취소권은 수익자의 '물적' 지위를 웅변한다.[50] 그리고 2011년 법 개정에 따라 취소권의 행사가 공시방법의 구비 여부와 무관하게 된 것으로 보인다.[51] 그런데 수익자취소권을 행사하기 위한 객관적 요건은 ❶ 신탁목적의 위반이 있을 것과 ❷ 신탁재산에 관한 법률행위가 있을 것의 두 가지인데,[52] 앞에서 본 학설의 일반적 입장처럼 신탁등기

46) 무엇보다도 법무부(주 6), 190-1.

47) 이에 관하여 우선 김홍엽, 민사집행법 제5판, 2019, 11 참조.

48) 다만 법 제22조 제1항 단서의 포섭범위를 둘러싼 착종된 논의 그리고 특히 거래상의 불법행위로 인한 채권에 기하여 신탁재산에 대한 강제집행을 할 수 있다고 한 대법원 2007. 6. 1. 선고 2005다5843 판결 등에 비추어 신탁재산에 대한 강제집행이 반드시 신속하게 처리되고 처리되어야 하는지 의문이 없지 않다.

49) 대법원 2014. 5. 29. 선고 2013다82043 판결 등 참조.

50) 채권자취소권과의 관계가 논의되는데, '특별재산'인 신탁재산을 되찾기 위한 수익자의 취소권("자기"의 이익을 지키기 위한 조치로서)과 '일반재산/책임재산'의 보전을 위한 채권자취소권(민법 제407조에 따라 적어도 법적으로는 "모든" 채권자를 위한 제도이다) 사이에 엄연한 차이가 존재하므로 별개의 제도로 보아야 하고, 학설의 일반적 태도(이에 관하여 우선 법무부(주 6), 593 참조)도 같다.

51) 개정 전 제52조에 의하면 공시가 된 신탁재산을 수탁자가 신탁의 본지에 반하여 처분한 경우에 수익자는 수탁자와 거래한 상대방 또는 전득자의 주관적 용태와 상관없이 그 처분행위를 취소할 수 있었으나, 법 제75조가 공시 여부에 따른 구분을 없애고 취소상대방의 주관적 용태를 취소의 요건으로 정하는데, 그로 인하여 공시제도가 가져오는 명확성과 법적 안정성은 희생되었다(이연갑(주 15), 112).

52) 법무부(주 6), 593-5.

가 없는 경우에 악의의 제3자에게도 당해 「재산권」이 신탁재산에 속함을 대항할 수 없다면, "신탁재산"에 관한 법률행위(법 제75조 제1항)로 볼 수 없어서 ❷의 요건이 충족되지 않고, 그 결과 신탁목적을 알았거나 중과실이 있는지 여부는 따질 필요조차 없이 수익자취소권이 작동할 수 없게 된다고 새길 여지도 있다. 이러한 이해가 극단적이지만, 신탁재산의 보전을 통하여 신탁목적을 제대로 달성하기 위하여 법이론적으로 대항요건주의를 검토할 필요가 있음을 반증한다.

④ 한편 이사의 대표권 제한에 관한 등기를 대항요건으로 한 민법 제60조에 관하여 대법원 1992. 2. 14. 선고 91다24564 판결은 등기 없이는 악의의 제3자에게도 대항할 수 없다고 하는데, 법 제4조의 해석에 원용되어서는 안 된다. 왜냐하면 민법 제60조에서는 입법자가 의용민법의 "선의의" (제3자)라는 부분을 지우고 "등기하지 아니하면"을 추가하였는데,[53] 이처럼 법률의 요건을 명시적으로 바꾼 경우에 개정의 취지를 감안하여 해석해야 하기 때문이다. 그리고 명의신탁의 경우에 대법원 1974. 6. 25. 선고 74다423 판결 등은 악의자에게도 주장할 수 없다고 하지만, 이익상황이 다르다고 할 것이다.

2. 입 법 론

(1) 입법에 대한 의문

1961년 신탁법이 제정될 당시 입법자들은 과연 민법의 시행으로 물권변동에 관한 대원칙이 변경된 사실을 인지하고서도 이를 무시한 채 신탁등기의 효력에 관하여 대항요건주의를 취한 것으로 보기는 어렵다.[54] 그리고 2011년 신탁법의 개정작업에서 신탁등기의 효력으로서 대항요건주의는 논의조차 되지 않았다.[55]

그러면 대항요건주의를 받아들이고 앞으로도 유지해야 할까? 결론부터 말하자면, 아래에서 보는 바와 같이, 대항요건주의가 일말의 근거에도 불구하고 적지 않은 문제점을 가진다. 따라서 신탁등기를 성립요건으로 하는 법의 개정이 시급하다.

(2) 대항요건주의를 위한 변명(?)

① 권리변동등기와 신탁등기가 개념상 별개의 등기라는 점을 강조하면, 양 등기의 효력을 반드시 일치시켜야 하지는 않으므로 신탁등기의 효력으로 대항요건주의를 취함을 수긍할 수 있고,

53) 이에 관하여 우선 이호정, "사원총회의 결의에 의한 이사의 대표권의 제한", 고시계 제354호(1986), 120 참조.

54) 비슷한 추론으로 이진기(주 5), 408: "대항요건주의는 아마도 —구체적인 배경이 어떠하던— 일본 신탁법을 모방하여 「신탁법」을 제·개정하는 과정에서 물권변동의 대항요건주의를 토대로 한 일본 신탁법이 철저한 검토와 여과 없이 전사된 결과물로 추측된다."

55) 법무부, 신탁법 개정 특별분과위원회 회의록 제1권, 2010, 238 이하 및 256 이하 참조.
이에 대하여 이진기(주 5), 412는, 지금까지 법 제4조 제1항이 신탁등기를 대항요건으로 법정한 사실 자체에 대하여 의문을 제기함이 없이 아주 자연스러운 것으로 받아들이는 추세라고 평가한다.

② 임차권등기와 채권담보권의 등기가 대항력을 가질 뿐이라는 점에서 신탁재산의 공시(실제로는 본질에 있어서 '채권'인 수익권의 공시)에 관하여 대항요건주의를 취할 수도 있으며,[56]

③ 공시방법이 갖추어진 상태에서 성립요건주의와 대항요건주의 사이에 아무런 차이가 없다.

(3) 대항요건주의의 문제점

① 우선 신탁등기는 당해 「재산권」이 신탁재산으로 됨을 공시한다는 점에서 '법률행위로 인한 부동산물권변동'의 공시에 해당하는데, 법 제4조의 태도는 민법이 취한 성립요건주의의 대원칙에 어긋난다. 즉 '의사주의+대항요건주의'가 대내관계와 대외관계를 달리 취급하여 복잡한 문제가 발생함에 대한 반성으로 민법 제186조가 성립요건주의를 취하였다.[57] 그런데 신탁등기의 효력에 관한 신탁법의 규정내용은, 신탁의 효력은 신탁계약 체결시에 발생하고, 등기를 마치면 제3자에게 대항할 수 있다는 일본신탁법 제4조 및 제14조와 다르지 않고, 이러한 일본신탁법의 입장은 (부동산)물권변동에 관하여 의사주의를 따른 일본민법 제176조과 대항요건주의를 취한 제177조에 상응하는 것이다. 따라서 일본신탁법과 같은 입장을 취한 대항요건주의는 민법이 취하는 성립요건주의의 대원칙에 어긋나는 것으로 시급히 개정되어야 한다.[58]

② 신탁계약에 의한 신탁의 성립에서 하나의 신청에 의하여 동일한 순위번호로 이루어지는 두 개의 등기의 효력을 달리하는 것은 체계적 정합성의 관점에서 매우 어색하다. 수탁자 앞으로의 「재산권」 이전의 궁극적 목적은 신탁의 성립에 있는데, 이처럼 동일한 목적을 위한 권리변동등기와 신탁등기의 효력을 달리하는 것은 우리의 건전한 상식에 반한다.

③ 권리변동등기가 권리변동사실을 외부에 알리는 것인 반면, 신탁등기는 그에 더하여 수익자에 의하여 권리변동효가 제한될 수 있음을 공시하는 것인데, 실제로 일체를 이루는 두 등기의 효력을 획일적으로 정하는 것이 법률관계의 안정을 도모하고 이를 둘러싼 법률문제를 용이하게 해결할 수 있는 방법이다.[59]

---

56) 다만 임차권 등은 —입법정책적 결단을 기반으로— 공시/등기를 통하여 비로소 대세효를 취득하는 반면, 신탁재산은 독립적 지위를 가지고 수익자는 그에 대하여 '물적' 지위를 가지는데 신탁등기는 이를 외부로 공시할 뿐이라는 점에서 같지 않다. 즉 신탁제도의 목적 그리고 그를 위하여 법정된 물적 지위를 고려하면, 본문은 적절한 변명거리로 볼 수 없다.

그리고 채권담보권의 경우에 채권양도 자체의 공시가 대항요건이라는 점에서 역시 적절한 근거로 되기 어렵다.

57) 물권변동에서 의사주의와 형식주의에 관하여 우선 김성수 · 권철(주 38), 334-5(지원림 집필) 참조. 참고로 일본에서 민법을 개정하여 물권변동에 관하여 성립요건주의를 채택해야 한다는 움직임도 있음에 관하여 우선 多田利隆, "物権法の基本原則", 토지법학 제27권 제1호(2011), 319 이하.

58) 적어도 등기의 차원에서 법 제4조 제1항은 민법 제186조와 부동산등기법 제81조 이하의 의미 · 내용을 제대로 주목하지 않고 신탁의 입법목적에 사로잡혀 급조된 즉흥적이고 체계파괴적인 보기 드문 입법의 산물과 다름 아니라는 이진기(주 5), 416도 참조.

59) 동지로 이진기(주 5), 414.

④ 그 밖에 2011년 개정에서 도입된 유한책임신탁의 경우에 등기가 대항요건이 아니라 성립요건인 점(법 제114조 제1항)도 곱씹어볼 필요가 있다. 물론 책임제한은 신탁재산 자체가 아니라 수탁자의 책임에 관한 것이어서 신탁사무 처리지에 별도의 유한책임신탁등기부를 두는데(법 제124조), 유한책임신탁에서 등기를 성립요건을 한 것 자체를 탓할 것은 아니다.[60] 그러나 부동산등기법 제81조 제1항 제12호는 유한책임신탁이라는 뜻을 신탁원부에 기록하도록 하고, 신탁원부의 등기에 —신탁등기 자체와 마찬가지로— 대항력이 인정될 뿐이어서[61] 앞에서 본 불균형의 문제를 피할 수 없다는 점에서, 신탁등기에 관한 대항요건주의를 유지하면서 유한책임신탁등기에 관하여 성립요건주의를 취하는 것은 입법자의 恣意 또는 과오로 평가되어야 한다.[62] 오히려 유한책임신탁등기를 성립요건으로 한 취지[63]에 기하여 신탁등기 자체의 효력을 제대로 돌아보았더라도 과연 대항요건주의를 그대로 유지하였을까?

V. 마 치 며

거래계에서 이루어지는 신탁의 거의 대부분이 상사신탁이라는 점에서 이 글이 실무와 다소 동떨어진 쟁점에 집착한 점이 없지 않다. 그러나 신탁법도 우리 법체계의 일부라는 점에서 민법의 대원칙과 괴리된 규정이나 해석론을 유지하는 것은 적절하지 않다고 생각한다.

한편 신탁의 문외한이면서 어쭙잖은 훈수를 둔 감이 없지 않다. 그런데 법 제4조가 신탁등기를 대항요건이라고 한 데 대한 의문이 계기가 되어 신탁법을 살펴본 소감은 우리 신탁법 자체나 그 운용에서 일본의 잔재가 매우 많이 남아 있다는 점이다.[64] 法系의 충돌이 내재된 신탁법의 영역에서 외국법이 가지는 의미가 남다르겠지만, 외국법은 “소화와 적응”의 단계를 거쳐야 함을 재차 강조하며[65] 글을 마친다.

---

60) 법무부(주 6), 828: 유한책임신탁은 우리나라에 처음 도입되는 것이므로 제3자 보호를 위해 유한책임신탁에서는 그 등기를 효력발생요건으로 함.

61) 신탁원부에 기재된 신탁계약의 내용에 대하여 대항력을 인정한 대법원 2012. 5. 9. 선고 2012다13590 판결 참조.

62) 기본형과 책임제한유형 사이의 격이 맞지 않는다는 이진기(주 5), 416도 참조.

63) 법무부(주 6), 828-9는 유한책임신탁등기를 성립요건으로 한 점과 관련하여 “거래상대방인 채권자가 책임재산이 신탁재산으로 한정된다는 점을 충분히 예견한 상태에서 거래에 임할 수 있도록 하기 위하여 제3자가 유한책임신탁이라는 사실을 객관적으로 확인할 수 있도록” 그리고 “유한책임신탁의 설정시기를 획일적으로 판단하도록” 하기 위한 것이라고 한다.

64) 이진기(주 5), 408: “신탁등기를 대항요건으로 하는 「신탁법」 제4조 1항과 2항은 그 표현에서 일본 신탁법 제14조를 처음부터 끝까지 베낀, 다분히 의도적인 剽竊作이다.”

65) 외국법 연구의 의미에 관하여 지원림, “우리 시대 민법학자의 책무”, 민사법학 제94호(2021), 13 참조.

비영리법인 퇴임이사의 직무수행권에 관한 판례 소고(小考)

천 경 훈*

Ⅰ. 문제제기

법인의 이사가 사임하거나 그 임기가 만료하였음에도 불구하고 후임이사가 선임되지 아니한 때에, 퇴임이사[1]는 여전히 법인의 이사로서의 권리의무를 가지는가? 예컨대 이사회에서 의결권을 행사하거나, 법인을 대표하여 소를 제기하거나, 정관에 따른 총회 소집권 등의 권한을 행사할 수 있는가? 이는 영리법인인 회사는 물론, 비영리법인이나 비법인사단에서도 자주 발생하는 문제이다. 후술하듯이 상법 주식회사 편에서는 "법률 또는 정관에 정한 이사의 원수를 결한 경우에는 임기의 만료 또는 사임으로 인하여 퇴임한 이사는 새로 선임된 이사가 취임할 때까지 이사의 권리의무가 있다"고 명시하고 있다(상법 제386조 제1항). 그러나 민법의 법인에 관한 장에는 그러한 명시적인 규정이 없기 때문에 어떻게 처리할 것인지 문제된다.

그 동안 이 문제에 대해 학설이 별다른 관심을 가지지 않은 것에 반해 판례는 왕성하게 형성되어 왔다. 종합법률정보 사이트에서 검색되는 대법원 판결문·결정문만 해도 영리법인인 회사에 관한 것을 제외하고도 재단법인, 사단법인, 비법인사단 등에 걸쳐, 그리고 민사, 형사, 행정 분야에 걸쳐 약 30개에 달할 정도이다. 그 과정에서 판결요지 형태로 반복적으로 등장하는 일반론도 그 나름대로 정식화되어 있기 때문에, 대부분의 교과서나 주석서는 이 정식화된 '판례'를 별다른 의문 없이 인용하고 있을 뿐이다. 여기까지만 보면 이 문제는 별다른 분석을 요하지 않는 이미 정리된 문제인 것처럼 보인다.

그러나 여러 대법원 재판례에서 반복하여 나타나는 판시사항을 보면 몇 가지 의문이 든다. 2010년 대법원 판결을 예로 들어 본다.

> 민법상 법인의 이사 전원 또는 그 일부의 임기가 만료되었거나 사임하였음에도 불구하고 그 후임 이사의 선임이 없거나 또는 그 후임 이사의 선임이 있었다고 하더라도 그 선임결의가

* 서울대학교 법학전문대학원 교수.

1) 이하에서 임기가 만료한 이사와 사임한 이사를 '퇴임이사'라 총칭한다.

무효이고, 남아 있는 다른 이사만으로는 정상적인 법인의 활동을 할 수 없는 경우, 임기 만료되거나 사임한 구 이사로 하여금 법인의 업무를 수행케 함이 부적당하다고 인정할 만한 특별한 사정이 없는 때에는, 구 이사는 후임 이사가 선임될 때까지 종전의 직무를 수행할 수 있고, 임기 만료되거나 사임한 구 이사가 후임 이사가 선임될 때까지 종전의 직무를 수행할 수 있는 경우에는 구 이사는 그 직무수행의 일환으로 다른 이사를 해임하거나 후임 이사를 선임한 이사회 결의의 하자를 주장하여 그 무효확인을 구할 법률상 이익이 있다(대법원 2005. 3. 25. 선고 2004다65336 판결 등 참조).

그리고 사임한 이사에게 직무수행권을 인정하는 것은 그 사임한 이사가 아니고서는 법인이 정상적인 활동을 중단할 수밖에 없는 급박한 사정이 있는 경우에 한정되는 것이고, 아직 임기가 만료되지 않거나 사임하지 아니한 다른 이사들로써 정상적인 법인의 활동을 할 수 있는 경우에는 사임한 이사에게 직무를 계속 행사하게 할 필요는 없다(대법원 2003. 1. 10. 선고 2001다1171 판결 등 참조).[2)]

위 판시는 크게 보아 두 부분으로 나뉜다. 즉 임기가 만료되거나 사임한 구 이사로 하여금 법인의 업무를 수행케 함이 부적당하다고 인정할 만한 특별한 사정이 없는 때에는 구 이사는 후임 이사가 선임될 때까지 종전의 직무를 수행할 수 있다는 부분(이하 [A] 부분)과 퇴임이사에게 직무수행권을 인정하는 것은 법인이 정상적인 활동을 중단할 수밖에 없는 급박한 사정이 있는 경우에 한정된다는 부분(이하 [B] 부분)이다. [A] 부분에서는 퇴임이사가 종전의 직무를 수행할 수 있음이 원칙인 것처럼 기술하고, [B] 부분에서는 예외적으로만 퇴임이사에게 직무수행권이 인정되는 것처럼 기술하고 있는 것이다. 이처럼 두 부분은 논리적으로 매끄럽게 연결되지 않고, 문언 상으로도 원칙과 예외가 혼란스럽다.

물론 [A] 부분의 앞에는 "남아 있는 다른 이사만으로는 정상적인 법인의 활동을 할 수 없는 경우"라는 전제조건을 달고 있으므로 퇴임이사의 직무수행권을 반드시 원칙적으로 긍정하고 있는 것은 아니다. 그러나 판례에 따라서는 이러한 전제조건이 붙어 있지 않은 경우도 많다. 더구나 그런 전제에서만 직무수행권이 인정된다는 취지라면 이는 [B]의 "그 사임한 이사가 아니고서는 법인이 정상적인 활동을 중단할 수밖에 없는 급박한 사정"이란 문구와 중복되므로, 왜 굳이 두 부분으로 나누어 관련 법리를 설시하는지 의문이 생긴다.

이처럼 이 문제에 대한 판례는 일견 안정된 것으로 보이지만 조금만 더 세부적으로 들여다보면 그 의미와 구조가 석연치 않다. 이 글은 이러한 문제의식에서 출발하여, 위 판례의 규범적 의미를 밝히고 퇴임이사의 직무수행권 인정 여부에 관한 구체적인 판단기준을 모색하는 것을 목적으로 한다. 이를 위해 이하에서는 퇴임이사의 직무수행권에 관하여 상정 가능한 입장을 비교법적인 관점을 곁들여 간략히 검토하고(Ⅱ), 이에 관한 판례를 조사함으로써 위와 같

2) 대법원 2010. 9. 30. 선고 2010다43580 판결 (밑줄은 필자).

은 정식화의 연유를 추적하며(Ⅲ), 판례에 나타난 사례를 통하여 퇴임이사의 직무수행권이 인정되는 경우와 그렇지 않은 경우를 가르는 기준을 탐구하고(Ⅳ), 결론을 맺기로 한다(Ⅴ).

Ⅱ. 퇴임이사의 직무수행권에 관한 법리적 검토

1. 상정할 수 있는 입장

문제의 제기에서 설정한 상황, 즉 이사의 임기만료 또는 사임으로 인하여 이사 정원에 결원이 발생한 경우에 퇴임이사의 직무수행권을 인정할 것인가에 관하여는 다음과 같은 입장을 생각할 수 있다.

첫째, 급박한 사정이 있는 때에 한하여 직무수행권을 인정하는 입장이다(편의상 '예외적 인정설'이라고 한다). 위임에 관한 민법 제691조는 "위임종료의 경우에 급박한 사정이 있는 때에는 수임인[…]은 위임인[…]이 위임사무를 처리할 수 있을 때까지 그 사무의 처리를 계속하여야 한다"고 규정하고 이 경우에는 "위임의 존속과 동일한 효력이 있다"고 한다. 이에 따르면 이사의 임기만료 또는 사임으로 법인의 사무가 중단되는 등의 "급박한 사정"이 있다면, 그는 임기만료 또는 사임에도 불구하고 여전히 이사로서의 권리의무를 가지고 사무처리를 계속해야 할 것이다. 그러나 그 퇴임이사 이외에 다른 이사들이 재직 중이고 그들이 직무를 수행할 수 있다면 급박한 사정을 인정하기 어려우므로, 퇴임이사의 사무처리권은 인정되지 않을 것이다. 결국 이 방식에 따를 경우 해당 사안의 사실관계에 비추어 급박한 사정의 존부를 판단해야 할 것이다.

둘째, 새로 이사가 선임되어 그 결원을 채울 때까지 퇴임이사의 직무수행권을 인정하는 입장이다(편의상 '당연 인정설'이라고 한다). 앞서 언급한 상법 제386조 제1항, 후술하는 일본의 일반법인법, 미국의 모범비영리법인법 등이 입법적으로 이러한 입장을 취한다. 이는 이사의 임기만료 또는 사임으로 인한 법인의 업무중단을 방지하고 연속성을 확보하기 위한 규정으로서, 개별 사안에서의 급박한 사정 또는 필요성 여부를 따지지 않고 퇴임이사의 직무수행권을 인정한다는 점에서 구체적 타당성보다는 법적 안정성을 강조하는 입장이라고 할 수 있겠다. 민법에 상법 제386조 제1항과 같은 규정이 없음에도 법인 사무의 계속적 집행을 위해 같은 결과를 인정하는 견해도 있으나,[3] 급박한 사정이나 필요성이 없는데도 퇴임이사의 직무수행권을 인정하는 것은 민법의 해석론으로는 무리라는 것이 더 일반적인 견해로 보인다.

셋째, 원칙적으로 퇴임이사의 직무수행권을 인정하되, 예외적으로 급박한 사정이 없다면 직무수행권을 부정하는 입장이 있을 수 있다(편의상 '원칙적 인정설'이라고 한다). 실정법적 근거는 없지만, 상법 제386조 제1항과 같은 결론을 민법상 법인에도 원칙적으로 인정하되 그렇게 할

3) 민법주해(1), 박영사, 1991, 662(최기원 집필부분).

긴급성 내지 필요성이 없거나 그렇게 하는 것이 부적당한 경우에는 예외적으로 직무수행권을 부정하는 입장이다.

후술하듯이 판례는 한때 당연인정설 내지 원칙적 인정설을 취한 것이 있었으나 점차 예외적 인정설이 주류가 되었다. 그러나 그 이유 설시와 추론은 상당히 들쑥날쑥하다.

2. 주요 입법례

이 문제에 관한 주요 입법례를 간략히 살펴본다.

(1) 일 본

1) 일본 민법은 원래 이 점에 관해 별다른 언급을 하지 않았다. 회사법이 단행법으로 분리되기 전의 일본 상법 제258조 제1항은 우리 상법 제386조 제1항과 같은 규정을 두어 임기만료 또는 사임에 의해 퇴임한 이사는 후임자가 취임할 때까지 이사로서의 권리의무를 갖는 것으로 정하고 있었는데, 민법상 법인의 이사에 대해서도 같은 결론을 적용할 것인가에 대해서는 견해 대립이 있었다. 해석론으로 그런 입장을 취하는 학설도 있었으나, 이는 해석론으로는 무리한 것이라고 비판하며 급박한 사정이 있는 경우에 한하여 위임종료 후의 수임자의 선처의무를 정한 일본민법 제654조(한국민법 제691조에 상응)가 적용되어 직무수행권을 가진다는 견해도 많았다.[4)]

현재 일본 민법전에서는 법인에 관한 규정이 대거 삭제되고 이는 '일반사단법인 및 일반재단법인에 관한 법률'(2008. 12. 1. 시행)에서 정하고 있다. 그런데 동법 제75조 제1항은 사단법인에 관하여 "임원이 결원되거나 법률 또는 정관이 정한 정수를 결한 경우, 임기만료 또는 사임으로 퇴임한 임원이 새로운 임원이 취임할 때까지 계속하여 임원으로서의 권리의무를 가진다"고 정하고, 제79조는 대표이사에 관하여도 같은 취지로 정하며, 일반재단법인에 대해서도 이를 준용하고 있다(제177조, 제179조). 즉 일본은 일반 비영리법인에 대해 입법적으로 당연 인정설을 취하여 퇴임이사의 직무수행권을 인정하게 되었다.

2) 일본 회사법은 2005년 회사법 단행법화 전의 상법 제258조 제1항을 이어받아 당연인정설을 취한다. 즉 일본 회사법 제346조 제1항은 '임원등에 결원이 발생한 경우의 조치'라는 제목 하에 "임원에 결원이 발생한 경우 또는 이 법률이나 정관에서 정한 임원 수가 부족한 경우에는 임기의 만료 또는 사임으로 퇴임한 임원은 새롭게 선임된 임원이 취임할 때까지 임원으로서의 권리의무를 가진다"고 규정한다. 제351조는 대표이사에 대해서도 같은 취지로 정한다.

4) 두 입장에 관한 학설 및 하급심판결의 소개로는 新版 注釋民法(2), 總則(2), 有斐閣, 1991, 361-362(藤原弘道 집필부분) 참조.

(2) 미 국

전미변호사협회에서 만든 미국의 모범비영리법인법(Model Nonprofit Corporation Act: MNCA) 제8.05조 (d)항은 임기만료 이사에 대하여 당연인정설을 취한다. 즉 "정관이나 부속정관으로 달리 정하지 않는 한, 이사의 임기가 만료하였음에도 불구하고 그의 후임자가 선임, 선출, 또는 지정되어 취임할 때까지는 계속하여 이사로서 복무한다"고 규정한다.[5] 다만 사임의 경우에는 이러한 규정이 없다.

이는 영리법인인 회사에 관한 정함에서 비롯된 것으로 보인다. 즉 MNCA보다 먼저 전미변호사협회에서 만든 모범상사회사법(Model Business Corporation Act: MBCA) 제8.05조 (e)항에서도 거의 같은 취지로 임기만료 이사의 직무수행권을 정하고 있다.

(3) 독 일

독일의 민법, 주식법, 유한회사법에서는 당연 인정설에 따르는 규정을 두고 있지 않다. 독일 민법 제29조는 이사 정원에 결원이 발생한 경우에 대하여 "이사회의 필요구성원에 결원이 발생하는 때에는, 긴급한 경우에는, 사단의 주소가 있는 행정구역에 대하여 사단등기부를 관장하는 구법원이 이해관계인의 신청에 의하여 그 흠이 제거될 때까지의 기간에 대하여 이사회의 구성원을 선임한다"고 규정하는데, 이는 임시이사 선임에 관한 한국 민법 제63조에 상응하는 것이다. 그러한 임시이사 선임 전까지 퇴임이사의 직무수행권을 따로 인정하고 있지는 않다.

Ⅲ. 대법원 판례의 흐름 개관

1. 대법원 판례의 현황

퇴임이사의 직무수행권을 다룬 대법원 재판례로서 대법원 종합법률정보 사이트[6]에서 검색한 29건 및 판례평석에 소개된 1건[7]을 합하여 <표 1>에 정리하였다. 사안의 성격상 키워드 검색이나 조문 검색의 결과는 불완전하였고 주로 따름판례 또는 참고판례로 지시하고 있는 것들을 추적하는 방식으로 수집하였으므로, 이것이 완전한 목록이라고 할 수는 없다. 그러나 상당히 오랜 기간, 다양한 형태의 단체에서, 다양한 맥락에서 이 문제가 제기되어 왔고, 해당 사안의 성격에 따라 직무수행권의 인정 여부도 다양하게 나타나고 있음을 이것만으로도 넉넉히 알 수 있다. 이하에서는 <표 1>의 일련번호를 이용하여 해당 판례를 지칭하겠다.

5) "Despite the expiration of a director's term, the director continues to serve until the director's successor is elected, appointed, or designated and until the director's successor takes office unless otherwise provided in the articles of incorporation or bylaws."

6) https://glaw.scourt.go.kr/wsjo/intesrch/sjo022.do#//

7) 유형웅, "대표권의 전속과 사임한 대표자의 긴급처리권", 민사판례연구 제40권(2018), 1 이하의 대상판결인 대법원 2012. 11. 29. 선고 2012다72445 판결은 종합법률정보 사이트에서 검색되지 않으나 해당 평석에 상세한 사실관계와 판시사항이 소개되어 있으므로 <표 1>에 포함시켰다.

〈표 1〉 퇴임이사의 직무수행권에 관한 대법원 판례

	선고일/시건번호	단체종류	종임사유	결론	비고
1	1963. 4. 18. 63다15 판결	재단법인	임기만료	인정	
2	1967. 2. 21. 66다1347 판결	학교법인	임기만료	인정	
3	1968. 9. 30. 68다515 판결	학교법인	임기만료	부정	필요성 부정
4	1972. 4. 11. 72누86 판결	학교법인	임기만료	인정	
5	1975. 3. 31. 74마562 결정	재단법인	임기만료	부정[8]	
6	1982. 3. 9. 81다614 판결	재단법인	임기만료	부정	급박한 사정 부정 (부적당한 사유 인정)
7	1983. 9. 27. 83다카938 판결	재단법인	임기만료	부정	필요성 부정 (잔여이사 충분)
8	1988. 3. 22. 85누884 판결	재단법인	임기만료	부정	필요성 부정 (잔여이사 충분)
9	1993. 8. 27. 93누593 판결	재단법인	임기만료	인정[9]	
10	1996. 1. 26. 95다40915 판결	재건축조합	사임	인정	
11	1996. 10. 25. 95다56866 판결	재건축조합	사임	인정	
12	1996. 12. 10. 96다37206 판결	재단법인	임기만료	부정[10]	
13	1996. 12. 23. 95다40038 판결	재단법인	사임	부정	급박한 사정 부정 (궐위시 절차 있고 잔여 이사 충분)
14	1997. 6. 24. 96다45122 판결	사회복지법인	임기만료	부정	급박한 사정 부정 (부적당한 사유 인정)
15	1998. 12. 23. 97다26142 판결	학교법인	임기만료	인정	
16	2000. 1. 28. 98다26187 판결	재단법인	임기만료	인정	
17	2001. 7. 27. 2000다56037 판결	종중	임기만료	인정	
18	2003. 1. 10. 2001다1171 판결	재단법인	사임	부정	급박한 사정 부정 (잔여이사로 과반수 충분)
19	2003. 3. 14. 2001다7599 판결	사단법인	사임	인정	
20	2003. 7. 8. 2002다74817 판결	재건축조합	임기만료	부정	부적당한 사유 인정 (법인과의 분쟁 등)
21	2005. 3. 25. 2004다65336 판결	재단법인	사임	부정	부적당한 사유 인정 (범죄 등)
22	2007. 6. 15. 2007다6291 판결	입주자대표회의	임기만료	인정	
23	2007. 6. 15. 2007다6307 판결	입주자대표회의	임기만료	인정	
24	2007. 7. 19. 2006두19297 판결(전)	학교법인	임기만료	인정	
25	2007. 7. 26. 2005도4072 판결	종중	임기만료	인정/부정	부적당한 사유 인정 (범죄 등)
26	2010. 6. 24. 2010다2107 판결	의료법인	임기만료	인정	
27	2010. 9. 30. 2010다43580 판결	의료법인	사임	부정	급박한 상태 부정
28	2012. 8. 23. 2011다19997 판결	사회복지법인	사임	부정	부적당한 사유 인정 (법인과의 분쟁 등)
29	2012. 11. 29. 2012다72445 판결	재단법인	사임	부정	필요성 부정
30	2014. 1. 17. 2013마1801 결정	학교법인	임기만료	부정	필요성 부정 (잔여이사 충분)

8) 이 사건의 상고이유는 민법 제63조에서 말하는 결원이 없다는 것이었고, 대법원의 판시는 후임이사를 선임하지 않은 채 임기만료로 퇴임한 이사가 있을 때는 이사의 결원이 있어 임시이사 선임 사유가 있다는 것이다. 즉 후임이사의 직무수행권 존부를 직접 다룬 사건은 아니다.

9) 종전의 직무를 수행하고 있는 퇴임이사의 취임인가를 취소할 수 있다고 판시한 사안이다.

10) 다만 이 판결은 반드시 업무수행권을 부정한 취지라기보다는 "업무수행권을 인정할 필요가 있는 경우에 해당한다 하더라도 […] 개별적, 구체적으로 가려서 인정할 수 있는 것이지 퇴임이사라는 사정만으로 당연히 또 포괄

2. 초기의 판례

(1) 당연인정설을 따른 예 (판례 [1][2])

최초의 몇몇 판결에서는 당연인정설에 따라 퇴임이사가 후임이사 선임 시까지 자동적으로 이사로서의 권리를 갖는 것으로 설시하였다. 재단법인의 이사 전원의 임기가 만료되자 만료일로부터 1달 후에 이사 전원이 중임 결의를 한 사안에서, 대법원은 "이사 전원의 임기가 만료되었다 하여도 후임이사가 선임될 때까지는 그 이사로서의 권리를 행사할 수 있다고 해석하여야할 것이므로 임기완료된 정족수에 달하는 이사가 적법한 절차에 의하여 후임이사를 선임하는 결의를 하였다 하여도 그 결의를 무효라 할 수 없"다고 판시하였다(판례 [1]).[11] 민법 제691조라든가, 긴급성, 필요성 등의 요소는 언급하지 않았다.

임기가 만료된 일부 이사들이 학교법인의 이사회 결의에 참석한 사안에서도 대법원은 "학교법인의 이사는 임기가 만료되었다 하더라도 후임이사가 선임될 때까지는 여전히 이사로서의 권리를 행사할 수 있는 것이므로 임기가 만료된 이사가 후임이사를 선임하기 위한 이사회에 참여하여 그 선임결의를 하였다 하여 그것을 법률상 무효한 결의라고는 할 수 없다"고 하였다(판례 [2]).[12] 역시 민법 제691조라든가, 긴급성, 필요성 등의 요소는 언급하지 않았다.

(2) 예외적 인정설을 따른 예 (판례 [3])

그 후 1968년에 "임기만료된 이사로 하여금 이사 직무를 행사하게 할 필요성이 있는지 여부"를 기준으로 판단하는 판결이 나왔다. 학교법인의 이사가 학교법인 및 다른 이사를 상대로 이사직무집행정지가처분을 신청한 사건에서 피신청인은 신청인의 이사 임기가 만료하여 가처분을 신청할 법률상 이익이 없다고 주장하였다. 대법원은 위 판례 [2]의 판시를 인용하면서도 "위와 같은 해석의 이유는 […] 그 이사에 결원이 있으므로서 법인의 정상적인 활동을 할 수 없는 사태를 방지하자는데 그 취지가 있다"고 하면서, "이사 중의 일부에 임기가 만료되었다 하여도 아직 임기가 만료되지 않은 다른 이사들로서 정상적인 법인의 활동을 할 수 있는 경우에는 구태여 임기만료된 이사로 하여금 이사로서의 직무를 행사케 할 필요는 없다고 해석"하였다. 그리하여 이 사건에서도 "임기만료된 이사로 하여금 계속하여 이사로서의 직무를 행사케 할 특별한 필요성이 있는가"를 심리해야 한다고 하면서, 이 점을 판단하지 않고 신청을 인용한 원심을 파기하였다(판례 [3]).[13]

판례 [3]은 판례 [1][2]의 존재 자체를 무시하거나 그 논리 자체를 반박하기보다는, 오히

적으로 부여되는 지위는 아니므로, 그 임기만료된 이사에게 이사로서의 지위는 인정되지 아니한다"는 취지이다.

11) 대법원 1963. 4. 18. 선고 63다15 판결.

12) 대법원 1967. 2. 21. 선고 66다1347 판결.

13) 대법원 1968. 9. 30. 선고 68다515 판결.

려 이를 보완하는 형식을 취한다. 즉 판례 [2]를 지시하며 "임기만료된 구이사로 하여금 그 법인의 업무를 수행케 함이 부적당하다고 인정할만한 특별한 사정이 없는 한"[14] 구이사가 직무를 수행할 수 있다고 하여 이를 일단 수긍하는 모습을 갖춘다. 다만 판례 [1][2]의 취지를 "법인의 정상적인 활동을 할 수 없는 사태를 방지"하는 데서 찾으면서, 실제로 법인의 정상적인 활동을 위해 직무수행권을 인정할 필요성이 있는가를 검토하여, 판례 [1][2]와 다른 결론에 이른 것이다. 판례 [3]에서도 아직 민법 제691조라든가 같은 조에 등장하는 "급박한 사정"과 같은 용어는 사용하지 않고, "특별한 필요성"이라는 용어를 사용하고 있을 뿐이다.

(3) 원칙적 인정설을 따른 예 (판례 [4])

1972년에는 위 판례 [3]과 반대의 결론을 취한 판결이 나왔다. 이 사건에서 학교법인의 이사 겸 이사장인 원고는 경북 교육위원회의 취임승인취소처분에 대해 취소를 구하는 행정소송을 제기하였는데, 원심은 원심 계속 중에 원고의 이사 및 이사장 임기가 만료하여 소의 이익이 없다는 이유로 소를 각하하였다. 그러나 대법원은 "민법상의 법인에 있어 이사의 전원 또는 일부의 임기가 만료되었음에도 불구하고 그의 후임이사의 선임이 없는 경우에는 그 임기만료된 구이사로 하여금 법인의 업무를 수행케 함이 부적당하다고 인정할만한 특별한 사정이 없는 한 구이사는 신임이사가 선임될 때까지 그의 종전의 직무를 수행할 수 있다"고 판시하며, 원심을 파기하였다(판례 [4]).[15]

판례 [3]은 가처분사건에서 임기만료된 이사(신청인)의 법률상 이익을 인정한 원심을 파기하였음에 반하여, 판례 [4]는 행정소송에서 임기만료된 이사(원고)의 법률상 이익을 부정한 원심을 파기하였다. 즉 민사가처분과 행정소송이라는 차이가 있기는 하지만, 두 판례는 굳이 원심을 파기해가면서까지 명백히 상반되는 결론을 취했고 그 논리구조도 상반되므로, 판례 [4]는 판례 [3]에 반대하며 판례 [1][2]로의 복귀를 천명했다고 볼 수 있을 것이다.

다만 판례 [4]는 일반론으로 "그 임기 만료된 구이사로 하여금 법인의 업무를 수행케 함이 부적당하다고 인정할만한 특별한 사정이 없는 한"이라는 조건문구[16]를 달고 있다는 점에서 판례 [1][2]와 다르다. 이에 판례 [4]는 당연 인정설이 아닌 원칙적 인정설을 취했다고 할 수 있을 것이다. 그러나 필요성, 급박성 등의 요소는 여전히 고려하고 있지 않다.

(4) 소 결

이처럼 1960-70년대에 비슷한 유형의 사건에 대해 대법원이 전원합의체를 거치지 않고 엇갈리는 판단을 내린 것은 매우 흥미롭다.[17] 특히 흥미로운 것은 당연 인정설에 따라 퇴임이

14) 이 문구는 판례 [3]에 처음 등장했고, 반대 입장이라 할 수 있는 판례 [4]에도 살아남은 뒤, 현재의 주류적인 판례에까지 이어지고 있다.

15) 대법원 1972. 4. 11. 선고 72누86 판결.

16) 이것은 판례 [3]에 처음 등장한 문구이다.

17) 그러나 종래 판례평석들은 이들 판례가 서로 엇갈린다고 파악하지 않고 일관된 것처럼 서술해 왔다. 예컨대,

사의 직무수행권을 인정한 판례 [1][2]의 재판장은 방순원 대법관이었고, 예외적 인정설에 따라 이를 뒤집은 판례 [3]의 재판장은 이영섭 대법관이었으며, 이것을 다시 뒤집고 원칙적 인정설을 취한 판례 [4]의 재판장은 다시 방순원 대법관이었다는 점이다. 그리고 이것을 다시 뒤집었다고도 볼 여지가 있는 판례 [5][18]에서는 패소한 당사자의 대리인이 대법원을 떠난 방순원 변호사였다.

이 문제에 대한 두 분의 입장이 어떠하며 그것이 결론에 영향을 미쳤는지는 더 깊이 연구하지 못하였다. 그러나 초창기 우리 대법원에서 이론적인 카리스마를 보유하고 초기 민법 교과서도 저술하였던[19] 두 대법관이 각각 재판장이 된 小部에서 서로 대립되는 결론을 여러 차례 내놓았다는 점은 흥미롭다.[20] 그리고 후술하듯이 그러한 대립이 아마도 冒頭에서 지적한 어정쩡한 판례의 정식화에 이르게 된 하나의 배경이 아닐까 추측된다.

단순화로 인한 오류의 위험을 무릅쓰고 판례 [3]과 판례 [4]을 대비하여 요약하면 <표 2>와 같다. 우측 판례 [4]의 주요 심리사항과 판단기준("부적당")은 일반론으로서는 판례 [3]에서 먼저 등장하였으나, 판례 [3]에서는 방론처럼 언급되고 실제 결론을 좌우하는 기준은 아니었기 때문에 아래와 같이 요약한 것이다.

〈표 2〉 판례 [3][4]의 비교

	판례 [3]	판례 [4]
법리적 구분	예외적 인정설	원칙적 인정설
소부 재판장	이영섭	방순원
주요 심리사항	임기만료된 이사로 하여금 직무를 행사케 할 특별한 필요성이 있는가	임기만료된 이사로 하여금 법인의 업무를 수행케 함이 부적당하다고 인정할만한 특별한 사정이 있는가
판단기준	특별한 필요성이 있으면 퇴임이사의 직무수행권 인정	부적당한 특별한 사정이 없으면 퇴임이사의 직무수행권 인정

손제희, "임기만료된 민법상법인의 이사가 갖는 업무수행권한의 근거 및 한계", 법조 제32권 제2호(1983), 76-77; 김소영, "임기만료 후 후임자가 없는 비법인사단의 대표자의 업무권한범위 및 종기", 민사판례연구 제31권(2009), 101.

18) 대법원 1975. 3. 31.자 74마562 결정. 다만 이는 임기만료된 이사가 있고 후임이사가 선임되지 않은 상태라도 임시이사 선임 사유로서의 이사의 '결원'이 인정된다는 취지의 결정이고, 직무수행권의 존부를 직접 다룬 건은 아니다.

19) 이영섭, 신민법총칙강의, 박영사, 1959; 방순원, 신민법총칙, 한일문화사, 1959. 이들 교과서에는 퇴임이사의 직무수행권에 관한 언급은 없다.

20) 필자가 아는 범위에서는 이 점을 지적한 문헌은 보지 못하였다.

3. 현재의 판례 법리

(1) 통합적인 법리의 형성 (1982~1983)

1) 1980년대 이후의 판결들은 사건별로 다소 차이는 있지만 대개 일반론에서는 위 판례 [3][4]를 결합하여 판시하고, 그때그때 사실관계에 따라 적절한 결론을 도출하고 있다. 또한 사임에 관하여도 임기만료와 동일한 판시를 하고 있다.

2) 그 시발점인 1982년의 판례 [6]을 살펴본다. ([A][B] 표시 및 밑줄은 필자)

> [A] 민법상 법인과 그 기관인 이사와의 관계는 위임자와 수임자의 법률관계와 같은 것으로서 이사의 임기가 만료되면 일단 그 위임관계는 종료되는 것이 원칙이나, 그 후임이사 선임시까지 이사가 존재하지 않는다면 기관에 의하여 행위를 할 수박에 없는 법인으로서는 당장 정상적인 활동을 중단하지 않을 수 없는 상태에 처하게 되고, 이는 민법 제691조에 규정된 급박한 사정이 있는 때와 같이 볼 수 있으므로 임기 만료된 이사라고 할지라도 그 임무를 수행함이 부적당하다고 인정할 만한 특별한 사정이 없는 한 이사의 직무를 계속 수행할 수 있다고 보는 것이다. (당원 1963. 4. 18. 선고 63다15 판결; 1967. 2. 21. 선고 66다1347 판결 및 1968. 9. 30. 선고 68다515 판결 각 참조) [B] 그러나, 위에서 본 바와 같이, 임기 만료된 이사의 업무수행권은 법인이 정상적인 활동을 중단하게 되는 처지를 피하기 위하여 인정되는 것임에 비추어 본다면, 별다른 급박한 사정도 없이 임기만료 전의 현임이사를 해임하고 그 후임자를 선임하기 위한 이사 및 평의원 연석회의를 스스로 소집하여 이를 제안하는 것과 같은 일은 임기만료된 이사장에게 수행케 함이 부적당한 임무에 해당한다[…][21]

위 판례 [6]은 몇 가지 점에서 주목할 만하다. 첫째, 판례 [3]의 핵심적 판단요소인 직무수행권 부여의 "필요성"을 위임에 관한 민법 제691조에 규정된 "급박한 사정"으로 대체하여 더 명확한 실정법상의 근거를 제시하고 있다. 이를 위해 민법상 법인과 이사와의 관계를 민법상 위임관계로 파악하는 단계를 추론상 선행시키고 있다. 둘째, "급박한 사정"이란 요소를 임기 만료된 이사의 직무수행권의 근거로서 [A] 부분에 명시함으로써, 후술하는 판례 [7]과 달리 [A][B] 두 부분의 논리적 연관성을 확보하고 있다. 셋째, 판례 [4]에서 직무수행권을 부정할 수 있는 예외로 제시된 "부적당"이란 개념을 원용하되 "별다른 급박한 사정도 없이 [이사 해임, 회의소집 등을 하는 것은] 부적당한 임무에 해당한다"고 판시함으로써, 판례 [3]의 "필요성"(=급박한 사정)과 판례 [4]의 "부적당한 특별한 사정"을 통일적으로 설명하고 있다.

이처럼 판례 [6]은 판례 [3][4]를 통합하는 과정에서 판시상으로 원칙과 예외가 다소 불분명해진 면은 있으나, 직무수행권의 근거를 민법 제691조에 규정된 "급박한 사정"에서 찾고

---

21) 대법원 1982. 3. 9. 선고 81다614 판결.

있음은 명확하다. 그러므로 직무수행권을 부정하는 쪽에서 "퇴임이사의 직무수행이 부적당함"을 증명하기에 앞서 직무수행권을 인정하는 쪽에서 "퇴임이사의 직무수행이 필요한 급박한 사정이 존재함"을 증명해야 할 것이다. 이렇게 보면 판례 [6]은 판례 [4]를 반영하면서도 여전히 판례[3]의 예외적 인정설의 입장에 서있는 것이다.

따라서 논리적으로는 퇴임이사의 직무수행권을 부정하기 위해서는, 급박한 사정을 인정하지 아니하면 족하고 굳이 부적당함을 인정하는 데에까지 나아갈 필요는 없을 것이다. 다만 판례 [6]은 퇴임이사가 행한 행위의 성격을 고려하여 급박한 사정을 부정하고 부적당함을 인정함으로써 퇴임이사의 직무수행권을 부정하고 있다.

3) 다음 해인 1983년에 나온 판례 [7] 역시 판례 [3][4]를 통합하고 있지만 판례 [6]과는 설시에 다소 차이가 있다. 해당 부분을 본다. ([A][B] 표시 및 밑줄은 필자)

> [A] 민법상의 법인에 있어 이사의 전원 또는 일부의 임기가 만료되었음에도 불구하고 그의 후임이사의 선임이 없는 경우에는 그 임기만료된 구 이사로 하여금 법인의 업무를 수행케 함이 부적당하다고 인정할 만한 특별한 사정이 없는 한 구 이사는 신임이사가 선임될 때까지 그의 종전의 직무를 수행할 수 있다함은 당원의 일관된 판례이긴 하다(당원 1963.4.18 선고 63다15; 1967.2.21 선고 66다1347; 1968.9.30 선고 68다515; 1972.4.11 선고 72누86 각 판결 참조). [B] 그러나 위와 같은 임기만료된 이사의 업무수행권은 어디까지나 법인은 그 기관을 구성하는 이사에 의하여서만 행위를 할 수 있음에도 불구하고 그 이사에 결원이 있으므로서 법인의 정상적인 활동을 할 수 없는 사태를 방지하자는데 그 취지가 있다 할 것이므로 이사중의 일부에 임기가 만료되었다 하더라도 아직 임기가 만료되지 않은 다른 이사들로서 정상적인 법인의 활동을 할 수 있는 경우에는 구태여 임기만료된 이사로 하여금 이사로서의 직무를 계속 행사케 할 필요는 없다고 해석하여야 할 것이다(당원 1968.9.30 선고 68다515 판결 참조) 따라서 위와 같은 경우에는 임기만료로서 당연히 퇴임하는 것으로 풀이된다.[22)]

여기서는 다음과 같은 점을 주목할 만하다. 첫째, [A]는 판례 [4]가 강조한 부분으로서 원칙적 인정설을 설시하고, [B]는 판례 [3]이 강조한 부분으로서 '필요성'을 기준으로 한 예외적 인정설을 설시한다. 이처럼 판례 [3][4]를 한데 모았다는 점에서는 판례 [6]과 유사하다. 둘째, 판례 [6]에 등장했던 민법 제691조 및 "급박한 사정"에 관한 언급이 사라졌고, 원래 판례 [3]에서 언급했던 "법인의 정상적인 활동을 할 수 없는 사태를 방지", "직무를 계속 행사케 할 필요" 같은 문구가 판단기준으로 다시 등장한다. 셋째, 판례 [6]과 달리 '필요성'과 '부적당함'을 연결시키려는 노력을 하고 있지 않다.

이 판결의 [A] 부분에서는 "당원의 일관된 판례"로 당연 인정설을 취한 판례 [1][2], 예외

---

22) 대법원 1983. 9. 27. 선고 83다카938 판결.

적 인정설을 취한 판례 [3], 원칙적 인정설을 취한 판례 [4]를 모두 언급하고 있다. 대법원이 판례 [1]~[4]의 차이점을 인식하면서도 이러한 '탕평적' 입장을 취한 것인지, 아니면 그 차이는 대수롭지 않다고 생각한 것인지는 분명하지 않다. 아무튼 판례 [7]은 법리적으로나 결론적으로나 증명책임에 있어서나 차이가 있는 판례 [1]~[4]를 "당원의 일관된 판례"로 뭉뚱그려 서술하였고, 판례 [6]처럼 이들을 논리적으로 연결하려는 노력, 즉 민법 제691조의 "급박한 사정"을 퇴임이사 직무수행권의 근거로 [A] 부분에서 제시하고 [B] 부분에서 그러한 급박한 사정의 결여를 이유로 직무수행권을 부정하는 것과 같은 구성상의 노력은 하지 않았다.

그 결과 직무수행권이 원칙적으로 인정되는 것인지 예외적으로만 인정되는 것인지, 증명책임은 누가 무엇에 대해 지는지 판시만으로는 다소 불분명하게 되었다. 다만 "직무를 계속 행사케 할 필요"가 있어야 직무수행권이 인정된다는 것이므로 판례 [7] 역시 예외적 인정설의 입장을 취한 것은 분명하다. 이처럼 종래의 대립되는 판례를 별다른 논리적 매듭 없이 한데 모은 판례 [7]은 판례 [6]보다 예리함이 떨어진다고 생각한다.

(2) 그 후의 판례

그 후의 판례 중에는 (i) 판례 [6]과 같이 민법 제691조 및/또는 "급박한 사정"이란 기준을 명시한 경우,[23] (ii) 판례 [7]과 같이 민법 제691조 및/또는 "급박한 사정"이란 표현 없이 필요성 또는 "임기만료된 구이사로 하여금 법인의 업무를 수행케 함이 부정당하다고 인정할 만한 특별한 사정" 등만을 언급하는 경우[24]가 혼재한다. 어느 경우이든 일정한 사유가 있어야 직무수행권이 인정된다는 것이므로 예외적 인정설의 입장을 취한 것임에는 의문이 없다.

Ⅳ. 판례상 직무수행권 인정 여부 및 범위

1. 인 정 례

(1) 임기만료

판례는 이사의 임기만료 후 다른 이사 내지 대표자가 없거나 이사회를 구성할 수 없을 정도로 소수만 남게 되는 경우에는 임기만료 이사의 직무수행권을 인정한다. 이때 다른 이사들로써 법인의 정상적인 활동이 가능한지 여부는 당해이사의 임기만료시를 기준으로 판단하여야 하고 그 이후의 사정까지 고려할 수는 없다고 한다.[25]

이러한 직무수행권에 기하여 각종 소송을 제기할 적격이나 법률상 이익이 인정된다. 예컨대 ① "모든 이사나 감사의 임기가 이미 만료되고 그 후임이사나 감사가 선임되거나 임시이사

23) 판례 [10][11][12]13][14][18][19][20][22][23][24][26][27][29].

24) 판례 [8][9][15][16][17][21][25][28][30].

25) 대법원 2014. 1. 17.자 2013마1801 결정(판례 [30]). 다만 이전의 판례에서는 원심 변론종결 당시를 기준으로 하는 것처럼 판시한 적도 있었다(대법원 1998. 12. 23. 선고 97다26142 판결 [판례 15]).

가 선임되지 아니하여 피고 법인은 정상적인 활동을 할 수 없"는 때에 퇴임이사와 퇴임감사는 이사회결의의 무효확인을 구할 법률상 이익이 있다(판례 [15]). ② "이사회 결의가 [원고 주장대로] 모두 무효로 판명될 경우에는 원심변론 종결 당시 피고 재단의 적법한 이사는 한 명만이 남게" 되는 상황이라면, 퇴임이사들은 적법한 후임이사가 선임될 때까지 종전의 직무를 수행해야 하고, 그 일환으로 이사회 결의의 하자를 주장하여 그 무효확인을 구할 법률상 이익이 있다(판례 [16]). ③ 종중 대표자의 임기가 만료되었더라도 후임자의 선임이 없거나 그 선임결의가 무효인 경우에는 임기만료된 대표자는 임기만료 후에도 직무수행의 일환으로 별도의 회장을 선임한 총회 결의의 하자를 주장하여 그 무효확인을 구할 법률상의 이익이 있다(판례 [17]). ④ 비법인사단인 공동주택 입주자대표회의에서 회장의 임기만료에 따른 후임 회장의 선출이 부적법하여 효력이 없다면, 특별한 사정이 없는 한 차기 회장이 적법하게 선출될 때까지 퇴임 회장이 대표자로서의 직무를 일정한 범위 내에서 계속 수행할 수 있다고 하여, 그가 입주자대표회의를 대표하여 제기한 업무집행정지 등 가처분의 적법성을 인정한 예도 있다(판례 [22][23]).

그 밖에 직무수행권에 기하여 이사선임 등 이사회 결의에 참여할 권한을 인정하기도 하고(판례 [24][26]), 취임인가 및 그 취소처분과 관련하여 직무를 계속하고 있는 것으로 취급하기도 한다(판례 [9]).

(2) 사 임

사임의 경우에도 임기만료의 경우와 동일하게 취급하여, 사임이사 이외에는 다른 대표자가 없게 되는 경우에는 그의 직무수행권을 인정한다. 예컨대 ① 비법인사단인 재건축조합에서 재건축조합장이 사임하였음에도 조합장 변경 인가나 직무대행자 선임이 되지 않은 상태라면, 사임한 재건축조합장이 정관상 규정에 따라 행한 총회소집은 적법하다(판례 [10]). ② 비법인사단인 재건축조합의 정관에 조합장이 궐위된 경우의 대표권 행사에 관해 아무런 정함이 없다면, 이사들이 대표권이나 총회소집권을 가지게 된다고 할 수도 없으므로, 조합장은 사임 후에도 후임 조합장이 선임될 때까지 조합장의 직무로서 총회소집권을 가지므로 총회소집은 적법하다(판례 [11]).

2. 부 정 례

(1) 급박한 사정 또는 필요성을 부정한 예

임기만료 이사 이외에도 다수의 이사가 있어서 그들만으로도 법인을 운영할 수 있는 경우에는 '급박한 사정' 내지 '직무수행을 계속하게 할 필요성'을 부정하여 직무수행권을 부정한다. 예컨대 ① 임기가 만료되지 아니한 이사들만으로도 회사를 정상적으로 운영할 수 있으면 임기만료 이사들에게 이사로서 직무를 수행하게 할 필요성이 부정되어 직무수행권이 부정된다

(판례 [8]). ② 임기가 만료된 이사 3명을 제외하고도 12명의 이사가 남아 있어 법인으로 정상적인 활동을 할 수 있는 상태라면, 이들 3명에게 후임이사가 선임될 때까지 종전의 직무를 계속하여 수행할 권한이 인정된다고 볼 수 없다(판례 [30]). ③ 이사장직에서 사임할 당시 법인의 이사 정수 5인 중 4인이 남아 있었다면 잔존 이사들만으로도 정상적인 법인의 활동을 할 수 있었으므로 사임 이사장의 긴급한 직무수행권은 부정된다(판례 [29]).

특히 이사/이사장 궐위 시의 절차가 잘 정비되어 있다면 더구나 그러한 급박한 사정을 인정하기 어렵다. 예컨대 ① 재단의 정관에 이사장 궐위시의 이사회소집절차나 이사장직무대행자의 선출에 관한 규정이 준비되어 있고, 사임한 이사장 외에 나머지 8인의 이사들의 지위에 아무런 변동이 없었다면, 재단의 정상적인 활동이 중단될 수밖에 없는 급박한 상태에 있다고 볼 수 없으므로, 이사장에서 사임한 자는 대표권이나 업무수행권을 완전히 상실하게 된다(판례 [13]). ② 학교법인인 피고의 정관에 이사장 궐위시 이사회 소집절차나 이사장 직무대행자의 선출에 관한 규정이 마련되어 있고 이사 정수 15명 중 과반수인 8명의 이사가 잔존하는 이상 그들만으로도 정상적인 법인의 활동을 할 수 있으므로, 구태여 사임한 원고로 하여금 이사장 또는 이사로서의 직무를 계속 행사하게 할 필요는 없다고 한 사례도 있다(판례 [18]).

이러한 궐위시의 직무대행 절차에 주목하여 ① 대표권 있는 이사가 사임하거나 임기만료된 경우 정관에 직무대행 규정이 있어 정관에 정한 직무대행자가 직무를 대행할 수 있다면 퇴임이사의 직무수행권은 인정될 여지가 없고, ② 정관상 직무대행 규정이 적용될 수 없다면 퇴임이사에게 대표권이 전속되었는지를 따져서 만약 그에게만 대표권이 전속되어 있다면 그의 긴급처리권이 인정된다고 해석하는 견해가 있다.[26] 정관의 직무대행 규정 유무와 퇴임이사에의 대표권 전속 여부를 중요한 기준으로 적시한 것은 흥미로운 지적이나, 이런 정식화로 모든 판례 및 모든 경우가 다 의문 없이 설명되는 것 같지는 않다.

(2) '부적당한 특별한 사정'을 인정한 예

임기만료/사임 이사가 법인 또는 다른 구성원들과 심각한 분쟁 중인 경우에는 '업무를 수행케 함이 부적당하다고 인정할 만한 특별한 사정'을 인정하여 직무수행권을 부정한다. 예컨대 ① "이미 임기만료된 대표자가 위법하여 무효인 대의원회 결의를 구실로 연임되었다고 주장하면서 직무를 계속 수행하는 데 대하여 다른 구성원들이 이의를 제기하면서 그 직무수행의 금지를 구하는 소송을 제기하였고 이미 임기만료 후 몇 년의 장기간이 지나갔다면, 그러한 사실만으로도 구 대표자로 하여금 종전의 업무를 계속 수행케 함이 부적당"하다(판례 [20]). ② 사기죄 등 각종 범죄를 저질러 피고 재단의 임원 자격을 상실한 사람의 부인인 원고는, 피고재단의 이사 및 대표이사직에서 사임한 후 여러 소송에서 피고재단의 이익에 반하는 주장을 하고 있는데, 이런 상황에서 원고로 하여금 피고재단의 이사 및 대표이사로서의 업무를 계속 수행

26) 유형웅(주 7), 30-31.

케 하는 것은 부적당하므로, 원고는 이사회결의의 부존재 또는 무효확인을 구할 확인의 이익이 없다(판례 [28]).

또한 임기만료/사임 이사가 업무와 관련된 범죄를 저지른 경우에도 '업무를 수행케 함이 부적당하다고 인정할 만한 특별한 사정'을 인정하여 직무수행권을 부정한다. 예컨대 ① 재단 업무와 관련하여 사기죄로 징역 3년의 형이 확정되어 수감 중이고 별도로 사기죄로 확정된 징역 2년의 집행유예가 실효되어 추가로 복역해야 할 상태에 있는 퇴임이사는 법인의 업무를 수행케 함이 부적당하므로, 그가 제기한 이사회결의무효확인의 소는 확인의 이익이 부정될 수 있다(판례 [21]). ② 종회 업무와 관련하여 사기 범행을 저지른 자는 "후임이사 선임 전이라도 전임이사로서 대종회의 업무를 계속 수행케 함이 부적당한 특별한 사정이 있으므로", 그의 직무수행권은 인정되지 아니하고, 따라서 그가 이사로서 이사회의사록을 작성한 행위는 자격모용사문서작성에 해당한다(판례 [25]).

이처럼 판례가 정식화한 '부적당한 경우'라는 사유는 급박한 사정 또는 필요성 여부와는 다른 차원에서 직무수행권을 부정하는 통로로 활용되고 있다.

3. 직무수행권의 범위 및 관련 문제

(1) 퇴임이사의 직무수행권의 범위

퇴임이사의 직무수행권이 예외적으로 인정된다고 하더라도 이는 법인이 정상적인 활동을 중단하게 되는 처지를 피하기 위하여 보충적으로 인정되는 것이므로, 그러한 보충적 범위를 넘어선 직무수행은 적법하지 않다.

예컨대 ① 임기만료된 이사장이 "별다른 급박한 사정도 없이 임기 만료 전의 현임 이사를 해임하고 그 후임자를 선임하기 위한 이사 및 평의원 연석회의를 스스로 소집하고 이를 제안"하는 것은 부적당하다(판례 [6]). ② 사회복지법인의 임기만료된 대표이사는 후임 대표이사가 정식으로 취임할 때까지 대표이사의 직무를 계속 수행할 수 있고 그 일환으로서 이사회를 소집할 권한도 갖지만, "이미 이사회의 결의에 의하여 새로운 임원진이 구성되었음에도 별다른 급박한 사정도 없이 그 구성을 변경하기 위한 임시이사회를 스스로 소집하여 이를 제안"하는 것은 부적당하다(판례 [14]). ③ 정관에 따라 대표권을 갖는 이사인 회장이 사임한 경우, 사임한 회장은 후임 회장이 선출될 때까지 대표자의 직무를 계속 수행할 수 있으나, 그가 법인의 업무용 기본재산을 처분한 것은 "사임한 대표자가 보충적으로 행사할 수 있는 직무수행권의 범위를 벗어난 것"이어서 무효라고 한다(판례 [19]).[27]

이처럼 퇴임이사의 업무수행권은 구체적 사정에 따라 예외적·보충적으로 인정되는 것이

27) 다만 결론에 있어서는 해당 법인이 그 매매계약에 따른 수입을 취득하고 세금까지 납부하여 매매계약을 묵시적으로 추인했다고 보았다.

므로, 그의 이사로서의 지위가 포괄적으로 인정되는 것은 아니다. 판례도 "급박한 사정을 해소하기 위하여 퇴임이사로 하여금 업무를 수행하게 할 필요가 있는지를 개별적·구체적으로 가려 인정할 수 있는 것이지 퇴임이사라는 사정만으로 당연히 또 포괄적으로 부여되는 지위는 아니므로 비록 그의 업무수행권이 인정되더라도, 더 나아가 이사 지위의 확인을 구하는 청구는 기각되어야 한다"고 하였다(판례 [12]).

(2) 퇴임이사의 직무수행권의 종기

퇴임이사의 직무수행권의 종기는 후임이사가 실제로 선임될 때까지이다.[28] 따라서 후임이사가 선임되지 않은 이상 임기만료 후 상당한 기간이 지났다거나 퇴임이사가 통상업무에 속하지 않는 업무를 수행했다는 사정만으로는 퇴임이사의 대표권이 당연히 소멸하거나 정지되는 것은 아니다(판례 [23]).

(3) 퇴임이사의 의무와 책임

판례에서 문제된 사안에서는 이사의 직무권한이 주로 문제가 되고 있지만, 임기만료 이사의 직무권한이 인정되는 경우라면 이사로서의 의무와 책임도 동일하게 인정되어야 할 것이다(상법 제386조 제1항 참조). 직무수행권만을 가질 뿐 그 직무에 관하여 의무와 책임을 부담하지 않는다면 법인의 기관으로서의 역할을 정상적으로 수행할 수 없고 입법취지에도 반하기 때문이다. 앞서 본 일본의 회사법, 일반법인법, 미국의 모범비영리법인법도 권한뿐 아니라 의무까지 함께 인정한다.

예컨대 임기만료 후에도 직무수행권을 갖는 이사라면 그 직무수행권과 관련하여 선량한 관리자의 주의의무를 다하여 법인의 사무를 처리해야 하고(민법 제61조), 그 위반에 대하여는 손해배상책임을 진다(민법 제65조).

V. 결 어

모두에서 제기한 문제, 즉 판례의 일반론에서 보이는 원칙과 예외의 혼란은 초창기의 대립하던 판례들을 마치 일관된 것처럼 봉합하는 과정에서 생긴 문제라고 본다. 초기의 당연 인정설, 원칙적 인정설을 극복하고 예외적 인정설을 취하게 되었으면서도, 원칙적 인정설의 영향을 받은 일반론이 판시 중에 남아서 문언상의 혼란을 빚게 된 것이다. 즉 후임자 미선임시 퇴임이사의 직무수행권을 원칙적으로 인정하되 그것이 '부적당한 경우에 이를 부인'하는 판례 [4]를 계승한 [A] 부분과, 퇴임이사의 직무수행권을 인정할 '필요한 사정이 있는 경우에 이를 인정'하는 판례 [3]을 계승한 [B] 부분 사이에는 비정합성이 존재하는 것이다.

지금까지 논증한 바에 의하면 현행의 판례 법리는 실제로는 다음과 같이 정리할 수 있다.

28) 주석 민법(1)(제5판), 한국사법행정학회, 797(문영화 집필부분).

"① 퇴임이사 이외의 이사들로는 법인을 정상적으로 운영할 수 없는 급박한 사정이 존재한다면 퇴임이사의 직무수행권이 인정된다. ② 다만 그런 경우에도 퇴임이사로 하여금 직무를 수행하게 하는 것이 부적당한 특별한 사정이 있는 때에는 직무수행권을 인정할 수 없다."

잔여 이사의 존재, 궐위시 대행규정 및 후속절차의 존재는 ①의 단계에서 '급박한 사정의 존부 문제'로 고려되고, 해당 퇴임이사의 범죄사실 및 법인과의 분쟁관계는 ②의 단계에서 '부적당한 특별한 사정'으로 고려된다. 이와 같이 일반론을 간소화하면 일견 복잡해 보이는 개별 판례들이 훨씬 더 일목요연하게 정리되고, 판례 사이의 모순이나 불일치를 극복할 수 있으며, 증명책임도 명확해질 것이다.

마지막으로, 우리 민법도 일본의 일반법인법과 같이 퇴임이사의 직무수행권을 당연히 인정하는 방향으로 개정할 것인가의 문제가 있다. 그와 같이 개정하면 이사 결원시의 법률관계가 일률적으로 정해지므로 법적 안정성 측면에서는 나은 점이 있을 것이다. 그러나 임기가 만료되거나 사임한 이사의 직무수행권과 의무·책임을 인정하는 것은 임기제도 및 본인의 의사에 반하므로 함부로 일반화할 것은 아니다. 원래 이사에 결원이 발생하면 후임이사를 선출하여야 하고, 그것이 곤란하다면 법원에 임시이사의 선임을 구하여야 하므로, 퇴임이사의 직무수행권은 후임이사 또는 임시이사 선임이 어려운 예외적인 상황에서 그러한 선임이 이루어질 때까지의 기간에만 인정되는 것이다. 그런 일시적이고도 예외적인 권한행사의 허용 여부를 판단함에 있어서는 법적 안정성을 좇아 일률적인 기준을 적용하기보다는 구체적 타당성의 관점에서 개별적으로 판단함이 바람직할 것이다. 이런 점을 고려하면 굳이 상법 또는 일본의 일반법인법과 같은 개정을 할 필요가 있는지는 의문이고, 현재의 판례 법리를 앞서 제시한 것처럼 조금 더 논리적으로 다듬어서 그에 따르더라도 법적 안정성에 큰 문제가 없을 것이다.

독일법상 미술품의 영구대여에 관한 소고(小考)*

최 광 준**

Ⅰ. 들어가며

2015년 2월 국내 일간지들은 뉴욕타임스의 기사[1])를 인용하며 후기인상파 작가 고갱의 작품 「“Nafea Faa Ipoipo(언제 결혼하니?)」가 3272억원에 팔렸다는 기사를 대대적으로 보도하였다. 하지만, 이 작품이 사실은 제1차 세계대전을 전후하여 스위스의 사업가 로베르트 슈테헬린(Robert Staechelin)이 수집한 미술품 중의 하나로써 그의 다른 콜렉션과 함께 1968년부터 바젤미술관 (Kunstmuseum Basel)에 영구대여, 전시되고 있는 슈테헬린일가의 신탁재산에 속한다는 사실과 어떠한 우여곡절 끝에 작품의 반환을 거절하는 바젤미술관 및 미술관의 운영자인 바젤주의 반대에도 불구하고 카타르의 부호에게 작품을 팔 수 있었는지에 대해서까지 보도하고 있는 국내의 일간지는 하나도 없었다.[2]) 슈테헬린 일가는 작품의 반환과 관련하여 바젤 주와 분규를 겪고 있었고, 이로 인하여, 판매된 고갱의 작품뿐만 아니라 반 고흐, 파블로 피카소, 카미유 피사로의 작품 등 18점을 바젤미술관으로부터 빼내 다른 미술관으로 옮길 계획을 하고 있다고 뉴욕타임스는 보도했다. 바젤미술관이 수리에 들어가 전시가 (일시적으로) 중단되지 않았어도, 슈테헬린은 이렇게 쉽게 바젤미술관과의 영구대여관계를 종료시키고, 대여했던 작품을

---

* 이 글은 최광준, “독일법상 문화재 · 미술품의 영구대여에 관한 소고 —유럽의 박물관 · 미술관 실무사례를 중심으로—”, 경희법학, 제50권 제4호(2016)를 중심으로 재구성된 것임을 밝혀둔다.

** 경희대학교 법학전문대학원 교수, 진실과화해를위한과거사정리위원회 위원, 한국재산법학회 회장.

1) Reyburn, Scott & Carvajal, Doreen, *Art & Design: Gauguin Painting Is Said to Fetch $300 Million*, New York Times, Feb. 5, 2015. http://www.nytimes.com/2015/02/06/arts/design/gauguin-painting-is- said -to-fetch-nearly-300-million.html?_r=1 (마지막 방문일: 2016. 12. 22.)

2) 이 부분에 관해서는 허핑턴 포스트의 기사가 위 뉴욕타임스의 기사를 가장 충실하게 소개하였던 것으로 판단된다. 김경윤, 폴 고갱의 유화, 미술품 역대 최고가 3천억원에 낙찰, 허핑턴포스트 코리아, 2015. 2. 6.: “‘언제 결혼하니?’는 고갱이 타히티 원주민 여인 2명의 모습을 그린 그림으로, 스위스 바젤 미술관에 반세기 가까이 대여 전시 중이다. 하지만 바젤 미술관이 2016년까지 수리에 들어가면서 ‘언제 결혼하니?’는 바젤 외곽 바이엘러 재단 박물관으로 자리를 옮긴다. 또 슈테린 일가 신탁이 바젤 주와 분규를 겪으면서 이번에 판매된 작품뿐만 아니라 반 고흐, 파블로 피카소, 카미유 피사로의 작품 등 18점이 다른 박물관으로 이전될 전망이라고 NYT는 전했다.” http://www.huffingtonpost.kr/2015/02/06/story_n_6626626.html (마지막 방문일: 2016. 12. 22.)

팔아 버린다거나 다른 미술관으로 옮길 수 있었을까? 바젤미술관측은 고갱의 작품이 팔렸다는 비보에 대해 "영구대여도 결국엔 대여(사용대차)에 지나지 않는다는 것을 절감했다"는 짤막한 소감을 남겼는데, 법률적으로 많은 의미를 내포하고 있는 한마디였다. 영구대여라고 해서 미술관은 영구히 대여받아 전시할 수 있는 권한이 있는 것으로 생각하고 있었지만, 영구대여에 있어서도 소유권이 개인콜렉터에게 그대로 남아 있기 때문에 결국엔 소유권자에게 반환할 수밖에 없다는 사실을 뒤늦게 알게 되었다는 것인데, 결국 소유권자인 미술품의 콜렉터가 영구대여의 차주인 미술관에 대해 승리한 셈이다.

그러나 독일에서는 이와 반대되는 사례[3)]도 있었다. 향토연구가였던 남편이 1940년도에 사망하면서 그의 처에게 많은 미술품들을 남겼는데, 처는 이 미술품들을 1968년 시립미술관에 대여하기에 이른다. 한편 그 아내도 사망하자, 그녀의 딸이 미술관을 상대로 반환을 청구한 사건이 있었는데, 독일과 유럽에서는 영구대여의 대표적인 법률적 사례로 널리 알려져 있다. 이 미술품반환분쟁사례에서 Celle고등법원은 미술품이 전시목적으로 영구대여 되었음이 분명하다면, 전시가 계속되고 있는 동안에는 소유권자도 이를 반환받을 수 없다는 판결을 내렸다. 이번에는 차주인 미술관이 승리한 것이다.

미술관에 전시되고 있는 미술품이 전부 그 미술관의 소유가 아니라는 점은 공공연하게 알려져 있는 사실이다. 일반적으로 미술관은 개인콜렉터로부터 미술품을 무상으로 대여 받아 전시함으로써 해당 미술품을 일반대중이 감상할 수 있도록 하는 경우가 많다. 이러한 경우 체결되는 계약은 무상의 대여인 장기간의 사용대차인데, 유럽의 실무에서는 장기간의 특성으로 인하여 일반적으로 영구대여(영어권에서는 permanent loan, 독일어권에서는 Dauerleihgabe)라고 불리고 있다. 이러한 특수한 형태의 사용대차에 관해서는 그 어느 나라의 민법에도 별도의 규정을 마련해 두고 있지 않다. 그렇다면, 영구대여, 즉 장기간의 사용대차에 있어 당사자들간에 발생할 수 있는 법률적 문제는 무엇이며 그에 대한 해결책은 어디에서부터 찾아야 할까? 유럽의 미술관 영구대여 실무를 살펴보면, 세대를 거듭하며 미술관에 무상대여를 해 주고 있는 고가의 유명미술품 소유권자는 많은 경우에 서면계약서의 작성을 소홀히 하고 있어 법률적 분쟁의 위험에 상당히 많이 노출되어 있다.[4)] 특히 문제가 되고 있는 것은 미술품의 영구대여에 있어, 어떠한 요건 하에 콜렉터(소유권자)가 미술관과의 사용대차관계를 종료할 수 있는가 하는 것이다.[5)] 독일을 포함한 유럽의 법체계에서는 공공미술관에서의 전시를 목적으로 영구대여된 미술

3) OLG Celle, NJW RR 1994, 1473. 이하 '미술품반환분쟁사례'.

4) Loschelder, Die Dauerleihgabe - Ein in der Museumspraxis gängiger, rechtlich aber unscharfer und weitgehend ungeklärter Begriff, NJW 2010, 705 참조.

5) 미술관 운영과 관련하여 여러 가지의 문제점들이 보도되고 있는데, 몇 가지 예시를 들면 다음과 같다. 2008년 Krefeld의 Kaiser Wilhelm Museum에서는 40년간이나 소장해 왔던 Lauff의 작품 400여점을 분실하였고, 몇 년 전에는 Bock라는 이름의 콜렉터가 수십년 동안 프랑크프르트 근대미술관에 대여해 주었던 자기 소유의 미술품 500여점을 한꺼번에 반환받아 갔으며, 본(Bonn) 미술관은 경매에 부치겠다는 소유자들에게 August

품의 경우 그 전시가 계속되고 있는 한 소유권자인 콜렉터가 미술품의 반환을 요구할 수 없다고 보는 것이 일반적이다.[6] 그렇다면 스테헬린의 사례에서처럼 (미술관의 수리 등을 원인으로) 전시가 중단되지 않고 계속되기만 한다면 영구히 자기 소유의 작품을 반환받을 수 있는 길이 없어지고 마는 것일까? 슈테헬린 사례에 있어서는 전시가 중단되었기 때문에 그 틈을 이용하여 개인 콜렉터인 슈테헬린이 자기 소유의 작품을 파는 것이 가능했던 것일까?

이러한 의문에 대한 해답을 찾아가는 과정[7]을 독일법을 중심으로 소개하고 미술품대여에 관한 독일의 법률적 해석이 우리 법에 시사하는 바가 무엇인지를 살펴보는 것이 이 글의 주된 목적이라 할 수 있겠다.

국내의 미술관 실무에서는 영구대여의 사례를 거의 찾아보기가 힘들다. 반면 유럽에서는 고가의 미술품에 있어 매우 흔하게 사용되고 있는 거래의 형식이다. 미술품의 거래는 국경을 넘어 빈번하게 발생하기 때문에 한국에서 사례가 발생하지 않았다는 이유만으로 무관심해져서는 아니 된다. 한국의 콜렉터가 유럽 미술관에 자기의 작품을 영구대여할 경우 또는 한국 미술관과 외국 콜렉터 사이의 거래관계에 준거법으로 한국법이 아니라, 독일법을 포함하여 EU 국가의 법이 적용될 경우 유럽의 미술관실무에서 적용되고 있는 영구대여의 법리를 잘 이해해야 할 필요가 있다. 본 논문에서는 유럽을 대표하여 독일법을 중심으로 영구대여의 사례들과 해결방안을 살펴본 후 우리 민법에 시사하는 바가 무엇인지를 맺는 말 부분에서 검토해 보도록 하겠다.

Ⅱ. 문화재·미술품 대여(사용대차) 일반

미술계에서는 미술품 대여가 빈번하게 발생하고 있는데, 이러한 거래는 어느 한 국가 안에만 머무르지 않는다는 특징이 있다. 미술품이나 특히 문화재의 대여는 한 국가의 경계를 벗어나 해외로 향하는 경우가 매우 흔한 일이기 때문이다. 문화재는 전 세계 각국에 특유하게 존재함으로 해서 전 세계에 널리 분포되어 있기 때문에 이러한 문화재들을 어느 특정 국가의 한 장소에 모아 전시를 하는 것이 필요하게 되는데, 이때에도 빈번하게 이용되는 계약형태가 바

Macke의 작품 2점을 반환하였는데, 얼마 후 소유자는 바뀌었지만, 결국 다시 대여의 형식을 빌어 본의 같은 미술관으로 돌아오게 되었다. 그런데 이 미술관은 그 일이 있기 1년 전 900만 유로에 팔렸던 Gerhard Richter의 작품인 '마드리드의 도시풍경(Stadtbild Madrid)'을 분실한 적이 있다. 콜렉터 Marx는 베를린 함부르거 반호프(Hamburger Bahnhof) 현대미술관이 푸대접을 하고 있다는 이유로 그 미술관에 대여중인 자기 소유 작품들을 전부 다른 미술관으로 옮길 것을 고려하고 있다는 언론보도도 있었다. 이렇듯 언론보도 등을 통해서 사회적인 문제의식은 널리 퍼지게 되었지만, 법률적인 측면에서 영구대여관계를 언제 종료할 수 있는지에 관해서는 아직까지 상당히 모호한 상황에 있다. Maak, Die Jahre der wilden Sammelwut, Frankfurter Allgeimeine Zeitung, 2005.7.8., 35 참조.

6) 아래 Ⅲ. 6. 참조.

7) 이 사례에 대한 구체적인 해결방안에 관해서는 아래 Ⅳ. 참조.

로 무상의 대여로써 그 법적 성질은 사용대차이다.[8)]

이러한 형태의 대여를 위해 독일의 많은 박물관과 미술관은 표준약관[9)]이나 모범계약서양식[10)]을 사용하고 있는 것을 알 수 있다.

문화재의 대여에 있어서는 계약 당사자들이 법인인 경우가 대부분일 것이기 때문에 계약체결자가 대리권을 가지고 있는지의 여부에 주의해야 한다.

대여의 법적 성질은 무상계약인 사용대차이다. 사용대차란 일정한 기간 동안의 사용을 위해서 대주가 목적물을 대여하는 것을 내용으로 하는데, 차주는 이에 대해 반대급부의 의무를 지지 않는다.[11)]

사용대차는 임차인이 차임지급의무를 부담해야 하는 임대차와 구별되며, 사용대차에 있어서는 목적물의 '사용'이 목적이 되는 반면 임치에서는 임치물을 단지 보관만 할 뿐 사용이 목적이 되지 않는다는 점에서 임치와 구별된다. 또한 소유권이 이전되지 않는다는 점에서 증여와 구별된다.

사용대차에는 아무런 형식이 요구되지 않는다. 따라서 증여에서 인정되는 특별한 형식은 사용대차인 미술품 대여에 있어 그 적용이 없다.

1. 대주의 의무

(1) 사용의 허용

사용대차를 통해 대주는 차주에게 목적물의 사용을 허용해 주어야 한다. 그런데 이 채무의 이행을 위해서는 차주에게 사용가능한 환경을 조성해 주는 것만으로도 족하다.[12)] 결국 대주는 차주가 목적물을 직접적으로 점유할 수 있도록 허용해 주면 되는 것이다. 따라서 대주의 의무는 지참채무(Bringschuld)가 아니라 추심채무(Holschuld)에 해당된다.[13)]

사용대차는 목적물의 '사용'을 목적으로 하지만, 그렇다고 해서 목적물의 소비까지 허용하

---

8) 여기서는 일반의 이해를 돕기 위해 미술계의 관행에 따라 사용대차가 아니라, '대여'라는 일반 용어를 그대로 사용하기로 하겠다.

9) Franz, Zivilrechtliche Probleme des Kulturgüteraustausches (2006), 179 이하; Boos, Kulturgut als Gegenstand des grenzüberschreitenden Leihverkehrs (2006); Kühl, Der internationale Leihverkehr der Museen (2004)에 예시되어 있는 표준약관 참조.

10) 이미 1976년에 독일 '주 문화장관 협의회(Die ständige Konferenz der Kultusminister der Länder)가 표준계약서양식을 제안하였는데, 이는 오늘날에도 통용되고 있다. Sammlung der Beschlüsse der Ständigen Konferenz der Kultusminister der Länder in der Bundesrepublik Deutschland, Band V, Nr. 2122 참조.

11) Palandt/Weidenkaff, BGB, Einf. v. § 598 Rz. 1; MünchKomm-Häublin § 598 Rz. 1; Staudinger-Reuter Vorb. zu §§ 598 ff. Rz. 1; Gitter, Gebrauchsüberlassungsverträge, in Handbuch des Schuldrechts, Bd. 7, (1988), 146 참조.

12) MünchKomm-Häublein § 598 Rz.19; Palandt/Weidenkoff § 598 Rz. 5; Staudinger-Reuter § 598 Rz. 13.

13) Palandt/Weidenkoff § 598 Rz. 5. 참고로 국내의 문헌에서는 단순히 대주의 차용물 '인도의무'를 언급하고 있을 뿐, 이것이 지참채무의 성격인지 추심채무의 성격인지에 대해서는 아무런 말이 없다.

는 것은 아니다. 차용물 자체가 반환되어야 한다.

계약상의 사용기간 동안 대주는 차주의 직접점유는 방해할 수 없다. 이렇게 보면 대주에게 용인의무(Duldungspflicht)가 있다고 할 수 있다.[14]

차주는 합의된 목적에 맞게 차용물을 사용할 권한은 갖는다. 따라서 특별전(Sonderausstellung)의 경우라면 그 특별전이 열리는 동안 미술품을 전시하거나 전시를 전후하여 (수장고 등에) 보관할 권리가 있다. 전시목록(Ausstellungskatalog)등에 미술품의 사진을 싣는 것이 목적에 부합하는 지의 여부에 대한 판단은 당사자가 이에 상응하는 합의를 한 적이 있는지의 여부에 달려 있다.

당사자들 사이에 목적에 대한 합의가 있었다 하더라도, 이 목적을 위해 실제로 차용물을 차주가 사용해야만 하는 법적인 의무가 부과되는 것은 아니다. 차주가 대여받은 미술품을 전시에 사용하지 않기로 결정한다면, 대주는 더 이상 차주의 점유를 용인할 필요가 없게 된다.

(2) 무 상 성

사용대차는 무상성의 요건을 충족해야 한다. 무상성에 대해서는 당사자들 사이의 주관적 합의도 필요하지만, 객관적으로도 무상성이 인정될 수 있어야 한다. 아무리 경미한 정도라고 하더라도 무상성이 저해되는 반대급부가 발견되면 사용대차의 요건을 결여한다. 이때에는 임대차로 다루어지게 된다. 반대급부는 반드시 금전이나 재산적 성격을 가질 필요는 없다. 서비스의 제공도 무상성을 저해하는 반대급부가 될 수 있다. 미술품대여실무에 있어서는 차주(미술관)가 대여와 관련하여 소요되는 비용 일체를 부담하도록 하고 있는데, 이는 주로 전시를 위한 미술품의 운반 및 보관, 보험 등을 위해 소요되는 비용이다. 이 비용이 무상성을 저해하는 반대급부에 해당되는지 여부가 문제될 수도 있으나, 일반적으로는 미술품의 전시라고 하는 계약의 목적 이행을 위해 차주가 부담해야 하는 통상의 필요비에 해당되는 것으로 본다.[15] 다소 문제가 되는 것은 보존상태가 별로 좋지 않아 전시를 하기 위해서는 보수나 복원비용의 지출이 불가피한 경우에 있어서, 지출된 보수나 복원비용도 통상의 필요비에 해당되는가의 여부이다. 이 경우에도, 전시를 위해서는 불가피한 경우라고 하면 무상성을 저해하는 반대급부가 아니라, 통상의 필요비로 보는 것이 타당할 것으로 보인다.[16] 이와 달리 소위 대여분담금(Leihgebühr)[17]은 미술작품의 이동 및 전시를 위해 직접적으로 필요한 경비 외의 것으로서 그

14) Palandt/Weidenkaff § 598 Rz. 6; MüchKomm-Häublin § 598 Rz. 20; Gitter(주 11), 148 이하 참조.

15) Boos(주 9), 137; Kühl(주 9), 127 참조.

16) 같은 견해로는 Kirchmaier, in: Ebling/Schulze, Kunstrecht, Teil 4, B Rdnr. 72. 여기서 Kirchmaier는 보수나 복원이 필요한 것은 대주의 사정이지만, 이 비용의 지출이 불가피한 상황을 유발(veranlasst)한 당사자는 전시를 계획하는 차주이기 때문이라고 한다.

17) 대표적인 예는 1992년 독일연방공화국립현대미술관(Die Kunst- und Ausstellungshalle der Bundesrepublik Deutschland)의 개관기념전시전을 위해 미국 구겐하임 미술관의 컬렉션을 대여 받으면서, 300만 달러에 달하는 대여분담금을 지불한 경우이다. 이에 관해 상세한 것은 Beyer, Ausstellungsrecht und Aus-

액수도 고액인 것이 보통이기 때문에 이를 통상의 필요비로 보기는 어려울 것이다.[18)]

(3) 계약기간

전시목적의 미술품 대여계약에 있어서는 일정한 계약기간을 정해 놓는 것이 일반적이다.[19)] 계약기간을 정함에 있어서는 문화재나 미술품의 전시기간을 고려하여 전시 전후로 목적물의 이동 및 설치 등을 위해 충분한 시간이 확보될 수 있도록 하는 것이 중요하다. 계약기간을 넘어서까지 사용을 허용해야 할 의무가 대주에게는 없기 때문에 계약기간이 경과하면 곧바로 차용물의 반환을 청구할 수 있다. 실무에 있어서는 대주의 특별한 반환요구가 없이 계약기간 안에 반환되어야 하는 것으로 이해되고 있다.

관객들의 호응이 좋아 전시가 성공적일 경우 차주는 계약기간의 연장을 원하는 경우가 많은데, 이에는 당사자들간의 합의가 전제되어야 하며, 원칙적으로는 특별한 형식이 요구되지 않지만, 서면에 의한 대여계약의 연장을 원할 경우에는 이를 내용으로 하는 당사자간의 서면합의를 필요로 한다.[20)]

계약기간이 만료되기 전에 계약관계를 종료할 수 있는 경우를 독일민법 제605조가 명시하고 있다. 특히 독일민법 제605조 제1호는 대주가 예견하지 못했던 사정으로 인하여 목적물이 필요하게 된 때 이를 반환 받을 수 있도록 하고 있는데, 필요성의 입증은 대주가 해야 하지만, '무상의 대여'라는 점을 고려해 볼 때, 대주의 이익이 차주의 이익에 양보될 필요까지는 없다고 보여지기 때문에 필요성의 입증을 폭넓게 인정해 주어야 한다는 견해가 지배적이다.[21)] 따라서 자기필요성을 '사실상' 미리 예견하기 어려웠던 사정을 유효하게 주장할 수 있으면 족한 것으로 보고 있다. 과실 등은 요건이 아니다. 결국 대주는 경제적 곤란으로 인해 해당 미술품을 팔아 현금화하지 않으면 안되는 사정이 있다는 점과 이를 계약체결 당시에는 예견할 수 없었다는 점을 유효하게 주장해야 하는 것이다. 대주가 공동상속인인 경우에는 다른 공동상속인에게도 목적물이 필요하게 되었어야 한다.[22)] 그런데 이 요건의 충족 여부를 결정함에 있어서는 대주의 사용뿐만이 아니라, 차주의 사정, 예를 들어 전시에 얼마나 많은 금액을 투자하였는가 등이 함께 고려되어야 한다.

그런데 일반적으로 문화재나 미술품의 전시기간이 6개월 이내로 비교적 짧기 때문에 자기

---

stellungsvergütung (2000), 65 참조.

18) Kirchmaier, in: Ebling/Schulze(주 16), 72.는 대여분담금이 해외전시를 위해 지급된 것이라면 이는 무상성을 저해하는 반대급부에 해당된다고 하면서도, 시례별로 해외전시를 위한 것이었는지 또는 저작권사용료 지불을 위한 것은 아니었는지 등을 면밀하게 검토해 봐야 한다고 하면서, 경우에 따라서는 —일부나마— 통상의 필요비로 인정될 수 있는 가능성이 있음을 시사하고 있다.

19) 소위 영구대여에 있어서는 계약기간을 정해 두지 않는 경우가 많은데 이에 관해서는 아래 Ⅲ. 영구대여에 관한 설명 참조.

20) Kirchmaier, in: Ebling/Schulze(주 16), 74.

21) Palandt/Weidenkaff § 605 Rz. 3.

22) Palandt/Weidenkaff § 605 Rz. 3.

필요성에 의한 계약의 예외적 해지를 인정해야 하는 경우는 극히 드물다 할 것이다.

2. 차주의 의무

(1) 선량한 관리자의 주의의무

차주는 우선 반환할 때까지 목적물을 선량한 관리자의 주의로 보존해야 할 의무를 진다.

차주는 무엇보다도 목적물을 소비하는 형태의 사용을 해서는 아니 된다.[23] 그러나 다른 한편 계약의 목적에 부합하는 사용으로 인하여 차용물이 변경 또는 훼손된 경우에 대해서는 책임을 지지 않아도 된다.[24] 여기에는 분실, 파손이나 멸실 등 차주의 유책사유에 의한 변경이나 훼손은 해당되지 않는다.[25]

독일의 미술품 대여 계약실무를 보면, 선량한 관리자의 주의의무의 내용을 매우 상세하게 정해 놓고 있음을 알 수 있다.[26]

(2) 반환의무

차주는 반환의무를 지는데, 구체적으로는 다음의 경우에 목적물을 반환해야 한다. ① 계약기간이 종료된 경우[27] ② 차주가 계약목적상의 사용을 완료한 때[28] ③실제로 사용을 하지는 않았지만, 사용에 필요한 충분한 기간이 지났을 때[29] ④ 특별한 해지사유에 의해 계약이 해지되었을 때[30] 등이다. 계약기간이 정해져 있지 않고 계약의 목적을 통해서도 기간을 확정

---

23) Gitter(주 11), 147; MüchKomm-Häublein § 598 Rz. 16.

24) 독일 민법 제602조. 그런데 이는 임의규정으로서 당사자들의 합의에 의해 배제할 수도 있다.

25) Palandt/Weidenkaff § 602 Rz. 2.

26) Kirchmaier, in: Ebling/Schulze(주 16), 80, 81에서는 다음과 같은 예시를 보여주고 있다.
- 온도 및 습도조절 장치의 가동 및 가동기록을 보관할 것. 대주의 요구가 있으면 언제든지 가동기록을 제시할 수 있도록 준비해야 한다.
- 조명시설의 밝기가 일정한 수치를 넘지 않아야 한다.
- 대주의 사전동의가 없이 미술작품에 침해적 행위를 해서는 안된다.
- 영상촬영은 대주의 사전동의가 있을 때에만 가능하며, 사전동의가 있는 경우라 하더라도 영상촬영이 온도상승을 발생시켜 미술작품이나 전시실의 온도를 높이지 않아야 한다.
- 미술품의 이동에 있어 미술품운송전문업체를 이용해야 한다.
- 손상이나 변경이 발생할 경우 이를 즉시 —사진이 포한된 보고서의 형태로— 대주에게 보고하여야 한다.
- 분실이나 멸실된 경우 이를 즉시 대주에게 고지해야 한다.
- 압류, 가압류 등의 문제가 발생했을 경우에도 이를 즉시 대주에게 고지해야 한다.
- 손상을 확대시킬 수 있는 복원을 하지 말아야 한다 — 긴급한 조치가 필요한 경우는 제외.
- 필요한 경우에는 즉시 경찰을 개입시켜야 한다.
- 플레쉬 라이트를 사용한 사진활영을 하지 말아야 한다.
- 24시간의 감시.

27) 독일민법 제604조 제1항.

28) 독일민법 제604조 제2항 제1문.

29) 독일민법 제604조 제2항 제2문.

30) 독일민법 제 605조. 여기서는 첫째, 대주가 예견하지 못했던 사정으로 인하여 목적물이 필요하게 된 때, 둘째, 차주가 물건을 계약에 반하여 사용하고, 특히 권한 없이 제3자에게 사용을 이전한 경우 또는 차주가 하여야 할

하기가 어려운 경우에는, 대주는 언제든지 차주에 대해 목적물의 반환을 요구할 수 있는 것이 원칙이다. 반대로 차주의 입장에서도 계약기간보다 일찍 반환할 수 있다.[31]

차주의 반환의무는 지참채무이다. 따라서 차주는 자기의 책임과 비용으로 대주의 주소지에 반환하여야 한다.

문화재의 경우에는 독일의 문화재보호법(Kulturgutschutzgesetz, 이하 KultgSchG)을 고려해야 하는데, 외국의 대주로부터 문화재를 독일로 들여와 전시를 하는 경우 독일문화재법 제20조에 따라 대주는 반환보장서(Rückgabeversprechen)를 발급받을 수 있다. 이 보장서를 발급받은 외국의 대주는 여하한 법률적 이유로 전시 문화재의 반환을 방해받을 일이 없어진다. 결국 반환이 보장된다고 할 수 있을 것이다. 실무에서는 특히 미국이나 러시아의 대주(주로 박물관)가 소장 문화재를 독일내에 전시하면서 이 보장서의 발급을 자주 요구한다고 한다.[32] 발급대상이 되는 물건은 일시적 전시의 목적으로 독일 영토 안으로 유입되는 외국의 문화재이다. 이 외국 문화재의 개념 속에는 그것이 해외에 소장되어 있는 한 원래 독일의 문화재인 경우도 포함되는 것으로 해석된다.[33] 또한 반환보장서는 '일시적인 전시를 위해 유입되는 문화재'에만 발급될 수 있기 때문에, 영구대여의 목적이 되는 문화재에는 그 적용이 없다는 점에 유의해야 한다. 반환보장서는 발급 당시 해외에 머물러 있는 문화재에 대해서만 발급이 가능하다. 따라서 이 보장서의 발급 전에 이미 독일로 유입된 문화재에 대해서는 그 적용이 없다 할 것이다.

반환보장서를 발급받은 문화재는 독일 법원 내에서 제3자에 의한 소송, 압류, 저당 등의 대상이 되지 않는다.[34] 따라서 EU회원국간에 유효한 문화재반환법(Kulturgüterrückgabegesetz)의 대상도 될 수 없다는 것이 일반적 견해이다.[35][36]

3. 책 임

(1) 대주의 책임

실무상 미술품대여의 대주가 책임을 부담해야 하는 경우는 극히 드물게 나타날 것이다. 지참채무로서의 인도의무를 부담하지 않는 대주로서는 약속한 날짜에 차주가 미술품을 가져갈 수 있도록 준비만을 마쳐 놓고 있으면 되는데, 경우에 따라서는 이 준비가 늦어지거나 미술품에 보수의 필요성이 발생하여 지연될 수 있다. 그러나 약속한 전시 자체를 근본적으로 불가능

주의를 게을리 하여 물건을 현저히 위태롭게 한 경우, 셋째, 차주가 사망한 경우가 해당된다.

31) 독일민법 제 271조 제2항 참조.

32) Boos(주 9), 236 이하 참조.

33) Boos(주 9), 249 이하; Kühl(주 9), 18.

34) 독일문화재보호법 제20조 제3항 및 제4항 참조.

35) Kirchmaier(주 16), 86, 각주 172 참조.

36) 그러나 반환보장서도 행정작용의 하나이기 때문에, 이 행정작용을 대상으로 하는 취소소송 등은 허용된다는 점에 유의해야 한다.

하게 만드는 경우는 거의 없을 것이다. 약속한 미술품의 전시가 어렵게 되는 경우에도 당사자들은 전시를 실현시키기 위해서 애초에 약속한 물건을 대체할 수 있는 다른 문화재나 미술품의 대여에 합의할 수 있는 가능성이 열려 있기 때문이다. 대주는 독일민법 제599조에 의해 책임의 경감을 받는데, 그 이유는 대주가 물건을 대여하면서도 그에 대한 반대급부를 요구하지 않는다는 점, 즉 사용대차의 무상성 때문이다.[37] 이에 따라 대주는 고의와 중과실에 대해서만 책임을 진다. 그런데 이는 대주의 주채무, 즉 물건을 사용·수익할 수 있도록 대여해 주는 의무에만 연결되는 것이지 그 외의 다른 보호의무에는 그 적용이 없는 것이다. 독일민법 제600조는 대주의 책임을 다시 한번 제한하고 있는데, 대여 문화재나 미술품의 목적물의 하자나 권리의 하자[38]를 알면서 고지하지 않은 경우에만 대주는 책임을 진다.

(2) 차주의 책임

무상의 대여를 받는 차주의 입장에서는 책임 경감의 혜택을 누릴 수 없다. 차주는 독일민법 제 276조 및 278조에 따라 고의 및 과실에 대해 책임을 진다. 반환의무가 지체 중에 있을 경우에는 독일민법 제287조 제2항에 따라 '우연'에 대해서도 책임을 진다. 다른 한편, 계약의 내용에 적합한 사용을 하는 한 차주는 차용물의 변경이나 훼손에 대해 책임을 지지 않는다(독일민법 제602조). 그러나 독일민법 제602조는 선관주의의무의 위반에 의한 훼손의 경우에는 적용되지 않는다. 그 외 분실, 파손 및 멸실의 경우에도 마찬가지로 적용되지 않는다.[39]

그런데 독일의 미술품 대여 실무를 보면, 차주인 미술관에 무과실책임을 지우는 경우가 허다하다.[40] 이는 계약의 목적을 벗어나기 때문에 부당하다는 지적이 있다.[41] 과실책임을 원칙으로 하는 독일민법 제276조 및 제602조는 원칙적으로 당사자들의 합의에 의해 배제할 수 있다. 그렇다고 하더라도 차주가 예견하거나 통제하거나 피할 수 없는 문제에 대해서까지도 책임을 지도록 하여 결국 무과실책임을 지우는 계약관행은 부당하다는 생각이다. 차주인 박물관·미술관이 선관주의의무를 게을리 하지 않았는데도 발생할 수 있는 문화재나 미술품에 대한 반달리즘이나 홍수, 지진 또는 비행기추락사고 등의 우연적 사고에 대한 책임을 지울 수는 없다. 이러한 위험은 원칙적으로 소유권자인 대주가 부담하는 것이 옳다. 또한 이러한 위험은 보험에 의해서 보장받을 수 있는 것들이다. 따라서 약관에 의해 차주에게 무과실책임의 무거운 책임을 지우는 것을 의도한다면 이는 독일민법 제307조에 따라 고객에게 부당하게 불리한 약관으로 해석되어 무효판정을 면하기 어려울 것이다.

---

37) Palandt/Weidenkaff, § 599 Rz. 1; MüchKomm-Häublein, § 599 Rz. 1; Staudinger-Reuter, § 599 Rz. 1.

38) 권리의 하자의 흔한 예는 전시에 대한 저작권자의 허락이 없어 독일 저작권법 제44조 제2항의 위반이 있는 경우가 될 것이다.

39) Palandt/Weidenkaff, § 602 Rz. 2.

40) Franz(주 9), 209-210 참조.

41) Kirchmaier, Verschuldensunabhängige Haftung des Entleihers im Leihverkehr mit Kulturgütern, KUR 2000, 24.

Ⅲ. 영구대여(장기간의 사용대차)

정부나 지자체의 지원을 받고 있는 공공미술관의 경우 미술품의 구입을 위해 사용할 수 있는 재원이 부족한 경우가 일반적이라서 가격이 치솟고 있는 고가의 유명미술품을 직접 구입하기에는 역부족인 경우가 많다.[42] 미술관은 그럼에도 불구하고 일반대중에게 관람의 기회를 제공하기 위해 고가의 유명미술품을 직접 소유하고 있는 재력가인 개인콜렉터들과 협력하게 된다. 이들로부터 고가의 미술품을 대여 받아 공공미술관에 전시하는 것이다. 결국 미술관으로서는 고가의 미술품에 대한 구매력이 없음에도 불구하고 유명미술품을 전시하는 이익을 누릴 수 있다. 개인콜렉터의 입장에서도 이 협력관계가 상당한 이익을 가져다준다. 유명한 공공미술관에 작품이 전시되어 일반대중의 접근이 가능해지면 그 만큼 해당 미술품이 세상에 널리 알려지게 되고 대중의 관심과 연구의 대상이 되면서 자연스럽게 해당 미술품의 가치를 상승시킬 뿐만 아니라 소장자의 품격도 높이는 효과를 노릴 수 있게 된다.[43] 이렇게 보면, 미술관과 재력가인 미술품콜렉터의 관계는 떼어내려고 해도 떼어 낼 수 없는 공생관계에 있는 것처럼 보인다.

대주와 차주는 계약에 의해 다양한 합의를 이끌어 낼 수 있고 이렇게 하면 많은 법률적 분쟁을 예방할 수 있다. 그런데 유럽의 관행을 보면, 서면 계약서를 작성하지 않는 경우가 많다. 오랜 세월(경우에 따라서는 몇 세대에 걸쳐 있는 오랜 기간 동안)을 걸쳐 형성되어 온 미술관과 콜렉터의 특별한 신뢰적 관계에 손상을 줄 것을 우려하여 의식적으로 계약체결을 피하고 있는 경우도 있다.[44] 콜렉터는 많은 경우에 있어 미술관의 운영자들과 개인적인 친분을 바탕으로 특별한 신뢰관계를 형성하고 있다. 이 관계는 단순한 사용대차의 대주와 차주의 관계를 뛰어넘는다. 미술관은 대주에게 있어 자기 소유의 미술작품을 단순하게 전시만 해 주는 공간을 뛰어 넘어, 대주의 계속적인 미술품 콜렉션을 위한 협력자의 역할을 하기도 한다. 대주의 콜렉션에 추가할 미술작품을 추천하기도 하고 조언을 해 주기도 한다. 전통과 명예를 중시하는 유럽의 미술품 시장을 존중하고 싶지만, 많은 법률적 문제들이 발생할 수 있기 때문에 서면에 의한 계약을 체결할 것이 권고된다.

---

42) 독일의 경우에는 공공 미술관의 구입예산이 아예 전혀 없는 경우에서부터 수십만 유로에 이르기까지 많은 차이가 있다고 한다. 그런데 이 정도의 예산은 오늘날 거래되고 있는 미술품의 가격을 고려할 때 턱 없이 모자라는 것이다. Raue, in: Schack/Schmidt, Rechtsfragen der internationalen Museumspraxis, 2006, S. 3, 4 및 Kirchmaier, Dauerleihgaben: Kuturgüter zur dauerhaften Überlassung in öffentlichen Einrichtungen, Fakten-Tendenzen-Hilfen, Heft 31 (2006/12), S. 37, 38 Fn. 14 참조.

43) Bischoff, Kunstrecht von A-Z (1990), S. 90 참조.

44) Schack/Schmidt, Rechtsfragen der internationalen Museumspraxis, (2006), 29 이하 Raue와 Schack의 대담내용 참조.

1. 영구대여의 개념

'영구대여'를 법률적으로 정의하고 있는 입법례는 없는 것 같다.[45] 사용대차의 기간은 당사자들간의 합의로 미리 정해질 수도 있고 그렇지 않을 수도 있다. 기간이 정해져 있지 않다고 해서 계약의 성립을 방해하는 것은 아니다. 영구대여는 장기간에 걸쳐 체결되는 사용대차로서 특수한 형태의 사용대차라고 할 수 있다. 콜렉터는 미술관에 대해 자기 소유 미술품의 사용, 즉 해당 미술품을 전시하도록 허락하는데, 이에 대해서 반대급부를 요구하지 않는다. 영구대여에 있어서는 증여의 경우와는 달리 콜렉터가 소유자로 남는다. 즉, 영구대여의 특성은 첫째, 장기간이라는 점과 둘째, 소유권이 이전되는 않는다는 점, 그리고 셋째 무상계약으로서 대여에 대한 반대급부가 요구되지 않는다는 점을 들 수 있을 것이다. 이 외에, 중대한 사유에 의해서만 해지가 가능하고 그 외의 사유로는 해지가 불가능하다는 점을 특성으로 추가하고 있는 견해도 있다.[46] 영구대여에서 중요한 요소인 '장기간'의 특성은 장기간의 '목적'을 위한 것이라고도 할 수 있다. 따라서 일시적인 특별전을 위한 목적이 아니라, 하나의 미술관에 오랫동안 소장되면서 전시기간 중에는 미술관내의 전시장에 전시가 되었다가 전시계획에 포함되지 않는 동안에는 수장고에 보관되는 반복된 일상을 수년 또는 수십년간 거듭하는 목적을 가지고 있는 것이다. 대주는 이 목적을 위해서 자기 소유의 미술품을 차주인 미술관에 대여하게 된다.

영구대여에서의 '영구'의 의미는 계약기간이 상당히 오랜[47] 기간이라는 것을 의미할 뿐, 사용권이 무한정 미술관에 이전된다는 것을 의미하는 것은 아니다.[48] 영구대여를 해 주는 콜렉터 역시 사용대차의 대주로써 자기 소유 미술품에 대한 반환청구권을 갖는다. 이 반환청구가 실현됨으로써 소유와 점유의 계속적인 불일치를 언젠가는 해소할 수 있다고 볼 수 있다. 결국 영구라는 말은 어울리지 않는다. 장기간[49]의 사용대차라고 하는 것이 옳을 것이다.[50]

2. 당사자의 이해관계

영구대여 당사자의 이해관계는 특별전 등 짧은 기간의 미술품대여 당사자의 경우와 상당

45) 적어도 영국, 미국, 일본, 중국 및 독일을 포함하는 EU국가의 민법에서는 영구대여를 정의하거나 규율하고 있지 않다.

46) Raue, Vertragsgestaltung bei unentgeltlichen Zuwendungen an Museen, in: Schack/Schmidt, Rechtsfragen der internationalen Museumspraxis (2006), 7.

47) Kirchmaier, in: Ebling/Schulze(주 16), 216, 218. Raue는 별다른 설명이 없이 10년 이상의 기간이어야 한다고 주장한다, Raue, in: Schack/Schmidt(주 42), S. 3, 8 참조.

48) Kirchmaier(주 42), 37 참조; Locher, Das Recht der bildenden Kunst (1970), S. 277.

49) 참고로 독일의 상속세법에 의하면 10년 이상의 기간 동안 공공의 목적에 기여를 한 경우에 한하여 상속세를 면제 받을 수 있다, § 13 I Nr. 2 S. 2 ErbStG.

50) Kirchmaier(주 42), S. 37, 39에서도 '영구(Dauer)'는 단지 상징적, 심리적인 것일 뿐, 법률적으로는 무의미하다고 한다.

한 차이를 보인다. 영구대여의 대주는 일반적으로 개인이다. 이 개인은 고가의 미술품들을 소유하고 있는 재력가인데, 고가의 미술품을 구입할 재정적 능력이 결여되어 있는 미술관과 이해관계가 맞아 떨어진다. 영구대여에 의해 미술관은 구매능력의 결여에도 불구하고 고가의 미술품들을 전시할 수 있게 되고 개인콜렉터들은 자기의 미술품들을 미술관을 통해 안전하게 보관하는 동시에 세상에 널리 알리는 효과도 기대할 수 있게 된다. 일반적으로 개인콜렉터는 미술관이 한 번에 전시할 수 있는 수량보다 훨씬 많은 수량의 미술품을 한꺼번에 대여하는 것이 보통이다. 개인콜렉터의 입장에서는 자기 소유의 미술품을 가능하면 한 점도 남김 없이 미술관이 소장 관리해 주기를 원할 것이고 그래서 자기의 콜렉션 전부 또는 상당부분을 미술관에 대여하기를 원할 것이지만, 미술관의 입장에서는 자기가 이미 소장하고 있는 작품들과의 조화를 고려하면 선택적으로 대여받고 싶을 수 있고, 각 미술품에 들어가는 유지비용을 고려해 보면, 너무 많은 콜렉션을 한꺼번에 떠안기는 부담스러울 수도 있다. 미술관으로서는 충분한 수량을 확보하고 있음으로 해서 다양한 전시를 기획할 수 있다는 장점도 있을 수 있겠지만, 전시에 사용되고 있는 미술품뿐만이 아니라, 사용되지 않고 있는 다수의 미술품들을 —많은 비용을 들여— 수장고 등에 보관해야 한다는 단점도 있는 것이다. 적절한 보관을 위해서는 일반적으로 온도와 습도조절이 가능해야 하기 때문에 냉난방 및 제습, 경우에 따라서는 가습 시설이 필요하고 올바른 보관을 위해서 수장고나 보관함이 각각의 미술품에 적합하게 특수 제작되어야 하는 경우도 많다. 이 모두가 상당한 비용을 요하는 일이다. 더구나 화재, 도난 등의 위험을 방지하기 위해 보험에 가입해야 하는데, 물건의 가치에 비례하여 보험비용이 결정되기 때문에 고가의 미술품에 대해서는 상당히 많은 보험비용을 들일 수밖에 없다. 무엇보다도 중요한 것은 시간의 경과에 따라 마모되거나 변질[51]될 수밖에 없는 미술품들의 보수나 복원에 많은 비용의 출연이 불가피하다는 점이다. 미술관은 고가의 미술품을 무상으로 대여 받는 대신 이 미술품들의 보관 및 전시를 위해 이렇듯 많은 비용을 부담해야 하는데, 이는 영구대여가 아니었더라면 사실상 미술품의 소유자인 콜렉터가 부담했어야 하는 비용이다.

3. 계약의 방식

사용대차에 있어서는 아무런 법적 형식을 요하지 않는다.[52] 증여에 있어 독일민법 제518조는 공정증서의 법형식을 요건으로 하고 있는데, 이는 사용대차에 유추적용되지 않는다는 것

51) 변질의 원인으로는 우선적으로 온도 및 습도의 변화를 든다. 어느 미술관에도 100% 완벽한 온도 및 습도조절 장치를 기대할 수는 없기 때문에 시간의 경과에 따른 미술품의 변질을 막을 수는 없다는 것이다. 또 한 가지 중대한 원인으로는 전시조명등을 들고 있는데, 전시 때마다 전시조명등의 빛을 쏘이면서 조금씩 미술품의 변질이 일어난다.

52) 예외에 관해서는 Kirchmaier, in: Ebling/Schulze(주 16), 178 참조.

이 통설이다.[53] 증여와 사용대차는 무상계약이라는 공통점을 가지고 있지만, 서로가 근본적으로 다르다. 증여의 경우에는 소유권의 이전이 계약의 목적이지만, 사용대차에 있어서는 소유권은 대주에게 남아 있게 된다. 단지 직접적 점유만이 차주에게 이전된다고 할 수 있다. 증여에 있어 공정증서의 형식을 요구하는 이유는 증여가 실행되는 경우 돌이킬 수 없는 소유권의 이전에 대해 증여자가 좀 더 신중하도록 경고를 하기 위함이다. 그런데 사용대차의 경우에는 그러한 필요성이 거의 없다. 대주는 소유권을 상실할 위험에 처하지 않기 때문이다. 물론 신중하지 못한 사용대차계약은 대주의 권리를 침해할 수도 있겠지만, 이러한 경우 해지권을 행사할 수 있다.[54]

4. 무 상 성

사용대차의 핵심요건인 무상성 여부에 대한 판단은 영구대여 있어서 —일정기간의 전시를 목적으로 대여하는 경우보다— 더 면밀한 검토를 요한다. 당사자들의 이해관계가 서로 다르기 때문이다. 영구대여의 대주는 자기 소유의 미술품을 미술관에 대여하는 대신, 고가의 미술품의 보관 및 유지를 위해서 공공미술관이 모든 필요한 조치를 다 해 줄 것을 기대하고 있다. 미술품의 유지 및 보수 등이 잘 이루어지고 손상을 최소화할 수 있는 수장고 시설에서 보관이 되고 미술관의 카탈로그 등에 포함되어 더 많은 대중에게 공개되고, 화제가 되고 주목을 받고 학문적 연구의 대상까지도 될 수 있기를 기대한다. 이 모두가 비용을 수반하는 일들인데, 대주는 이 비용을 차주가 부담하기를 기대하고 있다. 경제적인 이유에서 개인콜렉터에게 의존할 수밖에 없고, 소장목록을 향상시키고 질 좋은 전시를 대중에게 제공해야 하는 미술관의 입장을 고려하면, 위에서 열거한 비용은 미술품 자체에 직접적으로 연결되는 비용이므로 이를 —사용대차의 무상성을 해하는 반대급부로 보지 않고— 통상의 필요비[55]로 보는 데 별 무리가 없다.[56][57]

또한 오랜 역사를 가지고 있는 유럽의 공공미술관은 대부분 현대식 건물을 갖추고 있지 못 한데, 재력가인 콜렉터들로 부터 현대식 건물 신축이나 리모델링 제의를 받기도 한다. 콜렉터들은 이에 대한 대가로 해당 미술관의 전시나 다른 미술관과의 작품교환적 전시기획에 영향력을 행사할 권한을 요구하기도 한다는 것은 공공연한 사실이다.[58] 그러나 그렇다고 해서 이를 사용대차의 무상성을 저해하는 급부와 반대급부의 관계로 보는 견해는 없다.

---

53) BGH, NJW 1982, 820 (821); Kirchmaier, in: Ebling/Schulze(주 16), 225.

54) 이에 관해서는 Kirchmaier, in: Ebling/Schulze(주 16), 182, 225.

55) § 601 I BGB 1.

56) Bischoff(주 43), S. 90; Kirchmaier, in: Ebling/Schulze(주 16), 194, 226; Locher(주 48), S. 277.

57) 국내에서는 반대의 해석도 가능해 보인다. 최정환, "미술품 대여계약", 지적재산권법연구 제6권, 한국지적재산권학회(2002), 92: "비용부담을 차임에 준하는 것으로 볼 수도 있을 것이다."

58) LG München I, NJOZ 2009, 3535 = ZUM 2009, 172 판례 참조.

문제가 될 수 있는 것은 신축이나 리모델링을 대주인 콜렉터가 차주인 미술관측에 요구하는 경우인데, 미술관측에 엄청난 재산상의 출연이 따를 수 있는 것이 사실이나, 워낙 유명한 미술품이라 이 작품의 전시를 위해서는 특별한 수장고나 전시관의 리모델링이 필요하다고 미술관측이 판단하는 경우에도 미술관측의 비용지출을 작품 대여에 대한 반대급부로 보기는 어려울 것이다. 더구나 이것이 반대급부가 될려면 상대방인 대주에게 남는 재산상의 가치가 존재해야 할텐데, 공공미술관의 리모델링 등이 —자기 소유의 작품을 전시 · 보관하기 위한 것이라 할지라도— 미술관 건물에 대한 소유권이나 이용권 등을 취득하는 것이 아닌 이상 대주에게 구체적인 이익이 된다고 할 수는 없을 것이기 때문이다.

5. 계약기간

영구대여에 있어서도 일반대여와 마찬가지로 계약기간을 정해 놓거나 정하지 않는 경우 모두가 가능하다. 다만 이 기간이 일반 대여에 비해 장기간이라는 특징이 있다. 기간을 정해 놓은 영구대여에 있어서도 해당 계약기간의 만료시점 이전에 당사자 일방이 해지의 통보를 하지 않을 경우, 1년 또는 수년의 단위로 자동 연장이 되도록 하는 조항을 포함하고 있다.[59] 당사자 일방에게 계약기간연장 선택권이 주어지는 경우는 실무상 거의 없는 듯하다. 그런데, 미술관이 전시계획을 1~2년 전에 모두 완료한다는 점을 고려하면, 예를 들어 5년 계약을 해 놓고 1년의 자동연장 조항을 두는 것은 차주인 미술관의 입장에서 볼 때 너무 짧다는 지적이 있다.[60] 이렇게 되면, 미술관의 전시계획에 불이익을 줄 수 있기 때문이다.

계약기간을 정하지 않은 경우에 있어서는 특히, 계약의 목적을 상세하게 계약서의 내용안에 담을 것을 권고하고 있는데, 이는 계약의 목적이 계약기간을 결정하는 기준이 될 수 있기 때문이다.[61]

6. 해지 가능성

영구대여의 경우 대주는 언제 어떠한 요건 아래에서 계약을 해지하고 미술품의 반환을 청구할 수 있을까?

일반적으로 계약기간이 정해져 있지 않은 경우에는 차주가 사용대차의 목적, 즉 차용물 대여의 목적을 완료한 이후에는 반환을 해야 한다.[62] 또한 목적완료를 위한 충분한 시간이 경과된 후에도 반환을 청구할 수 있다.[63] 그러나 이러한 규정들이 영구대여에 있어서는 별다른

59) Kirchmaier, in: Ebling/Schulze(주 16), 94.

60) Kirchmaier, in: Ebling/Schulze(주 16), 95.

61) 독일 민법 제604조 제3항에서는 기간이 정해지지 아니하고 그 '목적'으로부터도 추단할 수 없을 경우에는 대주는 언제든지 목적물의 반환을 청구할 수 있다고 하고 있다.

62) 독일민법 제604조 제2항 제1문.

도움을 주지 못한다. 영구대여의 목적은 “공공목적의 전시“로서 미술관이 존재하고 운영되고 있는 기간 동안 계속 그 목적을 수행하고 있는 중이라고 할 수 있을 것이기 때문이다.

독일민법 제604조 제3항에서는 기간이 정해져 있지 않거나 계약의 목적에 의해 정해질 수 없는 사용대차의 경우에는 언제든지 반환청구를 할 수 있도록 하고 있지만, 이 또한 별 다른 도움을 주지 못한다. 영구대여에 있어서의 목적은 공공목적의 전시가 가능한 한 영구적, 즉 계속적으로 전시하는 것을 목적으로 한다고 볼 수 있기 때문이다.[64)]

독일민법 제605조상의 중요한 이유에 해당되면 사용대차를 해지할 수 있는데, 여기에는 세 가지의 경우가 정해져 있다.

우선 대주는 예견치 못했던 사정에 의해 목적물이 필요하게 된 경우 사용대차를 해지할 수 있다.[65)] 이를 인정한 판례는 극히 드문데, 그나마 주택이나 토지의 경우에 인정[66)]되었던 것이고 미술작품에 인정된 적은 한 번도 없다. 인간의 주거와 밀접한 관련이 있는 주택이나 토지와 달리 —계약을 파기하면서까지— 미술작품의 반환이 반드시 필요한 경우를 찾기란 거의 불가능할 것으로 보인다.

차주가 제3자에게 사용을 이전하거나 필요한 주의를 게을리 하는 등 차주가 계약에 반하여 목적물을 사용하여 목적물을 현저하게 위태롭게 한 경우에도 대주에게 해지권이 주어진다.[67)] 전문성을 갖추고 있는 미술관의 경우에는 문제가 될 것이 거의 없을 것으로 보이지만, 대주의 동의가 없이 해당 미술품을 다른 미술관에 전시하도록 대여한다거나,[68)] 미술관 시설 노후화에 대한 대응을 제대로 하지 못 해 전시장비나 온도 및 습도조절 장치 및 조정조절장치 등의 기능이 평균 이하로 판정될 경우[69)] 해지권을 인정할 수 있을 것이다. 물론 이때에는 경우에 따라 별도의 손해배상[70)]을 청구하는 것도 가능할 것이다.

또한 차주가 사망하는 경우[71)] 대주에게 해지권이 인정되고 있지만, 영구대여의 차주는 원칙적으로 법인일 것이기 때문에 이에 해당되는 경우는 거의 없을 것이다.

---

63) 독일민법 제604 제2항 제2문.

64) 독일민법 제604조의 적용을 부정하는 견해로는 Jauernig/Mansel, BGB, 13. Aufl. (2009), § 604 Rdnr. 3. Schack, Kunst und Recht, 2. Aufl. (2009), Rdnr. 88; Schack, Der Sammler und sein Recht, in: Walz/Hüttemann/Rawert/Schmidt, Non Profit Law Yearbook, Carl-Heymanns, (2006), S. 7, 23. 이에 비해 Kirchener는 § 604 Ⅲ BGB에 의해 언제든지 반환해야 하는 위험이 존재하기 때문에, 영구대여계약서를 작성함에 있어 그 사용목적을 상세하게 명시해 둘 필요가 있다는 점을 강조한다. Kirchmaier, in: Ebling/Schulze (주 16), 221.

65) 독일민법 제605조 제1호.

66) BGH, NJW 1994, 3156. 사용대차의 목적을 완료하지 못한 경우에도 반환해야 한다.

67) 독일민법 제605조 제2호.

68) Schack(주 64), 676.

69) Palandt/Weidenkaff, BGB, 69. Aufl. (2010), § 605 Rdnr. 4.

70) 손해배상의 경우에는 독일 민법 제280조 제1항, 제241조 제2항이 적용된다.

71) 독일민법 제605조 제3호.

경우에 따라서는 제314조에 의한 계약해지의 사유가 영구대여에 적용될 수도 있을 것이다. 당사자는 또한 법률규정 외의 중대한 약정해지사유를 정해 놓을 수도 있을 것이다.[72)]

독일민법 제544조 제1문에서는 30년 이상의 기간으로 체결된 임대차의 경우에 특별한 해지사유를 인정하고 있는데, 이 규정이 영구대여, 즉 장기간의 사용대차에도 유추적용될 수 있는지가 문제된다. 30년 이상의 기간으로 체결된 임대차의 경우 30년이 지난 후에 양당사자는 자유로이 임대차를 해지할 수 있다. 물론 사용대차의 무상성에 의해 유상계약인 임대차에 적용되는 독일민법 제544조 제1문을 직접적으로 적용할 수는 없겠지만, 적어도 유추적용을 고려할 수 있을 것이다.

그런데 장기간의 사용대차인 영구대여의 대주도 장기 임대의 임대인의 지위와 유사하다는 점[73)]과 소유와 점유의 불일치[74)]를 해결하기 위해서는 장기간의 계약관계를 해소할 필요성이 인정된다는 점을 고려하면, 임대차에 관한 독일민법 제544조 제1문을 사용대차에도 유추적용하는 것이 정당화될 수 있을 것으로 보인다. 또한 차임을 받고 있는 임대인보다 무상의 대여를 해 주고 있는 대주를 더 불리한 입장에 놓이게 하는 것은 부당하다.[75)]

결론적으로 독일법상으로는 당사자들이 서면에 의하거나, 구두 또는 묵시적 의사표시에 의해 영구대여에 합의를 했다는 점이 인정된다면, 대주는 30년이 지나기 전까지는 자기 소유 미술품의 반환을 요구할 수 없다. 독일민법 제605조에 따른 해지사유가 인정될 수 있는가는 개별사건에 따라서만 판단될 수 있을 것이다. 대주의 사망은 해지의 사유가 아니다.[76)] 따라서 상속인은 피상속인의 계약상의 의무에서 해방될 수 없다. 우리 민법 제614조와 독일민법 제605조 제3호가 차주의 사망만을 해지사유로 보고 있는 이유가 여기에 있다. 대주의 사망과 이에 따른 과도한 상속세의 부담이 독일민법 제605조 제1호의 해지사유에 해당되는지에 대해서는 아직까지 판례가 없지만, 적어도 상속세의 부담을 덜기 위한 정도의 일부[77)]해지를 인정해야 한다는 견해[78)]가 있다.

---

72) 중대한 약정해지사유의 예에 관해서는 Raue, in: Schack/Schmidt(주 42), 3, 8 참조.

73) 이러한 이유에서 § 544 BGB의 유추적용을 인정하는 견해로는 Eckstein-Puhl, in: jurisPK-BGB, 4. Aufl. (2008), § 604 Rdnr. 11; Schack, in: Schack/Schmidt(주 42), 13, 15.

74) Schack/Schmidt(주 42), 29.

75) Kirchmeier, in: Ebling/Schulze(주 16), 222.

76) Schack, in: Walz/Hüttemann/Rawert/Schmidt(주 64), 7, 23 Fußn. 96.

77) 여기서 일부해지란 미술관에 대여한 여러 개의 작품 중 상속세를 내기 위해서 필요한 만큼만 처분할 수 있도록 몇 개의 작품에 대한 해지를 인정한다는 의미이다. 콜렉터들은 일반적으로 1개의 작품이 아니라, 여러 개의 작품으로 이루어진 일군의 컬렉션을 하나의 미술관에 대여한다.

78) Loschelder, Michael(주 4), NJW 2010, 708 참조.

Ⅳ. 미술품반환 분쟁사례의 해결

위에서 독일법상 미술품의 일반대여 및 영구대여에 적용되는 법리를 소개하였다. 이하에서는 위의 들어가는 말에서 언급한 미술품반환분쟁사례[79]에 대한 구체적 해결과정을 소개하기로 한다.

이 미술품반환분쟁사례는 향토연구가였던 남편이 1940년도에 사망하면서 남긴 미술품들을 그의 미망인이 1968년 시립미술관에 (영구)대여한 후 사망하자 그녀의 상속녀가 1990년대에 시립미술관을 상대로 반환청구소송을 제기한 사건이다. 원고는 상속녀, 피고는 시립미술관이다.

피고는 영구대여계약이 존재하기 때문에 반환해 줄 수 없다는 입장이었는데, 대여계약이 체결되었던 1968년 당시 미술품들의 보존상태가 매우 심각한 상황이었고, 당사자들의 합의하에 시립미술관이 보수작업을 해 주었다는 사실을 강조하였다. 많은 비용을 들여 보수를 하는 것은 장기간의 대여를 목적으로 하는 영구대여에서 흔히 나타나는 특징인데, 미술관은 고가의 보수작업에 대해 대여계약 당사자들의 합의가 있었고, 실제로 시립미술관이 이 보수작업을 실행했다는 점을 들어 영구대여의 관계가 있었음을 주장했던 반면, 원고는 1968년 당시의 대여는 몇 주간의 짧은 기간을 목적으로 하는 대여라는 주장을 했었는데, 이 주장은 법원에서 받아들여지지 않았다. 결국 법원은 원고의 모친인 미망인과 시립미술관 사이에 영구대여계약이 체결되었다는 점에 대해서는 더 이상의 다툼을 허용하지 않았다.

원고는 또한 영구대여는 (법적 성질상 사용대차이면서도) 그 기간이 '영구적(auf ewig)'이어서 결국 소유권이 이전되는 증여와 다를 바가 없어 허용될 수 없다는 주장을 펼쳤다. 이에 대해 법원은 이 사건의 경우 영구대여계약의 목적이 '시립미술관에의 전시'인데 이 목적은 계속 수행 중에 있으며 아직 완료되지 않았기 때문에 차주인 시립미술관에게 반환의 의무가 없다는 입장을 취했다. 그렇다면 스위스의 스테헬린 사례[80]에서처럼 전시가 미술관의 보수공사로 인하여 일시적으로 중단된 경우라면 어떻겠는가? 그때는 영구대여의 목적인 '전시'가 중단된 이상 그 목적이 수행중이라는 주장을 더 이상 할 수 없을 것이다. 결국 계약의 목적이 완료된 것으로 보아 독일민법 제604조에 따른 목적물 반환청구를 허용해야 할 것이다.

Celle 고등법원에 따르면, 미술품의 영구대여에 있어서 그 목적에 따라 매우 오랜 기간을 계약기간으로 정하는 것, 즉 영구대여의 합의가 당사자의 의사에 따라 가능하지만, 그렇다고 해서 종국적으로 소유권이 이전되는 것은 아니며, 법적으로 보장된 반환청구권 자체가 박탈되는 것도 아니다. 아무리 장기간의 영구대여라 하더라도 ―증여와는 달리― 독일민법 제605조

79) OLG Celle, NJW-RR 1994, 1473.

80) 위 I. 참조.

에 의한 반환청구권이 대주에게 주어지는데, 첫째, 대주가 예견되지 못했던 사정으로 인하여 목적물이 필요하게 된 때(독일민법 제605조 제1항), 차주가 목적물을 계약의 내용에 반하여 사용한 때(독일민법 제605조 제2항)에 차주는 영구대여계약에도 불구하고 미술품의 반환을 청구할 수 있다. 따라서 원고는 위의 두 가지 중 한 가지의 이유로 반환을 청구할 수 있음에도 불구하고 이를 주장하지 않았다. 무엇보다도 원고가 미술품들을 시립미술관이 아닌 자기 집에 걸어 놓고 싶다는 정도로는 제605조 제1항의 '필요성'의 요건을 충족시킬 수 없을 것이다. 미술품을 팔아 그 대금으로 생활을 해야 하는 정도의 절박한 이유를 입증할 수 있다면 반환청구가 받아들여질 수도 있을 것이다.

30년이 지난 임대차의 경우 임대인에게 계약해지권을 부여하는 독일민법 제544조[81]가 영구대여(장기간의 사용대차)에 유추적용될 수 있는가에 대해서는 —미술품반환분쟁사례가 1968년 영구대여계약의 체결 후 30년까지는 아직 4년 반 정도가 남아 있는 시점이었기 때문에— 직접적인 판단을 하지는 않았다. 하지만, 독일민법 제544조의 유추적용이 허용되는 경우라 하더라도, 실제로 30년이 지나기 전에 미리 계약해지권을 행사할 수는 없다는 입장을 분명히 했다. 우선, 독일민법 제544조에서 "…목적물의 인도 후 30년이 '경과한 후'에 임대차를 특별 해지할 수 있다.[82]"고 하고 있기 때문에 30년이 경과하기 이전에 미리 해지의 의사표시를 하는 것은 문리해석상 허용될 수 없다는 것이다. 더 나아가 법원은 30년이 경과한 시점에 원고가 해지권을 가지고 있을 지의 여부조차 불분명한 상태[83]에서 미리 해지여부를 판단할 수 없으며, 경우에 따라서는 해지권의 행사가 권리남용에 해당될 수도 있는데, 권리남용 해당여부 또한 30년이 지나 실제로 해지권을 행사하게 될 때에야 판단할 수 있는 사안이라는 점을 종합적으로 고려해 보면, 30년의 기간이 경과한 후 실제로 해지권을 행사하지 않는 한, 해지의 가능성 여부를 판단할 수 없다는 것이다.

결국 원고는 영구대여한 미술품이 시립미술관에 계속적으로 전시가 되고 있는 한 반환받을 수 없었다.

V. 계약서의 작성

대주와 차주 모두에게 이익이 될 수 있는 미술품 대여 계약에 있어서는 충돌하는 당사자들의 이해관계로 인해 쉽게 분쟁이 발생할 수 있다. 따라서 각 당사자들의 희망사항이 서로 협

81) OLG Celle, NJW-RR 1994, 1473 판결이 있을 당시에는 독일민법 제567조였다. 내용은 개정 후의 현행 독일민법 제544조와 동일하다.

82) "nach Ablauf von 30 Jahren nach Überlassung der Mietsache das Mietverhältnis außerordentlich … kündigen."

83) 원고는 당시 상속재산 분쟁 중에 있었다.

의되고 합의로 귀결될 수 있도록 계약서를 작성하는 것이 필요하다.

위 독일의 미술품반환분쟁사례에서도 볼 수 있었듯이 기간의 정함이 없는 영구대여의 경우에 대주의 의사에 반하여 반환청구권의 행사가 저해될 수 있기 때문에, 양 당사자 모두에게 피해가 없도록 계약기간을 정하는 것이 바람직하다. 기본적인 계약기간을 정해 놓고 당사자들의 재협상에 의해 기간을 연장해 나가는 것이 양 당사자의 불측의 피해를 최소화할 수 있는 길이다. 계약기간을 정함에 있어서는 문화재나 미술품의 전시기간을 고려하여 전시 전후로 목적물의 이동 및 설치 등을 위해 충분한 시간이 확보될 수 있도록 하는 것이 필요하다.

미술품의 연간 전시기간을 대략적으로 명시하는 것이 좋다. 예를 들어 '1년에 몇 일 이상을 전시한다'는 등의 내용이 들어가면 당사자간의 이해관계를 조정하는 결과가 된다. 통상의 경우 대주의 입장에서는 자기의 미술품이 다른 대주의 미술품보다 주목 받기를 원할 것이고 따라서 항상 미술관에 전시상태에 있기를 원하는 경우가 많다. 하지만, 미술관의 입장에서는 한 번에 모두 전시할 수 있는 것보다 훨씬 많은 수량의 미술품을 대여받아 놓고 전시계획에 따라 전시여부를 결정해야 하기 때문에, 경우에 따라서 전시계획에 적합하지 않은 미술품은 1년 내내 수장고에 갇혀 있게 되는 수도 있을 것이다. 이런 경우 대주는 불만족할 것이고 전시의 목적으로 계약을 체결하였는데, 전시가 되지 않는다면 계약을 해지하려 할 수도 있다. 이러한 미묘한 충돌을 피하기 위해서는 서로의 입장을 충분히 이해하고 이를 '연간 전시기간'으로 계약의 내용에 표시하는 것이 바람직하다.

차주인 미술관은 그때그때의 전시계획에 따라 타 미술관과 소장품의 교환 전시를 의도하는 경우가 있다. 따라서 미술품의 제3자 대여를 허용할 것인지의 여부와 필요시 어떠한 방법으로 어느 정도의 기간에 한정하여 허용할 것인지의 여부를 미리 정해 놓는 것도 필요하다.

미술품의 보수가 필요한 경우 소유권자인 대주 또는 차주인 미술관 중 어느 쪽에서 그 책임을 질 것인지 또한 필요비를 어떻게 나누어서 부담할 것인지를 미리 합의하는 것이 좋다.

소유권자인 대주의 입장에서는 좋은 판매 제안이 있을 때 미술품을 판매할 계획을 가지고 있을 수 있다. 이럴 때를 대비해서 차주와 어떠한 조건하에서 특정 미술품의 대여계약을 조기에 해지하고 매매를 할 수 있는지에 대해서 합의를 하는 것이 좋다.

당사자들의 특별한 이해관계를 고려하여 특별 약정해지사유를 정해 놓을 수 있을 것이다.

통상의 경우 계약기간을 고려하여 차주인 미술관은 대여미술품의 유지 및 보수를 위한 비용을 지출할 것인데, 계약기간이 많이 남아 있을수록 더 많은 비용을 투자하려 할 것이다. 그런데 당사자들 사이에 별도로 합의한 특별 약정해지사유에 의해 조기에 계약이 종료되는 경우에는 불측의 손해를 입을 수 있기 때문에, 조기 해지시 대주가 지출비용의 일부를 부담하도록 하는 약정이 필요할 수 있다.

차주인 미술관이 공공미술관이라 하더라도 경우에 따라서는 대주의 미술품 전시에 따른 상당한 수입이 있을 수 있는데, 이 수입의 배분에 대주가 참여하고 싶을 경우에는 이를 계약서에 명시해야 할 것이다.

계약서의 작성에 있어 무엇보다도 중요한 것은 각 당사자가 한쪽에서는 대여하고 다른 한쪽에서는 대여 받는 이유나 목적을 포함하는 이해관계가 충분히 논의되고 협의되어 서로의 의사가 충분히 반영될 수 있도록 개별적인 계약서를 작성하는 것이라고 생각한다. 이렇게 될 때 양 당사자에게 이익이 될 수 있는 미술품 대여계약의 장점을 충분히 살려낼 수 있을 것이다.

Ⅵ. 마 치 며

영구대여에 관한 독일민법상의 논의를 요약하면 다음과 같다.

계약기간이 정해져 있지 않은 영구대여의 경우에도 차주가 사용대차의 목적, 즉 목적물 대여의 목적을 완료한 이후에는 그 목적물을 반환해야 한다. 목적완료를 위한 충분한 시간이 경과된 후에도 반환을 청구할 수 있다. 이 점에 있어서는 우리 민법에 있어서도 크게 다를 것이 없다. 우리 민법상으로도 당사자의 의사표시의 해석에 의해 콜렉터와 미술관 사이에 체결된 사용대차의 목적이 기간을 결정하는데 결정적인 역할을 할 수 있을 것이기 때문이다. 따라서 법률행위의 해석상, 공생관계에 서게 되는 콜렉터와 미술관의 밀접한 관계를 생각할 때 미술관이 전시의 공간으로서의 역할을 다 할 수 있는 한 계약관계는 계속적으로 실행중에 있으며, 계약의 목적을 수행중에 있다고 할 수 있다.

영구대여의 당사자들은 공생관계에 있으면서도, 상반된 이해관계를 가지고 있을 수 있다. 대주의 입장에서는 자기 소유의 미술품을 가능하면 한 점도 남김 없이 미술관이 소장 관리해 주기를 원할 것이고 그래서 자기의 콜렉션 전부 또는 상당부분을 미술관에 대여하기를 원할 것이지만, 미술관의 입장에서는 자기가 이미 소장하고 있는 작품들과의 조화를 고려하면 선택적으로 대여받고 싶을 수 있고, 각 미술품에 들어가는 유지비용을 고려해 보면, 너무 많은 콜렉션을 한꺼번에 대여받거나 특별히 유지비용이 많이 들어가는 작품[84]을 소장하고 싶지는 않을 수도 있다. 이렇듯 서로 다른 각 당사자의 입장과 이해관계가 충분히 반영될 수 있도록 계약서를 작성하는 것이 필요할 것이다.

우리 민법과 달리 독일 민법 제605조에서는 중대한 해지사유를 명시하고 있는데, 검토해 본 바에 의하면 미술품의 영구대여에 있어 그 역할이 그다지 크지 못하다. 결론적으로 이와 유사한 규정을 마련해 두고 있지 않은 우리 민법과 ―적어도 미술품의 영구대여의 문제 해결에

84) 특별히 유지비용이 많이 들어가는 미술작품으로는 예를 들어 Marc Quinn의 Self라는 제목의 작품이 있다. 작가 자신의 피를 뽑아 만든 작가의 자화상인데, 항상 일정한 온도 이하를 유지하지 않으면 녹아버리고 말기 때문에 온도조절장치를 24시간 가동해야 유지가 가능한 작품이다. 한국에서는 아라리오 갤러리의 김창일 회장이 소장하고 있다.

있어서는— 별다른 차이가 없다고 할 수 있다.

그런데, 이렇게 보면, 미술관이 실제로 해당 미술품의 전시능력을 갖추고 있는 한 —계속적으로 계약의 목적을 수행하고 있다는 해석이 가능해지기 때문에— 독일민법에서와 마찬가지로 계약의 해지 가능 시점을 결정하기가 어려워진다. 결국, 점유가 미술관측에 독점되어 있음으로 해서 소유자인 콜렉터가 가지고 있는 소유권은 형식상의 소유권으로 전락하고 그 실현이 크게 제한을 받게 된다. 결국 소유와 점유의 불일치를 방치하는 결과가 초래된다고 할 수 있다. 어딘가에서는 계약관계가 종료될 수 있도록 길을 터줘야 한다. 그래야만 소유와 점유가 다시 일치될 수 있기 때문이다. 독일 민법상의 해결책은 독일 민법 제544조 제1문에 명시되어 있는 30년의 기간제한을 적용하는 것으로 보인다. 임대차에 적용되는 이 규정이 사용대차에도 유추적용될 수 있도록 함으로써 미술품 영구대여관계의 종료를 도모할 수 있다. 그렇다면 이와 같은 규정이 없는 국내의 경우에는 어떻게 할 수 있겠는가? 기간의 정함이 없는 경우 우리 민법상으로는 결국 법률행위 해석의 문제로서 다루어야 할 것이다. 전시의 목적을 위해 당사자들이 의도했을 것으로 보이는 상당한 기간을 설정하는 것이 필요할 텐데, 매우 모호한 해결방안이 될 수밖에 없다. 이러한 문제의 해결을 위해서는 영구대여의 경우에도 반드시 계약서를 작성하고 계약기간을 명시해 주는 것이 필요하다.

계약의 유형으로서 사용대차는 별로 주목을 받지 못하고 있지만, 미술품의 영구대여에 있어서는 사용대차가 매우 중요한 역할을 하고 있음에 주의해야 할 것이다. 독일을 중심으로 하는 유럽미술관의 실무를 살펴본 결과, 사용대차가 —그것이 특별전을 위한 단기간의 대여든 지속적인 대여를 목적으로 하는 영구대여든 간에— 매우 유용하게 활용되고 있음을 알 수 있다. 국내에서는 미술품에 있어 장기간의 사용대차인 영구대여가 잘 알려져 있지 않고 그 활용도도 매우 낮은 것 같다.[85)]

하지만 본 논문에서 살펴본 바와 같이 영구대여는 콜렉터와 미술관의 이해관계를 잘 반영해 주고 있어 서로에게 큰 이익이 될 수 있다. 미술관은 구입예산을 걱정할 필요가 없어지고 고가의 미술품을 소유하고 있는 콜렉터들은 도난방지나 유지비용 등을 지출할 필요가 없게 된다. 위[86)]에서도 살펴본 바와 같이 당사자들의 이해관계가 잘 반영될 수 있도록 계약이 체결된다면, 개인콜렉터인 대주와 미술관인 차주 모두의 약점을 보완하고 서로의 이익을 추구할 수 있을 것이다. 이러한 거래형태를 국내 미술계에서 도입하고 이를 법률계에서 잘 뒷받침해 준다면 미술전시를 통한 문화예술활동이 보다 활성화될 수 있을 것으로 기대된다.

---

85) 이상정, 미술과 법, 2016, 232에서는 전시를 위하여 특정 미술관이나 개인으로부터 작품의 대여를 받는 경우는 통상 임대차나 사용대차라고 설명하고 있으나, 장기간의 사용대차인 영구대여에 관해 아무런 언급이 없다. 영구대여가 국내에서는 잘 활용되지 않고 있음을 엿볼 수 있다.

86) 위 V. 참조.

배당요구 하였으나 배당기일에 이의하지 아니한 채권자의 부당이득반환청구*

—대법원 2019. 7. 18. 선고 2014다206983 전원합의체 판결—

최 봉 희**

Ⅰ. 소송의 경과

1. 사실관계

원고	피고
배당요구 일반채권자(6순위)	배당요구 일반채권자(6순위)
배당기일 출석 배당이의 ×	배당기일 출석 근저당권부 채권자(2순위) 배당액에 대하여 배당이의
	근저당권부 채권자에 대한 배당이의의 소
	근저당권부 채권자 배당액 전액 화해권고결정 확정
	배당표 경정(재배당) 후 배당금 전액 수령
원고는 피고에 대하여 재배당금 중 원고 몫에 관하여 부당이득반환청구	

2. 원심판결: 대전지방법원 2014. 2. 11. 선고 2013나103573 판결[1)]

(1) 원고의 청구원인에 대한 판단

이 사건 근저당권부 채권이 시효로 소멸하였으므로 이 사건 경매사건에서 이 사건 근저당권부 채권자의 배당금은 원래 6순위 채권자들에게 각 채권액의 비율에 따라 안분하여 배당되

* 2019. 11. 11. 부산판례연구회에서 '배당기일에 출석하여 이의하지 아니한 채권자의 부당이득반환청구' 제목으로 발표한 내용을 정리·보완하였다.

** 서울고등법원 고법판사.

1) 제1심판결: 대전지방법원 2013. 9. 12. 선고 2013가단203205 판결.

어야 한다. 피고가 원고의 몫을 배당받은 것은 법률상 원인이 없이 이익을 얻은 것이므로, 피고는 원고에게 원고의 몫을 부당이득으로 반환하여야 한다.

(2) 피고의 주장에 대한 판단

㈎ 원고가 재배당으로 손해를 입었다고 볼 수 없다는 피고의 주장에 대하여 피고가 채무자의 정당한 책임재산인 배당액을 모두 수령함으로써 원고는 채무자의 책임재산인 배당액에 관한 자신의 구체적 권리를 침해당하였다.

㈏ 배당이의소송을 제기하여 배당금을 수령하였기 때문에 법률상 원인이 있고, 화해권고결정이라는 별도의 법률상 원인이 존재한다는 피고의 주장에 대하여 피고가 이 사건 배당금을 수령할 법률상 원인이 있는지 여부는 그들의 채무자에 대한 관계에서 배당순위에 따라 판단되어야 한다. 원고와 피고는 동순위의 일반채권자로서 채권액에 따라 안분하여 이 사건 배당금을 수령하여야 함에도 피고가 이를 초과하여 배당금을 수령하는 것은 원고에 대한 관계에서 법률상 원인 없다. 또한 화해권고결정은 근저당권부 채권자와 피고의 이 사건 배당금의 귀속 여부에 관하여만 효력이 있고, 그 전제가 되는 이 사건 근저당권에 기한 배당의 당부에 관하여는 효력이 미치지 아니한다.

3. 대상판결

(1) 다수의견

대법원은 배당받을 권리 있는 채권자가 자신이 배당받을 몫을 받지 못하고 그로 인해 권리 없는 다른 채권자가 그 몫을 배당받은 경우에는 배당이의 여부 또는 배당표의 확정 여부와 관계없이 배당받을 수 있었던 채권자가 배당금을 수령한 다른 채권자를 상대로 부당이득반환 청구를 할 수 있다는 입장을 취해 왔다.

이러한 법리의 주된 근거는 배당절차에 참가한 채권자가 배당이의 등을 하지 않아 배당절차가 종료되었더라도 그의 몫을 배당받은 다른 채권자에게 그 이득을 보유할 정당한 권원이 없는 이상 잘못된 배당의 결과를 바로잡을 수 있도록 하는 것이 실체법 질서에 부합한다는 데에 있다. 나아가 위와 같은 부당이득반환 청구를 허용해야 할 현실적 필요성(배당이의의 소의 한계나 채권자취소소송의 가액반환에 따른 문제점 보완), 현행 민사집행법에 따른 배당절차의 제도상 또는 실무상 한계로 인한 문제, 민사집행법 제155조의 내용과 취지, 입법 연혁 등에 비추어 보더라도, 종래 대법원 판례는 법리적으로나 실무적으로 타당하므로 유지되어야 한다.

(2) 반대의견

종래 대법원 판례와 같이 배당절차 종료 후 배당이의 등을 하지 않은 채권자의 부당이득반환 청구를 허용하는 것은 민사집행법 제155조의 문언은 물론이고 민사집행법의 전체적인 취지에 반할 뿐만 아니라, 확정된 배당절차를 민사집행법이 예정하지 않은 방법으로 사후에 실질적으로 뒤집는 것이어서 배당절차의 조속한 확정과 집행제도의 안정 및 효율적 운영을 저해하는 문제점을 드러내고 있다.

그리고 배당절차에서 이의할 기회가 있었음에도 배당이의 등을 하지 않은 채권자는 더 이상 해당 절차로 형성된 실체적 권리관계를 다투지 않을 의사를 소극적으로 표명한 것이므로, 그러한 채권자의 자주적인 태도결정은 배당금의 귀속에 관한 법률상 원인이 될 수 있다. 그런데도 배당절차 종료 후 배당이의 등을 하지 않은 채권자의 부당이득반환 청구를 허용하는 것은 금반언의 원칙에 반하는 것일 뿐만 아니라, 일련의 배당절차와 이에 투입된 집행법원과 절차 참가자들의 노력을 무시하는 결과를 초래한다.

따라서 채권자가 적법한 소환을 받아 배당기일에 출석하여 자기의 의견을 진술할 기회를 부여받고도 이러한 기회를 이용하지 않은 채 배당절차가 종료된 이상, 배당절차에서 배당받은 다른 채권자를 상대로 부당이득반환 청구의 소를 제기하여 새삼스럽게 자신의 실체법적 권리를 주장하는 것을 허용해서는 안 된다고 봄이 타당하다.

Ⅱ. 문제의 소재

1. 관련 법률

(1) 민사집행법

◉ 제88조(배당요구)

① 집행력 있는 정본을 가진 채권자, 경매개시결정이 등기된 뒤에 가압류를 한 채권자, 민법·상법, 그 밖의 법률에 의하여 우선변제청구권이 있는 채권자는 배당요구를 할 수 있다.

② 배당요구에 따라 매수인이 인수하여야 할 부담이 바뀌는 경우 배당요구를 한 채권자는 배당요구의 종기가 지난 뒤에 이를 철회하지 못한다.

◉ 제145조(매각대금의 배당)

① 매각대금이 지급되면 법원은 배당절차를 밟아야 한다.

② 매각대금으로 배당에 참가한 모든 채권자를 만족하게 할 수 없는 때에는 법원은 민법·상법, 그 밖의 법률에 의한 우선순위에 따라 배당하여야 한다.[2)]

◉ 제146조(배당기일)

매수인이 매각대금을 지급하면 법원은 배당에 관한 진술 및 배당을 실시할 기일을 정하고 이해관계인과 배당을 요구한 채권자에게 이를 통지하여야 한다. 다만, 채무자가 외국에 있거나

2) 민사집행법 제145조는 경매절차의 매각대금은 민법·상법, 그 밖의 법률에 의한 우선순위에 따라 배당하여야 한다고 규정하고 있으나, 동일 채권자에게 배당된 배당금이 그 채권자가 갖고 있는 복수의 채권 전부를 소멸시키기에 부족한 경우의 충당에 관하여는 아무런 규정도 두고 있지 아니하다(대법원 2007. 12. 14. 선고 2005다11848 판결).

있는 곳이 분명하지 아니한 때에는 통지하지 아니한다.

◉ 제147조(배당할 금액 등)

① 배당할 금액은 다음 각호에 규정한 금액으로 한다.

1. 대금

◉ 제148조(배당받을 채권자의 범위)

제147조 제1항에 규정한 금액을 배당받을 채권자는 다음 각호에 규정된 사람으로 한다.

1. 배당요구의 종기까지 경매신청을 한 압류채권자
2. 배당요구의 종기까지 배당요구를 한 채권자
3. 첫 경매개시결정등기전에 등기된 가압류채권자
4. 저당권·전세권, 그 밖의 우선변제청구권으로서 첫 경매개시결정등기전에 등기되었고 매각으로 소멸하는 것을 가진 채권자

◉ 제149조(배당표의 확정)

① 법원은 채권자와 채무자에게 보여 주기 위하여 배당기일의 3일전에 배당표원안을 작성하여 법원에 비치하여야 한다.

◉ 제150조(배당표의 기재 등)

② 출석한 이해관계인과 배당을 요구한 채권자가 합의한 때에는 이에 따라 배당표를 작성하여야 한다.

◉ 제151조(배당표에 대한 이의)

③ 기일에 출석한 채권자는 자기의 이해에 관계되는 범위 안에서는 다른 채권자를 상대로 그의 채권 또는 그 채권의 순위에 대하여 이의할 수 있다.

◉ 제152조(이의의 완결)

② 관계인이 제151조의 이의를 정당하다고 인정하거나 다른 방법으로 합의한 때에는 이에 따라 배당표를 경정하여 배당을 실시하여야 한다.

◉ 제153조(불출석한 채권자)

① 기일에 출석하지 아니한 채권자는 배당표와 같이 배당을 실시하는 데에 동의한 것으로 본다.

◉ 제154조(배당이의의 소 등)

① 집행력 있는 집행권원의 정본을 가지지 아니한 채권자(가압류채권자를 제외한다)에 대하여 이의한 채무자와 다른 채권자에 대하여 이의한 채권자는 배당이의의 소를 제기하여야 한다.

③ 이의한 채권자나 채무자가 배당기일부터 1주 이내에 집행법원에 대하여 제1항의 소를 제기한 사실을 증명하는 서류를 제출하지 아니한 때 또는 제2항의 소를 제기한 사실을 증명하는 서류와 그 소에 관한 집행정지재판의 정본을 제출하지 아니한 때에는 이의가 취하된 것으

로 본다.

◉ 제155조(이의한 사람 등의 우선권 주장)

이의한 채권자가 제154조 제3항의 기간을 지키지 아니한 경우에도 배당표에 따른 배당을 받은 채권자에 대하여 소로 우선권 및 그 밖의 권리를 행사하는 데 영향을 미치지 아니한다.

◉ 제157조(배당이의의 소의 판결)

배당이의의 소에 대한 판결에서는 배당액에 대한 다툼이 있는 부분에 관하여 배당을 받을 채권자와 그 액수를 정하여야 한다. 이를 정하는 것이 적당하지 아니하다고 인정한 때에는 판결에서 배당표를 다시 만들고 다른 배당절차를 밟도록 명하여야 한다.

◉ 제158조(배당이의의 소의 취하간주)

이의한 사람이 배당이의의 소의 첫 변론기일에 출석하지 아니한 때에는 소를 취하한 것으로 본다.

◉ 제268조(준용규정)

부동산을 목적으로 하는 담보권 실행을 위한 경매절차에는 제79조 내지 제162조의 규정을 준용한다.

(2) 민사소송법

◉ 제216조(기판력의 객관적 범위)

① 확정판결은 주문에 포함된 것에 한하여 기판력을 가진다.

◉ 제218조(기판력의 주관적 범위)

① 확정판결은 당사자, 변론을 종결한 뒤의 승계인(변론 없이 한 판결의 경우에는 판결을 선고한 뒤의 승계인) 또는 그를 위하여 청구의 목적물을 소지한 사람에 대하여 효력이 미친다.

(3) 민 법

◉ 제2조(신의성실)

① 권리의 행사와 의무의 이행은 신의에 좇아 성실히 하여야 한다.

② 권리는 남용하지 못한다.

◉ 제406조(채권자취소권)

① 채무자가 채권자를 해함을 알고 재산권을 목적으로 한 법률행위를 한 때에는 채권자는 그 취소 및 원상회복을 법원에 청구할 수 있다. 그러나 그 행위로 인하여 이익을 받은 자나 전득한 자가 그 행위 또는 전득당시에 채권자를 해함을 알지 못한 경우에는 그러하지 아니하다.

② 전항의 소는 채권자가 취소원인을 안 날로부터 1년, 법률행위있은 날로부터 5년내에 제기하여야 한다.

◉ 제407조(채권자취소의 효력)

전조의 규정에 의한 취소와 원상회복은 모든 채권자의 이익을 위하여 그 효력이 있다.

◉ 제741조(부당이득의 내용)

법률상 원인없이 타인의 재산 또는 노무로 인하여 이익을 얻고 이로 인하여 타인에게 손해를 가한 자는 그 이익을 반환하여야 한다.

2. 관련 판례: 대법원 2007. 2. 9. 선고 2006다39546 판결[3)]

확정된 배당표에 의하여 배당을 실시하는 것은 실체법상의 권리를 확정하는 것이 아니므로, 배당을 받아야 할 채권자가 배당을 받지 못하고 배당을 받지 못할 자가 배당을 받은 경우에는 배당을 받지 못한 채권자로서는 배당에 관하여 이의를 한 여부에 관계없이 배당을 받지 못할 자이면서도 배당을 받았던 자를 상대로 부당이득반환청구권을 갖는다 할 것이고, 배당을 받지 못한 그 채권자가 일반채권자라고 하여 달리 볼 것은 아니다.

배당이의소송은 대립하는 당사자 사이의 배당액을 둘러싼 분쟁을 그들 사이에서 상대적으로 해결하는 것에 지나지 아니하여 그 판결의 효력은 오직 그 소송의 당사자에게만 미칠 뿐이므로, 어느 채권자가 배당이의소송에서의 승소확정판결에 기하여 경정된 배당표에 따라 배당을 받은 경우에 있어서도, 그 배당이 배당이의소송에서 패소확정판결을 받은 자 아닌 다른 배당요구채권자가 배당받을 몫까지도 배당받은 결과로 된다면 그 다른 배당요구채권자는 위 법리에 의하여 배당이의소송의 승소확정판결에 따라 배당받은 채권자를 상대로 부당이득반환청구를 할 수 있다.

3. 문제의 소재

(1) 잘못 배당된 경우 민사집행법에 의한 구제절차

민사집행법에 의하면, 배당을 받아야 함에도 배당을 받지 못한 채권자는 배당을 받지 못할 자이면도 배당을 받은 자를 상대로 배당이의를 하고, 배당이의의 소를 제기하여야 한다.

(2) 민사집행법 제155조에 해당하는 경우

민사집행법 제155조는 “이의한 채권자가 제154조 제3항의 기간을 지키지 아니한 경우에도 배당표에 따른 배당을 받은 채권자에 대하여 소로 우선권 및 그 밖의 권리를 행사하는 데 영향을 미치지 아니한다.”고 규정하고 있어, 배당이의를 한 채권자는 배당을 받지 못할 자이면서도 배당받을 자를 상대로 부당이득반환청구를 구할 수 있는 채권자를 규정하고 있다.

(3) 문제의 소재

민사집행법 제155조의 배당이의를 한 채권자가 아닌 경우, 즉 배당이의를 하지 아니한 채

3) 대법원 1994. 2. 22. 선고 93다55241 판결; 대법원 1997. 2. 14. 선고 96다51585 판결; 대법원 2000. 10. 10. 선고 99다53230 판결; 대법원 2007. 2. 9. 선고 2006다39546 판결; 대법원 2011. 2. 10. 선고 2010다90708 판결.

권자가 배당을 받지 못할 자이면서도 배당받을 자를 상대로 자신이 배당받아야 할 금액에 대하여 부당이득반환청구를 할 수 있는지 여부에 관하여 종래부터 학설의 대립이 있었다.[4)]

대상판결의 사안은 ① 배당기일에 출석하고도 배당이의를 하지 아니한 채권자가 ② 배당이의의 소에서 확정된 화해권고결정에 따라 배당받은 다른 채권자에 대하여 부당이득반환을 구할 수 있는지 여부에 관한 것이다.

종래 대법원은 관련 판례에서 판시한 바와 같이 배당기일에 출석하고도 배당이의를 하지 아니한 채권자에게 배당이의의 소에서 승소판결을 받은 채권자에 대하여도 부당이득반환청구권을 인정하고 있었는데, 그 타당성에 관한 논의이다.

다만 ① 배당요구를 하여야 배당을 받을 수 있는 채권자(민사집행법 제148조 제2호)가 배당요구의 종기까지 적법한 배당요구를 하지 않아 배당에서 아예 제외된 경우와 ② 배당기일에서 이의한 채권자가 배당이의의 소제기 증명서류 제출기간을 지키지 못한 경우처럼 민사집행법 제155조에 명시적인 규정을 두고 있는 경우는 논의의 대상에서 제외된다.

4. 검토 순서

배당절차의 특수성, 잘못 배당된 경우 채권자의 구제 방법에 관하여 개괄적으로 살펴본 다음, 배당기일에 출석하였으나 배당이의를 하지 아니한 채권자의 배당이의의 소에서 승소한 채권자에 대한 부당이득반환청구권 인정 여부에 관한 다수의견과 반대의견의 논거를 제시하고, 관련 판례의 법리를 변경할 필요가 있는지 여부에 관하여 검토하고자 한다.

Ⅲ. 검　토

1. 배당절차의 특수성

(1) 판결절차와 강제집행절차의 관계[5)]

판결절차는 권리 또는 법률관계 존부의 확정, 즉 청구권 존부의 관념적 형성을 목적으로 하는 절차이고, 강제집행절차는 권리의 강제적 실현, 즉 청구권의 사실적 형성을 목적으로 하는 절차이다.

판결절차는 그 성질상 공평, 신중한 심리가 요청됨에 반하여, 강제집행절차는 정확 · 신속한 실현과 채권자의 이익보호가 요청된다.

4) 주석 민사집행법(Ⅳ), 한국사법행정학회, 2012, 258 이하.

5) 법원실무제요 민사집행 [1], 사법연수원, 2020(이하 같다), 10 내지 11.

(2) 채권자 평등주의(배분주의)[6)]

일반 채권자들이 경매절차에 참여하여 배당을 받을 수 있는지 여부에 관하여 ① 우선주의, ② 평등주의, ③ 군단우선주의가 있다.

평등주의 또는 배분주의는 채권자간의 평등성을 철저히 관철하여 그 집행절차가 종료되기 전에는 어떠한 시기에 참가하였거나를 구별하지 않고 평등하게 그 채권액의 안분비율에 따라 만족을 얻게 하는 입법례이고, 민사집행법은 평등주의 입법례에 속한다.[7)]

평등주의 입법에 대하여는 다수의 이해관계인이 집행절차에 참가하게 됨으로써 절차가 지나치게 복잡해지고, 재산 발견을 위하여 노력한 압류채권자의 노력이 무시된다는 단점이 있다.[8)]

평등주의를 제한하는 방법으로 배당에 참여할 수 있는 채권의 범위를 제한하는 방법과 배당요구의 허용시기를 제한하는 방법 등이 있다.

민사집행법 제84조의 배당요구의 종기결정 및 공고,[9)] 제148조 배당받을 채권자의 범위 및 제229조의 압류 · 전부명령[10)] 등이 이에 해당된다.[11)]

---

6) 유택현, 강제집행의 이상과 채권자평등주의, 사법행정 31권 4호, 한국사법행정학회(1990).

7) 강제집행에 있어서 채권자평등주의를 채택한 현행 민사소송법하에서는 채권의 가압류나 압류가 경합되었을 경우에 그 압류된 채권을 채권자의 한 사람에게 전부할 수는 없는 것이라 할 것이므로 그러한 전부명령은 무효이나 압류명령부분만은 유효하다(대법원 1965. 5. 18. 선고 65다336 판결).

8) 위 주석 민사집행법(Ⅲ) 208.

9) 민사집행법 제84조(배당요구의 종기결정 및 공고)

① 경매개시결정에 따른 압류의 효력이 생긴 때(그 경매개시결정전에 다른 경매개시결정이 있은 경우를 제외한다)에는 집행법원은 절차에 필요한 기간을 감안하여 배당요구를 할 수 있는 종기를 첫 매각기일 이전으로 정한다.

② 배당요구의 종기가 정하여진 때에는 법원은 경매개시결정을 한 취지 및 배당요구의 종기를 공고하고, 제91조 제4항 단서의 전세권자 및 법원에 알려진 제88조 제1항의 채권자에게 이를 고지하여야 한다.

③ 제1항의 배당요구의 종기결정 및 제2항의 공고는 경매개시결정에 따른 압류의 효력이 생긴 때부터 1주 이내에 하여야 한다.

④ 법원사무관등은 제148조 제3호 및 제4호의 채권자 및 조세, 그 밖의 공과금을 주관하는 공공기관에 대하여 채권의 유무, 그 원인 및 액수(원금 · 이자 · 비용, 그 밖의 부대채권을 포함한다)를 배당요구의 종기까지 법원에 신고하도록 최고하여야 한다.

⑤ 제148조 제3호 및 제4호의 채권자가 제4항의 최고에 대한 신고를 하지 아니한 때에는 그 채권자의 채권액은 등기사항증명서 등 집행기록에 있는 서류와 증빙에 따라 계산한다. 이 경우 다시 채권액을 추가하지 못한다.

⑥ 법원은 특별히 필요하다고 인정하는 경우에는 배당요구의 종기를 연기할 수 있다.

⑦ 제6항의 경우에는 제2항 및 제4항의 규정을 준용한다. 다만, 이미 배당요구 또는 채권신고를 한 사람에 대하여는 같은 항의 고지 또는 최고를 하지 아니한다.

10) 민사집행법 제229조(금전채권의 현금화방법)

① 압류한 금전채권에 대하여 압류채권자는 추심명령이나 전부명령을 신청할 수 있다.

③ 전부명령이 있는 때에는 압류된 채권은 지급에 갈음하여 압류채권자에게 이전된다.

⑤ 전부명령이 제3채무자에게 송달될 때까지 그 금전채권에 관하여 다른 채권자가 압류 · 가압류 또는 배당요구를 한 경우에는 전부명령은 효력을 가지지 아니한다.

11) 금전채권에 대한 집행의 한 방법인 압류 · 전부명령은 실질적으로 채권자평등주의 원칙의 예외를 이루는 집행방법이다(대법원 2002. 1. 25. 선고 99다53902 판결).

(3) 배당절차 개관

민사집행법 제148조의 배당받을 채권자의 범위는 ① 배당요구 없이도 당연히 배당받을 수 있는 채권자(제1호, 제3호, 제4호)와 ② 배당요구를 한 경우에 한하여 배당받을 수 있는 채권자로 구분되는데, 배당요구를 한 경우에 한하여 배당받을 수 있는 채권자는 ㉠ 집행력 있는 정본을 가진 채권자, ㉡ 경매개시결정이 등기된 뒤에 가압류를 한 채권자, ㉢ 민법·상법, 그 밖의 법률에 의하여 우선변제청구권이 있는 채권자이다(제88조 제1항).[12]

집행법원은 배당에 관한 진술 및 배당을 실시할 기일을 정하여 이해관계인과 배당을 요구한 채권자에게 이를 통지하여야 하고(제146조 본문), 채권자 등에게 보여 주기 위하여 배당기일의 3일 전에 배당표원안을 작성하여 법원에 비치하여야 한다(제149조 제1항).

배당표원안이란 채권자들이 제출한 계산서와 기록을 기초로 하여 집행법원이 채권자들에 대한 배당액 그 밖에 배당실시를 위하여 필요한 일정사항을 적은 문서로서, 배당기일에 채권자들로 하여금 배당에 관한 의견을 진술시키는 기초가 되는 것이다.[13]

경매법원은 각 채권자가 제출한 계산서 기타 집행기록에 편철되어 있는 서류(경매신청서, 배당요구서, 등기부등본 등)에 의하여 배당표원안을 작성한다.[14]

집행법원은 배당기일에 출석한 이해관계인과 배당을 요구한 채권자를 심문하여 배당표를 확정하여야 하고(제149조 제2항), 배당기일에 출석한 채권자는 자기의 이해에 관계되는 범위 안에서 다른 채권자를 상대로 그의 채권 또는 그 채권의 순위에 대하여 이의할 수 있다(제151조 제3항).

배당기일에 배당이의가 완결되지 않은 때에는 배당표에 기재된 각 채권자에 대한 배당액 가운데 배당이의와 관계없는 부분에 한하여 배당을 실시한다(제152조 제3항).

배당기일에 다른 채권자에 대하여 이의한 채권자는 배당이의의 소를 제기하고(제154조 제1항), 배당기일부터 1주 이내에 집행법원에 그와 같이 소를 제기한 사실을 증명하는 서류를 제출하여야 하는데(제154조 제3항), '이의한' 채권자가 제154조 제3항의 기간을 지키지 않은 경우에도 배당표에 따른 배당을 받은 채권자에 대하여 소로 우선권 및 그 밖의 권리를 행사하는데 영향을 미치지 않는다(제155조).

(4) 배당요구의 효력[15]

㈎ 배당요구의 효력 　배당요구는 배당요구서가 집행법원에 제출되면 배당요구의 요건이 구비되어 있는 한 채무자나 이해관계인에 대한 통지가 누락되었더라도 곧바로 효력이 발생한다.

---

12) 민사집행법을 의미한다. 이하 같다.
13) 법원실무제요 민사집행[Ⅲ] 158 내지 159.
14) 위 주석 민사집행법 (Ⅳ) 179.
15) 법원실무제요 민사집행 [Ⅲ] 23 내지 24.

배당요구 채권자는 매각대금으로부터 배당받을 권리가 있다(제148조).

배당요구는 시효중단의 효력이 있다.[16)]

(나) 배당요구서 부제출(일부 배당요구)의 효과 압류채권자나 민사집행법 제148조 1호, 3호, 4호의 당연히 배당받는 자에 해당하지 아니하여 배당요구가 필요한 채권자가 배당요구의 종기까지 배당요구를 하지 아니한 때에는 배당받을 수 없고, 압류채권자나 배당요구한 채권자도 경매신청 또는 배당요구 당시 채권의 일부 금액으로 압류 또는 배당요구한 경우 배당요구의 종기 후에는 배당요구의 종기까지 배당요구하지 아니한 채권을 추가하거나 확장할 수 없다(실권효).

집행력 있는 정본을 가진 채권자, 경매개시결정이 등기된 뒤에 가압류를 한 채권자, 민법·상법, 그 밖의 법률에 의하여 우선변제청구권이 있는 채권자는 배당요구종기까지 배당요구를 한 경우에 한하여 비로소 배당을 받을 수 있고, 적법한 배당요구를 하지 아니한 경우에는 실체법상 우선변제청구권이 있는 채권자라 하더라도 매각대금으로부터 배당을 받을 수 없으며, 배당요구종기까지 배당요구한 채권자라 할지라도 채권의 일부 금액만을 배당요구한 경우 배당요구종기 이후에는 배당요구하지 아니한 채권을 추가하거나 확장할 수 없고, 이는 추가로 배당요구를 하지 아니한 채권이 이자 등 부대채권이라 하더라도 마찬가지이다. 다만 경매신청서 또는 배당요구종기 이전에 제출된 배당요구서에 배당기일까지의 이자 등 지급을 구하는 취지가 기재되어 있다면 배당대상에 포함된다(대법원 2012. 5. 10. 선고 2011다44160 판결).

경매법원이 근저당권자를 배당을 받아야 할 채권자로 인정하여 배당금을 지급하였는데 그 근저당권자가 채무자와 체결한 근저당권설정계약이 사해행위에 해당되어 취소됨으로써 그 근저당권에 기하여 배당받을 권리가 상실된 경우에도 마찬가지이다. 이러한 경우 수익자인 근저당권자에게 지급된 배당금은 사해행위로 설정된 근저당권이 없었더라면 배당절차에서 더 많이 배당받을 수 있었던 다른 배당요구권자들에게 반환되어야 하고, 배당요구를 하지 아니한 채권자 및 채무자 등은 다른 배당요구권자들의 배당요구채권을 모두 충족시키고도 남는 잉여금이 있다는 등의 특별한 사정이 없는 한, 수익자에 대하여 아무런 권리를 갖지 못하며, 이는 배당요구를 하지 아니한 채권자가 그 근저당권을 설정한 계약에 대하여 사해행위 취소의 소를 제기하여 승소한 자라 할지라도 마찬가지이다(대법원 2012. 12. 26. 선고 2011다60421 판결).

---

16) 채권자가 배당요구 또는 채권신고 등의 방법으로 권리를 행사하여 강제경매절차에 참가하고, 그 권리행사로 인하여 소멸시효가 중단된 채권에 대하여 일부만 배당하는 것으로 배당표가 작성되고 다시 그 배당액 중 일부에 대하여만 배당이의가 있어 그 이의의 대상이 된 부분을 제외한 나머지 부분, 즉 배당액 중 이의가 없는 부분과 배당받지 못한 부분의 배당표가 확정이 되었다면, 이로써 그와 같이 배당표가 확정된 부분에 관한 권리행사는 종료되고 그 부분에 대하여 중단된 소멸시효는 위 종료 시점부터 다시 진행된다. 그리고 위 채권 중 배당이의의 대상이 된 부분은 그에 관하여 적법하게 배당이의의 소가 제기되고 그 소송이 완결된 후 그 결과에 따라 종전의 배당표가 그대로 확정 또는 경정되거나 새로 작성된 배당표가 확정되면 그 시점에서 권리행사가 종료되고 그때부터 다시 소멸시효가 진행한다(대법원 2009. 3. 26. 선고 2008다89880 판결).

배당요구 채권자가 적법한 배당요구를 하지 아니하여 그를 배당에서 제외하는 것으로 배당표가 작성·확정되고 그 확정된 배당표에 따라 배당이 실시되었다면, 그가 적법한 배당요구를 한 경우에 배당받을 수 있었던 금액 상당의 금원이 후순위 채권자에게 배당되었다 하여 이를 법률상 원인이 없는 것이라고 볼 수 없다(대법원 1997. 2. 25. 선고 96다10263 판결).

2. 잘못 배당된 경우 채권자의 구제 방법

(1) 배당표에 대한 이의[17]

㈎ 채권자는 배당기일에 반드시 출석하여 이의 진술　　배당기일에 출석한 채권자는 자기의 이해에 관계되는 범위 안에서는 다른 채권자를 상대로 그의 채권 또는 그 채권의 순위에 대하여 이의할 수 있다(제151조 제3항). 즉 채권자는 반드시 배당기일에 출석하여 이의를 진술하여야 한다.

채무자는 제149조 제1항에 따라 법원에 배당표원안이 비치된 이후 배당기일이 끝날 때까지 채권자의 채권 또는 그 채권의 순위에 대하여 서면으로 이의할 수 있다(제151조 제2항).

㈏ 절차상의 사유에 기한 이의　　이해관계 있는 각 채권자는 배당표의 작성방법이나 배당실시 절차에 위법이 있음을 이유로 이의할 수 있다.

절차상의 사유로 하는 이의의 성질은 집행에 관한 이의라고 보는 것이 통설적 견해이다.

이의의 사유에 따라서는 절차적인 사유에 기한 것인지 실체적인 사유에 기한 것인지가 명백하게 구분되지 않는 것이 있고, 배당표에 대한 이의를 할 때는 이의의 사유를 밝히거나 그에 대한 증거를 제출할 필요가 없으므로, 이의를 하는 채무자나 채권자가 상대방을 지정하고 이의의 범위를 특정하여 구체적인 배당표의 변경을 주장할 때는 실무상 실체상의 이의로 처리하는 경우가 많다.

㈐ 실체상의 사유에 기한 이의　　기일에 출석한 채권자는 자기의 이해에 관계되는 범위 안에서는 다른 채권자를 상대로 그의 채권 또는 그 채권의 순위에 대하여 이의할 수 있다(제151조 제3항). 즉, 배당기일에 출석한 각 채권자는 자기의 이해에 관계되는 범위 안에서는 다른 채권자의 채권의 존부, 범위, 순위에 관하여 이의할 수 있다.

이의의 내용은 상대방의 배당액을 감액하고, 감액분을 자기의 채권액의 한도에서 자기의 배당액에 더하여야 한다는 것을 주장하는 것이어야 한다.[18]

---

17) 법원실무제요 민사집행 [Ⅲ] 197 내지 213.

18) 대법원 2010. 10. 14. 선고 2010다39215 판결.
피고에 대한 배당이 위법하다 할지라도 그로 인하여 원고에게 배당할 금액이 증가하는 것이 아니라면 이러한 사유는 배당액의 증가를 구하는 배당이의 소의 사유로는 삼을 수 없다. 이 사건 전부명령 자체가 무효이므로 이 사건 전부금채권에 대한 피고들의 압류 및 추심명령이 무효이고 따라서 피고들에 대한 배당이 위법하다는 원고의 주장은, 이를 받아들인다고 하더라도 이 사건 전부금채권에 대한 원고의 가압류 또는 원고에 대한 배당 역시 무효이거나 위법하게 될 뿐 원고에게 배당할 금액이 증가하는 것은 아니므로, 결국 배당이의 소의 적법한 이의가 있으면 집행법원은 그 적법 여부만을 심사할 수 있으며 이의사유의 존부에 관하여 심사할 수는 없다.

적법한 이의가 있으면 채권자가 한 이의신청의 당부는 배당이의의 소에서 가려지게 된다.

㈑ 불출석한 이해관계인의 취급 배당기일에 출석하지 아니한 채권자는 배당표와 같이 배당을 실시하는 데에 동의한 것으로 본다(제153조 제1항).

배당기일에 출석하지 아니한 채권자가 다른 채권자가 제기한 이의에 관계된 때에는 그 채권자는 이의를 정당하다고 인정하지 아니한 것으로 본다(제153조 제2항).

㈒ 이의의 효과 배당이의가 기일에 완결되지 아니한 때에는 이의 있는 채권에 대한 배당의 실시가 일시 유보되고 이의채권자가 배당이의의 소를 제기하고 배당기일부터 1주 이내에 그 소제기를 법원에 증명하면(제154조 제1항, 제3항), 그 부분의 배당액은 공탁되나(제160조 제1항 제5호[19]), 그 증명이 없이 이 기간이 지난 경우에는 배당이 실시된다.

집행력 있는 집행권원을 가진 채권자에 대하여 이의한 채무자는 배당기일부터 1주 이내에 청구이의의 소 제기 사실 증명서류와 아울러 그 소에 기한 집행정지재판의 정본을 집행법원에 제출하여야 하고, 채무자가 그 중 어느 하나라도 제출하지 않으면, 집행법원으로서는 채무자가 실제로 위 기간 내에 청구이의의 소를 제기하고 그에 따른 집행정지재판을 받았는지 여부와 관계없이 채권자에게 당초 배당표대로 배당을 실시하여야 하고, 배당을 실시하지 않고 있는 동안에 청구이의의 소에서 채권자가 패소한 판결이 확정되었다고 하여 달리 볼 것이 아니다. 그러한 경우 채무자는 채권자를 상대로 부당이득반환 등을 구하는 방법으로 구제받을 수 있을 뿐이다(대법원 2011. 5. 26. 선고 2011다16592 판결).

(2) 배당이의의 소

㈎ 의 의 배당이의의 소는 배당표에 배당을 받는 것으로 기재된 자의 배당액을 줄여 자신에게 배당이 되도록 하기 위하여 배당표의 변경 또는 새로운 배당표의 작성을 구하는 것이다(대법원 2011. 9. 29. 선고 2011다48902 판결).

㈏ 제소기간 민사집행법 제154조 제1항, 제3항, 민사소송법 제262조 제1항 본문, 제2항, 제265조의 규정을 종합하면, 배당기일에 이의한 채권자나 채무자는 배당기일부터 1주일 이내에 배당이의의 소를 제기해야 하는데, 소송 도중에 배당이의의 소로 청구취지를 변경한 경우 제소기간을 준수하였는지는 청구취지 변경신청서를 법원에 제출한 때를 기준으로 판단해야 한다(대법원 2020. 10. 15. 선고 2017다216523 판결).

사유에 대한 주장이라고 할 수 없다.

19) 민사집행법 제160조(배당금액의 공탁)

① 배당을 받아야 할 채권자의 채권에 대하여 다음 각호 가운데 어느 하나의 사유가 있으면 그에 대한 배당액을 공탁하여야 한다.

5. 제154조제1항에 의한 배당이의의 소가 제기된 때

㈐ 채무자의 배당이의의 소 채무자가 배당이의의 소에서 승소하면 집행법원은 그 부분에 대하여 배당이의를 하지 아니한 채권자를 위하여서도 배당표를 바꾸어야 한다(제161조 제2항 제2호).

채무자나 소유자가 배당이의의 소에서 승소하면 집행법원은 그 부분에 대하여 배당이의를 하지 아니한 채권자를 위하여서도 배당표를 바꾸어야 하므로(민사집행법 제161조 제2항 제2호), 채무자나 소유자가 제기한 배당이의의 소에서는 피고로 된 채권자에 대한 배당액 자체만 심리대상이고, 원고인 채무자나 소유자로서도 피고의 채권이 존재하지 아니함을 주장·증명하는 것으로 충분하다(대법원 2015. 4. 23. 선고 2014다53790 판결).

채무자가 채권자의 채권 자체가 아니라 채권의 순위, 즉 그 채권에 대하여 '다른 채권자'의 채권보다 우선하여 배당하는 것 등에 관하여 이의하는 경우, 채무자의 이러한 이의는 위 '다른 채권자'가 민사집행법의 규정에 따라 배당받을 채권자에 해당함을 전제로 하는 것인데, 민사집행법 제148조 각 호에 해당하지 아니하여 배당에 참가하지 못하는 채권자는 배당표에 대하여 이의할 수 없으므로, 채무자 역시 배당에 참가하지 못하는 위와 같은 채권자의 채권에 배당해야 한다는 이유로 배당이의의 소를 제기할 수는 없다(대법원 2015. 4. 23. 선고 2013다86403 판결).

확정되지 않은 가집행선고 있는 판결에 대해서는 청구이의의 소를 제기할 수 없고(제44조 제1항[20]), 이에 대해 상소를 제기하거나 집행정지결정을 받을 수 있는 채무자가 채권의 존재 여부나 범위를 다투기 위해 배당이의의 소를 제기할 수 있는 것도 아니다. 채무자가 가집행선고 있는 제1심판결을 가진 채권자를 상대로 채권의 존부와 범위를 다투기 위해 제기한 배당이의의 소는 부적법하지만, 배당이의소송 도중 가집행선고 있는 제1심판결이 항소심에서 전부 취소되었고 그대로 확정되기까지 하였다면 위와 같은 배당이의의 소의 하자는 치유된다고 보아야 한다. 이러한 배당이의의 소의 하자 치유 여부는 특별한 사정이 없는 한 사실심 변론종결일을 기준으로 판단해야 한다(대법원 2020. 10. 15. 선고 2017다228441 판결).

㈑ 채권자의 배당이의의 소 배당표에 대한 이의신청은 구술에 의해서만 가능하고 서면에 의한 이의신청은 허용되는 것이 아니므로 채권자가 미리 이의신청서를 집행법원에 제출하였다고 하더라도 배당기일에 출석하지 아니하거나 출석한 경우에도 그 이의신청서를 진술하지 아니하였다면 이의신청을 하지 않은 것으로 되어 배당표에 대한 이의의 소를 제기할 수 없다(대법원 1981. 1. 27. 선고 79다1846 판결).

배당이의 소의 원고적격이 있는 자는 배당기일에 출석하여 배당표에 대한 실체상의 이의

---

20) 민사집행법 제44조(청구에 관한 이의의 소)
① 채무자가 판결에 따라 확정된 청구에 관하여 이의하려면 제1심 판결법원에 청구에 관한 이의의 소를 제기하여야 한다.

를 신청한 채권자 또는 채무자에 한하는 것인바, 채권자로서 배당기일에 출석하여 배당표에 대한 실체상의 이의를 신청하려면 그가 실체법상 집행채무자에 대한 채권자라는 것만으로는 부족하고 배당요구의 종기까지 적법하게 배당요구를 하였어야 하며, 적법하게 배당요구를 하지 못한 채권자는 배당기일에 출석하여 배당표에 대한 실체상의 이의를 신청할 권한이 없으므로 그러한 자가 배당기일에 출석하여 배당표에 대한 이의를 신청하였다고 하더라도 이는 부적법한 이의신청에 불과하고, 그 자에게는 배당이의 소를 제기할 원고적격이 없다(대법원 2003. 8. 22. 선고 2003다27696 판결).

배당이의의 소는 배당표에 배당받는 것으로 기재된 자의 배당액을 줄여 자신에게 배당되도록 하기 위하여 배당표의 변경 또는 새로운 배당표의 작성을 구하는 것이므로, 원고가 배당이의의 소에서 승소하기 위해서는 피고의 채권이 존재하지 아니함을 주장·증명하는 것만으로 충분하지 않고 자신이 피고에게 배당된 금원을 배당받을 권리가 있다는 점까지 주장·증명하여야 한다(대법원 2012. 7. 12. 선고 2010다42259 판결).

배당이의의 소에 있어서 피고는 원고의 청구를 배척할 수 있는 모든 주장을 방어방법으로 내세울 수 있으므로, 피고는 원고의 청구를 배척할 수 있는 사유로서 원고가 배당이의한 금원이 피고가 배당요구하였지만 배당에서 제외된 다른 채권에 배당되어야 할 것이라고 주장할 수 있고, 이는 피고가 배당에서 제외된 채권에 기하여 배당이의를 하지 않았더라도 마찬가지이다(대법원 2008. 9. 11. 선고 2008다29697 판결).

등기는 물권의 효력 발생 요건이고 존속 요건은 아니어서 등기가 원인 없이 말소된 경우에는 그 물권의 효력에 아무런 영향이 없고, 그 회복등기가 마쳐지기 전이라도 말소된 등기의 등기명의인은 적법한 권리자로 추정되므로, 근저당권설정등기가 위법하게 말소되어 아직 회복등기를 경료하지 못한 연유로 그 부동산에 대한 경매절차의 배당기일에서 피담보채권액에 해당하는 금액을 배당받지 못한 근저당권자는 배당기일에 출석하여 이의를 하고 배당이의의 소를 제기하여 구제를 받을 수 있고, 가사 배당기일에 출석하지 않음으로써 배당표가 확정되었다고 하더라도, 확정된 배당표에 의하여 배당을 실시하는 것은 실체법상의 권리를 확정하는 것이 아니기 때문에 위 경매절차에서 실제로 배당받은 자에 대하여 부당이득반환 청구로서 그 배당금의 한도 내에서 그 근저당권설정등기가 말소되지 아니하였더라면 배당받았을 금액의 지급을 구할 수 있다(대법원 2002. 10. 22. 선고 2000다59678 판결).[21]

채권자가 제기한 배당이의의 소의 판결은 당해 배당이의의 소의 원고 및 피고에게 대하여만 효력이 있다.

채권자가 제기한 배당이의소송은 대립하는 당사자인 채권자들 사이의 배당액을 둘러싼 분쟁을 상대적으로 해결하는 것에 지나지 아니하고 그 판결의 효력은 오직 소송당사자인 채권자

21) 대법원 2019. 8. 30. 선고 2019다206742 판결.

들 사이에만 미칠 뿐이므로, 배당이의소송의 판결에서 계쟁 배당 부분에 관하여 배당을 받을 채권자와 그 수액을 정함에 있어서는 피고의 채권이 존재하지 않는 것으로 인정되는 경우에도, 이의신청을 하지 아니한 다른 채권자의 채권을 참작함이 없이 그 계쟁 배당 부분을 원고가 가지는 채권액의 한도 내에서 구하는 바에 따라 원고의 배당액으로 하고, 그 나머지는 피고의 배당액으로 유지함이 상당하다(대법원 1998. 5. 22. 선고 98다3818 판결).[22]

피고의 채권이 존재하지 않는 것으로 인정되는 경우 계쟁 배당부분 가운데 원고에게 귀속시키는 배당액을 계산함에 있어서 이의신청을 하지 아니한 다른 채권자의 채권을 참작할 필요가 없으며, 이는 이의신청을 하지 아니한 다른 채권자 가운데 원고보다 선순위의 채권자가 있다 하더라도 마찬가지이다(대법원 2001. 2. 9. 선고 2000다41844 판결).

㈒ 사해행위취소의 소와의 관계　허위의 근저당권에 대하여 배당이 이루어진 경우, 통정한 허위의 의사표시는 당사자 사이에서는 물론 제3자에 대하여도 무효이고 다만, 선의의 제3자에 대하여만 이를 대항하지 못한다고 할 것이므로, 배당채권자는 채권자취소의 소로써 통정허위표시를 취소하지 않았다 하더라도 그 무효를 주장하여 그에 기한 채권의 존부, 범위, 순위에 관한 배당이의의 소를 제기할 수 있다(대법원 2001. 5. 8. 선고 2000다9611 판결).

근저당권설정계약을 사해행위로서 취소하는 경우 경매절차가 진행되어 타인이 소유권을 취득하고 근저당권설정등기가 말소되었다면 원물반환이 불가능하므로 가액배상의 방법으로 원상회복을 명할 것인바, 이미 배당이 종료되어 수익자가 배당금을 수령한 경우에는 수익자로 하여금 배당금을 반환하도록 명하여야 하고, 배당표가 확정되었으나 채권자의 배당금지급금지가처분으로 인하여 수익자가 배당금을 현실적으로 지급받지 못한 경우에는 배당금지급채권의 양도와 그 채권양도의 통지를 명할 것이나, 채권자가 배당기일에 출석하여 수익자의 배당 부분에 대하여 이의를 하였다면 그 채권자는 사해행위취소의 소를 제기함과 아울러 그 원상회복으로서 배당이의의 소를 제기할 수 있고, 이 경우 법원으로서는 배당이의의 소를 제기한 당해 채권자 이외의 다른 채권자의 존재를 고려할 필요 없이 그 채권자의 채권이 만족을 받지 못한 한도에서만 근저당권설정계약을 취소하고 그 한도에서만 수익자의 배당액을 삭제하여 당해 채권자의 배당액으로 경정하여야 한다(대법원 2011. 2. 10. 선고 2010다90708 판결).

(3) 부당이득반환청구

㈎ 의　의　법률상 원인없이 타인의 재산 또는 노무로 인하여 이익을 얻고 이로 인하여 타인에게 손해를 가한 자는 그 이익을 반환하여야 한다(민법 제741조).

---

22) 배당이의의 소에서 원고와 피고 사이의 배당액을 조정하여야 할 경우, 피고가 배당받을 수 없게 되는 금액을 어느 범위에서 원고에게 배당할 것인가에 대하여 ① 원고와 동순위의 다른 채권자 전원에게 안분하여 원고에게 배당될 금액을 산정한 후 그 한도에서 원고의 배당액에 추가하여야 한다는 안분설, ② 원고의 채권액에 달할 때까지 원고의 배당액에 흡수하여야 한다는 흡수설이 있는데, 대법원은 흡수설을 취하고 있다[위 주석 민사집행법(Ⅳ) 276 이하].

부당이득제도는 이득자의 재산상 이득이 법률상 원인을 결여하는 경우에 공평과 정의의 이념에 근거하여 이득자에게 그 반환의무를 부담시키는 것으로서, 특정한 당사자 사이에서 일정한 재산적 가치의 변동이 생긴 경우에 그것이 일반적·형식적으로는 정당한 것으로 보이지만 그들 사이의 재산적 가치의 변동이 상대적·실질적인 관점에서 법의 다른 이상인 공평의 이념에 반하는 모순이 생기는 경우에 재산적 가치의 취득자에게 가치의 반환을 명함으로써 그와 같은 모순을 해결하려는 제도이다. 이와 같이 부당이득제도는 부당한 재산적 가치의 이동을 조절하려는 제도이므로, 이익에 대응하여 손해를 입은 사람이 있어야 하고, 어떤 사람의 재산이나 노무가 다른 사람에게 이익을 주는 일이 있더라도 그로 말미암아 그 재산 또는 노무의 제공자에게 어떤 손해를 주는 일이 없는 이상, 이득자에 대하여 그 이득의 반환을 명할 이유가 없는 것이다(대법원 2015. 6. 25. 선고 2014다5531 전원합의체 판결).

(나) 유 형

1) 급부 부당이득 급부 부당이득은 그 급부원인이 채무의 부존재, 무효, 취소 또는 사후적인 소멸 등에도 불구하고 그 급부가 아무런 법률상 원인 없이 이루어진 경우에 발생한다.[23)]

2) 침해 부당이득 침해부당이득에 관한 부당이득반환제도의 목적은 현실적으로 발생한 사실관계를 바탕으로 법률상 원인 없이 타인의 재산으로 인하여 이익을 얻고 타인에게 손해를 가한 자로부터 이득의 원천이 된 재산의 권리자에게 그 이익을 귀속시킴으로써 부당한 재산적 가치의 이동을 조정하는 데 있다(대법원 2020. 5. 21. 선고 2017다220744 전원합의체 판결).

침해 부당이득은 본래 법질서에 따라서 특정인에게 배타적으로 귀속하여야 하는 이익이 그 권리내용에 대한 침해에 의하여 다른 사람에게 귀속된 경우에 발생한다.[24)]

불법행위는 고의나 과실과 같은 귀책사유가 있어야 하지만, 침해 부당이득에서는 이를 요구하지 아니한다.

---

23) 대법원 1975. 8. 29. 선고 75다765 판결.
임야지상의 입목을 매수함에 있어서 입목매수인이 벌채허가 절차에 책임을 지고 입목대금은 벌채작업완료 후 현장에서 검수한 다음 완급키로 하며 벌채계약기간 경과시는 입목 매수인은 계약상의 제반 권한을 상실한다는 약정을 한 경우에 벌채계약기간 경과로 인한 입목 매수인의 계약상 제반권한 상실의 약정은 특단의 사정이 없는 한 입목 매수인의 귀책 사유로 인하여 약정기일이 도과된 경우에 한하여 적용된다 할 것일 뿐 당사자 쌍방의 책임질 수 없는 사유로 인하여 약정기일이 도과된 경우에는 적용되지 아니하며 계약당사자 일방의 입목 인도의무가 당국의 산림 정책상의 영림계획변경으로 벌채허가를 얻을 수 없게 됨으로 말미암아 입목 인도의무를 면한 당사자는 상대방으로부터 받은 계약금을 부당이득한 것이 되므로 이를 상대방에게 반환하여야 할 의무가 있다.

24) 대법원 2011. 6. 10. 선고 2010다40239 판결.
무권리자가 타인의 권리를 제3자에게 처분하였으나 선의의 제3자 보호규정에 의하여 원래 권리자가 권리를 상실하는 경우, 권리자는 무권리자를 상대로 제3자에게서 처분의 대가로 수령한 것을 이른바 침해부당이득으로 보아 반환청구할 수 있다.

경매목적물의 매각대금이 잘못 배당되어 배당을 받지 못할 자이면서도 배당받을 자의 부당이득은 배당받아야 할 자의 권리를 침해하여 얻은 이익이므로, 그 부당이득은 침해 부당이득에 해당한다. 즉 당사자 사이에 행하여진 급부에 법률상 원인이 없음을 주장하는 것이 아니고 결국 배당수령권자가 자신의 권리를 객관적으로 위법하게 침해하여 이익을 얻었음을 주장하는 것에 귀착되어 침해이득반환청구에 해당한다.[25)]

강제집행에 의한 채권의 만족은 변제자의 의사에 기하지 아니하고 행하여지는 것으로서 비채변제[26)]가 성립되지 아니한다(대법원 2018. 11. 29. 선고 2017다286577 판결).

㈐ 요 건

1) 이익의 취득과 이로 인한 손해의 발생 급부부당이득에서는 상대방에게 법률상 원인 없이 급부를 하였다는 사실자체로부터 손해 요건이 쉽게 충족될 수 있다.

침해부당이득에서는 타인이 법률상 원인 없는 침해행위로 이득을 얻었다면 그 사실 자체로 손해의 요건이 충족된다.[27)]

2) 법률상 원인의 결여[28)] 급부부당이득에 있어서는 급부근거가 되는 채권행위가 법률상 원인이 된다. 침해부당이득에 있어서는 타인의 권리를 이용(보유)할 수 있는 권한이 법률상 원인이 된다.

㈑ 입증책임 민법 제741조는 "법률상 원인 없이 타인의 재산 또는 노무로 인하여 이익을 얻고 이로 인하여 타인에게 손해를 가한 자는 그 이익을 반환하여야 한다."라고 정하고 있다. 당사자 일방이 자신의 의사에 따라 일정한 급부를 한 다음 급부가 법률상 원인 없음을 이유로 반환을 청구하는 이른바 급부부당이득의 경우에는 법률상 원인이 없다는 점에 대한 증명책임은 부당이득반환을 주장하는 사람에게 있다. 이 경우 부당이득의 반환을 구하는 자는 급부행위의 원인이 된 사실의 존재와 함께 그 사유가 무효, 취소, 해제 등으로 소멸되어 법률상 원인이 없게 되었음을 주장 · 증명하여야 하고, 급부행위의 원인이 될 만한 사유가 처음부터 없었음을 이유로 하는 이른바 착오 송금과 같은 경우에는 착오로 송금하였다는 점 등을 주장 · 증명하여야 한다. 이는 타인의 재산권 등을 침해하여 이익을 얻었음을 이유로 부당이득반환을 구하는 이른바 침해부당이득의 경우에는 부당이득반환 청구의 상대방이 이익을 보유할 정당한 권원이 있다는 점을 증명할 책임이 있는 것과 구별된다(대법원 2018. 1. 24. 선고 2017다

25) 편집대표 곽윤직, 민법주해 [XVII] 채권 (10), 박영사(2005), 334.

26) 민법 제742조(비채변제)
채무없음을 알고 이를 변제한 때에는 그 반환을 청구하지 못한다.

27) 대법원 2000. 10. 10. 선고 99다53230 판결.
배당절차에서 권리 없는 자가 배당을 받아갔다면 이는 법률상 원인 없이 부당이득을 한 것이라고 할 것이나 이로 인하여 손해를 입은 사람은 그 배당이 잘못되지 않았더라면 배당을 받을 수 있었던 사람이지 이것이 다음 순위의 배당을 받을 수 있는 사람이 있는 경우에도 채무자에게 귀속된다고 할 수 없다.

28) 양창수, 권영준, 권리의 변동과 구제, 박영사, 2017, 503.

37324 판결).

(마) 부당이득의 반환 — 원상회복　　부당이득이 성립되는 경우 그 부당이득의 반환은 법률상 원인 없이 취득한 이익을 반환하여 원상으로 회복하는 것을 말하므로, 법률상 원인 없이 제3자에 대한 채권을 취득한 경우, 만약 채권의 이득자가 이미 그 채권을 변제받은 때에는 그 변제받은 금액이 이득이 되어 이를 반환하여야 할 것이나, 아직 그 채권을 현실적으로 추심하지 못한 경우에는 손실자는 채권의 이득자에 대하여 그 채권의 반환을 구하여야 하고 그 채권 가액에 해당하는 금전의 반환을 구할 수는 없다(대법원 2001. 3. 13. 선고 99다26948 판결).

(바) 배당이의의 소의 원고의 피고에 대한 부당이득반환 청구　　배당이의의 소에서 패소의 본안판결을 받은 당사자가 그 판결이 확정된 후 상대방에 대하여 위 본안판결에 의하여 확정된 배당액이 부당이득이라는 이유로 그 반환을 구하는 소송을 제기한 경우에는, 전소인 배당이의의 소의 본안판결에서 판단된 배당수령권의 존부가 부당이득반환청구권의 성립 여부를 판단하는 데에 있어서 선결문제가 된다고 할 것이므로, 당사자는 그 배당수령권의 존부에 관하여 위 배당이의의 소의 본안판결의 판단과 다른 주장을 할 수 없고, 법원도 이와 다른 판단을 할 수 없다(대법원 2000. 1. 21. 선고 99다3501 판결).

3. 배당기일에 이의를 하지 않은 채권자의 부당이득반환청구권 인정 여부

(1) 확정된 배당표에 따른 배당이 법률상원인에 해당되는지 여부

(가) 부 정 설　　배당표의 확정에 따른 배당은 집행절차의 종료이고, 실체적인 채권을 확정하는 것은 아니다.

배당기일에 출석하여 이의하지 아니한 것은 배당절차에서 배당표에 따른 배당의 실시에 동의한 것으로 볼 수 있을 뿐, 부당이득반환청구권을 포기하는 것으로 볼 수 없다.

채권자가 배당절차에서 자신의 권리를 실현하지 아니하였다 하더라도 그것만으로 자신의 권리를 포기하는 것으로 볼 수 없다.

특히 배당절차는 채권자가 제출한 채권계산서 등으로 배당표를 작성하고 이에 따라 배당을 하는 절차이고, 배당기일 3일 전에 배당표원안이 비치되므로, 실체적인 사유로 배당이의를 하기는 쉽지 아니하다.

민사집행법 제153조 제1항의 배당기일에 출석하지 않은 채권자의 동의가 간주되는 것은 배당절차를 속행한다는 데에 동의하는 것으로 간주하는 규정이고, 민사집행법 제155조는 배당이의를 한 채권자는 부당이득반환청구권을 행사할 수 있다는 확인적 규정이다.

(나) 긍 정 설[29)]　　집행법원은 ① 배당기일에 출석한 이해관계인과 배당을 요구한 채

29) 프랑스의 배당절차의 관점에서 긍정설이 바람직하다는 견해, 정태윤, "과오배당과 부당이득 반환청구에 관한 비교법적 검토", 판례실무연구 XIII, 박영사(2020).

권자가 합의한 때(제150조 제2항), ② 일단 배당이의의 진술이 있은 후에도 그 배당기일에 배당이의에 관계된 채권자가 이의를 정당하다고 인정하거나 다른 방법으로 합의한 때(제152조 제2항)에는 그에 따라 배당을 실시하여야 할 의무가 있다.

합의에 의한 배당액이 실체법상 권리관계와 일치하지 아니하여도 법률상 원인이 있다.

배당기일에 출석하여 다른 채권자의 배당에 관하여 이의를 할 수 있는 기회를 가지게 되었음에도 이의하지 아니한 경우는 채권자의 합의에 준하여 법률상 원인이 있다고 볼 수 있다.

배당표에 이의하지 아니하였다가 그 배당이 잘못되었다고 주장하는 것은 신의성실의 원칙과 금반언의 원칙에 반한다.

배당이의와 배당이의의 소를 제기하지 아니한 채권자는 배당표에 대하여 다투지 않겠다는 의사를 표명한 것으로 볼 수 있다.

배당절차의 조속한 확정 및 집행제도의 안정을 위하여, 민사집행법이 정한 절차를 거치지 않고 부당이득반환청구를 허용하여서는 아니된다.

민사집행법 제153조 제1항에 의하여 배당기일에 불출석한 채권자는 배당표에 따른 배당의 실시에 동의한 것으로 간주되므로 잘못 배당되었음을 알게 되어도 부당이득반환 청구를 할 수 없다.

민사집행법 제155조는 배당기일에서 이의를 한 채권자에게만 부당이득반환청구를 허용하기 위한 한정적 규정이다.

㈐ 실체법상 배타적 이익을 주장할 수 있는 채권자에 대하여는 부정설[30] 배당요구를 하여야 배당받을 수 있는 채권자 중 경매개시결정등기를 한 뒤에 저당권·전세권·등기임차권 등 등기부상 담보물권을 취득한 채권자, 담보권 등기 없는 우선변제청구권을 가진 채권자는 실체법상 배타적 이익을 주장할 수 있으므로 위 채권자에 한하여 법률상원인을 부정하여야 한다.

배당요구를 하여야 배당받을 수 있는 채권자 중 경매개시결정등기를 한 뒤에 저당권·전세권·등기임차권 등 등기부상 담보물권을 취득한 채권자, 담보권 등기 없는 우선변제청구권을 가진 채권자에 해당하지 아니하는 일반채권자에 대하여는 법률상원인이 있다.

(2) 배당이의의 소에 의하여 배당받은 채권자의 배당이 법률상원인이 있는지 여부

㈎ 채권자 사이의 배당이의 소 채권자 사이의 배당이의의 소의 당사자가 아닌 채권자에 대하여는 배당이의의 소의 기판력이 미치지 아니한다(민사소송법 제218조 제1항).

채권자가 배당이의를 제기하지 아니하는 경우에도 부당이득반환청구를 할 수 있다는 입장에서는, 배당이의의 소의 판결, 조정, 화해권고결정에 의하여 배당표가 경정되어 배당받은 경우를 법률상 원인이 있다고 보아 그 채권자에 대하여 부당이득반환청구를 할 수 없는지의 문

30) 전원열, "민사집행절차상 배당요구·배당이의와 부당이득반환청구권", 저스티스 통권 제178호(2020. 6).

제가 생긴다.

㈏ 배당이의의 소의 결과가 배당이의의 소를 제기하지 아니한 채권자에 대하여 손해가 되는 경우 매각대금으로 배당에 참가한 모든 채권자를 만족하게 할 수 없는 때에는 법원은 민법·상법, 그 밖의 법률에 의한 우선순위에 따라 배당하여야 한다(제145조 제2항).

배당비율은 각 배당받을 채권액의 전체 채권에 대한 비율이 아니라 동순위 채권액의 합산액에 대한 비율이고,[31] 배당액은 동순위채권자에게 배당할 총금액에 배당비율을 곱하여 산출한 금액이다. 총 배당할 금액에서 선순위채권부터 먼저 배당액을 정하고, 그 잔액이 있으면 순차로 후순위채권의 배당액을 정한다.[32]

배당이의의 소에서는 다른 채권자가 있다 하더라도 이를 참작함이 없이 당해 소의 원고의 채권의 한도 내에서 우선 원고에게 배당하여야 한다.

부당이득반환청구의 요건은 청구권자에게 손해가 있어야 하고 반환의 범위도 손해를 한도로 하고 있으므로, 잘못 배당된 채권자에 대한 부당이득반환청구의 경우에는 다른 채권자의 채권을 참작하여 청구권자의 손해 및 그 범위를 판단하여야 한다.

잘못 배당된 경우, 채권자가 배당이의의 소를 제기한 경우의 배당표의 경정범위와 부당이득반환청구를 한 경우에 부당이득의 인정범위가 일치하지 아니하는 경우가 발생할 수 있다.

배당이의를 하지 아니한 채권자가 배당이의의 소를 제기한 채권자와 동순위이고, 배당이의의 소에서 동순위 채권자과 상관없이 그 결과에 따라 배당받았다면, 배당이의를 하지 아니한 채권자의 배당이의의 소에서 승소한 채권자에 대한 부당이득반환 청구의 문제가 발생한다.

즉 배당이의의 소를 제기한 채권자가 배당이의의 소를 제기하지 아니하고 부당이득반환청구를 하였다면, 다른 채권자의 부당이득반환청구의 상대방이 되지 아니하였을 것이다.

또한 배당이의의 소에서 채권자가 다른 채권자를 고려하여 자신이 배당받을 수 있는 금액만 배당받는 결과가 되었다면 부당이득반환청구의 상대방이 되지 아니하였을 것이다.

㈐ 견해의 대립

1) 긍정설 — 법률상 원인이 없어 상대방이 된다.

다른 채권자 사이의 배당이의의 소의 결과에 따라 배당표가 경정되어 확정되었다는 것만으로는 배당이의의 소의 판결의 효력이 미치지 아니하는 채권자에 대한 관계에서 법률상 원인에 해당된다고 볼 수 없다.

배당이의의 소를 통하여 경정된 배당표에 대하여는 채권자가 배당이의를 제기할 기회가 없었다.

2) 부정설 — 법률상 원인이 있어 상대방이 되지 아니한다.[33]

31) 위 주석 민사집행법(Ⅳ) 206.

32) 위 주석 민사집행법(Ⅳ) 207.

배당이의의 소의 결과에 따른 배당액이 그 채권자의 채무자에 대한 채권 및 배당금지급청구권의 범위 내에 있는 이상 모든 채권자들에게 다시 배당을 하였을 경우보다 많은 배당을 받았다 하더라도 법률상 원인이 있다.

배당이의의 소의 결과에 따라 배당비율에 따라 배당받을 수 있는 금액을 넘는 배당금 부분은 다른 채권자에 대하여 먼저 변제를 받은 것이고, 다른 채권자는 배당받지 못한 채권을 가지고 있어 손해가 없다.

채무초과에 있는 채무자가 특정 채권자에게 변제하는 경우, 다른 채권자는 사해행위취소소송을 제기할 수 있을 뿐이다.[34)]

배당이의의 소를 제기한 채권자는 소의 제기 및 승소를 위하여 많은 노력과 비용을 들였는데, 다른 채권자의 부당이득반환 청구를 허용한다면 배당이의의 소를 제기할 필요가 없다.

4. 대상판결의 논거

(1) 다수의견

㈎ 잘못된 배당과 부당이득반환 청구권의 성립 경매목적물의 매각대금이 잘못 배당되어 배당받을 권리 있는 채권자가 배당받을 몫을 받지 못하고 그로 인해 권리 없는 다른 채권자가 그 몫을 배당받은 경우에는, 배당금을 수령한 다른 채권자는 배당받을 수 있었던 채권자의 권리를 침해하여 이득을 얻은 것이 된다.

채권자가 배당기일에 출석하지 않아 민사집행법 제153조 제1항에 따라 배당표와 같이 배당을 실시하는 데에 동의한 것으로 간주되거나 배당기일에 출석하고도 배당이의를 하지 않은 경우에도, 이는 배당절차에서 '배당표에 따른 배당 실시'라는 절차의 진행에 동의한 것일 뿐 다른 채권자의 실체법상 권리를 승인한 것으로 볼 수 없다.

채권자가 배당요구를 하여 배당절차에 참가하고 경매절차의 진행으로 배당요구의 종기가 지나면 특정 금액의 배당금을 자신에게 귀속시킬 수 있는 구체적인 권리를 가진다.

민사집행법 제150조 제2항 또는 제152조 제2항에 의한 합의나 동의 없이 단지 배당이의 등을 하지 않아 배당표가 확정되었다는 사정만으로, 잘못된 배당의 결과로 수령한 배당금을 보유할 정당한 권원, 즉 '법률상 원인'이 생기는 것은 아니다.

민사집행법 제155조는 채권자가 배당이의 등과 같은 일정한 절차를 밟지 않았는지 여부나 배당이의의 소의 소송계속이 소멸하였는지 여부와 상관없이 그로 인해 자신의 실체법상 권

33) 프랑스의 배당절차의 관점에서 긍정설이 바람직하다는 취지의 견해, 정태윤(주 29).

34) 대법원 2014. 10. 27. 선고 2014다41575 판결.
채무자가 채무초과의 상태에서 특정 채권자에게 채무의 본지에 따른 변제를 함으로써 다른 채권자의 공동담보가 감소하는 결과가 되는 경우, 그 변제는 채무자가 특히 일부의 채권자와 통모하여 다른 채권자를 해할 의사를 가지고 변제를 한 경우가 아닌 한 원칙적으로 사해행위가 되는 것이 아니다.

리까지 잃게 되는 것이 아님을 확인한 규정으로 해석함이 타당하다.

(나) 부당이득반환 청구 허용의 필요성

1) 배당이의의 소의 한계 보완 배당이의의 소는 제소권자를 '배당기일에 이의를 진술한 채권자나 채무자'에 한정하고 제소기간을 '1주일'이라는 짧은 기간으로 정하는 등 그 행사요건을 엄격하게 정하고 있다.

채권자가 제기한 배당이의의 소에서는 원고의 청구가 이유 있으면 '배당이의를 하지 않은 다른 채권자의 채권을 참작할 필요 없이' 피고가 배당받을 수 없게 된 금액을 원고의 채권액에 달할 때까지 원고에게 배당하는 것으로 배당표를 경정하도록 하고 있다.[35] 이러한 법리를 따를 경우 당초 권리 없는 피고를 제외하고 배당을 실시하였을 경우 받을 수 있었던 배당액 이상을 원고가 보유하도록 하는 결과가 생길 수 있는데, 이러한 결과는 채권자평등 원칙에 부합하지 않는다.

부당이득반환 청구소송에서는 청구권자의 손해를 한도로 하면서 배당에 참가한 다른 채권자의 채권도 참작하여 반환할 부당이득의 범위가 정해지므로, 배당이의소송과 달리 채권자평등 원칙에 맞는 결론을 도출해낼 수 있다.

2) 사해행위 취소소송에서 가액반환의 문제점 보완 부동산에 대한 (근)저당권설정행위가 사해행위에 해당하는 경우 원칙적으로 취소채권자는 원상회복으로서 (근)저당권설정등기의 말소를 구하여야 하지만 부동산에 대한 경매절차가 개시되어 부동산이 매각되고 매수인이 대금을 납부하여 저당권설정등기가 집행법원의 촉탁에 따라 말소되면 취소채권자는 더 이상 원상회복으로서 (근)저당권설정등기의 말소를 구할 수 없게 되므로, 이러한 경우에는 원상회복의 방법으로서 가액반환이 허용된다.[36] 취소채권자는 이미 배당금을 현실적으로 수령한 수익자인 (근)저당권자에 대하여 직접 자기에게 배당금을 반환할 것을 청구할 수 있으나,[37] 취소채권자가 회복해 온 재산(배당금)은 모든 채권자를 위한 공동담보로 제공되어야 한다(민법 제407조 참조). 원상회복된 배당금에 대하여 취소채권자는 우선권을 가지지 않지만, 실제로는 취소채권자가 수령한 배당금을 채무자에게 반환할 채무와 채무자에 대한 자신의 채권과 상계하는 등으로 사실상 우선변제받는 것을 막을 수 없어 민법 제407조의 채권자평등 원칙에 위반된다는 지적이 있어 왔다.

배당절차에서 배당이의 등을 하지 않은 다른 채권자들도 취소채권자를 상대로 부당이득반환 청구를 할 수 있으므로, 배당절차에 참가한 채권자들 사이에 채권자평등 원칙이 구현될 수 있는 기회가 어느 정도 보장되어 있다.

---

35) 대법원 1998. 5. 22. 선고 98다3818 판결.

36) 대법원 2001. 2. 27. 선고 2000다44348 판결.

37) 대법원 1998. 5. 15. 선고 97다58316 판결; 대법원 1999. 9. 7. 선고 98다41490 판결.

㈐ 현행 민사집행법에 따른 배당절차의 제도상 또는 실무상 한계로 인한 문제

1) 배당기일 통지와 관련한 문제 　민사집행법에 따른 배당기일 통지 실무상 적법한 발송송달이나 공시송달을 받은 채권자임에도 배당이의 등을 할 기회를 실질적으로 보장받지 못하는 경우가 있을 수 있어 부당이득반환 청구권의 행사를 제한할 것은 아니다.

2) 단기간의 배당표원안 열람기간 및 배당이의의 소 제기기간에 따른 문제 　현행 민사집행법에서는 배당에 참가한 채권자가 권리관계나 순위 등을 확인하고 배당이의 여부를 결정하는 데에 필요한 배당표원안의 열람기간도 최대 '3일'에 불과하다. 따라서 배당기일 전에 배당표원안을 열람하지 못하거나 열람하더라도 짧은 기간 내에 배당표를 검토하여 이의하는 것이 쉽지 않다. 가장 임차인, 가장 임금채권자나 사해행위의 수익자인 근저당권자와 같이 배당을 받아서는 안 되는데도 배당채권자로 기재된 경우를 가려내어 이의하고 배당기일부터 1주 이내에 배당이의의 소를 제기하는 것은 어려운 일이다.

3) 진정한 권리자의 부당한 희생 　배당절차가 종료되었다고 하여 배당요구를 하고 배당절차에 참가한 채권자의 부당이득반환 청구권을 전면적으로 제한할 경우 진정한 권리자가 부당하게 희생되는 것을 피할 수 없다.

(2) 반대의견

㈎ 민사집행법 제155조와 민사집행법의 전체적인 취지

1) 민사집행법 제155조 　민사집행법 제155조는 배당기일에 이의한 채권자가 배당이의의 소제기에 관한 증명서류 제출기간(1주일)을 지키지 아니한 경우에도 소로 우선권 및 그 밖의 권리를 행사하는 데 영향이 없는 채권자의 범위를 '이의한 채권자'로 한정하고 있으므로, 그 문언대로 '이의한 채권자'에 대해서만 위 조항이 적용된다고 해석하는 것이 자연스럽다.

만일 채권자가 배당기일에 이의하였는지 여부를 묻지 않고 부당이득반환 청구를 할 수 있도록 하려는 입법의도가 있었다면 입법기술상 그러한 의도를 반영한 입법이 얼마든지 가능하다. 그런데도 '이의한 채권자'만을 명시함으로써 이의한 채권자에 대해서만 위 조항을 적용하려는 입법의도를 분명하게 표명하고 있으므로, 위 조항을 함부로 확인적이거나 예시적인 규정으로 해석할 수는 없다.

2) 민사집행법의 취지 　민사집행법은 첫 매각기일 이전의 적당한 날로 집행법원이 배당요구의 종기를 정할 수 있도록 함으로써(제84조 제1항) 재산발견을 위한 압류채권자의 노력이 무시될 수 있는 '평등주의' 법제의 단점을 완화하면서 경매절차의 불안정을 제거하고자 하였다.

민사집행법 제155조에서 명시적으로 허용하는 경우가 아님에도 배당이의 등을 하지 않은 채권자의 배당절차 종료 후 부당이득반환 청구를 폭넓게 허용하는 것은 입법자의 의도에 어긋

나고 민사집행법이 지향하는 전체적인 법질서 체계에 부합하지 않는 법해석이다.

(나) 배당절차의 특수성 민사집행법은 채권자에게 배당기일을 통지하여 배당기일에 이의할 수 있는 기회를 부여함과 동시에 이의가 완결되지 않는 경우를 대비하여 배당이의의 소라는 권리구제수단까지 마련하고 있고, 채권자가 배당이의의 소 이외의 소로 권리를 행사할 수 있는 경우를 '이의한' 채권자가 '배당이의의 소의 제소기간을 지키지 않은 경우'로 한정하고 있다. 이는 배당에 관한 분쟁이 집행절차 내에서 종결되도록 함으로써 배당절차를 조속히 확정하고 집행제도의 안정을 도모하려는 데 그 취지가 있다.

민사집행법이 배당기일에서의 이의(제151조)나 배당이의의 소(제154조)라는 제도를 마련하여 채권자의 실체법적 권리관계를 주장할 수 있는 구제수단을 보장하고 있는데도, 스스로 그 기회를 이용하지 않은 채권자는 배당표에 의해 정해진 실체법적 권리관계를 더 이상 다투지 않겠다는 의사를 소극적으로 표명한 것으로 평가할 수 있다. 따라서 배당이의 등을 하지 않아 배당표가 확정된 후 그 배당표가 잘못되었다고 주장하는 것은 그 자체로 신의성실의 원칙에서 파생된 금반언의 원칙에 반한다.

더욱이 절차법이 정한 진행단계에 따른 일정한 행위를 하지 않은 사람은 설령 그가 실체법상 정당한 권리자라고 하더라도 그 절차에서는 '실권'되는 것이 당연한 법리이다. 채권자가 배당이의 등을 하지 않은 채 배당절차가 종료되었더라도 실제 배당을 받지 못한 이상 실체법상 권리가 소멸하는 것은 아니므로, 채권자는 채무자의 다른 재산에 대해서 얼마든지 강제집행 등을 할 수 있다. 그러나 해당 배당절차에서 그러한 실체법상 권리를 실현할 수 있는 절차적 구제수단에 제한이 있다면 그에 따를 수밖에 없고, 그 배당절차에서 확정된 권리관계를 다른 방법으로 부정할 수 없다고 보아야 한다.

대법원은 배당요구권의 행사시기는 민사집행법 제84조 제1항에 의하여 종기의 제한을 받게 되어 경우에 따라서 임금 등 청구권 행사가 종국적으로 제한되는 결과가 발생할 수도 있지만, 이러한 제한은 특정한 절차에 한정된 일시적 제약에 불과한 것이고 권리의 존재와 내용 및 실체법상의 권리행사에 무슨 영향을 미치는 것이 아니며, 이러한 배당요구의 종기 제도에 의하여 달성되는 경매제도의 효율적 운영은 더욱 중요한 공익에 속한다는 이유로 배당요구의 종기를 첫 매각기일 전까지의 범위에서 정하도록 한 것은 합리적인 입법조치라고 판시한 바 있다.[38] 위와 같이 '배당요구의 종기' 단계에서 이루어지는 집행절차법 원리에 의한 실체법상 권리의 제약은 '배당절차의 종료' 단계에서도 마찬가지로 유지되어야 한다. 그에 대한 예외는 민사집행법 제155조(이의한 채권자가 배당이의의 소제기 증명서류 제출기간을 준수하지 못한 경우)와 같이 명시적 규정이 있는 경우로 한정될 수밖에 없다.

(다) 민사집행법이 정한 절차에 따른 배당 민사집행법은 배당표의 확정과 그에 따른

38) 대법원 2014. 6. 17.자 2014그85 결정.

배당을 실시할 때 채권자에게 다른 채권자와 합의하거나 그에 대하여 이의를 하는 등으로 이해관계를 조정할 수 있는 기회를 부여하고 있다(제150조 제2항, 제151조 제3항). 그리고 배당기일에 출석한 채권자들의 합의가 있는 경우와 배당이의에 관계된 채권자가 이의를 정당하다고 인정한 때에 집행법원이 이에 기속되도록 하고 있다(제152조 제2항).

민사집행법은 배당을 실시할 때 1차적으로 합의에 의한 배당을 하고 그러한 합의가 이루어지지 않을 경우 비로소 법률에서 정한 우선순위나 안분비례(안분비례)의 방법으로 배당하도록 하고 있다. 배당에 참가한 채권자 상호 간의 배당관계는 채권자의 자주적인 태도결정에 따라 얼마든지 변경될 수 있고, 배당의 순위나 액수 등이 실체관계와 엄밀하게 합치될 것을 요구하고 있지도 않다. 따라서 배당기일에서의 '합의'와 같이 채권자의 자주적인 태도결정의 결과로 배당금이 다른 채권자에게 귀속되었다면 이를 '법률상 원인'이 없는 부당이득이라고 할 수 없다.

이러한 법리는 채권자가 적법한 배당기일 통지를 받아 배당기일에 출석하여 이의할 수 있는 기회를 가지게 되었음에도 이의하지 않은 경우에 마찬가지로 적용된다고 보아야 한다. 이의할 기회를 부여받은 채권자가 스스로의 선택에 따라 배당이의 등을 하지 않았다면 이 역시 채권자의 자주적인 태도결정에 해당하고, 합의배당에 준하여 그 배당결과에 '법률상 원인'이 없다고 볼 것은 아니기 때문이다.

대법원은 구 민사소송법 제605조 제1항에서 규정하는 배당요구 채권자는 매각기일까지 배당요구를 한 경우에 한하여 비로소 배당을 받을 수 있고, 비록 실체법상 우선변제청구권이 있더라도 적법한 배당요구를 하지 않아서 그를 배당에서 제외하는 것으로 배당표가 작성되어 배당이 실시되었다면 그가 적법한 배당요구를 한 경우에 배당받을 수 있었던 금액 상당의 돈이 후순위 채권자에게 배당되었다고 하여 이를 법률상 원인이 없는 것이라고 할 수 없다고 하였다.[39] 또한 대법원은 근저당권자가 경매신청서에 피담보채권 중 일부만을 청구금액으로 기재하여 담보권의 실행을 위한 경매를 신청한 후 그대로 경매절차를 진행시켜 경매신청서에 기재된 청구금액을 기초로 배당표가 작성·확정되고 그에 따라 배당이 실시되었다면, 신청채권자가 청구하지 않은 부분의 해당 금원이 후순위채권자들에게 배당되었다 하여 이를 법률상 원인이 없는 것이라고 볼 수 없다고 하였다.[40]

대법원은 배당요구의 종기까지 배당요구를 하지 않은 채권자나 경매신청서에 피담보채권 중 일부만을 청구금액으로 기재한 채권자의 부당이득반환 청구를 배척하고 있는데, 이와 달리 배당이의 등을 하지 않은 채권자의 부당이득반환 청구를 허용하는 것은 논리적으로 일관되지 않다. 앞서 본 대법원 판례도 채권자가 배당요구를 하지 않았거나 채권의 일부만을 청구금액으로 기재한 경우와 같이 당사자의 의사에 기인한 사정으로 인해 실체관계와 달리 배당이 실

39) 대법원 1998. 10. 13. 선고 98다12379 판결; 대법원 2005. 8. 25. 선고 2005다14595 판결.

40) 대법원 1997. 2. 28. 선고 96다495 판결; 대법원 1998. 7. 10. 선고 96다39479 판결.

시되었음에도 그러한 배당결과에 대해 '법률상 원인'을 인정하였다. 배당이의 등을 할 것인지 여부도 배당요구나 일부청구에서와 마찬가지로 채권자의 의사에 맡겨져 있으므로, 배당이의 등의 경우만 달리 취급할 이유가 없다. 특히 경매 진행사실 자체를 알지 못하였거나 법률의 부지 등으로 인하여 배당요구를 하지 못한 채권자보다 배당기일 통지를 받고도 출석하지 않은 채권자나 배당기일에 출석하였음에도 이의하지 않은 채권자 등을 더 보호하는 것은 형평의 관점에서 보더라도 쉽게 납득하기 어렵다.

㈑ 특별한 사정 부존재 일반적으로 배당절차에는 다수 채권자들이 경합하는 경우가 많고, 배당금이 모든 채권을 만족시키기에 부족하여 배당절차에서 충분히 만족을 받지 못하는 일반채권자들이 다수 발생하게 되는데, 종래 대법원 판례대로라면 배당기일에서 이의를 하지 않은 채권자도 그 채권의 소멸시효(통상 10년)가 완성되기 전이면 언제라도 부당이득반환 청구를 할 수 있게 된다. 그러나 민사집행사건기록의 보존기간은 '배당의 실시(지급 또는 공탁)가 완료된 때부터 3년'이므로,[41] 적어도 기록보존기간이 경과한 이후의 부당이득반환 청구소송에서 소송당사자들은 모두 불충분한 증거와 그로 인해 불명확한 법률관계를 감수해야 한다. 또한 배당결과는 다수의 채권자들과 이해관계가 얽혀 있기 때문에 채권자 한 명의 부당이득반환 청구를 허용하면 연쇄적으로 다른 채권자들에게도 영향을 미치게 되는데, 이는 배당절차가 종료된 이후에도 장기간 그 배당과 관련한 법률관계를 불안정한 상태에 놓아두게 된다는 심각한 문제가 있다.

현행 민사집행법상 배당에 참가한 채권자가 권리관계나 순위 등을 확인하고 배당이의 여부를 결정하는 데 필요한 배당표원안의 열람기간이 최대 3일에 불과하고(제149조 제1항), 배당기일부터 1주 이내에 배당이의의 소를 제기하고 그 증명서류까지 집행법원에 제출해야 하므로(제154조 제1항, 제3항), 배당에 참가한 채권자가 실체적 권리관계의 존부, 액수와 순위 등을 정확하게 판단하기에는 너무 짧은 기간이라는 의견도 있다. 그리고 이러한 시간과 정보의 제약을 받는 배당 실무상 배당이의 등을 하지 않은 채권자의 부당이득반환 청구를 전면적으로 봉쇄하는 것은 지나치다는 우려도 있다. 그러나 실체적 배당금 수령권의 존부는 최종적으로 배당이의소송 등을 통해 판단될 수밖에 없고, 집행절차 내에서는 아무리 충분한 시간과 정보를 제공하더라도 그 확인에 한계가 있을 수밖에 없으므로, 배당이의 등을 하지 않은 채권자의 부당이득반환 청구를 제한하는 데 위와 같은 사정이 결정적인 장애사유가 될 수 없다.

배당이의 등을 하지 않은 채권자의 부당이득반환 청구가 제한되는 것은 어디까지나 그 채권자가 배당표에 대하여 이의를 하여 다툴 수 있는 절차적 보장을 받았음을 전제로 하므로, 종래 대법원 판례를 변경하더라도 채권자에게 일방적으로 불리한 법해석이라고 할 수 없다. 가령 채권자가 적법한 배당기일 통지를 받지 못하였거나 다른 채권자의 기망이나 강박에 의하여

41) 재판서·사건기록 등의 보전에 관한 예규 제2조 (바)목 및 별표 참조.

이의하지 못한 경우 또는 채권자가 책임을 질 수 없는 사유로 배당기일에 출석할 수 없었던 경우에는 채권자가 이의할 기회 자체를 부여받지 못하였으므로, 채권자의 부당이득반환 청구가 허용될 수 있다. 따라서 위와 같은 적법한 절차의 보장을 전제로 한다면, 배당기일에서 나타난 채권자의 자주적인 태도결정(배당기일 불출석, 배당이의 미진술 등)을 객관적 요건으로 하여 배당절차의 조속한 확정, 집행제도의 안정 및 효율적 운영과 같은 더욱 중요한 공익을 보호하기 위해 채권자의 권리행사를 일정 부분 제한하는 것을 부당하다고 할 수 없다.

5. 검 토

대상판결의 다수의견에 대하여 ① 부당이득법을 통한 침해된 권리의 구제를 가능하게 하여 2차적 안전장치를 둔 것이야말로 '채권의 신속한 실현'을 담보할 수 있다는 등의 이유[42]로, 배당요구를 하여 일단 배당에 참가한 이상 그 후 배당절차가 어떻게 진행되었든 각 채권자는 원래 자신이 배당받아야 할 금원을 나중에라도 부당이득으로 반환받는 것이 채권자평등주의를 취하는 현행 법제와 민법상 부당이득의 법리에 부합하고, 이는 우선채권자라 하더라도 배당요구를 하지 않아 배당에서 아예 제외되는 경우와 비교하더라도 현재로서는 당연한 해석의 귀결이라는 이유[43]로 찬성하는 견해와 ② 배당요구란 단순한 집행절차상 신고행위로서 그 채권자가 배당요구를 했다고 해서 그 기초가 되는 채권이 종전과 다른 어떤 별도의 실체법적 성격을 가지도록 변질되는 것은 아니므로, 경매개시결정등기를 한 뒤에 저당권·전세권·등기임차권 등 등기부상 담보물권을 취득한 채권자, 담보권 등기 없는 우선변제청구권을 가진 채권자가 아닌 일반채권자가 배당을 받지 못했다는 사실은 '단순한 채권침해'로서 배타적 이익의 침해가 아니라는 이유로 일반채권자의 부당이득반환청구는 그 요건을 충족하지 못하였다는 이유로 반대하는 견해[44]가 있다.

그러나 배당요구를 한 채권자는 배당요구를 한 이상 집행절차에서 정당하게 배당받을 권리가 있다. 배당절차에서 동순위의 채권자는 배당비율에 따른 배당을 받을 수 있는 권리가 있다. 즉 배당요구를 한 채권자는 배당받을 수 있는 일정한 절차적 요건을 갖추었으므로 배타적 만족권을 가진다고 볼 수 있고,[45] 따라서 배당요구한 일반채권자가 정당하게 배당을 받지 못하였다면 배타적 이익이 침해된 것으로 볼 수 있다.

배당절차의 특수성에 비추어 배당이의 및 배당이의의 소는 배당절차의 신속을 위한 제도이고, 그 절차에 의하여 구제받지 못한 채권자는 부당이득 소송을 통하여 구제 받을 수 있도록 하여야 한다.

42) 제철웅, "부당배당과 부당이득반환청구권", 판례실무연구 XIII, 박영사(2020).
43) 장재형, "배당절차의 완결성에 대한 재논의", 판례연구 제33집 2, 서울지방변호사회(2020).
44) 전원열(주 30).
45) 이동진, "채권자취소권의 법적 성질과 그 구성", 저스티스 통권 제174호(2019. 10), 62 내지 63.

배당이의의 소는 배당표를 경정하는 절차이고, 그 판결은 다른 채권자에게 효력이 없으므로, 배당이의의 소에 따라 다시 작성된 배당표가 채권자평등에 위반되는 경우에는 부당이득반환청구를 허용하여야 한다.

채권자는 배당표에 자신과 동순위의 채권자가 있다는 것을 알 수 있으므로, 배당이의의 소에서 자신이 배당받을 수 있는 범위 내에서만 상대방 채권자의 배당액을 취소하는 청구를 하여야 함이 바람직하다.

주채무자에 대한 회생절차 개시와 민법 제434조에 의한 보증인의 상계

—대법원 2018. 9. 13. 선고 2015다209347 판결의 비판적 검토—

최 준 규*

Ⅰ. 들어가며

민법 제434조는 "보증인은 주채무자의 채권에 의한 상계로 채권자에게 대항할 수 있다." 고 규정하고 있다. 최근 대법원은 민법 제434조에 관하여 의미있는 판결(이하 '대상판결')[1]을 선고하였다. 대상판결에 따르면, 채무자 회생 및 파산에 관한 법률(이하 '회생파산법') 제131조 본문에서 회생파산법에 특별한 규정이 있는 경우를 제외하고는 회생채권의 소멸금지를 정하고 있고 이 규정이 금지하는 행위에는 회생채무자 또는 관리인에 의한 상계와 보증인 등 제3자에 의한 상계도 포함되므로, **"채무자에 대하여 회생절차가 개시된 경우 보증인은 민법 제434조에 따른 상계로 보증채권자의 회생채권을 소멸시킬 수 없다"**(강조는 필자, 이하 같음). 위 판시에 따르면 —채권자는 상계권을 행사하지 않는다고 가정한다— 보증인은 채권자에게 보증채무를 이행하고[2] 자신의 구상권을 회생채권으로 행사할 수밖에 없게 되므로 민법 제434조에 따른 상계가 허용되는 경우에 비해 불리해진다. 한편 주채무자의 관리인은 상계의 자동채권을 특정 채권자(보증채권자)의 독점적 채권만족을 위해 사용하지 않고 모든 회생채권자들을 위한 회생재단에 편입시킬 수 있다. 이에 따라 회생재단이 늘어나고 회생의 가능성도 높아진다.[3]

---

* 서울대학교 법학전문대학원 부교수.

1) 대법원 2018. 9. 13. 선고 2015다209347 판결.

2) 보증인의 자력(資力)은 충분하다고 가정한다.

3) 채권자는 어느 경우든 채권만족을 얻게 되므로 보증인의 상계가 허용되는지 여부에 따라 이해관계가 달라지지 않는다. 다만 '상계충당'이 문제되는 경우에는 보증인의 상계가부에 따라 채권자의 이해관계가 달라질 수 있다. 가령 채권자의 주채무자에 대한 채권이 보증인이 보증한 채권 이외에 추가로 존재하는 경우를 생각해 보자. 주채무자가 회생절차에 들어가기 전 보증인의 상계는 허용하지만 주채무자가 회생절차에 들어간 후 보증인의 상계는 허용하지 않는다면, 전자의 상황에서 채권자는 상계의 대상에서 제외된 자신의 채권을 도산채권으로 행사할 수밖에 없지만, 후자의 상황에서 채권자는 보증인으로부터 보증채권 만족을 얻고, 주채무자에 대한 다른 채권은 상계의 대상으로 삼을 수 있다. 후자의 상황에서 채권자가 더 유리해지는 것이다. 그런데 전자의 상황에

대상판결은 민법 제434조의 해석론 및 입법론에 관하여 여러 생각할 거리를 제공한다. ① 대상판결의 판시는 일견(一見), 주채무자에 대하여 회생절차가 개시되기 전에[4] 보증인이 민법 제434조의 상계권을 행사할 수 있었더라도 일단 회생절차가 개시되면 보증인은 더 이상 상계권을 행사할 수 없다는 취지로 읽힌다. 그런데 회생채권의 소멸금지를 이유로 위와 같은 결론을 내린다면 역으로 민법 제434조의 입법목적이 훼손되는 것 아닌가? 민법 제434조의 입법목적은 무엇인가? 민법 제434조를 근거로 보증인을 어디까지 보호할 수 있는가? ② 채권자만 상계할 수 있고 주채무자는 상계할 수 없는 경우 민법 제434조가 적용될 수 있는가? 만약 적용될 수 없다면, 주채무자에 대하여 도산절차가 개시되어 관리인이 법원의 허가 없이 임의로 상계권 행사를 할 수 없는 경우에도 **상황이 동일하므로** 민법 제434조가 적용될 수 없는 것인가? 대상판결은 이러한 이유를 통해 정당화될 수 있는가? ③ 대상판결은 도산법 일반법리가 아니라 회생절차에서 적용되는 규정을 근거로 결론을 정당화하고 있다. 즉 주채무자에 대하여 파산절차가 개시된 경우 결론이 달라질 가능성을 유보하고 있다.[5] 그런데 위 쟁점에 관하여 회생절차와 파산절차의 차별취급이 정당화될 수 있는가?

위와 같은 의문들에 대하여 그간 충분한 논의가 이루어지지 않았다.[6] 민법 제434조의 적용이 문제된 사안 —상계적상이 존재함에도 불구하고 주채무자나 채권자 어느 누구도 상계를 하지 않는 상황— 이 실무상 드물어서 그런지는 몰라도, 민법 제434조의 해석론과 입법론을 상세히 검토한 논문은 많지 않다.[7] 대상판결에 대하여 실무가들이 집필한 평석[8]의 경우에도

서 보증인이 일방적으로 상계의 대상이 되는 수동채권(채권자의 주채무자에 대한 채권)을 지정할 수 있는지, 설령 그러한 일방적 지정이 해석론으로 가능하더라도 입법론으로 바람직한 것인지 논란이 있을 수 있다. 이는 상계충당 법리 일반(一般)에 관한 난제(難題)로서 민법 제434조와 무관한 문제이다{우선 김기환, 상계, 2018, 350-379 참조. 이 글의 각주 61 및 그에 해당하는 본문도 참조}. 이처럼 두 쟁점이 서로 얽혀있는 상황을 염두에 두고 문제를 분석하면, **문제가 발생하는 근본적 원인을 엉뚱한 곳에서 찾거나**, 논의가 불필요하게 혼란스러워질 위험이 있다. 전선(戰線)을 확대하지 않고 시야(視野)를 민법 제434조에 고정시키기 위해, 이 글에서는 상계의 자동채권과 수동채권이 각각 1개뿐인 상황을 염두에 두고 논의를 진행한다.

4) 즉 회생절차개시 '후' 비로소 상계적상이 발생한 경우를 염두에 둔 판시가 아니다.

5) 대상판결에 대한 대법원 재판연구관의 평석은 다음과 같이 서술하고 있다.

"상계에 관하여 파산절차와 회생절차는 양 제도의 목적에서 비롯된 본질적 차이가 있으므로(원칙적 금지 vs 원칙적 허용), **설령 파산절차에서 보증인의 상계가 허용된다고 보더라도** 반드시 회생절차에서도 그에 기속될 필요는 없음."

백숙종, "2018년 하반기-2019년 상반기 도산법 관련 대법원 판례 소개", 47(2020년 9월 도산법연구회 월례발표회 발표자료).

6) 다만 주채무자에 대하여 '파산'절차가 개시된 경우 보증인의 상계 가부(可否)에 대해서는 선행연구가 있다. 민법주해10/박병대 275-276(보증인의 상계권 긍정); 조병현, "파산절차상의 상계권 행사", 재판자료83(1999), 333-334(보증인의 상계권 부정).

7) 최근 논문인 이동진, "양도금지특약에 반하는 채권양도, 회생절차와 민법 제434조", 법조743(2020), 474 이하는 민법 제434조에 관하여 비교적 상세한 분석을 하고 있다. 필자는 위 논문의 결론에 대체로 공감하지만 그 근거설정(Begründung)은 보충할 필요가 있다고 생각한다. 또한 위 논문이 ① 민법 제434조의 '해석론'으로 보증인의 연기적 항변권을 인정하는 것, ② 민법 제434조를 보증채무의 '보충성'이라는 관점에서 설명하는 것

사정은 비슷하다. 또한 그간의 논의를 보면, 주채무자에 대한 도산절차 개시 전에 보증인의 상계가 가능하였던 경우와 주채무자에 대한 도산절차 개시 후 비로소 상계적상이 발생한 경우가 명확히 구분되지 않았다. 필자는 두 문제상황을 구별할 필요가 있다고 생각한다. 보증인 보호 필요성 측면에서 차이가 있기 때문이다. 이 글은 기존 논의의 공백을 보충하고, 대상판결에 대하여 필자 나름의 비판적 견해를 밝히기 위해 작성되었다.

논의의 순서는 다음과 같다. 우선 민법 제434조의 입법취지를 파악하기 위해 비교법적 검토를 수행한 뒤(Ⅱ. 1), 민법 제434조의 해석론을 살펴본다(Ⅱ. 2). 이러한 논의들을 토대로 민법 제434조에 대한 입법론을 제시해 본다(Ⅱ. 3). 이어서 주채무자에 대한 도산절차 개시가 민법 제434조에 의한 보증인의 상계권에 어떠한 영향을 미치는지 분석한다(Ⅲ. 1. 2). 이러한 민법과 도산법 쟁점의 교차검토를 토대로 대상판결의 타당성을 평가한다(Ⅲ. 3).

Ⅱ. 민법 제434조의 해석론과 입법론

민법 제434조는 보증인이 "주채무자의 채권에 의한 상계로" 채권자에게 대항할 수 있다고 규정한다. 즉 주채무자가 상계할 수 있는데 상계권을 행사하지 않는 경우 보증인이 **주채무자의 상계권을 대신** 행사할 수 있다는 취지이다.[9] 종래 논의에 따르면, 주채무자의 상계권 행사가 가능하다는 것이 보증인의 민법 제434조에 따른 상계권 행사의 '필요조건'임은 분명하다. 그러나 '필요충분조건'인지는 불분명하다. 즉 주채무자만 상계할 수 있는 경우에도 보증인이 민법 제434조의 상계권을 행사할 수 있는지, 주채무자와 채권자 모두 상계할 수 있는 경우 비로소 보증인이 상계권을 행사할 수 있는 것인지 불명확하다. 이 글에서 해명해야 할 과제 중 하나이다.

민법 제434조로 인해 보증인은 보증채무를 현실적으로 이행하지 않더라도 채무를 면할 수 있다. 보증채무를 현실적으로 이행한 보증인은 주채무자에게 구상권을 행사하여 자신의 경제적 손실을 전보받아야 하므로 주채무자의 무자력 위험을 부담하게 된다. 그러나 민법 제434조로 인해 보증인은 주채무자의 무자력 위험을 부담하지 않게 된다. 채권자 입장에서도 상계를 통해 실질적으로 채권만족을 얻은 것이므로 크게 불리할 것은 없다. **채권자에게 실질적 불이익이 없다면**, 보증인을 보호하기 위해 즉 보증인이 주채무자의 무자력 위험을 부담하는 상

에는 찬동하지 않는다. 본문 Ⅱ. 1. 및 2. 참조.

8) 이진만, "2018년 분야별 중요판례분석 20. 도산법", 법률신문4707(2019), 12-13; 백숙종(주 5). 두 평석 모두 대상판결의 결론에 찬성한다.

9) 곽윤직, 채권총론, 신정판, 1998, 368은 "주채무자의 상계권을 원용할 수 있는 권리"라고 설명하면서 보증채무의 부종성에 기한 보증인의 권리 중 하나로 본다. 그러나 부종성을 근거로 민법 제434조를 설명하는 것은 부적절한 점이 있다. 본문 Ⅱ. 1. 바. 참조.

황을 막기 위해 채권자의 채권행사 자유를 제한하는 것이 공평하다는 생각이 민법 제434조의 배후에 깔려있다.

그런데 외국 입법례와 논의들을 보면 이러한 상황에서 보증인을 꼭 보호해야 하는지, 보증인을 보호한다면 그 요건을 어떻게 설정할 것인지에 관하여 견해가 일치되어 있지 않고, 다양한 생각의 스펙트럼이 존재한다는 사실을 알 수 있다. 이러한 논의들을 살펴봄으로써 민법 제434조의 해석론과 입법론에 관하여 중요한 시사점을 얻을 수 있다. 따라서 아래에서는 비교법적 검토를 먼저 수행한다.

1. 상정가능한 제도의 모습들

가. 보증인 보호필요성 부정(1안)

보증인 보호필요성을 부정하는 제도도 충분히 가능하다. 주채무자가 채권자에 대하여 상계할 수 있는 자동채권을 갖고 있다는 점은 주채무 자체와는 무관한 **외부적이고 우연한 사정**에 불과하다. 이 점에서 주채무 발생의 원인이 되는 계약에 흠이 있어 주채무자가 취소권이나 해제(해지)권을 행사할 수 있는 상황과 구별된다. **주채무 자체를 소멸시키는 내부적 흠**이 있는 경우에는 보증인에게 이행거절의 항변권을 부여함으로써(민법 제435조) 보증인을 보호하는 것이 공평하다. 그러나 아무런 흠이 없이 유효하게 존속하고 있는 주채무를 주채무자의 책임재산(자동채권)으로 소멸시킬 수 있는 상황에서는, 굳이 보증인을 보호할 이유가 없다.[10] 주채무자가 채권자에게 자동채권을 갖고 있는 경우와 주채무자가 강제집행 및 환가가 용이한 책임재산(주식, 예금, 부동산 등)을 갖고 있는 경우를 달리 취급할 합리적 이유가 없기 때문이다.[11] 단순보증인이라면 채권자의 보증채무이행 청구에 대하여 최고, 검색의 항변(민법 제437조)을 행사할 수 있을 뿐이다. 즉 주채무자가 자동채권을 갖고 있고 채권자가 상계를 할 수 있다면, 주채무자가 변제자력이 있고 채권자 입장에서 강제집행이 용이하다는 요건이 충족되므로 단순보증인은 채

10) 우리 판례는 전소(前訴) 변론종결 전에 피고가 상계권을 행사하지 않다가 전소 판결확정 후에 상계권을 행사하더라도 기판력에 저촉되지 않는다고 본다(대법원 2005. 11. 10. 선고 2005다41443 판결). 그러나 해제권의 뒤늦은 행사는 기판력에 저촉된다고 본다(대법원 1981. 7. 7. 선고 80다2751 판결). 이러한 차별취급도 문제된 형성권이 해당 법률관계에 **'내재하는'** 흠인지 여부를 고려한 것이다. 전원열, 민사소송법 강의, 2020, 508-509.

11) 다만 그렇다고 해서 채권자가 상계할 수 있는 경우와 채권자가 주채무자에 대하여 물적 담보를 갖고 있는 경우를 동일하게 취급할 수는 없다. 상계는 담보적 '기능'을 할 뿐이고, 물적담보와는 여러 측면에서 다르다. 가령 ① 채권자가 물적 담보를 갖고 있는 경우 보증인은 보증채무를 이행하고 변제자대위를 통해 채권자의 담보물권을 행사할 수 있지만, 채권자가 상계권을 갖고 있는 경우 보증인은 보증채무를 이행하더라도 주채무자에 대한 구상권을 확실히 보장받을 수 없다. ② 또한 채권자가 담보가치유지의무(민법 제485조)를 부담하는 것처럼, 보증인에 대하여 상계적상 유지의무를 부담하는 것도 아니다. 가령 채권자가 주채무자에 대하여 복수의 채권을 가지고 있는 경우, 보증채권이 아닌 다른 채권과 상계를 하였다고 해서 보증인에 대한 책무(責務)를 위반하였다고 볼 수 없다.

권자의 이행청구를 거절할 수 있다. 그러나 연대보증인은 최고, 검색의 항변을 할 수 없으므로 주채무자가 자동채권을 갖고 있더라도 채권자의 보증채무이행 청구를 거절할 수 없다. 연대보증인은 보증채무를 이행해야 한다.

오스트리아는 1안을 취하고 있다.12) 오스트리아민법은 우리 민법 제434조와 같은 조항이 없다. 판례는 실정법 규정이 없음을 이유로 주채무자와 채권자 사이에 상계적상이 존재하더라도 보증인이 보증채무 이행을 거절할 수 없다는 입장이다.13) 판례는 위 문제상황은 주채무자가 충분한 책임재산이 있는데 이를 채무변제에 사용하지 않는 상황과 동일하다고 본다. 판례에 대해서는 반대하는 견해가 통설이지만,14) 찬성하는 견해도 만만치 않다.15) 판례에 찬성하는 견해는 보증채무의 **부종성으로부터 보증인의 이행거절권이 도출될 수 없음**을 강조한다. 부종성이 주채무 자체가 아니라 주채무자의 책임재산 관련 법률관계로부터 도출되는 권리를 보증인에게 부여하지는 않는다는 것이다.16) 또한 오스트리아 민법상 보증채무의 보충성으로부터 보증인의 이행거절권이 도출될 수 없다는 점도 지적한다. 오스트리아의 경우 독일과 달리17) 채권자가 충족해야 할 보증채무의 보충성 요건이 느슨하다.18) 따라서 주채무자가 상계의 자동

---

12) 스웨덴과 덴마크도 1안을 취하고 있다고 한다. 즉 담보제공자(보증인과 인적담보제공자뿐만 아니라 물상보증인과 같은 물적담보제공자도 포함)는 채무자가 다른 재산 —채무자의 반대채권— 이 있다는 이유로 채권자의 청구를 거절할 수 없으므로, 상계가 가능한 상황이더라도 자신의 채무(또는 책임) 전액을 이행해야 한다. [Principles, Definitions and Model Rules of European Private Law], Vol.3, ed. by Christian von Bar and Eric Clive(2010), 2608.

13) OGH 20.12.1991, 6Ob634/91 ÖBA 1992, 660.

14) Peter Bydlinski, "Bürgschaft und Einrede der Aufrechenbarkeit", ÖBA 1992, 661(판례가 두 문제상황을 동일하다고 본 점을 비판하고 있다. 주채무자가 충분한 책임재산을 갖고 있는 상황에서 보증인의 이행거절을 인정하면 채권자가 주채무자에 대하여 소를 제기할 수밖에 없지만, 상계적상인 경우 보증인의 이행거절을 인정하더라도 채권자가 주채무자에 대한 소제기를 강제당하지 않는다). Bydlinski는 **보증채무의 부종성**을 근거로 보증채무자의 이행거절권을 정당화하는 것으로 보인다. 따라서 채권자만 상계할 수 있는 경우에는 보증인의 이행거절권을 원칙적으로 허용할 수 없다고 본다. 채권자에 대하여 보증인은 주채무자와 동일한 의무를 부담하기 때문이다. 이 경우 채권자는 보증인의 이익을 배려할 의무가 없으므로 상계를 할 것인지, 보증채무 이행을 받고 주채무자에 대한 자기채무도 별도로 이행할 것인지 자유롭게 선택할 수 있다. Peter Bydlinski, "Einreden des Bürgen", ÖBA 1987, 690, 698.

15) 오스트리아의 학설상황에 대해서는 W. Faber in Schwimann/Kodek, ABGB^4 VI, § 1351 Rz.12 참조. 오스트리아 민법은 우리 민법 제435조와 같은 조항도 없다. 그런데 판례는 주채무자가 취소권 등을 갖고 있는 경우에는 —주채무자가 상계권을 갖고 있는 경우와 달리— 보증인의 이행거절권을 인정하는 입장에 찬동하고 있다. OGH 25.2.2004, 7Ob25/04h. 학설도 보증인의 이행거절권을 인정하는 견해가 통설이다. W. Faber in Schwimann/Kodek, ABGB^4 VI, § 1351 Rz.11.

16) Thomas Rabl, [Die Bürgschaft](2000), 104.

17) 독일민법 제771조(선소(先訴)의 항변)
채권자가 주채무자에 대하여 강제집행을 시도하였으나 효과를 거두지 못하게 되기까지 보증인은 채권의 만족을 거절할 수 있다.

18) 오스트리아민법 제1355조
채권자의 법정 내 또는 법정 밖 청구에 대하여 주채무자가 채무를 이행하지 않은 경우 보증인에게 청구할 수 있다.

채권을 갖고 있더라도 채권자의 청구에 응하지 않으면 채권자는 보증채무자에게 보증채무이행을 청구할 수 있다. 이 경우 보증인이 보증채무의 보충성을 이유로 이행거절을 할 수 없다.[19)]

나. 당연상계주의에 기초한 보증인 보호(2안)

상계의 효과발생을 위해 상계권자의 의사표시를 요구하는 우리법과 달리 상계적상이 존재하면 당연히 상계의 효과가 발생하는 것을 원칙으로 하는 프랑스[20)]와 캐나다 퀘벡 주의 경우 다음과 같은 조항을 두고 있다.

> 프랑스민법
>
> 제1347-6조
> 보증인은 채권자가 주채무자에 대하여 부담하는 채무와의 상계(la compensation de ce que le créancier doit au débiteur principal)로 대항할 수 있다.[21)22)]
>
> 연대채무자는 총 채무 중 다른 연대채무자의 부담부분을 감액하기 위하여 채권자가 다른 연대채무자에 대하여 부담하는 채무와의 상계를 원용할 수 있다.[23)]

19) W. Faber in Schwimann/Kodek, ABGB^{4} Ⅵ, § 1351 Rz.12.

20) 2016년 프랑스 채권법 개정 후에도 당연상계주의의 기본적 틀은 유지되고 있다는 점에 대해서는 김기환, "2016년 프랑스 채권법 개정에서 상계 규정의 변화", 비교사법24-2(2017), 685-687.

21) 2016년 개정된 조항은 주채무자와 채권자 사이에 '일어난'(intervenue) 상계로 대항할 수 있다고 규정하여 실제로 상계권 행사가 있는 경우에만 보증인이 대항할 수 있다는 오해를 야기하였다. 이러한 오해를 불식시키기 위해 2018년 법이 개정되었다. 이 개정은 구(舊)법의 내용을 실질적으로 변경한 것이 아니고 구법 입법자의 의도를 명확히 표현하기 위한 개정이다. M. François Pillet가 작성한 프랑스 상원 법률위원회(la commission des Lois du Sénat) 보고서{Rapport n° 22 (2017-2018)} 및 M. Sacha Houlié가 작성한 프랑스 하원 헌법, 법률, 일반행정위원회(Commission des lois constitutionnelles, de la législation et de l'administration générale de la République) 보고서(Rapport n° 429) 참조. 앞의 보고서는 (https://www.senat.fr/rap/l17-022/l17-022.html)에서 뒤의 보고서는 (https://www.assemblee-nationale.fr/dyn/15/rapports/cion_lois/l15b0429_rapport- fond)에서 확인할 수 있다. 최종검색일 2020. 12. 31.

22) 2016년 법개정이 이루어지기 전 프랑스민법 제1294조 제2항은 주채무자는 채권자가 보증인에 대하여 부담하는 채무와의 상계로 대항할 수 없다고 규정하고 있었다. 학설은 이 조항의 취지를 설명하면서, 주채무자가 보증인으로 하여금 먼저 변제하라고 강요하는 것은 타당하지 않다는 점을 언급하고 있었다. Didier R. Martin/Lionel Andreu, "Effets de la compensation", JurisClasseur Civil Code Art. 1347 à 1348-2, Fasc.20(2020), n° 13. 현재 프랑스민법은 위 조문이 없지만, 이러한 법리는 당연히 인정될 것으로 사료된다.

23) 2016년 법개정이 이루어지기 전 프랑스민법 제1294조 제3항은 연대채무자가 다른 연대채무자와 채권자 사이의 상계로 대항할 수 없다고 규정하고 있었다. 학설은 이 규정을 둔 이유를 다음과 같이 설명하고 있었다. 만약 이러한 상계로 대항할 수 있다고 하면, 상계권을 갖고 있는 연대채무자에게 상계를 수인할 것을 강요하고, 다른 연대채무자들에 대한 구상권 행사 및 이에 따른 다른 연대채무자들의 무자력 위험부담을 강요하게 된다는 것이다. Martin/Andreu(주 22) n° 15. 그러나 본문과 같이 연대채무자의 부담부분만 소멸시킬 수 있다면, 이러한 비판은 더 이상 적절하지 않게 된다.

캐나다 퀘벡주 민법

제1678조
연대채무자는 총 채무 중 다른 연대채무자의 부담부분을 제외하고는 채권자가 다른 연대채무자에 대하여 부담하는 채무와의 상계로 대항할 수 없다.

채무자는, 연대채무인지 여부를 불문하고, 총 채권 중 연대채권자의 내부 몫을 제외하고는 그 연대채권자가 자신에 대하여 부담하는 채무와의 상계로 다른 연대채권자에게 대항할 수 없다.

제1679조
보증인은 채권자가 주채무자에 대하여 부담하는 채무와의 상계로 대항할 수 있다. 그러나 주채무자는 채권자가 보증인에 대하여 부담하는 채무와의 상계로 대항할 수 없다.

당연상계주의 하에서 상계적상은 원칙적으로 자동채권자와 수동채권자 모두 상계할 수 있는 상황을 뜻한다. 당연상계주의 하에서 보증인 보호는 **자연스럽게 도출되는 결론**이다. 주채무가 이미 소멸하였으므로 보증채무도 부종성에 따라 소멸하였다고 구성할 수 있기 때문이다. 보증인이 상계를 주장할 수 있다는 결론은 보증인 보호를 위해 특별히 고안(考案)된 것이 아니고 당연상계주의로부터 도출되는 결론이기 때문에, 위 조항들은 보증 편(篇)이 아니라[24] 상계 편(篇)에 규정되어 있고 상계의 요건인 두 채권의 상호대립성의 예외 중 하나로 설명되고 있다.[25] 또한 당연상계주의 하에서는 —의사표시 상계주의를 취하는 독일 등과 달리— 굳이 보증인의 '이행거절권'을 인정할 필요가 없고 보증인이 '대항'할 수 있다고 규정하면 충분하다.

주채무자가 채권자에 대하여 보증채무 이외에 다른 채무도 부담하고 있는 경우에는 '상계충당'의 문제가 발생한다. 당연상계주의 하에서 충당은 상계적상 시점에 따라 '객관적'으로 결정된다.[26] 보증인은 이러한 객관적 기준에 따라 소멸된 보증채무에 한해서만 채권자에게 대항할 수 있다.

프랑스판례는 채무자가 상계를 포기한 경우에도 보증인은 법정 상계를 주장할 수 있다고 한다.[27][28] 프랑스민법 제1347-6조 제1항에 의한 보증인의 항변권은 '연대'보증인에게도 인정

24) 의사표시 상계주의를 취하는 우리나라, 일본, 독일은 보증인의 상계권/이행거절권 조항이 모두 보증 편에 위치하고 있다. 그런데 의사표시 상계주의를 취하는 스위스는 보증인의 이행거절권을 상계 편에서 규정하고 있다.

25) Anne-Marie TOLEDO-WOLFSOHN, "Compensation", Répertoire de droit civil(2017), n° 10.

26) 상계의 원용을 요구하는 개정 프랑스 민법 하에서도 마찬가지로 보아야 한다는 견해로는 김기환(주 20), 694-696.

27) Cass. Com. 26 oct. 1999, no 96-12.571, Bull. civ. Ⅳ, no. 181.

28) 또한 보증인은 —주채무자와 상관없이— 독자적으로 주채무 발생의 원인이 되는 계약에 관하여 사기를 이유로 한 무효선언(annulation)을 법원에 청구할 수 있다. 이 경우 무효선언의 효력은 보증인과 채권자 사이에서만 미친다. Cour de Cassation, Chambre civile 3, du 11 mai 2005, 03-17.682, Bulletin 2005 III N °101 p. 94.

된다.[29)]

다. 보증채무의 보충성(Subsidiarität)에 기초한 보증인 보호(3안)

보증채무의 보충성을 근거로 보증인의 이행거절권을 인정하는 나라로는 독일이 있다. 독일민법은 다음과 같은 조항을 두고 있다.

제770조(취소가능성과 상계가능성의 항변)
(1) 주채무자가 그 채무를 발생시킨 법률행위를 취소할 권리를 갖고 있는 한 보증인은 채권자에 대하여 채권만족을 거절할 수 있다.
(2) 채권자가 변제기가 도래한 주채무자의 채권과의 상계를 통해 채권만족을 얻을 수 있는 한 보증인은 채권자에 대하여 채권만족을 거절할 수 있다.

독일민법 제770조 제2항은 문언상 '**채권자**'가 상계할 수 있는 상황만을 염두에 두고 있다.[30)] 즉 주채무자가 상계를 할 수 있으므로 보증인도 이행거절을 할 수 있어야 한다는 논리, 보증채무의 부종성을 강조하는 논리가 들어설 자리는 없다. 따라서 독일민법 제770조 제2항에 따른 보증인의 이행거절권은 보증채무의 보충성으로부터 유래한다고 설명하는 것이 독일의 대체적 견해이다.[31)] 판례 역시 법문언을 중시하여 채권자만 상계권을 행사할 수 있는 경우에도 —즉 주채무자는 상계권을 행사할 수 없는 경우에도— 독일민법 제770조 제2항에 따른 보증인의 이행거절권을 인정하고 있다.[32)] 비록 제770조 제2항이 주채무자의 채권의 변제기 도래를 요구하고 있지만, 이는 채권자가 주채무자로부터 급부를 받은 것과 사실상 동일한 상황인 경우에만 이행거절권을 인정하려는 취지일 뿐,[33)] 주채무자도 상계권을 갖는 경우에만 보증인

29) TOLEDO-WOLFSOHN(주 25), n° 10; Civ. 1re, 1er juin 1983, Bull. civ. I, no 165.

30) 그러나 입법자가 채권자만 상계권이 있고 주채무자는 상계권이 없는 상황을 **의식하고** 독일민법 제770조 제2항을 만든 것인지에 대해서는 학설상 논란이 있다. 입법자가 이러한 상황을 인식하지 못하였다는 지적으로는 Reinhard Zimmermann, "Die Einrede der Aufrechenbarkeit nach § 770 Abs. 2 BGB-Normwortlaut und Rechtsentwicklung-", JR 1979, 495, 498. 이에 반해 채권자만 상계할 수 있는 경우에도 보증인의 이행거절권을 인정하는 것이 입법자의 의사에 부합한다는 견해로는 Arndt Kiehnle, "Gibt ein Aufrechnungsrecht des Hauptschuldners dem Bürgen eine Einrede gegen den nicht aufrechnungsberechtigten Gläubiger?", AcP 208(2008), 635, 643-649.

31) beck-online Grosskommentar BGB/Madaus § 770 Rn. 1 참조. ① 이에 반해 '법문언에도 불구하고' 부종성의 관점에서 제770조 제2항을 해석하는 견해(이 견해는 본문에서 살펴볼 '4안'과 비슷하다)로는 Zimmermann(주 30) 498. 한편 ② 제770조 제2항을 보충성의 관점에서 이해하면서도 주채무자만 상계할 수 있는 경우에도 독일민법 제770조 제1항을 준용하여 보증인의 이행거절권을 인정하는 견해(이 견해는 본문에서 살펴볼 '5안'과 비슷하다)로는 Münchener BGB 8.Aufl. (2020)/Habersack § 770 Rn. 10. 그러나 위 ①, ②견해는 학설상 큰 지지를 받고 있지 못한 것 같다. 위 Münchener 코멘타르의 각주 35, 36의 문헌지시 및 Staudinger BGB (2013)/Nobert Horn § 770 Rn. 8, 9 참조.

32) BGHZ 153, 293.

33) Kiehnle(주 30), 648. 채권자는 수동채권의 기한의 이익을 포기하고 상계를 할 수 있다. 그러나 이러한 조기(早期)상계를 하면 채권자는 더 이상 주채무자로부터 상계적상 시점까지의 지연손해금을 받을 수 없다. 채권

의 이행거절권이 인정된다는 취지가 아니다.[34)]

참고로 독일민법은 우리 민법 제418조 제2항[35)] 또는 앞서 살펴본 프랑스민법 제1347-6조 제2항과 달리 —연대채무의 채권담보기능과 채권자의 권리행사의 자유를 강조하여— 연대채무자의 이행거절권은 인정하지 않는다.[36)]

여기서 말하는 보증채무의 보충성(Subsidiarität)은 독일민법 제770조 제2항에 의한 보증인의 이행거절권과 독일민법 제771조에 의한 보증인의 선소(先訴)의 항변권을 포함하는 '넓은' 개념이다.[37)] 즉 단순보증이든 연대보증이든 불문하고 채권자는 주채무자와 보증인 중 누구에 대하여 권리를 행사할 것인지 **선택할 자유가 없고**, 주채무자의 이행이 없는 경우에 한해 보증인에 대하여 이행을 청구할 수 있다.[38)] 독일민법 제771조에 따른 선소의 항변권은 이러한 보충성 원칙의 특수한 사례일 뿐이다. 보증인이 독일민법 제771조에 의한 선소(先訴)의 항변권을 포기한 연대보증(die selbstschuldnerische Bürgschaft)의 경우에도 독일민법 제770조 제2항에 의한 이행거절권은 인정된다.[39)] 이 또한 보증채무의 보충성이 발현된 사례이다.

그런데 이처럼 보증채무의 보충성 개념을 넓게, 즉 채권자에게 엄격하게 설정하면 **채권자의 권리행사의 자유**를 지나치게 제약하고 인적담보제도의 취지를 훼손할 위험이 있다. 선소의 항변권을 포기한 연대보증인을 왜 굳이 보호해야 하는지 의문이 제기될 수 있는 것이다. 채권자가 주채무자에 대하여 상계할 수 있다는 이유로 연대보증인으로부터 먼저 채권만족을 얻는 것이 허용되지 않는다면, 채무자가 충분한 책임재산을 갖고 있어 채권자의 채권만족이 확실시

자가 상계를 할 수는 있지만, 손해를 보면서 상계를 해야 하는 상황인 것이다. 이러한 채권자가 주채무자로부터 변제를 받은 것과 사실상 동일한 상황에 놓여있다고 말할 수는 없다.

34) 보증채권의 변제기가 도래하지 않았더라도 채권자가 보증인에 대하여 '장래이행청구의 소'를 제기하면 보증인은 이행거절권을 행사할 수 있다는 것이 통설, 판례(BGHZ 38, 122)이다. 이 경우 아직 주채무자의 채권의 변제기가 도래하지 않았더라도 장차 보증채무의 변제기가 도래하면 주채무자의 채권의 변제기도 도래하는 상황이라면, 보증인의 이행거절권을 인정해야 한다. 즉 보증인의 이행거절권 행사 가부는 지금이 아니라 장래 보증채무의 변제기 도래시점을 기준으로 판단해야 한다. Staudinger BGB (2013)/Nobert Horn § 770 Rn. 5; Mark Makowsky, [Einwendungen aus fremdem Schuldverhältnis](2019), 348.

35) "상계할 채권이 있는 연대채무자가 상계하지 아니한 때에는 그 채무자의 부담부분에 한하여 다른 연대채무자가 상계할 수 있다."

36) 독일민법 제422조 제2항은 "연대채무자 중 1인이 가지는 채권으로 다른 채무자가 상계할 수 없다."고 규정하고 있다. 또한 연대채무자나 채권자가 상계할 수 있다는 점을 들어 다른 연대채무자가 자기 채무이행을 거절할 수 없다는 것이 독일의 대체적 견해이다. Staudinger BGB (2017)/Dirk Looschelders § 422 Rn. 27. 그러나 내부 부담부분이 0인 연대채무자에 대해서는 독일민법 제770조 제2항을 유추할 수 있다는 견해로는 Münchener BGB 8.Aufl. (2019)/Heinemeyer § 422 Rn. 10.

37) 우리 민법에서 보증채무의 보충성은 민법 제437조에 따른 최고, 검색의 항변권과 동일한 의미로 새기는 것이 보통이고, 이러한 보충성이 없는 보증을 연대보증이라고 한다. 곽윤직(주 9), 350.

38) Peter Bülow, [Recht der Kreditsicherheiten], 8Aufl.(2012), Rn. 964.

39) Staudinger BGB (2013)/Nobert Horn § 770 Rn. 1. 나아가 즉시이행의 보증약정(=Bürgschaft auf erstes Anfordern, 독립적 보증)이 체결된 경우에도 보증인이 독일민법 제770조에 의한 항변권을 포기한 것으로 볼 수 없다는 견해로는 Münchener BGB 8.Aufl. (2020)/Habersack § 770 Rn. 3.

되며 그 강제집행에 별 어려움이 없는 경우(ex. 채권자가 이미 집행권원을 갖고 있고, 책임재산이 예금채권으로서 채권자가 별다른 시간과 비용을 들이지 않고 쉽게 환가하여 배당받을 수 있는 경우)에도 연대보증인으로부터 먼저 채권만족을 얻는 것은 허용되지 않아야 균형이 맞다. 채권자가 주채무자로부터 채무변제를 받는 것이 보장된다는 점에서 전자와 후자 사이에 별 차이가 없기 때문이다. 채권자 측 편의라는 측면에서, 의사표시만 하면 자동채권 변제효가 발생하는 상계가 매우 편리한 제도임은 분명하지만, 이미 확보한 집행권원을 가지고 채무자의 예금계좌에 채권 압류 및 전부명령을 신청하는 것도 매우 쉬운 일이다. 하지만 후자의 경우 채권자의 연대보증인에 대한 권리행사를 제한하는 것이 과연 타당할까? 연대보증인은 선소의 항변권을 포기한 자인데 굳이 후자와 같은 상황에서 연대보증인을 보호할 이유가 있는가? 독일에서 이 경우 독일민법 제770조 제2항을 유추하자는 논의는 찾지 못하였다. 전자의 경우 연대보증인을 보호하고 후자의 경우 연대보증인을 보호하지 않는 결론이 정당화되려면, 채권만족의 확실성·편의라는 **채권자 측 사정 이외의 다른 사정**, 즉 보충성과 무관한 사정으로서 전자의 경우에만 존재하는 '특별한' 사정이 고려되어야 하지 않을까?

독일은 연대보증인의 이행거절권은 인정하지만 연대채무자의 이행거절권은 부정하고 있다. 그런데 연대보증인과 연대채무자를 차별취급하는 것이 합리적인지 의문이다. 독일법은 우리법과 달리 보증채무의 보충성을 넓게 인정하므로, 여전히 보충성 원칙이 관철되는 연대보증인과 보충성 원칙이 존재하지 않는 연대채무자를 차별취급하는 것은 독일법 **체계 내**에서 별 문제가 없다고 말할 수도 있다. 그러나 채권담보기능의 강약(强弱)이라는 측면에서 굳이 양자를 달리 볼 이유가 있는지, 그러한 제도가 합리적인지 의문이 남는다.

결론적으로 말하면 보증채무의 보충성을 근거로 보증인 보호를 정당화하는 3안에 대해서는 ⓐ **연대보증 제도의 취지 훼손**문제와 ⓑ **연대보증인과 연대채무자의 불합리한 차별**문제가 제기될 수 있다.

라. 보증채무의 부종성에 기초한 보증인 보호(4안)

보증채무의 부종성을 근거로 보증인의 이행거절권을 인정하는 나라로는 스위스와 일본이 있다. 위 나라들은 주채무자에게 상계권이 있을 때 보증인의 이행거절권이 인정된다고 규정하고 있다. 4안에 따르면 주채무자는 상계할 수 없고 채권자만 상계할 수 있는 경우에는 보증인의 이행거절권이 인정되지 않는다. 4안은 주채무자도 할 수 없었던 주장을 보증인에게 허용하는 것, 즉 **주채무자보다 보증인을 더 보호하는 것은 부당하다**는 생각에 기초하고 있다.

> 스위스채무법 제121조
> 보증인은 주채무자가 상계권이 있는 한 채권자의 채권만족을 거절할 수 있다.[40]

40) 위 규정은 물상보증인에 대해서도 유추된다. KUKO OR-Christina Kessler/IN, Art. 121 N4.

일본민법
제157조 (주채무자에 대하여 생긴 사유의 효력) 1. 주채무자에 대한 이행청구 및 그 밖의 사유에 의한 시효의 완성유예 및 갱신은 보증인에 대해서도 효력이 있다. 2. 보증인은 주채무자가 주장할 수 있는 항변을 가지고 채권자에게 대항할 수 있다. 3. 주채무자가 채권자에 대하여 상계권, 취소권 또는 해제권을 갖고 있는 경우, 이러한 권리의 행사에 의해 주채무자가 그 채무를 면하는 한도에서 보증인은 채권자에 대하여 채무의 이행을 거절할 수 있다.

위와 같은 법률문언에 따르면 주채무자만 상계할 수 있고 채권자는 상계할 수 없는 경우에도 보증인의 이행거절권을 허용함이 일응 타당해 보인다. 그러나 위 쟁점에 관하여 명시적으로 긍정하는 견해는 찾지 못하였다. 오히려 스위스 학설 중에는 법문언에도 불구하고 주채무자와 채권자 **모두** 상계권을 갖는 경우에 한해 보증인의 이행거절권이 인정된다는 견해가 있다.[41] 주채무자만 상계할 수 있고 채권자는 상계할 수 없는 상황은 주채무자가 채무이행을 '임의로' 또는 '자의(恣意)로' 하지 않음으로써 채권자가 채권만족을 얻지 못하는 상황이다. 보증채무는 바로 이러한 주채무자의 채무불이행에 대비한 것이다. 즉 이러한 상황은 **보증채무자가 보증채무를 이행해야 할 전형적 상황** 중 하나라는 것이다.[42]

이러한 지적은 경청할 필요가 있다고 사료된다. 주채무자가 주채무를 변제하지 않는 경우 보증인이 보증채무를 이행해야 하는 것처럼, 주채무자가 주채무를 상계를 통해 소멸시키지 않는 경우에도 마찬가지로 보증인은 보증채무를 이행해야 한다. 만약 후자의 경우 보증인은 원칙적으로 보증채무를 이행하지 않아도 된다고 보면, 주채무자의 채무불이행 상황에 대비한 인적담보 제도인 **보증제도의 본질과 배치**될 위험이 있다. 1안을 살펴보면서 언급하였던 것처럼 주채무자의 상계권을 이유로 한 보증인의 이행거절권은 —주채무자의 취소권 등을 이유로 한 이행거절권과 달리— 보증채무의 부종성으로부터 자명(自明)하게 도출되는 권리가 아니다. 또한 주채무자가 보증인에 대하여 상계권을 행사할 의무를 부담한다고 일반적으로 말할 수 없고, 설령 그러한 의무가 발생하더라도[43] 이는 주채무자와 보증인 사이의 내부적 문제에 불과

41) Berner Kommentar Bd.Ⅵ Art.121/Corinne Zellweger-Gutknecht, Rn. 24, 31.

42) Berner Kommentar Bd.Ⅵ Art.121/Corinne Zellweger-Gutknecht, Rn. 29.

43) 수탁보증인의 경우 보증채무의 이행기가 도래하면 주채무자에 대하여 사전구상권을 행사할 수 있다(민법 제442조 제1항 제4호, 제443조). 보증인이 사전구상권을 행사하였다면, 주채무자는 보증인을 위해 상계할 의무를 부담한다고 볼 여지가 있다. 그러나 주채무자가 이러한 의무를 위반하였다고 해서 보증채무자의 채권자에 대한 보증채무가 소멸하는 것이 아님은 물론이다. 이 경우 주채무자의 무자력 위험으로부터 보증채무자를 보호하는 방법은 어디까지나 보증채무자의 주채무자에 대한 구상권/손해배상채권을 **가급적 빨리 성립시킴**으로써 보증채무자가 주채무자로부터 **이른 시일 내에 채권만족을 얻을 수 있게 도와주는 것**까지이다.

하다. 주채무자의 상계권이 존재한다는 사실로부터 **채권자에 대한 관계**에서 보증인을 보호할 필요가 있다는 명제가 당연히 도출되지는 않는다.

4안에 따르더라도 주채무자의 상계권 포기 시 보증인의 이행거절권도 소멸되는지에 대해서는 견해가 나뉜다. 일본의 경우 보증채무의 부종성을 강조하여 보증인은 더 이상 이행거절권을 행사할 수 없다는 견해가 있다.[44] 그런데 스위스의 경우 주채무자의 항변권 포기는 보증인에게 효력이 없다는 조항(스위스채무법 제502조 제2항)을 주채무자의 상계권 포기 시에도 적용하여, 주채무자가 보증채무 발생 이후 보증인의 동의없이 상계권을 포기한 경우 보증인은 이행거절을 할 수 있다는 것이 판례의 입장이다.[45]

마. 보증채무의 부종성 또는 보충성에 기초한 보증인 보호(5안)

유럽사법의 공통참조기준초안(DCFR) Ⅳ.G. - 2:103(담보제공자가 원용할 수 있는 채무자의 항변)은 다음과 같이 규율하고 있다.

> (1) 채권자에 대하여 담보제공자는 담보된 채무에 관한 채무자의 여하한 항변을 담보가 효력을 발생한 후의 채무자의 작위 또는 부작위로 인해 채무자는 더 이상 그 항변을 원용할 수 없는 경우에도 원용할 수 있다.
> (2) 담보제공자는 다음의 경우 담보채무의 이행을 거절할 권리가 있다:
> (a) 채무자가 제2권, 제5장(철회권)에 따라 채권자와의 계약을 철회할 수 있는 권리가 있는 경우
> (b) 채무자가 Ⅲ. - 3:401(쌍무적 채무의 이행을 보류할 수 있는 권리)에 따라 이행을 보류할 수 있는 권리가 있는 경우, 또는
> (c) 채무자가 제3권, 제3장, 제5절(해제)에 따라 채권자와 채무자의 계약관계를 해제할 권리가 있는 경우
> (3) 담보제공자는 담보가 효력을 발생한 때에 관련된 사실이 담보제공자에게 알려져 있었던 경우 자연인이든 법인이든 채무자의 능력의 결여 또는 법인의 경우 채무자의 부존재를 원용할 수 없다.
> (4) 채무자가 전항에 언급된 근거 외의 근거로 담보된 채무가 발생한 계약을 취소할 수 있는 권리가 있고 그 권리를 행사하지 않은 동안, 담보제공자는 이행을 거절할 수 있다.
> (5) 전항은 담보된 채무가 상계를 할 것인 경우 **적절히 변경하여** 적용한다.

44) 潮見佳男, 新債権総論Ⅱ, 2017, 675는 일본민법 제157조 제3항에 의한 보증인의 항변권을 부종성에 기초한 항변으로 분류하면서 주채무자가 상계권, 취소권, 해제권을 포기한 경우 보증인은 더 이상 이행거절권을 행사할 수 없다고 설명하고 있다.

45) BGE 138 Ⅲ 453, 456. 다만 보증계약체결 전에 주채무자가 상계권을 포기하였고 보증인도 이를 알고 있었다면 보증인은 이행거절을 할 수 없다(BGE 138 Ⅲ 453, 457). 보증계약체결 전에 주채무자가 상계권을 포기하였는데 보증인이 이를 모른 채 보증채무를 부담하였다면, 보증인의 이행거절권을 인정하자는 견해가 다수설이다. KUKO OR-Christina Kessler/IN, Art.121 N3; Berner Kommentar Bd.Ⅵ Art.121/Corinne Zellweger-Gutknecht, Rn. 59; CHK-Kut OR 121 N4.

위 조문 중 이 글의 주제와 직접 관련이 있는 조항은 제5항이다. 그런데 위 조항은 과연 어느 경우 담보제공자의 이행거절권이 인정되는지에 관하여 명확한 입장을 취하지 않고 있다. 다만 DCFR 주석서는 주채무자만 상계권을 행사할 수 있는 경우나 채권자만 상계권을 행사할 수 있는 경우 모두 보증인의 이행거절권이 인정될 수 있다는 취지로 설명하고 있다.[46] DCFR은 유럽 개별국가들이 '참조'할 수 있는 '초안'이므로, 가급적 모든 가능성을 포섭할 수 있는 포용적·개방적 해석론을 취한 것으로 추측된다. 개별국가에서 이러한 입법을 한 사례는 발견하지 못하였다. 어쨌든 이러한 입장(5안)도 상정해볼 수는 있을 것이다. 5안은 3안과 4안을 합친 것이므로 3안과 4안의 단점들(앞서 언급한 내용 참조)이 모두 발생한다.

바. 소결: 우리민법 제434조의 비교법적 위치

지금까지 살펴 본 각 제도들을 보증인의 보호강도 및 보증인 보호요건을 중심으로 정리하면 다음 표와 같다(4안의 경우 앞서 살펴본 것처럼 개별 국가의 실제 해석론은 법문언과 다를 가능성이 있다. 그러나 논의의 편의를 위해 일단 법문언에 충실하게 아래와 같이 '도식적'으로 정리한다. 또한 3안이 2안보다 '항상' 보증인에게 유리하다고 단정할 수 없지만(주채무자의 채권의 소멸시효가 완성된 경우), 일단 도식적으로 아래와 같이 본다).

	1안	2안	3, 4안	5안
보증인 보호강도	弱 ←→ 强			
보증인 보호요건	보증인 보호 ×	주채무자와 채권자 모두 상계권이 있는 경우에만 보증인 보호	주채무자와 채권자 모두 상계권이 있는 경우뿐만 아니라 채권자만 상계권이 있는 경우(3안) 또는 주채무자만 상계권이 있는 경우(4안)에도 보증인 보호	주채무자나 채권자 중 한사람만 상계권이 있으면 보증인 보호

우리법은 비교법적으로 어느 입장과 가까운가? 1안과 거리가 있음은 물론이고, 3안(보증채무의 보충성 강조)과도 어울리지 않는다.[47] 만약 우리 민법 제434조를 보충성의 관점에서 정당

46) [Principles, Definitions and Model Rules of European Private Law], Vol. 3, ed. by Christian von Bar and Eric Clive(2010), 2599-2600.

47) 이동진(주 7) 480의 각주 60은 "민법 제434조의 취지가 보충성에 있고, 이것이 채권자에 의한 채권만족가능성과 관련되어 있는 한, 같은 조가 채권자의 상계가능성이 아닌 주채무자의 상계가능성을 요건으로 한 것처럼 읽

화한다면, 위 조항은 굳이 존재할 실익이 없는 조항이 된다. 민법 제437조가 이미 보증인의 최고, 검색의 항변권을 규율하고 있기 때문이다. 최고, 검색의 항변권이 인정되지 않는 연대보증의 경우에도 제434조에 따른 보증인의 권리가 인정된다는 취지라면, 이러한 보충성은 종래 우리법이 알지 못하는 **새로운 의미의 보충성**(채권자가 주채무자에 대한 상계를 통해 '쉽고 확실하게' 채권만족을 얻을 수 있으면 연대보증인에 대하여 권리를 행사할 수 없다)이다. 과연 이러한 의미의 보충성을 굳이 인정할 필요가 있는가? 이러한 보충성을 인정하면 연대보증 제도의 효용이 훼손될 위험이 있지 않을까? 왜 채권자가 연대보증인의 이익을 배려하면서까지 권리행사를 해야 하는가? 만약 이러한 의미의 보충성을 인정한다면, 주채무자가 충분한 책임재산을 갖고 있고 채권자가 이에 대한 강제집행을 통해 쉽고 확실하게 채권만족을 얻을 수 있는 경우에도 채권자는 연대보증인에 대하여 먼저 권리행사를 할 수 없다고 보아야 하는 것 아닌가?[48] 상계를 통한 채권만족과는 달리 주채무자의 책임재산에 대한 강제집행을 통한 채권만족의 경우 채권만족을 얻을 수 있는지 여부에 관하여 '불확실성'이 존재하는 것은 사실이지만, 그 불확실성이 0에 가까운 예외적 상황에서는 양자를 굳이 차별취급할 이유가 없는 것 아닌가?[49] 후자의 경우 연대보증인을 보호하지 않고 전자의 경우 연대보증인을 보호하는 결론이 정당화되려면, **차별취급의 정당화 근거는 채권자의 권리행사의 편의 및 확실성이 아니라 다른 곳에서 찾아야 하지 않을까**? 더구나 이러한 보충성을 근거로 민법 제434조를 정당화한다면, 연대채무자에 관한 민법 제418조 제2항을 정당화하기 위해서는 '새로운' 근거가 필요하다. 굳이 그러한 수고를 들일 필요가 있을까? 우리법이 3안과 어울리지 않는다면 5안과 어울릴 수도 없다. 그렇다면 남는 것은 2안과 4안이다.

민법 제434조의 문언("상계로 **대항할 수 있다**")이나 체계(상계권자가 상계의사표시를 하지 않았음에도 불구하고 상계에 의한 채권소멸을 타인 —보증인— 이 주장할 수 있다는 점)상으로는 2안과 어울리는 점도 있다. 그러나 우리법은 당연상계주의가 아니라 의사표시 상계주의를 원칙으로 삼고 있다는 점에서 2안과 큰 차이가 있다. 법문언이 2안과 유사한 것은 프랑스민법의 영향을 받은 일본민법을 우리 민법이 부주의하게 답습한 결과일 뿐이다.[50][51] 물론 상계에 관한 개별쟁점을

히는 것은 입법론적으로 문제이다."라고 한다. 그러나 필자는 본문과 같은 이유에서 보증채무의 보충성을 근거로 민법 제434조를 설명하는 것은 해석론으로도 입법론으로도 부적절하다고 생각한다.

48) 그러나 연대보증인은 최고, 검색의 항변권을 포기하였으므로 채권자가 주채무자에 대한 강제집행을 통해 아무리 쉽고 확실하게 채권만족을 얻을 수 있는 경우라 하더라도, 채권자의 보증채무이행청구를 거절할 수 없다.

49) A유형(category)과 B유형이 일응 구별되더라도, A유형에 속하는 사안 중 일부에 대해서는 B유형과 차별취급하는 것이 불합리할 수 있다(이른바 '경계사례'). 이 경우 각자 속한 유형이 서로 다르므로 차별취급이 타당하다고 단정할 수 있는가? 이는 어려운 문제(hard case)이고 정답이 없는 문제이지만, 적어도 단정할 수는 없다고 생각한다.

50) 민법 제434조는 개정 전 일본민법 제457조 제2항, 만주민법 제423조와 문언이 동일하다. 민법안심의록을 보면 민법안 제425조(=현 민법 제434조) 관련 외국입법례로 독일민법 제770조 제2항과 만주민법 제423조가 언급되어 있다. 민법안심의록, 263-264.

검토할 때에는 당연상계주의의 정신을 고려하는 것이 바람직하거나 필요한 경우[52]가 있다. '상계의 의사표시' 시점이 아니라 '상계적상' 시점을 기준으로 법률관계를 해명하는 것이 바람직한 경우가 있는 것이다. 하지만 그렇더라도 굳이 당연상계주의를 취할 필요까지는 없으므로, 2안은 참고가 될 뿐 우리법이 따라야 할 모델은 아니다. 결론적으로 민법 제434조는 의사표시 상계주의에 기초하였다는 점에서 또 그 문언상("**주채무자의 채권에 의한** 상계로", 조문표제도 "보증인과 **주채무자상계권**")으로도 4안과 가장 유사하다.

다만 4안과 가장 유사하다고 해서 주채무자만 상계할 수 있는 경우에도 꼭 보증인을 보호해야 한다고 말할 수 없다. 보증채무의 부종성으로부터 민법 제434조의 결론이 논리필연적으로 도출되는 것은 아니기 때문이다. 만약 민법 제434조가 존재하지 않는다고 가정해보자. 부종성이라는 법리로부터 민법 제434조가 존재하는 경우와 마찬가지의 결론을 법해석을 통해 도출할 수 있을까? 필자는 부정적이다.[53] 즉 민법 제434조는 그 외관 및 체계 상 4안과 가장 유

프랑스민법의 영향 하에 당연상계주의를 취하고 있던 일본 구민법은 재산편 제521조 제1항에서 "주채무자는 자기의 채무와 채권자가 보증인에 대해 부담하는 채무의 상계로 채권자에게 대항할 수 없다. 그러나 소추를 당한 보증인은 채권자가 주채무자 또는 자기에 대하여 부담하는 채무와의 상계로 대항할 수 있다."고 규정하고 있었다. 이 조항의 두 번째 문장이 메이지민법(개정 전 일본민법) 제457조 제2항으로 이어진 것이다(메이지민법은 원칙적으로 의사표시 상계주의를 따르고 있다). 당시 입법자료(民法修正案理由書)를 보면 ① 상계로 대항하려면 당사자의 의사표시가 필요하다는 점을 밝히고, ② 주채무자만 상계로 대항할 수 있다는 논의가 생기는 것을 예방하기 위해서 위 조항을 두었다고 설명하고 있다. 여기서 보증인이 '대항'할 수 있다는 것이, (a) 보증인의 상계권 행사를 허용하여 주채무자와 채권자 사이의 관계에서 채권·채무를 소멸시킬 수 있다는 뜻인지, 아니면 (b) 보증인은 '대항'할 수 있을 뿐이고 주채무자와 채권자 사이의 법률관계가 이로 인해 영향을 받는 것은 아니라는 취지인지는 불분명하다. 어쨌든 위 입법자료에서는 (a)처럼 볼 경우 발생할 문제점에 대한 언급을 찾아볼 수 없다.

메이지민법 입법에 관여한 梅謙次郎의 민법해설서인 『民法要義3』도 보증인이 상계로 대항하지 못한 채 보증채무를 이행해야 한다면 부당한 결과가 발생할 수 있음을 강조할 뿐, 보증인이 '대항'할 수 있다는 것이 무슨 뜻인지에 대해서는 명확히 설명하고 있지 않다. 또한 보증인이 주채무자의 상계권을 대신 행사하는 것을 허용할 경우 발생할 문제점에 대한 언급도 없다. 다만 梅謙次郎는 주채무자가 메이지민법 제505조에 따라 **법률상 당연상계**를 대항할 수 있음에도 불구하고 보증인이 보증채무를 이행하는 것은 부당하다고 역설하고 있는데, 이는 메이지민법 입법자가 '당연상계주의'의 영향 하에 '주채무자와 채권자 모두 상계할 수 있는 상황을 염두에 두고' 보증인의 상계권을 허용하는 조항을 만들었음을 짐작할 수 있는 대목이다. 메이지민법 입법과 관련된 위 논의들은 모두 나고야대학에서 만든 웹사이트 "법률정보기반(Legal Information Platform)"에서 확인할 수 있다. (https://law-platform.jp/hist/129089d/MTI5MDg5XzEzMTAwOQ==/AQHJAQEB#rev-5af95ea7ea0bef26fd8cb48e) 참조. 최종검색일 2021. 1. 11.

51) 일본민법은 최근 개정을 통해 '이행거절권' 구성을 명문화하였다. 일본민법 제457조 제3항, 제439조 제2항 참조.

52) 가령 상계의 의사표시를 하면 그 효과가 상계적상 시점으로 소급하여 발생하는 것(민법 제493조 제2항), 소멸시효가 완성된 채권이더라도 그 전에 상계적상이 존재하는 경우 그 채권자가 상계할 수 있는 것(민법 제495조)은 당연상계주의의 정신이 반영된 조항이다.

53) 이는 주채무자에 대한 시효중단의 효력은 보증인에게도 미친다는 민법 제440조도 마찬가지이다. 민법 제440조가 존재하지 않는 상황에서 보증채무의 부종성 법리만으로 민법 제440조와 동일한 결론을 도출할 수 없다. 민법 제440조는 보증채권자 보호를 위해 특별히 마련된 조항이다. 판례가 민법 제440조에 의한 시효중단효만 인정하고, 민법 제165조 제1항에 의한 시효기간 연장효는 보증채무에 미치지 않는다고 보는 것(대법원 1986. 11. 25. 선고 86다카1569 판결)도 민법 제440조가 부종성 원칙으로부터 도출된 자명(自明)한 조항이 아니라

사하지만 그렇다고 해서 보증채무의 부종성을 근거로 위 조문을 설명할 필요도 없고 그렇게 하는 것이 바람직하지도 않다. 민법 제434조는 주채무자의 무자력 위험으로부터 보증인을 보호하고 결제의 편의를 도모하기 위해 마련된 **독자적** 제도이다.[54] 따라서 보증인 보호의 필요성과 인적담보제도의 효용 극대화라는 충돌하는 두 가치를 비교형량하여 민법 제434조 나름의 해석론을 궁리해야 한다. 필자는 주채무자의 무자력위험으로부터 채권자를 보호하는 **보증제도의 취지를 훼손하지 않는 선에서** 보증인을 보호하는 것이 해석론뿐만 아니라 입법론으로도 바람직하다고 생각한다. 앞서 언급한 것처럼, 주채무자만 상계할 수 있고 채권자는 상계할 수 없는 경우 보증인을 보호하는 것은 주채무자의 자의적(恣意的) 채무불이행을 담보하는 보증제도의 취지에 비추어 볼 때 지나치다.[55] 이 점을 염두에 두고 아래에서는 항을 바꾸어 민법 제434조의 구체적 해석론과 입법론을 검토한다.

2. 민법 제434조의 해석론

가. 상계권? 또는 이행거절권?

민법 제434조는 그 문언 상 보증인이 주채무자의 상계권을 '대신' 행사할 수 있다는 취지로 읽힌다. 이에 대하여 타인의 상계권을 제3자가 타인의 의사와 관련없이 임의로 행사하는 것은 지나치고 보증인 보호를 위해 굳이 상계권 행사까지 인정할 필요도 없으므로, 민법 제434조는 보증인의 이행거절권을 인정하는 취지라고 해석하는 견해[56]도 있다.

입법론으로 이행거절권 구성이 타당함은 물론이다. 의사표시 상계주의 하에서 아직 상계권자인 주채무자가 상계권을 행사하지 않았음에도 불구하고 보증인이 주채무 소멸에 따른 보증채무 소멸을 주장할 수 있다는 것은 과도하다. 그러나 해석론으로 이행거절권을 인정하는 것은 조문체계를 고려할 때 무리이다. 바로 다음 조항인 민법 제435조는 보증인의 이행거절권을 명시하고 있고,[57] 민법 제418조 제2항은 다른 연대채무자가 상계할 수 있다고 명시하고 있

는 점과 관련이 있다.

54) 同旨 김대정 · 최창렬, 채권총론, 2020, 874("보증인이 주채무자의 상계권을 행사하는 것은 엄밀히 말하면 주채무에 부착된 항변권을 행사하는 것이 아니라 주채무자의 반대채권을 처분하는 것이므로, 보증채무의 부종성에 기인하는 보증인의 당연한 권리라고 할 수는 없다. 그러나 민법은 보증인을 보호하고 아울러 주채무자가 상계권을 상실하는 것을 방지하기 위하여 특별히 이러한 규정을 둔 것이다"). 다만 위 설명 중 "주채무자가 상계권을 상실하는 것을 방지"한다는 설명은 다소 의문이다. 상계권은 취소권처럼 제척기간에 걸리는 권리가 아니므로 주채무자가 상계권을 행사하지 않아 상계권을 상실하는 상황은 쉽사리 생각하기 어렵다.

55) 同旨 Volker Wiese, "Der Schutz des Bürgen durch die Einrede der Aufrechenbarkeit - am Beispiel von Aufrechnungsverboten gemäß § 394 BGB", JR 2006(10), 400.

56) 이동진(주 7), 480; 주석민법 채권총칙3 제4판(2014)/박영복, 98-99.

57) 민법 제435조(보증인과 주채무자의 취소권 등)
주채무자가 채권자에 대하여 취소권 또는 해제권이나 해지권이 있는 동안은 보증인은 채권자에 대하여 채무의 이행을 거절할 수 있다.

기 때문이다.[58)59)] 판례[60)]가 보증인의 상계권을 인정한 것도 기본적으로 법문언과 체계에 충실할 수밖에 없는 해석자의 한계를 고려한 것이 아닐까 싶다. 보증인의 상계권 행사가 주채무자나 채권자에게 명백히 불리한 예외적 상황[61)]은 별론으로 하고, 보증인의 이행거절권을 해석론으로 인정하는 것은 무리라고 사료된다.

나. 보증인 보호를 위한 요건

(1) 채권자만 상계할 수 있고 주채무자는 상계할 수 없는 경우

채권자가 주채무자에 대하여 갖고 있는 채권이 압류금지채권(ex. 부양료 채권. 민사집행법 제246조 제1항 제1호)이거나 주채무자의 고의의 불법행위로 인한 손해배상채권이고, 주채무자는 채권자에 대하여 대여금 채권을 갖고 있는 상황을 생각해 보자. 압류금지채권이나 고의의 불법행위로 인한 손해배상채권을 수동채권으로 한 상계는 불가능하므로(민법 제496조, 제497조) 주채무자는 상계할 수 없지만, 채권자는 상계할 수 있다. 이 경우 보증인이 민법 제434조에 따른 상계권을 행사할 수 있는가? 행사할 수 없다고 사료된다.

부양료채권을 압류금지채권으로 규정한 이유는 채권자가 부양료를 실제로 수령하는 것을 보장하기 위함이다. 이 경우 상계권 행사를 통해 위 채권의 만족을 얻을 것인지, 상계권 행사를 하지 않고 현실 변제를 받는 방식으로 채권만족을 얻을 것인지는 전적으로 채권자의 자유의사에 달려있다. 만약 보증인의 일방적 의사표시에 따라 부양료채권이 소멸하는 것을 인정한다면, 부양료채권을 압류금지채권으로 규정한 법의 취지에 반한다. 보증인에게 상계권이 아니라 이행거절권을 부여하는 경우에도 위 상황에서 보증인의 이행거절권을 인정할 수 없다. 보

58) 민법 제418조(상계의 절대적 효력)
② 상계할 채권이 있는 연대채무자가 상계하지 아니한 때에는 그 채무자의 부담부분에 한하여 다른 연대채무자가 상계할 수 있다.

59) 민법주해10/박병대 274 참조. 만약 제435조가 없었다면, 그리고 민법 제418조 제2항이 다른 연대채무자가 상계로 대항할 수 있다고 규정하고 있었다면, '대항'이라는 단어를 강조하여 보증인이 대항할 수 있는 권리는 주채무자와 채권자 사이의 법률관계에 영향을 미치지 않는 상대적 권리, 즉 이행거절권이라고 해석할 여지가 있었을 것이다.

60) 대법원 2003. 9. 2. 선고 2003다9568 판결 등.

61) 대표적인 예는 상계의 대상이 되는 자동채권이나 수동채권이 2개 이상 존재해서 '충당'이 문제되는 상황이다. 가령 채권자가 주채무자에 대하여 보증채권 이외에 다른 채권도 가지고 있는 경우, 보증인의 일방적 의사표시에 의해 보증채권이 상계로 소멸된다고 보면, 주채무자 또는 채권자에게 불리할 수 있다. 보증인에게 이러한 권한까지 인정하는 것은 해석론으로도 허용하기 어렵다고 사료된다. 상계충당이 문제된 경우에는 주채무자나 채권자 중 누가 먼저 상계의사표시를 하였는지 여부를 기준으로 충당방법을 결정하는 것보다, '상계적상 시점'이라는 객관적 기준에 따라 상계를 하는 것이 합리적이다(1안: 물론 1안이 현행법 해석론으로 가능한 결론인지에 대해서는 논란이 있을 수 있다). 김기환(주 3), 374-375; Peter A. Windel, "Die Aufrechnungslage als objektiv-vermogensrechtlicher Tatbestand", KTS 200, 215, 225-228. 개정된 일본민법도 상계충당 시 합의가 없으면 상계적상 순으로 충당하도록 규정하고 있다(일본민법 제512조 제1항). 또 다른 방법으로는 의사표시 상계주의를 최대한 존중하는 차원에서, 일단 상계자가 임의로 지정할 수 있되 피상계자가 즉시 이의를 제기하면 '상계적상 시점'에 따라 법정충당을 하는 방법(2안)도 생각해 볼 수 있다. 입법론의 관점에서 1안이나 2안을 고민해 볼 필요가 있다.

증인의 이행거절권을 인정한다면 부양료채권자로서는 주채무자에게 이행청구를 할 수밖에 없는데, 만약 주채무자가 무자력이라면 부양료채권자는 **상계를 사실상 강요당하게** 된다. 이 역시 부양료채권을 압류금지채권으로 규정한 법의 취지에 반하고 보증제도의 존재이유(raison d'etre)와 어울리지 않는다.[62)]

보증인이 주채무자의 고의의 불법행위로 인한 손해배상채무를 보증한 경우도 마찬가지이다. 이 경우 보증인의 일방적 상계를 허용하면 채권자는 손해배상채권을 현실적으로 변제받을 이익을 침해당한다. 또한 보증인의 이행거절권을 허용하면 채권자는 주채무자에 대한 상계를 사실상 강요당하는 상황에 놓일 수 있다. ⓐ 주채무자의 무자력 위험을 담보하는 보증제도의 취지, ⓑ 주채무의 현실변제를 보장하려는 법의 취지, ⓒ 상계권 행사여부는 전적으로 채권자의 자유의사에 달려 있는 점을 고려할 때, 이 경우 상계를 하지 않고 현실변제를 받고 싶어 하는 채권자의 이익을 보증인 보호보다 우위에 두어야 한다.[63)]

주채무자가 채권자에 대하여 채권을 취득한 뒤 이 채권을 양도한 경우에도 ―양도 전에는 주채무자와 채권자 모두 상계할 수 있었다고 가정한다― 주채무자는 상계할 수 없고 채권자는 양수인의 이행청구에 대하여 상계할 수 있다. 이 경우 채권자가 보증인에게 보증채무 이행을 청구하면, 보증인이 상계권을 행사할 수 있는가? 행사할 수 없다. 보증인은 '양수인'의 채권을 일방적으로 소멸시킬 권한을 갖고 있지 않다. 이행거절권 구성 하에서 보증인의 이행거절권은 인정할 수 있는가? 인정할 수 없다. 보증인의 이행거절권을 인정하면 ―주채무자가 무자력인 경우― 채권자는 양수인에 대하여 상계를 할 것이다. 이는 보증인의 일방적 상계권을 인정하는 것과 결과적으로 차이가 없다. 이 사안은 아래 (4)에서 살펴볼 요건 성립 후 사후 요건탈락 유형에 속한다.

채권자의 채권은 변제기가 도래하였는데 주채무자의 채권은 변제기가 도래하지 않아 주채무자는 상계할 수 없지만, 채권자는 상계할 수 있는 경우도 마찬가지이다. 즉 보증인의 민법 제434조에 따른 상계권은 허용될 수 없다. 이 경우 보증인의 일방적 상계를 허용하면, 채권자는 주채무자에 대한 선(先)변제를 강요당하게 되기 때문이다. 보증인에게 상계권이 아니라 이행거절권이 부여된 경우에도, 보증인의 이행거절권은 허용될 수 없다. 채권자는 수동채권의 변제기가 도래하기 전에 조기(早期)상계를 할 수 있지만, 조기 상계를 하지 않으면 상계적상 시점까지 주채무자로부터 지연손해금을 받을 수 있다. 즉 채권자는 상계를 할 수는 있지만 손해를 보고 상계를 해야 하는 상황이다. 이러한 상황에 놓인 채권자에게 **"너는 이미 주채무자로부터 채권만족을 받은 것과 다름 없으므로** 내가 굳이 보증채무를 이행하지 않아도 된다."라

62) 同旨 Berner Kommentar Bd. Ⅵ Art. 121/Corinne Zellweger-Gutknecht, Rn. 29; beck-online Grosskommentar BGB/Madaus § 770 Rn. 21; Makowsky(주 34), 349.

63) 同旨 Bülow(주 38), Rn. 992(이 경우 보증인의 이행거절권 행사는 권리남용에 해당할 수 있다고 한다); Makowsky(주 34), 349-350.

고 말할 수 없다.[64] 주채무자가 현실변제를 해야 하는 상황이라면, 보증인도 현실변제를 해야 한다.

주채무자는 상계할 수 없고 채권자만 상계할 수 있는 경우 보증인은 채권자의 보증채무 이행청구에 응해야 한다. 보증채무를 이행한 보증인은 주채무자에 대하여 구상권을 취득하고 변제자대위를 통해 주채무자에 대하여 보증채권(부양료 채권, 불법행위로 인한 손해배상채권)을 행사할 수도 있다. 보증인이 설령 보증채무 이행 전에 주채무자에게 통지를 하지 아니하였더라도, 주채무자는 보증인의 구상권/변제자대위권 행사에 대하여 채권자에 대한 자동채권(위 사례에서는 대여금 채권)에 기초한 상계로 대항할 수 없다. 민법 제445조 제1항은 보증인이 사전통지를 하지 않은 경우 주채무자는 "**채권자에게 대항할 수 있는 사유**"가 있었을 때에 이 사유로 보증인에게 대항할 수 있다고 규정하고 있기 때문이다. 주채무자는 채권자에게 상계로 대항할 수 없었으므로 보증인에게도 상계로 대항할 수 없다.[65]

(2) 주채무자만 상계할 수 있고 채권자는 상계할 수 없는 경우

주채무자는 채권자에 대하여 대여금 채무를 부담하고 채권자는 주채무자에 대하여 고의의 불법행위로 인한 손해배상채무 또는 부양료 채무를 부담하는 상황을 생각해 보자. 이 경우 주채무자는 상계할 수 있지만 채권자는 상계할 수 없다. 이 경우 보증인의 상계권을 허용하면 채권자로부터 현실변제를 받을 주채무자의 이익이 침해되고, 이는 채권자의 상계권 행사를 금지한 법의 취지에 반한다. 따라서 보증인의 상계권은 허용될 수 없다. 보증인의 이행거절권만 인정하는 법제라면 어떠한가? 이 경우 보증인의 이행거절권을 인정하더라도 주채무자는 여전히 채권자에 대한 채권을 행사할 수 있다. 따라서 채권자로부터 현실변제를 받을 주채무자의 이익이 바로 침해되는 것은 아니다. 그러나 보증인의 이행거절권 행사에 직면한 채권자가 주채무자에 대하여 소제기 및 강제집행에 나아간 경우, 주채무자는 무자력인 채권자에 대한 관계에서 상계를 사실상 강요당할 위험이 있다.[66] 나아가 보증인의 이행거절권을 인정하면 채권자

64) Kiehnle(주 30), 648; Berner Kommentar Bd.Ⅵ Art. 121/Corinne Zellweger-Gutknecht, Rn. 44.

65) 부양료 채권은 비록 압류금지채권이지만 변제자대위에 의한 법정양도의 대상이 될 수 있다(다만 협의 또는 심판에 의해 아직 내용이 확정되지 않은 부양료 채권의 경우 법정양도가 허용된다면 민법 제979조와의 저촉이 문제될 수 있다). 법정양도된 부양료 채권은 더 이상 압류금지채권이 아니고 상계의 수동채권이 될 수 있다. 보증인이 이미 부양료를 지급하였으므로 부양료 채권을 압류금지채권으로 볼 이유가 사라졌기 때문이다. 그러나 부양의무자가 부양권리자에 대하여 갖고 있던 채권을 자동채권으로, 부양채권을 수동채권으로 한 상계로 양수인에게 대항하는 것은 허용될 수 없다. 애초부터 이러한 상계는 금지되었으므로 상계의 담보적 기능에 대한 부양의무자의 합리적 기대는 존재하지 않기 때문이다. 대법원 2009. 12. 10. 선고 2007다30171 판결; 주해 친족법 제2권/최준규 1542 참조.

66) 보증인의 이행거절을 인정하면 채권자 입장에서는 일단 주채무자에게 손해배상금이나 부양료를 지급하고 자력이 있는 보증인에게 이행청구를 할 것이므로, 채권자의 상계를 금지하는 취지(주채무자가 현실변제를 받도록 보장하는 것)에 오히려 부합한다고 생각할 수도 있다. Zimmermann(주 30), 496. 그러나 보증인의 자력(資力)이나 임의이행을 보장할 수 없는 상황에서 —보증은 인적 담보에 불과하다!— 채권자가 보증인에게 청구하기 위해 자진해서 주채무자에게 먼저 변제할 것이라 기대하는 것은 다소 성급하다. 同旨 Wiese(주 55), 401.

의 이익이 침해된다. 채권자 입장에서 위와 같은 상황은 인적 담보제도가 필요한 전형적 상황 중 하나이기 때문이다. 위 상황에서 채권자의 상계권 행사를 금지한 것은 주채무자를 보호하기 위함이지 보증인을 보호하기 위함이 아니다. 보증인 보호를 위해 보증제도의 존재이유를 훼손할 수는 없으므로 위 경우 보증인의 이행거절권도 허용하지 말아야 한다.[67)]

주채무자가 채권자에 대하여 자동채권을 취득한 뒤 채권자가 보증채권을 양도한 경우에 —양도 전에는 주채무자와 채권자 모두 상계할 수 있었다고 가정한다— 주채무자는 상계할 수 있지만 새로운 보증채권자는 상계할 수 없다. 이 경우 새로운 보증채권자의 보증채무 이행청구에 대하여 보증인이 상계권을 행사할 수 있는가? 행사할 수 없다고 보아야 한다. 주채무자의 종전 보증채권자에 대한 채권(자동채권)을 소멸시킬 것인지 여부는 전적으로 주채무자의 의사에 따라 결정되어야 하기 때문이다. 보증인에게 이행거절권을 인정하는 법제 하에서도 위 경우 보증인의 이행거절권은 허용될 수 없다. 새로운 보증채권자 입장에서 위 경우는 보증인이 필요한 전형적 상황 중 하나이기 때문이다. 이는 아래 (4)에서 살펴볼 요건 성립 후 사후 요건탈락 유형에 속한다.

주채무자의 채권은 변제기가 도래하였는데 채권자의 채권은 변제기가 도래하지 않아 주채무자는 상계할 수 있지만, 채권자는 상계할 수 없는 경우도 마찬가지이다. 즉 보증인의 민법 제434조에 따른 상계는 허용될 수 없다. 보증인의 일방적 상계를 허용하면, 주채무자가 보증채권의 변제기 도래시점까지 채권자로부터 지연손해금 등을 받을 이익을 보증인이 일방적으로 박탈하는 결과가 되기 때문이다. 이 경우 보증인은 보증채무 변제기 미도래를 이유로 보증채무 이행을 거절하면 충분하다.

주채무자만 상계할 수 있고 채권자는 상계할 수 없는 경우 보증인은 채권자의 보증채무 이행청구에 응해야 한다. 보증채무를 이행한 보증인은 주채무자에 대하여 구상권을 취득하고

67) 다만 본문의 사례와 달리 **주채무자의 채권과 채권자의 채권이 '동시이행관계'**에 있는 경우(ex. 주채무자는 채권자의 고의의 불법행위에 따른 손해배상채권을 갖고 있는데, 주채무자의 채권과 채권자의 채권이 동일한 계약관계에서 발생하였기 때문에 공평의 관념에 근거한 동시이행관계가 인정되는 경우)라면, 설령 주채무자만 상계할 수 있고 채권자는 상계할 수 없는 경우라 하더라도 보증인은 민법 제433조 제1항에 따라 **주채무자의 '동시이행항변권'을 '원용'**할 수 있다. **보증채무 자체에 관한** 주채무자의 항변권을 보증인이 원용하는 것은 보증채무의 부종성으로부터 자명하게 도출되는 법리로서 민법 제433조 제1항은 이를 명시적으로 밝히고 있다. 이는 민법 제434조에 의한 보증인의 상계권과 무관하다.

이에 대해서는 주채무자가 상계를 할 수 있음에도 불구하고 상계권을 행사하지 않고 동시이행항변권(=채권적 유치권)을 행사하여 주채무의 이행을 거절하는 것은 가능하지 않으므로 —만약 주채무자가 동시이행항변권 행사의 의사표시를 하면 이는 **상계권 행사의 의사표시로 선해(善解)**하는 것이 원칙이다. Münchener BGB 8.Aufl.(2019)/Krüger Rn. 75—, 주채무자의 동시이행항변권을 보증인이 원용하는 것도 가능하지 않다는 반론이 있다. Kiehnle(주 30), 669-670. 그러나 독일판례는 보증인이 동시이행항변권을 원용하는 것을 허용한다. RGZ 137, 34. 판례에 찬성하는 견해로는 Staudinger BGB (2013)/Nobert Horn § 770 Rn. 10. 우리법에서 상계를 할 것인지 동시이행항변권을 선택할 것인지는 주채무자의 자유이고, 주채무자가 상계를 할 수 있다고 해서 동시이행항변권을 행사할 수 없다고 볼 것은 아니다.

변제자대위를 통해 주채무자에 대하여 보증채권을 행사할 수도 있다. 이 경우 보증인과 주채무자 사이의 구상관계는 보증인의 주채무자에 대한 **사전(事前)·사후(事後)통지** 여부에 따라 달라진다. 보증인이 주채무자에게 미리 통지한 후 보증채무를 이행하였다면 주채무자는 보증인의 구상권/변제자대위권 행사에 대하여 채권자에 대한 자동채권에 기초한 상계로 대항할 수 없다. 그러나 사전통지 없이 보증채무를 이행하였다면 주채무자는 보증인에게 상계로 대항할 수 있다. 이 경우 주채무자의 채권자에 대한 자동채권(위 사례에서 불법행위 손해배상채권, 부양료 채권)은 보증인에게 이전된다(민법 제445조 제1항).[68] 또한 보증채무 이행 후 주채무자에 대한 통지가 없는 상태에서 주채무자가 선의로[69] 상계권을 행사한 경우 보증인은 주채무자에 대한 구상권을 주장할 수 없고(민법 제445조 제2항), 채권자에 대하여 부당이득반환청구를 해야 한다. 보증인은 주채무자에 대하여 사전통지의무를 부담하지만(민법 제445조 제1항), 주채무자는 보증인에 대하여 사전통지의무를 부담하지 않는다(민법 제446조).

(3) 주채무자와 채권자 모두 상계할 수 있지만 채권자의 상계권 행사를 기대할 수 없는 경우

주채무자와 채권자 모두 상계할 수 있지만 **주채무자의 채권이 이미 소멸시효가 완성된 경우**, 즉 주채무자의 채권이 소멸시효가 완성되기 전에 이미 상계적상이 존재하였던 경우(민법 제495조)를 생각해 보자.[70] 이 경우 채권자 입장에서는 굳이 상계하기보다 보증인으로부터 채권만족을 얻고, 주채무자의 채권행사에 대해서는 소멸시효 완성 항변을 하기를 원할 것이다. 이러한 경우에도 보증인의 상계권은 허용할 수 없다고 사료된다. 보증인의 상계권을 허용하면 채권자는 더 유리한 권리행사 기회를 박탈당하기 때문이다. 보증인에게 이행거절권을 인정하는 법제 하에서도 위 경우 보증인의 이행거절권은 허용될 수 없다. 채권자 입장에서 위와 같은 상황은 인적 담보제도가 필요한 전형적 상황 중 하나이기 때문이다.

이 경우 보증인이 주채무자에게 사전통지를 하지 않고 보증채무를 이행하면 보증인은 주

68) 보증인이 보증채무를 이행하면 보증인의 구상권이 발생하고, 변제자대위도 가능하다. 보증인의 변제자대위에 대하여 주채무자가 채권자에 대한 채권으로 상계하는 것도 물론 가능하다. 그런데 상계의 효력범위에 관하여 여러 착잡(錯雜)한 쟁점들이 도사리고 있다. 가령 ① 상계에 따라 주채권이 소멸함으로써 채권자가 보증인에게 반환해야 할 "부당이득"이 과연 존재하는지, 존재한다면 그 부당이득의 "내용"은 무엇인지, ② 상계에 따라 주채권이 소멸하면 보증인의 구상권도 소멸하는지, ③ 주채무자가 보증인에 대한 사전 면책의무를 위반한 경우에도 주채무자가 보증인에 대하여 상계를 하는 것인 가능한지 등이 문제된다. 민법 제445조 제1항은 "보증인의 사전통지 유무"를 기준으로 주채무자의 대항가능 여부를 결정하고, 주채무자가 상계로 대항가능한 경우 "상계의 자동채권이 보증인에게 이전된다"고 규정함으로써 위와 같은 해석론 상 난점을 입법으로 해결한 **현명(賢明)한 조문**이다.

69) 입법론으로는 채권의 준점유자에 대한 변제(민법 제470조)와의 균형상 주채무자의 무과실도 요건으로 함이 타당하다고 사료된다.

70) 채권자의 채권이 소멸시효가 완성된 경우라면, 보증인은 주채무 시효소멸로 인한 보증채무 소멸의 항변을 할 수 있다.

채무자로부터 구상을 받을 수 없고 이미 소멸시효가 완성된 채권만 양도받게 된다(민법 제445조 제1항). 채권자가 소멸시효 항변을 하면 보증인은 양도받은 채권의 만족을 얻을 수 없다. 결과적으로 보증인은 자신의 출재(出財)에 관하여 아무런 보상도 받지 못하게 된다. 보증인에게 다소 가혹하지만 보증인이 사전 통지의무를 위반한 이상 부득이한 결과라고 사료된다. 다만 보증인의 보증채무 이행가능성을 알면서도 상계권을 행사하지 않은 주채무자 또는 수탁보증인의 사전구상권 행사 후 상계권을 행사하지 않은 주채무자는 "신의칙에 기초한 보증인 보호의무" 위반을 근거로 보증인에 대하여 손해배상책임을 부담할 여지가 있다.

주채무자와 채권자 모두 상계할 수 있지만, **주채무자 도산 시 해당 상계의 효력이 부정**될 수 있는 경우(회생파산법 제145조 제2, 4호, 제422조 제2, 4호)를 생각해 보자. 이 경우 채권자는 자신의 채권에 대하여 도산채권으로 만족을 얻을 수밖에 없고, 주채무자에 대한 채무는 전부 이행해야 한다. 이러한 상황을 알고 있는 합리적 채권자라면 상계를 하지 않고 보증인으로부터 채권만족을 얻고자 할 것이다. 이 경우 보증인의 상계권이나 이행거절권을 허용하면, 채권자의 권리행사의 자유를 지나치게 제한하고 보증제도의 본질을 훼손하는 결과가 된다.

(4) 요건성립 후 사후적으로 요건이 탈락한 경우

요약하면 상계적상으로 인해 채무자와 채권자 모두 **자기채권을 현실 변제받은 것**과 동일한 상태에 있는 경우에만 민법 제434조에 의한 보증인의 상계권을 인정해야 한다. 그래야 보증제도의 취지가 훼손되지 않고 채권자의 권리행사의 자유를 과도하게 제한하지 않기 때문이다.

따라서 주채무자와 채권자 모두 상계권이 있어야 하고, 채권자의 상계권 행사를 합리적으로 기대할 수 있어야 한다. 일단 위와 같은 요건이 충족되었더라도 사후적으로 위 요건이 탈락하였다면 더 이상 보증인의 상계권을 인정할 수 없다. 가령 보증채무 성립 이후 사후적으로 주채무자의 채권의 소멸시효가 완성된 경우, 보증채무 성립 이후 주채무자나 채권자가 자신의 채권을 양도한 경우, 보증채무 성립 이후 주채무자가 자신의 채권을 포기한 경우, 보증채무 성립 이후 사후적으로 주채무자나 채권자가 더 이상 상계권을 행사할 수 없게 된 경우(ex. 주채무자와 채권자 사이에 주채무자의 채권의 변제기 연장 합의[71] 또는 항변권을 부착시키는 합의가 있는 경우), 보증인은 더 이상 민법 제434조에 의한 상계권을 행사할 수 없다.

요건성립 후 주채무자나 채권자가 일방적으로 **상계권을 포기**한 경우는 어떠한가? 앞서 살펴본 것처럼 주채무자의 상계권 포기는 보증인에 대하여 효력이 없다고 보는 나라도 있다(프랑스, 스위스). 그러나 보증인은 원칙적으로 상계권포기로 인한 결과를 감수해야 한다. 이 점에서 민법 제434조에 의한 보증인의 권리는 허약한 것이다. 즉 주채무자의 상계권 포기 시 민법 제

71) 同旨 Makowsky(주 34), 351(그러나 오로지 보증인에게 손해를 입히려는 목적으로 이루어진 합의는 권리남용으로서 허용되지 않는다).

433조 제2항("주채무자의 항변포기는 보증인에게 효력이 없다.")은 적용될 수 없다. 민법 제433조 제2항에서 말하는 주채무자의 항변권은 주채무 시효소멸 항변(상대적 소멸설에 의할 경우), 동시이행항변, 최고검색의 항변 등을 뜻하는 것으로서 주채무자의 상계권은 포함되지 않는다. 또한 채권자의 상계권 포기를 채권자의 담보보존의무 위반(민법 제485조)에 준하여 취급할 수도 없다. 다만 개별 사안에 따라서는 주채무자나 채권자의 상계권 포기가 신의칙에 반하거나 권리남용에 해당하여 보증인에 대하여 효력이 없다고 볼 여지가 있다. 주채무자와 채권자 사이의 주채무자의 채권 관련 합의로 인해 주채무자가 더 이상 상계를 할 수 없게 된 경우에도, 그러한 합의가 오로지 보증인의 상계를 저지하기 위한 것으로서 별다른 경제적 합리성이 없는 경우라면 보증인에 대하여 효력이 없다고 보아야 한다.

3. 민법 제434조의 입법론

지금까지 검토한 내용을 기초로 민법 제434조의 입법론을 제안해 본다. 착안점은 다음과 같다.

첫째, 보증인에게는 상계권이 아닌 이행거절권을 부여하고 보증인이 이행거절을 할 수 있는 범위는 상계로 소멸할 보증채무의 한도라고 명시한다. 개정된 일본민법과 달리 '**주채무자의 상계로**' 소멸할 보증채무의 한도라고 제한을 두지 않는다. 주채무자와 채권자 모두 상계가 가능해야 함을 요건으로 명시하고 있으므로 굳이 위와 같은 제한을 둘 필요가 없기 때문이다.

둘째, 주채무자의 채권자에 대한 채권의 소멸시효가 완성되는 등의 이유로 채권자의 상계권 행사를 합리적으로 기대할 수 없는 경우를 표시하기 위해, "상계로 인해 채권자가 불이익을 입지 않을 것"을 요건으로 추가한다. 또한 채권자의 상계가 주채무자 도산 후 무효가 되는 등의 이유로 채권자의 상계권 행사를 합리적으로 기대할 수 없는 경우를 표시하기 위해, "그 상계가 확정적으로 유효하며"라는 요건도 추가한다.

개정안의 구체적 내용은 다음과 같다.[72)]

72) 자동채권이나 수동채권이 2개 이상 존재하여 상계충당이 문제되는 경우 보증인의 이행거절권 범위는 어디까지 인정되어야 하는가? 이는 상계충당 법리와 연동되는 문제이기 때문에, 이 글에서 본격적으로 검토하기에는 적절치 않다. 다만 필자는 '상계적상의 시점' 순으로 상계충당이 이루어지는 것이 합리적이라고 생각하고(이 글의 각주 61 참조), 보증인의 이행거절권도 이 범위 내에서 허용함이 타당하다고 생각한다. 필자가 제안한 개정안 중 "상계가 확정적으로 유효하며"라는 문구는 이러한 상계충당의 상황을 해결하는데 활용될 수 있다. 가령 상계권자 일방의 지정에 대하여 상대방이 즉시 이의를 제기할 수 있는 상황이라면, 상계권자 일방의 지정에 따른 상계는 '확정적으로 유효한 상계'가 아니므로, 보증인은 상계권자의 일방적 지정이 있을 경우 소멸하는 범위까지 이행거절을 할 수는 없다.

"주채무자와 채권자가 상계할 수 있고 그 상계가 확정적으로 유효하며 상계로 인해 채권자가 불이익을 입지 않는 경우에는,[73] 보증인은 상계로 소멸할 보증채무의 한도까지 채권자의 이행청구를 거절할 수 있다."

4. 소 결

민법 제434조는 주채무자의 무자력 위험으로부터 보증인을 보호하고[74] 결제의 편의를 도모하기 위해 마련된 조문으로서 보증채무의 부종성이나 보충성과 직접 관련이 없다. 이러한 민법 제434조의 입법취지는 주채무자의 무자력 위험으로부터 채권자를 보호하기 위해 마련된 인적 담보제도의 취지와 정면으로 충돌한다. 따라서 민법 제434조의 요건은 인적담보제도의 본질을 훼손하지 않고 채권자의 권리행사의 자유를 지나치게 제한하지 않는 선에서 설정되어야 한다. 따라서 상계적상으로 인해 주채무자와 채권자 모두 **자기채권을 현실 변제받은 것**과 실질적으로 동일한 상태에 있는 경우에만 민법 제434조에 의한 보증인의 상계권을 인정해야 한다. 채권자와 주채무자 모두가 행복한 상황이라면 타인(보증인)의 이익을 배려할 필요가 있다. 이러한 상황에서 채권자에게 타인(보증인)의 이익을 배려하라고 요구하는 것은 충분히 합리적이고 건전한 정책판단이다. 그러나 채권자와 주채무자 **모두가 행복한지 불확실하다면** 채권자에게 **타인(보증인)의 이익을 배려하라고 요구할 수 없다**. 따라서 주채무자와 채권자 모두 상계할 수 있고, 채권자의 상계권 행사를 합리적으로 기대할 수 있는 경우에만 민법 제434조에 따른 보증인의 상계권 행사가 허용된다. 주채무자의 채권의 소멸시효가 완성되었거나 주채무자 도산 시 상계의 효력이 부정될 수 있는 경우에는 채권자 측의 상계권 행사를 합리적으로 기대할 수 없으므로 보증인의 상계권은 인정될 수 없다. 민법 제434조를 개정한다면 위와 같은 취지를 반영하고, 보증인에게는 상계권이 아니라 이행거절권을 부여함이 타당하다.

그러나 채무자만 상계권이 있는 경우에도 보증인이 민법 제433조 제1항에 따라 채무자의 동시이행항변권을 원용하여 채권자의 이행청구를 거절하는 것은 가능하고(이 경우 채권자의 보증채무 이행청구가 기각되지 않고 상환이행판결이 선고될 것이다), 채권자만 상계권이 있는 경우에도 단순보증이라면 보증인은 채권자의 이행청구에 대하여 민법 제437조에 따른 최고, 검색의 항변

73) 이러한 엄격한 요건, 즉 상계적상과 관련하여 **사소한 흠조차도 용납되지 않는다**는 요건은 우리 판례가 인정하는 "실체관계에 부합하는 등기"에 해당하여 무효등기가 확정적으로 유효한 등기가 되기 위한 요건과 비슷한 측면이 있다. 실체관계에 부합하는 등기에 해당하려면 등기의 원인이 된 실체관계가 단순히 유효한 것만으로 부족하고 그야말로 어떠한 흠도 존재해서는 안된다. 가령 ① 매매계약을 체결하고 무단으로 이전등기를 마친 매수인의 등기가 유효하려면, 매수인이 매매대금을 완납하거나 대금지급 전에 매도인이 먼저 소유권이전등기를 해 줄 의무를 부담하는 상황이어야 한다(대법원 1994. 6. 28. 선고 93다55777 판결). 또한 ② 취소할 수 있는 계약에 기초해서 이루어진 등기는 설령 아직 취소권이 행사되지 않은 경우에도 실체관계에 부합하는 등기가 될 수 없다. 양창수, "강박자가 위조한 서류로 행한 소유권이전등기의 효력", 민법연구 6(2001), 77 이하.

74) 따라서 주채무자에 대한 구상권이 없는 보증인에게는 상계권이나 이행거절권을 부여할 필요가 없다.

권을 행사할 수 있다. 이는 민법 제434조에 의한 상계권과 무관하다.

민법 제434조의 요건이 충족되었더라도 그 후 요건 중 일부가 탈락하면 더 이상 보증인의 상계권은 허용될 수 없다. 그렇다면 주채무자에 대한 회생절차 개시로 인해 민법 제434조의 요건은 탈락되었다고 보아야 하는가? 이 문제가 대상판결의 핵심쟁점이다. 아래에서 항을 바꾸어 살펴본다.

Ⅲ. 주채무자에 대한 회생절차 개시와 민법 제434조에 의한 보증인의 상계권

1. 주채무자에 대한 도산절차 개시와 관리인[75]의 상계권

도산절차가 개시되면 도산채무자는 도산재단에 대한 관리처분권을 잃고 관리인이 관리처분권을 갖게 된다(회생파산법 제384조). 상계는 상계권자의 자동채권을 '처분'하는 행위이므로 도산채무자는 더 이상 상계를 할 수 없다. 그렇다면 관리인의 상계권은 어떠한가? 판례는 회생절차의 경우 회생계획에 의하거나 법에 특별한 규정이 있는 경우를 제외하고는 회생채권을 변제 등을 통해 소멸시키는 것은 허용되지 않으므로(다만 면제는 제외. 회생파산법 제131조), 관리인이 임의로 상계하는 것은 허용되지 않고 다만 법원의 허가가 있다면 가능하다는 입장이다.[76] 학설도 대체로 이에 찬성하고 있다.[77] 이에 반해 파산절차의 경우 회생파산법 제131조와 같은 조문이 없는 점, 관리인은 원칙적으로 도산재단에 대한 관리처분권을 갖고 있는 점에 주목하여 관리인의 상계는 원칙적으로 허용된다는 것이 다수설 및 실무의 입장이다.[78]

파산절차에서는 원칙적으로 관리인의 상계가 가능하므로 파산절차가 개시되었다고 해서 민법 제434조의 요건이 사후적으로 탈락하였다고 볼 수 없다. 따라서 보증인이 민법 제434조에 의한 상계권을 행사하는데 아무런 문제가 없다.[79] 그러나 회생절차에서는 원칙적으로 관리인의 상계가 허용되지 않으므로 회생절차 개시로 인해 민법 제434조의 요건이 사후적으로 탈락하였다고 볼 여지가 있다. 대상판결의 판시도 이러한 측면에서 이해할 수 있다.[80][81] 그런데

75) 이 글에서는 회생절차에서의 관리인과 파산절차에서의 파산관재인을 통칭하는 뜻으로 '관리인'이라는 단어를 사용하기로 한다.

76) 대법원 1988. 8. 9. 선고 86다카1858 판결(구 회사정리법 하의 판례이나 현 회생파산법 상 회생절차에 관해서도 동일한 법리가 적용될 것으로 보인다).

77) 가령 노영보, 도산법강의, 2018, 326.

78) 서울회생법원 재판실무연구회, 법인파산실무, 제5판, 2019, 589-590(그러나 실무에서는 회생파산법 제492조 제13호를 유추하여 법원의 허가를 받도록 하고 있다).

79) 참고로 스위스 학설 중에는 주채무자에 대하여 파산절차가 개시되더라도 파산관재인의 상계권은 원칙적으로 존재하므로 보증인의 이행거절권이 인정된다는 견해가 있다. Berner Kommentar Bd.Ⅵ Art. 121/Corinne Zellweger-Gutknecht, 42.

80) 대상판결에 대한 대법원 재판연구관의 평석은 다음과 같이 서술하고 있다. 백숙종(주 5), 47.
"채무자회생법은 회생채권자에 의한 상계와 채무자 관리인에 의한 상계를 구별하여 각 예외적으로 허용하고

이러한 논증이 과연 타당한가?

2. 주채무자에 대한 회생절차 개시 후 보증인 보호 필요성

상계적상이 사후적으로 탈락하면 민법 제434조에 의한 보증인의 상계권은 더 이상 허용할 수 없는 것이 원칙이다. 그러나 주채무자에 대한 회생절차 개시를 상계적상의 사후적 탈락과 동일시 할 수 없고, 상계적상은 계속 유지된다고 보아야 한다.[82] 그 이유는 다음과 같다.

첫째, 도산절차개시 전에 존재하던 상계적상은 도산절차 내에서 독자적 재산가치를 갖는다. 관리인은 —회생절차이든 파산절차이든 불문하고[83]— 이러한 **상계적상을 그대로 인수**한다. 즉 도산재단의 재산상황은 도산절차개시 전에 존재하던 상계적상을 반영하여 일단 **고정**된다. 채권자가 도산절차개시 후 적법하게 상계권을 행사하면 자신의 도산채권은 독점적 만족을 얻게 되고 그만큼 도산재단은 감소하는데, 도산절차개시 당시 도산재단은 이러한 상황을 이미

있고, **보증인이 민법 제434조에 의해 행사하는 상계권은 채무자의 채권을 자동채권으로 하는 것으로서 후자(채무자 관리인에 의한 상계)에 가까움** → 후자의 경우 채무자 관리인은 '법원의 허가'를 받아 '채무자의 회생에 필요한 경우에만' 상계할 수 있는데, 보증인을 보호할 필요성이 있다는 점이 위와 같은 정도에 버금가는 사정이라고 보기도 어려움."

81) 일본의 伊藤眞 교수는 본문과 같은 논리로 주채무자에 대한 파산절차에서 보증인의 상계권을 부정한다. 일본 파산법 제102조는 파산관재인은 파산재단에 속하는 채권을 자동채권으로 한 상계를 하는 것이 파산채권자 일반의 이익에 적합한 경우 법원의 허가를 받아 상계를 할 수 있다고 명문으로 규정하고 있다. 伊藤眞 교수는 이처럼 파산관재인의 상계는 파산채권자 일반의 이익을 위해 인정되는 것이고, 주채무자가 상계권을 행사할 수도 없으므로, 보증인의 상계권은 인정할 이유가 없다고 한다. 그런데 伊藤眞 교수는 개정된 일본민법 제457조 제3항에 따른 보증인의 이행거절권은 주채무자에 대한 파산절차개시 후에도 인정될 수 있다고 본다. 伊藤眞, 破産法·民事再生法, 第4版, 2018, 503-504. 이러한 주장에 따르면 보증인의 권리는 민법개정으로 인해 약화되었지만(상계권 → 이행거절권), 채무자 파산 시에는 오히려 더 강력해진다(채권자에 대항 불가 → 채권자에 대항 가능). 이러한 논리가 과연 타당한가? 만약 타당하지 않다면 어디에서부터 잘못된 것인가? 본문에서 살펴보겠지만, **이미 존재하는 상계적상의 실체법적 효과를 간과**하였기 때문에 이처럼 부자연스러운 결과가 발생하였다고 필자는 생각한다.

82) 다만 상계가능기간(=회생채권의 신고기간 만료일까지. 회생파산법 제144조 제1항 제1문)이 도과하여 채권자가 더 이상 상계할 수 없는 경우라면, 상계적상이 사후적으로 탈락하였으므로 보증인은 더 이상 민법 제434조에 의한 상계를 주장할 수 없다고 보아야 한다. 따라서 보증인에게 상계권이 아니라 이행거절권만 부여한다면, 채권자는 상계를 하지 않고 상계가능기간이 도과할 때까지 기다렸다가 보증인에 대하여 보증채무의 이행을 청구할 수 있다(이러한 채권자의 권리행사가 오로지 보증인을 해하기 위하여 이루어졌기 때문에, 보증인에 대한 관계에서 신의칙위반으로 효력이 없는 경우는 제외).

83) 회생절차 상 상계는 ① 상계권 행사 시기가 제한되고(회생파산법 제144조 제1항 제1문), ② 도산절차개시 후 비로소 상계적상이 발생하는 경우 상계의 실체적 요건이 엄격하다는 점(회생파산법 제144조 제1항 제2문: 회생절차개시 당시 수동채권이 정지조건부 채권인 경우 법문언상 상계가 허용되지 않는다)에서 파산절차 상 상계와 구별된다. 그런데 '정지조건'과 '불확정 기한'을 전혀 다르게 취급하는 것은 거래당사자들의 합리적 기대에 반할 수 있다는 점에서 위 ②의 제한은 —입법론뿐만 아니라 해석론의 관점에서도— 타당하지 않다고 사료된다. 최준규, "장래채권을 둘러싼 도산법상 쟁점에 관한 고찰 — 상계와 부인권 문제를 중심으로", 사법40(2017), 221 참조.

예정·감수하고 있는 것이다.[84] 이처럼 이미 발생한 상계적상에 따른 **객관적**[85]**-재산법적 효과**[86]는 도산절차 내에서 두텁게 보호된다.[87] 같은 맥락에서 보증인의 상계권도 보호되어야 한다. 그로 인한 도산재단의 손실은 도산절차개시 당시 이미 고려된 것이므로 도산재단은 이를 수인해야 한다. 만약 이 경우 보증인을 보호하지 않는다면 오히려 도산재단이 망외의 이득을 얻는 것이다. 관리인의 상계권 제한은 이러한 **상계적상의 효과를 수인하는 전제 하에 부과된 절차법적 제한**에 불과하다. 즉 관리인은 원칙적으로 회생절차에서 상계를 할 수 없지만, 그렇다고 해서 회생재단이 그만큼의 이익을 누리는 것이 실체법적으로 정당화될 수는 없다.

둘째, 회생절차와 파산절차를 구분하여 보증인 보호유무를 달리 할 합리적 이유가 없다. 왜 회생재단을 파산재단보다 더 확충해야 하는가? 왜 회생채권자의 보호가 파산채권자의 보호보다 더 중요한가? 위 문제상황에서 채무자 회생이라는 가치가 파산재단보다 회생재단을 더 두텁게 보호하는 근거가 될 수 있는가? 필자는 될 수 없다고 생각한다. 파산절차와 달리 회생절차의 경우 우선권 행사방법을 제한하거나 우선권 보호방식을 달리 할 수 있지만, 그렇다고 우선권 자체를 박탈할 수는 없다. 위 문제상황에서 회생파산법 제131조를 이유로 회생절차와 파산절차의 차별취급을 정당화한다면, 이는 '절차법의 관점'에서 관리인의 상계권을 제한할 뿐인 회생파산법 제131조에 '**과도한 실체법적 의미**'를 부여하는 것이다.

셋째, 주채무자에 대한 도산절차 개시는 주채무자의 무자력 위험이 가장 극명히 드러난 순간이므로 보증인이 보증채무를 부담할 필요성이 가장 절실한 경우이지만, 민법 제434조의 입법목적(=주채무자의 무자력위험으로부터 보증인 보호) 달성이 가장 필요한 경우이기도 하다. 민법 제434조를 기왕 만든 이상 그 입법목적 달성이 가장 필요한 순간 해당 조문의 적용을 부정하는 것은 **평가모순의 의심**이 있다. 보증제도의 취지를 훼손할 위험은 본문 Ⅱ.에서 살펴본 것처

---

84) 도산절차개시 당시 존재하던 상계적상이 도산재단에 영향을 미치는 또 다른 사례로는 **도산절차개시 시점의 현존액주의가 문제되는 상황**을 들 수 있다. 채권자에 대하여 도산채무자와 채무자가 연대(보증)채무를 부담하고 있는 경우, 채권자는 도산절차개시 후 다른 연대(보증)채무자로부터 일부변제를 받더라도 도산절차개시 당시의 채권전액으로 도산채무자에 대한 도산절차에 참가할 수 있다(회생파산법 제126조 제1, 2항). 그런데 도산절차개시 후 채권자와 다른 연대(보증)채무자 사이에 상계가 이루어진 경우, 상계적상의 시점이 도산절차개시 전이라면 상계의 소급효에 따라 감액된 채권만이 채권자가 도산절차개시 당시 갖고 있던 채권에 해당한다. 김정만, "도산절차상 현존액주의", 사법논집52(2011), 146. 여기서 문제되는 상계적상은 도산채무자와 도산채권자 사이의 상계적상이 아니라 도산채권자와 다른 연대(보증)채무자 사이의 상계적상이다. 그러나 이 경우에도 **상계적상의 존재는 도산절차개시 시점의 도산재단 재산상황(=도산재단이 부담하는 채무의 내용)에 영향을 미치고 있다**.

85) 상계적상에 따른 효과는 상계권자인 채권자나 보증채무자의 주관적 신뢰보호와 무관하다는 뜻이다.

86) 위 용어에 대해서는 Windel(주 61), 225-228도 참조.

87) 입법론으로 상계의 소급효와 담보적 기능을 폐지하자는 견해도 도산절차의 경우에는 상계적상의 담보적 기능을 인정하는 입장을 취하고 있다. 이동진, "상계의 담보적 기능", 민사법학70(2015), 476-477. 상계의 담보적 기능이 상계의 본질적 기능은 아닐지라도 적어도 도산절차에서만큼은 이미 존재하는 상계적상의 객관적-재산법적 효과를 두텁게 보호할 필요가 있는 것이다.

럼 민법 제434조의 요건을 엄격히 설정함으로써 막으면 된다. 민법 제434조의 엄격한 관문을 일단 통과한 이상, 보증제도 취지 훼손 위험을 또 다시 강조하면서 민법 제434조의 존재의의를 흔들어서는 안된다.

넷째, 대상판결은 보증인이 상계권을 행사하면 회생파산법 제131조와 배치된다고 판시하고 있지만, 회생채권의 소멸금지를 규정한 회생파산법 제131조는 보증인 보호필요성 여부를 결정짓는 핵심기준이 될 수 없다. 회생재단이 이미 존재하는 상계적상의 효력을 그대로 승계한다는 측면에 주목하면 보증인의 상계권을 허용한다고 해서 반드시 회생파산법 제131조와 배치된다고 볼 수 없다. 더구나 보증인의 상계권은 보증인 보호를 위해 꼭 필요한 것이 아니고 이행거절권으로 충분하다. 만약 보증인의 이행거절권을 허용하는 경우에는 회생채권이 소멸하지 않으므로 회생파산법 제131조와 배치되는 문제가 발생하지 않는다.

그러나 주채무자에 대한 회생절차 개시 후 상계적상이 발생하였고 채권자가 회생절차 내에서 상계할 수 있는 경우에는 민법 제434조에 의한 보증인의 상계권을 허용할 수 없다. 주채무자가 한 번도 상계할 수 없었음에도 불구하고, 보증인을 보호하고 채권자의 권리행사의 자유를 제한하는 것은 지나치다. 주채무자가 주장할 수 없었던 항변을 보증인에게 허용함으로써 보증인을 주채무자보다 보호하고, 채권자에게는 보증인의 이익을 배려하여 보증인에게 보증채무이행청구를 하지 말라고 강요하는 것은 아무래도 지나친 것이다. 이 경우 단순보증인은 채권자에 대하여 최고, 검색의 항변권을 행사할 수 있을 것이다. 그러나 연대보증인은 최고, 검색의 항변권을 행사할 수 없으므로 채권자의 이행청구에 응해야 한다. 즉 연대보증인은 도산절차 개시로 극명하게 드러난 주채무자의 무자력 위험을 부담해야 한다. 설령 공제법리가 적용되어 채권자의 상계권 행사가 회생파산법 제144조 제1항 제1문의 시기제한에 걸리지 않고 회생파산법 제145조 제1호에 따른 상계금지 사유에 해당하지 않는 경우라 하더라도,[88] 보증인의 상계권은 인정될 수 없다. 공제법리는 주채무자 도산 시 채권자의 상계가능성을 넓혀주는 법리일 뿐, 보증인의 상계권을 폭넓게 보호하는 법리가 아니기 때문이다.

3. 대상판결의 검토

대상판결의 사실관계는 다음과 같다. 원고(도급인)는 A회사(수급인)와 공사도급계약을 체결하였다. A회사는 위 도급계약상 의무를 이행하지 않을 경우 부담하는 채무에 관하여 피고(건설공제조합)를 보증인, 원고를 보증채권자로 하는 계약이행보증증권을 원고에게 제출하였다. 이후 A회사는 위 공사를 마치지 못한 상태에서 2010. 10. 21. 부도가 발생하였고, A회사는 2010. 11. 8. 회생절차개시 신청을 하였다. 이에 원고는 2010. 11. 25. A회사의 부도로 정상적 공사수행 가능성이 없다고 보아 계약에 따라 적법하게 위 공사도급계약을 해제하였다. 이후 원고

88) 대법원 2007. 9. 28. 선고 2005다15598 전원합의체 판결 참조.

는 2010. 12. 7. 피고에게 A회사의 부도에 따른 채무불이행으로 인해 공사타절 및 채권채무확정검사를 완료하였음을 알리면서 A회사의 채무불이행으로 인한 손해배상금(계약이행보증금)을 2010. 12. 30.까지 지급하라고 청구하였다. 이어서 2010. 12. 10. A회사에 대한 회생절차가 개시되었다. 피고는 2010. 12. 16. A회사의 원고에 대한 미지급 공사대금 채권과 원고의 A회사에 대한 채권을 상계한다는 취지의 공문을 보냈다.

사안에서 상계의 자동채권(A회사의 공사대금채권)은 ―판결문 기재내용만으로 분명하지는 않지만― 늦어도 2010. 12. 7. 발생하고 그 변제기가 도래하였다고 보인다. 또한 상계의 수동채권(원고의 손해배상채권)은 기한의 정함이 없는 채권으로서 늦어도 2010. 11. 25. 전에 발생한 것으로 보인다. 따라서 A회사에 대한 회생절차 개시 전에 이미 주채무자와 채권자는 모두 상계할 수 있는 상태였다. 또한 상계의 효력이 이후 회생절차에서 부인될 여지도 없는 것으로 보인다. 왜냐하면 A회사의 채권과 원고의 채권 모두 회생절차개시 신청 이후 발생한 것이기는 하나, 회생절차개시 신청 전부터 이미 채권 발생의 법적 원인(도급계약 및 그에 따른 기성고의 존재, 수급인의 부도에 따른 공사중단)이 존재하고 있었기 때문이다.

그렇다면 회생절차개시 전 민법 제434조의 적용요건이 모두 충족되었으므로 보증인은 회생절차개시 후에도 ―채권자의 상계가능기간이 도과하지 않는 한― 민법 제434조에 의한 상계를 주장할 수 있다고 보아야 한다.

Ⅳ. 결론에 갈음하여

이 글의 결론을 요약하면 다음과 같다.

1. 민법 제434조는 주채무자의 무자력위험으로부터 보증인을 보호하고 결제의 편의를 도모하기 위해 마련된 조항으로서, 보증채무의 부종성, 보충성과는 직접 관련이 없다.

2. 주채무자의 무자력위험으로부터 보증인을 보호한다는 민법 제434조의 입법목적은, 주채무자의 무자력위험으로부터 채권자를 보호하는 인적 담보제도의 취지와 충돌한다. 따라서 민법 제434조의 요건은 ① 보증제도의 취지를 훼손하지 않고, ② 채권자의 권리행사의 자유를 지나치게 제약하지 않는 한도에서 엄격하게 설정되어야 한다.

3. 상계적상으로 인해 **주채무자와 채권자 모두 현금변제를 받은 것과 사실상 동일한 상황**일 때에만 민법 제434조에 의한 보증인의 상계권이 인정된다. 즉 ① 주채무자와 채권자 모두 상계권이 있어야 하고, ② 주채무자의 채권자에 대한 채권이 소멸시효가 완성되어서도 안되며, ③ 장차 주채무자에 대한 도산절차에서 상계의 효력이 부정될 수 있는 경우여서도 안된다.

4. 민법 제434조의 요건이 사후적으로 탈락하면 보증인은 더 이상 민법 제434조에 의한 상계를 할 수 없다. 가령 주채무자의 채권자에 대한 채권이 양도되거나 사후적으로 주채무자

나 채권자 일방이 상계권을 행사할 수 없게 되는 경우 보증인은 상계권을 행사할 수 없다. 보증채무 성립 후 주채무자나 채권자가 이미 발생한 상계권을 포기한 경우에도 보증인은 원칙적으로 그에 따른 결과를 수인해야 한다. 다만 개별사안에 따라서는 이러한 상계권 포기가 신의칙에 반하거나 권리남용에 해당하여 보증인에 대하여 포기의 효력이 부정될 수 있다.

5. 주채무자에 대하여 회생절차가 개시되면 관리인은 도산법원의 허가를 받지 않는 이상 상계권을 행사할 수 없다. 따라서 민법 제434조의 요건이 사후적으로 탈락했다고 볼 여지도 있다. 그러나 주채무자에 대한 회생절차 개시 후에도 보증인은 민법 제434조에 따른 상계권을 행사할 수 있다고 보아야 한다. 그 이유는 다음과 같다. ① 관리인은 도산절차개시 전에 이미 발생한 상계적상에 따른 **객관적-재산법적 효과를 승계**하므로 도산재단은 회생절차개시 시점을 기준으로 상계적상의 효과를 반영하여 일단 **고정**된다. ② 회생파산법 제131조에 따른 관리인의 상계권 제한은 이러한 **상계적상의 효과를 수인하는 전제 하에 부과된 절차법적 제한**에 불과하다. ③ 민법 제434조의 입법취지가 가장 절실히 필요한 순간은 주채무자가 도산한 경우인데 그 경우 민법 제434조가 적용되지 않는다면 **평가모순의 의심**이 있다.

6. 위 5.항의 서술은 파산절차에도 그대로 적용된다. 관리인이 도산절차개시 전에 이미 발생한 상계적상에 따른 객관적-재산법적 효과를 그대로 승계한다는 명제는 모든 도산절차에 공통적으로 적용되는 법원칙이기 때문이다. 또한 파산절차의 경우 파산관재인이 상계권을 행사할 수 있으므로 민법 제434조의 요건이 사후적으로 탈락하였다고 볼 여지조차 없다.

7. 그러나 주채무자에 대한 도산절차 개시 후 상계적상이 발생하였고 채권자가 도산절차 내에서 상계할 수 있는 경우에는 민법 제434조에 의한 보증인의 상계권을 허용할 수 없다. 주채무자가 한 번도 상계할 수 없었음에도 불구하고, 보증인을 보호하고 채권자의 권리행사의 자유를 제한하는 것은 지나치다. 이 경우 단순보증인은 채권자에 대하여 최고, 검색의 항변권을 행사할 수 있지만, 연대보증인은 최고, 검색의 항변권을 행사할 수 없으므로 채권자의 이행청구에 응해야 한다. 즉 연대보증인은 도산절차 개시로 극명하게 드러난 주채무자의 무자력 위험을 부담해야 한다.

Die Anfechtung einer wahrheitswidrigen Vaterschaftsanerkennung durch den biologischen Vater nach deutschem Recht

Rainer Frank*

I. Geschichtlicher Rückblick

Das BGB von 1900 ordnete das nichteheliche Kind ausschließlich der Mutter zu. Dem Vater blieb lediglich die Rolle des „Zahlvaters". Nach einer ausdrücklichen gesetzlichen Bestimmung galten das uneheliche Kind und dessen Vater als „nicht verwandt" (§ 1589 Abs. 2 BGB von 1900 bis 1970).

Erst durch das Nichtehelichengesetz (NEG) von 1969 erhielten nichteheliche Kinder in gleicher Weise einen Vater und väterliche Verwandte wie eheliche Kinder auch. Sie waren fortan gleichberechtigt.

Wie sehr das Familienrecht ein Spiegel der sozialen Wirklichkeit ist, zeigt die internationale Entwicklung. Fast alle grundlegenden Reformen des Nichtehelichenrechts in Westeuropa und den USA fanden in dem verhältnismäßig eng umgrenzten Zeitraum der Jahre 1969 - 1975 statt.[1)] In den ehedem sozialistischen Rechtsordnungen waren die Reformen des Nichtehelichenrechts gerade abgeschlossen, als in Deutschland das Nichtehelichengesetz verabschiedet wurde. In Schweden wurde die erbrechtliche Gleichstellung ehelicher und nichtehelicher Kinder im gleichen Jahr wie in Deutschland verwirklicht. Ebenfalls 1969 revidierte Großbritannien sein nicht mehr zeitgemäßes Nichtehelichenrecht. Österreich folgte 1970, Frankreich 1972, Italien 1975. Die ersten Entscheidungen des Supreme Court, die in den USA den langsamen Prozess der Gleichberechtigung ehelicher und nichtehelicher Kinder in Gang setzten, waren Levy v. Louisiana aus dem Jahre 1968, Glona v. American Guarantee and Liability Ins. C. von

* Prof. em. der Albert-Ludwigs-Universität Freiburg i. Br.

1) Nachweise zu den nachfolgend aufgeführten Ländern bei Frank, Die familienrechtliche Ordnung des Grundgesetzes, in: Frank (Herausgeber), 40 Jahre Grundgesetz, Der Einfluss des Verfassungsrechts auf die Entwicklung der Rechtsordnung - Ringvorlesung der Rechtswissenschaftlichen Fakultät der Albert-Ludwigs- Universität Freiburg/Br., Freiburger Rechts- und Staatswissenschaftliche Abhandlungen Band 50, S. 113 ff., 117 f.

1968, Labine v. Vincent von 1971, Weber v. Aetna Casualty and Surety C. von 1972 und Gomez v. Perez von 1973.

Seit 1969 wird in Deutschland die rechtliche Vaterschaft mit Wirkung für und gegen Jedermann entweder durch freiwillige Anerkennung oder durch gerichtliche Feststellung begründet (§ 1600 a BGB alte Fassung). Die freiwillige Anerkennung bedurfte allerdings zunächst der Zustimmung des Kindes (§ 1600 c Abs. 1 BGB alte Fassung), wobei das Kind nicht von seiner Mutter, sondern vom staatlichen Jugendamt vertreten wurde (§ 1706 Nr. 1 BGB alte Fassung). Durch die Einschaltung des staatlichen Jugendamtes wollte der Gesetzgeber erreichen, dass - auf der Grundlage der Informationen von Seiten der Mutter - möglichst auch der wahre Vater die Vaterschaft anerkannte.[2] Das Kind sollte sich eine Anerkennung nicht „aufdrängen" lassen. Bei zweifelhafter Vaterschaft war es Aufgabe des Jugendamtes zu entscheiden, ob im konkreten Fall - mit oder ohne weitere Nachforschungen - die Zustimmung zur Vaterschaftsanerkennung dem Wohl des Kindes am besten entsprach. Fälle, in denen Jugendämter zwecks Klärung der Abstammung Vaterschaftsfeststellungsverfahren gegen anerkennungswillige Väter durchgeführt haben, waren selten, kamen aber durchaus vor.[3] Offenkundig wahrheitswidrige Anerkennungen waren jedoch praktisch ausgeschlossen.

II. Das Gesetz zur Reform des Kindschaftsrechts v. 16. 12. 1997

Das Gesetz zur Reform des Kindschaftsrechts (KindRG)[4] veränderte die Rechtslage erheblich. Die Mutter übernahm fortan - bis auf den heutigen Tag - die Rolle, die der Gesetzgeber zuvor dem staatlichen Jugendamt als Vertreter des Kindes zugedacht hatte. Dem Zeitgeist entsprechend wurde das Tätigwerden des Jugendamtes als unangemessene Bevormundung, als Misstrauen des Staates gegenüber nichtehelichen Müttern angesehen. Die Mutter entschied nunmehr selbst, ob sie eine Klage auf Feststellung der Vaterschaft erheben wollte (§ 1600 e Abs. 1 BGB in der Fassung des KindRG), bzw. ob sie bereit war, einer freiwilligen Anerkennung der Vaterschaft zuzustimmen (§ 1595 Abs. 1 BGB). Der Gesetzgeber ging bei der Neuregelung von der Überlegung aus, Mütter würden im Interesse ihrer Kinder handeln, was indessen nicht immer der Fall ist. Man denke nur an Fälle, in denen ein junges Paar schon vor der Geburt des Kindes im Streit auseinandergeht, an Fälle, in denen die schwangere Frau

2) Bundestags-Drucksache V/2370, S. 27.

3) Nachweise bei Helms, Die Feststellung der biologischen Abstammung - Eine rechtsvergleichende Untersuchung zum deutschen und französischen Recht, 1999, S. 81.

4) Bundesgesetzblatt I, S. 2942.

vor oder nach der Geburt eine neue Partnerschaft begründet oder zu ihrem früheren Partner zurückkehrt und die Elternrolle nicht mit dem biologischen Vater teilen möchte. Erkennt in einem solchen Fall ein Nichtvater - möglicherweise schon vor der Geburt des Kindes - die Vaterschaft mit Zustimmung der Mutter an, so wird dem biologischen Vater - jedenfalls zunächst - der Weg zur rechtlichen Vaterschaft versperrt. Selbst Jahre nach der Geburt kommen offenkundig wahrheitswidrige Anerkennungen der Vaterschaft vor, falls die Mutter es unterlassen hat, eine Feststellung der Vaterschaft nach der Geburt zu betreiben. Das KindRG eröffnet jedenfalls der Mutter und einem zur Anerkennung bereiten Nichtvater die Möglichkeit, privatautonom und ohne gerichtliche Kontrolle wirksam eine Vaterschaft zu begründen.[5] Nicht wenige Autoren sehen diese Regelung als rechtspolitisch verfehlt und verfassungsrechtlich bedenklich an.[6]

Wenn der Gesetzgeber wissentlich falsche Vaterschaftsanerkennungen durch das unkontrollierte Zusammenwirken von Mutter und Anerkennendem erlaubt, hätte es bei der Reform des Kindschaftsrechts im Jahre 1997 nahegelegen, dem an seinem Kind interessierten biologischen Vater wenigstens ein Anfechtungsrecht - unter näher zu bestimmenden Voraussetzungen - einzuräumen. Das war jedoch nicht der Fall. Nur dem Kind, der Mutter und dem Anerkennenden selbst gestand der Gesetzgeber ein zweijähriges Anfechtungsrecht zu, ohne Rücksicht darauf, ob die Beteiligten die wahren Abstammungsverhältnisse kannten oder nicht (§ 1600, 1600 b BGB alte Fassung). Die Ablehnung eines Anfechtungsrechts des biologischen Vaters wird in den Gesetzesmaterialien folgendermaßen begründet: „Üben der rechtliche Vater, die Mutter und das Kind die ihnen zustehenden Anfechtungsrechte nicht aus, so spricht dies dafür, dass eine Anfechtung dem Wohl der „sozialen Familie“ zuwiderlaufen würde. Dem Erzeuger muss zugemutet werden, diese Nichtanfechtung zu respektieren.“[7]

III. Die Entscheidung des Bundesverfassungsgerichts v. 9. 4. 2003

Es überrascht nicht, dass nach Inkrafttreten des KindRG die Verdrängung des biologischen Vaters durch einen zur Anerkennung bereiten Nichtvater alsbald das BVerfG beschäftigte. Einer Entscheidung vom 9. 4. 2003[8] lag folgender Fall zugrunde:

Biologischer Vater eines 1998 geborenen Kindes war ein Palästinenser mit israelischer Abstammung. Er unterhielt seit 1991 eine Beziehung zur Mutter, mit der er

5) Vgl. MünchKommBGB/Wellenhofer, 8. Aufl., 2020, § 1595 Rn. 6.

6) Staudinger/Rauscher (2011) § 1595 Rn. 5 mit weiteren Hinweisen.

7) Bundestags-Drucksache 13/4899, S. 58.

8) BVerfGE 103, 82 = NJW 2003, 2151 = FamRZ 2003, 816.

mindestens ein Jahr vor und auch noch 4 Monate nach der Geburt zusammenlebte. Das Kind erhielt einen arabischen Namen. An der Vaterschaft bestanden keine Zweifel, zumal das Kind einen dunklen Teint, dunkle Augen und Haare hatte und dem Vater ähnelte. Als die Mutter nach der Geburt erklärte, sie wünsche keine Vaterschaftsfeststellung, kam es zum Bruch mit dem biologischen Vater, der umgehend eine gerichtliche Feststellung seiner Vaterschaft beantragte. Noch während des laufenden Verfahrens erkannte indessen ein Mann, mit dem die Mutter keine nähere Beziehung hatte, rechtswirksam die Vaterschaft an. Auf diese Weise wurde dem biologischen Vater die Feststellung seiner Vaterschaft unmöglich gemacht. Ein Recht, die Vaterschaft anzufechten, stand ihm nicht zu.

Das BVerfG entschied, dass Art. 6 Abs. 2 S. 1 GG den biologischen Vater in seinem Interesse schützt, die rechtliche Stellung als Vater einzunehmen. Ihm müsse verfahrensrechtlich die Möglichkeit eröffnet werden, die rechtliche Vaterposition zu erlangen, wenn dem der Schutz einer familiären Beziehung zwischen dem Kind und seinen rechtlichen Eltern nicht entgegensteht. Dem Gesetzgeber wurde aufgegeben, die Rechtslage bis zum 30. 4. 2004 mit der Verfassung in Einklang zu bringen.

IV. Die Regelung des geltenden Rechts

Nach der am 23. 4. 2004 verabschiedeten und auch heute noch geltenden gesetzlichen Regelung des § 1600 Abs. 2 BGB kann ein Mann, der an Eides statt versichert, der Mutter des Kindes während der Empfängniszeit beigewohnt zu haben, die Vaterschaft anfechten, wenn „zwischen dem Kind und seinem (rechtlichen) Vater keine sozial-familiäre Beziehung besteht." Weiter heißt es in § 1600 Abs. 3 BGB: „Eine sozial-familiäre Beziehung nach Absatz 2 besteht, wenn der (rechtliche) Vater … für das Kind tatsächliche Verantwortung trägt oder getragen hat. Eine Übernahme tatsächlicher Verantwortung liegt in der Regel vor, wenn der (rechtliche) Vater … mit der Mutter des Kindes verheiratet ist oder mit dem Kind längere Zeit in häuslicher Gemeinschaft zusammengelebt hat."

Schlüsselbegriff für die Beantwortung der Frage, ob eine Anfechtung der rechtlichen Vaterschaft durch den biologischen Vater ausgeschlossen oder möglich ist, ist das Vorliegen bzw. Nichtvorliegen einer sozial-familiären Beziehung zwischen rechtlichem Vater und Kind. Liegt eine solche Beziehung vor, ist eine Anfechtung durch den biologischen Vater ausgeschlossen und alle weiteren Überlegungen erübrigen sich. Insbesondere spielt es keine Rolle, ob auch zwischen dem leiblichen Vater und seinem Kind eine - möglicherweise besonders intensive - sozial-familiäre Beziehung besteht. Bedeutungslos ist weiter, ob der rechtliche Vater mit der Mutter zusammenlebt und mit Mutter und Kind eine Familiengemeinschaft bildet. Auch die näheren Umstände, wie es zu der wahrheitswidrigen Anerkennung der Vaterschaft gekommen ist, ob es möglicherweise der Mutter nur darauf ankam, ihren ehemaligen Freund als Vater zu verdrängen, sind irrelevant.

Zur interpretationsbedürftigen Frage, wann eine sozial-familiäre Beziehung vorliegt, führt der BGH in einer Grundsatzentscheidung vom 15. 11. 2017[9] aus: „Das Bestehen einer sozial-familiären Beziehung setzt keine bestimmte Mindestdauer voraus. Ein längeres Zusammenleben mit dem Kind ist zwar ein Indiz, nicht aber eine notwendige Voraussetzung für das Bestehen einer sozial-familiären Beziehung. Diese kann bereits bei kürzerem Zusammenleben bejaht werden, wenn dieses noch andauert und der Tatrichter überzeugt ist, dass der rechtliche Vater die tatsächliche Verantwortung für das Kind übernommen hat und in einer Weise trägt, die auf Dauer angelegt erscheint. Eine sozial-familiäre Beziehung kann demzufolge insbesondere auch bei zusammenlebenden nicht verheirateten rechtlichen Eltern sogleich nach der Geburt des Kindes gegeben sein."

Nach Inkrafttreten des KindRG ist die Diskussion um eine erneute Korrektur des Abstammungsrechts nicht verstummt. Ein vom Bundesministerium für Justiz und Verbraucherschutz eingesetzter Arbeitskreis sieht in dem 2017 vorgelegten Abschlussbericht moderate Verbesserungen der Rechtsstellung des biologischen Vaters vor.[10] Zwei Jahre später übernahm das Ministerium für Justiz und Verbraucherschutz diese Anregungen weitgehend in einem „Teilentwurf eines Gesetzes zur Reform des Abstammungsrechts". Nach dessen § 1600 a Abs. 2 S. 2 soll insbesondere der Vorrang der sozial-familiären Beziehung zwischen Kind und rechtlichem Vater nicht gelten, „wenn auch eine sozial-familiäre Beziehung des Kindes zum Anfechtenden besteht und diese Beziehung für das Kind wichtiger ist"[11] (sog. doppelte Vaterschaft).

Es bleibt dennoch als Fazit, dass das deutsche Recht - auch de lege ferenda - versucht, mit Hilfe eines abstrakt generellen Kriteriums die Frage zu beantworten, ob der biologische Vater eine mit Zustimmung der Mutter erfolgte Anerkennung der Vaterschaft anfechten kann oder nicht.[12] Was zählt, ist allein das Fehlen oder das Vorhandensein einer sozial-familiären Beziehung. Die Motive, die den rechtlichen Vater oder die Mutter zu ihrem Handeln bewegt haben, spielen ebenso wenig eine

9) FamRZ 2018, 275, 277 Rn. 21.

10) BMJV (Herausgeber), Arbeitskreis Abstammungsrecht - Abschlussbericht: Empfehlungen für eine Reform des Abstammungsrechts, 2017, S. 52 (Thesen 29 und 30).

11) https://www.bmjv.de/SharedDocs/Gesetzgebungsverfahren/DE/Reform_Abstammungsrecht.html. Einen Überblick über den Diskussionsteilentwurf gibt Schwonberg FamRZ 2019, 1303.

12) Vgl. Helms, Rechtliche, biologische und soziale Elternschaft - Herausforderungen durch neue Familienformen, in: Gutachten F zum 71. Deutschen Juristentag, Essen 2016, S. F 7 ff., F 44.

Rolle wie die näheren Umstände, unter denen es zur wahrheitswidrigen Vaterschaftsanerkennung gekommen ist. Hatte der biologische Vater überhaupt eine Chance, Kontakt zu seinem Kind aufzunehmen? Ist es vertretbar, wenn das geltende Recht die Beziehungen zwischen Kind und biologischem Vater für irrelevant erklärt, sofern nur eine sozial-familiäre Beziehung zwischen rechtlichem Vater und Kind besteht? Helms stellt in seinem Gutachten zur Reform des deutschen Abstammungsrechts auf dem 71. Deutschen Juristentag (2016) zutreffend fest, dass das deutsche Recht mit seinem Versuch, durch ein abstrakt generelles Kriterium einen Kompromiss zwischen einer gänzlichen Ablehnung und einer uneingeschränkten Gewährung des Anfechtungsrechts zu finden, international alleine dasteht.[13]

V. Die Vereinbarkeit von § 1600 Abs. 2 BGB mit Art. 8 der Europäischen Menschenrechtskonvention (EMRK)

1. Der Schutz des biologischen Vaters durch Art. 8 EMRK

Die Überlegung liegt nahe, ob die Regelung des § 1600 Abs. 2 BGB mit Art. 8 der Europäischen Menschenrechtskonvention (EMRK) vereinbar ist. Die EMRK bindet die 47 Mitgliedstaaten des Europarats und schützt in Art. 8 das „Privat- und Familienleben". Über die Einhaltung der EMRK wacht der „Europäische Gerichtshof für Menschenrechte" (EuGHMR). Er agiert als eine Art „Sicherheitsnetz" und interpretiert die allgemein gehaltene Bestimmung des Art. 8 EMRK für alle Mitgliedstaaten mit bindender Wirkung.

Art. 8 EMRK lautet:

Abs. 1: „Jede Person hat das Recht auf Achtung ihres Privat- und Familienlebens, ihrer Wohnung und ihrer Korrespondenz."

Abs. 2: „Eine Behörde darf in die Ausübung dieses Rechts nur eingreifen, soweit der Eingriff gesetzlich vorgesehen und in einer demokratischen Gesellschaft notwendig ist für die nationale oder öffentliche Sicherheit, für das wirtschaftliche Wohl des Landes, zur Aufrechterhaltung der Ordnung, zur Verhütung von Straftaten, zum Schutz der Gesundheit oder der Moral oder zum Schutz der Rechte und Freiheiten anderer."

Der EuGHMR hatte schon des öfteren Gelegenheit, sich zu Fragen des Abstammungsrechts in den Mitgliedstaaten nach Maßgabe des Art. 8 EMRK zu äußern. In mehreren Entscheidungen nahm er auch zur Anfechtbarkeit der rechtlichen Vaterschaft durch den biologischen Vater nach deutschem Recht Stellung.[14]

---

13) Helms (Fn. 12) S. F 44.

14) Urteile Ahrens gegen Deutschland (Beschwerde Nr. 45071/09) und Kautzor gegen Deutschland

Die Schutzwürdigkeit des biologischen Vaters leitet der EuGHMR in ständiger Rechtsprechung aus Art. 8 Abs. 1 EMRK (Schutz der Privatsphäre) ab. Die Grenzen der Schutzwürdigkeit ergeben sich aus Art. 8 Abs. 2 EMRK: Der Eingriff in die Privatsphäre muss „in einer demokratischen Gesellschaft notwendig" sein. Entgegen der Auffassung des BGH[15] hat sich der EuGHMR zur *gesetzlichen Regelung* des § 1600 Abs. 2 BGB nicht geäußert. Er hat lediglich festgestellt, dass mehrere dem EuGHMR vorgelegte *Entscheidungen* deutscher Gerichte nicht gegen Art. 8 EMRK verstoßen.[16] Es ist nicht Aufgabe des EuGHMR - so der Gerichtshof -, gesellschaftlich umstrittene, moralisch und ethisch heikle Fragen („questions morales ou éthiques délicates")[17] an Stelle des nationalen Gesetzgebers zu entscheiden. Aufgabe des EuGHMR sei es lediglich zu prüfen, ob gerichtliche Entscheidungen den Anforderungen des Art. 8 EMRK genügen. Bei dieser Prüfung muss den Interessen aller Beteiligten (Mutter, Kind, rechtlicher und biologischer Vater) in angemessener Form und unter Berücksichtigung der besonderen Umstände des Falles Rechnung getragen werden.[18] „The Contracting States are required, *in any case*, to strike a balance between the competing private and public interests protected by the Convention".[19]

Wenn es nach der Rechtsprechung des EuGHMR im Rahmen des Art. 8 EMRK entscheidend auf eine Interessenabwägung unter Berücksichtigung der besonderen Umstände des Falles ankommt, während nach § 1600 Abs. 2 BGB ein (einziges) abstrakt generelles Kriterium maßgebend ist, kann es nicht überraschen, wenn die Regelung des BGB in Einzelfällen zu einem anderen Ergebnis führt als Art. 8 EMRK.

Wie unterschiedlich die Lösung eines Falles auf der Grundlage des BGB einerseits und der Interpretation des Art. 8 EMRK durch den EuGHMR andererseits ausfallen kann, machen zwei Entscheidungen des EuGHMR v. 8. 12. 2016 (L.D. und P.K. gegen Bulgarien)[20] und eine weitere Entscheidung des EuGHMR v. 13. 10. 2020 (Koychev

---

(Beschwerde Nr. 23338/09), jeweils v. 22. 3. 2012, FamRZ 2012, 691; Entscheidung H. gegen Deutschland v. 5. 11. 2013 (Beschwerde Nr. 26610/09), FamRZ 2014, 1257; Entscheidung Markgraf gegen Deutschland v. 10. 3. 2015 (Beschwerde Nr. 42719/14), FamRZ 2016, 437.

15) BGH v. 15. 11. 2017, FamRZ 2018, 275, 278 Rn. 29.

16) Nachweise wie Fn. 14.

17) So z.B. L.D. und P.K. gegen Bulgarien (Beschwerden Nr. 7949/11 und Nr. 45522/13) v. 8. 12. 2016, FamRZ 2017, 385, 386.

18) Ständige Rechtsprechung, vgl. zuletzt die Entscheidung Koychev gegen Bulgarien v. 13. 10. 2020 (Beschwerde Nr. 32495/15), FamRZ 2021, 111 ff. (unter Nr. 56 ff. der Entscheidung mit weiteren Hinweisen).

19) Mandija, European Court of Human Rights - Challenging paternity under case law of the European Court of Human Rights, in: Brinig (Herausgeber), International Survey of Family Law, 2020, S. 99 ff., 113.

20) L.D. und P.K. gegen Bulgarien (Beschwerden Nr. 7949/11 und Nr. 45522/13) v. 8. 12. 2016, FamRZ 2017, 385, 386.

gegen Bulgarien)[21] deutlich. Die Entscheidungen ergingen nach bulgarischem Recht, was an der Problemstellung indessen nichts ändert.

2. Die Fälle L.D. und P.K. gegen Bulgarien

Beiden Fällen ist gemeinsam, dass die Mütter alles daran setzte zu verhindern, dass die biologischen Väter über die Geburt der Kinder informiert wurden bzw. später Kontakt zu ihnen aufnehmen konnten.

a) L.D. gegen Bulgarien

Im Verfahren L.D. gegen Bulgarien schenkte der biologische Vater (L.D.) den Angaben seiner ehemaligen Freundin I zum Geburtstermin eines gemeinsamen Kindes keinen Glauben. Er beauftragte einen Privatdetektiv mit Nachforschungen und verständigte sogar die Grenzpolizei, weil Anlass zur Befürchtung bestand, Kinderhändler könnten das Neugeborene außer Landes bringen. Die Nachforschungen ergaben, dass die Mutter am 12. 10. 2010 ein Mädchen zur Welt gebracht und ein gewisser V („un certain V") die Vaterschaft mit Zustimmung der Mutter anerkannt hatte. Frau I hatte V durch Vermittlung der Klinik, in der sie entbunden hatte, kennengelernt.

Der Versuch des L.D., die Vaterschaft des V anzufechten, scheiterte, weil ihm nach bulgarischem Recht ein Anfechtungsrecht nicht zustand.

b) P.K. gegen Bulgarien

Im Verfahren P.K. gegen Bulgarien wusste der biologische Vater (P.K.) nicht, dass seine frühere Arbeitskollegin R ein Kind von ihm erwartete. Erst nach der Geburt erfuhr er, dass R am 1. 12. 2010 einen Jungen zur Welt gebracht und ein gewisser S mit Zustimmung der Mutter die Vaterschaft anerkannt hatte. Ein auf Drängen von P.K. vorgenommener DNA-Test ergab, dass P.K. der biologische Vater des Kindes war. Das Verhältnis zwischen R und P.K. war angespannt. R stellte in den Jahren 2012 und 2013 zweimal erfolglos Strafanzeige gegen P.K. wegen Belästigung und beantragte außerdem - ebenfalls erfolglos - dessen Einweisung in eine Psychiatrie.

Der Versuch des P.K., die Vaterschaft des S anzufechten, blieb - wie im bereits geschilderten Fall L.D. gegen Bulgarien - erfolglos, weil dem biologischen Vater ein Anfechtungsrecht nicht zustand.

Der EuGHMR entschied für beide Fälle gemeinsam, dass eine gesetzliche Regelung, die dem angeblichen biologischen Vater die Feststellung seiner Vaterschaft

---

21) Koychev gegen Bulgarien v. 13. 10. 2020 (Beschwerde Nr. 32495/15), FamRZ 2021, ●●●.

nur deshalb verbietet, weil bereits ein anderer Mann die Vaterschaft anerkannt hat, gegen Art. 8 EMRK verstößt. In der Sache selbst entschied der EuGHMR nicht. Er wies lediglich darauf hin, dass ein Verbot der Vaterschaftsanfechtung durch den angeblichen biologischen Vater eine Abwägung der unterschiedlichen Interessen von Kind, Mutter, rechtlichem und biologischem Vater sowie die Berücksichtigung der besonderen Umstände des Falles voraussetzt.

Würde man die beiden Fälle nach Maßgabe von § 1600 Abs. 2 BGB beurteilen, so wäre allein entscheidend, ob sich zwischen den rechtlichen Vätern und den Kindern im Laufe der Zeit eine sozial-familiäre Beziehung entwickelt hat. Die Bejahung einer sozial-familiären Beziehung läge nahe, weil beide Kinder zur Zeit der Entscheidung des EuGHMR bereits sechs Jahre alt waren und beide biologischen Väter bis dahin - trotz intensiver Bemühungen - keine Möglichkeit hatten, Kontakt zu ihren Kindern aufzunehmen. Die näheren Umstände, unter denen es in beiden Fällen zur Anerkennung der Vaterschaft gekommen war, wären rechtlich irrelevant. Auch wenn - je nach der Fallgestaltung - der Zeitfaktor durchaus eine Rolle spielen mag, so machen beide Entscheidungen in den Gründen doch klar, dass § 1600 Abs. 2 BGB - bezogen auf den konkreten Fall - nach Ansicht des EuGHMR kaum mit Art. 8 EMRK vereinbar sein dürfte.

3. Der Fall Koychev gegen Bulgarien

Koychev unterhielt mit Frau F in den Jahren 2003 - 2005 eine außereheliche Beziehung. Das Paar trennte sich im Oktober 2005, als F bereits schwanger war. Im März 2006 wurde ein Sohn S geboren. Zwischen den Beteiligten bestand Einigkeit, dass S der Sohn von K war. K besuchte seinen Sohn, der ihn „Papa“ nannte, regelmäßig. Von einer förmlichen Anerkennung der Vaterschaft nahm K Abstand, weil die Mutter dies - aus unbekanntem Grund - angeblich nicht wünschte.

Ab 2010 lebte F in einer außerehelichen Beziehung mit G. Das Paar heiratete 2012. K entschloss sich nunmehr doch - sieben Jahre nach der Geburt des Kindes - die Vaterschaft anzuerkennen. Dies geschah am 1. 4. 2013 formgerecht durch notarielle Urkunde. Frau F widersprach der Anerkennung am 9. 5. 2013, was nach bulgarischem Recht zur Unwirksamkeit der Anerkennung führte. Noch am gleichen Tag erkannte G seinerseits die Vaterschaft an. Die Anerkennung wurde wirksam, weil F in diesem Fall der Anerkennung nicht widersprach.

K versuchte nunmehr, seine Vaterschaft gerichtlich feststellen zu lassen. Sein Antrag wurde jedoch als unzulässig abgewiesen, weil die Vaterschaft des G bereits rechtskräftig feststand. Auch der Versuch, die Vaterschaft anzufechten, scheiterte. Koychev hätte - so der bulgarische Kassationshof - die Möglichkeit gehabt, sieben

Jahre lang seine Vaterschaft feststellen zu lassen. Außerdem liege eine Anfechtung der Vaterschaft nicht im Interesse des Kindes.

Der EuGHMR bejaht eine Verletzung der Privatsphäre von Koychev gem. Art. 8 Abs.1 EMRK. Auch wenn der EuGHMR wegen unzureichender Aufklärung des Sachverhalts nicht in der Sache selbst entschied, wird aus den Gründen doch deutlich, dass der Gerichtshof die rechtliche Vaterschaft jedenfalls dann als anfechtbar ansieht, wenn die biologische Vaterschaft für das Kind wichtiger ist als die rechtliche.

Für das deutsche Recht lassen sich aus dieser Entscheidung folgende Schlussfolgerungen ziehen:

(1) Beurteilt man den Fall Koychev auf der Grundlage von § 1600 Abs. 2 BGB, so wäre eine Anfechtung der Vaterschaft von vornherein ausgeschlossen, weil der rechtliche Vater schon ca. drei Jahre vor Anfechtung der Vaterschaft mit Mutter und Kind in einer „atmosphère familiale stable" zusammengelebt und so eine „sozial-familiäre Beziehung" zum Kind gem. § 1600 Abs.2 BGB aufgebaut hat.

Der EuGHMR war schon einmal in der Entscheidung Markgraf gegen Deutschland[22] v. 10. 3. 2015 mit der Frage befasst, wie zu entscheiden wäre, wenn nicht nur eine sozial-familiäre Beziehung zwischen Kind und rechtlichem Vater, sondern auch zwischen Kind und biologischem Vater besteht. In dieser Entscheidung hatte der EuGHMR aber ausdrücklich offen gelassen, ob überhaupt eine sozial-familiäre Beziehung zwischen Kind und biologischem Vater vorlag und er hat sich vor allem nicht dazu geäußert, ob eine besonders intensive Beziehung zwischen Kind und biologischem Vater den Vorzug verdienen würde vor einer weniger intensiven Beziehung zwischen Kind und rechtlichem Vater.

(2) Der Fall Koychev offenbart eine weitere Ungereimtheit zwischen der gesetzlichen Regelung des § 1600 Abs. 2 BGB einerseits und der Interpretation von Art. 8 EMRK durch den EuGHMR andererseits. Gegen eine Anfechtbarkeit der rechtlichen Vaterschaft spricht nach Ansicht des EuGHMR grundsätzlich der Umstand, dass eine Mutter und ihr Lebenspartner mit dem Kind in einer „atmosphère familiale stable" zusammenleben. Diese „atmosphère familiale stable" wäre im Falle Koychev auch erforderlich gewesen, wenn der Lebenspartner und spätere Ehemann versucht hätte, seine Vaterschaft nicht mit Hilfe einer wahrheitswidrigen Anerkennung, sondern mit Hilfe einer (Stiefkind-)Adoption zu begründen. Die Argumentation des EuGHMR ist so gesehen durchaus in sich stimmig. Wendet man auf den Fall Koychev hingegen § 1600 Abs. 2 BGB an, so ist man überrascht festzustellen, dass eine Anfechtung der Vaterschaft nach dieser Bestimmung nicht etwa daran scheitern würde, dass rechtlicher

---

22) Entscheidung Markgraf gegen Deutschland v. 10. 3. 2015 (Beschwerde Nr. 42719/14), FamRZ 2016, 437.

Vater, Mutter und Kind in einer „atmosphère familiale stable“ zusammenleben, sondern daran, dass (lediglich) eine sozial-familiäre Beziehung zwischen Kind und rechtlichem Vater besteht. Ob zwischen rechtlichem Vater, Mutter und Kind ein echtes Eltern-Kind-Verhältnis besteht, ist nach § 1600 Abs. 2 BGB ebenso ohne Belang wie die Frage, ob Vater, Mutter und Kind überhaupt zusammenleben.

(3) Da nach der Entscheidung des EuGHMR eine weitere Aufklärung des Sachverhalts erforderlich ist, weist der Gerichtshof auch auf die insoweit maßgeblichen Gesichtspunkte hin, die jedoch allesamt irrelevant wären, wenn der Fall Koychev nach § 1600 Abs. 2 BGB entschieden werden müsste.

Zu klären wäre nach Ansicht des EuGHMR auf der Grundlage von Art. 8 Abs. 1 EMRK insbesondere, warum Koychev sieben Jahre lang auf die Feststellung seiner Vaterschaft verzichtet hat, welche Rolle die Mutter hierbei gespielt hat und welche Motive im Einzelnen für die Beteiligten bestimmend waren.[23] Der vorgelegte Bericht des Jugendamtes („direction territoriale de l'aide sociale“) erlaube nicht, die Beziehung des biologischen Vaters zu seinem Kind verlässlich zu beurteilen. Der Bericht sei ohne die Mitwirkung des Kindes und ohne Mitwirkung des biologischen Vaters zustande gekommen. Die Interessen des biologischen Vaters seien nicht angemessen berücksichtigt worden.[24] Das bulgarische Kassationsgericht hätte außerdem die Art und Weise, wie es zur wahrheitswidrigen Vaterschaftsanerkennung gekommen ist, bedenken müssen. Schließlich hätte die Mutter den biologischen Vater zielgerichtet der Möglichkeit beraubt, die Vaterschaft anzuerkennen oder gerichtlich feststellen zu lassen.[25]

Als Ergebnis ist somit festzuhalten, dass die Regelung des § 1600 Abs. 2 BGB zwar in den meisten, keineswegs aber in allen Fällen mit Art. 8 EMRK vereinbar ist. Es dürfte nur eine Frage der Zeit sein, bis sich der EuGHMR auch mit der Frage wird befassen müssen, ob die Entscheidung eines deutschen Gerichts auf der Grundlage des § 1600 Abs. 2 BGB noch den Anforderungen des Art. 8 EMRK genügt.

VI. Gedanken zu einer Reform des § 1600 Abs. 2 BGB

Wie könnte eine mit Art. 8 EMRK vereinbare gesetzliche Regelung aussehen? Nicht geglückt ist jedenfalls der Versuch, durch ein abstrakt-generelles Kriterium einen Kompromiss zwischen einer gesetzlichen Ablehnung und einer sachlich uneingeschränkten Gewährung eines Anfechtungsrechts zu finden. Man könnte die Regelung

23) Koychev gegen Bulgarien v. 13. 10. 2020 (Beschwerde Nr. 32495/15), FamRZ 2021, ●●●, unter Nr. 63.

24) Koychev gegen Bulgarien v. 13. 10. 2020 (Beschwerde Nr. 32495/15), FamRZ 2021, ●●●, unter Nr. 65 f.

25) Koychev gegen Bulgarien v. 13. 10. 2020 (Beschwerde Nr. 32495/15), FamRZ 2021, ●●●, unter Nr. 54.

des deutschen Rechts punktuell verbessern und das Kriterium der „sozial-familiären Beziehung" durch Hilfskriterien ergänzen und verfeinern, der Vielfalt denkbarer Fallgestaltungen würde aber auch eine verfeinerte Regelung schwerlich gerecht werden können.

Als der Gesetzgeber im Jahre 1997 bei der Verabschiedung des Gesetzes zur Reform des Kindschaftsrechts der Mutter im Falle nichtehelicher Geburt erstmals die Möglichkeit einräumte, durch ihre Zustimmung allein, d.h. ohne Mitwirkung des staatlichen Jugendamtes, über die Wirksamkeit einer Vaterschaftsanerkennung zu entscheiden, sollte die Mutter davor geschützt werden, dass ein Mann die Vaterschaft anerkennt, der nicht oder möglicherweise nicht der biologische Vater des Kindes ist. Die nicht gerade erfreuliche weitere Konsequenz, dass die Mutter fortan im Zusammenwirken mit einem Nichtvater diesen unkontrolliert zum rechtlichen Vater des Kindes würde befördern können, war ausweislich der Gesetzesmaterialien[26] nicht Gegenstand der Beratungen. Jedenfalls wurde diese Konsequenz nicht als ein ernst zu nehmendes Problem angesehen. Wissentlich falsche, oftmals offenkundig falsche Vaterschaftsanerkennungen beschäftigen indessen heutzutage in zunehmendem Maße die Gerichte. Richtig ist zwar, dass von einem Außenstehenden Vaterschaftsanerkennungen, die möglicherweise falsch oder wahrscheinlich falsch oder gar wissentlich falsch sind, nicht zu unterscheiden sind. Aber es dürfte auch kein Zweifel daran bestehen, dass es nicht der Wunsch des Gesetzgebers sein konnte, mit der wissentlich falschen Vaterschaftsanerkennung ein neues adoptionsähnliches Rechtsinstitut zu schaffen, das es der Mutter und einem beliebigen Nichtvater ermöglicht, privatautonom und ohne gerichtliche Kontrolle ein Vater-Kind-Verhältnis zu begründen.

Dass offenkundig falsche Vaterschaftsanerkennungen die Gerichte heute mehr denn je beschäftigen, hat vor allem zwei Ursachen: Die Zahl nichtehelicher Geburten ist in Deutschland - wie in anderen europäischen Ländern auch - in den letzten Jahrzehnten rasant angestiegen. Wurden 1970 noch 7,2 % aller Kinder nichtehelich geboren, so waren es 1997 (Inkrafttreten des Gesetzes zur Reform des Kindschaftsrechts) schon 18 % und 2019 33,3 %. Außerdem: Wechselnde Beziehungen schon im Umfeld der Geburt sind in der heutigen Gesellschaft keine Seltenheit mehr, sodass der Wunsch einer Mutter, ihre elterliche Verantwortung lieber mit ihrem Wunschpartner als mit dem biologischen Vater zu teilen, eine deutlich größere Rolle spielt als früher.

Wissentlich falsche Vaterschaftsanerkennungen können nur dann wirksam bekämpft werden, wenn eine Kontrollinstanz am Zustandekommen der Vaterschaft

26) Vgl. Gesetzentwurf der Bundesregierung zur Reform des Kindschaftsrechts, Bundestags-Drucksache 13/4899, S. 54.

beteiligt wird. Das ist in einigen europäischen Ländern, wie z.B. in Finnland[27], Norwegen[28] und Schweden[29], durchaus der Fall. In Polen[30] setzt die Vaterschaftsanerkennung eine von der Mutter bestätigte Erklärung voraus, dass der Anerkennende auch wirklich der Vater des Kindes ist. Die Entgegennahme der Erklärung ist vom Standesbeamten bei Zweifeln über die Abstammung abzulehnen. Die meisten Länder lehnen hingegen - wie Deutschland auch - eine solche Kontrolle ab - mit der Konsequenz, dass es beim Zustandekommen der Vaterschaft an jedwedem Schutz für den biologischen Vater fehlt. Der biologische Vater muss eine wahrheitswidrige Vaterschaftsanerkennung selbst dann hinnehmen, wenn der Anerkennende offen einräumt, nicht der Erzeuger des Kindes zu sein, oder wenn die biologische Vaterschaft aufgrund der Hautfarbe oder wegen eines zu geringen Altersabstandes zwischen Vater und Kind ausgeschlossen ist. Die Entscheidungen des EuGHMR in Sachen L.D., P.K. und Koychev gegen Bulgarien lassen erkennen, dass der Gerichtshof durchaus bereit ist, trotz Art. 8 EMRK eine Regelung zu akzeptieren, die das Zustandekommen der rechtlichen Vaterschaft ausschließlich vom Willen der Mutter und ihres Partners abhängig macht.

Fehlt es beim Zustandekommen der Vaterschaft an einem Schutz des biologischen Vaters, was problematisch genug ist, so muss diesem wenigstens über die Möglichkeit einer Vaterschaftsanfechtung angemessen Rechnung getragen werden. Die Rechtslage ist insoweit in Europa sehr uneinheitlich. Es gibt nach wie vor Länder, die eine Anfechtung der Vaterschaft durch den biologischen Vater ausnahmslos ablehnen (z.B. Schweden[31] und Ungarn[32]), als auch Länder (wie Norwegen[33], Rumänien[34] und Russland[35]), welche die Anfechtung durch den biologischen Vater jederzeit und ohne Einschränkung zulassen.

Die meisten europäischen Rechtsordnungen gewähren indessen heute dem

27) Art. 4 Vaterschaftsgesetz (Ermittlungen durch den „Kinderschutzbeauftragten").

28) Die Kontrolle ergibt sich aus der Mitwirkungs- bzw. Anwesenheitspflicht bestimmter Personen (Arzt, Hebamme, Wohlfahrtsbehörde und andere) bei der Erklärung der Vaterschaft; vgl. § 4 Gesetz über Kinder und Eltern.

29) Kapitel 1, § 4 Elterngesetz (Zustimmung des „Sozialausschusses"); vgl. Singer, Between genetic and social parenthood - Establishment of legal parenthood in Sweden, in: Spickhoff/ Schwab/Henrich/ Gottwald (Herausgeber), Streit um die Abstammung, 2007, S. 139 ff., 142.

30) Art. 73 §§ 1, 3 Familien- und Vormundschaftsgesetzbuch.

31) Kapitel 3 §§ 1, 2 Elterngesetz. - Das schwedische Recht trifft allerdings Vorkehrungen gegen wahrheitswidrige Vaterschaftsanerkennungen (vgl. Fn. 29).

32) § 4:109 Bürgerliches Gesetzbuch.

33) § 6 Gesetz über Kinder und Eltern.

34) Art. 420 Zivilgesetzbuch.

35) Art. 52 Familiengesetzbuch.

biologischen Vater zwar ein sachlich unbeschränktes, zeitlich aber befristetes Anfechtungsrecht. Die Anfechtungsfristen liegen im allgemeinen zwischen einem Jahr und fünf Jahren[36]. Große Uneinigkeit besteht jedoch bezüglich der Frage, wann die Frist zu laufen beginnt.[37] Kommt es auf die Geburt des Kindes an? Oder darauf, wann der biologische Vater von der Geburt erfährt? Oder darauf, wann die Geburt in ein amtliches Register eingetragen wird? Oder sollte für den Fristbeginn doch besser auf den Zeitpunkt der Vaterschaftsanerkennung oder deren Eintragung in ein Register abgestellt werden?

Für welche Lösung der Gesetzgeber sich auch entscheiden mag, eine „Fristenlösung" dürfte vom gedanklichen Ansatz her wohl richtig, weil objektiv fassbar sein. Das gilt gerade auch für das deutsche Recht, das für die Anfechtung der Vaterschaft durch den Anerkennenden selbst, die Mutter und das Kind traditionell eine Zweijahresfrist vorsieht (§ 1600 b BGB). Ob allerdings eine Fristenlösung ohne jede ergänzende Korrektur bei der Anfechtung der Vaterschaft durch den biologischen Vater immer und in jedem Fall einer Prüfung nach Art. 8 EMRK standhält, dürfte fraglich sein.

Für das deutsche Recht wird beispielsweise in der Literatur eine Frist von einem halben Jahr bzw. einem Jahr vorgeschlagen, wobei für den Fristbeginn der Zeitpunkt der Geburt oder der Kenntniserlangung von der Geburt maßgebend sein soll.[38] Gegen eine solche Regelung mag zwar im Normalfall nichts einzuwenden sein. Sie wirft aber doch, was den Fristbeginn anbelangt, Probleme auf. Wird der Fristbeginn auf die Geburt des Kindes fixiert, besteht die Gefahr, dass die ohnehin kurze Anfechtungsfrist für den biologischen Vater bereits verstrichen ist, bevor er von der Geburt Kenntnis erlangt. Wird der Fristbeginn hingegen auf den Zeitpunkt festgelegt, in dem der biologische Vater von der Geburt erfährt, so ist zu bedenken, dass es durchaus auch Fälle geben kann, in denen der biologische Vater erst nach über einem Jahr von der Geburt des Kindes Kenntnis erlangt. Eine Vaterschaftsanfechtung nach so langer Zeit dürfte aber den Interessen von Mutter, rechtlichem Vater und Kind oft nicht gerecht werden und nach der Rechtsprechung des EuGHMR einen Verstoß gegen Art. 8 EMRK darstellen. An der vom EuGHMR grundsätzlich geforderten, auf den Einzelfall bezogenen Interessenabwägung wird man somit bei der Frage nach einem Anfechtungsrecht des biologischen Vaters letztlich doch nicht ganz herumkommen.

---

36) Frankreich fünf Jahre (Art. 333 Code civil); Spanien vier Jahre (Art. 140 Abs. 2 Código civil); Slowenien ein Jahr (Art. 131 Familiengesetzbuch); Estland ein Jahr (§ 91 Abs. 1 Familiengesetzbuch).

37) Rechtsvergleichende Hinweise bei Helms (Fn. 12), S. F 41 ff.

38) Der „Teilentwurf eines Gesetzes zur Reform des Abstammungsrechts" (Fn. 11) sieht in § 1600 a Abs. 2 die Möglichkeit einer Anfechtung der Vaterschaft durch den leiblichen Vater in den ersten sechs Lebensmonaten des Kindes vor. Helms (Fn. 12), S. F 51 hält eine einjährige Frist ab Kenntnis von der Geburt für angemessen.

독일법에 있어서 생부에 의한 허위의 인지 취소

라이너 프랑크*

번역: 김상용**

Ⅰ. 연 혁

1900년 독일민법에 따르면 혼인외의 자는 오로지 모와의 관계에서만 친자관계가 발생하였다. 생부는 단지 부양료지급채무에 있어서만 부로 인정되었을 뿐이다. 명문의 규정에 따라 혼인외의 자와 생부는 친족이 아닌 것으로 간주되었다(1900년 독일민법 제1589조 제2항. 이 규정은 1970년까지 존속되었다).

1969년 「혼인외의 자의 법적 지위에 관한 법률」에 의해서 비로소 혼인외의 자는 혼인중의 자와 마찬가지로 법률상의 부와 부계친족을 갖게 되었다. 그 이후 혼인외의 자와 혼인중의 자는 동등한 권리를 가지게 되었다.

가족법이 사회적 현실을 반영하는 거울이라는 사실은 국제적인 법의 개정 추이에서도 잘 나타난다. 서유럽과 미국에서 혼인외의 자에 관한 거의 모든 근본적인 법개정은 비교적 단기간이라고 할 수 있는 1969년에서 1975년 사이에 이루어졌다.[1)] 독일에서 혼인외의 자에 관한 개정법이 통과되었을 때 당시 사회주의국가들에서는 혼인외의 자에 대한 법개정이 막 완료된 상태였다. 스웨덴에서는 혼인중의 자와 혼인외의 자 사이의 상속법상 평등이 독일과 같은 해인 1969년에 실현되었다. 마찬가지로 영국도 1969년에 더 이상 시대에 맞지 않는 혼인외의 자에 관한 법률을 개정하였다. 오스트리아는 1970년, 프랑스는 1972년, 이탈리아는 1975년에 그 뒤를 따랐다. 미국에서 혼인중의 자와 혼인외의 자 사이의 평등은 시간을 두고 점진적으로 실현되었는데, 그 시발점이 된 초기의 연방대법원판결들도 비슷한 시기에 선고되었다. 1968년의

* 독일 프라이부르크 대학교 명예교수.

** 중앙대학교 법학전문대학원 교수.

1) 이어서 소개하는 나라들에 관한 자세한 내용은, Frank, Die Familienrechtliche Ordnung des Grundgesetzes, in: Frank (Herausgeber), 40 Jahre Grundgesetz, Der Einfluss des Verfassungsrechts auf die Entwicklung der Rechtsordnung - Ringvorlesung der Rechtswissenschaftlichen Fakultät der Albert-Ludwigs-Universität Freiburg/Br., Freiburger Rechts- und Staatswissenschaftliche Abhandlungen Band 50, S. 113 ff., 117 f. 참조.

Levy 대 Louisiana 판결, 역시 1968년의 Glona 대 American Guarantee and Liability Ins. C. 판결, 1971년의 Labine 대 Vincent 판결, 1972년의 Weber 대 Aetna Casualty and Surety C. 판결 그리고 1973년의 Gomez 대 Perez 판결이 그것이다.

1969년 이래 독일에서는 혼인외의 자와 생부 사이의 법률상 부자관계는 임의인지 또는 법원에 의한 부자관계확정 판결에 의해서 성립한다(구 독일민법 제1600조a). 1969년 개정법에 따르면 임의인지는 자녀의 동의를 요건으로 하였는데(구 독일민법 제1600조c 제1항), 동의의 의사표시를 함에 있어서는 모가 아니라 국가기관인 아동청이 자녀를 대리하였다(구 독일민법 제1706조 제1호). 당시 입법자는 국가기관인 아동청의 개입에 의해서 —모가 제공하는 정보를 바탕으로 하여— 가능한 한 생부가 자녀를 인지하는 성과를 얻고자 하였다.[2] 인지를 하려는 사람이 생부인지 의심스러운 경우에는 구체적인 사안에 비추어 —필요하다면 보다 자세한 조사를 통하여— 인지에 대한 동의가 자녀의 복리에 부합하는가의 여부를 판단하는 것이 아동청의 임무였다. 인지를 원하는 사람과 자녀 사이에 생물학적인 부자관계가 있는가의 여부를 밝힐 목적으로 아동청이 인지를 원하는 사람을 상대로 법원에 부자관계확정의 소를 제기하는 사례는 드물기는 했지만, 전혀 없었던 것은 아니다.[3] 그러나 외견상 허위임이 명백하게 드러나는 인지(인지하려는 자와 자녀 사이에 나이차이가 근소한 경우 등. 역자 주)는 사실상 배제되었다.

Ⅱ. 1997년 12월 16일 친자법개정법률

1997년 개정친자법[4]에 따라 혼인외의 자에 관한 법규정은 상당한 변화를 겪었다. 이제 모는 개정 전에 아동청이 혼인외의 자의 인지 등과 관련하여 자녀의 대리인으로서 수행했던 역할을 넘겨받게 되었다(이러한 법상태는 오늘날까지 계속되고 있다). 변화한 시대정신에 따라 혼인외의 자를 위한 아동청의 활동은 부적절한 후견적 개입으로 여겨졌으며, 미혼모에 대한 국가의 불신에서 비롯된 것이라는 비판을 받게 되었기 때문이다. 이제 모는 인지청구의 소(부자관계 확정의 소)를 제기할 것인지(1997년 독일민법 제1600조e 제1항), 임의인지에 동의할 것인지(독일민법 제1595조 제1항)의 여부를 스스로 결정할 수 있게 되었다. 독일의 입법자는 이러한 방향으로 개정을 함에 있어서 모는 자녀의 이익을 위하여 행동한다는 것을 전제로 하였으나, 실제에 있어서 이러한 전제가 항상 맞는 것은 아니다. 젊은 커플이 자녀의 출생 전에 다투고 헤어진 사례, 임신한 여성이 출산 전이나 후에 새로운 남자와 관계를 형성한 사례, 임신한 상태에서 (생부가 아닌) 전에 사귀던 남자에게 돌아간 사례에서 모가 자녀의 생부와 부모의 역할을 나누려고 하

2) Bundestags-Drucksache V/2370, S. 27.

3) 자세한 내용은 Helms, Die Feststellung der biologischen Abstammung - Eine rechtsvergleichende Untersuchung zum deutschen und französischen Recht, 1999, S. 81.

4) Bundesgesetzesblatt I, S. 2942.

지 않는 경우가 있다. 이러한 경우에 생부가 아닌 사람이 모의 동의를 받아 자녀를 인지한다면 (자녀가 출생하기 전일 수도 있다), 생부로서는 —적어도 처음에는— 자녀와의 관계에서 법률상 부자관계를 발생시킬 수 있는 길이 차단된다. 모가 자녀를 출산한 후 부자관계를 확인하려 하지 않는다면 자녀가 출생한 때부터 몇 년이 지난 후에야 명백히 허위인 인지가 드러날 수도 있다. 1997년 개정친자법은 모와 (생부가 아니지만) 인지를 하려는 사람이 합의에 의하여 법원의 개입 없이 유효하게 부자관계를 성립시킬 수 있는 가능성을 열어 놓고 있다.[5)] 이러한 규정에 대해서는 법정책적으로 잘못된 것이며 헌법적으로도 문제가 있다고 보는 견해가 적지 않다.[6)]

입법자가 모와 인지자의 협력에 의한 허위의 인지를 허용하고자 한다면, 1997년 친자법 개정 당시에 자녀에게 관심이 있는 생부에 대해서는 —상세한 요건하에— 적어도 취소권을 인정했어야 할 것이다. 그러나 1997년 친자법 개정 당시 독일의 입법자는 생부에게 취소권을 인정하지 않았다. 당시 입법자는 자녀, 모, 인지자에 대해서만 취소권을 인정하였으며, 이들은 각각 법률상의 부자(인지자와 자녀) 사이에 혈연관계가 없음을 안 때부터 2년간 취소권을 행사할 수 있었다(구 독일민법 제1600조, 제1600조b). 생부에게 취소권을 인정하지 않은 이유에 대해서는 입법자료에 다음과 같이 설명되어 있다: "법률상의 부와 모, 자녀가 그들에게 부여된 취소권을 행사하지 않는다면, 이는 취소에 의해서 법률상 부자관계를 소멸시키는 것이 '실질적 가족'의 복리에 반한다는 것을 의미한다. 생부는 이들이 취소권을 행사하지 않는 것을 존중하여야 한다."[7)]

Ⅲ. 2003년 4월 9일 독일연방헌법재판소 결정

1997년 개정친자법이 시행된 후 독일연방헌법재판소가 (생부가 아닌 사람에 의한) 허위의 인지에 의해서 생부가 배제된 사안을 다루게 된 것은 전혀 놀라운 일이 아니다. 2003년 4월 9일 독일연방헌법재판소 결정[8)]에서는 다음과 같은 사례가 문제가 되었다: 1998년 출생한 자녀의 생부는 이스라엘계 팔레스타인 인이었다. 그는 1991년부터 자녀의 모와 관계를 지속하였으며, 자녀의 출생을 전후하여 적어도 1년 4개월(출생 전 1년, 출생 후 4개월) 동안 모와 동거하였다. 자녀에게는 아랍식 이름이 붙여졌다. 자녀의 피부는 거무스름했고, 눈동자와 머리카락도 검은색이었으며 이 모든 것이 생부와 닮았으므로, 자녀와 생부 사이의 부자관계는 의심할 여지가 없었다. 자녀의 출생 후 모가 자신은 법률상 부자관계의 성립을 원하지 않는다는 의사를 표시하면서 생부와의 관계는 파탄되었으며, 이에 생부는 지체없이 법원에 인지청구의 소(부자관계확정

5) Vgl. MünchKommBGB/Wellenhofer, 8. Aufl., 2020, § 1595 Rn. 6.
6) Staudinger/Rauscher (2011), § 1595 Rn.5 mit weiteren Hinweisen.
7) Bundestags-Drucksache 13/4899, S. 58.
8) BVerfGE 103, 82 = NJW 2003, 2151 = FamRZ 2003, 816.

의 소)를 제기하였다. 그러나 소송계속 중에 모와 가까운 관계에 있지 않았던 남자가 모의 동의를 받아 자녀를 인지하였다. 이로써 생부에게는 자녀와의 부자관계창설이 불가능하게 된 것이다. 인지에 의해서 발생한 법률상 부자관계를 취소할 수 있는 권리가 생부에게는 인정되지 않았기 때문이다.

독일연방헌법재판소는 독일기본법 제6조 제2항 1문에 의해서 법률상 부의 지위를 가질 수 있는 생부의 이익이 보호된다고 판단하였다. 절차법적으로 생부에게는 —자녀와 그의 법률상 부모 사이의 가족관계의 보호와 상충되지 않는다면— 법률상 부의 지위를 가질 수 있는 가능성이 열려 있어야만 한다. 입법자에게는 2004년 4월 30일까지 헌법에 합치되도록 법을 개정해야 할 과제가 부과되었다.

Ⅳ. 현행법규정

2004년 4월 23일 의회를 통과하여 현재까지 적용되고 있는 독일민법 제1600조 제2항에 따르면, 임신기간 동안 자녀의 모와 동침하였다고 선서를 갈음하여 진술한 남자는, 자녀와 그의 법률상의 부 사이에 실질적인 가족관계가 존재하지 않는 경우에 한하여 그 법률상 부자관계를 취소할 수 있다. 나아가 독일민법 제1600조 제3항은 다음과 같이 규정하고 있다: “법률상의 부가 자녀에 대하여 사실상 책임을 이행하고 있거나 이행한 경우에는 제2항에 따른 실질적인 가족관계가 존재한다. 법률상의 부가 자녀의 모와 혼인하였거나 가정에서 자녀와 장기간 동거한 때에는 사실상 책임을 진 것으로 볼 수 있다.”

생부가 법률상의 부자관계를 취소할 수 있는가를 판단하는 데 있어서 핵심이 되는 개념은 법률상의 부와 자녀 사이에 실질적인 가족관계가 존재하는가의 여부이다. 법률상의 부와 자녀 사이에 실질적인 가족관계가 존재한다면 생부에 의한 취소는 허용되지 않으며 그 밖의 다른 요소는 고려될 여지가 없다. 생부와 자녀 사이에 실질적인 가족관계 —때에 따라서는 매우 친밀한— 가 존재하는가의 여부는 전혀 고려되지 않는다. 또한 법률상의 부가 자녀의 모와 동거하고 있는지, 모 및 자녀와 함께 가족공동체를 이루었는지의 여부도 중요하지 않다. 나아가 어떻게 해서 허위의 인지가 이루어졌는지, 모가 단지 생부를 배척할 목적으로 허위의 인지를 하게 한 것은 아닌지 등의 보다 구체적인 사정도 중요하지 않다.

언제 실질적인 가족관계의 존재를 인정할 수 있는가에 관하여 독일연방대법원은 2017년 11월 15일의 리딩케이스[9]에서 다음과 같은 해석론을 전개하였다: 실질적인 가족관계의 존재는 일정한 최소기간을 전제로 하지 않는다. 자녀와의 장기간 동거는 실질적인 가족관계가 존재한다는 하나의 단서가 될 수는 있으나, 필수적인 요건은 아니다. 법률상의 부와 자녀가 단기

9) FamRZ 2018, 275, 277 Rn. 21.

간 동거한 경우에도 다음과 같은 경우에는 실질적인 가족관계의 존재가 긍정될 수 있다. 즉, ① 법률상의 부와 자녀의 동거가 여전히 지속되고 있으며, ② 법률상의 부가 이제까지 자녀에 대해서 사실상 책임을 부담하였고, 앞으로도 장기간 책임을 이행할 것으로 사실심 법관이 확신하는 경우에는 법률상의 부와 자녀가 단기간 동거한 때에도 실질적인 가족관계의 존재가 인정될 수 있다. 따라서 자녀의 법률상 부모가 혼인하지 않은 상태에서 동거하고 있는 경우에도 자녀의 출생 직후에 실질적 가족관계가 존재할 수 있다."

1997년 개정친자법 시행 이후에도 친자관계의 성립과 취소에 관한 규정을 개정해야 한다는 논의는 끊기지 않았다. 독일 연방법무 · 소비자보호부가 조직한 연구위원회는 2017년에 제출한 최종보고서에서 생부의 법률상 지위를 신중하게 향상시킬 것을 제안하였다.[10] 2년 후 독일 연방법무 · 소비자보호부는 이 제안을 받아들여 "친자법일부개정안"을 마련하였다. 개정안 제1600조a 제2항 2문에 따르면 "자녀와 취소권자(생부) 사이에 실질적 가족관계가 존재하고 이 관계가 자녀에게 더 중요한 때에는" 자녀와 법률상 부 사이에 존재하는 실질적 가족관계의 우위가 인정되지 않는다[11](실질적 부자관계가 병존하는 경우. 즉 법률상의 부와 자녀 사이에 실질적 부자관계가 존재하면서 동시에 생부와 자녀 사이에도 실질적 부자관계가 존재하는 경우를 말한다).

그러나 모의 동의를 받아 이루어진 인지를 생부가 취소할 수 있는가의 여부에 대해서 독일법이 추상적이고 일반적인 기준에 따라 판단해야 한다는 점에는 —개정안에서도— 변함이 없다.[12] 현재 고려되는 요소는 실질적인 가족관계의 존재 유무뿐이다. 법률상의 부 또는 모를 허위의 인지로 이끈 동기나 허위의 인지가 이루어진 자세한 사정(예를 들어 생부가 자녀와 교류할 수 있는 기회가 있었는가?)은 고려되지 않는다. 이와 같이 법률상의 부와 자녀 사이에 실질적인 가족관계가 존재하기만 하면 생부와 자녀 사이의 관계를 전혀 고려하지 않는 현행법의 태도는 정당화될 수 있는 것인가? Helms 교수는 제71차 독일법률가대회(2016)에서 발표한 독일친자법개정에 관한 의견서에서 다음과 같은 점을 정확하게 지적하였다. 즉 독일법이 하나의 추상적이고 일반적인 기준(실질적 가족관계의 존재 유무)에 따라 생부의 취소권을 완전히 배제하는 것과 아무 제한없이 허용하는 것 사이에서 타협점을 모색하는 시도를 하는 것은 다른 나라의 입법례에서 전례가 없는 것이다.[13]

---

10) BMJV (Herausgeber), Arbeitskreis Abstammungsrecht - Abschlussbericht: Empfehlungen für eine Reform des Abstammungsrechts, 2017, S. 52 (Thesen 29 und 30).

11) https://www.bmjv.de/SharedDocs/Gesetzgebungsverfahren/DE/Reform_Abstammungsrecht.html. Einen Überblick über den Diskussionsteilentwurf gibt Schwonberg FamRZ 2019, 1303.

12) Vgl. Helms, Rechtliche, biologische und soziale Elternschaft - Herausforderungen durch neue Familienformen, in: Gutachten F zum 71. Deutschen Juristentag, Essen 2016, S. F 7 ff., F 44.

13) Helms (Fn. 12), S. F 44.

V. 독일민법 제1600조 제2항과 유럽인권협약 제8조의 조화

1. 유럽인권협약 제8조에 의한 생부의 보호

독일민법 제1600조 제2항이 유럽인권협약 제8조와 조화되는가에 대해서 살펴본다. 유럽인권협약은 유럽회의에 속한 47개국에 대해서 구속력이 있으며, 제8조에서 개인의 사생활과 가족생활을 보호한다. 유럽인권협약의 준수여부에 대해서는 유럽인권재판소가 감독한다. 유럽인권재판소는 일종의 보호망으로 기능하면서 유럽인권협약 제8조를 해석하는데, 유럽인권재판소의 해석은 모든 회원국에 구속력이 있다.

유럽인권협약 제8조는 다음과 같이 규정한다:

제1항: "모든 사람은 그의 사생활과 가족생활, 주거 및 통신을 존중받을 권리를 가진다."

제2항: "법률에 규정되어 있고, 국가안보, 공공의 안전 또는 국가의 경제적 복리, 질서유지와 범죄의 방지, 보건 및 도덕의 보호, 또는 다른 사람의 권리 및 자유를 보호하기 위하여 민주사회에서 필요한 경우 이외에는, 이 권리의 행사에 대하여는 어떠한 공공당국의 개입도 있어서는 아니된다."

유럽인권재판소는 이미 여러 차례 유럽인권협약 제8조의 기준에 따라 회원국의 친자법상 문제에 대해서 의견을 밝힐 기회가 있었다. 몇몇 재판에서 유럽인권재판소는 독일법에 따른 생부에 의한 법률상 부자관계의 취소 문제에 대하여 의견을 표명하였다.[14)]

유럽인권재판소는 생부의 보호 필요성을 유럽인권협약 제8조 제1항(사생활 보호)에서 이끌어 내는 판례를 유지하고 있다. 보호 필요성의 한계는 유럽인권협약 제8조 제2항에서 도출된다: 사생활에 대한 개입은 민주사회에서 필요한 경우에만 인정된다. 독일연방대법원[15)]의 태도와는 달리 유럽인권재판소는 독일민법 제1600조 제2항의 규정에 대해서 언급하지 않았다. 유럽인권재판소는 단지 동 재판소에 제소된 독일법원의 판결들이 유럽인권협약 제8조에 위반되지 않는다는 점을 확인했을 뿐이다.[16)] 사회적으로 논쟁이 있고 도덕, 윤리적으로 매우 까다로운 문제(„questions morales ou éthiques délicates")[17)]를 각국의 입법자를 대신하여 판단하는 것은 유럽인권재판소의 과제가 아니라는 것이 동 재판소의 입장이다. 유럽인권재판소의 과제는 법

---

14) Urteile Ahrens gegen Deutschland (Beschwerde Nr. 45071/09) und Kautzor gegen Deutschland (Beschwerde Nr. 23338/09), jeweils v. 22. 3. 2012, FamRZ 2012, 691; Entscheidung H. gegen Deutschland v. 5. 11. 2013 (Beschwerde Nr. 26610/09), FamRZ 2014, 1257; Entscheidung Markgraf gegen Deutschland v. 10. 3. 2015 (Beschwerde Nr. 42719/14), FamRZ 2016, 437.

15) BGH v. 15. 11. 2017, FamRZ 2018, 275, 278 Rn. 29.

16) 자세한 내용은 각주 14에 소개되어 있는 판례 참조.

17) 예를 들면 L.D. 및 P.K. 대 불가리아 사건 (Beschwerde Nr. 7949/11 und Nr. 45522/13) v. 8. 12. 2016, FamRZ 2017, 385, 386.

원의 판결이 유럽인권협약 제8조의 요건을 충족시켰는가를 판단하는 데 그친다고 한다. 이러한 판단을 함에 있어서 관계인(모, 자녀, 법률상의 부, 생부)의 이익과 개별 사례의 특별한 사정이 적절하게 고려되어야 한다.[18] “체약국은 모든 사건에서 협약에 의해서 보호되는 개인의 이익과 공적 이익의 균형을 도모해야 한다.”[19]

독일민법 제1600조 제2항에 따르면 하나의 추상적이고 일반적인 기준(실질적 가족관계의 존부)에 따라 판단을 하게 되는 반면, 유럽인권재판소의 판례에 따르면 유럽인권협약 제8조에 관한 사안에서는 사례의 특별한 사정을 고려하여 이익형량을 하는 것이 관건이라고 한다. 이러한 점에 비추어 보면 개별 사례에 독일민법규정을 적용했을 때 유럽인권협약 제8조와 다른 결과에 도달하게 되는 것은 놀라운 일이 아니다. 동일한 사안이 독일민법에 기초하였을 때와 유럽인권협약 제8조에 대한 유럽인권재판소의 해석에 근거하였을 때 얼마나 다르게 해결될 수 있는가는 2016년 12월 8일 유럽인권재판소의 두 판결(L.D. 및 P.K. 대 불가리아)[20]과 2020년 10월 13일 유럽인권재판소의 판결(Koychev 대 불가리아)[21]에서 분명하게 드러난다. 이 판결들은 불가리아법에 관한 것이지만 제기된 문제점은 다르지 않다.

2. L.D. 및 P.K. 대 불가리아 사건

이 두 사건은 모가 생부로 하여금 자녀의 출생에 관하여 알지 못하게 하고 자녀와의 교류를 방해하였다는 점에서 공통된다.

a) L.D. 대 불가리아 사건

이 사건에서 생부(L.D.)는 전 여자친구인 I가 말한 출산일정을 믿지 않았다. 아동매매조직이 신생아를 국외로 데리고 나갈 우려가 있었기 때문에 생부는 사립탐정에게 뒷조사를 의뢰하였고 심지어 국경경찰에도 신고하였다. 사립탐정의 조사결과 모는 2010년 10월 12일 딸을 출산하였으며 V라는 남자가 모의 동의를 받아 자녀를 인지하였다는 사실이 밝혀졌다. 모 I는 딸을 출산한 병원의 알선을 통하여 V를 알게 되었다.

V와 딸의 부자관계(V의 인지)를 취소하려는 생부(L.D.)의 시도는 실패하였다. 왜냐하면 불

18) 유럽인권재판소 판례의 일관된 입장이다. 이러한 입장을 밝힌 가장 최근의 재판으로는 2020년 10월 13일의 Koychev 대 불가리아 사건 (Beschwerde Nr. 32495/15), FamRZ 2021, 111 f. 참조 (unter Nr. 56 ff. der Entscheidung mit weiteren Hinweisen).

19) Mandija, European Court of Human Rights – Challenging paternity under case law of the European Court of Human Rights, in: Brinig (Herausgeber) International Survey of Family Law, 2020, S. 99 ff., 113.

20) L.D. und P.K. gegen Bulgarien (Beschwerden Nr. 7949/11 und Nr. 45522/13) v. 8. 12. 2016, FamRZ 2017, 385, 386.

21) Koychev gegen Bulgarien v. 13. 10. 2020 (Beschwerde Nr. 32495/15), FamRZ 2021, ●●●.

가리아법에 의하면 생부에게는 법률상 부자관계를 취소할 수 있는 권리가 인정되지 않기 때문이다.

b) P.K. 대 불가리아 사건

이 사건에서 생부(P.K.)는 전 직장 동료인 R이 자신의 자녀를 임신하였다는 사실을 모르고 있었다. 그는 자녀가 출생한 후에야 비로소 R이 아들을 낳았으며 S라는 남자가 모의 동의를 받아 자녀를 인지하였다는 사실을 알게 되었다. P.K.의 요구에 따라 실시된 유전자검사결과 P.K.가 자녀의 생부라는 사실이 밝혀졌다. R와 P.K. 사이에는 긴장이 고조되었다. R은 P.K.가 스토킹을 했다는 이유로 2012년과 2013년에 두 차례 고소하였으나 무위에 그쳤고, 그 외에도 정신병원에 P.K.의 강제입원을 신청하였으나 역시 실패하였다.

S와 자녀의 법률상 부자관계(S의 인지)를 취소하려는 P.K.의 시도는 —위에서 서술한 L.D. 대 불가리아 사건에서와 마찬가지로— 성과를 거두지 못하였다. 왜냐하면 불가리아법에 의하면 생부에게는 취소권이 인정되지 않기 때문이다.

유럽인권재판소는 이 두 사건에서, 이미 다른 남자가 인지를 했다는 이유로 생부에게 부자관계창설의 기회를 봉쇄하는 법규정은 유럽인권협약 제8조에 위반된다고 판단하였다. 유럽인권재판소는 본안에 대해서는 판단하지 않았다. 다만 생부에 의한 법률상 부자관계취소의 금지는 자녀, 모, 법률상의 부, 생부의 이익형량과 사안의 특별한 사정에 대한 고려를 전제로 한다는 점을 언급하였을 뿐이다.

만약 이 두 사례를 독일민법 제1600조 제2항에 따라 판단한다면, 법률상의 부와 자녀 사이에 시간의 흐름에 따라 실질적 가족관계가 발달되었는가의 여부만이 유일한 판단기준이 될 것이다. 위 사례들에서는 법률상의 부와 자녀 사이에 실질적 가족관계의 존재가 긍정될 가능성이 높아 보인다. 왜냐하면 두 아이들은 유럽인권재판소의 재판 당시 이미 6살이 되었고, 두 생부들은 그때까지 집중적인 노력에도 불구하고 자녀와 아무런 교류도 시작하지 못하였기 때문이다. 두 사례에서 인지가 이루어진 구체적인 사정은 독일에서는 법적으로 중요하지 않다. 사안에 따라 시간적 요소가 일정한 역할을 한다고 해도, 위 두 판결에서 유럽인권재판소는 기본적으로 독일민법 제1600조 제2항이 —구체적인 사안과 관련하여— 유럽인권협약 제8조와 조화되기 어려울 것이라는 점을 분명히 보여 주었다.

3. Koychev 대 불가리아 사건

Koychev(K)는 2003년부터 2005년까지 F와 혼외관계를 유지하였다. 그들은 2005년 10월에 헤어졌는데, 그 당시 F는 이미 임신중이었다. 2006년 3월에 아들 S가 태어났다. S가 K의 아들이라는 점에는 두 사람(K와 F) 사이에 이견이 없었다. K는 아들 S를 정기적으로 방문하였으며, S는 K를 "아빠"라고 불렀다. K는 인지를 단념한 상태였는데, 모가 알려지지 않은 이유로 인지를 원하지 않았기 때문이었다.

F는 2010년부터 G와 동거를 시작하여 2012년에 혼인하였다. K는 이제 —자녀의 출생 후 7년이 지난 시점에서— 자녀를 인지하기로 결심하였다. 인지는 2013년 4월 1일 공정증서에 의해서 형식에 맞게 이루어졌다. F는 2013년 5월 9일 인지에 대하여 이의를 제기하였는데, 불가리아법에 따르면 모의 이의제기가 있는 경우 인지는 무효가 된다. 같은 날 G는 S를 인지하였다. 이 인지는 유효한 것이 되었는데, F가 이번에는 인지에 대하여 이의를 제기하지 않았기 때문이다.

이에 K는 재판을 통하여 부자관계를 창설하려고 시도하였다. 그러나 G와 S 사이에 법률상 부자관계가 존재한다는 이유로 K의 청구는 기각되었다. K는 G와 S 사이의 법률상 부자관계를 취소하려고 하였으나, 이것 역시 실패하였다. 불가리아 최고법원의 견해에 의하면 Koychev는 지난 7년간 자녀를 인지할 수 있는 기회가 있었음에도 이를 하지 않았을 뿐만 아니라, 이제와서 G와 S 사이의 법률상 부자관계를 취소하는 것은 자녀의 복리에 부합하지 않는다는 것이다.

유럽인권재판소는 유럽인권협약 제8조 제1항에 따라 보호되는 Koychev의 사생활이 침해되었음을 인정하였다. 유럽인권재판소는 사실관계가 충분히 밝혀지지 않았다는 이유로 본안에 대해서는 판단하지 않았지만, 자녀에게 생부와의 부자관계가 법률상의 부와의 부자관계보다 더 중요한 때에는 법률상의 부자관계는 취소될 수 있다고 본다는 입장을 이유 부분에서 분명히 밝혔다.

이 판결을 독일법과 관련하여 본다면 다음과 같은 결론을 도출할 수 있을 것이다:

(1) Koychev 사건을 독일민법 제1600조 제2항에 따라 판단한다면, G와 S 사이의 법률상 부자관계의 취소는 처음부터 배제된다. 왜냐하면 K가 취소청구를 하기 전에 법률상의 부는 이미 약 3년간 자녀 및 자녀의 모와 안정된 가정에서 함께 살았고, 그렇게 해서 자녀와의 관계에서 독일민법 제1600조 제2항에 따른 실질적 가족관계를 형성하였기 때문이다.

유럽인권재판소는 2015년 3월 10일 Markgraf 대 독일 재판[22]에서 자녀와 법률상의 부 사이에 실질적 가족관계가 존재할 뿐만 아니라 자녀와 생부 사이에도 실질적 가족관계가 존재하는 사건을 이미 다룬 바 있다. 그러나 이 재판에서 유럽인권재판소는 자녀와 생부 사이에 실질적 가족관계가 존재하는가의 여부에 대하여 확정하지 않은 채 넘어갔으며, 자녀와 생부간의 관계가 특히 친밀한 경우에 그보다 상대적으로 친밀도가 떨어지는 법률상의 부와 자녀의 관계에 대해서 우위를 인정받을 수 있는가에 대해서도 언급하지 않았다.

22) Entscheidung Markgraf gegen Deutschland v. 10. 3. 2015 (Beschwerde Nr. 42719/14), FamRZ 2016, 437.

(2) Koychev 사건은 독일민법 제1600조 제2항과 유럽인권재판소에 의한 유럽인권협약 제8조의 해석 사이에 존재하는 모순을 다시 한번 드러냈다. 유럽인권재판소의 견해에 따르면 모와 그 동거인이 자녀와 안정적인 가정에서 함께 살고 있는 경우에는 법률상 부자관계의 취소는 원칙적으로 허용되지 않는다. Koychev 사건에서 모와 동거하다가 후에 혼인한 남편이 허위의 인지에 의하지 않고 입양에 의해서 법률상 부자관계를 성립시켰다고 해도 “안정적인 가정환경”이라는 요건이 역시 요구되었을 것이다. 이렇게 본다면 유럽인권재판소의 논증은 전반적으로 일관성이 있다고 할 수 있다. 이에 반하여 독일민법 제1600조 제2항을 Koychev 사건에 적용시켜 보면, 이 규정에 의한 법률상 부자관계의 취소는, 법률상의 부, 모, 자녀가 “안정된 가정환경”에서 함께 살고 있다는 이유로 배제되는 것이 아니라, 자녀와 법률상의 부 사이에 단지 실질적인 가족관계가 존재한다는 사실에 의해서 배제된다는 것을 확인하게 된다. 독일민법 제1600조 제2항에 따르면 법률상의 부, 모, 자녀 사이에 실제로 부모와 자녀로서의 관계가 존재하는지, 이들이 함께 살고 있는지는 중요하지 않다.

(3) 유럽인권재판소는 Koychev 사건에서 사실관계의 규명이 더 필요하다고 하면서 이를 위하여 필요한 몇 가지 점들을 언급하였다. 그러나 이러한 점들은 Koychev 사건을 독일민법 제1600조 제2항에 따라 재판하는 경우에는 전부 의미가 없는 것이다.

유럽인권재판소의 견해에 따르면 유럽인권협약 제8조에 근거하여 밝혀져야 할 점들은 특히 다음과 같다. 왜 Koychev가 7년간 인지를 포기하고 있었는지, 이에 대해서 모가 어떤 역할을 하였는지, 어떤 동기가 모, 생부, 법률상의 부에게 결정적이었는지 등이다.[23] 아동청 („direction territoriale de l'aide sociale“)이 제출한 보고서는 생부와 자녀의 관계에 대해서 신뢰할 만한 판단을 내릴 수 있는 자료를 제공하지 못했다. 그 보고서는 자녀와 생부의 협력 없이 작성되었기 때문이다. 생부의 이익은 적절히 고려되지 않았다.[24] 또한 불가리아 최고법원은 허위의 인지가 이루어진 방법과 경위에 대해서도 숙고해 볼 필요가 있었다. 그리고 생부가 인지 또는 소송을 통하여 부자관계를 창설할 수 있는 기회를 모가 의도적으로 빼앗았는지에 대해서도 살펴보았어야 했다.[25]

결론적으로 독일민법 제1600조 제2항 규정은 대개의 사례에 있어서는 유럽인권협약 제8조와 조화되지만 모든 사례에 있어서 그런 것은 아니라는 점을 확인할 수 있다. 독일민법 제1600조 제2항에 근거한 독일법원의 재판이 유럽인권협약 제8조의 요건을 충족시키는가의 문제에 대해서 유럽인권재판소가 다루게 되는 것은 단지 시간문제일 것으로 생각된다.

---

23) Koychev gegen Bulgarien v. 13. 10. 2020 (Beschwerde Nr. 32495/15), FamRZ 2021, ●●●, unter Nr. 63.
24) Koychev gegen Bulgarien v. 13. 10. 2020 (Beschwerde Nr. 32495/15), FamRZ 2021, ●●●, unter Nr. 65 f.
25) Koychev gegen Bulgarien v. 13. 10. 2020 (Beschwerde Nr. 32495/15), FamRZ 2021, ●●●, unter Nr. 54.

Ⅵ. 독일민법 제1600조 제2항의 개정에 대한 의견

유럽인권협약 제8조와 조화되는 법규정은 어떤 내용이어야 할까? 하나의 추상적, 일반적 기준에 따라 생부의 취소권을 완전히 금지시키는 것과 생부에게 실질적으로 제한없는 취소권을 인정하는 것 사이에서 절충안을 찾으려는 시도로는 유럽인권협약 제8조의 요건을 충족시키지 못할 것이다. 독일법 규정을 몇 군데 수정하고 “실질적 가족관계”라는 기준에 보조기준을 보완하여 정치하게 다듬는 것은 가능하겠지만, 이렇게 규정을 세밀하게 만든다고 해도 실제로 발생할 수 있는 다양한 사건들에 대응하여 각 사안에 적합한 해결책을 제공하는 것은 쉽지 않을 것이다.

독일의 입법자가 1997년 친자법개정 시 혼인외의 자의 모에게 처음으로 인지에 대한 동의권을 부여함으로써 아동청의 개입없이 인지의 유효 여부를 결정할 수 있도록 하였을 때, 모는 생부가 아닌 남자가 자녀를 인지하는 것으로부터 보호될 수 있을 것으로 기대되었다. 모가 생부 아닌 사람과 협력하여 아무런 심사를 거치지 않고 그 사람을 법률상의 부로 만들 수 있을 것이라는 가능성은 입법자료[26]에 따르면 심의과정에서 다루어지지 않았다. 독일의 입법자는 이러한 환영할 수 없는 결과에 대해서 진지하게 생각하지 않았던 것이다. 그러나 오늘날 법원이 다루는 허위의 인지 ―그 중 일부는 외견상으로 허위의 인지라는 것이 명백히 드러나는 사건들이다― 에 관한 사건은 증가추세에 있다. 물론 외부의 제3자의 입장에서 볼 때에는 허위의 인지를 ―어느 정도 개연성이 있는 것이든 고의에 의한 것이든― 구별하는 게 쉽지 않는 것이 사실이다. 그러나 고의에 의한 허위의 인지에 의해서 입양과 유사한 새로운 법제도 ―모와 생부 아닌 남자의 합의에 의해서 법원의 심사 없이 부자관계를 창설하는― 를 창설하는 것이 입법자가 바라던 바는 아니었을 것이다.

오늘날 법원이 그 어느 때보다도 허위의 인지 사건을 많이 다루게 된 데에는 두 가지 원인이 있다: 다른 유럽국가들과 마찬가지로 독일에서도 지난 몇십 년간 혼인외의 자의 출생 비율이 가파르게 증가하였다. 1970년에는 전체 출생아 중에서 혼인외의 자의 비율은 7.2%에 그쳤으나, 1997년(개정친자법 시행 무렵)에는 18%, 2019년에는 33.3%에 이르렀다. 그 외에 오늘날 독일사회에서는 자녀의 출산에 즈음한 관계의 변화도 무쌍하여 모가 부모로서의 책임을 생부가 아니라 자신이 원하는 파트너와 나누기를 원하는 경우도 적지 않은데, 이러한 현상도 허위의 인지와 관련하여 소송이 증가하는 또 하나의 원인이 되고 있다.

고의에 의한 허위의 인지는 국가기관이 인지의 성립에 개입할 때에만 효과적으로 방지될

26) Vgl. Gesetzentwurf der Bundesregierung zur Reform des Kindschaftsrechts, Bundestags-Drucksache 13/4899, S. 54.

수 있을 것이다. 핀란드,[27] 노르웨이,[28] 스웨덴[29]과 같은 몇몇 유럽국가들에서는 이미 그러한 방식을 채택하고 있다. 폴란드[30]에서는 인지를 할 때 인지자가 자녀의 생부라는 모의 확인의 의사표시가 있어야 한다. 신분등록공무원은, 인지를 하려는 자와 자녀 사이의 혈연관계에 대해서 의심이 드는 경우, 모의 의사표시의 수령을 거부할 수 있다. 이에 반하여 대부분의 나라들은 —독일과 같이— 그러한 감독장치를 두고 있지 않으며, 이는 법률상 부자관계의 발생에 있어서 생부에 대한 보호가 완전히 결여되는 결과로 이어지고 있다. 인지자가 자신이 생부가 아니라고 공공연히 밝히는 경우라든가 피부색 또는 근소한 나이 차이로 인하여 생부일 가능성이 전혀 없는 경우에조차도, 생부는 허위의 인지를 감수할 수밖에 없다. L.D., P.K, Koychev 대 불가리아 사건에 관한 재판에서 유럽인권재판소는, 유럽인권협약 제8조에도 불구하고, 오로지 모와 그의 파트너의 의사에 따라 법률상 부자관계의 성립을 가능하게 하는 법규정을 받아들일 자세가 되어있음을 드러냈다.

부자관계의 성립에 있어서 생부에 대한 보호가 결여되어 있다면 —이것도 충분히 문제가 많은 것이지만—, 적어도 부자관계의 취소에 관하여는 생부에 대한 적절한 배려가 있어야만 할 것이다. 그러나 이 문제에 관한 유럽의 법제는 매우 다양하다. 예나 다름없이 생부에 의한 부자관계의 취소권을 예외없이 부정하는 나라들이 있는가 하면(예를 들어 스웨덴,[31] 헝가리[32]), 생부에게 아무런 제한 없는 취소권을 인정하는 나라들도 있다(노르웨이,[33] 루마니아,[34] 러시아[35]).

그러나 오늘날 대개의 유럽국가들은 생부에 대하여 요건에 있어서는 제한이 없으나 기간의 제한이 있는 취소권을 인정하고 있다. 일반적으로 취소권을 행사할 수 있는 기간은 1년에서 5년까지로 정하여져 있다.[36] 그러나 기간의 기산점에 있어서는 큰 차이가 있다.[37] 자녀가

---

27) Art. 4 Vaterschaftsgesetz (Ermittlungen durch den „Kinderschutzbeauftragten“: 아동보호상담원에 의한 조사).

28) 인지의 의사표시를 할 때 특정인(의사, 조산원, 사회복지청 등)이 참여하는 방식으로 생부 여부를 확인한다; vgl. § 4 Gesetz über Kinder und Eltern.

29) Kapitel 1, § 4 Elterngesetz („Zustimmung des „Sozialausschusses“: 인지를 할 때 사회복지청의 동의를 받아야 한다); vgl. Singer, Between genetic and social parenthood - Establishment of legal parenthood in Sweden, in: Spickhoff/Schwab/Henrich/Gottwald (Herausgeber), Streit um die Abstammung, 2007, S. 139 ff., 142.

30) Art. 73 §§ 1, 3 Familien-und Vormundschaftsgesetzbuch.

31) Kapitel 3 §§ 1, 2 Elterngesetz. — 그러나 스웨덴법은 허위의 인지를 방지하기 위한 규정을 두고 있다(각주 29 참조).

32) § 4:109 Bürgerliches Gesetzbuch.

33) § 6 Gesetz über Kinder und Eltern.

34) Art. 420 Zivilgesetzbuch.

35) Art. 52 Familiengesetzbuch.

36) 프랑스 5년(Art. 333 Code civil); 스페인 4년(Art. 140 Abs. 2 Código civil); 슬로베니아 1년(Art. 131 Familiengesetzbuch); 에스토니아 1년(§ 91 Abs. 1 Familiengesetzbuch).

37) 이에 대한 각국의 입법례는 Helms(각주 12), S. F 41 ff. 참조.

출생한 때, 생부가 자녀의 출생을 안 때, 자녀의 출생등록이 이루어진 때, 또는 인지가 이루어진 때 중에서 어느 때를 기산점으로 할 것인가? 입법자가 이 중 어느 것을 선택하든간에 취소권 행사에 기간의 제한을 두는 것은 —객관적으로 파악이 가능하다는 점에서— 기본적으로 타당한 발상이라고 할 수 있다. 이러한 원칙은 인지자, 모, 자녀에게 전통적으로 2년간의 취소기간을 규정한 독일법에도 그대로 적용된다(독일민법 제1600조b). 그러나 생부의 취소권 행사에 대해서도 동일한 기간을 둔다면, 이러한 규정이 유럽인권협약 제8조에 따른 심사를 견딜 수 있을지는 의문이다.

독일학계에서는 생부의 취소권 행사 기간으로 자녀의 출생일 또는 출생을 안 때부터 6개월 내지 1년의 기간이 제안된 바 있다.[38] 이러한 규정은 보통의 경우에는 무난한 듯이 보이지만, 기간의 기산점과 관련하여서는 문제가 있다. 기간의 기산점을 자녀의 출생일로 고정시킬 경우, 생부가 자녀의 출생을 알기도 전에 취소권 행사 기간이 도과될 위험이 있다. 반면에 기간의 기산점을 생부가 자녀의 출생을 안 때로 규정하면, 자녀가 출생한 때부터 1년 이상 경과한 시점에서 비로소 자녀의 출생을 알게 되는 사례에 대처하는 것이 곤란하게 된다. 그 정도의 상당한 기간이 경과한 후에 법률상 부자관계를 취소하는 것은 모, 법률상의 부, 자녀의 이익에 부합하지 않을 가능성이 있고, 유럽인권재판소의 판례에 따르면 유럽인권협약 제8조에도 위반될 수 있다. 따라서 생부의 취소권에 관한 문제에 있어서는 결국 유럽인권재판소가 원칙적으로 요구하는, 개별사안에 관한 이익형량의 법리를 완전히 피해갈 수 없을 것으로 보인다.

38) 친자법일부개정안(각주 11)은 자녀의 출생 후 6개월간 생부가 취소권을 행사할 수 있도록 규정하고 있다(제1600조a 제2항). Helms(각주 12), S. F 51는 자녀의 출생을 안 때부터 1년이 적절하다고 본다.

‘신승민(申承閔)–신종년(申從年)’ 간의 분쟁 사례에 비추어 본 조선 전기 재산상속의 관행

현 소 혜*

Ⅰ. 서 론

여말선초 남귀여가혼(男歸女家婚)과 자녀윤회봉사(子女輪回奉祀)를 전제로 한 균분상속의 관행이 우리나라를 지배하였음은 이미 알려진 바와 같다.[1] 따라서 재주(財主)가 사망했을 때 재주가 남긴 재산에 관해 장자(長子) 아닌 자녀들이 정당한 분재를 청구하는 것은 매우 일상적이고도 마땅한 일이었다.[2] 물론 분재 청구가 무제한적으로 용납되었던 것은 아니다. 가령 사당이 속해 있는 집을 나누어 받고자 사당을 허물고 선조의 신주를 버리는 행위를 한 경우[3]나 부친상을 당한 자들이 염빈을 마치자마자 분재를 하고 또한 그 분재가 고르지 않다는 이유로 바로 고소를 한 경우[4]에는 상당한 도덕적 비난이 가해졌다. 또한 공동상속인 간에 상속재산을 균분하게 나누어 줄 것을 청구하는 것은 재주가 생전에 상속재산을 미리 분급(分給)해 놓지 않은 경우 및 공동상속인 간에 상속재산 분할에 관한 화회(和會)가 성립하지 않은 경우로 한정되었다.[5] 다만, 현실에서는 생전의 분급이나 화회가 있었던 경우라도 그 분배를 청구하는 경우

* 성균관대학교 법학전문대학원 부교수.

1) 대표적으로 편집대표 윤진수/玄昭惠 집필부분, 주해상속법 제2권, 박영사, 2019, 1044 참조.

2) 가령 태종실록 27권, 태종 14년(1414년) 4월 16일 기미 3번째 기사 참조:
"부모(父母)·조부모(祖父母)가 나누지 아니한 노비(奴婢)를 연장 자손(年長子孫)이 합집(合執)하여 유약(幼弱)한 조카나 동생이 한년(限年)에 정장(呈狀)하지 아니하였다고 핑계하고 그 어버이의 지하(地下)에 있는 영혼을 생각지 아니하고, 그 유체(遺體)로 하여금 기한(飢寒)의 고생에 빠지도록 하고자 하여, 즐겨 나누어 주지 않고 홀로 그 이익을 오로지하니, 그 불효(不孝)함이 심합니다. 충신(忠臣)은 효자(孝子)의 가문(家門)에서 나오는데, 이러한 무리들이 충신(忠臣)이 될 수 있겠습니까? 신축년으로써 한정(限定)하여 분급(分給)하는 것을 허락하소서."

3) 세종실록 45권, 세종 11년(1429년) 7월 18일 임술 2번째 기사 참조.

4) 성종실록 197권, 성종 17년(1486년) 11월 8일 기유 3번째 기사 참조.

5) 자세한 내용은 마크 피터슨, 儒敎社會의 創出 —조선 중기 입양제와 상속제의 변화—, 一潮閣, 1999, 24 이하 참조. 조선 초기에 재주에게 유언의 자유가 널리 인정되었음을 논증한 문헌으로 김민정, "조선초기 상속법제에서 유언 자유의 의미", 법사학연구 제37권(2008), 7-14 참조.

가 적지 않았는데, 이 중 대부분은 화회(和會)에도 불구하고 공동상속인 중 1인이 화회에 따라 정해진 바와 같이 재산을 나누지 아니하고 임의로 합집(合執)한 사안이거나, 다른 공동상속인 중 1인으로부터 그가 분급이나 화회의 내용을 거짓으로 꾸며 거집(據執)하고 있다는 주장이 제기된 사안으로서 상속재산분할로서의 분재 청구 사건이라기보다는 상속회복청구로서의 분재 청구 사건에 해당한다. 분재 청구는 경우에 따라 유류분에 준하는 기능을 수행하기도 하였던 것으로 보인다. 합집(合執)이나 거집(據執) 사안이 아님에도 불구하고, 자녀들이 재주(財主)의 유언과 달리 재산을 분급하여 줄 것을 청구한 사안들이 관찰되기 때문이다. 대표적인 사례가 성종실록에 등장하는 신승민(申承閔)–신종년(申從年) 간의 재산분배 사건[6]이다. 위 사건은 당시 유언의 자유 및 균분상속과의 관계를 탐구하는 데 있어서 흥미로운 소재를 제공하고 있다. 본 논문에서는 조선왕조실록에 기록되어 있는 위 재산분배 사건을 둘러싼 법적 논의를 분석함으로써 조선 전기 상속의 관행을 탐구해 보고자 한다.

II. 신승민-신종년 사건의 경과[7]

1. 사실관계

신효창(申孝昌, 본관: 平山, 자: 友之, 출생일자 미상~1440)[8]은 대사헌, 동지중추원사, 충청도도관찰사 등을 역임한 조선 전기의 문신으로 슬하에 三男(자근, 자경, 자수)을 두었다. 그런데 그의 장자(長子) 신자근(申自謹)에게는 적자(嫡子)가 없고 첩자(妾子) 신계동(申繼童)만 있었으므로, 신효창은 1415년 신자근에게 삼남(三男) 신자수(申自守)를 수양하여 뒤를 계승하라는 취지의 유언(이하 '제1유언'이라고 한다.)을 하였다. 그 후 차자(次子) 신자경(申自敬, 1402–1454)으로부터 신윤동(申允童)이 출생하자 신효창은 1434년 신윤동을 후사로 삼으라는 취지의 유언(이하 '제2유언'이라고 한다.)을 하였다. 하지만 그 후 신윤동이 요사하자 신효창은 1439년 다시 "사람의 수요(壽夭)는 미리 알 수가 없으니, 여러 자손 중에 어진 자를 택하여 후사를 삼으라."고 명하였다(이하 '제3유언'이라고 한다.).

1440년 신효창은 사망하였고, 그의 사망 당시 차자(次子) 신자경에게는 아들 신윤오가, 삼남(三男) 신자수에게는 장자(長子) 신윤보, 차자(次子) 신윤저, 삼남(三男) 신윤관이 있었는바, 이에 누가 신효창의 봉사자가 될 것인지가 문제되었다. 장자(長子) 신자근은 신효창의 제1유언을 존중하여 삼남(三男) 신자수의 아들 신윤관을 자신의 후사로 세우고자 하였으나, 신자근에

6) 본 사안을 소개하고 있는 문헌으로 마크 피터슨(주 5), 150 이하 참조.

7) 이하의 사실관계는 성종실록 107권, 성종 10년(1479년) 8월 11일 갑오 1번째 기사; 성종실록 107권, 성종 10년(1479년) 8월 21일 갑진 4번째 기사; 성종실록 107권, 성종 10년(1479년) 8월 22일 을사 5번째 기사의 내용을 바탕으로 재구성한 것이다.

8) 한국민족문화대백과사전 '신효창' 항목 참조.

계는 이미 첩자(妾子)가 있었으므로 신윤관을 수양(收養)하지 못하였고, 대신 신자근·신자수는 신효창의 뜻을 받들기로 의논하여 신윤관으로 하여금 신효창을 봉사하도록 하였다. 그 결과 장자(長子) 신자근은 그의 첩자(妾子) 신계동이 봉사하고, 차자(次子) 신자경은 그의 아들 신윤오가 봉사하며, 삼남(三男) 신자수는 그의 아들 신윤보가 봉사하며, 신효창은 삼남(三男) 신자수의 또 다른 아들 신윤관이 봉사하게 되었다. 그 후 신윤관이 사망하자 그의 적자 신승민(申承閔)이 신윤관의 지위를 계승하여 신효창을 계속 봉사하면서, 그 가사(家舍)와 전지(田地)를 이어받았다. 그 후 신승민은 신계동으로부터 신자근의 신주와 그 가재마저 빼앗아오고자 하였으나 실패하였다.

〈그림〉 신효창의 가계도

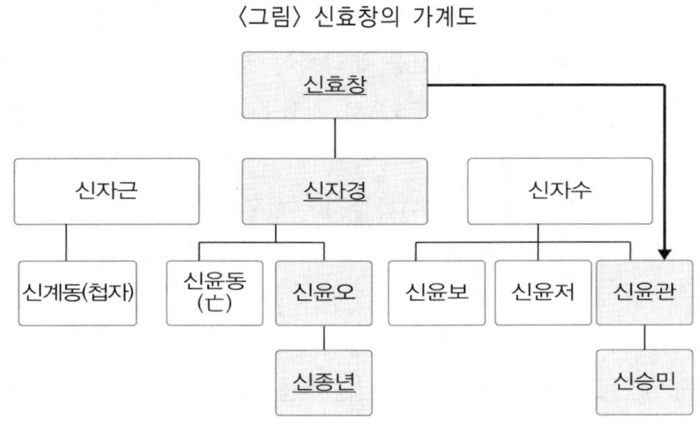

2. 송사의 경과

신승민과의 사이에서 신자근을 누가 봉사할 것인가에 대한 다툼이 계속되자 신계동은 관에 호소하였다. 이에 성종은 종전과 같이 신효창의 제사는 계속 신승민이 맡고, 신자근의 제사는 계속 신계동이 받들도록 명하였다.[9] 그런데 조선 초기에는 적장자(嫡長子)에게 후손이 없으면 중자(衆子)가, 중자에게 후손이 없으면 첩자가 봉사하는 것이 원칙이었으므로,[10] 당시의 종법(宗法)에 따르면 신효창의 적통은 그의 차자(次子) 신자경에서 그의 장남 신윤오로, 다시 그의 적자인 신종년(申從年)에게로 이어진다. 따라서 본래 신효창의 봉사자로서의 자격은 신종년에게 인정됨이 원칙이다. 그럼에도 불구하고 신승민이 이를 봉사하고 있으므로, 이제 그 봉사를 신종년에게 되돌림과 동시에 그 전택(田宅) 역시 신종년에게 반환해야 하는지 여부가 관에서 문제되었다.

9) 성종실록 6권, 성종 1년(1470년) 6월 24일 신미 3번째 기사 참조.

10) 經國大典 禮典 奉祀條.

Ⅲ. 법적 논변의 분석

1. 유언의 효력

신승민–신종년 간의 분쟁에 관한 첫 번째 실록 기사[11]에서 정창손(鄭昌孫) 외 19인의 대신 등은 본래 신효창의 적통은 신종년에게 있음을 전제로, 설령 신승민을 봉사자로 삼으라는 취지의 신효창의 유서가 있었더라도 신종년을 후사로 삼아야 한다고 주장하였다. 이러한 주장은 타당한가.

(1) 유언에 의한 봉사손 지정의 효력

조선 초기 유언이 허용되었다는 점에 대해서는 이미 수 편의 선행연구가 있으므로 논의를 반복하지 않는다.[12] 문제는 유언으로 재산을 분급하는 것을 넘어 봉사손을 직접 지정하는 것도 허용되는가에 있다. 본래 적장자를 중심으로 가통을 계승하는 것은 종법사상의 핵심적인 부분이며 육전(六典)에 규정되어 있는 바이므로, 이를 어기고 적통 아닌 자를 유언에 의해 봉사손으로 지정할 수 있는지에 대해서는 조선 초기부터 논란이 있었다. 신승민–신종년 간의 분쟁에 관한 두 번째 실록 기사에서도 윤계겸(尹繼謙) 외 2인의 대신은:

> "적장(嫡長)을 세우는 것은 고금(古今)의 통법(通法)입니다. 장자(長子)가 무후(無後)하면 차자(次子)가 봉사(奉祀)한다는 것이 《대전(大典)》에 실려 있어 바꿀 수 없으니, 먼저 의논에 의하여 차자 신자경의 적손(嫡孫)인 신종년(申從年)으로 후사를 삼게 하소서."[13]

라고 하여 유언에 의해 봉사손을 새롭게 지정하거나 변경하는 것은 허용되지 않는다는 취지로 주장한 바 있다. 유언에 의한 봉사손 지정은 사실상 폐적(廢嫡)의 효과를 수반하는데, 대명률에 의해 폐적은 처벌의 대상이 되기 때문이다.[14]

하지만 조선 초기에 유언에 의한 봉사손 지정이 완전히 금지되었던 것은 아니다.[15] 가령 조말생(趙末生)은 일찍이 그 적손(嫡孫) 조영(趙渶)이 척골을 절상당하여 '제사를 주관하는 일을 감당하지 못한다'는 이유로 셋째 아들 조근(趙瑾)으로 하여금 봉사하게 하였는데, 세조 때에 이르러 그 사태의 당부가 논의되었다.[16] 이에 대해 황수신(黃守身) 외 2인의 대신은 장자(長子)나

---

11) 성종실록 107권, 성종 10년(1479년) 8월 11일 갑오 1번째 기사.

12) 대표적으로 김민정(주 5), 7 이하 참조.

13) 성종실록 107권, 성종 10년(1479년) 8월 21일 갑진 4번째 기사.

14) 김민정(주 5), 15 이하는 세종실록 제82권에 수록된 李行의 사례를 들어 유언에 의한 폐적이 널리 허용되었다는 견해이나, 이를 유언에 의한 폐적 사안으로 해석할 수 있는지는 의문이다.

15) 鄭光鉉, 韓國家族法硏究, 서울大學校 出版部, 1967, 238.

16) 세조실록 13권, 세조 4년(1458년) 8월 26일 신사 4번째 기사. 위 기사를 자세히 소개하고 있는 문헌으로 鄭光

장손이 단약(單弱)하거나 폐질(廢疾)이 있더라도 차자는 일시적으로 대행할 수 있을 뿐이고 장자 아닌 자가 입묘하는 것은 허용될 수 없으므로, 육전(六典)에 정한 바에 따라 조영(趙漢)이 봉사해야 한다고 주장하면서 사사로운 애정에 기초하여 삼남인 조근(趙瑾)에게 제사를 주재하도록 하는 것을 허용한다면 훗날 "아비가 되는 자가 제사를 받들 집[家舍]과 전지(田地)와 종들을 애정을 쏟는 아들에게 전해 주고자 하여 제사를 주관하는 자손에 거짓말로 꾸며대어 허물을 돌릴 것"이라고 우려하였으며, 박중손(朴仲孫)도 이에 찬성하여:

> "사대부(士大夫) 한 집안의 다스림에 간혹 사사로운 정(情)으로써 공의(公義)를 폐(廢)하는 경우가 있는데, 국가(國家)에서 알지 못한다면 그만이지만, 지금 이미 고소하여 다투니, 마땅히 경상(經常)의 법전(法典)으로써 이를 처리하여야 합니다. 조영이 독질(篤疾)에 이르지 않았다면 능히 제사를 주관하게 할 수 있을 것입니다. 《육전(六典)》에 의하여 종자(宗子)의 법(法)을 엄하게 하소서."

라고 아뢰었다.

하지만 이에 대하여 강맹경(姜孟卿) 외 1인의 대신은 장자나 장손이 제사를 받들기에 적절하지 않은 경우에는 권도(權道)에 의지하여 후사를 정할 수밖에 없다고 주장하면서 특히 조말생은 스스로 시조(始祖)가 된 사안이라는 점, 조말생이 스스로 삼남 조근을 후사로 정하였음에도 불구하고 장손 조영이 이제 와서 숙부 조근과 분쟁을 일으키는 것은 조말생을 비난하는 것이니 이것만으로도 봉사손이 되기에 적절치 않다는 점, 사사로운 애정으로 조근을 우대하는데 조말생의 뜻이 있었다면 토전(土田)과 노비[臧獲]와 재보(財寶)를 넉넉히 분급하는 것으로 족하였을 것이므로 굳이 그를 봉사손으로 정할 이유가 없다는 점, 조영의 병이 널리 알려져 과연 명문가의 후사를 누가 이을 것인지가 세간의 관심사였던 이상 위와 같은 조치를 취한 것으로 조말생을 비난할 수는 없다는 점 등을 강조하였다. 신숙주(申叔舟) 역시 이에 찬동하여:

> "장자(長子)를 적자(嫡子)로 세우는 것이 예(禮)인데, 가장(家長)으로 하여금 현부(賢否)에 따라서 적자(嫡子)를 세우도록 허락한다면 후세(後世)에 자손(子孫)이 되는 자들이 반드시 거짓말로 꾸며대고 계교(計巧)를 부려서 종가(宗家)의 제사를 넘겨다보는 자가 있을 것이니, 이러한 풍속은 자라게 할 수가 없습니다. 장자(長子)나 장손이 사당을 세울 수 없는 연고(緣故)가 있는데도 가장(家長)에게 권도(權道)를 따를 것을 허락하지 않는다면, 이것은 남의 제사를 폐(廢)하거나 끊어지게 하는 것입니다. 조말생이 적손(嫡孫) 조영이 병이 있다고 하여 다른 아들을 택하여 조근(趙瑾)을 세웠는데, 조말생이 이미 죽자 조영이 적자(嫡子)의 자리를 다투니, 의리에 불순(不順)합니다. 《육전(六典)》의 사당(祠堂)을 세우는 법은 가장(家長)의 명(命)이 있지 아니한

鉉(주 15), 239 이하 참조.

> 경우입니다. 지금 반드시 죽은 아비의 명(命)을 바꾸어서 그 손자를 다시 적자(嫡子)가 되게 할 것이 없습니다. 마땅히 조말생의 유명(遺命)에 따르되, 다만 종가(宗家)를 빼앗으려고 넘겨다보는 풍조를 막지 아니할 수가 없습니다. 지금부터 장자나 장손이 제사를 주관할 수 없는 연고가 있으면 가장(家長)으로 하여금 관(官)에 고(告)하게 하여 그 사실을 밝힌 연후에 차자로 하여금 제사를 주관하도록 허락하여 길이 법으로 삼으소서."

라고 아뢰면서 위 사안에서는 조근(趙瑾)을 봉사자로 인정할 것을 고하였다. 법률에 의한 가계 계승은 유언에 의한 봉사손 지정이 없는 경우에만 적용된다는 것이다. 다만, 신숙주(申叔舟)는 황수신(黃守身) 등이 우려하는 바와 같은 남용의 사태가 발생하지 않도록 추후에는 장자나 장손이 제사를 주관할 수 없는 연고가 있으면 가장으로 하여금 관에 고하게 하여 그 사실을 밝힌 연후에만 차자가 제사를 주관할 수 있도록 법을 정비할 것을 제안하였다. 위와 같은 논의 끝에 세조는 결국 강맹경(姜孟卿) 등의 의견을 따라 조근(趙瑾)으로 하여금 제사를 주관하게 하였는바, 이것이 유언에 의한 봉사자 지정을 인정한 최초의 사례이다.

하지만 그 후 애정에 얽매여 적자를 폐하고 지자(支子)를 봉사손으로 세우는 일이 빈번해지자 예조(禮曹)에서 과거 신숙주가 고하였던 바와 같이 "부모의 난명(亂命)을 받아서 안연(安然)히 적자(嫡子)의 자리를 빼앗는 자도 또한 '적자를 세우되 법을 어긴 율[立嫡子違法律]'로써 논단(論斷)하여 고쳐서 바로잡으며, 그 가운데 혹시 적자로서 승계(承繼)를 감당하지 못하여 부득이한 데에서 나오는 경우에는, 그 아비가 관가에 고(告)하여 정탈(定奪) 하는 것을 허락"할 것을 제안하였는바, 성종은 1473년 이를 받아들여 이른바 '고관정탈법(告官定奪法)'을 마련하였다.[17)]

이로써 유언에 의한 봉사자 지정은 법에 의해 제한되었으나, 본 논문에서 다루고 있는 신승민-신종년 사례는 고관정탈법이 제정되기 전인 1415년부터 1439년 사이에 유언이 있었던 사안이므로, 관의 허락을 받지 않았다는 이유만으로 그 유언의 효력이 당연히 부정될 것은 아니다. 위 법은 소급적용되지 않기 때문이다. 신승민-신종년 사례 전에도 성종은, 김연지(金連枝)가 장남 김익수(金益壽)는 제사를 맡을 만하지 못하다고 하여 손수 문권을 만들어서 삼남(三男) 김견수(金堅壽)로 하여금 봉사하게 한 사안에서:

> "이제 김연지의 문권을 상고하건대, 이미 아들·사위와 더불어 의논하였고, 또 증보(證保)를 갖추었으며, 자필(自筆)로 써서 자기 집안의 종사(宗祀)와 외구(外舅)의 봉사(奉祀)를 모두 김견수에게 주었으니, 이는 애증(愛憎)으로 인한 난명(亂命)이 아닌데, 지금 비록 관에 고하여 정탈(定奪) 하는 법이 있다 하더라도, 김연지의 이 글은 법이 있기 전에 이루어졌으므로, 함부

17) 성종실록 32권, 성종 4년(1473년) 7월 1일 경인 6번째 기사. 자세한 내용은 尹眞秀, "高氏 門中의 訟事를 통해 본 傳統 相續法의 變遷", 家族法硏究 第19卷 2號(2005), 356 참조.

> 로 빼앗은 것으로 논할 수 없습니다. 송씨는 김연지의 유명(遺命)을 돌아보지 아니하고 거역하여 고소해서 다투었으니, 부도(婦道)에 어긋나고 강상(綱常)에 관계가 있습니다. 청컨대 그 아비가 원하던 뜻에 따라 김견수로써 제사를 받들게 하소서."[18)]

라는 예조의 의견을 그대로 따른 바 있다. 따라서 신효창이 1415년 제1유언에 의해 적통이 아닌 자를 봉사손을 지정하고자 한 것 자체는 아무런 문제가 없다.

(2) 유언의 철회

문제는 신효창이 1415년에 한 제1유언의 기초된 사정이 그 후 변경되었다는 것이다. 신효창이 삼남(三男) 신자수를 봉사자로 지정한 제1유언은 차자(次子) 신자경에게 후사가 없음을 전제로 한 것이었으나, 그 후 신자경으로부터 신윤동이 출생하였다. 이에 신효창은 신윤동을 봉사자로 지정하는 내용의 제2유언을 하였는바, 이와 같이 제1유언과 양립할 수 없는 내용의 제2유언이 성립함과 동시에 제1유언은 당연히 철회되었다고 보아야 할 것이다.[19)] 당시에도 유언은 종의처분(終意處分)으로 인식되고 있었으므로, 유언자에게 철회의 자유가 인정되었기 때문이다.

단종실록의 한 기사[20)]에는 "대저 부모가 자손에게 노비 · 전지 · 가사 · 재물을 마음대로 주고 빼앗을 수 있는 것은 고금(古今)의 공통된 법입니다."라거나 "부모가 이미 서로 의논하여 노비와 토지를 아들과 사위에게 나누어 준 뒤에 스스로 다시 고치는 자가 세상에 많이 있으니 잘못하는 일이 아니며, 이것은 스스로 한집안 일이니 재주(財主)의 처분대로 맡기는 것이 상례(常例)일 뿐입니다."라는 의논이 등장하고 있는바, 이는 유언의 종의처분으로서의 성격에 대한 당시의 이해를 선명하게 보여준다. 위 기사에서 문제되었던 사안은 소위 '공동유언'[21)]에 해당하는 것으로서 부부가 함께 유언한 후 부부 중 일방이 사망한 경우에 다른 일방이 유언의 내용을 임의로 철회하거나 변경하는 것이 허용되는지 여부를 둘러싸고 치열한 대립이 있었으나, 당시의 논쟁 역시 공동유언이 아닌 한 재주에게 철회의 자유가 있음은 당연한 전제로 인정되

---

18) 성종실록 52권, 성종 6년(1475년) 2월 3일 임오 7번째 기사.

19) 같은 취지로 申榮鎬, "韓國遺言法의 歷史的 展開", 漢林 鄭樹鳳 總長 華甲記念論叢 人文 · 社會科學篇, 東亞大學校鄭樹鳳博士華甲紀念論叢編纂委員會, 1988, 536 이하 참조. 현행 민법 제1109조 역시 "전후의 유언이 저촉(…)되는 경우에는 그 저촉된 부분의 전유언은 이를 철회한 것으로 본다."고 규정하고 있다.

20) 단종실록 4권, 단종 즉위년(1452년) 11월 5일 계해 1번째 기사.

21) 우리 민법은 다른 입법례와 달리 공동유언의 허용 여부에 대해 명문의 규정을 두고 있지 않으므로, 현행법의 해석론상으로는 공동유언의 허부에 대해 견해의 대립이 있지만, 조선시대 부부공동유언이 널리 인정되었다는 점에 대해서는 이론의 여지가 없다. 관습에 따라 현행법상으로도 공동유언을 허용해야 한다는 견해로 朴秉濠, 家族法, 韓國放送通信大學敎 出版部, 1999, 429; 이희배, 親族 · 相續法 要解: 家族法, 第一法規, 1995, 352 등; 공동유언은 유언철회의 자유와 관련하여 문제가 발생할 여지가 많다는 등의 이유로 명문의 규정이 없는 한 허용될 수 없다는 견해로 郭潤直, 相續法(改訂版), 博英社, 2004, 225; 박동섭 · 양경승, 친족상속법(제5판), 박영사, 2020, 855 등 참조.

었을 뿐만 아니라, 최종적으로는 공동유언의 경우에도 생존자가 이를 철회할 수 있어야 한다는 결론에 도달하였었다.

따라서 신효창이 제1유언과 양립할 수 없는 내용의 제2유언을 함으로써 제1유언은 효력을 잃고 제2유언만이 효력을 갖게 되었음에는 이의를 제기할 여지가 없다. 그런데 본 사안에서는 제2유언 역시 신윤동의 요사에 의해 그 목적 달성이 불가능해졌는바, 이에 신효창은 제3유언에 의해 '어진 자'를 선택하여 봉사손을 지정할 것을 명하였으므로, 제3유언이 유언자의 최종적 의사가 된다. 위 분쟁에서 논의를 주도하고 있는 정창손(鄭昌孫) 외 19인의 대신 역시 "신효창이 처음에는 비록 뜻을 신자수에게 두었더라도 그가 죽어서는 자손 가운데 어진 자로써 후사를 삼고자 하였음이 바로 그 본의(本意)"였다는 점은 부정하지 않는다. 하지만 제3유언은 과연 유효한가. (3) 이하에서 살펴본다.

(3) 유언에 의한 봉사손 지정 위탁의 효력

제3유언 역시 고관정탈법이 제정되기 전인 1439년에 성립한 것이므로, 유언자가 임의로 폐적하였다는 이유만으로 그 효력을 부정할 수는 없다. 그럼에도 불구하고 정창손(鄭昌孫) 외 19인의 대신은 제3유언의 효력을 부정하면서 신승민이 신효창을 봉사하는 것은 허용될 수 없다고 주장한다. 봉사손 지정의 유언에 관한 조근 · 김견수의 전례와 달리 봉사자를 특정하지 않았으므로, 그 효력을 함부로 인정할 수 없다는 것이다. 위 대신들은:

> "또 그 증거로 삼은 조근(趙瑾) · 김견수(金堅壽)의 일은 이와 다릅니다. 조근의 아비 조말생(趙末生)과 김견수의 아비 김연지(金連枝)는 모두 장자(長子)의 손(孫)으로써 봉사(奉祀)할 수가 없게 되자, 이를 논파(論破)하는 글을 손수 써서 바로 조근(趙瑾) · 김견수(金堅壽)로 후사를 삼고, 그 아들로 아비를 계승하고 아비로 할아비를 계승하게 하였으니, 이는 이치에 합당한 것입니다. 그러므로 신효창(申孝昌)이 한 사람을 분명하게 가리켜서 후사를 삼지 못한 것과는 같지 않고,(…)"[22]

라고 하여 적자인 신종년을 봉사자로 세울 것을 주장하였다. 이승소(李承召) 외 11인의 대신의 태도도 이와 같다.[23]

반면 유언에 의한 봉사손 지정을 인정하는 취지는 유언자의 의사를 존중하는 데 있으므로, 유언자가 후손들에게 적당한 자를 봉사손으로 세울 것을 위탁한 경우라도 그 유언의 효력

22) 성종실록 107권, 성종 10년(1479년) 8월 11일 갑오 1번째 기사.

23) 성종실록 107권, 성종 10년(1479년) 8월 21일 갑진 4번째 기사: "조근의 아비 조말생(趙末生)과 김견수의 아비 김연지(金連枝)는 모두 살아 있었을 때에 논파(論破)하여 부득이한 정리(情理)로 조근 · 김견수를 확실하게 지적하여 후사로 삼았고, 조근 · 김견수도 아들로서 아비의 제사를 받들었으니, 신효창이 자손의 어진 자로 후사를 삼으라고 범칭(泛稱)한 것과 같지 않으며 (…)." 부분 참조.

을 인정함이 타당하다는 반론도 있었다. 윤필상(尹弼商) 외 1인의 대신은:

> "맏이[長]로써 적사(嫡嗣)를 세우는 것은 비록 만세(萬世)의 없앨 수 없는 법(法)입니다. 그러나 유서(遺書)가 있으므로 유서(遺書)를 따름이 진실로《대전(大典)》의 법이 됩니다. 신효창(申孝昌)이 유서(遺書)를 남긴 뒤에 신자근(申自謹)·신자수(申自守)가 모두 아비의 뜻을 받들어 신윤관(申允寬)에게까지 전해 왔고, 신승민(申承閔)으로 하여금 그 사손(祀孫)을 세우게 한 것이 여러 해 되었습니다. 하루 아침에 빼앗아서 다른 데에 주면 조선(祖先)의 뜻이 아니니, 진실로 정리(情理)에 합당하지 못합니다."[24]

라고 주장하였던 것이다. 하지만 위와 같이 유언에 의한 봉사손 지정 위탁의 효력을 인정하고자 하는 견해는 곧 반발에 부딪혔다. 유언자로부터 위탁을 받아 봉사손을 지정하는 경우 봉사손은 수탁자의 의사에 의해 정해지는 것이지 유언자의 의사에 의해 정해지는 것이 아니므로, 유언에 의한 봉사손 지정이나 폐적과 동일하게 볼 수 없다는 것이다. 이승소(李承召) 외 11인의 대신의 의논은 이러한 입장을 선명히 보여준다.:

> "신윤관을 입후(立後)한 것은 바로 신자근(申自謹)의 뜻이요, 신효창(申孝昌)의 유의(遺意)가 아니니, 신자근이 자기에게 계후(繼後)한 것은 임의(任意)로 한 것입니다."[25]

박숙진(朴叔蓁) 외 6인의 대신 역시 이에 찬동하여 "신효창(申孝昌)의 유명(遺命)은 신자수(申自守)에게 치중한 것이 아니며, 신자근(申自謹)이 신윤관(申允寬)을 조금 유식하다 하여 선사(先祀)를 주관하게 한 것은 신효창이 친히 명한 것이 아닙니다."라고 강조하면서 "조근(趙瑾)·김견수(金堅壽)의 경우는 친히 아비의 명을 받았으니, 이와는 진실로 차이가 있습니다."라고 의논하였다.[26]

이와 같이 다수의 견해가 유언에 의한 봉사손 지정과 유언에 의한 봉사손 지정 위탁을 엄밀히 구별하면서 후자의 효력을 부정하는 것은 조선 전기에 이미 유언으로 적통을 폐하고, 새로운 봉사손을 세우는 폐적의 관습에 대해 매우 유보적인 법관념이 팽배하였음을 보여준다. 유언자의 명시적 의사표시가 있었던 경우라면 모르겠으나, 적통에 관한 법률이나 유언자 자신의 권위 외의 사정에 의해 적통이 흔들리는 것에 대한 반감이 적지 않았던 것이다.

(4) 소목지서(昭穆之序)에 위반되는 봉사손 지정의 효력

더 나아가 정창손(鄭昌孫) 외 19인의 대신은 설령 유언에 의한 봉사손 지정의 위탁이 유효

24) 성종실록 107권, 성종 10년(1479년) 8월 11일 갑오 1번째 기사.
25) 성종실록 107권, 성종 10년(1479년) 8월 21일 갑진 4번째 기사.
26) 성종실록 107권, 성종 10년(1479년) 8월 21일 갑진 4번째 기사.

하다고 하더라도, 아래와 같은 이유에서 신자근이 신승민을 봉사자로 정하는 것은 허용될 수 없다고 주장하였다.:

> "신자근은 그 첩자(妾子)가 봉사(奉祀)하고, 신자경은 그 아들이 봉사하며, 신자수는 또 그 아들 신윤보(申允甫)가 봉사하고, 조부(祖父) 신효창(申孝昌)은 손자 신윤관이 봉사합니다. 그렇다면 신효창은 아들이 없는 게 되고, 신윤관은 아비가 없는 게 되니, 한갓 소목(昭穆)의 서차(序次)를 어지럽힐 뿐만 아니라, 또한 정법(情法)에도 의거할 만한 것이 없으므로, 고금 천하(古今天下)에 이런 이치는 단연코 없습니다. 신효창의 뜻은 자손 가운데 어진 자를 구하여 후사를 삼으려고 하였는데, 신승민(申承閔)과 신종년(申從年)의 현부(賢否)도 알 수가 없습니다. 이미 현부를 알지 못하고 또 소목(昭穆)을 어기었으니, 신종년을 맏이[長]로 하여 봉사(奉祀)할 것이며, 신윤관(申允寬)은 아비와 이조(禰祖)를 버리었으므로, 그 시비 득실(是非得失)은 요연(瞭然)합니다."[27]

요컨대, 신승민의 부(父) 신윤관은 신효창의 손자대임에도 불구하고 신효창의 장남인 신자근에게 수양되지 않은[못한] 채 바로 신효창을 봉사하고 있는바, 이는 소목지서의 원칙에 반한다는 것이다. 소목지서의 원칙이란 가계계승은 오로지 남계혈통 중 부모와 동항렬자의 자(子)의 항렬에게만 가능하다는 법칙으로서 제사상속·호주상속·절가의 재흥·입양 등 가계계승과 관련된 모든 사안에 널리 적용되는 것[28]으로 알려져 있지만, 조선 전기에는 아직 그러한 원칙이 확고하게 자리 잡지 않은 상태였다. 성종 시대 초기까지도 소목지서는 주로 신주나 묘의 자리를 정하는 원칙으로 기능하였을 뿐이었다.[29] 그 결과 신승민-신종년 사례와 같이 손자가 조부를 직접 계승하는 일은 매우 흔하게 발생하였을 뿐만 아니라, 일반인들 사이에서는 전혀 비난의 대상도 아니었던 것으로 보인다.

그럼에도 불구하고 당시 사대부들 사이에서는 이미 가계계승에 있어서 소목지서의 원칙이 관철되어야 한다는 법적 인식이 확고하였는바, 신승민-신종년 간의 분쟁에 관한 두 번째 실록 기사에서도 정창손(鄭昌孫)외 3인의 대신이 "신승민은 그 할아비 신자수를 버리고 신효창으로 할아비를 삼았으므로, 이것은 조부(祖父)가 없는 사람이니 그 불가함이 둘입니다. 신윤동(申允

27) 성종실록 107권, 성종 10년(1479년) 8월 11일 갑오 1번째 기사.

28) 현소혜, "상속관습법상 몇 가지 쟁점에 관하여", 家族法硏究 第29卷 1號(2015), 381 이하 참조.

29) 대표적으로 세종실록 11권, 세종 3년(1421년) 4월 26일 무오 4번째 기사; 세조실록 33권, 세조 10년(1464년) 6월 15일 정유 2번째 기사 등. 특히 성종 6년(1475년) 성종의 사친(私親)인 회간왕(懷簡王)을 종묘에 부제하는 것이 소목지서에 부합하는지 여부를 둘러싸고 격론이 벌어진 바 있다. 성종실록 59권, 성종 6년(1475년) 9월 16일 임술 1번째 기사; 성종실록 59권, 성종 6년(1475년) 9월 16일 임술 2번째 기사; 성종실록 59권, 성종 6년(1475년) 9월 19일 을축 2번째 기사; 성종실록 59권, 성종 6년(1475년) 9월 21일 정묘 7번째 기사; 성종실록 59권, 성종 6년(1475년) 9월 24일 경오 6번째 기사; 성종실록 59권, 성종 6년(1475년) 10월 3일 기묘 4번째 기사 등.

童)이 죽은 뒤에 신효창(申孝昌)이 유서(遺書)를 남기기를, '어진 자를 택하여 후사를 삼으라.'고 하였지, 신자수(申自守)의 아들로 뒤를 계승하라고는 말하지 않았는데, 신승민이 순서를 뛰어 넘어서 봉사(奉祀)하였으니 그 불가함이 셋입니다."라고 하여 위와 같은 입장을 택하였고, 이승소(李承召) 외 11인의 대신 역시 신윤관은 아비와 이조(禰祖)를 버리고 소목(昭穆)의 서차(序次)를 어지럽혔으므로 조근(趙瑾)·김견수(金堅壽)의 사례와 다르다는 점을 지적하면서 "예로부터 혹 부득이하여 폐적(廢嫡)한 자가 있으나, 아비를 버리고 할아비를 제사한 자는 아직 있지 않았습니다."라는 이유로 신종년을 후사로 삼을 것을 주장하였다.[30] 박숙진(朴叔蓁) 외 6인의 대신 역시 "신윤관(申允寬)의 아들이 그전대로 후사가 된다면 한갓 《대전》에 어그러질 뿐만 아니라, 소목도 어지러울 것"을 지적하면서 앞의 견해를 지지하고 있다.[31]

이러한 다수의 견해에 대해 반대하는 자는 김국광(金國光) 외 4인의 대신에 불과하였는데, 그 논거는 이미 신승민이 봉사하고 있으므로, 이를 뒤집어 개정하는 것은 분요(紛擾)할 뿐만 아니라, 이미 고관정탈법이 마련되어 있으므로, 추후 이와 같은 일이 되풀이될 염려도 없다는 정도에 불과하였다. 위와 같은 논쟁의 흐름 역시 종법질서의 확립과 봉사손의 자격에 기초한 신분상속의 관점에서 유언의 자유나 사적 자치를 제한해야 한다는 새로운 사고방식의 득세를 상징적으로 보여준다. 하지만 이러한 강력한 요구에도 불구하고 성종은 여전히 유언자의 의사를 중시하여 "만약에 신효창(申孝昌)의 유서(遺書)를 버린다면 김견수(金堅壽)·조근(趙瑾)의 봉사(奉祀)도 마땅히 파(破)하여야 할 것"[32]이라는 이유로 "내가 장차 상량(商量)하여 결정짓겠다."고 전교하였다. 이 시절은 아직 적통에 의한 가계계승의 원칙이라는 규범적 사고와 유언자의 의사 존중이라는 현실적 관행이 혼재하는 시대였던 것이다.

이러한 혼란은 결국 규범의 승리로 종결되었다. 위 성종의 전교가 있었던 때로부터 5년 후 드디어 소목지서에 반하여 손자가 조부의 뒤를 계승하는 것을 금지하는 법이 통과되었기 때문이다. 당시 예조에서는:

> "소(昭)는 항상 소(昭)가 되고 목(穆)은 항상 목(穆)이 되어야지 소와 목이 문란해서는 안 되는데, 김효로(金孝盧)는 손자로서 그 할아버지를 계승하였으므로 소목이 문란해졌으니, 마땅히 들어주지 말아야 합니다. 그러나 이보다 앞서서는 그렇게 뒤를 계승한 자가 많으니, 일일이 추후하여 고치기는 곤란합니다. 청컨대 입법한 후부터 한결같이 모두 금지시키고, 또 《대전(大典)》에 첨부하여 기록하게 하소서."[33]

30) 성종실록 107권, 성종 10년(1479년) 8월 21일 갑진 4번째 기사.
31) 성종실록 107권, 성종 10년(1479년) 8월 21일 갑진 4번째 기사.
32) 성종실록 107권, 성종 10년(1479년) 8월 21일 갑진 4번째 기사.
33) 성종실록 166권, 성종 15년(1484년) 5월 26일 임자 1번째 기사.

라고 아뢰었는바, 새로운 입법을 과거의 사례에까지 소급적용할 것인지를 둘러싸고 잠시 논의가 있었으나 법에 따라 새롭게 봉사손이 된 자가 제사를 지내지 않고, 종래 제사를 주관하던 사람도 더이상 제사를 주관할 마음이 없어지게 된다면 정리에 어긋나는 결과가 될 것이라는 이유로 이미 손자가 조부를 계승한 경우에는 그 효력을 인정하기로 하였다. 위 법의 제정에 의해 유언자로부터 봉사손 지정을 위탁받은 자가 소목지서에 어긋나는 자를 봉사손으로 지정하는 것은 물론, 유언자가 직접 소목지서에 어긋나는 자를 봉사손으로 지정하는 것도 허용되지 않게 되었다. 다만, 위 법은 소급적용되지 않으므로, 만약 신승민-신종년 사안에서 신효창이 스스로 유언에 의해 신승민의 조부인 신자수나 부(父)인 신윤관을 봉사자로 지정하였다면 신승민의 가계계승은 적법한 것으로 인정받을 수 있었을 것이다.

(5) 전 유언의 부활

성종이 신승민-신종년 사안에서 가계계승의 원칙에 앞서 유언자의 의사를 존중하고자 하였던 것은 앞서 살펴본 바와 같다. 하지만 과연 이 사건에서 관철되어야 하는 유언자의 의사가 실제로 존재하였는지는 의문이다. 성종은 위 사안에 관한 세 번째 기사[34]에서:

> "신효창(申孝昌)이 신자수(申自守)에게 부탁한 뜻은 반드시 의도한 바가 있었다."

고 하여 제1유언의 효력을 인정하고자 하였다. 그런데 (2)에서 살펴본 바와 같이 제1유언은 그와 저촉되는 제2유언의 성립에 의해 철회되어 이미 효력을 잃은 바 있다. 문제는 제2유언 역시 효력을 잃었다는 것이다. 제2유언에 의해 봉사손으로 지정되었던 신윤동이 요사하면서 유언의 목적달성이 불가능해졌기 때문이다.[35] 이와 같이 제2유언이 효력을 잃은 경우에 제2유언에 의해 철회되었던 제1유언은 자동적으로 부활하는가.

만약 (3)에서 살펴본 일부 대신들의 견해와 같이 봉사손 지정 위탁에 관한 제3유언이 유효하다면 제2유언의 실효에도 불구하고 제1유언이 부활하는 것은 불가능하다. 제1유언과 양립할 수 없는 내용의 제3유언이 유효하게 성립함으로써 제1유언은 철회된 것으로 간주되기 때문이다. 반면 다수의 대신이 주장했던 바와 같이 봉사손 지정 위탁 유언의 효력을 인정할 수 없다면 제3유언이 무효로 되므로, 제2유언의 실효에 따른 제1유언의 부활 가능성을 검토할 필요가 있다. 이 쟁점에 대한 조선 초기의 논의는 발견하지 못했으며, 현대 민법상으로도 관련 논의를 찾아보기 어렵다. 현대적 관점에서 굳이 유비하자면 '유언철회의 철회' 법리에 준하여 해결을 도모해 볼 수 있을 것이다. 전 유언을 철회하는 내용의 후 유언이 철회된 경우에 전 유언

---

34) 성종실록 107권, 성종 10년(1479년) 8월 22일 을사 5번째 기사.

35) "유증은 유언자의 사망 전에 수증자가 사망한 때에는 그 효력이 생기지 아니한다."고 규정하고 있는 현행 민법 제1089조 참조.

의 부활 여부에 대해서는 입법례에 따라 부활주의[36]와 비부활주의[37]가 대립하고 있으며, 우리나라는 명문의 규정이 없으므로 해석론으로서 부활을 지지하는 견해[38]와 일정한 요건을 갖춘 경우에만 부활을 인정하는 다양한 절충적인 견해[39]가 대립하고 있다. 다만, 유언철회의 철회에 관하여 비부활주의를 택하고 있는 입법례도 후유언이 사기·강박 등으로 취소된 경우에는 전 유언의 부활을 인정한다.[40] 전 유언을 철회하는 취지의 후유언이 취소된 경우에는, 철회된 경우와 달리, 전 유언의 부활을 인정하는 것이다.[41] 이에 비추어 보면 신승민-신종년 사안에서도 제3유언의 무효와 제2유언의 실효에 의해 제1유언이 부활했다고 해석할 여지가 있다.

하지만 신승민-신종년 사안은 당시의 법적 논변이 이러한 형식논리에 집착하는 대신 구체적 사안에서의 유언자의 진정한 의사를 탐구하는 것에 기울어져 있었음을 보여준다. 성종의 "신효창(申孝昌)이 신자수(申自守)에게 부탁한 뜻은 반드시 의도한 바가 있었다."는 발언에 대해 홍귀달(洪貴達)은:

> "신효창이 장자(長子) 신자근(申自謹)에게 이르기를, '네가 아들이 없으니, 계제(季弟)인 자수(自守)로 후사를 삼아 선사(先祀)를 받들도록 하라.' 하였습니다. 그 뒤에 차자(次子) 신자경(申自敬)이 아들 신윤동(申允童)을 낳으니, 신효창이 명(命)을 바꾸어 신윤동으로 사손을 세우고는 이어서 이르기를, '사람의 수요(壽夭)는 미리 알 수가 없으니, 여러 자손 중에 어진 자를 택

36) 가령 독일민법 제2257조는 "유언에 의해 한 종의처분의 철회를 철회한 경우 그 종의처분은 철회되지 않았던 것 같이 유효한 것으로 추정한다."고 규정하고 있으며, 독일 민법 제2258조 제2항은 전 유언과 저촉되는 후 유언에 의해 전 유언이 취소된 것으로 간주되는 경우에 "후 유언이 철회되면 전 유언은 취소되지 않았던 것 같이 유효한 것으로 추정한다."고 규정하고 있다.

37) 가령 일본 민법 제1025조 본문은 "전 3조의 규정에 의하여 철회된 유언은 그 철회행위가 철회되거나 취소되거나 또는 효력이 생기지 않게 된 때에도 그 효력을 회복하지 아니한다."고 규정하고 있다.

38) 곽윤직(주 21), 244; 김주수·김상용, 친족·상속법(제16판), 法文社, 2019, 822 외 다수. 부활주의의 논거에 대해 자세히는 편집대표 윤진수/玄昭惠 집필부분, 주해상속법 제1권, 박영사, 2019, 895-896 참조.

39) 가령 ① 유언자의 의사해석에 따라야 한다는 견해로 박동섭(주 21), 887; 신영호·김상훈, 가족법강의(제3판), 세창출판사, 2018, 453; ② 유언자의 의사를 확정할 수 없는 경우에는 앞의 유언이 부활하지 않는 것으로 보아야 한다는 견해로 김형석, "유언의 성립과 효력에 관한 몇 가지 문제", 民事判例研究 제38권(2016), 1087 이하; ③ 법정철회나 생전행위에 의한 철회와 같이 이미 철회의 효력이 발생한 경우에는 더 이상 철회의 철회가 불가능하므로 종전의 유언이 부활할 여지가 없지만, 유언에 의한 임의철회의 경우에는 아직 철회의 효력이 발생하지 않았으므로 철회의 철회를 통해 처음의 유언을 유효하게 만들 수 있다는 견해로 송덕수, 친족상속법(제5판), 박영사, 2016, 430; ④ 철회유언을 철회하는 유언을 한 경우에는 부활주의에 따르되, 저촉유언을 철회하는 유언을 한 경우에는 유언자의 의사해석에 따라 부활 여부를 결정하고, 저촉유언에 저촉되는 유언을 한 경우에는 비부활주의에 따라 사안을 해결해야 한다는 견해로 김재호, "포괄적 유증", 재판자료 제78집(1998), 349 이하; ⑤ 유언자의 의사해석에 따르되, 유언자의 의사가 명확하지 않은 경우에는 유언 및 생전행위에 의해 철회하는 경우와 전유언과 저촉되는 후유언이 있었던 경우에 한하여 부활주의를 적용하자는 견해로 현소혜, "유언철회의 철회", 홍익법학 제8권 제3호(2007), 150 이하 등 참조.

40) 가령 일본 민법 제1025조 단서 참조.

41) 현행 민법의 해석상 유언철회의 의사표시 또는 법정철회로 간주되는 법률행위가 취소된 경우에 원래의 유언이 부활한다는 견해로 김형석(주 39), 1088 참조.

하여 후사를 삼으라.'고 하였습니다. 이로써 보건대 신효창의 뜻은 신자수에게 있지 않았으니, (…)"

아뢰었는바, 이는 설령 제3유언이 무효라고 하더라도 제2유언 및 제3유언의 존재 자체로부터 신자수를 봉사자로 지정하지 않고자 했던 신효창의 가정적 의사를 탐구해낼 수 있음을 보여준다. 유언 외에 존재하는 사정들이라도 유언자의 의사해석을 위한 자료로써 활용될 수 있었다. 신자근 · 신자수 역시 제3유언이 유효함을 전제로 제3유언에서 명하고 있는 '어진 자'를 택함에 있어서 유언자의 의사를 탐구하기 위해 제3유언 외부에 존재하는 사정인 제1유언의 내용을 적극적으로 고려한 바 있다.

의사 도그마(Willensdogma)에 기초한 유언의 해석 기술은 조선 초기 다른 사료에서도 종종 관찰된다. 가령 김소(金紹)가 아들 김승서(金承緖)에게 생전분급해준 노비에 관하여 "네가 만약 끝내 적자(嫡子)가 없거든 첩자(妾子)에게 허락하지 말고, 두 딸의 손자에게 물려 주어라."라고 유언하였는데, 김소가 사망한 후 김승서가 자신에게 3세 전에 수양한 아들 이영번(李永蕃)이 있으니 그에게 노비를 물려주겠다고 주장한 사안에서, 성종은 유서에 수양한 아들을 제외한다는 취지의 문언이 없음을 이유로 이영번에게 노비를 결급해야 한다는 주장을 물리치고, 김소의 명에 따라 두 딸의 손자에게 결급해야 한다고 결정하였다.[42] 이 역시 유언상 '적자'의 의미에 수양아들이 포함되는지 여부를 판단함에 있어 유언자의 진정한 의사를 탐구한 대표적인 사안이라고 할 수 있다.

2. 유언과 법정상속 간의 관계

위와 같은 여러 가지 논란 끝에 성종은 결국 신승민의 대종(大宗)으로서의 지위를 인정하고, 신종년에 대한 재산의 분급을 허용하지 아니하였다.[43] 신효창의 제1유언 내지 제3유언이 성립하였던 조선 초기에는 유언에 의한 봉사손 지정이 널리 허용되었을 뿐만 아니라, 소목지서에 어긋나는 자를 봉사손으로 지정하는 것 역시 가능하였다는 점, 유언자가 직접 봉사손을 지정하지 않고 가족에게 이를 위탁한 경우라도 최종적으로 그 결과가 유언자의 진정한 의사에 부합하는 경우에는 이를 존중하고자 하는 것이 당시의 상속 관행이었다는 점에 비추어 타당한 결론이라고 할 수 있을 것이다. 물론 이러한 결론을 도출하는 과정에서 신분상속과 적자계승을 중시하는 유교적 규범과의 괴리 문제가 표면으로 부상하였고, 결국 규범적 사고가 승리를 거두게 되었으므로, 성종 치세 후기 이후만 하더라도 동일한 사안에 대해 동일한 결론을 내리

42) 성종실록 126권, 성종 12년(1481년) 2월 20일 갑자 1번째 기사. 유증과 제2처분이라는 관점에서 위 사료를 분석하고 있는 문헌으로 金性叔, "遺贈制度의 史的考察", 亞細亞女性法學 제7권(2004), 29 이하; 김은아, "조선전기 유증제도의 구조적 특징", 法學論叢 第26輯 第4號(2009), 336 이하; 申榮鎬(주 19), 545.

43) 이러한 사실은 성종실록 150권, 성종 14년(1483년) 1월 4일 정유 8번째 기사에서 확인할 수 있다.

는 것이 이미 불가능하게 되었다는 점에 대해서는 위에서 서술한 바로부터 충분히 추론해 낼 수 있다. 그런데 흥미롭게도 신종년-신승민 분쟁에 관한 실록의 세 번째 기사[44]에서는 위와 같은 유언의 효력 및 한계와 무관한 방향으로 논의가 전개되고 있다. 누가 정당한 봉사손인지와 무관하게 해당 재산을 위 두 당사자가 나누어 가져야 하는지가 문제된 것이다.

(1) 균분상속의 원칙

공동상속인들의 균분상속에 대한 기대를 일정 정도 이상으로 보장하는 것은 우리나라 상속법의 고유한 특색 중 하나이다.[45] 자녀 중 1인이 부모의 노비를 합집(合執)하고 골고루 나누어주지 않자 예종은 "공주(公主)에게 별급(別給)한 노비(奴婢)와, 나가서 거주할 때에 칭급(稱給)한 노비(奴婢)를 제외하고 동산(同産)에게 고루 나누어" 주도록 명한 바 있으며[46], 단종실록에는 부(父) 사망 후 그 재산을 형제들에게 나누어주지 않자 관찰사로 하여금 그 재물을 형제들에게 골고루 나누어 주도록 한 사안[47]이, 세조실록에는 처남이 노비를 합집하고 있음을 이유로 고소하자 의금부가 핵문한 사안[48]이, 중종실록에는 장자(長子)의 생활에 어려움이 없음에도 여러 동생과 자매(姊妹)들을 한평생 곤궁하게 버려둔 채 부모로부터 받은 토전(土田)과 노비를 나눠주지 않았음을 이유로 처벌한 사안[49]이 각 기록되어 있다. 동기간에 상속재산을 나누어주지 않고 합집을 하였다는 이유로 관직에 오르지 못한 경우[50]나 파직 · 체직당한 경우[51]도 종종 발견된다.

(2) 유언의 자유와 법정상속간의 갈등

조선 시대 초기의 위와 같은 균분상속 · 법정상속에 대한 기대는 때때로 심지어 유언의 자유보다도 우선하였다.[52] 유언자가 지나치게 불균등하게 분재하면 사회적으로 비난이 가해졌을 뿐만 아니라, 상속인들이 관에 소송에 제기할 수도 있었던 것이다. 가령 태종실록에는 박은(朴訔)이 "망부(亡夫)와 망처(亡妻)의 노비를 자식에게 불균등(不均等)하게 분배해 준 경우가 있어서, 부모가 죽은 뒤에 그 자식이 관가에 고하거든 평등하게 분배"하도록 할 것을 청하자 임금

44) 성종실록 107권, 성종 10년(1479년) 8월 22일 을사 5번째 기사.

45) 文叔子, 『조선시대 재산상속과 가족』, 景仁文化社, 2004, 78, 48 이하 참조.

46) 예종실록 2권, 예종 즉위년(1468년) 12월 10일 병신 3번째 기사.

47) 단종실록 4권, 단종 즉위년(1452년) 11월 16일 갑술 3번째 기사.

48) 세조실록 15권, 세조 5년(1459년) 3월 14일 병신 2번째 기사.

49) 중종실록 33권, 중종 13년(1518년) 5월 26일 갑자 1번째 기사; 중종실록 33권, 중종 13년(1518년) 5월 30일 무진 6번째 기사 참조.

50) 중종실록 40권, 중종 15년(1520년) 8월 23일 무인 1번째 기사.

51) 중종실록 93권, 중종 35년(1540년) 5월 11일 임인 5번째 기사. 다만 이는 평소부터 형제간에 처신이 우애롭지 못해 모(母)가 미리 전민(田民)을 세 아들에게 분급하는 내용의 문권을 만들어 주었음에도 모의 상이 끝난 후 여러 해가 지나도록 합집하고 있었던 사안이었다. 인종실록 2권, 인종 1년(1545년) 6월 24일 을묘 1번째 기사에서도 부모의 재물을 합집하고 죽은 형의 아내를 박대하였음을 이유로 체직당한 사안이 서술되고 있다.

52) 같은 취지로 金性叔(주 42), 31 이하. 반면 申榮鎬(주 19), 538 이하; 김은아(주 42), 341 이하는 조선 시대 균분상속의 원리에 의해 유증의 자유가 제한되는 일은 없었다는 취지로 서술하고 있다.

이 그 뜻을 받아들인 기록이 남아 있다.[53] 물론 그것이 법제화의 단계에까지 이르렀다고 평가할 수 있을지는 의문이다. 세종실록에는 정초(鄭招)가:

> "부모가 아들에게 혹 일시적인 애증(愛憎)으로 인하여 가재(家財)와 노비(奴婢)를 균등하게 분배하지 않은 것은, 관에서 이를 고르게 주게 하던 법을《육전(六典)》에 올리지 말라고 일찍이 명하셨사온데, 신의 생각으로는 만약에 이 법이 없다면 한 아버지의 아들로서 하나는 고생하고 하나는 편히 살게 되어, 아버지는 아버지 노릇을 못하고, 아들은 아들 노릇을 못하게 될 것이오니, 반드시 이 법이 있은 연후에 부자 형제가 서로 화목을 유지하게 되고 천리(天理)에 화합하게 됩니다. 하물며 관리가 백성의 불공평한 점을 다스리는 것은 옛날에도 그 법이 있지 않았습니까. (…) 그 고생하는 아들 하나는 끝내 백성이 되고 말 것이니, 혹 이미 죽은 부모를 다시 회생시켜 이 사실을 묻는다면 부모의 애정으로 반드시 차마 이 지경에 이르게 두지는 않을 것이오며, 또 자식된 자도 본시 대순(大舜)이 아닌 이상 비록 부모의 과실을 드러내어 말하지 않는다 하더라도 그의 마음 속으로 남몰래 원망하는 바가 어찌 없겠습니까. 똑같은 자식으로 하나는 고생하고, 하나는 안락을 누린다면 어찌 옳다고 하겠습니까."[54]

라고 하여 법률에 근거 규정을 마련할 것을 촉구한 기록이 남아 있는데, 이에 대해 세종은 "이 같이 한다면 비록 부모된 자의 그릇된 처사가 아닌데도 그 말을 핑계하고 소송(訴訟)을 일으켜 장차 전조(前朝)의 뜻과 같음이 있을 것이 분명하니, 관리가 법을 받들어 집행할 때에 혹 장애가 있지 않겠는가."라고 하여 신중한 태도를 취한 바 있다. 물론 세종은 의정부와 육조에 이를 입법할 것인지에 대해 상세히 논의하라 명하였으나, 추후 그것이 입법에 반영되지 않았음은 문종실록에 비추어 명백하다. 박팽년(朴彭年)은:

> "신의 생각으로는, 적실(嫡室)의 본자식과 첩(妾)의 자식에게 노비를 나누어 주는 법이 국가에서 정해 놓은 상전(常典)이 있으나 그 아비가 한때의 애증(愛憎)으로 해서 국법대로 하지 않고 차서(次序)를 잃어 가면서 나누어 주고 있으니, 만약 이와 같이 하고 그 문계(文契)가 분명치 않은 자는, 청컨대 성법(成法)에 의하여 관에서 그 재주(財主)가 되어 나누어 주도록 하소서."[55]

라고 재차 아뢴 바 있다. 하지만 문종 역시 이러한 주장에 대해 "천하가 다 부모에게는 순종하는 법인데, 그 노비를 분배함에 있어 부모가 비록 한때의 애증(愛憎)으로 해서 다소간 고르지

---

53) 태종실록 31권, 태종 16년(1416년) 5월 20일 신해 6번째 기사.

54) 세종실록 49권, 세종 12년(1430년) 9월 18일 병진 2번째 기사.

55) 문종실록 9권, 문종 1년(1451년) 8월 29일 갑오 1번째 기사. 다만, 박팽년의 입장은 법정 상속을 강조한 것이라기보다는 적서간의 분별을 강조한 것이라는 견해로 김민정(주 5), 13 참조.

못했다 하더라도, 어찌 그 부모의 명을 어기고 관에서 재주가 되어 분배하겠습니까? 의당 부모의 명을 좇아야 할 것이요, 당해 관사(官司)는 상세히 그 곡직(曲直)을 변별하고 분간(分揀)을 내려 결단해 주어야 할 것"이라는 이계전(李季甸) 등의 의견을 받아들여 부모의 유언을 우선시 하였다.

그럼에도 불구하고 관작재주분급(官作財主分給)의 관행은 여전히 관습으로서 끈질긴 생명력을 발휘하였으며, 부모에 의한 불공평한 분재를 난명(亂命)으로 보아 송사를 제기하고, 분급을 청하는 일이 계속 반복되었다. 가령 문종 2년에는 왕인(王麟)이 첩자(妾子)인 왕효손(王孝孫)만을 사랑하고, 본처로부터 출생한 적자 왕변옥(王卞玉)은 자기 아들이 아니라고 주장하면서 왕변옥(王卞玉)에게 전지와 토지를 전혀 분급해주지 않은 사안이 문제되었는데, 문종은 왕변옥(王卞玉)이 왕인(王麟)의 친자라면 마땅히 분급하는 결정을 해주어야 할 것이나, 왕인(王麟)의 유언은 친자인 왕변옥(王卞玉)에게 공평한 상속을 해주지 말라는 취지가 아니라 왕변옥(王卞玉)이 친자가 아니라는 취지이므로, 성문법을 적용할 수 없다는 입장이었던 반면, 황보인(皇甫仁) 등은 왕인(王麟)의 유언을 존중해야 한다는 취지로, 이변(李邊)은 왕인(王麟)의 유언을 무효로 돌리고 재물을 고루 나누어주어야 한다는 취지로 서로 논박한 바 있다.[56)]

(3) 사안의 경우

위와 같은 공평한 유산분배의 이념과 유언자의 의사 존중 이념 간의 충돌은 성종 때에도 여전히 계속되어 신승민-신종년 사안에서도 그 논쟁이 이어지고 있다. 김승경(金升卿)은 신효창의 유언과 무관하게 관에서 공평하게 재산을 나누어 주는 것으로 사태를 마무리하고자 하였던 것이다.:

> "신종년(申從年)의 봉사(奉祀)하는 일을 전일(前日) 신 등으로 하여금 의논하여 아뢰게 하였으므로, 비록 이미 의논하여 아뢰었으나 중간에 능히 다 진달하지 못한 듯합니다. 신의 뜻으로 생각하기는 적통(嫡統)을 맏이로 세우는 것은 고금(古今)의 통법(通法)이니 바꿀 수 없다고 여겨집니다. 그러나 인정(人情)과 천리(天理)는 병행(竝行)하여 어그러지지 않는 것입니다. <u>신승민(申承閔)은 대대로 전택(田宅)을 상전(相傳)하였으므로, 하루 아침에 다 빼앗아서 신종년(申從年)에게 줌은 불가(不可)할 것 같으니, 신종년과 신승민에게 분급(分給)하여 송사의 근원을 막는 것이 좋겠습니다.</u>"[57)]

라고 주장한 것이다. 이에 대해 성종은 신효창의 의사를 강조하는 발언[58)]을 하였으나, 홍귀달

56) 문종실록 13권, 문종 2년(1452년) 4월 16일 경진 1번째 기사. 포괄적 유증이라는 관점에서 위 기사를 분석하고 있는 문헌으로 김민정(주 5), 16 이하 참조.

57) 성종실록 107권, 성종 10년(1479년) 8월 22일 을사 5번째 기사.

58) 성종실록 107권, 성종 10년(1479년) 8월 22일 을사 5번째 기사.

(洪貴達)은 신효창의 진정한 의사는 신자수를 세우지 않는데 있다는 점을 강조하면서 재차 "신의 생각으로 그 집[家舍]은 제사를 주관하는 사람에게 주어야 하고, 그 전지(田地)는 나누어 주어야 한다고 여겨집니다."라고 아뢰었는바, 김승경(金升卿)과 마찬가지로 부모의 유언에 집착하는 대신 관작재주분급(官作財主分給)의 관행에 따라 왕이 적절하게 재산을 분배하는 방안을 제시한 것이다. 이에 대해 김계창(金季昌)이 아래와 같이 반박한 것은 문종 시대부터 계속되어 온 논쟁의 흐름에 비추어 볼 때 지극히 당연한 것이었다.:

> "만약에 부모(父母)의 유서(遺書)를 무시하고 드디어 격례(格例)를 만든다면, 공평하지 못한 부모를 만난 자식들은 모두 말하기를, '부모(父母)가 비록 나에게 공평하게 하지 아니하였더라도 끝내 관청에 고하여 공평하게 재산(財産)을 나누어 갖겠다.'고 한다면 강상(綱常)이 위태로와집니다. 그러니 제사를 주관하는 자에게 다 줌이 옳습니다."[59]

당시 성종은 "나누어 줌이 옳을 것 같으나 내 마땅히 상량(商量)하겠다."라고만 전하였으므로, 이에 대해 어떠한 결론이 내려졌는지는 알 수 없다. 성종 당시 상속 분쟁을 둘러싸고 당시의 관행과 성리학의 이념이 충돌한 지점은 이것만이 아니었다. 가령 가족간에 송사가 과도하다는 이유로 상속 관련 송사에 대해서는 기한을 정해야 한다는 의견[60]과 적장자의 합집에 의해 적정한 분재를 받지 못한 다른 공동상속인들을 보호할 필요가 있으므로 종전과 같이 무기한으로 다툴 수 있도록 해야 한다는 의견[61]이 계속 충돌하자 성종은 소송의 기한을 정하지 않기로 하면서도[62] 가족간의 분쟁이 많아지는 것을 우려하여 "형제 숙질이 소송하여 간사와 거짓이 현저한 자는 아울러 사변(徙邊)하여 풍속을 도탑게" 할 것을 명하였다.[63] 하지만 정작 위 명에 따라 영안도 관찰사가 부모의 노비를 합집한 것과 세 번 득신(得伸)한 뒤에도 억울함을 호소하고 있는 자를 형제에게 불화한 자로 보아 귀양 보낸 것에 대해 민심이 소란하자 성종은 이를 면해준 바 있다.[64]

---

59) 성종실록 107권, 성종 10년(1479년) 8월 22일 을사 5번째 기사. 이 중 특히 이변(李邊)의 주장은 아래와 같다.: "내 선부(先父)가 어미의 말을 듣고는 나의 이모제(異母弟)로써 자기의 아들이 아니라고 인정하고서 재물을 주지 않았는데, 아버지가 죽고 난 후에 우리들은 생각하기를, '선부(先父)의 골육(骨肉)을 부모(父母)의 명령에 따라서 아우로 인정하지 않는다면, 이는 천리(天理)를 거스리는 것이라.' 여기고는, 어머니에게 고(告)하여 아버지의 문서를 불살라 버리고 재물을 고루 나누었으니, 왕인(王麟)의 일도 대의(大義)에 따라 개정(改正)하는 것이 옳겠습니다."

60) 성종실록 111권, 성종 10년(1479년) 11월 12일 계사 2번째 기사; 성종실록 238권, 성종 21년(1490년) 3월 8일 경신 2번째 기사.

61) 성종실록 238권, 성종 21년(1490년) 3월 8일 경신 2번째 기사.

62) 성종실록 238권, 성종 21년(1490년) 3월 8일 경신 2번째 기사.

63) 연산군일기 2권, 연산 1년(1495년) 1월 13일 정유 2번째 기사(성종 대왕의 행장)

64) 성종실록 271권, 성종 23년(1492년) 11월 16일 계미 1번째 기사.

(4) 유언의 자유의 승리

유언자의 의사 존중 이념과 관작재주분급(官作財主分給)의 관행 간의 관계에 관한 논쟁은 중종 때에야 비로소 종지부를 찍게 되었다. 중종 15년(1520년)에는 부모가 균등하게 분급하지 않았다는 이유로 관에 새롭게 분재해 줄 것을 청하는 것을 금지하였다.:

> "《속록(續錄)》에 '동기형제(同氣兄弟)와 삼촌숙질(三寸叔姪)과 사촌형제(四寸兄弟) 사이에 까닭없이 쟁송(爭訟)의 단서를 일으켜 간사(奸詐)함이 분명히 드러났을 경우에는, 계문(啓聞)하여 과죄(科罪) 케 한다.'했으니, 조종의 아름다운 뜻이 지극하다. 그러나 근래 이 법에 의하여 치죄(治罪)하였다는 것을 듣지 못했고, 또 과죄한다고만 범언(泛言)했을 뿐 별도로 정하여 놓은 율문(律文)이 없다. 그러므로 간사한 짓을 하는 무리들이 만일의 요행을 바라 조부모(祖父母)·부모(父母)가 자손에게 전계(傳係)한 가사(家舍)나 민전(民田)에 대하여 문기(文記)가 위조(僞造)라고도 하고 균등하게 분급하지 않았다고도 하면서 쟁송을 일으키는 경우가 허다하다. 이렇게 되면 청송(聽訟)이 끝이 없을 뿐만이 아니라 골육(骨肉) 사이에 논 한 마지기 노예 한 사람 때문에 서로 원수처럼 미워하게 되는 것이니, 이륜(彝倫)을 해침이 이보다 더 심한 것이 없다. 조부모·부모가 비록 균등하게 분급(分給)하지 않았다 하더라도 이 또한 한 집안의 정사(政事)인데, 자손으로서 혹 조부모·부모의 소위를 엿보아 먼저 쟁송할 마음을 품는다면, 이것은 부모를 무시하는 짓이다. 서민(庶民)의 경우라도 오히려 불가한 일인데 하물며 사대부(士大夫)야 말할 것이 있겠는가? 일체 엄금하여 풍속을 바루도록 하라."[65]

이로써 유류분조로 분재청구권을 행사하는 것은 금지되었으며, 상속의 영역에서도 가장(家長)의 의사에 절대적 권력을 부여하는 종법 질서가 확립되었다. 중종 시대에는 공동상속인 중 1인이 상속회복청구로서 분재청구권을 행사하는 것 역시 상당한 제한을 받게 되었다. 중종 21년(1526년)에 "모·조부모·양부모가 전수(傳授)한 적실한 문서(文書) 및 동기간에 화회(和會)한 것과, 무릇 매매(買賣)를 허락한 일체의 문서가 있는 것으로 10년이 지난 일은 전후의 것을 일체 심리하지 말라."고 하여 가족 간의 송사에 기한을 정하였던 것이다.[66] 그 후 왕의 면전에서 상속 분쟁이 논의되는 일은 거의 사라지게 되었다.

Ⅳ. 결 론

조선 초기는 아직 법정상속·균분상속·공동상속의 관행이 살아 숨 쉬던 시대일 뿐만 아니라, 경국대전의 정비를 앞두고 주자가례에 입각한 가족법 규범의 확립에 힘쓰던 시대이기도

65) 중종실록 41권, 중종 15년(1520년) 11월 10일 갑자 1번째 기사.
66) 중종실록 56권(1526년), 중종 21년 3월 14일 정유 1번째 기사.

하다. 당대의 조선왕조실록은 규범과 현실이 충돌하는 여러 가지 사례에서 때로는 유언자의 진정한 의사를 실현시키기 위해 유언의 효력을 인정하고, 때로는 유언의 한계를 긋기 위해 그 효력을 부정하며, 때로는 상속인들에 의한 유언자의 사적 자치 침해를 막기 위해 노력하고, 때로는 유언자의 상속인들에 대한 부당한 처우를 막기 위해 다양한 법리들을 개발·제시하고 있다. 그 과정에서 왕과 대신들은 종법사상이 장래 행위규범으로 확실하게 자리매김할 수 있도록 이를 엄격히 적용할 것인지 또는 이를 현재의 사건에 재판규범으로서 그대로 적용할 경우 관행에 의거해 상속 사건을 처리해 온 당사자들의 인정과 정리에 반하는 결과를 가져올 우려가 있으므로 아직은 관행을 존중할 필요가 있는지에 대해 논의를 거듭하였으며, 때로는 그 결과를 입법화하여 향후 동일한 분쟁에 관해 지침이 될 수 있도록 하였다. 1473년 고관정탈법에 의해 유언에 의한 봉사손의 지정과 이를 통한 사실상의 폐적 행위를 규제하고자 한 것, 1484년 소목지서의 원칙을 선언하여 손자녀가 조부를 직접 봉사하도록 하는 행위를 막은 것, 1520년 관작재주분급(官作財主分給)의 관습을 명시적으로 폐지한 것 등이 그 대표적인 예이다. 이는 결과만 놓고 보면 완벽한 규범의 승리라고 할 수 있을 것이나, 그러한 결론을 도출하는 과정에서 행해졌던 개별 사건의 구체적 타당성 실현을 위한 노력은 현대 사회의 입법 활동에도 귀감이 된다. 특히 본 논문에서 분석의 대상으로 삼은 신승민-신종년의 사례는 위와 같은 상속 법리 확립 과정에서 고려된 여러 요소들을 다양하게 포함하고 있다. 성종 시대 경국대전이 완성되고, 중종 때 가족 간의 상속 분쟁에 대한 소의 제기나 그 제소기간에 제한이 가해진 이후로 조선왕조실록에서 상속 분쟁에 관한 기록을 찾아보기 힘들게 된 것은 매우 아쉬운 일이나, 상속법의 발전 과정을 생생하게 목격할 수 있는 사료들이 남아 있다는 것만으로도 조선 전기 시대는 상속법 전공자의 연구대상으로 삼을 가치가 충분하다 할 것이다.

물상보증인 소유 부동산의 후순위저당권자의 물상대위와 물상보증인과 채무자 사이의 내부관계의 영향

황 진 구*

Ⅰ. 변제자대위와 후순위저당권자대위의 충돌 개관과 새로운 문제

1. 변제자대위 우선설과 후순위저당권자대위 우선설의 대립

(1) 채권자 A가 채무자 B에 대한 채권의 담보로 채무자 B 소유의 1부동산과 물상보증인 C 소유의 2부동산에 공동저당권을 설정하고, 그 후 채무자 B는 1부동산에 채권자 D에게, 물상보증인 C는 2부동산에 채권자 E에게 각각 후순위저당권을 설정해 주었다고 하자. 공동저당권자인 채권자가 채무자 소유의 부동산과 물상보증인 소유의 부동산을 한꺼번에 경매에 부칠지,[1] 아니면 채무자 또는 물상보증인 소유의 부동산 중 어느 하나에 대한 저당권을 먼저 실행할지는 채권자의 선택에 달려 있다. 따라서 채권자가 물상보증인 소유의 부동산에 대한 저당권을 먼저 실행하는 데에는 아무런 제약이 없다. 채권자가 굳이 물상보증인에 대한 저당권을 먼저 실행할 것을 선택하지 않더라도 물상보증인 소유의 부동산에 설정된 채권자 A의 저당권보다 선순위의 저당권자가 저당권을 실행하면 채권자 A의 물상보증인에 대한 저당권은 소멸하고(민사집행법 제91조 제2항), 채권자 A는 이 경매절차에서 배당을 받는다(민사집행법 제148조 제4호).

(2) 채권자 A가 물상보증인 소유의 2부동산에 대한 저당권을 실행하여 물상보증인이 2부동산의 소유권을 잃은 때에는 물상보증인은 채무자에 대하여 구상권을 가진다(민법 제370조, 제341조). 채권자 A가 다른 사람이 신청한 2부동산에 대한 경매절차에서 배당을 받은 경우도 마찬가지다.

이와 관련하여 민법 제481조는 “변제할 정당한 이익이 있는 자는 변제로 인하여 채권자를 대위한다”고 규정하고, 민법 제482조 제1항은 “전2조의 규정에 의하여 채권자를 대위한 자

---

* 대법원 선임 재판연구관.

1) 이와 관련하여서는 과잉경매의 금지 원칙에 관한 민사집행법 제124조의 문제가 있으나, 이 점에 관하여는 상론하지 않는다.

는 자기의 권리에 의하여 구상할 수 있는 범위에서 채권 및 그 담보에 관한 권리를 행사할 수 있다"고 규정하고 있으므로, 2부동산에 대한 저당권 실행으로 인하여 채무자 B에 대하여 구상권을 가지게 되는 물상보증인 C는 그 구상권의 범위에서 채권자 A가 채무자 B에 대하여 가지는 채권 및 채무자 B의 1부동산에 대한 저당권에 관한 권리를 행사할 수 있게 된다.[2] 이것이 물상보증인에게 인정되는 변제자대위의 문제이다.

(3) 물상보증인 C는 채권자 A에 대한 채무자가 아니고 그 채권의 종국적인 변제 책임은 채무자 B에 있으므로, 채무자 B가 채무를 변제하여 물상보증인 C 소유의 2부동산에 대한 저당권의 피담보채무가 존재하지 않게 되는 것이 2부동산의 담보가치를 최대한 활용하고자 하는 물상보증인 C나 2부동산에 대한 후순위저당권자의 입장에서는 가장 바람직하다. 채권자 A에게 채무자 B에 대한 저당권을 먼저 실행할 것을 강제할 수는 없다. 따라서 물상보증인 C 소유의 2부동산에 A의 후순위로 저당권을 설정하고자 하는 다른 채권자의 입장에서는 보수적으로 채권자 A가 물상보증인 C의 2부동산에 먼저 저당권을 실행하여 그 피담보채권 전액을 우선변제받을 위험을 고려하게 된다.

그런데 민법 제368조 제1항은 "동일한 채권의 담보로 수개의 부동산에 저당권을 설정한 경우에 그 부동산의 경매대가를 동시에 배당하는 때에는 각 부동산의 경매대가에 비례하여 그 채권의 분담을 정한다"고 규정하고, 제2항은 "전항의 저당부동산중 일부의 경매대가를 먼저 배당하는 경우에는 그 대가에서 그 채권전부의 변제를 받을 수 있다. 이 경우에 그 경매한 부동산의 차순위저당권자는 선순위저당권자가 전항의 규정에 의하여 다른 부동산의 경매대가에서 변제를 받을 수 있는 금액의 한도에서 선순위자를 대위하여 저당권을 행사할 수 있다"고 규정하고 있으므로, 2부동산의 담보가치가 최대한 활용될 수 있도록 제도를 설계하여야 한다는 점을 강조하는 입장에서는 1, 2부동산이 동일인에게 속하는 경우는 물론이고 1부동산은 채무자 B의 소유이고, 2부동산은 물상보증인 C의 소유인 것처럼 다른 사람에게 속하는 경우에도 민법 제368조 제1항, 제2항이 적용되어야 한다고 주장한다.

(4) 위의 사례에서 채권자 A가 공동저당권자인 1, 2부동산 중 물상보증인 C 소유의 2부동산에 대해서만 먼저 저당권이 실행되었을 때, 누가 채무자 B 소유의 1부동산에 남아 있는 채권자 A의 저당권을 대위행사할 수 있는지에 관하여, ① 물상보증인 C가 채무자 B에 대하여 취득하는 구상권(민법 제370조, 제342조)의 확보를 위한 변제자대위(민법 제481조, 제482조 제1항)를 우선하는 견해와 ② 후순위저당권자 E의 후순위저당권자대위 규정(민법 제368조 제2항)을 우선하는 견해가 대립하였다.[3] 그리고 변제자대위를 우선하면서 동일인 소유의 부동산에 공동저당

2) 이와 같이 변제로 인하여 채권자의 채무자에 대한 채권이 소멸하였어도 변제자대위의 국면에서는 그 채권이 대위변제자에 대한 관계에서는 소멸하지 않고 대위변제자에게 이전하는 것으로 보는 것이다. 이는 프랑스 민법의 사고이고, 최근 일본 민법 개정 과정에서 개정 논의가 있었으며 오래 전부터 논의되어 오는 문제이다.

3) 학설의 대립에 관하여는 양창수, "후순위저당권자 있는 공동저당부동산에 대한 경매와 물상보증인의 지위", 민

권이 설정된 경우가 아니라면 민법 제368조 제2항이 적용되지 않는다고 보는 ①견해에서는 물상보증인 C 소유의 2부동산이 경매로 매각되면 2부동산에 대한 후순위저당권자 E의 저당권도 소멸하는 데 그치고 E는 채무자 B 소유의 1부동산에 아무런 권리도 취득하지 못한다고 보았다.[4] 따라서 채무자 B 소유 1부동산의 담보가치가 충분하다면 물상보증인 C는 종국적으로 구상권의 만족을 얻게 되는 반면, 후순위저당권자 E는 아무런 담보도 확보하지 못하게 된다.

여기에서 후순위저당권자의 이익을 중시하는 ②견해의 입장에서는 이때도 민법 제368조 제2항이 우선 적용된다고 보았고, 그렇게 해야만 1, 2부동산 중 어느 부동산이 먼저 경매되든 후순위저당권자 D와 E의 지위에 영향이 없어 각각의 부동산이 가지는 담보가치가 최대한 활용될 수 있다고 보았다.

(5) 종래의 변제자대위 우선설과 후순위저당권자대위 우선설의 내용을 도표를 통해 최소한의 범위에서 살펴본다.[5]

	1부동산 (물상보증인 C 소유)	2부동산 (채무자 B 소유)
가액	6,000만 원	4,000만 원
1순위 저당권	A(5,000만 원)	
2순위 저당권	E(3,000만 원)	D(4,000만 원)

㈎ 변제자대위 우선설　1부동산이 먼저 경매된 경우 물상보증인은 채무자에 대하여 5,000만 원의 구상권을 가지고 5,000만 원의 범위에서 채무자 소유의 2부동산에 대한 채권자 A의 저당권을 제한 없이 대위취득한다. 2부동산에 후순위저당권자 D가 있다는 사정은 고려되지 않는다. E는 1부동산의 경매대금에서 A에게 배당되고 남은 1,000만 원을 배당받는 데 그치고 2부동산에 대한 채권자 A의 저당권에 대위하지 못한다.[6]

2부동산이 먼저 경매된 경우 채권자 A가 자신의 채권 중 4,000만 원을 배당받고 후순위저당권 D는 전혀 배당을 받지 못하고 저당권을 잃는다. 그래도 D는 채무자 소유가 아니라 물상보증인 소유인 1부동산에 대해서는 후순위저당권자대위를 하지 못한다.

㈏ 후순위저당권자대위 우선설　동시배당이 이루어졌다면 채권자 A는 1부동산에서 3,000만 원, 2부동산에서 2,000만 원을 배당받았을 것이다. 이것을 전제하고 보면 E는 동시배당을 받았다면 3,000만 원을 배당받았을 텐데 1부동산이 먼저 경매되어 1,000만 원을 배당받

법연구, 제4권(1997), 288-293 참조.

4) 곽윤직, 물권법, 신정판, 1992, 650.

5) 양창수(주 3), 286 이하의 사례에 따른 것이다.

6) 이 점에서 아래에서 보는 판례와 차이가 있다.

았으므로 불이익을 받은 2,000만 원의 범위에서 물상보증인 C에 앞서서 2부동산에 대한 A의 1번 저당권을 대위취득한다. 후에 2부동산이 경매되면 E가 2,000만 원을 배당받고, 나머지 2,000만 원도 1부동산으로 대위변제한 물상보증인 C에게 돌아가지 않는다. 2부동산에 후순위저당권자 D가 있기 때문이다. D가 나머지 2,000만 원을 배당받는다. 만약 1부동산에 후순위저당권자 E가 없다면 물상보증인 C는 2부동산의 A의 1번 저당권을 대위취득하지만 2부동산에 후순위저당권자 D가 있으므로 동시배당이 이루어졌다면 A가 배당받았을 2,000만 원의 범위에서만 변제자대위를 한다.

2부동산이 먼저 경매되고 그 후 1부동산이 경매되면 A가 1,000만 원을 배당받는다. 이 견해에서는 2부동산이 채무자 소유이고 1부동산이 물상보증인 소유라도 2부동산의 후순위저당권자 D가 1부동산에 대하여 2,000만 원(동시배당했을 때 A가 1부동산에서 배당받았을 3,000만 원 중 A가 배당받을 1,000만 원을 공제한 2,000만 원)의 범위에서 A의 저당권을 대위취득한다. 결국 물상보증인 C는 자신에 대한 채권자 A에 대한 1,000만 원 외에 채무자 B 소유의 2부동산에 대한 후순위저당권자 D에 대한 2,000만 원까지 부담하게 되고, 채무자 B에 대하여 3,000만 원의 구상권을 취득하지만, 그에 대한 담보는 없다.

(6) 동일인 소유가 아닌 부동산에 공동저당권이 설정된 경우에도 후순위저당권자대위 우선설을 취하는 핵심적인 논리는 그렇게 보아야 부동산의 담보가치를 최대한 활용할 수 있다는 것이다.[7]

후순위저당권자대위 우선설의 입장에서 변제자대위 우선설을 비판하자면, 위의 사례에서 채무자 소유 부동산의 후순위저당권자 D에게 후순위저당권자대위를 인정하지 않으면, 가액 4,000만 원인 2부동산의 가치를 A가 모두 파악하여 2부동산의 소유자는 더 이상 2부동산을 담보로 활용할 수 없고, 가액 6,000만 원인 1부동산의 소유자인 물상보증인도 (물상보증인이 변제자대위를 하더라도 물상보증인 소유 부동산의 후순위저당권자가 거기에 물상대위를 할 수 있다는 것을 인정하지 않는다면) A의 피담보채권 5,000만 원을 공제한 1,000만 원만을 추가로 담보로 활용할 수 있게 된다는 것이다.

반면 후순위저당권자 우선설을 취하면, 1부동산의 소유자는 동시배당시 A가 배당받을 3,000만 원을 제외한 나머지 3,000만 원, 2부동산의 소유자는 동시배당시 A가 배당받을 2,000만 원을 제외한 나머지 2,000만 원을 추가로 담보로 활용할 수 있어 각각 그 부동산의 가치 전액을 담보로 활용할 수 있다는 것이다.

---

7) 대표적으로 원래는 후순위저당권자대위 우선설을 주장했던 我妻榮, 擔保物權法(1936), 296은 "공동저당의 목적물을 제공하여 물산보증인으로 된 자는 부동산의 가격에 㚒은 피담보채권의 안분액만큼은 이를 부담하는 것을 감수한 것이라고 하여, 채무자 소유의 부동산상의 후순위저당권자의 지위를 보호하는 것이 부동산의 담보가치를 충분하게 이용한다는 목적으로 보아 보다 평명한 이론이 아닐까"라고 한다. 양창수(주 3), 303에서 재인용.

(7) 그러나 변제자대위 우선설이 타당하다. 그 핵심적인 논거는 다음과 같다.

"일반적으로 물상보증인은 자신의 부동산을 채무자 소유의 부동산과 함께 공동저당의 목적물로 제공함에 있어서 우선 피담보채권의 만족과 관련하여서 채무자의 부동산이 가지는 담보가치를 신뢰하며 나아가 만에 하나 자신의 부동산이 집행되는 일이 있어도 그 구상권은 이 채무자의 부동산에 의하여 확보된다고 믿는다. 민법 제481조, 제482조 제1항이 물상보증인의 법정대위를 인정하여 채권자가 가지는 채권과 담보의 당연이전을 정하는 것은 이러한 신뢰의 법적인 실현 또는 관철을 꾀하는 것이라고 할 수도 있다. 그런데 **그 후에** 채무자가 자기 소유의 부동산을 다른 채권의 담보를 위하여 제공하고 그 위에 저당권을 설정하였다고 하여서 위와 같은 정당한 기대가 손상을 입을 이유는 없다."[8](굵은 글씨는 원문, 방점은 필자)

물상보증인 C가 채무자 B에 대하여 가지는 구상권의 확보를 위한 변제자대위 규정이 채무자 B 소유의 1부동산이나 물상보증인 C 소유의 2부동산에 후순위저당권자가 생겼다고 하여 갑자기 그 적용이 배제된다고 보아야 할 근거가 없으며, 민법 제368조의 규정은 동일한 채권의 담보로 동일인 소유의 수개의 부동산에 공동저당권이 설정되었을 때 그중 어느 하나의 부동산에 대한 저당권이 먼저 실행된다는 우연한 사정으로 인하여 후순위저당권자의 지위가 달라지는 것을 막기 위한 것이고 공동저당권의 목적인 수개의 부동산이 동일인 소유가 아닌 때에는 물상보증인의 변제자대위를 우선한다고 하여 이미 그것이 공시된 상태에서 저당권을 설정하는 후순위저당권자의 이익에 현저히 반한다고 할 수는 없으므로 기본적으로 변제자대위 우선설이 타당하다고 할 것이다.[9]

이와 관련하여 변제자대위에 관한 민법 규정을 변제자대위 우선설의 근거로 덧붙이는 견해가 있다.[10] 타당한 지적이라고 생각한다. 그 요지는 다음과 같다. 변제자대위에 관한 민법 제482조 제2항 제1호, 제2호의 규정과 해석상 물상보증인은 채무자 소유 부동산의 제3취득자에게 변제자대위를 할 수 있지만, 채무자 소유 부동산의 제3취득자는 물상보증인에 대하여 변제자대위를 할 수 없다. 이는 채무자 소유 부동산의 제3취득자와 물상보증인 사이에서 채무자의 무자력 위험은 제3취득자가 부담할 것을 민법이 예정한 것이다. 이 규정이 연원한 프랑스 민법에서 학설은 보증인이 변제자대위할 수 있는 권한이 채무자의 양도로 침해되어서는 안 되기 때문에 그에게 전부 대위가 보장되어야 하고, 이를 위해서 제3취득자의 보증인에 대한 대위는 부정되어야 한다고 설명한다. 이러한 내용은 후순위저당권자의 대위에 대해서도 그대로

8) 양창수(주 3), 311.

9) 이 점에 관하여는 이 글에서는 상론을 피한다. 변제자대위 우선설이 타당한 근거에 관하여는 양창수(주 3), 279 이하 외에 김형석, "민법 제368조에 대한 단상 —이탈리아 · 오스트리아의 공동저당법리와의 비교—", 서울대학교 법학 제51권 제1호(2010. 3), 191 이하 및 김형석, "공동저당의 실행과 이해관계의 조정 —민법 제368조 재론—", 서울대학교 법학 제57권 제4호(2016. 12), 57 이하 참조.

10) 김형석, "공동저당의 실행과 이해관계의 조정 —민법 제368조 재론—", 서울대학교 법학 제57권 제4호(2016. 12), 81-82.

인정되어야 한다. 채무자가 자신의 부동산 소유권을 처분하여 제3취득자의 변제자대위를 가능하게 하여 물상보증인의 구상가능성을 좌절시킬 수 없어야 한다면, 마찬가지로 채무자가 자신의 부동산에 후순위저당권을 설정함으로써 민법 제368조 제2항의 대위를 가능하게 하여 물상보증인의 구상가능성을 좌절시킬 수 없어야 함도 당연하기 때문이다. 즉, 민법 제482조 제2항 제2호의 취지에 비추어 보면 물상보증인이 제공한 부동산에 있는 저당권에 대해 채무자 소유 부동산의 후순위저당권자는 민법 제368조 제2항에 기초해 대위할 수 없다. 그렇다면 민법 제368조의 문언이 저당부동산의 소유자를 구별하지 않는다는 비판은 설득력을 상실한다.

2. 판례의 태도와 새로운 문제의 제기

(1) 대법원 1994. 5. 10. 선고 93다25417 판결[11]은 정당하게도 물상보증인의 변제자대위 우선설을 택하면서 종래 학설상 변제자대위 우선설이 논의하는 바에 그치지 않고, 변제자대위를 우선하면서도 물상보증인의 변제자대위로 취득하는 권리에 대한 물상보증인 소유 부동산의 후순위저당권자의 물상대위를 인정함으로써, 민법 제368조를 기계적으로 적용할 때보다도 물상보증인 C의 2부동산에 대한 후순위저당권자 E의 권리를 더 보호할 수 있는 이론을 만들어 냈다. 그 내용은, 공동저당권이 설정된 채무자 B 소유의 1부동산과 물상보증인 C 소유의 2부동산 중 물상보증인의 부동산이 먼저 경매된 경우, ① 물상보증인 C는 채무자 B에 대해 구상권을 가지고, ② 그 구상할 수 있는 범위에서 채권자 A가 채무자 B에 대하여 가지는 채권 및 그 담보인 저당권을 행사할 수 있는데, ③ 물상보증인 C 소유의 2부동산에 대한 후순위저당권자 E는 물상보증인 C가 변제자대위에 의하여 가지는 권리에 대하여 물상대위를 한다는 (또는 물상대위를 하는 것과 유사한 지위를 가진다는) 것이다.[12] 물상보증인 소유의 부동산이 경매된 경우 물상보증인이 변제자대위에 의하여 채무자 소유의 부동산에 취득하는 저당권에 대하여 물상보증인 소유 부동산의 후순위저당권자가 민법 제370조, 제342조를 유추하여 일종의 물상대위권을 취득하는 논리의 요점은 물상보증인은 자기 소유의 부동산에 설정한 후순위저당권에 의한 부담을 후순위저당권 설정 당초부터 감수하고 있는 것이라고 할 수 있고, 물상보증인 소유의

---

11) 이 판결에 대한 판례해설로 서기석, "공동저당에 있어서 후순위근저당권자의 대위와 물상보증인의 변제자 대위의 충돌", 대법원판례해설 21호(1994), 52 이하.

12) 이는 엄밀하게는 민법 제370조, 제342조에 정해진 물상대위(저당물의 멸실, 훼손 또는 공용징수로 인하여 저당권설정자가 받을 금전 기타 물건)에 해당하지는 않으므로, 물상대위에 유사한 것이다. 일본 최고재판소 1978. 7. 4. 판결은 물상보증인 C의 변제자대위를 물상대위하는 후순위저당권자 E에게 물상보증인 C가 채무자에 대하여 가지는 구상권(또는 물상보증인 C에게 이전한 채권자 A의 채무자 B에 대한 채권)을 압류(민법 제342조)할 것을 요구하지 않는다. 한편 물상보증인 C에게 변제자대위로 채권자 A의 채무자 B에 대한 저당권이 이전하더라도 저당권이전의 부기등기를 하지 않고 있는 사이 채무자 B로부터 제3자가 목적물의 소유권을 이전받으면 물상보증인 C는 그 제3취득자에게 변제자대위를 주장할 수 없게 되는데, 후순위저당권자 E는 변제자대위를 물상대위하므로 채권자 A를 상대로 물상보증인 C를 대위하여 물상보증인 C 앞으로 저당권이전의 부기등기를 할 것을 청구할 수 있다(대법원 2009. 5. 28.자 2008마109 결정).

부동산이 먼저 경매되었다는 우연한 사정에 의하여 물상보증인이 그 구상권에 관하여 채무자 소유의 부동산으로부터 자신이 설정한 후순위저당권자보다도 우선하여 변제를 받을 수 있고 본래 예정되어 있던 후순위저당권자에 의한 부담을 면할 수 있다는 것은 불합리하다는 것이다.[13] 그 후 같은 취지의 판결이 반복되어 이는 현재 확립된 판례법리가 되었다.[14]

(2) 이러한 판례이론에 의하면, 물상보증인 C 소유의 2부동산에 대한 후순위저당권자 E는 그에게 민법 제368조의 후순위저당권자대위를 인정할 때보다 더 보호를 받게 되지만, 이러한 물상대위는 물상보증인 C가 채무자 B에 대하여 가지는 채권인 구상권에 기초한 것이므로, 물상대위 여부가 필연적으로 물상보증인과 채무자 사이의 채권관계인 구상권의 존부 및 범위에 좌우된다. 물상보증인 C가 채무자 B에 대하여 구상권을 그대로 보유하더라도 채권자 A와 사이에 변제자대위의 가부 및 범위에 관하여 별도의 약정을 한 경우도 마찬가지이다. 단적으로, 물상보증인이 사전에 채무자와 사이에 물상보증인 C가 담보로 제공한 2부동산의 저당권이 실행되더라도 채무자 B에게 구상권을 행사하지 않겠다거나 채권자 A의 보증인 등 제3자와 사이에 변제자대위를 하지 않겠다는 포기약정을 한 경우에 그 효력을 그대로 인정한다면 2부동산의 후순위저당권자 E의 지위가 의외로 취약해질 수 있다.

여기에서 물상보증인 C 소유의 부동산에 대한 후순위저당권자 E의 지위를 물상보증인 C의 채무자 B에 대한 구상권이나 채권자 A에 대한 변제자대위의 존부 및 범위에 전적으로 의존하게 하는 것이 타당한지의 문제가 제기되는 것이다.

Ⅱ. 물상보증인 소유 부동산의 후순위저당권자의 물상대위와 물상보증인과 채무자 사이의 내부관계의 영향

1. 물상보증인과 채무자 사이에서 처음부터 구상권이 부존재하거나 구상권의 범위가 제한되어 있는 경우

(1) 대법원 2015. 11. 27. 선고 2013다41097, 41103 판결은 다음과 같이 판시하여, 물상보증인 소유 부동산에 대한 후순위저당권자의 물상대위가 물상보증인과 채무자 사이의 내부관계(물상보증인의 채무자에 대한 구상권의 존부 및 범위)에 영향을 받는다는 점을 긍정하였다.

"공동저당의 목적인 물상보증인 소유의 부동산에 후순위저당권이 설정되어 있는 경우에

13) 이는 일본 최고재판소 1978. 7. 4. 판결의 논리를 거의 그대로 가져온 것이다. 위 판결의 내용은 양창수(주 3), 297-298.

14) 대법원 2001. 6. 1. 선고 2001다21854 판결; 대법원 2009. 5. 28.자 2008마109 결정; 대법원 2011. 8. 18. 선고 2011다30666 판결; 대법원 2012. 7. 26. 선고 2010다78708 판결; 대법원 2015. 11. 27. 선고 2013다41097, 41103 판결; 대법원 2017. 4. 26. 선고 2014다221777, 221784 판결 등.

물상보증인 소유의 부동산이 먼저 경매되어 그 경매대금에서 선순위공동저당권자가 변제를 받은 때에는 특별한 사정이 없는 한 물상보증인은 채무자에 대하여 구상권을 취득함과 동시에 변제자대위에 관한 민법 제481조, 제482조의 규정에 의하여 채무자 소유의 부동산에 대한 선순위공동저당권자의 저당권을 대위취득하고, 물상보증인 소유의 부동산에 대한 후순위저당권자는 물상보증인이 대위취득한 채무자 소유의 부동산에 대한 선순위공동저당권자의 저당권에 대하여 물상대위를 할 수 있다(대법원 1994. 5. 10. 선고 93다25417 판결; 대법원 2009. 5. 28.자 2008마109 결정 참조).

그런데 변제자대위에 관한 민법 제481조, 제482조의 규정에 의하면 물상보증인은 자기의 권리에 의하여 구상할 수 있는 범위에서 채권 및 그 담보에 관한 권리를 행사할 수 있는 것이므로, 물상보증인이 채무를 변제하거나 저당권의 실행으로 인하여 저당물의 소유권을 잃었더라도 다른 사정에 의하여 채무자에 대하여 구상권이 없는 경우에는 채권자를 대위하여 채권자의 채권 및 그 담보에 관한 권리를 행사할 수 없다(대법원 2014. 4. 30. 선고 2013다80429, 80436 판결 참조). 따라서 실질적인 채무자와 실질적인 물상보증인이 공동으로 담보를 제공하여 대출을 받으면서 실질적인 물상보증인이 저당권설정등기에 자신을 채무자로 등기하도록 한 경우, 실질적 물상보증인인 채무자는 채권자에 대하여 채무자로서의 책임을 지는지와 관계없이 내부관계에서는 실질적 채무자인 물상보증인이 변제를 하였더라도 그에 대하여 구상의무가 없으므로, 실질적 채무자인 물상보증인이 채권자를 대위하여 실질적 물상보증인인 채무자에 대한 담보권을 취득한다고 할 수 없다. 그리고 이러한 법리는 실질적 물상보증인인 채무자와 실질적 채무자인 물상보증인 소유의 각 부동산에 공동저당이 설정된 후에 실질적 채무자인 물상보증인 소유의 부동산에 후순위저당권이 설정되었다고 하더라도 다르지 아니하다.

이와 같이 물상보증인이 채무자에 대한 구상권이 없어 변제자대위에 의하여 채무자 소유의 부동산에 대한 선순위공동저당권자의 저당권을 대위취득할 수 없는 경우에는 물상보증인 소유의 부동산에 대한 후순위저당권자는 물상대위할 대상이 없으므로[15] 채무자 소유의 부동산에 대한 선순위공동저당권자의 저당권에 대하여 물상대위를 할 수 없다고 보아야 한다."

위 대법원 2015. 11. 27. 선고 2013다41097, 41103 판결의 논리에 찬성하는 학설은 다음과 같이 설명한다.[16] 즉, 물상보증인 소유 부동산의 후순위저당권자 입장에서는 일견 가혹해

15) 일본 新注釋民法(7) 物權(4)(2019), 281(森田修)도 일본 판례이론을 소개하면서, 채권자와 물상보증인 사이의 특약에 의해 애초에 물상보증인의 변제자대위가 인정되지 않는 경우에는 판례법의 구성상 (논리적으로) 그것을 전제로 하는 물상보증인 소유 부동산에 대한 후순위저당권자의 물상대위 유사의 절차도 생기지 않는다고 하고, 다음 논의를 이어가고 있다.

16) 김형석, "공동저당의 실행과 이해관계의 조정 —민법 제368조 재론—", 서울대학교 법학 제57권 제4호(2016. 12), 85-86. 한편, 김형석, "민법 제368조에 대한 단상 —이탈리아·오스트리아의 공동저당법리와의 비교—", 서울대학교 법학 제51권 제1호(2010. 3), 203은 오스트리아 강제집행법에 관한 학설을 소개하면서 "후순위저당권자의 대위권이 결국 저당부동산소유자가 대위로 취득하는 구상권과 대위권에 대한 전질권(또는 물상대위권)이라면, 그들 사이에 어떠한 구상관계가 존재하는지 여부에 따라 후순위저당권자가 대위할 수 있는지 여부가 판단되어야 하는 것이다. … 요컨대 결과는 '부동산소유자들 사이의 법률관계에 의하여 좌우된다.'"고 설명

보일 수도 있지만, 그는 어디까지나 물상보증인의 구상권 범위에서만 담보가치를 확보한 것이어서 그 한도에서 대위가 가능하다는 것을 감수하는 지위에 있으므로 특별히 보호가치가 있다고 할 수 없다. 구상권은 등기에 의해 공시되는 내용이 아니므로 후순위저당권자는 등기에 대한 신뢰를 주장할 수도 없다. 또한 저당권 등기는 저당물의 가치를 보장하는 것이 아니며, 담보가치는 담보권자가 될 채권자가 평가하는 것이다. 잘못된 채무자를 선택한 위험은 원칙적으로 채권자에게 돌아가는 것이다.

(2) 이러한 판례의 태도에 대해서는 위에서 간단히 언급한 바와 같이, 선순위저당권이 소유자 자신의 채무가 아니라 타인의 채무를 담보하기 위하여 물상보증인으로서 설정된 것으로 등기부에 공시되어 있는 것을 신뢰하고 후순위저당권을 설정받은 것인데, 명의상의 채무자에 대한 관계에서 그 부동산의 소유자가 물상보증인이 아니라 실질적인 채무자에 해당하여 구상권이 없다는 이유로 물상보증인 소유 부동산의 후순위저당권자의 물상대위를 부정하는 것은 가혹하므로 통정허위표시에 관한 민법 제108조를 유추적용하는 등의 방법으로 선의의 후순위저당권자를 보호하여야 하는 것이 아닌가 하는 주장이 있을 수 있다.

이와 관련하여, 일본의 판례 법리인 통정허위표시 유추적용론을 생각해 볼 수 있다. 이는 간략히 말하자면 실체상의 권리관계에 부합하지 않는 부실등기라 하더라도 그러한 부실등기가 이루어지는 데에 진실한 권리자가 관여 내지 승인하였거나 또는 그러한 부실등기가 마쳐진 사실을 알면서도 이를 묵인하고 있었던 경우에, 이러한 등기가 유효한 것으로 믿고 이해관계를 맺은 제3자가 있으면 통정허위표시에 관한 규정을 유추적용하여 진실한 권리자가 무효를 주장하지 못한다는 내용이다.[17] 그러나 통정허위표시 이론의 유추적용을 통해서도 위 판례의 사안에서 물상보증인 소유 부동산의 후순위저당권자에게 물상대위를 허용할 수는 없다고 생각된다. 왜냐하면 위 사안에서 통정허위표시 이론을 유추적용하여 설령 후순위저당권자에 대한 관계에서 등기부상의 채무자가 사실은 자신은 명의상의 채무자일 뿐이고 등기부상 물상보증인이 실질적인 채무자라는 주장을 할 수는 없다고 하더라도 그렇다고 하여 물상보증인이 채무자에 대하여 언제나 구상권을 가지는 것은 아니기 때문이다. 만약 위 사안에서 물상보증인 소유의 부동산에 후순위저당권이 설정되기 전에 등기부상 물상보증인과 채무자가 별도로 물상보증인(내부관계에서 실질적 채무자) 소유의 부동산이 경매되더라도 등기부상 채무자에게 구상권을 행사하지 않기로 한다는 약정을 하였다면 그 약정은 그 물상보증인 소유 부동산의 후순위저당권자에게 대항할 수 없다고 할 수 있을까? 대항할 수 있다고 보아야 할 것이다. 우리나라의 사례는 아니더라도 아래에서 보는 바와 같이 실제로 물상보증인의 구상권 또는 변제자대위 행사를 제한하는 특약은 빈번하게 이루어지고 있으며, 판례는 물상보증인 소유 부동산의 후순위저당권

하고 있다. 우리 민법의 해석에도 그대로 가져올 만한 내용이다.

17) 주석민법 총칙2(제5판)(2019), 695-701(윤강열).

자에 대한 관계에서도 그 특약의 효력을 인정한다.

이와 같이 적어도 물상보증인 소유의 부동산에 후순위저당권자가 생기기 전에 발생한 물상보증인과 채무자 사이의 내부관계에 의한 제한으로 후순위저당권자의 물상대위에 대항할 수 있는 것으로 본다면, 명의상의 물상보증인이 명의상의 채무자에게 구상권을 행사하지 않기로 하는 명시적인 약정이 있었든 없었든 동일하게 취급하여 등기부상 채무자는 등기부상 물상보증인에 대하여 구상의무가 없다는 점을 물상보증인의 후순위저당권자에게 대항하여 물상대위를 저지할 수 있다고 보는 것이 균형이 맞을 것이다. 그렇다면 위의 사안에서 통정허위표시 규정을 유추적용하는 것은 후순위저당권자의 물상대위를 인정하는 해결책이 될 수 없다고 보인다.

(3) 물상보증인 소유 부동산에 대한 후순위저당권자는 물상보증인의 변제자대위에 대하여 물상대위를 할 수 있다는 이론을 먼저 만들어낸 일본의 판례[18]도 물상보증인과 제3자(채권자에 대한 연대보증채무자 등) 사이에 체결된 대위권 포기, 양도의 특약에 의해 물상보증인 소유 부동산의 후순위저당권자의 물상대위가 영향을 받는 것을 인정한다.[19]

㈎ 일본 최고재판소 1984. 5. 29. 판결의 사안과 판단은 다음과 같다.

1) 채권자 A는 채무자 B회사에게 대출해 주면서, B의 대표이사 C 소유 부동산에 저당권을 설정받았다. 보증기관인 X는 위 대출채무를 보증하면서 위 대출채무의 물상보증인 C와 사이에 C는 X에게 변제자대위를 할 수 없고 C 소유 부동산에 대해서는 X가 전액 대위한다는 특약[20]을 하였다. 그 후 C 소유 부동산에 Y를 저당권자로 하는 후순위저당권이 설정되었다. 그리고 X가 채무자 B의 채무를 변제하고 C 소유 부동산에 대한 채권자 A의 저당권에 대위의 부기등기를 하였다.

그 후 C의 부동산에 대하여 개시된 경매절차에서 C의 부동산이 매각되었고, 배당법원은 민법 규정(현행 일본 민법 제501조 제3항 제4호, 우리 민법 제482조 제2항 제5호[21])에 따라 채권자 A의 보증인 X는 물상보증인에 대하여 1/2만 대위할 수 있는 것으로 보고 배당표를 작성하였다. X가 Y를 상대로 배당이의를 하였다. 이 사안에서 X의 주장대로 변제자대위 비율 변경 특약의

18) 아래에서 자세히 보는 바와 같이 일본 판례의 사안은 채무자 소유 부동산과 공동저당권이 설정된 물상보증인 소유 부동산에 후순위저당권이 설정된 사안은 아니다. 그러나 물상보증인의 구상권이나 변제자대위에 관한 특약의 효력에 관한 논의는 그대로 채무자 소유 부동산과 공동저당권이 설정된 물상보증인 소유 부동산에 후순위저당권이 설정된 경우에도 영향을 미친다.

19) 佐久間弘道, 共同抵當の理論と實務(1995), 478도 "판례가 대가의 배당을 채권법리에 의해 해결하려고 하는 이상, 후순위저당권자의 우선변제의 기대가 대위자와 피대위저당권설정자 사이의 합의 내지 특약에 영향을 받는 것은 피할 수 없을 것이다"라고 한다.

20) 이러한 특약을 하는 이유는 일본에 특수한 사정이 있었기 때문이다. 즉, 과거에는 일본에서 신용보증협회의 구상권을 담보하기 위한 물상보증이 허용되지 않았기 때문에 신용보증협회가 부득이 대출금융기관을 대위하는 방식으로 하면서, 물상보증인에 대하여 전액을 구상하기 위하여 이러한 특약을 이용하게 되었다고 한다.

21) 민법 제482조 제2항 제5호 제1문 "자기의 재산을 타인의 채무의 담보로 제공한 자와 보증인간에는 그 인원수에 비례하여 채권자를 대위한다."

효력을 인정하면 물상보증인 소유 부동산의 후순위저당권자인 Y의 이해관계에 직접적인 영향이 있게 된다. 항소심은 X의 청구를 인용하였다.

2) 상고심은 Y의 상고를 기각하였다. 물상보증인과 사이에서 민법 제482조 제2항 제5호에 정한 비율과 다른 특약을 한 보증인은 (물상보증인의) 후순위저당권자 등의 이해관계인에 대해서도 위 특약의 효력을 주장할 수 있고, 그 구상권의 범위 내에서 위 특약의 비율에 따라 저당권 등을 행사하는 것이 가능하다는 것이다. 변제자대위에 관한 민법 제482조 제2항 제5호는 후순위저당권자대위에 관한 민법 제368조의 규정과는 달리 담보부동산에 대한 후순위저당권자나 그 밖의 제3자를 위한 권리를 적극적으로 인정한 것으로 해석할 수 없고, 물상보증인 소유 부동산의 후순위저당권자가 위와 같은 특약에 의해 입는 불이익은 스스로 처분권한을 가지지 않는 타인 간의 법률관계에 의하여 사실상 반사적으로 미치는 것에 불과하므로 위 특약에 관하여 공시방법이 없어도 그 효과를 감수할 수밖에 없는 것이라고 한다.[22)]

3) 이러한 판례의 태도는 일본 최고재판소 1984. 10. 4. 판결, 일본 최고재판소 1984. 11. 16. 판결에서 거듭 확인되었다.

(나) 다른 한편 특약의 의미 내지 효력을 제한 해석한 판결이 있다. 일본 최고재판소 1985. 5. 23. 판결[23)]은, 공동저당의 목적인 채무자 소유 부동산과 물상보증인 소유 부동산에 각각 채권자를 달리하는 후순위저당권이 설정되어 있고 물상보증인은 공동저당권자인 채권자와 사이에서 대위권 불행사의 특약을 하였는데, 그 특약의 내용은 채권자(공동저당권자)의 동의가 없는 한 변제 등에 의하여 취득하는 권리를 행사하지 않겠다는 내용이다. 그 후 물상보증인 소유의 부동산이 먼저 경매되어 선순위공동저당권자가 변제를 받았다. 이러한 경우에 물상보증인 소유 부동산의 후순위저당권자는 위와 같은 특약이 있어도 나중에 채무자 소유 부동산이 경매되었을 때 물상보증인이 변제 등에 의하여 대위취득하는 저당권으로부터 우선변제를 받을 권리를 잃지 않는다고 하였다. 그 이유는 "그러한 특약은 후순위저당권자가 물상보증인이 취득한 저당권에 기하여 우선변제를 받을 권리를 좌우하는 것은 아니라고 하여야 한다. … 위 특약은 물상보증인이 변제 등을 한 때에 채권자의 의사에 반하여 독자적으로 저당권 등의 실행을 하는 것을 금지함에 그치고, 이미 채권자의 신청에 의하여 경매절차가 행하여진 경우에 후순위저당권자의 위와 같은 권리[물상보증인이 변제자대위에 의하여 취득한 선순위저당권에 대하여 물상대위를 한 것과 같은 지위]를 소멸시키는 효력을 가지는 것이라고는 해석되지 않기 때문이다"라는 것이다.[24)]

22) 요컨대, 우리 민법 제370조, 제342조의 물상대위 규정은 물상대위의 대상이 될 권리가 있으면 그 권리에 물상대위할 수 있다는 것을 정한 것에 불과하므로 물상대위 규정이 후순위저당권자에 대하여 물상대위의 대상으로 되어야 할 권리를 적극적으로 보장한 규정으로 볼 수는 없다는 것이다. 塚原朋一, "辨濟による代位をめぐる最高裁判例の概觀と展望", 金融法務事情 1143號(1987. 1), 9.

23) 사안의 내용과 판시 사항은 판결문 원문 외에도 양창수(주 3), 298-299를 참고하였다.

24) 위 판결에 대한 판례해설인 일본 最高裁判所判例解説 民事篇 昭和 60年度, 213(門口正人)은, 이렇게 해석하는 것에 의해, 대위권불행사 특약에 의해 물상보증인이 독자적으로 담보권을 실행하는 것을 방지하려고 한

(4) 이와 같이 채무자 소유의 부동산과 공동저당이 설정되어 있는 물상보증인 소유의 부동산에 후순위로 저당권을 설정하였는데 물상보증인의 부동산이 먼저 경매된 경우의 후순위저당권자의 보호를 물상보증인의 변제자대위에 대한 물상대위로 구성하는 이론에서는, 후순위저당권자의 물상대위가 구상권이나 변제자대위의 존부 또는 가능 여부 및 범위를 둘러싼 물상보증인과 채무자 또는 제3자 사이의 내부관계 내지 인적 관계의 영향을 받는다는 결과를 수용하고 있다.

2. 후순위저당권자의 물상대위와 상계

(1) 문제의 제기

물상보증인이 그 소유의 부동산에 후순위저당권을 설정해 주기 전에 이미 채무자가 물상보증인에게 대여금 등의 반대채권을 가지고 있었던 경우, 물상보증인의 부동산이 경매되어 물상보증인이 채무자에 대하여 구상권을 취득하였을 때 채무자가 자기의 반대채권으로 물상보증인의 구상권과 상계할 수 있을까. 이 경우 채무자의 상계를 허용하면 물상보증인 소유 부동산의 후순위저당권자는 채무자의 부동산에 설정된 공동저당권에 물상대위를 할 수 없고, 상계를 허용하지 않으면 물상보증인 소유 부동산의 후순위저당권자는 채무자의 부동산에 설정된 공동저당권에 물상대위를 할 수 있는 반면 채무자는 물상보증인에 대하여 담보권 없는 반대채권만을 가지는 결과가 된다.

(2) 판　　례

이 문제를 다룬 대법원 2017. 4. 26. 선고 2014다221777, 221784 판결[25)]은 "공동저당에 제공된 채무자 소유의 부동산과 물상보증인 소유의 부동산 가운데 물상보증인 소유의 부동산이 먼저 경매되어 그 매각대금에서 선순위공동저당권자가 변제를 받은 때에는 물상보증인은 채무자에 대하여 구상권을 취득함과 동시에 변제자대위에 의하여 채무자 소유의 부동산에 대한 선순위공동저당권을 대위취득한다. 그 물상보증인 소유의 부동산에 대한 후순위저당권자는 물상보증인이 대위취득한 채무자 소유의 부동산에 대한 선순위공동저당권에 대하여 물상대위

은행 측의 이익을 해하지 않으면서, 공동저당의 목적물 중 물상보증인 소유 부동산의 담보가치뿐만 아니라 채무자 소유 부동산의 담보가치까지 파악하고 있는 후순위저당권자의 이익의 보호를 관철하는 것도 된다고 한다. 이러한 설명은 물상보증인이 채무자나 채권자, 다른 보증인 등과 맺은 특약이 기본적으로 유효하여 물상보증인 소유 부동산에 대한 후순위저당권자의 물상대위에 영향을 미칠 수 있음을 전제로 한 것이라고 할 수 있다. 위 판례해설 213-214는 대위권불행사 특약의 제3자에 대한 효과에 관하여 일반적으로 이를 부정하기는 어려울 것이라고 하면서, 법정대위권 포기의 효력을 제한하려는 여러 견해를 매우 간략하게 소개하고 있다.

25) 이 판결에 대한 판례평석으로 성진혁·김제완, "공동저당에서 후순위 저당권자의 대위와 상계: 영미법상 '후순위담보(subsuretyship) 법리'의 시사점, 인권과 정의 Vol. 484(2019. 9), 6 이하; 조경임, "후순위저당권자의 물상대위와 상계 —대법원 2017. 4. 26. 선고 2014다221777 판결을 중심으로—", 비교사법 제24권 4호(통권 제79호)(2017), 1709 이하.

를 할 수 있다(대법원 1994. 5. 10. 선고 93다25417 판결 등 참조). 이 경우에 채무자는 물상보증인에 대한 반대채권이 있더라도 특별한 사정이 없는 한 물상보증인의 구상금 채권과 상계함으로써 물상보증인 소유의 부동산에 대한 후순위저당권자에게 대항할 수 없다. 채무자는 선순위공동저당권자가 물상보증인 소유의 부동산에 대해 먼저 경매를 신청한 경우에 비로소 상계할 것을 기대할 수 있는데, 이처럼 우연한 사정에 의하여 좌우되는 상계에 대한 기대가 물상보증인 소유의 부동산에 대한 후순위저당권자가 가지는 법적 지위에 우선할 수 없다"고 하여, 채무자가 물상보증인에 대한 반대채권으로 물상보증인의 구상금 채권과 상계하는 것을 반대채권의 발생시기 등과 관계없이 전면적으로 부정한다.

이러한 판단에는 물상보증인은 물상보증인의 부동산이 경매된 경우 '원칙적으로' 채무자에 대하여 구상권을 가지고, 물상보증인 소유 부동산의 후순위저당권자는 그 구상권에 기초한 변제자대위에 물상대위를 하게 되는데,[26] 이러한 후순위저당권자의 지위가 물상보증인과 채무자 사이의 관계에 의하여 영향을 받는 것을 꺼려하는 부정적 태도가 자리 잡고 있는 것 아닌가 하는 인상을 받는다. 이러한 판례의 태도에는 의문이 제기된다. 무엇보다도, 물상보증인 소유의 부동산에 관한 저당권이 실행되어 물상보증인이 채무자에 대하여 구상권을 취득한 경우에 채무자가 물상보증인에 대하여 반대채권을 가지고 있으면 그 채권으로써 자신의 수동채권인 구상채무를 상계할 수 있다는 점은 의문의 여지가 없다. 그런데 채무자가 물상보증인에 대하여 어떤 채권을 가지고 있(고 그 채권의 변제기가 물상보증인의 채무자에 대한 구상권보다 먼저 도래하)는 경우에 그 후에 물상보증인이 자기 소유의 부동산에 후순위저당권을 설정하였다는 이유로 채무자가 원래는 물상보증인에 대하여 행사할 수 있었던 상계권이 제한을 받을 근거는 무엇일까.

(3) 저당권자의 물상대위와 상계

(가) 물상대위 민법 제342조는 질권자의 물상대위에 관하여 "질권은 질물의 멸실, 훼손 또는 공용징수로 인하여 질권설정자가 받을 금전 기타 물건에 대하여도 이를 행사할 수 있다. 이 경우에는 그 지급 또는 인도 전에 압류하여야 한다"고 규정하고, 이 규정은 민법 제370조에 의하여 저당권에 준용된다.

---

26) 주지하다시피 판례는 제3자가 채무자를 위하여 채무를 변제함으로써 채무자에 대하여 구상권을 취득하는 경우, 그 구상권의 범위 내에서 종래 채권자가 가지고 있던 채권과 그 담보에 관한 권리는 동일성을 유지한 채 법률상 당연히 변제자에게 이전하며(대법원 1997. 11. 14. 선고 95다11009 판결; 대법원 2021. 2. 25. 선고 2016다232597 판결), 위 구상권은 변제자가 민법 제480조 제1항에 따라 가지는 변제자대위권과는 원본, 변제기, 이자, 지연손해금 유무 등에서 그 내용이 다른 별개의 권리(대법원 1997. 5. 30. 선고 97다1556 판결; 대법원 2021. 2. 25. 선고 2016다232597 판결)라고 본다. 그런데 물상보증인의 부동산이 경매되어 물상보증인의 후순위저당권자가 물상대위를 한다고 할 때, 그 물상대위의 대상으로 통상 물상보증인이 변제자대위에 의하여 취득한 채권과 그 담보에 관한 권리를 들고 있지만, 물상대위의 대상에서 물상보증인이 채무자에 대하여 가지는 구상권이 제외될 이유는 없다.

이 규정에서 물상대위의 목적물은 엄밀하게 말하면 금전 기타의 물건 그 자체가 아니라 그에 관한 청구권이다.[27] 민법 제342조는 물상대위의 요건으로 금전 기타 물건의 지급 또는 인도 전에 그 청구권을 압류할 것을 요구하고 있지만 이 압류는 대위권을 행사하는 질권자 본인이 하여야 할 필요는 없다는 것이 통설이다.[28] 이를 특정성유지설 또는 특정성보전설이라고 한다. 특정성유지설에서는 가치변형물이 소유자에게 지급되어 소유자의 일반재산에 혼입되어 특정성을 잃었는데도 저당권의 효력이 미치도록 한다면 법률관계의 혼란이 발생하고 다른 채권자들을 해할 염려가 있으므로 압류를 통하여 물상대위의 목적인 채권의 특정성을 유지하도록 함으로써 그 효력을 보전함과 동시에 제3자에게 불측의 손해를 입히지 않으려는 것이라고 한다. 따라서 물상대위를 하는 채권자가 아니라 일반채권자가 먼저 압류나 가압류를 한 경우에도 저당권자가 물상대위권을 행사하여 일반채권자보다 우선변제를 받을 수 있다고 한다.[29] 우리 판례는 통설과 같이 특정성유지설을 취하고 있다.[30] 판례[31]는 우리가 여기에서 다루는 물상보증인의 후순위저당권자에 의한 물상대위의 경우에는 이러한 특정성유지를 위한 압류마저도 필요하지 않은 것으로 보고 있다.[32] 2014년 민법개정시안은 저당권에 준용되는 질권의

27) 민법주해[VI], 물권(3)(1992), 401(양승태); 주석민법 물권3(제5판)(2019), 638(이태종).

28) 민법주해[VI], 물권(3)(1992), 402(양승태). 저당권자의 물상대위에 관한 상세한 논의는 김형석, "저당권자의 물상대위와 부당이득", 서울대학교 법학 제50권 제2호(2009. 6), 497 이하 참조. 이와 달리 일본의 경우에는 우리 민법 제370조, 제342조에 해당하는 일본 민법 제304조 제1항의 취지를 둘러싼 학설과 판례의 전개과정이 매우 복잡하다. 이에 관한 개관으로는 일본 新注釋民法(6) 物權(3)(2019), 773-789(古積健三郞) 참조. 거기에서는 물상대위의 대상을 보상금 채권 내지 손해배상금 채권, 차임 채권, 보험금 채권으로 나누어 설명하고 있는데(古積健三郞에 따르면 결과적으로 보험금 채권에 대한 물상대위자가 가장 약한 보호를 받는다), 이 글에서 다루는 물상보증인 소유 부동산의 후순위저당권자의 물상대위는 민법 제370조, 제342조에 정해진 물상대위는 아니지만, 굳이 그 유형 분류를 따른다면 후순위저당권자에 대한 관계에서는 물상대위의 대상이 보상금 채권 내지 손해배상금 채권에 유사한 것으로 볼 수 있지 않을까 생각한다. 후순위저당권자의 저당권이 등기에 의해 공시되고 이른바 대체적 물상대위에 해당하는 것으로서 물상대위자가 상대적으로 강한 보호를 받아야 하기 때문이다.

29) 주석민법 물권4(제5판)(2019), 280(오민석).

30) 대법원 1996. 7. 12. 선고 96다21058 판결; 대법원 2002. 10. 11. 선고 2002다33137 판결 등.

31) 대법원 2011. 8. 18. 선고 2011다30666, 30673 판결 및 이 판결에 대한 판례해설인 이언학, "변제자대위에 의하여 물상보증인이 취득한 근저당권을 공동으로 말소한 소유자 및 근저당권자가 물상보증인 소유 부동산의 후순위저당권자에 대하여 불법행위책임을 지는지 여부", 대법원판례해설 89호(2012), 132 참조. 일본 최고재판소 1978. 7. 4. 판결도 참조. 양창수(주 3), 315는 이 판결을 소개한 다음 "물상대위에서 압류의 요구가 목적물의 특정성을 유지하기 위한 것이라는 판례와 통설의 정당한 입장에 비추어 보면, 물상대위의 목적이 되는 저당권이 등기에 의하여 특정되어 있는 한 별도의 압류를 필요로 하지 않는다고 할 것이다"라는 입장을 밝히고 있다.

32) 이와 같이 물상보증인 소유 부동산의 후순위저당권자는 물상보증인이 변제자대위로 취득하는 채권자의 채무자 소유 부동산에 대한 선순위공동저당권에 물상대위를 하게 되고, 그 물상대위의 대상인 채권자의 채권 및 선순위공동저당권은 특정되어 있으므로 별도로 그 저당권의 피담보채권을 압류할 필요가 없다는 것이 판례인데, 변제자대위는 물상보증인의 채무자에 대한 구상권을 확보하기 위하여 인정되는 것이므로 물상보증인 소유 부동산의 후순위저당권자는 적어도 변제자대위와 관련하여서는 그 구상권에 대해서도 별도의 압류 없이도 물상대위할 수 있다고 보아야 할 것이다.

물상대위에 관한 민법 제342조를 개정하여 압류요건을 폐지하는 대신 제3채무자에 대한 통지를 통하여 물상대위의 객체를 특정하고 제3채무자의 이중변제를 방지하도록 하였다(제3채무자가 저당권자에게 권리 있음을 안 때에는 통지가 없어도 제3채무자는 보호받지 못한다). 압류요건의 폐지를 주장한 입장에서는 저당권의 경우 어차피 저당목적물에 대한 등기 자체가 공시방법으로 존재하므로 별도의 공시방법으로 압류가 필요하지 않다고 본 것이다.[33] 이처럼 입법론으로서도 저당권자의 물상대위(적어도 아래에서 보는 이른바 대체적 물상대위)에서 압류는 제3채무자에 대한 다른 채권자와의 우열을 가리는 데 결정적인 역할을 하지 못한다.

이와 같이 압류에 의하여 물상대위의 목적인 권리의 특정성이 유지되고 있거나 특정성이 유지되고 있는 상황에서는 압류조차도 필요 없다고 보면서 그 경우 물상대위의 목적인 권리에 대하여 저당권자의 우선권이 여전히 유지된다고 본다면, 다른 일반채권자나 우선변제권 있는 채권자에 대한 관계에서 물상대위를 하는 저당권자가 우선권을 가지는지를 가리는 기준은 저당권 설정 시점이 된다. 이는 물상대위의 목적인 권리에 대하여 물상대위를 하는 저당권자가 저당권 설정 시점에 마치 채권질권을 설정한 것과 마찬가지로 보고 다른 채권자와의 우선순위를 가리는 것이다(이러한 점에서 보면 다른 채권자와의 우선순위를 가릴 때 물상대위를 하는 저당권자의 우선순위가 저당권 설정 시점보다 앞설 수는 없다).

이는 다른 나라의 입법례를 보더라도 낯선 것이 아니다. 예를 들어 독일 민법은 저당권에 관하여만 물상대위를 인정하고, 그 대상도 차임 청구권(독일 민법 제1123조 내지 제1125조)과 보험금청구권(독일 민법 제1127조), 공용징수에 기한 보상금 청구권(독일 민법 제1128조)에 한정하고 있는데, 대위권의 실체를 법정채권질권으로 파악하고 대위권 행사의 요건으로 압류를 요구하지 않고 있다.[34] 다만 저당권자의 차임에 대한 물상대위의 경우에는 압류를 임차인 및 제3자에 대한 대항요건으로 하고 있다(독일 민법 제1123조).[35][36]

(나) 상 계 　상계는 원래 같은 종류의 채권을 가지는 당사자 사이에 서로 대립하는 채권과 채무를 간이한 방법으로 결제하는 수단으로 인정되는 것이다. 상계는 당사자의 일방적 의사표시에 의하여 바로 자기 채권이 만족되는 효과를 발생시키므로, 상계자에게는 사적인 강제집행, 즉 사집행이 허용되어 있는 것과 같은 결과가 된다.[37] 상계는 당사자가 서로 동종의 채권을 가질 때 자기채권의 변제를 확보하기 위하여 상대방 채권, 즉 자기의 채무를 활용할 수

33) 권영준, 2014년 법무부 민법 개정시안 해설 —민법총칙 · 물권편—, 법무부(2017), 591-592.

34) 이와 같이 압류를 필요로 하지 않는 것은 물상대위의 대상이 보험금, 수용보상금 등 목적물에 갈음하는 이익인 경우(이른바 대체적 물상대위)이다. 이동진, "물상대위와 상계 —동산 양도담보와 전세권 저당을 중심으로—", 민사법학 제83호(2018), 6.

35) 주석민법 물권4(제5판)(2019), 275(오민석).

36) 그러나 물상대위에 압류를 요하는 취지에 관한 일본의 논의와 판례는 매우 복잡하다. 일본 新注釋民法(6) 物權(3)(2019), 773-789(古積健三郞) 참조.

37) 대법원 2012. 2. 16. 선고 2011다45521 전원합의체 판결 중 다수의견에 대한 대법관 양창수의 보충의견.

있으므로 마치 상대방의 채권에 질권을 가지고 있는 것과 유사한 담보적 작용을 하고 그 실행 방법은 오히려 더 간편하며,[38] 채권자를 위하여 수동채권 위에 최우선적이고 강력한 담보권이 설정된 것과 동일한 기능을 수행하고 있다.[39]

민법 제498조는 "지급을 금지하는 명령을 받은 제3채무자는 그 후에 취득한 채권에 의한 상계로 그 명령을 신청한 채권자에게 대항하지 못한다"고 규정하고 있는데, 이는 상계가 일반 채권자에 대하여 위와 같은 담보적 기능을 수행하는 점을 감안하여 일반채권자 보호를 위하여 채권자 중 1인이 채무자의 제3채무자에 대한 채권을 압류 또는 가압류한 경우에 그 제3채무자의 상계 주장에 한계를 설정하려는 것이다. 그리고 그 한계에 관하여 판례[40]는 채권압류명령을 받은 제3채무자가 압류채무자에 대한 반대채권(자동채권)을 가지고 있는 경우에 상계로써 압류채권자에게 대항하기 위해서는 압류의 효력 발생 당시에 대립하는 채권이 상계적상에 있거나, 그 당시 반대채권(자동채권)의 변제기가 도래하지 아니한 경우에는 그것이 피압류채권(수동채권)의 변제기와 동시에 또는 그보다 먼저 도래하여야 할 것을 요구하는 것이다.

한편 수동채권에 질권이 설정된 경우에 관하여 민법은 특별히 정하고 있지 않으나, 질권이 설정된 채권은 질권의 효력으로서 지급금지의 효력이 생기므로(민법 제349조 제1항은 "지명채권을 목적으로 한 질권의 설정은 설정자가 제450조의 규정에 의하여 제3채무자에게 질권설정의 사실을 통지하거나 제3채무자가 이를 승낙함이 아니면 이로써 제3채무자 기타 제3자에게 대항하지 못한다"고 규정하고, 제2항은 "제451조의 규정은 전항의 경우에 준용한다"고 규정하고 있으므로 질권 설정자인 채무자가 질권 설정의 통지를 한 때에는 제3채무자는 그 통지 후에 생긴 사유로써 질권자에게 대항할 수 없는 것이기도 하다), 질권이 설정된 수동채권도 지급금지명령을 받은 채권처럼 다루어 상계 가능 여부를 가려야 한다.[41] 즉, 상계자는 상대방의 채권(수동채권)에 질권을 설정한 것과 유사한 담보적 효력을 가지고 있는데,[42] 그 수동채권에 다른 채권자가 채권질권을 가지고 있으면, 그 우열관계는 상계자의 자동채권이 다른 채권자의 질권보다 먼저 발생하고 다른 채권자가 질권 설정의 대항요건을 갖출 당시에 대립하는 채권이 상계적상에 있거나, 그 당시 반대채권(자동채권)의 변제기가 도래하지 아니한 경우에는 그것이 수동채권의 변제기와 동시에 또는 그보다 먼저 도래할 것이라는 요건을 갖추면 상계가 허용되어[43] 상계자가 다른 채권질권자보다도 선순위의 담보권을 가지

38) 민법주해[XI], 채권(4)(1995), 348(윤용섭); 곽윤직, 채권총론, 제6판, 2003, 284.

39) 주석민법 채권총칙(4)(제4판)(2014), 521(조용구).

40) 대법원 2012. 2. 16. 선고 2011다45521 전원합의체 판결.

41) 곽윤직(주 38), 289-290; 민법주해[XI], 채권(4)(1995), 432(윤용섭); 주석민법 물권3(제5판)(2019), 712-713(이태종); 주석민법 채권총칙4(제5판)(2020), 643(강경구).

42) 상계가 상계적상 성립시에 소급하여 상대방의 자기에 대한 채권에 대하여 질권을 설정한 것과 유사한 힘을 발휘한다는 점에 관하여는 이동진, "상계의 담보적 기능", 민사법학 제70호(2015), 464-465 참조.

43) 민법주해[VI], 물권(3)(1992), 438(정동윤); 양창수·김형석, 민법Ⅲ 권리의 보전과 담보(제2판)(2015), 357("제3채무자가 하는 상계에 대하여는, 질권설정의 대항요건이 구비되는 시점을 기준으로 그의 채권이 압류된 경우(제498조)에 준하여 처리할 것이다.")도 같은 취지이다.

는 것이 된다.

상계를 하려는 자동채권의 채권자(수동채권의 채무자)의 상계에 대한 기대가 수동채권의 채권자(상계의 상대방)의 다른 채권자에 대한 관계에서 상계를 허용하여야 하는 정당한 신뢰라면 수동채권의 채권자인 상대방에 대한 다른 채권자가 일반채권자인지 우선변제권 있는 채권자인지를 가리지 않고 상계자가 우선하여 자기 채권의 만족을 얻게 되는 것이다.

㈐ 저당권자의 물상대위와 상계의 관계 위의 두 논리를 결합하면 다음과 같이 된다. 저당권자는 물상대위를 하는 채권에 질권을 설정받은 질권자와 같은 지위에 있다. 그리고 물상대위의 목적인 채권(저당권 설정자의 제3자에 대한 금전 기타 물건의 청구권)의 채무자가 저당권 설정자에 대하여 반대채권을 가지고 있다면 그 우열은 저당권자의 저당권 설정 시점에 그 채무자의 반대채권이 발생하여 있으면서 그 변제기가 물상대위의 목적인 채권(수동채권)보다 동시에 또는 그보다 먼저 도래하는 것인지에 의하여 결정되는 것이다.[44] 담보권 설정 전 상계에의 기대를 가진 제3채무자의 경우 그 후에 설정된 담보권에 의하여 그러한 기대가 좌절될 이유가 없는 것이다.[45] 이와 같이 저당권자의 물상대위와 상계의 관계에서 저당권자의 물상대위가 우선하는 시점이 저당권 설정 시점보다 앞선 시점이 될 수는 없다. 물상대위의 경우에 저당권자는 저당권 설정자가 취득하는 채권에 대하여 질권을 가지는 반면, 저당권 설정자가 취득하는 채권의 채무자가 저당권 설정자에 대하여 가지는 반대채권은 일반채권이라고 관념한다면, 물상대위를 하는 저당권자가 언제나 앞서게 되나, 상계의 국면에서는 상계자 역시 상대방(저당권 설정자)의 채권에 질권 유사의 담보권을 가지고 있으므로[46] 앞서 본 바와 같은 기준에 의하여 우열을 가려야 하는 것이다.

㈑ 물상대위와 상계의 관계에 관한 판례 물상대위와 상계의 관계에 관하여 판례도 이러한 결론을 인정한다. 즉, 대법원 2014. 10. 27. 선고 2013다91672 판결[47]은 다음과 같이

44) 물론 이와 관련하여 일본에서는 저당권의 물상대위의 대상이 손해배상채권인지, 차임채권인지, 보험금채권인지에 따라 물상대위의 요건과 효과에 관한 논의가 복잡하게 전개되고 있는 것을 보더라도 일률적으로 단정할 수 있는 것은 아니다. 일본 新注釋民法(6) 物權(3)(2019), 773-789(古積健三郎) 참조. 다만, 이 글의 주제와 관련하여 물상보증인 소유 부동산의 후순위저당권자의 물상대위가 물상보증인과 채무자 또는 제3자 사이의 내부관계에 영향을 받을 수 있다는 점을 수용하면서도 그 내부관계의 후순위저당권자의 물상대위에 대한 영향을 제한하려 한다면 어떤 논리가 가능하고 어떤 기준에 의해 어느 범위까지 그 영향을 제한할 수 있을까를 살펴보는 것이다.

45) 이동진(주 34), 8.

46) 저당권 설정자가 취득하는 권리의 채무자(물상대위를 하는 저당권자의 입장에서는 제3채무자)의 상계는 제3채무자가 자기 채권을 집행채권으로 대위 목적인 저당권 설정자의 수동채권에 대하여 질권을 설정하거나 전부명령을 받는 것과 같다. 김형석, “제삼자의 변제·구상·부당이득”, 서울대학교 법학 제46권 제1호(2005), 345; 이동진(주 34), 10.

47) 이 판결에 대한 판례해설로 김정민, “전세권저당권자가 물상대위로서 전세권반환채권에 대하여 압류 및 추심명령을 받은 경우, 제3채무자인 전세권설정자가 전세권이나 그 기초가 된 임대차계약과 무관한 자동채권으로 상계할 수 있는지 여부”, 대법원판례해설 101호(2015), 65 이하, 평석으로 김제완, “전세권을 목적으로 저당권자

판시하고 있다.

> “전세권을 목적으로 한 저당권이 설정된 경우, 전세권의 존속기간이 만료되면 전세권의 용익물권적 권능이 소멸하기 때문에 더 이상 전세권 자체에 대하여 저당권을 실행할 수 없게 되고, 저당권자는 저당권의 목적물인 전세권에 갈음하여 존속하는 것으로 볼 수 있는 전세금반환채권에 대하여 압류 및 추심명령 또는 전부명령을 받거나 제3자가 전세금반환채권에 대하여 실시한 강제집행절차에서 배당요구를 하는 등의 방법으로 물상대위권을 행사하여 전세금의 지급을 구하여야 한다(대법원 1999. 9. 17. 선고 98다31301 판결 등 참조). 전세권저당권자가 위와 같은 방법으로 전세금반환채권에 대하여 물상대위권을 행사한 경우, 종전 저당권의 효력은 물상대위의 목적이 된 전세금반환채권에 존속하여 저당권자가 그 전세금반환채권으로부터 다른 일반채권자보다 우선변제를 받을 권리가 있으므로, 설령 전세금반환채권이 압류된 때에 전세권설정자가 전세권자에 대하여 반대채권을 가지고 있고 그 반대채권과 전세금반환채권이 상계적상에 있다고 하더라도 그러한 사정만으로 전세권설정자가 전세권저당권자에게 상계로써 대항할 수는 없다. 그러나 전세금반환채권은 전세권이 성립하였을 때부터 이미 그 발생이 예정되어 있다고 볼 수 있으므로, 전세권저당권이 설정된 때에 이미 전세권설정자가 전세권자에 대하여 반대채권을 가지고 있고 그 반대채권의 변제기가 장래 발생할 전세금반환채권의 변제기와 동시에 또는 그보다 먼저 도래하는 경우와 같이 전세권설정자에게 합리적 기대 이익을 인정할 수 있는 경우에는 특별한 사정이 없는 한 전세권설정자는 그 반대채권을 자동채권으로 하여 전세금반환채권과 상계함으로써 전세권저당권자에게 대항할 수 있다.”

전세권저당권에 관한 위 판결에 비판적인 입장을 취하는 견해가 있다. 저당권자가 물상대위를 하는 경우 기본적으로는 위 판결처럼 저당권 설정 시점을 기준으로(저당권자가 특정성유지설의 요건을 갖추는 한) 민법 제498조의 취지를 유추하여 상계의 가능 여부를 가리는 것이 타당하지만,[48] 전세기간 만료 후의 전세권저당권의 경우는 특수한 사정이 있다는 것이다. 즉, 전세기간 중 전세권은 등기부에 의하여 권리의 내용이 공시되고 등기함으로써 물권변동이 가능한 물권이고, 그 내용에는 등기된 전세금반환청구권도 포함된다는 점은 전세금반환청구권에 대한 상계와 관련하여서도 고려되어야 하고, 전세권 설정자의 상계에의 기대는 전세권 양도·저당 없이 전세기간이 만료한 경우는 별론, 그 전에는 전세권의 물권성으로 인하여 보호받을 수 없다는 것이다. 전세권 설정자는 전세권을 설정해 줄 때부터 그의 전세금반환채무가 전세기간 만료 시까지는 물권법의 적용을 받는 것임을 예상할 수 있고, 전세권이 양도되었을 때 그러한

의 우선변제권과 상계적상”, 고려법학 제76호(2015. 3), 273 이하; 이동진(주 34), 1 이하; 이승훈, “전세권저당권의 실행방법과 전세권설정자의 공제 및 상계주장 가부”, 민사판례연구(38), 167 이하; 조경임, “담보물권의 목적인 채권의 상계”, 민사법학 제73호(2016), 3 이하가 있다.

48) 이동진(주 34), 9-10 참조.

것처럼 전세권에 저당권이 설정되었을 때에도 그의 전세금반환채무는 물권의 일부로서 저당권의 목적이 되는 것이며, 그의 상계에의 기대는 별개의 채권계약을 체결한 제3채무자의 상계에의 기대와 같을 수가 없으므로, 전세권저당권자가 전세기간 만료 후 전세금반환청구권에 대하여 물상대위권을 행사할 때에도 전세권 설정자의 상계를 부정함이 타당하다는 것이다.[49)]

이러한 비판은 일리가 있고 충분히 경청할 만한 것이다. 그러나 이론상은 가능할지 몰라도 전세권저당권의 실행방법으로서 전세권 자체를 경매에 부치는 경우는 실상 전무하고(대체로 전세권 존속기간이 짧아서 절차 진행에 상당한 시간이 소요되는 경매의 대상이 되는 일이 거의 없다), 전세권저당권은 실제로는 전세금반환채권에 질권을 설정한 것과 같은 기능을 수행하고 있다는 점에 주목한다면, 전세권저당권과 상계의 관계를 일반적인 물상대위와 상계의 관계로 파악하는 대법원 판례의 태도는 수긍할 수 있다고 할 것이다.

(4) 물상보증인의 후순위저당권자의 물상대위와 상계에 관한 판례에 대한 평가

㈎ 앞서 본 바와 같이 판례와 학설은 저당권자의 물상대위(민법 제370조, 제342조)와 상계의 관계에 관한 일반론으로서는 물상대위를 하는 저당권자의 압류 시점이 아니라 그보다 앞서 저당권 설정 시점을 기준으로 민법 제498조에 따라 상계 가능 여부를 가리고 있다. 전세권저당권의 경우는 그 특수성을 감안하여 전세권 설정자가 상계로써 전세권저당권자에게 대항할 수 없다고 하여 판례를 비판하는 학설이 있으나, 그 밖에는 저당권 설정 시점에 관계없이 언제나 저당권의 물상대위자가 우선하고 제3채무자(저당권 설정자에 대한 채무자)는 상계할 수 없다고 보는 견해는 찾아보기 어렵다.

그런데 우리 판례는 위에서 본 것처럼 전세권저당권의 물상대위에서는 일정한 요건 하에 전세권 설정자의 상계를 허용하면서도, 물상보증인 소유 부동산의 후순위저당권자의 물상대위에 관하여는 구상권을 수동채권으로 하는 물상보증인의 채무자에 의한 상계를 전혀 허용하지 않고 있어 균형을 잃고 있다.

판례는 물상보증인 소유 부동산의 후순위저당권자에 대한 관계에서 채무자가 물상보증인에 대한 채권을 자동채권으로 하는 상계로 대항할 수 없다고 하면서, 그 핵심 논리로 물상보증인의 부동산이 먼저 경매될지는 매우 불확실하고 우연적이어서 설령 채무자가 물상보증인에 대하여 반대채권을 가지고 있더라도 수동채권(물상보증인의 채무자에 대한 구상권)이 발생하여 상계할 수 있을 것에 대한 합리적인 기대나 신뢰를 거의 가지기 어렵다는 점을 들고 있다.

이러한 판례의 입장에는 상계자가 가지는 반대채권은 일반채권에 불과하고 후순위저당권자는 물상대위의 대상인 채권에 질권과 같은 우선변제권을 가지고 있으므로 담보권자인 후순위저당권자를 더 보호해야 하는 것이 아닌가 하는 감각,[50)] 그리고 채무자와의 공동저당부동산

49) 이동진(주 34), 23-24; 최준규, "전세권과 허위표시", 민사법학 제63-1호(2013. 6), 373-379도 참조.

50) 실제로 대법원 2017. 4. 26. 선고 2014다221777, 221784 판결의 원심판결은 상계를 부정하는 이유로 채무자

중 물상보증인의 부동산이 먼저 경매되면 물상보증인은 특별한 사정이 없는 한 채무자에 대하여 구상권을 가지게 되고 물상보증인 소유 부동산의 후순위저당권자는 그 구상권과 물상보증인이 변제자대위로 취득하는 채무자 소유 부동산의 저당권에 물상대위를 할 수 있는 것이 원칙인데,[51] 이러한 예측 가능한 거래질서와 후순위저당권자의 기대가 물상보증인과 채무자 사이의 내부관계에 의하여 훼손되는 것에 대한 거부감(또 다른 측면에서 판례는 변제자대위 우선설과 후순위저당권자대위 우선설 중 물상보증인의 변제자대위를 우선하는 변제자대위 우선설을 취하면서 동시에 물상보증인 소유 부동산의 후순위저당권자 보호를 위해 물상대위를 인정함으로써 결과적으로 후순위저당권자대위 우선설을 취할 때보다도 더 물상보증인 소유 부동산의 후순위저당권자를 보호하는 입장을 택하였는데, 이러한 결과가 물상보증인과 채무자 사이의 내부관계에 따라 크게 뒤바뀌는 것에 대한 거부감)이 은연중에 자리 잡고 있는 것은 아닌지 추측된다.

그러나 ① 이미 판례는 물상보증인의 변제자대위에 대한 물상보증인 소유 부동산의 후순위저당권자의 물상대위 여부는 물상보증인과 채무자 사이의 구상권의 존부 및 범위에 관한 내부관계에 영향을 받는다는 점을 인정하고 있는데도 상계의 국면에서는 물상보증인과 채무자 사이의 내부관계를 전혀 고려하지 않는 것은 모순이라는 점, ② 물상보증인과 채무자의 관계, 즉 물상보증인의 부동산이 경매되면 물상보증인이 채무자에 대하여 구상권을 가질 것이라는 점에 대한 물상보증인 소유 부동산의 후순위저당권자의 기대 내지 예측은 등기에 의해 전세금까지 공시되는 전세권에 저당권을 설정한 경우 전세권저당권자가 가지는 기대보다 더 약한 것이라는 점, ③ 채무자가 물상보증인에 대하여 상계권을 행사하려는 반대채권(자동채권)의 발생원인과 시기적 선후관계, 내용, 물상보증을 하게 된 경위, 물상보증인과 채무자의 자력, 물상보증인의 부동산이 먼저 경매될 것에 대한 예측 가능성 등의 양상은 매우 다양하여 일률적으로 말할 수 없다는 점[52]을 고려하면, 물상보증을 한 후에 물상보증인 소유의 부동산에 후순위저당권자가 등장하면 그때부터는 갑자기 채무자가 물상보증인에 대한 상계로써 그 후순위저당권자에게 대항할 수 없게 된다는 판례의 입장에는 선뜻 동의하기 어렵다. 원칙적으로 물상대

의 물상보증인에 대한 반대채권(자동채권)은 일반채권이므로 물상보증인의 후순위저당권자에게 우선할 수 없고, 후순위저당권을 침해하는 내용으로 행사할 수 없다는 것을 이유로 들고 있다. 그러나 이는 상계의 담보적 기능에는 주의를 기울이지 않은 것이고, 상계에 대한 합리적 기대 이익이 있는 경우를 충분히 고려하지 않은 것이 아닌가 생각된다.

51) 이와 같이 물상보증인 소유 부동산의 후순위저당권자 보호를 위해 물상보증인과 채무자 사이의 내부관계를 고려하지 않는 것은 비유하자면, 마치 어음법에서 인적 항변이 절단되는 것처럼 물상보증인과 채무자가 물상보증인의 부동산이 경매될 경우의 물상보증인의 채무자에 대한 구상권이 화체되어 있는 물상보증인의 부동산을 후순위저당권자에게 제공한 것과 같이 보는 셈이다.

52) 예컨대 물상보증인이 그 소유의 부동산에 후순위저당권을 설정해 주기 전에 이미 채무자가 물상보증인에게 대여금 등의 반대채권을 가지고 있었던 경우, 물상보증인의 부동산이 경매되어 물상보증인이 채무자에 대하여 구상권을 취득하더라도 자기의 반대채권으로 상계하면 되겠다고 생각하는 것은 보호의 가치가 없는가? 채무자의 상계에 대한 합리적 기대가 아닌가?

위와 상계의 관계에 관한 일반이론에 의하는 쪽이 이해관계의 합리적 조절에 보다 적합하지 않았을까.

(나) 물상보증인 소유 부동산의 후순위저당권자의 물상대위와 상계의 관계에 관한 위 대법원 판례의 입장에 찬성하든, 그렇지 않고 후순위저당권자의 저당권 설정 시점을 기준으로 상계 허용 여부를 가리는 입장을 취하든 간에 비교적 명확한 것은, 물상보증인과 채무자 사이의 구상권의 존부 및 범위에 관한 내부관계가 물상보증인의 변제자대위에 대한 물상보증인 소유 부동산의 후순위저당권자의 물상대위에 영향을 끼칠 수 있다고 하더라도 거기에는 일정한 한계가 그어져야 할 필요가 있다는 점이다.

3. 물상보증인 소유의 부동산에 대한 후순위저당권 설정 후 물상보증인의 구상권 포기·제한 약정의 효력

(1) 물상보증인 소유 부동산의 후순위저당권자는 공동저당권의 목적인 물상보증인과 채무자의 부동산 중 물상보증인의 부동산이 먼저 경매되는 경우, 물상보증인이 채무자에 대하여 가지는 구상권을 확보하기 위하여 변제자대위에 의하여 취득하는 채무자의 부동산에 대한 공동저당권에 물상대위를 함으로써 보호를 받는데, 이러한 후순위저당권자의 물상대위는 물상보증인의 채무자에 대한 구상권을 전제로 하는 이상 물상보증인과 채무자 사이의 구상권의 존부 및 범위라는 내부적인 인적 관계에 영향을 받을 수밖에 없다는 점은 앞서 보았다. 그러나 물상보증인의 부동산이 먼저 경매되었을 때 물상보증인이 채무자에 대하여 가지는 구상권에 관한 내부관계에 의한 제한(물상보증인이 구상권의 범위 내에서 변제자대위에 의하여 취득하는 채권 및 저당권에 관한 물상보증인과 채권자 사이의 약정에 의한 제한도 마찬가지이다)을 끝까지 관철하면 물상보증인 소유 부동산의 후순위저당권자의 지위는 매우 불안해진다. 따라서 일정한 범위에서 물상보증인과 채무자 사이의 내부관계는 물상보증인 소유 부동산의 후순위저당권자에 대한 관계에서 영향을 미칠 수 없다고 보아야 할 필요가 있다.

(2) 우선, 물상보증인의 부동산이 경매되어 공동저당의 피담보채권이 변제됨으로써 물상보증인이 채무자에 대하여 구상권을 취득하고 변제자대위가 일어남과 동시에 물상보증인 소유 부동산의 후순위저당권자에 의하여 구상권과 변제자대위에 대한 물상대위가 이미 일어난 경우(이때의 물상대위에는 후순위저당권자의 압류를 필요로 하지 않는다는 점은 이미 보았다), 그 후 물상보증인이 채무자와 사이에 구상권을 포기하거나 구상권의 범위를 제한하는 약정을 하여도 물상보증인 소유 부동산의 후순위저당권자에게 대항할 수 없음은 별다른 의문이 없다. 이미 물상대위가 일어난 구상권을 물상보증인이 처분할 수 없다고 보아야 할 것이기 때문이다. 대법원 2011. 8. 18. 선고 2011다30666, 30673 판결도 같은 취지를 반영하는 것으로 이해할 수 있다.

(3) 그러나 이것만으로는 불충분하고 물상보증인 소유 부동산의 후순위저당권자에 의한

물상대위가 일어나기 전에 물상보증인과 채무자 사이에 발생한 사유가 있어도 후순위저당권자에게 대항할 수 없다고 보려는 시도가 있다. ① 이미 대법원 2017. 4. 26. 선고 2014다221777, 221784 판결과 관련하여 자세히 살펴본 바와 같이 물상보증인 소유 부동산의 후순위저당권자에 대한 관계에서는 채무자가 물상보증인에 대한 반대채권의 발생 시기와 변제기 도래의 선후에 관계없이 물상보증인에 대한 구상채무(수동채권)와의 상계로 대항할 수 없다고 본다거나(그러나 이러한 이론구성에는 쉽게 동의하기 어려운 부분이 있다는 점도 이미 설명하였다), ② 물상보증인 소유의 부동산에 후순위저당권이 설정된 후에 물상보증인과 채무자 사이에서 이루어진 물상보증인의 구상권을 제한하는 특약은 신의칙상 물상보증인 소유 부동산의 후순위저당권자에게 대항할 수 없다고 해석한다거나,[53] ③ 물상보증인과 채무자 또는 물상보증인과 채권자 사이에 이루어진 특약의 의미를 제한 해석하는 것[54] 등이다.

(4) 그런데 위에서 본 바와 같이 판례가 물상보증인 소유 부동산의 후순위저당권자에게 대항할 수 없다고 한 상계의 경우를 제외하고는, 후순위저당권자가 물상보증인과 채무자 사이의 내부관계에 의한 영향을 받는 것을 아예 부정할 수는 없는 이상, 물상보증인 소유 부동산의 후순위저당권자는 적어도 자기가 저당권을 설정하기 전에 물상보증인과 채무자 사이에서 발생한 구상권의 포기 또는 제한의 효력을 부정할 수 없다. 그리고 ① 처음부터 구상권이 발생하지 않는 경우(예를 들어 등기부상 공동저당의 물상보증인이 내부적으로는 실질적인 채무자이고 등기부상 채무자가 실질적으로 물상보증인인 경우)나 ② 물상보증인 소유 부동산에 **후순위저당권이 설정되기 전에** 물상보증인과 채무자 사이에서 구상권을 포기하거나 제한하기로 하는 약정을 체결한 경우는 물상보증인 소유 부동산의 후순위저당권자에 대한 관계에서 그것을 구별하여 취급할 합리적인 근거가 없다.

그렇게 보면, 물상보증인 소유 부동산의 후순위저당권자에 대한 관계에서 물상보증인과 채무자 사이의 내부관계에 의한 구상권의 제한을 후순위저당권자에게 대항할 수 없다고 할 때, 후순위저당권자가 보호받을 수 있는 가장 빠른 시점은 후순위저당권자가 물상보증인 소유 부동산에 후순위저당권을 설정한 때가 될 것이고, 이것이 합리적이다.

(5) 이것은 '신의칙'을 끌어들이지 않더라도 입론이 가능하다. 앞서 물상대위와 상계에 관한 논의에서 보았듯이, 채무자의 부동산과 공동저당이 설정되어 있는 상태에서 물상보증인 소유의 부동산에 저당권을 설정받은 후순위저당권자의 지위는 물상보증인의 부동산이 먼저 경매되어 후순위저당권이 소멸하고 물상보증인이 취득하는 권리에 물상대위를 하게 되는 국면에서는 물상보증인과 채무자에 대한 관계에서 물상보증인 소유의 부동산에 후순위저당권을 설정

53) 佐久間弘道(주 19), 477-478.

54) 앞서 본 일본 최고재판소 1985. 5. 23. 판결 및 일본 最高裁判所判例解説 民事篇 昭和 60年度, 213(門口正人).

할 당시를 기준으로 물상대위의 대상인 청구권에 채권질권을 설정한 것과 같이 볼 수 있을 것이다. 민법 제352조는 "질권설정자는 질권자의 동의없이 질권의 목적된 권리를 소멸하게 하거나 질권자의 이익을 해하는 변경을 할 수 없다"고 규정하고 있고, 입질채권을 면제, 포기하는 것은 이 규정에서 말하는 질권의 목적된 권리를 소멸하게 하는 행위에 해당한다.[55)]

따라서 물상보증인과 채무자 사이에 당초에는 별다른 약정이 없어 물상보증인의 부동산이 먼저 경매되어 피담보채권이 변제되면 물상보증인이 채무자에 대하여 구상권을 취득하였을 것인데(민법 제370조, 제341조), 물상보증인 소유의 부동산에 후순위저당권자가 생긴 후에 물상보증인이 채무자와 사이에서 물상보증인의 부동산이 경매되었을 때의 구상권을 포기하거나 그 범위를 제한하는 약정을 체결하였다면, 그 행위는 장래 물상보증인의 부동산이 경매되었을 때 후순위저당권자에게 발생할 물상대위권(채권질권)의 목적인 채권을 포기하거나 일부 포기하는 것에 해당하고, 이러한 행위에 대해서는 민법 제352조가 직접 또는 유추적용되어 채무자는 그러한 약정의 효력을 물상보증인 소유 부동산의 후순위저당권자에게 대항할 수 없다고 보면 될 것이다. 물론 후순위저당권자의 물상대위의 성질이 채권질권을 설정한 것과 유사하더라도, 저당권 설정 시점에 채권질권을 설정한 것처럼 의제할 수 있느냐의 문제가 있다. 그러나 후순위저당권자의 물상대위에서 채무자가 물상보증인에 대하여 정당하게 가지는 채권에 의한 상계도 저당권 설정 시점을 기준으로 제한하는 것이 타당하다는 해석과의 균형에 비추어 보면,[56)] 적어도 물상보증인 소유 부동산의 후순위저당권자가 채무자 소유 부동산의 선순위공동저당권에 대한 변제자대위에 물상대위를 하는 국면에서는 후순위저당권자의 저당권 설정 시점을 채권질권의 설정에서 질권 설정의 통지가 이루어진 시점처럼 보아 그 후 물상보증인이 구상권을 포기하거나 제한하는 것은 허용되지 않는다고 보아도 좋을 것이다. 물상보증인 소유의 부동산에 대하여 후순위저당권이 설정된 것이 등기부에 공시되어 있는 상태에서 이루어진 물상보증인과 채무자 사이의 구상권 포기·제한 약정으로써 후순위저당권자에게 대항할 수 없다고 하여도 채무자에게 불측의 손해를 가하는 것도 아니며, 오히려 그것이 후순위저당권자와 물상보증인,

55) 민법주해[VI], 물권(3)(1992), 436(정동윤); 주석민법 물권3(제5판)(2019), 708(이태종).

56) 이동진(주 34), 11은 물상대위와 상계의 관계를 다루는 위 논문에서 독일 민법의 경우 대체적 물상대위(건물보험에 대한 저당권의 추급)의 경우 저당권 설정만으로 제3채무자를 악의로 의제하고 질권이 설정된 것처럼 취급함으로써 같은 결과(상계를 부정하는 결과)를 도출하고 있다(독일 민법 제1128조 제3항, 제1275조, 제406조)고 설명하고 있다. 그런데 (건물이 목적이 된 보험에 관한 한) 저당권 설정 시점에 채권질권이 설정된 것처럼 취급하는 독일 민법 제1128조 제3항은 당연하게도 상계의 경우에만 적용되는 것이 아니고 채권질권이 효력을 발생한 시점부터 양도나 부담이 제한되는 등 채권질권의 일반적인 효력이 그대로 인정되는 것이다. 독일 민법 제1128조 제3항에 관하여는 MüKoBGB/Lieder, 8. Aufl., 2020, § 1128 Rn. 15-18 참조. 독일 민법의 물상대위제도에 관한 개관으로는 김형석, "저당권자의 물상대위와 부당이득", 서울대학교 법학 제50권 제2호(2009. 6), 514-521의 설명이 자세하다. 기본적으로 독일 민법 제1128조가 적용되는 경우 저당권자의 지위는 채권질권자와 동등하고, 저당권이 등기에 의하여 공시되어 있는 이상 제3채무자인 보험자는 선의를 주장할 수 없다는 것이다.

채무자 사이의 이해관계를 합리적으로 조절하는 방안이라고 생각된다.

Ⅲ. 결 론

1. 결론적으로 판례가 물상보증인 소유의 부동산에 대한 후순위저당권자에게 물상보증인이 채무자에 대하여 취득하는 구상권과 그 효력을 확보하기 위하여 변제자대위에 의하여 취득하는 저당권에 대하여 민법 제370조, 제342조를 유추하여 일종의 물상대위를 하고, 나아가 그 물상대위를 위해서는 압류도 필요 없다고 보는 것의 정당성을 수용한다면, 물상보증인 소유 부동산의 후순위저당권자의 물상대위는 후순위저당권의 설정 시점에 물상대위로 취득할 채권에 대하여 질권을 설정한 것과 동일한 보호를 받아야 하는 것으로 해석하지 못할 이유가 없다. 그리고 이러한 해석은 물상보증인 소유 부동산의 후순위저당권자가 변제자대위에 물상대위를 한다는 법리가 명문 규정 없이도 해석에 의하여 인정되는 것과 마찬가지로 충분히 허용되는 것이다.

2. 이상의 논의 과정을 다시 한 번 요약하면 다음과 같다.

(1) 채무자 소유의 부동산과 함께 선순위공동저당이 설정되어 있는 물상보증인 소유의 부동산에 대한 후순위저당권자는 물상보증인의 부동산이 먼저 경매되는 경우, 물상보증인이 변제자대위로 취득하는 채무자의 부동산에 대한 선순위공동저당권(이른바 변제자대위 우선설)에 물상대위를 한다는 판례이론은 정당하다. 이 판례이론은 이른바 후순위저당권자대위 우선설(변제자대위 우선설에 대응하는 민법 제368조 제2항 우선적용설을 말한다)보다도 더 물상보증인 소유 부동산의 후순위저당권자의 지위를 두텁게 보호하면서, 대부분의 경우 정상적으로 작동한다. 그리고 이와 같이 판례이론이 정상적으로 작동하면 채무자와 물상보증인 각각의 부동산의 담보가치도 최대한 활용될 수 있다.

(2) 그런데 이미 본 것처럼 이러한 판례이론이 물상보증인이 채무자에 대하여 가지는 구상권이라는 내부관계, 즉 채권관계를 기반으로 한 것인 이상, 그 내부관계에 따라 후순위저당권자의 물상대위도 영향을 받을 수밖에 없게 된다. 이렇게 물상보증인 소유 부동산의 후순위저당권자의 지위가 불안정하여 후순위저당권자가 불측의 손해를 입을 수 있게 되면 그에 따라 물상보증인은 자기 부동산의 담보가치를 최대한 활용할 수 없게 되어 판례이론의 장점이 상당히 퇴색된다.

(3) 이러한 결과를 방지하고 물상보증인 소유 부동산의 후순위저당권자를 보호하기 위하여 여러 방법으로 물상보증인과 채무자의 내부관계에 의한 영향을 차단하려는 이론구성을 시도해 볼 수 있다. 이미 판례가 선언한 것처럼 채무자에 의한 상계를 전면 제한하거나 물상보증인과 채무자, 채권자 또는 다른 보증인 사이의 특약의 내용을 축소해석하거나 신의칙을 동원

하는 등의 방법도 있을 것이다. 경우에 따라서는 후순위저당권자의 지위가 법률의 규정에 따라 물권적으로 보호되는 민법 제368조 제2항을 예외적으로 다시 적용하려는 시도도 있을 수 있다.

(4) 그러나 물상보증인 소유 부동산의 등기부는 물상보증인의 채무자에 대한 구상권을 공시하는 것이 아니고 후순위저당권자의 저당권이 저당물의 (선순위저당권의 피담보채권을 제외한 만큼의) 객관적 가치를 절대적으로 확보하고 있는 것이라고 볼 수도 없다. 후순위저당권자의 물상대위의 담보권적 효력을 보호하더라도 물상보증인 소유 부동산에 후순위저당권을 설정할 당시의 상태를 기준으로 하는 것이 최대한이고 그 이상의 보호를 부여하기는 어렵다. 그리고 장차 구상권의 존부와 범위에 영향을 미칠 수 있는 저당권 설정 당시의 상태는 물상보증인 소유의 부동산에 후순위저당권을 설정받는 사람이 조사할 수밖에 없다. 그 후에 발생한 사정에 관하여는 물상보증인의 구상권에 채권질권을 설정한 것과 같이 보는 이론구성으로써 후순위저당권자가 보호를 받을 수 있다. 이는 완전히 동일한 것은 아니더라도 저당권자의 물상대위 상황에 관하여 유사한 규정을 두고 있는 외국의 입법례에서도 확인되듯이 전혀 생소하거나 근거 없는 이론구성이 아니다. 이러한 취급이 물상보증인 소유의 부동산에 대한 후순위저당권자의 지위가 문제되는 발생 가능한 모든 유형의 사안에, 모든 이해관계인에 대한 관계에서 그대로 적용될 수 있는지에 관하여는 보다 면밀한 검토가 필요할 것이다. 다만, 적어도 이 글에서 논의된 각각의 상황들에 한해서는 나름대로 일관성 있는 논리로 보호의 경계를 획정하면서 합리적이라고 여겨지는 결론을 도출할 수 있지 않을까 생각한다.

3. "숙련된 목수는 판사와도 같다. 왜냐하면 나무는 대패나 도끼 아래에서 이제까지 발견되지 않았던 특성을 드러내기 때문이다."[57] 판례(일본의 판례까지를 포함한 것이다)는 법에 명문의 규정이 없음에도 불구하고 그 특유의 '실무감각'으로 학설을 뛰어넘어 물상보증인 소유 부동산의 후순위저당권자는 물상보증인의 변제자대위에 물상대위를 한다는 비범한 법리를 만들어냈다고 보아도 좋을 것이다. 그러한 실무감각, 다시 말하면 예리한 균형감각과 통찰력이 후순위저당권자의 물상대위가 문제되는 다양하고 복잡한 사안들에도 변함없이 발휘되어 공정하고 합리적인 결과를 이끌어내기를 기대한다. 거기에는 갈수록 우리 재판실무에 대하여 영향력을 키워가고 있는 민법학계의 도움이 필요한 것도 물론이다.

57) 휴버트 드레이퍼스·숀 켈리 지음/김동규 옮김, 모든 것은 빛난다, 사월의 책(2013), 356.

양창수 선생님의 삶과 학문 — 한 제자의 관점에서*

He was [law's] master because he was its servant.**

김 형 석***

Ⅰ.

이 글에서 필자는 2021년 10월 고희를 맞이하시는 양창수 선생님께서 지금까지 걸어오신 삶의 여정과 그 과정에서 이룩하신 학문적 성취를 개인적인 시각에서 돌아보고자 한다. 처음 뵈었을 때와 마찬가지로 지금도 여전히 정정하신 선생님께서 장래에도 내외로 활발히 활동하시면서 후학에 귀감이 되는 학문적 활동을 계속하실 것임은 물론이다. 그러나 경사스러운 고희를 축하하는 자리에서 지금까지의 선생님의 생애와 학문을 회고해 보는 일은 단순히 선생님 한 분의 생신을 맞이하는 친지와 제자들의 개인사를 넘어서 우리 민법학의 과거와 현재를 돌이켜 보고 미래를 전망하는 의미도 있지 않을까 생각해 본다.

짧지 않은 시간 동안 선생님께서 이룩하신 업적을 정리하는 일은 물론 필자와 같이 역량이 부족한 한 사람이 혼자 수행할 수 있는 과제는 아닐 것이다. 아마도 동시대에 학문의 여정을 같이하였거나 발자취를 따라 공부한 사람들이 대거 참여하여 심포지엄이나 단행본 등의 형태로 여러 각도에서 심층적으로 살펴보는 작업이 필요할지도 모르겠다. 그러나 선생님과 같은 길을 가는 연구자들이 축하하기 위해 각자 소중하게 마련한 연구성과물을 헌정하는 이 공간이 그에 적절한 자리는 아닐 것이다. 그리고 선생님의 생애 전반 그리고 삶의 여러 의미 있는 장면에 대해서는 이미 선생님 스스로 여러 글에서 언급하신 바가 있으므로,[1)] 여기서 새삼 이를 요약할 필요는 없을 것 같다. 그러므로 필자는 선생님의 삶과 학문에 대해 지금까지 선생님의 제자로서, 후학으로, 직장 동료로 지내면서 알게 되고 생각해 본 것을 개인적인 소박한 관점에

---

* 내용과 관련해 도움을 주신 전원열, 이준형 두 분 교수님께 감사드린다.

** Lincoln Caplan, "The Judge Who Shaped Our Law", *New York Review of Books*, Vol. LX, No. 19, December 5, 2013, p. 38.

*** 서울대학교 법학전문대학원 교수.

1) 예를 들어 양창수, "법학 명저: 김증한, 『신물권법(상)(하)』", 민법연구, 제9권(2007), 19 이하; "어느 법학교수가 살아온 이야기", 민법연구, 제10권(2019), 1 이하; 노모스의 뜨락, 2019, 제1부 · 제2부 · 제6부 등.

서 정리해 보고자 한다. 이러한 개인적인 보고가 학술적 객관성의 측면에서 부족한 점이 있다고 하더라도, 거리를 두고 냉철하게 분석하는 관점과는 달리 스승을 가까이서 관찰한 제자들만이 볼 수 있는 측면도 있을 것이다.[2)]

Ⅱ.

1. 필자는 고등학교 다닐 때에는 대학에 가서 문학을 전공하겠다고 생각하고 있었다. 그래서 선지원·후시험의 학력고사 시스템 하에서 대학을 지원할 때 처음에는 서울대학교 영문학과를 지원하려고 하였다. 그러나 모의고사 점수는 꽤 여유가 있었기에 부모님과 선생님의 반대로 뜻을 굽힐 수밖에 없었고, 학력고사 당일 수학을 망쳤음에도 아슬아슬하게 법대에 진학할 수 있었다. 이런 사정이었으니, 처음에는 좀처럼 학교 생활에 재미를 붙이기 쉽지 않았다. 주로 교양강의를 수강하였던 1학년 시절에야 아직도 정치적 열기가 남아 있는 캠퍼스에서 열심히 놀면서 읽고 싶은 책들을 자유로이 읽는 재미로 살았다. 그러나 막상 2학년이 되어 전공 강의를 수강하려니 눈앞이 캄캄하였다. 특히 처음 들어간 강의에서 어느 교수님께서 당신이 저술한 교과서를 들고 와 그냥 천천히 읽으실 때에는 당혹스럽기까지 하였다.

그러한 상황에서 구원의 빛처럼 다가온 것이 선생님의 강의였다고 기억한다. 민법총칙 첫 시간에서의 강의는 그때까지 필자가 들은 어떤 강의와도 달랐다. 그때는 정신없이 몰입하였기에 잘 몰랐지만, 지금 돌이켜 생각해 보면 단순히 소재를 평범하고 순탄하게 전달하는 것이 아니라 법적으로 문제되는 중요한 쟁점을 들고 이익상황을 근본적으로 분석한 다음 교수자 자신의 평가적 관점을 내보이며 반대 견해를 신랄하게 논박하는 그러한 강의였다. 이미 다른 곳에 적은 것처럼, 적어도 필자에게 "정신을 생동하게 하는 강의 즉 내용을 단순히 전달하는 것을 넘어서 지적인 자극을 주는 강의는 (솔직하게 말해) 양창수 선생님 그리고 3학년에 수강한 이호정 선생님의 강의를 제외하면 거의 없었다"[3)]고 말할 수 있다.[4)] 그때부터 법대에서의 공부가

2) 필자에게 그러한 작업의 가치를 생각해 보게 한 계기는 특히 십여 년 전 독일에서 출판된 20세기의 대표적인 독일어권 민법학자들에 대해 그 제자들이 집필한 흥미로운 논문 모음집이었다. Grundmann/Riesenhuber hrsg., *Deutschsprachige Zivilrechtslehrer des 20. Jahrhunderts in Berichten ihrer Schüler*, Band 1, 2007; Band 2, 2010: "무엇이 그들의 인격과 창작에 영향을 주었는지, 그들의 영향의 특별한 점은 어디에 있는지, 그들 작업이 그 성립사와 관련해 어떻게 위치지워져야 하는지 등은 나중의 세대가 쉽게 이해하기 어려우며, 이는 학설이 널리 관철된 때에는 특히 그러하다. 제자들은 스승의 사람과 업적을 통상 가장 잘 알고 있다."(제1권 서문) 선생님께서도 최근 김증한 선생님과 이호정 선생님에 대해 그러한 글을 쓰신 바 있다. 양창수, "김증한의 생애와 학문 — 개인적인 시각에서", 민법연구, 제10권(2019), 91 이하; "이호정 선생님을 그리워하며 — 선생님의 삶과 학문에 대한 私的 追想", 자유주의자 이호정의 삶과 학문(2019), 1 이하.

3) 김형석, "보고: 민법학계의 학문후속세대 양성을 위하여", 민사법학, 제72호(2015), 450.

4) 비슷한 경험을 선생님의 첫 제자들 중 하나인 서울대학교 전원열 교수께 들은 바 있다. 그는 선생님의 학부 첫 강의를 수강하였는데, 그때까지 들었던 어떤 강의와도 달랐고, 강의가 끝나자 학생들이 우레와 같은 박수를 쳤

싫지만은 않게 되었다. 그리고 점차 장래의 희망으로 민법 연구자로 사는 일이 진지하게 고려되기 시작하였다. 아마 지금 필자의 강의 스타일도 상당 부분 그 당시 선생님의 강의로부터 영향을 받았을 것이라고 짐작한다.

물론 당시 선생님께서는 무척 엄격하고 무서운 스승으로서 법대에서 유명하였다. 그래서 처음에 강의실에서 그리고 강의실 밖에서 선생님을 대면하는 일이 상당히 긴장되는 경험이었음은 부정할 수 없다. 대부분의 학생들은 강의 초반부터 선생님께서 보이신 엄청난 「카리스마」에 압도될 수밖에 없었다.[5] 수업 태도가 부실한 학생을 꾸짖어 강의실에서 내보내신다든가, 아무 생각 없이 던져진 질문은 그냥 무시하신다든가, 강의 중에 마음에 들지 않는 상황이 발생하면 강의를 중단하시고 나가신다든가… 선생님께서는 강의 중에 종종 농담을 하시기도 하였지만 —죄송스럽게도— 대부분 썰렁한 위트에 그쳐 학생들의 인상을 바꿀 수는 없었던 것 같다. 이러한 엄격한 태도와 관련해, 나중에 선생님께서는 법대에 온 우수한 학생들이 타성에 젖어 있는 것이 안타까워[6] 자극을 주고 분발시키기 위해 그러한 태도를 보였지만 돌이켜 보면 조금 지나친 부분도 있었던 것 같다고 말씀하시기도 하였다.

2. 「무서운」 선생님에 대한 필자의 인상이 바뀌게 된 계기는 동아리 활동으로 선생님을 자주 뵙게 되면서부터였다. 당시 몇몇 동기들과 의기투합해서 법대에 단과대학 차원의 연극반을 창설하게 되었는데, 이를 위해 행정적으로 지도교수를 선정하는 일이 필요하였다. 그때 학생들 사이에서는 선생님께서 대학 다닐 때 연극을 하셨다는 소문이 이미 퍼져있는지라, 선생님을 모시는 것이 가장 먼저 고려되었다. 찾아뵙고 지도교수를 맡아 주십사 청했을 때, 선생님께서는 일단 수락해 주시기는 했지만 약간 거리를 두시는 분위기였다. 나중에 알게 된 사실이지만, 80년대 학번 선배 몇 명이 연극반을 만들겠다고 하면서 선생님을 지도교수로 모셨고 그 과정에서 선생님으로부터 학창 시절 자료들을 빌려 가기도 하였는데, 나중에 동아리 설립이 좌절되고 사람들도 흩어지면서 자료들도 되돌려 받지 못하셨다는 것이다. 아마도 그러한 연유가 있어서인지 우리의 활동도 처음에는 그다지 미덥지 못하다고 생각하신 듯하였다. 그러나 창단 공연(『칠수와 만수』)을 성공적으로 마친 다음에는 크게 기뻐하시면서 봉천고개에 있던 지금은 없어진 한 식당(「초동」으로 기억한다)에서 한우 생고기를 사 주시면서 적극적으로 격려해 주셨다. 그 자리에서 동기 한 명이 공연 준비 때문에 시험에 잘 대비할 수 없어 기말고사를 망

다고 한다.

5) 서울대 법대 학생 자치잡지와의 인터뷰에서 학생들이 선생님을 지칭할 때 반복해서 「카리스마」라는 단어를 사용하고 있음을 주목할 필요가 있다. "교수님과의 대화: 양창수 교수님을 만나다", 노모스의 뜨락(2019), 387, 391.

6) 이미 그 시절 학부 강의에서부터 선생님께서는 칸트를 원용해 자발적인 정신의 미성숙 상태에 머물러 있지 말고 과감히 생각할 용기를 가지라고(sapere aude!) 말씀하시고는 하였다.

쳤다고 하니, 선생님께서는 "답안이 가관이더라"고 말씀하시면서도 점수를 잘 줄테니 걱정하지 말라고 말씀하셨다. 일말의 희망을 품게 된 그 친구는… 물론 D를 받았다. 우리는 F를 받을 것을 선생님께서 올려주신 거라고 농담하고는 하였다.

이후에도 여러 차례 공연을 올리게 되자, 선생님께서는 "삭막한"(선생님께서 어느 팜플렛 서문에 쓰신 표현이기도 하다) 법대에서 연극 활동을 계속 이어가는 우리를 기특하게 여기신 것 같았다. 우리는 공연을 준비하는 과정에 선생님으로부터 여러 도움을 받을 수 있었다. 정기적으로 회식 자리도 마련해 주셨고, 그러한 모임에서는 선생님과 학생들 모두 만취하는 일이 예사였다. 거기서 우리는 선생님께서 학생 시절 교양학부에서 그리고 법대에서 참여했던 연극 이야기도 들을 수 있었고,[7] 다른 연극반 선배들과 인사할 기회도 가지게 되었다. 그 과정에서 필자는 강단에서의「카리스마」있는 모습이 아닌 학생들에게 자상하게 배려하시는 모습의 선생님도 알게 되었다고 말할 수 있다. 아무래도 연기에는 재능이 없었던 필자는 주로 스탭 일을 맡아 특히 지도교수인 선생님께 도장을 받거나 상의드릴 기회가 많았는데, 이 역시 필자의 진로에 적지 않은 영향을 미친 것이 아닌가 짐작한다. 그때나 지금이나 교수를 만나러 연구실에 찾아가는 것은 학생에게 부담스러운 일이다. 그러한 거북한 절차가 연극반 활동을 하면서 선생님과의 관계에서는 비교적 자연스러운 일상이 된 셈이었다. 이러한 심리적인 가까움이 선생님 강의에 대한 관심과 더불어 이후에 민법을 공부하고 선생님을 동아리 지도교수가 아닌 전공 지도교수로도 모시게 된 계기가 되지 않았나 싶다. 필자가 어느 기회에 학문후속세대 양성과 관련해 "지적 호기심을 가진 젊은이를 끌어들이는 것은 강의나 세미나에서 주는 지적 자극도 중요하지만, 더 나아가 사적인 인적 교류와 접촉도 못지 않게 중요하다는 것이 제 경험"[8]이라고 썼던 것은 그래서이다.

실제로 선생님께서는 학문의 성장에 "사람"이 모이는 것이 중요하다고 여기셔서, 학교가 법원이나 변호사 사무실과 경쟁해서 우수한 인재를 안정적으로 끌어올 수 있어야 한다는 점을 제자들에게 자주 강조하셨다. 여러 차례 말씀하신 바에 따르면, 아무리 뛰어난 사람이라도 혼자 이룰 수 있는 학문적 업적보다 평범한 두 세 사람이 이룰 수 있는 것이 더 많으므로, 가능한 한 많은 사람들이 모여 각자의 능력과 관심에 따라 교류할 때 학문은 성장한다는 것이다. 현재 학교와 실무에서 활동하는 많은 제자들을 생각해 보면, 선생님께서 사람을 모으는 일에 우선순위를 두고 몸소 실천하셨음을 짐작하게 된다.

3. 대학원 석사 과정에 진학하면서 선생님을 지도교수로 모시고 민법 공부를 시작한 필자는 더 자주 선생님을 뵙게 되었다. 선생님을 가까이서 접한 사람이라면 누구나 아는 사실이지

7) 이에 대해서는 양창수, "회고기: 연극이 뭐길래", 노모스의 뜨락(2019), 14 이하 참조.

8) 김형석(주 3), 454.

만 선생님께서는 정말로 연구에 전념하시는 분이셨다. 강의나 외부 일정이 없는 이상 거의 언제나, 심지어 주말에도, 연구실에서 자료를 읽으시거나 글을 쓰고 계셨다. 그래서 선생님께 상의드릴 일이 있으면 굳이 따로 약속을 잡을 필요 없이 그냥 연구실로 가면 뵐 수 있었다. 필자가 대학원 다니던 1990년대 중반에는 그 정도는 아니었다고 기억하지만, 한양대학교 제철웅 교수께 들은 바에 따르면 1980년대에는 선생님께서 연구실에서 밤을 새는 경우도 많았다고 한다. 그리고 저녁에 항상 연구하시다가 늦게 퇴근하시는 바람에,[9] 대학원생들 사이에서 "그래도 우리가 양창수보다는 늦게 집에 가야 하는 것 아닌가" 하는 이야기가 있었다고 한동대학교 이국운 교수께 들은 적도 있다.

선생님을 개인적으로 아는 사람이라면 연구실에 가득 찬 발 디딜 틈 없는 책장 사이로 조심스레 걸어 들어가 선생님과 면담하던 기억을 가지고 있을 것이다. 선생님께서는 연구와 관련해 필요하다고 생각하시면 어떻게든 자료를 구해서 참고하시는 분이었다.[10] 그런데 법학도서관의 장서가 연구를 위해 여러모로 미비하였기에,[11] 선생님께서는 기본적 문헌이나 연구에 필요한 책과 자료를 수집하는 데 특히 공을 들이셨다. 도서관에 신간을 신청하시는 것은 기본이었고, 인터넷이 보편화되기 전에도 번거로운 방법으로 해외 헌책방에서 긴요한 책들을 구하시고는 했다.[12] 개인적으로는 프랑크푸르트에 있는 「베르너 하슈트만(Werner Haschtmann)」 서점에 주문하시던 건을 도와 드렸던 기억이 난다. 그리고 연구 중에 필요한 자료가 한국에 소재하지 않는 경우 외국에 유학 나가 있는 제자 등에게 부탁하여 이를 조달하시는 경우도 종종 있었다.[13] 필자가 독일에 유학하던 때에도 선생님으로부터 이메일이 도착하면 대개 열어보기 전에도 무슨 자료가 필요하신가보다 짐작하고는 하였다. 몇 가지 기억나는 것을 더듬어 보면, 『헤센 대공국 민법 초안 및 이유서』같이 기본이 되는 참조 자료도 있었고, 개별 연구를 위한

9) 양창수, "어느 법학교수가 살아온 이야기"(주 1), 17도 참조.

10) 도회근, "대학원 F 학점의 사연", 서울대학교 대학원 동창회보, 제27호(2021), 41: "법대 연극반에서 같이 동고동락했던 양선배는 강원도 인제 근처에서 군법무관으로 복무 중에 석사논문을 쓰고 있었다. 양선배는 이미 대학원을 수료한 후인지라 당시에는 서울대 도서관에서 도서를 대출할 수가 없어서 내 이름으로 도서를 대출해서 공부하고 논문을 썼던 터였다. 당시 서울대 도서관에서 대출한 책들 중에는 독일의 법학자 사비니(Savigny) 같은 대가들의 100년 전 독일 원서들이 있었는데 도서 뒷면 대출 기록에는 내 이름으로 대출한 양선배가 첫 번째 대출자일 정도로 손때를 타지 않고 깨끗이 보존된 책들도 여러 권 있었다. 경성제국대학시절에 일제(日帝)가 구입한 책들이지만 서울대 도서관에 그런 옛날 책들이 있다는 것도 놀라웠고 그런 책을 대출해서 읽은 사람이 양선배가 첫 번째였다는 사실도 놀라웠다." 실제로 필자도 법학도서관에서 연구에 필요한 책을 대출하면 재미 삼아 옛 시절의 대출카드를 빼서 들여다보는데, 놀랄 정도로 자주 선생님의 이름을 발견할 수 있었다.

11) 이는 선생님께서 강연이나 사적 대화에서 자주 한탄하시던 주제이기도 하다. 또한 양창수, "연구의 기본 설비를 하루빨리", 민법산책(2006), 256-257; "책 이야기 또 하나", 노모스의 뜨락(2019), 97-101; "처량한 우리 대학", 같은 책, 359 등도 참조.

12) 양창수, "법학고서", 민법산고(1998), 8 이하 참조.

13) 양창수, "책 이야기 또 하나"(주 11), 98: "전진기지".

플루메와 밀거의 동산담보에 관한 논문[14]도 있었으며, 독일 민법전 번역과 관련해 통신판매법(Fernabsatzgesetz) 및 채권법 현대화에 따른 개정 자료도 있었다. 어느 기회에 『경제법잡지』(ZIP) 논문 하나를 부탁하셔서 보내드리는 기회에 법학도서관이 구독하는 잡지로 기억하는데 무슨 일이 있었는지 여쭈었더니, 예산 조정 과정에서 구독이 중지되었다고 말씀하시며 정말 한심한 일이라고 한탄하시던 답장을 주셨던 기억이 난다. 돌아가신 이호정 선생님께서 언젠가, 선진국은 학문이 공장제 기계공업 단계에 있어 대학이 「생산수단」을 갖추고 있으므로 연구자는 몸만 가서 연구하면 되지만, 우리나라는 매뉴팩처 단계라 연구자가 자신의 생산수단을 구입하고 소유해야 한다고 농담 반 진담 반으로 말씀하신 적이 있다. 당연히 그러한 「산업」의 수준에 따른 「생산력」의 격차도 암시하신 것이리라 생각한다. 그 시절과 비교할 때 각 대학의 법학도서관의 사정이 개선된 측면이 있는 것은 분명하지만, 어떠한 근본적인 질적 변화가 있는 것 같지는 않다. 사정이 이렇다 보니 선생님께서는 일찍부터 법학도서관 장서 확보에 큰 정성을 들이셔서 연구에 필요한 중요한 신간들이 빠짐없이 소장되도록 노력하셨다. 서울대학교 법학도서관의 서가 사이로 다니면서 민법 관련 장서가 유독 많고 충실하다는 사실을 눈치챈 사람은 학문이 발전한 다른 나라에서라면 사서가 해야 할 일을 떠맡은 교수가 있는 전공과 그렇지 아니한 전공 사이에 상당한 시간이 지난 후 큰 격차가 생겼음을 알아야 할 것이다.

또한 선생님께서는 최근의 논의 동향을 추적하는 것을 게을리하지 않으셔서 새로 나오는 외국 학술지를 광범위하게 리뷰하고 계셨다. 몇 개월에 한 번씩 법학도서관이 제공하는 신착 학술지 목차의 복사 파일을 보고 관심 있는 논문들을 체크하신 다음 법대에 임용된 조교로 하여금 복사해서 가져오게 해 살펴보시고는 했다. 상당한 분량의 복사를 해야 하는 번거로운 일이라 조교들이 그 일을 그다지 달가와 하지는 않았던 것 같다. 그런데 한동안은 특히 민법 조교가 선임되어 있지 않아 필자가 그 일을 맡아 한 적도 있었다. 필자로서는 선생님께 「편승」해 새 학술지를 들여다보는 기회를 가질 수 있게 되었다고 생각해서 그런지 그 일이 그렇게 싫거나 하지는 않았고, 오히려 다들 퇴근한 저녁 시간에 신착 자료실에 딸린 복사실에서 호젓하게 복사하던 그 장면이 좋은 기억으로 남아 있기까지 하다. 심지어 그 기회에 필자의 관심이 가는 논문은 필자 자신을 위해 추가로 복사해 두기도 하였다. 혹 선생님의 복사비 계정이나 법대의 복사 예산과 관련해 배임의 구성요건에 해당할지도 모르겠지만, 이미 공소시효도 지났을 것이므로 이 기회에 편한 마음으로 「자백」하고자 한다. 다만 그때 복사한 논문들을 정작 이후에 읽거나 참조한 일이 없는 것 같아 부끄러울 따름이다.

14) Flume, "Besitzloses Pfandrecht im geltenden deutschen Recht", *Gesammelte Schriften*, Band I, 1988, S. 439 ff.; Milger, *Mobiliarsicherheitem im deutschen und im US-amerikanischen Recht*, 1982. 이 자료는 양창수, "독일의 동산담보 개혁논의", 민법연구, 제7권(2003), 147 이하를 위해 필요하셨던 것으로 추측된다. 후자는 실제로 인용되어 있기도 하다.

4. 그러나 선생님께서 연구를 위한 전공 서적과 자료만을 탐색·조달하시는 것은 아니었다. 잘 알려진 대로, 선생님께서는 온갖 분야의 다양한 책을 구해 섭렵하시는 것으로도 유명하다. 필자가 살면서 알게 된 박람강기한 장서가 중에서 아마 수위를 다투는 분이라고 해도 무방할 것이다. 사실 이는 개인적으로 가까이서 뵙고 대화를 나누기 이전에, 이미 선생님의 글들만 읽어도 금방 눈치챌 수 있었다. 책 이야기를 주로 다루거나 이를 배경으로 하는 독후감이나 에세이뿐만 아니라, 진지한 연구 논문만 읽어도 그랬다. 무어(G. E. Moore)와 김현이 적절한 맥락에서 인용되는 논문[15]은 어린 대학생의 눈에도 무언가 특별해 보였다.

석사 과정에 다닐 때 이런 일이 있었다. 필자는 그 당시 고려대학교 근처에 있던「새한서점」이라는 헌책방에 자주 들렀다.[16] 필자가 가지고 있는 슈탐믈러의『경제와 법』, 켈젠의『순수법이론』 제2판, 하토야마 히데오(鳩山秀夫)의 채권법 교과서(전3권) 등의 원서를 거기서 구입하였던 것으로 기억한다. 그런데 어느 날 가 보니 폰 투어의『전용물소권』이나 미타이스의『대리의 이론』 등 판덱텐 법학 서적 몇 권이 있는 것이었다. 가격을 물어보니, 한 권에 5만 원 정도씩을 요구하였다. 대학원생이 쉽게 구입할 가격은 아니어서 입맛만 다시고 돌아 나왔으나, 그 책들이 거기 그렇게 있는 것이 못내 아쉬워 다음 날 학교에 오자마자 선생님께 말씀을 드렸다. 그랬더니 선생님께서는 바로 가 보자고 하시면서 필자에게 안내를 부탁하셨고, 필자는 선생님이 운전하시는 차를 타고 다시 서점을 방문하였다. 선생님께서는 책을 확인하시고는 한국법학원의 장서가 나온 것이라고 하시면서 책 관리가 엉성함을 한탄하셨다. 다만 그 가격에 구입하실 뜻은 없으신 것 같았다. 대신 선생님께서는 다른 책들을 한참 둘러보시더니 그중 몇 권을 골라 구입하셨다. 아마 권당 삼사천 원 정도의 저렴한 가격이었던 것으로 기억한다. 그런데 그렇게 서점을 나와 차에 돌아온 다음, 선생님께서는 너무나 기뻐하셨다. 그것은 구입하신 책 중 하나가 나중에 마루야마 마사오의『일본 정치사상사 연구』를 구성하게 되는 논문 중 한 편(제1장이 되는 유명한 "소라이가쿠의 특질")의 일부로 저자인 마루야마가 동료에게 헌정하는 글과 서명이 있는 별쇄본이었기 때문이다. 게다가 이 부분의 출판본과 별쇄본에는 마루야마가 앞서 발표한 내용에서 천황 이름과 관련해 생긴 오식을 정정하기 위해 주변의 걱정 어린 충고를 받아들여 "삼가 바로잡는다"는 정오표를 붙였다는 유명한 사연이 있다.[17] 선생님께서는 그 부분을 확인하시며 매우 좋아하셨다. 이후 선생님께서는 여러 차례 사석에서 이 별쇄본을 구한 것을 자랑하시고는 했는데, 그때마다 필자는 도움을 드린 것 같아 뿌듯하면서도

15) 양창수, "한국 사회의 변화와 민법학의 과제", 민법연구, 제1권(1991), 17, 27; "동산 질권에 관한 약간의 문제", 같은 책, 279-280.

16) 이 서점은 이후 공간 비용을 감당하지 못해 충북 단양군의 한적한 곳으로 이전하였다. 책 판매는 온라인으로 하면서, 방문객을 위한 지역 명소로 자리매김한 것으로 알고 있다. 필자는 이후 한 번 방문해 보겠다고 생각하면서도, 아직 가 볼 기회가 없었다.

17) 丸山眞男, "영어판 저자 서문", 日本政治思想史硏究, 김석근 역, 1995, 51-52 참조.

왜 자신이 그걸 먼저 발견하지 못했는지 살짝 아쉬워하기도 했다.

이후 박사 과정에 들어온 다음 법대가 대학원 지원 사업인 BK21에 선정되어 이전에는 가능하지 않았던 여러 활동이 가능하게 되었다. 한 번은 선생님께서 연구 출장 지원을 받아 일본 도쿄에 다녀오자고 말씀하였다. 일행은 선생님, 한양대학교 이준형 교수, 그리고 필자 이렇게 세 사람이었다. 숙소 예약에 곡절이 없지 않아 이케부쿠로의 한 호텔의 삼인실을 예약하게 되었고, 일정 동안 세 사람이 비교적 좁은 공간에서 함께 지내게 되었다. 불편하셨을 법한데도 선생님께서는 특별히 불평하는 말씀이 없으셨다. 아침 일찍 일어나 근처 산보를 하시고 삼각김밥, 녹차, 신문을 사서 돌아오신 다음 침대에 기대어 드시면서 신문을 보시던 모습이 기억난다. 공식 일정은 비교적 짧은 편이어서 나머지는 자유시간이었는데, 당시 이준형 교수께서는 박사학위 논문을 준비 중이라 도쿄대 도서관에서 자료 검색 및 복사에 열중이었다. 필자는 그 주위를 서성이며 그냥 미리 체크해 둔 논문 몇 개를 복사한 것을 제외하면 빈둥대며 시간을 보냈던 것 같다. 반면 선생님께서는 자유로운 일정의 대부분 동안 혼자 일본의 고서점들을 탐방하시면서 책을 구입하셨다. 그런데 나중에 귀국할 때 매입한 책이 너무 많아 선생님의 짐이 허용 중량을 초과하는 일이 발생하였다. 결국 공항에서 가방을 열고 책들을 나누어 이준형 교수와 필자의 짐에 분담함으로써 간신히 무게를 맞추어 귀국할 수 있었다. 짐을 옮기는 과정에서 살펴보니 구입하신 책들의 상당수는 필자가 잘 알지도 못하는 이름으로 가득한 일본 문학전집이어서, 선생님께서는 이런 책들도 보시는구나 하는 생각을 했던 기억이 난다.

5. 대학원에 진학하여 인사를 드리러 간 첫날, 선생님께서는 뵈머(Boehmer)의 『민법입문』 제2판을 읽으면서 공부하라고 추천해 주셨다. 한 권을 독파해야 실력이 한 단계 업그레이드된다고 강조하셨다. 도서관에서 대출해 복사한 다음 보니, 1954년에 초판이 그리고 1965년에 제2판이 나온 이 책의 문체는 전전(戰前)의 고풍스러운 것이어서(뵈머는 1881년생이다) 필자의 서투른 독일어 실력으로 읽기가 무척 고역스러웠다. 꾸역꾸역 읽어 한 백 페이지 가까이 읽은 것 같은데, 결국 대학원 수업의 다른 발표 준비와 당시 시작하게 된 법률상담실 조교 일 때문에 중단하고 말았다. 그러나 선생님의 대학원 수업이나 선생님께서 제자들과 함께 하시던 강독회에는 성실하게 참여하고자 노력하였고, 거기서 많은 것을 배울 수 있었다. 독일 문헌 읽는 방법과 번역하는 방법, 독일법과 영미법 문헌을 읽을 때 배경이 되는 여러 지식, 중요 쟁점에 대한 내외의 논의 상황, 선생님의 간단한 설명과 평가 등도 유익하였지만, 어떤 소재에 접근하는 학문적 태도의 성실성(선생님께서 언젠가 쓰신 표현으로는 Sache에 대한 충실)도 알게 모르게 내면화하지 않았나 싶다. 거기서의 경험은 이후 필자가 연구자로 살아가는데 큰 자산이 되었음이 분명하다. 필자는 선생님 세미나에서의 수업시대(Lehrjahre)가 없었더라면 독일 유학에서의 방랑시대(Wanderjahre)도 쉽게 마무리할 수 없었을 것이라고 생각하고는 한다.

미숙한 석사 초년 시절부터 선생님의 지도를 받아 가면서 여러 선후배들과 함께 배우고 강독했던 기억은 필자에게 매우 소중한 추억으로 남아 있다. 기억을 되살려 보면, 대학원 수업에서 필자는 림멜스파허(Rimmelspacher)의 『신용담보법』, 메디쿠스(Medicus)의 『민법』,[18] 판스워스(Farnsworth)의 『미국 계약법』, 미국 통일상법전(UCC) 매매편, 보르크(Bork)의 『화해』 등을 읽었다. 한양대학교 이준형 교수의 회고에 따르면, 대학원에서 메인(Main)의 『고대법』, 츠바이게르트와 쾨츠의 『비교법 입문』 제1권, 코잉의 『사적 법률행위의 효력에 따른 신탁』 등을 강독하였다고 한다. 1990년대 초반부터 시작하여 선생님께서 대법관이 되실 때까지 지속하였던 강독회에 필자는 석사과정에 진학한 1996년부터 참여하였는데, 여기서 베스터만(Westermann)의 『민법입문』, 게른후버(Gernhuber)·슈톨(Stoll)·메디쿠스(Medicus) 기념논문집, 크라머(Kramer)의 『법학방법론』, 보르크(Bork)의 민법총칙 교과서 등을 한 달에 한 번씩 토요일 오후에 모여 읽었다. 필자가 참여하기 전에는 독일 민법전, 뵈머(Boehmer)의 『민사법 질서의 기초』, 라렌츠(Larenz)와 카나리스(Canaris)의 채권각론 교과서 제2권 등을 강독한 것으로 알고 있다. 이 강독회에는 대학원 민법 전공 학생뿐만 아니라 다른 전공의 학생, 졸업한 실무가와 현직 교수 등도 참여하였고, 선생님께서는 토요일 오후 특별한 일정이 없는 한 늘 참석하셔서 문장 하나하나 지도해주셨다. 이 중 가장 필자의 기억에 남는 전공 서적은 박사과정 수업에서 읽었던 『화해』 전반부이다. 여기서 저자는 화해계약과 관련된 쟁점을 법률행위 일반이론으로부터 해결하기 위해 법률행위의 기본적 쟁점을 근본적으로 파헤치는데, 당시는 이제 어느 정도 독일어 읽는 것도 수월해지고 독일 민법에 대한 지식도 있는 편이어서 재미도 있었고 배우는 바도 많았다. 그 학기에는 서울대학교 천경훈 교수, 법무법인 위어드바이즈 박준용 변호사 그리고 필자 이렇게 세 사람만이 수강하였고, 인하대학교 박인환 교수께서 청강을 하였던 것으로 기억한다. 그래서 청강자까지 포함하여 각자 2~3번씩 발표를 하는 강행군을 할 수밖에 없었지만, 선생님과 함께 매우 편안한 분위기에서 강독하고 자유롭게 토론하던 그 수업의 여러 장면이 좋은 추억으로 남아 있다.

6. 선생님께서는 연구자는 항상 전통적인 주제 한 가지 그리고 현대적인 주제 한 가지를 마음에 품고 있어야 한다고 말씀하시고는 했다. 실제로 선생님께서 쓰신 논문들을 보면 두 방향 어느 하나에도 시선을 소홀히 하지 않으셨음을 알 수 있다. 그러나 대학원에서의 학위논문의 주제 선택과 관련해서는 가능하다면 보다 전통적인 주제를 고르는 것이 좋다고 생각하시는 편이었던 것 같다. 그것은 오랜 역사를 가진 전통적인 주제는 수많은 명민한 법학자들이 서로 합을 겨룬 풍부한 논의를 배경으로 하고 있으므로 학위논문으로 자신만의 학문을 시작하는 연구자가 수련

18) 선생님께서는 독일 베를린 유학 시절 읽은 책 중에서 가장 유익했던 책으로 비아커의 『근세사법사』, 츠바이게르크/쾨츠의 『비교법 입문』과 함께 이 책을 드신 적이 있다.

하기에 보다 적합하다고 생각하셨기 때문이다. 실제로 필자는 일부 학위 지원자들이 지나치게 첨단적인 주제를 학위논문의 테마로 정했다가 학문적으로도 그다지 성숙하지 못하고 또 만족할 만한 결과에도 이르지 못하는 것을 관찰하는 경우가 있었다. 그럴 때마다 선생님께서 학위논문 지도와 관련해 제자들의 주제 선정을 얼마나 세심하게 관리하셨는지를 새삼 깨닫게 된다.[19]

학위논문 지도와 관련해 선생님께서는 편제와 내용에 세세하게 관여하는 대신 제자가 스스로 길을 찾는 것을 돕는 일을 당신의 역할로 생각하셨던 것 같다. 선생님과 견해가 다른 부분이 있어도 대개 간단히 의문을 표명하시면서 "잘 생각해 보라"고 말씀하시는 것으로 그치셨다. 대신 학위논문을 시작하는 학생에게는 초기 단계에서 연구가 가야 할 방향을 스스로 정립할 수 있도록 여러 지원을 해 주시고는 하셨다. 대표적으로 선생님께서는 연구 초입에는 해당 분야와 관련해 잘 쓴 대표적 논문 특히 호평받은 단행논문(박사학위 논문, 교수자격 논문)을 꼼꼼하게 정독하면서 연구자 스스로 소재에 접근할 바탕이 되는 기본적 시각을 획득하는 일의 중요성을 강조하셨다.[20] 그래서 선생님께서는 처음 주제에 접근하는 제자들에게 먼저 읽어볼 논문이나 책을 추천하시고는 하였고, 책이 도서관에 소장되어 있지 않는 때에는 장서를 빌려주셨다. 필자의 경우 양도담보에 관심을 가지게 되어 결국 석사논문까지 쓰게 되었는데, 그 과정에서 선생님께서 베커-에버하르트(Becker-Eberhard)의 『담보권의 채권구속성』, 코잉(Coing)의 『사적 법률행위의 효력에 따른 신탁』, 나가노 테이치로(中野貞一郎)의 『강제집행 · 파산의 연구』 등의 책을 알려 주셨다. 특히 세 번째 책은 법학도서관에 소장되어 있지 않아 선생님의 책을 빌려 복사하였고, 지금도 이 복사책을 참조하고 있다. 독일에서 학위논문을 준비할 때에도 선생님께 배운 바에 따라 주제를 정한 다음 주제에 가장 적절하다고 보이는 프리츠 슐츠(Fritz Schulz)의 『구상과 연장』과 폰 올스하우젠(von Olshausen)의 『채권이전과 구상에서 채권자 권리와 채무자 보호』를 나름 주의를 기울여 읽었고, 그 과정에서 가지게 된 나름의 관점을 바탕으로 비교적 효율적으로 논문을 작성할 수 있었다.

---

19) 예전에 한양대학교 제철웅 교수께 들은 바에 의하면, 선생님께서 동산 선의취득을 추천하셔서 이를 주제로 박사학위 논문을 작성하는데, 다른 어떤 교수가 그 주제에 뭐 특별히 새로 쓸 것이 있겠는지 의문을 표명한 적이 있었다고 한다. 어느 자리에서 그 이야기를 전해 들은 선생님께서는 우리 민법학계에 인력이 얼마나 귀한데 긴요하지 않는 주제를 추천하겠는가 하고 말씀하신 적이 있다. 그렇게 탄생한 제철웅 교수의 『동산 선의취득법에 관한 연구』는 주지하는 바와 같이 우리 학계에서 이 주제에 관한 표준적 저작이 되었다.

20) 최근 선생님께서는 석사학위 논문과 관련해서는 이호정 선생님으로부터 자극을 받아 읽은 라벨의 논문이 그런 역할을 했음을 밝히신 바 있다. 양창수, "이호정 선생님을 그리워하며"(주 2), 12-13. 또한 어느 강독회 모임에서 필자가 들은 바에 따르면 선생님의 박사학위 논문 집필 과정의 초입에서 기본적 시각을 정립하게 해 준 글은 폰 캐머러의 "부당이득과 불법행위"였다고 한다.

Ⅲ.

선생님의 연구실을 방문한 경험이 있는 사람은 잘 알고 있겠지만, 선생님께서는 책상 주변 서로 마주 보는 서가 위에 두 개의 작은 흑백 초상화를 세워두고 계셨다. 하나는 루쉰(魯迅)의, 다른 하나는 에른스트 라벨(Ernst Rabel)의 것이다. 지금 돌이켜 생각해 보면 이 마주 보는 이 두 초상이 만든 그 연구실 공간이 선생님의 학문을 형상화하는 이미지가 아닌가 하는 감상이 든다.

1. 여러 대화에서 들은 바에 따르면, 선생님께서 루쉰을 좋아하신 이유는 루쉰이 현실을 정직하게 마주하고서 성역 없이 현실의 부조리를 비판하면서도 자신의 처지를 비하하지 않고 자신이 서 있는 자리를 잊지 않는 정신적 태도 때문이었던 것 같다. 사람이 사람을 잡아먹는 사회에서[21] 양심과 용기를 가지고 「정인군자」(正人君子)들이 싫어할 글을 쓰면서도,[22] 돌이켜 자신의 것을 천착해 『새로 엮은 옛이야기(故事新編)』와 『중국 소설사』를 저술하는 그러한 태도 말이다. 선생님께서 우리의 "현재 있는 법"을 바탕으로 민법학을 해야 한다고 강조하셨던 그 마음가짐이 루쉰의 초상을 세워두신 뜻이 아닐까 생각해 보고는 한다. 이는 자주 인용하시는[23] 후스(胡適)의 말을 빌자면[24] 아프지 않으면서 신음하는 것의 거부, 즉 문제에 대한 해결을 스스로의 생각에서 구하지 아니하고 해결책은 물론 심지어 문제마저도 숙고 없이 수입하던 당시 학계의 폐습을 비판하는 것을 의미하였을 것이다.

> 다른 나라의 경험에 대한 탐색과 평가 —그와 같은 작업은 궁극적으로는 입법론으로서 의미를 획득할 것이다— 에 대한 필요한 당연한 것이라 할 것이다.
>
> 그런데 이것 또한 그 나름대로의 독특한 문제를 제기한다. 즉 그와 같은 외국법에의 주목, 그리고 그와 필연적으로 연결될 '도입' 주장은 우리 민법전 자체의 규범 구조에는 들어맞지 않는, 또는 구조에 비추어서는 불필요한 새로운 법제도를 수입하게 될 위험과 연결되어 있다. 그것은 비단 외국의 법제도를 새로운 법률에 의하여 채택하는 국면에 있어서뿐만 아니라, […] 특히 민법 자체를 해석하는 국면에 있어서 그러하다. 이러한 위험이 현실화된다면, 이미 우리 민법학계에서 훌륭한 세력을 얻고 있는 민법전외적 민법이론, 다시 말하면 실정법상의 근거가 없는 또는 민법전의 구조를 왜곡함으로써만 가능한 민법이론에 대하여, 새로운 형태의 이물질(aliud)이 접합될 것이다. 이러한 바람직스럽지 않은 사태를 피하기 위하여는 무엇보다도 "현재 행해지고 있는 법"을 정확하게 인식하는 것이 요구되며, 그러한 인식의 기반 위에서야말로 우

21) 루쉰, "광인일기", 루쉰전집번역위원회 편, 루쉰 문학선, 2018, 15 이하.
22) 루쉰, "후지노 선생", 루쉰 문학선(주 21), 446.
23) 예컨대 양창수, 민법연구, 제2권(1991) 서문; "어느 법학교수가 살아온 이야기"(주 1), 12-13.
24) 후스, "문학 개량에 관한 소견", 김수연 편역, 신청년의 신문학론, 2012, 56, 63-64.

리가 노력을 쏟아 해결하여야 문제의 확인과, 나아가서는 그 문제의 해결방법의 올바른 선택이 가능할 것이다.[25)]

그리고 이때 "현재 행하여지고 있는 법"은 대개 민법전과 판례법 외에는 있을 수 없다. 그런데 이 양자에 관하여 어느 만큼의 애정을 가지고 있는지, 또 어느 만큼 정확하게 인식하고 있는지 묻고 싶다.[26)]

지금까지도 계속되는[27)] 이러한 문제의식은 특히 선생님의 초기 연구에서 선명하게(또는 이렇게 표현하는 것이 허용된다면 루쉰을 연상시키는 전투적인 모습으로) 나타나며, 이는 특히 『민법연구』 처음 몇 권에 수록된 논문들에서 쉽게 확인할 수 있다. 그러한 태도는 무엇보다 우선 민법전의 성립사를 재구성함으로써 현재 있는 법의 출발점인 민법전에 대한 시각을 정리하는 것에서 출발하여,[28)] 우리 입법자의 결단이 존중되지 않는 해석론에 대해 이의를 제기하고,[29)] 우리 민법의 규범 구조와 부합하지 않거나 직접 도움이 되지 않는 외국 이론의 피상적 수입을 비판하며,[30)] 공간된 재판례의 의미와 사정범위를 사실관계에 기초해 세심하게 음미하는 모습으로[31)] 나타났다. 이러한 논문과 평석이 이후 우리 학계에 미친 영향력에 대해서는 여기서 새삼 언급할 필요가 없을 것이다. 그리고 이렇게 우리의 현실 즉 우리의 "현재 있는 법"에서 출발한다는 태도는 해석론을 넘어 방법론에서도 작지 않은 차이를 가져왔다고 생각된다. 실제로 선생님께서 본격적으로 활동하시기 이전 우리 학설에서는 정책적인 관점과 해석론적인 관점을 구분하지 않거나 법률의 문언과 체계에도 불구하고 해석자가 바람직하다고 생각하는 견해를 주장하는 경우가 드물지 않게 발견되었지만,[32)] 적어도 그러한 모습은 이제 상당 부분 극복되었다고

---

25) 양창수, "한국 사회의 변화와 민법학의 과제", 민법연구, 제1권(1991), 16-17. 생략은 인용자의 것이며, 이하 같다.

26) 양창수(주 25), 18.

27) 양창수, "한국 민사법학 50년의 성과와 21세기적 과제", 민법연구, 제4권(1997), 50-51; "한국 민법학 70년의 성과와 앞으로의 과제", 민법연구, 제10권(2019), 86-87; "상허대상 수상 소감", 노모스의 뜨락(2019), 28-29.

28) 양창수, "민법안의 성립 과정에 관한 소고", 민법연구, 제1권(1991), 61 이하; "민법안에 대한 국회의 심의(I) —법제사법위원회의 심의—", 민법연구, 제3권(1995), 1 이하; "민법안에 대한 국회의 심의(Ⅱ) —국회 본회의의 심의—", 같은 책, 33 이하; "민법의 역사와 민법학", 같은 책, 117 이하; "민법전 제정 과정에 관한 잔편", 민법연구, 제8권(2005), 1 이하.

29) 양창수, "법인 이사의 대표권 제한에 관한 약간의 문제", 민법연구, 제1권(1991), 111 이하; "동산 질권에 관한 약간의 문제", 같은 책, 255 이하; "민법 제60조에서 정하는 '제3자'의 범위", 민법연구, 제3권(1995), 342 이하 등.

30) 양창수, "유치권의 발생요건으로서의 「채권과 물건 간의 견련관계」", 민법연구, 제1권(1991), 227 이하; "계약체결상의 과실", 같은 책, 381 이하; "해제의 효과에 관한 학설들에 대한 소감", 민법연구, 제3권(1995), 267 이하 등.

31) 양창수, 민법연구, 제2권(1991) 이후 『민법연구』에 수록된 판례 평석들 참조.

32) 예컨대 필자는 석사논문을 작성할 때 양도담보권자가 파산한 경우 설정자가 환취권을 가지지 않는다고 규정하는 당시 파산법 제80조에 대해 김증한, 물권법, 개정판, 1983, 559가 별다른 근거 없이 그 내용이 부당하다는

볼 수 있기 때문이다. 언젠가 괴테는 에커만과의 대화 중에 칸트에 대해 "당신이 그를 읽지 않았어도 그는 당신에게 영향을 주었다"고 말한 적이 있는데,[33] 선생님께서 민법학의 기본적인 자세와 방법에 대해 가져오신 변화 역시 선생님의 논문을 한 편도 읽지 않은 많은 젊은 법률가들에게도 결코 작지 않은 영향을 주었을 것이다.

2. 그러나 선생님의 이러한 현실 지향은 국수적이거나 자족적인 학문을 영위하자는 주장과는 거리가 멀었다. 오히려 우리의 현재 역량을 고려할 때 넓은 범위에서 외국의 민법학에 대해 심도 있는 천착이 불가결하기에, 바로 그러한 연구가 유의미한 순기능을 발휘하기 위한 기본적 전제로서 "현재 있는 법"에 대한 강조가 이루어진 것이기 때문이다. 학문의 근본을 파악하면, 정전의 권위는 이제 자신의 생각에 대한 각주가 되는 것이다.[34] "우리는 때로 「우리의 법학」을 수립하여야 한다고들 말하는데 […] 그 용어는 그 자체 폐쇄적, 타인배척적인 함의를 자칫 가지기 쉽기 때문에 적절하지 않다. 우리는 「우리의」 법학이 아니라 「우리의 민법 문제」의 해결을 지향하는 법학을 지향할 것이다."[35] 즉 민법학이 "외국 법학에서 시급하게 배워야 하는 것은 바로 그들의 이러한 실질문제에서 문제되어야 할 유형적 사안요소들을 적출하여 이들을 법적으로 평가하는 능력, 그리고 그 어느 하나의 관점을 절대화하지 아니하고 그들 사이의 상보관계와 또는 긴장관계를 이해하고 동시에 —실천적으로는— 견디어가는 능력"이다.[36] 이를 위해 "우리는 널리 배워야 한다. 우리는 독일로부터도 한껏 배워야 하지만, 또한 프랑스를, 일본을, 미국을, 또 어디를 배워야 한다."[37]

선생님 연구실 책장에 서 있는 에른스트 라벨의 초상은 이러한 선생님의 지향을 상징하는 것처럼 보인다. 주지하는 바와 같이 에른스트 라벨은 로마법과 민법 연구에서 시작하여 이후 현대적인 비교법학을 창시하기에 이른다. 그렇기에 그가 정초하고 후계자들이 발전시킨 비교법학은 그 이전과는 달리 각국의 현재 법제를 평면적으로 비교함에 그치지 않는다. 오히려 여기서 비교법적 연구는 특정 주제와 관련해 역사적 발전과정을 심중하게 고려함으로써 과거부터 현재까지 여러 형태로 이어지는 각국의 문제 해결의 모습을 기능적 관점에서 비교하는 것에 중점을 둔다.[38] 선생님께서는 독일 유학 중 이러한 방법론의 자극을 받아 가지게 된 학문

이유로 환취권을 긍정하는 법률에 반하는(contra legem) 해석을 하는 것을 보고 다소 놀란 적이 있다. 당시 민법학 제1세대의 그러한 경향도 아마 我妻榮의 방법론과 해석법학의 영향일 수 있다고 추측된다. 이 문제에 대해 우선 廣中俊雄, 民法解釋方法に關する十二講, 1997, 108 이하 참조("我妻 민법학과 반제정법적 해석").

33) Eckermann, *Gespräche mit Goethe*, Münchener Ausgabe Band 19, 1986, S. 224.

34) 陸九淵, 陸九淵集, 卷三十四 語錄上: "學苟知本,《六經》皆我註脚." = 상산어록 역주, 고재석 역주, 2017, 70.

35) 양창수, "한국 민사법학 50년"(주 27), 51; "한국 민법학 70년"(주 27), 86-87.

36) 양창수, "한국 민사법학 50년"(주 27), 44; "한국 민법학 70년"(주 27), 78.

37) 양창수, "한국 민사법학 50년"(주 27), 49; "한국 민법학 70년"(주 27), 82.

적 자세를 “그렇다면, 그렇다고 한다면, 오히려 후발자의 이익을 최대한으로 살려, ‘현재 있는 법’을 그것대로 충분히 존중하면서도, —칸트의 작은 글 「계몽이란 무엇인가」의 표어(sapere aude!)대로— 자신의 이성을 보다 용감하게 발휘하여, 그로부터 조금씩 거리를 두면서 우리 사회의 실제적 법문제에 보다 넓은 비교법적 시야에서도 수긍할 수 있는 적절한 해결을 하나씩 하나씩 제시하여 가는 방식으로, 말하자면 점진적으로 법학을 수행하여 보면 어떨까 하는 생각”이라고 말씀하시기도 하였다.[39] 이러한 생각은 “타당성을 뒷받침하는 논증틀을 획득하기 위하여는, (i) 연혁을 거슬러 올라가고 또 다른 나라의 유사한 제도를 고려함으로써 그 역사적·비교법적 맥락을 탐구하고, (ii) 사회의 현실에서 법제도나 법명제가 영위하는 기능을 탐색하고 또는 이를 비판하며, (iii) 법규정의 배후에 있는 입법목적 또는 그것이 실현하려는 가치를 찾아내고 그 타당범위를 획정하여, 결국 이들을 하나의 가치좌표로 통합하려고 노력하고, (iv) 이러한 가치좌표를 받쳐 줄 이념적·철학적 기초를 공고히 하며, (v) 또한 서로 모순 없는 하나의 통일적 설명체계를 지향”하는 것으로 체계화된다.[40] 이러한 설명에서, 특히 (i)과 (ii)에서, 역사적 비교법학의 성공적 안착을 볼 수 있다고 말할 수 있지 않을까?

3. 실제로 선생님의 여러 정예로운 논문들은 “현재 있는 법”에서 출발하면서 이러한 역사적·비교법적 방법을 성공적으로 구사하고 있다고 생각된다. 미완성으로 끝났음에도 “원시적 불능론”[41]과 같은 상세한 법교의사(Dogmengeschichte) 연구는 우리 학계에 일찍이 없었다. 단

38) Zweigert and Kötz, *An Introduction to Comparative Law*, 3rd ed. tr. by Weir, 1998 p. 8 sqq., 34 sqq. 관련해 필자는 우리나라에서 역사적 접근법에 대해 규정의 성립사를 규명한다는 지나치게 협소한 관점이 주로 통용되면서 쟁점에 대한 해결 방법의 역사적 맥락을 기능적으로 파악한다는 이상과 같은 관점이 상대적으로 등한시되고 있다는 느낌을 받고는 한다. 필자가 20세기 후반 독일 도그마틱의 가장 우수한 저술의 하나라고 생각하는 한 책에서 다음과 같은 내용을 보았을 때, 그에 완전히 동의할 수밖에 없었다. 그리고 필자가 그러한 방법을 조금이라도 익힐 수 있었다면, 그것은 선생님과 빌링(Wieling) 교수님 두 분의 가르침 덕분이 아닌가 생각하게 된다. Huber, *Leistungsstörungen*, Band I, 1999, S. VI: “서술은 그 밖의 통상적인 경우보다 강한 정도로 독일 민법전 시행 이전의 법상태 그리고 여기서 특히 보통법에 따른 법상태에 의지하였다. 이는 호고적이고 역사적인 관심이 아니라 다음과 같은 확신에 기초해 그러한 것이다. 즉 현행법이 법률해석에 의해 탐구되어야 하는 한 그것의 이해를 위해서는 논리적이고, 문법적이고, 체계적인 해석 외에도 그리고 입법취지(ratio legis)에 의한 해석 통제 외에도 해석의 역사적인 요소도 불가결하다는 확신이 그것이다. 널리 통용되는 견해와는 반대로, 역사적 해석은 일차적으로 성립사와 입법자료의 평가적 이용은 아니다. 그것이 개별적 사례에서 해석의 보조수단으로 중요하다고 해도 말이다. 오히려 역사적 해석에서는 어떤 법률문언의 완전한 의미는 —모든 경우에 그렇지는 않더라도 많은 경우에— 이를 역사적 맥락에서 읽을 때 비로소 현실적으로 드러난다는 사실이 중요하다. 그 한도에서 역사적 해석은 체계적 해석의 짝이 된다. 입법자가 법상태에 대해 어떠한 표상(Bild)에서 출발하였는지를 아는 경우에만, 우리는 법률의 작성자가 어떻게 생각하였는지를 알 수 있다. 그들이 어떻게 생각하였는지 아는 경우에만, 우리는 우리가 도달 가능한 범위에서 ‘입법자의 관점에 대한 생각으로 침잠하여’ ‘이 법률을 우리의 사유 속에서 새로이 나타나게 할 수 있다’.” 마지막 부분의 인용은 주지하는 바와 같이 사비니의 것이다. Savigny, *System des heutigen römischen Rechts*, 1. Band, 1840, S. 213.

39) 양창수, “어느 법학교수가 살아온 이야기”(주 1), 13-14.

40) 양창수, “한국 민사법학 50년”(주 27), 44; “한국 민법학 70년”(주 27), 78.

순히 어느 한 나라의 법이 아니라 여러 나라의 법을 다면적으로 비교함으로써 우리가 가진 문제에 대한 설득력 있는 해결을 탐색하셨다.[42] 특히 우리 민법 해석에 프랑스 민법이나 영미법의 연구가 가지는 의미를 강조하시면서 "널리 배워야" 함을 몸소 보여주셨다.[43] 독일 민법도 단순히 교과서나 주석서의 참조를 넘어 훨씬 더 깊고 넓은 맥락에서 우리의 문제 해결과 관련해 고려될 수 있었다.[44] 유럽의 법통일 작업에 일찍부터 관심을 가지시고 그 내용을 번역·소개하셨다.[45] 역사적·비교법적 접근을 통해 여러 주제에 걸쳐 우리 통설·판례의 무비판적 전개의 맥락에 대한 분석이 이루어졌다.[46] "현재 있는 법"인 민법전의 단서와 무의식적이기는 하지만 유의미한 평가적 관점을 보이는 판례를 비교법적 고찰과 결합하여 새로운 법형성을 가능하게 하셨다.[47] 새로운 입법으로부터 발생하는 까다로운 해석 문제[48] 그리고 민법 개정을 위한 작업[49]에 대해서도 적극적으로 대응하셨다. 열 권의 『민법연구』에 모인 이러한 논문 및

41) 양창수, "원시적 불능론", 민법연구, 제3권(1995), 159 이하.

42) 예컨대 양창수, "민법 제393조 제2항이 정하는 '특별한 사정'의 예견시기", 민법연구, 제2권(1991), 117 이하; "흠 있는 소제기와 시효중단", 민법연구, 제4권(1997), 73 이하; "채권자의 보증인에 대한 배려의무에 관한 서설", 민법연구, 제6권(2001), 385 이하 등.

43) 양창수, "상속결격 일반", 민법연구, 제5권(1999), 313 이하; "프랑스의 새로운 제조물책임법", 민법연구, 제6권(2001), 483 이하; "언론 자유의 보장 근거에 대한 미국에서의 논의 소묘", 민법연구, 제7권(2003), 39 이하; "보증의 성립에 관한 프랑스의 법리", 민법연구, 제9권(2007), 179 이하 등. 또한 포르탈리스, 민법전 서론, 양창수 역, 2003.

44) 양창수, "민법 제401조와 제461조의 경계획정", 민법연구, 제1권(1991), 355 이하; "이행보조자의 의미와 구분에 관한 약간의 문제", 민법연구, 제4권(1997), 169 이하; "독일 민법전 제정 과정에서의 법률행위 규정에 대한 논의", 민법연구, 제5권(1999), 27 이하; "독일의 민사실무에서의 헌법적 고려", 민법연구, 제6권(2001), 465 이하; "재단법인 출연재산의 귀속시기에 관한 독일 민법의 규정", 민법연구, 제7권(2003), 81 이하; "독일의 동산담보 개혁논의"(주 14), 147 이하 등.

45) 양창수, "「유럽계약법원칙」에서의 채무불이행법리", 민법연구, 제6권(2001), 285 이하; "「유럽계약법원칙」의 소멸시효 규정", 민법연구, 제8권(2005), 131 이하 등. 또한 "유럽계약법전 예비안"(I~Ⅲ), 양창수·김형석 역, 서울대 법학 제45권 제3호(2004), 505 이하; 제45권 제4호(2004), 518 이하; 제46권 제1호(2005), 598 이하.

46) 양창수, "타인 소유 물건의 경매와 물상보증인의 담보책임", 민법연구, 제2권(1991), 231 이하; "임대차 종료 후 임차인의 목적물 계속점유와 부당이득", 같은 책, 329 이하; "공탁된 토지수용보상금에 대한 물상대위의 실행", 민법연구, 제3권(1995), 372 이하; "후순위저당권자 있는 공동저당 부동산에 대한 경매와 물상보증인의 지위", 민법연구, 제4권(1997), 283 이하; "금전의 부당이득으로 인한 반환의무", 민법연구, 제7권(2003), 267 이하 등.

47) 양창수, "독자적인 채무불이행 유형으로서의 이행거절", 민법연구, 제4권(1997), 121 이하; "독자적인 채무불이행 유형으로서의 이행거절 재론", 민법연구, 제10권(2019), 233 이하.

48) 양창수, "「가등기담보 등의에 관한 법률」의 현황과 문제점", 민법연구, 제1권(1991), 281 이하; "부동산실명법 제4조에 의한 명의신탁의 효력", 민법연구, 제5권(1999), 73 이하; "부동산실명법의 사법적 규정에 의한 명의신탁의 규율", 같은 책, 135 이하; "명의신탁재산의 등기환원", 같은 책, 181 이하; "명의신탁에 대한 규율 재고", 민법연구, 제6권(2001), 151 이하; "명의신탁 부동산의 실명전환", 같은 책, 187 이하; "전득자는 부동산실명법 제4조 제3항의 「제3자」에 해당하는가?", 민법연구, 제9권(2007), 101 이하.

49) 양창수, "채권편에 대한 민법 개정안 해설", 민법연구, 제8권(2005), 233 이하; "민법 개정안의 보증 조항에 대하여", 같은 책, 287 이하; "민법 개정 작업의 채권편의 개정 검토 사항 I(채권총칙)", 민법연구, 제9권(2007), 37 이하 등.

판례평석과 더불어 동일한 관점과 방법이 적용된 선생님의 부당이득에 관한 일련의 논문과 박사학위 논문,[50] 많은 초학자들의 길잡이가 되고 있는 『민법입문』, 그리고 방대한 분량의 『민법주해』 집필 부분[51] 등 선생님의 저술이 우리 민법학과 실무에 미친 거대한 영향은 그야말로 가늠하기 어렵다고 생각된다.[52]

그런데 이러한 저자로서의 업적 외에도 선생님께서 번역자로서 우리 학계에 기여한 부분을 잊어서는 안 될 것이다. 선생님께서는 우리 민법학에서 후학을 위해 우리 말로 읽을 만한 좋은 자료가 많지 않다는 점을 절감하시고, 일찍부터 번거로운 번역 작업을 마다하지 않으셨다. 유럽법 관련 번역 외에도(주 45 참조), 라렌츠의 『정당한 법의 원리』, 츠바이게르트 · 쾨츠의 『비교사법제도론』, 전원열 교수와 공역하신 로슨의 『대륙법 입문』, 포르탈리스의 『민법전 서론』, 비교적 짧은 번역 논문들을 모은 『독일 민법학 논문선』, 그리고 무엇보다 기본 중의 기본이라고 할 수 있는 외국 법률의 번역으로 매우 큰 노력이 요구되지만 그럼에도 꾸준히 개정되고 있는 『독일 민법전 — 총칙 · 채권 · 물권』 등 선생님께서 후학에 주신 도움은 번역만으로도 결코 작지 않다. 선생님께서 당신의 문제의식에 비추어 유의미한 번역에 대해 얼마나 "열중"이셨는지는[53] 출판되지 않은 번역 원고들이 있다는 사실로부터도 알 수 있다. 대학원 다닐 때 선생님께서 어느 날 필자를 부르셔서 다음과 같은 일을 맡기신 적이 있다. 즉 선생님께서 예전에 아르투어 카우프만(Arthur Kaufmann)의 『유추와 사물의 본성』을 일본어책으로 읽고서 번역하신 적이 있는데, 이제 제2판 서문과 후기가 붙은 독일어 텍스트(복사물이었다)를 구했으니 필자가 제2판 서문과 후기를 번역하고 일본어 역에 기초한 본문을 독일어 원본과 비교해 적절히 다듬어 달라고 하시는 것이었다. 당시 법학 사상 관련 시리즈를 간행하던 「길안사」에서 출판될 것이라고 들은 것 같다. 필자는 맡기신 바를 비교적 빨리 마무리하여 원고 파일을 보내드렸지만, 무슨 사정이 있었는지는 모르나 아쉽게도 책은 출판되지 않았다. 그러나 그 일을 도와드리면서 필자는 『유추와 사물의 본성』으로부터 사고의 큰 자극을 받았다. 이후 유학 시절에 이를 헌책으로 구해 다시 읽고 또 학위논문에까지 인용한 것[54]도 그러한 인연 때문이었다.

---

50) 양창수, "서독 부당이득법의 입법론적 전개", 서울대 법학, 제26권 제4호(1985), 166 이하; 일반 부당이득법의 연구, 서울대학교 박사학위 논문, 1987; "부당이득에 관한 일반규정의 사적 형성", 서울대 법학, 제30권 제1 · 2호(1989), 138 이하.

51) 양창수, "어느 법학교수가 살아온 이야기"(주 1), 15에 따르면 도합 1,400면이 넘는다고 한다.

52) 선생님께서는 특히 법원에서 『민법연구』를 구비하여 법관들이 참조하도록 하였던 일에 큰 보람을 느끼셨다고 한다. '우리 실무에 발언력 있는 연구' 또는 '우리의 실제 문제를 해결하는 데 기여하는 이론적 연구'라는 지향이 성과를 얻었다고 볼 수 있기 때문이다. 양창수, "어느 법학교수가 살아온 이야기"(주 1), 17.

53) 양창수 편역, 독일 민법학 논문선(2005), 서문 참조. 이 김수영 인용과 관련해서도 일화가 있다. 어느 날 선생님께서 갑자기 전화를 주셔서, 김수영이 번역에 열중한다는 취지로 쓴 산문이 있는데 새삼 찾으려니 보이지 않는다고 혹 필자가 찾을 수 있는지 물어보셨다. 그래서 필자도 기억이 있으니 찾아보겠다고 말씀드리고, 그날 저녁에 바로 해당 구절을 특정해 이메일로 보내드렸다. 물론 그 시점에 이러한 맥락으로 멋지게 인용되리라는 것은 전혀 예상하지 못하였다.

4. 선생님의 논문들은 우리 현실에서 시급하게 제기되는 문제부터 고전적 주제까지 다양한 쟁점들을 다루고 있으므로 당연히 그 내용을 포괄하여 한두 마디로 요약할 수는 없다. 이는 각 주제에 대한 장래의 학설사가 다루어야 할 과제이다. 그러나 내용적인 측면에서 살펴볼 때 선생님의 저술들을 관통하는 일관된 관점은 존재하지 않는가 생각하고는 한다. 예를 들어 앞의 인용(주 40)에서 가치좌표를 받춰 줄 이념적 철학적 기초가 언급되고 있는 것에 주목할 필요가 있다.

선생님께서는 여러 글에서 그리고 사적인 대화 중 여러 차례 대한민국이 1948년 헌법을 제정하고 국가를 수립함으로써 근본적인 혁명적 전환을 거쳤음에도, 사람들이, 민법학뿐만 아니라 실무에서도, 그 심대한 중요성을 간과하고 있지 않은가의 질문을 던지시고는 했다.[55] 그것은 이제 더 이상 국가나 공동체가 개인에 우선하고 우월한 가치를 가지는 것이 아니라 개인의 가치가 국가나 공동체보다 우선하고 국가나 공동체는 일차적으로 개인을 위해 존재하는 것임에도, 여전히 사람들이 생각하는 관행은 옛 사고방식에 사로잡혀 있지 않은가에 대한 문제 제기라고 생각된다. 선생님께서는 헌법 차원에서 이루어진 이러한 원리적 관점의 전환이 민법학의 해석에 충분히 고려되고 있지 않다고 보신 것 같다.

주지하는 바와 같이, 이러한 문제 제기는 이른바 근대 민법과 현대 민법의 원리에 대한 이해를 둘러싸고 기존 통설에 대한 의문이라는 모습으로 나타났다.[56] 선생님께서는 자유주의적 근대 민법의 원리가 현대 민법에서 "수정"되었다는 전통적 설명은 일본 사회의 특정 시기 이념에 의해 착색된 이해가 전전 와가츠마의 학설을 통해 여전히 우리 학계에 존속하는 결과로 보시면서, 그것이 우리 헌법에서 나타난 근본적인 태도 전환과는 부합하지 않는다고 평가하시는 것이다. 선생님의 이러한 관점은 적극적으로는 개인의 자유로운 인격과 자율에 대한 신뢰를 강조하시는 모습으로 나타나며, 이는 저술 어디에서든 그 바탕을 이루는 핵심적인 원리적 고려로 존재한다고 생각된다. 아마 선생님께서 이호정 선생님의 학문적 유산을 소중하게 여기시는 이유도 무엇보다 이호정 선생님께서 일찍이 이러한 원리적 측면을 강조하셨기 때문이 아닌가 추측된다.[57] 이와 관련해 우리 학문과 실무에서 많은 진전이 있다고 말할 수 있는 것은 사실이지만, 전반적인 공감대를 이룰 정도로 충분한 성찰이 이루어졌다고 말할 수 있는지는 여전히 의문이다.

---

54) Kim, *Zessionsregreß bei nicht akzessorischen Sicherheiten*, 2004, S. 115.

55) 양창수, "한국 민사법학 50년"(주 27), 39 이하; "민법학에서 법철학이란 무엇인가?", 민법연구, 제10권(2019), 184 이하; "혁명의 완성을 위하여", 노모스의 뜨락(2019), 353 이하 등.

56) 양창수, "한국 민사법학 50년"(주 27), 35 이하; "민법학에서 법철학이란 무엇인가?"(주 55), 174 이하; 민법입문, 제7판, 2018, 425 이하.

57) 양창수, "이호정 선생님을 그리워하며"(주 2), 4-7.

5. 선생님께서는 학문은 "사람"이 모여 교류할 때 성장할 수 있음을 믿고 계셨기 때문에 (앞의 Ⅱ. 2. 마지막 부분 참조), 학회 활동에도 중요한 의미를 부여하셨다. 그래서 선생님께서는 민사법학회 및 민사판례연구회의 회장으로 계실 때 학회 활동을 진작하기 위해 상당한 노력을 기울이셨다. 우선 필자는 선생님께서 민사법학회의 판례연구회 간사로 일하실 때 지금은 없어진 스칸디나비아 클럽에 따라가서 모임을 준비하는 일을 도왔던 기억이 난다. 그러나 무엇보다 2005~2006년에 민사법학회 회장으로 하신 활동이 큰 의미를 가질 것이다. 선생님께서는 학회의 회장 선출 방법을 민주적으로 개편하셨다. 또한 학회 재정을 적극적으로 확충하여 「율촌신진학술상」을 제정하셨고, 학술대회 참가비를 폐지하셨으며, 많은 연구 소모임을 지원하셨다. 학회지 「민사법학」이 연 2회에서 연 4회 발간하게 된 것도 이때이다. 이러한 선생님의 기여는 지금 현재에까지 그대로 유지·계승되고 있다. 또한 선생님께서는 2004년부터 대법관으로 취임하실 때까지 민사판례연구회 회장으로 계시면서 보다 내실 있는 발표회가 운영될 수 있게 세심한 배려를 아끼지 않으셨다. 이러한 학회 운영과 관련된 선생님의 기여에 대해서는 나중에 보다 가까이서 활동을 도운 다른 분들께서 더 많은 이야기를 해 주시면 좋을 것 같다.

한편 법학과 실무에 대한 선생님의 영향을 서술할 때 선생님께서 대법관으로서 활동하시며 재판으로서 기여하신 바를 강조하지 않을 수 없다. 그러나 필자가 한 제자의 관점에서 선생님의 삶과 학문을 회고하는 자리에서 대법관 활동에 대한 평가까지 포함하기는 쉽지 않아 보인다. 또한 그러한 작업을 하기에 필자가 적절한 사람이라고 할 수도 없다. 이는 선생님의 재판 활동이 민법에 한정되지 않을 뿐만 아니라, 단독의 반대의견이나 보충의견이 아닌 한[58] 연명(聯名)의 의견 특히 법정의견(opinion of the court)을 어느 한 대법관의 단독 저술처럼 취급해서는 안 될 것이므로 —미국의 법조 저널리즘에서 그러하듯— 보다 다각적인 조사와 취재가 필요하다고 생각해서이다. 대법관으로서의 선생님의 업적에 대해서는 이후 적절한 방법과 모습으로 평가가 이루어질 것을 기대해 본다.

6. 선생님께서 지금까지 개관한 방대한 저술로 학계와 실무에 기여하셨음에도, 많은 사람들은 선생님의 「교과서」를 기다리고는 했다. 필자의 학생 시절부터 잊을 만하면 선생님의 교과서가 곧 출간될 거라는 소문이 돌았다. 특히 1992년에는 필자의 동기생들 몇 명이 선생님의 『채권총론』 교과서 교정쇄의 교정을 보기도 하였기에 책은 곧 출간될 것 같았다. 그러나 나중에 들리는 이야기로는 선생님께서 조판까지 끝낸 책의 출판을 중단하셨다는 것이다. 또 필자가 알기에 선생님께서는 2008년 여름에 『물권법』의 원고를 상당 부분 완성하셨으나, 대법원에 제청되시면서 마무리 짓지 못하셨다. 이후 선생님의 원고들을 바탕으로 서울대학교 교수인 김

58) 예컨대 대법원 전원합의체 2009. 3. 19. 선고 2008다45828 판결에서 선생님의 보충의견이 그러한 예외적인 경우에 해당한다.

재형, 권영준, 김형석이 작업한 서울대학교 법학대학원의 민법 교재가 출간되기는 했지만, 이는 법학전문대학원의 교육을 목적으로 한 교재로서 사람들이 선생님께 고대하던 교과서의 모습에 부합한다고 말하기는 어려울 것이다.

선생님께서 기존의 교과서 생산 방식에 가하신 비판은 잘 알려져 있다. 교과서의 전제가 되는 개별 연구들은 축적되지 않으면서, 또 존재하는 연구가 참조되지도 않으면서, 교과서끼리 서로 인용하며 실질적 논의는 그다지 진전되지 않는 비생산적인 교과서 생산, 게다가 심한 경우 "가위와 풀"로 이루어지는 그리고 이제는 재판례의 무분별한 카피 앤 페이스트로 구성되는 그러한 교과서 생산에 대한 비판 말이다.[59] 유감스럽게도 필자가 보기에 이러한 측면은 최근에 더 악화되었으면 악화되었지 그다지 개선되는 바가 없는 것 같다. 그러나 이러한 비판에도 불구하고 선생님께서 잘 쓰여진 교과서의 가치를 부정하시는 것은 전혀 아니었다. 선생님께서는 학생들의 교육 목적에 배려하는 교과서의 중요성과 저자의 평가적 관점이 잘 반영된 도그마틱 체계서가 가지는 생산성을 신뢰하시는 분이셨다. 그리고 그러한 관점을 견지하고 계셨기에, 그러한 이상에 부합하지 못하는 무의미하고 낭비적인 교과서 생산에 대해 그만큼 더 불만이셨던 것 아닌가 생각한다.

좋은 교과서란 기존의 튼튼한 연구성과에 편안히 의지할 수 있을 때 성립할 수 있기에, 선생님의 교과서 작업이 한없이 지연될 수밖에 없었다는 사정은 우리 민법학의 어떤 허약함이 반영된 것인지도 모른다. 이를 잘 보여주는 일화 하나가 생각난다. 필자의 기억이 맞다면 어느 스승의 날 사은회 식사 자리에서 선생님께서 이러한 이야기를 해 주셨다. 선생님께서 『민법총칙』 물건 부분 원고를 쓰면서 과실수취권자에 대한 기존 교과서 서술을 보았는데, 하나를 제외한 나머지 모두에서 그다지 타당하다고 보기 어려운 견해가 별 설명 없이 무한 복제되고 있다는 것이다. 이어서 선생님께서는 문제가 되는 몇 가지 경우를 설명하시면서(특히 사용차주에 대한 내용이 기억난다), 기존의 「통설」을 논박하셨다. 그리고 얼마 후 식사 자리에서 들은 내용이 학술지에 논문으로 공간된 것을 발견할 수 있었다.[60]

Ⅳ.

필자가 관찰하기에 선생님께서는 위대한 법학적 전통들에 대해 존경하는 마음을 품고 계시는 분이었다. 그 중에서도 사비니에서 빈트샤이트에 이르는 판덱텐 법학에 대해서는 특히 그러하였던 것 같다. 필자가 선생님께 들은 바에 따르면, 김증한 선생님께서는 책상 가까운 책

59) 양창수, "한국 민사법학 50년"(주 27), 31 이하; "한국 민법학 70년"(주 27), 71 이하; "법의 적용과 사안 해결", 민법 산책(2006), 284-285; "법학의 도덕성", 노모스의 뜨락(2019), 135 이하.

60) 양창수, "민법 제102조 제1항에 의한 천연과실의 귀속", 민법연구, 제8권(2005), 101 이하.

장에 구관 도서관으로부터 기르케의『독일 사법』을 장기 대출해 항상 비치해 두셨다고 한다. 선생님 책상 가까운 책장에는 구관 도서관으로부터 장기 대출한 빈트샤이트/킵의『판덱텐 교과서』제9판[61]이 언제나 자리 잡고 있었다. 선생님께서 우리나라에 의지할 만한 학문적 전통이 없다고 아쉬워하신 것[62]도 그러한 위대한 전통에 대한 선생님의 갈망과 그리움[63]이 배경에 있지 않을까 싶다. 그리고 선생님께서 열악한 상황의 학교(주 11의 본문 참조)로 오셔서 오랜 세월 노력하신 이유도 그러한 믿고 의지할 수 있는 학문적 전통을 만들기 위해서가 아니었나 생각해 본다.

선생님께서는 2000년대 중반에 이르면 우리 민법학의 상황에 대해 어느 정도 낙관적인 전망을 가지게 되신 것 같았다. "현재 있는 법"에서 출발해서 현실의 문제를 이론적으로 천착하는 좋은 논문들이 점점 더 공간되었고, 그에 따라 학계의 활동도 저변을 넓혀 활발해졌으며, 학계와 실무의 생산적인 교류가 이루어지기 시작하였다는 사실에서 하나의 가능성을 보신 듯하였다.[64] 이러한 낙관적인 전망은 기본적으로 지금도 유지되고 있지만,[65] 동시에 법학전문대학원의 도입이 민법학의 성장에 가져온 부작용과 관련해 장래에 대해 우려하시는 모습을 보이시기도 한다.[66] 이 문제에 대한 선생님의 명확한 태도를 오늘 이 경사스러운 자리에서 굳이 여쭐 필요는 없을 것이다. 그 질문에 답은 결국 선생님의 학문으로부터 무엇인가를 배운 후학들이 앞으로 어떠한 민법학을 수행해나갈 것인지에 따라 좌우될 것이기 때문이다. 잘 알려진 루쉰의 말을 인용한다면, "생각해 보니 희망이란 본시 있다고도 없다고도 할 수 없는 거였다. 이는 마치 땅 위의 길과 같은 것이다. 본시 땅 위엔 길이 없었다. 다니는 사람이 많아지면 거기가 곧 길이 되는 것이다."[67]

61) 선생님께서 사석에서 농담하신 바에 따르면, 이 책은 "법학 분야에서 관찰할 수 있는 독일식 장인정신의 표본"이다.
62) 양창수, 민법연구, 제1권(1991) 서문.
63) 양창수, "법학 명저: 김증한,『신물권법(상)(하)』"(주 1), 33.
64) 양창수, "머리말", 민사법학, 제36호(특별호)(2007), i-ii.
65) "한국 민법학 70년"(주 27), 87-88.
66) 양창수, "어느 법학교수가 살아온 이야기"(주 1), 18-20.
67) 루쉰, "고향", 루쉰 문학선(주 21), 78.

양창수 교수 고희기념논문집 간행위원

제철웅(한양대학교 교수)
전원열(서울대학교 교수)
박인환(인하대학교 교수)
이준형(한양대학교 교수)
오영준(대법원 수석재판연구관)
권영준(서울대학교 교수)
김형석(서울대학교 교수)

自律과 正義의 民法學 — 梁彰洙 교수 古稀기념논문집

초판발행 2021년 9월 10일

지은이 양창수 교수 고희기념논문집 간행위원회
펴낸이 안종만 · 안상준

편 집 김선민
기획/마케팅 조성호
제 작 고철민 · 조영환

펴낸곳 (주) 박영사
서울특별시 금천구 가산디지털2로 53, 210호(가산동, 한라시그마밸리)
등록 1959. 3. 11. 제300-1959-1호(倫)
전 화 02)733-6771
f a x 02)736-4818
e-mail pys@pybook.co.kr
homepage www.pybook.co.kr
ISBN 979-11-303-3966-5 93360

정 가 78,000원